HAUFE
IFRS-KOMMENTAR

HAUFE
IFRS-KOMMENTAR

herausgegeben von

NORBERT LÜDENBACH
WOLF-DIETER HOFFMANN

Haufe Mediengruppe
Freiburg · München · Berlin · Würzburg

Zitierweise: *Autoren* in Haufe IFRS-Kommentar § ... Rz ...

Bibliografische Information der Deutschen Bibliothek
Die Deutsche Bibliothek verzeichnet diese Publikation
in der Deutschen Nationalbibliografie; detaillierte bibliografische Daten sind im Internet über http://dnb.ddb.de
abrufbar.

ISBN 978-3-448-07470-3   Bestell-Nr. 01148-0005

5. Auflage 2007

© Rudolf Haufe Verlag, Freiburg i. Br. 2007
Produktentwicklung:
Norbert Lüdenbach, Wolf-Dieter Hoffmann, Michael Bernhard
Produktmanagement und Redaktion: Michael Bernhard

Alle Rechte, auch die des auszugsweisen Nachdrucks, der fotomechanischen Wiedergabe (einschließlich Mikrokopie) sowie der Auswertung durch Datenbanken oder ähnliche Einrichtungen, vorbehalten.

Druck: Bercker Graphischer Betrieb GmbH & Co. KG, Kevelaer

VORWORT zur 5. AUFLAGE

Einerlei, ob dem klassischen Hexameter folgend – „tempora mutantur, nos et mutamur in illis" – oder volkstümlicher Poesie – „Eins-Zwei-Drei im Sauseschritt eilt die Zeit, wir eilen mit" – eine Schnaufpause bei der jährlichen Neuauflage unseres IFRS-Kommentars können wir uns nicht gönnen, selbst wenn einmal die Produktion von Standards und Interpretationen vergleichsweise gemächlich vonstattengegangen ist. Die praxisgeborenen Fälle und die Auswertung des stetig anwachsenden Schrifttums dürfen wir unseren Lesern nicht vorenthalten. Dabei haben wir vermehrt auch die angelsächsische Literatur herangezogen und in die Kommentierung eingebaut.

Die diesjährigen Überarbeitungen und teilweise Neukommentierungen, wie immer ergänzt mit zahlreichen Beispielen, sind insbesondere zu finden in:

§ 9 Finanzierung der Anschaffung oder Herstellung;
§ 11 Außerplanmäßige Abschreibung, Wertaufholungen;
§ 13 Immaterielle Vermögenswerte des Anlagevermögens;
§ 15 Leasing;
§ 20 Eigenkapital, Eigenkapitalspiegel;
§ 23 Aktienkursorientierte Vergütungsformen;
§ 25 Erlöse;
§ 26 Steuern vom Einkommen;
§ 28 Finanzinstrumente;
§ 31 Unternehmenszusammenschlüsse;
§ 32 Tochterunternehmen im Konzern- und Einzelabschluss;
§ 35 Ergebnis je Aktie;
§ 37 Zwischenberichterstattung.

Folgende Standards und deren Interpretationen sind neu in die Kommentierung aufgenommen worden:

- IFRS 8 *Operating Segments* (§ 36 Rz 203);
- IAS 1 *Amendment „Capital Disclosures"* (§ 20 Rz 90);
- IFRIC 10 *Interim Financial Reporting and Impairment* (§ 37 Rz 29);
- IFRIC 11 *IFRS 2-Group and Treasury Share Transactions* (§ 23 Rz 31);
- IFRIC 12 *Service Concession Arrangements* (§ 18 Rz 64).

Auch die bis zum 1.1.2007 angekündigten Rechtsänderungen sind an den zugehörigen Stellen der einzelnen Paragrafen berücksichtigt. Aktualisiert wurde ebenfalls die Checkliste der IFRS-Abschlussangaben, die als abspeicherbare Datei dem Kommentar beigefügt ist.

Im Bereich der branchenspezifischen Vorschriften ist erstmals ein neuer § 43 „*International Public Sector Accounting Standards*" (IPSAS) enthalten. Er zeigt, wie sich die verschiedensten öffentlichen Wirtschaftssektoren bei ihrer Loslösung aus dem Korsett der Kameralistik eines internationalen Rechnungslegungssystems bedienen können, das weitestgehend an den IFRS ausgerichtet ist.

Das wiederum kurzfristige Erscheinen der Neuauflage verdanken wir unseren Mitautoren und der engagierten technischen Bearbeitung durch Frau Monika Gabrysiak und Christiane Buch.

Unser besonderer Dank gilt erneut unserem Redakteur, Herrn Michael Bernhard, der mit vorbildlichem Engagement die Neuauflage fachlich begleitet und organisatorisch geleitet hat.

Frankfurt a. M. und Freiburg i. Br.,   *Norbert Lüdenbach*
im Februar 2007   *Wolf-Dieter Hoffmann*

Aus dem VORWORT zur 1. AUFLAGE

Wir gehen von der Unumkehrbarkeit der Entwicklung hin zu den *International Accounting Standards* (IAS) aus. Der Haufe IAS-Kommentar soll die Umsetzung dieses Prozesses in Deutschland begleiten und fördern. Unser Kommentar richtet sich an:
- die **Neueinsteiger** in die IAS-Rechnungslegungswelt; ihnen werden geläufige Begriffe aus IAS-Sicht, dabei aber standardübergreifend, vorgestellt;
- die angehenden oder bereits gestandenen **IAS-Experten**; diese finden ausführliche Kommentierungen zum gesamten Spektrum der IAS.

Die Kommentierung eignet sich also gleichermaßen für die
- Abschlussersteller in den Unternehmen,
- Wirtschaftsprüfer,
- Analysten und Firmenkundenbetreuer in den Banken.

Oberstes Gebot des gesamten Kommentars ist die **Praxistauglichkeit**. Diesem Ziel dienen
- kritische **Analyse** des Regelungsgehaltes;
- Problemlösung anhand von **Beispielen**;
- detaillierte Benutzerführung durch **Verweise**;
- Darstellung der verfügbaren **bilanzpolitischen** Spielräume;
- umfangreiche **Formulierungshilfen** für den Anhang;
- **Aktualität** der Darstellungen unter Einbeziehung der jeweils veröffentlichten *Exposure Drafts*.

Der Kommentar ist ein **Gemeinschaftswerk**, wir danken herzlich unseren Mitautoren für ihr außerordentliches Engagement. Dank sind wir auch Frau Monika Gabrysiak und Frau Daniela Müdder für die Erstellung der Manuskripte schuldig. Unser besonderer Dank gilt Herrn Michael Bernhard vom Haufe Verlag, der an der Konzeption des Werkes maßgeblich beteiligt war. Mit hohem Engagement ermöglichte er das Entstehen und die Vollendung dieses Werkes.

Bonn und Freiburg i. Br.,   *Norbert Lüdenbach*
März 2003   *Wolf-Dieter Hoffmann*

NUTZUNGSTIPPS

Sobald Sie mit Hilfe des Inhaltsverzeichnisses, des umfangreichen Stichwortverzeichnisses oder der „Zuordnung der Standards zu den Paragrafen" den Sie interessierenden Paragrafen gefunden haben, empfehle ich Ihnen als Erstes die Lektüre des Abschnittes **„Zusammenfassende Praxishinweise"**. Dort werden die Ergebnisse knapp dargestellt und wie von einer Drehscheibe gehen die internen Verweise auf die relevanten Randziffern innerhalb des ausgewählten Paragrafen (Rz . . .). Die einzelnen Themen sind konzeptionell und optisch durch Verweise zwischen den verschiedenen Paragrafen (→ § . . . Rz . . .) vernetzt.

Neben den Erläuterungen in den Paragrafen unterstützt Sie beim Erstellen der *notes* die ausdruck- und abspeicherfähige **„Checkliste der IFRS-Abschlussangaben"** auf CD. Hinweise zur Anwendung dieser Checkliste finden Sie unter → § 5 Rz 8ff.

Unser Ehrgeiz ist auf laufende Verbesserung ausgerichtet. Anregungen sind daher herzlich willkommen. Bitte senden Sie diese über das Mailfach **IFRS@Haufe.de** an uns.

Viel Erfolg mit dem Haufe IFRS-Kommentar!

Freiburg i. Br., März 2007 *Michael Bernhard*

PS: Dieser Kommentar ist mit allen Inhalten auch als CD erhältlich. Neben der Handlichkeit ist vor allem die Volltextsuche über den gesamten Datenbestand ein Plus. Zusätzlich finden Sie auf der **Haufe IFRS-Kommentar-CD** die aktuellen, von der EU anerkannten Standards und Interpretationen verlinkt mit den Normenzitaten des Kommentars.

AUTORENVERZEICHNIS

Hans Peter BORK; WP/StB/CPA; Deloitte, Niederlassung Düsseldorf

Prof. Dr. Dejan ENGEL-CIRIC; StB; FH Frankfurt am Main

Jens FREIBERG; BDO Deutsche Warentreuhand AG, Niederlassung Frankfurt

Kai HAUSSMANN; WP/StB; BDO Deutsche Warentreuhand AG, Niederlassung Hamburg

Jörg HENKES; Universität Saarbrücken

Prof. Dr. Wolf-Dieter HOFFMANN; WP/StB; Rüsch Hoffmann Sauter, Freiburg i. Br.

Dr. Christoph HÜTTEN; SAP AG, Walldorf

Dr. Christian JANZE; M. Sc.; Wirtschaftsprüfungsgesellschaft Ernst & Young AG, Hannover

Dr. Susanne KANNGIESSER; Allianz AG, München

Dr. Patrick KEHM; Commerzbank AG, Frankfurt

Prof. Dr. Heinz KUSSMAUL; Universität Saarbrücken

Prof. Dr. Peter LEIBFRIED; MBA/CPA; Universität St. Gallen (HSG)

Dr. Norbert LÜDENBACH; WP/StB/CPA;
BDO Deutsche Warentreuhand AG, Niederlassung Bonn und Frankfurt

Prof. Dr. Stefan RAMMERT; Universität Mainz

Prof. Dr. Raimund RHIEL;
Mercer Human Resource Consulting GmbH, München

Dr. Jürgen SCHNEIDER; BDO Deutsche Warentreuhand AG, Niederlassung Hamburg

Markus ZEIMES; WP/StB; KPMG Deutsche Treuhand-Gesellschaft AG, Düsseldorf

INHALT

Vorwort zur 5. Auflage 5
Aus dem Vorwort zur 1. Auflage 7
Nutzungstipps 8
Autorenverzeichnis 9
Zuordnung der Standards zu den Paragrafen 13
Zuordnung der Paragrafen zu den Standards 15
Anwendungsübersicht IFRS 17

A Grundlagen der Rechnungslegung
§ 1 Rahmenkonzept 27
§ 2 Darstellung des Abschlusses 85
§ 3 Kapitalflussrechnung 129
§ 4 Ereignisse nach dem Bilanzstichtag 187
§ 5 Anhang 207
§ 6 Erstmalige Anwendung 241
§ 7 IFRS-Rechnungslegung nach deutschem Recht 303

B Bewertungsmethoden
§ 8 Anschaffungs- und Herstellungskosten, Neubewertung ... 321
§ 9 Finanzierung der Anschaffung oder Herstellung 365
§ 10 Planmäßige Abschreibungen 381
§ 11 Außerplanmäßige Abschreibungen, Wertaufholung ... 405
§ 12 Öffentliche Zuwendungen 479

C Bilanzierung der Aktiva
§ 13 Immaterielle Vermögenswerte des Anlagevermögens 507
§ 14 Sachanlagen 571
§ 15 Leasing 591
§ 16 Als Finanzinvestitionen gehaltene Immobilien 703
§ 17 Vorräte 749
§ 18 Fertigungsaufträge 765
§ 19 Forderungen/Ausleihungen 811

D Bilanzierung der Passiva
§ 20 Eigenkapital, Eigenkapitalspiegel 815

§ 21	Rückstellungen, Verbindlichkeiten	885
§ 22	Leistungen an Arbeitnehmer, Altersversorgung	967
§ 23	Aktienkursorientierte Vergütungsformen	1017

E Ergebnisrechnung

§ 24	Stetigkeitsgebot, Änderung Bilanzierungsmethoden und Schätzungen, Bilanzberichtigung	1073
§ 25	Erlöse	1103
§ 26	Steuern vom Einkommen	1187

F Übergreifende Fragen

§ 27	Währungsumrechnung, Hyperinflation	1269
§ 28	Finanzinstrumente	1317
§ 29	Zu veräußerndes langfristiges Vermögen und aufgegebene Geschäftsbereiche	1485
§ 30	Angaben über Beziehungen zu nahe stehenden Unternehmen und Personen	1529

G Konzernabschluss

§ 31	Unternehmenszusammenschlüsse	1559
§ 32	Tochterunternehmen im Konzern- und Einzelabschluss	1719
§ 33	Anteile an assoziierten Unternehmen	1811
§ 34	Anteile an *joint ventures*	1855

H Sondervorschriften für börsennotierte Unternehmen

§ 35	Ergebnis je Aktie	1897
§ 36	Segmentberichterstattung	1925
§ 37	Zwischenberichterstattung	1979

I Branchenspezifische Vorschriften

§ 38	Finanzinstitutionen	2007
§ 39	Bilanzierung von Versicherungsverträgen	2009
§ 40	Landwirtschaft	2025
§ 41	Pensionskassen und Pensionsfonds als Träger von Altersversorgungsverpflichtungen	2051
§ 42	Erkundung und Evaluierung von mineralischen Vorkommen	2055
§ 43	Öffentliche Verwaltung (IPSAS)	2069

J Querschnittsthemen
§ 50 IFRS für den Mittelstand 2111
§ 51 Bilanzpolitik und Bilanzanalyse 2137

Abkürzungsverzeichnis 2191
Stichwortverzeichnis 2195

ZUORDNUNG DER STANDARDS ZU DEN PARAGRAFEN

IFRS Nr.	Titel	finden Sie in § ... des Kommentars erläutert
1	First-time Adoption of IFRS's	6
2	Share-based Payment	23
3	Business Combinations	31
4	Insurance Contracts	39
5	Non-current Assets Held for Sale and Discontinued Operations	29
6	Exploration for and Evaluation of Mineral Resources	42
7	Financial Instruments: Disclosure	28
8	Operating Segments	36

IAS Nr.	Titel	finden Sie in § ... des Kommentars erläutert
	Framework	1
1	Presentation of Financial Statements	2, 5 und 20
2	Inventories	17 und 8
7	Cash Flow Statements	3
8	Accounting Policies, Changes in Accounting Estimates and Errors	24
10	Events After the Balance Sheet Date	4
11	Construction Contracts	18
12	Income Taxes	26
14	Segment Reporting	36
15	Information Reflecting the Effects of Changing Prices	27
16	Property, Plant and Equipment	14 und 8
17	Leases	15
18	Revenue	25
19	Employee Benefits	22
20	Accounting for Government Grants and Disclosure of Government Assistance	12
21	The Effects of Changes in Foreign Exchange Rates	27
22	Business Combinations	31
23	Borrowing Costs	9

24	Related Party Disclosures	30
26	Accounting and Reporting by Retirement Benefit Plans	38
27	Consolidated and Separate Financial Statements	32
28	Investments in Associates	33
29	Financial Reporting in Hyperinflationary Economies	27
30	Disclosures in the Financial Statements of Banks and Similar Financial Institutions	38
31	Interests in Joint Ventures	34
32	Financial Instruments: Disclosure and Presentation	20 und 28
33	Earnings per Share	35
34	Interim Financial Reporting	37
35	Discontinuing Operations	29
36	Impairment of Assets	11
37	Provisions, Contingent Liabilities and Contingent Assets	21
38	Intangible Assets	8 und 13
39	Financial Instruments: Recognition and Measurement	28
40	Investment Property	16
41	Agriculture	40

IFRIC Nr.	Titel	finden Sie in § ... des Kommentars erläutert
1	Changes in Existing Decommissioning, Restoration and Similar Liabilities	21
2	Member's Shares in Co-operative Entities and Similar Instrument	20
3	Emmission Rights	13
4	Determining whether an Arrangement contains a Lease	15
5	Rights to Interests arising from Decommissioning, Restoration and Environmental Rehabilitation Funds	21
6	Liabilities arising from Participating in a Specific Market – Waste Electrical an Electronic Equipment	21
7	Applying the Restatement Approach under IAS 29 Financial Reporting in Hyperinflationary Economies	27
8	Scope of IFRS 2	23
9	Reassessment of Embedded Derivatives	28
10	Interim Financial Reporting and Impairment	37
11	IFRS 2-Group and Treasury Share Transactions	23
12	Service Concession Arrangements	18

ZUORDNUNG DER PARAGRAFEN ZU DEN STANDARDS

in §...	Titel	wird... erläutert
1	Rahmenkonzept	*Framework*, IAS 1, IAS 8
2	Darstellung des Abschlusses	IAS 1
3	Kapitalflussrechnung	IAS 7
4	Ereignisse nach dem Bilanzstichtag	IAS 10
5	Anhang	IAS 1
6	Erstmalige Anwendung	IFRS 1
7	IFRS-Konzernabschluss nach deutschem Recht	§ 292a HGB, § 315a HGB
8	Anschaffungs- und Herstellungskosten, Neubewertung	IAS 2, IAS 16, IAS 38
9	Finanzierung der Anschaffung oder Herstellung	IAS 23
10	Planmäßige Abschreibungen	IAS 16, IAS 38
11	Außerplanmäßige Abschreibungen, Wertaufholung	IAS 36
12	Öffentliche Zuschüsse	IAS 20
13	Immaterielle Vermögenswerte	IAS 38
14	Sachanlagen	IAS 16
15	Leasing	IAS 17
16	Als Finanzinvestitionen gehaltene Immobilien	IAS 40
17	Vorräte	IAS 2
18	Fertigungsaufträge	IAS 11
19	Forderungen/Ausleihungen	IAS 39
20	Eigenkapital, Eigenkapitalspiegel	IAS 1, IAS 32
21	Rückstellungen, Verbindlichkeiten	IAS 37
22	Leistungen an Arbeitnehmer, Altersversorgung	IAS 19
23	Aktienkursorientierte Vergütungsformen	IFRS 2
24	Stetigkeitsgebot, Änderung Bilanzierungsmethoden und Schätzungen, Bilanzberichtigung	IAS 1, IAS 8
25	Erlöse	IAS 11, IAS 18
26	Steuern vom Einkommen	IAS 12

27	Währungsumrechnung, Hyperinflation	IAS 21, IAS 29
28	Finanzinstrumente	IAS 32, IAS 39, IFRS 7
29	Zu veräußerndes Anlagevermögen und aufgegebene Bereiche	IFRS 5, IAS 35
30	Angaben über Beziehungen zu nahe stehenden Unternehmen und Personen	IAS 24
31	Unternehmenszusammenschlüsse	IFRS 3, IAS 22, IAS 27
32	Konzernabschluss, Tochterunternehmen im Einzelabschluss	IFRS 3, IAS 27
33	Anteile an assoziierten Unternehmen	IAS 28
34	Anteile an *joint ventures*	IAS 31
35	Ergebnis je Aktie	IAS 33
36	Segmentberichterstattung	IAS 14, IFRS 8
37	Zwischenberichterstattung	IAS 34
38	Finanzinstitutionen	IAS 30
39	Bilanzierung von Versicherungsverträgen	IFRS 4
40	Landwirtschaft	IAS 41
41	Pensionskassen und Pensionsfonds als Träger von Altersversorgungsverpflichtungen	IAS 26
42	Erkundung und Wertbestimmung von mineralischen Vorkommen	IFRS 6
43	Öffentliche Verwaltung	IPSAS
50	IFRS für den Mittelstand	ED SME
51	Bilanzpolitik und Bilanzanalyse	div.

ANWENDUNGSÜBERSICHT IFRS

Anwendungshinweise
Sofern in Spalte B keine Jahreszahl angegeben ist, ist der betroffene Standard oder die Interpretation im Jahr 2005 verpflichtend anzuwenden. Sofern ein späteres Jahr angegeben ist, besteht die Möglichkeit zur früheren freiwilligen Anwendung.
Änderungen von Standards und Interpretationen sind durch den Buchstaben A im Anschluss an die Nummerierung des betreffenden Standards bzw. der Interpretation gekennzeichnet.

Auf Geschäftsjahre, die am oder nach dem 1. Januar 2005 beginnen, sind die IFRS in folgenden Fassungen verpflichtend anzuwenden:

A	B	C
Bezeichnung	bei kalendergleichem Geschäftsjahr nicht ab 2005 (oder früher) anzuwenden, sondern erst ab:	Veröffentlichung im Amtsblatt der Europäischen Union
International Financial Reporting Standards (IFRS)		
IFRS 1 *First-time Adoption of IFRS's*		27.1.2006
IFRS 1 A *Amendments to IFRS 1 and IFRS 6*	2006	11.2.2005
IFRS 2 *Share-based Payment*		
IFRS 3 *Business Combinations*		
IFRS 4 *Insurance Contracts*		
IFRS 4 A *Amendments to IAS 39 and IFRS 4: Financial Guarantie Contracts*	2006	27.1.2006
IFRS 5 *Non-current Assets Held for Sale and Discontinued Operations*		
IFRS 6 *Exploration for and Evaluation of Mineral Resources*	2006	24.11.2005
IFRS 6 A *Amendments to IFRS 1 and IFRS 6*	2006	27.1.2006
IFRS 7 *Financial Instruments: Disclosures*	2007	27.1.2006
IFRS 8 *Operating Segments*	2009	voraussichtlich Juni 2007
International Accounting Standards (IAS)		
IAS 1 *Presentation of Financial Statements*		
IAS 1 A *Amendment to IAS 1: Capital Disclosures*	2007	27.1.2006
IAS 2 *Inventories*		
IAS 7 *Cash Flow Statements*		

Auf Geschäftsjahre, die am oder nach dem 1. Januar 2005 beginnen, sind die IFRS in folgenden Fassungen verpflichtend anzuwenden:

Bezeichnung	A	B bei kalendergleichem Geschäftsjahr nicht ab 2005 (oder früher) anzuwenden, sondern erst ab:	C Veröffentlichung im Amtsblatt der Europäischen Union
IAS 8	Accounting Policies, Changes in Accounting Estimates and Errors		
IAS 10	Events after the Balance Sheet Date		
IAS 11	Construction Contracts		
IAS 12	Income Taxes		
IAS 14	Segment Reporting		
IAS 16	Property, Plant and Equipment		
IAS 17	Leases		
IAS 18	Revenue		
IAS 19	Employee Benefits		
IAS 19 A	Amendment to IAS 19: Actuarial Gains and Losses, Group Plans and Disclosures	Bestimmte Modifikationen ab 16.12.2004 und 1.1.2006	24.11.2005
IAS 20	Accounting for Government Grants and Disclosure of Government Assistance		
IAS 21	The Effects of Changes in Foreign Exchange Rates		
IAS 21 A	Amendment to IAS 21: Net Investment in a Foreign Operation	2006	9.5.2006
IAS 23	Borrowing Costs		
IAS 24	Related Party Disclosures		
IAS 26	Accounting and Reporting by Retirement Benefit Plans		
IAS 27	Consolidated and Separate Financial Statements		

Auf Geschäftsjahre, die am oder nach dem 1. Januar 2005 beginnen, sind die IFRS in folgenden Fassungen verpflichtend anzuwenden:

Bezeichnung	A	B bei kalendergleichem Geschäftsjahr nicht ab 2005 (oder früher) anzuwenden, sondern erst ab:	C Veröffentlichung im Amtsblatt der Europäischen Union
IAS 28	Investments in Associates		
IAS 29	Financial Reporting in Hyperinflationary Economies		
IAS 30	Disclosures in the Financial Statements of Banks and Similar Financial Institutions	ab 2007 ersetzt durch IFRS 7	
IAS 31	Interests in Joint Ventures		
IAS 32	Financial Instruments: Disclosure and Presentation		
IAS 33	Earnings per Share		
IAS 34	Interim Financial Reporting		
IAS 36	Impairment of Assets		
IAS 37	Provisions, Contingent Liabilities and Contingent Assets		
IAS 38	Intangible Assets		
IAS 39	Financial Instruments: Recognition and Measurement		
IAS 39 A	Amendment to IAS 39: Transition and Initial Recognition of Financial Assets and Financial Liabilities		26.10.2005
IAS 39 A	Amendment to IAS 39: Cash Flow Hedge Accounting of Forecast Intragroup Transactions	2006	22.12.2005
IAS 39 A	Amendment to IAS 39: The Fair Value Option	2006	16.11.2005
IAS 39 A	Amendments to IAS 39 and IFRS 4: Financial Guarantie Contracts	2006	27.1.2006

Auf Geschäftsjahre, die am oder nach dem 1. Januar 2005 beginnen, sind die IFRS in folgenden Fassungen verpflichtend anzuwenden:

A	B	C
Bezeichnung	bei kalendergleichem Geschäftsjahr nicht ab 2005 (oder früher) anzuwenden, sondern erst ab:	Veröffentlichung im Amtsblatt der Europäischen Union
IAS 40 *Investment Property*		
IAS 41 *Agriculture*		
Interpretations		
IFRIC 1 *Changes in Existing Decommissioning, Restoration and Similar Liabilities*		
IFRIC 2 *Members' Shares in Co-operative Entities and Similar Instruments*		8.7.2005
IFRIC 3 *Emission Rights*	zurückgenommen am 23.6.2005	
IFRIC 4 *Determining whether an Arrangement contains a Lease*	2006	24.11.2005
IFRIC 5 *Rights to Interests arising from Decommissioning, Restoration and Environmental Rehabilitation Funds*	2006	24.11.2005
IFRIC 6 *Liabilities arising from Participating in a Specific Market – Waste Electrical and Electronic Equipment*	1.12.2005	27.1.2006
IFRIC 7 *Applying the Restatement Approach under IAS 29 Financial Reporting in Hyperinflationary Economies*	1.3.2006	9.5.2006
IFRIC 8 *Scope of IFRS 2*	1.5.2006	9.9.2006
IFRIC 9 *Reassessment of Embedded Derivatives*	1.6.2006	9.9.2006

Auf Geschäftsjahre, die am oder nach dem 1. Januar 2005 beginnen, sind die IFRS in folgenden Fassungen verpflichtend anzuwenden:

Bezeichnung	A	B bei kalendergleichem Geschäftsjahr nicht ab 2005 (oder früher) anzuwenden, sondern erst ab:	C Veröffentlichung im Amtsblatt der Europäischen Union
IFRIC 10	*Interim Financial Reporting and Impairment*	1.11.2006	voraussichtlich Mai 2007
IFRIC 11	*IFRS 2 – Group and Treasury Share Transactions*	1.3.2007	voraussichtlich Juni 2007
IFRIC 12	*Service Concession Arrangements*	1.1.2008	voraussichtlich Juni 2007
SIC 7	*Introduction of the Euro*		
SIC 10	*Government Assistance – No Specific Relation to Operating Activities*		
SIC 12	*Consolidation – Special Purpose Entities*		
SIC 12 A	*Amendment to SIC 12: Scope of SIC-12 Consolidation – Special Purpose Entities*		26.10.2005
SIC 13	*Jointly Controlled Entities – Non-Monetary Contributions by Venturers*		
SIC 15	*Operating Leases – Incentives*		
SIC 21	*Income Taxes – Recovery of Revalued Non-Depreciable Assets*		
SIC 25	*Income Taxes – Changes in the Tax Status of an Entity or its Shareholders*		

Auf Geschäftsjahre, die am oder nach dem 1. Januar 2005 beginnen, sind die IFRS in folgenden Fassungen verpflichtend anzuwenden:

Bezeichnung	A	B bei kalendergleichem Geschäftsjahr nicht ab 2005 (oder früher) anzuwenden, sondern erst ab:	C Veröffentlichung im Amtsblatt der Europäischen Union
SIC 27	*Evaluating the Substance of Transactions Involving the Legal Form of a Lease*		
SIC 29	*Disclosure – Service Concession Arrangements*		
SIC 31	*Revenue – Barter Transactions Involving Advertising Services*		
SIC 32	*Intangible Assets – Web Site Costs*		

A
Grundlagen der Rechnungslegung

§ 1 RAHMENKONZEPT (FRAMEWORK)

Inhaltsübersicht	Rz
Vorbemerkung	
1 Zielsetzung, Regelungsinhalt, Begriffe	1–4
1.1 Das *Framework* als Leitlinie für Regelsetzung und Regelanwendung	1–3
1.2 Das *Framework* im Kontext von IAS 8 und IAS 1	4
2 Anforderungen an die Rechnungslegung	5–54
2.1 Ziele und Bestandteile des Abschlusses	5–7
2.2 *Framework* und IFRS-Rechnungslegung im Vergleich zum HGB	8–43
2.2.1 Ebenen eines Vergleichs	8–9
2.2.2 Konzeptionelle Basis	10–18
2.2.3 Umsetzung der Basiskonzepte in Einzelregelungen	19–25
2.2.4 Bilanzierungspraxis – Sollen und Sein	26–43
2.3 *Rule- and principle-based accounting*	44–54
3 Anwendung des IFRS-Regelwerks in der Praxis	55–82
3.1 Überblick	55–56
3.2 Auf einen IFRS-Abschluss anwendbare Regeln	57–62
3.3 Vorbehalte der Regelanwendung	63–77
3.3.1 *Materiality*, Kosten-Nutzen-Abwägung, *fast close*	63–69
3.3.2 *True and fair presentation*	70–77
3.4 Regelungslücken, insbesondere Anwendung amerikanischer Vorschriften	78–81
3.5 *Substance over form*	82
4 Definitionen, Ansatz und Bewertung von Abschlussposten	83–122
4.1 Überblick	83–86
4.2 Die abstrakte Bilanzierungsfähigkeit	87–101
4.2.1 Vermögenswerte *(assets)*	87–92
4.2.2 Schulden *(liabilities)*	93–95
4.2.3 Vergleich zum HGB	96–101
4.3 Eigenkapital *(equity)*	102
4.4 Grundlagen der Bewertung	103–106
4.4.1 Ausgangsgrößen	103
4.4.2 Sonderbewertungsvorschriften in einzelnen IFRS	104
4.4.3 Folgebewertungen	105
4.4.4 Zwischen Anschaffungskosten- und *fair-value*-Konzept	106
4.5 Erfolgswirksame Positionen, Ergebnis	107–121
4.5.1 Überblick	107
4.5.2 Definitionen	108–118

	4.5.3 Kapitalerhaltungskonzeptionen	119–121
4.6	Statische und dynamische Bilanzierung: *asset liability* vs. *revenue expense approach*	122
5	IFRS für den Mittelstand	123
6	Rechtsentwicklung	124
7	Zusammenfassende Praxishinweise	125

Schrifttum: ANTONAKOPOULOS, Würdigung der Erfolgsbehandlung nach IFRS anhand der Neubewertung nach IAS 16, PiR 2005, S. 104ff.; BAETGE/ ZÜLCH/METENA, Fair Value-Accounting, StuB 2002, S. 365; BALLWIESER, Informations-GoB – auch im Lichte von IAS und US-GAAP, KoR 2002, S. 115ff.; BRÜCKS/RICHTER, Business Combination (Phase II), KoR 2005, S. 407; BUSSE VON COLBE, Die deutsche Rechnungslegung vor einem Paradigmenwechsel, ZfbF 2002, S. 159; ENGEL-CIRIC, Einschränkung der Aussagekraft des Jahresabschlusses nach IAS durch bilanzpolitische Spielräume, DStR 2002, S. 780; ERNST & YOUNG, International GAAP 2005, Global Edition 1, Kap 2; EULER, Paradigmenwechsel im handelsrechtlichen Einzelabschluss: Von den GoB zu den IAS?, BB 2002, S. 875; FASB, SFAC 2, Qualitative Characteristics of Accounting Information; FELD, IAS und US-GAAP, Aktuelle Unterschiede und Möglichkeit zur Konvergenz, WPg 2002, S. 1025; HOFFMANN/LÜDENBACH, Beschreiten wir mit der Internationalisierung den Königsweg?, DStR 2002, S. 871ff.; HOFFMANN/ LÜDENBACH, Internationale Rechnungslegung: Kapitalmarkt- oder managerorientiert? StuB 2002, S. 541ff.; KLEY, Die Fair Value-Bilanzierung in der Rechnungslegung nach den IAS, DB 2001, S. 2257ff.; KAMPMANN/ SCHWEDLER, Zum Entwurf eines gemeinsamen Rahmenkonzepts von FASB und IASB, KoR 2006, S. 521ff.; KÜTING/GATTUNG, Der Principle Override nach IFRS – vom Mythos einer fairen Rechnungslegung, PiR 2006, S. 33ff. und S. 49ff.; KÜTING/WEBER/BECKER, Fastclose-Beschleunigung der Jahresabschlusserstellung, StuB 2004, S. 1; LÜDENBACH, IFRS, 4. Aufl., 2005; LÜDENBACH, Zusammenfassung einer Verbindlichkeit und eines Swap zu einem einigen Bilanzierungsobjekt, PiR 2005, S. 95ff.; LÜDENBACH/ HOFFMANN, Enron und die Umkehrung der Kausalität bei der Rechnungslegung, DB 2002, S. 1169ff.; LÜDENBACH/HOFFMANN, Imparitätische Wahrscheinlichkeit, Zukunftswerte im IAS-Regelwerk, KoR 2003, S. 5ff.; LÜDENBACH/HOFFMANN, Vom Principle-based zum Objective-oriented Accounting, KoR 2003, S. 387ff.; MELCHER/PENTER, Konsolidierung von Objektgesellschaften und ähnlichen Strukturen nach US-GAAP, DB 2003, S. 513ff.; NIEHUS, Die IFRS auf Deutsch – Fehler und Unzulänglichkeiten der Übersetzung, DB 2005, S. 2477; RUHNKE/NERLICH, Behandlung von Regelungslücken innerhalb der IFRS, DB 2004, S. 389; SEC, Study Pursuant to Section 108(d) of the Sarbanes-Oxley Act of 2002 on the Adoption by the United States Financial Reporting System of a Principles-Based Accounting System, www.sec.gov/news/studies/principlesbased stand.htm; SCHMIDT, Bewertungsmaßstab bei erstmaliger Erfassung, PiR 2006, S. 65ff.; SCHREIBER,

IFRIC-Verlautbarungen der letzten 18 Monate. Die Interpretationen IFRIC 6 bis IFRIC 10 und ausgewählte Non-Interpretations, BB 2006, S. 1842ff.; SUNDER, Regulatory Competition for Low Cost-of-Capital Accounting Rules, Journal of Accounting and Public Policy, 2002, S. 147ff.; VATER, Fair Value – des Rätsels Lösung?, BBK F.17, S. 3252; WATRIN/STROHM, Principles-based Standards – Paradigmenwechsel der US-Rechungslegung? KoR 2006, S. 123ff.; ZÜLCH, Die Rechnungslegungsnormen des IASB, PiR 2005, S. 1ff.

Vorbemerkung
Die folgende Kommentierung bezieht neben dem *Framework* auch IAS 1 und IAS 8 ein, um wesentliche Fragen der Regelanwendung *(materiality, true and fair presentation* usw.), welche die IFRS fragmentiert in diesen Standards behandeln, in ihrem sachlichen Zusammenhang zu erläutern (Rz 55ff.).
Die Kommentierung berücksichtigt alle bis zum 1.1.2007 verabschiedeten Änderungen, Änderungsentwürfe, Ergänzungen und Interpretationen.

1 Zielsetzung, Regelungsinhalt, Begriffe

1.1 Das *Framework* als Leitlinie für Regelsetzung und Regelanwendung

Das Regelwerk des IASB besteht aus drei Kernelementen (Rz 57): 1
- Die **Einzelstandards** – IAS bzw. IFRS – enthalten die Regeln zu Ansatz, Bewertung, Ausweis und Erläuterung der Posten der Rechnungslegung.
- Diese Standards werden in **Detailfragen** ergänzt durch Interpretationen – SIC bzw. IFRC – sowie ggf. durch *Application* und *Implementation Guidances*.
- Das *Framework* (Rahmenkonzept) enthält übergreifende Überlegungen zum Zweck und zu Grundanforderungen der Rechnungslegung sowie zur Definition der Gegenstände der Rechnungslegung (Bilanzierungsobjekt usw.).

Die übergreifenden Überlegungen des *Framework* sollen gem. F.1 in verschiedener Hinsicht als **Leitlinie** dienen: 2
- dem **Regelgeber** bei der Entwicklung der Einzelstandards,
- dem **Bilanzersteller und Abschlussprüfer** bei der Anwendung der Einzelstandards sowie der Lösung noch ungeregelter Fragen,
- dem **Abschlussadressaten** bei der Interpretation von Abschlüssen.

Im Rahmen dieser Zielsetzung behandelt das *Framework* zwei **große Regelungsbereiche**: 3
- die **konzeptionelle Basis** der Rechnungslegung, d. h. ihre Ziele, Grundannahmen, Anforderungen in F.12-46 und 102-110 (Rz 5ff.),
- die **Definitions-, Ansatz- und Bewertungskriterien** der Abschlussposten in F.47-101 (Rz 83ff.).

Im ersten Bereich geht es etwa um das Prinzip der **Entscheidungsnützlichkeit** *(decision usefulness)* oder um die Rolle des **Vorsichtsprinzips**. Der **zweite** Bereich behandelt z. B. die Frage, was einen **Vermögenswert** oder eine **Schuld** definiert, wann sie konkret **bilanzierungs**fähig sind und welche Maßstäbe für ihre **Bewertung** in Frage kommen.

Für beide Bereiche stellt sich das **Verhältnis zu den Einzelregelungen**, d. h. den Standards (IAS/IFRS) und den Interpretationen (SIC/IFRIC), wie folgt dar:
- Das *Framework* legt **Prinzipien** und **Maximen** fest.
- Die Einzelregelungen **konkretisieren** diese, sie gehen als spezielleres Recht dem *Framework* vor (F.2).

1.2 Das *Framework* im Kontext von IAS 8 und IAS 1

4   Die Anwendung des IFRS-Regelwerks im konkreten Abschluss steht unter zahlreichen Vorbehalten. Regeln brauchen z. B. nicht auf **unwesentliche** Sachverhalte (Rz 65ff.) angewandt zu werden. Umgekehrt dürfen sie nicht angewendet werden, wenn damit eine tatsachengetreue Darstellung verfehlt würde. Diese Vorbehalte der Regelanwendung werden teils im *Framework*, teils in IAS 1 und in IAS 8 formuliert und konkretisiert. In der Bilanzierungspraxis muss aber der sachliche Zusammenhang beachtet werden. Unsere Kommentierung folgt diesem Sachgedanken und bezieht unter Rz 55ff. die überlappenden Regelungen aus IAS 1 und IAS 8 ein (→ § 24 Rz 4).

2 Anforderungen an die Rechnungslegung

2.1 Ziele und Bestandteile des Abschlusses

5   Als **Zielsetzung des Jahresabschlusses** wird im *Framework* die Befriedigung von **Informations**bedürfnissen durch **entscheidungsnützliche** Informationen definiert *(decision usefulness;* F.12ff.). Hierbei wird ein Gleichklang des Informationsbedürfnisses von Anteilseignern, Darlehensgebern, Öffentlichkeit usw. unterstellt (F.10). Das im Juli 2006 vorgelegte Diskussionspapier zu einem neuen, mit US-GAAP abgestimmten Rahmenkonzept (Rz 124) geht in dieser Hinsicht etwas differenzierter vor. Potenzielle und aktuelle Fremd- und Eigenkapitalgeber werden als primäre Adressaten bestimmt. Deren Informationsinteresse sei auf die Fähigkeit des Unternehmens zur Generierung zukünftiger Zahlungsüberschüsse gerichtet. Dieses Interesse sei mittelbar auch für weitere Adressatengruppen ausschlaggebend (DP Conceptual Framework OB 12 und BC1.15ff).

6   Als entscheidungsnützlich gelten dem derzeitigen *Framework* Informationen über
- die **Finanzlage**, dargestellt insbesondere in der **Bilanz** (→ § 2),
- die **Ertragslage** *(performance)*, dargestellt insbesondere in der **GuV** (→ § 2), und

- die Änderung der Finanzlage, dargestellt insbesondere in der **Kapitalflussrechnung** (→ § 3).

Ergänzt werden diese drei Kernelemente des Jahresabschlusses durch
- die *notes and disclosures* (**Anhang;** → § 5) sowie
- eine **Eigenkapitalveränderungsrechnung** (→ § 20),

bei **börsennotierten** Unternehmen außerdem durch
- einen **Segmentbericht** (→ § 36) und
- eine **Ergebnis-pro-Aktie**-Darstellung (→ § 35).

2.2 *Framework* und IFRS-Rechnungslegung im Vergleich zum HGB

2.2.1 Ebenen eines Vergleichs

Ein **Vergleich** mit den Konzepten der **handelsrechtlichen** Rechnungslegung erlaubt eine Verdeutlichung des Inhalts und der Bedeutung des *Framework*. Ein solcher Vergleich birgt jedoch zugleich die Gefahr in sich, abstrakt zu bleiben. Unterschiedliche Konzepte müssen nicht zu unterschiedlichen Einzelregelungen führen. Die Konzepte können so unbestimmt sein, dass sie alle möglichen Lösungen zulassen, oder umgekehrt kann die Lösung so zwingend sein, dass sie durch mehrere Konzepte zu begründen ist.

Ein **Beispiel** für die zweite Variante wäre das Niederstwertprinzip *(lower of cost or market)* bzw. die Abschreibung im Vorratsvermögen. Sie lässt sich mit Blick auf den **Gläubigerschutz** und einen niedrigen Vermögensausweis in der Bilanz (HGB) ebenso begründen wie mit Blick auf die zutreffende **Periodisierung** von Wertminderungen in der GuV (IFRS). Die Erläuterung und der Vergleich der **konzeptionellen Basis** bedürfen daher einer Ergänzung um die Erläuterung und den Vergleich der **Einzelregelungen**.

Auch dieser Vergleich bezieht sich noch auf die Normebene. Verglichen wird, was sein **soll**. Die Frage, wie sich dazu verhält, was tatsächlich **ist**, eröffnet eine notwendige **dritte** Möglichkeit der Erläuterung und des Vergleichs. Die nachfolgenden Überlegungen zum **Vergleich mit dem Handelsrecht** bewegen sich demgemäß auf **drei Ebenen:**
- Ebene 1: **konzeptionelle Basis** des Jahresabschlusses (Rz 10f.),
- Ebene 2: Umsetzung in konkrete **Einzelregelungen** (exemplarisch; Rz 19ff.),
- Ebene 3: Bilanzierungspraxis, d. h. **Sein statt Sollen** (Rz 26ff.).

2.2.2 Konzeptionelle Basis

Die **handelsrechtliche Einzelbilanz** soll unter anderem dienen:
- der Ermittlung des ausschüttungsfähigen Gewinns und der Steuern (**Zahlungsbemessungsfunktion**),
- der Information von Gläubigern und Selbstinformation des Managements (**Informationsfunktion**) und

- der Rechenschaftslegung des Managements gegenüber den Aktionären und Gesellschaftern (**Rechenschaftsfunktion**).

11 Eine Pluralität der Bilanzierungszwecke ist dadurch nicht gegeben. Dominierender Zweck der handelsrechtlichen Einzelbilanz ist die Ermittlung und Begrenzung des **ausschüttungsfähigen Gewinns**. Vor diesem Hintergrund spielen **Gläubigerschutz** und **Vorsichtsprinzip** ihre prägende Rolle. Der Kaufmann soll sich eher zu arm als zu reich rechnen. Der Gewinn und damit jedenfalls bei Kapitalgesellschaften der ausschüttungsfähige Betrag soll eher zu niedrig als zu hoch ausgewiesen werden.

12 Der **Zusammenhang** zwischen
- Begrenzung des ausschüttungsfähigen Gewinns,
- Gläubigerschutz und
- Vorsichtsprinzip

ist allerdings **nicht zwingend**.
Die Aktivierungswahlrechte des § 269 HGB (Ingangsetzungsaufwendungen) und des § 274 HGB (aktive latente Steuern) belegen, dass für die Ausschüttungsbegrenzung nicht notwendig der Bilanzansatz begrenzt werden muss. Werden Ingangsetzungsaufwendungen und latente Steuern in der Handelsbilanz aktiviert, so ist ein entsprechender Betrag im Eigenkapital gegen **Ausschüttungen zu sperren**. Analoge Regelungen wären auch für den Bereich der Bewertung denkbar. Z. B. könnte man den Ansatz von Wertpapieren zu ihrem über den Anschaffungskosten liegenden Stichtagskurs ohne Gläubigergefährdung erlauben, wenn mit dem Zuschreibungsbetrag eine Ausschüttungssperre einherginge.

13 Überdies entspringt die Annahme, eine vorsichtige Bewertung würde dem Gläubigerschutz am besten entsprechen, einem substanzwertorientierten, **statischen** Ansatz. Wenn sich nach einem bestimmten Normverständnis der Kaufmann eher zu arm als zu reich rechnen soll, so steht damit die **Vermögenslage** im Brennpunkt des Interesses. Die Diskrepanz zur Theorie und Praxis der Unternehmensbewertung ist offensichtlich. Die Bewertung eines Unternehmens konzentriert sich gerade umgekehrt auf Ertragskraft und **Ertragsaussichten**. Bei Kauf- und Investitionsentscheidungen über ein Unternehmen spielt der Ertrags- oder DCF-Wert die entscheidende Rolle, und *cash-flow*-Betrachtungen dominieren die Kreditvergabepraxis. Ein substanzwertorientiertes Vorsichtsprinzip kann vor diesem Hintergrund kaum noch als Instrument des Gläubigerschutzes favorisiert werden.

14 Bereits EUGEN SCHMALENBACH hatte in diesem Sinne argumentiert: Eine **dynamische Bilanz**, die nicht den Vermögensstatus in den Mittelpunkt stelle, sondern einen vergleichbaren **Periodenerfolg**, genüge nicht nur der Selbstinformation des Kaufmanns, sondern auch den Gläubigerschutzerfordernissen am besten. Da nur ein nachhaltiger Periodenerfolg die Liquidität der Unternehmung sichere, diene eine die Erfolgsentwicklung in den Mittelpunkt stellende Bilanzierung auch den Gläubigern in besserer Weise. Sie setze diese und den Kaufmann in die Lage, rechtzeitig zu erkennen, ob der Betrieb in gleicher

Weise fortgeführt werden könne oder ob gegensteuernde Maßnahmen einzuleiten seien.[1]

Die Grundentscheidungen der **IFRS-Rechnungslegung** fallen stärker zu Gunsten einer so verstandenen **dynamischen Betrachtung** aus. Nicht die Ermittlung und Begrenzung eines ausschüttungsfähigen Gewinns, sondern die Vermittlung **entscheidungsnützlicher Informationen** ist Zweck der IFRS-Rechnungslegung (F.9ff.). Die ökonomischen Entscheidungen der Abschlussadressaten setzen bei der Beurteilung der *cash*-**Generierung** des Unternehmens ein (F.15). Da sich in dieser Hinsicht der Informationsbedarf von Gläubigern nicht grundlegend von dem der Investoren und anderen Bilanzadressaten unterscheiden soll (F.10), kann weder der Gläubigerschutz noch das Vorsichtsprinzip ein übergeordneter Gesichtspunkt sein.

15

Die IFRS-Rechnungslegung kennt vielmehr nur zwei **Basisannahmen:**

16

- das *going-concern*-Prinzip, d. h. die Bewertung zu Fortführungswerten, und
- die **Abgrenzung des periodengerechten Gewinns** (*accrual basis*, F.22).

Der Grundsatz der periodengerechten Gewinnermittlung kann es gebieten, Kursgewinne bei Wertpapieren bereits vor Realisierung auszuweisen oder in Fällen langfristiger Auftragsfertigung Umsatz und Gewinn nicht erst bei kompletter Fertigstellung des Auftrages, sondern kontinuierlich über die Auftragsperioden zu vereinnahmen.

Voraussetzung ist allerdings die hinreichend **zuverlässige** *(reliable)* Ermittlung des Gewinns. Denn um entscheidungsnützlich zu sein, müssen Informationen nicht nur **relevant** (und materiell bedeutsam, F.26), sondern auch **zuverlässig** sein, da sie sonst in die Irre führen können (F.31).

Die Basisgrundsätze des *going concern* und der periodengerechten Gewinnermittlung finden daher im *Framework* ihre Ergänzung in **qualitativen (Zusatz-)Anforderungen** an die Rechnungslegung. Mit **Relevanz** *(relevance)* und **Zuverlässigkeit** *(reliability)* sind zwei qualitative Anforderungen bereits genannt. **Verständlichkeit** *(understandability)* und **Vergleichbarkeit** *(comparability)* sind die beiden anderen Prinzipien dieser Stufe. **Entscheidungsnützlichkeit** setzt, so die Annahme des *Framework*, voraus, dass die Informationen (für den Sachverständigen) eingängig sind (F.25) und dass Rechnungslegungsnormen im Zeitablauf konsistent und von verschiedenen Unternehmen gleichartig angewendet werden (F.39). Auf diese Weise können reale Trends identifiziert und von einer Änderung der Rechnungslegungsmethoden unterschieden werden. Hierzu Abbildung 1:

17

---

[1] SCHMALENBACH, Grundlagen dynamischer Bilanzlehre, ZfHF 1919, S. 1ff. u. S. 55ff.

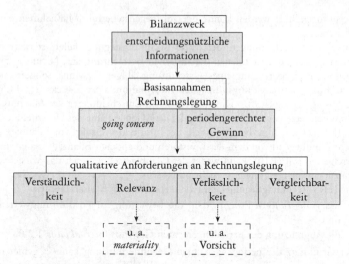

Abb. 1: *Framework:* **Bilanzzweck, Basisannahmen, qualitative Anforderungen**

18 Das die handelsrechtliche Rechnungslegung dominierende **Vorsichtsprinzip** spielt im IFRS-System erst auf einer weiter nachgelagerten Stufe eine Rolle. Zur Verlässlichkeit/**Zuverlässigkeit** *(reliability)* (und damit Entscheidungsnützlichkeit) von Informationen gehört deren **neutrale**, zum Beispiel möglichst wenig von Wahlrechten und Ermessensentscheidungen geprägte und, soweit Ermessen und Beurteilungen unvermeidlich sind, **vorsichtige** Ermittlung (F.36f.).

Vorsicht bedeutet in diesem Zusammenhang nur: Bei notwendigen **Schätzungen**, etwa in Fragen der Werthaltigkeit von Forderungen oder in Fragen der Lebensdauer von Anlagen oder der Bildung von Rückstellungen, dürfen Aktiva und Erträge nicht zu hoch, Verbindlichkeiten und Aufwendungen nicht zu niedrig angesetzt werden. Vorsicht soll also die **Methode** der Schätzung und Ermessensausübung leiten. Das Vorsichtsprinzip erlaubt hingegen nicht die **bewusste** Unterbewertung von Aktiva oder Erträgen usw. Derartige Bilanzen würden keine neutralen und damit auch keine zuverlässigen und somit auch keine entscheidungsnützlichen Informationen vermitteln (F.37).

Ob eine solche bewusste „Niedrigbewertung" mit dem HGB kompatibel ist, kann hier unentschieden bleiben. Jedenfalls unterliegt die HGB-Rechnungslegungswelt in weitem Umfang den gleichen Schätzungserfordernissen wie diejenige nach den Regeln der IFRS.

Das im Juli 2006 vorgelegte Diskussionspapier zu einem neuen Rahmenkonzept (Rz 124) sieht zwei Änderungen am vorstehend beschriebenen Konzept vor:

- Die qualitative Anforderung der Verlässlichkeit *(reliability)* wird durch die der glaubwürdigen Darstellung *(faithful presentation)* ersetzt. Eine inhaltliche Änderung soll damit nicht verbunden sein, lediglich ein uneinheitlich verwendeter Begriff durch einen präziseren ersetzt werden (DP QC.58 und BC.26ff.). Ob diese Präzision tatsächlich gegeben ist, mag man bezweifeln.
- Das Vorsichtsprinzip wird (formell) aufgegeben, da es mit der Anforderung der Neutralität nicht vereinbar sei (DP QC.28). Noch unklar sind die Konsequenzen dieser Einsicht. Vorräte etwa sind nach bisherigem IAS 2 mit Anschaffungs-/Herstellungskosten oder mit dem niedrigeren Stichtagswert anzusetzen (→ § 17 Rz 4). Soll zukünftig auch der höhere Stichtagswert anzusetzen sein?

2.2.3 Umsetzung der Basiskonzepte in Einzelregelungen

Der bisher dargestellte Kontrast von HGB und IFRS bezieht sich auf die **konzeptionelle** Basis. Verlässt man diese Ebene und richtet das Augenmerk auf die **konkreten** Regelungen, so relativieren sich die Unterschiede weiter. Am deutlichsten wird dies am Umgang mit dem **Imparitätsgedanken**.

In der konzeptionell vom Vorsichtsprinzip geprägten **handelsrechtlichen** Rechnungslegung spielt der **Imparitätsgedanke** eine tragende und durchgängige Rolle:

- Verbindlichkeiten sind auch dann zu passivieren, wenn eine Inanspruchnahme ungewiss ist, Forderungen erst dann zu aktivieren, wenn sie gewiss sind.
- Drohende Verluste aus schwebenden Geschäften sind zurückzustellen, Gewinne erst zu berücksichtigen, wenn der Schwebezustand des betreffenden Geschäfts beendet ist.
- Passive latente Steuern unterliegen einem Bilanzierungsgebot, aktive latente Steuern einem Aktivierungswahlrecht, das überdies nur insoweit ausgeübt werden kann, wie die Realisierung der latenten Steuerentlastung in hohem Maße wahrscheinlich ist.

Im *Framework* haben das **Vorsichtsprinzip** und der **Imparitäts**gedanke hingegen nur eine **untergeordnete** Bedeutung. In der Frage der konkreten Bilanzierungsfähigkeit wird nicht zwischen Vermögenswerten und Schulden unterschieden. In beiden Fällen kommt es auf die **Wahrscheinlichkeit** *(probable)* des mit dem Vermögenswert oder den Verbindlichkeiten verbundenen *in-* oder *outflow* von **Nutzen** an (F.83). Die Anforderungen des *Framework* an die **Wahrscheinlichkeit** bleiben jedoch **dunkel**. Es wird eher tautologisch darauf hingewiesen, dass Wahrscheinlichkeit etwas mit Ungewissheit zu tun hat: *„The concept of probability is used in the recognition criteria to refer to the degree of uncertainty that the future economic benefits associated with the item will flow to or from the enterprise"* (F.85).

Konkreter sind in dieser Hinsicht z. T. die Ausführungen der Einzelstandards, etwa wenn IAS 37.16 die für die Rückstellungsfähigkeit zu fordernde **Wahr-**

scheinlichkeit in Form einer 51 %-Regel *(more likely than not)* normiert (→ § 21 Rz 32ff.), während für den Ansatz von Vermögenswerten Gewissheit oder Quasi-Gewissheit *(certain or virtually certain)* verlangt wird (IAS 37.33). In der Konkretisierung der Einzelstandards tritt jedoch an die Stelle der konzeptionell im *Framework* vorgesehenen Gleichbehandlung von Vermögenswerten und Verbindlichkeiten eine differenzierte, **teils widersprüchliche Imparitätsregel:**[2]

- Ein **explizites Imparitätsprinzip** findet sich hinsichtlich der konkreten Bilanzierungsfähigkeit in IAS 37. Dort wird die für eine Aktivierung notwendige Wahrscheinlichkeitsschwelle höher gesetzt als die vergleichbare Schwelle für die Passivierung (→ § 21 Rz 100).
- **Implizite Imparitätsanforderungen** finden sich auf Bewertungsebene, indem gemäß IAS 11.32 Verluste aus Fertigungsaufträgen sofort in voller Höhe, Gewinne hingegen nur nach Auftragsfortschritt zu realisieren (→ § 18 Rz 36ff.), passive latente Steuern gemäß IAS 12.24 in voller Höhe, aktive hingegen gemäß IAS 12.29a nur nach Maßgabe ihrer wahrscheinlichen Realisierung zu erfassen sind (→ § 26 Rz 48).
- Ein **Verzicht auf Imparität** kennzeichnet hingegen die Bilanzierung von schwebenden Finanzgeschäften (Finanzderivaten), indem dort nicht mehr zwischen Aktiva und Passiva differenziert wird (→ § 28 Rz 193).

23 Insgesamt liefert das IFRS-Regelwerk **divergierende** Antworten auf die **Imparitätsfragen**, die sich im Umgang mit Ungewissheiten stellen. Dabei mag die **Inkonsistenz** zwischen paritätischen *Framework-* und imparitätischen Einzelregelungen ebenso noch angehen wie die Tatsache, dass einer expliziten imparitätischen Behandlung der Rückstellung dem Grunde nach ein nur impliziter imparitätischer Umgang mit dem Ungewissheitsproblem bei der Bewertung von Rückstellungen, latenten Steuern und Fertigungsaufträgen gegenübersteht. Eine konzeptionelle Inkonsistenz auf der Ebene der Einzelregelungen entsteht jedoch, wenn im Falle des *fair value* von Finanzinstrumenten das Imparitätsprinzip aufgegeben und nicht mehr zwischen Aktiva und Passiva differenziert wird.

24 In **statischer Betrachtung**, also nach Maßgabe des Ist-Zustandes, weist also das IFRS-Regelwerk **Inkonsistenzen** zwischen *Framework* und Einzelregelungen und innerhalb der Einzelregelungen selbst auf.

25 Eine **positive** Interpretation ist nur in **dynamischer Sicht** möglich. Das *Framework* ist keine Beschreibung des Ist-Zustandes des IFRS-Regelwerks. Es enthält im Sinne einer **Präambel** Absichten und Richtungsvorgaben, an denen sich der Board bei der Entwicklung weiterer Regeln (F.1a) und die Anwender bei der Lösung noch ungeregelter Fragen (F.1d und e) im Zweifel orientieren sollen. Die Grenzen einer solchen Orientierung sieht der *Board* selbst, wenn er auf Konflikte zwischen Einzelstandards und *Framework* hinweist und auf sein

---

[2] Vgl. LÜDENBACH/HOFFMANN, KoR 2003, S. 5.

Bemühen, „die Zahl der Konfliktpunkte zwischen diesem Rahmenkonzept und den *International Accounting Standards* mit der Zeit (zu) verringern" (F.3). Ob diese Hoffnung auf Basis des gegenwärtigen *Framework* erfüllt werden kann, mag dahinstehen.[3]

2.2.4 Bilanzierungspraxis – Sollen und Sein

Das *Framework* beschreibt eher Ziel- als Ist-Zustände. Dementsprechend ist auch die Aussage, IFRS sei informations- und kapitalmarktorientiert, das HGB dagegen gläubigerorientiert, zunächst nur ein (möglicher) Befund zu **Regelunterschieden** und nicht notwendigerweise eine Beschreibung der **Rechnungslegungswirklichkeit**. 26

Mit der Qualifizierung der internationalen Rechnungslegung als kapitalmarktorientiert geht implizit oder explizit die **Behauptung** einher, die handelsrechtliche Bilanzierung sei der internationalen Rechnungslegung mindestens insofern unterlegen, als sie dem Kapitalmarkt **weniger** (Quantität) oder **schlechtere** (Qualität) Informationen liefere. Diese Behauptung soll nachfolgend untersucht werden.[4] 27

Die **quantitative** Annahme wird dabei nicht weiterverfolgt. Sie würde u. a. zuverlässige empirische Aussagen über das tatsächliche (nicht das selbst eingeschätzte) Informationsverarbeitungsverhalten der Kapitalmarktteilnehmer voraussetzen. Dabei müsste zwischen verschiedenen Gruppen von Kapitalmarktteilnehmern unterschieden[5] und auch das Problem der Verständlichkeit und des *information overload*[6] (Rz 68) ins Auge gefasst werden. 28

Hinsichtlich der **Qualität** der Information können die Kriterien aus dem *Framework* herangezogen werden. Die Überlegenheit der internationalen Rechnungslegung müsste darin ihren Ausdruck finden, dass ihre Informationen relevanter, verlässlicher, vergleichbarer sind oder dass – bezogen auf die Bilanzpolitik – die internationale Rechnungslegung stärker die Möglichkeiten des Managements beschränkt, irrelevante, unzuverlässige oder nicht vergleichbare Informationen zu liefern. 29

---

[3] Kritisch z. B. ERNST & YOUNG, International GAAP 2005, S. 89, die im gegenwärtigen Framework hauptsächlich eine Ex-post-facto-Rechtfertigung schon getroffener Entscheidungen sehen.

[4] Vgl. HOFFMANN/LÜDENBACH, StuB 2002, S. 541ff.

[5] Vgl. FASB, SFAC 2, Qualitative Characteristics of Accounting Information, §§ 40ff., wo z. B. understandability als user-specific quality beschrieben wird.

[6] Aufschlussreich hinsichtlich der Kontraproduktivität zu vieler Informationen z. B. die Ausführungen in IAS 32.45: „Determination of the level of detail to be disclosed about particular financial instruments is a matter for the exercise of judgement ... It is necessary to strike a balance between overburdening financial statements with excessive detail that may not assist users of financial information and obscuring significant information as a result of too much aggregation." Eine ähnliche Aussage enthält IFRS 6 BC.52b (→ § 42 Rz 28).

30 Dabei scheint das **Relevanzkriterium** allerdings wegen des unvermeidlich hohen Abstraktionsgrades und der zum Teil zirkulären Begriffszüge[7] am wenigsten geeignet, konkrete Qualitätsvergleiche vorzunehmen. Dem Grunde nach handelt es sich eher um eine **Maxime**, einen Leitgedanken jeder ergebnisorientierten Kommunikation, als um eine konkrete Anforderung an die Rechnungslegung. Ansichten über das, was konkret als bilanzierungs-, wert- oder ausweisrelevant gilt, unterliegen überdies im Zeitablauf starken Änderungen.

31 Ein Qualitätsvergleich fokussiert damit auf die zwei eng verbundenen Kriterien der **Zuverlässigkeit** und **Vergleichbarkeit**. Im Sinne von F.31ff. ist unter Zuverlässigkeit *(reliability)* eine von materiellen Fehlern und Verzerrungen freie Information zu verstehen (F.31). Auf die Richtigkeit und Ermessensunabhängigkeit kommt es somit an, wobei Verlässlichkeit bzw. Zuverlässigkeit eine graduelle Sache ist: *„It is hardly ever a question of black or white, but rather of more reliability or less."*[8]

32 Mehr Verlässlichkeit führt i. d. R. zugleich zu mehr **Vergleichbarkeit** von Informationen, d. h. zur schon gleich gerichteten oder jedenfalls gleichnamig zu machenden Abbildung gleichartiger Vorgänge an verschiedenen Bilanzierungszeitpunkten (Konsistenz) oder zwischen verschiedenen Unternehmen.

Identifizierbare Ungleichheiten sind, von Kostengesichtspunkten abgesehen, nicht problematisch: Wendet etwa ein Unternehmen die Lifo-Methode für die Vorratsbewertung an und ein anderes die Fifo-Methode, legen aber beide den Stichtagszeitwert offen, so gilt: *„That kind of noncomparability ... is relatively easy to diagnose and with sufficient disclosure, can be rectified by a user of the information."*[9] Aus dieser Sicht ist daher nur zu fordern: *„Users need to be able to identify differences between the accounting policies for like transactions and other events by the same enterprise from period to period and by different enterprises. ... the disclosure of the accounting policy used by the enterprises, helps to achieve comparability"* (F.40).

33 Zurückbezogen auf die **Bilanzpolitik**[10] (→ § 50ff.) ergeben sich hieraus zwei Schlüsse:

- **Echte, stichtagsnachverlagerte Wahlrechte** sind, sofern ihre Ausübung für den sachverständigen Bilanzleser erkennbar ist (vgl. z. B. §§ 284 Abs. 1 u. 2 Nr. 1 und 3, 285 Nr. 5 HGB), zunächst eher ein Kosten- als ein Qualitätsproblem. In arbeitsteiliger Betrachtung wird das Kostenproblem auch in zweiter Linie nicht zum Qualitätsproblem. Zwar würde auch der sach-

---

[7] Vgl. z. B. F.26 mit relevance als Voraussetzung von usefulness und usefulness als Begriffsmerkmal von relevance: „To be useful, information must be relevant to the decision-making needs of users. Information has the quality of relevance when it influences the economic decisions of users ..."

[8] FASB, SFAC 2: Qualitative Characteristics of Accounting Information, § 59.

[9] Ebenda, § 118.

[10] HOFFMANN/LÜDENBACH, StuB 2002, S. 541.

verständige Kleinaktionär eine analytische Aufbereitung zu einer Strukturbilanz usw. aus Kostengründen nicht vornehmen können, die Geschäftszahlen der kapitalmarktorientierten Gesellschaften werden aber regelmäßig von Finanzinstitutionen analysiert und publiziert. In diesem institutionellen Rahmen wirkt der Preis für die Herstellung von Vergleichbarkeit nicht mehr prohibitiv.

- Über die Qualität eines Rechnungslegungssystems für kapitalmarktorientierte Gesellschaften entscheiden deshalb eher das Maß der **unechten Wahlrechte** und die Anreize, die das System für **stichtagsvorverlagerte Wahlrechte** setzt.

Exemplarisch lassen sich diese Schlussfolgerungen wie folgt darstellen: 34
- Die Ausübung echter Wahlrechte ist **leicht erkennbar** und verfehlt deshalb die gewünschte Informationswirkung. Wer in ertragsschwachen Zeiten dazu übergeht, Aufwendungen für die Erweiterung des Geschäftsbetriebs zu aktivieren oder Anlagegüter nicht mehr degressiv abzuschreiben oder erstmalig von Gliederungserleichterungen Gebrauch zu machen, muss dies in Bilanz und Anhang zeigen. Er bringt bei den Kapitalgebern erst recht die Alarmglocken zum Klingen.
- Wer die Grenze zwischen Instandhaltung und Herstellung anders zieht als in früheren Jahren, die Gemeinkostenzuschläge der Erzeugnisse höher als zuvor einschätzt, notleidende Kundenforderungen gegenüber verbundenen Unternehmen debitorisch ausweist, kann dies hingegen **weitgehend unbemerkt** tun. Lästige Fragen werden vermieden. Mit **unechten Wahlrechten** lässt sich geräuschlose und demzufolge auch **effiziente Bilanzpolitik** betreiben.

Einige für die **Bilanzanalyse** (→ § 51 Rz 47ff.) zentrale Elemente des Jahresabschlusses – wie der Entwicklungstrend der Umsätze, die Höhe der Perioden- und Stichtagsliquidität, die EK-Quote usw. – lassen sich stichtagsnachverlagert nur noch in Grenzen beeinflussen. Eine **vorverlagerte** Bilanzpolitik (→ § 51 Rz 10ff.) (Sachverhaltsgestaltung), die über Käuferincentives Umsätze vorverlagert, über den Abbau strategischer Vorräte operativen *cash flow* und Stichtagsliquidität schafft, über die Auslagerung von Schulden auf nicht konsolidierungspflichtige *special purpose entities* die Bilanzsumme senkt und damit die Eigenkapital-Quote erhöht, kann diese Grenzen transzendieren, und zwar weitgehend ohne sich als Bilanzpolitik zu erkennen geben und damit die Wirkung konterkarieren zu müssen. 35

Für den **Vergleich** von HGB und IFRS ist also primär zu fragen, ob das eine System unechte Wahlrechte und stichtagsvorverlagerte Gestaltungen mehr begünstigt als das andere. 36

Hinsichtlich der **unechten Wahlrechte** ist eine eindeutige Antwort kaum möglich. Zum einen ist jedes rechtliche Regelungssystem, die internationale Rechnungslegung ebenso gut wie die handelsrechtliche, mit dem **Kategorisie-** 37 rungs- und Subsumtionsproblem konfrontiert.[11] Ob Aktien handelsrechtlich noch Anlagevermögen (gemildertes Niederstwertprinzip) oder schon Umlaufvermögen (strenges Niederstwertprinzip), ob sie nach internationaler Rechnungslegung noch *available for sale* oder schon *trading* sind (→ § 28 Rz 145 und 150), ist wie unzählige andere Fragen ermessensabhängig: „*Financial reporting often results from approximate rather than exact, measures involving numerous estimates, classifications, summarizations, judgements, and allocations.*"[12] Insoweit nehmen sich die Systeme grundsätzlich nichts, und wo sie sich unterscheiden, etwa beim höheren Detaillierungsgrad der angelsächsischen Regeln, ist dieses Mehr eine zweischneidige Sache, weil mehr Einzelfallgerechtigkeit unter realen, d. h. politisch-lobbyistischen, Bedingungen auch mehr Zufälligkeit der Ergebnisse bedeutet.

38 Neben der allgemeinen **Ermessensproblematik**, die sich wie in jedem rechtlichen Regelungssystem auch bei der Bilanzierung stellt, erwachsen der Rechnungslegung besondere Probleme aus dem Erfordernis der **Bewertung** der subsumierten Sachverhalte. Jedes Rechnungslegungssystem kennt eine Reihe von Bewertungssachverhalten, bei denen ein hoher Grad an Ermessen erforderlich ist. Wie, d. h. mit welchen Methoden und vor allem mit welchen Prämissen, im Falle nicht marktnotierter Aktien der handelsrechtliche Niederstwert oder der IFRS-*fair-value* zu bestimmen ist, entzieht sich weitgehend objektiver Festlegung. Als Objektivitätsvorteil des HGB mag insofern allerdings die Begrenzung nach oben durch das **Anschaffungskostenprinzip** gelten. Auf diese Weise ist das Intervall, in dem Bewertungsmanipulationen vorgenommen werden können, nicht nur nach unten (null), sondern auch nach oben (Anschaffungskosten) eingegrenzt, während es im *fair-value*-Ansatz nach oben offen ist.

39 Deutlicher ist genau in dieser Hinsicht die Begünstigung **stichtagsvorverlagerter Gestaltung** durch die internationale Rechnungslegung. Der methodische Ansatz der internationalen Rechnungslegung ist ein sog. *mixed model* (Rz 106). Einige Sachverhalte, z. B. Sachanlagevermögen wie Pipelines, Stromleitungen usw., unterliegen dem Anschaffungskostenprinzip, andere Sachverhalte, z. B. Derivate, der *fair-value*-Bewertung und damit bei Fehlen notierter Marktpreise der nach oben weit offenen Manipulationsgefahr. Aus der Sicht eines Managements, das kurz- bis mittelfristige Erfolge versprochen hat, ist daher das *mixed model* ein System, das bestimmte Gestaltungen (Investments in Derivate usw.) gegenüber anderen Gestaltungen (Investments in Pipelines usw.) prämiert. Im deutschen Rechtskreis sind derartige „Prämierungen" bislang nur auf dem Gebiet der Steuerbilanz bekannt. Wenn West-Immobilien anders bewertet werden als Ost-Immobilien (Prämierung durch Sonderabschreibungen), führt dies zur **Umkehrung der Kausalität**: Nicht der Ort der Immobilieninvestition entscheidet über ihre Bewertung, sondern die Bewertung entscheidet über den Ort der Investition.

---

[11] Ausführlich: HOFFMANN/LÜDENBACH, DStR 2002, S. 871ff.
[12] FASB, SFAC 2, Qualitative Characteristics of Accounting Information, § 64.

Der Bundesverband Deutscher Banken erkennt in seiner Stellungnahme zur Umsetzung der EU-*fair-value*-Richtlinie in deutsches Recht ähnliche Gefahren eines *mixed model*. Der Bundesverband wendet sich gegen den *fair-value*-Ansatz auch für Derivate:
„Die bisherigen Erfahrungen mit IAS 39 zeigen, dass dies zu erheblichen Ergebnisverzerrungen und damit zu Verwirrung bei den Kapitalmarktteilnehmern führt. Darüber hinaus entstehen in den Unternehmen bei der Ergebnissteuerung Zielkonflikte, die die Aufgabe der Rechnungslegung, geschäftliche Aktivitäten adäquat abzubilden, in Frage stellt. Es entsteht die Gefahr, dass die dienende Funktion der Rechnungslegung in eine Gestaltungsfunktion mutiert, die selbst Realitäten schafft."[13] Etwa in der Weise (wie bei Enron), dass ein Management nicht mehr in bilanzpolitisch-unattraktive Pipelines, sondern in über Volatilitätsannahmen und andere Parameter bilanzpolitisch leicht beeinflussbare Derivate investiert.[14]

40

Die mit dem Begriff der **kapitalmarktorientierten Rechnungslegung** implizit oder explizit einhergehende Behauptung einer **höheren Qualität** der internationalen gegenüber der handelsrechtlichen Bilanzierung ist unbewiesen. In Teilen beruht sie auf einer **Verwechslung von Sollen und Sein**. In Teilen resultiert sie aus einer lehrbuchartigen Fokussierung auf echte und **stichtagsnachverlagerte Wahlrechte**, während die Praxis der Bilanzpolitik von **unechten** und **stichtagsvorverlagerten** Gestaltungen lebt (im Einzelnen → § 50 Rz 4ff.).

41

In Teilen ergibt sie sich schließlich aus einer Ausklammerung des **menschlichen Faktors**, des zum Eigentümerinteresse in Konflikt stehenden Managerinteresses. Zu diesem **Interessenkonflikt** sind im Gefolge der neoinstitutionalistischen Finanzierungstheorie und der *agency*-Theorie viele gewichtige Konzepte entwickelt worden. Insbesondere die *shareholder- value*-Doktrin hat bis hin zu Änderungen des Aktienrechtes *(stock options)* eine große Wirkung gehabt. Die Implikationen für die Bilanz- und Bilanzpolitiklehre sind bisher eher stiefmütterlich behandelt worden. Tatsächlich aber ist die Bilanz das **Medium**, mit dem das Management unter realen Bedingungen mittelfristige und vorübergehende **Marktwertsteigerung** auf Kosten langfristiger Eigentümerinteressen betreiben kann. Aus der Sicht der neoinstitutionalistischen Finanzierungstheorie wäre daher c. p. jenes Rechnungslegungssystem zu bevorzugen, das den Gestaltungsspielraum des Managements geringer hält, möglichst **wenig subjektive** und möglichst **viele objektive** Bewertungsmaßstäbe vorsieht, z. B. also Investments in Sachanlagen nicht gegenüber Finanzinvestments prämiert.

42

Gemessen an diesen Kriterien weist die internationale Rechnungslegung im Vergleich zur handelsrechtlichen einige gravierende **Defizite** auf. Eine offene Frage ist, ob diese Defizite durch korrespondierende Vorteile aufgewogen oder gar überkompensiert werden.

43

---

[13] Das Zitat ist der Stellungnahme auf der Homepage des DRSC entnommen. Ähnlich KLEY, Die Fair Value-Bilanzierung nach IAS, DB 2001, S. 2257ff.
[14] Vgl. LÜDENBACH/HOFFMANN, DB 2002, S. 1169ff.

Lüdenbach/Hoffmann

2.3 Rule- and principle-based accounting

44 In der Folge von Enron und verschiedenen anderen US-Skandalen ist das stark **kasuistische** System der US-GAAP in Kritik geraten. Wie diese Skandale – ebenso aber beständig z. B. das Steuerrecht – zeigen, laden kasuistische Regeln zur gezielten **Umgehung** ein. Wenn eine *special purpose entity*, die Schulden und Risiken übernommen hat, bei fehlender Mehrheitsbeteiligung nur dann konsolidiert werden musste, wenn die nominellen Mehrheitseigner weniger als 3 % des Gesamtkapitals finanzieren, versuchte man, knapp oberhalb dieser Grenze zu bleiben, um so Verluste und Schulden *off-balance* zu bringen, d. h. im Konzernabschluss nicht mehr zu zeigen.[15]

45 In der angelsächsischen Diskussion wird in solchen Zusammenhängen kritisch auch von einem *cook book accounting* gesprochen. Einzelverbote, die zeigen, was schädlich ist, legen zugleich nahe, welche Kochrezepte gerade noch verdaulich sind. Der IASB hat die auch in den USA aufkommenden **Zweifel** am Sinn kasuistischer Regelungen zunächst genutzt, um als Gegenentwurf zum *case-* oder *rule-based accounting* ein *principle-based accounting* zu propagieren. Vor dem *Committee on Banking, Housing and Urban Affairs* des US-Senats hat der IASB-Chairman am 14. Februar 2002 daher wie folgt argumentiert:[16]

> „*The IASB has concluded that a body of detailed guidance (sometimes referred to as bright lines) encourages a rule-book mentality of ,where does it say I can't do this?'. We take the view that this is counter-productive and helps those who are intent on finding ways around standards more than it helps those seeking to apply standards in a way that gives useful information. Put simply, adding the detailed guidance may obscure, rather than highlight, the underlying principle. The emphasis tends to be on compliance with the letter of the rule rather than on the spirit of the accounting standard.*"

Das damit propagierte Konzept des *principle-based accounting* hat inzwischen weiten Widerhall gefunden. Sowohl der FASB[17] als amerikanisches Pendant zum IASB, also auch die SEC[18], und der Deutsche Standardisierungsrat[19] haben sich des Themas mit unterschiedlichen Hoffnungen und Befürchtungen angenommen. Die Unterschiede rühren erkennbar auch aus divergierenden Begriffsverständnissen. Die wesentlichen Interpretationen lassen sich anhand von Abbildung 2 kurz wie folgt unterscheiden:

---

[15] Die 3-%-Regel ist – nach Enron – aufgehoben worden. Zu den neuen Vorschriften der FASB Interpretation No. 46, Consolidation of Variable Interest Entities, MELCHER/PENTER, DB 2003, S. 513ff.

[16] www.iasc.org.uk unter Archive 2002/Speeches.

[17] FASB, Proposal: Principle-Based Approach to Accounting to U.S. Standard Setting, www.FASB.org.

[18] SEC, Study Pursuant to Section 108(d) of the Sarbanes-Oxley Act of 2002, www.sec.gov/news/studies/principlesbasedstand.htm.

[19] DSR-E, Grundsätze ordnungsmäßiger Rechnungslegung (Rahmenkonzept).

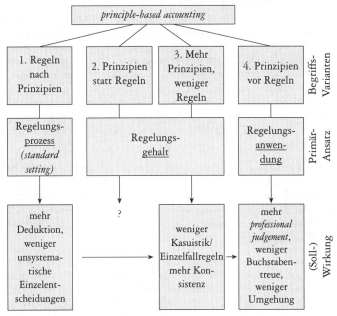

Abb. 2: *Principle-based accounting*[20]

- **Regeln nach Prinzipien**

Im ersten Strang (Rz 45) „Regeln nach Prinzipien" findet sich die traditionelle deutsche Denkweise der deduktiven Rechnungslegungsregeln wieder. Zustimmung findet dieses Konzept sowohl beim IASB als auch bei den anderen Standardsettern. Das Rechnungslegungssystem soll durch die Abschaffung von Ausnahmen, wozu auch Wahlrechte gehören, an Konsistenz, Einfachheit und Verständlichkeit gewinnen.[21]

- **Prinzipien statt Regeln**

Im zweiten Strang (Rz 45) „Prinzipien statt Regeln" findet sich eine Übereinstimmung im Negativen: Eine solche Lösung ist impraktikabel und deshalb will sie niemand. Mit der Betonung von Vorsicht, Entscheidungsrelevanz, Imparität etc. *allein* sind die praktischen Probleme der Rechnungslegung nicht zu lösen.

---

[20] Quelle: LÜDENBACH/HOFFMANN, KoR 2003, S. 387ff.
[21] So nicht nur FASB, Proposal, sondern z. B. auch E-DRS, Rahmenkonzept, Tz 10, und IAS Framework F.3.

48 • **Mehr Prinzipien, weniger Regeln**

Ohne Kasuistik geht es also nicht, aber diese Kasuistik soll nicht „wild" werden. Der hauptsächliche Diskussionsstoff rankt sich daher um den dritten Strang. Hier betont der IASB, dass im Vergleich zum IFRS-Regelwerk die gegenwärtigen „US-GAAP *tends, on the whole, to be more specific in its requirements and includes much more detailed implementation guidance.*"[22] Eine Forderung nach mehr Prinzipien und weniger Einzelregeln hat allerdings etwas Unverbindliches. Die rechte **Mischung** von Prinzip und Regel, das richtige Maß an Detaillierung lässt sich nicht operational beschreiben. Deutlich wird dies, wenn man die folgende Vorhaltung von SUNDER gegenüber dem FASB näher untersucht:

> *„Instead of writing a rule, which says ‚you shall not steal', the FASB has wrapped itself up in the endless case of listing all the acts and circumstances that might constitute ‚stealing'. It is a loosing game for rule writers. Every rule that covers a new contingency creates a new gap. If you write a rule, ‚you can't steal a shirt', sooner or later someone asks, ‚where does it say you can't steal shirt buttons'."*[23]

49 Die Problemlage ist zutreffend beschrieben. **Schwieriger**, als es der plastische Vergleich von SUNDER nahe legt, ist allerdings die **Lösung**: So sehr eine fallbasierte Rechnungslegung Gefahr läuft, intelligent umgangen zu werden, so sehr ist andererseits ein prinzipienbasiertes System in Gefahr, unverbindlich zu bleiben und allen alles zu erlauben. Greift man in dieser Hinsicht das Beispiel von SUNDER auf, so könnte man drei Normbereiche zunehmender Konkretisierung unterscheiden:

- Obersatz: Schädige und gefährde keinen anderen.
- Mittelsätze: Stiehl nicht. Rase nicht im Verkehr usw.
- Untersätze: Stiehl keine Kleidung, keine Lebensmittel usw., fahre in Ortschaften nicht über 50, auf Landstraßen nicht über 100 usw.

50 Am Beispiel des Stehlens besteht weder für einen Obersatz noch für einen Untersatz ein Bedarf. Das Prinzip der mittleren Ebene ist klar genug. Das Verkehrsbeispiel ist schon komplizierter. Der Mittelsatz ist noch zu unverbindlich: Es muss definiert werden, was Rasen bedeutet, und dies in Abhängigkeit von bestimmten Fällen, also anders für innerörtliche als für Landstraßen oder für Autobahnen. Andererseits können auch 60 km auf der Landstraße bei dichtem Nebel zu schnell sein, weshalb die Straßenverkehrsordnung ihre Einzelregeln zu Recht durch eine Generalnorm ergänzt. Schließlich berücksichtigen das Diebstahl- und Verkehrsbeispiel noch nicht besondere Ausnahmefälle, etwa den Mundraub oder die mit Blaulicht durch den Ort rasende Feuerwehr.

---

[22] IASB, ähnlich FASB, Proposal, S. 8.
[23] SUNDER, Regulatory Competition for Low Cost-of-Capital Accounting Rules, Journal of Accounting and Public Policy, 2002, S. 147ff.

Schon diese kleinen Realitätsausschnitte sind zu komplex, um in ein einfaches Schema von *principle-based* oder *rule-based* gezwängt zu werden. Fast immer ist das eine wie das andere gefordert. Insoweit wird man die beiden Pole nicht als Alternativen denken, sondern nach der richtigen **Mischung** fragen müssen. Wie viel Einzelregelung braucht und wie viel verträgt die Rechnungslegung? Jede allgemeine Antwort scheint falsch, da die richtige Dosis nur fallweise (kasuistisch?) zu finden ist. Hierzu ein Beispiel:

51

> **Beispiel**
> Das *Framework* enthält den Grundsatz „*substance over form*" (F.35). Danach ist der wirtschaftliche und nicht der rechtliche Gehalt eines Geschäftsvorfalls zu würdigen, etwa – entsprechend auch dem Handelsrecht – wirtschaftliches Eigentum zu bilanzieren. Damit ist nur die Bilanzierungsmöglichkeit von **Leasing**gegenständen vorentschieden. Wann sie tatsächlich zu bilanzieren sind, bedarf der Konkretisierung.
> Das HGB verzichtet auf eine solche Konkretisierung und unterwirft damit die handelsrechtliche Praxis faktisch dem Steuerrecht der einschlägigen BMF-Erlasse (→ § 15 Rz 70).
> IAS 17 gibt hingegen Kriterien für die Zurechnung eines Leasinggegenstandes und ist insoweit vordergründig ein Beispiel für eine notwendige Kasuistik. Bei zweiter Betrachtung verzichtet IAS 17 (anders als US-GAAP) auf ganz konkret quantifizierte Kriterien (z. B. der Vertragsdauer relativ zur Nutzungsdauer; → § 15 Rz 31 f.) und liefert stattdessen eher einen Kriterienkatalog, der im Rahmen einer Gesamtwürdigung zu berücksichtigen ist. Der zu beurteilende Einzelfall wird einerseits kaum kasuistisch vorentschieden (Unterschied zu US-GAAP), andererseits aber auch nicht im luftleeren Raum belassen (Unterschied zu HGB), da der Kriterienkatalog die Gesamtwürdigung strukturiert und zeigt, welche Argumente abzuwägen sind.

52

Die Leasingregeln sind eine u. E. relativ gelungene Mischung von Prinzipien und Regeln. Entsprechendes gilt z. B. auch für die *special purpose entities* (→ § 32 Rz 70), bei denen eben nicht ein 3%iges Kochbuch-Rezept geliefert, sondern eine Gesamtwürdigung verlangt wird.
Andere Beispiele aus dem IFRS-Regelwerk sind jedoch **weniger erfreulich**: Im gleichen Zeitraum, in dem die Prinzipienbasierung so vehement betont wurde, hat der IASB eine von Detailregelungen, Ausnahmen und Rückausnahmen durchsetzte Neufassung zu IAS 39 (→ § 28) vorgelegt. Nur vordergründig hat die Neufassung gegenüber der bisherigen Version an Prinzipien gewonnen und an Kasuistik verloren. Die Neufassung ist schlanker geraten. Ursächlich ist aber nicht eine Verminderung der Komplexität der Regeln. Viele bisher im Standard selbst enthaltene Regelungen sind vielmehr in eine *Application Guidance* **ausgelagert** worden (Rz 59). Dies macht den Standard selbst übersichtlicher und gibt ihm den Anschein eines stärker *principle-based accounting*, dient aber nicht der Lesbarkeit. Notwendige Erklärungen und Konkretisierungen zu den

53

vielen in IAS 39 enthaltenen abstrakten Definitionen und Regeln finden sich nicht mehr leicht zugänglich an Ort und Stelle, sondern sind nur durch Parallellektüre der *Application Guidance* und zusätzlich einer *Guidance on Implementing* zu finden. Zentrale Definitionen sind außerdem nicht in IAS 39, sondern in IAS 32 enthalten, sodass die Parallellektüre tatsächlich zu einer Mehrfachlektüre mutiert. Es ist eine Aufgabe dieser Kommentierung, auf diese Art Getrenntes wieder zusammenzuführen, weil das eine ohne das andere nicht interpretierbar und anwendbar ist.

Eine **unübersichtliche Arbeitsteilung** von *(principle-based)* Standard und (kasuistischen) Anhängen oder Ergänzungen wird auch in IAS 18 (→ § 25) praktiziert. Der IASB hält auch dort an der Selbstinterpretation seines Normenwerkes als *principle-based*, d. h. nichtkasuistisch, fest. Gleichwohl erkennt er in der Einleitung zu IAS 18 die Notwendigkeit an, die Fragen der Ertragsrealisierung nicht nur in allgemeiner Weise zu erörtern, sondern „außerdem praktische Hinweise zur Anwendung" zu geben. Diese Hinweise enthält der Appendix zu IAS 18, wo relevante Felder in einer Art „ABC der Zweifelsfälle" kasuistisch abgehandelt werden. Den drohenden **Widerspruch** zwischen offizieller Prinzipienbasierung und tatsächlicher Kasuistik verdeckt eine Formulierung in der Einleitung des Appendix zu IAS 18: „Der Appendix dient lediglich der Veranschaulichung und ist nicht Teil der Vorschriften. Der Appendix konkretisiert die Ertragsrealisierungskriterien der Vorschriften, indem er ihre Bedeutung anhand einiger Geschäftssituationen verdeutlicht."

Ein derartiger Vorbehalt, der das Ziel der Prinzipienbasierung betont, die Praxis aber auf die im *Appendix* oder in den *Application* und *Implementation Guidances* formulierten „regelbasierten" Vorschriften oder „Beispiele" verweist, tendiert zum Leerlauf[24] und dient auch nicht der Verständlichkeit des Regelsystems.

54 • **Prinzipien vor Regeln** – *overriding principles*

Zum vierten Strang (Rz 45): In den amerikanischen Hearings zu Enron und den nachfolgenden Bilanzskandalen wird als negatives Leitbild immer wieder eine Rechnungslegungspraxis angeführt, die zwar den **Buchstaben**, aber nicht **Geist** und **Absicht** der Regeln einhalte. In diesem Sinne hält der IASB-Chairman dem *rule-based accounting* vor: „*The emphasis tends to be on compliance with the letter of the rule rather than on the spirit of the accounting standard.*"[25]

Aus dieser Sicht kann das *principle-based accounting* als Forderung zur Abweichung von Einzelregeln verstanden werden, wenn dies zur Wahrung über-

---

[24] Ähnlich BRÜCKS/RICHTER, KoR 2005, S. 407, zum Änderungsentwurf zu IFRS 3 (Business Combination Phase II): „Dabei ist bemerkenswert, dass die Application Guidance umfangreicher ist als der Standard selbst. Die Regelungen eines Standards durch Beispiele zu verdeutlichen ist grundsätzlich sinnvoll. Angesichts des Umfangs der Regelungen ist indes zu befürchten, dass die Regelungen der künftigen Standards – US-amerikanischer Tradition folgend – in den Hintergrund treten und der Standard mehr durch Beispiele als durch die im Standard aufgestellten Regelungen lebt."

[25] S. Fn. 16.

geordneter Prinzipien (*true and fair, substance over form* etc.) notwendig ist. In der amerikanischen Aufarbeitung des Enron-Falles ist diese *override*-Problematik sehr zurückhaltend aufgenommen worden. Es wurde befürchtet, ein *overriding principle* könne von Prüfern und Bilanzierern durch unliebsame Einzelregeln unterlaufen werden. In nicht wenigen Stellungnahmen wird deshalb selbst ein auf Ausnahmen beschränkter *override* vehement abgelehnt.[26] Hinter dieser Ablehnung steckt offenbar die Furcht, Geister zu rufen, die man nicht mehr loswerden könnte. Tatsächlich tut sich dabei ein eklatanter Widerspruch auf: Dem Berufsstand der Bilanzierer und Prüfer wird einerseits nicht zugetraut, mit einer absoluten Ausnahmeregel angemessen umzugehen. Andererseits wird ein (mehr) prinzipienbasiertes System befürwortet, das gerade den Einsatz des professionellen Urteils voraussetzen würde. Die gesamte *principle-based*-Idee fiele damit in sich zusammen: Wer dem Bilanzierer und seinem Prüfer nicht zutraut, in ganz extremen Ausnahmefällen gegen die Regeln und zugunsten der Prinzipien zu entscheiden, wird auch in das ansonsten beschworene *professional judgement* kein wirkliches Zutrauen haben und einer noch so wilden Kasuistik und Checklistenpraxis im Zweifel den Vorzug geben.

3 Anwendung des IFRS-Regelwerks in der Praxis

3.1 Überblick

Ein IFRS-Abschluss muss nach IAS 1.13 im Anhang eine Erklärung über die Erfüllung aller Anforderungen *(requirements)* der IFRS enthalten. Nur dann darf ein Abschluss als IFRS-Abschluss bezeichnet werden. Welche Anforderungen das IFRS-Regelwerk ausmachen, wird jedoch nicht in IAS 1, sondern in IAS 8.7ff. erläutert (→ § 24 Rz 3). Die dabei in IAS 8 verwendeten Konzepte *(materiality, true and fair presentation)* etc. werden allerdings nicht in IAS 8, sondern im *Framework* oder wiederum in IAS 1 erläutert. Die enge Verbindung der drei Standards zeigt sich auch bei anderen Aspekten. Nur im Zusammenhang dieser drei Standards findet der Bilanzierende Antworten auf folgende zentrale Fragen:

55

- Welches sind die **auf einen IFRS-Abschluss anwendbaren Regeln**, bzw. unter welchen Voraussetzungen darf ein Abschluss als IFRS-Abschluss bezeichnet werden (IAS 1.13ff., IAS 8. 7ff. und F. 2ff.)?
- Wie sind die Regeln anzuwenden, bzw. unter welchen **Vorbehalten** steht die **Regelbefolgung?** Wichtige Vorbehalte sind
    - die Wesentlichkeit *(materiality;* IAS 1.29ff., IAS 8.8, F.29f.; Rz 65ff.),
    - die Kosten-Nutzen-Abwägung (F.44; Rz 69ff.),
    - das Prinzip der *true and fair presentation* (IAS 1.13ff.; IAS 8.10ff., F.46; Rz 71ff.).

---

[26] Nachweise im Einzelnen bei LÜDENBACH/HOFFMANN, KoR 2003, S. 387ff.

- Wie ist im Falle unspezifischer oder **fehlender Regelung** zu verfahren (IAS 8.10ff. unter Benutzung von Konzepten, die nur in IAS 1.13ff. und im *Framework* erläutert sind)?

56 Das IFRS-Regelwerk fragmentiert diese Themen, indem es sie an verschiedenen Stellen mit teils gleichen, teils unterschiedlichen Aussagen und Schwerpunkten behandelt. Das kommentierende Schrifttum hat hier die Aufgabe der **Defragmentierung**; es hat zusammenzuführen, was zusammengehört. In diesem Sinne behandelt unsere Kommentierung die vorgenannten Punkte einheitlich, und zwar überwiegend in diesem Paragraphen. Es wird deshalb verwiesen

- zu den **anwendbaren Regeln** auf Rz 57,
- zum Vorbehalt der *materiality* und der **Kosten-Nutzen**-Abwägung auf Rz 63ff.,
- zum Vorbehalt der *true and fair presentation* auf Rz 70ff.,
- zum Vorgehen bei **Regelungslücken** auf Rz 78.

Das dem ersten Punkt verwandte Thema der Stetigkeit der Regelanwendung wird wegen seiner buchungstechnischen Nähe zur Bilanzkorrektur und zur Revision von Schätzungen behandelt in → § 24 Rz 7ff.

3.2 Auf einen IFRS-Abschluss anwendbare Regeln

57 IAS 1.11 enthält eine Legaldefinition der IFRS. Diese sind vom IASB angenommene Standards und Interpretationen. Sie enthalten *(comprise):*

- *International Financial Reporting Standards* (IFRS),
- *International Accounting Standards* (IAS) und
- Interpretationen des *International Financial Reporting Committee* (IFRIC) oder des früheren *Standing Interpretations Committee* (SIC).

Soweit es im Einzelfall zu Widersprüchen zwischen den IFRS/IAS einerseits und den IFRIC/SIC andererseits kommt, ist nach der Rangordnung der Regeln (**Normenhierarchie**) zu fragen. Zwei Auffassungen sind diskussionswürdig:

- Die IFRIC/SIC **verdrängen** als „lex specialis" die evtl. entgegenstehenden Regelungen der IFRS/IAS.
- Die IFRIC/SIC sind nicht spezialrechtliche Sonderregeln, die etwa branchenspezifische oder sonstige Ausnahmen von den allgemein in den IFRS/IAS niedergelegten Regeln formulieren; sie sind vielmehr entsprechend ihrer Bezeichnung „bloße" **Interpretationen** der vorrangig zu beachtenden Standards.

Im Schrifttum wird dieser Frage nur vereinzelt nachgegangen. Soweit aus den wenigen Stellungnahmen eine herrschende Meinung überhaupt abzuleiten ist, fällt sie zu Gunsten der zweiten Auffassung aus.[27] Zur praktischen Bedeutung der Frage folgendes Beispiel:

---

[27] Vgl. z. B. BOHL, in: BECK'sches IFRS-Handbuch, § 1 Tz 118; ZÜLCH, PiR 2005, S. 1ff.; LÜDENBACH, IFRS, 4. Aufl., 2005, S. 43.

> **Beispiel**
> Die C GmbH ist eine Zweckgesellschaft *(special purpose entity)* mit einem begrenzten Zweck (→ § 32 Rz 59ff.). An ihr sind A mit 51 % und B mit 49 % beteiligt. Die Gesellschaft ist nur über Eigenkapital finanziert. Der Gesellschaftsvertrag sieht für alle wesentlichen Entscheidungen Einstimmigkeit vor. Die Geschäftsführung ist paritätisch mit je einem Vertreter von A und B besetzt. Die Geschäftsführungsordnung verlangt ebenfalls Einstimmigkeit. Der Gesellschaftsvertrag sieht die Gesamtvertretung der Gesellschaft durch beide Geschäftsführer vor.
> - Nach IAS 27 und IAS 31 ist die C GmbH kein Tochterunternehmen der A, sondern ein **Gemeinschaftsunternehmen** von A und B (→ § 34 Rz 50ff.). B müsste daher keine Vollkonsolidierung vornehmen, sondern könnte zwischen *equity-* und Quoten-Konsolidierung wählen (→ § 34 Rz 60).
> - Nach SIC 12 sind jedoch Zweckgesellschaften bei demjenigen **voll zu konsolidieren**, der die Mehrheit der Chancen trägt (→ § 32 Rz 70). Im Beispiel wäre dies A, da 51 % der laufenden und Liquidationsergebnisse zu seinen Gunsten bzw. Lasten gehen.
>
> Der insoweit bestehende **Widerspruch** ist alternativ wie folgt zu lösen:
> - In Anwendung der ersten Auffassung würden die in SIC 12 enthaltenen Risiko-Chancen-Kriterien an Stelle des allgemeinen Kontrollkriteriums von IAS 27 und IAS 31 treten. Für den Bereich des SPEs würde SIC 12 als „lex specialis" IAS 27 und IAS 31 insoweit verdrängen.
> - In Anwendung der zweiten, von uns vertretenen Auffassung bleibt es beim Vorrang von IAS 27 und IAS 31. Die SIC sind auch ihrer Bezeichnung nach nur Interpretationen und keine spezialrechtlichen Sonderregeln, die Ausnahmen von den allgemeinen Regeln formulieren.

IFRS ist einerseits der **Oberbegriff** für alle Regeln, andererseits die **Bezeichnung** für einzelne Standards, die der IASB nach seiner Neupositionierung in 2002 verabschiedet hat. Die weiterhin gültigen Standards des alten *Board* sind demgegenüber IAS. Abbildung 3 zeigt das Verhältnis der Begriffe heute und in x Jahren.

58

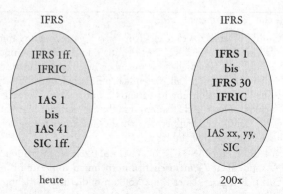

Abb. 3: Verhältnis IFRS zu IAS im Zeitablauf[28]

59 Die Legaldefinition von IAS 1.11 beantwortet allerdings nicht die Frage, wie mit den „Ergänzungen" umzugehen ist, die im Rahmen des *Improvement Project* sprunghaft zugenommen haben (Rz 53). Wichtige Standards wie IAS 39 kommen nicht mehr ohne *Application Guidances, Implementation Guidances, Illustrative Examples* etc. aus (Rz 53). Die Verbindlichkeit dieser Zusatzregeln ist abgestuft zu beurteilen:

- Die *Application Guidances* zu IAS 32, IAS 33 und IAS 39 gelten ausweislich ihrer jeweiligen Einleitung als integraler Bestandteil *(integral part)*.
- Die *Guidances on Implementing* zu IAS 1, IAS 8, IAS 27, IAS 28, IAS 31, IAS 39 und IFRS 1 ergänzen die Standards, sind aber kein Bestandteil *(accompanies but is not part)*.
- Entsprechendes gilt für die *Illustrative Examples* zu IAS 33, den Appendix zu IAS 18 usw. sowie
- die *Basis of Conclusions*.[29]

Mit der Unterscheidung zwischen (integralem) Bestandteil und Ergänzung kann die **Praxis** in vielen Fällen nichts anfangen. Ist der zu beurteilende Fall auch im Standard oder der *Application Guidance* selbst behandelt, ergibt sich hieraus auch die Verbindlichkeit der Implementierungsanweisung bzw. der Illustration. Findet sich der Fall nur in den Ergänzungen, wird man für die Schließung der insoweit bestehenden Regelungslücke regelmäßig nicht die eigene Lösung gegenüber derjenigen nach den Vorgaben des IASB als überlegen unterstellen können. Im Sinne dieser faktischen Verbindlichkeit erwähnt auch IAS 8.7 die *Implementation Guidances* (Anwendungsleitlinien) unter den zwar nicht anzuwendenden *(application)*, aber zu berücksichtigenden *(consideration)* Regelungen.

---

[28] Quelle: LÜDENBACH, IFRS, 4. Aufl., 2005, S. 44.
[29] Zur Hierarchie dieser Normen im Einzelnen ZÜLCH, PiR 2005, S. 1ff.

Eine faktische Verbindlichkeit wird z.T. auch den sog. **Non-IFRICs** zugesprochen. Hierbei handelt es sich um Anfragen an den IFRIC, die dieser nicht in sein Arbeitsprogramm aufnimmt. Der Begründung der Nichtaufnahme (*Agenda Rejection*) spricht der IFRIC-Vorsitzende selbst einen Status zu, der mit den *Implementation Guidances* zu den IAS/IFRS vergleichbar sei.[30] Den Interpretationen (und Nicht-Interpretationen) des IFRIC gesellen sich noch **Stellungnahmen nationaler Standardsetter** (in Deutschland etwa DSR und IdW) hinzu. Soweit diese nationale Belange betreffen, etwa wie RIC 2 die Anwendung von IAS 37 und IFRIC 6 auf die deutschen Elektroschrottentsorgungsvorschriften, ergeben sich keine besonderen Kompetenzprobleme. Eine Interpretation allgemeiner, auch in vielen anderen Ländern auftauchender Probleme durch eine nationale Instanz entspricht nicht dem Universalitätsanspruch der IFRS. Der sich ergebenden Gefahr zu großzügiger, zu restriktiver oder grundlegend falscher nationaler Auslegungen könnte theoretisch durch ein Monitoring der nationalen „Standards" durch den IASB bzw. den IFRIC begegnet werden. Der IASB sieht sich angesichts der daraus resultierenden „*overwhelming workload*" nicht zu einer solchen Überwachung in der Lage.[31]

Ein besonderes Problem ergibt sich noch daraus, dass die Anwendungsleitlinien und einige *Appendizes* (ebenso wie das *Framework* und die jeweiligen *Basis of Conclusions*) im Rahmen des formellen **EU-Anerkennungsprozesses** (*Endorsement*) nicht in europäisches Recht transformiert, z. B. nicht im Amtsblatt der EU in allen Amtssprachen veröffentlicht werden.[32] Die EU-Kommission hält hierzu in einem Arbeitspapier vom November 2003 Folgendes fest:[33]

> „*Das Rahmenkonzept als solches ist kein IAS oder eine Interpretation und muss folglich auch nicht in das Gemeinschaftsrecht übernommen werden. Nichtsdestoweniger bildet es die Grundlage für die Urteilsbildung bei der Lösung von Rechnungslegungsproblemen. Dies ist vor allem in Situationen wichtig, in denen es keinen spezifischen Standard ... gibt. In diesen Fällen fordern die IAS von der Unternehmensleitung, ihren Sachverstand bei der Entwicklung und Anwendung von Bilanzierungsgrundsätzen einzusetzen. ... Im Rahmen einer derartigen Urteilsbildung fordern die IAS von der Unternehmensleitung, u. a. die Definitionen, Ansatzkriterien und Bewertungskonzepte des Rahmenkonzepts zu berücksichtigen. Findet ein IAS oder eine Interpretation auf einen Abschlussposten Anwendung, ist die*

---

[30] Vgl. dazu SCHREIBER, BB 2006, S. 1842ff.
[31] Vgl. IFRIC Update März 2006.
[32] Zu den Schwierigkeiten der Übersetzung: NIEHUS, DB 2005, S. 2477.
[33] Kommentare zu bestimmten Artikeln der Verordnung (EG) Nr. 1606/2002 des Europäischen Parlaments und des Rates vom 19. Juli 2002, betreffend die Anwendung internationaler Rechnungslegungsstandards, und zur Vierten Richtlinie 78/660/EWG des Rates vom 25. Juli 1978 sowie zur Siebenten Richtlinie 83/349/EWG des Rates vom 13. Juni 1983 über Rechnungslegung. http://europa.eu.int/comm/internal_market/accounting/docs/ias/200311-comments/ias-200311-comments_de.pdf.

Unternehmensleitung in gleicher Weise gehalten, den auf diesen Posten anzuwendenden Bilanzierungsgrundsatz auszuwählen, indem sie auch die Anhänge zu dem Standard, die nicht Bestandteil des IAS sind (wie die Grundlage für Schlussfolgerungen), und die Anleitung zur Umsetzung berücksichtigt, die für den entsprechenden IAS veröffentlicht wurden. Angesichts seiner Bedeutung bei der Lösung von Rechnungslegungsfragen wurde das IASB-Rahmenkonzept diesem Arbeitspapier [übersetzt] angefügt. Die Anwender von IAS sollten zudem einzelne IAS und Interpretationen einsehen, um sicherzustellen, dass [nicht übersetzte] etwaige Anhänge und Umsetzungsleitlinien bei der Bestimmung der angemessenen Anwendung der IAS entsprechend berücksichtigt werden."

Die Kommission konzedierte angesichts der inhärenten Widersprüche dieses Vorgehens jedoch weiter:

„Die in diesem Arbeitspapier zum Ausdruck gebrachten Auffassungen entsprechen nicht unbedingt denen der Mitgliedstaaten und sollten für diese keinerlei Verpflichtungen darstellen. Auch greifen sie nicht der Interpretation durch den Europäischen Gerichtshof vor, die er – in seiner Funktion als letztverantwortliche Instanz für die Auslegung des Vertrages und des Sekundärrechts – für die betreffenden Fragen vornehmen könnte."

61 In einer schwer durchschaubaren Formulierung gibt IAS 8.7 im Übrigen folgende Anweisung:

„Bezieht sich ein Standard oder eine Interpretation ausdrücklich auf einen Geschäftsvorfall oder auf sonstige Ereignisse oder Bedingungen, so ist bzw. sind die Bilanzierungs- und Bewertungsmethode bzw. -methoden für den entsprechenden Posten zu ermitteln, indem der Standard oder die Interpretation unter Berücksichtigung aller relevanten Umsetzungsleitlinien des IASB für den Standard bzw. die Interpretation zur Anwendung kommt."[34]

Kürzer formuliert: Wenn es eine Regel für einen Geschäftsvorfall gibt, ist diese anzuwenden. Oder noch kürzer: Regeln sind zu beachten.

62 Für die am Bilanzstichtag **noch nicht** endorsten Standards und Interpretationen gilt nach einer EFRAG-Vorgabe folgende Regel:
- Bis zur Bilanzfreigabe *(issuance*; → § 4 Rz 31) endorste Standards etc. sind anzuwenden.
- Umgekehrt bei bis dahin noch nicht endorsten.

Wegen der aktuellen Situation des *Endorsements* wird verwiesen auf die „Anwendungsübersicht" (S. 17).

---

[34] Im Original: „When a Standard or an Interpretation specifically applies to a transaction, other event or condition, the accounting policy or policies applied to that item shall be determined by applying the Standard or Interpretation and considering any relevant Implementation Guidance issued by the IASB for the Standard or Interpretation."

3.3 Vorbehalte der Regelanwendung

3.3.1 *Materiality*, Kosten-Nutzen-Abwägung, *fast close*

Den bilanzierenden oder prüfenden Anwender soll das *Framework* in zweifacher Weise **unterstützen**: 63
- bei der **Anwendung** der Einzelstandards,
- bei der Lösung noch **ungeregelter** Fragen (F.1).

Der zweite Punkt wird unter Rz 78 behandelt. Der erste Punkt betrifft u. a. die 64
Frage, ob im Einzelfall auf die Anwendung einer Regelung verzichtet werden kann. Das *Framework* hält hierzu als **Beschränkungen** für relevante und verlässliche Informationen fest:
- *materiality:* „Ein wichtiger Faktor für die Relevanz und Entscheidungsnützlichkeit einer Information ist ihre Wesentlichkeit. Auf unwesentliche Sachverhalte müssen die Regeln nicht angewendet werden" (F.29; Rz 65ff.).
- **Kosten-Nutzen:** „Die Abwägung von Nutzen und Kosten ist weniger eine qualitative Anforderung (an die Rechnungslegung) als vielmehr ein vorherrschender Sachzwang. Der aus einer Information abzuleitende Nutzen muss höher sein als die Kosten für die Bereitstellung der Information" (F.44; Rz 69).
- **Zeitnähe:** Informationen sind entscheidungsnützlich, wenn sie relevant und verlässlich sind. Berichterstattung vor Klärung aller Sachverhalte gefährdet die Verlässlichkeit, Berichterstattung nach abschließender Klärung kann dazu führen, dass Information durch Zeitablauf ihre Relevanz verloren hat. Eine Abwägung zwischen beiden Kriterien ist im Einzelfall vorzunehmen (F.43). In jüngerer Zeit fällt sie zunehmend zugunsten der Zeitnähe aus (*fast-close*-Abschlüsse) (→ § 4 Rz 39).[35]

Ebenso wie die Norm der *true and fair presentation* (Rz 70ff.) sind Zeitnähe, Kosten-Nutzen-Kalkül und *materiality* nicht dazu angetan, Einzelregeln nach Belieben außer Kraft zu setzen. Sie erlauben aber andererseits, praxisgerechte Lösungen zu finden, wo das Festhalten am Buchstaben nicht mehr zu vertreten wäre. In diesem Sinne wird man etwa eine einfache Währungsumrechnung von Tochterunternehmen nach der Stichtagsmethode einer sehr kostenintensiven Umrechnung nach der Zeitbezugsmethode jedenfalls dann vorziehen können, wenn der zusätzliche Informationsnutzen gering und/oder das Tochterunternehmen materiell nicht bedeutsam ist (→ § 27 Rz 76ff.).

Der Grundsatz der Wesentlichkeit *(materiality)* überlagert vor allem die **Ausweis- und Bewertungsvorschriften** zum Jahresabschluss. Er kann es gebieten oder zulassen, 65
- i. d. R. separat auszuweisende, aber im konkreten Fall **unwesentliche Posten** mit anderen Posten **zusammenzufassen** (**Ausweis**; IAS 1.29ff.),
- auf eine an sich gebotene, im konkreten Fall aber **unwesentliche Abzinsung** einer Rückstellung zu **verzichten** (**Bewertung**; IAS 37.46).

---

[35] KÜTING/WEBER/BOECKER, StuB 2001, S. 1.

Für den Bilanzansatz ist der *materiality*-Grundsatz **nur ausnahmsweise** wichtig. In der Buchhaltung und damit im Jahresabschluss sind sämtliche Geschäftsvorfälle zu berücksichtigen. Das **Vollständigkeitsgebot** lässt keine Ausnahmen („Kleine Beträge buchen wir erst gar nicht.") zu. In der praktischen Arbeit kann es aber vorkommen, dass die Bilanz schon fertig gestellt ist und erst danach eine das alte Jahr betreffende Rechnung eingeht. Ob man hier die Bilanz noch einmal aufrollen, den bisher nicht berücksichtigten Kreditor einbuchen und die Folgewirkungen auf Umsatzsteuerverrechnungskonto, Erfolgstantiemen, Steuerrückstellungen usw. berücksichtigen muss, ist eine Frage der Wesentlichkeit, die individuell beantwortet werden muss.

66 Die hohe Bedeutung des *materiality*-Grundsatzes für die IFRS-Rechnungslegung zeigte sich bis 2002 auch aus dem einleitenden Hinweis in jedem Standard: *„International Accounting Standards* brauchen nicht auf unwesentliche Sachverhalte angewendet zu werden." Diese Hinweise sind weggefallen und durch IAS 8.8 ersetzt worden: Danach müssen IFRS nicht angewendet werden, *„when the effect of applying them is immaterial."*

Der *materiality*-Grundsatz durchzieht die kaufmännische Rechnungslegung jedweder Provenienz. Das gilt für diejenige nach dem HGB – auch wenn das dort nicht so ausgedrückt wird –, insbesondere auch für das Regelungswerk der IFRS. Dementsprechend ist die tägliche Arbeit im Rahmen der Rechnungslegung und der Abschlussprüfung geradezu durchdrungen von der bewussten oder unbewussten Anwendung der *materiality.*

67 Trotz der Bedeutung des Grundsatzes wird man eine scharfe **Definition** der Wesentlichkeit in den IFRS-Vorschriften vergeblich suchen. Was wesentlich oder unwesentlich ist, ist Sache der **Beurteilung im konkreten Einzelfall** und damit einer abschließenden Regelung nicht zugänglich. Diese Beurteilung des Einzelfalls hat sich an den Zwecken der Bilanz und damit an den Bedürfnissen der Bilanzadressaten zu orientieren. „Informationen sind wesentlich, wenn ihr Weglassen oder ihre fehlerhafte Darstellung die auf der Basis des Abschlusses getroffenen Entscheidungen der Adressaten beeinflussen könnten" (F.30).

Es soll sich dem *Framework* zufolge um eine Schwelle oder Sperre *(threshold or cut-off point)* und **nicht** um ein primär **qualitatives** Merkmal handeln. Nach irgendeiner **Quantifizierungsvorgabe** sucht man allerdings nicht nur im *Framework,* sondern auch in allen anderen Standards vergebens. Gleiches gilt für das kommentierende HGB-Schrifttum.[36]

Im Schrifttum sind zaghaft tastende Versuche festzustellen, eine Quantifizierung anhand von Bezugsgrößen (**relative** Quantität) festzuzurren:

- die Größe eines bestimmten Postens der Bilanz oder GuV im Verhältnis zur Bilanzsumme oder den Umsatzerlösen,
- die Größe einer einzelnen Position (z. B. Forderung gegen den Kunden X) im Verhältnis zum entsprechenden Bilanzposten (Forderungen aus Lieferungen und Leistungen),

---

[36] Stellvertretend ADLER/DÜRING/SCHMALTZ, 6. Aufl., § 252 HGB Tz 127f.

- die relative Wirkung der Anwendung/Nichtanwendung einer Regel auf das Eigenkapital, den Jahresüberschuss vor oder nach Steuern oder die Bilanzsumme.[37]

Konkrete Ergebnisse, die auch nur annähernd eine Quantifizierung erlauben könnten, sind dem einschlägigen Schrifttum nicht zu entnehmen. Jedenfalls ist bei der Anwendung des *materiality*-Vorbehalts eine **Gesamtbetrachtung** erforderlich.[38]

Aus der deutschen (zivilrechtlichen) **Rechtsprechung** sind zwei Urteile erwähnenswert, bei denen es um die Nichtigkeit eines Jahresabschlusses nach § 256 Abs. 5 AktG ging.

> **Beispiel**
> Der BGH[39] hatte sich mit dem Fall einer Bank zu beschäftigen, deren Bilanz erforderliche Rückstellungen für Drohverluste aus Terminkontrakten nicht enthielt. Der Jahresabschluss war von den Wirtschaftsprüfern uneingeschränkt bestätigt worden. Die Bank war eine Einkaufsverpflichtung für Bundesanleihen zu einem Kurs von 99 % über nominell 34,5 Mio. DM eingegangen. Wegen Wertminderungen hatte sie Abschreibungen auf den Bestand an festverzinslichen Wertpapieren von 0,762 Mio. DM vorgenommen. Eine weitere Abschreibung bzw. Drohverlustrückstellung von 0,956 Mio. DM „fehlte" (dem BGH zufolge). Die Bilanzsumme der Bank ist nicht bekannt, der Bestand an insgesamt vorhandenen Wertpapieren betrug 117.358 Mio. DM. Die „fehlende" Abschreibung bzw. Rückstellung macht also weniger als 1 % der zugehörigen Bilanzposition (Wertpapiere) aus. Der BGH hat den Jahresabschluss der Bank als nichtig beurteilt, weil die (unstreitig) nicht ordnungsmäßige Bilanzierung in „ihrem Umfang nicht bedeutungslos *(material)* ist."
> Auf diese *materiality*-Quantifizierung des BGH stützt sich im Ausgangspunkt das Landgericht Frankfurt.[40] Es ging im Streitfall um eine Holdinggesellschaft mit einer Bilanzsumme von ca. 1.726 Mio. DM. Streitig war die bilanzmäßige Erfassung eines Veräußerungsgewinns für Beteiligungen in Höhe von 156,6 Mio. DM. Der Bilanzgewinn für dieses Jahr war mit 711,1 Mio. DM ausgewiesen. Der strittige Betrag von 156,6 Mio. DM machte also rund 22 % des ausgewiesenen Bilanzgewinnes aus. Das LG beurteilte diesen Betrag als *not material*, eine „wesentliche Unrichtigkeit" des Jahresabschlusses liege nicht vor. Die Begründung findet das Gericht in

---

[37] Vgl. hierzu und zu empirischen Untersuchungen einschlägiger Art Ossadnik, Grundsatz und Interpretation der „materiality", WPg 1993, S. 617.
[38] Vgl. hierzu das instruktive Beispiel zur Einbeziehungspflicht von Tochtergesellschaften in einen Konzernabschluss (→ § 32 Rz 92ff.).
[39] Urteil v. 1.3.1982, II ZR 23/81, DB 1982, S. 1922.
[40] Urteil v. 3.5.2001, 3/6 O 135/00, DB 2001, S. 1483.

> einer Verhältnisrechnung zwischen dem „fehlenden" Teil des Bilanzgewinnes von 156,6 Mio. DM und der Bilanzsumme von 1.726 Mio. DM. Das LG wertet diese Relation als geringer als 1 %. Aufgrund der wiedergegebenen Zahlen beträgt die Relation weniger als 10 %. Offensichtlich handelt es sich um ein Versehen bei der Wiedergabe der absoluten Zahlen.

Einerlei, wie man sich zu dieser extremen Diskrepanz in der *materiality*-Beurteilung der Zivilgerichtsbarkeit stellen mag, jedenfalls hat die deutsche Justiz einen einigermaßen griffigen **quantitativen** Beurteilungsmaßstab noch nicht „erfunden". Dieser Befund scheint auch für die US-amerikanische Justiz Gültigkeit zu beanspruchen. Diese verfolgt indes andere Wege zur Beurteilung des *materiality*-Begriffs, und zwar durch Heranziehung **qualitativer** Beurteilungskriterien auf der Grundlage des Anwendernutzens eines Jahresabschlusses. In einer Reihe von Verfahren vor amerikanischen Gerichten haben sich die Beschuldigten gegen die Vorwürfe der Bilanzfälschung mit den „üblichen" Quantitäten – „nur" 3 % der Umsatzerlöse, „nur" 5 % der Bilanzsumme – verteidigt.[41]

Dem folgten aber die Gerichte regelmäßig unter Bezugnahme auf die in SAB 99 aufgeführten qualitativen Beurteilungskriterien nicht. Soweit eine Abweichung von den Regeln dazu führt (oder bewusst ausgenutzt wird):

- einen Verlust in einen Gewinn **umzukehren**,
- die **Änderung** eines **Trends** zu verschleiern,
- **Analysten-** oder **Bankvorgaben** einzuhalten,
- Zielvorgaben zur Gewährung eines **Bonus** für das Management zu erreichen,

ist die Berufung auf fehlende *materiality* nach **quantitativen** Maßstäben unzulässig. Die Begründung ist einsichtig: Auf die Quantität einer Abweichung kommt es dann nicht mehr an, wenn es nicht um ein Mehr oder Weniger, sondern um ein Ja oder Nein (Zielvorgabe erreicht oder nicht erreicht, Trend bestätigt oder nicht bestätigt) geht.

> **Beispiel**
> Die Citizens Utilities Co. hat mehr als 50 Jahre lang hintereinander immer einen Zuwachs an Umsatz ausgewiesen. Um diesen Trend beizubehalten, hat die Gesellschaft die Erfassung von Umsatz von einem Jahr in das nächste verschoben. Es handelte sich um „nur" 1,7 % der Umsatzerlöse. Dadurch sollten aber der Bruch der über 50-jährigen Erfolgsgeschichte verheimlicht und die positiven Analystenerwartungen bestätigt werden. Gerichte und SEC haben diese Verstöße als *material* betrachtet.

68 Zur eher großzügigen Auslegung des *materiality*-Grundsatzes im Bereich der Bewertungen (bei der Bilanz und der GuV) und bei Fragen des Kon-

---

[41] Vgl. hierzu im Einzelnen ZABEL/BENJAMIN, Reviewing Materiality in Accounting Fraud, New York Law Journal 2002, January 15.

solidierungskreises kommt entscheidend noch der Bereich der **Angaben** *(notes and disclosures;* → § 5 Rz 14) hinzu. Die gegenüber dem HGB **unglaubliche Fülle** von Angabevorschriften in den verschiedenen Standards gibt erst recht Anlass, die *materiality* als Beurteilungsmaßstab in ökonomisch sinnvoller Weise walten zu lassen. Die weiteren Paragraphen dieses Kommentars werden in diesem Sinne Gewichtungen vornehmen und diese an Beispielen aus der Praxis erläutern.

Es bleibt dem pflichtgemäßem Ermessen der Rechnungsleger und Abschlussprüfer anvertraut, inwieweit sie „an sich" vorgeschriebene Angaben im Hinblick auf eine vorliegende Unwesentlichkeit einfach unterlassen (können). In diesem Zusammenhang muss gebührend der immer bedeutsamer werdende Aspekt des *information overload* beachtet werden (Rz 28), also das Problem der „Fütterung" der Abschlussadressaten mit so vielen Informationen, dass sie vor lauter Bäumen den Wald nicht mehr erkennen können. Aber auch diesbezüglich sind einer halbwegs tragbaren **Objektivierung** äußerst **enge Grenzen** gesetzt. In der zivilrechtlichen Rechtsprechung ist der durchschnittlich begabte Steuerberater und dessen Verantwortungsbereich mitunter herangezogen worden. Ähnlich verhält es sich mit der Figur eines *average prudent investors (api)* oder mit dem „Otto-Normalanleger" bis hin zum „professionellen Bilanzanalytiker".[42] Die jüngste Entwicklung der internationalen Rechnungslegungsszenerie ist sicherlich nicht mehr auf den „Durchschnittsverbraucher" ausgerichtet. Es bleibt eigentlich nur die Frage offen, ob der genannte „professionelle Bilanzanalytiker" überhaupt noch in der Lage ist, die von den Standardsettern vorgesehenen Informationen einigermaßen zutreffend zu verarbeiten.

Im Übrigen ist der *materiality*-Grundsatz sehr stark korreliert mit dem **Kosten-Nutzen-Gedanken** in F.44 (Rz 64). Die dort genannte *„balance between benefit and cost"* kann in ökonomischer Terminologie auf den Grenznutzen zusätzlicher Information durch Einsatz eines weiteren Kostenelementes transformiert werden. Ein Element des Grenznutzens ist auch die **Zeitnähe** *(timeliness)* der Information (F.43). Der Rechnungsleger soll eine Balance zwischen Richtigkeit der Abschlussinformationen und Zeitnähe zum Abschlussstichtag finden. Der *fast close*, als herrschende Praxis der Großunternehmen, hat in dieser Abwägung die Gewichte zugunsten der Schnelligkeit verschoben. Wer zu spät informiert, den bestraft die Börse. Aus der nach dem *Framework* alles entscheidenden Sicht der Anleger ist die Verschiebung der Gewichte daher gerechtfertigt.

Dem bewussten Missbrauch des *materiality*-Prinzips will IAS 8.8 einen Riegel vorschieben: Danach sind auch immaterielle Abweichungen von den Standards untersagt, wenn dadurch eine bestimmte Darstellung *(particular presentation)* erreicht werden soll. Ein relevantes Anwendungsfeld können **qualitative** Kriterien bieten (Rz 67).

69

---

[42] Diese Begriffe sind entnommen dem Aufsatz Ossadnik (vgl. Fn 35), S. 618.

3.3.2 True and fair presentation

70 In der Diskussion um eine prinzipienbasierte und nicht kasuistische Rechnungslegung hat auch die Forderung eine Rolle gespielt, Prinzipien (bedingt) vor Regeln zu setzen, d. h. den Regeln dann nicht mehr zu folgen, wenn gerade dies der Vermittlung eines tatsachengetreuen Bildes entgegenstünde. Angesprochen ist damit ein bedingter Vorrang *(override)* des Prinzips der *true and fair presentation* vor den Einzelregeln (Rz 75).

71 Das *Framework* führt in F.46 zum Prinzip der *true and fair presentation* nur Folgendes aus: „Abschlüsse verfolgen häufig (sic!) das Konzept, ein den tatsächlichen Verhältnissen entsprechendes Bild der Vermögens-, Finanz- und Ertragslage des Unternehmens ... zu vermitteln *(showing a true and fair view ... or presenting fairly)*. Obwohl sich dieses Rahmenkonzept nicht direkt mit solchen Überlegungen befasst, führt die Anwendung der grundlegenden Anforderungen und der einschlägigen Rechnungslegungsstandards im Regelfall (sic!) zu einem Abschluss, der das widerspiegelt, was im Allgemeinen (sic!) als Vermittlung eines den tatsächlichen Verhältnissen entsprechenden Bildes verstanden wird (sic!)."

Diese sehr zurückhaltende Aussage wird in **IAS 1** deutlich verschärft. Drei Äußerungen stehen im Mittelpunkt:

- „Abschlüsse haben die Vermögens-, Finanz- und Ertragslage sowie die *cash flows* eines Unternehmens den tatsächlichen Verhältnissen entsprechend (im englischen Original: *fairly*) darzustellen" (IAS 1.13).

- „Unter **nahezu allen** Umständen wird ein den tatsächlichen Verhältnissen entsprechendes Bild durch Übereinstimmung mit den anzuwendenden IFRS erreicht" (IAS 1.15).

- „In **äußerst seltenen** Fällen, in denen das Management zu dem Schluss kommt, dass die Einhaltung einer in einem Standard oder einer Interpretation enthaltenen Bestimmung so irreführend wäre, dass es zu einem Konflikt mit dem im Rahmenkonzept geschilderten Zweck der Jahresabschlüsse käme, hat ein Unternehmen von der Anwendung dieser Standardbestimmung etc. nach Maßgabe von IAS 1.18 abzusehen (IAS 1.17). Diese Abweichung ist nach Grund, Art und quantitativer Wirkung im Anhang zu erläutern" (IAS 1.18). Eine Abweichung ist nur dann zulässig, wenn sie nicht durch nationales Recht verboten ist, wobei dieser Gesetzesvorbehalt, anders als in der EU, z. B. für IFRS-Anwender in Kanada und Australien eine Rolle spielt.[43]

Strukturell weist diese Argumentation eine starke Ähnlichkeit mit der vorreformatorischen Verfassung von Normsystemen auf:

- Satz 1 (**Allgemeiner Imperativ**): „Handle richtig."

- Satz 2 (**Katechismusregel**): „Wenn du alle Einzelgebote befolgst, handelst du in nahezu allen Fällen richtig." Oder umgekehrt: „Richtig ist in fast allen Fällen, was die Einzelgebote vorschreiben."

---

[43] Vgl. KÜTING/GATTUNG, PiR 2006, S. 49ff.

- Satz 3 (**Ausnahmeregel**): „Nur in äußerst seltenen Fällen ist es notwendig und zulässig, nach eigenem Gewissen und Urteil gegen ein Einzelgebot zu handeln."

Aus funktionaler Sicht bringen solche auf Katechismusregeln konzentrierten Normsysteme den **Vorteil** einer höheren **Uniformität** des (öffentlichen) Handelns. **Nachteilig** ist, dass die **Einzelregelfixierung** *(case law)* lediglich zur formellen Regeltreue motiviert und damit Ausweichverhalten, **Umgehung**, Lückenausnutzung usw. begünstigt. Der reformatorische Gegenentwurf zu solchen Katechismussystemen betont deshalb die Notwendigkeit und Überlegenheit **materieller** Prinzipientreue und die Bedeutung des eigenen Urteils. Der Gegenentwurf führt aber tendenziell zu chaotischeren Zuständen, in denen unter Berufung auf Prinzip und eigenes Urteil jeder tun kann, was er will. Vieles spricht daher für die Notwendigkeit einer Katechismusregel. Worauf es dann aber ankommt, ist, **Missverständnisse** über die Rolle des Imperativs, hier *true and fair view* bzw. *presentation,* zu vermeiden. Qualifizierungen der internationalen Rechnungslegung als im Vergleich zum HGB kapitalmarktorientierter, entscheidungsnützlicher, *„truer and fairer"* usw. beruhen allzu häufig auf einer **Verwechslung von Sollen und Sein** (Rz 26ff.).[44] Eindeutig **soll** die internationale Rechnungslegung all dies sein; ob sie es wirklich **ist**, steht auf einem anderen, größtenteils noch unbeschriebenen Blatt. Nach unserer Auffassung gibt es genügend **andere Vorteile** der internationalen Rechnungslegung. Sie konkretisiert wichtige Fragen, welche die EU-Bilanzrichtlinie und HGB nicht oder nur ganz abstrakt behandeln (z. B. wirtschaftliches Eigentum beim Leasing). Sie dient der länderübergreifenden Vereinheitlichung und ist geeignet, eine babylonische Sprachverwirrung zu beenden. Einen darüber hinausgehenden Vorzug in Form einer **höheren Wirklichkeitstreue** muss man hingegen von der Internationalisierung der Rechnungslegung nicht unbedingt erwarten.

In dieser Richtung sind Katechismusregeln u. E. aber auch nicht angelegt, da sie **keinen empirischen Gehalt** haben. Die Aussage in IAS 1.15, der zufolge die korrekte Anwendung der Einzelvorschriften in nahezu allen Fällen zu Abschlüssen führe, die ein den tatsächlichen Verhältnissen entsprechendes Bild vermitteln, hat nicht den Charakter einer Tatsachenbehauptung. Sie ist nicht so zu verstehen, als ob die Befolgung der IFRS **beobachtbar** zu einer wirklichkeitstreuen Abbildung führe. Die Aussage hat vielmehr einen **normativen und definitorischen Gehalt**: Als wirklichkeitsgetreue Abbildung ist per Definition anzuerkennen, was in Befolgung der IFRS-Regeln zustande gebracht wird. Diese normative und definitorische Aussage entzieht sich wie jeder derartige Satz einer Widerlegung durch empirische Beobachtung.

Aus dieser grundsätzlichen Sicht hat das Konzept der *true and fair presentation* nach unserer Auffassung hauptsächlich die Funktion einer **rechtfertigenden Maxime**:

---

[44] Vgl. HOFFMANN/LÜDENBACH, StuB 2002, S. 541 ff.

- auf **Theorieebene** in der Konkurrenz verschiedener Rechnungslegungssysteme,
- auf der **Anwendungsebene** in der Diskussion über im Einzelfall ausnahmsweise zulässige, notwendige oder zu rechtfertigende Regelbrüche.

74 Auf der **Theorieebene** wird der Ausgang jeden Vergleichs mit anderen Rechnungslegungssystemen vorentschieden. Wenn das IFRS-Regelwerk, d. h. die Summe der IFRS-Einzelregeln, normativ festlegt, was *true and fair* ist, steht die Antwort, ob die Handelsbilanz genauso *true and fair* ist, schon fest: Sie kann dies nur insoweit sein, als sie dem IFRS-Regelwerk nicht widerspricht. Auf diese Weise werden nicht zwei Regelsysteme gegen ein unabhängiges Drittkriterium verglichen, sondern ein System gegen die Regeln des anderen. In einer Religionsanalogie wäre dies etwa so, als ob die Regeln des katholischen Katechismus Christlichkeit definieren würden und anschließend auf dieser Definitionsbasis die Christlichkeit von Katholiken und Protestanten verglichen würde. Man dürfte nicht überrascht sein, wenn Protestanten in einem solchen Vergleich schlechter abschnitten.

75 Auf der **Anwendungsebene** besteht eine latente Gefahr im Missbrauch des *true-and-fair*-Konzeptes durch Einzelne, um Regeln für ihre Zwecke zurechtzubiegen, zu umgehen und zu missachten. Die Gefahr wird dadurch begrenzt, dass das *true-and-fair*-Konzept **kein** *overriding principle* ist, das nach Belieben Vorrang vor den Einzelbestimmungen hat. In fast allen Fällen *(„virtually all circumstances")* sind die Einzelregelungen zu beachten, Abweichungen demzufolge nur in äußerst seltenen Fällen *(„extremely rare circumstances")* zulässig, und zwar erst dann, wenn die irreführende Wirkung der Regelbefolgung so groß wäre, dass sie nicht schon durch Anhangsangaben geheilt werden könnte. Hierbei begründet gem. IAS 1.22b die mit den Einzelregeln konforme Bilanzierung ähnlicher Sachverhalte durch andere Unternehmen eine widerlegbare Vermutung gegen die Zulässigkeit eines *principle override*.
Soweit ein zulässiger **Ausnahmefall** vorliegt, ist die Abweichung von den Einzelregeln **offen zu legen, zu begründen** und in der Wirkung auf Periodenergebnis, Vermögenswerte, Schulden, Eigenkapital und *cash flow* **zu quantifizieren** (IAS 1.18). Der missbräuchlichen Verwendung des *true-and-fair*-Arguments wird auch durch diese bilanzpolitischer Verschleierung entgegenwirkende Anforderung der „Schattenbilanzierung" ein relativ stabiler Riegel vorgeschoben.

76 Es bleiben dem Anwender allerdings andere Argumente, insbesondere das der fehlenden **Wesentlichkeit** *(materiality;* Rz 65). Auf unwesentliche Sachverhalte brauchen die Einzelregeln nicht angewendet zu werden. Eine derartige Vorschrift ist sinnvoll und eigentlich unvermeidlich. Sie sorgt jedoch dafür, dass neben der verriegelten *true-and-fair*-Tür eine andere weit geöffnet wird.

77 In Deutschland wurde das *overriding principle* anlässlich des Transformationsprozesses der 4. EG-Richtlinie in das HGB durch das Bilanzrichtliniengesetz im Schrifttum kontrovers und umfassend diskutiert. Die Lösung des deutschen Gesetzgebers bestand darin, die einschlägige *true and fair view*-Vorgabe in Artikel 2 Abs. 5 der 4. Richtlinie gerade nicht zu transformieren. Die na-

tional-deutsche Lösung nach § 264 Abs. 2 S. 2 HGB besteht in einer Anhangangabe. IAS 1.17 entspricht demgegenüber den Richtlinienartikeln. Zu den sich daraus ergebenden Unterschieden ein Fallbeispiel:[45]

> **Beispiel**
> Die X-AG bilanziert in ihrem Eigentum befindliche Lizenzen und Patente. Der fortgeführte Buchwert beläuft sich auf 500.000 EUR. Ein speziell beauftragter vereidigter Gutachter ermittelt den aktuellen Verkehrswert mit 50 Mio. EUR. Im Hinblick auf das anstehende Kreditrating will die AG auf Drängen der Bank ihr Eigenkapital (bisher 0,5 Mio. EUR) erhöhen.
>
> **Beurteilung**
> Es wird eine GmbH & Co KG gegründet, alleinige Kommanditistin ist die AG. Das bar einbezahlte Kommandit-Haft- und Pflichtkapital beträgt 1.000 EUR. Die AG bringt die immateriellen Vermögenswerte zum Verkehrswert von 50 Mio. EUR gegen Gewährung von Gesellschaftsrechten in die Pflichteinlage der KG (Sachkapitalerhöhung) ein. Dadurch werden ein Gewinn und eine entsprechende Eigenkapitalerhöhung von 49,5 Mio. EUR generiert. Im Anlagespiegel erfolgt eine „Umbuchung" von „Immaterielle Vermögenswerte" auf „Anteile an verbundenen Unternehmen". Das ausgewiesene Eigenkapital in der Bilanz der AG erhöht sich von 0,5 auf 50 Mio. EUR.
> Aus Sicht der in den einschlägigen deutschen Kommentierungen[46] festgehaltenen handelsrechtlichen Einzelregeln ist die Einbringung von Sachanlagen gegen Gewährung von Gesellschaftsrechten ein tauschähnliches Gebilde, das eine Gewinnrealisierung rechtfertigt. Im Beispielsfall dient die „Gewinnrealisierung" jedoch ausschließlich der Umgehung des Anschaffungskostenprinzips. Die deutsche Umsetzung des *true-fair-view*-Prinzips liefe nun maximal darauf hinaus, die Gestaltung einmalig (!) im Jahr der Durchführung im Anhang zu erläutern. Ein *overriding principle*, wie es etwa IAS 1.17 *in extremely rare circumstances* vorsieht, soll hingegen, bei gleicher Wertung, die Umgehung des Zuschreibungsverbotes dauerhaft verhindern.

Die unterschiedliche Umsetzung des *principle override* der EU-Richtlinien in England und Kontinentaleuropa wird in der Literatur z.T. als Ausdruck unterschiedlicher Rechtssysteme angesehen, wobei der Anwender **romanischen Rechts** Normen **teleologisch**, nach ihrem Sinn und Zweck, auslegt, der Anwender des angelsächsischen *case* und *common law* zu entsprechenden Überlegungen erst durch den *principle override* angehalten wird. Rückgewendet auf die IFRS könnte auch deren in IAS 1.17ff. niedergelegter *principle override* als

---

[45] Angelehnt an einen Praxisfall, den – heute noch lesenswert – SEIFRIED in DB 1990, S. 1473, 1525, vorgestellt hat.
[46] Z. B. ADLER/DÜRING/SCHMALTZ, 6. Aufl., § 255 HGB Tz 97 m. w. N.

Anleitung verstanden werden, in seltenen Fällen mit Rücksicht auf den Regelungszweck eine Vorschrift gegen den Wortlaut auszulegen. Aus dieser Perspektive soll das *true-and-fair-view*-Prinzip im Übrigen noch eine disziplinierende Wirkung haben: Die Standards dürfen nicht missbräuchlich angewandt und ausgelegt werden. Einer Einstellung „Zeig mir, wo steht, dass ich das nicht darf" soll der Sinn der Vorschriften entgegengehalten werden können.[47]

3.4 Regelungslücken, insbesondere Anwendung amerikanischer Vorschriften

78 Das **Steuerrecht** lehrt eindrucksvoll, dass auch das **dichteste Netz von Einzelregeln** die Vielfalt der Lebenssachverhalte nur unvollständig einfängt.
Auch der IFRS-Anwender wird – ebenso wie die Kommentatoren dieses Werks – immer wieder Fälle finden, die im IFRS-Regelwerk nicht oder nicht vollständig behandelt sind.[48] Zum Umgang mit solchen Fällen gibt IAS 8.10 einige Hinweise: Soweit für einzelne Bewertungs- oder Bilanzierungsfragen keine speziellen *(specific)* Vorschriften (IFRS, IAS, IFRIC, SIC) existieren, soll die Geschäftsführung eigene Methoden entwickeln, die sicherstellen, dass die Abschlussinformationen relevant bzw. verlässlich sind. Als verlässlich gilt eine Bewertung dann, wenn sie

- die Vermögens-, Finanz- und Ertragslage tatsachengetreu *(faithful)* darstellt,
- dabei den wirtschaftlichen Gehalt widerspiegelt *(substance over form)*,
- neutral bzw. unverzerrt,
- vorsichtig
- und in jeder wesentlichen Hinsicht vollständig ist.

Bei der Beurteilung, ob den Anforderungen der Relevanz und der Verlässlichkeit Genüge getan wird, ist nach folgender **Priorität** vorzugehen:

- **Primär** sind Regelungen in **anderen** Standards zu würdigen (IAS 8.11a),
- **sekundär** die Kriterien des *Framework* (IAS 8.11b).
- **Zusätzlich können** nach IAS 8.12. berücksichtigt werden
  - die Standards **anderer Standardsetter** (z. B. FASB, IDW, DRS), die auf ähnlicher konzeptioneller Basis ihre Standards entwickeln,
  - das **Schrifttum**,
  - akzeptierte **Branchenpraktiken**.

79 Nicht ganz klar ist, ob bei diesen Ausführungen auch an die Anwendung unscharfer Regeln (faktische Wahlrechte, Ausfüllung unbestimmter Rechtsbegriffe) oder nur an das völlige Fehlen einer Regel gedacht ist.[49] Für die zweite Interpretation spricht, dass IAS 8.11a und 8.12 die Hinzuziehung anderer

---

[47] Ausführlich zum Ganzen: KÜTING/GATTUNG, PiR 2006, S. 49ff.
[48] Vgl. hierzu aus wissenschaftlicher Sicht RUHNKE/NERLICH, DB 2004, S. 389.
[49] Vgl. RUHNKE/NERLICH, DB 2004, S. 389.

Standards (nicht anderer Regeln) zu gleichen oder ähnlichen Fragen empfehlen und IAS 8.10 das Fehlen eines spezifisch anwendbaren Standards (nicht einer spezifischen Regel) unterstellt. Die **praktische Bedeutung** dieser Interpretationsfrage ist aber aus zwei Gründen **gering**:
- Die in IAS 8.10f. genannten Kriterien sind selbst unscharf. Einen großen Beitrag zur Lösung des Problems unscharfer Regeln könnten sie daher kaum leisten.
- Die in IAS 8.10 genannten Kriterien entsprechen im Wesentlichen den Anforderungen des *Framework* an die Aufstellung von Abschlüssen (F.26ff. i. V. m. F.1d). Soweit also die wirtschaftliche Betrachtungsweise bei der Anwendung unscharfer Regeln sich nicht aus IAS 8.10b (ii) ergäbe, würde Gleiches aus F.35 folgen.

> **Beispiel**
> IAS 17 knüpft die Zurechnung eines Leasinggegenstandes u. a. an die Frage, ob die Vertragsdauer den größten Teil *(major part)* der Nutzungsdauer des Leasingobjektes abdeckt (→ § 15 Rz 35).
> Die Bestimmung der Nutzungsdauer ist Schätzungsfrage und als solche in IAS 8.32ff. von der Anwendung der Bilanzierungsmethoden unterschieden. Nach Durchführung dieser Schätzung lässt sich das Verhältnis von Vertrags- zu Nutzungsdauer rechnerisch bestimmen. Angenommen, es betrüge 88 %, dann stellt sich die Frage, ob 88 % *major part* sind oder nicht. Unterliegt diese Frage den Regelungen von IAS 8.10f., ist zu untersuchen, ob eine Qualifizierung von 88 % als *major part* zu relevanteren und tatsachengetreueren Informationen führt als ein gegenteiliger Schluss.
> Unterliegt die Frage nicht den Regeln von IAS 8.10f., sind die gleichen Überlegungen nach F.26ff. geboten.
> Unabhängig von der anzuwendenden Rechtsquelle ist das Ergebnis offen, weil die Frage, was relevant, tatsachentreu usw. ist, bei der Beantwortung mindestens so viele Ermessensspielräume aufwirft wie die Frage, was einen *major part* darstellt.
> Allerdings könnte bei Anwendbarkeit von IAS 8 der Schluss nahe liegen, wegen IAS 8.11 auf die analogen amerikanischen Vorschriften zum Leasing zurückzugreifen. Diese sehen eine Zurechnung des Leasingobjektes zum Leasingnehmer bereits bei 75 % vor (SFAS 13.7). IAS 8.11 enthält jedoch keinen **Zwang** zur Berücksichtigung von Vorschriften anderer Standardsetter, sondern nur ein **Wahlrecht** *(may consider)*. Die Berufung auf SFAS 13 leistet also nur dann eine Lösung, wenn dies vom Bilanzierenden so gewünscht ist. Auch ohne Anwendbarkeit von IAS 8.11 wird dem Bilanzierenden aber niemand verwehren können, sich bei Ermessenfragen in der Welt umzuschauen, um herauszufinden, wie andere es halten, und deren Festlegungen, soweit sie nicht erkennbar inkonsistent sind, zu übernehmen.
> Zu einem ähnlichen Problem im Falle der Definition von *investment properties* vgl. → § 16 Rz 16.

80 Im Umgang mit nicht oder unvollständig geregelten Fällen enthält die **Prioritätenliste** in 8.11f. wenig mehr als die methodische Empfehlung, allgemeine Verfahren der **Auslegung** und **Lückenfüllung** durch Fallanalogie (IAS 8.11a), Systemanalogie (IAS 8.12) oder wiederum durch Berufung auf allgemeine Prinzipien (IAS 8.11b) zu beachten. Die letztgenannte Variante, die Berufung auf allgemeine Rechtsprinzipien, setzt deren Existenz voraus. Hieran wird wegen des Mangels an ausreichender Rechtsgeschichte der IFRS z.T. gezweifelt.[50] Dass sich unter Berufung auf Analogfälle und/oder allgemeine Prinzipien vieles und viel Verschiedenes **begründen** lässt, ist ständige Erfahrung bei der Anwendung von Steuerrecht, HGB, Gesellschaftsrecht usw. Für die IFRS kann nichts anderes gelten. Ein methodisches Vorgehen der Lückenschließung führt zu begründeten und vertretbaren, selten zu zwingenden Lösungen.

Im konkreten Vorgehen der Lückenschließung durch Berufung auf Analogie und Prinzipien sind zu unterscheiden:[51]

- **Einzelanalogie:** Die für Tatbestand A geregelte Rechtsfolge wird auf den **verwandten** Tatbestand B übertragen, wobei die Begründung insbesondere auf die Verwandtschaft der Sachverhalte konzentriert ist.
- **Gesamtanalogie:** Aus mehreren Regelungen wird ein **allgemeiner** Rechtssatz abgeleitet, der dann auf den ungeregelten Sachverhalt angewendet wird.

Zu zwingenden Lösungen führt auch nicht die Bezugnahme auf **andere Standardsetter**. Ein Rechnungslegungssystem wäre nicht mehr international, wenn es z.B. deutschen Anwendern vorschriebe, deutsche Standardsetter zu beachten, und australischen Unternehmen aufgäbe, ggf. ganz anderen Auffassungen australischer Standardsetter zu folgen.

Theoretisch ebenso wenig gerechtfertigt ist es aber, transnational einen dieser anderen Standardsetter wegen angenommener besonderer konzeptioneller Nähe bevorzugt zu berücksichtigen. Praktisch wird allerdings in Bezug auf **US-GAAP** bzw. die amerikanischen Standardsetter so verfahren, weil dort in gleicher Weise der Informationszweck der Rechnungslegung und der *true-and-fair*-Gedanke gelte. Entsprechende Argumente würdigen nicht, dass – jedenfalls nach eigenem Bekunden des IASB (Rz 44f.) – sich das

- **IFRS-Regelwerk** konzeptionell durch einen *principle-based*-Ansatz vom
- stärker *rule-based*-Ansatz der **US-GAAP**

unterscheidet.

Würde man die konzeptionelle Nähe an diesem Kriterium bemessen, käme das **HGB** bzw. seine Interpretationen durch den Deutschen Rechnungslegungsstandardisierungsrat **DSR** und durch das Institut der Wirtschaftsprüfer **IDW** eher zum Zuge als die Interpretationen der amerikanischen SEC oder FASB. Angesichts der meist sehr systematischen und weniger kasuistischen Argumentationen der deutschen Standardsetter wäre dies u. U. auch die bes-

---

[50] So Ruhnke/Nerlich, DB 2004. S. 389.
[51] Ruhnke/Nerlich, DB 2004, S. 389.

sere Lösung. Tatsächlich sind aber alle derartigen Überlegungen nur optional relevant, da die **Berücksichtigung anderer Standardsetter** in IAS 8.12 nur als **weiches Zusatzkriterium** vorgesehen ist, das festhält, worüber man bei der Urteilsfindung noch nachdenken könnte oder sollte. Erst wenn sich in international operierenden Industrien eine Praxis herausbildet, nicht oder ungenügend in IFRS geregelte Bereiche durch fremde Vorschriften zu ergänzen, wenn die fremde Regelung also den Status einer **Branchenpraxis** gewinnt, wird aus der Übernahmeoption ein faktischer Zwang. Im Hinblick auf die Bedeutung der USA für die Kapitalmärkte sind die so faktische Verbindlichkeit gewinnenden Regelungen meist amerikanischen Ursprungs.

Bei der Anwendung lückenfüllender amerikanischer Regeln besteht dann die Gefahr, dass der **Konsistenzvorbehalt** von IAS 8.12 nicht immer beachtet wird und der amerikanische Regelsatz auch in den nicht mit IFRS kompatiblen Teilen Anwendung erlangt. In → § 25 Rz 87 wird dieses Kompatibilitätsproblem am Beispiel der Erlösrealisierung von Softwareunternehmen diskutiert, in → § 25 Rz 61 am Beispiel der Bilanzierung von Filmrechten.

Von starken Branchenkonventionen abgesehen, muss man aber die **Ausführungen von IAS 8.10ff. eher als formale denn als inhaltliche Vorgaben** betrachten. Sie zeigen, entlang welcher Überschriften die Argumentation strukturiert werden kann. Wer als **Anwender** also eine bestimmte Lösung favorisiert, muss in erster Linie deren Entscheidungsnützlichkeit und Verlässlichkeit begründen und deren Widerspruchsfreiheit zum *Framework* dartun. Wenn er daneben noch in anderen Systemen fündig wird – in US-GAAP, in UK-GAAP, German-GAAP oder Australian-GAAP –, dann hat er sein Soll erfüllt.

Für den **Kommentator** stellt sich im gleichen Kontext noch ein anderes Problem: Soll er **Eindeutigkeit** herstellen, wo Eindeutigkeit nicht gegeben ist? Unter dieser Fragestellung sollen zwei Beispiele betrachtet werden:

81

Beispiel

Leasing

Wie unter Rz 79 dargestellt, hängt die Zurechnung eines Leasinggegenstandes u. a. davon ab, ob die Vertragslaufzeit den „überwiegenden Teil" der Nutzungsdauer umfasst (→ § 15 Rz 31).

- Denkbar wäre (in Entsprechung zum deutschen Steuerrecht), einen Wert von mehr als 90 % als überwiegend anzusehen. Die analoge Verwendung der Steuerregeln lässt sich z. B. aus der insoweit gegebenen konzeptionellen Übereinstimmung („wirtschaftliches Eigentum", *„substance over form"* usw.) rechtfertigen.
- Andererseits käme aber auch eine 75 %-Grenze in Entsprechung zu US-GAAP in Frage. Auch hier ist das Argument der konzeptionellen Übereinstimmung (*„decision usefulness"* etc.) leicht einsetzbar.

> **Konzern**
> IFRS 3 behandelt u. a. die Kapitalkonsolidierung (Reserven- und Firmenwertaufdeckung) bei Unternehmenszusammenschlüssen und nimmt **Zusammenschlüsse unter gemeinsamer Kontrolle** (konzerninterne Umstrukturierungen) ausdrücklich aus dem Anwendungsbereich heraus, ohne an anderer Stelle eine Regelung zu treffen (→ § 31 Rz 148).
> - Denkbar wäre, bei der konzerninternen Verschmelzung wie im deutschen Umwandlungsrecht wahlweise Buchwertfortführung oder Aufdeckung von Firmenwert und stillen Reserven des verschmolzenen Unternehmens zuzulassen.
> - Denkbar wäre auch die Vorgabe einer Buchwertfortführung mangels „Dritttransaktion" mit außen Stehenden.
> - Denkbar wäre schließlich noch die Aufdeckung stiller Reserven als zwingend anzusehen, und zwar ggf. auch bei der aufnehmenden Gesellschaft (sog. *fresh-start*-Methode).

Der kommentierende Umgang mit derartigen Unbestimmtheiten, Lücken usw. kann vereinfacht dargestellt in drei Formen erfolgen:
- **Eine Lösung** wird als richtig begründet (z. B. Vertragslaufzeit: 90 % der Nutzungsdauer).
- **Mehrere Lösungen** werden als zulässig begründet (ggf. mit Hinweis, welche Lösung der Kommentator aus welchen Gründen subjektiv vorziehen würde).
- Die **Willkürlichkeit** einer **eindeutigen** Lösung wird begründet. Das Lösungsfeld wird ggf. eingegrenzt (z. B. überwiegender Teil der Nutzungsdauer heißt jedenfalls nicht weniger als 51 %), der Anwender ggf. mit Beurteilungsmaßstäben (Argumentationshilfen) versehen, im Übrigen aber zur **Ermessensausübung im Einzelfall** aufgefordert.

Das Vorgehen **in diesem Kommentar** ist überwiegend vom zweiten oder dritten Typ. Es ist getragen von der **Überzeugung, dass der Kommentator sich nicht an die Stelle des Regelgebers setzen sollte.** Wenn das IASC bzw. der IASB eine 90-%-Grenze für die Zurechnung von Leasinggegenständen gewollt hätte, hätte es diese Regel formulieren können. Es hat dies aber (im Übrigen nach der Historie von IAS 17 ganz bewusst) nicht getan und dem Anwender damit Ermessensspielräume gelassen. Sie zu rauben stünde u. E. dem Kommentator nicht zu, da er sich damit in die Rolle des Regelgebers begäbe.

Im Übrigen verfolgt das **IFRS-Regelwerk** auf weiten Strecken bewusst einen **Kriterien- und Indikatorenansatz**, der Umstände benennt, die bei der Beurteilung bzw. Gesamtwürdigung eines Falls eine Rolle spielen können. U. E. widerspräche es diesem Konzept der Gesamt- und Einzelfallwürdigung, wenn derartige Indikatoren durch den Kommentator in eindeutige Vorschriften umgedeutet würden.

Die prüfende – eher als die rechnungslegende – **Praxis** scheint gleichwohl ein starkes Interesse an der einheitlichen Ausübung von Ermessen oder anders ausgedrückt an der Reduzierung der Ermesssensspielräume durch **einheitliche**

Auslegung zu haben. Seinen Ausdruck findet dieses Interesse in den „**Hausmeinungen**" der großen Prüfungsgesellschaften, die sich häufig bei Abstimmung untereinander zu **hausübergreifenden** Meinungen verfestigen. Der Gleichbehandlung vergleichbarer Sachverhalte dient dieses Vorgehen und wäre aus dieser Sicht zu begrüßen. Aus rechtlicher Sicht bestehen jedoch **Bedenken**:
- Der IASB und andere Standardsetter legen bei der Verabschiedung von Normen großen Wert auf eine breite öffentliche Teilnahme, die insbesondere durch Stellungnahmen zu *Exposure Drafts* zustande kommt. Die Verabschiedung von Hausmeinungen oder hausübergreifenden Meinungen unterliegt hingegen weder **öffentlicher Transparenz**, noch bezieht sie die anderen an der Rechnungslegung Beteiligten und Interessierten (Unternehmen, Analysten, Lehrstühle etc.) mit ein.
- Vorrangige Aufgabe der Abschlussprüfung bleibt die Prüfung der **Ordnungsmäßigkeit** des Jahresabschlusses. Diese ist jedenfalls aus der Sicht des Einzelsachverhalts so lange gegeben, wie die Bilanzierung den Ermessensspielraum nicht überschreitet, also **vertretbar** bleibt. Ob sie innerhalb des Ermessensspielraums die (in der Hausmeinung der Prüfungsgesellschaften) angenommene beste Lösung darstellt, also nicht nur vertretbar, sondern **optimal** ist, entscheidet nicht über die Ordnungsmäßigkeit des Abschlusses.

3.5 Substance over form[52]

Nach dem Prinzip der **wirtschaftlichen Betrachtungsweise** – *substance over form* – entscheidet nicht die rechtliche Form, sondern der Gehalt und die wirtschaftliche Realität von Geschäftsvorfällen über deren Bilanzierung (F.35). Die Bedeutung dieses Grundsatzes bzw. sein **Verhältnis** zu den **Einzelregeln** wird im Vergleich zum Prinzip der *true and fair presentation* besonders deutlich:

82

- Hinsichtlich der Forderung nach *true and fair presentation* und derjenigen nach Beachtung der **Einzelregeln** besteht ein potenzielles **Konfliktverhältnis**, das F.2 (daneben IAS 1.13ff. und IAS 8.10ff.) zu Gunsten der Einzelregeln entscheidet. Es ist daher von seltenen Ausnahmen abgesehen nicht zulässig, unter Berufung auf *true and fair presentation* die Anwendung einer dazu in (vermutetem) Konflikt stehenden Einzelregelung auszuschließen (Rz 70).
- Das Verhältnis von Grundsätzen und Einzelregelungen ist aber **vielschichtiger**: Es erschöpft sich nicht in potenziellen Konflikten, für die Vorrangregelungen zu treffen sind. In anderen Fällen stehen Grundsatz und Einzelregelung vielmehr in einem Verhältnis der **Komplementarität**. Für den Grundsatz der *substance over form* gilt dies in besonderer Weise:
  – Die Einzelregelungen treffen vor allem **Rechtsfolgen**bestimmungen zum Ansatz und zur Bewertung bestimmter **Geschäftsvorfälle**.

---

[52] Die nachfolgenden Überlegungen sind entnommen aus LÜDENBACH, PiR 2005, S. 95ff.

Lüdenbach/Hoffmann

- **Vor** ihrer Anwendung ist aber zu klären, welche **Art** von Geschäftsvorfall oder -vorfällen überhaupt vorliegt. Nach dem Grundsatz *substance over form* ist diese vorgeschaltete Klärung nicht an der rechtlichen Form, sondern am wirtschaftlichen Gehalt festzumachen.

Aus **dieser** Sicht ist eine wirtschaftliche Betrachtungsweise nicht nur zulässig, sondern immer dort, wo die Möglichkeit der Abweichung des formalrechtlichen vom wirtschaftlichen Gehalt besteht, zwingend. Hierzu folgendes Beispiel:

> **Beispiel**
> U schließt mit der Bank B zeitgleich und fristenkonform einen ersten Vertrag über ein variabel verzinsliches Yen-Darlehen und einen zweiten über einen *cross-currency*-Swap ab. In der wirtschaftlichen Gesamtwirkung stellen die Verträge U so, als ob er ein festverzinsliches Euro-Darlehen aufgenommen hätte.
> Fraglich ist, ob die Bilanzierung dieser wirtschaftlichen Betrachtungsweise folgen kann, also statt zwei Finanzinstrumenten (nach komplizierten Regeln) eines (nach einfachen) zu erfassen ist. Ein Lösungshinweis ergibt sich aus IAS 39.IG.B.6. In dem dort dargestellten Fall ist Unternehmen A Gläubiger eines an B gewährten Euro-Festzinsdarlehens und Schuldner eines von B gewährten variabel verzinslichen Darlehens mit jeweils gleicher Laufzeit und gleichen Beträgen, wobei zugleich eine Aufrechnungsabrede getroffen wird. Der IASB erkennt in dieser Konstruktion nicht zwei Geschäftsvorfälle (zwei Darlehensverträge), sondern einen (Zinsswapvertrag). Als Begründung führt er an:
> - gleichzeitiger und abgestimmter Abschluss der Verträge,
> - Identität der Vertragspartner,
> - Fehlen einer substanziellen Geschäftsnotwendigkeit (*substantive business purpose*) für die Aufteilung der Transaktion auf zwei Verträge.
>
> Die Anwendung dieser Kriterien auf den hier zu beurteilenden Fall ergibt:
> - Darlehens- und Swapvertrag werden gleichzeitig und abgestimmt abgeschlossen.
> - Die Vertragspartner beider Geschäfte sind identisch.
> - Das wirtschaftliche Ergebnis – Festzinsdarlehen in Euro – hätte auch durch Abschluss nur eines Geschäftes erreicht werden können.
>
> Der wirtschaftlichen Betrachtungsweise folgend ist daher ein Euro-Festzinsdarlehen zu bilanzieren.

Ähnliche Hinweise zur Zusammenfassung von Verträgen finden sich z. B. in IAS 11 für Fertigungsaufträge (→ § 18 Rz 42) und in SIC 27 für *cross-border*-Leasing (→ § 15 Rz 145). Die Praxis neigt dazu, solchen Überlegungen zur
- Zusammenfassung zivilrechtlich getrennter Vorgänge,
- Segmentierung zivilrechtlich einheitlicher Vorgänge,

- Umdeutung zivilrechtlicher Veräußerungsverträge in wirtschaftliche Nutzungsüberlassungen u.U. (→ § 25 Rz 81ff.)
- und zu vielen anderen Anwendungsfällen des *substance-over-form*-Prinzips nur dort zu folgen, wo der IASB **konkrete** Vorgaben gibt, im letztgenannten Fall etwa durch IFRIC 4. U.E. ist dieser Grundsatz auch dort ernst zu nehmen, wo es spezielle Regelungen zu seiner Umsetzung (noch) **nicht** gibt.

4 Definitionen, Ansatz und Bewertung von Abschlussposten

4.1 Überblick

Die vorstehend erläuterte konzeptionelle Grundlage der Rechnungslegung bewegt sich – vergleichbar dem HGB – auf höchstmöglichem **Abstraktionsniveau** (z. B. Entscheidungsrelevanz oder Vorsichtsprinzip) und taugt deshalb selten zur Lösung eines bestimmten Falles in der Praxis.

83

In seinem zweiten Teil befasst sich das *Framework* zur näheren Konkretisierung mit **Definitionen**, vor allem aber mit Grundvoraussetzungen für den **Ansatz** in der Bilanz und mit der zugehörigen **Bewertung**. Man kann von der **mittleren** Ebene zwischen der Grundkonzeption und den Einzelfallregeln in den Standards sprechen.

84

Dabei geht es um den **Inhalt** von Vermögenswerten und Schulden (Aktiva und Passiva) bzw. Erträgen und Aufwendungen und um deren **Abbildung** im Jahresabschluss unter Heranziehung eines einheitlichen Wertmaßstabes (Währung).

85

> **Beispiel**
> - Die seit langem aufgebaute Stammkundenbeziehung stellt einen wirtschaftlichen Wert, aber häufig keinen Vermögenswert *(asset)* dar.
> - Die Belastung aus einer künftigen Werkschließung, die noch nicht bekannt gemacht worden ist (→ § 21 Rz 74), stellt keine Verbindlichkeit *(liability)* dar.

Hat man sich auf dieser Grundlage für einen Bilanz- oder GuV-Ansatz entschieden, stellt sich die Frage nach der **Bewertung**.

86

> **Beispiel**
> - Soll das bebaute Grundstück am Marienplatz in München zu dem seit der Währungsreform 1948 fortgeführten DM-Eröffnungsbilanzwert *(at cost)* mit 100.000 EUR oder zum Verkehrswert *(fair value)* von 25 Mio. EUR in die Bilanz eingestellt werden?
> - Soll die US$-Anleihe zum Anschaffungskurs von 90 USD oder zum aktuellen Kurs *(fair value)* von 103 USD bewertet werden?

4.2 Die abstrakte Bilanzierungsfähigkeit[53]

4.2.1 Vermögenswerte *(assets)*

87 Die abstrakte Bilanzierungsfähigkeit wird in F.49a i. V. m. F.83 im Ausgangspunkt nach drei Kriterien **definiert**. Danach liegt ein **Vermögenswert** *(asset)* vor, wenn
- eine vom betreffenden Unternehmen kontrollierte ökonomische Ressource
- aufgrund früherer Begebenheiten
- künftige wirtschaftliche Nutzenzuflüsse erwarten lässt.

88 Abgesehen von einer kaum vermeidbaren **Abstraktheit** der Begriffe fällt bei dieser Definition ein gewisser **tautologischer** Gehalt auf: Eine (wirtschaftliche) Ressource soll dann vorliegen, wenn künftige Nutzenzuflüsse möglich sind. Dies ist das Kennzeichen jeder (werthaltigen) Ressource. Eher nichts sagend ist auch das Kriterium der **früheren** Begebenheit. Ohne eine solche kann kaum irgendein ökonomischer Effekt entstehen. Insgesamt ist so gesehen die Grundlagendefinition des Vermögenswertes **ohne größere Aussagekraft**.[54]
Im Rahmen der Überarbeitung des Rahmenkonzeptes – Phase B (Rz 124) – befasst sich der *Board* u. a. mit einer **Neudefinition** des *asset*. Nach einer Arbeitsversion[55] soll ein *asset* eine aktuell vorhandene Ressource sein, auf dessen Zugriff das Unternehmen ein Recht oder eine anderweitig privilegierte Stellung habe. Zur Anwendung dieser Arbeitsdefinition bringt der IASB als Beispiel einen Terminkontrakt zwischen einem Landwirt und einem dessen Produkte zu Dosengemüse verarbeitenden Abnehmer: Ökonomische Ressource sei
- für den Abnehmer das Versprechen des Landwirts, die Produkte zum Terminpreis zu liefern,
- für den Landwirt das Versprechen des Abnehmers, die Waren gegen diesen Preis abzunehmen.

Das Vertragsrecht gewähre für die jeweilige Partei die Mittel, diese Ressource auch zu kontrollieren. Damit lägen Vermögenswerte vor. Ein **schwebender** Kontrakt wäre auf dieser Basis anders als im gegenwärtigen Recht (→ § 13 Rz 37.) nicht **saldiert** zu betrachten, sondern auch bei Ausgeglichenheit von Leistung und Gegenleistung als Vermögenswert anzusehen.

89 Nach IAS F.83 sind dann zusätzlich noch folgende Kriterien zu erfüllen, wenn es denn zu einem Bilanzansatz *(recognition)* kommen soll:
- Es muss eine **Wahrscheinlichkeit** *(it is probable)* für den ökonomischen Nutzenzufluss bestehen,
- der Vermögenswert muss **verlässlich bewertet** werden können *(„measured with reliability")*.

---

[53] Siehe hierzu die kompakte Darstellung bei Fischer, IAS-Abschlüsse von Einzelunternehmungen, 2001, S. 68.
[54] Ähnlich Ernst & Young, S. 95: „The asset definition is completely circular."
[55] IFRS Update Juli 2006.

§ 1 Rahmenkonzept *(Framework)*

Das Kriterium der „**Wahrscheinlichkeit**", auf das in diesem Kommentar immer wieder einzugehen ist (→ § 21 Rz 31ff.), erscheint also bereits im *Framework* mit einer zusätzlichen Erläuterung in F.85 (Rz 22). Hier wird relativ umfangreich auf die Unsicherheit *(uncertainty)* der ökonomischen Zukunft eingegangen. Es sollen Einschätzungen über den Grad der **Unsicherheit** betreffend die **zukünftigen** wirtschaftlichen Nutzenzuflüsse gemacht werden, und zwar generell bei der Erstellung eines Jahresabschlusses. Konkrete Lösungen für ein Bilanzierungsproblem werden damit nicht geliefert. Auch die Bezugnahme auf Wahrscheinlichkeits**grade** kann praktische Bedeutung nur dann gewinnen, wenn das Gesetz der großen Zahl gilt. Ansonsten sind Aussagen über Wahrscheinlichkeiten ausschließlich subjektive Einschätzungen[56] (→ § 21 Rz 76ff.).

90

Für die herkömmliche deutsche Bilanzrechts-Denkschule ungewohnt ist die **zuverlässige Bewertbarkeit** als Ansatzkriterium. Vergleichbares gilt für den Spezialfall des Ansatzes von Rückstellungen gem. IAS 37 (→ § 21 Rz 41). Allerdings geht mit dieser Ansatzvorschrift die Gefahr einher, schon bei nicht allzu großer Interpretation in vielen Fällen von Vermögensgegenständen und Schulden eine Bilanzierung generell auszuschließen. Dem will F.86 vorbeugen, indem er das Erfordernis der **Schätzung** bei der Bilanzierung nicht als ansatzhemmend bezeichnet. Undefinierbar bleibt dann allerdings der weitere Vorbehalt eines Ansatzvorbehalts, wenn nämlich eine verlässliche Schätzung unmöglich ist („*a reasonable estimate cannot be made*"; Rz 99). Hier kommt allenfalls eine Anhangangabe in Betracht. Bemerkenswert ist dabei die **Imparität** des Wahrscheinlichkeitsbegriffes;[57] siehe auch Rz 22, 99 sowie → § 21 Rz 90.

91

Die künftigen wirtschaftlichen Vorteile *(economic benefits)* können nach F.55 in **verschiedener Form** dem Unternehmen zufließen:

92

- durch Produktion von Gütern und Dienstleistungen (und deren anschließendem Verkauf),
- durch Tausch gegen andere Vermögenswerte,
- durch Begleichung von Schulden,
- durch Verteilung (Auskehrung) an die Eigentümer.

4.2.2 Schulden *(liabilities)*

Die Definition und die Ansatzkriterien für die **Schulden** ähneln spiegelbildlich denjenigen für Vermögenswerte. Nach F.49b liegt eine Schuld *(liability)* vor, wenn

93

- eine (gegenwärtig) vorliegende Verpflichtung *(present obligation)* des Unternehmens,
- beruhend auf Vergangenheitsereignissen *(arising from past events)*,

---

[56] Lüdenbach/Hoffmann, KoR 2003, S. 5.
[57] Lüdenbach/Hoffmann, KoR 2003, S. 5.

- zu einem mutmaßlichen *(expected)* Abfluss von Ressourcen führt, mit denen wirtschaftliche Vorteile (für das Unternehmen) verbunden sind *(embodying economic benefits)*.

94 Nach diesen Definitionsnormen werden dann in F.91 die **Ansatzkriterien** für Schulden weiter erläutert. Danach ist ein Ansatz vorzunehmen,
- wenn ein Abfluss von wirtschaftliche Vorteile enthaltenden Ressourcen
- aufgrund der Begleichung der Schuld erfolgen wird und
- der Erfüllungsbetrag *(amount of settlement)* zuverlässig bewertet werden kann.

95 Negativ bezüglich des Ansatzes werden Schulden aus **schwebenden Geschäften** *(unperformed contracts)* genannt mit dem Beispiel der Bestellung von noch ungeliefertem Material. In besonderen, im *Framework* nicht weiter definierten Umständen kann allerdings auch eine Passivierung solcher Verpflichtungen erfolgen, allerdings mit gegenläufiger Aktivierung der zugehörigen Vermögenswerte oder sonstigen Ausgaben. Mit Letzterem ist das Erfordernis einer **zutreffenden Periodenabgrenzung** *(accrual)* angesprochen.

4.2.3 Vergleich zum HGB

96 Bei einem Vergleich zu den Ansatzkriterien nach dem HGB – und der Definition des Vermögensgegenstandes – kann eine weitere Fassung des *asset*-Begriffs im *Framework* festgestellt werden. Das gilt allerdings nur im Hinblick auf die Begrifflichkeiten und deren Auswertung. Will man diese abstrakten Kriterien in einem konkreten Bilanzierungsfall anwenden, dann versagen regelmäßig die Unterscheidungsmerkmale. Unwillkürlich erinnert man sich an die mit hohem theoretischem und intellektuellem Aufwand im deutschen Bilanzschrifttum ausgebreitete Unterscheidung zwischen **Vermögensgegenstand** (Handelsrecht) einerseits und **Wirtschaftsgut** (Steuerrecht) andererseits. Auch dieser hat zur Lösung eines konkreten Bilanzierungsfalls kaum jemals irgendeine Argumentationshilfe geleistet.

> **Beispiel**[58]
> Ein Werbefeldzug schafft Potenzial zur Generierung zukünftiger ökonomischer Nutzenzuflüsse (Umsatzerlöse). Da jedoch eine verlässliche Bewertung unmöglich erscheint, scheidet eine Bilanzierung aus (so die Begründung für den Nichtansatz nach IFRS). Nach HGB bzw. EStG würde man die mangelnde Verkehrsfähigkeit oder Einzelveräußerbarkeit als Aktivierungshindernis anführen. Das Ergebnis bleibt das gleiche.

97 Aus der Sicht der Bilanzierungspraxis lässt sich allenfalls ein entscheidender Unterschied zwischen dem *asset*-Begriff der IFRS und dem Vermögensgegenstand des HGB herauskristallisieren: Nach IFRS sind erheblich **mehr Ermessensspielräume** im Hinblick auf das genannte Wahrscheinlichkeits-

---

[58] Nach LÜDENBACH, International Accounting Standards, 2001, S. 40.

kriterium vorhanden, die im Einzelfall entgegen der HGB-Regel einen Ansatz auf der Aktivseite erlauben und auf der Passivseite entbehrlich machen. Praktisch bedeutsam ist für die Anwendung des *asset*-Begriffs nach IFRS die Einbeziehung von **Rechnungsabgrenzungsposten**. Vergleichbar dem HGB beschränken sich die Ansatzkriterien nicht auf materielle Wirtschaftsgüter. Erst in der zweiten Stufe der Bilanzierung wird nach HGB (§ 248 Abs. 2) für die **immateriellen Vermögensgegenstände** zusätzlich auf den entgeltlichen Wert rekurriert. Diesen Aktivierungsvorbehalt kennt das *Framework* nicht. Hier sind – zumindest verbal – detailliertere Ansatzkriterien in IAS 38.19 enthalten. Diese eröffnen (wiederum) dem Bilanzersteller weitgehende Ermessensspielräume, ganz entgegengesetzt zu dem objektivierenden Ansatzverbot in § 248 Abs. 2 HGB. Im Einzelnen wird auf → § 13 Rz 21 ff. verwiesen.   **98**

Ungewöhnlich für die deutsche Bilanzrechtslehre ist die **Rückkoppelung der Bewertung auf den Ansatz** in den Fällen, in denen der Bewertungsprozess erheblich erschwert ist (F.86-88). Danach ist die Ausübung von vernünftigen **Schätzungen** ein wesentlicher Bestandteil der Erstellung von Jahresabschlüssen. Die Schätzung darf nicht deren Zuverlässigkeit beeinträchtigen. Wenn allerdings eine solche vernünftige Schätzung nicht möglich ist, darf der (aktive oder passive) Gegenstand nicht angesetzt werden. Als Beispiel wird das Ergebnis eines Gerichtsverfahrens genannt, das entweder die abstrakten Bilanzierungsvoraussetzungen eines Vermögenswertes oder einer Schuld erfüllt. Wenn indes – wie häufig der Fall – eine Prognose des Wertes zuverlässig nicht möglich ist, kommt ein Bilanzansatz nicht in Betracht; stattdessen sind Erläuterungen im Anhang zu machen. Diese Regel aus dem Rahmenwerk *(Framework)* der IFRS passt schwer zur Spezialvorschrift für Schulden in IAS 37.25 (→ § 21 Rz 41), der zufolge nur in extrem seltenen Fällen eine Einschätzung der künftigen Verpflichtung unmöglich sein soll (vgl. auch Rz 91).   **99**

Aus Spezialvorschriften sind folgende **Aktivierungsgebote** zu nennen: **100**
- Guthaben aus Steuerlatenz *(deferred tax assets)* gemäß IAS 12.24 und 34 (→ § 26 Rz 48).
- Öffentliche Zuwendungen *(government grants)*, die zur Kompensation zugehöriger Aufwendungen bezahlt werden (IAS 20.12; → § 12 Rz 21).
- Der derivative *goodwill* (IAS 22.40; → § 31 Rz 111).
- Entwicklungskosten *(development costs)* unter bestimmten Voraussetzungen (IAS 38.45; → § 13 Rz 24 ff.).

Nicht ansetzbar sind: **101**
- Eventualforderungen, die nicht so gut wie sicher sind gem. IAS 37.31 (→ § 21 Rz 92.), allerdings mit der Ausnahme einer Kompensationsforderung bei der Bewertung von Rückstellungen *(reimbursement)* gem. IAS 37.53 (→ § 21 Rz 111 f.).
- Besondere Fälle von Guthaben aus der Steuerlatenz gem. IAS 12.24 (→ § 26 Rz 48).
- Der originäre *goodwill* gem. IAS 38.48 (→ § 13 Rz 46).

- Eigene Forschungskosten *(research costs)* gem. IAS 38.54 (→ § 13 Rz 21).
- Selbst erstellte Marken, Werbekampagnen, Kundenkarteien u. Ä. gem. IAS 38.63 (→ § 13 Rz 27).

4.3 Eigenkapital *(equity)*

102 Für die deutsche Betrachtungsweise eher ungewöhnlich ist die förmliche Aufnahme des **Eigenkapitals** in den Definitionskatalog von F.49c:
- Das Eigenkapital ist das **restliche Interesse** an den Vermögensgegenständen des Unternehmens nach Abzug aller Verbindlichkeiten.

In F.65 ist die **Aufgliederung** des Eigenkapitals nach den verschiedenen Kriterien (Gewinnrücklagen, Neubewertungsrücklagen etc.) angesprochen. In F.66 werden die gesetzlichen oder satzungsmäßigen Gründe für eine Rücklagenbildung abgehandelt. In F.67 ist die Selbstverständlichkeit zum Ausdruck gebracht, dass das Eigenkapital von dem Ansatz und der Bewertung der Vermögensgegenstände und Schulden abhängt. Nur zufällig soll – eine weitere Selbstverständlichkeit – das Eigenkapital mit dem Marktwert des Unternehmens übereinstimmen. Zur Abgrenzung von Eigen- und Fremdkapital → § 20 Rz 3ff.

4.4 Grundlagen der Bewertung

4.4.1 Ausgangsgrößen

103 Gemäß F.100 stehen **vier Bewertungsmaßstäbe** zur Auswahl, und zwar **einheitlich** für Vermögenswerte *(assets)* und Verbindlichkeiten *(liabilities)*.[59]

Bewertungsmaßstäbe	Vermögenswerte *(assets)*	Schulden *(liabilities)*
Anschaffungs-, Herstellungskosten *(historical costs)*	Zahlungsbetrag oder bei Tausch Zeitwert *(current value)*	Für das Eingehen der Verpflichtung erhaltener Betrag oder, wenn Gegenleistung fehlt, der Zahlungsbetrag
Aktueller Wiederbeschaffungswert *(current cost)*	Zahlungsbetrag bei einer fiktiven Wiederbeschaffung des Vermögenswertes	Undiskontierter Zahlungsbetrag bei fiktiver aktueller Begleichung der Verpflichtung
Realisierbarer Wert *(realisable value)*	Aktueller Veräußerungswert bei normalem	Undiskontierter Zahlungsbetrag zur Erfüllung im normalen Geschäftsgang

---

[59] Tabelle in Anlehnung an LÜDENBACH, International Accounting Standards, 3. Aufl., 2004, S. 50.

Bewertungsmaßstäbe	Vermögenswerte *(assets)*	Schulden *(liabilities)*
	Geschäftsgang	
Gegenwartswert *(present value)*	Barwert für erwartete, im normalen Geschäftsgang generierte Zahlungseingänge	Barwert der erwarteten, im normalen Geschäftsgang anfallenden Zahlungsausgänge

4.4.2 Sonderbewertungsvorschriften in einzelnen IFRS

In F.101 werden die **Anschaffungs- oder Herstellungskosten** als der in erster Linie in Betracht kommende Wertmaßstab bezeichnet. Allerdings gehen die einzelnen IFRS von **speziellen Vorschriften** für einzelne Vermögenswerte und Schulden aus, sodass die Bewertungsmaßstäbe in F.100 eher von programmatischer als von praktischer Bedeutung sind. Hierzu folgende Übersicht:[60]

104

Sonder-Bewertungsvorschriften				
Sachanlagen	immaterielle Vermögenswerte	als Finanzinvestitionen gehaltene Grundstücke	Vorräte	Fertigungsaufträge
(property, plant and equipment)	*(intangible assets)*	*(investment property)*	*(inventories)*	
IAS 16.23ff.	IAS 38.64ff.	IAS 40.17ff.	IAS 2.23	IAS 11.22f.

---

[60] In Ergänzung zu FISCHER, IAS-Abschlüsse von Einzelunternehmungen, 2001, S. 74.

Wegen Einzelheiten wird verwiesen auf die einschlägigen Kommentierungen zu:

Gegenstand	IAS	Verweis auf
Sachanlagevermögen	IAS 16	(→ § 14)
Immaterielle Vermögenswerte	IAS 38.63ff.	(→ § 13)
Als Finanzinvestitionen gehaltene Grundstücke *(investment property)*	IAS 40	(→ § 16)
Vorräte	IAS 2	(→ § 17)
Fertigungsaufträge *(construction contracts)*	IAS 11	(→ § 18)
Finanzinstrumente	IAS 39.66ff.	(→ § 28)

Speziell das **Anschaffungskostenprinzip** (→ § 8 Rz 11ff.) wird – überwiegend optional – **durchbrochen** in folgenden Bilanzierungsbereichen:

Bilanzposten	Begriff	Pflicht/ Wahlrecht	Verweis auf
Sachanlagevermögen	Neubewertung *(revaluation)*	Wahlrecht	(→ § 8 Rz 52ff.)
Immaterielle Vermögenswerte	Neubewertung *(revaluation)*	Wahlrecht	(→ § 8 Rz 56)
Als Finanzinvestition gehaltene Grundstücke	fair value	Wahlrecht	(→ § 16 Rz 42)
Fertigungsaufträge	Teilgewinnrealisierung	Pflicht	(→ § 18 Rz 4)
Finanzinstrumente	fair value	Pflicht	(→ § 28 Rz 145)
Fremdwährungsforderung und -schuld	Stichtagskurs	Pflicht	(→ § 27 Rz 12)
Landwirtschaftliche Produkte	fair value	Pflicht	(→ § 40 Rz 20)

Lüdenbach/Hoffmann

4.4.3 Folgebewertungen

Soweit nicht die Folgebewertung nach dem beizulegenden Zeitwert *(fair value)* vorzunehmen ist, gleicht das Bewertungssystem der IFRS demjenigen des HGB. Zu unterscheiden sind planmäßige (→ § 19), nach bestimmten Methoden vorzunehmende *(depreciation)* und außerplanmäßige Abschreibungen wegen Wertverlusten *(impairment)*. Für Letztere gibt es neben den Vorschriften in den verschiedenen Standards noch eine allgemeine, übergreifende Regelung in IAS 36 (→ § 11).

105

4.4.4 Zwischen Anschaffungskosten- und *fair-value*-Konzept

Außerhalb des *Framework* vollzieht sich eine schleichende Umorientierung der IFRS weg vom **Anschaffungs**kostenkonzept hin zum Konzept der Bilanzierung zu **Zeitwerten**. Als Beleg für dieses schrittweise Vorgehen seien aufgeführt:

106

- Uneingeschränktes Anschaffungskostenprinzip für Vorratsvermögen (→ § 17 Rz 4ff.).
- Sehr eingeschränkte Möglichkeit einer Neubewertung (über die fortgeführten Anschaffungskosten hinaus) für immaterielle Vermögenswerte (→ § 13 Rz 63ff.).
- Eher unbeschränkte Zulässigkeit der Neubewertung für Gruppen von sächlichem Anlagevermögen (→ § 8 Rz 52ff.).
- Wahlrecht zwischen Anschaffungskosten- und *fair-value*-Modell für *investment properties* bei impliziter Bevorzugung des letztgenannten Modells (→ § 16 Rz 35).
- Überwiegende Bewertung von Finanzinstrumenten zum *fair value* (→ § 28 Rz 34).
- Uneingeschränkter *fair-value*-Ansatz für landwirtschaftliche und biologische Vermögenswerte nach IAS 41.12f. (→ § 40 Rz 2).
- Wahlrecht im Rahmen des Übergangs auf die IFRS-Rechnungslegungswelt (→ § 6 Rz 45).

Diese schrittweise Neuorientierung geht einher mit der kaum widerlegbaren Vermutung *(extremely unlikely)*, der zufolge das Unternehmen den *fair value* immer zuverlässig ermitteln kann (→ § 28 Rz 109).

Die „Philosophie" der IFRS-Rechnungslegung bewegt sich damit hin zu einer **Gesamtunternehmensbewertung**. Das zeigt sich z. B. auch in der

- Ausgestaltung des *impairment*-Tests zum Erfordernis einer außerplanmäßigen Abschreibung unter Bezugnahme auf den Gesamtwert einer *cash generating unit* (→ § 11 Rz 49);
- „schleichenden" Aktivierung eines originären *goodwill* im Rahmen des *impairment-only approach* (→ § 31 Rz 174).

Diese vordergründig sinnvoll erscheinende Entwicklung führt in der aktuellen Ausprägung zu einem *mixed model* (Rz 39), das erhebliche **Anwendungsprobleme** in sich birgt. Im Wesentlichen geht es dabei um folgende Aspekte:

- Die **expliziten** Wahlrechte erschweren trotz Offenlegungspflicht im Anhang den zwischenbetrieblichen Vergleich (Beispiel: *investment properties*; Rz 106).
- Die **tatbestandlichen Subsumtionsmöglichkeiten** schaffen ein Quasi-Wahlrecht für die Anwendung des einen oder anderen Modells (Beispiel: Klassifizierung von Finanzinstrumenten; → § 28 Rz 31ff.).
- Die **Ermittlung** des *fair value* ist in weiten Bereichen ermessenbehaftet (Beispiel: Anwendung von Optionspreismodellen; → § 28 Rz 195ff.).
- Dieser Tatsache kann sich das Management elegant und unbeanstandet bedienen, um die **Geschäftspolitik** an den bilanzpolitischen Gestaltungsmöglichkeiten auszurichten (Beispiel: Enron; → § 28 Rz 106f.).

Jedenfalls bewegt sich die IFRS-Bilanzierung in einer **Mehrfach-Mixtur** (→ § 28 Rz 3) von
- Anschaffungskostenprinzip,
- Marktpreisorientierung,
- *fair-value*-Ermittlung nach Berechnungsmodellen,
- erfolgswirksamer oder -neutraler Verbuchung der *fair-value*-Änderung (→ § 28 Rz 31).

Dieses „System" eröffnet spürbar mehr **bilanzpolitische Gestaltungsspielräume** als das herkömmliche Anschaffungskostenmodell (→ § 51 Rz 15ff.). Die IFRS-Regeln wollen diesem Aspekt u. a. durch umfangreiche **Offenlegungen** im Anhang gegensteuern, sind dabei aber postwendend mit dem Problem der Überforderung der Abschlussadressaten (*information overload*) konfrontiert (Rz 68).

Diese Entwicklungsrichtung der internationalen Rechnungslegungs-Szene mag man bedauern oder gutheißen. Jedenfalls müssen sich die Anwender (*user*) dieses herrschenden Misch-Systems dessen Implikationen bewusst sein.

4.5 Erfolgswirksame Positionen, Ergebnis

4.5.1 Überblick

Wie das HGB (anders das EStG; vgl. Rz 119) kennen die IFRS eine **Gewinn- und Verlustrechnung (GuV)** als notwendigen Bestandteil des Jahresabschlusses. Ihr Ergebnis führt (wie im HGB) zu einer Veränderung des Eigenkapitals. Buchungstechnisch ist die GuV ein **Unterkonto** des Eigenkapitals. Daneben kennen die IFRS – anders als das HGB – auch eine (**erfolgsneutrale**) **Eigenkapitalveränderung** außerhalb der externen Transaktionen auf gesellschaftlicher Grundlage (Einlage, Gewinnausschüttungen; F.81). Wegen dieser erfolgsneutralen Eigenkapitalveränderung wird verwiesen auf Rz 122 und → § 20 Rz 68.

4.5.2 Definitionen

Als **Erträge** *(income)* gelten (F.70):
- Zuwächse an wirtschaftlichen Vorteilen,
- in einer Rechnungslegungsperiode,

- aufgrund von Zuflüssen oder Wertsteigerungen von Vermögenswerten
- oder der Abnahme von Verbindlichkeiten,
- die das Eigenkapital erhöhen.

Die **Aufwendungen** *(expenses)* werden gerade spiegelbildlich-negativ definiert. **109**
In beiden Fällen sind Transaktionen mit **Anteilseignern** – Dividenden, Einlagen – aus dem Begriffsinhalt ausgeschlossen. **110**
Erträge und Aufwendungen können im **normalen Geschäftszyklus** anfallen, aber auch als **Sonderfaktoren**. Als Beispiel zu Letzterem wird der Verkauf oder die Aufgabe *(disposal)* einer Langfrist-Investition genannt (F.72). Solche Differenzierungen sind offenzulegen (→ § 24 Rz 4ff.). **111**
Die **Ertrags**definition (Rz 108) umfasst (F.74): **112**
- Einnahmen bzw. Umsatzerlöse *(revenue)*, also Zuflüsse aus der normalen Geschäftstätigkeit (F.74; → § 25), sowie
- Gewinne *(gains)*, die wiederum
  - **identisch** sein können mit den *revenues* (F.75),
  - aber auch aus dem Abgang von **langfristigen** Vermögenswerten entstehen (F.76)
  - oder aus **Neubewertungen** resultieren (→ § 8 Rz 52ff.; F.76).

Erträge und Aufwendungen können auch aus **Tauschvorgängen** entstehen (→ § 8 Rz 47). **113**
Die **Aufwands**definition (Rz 109) umfasst (F.78): **114**
- (Einmal-)Verluste *(losses)*,
- Aufwendungen *(expenses)* aus laufender Geschäftstätigkeit (Vertriebskosten, Löhne, Abschreibungen), die üblicherweise zu Geldabflüssen führen.

Verluste *(losses)* umfassen begrifflich auch **Aufwendungen** *(expenses)* und können, müssen aber nicht im üblichen Geschäftsverlauf anfallen. **115**
Verluste *(losses)* entstehen aber auch im **außerordentlichen** und im **Langfrist**bereich und können realisiert oder unrealisiert (z. B. Erhöhung des Umrechnungskurses für Verbindlichkeiten in Fremdwährung) sein (F.79f.). **116**
Aufwendungen werden in der GuV in **unmittelbarer Zuordnung** *(direct association)* zu den daraus resultierenden Erträgen erfasst. Man spricht hier gemeinhin von *matching principle* (F.95). Danach sollen die Aufwendungen zur Erstellung von Gütern dann ergebniswirksam werden, wenn diese zum Verkauf gelangen. Voraussetzung ist allerdings immer, dass die betreffenden Positionen *(items)* als Vermögenswert oder Schuld ansetzbar sind. **117**
Bei **längerfristiger Nutzungsmöglichkeit** (Anlagevermögen) soll nach F.96 die Aufwandsverrechnung durch planmäßige Abschreibung auf systematischer und vernünftiger Grundlage bis zur Erschöpfung der Nutzungsmöglichkeit erfolgen (→ § 10 Rz 31ff.). Ähnlich klingt die Anweisung in § 253 Abs. 2 S. 2 HGB zur Definition der Abschreibungsverteilung für Anlagevermögen. **118**

4.5.3 Kapitalerhaltungskonzeptionen

119 Die Rechnungslegungspraxis interpretiert den Gewinn primär als Überschuss der Erträge über die Aufwendungen einer Periode, d. h. aus Sicht der **GuV**. Im Rahmen der Doppik lässt sich der Gewinn jedoch auch aus der Perspektive der **Bilanz** interpretieren, und zwar als die um Entnahmen/Ausschüttungen und Einlagen bereinigte Differenz von Reinvermögen (Kapital) am Periodenende gegenüber dem Periodenanfang (so § 4 Abs. 1 S. 1 EStG).

Aus der bilanziellen Sicht definiert die Erhaltung des Kapitals die Nulllinie, oberhalb derer Gewinn und unterhalb derer Verlust entstanden ist. Fraglich ist, ob diese Nulllinie bei Preisänderungen **nominal** oder **real** interpretiert werden muss, ob also etwa inflationsbedingte Werterhöhungen Gewinn oder **Scheingewinn** sind.

120 Das *Framework* trifft im Rahmen dieser Fragestellung folgende **Unterscheidung**:
- **Finanzwirtschaftliches Kapitalerhaltungskonzept:** Gewinn = Zunahme des nominalen Geldkapitals (F.104a und F.108).
- **Leistungswirtschaftliches Kapitalerhaltungskonzept:** Gewinn = Erhaltung der physischen Produktionskapazität bzw. vereinfacht: Gewinn = Erhaltung des Geldkapitals abzüglich zu eliminierender Scheingewinne aus **Preissteigerungen** (F.104b und F.109).

121 Eine **Präferenz** für ein bestimmtes Kapitalerhaltungskonzept hat der *Board* nach F.110, abgesehen von Fällen der **Hochinflations**rechnungslegung (→ § 27 Rz 62ff.), „derzeit nicht". Diese Aussage ist offenbar programmatisch gemeint. Sie soll Optionen offenhalten. In den Einzelstandards finden sich jedoch mit der genannten Ausnahme keine Regelungen zur Kaufkraftanpassung. Im Übrigen sind selbst die programmatischen Ausführungen eher oberflächlich, da sie sich mit den verschiedenartigen Varianten einer leistungswirtschaftlichen Kapitalerhaltung nicht befassen bzw. das leistungswirtschaftliche Konzept auf eine Preis- und Kaufkraftanpassung reduzieren. In der derzeitigen Form stellen die Überlegungen in F.102-110 und F.81 eher einen überflüssigen **Fremdkörper** im *Framework* dar.

4.6 Statische und dynamische Bilanzierung: *asset liability* vs. *revenue expense approach*

122 Die IFRS enthalten (bislang) **kein durchgängiges System** der Ertrags- und Aufwandsvereinnahmung und der **Definition** der anzusetzenden Vermögenswerte und Schulden:
- IAS 20 lässt etwa im Interesse der zutreffenden **Aufwandsverteilung** den Ausweis erhaltener Investitionszuwendungen als Schulden (*liabilities*) auch dort zu, wo keine oder eine nur unwahrscheinliche Rückzahlungsverpflichtung besteht und daher die Definitionskriterien einer Schuld i.S. von IAS 37 nicht erfüllt sind (→ § 12 Rz 26).

- Erwartete **Gewinne** aus **schwebenden** Geschäften begründen nach IAS 37 (→ § 21 Rz 45) im Allgemeinen keinen Vermögenswert, nach IAS 39 (Finanzderivate; → § 28 Rz 216) und IAS 11 (Fertigungsaufträge; → § 18 Rz 19) sind sie jedoch als Vermögen anzusetzen.

Mit den Begriffen **dynamische** und **statische** Bilanztheorie sind diese Unterschiede nur unvollkommen zu fassen. Eher geht es um die Unterscheidung zwischen

- *revenue expense approach,* der die Änderung von Vermögen/Schulden als sekundäre/abhängige und Ertrag/Aufwand als primäre/unabhängige Variable ansieht, und
- *asset liability approach,* der zunächst Vermögen/Schulden definiert und dann Erträge/Aufwendungen abgeleitet aus der Veränderung von Vermögen/Schulden behandelt.

Das gegenwärtige System folgt in wechselnder Akzentuierung **beiden** Ansätzen:

- Die Aktivierungspflicht für schwebende Gewinne aus Finanzderivaten kann als Ausdruck des *asset liability approach* angesehen werden. Der zum Bilanzstichtag erwartete Vorteil aus einem noch schwebenden Kontrakt ist eine vermögenswerte Position, die bei börsengehandelten Kontrakten besonders deutlich als solche zu erkennen ist, aber auch ohne eine solche Börsennotierung in einer streng stichtagsorientierten Vermögensrechnung angesetzt werden muss. Mit der Entscheidung für einen solchen Ansatz ist nach den Gesetzen der Doppik auch ein Ertrag in der GuV auszuweisen.
- Die Nichtaktivierung von schwebenden Gewinnen aus Warenverkaufsgeschäften ist demgegenüber Ausdruck eines *revenue expense approach,* der im konkreten Fall vorsieht, Erträge erst mit Übergang aller Risiken auf den Käufer anzusetzen und abgeleitet auch erst dann eine Forderung einzubuchen.

Ein **Paradigmenwechsel** hin zu einem durchgängigen *asset liability approach* soll durch das *Performance Project* erreicht werden. In diesem Zusammenhang soll auch die (oben vernachlässigte) Kategorie der „erfolgsneutralen" Erträge und Aufwendungen *(other comprehensive income)* besser als bisher systematisiert werden. Dabei wäre etwa zu klären, ob erfolgsneutral gegen das Eigenkapital gebuchte Ergebnisse spätestens bei Abgang des Vermögenswertes (oder der Schuld) zwingend erfolgswirksam zu behandeln wären (sog. *recycling* über die GuV) oder wie bisher in einigen Fällen (Neubewertung Sachanlagen; → § 8 Rz 52, versicherungsmathematische Gewinne aus Pensionsrückstellungen; → § 22 Rz 45) davon abgesehen, in anderen (bestimmte Finanzinstrumente; → § 28 Rz 162) darauf bestanden wird.[61]

---

[61] Vgl. zum Ganzen auch ANTONAKOPOULOS, PiR 2005, S. 104ff.

5 IFRS für den Mittelstand

123 Auf → § 50 wird verwiesen.

6 Rechtsentwicklung

124 IASB und der amerikanische FASB verfolgen seit Oktober 2004 gemeinsam ein Projekt zur Überarbeitung ihrer Rahmenkonzepte. Ein einheitliches Konzept soll Deduktionsbasis für zukünftige, konvergente Rechnungslegungsstandards sein.[62] Das Projekt ist in 8 Phasen (davon 6 inhaltliche, sowie mit Phase F und H zwei prozedurale) eingeteilt:
- Phase A: Zielsetzung und qualitative Eigenschaften des Jahresabschlusses,
- Phase B: Abschlussposten und deren Ansatz,
- Phase C: Bewertung,
- Phase D: Berichterstattende Einheit,
- Phase E: Darstellung des Abschlusses und Angabepflichten einschließlich Grenzen des Jahresabschlusses,
- Phase F: Zielsetzung und Status des Rahmenkonzepts,
- Phase G: Anwendung auf Non-Profit-Unternehmen,
- Phase H: Vollständiges Rahmenkonzept.

Zu **Phase A** wurde im Juli 2006 das Diskussionspapier *„Preliminary View on an Improved Conceptual Framework for Financial Reporting: The Objective of Financial Reporting and Qualitative Characteristics of Decision Useful Financial Reporting Information"* vorgelegt. Wesentliche inhaltliche und terminologische Änderungen gegenüber dem bisherigen *Framework* sind:
- Festlegung aktueller und potenzieller Eigen- und Fremdkapitalgeber als primäre Adressaten des Jahresabschlusses (Rz 5),
- Ersetzen der qualitativen Anforderung der Verlässlichkeit (*reliability*) durch die der glaubwürdigen Darstellung (Rz 18),
- Streichung des Vorsichtsprinzips (Rz 18).

Phase B betrifft u. a. die abstrakte und konkrete Bilanzierungsfähigkeit, also etwa die Frage, ob Gewinnchancen aus schwebenden Verträgen einen Vermögenswert darstellen, der zu aktivieren ist (Rz 88). Hier ergeben sich nach Maßgabe des *asset-liability*-Ansatzes (Rz 122) unmittelbare Verbindungen zu den Ertragsrealisierungsgrundsätzen.

Zu **Phase C** wurde im November 2005 ein Diskussionspapier *„Measurement Basis for Financial Reporting – Measurement on Initital Recognition"* vorgelegt. Hierin wird der verlässlich ermittelbare *fair value* als Maßstab der Zugangsbewertung präferiert. Bei mangelnder Verlässlichkeit sollen Ersatzmaßstäbe

---

[62] Vgl. dazu allgemein KAMPMANN/SCHWENDLER, KoR 2006, S. 521ff., sowie speziell zum Konvergenzaspekt WATRIN/STROHM, KoR 2006, S. 123ff.

(z. B. Anschaffungs-/Herstellungskosten) herangezogen werden, wobei im Approximationsinteresse ggf. wie bei einer *fair-value*-Bewertung Transaktionskosten (Anschaffungsnebenkosten) nicht angesetzt, sondern unmittelbar als Aufwand verbucht würden. Ein Aufwand/Ertrag im Zugangszeitpunkt (*day-one profit or loss*) ergäbe sich im Übrigen auch, wenn der *fair-value*-Ansatz der empfangenen Leistung vom Wert der entrichteten Leistung abweicht.[63]
Phase D betrifft u. a. die Abgrenzung des Konsolidierungskreises, etwa bei Zweckgesellschaften (→ § 32 Rz 191).
Phase E ist u. a. vom Diskussionspapier *„Management Commentar"* vom Oktober 2005 betroffen (→ § 7 Rz 14).

7 Zusammenfassende Praxishinweise

Zu Einzelheiten zur Zielsetzung, zum Regelungsinhalt und zu den Begrifflichkeiten des *Framework* vgl. Rz 1ff.

125

Die Zielsetzung des Jahres- bzw. Konzernabschlusses nach dem *Framework* liegt in der Bereitstellung entscheidungsnützlicher Informationen durch die einzelnen **Bestandteile** eines solchen Abschlusses (Rz 5ff.).

In herkömmlicher Betrachtungsweise ist das IFRS-Rechnungslegungssystem eher **dynamisch** als statisch ausgerichtet (Rz 8ff.). Das belegt insbesondere eine der beiden Basisannahmen, nämlich die Abgrenzung des **periodengerechten Gewinns** (*accrual basis*; Rz 16).

Zu einzelnen **qualitativen Anforderungen** im *Framework* – Relevanz, Zuverlässigkeit, Verständlichkeit, Vergleichbarkeit, Vorsicht – vgl. Rz 17.

Trotz der angeblichen oder wirklichen Zurückdrängung des **Vorsichtsprinzips** verbleibt gleichwohl im IFRS-Regelwerk eine imparitätische Berücksichtigung von **Unsicherheiten** (Wahrscheinlichkeiten) bei der Beurteilung von Sachverhalten und der Bewertung von Bilanzposten (Rz 19ff.).

Bei der gängigen Beuteilung der **Qualität** des IFRS-Regelwerks wird häufig nicht zwischen Sollen und Sein unterschieden (Rz 26ff.). Das zeigt sich insbesondere bei der Fülle von **Ermessensspielräumen**, die dem Management bei der Rechnungslegung eingeräumt werden (Rz 38ff.).

Der IASB propagiert – insbesondere seit Enron – das *principle-based accounting* in Abgrenzung zum *cook-book accounting* nach US-GAAP (Rz 44ff.). Dieser Vorgabe kommt der IASB allerdings nur **bedingt** nach. **Belegstelle** ist der neu gefasste IAS 39 mit einer relativ kurzen „Grundsatz"-Regelung, der indes umso ausführlicher Anwendungshilfen beigefügt werden (Rz 46ff.).

Bei der **praktischen** Umsetzung des IFRS-Regelwerks sind folgende Regeln beachtlich (Rz 55ff.):

- Welches sind die **anwendbaren** Regeln?
- **Wie** sind die Regeln und unter welchen **Vorbehalten** anzuwenden?

---

[63] Vgl. zu Einzelheiten des Projekts SCHMIDT, KoR 2006, S. 65ff.

- Wie ist bei **fehlender** Regelung zu verfahren?

Die einschlägigen Vorgaben sind teils im *Framework*, teils in IAS 1 und in IAS 8 geregelt. Die vorliegende Kommentierung fügt diese zusammengehörigen Aspekte **zusammen** (Rz 55ff.).

Wichtige Vorbehalte der Regelanwendung sind das **Wesentlichkeits**prinzip (*materiality*), der **Kosten-Nutzen-Aspekt** und die **Zeitnähe** (Rz 63ff.).

Erheblichen Interpretationsbedarf des Regelanwenders erfordern die Vorgabe der *true and fair presentation* (Rz 70ff.) sowie die Füllung von **Regelungslücken** (Rz 78ff.).

Eher noch unbestimmter als nach HGB sind die **Ansatz**vorschriften (abstrakte Bilanzierungsfähigkeit) für Vermögenswerte und Schulden (Rz 87ff.). Wegen der abstrakten Begriffsdefinitionen ist in der Bilanzierungspraxis immer ein Blick auf einschlägige **Spezialregelungen** zum Ansatz von Vermögenswerten und Schulden erforderlich (Rz 100f.).

Die **Bewertungs**grundlagen der IFRS – Anschaffungs- oder Herstellungskosten, *fair value*, Neubewertung etc. – sind in Rz 103ff. dargestellt.

Zu den die **Ergebnisrechnung** betreffenden Begriffsinhalten wird auf Rz 107ff. verwiesen.

§ 2 DARSTELLUNG DES ABSCHLUSSES

Inhaltsübersicht Rz
Vorbemerkung
1 Zielsetzung und Regelungsinhalt von IAS 1 1–3
   1.1 Anforderungen an Zweck, Inhalt und Gliederung des Jahresabschlusses 1
   1.2 Verhältnis von IAS 1 zum *Framework* und zu IAS 8 2–3
2 Abschlussbestandteile, Identifizierung des Abschlusses, IFRS-Konformität 4–5
3 Grundregeln der Gliederung der Abschlussbestandteile 6–21
   3.1 Überblick 6
   3.2 Darstellungsstetigkeit 7–10
   3.3 Zusammenfassung und Untergliederung von Posten ... 11–12
   3.4 Saldierung von Posten 13–18
   3.5 Angabe von Vorjahreswerten 19–21
4 Gliederung der Bilanz 22–45
   4.1 Gliederung nach Fristigkeit oder nach Liquiditätsnähe . 22–24
   4.2 Kriterien der Kurz- und Langfristigkeit 25–32
   4.3 Mindestgliederung der Bilanz 33–41
   4.4 Ergänzungen des Mindestgliederungsschemas 42–44
   4.5 Ausweiswahlrechte 45
5 Gliederung der GuV 46–71
   5.1 (Faktische) Mindestgliederung 46–52
   5.2 Inhalt der operativen Posten im Umsatz- und Gesamtkostenverfahren 53–55
   5.3 Ergänzende Posten zu regelmäßigen Erfolgsquellen 56–59
      5.3.1 Möglichkeiten und Grenzen der Erweiterung 56
      5.3.2 Beurteilung eines separaten FuE-Ausweises nach dem Gesamtkostenverfahren (GKV) 57
      5.3.3 Beurteilung des separaten FuE-Ausweises nach dem Umsatzkostenverfahren (UKV) 58
      5.3.4 Ergebnis 59
   5.4 Ergänzende Posten oder Angaben zu unregelmäßigen Erfolgskomponenten 60–62
   5.5 Aufschlüsselung des Beteiligungs- und Finanzergebnisses in der GuV oder im Anhang 63–67
   5.6 Die deutsche IFRS-Praxis, Pro-forma-*earnings* 68–71
6 Anwendungszeitpunkt, Rechtsentwicklung 72–74
7 Zusammenfassende Praxishinweise 75–83

Schrifttum: ADS International, Abschnitt 7, Darstellung von Bilanz und GuV; Bohl/Mangliers, in: Beck'sches IFRS-Handbuch, 2. Aufl. 2005, § 2; Dexheimer, Gewinngliederungsgrundsätze im internationalen Vergleich, BB 2002, S. 451ff.; DVFA/SG, Empfehlungen zur Ermittlung prognosefähiger Ergebnisse, DB 2002, S. 1913ff.; Eisele, Rechnungswesen, in: Bea/Dichtl/Schweitzer, Allgemeine Betriebswirtschaftslehre, Bd. 2: Führung, 8. Aufl., 2001, S. 601ff.; Grünberger/Grünberger, Neue GuV-Gliederung nach IAS: Comprehensive Income, StuB 2003, S. 702ff.; Haller/Schlossgangl, Notwendigkeit einer Neugestaltung des Performance Reporting nach IAS/IFRS, KoR 2003, S. 317ff.; Hasenburg/Dräxler, Die geplanten Änderungen zur Darstellung von IFRS-Abschlüssen, KoR 2006, S. 289ff.; Heiden, Pro-forma-Kennzahlen aus Sicht der Erfolgsanalyse, in: Brösel/Kasperzak (Hrsg.), Internationale Rechnungslegung, Prüfung und Analyse, 2004, S. 593ff.; Heuser/Theile, IAS/IFRS-Handbuch, 2. Aufl., 2005; Hillebrandt/Sellhorn, Pro-forma-Earnings: Umsatz vor Aufwendungen?, KoR 2002, S. 153ff.; Hoffmann/Lüdenbach, Internationale Rechnungslegung: kapitalmarkt- oder managerorientiert? StuB 2002, S. 541ff.; Kirsch, Erfolgsstrukturanalyse auf Basis der Gliederungs- und Angabevorschriften zur IAS/IFRS-GuV, DB 2002, S. 2449ff.; Küting/Reuter, Erhaltene Anzahlungen in der Bilanzanalyse, KoR 2006, S. 1ff.; Löw, Ausweisfragen in Bilanz und GuV bei Financial Instruments, KoR, Beilage 1 zu Heft 3 2006; Lüdenbach, Ausweis von FuE-Kosten in der GuV nach Gesamtkosten- oder Umsatzkostenverfahren, PiR 2007, Heft 3; Lüdenbach, Offenes Absetzen erhaltener Anzahlungen vom Vorratsvermögen, PiR 2006, S. 28; Lüdenbach/Hoffmann, Verbindliches Mindestgliederungsschema für die IFRS-Bilanz, KoR 2004, S. 89ff.; Schlüter, in: Beck'sches IFRS-Handbuch, 2. Aufl., 2006, § 15 Rz 59.

Vorbemerkung
Die Kommentierung bezieht sich auf IAS 1 in der im Dezember 2003 verabschiedeten Fassung und berücksichtigt alle Ergänzungen, Änderungen und Interpretationen, die bis zum 1.1.2007 beschlossen wurden. Einen Überblick über ältere Fassungen sowie über diskutierte oder schon als Änderungsentwurf vorgelegte künftige Regelungen enthalten Rz 72ff.

1 Zielsetzung und Regelungsinhalt von IAS 1

1.1 Anforderungen an Zweck, Inhalt und Gliederung des Jahresabschlusses

1   IAS 1 verfolgt das ausdrückliche Ziel, im Interesse der inneren (interperiodischen) und äußeren (zwischenbetrieblichen) Vergleichbarkeit von Abschlüssen Grundregeln für **Inhalt** und **Form** von Jahresabschlüssen festzulegen (IAS 1.1). In diesem Rahmen werden drei Themenschwerpunkte behandelt:

Lüdenbach

- **Allgemeine** Überlegungen: Zweck des Jahresabschlusses, *fair presentation* (→ § 1 Rz 70).
- **Inhalt des Jahresabschlusses:** Pflichtbestandteile, Darstellungsprinzipien, Darstellungsstetigkeit (Rz 7), Saldierungsverbot (Rz 13), Wesentlichkeit (Rz 11), Vorjahresvergleich (Rz 19).
- **Gliederung** und Inhalt von Bilanz (Rz 22), GuV (Rz 46), Eigenkapitalveränderungsrechnung (→ § 20) und Anhang (→ § 5).

1.2 Verhältnis von IAS 1 zum *Framework* und zu IAS 8

Dem in IAS 1.1. festgehaltenen Ziel der **inneren und äußeren Vergleichbarkeit** sind in gleicher Weise auch das *Framework* (F.39 und F.1b) und IAS 8 verpflichtet (IAS 8.1). Zwischen diesen drei Regelungen bestehen vor allem in der Frage der Anwendung und Auswahl von Bilanzierungsmethoden *(application and selection of accounting policies)* starke **Überlappungen**.

2

- Welches die **auf einen IFRS-Abschluss anwendbaren Regeln** sind bzw. unter welchen Voraussetzungen ein Abschluss als IFRS-Abschluss bezeichnet werden darf, wird sowohl in IAS 1.13ff. als auch in IAS 8.7ff. und im *Framework* (F.2ff.) behandelt (→ § 1 Rz 57).
- Jede (ökonomisch sinnvolle) Regelanwendung steht unter dem **Vorbehalt der** *materiality*. Auf unwesentliche Sachverhalte brauchen komplexe Regeln nicht angewandt zu werden. Ausführungen zur *materiality* finden sich sowohl in IAS 1.29ff. als auch in IAS 8.8 und wiederum im *Framework* (F.29f.; → § 1 Rz 65).
- Die (sinnvolle) Anwendung der Rechnungslegungsregeln unterliegt weiterhin dem **Vorbehalt der** *true and fair presentation*. Ausführungen hierzu finden sich in IAS 1.13ff., IAS 8.10ff. und im *Framework* (F.46; → § 1 Rz 70).
- Schließlich gibt der Zweck der inneren Vergleichbarkeit der Regelanwendung eine **Stetigkeitsvorgabe**. Regeln sollen konsistent angewendet werden. Dieses Problem wird in IAS 1.27 und im *Framework* (F.41), hauptsächlich aber in IAS 8.14ff. behandelt (→ § 24 Rz 5ff.).

Diese im Regelwerk fragmentierten Themen sind zusammenzuführen, soweit nicht ausnahmsweise eine ganz unterschiedliche Schwerpunktsetzung die Fragmentierung sachlich rechtfertigt. In diesem Sinne behandelt unsere Kommentierung die vorgenannten Punkte überwiegend einheitlich. Es wird deshalb verwiesen

3

- zu den anwendbaren Regeln auf → § 1 Rz 57,
- zum Vorbehalt der *materiality* auf → § 1 Rz 65,
- zum Vorbehalt der *true and fair presentation* auf → § 1 Rz 70,
- zu den zulässigen Ausnahmen vom Stetigkeitsgebot auf → § 24 Rz 17.

Hingegen werden in diesem Paragraphen behandelt:
- Grundregeln zu Inhalt und Struktur des Jahresabschlusses, d. h.
  - die notwendigen **Abschlussbestandteile** (Rz 4),

- die besondere Ausprägung des **Stetigkeitsgebots bei Ausweisfragen** (Rz 7),
- die **Zusammenfassung und Untergliederung von Posten** der Bilanz und der GuV (Rz 11),
- das **Saldierungsverbot** (Rz 13),
- die **Mindestgliederung der Bilanz** (Rz 33),
- die **Mindestgliederung der GuV** (Rz 46).

Jeweils in einem eigenen Paragraphen werden dagegen dargestellt:
- die in IAS 7 enthaltenen Regelungen zu **Kapitalflussrechnung** (→ § 3),
- die quer über alle Standards vorkommenden Angabepflichten für den **Anhang** (→ § 5),
- im Zusammenhang mit IAS 32 (Definition und Abgrenzung des Eigenkapitals) und IAS 1 (Gliederung des Eigenkapitals) die **Eigenkapitalveränderungsrechnung** (→ § 20).

2 Abschlussbestandteile, Identifizierung des Abschlusses, IFRS-Konformität

4   Nach IAS 1.8 besteht der IFRS-Abschluss aus folgenden Bestandteilen:
- **Bilanz** (Rz 22),
- **GuV** (Rz 46),
- **Eigenkapitalveränderungsrechnung** (oder Gesamteinkommensrechnung; → § 20),
- **Kapitalflussrechnung** (→ § 3),
- **Anhangsangaben** (→ § 5).

5   Für **deutsche IFRS-Anwender**, die ihren Konzernabschluss als börsennotierte Unternehmen ab 2005 pflichtweise, als nicht börsennotierte Unternehmen wahlweise nach IFRS aufstellen, schreiben § 315a Abs. 1 und 3 HGB i.d.F. BilReG zusätzlich die Erstellung eines **Konzernlageberichts** vor. Dieser Abschlussbestandteil unterliegt nicht den IFRS-Regeln (IAS 1.9; → § 7 Rz 14).
Jeder Abschluss**bestandteil** ist unverwechselbar zu bezeichnen und mit eindeutigen Angaben über Namen des berichtenden Unternehmens, Bilanzstichtag bzw. Berichtsperiode und Berichtswährung zu versehen (IAS 1.46).
Die Bezeichnung des Abschlusses oder des jeweiligen Abschlussbestandteiles kann bei **Non-Profit-Unternehmen** angepasst werden (IAS 1.5). Die Rechnungslegung einer gemeinnützigen, nicht kaufmännischen **Stiftung** könnte etwa als „Jahresrechnung", die Bilanz als „Vermögensrechnung" bezeichnet werden. Sinnvoll erscheint ein solches Vorgehen aber nicht, da die Verwendung besonderer Begriffe den Eindruck fehlender IFRS-Konformität erweckt.[1]

---

[1]   Zur Rechnungslegung von **Stiftungen** vgl. IDW HFA 5.

Lüdenbach

Für den Abschluss insgesamt (oder den jeweilige Bestandteil) ist anzugeben, ob es sich um einen **Einzelabschluss**(bestandteil) oder einen **Konzernabschluss**(bestandteil) handelt (IAS 1.46b).
Der Abschluss und seine Bestandteile müssen nicht schon in ihrer Überschrift als **IFRS-konform identifiziert** werden. Die Bezeichnung „*Konzernabschluss der XY zum 31.12.01*" reicht beispielsweise aus. Die Bezeichnung „*IFRS-Konzernabschluss der XY zum 31.12.01*" ist weder notwendig noch üblich.
IAS 1.14 verlangt stattdessen eine ausdrückliche und vorbehaltslose Aussage im Anhang, dass der Abschluss in **Übereinstimmung** *(compliance)* mit den IFRS erstellt wurde. Zur Frage, welche Standards und sonstigen Verlautbarungen des IASB das verbindliche Regelwerk IFRS ausmachen, wird auf → § 1 Rz 57 verwiesen, zu den Folgen einer (fehlenden) *compliance*-Erklärung für die Frage, ob ein Unternehmen Erstanwender*(first-time-adopter)* ist, auf → § 6 Rz 7.
Da auf der Basis der EU-IAS-Verordnung und ihrer Umsetzung in § 315a HGB (→ § 7 Rz 9) zur Erfüllung der gesetzlichen Rechnungspflichten IFRS insoweit anzuwenden sind, als die Standards von der EU anerkannt *(endorsed)* wurden, empfiehlt das ARC *(Accounting Regulatorys Committee)* folgende Fassung des *compliance statement*: „Dieser Abschluss ist in Übereinstimmung mit den IFRS, so wie diese von der EU angenommen wurden, erstellt." *(„This financial statement is prepared in accordance with IFRSs as adopted by the EU."*[2]*)*

3 Grundregeln der Gliederung der Abschlussbestandteile

3.1 Überblick

Für die Aufbereitung der Abschlussbestandteile gelten folgende gemeinsame **Regeln:**

- **Darstellungsstetigkeit** (IAS 1.27; Rz 7),
- **Zusammenfassung** und **Untergliederung** von Posten nach Maßgabe der Wesentlichkeit (IAS 1.29; Rz 11),
- (eingeschränktes) **Saldierungsverbot** (IAS 1.33; Rz 13),
- Angabe von **Vorjahresvergleichszahlen** (IAS 1.38; Rz 19).

6

3.2 Darstellungsstetigkeit

Ähnlich wie im Handelsrecht (§ 265 Abs. 1 HGB) gilt für den IFRS-Abschluss ein mit Ausnahmen versehener Grundsatz der Darstellungs- bzw. Ausweisstetigkeit: Die Darstellung und der Ausweis von Posten sind bei-

7

---

[2] Sitzung vom 30. November 2005: http://europa.eu.int/comm/internal_market/accounting/docs/arc/2005-11-30-summaryrecord_en.pdf.

Lüdenbach

zubehalten (IAS 1.27). Eine **Abweichung** von der vorjährigen Gliederung ist nur dann **zulässig, wenn** entweder
- ein **IAS/IFRS** eine geänderte Darstellung fordert (IAS 1.27b) oder
- die geänderte Darstellung, insbesondere aufgrund veränderter operativer Sachverhalte, eine **angemessenere Präsentation** verspricht (IAS 1.27a).

Zur Konkretisierung dieser Kriterien wird auf → § 24 Rz 21ff. verwiesen.

8 Der Grundsatz der Darstellungsstetigkeit kann auf **verschiedene Ebenen** bezogen werden. Am Beispiel der **Bilanz** wäre Folgendes zu beachten:
- Auf der **obersten Ebene** dürfte nicht unbegründet zwischen einer **Bilanzgliederung nach Fristigkeit** (lang- vs. kurzfristige Vermögenswerte bzw. Schulden) und einer nach **Liquiditätsnähe** gewechselt werden (Rz 22ff.).
- Auf der **mittleren Ebene** dürften z. B. nicht unbegründet in einem Jahr technische und sonstige Anlagen in **einem** Posten und im anderen Jahr unter **verschiedenen** Posten dargestellt werden.
- Auf der **unteren Ebene** wäre ein unbegründeter Ausweis von Transportfahrzeugen in einem Jahr als technische und im anderen Jahr als sonstige Anlagen unzulässig.

9 Bei zulässigem, begründetem Wechsel sind auch **die Vergleichsinformationen (Vorjahre) anzupassen** (IAS 1.38).

10 Für den **Anhang** hat die Darstellungsstetigkeit hauptsächlich auf der obersten Ebene (Struktur des Anhangs) Bedeutung. Die nächsten Ebenen folgen entweder den Rechenwerken (Bilanz, GuV usw.) oder haben ohnehin individuellen Gehalt und entziehen sich damit der Stetigkeitsanforderung.

Das Gebot der Darstellungsstetigkeit wandelt sich ausnahmsweise in ein Gebot einer **geänderten** Darstellung, wenn sich die Verhältnisse auf der Sachverhaltsebene so grundlegend verändert haben, dass eine Anpassung auf der Abbildungsebene notwendig ist (IAS 1.28):

> **Beispiel**
> Die Stadtwerke AG hat ihren Bereich Personenbeförderung mit Beschluss vom 1.12.02 und Wirkung ab 30.12.02 abgespalten. In den Vorjahren wurde in der Bilanz bei den Sachanlagen zwischen Fahrzeugen, Gebäuden und sonstigen Sachanlagen unterschieden, in der GuV zwischen Erlösen aus Energieversorgung, Transporterlösen und sonstigen Erlösen.
> Mit der Abspaltung des Personenbeförderungsbereichs sinkt das Volumen der Positionen Fahrzeuge bzw. Transporterlöse unter das anderer in den sonstigen Sachanlagen bzw. Erlösen subsumierten Gruppen. Ein separater Ausweis wäre daher irreführend. Die Posten „Fahrzeuge" bzw. „Transporterlöse" sind in die sonstigen Sachanlagen bzw. Erlöse einzubeziehen, die Vorjahresbilanz ist entsprechend umzuklassifizieren.
> Im Abgangsjahr sind die Ergebnisse aus dem abgehenden Bereich als Ergebnis aus *discontinued operations* zu erfassen (→ § 29).

3.3 Zusammenfassung und Untergliederung von Posten

Ihrer Art oder Funktion nach **unterschiedliche Gruppen von Geschäftsvorfällen** sind im Abschluss **gesondert** darzustellen, soweit sie wesentlich sind (IAS 1.29). Unwesentliche Beträge können auch dann zusammengefasst werden, wenn sie art- oder funktionsverschieden sind. Die Wesentlichkeit ist abgestuft zu beurteilen (→ § 1 Rz 63ff.). Ein Betrag, der zu gering ist, um in der **Bilanz** oder der GuV separat ausgewiesen zu werden, kann noch wesentlich genug sein, um im **Anhang** gesondert erläutert zu werden (IAS 1.30).

11

Das **Wesentlichkeitsurteil** ist auf die Verhältnisse des Einzelfalls gerichtet und daher notwendig stark **ermessensbehaftet** (→ § 1 Rz 65). Eine Selbstbindung dieses Ermessens durch Quantifizierung, z. B. durch Festlegung einer 5 %-Grenze im konzerneinheitlichen Bilanzierungshandbuch, ist nur eingeschränkt möglich, da je nach Art des betroffenen Geschäftsvorfalls auch ein höherer oder niedrigerer Wert angezeigt sein kann.

12

> **Beispiel**
> Das Bilanzierungshandbuch der U gibt die Gliederung des Umlaufvermögens in Vorräte, Kundenforderungen, Zahlungsmittel und sonstige Vermögenswerte vor. Unterpositionen, die weniger als 10 % der sonstigen Vermögenswerte ausmachen, sollen auch im Anhang nicht weiter aufgeschlüsselt werden.
> Die U hat unbedingte *(Forwards)* und bedingte Termingeschäfte (Optionen) abgeschlossen, deren Stichtagswert *(fair value)* jeweils 8 % der Position sonstige Vermögenswerte beträgt.
> Die U sieht im Hinblick auf die Unterschiedlichkeit bedingter und unbedingter Termingeschäfte eine Zusammenfassung beider Posten nicht als geboten an und verzichtet, da jede Position für sich die 10 %-Grenze unterschreitet, auf eine Aufschlüsselung im Anhang.
>
> **Beurteilung**
> Die Auffassung, bedingte und unbedingte Termingeschäfte seien separat zu würdigen, ist ebenso vertretbar wie die Gegenauffassung.
> Der Bilanzansatz eines Termingeschäftes zum *fair value* sagt indes nur wenig über maximale Gewinnchancen und Verlustrisiken aus. Im Risikoteil des Anhangs sind daher nach IAS 32.69ff. entsprechende Angaben gefordert. Die u. a. in IAS 32.79 zum Ausdruck kommende besondere Bedeutung von Derivaten wirkt u. E. auf den Erläuterungsteils des Anhangs zurück. Es wäre unangemessen, die Finanzderivate in der Anhangserläuterung der sonstigen Vermögenswerte nicht zu erwähnen und dem durchschnittlich kundigen *(average prudent)* Bilanzadressaten Informationen über die Existenz der Derivate lediglich im Risikoteil zu bieten.

3.4 Saldierung von Posten

13 Die **Saldierung** von Vermögenswerten und Schulden bzw. Erträgen und Aufwendungen ist nur **ausnahmsweise** erlaubt, wenn eine entsprechende Regelung in einem Einzelstandard getroffen wird (IAS 1.32). Derartige Regelungen sind außerhalb von IAS 1 enthalten in:
- IAS 11 für aus Teilabrechnungen vereinnahmte Zahlungen auf **Fertigungsaufträge** (→ § 18 Rz 72),
- IAS 12 für **Steuer**ansprüche und -schulden (→ § 26 Rz 104),
- IAS 20 für **Investitionszuwendungen** bei Kürzung der Anschaffungs- oder Herstellungskosten (→ § 12 Rz 26),
- IAS 32.42 für aufrechnungsfähige **Forderungen und Verbindlichkeiten** (→ 28 Rz 64).

14 In der **GuV** können bzw. sollen gem. IAS 1.34 und 1.35 saldiert werden:
- Erlöse mit Erlös**minderungen** (→ § 25 Rz 99),
- Erlöse aus dem **Abgang von Anlagevermögen** mit dem Restbuchwert,
- Aufwendungen aus rückstellungspflichtigen Geschäftsvorfällen mit Erträgen aus korrespondierenden **Erstattungsansprüchen** gegenüber **Versicherungen**, Subunternehmern usw. (→ § 21 Rz 112).

Nach IAS 1.35 sind außerdem, soweit nicht wesentlich, saldierungsfähige Gewinne und Verluste aus **ähnlichen Aktivitäten**, z. B.
- Wechsel**kurs**gewinne mit Wechselkursverlusten,
- Gewinne aus der **Zeitbewertung** von Handelswerten mit entsprechenden Verlusten,
- Verluste aus dem **Abgang von Anlagevermögen** mit entsprechenden Gewinnen,
- Aufwendungen aus der Bildung von **Wertberichtigungen** auf Forderungen mit Erträgen aus der Auflösung von Wertberichtigungen,
- Zuführungen zu **Rückstellungen** mit Auflösungen,

saldiert auszuweisen.

15 Klärungsbedürftig ist der in IAS 1.35 enthaltene **besondere Vorbehalt der Wesentlichkeit**. IAS 8.8 stellt sämtliche Vorschriften des Regelwerks unter den *materiality*-Vorbehalt (→ § 1 Rz 63ff.). Einer besonderen „Erlaubnis" zur Saldierung unwesentlicher Geschäftsvorfälle bedürfte es insoweit nicht. Wenn IAS 1.35 dennoch die Saldierungsfähigkeit unwesentlicher Vorfälle betont, macht dies unter folgender Lesart Sinn:
- Elementares Gliederungsprinzip der Bilanz und GuV ist die Unterscheidung von Positionen **unterschiedlichen Vorzeichens**, d. h. der Vermögenswerte gegenüber den Schulden, der Erträge gegenüber den Aufwendungen. Die Aggregierung von Posten gleichen Vorzeichens ändert an der Bilanzsumme, an der Höhe der Erträge bzw. Erlöse und an darauf bezogenen **Kennziffern** (Eigenkapitalquote, Umsatzrendite etc.) nichts.

Lüdenbach

- Eine Saldierung von Vermögenswerten mit Schulden oder von Aufwendungen mit Erträgen **berührt** hingegen die Kerngrößen des Abschlusses und die darauf bezogenen **Kennziffern**.
- Es versteht sich daher nicht von selbst, dass unter ähnlichen Wesentlichkeitsanforderungen, nach denen eine Aggregierung von Geschäftsvorfällen gleichen Vorzeichens zulässig ist, auch eine Saldierung von Vorfällen **unterschiedlichen** Vorzeichens in Frage kommt. Es bedarf hierzu einer **besonderen** Vorschrift, die in IAS 1.35 enthalten ist.

Die erweiterte Saldierungsmöglichkeit verdient auch wegen der **Abweichung** vom allgemeinen Handelsrecht[3] besondere Beachtung. Sie öffnet bilanzpolitische **Kompensations**möglichkeiten. Unklar ist, wie weit diese Möglichkeiten reichen, ob etwa Währungsverluste gegenüber dem Yen mit Währungsgewinnen gegenüber dem Dollar saldiert werden können.

An derartigen Unklarheiten leidet das Saldierungsverbot allerdings in Bezug auf die gesamte GuV. Die in der *Guidance on Implementing IAS 1* enthaltene Beispiel-GuV enthält u. a. folgende Posten:

- **Bestandsänderungen** fertige und unfertige Erzeugnisse: Eine Saldierung von Bestandserhöhungen bei fertigen Erzeugnissen (Ertrag) mit Bestandsminderungen bei unfertigen Erzeugnissen (Aufwand) dürfte danach zulässig sein.
- **Finanzergebnis** *(finance cost)*: Die herrschende Meinung interpretierte diesen nach IAS 1.81e geforderten Posten in der Vergangenheit als eine Saldogröße, die u. a. Zinsaufwendungen mit Zinserträgen saldiert. Hieran kann nach entsprechenden Äußerungen des IFRIC nicht mehr festgehalten werden (Rz 63).
- Für den Posten **Steueraufwand** *(income tax expense*; IAS 1.81e) und das
- **Ergebnis aus** *equity*-**Beteiligungen** (IAS 1.81c) gilt u. E. Entsprechendes.

In Bezug auf die GuV ist daher die genaue **Reichweite des Saldierungsverbotes unbestimmt**. Wegen der Saldierung für Ergebnisse aus der *fair-value*-Bewertung von **Anlageimmobilien** vgl. → § 16 Rz 85.

Die Saldierung von Posten der **Kapitalflussrechnung** wird nicht in IAS 1, sondern in IAS 7.22 geregelt (→ § 3 Rz 34).

16

Keine Saldierung und damit nicht nur zulässig, sondern u. E. geboten[4] ist die „Verrechnung" von

17

- Forderungskonten mit korrespondierenden **Wertberichtigungskonten** (IAS 1.33),
- zu Anschaffungs-/Herstellungskosten geführten Konten des Vorratsvermögens mit Konten, auf denen die **aufgelaufene außerplanmäßige Abschreibung** festgehalten ist (IAS 1.33).

---

[3] Für Banken handelsrechtlich allerdings ebenfalls Saldierungsmöglichkeiten und sog. Überkreuzkompensationen nach § 340c HGB.

[4] Nach anderer Auffassung besteht ein „Verrechnungs"-Wahlrecht, ADS International Abschn. 7, Tz 41.

Lüdenbach

18 Ein **offenes Absetzen** erhaltener Anzahlungen vom Vorratsvermögen analog § 268 Abs. 5 Satz 2 HGB soll nach vor allem in der deutschen IFRS-Auslegung vertretener Auffassung kein *offsetting* (Tatbestandseite) und damit zulässig (Rechtsfolge) sein.[5] Die angenommene Rechtsfolge steht – unabhängig von der Interpretation der Tatbestandseite bzw. des Saldierungsbegriffs – im Widerspruch zu den Gliederungsvorschriften des IAS 1.51: Danach hat ein (nicht als Finanzinstitution tätiges) Unternehmen „kurzfristige und langfristige Vermögenswerte sowie kurzfristige und langfristige Schulden als getrennte Gliederungsgruppen in der Bilanz darzustellen". Ein offenes Absetzen widerspricht dieser **zwingenden Gliederungsvorschrift**. Es würde kurzfristige Schulden (erhaltene Anzahlungen) mit den Vorräten in einer Gruppe zusammenfassen, somit kurzfristige Vermögenswerte und kurzfristige Schulden nicht mehr wie verlangt in getrennten Gliederungsgruppen ausweisen. Nicht (notwendig) aus Sicht des Saldierungsverbots, aber aus Sicht der Gliederungsgebote der IAS 1.51ff. ist daher ein offenes Absetzen **unzulässig**.[6]

3.5 Angabe von Vorjahreswerten

19 Die Angabe von Vorjahreswerten ist abweichend vom HGB **für alle Elemente des Jahresabschlusses**, insbesondere auch für den Anhang geboten (IAS 1.36).

20 Wird die Darstellung des Abschlusses geändert, sind auch **die Vorjahresbeträge neu zu gliedern** (IAS 1.38), außer wenn dies *impracticable*, d. h. mit vertretbarem Aufwand nicht durchführbar wäre (IAS 1.39).

21 IAS 1.38f. behandelt nur Einschränkungen der Vergleichbarkeit durch Änderungen auf der **Abbildungsebene** (Bilanz usw.). Die Vergleichbarkeit kann aber auch durch Veränderungen auf der **Sachverhaltsebene** leiden. Hierzu folgendes Beispiel:

> **Beispiel**
> Anfang 02 wird ein bedeutendes Tochterunternehmen erworben. Seine Einbeziehung in den Konzernabschluss führt zu gravierenden Änderungen in Umsatz, Materialaufwand usw.
> Die Veränderungen zum Vorjahreswert (Umsatzwachstum usw.) sind unter diesen Umständen wenig aussagekräftig.
> Eine Anpassung der Vorjahresbeträge ist jedoch nicht geboten, da derartige Fälle nicht in den Anwendungsbereich von IAS 1.40 fallen. Gegen zusätzliche Informationen (Pro-forma-Zahlen des Vorjahres) ist hingegen nichts einzuwenden. Sie werden im konkreten Fall der Änderung des Konsolidierungskreises z. B. durch IFRS 3 angeregt.

---

[5] Küting/Reuter, KoR 2006, S. 1ff., sowie ADS International, Abschn. 15, Tz 14.
[6] Zu Einzelheiten: Lüdenbach, PiR 2006, S. 28ff.

Lüdenbach

4 Gliederung der Bilanz

4.1 Gliederung nach Fristigkeit oder nach Liquiditätsnähe

IAS 1.53 (1997) enthielt noch ein faktisches Wahlrecht der Bilanzgliederung zwischen der
- **Fristigkeit** oder der
- **Liquiditätsnähe**

der Vermögenswerte und Schulden.

IAS 1 enthält eine wesentlich deutlichere Vorgabe. Die Gliederung nach Liquiditätsnähe wird zum **Ausnahmefall** *(exception)*. Die Beanspruchung des Ausnahmestatus ist an den Nachweis des relevanteren Informationsgehalts gebunden.

Eine höhere Relevanz erkennt der IASB bei **Banken** und ähnlichen Finanzinstituten an, hingegen nicht bei Unternehmen, die Waren oder Dienste innerhalb eines klar identifizierbaren Geschäftszyklus *(operation cycle)* anbieten (IAS 1.53f.). Besondere Anforderungen an den Abschluss der **Finanzinstitute** sind in IAS 30 geregelt. Ihre Vermögenswerte und Schulden sind nach Liquidität anzuordnen (IAS 30.18), kurzfristige und langfristige Posten sind nicht separat darzustellen, weil durch Interbankengeschäfte usw. „die meisten Vermögenswerte und Schulden einer Bank kurzfristig realisiert oder abgewickelt werden können" (IAS 30.20). Nach RIC 1.23 steht neben Banken auch Versicherungen sowie Investment-/Beteiligungsgesellschaften, deren Vermögenswerte und Schulden nahezu vollständig aus Finanzinstrumenten bestehen, die Gliederung nach Liquiditätsnähe offen.

Für Unternehmen **anderer Dienstleistungssektoren**, **Handelsunternehmen** und **produzierende Unternehmen** ist eine **Fristigkeitsgliederung** geboten.

Eine **Mischung** von Liquiditäts- und Fristengliederung *(mixed basis of presentation)* ist zulässig, wenn zum Konsolidierungskreis sowohl Finanzinstitute als auch Produktions- oder Handelsunternehmen gehören (IAS 1.55).

4.2 Kriterien der Kurz- und Langfristigkeit

Die Unterscheidung in Kurz- und Langfristigkeit der Vermögenswerte und Schulden verlangt zunächst nach einer **Definition der Kurzfristigkeit**. Für die **Aktivseite** wird diese in IAS 1.57 wie folgt gegeben:

Ein Vermögenswert ist kurzfristig, wenn er
(a) ein **Zahlungsmittel** oder Zahlungsmitteläquivalent ist oder
(b) zum Verkauf oder Verbrauch innerhalb des normalen Verlaufs des *operation cycle* (**Geschäftszyklus**) bestimmt ist oder
(c) für **Handelszwecke** *(trading purposes)* gehalten wird oder
(d) seine Realisation innerhalb von **12 Monaten** nach dem Bilanzstichtag zu erwarten ist.

Das Verhältnis der vier Möglichkeiten ist teils durch **Überlappungen**, teils durch **Vorrangigkeiten** gekennzeichnet:

Lüdenbach

27	**(a) Zahlungsmittel und (d) 12-Monats-Regel:** Als **Zahlungsmitteläquivalente** sind i. d. R. nur solche Finanzwerte anzusehen, die eine ursprüngliche Laufzeit von **maximal 3 Monaten** haben, also z. B. monatliche oder quartalsmäßig fällige Festgelder, Geldmarktfondsanteile ohne längere Kündigungsfristen usw. (IAS 7.7). Bei mehr als 3-monatiger ursprünglicher Laufzeit, aber unter 12-monatiger Restlaufzeit liegt Kurzfristigkeit i. S. von (d) vor.
28	**(b) Geschäftszyklus und (d) 12-Monats-Regel:** Entscheidend für das Verhältnis dieser beiden Alternativen ist der Begriff des Geschäftszyklus. Er erfasst am Beispiel eines Produktionsunternehmens den Zeitraum zwischen dem Erwerb von Materialien, die in die Herstellung eingehen, und deren Realisation in Geld durch Veräußerung der Erzeugnisse. Insbesondere in Fällen **langfristiger Fertigung**, z. B. bei Bauunternehmen, kann dieser Zyklus mehr als 12 Monate betragen. Aber auch bei „normaler" Fertigung kann die Verbrauchszeit von Vorräten und die Laufzeit von Forderungen aus Lieferung und Leistung über den 12-Monats-Zeitraum hinausreichen. Da die Vorräte bzw. Kundenforderungen aber gerade den *operation cycle* markieren, greift die 12-Monats-Regel in diesen Fällen nicht.

- **Vorräte** und **Kundenforderungen** gelten folgerichtig auch dann als kurzfristig, wenn die Realisationsperiode **mehr als 12 Monate** beträgt (IAS 1.59). Sie werden daher in der Bilanz insgesamt als kurzfristig ausgewiesen. Im **Anhang** ist jedoch offenzulegen, für welche Teile der Vorräte und Forderungen eine Realisierung erst nach 12 Monaten erwartet wird (IAS 1.52 und 1.56). Sind die Forderungen gestundet oder haben sie von Anfang an eine ungewöhnlich lange Laufzeit, kommt ein Ausweis unter den langfristigen Vermögenswerten nicht in Frage.[7]

- In allen **anderen** relevanten Fällen gelangt hingegen die **12-Monats-Regel** zur Anwendung. Soweit Wertpapiere keine Laufzeit (Aktien) oder zwar eine Laufzeit (Renten) haben, aber nicht bis zur Fälligkeit gehalten werden sollen, ist dabei darauf abzustellen, ob die Realisation innerhalb von 12 Monaten nach dem Bilanzstichtag erwartet wird.

IAS 1.57a spricht im Singular von „**dem** Geschäftszyklus" des Unternehmens. IAS 1.60a hält ebenfalls im Singular fest: „Ist **der** Geschäftszyklus des Unternehmens nicht eindeutig identifizierbar", gilt die 12-Monats-Regel. Fraglich könnte daher sein, ob in einem Unternehmen bzw. Konzern mit verschiedenen Geschäftsfeldern und demgemäß mit einer **Mehrzahl** von Geschäftszyklen zwingend die 12-Monats-Regel anzuwenden und demgemäß etwa Teile der Vorräte als langfristig auszuweisen sind. Der deutsche RIC hat zur Klärung eine entsprechende Anfrage an den IFRIC gerichtet, die dieser im Wege einer Non-Interpretation (→ § 1 Rz 59) beantwortet hat: Danach ist IAS 1.57a (und analog IAS 1.60a für Schulden) auch bei einer Mehrzahl von Geschäftszyklen anzuwenden; der sich erst binnen mehr als 12 Monaten umschlagende

---

[7] Vgl. BOHL/MANGLIERS, in: Beck'sches IFRS-Handbuch, 2. Aufl., 2006, § 1 Tz 123.

Lüdenbach

Teil des Vorratsvermögens ist daher beispielsweise nicht als langfristig auszuweisen.[8]
(c) **Handelszwecke** und (d) **12-Monats-Regel:** Handelswerte *(held-for-trading assets)* i. S. von IAS 39 (→ § 28 Rz 145ff.) sind als kurzfristig einzustufen. Demzufolge wäre auch ein Finanzderivat mit einer mehr als 12-monatigen Laufzeit kurzfristig (IAS 32.9). Eine solche Klassifizierung wäre bei lang laufenden Derivate-Kontrakten insbesondere dann nicht sachgerecht, wenn sie der Absicherung langfristiger Positionen dienen (z. B. Absicherung eines lang laufenden Kredits durch einen Zinsswap).[9]

Bei **ausgereichten Annuitätendarlehen** und ähnlichen Finanzanlagen ist eine **Separierung des kurzfristigen Teils** (Fälligkeit in den nächsten 12 Monaten) gegenüber dem langfristigen Teil geboten. Der Ausweis des kurzfristigen Teils *(current portion)* erfolgt im Umlaufvermögen.

Schulden sind analog als kurzfristig zu klassifizieren, wenn bzw. insoweit sie 29
- innerhalb des gewöhnlichen Verlaufs des *operation cycle* oder
- innerhalb von **12 Monaten** nach dem Bilanzstichtag fällig sind oder
- sie (z. B. als Derivat) für **Handelszwecke** gehalten werden.

Auch auf der **Passivseite** gilt als **Grundregel** die **12-Monats-Frist**. Wichtige **Ausnahmen** sind **Verbindlichkeiten aus Lieferungen und Leistungen** sowie Rückstellungen für operative Kosten, z. B. Gewährleistungsrückstellungen oder Urlaubsrückstellungen. Sie werden nach dem Geschäftszyklus und somit unabhängig von den 12 Monaten beurteilt (IAS 1.61). Entsprechend den Regelungen für die operativen Vermögenswerte (vgl. Rz 28) ist jedoch auch für die operativen Schulden eine Aufteilung in den innerhalb von 12 Monaten fälligen Teil sowie den erst danach fälligen Teil im Anhang geboten (IAS 1.52 und 1.56),

Wie bei Finanzanlagen ist bei **Darlehensverbindlichkeiten** gem. IAS 1.62 eine 30 **Aufspaltung** in den Tilgungsanteil der nächsten 12 Monate *(current portion of non-current liability)*, auszuweisen als kurzfristige Verbindlichkeit, und den später zu tilgenden Teil des Darlehens *(non-current portion)* vorzunehmen.

Bei Darlehen sind außerdem diverse **Sonderregelungen für Prolongations- und Revolvierungsfälle** zu beachten: Ursprünglich langfristige Schulden, deren Tilgung innerhalb von 12 Monaten nach dem Bilanzstichtag ansteht, dürfen ausnahmsweise dann weiterhin als langfristig ausgewiesen werden, wenn eine Vereinbarung über Umschuldung, Revolvierung usw. spätestens bis zum Bilanzstichtag getroffen ist. Eine Vereinbarung nach dem Bilanzstichtag, aber vor Bilanzfertigstellung reicht nicht aus (IAS 1.63b). Kann innerhalb einer **Rahmenkreditvereinbarung** eine **Prolongation oder Revolvierung** über 12 Monate einseitig in Anspruch genommen werden und besteht die Absicht, entsprechend zu verfahren, ist ein Kredit trotz kürzerer einzelvertraglicher 31

---

[8] IFRIC, Update Juni 2005.
[9] Bei anderer Begründung mit gleichem Ergebnis: HEUSER/THEILE, IAS/IFRS Handbuch, 2. Aufl., 2005, Tz 231.

Lüdenbach

Restlaufzeit als langfristig zu klassifizieren (IAS 1.64). **Schulden**, die wegen Verletzung bestimmter Bedingungen **auf erste Anforderung** zu zahlen sind, müssen nur dann nicht als kurzfristig ausgewiesen werden, wenn der Gläubiger spätestens bis zum Bilanzstichtag den Verzicht auf sein Anforderungsrecht erklärt hat (IAS 1.65f.).

32 Nicht eindeutig geregelt ist die Behandlung der Pensionsrückstellungen und sonstiger Rückstellungen für **Leistungen an Arbeitnehmer** (→ § 22).

- Der Hinweis in IAS 1.61, dass einige Rückstellungen/Abgrenzungen für Personalaufwendungen *(some accruals for employee costs)* Teil des *working capital* und damit des Geschäftszyklus sein könnten, und zwar auch dann, wenn sie nicht binnen 12 Monaten fällig seien, bezieht sich nicht auf kurzfristige Leistungen i. S. von IAS 19.7 und 8. Diese sind ohnehin als binnen 12 Monaten fällig definiert. Überlegungen zum später fälligen Teil würden daher ins Leere laufen. U. E. zielt die Bemerkung in IAS 1.61 z. B. auf Tantieme- oder Urlaubsrückstellungen mit einer (teilweisen) Restlaufzeit von mehr als 12 Monaten. Sie können (insgesamt) als kurzfristig ausgewiesen werden. Im Anhang, aber nicht auf Bilanzebene ist eine Aufteilung in den kurz- und langfristigen Teil geboten (vgl. Rz 28 und Rz 29).

- Bei **Pensionsrückstellung** stellt sich hingegen die Frage, ob eine Aufteilung in den kurz- und langfristig fälligen Teil wie bei Ratendarlehen schon auf Bilanzebene notwendig ist. IAS 19.118 verzichtet explizit auf eine Regelung dieser Frage *("This standard does not specify whether an entity should distinguish current and non-current portions")* und verweist damit indirekt auf IAS 1. Dort ist die Frage aber konkret nur für Finanzverbindlichkeiten geregelt (IAS 1.62; vgl. Rz 30). Der herrschenden Praxis folgend halten wir daher eine Aufteilung der Pensionsrückstellungen auf Bilanzebene für zwar zulässig, aber nicht geboten. Hierfür sprechen regelmäßig auch *materiality*-Überlegungen. Aus Wesentlichkeitsgesichtspunkten kann im Übrigen auch eine Aufschlüsselung im Anhang meist unterbleiben, um die ohnehin umfangreichen Angabepflichten zu Pensionen, ihrer Entwicklung in der abgelaufenen Periode und zum Pensionsaufwand gem. IAS 19.120ff. (→ § 22 Rz 79ff.) nicht noch zu erweitern.

4.3 Mindestgliederung der Bilanz

33 IAS 1.68 enthält eine Liste der Posten, die zwingend in der Bilanz selbst *(on the face of the balance sheet)* auszuweisen sind. Die Systematik der Liste erschließt sich nicht unmittelbar. Da bestimmte Posten, etwa (übrige) Finanzanlagen, in der Liste nicht enthalten sind, könnte man in IAS 1.68 eine unvollständige Auflistung von Bilanzposten sehen, aus denen sich ein verbindliches Mindestgliederungsschema nicht ableiten ließe. Eine solche Sichtweise halten wir für unzutreffend.[10] Im Zusammenspiel mit IAS 1.51 lässt sich aus IAS 1.68 viel-

---

[10] Vgl. LÜDENBACH/HOFFMANN, KoR 2004, S. 89. Die nachfolgenden Ausführungen stützen sich im Wesentlichen auf diesen Beitrag.

Lüdenbach

§ 2 Darstellung des Abschlusses

mehr eine für Industrie-, Handels- und Dienstleistungsunternehmen **verbindliche Mindestgliederung** ableiten. Beispielhaft sei dies zunächst an zwei Aspekten dargestellt:
- IAS 1.68d verlangt einen Posten „Finanzielle Vermögenswerte", der jedoch nicht die separat auszuweisenden *at-equity*-Beteiligungen (IAS 1.68e), Forderungen (IAS 1.68h) und Zahlungsmittel (IAS 1.68i) umfassen darf und deshalb den Charakter „übrige finanzielle Vermögenswerte" hat.
- Nach IAS 1.51 sind (mit den genannten Ausnahmen) kurz- und langfristige Vermögenswerte separat auszuweisen. Die „übrigen finanziellen Vermögenswerte" sind mithin in „übrige langfristige finanzielle Vermögenswerte/übrige Finanzanlagen" und „übrige finanzielle kurzfristige Vermögenswerte" zu unterteilen.
- IAS 1.69 sieht die Angabe von Überschriften und Zwischensummen vor, wenn eine solche Darstellung relevant für das Verständnis ist. Bei einer Gliederung der Bilanz nach Fristigkeit verdichtet sich u. E. diese Vorgabe zu einem Gebot, langfristige Vermögenswerte unter dieser oder einer gleichwertigen Überschrift (z. B. Anlagevermögen) zusammenzuführen und jeweils eine Zwischensumme der Bilanz zu bilden. Entsprechendes gilt für die kurzfristigen Vermögenswerte bzw. das Umlaufvermögen.
- Im Zusammenspiel der Vorschriften sind daher im finanziellen Anlagevermögen mindestens die Positionen *equity*-Beteiligungen und übrige Finanzanlagen (gesondert) auszuweisen. Freiheiten bestehen dann lediglich noch in der Bezeichnung. Statt von übrigen Finanzanlagen mag von übrigen finanziellen Vermögenswerten des Anlagevermögens oder von übrigen langfristigen finanziellen Vermögenswerten gesprochen werden. Entsprechende Überlegungen lassen sich wiederum auf das kurzfristige Vermögen/Umlaufvermögen übertragen.

Pointiert zusammengefasst können die Regelungen von **IAS 1.51, IAS 1.68 und IAS 1.69** u. E. als eine Art **Gleichungssystem** verstanden werden, das nicht mehr Variable als Gleichungen enthält und deshalb – allgemeine Vorbehalte wie den der *materiality* außen vor gelassen – in seiner **Lösung eindeutig** ist.

34

Eine nach **Fristigkeit** gegliederte Bilanz muss danach, soweit entsprechende Geschäftsvorfälle vorliegen, **mindestens folgende** Posten enthalten:
- im **langfristigen Vermögen** *(non-current assets)*
  - immaterielle Anlagen (IAS 1.68c)
  - Sachanlagen (IAS 1.68a)
  - *investment properties* (IAS 1.68b)
  - *at-equity*-Beteiligungen (IAS 1.68e)
  - übrige Finanzanlagen (IAS 1.68d i. V. m. IAS 1.51)
  - latente Steuern (IAS 1.68n i. V. m. IAS 1.51 und 70)
- im **kurzfristigen Vermögen** *(current assets)*
  - Vorräte (IAS 1.68g)
  - Forderungen (IAS 1.68h)

Lüdenbach

- übrige finanzielle Vermögenswerte (IAS 1.68d i. V. m. IAS 1.51)
- übrige Steuerforderungen (IAS 1.68m)
- sonstige nichtfinanzielle Vermögenswerte (IAS 1.68g und d i. V. m. IAS 1.51)
- Zahlungsmittel (IAS 1.68i)
• im **Eigenkapital**
- eingezahltes Kapital und Rücklagen (incl. noch nicht ausgeschüttete Gewinne; IAS 1.68p)
- Minderheitsanteile (IAS 1.68o)
• in den **langfristigen Schulden**
- langfristige finanzielle Verbindlichkeiten (IAS 1.68l i. V. m. IAS 1.51)
- langfristige Rückstellungen (IAS 1.68k i. V. m. IAS 1.51)
- latente Steuern (IAS 1.68n i. V. m. IAS 1.51 und 70)
• in den **kurzfristigen Schulden**
- Verbindlichkeiten L+L und sonstige (IAS 1.68j)
- übrige kurzfristige finanzielle Verbindlichkeiten (IAS 1.68l i. V. m. IAS 1.51)
- kurzfristige Rückstellungen (IAS 1.68k i. V. m. IAS 1.51)
- Steuerverbindlichkeiten (IAS 1.68m)

35 **Fehlanzeigen** (Leerposten) sind nicht anzugeben. Zu beachten ist aber die Angabepflicht für das **Vorjahr**.

36 **Latente Steuern** sind nach unserer Interpretation von IAS 1.70 den langfristigen Vermögenswerten/Schulden zuzurechnen (→ § 26 Rz 104). Isoliert betrachtet könnte das in IAS 1.70 enthaltene Verbot, latente Steuern im kurzfristigen Bereich auszuweisen, auch als Rechtfertigung für einen Ausweis außerhalb des Anlage- und Umlaufvermögens bzw. außerhalb der langfristigen/kurzfristigen Schulden verstanden werden. Die Passivseite der Bilanz wäre danach in Eigenkapital, langfristige Schulden, kurzfristige Schulden und latente Steuern zu untergliedern. Die (deutsche) IFRS-Praxis ist in der Vergangenheit häufig in dieser Weise verfahren. Der Neufassung von IAS 1 würde dieses Vorgehen aber widersprechen, da IAS 1.51 mit den genannten Ausnahmen für Finanzinstitute keine Abweichung von der Fristigkeitsgliederung vorsieht. Entsprechend führt auch die in der *Guidance on Implementing IAS 1* enthaltene „Beispielbilanz" die latenten Steuern unter den langfristigen Schulden aus. Im Rahmen des *convergence project* wird jedoch diskutiert, **zukünftig** entsprechend den amerikanischen Regelungen die kurz- und langfristigen Teile der latenten Steuern ggf. separat auszuweisen (→ § 26 Rz 106).

37 Die aus vorstehenden Überlegungen entwickelte Mindestgliederung der **Passivseite** mit **primärer** Untergliederung der Schulden in lang- und kurzfristig und erst **sekundärer** Untergliederung nach Art der Schuld (Verbindlichkeit, Rückstellung, Steuerschuld) und/oder Liquiditätsnähe hat sich inzwischen auch in der Praxis durchgesetzt.

Lüdenbach

Abgrenzungsprobleme bereitet die Unterscheidung von **Forderungen** *(receivables)* und **Verbindlichkeiten** *(payables)* von sonstigen **finanziellen** Vermögenswerten und Schulden.
Nach IAS 1.75b gehören zu den Forderungen Vorauszahlungen bzw. **geleistete Anzahlungen** *(prepayments)*. Der Begriff der Forderungen wäre danach sehr weit zu interpretieren. Andererseits differenziert IAS 39 zwischen Darlehens-/Kredit-Forderungen *(loans)* und „eigentlichen" Forderungen *(receivables)*. Aus dieser Perspektive ist eine Darlehensforderung im langfristigen Teil „übrige Finanzanlage", im kurzfristigen, innerhalb der nächsten 12 Monate fälligen Teil „übriger finanzieller Vermögenswert".
Eine Analogbewertung auf der Passivseite führt zur Differenzierung zwischen Verbindlichkeiten (aus Lieferungen und Leistungen, aus erhaltenen Anzahlungen und im Voraus vereinnahmten Mieten usw.) und sonstigen finanziellen Schulden (aus Darlehensbeziehungen, Derivaten usw.).
Erhaltene und geleistete **Anzahlungen** sind im Einzelnen wie folgt zu behandeln:

- **Erhaltene** Anzahlungen auf **Fertigungsaufträge** nach IAS 11 sind unter den in → § 18 Rz 72ff. dargelegten Voraussetzungen mit Forderungen aus Fertigungsaufträgen zu saldieren. Ansonsten sind sie als kurzfristige Verbindlichkeiten auszuweisen.
- **Erhaltene** Anzahlungen auf **Vorräte** (Waren oder Erzeugnisse) sind aus den unter Rz 18 dargelegten Gründen weder saldierungsfähig noch offen absetzbar. Sie werden passivisch ausgewiesen, wegen des Zusammenhangs mit dem Geschäftszyklus (Rz 28) ebenfalls unter den kurzfristigen Schulden.
- **Geleistete** Anzahlungen auf **Vorräte** sind als kurzfristige Vermögenswerte darzustellen.
- **Geleistete** Anzahlungen auf **Anlagen** sind u.E. unabhängig davon, ob die Anlage binnen 12 Monaten angeschafft wird, im langfristigen Bereich auszuweisen.[11] Offensichtlich hängen sie weder mit dem Geschäftszyklus zusammen noch dienen sie Handelszwecken. Unklar könnte sein, ob die Verrechnung mit der Kaufpreisverbindlichkeit binnen 12 Monaten eine Realisation i.S. von IAS 1.57 darstellt. U.E. ist der Realisationsbegriff jedoch enger als Erledigung durch fristgerechte Rückzahlung zu interpretieren.

Vorauszahlungen oder im Voraus getätigte Einnahmen auf Dienstleistungen oder Nutzungsüberlassungen (**Rechnungsabgrenzungsposten** i.S. des Handelsrechts) gelten nach IFRS als Vermögenswerte oder Schulden. Sie sind jedenfalls dann im **kurzfristigen** Bereich auszuweisen, wenn die Gegenleistung binnen 12 Monaten fällig ist. Bei längerer Frist kann ein (Teil-)Ausweis im **langfristigen** Bereich geboten sein.

---

[11] Gl. A. HEUSER/THEILE, IAS/IFRS Handbuch, 2. Aufl., 2005, Tz 244.

Lüdenbach

40 Das Ergebnis vorstehender Überlegungen ist im nachfolgenden Gliederungsschema wiedergegeben. Das Eigenkapital ist abweichend vom nicht verbindlichen *Guidance on Implementing IAS 1* nicht in gezeichnetes Kapital, Kapitalrücklagen, Gewinnrücklagen und Jahresergebnis gegliedert. Die **Min**destgliederung interpretiert „*capital and reserves*" (IAS 1.68p) vielmehr i.S.d. englischen Rechnungslegungspraxis als Summe aller Eigenkapitalpositionen (vor Minderheitenanteil). Interpretiert man „*reserves*" enger als „Rücklagen", müssen Bilanz, Gewinnvortrag und Jahresergebnis (oder Bilanzgewinn) zusätzlich ausgewiesen werden. Zu weiteren Untergliederungsmöglichkeiten wird auf → § 20 verwiesen.

41 Nicht berücksichtigt sind **besondere Posten** z. B. für Forderungen aus langfristigen **Fertigungsaufträgen** (→ § 18 Rz 72), **biologische** Vermögenswerte (→ § 40) oder **Investitionszuschüsse** (→ § 12 Rz 26). Insoweit wird auf die Einzeldarstellungen verwiesen. Einbezogen sind hingegen die zur Veräußerung bestimmten Anlagen/Anlagengruppen und die mit ihnen verbundenen Schulden. Unter den in → § 29 Rz 6ff. und Rz 33f. beschriebenen sachlichen und zeitlichen Voraussetzungen verlangt IFRS 5.38 den separaten Ausweis in der Bilanz, entweder als **Unterposition** der kurzfristigen Vermögenswerte und Schulden oder wie in unserem Schema als **eigenständige** Position. Aufschlüsselungen sind im Anhang vorzunehmen. Abweichend vom nachfolgenden Schema ist ein gesonderter Ausweis auf Bilanzebene dann entbehrlich, wenn nur einzelne, auch in Summe nicht wesentliche Vermögenswerte und Schulden, zum Abgang bestimmt sind.

LANGFRISTIGES VERMÖGEN	
immaterielle Vermögenswerte *(intangible assets)*	xx
Sachanlagen *(property, plant, equipment)*	xx
Finanzimmobilien *(investment properties)*	xx
at-equity-Beteiligungen *(at-equity investments)*	xx
sonstige Finanzanlagen *(other non-current financial assets)*	xx
latente Steuern *(deferred tax assets)*	xx
	XXX
KURZFRISTIGES VERMÖGEN	
Vorräte *(inventories)*	xx
Forderungen L+L *(trade receivables)*	xx
sonstige kurzfristige finanzielle Vermögenswerte *(other current financial assets)*	xx
Steuerforderungen *(current tax assets)*	xx
sonstige nichtfinanzielle Vermögenswerte *(other non-financial assets)*	xx
Zahlungsmittel *(cash and cash equivalents)*	xx
	XX
ZUR VERÄUSSERUNG BESTIMMTE ANLAGEN *(non-current assets classified as held for sale)*	XXX
SUMME VERMÖGENSWERTE	ZZZ

Lüdenbach

EIGENKAPITAL	
eingezahltes Kapital und Rücklagen *(issued capital and reserves)*	xx
Minderheitenanteile *(minority interest)*	xx
	XXX
LANGFRISTIGE SCHULDEN	
langfristige finanzielle Verbindlichkeiten *(non-current financial liabilities)*	xx
langfristige Rückstellungen *(non-current provisions)*	xx
Abgegrenzte öff. Investitionszuwendungen *(deferred government grants related to assets))*	xx
latente Steuern *(deferred tax liabilities)*	xx
	XXX
KURZFRISTIGE SCHULDEN	
kurzfristige Verbindlichkeiten L+L und sonstige *(trade and other payables)*	xx
übrige kurzfristige finanzielle Verbindlichkeiten *(other current financial liabilities)*	xx
kurzfristige Rückstellungen *(current provisions)*	xx
Steuerschulden *(current tax liabilities)*	xx
	XXX
SCHULDEN I. V. MIT ZUR VERÄUSSERUNG BE-STIMMTEN ANLAGEN *(liabilities directly associated with non-current assets classified as held for sale)*	XXX
SUMME EIGENKAPITAL UND SCHULDEN	ZZZ

Tab. 1: Grundstruktur der Bilanz in Kontoform

Das Schema ist in Kontoform gegliedert. Andere Gliederungsformate, insbesondere eine **Staffelform,** sind ebenfalls zulässig.[12] In Staffelform könnte

---

[12] Vgl. HEUSER/THEILE, IAS/IFRS-Handbuch, 2. Aufl., 2005, Tz 228.

Lüdenbach

eine nach Fristigkeit gegliederte Bilanz etwa in folgender Grundstruktur präsentiert werden:

kurzfristige Vermögenswerte	xx	
- kurzfristige Schulden	-xx	
= kurzfristige Vermögenswerte/Schulden (netto)		xxx
+ langfristige Vermögenswerte	yy	
- langfristige Schulden	-yy	yyy
= Eigenkapital		zzz

Tab. 2a: Grundstruktur der Bilanz in Staffelform: Kurzform

langfristige Vermögenswerte	xx	
kurzfristige Vermögenswerte	x	
- kurzfristige Verbindlichkeiten	-x	
= kurzfristige Vermögenswerte/Schulden netto *(net current assets* oder *net current liabilities)*		xx
gesamte Vermögenswerte minus kurzfristige Schulden *(total assets less current liabilities)*		xxx
- langfristige Schulden		yyy
= Eigenkapital		zzz

Tab. 2b: Grundstruktur der Bilanz in Staffelform: erweiterte Form

4.4 Ergänzungen des Mindestgliederungsschemas

Das **Mindest**gliederungsschema ist nach IAS 1.71f. durch weitere Untergliederung der Posten zu **erweitern**, soweit die zur Zusammenfassung in einem Posten vorgesehenen Geschäftsvorfälle sich nach Größe, Art oder Funktion genügend *(sufficiently)* unterscheiden und deshalb ein separater Ausweis für die Vermögenslage relevant ist. Diese Formulierung eröffnet Ermessensspielräume.

42

Nur begrenzte Klarheit schafft diesbezüglich das in IAS 1.73 besprochene Beispiel des **Sachanlagevermögens**. Danach legt die Verwendung unterschiedlicher Bewertungsmaßstäbe – Neuwert einerseits, Anschaffungskosten andererseits (→ § 14 Rz 17) – nahe, unterschiedliche Posten zu bilden. Demnach könnte die Position Sachanlagen beispielsweise in zwei Unterpositionen

43

„Sachanlagen zu Anschaffungs-/Herstellungskosten" und „Sachanlagen zum Neuwert" zu unterteilen sein. Eine derartige Differenzierung kann bei Sachanlagen Sinn machen, da das Wahlrecht der Neubewertung ohnehin nur gruppenweise *(for entire classes)* ausgeübt werden kann (→ § 8 Rz 58). Die in IAS 1.73 vorgeschlagene Untergliederung informiert dann über die Ausübung des Wahlrechts.

44 Anders ist u. E. hingegen die Verwendung **unterschiedlicher Bewertungsmaßstäbe bei Finanzanlagen** zu beurteilen. Für den Ausweis von Beteiligungen an assoziierten Unternehmen, Gemeinschaftsunternehmen und Tochterunternehmen besteht in der Einzelbilanz ein Wahlrecht zwischen Anschaffungskosten und *fair-value*-Ansatz (→ § 33 Rz 30, → § 34 Rz 58, → § 32). Einfache Anteile unterhalb der Beteiligungsschwelle sind zum *fair value*, hilfsweise zu Anschaffungskosten, Gläubigerpapiere etc. je nach Halteabsicht entweder zum *fair value* oder zu Anschaffungskosten zu führen (→ § 28 Rz 100ff.).

- Eine **extensive Auslegung** von IAS 1.73 könnte also zu folgender Aufsplittung des Finanzanlagevermögens führen:
    - (konsolidierte) Beteiligungen *at equity*
    - Beteiligungen zum *fair value*
    - Beteiligungen zu Anschaffungskosten
    - einfache Anteile zum *fair value*
    - einfache Anteile zu Anschaffungskosten
    - Gläubigerwertpapiere zu Anschaffungskosten
    - Gläubigerwertpapiere zum *fair value*.

    Eine derart weitgehende Ausdifferenzierung würde jedoch kaum der **Verständlichkeit** dienen.

- Umgekehrt wäre aber auch eine **Zusammenfassung** von Finanzlagen **nach Bewertungsmaßstäben nicht sinnvoll**. Ein solches Vorgehen würde mit den Posten
    - Beteiligung *at equity*
    - sonstige Finanzanlagen zum *fair value*
    - sonstige Finanzanlagen zu Anschaffungskosten

    eine systematische Gruppenbildung **suggerieren**, die tatsächlich nicht gegeben ist, da z. B. in der letztgenannten Position ganz unterschiedliche Vermögenswerte (Beteiligungen, einfache Anteile, Gläubigerwertpapiere, Darlehen) vereinigt sein könnten.

Das **Fazit** hieraus kann nur sein: Eine **höher aggregierte** Darstellung von Finanzanlagen, die nur zwischen *at-equity*-Beteiligungen und sonstigen Finanzanlagen differenziert, ist i. d. R. **weniger irreführend** und daher vorzuziehen. Sie vermeidet den Eindruck einer tatsächlich nicht vorhandenen Einheitlichkeit.

Im Kern kann das in IAS 1.71ff. angesprochene Transparenzproblem nicht auf Bilanz-, sondern nur auf **Anhang**sebene gelöst werden. Für die **Fi-**

nanzinstrumente ist dies besonders deutlich: Die in IAS 39 (→ § 28 Rz 31ff.) zu findenden Bewertungskategorien – für die Aktivseite *loans and receivables, available-for-sale assets, held-to-maturity assets* und *trading assets* – lassen sich im Gliederungsschema der Bilanz nach IAS 1 nicht wiederfinden und auch kaum durch eine den Bedürfnissen der Praxis entsprechende sinnvolle Untergliederung wiedergeben, da z. B.
- etwa ein *available-for-sale asset* (z. B. Aktien ohne ganz kurzfristige Handelsabsicht) aber auch ein *held-to-maturity asset* (z. B. Anleihen mit langer oder kurzer Restlaufzeit) jeweils sowohl langfristigen als auch kurzfristigen Charakter haben kann,
- ein *available-for-sale asset* sowohl Forderung (Fremdkapitalinstrument) als auch Anteil (Eigenkapitalinstrument) sein kann etc.

Zulässig wäre zwar eine radikale Lösung, die die lang- und kurzfristigen Hauptpositionen der Bilanz jeweils nach den Kategorien von IAS 39 unterscheiden würde.[13] Diese Lösung entspricht aber weder den Bedürfnissen der Praxis noch der Ratio von IAS 1. Sinnvoller ist daher u. E. eine eher **aggregierte** Bilanz mit einer **tabellarischen Überleitungsrechnung** von den Bewertungskategorien auf die Bilanzpositionen **im Anhang**. Dies entspricht auch der Zielsetzung von IFRS 7.8. Für ein Beispiel wird hierzu wird auf → § 28 Rz 252 verwiesen, für die analoge Problematik in der GuV auf Rz 67.

4.5 Ausweiswahlrechte

IAS 1.74ff. enthält Aufgliederungen, die **wahlweise** in der **Bilanz** oder im **Anhang** vorzunehmen sind. Die Praxis entscheidet sich überwiegend für eine Aufgliederung im Anhang. Im Einzelnen:
- das **Sachanlagevermögen** (IAS 1.75a; → § 14 Rz 24ff.),
- die **Forderungen** (nach Kundenforderungen, Forderungen gegenüber nahe stehenden Personen, geleisteten Anzahlungen bzw. Vorauszahlungen und sonstigen Beträgen; IAS 1.75b),
- die **Vorräte** (z. B. nach Waren, fertige und unfertige Erzeugnisse, Roh-, Hilfs- und Betriebsstoffen; IAS 1.75c; → § 17 Rz 19),
- die **Rückstellungen** nach solchen gegenüber Arbeitnehmern *(employee benefits)* und sonstigen (IAS 1.75d; → § 21 Rz 128ff.),
- das **Eigenkapital** nach eingezahltem Grundkapital, Kapitalrücklage, Gewinnrücklagen (IAS 1.75e; → § 20 Rz 68ff.).

45

---

[13] Vgl. Löw, KoR 2006, Beilage 1 zu Heft 3.

Lüdenbach

5 Gliederung der GuV

5.1 (Faktische) Mindestgliederung

46 Auch bei der GuV *(income statement)* bestehen erhebliche **Ausweiswahlrechte** zwischen Untergliederung im **Rechenwerk selbst oder** im **Anhang**. Als Minimum muss die GuV nominell nur ausweisen
- im **operativen Bereich**
  - Erlöse und
  - betriebliche Aufwendungen
- im **Finanzbereich**
  - das Ergebnis aus *equity*-Beteiligungen und
  - das übrige Finanzergebnis
- das Ergebnis aus **einzustellenden Geschäftsbereichen**
- den **Steueraufwand**
- den **Jahresüberschuss/Jahresfehlbetrag**
- daran den **Minderheitenanteil** und den **Anteil der Eigenkapitalgeber**.

In Verbindung mit der in IAS 1.83 geforderten Bildung von verständnisfördernden Zwischensummen wäre ohne materiell bedeutsame *discontinued operations* folgende **Minimalgliederung** denkbar:

> Erlöse *(revenues)*
> - Aufwendungen
> = operatives Ergebnis
> +/- Ergebnis aus *equity*-Beteiligungen
> + (übrige) Finanzerträge *(financial revenues)*
> - (übrige) Finanzaufwendungen *(financial costs)*
> = Ergebnis vor Steuern
> - Steuern
> = Jahresüberschuss
> - davon Minderheitsgesellschaftern zuzurechnen
> = den Eigenkapitalgebern der Muttergesellschaft zuzurechnender Gewinn

47 Die Aufgliederung der operativen Aufwendungen, entweder in der Art des **Umsatzkostenverfahrens** oder alternativ des **Gesamtkostenverfahrens**, kann formell wahlweise in der **GuV** oder im **Anhang** erfolgen. Der Ausweis innerhalb der GuV selbst wird empfohlen (*encouraged*; IAS 1.89). Jedenfalls in der IFRS-Praxis von Publikumsgesellschaften hat sich diese Empfehlung zu einem **faktischen Mindestgliederungsgebot** verdichtet. Die Grundformel – „Erlöse minus Aufwendungen gleich operatives Ergebnis" – ist offenbar zu minimalistisch, als dass man sie den Bilanzadressaten zumuten möchte und könnte.

Lüdenbach

§ 2 Darstellung des Abschlusses

Die in der deutschen IFRS-Praxis gewählten Ausweisformulare weisen insgesamt eine **große Ähnlichkeit zum Handelsrecht** aus. Wie im HGB erfolgt eine Aufteilung in den betrieblichen (operativen) Bereich, den Finanzbereich und den (Ertrag-)Steuerbereich. Wie im HGB kann der operative Bereich **umsatzkosten**orientiert oder **kostenarten**orientiert untergliedert werden. **48**

Abweichend vom Handelsrecht ist der Ausweis **außerordentlicher Posten** jedoch ab 2005 nicht mehr zulässig (IAS 1.85). **49**

Zu den aus diesen Überlegungen abgeleiteten nachfolgenden *Gliederungen* ist noch Folgendes anzumerken: **50**

- Eine **weitere Untergliederung** kann im Einzelfall ebenso notwendig sein wie eine **Zusammenfassung** von Posten (Rz 42 sowie Rz 56ff.).
- IAS 1.81b fordert den separaten Ausweis der *finance cost*. Die amtliche deutsche Übersetzung zu IAS 1 (1997) spricht von Finanzierungsaufwendungen. Die exemplarischen GuVs in der *Guidance on Implementing IAS 1* enthalten keinen korrespondierenden Posten *financial income* bzw. finanzielle Erträge. Mit *financial cost* ist gleichwohl keine **Saldogröße** gemeint. Finanzerträge und Finanzaufwendungen sind separat auszuweisen (Rz 63).
- IAS 1.81e verlangt den gesonderten Ausweis des **Steueraufwands** *(tax expense)*. Die in Frage kommenden Steuerarten sind nicht spezifiziert. Eine Einbeziehung von Substanz- und Verkehrssteuern (z. B. Grundsteuern und Kfz-Steuern) könnte daher zulässig oder geboten erscheinen. Eine daraus resultierende Vermischung gewinnabhängiger mit sonstigen Steuern ist aber u. E. nicht gewollt.[14] Die exemplarischen GuVs in der *Guidance on Implementing IAS 1* sehen deshalb jeweils nur einen Posten „*income tax expense*", d. h. nur den Ausweis der Gewinnsteuern vor.

Hiernach ergeben sich – zunächst unter Ausklammerung der *discontinued operations* (Rz 42) – die beiden nachfolgenden **Gliederungsvorschläge**. Hinsichtlich des Inhalts der Posten wird auf Rz 53 verwiesen. **51**

---

[14] Vgl. Heuser/Theile, IAS/IFRS-Handbuch, 2. Aufl., 2005, Rz 251.

Lüdenbach

Gesamtkostenverfahren *(nature of expense method)*	
Umsatzerlöse *(revenue/turnover)*	xx
Bestandsveränderung Erzeugnisse *(changes in inventories of finished goods and work in progress)*	xx
andere aktivierte Eigenleistungen *(work performed by the enterprise and capitalised)*	xx
sonstige betriebliche Erträge *(other operating income)*	xx
Materialaufwand *(raw material and consumables used)*	xx
Personalaufwand *(staff costs)*	xx
Abschreibungen *(depreciation and amortisation expense)*	xx
sonstige betriebliche Aufwendungen *(other operating expense)*	xx
operatives/betriebliches Ergebnis *(profit from operations)*	xxx
Ergebnis aus *at equity* bewerteten Beteiligungen *(share of income of associates and joint ventures accounted for using the equity method)*	xx
übrige Finanzerträge *(other financial revenues)*	xx
übrige Finanzaufwendungen *(other financial costs)*	xx
Ergebnis vor Ertragsteuern *(profit before tax)*	xxx
Ertragsteuern *(income tax expense)*	xx
Jahresüberschuss *(profit after tax)*	xxx
Gewinnanteil Minderheitsgesellschafter *(profit attributable to minority interest)*	xx
Gewinnanteil Eigenkapitalgeber der Muttergesellschaft *(profit attributable to equity holders of the parent/group profit)*	xxx

Tab. 3: Gesamtkostenverfahren

§ 2 Darstellung des Abschlusses

Umsatzkostenverfahren *(cost of sales method)*	
Umsatzerlöse *(revenue/turnover)*	xx
Herstellungskosten der zur Erzielung der Umsatzerlöse erbrachten Leistungen *(cost of sales)*	xx
Bruttoergebnis vom Umsatz *(gross profit)*	xx
Vertriebskosten *(distribution costs)*	xx
allgemeine Verwaltungskosten *(administrative expenses)*	xx
sonstige betriebliche Erträge *(other operating income)*	xx
sonstige betriebliche Aufwendungen *(other operating expense)*	xx
operatives/betriebliches Ergebnis *(profit from operations)*	xxx
Ergebnis aus *at equity* bewerteten Finanzanlagen *(share of income of associates and joint ventures accounted for using the equity method)*	xx
übrige Finanzerträge *(other financial revenues)*	xx
übrige Finanzaufwendungen *(other financial costs)*	xx
Jahresüberschuss vor Ertragsteuern *(profit before tax)*	xxx
Ertragsteuern *(income tax expense)*	xx
Jahresüberschuss *(profit after tax)*	xxx
Gewinnanteil Minderheitsgesellschafter *(profit attributable to minority interest)*	xx
Gewinnanteil Eigenkapitalgeber der Muttergesellschaft *(profit attributable to equity holders of the parent/group profit)*	xxx

Tab. 4: Umsatzkostenverfahren

Wegen der funktionalen Gliederung lässt das **Umsatzkostenverfahren** die Höhe der **Personalaufwendungen** und **Abschreibungen** nicht erkennen. IAS 1.93 erkennt ähnlich wie § 285 Nr. 8 HGB die besondere Bedeutung dieser Größen an. Bei Anwendung des Umsatzkostenverfahrens sind daher diese beiden Aufwandsarten zwingend im **Anhang** anzugeben.

Sowie ein Teilbereich eines Unternehmens mit Geschäftsfeldqualität durch Veräußerung oder Aufgabe eingestellt wird, ist gem. IFRS 5.33a in der GuV eine Unterscheidung zwischen den Ergebnissen aus **fortgeführten** Tätigkeiten und denen aus **aufgegebenen** Bereichen vorzunehmen. Zu den sachlichen und zeitlichen Voraussetzungen im Einzelnen wird auf → § 29 Rz 36ff. und Rz 13ff. verwiesen. Es genügt die Darstellung des Gesamterfolges aus den

52

Lüdenbach

Einstellungen *(post tax profit or loss from discontinued operations)* in einer Zahl bzw. Zeile der GuV. Wahlweise in der GuV oder im Anhang ist diese Größe aufzuschlüsseln. Ein Muster für die Aufschlüsselung ist in → § 29 Rz 36 wiedergegeben. Nachfolgend der Mindestausweis in der GuV:

Umsatzkostenverfahren *(cost of sales method)*	
1. Fortgeführte Bereiche *(continuing operations)*	
Umsatzerlöse *(revenue/turnover)*	xx
....	xx
Ergebnis vor Ertragsteuern *(profit before tax)*	xxx
Ertragsteuern *(income tax expense)*	xx
Ergebnis aus fortgeführten Bereichen *(profit from continuing operations)*	xxx
2. Aufgegebene Bereiche *(discontinued operations)*	
Ergebnis aus aufgegebenen Bereichen *(profit from discontinued operations)*	xxx
3. Ergebnis *(profit for the period)* (= Summe 1 und 2)	XXX
davon Gewinnanteil Minderheitsgesellschafter *(profit attributable to minority interest)*	xx
davon Gewinnanteil Eigenkapitalgeber der Muttergesellschaft *(profit attributable to equity holders of the parent/group profit)*	xx

Tab. 5: GuV-Mindestausweis für aufgegebene Bereiche

5.2 Inhalt der operativen Posten im Umsatz- und Gesamtkostenverfahren

53   Die Definition der **Umsatzerlöse** *(revenues)* ist schon im englischen Orginaltext der IFRS, erst recht in den deutschen Übersetzungen uneinheitlich (vgl. im Detail → § 18 Rz 1ff.). Für Zwecke der GuV-Gliederung lassen sich die Umsatzerlöse unter Rückgriff auf IAS 18.7 als Erlöse aus der „gewöhnlichen Tätigkeit" *(ordinary activities)* des Unternehmens bestimmen. Die deutsche Fassung benutzt den Singular (Tätigkeit) und spricht eher dafür, nur **Kerngeschäftserlöse** als Umsatzerlöse anzusehen, **andere Erlöse** hingegen in den **sonstigen betrieblichen Erträgen** auszuweisen.[15] Die englische Fassung ge-

---

[15] So SCHLÜTER, in: Beck'sches IFRS-Handbuch, 2. Aufl., 2006, § 15 Rz 14.

braucht den Plural (*activities*) und lässt u. E. die Einbeziehung wiederkehrender Erlöse aus Neben- oder Hilfstätigkeiten (z. B. Vermietung) in die Umsatzerlöse als vertretbar zu.

Im **Umsatzkostenverfahren** bestimmen sich die weiteren operativen Posten wie folgt: **54**

- Die **Umsatzkosten** (Herstellungskosten der zur Erzielung der Umsatzerlöse erbrachten Leistungen) umfassen neben den Einzel- auch die produktionsbezogenen Gemeinkosten der in der Periode zu Umsatzerlösen gewordenen Leistungen. Zu den Gemeinkosten zählen in jedem Fall die planmäßigen Abschreibungen auf Sach- und immaterielle Anlagen (darunter z. B. auch Abschreibungen auf in Vorperioden aktivierte Entwicklungskosten; Rz 52f.). Bei außerplanmäßigen Abschreibungen ist ein separater Ausweis vertretbar.
- **Vertriebskosten** umfassen sowohl Einzelkosten (z. B. Handelsvertreterprovisionen) als auch Gemeinkosten (etwa Werbeaufwendungen oder Personal- und Sachkosten der Marketingabteilung usw.).
- **Allgemeine Verwaltungskosten** umfassen die Verwaltungsaufwendungen, die weder einen Produktionsbezug haben (also nicht Umsatzkosten sind) noch Vertriebskosten darstellen.
- **Sonstige betriebliche Aufwendungen** umfassen u. a. nicht den Funktionsbereichen (Produktion, Vertrieb, Verwaltung) zurechenbare Mieten und Leasingraten, Verluste aus dem Abgang von Sach- und immateriellen Anlagen, Dotierungen nicht produktionsbezogener Rückstellungen, nicht aktivierbare Aufwendungen für Forschung und Entwicklung (Rz 52f.). Unscharf ist die Abgrenzung zum **Finanzergebnis**: Währungsverluste oder Verluste aus dem Abgang von Finanzinstrumenten werden daher uneinheitlich z. T. im Finanzergebnis z. T. unter sonstigen betrieblichen Aufwendungen ausgewiesen (Rz 70).
- Ebenso unklar ist die Abgrenzung **sonstiger betrieblicher Erträge** zu Finanzergebnissen (Währungsgewinne, Gewinne aus dem Abgang von Finanzinstrumenten). Je nach Interpretation der Umsatzerlöse (Kerngeschäft oder auch revolvierende Neben- und Hilfstätigkeiten; Rz 53) sind unter sonstigen betrieblichen Erträgen auch Mieteinnahmen anzusetzen. Unabhängig davon umfasst der Posten auch Wertaufholungen auf Sach- und immaterielle Anlagen sowie Erträge aus der Auflösung abgegrenzter Investitionszuwendungen.[16]

Das IFRIC-*Update* Oktober 2004 hat sich mit der Frage befasst, **ob ungewöhnliche Ergebnisse/Aufwendungen**, etwa aus der außerplanmäßigen Abschreibung von Vorräten oder Anlagen oder aus Abfindungen von Arbeitnehmern, in einer nach dem Umsatzkostenverfahren erstellten GuV separat, d. h. nicht den Funktionsbereichen (Herstellung, Vertrieb usw.) zugeordnet, ausgewiesen werden können. Ob eine solche *mixed presentation* mit

---

[16] Vgl. SCHLÜTER, in: Beck'sches IFRS-Handbuch, 2. Aufl., 2006, § 15 Rz 96.

der **Kombination** von funktionaler Gliederung (Umsatzkostenverfahren) und Kostenartengliederung (Gesamtkostenverfahren) zulässig ist, wurde (auch um dem *comprehensive income project* nicht vorzugreifen; Rz 74) zunächst offengelassen. Derzeit sind also beide Sichtweisen vertretbar.

55 Im **Gesamtkostenverfahren** bestimmen sich die den Umsatzerlösen (Rz 53) folgenden operativen Posten wie folgt:
- **Bestandsänderungen Erzeugnisse** sind der Saldo aus der Veränderung des betreffenden Postens in der GuV. Eine Differenzierung nach Veränderungsursache (Wert oder Menge) ist ebenso wenig vorgesehen wie eine nach fertigen und unfertigen Erzeugnissen.
- **Andere aktivierte Eigenleistungen** sind der Gegenposten für Aufwendungen auf selbst erstellte und zur Eigennutzung bestimmten langfristigen Vermögenswerten. Hierunter fallen auch aktivierte Entwicklungsaufwendungen (Rz 57).
- In die **Materialaufwendungen** sind außerplanmäßige Abschreibungen auf Vorräte nicht zwingend einzubeziehen. IAS 1.87a verlangt eine Angabe wesentlicher außerplanmäßiger Abschreibungen in der GuV selbst oder im Anhang. Jedenfalls bei ungewöhnlicher Höhe der außerplanmäßigen Abschreibungen ist die zweite Variante u. E. vorzuziehen, da sie dem Zweck von IAS 1.87a, regelmäßige von wesentlichen unregelmäßigen Aufwendungen zu unterscheiden, am besten entspricht.
- **Personalaufwendungen** umfassen alle Löhne, Gehälter und sozialen Leistungen für das Personal. Der Aufwand aus der Aufzinsung von Pensionsrückstellungen kann alternativ als Teil des Finanzergebnisses ausgewiesen werden (IAS 19.119 i.V. m. IAS 19.120Ag).
- In die **Abschreibungen** sind (wesentliche) außerplanmäßige Abschreibungen auf Sach- und immaterielle Anlagen nicht zwingend einzubeziehen, da IAS 1.87a wahlweise eine separate Angabe in der GuV oder im Anhang vorsieht. Die Beispiel-GuV in der nicht verbindlichen *Guidance on Implementing IAS 1* nimmt einen separaten Ausweis in der GuV selbst vor. Eine Fußnote dazu behauptet apodiktisch, dass außerplanmäßige Abschreibungen auf Sachanlagen in einer nach dem Gesamtkostenverfahren gegliederten GuV als separater Posten zu zeigen seien. Aus dem verbindlichen Regelungstext von IAS 1 lässt sich ein solches Gebot jedoch nicht entnehmen. Werden die außerplanmäßigen Abschreibungen aus der Position Abschreibungen ausgegliedert, sollte Letztere im Interesse der Klarheit die Bezeichnung „planmäßige Abschreibungen" erhalten.
- Der Posten **sonstige betriebliche Aufwendungen** ist weiter gefasst als im Umsatzkostenverfahren. Im Gesamtkostenverfahren sind hier etwa auch die nicht in Abschreibungen bestehenden Sachkosten des Vertriebs oder der allgemeinen Verwaltung darzustellen. Wie im Umsatzkostenverfahren ergeben sich im Übrigen aber Abgrenzungsprobleme gegenüber dem Finanzergebnis bei Währungsverlusten etc. (Rz 54).

- Der Posten **sonstige betriebliche Erträge** entspricht im Wesentlichen dem des Umsatzkostenverfahrens (Rz 54).

5.3 Ergänzende Posten zu regelmäßigen Erfolgsquellen[17]

5.3.1 Möglichkeiten und Grenzen der Erweiterung

Da IAS 1 im Unterschied zu § 275 HGB keine feste Gliederungsvorgabe für die GuV enthält, verfährt die Praxis uneinheitlich u. a. hinsichtlich der Frage, in welchem Umfang das in Rz 51 dargestellte Grundformat des Umsatz- oder Gesamtkostenverfahrens individuell **erweitert** werden kann. Für die unregelmäßigen Erfolgsquellen (außerplanmäßige Abschreibungen) ist IAS 1.86 (Rz 60), für die hier interessierenden regelmäßigen Erfolgsquellen IAS 1.83 einschlägig. Danach sind zusätzliche Posten in der GuV darzustellen, wenn eine solche Darstellung für das **Verständnis der Elemente der Ertragskraft** des Unternehmens relevant ist. Das „zusätzlich" bezieht sich vorrangig auf die in IAS 1.81 zunächst zugelassene Beschränkung des operativen Bereichs auf die Umsatzerlöse und das operative Ergebnis. Eine Aufgliederung des betrieblichen Bereichs nach GKV oder UKV (IAS 1.88) stellt daher schon den wichtigsten Anwendungsfall von IAS 1.83 dar. Eine über IAS 1.88ff. hinausgehende **weitere Untergliederung** ist aber nach allgemeiner Auffassung zulässig. Welche **Grenzen** dabei zu beachten sind, soll an folgendem Beispiel dargestellt werden:

56

> **Beispiel**
> A ist ein forschungs- und entwicklungsintensives Unternehmen der Automobilzulieferindustrie. Mehr als die Hälfte der bei A (hauptsächlich als Gehälter für die FuE-Abteilung) anfallenden FuE-Kosten erfüllt die Aktivierungskriterien von IAS 38.
> Aus Imagegründen möchte A jedermann auf den ersten Blick dartun, wie forschungs- und entwicklungsintensiv das Unternehmen ist.
> Wichtig für ihn ist deshalb ein separater Ausweis der FuE-Aufwendungen in der GuV, wobei in den FuE-Posten möglichst sämtliche FuE-Aufwendungen einfließen sollen. Von der optimalen Umsetzungsmöglichkeit dieses Ziels macht A das GuV-Format (Umsatz- oder Gesamtkostenverfahren) abhängig.

5.3.2 Beurteilung eines separaten FuE-Ausweises nach dem Gesamtkostenverfahren (GKV)

- Bei im Fall der A überwiegend **von eigenen Mitarbeitern** erbrachten FuE-Leistungen stellt sich die Frage, ob die FuE-Kosten hauptsächlich unter sonstigen betrieblichen Aufwendungen oder unter Personalaufwand zu erfassen sind. Eine explizite Auseinandersetzung mit der Abgrenzung

57

---

[17] Nachfolgende Ausführungen überwiegend entnommen aus LÜDENBACH, PiR 2007, Heft 3.

Lüdenbach

beider Aufwandsposten enthält IAS 1 nicht. Da § 275 Abs. 1 HGB im Wesentlichen den Anforderungen von IAS 1 an das GKV entspricht, kann hilfsweise zunächst auf das handelsrechtliche Schrifttum zurückgegriffen werden. Danach stellen die **sonstigen betrieblichen Aufwendungen** einen **Restposten** dar. Vorrangig sind die anderen Posten zu besetzen. Unter dem Posten **Personalaufwand** sind deshalb **sämtliche** Löhne und Gehälter auszuweisen, **unabhängig von den Zwecken**, denen die Arbeitsleistung gedient hat.[18]

- Für IFRS kann u. E. nichts anderes gelten: Nach IAS 1.88 sind die Aufwendungen entweder nach **Kostenarten** (GKV) oder **Funktionsbereichen** (UKV) zu untergliedern. Der Ausweis **einiger** Personalaufwendungen nach ihrer Funktion – hier FuE-Gehälter – und **anderer** ohne Rücksicht auf ihren Zweck käme einer *mixed presentation* gleich. Der IFRIC hat einer solchen *mixed presentation* selbst bei **unregelmäßigen**, nach IAS 1.86f. gesondert anzugebenden Aufwendungen, seine Zustimmung nicht erteilen wollen (Rz 54). Erst recht muss man daher bei **regelmäßigen** Erfolgsfaktoren Bedenken gegen ein solches Vorgehen haben. Im Beispielsfall würden daher die im jeweiligen Jahr erbrachten FuE-Leistungen zur Hauptsache (**Löhne und Gehälter der FuE-Abteilung**) im **Personalaufwand**, zu einem geringeren Teil im **sonstigen** betrieblichen Aufwand auszuweisen sein, der aktivierte Teil dieser Kosten würde unter anderen aktivierten Eigenleistungen erfasst.
- Daneben wäre noch die **Abschreibung** der in Vorjahren aktivierten Entwicklungsaufwendungen in der GuV enthalten. Aus den gleichen Gründen wie beim Personalaufwand wäre eine funktionale Umgliederung u. E. unzulässig.
- Auch eine Bezugnahme auf die nach IAS 1.83 gebotene Einfügung zum Verständnis der Ertragslage notwendiger **zusätzlicher** Posten kann keine Zusammenfassung sämtlicher FuE-Aufwendungen in einer Position rechtfertigen. Der vorrangige **Regelungszweck** von IAS 1.83 wird bereits durch die Verwendung des GKV- oder UKV-Grundformats erfüllt. Weitergehende Untergliederungen sollten nicht in der Weise erfolgen, aus den jeweiligen Kostenarten einer nach GKV gegliederten GuV die FuE-Teile auszugliedern und als neuen funktionalen Posten darzustellen. Ein solches Vorgehen würde den Inhalt der **Grundposten verfälschen**, etwa weil unter „Personalaufwand" tatsächlich nur noch Teile des Personalaufwands gezeigt würden, unter „Abschreibungen" nur noch bestimmte Abschreibungen.

5.3.3 Beurteilung des separaten FuE-Ausweises nach dem Umsatzkostenverfahren (UKV)

- Vorrangige Aufwandsposition des UKV sind die **Umsatzkosten**. Sie enthalten die Herstellungskosten aller in der jeweiligen Periode erbrachten

---

[18] ADS, 6. Aufl., § 275 HGB Tz 111 und 140.

Lüdenbach

Leistungen. Da zu den Herstellungskosten gem. IAS 2 auch die **Gemeinkosten** rechnen, fließen die planmäßigen **Abschreibungen** auf in der Produktion eingesetzte Anlagegüter in die Umsatzkosten ein. Betroffen hiervon sind nicht nur Maschinen, Produktionsgebäude usw., sondern ebenso die Produktionszwecken dienenden **immateriellen** Anlagen. Die planmäßigen Abschreibungen auf die in den Vorjahren aktivierten Entwicklungsaufwendungen stellen demnach bei der A (Rz 56) Umsatzkosten dar.

- Die im Geschäftsjahr angefallenen, aber **nicht aktivierten FuE-Aufwendungen** wären im Grundformat des UKV als **sonstige betriebliche Aufwendungen** darzustellen, sofern sie nicht ausnahmsweise auf den Verwaltungsbereich (etwa Eigenentwicklung einer Fakturierungssoftware) oder den Vertrieb (etwa Eigenentwicklung einer Vertriebsplanungssoftware) entfallen.

- Sind die FuE-Kosten
  – wie etwa in der **Pharmaindustrie** ganz überwiegend **nicht aktivierungsfähig** (→ § 13 Rz 30), fördert es die Darstellung der Ertragslage, wenn abweichend vom Grundformat eine **separate** Position „FuE-Aufwendungen" eingeführt wird.
  – wie im Beispielfall **überwiegend aktivierungsfähig**, fließen sie erst mit einem Zeitversatz als Abschreibung in die GuV und dann in die Grundposition Umsatzkosten ein. Ein gesonderter Posten FuE-Aufwendungen würde daher nur den kleinen, nicht aktivierten Teil darstellen und gerade **keinen besseren Einblick** in die Ertragslage gewähren, wie IAS 1.83 für zusätzliche Posten fordert.

- In **der Auto- und Autozulieferindustrie** (→ § 13 Rz 30) wird allerdings in einzelnen Fällen doch eine Zusammenfassung aller FuE-Aufwendungen in einer Position vorgenommen. Diese Position enthält dann die nicht aktivierten FuE-Kosten zuzüglich der Abschreibungen auf in Vorjahren aktivierte Entwicklungskosten. Bei in den genannten Industrien tendenziell hohen Aktivierungsquoten ist der Beitrag dieses Postens zur Erklärung der gegenwärtigen Ertragskraft zweifelhaft, eine Legitimation gem. IAS 1.83 daher nicht gegeben, da der Posten wesentliche Beträge, nämliche die aktivierten Entwicklungsleistungen des Geschäftsjahres, gerade nicht zeigt, dafür umgekehrt in der Vergangenheit erbrachte Entwicklungskosten über die Abschreibung einbezieht.[19] Überdies entspricht das genannte Vorgehen nicht der **Grundanforderung des UKV**, in die Umsatzkosten **alle Herstellungskosten** der im Geschäftsjahr abgesetzten Leistungen, also auch die **planmäßigen Abschreibungen auf aktivierte FuE-Leistungen**, einzubeziehen. Ihre Ausklammerung aus den Umsatzkosten verfälscht die im UKV anzusetzende Zwischensumme „Bruttoergebnis vom Umsatz".

---

[19] A. A. Schlüter, in: Beck'sches IFRS-Handbuch, 2. Aufl., 2006, § 15 Rz 101.
Lüdenbach

5.3.4 Ergebnis

59 Aus dem Beispiel egibt sich folgendes verallgemeinertes **Fazit**:
- Das **GKV** ist nach Kostenarten gegliedert. Eine **Ausgliederung** von Kostenteilen aus den Grundpositionen (Personalaufwand, Abschreibungen) **in einen funktionalen Posten** (z. B. FuE) würde das nicht nach Funktion und Verwendungszweck der jeweiligen Kostenart fragende Schema der GKV **verfälschen**, da die Grundpositionen entgegen ihrer Bezeichnung nur noch Teile des Personalaufwands, der Abschreibungen usw. enthielten.
- Das **UKV** verlangt **vorrangig** den zutreffenden Ausweis der **Umsatzkosten** und des **Bruttoergebnisses** vom Umsatz. Diese Vorgabe wird nicht erfüllt, wenn die planmäßige Abschreibung auf in Vorjahren aktivierten Aufwendungen (im Beispiel Entwicklungskosten) mit funktionsgleichen nicht aktivierungsfähigen Aufwendungen des Geschäftsjahres in einer separaten Position zusammengefasst wird. Der **Inhalt der Umsatzkosten** oder des Bruttoergebnisses vom Umsatz würde **verfälscht**. Belässt man andererseits wie geboten die planmäßigen Abschreibungen in den Umsatzkosten, ist der **individuell eingefügte Zusatzposten irreführend**, weil er nach Ausklammerung der planmäßigen Abschreibungen tatsächlich nur einen Teil der namensgebenden Funktionskosten enthält. Die Ergänzung des Grundformats der UKV um spezielle Funktionsposten ist daher u. E. nur dann angemessen, wenn die betreffenden Kosten nicht in wesentlichem Umfang aktiviert werden und sich daher kein Konflikt zu den Umsatzkosten ergibt.

5.4 Ergänzende Posten oder Angaben zu unregelmäßigen Erfolgskomponenten

60 IAS 1.86 verlangt die Offenlegung materiell **bedeutsamer** (*material*) Erträge und Aufwendungen in der GuV selbst oder im Anhang. Die Vorschrift **ergänzt** die nach IAS 1.88 gebotene **Aufschlüsselung** des operativen Bereichs nach dem Umsatz- oder Gesamtkostenverfahren. Während IAS 1.88 auf die strukturierte Darstellung der regelmäßigen Erfolgsquellen ausgerichtet ist, sind Regelungsobjekt von IAS 1.86 die **unregelmäßigen** Erfolgskomponenten. Die beispielhafte Konkretisierung in IAS 1.87 erwähnt demgemäß folgende Fälle:
- **außerplanmäßige** Ab- und Zuschreibungen auf Vorräte und Sachanlagen (→ § 11 Rz 78),
- **Restrukturierungsaufwendungen** (→ § 21 Rz 72),
- Erfolge aus der **Veräußerung von Sachanlagen und Investments** (→ § 14 Rz 25),
- Erfolge aus der Erledigung von **Rechtsstreitigkeiten** (→ § 21 Rz 128),
- Erfolge aus der Auflösung von **Rückstellungen** (→ § 21 Rz 128).

Die Aufzählung hat keinen abschließenden Charakter. Weitere Angabepflichten können sich daher aus **Analogwertungen** ergeben. Betroffen sind u. E. insbesondere:

Lüdenbach

- außerplanmäßige Ab- und Zuschreibungen sowie Veräußerungserfolge aus **immateriellen** Anlagen,
- außerplanmäßige Abschreibungen und Zuschreibungen auf **Forderungen**.

Zur Art der Darstellung in der GuV selbst enthält IAS 1 keine Vorgaben. Eine Ergänzung des Gliederungsschemas durch **zusätzliche** Posten kommt ebenso in Frage wie (in der Praxis unüblich) die Aufnahme von **Davon-Angaben**. Wegen Details wird auf die 4. Auflage verwiesen, zur Problematik solcher Posten im Umsatzkostenverfahren auf Rz 54.

Eine **saldierte Darstellung** von vergleichbaren Aufwendungen und Erträgen in der **GuV** (z. B. Kursverluste mit Kursgewinnen) ist unter dem Vorbehalt der Wesentlichkeit zulässig (Rz 14).

5.5 Aufschlüsselung des Beteiligungs- und Finanzergebnisses in der GuV oder im Anhang

Der Inhalt des Postens Finanzergebnis *(financial cost)* ist nicht definiert. Die zunächst herrschende Meinung hatte den Begriff als eine Saldogröße, d. h. als **Finanzergebnis** interpretiert. An dieser Auffassung kann seit IFRIC-*Update* Oktober 2004 nicht mehr festgehalten werden. Der IFRIC interpretiert unter Verweis auf das in IAS 1.32 enthaltene Saldierungsverbot den in IAS 1.81 verlangten Posten „*finance cost*" als „*gross finance cost*" (Finanzaufwendungen) und verlangt daher die separate Angabe der *finance revenues* (Finanzerträge). Die Summe beider Positionen kann zusätzlich als Nettofinanzergebnis *(net finance cost)* angegeben werden. Nach Erlass von IFRS 7 waren wegen einer Bezugnahme in IFRS 7.IG 13 auf das Nettofinanzierungsergebnis erneut Zweifel aufgekommen, ob eine Saldierung nicht doch zulässig sei. Das IFRIC-*Update* September 2006 hat jedoch die frühere Entscheidung bestätigt. Eine Saldierung bleibt unzulässig.[20]

Ob in der Mindestgliederung für die beiden unsaldierten Positionen der adjektivische Zusatz „übrige" notwendig ist, hängt von der Interpretation der daneben auszuweisenden Ergebnisse aus *equity*-Beteiligungen ab.

Drei Lesarten kommen in Frage:

- Wie alle anderen Beteiligungsergebnisse (Dividenden und Abschreibungen bei der Anschaffungskostenbewertung, Änderungen des Stichtagswertes bei der *fair-value*-Bewertung) wird auch das Ergebnis aus *equity*-Beteiligungen als **Teil des Finanzergebnisses** interpretiert. Das Finanzergebnis ergäbe sich danach in der **Mindestgliederung** wie folgt:

10a)	+/- Ergebnis aus *equity*-Beteiligungen
10b)	+ übrige Finanzerträge
10c)	- übrige Finanzaufwendungen
10	= Finanzergebnis

---

[20] Vgl. BOHL/MANGLIERS, in: Beck'sches IFRS-Handbuch, 2. Aufl., 2006, § 2 Tz 136.

- Anders als das Ergebnis aus einfachen Anteilen spiegelt das Ergebnis aus *equity*-Beteiligungen unmittelbar den Periodenerfolg der Untergesellschaft wider. Es ist unabhängig von der Ausschüttungs- und Thesaurierungspolitik und unabhängig von der Marktbewertung der Untergesellschaft. Das **Ergebnis aus *equity*-Beteiligungen** ist daher bei der Obergesellschaft nicht als Finanzergebnis, sondern entweder als **operatives Ergebnis oder** als **Ergebnis sui generis** zu interpretieren. Die **Mindestgliederung** wäre danach wie folgt:

10	+/- Ergebnis aus *equity*-Beteiligungen
11a)	+ Finanzerträge
11b)	- Finanzaufwendungen
11	= Finanzergebnis

- Beteiligungen, d. h. Anteile an assoziierten Unternehmen und Gemeinschaftsunternehmen, setzen einen maßgeblichen Einfluss oder eine gemeinschaftliche Kontrolle voraus. Im Unterschied zu einfachen Finanzinvestments im Sinne von IAS 39 wird daher eine Einflussnahme auf die operativen Geschäfte der Untergesellschaft vorausgesetzt. Aus dieser Sicht sind die (übrigen) Beteiligungsergebnisse mit dem Ergebnis aus *equity*-Beteiligungen **Teil des Beteiligungsergebnisses**. Die **Mindestgliederung** sähe danach wie folgt aus:

10a)	+/- Ergebnis aus *equity*-Beteiligungen
10b)	+/- übriges Beteiligungsergebnis
10	= Beteiligungsergebnis
11a)	+ Finanzerträge
11b)	- Finanzaufwendungen
11	= Finanzergebnis

64 Die Mindestgliederung lässt jedoch in keiner der drei Varianten erkennen, welchen Beitrag das Zinsergebnis (Zinsaufwand und Zinsertrag), die Abschreibungen auf Finanzanlagen, die Erfolge aus der *fair-value*-Bewertung von Finanzinstrumenten usw. zum Finanzergebnis geleistet haben. Der in IAS 1.83f. und 1.86 enthaltenen Forderung, die Erfolgsquellen *(elements of finanical performance)* in der GuV oder im Anhang offenzulegen, genügt die Mindestgliederung daher noch nicht.[21]

65 Eine **Erweiterung der Gliederung** in der GuV oder im Anhang ist nötig. Der hohe Abstraktionsgrad der Vorgabe, Erfolgsquellen offenzulegen, schafft aber keine Klarheit, in welche Richtung und in welchem Ausmaß die Erweiterung erfolgen soll. Folgende **Kriterien** sind u. E. relevant:

---

[21] Zur Erfolgsstrukturanalyse eines IFRS-Abschlusses: KIRSCH, DB 2002, S. 2449ff.

Lüdenbach

- Das Zinsergebnis hat, da es unmittelbar aus laufenden vertraglichen Ansprüchen oder Verpflichtungen resultiert, einen anderen Charakter als Abschreibungen und Zuschreibungen bzw. *fair-value*-Änderungen. Letztere unterscheiden sich wiederum wegen ihres vorläufigen Charakters von endgültig feststehenden Gewinnen oder Verlusten aus der Veräußerung von Finanzvermögen sowie aus Dividendenerträgen. Aus dieser Sicht wäre (in verkürzter, saldierter Betrachtung) folgende **Unterteilung nach der Art der Ergebnisse** möglich:

> +/- Ergebnis aus *equity*-Beteiligungen
> +/- Zinsergebnisse
> +/- Ergebnisse aus Ab- und Zuschreibungen sowie aus *fair-value*-Bewertung
> +/- Veräußerungsergebnisse, Dividenden, Darlehens- und Kreditausfälle.

- Diese Unterteilung würde aber andererseits der Unterschiedlichkeit der betroffenen Vermögenswerte nicht Rechnung tragen. In der Position Ab- und Zuschreibungen würden z. B. Wertänderungen von Beteiligungen mit der Wertänderung von Fremdkapitalinstrumenten (Anleihen, Darlehen usw.) und von Derivaten zusammengefasst. Endgültige Ergebnisse aus Beteiligungen, neben Dividenden also Veräußerungsgewinne oder -verluste, würden demgegenüber in der dritten Position mit endgültigen Verlusten aus Darlehen und Krediten vermischt. Eine **Gliederung nach Art des Vermögenswertes** könnte daher als vorzugswürdig erscheinen und würde (in verkürzter und saldierter Darstellung) wie folgt aussehen:

> +/- Ergebnis aus *equity*-Beteiligungen
> +/- übriges Beteiligungsergebnis (Abschreibungen, Zuschreibungen, Dividenden, Veräußerungsergebnisse)
> +/- Ergebnis aus übrigen Anteilen
> +/- Zinsergebnis
> +/- übriges Finanzergebnis (Derivate usw.)

Gegen eine derartige Gliederung könnte wiederum eingewandt werden, dass sie z. B. im Beteiligungsergebnis **vorläufige** Bewertungserfolge mit **endgültigen** vermischt. Eine **Kombination** beider Systematiken, d. h. die Verwendung eines primären und eines sekundären Gliederungsformats für die GuV, läge deshalb nahe, würde aber in ihrer Unübersichtlichkeit der *Framework*-Anforderung nach Verständlichkeit nicht mehr genügen.[22]

Eine **Zusammenfassung** der vorstehenden Überlegungen führt zu folgendem **Befund**:

---

[22] Vgl. hierzu in der 4. Aufl. Rz 66.

Lüdenbach

- Das in IAS 1.83f. und IAS 1.86f. enthaltene Gebot einer erfolgsquellenorientierten Aufgliederung des Ergebnisses und damit auch des Finanzergebnisses ist zu **abstrakt**.
- **Konkretisierungen** ganz unterschiedlicher Richtung sind begründbar. Je nachdem, ob der Art des Vermögenswertes, der Art des Ergebnisses oder dem Vorzeichen des Ergebnisses die höhere Bedeutung zugemessen wird, ergeben sich unterschiedliche **primäre** Gliederungsformate.
- Die Ergänzung um ein **sekundäres** oder gar ein **drittes** Gliederungsformat ist im Hinblick auf die Lesbarkeit i. d. R. aber nicht mehr vertretbar.
- Der hohe Abstraktionsgrad der gegenwärtigen Regelung begünstigt **individuelle** Lösungen. Der zwischenbetrieblichen Vergleichbarkeit ist damit nicht gedient. In ihrem Interesse wäre ein verbindliches (primäres) Gliederungsformat wünschenswert. In diesem Zusammenhang müsste auch klargestellt werden, ob Abgangs-/Zuschreibungs- und Abschreibungserfolge auf Finanzinstrumente zwingend im Finanzergebnis auszuweisen sind oder auch ein Ausweis im operativen Ergebnis in Frage kommt (Rz 70).

Im Übrigen gilt für den Ausweis der Finanzerträge und -aufwendungen in der GuV eine ähnliche Problematik wie für den Ausweis der Finanzinstrumente in der Bilanz (Rz 44): Die Ausweisvorschriften haben keinen Bezug zu den Bewertungskategorien des IAS 39 und den mit ihnen verbundenen Erfolgswirkungen. Insoweit ist auch hier eine Überleitungsrechnung im Anhang die beste und ab 2007 durch IFRS 7.20 (als optionale Alternative zu einer unübersichtlichen GuV-Untergliederung) vorgesehene Lösung. Wegen Einzelheiten wird auf → § 28 Rz 252ff. verwiesen.

5.6 Die deutsche IFRS-Praxis, Pro-forma-*earnings*

68 Die deutsche IFRS-Praxis bietet in der Gliederung der GuV ein recht uneinheitliches Bild:
- **Umsatzerlöse**

    Als Eingangsgröße der GuV werden nicht immer die Umsatzerlöse verwendet. Verkehrsunternehmen verfahren etwa z. T. wie folgt:

Erlöse aus Verkehrsleistungen
+ andere Betriebserlöse
= Umsatzerlöse

    Versorgungsunternehmen wenden z. T. folgendes Schema an:

Umsatzerlöse
- Mineralölsteuer/Erdgassteuer/Stromsteuer
= Umsatzerlöse (ohne Mineralöl-/Erdgas-/Stromsteuer)

Lüdenbach

Unstrittig zählen Umsatzsteuern aufgrund ihres durchlaufenden Charakters nicht zu den Umsatzerlösen. U. E. reicht die abweichende Ausgestaltung der Verbrauchsteuern (i. d. R. kein offener Rechnungsausweis, statt Preis Mengenabhängigkeit, keine Bindung an den Verkehrsakt) nicht aus, um die unsaldierte Größe vor Abzug der Steuern als Umsatzerlös zu bezeichnen. Eine andere Auffassung mag aber wie im Handelsrecht[23] vertretbar sein.

- **Operative Aufwendungen** 69

  Nach einer empirischen Untersuchung[24] wird in 2/3 der Fälle das Gesamtkostenverfahren, in 1/3 das Umsatzkostenverfahren verwendet.
  Innerhalb des jeweiligen Systems sind die regelmäßigen Untergliederungen relativ einheitlich. Unterschiedliche Bedeutung wird aber der in IAS 1.86 enthaltenen Aufforderung zugemessen, unregelmäßige Ergebnisbestandteile separat auszuweisen.
  Außerplanmäßigen Abschreibungen auf Firmenwerte werden etwa regelmäßig gesondert ausgewiesen, z. T. aber innerhalb, z. T. außerhalb des Ergebnisses aus betrieblicher Tätigkeit.

- **Beteiligungs- und Finanzergebnis** 70

  Bei erster Betrachtung hat sich für die Aufgliederung der Beteiligungs- und Finanzergebnisse ein relativ einheitliches Schema herausgebildet. Soweit in der GuV nicht ganz auf die Aufschlüsselung des Finanzergebnisses verzichtet wird (ausnahmsweise), dominiert auf GuV-Ebene folgende Darstellung:

> Ergebnis aus *equity*-Beteiligungen
> übriges Beteiligungsergebnis
> Zinsergebnis
> übriges Finanzergebnis

Der Inhalt des Postens „Finanzergebnis" unterscheidet sich aber. Gewinne und Verluste aus der Veräußerung von Finanzanlagen oder Wertpapieren des Umlaufvermögens werden etwa z. T. aggregiert im Finanzergebnis berücksichtigt, während andere hier nur die Finanzanlagen berücksichtigen und Gewinne und Verluste aus dem Abgang von kurzfristigen Finanzinvestitionen unter den sonstigen betrieblichen Erträgen und Aufwendungen ausweisen.

Das sich insgesamt ergebende disparate Bild hat nur **wenig mit bilanzpolitischen** Erwägungen zu tun. Die bilanzpolitische Aufbereitung des Ergebnisses in nachhaltige und nicht nachhaltige Komponenten, Ergebnisse vor (planmäßigen oder außerplanmäßigen) Abschreibungen und Ergebnisse nach Abschreibungen erfolgt weniger durch Einführungen besonderer Posten oder 71

---

[23] Vgl. FÖRSCHLE, in: Beck'scher BilKom, 6. Aufl., § 275 Tz 66f. und 248.
[24] KÜTING/BUSCH, StuB 2002, S. 885ff.

Lüdenbach

Zwischensummen in der GuV als in **betriebswirtschaftlichen Nebenrechnungen,** die der Darstellung von sog. **bereinigten Ergebnissen** (Pro-forma-*earnings)* dienen. Die dabei am weitesten verbreiteten Kennzahlen sind das EBIT *(earnings before interest and taxes)* und das EBITDA *(earnings before interest, taxes, depreciation and amortisation).* Die Grundlagen zur Berechnung dieser Größen werden häufig nicht oder unzureichend erläutert.[25] Die Präsentation **bereinigter** Ergebnisse verbessert regelmäßig nicht die Informationslage der Bilanzadressaten, sondern ist bilanzpolitisch motiviert. Eindrucksvoll ist in dieser Hinsicht die Berichtspraxis der Top-100-NASDAQ-Unternehmen (US-GAAP). Im Jahr 2002 betrug deren Gesamtverlust 82 Mrd. US-Dollar, während ein Pro-forma-Gewinn von 19 Mrd. US-Dollar berichtet wurde.[26]

Im Unterschied zum handelsrechtlichen Abschluss unterliegt die Aufnahme von für sinnvoll erachteten Überschriften, Zwischensummen, Zusatzbezeichnungen in die IFRS-GuV keinen sehr restriktiven Vorschriften. Gegen die Kennzeichnung des Vorsteuerergebnisses als EBIT oder den Ausweis einer Zwischensumme vor Abschreibung und Steuern als EBITDA innerhalb der GuV selbst ist daher formell nichts einzuwenden. Sachgerecht erscheint ein solches Vorgehen jedoch nicht unbedingt, da es die **Grenzen zwischen Ergebnissen und Pro-Forma-Ergebnissen** verwischt.

6 Anwendungszeitpunkt, Rechtsentwicklung

72 IAS 1 ist für alle Abschlüsse anzuwenden, deren Berichtszeitraum ab dem 1. Januar 2005 beginnt (IAS 1.103).

73 Gegenüber IAS 1 (1997) unterscheidet sich die aktuelle Fassung von IAS 1 an folgenden Punkten:

- Die **Untergliederung der Bilanz nach Fristigkeit** hatte bisher eher den Charakter einer Empfehlung. Sie wird jetzt für Unternehmen außerhalb des Finanzsektors zur Regel, von der nur ausnahmsweise bei Überlegenheit der liquiditätsorientierten Gliederung abgewichen werden darf (Rz 22ff.).
- Der **Minderheitenanteil** ist nicht mehr außerhalb des Eigenkapitals, sondern separat innerhalb des Eigenkapitals auszuweisen (Rz 41).
- Der Ausweis eines **außerordentlichen** Postens in der GuV oder im Anhang ist nicht mehr zulässig.
- Die bislang in IAS 8 enthaltenen Regeln zur **Offenlegung unregelmäßiger Erfolgskomponenten** sind redaktionell nach IAS 1 verlagert worden.

---

[25] HILLEBRANDT/SELLHORN, KoR 2002, S. 153ff.
[26] HEIDEN, in: BRÖSEL/KASPERZAK (Hrsg.), S. 593ff.

- Das **Jahresergebnis der konsolidierten GuV** ist in einen Minderheitenanteil und einen den Eigenkapitalgebern zuzurechnenden Anteil aufzuteilen (Rz 46).

Im März 2006 hat der IASB einen Änderungsentwurf zu ED IAS 1 vorgelegt, der u. a. Folgendes vorsieht:
- **Eigenkapitaländerungsrechnung:** Beschränkung auf Transaktionen mit Gesellschaftern. Ausweis von realisiertem und unrealisiertem Einkommen außerhalb der Eigenkapitaländerungsrechnung, entweder getrennt nach GuV oder *„other comprehensive income"* oder in einem Rechenwerk (→ § 20 Rz 93 und 40).
- **Vorjahresvergleichszahlen:** Erweiterung der Angabepflicht um die Anfangsbilanzwerte des Vorjahres (= Schlussbilanzwerte Vorvorjahr), d. h. zwei Vergleichsspalten statt bisher einer. Diese Erweiterung betrifft nur die Bilanz nicht die GuV usw.
- **Bilanzbezeichnung:** Umbenennung des *„Balance Sheet"* in *„Statement of Financial Position"*[27].

ED IAS 1 ist Teil eines gemeinsam mit dem FASB betriebenen Projektes *Performance Reporting*.[28] Erklärtes Ziel des Projekts ist eine Erhöhung der prognostischen Qualität *(predictive ability)* der GuV.[29] Diese Zielsetzung ist in folgenden vorläufigen Entscheidungen umgesetzt worden:
- Die GuV soll zu einem **einheitlichen** *performance/income statement* erweitert werden, in dem auch die „unrealisierten" Erfolge aus *cash flow hedges*, Neubewertung von Sachanlagen, Umrechnung selbstständiger ausländischer Tochterunternehmen usw. Berücksichtigung finden *(statement of profit and other recognised income and expense* oder auch *statement of earnings and comprehensive income)*.
- Dieses Statement soll **verbindliche** Vorgaben für eine Gliederung nach Art der Erfolgsquellen (operatives Ergebnis, sonstiges Geschäftsergebnis, Finanzertrag, Zinsaufwand) enthalten.
- Auf der Ebene der einzelnen Posten soll außerdem eine **Unterscheidung** zwischen „**normalen**" Erfolgen und solchen aus der **Umbewertung** *(remeasurement)* vorgeschrieben werden.

Tabelle 6 gibt eine mögliche Gliederungssystematik wieder:[30]

---

[27] Zum Überblick über ED IAS 1: HASENBURG/DRÄXLER, KoR 2006, S. 289ff.
[28] Vgl. GRÜNEBURGER/GRÜNEBURGER, StuB 2003, S. 702.
[29] Zur Ermittlung prognosefähiger Ergebnisse: DVFA/SG, DB 2003, S. 1913ff.
[30] Vgl. IASB, Update September 2003.

Lüdenbach

	Total	Ergebnis vor Umbewertung	Umbewertungen
Erlös	xx		
Herstellungskosten	xx	Material, Löhne	Abschreibung, Vorräte
Vertriebskosten	xx	Gehälter, planm. Abschr.	außerplanm. Abschr.
allg. Verwaltungskosten	xx	Gehälter, planm. Absch.	außerplanm. Abschr.
operatives Ergebnis	xxxx	yyyy	zzzz
Veräußerungsergebnisse	xx		Veräußerungsgewinn
Neubewertung Anlagen	xx		Neubewertung Sachanlagen
fair-value-Bewertung *investment-properties*	xx		*fair-value*-Änderung
außerplanmäßige Abschreibung *goodwill*	xx		Wertminderung *goodwill*
andere Geschäftsergebnisse	xxxx	yyyy	zzzz
Ergebnis aus *equity*-Beteiligungen	xx	Einkommen aus assoz. Unternehmen	
Ergebnis aus übrigen Eigenkapitalinvestments	xx		Ab- und Zuschreibung
Ergebnisse aus Fremdkapitalinvestments	xx	Zinsertrag	Abschreibungen
Finanzertrag	xxxx	yyyy	zzzz
Geschäftsergebnis	**XXXX**	**YYYY**	**ZZZZ**
Zinsaufwand	xx	Zinsaufwand Darlehen	Änderungen Abzinssatz Rückstellung

Lüdenbach

Zinsanteil Pensionen	xx	laufend	Änderung des Zinssatzes
Zinsaufwand	xxxx		
Steuer	xxxx		
Jahresergebnis *(profit or loss)*	XXXX	YYYY	ZZZZ
fair-value-Änderungen *cash flow-hedges* und *available for sales*	xxxx		zzzz
Währungsumrechnungsdifferenz im Konzern	xxxx		zzzz
Ergebnis	XXXX	YYYY	ZZZZ

Tab. 6: *Income statement*

Unstrittig ist weiterhin die Notwendigkeit einer (horizontalen) Unterscheidung zwischen **Finanzergebnis** und anderen (insbesondere **operativen**) Ergebnisbestandteilen. Der IASB arbeitet daher an einer Definition des Finanzergebnisses.[31]

7 Zusammenfassende Praxishinweise

Ein **vollständiger IFRS-Abschluss** umfasst neben Bilanz, GuV und Anhang auch eine Eigenkapitaländerungsrechnung und eine Kapitalflussrechnung (Rz 4). Bei deutschen Anwendern ist er um einen **Lagebericht** zu ergänzen (Rz 5).

75

Der IFRS-Abschluss muss eine ausdrückliche und **vorbehaltlose** Erklärung der **Übereinstimmung** mit dem Regelwerk enthalten (Rz 5).

76

Für die Aufbereitung des Abschlusses gelten die Grundsätze der Darstellungsstetigkeit und der Wesentlichkeit. In der **praktischen Arbeit** hat der *materiality*-Aspekt vor allem bei den **Anhangsangaben und beim Ausweis** eine starke **Entlastungswirkung**. Für die meisten Bilanz- und GuV-Posten kommt eine Vielzahl von Anhangsangaben und Aufgliederungen in Frage, aber nur wenige sind u. U. wesentlich (Rz 11).

77

Zu beachten ist das **Saldierungsverbot**. Seine Reichweite ist jedoch unbestimmt (Rz 13).

78

---

[31] Joint IASB-FASB Meeting Oktober 2005, vgl. IASB, Update Oktober 2005.

Lüdenbach

79	Mit wenigen Ausnahmen muss jeder Teil des IFRS-Abschlusses, also auch der Anhang, **Vorjahresangaben** enthalten (Rz 19).
80	Im Ausweis unterscheidet sich die IFRS-**Bilanz** i. d. R. durch eine deutlich **geringere Untergliederung** von der **Handelsbilanz**. Die meisten Untergliederungen der dritten Ebene (Zusammensetzung der Sachanlagen, Zusammensetzung der Vorräte usw.) können in den Anhang verlagert und dort je nach Wesentlichkeit erläutert werden (Rz 22 und 45). Bei der **GuV** bestehen theoretisch ähnliche Möglichkeiten, die in der Praxis jedoch kaum genutzt werden (Rz 23).
81	Die Bilanz ist – mit Ausnahmen für Finanzinstitute – **nach Fristigkeit zu gliedern** (Rz 22ff.), der operative Bereich der GuV entweder nach **Umsatzkostenverfahren** oder nach **Gesamtkostenverfahren** (Rz 51). Ein willkürlicher Wechsel ist wie auch bei anderen Gliederungsfragen von GuV und Bilanz wegen des **Gebotes der Darstellungsstetigkeit** (Rz 7) nicht zulässig.
82	Aus dem Zusammenwirken verschiedener Vorschriften ergibt sich eine **verbindliche Mindestgliederung der Bilanz** (Rz 34).
83	In der **GuV** bestehen **mehr Spielräume**. U. E. ist unklar, wie das **Finanzergebnis** aufzugliedern ist (Rz 63ff.) und in welchem Maße die im Grundformat des Umsatz- oder Gesamtkostenverfahrens (Rz 51) präsentierten Aufwendungen um besondere Posten für regelmäßige (Rz 56) bzw. **unregelmäßige** Aufwendungen (Rz 60) zu ergänzen sind.

Lüdenbach

§ 3 KAPITALFLUSSRECHNUNG (STATEMENT OF CASH FLOWS)

Inhaltsübersicht   Rz

Vorbemerkung
1 Zielsetzung, Regelungsinhalt und Begriffe 1–14
   1.1 Wirtschaftlicher Gehalt 1–5
   1.2 Zielsetzung 6–9
   1.3 Abgrenzung von anderen *cash-flow*-Definitionen 10–14
2 Der Finanzmittelfonds 15–28
   2.1 Bestandteile des Finanzmittelfonds 15–22
   2.2 Bewertungsrechnung 23–28
3 Darstellung der Kapitalflussrechnung 29–79
   3.1 Übersicht 29–38
      3.1.1 Grundstruktur der Kapitalflussrechnung 29–33
      3.1.2 Saldierung von *cash flows* 34–38
   3.2 *Cash flows* aus der betrieblichen Tätigkeit 39–56
      3.2.1 Wesentliche Elemente 39–44
      3.2.2 Direkte Methode 45–49
      3.2.3 Indirekte Methode 50–56
   3.3 *Cash flows* aus der Investitionstätigkeit 57–72
   3.4 *Cash flows* aus der Finanzierungstätigkeit 73–79
4 Einzelprobleme 80–132
   4.1 *Cash flows* in Fremdwährung 80–88
      4.1.1 Grundproblem 80–82
      4.1.2 Wechselkurseffekte in den vier Bereichen der Kapitalflussrechnung 83–84
      4.1.3 Umrechnung selbstständiger Tochterunternehmen   85
      4.1.4 Abstimmung des wechselkursbedingten Ausgleichspostens 86–88
   4.2 Außerordentliche Posten 89–90
   4.3 Zins- und Dividendenzahlungen 91–100
      4.3.1 Zinszahlungen 91–95
      4.3.2 Dividendenzahlungen 96–100
   4.4 Ertragsteuern 101–105
   4.5 Anteile an Tochterunternehmen, assoziierten Unternehmen und *joint ventures* 106–110
   4.6 Änderungen des Konsolidierungskreises 111–126
      4.6.1 Erwerb und Veräußerung von Tochterunternehmen und sonstigen Geschäftseinheiten 111–123
      4.6.2 Erst- bzw. Entkonsolidierung ohne Erwerb bzw. Veräußerung einer Tochter 124–126
   4.7 Nicht zahlungswirksame Transaktionen 127–132

Freiberg/Bork

5	Angaben	133–144
	5.1 Besonderheiten für die Kapitalflussrechnung	133–134
	5.2 Allgemeine Bilanzierungs- und Bewertungsmethoden	135–137
	5.3 Pflichtangaben	138–143
	5.4 Freiwillige Angaben	144
6	Gestaltungshinweise	145–147
7	Vergleich mit dem HGB	148–156
8	Anwendungszeitpunkt, Rechtsentwicklung	157–160
9	Zusammenfassende Praxishinweise	161–163

Schrifttum: AMEN, Die Kapitalflußrechnung als Rechnung zur Finanzlage, WPg 1995, S. 498ff.; BIEG/REGNERY, Bemerkungen zur Grundkonzeption einer aussagefähigen Konzern-Kapitalflussrechnung, BB 1993, Beilage 6, S. 11f.; DSR, DRS Nr. 2, BAnz. vom 31.5.2000, S. 10189; FINANCIAL ACCOUNTING STANDARDS BOARD, SFAS No. 95, Statement of Cash Flows, JoA 1988, S. 139ff.; GEBHARDT, Empfehlungen zur Gestaltung informativer Kapitalflußrechnungen nach internationalen Grundsätzen, BB 1999, S. 1314ff.; IDW STELLUNGNAHME HFA 1/1995, WPg 1995, S. 210ff.; LÜDENBACH, Bilanzpolitik hinsichtlich Zinsen in der Kapitalflussrechnung, PiR 2006, S. 76; LÜDENBACH/HOFFMANN, Enron und die Umkehrung der Kausalität bei der Rechnungslegung, DB 2002, S. 1169; MANSCH/STOLBERG/WYSOCKI, Die Kapitalflussrechnung als Ergänzung des Jahres- und Konzernabschlusses, WPg 1995, S. 202; MANSCH/WYSOCKI (HRSG.), Finanzierungsrechnung im Konzern, zfbf, Sonderheft 37/1996; PILHOFER, Konzeptionelle Grundlagen des neuen DRS 2 zur Kapitalflussrechnung im Vergleich mit den international anerkannten Standards, DStR 2000, S. 292ff.; SCHEFFLER, Kapitalflussrechnung – Stiefkind in der deutschen Rechnungslegung, BB 2002, S. 295ff.; STAHN, Der Deutsche Rechnungslegungsstandard Nr. 2 (DRS 2) zur Kapitalflussrechnung aus praktischer und analytischer Sicht, DB 2000, S. 233ff.; WYSOCKI, DRS 2: Neue Regeln des Deutschen Rechnungslegungs Standards Committee zur Aufstellung von Kapitalflußrechnungen, DB 1999, S. 2373ff.; WYSOCKI, Kapitalflussrechnungen, IAS 7, in: BAETGE u. a., Rechnungslegung nach IAS.

Vorbemerkung
Die Kommentierung bezieht sich auf IAS 7 in der aktuellen Fassung und berücksichtigt alle Ergänzungen, Änderungen und Interpretationen, die bis zum 1.1.2007 beschlossen wurden.
Einen Überblick über ältere Fassungen sowie über diskutierte oder schon als Änderungsentwurf vorgelegte zukünftige Regelungen enthält Rz 157ff.

1 Zielsetzung, Regelungsinhalt und Begriffe

1.1 Wirtschaftlicher Gehalt

Die Kapitalflussrechnung ist wie Bilanz, GuV sowie Eigenkapitalveränderungsrechnung **Pflichtbestandteil** des IFRS-Abschlusses (IAS 1.8d). Der wirtschaftliche Gehalt der Kapitalflussrechnung liegt in der Bereitstellung von Informationen über die Veränderungen der Zahlungsmittel eines Unternehmens, ursächlich getrennt nach den Bereichen

- betriebliche Tätigkeit *(operating activities)*,
- Investitionstätigkeit *(investing activities)*,
- Finanzierungstätigkeit *(financing activities)*,

innerhalb der abgelaufenen Periode.

Die Notwendigkeit zur Aufstellung einer Kapitalflussrechnung ergibt sich aus dem zeitlichen Auseinanderfallen von Erträgen und Aufwendungen einerseits sowie Einnahmen und Ausgaben andererseits, dessen Grund in der Anwendung des *accrual principle* in Bilanz und GuV liegt (→ § 1 Rz 16).

Diese Problematik verschärft sich durch die zunehmende Tendenz zur Verwendung von **Zeitwerten** *(fair values)*, durch die es zum Ausweis von realisierbaren, aber noch nicht endgültig (durch Verkauf etc.) realisierten Ergebnissen kommt, denen regelmäßig kein entsprechender Zahlungsmittelfluss in der gleichen Periode gegenübersteht.[1]

In der Kapitalflussrechnung werden die **Bewertungsmaßnahmen zurückgenommen**, weil nur Zahlungsströme (Einnahmen und Ausgaben) betrachtet werden. Unterschiedliche Rechnungslegungssysteme und subjektive Einschätzungen, die zu abweichenden Bilanzierungs- und Bewertungsmaßnahmen führen, haben keinen Einfluss auf diese Zahlungsströme, wie in folgendem Satz treffend zum Ausdruck gebracht wird: *„Profits are someone's opinion ... whereas cash is a fact."*[2] Die Kapitalflussrechnung ist damit der **einzige Bestandteil des Jahresabschlusses**, der ohne wesentliche Aufbereitungsmaßnahmen **international vergleichbar** ist. Für bisher in der HGB-Welt bilanzierende Unternehmen, die eine Kapitalflussrechnung nach DRS 2 erstellt haben, besteht beim Übergang auf einen IFRS-Abschluss im Bereich der Kapitalflussrechnung (→ § 6) deshalb **kaum Umstellungsbedarf** (zu verbleibenden Unterschieden siehe Rz 150ff.).

Die Kapitalflussrechnung nach IFRS ist **von allen Unternehmen** ungeachtet ihrer Rechtsform, Größe, Branche oder Börsennotierung sowohl für Einzel- als auch Konzernabschluss verpflichtend aufzustellen. Die Aufstellung hat in der **Staffelform** zu erfolgen (IAS 7.App.A).

---

[1] Beeindruckendes Beispiel ist das Bilanzierungsverhalten von Enron, vgl. LÜDENBACH/HOFFMANN, DB 2002, S. 1169.

[2] SMITH, Accounting for growth. Stripping the camouflage from company accounts, 1992, S. 200.

Branchenspezifische Regelungen hinsichtlich der Gliederung und des Ausweises bei Finanzinstitutionen werden – anders als nach deutschen Standards (Rz 152) – nur vereinzelt im Standard aufgeführt.

Auch im Rahmen der **Zwischenberichterstattung** ist eine Kapitalflussrechnung in verkürzter Form Pflichtbestandteil (IAS 34.8d; → § 37 Rz 9).

5 Die Kapitalflussrechnung hat die **Herkunft** und **Verwendung** der **liquiden Mittel**, also die Ein- und Auszahlungen, getrennt nach laufender Geschäftstätigkeit, Investitionen und Finanzierung, zu zeigen.

Aus den Anforderungen an den wirtschaftlichen Gehalt der Kapitalflussrechnung ergibt sich unmittelbar die Forderung nach einer **Bruttodarstellung**: Eine Saldierung von Zahlungseingängen und Zahlungsausgängen ist nicht zulässig (für Ausnahmen vgl. Rz 34ff.).

Im Übrigen unterliegt die Kapitalflussrechnung den **allgemeinen Prinzipien** des Jahresabschlusses, also etwa dem „*materiality*"-Prinzip (→ § 1 Rz 64), dem Stetigkeitsgebot (→ § 2 Rz 2 sowie → § 24 Rz 5ff.). Betroffen von der **Stetigkeitsanforderung** sind u. a. die faktischen oder echten Wahlrechte hinsichtlich

- der Definition des **Finanzmittelfonds** (Rz 15ff.),
- des Ausweises von **Zinsaufwendungen** im operativen oder finanziellen Bereich (Rz 91ff.),
- der Darstellung der *cash flows* aus der betrieblichen Tätigkeit nach der **direkten** oder **indirekten** Methode (Rz 44) sowie
- weiterer Ausweis**wahlrechte**.

Soweit im Interesse der besseren Darstellung Ausweis oder Abgrenzung eines Postens **geändert** werden soll (Rz 93), unterliegt dies als *change in accounting policy* den Regelungen von IAS 8.28ff. Die Anpassung ist, soweit überhaupt zulässig, also retrospektiv unter Änderung der **Vorjahresvergleichszahlen** vorzunehmen (→ § 24 Rz 25). Zum bilanzpolitischen Umgang mit dem Stetigkeitsgebot im Bereich der Kapitalflussrechnung wird auf das Beispiel in Rz 94 verwiesen.

1.2 Zielsetzung

6 Programmatisches Ziel eines IFRS-Abschlusses ist die *fair presentation* (→ § 1 Rz 70ff.). Der Abschluss hat die Vermögens-, Finanz- und Ertragslage sowie die Veränderung des Finanzmittelbestandes eines Unternehmens den tatsächlichen Verhältnissen entsprechend darzustellen (IAS 1.13). Die Kapitalflussrechnung als Mittelherkunfts- und Mittelverwendungsrechnung ist das **Hauptinstrument zur Bereitstellung von Informationen zur Finanzlage**.

7 Die Adressaten eines IFRS-Abschlusses sind nicht nur an der Vermögens- und Ertragslage eines Unternehmens interessiert, sondern benötigen ebenfalls ein Bild von der **aktuellen und zukünftigen Finanzlage** eines Unternehmens. Die Kapitalflussrechnung nach IAS 7 ist zwar eine **vergangenheitsorientierte** Darstellung. Neben der Möglichkeit, frühere Beurteilungen und Planungen mit tatsächlichen Werten vergleichen zu können (Plan- bzw. Soll-Ist-Vergleich), sollen durch die Analyse der Vergangenheit jedoch auch **Rückschlüsse auf zukünftige Zahlungsströme** ermöglicht werden.

Im Einzelnen werden nach IAS 7 folgende Ziele genannt (IAS 7.4): 8
- Bereitstellung von Informationen bezüglich von Änderungen des Reinvermögens eines Unternehmens und seiner **Vermögens- und Finanzstruktur** (einschließlich **Liquidität und Solvenz**).
- Bewertung der **Fähigkeit** des Unternehmens zur Beeinflussung der **Höhe** und des **zeitlichen Anfalls** von *cash flows*.
- Beurteilung der **Fähigkeit** eines Unternehmens, **Zahlungsmittel** und Zahlungsmitteläquivalente zu **erwirtschaften**.
- Entwicklung von **Modellen** zur Beurteilung und zum Vergleich des Barwertes der **künftigen** *cash flows* verschiedener Unternehmen.
- **Vergleichbarkeit der Darstellung der Ertragskraft** verschiedener Unternehmen durch Eliminierung von Effekten aus der Verwendung unterschiedlicher Bilanzierungs- und Bewertungsmethoden.

Die Kapitalflussrechnung hat somit sowohl **statische** als auch **dynamische** 9
Aspekte. Zum einen bietet sie einen Vergleich zwischen der Liquidität zu Anfang und zu Beginn der Periode (**komparativ-statischer Aspekt**). Hauptzweck ist jedoch die Darstellung und Aufgliederung der wesentlichen Zahlungsströme während des Geschäftsjahres (**dynamischer Aspekt**).

1.3 Abgrenzung von anderen *cash-flow*-Definitionen

IAS 7 kommt mit relativ wenigen Begriffsdefinitionen aus. Der Begriff der 10
cash flows wird sogleich erläutert, die übrigen Definitionen bei der Besprechung des Finanzmittelfonds (Rz 15ff.) sowie der Bereiche der betrieblichen Tätigkeit, Investitions- und Finanzierungstätigkeit (Rz 39ff.).
Der **Begriff der Kapitalflussrechnung** ist nicht sehr glücklich, da es nicht um 11
den Fluss von **Kapital**, sondern von **Zahlungsmitteln** *("cash")* im weitesten Sinne geht. Der englische Begriff *„cash flow statement"* ist daher aussagekräftiger. Im deutschen Sprachgebrauch finden sich Begriffe wie **cashflow-Rechnung**, **Geldflussrechnung** oder **Finanzierungsrechnung**[3], die eine zutreffendere Übersetzung des englischen Ausdruckes darstellen. Da jedoch sowohl die offizielle Übersetzung von IAS 7 als auch der deutsche Standard DRS 2 mit dem Wort „Kapitalflussrechnung" übertitelt sind, soll diese Bezeichnung auch im Folgenden Verwendung finden.
Der zentrale Begriff der Kapitalflussrechnung ist der *„cash flow"*, der als „Zu- 12
fluss und Abfluss von Zahlungsmitteln und Zahlungsmitteläquivalenten" bezeichnet wird (IAS 7.6). Es geht hier also um sämtliche Mehrungen und Minderungen von Bestandteilen des Zahlungsmittelfonds innerhalb einer Periode (Rz 15ff.).

---

[3] Die an der Ausarbeitung der deutschen Stellungnahme SG/HFA 1/1995 maßgeblich beteiligte Gruppe nannte sich „Arbeitskreis Finanzierungsrechnung". Auch einige größere deutsche Unternehmen verwenden den Begriff „Finanzierungsrechnung" für ihre Kapitalflussrechnung.

Freiberg/Bork

13 Der Begriff des *cash flow* wird einerseits in unterschiedlichen Konzepten einer Kapitalflussrechnung verwendet, spielt andererseits auch über die Kapitalflussrechnung hinaus eine wichtige Rolle, z. B. beim Nutzungswert des *impairment*-Tests (→ § 11 Rz 48ff.) oder bei der Bestimmung von *fair values* nicht börsennotierter Finanzinstrumente (→ § 28 Rz 107ff.). Die in IAS 7 verwendete Definition sollte daher gegen folgende in der Praxis zur Anwendung kommende Größen **abgegrenzt** werden:

- **Überschuss** der einnahmewirksamen Erträge über die ausgabenwirksamen Aufwendungen (häufig auch als „**Brutto-*cash-flow*"** bezeichnet): Nach dieser Definition stellt der *cash flow* eine nach der indirekten Methode (siehe Grundschema unter Rz 50) ermittelte Größe dar, indem dem Jahresergebnis die nicht zahlungswirksamen Aufwendungen wieder hinzugerechnet und nicht zahlungswirksame Erträge in Abzug gebracht werden.
- **Jahres-*cash-flow*** nach DVFA/SG[4]: Diese Größe entspricht in der Terminologie von IAS 7 dem *cash flow* aus der betrieblichen Tätigkeit, also nur einem Teilbereich der gesamten *cash flows*.
- ***Cash flow*** nach DVFA/SG: Diese Größe ist aus dem Jahres-*cash-flow* nach DVFA/SG abgeleitet, allerdings um ungewöhnliche zahlungswirksame Aufwendungen und Erträge bereinigt („**normalisierter** *cash flow*" aus betrieblicher Tätigkeit).
- **Netto-*cash-flow***: Diese Definition wird in der Praxis häufig mit dem in IAS 7 verwendeten Begriff der *cash flows* aus der betrieblichen Tätigkeit (Rz 39ff.) gleichgesetzt.
- ***Free cash flow***: Dieser umfasst nach einer gängigen Grundkonzeption (*entity*-Konzept) denjenigen Teil der gesamten *cash flows*, über den **frei verfügt** werden kann, ohne die zukünftige Entwicklung des Unternehmens zu beeinträchtigen. Die *free cash flows* stellen insoweit finanzielle Überschüsse nach Investitionen und Unternehmenssteuern, jedoch vor Zinsen dar.[5] Sie sind derjenige Betrag, der zur Bedienung des Kapitaldienstes (Eigen- und Fremdkapitalgeber) zur Verfügung steht. **Unternehmensindividuell** werden häufig Modifikationen vorgenommen, insbesondere eine Bereinigung der *cash flows* aus der Investitionstätigkeit um die Beträge, die für den Erwerb oder die Veräußerung von Tochterunternehmen und sonstigen Geschäftseinheiten (Rz 111ff.) ausgegeben bzw. eingenommen wurden.
- ***Expected*** und ***traditional cash flow***: Beide Begriffe zielen auf die Abbildung von Unsicherheiten in zukünftigen Zahlungsströmen ab. Im *expected-cash-flow*-Ansatz wird die Mehrwertigkeit unterschiedlicher Annahmen hinsichtlich der zukünftigen Entwicklung berücksichtigt, er stellt den wahrscheinlichkeitsgewichteten *cash flow* dar. Im *traditional-cash-flow*-Ansatz wird als zukünftiger Zahlungsstrom derjenige mit der

---

[4] Siehe hierzu ausführlich die Veröffentlichung der DVFA und SG in WPg 1993, S. 599ff.
[5] IDW, Grundsätze zur Durchführung von Unternehmensbewertungen (IDW S 1), Tz 137, 18.10.2005.

höchsten Eintrittswahrscheinlichkeit angesetzt. Zur Anwendung kommen zukunftsorientierte *cash-flow*-Rechnungen z. B. beim *impairment*-Test und bei der Bestimmung von *fair values* durch Kapitalwertverfahren.

Im Vergleich zu den vorstehenden Definitionen hat der *cash flow* nach IAS 7 im Wesentlichen zwei Merkmale:
- Er ist vergangenheitsorientiert und stellt die Veränderung der liquiden Mittel für eine abgelaufene Rechnungslegungsperiode dar.
- Er ist ein sich aus drei Teilbereichen (betriebliche Tätigkeit, Investitions- und Finanzierungstätigkeit) ergebender Gesamtwert aller Nettozu- oder -abflüsse der abgelaufenen Periode.

14

2 Der Finanzmittelfonds

2.1 Bestandteile des Finanzmittelfonds

Die Kapitalflussrechnung ist eine **Stromgrößenrechnung**, bei der für einen **abgegrenzten Vermögensteil** (ein „**Finanzmittelfonds**"[6]) Zu- und Abgänge durch die Veränderung aller Nichtfondspositionen erklärt werden. Der Wahl und Abgrenzung der zu dem Finanzmittelfonds gehörenden Bestandteile kommt somit **zentrale Bedeutung** zu. Innerhalb der verschiedenen Rechnungslegungssysteme (sowohl IFRS, US-GAAP als auch HGB/DRS) wird der Finanzmittelfonds mit der Beschränkung auf **verfügbare liquide Mittel** sehr eng abgegrenzt. Diese Abgrenzung hat den Vorteil einer Vermeidung von Bewertungseinflüssen (Rz 3, 23ff.) und führt im Ergebnis zu einer hohen Vergleichbarkeit hinsichtlich der Finanzlage verschiedener Unternehmen.

15

Für die Kapitalflussrechnung ist daher ein Fonds zu verwenden, der aus Zahlungsmitteln *(cash)* und Zahlungsmitteläquivalenten *(cash equivalents)* besteht. Diese beiden Bestandteile sind wie folgt definiert (IAS 7.6):
- Zu den Zahlungsmitteln gehören **Barmittel** und **Sichteinlagen**.
- Als Zahlungsmitteläquivalente gelten solche „**kurzfristigen, äußerst liquiden Finanzinvestitionen**, die jederzeit in bestimmte Zahlungsmittelbeträge umgewandelt werden können und **nur unwesentlichen Wertschwankungen** unterliegen".

16

Sofern **Kontokorrentkredite** einen integralen Bestandteil des *cash managements* des Unternehmens bilden, sind auch solche kurzfristigen Verbindlichkeiten dem Finanzmittelfonds (als Negativposten) zuzuordnen („Nettokonzept"; IAS 7.8). Die Abgrenzung der zum *cash management* gehörenden Kredite führt in der Praxis häufig zu Abgrenzungsproblemen; hierunter leidet die Vergleichbarkeit mit anderen Unternehmen.[7]

17

---

[6] Dieser Begriff wird jedoch nicht explizit in IAS 7 verwendet; anders DRS 2.6.
[7] Aus diesem Grund ist die Einbeziehung von Kontokorrentverbindlichkeiten nach US-GAAP nicht zulässig.

Freiberg/Bork

18 Zahlungsmitteläquivalente zeichnen sich durch zwei Eigenschaften aus. Sie sind zum einen ohne weiteres in Zahlungsmittel umwandelbar (Kriterium der **Liquidität „ersten Grades"**) und unterliegen zum anderen nur geringen Bewertungsschwankungen (Kriterium der **Vermeidung von Bewertungseinflüssen**). Sie beschränken sich daher auf bestimmte monetäre Vermögenswerte im Bereich der Finanzinvestitionen. Bewertungsabhängige monetäre Vermögenswerte, z. B. Forderungen aus Lieferungen und Leistungen, sowie nicht monetäre Vermögenswerte, z. B. Vorräte, scheiden dagegen als Zahlungsmitteläquivalente aus. Als weiteres Abgrenzungskriterium dient die **Restlaufzeit**. Nach der **Regelvermutung** kann eine Finanzinvestition nur dann als Zahlungsmitteläquivalent gelten, wenn sie eine Restlaufzeit von nicht mehr als drei Monaten aufweist (IAS 7.7). Dabei kommt das „statische Restlaufzeitkonzept" zur Anwendung, d. h., abgestellt wird immer auf die Restlaufzeit zum Erwerbszeitpunkt, nicht zum jeweiligen Bilanzstichtag. Dagegen gilt bei der Bestimmung der Restlaufzeiten von Forderungen und Verbindlichkeiten nach HGB das dynamische Restlaufzeitkonzept, das sich an der verbleibenden Restlaufzeit zum jeweiligen Bilanzstichtag orientiert.

19 Der Begriff „im Regelfall" lässt **Ausnahmen** zu: Längere oder kürzere Restlaufzeiten sind anwendbar, wenn hierdurch unternehmensindividuelle Besonderheiten oder bestimmte Anlageformen besser Berücksichtigung finden können. In diesem Fall sind Bestandteile des Zahlungsmittelfonds im Anhang anzugeben; dazu ist eine Überleitungsrechnung zwischen Zahlungsmittelfonds und den entsprechenden Bilanzposten vorzunehmen (IAS 7.45-47). Für die verbale Beschreibung der Zusammensetzung des Finanzmittelfonds bietet sich im Anhang der Bereich der Bilanzierungs- und Bewertungsmethoden (Rz 135) an (→ § 5 Rz 21), während die Überleitungsrechnung in tabellarischer Form entweder bei den Erläuterungen zu den liquiden Mitteln oder in einer eigenen *note* zur Kapitalflussrechnung vorgenommen werden sollte.

20 Sofern Bestandteile des Finanzmittelfonds **Verfügungsbeschränkungen** unterliegen, ist ihre Liquidität durchaus als zweifelhaft anzusehen. Dennoch sind sie weiterhin dem Finanzmittelfonds zuzurechnen; im Anhang sind allerdings Angaben zu den Verfügungsbeschränkungen zu machen (Rz 139).

21 In der Praxis werden in Einzel- oder Teilkonzernabschlüssen häufig auch die Mittelanlagen bei der Konzernobergesellschaft im Rahmen eines sog. *cash pooling* als Bestandteil des Finanzmittelfonds berücksichtigt. Obwohl solche Geldanlagen durchaus einen mit Sichteinlagen vergleichbaren Charakter haben können, ist ihre Einbeziehung kritisch zu würdigen. IAS 7.6 lässt als Zahlungsmitteläquivalent nur solche Mittel gelten, die

- **hoch liquide**, d. h. jederzeit *(readily)* in Geld umtauschbar sind **und**
- nur **unwesentlichen** *(insignificant)* **Wertänderungsrisiken** unterliegen.

Eine jederzeitige Umtauschbarkeit in Geld setzt u.E. voraus, dass eine Forderung ohne Risikoabschlag **an einen Dritten gegen Geld verkauft** werden

könnte. Im Allgemeinen ist dies nur bei an aktiven Märkten notierten Forderungen (etwa Geldmarktfondsanteilen) gegeben.[8]
Wertänderungsrisiken lassen sich nur dort negieren, wo Schuldner eine **Mindestbonität** haben, die jede Wertberichtigungsüberlegung von vornherein überflüssig macht. Dies gilt regelmäßig nur für Forderungen gegen eine (gesunde) Bank. Derartige Forderungen (Bankkonten) werden nicht auf Wertberichtigung geprüft und auch in die Pauschalwertberichtigungen nicht einbezogen. Bei Forderungen gegen Nichtbanken ist dies i. d. R. anders.
Beide Voraussetzungen sind u.E. kaum je erfüllt, wobei schon die **Nichterfüllung einer Voraussetzung** die konzerninternen Forderungen aus dem Finanzmittelfonds **ausschließen** würde. Eine großzügigere Betrachtung ist u.E. auch nicht durch Rückgriff auf die allgemeine Aussage von IAS 7.46 gerechtfertigt, wonach eine „*variety of cash management practices*" besteht, die sich in unterschiedlichen Abgrenzungen des Finanzmittelfonds ausdrückt.

Eigenkapitalinstrumente, also etwa als Aktien verbriefte Anteile am Eigenkapital eines anderen Unternehmens (→ § 28 Rz 22) gehören nicht in den Finanzmittelfonds; hiervon ausgenommen sind in bestimmten Fällen rückzahlbare Aktien *(redeemable shares)* mit kurzer Restlaufzeit und festgelegtem Einlösungszeitpunkt (IAS 7.7). In der deutschen Rechts- und Bilanzpraxis spielen sie kaum eine Rolle.

22

2.2 Bewertungsrechnung

Veränderungen des Zahlungsmittelfonds werden vor allem durch Vorgänge in den Bereichen der betrieblichen, Investitions- und Finanzierungstätigkeit herbeigeführt („Ursachenrechnung"; vgl. Rz 29). Daneben kann sich der Bestand an Zahlungsmitteln und Zahlungsmitteläquivalenten auch aus Gründen verändern, die ihn selbst betreffen und die im Rahmen einer sog. **Bewertungsrechnung** zusammengefasst werden. Hierzu gehören:

23

- Währungsdifferenzen auf den Finanzmittelfonds (IAS 7.28; Rz 80ff.).
- Sonstige bewertungsbedingte Änderungen des Finanzmittelfonds.
- Bestimmte konsolidierungsbedingte Veränderungen des Finanzmittelfonds (Rz 124ff.).
- Änderungen in der Zusammensetzung bzw. Abgrenzung des Fonds (Rz 15ff.).

Währungsdifferenzen entstehen durch das Halten von Beständen des Zahlungsmittelfonds in Währungen, die von der Konzernberichtswährung abweichen. Die exakte Ermittlung der Auswirkungen der Wechselkursschwankungen auf den Zahlungsmittelfonds wirft gewisse praktische Probleme auf; häufig wird daher in diesen Fällen mit Näherungslösungen gearbeitet (Rz 80ff.).[9]

24

---

[8] ERNST & YOUNG, International GAAP 2005, S. 1806.
[9] Siehe z. B. den ausführlichen Vorschlag in MANSCH/WYSOCKI, Finanzierungsrechnung im Konzern, S. 40, sowie das Beispiel in SFAS Nr. 95 Appendix C Tz 146.

25 Sonstige **bewertungsbedingte** Änderungen sind im Standard nicht explizit genannt. Trotz der engen Definition des Zahlungsmittelfonds sind (meist negative) Bewertungseinflüsse nicht vollständig auszuschließen. Hierzu gehören z. B. die Einlösungsrisiken bei Schecks und Wechseln sowie die Zahlungsunfähigkeit von Banken oder Wertpapieremittenten, bei denen das Unternehmen entsprechende Geldanlagen getätigt hat.

26 Bei dem Erwerb von voll- und quotenkonsolidierten **Tochter-** bzw. **Gemeinschafts**unternehmen werden auch deren jeweilige Bestände des Zahlungsmittelfonds in den Konzernabschluss übernommen. Die damit verbundene Veränderung des Fonds wird allerdings regelmäßig nicht im Bereich der Bewertungsrechnung erfasst; vielmehr werden die übernommenen Fondsbestände von den Auszahlungen für den Erwerb der Tochter-/Gemeinschaftsunternehmen abgesetzt (Rz 111ff.). Dagegen sind solche Fälle in die Bewertungsrechnung aufzunehmen, bei denen im Jahr des Erwerbs **zunächst eine Einbeziehung** im Wege der Voll- oder Quotenkonsolidierung **unterbleibt**, diese jedoch zu einem späteren Zeitpunkt erfolgt (Rz 124ff.).

27 Zu nennen sind insbesondere folgende Vorgänge:
- Sukzessiver Anteilserwerb (→ § 31 Rz 124ff.).
- Kriterien für die Einbeziehung als Tochterunternehmen (IAS 27.13) bzw. als Gemeinschaftsunternehmen (IAS 31.24) werden nicht im Jahr des Erwerbs, sondern erst zu einem späteren Zeitpunkt erfüllt (→ § 31 Rz 23).
- Aus Gründen der Wesentlichkeit (→ § 1 Rz 65ff.) ist im Jahr des Erwerbs eine Einbeziehung unterblieben.

Entsprechende Vorgänge sind im Falle des Ausscheidens aus dem Konsolidierungskreis zu erfassen.

28 Änderungen der **Definition** des Finanzmittelfonds sind als *change in accounting policy* (→ § 24 Rz 21) anzusehen. Hierzu sind umfangreiche Offenlegungspflichten vorgesehen (IAS 7.47 unter Verweis auf IAS 8).

3 Darstellung der Kapitalflussrechnung

3.1 Übersicht

3.1.1 Grundstruktur der Kapitalflussrechnung

29 Aufgrund der weitgehenden Loslösung von spezifischen **Bewertungs- und Periodisierungskonzepten** *(„cash is cash")* und einer Vereinheitlichung der Definition des Finanzmittelfonds (Rz 16) kommt der **Gliederung** der Kapitalflussrechnung (unter Einbeziehung der im Anhang erfolgenden Zusatzangaben) entscheidende Bedeutung für die Aussagefähigkeit einer Kapitalflussrechnung zu. Die Gliederung basiert auf der Unterscheidung zwischen Positionen des Finanzmittelfonds einerseits und Nichtfondspositionen andererseits. Hieraus ergibt sich folgende **Zweiteilung** der Kapitalflussrechnung:
- In einer **Ursachenrechnung** (auch Ursachennachweis oder Investitions- und Finanzierungsnachweis genannt) werden die Auswirkungen der Ver-

änderungen der Nichtfondspositionen dargestellt, soweit sie zu entsprechenden *cash flows*, d. h. zu einer Veränderung einer Position des Finanzmittelfonds geführt haben. Hierbei sind durch angemessene Untergliederung die wesentlichen Quellen der Zahlungsströme (Mittelherkunft) und die entsprechende Verwendung der Fondsmittel offenzulegen.

- In einer als **Fondsänderungsnachweis** oder **Finanzmittelnachweis** bezeichneten Rechnung werden die Veränderungen der Finanzmittelfondspositionen zwischen Beginn und Ende einer Periode dargestellt. Dabei sind neben den aus der Ursachenrechnung stammenden *cash flows* auch Effekte aus der Umrechnung von Fondsbestandsteilen, die in ausländischer Währung geführt werden, von Bewertungsmaßnahmen im Bereich des Finanzmittelfonds und von Veränderungen des Finanzmittelfonds durch bestimmte Veränderungen des Konsolidierungskreises zu berücksichtigen (siehe hierzu ausführlich unter Rz 23ff.).

Nach einhelliger internationaler Praxis, der auch die IFRS folgen, ist für die Ursachenrechnung das „**Aktivitätsformat**" *(activity format)* zu wählen. Dabei erfolgt eine **Aufgliederung** in die drei Bereiche

- betriebliche Tätigkeit,
- Investitionstätigkeit,
- Finanzierungstätigkeit (dazu weiterführend Rz 39ff.).

Gesondert darzustellen und ggf. zu erläutern ist der Einfluss von unrealisierten Wechselkursänderungen auf den Finanzmittelbestand (Rz 81).

Die Kapitalflussrechnung wird üblicherweise in **Staffelform** unter Gegenüberstellung der **Vorjahresvergleichszahlen** aufgestellt. Eine **Änderung der Gliederung** gegenüber der Vorperiode ist anzugeben und die Darstellung der Vorperiode anzupassen (IAS 1.38).

Die **Grundstruktur** der Kapitalflussrechnung ist demnach die folgende:

	Jahr 02	Jahr 01
cash flows aus der betrieblichen Tätigkeit	....	....
cash flows aus der Investitionstätigkeit	....	....
cash flows aus der Finanzierungstätigkeit	....	....
Summe der *cash flows*	....	....
Wechselkursbedingte und sonstige Veränderungen des Finanzmittelfonds (Bewertungsrechnung)	....	....
Veränderungen des Finanzmittelfonds gesamt	....	....
Finanzmittelfonds zum Anfang der Periode	....	....
Finanzmittelfonds zum Ende der Periode	....	....

Eine weitere **Untergliederung** der Kapitalflussrechnung ist in allen drei Tätigkeitsbereichen durch die Bildung von **Hauptklassen** an *cash flows* vorgesehen (IAS 7.18 und 7.21). Geschäftsvorfälle, denen *cash flows* aus **mehreren** Bereichen zuzuordnen sind, dürfen dabei aufgeteilt werden (IAS 7.12). Um auf die Bedürfnisse der jeweiligen Unternehmen flexibel eingehen zu können,[10] wird jedoch **kein verbindliches Mindestgliederungsschema** vorgegeben (anders etwa der deutsche Standard DRS 2; siehe Rz 153).

Durch die in IAS 7 genannten Beispielkataloge hat sich allerdings bei der Mehrzahl der Unternehmen ein gewisses Maß an Einheitlichkeit herausgebildet. Daneben führen verbindliche Zusatzangaben, z. B. bei dem Erwerb und der Veräußerung von Tochterunternehmen (Rz 111ff.), sowie die Möglichkeit, weitere Angaben **wahlweise** direkt in der Kapitalflussrechnung offenzulegen (z. B. Zins- und Dividendenzahlungen sowie Ertragsteuern), zu einer für alle Unternehmen identischen Erweiterung der Kapitalflussrechnung. Gleichwohl ist aufgrund des Fehlens einer verbindlichen Mindestgliederung, aber auch wegen der Vielzahl an Wahlrechten (v. a. Ausweis der Zins- und Dividendenzahlungen in allen drei Bereichen), ein **Vergleich** zwischen verschiedenen Unternehmen häufig nur schwer möglich.

3.1.2 Saldierung von *cash flows*

34 Die Kapitalflussrechnung ist nach dem **Bruttoprinzip** aufzustellen (Verbot der **Saldierung** von Einzahlungen mit Auszahlungen). Jedoch sind folgende **Ausnahmen** vorgesehen:

- Ein- und Auszahlungen **im Namen von Kunden**, wenn die *cash flows* eher auf Aktivitäten des Kunden als auf Aktivitäten des Unternehmens zurückzuführen sind.
- Einzahlungen und Auszahlungen für **Posten mit großer Umschlaghäufigkeit, großen Beträgen und kurzen Laufzeiten.**

35 Die Bezeichnung „im Namen von Kunden" weist auf treuhänderische Tätigkeiten hin, so etwa das beispielhaft aufgeführte Inkasso von Geldern für Grundstückseigentümer. Im Übrigen handelt es sich bei den in IAS 7.23 gegebenen Beispielen überwiegend um Regelungen für **Finanzinstitutionen** im weitesten Sinne (Banken, Kreditkarten- und Anlagegesellschaften). Der erwähnte Fall des Kaufes und Verkaufes von Finanzinvestitionen (Eigenhandel) ist allerdings auch bei Unternehmen außerhalb des Bereiches der Finanzinstitutionen anzutreffen.

36 Daneben werden zusätzlich für Finanzinstitutionen weitere **Ausnahmen** von dem Saldierungsverbot zugelassen (IAS 7.24):

- Einzahlungen und Auszahlungen für die Annahme und die Rückzahlung von Einlagen mit fester Laufzeit.
- Platzierung von Einlagen bei und Rücknahme von Einlagen von anderen Finanzinstitutionen.
- Kredite und Darlehen für Kunden und die Rückzahlung dieser Kredite und Darlehen.

---

[10] „Ein Unternehmen stellt die cash flows ... in einer Weise dar, die seiner jeweiligen wirtschaftlichen Betätigung möglichst angemessen ist." (IAS 7.11).

Diese Ausnahmen sind aufgrund der Masse an Geschäftsvorfällen im Bereich der Finanzinstitutionen geboten, ohne die Aussagefähigkeit der Kapitalflussrechnung zu gefährden.

Trotz Saldierungsverbot wird bei Anwendung der **indirekten Methode** im Bereich der betrieblichen Tätigkeit (Rz 50ff.) regelmäßig eine **Saldierung** von Ein- und Auszahlungen vorgenommen. Dies ist durch die bei der indirekten Methode anzuwendende **Ermittlungstechnik** begründet, bei der – unter Bereinigung von Effekten durch Wechselkursschwankungen und Veränderungen des Konsolidierungskreises – lediglich eine Betrachtung der **Netto**veränderung der betroffenen Bilanzpositionen stattfindet.   37

Darüber hinaus ist u. E. in begründeten Fällen eine Durchbrechung des Saldierungsverbots zulässig. Beispielhaft sind hier die Verrechnung von Zahlungen aus dem **Sicherungsgeschäft** mit Zahlungen aus dem Grundgeschäft im Falle von *qualifying hedges* (Rz 70) sowie die Saldierung von Erlösen aus dem **Verkauf** von Vermögenswerten mit den unmittelbar damit zusammenhängenden Ausgaben (Rz 68) zu nennen. In **wesentlichen** Fällen ist allerdings eine Beschreibung dieser Saldierung im Rahmen der Erläuterungen zu den Bilanzierungs- und Bewertungsmethoden (Rz 135) erforderlich.   38

3.2 *Cash flows* aus der betrieblichen Tätigkeit

3.2.1 Wesentliche Elemente

Im Bereich der betrieblichen Tätigkeit *(operating activities)* sind solche *cash flows* auszuweisen,   39
- die aus den **wesentlichen erlöswirksamen Tätigkeiten** stammen
- und **nicht** dem Investitions- oder Finanzierungsbereich zuzuordnen sind (IAS 7.6).

Diese Definition lässt zwei wesentliche Bestandteile erkennen: 40
- eine **Positivabgrenzung** für die Einnahmen aus der Umsatztätigkeit und die damit verbundenen Ausgaben (Material, Personal usw.) sowie
- eine **Negativabgrenzung** für alle Vorgänge, die nicht dem Investitions- oder Finanzierungsbereich zuzuordnen sind („Lumpensammlerfunktion").

Die in IAS 7.14 genannten Beispiele lassen sich wie folgt **zusammenfassen**:   41
- Einzahlungen aus **betrieblichen Erlösen** (Verkauf von Gütern, Erbringung von Dienstleistungen, Nutzungsentgelte, Honorare, Provisionen und sonstige Erlöse).
- Auszahlungen an **Lieferanten und Beschäftigte**.
- Zahlungen in Zusammenhang mit **Ertragsteuern** (Rz 101ff.).
- Ein- und Auszahlungen für **Handelsverträge** (Rz 42).
- **Sonstige Ein- und Auszahlungen**, die nicht dem Investitions- oder Finanzierungsbereich zuzuordnen sind (z. B. Zahlungen an und von Versicherungsunternehmen für Prämien, Schadensregulierungen, Renten und andere Versicherungsleistungen).

42   Als Beispiel für „Handelsverträge", wie der englische Begriff *contracts for dealing or trading purposes* etwas unscharf übersetzt wird, ist der **Handel mit Wertpapieren und Anleihen** genannt (IAS 7.15). Um eine „betriebliche" Tätigkeit handelt es sich allerdings nur dann, wenn die gehaltenen Wertpapiere weder dem Finanzmittelfonds (Rz 15 ff.) noch dem Bereich der Anlage von Finanzmitteln (Investitionsbereich; siehe Rz 60) zuzuordnen sind. Daneben ist im Bereich der betrieblichen Tätigkeit auch der **Handel mit derivativen Finanzinstrumenten** aufzuführen (IAS 7.16 g; Rz 70; → § 28 Rz 242).

43   Zu den „sonstigen" Ein- und Auszahlungen gehören neben Zahlungen in Zusammenhang mit Versicherungen beispielsweise auch Spenden, Ein- und Auszahlungen in Zusammenhang mit Gerichtsverfahren sowie Auszahlungen für Geldbußen und sonstige Strafen.

44   Für die **Darstellung der** *cash flows* aus der betrieblichen Tätigkeit ist ein **Wahlrecht** vorgesehen, die direkte (Rz 45 ff.) oder die indirekte (Rz 50 ff.) Methode anzuwenden (IAS 7.18). Diese beiden Methoden, die zum gleichen Ergebnis (Mittelzu-/Abfluss) führen müssen, sollen im Folgenden vorgestellt werden.

3.2.2 Direkte Methode

45   Bei der direkten Methode werden **die Hauptklassen** *(major classes)* der Bruttoeinzahlungen und Bruttoauszahlungen **gesondert** aufgeführt (IAS 7.18 a). Was unter dem Begriff „Hauptklassen" zu verstehen ist, wird im Standard IAS 7 nicht näher definiert. Da in der Praxis bisher nur eine kleine Minderheit der Unternehmen die direkte Methode wählt, bieten sich auch hier nur wenige Anhaltspunkte für eine bevorzugte Auslegung dieses Begriffes. In der Literatur lassen sich unter anderem folgende **Gliederungsmöglichkeiten** finden:

- Gliederung anhand der wesentlichen **Personengruppen und Organisationen**, mit denen das Unternehmen Zahlungsmittelbewegungen hat (Kunden, Lieferanten von Waren und Dienstleistungen, Mitarbeiter, staatliche Behörden).
- Gliederung der Auszahlungen nach **Kostenarten** analog zum Gliederungsschema des Gesamtkostenverfahrens in der GuV (z. B. Auszahlungen für Roh-, Hilfs- und Betriebsstoffe, für bezogene Leistungen und Waren, Personal, sonstige Auszahlungen).
- Gliederung der Auszahlungen nach **Funktionsbereichen** analog zum Gliederungsschema des Umsatzkostenverfahrens in der GuV (z. B. Auszahlungen für den Produktions-, Vertriebs- und Verwaltungsbereich, sonstige Auszahlungen).[11]

46   Besondere praktische Probleme bereitet häufig die Ermittlung der Zahlungsströme, da das Rechnungswesen üblicherweise auf die Erfassung von Aufwendungen und Erträgen, nicht aber von Ein- und Auszahlungen ausgerichtet ist. Neben der **originären Ermittlung** der *cash flows*, bei der die Zu- und

---

[11] Zu den Gliederungen nach Kostenarten und Funktionsbereichen vgl. das ausführliche Schema bei MANSCH/WYSOCKI (Hrsg.), Finanzierungsrechnung im Konzern, S. 15-19.

Abgänge der Fondsbestandskonten erfasst und den Aktivitätsbereichen zugeordnet werden, wird daher auch eine **derivative Ermittlung** für zulässig erachtet. Bei letzterer Methode werden alle wesentlichen Erträge und Aufwendungen zunächst als ein- bzw. auszahlungswirksam behandelt und anschließend unter Verwendung zusätzlicher Informationen in *cash flows* überführt (IAS 7.19b).

Die Technik der **derivativen** Ermittlung lässt sich am Beispiel der Einzahlungen von Kunden wie folgt darstellen:

Umsatzerlöse	......
Erhöhung (–)/Verminderung (+) der Kundenforderungen	......
Erhöhung (–)/Verminderung (+) der Wertberichtigungen auf Kundenforderungen	......
Erfolgsneutrale Veränderungen der Kundenforderungen (Umgliederungen/Währungsdifferenzen etc.)	......
Einzahlungen von Kunden	======

Die Frage des separaten Ausweises von **Umsatzsteuerein-** bzw. **-auszahlungen**, die sich in der Regel bei der direkten Ermittlung des Kapitalflusses innerhalb der betrieblichen Tätigkeit ergibt, wurde an das IFRIC adressiert.

Das IFRIC misst der Tatsache einer möglichen unterschiedlichen Behandlung (Bruttoausweis oder Saldierung von Umsatzsteuerzahlungen) nur eine geringe Bedeutung bei (*„while different practices may emerge, they are not expected to be widespread"*).[12]

Der **geringe praktische** Anwendungsbereich ergibt sich bereits aus der dominierenden Bestimmung des operativen *cash flow* gem. der **indirekten** Methode, nach der geschuldete Umsatzsteuerzahlungen keine Relevanz haben. Für Anwender der **direkten** Ermittlung der *operating cash flows* ergibt sich ein Wahlrecht: Zahlungsmittelzu- bzw. -abflüsse aus Umsatzsteueransprüchen/-verpflichtungen können saldiert dargestellt oder separat ausgewiesen werden.

> **Beispiel**
> Die Feuerwerk AG erzielt ihren Netto-Jahresumsatz in Höhe von 100 Mio. EUR ausschließlich im Dezember. Die Kunden zahlen auf die erworbenen Produkte Umsatzsteuer in Höhe von 19 Mio. EUR. Bei gleichem Umsatz im Vorjahr betrug der Steuersatz 16 %. Der Zahlungseingang aus dem direkten Verkauf von Endverbraucherprodukten erfolgt in der laufenden Periode, eine Weiterleitung der eingenommenen Umsatzsteuer erst in der nächsten Periode nach dem Bilanzstichtag. Für die Erfassung des Geschäftsvorfalls sind folgende Alternativen (in Mio. EUR) zu unterscheiden:

---

[12] IFRIC, Update August 2005.

Freiberg/Bork

Direkte Methode (Variante 1)		Direkte Methode (Variante 2)	
Umsatz vor USt 02	100	Umsatz inkl. USt	119
erhaltene USt 02	19		
Abführung der im Dez 01 vereinnahmten Umsatzsteuer in 02 an Finanzamt	– 16	Abführung der im Dez 01 vereinnahmten Umsatzsteuer in 02 an Finanzamt	– 16
Zahlungsmittelveränderung	103	Zahlungsmittelveränderung	103

Unter Informationsgesichtspunkten weist keine Methode deutliche Vorteile auf.

48 Die **direkte Methode** wird **in IAS 7.19 empfohlen** *(„Enterprises are encouraged to report cash flows form operating activities using the direct method . . .")*. Die direkte Ermittlung liefert Informationen, die die Abschätzung künftiger *cash flows* erleichtern und bei Anwendung der indirekten Darstellungsform nicht verfügbar sind. Die Empfehlung des IASB hat aber de lege lata **keine rechtliche Relevanz**. Die direkte Methode wird nicht in den Status einer *„benchmark"*-Methode erhoben.

Zu Gunsten einer verpflichtenden Anwendung der direkten Methode de lege ferenda werden Konsistenzargumente angeführt, da die beiden **anderen Bereiche** (Rz 61, Rz 72) der Kapitalflussrechnung zwingend bereits jetzt in der direkten Weise zu erstellen sind. Gegen eine derartige Rechtsänderung spricht aber andererseits der unklare Informationsvorteil. Die indirekte Methode hat informatorisch den Vorzug, zwei Rechenwerke des Jahresabschlusses, nämlich GuV und Kapitalflussrechnung, zu verbinden und etwa im konkreten Fall zu erläutern, warum sich aus einer positiven Ergebnisentwicklung eine negative *cash*-Entwicklung des betrieblichen *cash flow* ergibt.

Aus diesem Grund ist selbst bei Anwendung der direkten Methode nach US-GAAP eine Überleitungsrechnung vom Jahresergebnis zum Mittelzufluss aus laufender Geschäftstätigkeit und damit de facto die zusätzliche Anwendung der indirekten Methode erforderlich (SFAS 95.28); eine vergleichbare Angabepflicht sehen allerdings weder IAS 7 noch DRS 2 vor.

49 Da in IAS 7 kein verbindliches Gliederungsschema vorgegeben ist, kann i. d. R. für die direkte Methode auf folgende an DRS 2 angelehnte Gliederung zurückgegriffen werden:

1.		**Einzahlungen von Kunden** für den Verkauf von Erzeugnissen, Waren und Dienstleistungen
2.	–	**Auszahlungen an Lieferanten und Beschäftigte**
3.	+	**Sonstige Einzahlungen**, die nicht der Investitions- oder Finanzierungstätigkeit zuzuordnen sind
4.	–	**Sonstige Auszahlungen**, die nicht der Investitions- oder Finanzierungstätigkeit zuzuordnen sind
5.	=	*Cash flow* **aus betrieblicher Tätigkeit**

Die Verwendung eines Postens für **außerordentliche** Ein- oder Auszahlungen ist abweichend von DRS 2 gem. IAS 1.85 (vgl. → § 2 Rz 49) nicht zulässig.

3.2.3 Indirekte Methode

Bei der indirekten Methode erfolgt die Ermittlung nicht auf Grundlage originär ermittelter *cash flows*; vielmehr werden die *cash flows* **aus anderen im Rechnungswesen verfügbaren Rechengrößen** abgeleitet. Die Konzeption geht zunächst von einer unterstellten Übereinstimmung des Periodenergebnisses mit den *cash flows* aus der betrieblichen Tätigkeit aus. Anschließend ist das Jahresergebnis um bestimmte Beträge zu bereinigen. In Form einer **Überleitungsrechnung** wird somit das Periodenergebnis in eine *cash-flow*-Größe überführt. Für die Überleitungsrechnung ist keine verbindliche Gliederung vorgesehen; aus den Ausführungen des Standards lässt sich jedoch folgendes **Grundschema** darstellen (IAS 7.20):

50

Indirekte Methode: Grundschema	
Periodenergebnis	....
Nicht zahlungswirksame Aufwendungen und Erträge	....
Veränderungen des Nettoumlaufvermögens	....
Umgliederungen zu anderen Tätigkeitsbereichen	....
cash flows aus der betrieblichen Tätigkeit	....

Bei der Überleitung sind in einem **ersten Schritt** die Aufwendungen und Erträge zu berücksichtigen, die nicht zu entsprechenden Auswirkungen auf den Zahlungsmittelfonds geführt haben (**finanzmittelfondsneutrale Aufwendungen und Erträge**). Hierzu nennt IAS 7.20 folgende Beispiele:

51

- **Abschreibungen** auf das Anlagevermögen sowie entsprechende **Zuschreibungen** (→ § 10; → § 11).
- Erfolgswirksame **Veränderung latenter Steuern** (→ § 26).
- Veränderung **langfristiger Rückstellungen**, die nicht Bestandteil des Nettoumlaufvermögens sind (→ § 21).

Freiberg/Bork

- Ergebnisse aus **assoziierten** Unternehmen, die nach der *at-equity*-Methode (→ § 33) bilanziert werden (Rz 108).
- Unrealisierte Gewinne und Verluste aus **Währungsdifferenzen** (→ § 27).

52 Daneben sind folgende weitere Beispiele aufzuführen:
- Bildung und Auflösung von **Wertberichtigungen**, z. B. auf Vorräte, Kundenforderungen und Wertpapiere des Umlaufvermögens.
- Nach der *percentage-of-completion*-Methode (→ § 18) realisierte Teilgewinne.
- Auflösung von Passivposten aus der Gewährung **öffentlicher Zuschüsse** (→ § 12 Rz 25ff.).

53 In einem **zweiten Schritt** sind die ergebnisneutralen, jedoch zahlungswirksamen **Veränderungen des Nettoumlaufvermögens** *(net working capital)* zu berücksichtigen. Eine ergebnisneutrale Erhöhung der *assets*, z. B. durch Kauf von Vorräten, oder eine Verminderung der *liabilities* durch Schuldentilgung führt zu einem Abfluss von Zahlungsmitteln. Dagegen bewirkt eine Verminderung von *assets* oder eine Erhöhung von *liabilities* einen Zufluss an Zahlungsmitteln. Die Ermittlung der *cash flows* wird üblicherweise im Wege der **Differenzenbildung** durch die Gegenüberstellung von Anfangs- und Endbestand der einzelnen Positionen des *net working capital* vorgenommen. Hierbei sind allerdings folgende **Bereinigungen** zu beachten:

- Die Höhe von Vermögenswerten und Schulden des *net working capital* kann sich durch **ergebniswirksame Bewertungsmaßnahmen** verändert haben, die nicht zahlungswirksam geworden sind (z. B. Abwertung von Vorräten oder Bildung/Auflösung von Wertberichtigungen auf Kundenforderungen). Die hierfür anfallenden Beträge sind nicht in der Zeile „Veränderung des Nettoumlaufvermögens", sondern bei den zahlungsunwirksamen Aufwendungen und Erträgen zu berücksichtigen.
- Veränderungen des *net working capital* aufgrund von **Veränderungen des Konsolidierungskreises** (→ § 32 Rz 85ff.) sind nicht im Bereich der betrieblichen Tätigkeit, sondern bei der Investitionstätigkeit zu erfassen (Rz 111ff.).
- Einflüsse aus der **wechselkursbedingten Veränderung** (→ § 27) von Positionen des Nettoumlaufvermögens sind zu eliminieren. Solche Währungsdifferenzen entstehen zum einen durch das Halten monetärer Vermögenswerte und Schulden in Fremdwährung (z. B. Kundenforderungen, Wertpapiere oder Lieferantenverbindlichkeiten), zum anderen durch die Umrechnung von Abschlüssen einbezogener Tochter- und Gemeinschaftsunternehmen, deren funktionale Währung von derjenigen des Konzernabschlusses abweicht.

54 In einem **dritten Schritt** sind gewisse Erträge und Aufwendungen, die zwar im Jahresergebnis enthalten, aber deren *cash flows* nicht dem Bereich der betrieblichen Tätigkeit zuzuordnen sind, getrennt zu berücksichtigen. Dies gilt insbesondere für **Erlöse aus dem Abgang von Vermögenswerten des Anlagevermögens**, die im Bereich der Investitionstätigkeit zu erfassen sind. Zu diesem Zweck sind die mit den Abgängen verbundenen Gewinne und Verluste aus dem Bereich der betrieblichen Tätigkeit auszusondern. Gleiches gilt, wenn von dem Wahlrecht des Ausweises von **Zins- und Dividendenzahlungen** im Bereich der Investititions- oder Finanzierungstätigkeit Gebrauch gemacht wird (Rz 91ff.).

Bei dem in IAS 7.App.A dargestellten Grundschema der indirekten Methode wird als Ausgangsgröße das **Periodenergebnis vor Steuern** *(net income before taxation* bzw. *earnings before taxes)* gewählt. U.E. ist es jedoch auch zulässig, eine andere Ergebnisgröße als Ausgangsbasis für die Überleitungsrechnung zu wählen. Somit ergeben sich folgende Alternativen für die Ausgangsgröße der indirekten Ermittlung des *cash flow* aus der betrieblichen Tätigkeit:

55

- **Ertragsteuerzahlungen** werden in einer separaten Zeile innerhalb der *cash flows* aus der betrieblichen Tätigkeit ausgewiesen. Als Ausgangsgröße könnte in diesem Fall das **Ergebnis vor Steuern** *(earnings before taxes −* **EBT**) gewählt werden.
- Werden neben Ertragsteuerzahlungen auch Ein- und Auszahlungen für **Zinsen** im Bereich der betrieblichen Tätigkeit in eigenen Zeilen ausgewiesen, so kann die Überleitungsrechnung mit einem **Ergebnis vor Steuern und Zinsen** *(earnings before interest and taxes −* EBIT) beginnen. Da Abschreibungen ohnehin nicht zahlungswirksam werden, bietet es sich auch an, das **Ergebnis vor Zinsen, Steuern und Abschreibungen** *(earnings before interest, taxes, depreciation and amortisation −* **EBITDA**) zu wählen.
- Bei Handelsunternehmen wird auch die in der Praxis besonders relevante Ergebnisgröße **Rohertrag** als Ausgangsbasis verwendet.
- Im Falle eines **Ergebnisabführungsvertrages** sollte als Ausgangsgröße das Ergebnis **vor** Ergebnisabführung bzw. Verlustübernahme Verwendung finden, um die eigene Finanzkraft des Unternehmens bzw. Teilkonzerns zu verdeutlichen. Eine Gewinnabführung an den Eigenkapitalgeber ist analog zu Dividendenausschüttungen vorzugsweise als *cash flow* aus Finanzierungstätigkeit zu behandeln (Rz 100). Für den Fall der Verlustübernahme dürfte der zutreffende Ausweis umstritten sein (Rz 98).
- Schließlich ist es auch zulässig (wie nach DRS 2.27), das Ergebnis **nach** Steuern *(net income)* als Ausgangsgröße zu verwenden.

Aus dem Beispiel im Anhang zu IAS 7 in Verbindung mit Elementen aus dem Gliederungsschema von DRS 2 ergibt sich folgende **detaillierte Darstellungsmöglichkeit:**

56

Freiberg/Bork

1.		Periodenergebnis vor Steuern
		Anpassungen I
2.	+/−	Abschreibungen/Zuschreibungen auf Vermögenswerte
3.	−/+	Gewinn/Verlust aus dem Abgang von Vermögenswerten
4.	−/+	Wechselkursbedingte Gewinne/Verluste
5.	+/−	Sonstige zahlungsunwirksame Aufwendungen/Erträge (bspw. Abschreibung auf ein aktiviertes Disagio)
	=	*Zwischensumme I*
		Anpassungen II
6.	−/+	Zunahme/Abnahme der Vorräte, der Forderungen aus Lieferungen und Leistungen sowie anderer Aktiva, die nicht der Investitions- oder Finanzierungstätigkeit zuzuordnen sind
7.	+/−	Zunahme/Abnahme der Verbindlichkeiten aus Lieferungen und Leistungen sowie anderer Passiva, die nicht der Investitions- oder Finanzierungstätigkeit zuzuordnen sind
8.	+/−	Zunahme/Abnahme der Rückstellungen
	=	*Zwischensumme II („cash generated from operations")*
9.	−/+	Gezahlte/erhaltene Zinsen
10.	−/+	Gezahlte/erhaltene Steuerzahlungen
11.	=	**Cash flow aus betrieblicher Tätigkeit**

Wird als Ausgangspunkt nicht das Ergebnis vor Steuern, sondern das **Periodenergebnis** gewählt (Rz 65), entfällt die Zeile „Gezahlte/erhaltene Steuerzahlungen" und ist stattdessen eine Zeile Veränderung der Steuerforderung/Schulden notwendig, die dann auch die latenten Steuern einbeziehen muss.

3.3 *Cash flows* aus der Investitionstätigkeit

57 Investitionstätigkeiten *(investing activities)* umfassen gem. IAS 7.18 den **Erwerb und die Veräußerung** von
- **langfristigen Vermögenswerten** *(long term assets)*, Sach- und immaterielle Anlagen sowie Finanzanlagen und
- **sonstige Finanzinvestitionen** in Schuld- oder Eigenkapitalinstrumente, die nicht zu den Zahlungsmitteläquivalenten gehören.

In diesem Bereich werden somit aufgeführt:
- Auszahlungen für solche Ressourcen, die zur Erzielung künftiger Erträge und *cash flows* getätigt wurden (**Investitionen**).
- Einzahlungen aus dem späteren Abgang dieser Ressourcen (**Veräußerungserlöse**).

Der Begriff „**langfristige Vermögenswerte**" bezieht sich auf den Erwerb und die Veräußerung von Sachanlagen. Es ist somit nicht auf die theoretische Nutzungsdauer, sondern die **Zweckbindung** der erworbenen Ressourcen abzustellen. Aus diesem Grund sind zum Beispiel Grundstücke, die zum Zwecke des Weiterverkaufs erworben wurden, als Vorräte anzusehen und die mit dem Erwerb und der Veräußerung solcher Grundstücke verbundenen Zahlungen nicht im Bereich der Investitions-, sondern der betrieblichen Tätigkeit auszuweisen.

58

Auch die im Zuge einer Kapazitätserweiterung anfallende zusätzliche **Mittelbindung** im Bereich des kurzfristigen Vermögens (Vorräte, Kundenforderungen) ist im Bereich der **betrieblichen** Tätigkeit auszuweisen.

59

Die „**sonstigen Finanzinvestitionen**" umfassen alle Anlagen von Zahlungsmitteln in solchen finanziellen Vermögenswerten, die einerseits nicht unter den Begriff des Zahlungsmittelfonds (Zahlungsmittel und Zahlungsmitteläquivalente) fallen, andererseits jedoch auch nicht den Sachanlagen zuzuordnen sind. Es geht im Wesentlichen um erworbene Eigenkapitaltitel, nicht dem Finanzmittelfonds zuzurechnende Festgeldguthaben, Wertpapiere und sonstige Forderungen mit einer Restlaufzeit von mehr als drei Monaten. Hierfür kommen insbesondere solche Finanzinstrumente in Frage, die als zum Verkauf stehend *(available for sale)* zu klassifizieren sind.

60

Soweit **Finanzinstrumente** *(trading assets,* Derivate etc.) für Handelszwecke *(„for dealing or trading purposes"*) gehalten werden, sieht IAS 7.15 die Einbeziehung in den *cash flow* aus betrieblicher Tätigkeit vor.

Dies erklärt sich wie folgt: Werden Finanzinstrumente ausschließlich mit einer **Weiterveräußerungsabsicht** erworben, also gerade keine Investitionen in langfristig dem Unternehmen zur Verfügung stehende Vermögenswerte getätigt, sind Veräußerungserlöse als Spekulations-/Arbitragegewinne des betrieblichen Ergebnisses anzusehen und damit alle Mittelzu- und -abflüsse der betrieblichen Tätigkeit zuzurechnen.[13]

Fraglich ist die Behandlung von Derivaten, die vom Unternehmen als *hedging instruments* (IAS 39.71) eingesetzt werden, aber die formalen Anforderungen an das *hedge accounting* nicht erfüllen (IAS 39.88) und deshalb nach IAS 39.9 als *trading assets* zu qualifizieren sind. U. E. ist der in IAS 7.15 verwendete Begriff „*dealing or trading purposes*" **unabhängig** von der Qualifizierung nach IAS 39 auszulegen. Wenn die engen Voraussetzungen von IAS 39.88 an ein *hedge accounting* (prospektive und retrospektive Effektivität etc.) fehlschlagen, schlägt dies u.E. somit nicht zwangsläufig auf die Zuordnung der Zahlungsströme aus dem Derivat durch. Falls das Unternehmen Derivate real zu Sicherungszwecken einsetzt, ohne formal die Voraussetzungen von IAS 39 zu

---

[13] Im Rahmen der Mindestgliederung des deutschen Standards DRS 2 werden die „sonstigen Finanzinvestitionen" auch als „Finanzmittelanlagen im Rahmen der kurzfristigen Finanzdisposition" bezeichnet. Dieser Begriff erscheint weiter als der nach IAS 17, da er auch die trading assets einbezieht.

Freiberg/Bork

erfüllen, ist der Zahlungsstrom aus den Derivaten gleichwohl nicht bzw. nur dann im Ergebnis der betrieblichen Tätigkeit auszuweisen, wenn auch der gesicherte bzw. zu sichernde Zahlungsstrom dort auszuweisen ist.

61 Für die Darstellung der *cash flows* aus der Investitionstätigkeit ist zwingend die **direkte Methode** (Rz 45ff.) vorgeschrieben (IAS 7.21). Ein Mindestgliederungsschema wird dabei nicht vorgegeben, jedoch sind wesentliche Bestandteile in Form eines (nicht abschließenden) Katalogs aufgeführt (IAS 7.16):

- Beschaffung bzw. Veräußerung von **Sachanlagen, immateriellen und anderen langfristigen Vermögenswerten**.
- Erwerb bzw. die Veräußerung von **Eigenkapital- oder Schuldinstrumenten** anderer Unternehmen und von Anteilen an *joint ventures*.
- **Gewährung** bzw. **Tilgung von Krediten und Darlehen** an Dritte.
- **Termingeschäfte** und andere **derivative Finanzinstrumente**.

62 Bei der Ermittlung der Höhe der Auszahlungen ist regelmäßig auf die zur Bestimmung der **Anschaffungskosten** zu erfassenden Beträge (→ § 8 Rz 11ff.) abzustellen, auch wenn die erstmalige Erfassung von Anschaffungskosten in der Bilanz und die Darstellung der Auszahlung in der Kapitalflussrechnung durchaus in verschiedenen Perioden erfolgen kann. Im Falle der Gewährung **öffentlicher Investitionszuschüsse** besteht in der Bilanz ein Ausweiswahlrecht. Die Darstellung in der Kapitalflussrechnung ist nicht geregelt (zu den entsprechenden Möglichkeiten siehe → § 12 Rz 32).

63 Bei den Sachanlagen und immateriellen Vermögenswerten sind auch Auszahlungen für **aktivierte Entwicklungskosten** (→ § 13 Rz 21ff.) sowie für **selbst erstellte Sachanlagen** (aktivierte Eigenleistungen) auszuweisen. Auszahlungen für nicht aktivierungsfähige **Forschungs- und Entwicklungskosten** sowie **Ingangsetzungsaufwendungen** *(start-up costs)* sollten dagegen nicht unter den *cash flows* aus der Investitionstätigkeit aufgeführt, sondern dem Bereich der betrieblichen Tätigkeit zugeordnet werden.

64 Fraglich ist die Berücksichtigung von **Zinsen**, die nach der alternativ zulässigen Methode aus IAS 23 (→ § 9 Rz 14ff.) aktiviert wurden, bei den Auszahlungen für Sachanlagen und immaterielle Vermögenswerte. Ein Ausweis solcher Zinszahlungen im Bereich der Investitionstätigkeit ist zulässig. Jedoch entstehen erhebliche **Abgrenzungsprobleme**, wenn die Zinszahlungen nicht eindeutig einem *qualifying asset* zugeordnet werden können (anteilige Verteilung von Zinskosten nach IAS 23.17; → § 9 Rz 15). Insbesondere bei Auseinanderfallen von Zeitpunkt der Aktivierung der Zinsen und Zeitpunkt der entsprechenden Auszahlung besteht die Gefahr einer willkürlichen Zuordnung von Zinsen zu den *qualifying assets* und damit zu Verschiebungen von *cash flows* zwischen dem betrieblichen Bereich und dem Bereich der Investitionstätigkeit.

65 Die im **Anlagespiegel** (→ § 14 Rz 28) ausgewiesenen Zu- und Abgänge weichen im Regelfall von den entsprechenden Aus- bzw. Einzahlungen in der Kapitalflussrechnung der gleichen Periode ab. Diese Problematik wird allerdings in der Praxis, wie in vielen veröffentlichten Kapitalflussrechnungen offenbar wird, häufig verkannt. Bei den Zugängen sind insbesondere dann Abweichungen festzustellen, wenn die Auszahlung in anderen Perioden erfolgt, als die entsprechende Aktivierung der Anschaffungskosten oder wenn die Transaktion völlig zahlungsunwirksam durchgeführt wird. Für letzteren Fall ist insbesondere das *finance leasing* (→ § 15) zu nennen, bei dem es zwar zur Aktivierung von Anschaffungskosten, nicht jedoch zum Abfluss von Zahlungsmitteln kommt (siehe auch Rz 127).

Bei Aus- und Einzahlungen für den Erwerb von **Eigenkapitalinstrumenten** anderer Unternehmen und von **Anteilen an** *joint ventures* sind ungeachtet der Konsolidierungsmethode alle Erwerbe und Verkäufe zu berücksichtigen. Für den Erwerb und die Veräußerung von **Tochterunternehmen** sind gesonderte Angabepflichten vorgesehen (Rz 111ff.), ebenso bei der Veräußerung von Eigenkapitalinstrumenten im Rahmen von *discontinued operations* (Rz 143). Der Erwerb **eigener Anteile** fällt nicht in den Bereich der Investitionstätigkeit. Dieser Erwerb ist explizit im Katalog der *cash flows* aus der Finanzierungstätigkeit genannt (Rz 74). 66

Als Einzahlungen aus der Veräußerung von Vermögenswerten des **Investitionsbereiches** sind sämtliche in Form von Zahlungsmitteln zufließenden Erlöse zu berücksichtigen. Häufig sind diese Erlöse nur unzureichend im Rechnungswesen erfasst. Hilfsweise kann daher der Erlös (zumindest im Bereich des Anlagevermögens) als Summe aus den abgehenden Restbuchwerten – ausgewiesen im Anlagespiegel – und den aus dem Abgang der Vermögenswerte entstandenen Veräußerungsgewinnen (abzüglich etwaiger Verluste) berechnet werden. Dabei können allerdings Erfassung des Abgangs der Vermögenswerte und Zahlung des Verkaufserlöses in unterschiedlichen Perioden liegen. 67

Nicht explizit geregelt ist die Behandlung von Ausgaben in Zusammenhang mit der **Veräußerung von Vermögenswerten**, z. B. Verkaufsprovisionen und direkt zurechenbare Beratungskosten. Eine Absetzung von den Verkaufserlösen erscheint zulässig (Rz 38). 68

Die Ein- und Auszahlungen für den Erwerb bzw. die Veräußerung von **Schuldinstrumenten** anderer Unternehmen (Anleihen) sowie für die Gewährung bzw. Tilgung von **Darlehen und Krediten an Dritte** umfassen alle Formen der Vergabe von Fremdkapital an Dritte. Danach ist der Rückerwerb **eigener** Schuldinstrumente oder Kredite nicht im Bereich der Investitions-, sondern bei der Finanzierungstätigkeit darzustellen. 69

Auch die mit dem Erwerb und der Veräußerung von **derivativen Finanzinstrumenten** (→ § 28 Rz 188ff.) verbundenen Aus- bzw. Einzahlungen sind im Bereich der Investitionstätigkeit auszuweisen. Der in IAS 7.16 aufgestellte Katalog nennt als Beispiele Zahlungen für Termin-, Options- und Swapgeschäfte. Es besteht jedoch ein **Wahlrecht**, solche Ausgaben auch im Bereich der **Finanzierungstätigkeit** darzustellen. Neben diesem allgemeinen Wahlrecht bestehen spezifische Wahlrechte in folgenden Fällen: 70

- Abschluss von Verträgen zu **Handelszwecken** (Rz 60):

  Werden derivative Finanzinstrumente nicht zur Sicherung von Grundgeschäften abgeschlossen, sondern ist der Handel mit derivativen Finanzinstrumenten Teil der unternehmerischen Tätigkeit (vor allem Kreditinstitute und Versicherungsunternehmen), so sind die mit den derivativen

Finanzinstrumenten verbundenen Zahlungen im Bereich der **betrieblichen** Tätigkeit auszuweisen (Rz 42).

- **Sicherung von Grundgeschäften:**
Wird ein Vertrag als Sicherungsgeschäft für ein bestimmbares Grundgeschäft abgeschlossen, so werden die Zahlungen aufgrund des Vertrages in dem gleichen Bereich ausgewiesen wie das gesicherte Grundgeschäft. U. E. sollte das Sicherungsgeschäft dabei die Voraussetzungen für einen *qualifying hedge* im Sinne des IAS 39.88 erfüllen (→ § 28 Rz 219), die Erfüllung ist aber keine zwingende Voraussetzung (Rz 60). Da mittels eines **Sicherungszusammenhangs** zwischen Grund- und Sicherungsgeschäft eine Bewertungseinheit hergestellt wird, können Ein- und Auszahlungen in saldierter Form in der Kapitalflussrechnung ausgewiesen werden (Rz 38).

71 Unklar bleibt, ob sich der im Zusammenhang mit Sicherungsgeschäften verwendete Begriff „Vertrag" *(contract)* nur auf den Abschluss von Verträgen über **derivative** Finanzinstrumente beziehen soll. Dies legt die englische Originalfassung von IAS 7.16 nahe, da das Wort *contracts* lediglich bei diesen Finanzinstrumenten genannt wird. U. E. sollte dies jedoch auch für **originäre** Finanzinstrumente im Sinne von IAS 39.72 gelten, die zur Absicherung von Grundgeschäften verwendet werden.

> **Beispiel**
> Ein in Euro bilanzierendes Unternehmen nimmt ein USD-Darlehen (originäres Finanzinstrument) auf, um eine Währungssicherung für eine zukünftige Umsatzeinzahlung in USD vorzunehmen. Liegen die Voraussetzungen für die Bildung eines Sicherungszusammenhangs vor, so sind die bei Tilgung des Darlehens anfallenden Auszahlungen wie folgt aufzuteilen: Der Rückzahlungsbetrag, umgerechnet zu Einstandskursen, wird der Finanzierungstätigkeit zugeordnet, während der Währungsgewinn oder -verlust gemeinsam mit den Einzahlungen aus den Umsatzerlösen im Bereich der betrieblichen Tätigkeit auszuweisen ist.

72 Die Darstellung der *cash flows* aus Investitionstätigkeit erfolgt zwingend nach der **direkten** Methode (Rz 61). Eine Verknüpfung des sehr kurzen Beispiels aus dem Appendix zu IAS 7 mit den in DRS 2.32 enthaltenen Gliederungsgedanken führt zu folgendem Vorschlag (Rz 57):

1.		Einzahlungen aus Abgängen von Gegenständen des Sachanlagevermögens
2.	–	Auszahlungen für Investitionen in das Sachanlagevermögen
3.	+	Einzahlungen aus Abgängen von Gegenständen des immateriellen Anlagevermögens
4.	–	Auszahlungen für Investitionen in das immaterielle Anlagevermögen

5.	+	Einzahlungen aus Abgängen von Gegenständen des Finanzanlagevermögens
6.	–	Auszahlungen für Investitionen in das Finanzanlagevermögen
7.	+	Einzahlungen aus dem Verkauf von konsolidierten Unternehmen und sonstigen Geschäftseinheiten
8.	–	Auszahlungen aus dem Erwerb von konsolidierten Unternehmen und sonstigen Geschäftseinheiten
9.	+/–	Einzahlungen/Auszahlungen aus Positionen, die nicht der betrieblichen Tätigkeit oder der Finanzierungstätigkeit zuzuordnen sind
10.	=	*Cash flow* aus der Investitionstätigkeit

Soweit einzelne Positionen nur **unwesentliche** Beträge enthalten, etwa kaum in immaterielles Vermögen investiert wurde, scheint die Zusammenfassung in einem Posten „Sonstige Einzahlungen" oder „Sonstige Auszahlungen" sinnvoll.

3.4 *Cash flows* aus der Finanzierungstätigkeit

Unter **Finanzierungstätigkeiten** *(financing activities)* sind solche Aktivitäten zu verstehen, „die sich auf den Umfang und die Zusammensetzung der **Eigenkapitalposten** und der **Ausleihungen** des Unternehmens auswirken" (IAS 7.6). Der mit „Ausleihungen" übersetzte englische Begriff *borrowings* ist dabei allerdings nach IAS 7 wesentlich weiter zu fassen als in der HGB-Sprachwelt und besser mit dem Begriff „**Finanzschulden**" zu umschreiben. Dabei ist die Verzinslichkeit ein wichtiges Merkmal. Die *cash flows* aus der Finanzierungstätigkeit umfassen somit sämtliche Ein- und Auszahlungen, die das Eigenkapital und die Finanzschulden betreffen. Dieser Bereich wird häufig auch mit „**Außenfinanzierung**" umschrieben, während die Innenfinanzierung in den beiden anderen Bereichen stattfindet.

73

Ebenso wie bei der Investitionstätigkeit sind die *cash flows* aus der Finanzierungstätigkeit nach der **direkten Methode** darzustellen (Rz 61). Eine Mindestgliederung wird innerhalb von IAS 7 (nur beispielhaft im Appendix A) nicht vorgegeben. Folgende Beispiele für *cash flows* sind in dem Beispielkatalog von IAS 7.17 genannt:

74

- Einzahlungen aus der Ausgabe von **Anteilen** oder anderen **Eigenkapitalinstrumenten**; dazu gehören Bareinzahlungen aus ordentlichen Kapitalerhöhungen, Einzahlungen in die Kapitalrücklage, Nachschüsse und Ertragszuschüsse. U. E. sind auch die Erlöse aus der Veräußerung eigener Anteile sowie der Emission von **Genussscheinen**, die die Kriterien für die Einordnung als Eigenkapital (→ § 20 Rz 4) erfüllen, hier aufzuführen.
- Auszahlungen an Eigentümer zum **Erwerb** oder Rückerwerb von (**eigenen**) **Anteilen** an dem Unternehmen.

- Einzahlungen aus der Ausgabe von **Schuldverschreibungen**, Schuldscheinen und Rentenpapieren sowie aus der Aufnahme von **Darlehen**.
- Auszahlungen für die Rückzahlung von **Ausleihungen**.
- Auszahlungen von Leasingnehmern zur Tilgung von Verbindlichkeiten aus *financial leases*.

75 Verbindlichkeiten gegenüber **verbundenen Unternehmen** und sonstigen nahe stehenden Personen sollten in Verbindlichkeiten aus Lieferungen und Leistungen (betriebliche Tätigkeit) einerseits und Finanzschulden (Finanzierungstätigkeit) andererseits **aufgespalten** werden. Zum zweiten, dem der Finanzierungstätigkeit zuzurechnenden Bereich gehören etwa langfristig zur Verfügung gestellte Gelder von Gesellschaftern und sonstigen nahe stehenden Personen, unabhängig davon, ob diese verzinslich sind.

76 Der Bereich der Außenfinanzierung umfasst üblicherweise auch Auszahlungen für **Dividenden** sowie sonstige Eigenkapitalabflüsse. Bezüglich des Ausweises von Dividenden ist jedoch ein ausdrückliches (u. E. unnötiges) Wahlrecht vorgesehen (IAS 7.31; siehe hierzu ausführlich unter Rz 100).

77 Bei der Rückzahlung von **Annuitätendarlehen** und insbesondere bei *zero bonds* enthalten die gezahlten Beträge neben einem Tilgungs- auch einen Zinsanteil. Der Tilgungsanteil ist im Bereich der Finanzierungstätigkeit auszuweisen, für den Zinsanteil besteht ein Wahlrecht (Rz 91).

78 Auch der Ausweis von **Zinseinzahlungen** darf wahlweise im Bereich der Finanzierungstätigkeit erfolgen (Rz 91). Dies widerspricht dem o. g. Grundverständnis der Finanzierungstätigkeit, die nur die Einzahlungen von Eigenkapital- und Fremdkapitalgebern umfasst.

Dieses Wahlrecht lässt sich (eine Identität von Soll- und Habenzins vorausgesetzt) wie folgt begründen: Bei vorübergehender Anlage überschüssiger Zahlungsmittel erzielen die Zinseinnahmen die gleiche Zahlungswirkung wie die Ersparnis von Zinsausgaben, wenn die Zahlungsmittel stattdessen zur Rückzahlung von verzinslichen Finanzschulden verwendet worden wären. Auch in der Praxis ist die Einbeziehung sowohl von Zinseinnahmen als auch -ausgaben anzutreffen. Der Begriff „**Finanzierungstätigkeit**", der nur den Bereich der Mittelherkunft umfasst, wird folgerichtig von einigen Unternehmen dann durch den Terminus **Finanztätigkeit** ersetzt, um auch die Mittelverwendung (Zinseinnahmen) zu dokumentieren.

79 Das **Gliederungsschema** für die direkte Bestimmung des *cash flow* aus Finanzierungstätigkeit kann aus dem Appendix zu IAS 7 unter Rückgriff auf DRS 2.35 wie folgt entwickelt werden:

1.		Einzahlungen aus Eigenkapitalzuführungen (Kapitalerhöhungen, Verkauf eigener Anteile etc.)
2.	–	Auszahlungen an Unternehmenseigner und Minderheitsgesellschafter (Dividenden, Erwerb eigener Anteile, Eigenkapitalrückzahlungen, andere Ausschüttungen)
3.	+	Einzahlungen aus der Begebung von Anleihen und der Aufnahme von (Finanz-)Krediten
4.	–	Auszahlungen aus der Tilgung von Anleihen und (Finanz-)Krediten
5.	=	*Cash flow* aus **Finanzierungstätigkeit**

4 Einzelprobleme

4.1 *Cash flows* in Fremdwährung

4.1.1 Grundproblem

IAS 21 (Auswirkungen von Änderungen der Wechselkurse; → § 27) ist nicht auf die Kapitalflussrechnung anzuwenden (IAS 21.7). Gemäß IAS 7.27 sind jedoch Zu- und Abflüsse von Zahlungsmitteln in abweichenden Währungseinheiten unter Berücksichtigung von IAS 21 mittels geeigneter Methoden in die funktionale Währung umzurechnen (→ § 27 Rz 11ff.). Dies gilt in besonderem Maße für den Konzernabschluss, in den **ausländische Tochterunternehmen** einzubeziehen sind (IAS 7.26). 80

Die Umrechnung von *cash flows* aus einer Fremdwährung in die funktionale Währung nach den Kursen des jeweiligen Zahlungszeitpunkts stößt in der Praxis (bei vielen Fremdwährungstransaktionen) auf große Schwierigkeiten. **Näherungslösungen** sind deshalb zulässig, etwa die Verwendung des **Jahresdurchschnittskurses** bei sehr **stabilem** Wechselkurs oder die Verwendung von **Monats- oder Quartalsdurchschnittskursen** (→ § 27 Rz 47) bei **volatileren** Kursen. 81

Im Rahmen der Kapitalflussrechnung sind **nicht realisierte** Gewinne/Verluste von Wechselkursänderungen des Finanzmittelfonds als **Sonderposten** zu berücksichtigen, um eine Überleitungsrechnung der Zahlungsmittel bzw. -äquivalente vom Periodenbeginn bis zum Periodenende zu ermöglichen. Ein möglicher Ausgleichsbetrag zwischen Durchschnittskurs und Stichtagskurs ist im Anschluss an die *cash flows* aus der betrieblichen Investitions- und Finanzierungstätigkeit gesondert anzugeben (IAS 7.28).

Zum Grundproblem der Währungsdifferenzen im Finanzmittelfonds folgendes Beispiel: 82

> **Beispiel**
> U hat u. a. ein USD-Bankkonto mit 100 TUSD, das in der Periode nicht bewegt wird. Der Wechselkurs USD/EUR hat sich über das Geschäftsjahr zu Gunsten des Euro entwickelt. Galt am Jahresanfang noch ein Kurs von 1,00 EUR = 1,00 USD, verschlechterte sich der Dollarkurs zunehmend bis auf einen Jahresendwert von 0,80 EUR = 1,00 USD. In Euro gerechnet beträgt das Bankguthaben:
> - 100 TEUR zum Jahresanfang,
> - 80 TEUR zum Jahresende.
>
> In der GuV ergibt sich somit ein Wechselkursverlust von 20.
> Unter Vernachlässigung anderer Aktivitäten und Finanzmittel ergibt sich folgende Kapitalflussrechnung:
>
> | | indirekte Methode | direkte Methode |
> |---|---|---|
> | Jahresfehlbetrag | −20 | |
> | + Anpassung w/nicht zahlungswirksamer Währungsverlust | 20 | |
> | = CFL aus betrieblicher Tätigkeit | 0 | 0 |
> | + CFL aus Investitionstätigkeit | 0 | 0 |
> | + CFL aus Finanzierungstätigkeit | 0 | 0 |
> | = CFL der Periode | 0 | 0 |
> | + Finanzmittelfonds Jahresanfang | 100 | 100 |
> | − **Währungsbedingte Änderung Finanzmittelfonds** | −20 | −20 |
> | = Finanzmittelfonds Jahresende | 80 | 80 |
>
> Ohne den „Ausgleichsposten" für die währungsbedingte Änderung des Finanzmittelfonds ergäbe sich ein falscher Jahresendbestand der Finanzmittel von 100.
> In der **indirekten** Methode sind aus dem als Ausgangspunkt dienenden Jahresergebnis zudem die Währungsverluste zu eliminieren, da sich sonst rechnerisch ein tatsächlich gar nicht vorhandener negativer CFL aus betrieblicher Tätigkeit ergäbe. Bei der direkten Methode ist ein derartige Korrektur nicht notwendig.

4.1.2 Wechselkurseffekte in den vier Bereichen der Kapitalflussrechnung

83 Wie das Beispiel unter Rz 82 zeigt, betreffen Währungsdifferenzen nicht nur den Finanzmittelfonds. Als **Quellen** für Währungsdifferenzen innerhalb der Kapitalflussrechnung sind vielmehr zu unterscheiden:
- Auswirkungen von Wechselkursänderungen auf in fremder Währung gehaltene Zahlungsmittelbestände,
- Wechselkursänderungen im Rahmen der betrieblichen Tätigkeit (indirekte Methode),
- Wechselkursänderungen im Rahmen der Finanzierungstätigkeit,

- Wechselkursänderungen im Rahmen der Investitionstätigkeit.

Den nach der **indirekten** Methode ermittelten *cash flow* aus der betrieblichen Tätigkeit betreffen die Währungsergebnisse in **zweifacher** Weise:
- Der Jahresüberschuss oder die sonstige Ausgangsgröße der indirekten *cash-flow*-Ermittlung enthält Währungsgewinne oder -verluste, die als nicht zahlungswirksame Größen bei der Ermittlung des *cash flow* aus der betrieblichen Tätigkeit ab- bzw. zuzurechnen sind.
- Bei den Anpassungen der Ausgangsgröße um Veränderungen der Vorräte, Debitoren, Kreditoren und Rückstellungen (*working capital*) ist aus Währungssicht Folgendes zu berücksichtigen: Soweit die Posten aus der Umrechnung von Abschlüssen ausländischer Tochterunternehmen herrühren, vermischen sich zahlungsstromkorrigierende Veränderungen (z. B. Erhöhung der Debitoren als Gegenposten zu Umsatz auf Ziel) mit wechselkursbedingten.

Beispiel
Ein Unternehmen hat eine in 24 Monaten fällige, in US-Dollar valutierende Kundenforderung von 100 TUSD, die zum Stichtag erfolgswirksam von 100 TEUR auf 80 TEUR abgewertet wird.
Problem:
Wird in der Entwicklung des *cash flow* aus dem Jahresergebnis zunächst ein „Währungsgewinn" als ertrags-, aber nicht zahlungswirksam eliminiert und dann wegen der scheinbaren Verminderung der Forderungen ein weiterer Abzugsposten gebildet, erfährt der gleiche Geschäftsvorfall zweimal eine Neutralisierung.
Mögliche Lösungen
Die Währungsgewinne/Verluste sind hinsichtlich ihrer Ursachen zu untersuchen und dann nur solche Gewinne/Verluste zu neutralisieren, die sich nicht in Beständen des *working capital* widerspiegeln.
Alternativ ist die Veränderung der Debitoren darauf zu untersuchen, ob sie Zahlungsvorgänge widerspiegelt oder nur Währungsbewertungseffekte.

	falsch	zutreffend	
Jahresfehlbetrag	−20	−20	−20
+ Anpassung w/nicht zahlungswirksamer Währungsverlust	20	0	20
+ Anpassung w/Verminderung Debitoren	20	20	0
= CFL aus betrieblicher Tätigkeit	20	0	0

Zu den Wechselkurseffekten, die (auch) die Investitions- oder Finanzierungstätigkeit betreffen, folgende Beispiele:

> **Beispiel**
> Ein in US-Dollar geführtes Konto über 100 TUSD hat zum Jahresanfang in Euro einen Wert von 100 TEUR und zur Jahresmitte wechselkursbedingt nur noch einen Wert von 90 TEUR.
>
> **Fall 1**
> Das Konto wird zur Jahresmitte für die Anschaffung einer Maschine aus den USA für TUSD 100 = TEUR 90 vollständig verwendet. In der GuV entsteht ein Währungsverlust von TEUR 10 (Abschreibung der Maschine nachfolgend vernachlässigt).
>
> **Fall 2**
> Das Konto wird zur Jahresmitte für die Rückzahlung eines Euro-Darlehens von TEUR 90 vollständig verwendet. In der GuV entsteht ein Währungsverlust von TEUR 10.
> Die *cash-flow*-Rechnungen der beiden Fälle nach der indirekten Methode sind wie folgt:
>
> | | Fall 1 | Fall 2 |
> |---|---|---|
> | Jahresfehlbetrag | –10 | –10 |
> | + Anpassung w/nicht zahlungswirksamer Währungsverlust | 10 | 10 |
> | = CFL aus betrieblicher Tätigkeit | 0 | 0 |
> | + CFL aus Investitionstätigkeit | –90 | 0 |
> | + CFL aus Finanzierungstätigkeit | 0 | –90 |
> | = CFL der Periode | -90 | –90 |
> | + Finanzmittelfonds Jahresanfang | 100 | 100 |
> | – Währungsbedingte Änderung Finanzmittelfonds | –10 | –10 |
> | = Finanzmittelfonds Jahresende | 0 | 0 |

4.1.3 Umrechnung selbstständiger Tochterunternehmen

85 Die *cash flows* selbstständiger Tochterunternehmen, deren funktionale Währung nicht mit der Währung der Konzernmutter (Euro) übereinstimmt, sind in die Berichtswährung des Konzerns (Euro) umzurechnen. Soweit der Konzern den *cash flow* aus der betrieblichen Tätigkeit nach der indirekten Methode entwickelt und nicht disaggregiert auf den *cash-flow*-Rechnungen der einzelnen Unternehmen des Konzerns aufbaut, sondern aggregiert aus dem Konzernergebnis entwickelt, ergibt sich folgendes Problem:
In der Anpassung des Jahresergebnisses um die Veränderungen des *working capital* gehen Umrechnungseffekte aus den Beständen der ausländischen Tochterunternehmen ein, denen ggf. keine realen Bewegungen des *working capital* entsprechen.

Beispiel

Fall 1

Ein selbstständiges amerikanisches Tochterunternehmen hat die Vorratshaltung mit TUSD 100 konstant gehalten. Der Wechselkurs USD/EUR hat sich über das Geschäftsjahr zu Gunsten des Euro entwickelt. Galt am Jahresanfang noch ein Kurs von 1,00 EUR = 1,00 USD, verschlechterte sich der Dollarkurs zunehmend bis auf einen Jahresendwert von 0,80 EUR = 1,00 USD. In Euro gerechnet betragen die Vorräte somit:
- 100 TEUR zum Jahresanfang,
- 80 TEUR zum Jahresende.

Problem

Da die amerikanische Tochter aus Konzernsicht eine selbstständige Einheit ist, wird die Währungsdifferenz zwischen den Bilanzstichtagen aus Konzernsicht als Teil der erfolgsneutralen Währungsumrechnungsdifferenzen im Eigenkapital erfasst (IAS 21.39c).

Da der Wechselkurseffekt nicht in der GuV enthalten ist, erfolgt keine Neutralisierung innerhalb der Zeile „Nicht zahlungswirksame Währungsergebnisse" in der Entwicklung des *cash flow* aus betrieblicher Tätigkeit (IAS 7.App.A).

Bei einer Betrachtung des Jahresanfangs- und -endbestands innerhalb der Zeile „Veränderung Vorräte" der amerikanischen Tochter in Konzernwährung würde sich scheinbar ein Korrekturbedarf von +20 (Bestandsminderung, daher Aufwand, aber keine Ausgabe) ergeben. Tatsächlich ist der Bestand in USD konstant geblieben, insoweit überhaupt kein das Jahresergebnis mindernder Aufwand entstanden.

Mögliche Lösung

Die das Tochterunternehmen betreffenden währungsinduzierten Veränderungen des *working capital* sind gesondert festzustellen. Nur die sonstigen Veränderungen in der Überleitung vom Jahresergebnis zum *cash flow* aus betrieblicher Tätigkeit sind anzusetzen.

	falsch	zutreffend
Jahresergebnis	0	0
+ Anpassung w/nicht zahlungswirksamer Währungsverlust	0	0
+ Anpassung w/Verminderung Vorräte	20	0
= CFL aus betrieblicher Tätigkeit	20	0

4.1.4 Abstimmung des wechselkursbedingten Ausgleichspostens

Eine Überleitung des Zahlungsmittelbestands vom **Anfang** bis zum **Ende** der Berichtsperiode kann i. d. R. nur unter Zuhilfenahme eines wechselkursbedingten Ausgleichspostens vorgenommen werden (Rz 32). Um eine Vermengung dieses Postens mit anderen (nicht zugeordneten) Zahlungsmittelzu-

bzw. -abflüssen zu vermeiden, ist in den internen Arbeitspapieren eine **Herleitung** des wechselkursbedingten Korrekturbetrags notwendig.

Soweit es nur eine **überschaubare** Zahl wesentlicher Währungsvorgänge gibt (z. B. nur eine wichtige ausländische Tochtergesellschaft, daneben nur einige wenige Währungsvorgänge bei der Mutter), kann eine Einzelanalyse nach den in den vorstehenden Kapiteln wiedergegebenen Beispielen ausreichen. Soweit eine **große Zahl** wesentlicher Währungsvorgänge anfällt, sind komplexere Hilfsrechnungen nötig.

Hierbei lassen sich **zwei Varianten** unterscheiden:
- eine detaillierte Aufschlüsselung der Wechselkursdifferenzen je Tochterunternehmen nach Funktionsbereichen (Rz 87) oder
- eine aggregierte und vereinfachte Überleitung des Finanzmittelbestands anhand der Stichtagskurse zu Periodenbeginn und -ende (Rz 88).

87 Die US-GAAP-Regeln zur Kapitalflussrechnung regen eine detaillierte **Bestimmung** der wechselkursbedingten Wertänderung des Finanzmittelfonds für jede wesentliche in ausländischer Währung operierende Tochtergesellschaft nach folgendem Muster an (SFAS 95.App.C.146):

			LW	EUR
1.		Anfangsbestand Finanzmittel in Landeswährung	xxx	
2.	x	Kursänderung des Geschäftsjahres	ww	
3.	=	*Währungsdifferenz Anfangsbestand*		zzz
4.		*Cash flow* aus der betrieblichen Tätigkeit in LW	xxx	
5.	x	Kurs am Schlussbilanztag	yy	
6.	=	*Cash flow* aus der betrieblichen Tätigkeit in Euro, gerechnet zu Jahresendkursen		zzz
7.	–	*Cash flow* aus betrieblicher Tätigkeit lt. Kapitalflussrechnung	–	zzz
8.	=	*Währungseffekt aus betrieblicher Tätigkeit*		zzz
9.		*Cash flow* aus Investitionstätigkeit in LW	xxx	
10.	x	Kurs am Schlussbilanztag	yy	
11.	=	*Cash flow* aus der Investitionstätigkeit in Euro, gerechnet zu Jahresendkursen		zzz
12.	–	*Cash flow* aus Investitionstätigkeit laut Kapitalflussrechnung	–	zzz

			LW	EUR
13.	=	Währungseffekt aus Investitionstätigkeit		zzz
14.		Cash flow aus der Finanzierungstätigkeit in LW	xxx	
15.	x	Kurs am Schlussbilanztag	yy	
16.	=	Cash flow aus der Finanzierungstätigkeit in Euro, gerechnet zu Jahresendkursen		zzz
17.	-	Cash flow aus Finanzierungstätigkeit laut Kapitalflussrechnung		–
18.	=	Währungseffekt aus Finanzierungstätigkeit		zzz
19.		Wechselkursbedingte Änderung Finanzmittelfonds (3+8+13+18)		xxx

Die Berechnung erfolgt auf Basis einzelner Tochterabschlüsse in Landeswährung. Schwierigkeiten liegen in der Praxis bei der Gewinnung und Aufbereitung der notwendigen Daten. Unter Kosten-Nutzen- und *materiality*-Gesichtspunkten kann eine derartige Abstimmung insbesondere dann entbehrlich sein, wenn die ausländischen Tochterunternehmen zwar wesentlich, die Wechselkursveränderungen der Periode aber nicht signifikant sind. Zur Überleitung des Anfangsbestands auf den Endbestand des Finanzmittelfonds ist mindestens eine **Verprobung** der Position „Wechselkursbedingte Änderungen des Finanzmittelfonds" anhand einer aggregierten Ermittlung erforderlich. Gesucht ist die **tatsächliche Höhe** der wechselkursbedingten Änderung des Finanzmittelfonds innerhalb einer Rechnungsperiode ohne die Zuordnung anderer nicht wechselkursbedingter Differenzen.

Hierzu ist theoretisch eine **Umrechnung** von Zahlungen aus Fremdwährungstransaktionen mit dem Wechselkurs des jeweiligen Zahlungszeitpunktes notwendig. Eine **vereinfachende** Bestimmung der wechselkursbedingten Umrechnungsdifferenz mit einem (oder mehreren) Durchschnittskurs(en) ist aber zulässig, wenn der Verlauf des Wechselkurses vom Periodenbeginn zum -ende keine hohe Volatilität aufweist.

Die Bestimmung der wechselkursbedingten Änderung des Finanzmittelfonds folgt damit der Behandlung von Währungsdifferenzen in der **GuV**, die häufig zu Jahresdurchschnittskursen umgerechnet werden und nur bei stärkeren Schwankungen und/oder saisonalem Verlauf der Geschäfte mit dem Kurs des Transaktionstages oder dem Durchschnittskurs eines kleineren Zeitintervalls umzurechnen sind (→ § 27 Rz 32 und 47).

In der kommentierenden Literatur wird unter Rückgriff auf einen Periodendurchschnittskurs eine **vereinfachte** direkte Berechnung der wechselkursbedingten Veränderung des Finanzmittelfonds vorgeschlagen:[14]

1.	Anfangsbestand Finanzmittel in Landeswährung
2.	x (Periodendurchschnittskurs − Kurs am Periodenbeginn)
3.	= *Wechselkurseffekt des Anfangsbestands*
4.	Endbestand Finanzmittel in Landeswährung
5.	x (Kurs am Periodenende − Periodendurchschnittskurs)
6.	= *Wechselkurseffekt des Endbestands*
7.	**Kursbedingte Wertänderung des Finanzmittelfonds (3+6)**

Beispiel
U hat am Jahresanfang bei einem Kurs von 1,00 EUR = 1,00 USD ein Bankguthaben von 100 TUSD = 100 TEUR. Bis zum Jahresende werden hieraus im Rahmen der betrieblichen Tätigkeit 50 TUSD ausgegeben.
- Der Jahresendkurs beträgt 0,80 EUR = 1,00 USD.
- Der Jahresendbestand beträgt somit 50 TUSD = 40 TEUR.

Die Finanzmittel haben sich in EUR gerechnet um 60 vermindert. Hiervon sind 50 TUSD × 0,9 = 45 TEUR zahlungsbedingt und 15 TEUR währungsbedingt.
Der währungsbedingte Betrag ermittelt sich wie folgt:

Anfangsbestand	100 TUSD
x (Durchschnittskurs − Kurs Jahresanfang)	−0,1 EUR/USD
= Wechselkurseffekt Jahresanfangsbestand	−10 TEUR
Endbestand	50 TUSD
x (Kurs Jahresende − Durchschnittskurs)	−0,1 EUR/USD
= Wechselkurseffekt Jahresendbestand	−5 TEUR
Kursbedingte Änderung Finanzmittelfonds	−15 TEUR

Bei stärkeren Schwankungen des Fremdwährungskurses und/oder saisonalem Verlauf der Geschäfte ist die wechselkursbedingte Differenz ggf. quartals- oder monatsweise zu bestimmen.

4.2 Außerordentliche Posten

89 In der GuV ist ab 2005 ein gesonderter Ausweis außerordentlicher Posten **nicht mehr zulässig** (→ § 2 Rz 49). Dem folgt IAS 7 bezüglich der Kapitalflussrechnung durch Streichung von IAS 7.29. Für die Zeit **davor** gilt: Die mit

---

[14] MANSCH/STOLBERG/WYSOCKI, WPg 1995, S. 202.

den außerordentlichen Posten verbundenen *cash flows* sind den drei Tätigkeitsbereichen zuzuordnen und gesondert anzugeben, um daraus Rückschlüsse auf zukünftig nicht mehr anfallende *cash flows* ziehen zu können. Üblicherweise erfolgt eine gesonderte Angabe je außerordentlichen Posten innerhalb einer eigenen Zeile der Kapitalflussrechnung. Stattdessen kann aber auch im Anhang eine entsprechende Nennung erfolgen.
Im Rahmen der GuV sind gemäß IAS 1.86 **sonstige wesentliche Posten** gesondert aufzuführen (→ § 2). Eine entsprechende explizite Vorschrift fehlt für den Bereich der Kapitalflussrechnung.[15] Nach dem Prinzip der **Wesentlichkeit** (IAS 1.29) können entsprechende Angaben dennoch notwendig oder sinnvoll sein (→ § 2 Rz 11).

90

4.3 Zins- und Dividendenzahlungen

4.3.1 Zinszahlungen
Sowohl für die Gesamtsumme der erhaltenen als auch der gezahlten **Zinsen** ist eine **gesonderte Angabepflicht** vorgesehen (IAS 7.31). Eine Angabe kann wahlweise in der Kapitalflussrechnung selbst oder im Anhang erfolgen.
Gemäß US-GAAP sowie dem in DRS 2 vorgesehenen Regelfall sind sämtliche Zinszahlungen (sowie Dividendeneinnahmen) innerhalb der betrieblichen Tätigkeit auszuweisen *(inclusion concept).* IAS 7 sieht diesen verpflichtenden Ausweis lediglich für **Finanzinstitutionen** vor (IAS 7.33). Dagegen wird allen übrigen Unternehmen ein umfassendes **Wahlrecht** eingeräumt. Theoretisch ist sowohl für Zinseinnahmen als auch für Zinsausgaben ein Ausweis **in allen drei Bereichen** möglich.
In der Praxis sind insbesondere folgende **Varianten** anzutreffen:

91

- Ausweis von Zinseinnahmen **und** -ausgaben im Bereich der **betrieblichen** Tätigkeit *(inclusion concept).*
- Ausweis der Zins**ausgaben** im **Finanzierungs**bereich sowie der Zins**einnahmen** entweder im Bereich der **betrieblichen** oder der **Investitions**tätigkeit.
- Ausweis von Zinseinnahmen **und** -ausgaben im Bereich der **Finanzierungs**tätigkeit (Rz 78).

92

IAS 7.31 verlangt explizit, für Zinsen und erhaltene Dividenden das einmal ausgeübte Wahlrecht auch in Folgeperioden entsprechend fortzuführen. Die Regelung hat deklaratorische Bedeutung. Sie schafft kein neues Recht, sondern betont den allgemeinen **Stetigkeitsgrundsatz** (→ § 2 Rz 7) für die Darstellung des Abschlusses (IAS 1.27) und die zu Grunde liegenden Bilanzierungs- und Bewertungsmethoden (IAS 8.6).
Eine Durchbrechung der Stetigkeit ist daher nach den allgemeinen Grundsätzen zulässig und geboten, wenn ein Abweichen von der bisherigen Behandlung „dazu führt, dass der Abschluss **zuverlässigere und relevantere Informationen** über die Auswirkungen von Geschäftsvorfällen, sonstigen Ereignissen

93

---

[15] Anders etwa DRS 2.25 und DRS 2.32.

Freiberg/Bork

oder Bedingungen auf die Vermögens-, Finanz- oder Ertragslage oder *cash flows* des Unternehmens vermittelt" (IAS 8.14b).

Der Ausweis der Zinsen in den unterschiedlichen Bereichen der Kapitalflussrechnung darf somit im Einzelfall **geändert** werden. Der Grundsatz der Ausweisstetigkeit verhindert lediglich einen **ständigen Wechsel**:[16]

94

> **Beispiel**
> Die vor zwei Jahren gegründete Ökotec-AG hat bislang keine wesentlichen Umsätze getätigt, aber einige aussichtsreiche Patente entwickelt. Ende 01 geht die AG ohne Belastung der Bilanz mit Finanzschulden an die Börse. Der Emissionserlös aus dem Börsengang von 100 Mio. EUR wird Ende 02 für Investitionen verwendet. Anfang 03 tätigt die AG weitere 100 Mio. EUR Investitionen aus Fremdmittelaufnahmen. Der Sollzins beträgt 8 % der Habenzins 5 %.
> Das Jahresergebnis der Jahre 01-03 entwickelt sich wie folgt:
>
> | | 01 | 02 | 03 |
> |---|---|---|---|
> | EBITDA | −5 | 0 | 7 |
> | Abschreibung | 0 | −3 | −15 |
> | Zinsergebnis | 0 | 5 | −8 |
> | Jahresergebnis | −5 | 2 | −16 |
>
> Nachhaltig positive Jahresergebnisse werden erst in einigen Jahren erwartet. Die Aktionäre sind allerdings weniger an langfristigen Erwartungen als an der jeweiligen Entwicklung des operativen *cash flow* im Verhältnis zum Vorjahr interessiert. Unter diesen Bedingungen möchte die Ökotec-AG die Darstellung der Kapitalflussrechnung optimieren.
> Für den Abschluss 02 werden die folgenden Darstellungsalternativen diskutiert:
>
> | | Variante 1: Zinsen als Teil des operativen *cash flow* (cf) | | Variante 2: Nichterfassung der Zinsen im operativen *cash flow* | |
> |---|---|---|---|---|
> | Abschluss 02 | 01 | 02 | 01 | 02 |
> | Jahresergebnis | −5 | 2 | −5 | 2 |
> | Abschreibung | 0 | 3 | 0 | 3 |
> | Zinsergebnis | 0 | 0 | 0 | −5 |
> | Operativer cf | −5 | 5 | −5 | 0 |
>
> Alternative 1 ist bilanzpolitisch vorzugswürdig und wird von der Ökotec-AG genutzt. Für den Abschluss 03 ergibt sich allerdings folgendes Bild:

---

[16] Zum Ganzen LÜDENBACH, PiR 2006, S. 77ff.

Abschluss 03	Variante 1: Zinsen als Teil des operativen *cash flow* (cf)		Variante 2: Nichterfassung der Zinsen im operativen *cash flow*	
	02	03	02	03
Jahresergebnis	2	−16	2	−16
Abschreibung	3	15	3	15
Zinsergebnis	0	0	−5	8
Operativer cf	5	−1	0	7

Die zweite Alternative führt zu einer positiveren Darstellung der Finanzlage der Ökotec-AG. Die Ökotec-AG wechselt daher im Jahr 03 und führt im Anhang Folgendes aus: „Im Interesse einer besseren Darstellung der Finanzlage und zur Erhöhung der externen Vergleichbarkeit (*benchmarking*) wird der Branchenpraxis folgend ab 03 das Zinsergebnis im *cash flow* aus Finanzierungstätigkeit ausgewiesen. Die Vorjahreszahlen wurden entsprechend angepasst."

Zu den Zinseinnahmen und -ausgaben sind alle *cash flows* zu rechnen, die sich auch in den entsprechenden Positionen der GuV – ggf. phasenverschoben – niederschlagen könnten. Hierzu gehören neben den nominalen Zinsen z. B. auch Zahlungen für **Agios** bzw. **Disagios** sowie Kosten im Zusammenhang mit der Ausgabe von Finanzschulden *(debt issuance costs)*. **Kapitalisierte Zinskosten** werden dagegen nicht im Zinsergebnis ausgewiesen; dennoch führen sie zu entsprechenden Zinsausgaben (zur Ausweisproblematik siehe Rz 64). Die deutsche IFRS-Rechnungslegungspraxis favorisiert den Ausweis im Bereich der betrieblichen Tätigkeit.[17]

4.3.2 Dividendenzahlungen

Sowohl für Dividendeneinnahmen als auch für Dividendenauszahlungen besteht eine **gesonderte Angabepflicht** (IAS 7.31), die durch Einfügen separater Zeilen in der Kapitalflussrechnung oder Erläuterung im Anhang erfüllt werden kann. Ebenso wie bei Zinszahlungen ist es dem aufstellenden Unternehmen, sofern es sich nicht um eine Finanzinstitution handelt, **freigestellt**, welchem Tätigkeitsbereich Dividendeneinnahmen und -ausgaben zugeordnet werden sollen.

Der **Begriff der „Dividende"** ist in IAS 7 nicht näher definiert. Er sollte relativ weit gefasst werden und sämtliche ordentlichen und sonstigen Gewinnausschüttungen bzw. -gutschriften (z. B. bei Personengesellschaften) umfassen. Gleiches gilt für empfangene Einnahmen als Folge von Erträgen aus **Ergebnisabführungsverträgen** und spiegelbildlich für Zahlungen aufgrund von **Gewinnabführungen** an den Gesellschafter (Dividendenauszahlung).

Strittig dürfte dagegen sein, ob im Falle einer **Verlustübernahme** negative Dividendeneinnahmen bzw. -ausgaben angenommen werden sollen oder es sich vielmehr um Eigenkapitalzuführungen handelt, die folgerichtig dem Bereich

---

[17] VON KEITZ, Praxis der IASB-Rechnungslegung, 2. Aufl., 2005, S. 226.

der Investitionstätigkeit (Auszahlungen an Tochterunternehmen) bzw. der Finanzierungstätigkeit (Einzahlungen durch Eigenkapitalgeber) zuzuordnen wären. Cash flows aus empfangenen **Liquidationsraten** und Beträgen aus ordentlichen **Kapitalherabsetzungen** sollten u. E. als Einzahlungen im Investitionsbereich ausgewiesen werden.

99 Nach dem „*inclusion concept*" (Rz 91) sollten Dividendeneinnahmen dem Bereich der **betrieblichen Tätigkeit** zugeordnet werden. Dies gilt in besonderem Maße für Dividenden aus assoziierten Unternehmen und nicht konsolidierten Tochterunternehmen, da hier aufgrund des maßgeblichen Einflusses bzw. der *control* regelmäßig ein unmittelbarer Bezug zu der eigenen betrieblichen Tätigkeit besteht.[18] Fasst man dagegen das Erzielen von Dividendeneinnahmen lediglich als Ergebnis der **Finanzmitteldisposition** auf, so bietet dies eine Grundlage für die Zuordnung zum Bereich der **Investitionstätigkeit**.

100 **Ausgezahlte Dividenden** sollten dem Bereich der **Finanzierungstätigkeit** zugeordnet werden, da es sich um eine Transaktion mit Eigenkapitalgebern handelt. Dennoch ist alternativ ein Ausweis im Bereich der betrieblichen Tätigkeit möglich (IAS 7.34). Die hierfür gegebene Begründung lautet: Mit diesem Ausweis kann die „Fähigkeit eines Unternehmens, Dividenden aus laufenden *cash flows* zu zahlen, leichter beurteilt werden." Dieses Argument erscheint nicht durchschlagend, da zur Beurteilung der Dividendenfähigkeit alle drei Tätigkeitsbereiche heranzuziehen sind. Ferner ist nicht ersichtlich, warum der **Erwerb eigener Aktien** (z. B. zum Einzug) im Bereich der Finanzierungstätigkeit auszuweisen ist (Rz 74), während für den wirtschaftlich vergleichbaren Vorgang der Dividendenzahlung ein Wahlrecht besteht. Sowohl nach US-GAAP als auch gemäß DRS 2 wird daher ein solches Wahlrecht nicht eingeräumt und damit eine bessere zwischenbetriebliche Vergleichbarkeit ermöglicht.

4.4 Ertragsteuern

101 Die in der Kapitalflussrechnung zusammengefassten Transaktionen lassen sich in ergebnis**wirksame** und ergebnis**neutrale** Geschäftsvorfälle gliedern (→ § 20 Rz 2). Die ergebniswirksamen Geschäftsvorfälle führen regelmäßig – wenn auch häufig phasenverschoben – zu entsprechenden Auswirkungen auf steuerliche Ergebnisse. Die daraus resultierenden **Ertragsteuerzahlungen** sind für Zwecke der Kapitalflussrechnung **gesondert anzugeben** (IAS 7.35).

102 Nicht unter die Auszahlungen für Ertragsteuern fallen **für Rechnung Dritter** einbehaltene Kapitalertrag- und Quellensteuern auf Ausschüttungen von Dividenden und sonstige Zahlungen (z. B. Zinsen, Lizenzen). Diese Steuern sind dem Bereich zuzuordnen, in dem auch die korrespondierenden Nettozahlungen ausgewiesen werden.

103 Im Regelfall sind die Ertragsteuerzahlungen bei den *cash flows* **aus der betrieblichen Tätigkeit** auszuweisen. Theoretisch besteht allerdings die Pflicht

---

[18] So auch der englische Standard FRS 1, der alle übrigen Dividendeneinnahmen dem Sonderbereich „Returns on investment and servicing of finance" zuordnet.

der Zuordnung von Ertragsteuerzahlungen auch zu den beiden anderen Bereichen, wenn entsprechende Geschäftsvorfälle identifiziert werden können. In der Praxis ist dies nur schwer möglich, wie der Standard selber ausführt. Neben **praktischen Problemen** der Erfassung, die noch über die Komplexität der Steuerüberleitungsrechnung (*tax rate reconciliation*; → § 26 Rz 114f.) hinausgehen, bestehen auch **konzeptionelle Schwierigkeiten**. Ungeklärte Fragen betreffen z. B. die Behandlung der Wirkung gespaltener Steuersätze, die Zuordnung der Steuerentlastungswirkung aus den Abschreibungen des Anlagevermögens (Investitionsbereich oder betriebliche Tätigkeit?) oder aus anrechenbarer fiktiver Quellensteuer aus Dividendenzahlungen, die Klassifizierung der Steuermehrbelastung durch nicht anrechenbare Quellensteuern aus im Konzernabschluss eliminierten Dividendenzahlungen oder die Frage, welche Auswirkung die Nutzung von steuerlichen Verlustvorträgen oder die innerjährliche Verlustverrechnung zwischen den Tätigkeitsbereichen auf die Verteilung der Steuerzahlungen haben soll. Die **Praxis** kümmert sich daher zu Recht nicht sehr um die Zuordnung von Ertragsteuern zu den nichtoperativen Bereichen.[19]

104

Für die gesonderte Angabe der Ertragsteuerzahlungen im Bereich der betrieblichen Tätigkeit bieten sich folgende **Darstellungsmöglichkeiten** an:

105

- Angabe in einer **eigenen Zeile in der Kapitalflussrechnung**. Diese Möglichkeit ist insbesondere dann empfehlenswert, wenn die indirekte Methode zur Anwendung kommt und mit einem Periodenergebnis vor Steuern (EBT, EBIT oder EBITDA; Rz 55) beginnt.
- Angabe im **Anhang** bei den Erläuterungen zu den **Ertragsteuern** (→ § 26 Rz 111f.).
- Angabe im Anhang bei den **separaten** Erläuterungen zur Kapitalflussrechnung.

4.5 Anteile an Tochterunternehmen, assoziierten Unternehmen und *joint ventures*

Gemäß der Darstellung des Konzerns als **wirtschaftliche Einheit** ist die Kapitalflussrechnung so aufzustellen (IAS 27.24), als ob die einbezogenen Unternehmen insgesamt ein einziges Unternehmen wären. Obwohl in IAS 7 – anders als etwa in DRS 2 – nicht explizit erwähnt, gilt dabei der **Grundsatz der Einheitlichkeit des Konsolidierungskreises** für die Kapitalflussrechnung ebenso wie für den übrigen Konzernabschluss. Für die Kapitalflussrechnung sind somit Zahlungsströme und Zahlungsmittelbestände für die gleichen Unternehmen zu berücksichtigen wie für die übrigen Bestandteile des Konzernabschlusses.

106

Die Mittelherkunfts- und Mittelverwendungsrechnung aus Konzernsicht setzt in der Praxis oftmals auf der bereits konsolidierten Bilanz und GuV auf. Vor allem Bilanz-Bewegungen im Bereich des *working capital* (den *current assets*

107

---

[19] VON KEITZ, Praxis der IASB-Rechnungslegung, 2005, S. 226$_2$ (nur Zuordnung zum operativen Bereich feststellbar).

Freiberg/Bork

and liabilities) benötigen noch weitere Informationen aus den Tochterunternehmen (Währungsschwankungen etc.), um den Verlust von Informationen durch Saldierung und falschen Ausweis von Zahlungsmittelzu- oder -abflüssen zu vermeiden (vgl. Rz 80ff.).

108 Aufgrund der Einheitlichkeit des Konsolidierungskreises richtet sich die Methodik der Einbeziehung in die Konzernkapitalflussrechnung nach der **Form der Kapitalkonsolidierung** (Voll- (→ § 31), *at-equity*- (→ § 33) oder Quoten- (→ § 34) Konsolidierung). Bei der Anwendung der Anschaffungskosten- und der *at-equity*-Methode bleiben die Zahlungsströme und die Zahlungsmittel dieser Unternehmen in der Kapitalflussrechnung des Konzerns **unberücksichtigt**. Lediglich Zahlungsströme zwischen dem Konzern und den assoziierten bzw. sonstigen nicht konsolidierten Tochterunternehmen schlagen sich in der Konzern-Kapitalflussrechnung nieder (z. B. die Zahlung von **Dividenden**). Die aus der Anwendung der *at-equity*-**Methode stammenden Ergebnisse** werden dagegen mangels Zahlungswirksamkeit ebenso wenig einbezogen wie **Abschreibungen auf Beteiligungsbuchwerte**. Ferner werden Zahlungen im Bereich der Liefer- und Leistungsbeziehungen sowie der Finanzierungstätigkeit (Eigenkapitalein- und -auszahlungen sowie Darlehensgewährungen) wie bei Konzernfremden berücksichtigt.

109 Wird im Falle von Gemeinschaftsunternehmen die **Quotenkonsolidierung** angewendet (→ § 34 Rz 60ff.), folgt ihr auch die Kapitalflussrechnung. Dabei werden sowohl der Zahlungsmittelbestand als auch die für seine Veränderung ursächlichen *cash flows* anteilig in die Konzernkapitalflussrechnung übernommen. In Höhe der Beteiligungsquote erfolgt somit eine Behandlung wie für voll konsolidierte Tochterunternehmen, während in Höhe der Fremdquote *cash flows* mit Konzernfremden unterstellt werden.

110 Im Bereich der Gemeinschaftsunternehmen sind **besondere Angabepflichten** im Falle des Erwerbs oder der Veräußerung solcher Unternehmen zu beachten (Rz 114). Ferner ist eine Angabe zu der **beschränkten Verfügungsmöglichkeit** über Zahlungsmittelbestände dieser Unternehmen erforderlich (Rz 139).

4.6 Änderungen des Konsolidierungskreises

4.6.1 Erwerb und Veräußerung von Tochterunternehmen und sonstigen Geschäftseinheiten

111 Der Erwerb und die Veräußerung bedeutender Tochterunternehmen oder Geschäftseinheiten und die damit verbundenen Zahlungsströme können erheblichen Einfluss auf die Darstellung der Kapitalflussrechnung haben. Zur Unterscheidung dieser *cash flows* von den übrigen Zahlungen aus Investititonstätigkeit bestehen daher für diese Vorgänge **umfangreiche Angabepflichten** (IAS 7.40ff.).

112 Die Unterscheidung zwischen Tochterunternehmen *(subsidiaries)* und sonstigen Geschäftseinheiten *(other business units)* erfolgt nach der **Art des Erwerbs bzw. der Veräußerung**. Bei dem Erwerb bzw. der Veräußerung eines Tochterunternehmens werden gesellschaftsrechtliche Anteile gekauft bzw. verkauft *(share deal*; → § 31 Rz 52). Der Begriff des „Tochterunternehmens" ist dabei

in Übereinstimmung mit den Vorschriften für die Vollkonsolidierung auszulegen (IFRS 3.6 und IAS 27.4; → § 32 Rz 8).

Unter dem Begriff des Erwerbs oder der Veräußerung von „sonstigen Geschäftseinheiten" *(other business units)* sind u. E. solche Geschäftsvorfälle zu verstehen, bei denen keine Anteile, sondern eine **Gesamtheit von Vermögenswerten** (und ggf. Schulden) erworben bzw. veräußert werden (*asset deal*; → § 31 Rz 52). Der Übergang vom Erwerb einer Geschäftseinheit zum Erwerb mehrerer einzelner Vermögenswerte ist fließend und dürfte unternehmensindividuell definiert werden. Wird bei der Akquisition ein **Firmenwert** aktiviert, so lässt dies auf den Erwerb einer sonstigen Geschäftseinheit schließen.

113

IAS 7 spricht nur von Tochterunternehmen und sonstigen Geschäftseinheiten, nicht dagegen von **Gemeinschaftsunternehmen** *(joint ventures)*. Der Wortlaut der Vorschrift legt somit folgenden Schluss nahe: Der Erwerb und die Veräußerung von Gemeinschaftsunternehmen seien unter den „normalen" Aus- und Einzahlungen für Finanzinvestitionen im Bereich des Anlagevermögens (Rz 61) auszuweisen. Andererseits erfolgt die Einbeziehung der Gemeinschaftsunternehmen in den Konzernabschluss bei Anwendung der Quotenkonsolidierung (→ § 34 Rz 60) nach der **gleichen Technik** wie die von voll konsolidierten Tochterunternehmen, allerdings nur **anteilig (entsprechend der Beteiligungsquote)**. Deshalb sollten auch für Gemeinschaftsunternehmen entsprechende Angaben erfolgen. Dieser Forderung wird in der Praxis bereits teilweise entsprochen.

114

Im Einzelnen werden folgende Angaben im Zusammenhang mit Unternehmenserwerben und -veräußerungen von IAS 7.40 gefordert:

115

- Gesamter Kauf- oder Veräußerungs**preis**.
- In Form von Zahlungsmitteln und Zahlungsmitteläquivalenten gezahlter **Teil** des Kauf- bzw. Veräußerungspreises.
- Mit dem Erwerb bzw. der Veräußerung übernommene bzw. abgegebene **Bestände** an Zahlungsmitteln und Zahlungsmitteläquivalenten.
- Beträge der **nach Hauptgruppen gegliederten** Vermögenswerte und Schulden, die erworben bzw. abgegeben wurden.

Die geforderten Angaben gehen über die im Rahmen von *business combinations* (→ § 31 Rz 171 ff.) ohnehin gebotenen Erläuterungen hinaus. Unter gewissen Umständen ist es sinnvoll, diese zusätzlichen Angaben mit den Anhangsangaben nach **IFRS 3** zu **verbinden**.

116

Die für den Bereich der Kapitalflussrechnung verlangten Angaben lassen eine wichtige **konzeptionelle Unterscheidung** zu der in den übrigen Bereichen des Konzernabschlusses geltenden Fiktion des Einzelerwerbs von einzelnen Vermögenswerten und Schuldposten im Rahmen des *purchase accounting* (→ § 31 Rz 14 ff.) erkennen. Im Rahmen der Kapitalflussrechnung sind die für den Erwerb bzw. die Veräußerung geflossenen Zahlungsmittel **in einer Summe** anzugeben und vollständig dem **Investitionsbereich** zuzuordnen.

117

Freiberg/Bork

> **Beispiel**
> Im Rahmen eines Unternehmenserwerbes werden auch Vorräte und Kundenforderungen erworben. Ausgaben für diese Positionen sind im üblichen Geschäftsgang der betrieblichen Tätigkeit zuzuordnen. Im Falle eines Unternehmenserwerbes gehören jedoch auch diese *cash flows* in den Bereich der Investitionstätigkeit.

118 Deshalb sind die bei Anwendung der indirekten Methode zu berücksichtigenden Veränderungen des *net working capital* um Effekte aus der Veränderung des Konsolidierungskreises zu bereinigen (Rz 53). Die Verpflichtung zur Angabe der **Zeitwerte** für die einzelnen Hauptgruppen von Vermögenswerten und Schulden erleichtert dabei dem externen Leser das Nachvollziehen dieser Bereinigungsrechnung.

119 Die Angabe der Beträge aus den Erwerben bzw. Veräußerungen von Tochterunternehmen und sonstigen Geschäftseinheiten hat in einer **gesonderten Zeile** der Kapitalflussrechnung zu erfolgen, da IAS 7.39 ausdrücklich eine gesonderte Darstellung *(presentation)* und nicht lediglich eine Angabe *(disclosure)* fordert.

120 Die **Saldierung** der Beträge für Erwerbe mit denen für Veräußerungen ist als Ausfluss des Bruttoprinzips (Rz 34) explizit **nicht gestattet** (IAS 7.41).

121 Die für den Erwerb bzw. für die Veräußerung geflossenen Beträge stellen Netto-*cash-flows* dar, d. h., sie sind mit den erworbenen bzw. abgegebenen Beständen an Zahlungsmitteln **saldiert** auszuweisen.[20] Erfolgt der Erwerb im Wege einer **unbaren** Transaktion (Rz 127 ff.) oder werden Zahlungen nur in **anderen Perioden** als derjenigen des Erwerbs geleistet, so kann es durch die Übernahme der in den erworbenen Unternehmen enthaltenen Positionen an Zahlungsmitteln im Extremfall sogar zu einem Nettozugang an Zahlungsmitteln kommen, obwohl ein Investitionsvorgang stattgefunden hat. In Veräußerungsfällen sind entsprechende Vorgänge möglich.

122 Die zusätzliche **Anhangangabe** für den Erwerb von Tochterunternehmen und sonstigen Geschäftseinheiten könnte wie folgt formuliert werden:

> **Formulierungsbeispiel für Angaben nach IAS 7.40**
> Im Geschäftsjahr 01 erwarb der Konzern die Anteile an der A-AG und der B-GmbH sowie den Geschäftsbetrieb der C-GmbH im Wege eines *asset deals*. Für die Erwerbe der Anteile und des Geschäftsbetriebes war insgesamt folgender Kaufpreis zu entrichten:

---

[20] Keine Saldierung erfolgt allerdings dann, wenn die erworbenen Unternehmen im Jahr des Ersterwerbs nicht voll oder quotenkonsolidiert werden. Erfolgt dann in späteren Jahren eine Einbeziehung im Rahmen der Voll- oder Quotenkonsolidierung, so ist die Veränderung der Zahlungsmittelbestände im Rahmen der Bewegungsrechnung unter den „konsolidierungskreisbedingten Veränderungen des Zahlungsmittelfonds" darzustellen (Rz 26 f.).

In bar	10.000
Ausgabe neuer Aktien	5.000
Kaufpreis gesamt	15.000
Im Einzelnen wurden folgende Vermögenswerte und Schulden, jeweils bewertet mit ihren Zeitwerten, erworben:	
Liquide Mittel	1.000
Kundenforderungen	1.000
Sachanlagen	14.000
Vorräte	10.000
Sonstige Vermögensgegenstände	2.000
Finanzschulden	– 8.000
Lieferantenverbindlichkeiten	– 6.000
Pensionsrückstellungen	– 1.000
	13.000
Firmenwert	2.000
Kaufpreis gesamt	15.000
In der Kapitalflussrechnung sind die Erwerbe im Bereich der Investitionstätigkeit wie folgt berücksichtigt:	
In bar zu entrichtender Kaufpreis	10.000
Abzüglich erworbene liquide Mittel	– 1.000
Abfluss von Zahlungsmitteln	9.000

Für die **Veräußerung** von Tochterunternehmen und sonstigen Geschäftseinheiten ist eine entsprechende Textierung möglich. Handelt es sich bei der Veräußerung um einen Fall von *discontinued operations* (→ § 29 Rz 36), so kann sinnvollerweise in diesem Fall die Angabe auch bei den übrigen Erläuterungen zu diesen Vorfällen erfolgen (Rz 143).

123

4.6.2 Erst- bzw. Entkonsolidierung ohne Erwerb bzw. Veräußerung einer Tochter

Der Konsolidierungskreis eines Konzerns kann sich nicht nur durch Zukäufe oder Desinvestitionen verändern (Rz 111ff.). Auswirkungen auf den Konsolidierungskreis kann auch der **erstmalige** Einbezug eines bisher aus **Wesentlichkeitsgründen** (oder anderen Gründen) nicht konsolidierten Tochterunternehmens innerhalb der laufenden Berichtsperiode haben (Rz 26f.). Auch diese Fälle sind nach der Theorie des Konzerns als wirtschaftliche Einheit innerhalb der Kapitalflussrechnung zu berücksichtigen.

124

In IAS 7 wird zu der Behandlung von Änderungen des Konsolidierungskreises **ohne** einen Investitions- oder Desinvestitionsvorgang nicht Stellung genommen. Auch in den sonst vergleichbaren Regelungen der US-GAAP (SFAS 95) oder des DRSC (DRS 2) wird die Änderung des Konsolidierungskreises ohne das Vorliegen einer Transaktion nicht behandelt.

125

Im Jahr der Erstkonsolidierung erscheinen in der Konzernbilanz sämtliche Vermögenswerte und Schulden der Tochter als **Zugänge**. In der Kapitalflussrechnung können diese Zugänge aber nicht der Investitionstätigkeit zugeordnet werden, weil es an einem **Zahlungsstrom** mit einem Dritten fehlt (Rz 57).

Zu Veränderungen des Finanzmittelbestandes innerhalb der Periode kommt es durch die dem Tochterunternehmen **zuzurechnenden** Zugänge der Zahlungsmittel und -äquivalente. Diesen steht kein periodenbezogener Zahlungsvorgang entgegen.[21]

126 Die Veränderung des Finanzmittelbestandes einer Konzernunternehmung kann in solchen Fällen ohne einen **weiteren Erläuterungsposten** innerhalb der Kapitalflussrechnung nicht mehr erklärt werden. U. E. ist für Veränderungen des Konsolidierungskreises ohne Investitions- bzw. Desinvestitionsvorgang ein weiterer **Ausgleichsposten** innerhalb der Kapitalflussrechnung (vgl. die Behandlung der Währungsdifferenzen, Rz 80ff.) zu berücksichtigen.

Die Mindestgliederung der Kapitalflussrechnung ist dann wie folgt:[22]

	Jahr 02	Jahr 01
cash flows aus der betrieblichen Tätigkeit	....	....
cash flows aus der Investitionstätigkeit	....	....
cash flows aus der Finanzierungstätigkeit	....	....
Summe der *cash flows*	....	....
Wechselkursbedingte Veränderungen des Finanzmittelfonds	....	....
Konsolidierungskreisbedingte Veränderungen des Finanzmittelfonds	....	....
Veränderungen des Finanzmittelfonds gesamt	....	....
Finanzmittelfonds zum Anfang der Periode	....	....
Finanzmittelfonds zum Ende der Periode	....	....

Für eine erstmalige **Nichteinbeziehung** gilt das Vorstehende spiegelbildlich.

4.7 Nicht zahlungswirksame Transaktionen

127 In der Kapitalflussrechnung schlagen sich die Geschäftsvorfälle des Geschäftsjahres und der Vorperiode lediglich dann nieder, wenn sie **zahlungsmittelfondswirksam** geworden sind, d. h. unmittelbar zu einer Ein- oder Auszahlung geführt haben. Dieses Vorgehen entspricht der Systematik der Kapitalflussrechnung. So darf z. B. der Erwerb eines Anlagegegenstandes im Wege des *finance lease* (→ § 15 Rz 17ff.) gedanklich nicht in einen Liquiditätsabfluss für

---

[21] BIEG/REGNERY, BB 1993, Beilage 6.
[22] Vgl. BIEG/REGNERY, BB 1993, Beilage 6, S. 11.

den Erwerb des Vermögenswertes und einen gleichzeitigen Liquiditätszufluss in gleicher Höhe durch Gewährung einer Finanzierung durch den Leasinggeber aufgespalten werden, obwohl wirtschaftlich der *finance lease* regelmäßig die gleichen zukünftigen Bilanzierungs- und Zahlungsauswirkungen hat wie der fremdfinanzierte Kauf desselben Anlagegegenstandes. Zu Gestaltungsmöglichkeiten vgl. Rz 146.

Vor dem Hintergrund einer Vielzahl möglicher Sachverhaltsgestaltungen ist es jedoch zur Gewährleistung einer *fair presentation* (→ § 1 Rz 70) erforderlich, zusätzliche Angaben über wesentliche nicht **liquiditätswirksame Geschäftsvorfälle** zu machen. Diese Angaben sollen nicht in der Kapitalflussrechnung selbst, sondern **an anderer Stelle des Jahresabschlusses** gemacht werden. Hierzu bieten sich zum einen im Anhang die Erläuterungen zu solchen Bilanzpositionen an, die von nicht liquiditätswirksamen Transaktionen betroffen sind (z. B. beim Leasing in den Erläuterungen zum Sachanlagevermögen oder bei den entsprechenden Verbindlichkeiten gegenüber den Leasinggebern). Zum anderen ist eine gesammelte Angabe sämtlicher wesentlicher unbarer Transaktionen in einer separaten Anhangangabe möglich. Die Darstellung kann **verbal** oder – bei Vorliegen mehrerer Geschäftsvorfälle – auch **in tabellarischer Form** erfolgen.

128

In IAS 7 werden folgende **Beispiele für unbare Transaktionen** aufgeführt:

129

- Erwerb von Vermögenswerten durch **Schuldübernahme** oder durch *finance leases* (→ § 15 Rz 98ff.).
- **Erwerb eines Unternehmens gegen Ausgabe von Anteilen** (→ § 31 Rz 34ff.).
- **Umwandlung** von Schulden in Eigenkapital.

Als weitere wesentliche Beispiele sind zu nennen:

130

- **Erwerb/Veräußerung** von Vermögenswerten (z. B. Anlagevermögen, Vorräte) **auf Ziel**, d. h. Zahlung erst in einem zukünftigen Geschäftsjahr.
- **Tausch** von Vermögenswerten (Aktivtausch) oder Schulden (Passivtausch) (→ § 8 Rz 46f.).
- Erklärung der **Aufrechnung** von Forderungen mit Verbindlichkeiten.
- **Einlagen** einzelner Vermögenswerte oder die Einbringung von Geschäftsbetrieben mit oder ohne Gewährung zusätzlicher Anteile (→ § 20 Rz 55f.).
- **Schuldenerlass** durch Gläubiger (→ § 28 Rz 86).
- **Ausgabe von *stock options*** an Mitarbeiter (→ § 23).
- **Umgliederungen** zwischen Posten des Eigenkapitals (z. B. bei **Kapitalerhöhung aus Gesellschaftsmitteln** oder vereinfachter Kapitalherabsetzung; → § 20 Rz 63f.).

Ferner können, auch wenn nicht explizit in IAS 7 genannt, neben unbaren Geschäftsvorfällen zum besseren Verständnis der Kapitalflussrechnung auch **wesentliche Umgliederungsvorgänge** Erwähnung finden, so z. B. die Umwidmung von Anlage- zu Umlaufvermögen oder die Umgliederung von kurzfristigen Lieferantenverbindlichkeiten in langfristige Darlehen.

131

132 Bei **gemischten Transaktionen**, bei denen nur ein Teil des Geschäftsvorfalls zahlungswirksam geworden ist, muss nur der zahlungswirksame Teil in die Kapitalflussrechnung aufgenommen werden, während der unbare Teil lediglich im Anhang offenzulegen ist. Sinnvollerweise sollten allerdings im Anhang aus Gründen der Verständlichkeit sowohl der zahlungswirksame als auch der nicht zahlungswirksame Teil genannt werden, um den Bezug zur Kapitalflussrechnung herstellen zu können.

5 Angaben

5.1 Besonderheiten für die Kapitalflussrechnung

133 Nach der Systematik der meisten IFRS-Standards ist als vorletztes Kapitel ein eigener Abschnitt enthalten, in dem in zusammengefasster Form die erforderlichen Anhangangaben *(disclosures)* aufgelistet werden (→ § 5). Von dieser allgemeinen Systematik weicht IAS 7 ab, in dem Angabepflichten in diversen Abschnitten des Standards genannt werden und lediglich eine **Restposition „Sonstige Angaben"** (IAS 7.48ff.) verbleibt. Ursache hierfür ist zum einen die Abhandlung einer Reihe von Einzelproblemen in eigenen Unterkapiteln des Standards und die jeweilige Nennung der Auswirkung auf den Anhang unmittelbar in jedem **Unterkapitel**. Zum anderen dürfen eine Vielzahl von Angaben **wahlweise** entweder in der Kapitalflussrechnung selbst oder im Anhang gemacht werden.

134 Im Folgenden wird eine **Systematisierung** der Anhangangaben präsentiert, gegliedert nach den Bereichen allgemeine Bilanzierungs- und Bewertungsmethoden, Pflichtangaben sowie freiwillige Angaben. Über diese Angaben hinaus sollte im Interesse einer *fair presentation* auch eine **Kommentierung** der Kapitalflussrechnung vorgenommen werden, indem z. B. die wesentlichen Beträge näher aufgegliedert und Veränderungen zum Vorjahr erläutert werden (IAS 1.103c.). Für diese Kommentierung bietet sich, falls keine Erläuterung in einem Lagebericht erfolgt, ebenfalls der Anhang an.
Auf die **Checkliste Abschlussangaben** wird verwiesen (→ § 5 Rz 8).

5.2 Allgemeine Bilanzierungs- und Bewertungsmethoden

135 Die Kapitalflussrechnung ist integraler und eigenständiger **Bestandteil** des Jahresabschlusses. Neben den Erläuterungen zu den allgemeinen Bilanzierungs- und Bewertungsmethoden (*accounting policies*; ausführlich → § 5 Rz 24) im Bereich der Bilanz und der GuV ist daher im Anhang auch eine Darstellung der wesentlichen bei der Erstellung der Kapitalflussrechnung angewandten **Grundsätze** erforderlich. Zu den wichtigen Angaben gehören:
- die **Zusammensetzung** der Bestände an Zahlungsmitteln und Zahlungsmitteläquivalenten (IAS 7. 45),
- die Nennung der gewählten **Darstellungsform** (direkte oder indirekte Methode im Bereich der betrieblichen Tätigkeit).

Des Weiteren sollte aufgezeigt werden,
- wie die von IAS 7 gewährten **Wahlrechte** von dem aufstellenden Unternehmen ausgeübt wurden,
- nach welcher Methode die **Währungsumrechnung** im Falle von *cash flows* von ausländischen Tochterunternehmen erfolgte,
- welche **Änderungen** der Zusammensetzung des Zahlungsmittelbestandes, der Form der Darstellung oder der Ausübung von Wahlrechten im Vergleich zur Vorperiode vorgenommen worden sind.

In der **Praxis** sind Erläuterungen zu den in der Kapitalflussrechnung angewandten *accounting principles* allerdings recht selten zu finden. Eine Musterformulierung könnte wie folgt lauten:

Accounting principles **im Bereich der Kapitalflussrechnung**
Die Kapitalflussrechnung wird in Übereinstimmung mit den Bestimmungen von IAS 7 erstellt.
Die Kapitalflussrechnung ist in die drei Bereiche der operativen Geschäftstätigkeit sowie der Investitions- und Finanzierungstätigkeit unterteilt. Im Falle von gemischten Geschäftsvorfällen wird, soweit erforderlich, eine Zuordnung zu mehreren Tätigkeitsbereichen vorgenommen. Die Darstellung des *cash flow* aus der betrieblichen Tätigkeit erfolgt nach der indirekten Methode.
Der Finanzmittelfonds ist definiert als der Saldo aus den liquiden Mitteln sowie sämtlicher Wertpapiere mit einer Restlaufzeit (zum Erwerbszeitpunkt) von weniger als drei Monaten abzüglich der in den kurzfristigen Finanzschulden enthaltenen Verbindlichkeiten aus Kontokorrent-Verhältnissen, die Bestandteil des unternehmensweiten *cash management* sind.
Als Finanzschulden im Sinne der Finanzierungsrechnung werden sämtliche Verbindlichkeiten gegenüber Kreditinstituten sowie verzinsliche Darlehen, die von Gesellschaftern und Lieferanten gewährt wurden, bezeichnet.
Zins- und Dividendeneinnahmen werden im Bereich der operativen Geschäftstätigkeit ausgewiesen, während Zins- und Dividendenzahlungen unter den *cash flows* aus der Finanzierungstätigkeit Berücksichtigung finden.
Steuerzahlungen werden in voller Höhe im Bereich der operativen Geschäftstätigkeit ausgewiesen, da eine Zuordnung zu einzelnen Geschäftsbereichen praktisch nicht durchführbar ist.
Cash flows von ausländischen, nicht in Euro bilanzierenden Tochterunternehmen werden zu Jahresdurchschnittskursen in die Konzernberichtswährung umgerechnet.
Die Zusammensetzung des Zahlungsmittelfonds, die allgemeine Darstellungsform der Kapitalflussrechnung sowie die Ausübung der Ausweiswahlrechte blieben im Vergleich zu der Vorperiode unverändert.

Verwendet das aufstellende Unternehmen **eigene Definitionen**, so z. B. für die Zwischensumme „*free cash flow*" (Rz 13), sollte das obige Formulierungsbeispiel um unternehmensspezifische Besonderheiten ergänzt werden.

5.3 Pflichtangaben

138 Der Standard IAS 7 sieht eine Reihe von Pflichtangaben vor, die **wahlweise**[23] entweder in der Kapitalflussrechnung selbst oder im Anhang genannt und die der nachfolgenden Auflistung entnommen werden können. Soweit bereits ausführliche Erläuterungen in vorangegangenen Kapiteln gegeben wurden, erfolgt hier lediglich ein entsprechender Verweis:
- Erhaltene und gezahlte **Zinsen** (IAS 7.31; Rz 91ff.).
- Erhaltene und gezahlte **Dividenden** (IAS 7.31; Rz 96ff.).
- Aus- und Einzahlungen in Zusammenhang mit **Ertragsteuern** (IAS 7.35; Rz 101ff.).
- Erwerb und Veräußerung von **Tochterunternehmen und sonstigen Geschäftseinheiten** (IAS 7.39; Rz 111ff.).
- **Nicht zahlungswirksame Transaktionen** (IAS 7.43; Rz 127ff.).
- Betragsmäßige Angabe der **Zusammensetzung des Finanzmittelfonds** sowie **Überleitung** der Beträge des Zahlungsmittelfonds der Kapitalflussrechnung **zu den entsprechenden Bilanzbeträgen** (IAS 7.45; Rz 15ff.).
- Betragsmäßige Angabe der **Änderungen der Zusammensetzung des Finanzmittelfonds** (IAS 7.47; Rz 28).
- Angabe über Zahlungsmittelbestände, die **Verfügungsbeschränkungen** unterliegen (IAS 7.48).

Die Pflicht zur Angabe **außerordentlicher** Posten entfällt ab 2005 (Rz 89ff.).

139 Explizit im Standard werden Beschränkungen aufgrund von **Devisenverkehrskontrollen** (mangelnde Transferier- oder Konvertierbarkeit) oder anderer **gesetzlicher Beschränkungen** genannt. Des Weiteren sollten hierzu jedoch auch Beschränkungen aufgrund **vertraglicher Restriktionen** oder **faktischer Umstände** gerechnet werden.

Zu den **vertraglichen** Restriktionen zählen u. a. Klauseln in Darlehensverträgen (sog. *covenants*), die z. B. das Vorhalten eines bestimmten Zahlungsmittelbestandes vorschreiben, sowie Beschränkungen bei Akkreditiven und Lombardkrediten. Im Bereich der **faktischen** Umstände ist die Zusammenfassung aufgrund der Einheitstheorie der Zahlungsmittelbestände sämtlicher einbezogener Tochterunternehmen und der Konzernmutter im Konzernabschluss zu einem einzigen Wert zu berücksichtigen. Dennoch kann die individuelle Situation bei einzelnen Konzerngesellschaften (z. B. Tochterunternehmen in existenzieller Krise) zu einer Einschränkung oder einem Entzug der von diesem Tochterunternehmen gehaltenen Zahlungsmittelbestände führen. Werden **Gemeinschaftsunternehmen** in den Konzernabschluss nach der Methode der Quotenkonsolidierung einbezogen (→ § 34 Rz 60ff.), so werden die Zahlungsmittelbestände anteilig in der Bilanz und auch der Kapitalflussrechnung berücksichtigt (Rz 109). Aufgrund der gemeinschaftlichen Führung

---

[23] Das Wahlrecht ergibt sich aus der Formulierung „angeben" (disclose). Dagegen macht der Begriff „darstellen" (present) eine Angabe in der Kapitalflussrechnung erforderlich.

solcher Unternehmen zusammen mit Konzernfremden kann der Konzern nicht alleine über die ausgewiesenen Zahlungsmittelbestände verfügen und sollte daher solche Bestände als verfügungsbeschränkt betrachten (so offenbar auch DRS 2.53; Rz 156).[24]

Für die Angabe der vorgenannten Punkte bietet es sich an, eine eigene **Position** „Erläuterungen zu der Kapitalflussrechnung" im Anhang zu schaffen. Alternativ können einige dieser Punkte auch in den Erläuterungen zu einzelnen Positionen der Bilanz (z. B. liquide Mittel, Finanzschulden, Steuerrückstellungen) oder der GuV (z. B. Zins- und Beteiligungsergebnis, Steueraufwand) aufgeführt werden. 140

Neben IAS 7 fordern auch **andere Standards** Angaben in Zusammenhang mit *cash flows* oder regen solche auf freiwilliger Basis an. Hier sind folgende Angabepflichten zu nennen: 141

- **Segmentberichterstattung** (→ § 36 Rz 147 ff.) 142

  Eine Angabe von *cash flows* pro Segment könnte dem externen Leser eine Einschätzung geben, welche Segmente zusätzliche Zahlungsmittelbestände generieren *(cash cows)* und welche Bedarf an Zahlungsmitteln haben *(cash users)*. Der Standard IAS 14 zur Segmentberichterstattung schreibt jedoch **keine Pflicht zur Angabe von Segment-*cash-flows*** vor. Allerdings werden bestimmte Pflichtangaben gefordert, die gewisse Anhaltspunkte für Segment-*cash-flows* bieten können.

  Gemäß den Vorschriften über die Segmentberichterstattung sind Angaben zu den **Zugängen zum Anlagevermögen** (IAS 14.57) sowie zu den **Abschreibungsbeträgen** pro Segment (IAS 14.58) zu machen. Ferner besteht eine Pflicht zur Angabe wesentlicher **nicht zahlungswirksamer Aufwendungen** (IAS 14.61); eine entsprechende Pflicht für nicht zahlungswirksame Erträge existiert nicht. Allerdings werden die Unternehmen ermutigt, diese Angabe auf freiwilliger Basis zu machen (IAS 14.62).

  Die Angabe der Beträge nach IAS 14.57-62 erübrigt sich naturgemäß, wenn das Unternehmen auf **freiwilliger Basis** die *cash flows* je Segment offenlegt (IAS 14.63; vgl. Rz 144). Ein Beispiel für die Darstellung von Segment-*cash-flows* kann Appendix A zu IAS 7 entnommen werden.

- *Discontinued operation* (→ § 29 Rz 36) 143

  Die *cash flows* einer *discontinued operation* sind separat anzugeben und den drei Tätigkeitsbereichen zuzuordnen (IFRS 5.33c). Neben den Angaben für die Berichtsperiode sind dabei auch die Vorperioden entsprechend aufzubereiten (IFRS 5.34). Ein externer Leser hat somit einen Anhaltspunkt dafür, welche Zahlungsströme dem Unternehmen zukünftig nicht mehr zur Verfügung stehen werden.

---

[24] Ein Vergleich mit dem entsprechenden Standard nach US-GAAP ist an dieser Stelle nicht sinnvoll, da US-GAAP die Anwendung der Methode der Quotenkonsolidierung für nicht zulässig erachten.

Die Angabe der *cash flows* der *discontinued operation* darf wahlweise im Anhang oder in der Kapitalflussrechnung selbst erfolgen (IFRS 5.33c). Es bieten sich daher folgende Möglichkeiten an:
- Im Anhang bei den übrigen Angaben zu den *discontinued operations*,
- als **Davon-Vermerk** in der Kapitalflussrechnung,
- im Rahmen der Angaben zur **Segmentberichterstattung** (vgl. Rz 142), falls *discontinued operation* und Segment übereinstimmen.

5.4 Freiwillige Angaben

144 Der Standard IAS 7 ermutigt die aufstellenden Unternehmen, **auf freiwilliger Basis** Angaben zu folgenden Punkten zu machen:
- Betrag der nicht ausgenutzten **Kreditlinien** unter Angabe aller Beschränkungen dieser Kreditlinien.
- *Cash flows* aus **quotal konsolidierten Gemeinschaftsunternehmen**, gegliedert nach Tätigkeitsbereichen (Rz 156).
- Aufteilung der *cash flows* in solche zur **Erweiterung der Kapazität** und solche zur **Kapazitätserhaltung**.
- *Cash flows* aus den drei Tätigkeitsbereichen, aufgeteilt auf die **Unternehmenssegmente** (Rz 142).

In der Praxis sind die Angaben zu den Kreditlinien sowie zur Kapazitätserhaltung selten zu finden.

6 Gestaltungshinweise

145 Da die Kapitalflussrechnung weitestgehend losgelöst von Bewertungswahlrechten (Rz 3) und subjektiven Einschätzungen ist, bestehen die wesentlichen **Gestaltungsmöglichkeiten** im Bereich der **Gliederung**. Aufgrund des Stetigkeitsgebotes müssen die von IAS 7 zur Verfügung gestellten **Wahlrechte** bereits bei der **erstmaligen Aufstellung** der Kapitalflussrechnung ausgeübt werden. Dabei sind folgende wesentliche Aspekte zu beachten:
- **Umfang der Gliederung**: Da nach IFRS keine Mindestgliederung vorgegeben ist, bestehen Gestaltungsfreiheiten (Rz 153). Zur Herstellung einer besseren Vergleichbarkeit mit anderen Unternehmen könnte es ratsam sein, das nach DRS 2 vorgesehene Mindestschema sowie branchenübliche Ausweise von Mitbewerbern zu beachten.
- **Direkte versus indirekte Methode** (Rz 45ff.): Im Bereich der betrieblichen Tätigkeit besteht ein Wahlrecht, welche der beiden Methoden zur Anwendung kommt. Die direkte Methode dürfte im Regelfall aufwändiger sein; da sie aus diesem Grund in der Praxis selten verwendet wird, bietet sie andererseits die Möglichkeit, sich von der Mehrheit der Mitbewerber als progressiver Rechnungsleger abzuheben.

Freiberg/Bork

- **Ort des Ausweises von Pflichtangaben:** Diverse Angaben können entweder in der Kapitalflussrechnung selbst oder an verschiedenen Stellen im Anhang gemacht werden (Rz 138).
- **Zusammensetzung des Finanzmittelfonds:** Bei der Einbeziehung gewisser Wertpapiere sowie von Verbindlichkeiten in den Finanzmittelfonds sind weitere Gestaltungsspielräume gegeben (Rz 17 und Rz 19).
- **Ausweis von Zins- und Dividendenzahlungen:** Hier ist nach IAS 7 ein umfangreiches Wahlrecht gegeben (Rz 91 ff.). Soll ein möglichst hoher *cash flow* aus der betrieblichen Tätigkeit ausgewiesen werden, so empfiehlt es sich, Zins- und Dividendeneinnahmen im Bereich der betrieblichen Tätigkeit und die entsprechenden Ausgaben im Bereich der Finanzierungstätigkeit auszuweisen. Zur Erlangung eines möglichst niedrigen (regelmäßig) negativen *cash flow* aus der Investitionstätigkeit wären Zins- und Dividendeneinnahmen dagegen vorzugsweise diesem Bereich zuzuordnen.
- **Ermittlungstechnik bei Konzern-Kapitalflussrechnungen:** Konzern-Kapitalflussrechnungen können zum einen originär auf Basis einer reinen Konzernbuchhaltung, bei der nur Vorgänge mit Konzernfremden abgebildet werden, erstellt werden. Diese Methodik ist allerdings in der Praxis bisher kaum anzutreffen. Ferner ist eine derivative Ableitung der Kapitalflussrechnung auf Basis vorliegender Bilanzen und GuV durch Überleitung des Konzernergebnisses zum *cash flow* möglich. Daneben bietet sich die Möglichkeit, Kapitalflussrechnungen originär auf Ebene jeder Konzerngesellschaft zu erstellen und diese anschließend zu einer Konzern-Kapitalflussrechnung zu konsolidieren, indem Zahlungsvorgänge zwischen Unternehmen des Konsolidierungskreises eliminiert werden. Diese Methode ist aufwändiger als die derivative Methode, bietet allerdings die Möglichkeit, die für die Konzernunternehmen oder sonstigen Teileinheiten erstellten Kapitalflussrechnungen auch für andere Zwecke, z. B. eine marktwertorientierte Unternehmenssteuerung, zu verwenden.

Sachverhaltsgestaltungen sind vor allem im Bereich der **unbaren Transaktionen** möglich (Rz 127 ff.). Hervorstechendes Beispiel ist der *finance lease* (→ § 15 Rz 17 ff.), bei dem – ebenso wie beim Kauf durch Schuldübernahme oder durch Ausgabe neuer Anteile – trotz Anschaffung eines Vermögenswertes keine entsprechende Ausgabe im Bereich der Investitionstätigkeit ausgewiesen wird (Rz 65). Die Leasingraten führen später zu Ausgaben im Bereich der Finanzierungstätigkeit (für den Ausweis des Zinsanteils besteht allerdings ein Wahlrecht; Rz 91 ff.). Im Falle eines **operativen Leasing** *(operating lease)* werden die Leasingraten dagegen im Bereich der **betrieblichen Tätigkeit** als Ausgaben ausgewiesen. Während einerseits von vielen Unternehmen das operative Leasing bevorzugt angestrebt wird, um günstigere Bilanzrelationen darzustellen, Kreditlinien zu schonen und die Investitionsquote gering zu halten, wird andererseits die negative Beeinflussung der für einige Analysten wesentlichen Größe „*cash flows* aus der betrieblichen Tätigkeit" häufig verkannt.

Bei **Folgeabschlüssen** ist insbesondere bei Verwendung der indirekten Methode eine Erstellung der Kapitalflussrechnung erst dann möglich, wenn Bilanz sowie GuV bereits aufgestellt sind. Gewisse Tätigkeiten, z. B. die Ermittlung von Angaben zu den Veränderungen im Konsolidierungskreis und zu *discontinued operations* sowie die Erläuterungen zu wesentlichen nicht zahlungswirksamen Vorgängen, können allerdings häufig **vorverlagert** werden. Ferner muss zur Vermeidung von Verzögerungen das Berichtswesen die Erfassung einer Vielzahl von Informationen zusammen mit den entsprechenden Bilanz- bzw. GuV-Positionen sicherstellen. Dabei ist es häufig empfehlenswert, die Erfassung von Angaben zu Zinsen, Dividenden, Ertragsteuern und Erlösen aus Anlageverkäufen durch Verwendung von **Formularen zur Entwicklung der entsprechenden Bilanzpositionen** (z. B. Eigenkapitalspiegel, Entwicklung der Finanzschulden, Entwicklung der Ertragsteuerrückstellungen unter Einbeziehung der entsprechenden Forderungskonten) zu unterstützen.

7 Vergleich mit dem HGB

148 Kapitalflussrechnungen wurden in Deutschland bis **Ende der 90er Jahre** nahezu ausschließlich auf **freiwilliger Basis** erstellt. Hierbei sollte die gemeinsame Stellungnahme 1/1995 des Instituts der Wirtschaftsprüfer und der Schmalenbach-Gesellschaft Berücksichtigung finden. Erst das KonTraG verpflichtete erstmals amtlich notierte Gesellschaften, für ihre Konzernabschlüsse auch eine Kapitalflussrechnung aufzustellen. Ab dem Jahr 2003 wurde durch das TransPuG die Verpflichtung zur Aufstellung einer Konzern-Kapitalflussrechnung auf alle börsennotierten Unternehmen ausgedehnt und gleichzeitig die Kapitalflussrechnung zu einem **gleichrangigen Bestandteil des Konzernabschlusses** neben Bilanz, GuV, Eigenkapitalspiegel und Segmentberichterstattung aufgewertet. Aufgrund der Bestimmungen des BilReG werden auch nichtkapitalmarktorientierte Unternehmen ab dem Jahr 2005 Konzern-Kapitalflussrechnungen aufstellen müssen.

149 Die Erstellung der Kapitalflussrechnung sollte auf Grundlage des im Mai 2000 öffentlich bekannt gemachten Deutscher Rechnungslegungs Standard Nr. 2 (DRS 2) „Kapitalflussrechnung" erfolgen. DRS 2 stellt einerseits einen **eigenen deutschen Standard zur Kapitalflussrechnung** dar. Andererseits können wegen der umfangreichen Wahlrechte auch solche Unternehmen, die einen Konzernabschluss nach IFRS oder US-GAAP aufstellen, eine **mit DRS 2 kompatible Kapitalflussrechnung** vorlegen. Darüber hinaus verlangt DRS 2 die Erfüllung aller Angabepflichten, die entweder nach US-GAAP **oder** nach IFRS erforderlich sind (Meistregelungsprinzip[25]). Schließlich fordert DRS 2 noch einige weitere Angaben, die über US-GAAP und IFRS hinausgehen.

---

[25] WYSOCKI, DB 1999, S. 2374; WYSOCKI kritisiert diese Regel zu Recht, da die SEC Kapitalflussrechnungen nach IAS 7 ohnehin anerkennt und das DRSC eine völlige Kompatibilität mit US-GAAP (SFAS No. 95) aus diesem Grund nicht hätte herstellen müssen.

Folgende wesentliche Unterschiede zwischen IFRS und den deutschen Regelungen bestehen: 150

- **Aufstellungspflicht** 151
Im Bereich des HGB ist die Kapitalflussrechnung nur für **Konzernabschlüsse** vorgeschrieben. Nach IFRS ist eine Kapitalflussrechnung auch für Einzelabschlüsse aufzustellen.

- **Gesonderte Standards für spezifische Branchen** 152
In Deutschland existieren Spezialstandards für Kapitalflussrechnungen von **Kreditinstituten** (DRS 2–10) und **Versicherungen** (DRS 2–20). Vergleichbare Standards nach IFRS liegen nicht vor.

- **Mindestgliederung** 153
DRS 2 sieht für alle drei Tätigkeitsbereiche sowie sowohl für die direkte als auch für die indirekte Methode im Bereich der betrieblichen Tätigkeit eine **verbindliche Mindestgliederung** vor, die gegebenenfalls durch weitere Angaben zu erweitern ist.

Im Bereich der IFRS ist dagegen kein obligatorisches Mindestgliederungsschema vorgesehen. Anhaltspunkte ergeben sich lediglich aus den Beispielen im Appendix zu IAS 1 sowie aus dem **Katalog an typischen Bestandteilen der einzelnen Tätigkeitsbereiche** (IAS 7.14ff.)

Die im Vergleich zu DRS 2 größere Flexibilität bietet die Möglichkeit zur Streichung einzelner Zeilen, sofern diese unwesentliche Beträge aufweisen. So verbleiben z. B. im Bereich der Investitionstätigkeit nach gesondertem Ausweis der Erwerbe von Tochterunternehmen häufig nur noch geringe Beträge für den Erwerb von immateriellen Vermögensgegenständen und Finanzanlagen. Im Bereich der IFRS könnten daher diese Beträge mit den Auszahlungen im Bereich des Sachanlagevermögens zusammengefasst werden, während die verbindliche Mindestgliederung nach DRS 2 dies nicht zulässt.

- **Ausweis von Dividendenzahlungen** 154
Gemäß DRS 2 sind gezahlte Dividenden als Auszahlungen im Bereich der **Finanzierungstätigkeit** auszuweisen (DRS 2.37). Dagegen ist nach IAS 7.34 **alternativ** eine Zuordnung zu dem Bereich der **betrieblichen Tätigkeit** zulässig (siehe unsere Kritik unter Rz 100).

- **Zahlungen im Zusammenhang mit Minderheitengesellschaftern** 155
Nach dem deutschen Standard sind Einzahlungen aus Eigenkapitalzuführungen von Minderheitengesellschaftern und Auszahlungen an diese im Rahmen der Kapitalflussrechnung oder im Anhang anzugeben (DRS 2.51). Eine vergleichbare Vorschrift existiert nach IFRS nicht.

- **Zahlungsmittelbestände von quotal einbezogenen Unternehmen** 156
Der deutsche Standard sieht die Angabe derjenigen Bestände des Finanzmittelfonds vor, die aus quotal einbezogenen Gemeinschaftsunternehmen stammen. Eine vergleichbare Angabe ist in IAS 7 nicht explizit vorgesehen; im Rahmen der Erläuterungen zu Beständen an Zahlungsmitteln, die

Verfügungsbeschränkungen unterliegen, dürfte allerdings auch nach IAS 7.48 eine Angabepflicht bestehen (Rz 109 und Rz 139).

8 Anwendungszeitpunkt, Rechtsentwicklung

157 Der Standard ist für alle Berichtsperioden ab dem 1.1.1994 anzuwenden (IAS 7.53).

158 Eine grundlegende Revision des Standards ist kurzfristig nicht zu erwarten. Dennoch sind Anpassungen des IAS 7 aus dem *Business Combinations Project (Phase II)* und aus dem *Revenue Recognition Project* zu erwarten.

159 Schon im April 2003 beschäftigte sich das IFRIC mit Fragen der Behandlung von *treasury shares* innerhalb der Kapitalflussrechnung. Folgende Transaktionen seien hierbei voneinander zu unterscheiden:
- ein Tochterunternehmen erwirbt/verkauft Anteile der Obergesellschaft,
- die Muttergesellschaft erwirbt/verkauft Anteile der Tochter von/an Minderheitsgesellschafter,
- eine Tochter gibt neue Aktien an Minderheiten aus,
- eine Tochter erwirbt Aktien von Minderheiten zurück.

Aufgrund der geplanten Änderungen aus dem *Business Combinations Project (Phase II)*, der konsequenten Umsetzung einer reinen Einheitstheorie, hat das IFRIC die Anfrage zunächst zurückgestellt.

Mit Verabschiedung der *Exposure Drafts* Ende Juni 2005 sind innerhalb der *Amendments* zu ED-IAS 27 geplante Änderungen des IAS 7 hinsichtlich Transaktionen, die zu einem *change in control* oder einer Auf- bzw. Abstockung führen, aufgeführt (ED IAS 27.A3).

Für die oben genannten Transaktionen soll zukünftig Folgendes gelten: Führt ein Zahlungsmittelab- oder -zufluss aus *treasury shares* zu einem *change in control*, ist dieser Teil des *investing cash flow* (amended IAS 7.39), bei Transaktionen unter Eigenkapitalgebern (**ohne Veränderung** der Kontrolle) handelt es sich um *financing cash flows* (amended IAS 7.42a,b).

160 Nach wie vor wird diskutiert, ob mittel- bzw. eher langfristig die indirekte Methode für den operativen Bereich (Rz 50ff.) nicht mehr zulässig sein soll. Eine endgültige Entscheidung ist erst mit der Beendigung des *Joint Project on Revenue Recognition* des IASB und FASB zu erwarten.

9 Zusammenfassende Praxishinweise

161 „*Cash is king*" – nach dieser Devise sollte der in der deutschen Rechnungslegung eher **vernachlässigten** Kapitalflussrechnung im Rahmen des IFRS-Abschlusses die gebührende Aufmerksamkeit geschenkt werden. Spektakuläre Unternehmenszusammenbrüche und der Niedergang der *new economy* haben Folgendes deutlich gemacht: Am Ende machen nicht etwa zweifelhafte Bilan-

zierungspraktiken und *equity stories*, sondern selbst erwirtschaftete Zahlungsüberschüsse den Erfolg eines Unternehmens aus (Rz 3). Zur Erläuterung von Zahlungsströmen der Vergangenheit, aber auch zur Prognose zukünftiger Einnahmeüberschüsse kommt daher der Erstellung einer aussagefähigen Kapitalflussrechnung **gesteigerte Bedeutung** zu.

Die Kapitalflussrechnung ist eine Stromgrößenrechnung, durch die für einen abgegrenzten Vermögensteil („Finanzmittelfonds") die Zu- und Abgänge im Gefolge der Veränderungen aller Nicht-Fondpositionen erklärt werden. Einzelheiten zur Abgrenzung des **Finanzmittel**fonds sind unter Rz 15ff. dargestellt.

162

Besonderheiten ergeben sich durch eine so genannte **Bewertungsrechnung** (Rz 23ff.).

In der Grundstruktur werden die *cash flows* aus der **betrieblichen**, der **Investitions-** und der **Finanzierungs**tätigkeit unter Gegenüberstellung der Vorjahreszahlen in Staffelform wiedergegeben (Rz 29ff.).

Zur **Zusammensetzung** der *cash flows* aus der

- betrieblichen Tätigkeit vgl. Rz 39ff.,
- Investitionstätigkeit vgl. Rz 57ff.,
- Finanzierungstätigkeit vgl. Rz 73ff.

Die *cash flows* aus der betrieblichen Tätigkeit können nach der **direkten** (Rz 45) oder **indirekten** Methode (Rz 50ff.) ermittelt und dargestellt werden.

Besonderheiten ergeben sich aus der Ermittlung der *cash flows* von

- Fremdwährungsfällen (Rz 80ff.),
- außerordentlichen Posten (Rz 89ff.) – nicht mehr ab 2005,
- Zinszahlungen (Rz 91ff.),
- Dividendenzahlungen (Rz 96ff.),
- Ertragsteuern (Rz 101ff.),
- Anteilen an Tochterunternehmen, assoziierten Unternehmen und *joint ventures* (Rz 106ff.),
- Erwerb und Veräußerung von Tochterunternehmen und sonstigen Geschäftseinheiten (Rz 111ff.),
- nicht zahlungswirksamen Transaktionen (Rz 127ff.).

Wegen Einzelheiten betreffend die **Angaben** zur Kapitalflussrechnung vgl. Rz 133ff. Ein **Vergleich** mit den Vorgaben nach dem HGB bzw. dem DRS 2 ist in Rz 148ff. dargestellt.

Aufgrund der Wahlrechte und des fehlenden Mindestgliederungsschemas in IAS 7 werden in der Praxis unterschiedliche Formate von Kapitalflussrechnungen verwendet. Nachfolgend erfolgt die Darstellung eines (an einen DAX-Konzern angelehnten) Beispiels ohne Vorjahreszahlen und ohne *discontinuing operations*. Zu Letzterem wird auf → § 29 Rz 38 verwiesen.

163

			in Mio. EUR	
1.		Periodenergebnis nach Steuern	280	Es ist zulässig, eine beliebige Ergebnisgröße als Ausgangsbasis für die Überleitungsrechnung zu wählen (Rz 55)
		(Anpassungen I)		
2.	+/–	Abschreibungen/Zuschreibungen auf Vermögenswerte	900	nicht zahlungswirksam (Rz 51)
3.	–/+	Gewinn/Verlust aus dem Abgang von Vermögenswerten, die nicht zu Handelszwecken gehalten werden	–50	nicht dem Bereich der betrieblichen Tätigkeit zuzuordnen (Rz 54)
4.	–/+	Wechselkursbedingte Gewinne/Verluste	50	nicht zahlungswirksam oder nicht der betrieblichen Tätigkeit zuzuordnen (Rz 80ff.)
5.	+/–	Sonstige zahlungsunwirksame Aufwendungen/Erträge	–180	nicht zahlungswirksam (Rz 51)
	=	*Zwischensumme I*	*1.000*	
		(Anpassungen II)		
6.	–/+	Zunahme/Abnahme der Vorräte, der Forderungen aus Lieferungen und Leistungen sowie anderer Aktiva, die nicht der Investitions- oder Finanzierungstätigkeit zuzuordnen sind	–100	nicht zahlungswirksame Veränderungen des *working capital* (Rz 53)
7.	+/–	Zunahme/Abnahme der Verbindlichkeiten aus Lieferungen und Leistungen sowie anderer Passiva, die nicht der Investitions- oder Finanzierungstätigkeit zuzuordnen sind	200	
8.	+/–	Zunahme/Abnahme der Rückstellungen	150	nicht zahlungswirksame Zuführungen/Auflösungen von Rückstellungen (Rz 51)
	=	*Zwischensumme II ("cash generated from operations")*	*1.250*	
9.	–/+	Zinsaufwand/Zinsertrag	100	Ausweis alternativ unter Investitions- oder Finanzierungstätigkeit (Rz 91ff.).
10.	–/+	Gezahlte/erhaltene Steuerzahlungen	0	wenn Ergebnis nach Steuern Ausgangspunkt, entfällt die Zeile „Gezahlte Steuern" (Rz 56)
11.	=	**Cash flow aus betrieblicher Tätigkeit**	**1.350**	
12.		Einzahlungen aus Abgängen von Gegenständen des Sachanlagevermögens und immateriellen Vermögens	50	Für die Darstellung der *cash flows* aus der Investitionstätigkeit ist zwingend die direkte Methode vorgeschrieben (Rz 61ff.)
13.	–	Auszahlungen für Investitionen in das Sachanlagevermögen und immaterielle Vermögen	–750	
14.	+	Einzahlungen aus Abgängen von Gegenständen des Finanzanlagevermögens	25	
15.	–	Auszahlungen für Investitionen in das Finanzanlagevermögen	–50	

Freiberg/Bork

			in Mio. EUR	
16.	+	Einzahlungen aus dem Verkauf von konsolidierten Unternehmen und sonstigen Geschäftseinheiten	125	
17.	−	Auszahlungen aus dem Erwerb von konsolidierten Unternehmen und sonstigen Geschäftseinheiten	−100	
18.	+/−	Einzahlungen/Auszahlungen aus Positionen, die nicht der betrieblichen Tätigkeit oder der Finanzierungstätigkeit zuzuordnen sind	−100	
19.	=	**Cash flow aus der Investitionstätigkeit**	**−800**	
20.		Einzahlungen aus Eigenkapitalzuführungen (Kapitalerhöhungen, Verkauf eigener Anteile etc.)	25	Ebenso wie bei der Investitionstätigkeit sind die *cash flows* aus der Finanzierungstätigkeit nach der direkten Methode darzustellen (Rz 74ff.)
21.	−	Auszahlungen an Unternehmenseigner und Minderheitsgesellschafter (Dividenden, Erwerb eigener Anteile, Eigenkapitalrückzahlungen, andere Ausschüttungen)	−125	
22.	+	Einzahlungen aus der Begebung von Anleihen und der Aufnahme von (Finanz-)Krediten sowie *finance-lease*-Verbindlichkeiten	0	
23.	−	Auszahlungen aus der Tilgung von Anleihen und (Finanz-)Krediten sowie *finance-lease*-Verbindlichkeiten	−400	
24.	=	**Cash flow aus Finanzierungstätigkeit**	**−500**	
25.		**Zahlungswirksame Veränderung aus Geschäftstätigk. (12+20+25)**	50	
26.	+	Zahlungsmittel 1.1.	540	Anfangsbestand der Periode
27.	+	Veränderung Zahlungsmittel aus erstmaliger Konsolidierung/Nichtkonsolidierung bisher wegen Unwesentlichkeit/Wesentlichkeit nicht/voll konsolidiertes Tochterunternehmen	60	Wertänderung ohne *cash flow* (Rz 124ff.)
28.	+	Veränderung Zahlungsmittel durch Wechselkursänderungen	−50	Wertänderung ohne *cash flow* (Rz 80ff.)
29.	=	**Zahlungsmittel 31.12.**	600	Endbestand der Periode
30.		**Zusätzliche Angaben**		
a)		Gezahlte Ertragsteuern	100	Der Standard IAS 7 sieht eine Reihe von Pflichtangaben vor, die wahlweise entweder in der Kapitalflussrechnung selbst oder im Anhang genannt und die der Auflistung in Rz 138 entnommen werden können
b)		Gezahlte Zinsen	125	
c)		Einzahlungen aus Zinsen	50	

§ 4 EREIGNISSE NACH DEM BILANZSTICHTAG

Inhaltsübersicht   Rz

Vorbemerkung
1 Zielsetzung, Regelungsinhalt, Begriffe 1–3
2 Wertaufhellende Ereignisse *(adjusting events)* 4–15
   2.1 Abgrenzung werterhellender und wertbeeinflussender Ereignisse 4–5
   2.2 Zweifelsfälle der Abgrenzung zu wertbeeinflussenden Ereignissen 6–15
     2.2.1 Schadensfälle nach dem Bilanzstichtag 6–7
     2.2.2 Forderungsausfälle nach dem Bilanzstichtag 8
     2.2.3 Urteile nach dem Bilanzstichtag beim Passivprozess   9
     2.2.4 Forderungseingänge nach dem Bilanzstichtag 10
     2.2.5 Preisentwicklung nach dem Bilanzstichtag 11–12
     2.2.6 Zufallskurse am Bilanzstichtag 13–14
     2.2.7 Gewinnbeteiligungen 15
3 Ansatzaufhellende Ereignisse 16–25
   3.1 Gewinnmindernde Ansatzaufhellung 16–19
   3.2 Gewinnrealisierende Ansatzaufhellung 20–25
     3.2.1 Urteile nach dem Bilanzstichtag beim Aktivprozess 20–22
     3.2.2 Phasengleiche Dividendenvereinnahmung 23–25
4 Abweichen vom Grundsatz der Unternehmensfortführung aufgrund von Ereignissen nach dem Bilanzstichtag 26–29
5 Steuerlatenz 30
6 Aufhellungszeitraum 31–39
   6.1 Rechtliche Strukturen 31–36
   6.2 Praktische Probleme 37–39
     6.2.1 Erstellungszeitraum 37–38
     6.2.2 *Fast close* 39
7 Angaben 40–43
8 Anwendungszeitpunkt, Rechtsentwicklung 44–45
9 Zusammenfassende Praxishinweise 46

Schrifttum: ADLER/DÜRING/SCHMALTZ, Rechnungslegung und Prüfung, 6. Aufl., 1995; CIRIC, Grundsätze ordnungsmäßiger Wertaufhellung, 1995; ELLROTT/KRÄMER, in: Beck'scher Bilanzkommentar, 6. Aufl., § 268; ENGEL-CIRIC, Die Interpretation des Abschlußstichtagsprinzips in der höchstrichterlichen Rechtsprechung, DStR 1996, S. 1298; HEUSER/THEILE, IAS/IFRS-Handbuch, 2. Aufl., 2005, Rz 170ff.; HOFFMANN, Die Wertaufhellung, das Bilanzierungsproblem schlechthin, BB 1996, S. 1157; HOMMEL/BERNDT, Wertaufhellung und funktionales Abschlussstichtagsprinzip,

DStR 2000, S. 1745; HOMMEL, Schätzungen von Rückstellungen in Fast-Close-Abschlüssen, BB 2004, S. 1671; KÜTING/WEBER/BOECKER, Fast Close – Beschleunigung des Jahresabschlusserstellung: (zu) schnell am Ziel?!, StuB 2003, S. 1; MOXTER, Unterschiede im Wertaufhellungsverständnis zwischen den handelsrechtlichen GoB und den IAS/IFRS, BB 2003, S. 2559; MOXTER, Zur phasengleichen Aktivierung von Gewinnansprüchen einer Muttergesellschaft, Gedächtnisschrift Brigitte Knobbe-Keuk, Köln 1997, S. 487.

Vorbemerkung
Die Kommentierung bezieht sich auf IAS 10 in der aktuellen Fassung und berücksichtigt alle Ergänzungen, Änderungen und Interpretationen, die bis zum 1.1.2007 beschlossen wurden.
Einen Überblick über ältere Fassungen sowie über diskutierte oder schon als Änderungsentwurf vorgelegte zukünftige Regelungen enthält Rz 44f.

1 Zielsetzung, Regelungsinhalt, Begriffe

1   Der Jahresabschluss nach IFRS ist auf Grundlage der Verhältnisse aufzustellen, wie sie **am** Bilanzstichtag bestehen. IAS 10 regelt in diesem Zusammenhang die bilanzielle Erfassung und Berichterstattung von Ereignissen **nach** dem Bilanzstichtag. Daneben behandelt IAS 10 die Frage, welche Auswirkungen Ereignisse nach dem Bilanzstichtag auf den Grundsatz der **Unternehmensfortführung** haben.

2   Nach IAS 10 kommt es für die Rechnungslegung nicht auf die dem Bilanzierenden (**subjektiv**) am Bilanzstichtag tatsächlich bekannten Verhältnisse an. Maßgeblich sind vielmehr die zum Stichtag **objektiv** gegebenen Umstände, die u. U. erst bis zum Bilanzerstellungstag bekannt werden. „Stichtag" bezieht sich nach IAS 34.28 (→ § 3 Rz 17) auch auf die Zwischenberichterstattung.

3   Die Erfassung der objektiven Verhältnisse des Bilanzstichtags erfordert eine **Differenzierung** zwischen Ereignissen,
   - die weitere substanzielle Hinweise zu Gegebenheiten liefern, die bereits am Bilanzstichtag vorgelegen haben (IAS 10.3a, *adjusting events,* **wertaufhellende** Ereignisse) – mögliche Folge: Berücksichtigung im Zahlenwerk;
   - die Gegebenheiten anzeigen, die nach dem Bilanzstichtag eingetreten sind (IAS 10.3b, *non-adjusting events,* **wertbeeinflussende** Ereignisse) – mögliche Folge: **Anhang**sangabe.

2 Wertaufhellende Ereignisse *(adjusting events)*

2.1 Abgrenzung werterhellender und wertbeeinflussender Ereignisse

Wertaufhellende Ereignisse werden in IAS 10.9 nur vage anhand von Beispielen erläutert.[1] Unter wertaufhellenden Ereignissen sind jedenfalls solche Informationen zu verstehen, die substanzielle Hinweise zu Gegebenheiten liefern, die bereits am Bilanzstichtag **vorgelegen** haben (IAS 10.2a) und bereits zu diesem Zeitpunkt bei angemessener Sorgfalt erkennbar waren. Sie sind deshalb für die **Bewertung** eines Bilanzpostens (aber auch für den **Ansatz**, Rz 16ff.) selbst dann zu berücksichtigen, wenn sie am Bilanzstichtag (subjektiv) noch **nicht bekannt** waren (IAS 10.8 i. V. m. IAS 10.3).

4

> **Beispiel**
> Im Holzlager einer Niederlassung hat sich am 30.12.06 ein Brand ereignet. Der Bilanzierende erfährt davon erst am 10.1.07.
>
> **Lösung**
> Die nach dem Bilanzstichtag erlangte Information ist durch Abschreibungen auf die beschädigten Holzbestände zum 31.12.06 zu berücksichtigen, da es sich um substanzielle Hinweise zu Gegebenheiten handelt, die bereits am Bilanzstichtag objektiv vorgelegen haben und am Bilanzstichtag bei angemessener Sorgfalt erkennbar waren.

Nach dem Bilanzstichtag eingetretene Ereignisse dürfen nach den IFRS nicht bilanziell berücksichtigt werden (IAS 10.3b). Das entspricht im Grundsatz der HGB-Regelung (§ 252 Abs. 1 Nr. 4 HGB) und der diese auslegenden Rechtsprechung des BFH. Nach einem grundlegenden BFH-Urteil sind von den wertaufhellenden Tatsachen „solche Ereignisse zu unterscheiden, die erst nach dem Bilanzstichtag eingetreten sind, ohne dass sie die Verhältnisse am Bilanzstichtag objektiv zu zeigen, d. h. aufzuhellen vermögen, weil sie – als wertbeeinflussende Tatsachen – nichts enthalten, was einen **Rückschluss** auf die Wertverhältnisse am Bilanzstichtag zulässt".[2]

5

> **Beispiel**
> Auf eine Forderung wurde zum Bilanzstichtag eine Wertberichtigung vorgenommen, weil der Schuldner am 30.12.06 einen Insolvenzantrag gestellt hat. Nach dem Bilanzstichtag wird der Schuldner durch eine Erbschaft oder einen Lotteriegewinn jedoch wieder zahlungsfähig.

---

[1] Vgl. Moxter, BB 2003, S. 2563.
[2] BFH, Urteil v. 4.4.1973, I R 130/71, BStBl II 1973 S. 485; vgl. Heuser/Theile, 2. Aufl., Tz 177.

> **Lösung**
> Die Notwendigkeit einer Wertberichtigung auf die Forderung zum 31.12.06 bleibt hiervon unberührt; denn Ereignisse wie z. B. eine Erbschaft oder ein Lotteriegewinn nach dem Bilanzstichtag enthalten nichts, was einen Rückschluss auf den objektiven Wert der Forderung zum Bilanzstichtag des abzuschließenden Geschäftsjahres ermöglichen könnte.

2.2 Zweifelsfälle der Abgrenzung zu wertbeeinflussenden Ereignissen

2.2.1 Schadensfälle nach dem Bilanzstichtag

6 Eine klare Unterscheidung zwischen den **am** Bilanzstichtag vorliegenden und den erst **danach** eintretenden Verhältnissen ist nur dann einfach, wenn es sich um eindeutige Schadensfälle (Rz 4), wie zum Beispiel das Abbrennen eines Gebäudes oder der Untergang einer Maschine, handelt. Solche Ereignisse sind **zeitlich exakt** einzuordnen (IAS 10.21d).

7 Im Einzelfall kann es dagegen **schwierig** sein, eine **eindeutige Grenze** zwischen wertaufhellenden und wertbeeinflussenden Ereignissen zu ziehen; denn am Bilanzstichtag gegebene und erst sich danach einstellende Gegebenheiten können sich in einer nur schwer trennbaren Weise vermengen. Der logisch eindeutig gelagerte Fall im Beispiel Rz 5 kommt in der Praxis selten vor.

> **Beispiel**
> Eine Ende Dezember in Betrieb genommene Fertigungsanlage fällt im Wertaufhellungszeitraum als Totalschaden aus. Die Nachuntersuchung zeigt Konstruktionsfehler, gibt aber auch Bedienungsfehlern eine gewisse Mitschuld.
>
> **Lösung**
> Aus theoretischer Sicht könnte man versucht sein, zwischen dem Einfluss des Gebrauchs nach dem Bilanzstichtag (wertbeeinflussend) und dem Einfluss der Konstruktionsfehler (werterhellend) zu trennen. Praktisch wird eine solche Aufteilung kaum gelingen.
> Sowohl nach IFRS als auch nach HGB/EStG ist die Zerstörung deshalb nach der für vorrangig erachteten Ursache zu klassifizieren, d. h. entweder insgesamt als wertaufhellendes Ereignis oder insgesamt als wertbeeinflussendes. Eine andere Lösung kann man sich schon aus Vereinfachungsgesichtspunkten nicht vorstellen.

2.2.2 Forderungsausfälle nach dem Bilanzstichtag

8 Auch bei Forderungsausfällen nach dem Bilanzstichtag kann es ungewiss sein, ob der **Insolvenzantrag** eines Kunden (nach dem Bilanzstichtag) durch wertbeeinflussende Ereignisse hervorgerufen wurde oder ob der Insolvenzantrag lediglich eine wertaufhellende Tatsache ist, weil der Kunde schon am Bilanz-

stichtag unerkannt zahlungsunfähig war. Mit Recht betonen die IFRS in diesen Fällen den **Vereinfachungs**grundsatz: Eine kurz nach dem Bilanzstichtag eingetretene Insolvenz des Schuldners belegt den Wertverlust der Forderung und damit das Abschreibungserfordernis (IAS 10.9b). Diese Sichtweise entspricht auch derjenigen des HGB.

2.2.3 Urteile nach dem Bilanzstichtag beim Passivprozess

Nach IAS 10 bestehen keine Bedenken, die nach dem Bilanzstichtag eingetretenen Ereignisse als **Beweisanzeichen** für die Beurteilung der am Bilanzstichtag gegebenen Wertverhältnisse heranzuziehen. Insoweit kann z. B. die **Wahrscheinlichkeitsbeurteilung** bei der Rückstellungshöhe (→ § 21 Rz 100) durch den Hinweis auf nach dem Bilanzstichtag eintretende Ereignisse unterstützt werden (IAS 10.9a). Gegebenenfalls sind Rückstellungen mit dem erst nachträglich festgestellten wirklichen Wert anzusetzen, wenn durch die Ereignisse nach dem Bilanzstichtag die Verpflichtung der Höhe nach genau festgestellt wird. Dies gilt insbesondere für erst nach dem Bilanzstichtag ergehende rechtskräftige Urteile im Rahmen von **Passivprozessen**. Dahinter verbirgt sich die Überlegung, dass ein Urteil nur **feststellt**, was rechtens ist, nicht aber selbst Recht **schafft**, und damit ein wertaufhellendes Ereignis ist.

9

> **Beispiel**
> Die K-AG produziert und vertreibt seit Juni 04 einen neu entwickelten Kühlschrank, der im Wesentlichen auf der patentrechtlich geschützten Technologie eines Konkurrenten basiert. Im Jahresabschluss zum 31.12.06 hat die K-AG entsprechend IAS 37.39 eine Rückstellung in Höhe von 600 TEUR gebildet. Am 10.1.07 erhebt der Patentinhaber eine Patentverletzungsklage gegen die K-AG. Am 1.3.07, aber noch vor Aufstellung des Jahresabschlusses, wird die K-AG zur Zahlung von Patentverletzungsansprüchen in Höhe von 900 TEUR rechtskräftig verurteilt.
>
> **Lösung**
> Die gebildete Rückstellung ist in der Bilanz zum 31.12.06 auf 900 TEUR zu erhöhen, weil durch die rechtskräftige Verurteilung bestätigt wird, dass die K-AG bereits am Bilanzstichtag eine Verpflichtung in entsprechender Höhe hatte und die ursprünglichen Schätzungen der K-AG unzutreffend waren (IAS 10.9a).

Die IFRS-Lösung entspricht insoweit der das HGB konkretisierenden Rechtsprechung des Bundesfinanzhofs.[3] Die Formulierung in IAS 10.9a lässt jedoch offen, ob im Wertaufhellungszeitraum ergangene Gerichtsentscheidungen generell für die Beurteilung von Wertansätzen zum Bilanzstichtag maßgebend sind. Nach Auffassung des BFH ist eine Prozesskostenrückstellung nicht aufzulösen, wenn nach dem Bilanzstichtag, aber noch vor der Aufstellung des Jahresabschlusses das Prozessrisiko aufgrund eines rechtskräftigen Urteils weg-

---

[3] Vgl. CIRIC, Grundsätze ordnungsmäßiger Wertaufhellung, 1995, S. 51ff.

Engel-Ciric

fällt. Der Wegfall des Prozessrisikos nach dem Bilanzstichtag erhelle „nicht rückwirkend die Verhältnisse zum Bilanzstichtag", sondern verändere diese nachträglich.[4] Bei einer wortgetreuen Auslegung von IAS 10.9a ergibt sich hier ein Unterschied zur handelsrechtlichen Betrachtungsweise.
Vgl. zu der unklaren Behandlung von Gerichtsurteilen im Rahmen von **Aktivprozessen Rz 22**.

2.2.4 Forderungseingänge nach dem Bilanzstichtag

Bei der Forderungsbewertung müssen nach IAS 10.2 auch Ereignisse berücksichtigt werden, welche die Zahlungsfähigkeit des Schuldners am Bilanzstichtag belegen. Nach dem Bilanzstichtag, aber noch vor der Aufstellung des Jahresabschlusses eingegangene **Zahlungen von Schuldnern** können solche wertaufhellenden Ereignisse darstellen. Sofern die Zahlungsfähigkeit nicht durch ein nach dem Bilanzstichtag eingetretenes Ereignis wiederhergestellt wurde (Rz 5), lassen sich aus dem Forderungseingang nach Bilanzstichtag **Rückschlüsse** auf das Nichtbestehen eines Risikos am Bilanzstichtag ziehen. Eine Wertberichtigung (Abschreibung) auf diese Forderung kann dann in der Bilanz zum abgeschlossenen Geschäftsjahr nicht vorgenommen werden.

2.2.5 Preisentwicklung nach dem Bilanzstichtag

Die tatsächliche Entwicklung in der Zeit zwischen Bilanzstichtag und dem Tag der Aufstellung des Jahresabschlusses kann auch ein Beweis für eine bereits am Bilanzstichtag gegebene **Wertminderung** von bilanzierten Vermögenswerten sein (IAS 10.9b).

> **Beispiel**
> A hat im Juni 06 modische Ski-Pullover für die Saison 06/07 zu Anschaffungskosten in Höhe von 100 EUR/Stück erworben. Bis zum 31.12.06 konnte nur 1 % der Pullover zum vorgesehenen Preis in Höhe von 150 EUR/Stück verkauft werden. Im Winterschlussverkauf nach dem Bilanzstichtag, aber noch vor dem Tag der Aufstellung des Jahresabschlusses, wurden die restlichen Pullover zum Preis von 20 EUR/Stück veräußert.
>
> **Lösung**
> In der Bilanz zum 31.12.06 sind die auf Lager befindlichen Pullover entsprechend IAS 2.28 mindestens auf den Nettoveräußerungserlös in Höhe von 20 EUR/Stück abzuschreiben. Die tatsächlich erzielten Preise nach dem Bilanzstichtag dienen insofern als Nachweis für den Nettoveräußerungswert am Bilanzstichtag, da sich die Absatzschwierigkeiten nicht erst durch einen nach dem Bilanzstichtag eingetretenen Modewandel ergeben haben. Vielmehr waren die Pullover bereits am Bilanzstichtag nicht werthaltig.

---

[4] BFH, Urteil v. 30.1.2002, I R 68/00, BStBl II 2002 S. 688.

Die gerade skizzierte IFRS-Lösung entspricht der Auslegung des Wertaufhellungsgrundsatzes durch den BFH und führt insoweit zu keiner Abweichung von der handelsrechtlichen Betrachtungsweise.[5]

2.2.6 Zufallskurse am Bilanzstichtag
Die Bestimmung eines niedrigeren Stichtagswertes scheint unproblematisch, wenn ein **Börsenkurs oder Marktpreis** zum Stichtag existiert (IAS 10.22g). Der Börsen- oder Marktpreis ist „ein objektiver Wert, der nicht auf der persönlichen Auffassung des einzelnen Kaufmanns über die künftige wirtschaftliche Entwicklung, sondern auf der allgemeinen Auffassung beruht, wie sie in der Marktlage am Bilanzstichtag zum Ausdruck kommt"[6]. Hat ein Vermögenswert einen Börsen- oder Marktpreis, schlagen sich in ihm regelmäßig alle am Bilanzstichtag vorliegenden, den Kurs oder den Preis beeinflussenden Umstände über die künftige Entwicklung nieder. Das Sinken von Marktwerten nach dem Bilanzstichtag spiegelt Umstände wider, die nach dem Bilanzstichtag eingetreten sind und infolgedessen nicht auf den Bilanzstichtag zurückbezogen werden dürfen (IAS 10.11).

Im Einzelfall, insbesondere bei **wenig liquiden** Märkten, kann jedoch der Stichtagskurs **Zufallscharakter** haben. Zu fragen ist dann, ob **ausnahmsweise** die Kurs- bzw. Preisentwicklung nach dem Bilanzstichtag für die Bewertung zum Stichtag heranzuziehen ist. In IAS 10 wird dieser Fall nicht explizit behandelt.

Nach Ansicht des BFH ist der am Bilanzstichtag geltende **Börsen- oder Marktpreis dann nicht maßgebend,** wenn die kurs- beziehungsweise preisbestimmenden Umstände „zwar am Stichtag offenbar schon vorlagen, aber noch nicht allgemein erkennbar waren und deshalb im Stichtagspreis noch keinen Ausdruck finden konnten". Aus diesem Grunde könne die Preisentwicklung kurz vor, insbesondere aber kurz nach dem Bilanzstichtag dann „nicht außer Betracht bleiben ..., wenn sie offenbar nicht erst durch nach dem Bilanzstichtag eingetretene Tatsachen ausgelöst worden ist". Da es freilich schwierig zu erkennen sei, „auf welchen an einem bestimmten Stichtag vorliegenden Tatsachen ein Marktpreis beruht", sei es zulässig „bei Waren, deren Preise stark schwanken, insbesondere bei Importwaren ... die Preisentwicklung an den internationalen Märkten etwa vier bis sechs Wochen vor und nach dem Bilanzstichtag" zu berücksichtigen.[7]

Es spricht nichts dagegen, auch im IFRS-Abschluss bei einem wenig liquiden Markt entsprechend zu verfahren.

---

[5] Vgl. z. B. BFH, Urteil v. 21.10.1981, I R 170/78, BStBl II 1982 S. 121; kritisch zur Übereinstimmung zwischen IFRS und HGB: MOXTER, BB 2003, S. 2563.
[6] BFH, Urteil v. 17.7.1956, I 292/55 U, BStBl II 1956 S. 379.
[7] BFH, Urteil v. 17.7.1956, I 292/55 U, BStBl III 1956 S. 379, alle Zitate.

2.2.7 Gewinnbeteiligungen

15 Vergütungen an Mitarbeiter, die vom Ergebnis des abgelaufenen Geschäftsjahres abhängen – Tantiemen, Boni u. Ä. – sind nach IAS 10.9d noch in alter Rechnung zu berücksichtigen (IAS 19.17; → § 22 Rz 71).

3 Ansatzaufhellende Ereignisse

3.1 Gewinnmindernde Ansatzaufhellung

16 Der Aufhellungsgrundsatz des IAS 10 beschränkt sich wie im HGB nicht auf die **Bewertung** von Vermögenswerten und Schulden; er gilt vielmehr auch für die Frage des **Bestehens** von Vermögenswerten und Schulden. Analog zur Differenzierung zwischen wertaufhellenden und wertbeeinflussenden Ereignissen ist zwischen **bestandsaufhellenden** und **bestandsbeeinflussenden** Umständen zu unterscheiden. Demnach sind solche bis zur Aufstellung des Jahresabschlusses/Bilanzaufstellung bekannt gewordenen Ereignisse zu berücksichtigen, aus denen Schlüsse über das Bestehen oder Nichtbestehen eines Vermögenswertes oder einer Schuld am Bilanzstichtag gezogen werden können (IAS 10.9a).

> **Beispiel**
> Ein Pharmaunternehmen hat sich im Verlauf des Jahres 06 der betrügerischen Handlung schuldig gemacht: Ärzte wurden bestochen, damit Produkte des Pharmaunternehmens und nicht die der preisgünstigeren Konkurrenz verschrieben werden. Zum Bilanzstichtag wurde entsprechend IAS 37.14 keine Rückstellung gebildet, da die Unternehmensleitung von der Nichtentdeckung der strafbaren Handlungen ausgegangen ist. Kurz nach dem Bilanzstichtag wird jedoch der Betrug von den Krankenkassen bemerkt.
>
> **Lösung**
> Im Rahmen der Ansatzaufhellung ist eine entsprechende Rückstellung für Schadenersatzverpflichtungen im Jahresabschluss des abgeschlossenen Geschäftsjahres zu bilden. Die Entdeckung der betrügerischen Handlung ist insoweit ein Ereignis nach dem Bilanzstichtag, das lediglich die objektiven Gegebenheiten am Bilanzstichtag erhellt, ohne sie zu beeinflussen (IAS 10.9e).

17 Nach wiederholt geäußerter Auffassung des BFH gibt die Erlangung der Informationen über anspruchsbegründende Tatsachen durch den Gläubiger nur Aufschluss darüber, ob sich für den Bilanzierenden am Bilanzstichtag eine rechtlich bestehende Verpflichtung „zu einer wirtschaftlichen Last konkretisiert hat und ob er mit einer Inanspruchnahme rechnen muss."[8]

---

[8] BFH, Urteil v. 2.10.1992, III R 54/91, BStBl II 1993 S. 153.

Nach dem Bilanzstichtag eingetretene Ereignisse, die **keinen Rückschluss** auf die Verhältnisse des Bilanzstichtags zulassen, dürfen nicht in der Bilanz zum abgeschlossenen Geschäftsjahr berücksichtigt werden.

18

> **Beispiel**
>
> **Sachverhalt**
> Eine Fleischfabrik erteilt im Juli 06 einen Auftrag zum Bau eines Fleisch-Kühllagers. Für den Fall eines Vertragsrücktritts werden Vertragsstrafen in Höhe von 1 Mio. EUR vereinbart. Aufgrund der im September 03 eingetretenen BSE-Krise möchte die auftragerteilende Fleischfabrik den Auftrag stornieren. Es werden mit dem Bauunternehmen entsprechende Verhandlungen aufgenommen. Am Bilanzstichtag (31.12.06) sind diese Verhandlungen noch nicht abgeschlossen. Erst nachdem im Februar 07 andere Bauaufträge erteilt werden, verzichtet das Bauunternehmen auf Berechnung der vertraglich vereinbarten Stornierungskosten.
>
> **Lösung**
> Da das Unternehmen nach den Vertragsbestimmungen bei Vertragskündigung eine Stornierungsgebühr in Höhe von 1 Mio. EUR schuldete, musste es am Bilanzstichtag mit einer Inanspruchnahme der vertraglichen Rechte durch den Auftragnehmer rechnen. Der mit der Erteilung weiterer Bauaufträge verbundene Verzicht auf Berechnung der Stornierungsgebühr ist damit ein Ereignis nach dem Bilanzstichtag, das die objektiv gegebenen Verhältnisse am Bilanzstichtag nicht erhellt, sondern nachträglich verändert hat.

Auch insoweit ergibt sich **kein Unterschied** zum handelsrechtlichen Wertaufhellungsgrundsatz. Der BFH hat in einem wirtschaftlich identischen Fall entschieden, eine nach dem Bilanzstichtag erfolgte Vertragsaufhebung sei, „weil rechtsgestaltend, keine aufhellende Tatsache, die bei Aufstellung der Bilanz zu berücksichtigen wäre".[9]

19

3.2 Gewinnrealisierende Ansatzaufhellung

3.2.1 Urteile nach dem Bilanzstichtag beim Aktivprozess

Der Aufhellungsgrundsatz nach IAS 10 gilt unabhängig davon, ob die Informationen gewinn**mindernde** oder gewinn**erhöhende** Umstände betreffen. Wird z. B. im Laufe der Bilanzaufstellung ersichtlich, dass Risiken in der zunächst angenommenen Höhe tatsächlich nicht bestanden, so ist das durch eine entsprechende **Auflösung der Rückstellung** zu berücksichtigen.

20

Unklar ist indes, inwieweit nach den IFRS eine gewinnrealisierende Aufhellung zulässig und geboten ist. Der BFH hat z. B. wiederholt die Ak-

21

---

[9] BFH, Urteil v. 17.11.1987, VIII R 348/82, BStBl II 1988 S. 430.

Engel-Ciric

tivierbarkeit solcher Forderungen verneint, die sich erst durch einen **nach** dem Bilanzstichtag erfolgten **Vergleich** oder ein **nach** dem Bilanzstichtag ergangenes **Urteil** konkretisieren. In einem Urteil[10] heißt es, „bestrittene Forderungen aufgrund einer Vertragsverletzung, einer unerlaubten Handlung oder einer ungerechtfertigten Bereicherung können erst am Schluss des Wirtschaftsjahres angesetzt werden, in dem über den Anspruch rechtskräftig entschieden wird". Zwar treffe der Aufhellungsgrundsatz „auch auf das Vorhandensein von Wirtschaftsgütern zu"; allerdings würden „durch ein rechtskräftiges Urteil bzw. ein Anerkenntnis nach einem Bilanzstichtag keine besseren Erkenntnisse über das Bestehen eines bilanzierungsfähigen Wirtschaftsguts zum Bilanzstichtag vermittelt". Die Begründung ergebe sich aus „dem Grundsatz der Vorsicht"; hiernach sei es „im Allgemeinen ausgeschlossen, eine bestrittene Forderung schon in dem Augenblick ganz oder teilweise zu aktivieren, in dem der Gläubiger ein obsiegendes, aber nicht rechtskräftiges Urteil erstritten hat".[11]

22 Bei der Beurteilung eines solchen Sachverhaltes nach IFRS ist zunächst beachtlich: Ein Gerichtsurteil stellt nur fest, was rechtens ist, schafft aber nicht selbst Recht; es bestätigt damit nur die am Bilanzstichtag objektiv gegebenen Verhältnisse (Rz 9). Darüber hinaus sind die IFRS aufgrund ihrer unterschiedlichen Zielsetzung im Vergleich zum HGB durch eine Mindergewichtung des Vorsichtsprinzips (→ § 1 Rz 19ff.) gekennzeichnet (vgl. z. B. zur Langfristfertigung → § 18; zu Rückstellungen → § 21 Rz 31ff.; zur Bewertung von Wertpapieren → § 28). Das könnte insgesamt für eine **Rückbeziehung** des bis zur Bilanzerstellung ergangenen Urteils über eine bestrittene Forderung auf den Bilanzstichtag sprechen. **Gegen die rückwirkende Erfassung** von bestrittenen Forderungen spricht indes die vergleichende Betrachtung zur Behandlung von nach dem Bilanzstichtag beschlossenen Dividenden (Rz 24). Die bilanzielle Behandlung von Forderungen, die sich erst nach dem Bilanzstichtag konkretisieren, bleibt damit nach IFRS mangels konkreter Anweisung letztlich dem **Ermessen** des Bilanzierenden überlassen.

3.2.2 Phasengleiche Dividendenvereinnahmung

23 Wenn nach dem Bilanzstichtag, aber noch vor der Freigabe des Jahresabschlusses zur Veröffentlichung ein Ausschüttungsbeschluss gefasst wird, so darf keine **Dividendenverbindlichkeit** in der Bilanz des Tochterunternehmens zum abgeschlossenen Geschäftsjahr erfasst werden (IAS 10.12). Der nach dem Bilanzstichtag erfolgte Gewinnverwendungsbeschluss hat insoweit nach IFRS keine ansatzaufhellende Wirkung.[12] Am Bilanzstichtag war noch kein Bilanzposten existent, der durch einen nach dem Bilanzstichtag erfolgten Dividendenbeschluss aufgehellt wird. Der Betrag der nach dem Bilanzstichtag beschlossenen Dividenden ist im Anhang zu nennen (IAS 10.13).

---

[10] BFH, Urteil v. 26.4.1989, I R 147/84, BStBl II 1991 S. 213, alle Zitate.
[11] A. A. ADS INTERNATIONAL, Abschn. 2 Tz 78.
[12] Anders insoweit IDW, RS HFA 2, Tz 22.

In der **handelsrechtlichen** Kommentarliteratur ist es umstritten, ob in Höhe der nach dem Bilanzstichtag beschlossenen Dividende eine Verbindlichkeit in alter Rechnung zu erfassen ist: Teilweise wird dies als zutreffend erachtet;[13] teilweise wird dies bezweifelt, da der schuldrechtliche Auszahlungsanspruch erst mit Feststellung des Jahresabschlusses nach dem Bilanzstichtag entsteht.[14] Nach IAS 18.30 sind bei einem Mutterunternehmen **Dividendenansprüche** – gegen Kapital- und Personengesellschaften (Rz 25) – erst mit Entstehen des Rechtsanspruchs auf Zahlung zu erfassen. Eine phasengleiche Dividendenvereinnahmung kommt damit nach IFRS nicht in Betracht.[15] Insoweit ergibt sich ein Unterschied zur handelsrechtlichen Bilanzierung: Nach dem EuGH-Urteil im „Tomberger-Fall"[16] verstößt die phasengleiche Dividendenvereinnahmung nicht gegen die Vorschriften der 4. EG-Richtlinie. Der BGH bestätigte daraufhin die handelsrechtliche Verpflichtung zur phasengleichen Vereinnahmung der Dividende unter den folgenden Voraussetzungen:

24

1. Die Muttergesellschaft ist zu 100 % an einer Kapitalgesellschaft beteiligt.
2. Das Tochterunternehmen ist ein abhängiges Konzernunternehmen.
3. Die Gesellschafterversammlung des abhängigen Tochterunternehmens hat über die Feststellung des Jahresabschlusses und die Gewinnverwendung für das abgelaufene Geschäftsjahr beschlossen, bevor die Prüfung des Jahresabschlusses der Muttergesellschaft beendet ist.
4. Mutter- und Tochtergesellschaft haben ein übereinstimmendes Geschäftsjahr.[17]

Ob die phasengleiche Dividendenvereinnahmung mit dem Wertaufhellungsgrundsatz begründet werden kann, ist letztlich eine **Auslegungsfrage**: Ausgehend von einer **restriktiven** Wertaufhellungskonzeption gibt es keine phasengleiche Dividendenvereinnahmung: Am Abschlussstichtag kann auch einem Mehrheitsgesellschafter der „mindestens ausschüttungsfähige Bilanzgewinn" des Tochterunternehmens bei angemessener, selbst bei größtmöglicher Sorgfalt nicht bekannt sein:[18] Der Gesellschafter wird erst durch nach dem Bilanzstichtag zugehende Informationen Gewissheit über den Gewinn des Tochterunternehmens erlangen. Abgesehen von Fällen langjähriger Übung kann insofern auch der spätere Gewinnverwendungsvorschlag nicht als Beweisanzeichen für eine Gewinnverwendungsabsicht am Bilanzstichtag herangezogen werden. Für diese restriktive Wertaufhellungskonzeption sprechen **Objektivierung**saspekte: Dem Mehrheitsgesellschafter wird dadurch die Möglichkeit genommen, je nach bilanzpolitischem Kalkül die Bilanzerstellung

---

[13] Vgl. ELLROTT/KRÄMER, in: Beck'scher Bil.-Komm., 6. Aufl., § 268 HGB, Tz 8.
[14] Vgl. ADLER/DÜRING/SCHMALTZ, Rechnungslegung und Prüfung, 6. Aufl., § 268, Tz 31.
[15] So auch IDW in Vorbemerkung zu RS HFA 2 n.F.
[16] Vgl. EuGH, Urteil v. 27.6.1996, Rs. C-234/94, BB 1996, S. 1492.
[17] Vgl. BGH, Urteil v. 12.1.1998, II ZR 82/93, DStR 1998, S. 383.
[18] Vgl. MOXTER, Zur phasengleichen Aktivierung von Gewinnansprüchen einer Muttergesellschaft, Gedächtnisschrift Brigitte Knobbe-Keuk, Köln 1997, S. 496.

und damit den Gewinnverwendungsbeschluss des Tochterunternehmens zeitlich zu verzögern, um die Erfassung des Dividendenanspruchs in das folgende Jahr zu verlagern. Das Verbot der phasengleichen Dividendenvereinnahmung entsprechend IAS 18.30c dient damit der **Ausschaltung** einer Sachverhaltsgestaltung, die dem Bilanzierenden die Entscheidung über den Gewinnrealisierungszeitpunkt lässt.

25 U. E. gelten die vorstehenden Hinweise zur Dividendenvereinnahmung auch für Gewinnausschüttungen von **Personen**gesellschaften. Auch für diese ist nach deutschem Gesellschaftsrecht eine Feststellung des Jahresabschlusses erforderlich. Erst dann liegt für den Gesellschafter ein Rechtsanspruch auf Dividende vor.[19]

4 Abweichen vom Grundsatz der Unternehmensfortführung aufgrund von Ereignissen nach dem Bilanzstichtag

26 Ereignisse nach dem Bilanzstichtag können nach IAS 10 auch Auswirkungen auf den Grundsatz der **Unternehmensfortführung** haben: Der Jahresabschluss nach IFRS ist unter der Annahme der Unternehmensfortführung *(going concern)* aufzustellen (F.23; → § 1 Rz 16). Von der Fortführungshypothese ist allerdings **abzusehen**, wenn die Unternehmensleitung entweder beabsichtigt, das Unternehmen aufzulösen, den Geschäftsbetrieb einzustellen oder keine realistische Alternative hierzu hat (IAS 10.14). Insoweit ergibt sich **kein Unterschied zum HGB**.

27 Nach IFRS kann sich auch aus einer **nach** dem Bilanzstichtag eingetretenen Verschlechterung der Vermögens-, Finanz- und Ertragslage die Notwendigkeit ergeben, die Unternehmensfortführung zu **überprüfen** (IAS 10.15). Sind die Auswirkungen von Ereignissen nach dem Bilanzstichtag so gravierend für die Vermögenslage, dass die Annahme der Unternehmensfortführung nicht länger angemessen ist, erfordert dies ein Abgehen von der Fortführungshypothese und von den bisherigen Wertansätzen zum Bilanzstichtag (IAS 10.15). Eine ausschließliche Berücksichtigung im Anhang reicht dann nicht mehr aus.

28 Damit wird eine wichtige **Ausnahme** vom Grundsatz der Erfassung der Verhältnisse des Bilanzstichtags und der ausschließlichen Berücksichtigung von ansatz- bzw. wertaufhellenden Ereignissen formuliert.

> **Beispiel**
> Kurz vor Ende der Aufstellung des Jahresabschlusses zum 31.12.06 werden am 26. Februar 07 die gesamten Produktionsanlagen und Produktionsbestände der A-AG durch eine Flutkatastrophe zerstört. Da kein Ver-

---

[19] A. A. zum HGB IDW, RS HFA 18 Tz 13 (FN des IDW, 2005, S. 738).

sicherungsschutz bestand, sieht die Unternehmensleitung keine realistische Alternative zur Einstellung des Geschäftsbetriebs.

Lösung
Die A-AG darf den Jahresabschluss zum 31.12.06 nach IFRS nicht mehr unter der Annahme der Unternehmensfortführung aufstellen. Obwohl die Flutkatastrophe ein Ereignis des neuen Jahres und damit wertbeeinflussend ist, sind sämtliche Produktionsanlagen und Produktionsbestände in der Bilanz zum 31.12.06 mit dem Liquidationswert anzusetzen, d. h. vollständig abzuschreiben.

Dem IASB zufolge ist in diesem **besonderen** Fall ein Abweichen von der Maßgeblichkeit der objektiven Verhältnisse des Bilanzstichtags unerheblich, da der Jahresabschluss **keinen Informationswert** hätte, wenn er unter der Annahme der Unternehmensfortführung und der Nichtberücksichtigung der Ereignisse nach dem Bilanzstichtag aufgestellt würde.[20]
Handelsrechtlich wurde aufgrund der Dominanz des **Vorsichtsprinzips** wiederholt eine funktionale Interpretation des Aufhellungsgrundsatzes im gerade skizzierten Sinne gefordert.[21] Gleichwohl sieht das HGB auch im Falle eines existenzbedrohenden Ereignisses nach dem Bilanzstichtag lediglich Angaben im Lagebericht vor (§ 289 Abs. 2 HGB). **Ausnahmsweise** ist die Bilanzierung nach IFRS in diesen Fällen vorsichtiger als nach HGB.

29

5 Steuerlatenz

Die weitgehend identische Interpretation des Wertaufhellungsgesichtspunktes nach IFRS und EStG lässt eine Steuerlatenzrechnung in aller Regel vermeiden (Rz 46f.).

30

6 Aufhellungszeitraum

6.1 Rechtliche Strukturen

Aufhellende Informationen gehen im Allgemeinen während des gesamten Erstellungszeitraums zu. Damit stellt sich die Frage, bis zu welchem Zeitpunkt aufhellende Informationen zu berücksichtigen sind. Nach IAS 10.5 endet der

31

---

[20] Ausdrücklich heißt es in IASC Insight, December 1998, 5: „When events indicate that the going concern assumption is not appropriate, it is irrelevant to distinguish whether these events occurred before or after the balance sheet date. Information based on a going concern basis is no longer useful to users of financial statements."
[21] Vgl. insbesondere MOXTER, Beschränkung der gesetzlichen Verlustantizipation auf die Wertverhältnisse des Abschlussstichtags?, in: Festschrift Gerd Rose, 1991, S. 165.

Aufhellungszeitraum mit der Freigabe des Jahresabschlusses zur Veröffentlichung (*when the financial statements are authorized for issue*, IAS 10.3). Bis zu diesem Zeitpunkt müssen sämtliche Informationen über die Verhältnisse des Bilanzstichtags berücksichtigt werden; danach erlangte Informationen sind unbeachtlich.

32 Der Zeitpunkt der **Beendigung** der Abschlusserstellung und damit dessen „Freigabe" (*issue*) hängt von den jeweiligen rechtlichen Gegebenheiten des einzelnen Unternehmens ab. Bei einer Aktiengesellschaft ist das der Tag, an dem der Gesamtvorstand den Jahresabschluss (§ 170 Abs. 1 AktG) bzw. den Konzernjahresabschluss (§ 377 Abs. 1 Satz 1 AktG) dem Aufsichtsrat zur Prüfung vorlegt (§ 171 Abs. 1 Satz 1 AktG). Das Gleiche gilt bei einer mitbestimmenden GmbH (§ 25 MitbestG) und bei einer GmbH mit einem fakultativen Aufsichtsrat (§ 52 Abs. 1 GmbHG). Der Aufhellungszeitraum nach IFRS endet hier mit der Vorlage des Vorstandes an den Aufsichtsrat (IAS 10.6). Im Allgemeinen entspricht damit der Zeitpunkt der Freigabe zur Veröffentlichung dem Tag der Unterzeichnung des Jahresabschlusses durch den Vorstand/die Geschäftsführung. Unerheblich für das Ende des Aufhellungszeitraumes ist insoweit die Genehmigung des Jahresabschlusses durch den **Aufsichtsrat**.

33 Das Ende des Wertaufhellungszeitraums wird in IAS 10.6 – für das nach deutschem Recht gültige Trennungssystem der *Board*-Struktur – durch folgendes (leicht verändertes) **Beispiel** für eine Aktiengesellschaft veranschaulicht:

Beispiel	
31.12.06	Bilanzstichtag
28.02.07	Fertigstellung des Entwurfs des Jahresabschlusses durch den Vorstand
16.03.07	Ende der Prüfungshandlungen des Jahresabschlussprüfers
18.03.07	Freigabe des Jahresabschlusses durch den Vorstand zur Weiterleitung an den Aufsichtsrat (Unterzeichnung)
19.03.07	Testat des Abschlussprüfers
01.04.07	Genehmigung durch den Aufsichtsrat
Lösung	
Der Aufhellungszeitraum endet hier mit der Unterzeichnung des Jahresabschlusses durch den Gesamtvorstand am 18.3.05.[22] Die Billigung des Abschlusses durch ein anderes Organ der Gesellschaft ist nicht mehr Bestandteil der Abschlusserstellung.	

---

[22] A. A. HEUSER/THEILE, IAS/IFRS-Handbuch, 2. Aufl., 2005, Tz 172: Maßgebend ist das Datum des Bestätigungsvermerks des Abschlussprüfers. Allerdings wird der Bestätigungsvermerk regelmäßig zumutbar nach der Unterzeichnung des Abschlusses durch den Vorstand erteilt, so dass im Ergebnis die beiden Auffassungen nicht nennenswert divergieren.

Zu den Besonderheiten für die Bestimmung des Wertaufhellungszeitraums bei der IFRS-Eröffnungsbilanz wird auf → § 6 Rz 40ff. verwiesen.
Die vorstehende Darstellung ist im Wesentlichen an den strukturellen Gegebenheiten einer deutschen Aktiengesellschaft ausgerichtet. Je nach Rechtsform können sich Besonderheiten ergeben:[23]

- Bei der GmbH ohne pflichtmäßige oder freiwillige Bestellung eines Aufsichtsrates obliegen die Feststellung des Jahresabschlusses und die Billigung des Konzernabschlusses der Gesellschafterversammlung (§ 46 GmbHG). Entsprechend hat die Geschäftsführung diesem Organ die Jahresabschlüsse zuzuleiten.
- Bei Personenhandelsgesellschaften obliegt die Erstellung des Jahresabschlusses den geschäftsführenden Gesellschaftern, die Feststellung demgegenüber ist als Grundlagengeschäft der Zustimmung aller Gesellschafter anvertraut. Dies gilt nicht nur für den Einzel-, sondern auch für den Konzernabschluss und den befreienden Einzelabschluss für Zwecke der Handelsregisterpublizität (→ § 7 Rz 11).

34

Im Falle der angelsächsischen (und schweizerischen) *Board*-Struktur mit internen und externen Mitgliedern (*Board of Directors*) ist der *Board* insgesamt für die Beschlussfassung über den Abschluss zuständig. Bis dahin läuft die Aufstellungsfrist. Sofern die Genehmigung der Gesellschafter erforderlich ist, endet die Aufstellung mit Weiterleitung an die Gesellschafter (IAS 10.5).
Nach deutscher Rechtslage bedarf es zur rechtlichen Gültigkeit eines Jahresabschlusses bzw. der Billigung eines Konzernabschlusses immer der entsprechenden Zustimmung des zuständigen Organs (Aufsichtsrat oder Gesellschafterversammlung). Bis dahin kann der Vorstand/die Geschäftsführung einen Jahres- bzw. Konzernabschluss förmlich noch ändern, die bisherige Unterzeichnung sozusagen widerrufen.[24] Dies muss auch für die Konzernabschlüsse nach den IFRS gelten, die förmlich nicht festgestellt, sondern „nur" gebilligt werden. Die Frage ist dann, ob im Falle einer entsprechenden Neuaufstellung des Jahresabschlusses der Wertaufhellungszeitraum bis zur erneuten Unterzeichnung und Weitergabe an den Aufsichtsrat/die Gesellschafterversammlung erweitert wird. Dafür spricht die rechtliche Struktur nach deutschem Recht,[25] dagegen spricht die dem Regelungsgehalt von IAS 10.5 bzw. 10.6 zugrunde liegende Vorstellung, die das *„issue"* eher als einmaligen Vorgang ansieht.

35

Durch Auflagen einer *enforcement*-Instanz (SEC oder deutsche Prüfstelle für Rechnungslegung) muss möglicherweise ein fehlerhafter Abschluss zwingend geändert werden (*reissuance*). Diese kann und wird das in der Praxis häufig erst Jahre später einstellen. In diesem Fall dürfen inzwischen eingetretene neue Erkenntnisse, z. B. im Rahmen von Schätzungsverfahren, nicht in den ge-

36

---

[23] Vgl. hierzu ADS INTERNATIONAL, Abschn. 2, Tz 42ff.
[24] IDW, RS HFA 6, WPg 2001, S. 1085 mit entsprechender Nachtragsprüfung nach § 316 Abs. 3 HGB.
[25] Entsprechend ADS INTERNATIONAL, Abschn. 2, Tz 55f.

änderten Jahresabschluss einfließen.[26] Es handelt sich um eine Analogie zu IFRS 1.31 (→ § 6 Rz 40) und fällt nicht unter den Wertaufhellungsgedanken.

6.2 Praktische Probleme

6.2.1 Erstellungszeitraum

37 Es ist nicht selbstverständlich, den Tag der **Unterzeichnung** des Jahresabschlusses als Ende des Aufhellungszeitraums zu definieren. Der Sinn und Zweck des Aufhellungsgrundsatzes wäre jedoch verfehlt, würde man nur Informationen bis zur Prüfungsbereitschaft oder Prüfungsbeendigung berücksichtigen wollen und damit die zum Bilanzstichtag geltende Vermögenslage wider besseres Wissen unzutreffend darstellen. Es erscheint aber auch nicht praxisgerecht, ansatz- und wertaufhellende Ereignisse generell bis zum Tag der Unterzeichnung des Jahresabschlusses zu beachten: Im Allgemeinen wird der Jahresabschluss nicht an einem einzigen Tag aufgestellt; vielmehr erstrecken sich die Jahresabschlussarbeiten in der herkömmlichen Arbeitsweise (vgl. aber Rz 39) über einen Zeitraum von **mehreren Wochen**, in dem die Wertansätze der verschiedenen Jahresabschlussposten sukzessive ermittelt werden. Es ist dem Bilanzierenden nicht zuzumuten, unmittelbar vor der Unterzeichnung des Jahresabschlusses sämtliche Jahresabschlussposten noch einmal im Hinblick auf mögliche Änderungen erneut zu überprüfen. Zumutbar ist nur die Berücksichtigung solcher Informationen, die bis zum Zeitpunkt der Bearbeitung des **jeweiligen Jahresabschlusspostens** tatsächlich erlangt wurden.[27] **Bedeutsame Risiken** sind allerdings bis zu dem Tag im Jahresabschluss zu berücksichtigen, an dem die Aufstellung im Ganzen abgeschlossen ist.[28]

38 Die IFRS vermeiden eine exakte zeitliche Begrenzung des Aufhellungszeitraums. Insoweit ist es auch ungeklärt, ob wertaufhellende Umstände auch dann noch zu berücksichtigen sind, wenn der Jahresabschluss **nicht innerhalb** der einem **ordnungsmäßigen Geschäftsgang** entsprechenden Zeit, sondern **verspätet** aufgestellt worden ist. Nach der älteren BFH-Rechtsprechung waren aufhellende Tatsachen unabhängig von der fristgerechten Bilanzerstellung zu berücksichtigen.[29] Nach der jüngeren Rechtsprechung endet der Aufhellungszeitraum jedenfalls zu dem Zeitpunkt, an dem Bilanzierende spätestens eine Bilanz hätten aufstellen **müssen**, „weil hier, je weiter der Aufstellungstag hinausgeschoben wird, die kaum noch kontrollierbare Gefahr besteht, dass ... Umstände, die den Wert am Bilanztag erhellen, mit solchen, die eine spätere Wertänderung anzeigen, unzulässigerweise vermischt werden."[30] Die Bilanz sei

---

[26] ADS International, Abschn. 2, Tz 59.
[27] Vgl. Moxter, Bilanzrechtsprechung, 5. Aufl., 1999, S. 262; der BFH ist dieser Vorgabe allerdings nicht gefolgt (Urteil v. 15.09.2004 I R 5/04, DStR 2005, S. 238).
[28] Vgl. Adler/Düring/Schmaltz, Rechnungslegung und Prüfung, 6. Aufl., § 252, Tz 77.
[29] Vgl. Ciric, Grundsätze ordnungsmäßiger Wertaufhellung, S. 80.
[30] BFH, Urteil v. 12.12.1972, VIII R 112/69, BStBl II 1973 S. 555.

dabei spätestens innerhalb eines Jahres nach dem Bilanzstichtag aufzustellen.[31] Handelsrechtlich gilt für große und mittelgroße Kapitalgesellschaften sowie Personenhandelsgesellschaften im Sinne von § 264a HGB entsprechend § 264 Abs. 1 HGB eine Frist von drei Monaten, während für kleine Kapitalgesellschaften eine Frist von sechs Monaten einzuhalten ist. Für die Aufstellung von Konzernabschlüssen sieht § 290 Abs. 1 HGB eine Frist von fünf Monaten vor. In IAS 1.52 (1997) wurde noch ein Zeitraum von sechs Monaten für die fristgerechte Aufstellung des Jahresabschlusses genannt. Im Rahmen des *Improvement Project* wurde dieser Hinweis ersatzlos gestrichen. Die IFRS lassen insoweit vollkommen offen, innerhalb welcher Zeit der Jahresabschluss fristgerecht aufzustellen ist und wie lange der Aufhellungszeitraum definiert wird.

6.2.2 Fast close

Bei börsennotierten Unternehmen und ihren Tochterunternehmen ist die Aufstellung des Jahresabschlusses bereits **wenige Wochen** nach Bilanzstichtag *(fast close)* inzwischen zur Regel geworden. Bei einem mehrstufigen Konzern müssen demzufolge die ersten Teilabschlüsse von Enkel- oder Tochterunternehmen bereits **wenige Tage** nach Schluss des Geschäftsjahres vorliegen. Zu diesem Zweck wird meistens noch **vor Ende** des alten Geschäftsjahres ein vorläufiger Abschluss aufgestellt *(hard close).*[32] Endgültige Entscheidungen über den Wertansatz können allerdings nur **nach** dem Bilanzstichtag getroffen werden. Dies gilt insbesondere für folgende Bereiche:

39

- Bewertung von ausstehenden **Forderungen,**
- Bewertung von **Vorräten,**
- Bemessung der **außerplanmäßigen** Abschreibungen von Beteiligungen,
- Bilanzierung von **Rückstellungen**[33].

Durch den Trend zum *fast close* wird der Aufhellungszeitraum erheblich **verkürzt.** Damit ist freilich die Gefahr der **Verminderung** der **Qualität** und der **Verlässlichkeit** der Jahresabschlussdaten verbunden. Diese Gefahr kann einerseits durch die Optimierung von Prozessen und geeignete Organisationsstrukturen vermindert werden. Andererseits ist der Bilanzierende durch das *Framework* ausdrücklich dazu angehalten, den Gesichtspunkt der Zeitnähe *(timeliness)* gebührend zu berücksichtigen (→ § 1 Rz 69). Die **Abwägung** zwischen Verlässlichkeit und Zeitnähe des Jahresabschlusses hat der Bilanzierende nach pflichtgemäßem Ermessen zu treffen. Eine maximale Ausdehnung der Wertaufhellungsfrist wird dabei die Ausnahme sein.

---

[31] Vgl. BFH, Urteil v. 3.7.1991, X R 163, BStBl II 1991 S. 802.
[32] Vgl. Küting/Weber/Boecker, Fast Close – Beschleunigung der Jahresabschlusserstellung: (zu) schnell am Ziel?, StuB 2003, S. 1.
[33] Vgl. Hommel, Schätzungen von Rückstellungen in Fast-Close-Abschlüssen, BB 2004, S. 1671.

7 Angaben

40 Nach IAS 10 sind im Anhang folgende Angaben zu machen:
- **Zeitpunkt** der **Freigabe** des Jahresabschlusses zur Veröffentlichung (IAS 10.17);
- Erläuterung von wesentlichen **wertbeeinflussenden** Ereignissen (IAS 10.21);
- **Aktualisierung** der Anhangsangaben aufgrund von wertaufhellenden Ereignissen (IAS 10.19).

41 Durch die Angabe des **Unterzeichnungsdatums** wird der Abschlussadressat darüber informiert, welche Ereignisse nach dem Bilanzstichtag berücksichtigt sind und welche Ereignisse nicht bilanziell erfasst wurden (IAS 10.18).

42 **Materiell** bedeutsame ansatz- oder **wertbeeinflussende** Ereignisse sind im Anhang zu erläutern, um eine sachgerechte Beurteilung des Jahresabschlusses zu ermöglichen. Dabei sind anzugeben:
- die **Art** des Ereignisses (IAS 10.21a) und
- eine **Schätzung** der finanziellen Auswirkungen oder eine Aussage darüber, dass eine solche Schätzung nicht vorgenommen werden kann (IAS 10.21b).

> **Formulierungsbeispiel**
> Unsere Fertigungsanlage in der Niederlassung Süd wurde am 12.1.04 durch eine Überschwemmung erheblich beschädigt. Seitdem liegt diese Produktionslinie still. Der Schaden wird auf 1 Mio. EUR geschätzt. Inwieweit der Schaden versichert ist, lässt sich derzeit nicht zuverlässig abschätzen. Auswirkungen auf die Unternehmensfortführung ergeben sich jedoch nicht.

43 Darüber hinaus fordert IAS 1 **umfassende** Anhangsangaben, wenn der Jahresabschluss nicht unter der Annahme der **Unternehmensfortführung** erstellt wird oder die Unternehmensleitung erhebliche Zweifel an der Fortführbarkeit hat.
Auf die **Checkliste Abschlussangaben** wird verwiesen (→ § 5 Rz 8).

8 Anwendungszeitpunkt, Rechtsentwicklung

44 IAS 10 ist auf Jahresabschlüsse für Geschäftsjahre anzuwenden, die am 1. Januar 2005 oder später begonnen haben. Eine frühere Anwendung wird befürwortet.
Änderungen der Standardfassung sind derzeit nicht geplant.

45 Die **vorher gültige** Fassung unterscheidet sich nur unwesentlich von IAS 10 (2004): Es wurde lediglich noch deutlicher herausgestellt, dass der Gewinnverwendungsbeschluss nach dem Bilanzstichtag kein wertaufhellendes Ereignis darstellt (Rz 23). Das bislang geltende Wahlrecht, im Wertaufhellungs-

zeitraum beschlossene Dividenden entweder im Eigenkapital darzustellen oder im Anhang anzugeben, wurde gestrichen. Danach sind nach dem Bilanzstichtag beschlossene Dividenden ausschließlich im Anhang anzugeben (IAS 10.13).
Änderungen der Standardfassung sind derzeit nicht geplant.

9 Zusammenfassende Praxishinweise

IAS 10 unterscheidet analog dem HGB zwischen **46**
- wertaufhellenden Ereignissen *(adjusting events)* – mögliche Folge: Berücksichtigung im Zahlenwerk – und
- wertbeeinflussenden Ereignissen – mögliche Folge: Anhangsangabe (Rz 3).

Bei der im Einzelfall nicht immer einfachen Unterscheidung zwischen den beiden „Typen" kann sich der deutsche Anwender auch auf entsprechende BFH-Rechtsprechung zur Rechtslage nach dem HGB stützen (Rz 4ff.). Der Aufhellungsgedanke bezieht sich dabei nicht nur auf die Wertermittlung, sondern auch auf den Bilanzansatz. Im Gegensatz zum HGB ist aber nach IFRS eine so genannte phasengleiche Dividendenvereinnahmung nicht möglich. Die Verpflichtung aus der Dividendenzahlung ist erst nach Fassung des Gewinnverwendungsbeschlusses möglich (Rz 23).

Im Regelfall endet der Aufhellungszeitraum mit der Unterzeichnung des Jahresabschlusses durch das hierfür zuständige Organ (Vorstand, Geschäftsführung) und der Weitergabe zur Feststellung bzw. Billigung an den Aufsichtrat bzw. die Gesellschafterversammlung (Rz 31ff.).

Die IFRS regeln nicht, innerhalb welchen Zeitraums der Jahresabschluss zu erstellen ist (Rz 38).

Im Hinblick auf den immer mehr um sich greifenden *fast close* relativiert sich zunehmend das Problem der Bestimmung eines Wertaufhellungszeitraums (Rz 39).

Wegen der Anhangsangaben vgl. Rz 40ff.

§ 5 ANHANG *(NOTES AND DISCLOSURES)*

Inhaltsübersicht	Rz
Vorbemerkung	
1 Zielsetzung, Regelungsinhalt, Begriffe	1–11
1.1 IAS 1: Der Anhang als fünfter Abschlussbestandteil	1–5
1.2 Anhangsangaben in IAS 1 und in anderen Standards ...	6–11
2 Funktion der „Prosa" im Jahresabschluss	12–14
3 Gliederungsstruktur des IFRS-Anhangs	15–20
4 Der allgemeine Teil des Anhangs	21–65
4.1 Überblick	21–22
4.2 Allgemeine Angaben zu Bilanzierungs- und Bewertungsmethoden	23–37
4.3 Angaben zur Ausübung des Ermessens	38–64
4.3.1 Überblick	38–42
4.3.2 Auslegungsbedürftige Regeln, unbestimmte Rechtsbegriffe, Regelungslücken	43–48
4.3.3 Schätzungen, Bewertungsunsicherheiten	49–59
4.3.4 Zusammenfassende Beurteilung	60–64
4.4 Formulierungsbeispiel für den allgemeinen Teil des Anhangs	65
5 Besondere Angabepflichten für deutsche IFRS-Anwender ...	66
6 Unterlassung nachteiliger Angaben – explizite und implizite Schutzklauseln	67–69
7 Anwendungszeitpunkt, Rechtsentwicklung	70–71
8 Zusammenfassende Praxishinweise, Verweis auf Checkliste Abschlussangaben	72–77

Schrifttum: ADS INTERNATIONAL, 2006, Abschn. 24, Anhang; ERNST & YOUNG, International GAAP 2007; HEERING/HEERING, Die Anhangangaben (notes) nach IAS/IFRS, StuB 2004, S. 149; HOFFMANN/LÜDENBACH, Die imparitätische Berichterstattung des Abschlussprüfers nach § 321 Abs. 2 S. 4 HGB n.F., Erweiterte Berichterstattungspflicht und internationale Rechtsentwicklung, DB 2003, S. 781ff.; HOFFMANN/LÜDENBACH, Internationale Rechnungslegung: Kapitalmarkt- oder managerorientiert?, StuB 2002, S. 541ff.; HOFFMANN/LÜDENBACH, Zur Offenlegung der Ermessensspielräume bei der Erstellung des Jahresabschlusses – Rechnungslegung in euklidschen Räumen?, DB 2003, S. 1965ff.; KIRSCH, Offenlegung von Einschätzungen und Prognosen des Managements nach IAS 1 (rev.) für das langfristige Vermögen, StuB 2004, S. 481; KLEEKÄMPER et al., in: BAETGE et al. (Hrsg.), Rechnungslegung nach IAS, 2. Aufl., IAS 1, Darstellung des Abschlusses; KPMG, Insights into IFRS, 2006.

Lüdenbach

Vorbemerkung
Die Kommentierung bezieht sich auf IAS 1 und berücksichtigt alle Ergänzungen, Änderungen und Interpretationen, die bis zum 1.1.2007 beschlossen wurden. Einen Überblick über ältere Fassungen sowie diskutierte oder schon als Änderungsentwurf vorgelegte zukünftige Regelungen enthalten Rz 70ff.

1 Zielsetzung, Regelungsinhalt, Begriffe

1.1 IAS 1: Der Anhang als fünfter Abschlussbestandteil

1   IAS 1 verfolgt das ausdrückliche Ziel, im Interesse der Vergleichbarkeit von Abschlüssen Grundregeln für Inhalt und Form von Jahresabschlüssen festzulegen. IAS 1.8 bestimmt in diesem Zusammenhang, dass der vollständige IAS-Abschluss folgende Bestandteile enthalten muss:
- **vier Rechenwerke** (Bilanz, GuV, Kapitalflussrechnung sowie Eigenkapitaländerungs- oder Gesamteinkommensrechnung)[1]
- einen **Anhang** bzw. **Anhangsangaben** *(notes and disclosures)*

2   Das **deutsche** Bilanzrecht kennt in Ergänzung seiner Rechenwerke (rechtsformabhängig) einen Anhang (und einen Lagebericht). Das **IFRS-Regelwerk** schreibt (rechtsformunabhängig) die Ergänzung um *notes and disclosures* vor. Wörtlich übersetzt geht es um Anmerkungen *(notes)* und Offenlegungen *(disclosures)*. Der erste Begriff verdeutlicht eher die Technik der Verbindung von Rechenwerk und Anhang, der zweite Begriff gibt eher die Funktion des Anhangs wieder:
- **Anmerkungen** *(notes)*: Jeder erläuterungsbedürftige Abschlussposten (aus Bilanz, GuV, Kapitalflussrechnung) ist **technisch** mit einem **Querweis** *(cross-reference)* zu sämtlichen im Anhang seiner Erläuterung dienenden Informationen zu versehen (IAS 1.104). Werden beispielsweise die latenten Steuern unter Ziffer 24 des Anhangs erläutert, findet der Bilanzleser sowohl auf der Aktivseite als auch auf der Passivseite der Bilanz in einer zusätzlich zur Textspalte und zur Zahlenspalte eingefügten Anmerkungsspalte die Ziffer 24.
- **Offenlegungen** *(disclosures)*: Dem Anhang kommt die **Funktion** zu, die Zahlen der Rechenwerke, d. h. ihr Zustandekommen (Methoden) und ihren Inhalt (Zusammensetzung), zu erläutern sowie zusätzliche Informationen zu liefern, die nicht Teil der Finanzbuchhaltung bzw. der anderen Abschlussbestandteile sind (IAS 1.103c und 105d).

3   Der **Wortgebrauch der deutschen IFRS-Praxis** ist uneinheitlich. In Bezug auf die einzelnen Erläuterungen wird teils von „Angaben", teils mit gleicher Bedeutung von „Anhangsangaben", teils mit wiederum gleicher Bedeutung von

---

[1] Bei börsennotierten Gesellschaften außerdem Segmentrechnung (→ § 36 Rz 5) und Gewinn pro Aktie (→ § 35 Rz 2).

„*notes*" gesprochen. „*Notes*" und „Anhangsangaben" werden andererseits aber auch für den fünften Teil des Jahresabschlusses, d. h. die Summe der „Angaben" bzw. den „Anhang" benutzt. Die Praxis kann mit derartigen Unschärfen gut leben, da sich i. d. R. ohne weiteres aus dem Kontext ergibt, was gemeint ist.

Insoweit ist auch in **diesem Kommentar** kein akademischer Sprachpurismus betrieben worden und eine gewisse Begriffsvielfalt zu finden. Einzig die betreffenden Unterkapitel der einzelnen Paragraphen dieses Kommentars sind im Interesse der schnellen Orientierung einheitlich mit „Angaben" überschrieben. 4

Für die Wahl gerade dieses Begriffes als Kapitelüberschrift sprach auch, dass im IFRS-Regelwerk häufiger als im HGB **zwei Alternativen** bestehen:
- Alternative I: hoch aggregierte Bilanz oder GuV mit Erläuterung der Postenzusammensetzung im Anhang (**Angabe** im **Anhang**),
- Alternative II: stark untergliederte Bilanz oder GuV (**Angabe** in der **Bilanz** oder GuV selbst) mit entsprechend weniger Erläuterungsbedarf für den Anhang.

Das IFRS-Regelwerk spricht in diesem Zusammenhang von Angaben *(disclosures)*, die alternativ „*in the notes*" oder „*on the face of the balance sheet/income statement*" zu machen sind. In derartigen **Wahlrechtskontexten** sind „Angaben" mithin nicht zwangsläufig zugleich „Anhangsangaben", sondern wahlweise auch Untergliederungen der Bilanz. Ein **Beispiel** für ein solches Wahlrecht wäre die Untergliederung der Vorräte. Nach IAS 1.68g reicht ein zusammengefasster Bilanzposten „Vorräte" aus, der dann aber im Anhang i. d. R. nach seinen Bestandteilen („Roh-, Hilfs- und Betriebsstoffe" usw.) zu erläutern wäre. Wird die Untergliederung hingegen schon auf Bilanzebene vorgenommen, besteht für diese Anhangsangaben kein Bedarf mehr. 5

1.2 Anhangsangaben in IAS 1 und in anderen Standards

IAS 1 ist der **allgemeine** Standard, der festlegt, 6
- welche **Posten** zwingend innerhalb der Rechenwerke selbst und welche wahlweise auch im Anhang **aufzuschlüsseln** sind,
- welche **weiteren Mindestangaben** der Anhang geben soll und
- wie der Anhang zweckmäßigerweise zu **gliedern** ist.

Die konkreten Anforderungen ergeben sich hingegen zum größten Teil aus den anderen Standards. IAS 1 enthält eher die abstrakten Überschriften, die einzelnen Standards eher den Text, der diesen Überschriften zu folgen hat. In diesem Sinne lässt sich beispielsweise 7
- aus IAS 1.110 entnehmen, **dass** die Konsolidierungsgrundsätze für Gemeinschaftsunternehmen oder die Bilanzierungsmethoden für Sachanlagen im Anhang anzugeben sind,
- während die Frage, **was** genau anzugeben ist, für die Konsolidierung der Gemeinschaftsunternehmen in IAS 31 und für die Sachanlagen in IAS 16 beantwortet wird.

Lüdenbach

8 Diese **Arbeitsteilung** macht doppelten Sinn. Sie betont zum einen den integrativen Zusammenhang von Bilanzierung und Erläuterung. Sie hebt sich zum andern von einer falschen **Checklistenpraxis** ab, die auf ein paar hundert Seiten alle theoretisch denkbaren Angabepflichten abfragt, den Anwender aber vor lauter Wald die Bäume nicht mehr sehen lässt und ihn zum Abhaken drängt, wo einzelfallbezogene *materiality*-Überlegungen (Rz 14) angezeigt wären. Nur im integrativen Arbeitskontext zur Erstellung der Rechenwerke (Bilanz, GuV usw.) und unter dem *materiality*-Vorbehalt kann eine Checkliste sinnvoll eingesetzt werden. Nur so sollte auch die **Checkliste Abschlussangaben** in diesem Kommentar verwendet werden.

9 Im **HGB** sind die Anhangsangaben überwiegend in einem besonderen Abschnitt (§§ 284-288 HGB sowie für den Konzern §§ 313f. HGB) geregelt. Auch inhaltlich und in der Bilanzierungspraxis führt der handelsrechtliche Anhang in gewisser Weise ein separates Dasein. Er ist so gesehen nicht Anhang, sondern **Anhängsel**. Die Praxis „bilanziert erst einmal", bevor sie sich „noch um den Anhang kümmert". Im IFRS-System sind die spezifischen *notes and disclosures* hingegen dort behandelt, wo auch die spezifischen Bilanzierungs- und Bewertungsfragen geregelt sind, also in den jeweiligen Einzelstandards.[2] Auch inhaltlich besteht ein engerer Zusammenhang zwischen Angaben und Bilanz, da viele Untergliederungen wahlweise hier oder dort vorgenommen werden können.

10 Für die **Praxis** folgt daraus: Eine Arbeitsteilung (bei der Abschlusserstellung oder -prüfung) der Art „erst Bilanz, dann Anhang" oder „Meier Anlagevermögen, Müller Anhang" macht wenig Sinn. Der IFRS-Anhang will ernst genommen und integral mit dem jeweiligen Posten bearbeitet werden. Dieser Logik der Praxis folgt auch der **Aufbau dieses Kommentars**. Die spezifischen Angaben, die Texte nach den Überschriften werden nicht in diesem Kapitel, sondern in den postenbezogenen Paragraphen behandelt. An diesen Stellen des Kommentars wird, da die Praxis sich mit Prosa zuweilen schwerer tut als mit Algebra, mit eher gerafften **Checklisten** und dafür ausführlicheren **Formulierungsbeispielen** gearbeitet. Das vorliegende Kapitel kann sich demgemäß auf Ausführungen zur Funktion des Anhangs und zu seinen allgemeinen, nicht fallspezifischen Strukturen und Inhalten beschränken.

11 Die Erweiterung des Anhangs um **freiwillige Angaben** ist u. E. jedenfalls insoweit zulässig, als dadurch die Systematik und Verständlichkeit des Anhangs nicht gefährdet werden (IAS 1.104).[3] Hingegen sind umfangreiche „Nebendarstellungen", z. B. in der Form eines Umwelt- oder Sozialberichts, oder auch der von § 315a HGB für deutsche Anwender verlangte **Lagebericht** gem.

---

[2] Eine wichtige Ausnahme sind Finanzinstrumente: Ansatz und Bilanzierung in IAS 39, Angaben in IAS 32 (→ § 28).

[3] Ähnlich Kupsch, HdJ, IV/4 Tz 68 für den HGB-Anhang: „Der gesetzlich normierte Informationsgehalt der Berichterstattung darf durch die inhaltliche Ausweitung des Anhangs nicht beeinträchtigt werden. Insoweit steht der Grundsatz der Klarheit und Übersichtlichkeit einer Aufblähung des Anhangs durch freiwillige Zusatzangaben entgegen."

Lüdenbach

IAS 1.9f. nicht Bestandteil des IFRS-Abschlusses und sollten daher u. E. auch durch Bezeichnung und Positionierung davon unterschieden werden.

Machen nichtbörsennotierte Gesellschaften freiwillige Angaben zu Segmenten (IAS 14 bzw. IFRS 8) oder dem Ergebnis pro Aktie (IAS 33), gilt: Soweit diese Angaben den Vorgaben von IAS 14/IFRS 8 bzw. IAS 33 voll entsprechen, sind sie als Teil des IFRS-Abschlusses, ansonsten außerhalb zu präsentieren.[4]

2 Funktion der „Prosa" im Jahresabschluss

Der Jahresabschluss (ob nach IFRS, HGB oder anderen Regeln) besteht primär aus bestimmten Rechenwerken (Bilanz, GuV usw.). Diese Rechenwerke enthalten

- Größen, die nach bestimmten Ansatz- und Bewertungs-**Methoden** zustande gekommen sind,
- dabei in bestimmter Weise zu Posten **aggregiert** wurden und
- insgesamt die Verhältnisse (Lage usw.) des Unternehmens nur unter einschränkenden Prämissen (z. B. **Stichtagsprinzip**, Beschränkung auf in **Geldeinheiten** messbare Größen, *going-concern*-Prinzip) wiedergeben.

12

Aus diesen Eigenschaften und Grenzen der buchhalterischen Abbildung der Unternehmenswirklichkeit ergibt sich die **Hauptfunktion** der Prosa im Jahresabschluss. Der Anhang soll die anderen Abschlussbestandteile **erläutern, entlasten und ergänzen.** Er soll insbesondere Antwort auf folgende Fragen geben:

13

- Wie sind die Zahlen der Rechenwerke zustande gekommen? (**Methoden und ggf. Prämissen**; IAS 1.103a)
- Was enthalten die Zahlen in den Rechenwerken? (Erläuterung bzw. **Disaggregierung** der Posten; IAS 1.103c)
- Was enthalten die Zahlen der Rechenwerke demgegenüber (noch) nicht? (Ereignisse **nach dem Stichtag**, Eventualverbindlichkeiten, nicht quantifizierbare oder **monetär nicht** quantifizierbare Größen; IAS 1.103b)

---

[4] KPMG Insights, 2006, 5.8.10.50.
Lüdenbach

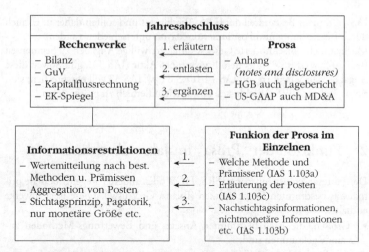

Abb. 1: Rechenwerke und Prosa im Jahresabschluss

Der Anhang hat hingegen **keine Kompensationsfunktion**.[5] Eine falsche, nicht den Einzelregeln der Standards folgende Bilanzierung kann nicht durch korrigierende Anhangsangaben geheilt werden. Nur ganz ausnahmsweise ist eine Abweichung von den Einzelregeln zulässig. Die Abweichung ist dann nach Grund, Art und quantitativer Wirkung im Anhang anzugeben (IAS 1.17; → § 1 Rz 71).

14 Der Anhang ist wegen der Fülle der dem Grunde nach vorgeschriebenen Angaben ein besonders wichtiges Anwendungsobjekt des *materiality*-Gedankens. Eine vorrangig quantitative bzw. prozentuale Definition, wie sie bei Bilanz- und GuV-Positionen Sinn machen kann, ist dabei weniger angezeigt als ein qualitatives Verständnis, das auf die Art des Sachverhaltes abstellt, somit einzelfallbezogen, damit aber notwendig auch sehr subjektiv ist.[6] Auf die Erläuterungen in → § 1 Rz 65ff. wird verwiesen.

3 Gliederungsstruktur des IFRS-Anhangs

15 In teilweiser Entsprechung zu den vorstehenden theoretischen Überlegungen findet sich in IAS 1.105. eine **Gliederungsvorgabe** für den Anhang. Er trennt im Wesentlichen zwischen
- **allgemeinen Angaben,** darunter
  - eine Angabe der Übereinstimmung mit IFRS (→ § 1 Rz 55ff.) sowie

---

[5] So auch ADS INTERNATIONAL, Abschn. 24, Tz 3, und KLEEKÄMPER et al., in: BAETGE et al. (Hrsg.), Rechnungslegung nach IAS, 2. Aufl., IAS 1, Tz 19.
[6] In diesem Sinne HEERING/HEERING, StuB 2004, S. 149ff.

Lüdenbach

- eine Zusammenfassung der wichtigsten Bilanzierungsmethoden *(summary of significant accounting policies)*,
- **Postenerläuterungen** in der Reihenfolge der Rechenwerke und der Posten innerhalb dieser Rechenwerke und
- **sonstigen Angaben**, u. a.
  - zu Eventualschulden und sonstigen finanziellen Verpflichtungen,
  - zum Risikomanagement der Gesellschaft.

Unser nachfolgender Vorschlag zur Umsetzung dieser Vorgabe (aus deutscher Sicht um Ausführungen zu § 315a HGB ergänzt; → § 7 Rz 12ff.) präsentiert entsprechend der angelsächsischen Praxis und der Vorgehensweise deutscher Großunternehmen die GuV **vor** der Bilanz. Eine andere Reihenfolge der Rechenwerke ist zulässig, dann aber auch im Anhang zu beachten (IAS 1.105c).

16

Beispiel

I. ALLGEMEINE ANGABEN
1. Übereinstimmung mit IFRS (Rz 65)
(Ggf. ergänzen um Angaben zur erlaubten vorzeitigen Anwendung eines Standards.)
2. Konsolidierungskreis- und Konsolidierungsmethoden
(→ § 32 Rz 85ff.)
3. Bilanzierungs- und Bewertungsmethoden
(Rz 22)

II. ERLÄUTERUNG DER ABSCHLUSSPOSTEN
ERLÄUTERUNG DER GUV
4. bis xx
ERLÄUTERUNG DER BILANZ
xx. bis xx.
ERLÄUTERUNG DER KAPITALFLUSSRECHNUNG
xx. bis xx. (→ § 3)

III. SONSTIGE ANGABEN
(Die Reihenfolge der sonstigen Angaben ist nicht vorgeschrieben oder empfohlen. Nachfolgend eine mögliche Variante.)
xx. Ereignisse nach dem Bilanzstichtag, Erfolgsunsicherheiten (→ § 4 Rz 40)
xx. Eventualverbindlichkeiten, sonstige finanzielle Verpflichtungen
(→ § 21 Rz 133)
xx. Risikomanagement, Derivate (→ § 28 Rz 244ff.)
xx. Management des wirtschaftlichen Eigenkapitals (Rz 18)
xx. Segmentbericht (falls Gesellschaft börsennotiert) (→ § 36 Rz 89ff.)
xx. Anzahl der Arbeitnehmer (ggf. bei Erläuterung GuV bzw. Personalaufwand; Rz 66)
xx. Honorierung Abschlussprüfer (Rz 66)
xx. *Compliance*-Erklärung zum *Corporate Governance Codex* (Rz 66)

Lüdenbach

xx. Beziehungen zu nahe stehenden Personen (→ § 30)
xx. Vorstand und Aufsichtsrat (Mitglieder und Bezüge) (IAS 24, § 314 Abs. 1 Nr. 6 HGB; Rz 66)
xx. Dividendenvorschlag/-beschluss (IAS 1.125)
xx. Sitz, Rechtsform, Geschäftszweck, Mutterunternehmen und oberstes Mutterunternehmen (IAS 1.126a-c)
xx. Aufstellung Beteiligungsbesitz (Rz 66)

17 Die Angabepflichten zu den **Dividenden** (IAS 1.125) beziehen sich auf bis zur förmlichen Freigabe des Abschlusses vorgeschlagene oder beschlossene Ausschüttungen, die gem. IAS 10.12 in der IFRS-Bilanz noch nicht als Fremdkapital ausweisfähig sind (→ § 4 Rz 23). Der Bilanzadressat soll hier über die am Bilanzstichtag noch nicht feststehende, aber danach konkretisierte zukünftige Minderung des Eigenkapitals informiert werden.

18 Ab 2007 (Rz 70) hat das Unternehmen Angaben zum Management des wirtschaftlichen **Eigenkapitals** zu machen, den angestrebten und erreichten Eigenkapitalquoten etc. der Thesaurierungspolitik usw. Im Einzelnen wird hierzu auf → § 20 Rz 90 verwiesen.

19 Unser Gliederungsvorschlag enthält keine Position für die Eigenkapitaländerungsrechnung. Die Erläuterung folgt i. d. R. zusammen mit derjenigen zum Posten „Eigenkapital" (→ § 20 Rz 86ff.).

20 Ebenfalls nicht vorgesehen ist eine Erläuterungsposition zu **Verfügungsbeschränkungen, gewährten Sicherheiten** usw. Der Grund liegt darin, dass derartige Verfügungsbeschränkungen nicht in Summe, sondern bei den betreffenden Aktivposten anzugeben sind (→ § 14 Rz 25).

4 Der allgemeine Teil des Anhangs

4.1 Überblick

21 Der **allgemeine** Teil des Anhangs umfasst mindestens
1. Angaben zum Geschäftsjahr (kalendergleich oder abweichend) und zur Währungseinheit (z. B. „TEUR"),
2. die kurze Versicherung der **Übereinstimmung** des Abschlusses mit den IFRS (IAS 1.14; Rz 65 und → § 1 Rz 55),
3. Angaben über die **vorzeitige** Anwendung *(early application)* eines neuen Standards bzw. einer Neufassung eines bestehenden Standards (→ § 24 Rz 50),
4. im Konzernabschluss Angaben zu **Konsolidierungskreis** und **Konsolidierungsmethoden** (→ § 32 Rz 184),
5. allgemeine Angaben zu den angewandten **Bilanzierungs- und Bewertungsmethoden** (Rz 24),

6. spezielle Angaben zur Ausübung des **Ermessens** bei der Anwendung der Bilanzierungs- und Bewertungsmethoden (Rz 43),
7. Angaben zu Fehler- bzw. Anpassungsrisiken, die sich aus (zukunftsbezogen) **geschätzten Werten** ergeben (Rz 49).

Hinsichtlich der Punkte 2 bis 4 führen die angegebenen Verweisstellen der anderen Paragraphen dieses Kommentars weiter. Nachfolgend werden die Punkte 5 bis 7 behandelt. Für die Angaben zu Punkt 7 ist eine Positionierung innerhalb des allgemeinen Teils des Anhangs weder empfohlen noch vorgeschrieben. Wegen des sachlichen Zusammenhangs mit Punkt 6 erfolgt jedoch eine zusammengefasste Darstellung.

22

4.2 Allgemeine Angaben zu Bilanzierungs- und Bewertungsmethoden

Nach IAS 1.103a soll der Anhang informieren
- über die **Grundlagen** der Aufstellung des Abschlusses und
- über die **besonderen Bilanzierungs- und Bewertungsmethoden.**

23

IAS 1.108 differenziert in etwas anderer Begrifflichkeit zwischen angewandten „Bewertungsgrundlagen" und „angewandten Bilanzierungs- und Bewertungsmethoden". Die Termini sind wie folgt zu **interpretieren:** Den Begriff „Bewertungsgrundlage" *(measurement basis)* verwendet IAS 1.109 für Anschaffungs- oder Herstellungskosten, Tageswert, Nettoveräußerungswert, beizulegenden Zeitwert oder erzielbaren Betrag. Wenn der Abschluss mehrere dieser Bewertungsgrundlagen enthält (Normalfall), fordert IAS 1.109 einen Hinweis auf die für die einzelnen Kategorien von Vermögenswerten und Schulden angewandten Bewertungsgrundlagen.

24

Zu den Bilanzierungs- und Bewertungsmethoden enthält IAS 1.110 eine **Beispielliste,** in deren Mittelpunkt die Wahlrechtsausübung steht. Danach sind z. B. folgende Angaben besonders nützlich *(especially useful):*
- ob Anteile an Gemeinschaftsunternehmen *at equity* oder quotal konsolidiert werden (→ § 34 Rz 60 und Rz 82),
- ob Sachanlagen zu Anschaffungs(Herstellungs)kosten oder zum Neuwert angesetzt werden (→ § 8 Rz 52),
- ob bestimmte Fremdkapitalzinsen sofort als Aufwand verrechnet oder aktiviert werden (→ § 9 Rz 14f.).

25

Unklar bleibt zunächst, wie **spezifisch** die Informationen über Bilanzierungs- und Bewertungsmethoden in anderen Fällen ausfallen müssen:
- Die Angabe, dass Handelswerte *(trading assets)* zum beizulegenden Zeitwert erfasst werden, wäre Bewertungsgrundlage, also nicht Bewertungs**methode.**
- **Spezifisch** wäre demnach die Angabe, dass der beizulegende Zeitwert aus dem Börsenkurs oder im DCF-Verfahren abgeleitet wird.

Lüdenbach

- **Noch spezifischer** wäre allerdings der Hinweis, in welcher Variante und mit welchen Zins- und Cash-Prämissen das DCF-Verfahren angewandt wurde.

26 Die Angaben zu den Bewertungsgrundlagen und die Methodenangaben sollen gem. IAS 1.105b (und IAS 1.108) im allgemeinen Teil des Anhangs (vor den Postenerläuterungen) gemacht werden. Diese **Zusammenfassung** allgemeiner und spezifischer Angaben ist wenig schlüssig und **wenig leserfreundlich**. Sie begünstigt folgende **Praxis**:

Auf Seite 1 (des „Musteranhangs") wird „scheinspezifisch" angegeben, dass „Gebäude abgeschrieben" (und zwar „linear über eine Nutzungsdauer von 10-45 Jahren") oder dass „Handelswerte zum beizulegenden Wert" bilanziert werden (und zwar „vorzugsweise zum aktiven Marktpreis, in Ermangelung eines solchen jedoch nach anderen anerkannten Methoden"). Auf Seite 6 bei den Gebäuden bzw. auf Seite 20 bei den Finanzinstrumenten erfolgt dann aber ebenfalls keine wirkliche Spezifizierung. Dort ist stattdessen entweder gar nichts oder noch einmal die gleiche **Nichtinformation** zu lesen (Rz 28).

27 Da ein solches Vorgehen jedoch Praxis der Großunternehmen und durch IAS 1 begünstigt ist, nach anderer Auffassung sogar verlangt wird, wird unter Rz 65 ein dieser Praxis entsprechendes Formulierungsbeispiel wiedergegeben.

28 Der **informatorische Sinn** der herrschenden Darstellungsweise ist **schwer zu erkennen**. Das Formulierungsbeispiel unter Rz 65 enthält, bis auf die wenigen fett markierten Stellen, im Grunde nur eine einzige Aussage: „**Es wurde bilanziert, und zwar nach IFRS.**" Ein darüber hinausgehender Informationsgehalt ist jedenfalls in Aussagen der Art,

- dass Zinsen abgegrenzt wurden (also Bilanz und nicht Einnahmen-Ausgaben-Rechnung),
- dass abnutzbares Anlagevermögen über die Nutzungsdauer abgeschrieben wurde (also Aufwand periodisiert),
- dass Forderungen erforderlichenfalls wertberichtigt wurden (also Vorsichtsprinzip),

kaum zu erkennen.

29 Der **Methodenteil** ist dementsprechend allzu oft **eine Ansammlung von Selbstverständlichkeiten**. Dort, wo (wie im Beispiel an den fettmarkierten Stellen) tatsächliche Informationen bereitgestellt werden könnten, sind die Angaben häufig sehr unbestimmt. Das Publikum erfährt z. B., dass immaterielle Vermögenswerte über 2 bis 10 Jahre abgeschrieben wurden. Auskünfte über die gewichtete durchschnittliche Abschreibungsdauer oder mindestens darüber, ob mehrheitlich eher über vorsichtige 2 oder eher über unvorsichtigere 10 Jahre abgeschrieben wurde, werden hingegen i. d. R. nicht gegeben.

30 Der Anwender hat jedoch mit solchen von DAX-Werten gesetzten Vorbildern, die z. T. als *best practice* gelten, zu leben und dies ggf. recht komfortabel. Analysten, Banken und, sofern vorhanden, das Laienpublikum sind derartige

Nichtinformationen gewöhnt. Warum sich also solchen Gewohnheiten widersetzen? Der mittelständische Anwender und sein (durch *peer review* geplagter) Wirtschaftsprüfer bewegen sich jedenfalls auf der sicheren Seite, wenn sie diesen Gewohnheiten entgegenkommen, zumal die Selbstverständlichkeiten ein eindrucksvolles Berichtsvolumen gewährleisten. Sie machen den Geschäftsbericht opulent, ohne wirklich zu informieren.

Ein **systematischeres Vorgehen** könnte sich hingegen an folgenden Überlegungen orientieren: Der Anhang hat u. a. die Funktion, das Zustandekommen der Zahlen im Abschluss, d. h. die Methoden zu erläutern. Hierbei ist zwischen drei Ebenen zu unterscheiden: 31

- Ebene 1: **Zwingende Vorschriften** wurden beachtet.
- Ebene 2: **Echte Wahlrechte** wurden wie folgt ausgeübt.
- Ebene 3: **Ermessen (unechte Wahlrechte)** wurde wie folgt angewendet.

Ebene 1 ist bereits durch die allgemeine Versicherung, dass der Abschluss nach IFRS aufgestellt wurde, abgedeckt. Jede weitere Ausführung ist (für den kundigen Bilanzadressaten) redundant. 32

Ebene 2 betrifft Fälle wie die Neubewertung (statt AK-/HK-Bewertung) von Anlagevermögen (→ § 8 Rz 52ff.) oder die Aktivierung bzw. Nichtaktivierung von Fremdkapitalzinsen (→ § 9 Rz 13ff.). Derartige Wahlrechte sind i. d. R. **einheitlich** innerhalb eines Bilanzpostens anzuwenden. Die gewünschte Neubewertung eines Grundstückes erfordert z. B. die Neubewertung aller Grundstücke (→ § 8 Rz 58). Hingegen können technische Anlagen und Maschinen unabhängig davon, wie bei Grundstücken verfahren wird, weiter zu Anschaffungs- oder Herstellungskosten fortgeführt werden. Wegen des Postenbezugs ist daher die Platzierung von Angaben der Ebene 2 bei den Postenerläuterungen (statt im allgemeinen Teil) die sachgerechte und leserfreundliche Variante. 33

Ebene 3 betrifft die Anwendung der Methoden auf den konkreten Einzelfall, also bei Sachanlagen etwa die Darstellung, über welchen Zeitraum genau (oder durchschnittlich oder hauptsächlich) die wichtigsten Gebäude, Maschinen usw. abgeschrieben wurden. 34

Am **Beispiel der veräußerbaren Finanzinstrumente** (→ § 28 Rz 150ff.) lässt sich das Zusammenspiel der drei Ebenen so darstellen: 35

- Ebene 1: Aktien des Finanzanlagevermögens sind zu Zeitwerten angesetzt (zwingend).
- Ebene 2: Die Wertänderungen werden erfolgsneutral erfasst, soweit nicht im Zugangszeitpunkt eine Widmung als *trading asset (fair value option)* erfolgt (echtes Wahlrecht).
- Ebene 3: Die Wertänderungen werden nach Methode X, Prämisse Z berechnet (Ermessen).

Lüdenbach

36 Nach der hier vertretenen Auffassung besteht für Detailangaben der Ebene 1 mangels Informationsgehalt kein wirklicher Bedarf,[7] während Angaben der Ebenen 2 und 3 postenbezogen und daher bei den Postenerläuterungen erfolgen sollten. Ein allgemeiner Teil „Methoden" wäre daher überflüssig. Unsere Ansicht steht jedoch im Widerspruch zur herrschenden Theorie und Praxis. Dem Anwender kann daher mit Rücksicht auf die herrschenden Verhältnisse bestenfalls eine **mittlere Lösung** wie im folgenden Formulierungsbeispiel empfohlen werden.

Beispiel

BILANZIERUNGS- UND BEWERTUNGSMETHODEN

Erträge und Aufwendungen werden periodengerecht erfasst.

Immaterielle und Sachanlagen werden zu Anschaffungs- oder Herstellungskosten angesetzt und, soweit abnutzbar, linear über die Nutzungsdauer abgeschrieben. Wertminderungen werden durch außerplanmäßige Abschreibungen berücksichtigt.

Vorräte werden zu Anschaffungskosten auf Basis von **Durchschnittspreisen** oder zu Herstellungskosten angesetzt. Auf niedrigere Nettoveräußerungspreise wird abgeschrieben.

Finanzvermögen wird **am Erfüllungstag** zum i. d. R. den Anschaffungskosten entsprechenden *fair value* aktiviert. Für die weitere Bewertung wird wie folgt unterschieden: Forderungen und Fälligkeitswerte mit den amortisierten Anschaffungskosten oder dem niedrigeren erzielbaren Betrag, veräußerbare Werte und Handelswerte mit dem verlässlich zu bestimmenden beizulegenden Zeitwert, ansonsten wie Fälligkeitsinvestments. Wertänderungen veräußerbarer Werte werden bis zur Veräußerung oder außerplanmäßigen Abschreibung erfolgsneutral, Wertänderungen von Handelswerten sofort erfolgswirksam erfasst. Derivative Finanzinstrumente werden ausschließlich zur Sicherung von Zins- und Währungsrisiken eingesetzt. Sie werden zunächst zu Anschaffungskosten erfasst und in der Folge zum beizulegenden Zeitwert. Im Falle einer wirksamen Absicherung von beizulegenden Zeitwerten gleichen sich die Zeitwertschwankungen des gesicherten Postens und die des Finanzinstrumentes in der GuV aus. Zeitwertschwankungen aus einer wirksamen *cash-flow*-Sicherung werden bis zur Durchführung des Grundgeschäfts erfolgsneutral in der Rücklagenposition erfasst.

---

[7] In der Tendenz ähnlich ERNST & YOUNG, International GAAP 2007, S. 228: „In deciding whether a particular accounting policy should be disclosed, IAS 1 requires consideration of whether disclosure would assist in understanding how transactions, other events and conditions are reflected in the reported financial performance and position. Disclosure of particular accounting policy is especially useful to users when those policies are selected from alternatives allowed in standards and interpretations."

Lüdenbach

> **Rückstellungen**
> Pensionsrückstellungen werden nach dem Anwartschaftsbarwertverfahren für leistungsorientierte Versorgungspläne gebildet. Der in den Pensionsaufwendungen enthaltene Zinsanteil wird im Finanzergebnis ausgewiesen. Sonstige Rückstellungen für Verpflichtungen, die voraussichtlich nicht bereits im Folgejahr zu einer Vermögensbelastung führen, werden in Höhe des Barwertes gebildet.
>
> **Verbindlichkeiten** aus Finanzierungsleasingverträgen werden zum Vertragsabschlusszeitpunkt mit dem Barwert der Leasingraten, übrige Verbindlichkeiten zum Rückzahlungsbetrag bzw. zu fortgeführten Anschaffungskosten angesetzt.
>
> **Latente Steuern** werden gemäß IAS 12 für Bewertungsunterschiede zwischen den Steuerbilanzen der Einzelgesellschaften und dem Konzernabschluss gebildet. Steuerliche Verlustvorträge, die wahrscheinlich zukünftig genutzt werden können, werden in Höhe des latenten Steueranspruchs aktiviert.

Die **spezifischen** Angaben würden in dieser Variante bei den Postenerläuterungen erfolgen, z. B. bei Gebäuden durch Angabe der durchschnittlichen oder hauptsächlichen Nutzungsdauern, bei Handelswerten durch Angabe, ob der beizulegende Zeitwert hauptsächlich aus Marktwerten bestimmt wurde usw.

Die **allgemeinen** Angaben sind in Sonderfällen zu ergänzen. Etwa wäre prominent vorab darzustellen, wenn der Abschluss wegen bevorstehender oder eingeleiteter Liquidation nicht mehr nach Maßgabe der *going-concern*-Prämisse, sondern mit *break-up*-Werten erstellt würde (IAS 1.23).

4.3 Angaben zur Ausübung des Ermessens

4.3.1 Überblick

Bilanzierung ist Rechtsanwendung. Geschäftsvorfälle sind unter Regeln und Begriffe zu subsumieren und je nach Ergebnis der **Subsumtion**
- anzusetzen oder nicht anzusetzen,
- in der einen oder anderen Weise zu bewerten,
- an der einen oder anderen Stelle auszuweisen.

Angesichts der Komplexität und Vielfalt der Lebenssachverhalte könnte diese Rechtsanwendung auch dann nicht ohne Ermessensentscheidungen auskommen, wenn der Jahresabschluss eine rein **vergangenheitsorientierte** Veranstaltung wäre.

Tatsächlich enthält der Jahresabschluss aber sehr viele **zukunftsgerichtete** Werte, etwa Niederstwerte, die auf den geschätzten zukünftigen Nutzwert abstellen, Rückstellungen, die nach der voraussichtlichen zukünftigen Belastung bewertet werden, oder *fair values*, die sich aus der Anwendung von Zukunftserfolgsverfahren (DCF- und Ertragswertmethoden) ergeben.

Lüdenbach

40 Idealtypisch ist der Jahresabschluss damit von zwei Arten von Ermessensentscheidungen geprägt:
- der **Auslegung** unbestimmter Begriffe und Regeln,
- der Vornahme von (zukunftsgerichteten) **Schätzungen** im Einzelfall.

41 Dieser Einteilung entsprechend verlangt IAS 1 in zweifacher Weise die Offenlegung von Ermessen:
- Nach IAS 1.113 sind in der Zusammenfassung der signifikanten Bilanzierungsmethoden *(in the summary of significant accounting policies)* die wichtigsten Ermessensentscheidungen *(judgements)* offenzulegen, die bei der Anwendung der **Bilanzierungs- und Bewertungsmethoden** vorgenommen wurden (Rz 43).
- Nach IAS 1.116 sind Informationen über die zukunftsbezogenen **Schlüsselprämissen** *(key assumptions)* und über andere Hauptquellen *(key sources)* der Unsicherheit von **Schätzungen** anzugeben (Rz 49).

42 Fraglich ist, wie in dieser Einteilung ein dritter wichtiger Bereich des Ermessens zu berücksichtigen ist, die **Auswahl von Schätzverfahren**. Folgende **Beispiele** sind einschlägig:
- Die Anschaffungskosten eines Anlagegegenstandes sind über die Nutzungsdauer auf systematischer Basis abzuschreiben. Als Schätzverfahren für die systematisch richtige Verteilung kommen in Frage: lineare Abschreibung, geometrisch-degressive Abschreibung, arithmetisch-degressive Abschreibung, leistungsabhängige Abschreibung (→ § 10 Rz 24ff.).
- Der *fair value* einer nicht marktnotierten Option ist zu bestimmen: Als Schätzverfahren kommen u. a. in Frage das Black-Scholes-Modell oder das Binomial-Modell (→ § 28 Rz 195ff.).

In beiden Beispielen ist eine zwischen den zwei Grundfällen liegende Art der Ermessenentscheidung gefordert: Einerseits geht es in beiden Beispielen um die **Vornahme einer Schätzung**, deren mathematisches Ergebnis ebenso von den gewählten Prämissen wie von den angewandten Schätzverfahren abhängig ist. Insoweit ist eine Nähe zu den in IAS 1.116 geforderten Angaben gegeben. Für eine entsprechende Einordnung spricht auch, dass in diversen Einzelvorschriften, etwa in IAS 40.75d, die Offenlegung der Schätzverfahren und der Schlüsselprämissen als Einheit begriffen wird. Andererseits geht es in den beiden Beispielen aber gerade nicht mehr um die im Mittelpunkt von IAS 1.116 stehenden Prämissen des Einzelfalls, also etwa die geschätzte Nutzungsdauer des Anlagegegenstandes oder die angenommene Volatilität des Basiswertes der Option, sondern um die **Methode** der Verarbeitung dieser Prämissen. Insoweit ist eine begriffliche Nähe zu den in IAS 1.113 behandelten Bilanzierungs- und Bewertungsmethoden gegeben.

Angesichts dieser Zwischenstellung halten wir die Behandlung der Schätzverfahren im Zusammenhang der Angabepflichten von IAS 1.116 für ebenso zulässig wie eine Behandlung im Kontext der Angaben von IAS 1.113. Die praktische Bedeutung der Zuordnung zu dem einen oder dem anderen Kontext liegt darin, dass IAS 1.116ff. eher eine quantifizierte Form der Offenlegung des Ermessens verlangt, während nach IAS 1.113ff. in jedem Fall allgemeine Beschreibungen ausreichen.

4.3.2 Auslegungsbedürftige Regeln, unbestimmte Rechtsbegriffe, Regelungslücken

Als Bestandteil der Angaben zu den Bilanzierungs- und Bewertungsmethoden *(in the summary of significant accounting policies)* sind die bedeutsamsten Ermessensentscheidungen *(judgements with the most significant effect)* anzugeben, die bei der Regelanwendung getroffen wurden (IAS 1.113). Ermessensentscheidungen, die sich auf die Schätzung von Werten beziehen, sind gesondert in IAS 1.116 geregelt. Regelungsinhalt von IAS 1.113 ist demgemäß die Auslegung unbestimmter Rechtsbegriffe incl. der rechtlichen Gesamtwürdigung von Geschäftsvorfällen nach allgemeinen Kriterien wie etwa dem des „wirtschaftlichen Gehalts" einer Transaktion.

IAS 1.114f. führt zur Erläuterung der verlangten Anhangangaben u. a. folgende Beispiele an:

- Ausbuchung oder Fortführung veräußerter finanzieller Vermögenswerte je nach Urteil, ob „**so gut wie alle Risiken**" aus dem **finanziellen Vermögenswert** *(substantially all of the risks)* transferiert wurden (→ § 28 Rz 63ff.),
- wirtschaftliches Eigentum bei Leasing, je nach Urteil, wer „**so gut wie alle Risiken und Chancen**" des **Leasingobjekts** trägt (→ § 15 Rz 20ff.),
- Vollkonsolidierung von Gesellschaften, deren Stimmrechtsmehrheit bei Konzernfremden liegt, je nach Urteil, ob die „**Substanz der Beziehung**" ein **Kontrollverhältnis** auch ohne Mehrheitsbesitz indiziert (→ § 32 Rz 34ff.).

Angaben sind nur für die Ermessensentscheidungen geboten, die für Bilanz, GuV usw. die **größte Bedeutung** *(most significant effect)* haben. Eine Angabe zu den Leasingverhältnissen ist daher z. B. nur dann erforderlich, wenn sich die Gesellschaft in erheblichem Maße als Leasingnehmer oder Leasinggeber betätigt. Wo nur ein kleiner, nicht sehr bedeutsamer Teil des Anlagevermögens geleast wird, etwa bei einem Produktionsunternehmen nur die PCs der Verwaltung, sind keine Angaben notwendig.

Mit der Bindung der Angabepflichten an das **Signifikanzkriterium** entsteht in den Fällen eine gewisse **Zirkularität**, in denen die in ihrer Anwendung zu erläuternden Rechnungslegungsregeln gerade selbst den Begriff der Signifikanz verwenden. Unter anderen ist dies bei vielen Regeln zum Sachanlagevermögen der Fall:

Beispiel
- Der Tausch von Sachanlagen ist nach IAS 16.25 dann erfolgsneutral zu behandeln, wenn er zu keiner **signifikanten** Änderung der *cash flows* führt (→ § 14 Rz 13f.).
- Teile eines Vermögenswertes sind nach IAS 16.43 separat abzuschreiben, wenn sie einen **signifikanten** Kostenanteil haben (→ § 10 Rz 7).

Lüdenbach

- Eine gewählte planmäßige Abschreibungsmethode kann nach IAS 16.61 dann nicht beibehalten werden, wenn das Muster der Abnutzung sich **signifikant** ändert (→ § 10 Rz 38).
- Ein *impairment*-Test zur Feststellung des außerplanmäßigen Abschreibungsbedarfs ist nach IAS 36.9ff. dann angezeigt, wenn sich Nutzungs- und Umfeldbedingungen **signifikant** ändern (→ § 10 Rz 38).

In allen genannten Fällen ist eine **zweistufige Auseinandersetzung mit dem Signifikanzkriterium** geboten.

- Primär ist bei Anwendung der Regeln aus IAS 16 eine Auslegung erforderlich, was signifikant ist.
- Nach IAS 1.113 ist sodann auf einer zweiten Stufe zu beurteilen, ob die ermessensbehaftete Auslegung des Signifikanzbegriffs eine signifikante Wirkung auf den Abschluss hat. Auch auf dieser zweiten Stufe ist der Begriff der Signifikanz auslegungsbedürftig.

47 Stärker verallgemeinert zeigt das Beispiel, dass auch die **Offenlegung des Ermessens selbst ermessensbehaftet** ist. Die unvermeidliche Subjektivität bei der Aufstellung des Jahresabschlusses lässt sich auch auf der Ebene des Anhangs bzw. der Offenlegungen nicht lösen.
Regelungszweck von IAS 1.113 kann daher nicht eine **Schattenbilanzierung** sein, die im Anhang zeigt, wie Bilanz, GuV usw. aussähen, wenn Ermessen anders/besser ausgeübt worden wäre.[8] Bescheidener, aber realistischer Zweck ist die **konkretisierte Offenlegung** der Tatsache, **dass die Bilanzierung ermessensbehaftet und damit subjektiv** ist.

- Eine solche Offenlegung muss insofern konkret sein, als sie sich nicht mit dem allgemeinen Verweis auf die Ermessensabhängigkeit jeglicher Bilanzierungsbemühungen begnügen darf, sondern sie muss **Stellen** nennen, an denen im fraglichen Abschluss wichtige Ermessensentscheidungen getroffen wurden.
- Diese Offenlegung verlangt aber andererseits **keine Quantifizierungen,** aus denen sich Als-ob-Bilanzierungen ableiten ließen. Wären solche Angaben verlangt, hätte der IASB das in IAS 1.116ff. angewandte quantifizierende Vokabular auch in IAS 1.113 bis 115 eingesetzt. Er hat dies nicht getan, sondern für die geforderte Offenlegung als Teil der *summaries* der *accounting policies* **verbale** Beschreibungen genügen lassen. Zu Ausnahmen, die sich bei Finanzinstrumenten aus IFRS 7 ergeben, wird auf § 28ff. verwiesen.

48 Zu den Methodenangaben gehören u. E. auch Ausführungen zur Ausfüllung von **Regelungslücken** durch Rückgriff auf andere IFRS-Standards, Branchenübung oder Verlautbarungen anderer Standardsetter (IAS 8.10ff.; → § 2).

---

[8] HOFFMANN/LÜDENBACH, DB 2003, S. 1965ff.

Lüdenbach

Soweit beispielsweise Filmrechte nach den amerikanischen Vorgaben von SOP 00-2 bilanziert werden (→ § 25 Rz 61), ist dies darzustellen.

4.3.3 Schätzungen, Bewertungsunsicherheiten
Die Bestimmung der Niederstwerte im Anlage- und Umlaufvermögen, die Festlegung des wahrscheinlichsten Erfüllungsbetrages von Rückstellungen, die Ermittlung eines *fair value* im Ertragswert- oder DCF-Verfahren, die Optionswertbestimmung mit Hilfe des Black-Scholes-Modells und viele andere bilanzielle Bewertungs- und Ansatzentscheidungen sind durch **Schätzunsicherheiten** *(estimation uncertainties)* charakterisiert. IAS 1.116 verlangt die Offenlegung von Informationen über die **Schlüsselprämissen und Hauptunsicherheitsquellen**, die mit derartigen Schätzungen verbunden sind.

49

Die Offenlegungspflicht ist an folgende Voraussetzungen gebunden:
- Es gibt ein **signifikantes Risiko**
- einer **wesentlichen Anpassung**
- des von der Schätzung betroffenen **Buchwertes** eines Vermögenswertes oder einer Schuld
- innerhalb des **nächsten Geschäftjahres**.

50

Die Beurteilung, wann ein Risiko signifikant bzw. wann eine Wertanpassung als wesentlich gilt, ist selbst in hohem Maße ermessensbehaftet. Insoweit ist wie bei den Offenlegungen nach IAS 1.113 die Ermessensabhängigkeit des Jahresabschlusses lediglich von der Bilanz auf eine andere Ebene transferiert, ohne dort ermessensfrei gelöst werden zu können (Rz 46).

Im Unterschied zu den Angaben über Ermessen bei der Auslegung unbestimmter Rechtsbegriffe sind die Angabepflichten nach IAS 1.116 nicht auf die bedeutsamsten *(most significant)* Fälle beschränkt. Angaben sind vielmehr für **alle** geschätzten Vermögenswerte und Schulden notwendig, die ein signifikantes Anpassungsrisiko haben. Eine allgemeine Einschränkung ergibt sich aus dem *materiality*-Vorbehalt, dem IAS 1.116 wie jede andere Regel unterliegt (→ § 1 Rz 65ff.). Eine spezielle **Einschränkung** wird **in zeitlicher Hinsicht** vorgenommen: Nur das Risiko einer signifikanten Anpassung innerhalb der nächsten 12 Monate führt zu einer Offenlegungspflicht.

51

Aus diesem Zeitkriterium ergeben sich sachlich **kaum zu rechtfertigende** Differenzierungen:

52

Beispiel
U ist wegen Produkthaftung am 1.10.01 verklagt worden. Die Klageschrift legt die Vorwürfe wenig detailliert dar. U hat bis zum Bilanzstichtag eine detaillierte Erwiderungsstrategie ausgearbeitet. U hält eine Verurteilung für sehr unwahrscheinlich *(remote)*, passiviert daher zum 31.12.01 keine Rückstellung und leistet auch keine Anhangsangaben nach IAS 37. Angesichts der notorischen Überlastung der Gerichte ist mit einem Urteil nicht vor Mitte 04 zu rechnen.
Für die Angabepflichten nach IAS 1.116 bedeutet dies Folgendes:

> - Keine Angaben zum 31.12.01 und 31.12.02, da mit einer wesentlichen Änderung der Beurteilung und damit mit einer wesentlichen Buchwertanpassung in den nächsten 12 Monaten nicht zu rechnen ist.
> - Evtl. Angaben zum 31.12.03, da mit einem Urteil in 04 zu rechnen ist und es somit durch einen nicht auszuschließenden negativen Ausgang des Verfahrens innerhalb von 12 Monaten zu einer wesentlichen Anpassung des Buchwertes der Schuld kommen kann.

Der Versuch einer Rechtfertigung des 12-Monats-Kriteriums findet sich in den *Basis of Conclusions* zu IAS 1. Danach solle eine Beschränkung des Zeithorizonts die Zahl der potenziell angabepflichtigen Unsicherheiten limitieren und durch diese Limitierung auf wenige Fälle zu konkreteren *(more specific)* Angaben führen (IAS 1.BC37). Der IASB geht ohnehin vom Schätzerfordernis nur für **einige** Vermögenswerte und Schulden *(some assets and liabilities)* aus. In Verbindung mit dem 12-Monats-Kriterum würde sich danach der Kreis der angabepflichtigen Unsicherheiten so stark reduzieren, dass keine ermessensbehaftete Auswahl der bedeutsamsten Fälle mehr notwendig wäre.

53 Dieser Versuch des IASB, das Ermessensproblem der zweiten Stufe (Rz 50) zu lösen, kann nicht überzeugen. Die in IAS 1.117 genannten Fälle von Schätzwerten im Sachanlage- und Vorratsvermögen (Niederstwertbestimmung) sowie bei den Rückstellungen sind keine Sonderfälle. Schätzgrößen sind ebenso der Niederstwert immaterieller Anlagen, der Ansatz und die Bewertung aktiver latenter Steuern, der auch bei Fehlen von Marktwerten gebotene oder zulässige *fair-value*-Ansatz von *investment properties, financial assets,* Finanzderivaten und *financial liabilities,* die Wertberichtigungen auf Forderungen und weitere Fälle. Schätzungsfrei bleiben nur einige Nominalwerte der Bilanz (Geldkonten, Lieferantenverbindlichkeiten etc.).

54 Bei einer so umfassenden Rolle der Schätzwerte kann nicht mehr begründet werden, dass nur die Bewertung **einiger** *(some)* Vermögenswerte und Schulden das Ergebnis von Schätzungen unter Unsicherheit sei. **Weite Teile der Bilanz sind vielmehr das Ergebnis von Bewertungen unter Unsicherheit.** Eine detaillierte und quantifizierte Offenlegung all dieser Unsicherheiten kann weder von den Bilanzierern praktikabel geleistet noch von den Bilanzadressaten praktikabel verarbeitet werden. Eine **Beschränkung auf die wesentlichsten Fälle** wäre notwendig, und zwar unabhängig davon, ob ein Anpassungsrisiko sich innerhalb der nächsten 12 Monate oder erst danach ergibt:[9]

> **Beispiel**
> Größter Anlagewert eines Mobilfunkunternehmens ist eine UMTS-Lizenz, die per 31.12.01 auf die Notwendigkeit einer außerplanmäßigen Abschreibung getestet wird. Das UMTS-Netz soll in 04 in Betrieb gehen.

---

[9] Ähnlich mit z. T. anderer Begründung KIRSCH, StuB 2004, S. 481.

> Der *value in use* der Lizenz hängt wesentlich von Annahmen über weit in der Zukunft liegendes Nutzungsverhalten der Kunden ab. Frühestens ab 05 werden die diesbezüglichen Planannahmen ihren ersten ernsthaften Realitätstest erfahren.
> Per 31.12.01, 02 und 03 wäre danach kein Risiko einer signifikanten Anpassung des Buchwerte innerhalb der nächsten 12 Monate gegeben. Angaben zu den bei der Bestimmung des *value in use* zugrunde gelegten Prämissen wären nach dem Wortlaut von IAS 1.116 nicht erforderlich.
> Sachgerecht erscheint eine solche Lösung nicht. Wenn die Mobilfunklizenz der wichtigste Anlagegegenstand des Unternehmens ist, sollte im Interesse der viel berufenen *decision usefulness* gerade die Bewertungsunsicherheit bei diesem Vermögenswert einer Offenlegung bedürfen.

Zu konkretem **Inhalt und Form** der Offenlegung hält IAS 1 Folgendes fest: 55
- Die risikobehafteten Vermögenswerte und Schulden sind in der Weise zu **identifizieren**, dass
  - die **Art der** von signifikanten Anpassungsrisiken betroffenen Vermögenswerte oder Schulden sowie
  - deren **Buchwerte**

  angegeben werden (IAS 1.116a und b).
- Die bei den identifizierten Vermögenswerten oder Schulden konkret vorliegenden Schätzunsicherheiten können je nach den Umständen *(according to the circumstances)* in verschiedener **Form** präsentiert werden, z. B. durch Offenlegung der
  - **Art** der Annahmen und der Unsicherheit,
  - **Sensitivität** der Buchwerte gegenüber den Prämissen,
  - erwarteten **Lösung** der Unsicherheit in den nächsten 12 Monaten,
  - **Änderungen**, die **in den Prämissen** schon zuvor unsicherer Werte vorgenommen wurden (IAS 1.120).

Die Auflistung hat keinen abschließenden Charakter. Unter den beispielhaft genannten Darstellungsformen ist eine Präferenzreihenfolge nicht erkennbar. 56

IAS 1.121 enthält eine **implizite Schutzklausel**. Offenbar im Interesse der Geheimhaltung betrieblicher Informationen wird eine Offenlegung von Unternehmensplanungen *(budget informations)* und Prognosen nicht verlangt. Insbesondere die Bestimmung des *value in use* des *goodwill* und anderer Anlagegegenstände fußt aber in aller Regel auf Unternehmensplanungen, da der *value in use* regelmäßig nur auf der Ebene der zahlungsmittelgenerierenden Einheit und damit auf der Grundlage von Budgetplanungen für die relevanten Unternehmensbereiche bestimmt werden kann. Die Hauptunsicherheit, nämlich die Annahmen über die zukünftigen Erträge und Aufwendungen, ist dann in diesen Fällen nicht offenlegungspflichtig. Der Regelungszweck von IAS 1.116 wird damit konterkariert. An die Stelle einer konkretisierenden 57

Offenlegung der den Buchwerten zugrunde liegenden Prämissen können verallgemeinerte Aussagen mit zweifelhaftem Informationswert treten.

Beispiel
Die U hat in 01 einen etwa gleich großen Wettbewerber X erworben. Größter Einzelwert in der Bilanz per 31.12.01 ist der aus der Unternehmensakquisition stammende *goodwill*. Er wird per 31.12.01 auf einen außerplanmäßigen Abschreibungsbedarf getestet (→ § 31 Rz 121). Ein Abschreibungsbedarf wird hierbei verneint.
Grundlage dieses Tests sind die Unternehmensplanungen *(budget informations)* für das erworbene Unternehmen. Sie sind nach IAS 1.121 nicht offenlegungspflichtig.
Das bestehende Risiko der Anpassung des *goodwill* innerhalb der nächsten 12 Monate kann daher in Anlehnung an IAS 1.120a im Anhang wie folgt „offengelegt werden":
„Der *goodwill* wurde auf ein *impairment* getestet. Ein außerplanmäßiger Abschreibungsbedarf ergab sich hierbei nicht. Grundlage des *impairment*-Tests waren Annahmen über die zukünftige Ertrags- und Aufwandsentwicklung des Konzernbereichs X. In dem Maße, in dem die tatsächliche Entwicklung hinter diesen Annahmen zurückbleiben sollte, können sich Anpassungsnotwendigkeiten zum nächsten Bilanzstichtag ergeben."

58 Der Gegenpol zu solchen informationsarmen Angaben wäre eine in IAS 1.120a beispielhaft vorgeschlagene **Sensitivitätsanalyse**.

Beispiel
Das Mobilfunkunternehmen K weist per 31.12.01 noch 15 Mrd. EUR für UMTS-Lizenzen und für Firmenwerte aus Tochterunternehmen aus. In 02 schreibt es 10 Mrd. EUR darauf ab.
Eine Sensitivitätsanalyse (wie variiert ein *output*-Wert mit der Veränderung seiner *input*-Werte?) per 31.12.01 hätte dem Publikum zeigen können, wie sich der Wert von Lizenzen und *goodwill* ändert, wenn
- sich die Inbetriebnahme der UMTS-Netze um 1 Monat, 2 Monate, 3 Monate usw. verzögert,
- sich der prognostizierte Pro-Kopf-Monats-Absatz um 1 Minute, 2 Minuten, 3 Minuten usw. ändert,
- dabei der Minutenpreis wettbewerbsbedingt um 1 Cent, 2 Cent, 3 Cent usw. sinkt,
- sich der Marktzins und damit mittelbar der Diskontierungszins um 0,1 Prozentpunkte, 0,2 Prozentpunkte, 0,3 Prozentpunkte usw. ändert,
- sich (bei Einkauf von technischem Equipment in den USA) der Wechselkurs gegenüber dem Dollar um 1 Cent, 2 Cent, 3 Cent verschlechtert
- usw. usw. usw.

Lüdenbach

> Die Grenzen einer solchen Sensitivitätsanalyse liegen in der Verständlichkeit der Darstellung: Jeder einzelne *input*-Parameter lässt sich z. B. im zweidimensionalen Diagramm gegen die bilanzielle Bewertung *(output)* abtragen. Die zusammengefasste Betrachtung (multiparametrische Sensitivitätsanalyse) führt bei zwei Parametern in den dreidimensionalen Raum, bei drei und mehr in euklidsche Räume, die kaum mehr als nachvollziehbare, d. h. verständliche, Erläuterung von Bewertungsunsicherheiten taugen würden.[10]
> Der Gegenpol wäre folgende nichtssagende Alternative als Anhangsangabe: „Der Buchwert von 15 Mrd. EUR steht unter der Prämisse bestimmter Inbetriebnahmezeitpunkte, Absatzgrößen, Stückpreise, Marktzinsen und Wechselkurse. Bei gleichzeitiger und gleich gerichteter Änderung mehrerer Prämissen kann der Wert auch gegen null laufen."

IFRS 7 verlangt mit Wirkung ab 2007 in bestimmten Fällen einen Sensitivitätsanalyse für **Finanzinstrumente** (→ § 28ff.)

Zur **Positionierung** der Angaben zu den Schätzunsicherheiten im Anhang enthält IAS 1 keine Aussage. In Frage kommen

- eine **zusammengefasste Darstellung** im oder nach dem Methodenteil (Rz 15ff.) oder
- **Einzeldarstellungen** im Zusammenhang der Erläuterung des jeweiligen Bilanzpostens.

Für die zweite Variante spricht, dass einige auf bestimmte Bilanzpositionen bezogene Einzelstandards in spezifizierter Weise die allgemeinen Anforderungen von IAS 1.116 wiederholen. Wichtige Beispiele sind etwa die Angabepflichten, die sich aus IAS 40.75d und IAS 32.92c für die Bestimmung des nicht aus Marktpreisen abgeleiteten *fair value* von *investment properties* (→ § 16 Rz 50ff.) und Finanzinstrumenten (→ § 28 Rz 248) ergeben. Aus den unter Rz 36 dargelegten Gründen halten wir eine Positionierung derartiger Angaben bei den jeweiligen Posterläuterungen für sachgerechter als eine Behandlung im allgemeinen Teil des Anhangs.

4.3.4 Zusammenfassende Beurteilung

Die Offenlegung von Ermessensspielräumen ist dem Grunde nach zu **begrüßen**. Sie ist ein notwendiges Korrektiv gegen die plakative Verwendung von an sich sinnvollen Begriffen, wie *true and fair presentation* oder kapitalmarktorientierte Rechnungslegung. Beim Gebrauch dieser Begriffe wird zuweilen Sollen mit Sein verwechselt (→ § 1 Rz 26ff.).[11] Wie *true and fair* und wie kapitalmarktorientiert (oder managerorientiert) eine Rechnungslegung ist, entscheidet sich vor allem daran, welchen Ermessensgebrauch und Ermessensmissbrauch sie zulässt. Hier ist das IFRS-System einerseits gegenüber dem

---

[10] Vgl. im Einzelnen HOFFMANN/LÜDENBACH, DB 2003, S. 1965ff.
[11] HOFFMANN/LÜDENBACH, StuB 2002, S. 541ff.

Lüdenbach

handelsrechtlichen System im Vorteil, weil es sich in Teilen mehr auf Einzelfallregeln und damit weniger auf unbestimmte Rechtsbegriffe verlässt.

61 Andererseits weist das IFRS-System aber auch systematische Nachteile gegenüber dem HGB aus; Letzteres ist mit einer planmäßigen Abschreibung auf den *goodwill* oder mit einer Anschaffungskostenbewertung von Finanzinstrumenten weniger ermessensabhängig und manipulationsanfällig als der *impairment-only-approach* für den *goodwill* (→ § 31) oder die Zeitbewertung für Finanzinstrumente (→ § 28 Rz 108). Der bessere Einblick in die Ermessensausübung ist für jedes Rechnungslegungssystem sachgerecht, wenn auch die Schwerpunkte diesbezüglich differieren. Allerdings sind diesem Vorhaben **Grenzen** gesetzt. Je vielfältiger Lebenssachverhalte werden, je komplexer die verlangten (oder zugelassenen) Bewertungsverfahren, je mehr Prämissen sie verlangen, umso wichtiger, aber auch umso schwieriger ist eine nachvollziehbare Darstellung der Ermessensspielräume. Es bleibt abzuwarten, welche *best practice* sich beim Umgang mit den neuen Anforderungen herausbilden wird. Einen Königsweg gibt es nicht. Die ökonomische Realität ist zu bunt, um einfache *catch-all*-Regeln für ihre Abbildung in Bilanz und Anhang zu formulieren. Immer ist eine **Abwägung** nötig zwischen einem Zuviel und einem Zuwenig an Informationen.

Relevante **Hilfestellungen** für die Vornahme dieser Abwägungen erhält die bilanzierende und prüfende Praxis vom IASB nicht. Der IASB erachtet die Ermessensausübung eher als einen **Ausnahmefall**, der nur einige Bilanz- und GuV-Posten betrifft (Rz 52ff.). Die Praxis der Bilanzierung sieht jedoch anders aus. Der Altmeister der deutschen Bilanzwissenschaft, WILHELM RIEGER, hat sie so gekennzeichnet: „Die Jahresbilanz ist also ein Gemisch von Wahrheit und Dichtung. Die . . . daraus abzuleitende Konsequenz wäre nicht etwa, dass wir uns nach einer anderen Art des Jahresabschlusses umsehen, sondern das resignierte Bekenntnis, dass es im Leben der Unternehmung eine wahre und richtige Abrechnung überhaupt nicht gibt."[12]

62 Diese Erkenntnis entspricht allerdings nicht den **Erwartungen des breiten Publikums**. Wo Soll und Haben pfenniggenau aufgehen, Bilanz und GuV das gleiche Ergebnis zeigen, die segensreiche Erfindung der Doppik ihres Amtes waltet, neigt das Publikum zu dem Schluss, das Zahlenwerk habe, soweit es denn nicht betrügerisch manipuliert sei, eine absolute Exaktheit. Eine wichtige Aufgabe des Anhangs wäre, immer wieder gegen diese Erwartungshaltung vorzugehen und an prominenter Stelle zu betonen, dass viele Ansätze und Werte das Ergebnis von Interpretationen und Schätzungen sind, die auch deutlich anders hätten ausfallen können.

63 In dieser Hinsicht überzeugt die Lösung von IAS 1 **theoretisch** mehr als die des Handelsrechts, das in § 321 Abs. 2 S. 4 HGB die Offenlegung der Ermessensspielräume nur für den Prüfungsbericht und damit nur für einen privilegierten Adressatenkreis (Aufsichtsrat, Hausbanken usw.) vorsieht. Eine

---

[12] RIEGER, Einführung in die Privatwirtschaftslehre, 2. Aufl., S. 212.

Lüdenbach

derartige informationelle Diskriminierung der Anteilseigner ist weder politisch noch kapitalmarkttheoretisch zu rechtfertigen.[13]

Eine **praktische Besserstellung** wird der Adressat des IFRS-Abschlusses jedoch nur dann erhalten, wenn das Management sich nicht hinter im Grunde genommen nichtssagenden Wertmaßstäben und Beschreibungen – angemessen, ausreichend und vertretbar[14] – verschanzt, sondern deutlich macht, welche Posten des Abschlusses in besonderem Maße ermessensbehaftet sind, und dass bei einer – vom Regelwerk nicht verlangten – einseitig vorsichtigen Ausübung des Ermessens ein Abschluss statt mit einer schwarzen auch mit einer roten Zahl hätte enden können.

64

4.4 Formulierungsbeispiel für den allgemeinen Teil des Anhangs

Wie unter Rz 26ff. dargestellt, sollte aus systematischer Sicht der Anhang frei von Selbstverständlichkeiten der Art „Abnutzbares Anlagevermögen wurde abgeschrieben" bleiben. Die herrschende Praxis interpretiert die Anforderungen von IAS 1 aber anders. Nachfolgend ein dieser Praxis entsprechendes Formulierungsbeispiel für den allgemeinen Teil des Anhangs, nämlich die Angabe

65

- der Übereinstimmung mit IFRS (→ § 1 Rz 55), der im Geschäftsjahr erstmalig angewandten Standards und der Bedeutung zukünftiger Standards (→ § 24 Rz 50),
- zu den Bilanzierungs- und Bewertungsmethoden (Rz 23),
- zu Ermessen bei der Auslegung von Regeln (Rz 43) und der Vornahme von Schätzungen (Rz 49).

> **Beispiel**
>
> **1. Übereinstimmung mit IFRS, angewandte Standards, Bedeutung zukünftiger Standards**
>
> Der Konzernabschluss wurde nach den *International Financial Reporting Standards* (IFRS), wie sie in der Europäischen Union (EU) anzuwenden sind, und den ergänzend nach § 315a Abs. 1 HGB zu beachtenden handelsrechtlichen Vorschriften aufgestellt. Alle vom *International Accounting Standards Board* (IASB) herausgegebenen, für das Geschäftsjahr geltenden IFRS wurden von der Europäischen Kommission für die Anwendung in der EU übernommen. Der Konzernabschluss entspricht damit auch den IFRS. Für das Geschäftsjahr 2006 waren erstmals folgende Standards bzw. wesentlichen Änderungen anzuwenden:
>
> - IAS 19 *„Employee Benefits: Actuarial Gains and Losses, Group Plans and Disclosures"*.

---

[13] Vgl. HOFFMANN/LÜDENBACH, DB 2003, S. 781ff.
[14] Vgl. HOFFMANN, DB 2000, S. 485ff.

Lüdenbach

- IAS 21 „*The Effects of Changes in Foreign Exchange Rates: Net investment in a foreign Operation*".
- IAS 39 „*Financial Instruments: Recognition and Measurement – Cash-Flow Hedge Accounting of Forecast Intragroup Transactions*".
- IAS 39 „*Financial Instruments: Recognition and Measurement – The Fair-Value-Option*".
- IAS 39 „*Financial Instruments: Financial Guarantee Contracts*".
- IFRIC 4 „*Determining whether an Arrangement contains a Lease*".
- IFRIC 5 „*Rights to Interests arising form Decommissioning, Restoration and Environmental Rehabilitation Funds*".
- IFRIC 6 „*Liabilities arising form Particapting in a Specific Market – Waste Electical and Electronic Equipment*".

Wesentliche Auswirkungen ergeben sich nur aus IFRIC 4. Bezugsverträge über Industriegase, bisher als reine Lieferverträge qualifiziert, werden jetzt in einen Liefer- und Leasingteil (Letzterer über die vom Lieferanten ohne besonderes Entgelt eingebauten Speicher- und Verteilungsanlagen) getrennt. Der Leasingvertrag ist als Spezialleasing und damit als *finance lease* zu qualifizieren. Die genannten Anlagen werden daher gegen eine entsprechende Verbindlichkeit eingebucht und abgeschrieben. Die Neuregelung wurde gem. IAS 8 retrospektiv angewandt. Die Vorjahreszahlen sind entsprechend angepasst.

In 2005 und 2006 hat der IASB verschiedene ab 2007 anwendbare Standards, Ergänzungen von Standards und Interpretationen verabschiedet. Einige dieser Regelungen, etwa die Ergänzung zu IAS 1 „*Presentation of Financial Instruments – Capital Disclosures*" sowie der Standard IFRS 7 „*Financial Instruments – Disclosures*" betreffen nur Angabepflichten. Für andere, etwa IFRIC 7 „*Applying the Restatement Approach under IAS 29 Reporting in Hyperinflationary Economies*", IFRIC 8 „*Scope of IFRS 2*", IFRIC 9 „*Reasssessment of Embeded Derivatives*" und IFRIC 10 „*Interim Financial Reporting and Impairment*", gibt es im Unternehmen derzeit und voraussichtlich auch 2007 keinen Anwendungsfall. Insgesamt erwartet das Unternehmen deshalb keine wesentlichen Auswirkungen der Neuregelungen auf die Vermögens-, Finanz- und Ertragslage.

2. Bilanzierungsmethoden

Gliederungsmethoden

Die Bilanz wird nach Fristigkeit gegliedert. Die GuV ist nach dem **Umsatzkostenverfahren** aufgebaut. Die *cash flows* aus der betrieblichen Tätigkeit werden nach der indirekten Methode ermittelt.

Aufwands- und Ertragsrealisierung

Umsatzerlöse bzw. sonstige betriebliche Erträge werden mit Erbringung der Leistung bzw. mit Übergang der Gefahren auf den Kunden realisiert. Betriebliche Aufwendungen werden mit Inanspruchnahme der Leistung bzw.

zum Zeitpunkt ihrer Verursachung ergebniswirksam. Zinserträge und -aufwendungen werden periodengerecht erfasst.

Immaterielle Vermögenswerte
Erworbene immaterielle Vermögenswerte werden zu Anschaffungskosten, selbst erstellte immaterielle Vermögenswerte, aus denen dem Konzern wahrscheinlich ein künftiger Nutzen zufließt und die verlässlich bewertet werden können, mit den Herstellungskosten der Entwicklungsphase aktiviert und jeweils über eine **Nutzungsdauer von zwei bis zehn Jahren** planmäßig linear abgeschrieben. Die Herstellungskosten umfassen dabei alle direkt dem Herstellungsprozess zurechenbaren Kosten sowie angemessene Teile der fertigungsbezogenen Gemeinkosten. Finanzierungskosten werden nicht aktiviert. Geschäftswerte aus der Konsolidierung und der Bewertung nach der *equity*-Methode werden gem. IFRS 3 nicht planmäßig abgeschrieben.

Sachanlagen
Materielle Vermögenswerte, die im Geschäftsbetrieb länger als ein Jahr genutzt werden, sind mit ihren Anschaffungs- bzw. Herstellungskosten, abzüglich planmäßiger linearer Abschreibungen, bewertet. Die Herstellungskosten umfassen alle direkt dem Herstellungsprozess zurechenbaren Kosten sowie angemessene Teile der fertigungsbezogenen Gemeinkosten. Finanzierungskosten werden nicht angesetzt. Die zugrunde gelegten Nutzungsdauern entsprechen den erwarteten Nutzungsdauern im Konzern. Ausschließlich auf steuerlichen Regelungen beruhende Abschreibungen werden nicht angesetzt. Für Gebäude werden Nutzungsdauern zwischen **10 und 45 Jahren** zugrunde gelegt, Bauten und Einbauten auf fremden Grundstücken werden entsprechend der Laufzeit der Mietverträge bzw. einer niedrigeren Nutzungsdauer abgeschrieben. Als Nutzungsdauer für technische Anlagen und Maschinen werden **bis zu zehn Jahre** angesetzt. Betriebs- und Geschäftsausstattung wird bei normaler Beanspruchung über **drei bis zehn Jahre** abgeschrieben.
In den Sachanlagen sind geleaste Objekte aus *finance leases* enthalten. Ihr Erstansatz erfolgt mit dem Zeitwert oder dem niedrigeren Barwert der Mindestleasingzahlungen. Die Fortschreibung entspricht der der übrigen Sachanlagen.

Außerplanmäßige Abschreibung
Immaterielle Vermögenswerte sowie Sachanlagen werden zum Bilanzstichtag außerplanmäßig abgeschrieben, wenn der „erzielbare Betrag" des Vermögenswerts unter den Buchwert gesunken ist. Der „erzielbare Betrag" wird als der jeweils höhere Wert aus Nettoveräußerungswert *(fair value less cost to sell)* und Barwert des erwarteten Mittelzuflusses aus dem Vermögenswert *(value in use)* ermittelt.

Finanzanlagen
Finanzanlagen werden **am Erfüllungstag**, d. h. zum Zeitpunkt des Entstehens bzw. der Übertragung des Vermögenswertes, zu Anschaffungskosten aktiviert. Für die weitere Bewertung wird gem. IAS 39 zwischen Forderungen, Fälligkeitsinvestments, veräußerbaren Werten (und im Umlaufvermögen ausgewiesenen Handelswerten) unterschieden. Forderungen und Fälligkeitswerte werden mit den amortisierten Anschaffungskosten oder dem niedrigeren erzielbaren Betrag angesetzt, veräußerbare Werte (und Handelswerte) mit dem beizulegenden Zeitwert, sofern dieser verlässlich bestimmbar ist. Wertschwankungen veräußerbarer Werte zwischen den Bilanzstichtagen werden erfolgsneutral in die Rücklagen eingestellt. Die erfolgswirksame Auflösung der Rücklagen erfolgt entweder mit der Veräußerung oder bei nachhaltigem Absinken des Marktwertes.
Von der Möglichkeit, finanzielle Vermögenswerte bei ihrem erstmaligen Ansatz als erfolgswirksam zum beizulegenden Zeitwert zu bewertende finanzielle Vermögenswerte zu designieren (*fair value option*) wurde weder bei den Finanzanlagen noch bei den kurzfristigen finanziellen Vermögenswerten Gebrauch gemacht.

Vorräte
Der Ansatz der Vorräte erfolgt zu Anschaffungskosten, die auf Basis von **Durchschnittspreisen** ermittelt werden, oder zu Herstellungskosten. Die Herstellungskosten umfassen alle direkt dem Herstellungsprozess zurechenbaren Kosten sowie angemessene Teile der fertigungsbezogenen Gemeinkosten. **Finanzierungskosten** werden **nicht** berücksichtigt. Die Bewertung zum Bilanzstichtag erfolgt zum jeweils niedrigeren Betrag aus Anschaffungs-/Herstellungskosten einerseits und realisierbarem Nettoveräußerungspreis andererseits.

Kurzfristige finanzielle Vermögenswerte
Kurzfristige finanzielle Vermögenswerte umfassen Forderungen, Wertpapiere sowie Bankguthaben und Kassenbestände. Alle kurzfristigen finanziellen Vermögenswerte werden **am Erfüllungstag**, d. h. zum Zeitpunkt des Entstehens der Forderung bzw. der Übertragung des wirtschaftlichen Eigentums, zunächst mit ihrem *fair value* angesetzt, der in der Regel den Anschaffungskosten entspricht. Nach IAS 39 werden die finanziellen Vermögenswerte in der Folgezeit unterschieden in Forderungen, zu Handelszwecken gehaltene Vermögenswerte, bis zur Endfälligkeit gehaltene und zur Veräußerung verfügbare Vermögenswerte. Forderungen sowie bis zur Endfälligkeit gehaltene Vermögenswerte werden zu jedem Bilanzstichtag zu fortgeführten Anschaffungskosten bewertet. Zu Handelszwecken und zur Veräußerung verfügbare Vermögenswerte werden dagegen am Bilanzstichtag zum beizulegenden Zeitwert angesetzt, wobei die Wertänderung veräußerbarer Werte erfolgsneutral erfasst wird. Neben den erforderlichen Einzelwertberichtigungen wird erkennbaren Risiken aus dem

allgemeinen Kreditrisiko durch Bildung von pauschalierten Einzelwertberichtigungen Rechnung getragen. In Fremdwährung valutierende Forderungen werden zum Mittelkurs am Bilanzstichtag bewertet. Flüssige Mittel sind zu fortgeführten Anschaffungskosten angesetzt. Fremdwährungsbestände sind zum Mittelkurs am Bilanzstichtag bewertet.

Derivate
Derivative Finanzinstrumente werden im Konzern ausschließlich entsprechend einer konzerninternen Richtlinie zur Sicherung von Zins- und Währungsrisiken auf Basis einer vom Vorstand definierten und von einem Gremium überwachten Sicherungspolitik eingesetzt. Gemäß IAS 39 werden alle Finanzderivate im Zugangszeitpunkt zum *fair value*, i. d. R. entsprechend den Anschaffungskosten, erfasst und in der Folge zum Bilanzstichtag zum beizulegenden Zeitwert bewertet. Soweit die eingesetzten Finanzinstrumente wirksame Sicherungsgeschäfte im Rahmen einer Sicherungsbeziehung nach den Vorschriften von IAS 39 sind, führen die Zeitwertschwankungen nicht zu Auswirkungen auf das Periodenergebnis während der Laufzeit des Derivates. Sicherungsgeschäfte werden entweder zur Absicherung beizulegender Zeitwerte oder zur Absicherung künftiger *cash flows* abgeschlossen. Im Falle einer wirksamen Absicherung von beizulegenden Zeitwerten gleichen sich die Zeitwertschwankungen des gesicherten Vermögenswertes bzw. der gesicherten Schulden und die des Finanzinstrumentes in der GuV aus. Zeitwertschwankungen aus einer wirksamen *cash-flow*-Sicherung werden erfolgsneutral in der entsprechenden Rücklagenposition erfasst. Ist der gesicherte Zahlungsstrom eine Investition, so wird das Grundgeschäft mit dem Sicherungskurs eingebucht. Soweit die eingesetzten Derivate nicht als wirksame Sicherungsgeschäfte, sondern als Handelsgeschäfte nach IAS 39 qualifiziert werden oder die Sicherung in Teilen ineffektiv ist, sind Zeitwertschwankungen unmittelbar als Gewinn oder Verlust in der GuV zu berücksichtigen.

Rückstellungen
Die Bewertung der Pensionsrückstellungen beruht auf dem in IAS 19 vorgeschriebenen Anwartschaftsbarwertverfahren für leistungsorientierte Altersversorgungspläne. Der in den Pensionsaufwendungen enthaltene Zinsanteil wird als **Zinsaufwand im Finanzergebnis** ausgewiesen. Sonstige Rückstellungen werden gebildet, soweit eine aus einem vergangenen Ereignis resultierende Verpflichtung gegenüber Dritten besteht, die künftig wahrscheinlich zu einem Vermögensabfluss führt, und sich diese Vermögensbelastung zuverlässig schätzen lässt. Musste die Rückstellungsbildung unterbleiben, weil eines der genannten Kriterien nicht erfüllt ist, sind die entsprechenden Verpflichtungen unter den Eventualschulden ausgewiesen, soweit nicht eine Wahrscheinlichkeit der Inanspruchnahme ganz gering ist. Rückstellungen für Verpflichtungen, die voraussichtlich nicht bereits im Folgejahr zu einer Vermögensbelastung führen, werden in Höhe des Bar-

wertes des erwarteten Vermögensabflusses gebildet. Der Wertansatz der Rückstellungen wird zu jedem Bilanzstichtag überprüft. Rückstellungen in Fremdwährung sind zum Stichtagskurs umgerechnet.

Verbindlichkeiten
Verbindlichkeiten aus Finanzierungsleasing-Verträgen werden zum Vertragsabschlusszeitpunkt mit dem Barwert der Leasingraten, übrige Verbindlichkeiten werden zum Rückzahlungsbetrag bzw. zu fortgeführten Anschaffungskosten angesetzt. In Fremdwährung valutierende Verbindlichkeiten werden zum Mittelkurs am Bilanzstichtag bewertet.

Latente Steuern
Latente Steuern werden gemäß IAS 12 für Bewertungsunterschiede zwischen den Steuerbilanzen der Einzelgesellschaften und dem Konzernabschluss gebildet. Steuerliche Verlustvorträge, die wahrscheinlich zukünftig genutzt werden können, werden in Höhe des latenten Steueranspruchs aktiviert.

3. Schätzungen und Beurteilungen des Managements
Bei der Aufstellung des Konzernabschlusses sind zu einem gewissen Grad Annahmen zu treffen und Schätzungen vorzunehmen, die sich auf Höhe und Ausweis der bilanzierten Vermögenswerte und Schulden, der Erträge und Aufwendungen sowie der Eventualverbindlichkeiten der Berichtsperiode auswirken. Durch von den Annahmen abweichende Entwicklungen können die sich tatsächlich einstellenden Beträge von den ursprünglich erwarteten Schätzwerten abweichen. Die auf eine Sicht von 12 Monaten am stärksten von einem entsprechenden Risiko betroffenen Vermögenswerte und Schulden des Konzernabschlusses sind die *goodwills* und die Rückstellungen für Passivprozesse. Hinsichtlich der Prämissen, die bei der Werthaltigkeitsprüfung der *goodwills* zugrunde gelegt wurden, wird auf die Erläuterung des immateriellen Anlagevermögens unter Ziffer xx. verwiesen. Den Prozessrückstellungen liegen rechtliche Einschätzungen unserer Anwälte zugrunde. In allen Fällen wurden bis zum Zeitpunkt der Aufstellung des Konzernabschlusses vorliegende werterhellende Umstände berücksichtigt.

5 Besondere Angabepflichten für deutsche IFRS-Anwender

66 Das Bilanzrechtsreformgesetz sieht mit Wirkung ab 2005 eine Befreiung des deutschen IFRS-Anwenders von den **Konzernanhangsvorschriften der §§ 313 und 314 HGB** vor (→ § 7 Rz 8ff.). Dieser Grundsatz erfährt fünf in § 315a HGB geregelte **Ausnahmen:**

- Soweit nicht schon nach IFRS verlangt, sind im Konzernanhang die nach § 313 Abs. 2 bis 4 HGB geforderten Angaben zu den konsolidierten und nichtkonsolidierten **Beteiligungen** zu machen, d. h., bei Tochterunternehmen, assoziierten Unternehmen und Gemeinschaftsunternehmen sind Name und Sitz sowie Anteil am Kapital anzugeben, bei anderen Beteiligungen (mit mindestens 20 % Anteilsquote) sind zusätzlich die Höhe des Eigenkapitals und das Ergebnis des letzten Geschäftjahres angabepflichtig. Die Angaben können separiert von den übrigen Anhangsangaben in einer Aufstellung des Anteilsbesitzes erfolgen (§ 313 Abs. 4 HGB).
- Nach § 314 Abs. 1 Nr. 4 HGB ist die **durchschnittliche Zahl der Arbeitnehmer** der in den Konzernabschluss einbezogenen Unternehmen während des Geschäftsjahrs, getrennt nach Gruppen, auszuweisen.
- Nach § 314 Abs. 1 Nr. 6 HGB sind die **Organbezüge** anzugeben.
- Für jedes in den Konzernabschluss einbezogene börsennotierte Unternehmen ist gem. § 314 Abs. 1 Nr. 8 HGB anzugeben, ob die nach § 161 des Aktiengesetzes vorgeschriebene **Erklärung zum** *Corporate Governance Codex* abgegeben und den Aktionären zugänglich gemacht worden ist.
- Nach § 314 Abs. 1 Nr. 9 HGB ist nur für Konzerne, deren Mutterunternehmen einen organisierten Markt i.S.d. § 2 Abs. 4 WPHG in Anspruch nehmen, das im Geschäftsjahr als Aufwand erfasste Honorar für den Konzernabschlussprüfer aufzuschlüsseln nach
  – Abschlussprüfungen,
  – sonstigen Bestätigungs- oder Bewertungsleistungen,
  – Steuerberatungsleistungen,
  – sonstigen Leistungen gegenüber Mutter- oder Tochterunternehmen.

Soweit gem. § 325 Abs. 2a HGB für Zwecke der Bundesanzeigerpublizität ein IFRS-Einzelabschluss erstellt wird (→ § 7 Rz 4), finden die Vorschriften des § 285 Satz 1 Nrn. 7, 8 Buchstabe b, 9 bis 11a, 14 bis 17 HGB, des § 286 Abs. 1 und 3 HGB sowie des § 287 HGB Anwendung.

Die vorgenannten Angaben **ergänzen** die nach IAS 1 verlangten Offenlegungen. Fraglich ist ihre Positionierung. In Frage kommt die Darstellung

- in einem gesonderten Teil außerhalb des IFRS-Anhangs, ähnlich dem von deutschen IFRS-Anwendern verlangten Lagebericht, der gem. IAS 1.9f. kein Teil des IFRS-Abschlusses ist, oder
- innerhalb des IFRS-Anhangs.

Nur die zweite Variante entspricht u. E. dem Regelungszweck von § 315a Abs. 1 HGB. Gegen die Einbeziehung in den Anhang bestehen auch aus Sicht von IAS 1 keine Bedenken, da die ergänzenden Angaben die in IAS 1.104 geforderte Systematik des Anhangs nicht gefährden (Rz 11).

Lüdenbach

6 Unterlassung nachteiliger Angaben – explizite und implizite Schutzklauseln

67 Das Handelsrecht sieht die **Unterlassung** von Angaben vor:
- nach einer Generalklausel: Die Unterlassung von Angaben gemäß § 286 Abs. 1 HGB ist für das Wohl der Bundesrepublik oder eines ihrer Länder erforderlich (Unterlassung im **öffentlichen Interesse**).
- nach spezifizierten Regeln: Angaben zur Aufgliederung der Umsatzerlöse (§ 286 Abs. 2 HGB) sowie bestimmte Angaben zu Beteiligungsgesellschaften (§ 286 Abs. 3 HGB) bzw. zum Konsolidierungskreis (§ 314 Abs. 3 HGB) können unterbleiben, wenn die Offenlegung nach vernünftiger kaufmännischer Beurteilung dem Unternehmen bzw. Konzern erhebliche Nachteile zufügen könnte (Unterlassung im **Unternehmensinteresse**).

68 Die Frage des **öffentlichen Geheimhaltungsinteresses** spielt im IFRS-Regelwerk keine Rolle. Gleichwohl könnte etwa ein für die Bundesrepublik tätiges Rüstungsunternehmen durch die §§ 93ff. StGB angehalten sein, zur Vermeidung von Landesverrat die durch einen Segmentbericht geforderten Detailangaben zum Produktionsprogramm zu unterlassen. Bei einem derartigen Konflikt zwischen beachtlichem nationalem Recht und den Anforderungen des IFRS-Regelwerks bleibt das nationale Recht u. E. vorrangig.[15] Die nach IFRS erforderlichen Angaben müssen dann unterbleiben und die nach IAS 1.14 verlangte *compliance*-Erklärung (Rz 16 und Rz 24) im Anhang muss entsprechend eingeschränkt werden. Dies gilt jedenfalls für den **pflichtweise** zu erstellenden IFRS-Konzernabschluss kapitalmarktorientierter Konzerne.

Für den **freiwilligen** Konzernabschlusss sowie den **freiwilligen** zur Erfüllung der Bundesanzeigerpublizität veröffentlichten **IFRS-Einzelabschluss** (→ § 7 Rz 10ff.) ist eine andere Wertung denkbar: Landesverrat bzw. die Offenbarung von Staatsgeheimnissen kann insofern auch durch völligen Verzicht auf eine IFRS-Bilanzierung vermieden werden. In diesem Sinne trifft § 325 Abs. 2a Satz 5 HGB folgende Regelung: „Kann wegen der Anwendung des § 286 Abs. 1 HGB auf den Anhang die in Satz 2 Nr. 1 genannte Voraussetzung nicht eingehalten werden, so entfällt das Wahlrecht nach Satz 1." Die Gesetzesbegründung zum Kabinettsentwurf des Bilanzrechtsreformgesetzes führt hierzu noch Folgendes aus: „Steht ausnahmsweise das durch § 286 Abs. 1 HGB geschützte öffentliche Interesse einer nach den IAS erforderlichen Berichterstattung entgegen, so ist die befreiende Offenlegung eines IAS-Einzelabschlusses nicht möglich. Diese in Satz 5 getroffene Regelung misst einerseits dem öffentlichen Interesse gegenüber dem IAS-Einzelabschluss das gleiche Gewicht bei wie gegenüber dem (HGB-)Jahresabschluss zu, vermeidet

---

[15] Mit anderer Begründung, aber gleichem Ergebnis HALLER, in: BAETGE et al. (Hrsg.), Rechnungslegung nach IAS, 2. Aufl., IAS 14, Tz 14.

es andererseits, dass ein den IAS nicht vollständig entsprechender Einzelabschluss nach Absatz 2a Satz 1 in eine Pflichtveröffentlichung des Unternehmens Eingang findet."
Eine § 325 Abs. 2a Satz 5 HGB entsprechende Regelung ist in § 315a HGB (**freiwilliger IFRS-Konzernabschluss**) nicht enthalten. Unmittelbar ist eine derartige Bestimmung auch nicht erforderlich, da die Vorschriften zum Konzernanhang keine Analogregelungen zu § 286 Abs. 1 HGB enthalten. Gleichwohl stellt sich auch in Konzernabschlussfällen die Frage einer Güter- und Rechtsabwägung zwischen Informationspflichten des Rechnungslegungsrechtes einerseits und straf- oder ordnungsrechtlich bewehrten Geheimhaltungspflichten andererseits. In Anwendung des in der Gesetzesbegründung des Bilanzrechtsreformgesetzes zum Ausdruck kommenden Rechtsgedankens wird man auch hier die Inanspruchnahme des Wahlrechtes zur **freiwilligen IFRS-Konzernbilanzierung** gemäß § 315a Abs. 3 HGB daran binden müssen, dass Angaben nicht im öffentlichen Interesse unterbleiben.

Zur Unterlassung von Angaben im **Unternehmensinteresse** kennt das IFRS-Regelwerk eine explizite und eine implizite Vorschrift:

- Ausdrücklich geregelt ist folgender Fall: Für die aus einem Streit *(dispute)* mit einer anderen Partei resultierenden **Rückstellungen** oder Eventualverbindlichkeiten sind die nach IAS 37.84ff. verlangten Angaben (z. B. erwartete Belastung) dann nicht zu machen, wenn dadurch die Position des Unternehmens im Streitfall ernsthaft beeinträchtigt werden kann. Die Inanspruchnahme dieser Ausnahmevorschrift ist anzugeben (IAS 1.92).
- Eine implizite Schutzklausel enthält IAS 1.121: Die in IAS 1.116 verlangte Offenlegung von Informationen über die Schlüsselprämissen und Hauptunsicherheitsquellen von **Schätzwerten** wird eingeschränkt. Eine Offenlegung von **Unternehmensplanungen** *(budget informations)* und Prognosen ist nicht verlangt. Insbesondere die Bestimmung des *value in use* des *goodwill* und anderer Anlagegegenstände fußt aber in aller Regel auf Unternehmensplanungen, da der *value in use* regelmäßig nur auf der Ebene der Zahlungsmittel generierenden Einheit und damit auf der Grundlage von Budgetplanungen für die relevanten Unternehmensbereiche bestimmt werden kann (→ § 11 Rz 22). Die Hauptunsicherheit, nämlich die Annahmen über die zukünftigen Erträge und Aufwendungen, ist dann in diesen Fällen nicht offenlegungspflichtig (Rz 57).

Die Möglichkeit, Angaben im Unternehmensinteresse zu unterlassen, wird bereits im **Handelsrecht** restriktiv interpretiert. Soweit es um Beteiligungsverhältnisse und den Konsolidierungskreis geht, wird sie gem. § 313 Abs. 3 S. 2 HGB und § 286 Abs. 3 Satz 3 HGB kapitalmarktorientierten Unternehmen generell verwehrt. Dieser Ausschluss gilt durch den Verweis in § 315a Abs. 1 HGB auf § 313 HGB auch für die kapitalmarktorientierten Unternehmen, die ab 2005/2007 ihren Konzernabschluss nach IFRS erstellen müssen. Fraglich ist, wie der für den **freiweilligen IFRS-Anwender** in § 315a Abs. 3 HGB i. V. m. § 315 Abs. 1 HGB enthaltene Verweis auf § 313 HGB

sowie der in § 325 Abs. 2a HGB enthaltene Verweis auf § 286 Abs. 3 HGB zu interpretieren ist.
- Dem Wortlaut nach könnte es insofern bei der Möglichkeit der Inanspruchnahme der Schutzklausel bleiben. Die IFRS-*compliance*-Erklärung wäre auch hier entsprechend einzuschränken.
- Eine zweite Lesart scheint aber ebenso möglich: Wenn schon die Unterlassung von Angaben im öffentlichen Interesse zum Wegfall des Wahlrechtes zur IFRS-Bilanzierung führt (Rz 68), sollte dies erst recht für die Unterlassung von Angaben im Unternehmensinteresse gelten.

Für die erste und gegen die zweite Lesart spricht u. E., dass das IFRS-Regelwerk zwar das öffentliche Geheimhaltungsinteresse nicht anerkennt, aber punktuell in IAS 37 und allgemein in IAS 1 die Interessen des Unternehmens an einer Nichtveröffentlichung berücksichtigt. Diesem Gedanken würde Rechnung getragen, wenn in Ausnahmefällen Angaben gem. § 314 Abs. 3 HGB und § 286 Abs. 3 HGB unterblieben.

7 Anwendungszeitpunkt, Rechtsentwicklung

70 IAS 1 ist für alle Abschlüsse anzuwenden, deren Berichtszeitraum ab dem 1. Januar 2005 beginnt. Eine frühere Anwendung wird empfohlen (IAS 1.127). Das im August 2005 verabschiedete *Amendment: „Capital Disclosures"* (Rz 18) ist pflichtweise erst ab 2007 anzuwenden.

71 Die Neufassung von IAS 1 im Rahmen des *Improvement Project* unterscheidet sich, soweit es um den Anhang geht, von IAS 1 (1997) an zwei wichtigen Stellen:
- Das Management hat nunmehr nach IAS 1.113 die **Ermessensentscheidungen** bei der Anwendung unbestimmter Rechtsbegriffe offenzulegen (Rz 41ff.). Eine entsprechende Angabe war bisher nicht gefordert.
- Das Management hat nach IAS 1.116 außerdem Informationen zu **Schlüssel-Prämissen** *(key assumptions)* betreffend Unsicherheiten der Bewertung zu geben (Rz 41ff.).

8 Zusammenfassende Praxishinweise, Verweis auf Checkliste Abschlussangaben

72 Aus den ökonomischen Grenzen des Informationsgehalts von Bilanz und GuV und der anderen Rechenwerke des Jahresabschlusses (Rz 61) ergibt sich die **Hauptfunktion** des Anhangs. Er soll insbesondere Antwort auf folgende Fragen geben (Rz 13):
- Wie sind die Zahlen der Rechenwerke zustande gekommen? (**Methoden und ggf. Prämissen**)

Lüdenbach

§ 5 Anhang

- Was enthalten die Zahlen in den Rechenwerken? (Erläuterung bzw. Disaggregierung der Posten)
- Was enthalten die Zahlen der Rechenwerke demgegenüber (noch) nicht? (Ereignisse **nach dem Stichtag**, Eventualverbindlichkeiten, nicht quantifizierbare oder **nicht monetär** quantifizierbare Größen)

Diesen funktionalen Überlegungen entspricht der in IAS 1.103ff. enthaltene **Gliederungsvorschlag** für den Anhang (Rz 15). Er trennt im Wesentlichen zwischen

- **allgemeinen Angaben, darunter**
  - eine Angabe der Übereinstimmung mit IFRS (→ § 1 Rz 55ff.) sowie
  - Methodenangaben,
- **Postenerläuterungen** und
- **sonstigen Angaben.**

Die **Postenerläuterungen** und **sonstigen** Angaben sind überwiegend nicht in IAS 1, sondern in den spezifischen Standards geregelt. Diese Arbeitsteilung macht Sinn, weil sie den integralen Zusammenhang von Bilanzierung und Anhang unterstreicht. Weder arbeitstechnisch noch informatorisch darf der Anhang als Anhängsel behandelt werden (Rz 9).

73

Der **allgemeine** Teil des Anhangs umfasst

74

- die kurze Versicherung der Übereinstimmung des Abschlusses mit IFRS sowie Angaben zur Auswirkung im Geschäftsjahr erstmalig angewandter bzw. in zukünftigen Geschäftsjahren erstmalig anzuwendender neuer bzw. revidierter Standards (Rz 65),
- im Konzernabschluss Angaben zu Konsolidierungskreis- und Konsolidierungsmethoden (→ § 32 Rz 184),
- allgemeine Angaben zu den angewandten Bilanzierungs- und Bewertungsmethoden (Rz 24 und Rz 65),
- spezielle Angaben zur Ausübung des Ermessens bei der Anwendung der Bilanzierungs- und Bewertungsmethoden (Rz 43 und Rz 65),
- Angaben zu Fehler- bzw. Anpassungsrisiken, die sich aus (zukunftsbezogenen) geschätzten Werten ergeben (Rz 49 und Rz 65).

Für die **allgemeinen Angaben zu den Bilanzierungs- und Bewertungsmethoden** wird unter Rz 65 ein **Formulierungsbeispiel** gegeben, das der ganz herrschenden Praxis entsprechend viele Selbstverständlichkeiten enthält (Rz 28).

75

Als Bestandteil der Angaben zu den Bilanzierungs- und Bewertungsmethoden *(in the summary of significant accounting policies)* sind die bedeutsamsten Ermessensentscheidungen *(judgements with the most significant effect)* anzugeben, die bei der Regelanwendung getroffen wurden (Rz 43).

Diese **Offenlegung des Ermessens** ist notwendig **selbst ermessensbehaftet**. Die unvermeidliche Subjektivität bei der Aufstellung des Jahresabschlusses lässt sich auch auf der Ebene des Anhangs bzw. der Offenlegungen nicht lösen (Rz 46). Zweck der Angaben zur Ausübung des Ermessens bei der Re-

76

gelauslegung kann daher nicht eine Schattenbilanzierung sein, die im Anhang zeigt, wie Bilanz, GuV usw. aussähen, wenn Ermessen anders/besser ausgeübt worden wäre. Bescheidenerer, aber realistischer Zweck ist die **konkretisierte Offenlegung** der Tatsache, dass die **Bilanzierung ermessensbehaftet und damit subjektiv** ist (Rz 47).

77 Im Unterschied zu den Angaben über das Ermessen bei der **Auslegung unbestimmter Rechtsbegriffe** sind die Angaben zum Ermessen bei der Schätzung **unsicherer Werte** nicht auf die bedeutsamsten *(most significant)* Fälle beschränkt. Angaben sind vielmehr für **alle** geschätzten Vermögenswerte und Schulden notwendig, die ein signifikantes Anpassungsrisiko haben (Rz 51). Eine **allgemeine** Einschränkung ergibt sich aus dem *materiality*-Vorbehalt, dem IAS 1.116 wie jede andere Regel unterliegt. Eine **spezielle** Einschränkung wird in **zeitlicher** Hinsicht vorgenommen: Nur das Risiko einer signifikanten Anpassung innerhalb der nächsten 12 Monate führt zu einer Offenlegungspflicht. Aus diesem Zeitkriterium ergeben sich sachlich kaum gerechtfertigte Differenzierungen (Rz 52).

Zu konkretem **Inhalt und Form** der für Schätzwerte geforderten Offenlegung hält IAS 1 Folgendes fest (Rz 55):
- Die risikobehafteten Vermögenswerte und Schulden sind in der Weise zu **identifizieren**, dass
  – die **Art** der von signifikanten Anpassungsrisiken betroffenen Vermögenswerte oder Schulden sowie
  – deren **Buchwerte** angegeben werden (IAS 1.116a und b).
- Die bei den identifizierten Vermögenswerten oder Schulden konkret vorliegenden Schätzunsicherheiten können je nach den Umständen *(according to the circumstances)* in verschiedener **Form** präsentiert werden, z. B. durch Offenlegung
  – der **Art** der Annahmen und der Unsicherheit,
  – der **Sensitivität** der Buchwerte gegenüber den Prämissen.

Die Angabepflichten zu den Schätzwerten werden zum Teil durch die in IAS 1.121 implizit enthaltene **Schutzklausel** konterkariert. Die Offenlegung von Budgetinformationen ist danach nicht verlangt. Der wichtige Bereich des nur auf der Ebene der Zahlungsmittel generierenden Einheit durchzuführenden *impairment*-Testes wird auf diese Weise von einer konkretisierten Angabepflicht ausgenommen. Explizite und implizite Schutzklauseln bestehen auch für andere Bereiche (Rz 67).

Für **deutsche Anwender** bestehen einige besondere Angabepflichten, u. a. ist eine Aufstellung des Beteiligungsbesitzes geboten (Rz 66).

Auf die **Checkliste Abschlussangaben** wird verwiesen (Rz 8).

Lüdenbach

§ 6 ERSTMALIGE ANWENDUNG

	Rz
Inhaltsübersicht	
Vorbemerkung	
1 Zielsetzung, Regelungsinhalt und Begriffe	1–6
2 Persönlicher und zeitlicher Anwendungsbereich von IFRS 1	7–12
3 Die Abbildung des Übergangsprozesses	13–25
3.1 Die „Drei-Bilanzen-Periode"	13–18
3.1.1 Jahresabschluss	13–16
3.1.2 Zwischenberichterstattung	17–18
3.2 Der Inhalt der IFRS-Eröffnungsbilanz	19–20
3.3 Behandlung des Unterschiedsbetrages	21–25
3.3.1 Einstellungen in das Eigenkapital	21–23
3.3.2 Steuerlatenz	24–25
4 Die retrospektive Anwendung der IAS/IFRS-Standards und ihre Grenzen	26–33
4.1 Das Problem	26–27
4.2 Die konzeptionellen Grundlagen der Erleichterungen im Vergleich von SIC 8 und IFRS 1	28–30
4.3 Zum Begriffsinhalt der rückwirkenden Betrachtung	31–33
5 Verbote der retrospektiven Anwendung (*exceptions*)	34–43
5.1 Überblick	34
5.2 Ausbuchung von Finanzinstrumenten	35–37
5.3 Bilanzierung von Sicherungsbeziehungen	38–39
5.4 Schätzungen, Wertaufhellung, Fehlerkorrektur	40–42
5.5 Zur Veräußerung gehaltene langfristige Vermögenswerte und aufgegebene Geschäftsbereiche	43
6 Optionale Erleichterungen (*exemptions*)	44–95
6.1 Überblick	44
6.2 Sachanlagevermögen und immaterielle Vermögenswerte	45–53
6.3 Beteiligung an Tochterunternehmen im Einzelabschluss der Mutterunternehmung	54–55
6.4 Unternehmenszusammenschlüsse	56–78
6.4.1 Die Ausnahmeregelungen	56–60
6.4.2 Notwendige Anpassungen	61–75
6.4.3 Rechenschema	76–78
6.5 Sonstige Erleichterungen	79–94
6.5.1 Pensionsverpflichtungen	79–81
6.5.2 Umrechnungsdifferenzen	82
6.5.3 Zusammengesetzte Finanzinstrumente	83
6.5.4 Zeitversetzter Übergang auf IFRS von Konzernunternehmen	84–87
6.5.5 Aktienbasierte Vergütungen	88

6.5.6 Bestimmung von Leasingverträgen 89
6.5.7 Exploration mineralischer Ressourcen 90
6.5.8 Versicherungsverträge 91
6.5.9 Kategorisierung von Finanzinstrumenten 92–93
6.5.10 Ersteinbuchung von Finanzinstrumenten zum beizulegenden Zeitwert 94
6.6 Beurteilung 95
7 Angaben 96–102
8 Bilanzpolitische Aspekte 103–108
8.1 Wichtige Bilanzpositionen ohne Übergangserleichterung 103
8.2 Gestaltungsansätze in den Übergangsregeln 104–108
9 Anwendungszeitpunkt, Rechtsentwicklung 109–110
10 Zusammenfassende Praxishinweise 111

Schrifttum: ADS INTERNATIONAL, Rechnungslegung nach internationalen Standards, § 3a: Erstmalige Anwendung der International Financial Reporting Standards; ANDREJEWSKI/BÖCKEM, Einzelfragen zur Anwendung der Befreiungswahlrechte nach IFRS 1, KoR 2004, S. 332; BAETGE/BISCHOF/MATENA, IFRS 1 Erstmalige Anwendung der International Financial Reporting Standards, in: BAETGE/DÖRNER u. a. (Hrsg.), Rechnungslegung nach IAS; BAETGE/KIRSCH/WOLLMERT, Erstmalige Aufstellung eines IAS-Abschlusses, Kap. V, in: BAETGE u. a., Rechnungslegung nach IAS; BECK'SCHES IFRS-Handbuch, 2. Aufl., München 2006; BECK, Anwendung der IFRS im Rahmen der Zwischenberichterstattung nach § 40 BörsG verpflichtend, DB 2005, S. 1477; BÖCKING/BUSAM/DIETZ, IFRS 1 First-time Adoption of International Financial Reporting Standards vom 19.6.2003, Der Konzern 2003, S. 457; BURGER/SCHÄFER/ULBRICH/ZEIMES, Die Umstellung der Rechnungslegung nach IFRS 1, WPg 2005, S. 1193; HACHMEISTER/KUNATH, Die Bilanzierung des Geschäfts- oder Firmenwerts im Übergang auf IFRS 3, KoR 2005, S. 62; HAYN/BÖSSER/PILHOFER, Erstmalige Anwendung von International Financial Reporting Standards (IFRS 1), BB 2003, S. 1607; IDW, RS HFA 19, WPG 2006, S. 1376; KAMPING/JAENECKE, Grundsätze der Prüfung der vorläufigen IFRS-Eröffnungsbilanz eines Erstanwenders, WPg 2005, S. 418; KESSLER/LEINEN, Fallstudie: Bilanzierung von Entfernungsverpflichtungen im Übergang auf IFRS, KoR 2005, S. 455; KIRSCH, Erstmalige Aufstellung des IFRS-Konzernabschlusses, StuB 2003, S. 913; KIRSCH, Fallstudie: Erstellung der IFRS-Eröffnungsbilanz auf der Basis einer HGB-Handelsbilanz, KoR 2005, S. 384; KPMG, Insights to IFRS, 3. Aufl., London 2006; KUHN, Finanzinstrumente: Fair value-Option in IAS 39 überarbeitet, DB 2005, S. 1341; LÜDENBACH, IFRS, 4. Aufl., 2005, S. 374ff.; LÜDENBACH, Neueinschätzungen und Fehlerkorrekturen in der IFRS-Eröffnungsbilanz, PiR 2006, S. 13; LÜDENBACH/HOFFMANN, Der lange Schatten des Übergangs auf die IAS-Rechnungslegung, DStR 2002, S. 231; LÜDENBACH/HOFFMANN, Der Übergang von der Handels- zur IAS-Bilanz gemäß IFRS 1, DStR 2003, S. 1498; MUJKANOVIC, Rechnungslegung und erstmalige Zwischenberichterstattung nach IFRS unter Berücksichtigung der Transparenzrichtlinie, KoR 2005, S. 146; PELLENS/DETERT, IFRS 1, First-time Adoption of International Financial Reporting Standards, KoR 2003, S. 369; THEILE, Erstmalige Anwendung der IAS/IFRS, DB 2003, S. 1745; ZEIMES, Zur erstmaligen Anwendung von IFRS, WPg 2002, S. 1001; ZEIMES, Zur erstmaligen Anwendung der International Financial Reporting Standards gemäß IFRS 1, WPg 2003, S. 982.

Vorbemerkung
Die Kommentierung bezieht sich auf IFRS 1 in der aktuellen Fassung und berücksichtigt alle Ergänzungen, Änderungen und Interpretationen, die bis zum 1.1.2007 beschlossen wurden.

Einen Überblick über den Vorgängerstandard SIC 8 sowie über diskutierte oder schon als Änderungsentwurf vorgelegte zukünftige Regelungen enthalten Rz 28ff. sowie Rz 108.

1 Zielsetzung, Regelungsinhalt und Begriffe

Aus deutscher Sicht betraf in der Vergangenheit der Anwendungsbereich der Übergangsvorschriften auf die IFRS-Rechnungslegung insbesondere die Fälle eines **befreienden** Konzernabschlusses einer in Deutschland angesiedelten Muttergesellschaft eines international tätigen Konzerns, die einen vom HGB befreienden Konzernabschluss gemäß § 292a HGB nach den internationalen Standards erstellen wollte (→ § 7). Der **Anwendungsbereich** des IFRS 1 hat sich wegen der generellen Bezugnahme des EU-Rechnungslegungsrechts auf die IFRS erheblich **ausgeweitet**. Nach der EU-Verordnung unterliegen seit 2005 alle **kapitalmarktorientierten** Unternehmen mit ihrem **Konzernabschluss** einer Rechnungslegungspflicht nach IFRS. Einzelheiten hierzu vgl. → § 7 Rz 8ff. Hinsichtlich der Konzernrechnungslegung der nicht kapitalmarktorientierten Konzerngesellschaften hat das Bilanzrechtsreformgesetz ein Wahlrecht zur Anwendung der IFRS eingeführt (§ 315a HGB).

1

Ursprünglich gab es **keinen speziellen Standard**, die erstmalige Aufstellung eines IFRS-Jahres- und Konzernabschlusses betreffend. Einige Sonderregelungen zeigen allerdings eine gewisse Verwandtschaft oder einen Bezug zu den Problemen des Übergangs von einem zum anderen Rechnungslegungssystem:

2

- Nach IAS 1.14 darf ein IFRS-Abschluss **als solcher** nur bezeichnet werden, wenn in ihm **alle** einschlägigen IFRS-Regeln beachtet werden (→ § 5 Rz 21).
- Verschiedene IFRS enthalten spezielle **Übergangsvorschriften** zu deren erstmaliger Anwendung (Beispiele in IAS 19.153ff. oder IAS 38.129).
- **Änderungen von Bilanzierungs- und Bewertungsmethoden** unterliegen nach IAS 8.14ff. einem besonderen Regime (→ § 24 Rz 17ff.).

3 Dieser so bestehenden Lücke nahm sich dann **SIC 8** mit Regeln zur erstmaligen vollen Anwendung *(complying in full)* der IFRS auf einen Jahres- oder Konzernabschluss an *(first-time application)*. Nach SIC 8.1 liefern oben genannte Standards (IAS 1 und IAS 8) keine expliziten Übergangsregeln betreffend die IFRS-Rechnungslegung **generell**. Im Kern enthielt SIC 8 drei Regelungen:
- In der IFRS-Eröffnungsbilanz ist so zu bilanzieren und zu bewerten, als ob **immer schon** nach IFRS verfahren worden wäre (**retrospektive** Anwendung; SIC 8.3).
- Dabei eventuell entstehende **Differenzen** zur letzten Schlussbilanz nach altem Recht sind erfolgs**neutral** gegen Gewinnrücklagen zu buchen (SIC 8.5).
- Vom Grundsatz der retrospektiven Anwendung (Rz 26ff.) kann zugunsten einer **Fortführung** des Buchwertes **abgewichen** werden, wenn die erforderliche Wertermittlung *cannot be reasonably determined* oder „*impracticable*" ist.

Der IASB hat keine Auslegungshilfen zu „*impracticable*" etc. geliefert, sodass diesbezüglich den Anwendern reichlich Ermessensspielraum verblieb. SIC 8 bereitete außerdem ein weiteres Problem: Er zwang einen Anwender u. U. dazu, unterschiedliche Versionen eines Standards anzuwenden. Ein solcher Fall konnte bei Überarbeitung eines Standards eintreten, wenn die Neufassung keine retrospektive Anwendung zuließ.

4 Die ersten beiden Regelungen in Rz 3 sind auch nach **IFRS 1 beibehalten** worden. In der Rechtsanwendung erwies sich aber insbesondere die dritte Regelung als extrem auslegungsfähig. IFRS 1 liefert hierzu genauere Bestimmungen im Sinne einer **Vereinheitlichung** bei der **Inanspruchnahme von Ausnahmevorschriften**.

Im Interesse der **weltweiten Anerkennung** der IFRS ist der Standard IFRS 1 ausgerichtet auf die
- **Nützlichkeit** und **Transparenz** für die Anwender (IFRS 1.BC 7ff.);
- Vergleichbarkeit **innerhalb** der Gruppe von **Erstanwendern**;
- zwischen**periodische** Vergleichbarkeit betreffend den jeweiligen Erstanwender;
- Lieferung eines angemessenen **Startpunktes** der Rechnungslegung auf der Grundlage der IFRS;
- Vermeidung von **Aufwendungen** des Anwenders, welche den **Nutzen** für den Adressaten (der Rechnungslegung) **übersteigen**.

5 Das Gebot der zwischen**betrieblichen** Vergleichbarkeit zwischen den **bisherigen** IFRS-Anwendern und den **Neueinsteigern** ist demgegenüber weitgehend auf der Strecke geblieben (Rz 95).[1]

IFRS 1 **enthält** neben 47 Paragraphen und einer Einführung (*introduction* IFRS 1.IN) noch drei Anhänge (IFRS 1.A-C), die zusammen mit dem ei-

---

[1] Ähnlich THEILE, DB 2003, S. 1745; HAYN/BÖSSER/PILHOFER, BB 2003, S. 1607, 1612.

gentlichen Standard eine **integrale Einheit** bilden und verpflichtend sind. Begleitet wird der Standard von der Darstellung der Entscheidungsgrundlagen des *Board* (*Basis for Conclusions* – IFRS 1.BC) und einer praktischen Anleitung zur Einführung des Standards (*Guidance on Implementing* – IFRS 1.IG). Die „Anlagen" BC und IG sind dabei für die Anwender **nicht verbindlich,** sondern sollen der Entscheidungsfindung im Einzelfall dienen.

Die Endfassung von IFRS 1 unterscheidet sich ganz erheblich von der Entwurfsvorlage ED 1. Spürbar ist das Bestreben des *Board,* das Übergangsprocedere im Interesse der weltweiten Verbreitung der IFRS zu **erleichtern.** Die ganze Rechnungslegungswelt wird zum Eintritt in die IFRS-Gesellschaft eingeladen, denn ehrgeiziges Ziel des *Board* ist es, Lösungen zur Rechnungslegung für jedes Unternehmen auf der ganzen Welt vorzulegen *(„to find solutions that will be appropriate for any entity, in any part of the world",* IFRS 1.BC3). Das **generelle** Ziel der IFRS nach Bereitstellung qualitativ hochwertiger Informationen bleibt selbstverständlich unberührt.

6

2 Persönlicher und zeitlicher Anwendungsbereich von IFRS 1

Der Standard ist gemäß IFRS 1.2 anzuwenden auf

7

- den **erstmaligen** IFRS-Jahres- oder Konzernabschluss (Rz 13) und
- die **Zwischenberichterstattung** gemäß IAS 34 (→ § 37), sofern das Unternehmen diese freiwillig oder verpflichtend schon im **erstmaligen** IFRS-Berichtsjahr abliefert (Rz 17).

Zur Auslegung des Kriteriums „erstmalig" äußert sich der *Board* in IFRS 1.3 **eindeutig**: Ohne eine **ausdrückliche** und **vorbehaltlose Aussage** gemäß IAS 1.14, der zufolge ein Abschluss – einschließlich der Anhangsangaben (IFRS 1.BC5) – den Vorschriften der IFRS entspricht, gilt er nicht als IFRS-Abschluss. Umgekehrt: Nur mit dieser eindeutigen Aussage kann das/der betreffende Unternehmen/Konzern die IFRS-Rechnungslegungswelt betreten, und zwar durch das Tor der erstmaligen Anwendung nach IFRS 1 (IFRS 1.BC5). Diese Anforderung wirkt zwar sehr formal, aber aus Sicht des *Board* liefert sie einen **einfachen Prüfmaßstab** *(simple test)* mit einer **unmissverständlichen Antwort.**

Zur erstmaligen Anwendung kommt es daher **auch** in folgenden Fällen (beispielhafte Aufzählung in IFRS 1.3):

8

- Das bisherige Rechenwerk stimmt zwar in allen Belangen mit den IFRS überein, enthielt aber **keine ausdrückliche und vorbehaltlose** Übereinstimmungserklärung;
- im Jahres- bzw. Konzernabschluss zum 31.12.2005 ist eine ausdrückliche und vorbehaltlose Übereinstimmungserklärung enthalten. Zum 31.12.2006 wird hingegen **kein** IFRS-Abschluss vorgelegt. Zur (erneuten) Erstellung ei-

nes IFRS-Abschlusses zum 31.12.2007 (oder später) muss die Gesellschaft IFRS 1 anwenden;
- die IFRS-Rechnungslegungsregeln sind bislang nur für den **internen Gebrauch** – z. B. die Erarbeitung eines *reporting package* durch ein Konzernunternehmen zur Einbeziehung in einen Konzernabschluss – angewandt worden und standen weder den Unternehmenseignern (Aktionären) noch anderen Bilanzadressaten zur Verfügung.

9 Umgekehrt liegt bei folgenden Sachverhalten **kein** Fall der erstmaligen Anwendung und damit des Regelungsbereichs von IFRS 1 bei folgenden Sachverhalten vor:

- Das Unternehmen hat bislang schon einen vollständigen IFRS-Abschluss **neben** demjenigen nach nationalem Recht veröffentlicht und beendet nun die Rechnungslegung nach nationalem Recht, um künftig nur noch IFRS-Abschlüsse zu veröffentlichen.
- Das Unternehmen hat in verschiedenen Bereichen des Abschlusses gegen IFRS-Rechnungslegungsregeln **verstoßen**, aber gleichwohl im Anhang wahrheitswidrig die IFRS-Übereinstimmung (*compliance*) behauptet.

10 Insgesamt fährt der *Board* hinsichtlich der Festlegung des Anwendungsbereichs eine **klare** Linie. Entscheidendes Kriterium für die erstmalige Anwendung ist die ausdrückliche und vorbehaltlose Aussage der IFRS-Übereinstimmung.

> **Beispiel**
> Ein Unternehmen plant eine vollständige Umstellung auf IFRS. Die bisherigen Jahresabschlüsse enthalten Abweichungen von den IFRS-Regeln. Gleichwohl sind sie als IFRS-Abschlüsse überschrieben und enthalten im Anhang eine ausdrückliche Bestätigung der Übereinstimmung mit den IFRS.
> Eine Gewichtung der Abweichungen nach ihrer Wesentlichkeit ist nicht erforderlich. Das Unternehmen ist kein Erstanwender. Es muss notwendige Bereinigungen nach IAS 8 als „Fehlerkorrekturen" in der Periode vornehmen und kenntlich machen, in der diese festgestellt werden (IFRS 1.BC8).

Es kommt also entscheidend auf die Sicht und die Aussage des **berichterstattenden** Unternehmens an. Behauptet dieses in einem früheren Jahresabschluss die volle Übereinstimmung desselben mit den IFRS gemäß IAS 1.14, so genügt das für den Ausschluss vom Statut des Erstanwenders nach IFRS 1.[2] Das gilt selbst dann, wenn gerade aus diesem Grund der Abschlussprüfer sein **Testat eingeschränkt** hat (IFRS 1.4 (c)).[3] Andererseits führen frühere Abweichungen von einzelnen IFRS im (engen) Rahmen des

---

[2] Vgl. ZEIMES, WPg 2003, S. 982, 983.
[3] Kritisch hierzu THEILE, DB 2003, S. 1745, 1746.

IAS 1.17 (→ § 2) nicht notwendigerweise in den Anwendungsbereich von IFRS 1.[4]

Die Aufzählung in IFRS 1.3 ist nur **beispielhaft**. Nicht förmlich angesprochene Sachverhalte sind nach dem Sinn des Regelungsgehaltes zu lösen.

11

> **Beispiel**
> Eine deutsche Konzernmuttergesellschaft muss erstmals am 31.12.05 einen Konzernabschluss nach IFRS vorlegen. Eine Tochtergesellschaft will sich dem Vorhaben für ihren Teilkonzernabschluss anschließen. Bisher hat sie keinen solchen Abschluss nach HGB erstellt, sondern nur *reporting packages*.
>
> **Lösung**
> IFRS 1.3 reflektiert nur einen Übergang vom bisherigen Abschluss auf den IFRS-Abschluss; der Übergang von einem (rechtlichen) Nichtabschluss auf den IFRS-Abschluss ist insoweit beispielhaft aufgeführt, als (nur) *reporting packages* nach **IFRS** erstellt wurden.
> Der Fall ist mit dem argumentum de maiore ad minus zu lösen: Wenn schon das Erstellen eines (als höherwertig geltenden) IFRS-*reporting package* zur erstmaligen Anwendung nach IFRS 1 führt, muss dies erst recht für ein bislang ausschließliches HGB-*package* gelten. Die Tochtergesellschaft ist für ihren Teilkonzernabschluss Erstanwender.

Die IFRS-Rechnungslegung soll konzeptionell den **wirtschaftlichen** Gehalt eines Geschäftsvorfalls abbilden (Grundsatz der *substance over form* → § 1 Rz 52; → § 1 Rz 78). Auch bei der Bestimmung des IFRS-Erstanwenders darf deshalb nicht die „Rechtsform" allein der Definition zugrunde gelegt werden. Ein typisches Fallbeispiel stellt die Rechtsfigur des umgekehrten Unternehmenserwerbs (*reserve acquisition*) gemäß IFRS 3.21 dar (→ § 31 Rz 156ff.). Als Erstanwender gilt in diesen Fällen der „bilanzielle Ersterwerber" *(acquirer for accounting purposes)*.[5]

12

> **Beispiel**
>
> **Sachverhalt**
> Die A GmbH (EK 3 Mio EUR, Umsatz 30 Mio EUR) hat zum 31.12.2005 einen IFRS-Abschluss mit Übereinstimmungsvermerk gemäß IAS 1.14 veröffentlicht. Im Januar 2006 gründen die Gesellschafter der A GmbH die B AG mit einem Grundkapital von 100.000 EUR. Zur Gründung legen sie alle Anteile an der A GmbH in die B AG ein. Diese erstellt zum 31.12.2006 erstmals einen IFRS-Konzernabschluss.

---

[4] ZEIMES, WPg 2002, S. 1002; HAYN/BÖSSER/PILHOFER, BB 2003, S. 1607, 1608.
[5] So auch IDW, RS HFA 19 Tz 3 (WPg 2006, S. 137).

> **Lösung**
> Die B AG ist zwar rechtlicher Erwerber, wirtschaftlich aber als erworbenes Unternehmen zu betrachten (Vgl. → § 31 Rz 158). Die B AG ist trotz des erstmaligen unter ihrem Namen veröffentlichten IFRS-Konzernabschlusses kein Erstanwender im Sinne von IFRS 1.3 und muss die Wertansätze des Tochterunternehmens A GmbH übernehmen.

3 Die Abbildung des Übergangsprozesses

3.1 Die „Drei-Bilanzen-Periode"

3.1.1 Jahresabschluss

13 In IFRS 1.6 i. V. m. 1.36ff. ist die formale Abwicklung des Übergangsprocederes vom bisherigen (*previous* GAAP) Abschluss in die IFRS-Rechnungslegung dargestellt. Die Schnittstelle = Übergangszeitpunkt *(date of transition)* stellt dabei eine IFRS-**Eröffnungsbilanz** (IFRS 1.6) dar. Deren Bedeutung erschließt sich zunächst durch die Vorgabe nach IFRS 1.36 hinsichtlich der Präsentation von **Vorjahresvergleichszahlen** – entsprechend den generell gültigen diesbezüglichen Anweisungen in IAS 1.36ff. Der erstmalig vorgestellte IFRS-Abschluss muss also Vorjahresvergleichszahlen enthalten (→ § 2 Rz 19ff.), die Veröffentlichung der Eröffnungsbilanz kann jedoch unterbleiben. Die könnte sich durch vorgeschlagene Änderungen des IAS 1 hinsichtlich der Veröffentlichung von zukünftig drei Bilanzen ändern (siehe *Amendment* des IAS 1 vom März 2006). Möglicherweise ist es darstellungstechnisch aber sinnvoll, auch die IFRS-Eröffnungsbilanz auf freiwilliger Basis offenzulegen. Ein **mehrjähriger** Periodenvergleich darf ebenfalls geliefert werden. Der nach IAS 1.36 geforderte Zweijahresvergleich (→ § 2 Rz 19) ist die **Mindestnorm** (IFRS 1.36).

14 Das Erfordernis der Vergleichszahlen für die GuV erfordert die Erstellung von **zwei** GuVs und damit nach den Gesetzen der Doppik zwingend die Erstellung von **drei** Bilanzen, die sämtlich den IFRS-Vorgaben zu genügen haben.

> **Beispiel**
> Soll zum 31.12.2007 erstmals eine IFRS-Bilanz erstellt und veröffentlicht werden, bedarf es der Darstellung der GuV für die Geschäftsjahre 2006 und 2007. Deshalb muss eine IFRS-Eröffnungsbilanz zum 1.1.2006, zeitlich identisch mit der Schlussbilanz zum 31.12.2005 sowie eine Bilanz zum 31.12.2006 erstellt werden. In der Periode 2006 und zum 31.12.2006 ist also zweigleisig zu verfahren: Es bedarf eines „normalen" HGB-Abschlusses und eines nach IFRS, Letzterer als Vergleichsperiode im erstmaligen Abschluss zum 31.12.2007.

Dreh- und Angelpunkt des Übergangsprocederes stellt die (nicht zwingend zu veröffentlichende) IFRS-**Eröffnungsbilanz** dar, weil sich in ihr alle nach IFRS 1 zu beachtenden Ansatz- und Bewertungsregeln niederschlagen.[6] In der Folge sind dann (z. B.) Abschreibungen (im Beispiel ab dem Jahr 2006) neu zu berechnen. Deshalb bedarf der Übergang vom HGB in die Rechnungslegungswelt der internationalen Standards einer **rechtzeitigen** Planung. Bei einer geplanten Umstellung zum 31.12.2007 auf IFRS-Einzel- und/oder Konzernabschluss müssten rechtzeitig vor dem 31.12.2005 oder kurz danach die Weichen gestellt sein.

15

Obwohl sich in der IFRS-Eröffnungsbilanz (im obigen Beispiel 1.1.2006) bereits das gesamte Ansatz- und Bewertungsgerüst auf der Grundlage der IFRS niederschlägt, gilt (nur) der Abschluss zum 31.12.2007 als „**erstmaliger IFRS-Abschluss**"; dieser Stichtag stellt das *reporting date* i. S. d. IFRS 1.7 dar. Entsprechend kann man das Geschäftsjahr 2007 (im Beispiel unter Rz 14) als *reporting period* bezeichnen.

Schematisch lässt sich die Übergangsperiode wie folgt darstellen:

Übergangszeitpunkt *(date of transition)* 1.1.2006	„Vergleichsbilanz" 31.12.2006	Erstanwendungszeitpunkt *(reporting date)* 31.12.2007
	Vergleichszeitraum des Umstellungsjahres *(transition period)*	Berichtszeitraum *(reporting period)*	
IFRS-Eröffnungsbilanz	Letzte HGB-Bilanz	Erster veröffentlichter IFRS-Abschluss	

Tab. 1: **Übergangsperioden auf IFRS**

Bezüglich der (vollständigen) Vergleichbarkeit der Vorjahreszahlen gewährt IFRS 1.36A **Ausnahmen** für den Bilanz**ansatz** und die **Bewertung** von
- Versicherungsverträgen (→ § 39) und
- Finanzinstrumenten (→ § 28).

16

Für beide Arten von Geschäftsvorfällen besteht das Wahlrecht, die Regelungen der IFRS erst ab dem 1.1.2005 anzuwenden. Diese Erleichterungen sind zeitlich befristet für erstmalige IFRS-Abschlüsse, deren Berichtsperiode vor dem 1. Januar 2006 beginnt.
In der Vergleichsperiode kann ein Unternehmen demnach die vorherigen Rechnungslegungsgrundsätze für finanzielle Vermögenswerte, finanzielle

---

[6] Zeimes, WPg 2002, S. 1001, 1003.

Schulden sowie für Versicherungsverträge im Anwendungsbereich des IFRS 4 anwenden. Gleichzeitig muss das Unternehmen dies im Anhang angeben sowie die Art der wesentlichen Unterschiede zur Anwendung der IFRS für diese Sachverhalte erläutern. Die Erläuterungen müssen die Unterschiede jedoch nicht quantifizieren.

> **Beispiel**
> Genussrechtsverbindlichkeiten sind vom IFRS-Erstanwender bisher nach HGB als Eigenkapital ausgewiesen worden. Nach IAS 32.18ff. hat der Ausweis regelmäßig unter dem Fremdkapital zu erfolgen (→ § 20 Rz 12). Im Übergangsprozess (Rz 15) ist wie folgt auszuweisen:
> 1.1.2004   Eigenkapital (Wahlrecht)
> 31.12.2004 Eigenkapital (Wahlrecht)
> 1.1.2005   Fremdkapital (Pflicht)
> 31.12.2005 Fremdkapital (Pflicht)
> Zum 1.1.2005 wird also der Bilanzenzusammenhang durchbrochen. Entsprechende Angaben nach IAS 8.28 (→ § 24 Rz 50) sind erforderlich.

Ein Unternehmen, dessen erster IFRS-Abschlussstichtag vor dem 1. Januar 2006 liegt und welches IFRS 7 (→ § 28ff.) in diesem Abschluss anwenden will, kann die Anhangsangaben der **Vergleichsperiode** nach IFRS 7 (→ § 2 Rz 19ff.) unterlassen (IFRS 1.36C).

3.1.2 Zwischenberichterstattung

17 IFRS 1.45 verlangt für die **Zwischenberichterstattung** (→ § 37) innerhalb des Berichtszeitraumes vor dem Erstanwendungszeitpunkt (Rz 15):
- Überleitungsrechnungen für das **Eigen**kapital und das **Ergebnis** der Zwischen- und Gesamtperiode des Vorjahres.
- Angaben zur Herstellung der **Vergleichbarkeit** des Zwischenabschlusses mit dem Vorjahresabschluss, der nach den IFRS erstellt wurde.
- Überleitungsrechnungen nach Maßgabe von IFRS 1.39f (Rz 96), also für das **Eigenkapital** im Beispiel unter Rz 15 vom 1.1.2006 sowie 31.12.2006 zum 31.12.2007 und für die **GuV** 2006.

Außerdem sind nach IFRS 1.46 zusätzliche Angaben zu **wesentlichen** Geschäftsvorfällen zu machen, um die **zwischenperiodische** Vergleichbarkeit herzustellen.

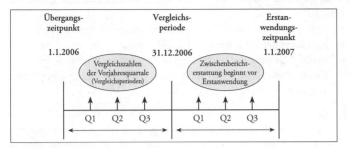

Tab. 2: Übergangsperioden auf IFRS mit Zwischenberichterstattung

Die **Vorjahresinformationen** gemäß IFRS 1.36 (Rz 13) gelten auch für Zwischenberichte. Erfolgt die erstmalige Anwendung der IFRS wie üblich in einem Jahresabschluss, so sind für die Zwischenberichte des Folgejahres die Zwischenperioden des Vorjahres entsprechend darzustellen. Durch die zeitliche Nähe des ersten IFRS-Jahresabschlusses zum ersten IFRS-Zwischenbericht können erhebliche Schwierigkeiten entstehen. Es empfiehlt sich daher, mit der IFRS-Umstellung nicht erst im Hinblick auf einen Jahresabschluss zu beginnen, sondern vielmehr zumindest für interne Zwecke auch vorher veröffentlichte Zwischenberichte des Umstellungsjahres bereits auf IFRS überzuleiten.

Beispiel
Zum 31.12.2007 soll der erste IFRS-Abschluss vorgelegt werden. Das Unternehmen berichtet quartalsweise.
Die Umstellung erfolgt im Zuge der Abschlussarbeiten für das Jahr 2007 in den ersten Monaten des Jahres 2008. Die laufende Buchhaltung verbleibt auf HGB. Es werden drei Bilanzjahre (2005, 2006, 2007) umgestellt, danach werden hieraus die Bewegungsrechnungen abgeleitet (GuV, Kapitalflussrechnung, Eigenkapitalentwicklung).
Mit großer Erleichterung wird der Jahresabschluss Ende März der Börse zugeleitet und veröffentlicht. Mitte Mai soll der Quartalsabschluss zum 31.3.2008 vorgelegt werden. Dabei stellt sich die fehlende Umstellung der Vorjahreszahlen zum 31.3.2007 auf IFRS heraus.

Ein **Sonderproblem** kann entstehen, wenn das Unternehmen im Berichtszeitraum der Umstellung (Jahr 2006 in Rz 15) noch Zwischenberichte nach HGB erstellt und sich (z. B.) im August 2006 zum Übergang auf die IFRS-Rechnungslegung per 31.12.2006 entscheidet.

Beispiel
- Zum 31.3., 30.6. und 30.9.2006 Zwischenberichte nach HGB
- Erstellung der IFRS-EB zum 1.1.2005
- Veröffentlichung der IFRS-Jahresabschlüsse für 05 und 06 Anfang 07
- Zwischenabschluss nach IFRS zum 31.3.2007 mit übergeleitetem Vorjahresvergleich.

Lösung
Dieser Sachverhalt ist in IFRS 1.45 **nicht geregelt**. Er geht vom Regelfall der IFRS-Rechnungslegung im Berichtszeitraum (Rz 15) und angepassten Vorjahreszahlen aus. Denkbar wäre das Erfordernis eines *restatement* der Zwischenabschlüsse für 2004. U. E. ist diese Lösung nicht sachgerecht, da sie den Anwendernutzen kaum stärker fördert (*cost-benefit*-Aspekt, vgl. → § 1 Rz 69) als die nach IFRS 1.46 möglichen (und gebotenen) Angaben.

18 Die Verpflichtung zur Zwischenberichterstattung mit Vorjahresvergleich sieht auch das Transparenzrichtlinien-Umsetzungsgesetz vor (→ § 37 Rz 32).

Auch von der CESR, der Dachorganisation der Europäischen Börsen, wurde eine **Empfehlung** abgegeben, bereits im Jahr des ersten IFRS-Abschlusses die Zwischenberichte in Übereinstimmung mit IFRS zu erstellen. In Deutschland folgt die allgemeine Pflicht zur Zwischenberichterstattung aus § 40 BörsG. Die Frankfurter Börse ist der Empfehlung der CESR jedoch nicht nachgekommen und verlangt erst für den ersten Zwischenbericht, der dem Bilanzstichtag des ersten IFRS-Abschlusses **folgt**, eine Übereinstimmung mit IFRS.[7] Somit sind die Zwischenberichte, die vor Veröffentlichung des ersten IFRS-Abschlusses erstattet werden, nicht in Übereinstimmung mit den IFRS aufzustellen.[8]

Andererseits sind die innerhalb der Drei-Bilanzen-Periode veröffentlichten Abschlüsse als „**vorläufig**" zu bezeichnen, da noch Unsicherheiten über anzuwendende IFRS bestehen können sowie auch seitens des Unternehmens selbst die Möglichkeit besteht, Bilanzierungs- und Bewertungsmethoden innerhalb der Periode zu verändern. In beiden Fällen müsste die IFRS-Eröffnungsbilanz angepasst werden. Erst mit der Fertigstellung des ersten IFRS-Abschlusses werden auch die IFRS-Eröffnungsbilanz und alle aufgestellten Abschlüsse innerhalb des Zeitraums bis zum ersten Abschlussstichtag endgültig.[9]

---

[7] Vgl. Rundschreiben vom 6.2.2004, download: http://deutsche-boerse.com.
[8] BECK, DB 2005, S. 1477.
[9] KAMPING/JAENECKE, WPg 2005, S. 424.

3.2 Der Inhalt der IFRS-Eröffnungsbilanz

Inhaltlich sind für die Erstellung der IFRS-Eröffnungsbilanz nach IFRS 1.10 folgende **Regeln** (zu den Ausnahmen siehe unter Rz 26ff.) zu beachten:
- Alle Vermögenswerte und Schulden sind nach den Vorgaben der IFRS **anzusetzen**.
- Alle Vermögenswerte und Schulden, die nach IFRS nicht bilanziert werden dürfen, sind zu **eliminieren**.
- Bislang (z. B. nach HGB) angesetzte Vermögenswerte und Schulden, die auch nach IFRS anzusetzen sind, müssen **umgegliedert** werden, wenn die jeweiligen Inhaltsvorgaben unter Gliederungsgesichtspunkten differieren *(different type)*.
- Die **Bewertungs**vorgaben der IFRS für die Vermögenswerte und Schulden sind zu beachten.

19

Beispielsweise sind folgende Fragen zu klären:
- Sind nach HGB nicht bilanzierungsfähige **Entwicklungskosten** nach IAS 38 anzusetzen (→ § 13 Rz 32ff.)?
- Sind in der Handelsbilanz zu Anschaffungskosten bewertete Aktien in der IFRS-Bilanz nach IAS 39 mit dem höheren **Zeitwert** zu berücksichtigen (→ § 28 Rz 147ff.)?
- Sind handelsrechtlich als Eigenkapital qualifizierte **Genussrechte** nach IAS 32.11 als Fremdkapital zu qualifizieren (→ § 20 Rz 4ff.)?
- Ist ein **Leasingverhältnis**, das nach HGB bislang als *operating leasing* beim Leasingnehmer nicht bilanziert worden ist, nunmehr gemäß IAS 17 als Finanzierungsleasing zu qualifizieren und in der Bilanz anzusetzen (→ § 15 Rz 88ff.)?
- Enthalten Bilanzposten separat auszuweisende kurz- und langfristige Bestandteile, die entsprechend den neuen Gliederungsvorschriften der Bilanz gemäß IAS 1 zu beachten sind?

20

Aber auch der umgekehrte Fall kann vorkommen, nämlich die **Eliminierung** von im HGB-Abschluss angesetzten Posten. Ein Beispiel stellen die Sonderposten mit Rücklageanteil und Aufwandsrückstellungen dar (Rz 46).[10]

3.3 Behandlung des Unterschiedsbetrages

3.3.1 Einstellungen in das Eigenkapital

In der Regel werden sich – auch unter Beachtung der Ausnahme- und Erleichterungsvorschriften (vgl. unter Rz 28ff.) – **Wertunterschiede** zwischen der „Schlussbilanz" nach HGB (im vorstehenden Beispiel zum 31.12.2005) und der IFRS-Eröffnungsbilanz zum 1.1.2006 ergeben. Diese sind – unter Durchbrechung des Bilanzenzusammenhangs – **erfolgsneutral** in das **Eigenkapital** *(directly in equity)* einzubuchen.

21

---

[10] ZEIMES, WPg 2003, S. 982, 983.

22 IFRS 1.11 schlägt dabei die Kategorie **Gewinnrücklage** *(retained earnings)* als Regel – oder in einer anderen Eigenkapitalposition (Rz 23), wenn diese besser geeignet ist – vor. Für bestimmte Finanzinstrumente ist eine **besondere** Eigenkapitalkategorie vorgesehen (Rz 103). Es ist folglich nicht erlaubt, die Abweichungen aus der Anpassung der früheren HGB-Werte an die IFRS-Vorgaben als **besondere** Eigenkapitalkategorie nachhaltig offenzulegen. Die im Anhang darzustellende **Überleitungsrechnung** (Rz 96ff.) bleibt davon allerdings unberührt. Sofern sich ein Sollsaldo des Unterschiedsbetrages ergibt und keine Rücklagen bestehen bzw. diese nicht ausreichen, um den Saldo zu verrechnen, sollte u. E. das Konto „**Verlustvortrag**" belastet werden.

23 Die Erfassung in einer **anderen** Eigenkapitalkategorie (Rz 22) kommt bspw. in folgenden Fällen (weitere Beispiele in → § 20 Rz 68) in Betracht:
- Anwendung der Neubewertungsmethode bei Sachanlagevermögen gemäß IAS 16 (→ § 8 Rz 52ff.).
- Wertänderungen bei zur Veräußerung verfügbaren finanziellen Vermögenswerten *(available for sale)* gemäß IAS 39 (→ § 28 Rz 154).
- Bestimmte Wertänderungen aus *cash-flow*-Sicherungsgeschäften gemäß IAS 39 (→ § 28 Rz 216).

Wegen des Sonderfalls eines bei der **Personengesellschaft nicht vorhandenen Eigenkapitals** wird verwiesen auf → § 20 Rz 36.

3.3.2 Steuerlatenz

24 In der Regel werden die umstellungsbedingten Abweichungen zwischen HGB- und IFRS-Bilanz in den nationalen **Steuerbilanzen** nicht nachvollzogen werden können. Es kommt also zu einem Auseinanderfallen – wenn nicht schon bereits vorhanden – zwischen **steuerlichem Buchwert** *(tax base)* und **IFRS-Bilanzwert** (→ § 26). IFRS 1 sieht hinsichtlich der **Steuerlatenz**rechnung keine Besonderheit vor, d. h., IAS 12 ist uneingeschränkt anwendbar. Soweit also der Unterschiedsbetrag zwischen dem HGB und den IFRS-Ansätzen steuerlich nicht aufgehoben werden kann (was in aller Regel der Fall sein dürfte, Ausnahme: z. B. Ausbuchung von Aufwandsrückstellungen), ist insoweit in Höhe des anzunehmenden Steuersatzes **eine aktive oder passive Steuerlatenz zu bilden**. Diese verringert den in das Eigenkapital einzustellenden Umstellungseffekt.

Beispiel[11]
Die nach IAS 19 berechnete Altersversorgungsverpflichtung zum Stichtag der IFRS-Eröffnungsbilanz beträgt 100, der bisherige HGB-Ansatz – identisch mit dem vollen steuerlichen Teilwert nach § 6a EStG – beträgt 80 und der Steuersatz 40 %.

---

[11] Nach LÜDENBACH/HOFFMANN, DStR 2003, S. 1498, 1500.

Es ist zu buchen:

Soll	Haben	Betrag
Gewinnrücklage	Pensionsrückstellung	20
Aktive Steuerabgrenzung	Gewinnrücklage	8

Sofern die auftretenden Differenzen durch die Anwendung von **Erleichterungswahlrechten** entstehen, ist die entstehende aktive oder passive latente Steuer ebenfalls durch Gegenbuchung in die Gewinnrücklagen einzubuchen.

Wie alle anderen Anpassungen werden auch die **latenter Steuern** regelmäßig gegen Gewinnrücklagen gebucht. Ausnahmen bestehen dort, wo auch der Grundsachverhalt gegen eine spezielle Eigenkapitalkategorie zu buchen ist, etwa nach IFRS 1.IG59 bei *available-for-sale assets* (→ § 28 Rz 150). Auch die latente Steuer wird dann gegen diese Kategorie eingebucht.

25

Die Veränderung latenter Steuern zwischen Eröffnungsbilanzzeitpunkt und Folgestichtag (Ende der *transition period*, Rz 15) unterliegt den normalen Regeln von IAS 12 (→ § 26). Wegen in der *transition period* beschlossenen Steuersatzänderungen wird auf → § 26 Rz 78 verwiesen.

4 Die retrospektive Anwendung der IFRS und ihre Grenzen

4.1 Das Problem

Die **Grundregel** in IFRS 1.7 i.V.m IFRS 1.10 verlangt die Beurteilung eines in der IFRS-Eröffnungsbilanz (Rz 15) abzubildenden Geschäftsvorfalls aus Vorjahren nach Maßgabe der IASB-Standards, die in der ersten Berichtsperiode nach IFRS (*reporting period*; Rz 15) gültig sind (im Beispiel unter Rz 14 die auf Zeiträume ab dem 1.1.2007 anzuwendenden Standards). Diese sog. **Retrospektion** (Rz 31) verlangt den Ansatz und die Bewertung eines Vermögenswertes bzw. einer Schuld in der IFRS-Eröffnungsbilanz so, als ob schon immer nach den aktuell gültigen IFRS bilanziert worden wäre. Diese Vermögenswerte und Schulden sind bis zu ihrer erstmaligen Erfassung zurückzuverfolgen, um alsdann ihre IFRS-Konformität zu prüfen. Gegebenenfalls ist ein Unterschiedsbetrag festzustellen und auf die IFRS-Eröffnungsbilanz fortzuschreiben.

26

Beispiel
Ein Unternehmen erstellt am 31.12.07 seinen ersten IFRS-Abschluss, demnach seine IFRS-Eröffnungsbilanz zum 1.1.06 (Rz 15). Das Unternehmen hat seit 1.3.04 eine Maschine gemietet. Im handelsrechtlichen Abschluss ist dieser Geschäftsvorfall als *operate lease* (→ § 15 Rz 17) be-

> handelt worden, sodass die Maschine nicht bilanziert wird. Gemäß den Regelungen des IAS 17 erfüllt die Anmietung der Maschine jedoch die Kriterien eines *finance lease* (→ § 15 Rz 20). Das Unternehmen hat die Maschine rückwirkend zum 1.3.04 gemäß IAS 17 zu bilanzieren und demnach in der IFRS-Eröffnungbilanz anzusetzen.

27 Die in der ersten Berichtsperiode gültigen Standards sind in allen im Übergangszeitraum zu erstellenden Bilanzen anzuwenden. Die IFRS unterliegen aber einer stetigen **Weiterentwicklung**. Deshalb steht für den IFRS-Erstanwender zum Zeitpunkt der Erstellung der IFRS-Eröffnungsbilanz nicht fest, welche Standards für die erste IFRS-Berichtsperiode anzuwenden sind (Rz 33). Ein Unternehmen ist deshalb verpflichtet, nach bestem Wissen die Regelungen anzuwenden, deren Gültigkeit es für die erste Berichtsperiode nach IFRS erwartet. Eine IFRS-Eröffnungsbilanz ist deshalb bis zur Feststellung des ersten IFRS-Abschlusses insoweit vorläufig.

4.2 Die konzeptionellen Grundlagen der Erleichterungen im Vergleich von SIC 8 und IFRS 1

28 Das Erfordernis der im vorstehenden Beispiel angedeuteten **Vergangenheitsforschung** und die damit verbundenen Schwierigkeiten verkennen weder SIC 8 noch IFRS 1. Deren Lösungsansätze sind jedoch konzeptionell unterschiedlich aufgezogen:[12]
SIC 8 sieht Ausnahmen nur unter dem unscharfen Aspekt der **mangelnden Praktikabilität** vor (Rz 3) und kann so als feste Regel mit **unbestimmter** Ausnahme charakterisiert werden. Der *Board* selbst kritisiert diese Unbestimmtheit nunmehr. SIC 8 habe nicht klar gemacht, ob die Impraktikabilität „*as a high hurdle or as a low hurdle*" zu interpretieren sei (IFRS 1.IN1).

29 IFRS 1 geht deshalb den anderen Weg einer festen Regel mit **spezifizierten** Ausnahmen (*limited* oder *targeted exemptions*; IFRS 1.IN4 und 7). Die Ausnahmen betreffen im Wesentlichen Fälle, in denen die Vergangenheitsforschung nach Meinung des IASB **schwierig** und **kostenintensiv** ist. Die Praktikabilitätsfrage wird **typisiert** vom IASB als Regel**geber** entschieden und stellt sich damit dem Regel**anwender** nicht mehr; er muss keine Voraussetzungen erfüllen, um in den Genuss der Ausnahmen zu kommen. Andererseits darf der Erstanwender keine weiteren Ausnahmen von der Regel der retrospektiven Anwendung aller IFRS definieren.

30 Wie alle Standards unterliegt aber auch IFRS 1 dem allgemeinen Vorbehalt der *materiality*, wie er unter anderem im *Framework* und in IAS 1 festgeschrieben ist. Deshalb steht dem IFRS-Erstanwender die (begrenzte) Möglichkeit eines **Verzichts** auf die retrospektive Anwendung einzelner Standardinhalte offen.

---

[12] Vgl. LÜDENBACH/HOFFMANN, DStR 2003, S. 1498, 1500.

> **Beispiel**
> Ein Unternehmen wendet IAS 16 retrospektiv an und prüft in diesem Zusammenhang die Aktivierung von Großreparaturen gemäß IAS 16.14 (→ § 8 Rz 36) rückwirkend für vergangene Perioden. Die Überprüfung muss nur so weit in die Vergangenheit hinein erfolgen, wie der aus der rückwirkenden Betrachtung einer weiteren Periode in der Vergangenheit erwartete Effekt noch eine materielle Auswirkung auf den Buchwert des Anlagevermögens in der IFRS-Eröffnungsbilanz hat (IFRS 1.IG7).

4.3 Zum Begriffsinhalt der rückwirkenden Betrachtung

Der wesentliche Unterschied zwischen SIC 8 und IFRS 1 wird im Schrifttum mit dem Begriffspaar **retrospektiv vs. prospektiv** gekennzeichnet: So soll SIC 8 eine vollständig retrospektive Anwendung vorschreiben, während IFRS 1 teilweise prospektiv ausgerichtet sei. Eine solche Charakterisierung ist eher **irreführend**.[13] Sowohl nach SIC 8 als auch nach IFRS 1 werden „rückwirkend" (retrospektiv) die IFRS-Vorschriften anstelle der Landesvorschriften (*previous GAAP*) auf die in der IFRS-Eröffnungsbilanz abgebildeten Sachverhalte angewandt (Rz 26).

31

Der Unterschied zwischen SIC 8 und IFRS 1 in der „Rückwirkung" besteht allerdings darin, welche **Fassung** der IFRS auf den zu beurteilenden Sachverhalt angewandt wird:

32

- Nach SIC 8 ist allgemeiner Auffassung zufolge die zum Zeitpunkt des Geschäftsvorfalls – z. B. Abschluss des Leasingvertrages – geltende Fassung des jeweiligen Standards anzuwenden (**Vergangenheitserforschung** auf der Sachverhalts- und Rechtsebene).[14]
- Nach IFRS 1.7 ist – mit Ausnahmen (Rz 34ff.) – der zum Bilanzstichtag des ersten IFRS-Abschlusses (*reporting date*; Rz 15) gültige Standard auf den (früher einmal bewirkten, aber noch nicht abgewickelten) Geschäftsvorfall anzuwenden (**Vergangenheitserforschung** nur auf der Sachverhaltsebene).

Anders ausgedrückt: Nach SIC 8 ist der betreffende Geschäftsvorfall mit den in der jeweiligen Periode gültigen Standards abzubilden, nach IFRS 1 ist demgegenüber der im **Berichtszeitpunkt** *(reporting date*; Rz 15) gültige Standard maßgeblich. Für SIC 8 galt demnach: Wenn der betreffende Standard nach Eintreten des abzubildenden Geschäftsvorfalls geändert oder ersetzt worden ist, so waren verschiedene Standardversionen anzuwenden, wenn der überarbeitete Standard nur eine prospektive Anwendung zuließ.

---

[13] Vgl. LÜDENBACH/HOFFMANN, DStR 2003, S. 1498, 1501.
[14] Vgl. IFRS 1.IN7, nach der IFRS 1 eine Klarstellung bringt.

> **Beispiel**
> Der X-Konzern hat nach HGB den *goodwill* aus Unternehmenszusammenschlüssen (Akquisition) mit den Gewinnrücklagen verrechnet.
> - Für einen vor dem 1.1.95 entstandenen *goodwill* konnte (musste aber nicht) die *goodwill*-Verrechnung mit der Rücklage in der IFRS-Eröffnungsbilanz beibehalten werden, da die ältere Version der IAS-Regeln selbst eine Rücklagenverrechnung vorsah (IAS 22.99).
> - Für nach dem 1.1.95 vollzogene Unternehmenszusammenschlüsse war die Rücklagen-Verrechnung von *goodwill* nach IFRS hingegen nicht mehr zulässig. Entsprechende Verrechnungen im HGB-Abschluss mussten nach SIC 8 also rückgängig gemacht werden.

33 Die Lösung nach IFRS 1 ist generell **großzügiger**: Der Anwender braucht sich nicht mehr um die früher einmal gültigen Standards zu kümmern, die mittlerweile vielleicht auch geändert oder ersetzt worden sind.[15] Dafür wird ihm ein **anderes Problem** präsentiert, das sich aus dem mehrjährigen Procedere des Übergangs und der anstehenden **Neufassung** einer ganzen Reihe von Standards erklärt (Rz 27).

> **Beispiel**
> Der zu beurteilende Sachverhalt – also z. B. ein zum IFRS-Eröffnungsbilanzstichtag (Rz 15) bestehender Unternehmenszusammenschluss – ist nach Maßgabe des am *reporting date* (31.12.05) gültigen Standards abzubilden. Der Anwender hat für die IFRS-Eröffnungsbilanz zum 1.1.04 (Rz 15) zunächst IAS 22 angewendet. In der Übergangsperiode bis zum 31.12.05 wurde aber der neue Standard für Unternehmenszusammenschlüsse IFRS 3 gültig. Deshalb ist die (nicht zu veröffentlichende; Rz 13) IFRS-Eröffnungsbilanz zu ändern und der Geschäftsvorfall nach Maßgabe des am 31.12.05 gültigen Standards auszuweisen.

Um diesem Problem vorzubeugen und potenzielle IFRS-Neulinge nicht abzuschrecken, hatte der *Board* eine **Ruhephase** *(period of calm)* für die Pflichtanwendung neuer Standards zugestanden. Standardänderungen oder neue Standards, die in den Jahren 2004 und 2005 verabschiedet wurden (Rz 110f.), waren nicht zwingend in diesen Jahren anzuwenden.[16] Im Juli 2006 wurde erneut eine Ruhephase verkündet, nach der neue Standards, die derzeit in Entwicklung oder Diskussion sind, erst zum Geschäftsjahr 2009 verpflichtend anzuwenden sein sollen.[17]

---

[15] Vgl. Hayn/Bösser/Pilhofer, BB 2003, S. 1607, 1610.
[16] Zeimes, WPg 2003, S. 982, 983.
[17] Vgl. IASB, Presseerklärung vom 24. Juli 2006.

5 Verbote der retrospektiven Anwendung (*exceptions*)

5.1 Überblick

IFRS 1.26 verbietet (*prohibits*) die retrospektive Anwendung von Standards für die Erstellung der IFRS-Eröffnungsbilanz bei den vier folgenden Sachverhalten:[18]

- Ausbuchung von Finanzinstrumenten (IFRS 1.27-27A; Rz 35ff.),
- Bilanzierung von Sicherungsbeziehungen (*hedge accounting*; IFRS 1.28-30; Rz 38),
- Vornahme von Schätzungen (IFRS 1.31-34; Rz 40).
- Zur Veräußerung gehaltene langfristige Vermögenswerte und aufgegebene Geschäftsbereiche (IFRS 1.34A-34B; Rz 43).

34

Diese **Verbote** – Ausnahmen von der retrospektiven Anwendung – bestehen zwingend und unabhängig von der Inanspruchnahme der **Erleichterungen** (**optionaler Verzicht** auf die Anwendung des gültigen Standards auf den früheren Sachverhalt; Rz 44ff.). Der Grund für das Verbot liegt in der sonst (bei retrospektiver Anwendung) möglichen **Neueinschätzung** eines Bilanzierungssachverhaltes; dadurch könnte mit dem besseren (späteren) Wissensstand eine vorteilhaftere Bilanzierung erzielt werden (IFRS 1.IN 4). Für jeden neuen IFRS will der *Board* über eine Ausnahme von der retrospektiven Anwendung entscheiden (IFRS 1.BC14; Rz 110).

Bei den beiden erstgenannten Ausnahmen handelt es sich weniger um Retrospektionsverbote als vielmehr um eine **Erweiterung** des Anwendungsbereiches der Übergangsbestimmungen von IAS 39 (→ § 28 Rz 271ff.). Der Sinn dieser eher komplizierten Ausnahmeregeln ist nicht recht ersichtlich.

5.2 Ausbuchung von Finanzinstrumenten

Nach IAS 39.106-107 dürfen Finanzinstrumente, die in Übereinstimmung mit dem alten IAS 39 ausgebucht worden waren, **nicht wieder angesetzt** werden. Das gilt selbst dann, wenn die Ausbuchung nach den Regelungen des IAS 39.15-42 (revised 2003) **nicht erlaubt** ist. Dem IFRS-Erstanwender soll die Neuwürdigung der nach früher angewandten Regeln ausgebuchten Finanzinstrumente ebenfalls erspart werden (IFRS 1.27). Alle vor dem 1.1.2004 ausgebuchten Posten dürfen deshalb nicht wieder eingebucht werden, und zwar auch dann nicht, wenn diese **Ausbuchung** (*derecognition*) den Regeln von IAS 39 widerspricht. Die Vorschriften des IAS 39.15-42 zur Ausbuchung von Finanzinstrumenten (→ § 28 Rz 63ff.) sind von einem erstmaligen Anwender prospektiv, also nur für Geschäftsvorfälle anzuwenden, die ab dem 1.1.2004 auftreten (IFRS 1.27). Alle Finanzinstrumente, die nach vorherigen Rech-

35

---

[18] Zeimes, WPg 2003, S. 982, 989; IFRS 1.IN4.

nungslegungsvorschriften aufgrund einer Transaktion vor diesem Zeitpunkt ausgebucht worden sind, dürfen in der Eröffnungsbilanz nicht erfasst werden. Der erstmalige Anwender muss jedoch beispielsweise (IFRS 1.IG53)
- alle nach Ausbuchung noch existierenden **Finanzderivate** (→ § 28 Rz 188ff.), die im Zusammenhang mit dem ausgebuchten Finanzinstrument stehen, erfassen und
- alle **Zweckgesellschaften** (*special purpose entities*; → § 32 Rz 59ff.) selbst dann auf Konsolidierungspflicht prüfen, wenn diese bereits vor dem Übergangszeitpunkt auf IFRS existierten und nicht konsolidiert waren oder Finanzinstrumente enthielten, die nach HGB *(previous GAAP)* ausgebucht worden waren.

Beispiel
Das Unternehmen A hat am 15.10.03 langfristige Forderungen an eine neu gegründete Zweckgesellschaft verkauft. Zum 1.1.04 erstellt das Unternehmen seine IFRS-Eröffnungsbilanz. Der Forderungsverkauf erfüllt nicht die Kriterien für eine Ausbuchung nach IAS 39. Dennoch darf der Forderungsverkauf in der IFRS-Eröffnungsbilanz nicht wieder eingebucht werden. Dieses Verbot einer Würdigung nach IFRS gilt jedoch nur für den Forderungsverkauf. Sofern die Zweckgesellschaft, der diese Forderungen verkauft wurden, vom Unternehmen A gemäß SIC 12 beherrscht wird, ist die Zweckgesellschaft in der IFRS-Eröffnungsbilanz zu konsolidieren.

36 Für finanzielle Vermögenswerte und finanzielle Schulden gelten somit die Ausbuchungsvorschriften des IAS 39 (→ § 28 Rz 63ff.) erst für Sachverhalte, die ab dem 1.1.2004 auftreten. Da das Datum 1.1.2004 ein gesetztes Datum des IASB ist, kann es **zufällig** zugleich das Datum der IFRS-Eröffnungsbilanz eines erstmaligen Anwenders darstellen. Bei einer IFRS-Eröffnungsbilanz auf einen späteren Zeitpunkt müssen auch gemäß HGB *(previous GAAP)* ausgebuchte finanzielle Vermögenswerte und finanzielle Schulden nach den Ausbuchungsregeln des IAS 39 gewürdigt werden.

37 Der IFRS-Erstanwender hat jedoch auch das **Wahlrecht**, die Ausbuchungsregeln des IAS 39.15-42 (*revised* 2003) retrospektiv anzuwenden, also auf Sachverhalte, die vor dem 1.1.2004 zu einer Ausbuchung eines Finanzinstruments geführt haben. Dabei kann er einen beliebigen Zeitpunkt vor dem 1.1.2004 als Startpunkt für die Anwendung dieser Regeln wählen. Voraussetzung ist allerdings die Verfügbarkeit aller zur Regelanwendung erforderlichen Informationen im Transaktionszeitpunkt (IFRS 1.27A). Diese Vorgabe zielt ebenfalls (Rz 34) auf die Verhinderung **bilanzpolitischer** Gestaltungen aufgrund eines besseren Kenntnisstandes zum (späteren) Zeitpunkt.

Beispiel
Ein Unternehmen veräußert im Wege eines unechten Factoring am 1.11.03 seinen Forderungsbestand in Höhe von 1 Mio. EUR an eine Bank. Die

> Forderungen sind am 31.3.04 fällig. Im handelsrechtlichen Abschluss wurde die Forderung ausgebucht. Das Unternehmen erstellt zum 1.1.04 seine IFRS-Eröffnungsbilanz.
> a) Wenn das Unternehmen die Regelungen des IAS 39 prospektiv anwendet, sind in der Eröffnungsbilanz keine Anpassungen vorzunehmen. Die Forderung bleibt ausgebucht.
> b) Bei retrospektiver Anwendung der Regelungen des IAS 39 muss die Forderung rückwirkend zum 1.11.03 eingebucht werden, da man beim Factoring nicht alle wesentlichen mit den Forderungen verbundenen Risiken übertragen hat.

5.3 Bilanzierung von Sicherungsbeziehungen

Gemäß IFRS 1.28 sind alle Finanzderivate zum Zeitpunkt der IFRS-Eröffnungsbilanz mit dem beizulegenden **Zeitwert** zu bewerten. Etwaige nach HGB „gespeicherte" (abgegrenzte) Verluste und Gewinne aus Finanzderivaten sind zu eliminieren.

38

Beispiel

Sachverhalt
Die B-GmbH kauft eine Maschine für 95.000 EUR und verkauft diese für 110.000 USD an die A corp. in den USA. Die Maschine wird direkt in die USA geliefert, B weist die Maschine nicht im Vorratsvermögen aus, da es sich um ein Streckengeschäft handelt. Zur Absicherung des Verkaufsgeschäfts schließt B ein Devisentermingeschäft ab. Aufgrund einer Verschlechterung des USD-Kurses beträgt der umgerechnete Verkaufsbetrag am 31.12. nur noch 90.000 EUR. Das Devisenderivat hat zum Abschlussstichtag einen Wert von 15.000 EUR. Nach vorherigen Grundsätzen wurde die Transaktion als Bewertungseinheit betrachtet und nicht bilanziert. Die Transaktion erfüllt nicht die Anforderungen für eine Bilanzierung als Sicherungsgeschäft nach IAS 39.

Lösung
In der IFRS-Eröffnungsbilanz ist das Devisenderivat in Höhe von 15.000 EUR zu aktivieren und eine Drohverlustrückstellung i.H.v. 5.000 EUR zu bilden.

Die nach vorherigen Rechnungslegungsvorschriften bilanzierten **Sicherungsbeziehungen** im Sinne eines *hedge accounting* dürfen nur dann als solche in der IFRS-Eröffnungsbilanz beibehalten werden, wenn sie die Ansatzvoraussetzungen nach IAS 39 seit ihrer Einbuchung erfüllen (→ § 28 Rz 197ff.).[19] Deshalb sind beispielsweise nach vorherigem Recht abgebildete Sicherungs-

---

[19] ZEIMES, WPg 2003, S. 982, 989; vgl. hierzu auch HAYN/BÖSSER/PILHOFER, BB 2003, S. 1607.

beziehungen in Form eines *macro hedging* bilanziell nicht als Sicherungsbeziehung nach IFRS abbildbar. Gleichwohl können **einzelne Posten** eines *macro hedging* – nicht die Nettoposition selbst – als Sicherungsbeziehung in die IFRS-Eröffnungsbilanz übernommen werden, sofern sie nach HGB als gesichertes Grundgeschäft angesehen wurden (IFRS 1.29) und die *hedging*-Voraussetzungen nach IAS 39 (→ § 28 Rz 197ff.) erfüllt sind. Auf die Sicherungszusammenhänge, die nicht die Voraussetzungen des IAS 39 erfüllen, sind die Übergangsregeln von IAS 39 anzuwenden (IFRS 1.30).

39 Gemäß IFRS 1.36A kann ein Unternehmen aber auch auf die Anwendung der Standards IAS 32 und IAS 39 in der Umstellungsperiode **verzichten** und stattdessen die Bilanzierung der unter den Anwendungsbereich des IAS 32 und IAS 39 fallenden Sachverhalte nach HGB beibehalten. Nimmt ein Unternehmen dieses Wahlrecht in Anspruch, hat es jedoch umfangreiche **Angabepflichten** zu erfüllen. Die Anwendung der IAS 32 und IAS 39 muss dann erst zum Eröffnungsbilanzstichtag der ersten IFRS-Berichtsperiode erfolgen (Rz 15). Die Regelung ist zeitlich beschränkt auf IFRS-Eröffnungsbilanzstichtage, die vor oder am 1.1.2004 beginnen.

5.4 Schätzungen, Wertaufhellung, Fehlerkorrektur

40 Eine weitere Ausnahme vom Retrospektionsgrundsatz betrifft das Thema der **Wertaufhellung** für im Schätzungsweg *(estimates)* ermittelte Bilanzansätze. Zwischen dem Erstellungsdatum der IFRS-Eröffnungsbilanz und demjenigen der Erstellung des erstmaligen IFRS-Abschlusses liegt ein Zeitraum von mehr als zwei Jahren (siehe das Zeitfenster im Beispiel unter Rz 14f.). Die in diesem Zeitraum naturgemäß vorliegende **bessere Erkenntnis** bezüglich zukunftsbezogener Abschlussposten darf gem. IFRS 1.31 nicht in die Wertansätze der IFRS-Eröffnungsbilanz einfließen. Folglich muss sich der erstmalige Anwender bei deren Erstellung trotz besserer Kenntnisse so unwissend geben, wie er es am Ende des Wertaufhellungszeitraums nach vorherigem Bilanzrecht war.

Beispiel
In der Handelsbilanz zum 31.12.05 ist für einen ledigen, kinderlosen Geschäftsführer eine Pensionsrückstellung von 1 Mio. EUR ausgewiesen. Nach IAS 19 hätte der Wert wegen Berücksichtigung des Gehaltstrends 1,2 Mio. EUR betragen. Für 07 wird erstmalig nach IFRS bilanziert.
Der Geschäftsführer ist im Dezember 05 von einem Virus infiziert worden, an dem er im Februar 06 verstirbt. Die Handelsbilanz ist im *fast close* im Januar 06 aufgestellt, geprüft und veröffentlicht worden.
In der zum 1.1.06 aufzustellenden IFRS-Eröffnungsbilanz ist eine Pension von 1,2 Mio. EUR anzusetzen, als ob zu diesem Stichtag schon nach IFRS bilanziert worden wäre (Retrospektion).
Die Pensionsberechnung erfolgt auf Basis der allgemeinen Sterbetafeln. Die rückblickend bessere Erkenntnis über die tatsächlich schon am 31.12.05 verringerte Lebenserwartung des Geschäftsführers wird erst nach Veröf-

fentlichung des HGB-Abschlusses erlangt und ist wegen IFRS 1.31 nicht zu berücksichtigen.

Sachverhaltvariante
Der Geschäftsführer ist im Februar 06 tödlich verunglückt. Dieser Umstand ist nicht werterhellend, sondern wertbegründend und daher schon nach den allgemeinen Regeln von IAS 10.9 (→ § 4 Rz 4ff.) nicht per 31.12.05 zu berücksichtigen.

Gemäß IFRS 1.31 sind demnach die zum Stichtag der IFRS-Eröffnungsbilanz erfolgten **Schätzungen** für Zwecke der (damaligen) HGB-Schlussbilanz *(previous GAAP)* unverändert zu übernehmen, es sei denn, eine damalige Schätzung habe einem **Fehler** *(error)* unterlegen. IFRS 1 bestätigt im Ergebnis also die Regeln nach IAS 10: Der **Wertaufhellungszeitraum endet** auch für die IFRS-Eröffnungsbilanz mit dem Datum der Erstellung der HGB-Schlussbilanz zum betreffenden Stichtag (→ § 4 Rz 31ff.). 41

Beispiel
In der Handelsbilanz zum 31.12.05 sind langfristige Rückstellungen für vertraglich vereinbarte Rücknahmeverpflichtungen bereits verkaufter Maschinen enthalten. Bei Bildung der Rückstellung wurde eine Rücknahme von 1.000 Geräten unterstellt. Im Jahr 06 stellt sich heraus, dass die zurückzunehmende Menge eher bei 600 liegt. Ein Fehler bei der Berechnung seitens der Gesellschaft liegt nicht vor. Die Bilanzierungsvorschriften nach Handelsrecht stimmen mit den Regelungen des IAS 37 (→ § 21 Rz 93ff.) überein. Ein Unterschied besteht hinsichtlich der Abzinsungen, die nach HGB jedoch nicht vorgenommen werden. In der IFRS-Eröffnungsbilanz muss das Unternehmen die Rückstellung abzinsen. Trotz dieser Anpassung, die auf die Unterschiede der Bewertungsregeln zurückzuführen sind, muss weiterhin die ursprünglich zugrunde gelegte Menge von 1.000 für die Bewertung herangezogen werden, da hier IFRS und HGB keine Unterschiede in den Bilanzierungsregeln aufweisen.

Zu differenzieren ist allerdings nach dem Wertaufhellungs**tatbestand**. 42

Beispiel

Sachverhalt
Am 30.4.06 (alternativ am 28.2.06) ergeht ein positives Gerichtsurteil in einem Aktivprozess. Der Jahresabschluss nach HGB wurde am 31.3.06 erstellt. Die IFRS-Eröffnungsbilanz datiert auf den 1.1.04 (Rz 15).

Lösung
Nach IAS 10.8 ist der positive Prozessausgang wertaufhellend zu berücksichtigen (mit Vorbehalten vgl. → § 4 Rz 20ff.). Umgekehrt gilt der Prozessausgang nach HGB als wertbegründend (→ § 4 Rz 21). Auch ein po-

sitives Urteil zwischen dem 1.1.06 und dem 31.3.06 hätte nach HGB keinen Ansatz erlaubt. Die „Nichtverlängerung" der Wertaufhellungszeiträume gemäß IFRS 1.31 (Rz 41) geht demnach ins Leere. Für die HGB-Bilanz ist keine Schätzung erfolgt, folglich kann sie auch nicht für Zwecke des Übergangsverfahrens beibehalten werden. Der positive Prozessausgang ist u. E. in der IFRS-Eröffnungsbilanz als Aktivposten anzusetzen – unabhängig vom handelsrechtlichen Wertaufhellungszeitraum.

Immer dort, wo die IFRS-Vorschriften **Schätzungen** verlangen, die nach **Handelsrecht nicht gefordert** waren, reicht der Wertaufhellungszeitraum bis zur Erstellung der IFRS-Eröffnungsbilanz. Als Beispiel dienen Annahmen zu Karriere- und Gehalts**trends**, die nur nach IFRS in die Ermittlung der **Pensionsrückstellung** einfließen. Da insoweit in den handelsrechtlichen Bilanzen überhaupt keine Schätzungen vorgenommen wurden, kann sich auch **keine Bindungswirkung** für die IFRS-Rechnungslegung ergeben. Praktisch bedeutet dies: Wenn laufende IFRS-Bilanzierer per 31.12.2005 mehrheitlich von erheblichen Lohnsteigerungen in 2006ff. ausgegangen sein sollten, die tatsächliche Einkommensentwicklung in 2006 und 2007 aber ein anderes Bild ergibt, hat ein in 2005 erstmalig nach IFRS bilanzierendes Unternehmen moderatere Annahmen zur Gehaltsentwicklung zugrunde zu legen.

An den ursprünglichen Schätzungen ist dann nicht festzuhalten, wenn sie **falsch** waren, also das zum Zeitpunkt der Erstellung der HGB-Bilanz vorhandene oder bei ordentlichem Vorgehen erlangbare Wissen nicht zutreffend berücksichtigen (→ § 24 Rz 30ff). Zu der damit angesprochenen **Korrektur von Bilanzierungsfehlern** folgendes Beispiel:

Beispiel[20]
U bilanziert in 2007 erstmals nach IFRS. In der HGB-Bilanz zum 31.12.2005 hat U drohende Verluste aus einem schwebenden Geschäft angesetzt, angesichts einer ohnehin bescheidenen Ertragslage aber nur spärlich dotiert. Die Verluste sind Mitte 2007 tatsächlich in einem weit über dem Rückstellungsbetrag liegenden Maß eingetreten.
U möchte im Übergang vom 31.12.2005 (HGB-Schlussbilanz) auf den 1.1.2006 (IFRS-Eröffnungsbilanz) die Rückstellung entsprechend erhöhen, und zwar wie alle Eröffnungsbilanzanpassungen erfolgsneutral gegen Gewinnrücklagen. Auf diese Weise würde der in 07 tatsächlich eingetretene Verlust voll gegen die Rückstellung verrechnet werden können und die IFRS-GuV des Jahres 2007 entsprechend günstiger ausfallen.
U möchte dabei nicht den Eindruck erwecken, seine frühere handelsrechtliche Bilanzierung sei schon nach dem damaligen Kenntnisstand fehlerhaft gewesen, er möchte sich vielmehr auf die bessere Erkenntnis berufen, die

---

[20] Entnommen aus LÜDENBACH, PiR 2006, S. 13.

Ende 2007 – zum Zeitpunkt der Aufstellung der IFRS-Eröffnungsbilanz – vorliegt.

Beurteilung
Die Berufung auf die bessere Erkenntnis ist unzulässig.
Soweit die ursprünglich für HGB-Zwecke vorgenommene Schätzung vertretbar war, bleibt diese gem. IFRS 1.31 bindend.
Falls die Schätzung schon nach HGB fehlerhaft war, d. h. dem seinerzeit verfügbaren Kenntnisstand nicht gerecht wurde, ist eine Anpassung vorzunehmen und dabei gem. IFRS 1.41 deutlich als Korrektur einer fehlerhaften Handelsbilanz kenntlich zu machen.

Wie das Beispiel zeigt, ist wie folgt zu differenzieren:
- Soweit eine ursprüngliche Schätzung zwar optimistisch (bzw. aggressiv), aber gerade noch **vertretbar** war, liegt kein Fehler vor. Für die IFRS-Bilanzierung ist die **handelsrechtliche Schätzung** zu **übernehmen**.
- Soweit der vertretbare Ermessensspielraum überschritten wurde, also ein **Fehler** vorlag, ist für IFRS an dieser fehlerhaften Bilanzierung **nicht festzuhalten**.

Die zweite Alternative eröffnet allerdings keine Möglichkeit zur „geräuschlosen" Richtigstellung. Nach IFRS 1.39 hat U im Abschluss 2007 Überleitungsrechnungen vom handelsrechtlichen Eigenkapital vom 31.12.2005 bzw. 31.12.2006 zum IFRS-Eigenkapital 1.1.2006 bzw. 31.12.2006 aufzustellen und zu **erläutern** (Rz 102). Normaler Inhalt der Überleitungen und der Erläuterungen sind die Ansatz- und Bewertungsunterschiede zwischen Handelsrecht und IFRS.
Die dabei erfolgende **Fehlerkorrektur** nach IFRS 1.41 ist von **Änderungen** der Bilanzierungs- und Bewertungsmethoden **abzugrenzen**. Die Fehlerkorrektur darf nicht in einer Sammelposition „Anpassung von sonstigen Rückstellungen wegen abweichender Bewertungsvorschriften" versteckt werden. In der Überleitung muss der Fehler der handelsrechtlichen Bilanzierung deutlich durch eine eigene Zeile in der Überleitungsrechnung und eine eigene Erläuterung erscheinen.

5.5 Zur Veräußerung gehaltene langfristige Vermögenswerte und aufgegebene Geschäftsbereiche

Für die zur Veräußerung bestimmten langfristigen Vermögenswerte und aufgegebenen Geschäftsbereiche gemäß IFRS 5 (→ § 29) gilt bezüglich der IFRS-Erstanwendung Folgendes (IFRS 1.34A und 34B):
Bei einem Übergangszeitpunkt
- **nach** dem 31.12.2004 muss IFRS 5 retrospektiv angewendet werden,
- **vor** dem 1.1.2005 besteht ein Wahlrecht zwischen einer

43

– prospektiven Anwendung von IFRS 5: Abbildung nur des jeweiligen Sachverhalts (Veräußerungswidmung etc.), die nach dem 31.12.2004 auftreten, und einer

– retrospektiven Anwendung: Abbildung der betreffenden Sachverhalte ab einem beliebigen früheren Zeitpunkt, sofern die erforderlichen Informationen damals bereits vorlagen.

Der Anwendungsbereich der Übergangsvorschriften ist im Hinblick auf die in IFRS 5 geregelten Sachverhalte begrenzt. Wegen der Zwölf-Monats-Regel (→ § 29 Rz 10) kann sich die Veräußerungsabsicht nur zeitlich beschränkt etablieren.

6 Optionale Erleichterungen *(exemptions)*

6.1 Überblick

44 IFRS 1.13ff. sehen verschiedene **Wahlrechte** vor. Danach brauchen auf die in der IFRS-Eröffnungsbilanz zu berücksichtigenden Sachverhalte die IFRS nicht rückwirkend angewandt zu werden. Am bedeutendsten sind die Wahlrechte im Zusammenhang mit dem **sächlichen** und dem **immateriellen** Anlagevermögen (Rz 45ff.) sowie für **Unternehmenszusammenschlüsse** (Rz 56ff.). Die betreffenden Wahlrechte (IFRS 1.BC 45) können **ohne die Erfüllung von Bedingungen** (Rz 29) und **einzeln** in Anspruch genommen werden. Der Erstanwender kann sich die Rosinen aus den Wahlrechten im Sinne einer bilanzpolitischen Optimierung herauspicken.

6.2 Sachanlagevermögen und immaterielle Vermögenswerte

45 Bei **langlebigen** Vermögenswerten wie den Sach- und immateriellen Anlagen kann die retrospektive Ermittlung der Anschaffungs- oder Herstellungskosten *(cost-based measurement)* unzumutbaren Aufwand bezüglich der Datenermittlung verursachen.[21] IFRS 1.16ff. sehen daher folgende **Wahlrechte** in der IFRS-Eröffnungsbilanz vor:

- Die Werte der IFRS-Eröffnungsbilanz werden auf der Basis der **fortgeführten Anschaffungs-/Herstellungskosten** ermittelt (Rz 46).
- In der IFRS-Eröffnungsbilanz erfolgt eine Bewertung mit dem *fair value (deemed cost)*.
- Die Übernahme des Ergebnisses einer vor der IFRS-Rechnungslegungsperiode durchgeführten **Neubewertung** ist zulässig, sofern der Wertansatz bei großzügiger Betrachtung *(broadly)* dem *fair value* entsprach oder auf einem Indexierungsverfahren zur Neubewertung nach Maßgabe der IFRS-Regeln beruhte *(deemed cost)*.

---

[21] Der IASB wertet also das Fehlen einer ordnungsmäßigen Anlagebuchführung als eine lässliche Sünde.

- Schließlich kann eine *fair-value*-Bewertung vor dem Übergangszeitpunkt aus besonderem Anlass – z. B. einem Börsengang oder einer Privatisierung – in die IFRS-Eröffnungsbilanz übernommen werden *(deemed cost).*

Diese Wahlrechte beziehen sich auf
- **Sachanlage**vermögen gemäß IAS 16 (→ § 14),
- als **Finanzinvestitionen** gehaltene Immobilien gemäß IAS 40 (→ § 16),
- **immaterielle** Vermögenswerte, für die es einen aktiven Markt gibt, gemäß IAS 38 (→ § 13).

Die „*deemed cost*" in der vorstehenden Auflistung sind funktionell als **Ersatz-Anschaffungs-** oder **Herstellungskosten** mit entsprechendem Ausweis im Anlagespiegel (→ § 14 Rz 28) zu verstehen; die Ausübung dieser Wahlrechte führt also z. B. nicht zur Anwendung des *fair-value*-Modells bei den Folgebewertungen (vgl. Rz 65). Als kumulierte Abschreibungen sind im Anlagespiegel nur die **ab** dem Übergangszeitpunkt verrechneten Abschreibungen zu zeigen (IFRS 1.IG9).

Die Fortführung eines **HGB-Buchwertes** ist zwar nicht ausdrücklich erlaubt, aber dann zulässig, wenn der HGB-Wert nicht wesentlich vom IFRS-Wert abweicht (IFRS 1.IG7).[22] Dies ist bei degressiven Abschreibungen auf bewegliche Vermögenswerte meistens gegeben (→ § 10 Rz 26), bei **steuerlichen Sonderabschreibungen** indes nicht, sodass diese Abschreibungen zu eliminieren und die Vermögenswerte (rückwirkend) nach den Regelungen der IFRS abzuschreiben sind. Der IFRS-Erstanwender kann die gesamten Abschreibungsverfahren losgelöst von der bisherigen steuerlichen Dominierung **neu** bestimmen.

46

> **Beispiel**
> Ein Unternehmen hat zwischen 1970 und 1980 sukzessive sein innerstädtisches Betriebsareal verkauft, um sich in einem neu erschlossenen Industriegebiet am Stadtrand zu etablieren. Die Gewinne aus den innerstädtischen Grundstücksverkäufen sind nach § 6b EStG neutralisiert worden. Diese Möglichkeit besteht nach den IFRS nicht. Die Buchwerte sind für Zwecke der erstmaligen IFRS-Bilanzierung ausgehend von den Ursprungswerten zu korrigieren, d. h. fiktiv so abzuschreiben, als ob die steuerlichen Abschreibungen nicht vorgenommen worden wären.

Der Retrospektion sind zeitliche Grenzen durch **besondere** *(event-driven)* **Bewertungsanlässe** wie Privatisierungen oder Börsengänge gesetzt (IFRS 1.19).

> **Beispiel**
> Die Deutsche Telekom AG wurde zum 1.1.1993 privatisiert. Sie braucht zuvor erfolgte Bewertungsvorgänge nicht zu beachten. Für frühere volkseigene Betriebe der DDR endet die Retrospektion am 1.7.1990 (DM-Eröffnungsbilanz).

---

[22] Andrejewski/Böckem, KoR 2004, S. 332.

Vorausgesetzt ist für beide Fälle eine *fair-value*-Bewertung nach den damals gültigen *(under previous GAAP)* Verfahren.

47 Eine weitere Besonderheit bildet die Bilanzierung von **Entsorgungs- und Entfernungsverpflichtungen** als Bestandteil der Anschaffungs- bzw. Herstellungskosten von Sachanlagen (→ § 21 Rz 63ff.; IFRS 1.25E; IFRIC 1). Die retrospektive Anwendung wird in vielen Fällen als **undurchführbar** *(not practicable)* angesehen. Deshalb gewährt IFRIC 1 eine Erleichterung: Der IFRS-Erstanwender muss in diesem Fall in der IFRS-Eröffnungsbilanz (Rz 15) die Entsorgungsverpflichtung mit dem Zeitwert zurückstellen. Der Buchwert des zugrunde liegenden Sachanlagevermögens kann dann aber mit dem Wert aktiviert werden, der sich ergeben hätte, wenn man die erwartete künftige Entsorgungsverpflichtung bereits im Zugangszeitpunkt des Vermögenswertes aktiviert und seit diesem Zeitpunkt planmäßig abgeschrieben hätte.

Folgende **Bearbeitungsschritte** sind dabei zu beachten:[23]

- Der Wert der Rückbauverpflichtung wird ohne Zwischenschritte unmittelbar auf den **Zeitpunkt** der IFRS-Eröffnungsbilanz (Rz 15) ermittelt, in dem die aus der Sicht dieses Stichtags zukünftig zu erwartenden *cash outflows* mit dem an diesem Stichtag geltenden Satz diskontiert werden.
- Der **ursprüngliche Zugangsbetrag** der Rückbaukosten wird (retrograd) aus dem Wert der Rückbauverpflichtung in der IFRS-Eröffnungsbilanz abgeleitet. Die Berechnung erfolgt durch Diskontierung der Rückbauverpflichtung vom Eröffnungsbilanz- auf den Anschaffungs-/Herstellungszeitpunkt.
- Von diesem Wert sind die planmäßigen **Abschreibungen** bis zum Stichtag der IFRS-Eröffnungsbilanz zu verrechnen.

Wird **nicht** von diesem Wahlrecht Gebrauch gemacht, ist **retrospektiv** wie folgt vorzugehen:

- Jede Rückbauverpflichtung und der korrespondierende Aktivansatz sind zunächst aus Sicht des Entstehungszeitpunktes mit den zu diesem Zeitpunkt geltenden *cash-flow*-Erwartungen und Diskontierungssätzen zu **bewerten**.
- Sodann ist zu jedem folgenden Stichtag jede **Änderung** der *cash-flow*-Erwartungen und/oder der Diskontierungssätze durch ein fiktive (weil vor der IFRS-Eröffnungsbilanz liegende) Buchung „Anlagevermögen an Rückbauverpflichtung" (bei Minderung: umgekehrt) zu berücksichtigen.
- Die neue Höhe der Rückbauverpflichtung ist ab diesem Stichtag (fiktiv) mit dem neuen Zinssatz fortzuführen, der **neue** Wert der Anlage nach der Restnutzungsdauer ab **Änderung** abzuschreiben.
- Am nächsten Stichtag sind entsprechende **Anpassungen/Neuberechnungen** durchzuführen.

U. E. sollte das Vereinfachungswahlrecht in aller Regel ausgeübt werden.

---

[23] Kessler/Leinen, KoR 2005, S. 456.

Beispiel

Ein Unternehmen erstellt seine IFRS-Eröffnungsbilanz zum 1.1.06. Das Unternehmen hat zum 1.1.03 Mietereinbauten in Höhe von 500 TEUR aktiviert und schreibt diese über 10 Jahre linear ab. Laut Mietvertrag sind die Einbauten bei Beendigung des Mietverhältnisses zum 31.12.12 zu entfernen. Zum IFRS-Eröffnungsbilanzstichtag schätzt das Unternehmen die im Jahr 10 zum Rückbau anfallenden Aufwendungen auf 50 TEUR. Für handelsrechtliche Zwecke wurden ratierlich bis zum 31.12.05 15 TEUR zurückgestellt.

- Bei unterstelltem Finanzierungszinssatz von 5 % für eine 7-jährige (Rest-)Laufzeit ab 1.1.06 beträgt der Barwert der Verpflichtung in der IFRS-Eröffnungsbilanz 35 TEUR. Dieser Betrag ist zum 1.1.04 in der Bilanz auszuweisen.
- Der Barwert von 35 TEUR ist sodann mit dem am 1.1.03 für eine 10-jährige Laufzeit geltenden Zinssatz unter Berücksichtigung des Zinsstruktureffektes von 6 % (→ § 11 Rz 25) auf den 1.1.03 zu diskontieren. Folglich sind rückwirkend zum 1.1.03 30 TEUR zu den ursprünglichen Kosten von 500 TEUR hinzuzuaktivieren.
- Der zusätzlich aktivierte Betrag von 30 TEUR ist im Anschluss bereits über drei Jahre bis zum IFRS-Eröffnungsbilanzstichtag abzuschreiben. Die kumulierte Abschreibung beträgt 9 TEUR.

In der IFRS-Eröffnungsbilanz zum 1.1.06 ist wie folgt zu buchen:

Soll	Haben	Betrag
Sonstige Gewinnrücklagen (bzgl. Rstlg)		20
	Entsorgungsverpflichtung	20
Mietereinbauten		30
	Sonstige Gewinnrücklagen (bzgl. Mietereinbauten)	30
Sonstige Gewinnrücklagen (bzgl. Abschr.)		9
	Kumulierte Abschreibungen	9

Die genannten Wahlrechte (Rz 45) können für **jeden Einzelposten** des Anlagevermögens unterschiedlich ausgeübt werden (Rz 44, 51). Dadurch **unterscheidet** sich die gemäß IFRS 1 durchgeführte Neubewertung von der allgemein nach IAS 16.31 zulässigen **Neubewertung** (→ § 8 Rz 52ff.); bei dieser ist der Übergang für die jeweilige Bilanz-Gesamtposition *(entire class)* nur **einheitlich** möglich, also ganz oder gar nicht.

Diese Vorgabe gilt in der Konsequenz auch für **Großreparaturen**, die einer gesonderten Aktivierung und Abschreibung zugänglich sind (→ § 8 Rz 36).

48

49 Nach Maßgabe des *components approach* (→ § 8 Rz 32) ist ein nach HGB einheitlicher Vermögenswert zur Berechnung der planmäßigen Abschreibung **aufzuteilen**, wenn einzelne Bestandteile des Vermögenswertes einen signifikanten Anteil an den Gesamtkosten des Vermögenswertes ausmachen (→ § 10 Rz 7ff.). In der Folge muss dementsprechend eine differenzierte Abschreibungsverrechnung erfolgen (IFRS 1.IG12).

Der Komponentenansatz bedarf bei aller formalen Abweichung gegenüber der bisherigen HGB-Handhabung einer **sinnvollen Interpretation** im Hinblick auf die damit zu erzielende *faithful presentation* (IAS 16.BC26). Eine **kleinliche** Betrachtungsweise ist im Rahmen der generell dem Schätzungsermessen unterliegenden Abschreibungsverrechnung unangebracht. Wegen Einzelheiten vgl. → § 10 Rz 9ff., wo auch die Unwesentlichkeit der Abweichungen in der Abschreibungshöhe bei künstlicher „Zerlegung" eines Vermögenswertes dargelegt ist. Der *materiality*-Aspekt (→ § 1 Rz 65ff.) wird hier eigens in Erinnerung gerufen (IFRS 1.IG7).

Nicht zufällig betont deshalb der *Board* das **vernünftige Ermessen** (*judgement*) zur Definition der separat abzuschreibenden Einheit eines Vermögenswertes (IFRS 1.IG12). Hinzu kommen die generell erleichterungsorientiert ausgestalteten Übergangsregeln für Sachanlagen (Rz 45).

So sind **Neubewertungen** nach Maßgabe der **früheren** Rechnungslegungsvorschriften (z. B. HGB) akzeptabel, wenn sie bei großzügiger Betrachtung *(broadly)* mit den IFRS-Wertermittlungsregeln kompatibel sind (IFRS 1.17). Der *materiality*-Gedanke wird hier noch spürbar verstärkt. Insgesamt ist u. E. auch bezüglich des *components approach* bei sonst möglicher Fortsetzung der HGB-Bilanzierung des Anlagevermögens in der IFRS-Bilanzwelt (Rz 46) eine **großzügige** Betrachtungsweise angezeigt.

Die hilfsweise vorgeschlagene **Zeitwertbewertung**[24] braucht dann u. U. nicht als „Lösung" zur Umgehung des rückwirkenden Komponentenansatzes herangezogen zu werden. Im Übrigen wäre auch eine einschlägige Wertermittlung nicht ohne Heranziehung von Vergangenheitsereignissen durchführbar (z. B. Ermittlung des technischen Zustandes der Klimatisierung eines Hotels).

Nach dieser generellen Vorgabe kann in aller Regel ein gewerblich genutztes **Gebäude**, das bisher nach HGB (ohne steuerliche Sonderabschreibungen, Rz 46) abgeschrieben worden ist, mit seinem Restbuchwert nach Maßgabe der übrigen Kriterien (→ § 10 Rz 5) in seine „Komponenten" als künftige (unter IFRS gültige) Abschreibungsbemessungsgrundlagen „zerlegt" werden. Entsprechendes gilt für eine **industrielle Anlage** (→ § 10 Rz 14).

Im Falle der **Generalüberholung** ist zunächst der Zeitpunkt der letzten Rückführung festzustellen. Liegt dieser **lange** zurück, kann auf die separate Abschreibungsverrechnung mit Beginn der IFRS-Bilanzierung verzichtet werden (Rz 30). Bei einer erst **jüngst** erfolgten Generalüberholung nennenswerten Umfangs sind die entsprechenden Kosten relativ leicht zu greifen und in die neue Anlagenrechnung zu überführen.

---

[24] ANDREJEWSKI/BÖCKEM, KoR 2004, S. 335.

Eine etwa durchzuführende Neubewertung nach der Vorgabe von IFRS 1 darf auch **nicht** mit ihrem Ergebnis in eine **besondere Rücklage** eingestellt werden (vergleichbar der Neubewertungsrücklage gemäß IAS 16.39; → § 8 Rz 54), sondern wird in die Gewinnrücklage gebucht (Rz 22). Anders verhält es sich, wenn im Rahmen des Übergangs auf IFRS (gleichzeitig) die Neubewertung als zugelassene Folgebewertung (→ § 8 Rz 52ff.) gewählt wird. Lediglich im **Anhang** des ersten IFRS-Abschlusses (Rz 96ff.) wird der Neubewertungsbetrag separat aufgeführt. Andererseits ist mit der Aufstockung nach IFRS eine Erhöhung der Abschreibungsbemessungsgrundlage verbunden.

50

Der IFRS-Erstanwender hat also (z. B.) die **Wahl**, eines oder mehrere Grundstücke mit oder ohne Gebäude insoweit aufzuwerten, als hier erhebliche stille Reserven enthalten sind (Rz 48).

51

> **Beispiel**[25]
> Die Textileinzelhandels GmbH besitzt ein Grundstück am Marienplatz in München mit erheblichen stillen Reserven im Grundstück und im Gebäude. Daneben besitzt sie ein Fabrikareal in Zwickau, bei dem ebenfalls stille Reserven vorliegen mögen, deren Ermittlung jedoch aus verschiedenen Gründen sehr aufwändig wäre.
> Zur Erhöhung des Eigenkapitalausweises beschränkt sich die Gesellschaft in der IFRS-Eröffnungsbilanz auf den Ansatz des *fair value* für den Grund und Boden am Marienplatz. Das dortige Gebäude wird wegen der künftigen Ergebnisbelastung durch höhere Abschreibungen und das Areal in Zwickau aus Kostengründen mit den HGB-Buchwerten, die grosso modo den IFRS-Werten entsprechen, in die IFRS-Welt überführt.

Diese Wahlrechte gelten für

52

- **sächliches** Anlagevermögen (Rz 45; → § 14),
- **Finanzimmobilien** gemäß IAS 40 (*investment properties*; IFRS 1.18a; → § 16),
- **immaterielle Anlagegüter** (IFRS 1.18b; → § 13).

Bei **Finanzimmobilien** bleibt das Wahlrecht für die **Folgebewertung** (→ § 16 Rz 35ff.) unberührt. Der Anwender kann also als Ersatz-Anschaffungskosten (*deemed cost*; Rz 45) den *fair value* zum Übergangstag (Rz 13) wählen und dann auf dieser Basis unter Anwendung einer passenden Abschreibungsmethode das *cost model* (→ § 16 Rz 35ff.) weiterführen. Ebenso kann man bei der Folgebewertung nach dem *fair-value*-Ansatz (→ § 16 Rz 42) verfahren.
Bei **immateriellen Anlagen** ist allerdings eine Neubewertung nur für solche Vermögenswerte zulässig, die auf einem aktiven Markt gehandelt werden. Diese Voraussetzung ist kaum jemals erfüllt (→ § 13 Rz 65, 29), sodass ein erstmaliger IFRS-Anwender immaterielle Vermögenswerte in der IFRS-

---

[25] Nach LÜDENBACH/HOFFMANN, DStR 2003, S. 1498, 1502.

Eröffnungsbilanz mit fortgeführten Anschaffungs- oder Herstellungskosten bewerten muss.

53 Die bestehenden **Wahlrechte** – mit entsprechenden bilanzpolitischen Ansätzen (→ § 51 Rz 59ff.) – können anhand folgender beispielhafter Übersicht verdeutlicht werden:

	Anschaffungskosten	fortgeführte AK nach HGB 31.12.03	fortgeführte AK nach IFRS 31.12.03	beizulegender Zeitwert	Bilanzpolitische Ansätze in der IFRS-Eröffnungsbilanz		
					A Eigenkapital stärken	B Wenig Belastung für Zukunft	C Wenig Umstellungsaufwand
Grundstück 1	500	500	500	1.000	1.000	1.000	500
Gebäude	1.000	600	650	1.200	1.200	600	600
Maschine	300	100	110	150	150	100	100
GESAMT					2.500	1.850	1.300

6.3 Beteiligung an Tochterunternehmen im Einzelabschluss der Mutterunternehmung

54 Gemäß IAS 27.37 sind die Anteile an Tochterunternehmen im Einzelabschluss des Mutterunternehmens etc. entweder zu **Anschaffungs**kosten oder in **Übereinstimmung** mit **IAS 39** zu bilanzieren (→ § 32 Rz 166). Bei Bilanzierung zu Anschaffungskosten dürfen Erträge aus der Beteiligung nur so weit erfasst werden, wie es sich um Ausschüttungen handelt, die seit dem Zeitpunkt des Erwerbs der Anteile angefallen sind (*pre-acquisition profits*). Darüber hinausgehende Ausschüttungen sind als Kapitalrückzahlungen zu betrachten, die zu einer Minderung der Anschaffungskosten führen (→ § 32 Rz 168).

55 In seiner Septembersitzung beschloss der IASB vorläufig („*tentatively*") folgende Erleichterung:[26]

Das Unternehmen hat die **Wahl**, in der IFRS-Eröffnungsbilanz
- entweder den IFRS-Buchwert des **Eigenkapitals** der Tochtergesellschaft
- oder den *fair value* des Tochterunternehmens

als Beteiligungsbuchwert anzusetzen.

Bei Wahl der erstgenannten Methode kann das Unternehmen zwischen zwei Vorgehensweisen zur Bestimmung der bis zum Datum der IFRS-Eröffnungsbilanz (Rz 15) aufgelaufenen **Gewinnrücklagen** wählen:

- **Verzicht** auf **Anpassung** des Beteiligungsbuchwertes mit fiktiver Zuordnung (*deemed*) aller in der Bilanz der Beteiligungsgesellschaft zum Stichtag der EB-Eröffnungsbilanz ausgewiesenen Gewinnrücklagen als *pre-acquisition profits* (Rz 54).
- **Bei Anpassung** des Buchwertes gelten (*deemed*) die Gewinnrücklagen nach (z. B.) HGB (*previous GAAP*) als *pre-acquisition profits* (Rz 54).

---

[26] Vgl. IASB, Update September 2006, S. 9.

6.4 Unternehmenszusammenschlüsse

6.4.1 Die Ausnahmeregelungen

Der *Board* geht von nutzenübersteigenden Kosten aus, wenn auf Unternehmenszusammenschlüsse in der Zeit vor dem Übergang auf IFRS der einschlägige Standard IFRS 3 angewandt wird. Nach IFRS 1.15 i. V. m. B1 werden deshalb folgende **Alternativen des Übergangs** angeboten:

- IFRS 3 in der am Stichtag der erstmaligen IFRS-Bilanz (*reporting date*; Rz 15) gültigen Fassung (Rz 32) wird auf **alle** vergangenen Unternehmenszusammenschlüsse angewandt oder
- das **bisher gewählte Konsolidierungsverfahren wird beibehalten** (IFRS 1.B2); damit bleibt sowohl die „**Klassifikation**" des Unternehmenszusammenschlusses („normale" und umgekehrte Akquisition, Interessenzusammenführung, eigentliche Fusion) als auch die **buchmäßige Behandlung** des durch die Konsolidierungsbuchungen aufgedeckten *goodwill* (z. B. Rücklagenverrechung) unangetastet (IFRS 1.B2g u. i).

Zu den Besonderheiten wegen der **immateriellen** Vermögenswerte s. Rz 66.

Unter Berücksichtigung von IFRS 1.B1 eröffnen sich aber noch **mehr Optionen**. Der Erstanwender muss **nicht alle** Unternehmenszusammenschlüsse der Vergangenheit **gleich** behandeln. Das Unternehmen kann sich auch dafür entscheiden, ältere *goodwills* mit den angepassten HGB-Werten fortzuführen, auf jüngere hingegen IFRS 3 anzuwenden. Was „älter" ist, **entscheidet der Anwender** selbst. IFRS 1.B1 will lediglich ein **willkürliches** Nebeneinander von HGB- und IFRS-*goodwill* verhindern und normiert deshalb einen **zeitlichen** Schnitt: Wenn einmal die Entscheidung zugunsten der Anwendung von IFRS 3 auf einen bestimmten Unternehmenszusammenschluss gefallen ist, dann sind alle **nachfolgenden** Unternehmenszusammenschlüsse im Übergangsverfahren gemäß IFRS 3 abzubilden.

Beispiel[27]
Die X-AG hat von 1989 bis 2003 jedes Jahr eine Unternehmensakquisition getätigt. Sie hat folgendes Wahlrecht:
- Die *goodwills* der Jahre 1989 bis 198x-1 werden nach HGB fortgeführt.
- Der *goodwill* des Jahres 198x wird nach IFRS 3 ermittelt; damit
- sind zwingend auch die *goodwills* der Jahre 198x+1 nach IFRS 3 zu bestimmen.

Insgesamt bestehen also folgende **Wahlrechte** für den Übergang einer Konzernmuttergesellschaft[28] auf die IFRS-Rechnungslegung:
- Alle Akquisitionen der Vergangenheit werden nach IFRS 3 (→ § 31) konsolidiert.

---

[27] Nach LÜDENBACH/HOFFMANN, DStR 2003, S. 1498, 1502.
[28] ZEIMES, WPg 2003, S. 982, 986.

- Alle Akquisitionen der Vergangenheit werden unter Berücksichtigung bestimmter Anpassungen nach dem bisherigen Konsolidierungsverfahren weitergeführt (s. Rz 61).
- Retrospektive Anwendung von IFRS 3 erfolgt auf Unternehmenszusammenschlüsse ab einem bestimmten Zeitpunkt (Rz 57).
- Weitere Optionen gemäß Darstellung in → § 31 Rz 174.

Diese Wahlrechte sowie die nachstehend dargestellten Ausnahmen (Rz 61ff.) gelten nach IFRS 1.B3 für **alle Konsolidierungsfälle**, also auch für **assoziierte** (→ § 33) und **Gemeinschafts**unternehmen (→ § 34).

Bei retrospektiver Anwendung speziell des IFRS 3 müssen für einen IFRS-Erstanwender, anders als bei einem bereits nach IFRS bilanzierenden Unternehmen, die notwendigen Informationen für die rückwirkende Anwendung nicht schon zum Zeitpunkt der Erstkonsolidierung bzw. Wertminderungsüberprüfungen in der Vergangenheit vorgelegen haben (IFRS 1.BC 32-34).[29]

> **Beispiel**
> Das Unternehmen A erstellt zum 1.1.06 seine IFRS-Eröffnungsbilanz. Zum 1.1.03 hat das Unternehmen A 100 % der Anteile an der B-AG erworben. Im handelsrechtlichen Konzernabschluss wird der entstandene *goodwill* von 150 TEUR planmäßig über 15 Jahre abgeschrieben. Zum 1.1.06 sind bereits 30 TEUR abgeschrieben. Unternehmen A hat bislang keine Zeitwerte oder Nutzungswerte der B-AG aus der Vergangenheit vorliegen. Unternehmen A plant eine rückwirkende Anwendung des IFRS 3. Gemäß der Übergangsvorschrift des IFRS 3.85 wäre dies nur möglich, wenn bereits zum Erstkonsolidierungszeitpunkt (1.1.03) die Informationen für die Durchführung eines Werthaltigkeitstests nach IAS 36 vorgelegen hätten. Diese Übergangsvorschrift gilt jedoch nicht für das Unternehmen A als IFRS-Erstanwender. A kann die Daten für die notwendigen Werthaltigkeitsüberprüfungen auch rückwirkend seit dem 1.1.03 ermitteln.

59 Fraglich ist die Beurteilung von Fällen, in denen ein **assoziiertes** Unternehmen durch **Hinzuerwerb** von Anteilen **nach** dem Zeitpunkt der IFRS-Eröffnungsbilanz zu einem **Tochter**unternehmen wird. IFRS 3.58ff. sieht für derartige sukzessive Anteilserwerbe Folgendes vor (→ § 31 Rz 124):
- Die Vermögenswerte und Schulden des Tochterunternehmens sind mit den (anteiligen) *fair values* zum Zeitpunkt der **Kontroll**erlangung (letzter Erwerbsschritt) anzusetzen.
- Der *goodwill* ist jedoch für **jeden** Erwerbsschritt separat zu bestimmen, bei dem der Kaufpreis des jeweiligen Erwerbsschrittes mit den (anteiligen) *fair values* des gleichen Zeitpunkts verglichen wird.

---

[29] BAETGE/BISCHOF/MATENA, IFRS 1 in: BAETGE et al. (Hrsg.), Rechnungslegung nach IAS, IFRS 1 Tz 60.

Eine Anwendung dieser Regeln auch auf Anteile, die zum Zeitpunkt der IFRS-Eröffnungsbilanz bereits einen assoziierten Status hatten, könnte zu einer Kollision mit der „Erleichterungsidee" von IFRS 1.App. B führen.

> **Beispiel**
> Die M verfügt über Anteile an der T. M stellt erstmals zum 31.12.07 einen IFRS-Abschluss auf. Datum der IFRS-Eröffnungsbilanz ist demgemäß der 1.1.06 (Rz 15).
>
> **Variante 1: Anteil an T zu allen Zeitpunkten 25 %**
> T ist ein assoziiertes Unternehmen. Der handelsrechtliche *equity*-Ansatz zum 31.12.05, incl. des darin enthaltenen *goodwill*, kann (mit evtl. Modifikationen vgl. Rz 61) nach IFRS übernommen werden (IFRS 1.B3).
>
> **Variante 2: Anteil an T zu allen Zeitpunkten 75 %**
> T ist ein Tochterunternehmen. Die handelsrechtliche Konsolidierung zum 31.12.05, insbesondere der *goodwill*, kann nach IFRS übernommen werden (IFRS 1.B2).
>
> **Variante 3: Anteil 31.12.05 25 %, Zuerwerb in 06 50 %**
> T ist zum Zeitpunkt der IFRS-Eröffnungsbilanz assoziiertes Unternehmen. Eine Neubestimmung des *equity*-Ansatzes, d. h. der darin enthaltenen stillen Reserven und des *goodwill*, ist nicht nötig (IFRS 1.B3).
> Zum Zeitpunkt der ersten IFRS-Bilanz *(reporting date)* hat sich jedoch der Status von T geändert. Durch Zuerwerb im Übergangszeitraum (Rz 13ff.) von 50 % Anteilen ist T Tochterunternehmen geworden.
> Der Zuerwerb ist gemäß den Regeln des IFRS 3 abzubilden, da er bereits im IFRS-Zeitraum stattfindet.
> Hinsichtlich der Altanteile (25 %) muss jedoch den Regeln von IFRS 3.58ff. gefolgt werden. Der *goodwill* und die stillen Reserven aus den ersten 25 % wären neu zu bestimmen, was nach IFRS 1.B3 eigentlich gerade verhindert werden soll.

Findet also nach dem Zeitpunkt der IFRS-Eröffnungsbilanz ein **Wechsel in der Qualität der Anteile** statt, ist nach dem **Verhältnis** von IFRS 3.58ff. zu IFRS 1 Appendix B zu fragen. Zwei **Auffassungen** sind u. E. **vertretbar**:
- **Erste Auffassung:** Wie jeder normale IFRS-Anwender muss auch der *first-time adopter* IFRS 3.58ff. anwenden. Die Höhe früher (im *equity*-Ansatz) erkannter *goodwills* ist irrelevant, die Höhe früher (im *equity*-Ansatz) ermittelter stiller Reserven nur für die Bestimmung der Neubewertungsrücklage von Interesse. Für den u. U. sehr weit zurückliegenden Zeitpunkt des Erwerbs der Altanteile sind die *fair values* sämtlicher Vermögenswerte und Schulden zu bestimmen.
- **Zweite Auffassung:** Die Erleichterungen von IFRS 1.App. B haben Vorrang vor IFRS 3.58ff. IFRS 1.B3 will den Erstanwender von der Notwendigkeit entlasten, alte Sachverhalte neu nach IFRS zu bestimmen. Dieser

Entlastungszweck wird nur dann nicht konterkariert, wenn der Erstanwender die aus dem HGB übernommenen *equity*-Anteile der IFRS-Eröffnungsbilanz in die IFRS-Vollkonsolidierung überführen kann.
Der HFA des IDW[30] befürwortet statt dieser beiden Alternativen eine **kumulative** Lösung: Danach sollen „grundsätzlich" die Regeln von IFRS 3.58ff. (→ § 31 Rz 122ff.) nach dem Übergangsstichtag anwendbar sein, d. h., Vermögenswerte und Schulden des erworbenen Unternehmens sind mit den Zeitwerten anzusetzen. Umgekehrt sei wegen der „Sperrwirkung" des IFRS 1.B2g der *goodwill* nicht anzupassen, IFRS 3.58ff. also nicht anzuwenden. Folge dieser Inkonsistenz soll nach HFA des IDW eine „**Doppelerfassung**" der identifizierbaren Vermögenswerte als separater Posten und als Bestandteil des *goodwill* sein. Dies wiederum erfordere einen Werthaltigkeitstest.

Beispiel

Sachverhalt
Die A AG hat zum 31.12.2006 erstmals einen Abschluss nach IFRS erstellt. Dabei hat es für alle Unternehmenserwerbe vor dem Übergangszeitpunkt das Wahlrecht des IFRS 1.B1 in Anspruch genommen und die sich nach den bisherigen Rechnungslegungsvorschriften ergebenen Wertansätze weitergeführt. Zum 1.6.07 erwirbt die A AG weitere 20 % Anteile an der B GmbH, an der sie bereits seit 2003 40 % der Anteile hält. Im Rahmen der Kaufpreisallokation identifiziert die A AG einen Kundenstamm der B GmbH mit einem Zeitwert von 2 Mio EUR. Obwohl der Kundenstamm schon zum Zeitpunkt des Erwerbs der ersten 40 % im Jahr 2003 vorhanden war und mit gleicher Höhe zu bewerten gewesen wäre, sind sie nach HGB anteilig im Firmenwert von insgesamt 4 Mio EUR enthalten. Wie muss die A AG bei der Kaufpreisallokation im Rahmen des Erwerbs der zusätzlichen 20 % vorgehen?

Lösung nach IDW HFA[31]
Der immaterielle Vermögenswert Kundenstamm ist mit 2 Mio EUR anzusetzen. Der Firmenwert aus dem Erwerb 2002 wird mit 4 Mio EUR abzüglich einer eventuell notwendigen Wertminderung nach durchgeführtem Werthaltigkeitstest angesetzt.

U. E. muss demgegenüber **eine** der beiden vorstehend dargestellten **Alternativen** gewählt werden.
Ab dem Übergangszeitpunkt (Rz 13) ist IFRS 3 (Rz 56) vollumfänglich anzuwenden.
Eine Erleichterung ist auch für die Einbeziehung eines bisher **nicht konsolidierten** Tochterunternehmens in die IFRS-Konzerneröffnungsbilanz in IFRS 1.B2j vorgesehen. Wegen Einzelheiten wird auf → § 31 Rz 163 verwiesen.

---

[30] IDW, RS HFA 19 Tz 7.
[31] IDW, RS HFA 19 Tz 7.

6.4.2 Notwendige Anpassungen

Die Zielsetzung der Übergangserleichterung für die Abbildung von Unternehmenszusammenschlüssen wird durch die unter Rz 58 dargstellten Wahlrechte erreicht. Diese beziehen sich im Wesentlichen auf die *goodwill*-Bilanzierung. Andererseits ergeben sich auf der Grundlage der umfangreichen Vorgaben in IFRS 1. B2 mit ihrer eher verwirrenden Gliederung **Komplizierungen**, an deren Sinnhaftigkeit bei Gewichtung gegenüber dem materiellen Gehalt der genannten „Hauptwahlrechte" – z. B. Übernahme einer früheren Rücklagenverrechnung des *goodwill* (Rz 56) – man zweifeln darf (Rz 95). Für die Bilanzierung der Vermögenswerte und Schulden der konsolidierungspflichtigen **Tochterunternehmen** gelten explizit die Befreiungsregelungen des IFRS 1 und implizit der *materiality*-Grundsatz (→ § 1 Rz 63ff.).[32]

61

Bei prospektiver Anwendung des IFRS 3 (Rz 58) sind folgende Anpassungen erforderlich: Die nach **HGB** *(previous GAAP)* bei **erstmaliger** Kapitalkonsolidierung angesetzten Vermögenswerte und Schulden sind als Bewertungsausgangsgröße *(deemed cost*; Rz 45) zu betrachten. Ab diesem Zeitpunkt sind diese *deemed cost* nach den Vorgaben der IFRS zu bewerten und so (als fortgeführte *deemed cost*) in die IFRS-Eröffnungsbilanz (Rz 15) zu übernehmen (IFRS 1.B2e).

62

Beispiel
Ein Unternehmen erstellt seine IFRS-Eröffnungsbilanz (Rz 13) zum 1.1.06. Zum 31.12.03 hatte es im Wege einer Fusion eine bisherige Tochtergesellschaft buchwertneutral übernommen. Am 1.1.03 hat die bisherige Tochter eine selbst erstellte Anlage zu Teilkosten von 800 TEUR aktiviert, Abschreibung auf 10 Jahre linear. Bei der erstmaligen Einbeziehung in den Konzernabschluss am 31.12.03 betrug der Buchwert 720. Die Vollkosten zur Erstellung der Maschine beliefen sich auf 1.200 TEUR. Die Buchwerte der Vermögenswerte und Schulden bei erstmaliger Konsolidierung des Tochterunternehmens, die nach IFRS mit fortgeführten Anschaffungskosten als *deemed cost* (Rz 46) bewertet werden, bilden die Grundlage für die weitere Bilanzierung in der IFRS-Eröffnungsbilanz, für die fragliche Anlage also 720 TEUR.
Bei nach IFRS akzeptablem Abschreibungsverfahren wird die Anlage in der Eröffnungsbilanz – nach zwei weiteren Jahresabschreibungen von je 80 – mit 560 TEUR bilanziert. Wäre die Anlage erst nach dem Unternehmenszusammenschluss gebaut worden, hätte das Unternehmen die Anlage entweder nachträglich zu Vollkosten, vermindert um planmäßige Abschreibungen, oder zum beizulegenden Zeitwert am Stichtag der IFRS-Eröffnungsbilanz bilanzieren müssen.

---

[32] Vgl. hierzu die Darstellungen bei KIRSCH, StuB 2003, S. 913, 915; THEILE, DB 2003, S. 1745, 1747; ZEIMES, WPg 2003, S. 982, 986.

Nach HGB im vorherigen Konzernabschluss nicht angesetzte Bilanzposten, welche die Ansatzkriterien nach IFRS erfüllen, sind im konsolidierten IFRS-Erstabschluss (nur) dann anzusetzen, wenn sie im **Einzelabschluss** der Tochtergesellschaft **hätten angesetzt werden müssen** (IFRS 1.B2f.).

> **Beispiele**
> - **Entwicklungskosten** nach IAS 38, welche die dortigen Ansatzkriterien erfüllen (→ § 13 Rz 24).
> - **Leasingverträge**, die nach HGB nicht angesetzt wurden, aber die Ansatzkriterien nach IAS 17 erfüllen (→ § 15 Rz 20ff.).
> - Posten aus der **Steuerlatenzrechnung** (Rz 24).

Entstehende Unterschiedsbeträge sind in der IFRS-Eröffnungsbilanz (Rz 15) gegen die **Gewinnrücklagen** zu buchen (Rz 22); eine Ausnahme besteht jedoch für die Unterschiedsbeträge, die aus immateriellen Vermögenswerten resultieren. Diese sind in den *goodwill* umzugliedern bzw. aus ihm herauszurechnen (Rz 66).

63 Bei einem früheren Unternehmenszusammenschluss sind möglicherweise immaterielle Vermögenswerte nicht vom *goodwill* **separiert** worden. Dabei verbleibt es gemäß IFRS 1 B2f. auch in der IFRS-Eröffnungsbilanz (Rz 15), soweit diese Vermögenswerte im Einzelabschluss des erworbenen Unternehmens nicht angesetzt werden dürfen.

> **Beispiele**
> Kundenlisten, Marken, Warenzeichen, Verlagsrechte (→ § 13 Rz 27).

64 Eine weitere Anpassung (gegenüber der bisherigen HGB-Konsolidierung) ist für Fälle einer nach IFRS zwingenden (nicht: erlaubten) *fair-value*-Bilanzierung geboten (IFRS 1.B2d).

> **Beispiele**[33]
> - Für den Handel bestimmte Finanzinstrumente *(trading)* nach IAS 39.69 (→ § 28 Rz 145ff.).
> - Zum **Verkauf** bereite Finanzinstrumente (*available for sale*) nach IAS 39.69 (→ § 28 Rz 150ff.).[34]
> - Zum Verkauf anstehende **langfristige** Vermögenswerte nach IFRS 5 (→ § 29).

---

[33] Nach Lüdenbach/Hoffmann, DStR 2003, S. 1498, 1503; Theile, DB 2003, S. 1745, 1749.
[34] Die übliche **erfolgsneutrale** fair-value-Bewertung führt gemäß IFRS 1.IG59 zu einer Erfassung des Anpassungsbetrages im other comprehensive income (→ § 20 Rz 68).

Davon zu **unterscheiden** sind – außerhalb des Übergangsprozesses stehende – Wahlrechte der *fair-value*-Bilanzierung (Beispiel: Finanzimmobilien; *investment properties*) nach IAS 40 (→ § 16 Rz 35ff.). Hier kann ein „originäres" **Wahlrecht** zum Übergang auf den *fair value* in der IFRS-Eröffnungsbilanz (Rz 15) ausgeübt werden (vgl. Rz 45).

65

Der gegebenenfalls aus der Kapitalkonsolidierung resultierende *goodwill* – auch der im Rahmen der *equity*-Bilanzierung (→ § 33 Rz 50) im Beteiligungsansatz enthaltene – ist **unverändert** in die IFRS-Eröffnungsbilanz (Rz 15) zu übernehmen, **es sei denn** (IFRS 1.B2g),

66

- **immaterielle** Vermögenswerte sind durch die Neuklassifizierung nach IFRS in der IFRS-Eröffnungsbilanz (erstmals) anzusetzen oder umgekehrt (Rz 62) oder
- eine nachträgliche **Kaufpreisänderung** durch die Vertragsvorgaben des Unternehmenszusammenschlusses ist zu beachten oder
- eine *impairment*-Abschreibung (→ § 11 Rz 8ff.) ist vorzunehmen (zwingender *impairment*-Test).

Im erstgenannten Fall erfolgt die Anpassung zwischen immateriellem Vermögenswert und *goodwill* **innerhalb** dieser Posten direkt, gegebenenfalls sind auch Anpassungen der Steuerlatenzposition (Rz 24) und der Minderheitenanteile erforderlich (IFRS 1.B2gi).
Hierzu folgende Beispiele:

Beispiel 1

Zu Beginn des Jahres 2001 hat die M AG 80 % der Anteile am Kapital der T zum Preis von 2.000 TEUR erworben. Das bilanzielle Eigenkapital der T belief sich zum Erwerbszeitpunkt auf 1.000 TEUR, davon 400 TEUR Stammkapital. Stille Reserven wurden nur in einem Grundstück i.H.v. 200 TEUR identifiziert. Die T ist nach wie vor Eigentümerin des Grundstücks. Bei der Erstkonsolidierung der T wurden Entwicklungskosten i.H.v. 300 TEUR nicht aktiviert, sodass dieser Betrag in den *goodwill* eingegangen ist. Gemäß IAS 38 ist dieser Betrag jedoch ansatzpflichtig; die Nutzungsdauer beträgt 10 Jahre.
Bei erstmaliger Konsolidierung unter HGB wurde folgender *goodwill* ermittelt:

		EUR
	Bilanzielles Eigenkapital	1.000.000
+	stille Reserven	200.000
=	neu bewertetes Eigenkapital	1.200.000
–	Anteile fremder Gesellschafter (20 %)	240.000
=	konsolidierungspflichtiges Kapital	960.000
=	Anschaffungswert der Beteiligung	2.000.000
=	*goodwill*	1.040.000

Der *goodwill* wurde in der Folge über 20 Jahre abgeschrieben mit jährlich 52 TEUR. Zum 31.12.2005 beträgt der *goodwill* in der Handelsbilanz 780 TEUR.
Die Entwicklungskosten betrafen ein Produkt, welches seit 1.1.2001 verkauft wird und für 10 Jahre vertrieben werden soll. Nach IAS 38 wäre eine Abschreibung linear über 10 Jahre angemessen. Folglich würde der Buchwert der Entwicklungskosten zum 31.12.2005 150 TEUR betragen. Der *goodwill* wäre somit wie folgt in der IFRS-Eröffnungsbilanz zu berichtigen:

	EUR
Stand der aktivierten Entwicklungskosten	150.000
abzgl. latente Steuern	– 60.000
Nettoeffekt aus der Aktivierung von Entwicklungskosten	90.000
abzgl. Anteile fremder Gesellschafter (20 %)	– 18.000
Verminderung des *goodwill* aufgrund Entwicklungskosten	72.000
goodwill vor Anpassung	780.000
abzgl. Minderungsbetrag aus Umgliederung	– 72.000
goodwill in der IFRS-Eröffnungsbilanz	708.000

Beispiel 2
Ein Unternehmen hat in seinem Abschluss zum 31.12.2003 einen immateriellen Vermögenswert mit einem Wert von 100 bilanziert. Dieser wurde zum 1.1.2001 im Rahmen eines Unternehmenszusammenschlusses mit 150 TEUR bewertet und seitdem linear über 15 Jahre abgeschrieben. Zudem hat das Unternehmen aus dem Zusammenschluss einen *goodwill* von 500 TEUR aktiviert. Der immaterielle Vermögenswert erfüllt nicht die Aktivierungsvoraussetzungen nach IAS 38 für eine Aktivierung. Außerdem liegt der Zeitwert nur bei 75 TEUR.
In der IFRS-Eröffnungsbilanz wird er in Höhe von 100 TEUR gegen den *goodwill* ausgebucht. Es erfolgt keine Aufteilung der Ausbuchung in andere Gewinnrücklagen (25 TEUR) und *goodwill* (75 TEUR).

Wenn **kein** *goodwill* aufgrund früherer Rücklagenverrechnung **verfügbar** ist, entfällt eine Möglichkeit der Umbuchung von immateriellen Vermögenswerten in den *goodwill* (IFRS 1.B2c u. i).[35] die Verrechnung erfolgt dann gegen die Gewinnrücklagen.
Kaufpreisänderungen in Bezug auf einen **vor** dem Übergangsstichtag (Rz 13) liegenden Unternehmenszusammenschluss (→ § 31 Rz 40ff.) sind wie folgt zu behandeln:[36]

---

[35] Vgl. LÜDENBACH/HOFFMANN, DStR 2003, S. 1498, 1503.
[36] Vgl. IDW, RS HFA 19 Tz 5.

- Bei **rücklageverrechnetem** *goodwill* wird auch die Kaufpreisanpassung gegen die Rücklagen gebucht, unabhängig davon, ob die Anpassung vor oder nach dem Übergangsstichtag erfolgt (IFRS 1.B2 (i) (ii)).

- Ein **nicht** rücklageverrechneter aus dem HGB übernommener *goodwill* ist bereits in der IFRS-Eröffnungsbilanz (Rz 13) anzupassen, soweit die Kaufpreisanpassung bis dahin bekannt (verlässlich zu schätzen) ist (IFRS 1.B2 (g) (ii)). Wird eine verlässliche Schätzung der Kaufpreisanpassung erst zu einem späteren Zeitpunkt möglich, ist die Anpassung des *goodwill* nach IFRS 3.34f. (→ § 31 Rz 45ff.) vorzunehmen.

Besondere Aufmerksamkeit ist dem zum Zeitpunkt der IFRS-Eröffnungsbilanz durchzuführenden **Werthaltigkeitstest** nach IAS 36 zu widmen. Dazu müssen Zahlungsmittel generierende Einheiten (CGU) definiert werden, auf die der vorhandene *goodwill* aufzuteilen ist (→ § 11 Rz 49). Dabei hat die Aufteilung retrospektiv anhand der ursprünglichen Synergieerwartungen zu erfolgen.[37] In der Praxis dürfte es aber akzeptabel sein, die *goodwill*-Aufteilung in der ursprünglichen Form nach vorherigen Rechnungslegungsgrundsätzen zu belassen. Zur Durchführung des Werthaltigkeitstests sind die Verhältnisse am IFRS-Eröffnungsbilanzstichtag heranzuziehen (IFRS 1.IG41).

Sonstige Anpassungen des *goodwill* sind **nicht** erforderlich, insbesondere auch nicht bezüglich einer früheren Rücklagenverrechnung oder bereits vorgenommener Abschreibungen (IFRS 1.B2h u. i).

Bei früherer Rücklagenverrechnung (nach HGB) des *goodwill* aus einem Unternehmenszusammenschluss sind spätere **Abgänge** des betreffenden Tochterunternehmens oder Wertminderungen (bei Nicht-Vollkonsolidierung) erfolgsneutral (zu Lasten der Gewinnrücklagen) zu erfassen (IFRS 1.B2i).

Eine Besonderheit liefert noch der Fall der **erstmaligen Einbeziehung** einer Beteiligungsunternehmung in den Konzernabschluss zum Übergangsstichtag, also in die IFRS-Eröffnungsbilanz (Rz 15). Auf den Einzelabschluss des Beteiligungsunternehmens ist IFRS 1 anzuwenden. Der als *deemed cost* (Rz 45) anzusetzende *goodwill* entspricht dem Unterschiedsbetrag aus dem Beteiligungs-Buchwert beim Mutterunternehmen und dem (anteiligen) Nettoeinvermögen des Tochterunternehmens, welches nach den Grundsätzen der IFRS zu ermitteln ist. Weitere Anpassungen – verstanden als Grundlage der Erstkonsolidierung – sind nicht erforderlich.[38] Es handelt sich dabei nicht um einen Anwendungsfall von IFRS 3 im Rahmen der Übergangsregeln.[39]

---

[37] Anderer Auffassung sind HACHMEISTER/KUNATH, KoR 2005, S. 71ff. Nach Auffassung dieser Autoren ist zum Zeitpunkt der Verteilung ein fiktiver Anschaffungsvorgang zu unterstellen. Nach dieser Sichtweise erhält jedoch immer die Einheit mit dem größten absoluten Wertbeitrag den höchsten Anteil am goodwill. Dies widerspricht dem Gedanken der Verteilung nach Synergieerwartungen zum Akquisitionszeitpunkt.

[38] THEILE, DB 2003, S. 1745, 1750.

[39] So ZEIMES, WPg 2003, S. 982, 985.

Beispiel
Die A-GmbH erstellt zum 1. Januar 2006 ihre IFRS-Eröffnungsbilanz. Nach HBG wurde das Tochterunternehmen T bislang nicht in den Konzernabschluss einbezogen. T wurde lediglich mit einem Beteiligungsbuchwert von 180 bilanziert.
Im Rahmen der Erstellung der IFRS-Eröffnungsbilanz muss für T ein IFRS-**Einzel**abschluss erstellt werden, um das Netto-Reinvermögen zu ermitteln. Dazu werden annahmegemäß Vermögenswerte von 450 und Schulden von 300 bilanziert. Dementsprechend ist in der IFRS-Eröffnungsbilanz ein *goodwill* von 30 anzusetzen, vorbehaltlich eines noch durchzuführenden Werthaltigkeitstests nach IAS 36 (Rz 67).

70 Zum **zeitversetzten** Übergang auf IFRS innerhalb eines Konzerns vgl. Rz 84.
Nicht in IFRS 1 geregelt ist das Problem eines früher im Rahmen eines Unternehmenserwerbs nicht gebildeten **Steuerlatenz**postens.

Beispiel
Vor dem Übergang auf die IFRS-Rechnungslegung hat ein Unternehmen eine Akquisition (*business combination*; → § 31) getätigt, will aber darauf IFRS 3 nicht retrospektiv anwenden (Rz 56). Nach Maßgabe der früheren Bilanzierungsmethode sind die immateriellen Vermögenswerte in Übereinstimmung mit den Regeln von IFRS 3 (→ § 28 Rz 90ff.) identifiziert worden. Allerdings unterblieb die Erfassung einer passiven Steuerlatenz (Rz 24) im Hinblick auf den Steuerbuchwert von null (→ § 26 Rz 18).
Als Korrekturschritte bieten sich zwei Lösungen zur Einbuchung der passiven Steuerlatenz an:
- Erhöhung des *goodwill*,
- Minderung der Gewinnrücklage.

In der Oktobersitzung 2005[40] hat sich der *Board* mit dem Thema befasst, hat aber keine Lösung im Wege einer *Technical Correction* der diesen Fall nicht behandelnden Standards vorgeschlagen.

71 Eine andere Anpassung der aktiven Steuerlatenz im Gefolge eines Unternehmenszusammenschlusses kann sich bei späterer **Gesundung** des mit Verlustvorträgen erworbenen Unternehmens ergeben (→ § 31 Rz 162). Die entsprechende Erhöhung des Steuerlatenzpostens ist ergebniswirksam zu verbuchen. Gleichzeitig ist der Buchwert des *goodwill* aufwandswirksam zu verringern. Im Falle der Eigenkapitalverrechnung nach vorherigen Rechnungslegungsgrundsätzen ist keine korrespondierende erfolgswirksame Korrektur des *goodwill* (→ § 26 Rz 62) vorzunehmen.[41]

---

[40] IASB, Update Oktober 2005.
[41] So IDW, RS HFA 19 Tz 5.

Die Behandlung eines **negativen** Unterschiedsbetrages aus einem Unternehmenszusammenschluss vor dem Übergangsstichtag (Rz 13) ist in IFRS 3 (→ § 31 Rz 111ff.) geregelt. Demnach ist ein negativer Unterschiedsbetrag direkt erfolgswirksam zu vereinnahmen. Dem hat der IFRS-Erstanwender mangels Ansatzfähigkeit zu folgen,[42] und zwar durch Einstellung in die Gewinnrücklagen.

72

Bei allen Anpassungsbuchungen, die sich in einer Eigenkapitalveränderung niederschlagen, sind **Steuerlatenzen** (Rz 13) und **Minderheitenanteile** (→ § 31 Rz 106) zu berücksichtigen (IFRS 1.B2k).[43]

73

In der Praxis beschränken sich die Anpassungen (Rz 61ff.) in vielen Fällen auf die **Entwicklungskosten**. Deren Bilanzansatz ist indes stark ermessensbehaftet (→ § 13 Rz 29), sodass vielfach im Rahmen der Ermessensausübung des Managements jeder Anpassungsbedarf für den *goodwill* vermieden werden kann.[44]

74

In tabellarischer Form sind die Bilanzierungsanweisungen zu **Unternehmenszusammenschlüssen** gemäß IFRS 1 bei prospektiver Anwendung von IFRS 3 folgendermaßen zusammenzufassen:[45]

75

A. Unternehmen wird bereits nach bisherigen Rechnungslegungsgrundsätzen konsolidiert		
Beibehaltung der durchgeführten Konsolidierungsmethode nach nationalem Bilanzrecht		
Vermögenswerte und Schulden (außer immaterielle Vermögenswerte)	Immaterielle Vermögenswerte	*Goodwill*
	goodwill wurde in bisheriger Bilanz erfasst	
Bilanzierung aller Vermögenswerte und Schulden, die nach IFRS zu bilanzieren sind. Bewertung aller Vermögenswerte und Schulden, deren Folgebewertung auf den	Immaterielle Vermögenswerte (sowie damit im Zusammenhang stehende latente Steuern und Minderheitenanteile), die nicht den Anforderungen des IAS 38 entsprechen, müssen in den *good-*	*Goodwill* wird mit dem Buchwert nach nationalem Recht in die IFRS-Eröffnungsbilanz übernommen, nachdem folgende Maßnahmen durchgeführt wurden; Umgliederungen in immaterielle Vermögenswerte et vice versa

---

[42] Vgl. IDW, RS HFA 19 Tz 9.
[43] Hayn/Bösser/Pilhofer, BB 2003, S. 1607, 1611.
[44] So Lüdenbach/Hoffmann, DStR 2003, S. 1498, 1503.
[45] Nach Zeimes, WPg 2003, S. 988.

Anschaffungskosten basiert, mit den fortgeführten *deemed cost*. Die *deemed cost* sind die Werte, mit denen die Vermögenswerte und Schulden in der Erstkonsolidierung nach nationalem Recht bilanziert wurden. Vermögenswerte und Schulden, deren Folgebewertung nicht auf den Anschaffungskosten basiert (z. B. *fair value*), sind mit den nach IFRS geforderten Werten zu bilanzieren, selbst wenn sie im Rahmen des Unternehmenszusammenschlusses erworben wurden.	*will* umgegliedert werden; die den Anforderungen des IAS 38 entsprechen, aber nach nationalem Recht im *goodwill* ausgewiesen wurden, müssen in immaterielle Vermögenswerte umgegliedert werden. Aber: Keine Umgliederung von erworbenen R & D im Rahmen einer *business combination* aus dem *goodwill* in die immateriellen Vermögenswerte, wenn diese nicht die Kriterien einer Bilanzierung beim Tochterunternehmen erfüllen (Unterschied zu IFRS 3.45).	(siehe Spalte „Immaterielle Vermögenswerte"); Berücksichtigung von Kaufpreisänderungen zwischen dem Datum des Unternehmenszusammenschlusses und dem Datum der IFRS-Eröffnungsbilanz; Durchführung eines Wertminderungstests nach IAS 36 *impairment of assets*. „Negativer" *goodwill* wird gegen die Gewinnrücklagen der IFRS-Eröffnungsbilanz ausgebucht.
goodwill wurde in bisheriger Bilanz mit dem Eigenkapital verrechnet		
	Es folgt keine Umgliederung von immateriellen Vermögenswerten.	Die zwischenzeitliche Klärung von Kaufpreisänderungen wird mit den Gewinnrücklagen verrechnet. Keine erfolgswirksame Ausbuchung des *goodwill* bei Abgang des Tochterunternehmens.
B. Unternehmen wird nach bisherigen Rechnungslegungsgrundsätzen nicht konsolidiert, wohl aber nach IFRS 3.		
Bilanzierung und Bewertung der Vermögenswerte und Schulden in einer IFRS-Eröffnungsbilanz des Tochterunternehmens gemäß IFRS 1.		Bestimmung des *goodwill (deemed cost)* durch Ermittlung der

	Differenz zwischen den gemäß IFRS bilanzierten und bewerteten Vermögenswerten und Schulden und dem Beteiligungsbuchwert dieses Tochterunternehmens im IFRS-Jahresabschluss der Muttergesellschaft.

Tab. 2: Bilanzierung von Unternehmenszusammenschlüssen gemäß IFRS 1 bei prospektiver Anwendung von IFRS 3

6.4.3 Rechenschema

Zur Ermittlung des *goodwill* aus Unternehmensakquisitionen kann danach folgendes **Rechenschema** dienen:[46]

76

Beispiel

	In der HGB-Schlussbilanz 31.12.0x ausgewiesener *goodwill*
–	darin enthaltene immaterielle Einzelwerte (Rz 62)
+	evtl. latente Steuern und Minderheitenanteile darauf
+/–	zwischenzeitlich eingetretene Kaufpreisanpassungen (Rz 66)
=	IFRS-*goodwill* vor *impairment*
–	eventuelles *impairment* (Rz 66)
=	*goodwill* in IFRS-Eröffnungsbilanz 1.1.0x+1

Zur Anwendung des Schemas folgendes **Beispiel**:[47]

77

Beispiel

U hat am 1.1.200X das Unternehmen Z mit einem Eigenkapital von 800 für einen Kaufpreis von 2 Mio. erworben. Das Sach- und Finanzvermögen enthielt keine stillen Reserven. Jedoch verfügte das Unternehmen über einen wertvollen Kundenstamm (Wert 0,5 Mio.) sowie selbst entwickelte Patente (Entwicklungskosten 0,2 Mio., Zeitwert 0,5 Mio.). In der HGB-Konzernbilanz des Erwerbers wurden diese immateriellen Werte unter den *goodwill* subsumiert. Der *goodwill* wird nach HGB über 10 Jahre abgeschrieben. Eine Wertminderung liegt nicht vor.

---

[46] Nach LÜDENBACH/HOFFMANN, DStR 2003, S. 1498, 1503. Ein anderes Beispiel bringt KIRSCH, StuB 2003, S. 913, 916f.
[47] Nach LÜDENBACH/HOFFMANN, DStR 2003, S. 1498, 1503.

Nachfolgend zunächst die Berechnungen nach HGB und nach IFRS retrospektiv:

	HGB	IFRS retrospektiv
Kaufpreis	2.000	2.000
– diverses Vermögen	800	800
– Kundenstamm		500
– Entwicklungskosten		500
= *goodwill* zum Erwerbzeitpunkt	1.200	200
– Abschreibung (2/10)	240	0
= *goodwill* 31.12.2003	960	200

Bei rückwirkender Anwendung von IFRS 3 ergeben sich aus der rechten Spalte die Werte für die IFRS-Eröffnungsbilanz.

Bei Inanspruchnahme der Erleichterungen, also keine Anwendung von IFRS 3 in der IFRS-Eröffnungsbilanz, ist wie folgt zu differenzieren:

- Der Kundenstamm wäre zwar beim Erwerber, aber nicht bei erworbenen Unternehmen nach IFRS bilanzwirksam gewesen (Rz 63). Eine Anpassung findet deshalb nicht statt.
- Die Entwicklungskosten wären beim erworbenen Unternehmen nach IAS mit 0,2 Mio. anzusetzen (Rz 62).

Danach ergibt sich folgende Rechnung:

goodwill nach HGB	1.200
– Entwicklungskosten (in der IFRS-Eröffnungsbilanz (Rz 15) anzusetzen)	– 200
+ passive latente Steuern hierauf (50 %)	+ 100
= *goodwill* IFRS vor *impairment*	1.100

Eine Anpassung der kumulierten Abschreibung findet nicht statt. An Stelle der Anpassung tritt der *impairment*-Test. IFRS 1 lässt offen, ob dies auch für die Entwicklungskosten gilt.

Der *impairment*-Test ist gemäß den Vorschriften des IAS 36 durchzuführen und dies ist unabhängig davon, ob Anzeichen für eine Wertminderung vorliegen. Für die Durchführung des Tests sind die Verhältnisse zum Übergangszeitpunkt zugrunde zu legen. Aufgrund der Verpflichtung zur Übernahme von Schätzungen müssen die für den *impairment*-Test getroffenen Annahmen mit den Annahmen nach vorherigen Rechnungslegungsgrundsätzen übereinstimmen (z. B. keine Berücksichtigung neuerer Planungsanpassungen).

78 Der erstmalige IFRS-Anwender hat das Wahlrecht, auf die rückwirkende Anwendung des IAS 21 für die **Währungsumrechnung** des *goodwill* zu verzichten (IFRS 1.App. B1A). Er kann aber auch die rückwirkende Umrechnung gemäß IAS 21 entweder

- für alle Unternehmenszusammenschlüsse vor dem IFRS-Eröffnungsbilanzstichtag oder
- für alle Unternehmenszusammenschlüsse, bei denen sich das Unternehmen für die rückwirkende Anwendung des IFRS 3 entschieden hat,

wählen (IFRS 1.App. B1B).

6.5 Sonstige Erleichterungen

6.5.1 Pensionsverpflichtungen

IAS 19 erlaubt es, versicherungsmathematische Gewinne und Verluste, die einen so genannten **Korridor** übersteigen, zunächst nicht zu erfassen (→ § 22 Rz 44f.). Demgegenüber gewährt IFRS 1.20 die Möglichkeit eines *fresh start*, also einer stichtagsbezogenen Erfassung aller Gewinne oder Verluste auch dann, wenn das Unternehmen in späteren Perioden das Korridorverfahren anwenden will.

Das Wahlrecht aus IFRS 1.20 hat für **den bisherigen HGB-Anwender** nur dann eine praktische Bedeutung, wenn tatsächlich die Altersversorgungsverpflichtung rückwirkend bis zur Begründung nach IAS 19 berechnet wird. Eine solche Vorgehensweise wäre nur bei einem Unternehmen denkbar, das erst wenige Perioden vor dem Übergang auf die IFRS-Rechnungslegungswelt Altersversorgungsverpflichtungen begründet hat. Ansonsten gilt: Der bisherige HGB-Anwender hatte seine Pensionsverpflichtungen zum Jahresende als Ist-Werte zu bestimmen und demgemäß keine Planrechnungen aufzustellen, die zu einer Soll-Ist-Abweichung hätten führen können. Die Frage einer Korridorbetrachtung läuft für ihn deshalb ins Leere.[48] Das Übergangswahlrecht ist (wenn überhaupt) nur für solche Rechnungslegungssysteme von Bedeutung, die wie IAS 19 oder US-GAAP (SFAS 87) den Pensionsaufwand zum Jahresanfang auf der Basis „biometrischer und finanzieller Parameter" und von Planrenditen rechnen. Dem „normalen" HGB-Anwender bleibt nur die Lösung des *fresh start*.

Wegen Besonderheiten bei zeitversetztem Übergang innerhalb eines Konzerns vgl. Rz 86.

Das versicherungsmathematische Gutachten hat alle Parameter in der Form zu berücksichtigen, wie sie zum Zeitpunkt der IFRS-Eröffnungsbilanz vorlagen. Die der HGB-Berechnung zugrunde liegenden **Schätzungen** sind **unverändert** beizubehalten. Der Zinssatz zur Diskontierung von Pensionsverpflichtungen gilt nicht als Schätzung. Er muss dem Zinssatz langfristiger erstklassiger Industrieanleihen zum Zeitpunkt der IFRS-Eröffnungsbilanz entsprechen.[49]

---

[48] Ähnlich KIRSCH, StuB 2003, S. 913, 918, sowie LÜDENBACH/HOFFMANN, DStR 2003, S. 1498, 1503.

[49] Die Auffassung von SEEMANN (in: BECK'scher IFRS-Kommentar, § 26 Tz 45) ist u. E. unzutreffend.

81 Für die **Berechnungen** anlässlich des Übergangsprozesses reicht ein Gutachten aus. Die drei Bilanzstichtage (Rz 13ff.) können durch Vor- und Rückrechnungen abgedeckt werden (analog IAS 19.57, IFRS 1.IG21).[50]

6.5.2 Umrechnungsdifferenzen

82 Währungsdifferenzen aus **selbstständigen** ausländischen Töchtern sind nach IAS 21.30 erfolgsneutral in einer **gesonderten** Eigenkapitalposition zu kumulieren (→ § 27 Rz 48). IFRS 1.22 erlaubt auch hier einen *fresh start* ohne Berücksichtigung aufgelaufener Differenzen. Die (bislang) „gespeicherten" Differenzen sind folglich in die Gewinnrücklagen umzubuchen.[51] Bei der späteren Entkonsolidierung z. B. wegen Veräußerung der Tochterunternehmung (IAS 21.37) werden dann nur noch die kumulativen Umrechnungsdifferenzen erfolgswirksam erfasst, die seit dem Zeitpunkt der IFRS-Eröffnungsbilanz aufgetreten sind (→ § 27 Rz 52).[52]

6.5.3 Zusammengesetzte Finanzinstrumente

83 Finanzinstrumente – wie beispielsweise Wandelanleihen, Aktienanleihen – weisen sowohl Eigen- als auch Fremdkapitalcharakter auf (→ § 28 Rz 138ff.). Diese Instrumente sind nach IFRS teilweise im Eigen- und teilweise im Fremdkapitel zu erfassen.[53] Die aus dem Fremdkapitalanteil entstehenden Zinsverpflichtungen sind im Zeitverlauf erfolgswirksam zu erfassen. Die Ergebniswirkungen vergangener Perioden sind in den Gewinnrücklagen enthalten. Nach IFRS 1.23 braucht allerdings der Erstanwender diese kumulierten Zinseffekte der Fremdkapitalkomponente nicht getrennt zu erfassen, sofern die Fremdkapitalkomponente im Übergangszeitpunkt auf IFRS bereits getilgt ist.

6.5.4 Zeitversetzter Übergang auf IFRS von Konzernunternehmen

84 Im Bereich von **Konzern**unternehmen sowie von **assoziierten** und **Gemeinschafts**unternehmen ist im Übergangsverfahren eine Erleichterung je nach der **Zeitfolge** vorgesehen:
IFRS 1.24 regelt die Fälle, in denen ein Tochterunternehmen etc. zeitlich **nach** der Muttergesellschaft erstmals einen IFRS-Abschluss veröffentlichen will (z. B. wegen eigener Börsennotierung). Stellt ein Tochterunternehmen zeitlich **nach** dem Mutterunternehmen auf die IFRS um, dann kann es unverändert die bisher in den Konzernabschluss des Mutterunternehmens eingebrachten Bilanzwerte weiterführen.

Beispiel
Die M-AG veröffentlicht ihren ersten IFRS-Konzernabschluss für das am 31.12.2007 endende Geschäftsjahr. M stellt daher zum 1.1.2006 seine IFRS-Eröffnungsbilanz auf. Das Tochterunternehmen B muss für die

---

[50] Vgl. THEILE, DB 2003, S. 1745, 1750.
[51] THEILE, DB 2003, S. 1745, 1751.
[52] KIRSCH, StuB 2003, S. 913, 918.
[53] Vgl. hierzu ZEIMES, WPg 2003, S. 982, 985.

Konzernkonsolidierung ebenfalls ab dem 1.1.2006 ein IFRS-Reporting (Rz 11) erstellen.
B erstellt aufgrund eines eigenen Börsengangs seinen ersten IFRS-Abschluss für das am 31.12.2009 endende Geschäftsjahr. Für Konsolidierungszwecke für den Konzernabschluss der M-AG hat B bei einigen Gegenständen des Sachanlagevermögens am 1.1.2006 eine Erleichterung in Anspruch genommen und den beizulegenden Zeitwert als fiktive Anschaffungskosten gewählt. Seit dieser Zeit wird auf der Grundlage dieser *deemed cost* die Folgebewertung zu fortgeführten Anschaffungskosten gemäß IAS 16.30 (→ § 14 Rz 17) vorgenommen. Da B zum 31.12.07 seinen ersten IFRS-Abschluss veröffentlicht, muss es eine IFRS-Eröffnungsbilanz zum 1. Januar 2008 erstellen (Rz 15). Wenn B in seiner IFRS-Eröffnungsbilanz ebenfalls die Erleichterung für das Sachanlagevermögen in Anspruch nehmen möchte und den beizulegenden Zeitwert als *deemed cost* heranzieht, müsste es das Sachanlagevermögen zum 1.1.2008 entsprechend neu bewerten. Die Regelungen von IFRS 1.24f. erlauben es B jedoch, die am 1.1.2006 ermittelten *deemed cost* fortgeschrieben auf den 1.1.2008 in die IFRS-Eröffnungsbilanz zu überführen. Mithin kann B die Werte in die IFRS-Eröffnungsbilanz zum 1. Januar 2008 übernehmen, die es auch an die Muttergesellschaft zu diesem Zeitpunkt berichtet.

Wenn eine Muttergesellschaft **nach** ihrem Tochterunternehmen auf IFRS umstellt, ist das Vermögen der Tochter gemäß IFRS 1.25 auf Basis der eigenen IFRS-Buchwerte in den Konzernabschluss einzubeziehen. Die Wahlrechte nach IAS 1.13 (Rz 44) bestehen mit einer Rückausnahme (Rz 86) nicht. Weil das Tochterunternehmen bereits nach IFRS bilanziert, brauchen ihm die erleichternden Ausnahmen des IFRS 1.13 nicht gewährt zu werden.[54] 85
Die IFRS-Buchwerte des Tochterunternehmens müssen jedoch im Hinblick auf **Konzernrechnungslegungs**vorschriften (Einheitlichkeit der Bilanzierungsmethoden, Zwischengewinneliminierung) **angepasst** werden:

Beispiel
Das Tochterunternehmen hat für seine *investment properties* die Bewertungsmethode der fortgeführten Anschaffungskosten gewählt (→ § 16 Rz 40). Der Konzern entscheidet sich für die *fair-value*-Bewertung (→ § 16 Rz 42). Eine Vereinheitlichung der Bilanzierungs- und Bewertungsmethoden (→ § 32 Rz 105) ist notwendig. Abweichend vom IFRS-Einzelabschluss des Tochterunternehmens gehen die *investment properties* mit dem *fair value* in die Eröffnungsbilanz des Konzerns ein.

---

[54] So IDW, RS HFA 19 Tz 16, WPg 2006, S. 1379.

> **Beispiel**
> Das Tochterunternehmen hat vor dem Stichtag der Konzerneröffnungsbilanz Anlagen vom Mutterunternehmen zum Zeitwert (Aufdeckung stiller Reserven) erworben.
> Für die Eröffnungsbilanz ist der Zwischengewinn zu eliminieren. Die Anlagen sind mit ihrem retrospektiv aus Konzernsicht ermittelten IFRS-Wert anzusetzen.

Für nach Eröffnungsbilanzzeitpunkt des Mutterunternehmens getätigte Geschäfte des Tochterunternehmens ergeben sich die gleichen rechtlichen Konsequenzen ohne Rückgriff auf IFRS 1.25 aus den allgemeinen Vorschriften von IAS 27, also z. B. konzerneinheitliche Bewertung (→ § 32 Rz 105) und Zwischengewinneliminierung (→ § 32 Rz 128).

86 Zum Ausschluss der Erleichterungsrechte des IFRS 1.13 besteht eine **Rückausnahme**. Die in IFRS 1.B festgehaltenen Wahlrechte für **Unternehmenszusammenschlüsse vor** dem Übergangszeitpunkt des Mutterunternehmens bleiben bestehen (IFRS 1.IG30a S. 1). Dazu zählen sowohl der Erwerb des Tochterunternehmens durch die Muttergesellschaft selbst als auch Unternehmenserwerbe des Tochterunternehmens. In diesen Fällen können die Wahlrechte von IFRS 1.15 (Rz 56) in Anspruch genommen werden.

> **Beispiel**
> TU ist seit 01 Tochterunternehmen von MU. TU stellt zum 1.1.06 auf IFRS um. In 04 hatte es das Enkelunternehmen EU erworben, in der Eröffnungsbilanz zum 1.1.06 von den Erleichterungen des IFRS 1.B aber keinen Gebrauch gemacht (Rz 56).
> Stellt MU zu einem späteren Zeitpunkt auf IFRS um, etwa mit Eröffnungsbilanzdatum 1.1.08, leben für den Gesamtkonzernabschluss die im Teilkonzernabschluss nicht wahrgenommenen Erleichterungen des IFRS 1.B wieder auf.

Für nach Eröffnungsbilanzzeitpunkt des Mutterunternehmens getätigte Unternehmenserwerbe ist IFRS 1 nicht mehr einschlägig. Daher gilt auch die vorgenannte Erleichterung nicht.

87 Die Vorschrift des IFRS 1.25 – Fall des Übergangs der Mutter **nach** der Tochter (Rz 84) – kann zu einer Konkurrenz mit den Wahlrechten des IFRS 1 zur Anwendung des *fresh start* bei **Pensionsverpflichtungen** führen (Rz 79). Hat das Tochterunternehmen Pensionsrückstellungen nach der Korridor-Methode (→ § 22 Rz 44) bilanziert, müssen diese Werte von der Muttergesellschaft übernommen werden (IFRS 1.25).
Wenn die Muttergesellschaft jedoch – was üblich ist – die *fresh-start*-Methode anwendet, so gilt das für **alle** Pensionspläne, also auch für denjenigen des Tochterunternehmens. U. E. geht hier eine Anwendung des IFRS 1.25 vor, sodass der *fresh start* für alle Konzernunternehmen mit Ausnahme des Toch-

terunternehmens gilt. Sofern allerdings das Mutterunternehmen **nach** dem Übergang auf IFRS die Korridormethode **nicht** anwendet, sind die versicherungsmathematischen Gewinne und Verluste des Tochterunternehmens (bei der Folgekonsolidierung) nach IFRS 1.25 als Konsolidierungsanpassung *(adjustment)* vollständig zu erfassen.[55]

> **Beispiel**
> Die Muttergesellschaft M AG erstellt zum 1.1.2006 ihre IFRS-Eröffnungsbilanz. Sie nimmt die Erleichterungsvorschrift des IFRS 1.20 in Anspruch und erfasst in der Eröffnungsbilanz im Rahmen der Bilanzierung der Pensionsverpflichtungen alle versicherungsmathematischen Gewinne und Verluste (Rz 79). In der Folgezeit wendet die M AG nicht die Korridor-Methode an, sondern wählt die sofortige Erfassung aller versicherungsmathematischen Gewinne und Verluste in der Gewinn- und Verlustrechnung (→ § 22 Rz 45). Das Tochterunternehmen A GmbH bilanziert bereits nach IFRS und wendet die Korridor-Methode an, nach der versicherungsmathematische Gewinne und Verluste nicht erfasst, sondern innerhalb bestimmter Grenzen (Korridor) außerhalb der Bilanz geführt werden.
>
> **Lösung**
> In ihrer IFRS-Konzerneröffnungsbilanz hat die M AG auch die versicherungsmathematischen Gewinne und Verluste der A GmbH zu erfassen, da die M AG in der Folgezeit nicht die Korridor-Methode anwendet.

6.5.5 Aktienbasierte Vergütungen
Im Gefolge der Verabschiedung von IFRS 2 (→ § 23) ist IFRS 1 **ergänzt** worden. Die dortigen Übergangsvorschriften für die Unternehmen, die bislang schon die IFRS-Rechnungslegung angewandt haben, sollen auch für die Erstanwender gelten (IFRS 1.BC63B). Das bedeutet eine **retrospektive** Anwendung nach der Regel, aber mit folgenden **Wahlrechten** (IFRS 1.25B):

- Aktienkursbasierte Eigenkapitalinstrumente, die **vor** dem 8.11.2002 zugesagt worden sind, sollen (Empfehlung) nach den Regeln von IFRS 2 angesetzt werden.

  Alle aktienkursbasierten Eigenkapitalinstrumente, die **nach** dem 7.11.2002 zugesagt worden sind, aber vor dem IFRS-Eröffnungsbilanzstichtag *(date of transition;* Rz 13) oder vor dem 1.1.2005 (das spätere Datum ist gültig) ausübbar *(vested)* geworden sind, sollen (Empfehlung) nach den Regeln von IFRS 2 angesetzt werden.

- Wenn – nach der Empfehlung – IFRS 2 auf die vorgenannten Eigenkapitalinstrumente angewandt werden soll, ist dies nur zulässig, wenn das

88

---
[55] IDW, RS HFA 19 Tz 21.

Unternehmen **öffentlich** den *fair value* dieser Instrumente bekannt gegeben hat.

- Entscheidet sich der Erstanwender nicht für die (rückwirkende) Anwendung von IFRS 2, so hat er gleichwohl die dort vorgesehenen **Anhangsangaben** (→ § 23 Rz 88ff.) zu tätigen.
- Bei **Änderung** der Ausübungsbedingungen von Eigenkapitalinstrumenten, auf die IFRS 2 noch nicht angewandt worden ist, entfällt die Anwendung der entsprechenden Vorschriften in IFRS 2.26-29 (Rz 73ff.) dann, wenn die Änderung entweder nach dem Datum der IFRS-Eröffnungsbilanz oder dem 1. Januar 2005 (der spätere Termin ist maßgeblich) durchgeführt wird.
- Die übrigen aktienkursbasierten Vergütungsformen (mit **Barausgleich**) sind im Rahmen des Übergangs auf die IFRS-Rechnungslegung (retrospektiv) anzuwenden, es sei denn, der Barausgleich erfolgt nach dem 31.12.2004. Anhangerläuterungen können hier entfallen (IFRS 1.25C).

Beispiel

Sachverhalt
IFRS-Eröffnungsbilanz zum 1.1.2004, Erstanwendungszeitpunkt 31.12.2005 (→ § 6 Rz 15).
- Zusage von Aktienoptionen am 10.11.2002.
- Ende der Sperrfrist am 10.11.2005.

Lösung
IFRS 2 ist im Jahresabschluss einschließlich der Vorjahreszahlen bezüglich dieser Aktienoptionen anzuwenden.

Sachverhalt
Die Zusage der Option erfolgt vor dem 8.11.2002 **oder** der Ausübungszeitpunkt (Ende der „Sperre") liegt vor dem 1.1.2005.

Lösung
Die Anwendung von IFRS 2 wird empfohlen, es genügt aber eine Offenlegung im Anhang.

Die genannten Wahlrechte können fallweise für jede „Kategorie" der ausgegebenen Eigenkapitalinstrumente ausgeübt werden.[56]

6.5.6 Bestimmung von Leasingverträgen

IFRIC 4 enthält Vorschriften zur „Entschleierung" von **verdeckten** Leasingverhältnissen (→ § 15 Rz 4ff.). Gemäß IFRS 1.25F können bei der IFRS-Erstanwendung die Übergangsvorschriften von IFRIC 4.17 angewandt

---

[56] ANDREJEWSKI/BÖCKEM, KoR 2004, S. 332; IDW, ERS HFA 19 Tz 22 (WPg 2006, 137).

werden (→ § 15 Rz 165). Danach dürfen die zum Zeitpunkt der IFRS-Eröffnungsbilanz (Rz 15) vorliegenden Verhältnisse zur Qualifikation des betreffenden Vertragsverhältnisses als Leasing (oder nicht) Verwendung finden (Wahlrecht).

6.5.7 Exploration mineralischer Ressourcen

Bei IFRS-Erstanwendung vor dem 1.1.2006 brauchen die Anhangsangaben für Vergleichsperioden nicht zu erfolgen (IFRS 1.36B). Diese Vorgabe entspricht der **Übergangsvorschrift** in IFRS 6 (→ § 42), allerdings ohne die dortige Bedingung der „Praktikabilität". 90

6.5.8 Versicherungsverträge

Für Versicherungsverträge (→ § 39) entfallen bei der Erstanwendung von IFRS 4.40-45 eine Reihe von Anhangsangaben für die **Vorjahresperiode**. Dieses Wahlrecht gilt gemäß IFRS 1.25 auch im Rahmen der IFRS-Erstanwendung. 91

6.5.9 Kategorisierung von Finanzinstrumenten

Die von IAS 39 geforderte Kategorisierung von Finanzinstrumenten bei der erstmaligen Erfassung ist entscheidend für deren Bewertung in der **Folgezeit** (→ § 28 Rz 31ff.). IFRS 1.25A bietet dem IFRS-Erstanwender ein von diesem Grundsatz abweichendes **Wahlrecht** an. Danach kann ein Unternehmen in der IFRS-Eröffnungsbilanz die Kategorisierung **unabhängig** von der früheren Erfassung unter den bisherigen Regeln vornehmen. Für die Kategorisierung in der IFRS-Eröffnungsbilanz gilt gemäß IFRS 1.IG56 Folgendes:[57] 92

- Die Einordnung in die Kategorie „*held to maturity*" (→ § 28 Rz 130ff.) erfolgt nach der Einschätzung der Bedingungen (bspw. der Halteabsicht) zum Zeitpunkt der IFRS-Eröffnungsbilanz.
- Die Einordnung in die Kategorie „*loans and receivables*" (→ § 28 Rz 114ff.) kann nur erfolgen, wenn zum Zeitpunkt der Ersterfassung nach IAS 39 bereits die Kriterien für diese Kategorie vorgelegen haben.
- Derivative Finanzinstrumente (→ § 28 Rz 192ff.) sind der Kategorie „*held for trading*" zuzuordnen (mit Ausnahme von Sicherungsbeziehungen nach IAS 39).
- Die Einordnung in die Kategorie „*at fair value through profit or loss*" (→ § 28 Rz 33) kann nur bei Erfüllung bestimmter Kriterien in der Vergangenheit oder durch entsprechende Kategorisierung zum IFRS-Eröffnungsbilanzstichtag erfolgen.

Die Einschätzung darüber, ob ein **eingebettetes Derivat** vom Basisvertrag zu trennen ist (→ § 28 Rz 98), muss zum Zeitpunkt des Vertragsabschlusses und nicht des IFRS-Eröffnungsbilanzstichtags erfolgen (IFRIC 9.BC12 sowie IFRS 1. IG55). 93

---

[57] Einzelheiten bei KUHN, DB 2005, S. 1348.

6.5.10 Ersteinbuchung von Finanzinstrumenten zum beizulegenden Zeitwert

94 Alle Finanzinstrumente sind bei **erstmaliger** Bilanzierung mit dem beizulegenden Zeitwert zu erfassen, der in aller Regel den Anschaffungskosten entspricht (→ § 28 Rz 100ff.). Es gibt – sehr selten – auch Transaktionen, bei denen die Anschaffungskosten eines Finanzinstruments vom beizulegenden Zeitwert abweichen. Zur Vermeidung der Erforschung lange zurückliegender Transaktionen erlaubt IFRS 1.25g – ähnlich wie die Übergangsregeln zu IAS 39 (→ § 28 Rz 100) – eine **prospektive** Anwendung (Erfassung eines von Gewinnen oder Verlusten infolge eines vom *fair value* abweichenden Transaktionspreises) für Geschäfte nach dem 25.10.2002 bzw. 1.1.2004.

6.6 Beurteilung

95 Die vorstehend (Rz 44ff.) dargestellten Optionen schaffen spürbare **Erleichterungen** für den Erstanwender des IFRS. Dieser Zielvorgabe werden indes bedeutende **Opfer** gebracht (Rz 4).

Bei der Abbildung von **Unternehmenszusammenschlüssen** (insbesondere) kann von einer **unternehmensübergreifenden Vergleichbarkeit** – auch innerhalb des Kreises der Erstanwender – keine Rede sein (Rz 56ff.).[58] Vergleichbar bleiben nur die Abschlüsse der betreffenden Einheit im **Zeitverlauf**. Bei der hohen Gewichtung von Unternehmenszusammenschlüssen im Rahmen der kapitalmarktorientierten Rechnungslegung kommt dieser Kritik an der IFRS-Übergangsregelung besondere Bedeutung zu. Vor diesem Hintergrund wirkt die Komplizierung für in aller Regel geringfügige Tatbestände (Rz 61) in Teilen unangemessen.

7 Angaben

96 Im erstmaligen IFRS-Abschluss müssen nach IFRS 1.35 sämtliche Anhangsangaben nach Maßgabe der **anderen Standards** enthalten sein. Außerdem ist der übliche **Vorjahresvergleich** (Rz 13) vorzunehmen. Zu den Erläuterungen zählen auch die Angaben zu den Bilanzierungs- und Bewertungsmethoden gemäß IAS 1.108 (→ § 2 Rz 19ff.), in denen auch die Inanspruchnahme der Wahlrechte des IFRS 1 erläutert werden muss.[59]

Zusätzlich hat jeder Erstanwender gemäß IFRS 1.38 eine **Erläuterung des Übergangs** zu geben, um dadurch den Einfluss des Übergangsverfahrens auf die Darstellung der Vermögens-, Finanz- und Ertragslage aufzuzeigen. Dazu verlangt IFRS 1.39 folgende Angaben:

---

[58] HAYN/BÖSSER/PILHOFER, BB 2003, S. 1607, S. 1613.
[59] BURGER/SCHÄFER/ULBRICH/ZEIMES, WPg 2005, S. 1193.

- Das Eigenkapital der „technischen" HGB-Schlussbilanz (im Beispiel unter Rz 98 der 31.12.2003) ist auf den Ausweis in der IFRS-Eröffnungsbilanz zum 1.1.2004 überzuleiten *(reconciliation)*.
- Entsprechend ist für den **Folgestichtag** (oben der 31.12.2004) zu verfahren.
- Ebenso ist **das Jahresergebnis**, für das letztmals ein nationaler Abschluss erstellt wird (im Beispiel 2004), überzuleiten.

Da die Form der Anwendung des IFRS 1 zu den wesentlichen Bilanzierungs- und Bewertungsmethoden gehört, ist die Inanspruchnahme der Wahlrechte des IFRS 1 ebenfalls im Anhang des ersten IFRS-Abschlusses zu erläutern (IAS 1.108). 97

Nachfolgend eine **Musterformulierung**[60] (jeweils ohne Steuerlatenz): 98

Beispiel

Beim Sachanlagevermögen haben wir die in früheren Jahren vorgenommenen steuerlichen Sonderabschreibungen aus dem Rechenwerk eliminiert, die bisher angewandte degressive Abschreibungsmethode rückwirkend auf linear umgestellt und die angenommenen Nutzungsdauern neu festgelegt. Die Buchwerte haben sich demnach wie folgt entwickelt:

	31.12.06			31.12.05		
	HGB	IFRS	Eigenkapitaländerung	HGB	IFRS	Eigenkapitaländerung
Grundstücke	XX	YY	ZZ	XX	YY	ZZ
Maschinen	XX	YY	ZZ	XX	YY	ZZ
Ausstattung	XX	YY	ZZ	XX	YY	ZZ
			Σ			Σ

Im Bereich des **immateriellen** Anlagevermögens haben sich für selbst erstellte Vermögenswerte folgende Abweichungen zwischen HGB (bislang keine Aktivierung) und IFRS ergeben:

---

[60] Nach LÜDENBACH/HOFFMANN, DStR 2003, S. 1498, 1504.

	31.12.04	31.12.03
Aktivierung eines neu entwickelten Herstellungsverfahrens mit Anmeldung für das Patentregister	XX	XX
Aktivierung eines mit Hilfe von IT-Spezialisten von Drittfirmen erstellten Auftragsbearbeitungsprogrammes, das in 05 in Betrieb gehen soll	YY	XX
Eigenkapitaländerung	Σ	Σ

Die aktivierten Herstellungskosten berücksichtigen die angefallenen Aufwendungen der letzten 5 Jahre vor dem 31.12.05 gemäß Kostenträgerrechnung. Zuvor sind keine diesen Projekten zuzuordnende Aufwendungen entstanden. Die planmäßigen Abschreibungen werden ab Nutzungsbeginn verrechnet.

Für die **Anteile an assoziierten** Unternehmen mit einer Beteiligungsquote zwischen 20 und 50 % am stimmberechtigten Kapital sind wir zur *equity*-Bilanzierungsmethode übergegangen. Danach ergeben sich folgende Abweichungen in den Bilanzansätzen:

31.12.06			31.12.05		
HGB	IFRS	Eigenkapitaländerung	HGB	IFRS	Eigenkapitaländerung
XX	YY	Σ	XX	YY	Σ

Unfertige Aufträge werden nunmehr nach der *percentage-of-completion*-Methode bewertet.
Es ergeben sich folgende Abweichungen zwischen HGB und IFRS:

31.12.06			31.12.05		
HGB	IFRS	Eigenkapitaländerung	HGB	IFRS	Eigenkapitaländerung
XX	YY	Σ	XX	YY	Σ

Die **Rückstellungen für Altersversorgungsverpflichtungen** sind nach IFRS (neu) bewertet worden. Danach ergeben sich folgende Abweichungen zum HGB:

	31.12.06			31.12.05	
HGB	IFRS	Eigen-kapital-änderung	HGB	IFRS	Eigen-kapital-änderung
XX	YY	Σ	XX	YY	Σ

Zusammengefasst ergeben sich folgende Änderungen im **Eigenkapitalausweis**:

	31.12.06	31.12.05
Sachanlagevermögen	Σ	Σ
Immaterielle Anlagegüter	Σ	Σ
etc.		

Auch die Vorjahres-GuV nach dem HGB ist auf IFRS für den gleichen Zeitraum umzurechnen:

Beispiel 2 (für die Formulierung)
Für die Vorjahresperiode 04 ergeben sich folgende Ergebnisunterschiede:

	HGB 06	IFRS 06	Diff.
Planmäßige Abschreibungen auf Sachanlagen	X	Y	Z
Aktivierung von Herstellungskosten für selbst geschaffene immaterielle Vermögenswerte	X	Y	Z
Beteiligungsbuchwert für assoziierte Unternehmen	X	Y	Z
Unfertige Erzeugnisse	X	Y	Z
Rückstellung für Altersversorgungsverpflichtungen	X	Y	Z
Aufwand/Ertrag aus Steuerlatenz	Σ	Σ	Σ
Jahresergebnis			

Außerdem sind (eher seltene) wesentliche Änderungen bezüglich der **Kapitalflussrechnung** (→ § 3) zu erläutern (IFRS 1.40), beispielsweise für den Ausweis der aktivierten Entwicklungskosten in der Investitionstätigkeit (→ § 3 Rz 63). 99

Außerplanmäßige Abschreibungen *(impairment losses)* oder **Wertaufholungszuschreibungen** *(reversal)*, die in der IFRS-Eröffnungsbilanz (Rz 15) vorgenommen werden, sind nach Maßgabe der Angabepflicht nach IAS 36 100

(→ § 11 Rz 78ff.) im Geschäftsjahr, das mit der Eröffnungsbilanz beginnt (im Beispiel unter Rz 14 das Jahr 2004), offenzulegen[61] (IFRS 1.39c).

101 Die Überleitungsrechnung muss so **erläutert** werden, dass der Abschlussadressat die wesentlichen **Anpassungen** bei der Bilanz und der GuV erkennen und insbesondere zwischen Änderungen bezüglich der **Rechnungslegungsregeln** und **sonstigen Änderungen** (z. B. Fehlerkorrektur) unterscheiden kann (IFRS 1.40).

102 Dabei sind Änderungen in der Bilanzpolitik nicht anzugeben (IFRS 1.42). Korrekturen von grundlegenden Fehlern nach bisheriger HGB-Bilanzierung sind getrennt von den übrigen Umstellungseffekten darzustellen (IFRS 1.41; Rz 72).[62] Zusätzliche Anhangsangaben sind nach IFRS 1.44 dann zu machen, wenn für **sächliches** Anlagevermögen der **Zeitwert** (*fair value*) als neue Kostenbasis gilt (Rz 45).

8 Bilanzpolitische Aspekte

8.1 Wichtige Bilanzpositionen ohne Übergangserleichterung

103 Aus der HGB-Perspektive sind bei folgenden **wesentlichen Bilanzposten** keine Übergangserleichterungen vorgesehen, d. h., der frühere und noch nicht abgewickelte Sachverhalt ist nach den zum Übergangszeitpunkt gültigen IFRS-Regeln abzubilden:[63]

- **Entwicklungskosten**, soweit nicht die Ermessensausübung eine Aktivierung als unzulässig erscheinen lässt (Rz 74);
- **Fertigungsaufträge** i. S. d. IAS 11 (→ § 18), die mit fortlaufender Umsatz- und Ertragsrealisation auszuweisen sind;
- übriges **Vorratsvermögen** gemäß IAS 2 (→ § 17);
- über den Anschaffungskosten notierende **Finanzinstrumente**, die gemäß IAS 39 als veräußerbare Werte (*available for sale*) oder Handelswerte (*trading*) zum höheren *fair value* (→ § 28 Rz 34) anzusetzen sind; dabei sind die bis zur IFRS-Eröffnungsbilanz eingetretenen Wertänderungen bei den veräußerbaren Werten entgegen der Grundregel nicht in die Gewinnrücklagen (Rz 21) einzustellen, sondern **separat** im Eigenkapital zu erfassen (IFRS 1.IG59);
- Eliminierung von **Aufwands-** und u. U. nach IAS 37 nicht ansetzbaren **Verbindlichkeitsrückstellungen** (→ § 21);
- bestimmte **Schuldinstrumente** (z. B. Genussrechte), die handelsrechtlich als Eigen-, nach IAS 32 als Fremdkapital zu qualifizieren sind (→ § 20 Rz 4ff.);

---

[61] ZEIMES, WPg 2003, S. 982, 980.
[62] ZEIMES, WPg 2003, S. 982, 990.
[63] In erweiterter Darstellung s. auch ADS INTERNATIONAL, Abschn. 3a Tz 41ff.

- **Leasinggegenstände**, deren wirtschaftliches Eigentum nach IAS 17 anders zu beurteilen sein kann als nach HGB (bzw. StB; → § 15 Rz 88), wodurch etwa ein im *sale-and-lease-back*-Verfahren bereits *off-balance* gebrachter Vermögenswert unversehens wieder *on-balance* geraten kann;[64]
- **latente** Steuern (Rz 24);
- zur **Veräußerung anstehende langfristige** Vermögenswerte gemäß IFRS 4 (Rz 43);
- **aktienkursorientierte Vergütungsformen** gemäß IFRS 2 (Rz 88).

Aus den vorstehend aufgeführten Bilanzposten ergeben sich mangels Sonderregelung in IFRS 1 keine speziellen **bilanzpolitischen** Ansatzpunkte. Solche ergeben sich vielmehr in erster Linie aus den unter 6. (Rz 44ff.) dargestellten Wahlrechten.
Auf die gesonderte Darstellung der bilanzpolitischen Möglichkeiten in → § 51 Rz 44ff. wird verwiesen.

8.2 Gestaltungsansätze in den Übergangsregeln

Optionen sind die Hebel der Bilanzpolitik (→ § 51 Rz 44ff.). Letztere muss deshalb an einschlägigen Erleichterungen in IFRS 1.13ff ansetzen (Rz 44ff.). Besonders reichlich mit Wahlrechten gesegnet ist der gesamte Bereich des **Anlagevermögens** (Rz 45ff.). Hier kann der bisherige HGB-Buchwert in weiten Bereichen weitergeführt werden (Rz 46), andererseits kommt praktisch jedes andere Bewertungsmodell auf den IFRS-Startpunkt in Betracht, also auch die Neubewertung oder das *fair-value*-Modell (Rz 45). Dem *cherry-picking* – also Auswahl passender Objekte (Rz 48) – sind dabei keine Grenzen gesetzt (vgl. das Beispiel in Rz 51). Der IFRS-Erstanwender kann dadurch u. a. eine optimierende **Bilanzstruktur** im erstmaligen Abschluss anstreben. Dabei können allerdings Ergebniswirkungen durch Mehrabschreibungen in Folgejahren auftreten. Eine solche unterbleibt aber bei Aufwertung einzelner wertvoller Grundstücke.

104

Möglich ist auch eine von den bisher angewandten **steuerlichen Abschreibungsverfahren** losgelöste Abschreibungspolitik (Rz 46).

105

Einen noch bedeutenderen bilanzpolitischen Hebel liefert das Konglomerat der Übergangsregeln für die **Unternehmenszusammenschlüsse** (Rz 56ff.).[65] So kann ein früher nach HGB *(previous GAAP)* mit den Rücklagen verrechneter *goodwill* reaktiviert werden mit der Folge eines höheren Eigenkapitalausweises bei gleichzeitigem Verzicht auf eine planmäßige Abschreibung nach IFRS 3

106

---

[64] Dazu: LÜDENBACH/HOFFMANN, Der lange Schatten des Übergangs auf die IAS-Rechnungslegung, DStR 2002, S. 231ff. Im Übrigen enthält IFRS 1.IG14 folgende spezielle Regelung: Werden Leasingverträge durch eine Vertragsänderung „IFRS-konform" gemacht, ist für die Zurechnung des wirtschaftlichen Eigentums nicht die ursprüngliche Vertragsfassung, sondern die Änderungsfassung zugrunde zu legen.
[65] Vgl. zu Folgendem HAYN/BÖSSER/PILHOFER, BB 2003, S. 1607, 1611.

(→ § 31 Rz 121). Allerdings muss dabei das Obligo einer späteren *impairment*-Abschreibung in Kauf genommen werden.

107 Umgekehrt kann nach IFRS 1 ein bislang nach HGB aktivierter *goodwill* aus dem Unternehmenszusammenschluss nicht rückwirkend gegen das Eigenkapital verrechnet werden.

108 Eine vorausschauende bilanzpolitische Planung kann sich auch auf den *impairment*-Test für den *goodwill* beziehen; zu Einzelheiten vgl. → § 11 Rz 48.

9 Anwendungszeitpunkt, Rechtsentwicklung

109 IFRS 1 ist für Bilanzierungszeiträume, die am 1.1.2004 oder später beginnen, verpflichtend (IFRS 1.47). Eine frühere Anwendung wird empfohlen; eine entsprechende Anhangsangabe ist dann erforderlich. Somit kann noch für alle Abschlüsse, deren Geschäftsjahr nicht später als der 31.12.2003 begann, eine Umstellung wahlweise gemäß SIC 8 oder IFRS 1 durchgeführt werden.

> **Beispiel**
> Ein Unternehmen legt erstmalig zum 31.12.2003 einen IFRS-Abschluss vor. Das Unternehmen kann wahlweise nach SIC 8 oder nach IFRS 1 verfahren.
> Bei einem abweichenden Geschäftsjahr kann auch ein Unternehmen, das auf den 30.11.2004 erstmalig einen IFRS-Abschluss vorlegt, noch so verfahren.
> Zwingend ist IFRS 1 dagegen bei erstmaligem IFRS-Abschluss zum 31.12.2004 anzuwenden.

110 Änderungen von IFRS 1 sind insoweit zu erwarten, als **künftige Standards** wirksam werden. Der *Board* will dann von Fall zu Fall entscheiden, ob eine retrospektive – die Regel – oder eine prospektive Anwendung dieses neuen Standards in Betracht kommt. Im letztgenannten Fall soll dann IFRS 1 angepasst werden (IFRS 1.BC14). Solche Anpassungen sind erfolgt durch

- IFRS 2 (Rz 88),
- IFRS 3 (Rz 56ff.),
- IFRS 5 (Rz 43),
- IFRS 4 (Rz 91),
- IFRS 1.25E, IFRIC 1 (Rz 47)
- IFRIC 4 (Rz 89),
- IFRS 6 (Rz 90)
- IFRS 7 (Rz 16).
- IAS 39 (Rz 92).
- IFRIC 9 (Rz 93).

Die Kommentierung erfolgt an den Verweis-Stellen.

§ 6 ERSTMALIGE ANWENDUNG 301

Wegen einer geplanten Erleichterung, betreffend den Bilanzansatz von Beteiligungen im Einzelabschluss des beteiligten Unternehmens, wird verwiesen auf Rz 55.

10 Zusammenfassende Praxishinweise

IFRS 1 regelt den Übergang vom bisherigen Rechnungslegungssystem *(previous GAAP)* auf die (erstmalige) Anwendung der IFRS. Der **Erstanwender** ist dabei derjenige, der sich in seinem Rechnungslegungswerk als solcher bezeichnet (Rz 7ff.).
Im Zeitverlauf beansprucht der **Übergangsprozess** zwei Jahre und damit drei Bilanzen. Ausgangspunkt ist eine IFRS-**Eröffnungsbilanz**. **Vorjahresvergleichszahlen** auch für die GuV sind zwingend (Rz 13ff.).
Nach der Regel sind in der IFRS-Eröffnungsbilanz die Vermögenswerte und die Verbindlichkeiten nach den **Vorgaben der IFRS** anzusetzen, auszuweisen und zu bewerten (Rz 19).
Soweit sich dabei ein **unterschiedlicher** Bilanzausweis gegenüber den bisherigen Ansätzen ergibt, ist dieser Unterschiedsbetrag in der IFRS-Eröffnungsbilanz im **Eigenkapital** auszuweisen (Rz 21ff.).
Die so genannte **retrospektive** Umstellung für Sachverhalte aus der Vergangenheit, die in der IFRS-Eröffnungsbilanz abzubilden sind, unterscheidet sich nach IFRS 1 verschiedentlich gegenüber den bisherigen Regeln nach SIC 8 (Rz 28ff.).
Für bestimmte Bilanzposten (Finanzinstrumente und Sicherungsbeziehungen) **verbietet** IFRS 1 eine retrospektive Betrachtungsweise *(exceptions)*. Bei der Vornahme von **Schätzungen** ist der Erkenntnisstand der ursprünglichen Bilanzierung nach den früheren Regeln (HGB) zu beachten (Rz 34ff.).
In wichtigen Bilanzbereichen werden **optionale Erleichterungen** *(exemptions)* von der retrospektiven Bilanzierung in der IFRS-Eröffnungsbilanz gewährt: sächliches und immaterielles Anlagevermögen, Finanzinvestitionen in Grundstücken, Konsolidierungsverfahren bei Unternehmenszusammenschlüssen (Rz 56ff.).
Hier können im Zuge der Umstellung auf das IFRS-Regelwerk interessante **bilanzpolitische** Spielräume genutzt werden (Rz 103ff.).
Die großzügige Übergangsregelung für die **Konsolidierungsvorgänge** bei Unternehmenszusammenschlüssen verhindert nachhaltig die unternehmensübergreifende Vergleichbarkeit von IFRS-Abschlüssen (Rz 95).
Dies ist das Opfer für die **weltweit ausgerichtete Einladung** des *Board* zum Übergang in die IFRS-Rechnungslegungswelt (Rz 4).
Im **Anhang** des ersten veröffentlichten IFRS-Abschlusses (Rz 15) ist neben den üblichen Angaben eine **Überleitungsrechnung** von der „technischen" HGB-Schlussbilanz auf die IFRS-Eröffnungsbilanz und für den Folgestichtag sowie für die GuVs des letzten HGB-Jahres durchzuführen (Rz 96ff.).

111

Eine ganze Anzahl von Bilanzposten erfahren durch IFRS 1 **keine Übergangserleichterung**; sie sind unter Rz 103 aufgeführt.
Die Übergangsregelungen bieten insgesamt bemerkenswerte **bilanzpolitische** Anknüpfungspunkte (Rz 104ff.).

§ 7 IFRS-RECHNUNGSLEGUNG NACH DEUTSCHEM RECHT

Inhaltsübersicht	Rz
1 Überblick	1–4
2 Befreiender Konzernabschluss eines Drittlandunternehmens für die deutsche Zwischenholding	5–7
2.1 Konzeptionelle Grundlage	5
2.2 Inhalt	6–7
3 Die Inkorporierung der IFRS in deutsches Recht	8–15
3.1 Überblick über die Rechtsentwicklung	8
3.2 IFRS-Bilanzierungspflicht börsennotierter Konzerne	9
3.3 Freiwilliger IFRS-Konzernabschluss nichtbörsennotierter Gesellschaften	10
3.4 Einzelabschluss	11
3.5 Ergänzende handelsrechtliche Vorgaben	12–15
3.5.1 Überblick	12
3.5.2 Anhangsangaben	13
3.5.3 Lagebericht	14
3.5.4 Publizität	15
4 Prüfung und Bestätigungsvermerk	16
5 Übergang vom HGB auf die IFRS-Rechnungslegung	17
6 Rückkehr von den IFRS zum HGB	18–27
6.1 Gestaltungsüberlegungen	18–19
6.2 Regeln für den ungeregelten Bereich	20–21
6.3 Die wichtigsten Problemfelder	22–26
6.3.1 Retrospektion	22
6.3.2 Erfolgsneutralität der Anpassung	23–24
6.3.3 Vorjahresvergleichszahlen	25
6.3.4 Erläuterungen und Überleitungsrechnungen	26
6.4 Zusammenfassung	27
7 Zusammenfassende Praxishinweise	28

Schrifttum: DEILMANN, EHUG: Neuregelung der Jahresabschlusspublizität und mögliche Befreiung nach § 264 Abs. 3 HGB, BB 2006, S. 2349; HEUSER/THEILE, Auswirkungen des BilReG auf den Konzernabschluss und Konzernlagebericht der GmbH, GmbHR 2005, S. 1539; HOFFMANN/LÜDENBACH, Bilanzrechtsreformgesetz – Seine Bedeutung für den Einzel- und Konzernabschluss, GmbHR 2004, S. 145; HOFFMANN/LÜDENBACH, Der Übergang zu den IFRS mit Rückfahrkarte, BB 2005, S. 96; HÜTTEMANN, Internationalisierung des deutschen Handelsbilanzrechts im Entwurf des Bilanzrechtsreformgesetzes, BB 2004, S. 203; KÜTING/RANKER, Tendenzen zur Auslegung der endorsed IFRS als sekundäres Gemeinschaftsrecht, BB 2004,

S. 2510; PELLENS/JÖDICKE/RICHARD, Solvenztests als Alternative zur bilanziellen Kapitalerhaltung, DB 2005, S. 1393; PÖCKEL, Das Diskussionspapier „Management Commentary" des IASB, PiR 2006, S. 71; SCHÖN, Kompetenzen der Gerichte zur Auslegung von IAS/IFRS, BB 2004, S. 763; WENDLANDT/KNORR, Der Referentenentwurf des „Bilanzrechtsreformgesetzes", KoR 2004, S. 45; WOLLMERT/OSER, Der IAS-Abschluss als befreiender Konzernabschluss, in: BAETGE u. a., Rechnungslegung nach IAS, 2. Aufl., 2002, Kap. VI.

1 Überblick

1 Der Inhalt dieses Paragraphen behandelt zwei schwer kompatible Beziehungspunkte kaufmännischer Rechnungslegung aus deutscher Sicht:
- die **Globalisierung** der Kapitalmärkte mit der damit einhergehenden **Internationalisierung** der Rechnungslegung;
- den **Gesetzesvorbehalt**, dem das Rechnungslegungssystem unterworfen ist.

2 Die gesetzlich geregelte Rechnungslegung für Kapitalgesellschaften in Deutschland auf der Grundlage der 4. und 7. EG-Richtlinie wird im weltweiten Konzert der Bilanzierung als **minderwertig** angesehen. Deshalb wird dem international agierenden Unternehmen bzw. Konzern die Möglichkeit eröffnet, Konzernabschlüsse auf der Grundlage der IFRS (oder befristet bis 2007 auch US-GAAP) vorzulegen, ohne zusätzlich noch die gleiche Pflichtübung nach nationalem Recht (HGB) absolvieren zu müssen. Diese Erlaubnis richtet sich an international tätige Konzerne in **zweierlei** Ausrichtung:
- an die **deutsche Zwischenholding** eines international agierenden Konzerns mit der Konzernspitze außerhalb der EU (insbesondere also Japan, Schweiz, USA);
- an international tätige Konzerne mit **Sitz** der Konzernspitze in **Deutschland**.

3 Der erstgenannte Adressatenkreis zur Befreiung von der (Teil-)Konzernrechnungslegung nach deutschem oder EU-Recht wird durch die auf der Basis des § 292 HGB ergangene **Konzernabschlussbefreiungsverordnung** (KonBefrV) vom 15.11.1991, die inzwischen unbefristet in Kraft ist, erfasst (Rz 5). Konzernmutterunternehmen mit Sitz in Deutschland müssen bei Kapitalmarktorientierung bzw. dürfen in den übrigen Fällen nach Maßgabe des § 315a HGB ihre Rechnungslegungspflicht auf der Grundlage der IFRS erfüllen (Rz 9).
Auf den zweiten (oben genannten) Adressatenkreis war der § 292a HGB mit **zeitlicher Beschränkung** bis zum 31.12.2004 (Rz 28) ausgerichtet. Er wurde durch ein „**Bilanzrechtsreformgesetz**" ersetzt (Rz 8). Der genannte § 292a HGB wird ab 2005 durch § 315a HGB ersetzt. Wegen des Inhalts von § 292a HGB wird auf die Kommentierung in der Vorauflage verwiesen.

Hoffmann

Aus Sicht der **Abschlussprüfung** ergibt sich die Zusatzproblematik der Beachtung der internationalen Prüfungsstandards (ISA) sowie der passenden Formulierung des Bestätigungsvermerkes (Rz 13f.).

4

2 Befreiender Konzernabschluss eines Drittlandunternehmens für die deutsche Zwischenholding

2.1 Konzeptionelle Grundlage

Das EU-Konzernrechnungslegungsrecht und diesem folgend das HGB beruhen konzeptionell auf dem Erfordernis der Erstellung eines **Teilkonzernabschlusses** auf jeder Stufe eines tief gegliederten Konzerns (§ 290 Abs. 1 HGB). Zur Vermeidung einer wenig sinnvollen Anwendung dieses so genannten Tannenbaumprinzips ist generell eine **Befreiung** von dieser Verpflichtung nach § 291 und § 292 HGB möglich, wenn auf einer höheren Konzernstufe ein Konzernabschluss erstellt wird, der die Unternehmen der darunter liegenden Konzernebenen mit einbezieht.
Dieses Befreiungskonzept ist ebenso wie die größenabhängigen Befreiungen durch § 315a Abs. 1 HGB in den IFRS-Abschluss übernommen worden. Wegen Einzelheiten wird auf → § 32 Rz 79ff. verwiesen.

5

2.2 Inhalt

Die deutsche **Zwischenholding** eines nicht im EU-Bereich bzw. europäischen Wirtschaftsraum angesiedelten Mutterunternehmens eines international tätigen Konzerns kann von der den deutschen Konzernbereich umfassenden Rechnungslegungsverpflichtung unter folgenden Voraussetzungen **befreit** werden:

6

- Es muss das Recht eines Mitgliedstaates der EU dem befreienden Konzernabschluss entweder zugrunde gelegt oder zur Herstellung der **Gleichwertigkeit** herangezogen werden.
- Das Recht dieses EU-Mitgliedstaates muss die 7. EG-Richtlinie **richtlinienkonform** in nationales Recht transponiert haben.
- Der befreiende Konzernabschluss muss bestimmte **Anforderungen** bezüglich des Inhalts, der Prüfung und der Offenlegung erfüllen.[1]
- Im **Anhang** des Jahresabschlusses (nicht des Konzernabschlusses) des zu befreienden Unternehmens (deutsche Landesholding) müssen der Name und Sitz des Drittlandunternehmens, dessen Konzernabschluss die Befreiung hervorrufen soll, angegeben werden.

---

[1] Vgl. WOLLMERT/OSER, DB 1995, S. 53.

- Zum Anhang muss eine Darstellung der vom deutschen Recht abweichenden Bilanzierungs-, Bewertungs- und Konsolidierungs**methoden** erfolgen.
- **Minderheitsgesellschafter** der deutschen Zwischenholding dürfen keinen Teilkonzernabschluss verlangen.

7 Entscheidend für die Befreiung ist allerdings die Erfüllung des **Gleichwertigkeitskriteriums**. Dabei ist zunächst in dem umständlichen Aufbau der KonBefrV das dem Vergleich zugrunde liegende Recht eines EU-Mitgliedstaates herauszufiltern. Dieser Schritt kann allerdings in aller Regel entfallen, da das ausländische Mutterunternehmen seinen Konzernabschluss nach **IFRS** (oder US-GAAP) erstellt.[2]

3 Die Inkorporierung der IFRS in deutsches Recht

3.1 Überblick über die Rechtsentwicklung

8 Das Bilanzrechtsreformgesetz (Rz 3) (Zitat: BilReG) sieht (u. a.) die **pflichtgemäße** oder **optionale** Anwendung der IFRS-Regeln für deutsche Kapitalgesellschaften, Kap-&-Co.-Gesellschaften sowie betreffende Konzerne vor. Mit diesem Gesetz soll die so genannte IAS-Verordnung der EU[3] (IAS-VO) in das deutsche Rechnungslegungsrecht überführt werden. Die europäische Kommission entscheidet unter Beteiligung der Mitgliedstaaten in einem besonderen Komitologieverfahren über die Anwendung der IFRS-Regeln. Dieses *„Endorsement"* transferiert die betreffenden IFRS-Rechnungslegungsregeln in unmittelbar geltendes Recht für die pflichtmäßigen oder freiwilligen Anwender[4] (Rz 9ff.). Dadurch unterliegen die („endorsten") IFRS auch der richterlichen Gewalt des EuGH und der nationalen Gerichte.[5]
Über die Übernahme der bis zum 31.12.2006 vom IASB verabschiedeten IFRS-Standards in das europäische Recht informiert die Rechtsstandsübersicht am Anfang dieses Kommentars.
Schwierigkeiten bei diesem **Zusammenspiel** zwischen einem Standardsettingprozess angelsächsischer Provenienz und dem Gesetzesvorbehalt nach Maßgabe der europäischen Rechtskultur können sich dann ergeben, wenn
- ein Standard vom IASB verabschiedet, aber von der EU noch nicht anerkannt, oder
- ein Standard von der EU abgelehnt

worden ist. IAS 1.14 verlangt eine (vollständige) *compliance*-Erklärung, der zufolge **sämtliche** Standards bei der Präsentation des Jahresabschlusses mit

---

[2] Wegen der kaum praktikablen und auch sicherlich nicht praktizierten „Vergleichsrechnungen" zu einzelnen EU-Mitgliedstaaten siehe WOLLMERT/OSER, in: BAETGE u. a., Rechnungslegung nach IAS, Kap. VI Tz 12ff.
[3] Verordnung EG Nr. 1606/2002 vom 19.7.2002, ABlEG L 243 vom 11.9.2002, S. 1.
[4] BUCHHEIM/GRÖNER/KÜHNE, BB 2004, S. 1783.
[5] Im Einzelnen hierzu SCHÖN, BB 2004, S. 763.

zugehörigen Bestandteilen beachtet worden sind. Bei fehlendem Endorsement eines bestimmten Standards würde die Befolgung dieser *compliance*-Regel einen Verstoß gegen europäisches Recht bedeuten. Die Befolgung dieser Rechtsvorgabe würde umgekehrt keinen „rechtsgültigen" IFRS-Abschluss bewirken. IAS 1 ist andererseits *„endorsed"*, stellt also seinerseits europäisches Recht dar. Aus diesem Zirkel[6] kann es förmlich keinen Ausweg geben. Die Lösung besteht in einer nahtlosen Zusammenarbeit der EU-Behörden mit dem IASB zur Vermeidung solcher Diskrepanzen. Sofern das betreffende Unternehmen „gesetzestreu" (nur) die „endorsten" Standards anwendet (die IFRS also nicht vollständig beachtet) und dies im Anhang offen legt, kann es im späteren Abschluss mit vollständiger *compliance* wieder Erstanwender werden (→ § 6 Rz 8).

3.2 IFRS-Bilanzierungspflicht börsennotierter Konzerne

Die **pflichtmäßige** Erstellung eines Konzernabschlusses nach Maßgabe der IAS-VO in Form des BilReG (Rz 8) gilt für kapitalmarktorientierte Unternehmen ab dem Geschäftsjahr 2005, genauer ab dem Bilanzstichtag 31.12.2005, bei abweichendem Bilanzstichtag für den nächstfolgenden einschlägigen Termin. Unter kapitalmarktorientierten Unternehmen ist nach § 315a HGB ein Mutterunternehmen zu verstehen, das am jeweiligen Bilanzstichtag einen **organisierten Markt** im Sinne des § 2 Abs. 1 S. 1 WpHG in Anspruch nimmt oder bis zum jeweiligen Bilanzstichtag die Zulassung eines Wertpapiers zum Handel an einem organisierten Markt **beantragt** hat.[7] Mutterunternehmen von deutschnationalen Konzerngesellschaften, die bislang einen befreienden Konzernabschluss gemäß § 292a HGB (Rz 28ff.) auf der Grundlage der US-GAAP erstellt haben, können diese Verfahrensweise nur dann bis zum Bilanzstichtag 31.12.2006 weiterführen, wenn sie bisher aufgrund von Börsenvorschriften eines **Drittlandes** einen US-GAAP-Abschluss aufgestellt haben (Art. 57 Nr. 2 EGHGB). Ebenso unterliegen Unternehmen, die den Kapitalmarkt nur über **Schuldtitel** in Anspruch nehmen, erst ab 2007 der Pflicht zur Aufstellung eines IFRS-Abschlusses (Art. 57 Nr. 1 EGHGB). Nicht in die IFRS-Bilanzierungspflicht einbezogen worden sind solche Konzernmuttergesellschaften, deren eine oder mehrere **Tochtergesellschaften** ihrerseits am Kapitalmarkt notiert sind. Folgende Konstellation ist daher denkbar:

9

Beispiel
Die Finanzanstalt X (Anstalt des öffentlichen Rechts) hält alle Anteile an den Sparkassen des Landes Y. Einige dieser Sparkassen nehmen den Kapitalmarkt über Anleihen in Anspruch und haben daher nach § 153

---

[6] Dargestellt im Einzelnen von BUCHHEIM/GRÖNER/KÜHNE, BB 2004, S. 1783.
[7] § 293 Abs. 5 HGB stellt nur auf den deutschen organisierten Markt ab. HEUSER/THEILE (GmbHR 2005, S. 1539) sehen darin einen Verstoß gegen Art. 6 Abs. 4 der 7. EG-Richtlinie, der auf einen Markt in einem **Mitgliedsstaat** abhebt.

> Abs. 1 HGB i. V. mit Art. 57 EGHGB ihren (Teil-)Konzernabschluss ab 2007 nach IFRS aufzustellen.
> Die Finanzanstalt unterliegt nicht dieser Pflicht. Unter dem Einfluss der kleineren „Mitgliedssparkassen" will sie auch freiwillig keinen IFRS-Konzernabschluss aufstellen.
> Der HGB-Konzernabschluss der X hat keine befreiende Wirkung für den IFRS-Teilkonzernabschluss der größeren Sparkassen, die den Kapitalmarkt in Anspruch nehmen. Diese müssen daher ab 2007 einen IFRS-Teilkonzernabschluss erstellen.

Auch eine (mittelständische) **GmbH** ist kapitalmarktorientiert, wenn sie Schuldtitel emittiert hat. Sie kann dann keine Befreiung von der Aufstellungspflicht eines Konzernabschlusses – ab 2007 zwingend nach IFRS – in Anspruch nehmen.
Das gilt auch, wenn sie als Mutterunternehmen ihrerseits als Tochtergesellschaft in einen Konzernabschluss der Obergesellschaft einbezogen wird.[8]
Wegen der **Arbeitsteilung** zwischen IFRS und HGB im Bereich der Konzernrechnungslegung vgl. → § 32 Rz 7.

3.3 Freiwilliger IFRS-Konzernabschluss nichtbörsennotierter Gesellschaften

10 Andere als die unter Rz 9 genannten Muttergesellschaften – so genannte nichtkapitalmarktorientierte – **können** ab 2005 optional einen befreienden, d. h. an die Stelle des handelsrechtlichen Konzernabschlusses tretenden, IFRS-Konzernabschluss erstellen (§ 315a HGB). Dabei sind alle „endorsten" Standards (Rz 8) anzuwenden. Damit entspricht der Regelungsgehalt des BilReG dem von der IAS-VO der EU eingeräumten Mitgliedstaatenwahlrecht (Rz 8).

3.4 Einzelabschluss

11 Artikel 5 der IAS-VO (Rz 8) ermächtigt die Mitgliedstaaten zu einer Frei- bzw. Vorgabe (Option oder Pflicht) der IFRS für den Einzelabschluss. Das BilReG gibt dieses Mitgliedstaaten**wahlrecht nicht** an deutsche Unternehmen weiter. Diese müssen unverändert einen Jahresabschluss nach HGB erstellen. Es wird lediglich großen, zur **Bundesanzeigerpublizität** (ab 2007 im elektronischen Bundesanzeiger) verpflichteten Kapital- sowie Kap-&-Co.-Gesellschaften die Option eingeräumt, diese zusätzliche Veröffentlichungspflicht mit einem IFRS-Einzelabschluss zu erfüllen; beim Handelsregister müssen sie allerdings einen handelsrechtlichen Jahresabschluss hinterlegen (§ 325 Abs. 2a HGB). Allen – also auch den kleinen und mittelgroßen Kapital- und Kap-&-Co.-Gesellschaften – bleibt die Möglichkeit unbenommen, etwa für Ratingzwecke

---

[8] Heuser/Theile, GmbHR 2005, S. 1539.

(→ § 51 Rz 47ff.) einen Einzelabschluss nach Maßgabe der IFRS zu erstellen. Allerdings kommt einer solchen Erstellung keinerlei Erleichterungseffekt gegenüber den Verpflichtungen nach dem HGB (außer der Bundesanzeigerpublizität) zu.

Die Nichtgewährung des Befreiungseffektes eines IFRS-Einzelabschlusses wird von der Gesetzesbegründung in **zwei Argumentationslinien** dargelegt:

- Der HGB-Jahresabschluss diene der Feststellung des **ausschüttungsfähigen Gewinns**; als Ausschüttungsbemessungsgrundlage sei ein IFRS-Abschluss wegen des dort u. U. erfolgten Ausweises nicht realisierter Gewinne nicht geeignet.
- Der **Maßgeblichkeitsgrundsatz** für die steuerliche Gewinnermittlung nach § 5 Abs. 1 S. 1 EStG könne nicht auf der Grundlage eines IFRS-Einzelabschlusses Geltung bekommen, weil
  – die vorverlagerte Erfassung von Gewinnen dem Leistungsfähigkeitsgrundsatz widerspreche,
  – der nationale Steuergesetzgeber sich indirekt seiner Kompetenzen entledige,
  – verstetigte Steuerlasten und -aufkommen zu sichern seien.

Hiergegen lässt sich vortragen:[9]

- Die **Ausschüttungsbemessung** kann durch andere Instrumentarien an den effektiv realisierten Gewinnen ausgerichtet werden. Beispiel: Einrichtung einer Ausschüttungssperre durch Zwangsbildung von Rücklagen analog §§ 269, 274 HGB. Alternativ könnte das maximale Ausschüttungsvolumen nicht mehr durch den buchmäßigen Nettovermögensbestand, sondern vorrangig durch die Nichtgefährdung der Solvenz definiert werden. Derartige Regelungen haben sich in anderen Rechtssystemen, etwa in Neuseeland (*Companies Act* 1993 *section* 4), seit längerem bewährt.[10]
- Das Steuerrecht kennt heute schon in Teilbereichen die Erfassung **vorverlagerter** Gewinne, etwa durch das Ansatzverbot für Drohverlustrückstellungen gemäß § 5 Abs. 4a EStG.
- Die Verstetigung des **Steueraufkommens** wird durch die nach IFRS gebotene Teilgewinnrealisierung im Bereich langfristiger Auftragsfertigung eher gewährleistet als die nach HGB/EStG verlangte Vorgehensweise (→ § 18).
- Die **steuerliche Gewinnermittlung** hat sich bereits jetzt schon in weiten Bereichen von den handelsrechtlichen Vorgaben gelöst. Der konsequente Schritt läge in der rechtlichen Verselbstständigung der steuerlichen Gewinnermittlung, z. B. auch durch eine modifizierte Einnahmen-Ausgaben-Rechnung. Allerdings erscheinen die IFRS nicht gänzlich ungeeignet als Ausgangspunkt zur Ableitung einer Steuerbilanz (→ § 50 Rz 22).

---

[9] HOFFMANN/LÜDENBACH, GmbHR 2004, S. 145, 146.
[10] Einzelheiten hierzu bei PELLENS/JÖDICKE/RICHARD, DB 2005, S. 1393.

Hoffmann

- Der letztgenannte Gesichtspunkt hebelt auch das Argument der **fehlenden Gesetzgebungskompetenz** aus.

3.5 Ergänzende handelsrechtliche Vorgaben

3.5.1 Überblick

12 Sowohl die pflichtgemäße (Rz 9) als auch die befreiende optionale Erstellung eines Konzernabschlusses nach den Vorschriften der IFRS wird von zusätzlichen rein **handelsrechtlichen** Vorschriften flankiert, die von den betreffenden Mutterunternehmen zu beachten sind. Insbesondere geht es um

- den Anhang,
- den Konzernlagebericht gemäß § 315 HGB, der als Pflichtbestandteil im IFRS-Regelwerk nicht vorgesehen ist,
- die Erstellung des Konzernabschlusses in Euro unter Verwendung der deutschen Sprache (§ 244 i. V. m. § 298 Abs. 1 HGB), während das IFRS-Regelwerk „währungsoffen" und „sprachneutral" ist.

Diese (handelsrechtlichen) Vorgaben beruhen auf der

- Bilanz- und Konzernbilanzrichtlinie (Modernisierungsrichtlinie[11]),
- *fair-value*-Richtlinie

der EU.

3.5.2 Anhangsangaben

13 Anhang (§ 285 HGB) und Konzernanhang (§ 314 HGB) sind bezüglich **Finanzinstrumenten** sowie Personalkosten, Arbeitnehmerzahl, Organbezügen und Abschlussprüferhonorierung um einige zusätzliche Angaben gemäß „Bilanzrechtsreformgesetz" „angereichert" worden. Im Einzelnen wird verwiesen auf → § 28 Rz 268 sowie auf → § 5 Rz 66.

3.5.3 Lagebericht

14 Der Lagebericht und Konzernlagebericht müssen nach dem BilReG (§ 315 Abs. 2 Nr. 2 HGB) ebenfalls zusätzliche Angaben zum **Risikobereich** der Finanzinstrumente enthalten (→ § 28 Rz 268).
Außerdem ist eine umfassende Analyse des **Geschäftsverlaufes** zu geben. Dabei sind die wichtigsten finanziellen und nichtfinanziellen Leistungsindikatoren (Arbeitnehmerbelange und Umweltschutz) zu erläutern. Und schließlich sind die wesentlichen Ziele und Strategien des Managements zu beschreiben und die voraussichtliche Entwicklung des Konzerns mit Chancen und Risiken zu beurteilen.
Der IASB hat ein Forschungsprojekt zum Thema *„Management Commentary"* (MC) gestartet und dazu im Oktober 2005 ein Diskussionspapier veröffentlicht. Auf längere Sicht soll damit die Lücke in der Rechnungslegungswelt der IFRS wegen des nicht geregelten Lageberichts geschlossen werden. Im be-

---

[11] Richtlinie vom 18.6.2003, 2003/51 EG ABlEG L 178, S. 16, 16. Richtlinie vom 27.9.2001, 2001/65 EG ABlEG L 283, S. 28.

treffenden Diskussionspapier[12] lassen sich weitgehende Prioritäten mit den inhaltlichen Vorgaben von DRS 15 feststellen. Das Projekt befindet sich noch in einem frühen Stadium, seine Beendigung ist derzeit nicht abzusehen.

3.5.4 Publizität

Bei Einbeziehung des Einzelabschlusses einer nach HGB zur Publizität rechnungslegungsverpflichteten Gesellschaft in den IFRS-Konzernabschluss nach deutschem Recht entfällt nach § 264 Abs. 3 HGB die Veröffentlichungspflicht.[13] Fraglich ist, ob diese Befreiung auch bei Einbeziehung in den IFRS-Abschluss eines ausländischen Mutterunternehmens gilt.

15

4 Prüfung und Bestätigungsvermerk

Die erforderliche Abschlussprüfung ist nach den **deutschen Prüfungsgrundsätzen** (§§ 316 bis 324 HGB) durchzuführen.[14] Es handelt sich um eine **Pflichtprüfung** nach den §§ 316ff. HGB. Im Prüfungsbericht kann auf die Beachtung der International Standards on Auditing (ISA) hingewiesen werden.[15]

16

5 Übergang vom HGB auf die IFRS-Rechnungslegung

Hierzu wird verwiesen auf → § 6.

17

6 Rückkehr von den IFRS zum HGB

6.1 Gestaltungsüberlegungen

Die **Option** zur Anwendung der IFRS-Rechnungslegungsregeln insbesondere für nichtkapitalmarktorientierte Konzerne (Rz 10) beflügelt wie jedes andere gesetzliche Wahlrecht das Denkvermögen von Rechtsgestaltern, hier im Bereich der **Bilanzpolitik** (→ § 51). Vergleichbar den Gestaltungsstrategien im Rahmen der Unternehmensbesteuerung muss immer auch das Thema der „*option-out*" mit in die Planungsüberlegungen einbezogen werden. Ob nun der Wechsel zur IFRS-Rechnungslegung (insbesondere im Konzern) sinnvoll ist oder nicht, mag sich erst im Laufe von einigen Jahren herausstellen. Auch für den Einzelabschluss (Rz 11) kann sich im Hinblick auf Publizitätswirkungen ein Übergang auf die IFRS-Rechnungslegung als sinnvolle bilanzpolitische Gestaltung präsentieren. Ob aber das Glück von Dauer ist, weiß man vielleicht erst in drei Jahren.

18

---

[12] Herunterzuladen von der Web-Seite des IASB; vgl. hierzu PÖCKEL, PiR 2006, S. 71.
[13] DEILMANN, BB 2006, S. 2349.
[14] IDW, PS 201 Tz 20.
[15] IDW, PS 400 Tz 30.

Beispiele[16]

- Ein **nichtkapitalmarktorientierter Konzern** verspricht sich derzeit Vorteile beim Rating, bei der besseren Vermarktung seiner Rechnungslegung etc. Ob sich diese Erwartungen erfüllen, wird von der Konzernleitung mit einer gewissen Skepsis beurteilt.

- Ein **kapitalmarktorientierter Konzern** tendiert zu einem *delisting* seiner Aktien von der Börse oder plant den Rückkauf bzw. eine Tilgung seiner börsennotierten Anleihe. Die als unerwünscht angesehene pflichtmäßige (Rz 9) Rechnungslegung nach IFRS kann dann eingestellt werden.

- Ein **nichtkapitalmarktorientiertes** Unternehmen bzw. ein solcher Konzern ist notorisch bei seinen Bankgesprächen von der niedrigen **Eigenkapitalquote** geplagt. Ein wertvolles Grundstück mit einem älteren Lagergebäude in bester Lage am Elbufer von Hamburg bietet sich als Gestaltungsvehikel zur Hebung von stillen Reserven an. Nach erfolgter *fair-value*-Bewertung (→ § 6 Rz 53) will sich das Unternehmen/der Konzern dann wieder aus der IFRS-Welt verabschieden.

- Ein Unternehmen leidet nachhaltig unter der nicht ausreichenden Dotierung des Rückstellungsausweises für **Altersversorgungsverpflichtungen**. Eine angemessene Zuführung würde das laufende Ergebnis unerwünscht belasten. Deshalb soll im Zuge eines Übergangs auf die IFRS-Rechnungslegung die erforderliche Erhöhung der Pensionsrückstellung erfolgsneutral gestaltet werden (→ § 6 Rz 79).

- Ein ebenso fortschrittlicher wie selbstbewusster Jungunternehmer will seinen Kollegen im Wirtschaftsverband „New Entrepreneurship" zum 31.12.2005 einen bahnbrechenden Jahresabschluss nach IFRS für sein Einzelunternehmen präsentieren. Die Banken unter den Verbandsmitgliedern unterstützen das Projekt im Hinblick auf neu auszurichtende Rating-Strukturen.

Nach erfolgter Präsentation des IFRS-Abschlusses für 2005 bestätigt im November 2006 IFRIC 77 die Mehrheitsmeinung, der zufolge bei Personengesellschaften ein Eigenkapitalausweis nicht in Betracht kommt (→ § 20 Rz 23). Die Abschlussprüfer wollen die IFRIC-Stellungnahme analog auf das Eigenkapital des Einzelunternehmens anwenden. Ohne Eigenkapital sinkt die Kreditwürdigkeit nach Rating-Modellen auf null.

6.2 Regeln für den ungeregelten Bereich

Die IFRS können (und wollen natürlich auch) nicht diese Rückkehr aus ihrem eigenen Rechnungslegungsbereich regeln. „Zuständig" ist hierfür das HGB,

---

[16] In Anlehnung an HOFFMANN/LÜDENBACH, BB 2005, S. 96.

das indes förmlich diesen Sachverhalt nicht behandelt. Andererseits ist eine Rückkehr in die HGB-Welt nach früherer IFRS-Anwendung nicht verboten. Die also erlaubte, aber ungeregelte Rückkehr muss deshalb in ihrer Rechtsstruktur auf Analogieschlüsse und allgemeine Aspekte der Rechnungslegungsgrundlage gestützt werden.

Der Rückgriff auf die Übergangsvorschriften in IFRS 1 für den umgekehrten Weg (→ § 6) liegt sachlich nahe, allerdings scheidet u. E. eine unmittelbare Analogwertung im Hinblick auf die speziellen Zielsetzungen des Übergangsverfahrens (→ § 6 Rz 4ff.) aus. Aber immerhin können einige Grundgedanken des IFRS 1 zur „Rückkehrmechanik" durchaus herangezogen werden:

- **Retrospektion** (→ § 6 Rz 26): Der Erstanwender muss so bilanzieren und bewerten, als ob er schon immer die IFRS-Standards und sonstigen Regelungen in der (aktuellen) gültigen Fassung (anders als nach SIC 8 mit der Vorgabe der Anwendung des bei Verwirklichung des Sachverhalts gültigen Standards) angewendet hätte (IFRS 1.10).
- **Erfolgsneutralität** (→ § 6 Rz 21ff.): Die entstehenden Unterschiede in den Wertansätzen zur bisherigen Bilanzierung sind nicht erfolgswirksam im ersten Berichtsjahr zu behandeln, sondern gegen die Gewinnrücklagen zu buchen (IFRS 1.11).
- **Vorjahresvergleich** (→ § 6 Rz 12): Dem ersten IFRS-Berichtszeitraum sind auch die Vorjahresvergleichszahlen in der GuV nach Maßgabe einer IFRS-Bilanzierung beizufügen (IFRS 1.36).
- **Überleitungsrechnung** (→ § 6 Rz 96f.): Im Anhang ist das Übergangsverfahren durch eine entsprechende Überleitungsrechnung hinsichtlich ihrer Auswirkung auf das Eigenkapital und die Vorjahres-GuV darzustellen (IFRS 1.38).

Danach ergeben sich folgende **Fragestellungen** für den Wechsel zurück von den IFRS nach den HGB:

- Soll eine retrospektive Anwendung des HGB erfolgen, also nach Rückkehr so bilanziert werden, als ob nie die HGB-Welt verlassen worden wäre?
- Sollen die dann (erneut) entstehenden Ansatz- und Bewertungsunterschiede erfolgswirksam oder -neutral behandelt werden (im letzteren Fall unter Gegenbuchung in den Gewinnrücklagen)?
- Muss im ersten HGB-Abschluss auch ein Vorjahresvergleich bei der GuV in vollem Umfang möglich sein?
- Ist das Übergangsverfahren hinsichtlich der Auswirkungen auf das Eigenkapital und die GuV-Rechnung zu erläutern?

Zu diesen Fragen ist nach Grundlagen für Analogieschlüsse zu forschen.

6.3 Die wichtigsten Problemfelder

6.3.1 Retrospektion

Hierzu liefern einschlägige Vorschriften in den Artikeln 24 Abs. 1–4 EGHGB Anhaltspunkte zu Analogieschlüssen. Die dortigen Regelungen für den damaligen Übergang vom früheren Aktiengesetz auf das HGB in der Form des Bilanzrichtliniengesetzes (BiRiLiG) zum 31.12.1986/1.1.1987 besagen zusammengefasst etwa Folgendes:

- Ein von dem bisherigen Recht abweichender Wertansatz auf der **Aktivseite** kann beibehalten werden, wenn er niedriger ist als der jetzt (nach BiRiLiG) vorgeschriebene.
- Der **umgekehrte** Fall – bislang gegenüber den BiRiLiG-Werten zu hoher Bilanzansatz – ist förmlich nicht geregelt; gültig sind deshalb die nach dem BiRiLiG vorgeschriebenen Wertansätze.
- Für die **Schulden** gilt: Wenn bislang höhere Werte (als nach BiRiLiG zulässig) bilanziert waren, können diese beibehalten werden.
- Im **umgekehrten** Fall – bislang gegenüber den BiRiLiG-Werten zu niedriger Bilanzansatz – ist der jetzt (nach dem BiRiLiG) zutreffende höhere Wert anzusetzen.

Hinter den vorstehenden Regeln verbirgt sich insbesondere das **Niederstwertprinzip**. Dieses kann und muss auch u. E. beim Übergang von IFRS auf HGB als **Leitmotiv** beachtet werden. Darauf folgt zunächst:

- Überhöhte Aktivwerte sind abzuwerten.
- Zu niedrige Aktivwerte können beibehalten werden.
- Zu niedrig bewertete Schulden sind zu erhöhen.
- Zu hoch angesetzte Schulden können beibehalten werden.

6.3.2 Erfolgsneutralität der Anpassung

23 U. E. sollte der Rückkehrprozess zum HGB die Spuren der zwischendurch durchgeführten IFRS-Rechnungslegung möglichst vollständig beseitigen. Deshalb dürfen auch die erforderlichen Anpassungen nicht das Ergebnis des Übergangsjahres belasten. Die danach gebotene **erfolgsneutrale** Verbuchung der Anpassungserfordernisse im Eigenkapital stellt sich systematisch als punktuelle Durchbrechung der **Bilanzidentität** i. S. d. § 252 Abs. 1 Nr. 1 HGB dar, die wiederum auf die Ausnahmevorschrift in § 252 Abs. 2 HGB gestützt werden kann. Auch für diesen Lösungsvorschlag gibt es Analogvorgaben in Art. 24 Abs. 3 u. 4 HGB, wonach zwingende oder mögliche Wertanpassungen ebenfalls gegen die Gewinnrücklagen zu buchen waren.

24 Zum Ganzen folgende Beispiele:[17]

Beispiele

Sachverhalt
U hat im bisherigen IFRS-Abschluss selbst geschaffene immaterielle Anlagegüter aktiviert und nach dem *percentage-of-completion*-Verfahren unfertige Bauleistungen teilgewinnrealisiert. Außerdem hat er punktuell eine stille Reserve im Grundbesitz „gehoben".

---

[17] HOFFMANN/LÜDENBACH, BB 2005, S. 96.

Lösung
Diese Aktivierungen sind im ersten HGB-Abschluss zu Lasten der Gewinnrücklagen bzw. des Gewinnvortrages rückgängig zu machen.

Sachverhalt
Einer angedrohten Inanspruchnahme aufgrund von Produkthaftpflicht hat das Unternehmen bislang unter den IFRS-Regeln keine überwiegend wahrscheinliche Erfolgsaussicht zugemessen. Die andere Partei hat den Fall gerichtshängig gemacht.

Lösung
Nach HGB wird der anhängige Passivprozess als ansatzbegründend angesehen. Die bislang nicht gebuchte Rückstellung ist im HGB-Übergangsjahr zu Lasten der Gewinnrücklagen einzubuchen.

Sachverhalt
Die Altersversorgungsverpflichtungen des Unternehmens aufgrund einer Direktzusage sind auf der Grundlage von IAS 19 mit 100 bewertet. Die Anwendung des Teilwertverfahrens nach § 6a EStG führt zu einer Bewertung von 70.

Lösung
Eine Pauschalbetrachtung – Beibehaltung mit 100 oder Neubewertung mit 70 – ist u. E. nicht sachgerecht. Vielmehr ist zu differenzieren: Das HGB sieht in § 253 Abs. 1 Satz 2 nur eine bestimmte Bewertungsmethode für laufende Renten, nicht dagegen für Anwartschaften vor; für Letztere gilt nur die Berücksichtigung vernünftiger kaufmännischer Beurteilung. Deshalb ist auch nach HGB für Anwartschaften das dem IAS 19 zugrunde liegende Anwartschafts-Barwertverfahren zulässig. Der Abzinsungsfaktor ist dabei nach den augenblicklichen Kapitalmarktverhältnissen zu bestimmen, also keineswegs nach der starren Regel des § 6a EStG. Umgekehrt können aufgrund des Stichtagsprinzips in § 252 Abs. 1 Nr. 3 HGB die nach IAS 19 zu berücksichtigenden Anwartschaftszuwächse bis zum Beginn der Rente nicht in die Berechnung einfließen.[18]
Deshalb muss der Unterschiedsbetrag von 30 „zerlegt" werden. Die auf den Rentezuwachs entfallende Rückstellung von (angenommen) 10 ist erfolgswirksam zu Gunsten der Gewinnrücklagen aufzulösen. Die übrigen nach IFRS der Pensionsrückstellung zugrunde gelegten Bewertungsparameter können dagegen weitergeführt werden (im Beispiel also mit 90).

---

[18] Sofern man auch nach HGB eine Berücksichtigung von künftigen Wertänderungen der Pensionsanwartschaften für zulässig erachtet, kann der Wert im Beispiel von 100 auch nach HGB weitergeführt werden (diese Berechnungsmethode der Pensionsrückstellungen befürwortet z. B. SCHULZE-OSTERLOH, BB 2004, S. 2567).

> **Sachverhalt**
> Ein Leasingvertrag ist bislang nach IAS 17 als *finance lease* behandelt worden. Nach den steuerlichen Regeln, die von der Finanzverwaltung aufgestellt worden sind, ist dagegen ein *operate lease* mit Zurechnung beim Leasinggeber anzunehmen. Wegen des degressiven Verlaufs der Leasingraten ist der Passivposten in der IFRS-Bilanz niedriger als der Aktivposten.
>
> **Lösung**
> Das HGB enthält sich – auf der Grundlage der 4. EG-Richtlinie – jeglicher Regelung bezüglich der Leasingbilanzierung. Die Bilanzierungspraxis in Deutschland geht für Zwecke der Handelsbilanz von den steuerlichen Vorgaben aus, auch im Interesse einer Vereinheitlichung von Handels- und Steuerbilanz. Diese Vorgehensweise ist aber nicht zwingend nach HGB vorgeschrieben. Deshalb halten wir eine Übernahme der Zurechnungskriterien (für die Bestimmung des wirtschaftlichen Eigentums) nach den Regeln von IAS 17 im Einzelfall für HGB-konform. Das gilt auch für die Besonderheit im vorstehenden Sachverhalt einer „umgekehrt" imparitätischen Bewertung nach den IFRS. Der genannte Effekt dreht sich im Zeitverlauf wieder um. Eine rein stichtagsbezogene Betrachtungsweise würde in eine unzulässige kasuistische Differenzierung ausarten.
> Umgekehrt scheint auch eine Übernahme der steuerlichen Betrachtungsweise in den ersten HGB-Abschluss als zulässig. Die Buchwertanpassung hat dann zu Gunsten der Gewinnrücklagen zu erfolgen.

6.3.3 Vorjahresvergleichszahlen

25 U. E. brauchen Vorjahresvergleichszahlen für die GuV auf HGB-Grundlage gemäß § 265 Abs. 2 S. 2 nicht dargestellt zu werden. Grund: Die Vergleichbarkeit im Übergangsjahr fehlt, deshalb muss eine Angabe unter entsprechender Anhangerläuterung entfallen. Auch dieser Lösungsvorschlag findet seine Unterstützung in Art. 24 Abs. 5 S. 2 EGHGB.

6.3.4 Erläuterungen und Überleitungsrechnungen

26 U. E. ist eine **quantifizierende** Überleitungsrechnung für das Eigenkapital und die GuV-Rechnung geboten. Diese Auffassung kann sich auf den Rechtsgedanken in § 284 Abs. 2 Nr. 3 bzw. § 13 Abs. 3 HGB stützen, nämlich die erforderliche Erläuterung **geänderter** Bilanzierungs-, Bewertungs- und Konsolidierungsmethoden in ihrem Einfluss auf die wirtschaftliche Situation des Unternehmens bzw. Konzerns. Als weiterer Beleg für diese Auffassung lässt sich § 297 Abs. 1 HGB bezüglich des Eigenkapitalspiegels als Pflichtbestand eines Konzernabschlusses heranziehen.

6.4 Zusammenfassung

27 Der Weg hinein in die IFRS-Rechnungslegungswelt stellt sich nicht als Einbahnstraße dar. Eine Rückkehr ist ohne weiteres nicht nur zulässig, sondern kann auch in einem geordneten rechtlichen Rahmen abgewickelt werden.

Hoffmann

7 Zusammenfassende Praxishinweise

Der befreiende IFRS-**Konzern**abschluss für deutsche Mutterunternehmen nach § 292a HGB kann letztmals zum 31.12.2004 erstellt werden. An dessen Stelle tritt ab dem Geschäftsjahr 2005 der **pflichtmäßige** (Rz 9) oder **optionale** (Rz 10) IFRS-Konzernabschluss nach Maßgabe des BiRiLiG (Rz 8). Ein HGB-Konzernabschluss ist in beiden Fällen obsolet. Für den **Einzelabschluss** bleibt es beim HGB-Zwang (unverändert genannt: Jahresabschluss). Lediglich bezüglich der Handelsregister-Publizität ist eine freiwillige Rechnungslegung („Einzelabschluss") nach IFRS vorgesehen (Rz 11). **Ergänzende handelsrechtliche** Vorgaben sind auch beim befreienden IFRS-Konzernabschluss bezüglich des Anhangs (Rz 13) und des Lageberichtes (Rz 14) zu beachten. Eine Rückkehr zum HGB für die optionalen (Rz 10) IFRS-Anwender ist gesetzlich ungeregelt, aber zulässig (Rz 18ff.).

28

BEWERTUNGSMETHODEN

§ 8 ANSCHAFFUNGS- UND HERSTELLUNGSKOSTEN, NEUBEWERTUNG

Inhaltsübersicht	Rz
Vorbemerkung	
1 Überblick	1–10
1.1 Regelungsbereich der Zugangsbewertung	1–4
1.2 Ökonomischer Grundgehalt der Zugangsbewertung ...	5
1.3 Neubewertung zum *fair value* im Vergleich zum Anschaffungskostenprinzip	6–10
2 Inhalt der Anschaffungskostenbilanzierung	11–51
2.1 Die Anschaffungskosten	11–15
2.2 Die Herstellungskosten	16–29
2.3 Die Abgrenzung von Erhaltungs- und Herstellungsaufwand	30–37
2.3.1 Sächliches Anlagevermögen	30–36
2.3.1.1 Laufender Unterhalt	30–31
2.3.1.2 Komponentenansatz	32–35
2.3.1.3 Regelmäßige Generalüberholungen oder Großinspektionen	36
2.3.2 Immaterielle Vermögenswerte	37
2.4 Verfahren zur Ermittlung der Anschaffungs- und Herstellungskosten	38–45
2.4.1 Überblick	38–40
2.4.2 Einzelne vereinfachende Verfahren	41–45
2.4.2.1 Durchschnittsmethode	41–42
2.4.2.2 Die Fifo-Methode	43–44
2.4.2.3 Die Lifo-Methode	45
2.5 Sonderfälle	46–51
2.5.1 Tauschgeschäfte	46–47
2.5.2 Einlagen, Einbringungen	48
2.5.3 Abbruchkosten	49
2.5.4 Entfernungs- und Rückbauverpflichtungen	50
2.5.5 Ersatzleistungen bei Abgangsverlusten	51
3 Die Neubewertungskonzeption *(revaluation)*	52–79
3.1 Überblick	52–55
3.2 Besonderheiten für immaterielle Anlagewerte	56
3.3 Vorgehensweise am Beispiel des sächlichen Anlagevermögens	57–74
3.3.1 Voraussetzungen	57–59
3.3.2 Die Wertbestimmung und Erstverbuchung	60–64

3.3.3	Die planmäßigen Folgeabschreibungen	65–68
3.3.4	Neubewertung „nach unten"	69–72
3.3.5	Steuerlatenz	73
3.3.6	Abgang *(realisation)*	74
3.4	Berechnungsbeispiele	75–79
3.4.1	Zusammenfassung der Regeln	75
3.4.2	Verkauf eines aufgewerteten Vermögenswertes (ohne Abschreibung)	76
3.4.3	Abschreibungsverrechnung nach Neubewertung	77–78
3.4.4	Abgang eines abzuschreibenden Vermögenswertes	79
4	Angaben	80
5	Anwendungszeitpunkt, Rechtsentwicklung	81–82
6	Zusammenfassende Praxishinweise	83

Schrifttum: ANTONAKOPOULOS, Würdigung der Erfolgsbehandlung nach IFRS anhand der Neubewertung gemäß IAS 16, PiR 2005, S. 104; BALLWIESER, IAS 16, in: BAETGE u. a., Rechnungslegung nach IAS; BEISER, Herstellungskosten bei Gebäuden: Opfertheorie trotz Gebäudeabbruch, DB 2004, S. 2007; GRAUMANN, Bilanzierung der Sachanlagen nach IAS, StuB 2004, S. 709; HOFFMANN, Aktivierung von Gemeinkosten bei Anschaffungen, PiR 2007, S. 27; HOFFMANN, Anschaffungskosten bei Leistungen an Dritte, PiR 2006, S. 270; HOFFMANN, Retrograde Bewertung des Vorratsvermögens, PiR 2006, S. 240; JANSSEN, Aktivierung und Abschreibung von Großinspektionen, PiR 2005, S. 46; KPMG, Insights into IFRS 2006/2007; LÜDENBACH, Verwaltungsgemeinkosten und Beschäftigungsgrad bei der Bestimmung der Herstellungskosten von Vorräten, PiR 2006, S. 61; MUJKANOVIC, Fair Value im Financial Statement nach IAS, 2002; RUHNKE/SCHMIDT/SEIDEL, Ergebnisneutrale oder ergebniswirksame Auflösung zuvor ergebnisneutral gebildeter latenter Steuern nach IFRS?, KoR 2005, S. 82; SCHEFFER/GLASCHKE, Bilanzielle Behandlung von Baumaßnahmen an Gebäuden, StuB 2006, S. 491; SCHMIDT/SEIDEL, Planmäßige Abschreibungen im Rahmen der Neubewertung des Sachanlagevermögens gemäß IAS 16, BB 2006, S. 596; WOHLGEMUTH/RADDE, Der Bewertungsmaßstab „Anschaffungskosten" nach HGB und IAS, WPg 2000, S. 903.

Vorbemerkung
Die Kommentierung bezieht sich auf die besprochenen Standards und berücksichtigt alle Ergänzungen, Änderungen und Interpretationen, die bis zum 1.1.2007 beschlossen wurden.

1 Überblick

1.1 Regelungsbereich der Zugangsbewertung

1 Bei der **Zugangsbewertung** gehen die IFRS konzeptionell anders vor als das HGB. Letzteres zieht die dieses Bewertungsverfahren ausfüllenden Be-

griffe „Anschaffungs- und Herstellungskosten" (algebraisch ausgedrückt) vor die Klammer (§ 253 HGB), um sie im Anschluss daran in § 255 HGB zu definieren. Dadurch werden die entsprechenden Inhalte für alle in Frage kommenden Bilanzpositionen vereinheitlicht.

Allerdings gelingt dies dem HGB auch insoweit nicht durchgehend, als bei wichtigen Bilanzpositionen die Begriffsinhalte für die Anschaffungs- oder Herstellungskosten nicht mehr „passen": Auf originär begründete Forderungen, Rückstellungen, Verbindlichkeiten sind die Begriffsinhalte der Anschaffungs- oder Herstellungskosten nur sehr bedingt anwendbar.

Die IFRS geben sich diesbezüglich eher pragmatisch. Im *Framework* sind keine vergleichbaren Definitionen und allgemeinen Anwendungsvorschriften enthalten (abgesehen von der Auflistung innerhalb des Katalogs der Bewertungsmaßstäbe in F.100a (→ § 1 Rz 103ff.). Stattdessen enthalten **einzelne Standards** zu verschiedenen Bilanzpositionen die Regeln für die Zugangsbewertung. Insbesondere geht es um

- IAS 2.8 für das **Vorrats**vermögen *(inventories*; → § 17 Rz 4ff.),
- IAS 16.15 für Grundstücke, Maschinen, Ausstattung *(property, plant and equipment)*, also **sächliches** Anlagevermögen (→ § 14 Rz 10ff.),
- IAS 38.25 für **immaterielle** Vermögenswerte *(intangible assets*; → § 13 Rz 49ff.), soweit nicht im Rahmen eines Unternehmenszusammenschlusses (IAS 38.33; → § 13 Rz 11ff.),
- IFRS 3 für den **Unternehmenserwerb** *(acquisition*; → § 31 Rz 59ff.),
- IAS 40.20 für als **Finanzinvestitionen** gehaltene Immobilien *(investment property*; → § 16 Rz 18ff.).

2

Nach F.101 gehen die Unternehmen als Bewertungsgrundlage *(measurement basis)* im Allgemeinen von den *historical cost* aus. Diese sind nach deutscher Sprachregelung identisch mit den **Anschaffungs- oder Herstellungs**kosten.

3

Der Bilanz**ansatz**

4

- für **sächliches** Anlagevermögen nach IAS 16.7 (→ § 14 Rz 6),
- für **immaterielles** Anlagevermögen nach IAS 38.18 (→ § 13 Rz 13),
- für als **Finanzinvestitionen** gehaltene Immobilien nach IAS 40.16 (→ § 16 Rz 17)

setzt nach Maßgabe des *Framework* (F.83; → § 1 Rz 87) die

- Wahrscheinlichkeit des künftigen Nutzenzuflusses und
- verlässliche Bewertbarkeit

voraus.

1.2 Ökonomischer Grundgehalt der Zugangsbewertung

Eine nahtlose materielle Übereinstimmung zwischen HGB/EStG einerseits und IFRS andererseits besteht in der **ökonomischen Konzeption**, die der bilanzmäßigen Erfassung von Anschaffungs- und Herstellungskosten zugrunde liegt: Die Aufwendungen sind der Rechnungsperiode zu belasten, in denen die Unternehmensleistungen, die die zugehörigen Aufwendungen verursacht ha-

5

ben, erfasst werden. In deutscher Terminologie spricht man von der **erfolgsneutralen** Abbildung des Anschaffungs- oder Herstellungsprozesses,[1] im IFRS-Bereich von *matching principle* (→ § 1 Rz 117).

1.3 Neubewertung zum *fair value* im Vergleich zum Anschaffungskostenprinzip

6 In der HGB-Bilanzwelt determiniert die Ausgangs- oder Zugangsbewertung mit den Anschaffungs- oder Herstellungskosten die **Folgebewertung**: Bis zum Abgang des betreffenden Vermögenswertes (oder auch der Verbindlichkeit) hat dieser Ausgangswert seine Hand mit im Bilanzspiel. Die planmäßigen Abschreibungen sind auf dieser Basis bis zum Buchwert null zu verrechnen, außerplanmäßige Abschreibungen werden von diesem Wert aus vorgenommen und etwaige spätere Wertaufholungen sind nach oben durch die fortgeführten Ausgangswerte „gedeckelt". Das ist auch die (noch) überwiegende Betrachtungsweise der IFRS.

7 Das **Neubewertungskonzept** der IFRS (Rz 52ff.) löst sich von diesem periodenübergreifenden Determinismus des HGB-Anschaffungskostenprinzips für die Folgebewertungen. Sofern die Voraussetzungen für die Neubewertung (*revaluation*) vorliegen und die entsprechende Bilanzierungsoption zur Ausübung gelangt, werden Zugangswerte sozusagen über Bord geworfen und es beginnt für den betreffenden Vermögenswert eine neue „Bilanzepoche". Von dieser **neuen Basis** aus sind planmäßige (→ § 10) und außerplanmäßige **Abschreibungen** (→ § 11) zu verrechnen (Rz 65ff.).

8 Das Neubewertungskonzept (mit dem *fair value*) lässt sich als **gegenwartsbezogen**[2] charakterisieren, im Gegensatz zu dem **vergangenheitsbezogenen** Anschaffungskostenprinzip. Schon deswegen wirkt das Erstere höherwertig, doch soll schon an dieser Stelle der entscheidende Schwachpunkt (→ § 1 Rz 106) nicht unterdrückt werden, nämlich die **Ermittlung** des *fair value*, wenn – wie meistens – objektive Marktwerte nicht vorliegen. Zum Zeitpunkt des Zugangs entspricht der *fair value* den Anschaffungs- oder Herstellungskosten (→ § 28 Rz 100ff.).

9 Allerdings enthält **auch das Anschaffungskostenprinzip** Elemente der **Zukunftsorientierung** und damit des Marktpreises. Das ist dann der Fall, wenn es abzuschätzen gilt, ob der nach Maßgabe der früheren Anschaffungs- oder Herstellungskosten, abzüglich etwa vorgenommener planmäßiger Abschreibungen, bestehende Buchwert (auf Dauer) nicht höher ist als der augenblickliche Zeitwert (*fair value*).

Der **Unterschied** zwischen den beiden Rechnungslegungskonzepten ist der folgende: Wenn der Marktwert **über** den fortgeführten Anschaffungs- oder Herstellungskosten liegt, ist dies nach dem Anschaffungskostenprinzip ohne Bedeutung für die Bilanzierung. Umgekehrt bei der *fair-value*-Bewertung:

---

[1] HOFFMANN, § 6, in: LITTMANN/BITZ/PUST, EStG-Kommentar, Tz 151, 254.
[2] Vgl. MUJKANOVIC, Fair Value im Financial Statement nach IAS, 2002, S. 113.

Dieser fordert (unter dieser Voraussetzung) eine **Erhöhung** des Buchwertes über die Anschaffungskosten hinaus. „Nach **unten**" besteht konzeptionell kein Unterschied zwischen den beiden Systemen.

Der deutschen Bilanzrechtstradition ist die Marktbewertung also insofern ungeläufig, als eine Bilanzierung **über** die fortgeführten Anschaffungs- oder Herstellungskosten hinaus möglich ist. Eine solche Bilanzierung verstößt nach deutschem Bilanzverständnis gegen das **Realisationsprinzip**. Allerdings wird in der Rechnungslegungspraxis durch kreative Bilanzgestaltung bei bilanziellen Notlagen nicht selten im Grunde genommen gegen das Realisationsprinzip verstoßen. Beispiele hierfür sind *sale-and-lease-back*-Verfahren und die Einbringung von Vermögenswerten mit stillen Reserven – z. B. die Grundstücke von Brauereien – in Tochtergesellschaften gegen Gewährung von Gesellschaftsrechten.

10

2 Inhalt der Anschaffungskostenbilanzierung

2.1 Die Anschaffungskosten

Die IFRS sprechen in diesem Bereich der Ausgangsbewertung häufig schlicht von *cost*, was im deutschen Sprachbereich häufig mit dem unschönen Begriff „historische Kosten" umschrieben wird.[3] Eine systematische **Trennung** von **Anschaffungs**- und **Herstellungs**kosten erfolgt nicht (im Gegensatz zu § 255 HGB).

11

Die **Anschaffungskosten** *(costs of purchase)* sind insbesondere angesprochen in
- IAS 2.9f. für Vorräte (→ § 17 Rz 4),
- IAS 16.15 für sächliches Anlagevermögen (→ § 14 Rz 10),
- IAS 38.25ff. für immaterielle Vermögenswerte bei Einzelerwerb (außerhalb eines Unternehmenszusammenschlusses; → § 13 Rz 49ff.),
- IAS 40.21 für die als Finanzinvestitionen gehaltenen Immobilien (→ § 16 Rz 18ff.).

Die Anschaffungskosten umfassen folgende **Kosten-Elemente** (insbesondere für Vorräte und Sachanlagen):[4]

---

[3] Unschön deshalb, weil „historisch" im deutschen Sprachgebrauch eine andere Bedeutung hat und überdies Anschaffungs- oder Herstellungskosten als **Vergangenheitsgröße** immer „historisch" sind (Pleonasmus).
[4] In Anlehnung an FISCHER, IAS-Abschlüsse von Einzelunternehmungen, 2001, S. 75f.

	Anschaffungspreis (IAS 2.20, 16.16, 38.27ff.)
=	vertragliches Hauptentgelt einschließlich Einfuhrzöllen und Verbrauchsteuern
−	erstattungsfähige Einfuhrzölle und Verbrauchsteuern
+	**Anschaffungsnebenkosten** (IAS 2.10, 16.16, 38.27)
=	Ausgaben zur Erlangung, Verbringung und Inbetriebnahme bzw. Einlagerung (häufig Resultat des finalen Charakters der Anschaffungskosten (Rz 15))
+	geschätzte Kosten der Entfernung, der Entsorgung oder Grundsanierung, für die eine Rückstellung zu bilden ist (IAS 16.16c i. V. m. IFRIC 1; → § 21 Rz 63)
+	u. U. Gemeinkosten (Rz 13)
+	potenzielle Wahlbestandteile von ursprünglichen Anschaffungskosten, wie anschaffungsbezogene Fremdkapitalkosten *(borrowing costs)* für Vermögenswerte *(assets*; IAS 23.11f.; → § 9 Rz 14ff.)
−	**Anschaffungspreisminderungen** (IAS 11 bzw. 16.15 i. V. m. 16.28)
−	Nachlässe und Erstattungen auf Anschaffungspreis und Anschaffungsnebenkosten (Rabatte, Skonti, Boni)
−	bestimmte Investitionszulagen und -zuschüsse *(government grants)* von öffentlichen Körperschaften, für die kein passivischer Rechnungsabgrenzungsposten gebildet wurde (IAS 20.24; → § 12 Rz 26).
=	**Anschaffungskosten**

Tab. 1: Zusammensetzung der Anschaffungskosten

12 Der **Vergleich zum HGB** fällt gemischt aus. Überwiegend enthält das Tableau gewohnte Bestandteile der Anschaffungskostendefinition. In der obigen Tabelle entsprechen allerdings folgende Positionen **nicht** oder nicht vollständig dem Anschaffungskostenbegriff des HGB:

- Die anschaffungsbezogenen **Fremdkapitalkosten** *(borrowing costs)* gemäß dem Wahlrecht in IAS 23 (→ § 9 Rz 14f.).
- Die Kosten des **Abbruches** oder der **Entsorgung** durch Rückstellungsbildung nach IAS 16.16(c) i. V. m. IFRIC 1 (→ § 21 Rz 63).

13 Anschaffungskosten sind nur in Form von **Einzel**kosten *(directly attributable)* aktivierbar, Gemeinkosten damit von der Aktivierung ausgeschlossen (anders als im Rahmen der Herstellung, Rz 29). Dabei ist begrifflich zu unterscheiden nach

- „**unechten**" Gemeinkosten: nur aufgrund bestimmter Annahmen über Kostenstellenschlüsselungen einem beschafften Produkt zuordenbar, und
- „**echten**" Gemeinkosten: „an sich" einem Beschaffungsvorgang direkt zurechenbar, mangels entsprechender Aufzeichnungen tatsächlich nicht direkt erfasst.

Beispiel[5]

Sachverhalt
Der inländische Porzellanhersteller P bestellt nach ausführlichen Machbarkeitsstudien *(feasibility studies)* in Korea eine neue Produktionsanlage. Zur Überwachung des Herstellungsverfahrens reist ein bei P beschäftigter **Ingenieur** wiederholt nach Korea. Nach den Zeitaufzeichnungen hat er die Hälfte der Jahresarbeitszeit mit dieser Überwachung verbracht. Daneben hat sich die **Einkaufsabteilung** unter vielen anderen Projekten auch mit diesem beschäftigt, u. a. mit der Ausschreibung, der erforderlichen Logistik, der Finanzierung (Leasing oder Kauf), der Frage der Währungssicherung usw.

Lösung
Die Kosten der **Machbarkeitsstudie** sind mit der Anlage nicht unmittelbar verbunden – die Entscheidung hätte aufgrund der Studie auch anders ausfallen können – und deshalb nicht **aktivierbar**.[6] Dies entspricht der Lösung für die Erstellung von Webseiten (→ § 13 Rz 35). Die Reisekosten des **Ingenieurs** sowie die Hälfte seines Jahresgehalts sind der Maschinenanlage einzeln ohne Rückgriff auf Schlüsselungsgrößen zuzuordnen und deshalb aktivierungspflichtig nach § 255 Abs. 1 HGB bzw. IAS 16.16b. Gehaltsaufwendungen des Ingenieurs wären zwar auch ohne die Arbeiten in Korea angefallen, was aber die Einbeziehung in die Anschaffungskosten der Anlage nicht hindert.[7]
Die Kosten der **Einkaufsabteilung** können nach irgendwelchen Annahmen auch dem Korea-Projekt zugeordnet werden. Soweit es sich um Sachkosten – z. B. für die Abschreibung und Beheizung der Räume, in denen der Einkauf tätig ist, – handelt, liegen „echte" Gemeinkosten vor, die nicht „einzeln" der Beschaffung der koreanischen Anlage zuzuordnen bzw. nicht *directly attributable* sind. Eine anteilige Aktivierung auf die Produktionsanlage kommt nicht in Betracht.
Die **Lohnkosten** sind dem Grunde nach durch Zeitaufschreibungen dem jeweiligen Anschaffungsvorgang zuzuordnen. Dies würde aber eine Detaillierung voraussetzen, und zwar nicht nur nach den Projekten (koreanischen Anlage vs. sonstige Einkäufe), sondern ebenso nach der Art der Tätigkeit – Suchkosten für die Ausschreibung einerseits, Organisation der Logistik des Transport andererseits – unterscheiden. Entsprechende Zeitaufschreibungen sind im Unternehmen nach der internen Organisation nicht vorgesehen. Insoweit liegen „an sich" aktivierungspflichtige (unechte) Gemeinkosten vor.

Für fehlende Zeitaufschreibungen, die zu unechten Gemeinkosten führen, kann es zwei Gründe geben:

---

[5] Vgl. HOFFMANN, PiR 2007, S. 27.
[6] KPMG, Insights into IFRS 2006/2007, 3.2.30.60.
[7] KPMG, Insights into IFRS 2006/2007, 3.2.30.50.

- Die innerbetriebliche Organisation bezüglich der Kostenerfassung ist objektiv betrachtet unzulänglich.
- Die getrennte Erfassung rentiert sich auch nach überbetrieblichen Maßstäben nicht und wird branchenüblich überlassen.

Daraus folgt für Bilanzierungszwecke die (abstrakte) Antwort:
- **Einerseits** ist nicht dem Schlendrian Folge zu leisten, d. h., eine Aktivierung darf nicht deswegen unterbleiben, weil die entsprechenden Aufzeichnungen nicht vorliegen. Eindeutig ist diese Lösung allerdings nicht, da die IFRS in einem vergleichbaren Kontext – bei **Entwicklungskosten** – die Aktivierung gerade an eine zuverlässige Ermittlung im Rahmen der Kostenrechnung (IAS 38.62) knüpft (IAS 38.57f.; → § 13 Rz 30).
- Andererseits dürfen die Anforderungen an die zutreffende Erfassung nicht überzogen werden. Wenn das Unternehmen auf entsprechende getrennte Aufzeichnungen aus Kostengründen verzichtet, ist dem auch bei der Bilanzierung nach Maßgabe von *cost benefit* (→ § 1 Rz 69) jedenfalls dann zu folgen, wenn ein solches Vorgehen kaufmännischer Übung entspricht.

Es verbleibt eine **Grauzone**.

Zu weiteren Beispielen wird verwiesen auf
- „Vorratsvermögen" (→ § 17 Rz 6),
- „Sachanlagevermögen" (→ § 14 Rz 11),
- „immaterielle Anlagewerte" (→ § 13 Rz 53).

14 Zur Bestimmung der Anschaffungskosten im Rahmen von **Unternehmenszusammenschlüssen** wird verwiesen auf → § 31 Rz 32ff.

Zur **Aufteilung** eines einheitlichen Erwerbspreises auf mehrere Vermögenswerte – Grund und Boden und Gebäude – wird verwiesen auf → § 16 Rz 21.

Der Anschaffungskostenbegriff umfasst auch den Gegenwert für ein vom Unternehmen ausgegebenes aktienkursorientiertes **Eigen- oder Fremdkapitalinstrument**, das dem Anwendungsbereich von IFRS 2 (→ § 23) unterliegt (IAS 16.6).

15 Der Inhalt der Anschaffungskosten beschränkt sich nach der tabellarischen Darstellung unter Rz 11 nicht auf die Ausgaben zur Erlangung der Verfügungsmacht über den betreffenden Vermögenswert (regelmäßig Kaufpreis), sondern bezieht sich auch auf Aufwendungen, die der Versetzung des betreffenden Vermögenswertes in einen betriebsbereiten Zustand aus Sicht des Erwerbers dienen. So IAS 16.16b für Sachanlagen (→ § 14 Rz 10), IAS 38.27b für immaterielles Anlagevermögen (→ § 13 Rz 52) sowie IAS 2.10 für Vorräte (→ § 17 Rz 5). Dahinter verbirgt sich das ökonomische Kalkül des Erwerbers: Er will nicht einfach einen Vermögenswert als wirtschaftlicher Eigentümer besitzen, sondern diesen zweckentsprechend verwenden können. Dazu können bei ihm Ausgaben an Dritte anfallen, also nicht dem eigentlichen Veräußerer des Vermögenswertes zufließen.

> **Beispiel[8]**
> Ein Unternehmen erwirbt ein unbebautes Grundstück, das illegal mit Wohn- und Bauwagen besetzt war. Zur planmäßigen Nutzung als Bauland bedurfte es der zwangsweisen Räumung des Grundstücks. Dafür musste er an dritte Personen Zahlungen leisten.

Die Aufwendungen für die Räumung sind als Bestandteil der Anschaffungskosten zu werten. Bei rationalem Verhalten der Vertragsparteien hat er das Grundstück im Umfang der zu erwartenden Räumungskosten „billiger" eingekauft. Umgekehrt wäre ein höherer Marktpreis für das unbesetzte Grundstück an den Veräußerer zu bezahlen gewesen, wenn dieser bereits die Räumung besorgt hätte. Anders ausgedrückt: Das Kalkül des Erwerbers ging auf den Erwerb eines „lastenfreien" Grundstücks. Die Räumungskosten sind insofern zur Herstellung der „Betriebsbereitschaft" des Grundstückes angefallen.
Man kann in Übereinstimmung mit dem HGB/EStG vom finalen Charakter der Anschaffungskosten ausgehen. In anderen Bereichen der IFRS-Rechnungslegung außerhalb der eben zitierten drei Standards ist bezüglich der Anschaffungskosten nur von „*cost*" die Rede, die Aufwendungen für die Herstellung der Betriebsbereitschaft werden hier nicht genannt.

> **Beispiele**
> - Anteile an Tochterunternehmen im Einzelabschluss gemäß IAS 27.37 (→ § 32 Rz 166).
> - Für die Bilanzierung von Tochterunternehmen im Konzernabschluss gemäß IFRS 3.29ff. vgl. → § 31 Rz 32.

Trotz des an diesen Stellen der IFRS fehlenden Bezugs auf die Herstellung der Betriebsbereitschaft ist den dort jeweils genannten „*cost*" das genannte finale Element zu eigen.

> **Beispiel[9]**
> Ein Unternehmen M hält eine Beteiligung von 40 % des Nennkapitals einer assoziierten Gesellschaft nach Maßgabe von IAS 28. Weitere 20 % werden von X, 40 % von Y gehalten. M erwirbt den bisher von X gehaltenen Anteil. Y erhebt rechtliche Einwendungen gegen den Erwerb, weil er der Auffassung ist, nach Maßgabe des Gesellschaftsvertrags hätte X seine Anteile je zur Hälfte M und Y anbieten müssen. M bestreitet dies. Zur Vermeidung langwieriger Auseinandersetzungen zahlt M aber einen Betrag an X gegen die Zusage, den strittigen Erwerbsanspruch nicht geltend zu machen.
> Die Frage geht nach der Aktivierbarkeit dieses „Einigungsgeldes" im Einzelabschluss des Mutterunternehmens.

---

[8] Nach BFH, Urteil vom 18.5.2004, IX R 57/01, BStBl II 2004, S. 872.
[9] Vgl. HOFFMANN, PiR 2006, S. 272.

Das so genannte „Einigungsgeld" stellt einen Bestandteil der Anschaffungskosten für den Anteilserwerb des M dar, denn es dient **final** der Erreichung einer ungestörten Mehrheitsbeteiligung am Tochterunternehmen. Allerdings sind solche Zahlungen an dritte Personen nur dann den Anschaffungskosten zuzuordnen, wenn sie in einer **zeitlichen Nähe** zum eigentlichen Anschaffungsvorgang (regelmäßig Kauf) stehen.[10]

2.2 Die Herstellungskosten

16 Die **Herstellungskosten** *(costs of conversion)* sind insbesondere angesprochen in
- IAS 2.10 Vorräte (→ § 17 Rz 4),
- IAS 16.16(b) Sachanlagen (→ § 14 Rz 10),
- IAS 38.65ff. immaterielle Vermögenswerte (→ § 13 Rz 49ff.),
- IAS 40.22 für die als Finanzinvestitionen gehaltenen Immobilien (→ § 16 Rz 26).

17 Die aktivierungspflichtigen bzw. aktivierbaren **Kostenelemente** können für Vorräte und Sachanlagen wie folgt tabellarisch dargestellt werden:[11]

Kostenkomponenten (nach IAS 2.12ff. bzw. 16.16f.)	
Materialeinzelkosten	Pflicht
+ anteilige Materialgemeinkosten	
+ Fertigungseinzelkosten	
+ anteiliger Werteverzehr von eingesetztem Anlagevermögen	
+ anteilige Entwicklungs-, Konstruktions- und Versuchskosten	
+ Sondereinzelkosten der Fertigung	
+ anteilige Sondergemeinkosten der Fertigung	
+ fertigungsbezogene Verwaltungskosten (Rz 19)	
+ u. U. fertigungsbezogene Sozialaufwendungen (Rz 20)	
+ Entsorgungs- und Entfernungskosten (IAS 16.16(c) i. V. m. IFRIC 1; → § 21 Rz 63)	
= **Untergrenze der Herstellungskosten**	
+ herstellungsbezogene Fremdkapitalkosten (nach IAS 23; → § 9 Rz 11) von Vermögenswerten *(assets)*, deren endgültige Betriebs- oder Verkaufsbereitschaft durch verschiedene Maßnahmen über geraume Zeiträume hergestellt werden muss (Ausnahme nach IAS 2.18, Rz 23)	Wahlrecht
= **Obergrenze der Herstellungskosten**	
• überhöhte Kosten (unnötiger Arbeitsaufwand durch Fehlarbeiten, außerplanmäßige Abschreibungen auf Fertigungsanlagen etc.)	Verbot

---

[10] Vgl. hierzu im Einzelnen HOFFMANN, PiR 2006, S. 272.
[11] In Anlehnung an FISCHER, IAS-Abschlüsse von Einzelunternehmungen, 2001, S. 77.

• Leerkosten infolge von Überkapazitäten (Rz 22; → § 17 Rz 5) • allgemeine Verwaltungs- und Sozialaufwendungen • Fremdkapitalkosten (Regel nach IAS 2.18, Rz 23) • Vertriebskosten • Anlauf- und Vorproduktionskosten • eigene Forschungs-, Entwicklungs- und Versuchskosten ohne unmittelbaren Fertigungsbezug • Ertrag- und Substanzsteuern, die nicht im Fertigungsbereich begründet sind • kalkulatorische Kosten

Tab. 2: Zusammensetzung der Herstellungskosten

Für die selbst erstellten **immateriellen** Vermögenswerte gelten bezüglich der Gemeinkostenverrechnung Besonderheiten (IAS 38.66; → § 13 Rz 58).

Vergleicht man diese Aktivierungsregeln nach **IFRS** mit denjenigen nach **HGB** und der zugehörigen Kommentierung, so sticht sofort die **nahe Verwandtschaft** der Begrifflichkeiten ins Auge. Schon deswegen erscheint unter Einbeziehung der Wahlrechte eine Übereinstimmung zwischen handelsrechtlicher Ermittlung der Herstellungskosten und derjenigen nach IFRS ohne weiteres gestaltbar. Entscheidend ist dabei das Einbeziehungs**wahlrecht** für **Fertigungsgemeinkosten** *(production overheads)* nach § 255 Abs. 2 S. 3 HGB. In der Regel erfolgt die Bilanzierung im HGB-Raum nach den ergänzenden Vorgaben der Einkommensteuerrichtlinien, die eine Einbeziehungspflicht für Fertigungsgemeinkosten vorsehen – vergleichbar der Regelung in IAS 2.12, allerdings mit der weiteren Differenzierung in IAS 2.16: Danach sollen nur **produktionsbezogene** Verwaltungskosten aktivierbar sein. Der Unterschied zwischen produktionsbezogenen und nicht produktionsbezogenen Verwaltungskosten lässt sich etwa an **Beispielen** der Kosten der Abteilung Lohn- und Gehaltsbuchhaltung veranschaulichen. Soweit die Kosten anteilig auf die Buchung der Löhne für Produktivkräfte entfallen, sind sie aktivierungspflichtig und im Rahmen des Betriebsabrechnungsbogens den Erzeugnissen zuzurechnen, soweit sie auf die Buchung der Löhne und Gehälter von Vertriebspersonal/Verwaltungspersonal entfallen, besteht ein Aktivierungsverbot.[12] Ein weiteres Beispiel sind Vergütungen an den Produktionsvorstand einerseits und den Finanzvorstand andererseits. 18

Mit der nach IAS 2.16(c) sowie IAS 2.19 erforderlichen Unterscheidung zwischen **produktionsbezogenen und übrigen Verwaltungskosten**[13] **wird** in der Praxis großzügig umgegangen, wenn die entsprechenden Kostenrechnungs- 19

---

[12] Nach LÜDENBACH, IFRS, 4. Aufl., S. 171.
[13] KÜTING/HARTH, Herstellungskosten von Inventories and Self-Constructed Assets nach IAS und US-GAAP, BB 1999, S. 2393.

systeme nicht auf diese Aufteilung ausgerichtet sind. Nach dem *materiality*-Gedanken (→ § 1 Rz 65ff.) können relativ pauschale Zuschläge (Schlüsselung der Verwaltungskosten nach dem Verhältnis von Produktivkräften zur Zahl sonstiger Arbeitnehmer) eine sinnvolle (einfache) Lösung ergeben.[14]

20 Der Unterschied zum HGB liegt in der „**Vollkostenpflicht**" der IFRS, die zu einer Einbeziehung der (produktionsbezogenen) Gemeinkosten zwingt. Unklar ist die Regelung für Kosten des **sozialen** Bereiches.[15] Auch hier bietet eine pauschale Aufteilung nach dem Anteil der Produktivkräfte eine gangbare Lösung.

21 Wegen der Unterscheidung von **Forschungs- und Entwicklungskosten** im Zusammenhang mit immateriellen Vermögenswerten (→ § 13 Rz 21ff.).

22 Spezifische Anweisungen zur Kostenrechnung für Zwecke der Bilanzbewertung enthalten die Vorschriften in IAS 2.13 und 2.14. Danach sind die fixen Gemeinkosten auf der Basis einer **normalen Produktionsauslastung** *(normal capacity)* den Produkten zuzurechnen, wobei eine solche „Normalität" im Anschluss daran noch weiter beschrieben wird. Im Wesentlichen handelt es sich dabei um Anweisungen, die vergleichbar auch in der einschlägigen deutschen Kommentarliteratur zu finden sind.[16] Die auf das produzierte Stück bezogenen Gemeinkosten sind nicht deswegen aktivierbar, weil das Produktionsvolumen (viel) zu gering ist, um die Kapazitäten auszulasten (IAS 2.13). Die so genannten Leerkosten sind deshalb nicht aktivierbar (→ § 17 Rz 5). Wenn sich also z. B. die normale Kapazitätsauslastung auf 80 % beläuft, in der betreffenden Periode aber nur 50 % erreicht, sind 3/8 der fixen Produktionsgemeinkosten nach IAS 2.13 nicht aktivierbar.[17] Bei **Überbeschäftigung** erfolgt keine Anpassung an die Normalbewertung, weil hier auf das einzelne Produkt bezogen die fixen Gemeinkosten sinken, eine Überbewertung also nicht vorliegt. In IAS 2.14 wird das Problem der **Kuppel**produktion angesprochen, für die eine Zuordnung von Gemeinkosten ex definitione nicht schlüssig vorgenommen werden kann. Entsprechend bleibt auch diesem IFRS-Standard-Teil nichts anderes übrig, als eine *„rational and consistent basis"* vorzuschreiben. Als Beispiel für eine solche „Basis" wird die Gemeinkostenzuordnung nach dem Verhältnis der Verkaufspreise (der Kuppelprodukte) genannt.

23 **Fremdkapitalkosten** können als Wahlrecht bei besonderen Vermögenswerten *(qualifying assets)* in den Herstellungskosten einbezogen werden (→ § 9 Rz 14ff.).

24 **Nicht** in die Herstellungskosten einzubeziehen sind:
- **ungewöhnliche** (*abnormal*) Beträge für Ausschussmaterial, Fertigungslöhne und sonstige Produktionskosten,
- **Lagerkosten**, soweit nicht produktionsbezogen, also z. B. Kosten des Ausgangslagers,

---

[14] LÜDENBACH, PiR 2006, S. 61.
[15] Vgl. JACOBS, in: BAETGE u. a., Rechnungslegung nach IAS, 2. Aufl., 2002, zu IAS 2 Tz 30.
[16] ADLER/DÜRING/SCHMALTZ, 6. Aufl., § 255 HGB Tz 162; ELLROTT/BRENDT, in: Beck'scher Bilanzkommentar, 6. Aufl., § 255 HGB Tz 501.
[17] LÜDENBACH, PiR 2006, S. 61.

- **Verwaltungsgemeinkosten**, die nicht dem Herstellungsprozess zuzuordnen sind,
- **Verkaufskosten.**

Nicht zu den Anschaffungs- oder Herstellungskosten zählen (IAS 16.19) solche, die weitgehend denjenigen der **Ingangsetzung** und **Erweiterung** des Geschäftsbetriebes nach § 269 HGB entsprechen. Es handelt sich um Kosten der

- Neueröffnung einer Produktionsstätte,
- Einführung neuer Produkte oder Dienste,
- örtlichen Betriebsverlegung,
- Gewinnung neuer Absatzkanäle.

Während eines Herstellungsprozesses können „beiläufige" (*incidental*) Einnahmen anfallen.

25

26

Beispiel

Sachverhalt
Der Bauunternehmer vermietet den Kran stundenweise an Ausbauhandwerker.
Ein Objektentwickler kauft eine Sporthalle zum Umbau in einen Supermarkt. Bis zum Erhalt der Baugenehmigung vermietet er die Halle an lokale Sportvereine.

Lösung[18]
Die Einnahmen sind zu realisieren, also nicht an Herstellungskosten zu kürzen.

Die Verrechnung von Herstellungskosten **endet** mit der Inbetriebnahme des hergestellten Vermögenswertes (IAS 16.20), auch wenn dieser noch nicht seine volle Leistungsfähigkeit erreicht hat, noch Anlaufverluste entstehen oder eine Neuausrichtung der Unternehmenstätigkeit (weitere) Kosten verursacht.

27

Die deutsche handels- und steuerrechtliche Bilanzierungspraxis zur Ermittlung der Herstellungskosten von Erzeugnissen ist ungewöhnlich **streitunanfällig**. Mit Ausnahme eines auf der Basis des Maßgeblichkeitsprinzips im Gefolge der Einführung des Bilanzrichtliniengesetzes in das deutsche Recht ergangenen Urteils[19] hat es praktisch keinen vor Gericht ausgetragenen Streit bis in die letzte Instanz gegeben. Auch Auseinandersetzungen zwischen Abschlussprüfern und geprüften Unternehmen sind an dieser Stelle eigentlich nie nach außen bekannt geworden. Sinnvollerweise ist hier eine pragmatische Vorgehensweise üblich. Dieser Gedanke sollte auch Pate bei einem Übergang vom HGB auf eine IFRS-Bilanzierung stehen.

28

Einen **Vergleich** zwischen den nach der deutschen Bilanzwelt und den nach derjenigen der IFRS bestehenden Einbeziehungspflichten bzw. -wahlrechten

29

---

[18] KPMG, Insights into IFRS 2006/2007, 3.2.120.10.
[19] Vgl. BFH, Urteil v. 21.10.1993, IV R 87/92, BStBl II 1994, S. 176.

Hoffmann

und -verboten gibt die nachstehende Tabelle.[20] Sie ist ausgerichtet auf das **Vorrats**vermögen gemäß IAS 2, kann indes unmittelbar auf das **Sach**anlagevermögen übertragen werden (IAS 16.16ff.). Für das **immaterielle** Anlagevermögen vgl. Rz 17 und → § 13 Rz 58.

	Herstellungskosten		
	nach § 255 Abs. 2 und 3 HGB	nach R 33 EStR	nach IAS 2
Einzelkosten:			
Materialeinzelkosten	Pflicht	Pflicht	Pflicht
Fertigungskosten	Pflicht	Pflicht	Pflicht
Sondereinzelkosten der Fertigung	Pflicht	Pflicht	Pflicht
Gemeinkosten:			
Materialgemeinkosten	Wahlrecht	Pflicht	Pflicht
Fertigungsgemeinkosten	Wahlrecht	Pflicht	Pflicht
Werteverzehr des Anlagevermögens	Wahlrecht	Pflicht	Pflicht
Verwaltungskosten des Material- und Fertigungsbereichs	Wahlrecht	Pflicht	Pflicht
Allgemeine Verwaltungskosten	Wahlrecht	Wahlrecht	anteilig Pflicht*
Kosten für freiwillige soziale Leistungen	Wahlrecht	Wahlrecht	anteilig Pflicht*
Kosten für soziale Einrichtungen	Wahlrecht	Wahlrecht	anteilig Pflicht*
Kosten für betriebliche Altersvorsorge	Wahlrecht	Wahlrecht	anteilig Pflicht*
Substanzsteuern	Wahlrecht	Verbot für VSt, anteilig Pflicht für GewSt vom Kapital	anteilig Pflicht*
Ertragsteuern	Verbot	Verbot für ESt, Wahlrecht für GewSt vom Ertrag	Verbot

---

[20] Nach JACOBS, IAS 2, in: BAETGE u. a. (Hrsg.), Rechnungslegung nach IAS, Tz 34.

	Herstellungskosten		
	nach § 255 Abs. 2 und 3 HGB	nach R 33 EStR	nach IAS 2
Verwaltungskosten des Vertriebsbereichs	Verbot	Verbot	Verbot
Fremdkapitalkosten	Wahlrecht	Wahlrecht	Wahlrecht
Forschungs- und Entwicklungskosten			
Grundlagenforschung	Verbot	Verbot	Verbot
Kosten der Neuentwicklung	Verbot	Verbot	Pflicht unter best. Vor.
Kosten der Weiterentwicklung	Wahlrecht	Pflicht	Pflicht unter best. Vor.
Vertriebskosten	Verbot	Verbot	Verbot

* soweit produktionsbezogen (vgl. Rz 19)

Tab. 3: Umfang der Herstellungskosten nach HGB, R 33 EStR und IFRS

2.3 Die Abgrenzung von Erhaltungs- und Herstellungsaufwand

2.3.1 Sächliches Anlagevermögen

2.3.1.1 Laufender Unterhalt

Der Aktivierungsansatz in IAS 16.7 und IAS 38.21 ist nicht vergangenheitsbezogen (Rz 8), sondern orientiert sich an dem allgemeinen *asset*-Begriff in F.49a mit der Bezugnahme auf die **künftigen ökonomischen Vorteile**, die dem Unternehmen zufließen sollen (→ § 1 Rz 89). Auch die Unterscheidung von **Erhaltungs-** und **Herstellungs**aufwand versuchen die IFRS auf dieser Basis, also nach Maßgabe der generell gültigen **Ansatzkriterien** zu „lösen". Dadurch soll eine Inkonsistenz mit den einschlägigen Vorgaben im *Framework* vermieden werden (IAS 16 BC.10a; → § 1 Rz 87). Unausgesprochen steht dahinter auch die „Philosophie" des *principle based accounting* (→ § 1 Rz 44ff.). Die Lösung konkreter Bilanzierungsfälle soll nicht anhand einer dem Anwender vorgegebenen Einzelfallbetrachtung, sondern nur nach Maßgabe der allgemeinen Ansatzkriterien geliefert werden.

30

Deshalb unterbleibt eine **nähere Definition** des Unterscheidungsmerkmals von Herstellungs- und Erhaltungsaufwand. Andererseits kann nicht gänzlich auf die Darlegung von einschlägigen Bilanzierungs**sachverhalten** verzichtet werden:

31

- Die **laufenden** Unterhaltungsaufwendungen für einen Vermögenswert *(the day-to-day-servicing)* sind als Aufwand zu behandeln; sie umfassen die zugehörigen Lohn- und Materialkosten und kleinere Ersatzteile (IAS 16.12).

- **Teile** *(parts)* von einzelnen Vermögenswerten (Rz 32) müssen zu bestimmten Zeitintervallen **ersetzt** werden (Beispiel: Hochofenauskleidung, Inneneinrichtung eines Flugzeugs). Andere Bestandteile eines Vermögenswertes werden nicht regelmäßig ersetzt (Beispiel: Innenwände eines Gebäudes). Diese **Teile** eines Vermögenswertes sind bei Ersatzbeschaffung zu aktivieren, wenn sie das generell gültige Ansatzkriterium in IAS 16.7 (Rz 32; → § 14 Rz 6) erfüllen (IAS 16.13).
- **Größere Inspektionen** ohne konkreten Reparaturbedarf sind als Ersatzbeschaffung zu aktivieren, wenn die genannten Ansatzkriterien erfüllt sind (IAS 16.14; Rz 36).

Klarheit für den Anwender schafft eigentlich nur das **erste** der drei vorstehend aufgeführten Abgrenzungsmerkmale: Der **laufende Unterhalt** ist nicht aktivierungspflichtig. Bei den beiden weiteren Punkten werden dem Anwender **tautologische** Darlegungen geliefert: Eine Aktivierung hat zu erfolgen, wenn die Ansatzkriterien erfüllt sind.

Angesichts dieser Unklarheiten kann sich ein Rückgriff auf die bis 2004 geltende Fassung von IAS 16 empfehlen. Als weitere Beispiele für nachträglichen Herstellungsaufwand sind dort Maßnahmen genannt, welche

- die Kapazität erweitern,
- die Nutzungsdauer verlängern oder
- eine substanzielle Verbesserung der Qualität bringen.

Die Neufassung von IAS 16 hat u. E. eher redaktionellen als materiellen Charakter. In den o. g. Fällen liegt regelmäßig eine Erhöhung des Nutzens gegenüber dem früheren Zustand vor. Damit ist der Aufwand zu aktivieren.

2.3.1.2 Komponentenansatz

32 In den vorstehend genannten Ansatzkriterien kommt auch ohne besondere Hervorhebung der Komponentenansatz *(components approach)* zum Tragen, wie er in der Bemessungsgrundlage für die **laufenden Abschreibungen** seinen Niederschlag gefunden hat (→ § 10 Rz 7ff.). Der *Board* enthält sich einer Lösung der Frage, ob – z. B. – das Triebwerk und der Rahmen eines Flugzeuges getrennte Vermögenswerte oder Bestandteile eines einheitlichen Vermögenswertes „Flugzeug" darstellen. Er spricht von Teilbereich einer Einheit *(part of an item)*, der bei unterschiedlicher Lebensdauer **separat abzuschreiben** ist (→ § 10 Rz 7ff.). Die separate Abschreibung führt auch zu einer gesonderten Erfassung eines Erfolges beim **Abgang** eines *part of an item* (→ § 10 Rz 8). Folgerichtig kann dann auch die Neubestuhlung eines Flugzeugs oder eine Generalüberholung *(major inspection)* das Ansatzkriterium erfüllen (Rz 36).

33 Die unbestimmte und in Teilbereichen tautologische (Rz 31) Begriffsbildung führt zu einer **ermessensbehafteten** Bilanzierungsgrundlage, vgl. hierzu auch IAS 16.9: Ermessensentscheidungen sind ausdrücklich verlangt *(judgement is required)*.

34 Das deutsche Rechnungslegungsrecht versucht traditionell mit viel Akribie, diesen **Ermessensspielraum** durch eine Komposition abstrakter Regeln, verbunden mit konkreten Handlungsweisen, **einzuengen**. Vorreiter ist dabei der

BFH,[21] der das Abgrenzungsproblem zwischen Herstellungs- und Erhaltungsaufwand unter Auslegung der Definitionsnorm in § 255 Abs. 1 u. 2 HGB zu lösen versucht. Die HGB-Bilanzierung muss sich zwar nicht an den Befunden des BFH zwingend ausrichten, folgt ihr indes zumindest in der früheren Ausprägung durch IDW-Verlautbarung.[22] Für die IFRS-Rechnungslegungspraxis stellt sich aus Sicht des deutschen Anwenders die Frage, inwieweit die BFH-Kriterien auch nach IFRS beachtlich sind, woraus dann Folgeentscheidungen für die Steuerlatenzrechnung gezogen werden müssen (→ § 26 Rz 17ff.).

Der Vergleich zu den (expliziten) IFRS-Regeln (Rz 31) fällt wie folgt aus:

- Bezüglich des laufenden Unterhaltungsaufwandes *(day-to-day-service)* gibt es keinen Unterschied.
- Umgekehrt ist die turnusmäßig nach einigen Jahren durchzuführende Neuauskleidung des Hochofens mit feuerfestem Material nach IAS 16.12 aktivierbar, nach deutschem HGB und EStG dagegen nicht.
- Generalüberholungen *(major inspections)* sind nach IAS 16.14 zu aktivieren (Rz 36), nach HGB/EStG dagegen nicht.
- Die genannte BFH-Rechtsprechung ist primär auf die Verhältnisse eines **Gebäudes** ausgerichtet, die IFRS-Regeln sind allgemeiner gehalten. Zur Konkretisierung werden lediglich die wenig verallgemeinerungsfähigen Verhältnisse eines **Flugzeuges** ins Visier genommen.

Soweit nach der BFH-Rechtsprechung und dieser folgend der handelsrechtlichen Rechnungslegungspraxis eine **Nachaktivierung** als Herstellungsaufwand in Betracht kommt, sind u. E. in aller Regel auch die (abstrakten, vgl. Rz 30) Ansatzkriterien nach IAS 16.7 erfüllt:[23] Es genügt die Wahrscheinlichkeit des künftigen Nutzenzuflusses. Nach BFH/HGB ist aktivierungspflichtiger Herstellungsaufwand anzunehmen bei:

- Neuschaffung,
- Erweiterung (IAS 16.10: *„add to"*),
- über den ursprünglichen Zustand hinausgehender wesentlicher Verbesserung

eines Wirtschaftsgutes/Vermögensgegenstandes.[24]

---

[21] Zuletzt die BFH-Urteile v. 12.9.2001, IX R 39/97 und IX R 52/00, BStBl II 2003, S. 569ff. sowie das diese Urteile weitgehend bestätigende BMF-Schreiben v. 18.7.2003, BStBl I 2003, S. 386.
[22] Stellungnahme des wohnungswirtschaftlichen Fachausschusses beim IDW I/1996, FR 1997, S. 288.
[23] Ähnlich SCHEFFLER/GLASCHKE, StuB 2006, S. 496; a. A. SCHEINPFLUG, in: Beck'sches IFRS-Handbuch, 2. Aufl., 2006, § 5 Rz 87.
[24] Dem folgt in Teilbereichen die deutsche IFRS-Bilanzierungspraxis, vgl. VON KEITZ, Praxis der IASB-Rechnungslegung, 2. Aufl., 2005, S. 56.

Hoffmann

> **Beispiel**
> Die Flughafen-AG erneuert die rechte Landebahn. Der weitere Sachverhalt soll wie folgt variiert werden:
> - Es liegt ein Vollverschleiß vor.
> - Eine auf die bisherige Asphaltdecke „aufgepfropfte" weitere Decke soll den Betrieb mit schwereren Flugzeugen ermöglichen.
> - Die linke Landebahn wird verlängert, um die Flugsicherheit angesichts der zu wartenden schwereren Flugzeuge, die die rechte Landebahn benutzen sollen, zu gewährleisten.
>
> **Lösungshinweise**
> - Bei Vollverschleiß der bisherigen Landebahn liegt ein Abgang des vorhandenen Vermögenswertes verbunden mit dem Zugang eines neuen vor („Zweit"-Herstellung).
> - Die Verstärkung der Asphaltdecke auf der rechten Landebahn erschließt zusätzliche Einnahmequellen durch den Betrieb mit größeren Flugzeugen. Dadurch werden künftig zusätzliche Einnahmen *(increased future economic benefits)* ermöglicht. Also liegen Herstellungskosten vor.
> - Die Verlängerung der linken Landebahn hängt zusätzlich mit der Befestigung der rechten zusammen und teilt deren bilanzrechtliches Schicksal: Es liegen Herstellungskosten vor.

Zweifelhaft ist die Lösung nach IFRS z. B. für eine Fassadenrenovierung, u. U. mit Anbringung eines bislang nicht vorhandenen Dämmschutzes.

35 Die Abgrenzungsmerkmale von Erhaltungs- und Herstellungsaufwand sind nicht auf die **Definition** des **Vermögenswertes** (z. B. Gebäude oder Flugzeug) ausgerichtet (Rz 30). Gleichwohl ist die Tendenz zu einer „Atomisierung" des Vermögenswertes (Rz 32) unübersehbar (→ § 10 Rz 8). Dieser *components approach* führt i. d. R. zu einer **Beschleunigung** des **Abschreibungsverlaufes**, aber auch zu einer „schnelleren" Aktivierung bei Ersatzbeschaffungen.

> **Beispiel**
> In der früheren BFH-Rechtsprechung bis Anfang der 70er Jahre wurde ein Gebäude systematisch „**atomisiert**". Man wertete z. B. die Heizungs- und die Elektroanlage als eigenständiges Wirtschaftsgut. Entsprechend wurde der Ersatz der alten Heizungsanlage durch eine neue als aktivierungspflichtig angesehen. Nach der jetzigen Rechtslage ist es gerade umgekehrt: Das Gebäude ist **weiter** definiert und umfasst auch die Heizungs- und die Elektroanlage (vgl. zur Abschreibungsverrechnung hierzu die Beispiele in → § 10 Rz 9). Wird eine dieser Anlagen ersetzt, liegt Erhaltungsaufwand vor (abgesehen von dem Fall der Ersetzung der nicht mehr funktionsfähigen Anlage in zeitlichem Zusammenhang mit dem Gebäudeerwerb). Dazu ein **Gegenbeispiel** nach IAS 16.13:

Sachverhalt
- Die Innenausstattung eines Flugzeuges wird regelmäßig erneuert, z. B. durch Einbau neuer Sitze.
- Die Nutzungsdauer des Flugzeugs ist wesentlich länger als der Erneuerungsrhythmus für die Innenausstattung.

Bilanzierungsfolge
- Die Innenausstattung wird als Teil eines Vermögenswertes *(component)* betrachtet mit der Folge einer vom Flugzeug getrennt zu ermittelnden Abschreibungsdauer. Die Ersetzung der Innenausstattung ist dann jedesmal aktivierbar.
- Ebenso kann ein Triebwerk als ein solches *component* angesehen werden (IAS 16.44).

Weiteres Beispiel aus der BFH-Rechtsprechung[25]
- Die Karosse eines Autos und der Motor sind **ein** (einziges) Wirtschaftsgut.
- Folge: Der Einbau eines Austauschmotors ist Erhaltungsaufwand.

Weitere Beispiele aus der deutschen Rechnungslegungspraxis
- Die Turbine einer industriellen Großanlage kann als Bestandteil des Vermögensgegenstandes „Hauptmaschine" angesehen werden.[26]
- Der PC-Arbeitsplatz – ausgestattet mit Zentraleinheit, Bildschirm, Tastatur etc. – kann als einheitlicher Vermögensgegenstand gewertet werden.[27] Aber auch die „Zerlegung" dieses Arbeitsplatzes in selbstständige Vermögensgegenstände ist für richtig erachtet worden.[28]
- Ein mobiles Autotelefon soll einen eigenständigen Vermögensgegenstand darstellen.[29]

IAS 16 liefert zu den beiden letztgenannten Beispielen keine verbindlichen Vorgaben. Der Anwender kann im Rahmen des Ermessensspielraumes (Rz 33) daher u. E. vielfach auch den Vorgaben des HGB/EStG folgen, dies gilt auch

---

[25] BFH, Urteil v. 30.5.1974, IV R 56/72, BStBl II 1974, S. 520.
[26] KOTHS, JbFStR 1996, S. 178; vgl. hierzu auch HEUSER/THEILE, IAS/IFRS-Handbuch, 2. Aufl., 2005, Rz 576.
[27] So FG München, EFG 1993, S. 214, und OFD Berlin, DB 1997, S. 1741. So auch BFH, Urteil v. 19.2.2004, VI R 135/01, DStR 2004, S. 81.
[28] FG Rheinland-Pfalz, DStRE 2001, S. 1143.
[29] BFH, Beschluss v. 20.2.1997, II B 98/96, BStBl II 1997, S. 360; weitere Beispiele bei HOFFMANN, § 6, in: LITTMANN/BITZ/PUST, EStG Tz 696.

für den Begriffsinhalt der so genannten **anschaffungsnahen Herstellungskosten** mit der gesetzlichen 15-%-Grenze.[30] Zum Komponentenansatz sind weitere Beispiele in → § 10 Rz 9ff. bezüglich der **Abschreibungs**verrechnung wiedergegeben.

2.3.1.3 Regelmäßige Generalüberholungen oder Großinspektionen

36 Teile bestimmter Anlagegüter bedürfen regelmäßig einer **Generalüberholung** oder **Großinspektion** (IAS 16.14). Typisches Beispiel sind Verkehrsflugzeuge (D-Check). Die Kosten für diese Generalüberholung sind **separat** als *inspection component* zu aktivieren, wenn

- die Großreparatur in regelmäßigen Abständen durchgeführt wird,
- die Anlage nur nach der Großreparatur weiterbetrieben werden kann,
- zuvor aktivierte Kosten der Großreparatur abgeschrieben und
- die allgemeinen Ansatzkriterien erfüllt sind.

Nach HGB/EStG sind die Aufwendungen für solche Generalüberholungen bei Anfall ergebniswirksam zu verbuchen. In zwischenperiodischer Betrachtung ist die Aufwandsverteilung nach IFRS gleichmäßig, nach HGB „sprunghaft". Das gleiche zwischenperiodische Ergebnis könnte nach HGB in anderer Darstellungsform durch zeitanteilige Zuführung zu einer Aufwandsrückstellung erreicht werden. Als „Komponente" der Anschaffungs- oder Herstellungskosten eines Anlagegutes kommen also nicht nur physische, sondern auch virtuelle Bestandteile in Frage. Zur Separierung einer solchen „Generalüberholungskomponente" innerhalb der Zugangsbewertung dient ein Vergleich mit der TÜV-Überwachung von Autos: Ein Pkw, der gerade den TÜV absolviert hat, ist höherwertig als ein vergleichbarer ohne TÜV-Abnahme.

Beispiel[31]
- Im Anschaffungspreis einer langlebigen, regelmäßig Großinspektionen zu unterziehenden Anlage ist schon eine bis zum ersten wirklichen Inspektionstermin abzuschreibende Inspektionskomponente enthalten (eingepreist).
- Mit tatsächlicher Durchführung des ersten Inspektionstermins ist der Restbuchwert der kalkulatorisch im Kaufpreis enthaltenen Komponente auszubuchen und durch die tatsächlichen Kosten der ersten Inspektion zu ersetzen.

---

[30] Gemäß § 6 Abs. 1 und 1a EStG i. d. F. des Steueränderungsgesetzes 2003; ANDREJEWSKI/BÖCKEM (KoR 2005, S. 78) halten eine Grenzmarke von 5 % für vertretbar. Dabei stützen sie sich auf die „Signifikanzgrenze" für Bestandteile der Anschaffungs- und Herstellungskosten, die nicht getrennt zu aktivieren sind (→ § 10 Rz 7ff.). Die letztgenannte Grenze wird durch die internationale Praxis in einem analogen Fall nicht bestätigt.

[31] JANSSEN, Aktivierung und Abschreibung von Großinspektionen, PiR 2005, S. 46.

- Im zweiten tatsächlichen Inspektionstermin wird ein eventueller Restbuchwert der ersten tatsächlichen Inspektion ausgebucht und durch die Kosten der zweiten Inspektion ersetzt usw.

Buchmäßige Abwicklung: Ein Flugzeug wird Anfang 01 für 32,25 Mio. EUR angeschafft. Davon entfallen geschätzt
- 10 Mio. EUR auf die Triebwerke, welche eine Nutzungsdauer von 5 Jahren haben,
- 20 Mio. EUR auf den Rumpf mit einer Nutzungsdauer von 20 Jahren,
- 2,25 Mio. EUR auf die Inspektionskomponente.

Eine Großinspektion soll (bei planmäßigen jährlichen Flugstunden) alle $2^{1}/_{4}$ Jahre erfolgen. Tatsächlich ist die Zahl der jährlichen Flugstunden höher, sodass die erste Großinspektion bereits Ende 02 fällig ist. Ihre Kosten sind – anders als erwartet – 2,5 Mio. EUR. Die Buchungen ergeben sich dann wie folgt:

Anfang 01:	Flugzeug	32,25 Mio. EUR	an Bank	32,25 Mio. EUR
31.12.01 bis 02:	Abschreibung Rumpf	1 Mio. EUR	an Flugzeug	1 Mio. EUR
	Abschreibung Triebwerke	2 Mio. EUR	an Flugzeug	2 Mio. EUR
	Abschreibung Inspektionskomponente	1 Mio. EUR	an Flugzeug	1 Mio. EUR
Zusätzlich zum 31.12.02:	Restbuchwertabgang Inspektionskomponente	0,25 Mio. EUR	an Flugzeug	0,25 Mio. EUR
	Flugzeug	2,5 Mio. EUR	an Bank	2,5 Mio. EUR

Von den separat zu aktivierenden und abzuschreibenden Kosten der Generalüberholung **abzugrenzen** sind die **Komponenten** einer Anlage, deren Nutzungsdauern sich von der „Hauptanlage" unterscheiden (Rz 32ff.), im vorherigen Beispiel etwa Rumpf und Triebwerk des Flugzeuges. Eine detaillierte Kommentierung des *components approach* enthält → § 10 Rz 7ff. Wegen Besonderheiten im Übergangsverfahren nach IFRS 1 wird verwiesen auf → § 6 Rz 49.

2.3.2 Immaterielle Vermögenswerte
Wie für sächliches gelten auch für immaterielles Anlagevermögen keine besonderen Ansatzregeln (→ § 13 Rz 13ff.) betreffend die nachträglichen Aufwendungen auf einen bereits vorhandenen Vermögenswert. Solche Aufwendungen sollen allerdings nur **selten** *(only rarely)* die Ansatzkriterien erfüllen (IAS 38.20). Ähnliches galt nach IAS 38.61 (1998). Der Komponentenansatz (Rz 30ff.) gilt nicht für immaterielle Vermögenswerte.

2.4 Verfahren zur Ermittlung der Anschaffungs- und Herstellungskosten

2.4.1 Überblick

38 Nach HGB und, diesem folgend, dem EStG sind folgende **Bewertungsverfahren** zu unterscheiden[32] und mit den IFRS-Regeln zu konfrontieren:

	HGB	IFRS
Einzelbewertung	§ 252 Abs. 1 Nr. 1	2.23 i. V. m. F.82
Durchschnittsbewertung	§ 240 Abs. 4 2. Alt. i. V. m. § 256 S. 2	2.25
Gruppenbewertung	§ 240 Abs. 4 1. Alt. i. V. m. § 256 S. 2	2.24
Festwert	§ 240 Abs. 3 i. V. m. § 256 S. 2	*materiality*[33] IAS 16.9
Verbrauchsfolgebewertung	§ 256	2.25
Retrograde Bewertung	Üblich im Einzelhandel[34]	

39 Die vorstehende Tabelle zeigt die weitgehende Übereinstimmung zwischen HGB (und damit auch EStG) und IFRS. Ausgangspunkt ist nach beiden Rechnungslegungssystemen der **Einzelbewertungs**grundsatz. Nach § 252 Abs. 1 Nr. 1 HGB sind die Vermögenswerte „einzeln" zu bewerten. Dies gilt nach IFRS uneingeschränkt für sächliches (IAS 16.30 *„an item"*) und immaterielles **Anlage**vermögen (IAS 38.18 *„an... asset"*). Für den Bereich des **Vorrats**vermögens geht IAS 2.24 systematisch von einer *specific identification of their individual costs* aus, die bei nicht austauschbaren *(not interchangeable)* Gütern und bei Gütern und Dienstleistungen für besondere Projekte *(specific projects)* möglich ist. In deutscher Terminologie kann man von nicht vertretbaren Gütern sprechen.

40 Umgekehrt ist eine **Abweichung** vom Einzelbewertungsgrundsatz zulässig, wenn es sich um austauschbare *(interchangeable)* Güter in großer Stückzahl handelt (IAS 2.24). Dann sind nach IAS 2.25 **vereinfachende** Verfahren zulässig, nämlich nach

---

[32] Zum Folgenden vgl. Hoffmann, § 6, in: Littmann/Bitz/Pust, EStG-Kommentar, Rz 65ff. Siehe auch Jacobs, IAS 2, in: Baetge u. a., Rechnungslegung nach IAS, 2. Aufl., 2002, Tz 47ff.

[33] Zutreffend Lüdenbach, IFRS, 4. Aufl., 2005, S. 174: Festwerte sind auch nach HGB nur bei untergeordneter Bedeutung („Unwesentlichkeit") zulässig. Vgl. auch → § 14 Rz 8.

[34] Vgl. Hoffmann, PiR 2006, S. 240.

- dem gewogenen Durchschnitt,
- *first in, first out* (Fifo).

2.4.2 Einzelne vereinfachende Verfahren

2.4.2.1 Durchschnittsmethode

Bei der Durchschnittsmethode erfolgt die Bewertung des Bestandes am Bilanzstichtag mit den gewogenen durchschnittlichen Anschaffungs- oder Herstellungskosten des Anfangsbestandes zuzüglich der Zugänge während des Jahres.

Beispiel[35]

Anfangsbestand		1.000 kg à 10,00	= 10.000
Zukauf 1	+	2.000 kg à 12,00	= 24.000
Zukauf 2	+	1.500 kg à 13,00	= 19.500
Zukauf 3	+	2.500 kg à 14,50	= 36.250
Summe		7.000 kg	= 89.750

Durchschnittswert: 89.750 : 7.000 = 12,82

Die Durchschnittsmethode gibt nicht die tatsächlichen Einstandskosten wieder, kommt diesen aber bei stabilen Preisen sehr nahe. Bei steigenden Preisen gefährdet die Durchschnittsmethode tendenziell die Substanzerhaltung, bei fallenden Preisen kommt es in der Tendenz zu einer Überbewertung.

2.4.2.2 Die Fifo-Methode

First in, first out: Es wird bei der Bilanzbewertung unterstellt, dass sich die Lagerzugänge mit den -abgängen synchron verhalten; je früher der Zugang, desto früher der Verbrauch.

Beispiel (für Perioden-Fifo)			
Anfangsbestand		1.000 kg à 10,00	= 10.000
Zukäufe	+	1.500 kg à 15,00	
Abgang	./.	1.000 kg à 10,00	
Abgang	./.	500 kg à 15,00	
Endbestand		1.000 kg à 15.00	= 15.000

Bei steigenden Preisen ist die Substanzerhaltung tendenziell noch mehr gefährdet als bei der Durchschnittsmethode, umgekehrt wurden bei fallenden Preisen stille Reserven gebildet. Das Fifo-Verfahren fördert den Einblick in die Vermögenslage des Unternehmens, aber zu Lasten des Einblicks in die Ertragslage.

---

[35] Die nachfolgenden Beispiele sind entnommen von MAYER-WEGELIN, in: KÜTING/WEBER, Handbuch der Rechnungslegung, 4. Aufl., § 256 HGB Tz 12ff.

Hoffmann

Zur buchtechnischen Darstellung des Übergangs von der Durchschnitts- auf die Fifo-Methode wird auf das Beispiel in → § 24 Rz 29ff. verwiesen.

2.4.2.3 Die Lifo-Methode

45 *Last in, first out*: Es wird bei der Bilanzbewertung unterstellt, dass sich die Lagerabgänge im Zeitverlauf gerade gegensätzlich zu den -zugängen verhalten; je später der Zugang, desto früher der Verbrauch. Diese Methode ist ab 2005 nicht mehr zulässig.

2.5 Sonderfälle

2.5.1 Tauschgeschäfte

46 Bei der Abbildung von Tauschgeschäften im Jahresabschluss ist von **zwei** wesentlichen **Grundüberlegungen** auszugehen, die miteinander verknüpft sind:
- Wenn zwei Kontrahenten sich über die Wertdifferenz des potenziellen Tauschgutes einig sind, können sie ohne (wirtschaftliche) Beschränkung nach „oben" **jeden Kaufpreis** förmlich festlegen.

> **Beispiel**
> Der Profifußballklub FC Forza Italia ist bereit, Spieler S an den Klub Real Espana gegen Eintausch von Spieler T abzugeben. Man einigt sich im Verhandlungsweg auf einen „Mehrwert" von S gegenüber T von 8 Mio. EUR (Tausch mit Baraufgabe, *exchange for a combination of monetary and non-monetary assets*). Die Kaufpreise können dann ohne Restriktion durch wirtschaftliches Eigeninteresse auf 18 Mio. EUR für S und 10 Mio. EUR für T oder z. B. auf 58 bzw. 50 Mio. EUR festgelegt werden.

- Aus dem vorstehend dargestellten ökonomischen determinierten Tatbestand folgt die Frage, ob und gegebenenfalls in welcher Höhe eine **Gewinnrealisierung** anzunehmen ist.

47 Das **handels**rechtliche Schrifttum war traditionell **vorsichtig** ausgerichtet und verneinte einen Gewinnrealisierungsakt, wandelte seine Auffassung dann zu einem **Wahlrecht** zwischen Buchwertfortführung und Gewinnrealisierung.[36] Das **Steuerrecht** geht seit dem Tauschgutachten des BFH[37] vom Erfordernis der **Gewinnrealisation** auf der Basis der gemeinen Werte aus.[38] Dem entsprechen die IFRS konzeptionell, wenn sie in IAS 16.24-26 für sächliches Anlagevermögen und in IAS 38.45-47 für immaterielle Vermögenswerte die Bewertung zum *fair value* des erworbenen bzw. hingegebenen Vermögenswertes als Regelmaß vorschreiben.
Die **Einzelheiten** der Bewertungsvorgaben mit Beispielen sind dargestellt für
- **sächliches** Anlagevermögen in → § 14 Rz 13f.,

---

[36] Einzelheiten bei ADLER/DÜRING/SCHMALTZ, 6. Aufl., § 255 HGB, Tz 89ff.
[37] BFH, Urteil v. 16.12.1958, ID 1/57 S, BStBl III 1959, S. 30.
[38] Einzelheiten bei HOFFMANN, in: LITTMANN/BITZ/PUST, EStG, § 6, Tz 195ff.

- **immaterielles** Anlagevermögen in → § 13 Rz 60.

Ein Tauschvorgang kann sich nicht nur **innerhalb** der beiden eben genannten Bereiche von Vermögenswerten vollziehen, sondern auch **dazwischen**, also z. B. Tausch eines immateriellen gegen einen sächlichen (Anlage-)Wert (IAS 16.24 sowie IAS 38.45) oder mit oder gegen eine als Finanzinvestition gehaltene Immobilie (IAS 40.27).

2.5.2 Einlagen, Einbringungen

IFRS 2 (→ § 23 Rz 6) befasst sich auch mit der Bewertung von **Einlagen** bzw. **Einbringungen** einzelner Vermögenswerte gegen Gewährung von Gesellschaftsrechten (Sachkapitalerhöhung). 48
Aus Sicht der Gesellschaft liegt eine Anschaffung gegen aktien- bzw. anteilsbasierte Vergütung vor (→ § 23 Rz 30). Die Bewertung hat primär mit dem *fair value* des eingebrachten Vermögenswertes zu erfolgen (→ § 23 Rz 49). Den hierin zum Ausdruck kommenden **Tauschgedanken** – Anschaffung eines Vermögenswertes gegen Hingabe von Gesellschaftsrechten – mag man für richtig oder für falsch halten. Aus Konsistenzgründen wird man ihm jedenfalls auch beim einlegenden Unternehmen (**Gesellschafter**) folgen müssen: Anschaffung der Anteile gegen Hingabe des Vermögenswertes. Einen niedrigeren Buchwert unterstellt, kommt es dann beim einlegenden Unternehmen zur **Gewinnrealisierung**. Nicht anzuwenden sind die Bewertungsregeln des IFRS 2 für **Unternehmenszusammenschlüsse** (IFRS 2.5); diese Fälle unterliegen den Vorgaben von IFRS 3.[39]
Die verdeckte Einlage ohne Ausgabe von Gesellschaftsrechten ist hingegen weder in IFRS 2 noch in einem anderen Standard förmlich geregelt. Nach der in IAS 8.11 vorgegebenen Auslegungshierarchie (→ § 1 Rz 78) sind vorrangig Regelungen zu ähnlichen Vorgängen in anderen Standards heranzuziehen. Einschlägig ist hier u. E. IAS 31.48 i. V. m. SIC (→ § 34 Rz 45ff.): Soweit die Einbringung zu Gunsten der „eigenen" Beteiligung erfolgt, scheidet eine Gewinnrealisierung beim Einbringenden aus und hat die Gesellschaft die Buchwerte des einlegenden Unternehmens fortzuführen; umgekehrt ist eine Gewinnrealisierung beim einlegenden und ein Zeitwertansatz beim aufnehmenden Unternehmen im Umfang der Fremdbeteiligungsquote vorzunehmen. Soweit das Steuerrecht einen anderen Erstansatz verlangt als die IFRS, kommt es gemäß IAS 12.22c) nicht zu einer **Steuerlatenzrechnung** (→ § 26 Rz 45).

2.5.3 Abbruchkosten

Speziell im Fall von Grundstücken gehen Abbruchkosten häufig einher mit Neuanschaffungen oder -herstellungen. Die IFRS behandeln diesen Themenkomplex nicht im Einzelnen, anders als etwa das deutsche Einkommensteuerrecht.[40] Die zitierte BFH-Rechtsprechung und die zugehörigen Verwaltungsanweisungen berücksichtigen sinnvoll die wirtschaftlichen Begleitumstände des 49

---

[39] Vgl. LÜDENBACH, PiR 2006, S. 93.
[40] Grundlage ist der Beschluss des BFH vom 12.6.1978, GrS 1/77, BStBl II 1978, S. 620; vgl. hierzu auch BEISER, DB 2004, S. 2007.

Grundstückerwerbes und des nachfolgenden Gebäudeabrisses. U. E. können diese Kriterien einer Lösung nach den IFRS auf der Basis des **Wertschöpfungsgedankens** zugrunde gelegt werden.

Beispiel
Sachverhalt
Ein Gebäude wird abgerissen, um einem Neubau Platz zu machen. Die bisherigen Gebäudebestandteile sind nicht mehr verwertbar und werden entsorgt.
Lösung
Mit dem Abbruch ist keine Wertschöpfung für den Neubau verbunden, der Restbuchwert des Gebäudes und die Abbruchkosten sind in vollem Umfang als Aufwand zu behandeln.
Anders wäre die Lösung, wenn Teile des abgebrochenen Gebäudes für den Neubau verwendet werden können, die also noch vorhandenen Werte in den Neubau eingehen. Letzteres ist auch dann der Fall, wenn Mauerreste etc. recycelt werden, denn dadurch wird die Anschaffung und Verwendung „externer" Baumaterialien – Kies und Sand – erspart.

Ein weiterer typischer Themenbereich bezieht sich auf den **Abriss** eines Gebäudes in nahem zeitlichen Zusammenhang mit dem Erwerb des zugehörigen Grundstücks. Indiziell ist der Erwerb im Hinblick („final", Rz 15) auf den beabsichtigten Neubau erfolgt; der alsbald nach dem Erwerb erfolgte Abriss des noch auf dem Grundstück befindlichen Gebäudes spricht eindeutig für die Erwerbsabsicht nur des Grund und Bodens, um hierauf ein neues Gebäude zu errichten. Der Kaufpreis für das Grundstück mit dem Altbau entfällt in vollem Umfang auf den Grund und Boden. Dabei ist unerheblich, ob mit dem Neubau alsbald nach dem Abriss des Altbaus begonnen wird oder nicht.

2.5.4 Entfernungs- und Rückbauverpflichtungen
Der Betrieb größerer Anlagen ist häufig mit der Verpflichtung zur **Entfernung** oder zum **Rückbau** verbunden. Wegen Beispielen vgl. → § 21 Rz 63. Die geschätzten Kosten sind mit dem abgezinsten Betrag gemäß IAS 16.16c (Rz 17) zu aktivieren. Wegen der Zugangsbewertung im Übrigen wird verwiesen auf → § 21 Rz 63ff., wegen der Folgebewertung auf → § 21 Rz 118ff.

2.5.5 Ersatzleistungen bei Abgangsverlusten
Schadensersatz- oder **Versicherungs**leistungen im Zusammenhang mit Anlageabgängen sind erfolgswirksam zu vereinnahmen.[41] Eine Rücklage für Ersatzbeschaffung nach EStG kennen die IFRS nicht.

---

[41] So KPMG, Insights into IFRS 2006/2007, 3.2.430.10 mit den nachfolgenden Beispielen.

Beispiel

Sachverhalt
- Ein Gebäude wird durch Brand vollständig zerstört.
- Buchwert 600
- Versicherungsentschädigung 1.000
- Wiederherstellungskosten 900

Lösung
- Folgende Buchungen sind vorzunehmen:
  Per Aufwand an Gebäude   600
  Per Geld an Ertrag   1.000
  Per Gebäude an Geld   900
- Diese Buchungen können in verschiedenen Perioden anfallen.

3 Die Neubewertungskonzeption *(revaluation)*

3.1 Überblick

In Abweichung vom Anschaffungskostenprinzip (Rz 6) **erlauben** die IFRS eine Neubewertung *(revaluation)* über die Anschaffungs- und Herstellungskosten hinaus:
- IAS 16.31 für sächliches Anlagevermögen als „einfaches" Wahlrecht – nach IAS 16 (1998) noch erlaubte Ausnahme (→ § 14 Rz 17),
- IAS 38.75 für immaterielle Anlagegüter „einfaches" Wahlrecht – nach IAS 38 (1998) noch erlaubte **Ausnahme** *(allowed alternative treatment*; → § 13 Rz 63ff.) gegenüber dem bzw. vom Anschaffungskostenverfahren.

Anzuwenden ist die Neubewertungskonzeption auch auf im *finance lease* finanzierte Anlagegüter (→ § 15 Rz 102).

52

Als Neuwert gilt der *fair value* des betreffenden Vermögenswertes am Tage der Neubewertung abzüglich danach entstehender Abschreibungen und außerplanmäßiger Wertminderungen *(impairment losses*; IAS 16.31 bzw. IAS 38.75). *Fair value* ist der Betrag, zu dem der Vermögenswert unter informierten und handlungsbereiten Fremden ungezwungen ausgetauscht werden kann (IAS 16.6 bzw. 38.8) – kurz der (beizulegende) Zeitwert.

53

Der Neubewertungsbetrag „nach oben" ist **erfolgsneutral** im Eigenkapital einer **Neubewertungsrücklage** *(revaluation surplus)* zuzuführen (IAS 16.39, IAS 38.85). So ist auch die Umwidmung von Grundstücken, die als Finanzinvestitionen gehalten werden, nach IAS 40.61 geregelt (→ § 16 Rz 76f.). Zur Neubewertung „nach unten" vgl. Rz 69ff. Wegen der Besonderheit bei möglicherweise systematisch nicht vorhandenem Eigenkapital vgl. → § 20 Rz 18ff.
Besonderheiten aus der Neubewertung ergeben sich für

54

- die planmäßige Abschreibung (Rz 65ff.),
- die außerplanmäßige Abschreibung (Rz 69ff.),
- den Abgang (Rz 74),
- die Steuerlatenzrechnung (Rz 73).

55 Für **landwirtschaftliche Produkte** gilt nach IAS 41.12f. generell eine Marktbewertung (→ § 40 Rz 18ff.).

3.2 Besonderheiten für immaterielle Anlagewerte

56 Konzeptionell stimmen die Vorschriften zur Neubewertung *(revaluation)* von **sächlichem** Anlagevermögen *(property, plant and equipment)* in IAS 16 mit denjenigen zu den **immateriellen** Vermögenswerten *(intangible assets)* in IAS 38 überein (→ § 13 Rz 63ff.). Allerdings besteht eine entscheidende **Besonderheit**: IAS 38.75 verlangen zur Bestimmung des *fair value* eines immateriellen Vermögenswertes eine Bezugnahme auf einen „aktiven Markt" (IAS 38.7). Ein solcher liegt bei kumulativer Erfüllung folgender Tatbestände vor:
- Handel mit homogenen Gütern;
- Käufer und Verkäufer sind üblicherweise verfügbar;
- Preise werden der Öffentlichkeit verfügbar gemacht.

Diese Voraussetzung ist allerdings für immaterielle Vermögenswerte nur in **Ausnahmefällen** gegeben; als Beispiel werden frei handelbare Taxi- und Fischerei-Lizenzen sowie Produktionsquoten genannt. Für die in Wirklichkeit wichtigen „*intangibles*" – Warenzeichen, Veröffentlichungsrechte, Patente, Handelsmarken – kann es keinen solchen „aktiven Markt" geben; die Neubewertungsmethode scheidet demgemäß aus.

Generell sind die tatbestandlichen Voraussetzungen zur Anwendung des Neubewertungsverfahrens bei immateriellen Vermögenswerten weitaus **enger** als für sächliches Anlagevermögen (→ § 13 Rz 65).

3.3 Vorgehensweise am Beispiel des sächlichen Anlagevermögens

3.3.1 Voraussetzungen

57 Die **Option** zur Neubewertungsmethode ist von folgenden **Voraussetzungen** abhängig:
- Die Neubewertung ist im Zeitverlauf mit hinreichender **Regelmäßigkeit** vorzunehmen, damit der (neu bewertete) Buchwert *(carrying amount)* nicht wesentlich vom beizulegenden Zeitwert *(fair value)* am jeweiligen Bilanzstichtag abweicht (IAS 16.31).
- Die Neubewertung muss mit der nötigen **Häufigkeit** erfolgen (IAS 16.34). Maßgeblich ist eine **wesentliche** Abweichung des beizulegenden Zeitwerts *(fair value)* zum Buchwert *(carrying amount)*. Je nach Vermögenswert kann eine **jährliche** Anpassung (bei hoher Wert-Volatilität) erforderlich sein, sonst soll ein **Intervall** von drei bis fünf Jahren genügen.

- IAS 16 verbietet nicht den **Wechsel** zwischen den beiden Verfahren (Anschaffungskosten- bzw. Neubewertungskonzept). Es gilt allerdings das **Stetigkeitsgebot** nach IAS 8.14 (→ § 24 Rz 15). Als Rechtfertigung für einen Methodenwechsel gilt die bessere oder verlässlichere Darstellung von Geschäftsvorfällen (→ § 24 Rz 21).
- Die Neubewertung darf nicht für einen einzelnen Vermögenswert erfolgen, sondern nur für eine ganze **Gruppe** (*entire class*; IAS 16.36) – ohne geographische Beschränkung.[42] Solche Gruppen können – nicht müssen – wie folgt nach IAS 16.37 für **sächliches Anlagevermögen** gebildet werden:
  - Grund und Boden,
  - Grundstücke,
  - Maschinen,
  - Schiffe,
  - Flugzeuge,
  - Motorfahrzeuge,
  - Einrichtungen, Anlagen,
  - Büroausstattung.
- Es ist auch zulässig, den Aggregationsgrad zu verringern,[43] also nicht alle Motorfahrzeuge, sondern nur die Pkws und nicht die Lkws.
- Für **immaterielle Vermögenswerte** kann folgende Unterteilung in Betracht kommen (IAS 38.119):
  - Marken,
  - Publizierungsrechte,
  - EDV-Software,
  - Lizenzen,
  - Patente,
  - Entwicklungskosten etc.
- Die Neubewertung muss für die jeweilige Gruppe **gleichzeitig** erfolgen. Dabei ist allerdings auch ein **rollierendes** System zulässig (IAS 16.38), also z. B. ein Drittel aller Maschinen pro Jahr.[44] Die IFRS gehen offensichtlich stillschweigend davon aus, dass die Neubewertung für jeden Vermögenswert der neu bewerteten *class* zumindest nicht zu einer Abwertung führt (eine Werterhöhung oder unveränderter Buchwert). Jedenfalls ist der Fall der Wertminderung im Zuge der Neubewertung nicht detailliert geregelt (Rz 70).

3.3.2 Die Wertbestimmung und Erstverbuchung

- Für **Grundstücke und Gebäude** ist vom **Marktwert** auszugehen, der üblicherweise von Sachverständigen zu ermitteln ist (IAS 16.32). Weitere An-

---

[42] KPMG, Insights into IFRS 2006/2007, 3.2.370.10.
[43] So auch HEUSER/THEILE, IAS/IFRS-Handbuch, 2. Aufl., 2005, Rz 604.
[44] Nach EPSTEIN/MIRZA, Interpretation and Application of IAS 2002, S. 302.

weisungen (z. B. Ertragswertverfahren, Indizierungen etc.) enthalten die IFRS nicht. Alle sachgerechten Bewertungsverfahren sind daher zulässig. Wegen Einzelheiten zur Wertermittlung von Grundstücken wird verwiesen auf → § 16 Rz 48ff.

61 • Für **Maschinen und Ausstattung** ist der durch **Schätzung eines Gutachters** *(appraisal)* zu ermittelnde Marktpreis maßgebend. Ist eine Marktpreisschätzung nicht möglich, sind die fortgeführten Wiederbeschaffungskosten *(depreciated replacement cost)* anzusetzen (IAS 16.33).

62 Zur buchmäßigen Abwicklung der Neubewertung folgendes **Beispiel**[45] betreffend einen planmäßig auf 10 Jahre abzuschreibenden Vermögenswert, der Ende 03 eine Neubewertung erfährt („**Bruttoverfahren**"; IAS 16.35(a)):

Beispiel						
Jahr	AK	Abschreibung alt	Buchwert alt	Neubewertung	Abschreibung neu	Buchwert neu
00	40					
00-02		12				
03			28			
03				50		
00-02					15	
03						35

Die Differenz in den **aufgelaufenen** Abschreibungen von 3 (15-12) ist passivisch dem Abschreibungskonto zuzuschreiben, ebenso aktivisch der Neubewertungs-Bruttowert von 10. Die Differenz von 7 – die Buchwerterhöhung auf 35 statt 28 – ist einem besonderen Eigenkapitalkonto (Neubewertungsrücklage, *revaluation surplus*) gutzuschreiben (Rz 54).
Die **Buchungssätze** Ende 03 lauten:

Soll	Haben	Betrag
Anlageverm.		10
	Aufgelaufene Abschreibung	3
	Neubewertungsrücklage	7

63 Die Neubewertung planmäßig abschreibbarer Anlagegegenstände kann gemäß IAS 16.35(b) alternativ auch nach einer Art „**Nettoverfahren**" verbucht werden (vgl. Rz 77):

---

[45] So EPSTEIN/MIRZA, Interpretation and Application of IAS 2002, S. 301.

> **Beispiel**
> Im vorhergehenden **Beispiel** wird die aufgelaufene Abschreibung
> (= kumulierte Wertberichtigung im Beispiel Rz 77) der Periode 00-02 von
> 12 gegen die Anschaffungskosten (AK) verbucht.[46] Im Anlagespiegel
> (→ § 14 Rz 28) sind die Anschaffungs- und Herstellungskosten entsprechend zu kürzen. Sie werden durch den Neubewertungsbetrag ersetzt.
> Der Buchwert von 28 ist um 7 (zugunsten der Neubewertungsrücklage) auf
> 35 zu erhöhen.

Letztlich unterscheiden sich die beiden Verfahren nicht materiell, sondern nur im **Ausweis der aufgelaufenen Abschreibungen im Brutto-Anlagespiegel**. Nach der vorstehenden Darstellung ist der *fair value* nach Maßgabe der Neubewertung retrospektiv, gekürzt um die zusätzlichen Abschreibungen für die zurückliegende Periode zwischen Anschaffung und Neubewertung, einzubuchen. Mit EPSTEIN/MIRZA muss man zwischen den Brutto-Wiederbeschaffungskosten *(gross replacement cost)* von 50 und den (rückwirkend) abgeschriebenen Wiederbeschaffungskosten *(depreciated replacement cost = sound value)* von 35 unterscheiden. Den letztgenannten Betrag kann man cum grano salis als zeitanteilig abgeschriebenen *fair value* des gebrauchten Anlagegutes (Wiederbeschaffungskosten „gebraucht") bezeichnen. Zur buchmäßigen Abwicklung der Neubewertung genügt also die Angabe **eines** *fair value* allein nicht.

64

3.3.3 Die planmäßigen Folgeabschreibungen
Die IFRS enthalten **keine** bestimmte Regelung zur Verrechnung planmäßiger (und außerplanmäßiger) Abschreibungen **nach Neubewertung** *(revaluation)*. Deshalb ist die Lösung nur aufgrund allgemeiner betriebswirtschaftlicher Kriterien möglich. Folgende **Berechnungsparameter** sind dabei zu beachten (→ § 10 Rz 6):

- Abschreibungs**volumen** (Rz 66; → § 10 Rz 20),
- Abschreibungs**methode** (→ § 10 Rz 24),
- Abschreibungs**periode** (Nutzungsdauer; → § 10 Rz 31),
- Erfolgswirksamkeit (Rz 67),
- Steuerlatenz (Rz 73),
- Neubewertung „nach unten" (Rz 69f.).

65

Die IFRS bieten insbesondere auch keine Hinweise zur Neudefinition des **Abschreibungsvolumens** *(depreciable amount)* im Gefolge der Neubewertung.[47] Werden die jährlichen Abschreibungen nach der Neubewertung in der bisherigen Höhe weiterverrechnet, ist am Ende der planmäßigen Nutzungsdauer noch ein **ungeplanter Restwert** vorhanden. Die Frage ist dann, ob dieser Restbetrag

66

---

[46] Vgl. hierzu auch BALLWIESER, IAS 16, Tz 34, in: BAETGE u. a., Rechnungslegung nach IAS, 2002.
[47] Vgl. MUJKANOVIC, Fair Value im Financial Statement nach IAS, 2002, S. 142ff.

aufwandswirksam auszubuchen oder mit der Neubewertungsrücklage (Rz 54) zu verrechnen ist. U. E. sollte die Abschreibungsrate p. a. nach Neubewertung so bemessen werden, dass am Ende der Nutzungsdauer **der geplante Restwert** (meist null) **erreicht wird**[48] (vgl. das Beispiel in Rz 77). Das Gleiche muss für die Restabschreibung nach einer Wertaufholungszuschreibung gelten (→ § 11 Rz 77).

67 Von den IFRS unbeantwortet (Bestätigung in IAS 12.64) bleibt auch die Frage nach der **Ergebnisrelevanz** einer ggf. (Rz 66) zu verrechnenden **Zusatzabschreibung** auf der Grundlage des *fair value* als neuer Abschreibungs-Bemessungsgrundlage. Im Schrifttum wird nur teilweise auf dieses Problem eingegangen[49] oder ohne weitere Begründung von einer **Erfolgswirksamkeit** (der Zusatzabschreibung) ausgegangen.[50]
Denkbare Vorgehensweisen wären danach:
- **erfolgswirksame** Behandlung des erhöhten Abschreibungsbetrages (Buchung „Abschreibung an Anlagevermögen") mit oder ohne gleichzeitiger Reduzierung der Neubewertungsrücklage durch zusätzliche Buchung „Neubewertungsrücklage an Gewinnrücklagen";
- **erfolgsneutrale** Behandlung des erhöhten Abschreibungsbetrages durch Buchung „Neubewertungsrücklage an Anlagevermögen".

Konsequent zur erfolgsneutralen Einstellung des Aufwertungsbetrages in die Neubewertungsrücklage (Rz 54) wäre die **erfolgsneutrale** Verrechnung der Zusatzabschreibung (aufgrund der Neubewertung) zu Lasten dieser Rücklage. Dies entspräche auch der Anweisung in IAS 36.60, der zufolge außerplanmäßige Abschreibungen wegen Wertminderung *(impairment)* bei vorheriger Neubewertung zu Lasten der Neubewertungsrücklage zu verbuchen sind.

68 In Übereinstimmung mit der überwiegenden oder ausschließlichen Praxis empfehlen wir aus **Vereinfachungsgründen** eine **erfolgswirksame** Verrechnung der Zusatzabschreibung (vgl. auch das Beispiel in Rz 77). Die (konsequente, Rz 67) **erfolgsneutrale** Verrechnung der Zusatzabschreibung bewirkt im Periodenverlauf einen **höheren Gewinnausweis** (vgl. das Beispiel in Rz 78). Wegen der Folgewirkung auf die **Steuerlatenz**rechnung vgl. Rz 73.

3.3.4 Neubewertung „nach unten"

69 Eine Neubewertung „nach unten" kann u. E. nur **nach früherer gegenläufiger Neubewertung** erfolgen. Der Neubewertungs-Buchwert ist unter dieser Annahme durch die fortgeführten Anschaffungs- oder Herstellungskosten „nach unten" gedeckelt. Diese Auffassung stützt sich auf den Aussagegehalt von IAS 36 (→ § 11), wonach eine außerplanmäßige Abschreibung (für den ein-

---

[48] So auch WAGENHOFER, Internationale Rechnungslegungsstandards, 4. Aufl., 2003, S. 367.
[49] Ausführlich behandelt MUJKANOVIC, Fair Value im Financial Statement nach IAS, 2002, S. 143ff., die Thematik; vgl. hierzu kritisch SCHMIDT/SEIDEL, BB 206, S 596.
[50] So EPSTEIN/MIRZA, Interpretation and Application of IAS 2002, S. 304.

zelnen Vermögenswert) aufgrund einer Wertänderung gegenüber dem Buchwert **zwingend** ist und deshalb dem optionalen Neubewertungsverfahren vorgeht (vgl. auch Rz 59).
Die hier vertretene Auffassung kann **indirekt** auch aus IAS 16.40 und IAS 36.60 abgeleitet werden: Danach ist die Neubewertung „nach unten" **ergebniswirksam** zu behandeln (vergleichbar eine *impairment*-Abschreibung; → § 11 Rz 5), sofern die zulässige Wertaufholungsrücklage größer oder gleich dem Abwertungserfordernis ist. Ein solcher dem betreffenden Vermögenswert zuzuordnender Betrag innerhalb der Wertaufholungsrücklage kann nur durch eine (vorgängige) Neubewertung „nach oben" entstanden sein. Soweit eine dem (wegen Wertminderung) abzuschreibenden Vermögenswert zuzuordnende Neubewertungsrücklage vorhanden ist, muss die Abschreibung gemäß IAS 36.60 zu Lasten dieser Rücklage (erfolgsneutral) verbucht werden. Vergleichbar ist das Konzept des Übergangs durch Umwidmung von Grundstücken nach IAS 40 (→ § 16 Rz 74ff.).
Hierzu folgende schematische Darstellung:[51]

70

71

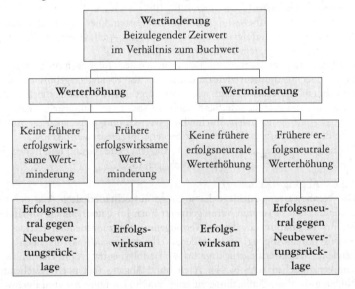

---

[51] Nach WAGENHOFER, International Accounting Standards, 3. Aufl., 2001, S. 302.

Hoffmann

72

> **Beispiel**
>
> **Sachverhalt**
> Buchwert Anfang 07 nach Neubewertung 100
> Zuzuordnende Neubewertungsgrundlage 40
> Zeitwert Ende 07 50
>
> **Lösung**
> Inanspruchnahme der Rücklage 40
> Erfolgswirksame Abschreibung 10
> Buchwert Ende 07 (neu) 50

3.3.5 Steuerlatenz

73 Nach (deutschem und meist auch ausländischem) Steuerrecht ist eine Neubewertung nicht zulässig. Bei planmäßig abzuschreibenden Anlagegegenständen kommt es dann bei einer Neubewertung „nach oben" notwendig zu einer **passiven Steuerlatenz** (→ § 26 Rz 40ff., 103). Nach IAS 12.61 ist die passive Steuerlatenz der Neubewertungsrücklage zu belasten. Die Gegenbuchung zum Aufwertungsbetrag erfolgt also immer „gesplittet" – teils zugunsten der Neubewertungsrücklage, teils als passive Steuerlatenz.

Die **Auflösung** des Passivpostens für die Steuerlatenz folgt nach Auffassung des Board[52] der ergebnis**neutralen** Zuführung, ist also ebenfalls ergebnisneutral zu verrechnen. Umgekehrt wird auch eine ergebnis**wirksame** Auflösung des Steuerlatenzpostens für zutreffend erachtet.[53] Bei einer – unterstellt zulässigen (Rz 67) – erfolgsneutralen Abschreibungsverrechnung muss auch die Auflösung des Passivpostens für die latente Steuer erfolgsneutral erfolgen.

Für **nicht abnutzbare**, neu bewertete Vermögenswerte (Grund und Boden) ist ebenfalls eine Steuerlatenz zu berücksichtigen (SIC 21).

3.3.6 Abgang *(realisation)*

74 Die **Neubewertungsrücklage** ist so lange **aufrechtzuerhalten**, wie der betreffende (neu bewertete) Vermögenswert noch im Unternehmen vorhanden ist. Bei **Realisation** des diesem Vermögenswert zuzuordnenden Rücklagen-Anteils durch **Abgang** (insbesondere Verkauf, *disposal*) ist die noch vorhandene Neubewertungsrücklage insoweit erfolgsneutral in die Gewinnrücklage umzubuchen (IAS 16.41). Auch ohne Abgang (bei noch bestehender Nutzung) ist diese Umbuchung zulässig, soweit eine Differenz zum Buchwert des zugehörigen Vermögenswertes infolge der Änderung der Abschreibungsbasis (Rz 67) besteht. Vgl. auch das Beispiel in Rz 76.

Die vorstehenden Anweisungen zur Behandlung der Neubewertungsrücklage machen es erforderlich, diese dem betreffenden neu bewerteten Vermögens-

---

[52] Diskussion in der April-Sitzung 2003. Dieser Auffassung folgen auch SCHILDBACH (WPg 1998, S. 942) sowie SCHULZ-DANSO, in: Beck'sches IFRS-Handbuch, 2004, Tz 64.
[53] So in einer tief gehenden Analyse RUHNKE/SCHMIDT/SEIDEL, KoR 2005, S. 82. Diese Variante ist als Beispiel unter Rz 77 buchmäßig dargestellt.

§ 8 Anschaffungs- und Herstellungskosten, Neubewertung 355

wert inhaltlich zuzuordnen (ebenso das Steuerlatenz-Passivum). Sinnvollerweise geschieht dies in einem besonderen Teil der Anlagebuchhaltung. Systematisch störend ist dabei die Bezugnahme in IAS 16.39 und 16.40 auf **das** neu bewertete *„asset"*, während nach IAS 16.36 nur eine ganze Gruppe *(entire class)* von Vermögenswerten neu bewertet werden darf (Rz 58). Praktisch bleibt deshalb nur die Möglichkeit, die Neubewertungsrücklage in **pauschalierter** Form der neu bewerteten Gruppe von Anlagegütern zuzuordnen.

3.4 Berechnungsbeispiele

3.4.1 Zusammenfassung der Regeln
- Der Grundkonzeption nach (IAS 16.39) soll die Neubewertung einschließlich der Folgebewertungen **erfolgsneutral** behandelt werden (Rz 54). Konsequent ist allerdings die Neubewertung „nach oben" dann **erfolgswirksam** zu behandeln, wenn sie eine frühere „nach unten" rückgängig macht, die ihrerseits erfolgswirksam war (Rz 71).

75

- Außerdem wird in IAS 16.40 das Konzept der **Erfolgsneutralität durchbrochen**, wenn die einem „nach unten" neu bewerteten Vermögenswert zuzuordnende Neubewertungsrücklage nicht ausreicht, um den Abwertungsbedarf aufzufangen (Rz 75).
- Das nach einer Neubewertung „nach oben" **neu** zu definierende **Abschreibungsvolumen** wäre an sich konsequenterweise erfolgsneutral der Neubewertungsrücklage zu belasten (Rz 67). Es fehlt allerdings in den IFRS eine solche Anweisung. In der Praxis wird deshalb mehrheitlich oder ausschließlich eine erfolgswirksame Verrechnung des zusätzlichen Abschreibungsvolumens vorgenommen.
- Die **Steuerlatenz** aus der Neubewertung ist ebenfalls erfolgsneutral zu Lasten der Neubewertungsrücklage als Passivum zu erfassen (Rz 73).
- Die **Neubewertungsrücklage** ist bis zum **Abgang** des betreffenden Vermögenswertes nachzuhalten und dann, soweit noch vorhanden, in die Gewinnrücklage umzubuchen (Rz 74).

3.4.2 Verkauf eines aufgewerteten Vermögenswertes (ohne Abschreibung)

Beispiel
- Kauf eines Vermögenswertes (Land) in 01 für 10.
- Neubewertung in 11 auf 100.
- Verkauf in 12 für 100.
- Keine planmäßige Abschreibung.
- Steuersatz 40 %.

76

Buchungen

Periode	Soll		Haben		Ergebnis-wirkung
01	Anlagevermögen	10	Geld	10	null
11	Anlagevermögen	90	Neubewertungsrücklage	54	null
			latente Steuern	36	
12	Geld	100	Anlagevermögen	100	null
	Neubewertungsrücklage	54	Gewinnrücklage	54	null
	latente Steuern	36	tatsächlicher Steueraufwand	36	null

Beurteilung

In zwischenperiodischer Betrachtung ist durch den ganzen Vorgang ein Gewinn von 90 vor Steuern realisiert worden, der indes insgesamt nie ausgewiesen wird. **Grund**: Die buchmäßige Gewinnrealisierung wird durch die vorgängige erfolgsneutrale Neubewertung verhindert. Ebenso wenig erfolgt ein Ausweis der effektiven Steuerbelastung, denn konsequenterweise wird dieser Steueraufwand durch die Auflösung des Passivpostens für Steuerlatenz ebenfalls eliminiert. In der Totalperiode steigt die Gewinnrücklage (zutreffend) um 54, aber ohne (vorherigen) Erfolgsausweis in der Gewinn- und Verlustrechnung.
Sinnvoll, aber in den IFRS so nicht geregelt, wäre u. E. eine erfolgswirksame Auflösung der Neubewertungsrücklage, ebenso eine erfolgswirksame Behandlung der Bildung und Auflösung des Passivpostens für Steuerlatenz. In der Totalperiode würde dann der effektive Gewinn nach Steuern von 54 zutreffend (erfolgswirksam) ausgewiesen.

3.4.3 Abschreibungsverrechnung nach Neubewertung

77 Vernachlässigt man das Problem der konkreten Zuordnung der Neubewertungsrücklage (Rz 74), ist die umfassende Darstellung einer Neubewertung von planmäßig abzuschreibendem Vermögenswert dem nachstehenden zusammenfassenden **Beispiel**[54] zu entnehmen, dem folgende **Annahmen** zugrunde liegen:

---

[54] Ausgehend von MUJKANOVIC, Fair Value im Financial Statement nach IAS, 2002, S. 148.

Beispiel Buchungsfolgen nach einer Neubewertung – erfolgswirksame Abschreibungsverrechnung

- Anschaffung eines Sachanlagegegenstandes zu Beginn der Periode 1 zu 1.000.
- Planmäßige lineare Abschreibung auf eine Nutzungsdauer von fünf Jahren in IFRS- und Steuerbilanz.
- Der Anlagegegenstand gehört zu einer regelmäßig neu bewerteten Gruppe von Vermögenswerten.
- Ende Periode 2 betragen die *gross replacement cost* (Rz 64) 2.400.
- Ende Periode 2 beträgt der *sound value* (Rz 64) 1.440 (rückwirkende Abschreibung insgesamt also 2 × 480 = 960); Mehrabschreibung 2 × 280 = 560.
- Steuersatz 40 %.
- Die Neubewertung erfolgt nach dem Bruttoverfahren (Rz 62), d. h., die kumulierte Wertberichtigung (aufgelaufene Abschreibung) wird von 400 um 560 auf die Differenz von *gross replacement cost* und *sound value* erhöht (960).
- Die Neubewertungsrücklage wird nach dem Quasi-Wahlrecht in IAS 16.41 beibehalten (Rz 74).
- Die Neubemessung der planmäßigen Abschreibung erfolgt dergestalt, dass der ursprünglich geplante Restwert (null) am Ende der unveränderten Nutzungsperiode erreicht wird (Rz 66).
- Die Zusatzabschreibung aufgrund der Neubewertung wird erfolgswirkam verbucht (Rz 67).
- Die Auflösung der Steuerlatenz wird ebenfalls erfolgswirksam verbucht (Rz 73).
- Der effektive Steueraufwand von 400 wird nur in der Zusammenfassung am Schluss des Beispieles erfasst.

Periode (Jahresende)	AW	Jahres-Abschreibung	Kum. Wertb.	RBW	Steuerbuchwert	NBR	Steuerlatenz	Steuerertrag lt. GuV	Erfolgswirkung
1	1.000	200	200	800	800	–	–	–	–200
2	1.000	200	400	600	600	–	–	–	–200
Neub.	2.400	–	960	1.440	600	504	336	–	–
3	2.400	480	1.440	960	400	504	224	112	–368
4	2.400	480	1.920	480	200	504	112	112	–368
5	2.400	480	2.400	0	0	504	0	112	–368
Gesamt	2.400	1.840	2.400	0	0	504	0	336	–1.504

Legende:
AW   Ausgangswert für die Abschreibungen
Kum. Wertb.   Kumulierte Wertberichtigung
NBR   Neubewertungsrücklage
Neub.   Neubewertung
RBW   Restbuchwert
Steuerertrag   Veränderung der Steuerlatenz

Erläuterungen
- Die Neubewertungszuschreibung Ende der 2. Periode in Höhe von 840 (bisheriger Restbuchwert 600, *sound value* 1.440) wird erfolgsneutral dem Passivposten für Steuerlatenz und der Neubewertungsrücklage zugeführt (Rz 54, 73).
- Die kumulierte Wertberichtigung bis Ende 02 von 400 wird im Zuge der Neubewertung um die „fehlende" Abschreibung aus den Perioden 1 und 2 von je 280 auf 560 erhöht. Kontostand danach 960.
- Die Erhöhung des AW von 1.000 auf 2.400 *(gross replacement cost)* wird gegengebucht auf

Kum. Wertb.	560
NBR	504
Steuerlatenz	336
	1.400

- Die planmäßige Abschreibung wird ab der 3. Periode auf 480 erhöht, um Ende der 5. Periode planmäßig null zu erreichen (Rz 66).
- Die Abschreibungen werden auch nach Neubewertung erfolgswirksam verbucht (Rz 68), ebenso die sich im Zeitverlauf einstellende Minderung des Passivpostens für Steuerlatenz (Rz 73). Abwandlung unter Rz 78.
- Der Steuerbuchwert wird nur statistisch weitergerechnet.
- Der gesamte Vorgang – Investition, Neubewertung und Abschreibungsverrechnung auf der Basis der Neubewertung – hat dann am Ende der 5. Periode folgende Auswirkung auf den **Eigenkapitalausweis**:

Aufwand Abschreibung	− 1.840
Steuerminderung aus Latenz	+ 336
Tatsächliche Steuerminderung	+ 400
	− 1.104
Restliche Neubewertungsrücklage (vor Umbuchung in Gewinnrücklage)	+ 504
Weniger Eigenkapital = 60 % der abgeschriebenen Anschaffungskosten	− 600

Ergebnis
Der gesamte Vorgang wird im Zeitverlauf **ergebnismäßig unzutreffend** ausgewiesen. Als **Hilfslösung** kommt die erfolgswirksame Auflösung der Neubewertungsrücklage in Betracht (vgl. Rz 76).

Nun wird das Beispiel in Rz 77 umgestellt auf eine – u. E. konsequente, aber so nach IFRS nicht geregelte – **erfolgsneutrale** Abschreibungsverrechnung (vgl. Rz 67).

Buchungsfolgen nach einer Neubewertung – erfolgsneutrale Abschreibungsverrechnung

78

Beispiel

Periode (Jahresende)	AW	Jahres-Ab-schreibung	Kum. Wertb.	RBW	Steuer-buchwert	NBR	Steuer-latenz	Steuer-ertrag daraus	Erfolgs-wirkung
1	1.000	200	200	800	800	–	–	–	–200
2	1.000	200	400	600	600	–	–	–	–200
Neub.	2.400	–	960	1.440	600	504	336	–	–
3	2.400	480	1.440	960	400	336	224	0	–200
4	2.400	480	1.920	480	200	168	112	0	–200
5	2.400	480	2.400	0	0	0	0	0	–200
Gesamt	2.400	1.840	2.400	0	0	0	0	0	–1.000

Erläuterungen
- Die erfolgswirksamen Abschreibungen werden auf der Basis der Anschaffungskosten verrechnet.
- Die Mehrabschreibung nach erfolgsneutraler Neubewertung (Rz 54) wird erfolgsneutral zu Lasten der NBR verbucht.
- Der Passivposten für latente Steuern wird ebenfalls erfolgsneutral gebucht.
- Es verbleibt am Periodenende bei einer Eigenkapitalverminderung in Höhe der Anschaffungskosten abzüglich der effektiven Steuerminderung (wie im Beispiel unter Rz 77), allerdings mit **zutreffendem zwischenperiodischen Erfolgsausweis**.
- Der gesamte Vorgang – Investition, Neubewertung und erfolgswirksame Abschreibungsverrechnung nur auf der Basis der Anschaffungskosten – hat dann am Ende der 5. Periode folgende Auswirkungen auf den **Eigenkapitalausweis:**

Aufwand Abschreibungen (erfolgswirksam)	– 1.000
effektive Steuerminderung	+ 400
tatsächlicher Ergebnisbeitrag = Minderung des Eigenkapitals	– 600

Ergebnis
Der gesamte Vorgang wird im Zeitverlauf **ergebnismäßig zutreffend** ausgewiesen.

3.4.4 Abgang eines abzuschreibenden Vermögenswertes

Die **Beispiele** in Rz 77 und 78 werden für den Fall des **Abgangs** eines neu bewerteten Vermögenswertes nachstehend weiterentwickelt.

79

Beispiel

Annahmen
Abgang Ende 05, Erlös 1.000
Erfolgswirksame bzw. alternativ erfolgsneutrale Abschreibungsverrechnung nach Neubewertung (Rz 77)

Lösung
Es sind folgende **Buchungen** in den Spalten des Beispieles in Rz 77 und 78 vorzunehmen:

Betreffende Spalte in Rz 77	Betrag	Kto. Soll	Kto. Haben	Ergebnisauswirkung
AW	2.400	Kum. Wertb.	AW	0
AW (Restbuchwert)	0	Anlageabgang	AW	0
Umb. NBR (nur bei erfolgswirksamer Abschreibungsverrechnung)	504	NBR	Gewinnrücklage	0

Erläuterungen
Die Investition und Desinvestition haben buchmäßig im Zeitverlauf zu einem Gewinn/Verlust von 0 geführt (AK 1.000, Verkaufserlös 1.000). **Ausgewiesen** wird folgendes Ergebnis im Zeitverlauf:

	erfolgswirksame Mehrabschreibung (Rz 77)	erfolgsneutrale Mehrabschreibung (Rz 78)
Abschreibung	– 1.840	– 1.000
Auflösung passive Steuerlatenz	+ 336	0
Abgang Restbuchwert		
Verkaufserlös	+ 1.000	+ 1.000
tatsächliche Steuern	0	0
Ergebnis zwischenperiodisch	– 504	0

Das (buchmäßig ausgewiesene) Negativergebnis im Zeitverlauf wird im Falle der erfolgswirksamen Abschreibungsverrechnung durch die positive Gewinnrücklage „kompensiert".

> **Ergebnis**
> Auch bei abnutzbaren Anlagegütern (zu nicht abnutzbaren vgl. Rz 76) führt die erfolgsneutrale Zuschreibung im Zuge einer Neubewertung *(revaluation)* zu einem (negativ) verzerrten Ergebnis, sofern die Abschreibungen weiterhin erfolgswirksam verrechnet werden.

4 Angaben

Es wird **verwiesen** auf die Kommentierung mit **Formulierungsbeispielen** zu den in diesem Paragraphen des Kommentars überwiegend angesprochenen IFRS: 80
- immaterielles Anlagevermögen, IAS 38 (→ § 13 Rz 77ff.)
- Sachanlagen, IAS 16 (→ § 14 Rz 24ff.)
- Vorratsvermögen, IAS 2 (→ § 17 Rz 21).

5 Anwendungszeitpunkt, Rechtsentwicklung

Die in diesem Paragraphen des Kommentars überwiegend angesprochenen IFRS für   81
- Vorratsvermögen (IAS 2),
- immaterielles Anlagevermögen (IAS 38),
- Sachanlagen (IAS 16)

sind ab dem 1. Januar 2005 anzuwenden. Eine frühere Anwendung unter entsprechender Offenlegung im Anhang wird vom *Board* befürwortet.
Gegenüber den zuvor gültigen Standardversionen ergeben sich folgende nennenswerte **Änderungen:**   82
- Konzeptioneller Ansatz zur Abgrenzung (in deutscher Terminologie) von Erhaltungs- und Herstellungsaufwand (Rz 30ff.);
- dabei stärkere Betonung des *component approach* (Rz 35ff.);
- Unzulässigkeit des Lifo-Verfahrens;
- Definition des Neubewertungsverfahrens *(revaluation)* als Wahlrecht bei Sachanlagen (Rz 52);
- Neukonzeption der Regeln für den Tausch (Rz 46f.).

6 Zusammenfassende Praxishinweise

In diesem Paragraphen des Kommentars sind **zwei unterschiedliche Bewertungskonzepte** abgehandelt: 83
- das Anschaffungskostenprinzip (Rz 11ff.),

- das Neubewertungskonzept (Rz 52ff.).

Dabei werden folgende **Bilanzpositionen** angesprochen:
- immaterielles Anlagevermögen (IAS 38),
- sachliches Anlagevermögen (IAS 16),
- Vorräte (IAS 2).

Nicht behandelt werden in diesem Paragraphen des Kommentars:
- die als Finanzinvestitionen gehaltenen Immobilien (IAS 40 → § 16),
- landwirtschaftliche Vermögenswerte (IAS 41 → § 38),
- zum Verkauf bestimmte Anlagewerte (IFRS 5 → § 29).

Weitgehend in Übereinstimmung mit dem HGB **dominiert** in den drei behandelten Bilanzpositionen das **Anschaffungskostenprinzip** (Rz 11ff.). Es gilt als Regelbewertungskonzept. **Erlaubt** ist als Bilanzierungsalternative für die beiden Positionen des Anlagevermögens auch die **Neubewertung** zum Marktwert (*fair value*; Rz 52ff.). Dabei kommt dieses Verfahren bei **immateriellen Vermögenswerten** – als förmlich erlaubte Ausnahme *(allowed alternative treatment)* – kaum jemals in Betracht (Rz 56). Die praktische Anwendbarkeit des Neubewertungsverfahrens *(revaluation)* beschränkt sich deshalb auf das **sächliche Anlagevermögen**.

Das auch nach den IFRS (noch) **dominierende Anschaffungskostenprinzip** – wenigstens in den drei im Wesentlichen hier angesprochenen Bilanzpositionen – unterscheidet sich vielfach nur unwesentlich von den Regelungen des HGB. Zu nennen sind dabei insbesondere:
- der Inhalt des Anschaffungskostenbegriffs (Rz 11ff.),
- der Inhalt des Herstellungskostenbegriffs (aber Wahlrecht für Gemeinkosten nach HGB, Aktivierungspflicht nach IFRS; vgl. Rz 16ff.),
- die Einbeziehung von Gemeinkosten in die Herstellungskosten auf der Basis einer normalen Produktionsauslastung (Rz 22),
- die nachträglichen Herstellungskosten (Rz 34),
- die Abgrenzung von Erhaltungs- und Herstellungsaufwand (Rz 30ff.),
- die Aufwendungen im zeitlichen Zusammenhang mit einer Anschaffung (Rz 35),
- die Verfahren zur Ermittlung der Anschaffungs- oder Herstellungskosten (Durchschnittsmethode, Verbrauchsfolgeverfahren etc.), aber nicht mehr Lifo (Rz 38ff.),
- die Anhangsangaben.

Eine Besonderheit gegenüber dem HGB-Regelwerk stellt der *components approach* dar (Rz 32ff.).
Bei einem **Übergang** von HGB auf IFRS (→ § 6) ohne Ausübung des Wahlrechts der Neubewertung ergeben sich demgemäß in vielen Fällen **keine signifikanten Anpassungserfordernisse**. Allerdings ist die Ausübung des **Wahlrechts zur Neubewertung** im Zuge der IFRS-Einführung u.U. dann eine sinnvolle bilanzpolitische Gestaltung – etwa bei umfangreichem innerstädtischem Immobilienbesitz mit stillen Reserven –, wenn eine Erhöhung des

Eigenkapitalausweises gewünscht wird oder eine Verminderung der Eigenkapitalziffer (etwa durch Anpassung der Pensionsrückstellung; → § 22 Rz 42) vermieden werden soll. Wegen weiterer bilanzpolitischer Möglichkeiten im Übergangsprozess vgl. → § 6 Rz 104. Zu einschlägigen bilanzpolitischen Ansätzen generell wird verwiesen auf → § 51 Rz 21.

Hoffmann

§ 9 FINANZIERUNG DER ANSCHAFFUNG ODER HERSTELLUNG

Inhaltsübersicht

	Rz
Vorbemerkung	
1 Überblick	1–7
1.1 Regelungsbereich	1
1.2 Das ökonomische Ausgangsproblem und die Lösungsansätze	2–7
1.2.1 Die Regelungen im deutschen Bilanzrecht	2–3
1.2.2 Angelsächsisches Denkmuster: *matching principle*	4–5
1.2.3 Das Grundproblem: Werterhöhung durch Fremdfinanzierung	6–7
2 Zentrale Begriffe	8–12
2.1 Finanzierungskosten	8–10
2.2 Besondere Vermögenswerte	11–12
3 Die Bilanzierungsalternativen	13–32
3.1 Sofortige Aufwandsverbuchung	13
3.2 Das Aktivierungswahlrecht	14–31
3.2.1 Das System	14–15
3.2.2 Anwendungsbereich	16
3.2.3 Ermittlung des Aktivierungsvolumens	17–26
3.2.4 Der Aktivierungsbeginn	27–28
3.2.5 Unterbrechung des Herstellungsprozesses	29
3.2.6 Ende der Aktivierungsfrist	30–31
3.3 Behandlung in der Kapitalflussrechnung	32
4 Latente Steuern	33
5 Angaben	34–37
6 Anwendungszeitpunkt, Rechtsentwicklung	38
7 Zusammenfassende Praxishinweise	39–41

Schrifttum: ADS INTERNATIONAL, Abschn. 9, Rz 45ff.; ERNST & YOUNG, International GAAP 2005, S. 765ff.; LÜDENBACH, Aktivierung von Zinsen aus Betriebsmittelkrediten, PiR 2006, S. 237; SCHMACHTENBERG/MEIXNER/SCHÄFER, Die Folgebewertung von Mobilfunklizenzen nach HGB, IFRS und US-GAAP, KoR 2005, S. 512; SCHÖNBRUNN, in: BAETGE u. a., Rechnungslegung nach IAS, IAS 23; VATER, Überarbeitung von IAS 23 „Fremdkapitalkosten", WPG 2006, S. 1337; WAGENHOFER, Internationale Rechnungslegungsstandards, 4. Aufl., 2005; WOHLGEMUTH/RADDL, Der Bewertungsmaßstab „Anschaffungskosten" nach HGB und IAS, WPg 2000, S. 903;

ZÜLCH/GEBHARDT, Vorschlag des IASB zur Änderung der bilanziellen Abbildung von Fremdkapitalaufwendungen, PiR 2006, S. 146.

Vorbemerkung
Die Kommentierung bezieht sich auf IAS 23 in der aktuellen Fassung und berücksichtigt alle Ergänzungen, Änderungen und Interpretationen, die bis zum 1.1.2007 beschlossen wurden.
Wegen der Rechtsentwicklung wird auf Rz 38 verwiesen.

1 Überblick

1.1 Regelungsbereich

1   IAS 23 befasste sich mit der bilanzmäßigen Abbildung der Aufwendungen für die **Fremd**finanzierung *(borrowing costs)*. Die Kosten des **Eigenkapitals** sind nach IAS 23.3 vom Regelungsgehalt ausgeschlossen (vgl. aber Rz 10). Betroffen sind Anschaffungs- und Herstellungskosten für besondere Vermögenswerte *(qualifying assets)*.

1.2 Das ökonomische Ausgangsproblem und die Lösungsansätze

1.2.1 Die Regelungen im deutschen Bilanzrecht

2   Die Ausgangsidee zur bilanzmäßigen Behandlung der Aufwendungen für die Finanzierung des Geschäftsbetriebes ist nach deutscher Rechnungslegungstradition recht einfach: Finanzierungskosten stellen **periodengerecht** zu ermittelnden **Aufwand** dar. Diese gerade wegen ihrer Schlichtheit qualitativ nicht zu unterschätzende Regel – bilanzpolitisch zu nutzende Ermessensspielräume bestehen bis dahin nicht – wird indes nicht konsequent durchgehalten. Nach § 253 Abs. 3 HGB besteht optional die Möglichkeit, Fremdkapitalzinsen, die der Finanzierung der **Herstellung eines Vermögensgegenstandes** dienen, als fiktive Herstellungskosten dieses Vermögensgegenstandes zu aktivieren. Dem folgt das **Steuerrecht** für Zwecke der steuerlichen Gewinnermittlung in Richtlinie 6.3 Abs. 4 EStR 2005.

3   Dieses Bewertungswahlrecht gilt allerdings nur für die Ermittlung der **Herstellungskosten**. Gleichwohl wird auch die Aktivierung von Finanzierungskosten auf **Anschaffungen** in Ausnahmefällen für zulässig erachtet,[1] und zwar im Rahmen von Anschaffungsvorgängen von Gegenständen mit längerer Bauzeit. Begründung: Die zu leistenden Anzahlungen und die damit verbundenen Finanzierungskosten vermindern den Kaufpreis, weil bei Fi-

---

[1] ADLER/DÜRING/SCHMALTZ, 6. Aufl., § 255 HGB Tz 36 m.w.N.; a.A. ELLROTT/BRENDT, in: Beck'scher Bilanzkommentar, 6. Aufl., § 255 HGB Tz 501.

nanzierung durch den Lieferanten dieser seine damit verbundenen Kosten in
den Kaufpreis einkalkuliert hätte.

1.2.2 Angelsächsisches Denkmuster: *matching principle*

Die letztgenannte Argumentation deutet bereits die Bemühung des Für und
Wider der Aktivierung von Finanzierungskosten bei der Bilanzierung einzelner
Vermögenswerte an. Die in der angelsächsischen Rechnungslegungswelt angestellten Überlegungen wägen ebenfalls ab, setzen aber an anderen Ausgangsüberlegungen an.[2] Es geht dabei um die Zielsetzung der erfolgsneutralen Abbildung von Anschaffungs- und Herstellungsvorgängen im Rechenwerk des
Unternehmens. Alle Aufwendungen zur Beschaffung oder Herstellung eines
Vermögenswertes bis hin zur vollständigen Funktionsfähigkeit sollen erfolgsneutral behandelt werden. In diesem Zusammenhang wird auch die Frage diskutiert, ob die Opportunitätskosten der **Eigenkapitalfinanzierung** nicht im
Interesse der Gleichbehandlung mit den Fremdkapitalkosten und der zwischenbetrieblichen Vergleichbarkeit ebenfalls zu aktivieren seien. Die jeweiligen
Herstellungskosten sollen nicht deswegen differieren, weil das eine Unternehmen mit Eigen- und das andere einen vergleichbaren Vermögensgegenstand
mit Fremdkapital finanziert. Solche Überlegungen könnten noch weiter spezifiziert werden, und zwar insbesondere in Fällen langfristiger Auftragsfertigung.
Die angelsächsische Denkweise ist in diesem Zusammenhang stark von dem
matching principle (→ § 1 Rz 117) dominiert. Alle Produktionseinsätze zur Herstellung und zum Verkauf eines Vermögensgegenstandes sollen in dem Zeitraum
aufwandswirksam werden, in dem die entsprechenden Umsatzerlöse anfallen.
Aus Sicht des Auftraggebers (z. B. des Energieversorgungsunternehmens) stellt
sich dann die bilanztechnische Situation wie folgt dar: Zahlt er mit Vorauskasse und verzichtet deshalb auf Zinserträge oder erhöht seinen Zinsaufwand,
erhält er das Kraftwerk billiger, seine Anschaffungskosten sinken. Man kann
dann von einer **temporären Verzerrung des Ergebnisausweises** sprechen, weil
der Verzicht auf die Erträge der möglichen Geldanlage bzw. die Erhöhung des
Zinsaufwandes in der Bauphase zu einer Gewinnverlagerung in die Zukunft
führen. Umgekehrt: Erfolgt die Finanzierung durch den Auftragnehmer, werden die Aufwendungen des Auftraggebers in Gestalt höherer Anschaffungskosten und damit Abschreibungen in die Zukunft verlagert; der Zinsertrag
„heute" bleibt ihm erhalten.[3]

1.2.3 Das Grundproblem: Werterhöhung durch Fremdfinanzierung

Nie ernsthaft in Betracht gezogen wurde die Aktivierung von Opportunitätskosten der Eigenkapitalfinanzierung. Damit ist auch das eigentliche **Grundproblem** der Diskussion angesprochen: Sofern die Anschaffung oder Herstellung eines bestimmten Vermögenswertes mit Eigenkapital finanziert wird,
kommt kaum jemand auf die Idee der Aktivierung von Opportunitätskosten.

---

[2] EPSTEIN/MIRZA, Interpretation and Application of IAS 2002, S. 327.
[3] Zur Bilanzierung beim Auftragnehmer (→ § 18 Rz 55), insbesondere aber auch zu der
praktisch zweifelhaften Anweisung in: IDW, RS HFA2 Tz 8.3, WPg 1999, S. 849.

Umgekehrt bei Fremdkapitalfinanzierung: Hier soll wahlweise unter bestimmten Voraussetzungen eine Aktivierung in Betracht kommen. Folge: Es ist zumindest erlaubt, den Ausgangswert der Bewertung und damit auch die folgenden Buchwerte **umso höher zu schrauben, je mehr sie mit Fremdkapital finanziert werden**. Die Fremdfinanzierung wird insoweit temporär ihres Kostencharakters beraubt – wenn man nicht dem *matching principle* auch insoweit einen Vorrang einräumt (Rz 4).

7 Andererseits können sich etwa bei **langfristiger Auftragsfertigung** die Finanzierungskosten in der Summe des bedungenen Werklohnes niederschlagen. Muss der Auftragnehmer, also der Hersteller z. B. eines Kraftwerks, die Finanzierung selber bereitstellen – neuerdings beim Bau von Autobahnen und Bundesstraßen nicht unüblich –, so wird der Werklohnanspruch um die entsprechenden Finanzierungskosten höher sein als in dem Fall, in dem (traditionell) der Auftraggeber die Finanzierung des Fertigungsauftrages übernimmt. Im Bereich öffentlicher Auftraggeber ist auch noch eine umgekehrte Verhaltensweise denkbar: Um Haushaltsmittel nicht verfallen zu lassen, erfolgt eine **Anzahlung** bis zur Höhe des gesamten Angebotspreises vor Baubeginn mit der Maßgabe, die dadurch beim Auftragnehmer entstehende Verminderung der Finanzierungskosten bzw. Möglichkeit zur zinsbringenden Anlage der Mittel in der Auftragsvergabesumme zu reduzieren. Während der Erstellungsphase werden dann die Herstellungskosten entsprechend niedriger sein.

2 Zentrale Begriffe

2.1 Finanzierungskosten

8 Die IFRS sprechen von **Finanzierungskosten** *(borrowing costs)*, die neben den **Zinsen** auch andere zugehörige **Aufwendungen** umfassen (IAS 23.4), nicht indes die Opportunitätskosten der Eigenkapitalfinanzierung (Rz 1). Als Beispiele werden in IAS 23.5 genannt:
- Zinsen auf Überziehungskredite und kurz- und langfristige Kreditaufnahmen,
- Abschreibung auf Disagien und Sonderkosten der Kreditaufnahme,
- Abschreibung auf Nebenkosten der Kreditaufnahme; gedacht ist vermutlich an Vermittlungsprovisionen und Ähnliches,
- Zinsanteil der Leasingraten (→ § 15 Rz 52),
- bei Fremdwährungsfinanzierung die Währungsdifferenzen, soweit sie wirtschaftlich als Korrektur des Zinsaufwandes angesehen werden können (z. B. Kreditaufnahme niedrig verzinslich in Yen bei erwarteter und tatsächlicher Aufwertung des Yen).[4]

---

[4] Näheres bei ADS INTERNATIONAL, Abschn. 9, Tz 50.

IAS 23 behandelt – im Gegensatz zu IAS 39 – nicht komplexe Finanzierungsstrukturen, etwa Zinsswaps (→ § 28 Rz 9). Deshalb bleibt die Frage unbeantwortet, ob und inwieweit sich der Begriffsinhalt der *borrowing costs* an der Bilanzierungsmethode dieser Finanzinstrumente ausrichten muss.

9

> **Beispiel**
> U finanziert den Bau eines Bürohauses mit einem variabel verzinslichen Darlehen und sichert das Risiko aus der variablen Verzinsung über einen Swap ab. Im wirtschaftlichen Ergebnis beider Geschäfte zahlt U einen festen Zinssatz. Diese (feste) Zinszahlung ist, soweit sie auf den Herstellungszeitraum entfällt, aktivierungsfähig. Die Trennung von Grundgeschäft und Swap nach IAS 39 (→ § 28 Rz 216) ist für IAS 23 unerheblich, da es hier um die Aktivierung des Zinsaufwands für einen begrenzten Zeitraum (die Herstellungsphase) und nicht um die erfolgswirksame oder -neutrale Abbildung von Zeitwertschwankungen des Swaps geht.[5]

Die vorstehende Lösung – Aktivierbarkeit – gilt auch für Aufwendungen aufgrund der **vorzeitigen** Beendigung des **Sicherungsgeschäfts**. Die damit verbundenen Ein- oder Auszahlungen reflektieren die Erwartungen über die Entwicklungen der **Zinsraten**. Mit der Zahlung werden Änderungen der künftigen *cash flows* vorweggenommen.

Schließlich sind mit diesem Argument auch Aufwendungen für die **vorzeitige Beendigung** des **Grundgeschäftes** – hier Vorfälligkeitsentschädigungen – aktivierbar.

Für Personenhandelsgesellschaften und Genossenschaften stellt sich in diesem Zusammenhang ein Sonderproblem ein. Deren Eigenkapital nach herkömmlichem deutschen Begriffsverständnis ist nach – von uns nicht geteilter – herrschender Meinung nach Maßgabe von IAS 32.18b als Fremdkapital auszuweisen (→ § 20 Rz 19). In der weiteren Konsequenz sind dann Vergütungen für diese angenommenen Fremdkapitalien – Dividenden bzw. Entnahmen der Gesellschafter – als Fremdkapitalvergütung (*borrowing costs*) zu betrachten. In Anwendung der herrschenden Meinung unterliegen sie damit dem nachstehend dargestellten Regelungsbereich von IAS 23.

10

2.2 Besondere Vermögenswerte

Die Möglichkeit zum Bilanzansatz von Finanzierungskosten für Anschaffungs- und Herstellungsvorgänge beschränkt sich auf **besondere Vermögenswerte** (*qualifying assets*). Diese sind nach IAS 23.4 durch eine längere Periode zwischen Herstellungsbeginn und Nutzbarkeit (auch durch Verkauf) gekennzeichnet. Beispiele nach IAS 23.6:
- Vorratsvermögen unter langfristiger Fertigung (→ § 18 Rz 61) oder langfristiger Lagerung (Wein, Käse, Whisky),[6]

11

---

[5] Dafür auch ERNST & YOUNG, 2005, S. 773.
[6] So auch VATER, WPg 2006, S. 1340.

- industrielle Fertigungsanlagen,
- Energieerzeugungsanlagen,
- Anlageimmobilien (*investment properties*; → § 16),
- biologische Vermögenswerte nach IAS 41 (→ § 40 Rz 17ff.) und Anlageimmobilien nach IAS 40 (→ § 16 Rz 42ff.) – sollen künftig nicht mehr als *qualifying assets* gelten (Rz 38).

Weitere Spezifizierungen:[7]
- Baumaßnahmen zur Nutzung durch das Unternehmen, wenn Zahlungen nach Leistungsfortschritt zu erbringen sind,
- Sonderanfertigungen zum Verkauf oder zur Leasing-Nutzung,
- Grundstücksentwicklungen.

12 Nicht als *qualifying assets* (Rz 11) gelten:[8]
- industrielle Serienproduktion (so auch IAS 23.6, gilt u. E. auch für Handelswaren),
- der Erwerb bereits gebrauchsfertiger – lang- und kurzfristiger – Vermögenswerte (IAS 23.4; vgl. Beispiel → § 16 Rz 25),
- unwesentliche Beträge,
- bereits in Gebrauch genommene Gegenstände (so auch IAS 23.6).

Das deutsche Bilanzrecht kennt diese Beschränkung des Aktivierungswahlrechts auf besondere Vermögenswerte *(qualifying assets)* – zumindest als zwingende Vorgabe – nicht. Allerdings kommen nach HGB nur Anlagegüter für die Wahlrechtsausübung in Betracht, so dass eine weitgehende Übereinstimmung zwischen HGB und IFRS über das Bilanzierungsobjekt besteht.

3 Die Bilanzierungsalternativen

3.1 Sofortige Aufwandsverbuchung

13 Die von den IFRS bevorzugte Bilanzierungsmethode *(benchmark treatment)* ist die **sofortige Aufwandsverbuchung** in der Periode, für die die Finanzierungskosten anfallen (IAS 23.7). Dabei ist eine periodengerechte Zuordnung vorzunehmen (*accruals basis* nach F 22 und IAS 1.25; → § 1 Rz 16). Die Verwendung der entsprechenden Finanzierungsmittel ist dann gemäß IAS 23.8 bilanztechnisch bedeutungslos. Diese bevorzugte Methode entspricht der Regel nach deutschem Handels- und Steuerrecht (Rz 2f.).

---

[7] So auch Epstein/Mirza, Interpretation and Application of IAS 2002, S. 328.
[8] So auch Epstein/Mirza, Interpretation and Application of IAS 2002, S. 328.

3.2 Das Aktivierungswahlrecht

3.2.1 Das System

Das Bilanzierungs**wahlrecht** – eine Aufhebung ist geplant (Rz 38) – als erlaubte Alternative *(allowed alternative treatment)* zur Aktivierung von Fremdkapitalzinsen als Bestandteil der Anschaffungs- oder Herstellungskosten ist in IAS 23.10f. wie folgt aufgebaut (zur Rechtslage nach HGB vgl. Rz 2f.):

Fremdkapitalkosten sind als **laufender Periodenaufwand** zu behandeln – also gedanklicher Ausgangspunkt von der Regelbehandlung her – mit den **Ausnahmen** (also Einbeziehung in die Anschaffungs- oder Herstellungskosten, künftig möglicherweise zwingende Behandlung, Rz 38):

- Die betreffenden Kosten können **direkt** der Anschaffung oder der Herstellung eines besonderen **Vermögenswertes** *(qualifying asset)* zugeordnet werden (IAS 23.11) oder
- **nicht direkt zurechenbare** Finanzierungsvolumina *(borrowed generally)* sind hinsichtlich ihrer Kosten **anteilig** dem erworbenen oder herzustellenden Vermögenswert hinzuzuaktivieren (IAS 23.17). Vgl. hierzu das Beispiel unter Rz 25.

3.2.2 Anwendungsbereich

Wenn sich das Unternehmen zur Einbeziehung der Aufwendungen für Fremdkapital in die Herstellungskosten als Bilanzierungsmethode entschieden hat, ist dieses Verfahren für **alle** besonderen Vermögenswerte *(qualifying assets)* und stetig sowohl hinsichtlich der einzelnen (direkt zurechenbaren) Kostenelemente (Rz 8) als auch im Zeitverlauf (IAS 8.13) anzuwenden (→ § 24 Rz 5ff.). Die Aktivierung ist auch bei einer **Wertminderung** des betreffenden Vermögenswertes unter dem Buchwert fortzusetzen. Die *impairment*-Abschreibung ist auf den Vermögenswert in seiner Gesamtheit zu verrechnen.[9]

3.2.3 Ermittlung des Aktivierungsvolumens

Zu den vorstehenden Bilanzierungskriterien geben die IFRS-Regeln noch nähere Definitionen und Erläuterungen. Danach sollen die direkt zurechenbaren Finanzierungskosten gemäß IAS 23.13 diejenigen sein, die das Unternehmen bei Verzicht auf das betreffende Investment erspart hätte. **Speziell** aufgenommene Finanzierungskredite können ohne weiteres direkt dem betreffenden **besonderen Vermögenswert** *(qualifying asset)* zugeordnet werden (IAS 23.15). Auf das Beispiel in → § 32 Rz 106 wird verwiesen.

Schwierigkeiten können sich bei **nicht** bestehendem **sachlichem** Zusammenhang zwischen der Kreditaufnahme und der (qualifizierten) Anlageinvestition ergeben.[10]

---

[9] ERNST & YOUNG, 2005, S. 767.
[10] Zu diesem Problem mit umfassendem Beispiel vgl. LÜDENBACH, PiR 2006, S. 237.

> **Beispiel**
> Die Spedition S finanziert die Anschaffung von 100 neuen (gebrauchsfertigen) Lastwagen am 1.1.02 mit einem Abzahlungsbankkredit. S verfügt über kein weiteres verzinsliches Fremdkapital.
> Am 1.7. beginnt S mit dem Neubau einer Abfertigungshalle (*qualifying asset*, Rz 11), der komplett mit neuem Eigenkapital (Kapitalerhöhung durch Bareinlage) finanziert wird.
> Die Lastwagen sind kein *qualifying asset* (Rz 12). Eine Aktivierung der Zinsen scheidet hier aus. Der Neubau stellt zwar ein *qualifying asset* dar, ist aber gerade nicht mit Fremdkapital finanziert worden. Der **Veranlassungszusammenhang** der Finanzierung besteht nur beim Eigenkapital, dessen Kosten nicht aktivierbar sind (Rz 1). In Frage kommt aber eine mittelbare Zurechnung nach IAS 23.13 Satz 1 und IAS 23.17 (Rz 19).

19 Nach IAS 23.13 sind aktivierbar die Fremdkapitalkosten, die bei Nichttätigung der Investition **vermieden** worden wären (*would have been avoided*). Nach diesem Konzept der Vermeidbarkeit löst auch jede aus Eigenmitteln bestrittene Anlageinvestition insoweit einen Fremdfinanzierungsbedarf aus, als bei Nichtdurchführung der Investition die Eigenmittel zur Rückführung anderer Fremdfinanzierungen hätten verwendet werden können. Deshalb wäre im Beispiel unter Rz 18 eine entsprechende Tilgung des Abzahlungskredites für die Lastwagen möglich gewesen, wenn nicht in das Gebäude investiert worden wäre. Die wegen der – vermeidbaren – Nichtrückführung des Abzahlungskredites entstandenen Zinsaufwendungen sind zeitanteilig beim Gebäudeneubau aktivierbar.

20 Es stehen also nach IAS 23 **zwei** Aktivierungskonzepte nebeneinander:
- Der **Veranlassungszusammenhang** bei Objektfinanzierung von qualifizierten Vermögenswerten,
- die **Vermeidbarkeit** von Kosten bei allgemeinen Finanzierungen.

Immer wenn überhaupt Fremdkapitalkosten anfallen – auch solche aus **früheren**, noch nicht getilgten Objektfinanzierungen für nicht qualifiziertes Anlage- oder Vorratsvermögen –, stellen sich **vermeidbare** Kosten mangels Tilgung von Verbindlichkeiten ein. Diesem Vermeidbarkeitskriterium widerspricht die Ausblendung der direkten Objektfinanzierung für qualifizierte Vermögenswerte nach IAS 23.11 im Gegensatz zur Objektfinanzierung anderer Anlage- und Umlaufgüter.

21 Letztlich verbleiben angesichts dieser beiden nicht aufeinander abgestimmten Konzepte im Beispiel unter Rz 18 **zwei** vertretbare **Auslegungsmöglichkeiten**:
- Weil durch den Nichtverzicht auf den Gebäudeneubau (qualifizierter Vermögenswert) der Abzahlungskredit für die Lastwagen (nicht qualifizierter Vermögenswert) **nicht zurückgeführt** worden ist, sind diese – durch die Lastwagenbeschaffung (!) veranlassten – Zinsaufwendungen beim Neubau zu aktivieren.

- Die Zinsen für den Abzahlungskredit sind **objektbedingt** dem Lastwagenkauf zuzuordnen und deshalb nicht aktivierbar.

U. E. ist die letztere Auslegung vorzugswürdig, weil sie den eigentlichen Intentionen des Standards entspricht. Der latente Widerspruch hierzu durch das Konzept der vermeidbaren Kosten ist vermutlich vom *Board* nicht beachtet worden.

IAS 23.14 befasst sich mit dem Fall einer **zentralen Finanzierungs-Koordinierungsstelle** im Konzern. Hier sollen die Finanzierungskosten nach **billigem Ermessen** *(exercise of judgement)* dem Erwerb oder der Herstellung des entsprechenden besonderen Vermögenswertes *(qualifying asset)* zugeordnet werden. Die Anweisungen zu **Konzernsachverhalten** sind aber wenig bestimmt. Nach IAS 23.18 ist unter bestimmten Umständen *(in some circumstances)* der **gewichtete Durchschnitt** der Konzernfinanzierung, in anderen Fällen nur derjenige der **betreffenden Einheit** zu berücksichtigen. Mit anderen Worten: **Jede vernünftige Methode ist anwendbar.**

Zwischenfinanzierungserträge durch temporäre Anlage von aufgenommenen Krediten sind von den aktivierbaren Kostenbestandteilen abzuziehen (IAS 23.15f.). Damit soll der Möglichkeit vorgebeugt werden, möglichst hohe Finanzierungsaufwendungen zu aktivieren, denen auf der Gegenseite entsprechende Zinserträge gegenüberstehen.

Bei einer „**Globalfinanzierung**" ist eine **Verhältnisrechnung** vorzunehmen, und zwar mit dem gewogenen Durchschnitt der gesamten Fremdfinanzierungskosten eines Wirtschaftsjahres ohne diejenigen für spezielle Finanzierungszwecke. Bei dieser Berechnung dürfen allerdings die zu aktivierenden Finanzierungskosten die tatsächlich in der **Periode angefallenen nicht** übersteigen (IAS 23.17). Zur Klarstellung verlangt IAS 23.19 einen **Niederstwerttest** in dem Sinne, dass der betreffende Buchwert unter **Einbeziehung** der aktivierten Fremdkapitalkosten den am Markt erzielbaren Wert *(recoverable amount;* → § 11 Rz 5) nicht übersteigen darf.

Zur Ermittlung des **anteiligen** aktivierbaren Finanzierungsaufwands bei einer „**Mischfinanzierung**" nach IAS 23.17 (Rz 15) folgendes Beispiel:

> **Beispiel**
>
> **Sachverhalt**
>
> | | | EUR | EUR |
> |---|---|---:|---:|
> | Die X-AG baut im Verlauf des Geschäftsjahres 01 eine Fertigungsstraße mit Herstellungskosten/Finanzierungsvolumen von: | | 10.000.000 | |
> | Folgende Kredite/Darlehen stehen hierfür zur Verfügung: | Zinssatz | | Zinsaufwand p. a. |
> | Ein speziell für die Fertigungsstraße aufgenommenes Darlehen wird zum 1.1. voll ausbezahlt. | 7 % | 7.000.000 | 490.000 |
> | Der Rest wird finanziert über: | | Durchschnittliche Inanspruchnahme | |
> | – Kontokorrentkredit | 12 % | 2.000.000 | 240.000 |
> | – allgemeines Betriebsmitteldarlehen | 10 % | 4.000.000 | 400.000 |
> | Durchschnittszins/Summen | 10,67 % | 6.000.000 | 640.000 |
>
> Die Auszahlungen an den Hersteller erfolgen am:
>
> | | | | |
> |---|---|---:|---|
> | 1.1. | | 4.000.000 | |
> | 1.7. | | 3.000.000 | |
> | 31.12 (Schlusszahlung) | | 3.000.000 | |
> | | | 10.000.000 | |
>
> Die noch nicht in Anspruch genommene Auszahlung des am 1.1. erhaltenen Darlehens wird wie folgt verwendet:
>
> | | | | |
> |---|---|---:|---:|
> | Kürzung der Kontokorrentinanspruchnahme: | 12 % | 2.000.000 | 240.000 |
> | Festgeldanlage | 4 % | 1.000.000 | 40.000 |
> | | | 3.000.000 | 280.000 |
>
> Die gesamten Zinsaufwendungen im Jahr 01 übersteigen annahmegemäß EUR 510.000 (Rz 24).

> **Lösung**
> Die Bauzeitzinsen ermitteln sich wie folgt:
> Aus dem speziell hierfür aufgenommenen Darlehen vom 1.1. bis 1.7.: 7 % 7.000.000 490.000
> abzüglich des „Anlageertrags" vom 1.1. bis 1.7.
> Kürzung der Kontokorrentinanspruchnahme: 12 % 2.000.000 −120.000
> Festgeld 4 % 1.000.000 −20.000
> Restfinanzierung ab 1.7. 10,67 % 3.000.000 160.000
> Aktivierungsfähige Bauzeitzinsen gesamt: <u>510.000</u>
>
> Die Schlusszahlung am 31.12. hat auf die Bauzeitzinsen keinen Einfluss mehr.
> Der durchschnittliche Finanzierungskostensatz beläuft sich auf 10,67 % (Anhangsangabe, Rz 34).

An die Ermittlung des anteiligen gewogenen Kostensatzes – abgeleitet aus den gesamten Zinsaufwendungen der Periode – sollten aus Praktikabilitätsgründen keine zu hohen (genauen) Anforderungen gestellt werden. Bei **komplizierten Finanzierungsstrukturen** ist eine vereinfachte Ermittlung des anzuwendenden Zinssatzes fast schon zwingend, da dessen Ermittlungsaufwand schnell einmal in einem groben Missverhältnis zu dem zusätzlichen Informationsnutzen gemäß F.44 stünde (→ § 1 Rz 69). Auch die Praxis scheint so zu verfahren (Rz 35).

26

3.2.4 Der Aktivierungsbeginn
Aktivierungsfähig sind nur die während des Herstellungs- bzw. Anschaffungszeitraums anfallenden Fremdkapitalkosten. Von Bedeutung sind daher

27

- Beginn (Rz 28) und
- Ende (Rz 30) des Herstellungs-/Anschaffungszeitraums sowie
- die Behandlung von Unterbrechungen (Rz 29).

Aktivierbar sind die ab Beginn der Anschaffung/Herstellung anfallenden Fremdkapitalkosten. Voraussetzung für eine Aktivierung ist nach IAS 23.20 daher, wann

28

- mit den Vorbereitungen zur Herstellung/Anschaffung des Vermögenswertes begonnen worden ist, z. B. durch Einholung behördlicher Genehmigungen oder bei Grundstücken die Einrichtung der Baustelle, Abbruch von Bauhindernissen,[11] **und**
- Auszahlungen, z. B. für Planungskosten, entstehen.

---

[11] Vater, WPg 2006, S. 1340.

> **Beispiel**
>
> **Sachverhalt**
> A beginnt am 1.7. mit den Vorbereitungen zum Bau eines Gebäudes. Das Baudarlehen hat er im Hinblick auf einen erwarteten Anstieg der Zinsen bereits zum 1.6. aufgenommen. Erste Auszahlungen entstehen am 1.8.
>
> **Lösung 1**
> Die Zinsaufwendungen für Juni sind aktivierbar, weil mit der Herstellung noch nicht begonnen wurde (IAS 23.20c).
> Die Zinsaufwendungen für Juli betreffen zwar schon den Zeitraum nach Herstellungsbeginn. Da aber noch keine Auszahlungen für den Bau angefallen sind, können die Zinsen für Juli der Herstellung nicht zugerechnet werden (IAS 23.20a).
>
> **Lösung 2**
> Eine andere Lösung kann u. U. auf der Grundlage von IAS 23.16 gefunden werden. Dort ist der hier dargestellte Sachverhalt einer Kreditaufnahme vor Eintritt des eigentlichen Finanzierungsbedarfes, also der ersten Auszahlung auf das Investitionsgut, angesprochen. Auch der Investitionsbeginn ist – anders als in IAS 23.20c – nicht förmlich als Aktivierungsvoraussetzung genannt. Danach sind dem Grunde nach die Zinsen seit Aufnahme des Darlehens am 1.6. aktivierbar, allerdings unter Kürzung um den Zinsertrag aus der Zwischenanlage des noch nicht benötigten Darlehensteiles.

3.2.5 Unterbrechung des Herstellungsprozesses

29 Für den Fall der **Unterbrechung** eines Herstellungsprozesses sieht IAS 23.23 ein Verbot der Aktivierung von Finanzierungsaufwendungen für diesen Zeitraum vor. Eine solche Unterbrechung ist allerdings nach IAS 23.24 nicht bei **zeitlichen Verzögerungen** anzunehmen. Als unschädliches Beispiel wird der Bau einer Brücke genannt, wenn die Bauarbeiten wegen Hochwassers unterbrochen werden müssen, wobei es darauf ankommen soll, ob Hochwasser in dieser Region üblich (unschädliche Unterbrechung) oder unüblich (schädliche Unterbrechung) ist.

3.2.6 Ende der Aktivierungsfrist

30 Die Möglichkeit zur Aktivierung von Fremdkapitalkosten **endet** *(cessation of capitalisation)*, sobald alle notwendigen Handlungen zur Versetzung in den beabsichtigten Zustand (Nutzungsmöglichkeit) oder der Verkauf (Absatzreife) erfolgt sind (IAS 23.25). Noch ausstehende behördliche Abnahmen u. Ä. oder geringfügige Anpassungen oder Ausschmückungen hindern die Beendigung des Herstellungsprozesses und damit die Möglichkeit zur Aktivierung von Zinsen nicht.
Dabei kommt auch eine anteilige Fertigstellung mit entsprechender anteiliger Beendigung des Aktivierungszeitraums in Betracht. Als **Beispiel** hierfür wird ein

Industriepark mit verschiedenen Gebäuden in IAS 23.28 genannt, in dem jedes Gebäude ein *qualifying asset* darstellt und jedes für sich genutzt werden kann. Anders ist hingegen der Fall einer Fertigungsstraße mit aufeinander abgestimmten Maschinen, Transportbändern und Robotern zu würdigen. Hier endet der Aktivierungszeitraum erst mit der Funktionsfähigkeit der Gesamtanlage.

Die praktischen Erfahrungen anhand der als *qualifying assets* gewerteten UMTS-Lizenzen zeigen die **Auslegungsfähigkeit** dieser Anweisungen, insbesondere zum Inhalt des „beabsichtigten Zustandes" (Rz 30). Die Mobilcom AG hat bis zum Entscheid über den Ausstieg aus dem UMTS-Geschäft 400 Mio. EUR an Zinsen p. a. aktiviert.[12] Die Lizenzen sind also in der bilanziellen Abbildung täglich um weit mehr als 1 Mio. EUR wertvoller geworden.

31

3.3 Behandlung in der Kapitalflussrechnung

Auf → § 3 Rz 64 wird verwiesen.

32

4 Latente Steuern

Folgende Datenkonstellation kann typischerweise vorliegen: Im IFRS-Kontenabschluss werden Finanzierungskosten aktiviert, nicht dagegen im HGB-Einzelabschluss und in der Steuerbilanz. Folge ist die Bildung einer **passiven** Steuerlatenz (→ § 26 Rz 40ff.).

33

5 Angaben

Folgende Anhangangaben sind nach IAS 23.29 vorgeschrieben:
- die **Wahlrechtsausübung** (Rz 15) bezüglich der Fremdkapitalkosten (also sofortige Aufwandsverrechnung einerseits oder Aktivierung unter bestimmten Umständen andererseits),
- die Höhe der aktivierten Fremdkapitalkosten (u. U. im Anlagespiegel (→ § 14 Rz 28) darstellbar),
- der angenommene Finanzierungskostensatz (Rz 25).

34

Beispiel aus dem Geschäftsbericht der Mobilcom AG für 2001
Fremdkapitalkosten werden grundsätzlich in der Periode als Aufwand erfasst, in der sie anfallen. Bezüglich der im Zusammenhang mit dem Aufbau des UMTS-Netzes entstehenden Finanzierungskosten macht der Konzern von dem Wahlrecht Gebrauch, Fremdkapitalkosten, die direkt dem Erwerb, dem Bau oder der Herstellung eines qualifizierten Vermögenswertes zugeordnet werden können, zu aktivieren. Von der Ausübung des Wahlrechts wurde Gebrauch gemacht, da die Inbetriebnahme des UMTS-

35

---

[12] Vgl. hierzu SCHMACHTENBERG/MEIXNER/SCHÄFER, KoR 2005, S. 515.

Netzes und damit auch die Erzielung von Umsatzerlösen voraussichtlich frühestens in der zweiten Jahreshälfte 2002 erfolgt. Somit würde die Erfassung der Fremdkapitalkosten als laufender Aufwand zu einem wesentlichen Missverhältnis der peridodengerechten Zuordnung von Aufwand und Ertrag aus der UMTS-Lizenz führen.

Erläuterung zur Darstellung der Mobilcom
Das Beispiel der Mobilcom AG enthält förmlich keine Angaben über die Höhe der aktivierten Fremdkapitalkosten und den angenommenen Finanzierungskostensatz. Allerdings lässt sich indirekt über den Anlagespiegel als Bestandteil des Jahresabschlusses der aktivierte Zinsaufwand ermitteln (TEUR 425.058 gegenüber TEUR 25.176 als laufender Aufwand verbucht). Der angenommene Finanzierungskostensatz ist allerdings nirgends im Jahresabschluss 2001 ersichtlich. Die Vielzahl dieser „Sätze" ergibt sich aus der ausführlichen Darstellung der Finanzierungsdarlehen und deren Konditionen. Im Anhang zum Konzernabschluss 2002 wird über einen „gewogenen Durchschnitt der Zinssätze" berichtet, der monatlich neu ermittelt wurde und zwischen 6,00 % und 6,61 % p. a. lag.

36 Bei **einfacheren Tatbeständen** kann im Anhang etwa wie folgt formuliert werden, sofern die erlaubte Bilanzierungsalternative der Aktivierung des Zinsaufwandes angewandt wird:

37
Beispiel
Von den gesamten Finanzierungsaufwendungen in Höhe von TEUR X sind TEUR Y als Anschaffungs- oder Herstellungskosten aktiviert worden. Der Finanzierungskostensatz beträgt XY %.
Bei Anwendung der Regelmethode *(benchmark treatment)* wäre beispielsweise wie folgt zu formulieren:
In den Anschaffungs- oder Herstellungskosten sind Fremdkapitalkosten nicht enthalten.
Oder:
Fremdkapitalkosten werden bei Anfall im Aufwand verrechnet.

6 Anwendungszeitpunkt, Rechtsentwicklung

38 IAS 23 ist anzuwenden auf Geschäftsjahre mit Beginn des 1. Januar 1995 oder später.
Im Rahmen des *convergence project* soll das Wahlrecht zwischen direkter Aufwandsverrechnung und Aktivierung der Fremdfinanzierungskosten (Rz 13ff.) zugunsten der Aktivierungspflicht aufgehoben werden. Dazu hat der *Board* am 26.5.2006 ein *Exposure Draft* zur Änderung des IAS 23 veröffentlicht (Rz 15).

Hoffmann

Die zu erzielende Konvergenz bezieht sich allerdings nur auf die Eliminierung des Wahlrechts zur sofortigen Aufwandsverrechnung von Finanzierungskosten zugunsten der Aktivierungspflicht. Weitere Divergenzen zum bestehenden SFAS 34 werden dagegen nicht behandelt, die Konvergenz also gerade nicht erreicht.[13] In der November-Sitzung 2006 des *Board*[14] wurde der *Exposure Draft* deswegen und wegen der Einwendungen gegen die Aufhebung des Wahlrechts überhaupt höchst kontrovers diskutiert. Sogar der Rückzug des Änderungsprojekts kam als Vorschlag zur Sprache. Bei Redaktionsschluss (1.1.2007) hing die weitere Entwicklung in der Schwebe.

Qualifying assets mit Folgebewertung zum *fair value* sollen nach dem *Exposure Draft* künftig nicht mehr in den Regelungsbereich von IAS 23 einbezogen werden (Rz 11).

7 Zusammenfassende Praxishinweise

IAS 23 eröffnet beachtliche bilanzpolitische **Gestaltungsmöglichkeiten** auf der Grundlage der Unternehmensfinanzierung:
- Förmliches **Wahlrecht** zwischen Aufwandsverrechnung und Aktivierung (Rz 13).
- **Aufwandszuordnung** auch bei einer Allgemein-Finanzierung (*borrowed generally*, Rz 15).
- **Bestimmung** des **besonderen** Vermögenswertes (*qualifying asset*, Rz 11).
- Festlegung des **Zinssatzes** bei „Mischfinanzierung" (Rz 17ff.).
- Festlegung des **Aktivierungszeitraums** (Rz 28f.).

39

Das (ungelöste) **ökonomische** Grundproblem ist die (bilanzmäßige) **Werterhöhung** durch Fremdfinanzierung des Vermögenswertes gegenüber der Eigenkapitalfinanzierung (Rz 6).

40

Der **Vergleich** zwischen dem Regelungsgehalt von IAS 23 einerseits und dem deutschen HGB/EStG andererseits fällt ziemlich eindeutig aus:
- Übereinstimmend werden die Fremdkapitalkosten in der **Regel** periodengerecht als Aufwand verbucht (Rz 13).
- Nach beiden Rechnungslegungssystemen besteht ein **Wahlrecht** (Rz 14) zur Aktivierung für längerfristige Fertigungsprozesse (Herstellungen).
- Der entscheidende **Unterschied**: Nach deutschem Bilanzrecht können Finanzierungskosten für **Anschaffungsvorgänge** nicht aktiviert werden, nach IFRS besteht diesbezüglich das gleiche Wahlrecht wie für die Herstellungskosten (Rz 15, Rz 3).
- Zum letztgenannten Punkt gilt allerdings ein **Vorbehalt**: In der handelsrechtlichen Kommentarliteratur wird auch in bestimmten Fällen von An-

41

---

[13] Vater, WPg 2006, S. 1337.
[14] IASB, Update November 2006.

schaffungsvorgängen eine Aktivierung der Fremdkapitalkosten für zulässig erachtet (Rz 3).

- Die IFRS geben recht **detaillierte Anweisungen** für den Umfang und den Zeitraum betreffend die zu aktivierenden Herstellungskosten (Rz 17ff.). Diese dürften in der Praxis kaum jemals von einschlägig angewandten Methoden nach deutschem Bilanzrecht abweichen.
- Nach IFRS beschränkt sich das Bilanzierungswahlrecht für die Fremdkapitalzinsen auf **besondere** Vermögensgegenstände *(qualifying assets)*; diese Beschränkung kennt das deutsche Bilanzrecht explizit nicht (Rz 12).
- Bei abweichender Aktivierung der Finanzierungskosten zwischen IFRS-Abschluss und Steuerbilanz kommt es zur Bildung einer **Steuerlatenz-Position** (Rz 33).

§ 10 PLANMÄSSIGE ABSCHREIBUNGEN

	Rz
Inhaltsübersicht	
Vorbemerkung	
1 Überblick	1–19
1.1 Regelungsbereich	1–4
1.2 Ökonomische Konzeption der Abschreibungsverrechnung	5–6
1.3 Aufteilung des Vermögenswertes für Abschreibungszwecke *(components approach)*	7–18
1.4 Ausweis	19
2 Die einzelnen Berechnungsgrößen	20–42
2.1 Das Abschreibungsvolumen *(depreciable amount)*	20–23
2.2 Die Abschreibungsmethode *(pattern)*	24–30
2.3 Die Nutzungsdauer *(useful life)*	31–38
2.3.1 Das Schätzungserfordernis	31–33
2.3.2 Vermutungsregeln für immaterielle Vermögenswerte	34–35
2.3.3 Der Abschreibungsbeginn	36–37
2.3.4 Anpassungen	38
2.4 Sonderfall: Planmäßige Abschreibung nach Neubewertung *(revaluation)* und Wertaufholung	39
2.5 Sonderfall: Steuerliche Abschreibungen	40–42
3 Anhangsangaben	43–44
4 Anwendungszeitpunkt, Rechtsentwicklung	45–46
5 Zusammenfassende Praxishinweise	47

Schrifttum: ANDREJEWSKI/BÖCKEM, Praktische Fragestellungen der Implementierung des Komponentenansatzes nach IAS 16, KoR 2005, S. 75; ASCHENDORF, Fragen zum Wirtschaftsgutbegriff bei Flugbetriebsflächen, StBp 1996, S. 188; BAETGE/BEERMANN, Die Bilanzierung von Vermögenswerten in der Bilanz nach IAS und der dynamischen Bilanztheorie Schmalenbachs, BFuP 1998, S. 154; BALLWIESER zu IAS 16, in: BAETGE u. a., Rechnungslegung nach IAS; BECK, Änderungen bei der Bilanzierung von Sachanlagen nach IAS 16 durch den Komponentenansatz, StuB 2004, S. 590; FISCHER, IAS-Abschlüsse von Einzelunternehmungen, 2001; FOCKEN/SCHAEFER, Umstellung der Bilanzierung des Sachanlagevermögens auf IAS/IFRS – ein Praxisbeispiel, BB 2004, S. 2343; HOFFMANN/LÜDENBACH, Abschreibung von Sachanlagen nach dem Komponentenansatz von IAS 16, BB 2004, S. 375; JANSSEN, Aktivierung und Abschreibung von Großinspektionen, PiR 2005, S. 46; LÜDENBACH, IFRS, 4. Aufl., 2005; SCHILDBACH, Was leistet IFRS 5?, WPg 2005, S. 554; SCHMIDT, Die Folgebewertung des Sachanlagevermögens nach den IAS, WPg 1998,

S. 808; WAGENHOFER, Internationale Rechnungslegungsstandards, 45. Aufl., 2005.

Vorbemerkung
Die Kommentierung bezieht sich auf die einschlägigen Standards in den aktuellen Fassungen und berücksichtigt alle Ergänzungen, Änderungen und Interpretationen, die bis zum 1.1.2007 beschlossen wurden.

1 Überblick

1.1 Regelungsbereich

1 Nach der Zugangsbewertung eines (aktiven) Vermögenswertes *(asset)* stellt die Vornahme **planmäßiger Abschreibungen** eine der möglichen **Folgebewertungen** dar. Andere Folgebewertungen sind
- der *fair-value*-Ansatz im Rahmen einer Neubewertung (→ § 8 Rz 52ff.);
- die *fair-value*-Bewertung von Immobilien, die als Finanzinvestitionen gelten (→ § 16 Rz 42);
- die *fair-value*-Bewertung von biologischen Vermögenswerten und landwirtschaftlichen Erzeugnissen gemäß IAS 41 (Rz 31), s. aber Rz 2;
- die außerplanmäßige Abschreibung und die Wertaufholung (→ § 11);
- Übergangserleichterungen anlässlich der erstmaligen IFRS-Anwendung (→ § 6 Rz 4ff.).
- Sonderfall der Bewertung im Falle eines aufzugebenden Geschäftsfeldes *(discontinued operations)* oder einer aufzugebenden Sachgesamtheit *(disposal group)* gem. IFRS 5.25 (→ § 29 Rz 26).

2 **Planmäßige Abschreibungen** sind nach den IFRS vorzunehmen bei
- sächlichem Anlagevermögen gemäß IAS 16.43 (→ § 14 Rz 17);
- immateriellem Anlagevermögen gemäß IAS 38.37 (→ § 13 Rz 67);
- *goodwills* aus Unternehmenszusammenschlüssen gemäß IAS 22.44 (letztmals in 2004; → § 31 Rz 120ff.);
- im *finance lease* genutztem Anlagevermögen (→ § 15 Rz 103ff.);
- Immobilien, die als Finanzinvestitionen gelten, soweit nach dem *cost model* bewertet, gemäß IAS 40.50 (→ § 16 Rz 40ff.);
- landwirtschaftlich genutzten Vermögenswerten, die nicht mit dem *fair value* bewertet werden können, gemäß IAS 41.30 (→ § 40).

3 Diese Auflistung zeigt den **strukturellen Unterschied** zwischen dem Aufbau der IFRS einerseits und dem HGB andererseits. Die IFRS können nicht die elegante Lösung des HGB zu **positionenübergreifenden** Abschreibungsregeln liefern (vgl. § 253 Abs. 2 S. 1 HGB). Die nachstehend darzustellenden Abschreibungsverfahren und -inhalte nach IFRS sind bei den oben genannten Bilanzpositionen dennoch weitestgehend **inhaltsgleich**. Aus diesem Grund

werden sie in diesem Paragraphen des Kommentars auch **zusammenfassend** dargestellt.

Nach IAS 38 sind immaterielle Anlagen von **unbestimmter** Lebensdauer *(indefinite life)*, nach IFRS 3 ist der *goodwill* **nicht planmäßig** abschreibbar (Rz 35).

1.2 Ökonomische Konzeption der Abschreibungsverrechnung

Konzeptionell beruht die Berechnung von planmäßigen Abschreibungen für Vermögensgegenstände auf dem *matching principle* (→ § 1 Rz 117): Die Kosten von Anlagegütern sind denjenigen Rechnungsperioden **anzulasten** (Kostenverrechnungseffekt), in denen der **Nutzen** aus diesen Vermögenswerten gezogen wird.[1] Unabhängig von der Abschreibungsmethode sollen systematisch die **Kosten** eines Anlagegutes auf die **Nutzungsdauer** verteilt werden[2] (IAS 16.50 für sächliches und IAS 38.97 für immaterielles Anlagevermögen mit bestimmter Lebensdauer). Zur Ermittlung des konkreten Abschreibungsbetrages bedarf es der Festlegung folgender **Berechnungsparameter:**

- Abschreibungsvolumen *(depreciable amount*; Rz 20ff.),
- Abschreibungsmethode *(pattern*; Rz 24ff.),
- Nutzungsdauer *(useful life*; Rz 31ff.).

Der durch die Abschreibung zu mindernde Buchwert soll den **Verbrauch ökonomischen Nutzens** des betreffenden Vermögenswertes (Werteverzehr) widerspiegeln, und zwar auch, wenn der Verkehrswert *(fair value of the asset)* den Buchwert übersteigt (IAS 16.52). Gemeint ist Folgendes: Eine planmäßige Abschreibung ist für einen (abnutzbaren) Sachanlagenwert auch dann vorzunehmen, wenn aus exogenen Gründen – Inflation, Marktveränderungen – eine den Buchwert übersteigende Werterhöhung eintritt. Bei immateriellen Vermögenswerten ist umgekehrt in ähnlichen Fällen die laufende Abschreibung „anzuhalten" (IAS 38.103).

1.3 Aufteilung des Vermögenswertes für Abschreibungszwecke *(components approach)*

Die Abschreibungsverrechnung ist für jeden **Teilbereich** eines Vermögenswertes *(each part of an item)* getrennt *(separately)* zu bestimmen (IAS 16.43), wenn diese Teile einen wesentlichen Teil der Anschaffungskosten ausmachen. Der *Board* unterstellt in diesen Fällen eine für den jeweiligen Teilbereich **unterschiedliche Nutzungsdauer**, die **nicht** durch eine gewogene Durchschnittsrechnung zutreffend abgebildet werden könne (IAS 16 BC26). Auf eine selbstständige Nutzbarkeit kommt es ebenso wenig an wie auf eine mögliche Einzelveräußerung. Als Beispiel werden in IAS 16.44 der Flugzeugkörper und

---

[1] So EPSTEIN/MIRZA, Interpretation and Application of IAS 2002, S. 292.
[2] Vgl. detailliert SCHILDBACH, WPg 2005, S. 555.

Hoffmann

die Triebwerke „separiert". So verstandene Teilbereiche (also die Summe der Triebwerke) können dann allerdings zusammengefasst abgeschrieben werden (IAS 16.45). Der verbleibende Rest *(remainder)* des Vermögenswertes, d. h. die in einer Einzelbetrachtung unbedeutenden Teile, ist dann als Sammelposten abzuschreiben.

Wahlweise ist eine getrennte Abschreibungsverrechnung möglich, wenn die separierte Bemessungsgrundlage im Verhältnis zum gesamten Vermögenswert geringe Anschaffungs- oder Herstellungskosten aufzuweisen hat (IAS 16.47). Wo die **Geringfügigkeitsgrenze** liegt, bleibt offen, bedarf also einer sinnvollen Auslegung durch den Standardanwender. Dazu muss er das Adjektiv *„significant"* auslegen, wozu ihm IAS 16 keine Hilfe anbietet. Eine **Analogie** zu anderen Regelungsbereichen, bei denen die IFRS die „Signifikanz" als Unterscheidungskriterium bemühen, liegt nahe. Diesbezüglich ist auf die gemischte Nutzung von *investment properties* i. S. v. IAS 40 – als Renditeliegenschaft und zur Eigennutzung – hinzuweisen. Nach IAS 40.10 muss der selbst genutzte Anteil *insignificant* sein, wenn die gesamte Immobilie als *investment property* anzusehen ist. Die im Vereinigten Königreich, in Hongkong und in Neuseeland diesbezüglich festgelegten Grenzmarken bewegen sich zwischen 15 und 20 % (→ § 16 Rz 16).[3]

8 Die Aufteilung eines Vermögenswertes zur Bestimmung des Abschreibungsverfahrens hat ihren systematischen Hintergrund in dem so genannten *components approach* (→ § 8 Rz 35), wie er z. B. auch in IAS 16.13 zum Ausdruck kommt. Dabei wird der einheitliche Vermögenswert *(asset)* nach der Definition in F.49a i. V. m. F.83 (→ § 1 Rz 87ff.) für Zwecke der Folgebewertung „atomisiert". Das bezieht sich auf die **Ersatzbeschaffung** (→ § 8 Rz 35), auf die Abschreibung (hier behandelt) und auf die Abgangserfassung gemäß IAS 16.70 (→ § 8 Rz 79). Für Zwecke der planmäßigen Abschreibung folgt daraus in aller Regel eine jeweils zu **unterscheidende Nutzungsdauer**. Wegen der Parallelproblematik der Abgrenzung von Erhaltungs- und Herstellungsaufwand wird verwiesen auf → § 8 Rz 32ff.

9 Die Annahme einer **getrennten Nutzungsdauer** für Teile einer größeren Anlage ist technisch und wirtschaftlich **zutreffend** (Rz 10). Die Frage ist allerdings, **wie weit** man bei der praktischen Anwendung die Separierung des Vermögenswertes für Abschreibungszwecke betreiben muss bzw. kann. Hierzu folgendes Beispiel:[4]

---

[3] Die von ANDREJEWSKI/BÖCKEM (KoR 2005, S. 78) als vertretbar erachtete Grenzmarke von 5 % (Verhältnis der „insignifikanten" Teile zu den gesamten Anschaffungs- oder Herstellungskosten) wird insofern nicht bestätigt. Unterhalb der 5-%-Marke wird man allerdings problemlos von „insignificant" ausgehen können.

[4] Nach BECK, StuB 2004, S. 590, der allerdings eine büromäßige Nutzung unterstellt.

Hoffmann

Beispiel

Ein Gebäude lässt sich im Falle einer gewerblichen Nutzung bezüglich der Herstellungskosten aus technischer Sicht wie folgt aufgliedern:

Komponente	Herstellungs-kosten in %	Mindest- und Höchstnutzungsdauer nach WertR	Abschreibung % bei Höchstnutzungsdauer
Mauerwerk	30	80 / 120	0,83
Dach	5	20 / 30	3,33
Fassade	8	40 / 60	1,67
Fenster	7	20 / 40	2,5
Bauwerk	**50**		
Heizung/Lüftung/Klima	10	20 / 40	2,5
Sanitär	5	40 / 60	1,67
Elektro	10	40 / 60	1,67
Innenausbau	20	10 / 40	2,5
Technik	**45**		
Außenanlage	5	40 / 50	2,0
	100		

Die angenommenen **Höchst**nutzungsdauern gem. Wertermittlungsrichtlinien (WertR) führen zu einer gewichteten Abschreibung von 1,83 %. Die **Mindest**nutzungsdauern ergäben eine gewichtete Abschreibung von 4,08 % p. a. Innerhalb dieser Bandbreite bewegt sich also der Ermessensspielraum des Managements bei der Bestimmung der Abschreibungshöhe auf der Grundlage des *components approach*. Deshalb stellt sich die Frage, ob eine u. U. zeit- und kostenaufwändige „Gebäudezerlegung" nach der Vorgabe des obigen Beispiels sinnvoll ist, also insbesondere dem *cost-benefit*-Gedanken (→ § 1 Rz 69) entspricht und für die *fair presentation* (→ § 1 Rz 70) benötigt wird. Vor diesem Hintergrund halten wir folgende **Vereinfachungsrechnung** nach Maßgabe des vorstehenden Beispiels für angemessen:

Zusammengefasste Komponenten	Abschreibung bei Höchstnutzung	Mindestnutzung	⌀ Abschreibung
Bauwerk	1,45 %	2,35 %	2,00 %
Technik und Außenanlage	2,20 %	6,00 %	4,00 %

Hoffmann

Die im Beispiel für ein Fabrikgebäude angenommenen Aufteilungs-Prozentsätze können und müssen im Einzelfall an die technischen und insbesondere auch wirtschaftlichen (Rz 10) Gegebenheiten **angepasst** werden. Jedenfalls ist eine eher **geringe Sensitivität** der „Komponentenzerlegung" ersichtlich. Eine Aufteilung in „Bauwerk" und „Technik" sollte in vielen Fällen den Vorgaben des *components approach* genügen, ohne förmlich das Verbot der schlichten Durchschnittsbetrachtung (IAS 16 BC26) zu unterlaufen. Bei der Beurteilung müssen auch die technischen und wirtschaftlichen Gegebenheiten des vom *Board* den Überlegungen zugrunde gelegten Beispiels eines Flugzeuges (IAS 16.13 und 16.44) beachtet werden. Die „Komponenten" eines Gebäudes mit seiner Technik sind stärker miteinander verwoben als Flugzeugrahmen, -triebwerk und -bestuhlung (Rz 12).

10 Das Beispiel unter Rz 9 hebt speziell auf die **technische** Nutzungsdauer der einzelnen Gebäudebestandteile ab. Diese Vorgehensweise passt auf Fabrikationshallen und sozialen Wohnungsbau (u. U. mit Differenzierungen bezüglich der Kostenkomponenten). Bei wettbewerbsintensiv genutzten Immobilien ist dagegen die **wirtschaftliche** Nutzungsdauer für die Beurteilung dominant. Für ein großstädtisches Hotel oder Bürogebäude haben die Innenausbauten, also die nicht tragenden Wände, die Deckenverkleidung, die Böden usw., eher „dekorativen" Charakter. Sie sind nach 15 Jahren längst nicht technisch verbraucht, wirken aber optisch nicht mehr einladend, sondern alt und unzeitgemäß. Im Wettebewerb um Hotelgäste oder Büromieter müssen sie dann ohne Rücksicht auf ihre technische Lebensdauer ausgetauscht werden. Eine „Durchschnittsabschreibung" ist unter diesen Umständen unzutreffend, der Komponentenansatz wirtschaftlich berechtigt.

Beispiel[5]
Ein großstädtisches Bürogebäude (oder Hotel) hat ohne Grund und Boden und ohne Außenanlage Anschaffungs- und Herstellungskosten (AHK) von 10 Mio. EUR. Daraus ergibt sich folgende Aufgliederung bezüglich der wesentlichen Bauteile:

Komponenten	Komponenten-AHK	Nutzungsdauer	Abschreibung %	AfA
Tragwerk Fundamente, Wände, Stützen, Decken usw.	3.500.000	80	1,25	43.750
Gebäudehülle Bedachung, Fassade, Fenster, Eingänge	2.000.000	25	4,00	80.000

---

[5] Für die Überlassung des Beispiels danken wir Herrn Dipl.-Ing. ARMIN BRETT, öffentlich bestellter und vereidigter Sachverständiger/Chartered Valuation Surveyor, Stuttgart.

Hoffmann

§ 10 Planmässige Abschreibungen

Komponenten	Komponenten-AHK	Nutzungsdauer	Abschreibung %	AfA
Technische Gebäudeausrüstung Heizung, Kühlung, Lüftung, Sanitär, Elektro, Aufzüge usw.	2.000.000	20	5,00	100.000
Innenausbau („Dekoration")	2.500.000	15	6,67	166.750
Gesamt	10.000.000			390.500
		gewichtete Abschreibung		3,91 %
		gerundet		4,00 %
		gewichtete Nutzungsdauer		25

Je nach der für das Bauwerk anzusetzenden Nutzungsdauer kann aber auch eine **Gesamtbetrachtung** in Frage kommen.

Beispiel
Zu bestimmen ist die Abschreibung eines in Massivbauweise erstellten **Fabrikgebäudes** mit einer technischen Nutzungsdauer von 100 Jahren. Der Bilanzierende geht von einer erforderlichen Generalüberholung nach 40 Jahren aus, um das Gebäude an die dann aktuellen Nutzungsbedürfnisse anzupassen. Dabei werden nach Einschätzung des Bilanzierenden zwar Eingriffe an den technischen Einrichtungen im Vordergrund stehen, aber in diesem Zusammenhang auch Wände aufgestemmt oder versetzt, Treppen und Eingänge neu gestaltet usw. Er unterstellt deshalb insgesamt eine wirtschaftliche Nutzungsdauer von 40 Jahren. Den zu erwartenden Restwert berücksichtigt er durch Kürzung der Abschreibungsbemessungsgrundlage.

Auch bei einem **Fahrzeug** (Auto) kann trotz unterschiedlicher Nutzungsdauer von Motor, Getriebe und Karosserie eine **einheitliche** Abschreibung mit folgender Begründung gerechtfertigt sein: Abgesehen vom für die planmäßige Abschreibung nicht relevanten Fall eines vorzeitigen Motor- oder Getriebeschadens auf den ersten 100.000 oder 150.000 km wird ein solcher Totalschaden i. d. R. nicht repariert, sondern führt zur Verschrottung des Fahrzeuges. Die längere technische Lebensdauer der Karosserie ist daher wirtschaftlich irrelevant. Die gesamte Abschreibung ist über die ungefähr gleich einzuschätzende Nutzungsdauer von Motor und Getriebe vorzunehmen.

Anders stellt sich hingegen der in IAS 16.44 behandelte Fall eines **Flugzeugs** dar. Die Komponenten Rahmen, Triebwerke, Inneneinrichtung unterscheiden sich nicht nur in ihrer technischen Lebensdauer erheblich. Das Ende der Lebensdauer von Triebwerken und Inneneinrichtung markiert auch nicht das wirtschaftliche Ende des Flugzeuges. Angesichts des hohen Wertes des Rahmens erfolgt vielmehr während eines normalen „Flugzeuglebens" mehrfach ein Austausch von Triebwerken. Gleiches gilt für die Inneneinrichtung, die ständige Anpassungserfordernisse im Hinblick auf die geänderte Kundennachfrage aufweist. Die unterschiedlichen Abschreibungen sind daher wirtschaftlich gerechtfertigt.

Das vom *Board* selbst beigesteuerte Beispiel belegt allerdings auch das Erfordernis einer sinnvollen **Beschränkung** bei der „Zerlegung" des *asset* „Flugzeug".

> **Beispiel**
> Die Inneneinrichtung des Airbus 380 wird (unterstellt) in drei **Varianten** geliefert:
> First Class: Designer-Möbel mit separatem Bett
> Business Class: Höhenverstellbare Sessel, umschlagbar als Schlafgelegenheit
> Economy Class: Reihensitze
> Die First-Class-Einrichtung muss spätestens nach sieben Jahren wegen der modischen Anforderungen des erlesenen Kundenkreises komplett ausgetauscht werden. In der Business Class erfolgt lediglich eine neue Polsterung der Sitze nach 10 Jahren.

Der *Board* verzichtet (sinnvollerweise) auf die weitere Untergliederung des Vermögenswertes „Flugzeug" innerhalb der Komponente „Inneneinrichtung". Deshalb braucht die separierbare „Gebäudehülle" im Beispiel unter Rz 10 nicht weiter in die Teile „Bedachung", „Fenster" etc. aufgegliedert zu werden.

13 Eine **industrielle Anlage** lässt sich unschwer in Dutzende von „Komponenten" zerlegen. Zur Herstellung einer chemischen Substanz[6] werden Pumpen, Röhren, Messgeräte und dergleichen mehr, vor allem aber ein Reaktor benötigt, in dem sich der chemische Prozess abwickelt. Eine sinnvolle Lösung vor dem Hintergrund des *„components approach"* führt zu einer Zweiteilung der Anlage in „Reaktor" und „Rest". Der gesamten Anlage wird eine Lebenszeit von 20 Jahren, dem Reaktor von 8 Jahren bis zu einer Grundüberholung zugestanden. Zur Vereinfachung kann auf eine weitere „Zerlegung" der restlichen Anlage verzichtet werden, obwohl z. B. ein Manometer mitunter schon nach 6–10 Jahren ersetzt werden muss. Die Generalüberholung des Reaktors ist folgerichtig zu aktivieren (→ § 8 Rz 36). Nach HGB/EStG wäre eine Nutzungsdauer von vielleicht 10 Jahren angenommen worden mit Verrechnung der Generalüberholung im Aufwand.

14 Ein industrielle Großanlage stellt sich mit der Vielzahl wesentlicher Bestandteile ähnlich wie ein Gebäude dar (vgl. vorstehendes Beispiel unter Rz 10 zum Bürogebäude).

---

[6] Beispiel nach FOCKEN/SCHAEFER, BB 2004, S. 2343f.

> **Beispiel**
> Eine Müllverbrennungsanlage mit Energie- und Wärmeerzeugung besteht aus folgenden wesentlichen Bestandteilen:
> - Entladehalle
> - Abfallbunker
> - Rostfeuerung
> - Schlackenaustragung
> - Dampferzeugung
> - Elektrofilter
> - Energienutzung
> - Speisewasserwärmer
> - Katalysator
> - Abgaswäscher
> - Rückstromwirbler/ Gewerbefilter
> - Kamin
> - Emissionsmessstation

Nun kann man mit einiger Akribie und Sachverstand jedem dieser Teilbereiche eine mutmaßliche individuelle Nutzungsdauer zuordnen. Die Frage ist nur, ob dies technisch garantierbar und wirtschaftlich sinnvoll ist. Letzteres zielt auf das *cost-benefit*-Argument (→ § 1 Rz 69), Ersteres auf die mangelnde Prognosemöglichkeit. Ob die Rostfeuerung 10 oder 15 Jahre genutzt werden kann, wird niemand definitiv „festlegen" wollen, sofern nicht Ersatzintervalle (wie beim Flugzeug) regulatorisch vorgegeben sind. Gleiches gilt etwa für die Frage, ob mit dem kompletten Ersatz der Rostfeuerung auch die mit ihr verbundene Schlackenaustragung erneuert werden muss.

U. E. bietet sich eine im Ansatz vergleichbare Lösung wie für das Bürogebäude (vgl. Beispiel Rz 10) an, nämlich eine Aufteilung nach **Bauwerken** (Entladehalle, Abfallbunker, Kamin, Messstation) und nach „**Technik**" (Rest). Der letztgenannte Teil dürfte – anders als beim Bürogebäude – den Löwenanteil der Gestehungskosten ausmachen. Die Gesamtabschreibung wird dann vom Bereich „Technik" und der dafür festzulegenden Nutzungsdauer dominiert.

Die Beispiele unter Rz 9ff. zeigen das Erfordernis einer **sinnvollen Interpretation** der Separierungsvorgabe für Zwecke der Bestimmung der Nutzungsdauer nach IAS 16.43. Eine solche Festlegung kann immer nur nach den **individuellen Verhältnissen** vorgenommen werden. Das ist der Grund, weshalb sich IAS 16 weitgehend einer Einzelfallbetrachtung enthält. Klar ist (nur) der **Grundsatz**: Der Vermögenswert ist für Zwecke der Abschreibungsbemessung getrennter Betrachtungen zu unterziehen, wenn wesentliche Kostenbestandteile *(significant cost)* unterschiedliche wirtschaftliche Nutzungsdauern haben.

An solcher Unterschiedlichkeit wird es bei kleineren **beweglichen** Vermögenswerten häufig fehlen, weil der nicht vorzeitige Ausfall einer Hauptkomponente zumeist das Ende der Nutzung des gesamten Vermögenswertes besiegelt (Rz 10). Bei **Gebäuden** kann man auf Erfahrungsgrundsätze zurückgreifen: Nur eine Minderheit der mehr als 50 Jahre alten Geschäfts- oder Industriegebäude ist nicht grundlegenden Generalüberholungen unterzogen worden, die sich zumeist nicht in der Erneuerung der technischen Anlagen erschöpft haben, sondern zugleich mit Substanzeingriffen einhergingen. Aus dieser Sicht kann eine 50-Jahres-Frist (je nach Gebäudeart auch ein kleineres

15

Intervall) eine sinnvolle Schätzgröße für die wirtschaftliche Nutzungsdauer der gesamten Hauptkomponenten des Gebäudes sein (Rz 9).

Aus Sicht der deutschen Rechnungslegungspraxis „passt" dieser *components approach* für die Abschreibung gut auf die immer systematisch schwer einzuordnenden **Mietereinbauten** (in fremde Gebäude), **Ladeneinrichtungen** und auf **Betriebsvorrichtungen**. Diese nach den steuerlichen Vorgaben vom Gebäude zu unterscheidenden Wirtschaftsgüter mögen aus der Sicht der IFRS mit dem Gebäude einen einheitlichen Vermögenswert bilden, der indes dann für Abschreibungszwecke, aber auch bei der Ersatzbeschaffung (→ § 8 Rz 35) ganz nach Vorbild der deutschen steuerlichen und damit praktisch auch handelsrechtlichen Betrachtungsweise zu separieren ist. Auf diese Weise gelingt dann auch leichter die Vermeidung einer **Steuerlatenz**rechnung mangels Buchwertunterschieden (→ § 26 Rz 18).

> **Beispiel für Mietereinbauten**
> Die Klimaanlage des Gemüsegroßhändlers in einer gemieteten Lagerhalle lässt sich unschwer als *component* definieren. Deshalb (gesonderte) Aktivierung mit planmäßiger Abschreibung und Aktivierung auch der Neuanschaffung nach Verbrauch. Wegen der Abschreibungsdauer vgl. Rz 34 zur vertraglichen Nutzungsbeschränkung wegen Zeitablaufs.
> Ähnlich verhält es sich im Falle einer Lagerhalle, die vom Mieter zu einer Tennisanlage umgebaut wird: Der besondere Bodenbelag ist mit den Herstellungskosten zu aktivieren, ebenso der spätere Ersatz des nicht mehr bespielbaren Bodens.

16 Aus der Rechtsprechung und dem Schrifttum zum deutschen Steuerrecht können auch in anderen Unternehmensbereichen Schlüsse zur sinnvollen „Zerlegung" eines Vermögenswertes gezogen werden. Die Systematik ist in den beiden Rechnungslegungswelten zwar verschieden, inhaltlich sind indes durchaus Überschneidungen festzustellen. Im deutschem Steuerrecht sucht man nach der Definition des **Wirtschaftsgutes**, das dann einheitlich abgeschrieben wird. Nach dem *components approach* ist der Umfang des Vermögenswertes unbedeutend, es geht „nur" um die Bestimmung der **Nutzungsdauer** und diese eben definiert nach unterscheidbaren Teilbereichen (dieses Vermögenswertes).

> **Beispiel**
> Ein automatisch gesteuertes, nicht begehbares **Hochregallager** (steuerlich Betriebsvorrichtung) besteht aus folgenden Wirtschaftsgütern (steuerlich) oder *assets* bzw. *parts* (Rz 7):
> - Betonhülle mit Fundament
> - Lagergestell
> - Regalbediengeräte
> - Förderbänder

- Steuersystem und Software
  Die steuerliche Abschreibung wird für die einzelnen Wirtschaftsgüter nach Maßgabe der individuellen Nutzungsdauern verrechnet. Diese Vorgehensweise kann nach dem *components approach* beibehalten werden.

Bei komplexen Anlagen incl. „technischer" Immobilien (Rz 10) wird sich in diesem Sinne häufig eine **Übereinstimmung** von HGB/EStG und IFRS-Komponentenansatz ergeben. Die Frage nach den Abgrenzungsmerkmalen zwischen Wirtschaftsgut/Vermögensgegenstand einerseits und *asset* bzw. *part of an item* andererseits ist hier eher akademischer Natur.
Hierzu noch ein weiteres Beispiel:

Beispiel
Das Rohrnetz eines Wasserversorgungsunternehmens besteht im Wesentlichen aus Hauptleitungen, Versorgungsleitungen und Hausanschlüssen.[7] Die Hauptleitungen mit einem Durchmesser über 600 mm dienen der weiträumigen Wasserverteilung, die kleineren Versorgungsleitungen führen das Wasser durch die einzelnen Straßen. Von dort aus zweigen die Hausanschlüsse ab.
Die nach deutschem Steuerrecht zu lösende Frage ist, ob das gesamte Versorgungsnetz ein einheitliches Wirtschaftsgut darstellt. Ist das der Fall, muss auch die Abschreibung einheitlich für das gesamte Netz verrechnet werden. Der BFH sieht einerseits das Rohrleitungsnetz als „einheitliches Ganzes", erkennt umgekehrt aber auch die Möglichkeit einer Aufteilung des Netzes aufgrund von Sonderfunktionen, größerem Rohrdurchmesser etc. Mit anderen Worten: Wirtschaftlich sinnvolle Abgrenzungsmerkmale können zur „Zerlegung" des Wirtschaftsgutes „Rohrnetz" in seine Bestandteile führen.
Daraus lassen sich auch Erkenntnisse für die Zuordnung unterschiedlicher Abschreibungsdauern eines Rohrleitungsnetzes nach dem *components approach* gewinnen. So sind möglicherweise für die drei genannten Hauptbestandteile unterschiedliche Nutzungsdauern feststellbar, z. B. wegen verschiedener Materialien, unterschiedlicher Ablagerung von Schadstoffen etc. Außerdem können Umleitungen oder Schachtbauten vom eigentlichen Rohrleitungsnetz bezüglich der Nutzungsdauer abgegrenzt werden.
Ähnliche Probleme ergeben sich beim Leitungsnetz eines Fernwärmeunternehmens.[8] Hier kann man eine Trennung zwischen Übergabestation, Haupttrasse, Verteilerbauwerk, Umformerstation, Direktanschlüssen etc. vornehmen. Im Anschluss daran wäre zu fragen, ob diese Teilbestandteile des Netzes unterschiedliche Nutzungsdauern haben oder nicht.

---

[7] BFH, Urteil v. 11.1.1991, III R 60/89, BStBl II 1992, S. 5.
[8] BFH, Urteil v. 25.5.2000, III R 65/96, BStBl II 2000, S. 628.

18 Anschaulich für die Problematik der Wirtschaftsgutszerlegung ist das Beispiel von **Flugbetriebsflächen**.

> **Beispiel**[9]
> Flugzeugbetriebsflächen lassen sich systematisch zerlegen in
> - Start- und Landebahnen *(runways)*,
> - Rollwege *(taxiways)*,
> - Stellflächen *(ramps)*.
>
> Eine unterschiedliche Nutzungsdauer der drei Flugbetriebskomponenten liegt auf der Hand: Die Start- und Landebahnen sind dem höchsten Verschleiß ausgesetzt, die Stellflächen, auf denen sich die Flugzeuge nicht bewegen, am wenigsten; dazwischen liegen hinsichtlich der Abnutzung die Rollwege mit langsamer Bewegung der Flugzeuge.
> Liegen zwei Start- und Landebahnen mit unterschiedlicher Länge vor, kann die Abschreibungsdauer ebenfalls differieren. Auf der langen Strecke landen und starten die schwereren Flugzeuge mit höherem Abnutzungseffekt.

Wegen weiterer Beispiele zum *components approach* und sinnvoller Lösungen wird verwiesen auf → § 8 Rz 32ff.

1.4 Ausweis

19 Die Abschreibungsverrechnung hat (**erfolgswirksam**) in der GuV zu erfolgen (IAS 16.48f. für sächliches und IAS 38.99 für immaterielles Anlagevermögen) und ist dort – beim Gesamtkostenverfahren – **gesondert** darzustellen (→ § 2 Rz 51). Wegen der Abschreibungsverrechnung nach **Neubewertung** vgl. → § 8 Rz 65ff.

Der Abschreibungsaufwand (z. B. einer Maschine) kann allerdings in die **Herstellungskosten** von Erzeugnissen eingehen. In diesem Fall ist die Abschreibung im Ergebnis insoweit nicht aufwandswirksam. Buchtechnisch wird dies im Gesamtkostenverfahren nicht durch eine Kürzung der Abschreibungsverrechnung (für die Maschine), sondern durch Einbeziehung dieser anteiligen Abschreibung in die Herstellungskosten der Erzeugnisse dargestellt (IAS 16.49) sowie IAS 38.99.

2 Die einzelnen Berechnungsgrößen

2.1 Das Abschreibungsvolumen *(depreciable amount)*

20 Das Abschreibungsvolumen bestimmt sich primär nach den **Anschaffungs- oder Herstellungskosten** *(cost)*, also nach der Ausgangs- bzw. Zugangsbewertung (→ § 8 Rz 1ff.), ggf. gemäß IAS 16.28 gekürzt um Investitions-

---

[9] Aschendorf, StBp 1996, S. 188.

§ 10 Planmässige Abschreibungen   393

zuschüsse bzw. -zulagen, insbesondere durch die öffentliche Hand *(government grants*; → § 12 Rz 25ff.). Eingeschlossen sind nach IAS 16.58f. dabei für sächliches Anlagevermögen auch die **Entsorgungs- und Abbruchkosten** (→ § 8 Rz 17, → § 21 Rz 65). Diese Abschreibungsbasis mindert sich um den mutmaßlichen **Restwert** *(residual value)* des betreffenden Anlagewertes bei seinem späteren Abgang (IAS 16.6). Dieser ist indes bei **sächlichem Anlagevermögen** meist unwesentlich und kann dann vernachlässigt werden (IAS 16.53). Der Restwert *(residual value)* entspricht dem mutmaßlichen Betrag, den das Unternehmen am Ende der Nutzungsperiode abzüglich der Abgangskosten realisieren kann (IAS 16.6; IAS 38.8).[10] Dieser Betrag ist aus Sicht des Bilanzstichtages so zu ermitteln, als ob der betreffende Anlagewert bereits das Alter und den Abnutzungsgrad zum Zeitpunkt des mutmaßlichen Abgangs hätte (IAS 16 BC29). Dadurch sollen der Kostenverrechnungseffekt der Abschreibung (Rz 5) betont und außerbetriebliche Wertbestimmungsfaktoren (z. B. Inflation) aus der Abschreibungsbemessungsgrundlage ausgeschaltet werden.

Der typische Fall eines bei der Abschreibungsbemessung zu berücksichtigenden Restwertes (nach Nutzungsbeendigung) ist der **Schrottwert** eines Schiffes. Ein nennenswerter Restwert ist auch dann zu berücksichtigen, wenn ein Verkauf vor Ende der mutmaßlichen Nutzungsdauer des Vermögenswertes geplant ist.

Beispiel

Sachverhalt
Ein Autovermieter *(rent a car)* nutzt neu gekaufte Pkws regelmäßig 2 Jahre und verkauft sie dann auf dem Sekundärmarkt.

Lösung
Die Abschreibung (auf 2 Jahre) muss sich am mutmaßlichen Wiederverkaufspreis ausrichten.

Sofern in der Abschreibungsbemessungsgrundlage Kosten der **Entsorgung, Entfernung und Rekultivierung** enthalten sind, führt eine Änderung bezüglich der dafür ursprünglich geschätzten Kosten zu einer Anpassung der Abschreibungsverrechnung, und zwar zeitanteilig im Verhältnis zur Gesamtnutzungsdauer (→ § 21 Rz 118ff.).
Für **immaterielle Vermögenswerte** ist nach IAS 38.100 von einem Restwert von null auszugehen (→ § 13 Rz 67), es sei denn:
- es besteht ein **Vertrag** mit einem Dritten über den Erwerb des immateriellen Vermögensgegenstandes am Ende der Nutzungsdauer oder
- für den immateriellen Vermögensgegenstand besteht ein „aktiver" **Markt**, aus dem heraus der Restwert abgeleitet werden kann, oder mit einem solchen Markt ist am Ende der Nutzungsdauer zu rechnen.

21

---

[10] Vgl. KPMG, Insights into IFRS 2006/2007, S. 191, 3.2.150.30. Abschreibung auf 3 Jahre Nutzung vor Verkauf auf dem Sekundärmarkt.

Die vorgenannten **Ausnahmevorschriften** (Regel: Restwert null) werden in der Praxis selten vorkommen. Wegen weiterer Besonderheiten bezüglich planmäßiger Abschreibungen für immaterielle Vermögenswerte vgl. → § 13 Rz 67ff. Insgesamt besteht hinsichtlich der Bestimmung des Abschreibungs**volumens** keine nennenswerte Abweichung vom **deutschen** Recht, wo ebenfalls ein Restwert (Schrottwert) nur in Ausnahmefällen aus der Abschreibungsbemessungsgrundlage herausgerechnet werden muss.[11] Eine weitere Einnahme stellen die mutmaßlichen Entsorgungs- und Abbruchkosten dar (Rz 20), die vergleichsweise nach deutscher Übung durch den Aufbau von Rückstellungen abgebildet werden (→ § 21 Rz 118ff.).

22 Zur Neubestimmung des Abschreibungsvolumens nach vorhergehender **Neubewertung** (*revaluation*; → § 8 Rz 65ff.).

23 Die laufende Abschreibungsverrechnung ist (vorzeitig, also vor Erreichen des Restwertes) zu **beenden** bei **Qualifikations**änderung des betreffenden Vermögenswertes. Eine solche ist denkbar bei

- als **Finanzinvestitionen** gehaltenen Immobilien *(investment properties)*, wenn vom *cost model* zum *fair value model* gewechselt wird (→ § 16 Rz 44);
- zur Veräußerung bestimmten **langfristigen** Vermögenswerten nach IFRS 5 (→ § 29 Rz 26).

2.2 Die Abschreibungsmethode *(pattern)*

24 Die IFRS legen sich nicht auf die Anwendung einer bestimmten Abschreibungsmethode fest. IAS 16.60 (für **sächliches** Anlagevermögen) sowie IAS 38.97 (für **immaterielle** Vermögenswerte) verlangen die Anwendung eines Abschreibungsverfahrens, das den **Werteverzehr** des Anlagegegenstandes durch **Nutzung** im Unternehmen in **systematischer Form** widerspiegelt. Dabei kann die Methode entweder ausschließlich nach dem **Zeitverlauf** oder aber nach der **effektiven Nutzung** innerhalb der gesamten Nutzungszeit definiert werden.

25 Im Einzelnen werden in IAS 16.62 folgende **Methoden** unterschieden:

- die lineare Methode *(straight-line method)*,
- die degressive Methode *(diminishing balance method)*,
- die verbrauchsabhängige Abschreibung *(sum-of-the-units method)*.

Die ersten beiden Methoden sind allein nach dem **Zeitverlauf** definiert, die verbrauchsabhängige Methode dagegen nach der **effektiven Nutzung**. Die Auswahl der Methode soll nach der erwarteten ökonomischen **Nutzenabgabe** gewählt werden; nähere Anleitungen dazu ergehen nicht. Dabei müssen die Methoden im Zeitverlauf **stetig** angewandt *(consistently applied)* werden, es sei

---

[11] BFH, Urteil v. 22.7.1971, IV R 74/66, BStBl II 1971, S. 800. Anders BFH, Beschluss v. 7.12.1967, GrS 1/67, BStBl II 1968, S. 268. Speziell für Schiffe werden von der Finanzverwaltung Restwerte (Schrottwerte) festgelegt; vgl. OFD Hamburg, DStR 2002, S. 1220.

denn, die erwartete Nutzenabgabe hat sich gegenüber der ursprünglichen Einschätzung geändert. Zur Frage, ob die Festlegung einer Methode für Zugänge des Jahres 01 die Abschreibungsmethode für solche der Jahre 02ff. determiniert, wird auf → § 24 Rz 13 verwiesen.

Insgesamt ist bei **sächlichen** Anlagegegenständen (IAS 16) eine **Bevorzugung** bei der Auswahl einer der drei genannten Abschreibungsmethoden **nicht** ersichtlich. Von einem generellen **Verbot** der degressiven Methode nach IFRS kann aber keine Rede sein. Vielmehr ist im Einzelfall zu prüfen, ob dieses Abschreibungsverfahren den Werteverzehr angemessen widerspiegelt. Die deutsche IFRS-Rechnungslegungs**praxis** wendet weitaus überwiegend die lineare Methode an.[12] Als Erklärung kann folgende offenbar bei Erstellungen und Prüfungen geltende „Regel" dienen: Wer degressiv abschreibt, muss dies begründen; wer linear abschreibt, muss nichts erklären.

26

Anders lautet die Regel für die Abschreibung auf **immaterielle Anlagegüter** (IAS 38.98). Auch hier soll die Abschreibungsmethode die erwartete Nutzenabgabe durch den Vermögenswert widerspiegeln. Da dieser in aller Regel nicht verlässlich bestimmt werden kann, wird die **lineare Methode** *(straight-line method)* präferiert (→ § 13 Rz 67).

Die Aufzählung in IAS 16.62 der Abschreibungsmethoden (für sächliches Anlagevermögen) ist nicht **abschließend** *(these methods include ...)*. Auch nach HGB besteht keine Festlegung einer oder mehrerer bestimmter Methoden, etwa nach der Aufzählung in Rz 25. Jedes betriebswirtschaftlich sinnvolle Abschreibungsverfahren ist zulässig. Diese „offene" Regel ist auch in der „**Generalnorm**" **der Abschreibungsverrechnung** nach IFRS begründet, der zufolge die Abgabe des wirtschaftlichen Nutzens durch die Abschreibungsverrechnung im Jahresabschluss wiedergegeben werden soll (Rz 5).[13]

27

Zu jedem Bilanzstichtag ist die Abschreibungsmethode dahingehend zu **überprüfen** *(review)*, ob sie noch die effektive Nutzenabgabe widerspiegelt (IAS 16.61 für sächliches bzw. IAS 38.104 für immaterielles Anlagevermögen). Bei wesentlichen Änderungen ist die Methode **anzupassen**. Es handelt sich dann um eine **Änderung von Schätzungen** im Sinne von IAS 8.26 (→ § 24 Rz 10ff.) mit der Folge einer Neuausrichtung des verbleibenden Abschreibungsvolumens auf die Restnutzungsdauer einschließlich der Periode, in der die Änderung vollzogen wurde (vgl. auch Rz 32). Zur Anhangerläuterung vgl. Rz 43.

28

Die nach deutschem Recht übliche Sofortabschreibung der **geringwertigen Wirtschaftsgüter** (des Anlagevermögens) bei einem Anschaffungswert bis zu 410 EUR kennt in den IFRS keine Parallele. Nach dem *materiality*-Grundsatz (→ § 1 Rz 65ff.) kann diese Vorgehensweise i. d. R. jedoch auch in die IFRS-

29

---

[12] VON KEITZ, Praxis der IASB-Rechnungslegung, 2003, S. 51.
[13] So auch BALLWIESER, in: BAETGE u. a., 2. Aufl., IAS 16 Tz 47; ADS INTERNATIONAL, Abschn. 9 Tz 81.

Bilanzwelt transferiert werden.[14] Ähnliches gilt für die – nach deutschem Begriffsverständnis – Festbewertung (→ § 14 Rz 8).
Nur in extremen Fällen ist eine andere Beurteilung geboten. Ein solcher Ausnahmefall wäre eine Videothek, deren Anlagevermögen zur Hauptsache aus Verleihkassetten, Regalen und anderen geringwertigen Wirtschaftsgütern besteht. Die Sofortabschreibung des Anlagevermögens würde dauerhaft die Darstellung „Vermögenslage" und zumindest in den Anfangsjahren auch die Abbildung der Ertragslage materiell verzerren.

30 Die oben angeführten Kriterien zur Bestimmung der Abschreibungsmethode sind sehr **interpretationsbedürftig**. Entsprechende Vorgaben zur „wirtschaftlichen Nutzung", zum „wirtschaftlichen Nutzungsverlauf", zum „Nutzenverschleiß" und zum „Erfolgsbeitrag des Vermögenswertes" sind in der Praxis nicht eindeutig quantifizierbar. Die Komplexität liegt aber eher auf der Sachverhalts- als auf der Regelebene. Das HGB samt kommentierendem Schrifttum kann daher auch keine bessere Lösung anbieten.

2.3 Die Nutzungsdauer *(useful life)*

2.3.1 Das Schätzungserfordernis

31 Die Bestimmung der voraussichtlichen Nutzungsdauer eines abnutzbaren Anlagegegenstandes *(useful life)* nach IAS 16.50 (für sachliches Anlagevermögen) und IAS 38.97 (für die immateriellen Vermögenswerte) ist ein typischer Anwendungsfall von **Schätzungsprozessen** und damit der Ausübung von **Ermessensspielräumen** durch das Management überlassen.

32 In der Definitionsnorm von IAS 16.6 (sächliches Anlagevermögen) und IAS 38.8 (immaterielles Anlagevermögen) wird *useful life* alternativ als mutmaßliche Nutzungsdauer (**zeitlich**) oder als **produktionsbezogen** nach der Anzahl ausgebrachter Stückzahlen umschrieben.
Vergleichbar sind die Hinweise in IAS 16.56f. für das **sächliche** Anlagevermögen, wenn von beabsichtigter Nutzung, physischem Verschleiß, Unterhaltungsmaßnahmen, Marktänderungen oder rechtlichen Nutzungsbeschränkungen die Rede ist. Selbstverständlich fehlt auch nicht der Hinweis auf die Erfahrungen in der Vergangenheit, die bei der Bestimmung der Nutzungsdauer zu beachten sind.
Noch ausführlicher als für die sächlichen sind die Erläuterungen in IAS 38.90 zur Nutzungsdauer der **immateriellen** Anlagegüter, wo zusätzlich noch vom Produktlebenszyklus, von der Stabilität der Branche, in der der betreffende Vermögenswert eingesetzt ist, von Aktionen und Reaktionen der Konkurrenten und dergleichen mehr die Rede ist. Ein „Begleitheft" zu IAS 38 enthält

---

[14] So auch LÜDENBACH, IFRS, 4. Aufl., 2005, S. 95. Nach ADS INTERNATIONAL, Abschn. 9 Tz 97, soll die Sofortabschreibung „grundsätzlich unzulässig, jedoch ausnahmsweise zulässig sein".

eine Anzahl illustrativer Beispiele (*Illustrative Exemples* IE).[15] Wegen weiterer Einzelheiten vgl. → § 13 Rz 67ff.
Der **Schätzungscharakter** für die Nutzungsdauer macht nach IAS 16.51 deren (wenigstens) jährliche Überprüfung erforderlich (Rz 38). Bei Neueinschätzung ist IAS 8 (→ § 24 Rz 10ff.) anzuwenden (Rz 28).

Vor diesem (ökonomisch zwingenden) Hintergrund behilft sich die Rechnungslegungs**praxis** in weiten Bereichen der Anlagenwirtschaft mit mehr oder weniger fest vorgegebenen Nutzungsdauern. So sind in den von den größeren Unternehmensgruppen regelmäßig verwendeten **Bilanzierungshandbüchern** *(manuals)* feste Abschreibungsdauern (und -methoden) vorgegeben, von denen nach den internen Vorgaben nur in extremen Ausnahmefällen abgewichen wird. Vergleichbare Dienste leisten die **AfA-Tabellen** der deutschen Finanzverwaltung, an der sich auch die handelsrechtliche Bilanzierungspraxis orientiert. Für Gebäude und für *goodwill* macht der Steuergesetzgeber genaue Vorgaben über die anzunehmende Abschreibungsdauer. In Ermangelung eines möglichen Gegenbeweises – über künftige Verhältnisse kann niemand Beweis führen – hält sich die handels- und steuerrechtliche Bilanzierungspraxis an diese Vorgaben. In der IFRS-Rechnungslegungswelt besteht jedenfalls keine Bindung an solche Richtgrößen. Zum Teil wird man ihre Übernahme aber auch ablehnen müssen, jedenfalls nicht pauschal befürworten können, etwa bei den typisierten steuerlichen Gebäudeabschreibungsdauern von 25, 40 bzw. 50 Jahren. Wird in der **internen Kostenrechnung** mit anderen Abschreibungszeiträumen kalkuliert, sollten diese auch in der externen IFRS-Rechnungslegung beachtet werden. Ein Zwang hierzu besteht allerdings nicht.

33

2.3.2 Vermutungsregeln für immaterielle Vermögenswerte

Für den Bereich des **sächlichen** Anlagevermögens kennen die IFRS keine festen Vorgaben oder Vermutungsregeln über die anzuwendende Nutzungsdauer, wohl aber für die **immateriellen Vermögenswerte** (→ § 13 Rz 67), soweit diese bestimmbare *(definite)* Nutzungsdauern aufweisen (→ § 13 Rz 69ff.). Im speziellen Fall einer vertraglichen oder gesetzlichen **Zeitbeschränkung** eines Nutzungsrechtes (IAS 38.94) darf die Abschreibungsdauer den vorgegebenen Zeitrahmen nicht übersteigen. Als Ausnahme wird die mögliche **Verlängerung** ohne wesentliche zusätzliche Kosten genannt. Wegen Einzelheiten vgl. → § 13 Rz 67ff. Auffallend ist ein Hinweis in IAS 38.93, der in dieser Form für sächliches Anlagevermögen nach IAS 16 fehlt: Danach mag die Nutzungsdauer für **immaterielle** Anlagewerte zwar durchaus **lang** (wenn nicht unbestimmt; Rz 35) sein; die erforderliche Schätzung soll dann aber **vorsichtig** *(prudent)* sein, umgekehrt aber auch keinen **unrealistisch kurzen** Zeitraum auswählen.

34

Nach IFRS 3 ist für die Geschäftsjahre ab 2005 (Rz 45) entsprechend SFAS 142 generell auf die planmäßige Abschreibung beim *goodwill* (→ § 31 Rz 120ff.) zu verzichten. Entsprechendes gilt gemäß IAS 38.91 für immate-

35

---

[15] Vgl. z. B. auch Ballwieser, in: Baetge u. a., 2. Aufl., IAS 16 Rz 41; Epstein/Mirza, Interpretation and Application of IAS, 2002, S. 298, 351.

Hoffmann

rielle Vermögenswerte nur dann, wenn diese eine unbestimmte *(indefinite)* Nutzungsdauer haben (→ § 13 Rz 69).

2.3.3 Der Abschreibungsbeginn

36 Den **Abschreibungsbeginn** regeln IAS 16.55 für sächliches und IAS 38.97 für immaterielles Anlagevermögen. Danach soll die Abschreibung dann beginnen, wenn der (immaterielle) Vermögenswert **genutzt** werden kann *(available for use)*. Maßgeblicher Zeitpunkt ist dabei der Beginn der operativen Einsatzfähigkeit nach der Vorstellung des Managements. Das wird auch nach HGB-Maßstäben als möglich erachtet, allerdings soll die **Beendigung** des Anschaffungs- oder Herstellungsvorgangs die eher zu beachtende Methode darstellen. **Steuerlich** beginnt die Abschreibung mit Vollendung der Anschaffung oder Herstellung und nicht mit der Ingebrauchnahme.[16]

> **Beispiel**
> Ein typischer praktischer **Anwendungsfall** zur Bestimmung des *available for use* stellen die UMTS-Mobilfunklizenzen der Telekommunikationsindustrie dar. Diese sind nach **IFRS** bzw. **US-GAAP** erst dann abzuschreiben, wenn das Netz funktionsfähig ist. Nach deutschem **Handels- und Steuerrecht** soll die Abschreibung bereits mit dem Erwerb der Lizenz beginnen.

37 Die IFRS kennen keine Vereinfachung bezüglich des **unterjährigen** Abschreibungsbeginns vergleichbar der früheren **Sechs-Monats-Regel** nach R 44 Abs. 2 EStR 2001. Nach dem *materiality*-Grundsatz (→ § 1 Rz 63) bestehen gegen die Anwendung im IFRS-Bereich häufig keine Bedenken, erst recht nicht gegen die Pro-rata-Regel auf Monatsbasis.

2.3.4 Anpassungen

38 Die angenommene Abschreibungs**dauer** ist – vergleichbar der Abschreibungsmethode (Rz 28 und 32) – zu überwachen und gegebenenfalls anzupassen, sofern die bisherige **Schätzung** der Nutzungsdauer von der neu vorgenommenen wesentlich *(significantly)* abweicht (IAS 16.52 für das sächliche Anlagevermögen und IAS 38.104 für die immateriellen Vermögenswerte, ebenso nach einer außerplanmäßigen Abschreibung gemäß IAS 36.63 (→ § 11 Rz 7)). Die (qualitative) Indikation der außerplanmäßigen **Wertminderung** *(impairment)* eines Vermögenswertes (→ § 11 Rz 13ff.) deutet nach IAS 36.17 auf das Erfordernis einer Anpassung der Bemessungsgrundlagen für die **planmäßige** Abschreibung hin (→ § 11 Rz 15). Dabei stellt die zeitweise **Nichtnutzung** oder Ausmusterung keinen Grund zur Aussetzung der Abschreibungsverrechnung dar (IAS 16.55 für sächliches, IAS 38.117 für immaterielles Anlagevermögen). Die **Anpassung** gemäß IAS 8.38 ist nicht rückwirkend, sondern für das Jahr der Anpassung und für die folgenden Jahre vorzunehmen (Rz 28; → § 24 Rz 42). Zur Anhangerläuterung siehe Rz 43.

---

[16] SCHMIDT/DRENSECK, EStG, 21. Aufl., § 7 Tz 90.

2.4 Sonderfall: Planmäßige Abschreibung nach Neubewertung *(revaluation)* und Wertaufholung

Hierzu wird auf die Darstellung in → § 8 Rz 65ff. verwiesen. **39**

2.5 Sonderfall: Steuerliche Abschreibungen

Nach dem Prinzip der umgekehrten **Maßgeblichkeit** erlauben §§ 254, 279 **40**
Abs. 2 HGB den Ansatz rein **steuerlich** motivierter (**Subventions-**)Abschreibungen im handelsrechtlichen Einzelabschluss, um so auch die „Anerkennung" des Steuerrechts zu erreichen. Im handelsrechtlichen Konzernabschluss sind steuerrechtliche Abschreibungen nach der Neufassung des § 298 Abs. 1 HGB durch das TransPuG hingegen nicht mehr zulässig. Maßgeblichkeitsgesichtspunkte spielen auch im Regelwerk der IFRS keine Rolle. Die steuerlichen Subventions-Abschreibungen entsprechen **nicht** dem Nutzungsverlauf der Anlagegüter (Rz 24) und sind deshalb unzulässig; sie müssen folglich z. B. beim Übergang vom HGB in die IFRS-Rechnungslegungswelt **rückwirkend eliminiert** werden (→ § 6 Rz 46), soweit nicht für Geschäftsjahre ab 1.1.2003 (Art. 54 Abs. 1 EG HGB) bereits im HGB-Konzernabschluss entsprechend verfahren wurde. Die **planmäßigen** Abschreibungen sind konzernbilanziell deshalb ohne Berücksichtigung der steuerlichen Abschreibungen zu verrechnen.

Beispiel
Ein Gebäude wird mit Herstellungskosten von 10 Mio. Euro errichtet. Auf diesen Betrag wird im HGB-Einzelabschluss eine Sonderabschreibung von 2 Mio. Euro gemäß § 6b EStG vorgenommen. Entsprechend mindert sich das Volumen für die planmäßige Abschreibung (Rz 20ff.) in der Handelsbilanz. Nach IAS 16 ist dagegen die planmäßige Abschreibung ausgehend von den ungekürzten Herstellungskosten zu verrechnen mit der Folge einer passiven Steuerlatenz (→ § 26 Rz 40ff.).

Es ist wie folgt zu rechnen:

Stichtag	Buchwert/Abschreibung		Latente Steuern Steuersatz 40 %
	HB/StB	IFRS	
	EUR	EUR	EUR
1.1.01	10.000.000	10.000.000	0
6b-Abschreibung	-2.000.000	0	-800.000
planmäßige Abschreibung 2 %	-160.000	-200.000	+16.000
Stand 31.12.01	7.840.000	9.800.000	-784.000
planmäßige Abschreibung	-160.000	-200.000	+16.000
Stand 31.12.02	7.680.000	9.600.000	768.000

41 Unter die **steuerlichen** Abschreibungen fallen u. a.:[17]
- Abzüge von den Anschaffungs- oder Herstellungskosten
  - nach § 6b EStG
  - Ersatzbeschaffung nach EStR 35
- Erhöhte Absetzungen (an Stelle der normalen Abschreibungen)
  - nach § 7h EStG: Gebäude in Sanierungsgebieten
  - nach § 7i EStG: Baudenkmale
- Sonderabschreibungen (neben der normalen Abschreibung)
  - nach § 7g EStG: Ansparabschreibung
  - nach § 4 FörderG

Daneben kommt noch eine Vielzahl von **anderen** steuerlichen Subventionsabschreibungen in Betracht, die nach **früherer** Gesetzeslage zu einer Buchwertminderung über die planmäßige Abschreibung hinaus geführt haben und deshalb dem Grunde nach etwa beim Übergang auf die IFRS-Bilanzierung (→ § 6 Rz 46) beachtet werden müssen. Allerdings vermindern sich die Buchwertunterschiede im Zeitverlauf auch ohne Abgang des betreffenden Vermögenswertes, so dass unter *materiality*-Gesichtspunkten (→ § 1 Rz 65ff.) in der Praxis ab einem im Einzelnen zu definierenden Zugangsjahr auf die Erforschung früher einmal vorgenommener steuerlicher Subventionsabschreibungen verzichtet werden kann.

42 Die übrigen **Besonderheiten** der steuerlichen Abschreibungsverrechnung sind wie folgt zu beurteilen:
- Die **degressive** Abschreibung auf **bewegliche** Sachanlagegüter ist auch nach IAS 16.62 (Rz 25f.) zulässig und keine rein steuerliche Abschreibung.
- Die **typisierte Gebäude**abschreibung in linearer Form auf 50 bzw. 40 Jahre nach § 7 Abs. 4 EStG entspricht einer Nutzungsdauer, die häufig auch nach IAS 16.6 (Rz 32) verwendet werden kann.
- Die **degressive Gebäude**abschreibung nach § 7 Abs. 5 EStG ist nur dann IFRS-konform, wenn sie der tatsächlichen Nutzungsabgabe (Rz 25) entspricht. Das wird regelmäßig nicht der Fall sein.[18]

3 Anhangsangaben

43 Die Grundidee der Anhangerläuterungen zu den Abschreibungsmethoden und -dauern liegt nach IAS 16.73 bzw. 38.118 darin, deren **Schätzungs**charakter und die damit verbundenen **Ermessensspielräumen offenzulegen**.

---

[17] Vgl. ELLROTT/AICHER, Beck'scher Bilanzkommentar, 5. Aufl., § 254.
[18] ADLER/DÜRING/SCHMALTZ (6. Aufl., § 254 HGB, Rz 33) sehen diese Abschreibungsmethode als HGB-konform an, werten sie also nicht zwingend als steuerliche Abschreibung.

§ 10 Planmässige Abschreibungen

Vor diesem Hintergrund sind im Einzelnen folgende **Anhangsangaben** (betreffend die planmäßigen Abschreibungen) beachtlich:
Für **sächliches** Anlagevermögen (IAS 16.73):
- die angewandten Bewertungsmethoden,
- die Bestimmung der Nutzungsdauer bzw. Abschreibungsrate,
- die aufgelaufenen Abschreibungen (Bestandteil des Anlagespiegels),
- die laufende Jahresabschreibung (Bestandteil des Anlagespiegels),
- die Auswirkung von Änderungen der Abschreibungsmethode oder -dauer (Rz 28 u. 38), die eine wesentliche Auswirkung auf künftige Perioden haben (IAS 16.76 unter Bezugnahme auf IAS 8; → § 24 Rz 21ff.).

Für den *goodwill* aus Unternehmenszusammenschlüssen wird verwiesen auf → § 31 Rz 120ff. Soweit die planmäßige Abschreibung (noch) verrechnet wird (Rz 35), bestehen folgende Angabepflichten:
- die angenommene Abschreibungsdauer,
- für den Fall, dass die Nutzungsdauer auf über zwanzig Jahre geschätzt wird, die dafür gegebenen Gründe zur Widerlegung der Vermutung unter Darlegung der Bestimmungsgründe für die angenommene (20 Jahre übersteigende) Nutzungsdauer,
- bei Nichtanwendung der linearen Abschreibungsmethode die Darlegung der Berechnungsbasis mit Begründung, dass diese Basis geeigneter ist als die lineare Abschreibungsmethode.

Für die **zeitlich beschränkt** nutzbaren **immateriellen** Vermögenswerte (IAS 38.118; → § 13 Rz 67) – vgl. aber Rz 35 wegen der Einschränkung der planmäßigen Abschreibungsverrechnung – sind folgende Angaben zu beachten:
- die angenommene Nutzungsdauer bzw. Abschreibungssätze,
- die Abschreibungsmethoden,
- die aus Vorjahren aufgelaufenen Abschreibungen und die Jahresabschreibung (Anlagespiegel),
- die Position in der GuV, in der die Abschreibungen enthalten sind,
- die wesentliche Auswirkung von Änderungen der Abschreibungsmethode oder -dauer (Rz 28 u. 38) auf das Ergebnis künftiger Perioden (IAS 16.76 unter Bezugnahme auf IAS 8; → § 24 Rz 21ff.).

Wegen der **übrigen Angabepflichten** wird verwiesen auf
- → § 13 Rz 77 für immaterielle Anlagewerte,
- → § 14 Rz 25 für sächliches Anlagevermögen.

Auf die **Checkliste Abschlussangaben** wird verwiesen (→ § 5 Rz 8).

Beispiel für die Anhangerläuterung 44
Die Bewertung der Sachanlagen und der immateriellen Anlagewerte erfolgt auf der Basis von Anschaffungs- oder Herstellungskosten, abzüglich planmäßiger linearer Abschreibung. Die angenommenen Nutzungsdauern sind im Wesentlichen die folgenden:

Gebäude	25 - 50 Jahre
technische Anlagen und Maschinen	3 - 10 Jahre
Kraftfahrzeuge	4 - 5 Jahre
EDV-Ausstattung	3 - 5 Jahre
Telekommunikationsanlagen	3 Jahre
Mietereinbauten	10 Jahre
selbst erstellte Software	5 Jahre
erworbene Software und zugehörige Lizenzen	5 Jahre
goodwill	5 - 15 Jahre

Die Nutzungsdauer für eine von uns erworbene Konzession zum Betrieb einer Wasserkraftanlage haben wir entsprechend der Dauer der Betriebsgenehmigung auf 35 Jahre abgeschrieben.

Die Jahresabschreibungen und die insgesamt aufgelaufenen Abschreibungen für die einzelnen Positionen des Sachanlagevermögens sind aus dem Anlagespiegel ersichtlich.

Weitere Beispiele für die einschlägigen Fälle – insbesondere auch zum **Anlagespiegel** – sind in → § 14 Rz 27ff. wiedergegeben.

4 Anwendungszeitpunkt, Rechtsentwicklung

45 Anzuwenden ist ab
- 1. Januar 2005 (Beginn des Wirtschaftsjahres) IAS 16, betreffend sächliches Anlagevermögen,
- 31. März 2004 (Beginn des Wirtschaftsjahres) IFRS 3, betreffend den *goodwill* aus einem Unternehmenszusammenschluss (→ § 31 Rz 174),
- 31. März 2004 (Beginn des Wirtschaftsjahres) IAS 38, betreffend immaterielle Anlagewerte (→ § 13 Rz 80),
- 1. Januar 2003 (Beginn des Wirtschaftsjahres) IAS 41, betreffend landwirtschaftlich genutzte Vermögenswerte (→ § 40).

Eine frühere Anwendung unter Anhangangabe wird jeweils befürwortet. Zuvor gelten IAS 16 (1998), IAS 38 (1999) sowie IAS 22 (betreffend den *goodwill*).

46 Gegenüber den bis dahin geltenden Regelungen ergeben sich insbesondere folgende Abweichungen:
- IAS 16 (1998) ging tendenziell noch von der einheitlichen Nutzungsdauer eines Vermögenswertes aus. Die Neufassung betont demgegenüber unterschiedliche Abschreibungsdauern für Teile eines Vermögenswertes (Rz 5f.).
- Nach IAS 22 und IAS 38 (1999) waren der *goodwill* und sämtliche immateriellen Einzelwerte planmäßig abzuschreiben. Nach IFRS 3 (→ § 31 Rz 120ff.) bzw. der Neufassung von IAS 38 (→ § 13 Rz 69) sind der *goodwill* und bestimmte immaterielle Einzelwerte nur noch außerplanmäßig abschreibbar.

Hoffmann

5 Zusammenfassende Praxishinweise

Der **Anwendungsbereich** für die planmäßige Abschreibung als Bestandteil der Folgebewertung ist dargestellt in Rz 1ff. 47
Der **Abschreibungsbetrag** für den jeweiligen Vermögenswert ist zu bestimmen aus folgenden Berechnungsparametern:
- Abschreibungsvolumen *(depreciable amount*; Rz 20ff.),
- Abschreibungsmethode *(pattern*; Rz 24ff.),
- Nutzungsdauer *(useful life*; Rz 31ff.).

Die **erfolgswirksame** (Rz 19) Buchwertminderung durch die Abschreibung soll den im Zeitverlauf erfolgenden **Verbrauch ökonomischen Nutzens** des betreffenden Vermögenswertes widerspiegeln (Rz 5f.).
Unabhängig vom Definitionsgehalt eines Vermögenswertes kommt im Einzelfall eine **getrennte Abschreibungsverrechnung** von Teilbereichen nach dem *components approach* in Betracht. Eine sinnvolle Lösung kann dazu nur einzelfallbezogen gefunden werden (Rz 9ff.).
Bei der Konkretisierung der eben genannten Berechnungsparameter für die Bestimmung des **Abschreibungsbetrages** ergeben sich in vielen Fällen Übereinstimmungen mit den Regeln nach deutschem HGB; eine **zwingende** Anpassung der Abschreibungsgrundlagen beim Übergang von HGB auf IFRS (→ § 6) ist insoweit nicht ersichtlich (Rz 20ff.). Wichtige Ausnahmen:
- Die **steuerlichen** Subventionsabschreibungen (Rz 40).
- Die **Aufteilung** eines Vermögenswertes nach unterschiedlichen Teil-Nutzungsdauern (Rz 9ff.).

Für **immaterielle** Vermögenswerte teilweise und für den *goodwill* aus Unternehmenszusammenschlüssen generell ist ab 2005 eine **planmäßige Abschreibung nicht mehr** vorzunehmen (Rz 35).
Für die zeitlich **begrenzt** nutzbaren **immateriellen** Vermögenswerte bestehen verschiedene **Sonder**regeln für die Abschreibungsverrechnung (Rz 34).
Die **Anhangangaben** lassen sich weitgehend in Form eines Anlagespiegels darstellen. Daneben sind Angaben zur Abschreibungsmethode und zum Nutzungszeitraum erforderlich (Rz 43ff.).

§ 11 AUSSERPLANMÄSSIGE ABSCHREIBUNGEN, WERTAUFHOLUNG

Inhaltsübersicht	Rz
Vorbemerkung	
1 Zielsetzung, Regelungsinhalt, Begriffe	1–7
1.1 Regelungsbereich	1–4
1.2 Wesentliche Begriffsinhalte zur außerplanmäßigen Abschreibung	5
1.3 Die ökonomische Konzeption	6
1.4 Buchmäßige Erfassung	7
2 Die Durchführung des *impairment*-Tests	8–75
2.1 Überblick	8–12
2.2 Indikation und Kontraindikation einer Wertminderung *(impairment)*	13–16
2.2.1 Wertminderungsindikation bei unqualifizierten Vermögenswerten	13–14
2.2.2 „Kontraindikation" bei qualifizierten Vermögenswerten	15
2.2.3 Zwischenbefund	16
2.3 Ermittlung des erzielbaren Wertes *(recoverable amount)*	17–28
2.3.1 Zwei Wertmaßstäbe	17
2.3.2 Basis: Nettoveräußerungswert	18–21
2.3.3 Basis: Nutzungswert	22–28
2.3.3.1 Berechnungsgrundlagen	22
2.3.3.2 Zahlungsstrom	23
2.3.3.3 Diskontierungszinssatz	24–27
2.3.3.4 Zusammenfassung	28
2.4 Die Zahlungsmittel erzeugende Einheit *(cash generating unit,* CGU)	29–42
2.5 Die Zuordnung der Vermögenswerte zur *cash generating unit* (CGU)	43–47
2.5.1 Überblick	43–44
2.5.2 Planungshorizont für die Ermittlung des Nutzungswertes	45–46
2.5.3 Gemeinschaftlich genutzte Vermögenswerte	47
2.6 Die Sondervorschrift für den *goodwill*	48–72
2.6.1 Die Durchführung des *impairment*-Tests	48
2.6.2 Die Allozierung des *goodwill* aus einem Unternehmenszusammenschluss auf die *cash generating unit* (CGU)	49–59

  2.6.3 Zweckentsprechende Anwendung und Auslegung
     der DCF-Verfahrensregeln beim *goodwill-
     impairment*-Test 60–64
  2.6.4 Verteilung des Wertminderungsaufwands 65–66
  2.6.5 Abgang einer *cash generating unit* mit zugeordnetem
     goodwill 67
  2.6.6 Minderheitsinteressen 68–71
  2.6.7 Zusammenspiel von IAS 36 und IFRS 1 72
 2.7 Darstellung der Arbeitsschritte in tabellarischer Form .. 73–74
 2.8 Zusammenfassende Beurteilung 75
3 Wertaufholungszuschreibung *(reversal of an impairment loss)* . 76
4 Steuerlatenz 77
5 Angaben 78–88
6 Anwendungszeitpunkt, Rechtsentwicklung 89–91
7 Zusammenfassende Praxishinweise 92

Schrifttum: BALLWIESER, Unternehmensbewertung im Discounted Cash Flow-Verfahren, WPg 1998, S. 81; BARTELS/JONAS, in: Beck'sches IFRS-Handbuch, 2. Aufl., 2006, § 27; BIEKER/ESSER, Der Impairment-Only-Ansatz des IASB: Goodwillbilanzierung nach IFRS 3 „Business Combinations", StuB 2004, S. 433; BRÜCKS/KERKHOFF/RICHTER, Impairmenttest für den Goodwill nach IFRS, KoR 2005, S. 1; BRÜCKS/WIEDERHOLD, IFRS 3 Business Combinations, KoR 2004, S. 177; DOBLER, Folgebewertung des Goodwill nach IFRS 3 und IAS 36, PiR 2005, S. 24; DYCKERHOFF/LÜDENBACH/SCHULZ, Praktische Probleme bei der Durchführung von Impairment-Tests im Sachanlagevermögen, in: Werder/Wiedmann (Hrsg.), Internationalisierung der Rechnungslegung, FS für Klaus Pohle 2003; FREIBERG/LÜDENBACH, Bestimmung des Diskontierungszinssatz nach IAS 36, KoR 2005, S. 479; FROWEIN/LÜDENBACH, Das Sum-of-the-parts-Problem beim Goodwill-Impairment-Test, Marktbewertung als Programm oder Ideologie, KoR 2003, S. 261; FROWEIN/LÜDENBACH, Der Goodwill-Impairment-Test aus Sicht der Bewertungspraxis, FB 2003, S. 65; GALLI, Individuelle finanzielle Spielerbewertung im Teamsport, FB 2003, S. 810; HAAKER, Die Zuordnung des Goodwill auf Cash Generating Units zum Zwecke des Impairment-Tests nach IFRS, KoR 2005, S. 426; HAAKER/PAARZ, Die Segmentberichterstattung als Informationsinstrument, KoR 2005, S. 194; HACHMEISTER/KUNATH, Die Bilanzierung des Geschäfts- oder Firmenwerts im Übergang auf IFRS 3, KoR 2005, S. 62; HEUSER/THEILE, IAS-IFRS-Handbuch, 2. Aufl. 2005, Tz 700ff.; IDW, Stellungnahme IDW RS HFA 16 vom 18.10.2005, FN-IDW 2005, S. 721; KIRSCH, Außerplanmäßige Abschreibung von Sachanlagen und immateriellen Vermögenswerten nach IAS 36 und nach § 6 Abs. 1 EStG, DStR 2002, S. 645; KIRSCH, Berichterstattung nach IAS 1 über Ermessensspielräume beim asset impairment für operative Vermögenswerte und zahlungsmittelgenerierende Einheiten, KoR 2004, S. 136; KIRSCH, Cashflow-Planung zur Durchführung des Asset-Impairment-Tests nach US-GAAP, BB 2003, S. 1775; KÜMPEL, Geplante Änderungen der bilanziellen Behandlung von Wertminde-

Hoffmann

rungen bei Vermögenswerten nach ED-IAS 36, BB 2003, S. 1491; KÜTING/
DAWO/WIRTH, Konzeption der außerplanmäßigen Abschreibung im Reformprojekt des IASB, KoR 2003, S. 177; KÜTING/WIRTH, Firmenwertbilanzierung nach IAS 36 unter Berücksichtigung von Minderheitenanteilen an erworbenen Tochterunternehmen, KoR 2005, S. 199; KÜTING/WIRTH, Richtungswechsel bei Überarbeitung des Werthaltigkeitstests nach IAS 36, DStR 2003, S. 1848; LÜDENBACH, IFRS, 4. Aufl., 2005; LÜDENBACH/FROWEIN, Der Goodwill-Impairment-Test aus Sicht der Rechnungslegungspraxis, DB 2003, S. 217; LÜDENBACH/HOFFMANN, Strukturelle Probleme bei der Implementierung des Goodwill-Impairment-Tests – Der Ansatz von IAS 36 im Vergleich zu US-GAAP, WPg 2004, S. 1068; MEATING/LUECKE, Asset Impairment and Disposal, Journal of Accountancy 2002, S. 49; PELLENS/SELLHORN, Minderheitenproblematik beim Goodwill Impairment Test nach geplanten IFRS und geltenden US-GAAP, DB 2003, S. 405ff.; PELLENS u. a., Goodwill Impairment Test – Ein empirischer Vergleich der IFRS- und US-GAAP-Bilanzierer im deutschen Prime Standard, BB-Spezial 10/2005, S. 12; SCHMUSCH/LAAS, Werthaltigkeitsprüfung nach IAS 36 in der Interpretation von IDW RS HFA 16, WPg 2006, S. 1048; TELKAMP/BRUNS, Wertminderungen von Vermögenswerten nach IAS 36: Erfahrungen aus der Praxis, FB 2000, S. 24; WAGENHOFER, Internationale Rechnungslegungsstandards, 5. Aufl., 2005; WIRTH, Firmenwertbilanzierung nach IFRS, 2005; ZÜLCH/LIENAU, Die Ermittlung des value in use nach IFRS, KoR 2006, S. 319.

Vorbemerkung

Die Kommentierung bezieht sich auf IAS 36 in der aktuellen Fassung und berücksichtigt alle Ergänzungen, Änderungen und Interpretationen, die bis zum 1.1.2007 beschlossen wurden.

Einen Überblick über ältere Fassungen sowie über diskutierte oder schon als Änderungsentwurf vorgelegte zukünftige Regelungen enthalten Rz 89ff.

1 Zielsetzung, Regelungsinhalt, Begriffe

1.1 Regelungsbereich

Im Kernbereich geht es in diesem Paragraphen des Kommentars um die Auslegung von IAS 36 „*impairment of assets*", vergleichbar den Regeln in § 253 Abs. 2 S. 3 HGB. Wie das HGB und das EStG sehen die IFRS das Erfordernis einer außerplanmäßigen Abschreibung (steuerlich Teilwertabschreibung), sofern der Buchwert den – in der deutschen Terminologie – niedrigeren beizulegenden Wert (dauernd) überschreitet. Der HGB-Text überlässt es der Kommentarliteratur[1], der Rechtsprechung[2] und dem Anwender, wie diesen niedrigeren beizulegenden Wert zu ermitteln hat.

1

---

[1] Z. B. ADLER/DÜRING/SCHMALTZ, 6. Aufl., § 253 HGB Tz 452ff.
[2] Überblick über die BFH-Rechtsprechung zur Teilwertabschreibung bei HOFFMANN, § 6, in: LITTMANN/BITZ/PUST, EStG-Kommentar, Tz 400ff.

2   IAS 36 geht gerade den umgekehrten Weg. In einer äußerst umfangreichen Darstellung werden die einschlägigen Regeln zur Bestimmung der erforderlichen Abschreibung auf den niedrigeren beizulegenden Wert – bezeichnet als erzielbarer Betrag *(recoverable amount)* – abgehandelt. Schon aufgrund des bloßen Volumens von IAS 36 könnte man bei erster Durchsicht den Eindruck gewinnen, dass diesbezüglich keine Frage offenbleibt (Rz 8). Mehr noch als sonst stellen sich die IFRS hier als eigentliche Rezeptur – vergleichbar den US-GAAP – dar. Entsprechend dem Darstellungsziel dieses IFRS-Kommentars (vgl. Vorwort zur 1. Aufl.) werden im Folgenden die praktischen Anwendungsprobleme anhand von **Beispiels**fällen in den Vordergrund gerückt.

3   IAS 36 ist auf **alle Vermögenswerte** (Rz 48) mit folgenden **Ausnahmen** anzuwenden (IAS 36.2):

- Vorratsvermögen gemäß IAS 2 (→ § 17),
- Vermögenswerte im Rahmen von Fertigungsaufträgen gemäß IAS 11 (→ § 18),
- Aktivposten aus Steuerlatenzen gemäß IAS 12 (→ § 26),
- Vermögenswerte, die aus Arbeitnehmervergütungen resultieren, gemäß IAS 19 (→ § 22),
- Finanzinstrumente nach IAS 39 (→ § 28),
- als Finanzinvestitionen gehaltene Immobilien *(investment properties)* gemäß IAS 40, soweit nach dem *fair value model* bewertet (→ § 16),
- bestimmte Vermögenswerte im Zusammenhang mit landwirtschaftlicher Bewirtschaftung gemäß IAS 41 (→ § 40),
- zur Veräußerung bestimmte langfristige Vermögenswerte *(non-current assets classified as held for sale)* gemäß IFRS 5 (→ § 29),
- bestimmte Vermögenswerte im Rahmen von Versicherungsverträgen gemäß IFRS 4 (→ § 39 Rz 2).

4   **Positiv** verbleiben demnach als **Anwendungsbereich von IAS 36** (Rz 9):

- Das sächliche Anlagevermögen *(property, plants and equipment)* gemäß IAS 16.53 (→ § 14),
- das immaterielle Anlagevermögen *(intangible assets)* gemäß IAS 38.111 (→ § 13),
- als Finanzinvestitionen gehaltene Immobilien, die nach dem *cost model* bewertet werden (→ § 16 Rz 35ff.),
- der *goodwill* aus Unternehmenszusammenschlüssen gemäß IFRS 3.55 (→ § 31),
- die Beteiligungen gemäß IAS 27, 28 und 31 im Einzelabschluss (→ § 32 Rz 164ff.).

Im **Mittelpunkt** der praktischen Anwendung von IAS 36 steht der Wertminderungstest für den *goodwill* bzw. für einen *goodwill* einschließende große Gruppen von Vermögenswerten (Rz 15 und 48). Der Aufbau des Standards stellt umgekehrt die Wertminderung einzelner Vermögenswerte in den Vordergrund (Grundsatz der Einzelbewertung) und erklärt die dort festgelegten

Regeln im Wesentlichen auf den *goodwill* und Gruppen von Vermögenswerten für anwendbar (Rz 6). Unsere Kommentierung folgt dem Aufbau des Standards (Rz 48), betont aber die praktischen und theoretischen Unterschiede beider Anwendungsfälle.

1.2 Wesentliche Begriffsinhalte zur außerplanmäßigen Abschreibung

Ein **Wertberichtigungsaufwand** bzw. eine außerplanmäßige Abschreibung *(impairment loss)* liegt gemäß IAS 36.59 vor, wenn für den betreffenden Vermögensgegenstand (Rz 17) 5
- der erzielbare Betrag *(recoverable amount)*
- niedriger ist als der Buchwert *(carrying amount)*.

Dem **erzielbaren** Betrag *(recoverable amount)* kommt in den IFRS keine eigenständige Bedeutung zu, er ist gemäß IAS 36.6 der höhere Wert aus den beiden folgenden:
- Nutzungswert *(value in use)* (Rz 22) oder
- beizulegender Zeitwert abzgl. Veräußerungskosten *(fair value less costs to sell)* (Rz 18).

Der **beizulegende Zeitwert** abzgl. Veräußerungskosten (nachfolgend Nettoveräußerungswert) entspricht dem Marktwert oder einem Marktwertsurrogat abzüglich Veräußerungskosten (IAS 36.6).

Der **Nutzungswert** *(value in use)* ergibt sich aus dem Barwert der geschätzten künftigen Mittelzuflüsse aus der fortgesetzten Nutzung eines Vermögenswertes oder einer Zahlungsmittel generierenden Einheit *(cash generating unit*; Rz 29ff.), zuzüglich des Erlöses aus dem späteren Abgang (IAS 36.5). Hierzu folgende **Skizze:**[3]

recoverable amount < Restbuchwert

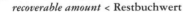

Abschreibungspflicht auf höheren Wert aus

fair value less costs to sell	*value in use*
Nettoveräußerungspreis als objektivierbarer (Markt-)Wert abzüglich Veräußerungskosten	Barwert der *cash flows* aus der künftigen Nutzung als subjektivierter (Nutzungs-)Wert für das Unternehmen
(Liquidationswert)	(Ertragswert)

Eine Wertminderung mit entsprechendem **Abschreibungs**erfordernis liegt vor, wenn und soweit der Buchwert den erzielbaren Betrag übersteigt (IAS 36.8).

---

[3] Nach KÜMPEL, BB 2002, S. 983, 984.

Hoffmann

1.3 Die ökonomische Konzeption

6 Der Ansatz des höheren Betrages aus
- Nutzungswert *(value in use)* und
- Nettoveräußerungswert *(fair value less costs to sell)*

entspricht konzeptionell der Logik einer **Unternehmensbewertung**.[4] Bei der Unternehmensbewertung gilt:
- Liegt der Ertragswert der Unternehmung (Nutzungswert) höher als der Liquidationswert, ist die Weiterführung des Unternehmens rational und der Unternehmenswert deshalb durch den Ertragswert bestimmt.
- Liegt umgekehrt der Liquidationswert (Nettoveräußerungswert) über dem Ertragswert, ist die Liquidierung rational und daher der Unternehmenswert durch den Liquidationswert gegeben.

IAS 36 wendet diese Überlegungen an auf[5]
- **einzelne** Vermögenswerte (Rz 8ff.),
- Zahlungsmittel generierende Einheiten (CGU) **ohne** zugeordneten *goodwill* (Rz 29ff.),
- Zahlungsmittel generierende Einheiten (CGU) **mit** zugeordnetem *goodwill* (Rz 48ff.),
- **Gruppen** von Zahlungsmittel generierenden Einheiten mit zugeordnetem *goodwill* (Rz 58)

und verlangt auf der **jeweiligen** Ebene die Untersuchung, ob die **Weiternutzung** des Vermögenswertes bzw. der Teileinheit (Nutzungswert) oder die (fiktive) **Veräußerung** (Nettoveräußerungswert) zu einem höheren Betrag führt und deshalb als Vergleichsgröße *(recoverable amount)* dem Buchwert gegenüberzustellen ist. Wenn entweder der Nutzungswert oder der Nettoveräußerungswert den Buchwert übersteigt, bedarf es **keiner Ermittlung** des jeweils anderen Wertes (IAS 36.19).

---

[4] So LÜDENBACH, IFRS, 4. Aufl., 2005, S. 98; KÜMPEL, BB 2002, S. 983, 984; DYCKERHOFF/LÜDENBACH/SCHULZ, FS für KLAUS POHLE, 2003, S. 33.
[5] IDW, RS HFA 16 Tz 80.

§ 11 Ausserplanmässige Abschreibungen, Wertaufholung

Abb. 1 zeigt den Zusammenhang der Begriffe als Prüf- und Entscheidungsdiagramm:[6]

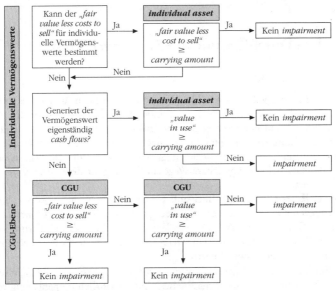

Abb 1: Entscheidungsbaum *impairment*

1.4 Buchmäßige Erfassung

Der gemäß den nachfolgend (Rz 8ff.) dargestellten Arbeitsschritten ermittelte Abschreibungsbedarf oder Wertberichtigungsaufwand (*impairment loss*; Rz 5) ist buchmäßig so zu behandeln (IAS 38.60 und 104):

- (Ergebnis**wirksame**) Verrechnung im Aufwand *(expense)*, soweit der betreffende Vermögenswert nach dem *cost model* (fortgeführte Anschaffungskosten) gemäß F.101 bewertet wird (→ § 8 Rz 2).
- (Ergebnis**neutrale**) Verrechnung mit der Neubewertungsrücklage, soweit der betreffende Vermögenswert unter dem Neubewertungskonzept *(revaluation model)* bewertet wird (→ § 8 Rz 52).
- Im letztgenannten Fall darf gemäß IAS 38.61 die ergebnisneutrale Behandlung den Umfang des dem betreffenden Vermögenswert zuzuordnenden **Rücklagenbetrags** nicht übersteigen (→ § 8 Rz 70).
- Sofern der Wertverlust – definiert einschließlich zugehöriger Aufwendungen – höher ist als der Buchwert (gemäß IAS 36.62), darf ein **Passivposten** nur unter Berücksichtigung anderer Standardvorgaben (nach IAS 37; → § 21) angesetzt werden.

---

[6] In Anlehnung an IDW, RS HFA 16 Tz 92.

Hoffmann

- Nach Durchführung der Wertminderungsabschreibung ist gemäß IAS 36.63 die **Basis** für die **laufende Abschreibung** neu zu bestimmen (→ § 10 Rz 38).

2 Die Durchführung des *impairment*-Tests

2.1 Überblick

8 Allein schon das Volumen von IAS 36 zusammen mit den Appendices ist beeindruckend, im Vergleich zu manch anderen IFRS-Standards für den Anwender fast schon Furcht erregend. Die IFRS befleißigen sich hier einer ausführlichen Kommentierung mit umfangreichen Berechnungsbeispielen (Rz 2). Diese Ausführlichkeiten provozieren geradezu das Erfordernis (in diesem Kommentar), der Praxis **gangbare Wege** zur Bewältigung des *impairment*-Tests aufzuzeigen.

9 Um vor lauter Bäumen den Blick aufs Ganze nicht zu verlieren, ist vorab der **differenzierende Aufbau** des Werthaltigkeitstestes *(impairment test)* darzustellen. Zur Aufspürung *(identifying)* einer möglichen Wertminderung werden die Vermögenswerte (Rz 4) in **zwei Kategorien** aufgeteilt (hier so genannte „qualifizierte" und „unqualifizierte").

- Für folgende **„qualifizierte"** immaterielle Vermögenswerte, die nicht oder noch nicht planmäßig abzuschreiben sind, ist **jährlich** – unabhängig vom Vorliegen eines diesbezüglichen Anhaltspunkts *(indication)* – ein **(quantitativer)** Werthaltigkeitstest durchzuführen (IAS 36.10; Rz 17ff.):
  - immaterielle Anlagewerte, die wegen unbestimmter Nutzungsdauer nicht planmäßig abzuschreiben sind *(indefinite usefull life*; → § 13 Rz 69);
  - im Rahmen eines Unternehmenszusammenschlusses aufgedeckte *goodwills*, die ebenfalls keiner planmäßigen Abschreibung unterliegen (→ § 31 Rz 120ff.; Rz 49ff.);
  - immaterielle Anlagewerte, die noch nicht zur Nutzung zur Verfügung stehen und deshalb **noch nicht** planmäßig abzuschreiben sind, z. B. aktivierte Entwicklungskosten (→ § 13 Rz 21ff.) oder Mobilfunklizenzen, die mangels technischer Ausrüstung noch „brachliegen" (→ § 10 Rz 36).

- Für die **übrigen „unqualifizierten"** Vermögenswerte – immaterielle Anlagen, die (schon) der planmäßigen Abschreibung unterliegen, Zahlungsmittel generierende Einheiten ohne zugeordneten *goodwill* (Rz 29), außerdem alle Sachanlagen und Beteiligungen – geben sich die Vorgaben von IAS 36 moderater (IAS 36.9):
  - Zu jedem Bilanzstichtag ist ein überschlägiger (**qualitativer**) Test *(assessment)* durchzuführen (Rz 13ff.).
  - Ergibt dieser Test Anzeichen *(indications)* für eine Wertminderung, ist zur Ermittlung des erzielbaren Betrages *(recoverable amount)* in die ei-

gentlichen Berechnungen *(formal estimate)* einzusteigen (**quantitativer Test**; IAS 36.8; Rz 17ff.).

Der bei den qualifizierten Vermögenswerten mindestens einmal pro Jahr durchzuführende quantitative Test kann zu einem beliebigen **Zeitpunkt**, d. h. auch unterjährig, erfolgen, allerdings in zeitlich konsistenter Form (IAS 36.10). Häufig wird bei börsennotierten Gesellschaften der 30.9. gewählt, weil zu diesem Datum ohnehin ein Zwischenbericht (→ § 37) zu erstellen ist und das ermittelte Ergebnis dann in die Jahres-Gesamtrechnung einfließen kann. Sinnvoll ist eine Durchführung des Tests nach Abschluss des jährlichen Planungszyklus für das Unternehmen bzw. den Konzern.[7] Unmittelbar vor der Umqualifizierung eines Vermögenswertes oder einer „Gruppe" von Vermögenswerten als zur Veräußerung nach IFRS 5 (→ § 29) bestimmt ist nach IFRS 5.18 ein Wertminderungstest vorzunehmen (→ § 29 Rz 26). Wegen gewisser Erleichterungen vgl. Rz 15, wegen der Übergangsbestimmung vgl. Rz 91. Der qualitative und ggf. quantitative *impairment*-Test bei unqualifizierten Vermögenswerten ist zum **Bilanzstichtag** *(reporting date)* durchzuführen (IAS 36.9).

Wegen der Wertermittlung generell und speziell für immaterielle Vermögenswerte überhaupt wird verwiesen auf → § 31 Rz 53ff.

Die Bearbeitungsschritte stellen sich wie folgt dar:

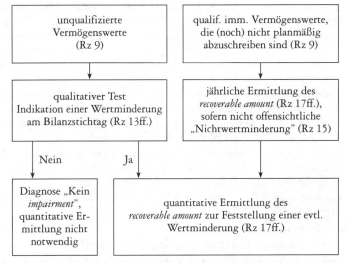

Tab. 1: *impairment*-Test bei unqualifizierten Vermögenswerten

---

[7] IDW, RS HFA 16 Tz 11.

11 Für weite Bereiche des von IAS 36 angesprochenen Anlagevermögens (Rz 4) kann es in der Praxis beim (**überschlägigen**) qualitativen Wertminderungstest *(assessment)* verbleiben:
- Läuft die Maschine noch korrekt?
- Ist der Bürostuhl noch brauchbar?
- Ist die Anlageliegenschaft noch gänzlich zu vernünftigen Konditionen vermietet?
- Ist die Tochtergesellschaft noch ertragreich?
- Wird das Patent noch im Produktionsprozess genutzt?

Die zur Beantwortung solcher Fragen nach IAS 36.12–14 gemachten Vorgaben werden nachstehend (Rz 13ff.) dargestellt.

12 Nach IAS 36.66 ist der Wertminderungstest **vorrangig** für den **einzelnen** Vermögenswert vorzunehmen. Sofern dies unmöglich ist, kommt die Zahlungsmittel generierende Einheit ins Spiel (Rz 6 und Rz 29ff.).

2.2 Indikation und Kontraindikation einer Wertminderung *(impairment)*

2.2.1 Wertminderungsindikation bei unqualifizierten Vermögenswerten

13 Bei Sachanlagen, Beteiligungen und planmäßig abzuschreibenden immateriellen Vermögenswerten (Rz 9) ist nach IAS 36.9 zu **jedem Bilanzstichtag** nach **Anzeichen** für das Vorliegen einer Wertminderung zu fragen. Nur bei Vorliegen entsprechender Indikatoren ist ein förmlicher, quantitativer *impairment*-Test durchzuführen. Zur Ermittlung entsprechender **Anzeichen** *(indication)* listet IAS 36.12 folgende Erkenntnisquellen auf:

14 Externe Informationsquellen:
- Außergewöhnliche Minderung des Marktwertes eines Vermögenswertes, der die normale Wertminderung durch Abnutzung deutlich übersteigt;
- wesentliche Änderungen im Unternehmensumfeld technischer, marktmäßiger, wirtschaftlicher oder gesetzlicher Provenienz;
- Erhöhung der Marktzinssätze oder anderer Markttrenditen im Vergleich zu den bei der internen Kalkulation angewandten Diskontierungsraten mit der Folge einer wesentlichen Senkung des Nutzungswertes;
- das ausgewiesene Eigenkapital des Unternehmens ist höher als die Marktkapitalisierung.

Interne Informationsquellen:
- Überalterung oder körperliche Beschädigung des Vermögenswertes;
- wesentliche Änderungen des betrieblichen Umfeldes, in dem der betreffende Vermögensgegenstand eingesetzt wird;
- das interne Berichtswesen deutet auf eine schlechtere Leistungsfähigkeit des Vermögensgegenstandes hin.

Die vorstehende Auflistung ist **nicht abschließend** (IAS 36.13). Andere Indikationen sind beachtlich, z. B. die beabsichtigte Veräußerung von Vermögenswerten oder die Aufgabe von Unternehmensbereichen (→ § 29 Rz 3),

wobei hier wie folgt zu differenzieren ist: Soweit die Voraussetzungen von
IFRS 5
- **bereits** erfüllt sind, kommt das dort enthaltene Niederstwertprinzip –
Buchwert oder niedrigerer *fair value less costs to sell* – zum Tragen; der
Nutzungswert *(value in use)* spielt keine Rolle mehr;
- **noch nicht** erfüllt sind, liefert die Veräußerungsabsicht lediglich einen
Hinweis auf einen möglichen Abwertungsbedarf nach IAS 36.

Auch das **innerbetriebliche** Berichtswesen ist nach IAS 36.14 auf Anzeichen
für eine Wertminderung von Vermögenswerten hin durchzusehen. Dabei sind
insbesondere negative Abweichungen der Ist-Größen von *cash flows* oder Ertragsgrößen gegenüber Budgetansätzen von Bedeutung.

2.2.2 „Kontraindikation" bei qualifizierten Vermögenswerten

Von besonderer praktischer Relevanz ist der spezielle Hinweis in IAS 36.15 auf
den **Wesentlichkeits-Gedanken** *(concept of materiality)*, der auch als Ausdruck
des *cost-benefit*-Kriteriums verstanden werden kann (→ § 1 Rz 64). Die Herausstellung des Wesentlichkeits-Konzeptes an dieser Stelle muss mehr bedeuten als nur eine Wiederholung der generell gültigen Vorgabe in F.29 (→ § 1 Rz 65ff.).

Auf die (hier so genannten) **qualifizierten** Vermögenswerte (Rz 9):
- immaterielle Vermögenswerte mit unbestimmter Nutzungsdauer,
- noch nicht genutzte immaterielle Werte,
- *goodwill*

ist IAS 36 besonders ausgerichtet. Gleichwohl sieht der *Board* die mit einem
quantitativen Wertminderungstest verbundenen Kosten und gewährt deshalb
gewisse Erleichterungen durch einen Blick **zurück:**
Wenn bisherige Berechnungen *(calculations)* einen wesentlich über dem
Buchwert liegenden erzielbaren Wert, also eine **signifikante „Bewertungsreserve",** ergeben haben **und** wegen im Wesentlichen unveränderten wirtschaftlichen Umfeldes vom Weiterbestehen dieser Datenkonstellation ausgegangen werden kann, ist eine förmliche Neuberechnung *(re-estimate)*
entbehrlich. Für den *goodwill* wird diese Erleichterung in IAS 36.99 (Rz 48)
für *immaterielle* Vermögenswerte mit unbestimmter Nutzungsdauer in
IAS 36.24 (→ § 13 Rz 69) konkretisiert.
IAS 36.16 führt zwei **Beispiele** für die Erleichterung an:
- Trotz Erhöhung der kurzfristigen Marktzinsen kann eine neue Diskontierungsrechnung zur Ermittlung des Nutzungswertes entbehrlich sein,
wenn die vorherige Kalkulation zutreffend den langfristigen Zinssatz verwendete, dieser unverändert ist und auch die *cash-flow*-Erwartungen sich
nicht verschlechtert haben.
- Ebenso kann eine Neuberechnung entfallen, wenn zwar der langfristige
Marktzins steigt, aber die Erhöhung entweder sehr gering ausfällt oder mit
einer Erhöhung der Zinsen eine kompensatorische Erhöhung der *cashflow*-Erwartungen einhergeht.

Die beiden Beispiele belegen den nur **geringfügigen Anwendungsbereich** der Erleichterungsvorschrift jedenfalls in konjunkturabhängigen und schnelllebigen Branchen. Im ersten Beispielsfall reicht die Konstanz der langfristigen Zinsen nicht; zusätzlich dürfen sich die *cash-flow*-Erwartungen selbst, d. h. deren Höhe und zeitliche Konfiguration, nicht wesentlich verschlechtert haben. Bei auf diese Weise gesicherter Konstanz des Nutzungswertes darf außerdem das ihm gegenüberzustellende buchmäßige Nettovermögen nicht wesentlich gestiegen sein, da sich die Wertminderung aus der Differenz beider Größen ergibt. Der zweite Beispielsfall hat eine noch geringere praktische Bedeutung, da hier nur selten gegebene Negativkorrelationen von Zins- und Netto-*cash-flow* angenommen werden müssen.

Allerdings kann nach IAS 36.17 ein erkennbares Wertminderungsindiz Anlass zu einer Neubestimmung der Bemessungsgrundlage für die **laufende** (planmäßige) **Abschreibung** sein (→ § 10 Rz 38).

2.2.3 Zwischenbefund

16 Konfrontiert man den bisherigen Befund zum *impairment*-Test nach IAS 36 auf der **qualitativen** Ermittlungsstufe mit der **praktischen** Abwicklung der Rechnungslegung, so kann man sich einigermaßen beruhigt zurücklehnen. Zu außerplanmäßigen Abschreibungen (steuerlich Teilwertabschreibungen) kommt es erfahrungsgemäß nur sehr selten und dann bei wirklich offensichtlichen Fällen – z. B. die anhaltende notleidende Tochter-Kapitalgesellschaft oder die Stilllegung einer ganzen Fabrik. Umgekehrt hat die umfangreiche BFH-Rechtsprechung den Rechtssatz von der „**Teilwertvermutung**" (Buchwert = Teilwert) in die Welt gesetzt, die nur schwer widerlegbar ist.[8] Bei durchaus unterschiedlichen Konzeptionen in der Vorgehensweise – HGB-Kommentierung und BFH-Rechtsprechung einerseits und IFRS-Standard-Setting andererseits – ergeben sich doch aus **praktischer Sicht** in vielen Fällen **keine unterschiedlichen Lösungen.**

2.3 Ermittlung des erzielbaren Wertes *(recoverable amount)*

2.3.1 Zwei Wertmaßstäbe

17 Die gewohnte HGB-Bilanzwelt wird allerdings verlassen, wenn bei (Rz 9)
- „**unqualifizierten**" Vermögenswerten tatsächlich eine **Indikation** für eine wesentliche Wertminderung,
- bei „**qualifizierten**" Vermögenswerten keine klare **Kontraindikation**

vorliegt und daher in die erforderlichen Berechnungen einzutreten ist. An dieser Stelle ist auf die **Definition** der Wertmaßstäbe – ausführlich dargestellt in IAS 36.18 bis 32 – zurückzukommen (Rz 5). Zur Ermittlung des entscheidenden Wertes, des *recoverable amount* – nach deutschem Sprachgebrauch der beizulegende Wert –, stehen die **zwei Größen** (Rz 22ff.) „Nut-

---

[8] Vgl. die Übersicht zur einschlägigen BFH-Rechtsprechung bei HOFFMANN, § 6, in: LITTMANN/BITZ/PUST, EStG-Kommentar, Tz 420ff.

zungswert" *(value in use)* und „beizulegender Zeitwert abzüglich Veräußerungskosten" (kurz: Nettoveräußerungswert) *(fair value less costs to sell)* zur Auswahl (Rz 6). Einer von beiden Werten muss mindestens so hoch sein wie der Buchwert; ansonsten ist eine Abschreibung vorzunehmen (Rz 5). Die nachfolgende Kommentierung folgt dem Aufbau des Standards und behandelt zunächst den **einzelnen** Vermögenswert (Rz 4).

2.3.2 Basis: Nettoveräußerungswert

IAS 36.25–29 sehen folgende **Bewertungshierarchie** zur Bestimmung des Nettoveräußerungswertes vor (Rz 64):[9]

- Vorrangig Preis abzüglich Veräußerungskosten nach Maßgabe eines **bindenden Angebotes** bzw. eines **bereits abgeschlossenen** Vertrages zwischen unabhängigen Parteien (IAS 36.25).
- Sekundär Preisbildung auf einem **aktiven** Markt unter Berücksichtigung der Verkaufskosten (IAS 36.26).
- Nachrangig **Ableitung** aus bestmöglichen Informationen. Hierbei sind zeitnahe Transaktionen ähnlicher Vermögenswerte in der Branche zu berücksichtigen (IAS 36.27).

18

Der IASB qualifiziert die vorstehende Wertermittlungshierarchie mit dem Vorbehalt in IAS 36.BCZ18: **Marktpreise** lassen sich nur in seltenen Fällen feststellen.
Die – abstrakt zutreffenden – Erläuterungen in IAS 36.25 bis 29 zur Ermittlung des Nettoveräußerungswertes – am ehesten im unwahrscheinlichen Fall eines vorliegenden Kaufvertrages möglich – tragen zur Lösung praktischer Fälle tatsächlich wenig bei.
Hierzu folgendes **Beispiel**:[10]

Beispiel

Sachverhalt
Ein Unternehmen beschafft Anfang Dezember einen PC, einen Pkw der Oberklasse zum Listenpreis und eine spezielle CNC-Maschine. Die Buchwerte per 31.12. werden durch planmäßige Abschreibung mit 1/12 der Jahresabschreibung (pro rata temporis) ermittelt. Für die Nettoveräußerungswerte soll Folgendes gelten:

Lösung

- PCs unterliegen einem raschen technologischen Wandel. Der Markt für Gebraucht-PCs ist wenig liquide. Der Nettoveräußerungswert beträgt daher nur noch etwa 1/2 der Anschaffungskosten.
- Für Fahrzeuge der Oberklasse gibt es zwar einen hinreichend liquiden Gebrauchtmarkt. Dieser ist jedoch ein Käufermarkt. Für ein nur

---

[9] Vgl. hierzu WIRTH, Firmenwertbilanzierung nach IFRS, 2005, S. 26.
[10] Nach DYCKERHOFF/LÜDENBACH/SCHULZ (Fn 4), S. 36.

Hoffmann

> 1 Monat altes Fahrzeug der Oberklasse sind nicht mehr als 75 % der Anschaffungskosten zu erzielen.
>
> • Bei der CNC-Maschine handelt es sich um eine Spezialanfertigung. Diese ist, falls überhaupt, nur mit einem symbolischen Wert zu veräußern.

19 In aller Regel liefert der **Nettoveräußerungswert** also keinen Beitrag zur Durchführung des *impairment*-Tests. Wenn der betreffende Vermögenswert tatsächlich zum Verkauf steht, unterliegt er im Übrigen dem besonderen Regelungsbereich von IFRS 5 (→ § 29).[11]
Die möglicherweise herrschende Meinung (so z. B. IDW[12]) hält eine auf DCF-Verfahren beruhende Ermittlung des **Nettoveräußerungswertes** für zulässig und stützt sich dabei explizit auf IAS 36.22 sowie auf IAS 36.27 i. V. m. IAS 36.BC58. Nach dieser Standardauslegung können die **Restriktionen**, die IAS 36 für die Ermittlung des Nutzungswertes im DCF-Verfahren vorsieht (Rz 22), **unbeachtet** bleiben, wenn das DCF-Verfahren stattdessen für die Ermittlung des Nettoveräußerungswertes herangezogen wird. Sofern bei der **Erstkonsolidierung** der beizulegende Zeitwert *(fair value)* im Rahmen einer bestimmten Bewertungsmethodik *(market oder income approach;* → § 31 Rz 62f.) für einen betreffenden Vermögenswert ermittelt worden ist, soll diese Methodik auch beim Werthaltigkeitstest verwendbar sein; diese Vorgabe gilt allerdings nicht, wenn die Erstkonsolidierung auf einem **kostenorientierten** Verfahren beruht (IAS 36.BCZ29).
Diese Standardauslegung ist **nicht unbedenklich**[13] (Rz 64), weil

• der beizulegende Zeitwert abzüglich Verkaufskosten konzeptionell eine **Verkaufsabsicht**, der Nutzungswert dagegen die weitere **Verwendungsabsicht** unterstellt,[14]

• die umfangreichen **Restriktionen** für die Ermittlung des Nutzungswertes auf DCF-Basis (Rz 22) nur dann **unbeachtet** bleiben können, wenn der als Nettoveräußerungswert deklarierte DCF-Wert tatsächlich in den Input-Parametern marktbasiert ist und damit im Ergebnis den Wert präsentiert, den der **Markt** und nicht das **Management** beilegen würde.

Ohne **marktbasierte** Inputs nicht nur des Diskontierungszinses, sondern auch der *cash-flow*-Annahmen wird der Anforderung in IAS 36.27 zur Ermittlung des am Bilanzstichtag erzielbaren Wertes nicht Genüge getan. Es kommt zu einer „Fehletikettierung" des Nettoveräußerungswerts.[15] In einer Situation, in der der Markt die *cash-flow*-Aussichten deutlich schlechter einschätzt als das besser informierte Management, müsste danach entgegen der besseren in-

---

[11] Vgl. Heuser/Theile, IAS/IFRS-Handbuch, 2. Aufl., 2005, Tz 736.
[12] IDW, RS HFA RS 16 Tz 82; so auch Brücks/Kerkhoff/Richter, KoR 2005, S. 9.
[13] So auch Bartels/Jonas, in: Beck'sches IFRS-Handbuch, 2. Aufl., 2006, § 27, Tz 21.
[14] Dobler, PiR 2005, S. 27.
[15] Freiberg/Lüdenbach, KoR 2005, S. 486.

ternen Information den externen Annahmen gefolgt werden. Ein entsprechendes Vorgehen scheitert regelmäßig schon an der fehlenden Kenntnis der Marktannahmen. Folgt dementsprechend die *cash-flow*-Projektion den internen Management-Planungen, wird nicht oder nur zufällig ein marktbasierter Veräußerungspreis berechnet.

Jedenfalls darf sich die Ermittlung des Nettoveräußerungswertes nicht **allein** auf Zurechnung von *cash flows* zu den einzelnen Vermögenswerten stützen, auch wenn diese Zuordnung auf verlässlicher Basis möglich sein sollte.[16] IAS 36.27 S. 2 verlangt eine „Gegenprobe" zum Ergebnis der *cash-flow*-Rechnung in Form von Vergleichswerten ähnlicher Vermögenswerte in der betreffenden Branche. Eine solche Kontrollüberlegung ist im Rahmen der Kaufpreisallokation nach Maßgabe von IFRS 3 (→ § 31 Rz 77) nicht vorgesehen (IFRS 3.B16). Die Kontrollrechnung stellt eine höhere Schranke für die DCF-orientierte Wertermittlung nach IAS 36 dar als die vergleichbare im Rahmen der Kaufpreisallokation beim Unternehmenszusammenschluss. Deshalb ist auch eine Bezugnahme auf die Wertermittlung im Erstkonsolidierungszeitpunkt zur Bestimmung des Nettoveräußerungswertes jedenfalls in unmittelbarer Form nicht möglich.[17] Jedenfalls ist über die Einzelheiten der Ermittlung des Nettoveräußerungswertes ohne Ableitung aus Marktpreisen im Anhang gemäß IAS 36.134e zu **berichten** (Rz 82).

20

Wegen unseres Vorbehaltes gegen die generelle Ermittlung des beizulegenden Wertes *(recoverable amount)* einer **cash generating unit** auf der Basis des Nettoveräußerungswertes wird verwiesen auf Rz 64.

Soweit der Nettoveräußerungswert durch ein DCF-Verfahren ermittelt wird, ergeben sich folgende **Gemeinsamkeiten** und **Unterschiede** zur Nutzungswertermittlung (Rz 22):

- **gleiche** Ermittlung des Diskontierungssatzes; insoweit wird auf Rz 24 verwiesen,
- standardspezifische Restriktionen für die *cash-flow*-Annahmen **nur** für den Nutzungswert (Rz 45ff.).

Vor diesem Hintergrund deutet sich die Abkehr der IFRS-Regeln von denjenigen, die der HGB-Kommentierung zugrunde liegen,[18] an. Nach HGB wird meist auf den **Wiederbeschaffungspreis** abgehoben, der konzeptionell nach IAS 36 nicht als Bewertungsmaßstab zur Verfügung steht.[19] Diese Lösung hat den großen Vorteil der Einfachheit für sich. Das zeigt sich in Konfrontation zum Beispiel unter Rz 17 mit den drei verschiedenen Anschaffungen. In jedem Fall belegt das Heranziehen des Wiederbeschaffungswertes ohne große weitere Nachforschungen das Nichterfordernis einer außerplanmäßigen Abschreibung.

21

---

[16] So aber IDW, RS HFA 16 Tz 82.
[17] Entgegen IDW, RS HFA 16 Tz 82.
[18] Adler/Düring/Schmaltz, 6. Aufl., § 253 HGB Tz 458.
[19] KPMG, Insights into IFRS 2006/2007, 30.10.150.40.

Hoffmann

2.3.3 Basis: Nutzungswert

2.3.3.1 Berechnungsgrundlagen

22 Weitaus komplizierter ist die Ermittlung des Nutzungswertes *(value in use)* nach IAS 36.30ff. IAS 36 übernimmt an dieser Stelle Gedanken der ertragsorientierten Unternehmensbewertung (Rz 6, Rz 32), allerdings mit detaillierten Berechnungsvorgaben – anders als im Fall der Bestimmung des Nettoveräußerungswertes (Rz 19).

Die **Einschätzung** des *value in use* hat auf der Basis folgender Berechnungsgrundlagen zu erfolgen:

- Ermittlung der künftigen Zahlungsein- und -ausgänge *(cash flows)* aufgrund der weiteren Nutzung des Vermögenswertes;
- Annahmen *(expectations)* über mögliche Veränderungen (mengen- oder zeitmäßig) dieser *cash flows*;
- Anwendung der passenden risikofreien Diskontierungsrate auf diese künftigen Zahlungsflüsse;
- Berücksichtigung des dem Vermögenswert innewohnenden Risikos;
- Beachtung anderer einschlägiger Faktoren.

IAS 36 gibt zur Spezifizierung dieses Bewertungs-Ansatzes ausführliche Anweisungen (IAS 36.36 bis IAS 36.57), die sich **systematisch unterscheiden** lassen in Anweisungen zur

- Planung des **Zahlungsstroms** (Rz 23) und
- Ermittlung des **Diskontierungssatzes** (Rz 24).

2.3.3.2 Zahlungsstrom

23 Zunächst die Hinweise zum **Zahlungsstrom**:

- Die Annahmen über die künftigen Zahlungsmittelströme sollen auf vernünftigen und vertretbaren Schätzungen des Managements erfolgen. Größeres Gewicht ist allerdings **externen** Erkenntnismöglichkeiten zu widmen (IAS 36.33a).
- Die Annahmen über die künftigen Zahlungsströme sollen auf den neuesten vom Management genehmigten **Budgets** *(management approach)* beruhen (IAS 36.33b). Wegen des Objektivierungscharakters der Bezugnahme auf die Budgets vgl. Rz 87.
- Der Detailplanungszeitraum der *cash-flow*-Projektionen soll eine **Fünf-Jahres-Periode** nicht übersteigen, es sei denn, eine längere Periode ist gerechtfertigt (IAS 36.33b). Der Gesamtplanungszeitraum (Detailplanungs- plus anschließender Rentenzeitraum) wird durch die Lebensdauer des Vermögenswertes, bei einer *cash generating unit* (Rz 29) durch die Lebensdauer des führenden *(leading)* Vermögenswertes bestimmt. Bei unbestimmter Lebensdauer – z. B. Marken (→ § 13 Rz 69) oder *goodwill* (→ § 31 Rz 120) – ist der Gesamtplanungszeitraum unbegrenzt, d. h., an die Detailplanung wird eine ewige Rente (mit oder ohne Wachstum) angehängt (vgl. Rz 45).[20]

---

[20] IDW, RS HFA 16 Tz 103.

- Die Annahmen über die künftigen Zahlungsströme jenseits des detaillierten (i. d. R. fünfjährigen) Planungshorizontes dürfen nicht auf **Wachstumsraten** beruhen, die über die langfristig erwartete Branchenwachstumsrate hinausgehen, es sei denn, eine höhere Wachstumsrate ist gerechtfertigt (IAS 36.33c).
- Die geplanten Zahlungsmittelströme sollen alle *cash outflows* umfassen, die aus der **fortlaufenden Nutzung** des Vermögenswertes anfallen und diesem auf einer vernünftigen und vertretbaren Basis zugeordnet werden können (IAS 36.39).
- Auszahlungen für **Erweiterungs**investitionen sind nur für die Fertigstellung von Anlagen im Bau zulässig (IAS 36.42). Die zukünftigen Zahlungsströme aus dem betreffenden Vermögenswert sollen im Übrigen auf der Basis des **augenblicklichen Zustandes** geschätzt werden, d. h., künftige Unternehmensrestrukturierungen, Verbesserungsinvestitionen u. Ä. sind nicht zu berücksichtigen (IAS 36.44). Investive *cash flows* dürfen deshalb das Niveau von Erhaltungsaufwand nicht übersteigen (IAS 36.49).
- In die Schätzung der Zahlungsmittelströme sind Einzahlungen und Ausgaben von **Finanzierungsaktivitäten** und von **Steuern** nicht einzubeziehen (IAS 36.50).
- Die Geldein- bzw. -ausgänge beim **Abgang** des betreffenden Vermögenswertes sollen auf der Basis eines mutmaßlichen (zukünftigen) Marktpreises geschätzt werden (IAS 36.52).

2.3.3.3 Diskontierungszinssatz

Hinsichtlich des **Diskontierungszinssatzes** enthält IAS 36.55ff. i. V. m. IAS 36.A15ff. folgende Hinweise:[21]

- Die Diskontierungsrate hat sich am **aktuellen vermögenswertspezifischen** Marktzins auszurichten (→ § 31 Rz 75ff.).
- Wenn ein solcher Wert nicht ermittelt werden kann, ist von den **gewichteten Kapitalkosten** (WACC) des Unternehmens, ggf. auch von den **inkrementalen** oder marktüblichen **Fremdfinanzierungskosten** auszugehen und eine Anpassung nach oben oder unten für die spezifische Risikolage des Bewertungsobjektes vorzunehmen. Soweit **Schulden** in der *cash-flow*-Reihe nicht berücksichtigt werden, ist der WACC in den Eigenkapitalkostensatz eines unverschuldeten Unternehmens umzurechnen (IAS 36.BCZ85).
- Die Diskontierungsrate soll auf einer **Vor-Steuer-Basis** beruhen, da auch die *cash flows* auf Vor-Steuer-Basis geplant werden.
- Für nicht in der Zahlungsreihe berücksichtigte **Risiken** ist ein Zuschlag auf den Basiszins vorzunehmen (IAS 36.55).

Die gewichteten durchschnittlichen **Kapitalkosten** (WACC) ergeben sich aus der zu Marktwerten gewichteten Summe

---

[21] Ausführlich zum Ganzen: FREIBERG/LÜDENBACH, KoR 2005, S. 479ff.

- des Produkts von Eigenkapitalkosten und Anteil des Eigenkapitals zum Gesamtkapital **und**
- des Produkts von Fremdkapitalkosten, *tax shield* und Anteil des Fremdkapitals am Gesamtkapital.[22]

Die Kapitalkosten für eine **Zahlungsmittel generierende Einheit** (CGU, Rz 29) setzen sich dann zusammen aus den Kosten für

- eingesetztes Eigenkapital,
- investiertes Fremdkapital

und reflektieren somit den Mittelwert der Grenzkosten aller Kapitalquellen.[23] Der Marktbezug des Diskontierungszinssatzes (IAS 36.56) verlangt die Abbildung des spezifischen Risikos des Bewertungsobjekts aus risikoäquivalenten Alternativanlagen am Markt.

25 Ausgangsgröße eines jeden Barwertkalküls ist der **risikolose** Zinssatz (Basiszinssatz), der als Mindestentgelt für die Überlassung eines bestimmten Kapitalbetrags für eine vorher vereinbarte Zeitspanne zu interpretieren ist *(time value of money)*.

- Der Basiszinssatz spiegelt die (**Mindest**-)Verzinsung einer Anlage wider, die keinerlei (bedeutsame) Ausfall-, Zinsänderungs- und Währungsrisiken aufweist. Den besten Anhaltspunkt für risikolose Kapitalanlagen bilden i. d. R. Staatsanleihen *(government bonds)*.
- Mit **zunehmender Laufzeit** steigt die geforderte effektive Verzinsung einer Kapitalanlage. Diese Laufzeitabhängigkeit des Basiszinssatzes lässt sich in einer Zinsstrukturkurve nachvollziehen.

In Deutschland kann zur Bestimmung laufzeitspezifischer Basiszinssätze auf täglich aktualisierte, öffentlich zugängliche Zerobondstrukturkurven der Deutschen Bundesbank zurückgegriffen werden.[24] Die erwarteten Zahlungsströme für eine CGU (Rz 29) mit **begrenzter** Nutzungsdauer (i. d. R. ohne *goodwill*) sind dann mit den laufzeitäquivalenten, risikolosen Marktzinssätzen abzuzinsen. Für CGUs mit **unbegrenzter** Nutzungsdauer (i. d. R. inkl. *goodwill*) sind entsprechend langfristige bzw. zeitlich unbegrenzte Zerobondrenditen zu berücksichtigen.

---

[22] Vgl. MODIGLIANI/MILLER, The American Economic Review 1958, S. 261-297; MILES/EZZEL, Journal of Financial and Quantitative Analysis 1980, S. 713ff.
[23] Vgl. COPELAND/KOLLER/MURRIN, Unternehmenswert, 2002, S. 251ff.
[24] Zur Berechnung der Zerobondfaktoren: Deutsche Bundesbank, Monatsbericht Oktober 1997, S. 61-66.

Hoffmann

Abb. 2: Zinsstrukturkurve (31. Dezember 2006)

Die Erzielung von *cash flows* in der Zukunft ist mit **Opportunitätskosten** verbunden, welche sich in der Höhe danach richten, welcher Zinsertrag erwirtschaftet werden könnte, wenn die *cash flows* bereits zum Bewertungsstichtag realisiert wären.[25] Hierbei ist neben dem Zeitwert der *cash flows* zusätzlich das spezifische Risiko in die Berechnung einzubeziehen.

Das mit einer Vermögensgruppe verbundene **spezifische Risiko** kann entweder im *cash flow* oder im Diskontierungszinssatz berücksichtigt werden. Eine **Doppelerfassung** des Risikos (sowohl im Zähler als auch im Nenner des Barwertkalküls) ist zu vermeiden (IAS 36.56):

- Bei Berücksichtigung des spezifischen Risikos in den **Zahlungsströmen** werden diese durch einen **Risikoabschlag** in ein Sicherheitsäquivalent überführt. Der Barwert ergibt sich dann aus der Diskontierung des Sicherheitsäquivalents mit dem risikolosen Zinssatz.

- Bei der Abbildung des spezifischen Risikos im **Kapitalisierungszinssatz** wird der risikolose Zinssatz um einen **Risikozuschlag** erhöht. Der Barwert bestimmt sich aus der Abzinsung der risikofreien Zahlungsströme mit einem risikogewichteten Zinssatz.

In der Regel erfolgt die Berücksichtigung des Risikos im **Diskontierungszinssatz**, dieser spiegelt dann neben dem **Zeitwert** des Geldes das **spezifische Risiko** des Bewertungsobjektes im Vergleich zu einer sicheren Anlage wider. Innerhalb der **Eigen-** und **Fremd**kapitalkosten sind unterschiedliche Risikozuschläge zu berücksichtigen: Eigenkapitalgeber sind in einem viel stärkeren Maße an den operativen (unternehmerischen) Risiken beteiligt. Die Bestimmung der **risikoäquivalenten Eigenkapitalkosten** kann unter Rückgriff auf das *Capital Asset Pricing Model (CAPM)* erfolgen.[26] Grundlage der Eigenkapitalrenditeforderung bildet dann der Basiszinssatz zzgl. eines

---

[25] Ausführlich zur Berücksichtigung des Risikos bei der Diskontierung zukünftiger *cash flows*: ASB, Working Paper, April 1997.
[26] IDW, RS HFA 16 Tz 30.

Risikozuschlags, welcher die Unsicherheit der zukünftig zu erwartenden Nutzenzuflüsse reflektiert.[27] Der Risikozuschlag basiert auf dem **Produkt** aus **Marktrisikoprämie** (Differenz zwischen der Marktrendite für riskante Anlagemöglichkeiten und dem risikolosen Zinssatz) und dem **Betafaktor**, in dem sich das im Vergleich zur Marktrendite höhere ($ß > 1$) oder geringere Risiko ($ß < 1$) ausdrückt.[28] Der Betafaktor ist somit der Maßstab für das systematische Risiko des Bewertungsobjekts und bleibt CGU-spezifisch zu bestimmen.

Die Bestimmung der **Fremdkapitalkosten** ist abhängig von der **Bonität** des Bewertungsobjekts. Fremdkapitalgeber partizipieren zu einem geringeren Teil an dem unternehmerischen Risiko als Eigenkapitalgeber. Die Fremdkapitalkosten setzen sich aus dem Basiszinssatz zzgl. eines spezifischen Bonitätsaufschlags (vgl. IAS 39.AG82) in Abhängigkeit des Ratings zusammen.

27 Bei Verwendung des WACC als Ausgangspunkt ist in einer Vor-Steuer-Betrachtung nicht nur der im WACC berücksichtigte **Steuervorteil** der Fremdfinanzierung *(tax shield)* herauszurechnen; da die am Markt beobachtbaren Eigenkapitalkosten i. d. R. ebenfalls Nach-Steuer-Größen sind, muss auch insoweit noch eine Bereinigung vorgenommen werden.[29] Dies kann geschehen durch eine

- einfache Division (Nach-Steuer-Zins / (1 – Steuersatz) = Vor-Steuer-Zins) oder
- iterative Betrachtung.

Die einfache Division führt nur dann zu annähernd richtigen und damit brauchbaren Ergebnissen, wenn die aus dem Bewertungsobjekt resultierenden steuerlichen **Abschreibungsvorteile** zeitlich gleichmäßig anfallen (lineare Abschreibung). Die iterative Betrachtung ist hingegen zwingend, wenn keine steuerliche Abschreibungsmöglichkeit des Bewertungsobjekts oder umgekehrt sofortige Absetzbarkeit (z. B. originärer immaterieller Vermögenswert) gegeben ist.

Beispiel
Der Diskontierungssatz (WACC) nach Steuern beträgt 10 %. Der Steuersatz ist 40 %.
Festzustellen ist der *value in use* einer Gruppe von Vermögenswerten, mit einem *cash flow* von 800, 600 und 550 in den drei folgenden Perioden. Soweit der Vermögenswert bzw. sein festzustellender Nutzungswert über die 3 Jahre steuerlich linear abzuschreiben ist, führen Nach-Steuer-Diskontierung mit 10 % und Vor-Steuer-Diskontierung mit 10 % / (1 – 0,4) = 16,7 % zum annähernd gleichen Ergebnis.

---

[27] Vgl. BALLWIESER, WPg 1998, S. 82f.
[28] Vgl. RICHTER, in: KRUSCHWITZ/HEINTZEN, Betriebswirtschaftliche Studien, Heft 155, 2003, S. 59-73.
[29] Vgl. SCHMUSCH/LAAS, WPg 2006, S. 1053.

Hoffmann

§ 11 AUSSERPLANMÄSSIGE ABSCHREIBUNGEN, WERTAUFHOLUNG

Bei sofortiger Absetzbarkeit des festzustellenden Nutzungswertes führt hingegen ein iterativ ermittelter Steuersatz von 13,6 % zum zutreffenden Wert. Eine iterative Berechnung ist ebenfalls notwendig, wenn der steuerlich linear absetzbare Betrag und der Nutzungswert deutlich auseinanderliegen.

Zur iterativen Berechnung folgendes Beispiel:

Beispiel
Der Buchwert der CGU beträgt incl. *goodwill* 600. Dieser Betrag ist steuerlich über 3 Jahre Restnutzungsdauer abschreibbar. Investitionen sind während des Detailplanungszeitraums von 3 Jahren nicht vorgesehen, danach in einer Höhe von 60 p.a., wobei vereinfachend eine gleich hohe jährliche Abschreibung angenommen wird.
Der Kapitalisierungssatz wurde aus Marktdaten abgeleitet und setzt sich nach Steuern (d. h. so, wie die Parameter beobachtbar sind) wie folgt zusammen:
Basiszins + Betafaktor × Marktrisikoprämie = 4 % + 1,5 × 4 % = 10 %
Nachsteuerrechnung: i = 10 %

Jahr	1	2	3	ewige Rente
operativer *cash flow* vor Steuern	100	100	100	100
– Steuern darauf 40 %	–40	–40	–40	–40
– Steuerentlastung aus Abschreibung (40 % von 200 bzw. 60)	80	80	80	24
investiver *cash flow*				–60
= *cash flow* nach Steuern	140	140	140	24
Barwert ewige Rente für 10 %				240
× Diskontierungsfaktor für 10 %	0,9091	0,8264	0,7513	0,6830
= diskontierter *cash-flow*	127	116	105	164
value in use (Summe diskontierter *cash flows* nach Steuern)	512			

Vorsteuerrechnung bei *grossing up*: i = 10 % (1–40 %) = 16,67 %				
Jahr	1	2	3	ewige Rente
cash flow vor Steuern	100	100	100	40
Barwert ewige Rente für 16,67 %				240
× Diskontierungsfaktor (für 16,67 %)	0,8571	0,7347	0,6297	0,5397
=diskontierter *cash flow*	86	73	63	240
value in use (Summe diskontierter *cash flows*) bei *grossing up*	463			
Vorsteuerrechnung mit iterativ ermitteltem i = 14,25 %				
Jahr	1	2	3	ewige Rente
cash flow vor Steuern	100	100	100	40
Barwert ewige Rente für 14,25 %				281
× Diskontierungsfaktor (für 14,25 %)	0,8753	0,7661	0,6706	0,5869
=diskontierter *cash flow*	85	73	62	281
value in use (Summe diskontierter *cash flows*) für iterativen Zins	512			

2.3.3.4 Zusammenfassung

Der **Gesamtbefund** aus dieser Übersicht zur Bestimmung des **Nutzungswertes** *(value in use)* lässt sich wie folgt zusammenfassen:

- Der Standardteil ist z. T. durch **Wiederholungen** gekennzeichnet; Beispiel Restrukturierung IAS 36.33b und 44a.
- Teilweise werden ökonomische **Selbstverständlichkeiten** wiedergegeben („auf der Basis von vernünftigen und vertretbaren Annahmen").
- Den **Ermessensausübungen** des Managements sind wenige harte Grenzen gesetzt.
- **Typisch in dieser Hinsicht**: Die widerlegbare Begrenzung des Planungshorizontes auf fünf Jahre oder das widerlegbare Verbot der Anwendung überdurchschnittlicher Wachstumsraten.[30]

Wegen der **Inkonsistenzen** bei der Anwendung auf den *goodwill-impairment*-Test vgl. Rz 60ff.

---

[30] Der impairment-Test der Mobilcom AG für die UMTS-Lizenz im Geschäftsbericht für 2001 (S. 101) beläuft sich auf rekordverdächtige **19 Jahre** (→ § 11 Rz 84).

2.4 Die Zahlungsmittel erzeugende Einheit *(cash generating unit,* CGU)

Mit diesen ebenso ausführlichen wie wenig ergiebigen – im Sinne einer Objektivierung der Rechnungslegung – Hinweisen zur Festlegung der Berechnungsparameter bezüglich künftiger Zahlungsmittelströme ist das **eigentliche Problem** der Wertfindung für den **Einzelgegenstand** (es ist bis dahin immer nur vom „*asset*" die Rede) noch gar nicht angesprochen. „An sich" ist der Wertminderungstest primär auf den einzelnen Vermögenswert (Rz 6 und Rz 12) auszurichten (IAS 36.66). **Ein** im Unternehmen genutzter Vermögenswert kann allerdings in der Regel Zahlungsströme nur im **Verbund** mit anderen entsprechenden Vermögenswerten generieren (Ausnahmen: der einzelne Lkw der Spedition oder das Taxi; IAS 36.22). Um dann gleichwohl ein Ertragswertkonzept – also die Vorgehensweise mit Hilfe der Ermittlung künftiger Zahlungsströme – aufrechtzuerhalten, ist der aus HGB-Sicht geläufige **Einzelbewertungsgrundsatz** zu verlassen (Rz 38). Sofern der erzielbare Betrag *(recoverable amount)* für den betreffenden Vermögenswert nicht individuell ermittelt werden kann, ist hilfsweise der erzielbare Wert einer *cash generating unit* zu bestimmen, und zwar derjenigen, zu welcher der betreffende Vermögenswert gehört *(the asset's cash generating unit)*. Der Werthaltigkeitstest (Rz 5) **verlagert** sich dann mit unveränderten Begrifflichkeiten (IAS 36.7) vom einzelnen Vermögenswert auf die CGU (IAS 36.74).

Der mögliche Abschreibungsaufwand kann also nach der Gesamtkonzeption von IAS 36 (zur Kritik vgl. Rz 64) entfallen auf (Rz 6):[31]

- **einzelne** Vermögenswerte (Rz 8–44)
- eine Zahlungsmittel generierende Einheit *(cash generating unit,* **CGU**) **ohne** zugeordneten *goodwill* (Rz 29–45)
- eine **CGU mit** zugeordnetem *goodwill* (Rz 48–56)
- **Gruppen** von CGUs mit zugeordnetem *goodwill* (Rz 58).

„*Goodwill"* kann dabei auch in der **Mehrzahl** verstanden werden.

Die *cash generating unit* (CGU) ist nach IAS 36.6 die **kleinste** identifizierbare Gruppe von Vermögenswerten, welche durch die fortgeführte Nutzung Liquiditätszuflüsse erzeugt, die ihrerseits weitgehend *(largely)* unabhängig von den Geldzuflüssen anderer Vermögenswerte sind (vgl. auch Rz 51).
Dazu liefern die *Illustrative Examples* (IE) **Beispiele**.[32]

Beispiel 1
Ein **Bergwerksunternehmen** unterhält eine eigene Eisenbahnlinie zur Unterstützung der Abbautätigkeit. Die Eisenbahn könnte nur zu einem Schrottwert verkauft werden. Zahlungsmittelüberschüsse lassen sich der Eisenbahnlinie nicht getrennt von den Einnahmen aus dem Bergwerk zuordnen.

---

[31] IDW, RS HFA 16 Tz 80; Schmusch/Laas, WPg 2006, S. 1049.
[32] Siehe auch Heuser/Theile, IAS/IFRS-Handbuch, 2. Aufl., 2005, Tz 707ff.

Hoffmann

In diesem Fall kann der erzielbare Wert *(recoverable amount)* der Eisenbahnlinie nicht ermittelt werden, deshalb ist dieser Wert der *cash generating unit* zuzuordnen, zu der die Eisenbahnlinie gehört, und das ist das **gesamte Bergwerksunternehmen.**

Beispiel 2
Eine **Omnibus-Gesellschaft** bedient fünf Linien für eine politische Gemeinde. Die Vermögensgegenstände und die Geldflüsse können jeder dieser Routen separat zugeordnet werden. Eine der Routen operiert unter einem nennenswerten Verlust.
Das Unternehmen hat keine Option, die fragliche Buslinie aufzugeben. Deshalb generieren die fünf Linien nur **insgesamt** die Zahlungsmittelüberschüsse. Deshalb ist als *cash generating unit* die **Busgesellschaft** insgesamt anzunehmen.

Beispiel 3
Eine **Lebensmittelhandelskette** besitzt mehrere Filialen, die zum Teil in denselben Städten angesiedelt sind. Preispolitik, Marketing, Werbung und Personal werden zentral entschieden. Trotz des gemeinsamen Managements stellt jede Filiale eine eigene CGU dar, da die Filialen typischerweise eine unterschiedliche Kundenbasis haben – so wenigstens die Lösung des *Board* in IAS 36 IE.1. Daran bestehen indes Zweifel. Der RIC präsentiert in seiner Anfrage an den IFRIC (IFRIC *submission*) unterschiedliche Praktiken. Danach würden die Läden einer Einzelhandelsfilialkette insgesamt als CGU betrachtet, weil sie u. a. durch Preisbildung, Kundenbindungsprogramme u. Ä. als einheitliches Gebilde dem Kunden gegenüber auftreten.

Beispiel 4
Ein **Einproduktunternehmen** besteht aus einem Komponentenwerk und zwei Endproduktionswerken. Das Komponentenwerk liefert ausschließlich Teile an die beiden Produktionswerke. Die Produktionsmengen in den beiden Werken werden durch die Zentrale abhängig von der kurzfristigen Nachfrage vor Ort und der Lieferbereitschaft der beiden Werke festgelegt. Da die künftigen Einzahlungen der beiden Werke damit stark zusammenhängen, sind sie jedenfalls in einer CGU zusammenzufassen. Wenn es für die Teile, die das Komponentenwerk erzeugt, einen aktiven Markt gibt, ist das Werk eine selbstständige CGU, ansonsten bilden alle drei Werke eine einzige CGU.

31 Eine *cash generating unit* kann nach der **beispielhaften** Aufzählung in IAS 36.130 (d) (Rz 51) definiert sein als
- Produktlinie,
- Produktionsanlage,
- Geschäftsbereich,

- geographisches Gebiet,
- Segment gemäß IAS 14 (→ § 36) bzw. IFRS 8 (→ § 36 Rz 203).
- Für Zwecke des *goodwill-impairment*-Tests darf die CGU nicht größer als ein Segment sein (IAS 36.80b; Rz 51).

Die Beispiele in Rz 30 belegen, dass nach herkömmlichem deutschen Bilanzverständnis auf diese Art die Gewinnermittlung durch Vergleich von **einzelnen** Vermögenswerten verlassen und durch die (Teil-)**Unternehmensbewertung** ersetzt wird (Rz 41). Um dabei nicht sogleich beim Gesamtunternehmen zu landen, werden die abstrakten Begriffsmerkmale in IAS 36.70 weiterentwickelt.   32

Sofern ein „**aktiver Markt**" für Produktions-Output des Vermögenswertes oder der Gruppe von Vermögenswerten besteht, ist diese Gruppe als *cash generating unit* anzusehen, und zwar auch dann, wenn die Produktion tatsächlich ausschließlich **intern** verwandt, also weiterverarbeitet wird. Das ist dann der Fall, wenn – ausnahmsweise – ein Kaufangebot eines Dritten für einen bestimmten Vermögenswert oder eine Gruppe von Vermögenswerten vorliegt (IAS 36.71). Die Bewertung einer solchen CGU im vertikal integrierten Konzern hat nur dann auf der Basis der internen Verrechnungspreise zu erfolgen, wenn diese **fremdüblich** sind. Ist dies nicht der Fall, muss das Management eine bestmögliche Schätzung der *arm's length* erzielbaren Preise vornehmen und den Nutzwert auf dieser Grundlage ermitteln.   33

Beispiel

Sachverhalt
Die Brems AG stellt Bremssysteme für Pkws und Lkws her. Sie hat sich insbesondere auf so genannte gemischte Systeme für den Lkw-Bereich spezialisiert, bei denen die Radbremse mit Bremsflüssigkeit unter Zuhilfenahme von Druckluft zugespannt wird. Die für das System notwendigen Bremsschläuche werden im Unternehmen selbst hergestellt. Dazu dienen fünf identische Maschinen. Die Bremsschläuche werden fast ausnahmslos zur Herstellung eigener Bremssysteme genutzt, können aber auch an weitere Unternehmen veräußert werden. Aus diesem Veräußerungspotenzial können mögliche *cash flows* abgeleitet werden.

Lösung
Da ein „aktiver Markt" für die Produktion der Gruppe „Bremsschläuche" besteht, ist dieser Bereich als CGU anzusehen, auch wenn die Produkte ausschließlich intern weiterverarbeitet werden (IAS 36.71).

Die **Abgrenzung** der *cash generating unit* ist im **Zeitverlauf** beizubehalten, außer, eine Änderung ist gerechtfertigt (IAS 36.72).   34
Die Identifizierung einer CGU bereitet vor allem Probleme bei   35
- **vertikaler** Integration eines Unternehmens über aufeinander folgende Produktionsstufen sowie bei

- **horizontaler** Integration über Technologie- oder Absatzverbund verschiedener Endleistungen.[33]

Dazu und zur i. d. R. weniger problematischen agglomerierten Produktion folgendes Beispiel:[34]

> **Beispiel**
> Ein Unternehmen produziert wesentliche Bauteile zur Gewinnung regenerativer Energien, und zwar zum einen Turbinen für Windkraftanlagen, zum anderen für die Photovoltaik benötigte Solarmodule und Wechselrichter. Wechselrichter werden für den Anschluss der Solarmodule ans Netz benötigt. Solarmodule entstehen durch Laminierung und Rahmung von Solarzellen. Disaggregiert man das Unternehmen in Schritten, so lassen sich folgende Unterscheidungen treffen:
> - Photovoltaische Produktion und Windkraftturbinenproduktion stehen ohne Produktionsbezug (unterschiedliche Technologien) und ohne Absatzverbund nebeneinander. Sie sind die zwei Hauptbereiche eines insofern agglomerierten Unternehmens.
> - Solarmodule und Wechselrichter sind komplementäre Produkte, bei denen ein Absatzverbund wahrscheinlich ist. Sie stellen die zwei Teilbereiche des insoweit horizontal integrierten Bereichs Photovoltaik dar.
> - Zellfabrikation und Modulfabrikation führen in dieser Reihenfolge zum Produkt „Solarmodul". Sie stellen insoweit die Unterbereiche des vertikal integrierten Teilbereichs „Solarmodul" dar.

	Annahmen	Nutzungswert		BW	Abschreibung			
		auf Basis Verr.-preis Zelle	auf Basis Markt-preis Zelle		Alt. 1	Alt. 2	Alt. 3	Alt. 4
Zellfabrikation	70 % an Modul (zu 80 % v. Marktpreis) 30 % an Fremde (zu Marktpreis)	120	170	100				0
+ Modulfabrikation		60	50	100				50
= Solarmodul		220	200	0				
+ Wechselrichter	70 % für Modulkunden	80	100				20	20
= Photovoltaik		300	300	0				
+ Windkraft		90	100	10	10	10		
= Gesamt		390	400	10	10	30	80	

> Die vorstehende Tabelle zeigt bestimmte Nutzungswert- und Buchwertannahmen für die genannten Bereiche. Unter der Annahme, dass 70 % der

---

[33] Zur Identifizierung der CGU in Abhängigkeit von der Integrationsform des Unternehmens: LÜDENBACH/FROWEIN, DB 2003, S. 217ff.
[34] S. DYCKERHOFF/LÜDENBACH/SCHULZ (Fn 4).

Zellen unternehmensintern zu Modulen weiterverarbeitet (dabei jedoch ein interner Verrechnungspreis von nur 80 % des Marktpreises erhoben wird) und 30 % an Fremde zum Marktpreis abgegeben werden, stellt sich einerseits die Frage, ob beide nur im Verbund oder separat betrachtet werden können, andererseits die Frage, auf welcher Preisbasis eine separate Betrachtung durchzuführen wäre. Die Antwort auf beide Fragen findet sich in IAS 36.70f. Bei vertikal integrierter Produktion kann die Vorstufe separat betrachtet werden, wenn es einen aktiven Markt für ihre Produkte gibt. Dies gilt selbst dann, wenn sie faktisch zu 100 % an die nachgelagerte Stufe abgegeben würde. Eine separate Betrachtung erfordert auch eine separate Bewertung. Diese dürfen gemäß IAS 36.71 nicht auf der Basis „falscher" Verrechnungspreise durchgeführt werden. Insoweit ist der Nutzungswert auf Basis der Markt- und nicht der Verrechnungspreise zu bestimmen.

Zwischen den Modulen und den Wechselrichtern soll annahmegemäß ein Absatzverbund bestehen, weil beispielsweise Abnehmer aus Gründen der Transaktionskostenreduzierung Solarmodule nur bei dem Produzenten kaufen wollen, der auch Wechselrichter anbietet. Im Falle einer solchen horizontal integrierten Produktion lässt sich keine generelle Aussage zum Verbundproblem treffen.

Eine Würdigung kann vor dem Hintergrund der in den *Illustrative Examples* zu IAS 36 (Rz 30) gegebenen Beispiele versucht werden. Das dortige Beispiel 3 behandelt eine Einzelhandelskette. Hier wird die Identifizierung des einzelnen Ladens als CGU mit der jeweils unterschiedlichen Kundenbasis begründet. Im Umkehrschluss könnte man bei weitgehend gleicher Kundenbasis einen Verbund annehmen. Dieser Umkehrschluss würde jedoch im Widerspruch zu Beispiel 4 IAS 36 IE 17 stehen, in dem es um die Zeitschriftentitel eines Verlagshauses geht. Wenn diese Titel nach Kundensegmenten gemanagt werden und deshalb das Anzeigeneinkommen von der Anzahl der anderen eigenen Titel im gleichen Segment abhängt, die *cash flows* dennoch als weitgehend unabhängig gelten, sofern nur die Entscheidungen über die Fortführung bzw. Einstellung eines Titels auf individueller Basis getroffen werden.

Zurückbezogen auf unser Beispiel wird damit die strategische Ausrichtung zum entscheidenden Kriterium bei horizontal integrierter Produktion. Würden Solarmodule und Wechselrichter strategisch als Verbund gemanagt, z. B. Wechselrichter nur deshalb in das Produktionsangebot aufgenommen, damit die Modulkunden nicht zu anderen Herstellern abwandern, so wäre von einem Verbund auszugehen. Ein starkes Indiz hierfür wäre etwa die bewusste Inkaufnahme von Verlusten in der Wechselrichterproduktion. Erfolgt die Entscheidung für oder gegen die Fortführung der Wechselrichterproduktion hingegen unabhängig von der Modulproduktion, weil z. B. kein starker Absatzverbund vorliegt, kann die Wechselrichterproduktion eine eigene CGU darstellen. Ähnlich wie zum Teil bei der Definition eines Segments nach IAS 14 (→ § 36 Rz 14ff.)

spielen somit Managementgesichtspunkte, das getrennte oder separate Monitoring der Bereiche, das getrennte oder separate Treffen von Entscheidungen über die Fortsetzung der Bereiche eine entscheidende Rolle (IAS 36.69). Die Identifizierung der CGU erhält an dieser Stelle ein stark subjektives Moment, woraus sich einerseits Gestaltungsspielräume, andererseits praktische Beurteilungsschwierigkeiten ergeben.

Nach allem am einfachsten zu beurteilen ist im Beispiel die Produktion der Windkraftanlagen. Sie stellt aufgrund eigener Produktionstechnologie, eigenen Kundenkreises usw. eine eigene CGU dar. Allgemein dürfte in der Praxis die Beurteilung der Selbstständigkeit von CGUs dort am einfachsten fallen, wo eine agglomerierte Produktionsform vorliegt.

Der Umfang der CGU beschreibt den Umfang des Saldierungsbereiches von Buchwertgewinnen und -verlusten. In der obigen Tabelle sind insofern vier Abschreibungsalternativen aufgeführt. Alternative eins scheidet aus, da jedenfalls Windkraft und Photovoltaik voneinander abgegrenzt werden können. Da außerdem Zelle und Modul gegeneinander abgrenzbar sind, ist unter der Prämisse, dass auch der Wechselrichter einen eigenständigen Bereich darstellt, Alternative vier die beste Lösung. Sie enthält die kleinsten Saldierungsbereiche und führt damit zur potenziell höchsten außerplanmäßigen Abschreibung.

36 Zum Problem der **vertikalen und horizontalen Integration** folgendes weiteres Beispiel aus dem Bereich der Energieerzeugung und -verteilung:

Beispiel

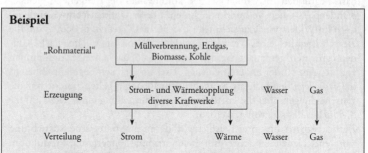

Unproblematisch bezüglich der CGU-Definition erscheinen die Bereiche „Wasser" und „Gas". Nennenswerte Produktion im eigentlichen Sinn ist damit nicht verbunden, das Verteilungsproblem dominiert. Die Erzielung der Liquiditätszuflüsse erfolgt – definiert durch den Abnehmerkreis – separat. „Wasser" und „Gas" sind deshalb als CGU und identisch als Segment (→ § 36) definierbar.

Schwieriger stellt sich die Situation im Bereich „Strom" und „Wärme" dar. Das oben dargestellte „Rohmaterial" wird im Wege der Strom- und Wärmekopplung in verschiedenen kleineren Kraftwerken erzeugt (Verbundproduktion). Nach IAS 36.70 ist eine Qualifikation als CGU dann zwingend, wenn ein aktiver Markt für das betreffende Erzeugnis besteht. Dies ist für den Strom über die Strombörsen und wegen der weiträumigen Übertragungsfähigkeit der Fall, nicht dagegen für die Wärmeerzeugung. Technisch bedingt kann aber die gekoppelte Produktion von Strom und Wärme nicht in irgendeiner sinnvollen Form in zwei CGUs zerlegt werden. Die nächste Frage richtet sich nach der Definition jedes Kraftwerks als CGU. Auch dies erscheint nicht möglich, denn der an den Kunden gelieferte Strom ist nicht individuell einem bestimmten Kraftwerk zuzurechnen. Auch ein individueller Marktauftritt ist wegen der räumlichen Nähe der Kraftwerke nicht möglich.

Folgerung für die Definition der CGU: Es lässt sich lediglich **eine** CGU „Strom/Wärme" definieren, und zwar unter Zusammenfügung der beiden vertikalen Strukturelemente „Erzeugung" und „Verteilung". Diese Definition der CGU ist indes nur zulässig, wenn nicht für Zwecke der Segmentberichterstattung eine Separierung von „Strom" und „Wärme" erforderlich ist (Rz 31).

Die **Unbestimmtheit** innerhalb von IAS 36 hinsichtlich der **Abgrenzung** der CGU (Größe, Region etc.) führt in der **Praxis** zu unbefriedigenden Lösungen: Unternehmen aus vergleichbaren Branchen tendieren offensichtlich zu unterschiedlichen Abgrenzungen ihrer Zahlungsmittel generierenden Einheiten. Eine Untersuchung des Bilanzierungsverhaltens von großen **Handelsketten** zeigt folgende Angaben hinsichtlich der Abgrenzung von Zahlungsmittel generierenden Einheiten:[35]

37

Unternehmen	Art der CGU	Abgrenzung der CGU		
		Niederlassungen*	Marken je Land**	*operating units***
Metro	ohne *goodwill*		X*	
	inkl. *goodwill*		X*	
Ahold	ohne *goodwill*	X		
	inkl. *goodwill*			X
Delhaize Group	ohne *goodwill*	X		
	inkl. *goodwill*			X
PPR	ohne *goodwill*		X	
	inkl. *goodwill*		X	
* z. B. Kaufhof Köln Hohe Straße				
** z. B. Kaufhof Deutschland				
*** z. B. Kaufhof				

Während einige Unternehmen eine Überwachung ihrer Zahlungsmittel generierenden Einheiten davon abhängig machen, ob *goodwill* alloziert worden ist,

---

[35] Vgl. DELOITTE, „On your marks ... Get set?", Major European retailers position themselves in the early stages of the race to implement IFRS.

nehmen andere keine Unterscheidung vor. Definiert man die CGU im Beispiel von Handelsketten als eigenständig Zahlungsmittel generierende Einheiten, stellt u. E. jede Niederlassung für sich eine CGU dar (so auch Ahold und Delhaize Group).

Für den Bilanzadressaten kommt es somit zu einer eingeschränkten Vergleichbarkeit der *impairment*-Auswirkungen unterschiedlicher Unternehmen gleicher Branchen. Ergänzend stellt sich weiterhin folgende Frage: Falls sich eine Bilanzierungspraxis durchsetzt, ist dies die im Sinne der **Informationseffizienz** *(decision usefulness)* die **beste** oder vielmehr diejenige, die zuerst von einigen wenigen Großunternehmen verwendet wurde?

38 Eine *cash generating unit* wird in der Praxis regelmäßig eine recht große „Einheit" sein (Rz 51). Dies führt dann zu einem (dem **Einzelbewertungsgedanken** widersprechenden; Rz 29) bilanztechnischen **Ausgleich** von Wertminderungen eines Vermögenswertes durch andere mit gestiegenem Wert (Rz 51). Nicht ganz selten – siehe zwei der Beispiele in Rz 30 – stellt das gesamte Unternehmen die *cash generating unit* dar. Die IASB-„Philosophie" bewegt sich an dieser Stelle (außerplanmäßige Abschreibung) gerade in entgegengesetzter Richtung wie bei der planmäßigen Abschreibung. Hier wird der einzelne Vermögenswert nach dem *components approach* in seine Bestandteile zerlegt (→ § 10), beim *impairment*-Test gilt demgegenüber ein Unternehmensteil bzw. u. U. das **gesamte** Unternehmen als Bemessungsgröße.

Beispiel
Der börsennotierte Fußballclub London United Ltd. betreibt das Fußball-Profi-Geschäft mit folgenden wesentlichen Umsatzträgern:
- Zuschauereinnahmen,
- Fernsehübertragungsrechte,
- Werbeeinnahmen,
- Fanartikelverkauf.

Diese Bereiche können nicht separat als *cash generating unit* definiert werden, da deren *cash flows* gegenseitig abhängig sind (Rz 30). Das gesamte Geschäft steht und fällt mit dem Erfolg der Profimannschaft insgesamt. Eine Wertminderung des Spielers X (dessen „Spielberechtigung") ist trotz seiner notorisch schlechten Leistung nicht individuell zurechenbar. Ein *impairment* ist allenfalls für den gesamten Club festzustellen, wenn er nicht die Champions-League-Teilnahme erreicht oder in die 2. Liga absteigt.

In Ausnahmefällen ist auch der Wertansatz für einzelne Spieler einem **individuellen** Wertminderungstest unterziehbar.

Beispiel
Der für 10 Mio. EUR eingekaufte Spieler Y mit einer Vertragslaufzeit von noch 3 Jahren wird wegen Übersetzung des linken Mittelfeldes für die restliche Vertragslaufzeit an den Verein Z „ausgeliehen". Verein Z zahlt

hierfür eine monatliche „Miete" in Höhe von 60 % der Festbezüge des Spielers X.
Hier sind die *cash flows* für den betreffenden Spieler eindeutig identifizierbar, so dass der Nutzungswert *(value in use)* als eindeutige Größe dem Buchwert *(carrying amount)* gegenübergestellt werden kann (Rz 5). Wird der betreffende Spieler demgegenüber auf die Transferliste gesetzt, also zum „Verkauf" freigegeben, unterliegt er nicht mehr dem Regelungsbereich von IAS 36 (Rz 3), sondern gilt als zur Veräußerung bestimmter langfristiger Vermögenswert *(non-current asset classified as held for sale)* gemäß IFRS 5 (→ § 29). Die Bewertung hat dann zum Nettoveräußerungswert zu erfolgen (IFRS 5.15). Bei ablösefreiem Transfer beträgt dieser null, ansonsten sind Bewertungsmodelle für Profisportler heranzuziehen.[36]

Instruktiv zur „Gruppenbildung" ist ein Auszug aus dem **Geschäftsbericht** 1998 der österreichischen Verbundkraftwerks AG:[37]

39

Daher wurden für betroffene Anlagen *impairment*-Tests gemäß IAS 36 durchgeführt, wobei der eigenständige Marktauftritt der Kraftwerkstypen (Laufkraftwerk(sketten), Speicherkraftwerk(sketten), thermische Kraftwerke) als maßgebliches Kriterium zur Qualifikation als „*cash generating unit*" herangezogen wurde.
Jene Laufkraftwerke, die aus technischen Gründen als Kraftwerksketten geführt werden und bei denen die Größe einen eigenständigen Marktauftritt pro Kraftwerk nur sehr schwer möglich erscheinen lässt (Mittlere Salzach, Obere Drau), wurden in ihrer Gesamtheit als eine *cash generating unit* betrachtet. Einzelne Laufkraftwerke wurden im Falle einer gewissen Mindestgröße als eigenständige *cash generating unit* angesehen (Freudenau). Speicherkraftwerke (Zemm/Ziller, Malta) und kalorische Kraftwerke (Zeltweg, St. Andrä, Korneuburg, Voitsberg) wurden jedenfalls als eigene *cash generating unit* angesehen.
Die Ermittlung der Buchwerte erfolgte durch Gegenüberstellung der Buchwerte mit dem Gebrauchswert. Der Nettoverkaufspreis wurde nicht gesondert berechnet, da davon ausgegangen wurde, dass dieser dem Gebrauchswert entspricht. Der Gebrauchswert wurde durch Diskontierung der künftigen Geldzu- und -abflüsse ermittelt, die durch die Nutzung des Vermögensgegenstandes entstehen würden. Der Zinssatz für die Abzinsung betrug 7 %. Die Berechnung wurde unter Zugrundelegung aktueller Bedingungen, wie beispielsweise dem Zustand des Vermögensgegenstandes und ohne Berücksichtigung von Restrukturierungsmaßnahmen, auf die sich das Unternehmen noch nicht festgelegt hat, durchgeführt.

---

[36] GALLI, KoR 2003, S. 810.
[37] Entnommen aus WAGENHOFER, Internationale Rechnungslegungsstandards, 4. Aufl., 2003, S. 173.

Ein weiteres Beispiel zur Definition von CGUs ist in Rz 51 wiedergegeben.

40 Ist die Identifizierung einer *cash generating unit* gelungen, muss im nächsten Bearbeitungsschritt der erzielbare Wert *(recoverable amount)* mit dem Buchwert *(carrying amount)* der gesamten „**Einheit**" verglichen werden (IAS 36.74–79).

41 Der *impairment*-Test nach IAS 36 orientiert sich also entscheidend am Konzept **Gesamtbewertung** (Rz 32) und widerspricht damit dem nach HGB/ EStG gültigen Einzelbewertungsgrundsatz (Rz 29). Konsequenterweise kann die Abwertung eines **einzelnen** Vermögenswertes unterbleiben, sofern die **gesamte** CGU nicht wertgemindert ist (IAS 36.107b; Rz 66).

42 Allerdings ist der Einzelbewertungsgrundsatz auch im deutschen Recht keine unbestrittene Größe. Anlässe zur Ausweitung des Saldierungs-/Bewertungsbereichs hat der **BFH** in verschiedenen Fällen gesehen. Im Falle einer Teilwertabschreibung hat er ähnliche Überlegungen angestellt wie der IASB. Zu entscheiden war in dem zitierten Urteil, ob für so genannte Verlustprodukte eines Handelsunternehmens – also Waren, die bewusst unter Einstandspreis verkauft werden – eine Teilwertabschreibung auf den Bestand am Jahresende vorgenommen werden kann. Der BFH hat dies verneint, und zwar „zumindest" dann, wenn das **gesamte** Unternehmen profitabel arbeitet. Die damit zum Ausdruck gebrachte Teilwertdefinition (Teilwert ist der Betrag, den ein Erwerber des **ganzen** Betriebes im Rahmen des **Gesamt**kaufpreises für das einzelne Wirtschaftsgut ansetzen würde) entspricht wirtschaftlich dem Abstellen auf den Gesamtwert einer *cash generating unit*, deren (höherer) *recoverable amount* die *impairment*-Abschreibung auf den einzelnen Vermögenswert verhindert (Rz 66).

2.5 Die Zuordnung der Vermögenswerte zur *cash generating unit* (CGU)

2.5.1 Überblick

43 Soweit sich der mögliche Abschreibungsbetrag – also die negative Differenz aus Buchwert *(carrying amount)* und erzielbarem Wert *(recoverable amount)* – für **einen** Vermögenswert nur über die (gesamte) *cash generating unit* ermitteln lässt, ergeben sich zwei Problembereiche:

- Der Abschreibungsbedarf der **gesamten** CGU ist nach IAS 36.75 durch Gegenüberstellung der beiden genannten Beträge *(carrying amount* und *recoverable amount)* zu ermitteln. Hierbei stellt sich die Frage, welche Vermögenswerte in die Gesamtbuchwertermittlung einzubeziehen sind (Rz 44).
- Eine danach festgestellte Gesamtwertminderung ist auf die verschiedenen Vermögenswerte zu **verteilen**. Hierbei stellen sich Fragen nach der Reihenfolge der Verteilung bzw. dem Verteilungsschlüssel (Rz 65).

44 Der Gesamtbuchwert der *cash generating unit* umfasst gemäß IAS 36.76 alle Vermögenswerte, die dieser **direkt** zuzurechnen sind oder auf einer vernünftigen und (im Zeitverlauf) konsistenten Basis (durch Schlüsselung) zugeordnet werden können. Bei der **indirekten** Zuordnung sind angesprochen:

- *goodwill* aus einem Unternehmenszusammenschluss (Rz 48ff.),
- Vermögenswerte, die auch von anderen *cash generating units* genutzt werden (so genannte **gemeinschaftliche** Vermögenswerte, *corporate assets*; IAS 36.100ff.; Rz 47).

Der Buchwert einer *cash generating unit* **umfasst** also (IAS 36.77):
- alle direkt zuordenbaren Vermögenswerte,
- Finanzanlagen mit direktem Bezug zur Leistungserstellung,[38]
- den anteiligen Buchwert des zuzuordnenden *goodwill* (Rz 48ff.),
- die anteiligen Buchwerte von zuzuordnenden *corporate assets* (Rz 47),
- (abzüglich) zugehörige Verbindlichkeiten und Rückstellungen, die jedoch gem. IAS 36.76b nur dann zu berücksichtigen sind, wenn sich der erzielbare Betrag *(recoverable amount)* ohne Berücksichtigung der Schulden nicht ermitteln lässt, weil der ... Erwerber eines Vermögenswertes auch ... Schulden mit übernehmen müsste (IAS 36.78). Beispiel Rückbauverpflichtung; → § 21 Rz 63.

Sofern aus Praktikabilitätsgründen bestimmte Vermögenswerte (Finanzanlagen, Pensionsverpflichtungen) mit ihren **Buchwerten** in der CGU enthalten sind (IAS 36.79), müssen die zugehörigen Komponenten aus den *cashflow*-Planungen eliminiert werden.[39]
Eine **Inkonsistenz** bei Durchführung des *impairment*-Tests droht auch seitens der **Steuer**effekte (Rz 64). Die *cash flows* zur Ermittlung des erzielbaren Ertrages *(recoverable amount* Rz 9) sind auf **Vorsteuerbasis** anzusetzen (Rz 22). Beim Vergleich mit dem Buchwert der CGU müssen deshalb aus dieser die Steuerpositionen eliminiert werden.

2.5.2 Planungshorizont für die Ermittlung des Nutzungswertes

Bei der Ermittlung des Nutzwertes *(value in use)* ist die *cash-flow*-Planung wie folgt durchzuführen (Rz 23):
- Detailplanungszeitraum für maximal **fünf Jahre**, es sei denn, eine längere Periode ist gerechtfertigt (IAS 36.33b);
- Anschluss einer **Rente** (mit oder ohne Wachstum) für die Restdauer der Nutzung (Rz 46).

Der Gesamtnutzungszeitraum wird bei einer CGU nach Ansicht des IDW durch die Lebensdauer des **führenden** *(leading)* Vermögenswertes bestimmt.[40] Bei unbestimmter Lebensdauer (Marken oder *goodwill*) ist auch der Gesamtplanungszeitraum unbegrenzt, d. h., an die Detailplanung wird eine ewige Rente (mit oder ohne Wachstum) angehängt. IAS 36.49 erwähnt allerdings nicht das *leading asset*, sondern unterstellt implizit die Bestimmung des Planungshorizontes durch den längstlebenden Vermögenswert. Der angesetzte Gesamtnutzungszeitraum entscheidet auch darüber, welche Investitionen als

---
[38] IDW, RS HFA 16 Tz 86.
[39] IDW, RS HFA 16 Tz 88.
[40] IDW, RS HFA 16 Tz 103.

Ersatzbeschaffungen in der operativ angelegten *cash-flow*-Planung berücksichtigt werden dürfen:

Beispiel[41]
Sachverhalt
Eine Stahl produzierende CGU besteht aus
- einem Gebäude   – Restnutzungsdauer 35 Jahre
- einem Hochofen   – Restnutzungsdauer 20 Jahre
- diversen Maschinen – Restnutzungsdauer 10 Jahre

Zwei Lösungen scheinen vertretbar:

	BW	RND	Nutzungsdauer CGU	
			Alt. 1: RND „leading asset" = RND Hochofen = 20 J	Alt. 2: RND = 35 J = RND Gebäude
Gebäude	10	40	Veräußerung nach 20 J	
Hochofen	80	20		Ersatz in 20 J, Veräußerung 15 J später
Maschinen	50	10	Ersatz nach 10 J	Ersatz in 10, 20 J und 30 J, Veräußerung 5 J später

In der ersten Lösung beträgt die Gesamtplanung 20 Jahre. Da das Gebäude dann noch nicht verbraucht ist, muss in der *cash-flow*-Planung eine Einnahme aus der Veräußerung des Gebäudes fingiert werden. Die Maschinen sind andererseits schon nach 10 Jahren zu ersetzen. Die Ausgaben dafür haben aus Sicht der CGU nicht investiven, sondern operativen Charakter. Sie dienen der Erhaltung des Betriebs der CGU und sind daher zu berücksichtigen.
In der zweiten Lösung muss die Neuanschaffung eines Hochofens nach 20 Jahren sowie dessen Veräußerung nach weiteren 15 Jahren fingiert werden.

Je nach Definition der Planungsdauer sind unterschiedliche und unterschiedlich viele Ersatzintervalle zu berücksichtigen. Bei eher kurzen Intervallen stellen sich dann sehr schwierige Fragen nach den Veräußerungswerten der länger nutzbaren Vermögenswerte. Bei sehr langen Intervallen muss andererseits ein häufiger Ersatz der kurzlebigeren Vermögenswerte geplant werden. In beiden

---

[41] Nach DYCKERHOFF/LÜDENBACH/SCHULZ (Fn 4).

Fällen treten also spezifische Schätzprobleme auf. Es muss mit Fiktionen gearbeitet werden, die zu künstlichen Werten führen.

Am Ende der Detailprognosephase ist ein **Residualwert** des Bewertungsobjekts anzusetzen, regelmäßig nicht als Ausstiegs- bzw. Liquidationswert (IAS 36.52), sondern unter der Annahme der **Fortführung** *(going concern)*, d. h. als (ewige) Rente. Die Kalkulation der ewigen Rente beruht auf dem Zahlungsstrom der letzten Detailplanungsphase und einer Wachstumsrate.[42] Die unterstellte **Wachstumsrate** ist für den Nutzungswert zunächst durch die zukünftige Marktentwicklung begrenzt (IAS 36.33c), außerdem besteht ein strenges Stichtagsprinzip (IAS 36.42):

46

- Künftige Unternehmensrestrukturierungen, Verbesserungsinvestitionen etc. sind nicht zu berücksichtigen (IAS 36.44),
- Investitionen dürfen deshalb das Niveau von Erhaltungsaufwand *(day-to-day servicing)* nicht übersteigen (IAS 36.49).

Soweit diese Restriktionen nicht durch eine großzügige Auslegung **entschärft** werden, die „Erhaltungsaufwand" z. B. auch dann noch annimmt, wenn zur Verteidigung des Marktanteils Kapazitäten im Maße des Marktwachstums ausgebaut werden,[43] würde jede Wachstumsannahme in der (ewigen) Rente im Widerspruch zu den Restriktionen der Zahlungsreihe stehen.

Überdies könnte das Unternehmen der Nutzungswertberechnung auch die Budgets des Managements nicht mehr zu Grunde legen, wenn diese Erweiterungspläne enthalten. Eine **Schattenplanung** wäre allein für die Zwecke der Nutzungswertberechnung aufzustellen.[44]

2.5.3 Gemeinschaftlich genutzte Vermögenswerte

Als gemeinschaftlich genutzte Vermögenswerte *(corporate assets)* werden beispielhaft aufgeführt (IAS 36.100):

47

- Konzernzentrale,
- EDV-Ausrüstung,
- Forschungszentrum.

Solche gemeinschaftlich genutzten Vermögenswerte erzeugen per definitionem keine eigenständigen *cash flows*, und ihr Buchwert kann nicht in voller Höhe einer bestimmten CGU oder einer Gruppe von CGUs zugeordnet werden. Daher bietet sich die Verwendung von **Schlüsselgrößen** an, wie sie zur Verteilung von Gemeinkosten auf Kostenstellen verwendet werden. Eine mögliche Wertminderung dieses *corporate asset* ist dann den betreffenden CGUs (oder Gruppen) anteilig anzulasten (IAS 36.101).

Das spezielle Problem des Wertminderungstestes besteht hier in der Zuordnung der *corporate assets* zu einer CGU. Dazu macht IAS 36.102 folgende Vorgaben:

---

[42] Vgl. FREIBERG/LÜDENBACH, KoR 2005, S. 479ff.
[43] Vgl. LÜDENBACH/HOFFMANN, WPg 2004, S. 1068, sowie BRÜCKS/KERKHOFF/RICHTER, KoR 2005, S. 1ff.
[44] FREIBERG/LÜDENBACH, KoR 2005, S. 479ff.

- Ist eine vernünftige und zeitlich dauerhafte Zuordnung eines Teilbereiches *(portion)* des *corporate asset* zur CGU möglich, muss der Wertminderungstest-Vergleich vom (anteiligen) Buchwert und Nutzungswert (Rz 5) für die betreffende CGU unter Einbezug dieses Teilbereichs vorgenommen werden.
- Ist eine solche (direkte) Teil-Zuordnung zur überprüften CGU nicht möglich, muss der *impairment*-Test zunächst ohne den gemeinsam genutzten Vermögenswert erfolgen und buchmäßig erfasst werden.
- Schließlich ist so lange nach einer Gruppe von CGUs zu fahnden, bis eine (Teil-)Zuordnung des gemeinsam genutzten Vermögenswertes gelingt.
- Alsdann ist der Wertminderungstest für diese CGU-Gruppe unter Einbeziehung des betreffenden (Teilbereiches des) *corporate asset* durchzuführen.

Mit der letztgenannten Vorgabe landet man in der Praxis häufig erneut (Rz 41) beim **Gesamtunternehmen** als Zuordnungseinheit (so auch das *Illustrative Example* Nr. 8 in IAS 36 IE 69ff.).

Die Folge ist dann eine notorische Nichtabschreibung von *corporate assets*, solange

- der Unternehmensgesamtwert höher ist als der Buchwert und
- das betreffende *asset* noch nutzbar ist.

2.6 Die Sondervorschrift für den *goodwill*

2.6.1 Die Durchführung des *impairment*-Tests

Auf der gleichen logischen Gliederungsebene wie die gemeinschaftlich genutzten Vermögenswerte (*corporate assets*; Rz 47) erscheint zunächst eher unscheinbar auch der *goodwill* aus einem Unternehmenszusammenschluss als Rechengröße innerhalb eines *impairment*-Tests (IAS 36.77). Das **überrascht** insofern, als letztlich der *impairment*-Test für den *goodwill* materiell im Mittelpunkt in der Neufassung (Rz 89) von IAS 36 steht. Letzteres erklärt sich aus der „Adoption" des so genannten *impairment only approach* nach US-GAAP, also dem Verzicht zur Verrechnung laufender Abschreibungen für diesen *goodwill* (→ § 31 Rz 120ff.), was umgekehrt die **laufende Überwachung** der Werthaltigkeit des *goodwill* erforderlich macht.

Die umsetzungstechnische Vorgehensweise des IASB ist dabei eine andere als diejenige des FASB. Dieser regelt die außerplanmäßige *goodwill*-Abschreibung (sowie die Abschreibung immaterieller Vermögenswerte unbestimmter Nutzungsdauer; Rz 9) aufgrund des *impairment*-Tests in einem **besonderen** Standard SFAS 142; demgegenüber **integriert** der IASB die diesbezüglichen Regeln in den zuvor gültigen IAS 36 (1998). IAS 36 enthält also „flächendeckend" die Regeln für die Ermittlung eines außerplanmäßigen Abschreibungsbedarfes und dessen Abbildung im Jahresabschluss. Diese Integration gelingt nicht reibungslos, d. h. führt zu Inkonsistenzen (Rz 60ff.) und Redundanzen, die das Verständnis des Anwenders und die Arbeit des Kommentators nicht erleichtern.

§ 11 Ausserplanmässige Abschreibungen, Wertaufholung

Der *goodwill* aus einem Unternehmenszusammenschluss ist der Mehrwert, den der Erwerber in der Erwartung künftiger Gewinne über die erworbenen und identifizierbaren Vermögenswerte abzüglich der Schulden hinaus vergütet (IAS 36.81). Daraus folgt das Grundproblem der bilanziellen Abbildung eines solchen Unternehmenserwerbes, nämlich die **Aufteilung** des bezahlten Gegenwertes auf die erworbenen Vermögenswerte abzüglich der Schulden einerseits und auf den *goodwill* andererseits (**Kaufpreisallokation**; → § 31 Rz 53ff.). Der *impairment*-Test für den *goodwill* weist gewisse Parallelen zu dieser Kaufpreisallokation auf, muss aber dabei folgende Besonderheiten beachten:

- Der **Bewertungsanlass** beim Unternehmenserwerb liegt im Kauf bzw. Erwerb der Kontrollmehrheit. Beim *impairment*-Test bedarf es der Definition besonderer Bewertungsanlässe und -intervalle.
- Bei der Erst-Allokation des Kaufpreises auf die Vermögenswerte etc. im Gefolge des Unternehmenserwerbes etc. liegt als Berechnungsgrundlage der **Kaufpreis** vor. Beim *impairment*-Test fehlt diese Richtgröße. An ihre Stelle tritt der modelltechnisch zu bestimmende Nutzungswert (Rz 17ff.).
- Der Wertminderungstest ist bei Vorliegen eines besonderen **Anhaltspunktes** (*indication*; IAS 36.90), ansonsten im **Jahresrhythmus** zu einem beliebigen Zeitpunkt *(at any time)* durchzuführen, allerdings in zeitpunktbezogen konsistenter Form (Rz 9). Der Zeitpunkt kann für die jeweilige (*goodwill*-tragende) CGU individuell bestimmt werden (IAS 36.96).
- Bei Neuklassifizierung von Anlagevermögen als sog. **Abgangsgruppe** (*disposal group*) i. S. d. IFRS 5 ist zwingend auch unterjährig ein *impairment*-Test durchzuführen (→ § 29 Rz 27).
- Sofern der *goodwill* nach dem Unternehmenserwerb der CGU noch **nicht zugeordnet** ist, muss gleichwohl ein Wertminderungstest (ohne diesen *goodwill*) erfolgen (IAS 36.88).
- Der *impairment*-Test kann **stufenförmig** aufgezogen werden (IAS 36.97): vom einzelnen Vermögenswert, über die den *goodwill* tragende CGU hin zur CGU-Gruppe, der ein *goodwill* zugeordnet ist.

Der mindestens jährlich durchzuführende *impairment*-Test ist ein sehr **aufwändiges** Verfahren. Zur „Erleichterung" wird eine „Vorgangs"-Betrachtung (IAS 36.99) **erlaubt**. Danach kann (Wahlrecht) der **zuletzt ermittelte** erzielbare Wert (Rz 5) in die neue Periode übernommen werden, wenn folgende Kriterien **kumulativ** erfüllt sind, was allerdings nur selten der Fall sein wird (Rz 15):

- Die Vermögenswerte und Schulden der zu testenden Einheit haben sich gegenüber dem letztmaligen Prüfungszeitpunkt **nicht nennenswert verändert**.
- Die letzten vorliegenden Berechnungen über den erzielbaren Betrag haben einen **hohen Überschuss** *(substancial margin)* dieses Wertes über den Buchwert ergeben.

Hoffmann

- Eine Analyse der **seitherigen Entwicklung** des ökonomischen Umfelds bestätigt die geringe Wahrscheinlichkeit, dass der Buchwert der Einheit den erzielbaren Betrag übersteigt.

Weitere Besonderheiten ergeben sich hinsichtlich der **Steuerlatenz** (→ § 26) und der Berücksichtigung von **Minderheitsinteressen** (Rz 68; → § 31 Rz 106ff.). Wegen des Übergangs auf das neue Verfahren vgl. Rz 91.

2.6.2 Die Allozierung des *goodwill* aus einem Unternehmenszusammenschluss auf die *cash generating unit* (CGU)

49 IAS 36 geht systematisch vom Wertminderungsbedarf des **einzelnen** Vermögenswertes aus (Rz 8ff.), gelangt dann allerdings im Hinblick auf den investitionstheoretischen Ansatz für den Wertminderungstest (Rz 22) in den Bereich einer Gesamtbewertung durch das Vehikel der *cash generating unit* (CGU; Rz 29). Beim quantitativen (Rz 9) Werthaltigkeitstest für den *goodwill* kommt es zwingend zu einer solchen **Teil-Unternehmensbewertung**, so dass die technische Abwicklung des Wertminderungstestes für den *goodwill* aus einem Unternehmenszusammenschluss auf der Grundlage von DCF-Verfahren als lösbar erscheint.

50 Allerdings soll sich der Wertminderungstest nicht auf der Ebene des Gesamtunternehmens (Konzerns) bewegen, sondern eben auf der niedrigeren einer *cash generating unit*, die ohnehin in den meisten Fällen als Bewertungseinheit benötigt wird (Rz 29ff.). Bewertungsobjekt ist also nicht der **gesamte** *goodwill* des Unternehmens oder Konzerns. Die sich dann als entscheidend herausstellende Frage ist die der **Zuordnung** eines solchen *goodwill* auf die für den Wertminderungstest insgesamt benötigte *cash generating unit*. Anders ausgedrückt: Welchen gegebenenfalls für Zwecke des *impairment*-Tests bereits identifizierten oder im Zuge des Unternehmenszusammenschlusses neu zu definierenden CGUs oder einer Gruppe von CGUs ist der konkrete (Teil-)*goodwill* zuzuordnen?

51 IAS 36.80 gibt hierauf folgende Antwort:
- Die Zuordnung des *goodwill* ist unabhängig von derjenigen für die Einzelvermögenswerte und Schulden vorzunehmen, und zwar zu der CGU (Gruppe von CGUs), die vermutlich von den **Synergieeffekten** des Unternehmenszusammenschlusses profitiert.
- Die betreffende CGU (Rz 29) darf nicht größer sein als ein **Segment** nach dem primären oder sekundären Berichtsformat für die Segmentberichterstattung nach IAS 14 (→ § 36 Rz 27) bzw. IFRS 8 (→ § 36 Rz 203).
- Nach unten (aus Sicht der Unternehmenshierarchie) wird die **niedrigste** konzerninterne Berichtsebene genannt, bei der der *goodwill* systematisch überwacht *(monitored)* wird.

Die letztgenannte Größe war im Vorfeld der Neufassung von IAS 36 im Hinblick auf die stärker quantifizierende Vorgabe in SFAS 142 besonders umstritten. Dort ist nämlich die Grenze nach unten durch die **erste** Berichtsebene **unterhalb** eines Segments angesiedelt. Der IASB hat sich standhaft gegen diese Begrenzung gewandt (IAS 36 BC 167). Allerdings verlangt IAS 36 keine Staffelung der Be-

richtstiefe so weit nach unten, dass nur wegen des erforderlichen *impairment*-Tests für den *goodwill* eine eigenständige Berichtsebene in die Konzernstruktur eingeführt werden muss (IAS 36.82). Die Bezugnahme auf das innerbetriebliche Berichtswesen *(management approach)* ist im Übrigen organisatorisch zwingend, denn ohne ein solches können die anspruchsvollen Vorgaben des *impairment*-Tests speziell für den *goodwill* ohnehin nicht erfüllt werden.
Andererseits darf die Zuordnung des *goodwill* nicht den internen Rentabilitätsvorgaben **widersprechen**. Dazu folgendes Beispiel:

> **Beispiel**[45]
> Das Unternehmen U hat drei Segmente nach der Vorgabe von IAS 14 (→ § 36). Jedes Segment verfügt über zwei an Produktgruppen orientierte Subeinheiten. Ein erworbener *goodwill* soll für vier der sechs Untereinheiten Synergien bereitstellen. Die Untereinheiten berichten ihre Leistungszahlen unmittelbar an die oberste Managementebene. Allerdings ist die Rentabilitätsvorgabe für das in den sechs Untereinheiten investierte Kapital anlässlich der Akquisition vom Topmanagement angehoben worden. Diese Vorgabe kann als *goodwill*-Allokation gewertet werden, denn der *goodwill* wird „indirekt" überwacht.

Bezüglich der laufenden Überwachung des *goodwill* knüpft letztlich der Standard an das **interne Berichtswesen** des Konzerns/Unternehmens an (IAS 36.BC143), allerdings ohne dessen Struktur für den Test verbindlich zu erklären.[46] Dazu müsste das interne Berichtswesen der anspruchsvollen Aufgabe der Abbildung von **Synergien** gerecht werden. Anders formuliert: Wenn das interne Reporting zwei CGUs **getrennt** erfasst, hindert dies die Überwachung eines durch die Synergien zwischen beiden CGUs entstandenen *goodwill*. Jedenfalls lässt sich ein „Spannungsfeld"[47] zwischen der Vorgabe (IAS 36.80) zur Verwendung der niedrigsten Überwachungsebene des *goodwill* im internen Berichtswesen und der Vorgabe „*that are expected to benefit from the synergies of the combination*" nicht verleugnen. Ein Lösungsansatz für dieses Problem bietet die Zuordnung eines *goodwill* auf **mehrere** CGUs (Rz 58), die gemeinsam überwacht werden.

Der Begriff „CGU" (Rz 30) beruht auf der Möglichkeit des Absatzes von Produkten auf Märkten. Damit ist der betriebliche **Leistungsprozess** angesprochen, der regelmäßig in der Abgrenzung von **Segmenten** (Rz 19) durch das Management gesteuert wird. Die danach erforderliche Steuerung der Konzerneinheit unter Berücksichtigung der spezifischen Chancen und Risiken legt die Bestimmung der CGU auf der Grundlage der **sektoralen** Segmentierung (→ § 36 Rz 14) nahe.[48] Diese theoretische Vorgabe wird durch die in

---

[45] Nach KPMG, Insights into IFRS 2006/2007, Tz 3.10.80.50.
[46] HACHMEISTER/KUNATH, KoR 2005, S. 69.
[47] HACHMEISTER/KUNATH, KoR 2005, S. 70.
[48] So HAAKER/PAARZ, KoR 2005, S. 194.

Deutschland praktizierte internationale Rechnungslegungspraxis bestätigt. Mehrheitlich erfolgt die Abgrenzung der CGUs anhand der Segmente und darin wieder überwiegend in **sektoraler** Ausrichtung. Die **regionale** Segmentierung ist in diesem Zusammenhang von untergeordneter Bedeutung.[49] Im Ergebnis löst sich die *goodwill*-Bilanzierung von der einzelerwerbsorientierten Buchwertfortschreibung. Der einzelne Erwerbsvorgang stellt nicht den Mittelpunkt der Werthaltigkeitsprüfung dar.[50]

55 Die Definition einer CGU im **Großkonzern** wird sich i. d. R. an der Organisationsstruktur ausrichten. Im Falle einer Matrixorganisation bietet sich folgendes Schema an:

Beispiel
Ein global tätiger Versicherungskonzern ist **sachlich** „gegliedert" in die Versicherungsbereiche mit jeweiliger Zuständigkeit eines Vorstandsressorts:
- Leben
- Kranken
- Kfz
- Sach
- Kredit.

Geographisch sind den Vorständen zugeordnet:
- Westliches Europa
- US-Amerika
- Südamerika
- Naher Osten
- Ferner Osten.

Entsprechend bietet es sich an, eine CGU „Naher Osten, Sach" zu definieren, also sozusagen in „Kombination" der zulässigen Segmentierung nach IAS 14.9 (→ § 36 Rz 14ff.).
Eine „Unter-CGU" wäre allerdings erforderlich, wenn aus politischen Gründen die Staaten Israel und Zypern, die zu diesem geographischen Segment gehören, völlig getrennt vom übrigen Bereich gesteuert werden.

In der IFRS-Rechnungslegungspraxis der deutschen Großkonzerne wird die CGU überwiegend als recht umfangreich definiert. Fast ein Drittel der 45 Konzerne verfügt über weniger als sechs CGUs, vier Konzerne haben demgegenüber mehr als hundert solcher Einheiten.[51]

---

[49] Pellens u. a., BB-Spezial 10/2005, S. 12.
[50] Küting/Wirth, KoR 2005, S. 199.
[51] Pellens u. a., BB-Spezial 10/2005, S. 12.

> **Beispiel**
> Geschäftsbericht Schering AG 2004, S. 94:
> „Die Überprüfung der Werthaltigkeit der Geschäftswerte erfolgt auf Ebene der geographischen Segmente als primärem Berichtsformat unserer Segment-Berichterstattung."[52]

Dabei bewegt sich die Anzahl der CGUs keineswegs proportional mit der Größe des Unternehmens/Konzerns.

> **Beispiel**
>
> **Sachverhalt**
> Ein Unternehmen betreibt in Deutschland 100 Fitness-Studios in guten Innenstadtlagen. Das zentrale Management beschränkt sich auf die Hilfestellung bei der individuellen Ausstattung des jeweiligen Studios. Mit Sportartikel- und Inneneinrichtungs-Herstellern besteht eine zentral ausgehandelte Rabattvereinbarung.
>
> **Lösung**
> Die Generierung der Zahlungsmittel ist hier für jedes Studio weitgehend unabhängig. Es liegt jeweils eine CGU vor. Anders könnte es sich verhalten, wenn die Benutzung des Studios von einem Dauervertrag abhängig ist und dieser zur Nutzung jeder der deutschen Einheiten berechtigt. Sofern die Kunden diese Möglichkeit auch nennenswert nutzen und/oder diese Möglichkeit maßgäblich für den Vertragsschluss ist, liegt insgesamt nur eine CGU vor.

Die Definition der Einheit, die potenziell dem *impairment*-Test des *goodwill* unterliegt, hat erhebliche bilanz**analytische** und -**politische** Bedeutung (→ § 51). Je größer die definierte Einheit ist, desto eher werden Wertminderungen in einer bestimmten „Untereinheit" durch positive Wertbeiträge des übrigen Bereiches **kompensiert**. Man spricht hier (IAS 36 BC 167) von „Kissen" *(cushions)*, die den Wertminderungsverlust ausgleichen. Das gilt schon für die Aufteilung des Unternehmens/Konzerns in *cash generating units* überhaupt (Rz 38), unter Einbeziehung des dieser CGU zuzuordnenden *goodwill* kommt diesem Aspekt besondere gestalterische und bilanzpolitische Bedeutung zu.
Hierzu folgendes Beispiel:[53]

56

> **Beispiel**
> - Die Bau AG gliedert ihr Geschäft in die Segmente Tief- und Hochbau.
> - Die Hochbau wird weiter nach den Komponenten Wohnungs-, Büro- und Industriebauten unterteilt.

---

[52] Zitiert bei DOBLER, PiR 2005, S. 27.
[53] Entnommen LÜDENBACH/HOFFMANN, WPg 2004, S. 1068, 1073.

- Im Wohnungsbau wird in einer dritten Ebene noch zwischen Einfamilienhäusern und Geschosswohnungsbauten unterschieden.
Vor einigen Jahren wurde die Geschosswohnungsbaufirma G erworben. Der derivative *goodwill* wurde für US-GAAP-Zwecke der *reporting unit* (nach IAS 36 die CGU) Wohnungsbauten zugeordnet. Der Geschosswohnungsbau entwickelte sich jedoch schlechter als erwartet. Zu einer außerplanmäßigen Abschreibung auf den *goodwill* kam es dennoch nicht, da der Einfamilienhausbau stark steigende Ergebnisse abwirft und somit saldiert, d. h. auf Ebene der *reporting unit* Wohnungsbau keine Einbußen der Ertragskraft festzustellen sind. Bei der IFRS-Umstellung stellt sich die Frage, ob der *goodwill* nunmehr einer kleinen Einheit, nämlich der CGU Geschossbau, nicht nur zugeordnet werden darf, sondern muss mit der Folge eines *impairment* auf dieser kleineren Ebene.
Ob dieses „Saldierungs-Kissen" also nach IFRS fortgeführt werden kann, hängt von der Verfügbarkeit der aus dem Reportingsystem der Einheit entstehenden Informationen ab, die für den *impairment*-Test verwendet oder mit geringem Aufwand angepasst werden können.
Eine dadurch indizierte Intensivierung des *controlling*-Umfeldes wäre sicherlich ein positiver Nebenaspekt des Übergangs auf die IFRS-Rechnungslegung.

57 Der Effekt des „Saldierungs-Kissens" provoziert auch **bilanzpolitische** Überlegungen bereits bei der Erst-Allokation eines *goodwill* für Zwecke der Kapitalkonsolidierung (→ § 31 Rz 53ff.). Die *cash generating units* und die zugehörigen Berichtssysteme können auf die künftige Vermeidung von Wertminderungsabschreibungen ausgerichtet werden (→ § 51 Rz 31).

Beispiel
Ein europäisches Software-Unternehmen erwirbt eine zu konsolidierende Beteiligung in den USA mit folgenden Konzernbereichen und den zugehörigen Profitabilitäten:

	Profit	
Bereich	USA	Welt
A Lizenzierung	--	--
B *professional services*	+/-	+
C *maintenance*	++	--

- Definiert man die USA durch entsprechende Ausgestaltung des konzerninternen Berichtswesens insgesamt zur CGU, kann es u. U. zu einem *goodwill impairment* kommen.
- Denkbar ist auch die Einrichtung einer zweistufigen Berichtsebene für die USA-Akquisition, nämlich eine Trennung nach den drei Spartenbereichen. Dann ist der *goodwill* dem Bereich „*maintenance*-USA" zuzuordnen mit der Folge einer (voraussichtlichen) Nichtabschreibung des *goodwill* in der Zukunft.
- Schließlich ist eine durchgehende Zuordnung der USA-Akquisition zu den drei Sparten denkbar. Dann wäre der *goodwill* der Sparte „*maintenance*-Welt" zuzuordnen mit der Folge eines möglichen *goodwill impairment* bei negativer Entwicklung dieser Sparte überhaupt.

Die Frage der Definition von „Saldierungs-Kissen" als bilanzpolitisches Instrument stellt sich im Übrigen nicht nur bei einer Neuakquisition eines Unternehmens, sondern auch generell beim **Übergang** vom HGB-Abschluss auf denjenigen nach IFRS (→ § 6 Rz 103). Das zeigt sich gut am Beispiel eines Stromerzeugungs- und -verteilungsunternehmens mit einem defizitären Bereich, der nicht unbedingt als solcher (durch außerplanmäßige Abschreibung) in Erscheinung treten soll.

Beispiel
Ein Energieversorgungs- und -verteilungsunternehmen produziert Strom aus:
- Kernkraftwerken,
- herkömmlichen thermischen Kraftwerken,
- Laufwasser-Kraftwerken,
- (neuerdings) Biomasse.

Die letztgenannte Erzeugungseinheit hat einen vorwiegend politischen Hintergrund: Umweltschutzorientierte Strömungen sollen von negativen Verhaltensweisen gegen das Kraftwerkunternehmen abgehalten werden. Ergänzend hierzu ist ein zusätzliches Vorstandsressort eingerichtet worden, das auch im Sinne einer politischen Quotenbetrachtung besetzt wird. Mit nachhaltig negativen Ergebnissen aus dem Erzeugungsbereich „Biomasse" ist zu rechnen.
Bei Definition des Biomasse-Kraftwerks als eigene CGU wird es relativ kurzfristig zu einer entsprechenden Wertminderungs-Abschreibung kommen. Zur Vermeidung kann eine CGU „Erneuerbare Energien" eingerichtet werden, die neben dem Biomasse-Kraftwerk auch seit langem installierte Laufwasser-Kraftwerke mit anhaltender Profitabilität umfasst. Das „Kissen" dieser Laufwasser-Kraftwerke verhindert dann eine außerplanmäßige Abschreibung auf das Biomasse-Kraftwerk.
Eine andere Alternative bestünde in der Unterteilung des gesamten Unternehmens/Konzerns in die Bereiche

- Energieerzeugung (umfassend auch den Bereich „Biomasse"),
- Energieverteilung.

Dann würde das „Saldierungs-Kissen" noch weiter gezogen. Wegen eines weiteren Beispiels für ein Energieversorgungsunternehmen vgl. Rz 36.

58 Die Allozierung eines im Wege des Unternehmenszusammenschlusses *(business combination)* aufgedeckten *goodwill* ist nicht zwingend auf die Ebene jeder CGU herunterzubrechen. Es genügt eine Zuordnung auf **Gruppen** von CGUs *(groups of units)* gemäß IAS 36.80. Dadurch wird die Möglichkeit eröffnet, die Überwachung des *goodwill* primär an den **internen Berichts- und Überwachungsstrukturen** auszurichten (Rz 51). Umgekehrt ist dann allerdings eine Neuausrichtung der *goodwill*-Zuordnung erforderlich, wenn die Berichtsstrukturen ihrerseits neu definiert werden. Nach IAS 36.87 ist dann der vorhandene Buchwert des *goodwill* nach Maßgabe der relativen *fair values* neu zuzuordnen *(relative value approach)*.

Beispiel[54]
Der deutsche Telekommunikationskonzern T hat den osteuropäischen Festnetzbetreiber Eastcom erworben. Bislang war die Segmentierung konzernweit in jedem Land u. a. in die CGU „Festnetz" erfolgt. Diesem ist der *goodwill* aus der Akquisition zugeordnet worden. Künftig wird das Segment „Festnetz" landesspezifisch in zwei Segmente unterteilt: national und international. Das stark regulierte nationale Geschäft soll berichtstechnisch von dem unregulierten internationalen Geschäft getrennt werden. Der *goodwill* ist dann nach Maßgabe der relativen *fair values* auf das nationale und das internationale Geschäft des neu erworbenen osteuropäischen Festnetzbetreibers aufzuteilen.

59 Aus der Zeit des **Übergangs** auf IFRS 3 bzw. IAS 36 (Rz 89) stammende und bilanzierte *goodwills* sind in der Folge ebenfalls nach dem *impairment only approach* zu bewerten (IFRS 3.79 i. V. m. IFRS 3.55).[55] Der Übergangsstichtag gilt dabei als **Quasi-Anschaffungszeitpunkt**. Im Gefolge sind die betreffenden „Alt-*goodwills*" den CGUs zuzuordnen (Rz 49ff.). Diese Zuordnung stellt sich als fiktiver Anschaffungsvorgang dar, der nach der Erwerbsmethode (→ § 31 Rz 14ff.) abzubilden ist. Dazu muss als fiktiver Kaufpreis der erzielbare Betrag (Rz 5) des jeweiligen „Alt-*goodwill*" dem Buchwert der betreffenden CGU ohne die darin enthaltenen *goodwills* gegenübergestellt werden. Die daraus resultierende Differenz entspricht den Synergieeffekten des betreffenden *goodwills* im Übergangszeitpunkt.

---

[54] Nach LÜDENBACH/FROWEIN, DB 2003, S. 219.
[55] Vgl. zum Folgenden HACHMEISTER/KUNATH, KoR 2005, S. 71; WIRTH, Firmenwertbilanzierung nach IFRS, 2005, S. 206.

§ 11 AUSSERPLANMÄSSIGE ABSCHREIBUNGEN, WERTAUFHOLUNG 449

Eine Hochrechnung bzw. Zuschreibung des effektiv bilanzierten *goodwill* auf diesen neu errechneten Betrag kommt allerdings nicht in Betracht. In der Regel werden die effektiven Buchwerte niedriger liegen als die neu errechneten Werte des oder der Alt-*goodwills*. Deshalb muss in diesen Fällen eine Abstockung dieses Buchwerts erfolgen, nach welcher Form ist in IAS 36 nicht geregelt und kann deshalb vom Anwender willkürfrei entschieden werden.[56] Das gleiche Problem stellt sich, wenn ein Unternehmen/Konzern die begrenzte retrospektive Anwendung von IFRS 3 und IAS 36 nach IFRS 3.85 wählt (→ § 6 Rz 56ff.).

2.6.3 Zweckentsprechende Anwendung und Auslegung der DCF-Verfahrensregeln beim *goodwill-impairment*-Test

Zur Ermittlung des erzielbaren Betrages (*recoverable amount*; Rz 5) – in der Regel der Nutzungswert (*value in use*; Rz 22) – des *goodwill* – also der Betrag, auf den gegebenenfalls die außerplanmäßige Abschreibung primär (Rz 65) vorzunehmen ist – rekurriert IAS 36.74 auf die allgemeinen Vorschriften in IAS 38.19-57; Rz 22f.). Die dortigen Vorgaben sind auf den **einzelnen** Vermögenswert ausgerichtet. Das provoziert die Frage, ob die dortigen rechnerischen Vorgaben auch für den *goodwill-impairment*-Test (Rz 48) einschlägig sind.

60

Nach IAS 36.33 (Rz 22f.) muss dann die *cash-flow*-Planung

- für die i. d. R. bis zu **fünfjährige** Detailplanungsperiode auf Basis des *management forecast*,
- für die **Anschlussphase**(*terminal value*) i. d. R. durch den Ansatz einer konstanten (je nach Marktreife auch negativen) Wachstumsrate, die im Allgemeinen das Marktwachstum nicht überschreiten soll,

erfolgen (Rz 46).

Reales Unternehmens-Wachstum setzt in aller Regel **Erweiterungsinvestitionen** voraus. Zu fragen ist deshalb, wie sich die (im *management forecast* oder im *terminal value*) zulässige Berücksichtigung von Wachstum zur prinzipiell vorgesehenen Beschränkung der Planung auf operative *cash flows* verhält. Drei Interpretationen bieten sich an:[57]

- Die strenge **Beschränkung** auf **operative** *cash flows* gilt nur für das *impairment* von einzelnen *assets* oder von *asset*-Gruppen, nicht jedoch für eine *goodwill*-tragende CGU.
- Das Wachstum wird als vollständig **fremdfinanziert** unterstellt. Die Finanzierungs-*cash-flows* werden dann eventuell ebenso wie die investiven *cash flows* aus der Planung ausgeblendet (IAS 36.50).

---

[56] HACHMEISTER/KUNATH (KoR 2005, S. 72) schlagen anhand eines Berechnungsbeispiels eine proportionale Abstockung vor und lehnen damit den relativen Ansatz und damit einen Analogieschluss auf die Berechnungsvorgaben für den Abgang eines *goodwill* (Rz 67) ab (IAS 36.86f.).
[57] LÜDENBACH/HOFFMANN, WPg 2004, S. 1068, 1075.

Hoffmann

- Aus dem *management forecast* werden die Erweiterungsinvestitionen und Finanzierungen **herausgerechnet**, in diesem Falle müssen aber auch die Umsätze bzw. Deckungsbeiträge eliminiert werden, die sich ohne Durchführung von Erweiterungsinvestitionen nicht realisieren ließen.

Die **dritte** Interpretation führt zu einer **artifiziellen Planung**, die mit dem realen Businessplan kaum noch Berührungspunkte hat. Auch die **zweite** Interpretation führt zu ökonomisch **unsinnigen** Ergebnissen; gegen sie spricht auch das Verständnis des *goodwill-impairment*-Tests als Quasi-Kaufpreisallokation. Vom als Ausgangsgröße zu bestimmenden DCF-Wert der CGU ist das Nettovermögen, also der Saldo von Vermögenswerten und Schulden, abzuziehen. Ein derartiger Rechengang wäre inkonsistent, wenn nicht ebenso in der Ausgangsgröße die Schuldenseite über die Finanzierungs-*cash-flows* berücksichtigt würde.

Gegen die **erste** Interpretation spricht andererseits der **eindeutige Wortlaut** von IAS 36.74. Ohne jegliche Einschränkung wird die sinngemäße Anwendung der in IAS 36.19 bis 57 aufgestellten Regeln verlangt. Überdies ist nach IAS 36.76 unter erneutem Verweis auf IAS 36.28 und 43, von Ausnahmen abgesehen, der *recoverable amount* einer CGU ohne Berücksichtigung von **Verbindlichkeiten** zu bestimmen. Lediglich aus praktischen Gründen *(„practical purposes")* könne die Berücksichtigung der Verbindlichkeitenseite manchmal *(„sometimes")* zulässig sein (IAS 36.79). Auf diese Weise ergibt sich immerhin eine **Ausnahmeoption**, die jedoch wiederum dem Wortlaut nach nur die Erweiterung der operativen um finanzielle *cash flows*, hingegen nicht die Berücksichtigung investiver *cash flows* erlaubt.

Nur bei einer nicht mehr ausschließlich am **Wortlaut** orientierten Auslegung von IAS 36 wäre daher bei der DCF-orientierten Bestimmung des *recoverable amount* einer CGU die Einbeziehung von **Investitionen** zulässig. Dem Grundsatz, dass die Grenze des Wortsinnes im Allgemeinen auch die Grenze der Auslegung ist,[58] würde nicht mehr voll entsprochen, an Stelle einer Auslegung i. e. S. also eine eher regelberichtigende Lesart gewählt. Ein derartiges Vorgehen kann u. E. bestenfalls ultima ratio sein. Zuvor ist deshalb zu prüfen, ob über die angemessene Interpretation der o. g. Ausnahmen vom Stichtagsprinzip eine widerspruchsfreie Lösung zu erzielen ist.

61 Nach IAS 36.42 und 49 sind (auf der Ebene einzelner Vermögenswerte) **investive** *cash flows* **ausnahmsweise** dann zu berücksichtigen, wenn sich die Anlage im Bau befindet oder die Investition den Charakter von **Erhaltungsaufwand** hat (Rz 22). Aus dieser Sicht ist zunächst zu prüfen, ob auch eine CGU einen „Anlagen im Bau"-analogen Status haben kann.
Hierzu folgendes Beispiel:[59]

---

[58] Vgl. Zippelius, Juristische Methodenlehre, 8. Aufl., 2003, S. 47.
[59] Entnommen Lüdenbach/Hoffmann, WPg 2004, S. 1068, 1076; ähnliche Überlegungen zum Problem der Eliminierung von Erweiterungsinvestitionen aus dem DCF-Verfahren stellen an Brücks/Kerkhoff/Richter, KoR 2005, S. 5f.

> **Beispiel**
> Ein Mobilfunkbetreiber erreicht derzeit erst eine 80-%-Netzabdeckung. Er will mittelfristig weitere Sendemasten errichten, um auf eine 90-%-Abdeckung zu kommen. In erster Betrachtung könnte man das Netz als noch unfertig bzw. im Bau befindlich verstehen. Die Aufwendungen für den weiteren Ausbau und die voraussichtlich entgegenstehenden Einnahmen wären daher im *cash flow* zu berücksichtigen. Bei zweiter Betrachtung stellen die 90 % aber ebenso wenig eine objektive Grenzgröße dar wie die 80 %. Ökonomische Einschätzungen haben bisher zu 80 % Abdeckung geführt, werden mittelfristig zu 90 % führen und eventuell langfristig zu einer noch höheren *coverage*. Es erscheint daher willkürlich, die 80 % als unfertig, die 90 % hingegen als fertig zu definieren.

Eine ähnliche Problematik kann sich stellen, wenn ein Hersteller, um frühzeitig auf einem neuen Markt präsent zu sein, zunächst mit einer Kapazität unterhalb der optimalen Betriebsgröße arbeitet, später aber bei unterstelltem Wachstum des Marktes diese Größe erreichen will. Fraglich wäre auch hier, was die **optimale Betriebsgröße** definiert. In beiden Fällen scheint die Übertragung der Regelungen für **einzelne** Vermögenswerte auf die CGU zwar möglich, jedoch nur in der Weise, dass unterschiedliche Lösungen und damit ein erhebliches Maß an Subjektivität unvermeidlich sind.
Ähnliche Schwierigkeiten ergeben sich bei der Übertragung der Regelungen zum **Erhaltungsaufwand** auf CGUs. Hierzu folgendes Beispiel:

62

> **Beispiel**
> Das Tochterunternehmen eines deutschen Automobilherstellers in China, das einen Marktanteil von 15 % hat, wird als eine CGU identifiziert. Im Rahmen der *impairment*-Ermittlung wird der DCF-Wert der CGU berechnet. Hierbei stellt sich die Frage, welche Investitionen als Erhaltungsaufwand zu berücksichtigen sind. Eine am Erhalt der absoluten Unternehmensgröße orientierte Variante würde als „Erhaltungsaufwand" nur solche Investitionen gelten lassen, die die Aufrechterhaltung des Produktionsvolumens (auf einem zeitgemäßen technologischen Niveau) gewährleisten. Auf dem boomenden chinesischen Automobilmarkt würde der Marktanteil des Tochterunternehmens aber innerhalb kürzester Zeit auf einen Bruchteil der Ausgangsgröße schrumpfen. Dies entspräche weder der Realität, noch würde diese Vorgehensweise den Fundamentalwert der CGU widerspiegeln. Mögliche Konsequenz wäre daher eine zweite, an der relativen Unternehmensgröße orientierte Variante, die als „Erhaltungsaufwand" auch solche Investitionen gelten lassen würde, die der Aufrechterhaltung des Marktanteils dienen.

Zöge man im Gegensatz dazu einen Automobilhersteller auf einem beinahe gesättigten Markt, wie z. B. Deutschland, heran, käme nur die um die **technologische Komponente** erweiterte Sicht des Erhaltungsaufwands in Frage

Hoffmann

(vgl. Rz 45). Dieses Beispiel verdeutlicht, wie sehr eine Beschränkung der investiven Ausgaben auf den Erhaltungsaufwand (vom Standardsetter so vorgesehen) Interpretationsprobleme provoziert.

63 Eine Inkonsistenz ist auch hinsichtlich der Berücksichtigung von **Steuerlatenzen** beim *impairment*-Test im Vergleich bzw. im Gefolge der Latenzrechnung bei der **Kaufpreisallokation** beim Unternehmenszusammenschluss festzustellen. Im Fall eines *share deal* (→ § 31 Rz 3) ergibt sich regelmäßig eine passive Steuerlatenz, weil die Verteilung des Kaufpreises auf die (indirekt) erworbenen Vermögenswerte im Konzernabschluss von den Buchwerten im Einzelabschluss und damit auch in der Steuerbilanz der erworbenen Gesellschaft nach oben abweichen. Die dann zu bildende passive Steuerlatenz **erhöht** c. p. den *goodwill* aus dem Unternehmenserwerb gegenüber einer (potenziell) „steuerfreien" Kaufpreisallokation. Vgl. hierzu das Beispiel in → § 26 Rz 60. Anders ausgedrückt: In den Unternehmenskaufpreis ist der Steuereffekt aus einem späteren Abgang des erworbenen *asset* bereits eingepreist.

Demgegenüber ist der *impairment*-Test auf **Vorsteuerbasis** vorzunehmen (Rz 24 und Rz 60). Danach wären passive Steuerlatenzen aus dem Buchwert (*carrying amount*) der CGU auszuschließen mit der Folge einer gleich hohen Minderung des *goodwill* in der CGU. Anders ausgedrückt: Schon beim ersten pflichtmäßigen *impairment*-Test (Rz 9) nach der Unternehmensakquisition mindert sich der *value in use* des *goodwill* um den Wert der passiven Steuerlatenz innerhalb der betreffenden CGU. Die Wertminderung ist indes nicht wirtschaftlich, sondern lediglich „technisch" bedingt – eben wegen der Vorgabe einer Vorsteuerrechnung im Rahmen des *impairment*-Tests.

Zur Vermeidung dieser Inkonsistenz sind zwei Lösungsmöglichkeiten diskutabel:

- In Sonderfällen sind nach IAS 36.78 (Rz 44) auch Verbindlichkeiten in den Buchwert der CGU aufzunehmen. Als Verbindlichkeit soll dann auch die passive Steuerlatenz gelten. Allerdings wird eine Schuld aus der passiven Steuerlatenz von einem fiktiven Käufer der CGU gerade nicht übernommen (zu einem ähnlichen Fall bei der Definition einer Abgangsgruppe nach IFRS 5 vgl. → § 29 Rz. 35).

- Vorzugswürdig ist die unveränderte Beibehaltung der weitergerechneten Steuerlatenz aus der Erstkonsolidierung im Buchwert der CGU, wodurch der *goodwill* ungeschmälert erhalten bleibt. Dieser förmliche Verstoß gegen IAS 36.76b gewährleistet eine wirtschaftlich sinnvolle Vorgehensweise beim *impairment*-Test.

64 Um die jeweilige methodische Stringenz zu behalten und **Verwechslungen** beim *impairment* von *goodwill* einerseits und **Einzel**vermögenswerten andererseits zu vermeiden, haben die amerikanischen Standardsetter folgerichtig für beide Problemkreise **eigene** Standards formuliert (SFAS 142/144) (Rz 48). Im IASB war man dagegen der Ansicht, dass beide Sachverhalte theoretisch zusammengehören und deswegen unter Zuhilfenahme der Verweistechnik **integrativ** zu berücksichtigen sind. Diese Vorgehensweise führt jedoch zu offensichtlichen (redaktionellen) **Inkonsistenzen**, beispielsweise bei der Behandlung von Verbindlichkeiten bzw. Finanzierungs-*cash-flows* (Rz 60).

In der praktischen Anwendung der DCF-Methode auf den *goodwillimpairment*-Test sind **zwei** Varianten denkbar:[60]
- Der Konzeption von IAS 36 folgend ist ein *entity-value* zu ermitteln, d. h. die Summe der DCF-Werte für Eigen- und Fremdkapitalinvestoren durch Diskontierung der an beide Gruppen fließenden Zahlungsströme mit Hilfe der gewichteten Kapitalkosten (WACC) (Rz 24).
- Die Überführung in einen *equity-value* der CGU ist im Einzelfall durch Abzug der verzinslichen Schulden möglich (Rz 26), scheitert jedoch häufig schon an der fehlenden Zurechenbarkeit der Schulden, entspricht im Übrigen auch nicht der inzwischen herrschenden Praxis der Unternehmensbewertung.

Folgende Grundsätze aus der **Unternehmensbewertung** sind u. E. beachtlich:
- Sowohl Nettoveräußerungs- als auch Nutzungswert eines Vermögenswertes sind **unabhängig** von der individuellen **Finanzierung** desselben (Prämisse der Irrelevanz der unternehmensindividuellen Kapitalstruktur).
- Ohne den Einfluss von **Steuern** entsprechen sich die Kapitalkosten eines rein eigenfinanzierten und eines gemischt finanzierten Vermögenswertes.[61] Die Verwendung eines Vorsteuer-Barwertkalküls macht den Diskontierungszinssatz unabhängig von Finanzierungsüberlegungen.

Die vorstehend genannten Probleme aufgrund der Inkonsistenzen und einschränkenden Vorgaben für DCF-Wertermittlung könnten durch die Heranziehung des **Nettoveräußerungswertes** (*fair value less costs to sell;* Rz 17) anstelle des Nutzungswertes (*value in use;* Rz 22) als Wertmaßstab **vermieden** werden. Die Logik dieser Ausweichlösung wäre wie folgt:
- Das DCF-Verfahren zur Bestimmung des *value in use* ist durch restriktive, häufig **nicht praktikable** Bestimmungen reguliert.
- Diesen Restriktionen **entgeht** man, wenn die DCF-Methode – wie in anderen Kontexten, etwa bei der Kaufpreisallokation (→ § 31 Rz 53ff.) – zur Bestimmung des *fair value* (hier: *less costs to sell*) verwendet wird. Bei diesem Einsatz der DCF-Methode sind die in IAS 36.30ff. für den *„value in use*-DCF" festgehaltenen Vorgaben obsolet. Zu beachten wäre lediglich die pauschale und interpretationsfähige Anforderung von IAS 36.27, für die *fair-value*-Bestimmung die besten verfügbaren Informationen zu verwenden.

U. E. kommt diese „Ersatzlösung" aus folgenden Gründen **nicht** in Betracht:[62]
- Der begriffliche Gegensatz von *„to sell"* und *„in use"* reflektiert den *going-concern*-Aspekt: **Primär** ist der Wert „im laufenden Gebrauch" *(use)* be-

---

[60] Vgl. LÜDENBACH/FROWEIN, DB 2003, S. 219ff.
[61] Vgl. FREIBERG/LÜDENBACH, KoR 2005, S. 479ff.
[62] Wegen abweichender Ansichten wird auf Rz 19 verwiesen.

stimmend und nur im **Ausnahmefall** soll der mögliche Verkauf *(sell)* einer Wertermittlung zugrunde gelegt werden.
- Ein solcher **Ausnahmefall** wird hinsichtlich der Wertermittlungsgrundlage dann auch in IAS 36.25–27 durchdekliniert, und zwar in folgender Hierarchie (Rz 18):
  – festes Kaufangebot,
  – unmittelbarer Preisvergleich auf einem aktiven Markt mit dem dort gültigen Angebotspreis,
  – die Bedingungen der jüngsten bekannt gewordenen Transaktion,
  – die bestmögliche Information über den erzielbaren Preis **anlässlich einer Veräußerung** *(„from the disposal")*.
- Der Standard-Wortlaut (IAS 36.27) „klebt" also konsequent am **Veräußerungsgesichtspunkt** *(to sell)*; DCF-Verfahren sind hier nicht anwendbar.
- Selbst wenn man das Veräußerungsthema des IAS 36.27 nur als Fiktion ansieht, verbleibt die Vorgabe, ein Bewertungsverfahren müsse den am Bilanzstichtag erzielbaren Veräußerungspreis reflektieren: Ein auf den **Planungen des Managements** aufbauendes DCF-Verfahren kann in systematischer Betrachtung diesen Wert – den stichtagsbezogenen Marktpreis – gerade nicht liefern, sondern nur die langfristige **Entwicklung** der CGU abbilden. Das beweist schon die *sum-of-the-parts*-Thematik, der zufolge die DCF-basierte Wertermittlung für die einzelnen CGUs häufig einen höheren Wert als die Börsenkapitalisierung ergibt.[63] Die Einschätzungen des Marktes sind m. a. W. – abgesehen von den Zinsen – regelmäßig unbekannt und können nicht als Berechnungsparameter in die Bewertungsformel einfließen. Im Ergebnis wird durch diese Vorgehensweise ein Veräußerungswert ermittelt, der in Wirklichkeit den vom Management definierten **Fortsetzungswert** *(going-concern*-Betrachtung) darstellt.
- Der Gebrauchswert *(value in use)* wird vom Standard schon durch das schiere **Volumen** der Einzelanweisungen (IAS 36.30–57) als der absolut herrschende Regelfall zur Ermittlung des *recoverable amount* (Rz 17) dargestellt.
- Die Anweisungen über die Durchführung der DCF-Verfahren zur Ermittlung des *value in use* sind bewusst extrem **detailliert** ausgefallen – ob im Einzelnen sinnvoll oder nicht (Rz 60–c) mag hier dahingestellt bleiben. Der *Board* hätte sich diese **Mühe ersparen** können, wenn durch Heranziehung des Nettoveräußerungswertes die DCF-Verfahrensweise „ungebremst" angewendet werden dürfte.

Intendiert war vom Standardsetter die Ermittlung des *value in use*. Allerdings kann man der Praxis nicht vorwerfen, dass sie den unpraktikablen Restriktionen des Nutzungswerts zunehmend durch die Anwendung der Bar-

---

[63] FROWEIN/LÜDENBACH, KoR 2003, S. 261; ausführlich FREIBERG/LÜDENBACH, KoR 2005, S. 479ff.

wertmethode zur Berechnung des Nettoveräußerungswerts ausweicht. Wenn das Ergebnis dieser Berechnungen aber gerade kein hypothetischer Marktwert ist, drängt sich der Eindruck der **Fehletikettierung** auf.[64] Als Ausweg aus diesem Zwiespalt zwischen überreglementiertem Nutzungswert einerseits und unreglementiertem, teilweise fehletikettiertem Nettoveräußerungswert andererseits käme ein weniger reglementiertes, den Bedürfnissen der Praxis besser entsprechendes Nutzungswertverfahren in Frage.[65]

2.6.4 Verteilung des Wertminderungsaufwands

Der für eine *cash generating unit* mit zugeordnetem *goodwill* (oder *corporate asset*; Rz 47) ermittelte *impairment*-Aufwand – definiert aus der Differenz zwischen erzielbarem Betrag für die CGU oder die Gruppe der CGUs abzüglich des zugehörigen Buchwertes – ist in folgender **Reihenfolge** zu berücksichtigen (IAS 36.104):

- Reduktion des zugehörigen *goodwill* und dann
- Zuordnung des gegebenenfalls verbleibenden Betrags ratierlich auf die **übrigen** Vermögenswerte.

Die Gegenbuchung (Aufwandsverrechnung) ist wie beim *impairment* für den einzelnen Vermögenswert (Rz 7) vorzunehmen. Nach unten ist die Abschreibung auf null begrenzt, eine zusätzliche Rückstellung ist also nicht zulässig (anders als u. U. für den einzelnen Vermögenswert; Rz 7). Bei der Prorata-Aufteilung des den *goodwill* übersteigenden Restbetrages auf die einzelnen Vermögenswerte kann großzügig vorgegangen werden (IAS 36.106).

Die *impairment*-Abschreibung kann nur den Vermögenswerten zugeordnet werden, die dem Regelungsbereich von IAS 36 unterliegen. Negativ: Die in Rz 3 genannten Vermögenswerte – liquide Mittel, Finanzinstrumente, Vorräte – bleiben von der außerplanmäßigen Abschreibung für die CGU verschont. Zum Ganzen folgendes **Beispiel:**[66]

Beispiel

Sachverhalt (Grundvariante)
Die A AG hat am 1.1. des Geschäftsjahres die B AG zu 100 % zu Anschaffungskosten i. H. v. 5.000 TEUR erworben und führt sie als Einheit X. Keine andere Einheit zieht Nutzen aus dem Zusammenschluss. Zum Erwerbszeitpunkt betragen die beizulegenden Zeitwerte der identifizierbaren Vermögenswerte (inkl. immaterieller Vermögenswerte) 4.500 TEUR, der identifizierbaren Schulden 800 TEUR und der identifizierbaren Eventualschulden 200 TEUR.

---

[64] FREIBERG/LÜDENBACH, KoR 2005, S. 479ff.
[65] FREIBERG/LÜDENBACH, KoR 2005, S. 479ff.
[66] Nach DOBLER, PiR 2005, S. 27.

Der Einheit X ist daher der *goodwill* aus dem Unternehmenserwerb i.H.v.
1.500 TEUR (= 5.000 TEUR – (4.500 TEUR – 800 TEUR – 200 TEUR)) zuzuordnen.
Am Ende des Geschäftsjahres fallen Abschreibungen von offengelegten stillen Reserven i. H. v. 300 TEUR an. Der beizulegende Zeitwert der Einheit X abzüglich Verkaufskosten ist 4.000 TEUR, ihr Nutzungswert 3.820 TEUR. Besteht eine Wertminderung? Falls ja, wie ist zu buchen? (Mögliche Steuereffekte bleiben unberücksichtigt.)

Lösung

	Vermögenswerte – Schulden – Eventualschulden	*goodwill*	Summe
Bruttobuchwerte	3.500	1.500	5.000
Kumulierte Abschreibungen	300		300
Buchwerte	3.200	1.500	4.700

Der Buchwert der Einheit inkl. *goodwill* übersteigt den erzielbaren Betrag (4.700 TEUR > 4.000 TEUR). Es resultiert ein Wertminderungsaufwand von 700 TEUR, der in voller Höhe gegen den *goodwill* zu buchen ist und diesen auf 800 TEUR mindert.

Buchung:
Per Wertminderungsaufwand *goodwill* an *goodwill* 700 TEUR

Beispiel

Sachverhalt (Abwandlung A)
In Abwandlung zur Grundvariante sei der erzielbare Betrag der Einheit X 2.864 EUR. Vereinfachend liegen nur drei Vermögenswerte Vw(1), Vw(2) und Vw(3) vor. Ihre Buchwerte betragen 1.575 TEUR, 2.100 TEUR und 525 TEUR, ihre erzielbaren Beträge liegen erheblich unter dem Buchwert.

Lösung
Der Wertminderungsaufwand beträgt 1.836 TEUR. Dieser Betrag übersteigt den aktivierten *goodwill*. Dieser ist gem. IAS 36.104 voll abzuschreiben. Der Restbetrag des Wertminderungsaufwands i. H. v. 336 verteilt sich im Verhältnis der Buchwerte – d. h. 3 : 4 : 1 – auf die drei Vermögenswerte.
(1) Wertminderungsaufwand *goodwill* an *goodwill* 1.500
(2) Wertminderungsaufwand Vw(1) an Vw(1) 126
    Wertminderungsaufwand Vw(2) an Vw(2) 168
    Wertminderungsaufwand Vw(3) an Vw(3) 42

§ 11 Ausserplanmässige Abschreibungen, Wertaufholung

Sachverhalt (Abwandlung B)
Anders als in Fall (a) verbergen sich hinter Vw(3) nur liquide Mittel oder Forderungen, deren erzielbarer Betrag mit 525 TEUR bewertet wird. Die erzielbaren Beträge von Vw(1) und Vw(2) liegen weiterhin deutlich unter ihrem Buchwert.

Lösung
Der Restbetrag des Wertminderungsaufwands ist nur gegen Vw(1) und Vw(2) zu verbuchen. Der Betrag von 336 TEUR lässt sich im Verhältnis 3 : 4 auf Vw(1) und Vw(2) verteilen.
Buchungen:
(1) Wertminderungsaufwand *goodwill* an *goodwill* 1.500
(2) Wertminderungsaufwand Vw(1) an Vw(1) 144
    Wertminderungsaufwand Vw(2) an Vw(2) 192

Eine außerplanmäßige Wertminderungsabschreibung für den einzelnen Vermögenswert kann nach IAS 36.107b unterbleiben, wenn die getestete CGU insgesamt keinen Wertverlust erlitten hat (Rz 41). Dazu folgendes Beispiel nach IAS 36.107:

66

Beispiel
Eine Maschine ist beschädigt worden, arbeitet aber noch, wenn auch mit geringerer Effizienz. Die Maschine erzeugt Liquiditätszuflüsse nur im Rahmen einer Produktionslinie, deren Zahlungsmittelzuflüsse weitgehend unabhängig von denjenigen anderer des betreffenden Unternehmens sind. Diese Produktionslinie insgesamt ist nicht wertgemindert.

Annahme 1
Das Management will die Maschine weiter wie bisher nutzen.
Lösung
Eine Wertminderungsabschreibung kommt nicht in Betracht, da die gesamte Produktionslinie Gewinn bringend arbeitet.

Annahme 2
Die Maschine soll demnächst mangels ausreichender Verwertbarkeit ersetzt werden.
Lösung
Es ist gem. IFRS 5 (→ § 29 Rz 28) eine Abschreibung auf den Verkaufswert (in der Regel wohl Schrottwert) vorzunehmen.

Hinweise
Nach dem „offiziellen" Beispiel gelangt man also in der Bilanzierungspraxis zu einem eindeutigen Ergebnis auch ohne detaillierte Heranziehung der Anweisungen für den zweiten Prüfungsschritt (Rz 17ff.). Nach HGB und EStG wäre man sehr schnell zu der gleichen Lösung gelangt.

2.6.5 Abgang einer *cash generating unit* mit zugeordnetem *goodwill*

67 Beim Verkauf eines Geschäftsbereiches *(operation)* innerhalb einer CGU ist der dieser CGU zugeordnete *goodwill* in den Buchwert des abgehenden Bereiches **anteilig** einzubeziehen. Dieser Anteil bestimmt sich nach den **relativen** Werten des verkauften Geschäftsbereichs einerseits und der zurückbehaltenen andererseits (IAS 36.86).[67] Dem Unternehmen ist allerdings der Nachweis einer besseren Aufteilungsmethode vorbehalten.

2.6.6 Minderheitsinteressen

68 Eine Besonderheit bezüglich des *impairment*-Tests gilt im Falle eines Konzernabschlusses, bei dem **Minderheitsinteressen** zu berücksichtigen sind (→ § 31 Rz 106). Hier umfasst der aufgedeckte und im Konzernabschluss zu aktivierende *goodwill* nicht den auf die Minderheitengesellschafter entfallenden Anteil. Die im Zuge des Unternehmenszusammenschlusses erworbenen Vermögenswerte *(assets)* sind umgekehrt in voller Höhe (also ohne Abzug des Minderheitenanteils) angesetzt worden (IAS 36.91). Deshalb enthält der Buchwert einer CGU, der ein entsprechender *goodwill* zugeordnet ist, folgende Wertansätze:

- den **gesamten** Buchwert der Netto-Vermögenswerte, unabhängig, ob diese auf die Mutterunternehmung oder auf die Minderheitengesellschafter entfallen, sowie
- (nur) den **Anteil** der Mutterunternehmung am *goodwill*.

69 Für Zwecke des *impairment*-Tests ist allerdings in einer Art **Schattenrechnung** *(notionally)* der gesamte *goodwill* in den Buchwert der (den *goodwill* tragenden) CGU einzurechnen, um dann einen Vergleich mit dem erzielbaren Betrag *(recoverable amount)* durchzuführen. Erst nach Maßgabe dieser Vergleichsrechnung ist gegebenenfalls der Wertminderungsverlust der CGU (Rz 65) zu erfassen, d. h. zunächst durch Abzug beim *goodwill* (IAS 36.92). Dazu ist allerdings wiederum eine Vergleichsrechnung vorzunehmen, nämlich durch Gegenüberstellung des gesamten (fiktiven) Minderungsbetrages zu demjenigen, der auf die anteiligen Interessen des Mutterunternehmens entfällt (IAS 36.93).

Beispiel[68]

Sachverhalt (ohne Berücksichtigung von Steuereffekten)
Mutterunternehmung X erwirbt 80 % der Kapital- und Stimmrechtsanteile am Unternehmen Y für 1.600 TEUR zum 1.1.03. Zu diesem Stichtag beträgt der *fair value* der Netto-Vermögenswerte 1.500 TEUR.
Die Erstkonsolidierung stellt sich wie folgt dar:
- *goodwill* 400 TEUR (Differenz zwischen den Anschaffungskosten von 1.600 TEUR und 80 % des *fair value* der identifizierbaren Nettovermögenswerte von Y).

---

[67] Ausführlich hierzu WIRTH, Firmenwertbilanzierung nach IFRS 2005, S. 291ff.
[68] Nach IAS 36 IE.62ff. (Beispiel 7). Ein anderes Beispiel liefert DOBLER, PiR 2005, S. 28.

- Identifizierbare Nettovermögenswerte der Y mit einem *fair value* von 1.500 TEUR.
- Zu passivierender Minderheitenanteil von 300 TEUR (entspricht 20 % des Gesamtbetrages der identifizierbaren Vermögenswerte).

Die gesamten Vermögenswerte von Y stellen die kleinste Gruppe von Vermögenswerten dar, die weitgehend unabhängig *cash-flow*-Zugänge für die Unternehmensgruppe generieren. Y ist deshalb eine CGU. Ein jährlicher *impairment*-Test ist mindestens durchzuführen (Rz 48). Ende 2003 wird der erzielbare Betrag der CGU Y mit 1.000 TEUR ermittelt. Die Abschreibung auf die erworbenen Vermögenswerte wird linear mit 10 % ohne Berücksichtigung eines Restwertes vorgenommen.

Durchführung des *impairment*-Tests
Ein Teil des erzielbaren Betrages der CGU von 1.000 TEUR ist dem nicht bilanzierten Minderheitenanteil am *goodwill* zuzuordnen (IAS 36.92; Rz 61). Der Vergleich des Buchwertes der CGU mit dem erzielbaren Betrag von 1.000 TEUR muss also im Rahmen einer Schattenrechnung unter Berücksichtigung des Minderheitenanteils angepasst werden. Dazu folgende Berechnungsgrundlage:

31.12.03	*goodwill*	Nettovermögenswerte	Gesamt
	TEUR	TEUR	TEUR
Bruttobuchwert	400	1.500	1.900
Aufgelaufene Abschreibung	–	–150	–150
Nettobuchwert	400	1.350	1.750
Nicht bilanzierter Minderheitenanteil am *goodwill*	100	–	100
Angepasster Buchwert	500	1.350	1.850
Erzielbarer Wert			1.000
Wertminderungsverlust			850

Gemäß IAS 36.104 ist der Wertminderungsverlust von 850 TEUR zunächst beim *goodwill* abzusetzen, der danach null beträgt. Dabei reduziert sich der Brutto-*goodwill* (unter Einbeziehung der Minderheiteninteressen) von 500 TEUR, ist aber nur mit dem anteiligen Interesse des Mutterunternehmens X an der Tochter Y buchmäßig zu erfassen, also 400 TEUR. Der verbleibende Wertminderungsverlust von 850 TEUR minus 500 TEUR = 350 TEUR ist als Minderung des Buchwertes der identifizierbaren Vermögenswerte nach folgendem Schema zu buchen:

31.12.03	goodwill	Nettovermögenswerte	Gesamt
	TEUR	TEUR	TEUR
Bruttobuchwert	400	1.500	1.900
Aufgelaufene Abschreibung	–	– 150	– 150
Nettobuchwert	400	1.350	1.750
Außerplanmäßige Abschreibung (Wertminderungsverlust)	– 400	– 350	– 750
Buchwert nach außerplanmäßiger Abschreibung	–	1.000	1.000

70 Für **unterschiedlich hohe Minderheitenanteile** innerhalb der zu testenden CGU mit *goodwill* liefert IAS 36 keine Lösung. Zwei Verfahren sind denkbar:
- Nach Maßgabe der *full goodwill-method* (→ § 31) wird der Abwertungsbedarf **relativ** zu den (hochgerechneten) *goodwills* verteilt.[69]
- Verwendung des **anteiligen** erzielbaren Betrages als Verteilungsmaßstab.[70]

71 Wegen der buchmäßigen Erfassung und Verteilung des nach der *goodwill*-Abschreibung verbleibenden Wertminderungsverlustes vgl. Rz 65 und Rz 7.

2.6.7 Zusammenspiel von IAS 36 und IFRS 1

72 Beim Übergang von der HGB- (oder einer anderen bisherigen) Rechnungslegung zur Bilanzierung nach IFRS besteht gem. IFRS 1.B2 ein **Wahlrecht** (→ § 6 Rz 56): Der Bilanzierende kann auf die **retrospektive** Beurteilung von **Unternehmenszusammenschlüssen** gem. IFRS 3 bzw. IAS 22 **verzichten** und stattdessen die HGB-Würdigung mit Modifikationen fortführen. Im Wesentlichen bleibt es dann zunächst beim HGB-Wert des *goodwill*. Voraussetzung für die Inanspruchnahme dieser Erleichterung ist jedoch ein zwingender *goodwillimpairment*-Test auf den Stichtag der Eröffnungsbilanz (IFRS 1.B2g(iii); → § 6 Rz 66).

Eine weitere ebenfalls als **Wahlrecht** gestaltete Ausnahme von der retrospektiven Würdigung aller Sachverhalte anlässlich des Übergangs ist die Möglichkeit, Sach- und immaterielle Anlagen in der IFRS-Eröffnungsbilanz mit dem *fair value* (als **fiktive** Anschaffungskosten bzw. *deemed cost*) statt des retrospektiv ermittelten IFRS-Buchwertes anzusetzen.

Beide Erleichterungsvorschriften stehen dann in einer **komplexen** Beziehung zu IAS 36, wenn den zu bewertenden Anlagegegenständen kein eigener Nutzungswert zuzuordnen ist, sondern dieser nur auf Ebene des *goodwill*tragenden CGU bestimmt werden kann.

---

[69] So KÜTING/WIRTH, KoR 2005, S. 199; WIRTH, Firmenwertbilanzierung nach IFRS 2005, S. 242ff.
[70] So PELLENS/SELLHORN, DB 2003, S. 405ff.

Beispiel

Die MU hat vor einigen Jahren das Tochterunternehmen TU erworben. Die TU stellt aus Konzernsicht eine CGU dar.

Das Vermögen der TU besteht einerseits aus Sachanlagen und Verbindlichkeiten, die sich zu allen Stichtagen ausgleichen (und daher nachfolgend ebenso wie latente Steuern vernachlässigt werden), andererseits aus Rundfunklizenzen. Den Lizenzen wurde bei Kauf ein *fair value* von 25 zugeordnet. Bei einem Kaufpreis von 50 ergab sich somit ein *goodwill* von ebenfalls 25 (50-25).

Auf den 1.1.02 ist die IFRS-Eröffnungsbilanz aufzustellen.

Bei linearer Abschreibung stünden *goodwill* und Lizenzen zu diesem Zeitpunkt sowohl nach HGB als auch nach IFRS (angewendet wird noch IAS 22) mit jeweils 20 zu Buche.

Tatsächlich haben sich aber die Ertragsaussichten der TU in 01 drastisch verschlechtert. MU hat deshalb per 31.12.01 den beizulegenden Zeitwert des Tochterunternehmens bestimmt und dabei eine Wertlücke von 20 (Zeitwert des Tochterunternehmens 20 minus Buchwert 40) festgestellt. Durchgeführte Zeitwertermittlungen für die Lizenzen ergaben einen Stichtagswert von 10. Demzufolge hat die MU in der HGB-Konzernbilanz die Wertminderung von insgesamt 20 zunächst mit 10 den Lizenzen belastet (Lizenzwert danach 20 − 10 = 10) und den Rest dem *goodwill* (*goodwill* danach 20 − 10 = 10)

Die MU will beim Übergang nach IFRS die Erleichterungen von IFRS 1.B2 in Anspruch nehmen und hat deshalb einen *impairment*-Test für den *goodwill* durchzuführen.

Sie überlegt außerdem, das Wahlrecht von IFRS 1.16 und 1.18b(ii) auszuüben, d. h. die Lizenzen mit dem *fair value* von 10 anzusetzen. Ohne Inanspruchnahme dieses Wahlrechtes wären die Lizenzen in der IFRS-Eröffnungsbilanz mit 20 zu bewerten. Da eine retrospektive Anwendung von IAS 36 mangels separierbarer *cash flows* immer nur zu einem Gesamt-*impairment* führen würde, wäre dieser dann dem *goodwill* zu allozieren.

Somit ergeben sich folgende Varianten:

	Lizenz zu Buchwert	Lizenz zu *fair value*
goodwill (HGB)	10	10
Lizenz	20	10
Buchwert der CGU vor *impairment*	30	20
Nutzungswert CGU	20	20
Abschreibung CGU	−10	0
goodwill vor Abschreibung	10	10
goodwill nach Abschreibung	0	10

Hoffmann

Lizenz (s. o.)	20	10
Buchwert CGU nach *impairment*	20	20

Beide Varianten führen zu gleichen Gesamtbuchwerten, aber zu einer unterschiedlichen Verteilung auf Lizenzen und *goodwill*.

Die im Beispiel enthaltene *fair-value*-Option für die Lizenz ist nach dem Wortlaut von IFRS 1.18b(ii) nur dann zulässig, wenn der *fair value* durch Bezug auf einen aktiven Markt bestimmt ist (→ § 6 Rz 45). Gegen diese Restriktion auf Fälle eines aktiven Marktes und für eine erweiterte Interpretation von IFRS 1.18b(ii) in der vorgenannten Konstellation sprechen jedoch folgende Gesichtspunkte:

- Der Ansatz immaterieller Vermögenswerte (im Beispiel der Lizenzen) mit dem niedrigeren Stichtagswert (*fair-value*-Variante) in der IFRS-Eröffnungsbilanz führt zu einem **zutreffenderen** Vermögensausweis. Die Lizenzen werden nicht mit dem überhöhten Wert von 20, sondern mit dem Stichtagswert von 10 angesetzt.
- Der in IAS 38 (→ § 13 Rz 65) und IFRS 1 (→ § 6 Rz 52) für Neubewertungsfälle verlangte Rückgriff auf einen aktiven Markt verfolgt den Zweck, **Überbewertungen** durch Ansatz eines höheren, nicht durch den Markt gedeckten Stichtagswertes zu verhindern. In der im Beispiel diskutierten Konstellation geht es hingegen um den Ansatz eines **niedrigeren** Stichtagswertes. Angesichts der imparitätischen Ausgestaltung vieler in IAS 38 enthaltenen Vorschriften – z. B. absolutes Aktivierungsverbot für bestimmte originäre Vermögenswerte (→ § 13 Rz 27) – sollte auch IFRS 1.18b(ii) imparitätisch zu interpretieren sein.
- Bei der modifizierten Übernahme des HGB-*goodwill* nach IFRS 1.B2 werden in Fällen eines bereits nach HGB außerplanmäßig abgeschriebenen *goodwill* auch die HGB-Grundsätze der außerplanmäßigen Abschreibung implizit übernommen. Wenn diese Grundsätze einen Gesamtabschreibungsbetrag nur zum Teil dem *goodwill*, zum Teil anderen immateriellen Vermögenswerten zugerechnet haben, wäre es **widersprüchlich**, zwar die modifizierte Fortführung des außerplanmäßig abgeschriebenen HGB-*goodwill* zuzulassen (→ § 6 Rz 56), nicht jedoch die ggf. modifizierte Fortführung der außerplanmäßigen HGB-Abschreibungen für die anderen Werte.

2.7 Darstellung der Arbeitsschritte in tabellarischer Form

Lfd. Nr.	Art	IAS 36	73
I. Gesamte Arbeitsschritte in Zusammenfassung			
1	Feststellung der Anhaltspunkte für eine Wertminderung	9	
2	Ermittlung des *carrying amount*	6	
3	Ermittlung des *fair value less costs to sell*, falls größer Buchwert, kein *impairment*, falls niedriger, Fortsetzung mit Nr. 4	25ff.	
4	Ermittlung des *value in use*	30ff.	
5	Vergleich von 3 und 4	6	
6	Der höhere Wert von 3 und 4 im Vergleich zu 2	6	
7	Wenn 6 niedriger ist als 2: Abschreibung wegen *impairment*	59	
II. Ermittlung des *fair value less costs to sell*			
8	Vorhandensein eines unbeeinflussten Kaufkontraktes	25	
9	Wenn nicht 8, dann Ermittlung des Marktpreises, abzüglich Veräußerungskosten	26	
10	Wenn nicht 9, dann Ermittlung durch bestmögliche Information unter der Preisvergleichsmethode ggf. Barwertkalkül	227	
11	Ermittlung der Verkaufskosten	28f.	
III. Ermittlung des *value in use*			
12	Feststellung (d. h. Schätzung) der künftigen Zahlungsein- und -ausgänge bis zur Veräußerung	30	
13	Bestimmung des zutreffenden Diskontierungssatzes	30	
14	Einzelheiten zur Ermittlung der künftigen Liquiditätsflüsse *(cash flow projections)*	31–49	
15	Einzelheiten zur Bestimmung des Diskontierungssatzes	55–57	
IV. Übergang zur *cash generating unit*			
16	Nichtermittelbarkeit der wertgeminderten *assets*	66f.	
17	Identifizierung der *assets* oder der *group of assets* als *cash generating unit*	70–73	
18	Zuordnung von „übergeordneten" Vermögenswerten *(goodwill* und *corporate assets)*	80, 100	
19	Vergleich von *carrying amount* und *recoverable amount* der *cash generating unit* und gegebenenfalls Wertminderungsabschreibung	104	
V. Rückkehr zum Einzelgegenstand			
20	Führt die Rechnung nach lfd. Nr. 19 zu einem Abschreibungsbedarf, dann ist die Abschreibung zu-	104	

> nächst auf den *goodwill* vorzunehmen, alsdann ein
> noch verbleibender Abschreibungsbetrag auf die
> Vermögenswerte der Einheit *(cash generating unit)*
> nach dem Verhältnis des Buchwertes.

74 Dazu noch ein Praxis**beispiel**[71], dem zufolge eine vernünftige Lösung in Übereinstimmung von HGB und IFRS in aller Regel zu finden ist.

Beispiel
Die ABC GmbH ist mit drei Produktlinien am Markt vertreten. Zum Ende des Geschäftsjahres erwirbt sie je 50 neue Büro-PCs (zusammen 150) für die Vertriebsorganisationen der drei Produktbereiche. Bis zum Bilanzstichtag ereignet sich noch Folgendes:

- Wegen der allgemeinen Tendenz auf dem PC-Markt betragen die Wiederbeschaffungspreise zum Bilanzstichtag nur die Hälfte der Anschaffungspreise.
- 25 PCs im Bereich B werden durch einen Wasserschaden vernichtet.
- Die Produkte des Bereichs C geraten unter Toxizitätsverdacht, der Markt bricht (zunächst) zusammen.

Vorgehensweise
- Im Produktbereich A wird der höhere Buchwert angesetzt.
- Im Produktbereich B werden die 25 schrottreifen PCs ausgebucht.
- Der Produktbereich C gibt 25 PCs an den Produktbereich B ab. Für die anderen 25 PCs wird noch überlegt. Soweit der Produktbereich C mit geänderten Formeln und auf kleinerem Niveau fortgesetzt werden soll und dabei positive Erträge, jedenfalls mittelfristig, wieder erwartet werden, wird von einer Abschreibung der PCs abgesehen. Soweit man eher die Einstellung des Produktbereichs C für wahrscheinlich hält, wird zunächst die zukünftige Verwendung der 25 PCs in den anderen Produktbereichen geprüft. Nur soweit auch dieses verneint wird, wird man eine Abschreibung vornehmen, jedoch nicht auf den Wiederbeschaffungswert oder den *value in use*, sondern auf den Nettoveräußerungswert, da die 25 PCs in diesem Falle gerade nicht mehr dauernd dem Betrieb dienen sollen.

Die theoretisch so im Vordergrund stehenden Größen des Wiederbeschaffungswertes bzw. *value in use* spielen in keinem der drei Fälle eine Rolle. In der IFRS-Bilanz kommen trotz theoretisch ganz unterschiedlicher Ausgangspunkte die gleichen Bilanzierungsentscheidungen zum Tragen wie im handelsrechtlichen Abschluss.

Das vorstehende Beispiel belegt, dass es nach HGB/EStG und IFRS meistens nur in wirklich **eindeutigen** Fällen – weitere Beispiele: Schließung einer Fa-

---

[71] LÜDENBACH, IFRS, 4. Aufl., 2005, S. 100.

brik oder Verkaufsfiliale, Entzug einer Lizenz – zu außerplanmäßigen Abschreibungen kommt. Dann bedarf es auch der ganzen Rechenkünste im Gefolge des zweiten Prüfungsschrittes (Rz 17ff.) nicht. Wer umgekehrt in das Dickicht des zweiten Prüfungsschrittes eindringen muss, kann mit der deutschen Denkweise allein keine Lösung erarbeiten.

2.8 Zusammenfassende Beurteilung

Die Durchführung des *impairment*-Tests in der zweiten Stufe (Rz 9, Rz 17ff.) ist mit einer Fülle von **Rechenaufgaben** verbunden. Der „*input*" in die zugehörigen Formeln ist ermessensabhängig. Weitere **Ermessensspielräume** für das Management eröffnen sich bezüglich der Definition von Zahlungsmittel erzeugenden Einheiten (*cash generating units;* Rz 29ff.) und der diesen zuzuordnenden Bestandteile des *goodwill* (Rz 48ff.) und der allgemein genutzten Vermögenswerte (*corporate assets;* Rz 47).

Der ganze Arbeitsprozess ist aufwändig und rechtfertigt sich aus theoretischer Sicht nur in extremen Fällen. Als Beispiel mag die potenzielle Wertminderung der UMTS-Lizenzen dienen, die Ende 2001 bei Telekom-Unternehmen mit 9 Mrd. EUR zu Buche standen (Rz 80). Ansonsten wird man sich mit sehr viel einfacheren Überlegungen im Rahmen der qualitativen Bewertungsvorstufe (Rz 9, Rz 13ff.) begnügen.

Insgesamt betrachtet erscheint es fraglich, ob durch die umfangreichen Berechnungsvorgaben und die noch umfangreicheren Anhangsangaben (Rz 78ff.) die erwünschte **Objektivierung** der Rechnungslegung in diesem besonders wichtigen Teilbereich nennenswert gefördert werden kann. Die Bilanzierungs**praxis** scheint jedenfalls anderen Gesetzmäßigkeiten zu folgen. Hier kommt es zu umfangreichen *impairment*-Abschreibungen, wenn

- entweder der neu angetretene Vorstandsvorsitzende die von ihm noch nicht zu verantwortende Vorjahresbilanz „bereinigt"
- oder die Analysten auf ein „Großreinemachen" *(„big bath")* bestehen.

Umgekehrt unterbleibt eine solche außerplanmäßige „Großabschreibung", wenn

- die Vertragsverlängerung des Vorstandsvorsitzenden ansteht,
- die „Braut geschönt" werden muss, z. B. anlässlich einer „Fusion unter Gleichen".

3 Wertaufholungszuschreibung *(reversal of an impairment loss)*

Nach Durchführung einer außerplanmäßigen Abschreibung als *impairment loss* ist zu **jedem Bilanzstichtag** eine **Überprüfung** dahingehend vorzunehmen, ob dieser Wertverlust immer noch besteht (IAS 36.110). Nach IAS 36.112 sind dazu „spiegelbildlich" *(mirror)* zum *impairment*-Test entsprechende In-

formationen aus externen und internen Quellen zu beziehen, die nach IAS 36.9 einen Abwertungsbedarf indiziert haben (Rz 13ff.). Es ist also ebenfalls (in umgekehrter Richtung) ein zweistufiger Test (Rz 9) durchzuführen:
- Ermittlung von Anzeichen *(indications)* einer Werterhöhung,
- zusätzlich (ggf.) Neuberechnung des erzielbaren Betrages *(recoverable amount)*.

Die „Indikation" nach dem ersten Test-Schritt kann (ebenfalls spiegelbildlich; Rz 15) Anlass zur Neubestimmung der Berechnungsgrundlagen für die planmäßige Abschreibung (→ § 10 Rz 20ff.) sein (IAS 36.113).

Die Rückgängigmachung der außerplanmäßigen Abschreibung ist technisch durch Anhebung des (abgeschriebenen) Buchwertes *(carrying amount)* auf den *recoverable amount* vorzunehmen (IAS 36.114). Diese Zuschreibung wird als *reversal of an impairment loss* definiert. Voraussetzung für die Vornahme einer Wertaufholungszuschreibung ist eine Neueinschätzung des erzielbaren Betrages *(a change in the estimates)* seit dem letzten berücksichtigten Wertminderungsverlust. Diese Neueinschätzung kann auf verschiedenen Faktoren beruhen (IAS 36.115), z. B. einer Änderung des Zinsfußes für die Bewertung der Liquiditätszuflüsse. Unzulässig ist allerdings die Annahme eines früheren Liquiditätszuflusses (als Grundlage für die Wertaufholung).

Bezüglich der Zuschreibung gilt der gleiche „Deckel" wie nach § 280 Abs. 1 HGB: Der Höchstbetrag der Zuschreibung ist der fiktive Buchwert, der sich zum Zuschreibungszeitpunkt ohne vorgängige außerplanmäßige Abschreibung ergeben hätte (IAS 36.117). Die gegebenenfalls vorzunehmende planmäßige Abschreibung (→ § 10) ist nach Vornahme der außerplanmäßigen Abschreibung mit einer Art **Schattenanlagebuchführung** zu begleiten, die periodisch den höchstmöglichen Zuschreibungsbetrag (= Buchwert ohne vorgängige außerplanmäßige Abschreibung) nachhält.

Die **planmäßige** Abschreibung in der Schattenanlagebuchführung ist zu unterscheiden von derjenigen, die **nach** erfolgter außerplanmäßiger (effektiv) zu verrechnen ist. Diese richtet sich gemäß IAS 36.121 nach dem „neuen" Buchwert in dem Sinn, dass das restliche (geminderte) Abschreibungsvolumen systematisch auf die Restnutzungsdauer verteilt wird (→ § 8 Rz 65).

Die Wertaufholungszuschreibung ist gemäß IAS 36.119 als **Ertrag** in der GuV auszuweisen (mit Anhangsangabe; Rz 78), es sei denn, die Bilanzierung erfolgt unter Ausübung des Wahlrechtes der **Neubewertung** (→ § 8 Rz 52ff.) gemäß IAS 16.31 (Sachanlagevermögen) bzw. IAS 38.75 (immaterielles Anlagevermögen). In diesem Fall ist die Rückgängigmachung der außerplanmäßigen Abschreibung (Zuschreibung) zugunsten der Neubewertungsrücklage zu verbuchen (→ § 8 Rz 70f.), es sei denn, die Wertminderung ist zuvor erfolgswirksam erfasst worden (IAS 36.120).

Bei der Wertaufholungszuschreibung ist auch die dreifache Gliederung des Wertminderungsbereiches (spiegelbildlich) zu beachten, die für die Erfassung des Wertminderungsverlustes gültig ist (Rz 73):
- einzelner Vermögenswert,

- Gesamtheit von Vermögenswerten in einer *cash generating unit* (CGU) bzw. einer Gruppe von CGUs ohne *goodwill*,
- der einer CGU oder einer Gruppe CGUs zugeordnete *goodwill*.

Gegenüber der ansonsten spiegelbildlichen Behandlung der Wertminderungsabschreibung gilt für die Wertaufholungszuschreibung nur eine **Besonderheit**: Ein früher einmal außerplanmäßig abgeschriebener *goodwill* wird nicht mehr zugeschrieben (IAS 36.124).
Wegen Besonderheiten bei der **Quartalsberichterstattung** wird verwiesen auf → § 37 Rz 28.

4 Steuerlatenz

Zu einer Steuerlatenzrechnung kommt es immer dann, wenn eine *impairment*-Abschreibung nach IFRS nicht betragsmäßig ihre Entsprechung in der Teilwertabschreibung nach EStG findet (bzw. einer vergleichbaren Abschreibung nach dem Steuerrecht eines ausländischen Staates, in dem z. B. die Tochtergesellschaft eines deutschen Konzerns angesiedelt ist). Das kann u. a. dann der Fall sein, wenn das Kriterium der „dauernden" Wertminderung nicht vorliegt, was nach dem EStG zur Teilwertabschreibung erforderlich, den IFRS aber unbekannt ist. Diese Unterscheidung besteht allerdings eher nur in der Theorie. Denn aus praktischer Sicht wird eine *impairment*-Abschreibung nach IFRS in aller Regel nur bei einer wirklich massiven Wertminderung erfolgen, deren Dauercharakter kaum jemals streitig sein dürfte (Rz 74f.). Ganz abgesehen davon entzieht sich das Kriterium „dauernd" ohnehin einer einigermaßen rationalen Quantifizierung.
Systematisch gilt:

77

Teilwertabschreibung	ja		
impairment loss	nein	→	passive Steuerlatenz
Teilwertabschreibung	nein		
impairment loss	ja	→	aktive Steuerlatenz

Wegen der Steuerlatenzrechnung nach IFRS überhaupt vgl. → § 26.

5 Angaben

Die Neufassung von IAS 36 (Rz 89) ist auf die Einführung des *impairment only approach* – der Verzicht auf eine planmäßige Abschreibung für den aus einem Unternehmenszusammenschluss entstandenen *goodwill* (→ § 31

78

Rz 111) und immaterielle Vermögenswerte mit unbestimmter Lebensdauer (→ § 13 Rz 69) – ausgerichtet. Der *Board* hat dabei versucht, dieses Konzept in den vorhandenen IAS 36 (1998) zu integrieren, d. h. eine einheitliche Regelung für die Behandlung von außerplanmäßigen Wertminderungen einzelner Vermögenswerte einerseits und des *goodwill* andererseits zu finden. Damit verbundene Inkonsistenzen sind fast schon zwingende Folge; unter Rz 60ff. werden Beispiele gegeben. Der Bereich der Anhangerläuterungen in IAS 36.126ff. beweist durch seine **Unübersichtlichkeit** und **Angabenfülle** die Fragwürdigkeit des genannten Integrationsversuchs, also der einheitlichen Regelung aller denkbaren außerplanmäßigen Wertminderungsverluste.

Die Anhangsangaben sind, soweit eine Systematisierung überhaupt möglich ist, zu **teilen** in:

- **einzelne** Vermögenswerte *(individual asset)*,
- **Gruppe** von Einzelvermögenswerten *(class of assets)* ähnlicher Art und Nutzung,
- *cash generating units* (CGUs) **ohne** zugeordneten *goodwill* bzw. ohne immaterielle Vermögenswerte mit unbestimmter Nutzungsdauer,
- CGUs **mit** zugeordnetem *goodwill* und immateriellen Vermögenswerten mit unbestimmter Nutzungsdauer.

Angabepflichtig sind dabei nicht für einzelne Vermögenswerte, sondern **gruppiert** (IAS 36.126):

- der Betrag aller außerplanmäßigen Abschreibungen und Wertaufholungszuschreibungen unter Angabe der Position in der **GuV**, in welcher die betreffenden Beträge enthalten sind (Rz 7).
- der Betrag aller außerplanmäßigen Abschreibungen und Wertaufholungszuschreibungen für neu bewertete (Rz 76) Vermögenswerte, die direkt im **Eigenkapital** verbucht worden sind (Rz 7).

Die beiden vorgenannten Angaben können in **tabellarischer** Form z. B. innerhalb des Anlagespiegels (→ § 14 Rz 28) gemacht werden.
Im Falle der **Segmentberichterstattung** (→ § 36 Rz 152) sind die Wertminderungsverluste getrennt für die einzelnen primären Segmente nach IAS 14 (→ § 36 Rz 153) bzw. für die operativen Segmente nach IFRS 8 (→ § 36 Rz 203) anzugeben (IAS 36.129).

79 Bei **wesentlichen** Beträgen sind zusätzlich noch folgende Erläuterungen zu den außerplanmäßigen Abschreibungen und den Wertaufholungszuschreibungen **einzelner** Vermögenswerte, der CGUs und der *goodwills* erforderlich (IAS 36.130):

- die Ereignisse und die Umstände, die hierzu geführt haben,
- der entsprechende Betrag,
- die Art des Vermögenswertes (nicht beim *goodwill*),
- die Zugehörigkeit zu den Berichtssegmenten (Rz 78),
- Definition des erzielbaren Betrages als Nettoveräußerungswert oder Nutzungswert (Rz 9),

- bei Definition des erzielbaren Betrages als Nettoveräußerungswert: Grundlage der Bestimmung des Nettoveräußerungswertes, insbesondere Erläuterung, ob dieser auf der Grundlage eines aktiven Marktes bestimmt worden ist,
- im Falle der Bestimmung des erzielbaren Betrages nach dem Nutzungswert (Rz 9): Angabe der angewandten Diskontierungsrate für die laufende und die vorherige Einschätzung (wenn vorhanden).

Für eine *cash generating unit* (Rz 29) gelten folgende zusätzliche Angabepflichten (IAS 36.130): 80

- die Beschreibung der CGU (ob Fabrikanlage, Produktlinie, Geschäftsfeld, geographisches Gebiet oder Berichtssegment nach IAS 14; → § 36);
- Darstellung der Abschreibungs- oder Zuschreibungsbeträge für die Gruppe der Vermögenswerte *(class of assets)*, ggf. für das primäre Berichtssegment nach IAS 14 (Rz 78),
- ggf. Darstellung der Änderung hinsichtlich der Aggregation von Vermögenswerten gegenüber der früheren Einschätzung unter Angabe der Gründe für die Änderung der CGU-Definition.

Sofern keine Angaben über die **aggregierten Wertminderungsverluste** und Zuschreibungen nach Maßgabe von IAS 36.130 (Rz 79) erfolgt sind, müssen hilfsweise folgende Angaben gemacht werden (IAS 36.131). Es sind dann offenzulegen: 81

- die wichtigsten Bereiche von Einzelvermögenswerten *(main classes of assets)*, die von Wertminderungsabschreibungen und Wertaufholungszuschreibungen betroffen sind,
- die wichtigsten Umstände, die zur Wertminderungsabschreibung und Wertaufholungszuschreibung geführt haben.

Außerdem sind die Tatsachen einer noch nicht erfolgten Zuordnung eines *goodwill* zu einer CGU oder Gruppe von CGUs und die hierfür maßgeblichen Gründen (Rz 48) anzugeben.

Für jede *cash generating unit* oder Gruppe von CGUs mit **zugeordnetem** *goodwill* oder immateriellen Vermögenswerten unbestimmter Nutzungsdauer sind die nachstehenden Angaben zu machen, vorausgesetzt, die Buchwerte der *goodwills* etc. innerhalb der CGU sind im Verhältnis zum Gesamtbetrag des *goodwill* und der zeitlich unbestimmt nutzbaren immateriellen Vermögenswerte **wesentlich** *(significant;* IAS 36.134): 82

- Buchwert des der CGU oder der Gruppe der CGUs zugeordneten *goodwill* und der zeitlich unbestimmt nutzbaren immateriellen Vermögenswerte,
- die Grundlage zur Bestimmung des erzielbaren Betrages der CGU bzw. Gruppe von CGUs.
- Wenn die Ermittlung des erzielbaren Betrages der CGU bzw. der Gruppe von CGUs auf dem Nutzungswert (Rz 22) beruht:
  - Beschreibung der Grundannahmen *(key assumptions)* des Managements zur Bestimmung der *cash-flow*-Projektionen nach Maßgabe der

letzten verfügbaren Budgets (Grundannahmen sind solche mit der höchsten Sensitivität für die Bestimmung der erzielbaren Beträge).

– Beschreibung der Vorgehensweise des Managements bezüglich der einschlägigen Annahmen zur Wertbestimmung, und zwar ob sie auf Vergangenheitserfahrung oder auf externen Informationsquellen beruhen, ob sie der früheren Vorgehensweise entsprechen und wenn nicht, warum sie von dieser abweichen oder externe Informationsquellen nicht benutzen.

– Zeitraum der *cash-flow*-Projektionen nach Maßgabe der einschlägigen Budgets und zusätzlich im Falle einer längeren Periode als fünf Jahre eine Erklärung dafür, warum diese längere Periode gerechtfertigt ist.

– Die in den *cash flows* extrapolierte Wachstumsrate jenseits der budgetierten Periode einschließlich einer Begründung für die Anwendung einer Wachstumsrate, die den langjährigen Durchschnitt der Wachstumsrate für die Produkte, die Branche oder die landesspezifische Größe, innerhalb deren das Unternehmen/Konzern arbeitet, übersteigt.

– Die auf die *cash-flow*-Projektionen angewandte Diskontrate (vor Steuern).

• Wenn die Ermittlung des erzielbaren Betrages der CGU bzw. Gruppe von CGUs auf dem Nettoveräußerungswert beruht (Rz 17), die Methode zu dessen Bestimmung und bei Fehlen von Marktpreisen zusätzlich Folgendes:

– Eine Beschreibung der Grundannahmen *(key assumptions)* zur Bestimmung des *fair value* durch das Management.

– Darlegung der Vorgehensweise des Managements zur Wertbestimmung; bezüglich der zugrunde liegenden Annahmen ist darzulegen, ob diese auf Vergangenheitserfahrung oder externen Informationsquellen beruhen, und wenn nicht, wie sich diese von der bisherigen Erfahrung bzw. den externen Informationsquellen unterscheiden.

• Die Änderungen der Grundannahmen des Managements bezüglich der Annahmen zum Übersteigen des Buchwertes über den beizulegenden Wert; dann sind anzugeben:

– die Höhe des Unterschiedsbetrages,

– der den Grundannahmen zugeordnete Wert,

– die zugehörige Sensitivität, bei der der erzielbare Betrag den Buchwert erreicht.

83 Bei Aufteilung des *goodwill* und der immateriellen Vermögenswerte mit unbestimmter Nutzungsdauer auf verschiedene CGUs oder Gruppen von CGUs kann ein einzelner zugeordneter Betrag im Verhältnis zu dem Gesamtbetrag (des *goodwill* und der immateriellen Vermögenswerte) geringfügig sein. Dies ist dann unter Angabe der jeweils zugeordneten Buchwerte des *goodwill* und der zeitlich unbestimmt nutzbaren immateriellen Vermögenswerte offenzulegen (IAS 36.135).

Zusätzlich sind Angaben erforderlich, wenn der erzielbare Wert dieser CGUs bzw. Gruppen derselben nach Maßgabe der gleichen Grundannahmen bestimmt worden ist und der gesamte Buchwert von *goodwill* und immateriellen Vermögenswerten unbestimmter Nutzungsdauer bedeutend *(significant)* im Verhältnis zum gesamten Buchwert dieser Vermögenswerte ist. Dann sind offenzulegen:
- jeweils getrennt der aggregierte Buchwert des *goodwill* und der immateriellen Vermögenswerte unbestimmter Lebensdauer innerhalb der betreffenden CGUs bzw. Gruppen von CGUs,
- Beschreibung der Grundannahmen,
- Beschreibung, ob diese Grundannahmen auf Vergangenheitserfahrung oder externen Informationsquellen beruhen, und wenn nicht, warum dies der Fall ist,
- bei einer möglichen Änderung dieser Grundannahmen die unter Rz 81 genannten weiteren Angaben,
- die Identifizierung des erzielbaren Wertes *(recoverable amount)* als Nettoveräußerungswert *(fair value less costs to sell)* oder Nutzungswert *(value in use)*,
- die weitere Definition des Nettoveräußerungswertes, d. h. die Methode der Ermittlung,
- der Diskontierungssatz im Falle der Anwendung des Nutzungswertes.

Als Praxis**beispiel** für die Darlegung des Wertminderungstestes für **Einzelvermögenswerte** bzw. von **Gruppen** solcher Vermögenswerte (Rz 78) ist nachstehend die Berichterstattung der Mobilcom AG für das Geschäftsjahr 2001 zu den außerplanmäßigen Abschreibungen wiedergegeben:

84

Beispiel
Im Geschäftsjahr 2001 wurden folgende außerplanmäßige Abschreibungen *(impairment losses)* vorgenommen:

	31.12.2001 TEUR	31.12.2000 TEUR
Immaterielle Vermögensgegenstände	3.629	0
Sachanlagen	6.763	0
	10.392	0

Die außerplanmäßigen Abschreibungen auf immaterielle Vermögenswerte betreffen nicht mehr genutzte Software.
Die außerplanmäßigen Abschreibungen auf Sachanlagen beruhen darauf, dass im Konzern sechs Standorte für Switche (Festnetzbereich) geschlossen wurden. Damit wurden z. T. vorhandene parallel betriebene Standorte verschiedener Konzerntöchter auf den benötigten Umfang reduziert. Der für die außerplanmäßig abgeschriebenen Switche verbleibende Restwert entspricht dem Nettoveräußerungswert. Dieser wurde unter Berück-

sichtigung eines vorliegenden Angebots zum Rückkauf der Switche durch einen Hersteller ermittelt. Da der Angebotspreis des Herstellers mit dem Abschluss eines weiteren Geschäfts verknüpft war, wurde ein weiterer Abschlag auf den erfahrungsgemäß am Markt erzielbaren Nettoveräußerungswert vorgenommen. Die außerplanmäßigen Abschreibungen sind in dem Posten Abschreibungen in der Konzern-GuV enthalten.

Aufgrund der geänderten UMTS-Marktbedingungen hat der Konzern eine Überprüfung des erzielbaren Betrags aus der UMTS-Lizenz und dem aktivierten UMTS-Netz nach IAS 36 (*impairment*-Test) durchgeführt. Grundlage dafür bildete die *cash-flow*-Prognose auf Basis des langfristigen Businessplans, wobei die Segmente Mobilfunk und UMTS als die Zahlungsmittel generierende Einheit betrachtet wurden. Die Aufstellung des Businessplans erfolgte entsprechend der durch den Vorstand der MC AG vorgenommenen Einschätzung der ökonomischen Rahmenbedingungen des UMTS-Marktes. Im Hinblick auf die Spezifika des neuen Geschäftsfeldes wurde hierbei der Planungshorizont bis zum Ende der Laufzeit der UMTS-Lizenz und darüber hinaus eine unendliche Rente zugrunde gelegt. Die *cash flows* wurden vor Steuern und Zinsen geschätzt und mit einem gewichteten Kapitalkostensatz (WACC) abgezinst. Der *impairment*-Test führte zu dem Ergebnis, dass keine außerplanmäßigen Abschreibungen vorzunehmen sind.

Die vorstehend wiedergegebene Angabe erklärt sich vor dem Hintergrund des enormen Buchwertes für die Lizenz und der zugehörigen Fremdfinanzierung. Außerdem ist der Hinweis auf den 19-jährigen Planungshorizont (Ablauf der Lizenz) beachtlich (Rz 32f.). Die nach IAS 36 in der jetzt gültigen Fassung (Rz 89) verlangten Angaben des absoluten Abschreibungsbetrages fehlt in der vorstehenden Anhangpassage. Sie kann stattdessen auch im Anlagespiegel offengelegt werden (Rz 78).

85 Zur vorgegebenen Berichterstattung im Anhang im Falle von CGUs mit zugeordnetem *goodwill* folgendes (gekürztes) Beispiel nach IAS 36 IE 80ff. (*Example 9*):

Beispiel

Sachverhalt

Konzern M mit international angesiedelter Produktion hat
- die regionale Segmentierung als primäres Berichtsformat (→ § 36 Rz 77) betreffend
  - Europa
  - Nord-Amerika
  - Asien
- den *goodwill* für Zwecke des *impairment*-Tests folgenden Einheiten (CGUs) zugeordnet (= Buchwert)

- A in Europa
- B in Europa
- C in Nord-Amerika (erworben im Dezember 02)
- Gruppe an CGUs in Asien mit dem Geschäftsbereich XYZ.
- Die im Dezember 02 erworbene Einheit arbeitet mit hohen Margen und Wachstumsraten dank eines Patents mit 10-jähriger Restlaufzeit.
- Während des Jahres 03 stellt M keinen *impairment* für die einzelnen CGUs fest.

Anhangerläuterungen (nur für die CGU XYZ)
Der *goodwill* ist für Zwecke des *impairment*-Tests den CGUs zugeteilt worden (vgl. Sachverhaltsdarstellung).
Der Buchwert des *goodwill* für C und XYZ ist im Vergleich zum gesamten Buchwert wesentlich, nicht dagegen für A und B. Andererseits ist der erzielbare Wert *(recoverable amount)* von A und B nach den gleichen Grundannahmen ermittelt worden und der gesamte *goodwill* für A und B ist wesentlich.

Geschäftsbereich XYZ
Der erzielbare Betrag des Geschäftsbereichs ist auf der Basis des Nutzungswertes ermittelt worden. Die *cash-flow*-Projektionen beruhen auf den vom Vorstand genehmigten Budgets einer 5-Jahres-Periode mit einem Diskontierungssatz von 8,4 %. Die *cash-flows* jenseits der 5-Jahres-Frist sind auf der Basis einer stetigen Wachstumsrate von 6,3 % p. a. extrapoliert. Diese übersteigt die langfristige Durchschnitts-Wachstumsrate des Marktsegmentes des XYZ-Geschäftsbereiches wegen der sich abzeichnenden Änderung des Käuferverhaltens. Nach Auffassung des Vorstands führt eine denkbare Änderung in den Grundannahmen *(key assumptions)* zur Ermittlung des erzielbaren Betrages nicht dazu, dass der Buchwert von XYZ den erzielbaren Betrag übersteigt.
Die Ausgangsbasis zur Wertbestimmung der Grundannahmen *(key assumptions)* stellt sich für die Einheit XYZ wie folgt dar:

Grundannahmen	Ausgangsbasis für die Wertbestimmung
Budgetierte Bruttomargen	Realisierte durchschnittliche Bruttomargen in der Periode vor der budgetierten Periode, ergänzt durch einen Verbesserungseffekt wegen zusätzlicher Effizienz.
	Die Werte beruhen auf Vergangenheitserfahrung außer für die Effizienzsteigerung, bezüglich derer das Management mit 5 %iger Verbesserung p. a. rechnet.

Wechselkurs Yen/USD	Durchschnittserwartungen über die Budgetperiode – beruhend auf externer Informationsquelle.
Budgetierter Marktanteil	Durchschnittlicher Marktanteil in der Periode vor der budgetierten Periode nach Maßgabe der Vergangenheitserfahrung. Mögliche Produktverbesserungen verbunden mit verbesserter Wettbewerbsfähigkeit sind dabei nicht berücksichtigt.

86 Das vorstehende Beispiel bezieht sich lediglich auf eine (gruppierte) CGU. Bei einem international tätigen Konzern kann sich die Anzahl der CGUs durchaus auf zwei Dutzend erhöhen. Bei wörtlicher Befolgung der Vorgaben zu den Anhangerläuterungen (nur) nach IAS 36.134 (Rz 84) droht wie sonst kaum an anderer Stelle der IFRS der *information overload* (→ § 1 Rz 68), nahe verbunden mit dem Aspekt der *cost-benefit*-Abwägung. Auf jeden Fall muss versucht werden, mehrere oder alle CGUs gemeinsam betreffende Angaben zur Vermeidung von Wiederholungen „vor die Klammer" zu setzen. Z. B.:
- Der Diskontierungszinssatz beträgt X %.
- Der Budgethorizont übersteigt in keinem Fall 5 Jahre.

87 Der **Nutzen** *(benefit)* dieses Angabenkonvoluts für den Adressaten der Rechnungslegung ist auch inhaltlich nicht über jeden Zweifel erhaben.
Die Bezugnahme auf die „offiziellen" Budgets als Grundlage der offenzulegenden Bewertungsschritte wird vom IASB vermutlich als dem **Objektivierungsziel** der Rechnungslegung dienend angesehen (Rz 22). Das trifft dem Grunde nach zu. Die Verwendung der „offiziellen" Budgets verhindert die Erstellung spezieller Ertragsszenarien für Zwecke des *impairment*-Testes. Andererseits darf der notorisch **optimistische** Unterton der Budgetierungspraxis nicht übersehen werden. Abgesehen von „politischen" Sonderfällen muss eigentlich jede unternehmerische Planung irgendwann einmal positive Ergebnisbeiträge darstellen. Wenn ein Vorstand auf Dauer in einem Bereich oder gar für das Gesamtunternehmen immer nur rote Zahlen prognostiziert, stellt er sich als ökonomischer Sonderling dar, der nicht mehr lange vom Rest der interessierten Welt geduldet wird.
Der in das Budgetierungsverfahren eingebaute Optimismus verträgt sich schlecht mit dem auch der IFRS-Rechnungslegung nicht unbekannten Vorsichtsprinzip (→ § 1 Rz 18) und erst recht nicht mit dem Erfordernis der Überprüfung eines außerplanmäßigen Abschreibungsbedarfs. Das Praxisbeispiel unter Rz 84 beweist den hier abstrakt dargestellten Optimismusgehalt, den man im Nachhinein – 18 Monate später waren die UMTS-Lizenzen für das betreffende Unternehmen wertlos – auch als Euphorie bezeichnen kann.

88 Insgesamt bleibt also fraglich, ob das offensichtlich verfolgte Ziel der Objektivierung bei der Rechnungslegung zum *impairment*-Test durch die Hy-

pertrophierung von Angabevorschriften erreicht werden kann. Eine einfachere Lösung bestünde jedenfalls bei börsennotierten Unternehmen in einem (offenzulegenden) **Vergleich** zwischen der **Börsenkapitalisierung** des Konzerns einerseits und der **Summe** des im Rahmen des jährlichen Tests ermittelbaren *recoverable amount* (Rz 5) aller *cash generating units* (*sum-of-the-parts*-Problem) andererseits.[72] Liegt der letztgenannte Betrag spürbar höher als die Marktkapitalisierung, dann erhielte der Abschlussadressat eine sehr viel objektivere und nicht zuletzt leicht erfassbare entscheidungsnützliche Information. Auf die **Checkliste Abschlussangaben** wird verwiesen (→ § 5 Rz 8).

6 Anwendungszeitpunkt, Rechtsentwicklung

IAS 36 ist synchron mit IFRS 3 anzuwenden (→ § 31 Rz 173) und damit auch IAS 38 (→ § 13 Rz 80). Im Einzelnen: **89**
- Bei (erlaubter und) befürworteter früherer Anwendung als zum 31. März 2004 sind die drei eben genannten Standards insgesamt prospektiv anzuwenden. **90**
- Der Standard ist ansonsten anzuwenden
  - auf den *goodwill* und immaterielle Vermögenswerte, die im Rahmen eines Unternehmenszusammenschlusses mit einem *aggreement date* (→ § 31 Rz 23) am 31.3.2003 oder später erworben worden sind;
- für alle übrigen Vermögenswerte prospektiv für jedes Geschäftsjahr, das am 31. März 2004 oder später beginnt.

In den Letztgenannten wird eine frühere Anwendung empfohlen, allerdings auch wiederum nur zusammen mit IFRS 3 und IAS 38.
Der Werthaltigkeitstest für den *goodwill* (Rz 9, Rz 48) ist im Laufe des ersten Geschäftsjahres, das am 31.3.2004 oder später beginnt, durchzuführen (IFRS 3.79d: „*from*" the *beginning*, nicht „*at*"). **91**

7 Zusammenfassende Praxishinweise

IAS 36 will eine **integrierte** Vorgabe für die Ermittlung einer Wertminderungsabschreibung *(impairment)* für folgende Teilbereiche des Aktivvermögens einer Unternehmung/eines Konzerns liefern: **92**
- einzelne Vermögenswerte *(assets)*,
- Zahlungsmittel generierende Einheiten *(cash generating units*, CGUs),
- den diesen CGUs zugeordneten *goodwill*.

Insbesondere ist die Neufassung des IAS 36 ausgerichtet auf die **nicht mehr planmäßig abzuschreibenden** Vermögenswerte:
- *goodwill* aus einem Unternehmenszusammenschluss,

---

[72] FROWEIN/LÜDENBACH, KoR 2003, S. 261.

- immaterielle Vermögenswerte mit unbestimmter Nutzungsdauer (Rz 9).

Diese Vorgabe beruht auf dem *impairment only approach*, der im Rahmen des IFRS 3 (→ § 31 Rz 173) zeitgleich mit IAS 36 (31.3.2004) und mit IAS 38 (→ § 13 Rz 80ff.) in Kraft gesetzt worden ist.
Die **nicht** von IAS 36 erfassten Vermögenswerte sind in Rz 3 aufgeführt.

Zur **Durchführung** des *impairment*-Tests werden die in Frage kommenden Vermögenswerte wie folgt gruppiert (Rz 9):
- qualifizierte Vermögenswerte
  - immaterielle Anlagewerte mit unbestimmter Nutzungsdauer,
  - immaterielle Anlagewerte, die noch nicht genutzt werden,
  - im Rahmen eines Unternehmenszusammenschlusses aufgedeckte *goodwills*,
- übrige (unqualifizierte) Vermögenswerte.

Für die letztgenannten **(unqualifizierten) Werte** ist ein überschlägiger qualitativer Test durchzuführen, wenn entsprechende Anzeichen einer Wertminderung vorliegen. Ist dies der Fall, muss in Einzelberechnungen eingetreten werden (Rz 13).

Für die **qualifizierten Vermögenswerte** ist immer bei Vorliegen entsprechender Anzeichen, mindestens aber einmal im Jahr ein quantitativer Wertminderungstest durchzuführen (Rz 15).

Beim Wertminderungstest ist der **erzielbare** Wert *(recoverable amount)* dem **Buchwert** *(carrying amount)* gegenüberzustellen. In der Regel wird der erzielbare Betrag als **Nutzungswert** *(value in use)* auf der Grundlage von entsprechenden *cash-flow*-Berechnungen ermittelt (Rz 22). Daneben kommt zur Bestimmung des erzielbaren Betrages auch der **Nettoveräußerungswert** in Betracht (Rz 17).

Diese der **Unternehmensbewertung** nachgebildete Vorgehensweise macht die Bildung von Zahlungsmittel generierenden Einheiten *(cash generating units,* **CGUs)** erforderlich, da dem einzelnen Vermögenswert in aller Regel keine individuellen *cash flows* zugeordnet werden können (Rz 29ff.).
Soweit einzelne Vermögenswerte nicht eindeutig einer CGU zugeordnet werden können – **gemeinschaftlich genutzte** Vermögenswerte *(corporate assets)* –, muss eine Zuteilung nach bestimmter Schlüsselung erfolgen (Rz 47).
Besondere Behandlung erfährt der aus einem Unternehmenszusammenschluss resultierende *goodwill* (Rz 48ff.).
Je nach Gestaltung der so genannten **Saldierungskissen** (Rz 51) kann bei der im Rahmen der Unternehmensakquisition erforderlichen Zuordnung der *goodwills* auf eine CGU das künftige **Abschreibungserfordernis** in gewissem Umfang gesteuert werden (Rz 57).
Die DCF-Verfahren zur Ermittlung des erzielbaren Wertes einer *goodwill*-tragenden CGU sind nicht durchgängig **kompatibel** mit wirtschaftlich vernünftigen Ausgangsüberlegungen (Rz 60f.).
Die umfangreichen **Arbeitsschritte** im Zuge des *impairment*-Tests sind tabellarisch in Rz 73 dargestellt.

Nach erfolgter außerplanmäßiger Wertminderungsabschreibung ist jährlich ein Test zur Überprüfung einer etwa erforderlichen **Wertaufholungszuschreibung** *(reversal)* durchzuführen (Rz 76).

Eine geradezu erdrückende Fülle von **Angabevorschriften** zum *impairment* macht eine sinnvolle Interpretation des *materiality*-Grundsatzes im konkreten Fall erforderlich (Rz 78ff.).

§ 12 ÖFFENTLICHE ZUWENDUNGEN (GOVERNMENT GRANTS)

Inhaltsübersicht	Rz
Vorbemerkung	
1 Zielsetzung, Regelungsinhalt und Begriffe	1–9
2 Ansatz	10–18
2.1 Zeitliches Kriterium	10–13
2.2 Eventuelle Rückzahlungsverpflichtung	14–17
2.3 Geplante Anpassungen der Ansatzvorschriften	18
3 Ausweis	19–39
3.1 Allgemeines Kriterium: Ergebniswirksame Zuordnung zu den bezuschussten Aufwendungen im Zeitverlauf *(matching principle)*	19
3.2 Zuwendungen zum Einkommen *(grants related to income)*	20–24
3.3 Investitionszuwendungen *(grants related to assets)*	25–29
3.3.1 Im Anschaffungskostenmodell	25–28
3.3.2 Im *fair-value*-Modell	29
3.4 Sonderprobleme	30–38
3.4.1 Zuwendung nichtmonetärer Güter	30
3.4.2 Latente Steuern	31
3.4.3 Ausweis in der Kapitalflussrechnung	32
3.4.4 Rückzahlung von Zuwendungen	33–35
3.4.5 Verteilung bei gebündelten *(package)* Förderungsmaßnahmen	36
3.4.6 Private Zuschüsse	37
3.4.7 Ausweis im Gliederungsschema	38
3.5 Angaben	39
4 Vergleich mit dem HGB	40–45
4.1 Überblick	40–44
4.2 Synoptische Tabelle von Bilanzierungsfällen und -lösungen (ABC)	45
5 Anwendungszeitpunkt, Rechtsentwicklung	46
6 Zusammenfassende Praxishinweise	47

Schrifttum: ADLER/DÜRING/SCHMALTZ, Rechnungslegung nach internationalen Standards, Abschnitt 11 (ADS INTERNATIONAL); EISOLT, Bilanzierungsfragen bei der Abwasserabgabe-Verrechnung, WPg 2005, S. 19.; FREIBERG, Bilanzierung von öffentlichen Investitionszuwendungen nach gegenwärtigem und zukünftigem Recht, PiR 2005, S. 94; IDW-STELLUNGNAHME, HFA 1/1984, WPg 1984, S. 613; KÜTING/KOCH, Neukonzeption der Bilanzierung von Zuwendungen der öffentlichen Hand, DB 2006, S. 742; KÜTING/KOCH, Öffentliche Zuwendungen im Jahresabschluss nach IFRS, DB 2006, S. 569; Pfitzer/Wirth, in: Baetge u. a., Rechnungslegung nach IAS; Scheinpflug, in: Beck'sches IFRS-Handbuch 2004, § 4; Tjaden, Bilanzierungsfragen bei Zuwendungen der öffentlichen Hand, WPg 1985, S. 33; Uhlig, Grundsätze ordnungsmäßiger Bilanzierung von Zuschüssen, 1989.

Vorbemerkung

Die Kommentierung bezieht sich auf IAS 20 in der aktuellen Fassung und berücksichtigt alle Ergänzungen, Änderungen und Interpretationen, die bis zum 1.1.2007 beschlossen wurden.
Einen Überblick über ältere Fassungen sowie über diskutierte oder schon als Änderungsentwurf vorgelegte zukünftige Regelungen enthält Rz 46.

1 Zielsetzung, Regelungsinhalt und Begriffe

1 IAS 20, der Standard zu den öffentlichen Zuwendungen *(government grants)*, dient dem Ziel, den Adressaten des Jahresabschlusses Aufschlüsse über die Hilfestellung der öffentlichen Hand zu geben, die sich im Jahresabschluss eines Unternehmens/Konzerns niedergeschlagen haben. Dadurch soll die Vergleichbarkeit innerhalb des Unternehmens zwischenperiodisch und mit anderen Unternehmen hergestellt werden (IAS 20.5).

2 Als Zuschuss gelten **Hilfeleistungen** *(assistances)* der öffentlichen Hand durch **Transfer von Ressourcen** als Ausgleich für *(in return)* die Einhaltung bestimmter Bedingungen (IAS 20.3). Negativ werden diese Zuwendungen von den normalen Einnahmen abgegrenzt, die das Unternehmen im kaufmännischen Geschäftsverkehr mit öffentlichen Institutionen *(government)* erhält. Auf die **Bezeichnung** dieser Zuschüsse kommt es dabei nicht an (IAS 20.6).

3 IAS 12 vermeidet ein spezifisches Eingehen auf die **Vielfalt** der öffentlichen Förderungsmaßnahmen. Stattdessen zieht er allgemeine Begriffsdefinitionen heran und grenzt nicht behandelte Probleme im Zusammenhang mit der Wirtschaftstätigkeit der öffentlichen Hand aus. Zu solchen **ausgegrenzten** Gebieten zählen explizit:

- der in Hochinflationsländern relevante Fall der Bilanzierung zu indizierten Zeitwerten (IAS 20.2a).
- Begünstigungen irgendwelcher Art im Rahmen der Einkommensbesteuerung (IAS 20.2b).
- Zuwendungen an Unternehmen landwirtschaftlicher Produktion (IAS 20.2d; IAS 41.34; → § 40).
- Beteiligungen der öffentlichen Hand am Unternehmen als Gesellschafter (IAS 20.2c).

Der letztgenannte Punkt schließt die in **privatwirtschaftlicher** Rechtsform geführten Gesellschaften, an denen die öffentliche Hand beteiligt ist, nicht aus

§ 12 ÖFFENTLICHE ZUWENDUNGEN

dem Anwendungsbereich von IAS 20 aus,[1] soweit sie einer „normalen" Wirtschaftstätigkeit nachgehen und dabei einen Zuschuss bestimmter Art erhalten (Beispiel: Energieversorgung). Vielmehr geht es um die Beteiligung „als solche". Im Rahmen der Verabschiedung von IAS 20 ist die Herausnahme der Beteiligungen der öffentlichen Hand aus dem Regelungsbereich intensiv diskutiert worden[2] mit dem Ergebnis, dass das öffentliche Investment in das Nennkapital eines Unternehmens nicht von IAS 20 erfasst wird (F.65 „*funds contributed by shareholders*").

IAS 20.3 liefert folgende **Begriffsdefinitionen**:   **4**

- Als **öffentliche Hand** (*government*) werden generell **staatliche Instanzen** bezeichnet, einerlei ob diese auf lokaler, nationaler oder internationaler Ebene agieren. Es ist auch unerheblich, in welcher Rechtsform die öffentliche Hand dabei auftritt, z. B. in Form einer öffentlich-rechtlichen Körperschaft. Nach der hier vertretenen Auffassung gehört zu den so bezeichneten *government agencies* auch eine privatwirtschaftlich organisierte Förderungsinstitution (**Beispiel**: Tourismus-Förderungs-GmbH).

- Als **öffentliche Beihilfen** (*government assistance*) wird in IAS 20.3 die Gewährung von **wirtschaftlichen Vorteilen** an ein Unternehmen oder eine Gruppe von Unternehmen verstanden, wenn diese bestimmte Kriterien erfüllen. Nicht unter den Begriffsinhalt von *government assistance* fallen **indirekte** Vorteilsgewährungen der öffentlichen Hand durch Zurverfügungstellung von Infrastruktur in Entwicklungsgebieten oder generelle Ermöglichung von wirtschaftlicher Betätigung (IAS 20.38).   **5**

- Der **eigentliche** Inhalt von IAS 20 bezieht sich auf die **öffentlichen Zuwendungen** (*government grants*). Es handelt sich um Hilfeleistungen der öffentlichen Hand in Form **der Übertragung von Mitteln** (*transfer of resources*; IAS 20.3) an ein Unternehmen. Dieser Transfer kann in bar, durch Aufrechnung, durch Forderungsverzicht (z. B. auf Steuern) u. Ä. erfolgen und soll eine „Gegengabe" (*return*) für die Einhaltung bestimmter Bedingungen in der Vergangenheit oder Zukunft durch das Unternehmen im Rahmen seiner Tätigkeit (Rz 8) darstellen (**Beispiel**: Neubau einer Fabrik mit Schaffung von X Arbeitsplätzen).   **6**

Die öffentlichen Zuwendungen sind also definiert als **Unterbegriff** der öffentlichen **Beihilfe** (*assistance*). Öffentliche Beihilfen ohne Zuwendungscharakter sind nur im Rahmen der **Anhangangaben** (Rz 39) nach den inhaltlichen Vorgaben von IAS 20.34ff. offenzulegen. Beispielhaft werden dort (IAS 20.35) genannt: kostenlose technische oder Marketing-Beratung oder Gewährung von Bürgschaften. Diese sollen sich einer Bewertung entziehen und sind deshalb nicht bilanzierbar. Das gilt auch für niedrig verzinsliche oder unverzinsliche Darlehen der öffentlichen Hand (IAS 20.37). Allerdings will

---

[1] PFITZER/WIRTH, in: BAETGE u. a., Rechnungslegung nach IAS, zu IAS 20 Rz 5.
[2] EPSTEIN/MIRZA, Interpretation and Application of IAS 2002, S. 949.

Hoffmann

der *Board*[3] die Verweise auf Bürgschaften (IAS 20.35) und zinsgünstige Darlehen (IAS 20.37) wegen des Konflikts mit den Bewertungsvorgaben für finanzielle Verpflichtungen in IAS 39 entfernen (→ § 28 Rz 175). Zu den „*Service concession arrangements*" wird verwiesen auf → § 18 Rz 64.

7
- Die öffentlichen Zuwendungen (*grants*) werden dann in IAS 20.3 weiter **untergliedert** in:
  - Zuwendungen, die sich auf **Vermögenswerte** (Rz 25ff.) beziehen, die das Unternehmen unter bestimmten Bedingungen erwerben oder herstellen will: nach deutschem Recht **Investitionszulagen** oder **Investitionszuschüsse** *(grants related to assets;* Rz 42).

> **Beispiel 1**
> Der Automobilkonzern B erstellt eine neue Fabrik in Leipzig. Dafür erhält er eine Investitionszulage nach den gesetzlichen Vorschriften sowie einen Investitionszuschuss aus dem Regionalförderungsprogramm des Freistaates Sachsen.

  - **Erfolgsbezogene Zuwendungen: Aufwands- oder Ertragszuschüsse** *(grants related to income);* sie sind negativ definiert als solche, die sich nicht auf Vermögenswerte beziehen (Rz 20ff.).

> **Beispiel 2**
> Der vor der Insolvenz stehende Bau-Großkonzern H erhält von der Bundesregierung eine „**Soforthilfe**" in bar zur Rettung der Arbeitsplätze.

> **Beispiel 3**
> Das Biotechnologieunternehmen X erhält vom Bundesforschungsministerium für Forschungsleistungen betreffend ein neues Produktionsverfahren einen laufenden „**Aufwandszuschuss**" für eine Periode von drei Jahren.

  - „**Erlassfähige**" **Darlehen**, also solche Darlehen, auf die der Darlehensgeber unter bestimmten vorgeschriebenen Bedingungen verzichtet *(forgivable loans).*

> **Beispiel 4**
> Das Biotechnologieunternehmen Y baut in Hamburg ein neues Großlabor zur Entwicklung einer neuen Produktionstechnik. Die Freie und Hansestadt Hamburg gewährt ein unverzinsliches Finanzierungsdarlehen mit der Auflage, dieses dann zurückzuzahlen, wenn das Projekt Gewinn bringend vermarktet werden kann.

---

[3] IASB, Update Juli 2004.

Beispiel 5
Die Freie Hansestadt Bremen gewährt dem Biotechnologieunternehmen Z für den Bau eines Großlabors einen (zinslosen) Zuschuss. Dieser ist dann nicht rückzahlbar, wenn das Forschungsergebnis aus diesem Labor nicht Gewinn bringend vermarktet werden kann.

Beispiel 6
Ein weiteres Beispiel stellt die **Abwasser-Abgabe-Verrechnung**[4] dar: Bei Errichtung einer Abwasserreinigungsanlage können die für die 3 Jahre vor Inbetriebnahme der Anlage entstandenen Abwasserabgaben „verrechnet" werden, d. h., sie werden zurückbezahlt.

In SIC 10.1 sind als **Anlässe** zur Gewährung von öffentlicher Beihilfe *(government assistance*; Rz 5) folgende Fälle aufgeführt:
- Geschäftstätigkeit in **besonderen Branchen**,
- Weiterführung der Geschäftstätigkeit nach der **Privatisierung**,
- Tätigkeitsbeginn oder -fortsetzung in **unterentwickelten Regionen**.

Die Zuwendung der öffentlichen Hand muss sich auf die **laufende Geschäftstätigkeit** des Unternehmens beziehen (Rz 6). Diese Bedingung wird durch die Betätigung in bestimmten Regionen oder industriellen Sektoren erfüllt (SIC 10.3).

Der in Deutschland üblichen **Unterscheidung** nach **Zuschüssen** und **Zulagen** (vgl. die beiden alternativen Förderungsmöglichkeiten im Beispiel in Rz 7) kommt nach IAS 20 keine Bedeutung zu (Rz 42).

Der Standard ist **nicht** auf Zuwendungen im Regelungsbereich von IAS 41 *(Agriculture)* anzuwenden (→ § 41 Rz 2).

2 Ansatz

2.1 Zeitliches Kriterium

Öffentliche Zuwendungen sind nach IAS 20.7 zu dem Zeitpunkt bilanzansatzfähig, an dem gewährleistet ist *(reasonable assurance)*, dass
- das Unternehmen die Voraussetzungen erfüllt und
- die Zuwendungen auch tatsächlich zufließen (also z. B. die Anträge gestellt werden).

Beide Ansatzkriterien sind gleichermaßen bedeutsam. Dabei ist es unerheblich, in welcher **Technik** die Zuwendung gewährt wird. Es kann sich um eine **Barzahlung** handeln oder aber auch um den Erlass einer **Verbindlichkeit** ge-

---

[4] Vgl. hierzu EISOLT, WPg 2005, S. 1114.

genüber der öffentlichen Hand (IAS 20.9). Auch die Übertragung von **Sachwerten** materieller und immaterieller Art kommt in Betracht (Rz 30). Unklar ist der der *reasonable assurance* beizumessende „Sicherheitsgrad".[5] (*Reasonable assurance* entspricht einem *sufficient degree of certainty* gemäß F.93.) Man kann ihn mit „*probable*" i. S. von IAS 18.14 identifizieren, doch ist mit dieser zirkulären Tautologie für die Bilanzierungspraxis wenig gewonnen. Umgekehrt: Der typische Auslegungsbedarf mit Ermessensspielraum des Managements kommt einmal mehr zum Tragen (→ § 1 Rz 38). Die häufig im Schrifttum dargebotenen Wahrscheinlichkeits-Prozentsätze sind weder aus dem Regelwerk ableitbar noch in der Anwendung operationabel (→ § 21 Rz 32ff.). Allenfalls kommen Negativkriterien in Betracht: Noch nicht ausgeschöpfter Förderungstopf der Regierung, kein Fristversäumnis etc.

11 Das zeitliche Ansatzkriterium der *reasonable assurance* wird in IAS 20 nicht weiter definiert. Zurückzugreifen ist deshalb auf das Definitionsgefüge im *Framework* (→ § 1 Rz 89ff.). Insbesondere geht es dabei um die Auslegung des **Wahrscheinlichkeits**gehaltes bezüglich der künftigen wirtschaftlichen Vorteile in F.82ff. IAS 20.8 begnügt sich über die Wiederholung der *reasonable assurance* hinaus in diesem Zusammenhang mit einem **negativen** Ansatzkriterium: Die bereits erfolgte Vereinnahmung des Zuwendungsbetrages erlaubt **nicht** den zwingenden Schluss, dass die mit der Zuwendung verbundenen Auflagen auch erfüllt sind oder später erfüllt werden. Sollte Letzteres nicht der Fall sein, wäre die vereinnahmte Zuwendung als Verbindlichkeit zu passivieren. Zur geplanten Änderung vgl. Rz 18.

Zu unterscheiden sind öffentliche Zuwendungen mit **Rechtsanspruch** (**Beispiel**: Investitionszulage nach dem InvZulG) – bei Erfüllung bestimmter Voraussetzungen – von denjenigen, deren Gewährung von **Ermessensausübungen** einer Behörde abhängen. Die Erstgenannten sind bei Erfüllung der rechtlichen Kriterien anzusetzen, die Letztgenannten erst nach Ergehen eines entsprechenden Bewilligungsbescheides anzusetzen.[6]

12 Bei Zuschussgewährung im „Windhundverfahren" – Auslobung eines Zuwendungs-Höchstbetrages mit Vergabe nach Antragseingang – hängt der Bilanzansatz von dem noch nicht anderweitig ausgeschöpften Förderungsvolumen ab. Bei Genehmigungsvorbehalt einer übergeordneten Behörde muss deren Genehmigung vorliegen.[7]

13 **Erlassfähige Darlehen** sind zu dem Zeitpunkt als öffentliche Zuwendung zu behandeln, in dem die Bedingungen für den Erlass mit *reasonable assurance* (Rz 10f.) erfüllt werden (zur geplanten Änderung vgl. Rz 18). Die Erlassbedingungen müssen also noch nicht eingetreten sein. Liegt eine solche *reasonable assurance* vor, wird das Darlehen nicht mehr als Schuldposten ausgewiesen

---

[5] EPSTEIN/MIRZA, Interpretation and Application of IAS 2002, S. 950f.: zu den „Sicherheitsgraden" überhaupt und der diesbezüglichen Terminologie vgl. ADS INTERNATIONAL, Abschn. 11 Tz 19f.; KÜTING/KOCH, DB 2006, S. 569.
[6] PFITZER/WIRTH (Fn 1).
[7] ADS INTERNATIONAL, Abschn. 11 Tz 11: „kaum noch Zweifel bestehen".

(IAS 20.10). Auf den Zeitpunkt des tatsächlichen Erlasses kommt es ebenso wenig an[8] wie auf die Bezeichnung „Darlehen" (Beispiele 4 und 5 in Rz 7).

2.2 Eventuelle Rückzahlungsverpflichtung

IAS 20.11 weist auf die Angabepflicht für **Eventualverbindlichkeiten** *(contingent liabilities)* nach IAS 37 hin (→ § 21 Rz 85), die aus bereits gewährten öffentlichen Zuwendungen *(grants*; Rz 6f.) resultieren kann. Das ist insoweit berechtigt, als jede öffentliche Förderungsmaßnahme nur unter **Bedingungen** erteilt wird, wovon die meisten sich auf zukünftiges Verhalten beziehen (**Beispiel**: Aufrechterhaltung von Arbeitsplätzen). Solange überhaupt **kein** Anlass besteht, an der Einhaltung der Bedingungen zu zweifeln, ist die *contingent liability* weder angabe- noch bilanzierungspflichtig. Ist die Einhaltung der Bedingungen zwar **wahrscheinlicher**, aber die Nichteinhaltung **nicht völlig unwahrscheinlich** *(remote)*, verbleibt es bei einem Anhangvermerk (Rz 39). Anders, wenn die Nichteinhaltung wahrscheinlich ist (→ § 21 Rz 32ff.); dann ist die Rückzahlungsverpflichtung als Verbindlichkeit auszuweisen. Der Ausweis im Jahresabschluss richtet sich dann nach den Regeln der Verbindlichkeits- und Rückstellungsbilanzierung (IAS 37.14) bzw. den Anhangangaben (IAS 37.84ff.). Auf die Darstellung in → § 21 Rz 125ff. wird verwiesen.

14

Hängt die Rückzahlungsverpflichtung von dem Entstehen **künftiger Gewinne** ab und ist diese Verpflichtung aus diesen Gewinnen zu bestreiten, dann darf nach deutscher Rechtsauffassung u. U. eine Verbindlichkeit erst bei Eintritt der Bedingung (Gewinnsituation) bilanziert werden.[9] Den IFRS ist unmittelbar eine solche Vorgabe nicht zu entnehmen. Die der deutschen Auffassung entsprechende Behandlung lässt sich allerdings durch das *matching principle* begründen (IAS 20.16): Der Aufwand ist der Periode zuzuordnen, in welcher der entsprechende Ertrag entstanden ist.[10] Bis dahin ist ein rückzahlbarer Zuschuss oder ein „erlassfähiges Darlehen" (Rz 7) als Verbindlichkeit auszuweisen. Unerheblich ist in diesem Zusammenhang die rechtliche Ausgestaltung der Eventual-Rückzahlungsverpflichtung als **auflösend oder aufschiebend** bedingt. Denn in der rechtlichen Gestaltung können durch Ausformulierung beide Techniken zum gleichen Ergebnis führen.[11]

15

Eine **Anhangsangabe** oder die **Passivierung** einer Rückzahlungsverpflichtung entfällt dann, wenn sich die öffentliche Hand mit ihrer Zuwendung am **wirtschaftlichen Erfolg** des bezuschussten Projekts beteiligt (**Beispiel**: öffentliche Forschungszuschüsse; vgl. die Beispiele 4 u. 5; Rz 7).

16

---

[8] EPSTEIN/MIRZA, Interpretations and Application of IAS 2002, S. 951.
[9] Die Auffassungen sind diesbezüglich sehr differenziert. Der BFH hat (in handelsrechtlicher Argumentation) im Urteil v. 17.12.1998, IV R 21/97, BStBl II 2000 S. 451, auf Rückstellungsbildung erkannt. Vgl. auch die Fallbeispiele unter Rz 45.
[10] So auch PFITZER/WIRTH, (Fn 1), Tz 29, mit Hinweisen zum Schrifttum sowie das in Fn 11 zitierte BFH-Urteil.
[11] Vgl. BFH, Urteil v. 17.12.1998, IV R 21/97, BStBl II 2000 S. 116 (Fn 10).

17 Die **erstmalige** Bilanzierung von Rückzahlungsverpflichtungen für öffentliche Zuwendungen *(government grants)* lässt sich ausnahmsweise als Berichtigung einer Schätzung *(revision to an accounting estimate)* nach IAS 8.23ff. darstellen (→ § 24 Rz 10ff.). Meistens wird allerdings ein neuer Sachverhalt vorliegen, der auch ohne besondere Regeln bilanzieller Berücksichtigung bedarf.

2.3 Geplante Anpassungen der Ansatzvorschriften

18 Der *Board* will die Überarbeitung oder Ersetzung von IAS 20 (Rz 46) gemeinsam mit dem FASB zusammen mit dem *Revenue Recognition Project* (→ § 25 Rz 113) betreiben. Die Ansatzkriterien (Rz 10ff.) sollen nach Maßgabe der schon jetzt in IAS 41.34f. für bestimmte biologische Vermögenswerte enthaltenen Vorschriften (→ § 40 Rz 73f.) geändert werden.[12]

IAS 41.34f. unterscheiden bezüglich der zum *fair value* bewerteten biologischen Vermögenswerte zwischen
- **unbedingten** und
- **bedingten**

Zuwendungen.

Im **weiteren** Sinne ist beinahe jede Zuwendung bedingt, nämlich an die Erfüllung von Fördervoraussetzungen gebunden. Im **engeren** Sinne lässt sich aber am Beispiel der **Investitionszuwendungen** folgende Unterscheidung vornehmen:
- Die Zuwendung ist **unbedingt** i.e.S., wenn mit Durchführung der förderfähigen Investition keine weiteren Auflagen mehr zu erfüllen sind;
- sie ist **bedingt**, wenn auch nach Vornahme der Investition noch bestimmte Auflagen zu erfüllen sind, etwa eine Mindestverbleibensdauer des Investitionsguts im Betrieb zu gewährleisten ist und bei Verstoß gegen diese Bedingung eine Rückzahlungspflicht besteht.

Im ersten Fall sind die Bedingungen mit der Investition bereits erfüllt. Zu buchen ist dann: per Forderung auf Zuwendung an Ertrag.
Bei zeitlich noch nicht erfüllter Bedingung ist mit Geldeingang zu buchen: per Geld an Verbindlichkeit, bei Erfüllung der Bedingung: per Verbindlichkeit an Ertrag. In beiden Fällen entfällt die Periodisierung nach geltendem Recht (Rz 26).

Beispiel[13]
An die Investitionszulagengewährung für die Maschine eines Unternehmens A ist ein 5-jähriger Verbleibezeitraum gem. InvZulG 2005 geknüpft (bedingte Zuwendung). A tätigt die Investition in Höhe von 4 Mio. EUR in 2005. Die Zulage wird in 2007 in Höhe von 25 % gewährt. Die Buchungen sind wie folgt:
In 2005: per Maschine 4 Mio. EUR an Bank 4 Mio. EUR
In 2007: per Kasse 1 Mio. EUR an bedingte Schuld 1 Mio. EUR

---

[12] Vgl. KÜTING/KOCH, DB 2006, S. 742.
[13] Entnommen aus: FREIBERG, PiR 2005, S. 94.

(da die Fördervoraussetzungen, z. B. Ablauf der 5-jährigen Verbleibensfrist, noch nicht endgültig erfüllt sind, insoweit noch eine bedingte Rückzahlungspflicht besteht)
Erst Ende 2010, wenn die mit der Förderung verbundenen Auflagen erfüllt sind, findet eine Ertragsvereinnahmung statt:
per bedingte Schuld 1 Mio. EUR an sonstiger betrieblicher Ertrag 1 Mio. EUR
Ohne Bindung der Zusage an eine besondere Auflage wäre in 2005 zu buchen:
per bedingte Schuld 1 Mio. EUR an sonstiger betrieblicher Ertrag 1 Mio. EUR

Demgegenüber ist auf biologische Vermögenswerte, die *at cost* bewertet werden, derzeit noch IAS 20 anzuwenden.

3 Ausweis

3.1 Allgemeines Kriterium: Ergebniswirksame Zuordnung zu den bezuschussten Aufwendungen im Zeitverlauf (*matching principle*)

IAS 20.12 spricht sich für die **erfolgswirksame** Behandlung des Zuschusses als einzige Bilanzierungsmöglichkeit aus. Die offensichtlich im Board vor der Verabschiedung geführte heftige Diskussion – s. IAS 20.14f. – lehnt die **direkte Vereinnahmung im Eigenkapital** = *capital approach* (→ § 20 sowie SIC 10.3) ab. Insoweit besteht also eine nahtlose Übereinstimmung mit den deutschen Bilanzierungsregeln. Dieser so genannte *income approach* wird weiter in IAS 20.12 in Verbindung mit IAS 20.16 bis 19 in einer **periodisierenden** Betrachtung spezifiziert *("to match")*. Die mit den öffentlichen Zuwendungen korrespondierenden Kosten (im weiteren Sinne auch als Investitionsausgaben verstanden) sollen durch die buchmäßige Behandlung des Zuschusses **ergebnismäßig** kompensiert werden (vgl. das Beispiel in Rz 21). Dies entspricht der Vorgabe in F.95 (→ § 1 Rz 117). Insoweit besteht ein konzeptioneller Unterschied zu der in Deutschland zumindest als **Wahlrecht** in der Handels- und Steuerbilanz möglichen sofortigen Vereinnahmung von Investitionszuwendungen.[14] Umgekehrt entspricht die (auch) nach deutscher Auffassung zu präferierende ratierliche Vereinnahmung der eben genannten Vorgabe nach IAS 20.12. Zum Vergleich mit den deutschen Bilanzierungsregeln siehe Rz 40ff.
Die periodengerechte Zuordnung der Zuschüsse nach dem *matching principle* erfordert bei Investitionszuwendungen buchungstechnisch den Ansatz eines **passiven Abgrenzungspostens** oder eine aktivische Kürzung von den Anschaffungs- oder Herstellungskosten (Rz 21, 26). Beide Posten stellen konzeptionell

19

---

[14] Zur handelsrechtlichen Bilanzierung siehe Ellrott/Brendt, Beck'scher Bilanzkommentar, 6. Aufl., § 255 Tz 115ff.

nach dem IFRS-*Framework* einen Fremdkörper dar.[15] Auch deshalb soll IAS 20 grundlegend überarbeitet werden (Rz 18).

3.2 Zuwendungen zum Einkommen *(grants related to income)*

20 IAS 20.20-22 unterscheiden – nicht sehr trennscharf – zwei Typen von Zuwendungen zum Einkommen (besser: Aufwandszuschüsse; siehe Rz 7), die bei Erfüllung der Ansatzvoraussetzungen (Rz 10f.) sofort ergebniswirksam zu erfassen sind:

- solche für **bereits entstandene Aufwendungen oder Verluste** (ohne zugehörige künftige Aufwendungen);
- unter bestimmten Umständen zugesagte **unmittelbare finanzielle Hilfe** (Beispiel 2 unter Rz 7; vgl. Rz 21).

Beide Ausweistypen sind praktisch häufig nicht zu unterscheiden. Das ist allerdings von geringer praktischer Relevanz, denn in beiden Fällen ist der Ansatz **zeitlich** bei Erfüllung der Voraussetzungen i. S. d. IAS 20.7 (Rz 10f.; voll ergebniswirksam unter den sonstigen betrieblichen Erträgen) vorzunehmen (IAS 20.21).

21 **Zukunftsbezogene Zuwendungen zum Einkommen** (Ertrags- bzw. Aufwandszuschüsse siehe Rz 7) sind nach IAS 20.12 **periodengerecht** entsprechend den zugehörigen Aufwendungen zu vereinnahmen (Rz 19). Eilt die Zuschussgewährung den Aufwendungen zeitlich voraus, ist die „Überzahlung" als Rechnungsabgrenzungsposten *(deferred income)* zu passivieren und zeitanteilig aufzulösen (zur Parallele im deutschen Recht Rz 40ff.). Der Ausweis in der GuV kann dabei wahlweise nach IAS 20.29 als Kürzung von den Aufwendungen (Nettoausweis) oder unter den sonstigen Erträgen *(other income)* erfolgen (Bruttoausweis).

Beispiel[16]
Ein Unternehmer erhält im Jahr 01 eine Zusage der Regierung über einen Zuschuss von 30 zur Beseitigung von Umweltschäden auf fünf Jahre. Der Zuschuss wird in 01 mit 15 und in 04 mit weiteren 15 ausbezahlt. Die Kosten betragen 15. Die Ergebnisauswirkung beträgt:

Jahr	Kosten	Vereinnahmung	Forderung	passive Abgrenzung
01	1	2	15	28
02	2	4	15	24
03	3	6	15	18
04	4	8	0	10
05	5	10	0	0
Gesamt	15	30		

---

[15] Freiberg, PiR 2005, S. 94.
[16] Nach Epstein/Mirza, Interpretation and Application of IAS 2002, S. 95, zu IAS 20.17: „recognition ... as income in the same period as the relevant expense".

Je nach Zahlungszeitpunkt ist für den Überschuss eine Abgrenzung als Vermögenswert oder passive Rechnungsabgrenzung *(deferred income)* vorzunehmen.

Das Hauptproblem bei der Bearbeitung von Zuwendungen zum Einkommen besteht in der richtigen **periodischen Zuordnung** *(matching)*.[17] Dies gilt insbesondere bei der Bezuschussung von längerfristigen Entwicklungsprojekten. Als Illustration kann das Beispiel eines Zuschusses für Fortbildungsmaßnahmen *(training)* dienen. Dazu kommen folgende zeitliche Kriterien in Betracht:

- Zuordnung zu den direkten Kosten der Ausbildung;
- Zuordnung zu den Lohnkosten für die fortzubildenden Beschäftigten während der Laufzeit des Projektes;
- zeitliche Zuordnung zu den erhofften Erfolgen der Fortbildungsmaßnahmen;
- zeitliche Zuordnung über die Laufzeit des Fortbildungsprojektes in gleichmäßiger Verteilung;
- Zuordnung über den Zeitraum, in dem der Zuschuss geleistet wird;
- Vereinnahmung bei Zahlung des Zuschusses.

Die letztgenannte Variante scheidet nach IAS 20.12 aus (Rz 21). Alle übrigen Zuordnungsvarianten können unter Berücksichtigung der konkreten Umstände zutreffend sein. Vor diesem Hintergrund ist der **zeitlichen Konsistenz** bei der Wahl der Zuordnungsmethode besonderes Gewicht beizumessen (Stetigkeitsgebot → § 24 Rz 7ff).

IAS 20 erwähnt förmlich nicht die Zuschüsse für **entgangene Einnahmen** (**Beispiele**: unentgeltliche Schülerbeförderung, Altölbeseitigung, Stilllegungsprämien). Diese sind wirtschaftlich den eigentlichen Aufwandszuschüssen vergleichbar und fallen deshalb ebenfalls unter die Zuschüsse zum Einkommen (Rz 45, dort die Beispiele „Verzicht auf Milch- oder Mehlproduktion"). Wegen des möglichen Ausweises als Umsatzerlös wird verwiesen auf → § 25 Rz 105.

3.3 Investitionszuwendungen *(grants related to assets)*

3.3.1 Im Anschaffungskostenmodell

Investitionszuschüsse (Rz 7) – begrifflich hier auch umfassend die Investitionszulagen nach deutschem Steuerrecht – sind buchmäßig als **Kompensation der zugehörigen** Abschreibungen zu behandeln (IAS 20.12, IAS 20.17). Die nach R 34 Abs. 2 EStR mögliche **sofortige erfolgswirksame Behandlung** kommt **nicht** in Betracht. Insofern stimmen umgekehrt die Regeln von IAS 20 mit der IDW-Stellungnahme, HFA 1/1984, überein

---

[17] Vgl. hierzu die Darstellung bei ERNST & YOUNG, International GAAP 2005, S. 1528. Auf die dortigen Ausführungen stützt sich die nachfolgende Darstellung.

Hoffmann

(Rz 41).[18] Bei der Zugangsbewertung soll ein *impairment*-Test gemäß IAS 36 (→ § 11 Rz 9ff.) als zwingend eingeführt werden.[19] Eine mit dem Ansatz des Zuschusses u. U. einhergehende Verbindlichkeit (Rz 18) ist derselben Zahlungsmittel generierenden Einheit (→ § 11 Rz 44ff.) wie der bezuschusste Vermögenswert zuzuordnen.

26 Diese Periodisierung **proportional zum Abschreibungsverlauf** kann in zweierlei Form buchtechnisch dargestellt werden (IAS 20.24):

- Ausweis als **passiver Rechnungsabgrenzungsposten** *(deferred income)* mit abschreibungsproportionaler Auflösung (Bruttomethode);
- **Kürzung von den Anschaffungs- oder Herstellungskosten** mit der Folge niedrigerer Abschreibungsverrechnung (Nettomethode).

Die beiden Methoden gelten als *gleichwertig*, also kein „*benchmark treatment*". Das ist insofern zutreffend, als beide Methoden eine periodengerechte Aufwands- bzw. Ertragsverrechnung gewährleisten (Rz 19). Zu Darstellungsbeispielen vgl. Rz 34.
In der **deutschen HGB-Praxis** gibt es **keine einheitliche Ausweisregel**. Z. T. werden die passivierten Zuschüsse bzw. Zulagen innerhalb der **Rechnungsabgrenzungsposten** ausgewiesen oder im **Anhang** genannt, z. T. erfolgt die Darstellung als **Sonderposten** zwischen Eigen- und Fremdkapital (Rz 41). Nach IFRS ist der **Ansatz** eines Sonderpostens zwischen Eigen- und Fremdkapital nicht zulässig. Einen besonderen Ausweis für Abgrenzungsposten sieht das Bilanzgliederungsschema ebenfalls nicht vor. Üblich ist daher die Einordnung unter langfristigen Schulden (→ § 2 Rz 25ff.).
Die **Ergebnisauswirkung** beider Methoden ist die gleiche, soweit – sinnvollerweise – die Auflösung des Passivpostens abschreibungsproportional erfolgt (so die Regel nach IAS 20.17 „*usually*"). Der Gegenausweis innerhalb der GuV hat unter den sonstigen Erträgen einerseits (Bruttoverfahren) oder als Kürzung von den Abschreibungen andererseits (Nettoverfahren) zu erfolgen (IAS 20.26ff.).
Zur Behandlung in der **Kapitalflussrechnung** vgl. Rz 32 sowie → § 3 Rz 52.

27 **Änderungen** bei der Abschreibungsmethode bzw. die Neueinschätzung der Nutzungsdauer (→ § 10 Rz 38) führen zur korrespondierenden Anpassung des passiven Abgrenzungsbetrages.

28 Bei Zuwendungen für nicht **abschreibbare** Vermögensgegenstände (Grundstücke) löst IAS 20.18 das Periodisierungsproblem anhand der damit in aller Regel verbundenen Auflage.

---

[18] WPg 1984, S. 613; siehe hierzu TJADEN, in: WPg 1985, S. 36.
[19] IASB, Update Juli 2004.

Beispiel[20]
Wenn der Zuschuss für einen Grundstückserwerb (auch kostenlose Übereignung des Grundstücks) von der Errichtung eines Gebäudes in bestimmter Lage abhängt, ist er über die Nutzungsdauer des Gebäudes hinweg zu vereinnahmen.

Weiteres Beispiel[21]
Ein Unternehmer erhält unentgeltlich ein Stück Land mit einem Verkehrswert von 120 zur Erschließung. Bedingung ist die Beschäftigung von heimischen Arbeitern während der Arbeitsdauer von drei Jahren. Die Auflage der Regierung sieht einen festen Mindestlohnaufwand von 60 vor, der im Zeitverlauf wie folgt anfällt und eine entsprechende Zuschussvereinnahmung auslöst:

Jahr	Kosten	Zuschuss
01	10	20
02	10	20
03	40	80
	60	120

3.3.2 Im *fair-value*-Modell

Öffentliche Zuwendungen zu Anlagegrundstücken (*investment properties*), die im *fair-value*-Modell bewertet werden (→ § 16 Rz 42), können einerseits Anschaffungs- bzw. Herstellungskosten **mindern**, andererseits in Analogie zu Vorgaben für den Bereich der landwirtschaftlichen Produktion nach IAS 41.34 (→ § 40 Rz 65) **ertragswirksam** vereinnahmt werden. Welche Lösung vorzuziehen ist, hängt von den Umständen ab. Wenn die öffentlichen Zuwendungen **allen** vergleichbaren Investitionen offenstehen (z. B. nach dem Investitionszulagegesetz), aber ein **neues** Wirtschaftsgut voraussetzen, sinkt der *fair value* „automatisch" mit der Ingebrauchnahme. Die Anschaffungs-/Herstellungskostenminderung gleicht diese Minderung aus. Wenn die Zuwendungen gleichermaßen für **gebrauchte** „Wirtschaftsgüter" gelten, tritt kein Wertverlust ein. Eine ertragswirksame Buchung des Zuschusses ist dann vorzuziehen.

29

---

[20] Nach IAS 20.18. So auch Scheinpflug, in: Beck'sches IFRS-Handbuch, § 4 Tz 271; sowie KPMG, Insights into IFRS 2006/2007, 4.3.20.20; teilweise a. A. Pfitzer/Wirth, in: Baetge u. a., Rechnungslegung nach IAS, IAS 20 Tz 41, und ADS International, Abschn. 11 Tz 51.
[21] Nach Epstein/Mirza, Interpretation and Application of IAS 2002, S. 953.

> **Beispiel[22]**
>
> **Sachverhalt**
> Das Unternehmen erstellt am 30.12. ein Gebäude in einem Fördergebiet für einen Preis von 450 und erhält hierfür wie andere Investoren einen Zuschuss von 1/3 (150). Am 31.12. beträgt der Marktpreis vergleichbarer Neugebäude 480. Die öffentliche Zuwendung wird nur auf Neugebäude gewährt und ist ansonsten mit keiner Auflage verbunden.
>
> **Lösung**
> Am 30.12. wird der Zuschuss herstellungskostenmindernd verbucht und das Gebäude mit 300 (2/3 von 450) bewertet, am 31.12. mit 320 (2/3 von 480) wird ein Werterhöhungsertrag von 20 verbucht.
>
> **Sachverhaltsvariante**
> Der Zuschuss von 1/3 wird auch für die Anschaffung gebrauchter Gebäude gewährt.
>
> **Lösung**
> Am 30.12. wird der Zuschuss ertragswirksam verbucht und das Gebäude mit 450 bewertet, am 31.12. mit 480 und ein Werterhöhungsertrag von 30 verbucht.
> Das im Vergleich zur ersten Variante um 160 höhere Ergebnis erklärt sich wie folgt: Da auch gebrauchte Gebäude förderfähig sind, bewirkt die Ingebrauchnahme keine Minderung des erzielbaren Marktwertes.

> **Beispiel**
>
> **Sachverhalt**
> Das Unternehmen erhält von der öffentlichen Hand Bauland mit einem *fair value* von 100. Die Auflage besteht im Bau von Häusern mit niedrigen Mieten. Es handelt sich um ein *investment property*, für das die *fair-value*-Folgebilanzierung gewählt wird.
> Die Baukosten betragen 350, das fertige Projekt – Land und Häuser – hat einen *fair value* von 480.
>
> **Lösung**
> Möglich erscheint eine Passivierung des erhaltenen Zuschusses von 100 als Betriebseinnahme oder als Abzug von den Herstellungskosten. In beiden Fällen realisiert das Unternehmen einen Gewinn von 130, der sich aus dem „Zuschusseinkommen" für das Bauland von 100 und dem Wertzuwachs von 30 zusammensetzt.

---

[22] In Anlehnung an KPMG, Insigts into IFRS 2006/2007, 4.3.70.20; dies gilt auch für das folgende Beispiel.

Hoffmann

3.4 Sonderprobleme

3.4.1 Zuwendung nichtmonetärer Güter

IAS 20.23 befasst sich mit dem Sonderfall der Zuwendung **nichtmonetärer** **30**
Güter mit den Beispielen Grund und Boden und sonstigen Ressourcen. In
diesem Fall werden zwei Bilanzierungsmöglichkeiten zur Wahl gestellt (→ § 13
Rz 59):
- Einbuchung des **Zeitwertes** *(fair value)* des betreffenden Vermögensgegenstandes.
- Einbuchung mit einem **symbolischen** Wert *(nominal amount)*.

Die Gegenbuchung erfolgt entsprechend derjenigen bei Gewährung eines
Barzuschusses.
Buchungssatz also: per Anlagevermögen (z. B.) an Rechnungsabgrenzungsposten „*deffered income*" (Rz 26).
Für **bestimmte** immaterielle Vermögenswerte *(intangible assets)* nennt
IAS 38.33 Beispiele, die nach Maßgabe des vorstehenden Wahlrechtes bilanziert werden können: Landungsrechte für Flugzeuge, Lizenzen zum Radio- und Fernsehbetrieb, Import-Lizenzen u. Ä.
Emissionsrechte (sog. Treibhausgasemissionsberechtigung)[23] sind – u. E. auch
nach Rücknahme von IFRIC 3 (→ § 13 Rz 38) – als öffentlicher Zuschuss
(government grant)[24] anzusetzen (zu passivieren), soweit der *fair value* des
Emissionsrechtes den vom Unternehmen zu bezahlenden Betrag übersteigt.
Der passive Abgrenzungsposten ist dann folgerichtig über die Bewilligungsdauer des betreffenden Emissionsrechts hinweg ergebniswirksam zu vereinnahmen. Die Option in IAS 20.23 für den symbolischen Wert *(nominal amount)* gilt nach der Rücknahme von IFRIC 3 ebenfalls. Zur Bilanzierung des Emissionsrechtes als immaterieller Vermögenswert wird verwiesen auf
→ § 13 Rz 38, wegen der *service concession arrangements* auf → § 18 Rz 64.

3.4.2 Latente Steuern

IAS 20 befassen sich nicht mit Problemen der Steuerlatenzrechnung. Deshalb **31**
ist zu diesem Thema IAS 12 heranzuziehen, wo **zeitliche Unterschiede** *(temporary differences)* allgemein behandelt werden und damit auch solche nach
IAS 20 umfassen (→ § 26 Rz 17ff.).
Dabei ist im **Zugangszeitpunkt** wie folgt zu differenzieren:
- **gleicher Ausweis in IFRS- und Steuerbilanz,** unsaldiert mit Passiv-Sonderposten oder saldiert als Kürzung der Anschaffungs- oder Herstellungskosten (Rz 25f.) → keine temporäre Differenz, keine Steuerlatenz.
- **unterschiedlicher Ausweis,** z. B. Passiv-Sonderposten in der Steuerbilanz, Kürzung von den Anschaffungs- oder Herstellungskosten in der IFRS-Bilanz oder umgekehrt (Rz 25f.) → zusammengefasst keine temporäre Differenz, keine Steuerlatenz.

---

[23] Einzelheiten zum Inhalt des rechtlichen Rahmens bei GÜNTHER, KoR 2003, S. 432.
[24] So die Auffassung des IASB im Protokoll des Board-Meetings vom September 2005.

- sofortige erfolgswirksame – allerdings steuerfreie – Vereinnahmung in der Steuerbilanz (Investitionszulage, Rz 42), ratierlich in der IFRS-Bilanz (Rz 25) → Differenz bereits bei Zugang, aber permanent, da steuerfrei, deshalb nach IAS 12.22c und IAS 12.33 keine (aktive) Steuerlatenz.

- sofortige erfolgswirksame – allerdings steuerpflichtige – Vereinnahmung in der Steuerbilanz (Investitionszuschuss, Rz 42), ratierlich in der IFRS-Bilanz (Rz 25), erfolgswirksame Vereinnahmung bereits beim Zugang, deshalb Steuerlatenz gemäß IAS 12.22b (→ § 26 Rz 46).

In den drei erstgenannten Fällen können an sich unterschiedliche Abschreibungsfristen oder -verfahren zwischen IFRS- und Steuerbilanz (ggf. mit entsprechend unterschiedlicher Auflösung des Passiv-Sonderpostens; Rz 26) in der **Folgebewertung** zu temporären Differenzen führen. Dafür darf indes nach IAS 12.22c (→ § 26 Rz 45) keine Steuerlatenzrechnung erfolgen.

3.4.3 Ausweis in der Kapitalflussrechnung

32 Nach IAS 20.28 sollen bei **größeren Geldbewegungen** im Zusammenhang mit öffentlichen Zuwendungen diese in der Kapitalflussrechnung (→ § 3 Rz 62) gesondert gezeigt werden, und zwar unabhängig davon, ob die Zuschüsse zu Investitionen von den Anschaffungs- oder Herstellungskosten des bezuschussten Vermögensgegenstandes gekürzt oder als passiver Rechnungsabgrenzungsposten ausgewiesen werden (Rz 26). Empfohlen wird in IAS 20.28 die getrennte Darstellung des Liquiditäts**zuflusses** durch den öffentlichen Zuschuss einerseits und des Liquiditäts**abflusses** infolge der Investition andererseits.

Die IFRS behandeln aber nicht die Frage der Darstellung bzw. des Ausweises **innerhalb** der *cash-flow*-Rechnung. Die Problematik stellt sich insbesondere für die Zuschüsse für Investitionen (Rz 25) mit der Notwendigkeit, die Ausweisalternativen (Rz 26) konsistent in der *cash-flow*-Rechnung abzubilden. Folgende Lösungen sind denkbar:[25]

- bei Bilanzausweis des Investitionszuschusses als **passive Abgrenzung**: Vereinnahmung des Zuschusses mit zahlungsunwirksamer Auflösung im Zeitverlauf – beides im **operativen** Bereich;
- bei Kürzung des Zuschusses von den Anschaffungs- oder Herstellungskosten: weniger Abschreibung im **operativen** Teil bei geringerer Auszahlung im Bereich der **Investitionstätigkeit**;[26]
- Darstellung des Zuschusses im **Finanzierungsbereich**.

Ohne konkrete Regelung innerhalb der IFRS erscheinen alle diese betriebswirtschaftlich vertretbaren Lösungen als zulässig.

3.4.4 Rückzahlung von Zuwendungen

33 Geregelt ist in IAS 20.32 auch die **Rückzahlung** für beide Typen der öffentlichen Zuwendungen:

---

[25] Der DRS 2 enthält sich einer Stellungnahme zu dieser Problematik.
[26] So Epstein/Mirza, Interpretation and Application of IAS 2002, S. 955.

- Ertragsbezogene Zuwendungen (Rz 21) sind zunächst mit einem etwa noch offenen passiven Abgrenzungsposten (Bruttomethode) zu verrechnen und im Übrigen als Periodenaufwand zu erfassen.
- Investitionszuwendungen sind bei einer Rückzahlungsverpflichtung entweder dem Buchwert zuzuschlagen (bei Anwendung der Nettomethode Rz 26) oder von dem Buchwert des noch vorhandenen passiven Abgrenzungspostens zu kürzen. Die im Hinblick darauf „fehlenden" Abschreibungen sind unmittelbar aufwandswirksam nachzuholen. Dieser Sachverhalt gilt als eine Änderung eines bisher der Abschlusserstellung zugrunde gelegten Schätzungsverfahrens (→ § 24 Rz 10ff.).

Beispiel für ertragsbezogenen Zuschuss
Das Unternehmen hat einen Zuschuss von 1.000 Einheiten aus dem Regionalförderungsprogramm für die Schaffung einer neuen Produktlinie erhalten. Die damit verbundene Auflage sieht die Schaffung von 20 neuen Vollarbeitsplätzen vor, die für wenigstens fünf Jahre aufrechterhalten werden müssen. Zu Beginn des 4. Jahres wird das Projekt eingestellt mit der Folge der Rückzahlung des gesamten Förderungsbetrages durch das Unternehmen.
Die bilanzmäßige Entwicklung ist die folgende:

Jahr	+ Zuschuss − Rückzahlung	Passive Abgrenzung	Ertrag	Aufwand
01	+ 1.000	800	200	
02		600	200	
03		400	200	
04	− 1.000	− 400		600
	0		600	600

Die bilanzmäßige Entwicklung ist bei Anwendung der Bruttomethode = Passivierung des Zuschusses als **Rechungsabgrenzung** *(deferred income;* Rz 26):

Beispiel für Finanzierungszuschuss
Das Unternehmen erhält vom Umweltamt einen Investitionszuschuss von 200 Einheiten zur Finanzierung einer neuen Rauchgasentschwefelungsanlage. Deren Nutzungsdauer beträgt 10 Jahre mit linearer Abschreibung, Anschaffungskosten 1.000 Einheiten. Anfang 04 muss wegen Nichteinhaltung der Grenzwerte der Zuschuss in voller Höhe zurückgezahlt werden.

Jahr	Abschreibung −	Buchwert Anlage	Auflösung +	Buchwert Abgrenzung	Saldiertes Ergebnis −
Zugang		1.000		200	
01	100	900	20	180	80
02	100	800	20	160	80
03	100	700	20	140	80
04	100	600		−140	160
Ergebnisauswirkung zwischenperiodisch	400		60		400

Bei Anwendung der Nettomethode unter Kürzung der Anschaffungs- oder Herstellungskosten (Rz 26) entwickelt sich der Bilanzausweis wie folgt:

Jahr	Abschreibung		Buchwert	Ergebnis
Zugang			800	
01	80		720	80
02	80		640	80
03	80		560	80
04	100	laufendes Jahr	600	160
	60	Nachholung		
Ergebnisauswirkung zwischenperiodisch	400			400

35 Die Rückzahlung einer Investitionszuwendung kann Anlass zu einer **Werthaltigkeitsprüfung** *(impairment test)* für den betreffenden Vermögensgegenstand sein.

> **Beispiel**[27]
> Ein Brückenbau war finanziert mit einem öffentlichen Zuschuss, der während der Bauzeit zurückzugewähren ist. Wenn die Finanzierung des Gesamtprojektes nicht mehr gewährleistet ist, muss eine Abschreibung auf den *recoverable amount* gemäß IAS 36.58 erfolgen (→ § 11 Rz 5).

3.4.5 Verteilung bei gebündelten *(package)* Förderungsmaßnahmen

36 IAS 20.19 behandelt den Fall von gebündelten Förderungsmaßnahmen (**Beispiel**: Investitionszuschuss verbunden mit Forschungsunterstützung). Hier ist eine sorgfältige Unterscheidung der Zuschusskomponenten erforderlich, die

---

[27] Nach EPSTEIN/MIRZA, Interpretation and Application of IAS 2002, S. 956.

zu einer differenzierenden buchmäßigen Behandlung führen kann. Feste Kriterien zur Vornahme der Aufteilung werden nicht gegeben, so dass jede betriebswirtschaftlich sinnvoll erscheinende zulässig ist.

> **Beispiel[28]**
> Ein Unternehmer erhält einen Förderungebetrag von 120. Davon sind 80 bestimmt zum Erwerb eines Gebäudes zur Unterbringung von Studenten aus der Dritten Welt. Die restlichen 40 sind für den Unterhalt der Studenten während vier Jahren bestimmt.
> Der Teilbetrag von 80 ist über die Nutzungsdauer des Gebäudes entsprechend der ausgemachten Abschreibungsmethode, der Teilbetrag von 40 über den Unterhaltszeitraum von vier Jahren (ergebnismäßig) zu vereinnahmen.

3.4.6 Private Zuschüsse

IAS 20 und auch andere IFRS befassen sich nicht mit **privaten Zuschüssen**, die umgekehrt im deutschen Rechnungslegungsrecht einige Bedeutung erfahren haben. So hat der IDW-HFA hierzu eine grundlegende Stellungnahme erarbeitet,[29] die Finanzverwaltung hat in Richtlinie 6.5 EStR 2005 für den Fall der Investitionszuschüsse nicht zwischen öffentlichen und privaten Mitteln unterschieden, und auch der BFH[30] hat sich bereits mehrfach mit diesem Themenkomplex auseinandersetzen müssen.

Überwiegend wird die Rechtsfrage der Zuschussvereinnahmung im Zeitablauf nach Maßgaben einer **periodengerechten Gewinnrealisierung** beantwortet. Die einzige Ausnahme ist das Wahlrecht in Richtlinie 6.5 EStR 2005 zur sofortigen erfolgswirksamen Vereinnahmung eines Investitionszuschusses (Rz 41). Ansonsten wird eine erfolgsneutrale Passivierung mit periodengerechter Auflösung präferiert, allerdings mit unterschiedlichen „Techniken": Es überwiegt die Empfehlung eines Ausweises als passiver Rechnungsabgrenzungsposten (so die zitierte HFA-Stellungnahme), andererseits wird auch ein Rückstellungsausweis mit ratierlicher Auflösung erlaubt.[31] Umgekehrt fordert die Finanzverwaltung[32] für den Fall der Bierlieferungsverträge eine passive Abgrenzung mit zeitanteiliger Auflösung.

Aus Sicht des **Überganges von der deutschen Rechnungslegung** auf diejenige nach den IFRS stellt sich die Frage nach der unveränderten Übertragbarkeit bzw. den erforderlichen Anpassungen. Da die IFRS keine speziellen Regelungen

37

---

[28] Nach EPSTEIN/MIRZA, Interpretation and Application of IAS 2002, S. 953.
[29] WPg 1996, S. 709.
[30] Z. B. Fördermittel nach dem Krankenhausgesetz (BFH, Urteil v. 26.11.1996, VIII R 58/93, BStBl II 1997 S. 390) oder für Werkzeugkostenbeiträge in der Automobilindustrie (BFH, Urteil v. 29.11.2000, I R 87/99, DB 2001, S. 674).
[31] So der BFH im Urteil v. 29.11.2000, I R 87/99, DB 2001, S. 674, zum Werkzeugkostenbeitrag.
[32] BMF, Schreiben v. 11.7.1995, DB 1995, S. 1637.

für die **privaten** Zuschüsse enthalten, bieten sich zwei Interpretationsstränge an: einmal die Aussagen des *Framework*, zum anderen die **analoge Anwendung von IAS 20** (betreffend die Zuschüsse der öffentlichen Hand). Beide möglichen Argumentationsansätze sind aber ohne weiteres sehr schnell zusammenzuführen. Dies deshalb, weil IAS 20 entscheidend durch die Theorie des *matching principles* geprägt ist (Rz 19). Wenn man so gesehen das *matching principle* – also die periodengerechte Zuordnung von Aufwendungen und Erträgen – als Maßstab für die bilanzielle Behandlung von Zuschüssen ansieht, spricht alles dafür, auch nach Maßgabe der IFRS-Bilanzierung die privaten Zuschüsse gleich lautend zu denjenigen der öffentlichen Hand zu behandeln. Deshalb können viele der Bilanzierungsregeln nach deutschem Recht bezüglich der privaten Zuschüsse in die IFRS-Bilanzwelt übernommen werden.

Folgt man diesem Lösungsvorschlag (der Identifizierung der privaten mit den öffentlichen Zuschüssen), stellt sich allerdings das weitere Problem der Abgrenzung zu sofort ertragswirksamen *up-front fees* bzw. *initial fees* (→ § 25 Rz 103).

> **Beispiel**
> Energieversorgungsunternehmen verlangen von ihren Kunden für den Anschluss an das öffentliche Versorgungsnetz Baukostenzuschüsse. Ein Analogieschluss zu den Investitionszuwendungen *(grants related to assets)* liegt nahe (Rz 25ff.): Andererseits haben die Zuschüsse aber keine feste Relation zur Höhe des Investitionsaufwandes; in Einzelfällen liegen sie sogar höher als Kosten des Hausanschlusses. Dieser Aspekt spricht für eine Analogie zu *up-front fees*, also Umsatzerlösen.
> Zur Begründung der einen oder der anderen Lösung und zu deren Konsequenzen wird auf → § 25 Rz 103 verwiesen.

Bei privaten Investitionszuwendungen (z. B. Werkzeugkostenzuschüssen in der Zulieferindustrie) kann sich im Übrigen die Frage des **verdeckten Leasing** stellen (→ § 18 Rz 67).

3.4.7 Ausweis im Gliederungsschema

38 Weder aus IAS 20 selbst noch aus den Gliederungsvorschriften in IAS 1 (→ § 2 Rz 22ff.) lässt sich entnehmen, inwieweit die Gliederungssystematik bei den **Investitionszuwendungen** (Rz 25) nach *current/non-current* bzw. (bei Banken) nach der Liquiditätsnähe im Rahmen der Zuschussbilanzierung zu berücksichtigen ist (IAS 1.53). Dieses Thema stellt sich allerdings dann nicht, wenn von dem Ansatzwahlrecht für Investitionszuschüsse durch Saldierung mit den Anschaffungs-, Herstellungskosten Gebrauch gemacht wird (Rz 26). Die Ausweisalternative als passiver Rechnungsabgrenzungsposten *(deferred income)* für solche Investitionszuschüsse ist nach der hier vertretenen Auffassung teilweise im *current*-Bereich (soweit Auflösung in den nächsten 12 Monaten), im Übrigen im *non-current*-Bereich anzusiedeln. Letzteres gilt auch für passiv abgegrenzte Zuschüsse zum Einkommen, die zukunftsbezogen und deshalb passiv als *deferred income* abzugrenzen sind (Rz 21).

Hoffmann

3.5 Angaben

Nach IAS 20.39 sind im **Anhang** folgende Angaben zu machen:
- Angewandte **Bilanzierungsmethoden** und die Art der Darstellung im Jahresabschluss,
- **Art und Umfang** der bilanzierten Zuschüsse sowie gegebenenfalls Hinweise auf sonstige Formen öffentlicher Beihilfen *(government assistance;* Rz 5),
- noch nicht erfüllte Auflagen und sonstige Eventualverpflichtungen, die mit im Abschluss berücksichtigten Unterstützungen durch öffentliche Beihilfen zusammenhängen (**Beispiel**: Schaffung oder Aufrechterhaltung von Arbeitsplätzen; Rz 14).

Auf die **Checkliste Abschlussangaben** wird verwiesen (→ § 5 Rz 8).

39

Zu den Ausweisoptionen bei den Zuwendungen zum **Einkommen** innerhalb der GuV wird verwiesen auf Rz 21.

> **Formulierungsbeispiele**
> Investitionszuschüsse und -zulagen werden als passiver Rechnungsabgrenzungsposten *(deferred income)* erfasst; die Auflösung erfolgt entsprechend der angenommenen Nutzungsdauer des betreffenden Vermögensgegenstandes zugunsten der „Sonstigen betrieblichen Erträge".
> Zuschüsse des Forschungsministeriums zugunsten unseres Projektes XY werden ebenfalls als „Sonstige betriebliche Erträge" dargestellt.
> Die Investitionszuschüsse sowie die Zuschüsse für unsere Forschungsaufwendungen sind mit einer Reihe von Auflagen verbunden. Diese können wir nach jetzigem Kenntnisstand erfüllen. Sollte dies nicht gelingen, müssten wir mit Rückzahlungsverpflichtungen von etwa 10 Mio. EUR rechnen. Dieses Obligo haben wir nicht passiviert.

4 Vergleich mit dem HGB

4.1 Überblick

Der Vergleich mit dem HGB fällt differenziert aus: Bei den **Aufwands-** bzw. **Ertragszuschüssen** *(grants related to income)* ergibt sich im Ergebnis kein Unterschied, im Übrigen auch nicht zum deutschen Steuerrecht. Allerdings ist nach deutschem Rechnungslegungsrecht herrschender Meinung zufolge eine Saldierung der Zuschüsse mit der Aufwendung unzulässig (Rz 21).

Die **Investitionszuschüsse** sind zumindest nach Auffassung der Stellungnahme IDW HFA 1/84[33] in einem besonderen Passivposten, der förmlich nicht als

40

41

---

[33] WPg 1984, S. 612.

Rechnungsabgrenzungsposten bezeichnet wird, auszuweisen. Die Kürzung von den Anschaffungs- bzw. Herstellungskosten als Ausweisalternative sieht diese HFA-Stellungnahme nicht vor (das Wahlrecht nach IAS 20.24; Rz 26). Allerdings besteht eine starke Einflussnahme des Steuerrechts, das in R 34 Abs. 2 EStR 2001 die Kürzung von den Anschaffungs- oder Herstellungskosten als Ausweis zulässt mit der Folge, dass zur Vereinheitlichung der handels- und steuerrechtlichen Bilanzierung auch in der Handelsbilanz in praxi diese Ausweismöglichkeit entgegen der zitierten Anweisung in HFA 1/84 gewählt wird.[34] Die Einkommensteuerrichtlinien – bestätigt durch die BFH-Rechtsprechung – sehen auch noch die Möglichkeit einer sofortigen **erfolgswirksamen Vereinnahmung** von Investitionszuwendungen vor, die nach den IFRS nicht in Betracht kommt.

42 Keine Unterscheidung kennen die IFRS zwischen Investitions**zulagen** und -**zuschüssen**. Nach deutschem Recht wird hier begrifflich unterschieden: Zulagen sind „steuerfrei", d. h. kürzen nicht die Anschaffungs- oder Herstellungskosten, anders als die Zuschüsse. Beide öffentlichen Förderungsmaßnahmen sind als *grants related to assets* qualifiziert (Rz 8). Investitionszulagen kürzen nach § 9 InvZulG 1999 nicht die Anschaffungs- oder Herstellungskosten und werden deshalb häufig als Ertrag sofort in vollem Umfang vereinnahmt (entgegen der zitierten Stellungnahme HFA 1/84). Diese sofortige Vereinnahmung ist jedenfalls nach IFRS **unzulässig**.

43 Ein **entscheidender Unterschied** zur Rechtslage nach HGB und EStG besteht im **Regelungsumfang**: Die IFRS beschränken sich auf **öffentliche** Zuschüsse; die deutschen Regeln umfassen sämtliche Zuschüsse unabhängig von der Quelle (Rz 37).

44 Ein weiterer Unterschied zum HGB ergibt sich aus dem Umfang der **Anhangangaben** (Rz 35). Nach deutschem Recht ist (lediglich) die Bilanzierungsmethode gemäß § 284 Abs. 2 Nr. 1 HGB anzugeben.

4.2 Synoptische Tabelle von Bilanzierungsfällen und -lösungen (ABC)

45

siehe Rz ...	Sachverhalt	Lösung	Fundstelle	Lösung nach IFRS
23	Milchproduktion, fünfjähriger Verzicht	Passive Abgrenzung mit ratierlicher Auflösung	BFH, Urteil v. 17.9.1987, IV R 49/86, BStBl II 1988, 327	Wie BFH IAS 20.12 IAS 20.16 IAS 20.29
23	Mühlenbetrieb, dreißigjähriger Verzicht	Passive Abgrenzung mit ratierlicher Auflösung	BFH, Urteil v. 22.7.1982, IV R 111/79, BStBl II 1982, 655	Wie BFH IAS 20.12 IAS 20.16 IAS 20.29

---

[34] Vgl. ELLROTT/BRENDT (Fn 14).

§ 12 ÖFFENTLICHE ZUWENDUNGEN

siehe Rz...	Sachverhalt	Lösung	Fundstelle	Lösung nach IFRS
23	Ausbildungsplätze, Zuschuss für die Bereitstellung	Passive Abgrenzung mit ratierlicher Auflösung	BFH, Urteil v. 5.4.1984, IV R 96/82, BStBl II 1984, 552	Wie BFH IAS 20.12 IAS 20.16 IAS 20.29
26	Tiefgarage, Zuschuss zum Bau	Abzug von den Herstellungskosten	BFH, Urteil v. 23.3.1995, IV R 58/93, BStBl II 1995, 702	Wie BFH IAS 20.24
36	Krankenhausgesetz, Fördermittel	Passivierung als Sonderposten	BFH, Urteil v. 26.11.1996, VIII R 58/93, BStBl II 1997, 390	Wie BFH IAS 20.24
21	Zinsverbilligungszuschuss aus öffentlichen Kreditprogrammen, die als Einmalzahlung gewährt werden	Passivierung als Abgrenzung mit zeitanteiliger Auflösung	BMF, Schreiben v. 11.3.1985, DB 1985, 733	Wie BMF IAS 20.12 IAS 20.16 IAS 20.29
26	Arbeitsplätze: Zuschuss zum Erwerb einer Maschine wegen Aufrechterhaltung von Arbeitsplätzen über 10 Jahre	Wahlrecht zur Kürzung von den Anschaffungskosten oder sofortige Gewinnvereinnahmung	BFH, Urteil v. 22.1.1992, X R 23/89, BStBl II 1992, 488	Nach IAS 20.12 20.24 keine sofortige Vereinnahmung, sondern Verteilung auf Dauer der Verwendung
33	Umweltbelastungen, Finanzierung der Beseitigung	Tilgung der Verbindlichkeit aus der D-Mark-Eröffnungsbilanz	Bardy, DB 1994, 1989	In IAS 20 direkt nicht geregelt. U. E. teils Aufwandszuschuss, teils Investitionszuschuss. Fall des IAS 20.19
7 14f. 35	Forschungszuschüsse mit bedingter Rückzahlungsverpflichtung	Rückstellung bis zum Entfallen der Rückzahlungsverpflichtung	BFH, Urteil v. 17.12.1998, IV R 21/97, DStR 1999, 451. Durch § 5 Abs. 2a EStG ist BFH-Urteil überholt	*forgivable loan.* Nach IAS 20.16 wie BFH
36	Baukostenzuschüsse an Energie- und Wasserversorgungsunternehmen	Passivierung als Rechnungsabgrenzungsposten, Auflösung in 20 Jahren oder Kürzung von den AK/HK	BMF, Schreiben v. 27.5.2003, BStBl I 2003, 361, OFD Rheinland, Verfügung v. 3.3.2006, DB 2006, 586	keine eindeutige Lösung

5 Anwendungszeitpunkt, Rechtsentwicklung

Der Standard ist für alle Berichtsperioden ab dem 1.1.1994 anzuwenden (IAS 20.41). Im Januar 2001 wurde mit Wirkung ab 1.1.2003 die Anwendung für landwirtschaftliche Betriebe (→ § 40) eingeschränkt (IAS 20.2c).

Hoffmann

Der *Board* erachtet allerdings IAS 20 als überholt und inkonsistent mit dem *Framework* (→ § 1). Deshalb soll IAS 20 durch einen neuen Standard ersetzt werden. Daran arbeiten der IASB und der FASB gemeinsam im Rahmen des *Convergence Project*. Zum Inhalt des Änderungsprogramms wird verwiesen auf Rz 18.

6 Zusammenfassende Praxishinweise

47 IAS 20 behandelt die öffentlichen Zuwendungen *(government grants)* ohne solche im Bereich der Landwirtschaft (IAS 41) in Form des Transfers von Ressourcen an ein Unternehmen (Rz 6). Diese Zuwendungen lassen sich wie folgt **untergliedern** (Rz 7):

- Zuwendungen, die sich auf Vermögenswerte beziehen *(grants related to assets)*, nach deutscher Terminologie Investitionszuschüsse und -zulagen,
- Zuwendungen zum Einkommen: Aufwands- oder Ertragszuschüsse *(grants related to income)*,
- erlassfähige Darlehen *(forgivable loans)*.

Der **Ansatz** hat zu erfolgen (Rz 10), wenn das Unternehmen die rechtlichen und tatsächlichen Voraussetzungen erfüllt und die Beantragung des Zuschusses als gesichert erscheint.

Mögliche Rückzahlungsverpflichtungen sind als **Eventual**verbindlichkeiten oder als **Rückstellungen** auszuweisen (Rz 14).

Die Zuwendungen sind **ergebniswirksam** (auch durch Veränderung der Abschreibungsbemessungsgrundlage) und nicht direkt im Eigenkapital zu verbuchen (Rz 19).

Ertragszuschüsse sind **periodengerecht** in der GuV auszuweisen (Rz 20f.).

Investitionszuschüsse und -zulagen (nach deutscher Sprachregelung) sind entweder als **Kürzung** von den Anschaffungs- oder Herstellungskosten des bezuschussten Vermögenswertes oder als **passive Rechnungsabgrenzungsposten** *(deferred income)* zu erfassen (Rz 25ff.).

Zugewendete **nichtmonetäre** Güter sind zum Zeitwert oder zu einem symbolischen Wert einzubuchen (Rz 30).

Steuerlatenzen können sich dem Grunde nach bei Investitionszulagen und -zuschüssen ergeben. Doch darf eine aktive Steuerlatenz bei der Zugangsbewertung nicht angesetzt werden (Rz 31).

Ungeklärt bleibt der Ausweis in der **Kapitalflussrechnung** (Rz 32).

Die **Rückzahlung** von Zuwendungen ist recht detailliert nach verschiedenen Varianten geregelt (Rz 33).

Über weite Strecken ergeben sich **keine nennenswerten Abweichungen** zwischen deutscher Rechnungslegungspraxis und IAS 20. Ausnahmen:

- Die IFRS kennen keine Unterscheidung zwischen Investitions**zulagen** einerseits und -**zuschüssen** andererseits (Rz 42).

- Die Zuschüsse von **privater** Seite sind nicht durch IAS 20 geregelt. Unter Heranziehung des *matching principle* bestehen keine Bedenken, die Regeln in IAS 20 auch auf private Zuschüsse anzuwenden (Rz 37).

- Die **Anhangsangaben** nach IFRS sind gegenüber dem HGB umfangreicher (Rz 39).

C
BILANZIERUNG DER AKTIVA

§ 13 IMMATERIELLE VERMÖGENSWERTE DES ANLAGEVERMÖGENS

Inhaltsübersicht	Rz
Vorbemerkung	
1 Überblick	1–12
1.1 Regelungsbereich	1–7
1.2 Begriffsinhalte	8–9
1.3 Weitere Spezifizierungen	10–11
1.4 Abgrenzung zum *goodwill*	12
2 Bilanzansatz	13–47
2.1 Die Tatbestandsmerkmale allgemein	13–14
2.2 Einzelerwerb – Abgrenzung zur Herstellung	15–16
2.3 Erwerb im Rahmen eines Unternehmenszusammenschlusses	17–20
2.4 Entwicklungskosten	21–31
2.4.1 Die Trennung von Forschung und Entwicklung	21–28
2.4.2 Faktisches Ansatzwahlrecht	29–30
2.4.3 Derivativer Erwerb von Forschung und Entwicklung	31
2.5 Selbst geschaffene Software	32–34
2.6 Ausdehnung des Forschungs- und Entwicklungsbegriffs – das Beispiel der Erstellung einer Webseite	35
2.7 Sonderfälle	36–44
2.7.1 Profisportler	36
2.7.2 Nutzungsrechte	37
2.7.3 Emissionsrechte (Umweltverschmutzung)	38–41
2.7.4 Kundengewinnungskosten (*subscriber acquisition costs*)	42
2.7.5 Werbemaßnahmen	43–44
2.8 Betreibermodelle (*public private partnership*)	45
2.9 Goodwill	46
2.10 Aktivierungsverbote	47
3 Bewertung	48–73
3.1 Überblick	48
3.2 Zugangsbewertung	49–61
3.2.1 Allgemeine Regeln	49–51
3.2.2 Einzelanschaffung	52–56
3.2.3 Anschaffung im Rahmen eines Unternehmenszusammenschlusses	57
3.2.4 Herstellung	58

		3.2.5	Zuwendung der öffentlichen Hand	59
		3.2.6	Tausch	60
		3.2.7	Einlage/Einbringungen	61
	3.3	Folgebewertung		62–73
		3.3.1	Überblick – Verweise	62
		3.3.2	Besonderheiten bei der Neubewertung	63–66
		3.3.3	Besonderheiten bei der planmäßigen Abschreibung	67–68
		3.3.4	Vermögenswerte unbestimmter Lebensdauer	69–70
		3.3.5	Beispiele zur Bestimmung der Nutzungsdauer	71–72
		3.3.6	Außerplanmäßige Abschreibung	73
4	Abgang			74
5	Ausweis			75–76
6	Angaben			77–78
7	Einzelfälle der Bilanzierung von immateriellen Vermögenswerten (ABC)			79
8	Anwendungszeitpunkt, Rechtsentwicklung			80–83
9	Zusammenfassende Praxishinweise			84

Schrifttum: BAETGE/VON KEITZ, in: BAETGE u. a., Rechnungslegung nach IAS, 2. Aufl., IAS 38; BRÖSEL/ZWIRNER, Bilanzierung von Sportrechteverträgen nach HGB, IFRS und US-GAAP aus Sicht eines werbefinanzierten Fernsehsenders, Medien Wirtschaft 2004, S. 21ff.; BURGER/ULBRICH/KNOBLAUCH, Zur Reform der Bilanzierung von Forschungs- und Entwicklungsaufwendungen nach IAS 38, KoR 2006, S. 729; DAWO, Immaterielle Güter in der Rechnungslegung nach HGB, IAS/IFRS und US-GAAP, 2003; ESSER/HACKENBERGER, Immaterielle Vermögenswerte des Anlagevermögens und Goodwill in der IFRS-Rechnungslegung, DStR 2005, S. 708; FISCHER/VIELMEYER, Bilanzierung der Aufwendungen für die Erstellung von Internetauftritten nach US-GAAP, IAS und HGB, BB 2001, S. 1294; GREINERT, Bewertung immaterieller Wirtschaftsgüter für die Prüfung der Finanzierbarkeit einer Pensionszusage, DB 2004, S. 2113; GREINERT, Herstellungskosten einer Marke, KoR 2003, S. 328; GREINERT, Nutzungsdauer einer Marke im Konzernabschluss, BB 2004, S. 483; GÜNTHER, Rechnungslegung von Emissionsrechten, KoR 2003, S. 432; HEIDENREICH/VÖLKER-LEHMKUHL/KLEIN/PUHL, Die Bilanzierung und Besteuerung von Emissionsrechten, NWB 26/2004; HERMES/JÖDICKE, Bilanzierung von Emissionsrechten nach IFRS, KoR 2004, S. 287; HEUSER/THEILE, IAS/IFRS-Handbuch, 2. Aufl., 2005, Tz 500ff.; HOFFMANN, Aktivierung von Gemeinkosten bei Anschaffungen, PiR 2007, S. 27; HOFFMANN/LÜDENBACH, Die Abbildung des Tauschs von Anlagevermögen nach den neu gefassten IFRS-Standards, StuB 2004, S. 337; HOFFMANN/LÜDENBACH, Die Bilanzierung von Treibhausgas-Emissionsrechten im Rechtsvergleich, DB 2006, S. 57; HOMBERG/ELTER/ROTHENBURG, Bilanzierung von Humankapital nach IFRS am Beispiel des Spielervermögens im Profisport, KoR 2004, S. 249; HOMMEL/WOLF, IFRIC 3: Bilanzierung von Emissionsrechten nach IFRS – mehr Schadstoffe im Jahresabschluss, BB 2005,

S. 315; KEITZ, VON, Immaterielle Güter in der internationalen Rechnungslegung, 1997; KPMG, Insights into IFRS 2006/2007; KRIETE/PADBERG, Sonstige immaterielle Vermögensgegenstände nach US-GAAP, StuB 2004, S. 681; KÜTING/DÜRR, „Intagibles" in der deutschen Bilanzierungspraxis, StuB 2003, S. 1; KÜTING/PILHOFER/KIRCHHOF, Die Bilanzierung von Software aus der Sicht des Herstellers nach US-GAAP und IAS, WPg 2002, S. 73; LANGECKER/MÜHLBERGER, Bilanzierung immaterieller Vermögenswerte nach E-DRS 14, StuB 2002, S. 334; LEIBFRIED/PFANZELT, Praxis der Bilanzierung von Forschungs- und Entwicklungskosten gemäß IAS/IFRS, KoR 2004, S. 491; LÜDENBACH/HOFFMANN, „Der Ball bleibt rund" – Der Profifußball als Anwendungsfeld der IFRS-Rechnungslegung, DB 2004, S. 1442; LÜDENBACH/PRUSACZYK, Bilanzierung von Kundenbeziehungen in der Abgrenzung zu Marken und Goodwill, KoR 2004, S. 204; LÜDENBACH/PRUSACZYK, Bilanzierung von „In-Process Research and Development" beim Unternehmenserwerb nach IFRS und US-GAAP, KoR 2004, S. 415; MENNINGER/ KUNOWSKI, Wertermittlung von Patenten, Technologien und Lizenzen vor dem Hintergrund von Optimierungsstrategien, DStR 2003, S. 1180; NEBE/ ELPRANA, Bilanzierung von Subscriber Acquisition Costs im IFRS-Abschluss von Internetunternehmen, KoR 2006, S. 477; ROGLER, Bilanzierung von CO_2-Emissionsrechten, KoR 2005, S. 255; RUHNKE/NEHRLICH, Abbildung von Filmrechten in einem IAS/IFRS-Jahresabschluss, WPg 2003, S. 753; SCHEINPFLUG, Beck'sches IFRS-Handbuch, 2. Aufl., 2006 § 4; SCHMACHTENBERG/MEIXNER/SCHÄFER, Die Folgebewertung von Mobilfunklizenzen nach HGB, IFRS und US-GAAP, KoR 2005, S. 512; SCHMIDBAUER, Die Bilanzierung und Bewertung immaterieller Vermögensgegenstände bzw. Vermögenswerte in der deutschen Rechnungslegung sowie nach IAS, DStR 2003, S. 2035; SCHMIDT/SCHNELL, Bilanzierung von Emissionsrechten nach IAS/ IFRS, DB 2003, S. 1449; SCHMITTMANN, Rechtsfragen bei der Bilanzierung und Bewertung einer Domain nach HGB, IAS und US-GAAP, StuB 2002, S. 105.

Vorbemerkung
Die Kommentierung bezieht sich auf IAS 38 in der aktuellen Fassung und berücksichtigt alle Ergänzungen, Änderungen und Interpretationen, die bis zum 1.1.2007 beschlossen wurden.
Einen Überblick über ältere Fassungen sowie über diskutierte oder schon als Änderungsentwurf vorgelegte zukünftige Regelungen enthält Rz 80ff.

1 Überblick

1.1 Regelungsbereich

Den immateriellen Vermögenswerten (*intangible assets*) wird allgemein wachsende Bedeutung als **Werttreiber** des Unternehmens zugesprochen. Die materiellen Werte gehen in ihrer Bedeutung für die Wertschöpfung des Unter-

1

nehmens zurück. Vielfach wird deswegen die unzulängliche Abbildung dieser immateriellen Vermögenswerte in den Bilanzen nationaler und internationaler Prägung bedauert und zur Diskussion über die Möglichkeiten einer verbesserten Darstellung dieser Unternehmenswert-Träger im Jahresabschluss aufgerufen.[1] Das IASC war diesen Aufforderungen nach langwierigen Diskussionen und Entwurfsfassungen mit dem Standard IAS 38 (1998) im Jahr 1998 nachgekommen. Hierzu wird auf die Kommentierung in der 2. Aufl. verwiesen. Die Neufassung von IAS 38 ist primär als Ergänzung zu IFRS 3 konzipiert. Auf die zugehörige Kommentierung in (→ § 31 Rz 69ff.) sei an dieser Stelle bereits hingewiesen.

2 Der Anwendungsbereich von IAS 38 erstreckt sich auf **immaterielle Vermögenswerte** aller Art und aller Unternehmen mit folgendem **Ausnahmekatalog** (IAS 38.2):

- solche, die von einem **anderen** Standard (Rz 3) behandelt werden,
- Finanzvermögen nach IAS 32 (→ § 28),
- Kosten zur Entwicklung und Ausbeutung von Mineralvorkommen, Öl, Gas und ähnlichen Produkten,
- Kosten der Erforschung und Wertbestimmung von Mineralvorkommen gemäß IFRS 6 (→ § 42),
- für Versicherungsgesellschaften die aus den Versicherungsverträgen resultierenden Vermögenswerte gemäß IFRS 4 (→ § 39 Rz 2).

3 Die folgenden **anderen** Standards befassen sich mit immateriellen Vermögenswerten:

- IAS 2 (→ § 17): zum Verkauf im normalen Geschäftskreislauf bestimmte Vermögenswerte (Umlaufvermögen);
- IAS 12 (→ § 26): Abgrenzung für latente Steuern;
- IAS 17 (→ § 15): Leasingverhältnisse;
- IAS 19 (→ § 22): Vermögenswerte aus Personalvergütungssystemen;
- IFRS 3 (→ § 31): *goodwill* aus Unternehmenszusammenschlüssen;
- IFRS 5: zum Verkauf bestimmte Anlagegüter (*non-current assets for sale*; → § 29);
- IFRS 6 (→ § 42): Exploration von Mineralvorkommen.

4 Das immaterielle Vermögen wird durch die IFRS inhaltlich **weit** gefasst. So spricht IAS 38.5 beispielhaft von Kosten der Werbung, Ausbildung, Forschung und Entwicklung. In IAS 38.9 wird eine große Anzahl von immateriellen **Gütern** (*items*) aufgeführt, die **nicht alle** notwendig die nachstehend darzustellenden Bilanzansatzkriterien erfüllen (Rz 13):

---

[1] KÜTING/ULRICH, DStR 2001, S. 953; umfassend DAWO, Immaterielle Güter in der Rechnungslegung nach HGB, IAS/IFRS und US-GAAP, 2003. Wegen empirischen Materials bezüglich des Umfangs der immateriellen Vermögenswerte bei den DAX-Unternehmen vgl. KRIETZ/PADBERG, StuB 2004, S. 681.

Hoffmann

- wissenschaftliches oder technisches Wissen,
- neue Verfahrensweisen,
- Lizenzen,
- intellektuelles Kapital,
- Marktkenntnisse,
- Handelsmarken,
- Copyrights,
- Filmrechte,
- Kundenlisten,
- Fischereilizenzen,
- Importquoten,
- Kunden- und Lieferantenbeziehungen,
- Marktanteile,
- Verkaufsrechte.

Die vorstehende Aufzählung ist **nicht** als **abschließend** zu verstehen. Es fehlen u. a. die Entwicklungskosten (Rz 21), die Profisportler (Rz 36), Emissionsrechte (Rz 38) und Rechte aus schwebenden Verträgen (Rz 37).

Immaterielle Güter sind nur dann Vermögenswert und damit in der Bilanz nur als solche (abstrakt) **ansetzbar**, wenn sie folgende **Voraussetzungen** kumulativ erfüllen:

- Identifizierbarkeit, d. h. insbesondere Abgrenzbarkeit vom *goodwill* (IAS 38.11-12),
- Kontrolle/Verfügungsmacht des Unternehmens über die betreffenden Güter (IAS 38.13ff.; Rz 11).

Hinzu kommen die beiden folgenden Kriterien der **konkreten** Aktivierbarkeit (Rz 13f.):

- künftiger ökonomischer Nutzen (IAS 38.21a; Rz 6),
- verlässliche Messbarkeit der Anschaffungs- oder Herstellungskosten (IAS 38.21b).

Wegen der verschiedenen **Arten** des Zugangs wird auf Rz 49 verwiesen.
Nach IAS 38.15 sollen die **Ausbildungsqualität der Mitarbeiter** und die **Begabung des Managements** normalerweise *(usualy)* nicht Definitionsmerkmal der Verfügungsmacht erfüllen, da Mitarbeiter kündigen und ihr Wissen damit dem Unternehmen entziehen können. Gleiches gilt nach IAS 38.16 „grundsätzlich" für **Kundenloyalität** bzw. **Stammkundenbeziehungen**. Gleichwohl sollen Transaktionen über entsprechende Werte, z. B. Veräußerungen von Kundenlisten, ein Beleg dafür sein, dass ein Unternehmen auch ohne einen rechtlich geschützten Anspruch faktische Verfügungsmacht über derartige Kundenbeziehungen hat.

Die diesbezüglichen Ausführungen in IAS 38 sind

- teilweise **überflüssig**, insofern originäre Kundenbeziehungen durch IAS 38.63 ohnehin mit einem Bilanzierungsverbot belegt sind;

- teilweise **apodiktisch**, indem die Tatsache, dass Kundenbeziehungen Gegenstand von Markttransaktion sind oder sein könnten, als „Beleg" für faktische Kontrolle genommen wird. Eine tatsächliche und konkrete Würdigung, welche Art von Verfügungsmacht ein Unternehmen über seine Stammkunden haben sollte, würde damit obsolet. An ihre Stelle träte die unwiderlegbare Annahme, dass alles, was im Geschäftsverkehr einen Preis haben könnte, auch faktischer oder rechtlicher Verfügungsmacht unterliegt.[2]

Auch der in IAS 38.17 aufgeführte Definitionsbestandteil des **künftigen wirtschaftlichen Nutzens** ist tautologisch und überflüssig, denn ohne einen solchen kann ein bilanzierungsfähiger Vermögenswert ohnehin nicht vorliegen (F.89; → § 1 Rz 88).

Aus **systematischer** Sicht der abstrakten und konkreten Bilanzierungsfähigkeit lassen sich die in IAS 38 enthaltenen Bilanzansatzregeln daher kaum erklären. Die Frage der Bilanzansatzfähigkeit ist vielmehr in weiten Teilen **kasuistisch** geregelt. Dies gilt u. a. für

- die Abgrenzung zwischen Forschung und Entwicklung (Rz 21),
- spezielle Bilanzierungsverbote betreffend originäre Kundenbeziehungen, Marken usw. (Rz 27),
- die vom Einzelerwerb unterschiedenen Ansatzkriterien immateriellen Vermögens, das im Rahmen eines Unternehmenserwerbs zugeht (→ § 31 Rz 57ff.).

7 Nach IAS 38.4 ist in vielen Fällen der **körperliche Gehalt** eines Vermögenswertes von seinem immateriellen Wert abzugrenzen. Als Beispiel wird eine Compact-Disc für die Anwendung in einem Computer genannt oder auch ein Film. Hier schlägt sich der immaterielle Wert „körperlich" in einem greifbaren Vermögenswert nieder. Die **Abgrenzung** hat gemäß IAS 38.4 nach dem **wichtigeren** Bestandteil zu erfolgen.[3]

1.2 Begriffsinhalte

8 Der (bilanzierbare) immaterielle Vermögenswert *(intangible asset)* wird in IAS 38.8 definiert als identifizierbarer, nichtmonetärer Vermögenswert **ohne physische Substanz**. Unwesentliche Komponenten materieller Art – Diskette oder CD-ROM als Trägermedium eines EDV-Programms – beeinträchtigen nicht die Qualifizierung als immateriellen Vermögenswert insgesamt.[4] Umgekehrt liegt im Falle einer computergesteuerten Maschinenanlage (insgesamt) eine Sachanlage (→ § 14) vor (IAS 38.4). Die **Abschreibung** kann u. U. nach

---

[2] Siehe hierzu auch HEUSER/THEILE, IAS/IFRS-Handbuch, 2. Aufl., 2005, Tz 510.
[3] So auch der BFH zugunsten des immateriellen Gehaltes von Computerprogrammen (BFH, Urteil v. 28.7.1994, III R 47/92, BStBl II 1994 S. 873).
[4] So HEUSER/THEILE, IAS/IFRS-Handbuch, 2. Aufl., 2005, Tz 508.

dem Komponentenansatz für beide Teile (*parts*) differenziert erfolgen[5] (vgl. das Beispiel in → § 10 Rz 16).

Wegen deren **nichtmodularen** Aufbaus enthält der Definitionskatalog in IAS 38.8 zahlreiche Wiederholungen aus anderen Standards. Zur Vermeidung von Doppelkommentierungen sind folgende **Verweisungen** sinnvoll:
- Forschung (*research*) und Entwicklung (*development*; Rz 21 ff.)
- Abschreibung (*amortisation*; → § 10)
- Abschreibbarer Betrag (*depreciable amount*; → § 10 Rz 20)
- Abschreibungsmethode (*pattern*; → § 10 Rz 24)
- Nutzungsdauer (*useful life*; → § 10 Rz 31)
- Anschaffungs- oder Herstellungskosten (*cost*; → § 8 Rz 11 ff.)
- Restwert (*residual value*; → § 10 Rz 21)
- Zeitwert (*fair value*; → § 8 Rz 52 ff.)
- Aktiver Markt (*active market*; → § 8 Rz 56)
- Wertminderungsverlust (*impairment loss*; → § 11 Rz 8 ff.)
- Buchwert (*carrying amount*; → § 11 Rz 5)

1.3 Weitere Spezifizierungen

In den IAS 38.12 ff. sind in Form von Erläuterungen weitere Spezifizierungen für den **Begriffsinhalt** des immateriellen Vermögenswertes aufgeführt. Die **Identifizierbarkeit** (Rz 5) verlangt zunächst (negativ) eine klare Unterscheidungsmöglichkeit des betreffenden Vermögenswertes vom *goodwill*. **Positiv** ist das Kriterium der Identifizierbarkeit erfüllt, wenn der immaterielle Vermögenswert (IAS 38.12)
- vom Unternehmen **abtrennbar** (*separable*) ist, d. h. als solcher – unabhängig vom gesamten Unternehmen – übertragen, lizenziert, verpachtet oder getauscht werden kann, und zwar selbstständig (*individually*) oder zusammen mit einem anderen Vermögenswert oder einer Schuld, **oder**
- aus gesetzlichen oder vertraglichen **Berechtigungen** (*contractual or other legal rights*) resultiert, und zwar unabhängig davon, ob diese übertragbar oder vom Unternehmensvermögen oder anderen Rechten oder Verpflichtungen separierbar sind.

> **Beispiel**
>
> **Sachverhalt**
> Die Großspedition S hat mit dem Automobilhersteller B einen Rahmenvertrag über den Transport von Neu- und Gebrauchtwagen in Europa abgeschlossen. Der Vertrag hat eine Laufzeit von sechs Monaten. In diesem Rahmenvertrag sind das Entgelt pro Fahrzeug und die Transportbedin-

---

[5] So auch SCHEINPFLUG, in: Beck'sches IFRS-Handbuch, 2. Aufl., 2006, § 4 Tz 10.

gungen, nicht jedoch die Transportmenge geregelt. Ausdrücklich ist von B keine Zusage über die zu transportierende Menge erteilt.

Lösung
Ein Ansatz in der Bilanz der S kommt wegen des speziellen Bilanzierungsverbotes von IAS 38.63 (Rz 27) für originäre Kundenbeziehungen höchstens dann infrage, wenn S den Rahmenvertrag entgeltlich erworben hat, sei es im Rahmen eines Unternehmenserwerbs oder indem sie der vorher für B tätigen X-Spedition den Rahmenvertrag „abgekauft" hat. Die Gewinnerwartungen aus dem Rahmenvertrag sind jedoch nicht rechtlich gesichert.[6] Der Rahmenvertrag ist lediglich Konditionenvertrag, kein Auftragsbestand. Ein immaterieller Vermögenswert wäre also nicht anzusetzen. Nach IAS 38.16 läge jedoch in der Zahlung von S an X ein Hinweis auf eine faktische Kontrollmöglichkeit. Diese Erweiterung des Kontrollbegriffs nimmt dem Kriterium jeden Gehalt und ist daher abzulehnen.[7] Die Zahlung eines bestimmten Betrages für den Rahmenvertrag ist nicht ungewöhnlich. Derartige Zahlungen für die Erlangung von Verkaufsgelegenheiten oder Gewinnchancen ohne Kontrolle über diese haben eher den Charakter von nichtaktivierbaren Werbe- bzw. Vertriebskosten.

Vgl. hierzu auch die Erläuterungen mit Beispielen in → § 31 Rz 58.
Bei der derzeitigen Überarbeitung des **Rahmenkonzeptes** (→ § 1 Rz 124) ist auch eine Neudefinition des Vermögenswertes vorgesehen (→ § 1 Rz 88).

11 Das Definitionsmerkmal der „**Kontrolle**" bedeutet im Normalfall das Innehaben von gesetzlich bestimmten **Rechten**, die vor Gericht durchsetzbar sind und anderen Personen den Zugang zu diesen Erfolgsquellen *(benefits)* verunmöglichen (IAS 38.12). Notwendig ist die rechtliche Erzwingbarkeit allerdings nicht. Als Beispiele nennt IAS 38.14 **technisches** und **Vermarktungs**-Knowhow, das vom Unternehmen durch gesetzliche Rechte wie die Copyrights, Wettbewerbsbeschränkungen oder Vertraulichkeitsauflagen an das Personal genutzt werden kann. Umgekehrt liegt üblicherweise *(usually)* keine ausreichende Kontrolle des Unternehmens bezüglich der künftigen ökonomischen Vorteile eines ausgebildeten **Mitarbeiterstammes** oder der technischen und **Management**-Kapazität vor, weil diese kündigen können (IAS 38.15).

---

[6] Urteil des FG Düsseldorf vom 20.3.2003, DStRE 2003, S. 1141; Urteil des Niedersächsischen FG v. 18.3.2004, EFG 2004, S. 1428.
[7] Zur Kritik im Einzelnen LÜDENBACH/PRUSAZYK, KoR 2004, S. 204.

Zum Kontrollkriterium folgendes Beispiel:

> **Beispiel**
>
> **Sachverhalt**
> Der Fußballprofiverein Emma 05 AG (E) schließt mit der Sportrechteverwertungs GmbH (G) einen Exklusiv-Rahmenvertrag über die Gestaltung der Werbeaktivitäten des Vereins in den nächsten 5 Jahren. Die GmbH zahlt bei Vertragsabschluss an E eine *signing fee* von X EUR und erhält während der Vertragslaufzeit von den Werbepartnern erfolgsabhängige Vergütungen nach Maßgabe der vermittelten Verträge.
>
> **Lösung**
> Wegen des Exklusivvertrages kontrolliert die G während der Vertragslaufzeit die gesamten Werbemaßnahmen der E. Anders wäre die Beurteilung eines Nichtexklusivvertrages mit einer entsprechend vermutlich niedrigeren *signing fee*. Hier wird eher eine Werbemaßnahme (Vertriebskosten) der G vorliegen (vgl. Beispiel unter Rz 10).
>
> Die Aktivierbarkeit scheitert möglicherweise auch in der „Exklusivvariante" an der verlässlichen Messbarkeit der Anschaffungskosten (anders bei einem in Raten abzuzahlenden Festpreis).

1.4 Abgrenzung zum *goodwill*

Die Definitionskriterien für immaterielle Vermögenswerte erfahren besonderes Gewicht im Hinblick auf die erforderliche **Abgrenzung** zum *goodwill* aus einem Unternehmenszusammenschluss (→ § 31 Rz 53). Diese Abgrenzung ist im Einzelfall schwierig und weitgehend durch Rückgriff auf Bewertungsmodelle vorzunehmen:

12

> **Beispiel**
> Bei der Akquisition eines Mobilfunkbetreibers wird auch die zugehörige staatliche **Lizenz** und natürlich der **Kundenstamm** in Form der vertragsmäßig im Netz telefonierenden Abonnenten erworben. Neben der installierten Technik machen diese beiden (potenziellen) immateriellen Vermögenswerte *(intangibles)* den eigentlichen Wert des Unternehmens aus. Deren bewertungstechnische Separierung vom *goodwill* ist möglich. Fraglich ist jedoch, ob diese Trennung ausreicht. Gem. IAS 38.34 ist dies der Fall, wenn der Vermögenswert vertraglich oder rechtlich begründet ist, wie z. B. bei Lizenzen und Abonnementskunden. Auf die Prüfung der wirtschaftlichen Separierbarkeit i.S. einer gesonderten Verwertungsfähigkeit kommt es dann nicht mehr an.

Auf die Beispiele und umfassenden Erläuterungen in → § 31 Rz 69ff. wird verwiesen.

2 Bilanzansatz

2.1 Die Tatbestandsmerkmale allgemein

13 Ein immaterieller Vermögenswert ist – anders als nach HGB (Rz 21) – dann anzusetzen (Rz 5), wenn folgende **Voraussetzungen kumulativ** vorliegen (IAS 38.21):

- Die Kriterien für das Vorliegen eines Vermögenswertes (abstrakte Aktivierbarkeit) sind erfüllt, d. h., der immaterielle Einzelwert ist vom *goodwill* unterscheidbar (IAS 38.11ff.) und wird vom Unternehmen kontrolliert (IAS 38.13ff.).
- Mit Wahrscheinlichkeit *(probable)* fließen in der Zukunft ökonomische Vorteile dem Unternehmen zu, die diesem Vermögenswert zuzuordnen sind (IAS 38.21a).
- Die Anschaffungs- oder Herstellungskosten für diesen Vermögenswert können zuverlässig *(reliably)* **ermittelt** werden (IAS 38.21b).

14 Im Rahmen eines **Unternehmenszusammenschlusses** wird die Wahrscheinlichkeit eines Nutzenzuflusses als gegeben unterstellt (Rz 18), bei **Herstellung** oder **Einzelanschaffung** ist sie Ermessenssache.
Auf externe Erkenntnisquellen soll dabei besonderes Gewicht gelegt werden (IAS 38.23); u. E. ist dies selbstverständlich.

2.2 Einzelerwerb – Abgrenzung zur Herstellung

15 In konkreteren Beurteilungsbereichen bewegt sich dann IAS 38.25f., wenn er von dem **getrennten Erwerb** eines immateriellen Vermögenswertes spricht. Die in diesem Fall eindeutigen Bewertungsmaßstäbe (Rz 52) lassen den Bilanzansatz als unproblematisch erscheinen.
Ein Einzelerwerb (Anschaffung) kann nur für einen bereits **vorhandenen** Vermögenswert erfolgen. Hieran fehlt es, wenn Dritte lediglich als „Subunternehmer" in den eigenen Herstellungsprozess eingeschaltet werden. Der Unterscheidung von Anschaffung und Herstellung kommt wegen des kasuistischen Ansatzverbotes bezüglich der Herstellungskosten für bestimmte immaterielle Vermögenswerte (Rz 27) Bedeutung zu.

> **Beispiel**
> Die X-AG produziert einen Film. Sie beauftragt das Y-Studio mit der Erstellung.
> Überträgt Y einen fertigen Film bzw. die damit verbundenen Urheber- und Verwertungsrechte an X, ist X als Käufer anzusehen. Leistet Y hingegen zwar einen bedeutenden Anteil an der Gesamtproduktion, werden aber andere Anteile (etwa der Schnitt oder die Vertonung) von anderen Zulieferern von X erstellt oder ist der Regisseur im Auftrag der X tätig, liegt eine Auftragsproduktion vor. X ist Hersteller, nicht Erwerber.

> **Beispiel**
> Die TV-AG erwirbt von der UEFA die Übertragungsrechte an der Fußball-Europameisterschaft. Das Recht der Fernsehverwertung existierte schon vor der Transaktion. Es lag bei der UEFA. Durch den Vertrag wird es auf die TV-AG übertragen bzw. von dieser erworben.[8]

Ein weiteres Beispiel für das Erfordernis und die Problematik der Abgrenzung von Anschaffung und Herstellung bieten die **Belieferungsrechte**.

16

> **Beispiel**
>
> **Sachverhalte**
> - Wirt C räumt Brauerei A entgeltlich ein Bierlieferungsrecht ein.
> - Brauerei A überträgt dieses Bierlieferungsrecht entgeltlich an Brauerei B.
> - Die Bundesrepublik überträgt (durch Versteigerung) an D eine UMTS-Lizenz, also das Belieferungsrecht von Telefonkunden mit Funkleistungen.
>
> **Beurteilung**
> - Unproblematisch ist der zweite Fall: **derivativer** Erwerb (Anschaffung).
> - Im ersten Fall spricht für **originären** Erwerb die Neuschaffung eines bisher noch nicht vorhandenen Vermögenswertes. Als Beleg mögen die Platzierungsgebühren (*placement* oder *slotting fees*) im Einzelhandel dienen (→ § 25). Diese werden als Erlösminderung bzw. Vertriebskosten behandelt. Eine Aktivierung kann nur als **Vorauszahlung** mit Periodenabgrenzungscharakter in Betracht kommen; Voraussetzung ist die Verpflichtung des (Vertriebs-)Partners zur Erbringung bestimmter Leistungen für eine bestimmte Dauer.
> - Im dritten Fall spricht für den **originären** Erwerb die „Neuschaffung" der Funklizenz, denn die Bundesrepublik hat zuvor keine Telefonkunden mit UMTS beliefert. Für den **derivaten** Erwerb spricht hingegen das bislang bei der Bundesrepublik abstrakt vorhandene Recht. Anders als im ersten Fall räumt nicht ein Kunde (Gastwirt bzw. Handelsunternehmen) dem Unternehmer das Recht ein, sondern ein Dritter (die Bundesrepublik). Demgegenüber hat der Gastwirt im ersten Fall kein Recht zur „Selbstbelieferung" – auch nicht abstrakt; hier fehlt die dritte Partei – anders als im zweiten und dritten Fall.

Aus den vorstehenden Beispielen ergibt sich folgendes Fazit: Derivativ – und damit als immaterieller Vermögenswert aktivierbar – sind Belieferungs- und ähnliche Rechte bei „Gestaltungen" mit **drei** Parteien:

---

[8] BRÖSEL/ZWIRNER, Medien Wirtschaft 2004, S. 21ff.

- einer Partei mit abstrakter oder konkreter Lieferungsmöglichkeit (originär Lieferberechtigte),
- einer Partei, die beliefert wird (Abnehmer, Kunde),
- einer Partei, die von der ersten das Recht auf Belieferung der zweiten erwirbt (derivativ Lieferberechtigte).

Zweifelhaft ist die Behandlung von Zwei-Parteien-Beziehungen, etwa bei Vereinbarung eines Belieferungsrechtes zwischen Produzent und Kunden. Bei **enger** Auslegung liegt keine Anschaffung vor, weil es am Erwerb einer schon vorhandenen Rechtsbeziehung fehlt. Bei **weiter** Auslegung – ähnlich der BFH-Rechtsprechung – wäre auch in der Einräumung eines Rechts durch den Verpflichteten eine Anschaffung zu sehen.

Beispiel
Variante 1
Eine Brauerei erwirbt von der Fifa das Recht zur Bierbelieferung bei der Fußballweltmeisterschaft. Das Recht lag abstrakt bei der Fifa. Dritte Partei sind die Besucher der Weltmeisterschaftsspiele. Der Erwerb des Rechtes durch Anheuser-Busch ist derivativ. Bitburger erwirbt dann von Anheuser-Busch eine „Unterlizenzierung" zur Bierlieferung. Auch dieser Erwerb ist derivativ.
Variante 2
Eine Brauerei „erwirbt" von einem Wirt ein Bierbelieferungsrecht. Vertragsbeziehungen zu einer dritten Partei (den Kneipenbesuchern) begründet die Brauerei nicht. Nur bei weiter Interpretation des Anschaffungsbegriffs liegt ein Erwerb vor.

2.3 Erwerb im Rahmen eines Unternehmenszusammenschlusses

17 Die bilanzielle Abbildung eines Unternehmenserwerbs kreist immer um die zentrale Frage, wie der in aller Regel über den Buchwert des erworbenen Unternehmens hinaus bezahlte Kaufpreis auf die erworbenen Einzelvermögenswerte aufzuteilen ist (**Kaufpreisallokation;** → § 31 Rz 14). Im ersten Schritt werden gewöhnlich **stille Reserven** in den beim erworbenen Unternehmen aktivierten Sach- und immateriellen Werten erfasst. Im zweiten Schritt geht es um das „Aufspüren" bislang nicht angesetzter **immaterieller** Vermögenswerte, um schließlich einen etwa noch **vorhandenen** Restbetrag dem *goodwill* zuzuordnen. Die Suche nach bislang nicht bilanzierten immateriellen Vermögenswerten ist dabei nach HGB und war bisher nach IFRS nicht sonderlich intensiv gepflegt worden („im Zweifel *goodwill*"). Denn schließlich sind bzw. waren sowohl der *goodwill* als auch etwa von ihm zu trennende immaterielle Vermögenswerte planmäßig abzuschreiben.

18 Ab 2005 ist diese großzügige Betrachtungsweise nach IFRS obsolet. Die **Unterscheidung** zwischen Einzelgütern und dem *goodwill* ist ab diesem Zeitpunkt

zwingend, weil nach IFRS 3 eine planmäßige Abschreibung auf den *goodwill* nicht mehr zulässig ist (→ § 31 Rz 120ff.). IFRS 3 fördert dabei der Tendenz nach die Erfassung von (bislang) beim erworbenen Unternehmen nicht angesetzten immateriellen Vermögenswerten. Gemäß IFRS 3.46 muss in diesen Fällen – abgesehen vom Erfordernis der zuverlässigen Messbarkeit des *fair value* – nur noch **eines** der beiden folgenden Ansatzkriterien gültig sein (Rz 10; → § 31 Rz 58):

- vertragliche oder rechtliche Fundierung des Vermögenswerts oder
- Separierbarkeit vom Unternehmen durch Verkauf, Übertragung, Lizenzierung, Verpachtung und Tausch.

Die Wahrscheinlichkeit der zukünftig gegebenen ökonomischen Vorteile (IAS 38.33) und die zuverlässige Ermittelbarkeit (IAS 38.35) werden als gegeben **unterstellt** (Rz 13).[9] Eine **Widerlegung** dieser Annahmen ist nur für den Fall der Bewertung eines immateriellen Vermögenswertes mit **begrenzter** Nutzungsdauer möglich.

Wegen weiterer Einzelheiten zum Bilanzansatz von immateriellen Vermögenswerten anlässlich eines Unternehmenszusammenschlusses wird verwiesen auf → § 31 Rz 69ff. Dort wird insbesondere auch auf die Frage eingegangen, wie das Merkmal der **rechtlichen Fundierung** eines Vermögenswertes zu interpretieren ist, ob es beispielsweise auch bei den Teilen einer Stammkundschaft besteht, die zwar in der Vergangenheit (und vermutlich erneut in der Zukunft) in einem Vertragsverhältnis zum Unternehmen standen (stehen), aber aktuell keinen Auftrag erteilt haben. Wenn auch derartige Beziehungen als rechtlich fundiert angesehen werden, kommt es hinsichtlich der Ansatzmöglichkeit nicht mehr auf die separate Verwertungsmöglichkeit (außerhalb eines Liquidationsszenarios) an.[10]

Zur Ortung von Sachverhalten, die einen vom *goodwill* separierbaren immateriellen Vermögenswert darstellen (oder das Gegenteil), gibt die **frühere BFH-Rechtsprechung** vielerlei Anhaltspunkte. Der Grund liegt in der bis 1986 nicht zulässigen planmäßigen Abschreibung eines *goodwill* für steuerliche Zwecke. Bemerkenswerterweise stellt IFRS 3 insoweit für die Zeit ab 2005 wieder die „Rechtslage" her, die vor dem 1.1.1987 für das deutsche Einkommensteuergesetz galt (Rz 69).

2.4 Entwicklungskosten

2.4.1 Die Trennung von Forschung und Entwicklung

§ 248 Abs. 2 HGB bzw. § 5 Abs. 2 EStG verbieten einen Ansatz für **selbst geschaffene** immaterielle Vermögensgegenstände. Dies wird u. a. mit der mangelnden physischen Substanz und/oder der nicht möglichen zuverlässigen Bewertbarkeit mangels eines Markttestes begründet.

---

[9] Wegen Einzelheiten in kritischer Betrachtung vgl. HOMMEL/BENKEL/WICH, BB 2004, S. 1267.

[10] Vgl. im Einzelnen auch LÜDENBACH/PRUSACZYK, KoR 2004, S. 204.

Solche Überlegungen sind auch den IFRS nicht fremd. In IAS 38.51 wird die Schwierigkeit zur Ermittlung der Ansatzkriterien für selbst geschaffene immaterielle Vermögenswerte betont, sei es nun, dass die Identifizierbarkeit oder zuverlässige Bewertung angesprochen ist.
Um diesen Schwierigkeiten zu begegnen, sind **zwei Phasen** der Herstellung eines immateriellen Vermögenswertes zu unterscheiden (IAS 38.52):[11]
- Forschungsphase,
- Entwicklungsphase.

In der **Forschung**sphase kann der künftige ökonomische Vorteil als Ansatzkriterium (Rz 13) nicht dargelegt werden (IAS 38.55). Ein Bilanzansatz scheidet demgemäß aus (IAS 38.54). Für den **derivativen** Erwerb eines Forschungs- und Entwicklungsprojektes gilt indes nach IAS 38.42 das Ansatzverbot nicht (Rz 31).

22 Die IFRS sehen noch weitere Schwierigkeiten: Sofern die Forschungs- nicht von der Entwicklungsphase **unterschieden** werden kann, gilt das ganze Projekt als in der Forschungsphase angefallen (IAS 38.53). Das kann besonders dann der Fall sein, wenn der **sequenzielle** Ablauf – zuerst Forschung, dann Entwicklung – im Prozessverlauf nicht eingehalten wird bzw. werden kann.[12] Wenn in diesem Sinne die Prozesse **alternierend** verlaufen, lässt sich die Forschungs- nicht mehr von der Entwicklungsphase abgrenzen (Beispiel unter Rz 34). Die Aufwendungen sind dann **insgesamt** als laufender Aufwand zu behandeln.

23 Zur **Abgrenzung** der Forschungs- von der Entwicklungsphase werden in IAS 38.56 Beispiele für **Forschung**saktivitäten aufgelistet:
- Tätigkeiten zur „Eroberung" neuen Wissens;
- Untersuchungen, Bewertungen und Endauswahl von neuen Forschungsergebnissen und zugehörigem Know-how;
- Untersuchungen betreffend Alternativen für Produktionsmaterial, Produktionsverfahren, Systeme und Dienstleistungen;
- die Anwendung verbesserter Materialien, Produkte etc.

Zur **Trennung** von Forschungs- und Entwicklungsaufwand folgendes:

Beispiel
Ein Hersteller von Offset-Druckmaschinen will seit langem die Verwendung von Wasser im Druckprozess (neben den Farben) obsolet machen. Die physikalisch-technischen Untersuchungen gelten so lange als „Forschung", wie die Anwendung der Ergebnisse im Druckverfahren nicht gesichert erscheint. Sobald dies der Fall ist, gehen die weiteren Arbeiten in die Entwicklungsphase über. Ab diesem Augenblick ist sich das Management eines positiven *return on investment* sicher.

---

[11] Vgl. im Einzelnen auch LÜDENBACH/PRUSACZYK, KoR 2004, S. 415.
[12] BURGER/ULBRICH/KNOBLAUCH, KoR 2006, S. 732: „Produktentwicklung ist in den seltensten Fällen ein geradliniger Prozess."

Anders als nach HGB und EStG besteht eine **Ansatzpflicht** für die innerhalb der **Entwicklungsphase** selbst geschaffenen immateriellen Vermögenswerte, wenn folgende **Voraussetzungen kumulativ** erfüllt werden, wobei eine nicht näher umschriebene Beweisführung bzw. Darlegungspflicht *("demonstrate")* durch das Unternehmen gefordert wird (IAS 38.57):

24

- technische **Machbarkeit** *(technical feasibility)* zur Fertigstellung des Projekts in dem Sinne, dass es zur ökonomischen Verwertung durch Eigennutzung oder Verkauf zur Verfügung steht;
- beabsichtigte **Vollendung** *(intention to complete)* des Projektes und Verwertung durch Verkauf oder Eigennutzung;
- **Fähigkeit** *(ability)* zur Eigennutzung oder zum Verkauf des immateriellen Vermögenswertes (fertiges Produkt oder Verfahren);
- Darlegung des künftigen **ökonomischen Vorteils** *(benefit)*, wobei u. a. das Unternehmen den Nachweis des Vorliegens eines Marktes für den immateriellen Vermögenswert selbst oder die von diesem zu generierenden Produkte liefern muss bzw. – im Falle der Eigennutzung – dass der betreffende Vermögenswert nutzbringend ist *(usefulness)*;
- **Verfügbarkeit** *(availability)* der erforderlichen technischen, finanziellen und anderen **Ressourcen** zur Vollendung des Projekts – darzulegen bzw. nachzuweisen *(demonstrate)* durch einen *business plan* oder eine Finanzierungszusage (IAS 38.61);
- zuverlässige **Ermittlung** *(measure)* der dem immateriellen Vermögenswert während der Entwicklungsphase zuzuordnenden Kosten – zu ermitteln durch ein Kostenrechnungssystem (IAS 38.62).

Beispiele für die Entwicklungsprozesse liefert IAS 38.59:
- Entwurf, Fertigung und Testen von Vorprodukten, Prototypen etc.
- Entwurf von Schablonen, Formen und Werkzeugen für neue Technologien
- Pilotprojekt für eine neue Produktionsanlage
- Entwurf, Fertigung und Testen neuer Materialien, Produktionsprozesse u. Ä.

In einem „lebenden" Unternehmen werden **laufend** Verbesserungen technischer und organisatorischer Art „entwickelt" und installiert. Solche Entwicklungen sind nicht identifizierbar (Rz 10) und scheiden als immaterielle Vermögenswerte aus. Vielmehr muss es sich im Einzelfall um ein **größeres** Projekt handeln.

Beispiel
Ein Automobilhersteller entwickelt einen bislang als Serienprodukt nicht verfügbaren 18-Zylinder-Motor. Diese Entwicklung ist als *asset* identifizierbar. Anders verhält es sich bei der Erprobung einer Neuanfertigung der Drosselklappe für einen bereits „laufenden" Motor.

Die vorstehenden Kriterien des **Ansatzes** von Entwicklungskosten entsprechen in weiten Bereichen den allgemein gültigen nach dem *Framework* (F.49a und 83; → § 1 Rz 87ff.). Sie können als Konkretisierung der Vorgaben des *Framework* angesehen werden. Wenn danach die Ansatzkriterien nicht erfüllt sind, dürfen (auch) die Entwicklungskosten nicht aktiviert werden.

25 In der **zeitlichen** Abfolge kann bezüglich der Aktivierbarkeit von eigenen Forschungs- und Entwicklungskosten wie folgt differenziert werden:
- Forschungskosten sind explizit nicht aktivierbar (Rz 21) und
- Entwicklungskosten in einer frühen Phase (Rz 24) sind nicht aktivierbar.[13]
- Anzusetzen sind hingegen Entwicklungskosten in einer späteren Phase.

Zum Ganzen folgendes **Schaubild:**[14]

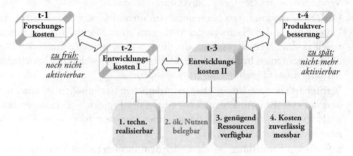

26 Begrifflich sind die Entwicklungskosten nicht auf technische Prozesse im engeren Sinn beschränkt. Die Schaffung einer **Website** kann in die Phasen „Forschung" und „Entwicklung" eingeteilt werden (Rz 35). Der Aktivierung des Entwicklungsbereiches steht bei Erfüllung der Ansatzkriterien (Rz 24) nichts im Wege.

Auch **Humankapital** kann entwickelt werden, z. B. im Falle von Profisportlern (Rz 36) oder Künstlern.

Beispiel
Der Musikproduzent X entdeckt in der Chorbesetzung eine besonders begabte Nachwuchssängerin mit attraktivem Äußeren. Sie wird auf 8 Jahre in die Exklusivdienste des Produzenten genommen und erhält auf dessen Kosten Gesangs- und Schauspielunterricht. Diese Kosten können bei Erfüllung der Ansatzkriterien (Rz 24) aktiviert werden.

27 Unabhängig von der Unterscheidung zwischen Forschung und Entwicklung und den Ansatzkriterien für die Entwicklungskosten (Rz 24) sind nach

---

[13] Ähnlich BURGER/ULBRICH/KNOBLAUCH, KoR 2006, S. 734.
[14] Nach LÜDENBACH, IFRS, 5. Aufl., 2007.

IAS 38.63 folgende Werte *(items)* bei **Selbsterstellung** (anders bei Anschaffung; Rz 31) **nicht ansetzbar:**
- Marken, Warenzeichen,
- Druck- und Verlagsrechte,
- Kundenlisten, Kundenbeziehungen,
- ähnliche Werte.

Zum speziellen Fall der **Kundengewinnungskosten** *(subscriber acquisitions costs)* wird verwiesen auf Rz 42.

Die Ansatzregeln für die originären Forschungs- und Entwicklungskosten werden in der nachstehenden Skizze dargestellt: **28**

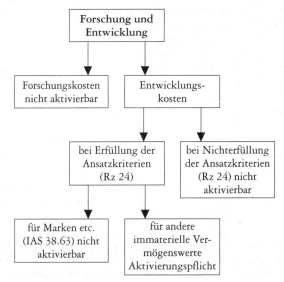

Die **generelle** Aussage „Entwicklungskosten sind nach IFRS aktivierbar" trifft also **nicht** zu:
- Nur in eingeschränktem Umfang erfüllen die Entwicklungskosten die Ansatzkriterien (Rz 24).
- Analog § 248 Abs. 2 HGB gilt ein spezifisches Ansatzverbot für bestimmte Vermögenswerte (Rz 27).

2.4.2 Faktisches Ansatzwahlrecht

Die unter Rz 24 dargestellten Ansatzkriterien suchen nach einem **Ausgleich** zwischen den Relevanz- und Zuverlässigkeitsanforderungen der Rechnungslegung (→ § 1 Rz 15). Aus der ersten Perspektive sollen möglichst **alle** wichtigen **Werttreiber** mit Vermögenswertqualität, aus der zweiten nur in ihrem Nutzen **objektivierbare** Vermögenswerte in der Bilanz erscheinen. Das Ergebnis ist eine Kompromisslösung mit einer erheblichen Anzahl von **Ermessensspielräumen**. Dabei ist das bilanzpolitische Ziel einer Nicht- **29** aktivierung spürbar leichter zu erreichen als umgekehrt. Im erstgenannten Fall genügt die Darlegung einer Unmöglichkeit zur Trennung von Forschung und Entwicklung (Rz 22). Oder aber ein nachvollziehbarer Nachweis der Erfüllung aller sechs Aktivierungskriterien (Rz 24) für die Entwicklungskosten wird nicht erbracht. Besteht umgekehrt die bilanzpolitische Vorgabe in der Aktivierung, bedarf es regelmäßig einer weiten Auslegung der diesbezüglichen Begriffsinhalte.[15] Die Möglichkeit oder sogar Notwendigkeit der Ermessensausübung führt in Anbetracht der dabei gegebenen Spielräume im Ergebnis zu einem faktischen **Ansatzwahlrecht** der Entwicklungskosten (Rz 24). Dieses Wahlrecht kann branchenbezogen oder branchenübergreifend unterschiedlich ausgeübt werden, wodurch ein Vergleich der Jahresabschlüsse ungemein erschwert wird. Eine branchenübergreifende **Bilanzanalyse** (→ § 51 Rz 75) erfordert insoweit u. U. die **Eliminierung** aller aufgrund der Anhangsangaben zu ermittelnden immateriellen Vermögenswerte.

Die branchenspeziellen Unterschiede in der bilanziellen Abbildung von Entwicklungskosten können u. U. auch eine ökonomische **Rechtfertigung** für sich in Anspruch nehmen:

- Bei der Entwicklung eines neuen Arzneimittels droht praktisch in jeder Bearbeitungsstufe die Gefahr des Scheiterns. Erst mit der behördlichen Zulassung ist dieses Risiko ausgeschaltet.
- Bei der Entwicklung einer neuen Generation des „Golf" oder des „Airbus" sind die technische Realisierbarkeit und die Zulassung zum Verkehr weitgehend gesichert.

30 Als **Beispiele** für die unterschiedliche Qualifikation von Entwicklungskosten bei der bilanziellen Abbildung mögen vor dem Hintergrund der Vorgaben in IAS 38.57 (Rz 24) folgende Fälle dienen:

- Sowohl die **technische** Machbarkeit als auch ein späterer ökonomischer Nutzen können branchentypisch bestätigt oder bestritten werden. Typisches Beispiel ist die **Pharmaindustrie**: Hier können die ausstehenden Ergebnisse klinischer Tests das Management veranlassen, die Beweisbarkeit hinsichtlich der technischen Fertigstellung und der ökonomischen Verwertungsmöglichkeit eines schon weitgehend erforschten neuen Präparats zu bestreiten. Die Folge ist: Alle Entwicklungskosten bis zur Verkaufsfreigabe durch die zuständige Behörde werden als Aufwand verbucht.[16]

Beispiel

(Altana AG, Geschäftsbericht 2004):
„Forschungskosten sind Kosten für eigenständige und planmäßige Forschung mit der Absicht, neue wissenschaftliche oder technische Erkenntnisse zu erlangen. Sie werden nach IAS 38 bei Anfall sofort aufwandswirk-

---

[15] BURGER/ULBRICH/KNOBLAUCH, KoR 2006, S. 734.
[16] Diese Vorgehensweise wird weltweit von der Pharmaindustrie praktiziert. Vgl. HÜTTCHE, KoR 2005, S. 321; ERNST & YOUNG, International GAAP 2005, S. 624.

sam berücksichtigt. Entwicklungskosten umfassen Aufwendungen, die dazu dienen, theoretische Erkenntnisse technisch und kommerziell umzusetzen. Auch sie werden aufwandswirksam erfasst, da die Voraussetzungen zur Aktivierung als immaterielle Vermögenswerte gemäß IAS 38 aufgrund der bis zur Markteinführung bestehenden Risiken nicht vollständig erfüllt sind."

- In der **Automobilindustrie** wird das Kriterium der technischen Machbarkeit anders ausgelegt: Von den insgesamt anfallenden Forschungs- und Entwicklungskosten wird ein hoher, z.T. über 50 % hinausgehender Teil aktiviert.
- Wieder umgekehrt kann in einer beliebigen Branche die Aktivierung eines Entwicklungsprojekts an einer einigermaßen verlässlichen **Kostenzuordnung** wegen ungelöster Schlüsselungsprobleme von Gemeinkosten scheitern.
- Eine **Trennung** der Forschungs- von der Entwicklungsphase (Rz 22) ist objektiv unmöglich.

Beispiel
Die Software-GmbH bringt Anfang 03 ein neues *business-to-business*-Produkt auf den Markt. Die FuE-Aufwendungen der Jahre 00, 01 und 02 belaufen sich jeweils auf 500 TEUR. Der als Aktivierungsobergrenze dienende erzielbare Betrag *(recoverable amount)* wird Ende 01 auf 500 TEUR und Ende 02 auf 900 TEUR geschätzt. Das Projekt hat in 00 als Forschungsvorhaben begonnen und ist in den Jahren 01, stärker noch in 02 in die Entwicklungsphase übergegangen.
Die Software-GmbH hat drei **Alternativen** der bilanzmäßigen Abbildung:
- Sie erfasst die gesamten 1.500 TEUR als Aufwand, weil Forschung und Entwicklung in einem zyklischen oder iterativen Zusammenhang betrieben würden und daher der Übergang zwischen Forschungs- und Entwicklungsphase fließend und eine klare Trennung nicht möglich sei. Nach IAS 38.54 müssten deshalb sämtliche Aufwendungen als Forschungsaufwendungen behandelt und von der Aktivierung ausgeschlossen werden.
- Die Software-GmbH definiert die Aufwendungen bis einschließlich 01 noch als Forschungsaufwendungen und findet Gründe für den Beginn der Entwicklungsphase Ende 01/Anfang 02. Die Software-GmbH behandelt demgemäß 1.000 TEUR als Forschungsaufwand der ersten beiden Jahre und aktiviert 500 TEUR als Entwicklungsleistung im dritten Jahr.
- Die Software-GmbH legt den Schnittpunkt zwischen Forschungs- und Entwicklungsphase auf den Jahreswechsel 00/01 (auch ein unterjähriger Zeitpunkt käme in Frage). Sie behandelt demgemäß 500 TEUR als aufwandswirksam und aktiviert 500 TEUR in 01 und

> weitere 500 TEUR in 02. Der Aktivierungsbetrag von insgesamt 1.000 TEUR liegt jedoch über dem *recoverable amount* von 900 TEUR per 31.12.02. Unter Anwendung von IAS 36 „Wertminderung von Vermögenswerten" werden deshalb weitere 100 TEUR abschreibungsweise in den Aufwand genommen. Insgesamt werden 600 TEUR (500 in 00, 100 in 02) aufwandswirksam behandelt.

2.4.3 Derivativer Erwerb von Forschung und Entwicklung

31 In **Anschaffungs**fällen – insbesondere beim **Unternehmenserwerb** – gelten andere Ansatzkriterien:
- Für Einzelanschaffungen bringt der Kaufpreis die Wahrscheinlichkeit des Nutzenzuflusses (Rz 13) zum Ausdruck (IAS 38.25).
- Für den Zugang im Rahmen eines Unternehmenserwerbs wird auf → § 31 Rz 83 verwiesen.

Die Ansatzrestriktion für die eigene **Forschungs**tätigkeit (Rz 22) ist hier aufgehoben.

2.5 Selbst geschaffene Software

32 Zu diesem, einen breiten Anwendungsbereich ausfüllenden Bilanzierungsproblem enthalten die IFRS anders als US-GAAP keine speziellen Regelungen. Man kann versuchen, die allgemeinen Definitions- und Ansatzkriterien für immaterielle Vermögenswerte auf die Software-Erstellung zu transportieren.[17] Zu unterscheiden ist dabei zwischen selbst erstellter Software für Vermarktungszwecke – die unter IAS 2 oder IAS 11 fallen (Rz 3) – und der als **Anlagevermögen** im eigenen Haus anzuwendenden. Im letztgenannten Fall geht es um die Abgrenzung der Forschungs- von der Entwicklungsphase (Rz 22).

33 Die Aktivierungsmöglichkeit für selbst geschaffene Software beginnt frühestens mit der **technischen Machbarkeit** *(feasibility)* des Projekts, verbunden mit der **Wahrscheinlichkeit des kommerziellen Erfolgs**. Dazu bedarf es eines Detailprogrammes oder eines Arbeitsmodells. Die weiteren dort genannten Kriterien sind Anwendungsfälle der Definitions- und Ansatznormen allgemein. Allerdings sind in diesen Fällen besondere Schwierigkeiten damit verbunden, die Generierung **künftigen ökonomischen Nutzens** durch das Programm nachzuweisen bzw. darzulegen *(demonstrate)*. Insbesondere kann es an einer Ansatzmöglichkeit dann fehlen, wenn die rechtliche Ausschlussmöglichkeit zur Kontrolle über das Programm und zur Abschottung gegenüber anderen Anwendern fehlt. Folge ist dann die Verbuchung der Aufwendungen auch in der Entwicklungsphase als laufender Aufwand. Klare Trennlinien sind dabei nicht ersichtlich.

Eher kommt eine Aktivierung für **erworbene** Software in Betracht, und zwar als **Bestandteil der zugehörigen Hardware** mit der Folge, dass die Bilanzierung sich

---

[17] So EPSTEIN/MIRZA, Interpretation and Application of IAS 2002, S. 345.

an den Regeln des IAS 16 (→ § 14 Rz 10ff.) orientiert. Diese Vorgehensweise erscheint nach herkömmlichem deutschem Bilanzierungsverständnis als unpassend, da Hard- und Software als **getrennte** Vermögenswerte angesehen werden.

Insgesamt erscheinen die Bilanzierungsregeln insbesondere für die selbst erstellte, intern genutzte Software nach den IFRS als ausgesprochen **fließend** – allerdings mit einem **Vorbehalt**: Waren einmal entsprechende Ausgaben als Aufwand verbucht worden, kann in späteren Jahresabschlüssen diese Entscheidung nicht wieder umgedreht werden (IAS 38.71; Rz 50; siehe aber auch Rz 65).

Beispiel

Sachverhalt
Die Software-GmbH beginnt Anfang 03 mit den Forschungen zu einem neuen Produkt, das aus mehreren Modulen bestehen und, wenn alles klappt, 05 auf den Markt kommen soll. Die FuE-Aufwendungen der Jahre 02 bis 04 werden voraussichtlich jeweils 500 TEUR betragen. Die Software-GmbH diskutiert zwei Projektplanungsalternativen:
Nach Plan I sollen, da die relevanten Schwierigkeiten tatsächlich in den Modulen und nicht in deren Zusammenführung vermutet werden, die Module bis Ende 04 separat entwickelt und ein detailliertes Gesamtdesign sowie ein dokumentierter Gesamtprobelauf erst Ende 04 durchgeführt werden.
Nach Plan II soll bereits Ende 02 ein erstes Design für das Gesamtprodukt fertig gestellt und einem ersten Probelauf unterzogen werden, wobei wegen der dabei noch zu erwartenden Probleme in den Modulen selbst weniger deren Details als das (ohnehin so gut wie feststehende) Zusammenwirken der Module dokumentiert werden sollen.

Lösung
Die Komplettierung des detaillierten Programmdesigns gilt i. d. R. als Nachweis der technischen Realisierbarkeit. Da die GmbH ihren eigenen Plankriterien und -definitionen folgend erst Ende 04 ein detailliertes Programmdesign fertig gestellt und erprobt hat, sind die insgesamt 1,5 Mio. EUR Aufwendungen der Jahre 02 bis 04 als Aufwand zu behandeln. Wäre man stattdessen nach der ersten Planvariante verfahren, könnten 1 Mio. EUR der Jahre 03 und 04 aktiviert werden.

Das vorstehende Beispiel belegt deutlich die im Bereich der Softwareentwicklung bestehenden Probleme zur einigermaßen trennscharfen Abgrenzung der Forschungs- von der Entwicklungsphase.
In der Bilanzierungspraxis von Softwareunternehmen wird überwiegend auf die Aktivierung von Entwicklungskosten „**verzichtet**". Die Begründung lässt sich anhand des folgenden Schaubildes darstellen:[18]

---

[18] Nach LÜDENBACH, IFRS, 4. Aufl., 2005, S. 86.

> **Beispiel**
>
> Trennung Forschung und Entwicklung
>
>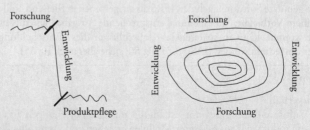
>
> Nach früherem, inzwischen als **überholt** geltendem Modell lässt sich der Prozess der Herstellung und Pflege von Software in drei Phasen einteilen:
> - Eine eher ruhige, konzeptionelle Phase, in der die Kreativität, die Gewinnung grundlegender Ideen und Lösungsvorstellungen im Vordergrund stehen;
> - eine sich daran anschließende, stark strukturierte und temporeiche Phase der programmtechnischen Umsetzung dieser Grundlagen;
> - eine wiederum ruhigere Phase der Produktentwicklung.
>
> Die Aufwendungen der mittleren Phase sind als Entwicklungskosten gut von den anderen Phasen trennbar und daher aktivierungspflichtig.
>
> Die **neuere** Praxis **verwirft** dieses „Wasserfall-Modell" als überholt und betont inzwischen den Charakter der Prozesse. Ideen**gewinnung** (Forschung) und Ideen**umsetzung** (Entwicklung) sind im Modell des *Extreme Programming* nicht mehr **sequenziell** (IAS 38.52 unterstellt), sondern zyklisch bzw. iterativ angeordnet. Die Trennbarkeit von Forschungs- und Entwicklungsphase ist nicht gegeben. Alle Aufwendungen sind als Aufwand zu verbuchen (Rz 22).

2.6 Ausdehnung des Forschungs- und Entwicklungsbegriffs – das Beispiel der Erstellung einer Webseite

35 Die Begriffe Forschung und Entwicklung beziehen sich nicht nur auf die „klassischen" Fälle der Arzneimittelforschung in der Pharmaindustrie oder die Entwicklung neuer Modelle in der Automobilbranche. Die zugehörigen Aufwendungen sind inhaltlich gemäß IAS 38.52 **weiter** definiert als nach Maßgabe des § 289 HGB (*„broader meaning"*). Allgemein stehen „Forschung und Entwicklung" für die **Herstellung** eines immateriellen Vermögenswertes. Dabei kann die Forschungsphase als die frühe, konzeptionelle Phase der Herstellung und die Entwicklung als die fortgeschrittene, verwertungsnahe Phase angeseh en werden.[19] Am deutlichsten wird diese Verallgemeinerung der beiden Begriffe am Beispiel der in SIC 32 enthaltenen Regelungen zur Erstellung einer Webseite:

Beispiel	
Planung	→ Forschung, daher Aufwand
Machbarkeitsstudie, Definition Hard-/Softwareanforderungen	
Applikation, Infrastruktur-Entwicklung	
a) Hardwarekauf	→ a) Hardware = Sachanlage IAS 16
b) Entwicklung und Test der Software	→ b) Software: ggf. als Entwicklung aktivieren
Graphikdesign	
Layout, Farben etc.	→ ggf. als Entwicklung aktivieren
Content-Entwicklung	
a) Werbung (Produkte, Fotos)	→ a) Vertriebskosten, daher Aufwand
b) Informationen über das Unternehmen	→ b) kein identifizierbarer Nutzen, daher Aufwand
c) Direktbestellungen	→ c) ggf. als Entwicklung aktivieren
Operating/Updates etc.	→ Erhaltungsaufwand

Mit der Verallgemeinerung des Forschungs- und Entwicklungsbegriffs könnte auch die Herstellung einer Marke, die Schaffung von Kundenbeziehungen etc. in eine frühe, konzeptionelle und eine fortgeschrittene Phase eingeteilt werden. Konsequent wäre die Aktivierungsfähigkeit von später anfallenden Aufwendungen auf die Etablierung einer Marke und die Schaffung eines Kundenkreises. Dieser systematisch in IAS 38 angelegten Konsequenz begegnet IAS 38.63 mit einem kasuistischen **Bilanzierungsverbot** für selbst geschaffene **Marken** und **Kundenbeziehungen** (Rz 27).

---

[19] LÜDENBACH, IFRS, 4. Aufl., 2005, S. 83.

2.7 Sonderfälle

2.7.1 Profisportler

36 Profisportler erfüllen die Ansatzkriterien für immaterielle Vermögenswerte (Rz 5).[20] Eine Aktivierung ist bei entgeltlichem Erwerb der **Nutzungsberechtigung** (Transferentschädigung) vorzunehmen. Auch die Ansatzkriterien für Entwicklungskosten (Rz 21ff.) können im Einzelfall erfüllt sein. Diese sind nicht auf die „klassische" Produktentwicklung beschränkt (Rz 26).

> **Beispiel**
> Der 18-jährige Fußballprofi P gilt als besonders talentiert. Der Profiverein K entschließt sich nach Abschluss eines 6-jährigen Dienstvertrages für eine besondere Förderkampagne: Abstellung eines Physiotherapeuten, Spezialtrainer für die muskuläre Entwicklung, Wintertraining in Florida etc. Dadurch soll die Bundesligatauglichkeit spätestens mit Vollendung des 21. Lebensjahres erreicht werden.
> Die Ansatzkriterien für die Entwicklungskosten sind erfüllt (Rz 24).

2.7.2 Nutzungsrechte

37 (Nutzungs-)Rechte können käuflich nach § 453 BGB erworben werden. Ihr Wert beruht auf einem mit dem Eigentümer bzw. Rechteinhaber abgeschlossenen Nutzungsverhältnis, z. B. einem Mietvertrag. Ein Mietvertrag ist der typische Fall eines wegen der Ausgeglichenheitsvermutung von Ansprüchen und Leistungen (Synallagama) **nicht bilanzierbaren schwebenden** Geschäftes. Deshalb kann die Aktivierung eines Nutzungsrechtes nur im Hinblick auf den **besonderen ökonomischen** Gehalt des betreffenden Vertrages infrage kommen. Die (abstrakte) Aktivierbarkeit des Nutzungsrechtes hängt von der Erfüllung der *asset*-Kriterien ab (→ § 1 Rz 87ff.). Entscheidend geht es dabei darum, ob in saldierter Betrachtung künftige (positive) Nutzenzuflüsse vorliegen. Einem Mietvertrag auf der Grundlage der **Marktverhältnisse** kommt kein ökonomischer Wert zu: Aufwendungen und Erträge sind ausgeglichen, eine Aktivierung des Nutzungsrechtes scheidet auch deshalb aus, weil eine Zahlungsverpflichtung in gleicher Höhe zu passivieren wäre.

Anders kann es sich verhalten, wenn Leistung und Gegenleistung aus dem schwebenden Vertrag **nicht ausgeglichen** sind, also z. B. der Mietzins für den Mieter im Verhältnis zur Marktlage **günstig** ist.

---

[20] HOMBERG/ELTER/ROTHENBURGER, KoR 2004, S. 249; LÜDENBACH/HOFFMANN, DB 2004, S. 1442. Dort wird auch zu den Fragen der Folgebewertung, insbesondere impairment-Abschreibungen, Stellung genommen.

Beispiel[21]

Sachverhalt

Der Reiseveranstalter Dreamtour AG bietet mehrtätige Ausflüge auf Luxusyachten im Mittelmeer an. Die AG benötigt zu einer solchen Veranstaltung mit ausgewähltem Teilnehmerkreis einen Liegeplatz im Hafen von Portals Nous auf Mallorca. Die gesamten dortigen Liegeplätze sind auf Jahre hinaus vermietet. Über einen Broker gelingt es der AG, einen Liegeplatzvertrag mit der Restlaufzeit von 10 Jahren gegen eine „Einmalprämie" zu Gunsten des bisherigen Mieters M zu übernehmen. Die Dreamtour AG tritt in den Mietvertrag mit der Marina Portals Nous Gestion y Administracion S.A. ein und zahlt an diese die laufenden Mietraten von 150 TEUR p. a. M wird aus dem Mietvertrag entlassen.

Die Einmalzahlung an den bisherigen Mieter reflektiert die den Marktverhältnissen nicht entsprechende Miethöhe und macht ein *asset* identifizierbar. Wegen der Behandlung beim Veräußerer des Nutzungsrechts wird auf (→ § 25 Rz 63) verwiesen, betreffend den „Erwerb" eines Mietvertrages im Rahmen einer *business combination* auf → § 31 Rz 84ff.

2.7.3 Emissionsrechte (Umweltverschmutzung)

Im Rahmen des Kyoto-Protokolls haben sich die EU und ihre Mitgliedstaaten zu einer Reduktion des Ausstoßes von Treibhausgasen bis zum Jahr 2012 verpflichtet. „Technisch" soll diese Verringerung der Emissionsmengen mit Hilfe von handelbaren **Emissionsrechten** erfolgen.[22] Grundlage ist das so genannte *cap-and-trade*-System. Das Emissionsziel (*cap*) wird national auf die einzelnen Emittenten heruntergebrochen. Diese Grundausstattung kann dann am Markt gehandelt werden.

38

Ein IFRIC 3 hatte sich des Themas speziell angenommen. Im Juni 2005 hat der *Board* diese Standardinterpretation aufgehoben. Die bilanzielle Abbildung ist daher nach den allgemeinen Kriterien von IAS 38 i. V. m. IAS 37 (→ § 21) vorzunehmen. Dabei kann von folgenden ökonomischen **Grundlagen** des *cap-and-trade*-Systems ausgegangen werden:

- Zwangsweise Teilnahme.
- Kostenlose oder entgeltliche Zuteilung eines Emissionszertifikats durch die öffentliche Hand.

---

[21] LÜDENBACH/HOFFMANN, DStR 2006, S. 1382; ähnlich der BFH, Urteil v. 15.12.1993, X R 102/92, BFH/NV 1994, S. 543. Der BGH hat im Urteil vom 14.6.2004, II ZR 121/02, DStR 2004, S. 1662, einen günstigen Mietvertrag mit dem kapitalisierten Wert als mögliche Sacheinlage in eine Kapitalgesellschaft gewertet.

[22] Einzelheiten hierzu bei SCHMIDT/SCHNELL, DB 2003, S. 1449; GÜNTHER, KoR 2003, S. 432; HERMES/JÖDICKE, KoR 2004, S. 287.

- In einer Handelsperiode (erstmalig 1.1.2005 bis 31.12.2007) werden zu Beginn die Rechte vergeben (in der BRD zunächst kostenlos), am Ende der Periode werden die tatsächlichen Emissionen erfasst.
- Die Teilnehmer können Rechte kaufen und verkaufen.
- Die Teilnehmer können entsprechend der Höhe ihrer Rechte Schadstoffe emittieren, weniger emittieren und entsprechende Rechte verkaufen oder übertragen oder mehr emittieren und entsprechend Rechte kaufen oder eine Pönale bezahlen.
- Nach dem Ende jeder Handelsperiode müssen die Teilnehmer Emissionsrechte in Höhe ihrer tatsächlichen Emissionen abliefern; geschieht dies nicht, ist eine Pönale in bar zu zahlen oder eine Einschränkung ihrer künftigen Rechte hinzunehmen.

Die Abbildung im Jahresabschluss muss nach Maßgabe der vorstehend aufgeführten **ökonomischen** Grundlagen erfolgen. Dabei stellt sich zunächst die Frage nach der **Vermögenswert**-Eigenschaft der Emissionsrechte (→ § 1 Rz 87f.) unter der Annahme einer **kostenlosen** Zuteilung. Im Schrifttum wird diese ohne weitere Problematisierung bejaht. Gleichwohl bleiben auf der Grundlage des dem System innewohnenden ökonomischen Gehalts daran Zweifel angebracht.

Beispiel[23]
U hat vor der Einführung des *cap-and-trade*-Systems zuletzt (in 01 bis 04) jährlich 100.000 t CO_2 emittiert. Aufgrund eines weiter zurückliegenden Basisjahres werden U mit der Einführung in 05 in gleicher Menge Zertifikate unentgeltlich zugeteilt. U beabsichtigt, diese Zertifikate selbst zu nutzen und nicht in den Handel zu gehen.
An der Vermögenssituation von U hat sich durch die Zuteilung nichts verändert. Die Verbriefung in einer Ausstoßgenehmigung dient lediglich dem systemimmanenten (aus der Verknappung resultierenden) Börsenhandel. Dieser ist aber für U mangels entsprechender Absichten nicht von Bedeutung.

Der Vermögenswert setzt nach dem Definitionsgehalt von IAS 38.8 (Rz 5) und *Framework* F.49a (→ § 1 Rz 87) erwarteten ökonomischen **Nutzen** voraus. Ein solcher liegt im vorliegenden Beispiel kaum vor. Die Berechtigung zum Schadstoffausstoß gleicht der Konzession zum Betrieb eines Unternehmens (z. B. Gaststättenkonzession). Solche Konzessionen sind bislang nicht als Vermögenswert in Erscheinung getreten.

39 Auf der **Bewertungs**ebene ist zwischen **entgeltlich** erworbenen (an der Börse zugekauften) und **unentgeltlich** behördlich zugeteilten Rechten zu unterscheiden. Anschaffungskosten sollen bilanztheoretisch eine periodengerechte Zuordnung des **Verbrauchs** der mit diesen Kosten beschafften Ressourcen bewirken. Bei Aktivierung der unentgeltlich zugeteilten Rechte würden neben-

---

[23] Nach HOFFMANN/LÜDENBACH, DB 2006, S. 57.

einander Bilanzwerte ausgewiesen, die einerseits auf **effektiven** Ausgaben und andererseits auf **fiktiven** Werten beruhen – eine sehr ungewöhnliche Konstellation. Im **Branchenvergleich** käme es zu erheblichen Verzerrungen im Vergleich beispielsweise zur Telekommunikationsbranche mit den dort aktivierten, weil entgeltlich erworbenen Mobilfunklizenzen.

Diesem **Vorbehalt** entsprechen die bilanziellen Abbildungsregeln in den USA für das dort praktizierte *cap and trade system* im Zusammenhang mit dem *scheme for acid rain*.[24]

- Die Bilanzierung hat nach dem **Anschaffungskostenprinzip** zu erfolgen.
- **Unentgeltlich** zugeteilte Rechte sind entsprechend mit null zu bewerten.
- **Kostenpflichtige** Erwerbe durch behördlich organisierte Auktionen oder von anderen Teilnehmern sind zum Anschaffungspreis anzusetzen.
- Der **Verbrauch** der Genehmigungen durch den Ausstoß von Gasen ist über die Nutzungsperiode der Genehmigung nach der Durchschnittskostenmethode dem Ergebnis zu belasten.
- Der etwaige Mehrausstoß gegenüber den vorhandenen Genehmigungen soll mit den geschätzten Kosten als **Rückstellung** eingebucht werden.

U. E. bedarf die Aktivierung von unentgeltlich zugeteilten Emissionsrechten einer **besonderen** Rechtfertigung. Diese wird in IAS 20.23 i. V. m. IAS 38.44 (→ § 12 Rz 30) gegeben. Es besteht danach ein **Wahlrecht** zur Einbuchung der unentgeltlich zugeteilten Rechte zum **Zeitwert** einerseits (*fair-value*-Modell) und zu den **Anschaffungskosten** (null) andererseits (Anschaffungskostenmodell). Im erstgenannten Fall ist ein **passiver Abgrenzungsposten** (*deferred income*) zu bilden und entsprechend der Nutzungsdauer von einem Jahr zu Gunsten des Ergebnisses aufzulösen (→ § 12 Rz 30). Andererseits ist bei Wahl des *fair-value*-Zugangswertes eine **verbrauchsabhängige** Abschreibung vorzunehmen. Am Ende der Zuteilungsperiode (unterstellt Wirtschaftsjahr = Kalenderjahr) werden die unentgeltlich zugeteilten Rechte nach beiden Zugangsregeln aktivisch und passivisch mit null ausgewiesen.

Die Emissionsrechte sind **börsenmäßig** handelbar. Durch (entgeltlichen) Zu- und Verkauf können die am Bilanzstichtag vorhandenen Emissionsrechte u. U. nicht mehr der einen oder anderen Kategorie zugeordnet werden. In diesem Fall bietet sich die Bewertung nach einem **Verbrauchsfolgeverfahren** an. Unter Analogie zu IAS 2.25 zur Bewertung von Vorratsvermögen (→ § 17 Rz 5) halten wir die Anwendung der Durchschnitts- und der Fifo-Methode für zulässig. Zu den Bestandteilen der Anschaffungskosten vgl. Rz 59.

---

[24] Es handelt sich nicht um einen „offiziellen" Rechnungslegungsstandard des FASB oder der EITF, sondern die Federal Energy Regulatory Commission (FERC) schlägt dies in einem so genannten Uniform System of Accounts (USofA) vor. Das System ist dargestellt in den EITF-Abstracts Issue Nr. 03-14 und den zugehörigen Informationen; siehe auch hierzu VÖLKER-LEHMKUHL/LÖSLER, DB 2005, S. 457.

Die **Neubewertungsmethode** (→ § 8 Rz 52ff.) ist nur bei **längerfristiger** Nutzung von Vermögenswerten sinnvoll anwendbar. Sie scheidet u. E. bei den Emissionsrechten mit einem Lebenszyklus von 12 Monaten aus.

40 Für die am Bilanzstichtag bestehende **Rückgabepflicht** von Emissionsberechtigungen nach Maßgabe des effektiven Schadstoffausstoßes sind (Verbindlichkeits-)Rückstellungen zu bilden (→ § 21 Rz 18ff.). Dabei ist im **ersten** Prüfungsschritt stichtagsbezogen für den Bilanzansatz ein Abgleich zwischen dem **effektiven** Schadstoffausstoß und den **vorhandenen** Emissionsrechten durchzuführen. Sofern der Ausstoß die verbriefte Menge übersteigt, muss die Rückgabe im Folgejahr (am 30.4.) mit noch **zuzukaufenden** Rechten bestückt werden.

Für die **Bewertung** der gesamten **Rückgabeverpflichtung** – dem zweiten Prüfschritt zur Rückstellungsbildung – hatte sich der zurückgezogene IFRIC 3 für einen *fair-value*-Ansatz ausgesprochen. Dadurch standen am Bilanzstichtag „voll" (mit dem aktuellen Börsenkurs) bewertete Verpflichtungen den überwiegend zu null aktivierten Berechtigungen gegenüber. Zur Vermeidung dieses *„mismatch"* bedarf es einer wirtschaftlich sinnvollen Interpretation der Bewertungsvorgaben in IAS 37.36f. (→ § 21 Rz 93ff.).[25]

Ausgangspunkt der Bewertung von Rückstellungen ist die bestmögliche **Schätzung** (→ § 21 Rz 94) des zur Regulierung der betreffenden Verbindlichkeit erforderlichen Aufwands am Bilanzstichtag. Die vom Unternehmen zu erbringenden „Ausgabe" (*expenditure*) beläuft sich auf die Abgabe von Emissionsrechten. Soweit diese unentgeltlich erworben worden sind, lässt sich *„expenditure"* durchaus auch als unentgeltlicher Vorgang interpretieren: „Mich kostet die Rückgabe eines Wertgegenstandes nichts, wenn ich diesen kostenlos erhalten habe."

Die (aufgehobenen) Vorgaben des IFRIC 3 orientieren sich demgegenüber am Wortlaut des Interpretationsparagraphen IAS 37.37 zur Bestimmung der bestmöglichen Schätzung. Diese soll sich an dem Betrag orientieren, den das Unternehmen für die Begleichung der Verpflichtung **selbst** aufwenden muss oder an einen **Dritten** zu bezahlen hat, damit dieser die Verpflichtung erfüllt. Die letztgenannte Variante der Entledigung von der Verbindlichkeit kommt im Emissionshandel indes nicht in Betracht. Die Emissionsrechte sind nämlich vom emittierenden Unternehmen **selbst** zurückzugeben. Dieses kann also seine Rückgabeverpflichtung nicht durch Bezahlung oder Übertragung eines anderen Vermögenswertes erfüllen, sondern nur durch Rückgabe der Emissionsrechte selbst, die i. d. R. überwiegend kostenlos zugeteilt worden sind. Deshalb ist IAS 37.37 S. 1 im vorliegenden Fall nicht einschlägig. Das *best estimate* muss sich an anderen Kriterien ausrichten.

Die bei der Rückstellungsbewertung nach IAS 37.37 zum Ausdruck kommende Idee des **Fremdvergleichs** bleibt auch in anderen – eher gängigen – Sachverhalten unbeachtet, d. h., es wird durchaus nach Maßgabe einer **Sachleistungsverpflichtung** bewertet.

---

[25] Vgl. hierzu HOFFMANN/LÜDENBACH, DB 2006, S. 57.

> **Beispiel**
> Der Einzelgewährleistungsfall eines Herstellers von Spezialmaschinen wird in der Praxis nur durch eigenes Personal bewerkstelligt. Ansonsten müssten erst für teures Geld irgendwelche Arbeiter eines anderen Unternehmens mühsam in die Besonderheiten der betreffenden Spezialmaschine eingewiesen werden. Die erforderliche Reparatur etc. kann durch die entsprechend ausgebildete eigene Mannschaft sehr viel kostengünstiger ausgeführt werden. Eine Bewertung zum Fremdvergleichspreis *(fair value)* für einen solchen Gewährleistungsfall wäre geradezu absurd (eben „*mismatch*").

Zumindest in der Praxis verhindert also die Auslegung der bestmöglichen Schätzung durch IAS 37.37 nicht die Anwendung einer vernünftigen Rückstellungsbewertung außerhalb der *fair-value*-Vorgabe. Dieser Gedanke muss auch bei der Bewertung der Rückgabeverpflichtung von Emissionsrechten Platz greifen. Bewertet wird die Rückstellung demnach mit den Erwerbskosten für etwa erforderliche **Zukäufe**, ansonsten mit den Anschaffungskosten der **vorhandenen** Rechte, die einzeln oder nach einem Verbrauchsfolgeverfahren zu ermitteln sind.
Dieser Lösungsvorschlag geht im Ergebnis konform zu den Vorgaben des IDW[26] und des BMF[27]. Die Bewertung der Rückstellung richtet sich nach den Regeln einer **Sachleistungsverpflichtung** auf der Grundlage der dafür entstehenden Kosten. Sofern unentgeltlich erworbene Rechte zur Rückgabe bestimmt sind, muss entsprechend mit **null** bewertet werden, im Übrigen zu dem am Bilanzstichtag gültigen Börsenkurs. Bei Anwendung einer **Verbrauchsfolgefiktion** schlägt sowohl der HFA des IDW als auch der BMF eine Art Lofo-Verfahren *(lowest in – first out)* angewendet werden: Die unentgeltlich erworbenen Rechte werden zuerst zurückgegeben. Mit Erfüllung der Rückgabepflicht am 30.4. des Folgejahres ist eine etwa gebildete Rückstellung **aufzulösen**.
Zur **buchmäßigen** Abwicklung folgendes Beispiel mit den beiden Bilanzierungsvarianten (Rz 39):[28]

41

> **Beispiel**
>
> **Durchgängiger Sachverhalt**
> Ein Anlagebetreiber ist auf einen jährlichen Schadstoffausstoß von 10.000 Tonnen CO_2 taxiert. Für das Kalenderjahr = Wirtschaftsjahr 01 erhält er unentgeltlich 9.709 Emissionsberechtigungen (EB). Deren Börsenpreis beträgt am 1.1.01 und 31.12.01 10 EUR. Der Ausstoß in 01 beträgt 10.000 Tonnen.

---

[26] IDW, RS HFA 15, Tz 18, WPg 2006, S. 574.
[27] Schreiben v. 6.12.2005, DB 2005, S. 2717.
[28] Auf der Datengrundlage des BMF-Schreibens vom 6.12.2005, DB 2005, S. 2717.

Alternative 1
Die erhaltenen EB sind am 31.12.01 noch vorhanden. Es müssen 291 Rechte zugekauft werden.

Anschaffungskostenmodell

Bilanz zum 31.12.01

Aktiva				Passiva			
#	Datum	Bezeichnung	Betrag EUR	#	Datum	Bezeichnung	Betrag EUR
(1)	1.1.	Zugang Rechte	0	(1)	1.1.	Zugang RAP	0
(3)	31.12.	Kapital	2.910	(2)	31.12.	RSt für Zukauf	2.910
			2.910				2.910

GuV 01

Aufwendungen				Erträge			
#	Datum	Bezeichnung	Betrag EUR	#	Datum	Bezeichnung	Betrag EUR
(2)	31.12.	Aufwand für Zukauf	2.910	(3)	31.12.	Verlust	2.910
			2.910				2.910

fair-value-Modell

Bilanz zum 31.12.01

Aktiva				Passiva			
#	Datum	Bezeichnung	Betrag EUR	#	Datum	Bezeichnung	Betrag EUR
(1)	1.1.	Zugang Rechte	97.090	(1)	1.1.	Zugang RAP	97.090
(3)	31.12.	Verbrauch Rechte	–97.090	(2)	31.12.	Auflösung RAP	–97.090
(5)	31.12.	Kapital	2.910	(4)	31.12.	RSt für Zukauf	2.910
			2.910				2.910

§ 13 IMMATERIELLE VERMÖGENSWERTE

GuV 01						
Aufwendungen						**Erträge**
#	Datum	Bezeichnung	Betrag EUR	# Datum	Bezeichnung	Betrag EUR
(3)	31.12.	Verbrauch Rechte	97.090	(2) 31.12.	Auflösung RAP	97.090
(4)	31.12.	Aufwand für Zukauf	2.910	(5) 31.12.	Verlust	2.910
			100.000			100.000

Alternative 2

In 2005 wurden zuerst 1.000 EB verkauft (hier erfolgsneutral behandelt) und 500 EB zu je 8 EUR gekauft. Am Bilanzstichtag sind 9.209 EB vorhanden, es fehlen also 791 EB. Dafür ist eine Rückstellung zu bilden. Nach dem Vorschlag des BMF, den wir zur Vermeidung des angesprochenen „mismatch" (Rz 40) für sinnvoll erachten, wird die Rückgabeverpflichtung in folgender Reihenfolge bestückt:

	Rechte	Anschaffungskosten
• unentgeltlich erworbene Rechte	8.709	0
• Zukauf	500	4.000
• weitere Abgabepflicht	791	7.910
	10.000	11.910

Anschaffungskostenmodell

Bilanz zum 31.12.01						
Aktiva						**Passiva**
#	Datum	Bezeichnung	Betrag EUR	# Datum	Bezeichnung	Betrag EUR
(1)	1.1.	Zugang Rechte	0	(1) 1.1.	Zugang RAP	0
(2)	31.12.	Geld aus Verkauf	8.000	(4) 31.12.	Bildung RSt	4.000
(3)	31.12.	Kauf Rechte	4.000	(5) 31.12.	Bildung RSt	7.910
(3)	31.12.	Geld aus Kauf	− 4.000			
(7)	31.12.	Kapital	3.910			
			11.910			11.910

GuV 01

Aufwendungen				Erträge			
#	Datum	Bezeichnung	Betrag EUR	#	Datum	Bezeichnung	Betrag EUR
(4)	31.12.	Bildung RSt	4.000	(2)	31.12.	Umsatzerlöse	8.000
(5)	31.12.	Bildung RSt	7.910	(7)	31.12.	Verlust	3.910
			11.910				11.910

fair value-Modell

Bilanz zum 31.12.01

Aktiva				Passiva			
#	Datum	Bezeichnung	Betrag EUR	#	Datum	Bezeichnung	Betrag EUR
(1)	1.1.	Zugang Rechte	97.090	(1)	1.1.	Zugang RAP	97.090
(2)	31.12.	Geld aus Verkauf	8.000	(4)	31.12.	Teil-Aufl. RAP	–10.000
(3)	31.12.	Abgang Rechte	–10.000	(6)	31.12.	Rest-Aufl. RAP	–87.090
(5)	31.12.	Geld	–4.000	(8)	31.12.	Bildung RSt	4.000
(5)	31.12.	Kauf Rechte	4.000	(9)	31.12.	Bildung RSt	7.910
(7)	31.12.	Verbrauch Rechte	–87.090				
(10)	31.12.	Kapital	3.910				
			11.910				11.910

GuV 01

Aufwendungen				Erträge			
#	Datum	Bezeichnung	Betrag EUR	#	Datum	Bezeichnung	Betrag EUR
(3)	31.12.	Abgang Rechte	10.000	(2)	31.12.	Umsatzerlöse	8.000
(7)	31.12.	Verbrauch Rechte	87.090	(4)	31.12.	Teil-Aufl. RAP	10.000
(8)	31.12.	Bildung RSt	4.000	(6)	31.12.	Rest-Aufl. RAP	87.090
(9)	31.12.	Bildung RSt	7.910	(10)	31.12.	Verlust	3.910
			109.000				109.000

Alternative 3

In 2005 wurden 1.000 EB verkauft (hier erfolgsneutral behandelt) und dann 1.500 EB zu 8 EUR gekauft, Bestand am Jahresende also 10.209. Die Rückgabeverpflichtung ist nach dem Vorschlag zur Alternative 2 wie folgt zu bestücken:

	Rechte	Anschaffungskosten
• unentgeltlich erworbene Rechte	8.709	0
• Kauf	1.291	10.328
	10.000	10.328

Anschaffungskostenmodell
Bilanz zum 31.12.01

Aktiva						Passiva
#	Datum	Bezeichnung	Betrag EUR	#	Datum	Bezeichnung	Betrag EUR
(1)	1.1.	Zugang Rechte	0	(1)	1.1.	Zugang RAP	0
(2)	31.12.	Geld aus Verkauf	8.000	(4)	31.12.	Bildung RSt	10.328
(3)	31.12.	Kauf Rechte	12.000				
(3)	31.12.	Geld	–12.000				
(5)	31.12.	Kapital	2.328				
			10.328				10.328

GuV 01

Aufwendungen						Erträge
#	Datum	Bezeichnung	Betrag EUR	#	Datum	Bezeichnung	Betrag EUR
(4)	31.12.	Bildung RSt	10.328	(2)	31.12.	Umsatzerlöse	8.000
				(5)	31.12.	Verlust	2.328
			10.328				10.328

fair-value-Modell

Bilanz zum 31.12.01

Aktiva				Passiva			
#	Datum	Bezeichnung	Betrag EUR	#	Datum	Bezeichnung	Betrag EUR
(1)	1.1.	Zugang Rechte	97.090	(1)	1.1.	Zugang RAP	97.090
(2)	31.12.	Geld aus Verkauf	8.000	(4)	31.12.	Teil-Aufl. RAP	–10.000
(3)	31.12.	Abgang Rechte	–10.000	(8)	31.12.	Bildung RSt	10.328
(5)	31.12.	Kauf Rechte	12.000	(6)	31.12.	Rest-Aufl. RAP	–87.090
(5)	31.12.	Geld	–12.000				
(7)	31.12.	Verbrauch Rechte	–87.090				
(9)	31.12.	Kapital	2.328				
			10.328				10.328

GuV 01

Aufwendungen				Erträge			
#	Datum	Bezeichnung	Betrag EUR	#	Datum	Bezeichnung	Betrag EUR
(3)	31.12.	Abgang Rechte	10.000	(2)	31.12.	Umsatzerlöse	8.000
(8)	31.12.	Bildung RSt	10.328	(4)	31.12.	Teil-Aufl. RAP	10.000
(7)	31.12.	Verbrauch Rechte	87.090	(6)	31.12.	Rest-Aufl. RAP	87.090
				(9)	31.12.	Verlust	2.328
			107.418				107.418

2.7.4 Kundengewinnungskosten (*subscriber acquisition costs*)

42 Unter *subscriber acquisition costs* (SAC) versteht man die bei Telekommunikationsunternehmen und Internetprovidern verbreiteten Maßnahmen zur **Gewinnung neuer Kunden**. Musterbeispiel ist die Abgabe eines verbilligten oder unentgeltlichen Mobiltelefons gegen Abschluss eines zweijährigen Nutzungsvertrages mit dem Mobiltelefonanbieter gegen eine Mindestgebühr und zusätzliche Berechnung von Gesprächseinheiten während der Vertragslaufzeit. In das ökonomische Kalkül des Serviceanbieters fließen dabei nicht nur die erwarteten Einnahmen aus der zweijährigen Bindung des Kunden ein, sondern auch „**nachvertragliche**" Einnahmen, die sich aus einem

empirisch belegbaren Prozentsatz trotz Kündigungsmöglichkeit fortgesetzter Verträge ergeben. Die Erfahrung beweist die Fortführung des Vertrages durch die so gewonnenen Kunden.

Aus Sicht der **Bilanz** stellt sich die Frage nach dem Vorliegen eines Vermögenswertes, der in Höhe der **nicht gedeckten Kosten** des abgegebenen Mobilfunktelefons anzusetzen wäre. Aus Sicht der **GuV** stellt sich das Problem der passenden zeitlichen Zuordnung von Aufwand nach Handels- und Steuerrecht durch **aktive Abgrenzung** der Kundengewinnungsaufwendungen.[29]

Diese Lösung der aktiven Rechnungsabgrenzung stellen konzeptionell die IFRS nicht zur Verfügung. Deshalb ist vorrangig die Frage nach der Aktivierbarkeit dieses Aufwandes als **immaterieller** Vermögenswert zu prüfen. Die abstrakte Aktivierbarkeit erscheint im Hinblick auf die spezielle *asset*-Definition eher unproblematisch (Rz 5). Entsprechendes gilt für die Kriterien der konkreten Aktivierbarkeit (Rz 13). Die Frage ist allerdings, ob das kasuistische Ansatzverbot für „Kundenlisten" und substanziell ähnliche Vermögenswerte nach IAS 38.63 hier einschlägig ist (Rz 27). Die Frage hat **zwei** Dimensionen:

- Liegt überhaupt ein selbst erstellter Vermögenswert vor? Je nach Interpretation des Anschaffungsbegriffs (Rz 16) wird man dies bejahen oder verneinen.
- Falls ein Herstellungsvorgang angenommen wird, stellt sich die Frage, ob Kundenbeziehungen als „substanziell ähnliche Vermögenswerte" i. S. d. IAS 38.63 anzusehen sind. Eine Erläuterung hierzu findet sich in IAS 38.BCZ45 nicht. Insoweit besteht auch hier Auslegungsspielraum. Dabei sprechen Argumente für und gegen eine Anwendung des Aktivierungsverbots in IAS 38.63 auf die *subscriber acquisition costs*. Eine Aktivierung ist daher vertretbar.[30] Nicht ausgeschlossen erscheint überdies die Aktivierung durch Interpretation von *„prepayment"* i. S. d. IAS 38.70 für die Erwerbskosten des abgegebenen Mobiltelefons (Rz 44).

Die planmäßige **Abschreibung** ist dabei nicht notwendig linear (Rz 67) und auch nicht auf die rechtliche Vertragslaufzeit beschränkt vorzunehmen (Rz 68).

2.7.5 Werbemaßnahmen

Speziell für **Werbe**aufwand stellt sich allerdings die Frage nach der **zeitlichen** Zuordnung. In der Praxis wird hier verschieden vorgegangen. Das IFRIC stellt dies anhand von **Verkaufskatalogen** dar. Die zugehörigen Ausgaben werden in der Praxis nach Feststellung des IFRIC teils als Vorratsvermögen, teils als Vorauszahlung (IAS 38.70), teils direkt als Aufwand behandelt. Im Fall der Aktivierung erfolgt die Aufwandsverrechnung teilweise bei Abgabe der Kataloge, teilweise wird eine Abschreibung über die Nutzungsdauer praktiziert. Das

43

---

[29] BMF, Schreiben v. 20.6.2005, BStBl I 2005 S. 801.
[30] Gl. A. Nebe/Elprana, KoR 2006, S. 484.

IFRIC will sich dieses Themas – ausgeweitet auf andere Werbemittel wie Websites, Schaufenster, Fernsehkanäle – annehmen.[31]
Generell scheint die Frage der **zeitlichen** Zuordnung (→ § 1 Rz 16) im Bereich der Vertriebskosten klärungsbedürftig.

> **Beispiel**
>
> **Sachverhalt**
> Der Großkonzern A zahlt an die Betreibergesellschaft einer Fußball-Großarena einen Betrag X. Dafür erhält der Großkonzern das Recht, die Fußball-Großarena auf zehn Jahre mit ihrem eigenen Firmennamen zu kombinieren.
>
> **Lösung**
> In diesem Recht zur Verwendung der Großarena als Werbeinstrument könnte man einen (immateriellen) **Vermögenswert** erkennen (Rz 5). Auch wenn ein künftiger ökonomischer Nutzen aus diesem „Namensrecht" fließt, beugt IAS 38.69 einem Bilanzansatz vor. Stattdessen soll diese Ausgabe bei Anfall (*when it is incurred*) im Aufwand verrechnet werden. Darunter ist aber nicht der Zeitpunkt des **Zahlungsabflusses** zu verstehen. Besser begründet erscheint eine Interpretation des *incurred* als Aufwand. Unter dieser Annahme käme man nach HGB-Systematik zu einem aktiven Abgrenzungsposten, der indes dem IFRS-Bilanzsystem fremd ist (→ § 1 Rz 98). Die Aktivierung nach IFRS verlangt also einen Vermögenswert, der auch als Vorauszahlung (IAS 38.70) in Erscheinung treten kann. U. E. ist die entsprechende Aktivierung mit Abschreibung auf die Vertragsdauer (Rz 67) auch wegen der Befolgung des *matching principle* (→ § 1 Rz 117) die vorzugswürdige Lösung gegenüber der sofortigen Aufwandsverrechnung. Diese Lösung findet auch Unterstützung in der Inhaltsbeschreibung in IAS 38.5, wonach sich der Standard auch mit Werbemaßnahmen befasst, diese also nicht a priori von einer Aktivierungsmöglichkeit ausschließt.

44 Abgrenzungsprobleme ergeben sich für den Werbeaufwand auch gegenüber **speziellen Leistungen** an Kunden, wie sie im Verhältnis zwischen Herstellern und Einzelhandelsketten üblich sind (so genannte *placement fees*; → § 25 Rz 104). Danach zahlen die Lieferanten der Einzelhandelsketten an diese einen bestimmten Betrag für die besonders günstige Platzierung von Verkaufsartikeln innerhalb des Supermarktes. Üblicherweise sind diese Zahlungen als besondere Form von **Rabatten** anzusehen und deshalb vom Umsatzerlös (des Lieferanten, Herstellers) zu kürzen.
Die Frage ist aber, ob nicht solche **verkaufsfördernden** Maßnahmen im weitesten Sinne auch einen immateriellen **Vermögenswert** begründen können. Dazu folgendes Beispiel:

---

[31] IFRIC, Update September 2006.

> **Beispiel**
>
> **Sachverhalt**
> M stellt exklusive Wohnmöbel her und gewährt den Möbelhändlern eine als Rabatt bezeichnete Vergütung. Im Gegenzug verpflichten sich die Händler zur Präsentation der betreffenden Möbel für zwei Jahre in ihren Verkaufsräumen. Die Kosten der Aufstellungsarbeiten werden vom Lieferanten (Möbelfabrikanten) getragen, der dafür fremde Dienstleister beauftragt.
>
> **Lösung**
> Nach den hier einschlägigen Vorgaben der US-GAAP in EITF 01-9 (→ § 25 Rz 104) besteht eine Vermutung des Vorliegens einer umsatzkürzenden Rabattierung, da die Vergütung an den eigenen Kunden (hier den Möbelhändler) erfolgt. Die Widerlegung der Vermutung bedarf der Feststellung einer besonderen Leistung, die dem Grunde und der Höhe nach von dem eigentlichen Umsatzgeschäft des Lieferanten (Hersteller) zu trennen ist. Wenn die Trennbarkeit dem Grunde und der Höhe nach feststeht und insoweit eine eigenständige Leistung anzunehmen ist, muss weiter die Frage nach der Aktivierbarkeit dieser Leistung als immaterieller Vermögenswert oder als Abgrenzungsposten untersucht werden.
> Für die Trennbarkeit dem Grunde nach spricht die gegebenenfalls vorliegende Ausstellung der betreffenden Möbel auch an anderen Orten als in den Verkaufsräumen von Möbelhändlern, also z.B. in Bahnhofs- oder Flughafenpassagen. In diesem Fall liegt die Trennbarkeit dem Grunde nach vor. Zur Bestimmung der Höhe dieses „Trennungselementes" bedarf es der Heranziehung von Marktpreisanalogien, z.B. auf der Grundlage der Mietzahlungen für die Ausstellungsräume in Schaufensterpassagen mit hoher Kundendurchdringung. Danach wäre die **abstrakte** Aktivierbarkeit gegeben.
> Zur **konkreten** Aktivierungsmöglichkeit ist erst nach Anschaffung oder Herstellung zu differenzieren. Eine Anschaffung ist im Gegensatz zur Konstellation der Begründung von Belieferungsrechten mit drei Parteien (Rz 16) eher zu verneinen. Für die Aktivierung als Herstellung bedarf es der Erfüllung der Kriterien in IAS 38.57 (Rz 24). Sollte die Erfüllung aller dieser Kriterien gelingen, muss weiter nach dem kumulativen Vorliegen der Voraussetzungen in IAS 38.21 (Rz 13) geforscht werden. Sollte sich hier ein positives Ergebnis einstellen, steht der Aktivierung des (scheinbaren) Rabattes und der Montagekosten nichts im Wege.
> Eher kommt u. E. allerdings eine Aktivierung als **Vorauszahlung** (*prepayment*) nach IAS 38.70 in Betracht (Rz 43).

2.8 Betreibermodelle (*public private partnership*)

45 Bei unmittelbarer Zahlung der Nutzer von Infrastrukturmaßnahmen (z. B. Autobahn) an den privaten Betreiber steht diesem nach IFRIC 12 ein immaterieller Vermögenswert zu, der über die Laufzeit (Rz 67) abzuschreiben ist. Wichtigster Anwendungsbereich sind Fälle, in denen der Nutzungsberechtigte die Infrastruktur auf eigene Rechnung hergestellt hat. Wegen Einzelheiten wird deshalb verwiesen auf → § 18 Rz 64, zum Anwendungszeitpunkt auf Rz 83.

2.9 Goodwill

46 Der **selbst geschaffene** *goodwill* ist nicht ansetzbar (IAS 38.48). Zur Ermittlung des **derivativen** *goodwill* wird auf → § 31 Rz 111ff. verwiesen.

2.10 Aktivierungsverbote

47 Abgesehen vom Forschungsaufwand (Rz 21) und kasuistischen Sonderregeln (Rz 27) sind mangels Vorliegen der **generellen** Ansatzkriterien (Rz 13) folgende Aufwendungen gemäß IAS 38.69 **nicht** aktivierbar:
- Kosten der Unternehmensgründung *(start-up costs)*,
- Ausbildungskosten,
- Werbeaufwand, Verkaufsförderung (vgl. aber Rz 43),
- Umzugs- und Umorganisationskosten.

3 Bewertung

3.1 Überblick

48 IAS 38 enthält verstreut über weite Teile des Standards umfangreiche Vorschriften zu den Bewertungs**folgen** eines einmal vorgenommenen Bilanzansatzes von immateriellen Vermögenswerten. Hinzu kommen Einzelheiten zur **Zugangs**bewertung, die an die Ansatzvorschriften anknüpfen. Aus systematischer Sicht ist dabei die Parallele zu IAS 16 „*property, plant and equipment*" (→ § 14 Rz 9ff.) beachtlich. Die entsprechenden Bewertungskriterien für die immateriellen Vermögenswerte sind **weitgehend identisch** mit denjenigen für die materiellen. In diesem Kommentar wird dieser Parallelität Rechnung getragen: In → § 8-11 sind die einschlägigen Bewertungsvorschriften für die **beiden Standards** vor die Klammer gezogen worden. Die nachfolgenden Kommentierungen enthalten somit nur die **Besonderheiten** für immaterielle Vermögenswerte *(intangibles)*.

3.2 Zugangsbewertung

3.2.1 Allgemeine Regeln

Ausgangsgröße der Bewertung (Zugangsbewertung) sind nach IAS 38.24 die Anschaffungs- oder Herstellungskosten *(cost;→* § 8 Rz 11ff.). Es ist dabei zu unterscheiden zwischen 49

- **Einzelanschaffung** *(separate acquisition;* IAS 38.25ff.; Rz 15, Rz 52).
- Anschaffung im Rahmen eines **Unternehmenszusammenschlusses** *(acquisition as part of a business combination;* IAS 38.33ff.; Rz 17, Rz 56).
- **Herstellung** *(internally generated intangible assets;* IAS 38.51ff.; Rz 21ff., Rz 58).
- **Zuwendung** der öffentlichen Hand *(acquisition by way of a government grant;* IAS 38.44; Rz 59).
- **Tausch** *(exchanges of assets;* IAS 38.45ff.; Rz 60).
- **Einlagen** (Einbringungen; Rz 61).

In IAS 38.71 ist ein **Aktivierungsverbot** für die Fälle angeordnet, in denen das Unternehmen zuvor Entwicklungskosten u. Ä. als Aufwand behandelt hat (Rz 22) und es sich dann später anders überlegt. Diese Aufwendungen sind auch gemäß IAS 38.57 nicht etwa im Wege des *restatement* (→ § 24, Rz 63ff.) oder die Neubewertung zu aktivieren (Rz 65). 50

Nachträgliche Aufwendungen auf einen immateriellen Vermögenswert sind ansetzbar, wenn sie die allgemeinen Kriterien nach IAS 38.18 und IAS 38.21 (Rz 13) erfüllen. Die einzige nähere Spezifizierung enthält IAS 38.18: Nach der Zugangsbewertung sind Erweiterungen und der Ersatz von Teilen anzusetzen. Damit ist eine praktisch anwendbare Wegleitung nicht verbunden. Diese ist allerdings in IAS 38.20 enthalten. Danach kann nur selten *(only rarely)* ein nachträglicher Aufwand auf einen immateriellen Vermögenswert aktiviert werden. Auf die in IAS 38.63 genannten Vermögenswerte (Rz 27) kommt eine nachträgliche Aktivierung ohnehin nicht in Betracht. 51

3.2.2 Einzelanschaffung

Die Bewertungsbasis der **Anschaffungskosten** ist hier unproblematisch (verlässlich), insbesondere im Falle der Gegenleistung in bar (IAS 38.26). Bestandteile der Anschaffungskosten (→ § 8 Rz 11ff.) sind (IAS 38.27ff.): 52

- der **Anschaffungspreis** einschließlich Einfuhrzöllen und nicht erstattungsfähigen Verbrauchsteuern abzüglich etwa gewährter Skonti und Preisnachlässe sowie
- etwa anfallende **direkt zurechenbare** Aufwendungen zur Herstellung der Betriebsbereitschaft.

Die direkt zurechenbaren Aufwendungen werden wie folgt **beispielhaft** bezeichnet:

- Arbeitnehmervergütungen, die unmittelbar (also nicht über Kostenstellenschlüsselung) anfallen, um den Vermögenswert „zum Laufen" zu bringen, sowie

- Beratungskosten,
- Kosten eines Funktionstestes.

53 Auch hier stellt sich das Problem der Abgrenzung von **Einzel-** und **Gemeinkosten**, das in → § 8 Rz 13 näher behandelt ist.

> **Beispiel**
>
> **Sachverhalt**
> Die Rechtsabteilung des Konzern X hat zusammen mit einem spezialisierten Anwalt den entgeltlichen Erwerb eines Warenzeichens von einem Konkurrenzunternehmen begleitet. Die Wirtschaftsprüfungsgesellschaft Y hat in diesem Zusammenhang zu Händen der Konzernbilanzabteilung eine Stellungnahme über die Bestimmbarkeit der Nutzungsdauer (Rz 67ff.) erstellt.
>
> **Lösung**
> - Das Beratungshonorar der Anwaltskanzlei ist dem Erwerb des Warenzeichens direkt zuzurechnen und deshalb als Anschaffungsnebenkosten zu aktivieren.
> - Die Rechtsabteilung des Konzerns hat in dieser Zeit ein Fülle anderer Rechtsfragen bearbeitet, eine direkte Zurechnung der anlässlich des Warenzeichenerwerbs entstandenen Aufwendungen ist nicht möglich, eine Aktivierung scheidet aus.
> - Die Stellungnahme der Wirtschaftsprüfungsgesellschaft ist nicht zum Erwerb des Warenzeichens oder zur Gewährleistung von dessen bestimmungsmäßiger Nutzung ergangen, sondern resultiert aus einer Folgetätigkeit nach dem Erwerb. Eine Aktivierung kommt nicht in Betracht.

54 Fraglich ist allerdings, inwieweit im vertriebsnahen Bereich die Herstellung der Betriebsbereitschaft mit dem Ansatzverbot für **Vertriebskosten**, z. B. Werbekosten, (Rz 47) **kollidiert**.

> **Beispiel**
>
> **Sachverhalt**
> Die K AG stellt hochpreisige Kosmetikartikel her. Die Marketingabteilung empfiehlt den Erwerb einer Konkurrenzmarke. Dazu hat sie umfangreiche Recherchen, Feldstudien etc. durchgeführt. Der Erwerb erfolgt zu einem Kaufpreis X. Mit der Ausarbeitung des Vertrages wurde das spezialisierte Anwaltsbüro Y beauftragt. Die Vertriebsabteilung der K startet mit Hilfe einer Werbeagentur eine umfangreiche Publicitykampagne zur Durchdringung des betreffenden Marktes mit Hilfe der erworbenen Marke.

> **Lösung**
> Nach IAS 38.27 sind nur die direkt zurechenbaren Anschaffungskosten aktivierbar, also der Erwerbspreis und die Vergütung für die Inanspruchnahme des Anwaltsbüros. Daneben sind – soweit direkt zurechenbar – auch die Kosten der Versetzung in die Betriebsbereitschaft zu aktivieren. Das ist bei den Kosten der Werbeagentur der Fall, nicht dagegen bei denjenigen der Vertriebsabteilung die noch eine Fülle anderer Projekte betreibt (echte Gemeinkosten → § 8 Rz 13).

Die vorstehende Lösung beruht auf der **isolierten** Betrachtung von IAS 38.27. Die Kosten für das Engagement der Werbeagentur könnten aber mit dem Ansatzverbot in IAS 38.69 (Rz 47) in Konflikt geraten. Tatsächlich erscheint die Formulierung in IAS 38.27, betreffend die Herstellung der Betriebsbereitschaft (*preparing ... for intended use*), eine eher restriktive Auslegung nahezulegen. Aktivierbar sind danach nur die **Vorbereitungs**kosten für die endgültige Nutzung. Die erworbene Marke ist auch ohne die umfangreiche Werbekampagne nutzbar. Bei einer extensiven Interpretation dieses „*preparing*" könnte das Ansatzverbot für Werbekampagnen nach IAS 38.69 mit Hilfe gezielter Erwerbe von Markenrechten umgangen werden.

Nicht zu den Anschaffungskosten rechnen gemäß IAS 38.29:

- Kosten der Produkteinführung (u. a. Werbung, *promotion*),
- Umzugskosten,
- Anpassungsmaßnahmen an neue Vertriebskanäle,
- allgemeine Verwaltungskosten.

Nachträgliche Aufwendungen auf einen immateriellen Vermögenswert dienen nach typisierender Vermutung in IAS 38.20 dem laufenden Unterhalt. Negativ betrachtet sind nur nachträgliche Aufwendungen aktivierbar, wenn sie die ursprüngliche Ertragskraft des Vermögenswertes erhöhen.
Folglich ist die Aktivierbarkeit von **Rückstellungs**erfordernissen als Anschaffungskosten vergleichbar der Regelung für sächliches Anlagevermögen (→ § 21 Rz 67). Für beide Vermögenskategorien gilt inhaltlich der gleiche Anschaffungskostenbegriff (IAS 16.6 und IAS 38.8; → § 8 Rz 11). U. E. stellen die Rückbauverpflichtungen etc. und deren Aktivierungspflicht **kein Sonderrecht** für den Bereich des sächlichen Anlagevermögens dar. Auch die Anschaffung von immateriellem Anlagevermögen kann mit Verpflichtungen verbunden sein, die den Ansatzkriterien von Rückstellungen gemäß IAS 37.14ff. (→ § 21 Rz 18ff.) genügen. U. E. gebietet die – vom *Board* immer wieder betonte – Prinzipienorientierung der IFRS einen „Übergriff" von einer expliziten Standardregel in einen vergleichbaren, aber nicht förmlich geregelten Sachverhalt, der einem anderen Standard unterliegt. Wir messen deshalb der in IAS 16.16c dargestellten Aktivierungspflicht von ungewissen, aber notwendig mit einem Anschaffungs- oder Herstellungsvorgang verbundenen Verpflichtungen **allgemeine** Bedeutung bei (→ § 21 Rz 65).

Hoffmann

> **Beispiel**
> Ein Flughafenbetreiber sieht sich schon seit langem politischem Druck zur Reduzierung von Fluglärm ausgesetzt. Deshalb widerruft die zuständige Genehmigungsbehörde mit Verfügung vom 15.7.2004 die Nachtfluggenehmigung, bietet allerdings den Abschluss eines öffentlich-rechtlichen Vertrages an. Dieser sieht die Neugenehmigung des Nachtbetriebes ab 1.1.2005 unter besonderen Auflagen vor. Insbesondere hat die Flughafenbetriebsgesellschaft in den Gebäuden der Anlieger besondere schalldämmende Fenster einzubauen. Dieser Einbau muss bis zum 31.12.2008 erfolgt sein. Die Flughafenbetriebsgesellschaft akzeptiert dieses Vertragsangebot.
>
> **Lösung**
> Die Verpflichtung ist ein Vergangenheitsereignis, dem sich der Flughafenbetreiber aufgrund der vertraglichen Bindung am 31.12.2004 nicht mehr entziehen kann (→ § 21). Die spätere Fälligkeit ist durch Abzinsung zu berücksichtigen (→ § 21 Rz 105). Die ungewisse Verbindlichkeit (Rückstellung) ist als Bestandteil der Anschaffungskosten für den immateriellen Vermögenswert „Betriebsgenehmigung" zu aktivieren. Die Buchung lautet: „per immaterielles Anlagevermögen an Rückstellung".

Die Aktivierbarkeit von Aufwendungen **endet**, wenn der betreffende immaterielle Vermögenswert bestimmungsgemäß nutzbar ist (IAS 38.30). Deshalb scheiden beispielsweise folgende Aufwendungen aus der Aktivierbarkeit aus:
- laufende Unterhaltsaufwendungen,
- Kosten der Ingebrauchnahme,
- Anlaufverluste,
- Neben- und Gemeinkosten (IAS 38.31).

> **Beispiel**
> - Die Updates eines EDV-Programms sind als notwendige Bestandteile für die laufende Nutzung nicht aktivierbar.
> - Die Kosten der Einführung eines neuen Kassensystems bei einem Lebensmittelfilialisten (Schulung der Mitarbeiter, Umstellung der Verkaufstheken etc.) sind als Posten der Ingebrauchnahme nicht aktivierbar.
> - Die Aufwendungen für die Markteinführung einer patentierten neuen Produktionstechnik, die von einem Konkurrenzunternehmen erworben worden ist, sind als Anlaufverluste nicht aktivierbar.

Bei Einräumung einer unverzinslichen oder niederverzinslichen Zahlungsfrist ist der **Zinsanteil** aus den Anschaffungskosten zu eliminieren, also der Barwert zu aktivieren. Die Differenz ist über die Laufzeit als Zinsaufwand zu behandeln, wenn nicht das Wahlrecht einer Aktivierung nach IAS 23.10f. ausgeübt wird (→ § 9 Rz 15).

3.2.3 Anschaffung im Rahmen eines Unternehmenszusammenschlusses

Allgemeiner Maßstab für die Zugangsbewertung im Rahmen eines Unternehmenserwerbs ist der *fair value*. Dieser Bewertungsmaßstab gilt auch für immaterielle Vermögenswerte (IAS 38.33).

Durch Abzug des *fair value* des erworbenen Nettovermögens vom Kaufpreis ergibt sich unter Berücksichtigung latenter Steuern der positive *goodwill* oder der negative Unterschiedsbetrag. Ein positiver *goodwill* ist mit diesem Differenzwert anzusetzen, ein negativer Unterschiedsbetrag erfolgswirksam zu vereinnahmen (→ § 31 Rz 116).

Die Ermittlung des *fair value* der immateriellen Einzelwerte ist regelmäßig nur über **Bewertungsmodelle** möglich. Die hierzu in IAS 38.35-41 enthaltenen Hinweise gehören sachlich zum Thema „Unternehmenszusammenschluss" und sind deshalb in → § 31 Rz 57ff. **kommentiert**.

3.2.4 Herstellung

IAS 38.65 bis 67 enthält Anweisungen zur Ermittlung der **Herstellungskosten** für einen immateriellen Vermögenswert. Aktivierbar sind nur die direkt zurechenbaren Einzelkosten unter Einbeziehung der so genannten unechten Gemeinkosten (→ § 8 Rz 13). Im Übrigen sind Gemeinkosten nicht aktivierbar.[32] Zur Abgrenzung der einzelnen aktivierbaren Kostenbestandteile der Herstellung folgendes Beispiel:

> **Beispiel**
> Bei der Entertainment Software GmbH sind die Entwickler A-1 bis A-n mit der Entwicklung diverser Sportspiele (Bereich A), die Entwickler B-1 bis B-n mit der Entwicklung diverser Kriegsspiele (Bereich B) beschäftigt. Im Interesse einer funktionalen Arbeitsteilung arbeitet Entwickler A-1 nicht ständig am Programm a-1, sondern an bestimmten Aspekten dieses Programms, zu anderen Zeiten an ähnlichen Aspekten des Programms a-2 usw.
> Neben den Angestellten der beiden Produktionslinien gibt es Mitarbeiter im Bereich C, die beide Entwicklungen überwachen, auf Synergien prüfen etc. Überdies beschäftigt das Unternehmen Mitarbeiter im Bereich D, die Kostenrechnungen, Bilanzen etc. erstellen.
> Die Kosten der Mitarbeiter der Bereiche A und B haben, bezogen auf das Zurechnungsobjekt „Produktionslinie Sportspiele" bzw. „Produktionslinie Kriegsspiele", Einzelkostencharakter, bezogen auf das einzelne Programm (a-1 usw.) jedoch Gemeinkostencharakter. Bei entsprechender Stundenaufzeichnung dürften die Kosten aber als direkt zurechenbar gelten.

---

[32] A. A. Scheinpflug, in: Beck'sches IFRS-Handbuch, 2. Aufl., 2006, § 4 Rz 51, mit der u. E. unzutreffenden Bezugnahme auf IAS 2 (→ § 8 Rz 13); wie hier Ernst & Young, International GAAP 2005, S. 628.

> Bei den im Bereich C arbeitenden Personen, deren Tätigkeit schon bezogen auf die Zurechnungsobjekte Produktlinie A und B Gemeinkostencharakter hat, ist es fraglicher, ob noch eine hinreichend direkte Zurechnung zu den Einzelprodukten möglich ist.
> Bei den Mitarbeitern der Abteilung D scheidet sie jedenfalls aus.

3.2.5 Zuwendung der öffentlichen Hand

59 Bei der **unentgeltlichen** Zuwendung eines immateriellen Vermögenswertes durch die **öffentliche Hand** besteht ein Ansatzwahlrecht zum beizulegenden Zeitwert oder zu einem symbolischen Preis (IAS 38.44 bzw. IAS 20.27; → § 12 Rz 30). In der Regel wird sich in Ermangelung eines „aktiven" Marktes im Sinne der Definitionsnorm nach IAS 38.8 (→ § 16 Rz 48ff.) kein Zeitwert *(fair value)* ermitteln lassen, so dass nur eine Aktivierung mit den direkt zurechenbaren Kosten (z. B. für die Vorbereitung zur beabsichtigten Nutzung) in Betracht kommt. Eine Ausnahme können möglicherweise die **Emissionsrechte** beanspruchen (Rz 39).

3.2.6 Tausch

60 Die Grundkonzeption der Zugangsbewertung von Tauschvorgängen stützt sich auf das *fair-value-*Konzept (→ § 8 Rz 46f.). Die Anwendung für **materielle** und **immaterielle** Vermögenswerte ist **identisch** geregelt. Auf die eingehende Kommentierung zu den materiellen Vermögenswerten ist deshalb zu verweisen (→ § 14 Rz 13). Entscheidend kommt es auf die Ermittlung des *fair value* der beiden Tauschgegenstände an, die i. d. R. nur durch Bewertungstechniken erfolgen kann.
In Weiterführung des Beispieles in → § 8 Rz 46f. folgende Fallgestaltung:[33]

> **Beispiel für Tauschvorgänge für immaterielle Vermögenswerte**
> Das Tauschgeschäft mit den beiden Super-Fußballprofis mit einer Baraufgabe gemäß Beispiel 1 in → § 8 Rz 46 ist wie folgt strukturiert:
> I ⇒ ⇒ ⇒ S ⇒ ⇒ ⇒ E
> I ⇐ ⇐ ⇐ T+8 Mio. ⇐ ⇐ ⇐ E
> Der Verein E ist im Besitz des Angebots eines Werbe-Sponsors, das Budget um jährlich jeweils 3 Mio. EUR zu erhöhen. Umgekehrt erwartet der Verein I von der Verpflichtung des Publikumslieblings T durch Verkauf von mehr Eintrittskarten und Fanartikeln eine Zunahme des jährlichen Gewinnes um 5 Mio. EUR.
>
> **Beurteilung**
> Das Geschäft ist für beide Unternehmen (Vereine) von eminentem wirtschaftlichen Gehalt. Fußballprofis werden bilanzmäßig als *immaterielle* Vermögenswerte (Spielberechtigung) geführt. Auch beim Tausch imma-

---

[33] HOFFMANN/LÜDENBACH, StuB 2004, S. 340.

terieller Vermögenswerte ist eine verlässliche Bestimmbarkeit des *fair value* Voraussetzung für die Gewinnrealisierung. Nach IAS 38.47 ist primärer Bewertungsmaßstab der *fair value* des hingegebenen Vermögenswertes, es sei denn, derjenige des erhaltenen ist klarer ersichtlich (→ § 14 Rz 14).

Feststellbare Marktpreise von Profifußballern der 1. Liga liegen zwischen 100 TEUR und 4 Mio. EUR und bieten deshalb keine Bewertungsgrundlage. Es kommt gemäß IAS 38.47 i. V. mit IAS 38.41b nur eine *fair-value*-Ermittlung über Bewertungstechniken (*cash-flow*-orientierte Verfahren) infrage. Aufgrund der Angebote des Werbesponsors und der angenommenen Erhöhung der Karten- und Fanartikelverkäufe könnte man daran denken, künftige *cash flows* zu schätzen und daraus durch Diskontierung einen Barwert zu ermitteln.

Allerdings sind alle Überlegungen betreffend die Sponsoren bzw. Zuschauer-/Fanartikeleinnahmen Differenzüberlegungen. Sie geben nur Auskunft darüber, zu welcher **Änderung** der *cash flows* der Tausch plangemäß führt. Eine absolute Höhe der *cash flows* ergibt sich hieraus gerade nicht. Eine derartige Zurechnung von *cash flows* zu einem einzelnen Spieler ist auch nicht möglich, da Fußball eben ein Mannschaftssport ist und die Mannschaftserfolge die Einnahmen determinieren. Der Beitrag des einzelnen Spielers zu diesen Einnahmen lässt sich nicht bestimmen.

Es scheidet auch die Gewichtung von Wahrscheinlichkeiten und deren Zuordnung zu den verschiedenen Schätzwerten (→ § 14 Rz 14) als Bewertungsverfahren aus. Eine Bestimmung des *fair value* ist deshalb nicht möglich.[34] Eine Gewinnrealisierung wäre demnach nicht zulässig, eine Buchwertfortführung geboten.

Die Vereine könnten jedoch auf folgende Gestaltung verfallen: Für mindestens einen der Spieler werden alternative Angebote eruiert. Mit der Behauptung, dass Angebote der Vereine X und Y über Z Mio. EUR für den Spieler S vorliegen, könnte man einen entsprechenden Marktwert zu begründen versuchen. Eine prüferische Frage wäre dann, welche Anforderungen an das behauptete Angebot zu stellen sind. Reichen entsprechende Schlagzeilen im Corriere dello Calcio aus oder muss ein rechtsverbindliches Angebot vorliegen?

Wenn man der zweiten Auffassung zuneigt, sollten börsennotierte und deshalb ab 2005 zu IFRS-Konzernbilanzen verpflichtete Fußballunternehmen zukünftig nur noch selten Phantasiewerte für getauschte Spieler ansetzen können.

---

[34] Möglicherweise a. A. GALLI, FB 2003, S. 810.

3.2.7 Einlage/Einbringungen

61 Auf → § 8 Rz 48 wird verwiesen.

3.3 Folgebewertung

3.3.1 Überblick – Verweise

62 Konzeptionell und weitgehend auch inhaltlich stimmen die Vorschriften über die **Folgebewertung** von immateriellen Vermögenswerten mit denen für das materielle Anlagevermögen überein. Deswegen sind im Rahmen dieser Kommentierung zur **Vermeidung von Wiederholungen** die beiden Standards IAS 16 und IAS 38 in den §§ 8 bis 11 **zusammengefasst** worden. Dabei geht es um die

- Bewertung zu den fortgeführten **Anschaffungs- und Herstellungskosten** (IAS 38.74; → § 8 Rz 11ff.);
- **Neubewertung** (IAS 38.75; → § 8 Rz 52ff.; Rz 53ff.);
- **planmäßige** Abschreibung (IAS 38.97; → § 10 Rz 20);
- **außerplanmäßige** Abschreibung wegen Wertverlustes (IAS 38.111 i. V. m. IAS 36.60; → § 11 Rz 9ff.);
- Bestimmung der **Nutzungsdauer** (Rz 69);
- **Wertaufholungszuschreibungen** (IAS 38.111 i. V. m. IAS 36.117ff.; → § 11 Rz 77ff.);
- **Finanzierungskosten** der Anschaffung oder Herstellung (→ § 9 Rz 13ff.).

Eine entscheidende **Besonderheit** (der immateriellen im Unterschied zu den materiellen Anlagewerten) betrifft die Frage, ob der betreffende immaterielle Vermögenswert eine **zeitlich begrenzte** *(finite;* Rz 67ff.) oder eine **zeitlich unbestimmte** *(indefinite;* Rz 69ff.) Nutzungsdauer *(usefull life)* aufweist (IAS 38.88).

3.3.2 Besonderheiten bei der Neubewertung

63 In der nachstehenden Kommentierung zu IAS 38 werden nur die **Spezifika** der Folgebewertungen für die immateriellen Vermögenswerte dargestellt, die eine Abweichung bzw. Distanzierung von den Vorschriften für die **materiellen** Anlagegüter enthalten. Zum Neubewertungskonzept generell → § 8 Rz 52ff.

64 Unter Rz 21ff. ist die der HGB-Lösung in gewisser Weise vergleichbare Zurückhaltung der IFRS gegen einen Ansatz von **selbst hergestellten** immateriellen Vermögenswerten des Anlagevermögens dargestellt worden. Diese „Reserve" setzt sich auch im Rahmen der Folgebewertungsregeln fort. Gegenüber denjenigen für materielle Anlagegegenstände (→ § 8 Rz 52ff.) sind folgende **Vorbehalte** bezüglich der Neubewertung zu beachten:

65
- Die **Neubewertung** *(revaluation;* IAS 38.75) darf nicht zu einer **Umkehrung** des früheren Nichtansatzes in der Bilanz führen (IAS 38.76).
- Die Neubewertung ist nur zulässig, wenn die **Zugangsbewertung** zu den **Anschaffungs- oder Herstellungskosten** erfolgt ist (IAS 38.76). Allerdings macht dann IAS 38.77 hierzu eine **Einschränkung**: Sofern während (z. B.) des Entwicklungsprozesses in Ermangelung der Ansatzkriterien zunächst

die entsprechenden Kosten nicht aktiviert worden sind, dann kann die Neubewertung unter Einbeziehung dieser damaligen Kosten erfolgen (wenig plausible Abweichung von der Regel in IAS 38.71; Rz 50).

> **Beispiel**
>
> **Sachverhalt**
> Software-Entwicklungskosten sind in der Periode 01-03 im Aufwand verrechnet worden. Per Ende 04 sind die Ansatzkriterien (Rz 24ff.) erfüllt. Zu diesem Stichtag geht das Unternehmen für EDV-Software auf die Neubewertungsmethode über. Dabei gelingt die Darstellung eines „aktiven Marktes" (vgl. unten).
>
> **Lösung**
> Die in den Perioden 01-03 als Aufwand verbuchten Entwicklungskosten können (re)aktiviert werden.

- Ein weiterer **Vorbehalt** bezüglich der **Neubewertung** ergibt sich durch die Anforderungen in IAS 38.78 bezüglich des „**aktiven Marktes**" nach der Definition in IAS 38.8 (→ § 8 Rz 56). Ein solcher Markt soll für immaterielle Anlagegüter **ungewöhnlich** sein, wenn auch nicht von vornherein unmöglich. Als positive Beispiele werden Taxi- und Fischereilizenzen oder Produktionsquoten genannt. Ebenso liegt ein aktiver Markt beim Handel von Treibhausgas-Emissionsrechten vor (Rz 38). Umgekehrt wird ein aktiver Markt für Warenzeichen, Verlags- und Filmrechte, Patente oder Handelsmarken ausgeschlossen. Das soll auch dann gelten, wenn solche immateriellen Vermögenswerte zwar wertmäßig durch einen Verkauf unter Dritten nachgewiesen werden, solche Verkäufe aber ziemlich selten erfolgen. Dann entfällt also die Möglichkeit einer Bilanzierung unter Neubewertungsgesichtspunkten (IAS 38.81).
- **Fällt** das Bewertungskriterium des „aktiven Marktes", der einmal der Neubewertung zugrunde lag, **später weg**, dann ist gleichwohl der (früher) neu bewertete Betrag abzüglich der nachfolgenden Regel- und Wertminderungsabschreibungen anzusetzen (IAS 38.82). In diesem Fall soll allerdings ein **Indiz** (→ § 11 Rz 14) für einen generellen Wertverlust des immateriellen Vermögenswertes vorliegen (IAS 38.83). Und schließlich kann die Neubewertungsmethode **wieder aufleben**, wenn in der Folgezeit sich wieder ein „aktiver Markt" herausbildet (IAS 38.84).
- Die Neubewertung soll zeitlich umso **häufiger** erfolgen, je volatiler sich die *fair values* der betreffenden Vermögenswerte verhalten (IAS 38.79).
- Die Neubewertung hat für alle anderen Vermögenswerte dieses Typs *(all the other assets in its class)* zu erfolgen (IAS 38.72), soweit für **alle** diese Werte ein aktiver Markt (→ § 8 Rz 56) besteht (IAS 38.73).

66 Umgekehrt sind folgende Vorgaben bezüglich der Neubewertung von immateriellen Vermögenswerten **identisch** mit denen zu **Sachanlage**werten (→ § 8 Rz 52):

- **Regelmäßige Anpassung** der (neu bewerteten) Buchwerte an die Entwicklung der *fair values* (IAS 38.70; → § 8 Rz 57).
- Anpassung der kumulierten **Abschreibung** (IAS 38.81; → § 8 Rz 62ff.).
- **Gleichzeitige** Neubewertung der gesamten Gruppe (z. B. Warenzeichen; IAS 38.72; → § 8 Rz 58).
- **Erfolgsneutrale** Einbuchung des Neubewertungsbetrages in das Eigenkapital (IAS 38.85; → § 8 Rz 54).
- Die buchmäßige Behandlung der Neubewertung „nach unten" (IAS 38.86; → § 8 Rz 69).

Insgesamt sind die tatbestandlichen Voraussetzungen für die Anwendung des Neubewertungsverfahrens bei den immateriellen Vermögenswerten spürbar **enger** gesetzt als für sächliches Anlagevermögen (→ § 14 Rz 17; → § 8 Rz 52).

3.3.3 Besonderheiten bei der planmäßigen Abschreibung

67 Bei einer zeitlich **beschränkten** Nutzungsdauer (Rz 62) sind **planmäßige** Abschreibungen *(amortisation)* vorzunehmen (IAS 38.97). Wegen der allgemeinen Regeln zur Festlegung der Abschreibungshöhe wird verwiesen auf → § 10 Rz 20ff.

Zur Bestimmung der **Nutzungsdauer** werden in IAS 38.90 eine ganze Reihe von möglichen Bestimmungsfaktoren aufgeführt (z. B. Produktzyklen, technische Überholung, Stabilität der Industrie, Handlungsweisen von Konkurrenten etc.). Hierzu im Einzelnen:

- Die widerlegbare Vermutung einer **Höchstnutzungsdauer** von 20 Jahren nach IAS 38.79 (1998) gilt nicht mehr (IAS 38.97).
- Bei schnelleren technologischen Veränderungen – Beispiel **Computersoftware** – muss von einer kurzen Nutzungsdauer ausgegangen werden (IAS 38.92).
- Für **vertragliche** oder **gesetzliche** Nutzungsrechte *(contractual or other legal rights)* ist die Abschreibung auf die entsprechende Nutzungsperiode vorzunehmen, es sei denn, das Nutzungsrecht ist erneuerbar *(renewable)* und es bestehen klare Anhaltspunkte *(evidents)* für die künftige Erneuerung des Rechtes ohne wesentliche Kosten für das Unternehmen (IAS 38.94). Ein typisches Beispiel dazu liefern die sog. *subscriber acquisition costs* im IFRS-Abschluss von Internetunternehmen (Rz 42).
- Ein **Restwert** von null am Ende der angenommenen Nutzungsdauer soll die Regel sein (IAS 38.100; → § 10 Rz 5), allerdings mit Ausnahmen: Vereinbarungen mit einer außen stehenden Person zur Übernahme des immateriellen Vermögenswertes zu einem bestimmten Betrag oder Vorliegen eines „aktiven Marktes" für einen solchen Vermögenswert nach Ende der Nutzungsdauer. Der Restwert ist jährlich zu überprüfen (IAS 38.102).

- Für den **Niederstwerttest** wegen Wertverlusten *(impairment losses)* verweist IAS 38.111 auf die entsprechenden Vorschriften in IAS 36 (→ § 11 Rz 9ff.).
- Für die Abschreibungs**methode** gibt es keine bestimmte Vorgabe, allerdings wird die **lineare** Verrechnung favorisiert (IAS 38.97). Kaum jemals soll dabei eine **niedrigere** Abschreibungsrate als diejenige nach der linearen Methode in Betracht kommen (IAS 38.98), aber auch bei entsprechendem Nutzungsverlauf nicht gänzlich ausgeschlossen sein.[35] Ein derartiger Ausnahmefall dürfte bei aktivierten **Filmrechten** vorliegen. Eine branchenspezifische Regelung findet sich nur für US-GAAP. Danach hat sich der Abschreibungsverlauf an den Erfahrungssätzen und dem zeitlichen Anfall der Erlöse der verschiedenen Verwertungsstufen (Kino, Video, Pay-TV) zu orientieren.[36]

Die Abschreibungsmethode soll den **Werteverzehr** des genutzten Vermögenswertes möglichst genau widerspiegeln (→ § 10 Rz 24). Die auf einen nicht verlässlich bestimmbaren Wertverlust ausgerichtete lineare „Vorzugsabschreibung" (Rz 67) ist deshalb im Einzelfall an den **tatsächlichen Wertverlauf** anzupassen.

68

> **Beispiel**
> U erwirbt im Rahmen einer Unternehmensakquisition einen zeitlich beschränkt vorhandenen Kundenstamm (→ § 31 Rz 72). Zur Kaufpreisallokation erfolgt eine Bewertung unter der Annahme eines bestimmten „Schwundes" *(churn rate)*: im 1. Jahr 20 %, im 2. Jahr 12 % der Kunden etc.

Die Abschreibungsmethode muss „verbrauchsabhängig" (hier degressiv) verrechnet werden. Im Rahmen der Kaufpreisallokation ist eine verlässliche Bewertung unter der Prämisse eines degressiven Nutzenverlaufs *(cash inflow)* unterstellt worden; dieser Annahme ist aus Konsistenzgründen bei der Abschreibungsbemessung zu folgen.

3.3.4 Vermögenswerte unbestimmter Lebensdauer

Bei unbestimmter Nutzungsdauer kommt eine **planmäßige** Abschreibung **nicht** in Betracht (IAS 38.107). Dabei bedeutet „unbestimmt" *(indefinite)* nicht „unbeschränkt" *(infinite;* IAS 38.91). Nach IAS 38.BC60ff. kann eine zeitlich **unbekannte** Nutzungsdauer vorliegen, wenn unter Berücksichtigung aller einschlägigen Bestimmungsgrößen das Ende der Nutzungsdauer, d. h. der Generierung positiver *cash flows*, nicht voraussehbar ist. Damit wird nicht die Vergänglichkeit aller menschlichen Schöpfungen negiert, sondern unterschieden zwischen

69

---

[35] IASB, Update November 2006; der Board will den Wortlaut von IAS 38.98 bei Gelegenheit anpassen.
[36] ZWIRNER, KoR 2002, S. 245.

- Fällen, in denen ein **Ende** der Nutzung **absehbar** ist, wobei verbleibende Unsicherheiten hinsichtlich des genauen Endpunktes Sache der sachgerechten Schätzung sind, und
- Fällen, in denen bis zum Vorliegen besserer Erkenntnis von einer **Dauernutzung** auszugehen ist.

> **Beispiel**
> Der Konzern **Player** hat das Unternehmen **Wave** erworben. Zum Vermögen der **Wave** gehören u. a. die Parfummarken E-611 und **AIDA**.
> Unter diesen Marken werden seit mehr als 50 Jahren Parfums verkauft. Ein Ende der wirtschaftlichen Nutzung dieser Marken ist nicht abzusehen.
> **Player** hat daher die im Rahmen der Kaufpreisallokation mit dem *fair value* anzusetzenden Marken als *indefinite life intangibles* zu qualifizieren und nicht planmäßig abzuschreiben.
>
> **Fallvariante**
> Zwei Jahre nach Erwerb beschließt **Player** die Marke **AIDA** mittelfristig auslaufen zu lassen, da sie überwiegend nur noch ein älteres Publikum anspricht.
> Mit dem Beschluss, die Marke nicht mehr auf Dauer zu nutzen, wird sie zu einem *definite life intangible*. Die Restnutzungsdauer der Marke ist zu schätzen, der Wert über diese Dauer abzuschreiben.

Bei immateriellen Vermögenswerten unbestimmter Lebensdauer sind **jährlich**, bei entsprechender Indikation und Quartalsberichterstattung auch in **kürzeren** Intervallen (→ § 11 Rz 10),
- ein **Wertminderungstest** nach Maßgabe von IAS 36 (→ § 11 Rz 18ff.; IAS 38.108) und
- eine **Überprüfung** der Hypothese unbestimmter Nutzungsdauer (IAS 38.109)

vorzunehmen. Sollte sich eine Umqualifizierung von „unbestimmt" auf „zeitlich beschränkt" ergeben, wäre dies als Schätzungsrevision *(changing in accounting estimates)* gemäß IAS 8.36 (→ § 24 Rz 42) zu behandeln.

70 Bei nicht verlängerbarer **vertraglicher** oder **gesetzlicher** Nutzungsbeschränkung (z. B. Landerechte für Flugzeuge, Konzession zur Mauterhebung) darf die Nutzungsperiode den rechtlich vorgegebenen Zeitraum nicht übersteigen, allerdings kann die Nutzungsdauer auch kürzer als die von Rechts wegen bestehende Erlaubnis sein. Viele Rechte sind jedoch **erneuerbar** *(renewable)*. Die Einbeziehung weiterer Nutzungsperioden in die Bestimmung der Nutzungsdauer ist dann erlaubt, wenn diese Erneuerung für das Unternehmen nur mit unbedeutenden Kosten verbunden ist (IAS 38.94). Ähnlich hat sich der FASB im *Board*-Meeting vom 13.9.2005 ausgedrückt. Außerdem sollen die Kosten der Erneuerung aktiviert und über die Restnutzungsperiode abgeschrieben werden.

Nach IAS 38.95 sind sowohl **rechtliche** als auch **wirtschaftliche** Faktoren als Bestimmungsgröße für die Nutzungsdauer eines immateriellen Vermögenswertes heranzuziehen. Soweit das Recht nicht verlängerbar ist, bestimmt der „kürzere Faktor" von beiden die Nutzungsdauer.

Aus einer **vertraglich** unbeschränkten Nutzungsdauer darf nicht zwingend auf eine (ökonomisch) **effektive** geschlossen werden.

> **Beispiel**[37]
>
> **Sachverhalt**
> Ein Hochseefischereiunternehmen fischt in den Hoheitsgewässern verschiedener Staaten. Einer dieser Staaten will die Fangquoten zurückführen, um die Fischbestände zu schonen. Nach einem entsprechenden „Programm" muss jedes Fischereiunternehmen eine „Dauerlizenz" (zeitlich nicht beschränkt) beantragen. Diese Lizenz beschränkt die Fangquoten für die betreffenden Fischarten und die Fangquote ändert sich jedes Jahr.
>
> **Lösung**
> Das Unternehmen kann nicht ohne weiteres von einem zeitlich unbeschränkten Fischereirecht ausgehen. Es hat alle einschlägigen Informationen zu sammeln und zu gewichten, um die effektive Nutzungsdauer der Lizenz abzuschätzen. Dazu gehört auch die Vorausschau über die Höhe der möglichen Fischbestände.

In IAS 38.96 werden weitere Hinweise zur möglichen **Erneuerung** von gesetzlichen oder vertraglichen Nutzungsrechten gegeben. Dazu sollen vorliegen:

- insbesondere auf **Vergangenheitserfahrung** gestützte Anhaltspunkte *(evidence)* für die Erneuerungsabsicht überhaupt und gegebenenfalls für das Einvernehmen einer dritten Partei;
- ausreichend Anhaltspunkte für die Einhaltung der **Erneuerungsbedingungen** durch das Unternehmen;
- das Entstehen nur **unbedeutender** Kosten für die Erneuerung im Verhältnis zu dem künftigen ökonomischen Vorteil.

> **Beispiel**
> Ein Konzern verfügt über eine Mobilfunklizenz. Sie läuft in 15 Jahren ab und ist nach dem Ablauf gegen eine geringfügige Registrierungsgebühr verlängerbar.
> Bei der Bestimmung der Nutzungsdauer kann scheinbar ohne Probleme von der Konzessionsverlängerung ausgegangen werden. Das Problem steckt andererseits in der technischen Entwicklung: Möglicherweise wird nach 15 Jahren mit einem anderen technischen Standard telefoniert werden, für den die Lizenz nicht gilt. Oder: Die Lizenz gilt auch für diesen neuen

---

[37] Nach KPMG, Insights into IFRS 2006/2007, 3.3.190.70.

> Standard, dieser (oder aber der bisherige) macht indes die Installation von neuen Fernmeldeausrüstungen für das gesamte Lizenzgebiet erforderlich. U.U. ist dann das Kriterium der „niedrigen Kosten" nicht erfüllt, die Konzession ist längstens auf die erstmalige Nutzungsperiode hin abzuschreiben.

Zur Bestimmung der Nutzungsdauer von Mobilfunklizenzen ist entscheidend auf den **Inhalt** der erteilten Berechtigung abzuheben. Danach erlauben die Lizenzen[38]

- in den USA die Nutzung eines bestimmten **Frequenzspektrums** unabhängig von der angewandten Technologie,
- in Europa die Nutzung einer bestimmten **Technologie** innerhalb der zugeteilten Frequenzen.

Für die US-Lizenzen wird in der Praxis von einer **unbestimmten** Nutzungsdauer ausgegangen.

3.3.5 Beispiele zur Bestimmung der Nutzungsdauer

71 Bei der Bilanzierungspraxis wird man sich an den Beispielen (*illustrative examples*, IG) orientieren, die dem Standard beigefügt sind (Rz 70). Aus Sicht der praktischen Anwendung ist allerdings die mitunter deutlich feststellbare „Hineinlegung" der Lösung in den Sachverhalt beachtlich.

> **Beispiele**
>
> **Sachverhalt**
> Eine Gesellschaft, die das *direct-mail*-Marketing betreibt, erwirbt eine Adressenliste von möglichen Kunden und erwartet von ihr einen ökonomischen Vorteil für wenigstens ein und höchstens drei Jahre.
>
> **Lösung**
> Nach der bestmöglichen Einschätzung des Managements ist die Nutzungsdauer auf 18 Monate festzulegen.
>
> **Sachverhalt**
> Ein Unternehmen hat im Rahmen eines Unternehmenskaufs ein patentiertes technisches Verfahren erworben und erwartet davon Einnahmen *(cash inflows)* für wenigstens 15 Jahre. Es besteht eine Vereinbarung mit einem Interessenten, der das Patent nach fünf Jahren zu 60 % des heutigen *fair value* erwerben will. Das Unternehmen beabsichtigt den Verkauf des Patents nach Ablauf der Fünfjahresfrist.

---

[38] Vgl. hierzu SCHMACHTENBERG/MEIXNER/SCHÄFER, KoR 2005, S. 522.

Lösung
Das Patent ist planmäßig auf fünf Jahre abzuschreiben, und zwar unter Berücksichtigung eines Restwertes in Höhe der 60 % des *fair value* im Erwerbszeitpunkt.

Sachverhalt
Ein Unternehmen erwirbt ein Copyright mit einer gesetzlich geschützten Laufzeit von 50 Jahren. Eine Analyse des Kundenverhaltens ergibt eine beschränkte Nutzungsdauer des Copyrights von nur noch 30 Jahren.

Lösung
Die der planmäßigen Abschreibungsdauer zugrunde liegende Nutzungsdauer beträgt 30 Jahre.

Sachverhalt
Ein Unternehmen hat eine Rundfunklizenz erworben, die in fünf Jahren ausläuft. Alle zehn Jahre kann diese Lizenz erneuert werden, wenn das Unternehmen eine bestimmte Mindestleistung zugunsten der Kunden etc. erbringen kann. Die Lizenz wird zu einem geringen Betrag erneuert und war zuvor bereits zweimal erneuert worden. Die Gesellschaft will diese Lizenz zeitlich unbeschränkt weiter beanspruchen und ist in der Lage, die Auflagen der Behörde zu erfüllen. Die Sendetechnik ist in der voraussehbaren Zukunft nicht durch eine andere Technologie zu ersetzen.

Lösung
Die Rundfunklizenz hat eine zeitlich unbestimmte Nutzungsdauer, und eine planmäßige Abschreibung ist nicht erforderlich.

Sachverhalt
Die Rundfunklizenz im vorliegenden Beispiel wird nicht mehr erneuert, sondern durch die Verleihungsbehörde versteigert. Die Restlaufzeit der bestehenden Lizenz beträgt drei Jahre.

Lösung
Die Lizenz hat keine unbeschränkte Nutzungsdauer mehr. Die Abschreibung ist auf die restlichen drei Jahre planmäßig vorzunehmen.

Sachverhalt
Ein Warenzeichen hat eine Restlaufzeit von fünf Jahren, ist aber alle zehn Jahre zu einer geringen Gebühr zu erneuern. Die das Warenzeichen kaufende Gesellschaft will dieses über die förmliche Laufzeit hinaus nutzen und ist dazu auch fähig. Eine Untersuchung des Lebenszyklus des Produkts, des Marktes und des Wettbewerbsumfeldes ergibt eine zeitlich unbestimmte Nutzungsdauer des Warenzeichens.

Lösung
Eine planmäßige Abschreibung kommt nicht in Betracht.

Sachverhalt
Ein Warenzeichen war unter der Annahme einer unbestimmten zeitlichen Nutzungsdauer erworben worden. Unerwarteter Wettbewerb ist jüngst in den Markt eingedrungen und wird die künftigen Verkäufe dieses Produktes reduzieren. Das Management geht von einer weiteren Nutzbarkeit des Patents auf unbestimmte Zeit, allerdings mit einem geringeren Einnahmevolumen *(cash inflow)*, aus.

Lösung
Es ist ein *impairment*-Test nach IAS 36 durchzuführen (→ § 11).

Sachverhalt
Im Rahmen eines Unternehmenserwerbes hat eine Gesellschaft das Warenzeichen für eine Produktlinie erworben und ist zunächst von einer unbestimmten Nutzungsdauer ausgegangen. Planmäßige Abschreibungen wurden bis dahin nicht vorgenommen. Nun aber hat das Management eine Beendigung der einschlägigen Produktion in den nächsten vier Jahren vorgesehen.

Lösung
Ein *impairment*-Test und eine planmäßige Abschreibung des verbleibenden Buchwertes auf vier Jahre sind vorzunehmen.

Hinweis
Abgesehen von den beiden letzten Beispielen ist auch bei allen anderen das Erfordernis einer *impairment*-Abschreibung zu prüfen.

Schwieriger wird die Bestimmung der möglichen Nutzungsdauer von immateriellen Vermögenswerten in der wirtschaftlichen Wirklichkeit. Als Beispiel sei das Thema der **Marken**[39] herausgegriffen. Vereinfacht dargestellt ist die rechtliche Struktur auf ein exklusives zehnjähriges Nutzungsrecht aufgrund Registereintragung ausgerichtet. Eine Verlängerung kann indes unbeschränkt in Anspruch genommen werden. Die **rechtliche** Beurteilung schränkt also die Nutzungsdauer nicht ein.
Bei der **ökonomischen** Beurteilung sind zunächst die **Gedächtnisinhalte** anzusprechen, es ist also der Frage nachzugehen, was der potenzielle Konsument mit Porsche, Reval oder Lindt in Verbindung bringt. Die Nutzungsdauer einer Marke ist dabei nicht mit einem speziellen Produkt notwendig verknüpft, das zeigen die drei genannten Beispiele. Sofern also überhaupt Sportwagen, Zigaretten oder Schokolade am Markt untergebracht werden können, ist keine zeitliche Beschränkung der Markennutzung aus wirtschaftlicher Sicht fest-

---

[39] Vgl. hierzu GREINERT, BB 2004, S. 483.

stellbar. Das Management des betreffenden Unternehmens wird dann, sofern weiterhin diese Produkte unter bestimmten Marken vertrieben werden sollen, die Gedächtnisinhalte des Publikums durch entsprechende Werbemaßnahmen etc. aufrechterhalten.
Für Marken ist deshalb in der Regel eine **bestimmte** Nutzungsdauer **nicht definierbar**, so dass eine planmäßige Abschreibung nicht in Betracht kommt (→ § 10 Rz 31ff.). Allerdings ist die Nutzungsdauereinschätzung jährlich zu überprüfen. Soweit etwa das Management beschließt, die Marke nur noch über einen **bestimmten Zeitraum weiterzuführen**, ergibt sich ab dann eine bestimmbare (Rest-)Nutzungsdauer. Häufig wird mit einer solchen Änderung der Einschätzung zugleich das Erfordernis einer außerplanmäßigen Abschreibung (*impairment*; → § 11 Rz 9ff.) einhergehen. Die planmäßige Abschreibung nach Maßgabe der Restnutzungsdauer erfolgt dann auf Basis des Buchwerts nach außerplanmäßiger Abschreibung.

Vor dem Hintergrund der unbestimmten Nutzungsdauer mit der Folge einer nicht mehr planmäßigen Abschreibung von immateriellen Vermögenswerten richtet sich der Blick des **deutschen** IFRS-Anwenders auf die Rechtslage, die nach dem EStG vor dem 1.1.1987 bestand (Rz 20). Bis dahin konnte steuerlich ein derivativer *goodwill* aus einem Unternehmenserwerb nicht planmäßig abgeschrieben werden – genau wie jetzt nach IFRS 3 (→ § 31 Rz 120). Damals bestand eine steuerliche Interessenlage darin, immaterielle Vermögenswerte zu identifizieren, die eine beschränkte Nutzungsdauer hatten und deshalb planmäßig abzuschreiben waren. Solche immateriellen Wirtschaftsgüter wurden mitunter auch als „firmenwertähnlich" bezeichnet. Hierzu liegt eine umfangreiche **BFH-Rechtsprechung** vor.[40] In aller Regel hat der BFH hier, falls ein immaterielles Wirtschaftsgut überhaupt feststellbar war, Abnutzbarkeit mit der Folge einer planmäßigen Abschreibung festgestellt (Beispiel: Bierlieferungsrecht einer Brauerei).[41] Als Ausnahme – keine planmäßige Abschreibung – sind Geschäftsbeziehungen zu Lieferanten und Abnehmern zu nennen;[42] diese stellen ein immaterielles Wirtschaftsgut dar, das insoweit nicht abzuschreiben ist, als es sich auf eine nicht abschätzbare längere Nutzungsdauer erstreckt. Die Frage ist allerdings, ob es sich hierbei überhaupt um einen vom *goodwill* separier- und identifizierbaren (Rz 10) Vermögenswert handelt. Die Antwort hierauf wird in → § 31 Rz 72ff. gegeben.

3.3.6 Außerplanmäßige Abschreibung
Auf → § 11 Rz 10 und → § 11 Rz 16 wird verwiesen.

---

[40] Einzelheiten bei HOFFMANN, in: LITTMANN/BITZ/PUST, §§ 4, 5 EStG, Tz 686.
[41] BFH, Urteil v. 26.2.1975, I R 72/73, BStBl II 1976 S. 13.
[42] BFH, Urteil v. 16.9.1970, I R 196/67, BStBl II 1971 S. 175.

4 Abgang

74 Der Abgang („Ausmusterung") eines immateriellen Vermögenswertes ist **erfolgswirksam** (Veräußerungserlös abzüglich Restbuchwert) zu verbuchen (IAS 38.113). Ein solcher Abgang ist auch anzunehmen, wenn dieser Vermögenswert keine künftigen ökonomischen Vorteile mehr liefert (IAS 38.112). Irgendwelche Besonderheiten der IFRS gegenüber der deutschen Bilanzwelt sind insoweit nicht zu verzeichnen.

5 Ausweis

75 Die immateriellen Vermögenswerte mit längerfristiger Nutzung im Unternehmen sind nach IAS 1.68c **getrennt** von den materiellen Anlagegütern (Sachanlagen) auszuweisen (→ § 2 Rz 34). Insoweit kann die Gliederungsvorgabe in § 266 Abs. 2 HGB unmittelbar übernommen werden.
Allerdings ist nach IAS 38.119 im Anhang (ersatzweise auch in der Bilanz) eine **Untergliederung** nach den verschiedenen Arten immaterieller Vermögenswerte vorzunehmen. IAS 38.119 liefert dabei eine **beispielhafte** Vorgabe:
- Warenzeichen,
- Publizierungsrechte,
- Computersoftware,
- Lizenzen, Verkaufsrechte,
- Copyrights, Patente u. Ä.,
- Rezepturen, Formeln, Modelle, Prototypen u. Ä.,
- in Entwicklung befindliche immaterielle Vermögenswerte.

76 Bei Bedarf können diese genannten Gruppen noch weiter aufgegliedert werden. Als **Beispiel** nachstehend die Aufgliederung des immateriellen Anlagevermögens der Mobilcom AG zum 31.12.2001, wobei der besondere Ausweis der aktivierten Fremdkapitalkosten irreführend ist, da es sich um einen Bewertungsbestandteil und kein eigenes Anlagegut handelt.

> **Beispiel**
> UMTS-Lizenz
> UMTS-Fremdkapitalkosten
> Selbst erstellte Software
> Software, Markenrechte und Lizenzen

Der Ausweis im **Anlagevermögen** *(non-current)* (→ § 2 Rz 22) ist wohl die Regel, aber nicht zwingend. Emissionsrechte sind u. E. als *current* anzusehen (Rz 38).
Eine **Umgliederung** im Bilanzausweis ist dann vorzunehmen, wenn immaterielle Vermögenswerte des Anlagevermögens zum Verkauf gestellt werden

(non-current assets held for sale). Der Ausweis muss dann gemäß IFRS 5.38 getrennt von den übrigen Vermögenswerten erfolgen (→ § 29 Rz 33).

6 Angaben

Im **Anhang** sind gemäß IAS 38.118 – unterteilt nach selbst geschaffenen und sonstigen immateriellen Vermögenswerten – anzugeben (vgl. auch → § 10 Rz 43):
- ob die Nutzungsdauer unbestimmt oder zeitlich beschränkt ist;
- die angewandten Nutzungsdauern bzw. Abschreibungsprozentsätze;
- die Abschreibungsmethoden;
- der Bruttobuchwert und die aufgelaufenen Abschreibungen zu Beginn und zum Ende des Wirtschaftsjahres (Bestandteil des Anlagespiegels);
- die GuV-Position, in der die planmäßigen Abschreibungen enthalten sind;
- ein Vergleich der Buchwerte zum Beginn und zum Ende der Rechnungsperiode mit Darstellung der
  – Zugänge unter separatem Ausweis der selbst erstellten Vermögenswerte und derjenigen, die durch einen Unternehmenszusammenschluss erworben worden sind;
  – zum Verkauf gemäß IFRS 5 (→ § 29 Rz 30) bestimmten Posten;
  – übrigen Abgänge;
- Neubewertungs-Zuschreibungen nach IAS 38.75ff. unter Berücksichtigung von außerplanmäßigen Abschreibungen einschließlich der Darstellung dieser Vorgänge, soweit diese direkt in der Eigenkapitalveränderung erfasst worden sind;
- außerplanmäßige Abschreibungen, die in der GuV enthalten sind;
- Wertaufholungszuschreibungen auf frühere außerplanmäßige Abschreibungen, die in der GuV enthalten sind;
- Höhe der planmäßigen Abschreibung;
- Währungsumrechnungsdifferenzen;
- andere Buchwertänderungen während der Rechnungsperiode.

Wegen der üblichen Darstellung in Form eines **Anlagespiegels** bzw. -gitters wird verwiesen auf → § 14 Rz 27ff. Dort ist auch ein **Formulierungsbeispiel** für die übrigen Anhangsangaben wiedergegeben.

Vorjahresvergleichszahlen werden in der deutschen IFRS-Rechnungslegungspraxis nicht wiedergegeben.

Außerdem sind wesentliche Auswirkungen einer **Neueinschätzung** i. S. d. IAS 8 (→ § 24 Rz 42) von Abschreibungsperioden, Abschreibungsmethoden und anzunehmenden Restwerten darzustellen (→ § 10 Rz 43; IAS 38.121).

Weiterhin sind anzugeben gemäß IAS 38.122:
- für einen immateriellen Vermögenswert mit **unbestimmter** Nutzungsdauer der Buchwert und die Gründe für die Annahme dieser unbe-

stimmten Nutzungsdauer sowie Angabe der tragenden Gründe für diese Annahme;
- eine Darstellung, der Buchwert und die verbleibende Abschreibungsperiode eines bestimmten immateriellen Vermögenswertes, der **bedeutend** ist für die Vermögenslage des Unternehmens (z. B. Mobilfunklizenzen, Spielberechtigungen für Fußballprofis);
- für immaterielle Vermögenswerte, die durch einen **öffentlichen Zuschuss** (→ § 12) erworben und zum *fair value* angesetzt worden sind (z. B. Emissionsrechte, Rz 38),
  - der ursprünglich angesetzte *fair value*,
  - der laufende Buchwert,
  - die Angabe, ob sie nach dem erstmaligen Ansatz zu fortgeführten Anschaffungskosten bewertet worden sind oder ob zur Neubewertungsmethode übergegangen worden ist;
- Nutzungs**beschränkungen**, Verpfändungen u. Ä.;
- wichtige **Vertragsbeziehungen** betreffend den immateriellen Vermögenswert.

Weitere (detaillierte) Angaben sind erforderlich für die (unwahrscheinlichen) Fälle einer Anwendung der **Neubewertungsmethode** (IAS 38.124; Rz 63ff.). Angabepflichtig ist auch nach IAS 38.126 der **Gesamtbetrag** der Forschungs- und Entwicklungsaufwendungen, die im Geschäftsjahr dem Aufwand belastet worden sind (Rz 21ff.).

Auf die **Checkliste „Abschlussangaben"** wird verwiesen (→ § 5 Rz 8).

7 Einzelfälle der Bilanzierung von immateriellen Vermögenswerten (ABC)

79

Abgang	erfolgswirksame Verbuchung (Rz 74)
Abschreibung, außerplanmäßige	(Rz 73)
Abschreibung, planmäßige	(→ § 10 und Rz 67)
aktiver Markt	Voraussetzung zur Anwendung der Neubewertungsmethode (Rz 65)
Anhangsangabe	(Rz 77)
Anlaufkosten	sind nicht aktivierbar (Rz 47)
Anschaffung, Einzelanschaffung	(Rz 15 und 52)

Anschaffungs- oder Herstellungskosten	(→ § 8 Rz 11ff.)
Ausbildungskosten	sind nicht aktivierbar (Rz 47)
Ausbildungsqualität des Mitarbeiterstamms	nicht aktivierbar (Rz 6)
Ausweis in der Bilanz	(Rz 75)
Belieferungsrechte	(Rz 16)
Druckrechte	sind nicht aktivierbar bei originärem Erwerb (Rz 27), anders bei entgeltlichem Erwerb
Einlagen	(Rz 61)
Emissionsrechte (Umweltverschmutzung)	(Rz 38)
Entwicklung	unter bestimmten Voraussetzungen aktivierbar (Rz 21ff.)
erneuerbare Rechte	(Rz 70)
Filmherstellung	(Rz 15)
Forschung	nicht aktivierbar (Rz 21ff.)
Gemeinkosten	„echte" bei Anschaffung aktivierbar (Rz 53)
goodwill, Abgrenzung zum	(Rz 12)
Herstellung	(Rz 58)
Humankapital	kann u. U. entwickelt werden (Rz 26)
Identifizierbarkeit	(Rz 10)
Kataloge	u. U. aktivierbar (Rz 43)
Kaufpreisallokation	(Rz 17)
Konzessionen, entgeltlich erworben	aktivierbar (Rz 70)
Konzessionen, hergestellt	aktivierbar, wenn mit Auflagen verbunden (Rz 56)
Kundengewinnungskosten	(Rz 42)
Kundenlisten, Kundenbeziehungen	sind nicht aktivierbar bei originärem Erwerb (Rz 27), anders bei entgeltlichem Erwerb
Lizenzen	Aktivierung bei entgeltlichem Erwerb (Rz 16)

Management, Begabung	nicht aktivierbar (Rz 6)
Marken	sind nicht aktivierbar bei originärem Erwerb, anders bei entgeltlichem Erwerb (Rz 27)
Neubewertung	(Rz 63)
Nutzungsdauer, bestimmt oder unbestimmt	(Rz 69ff.)
Nutzungsdauer, Bestimmung	Beispiele (Rz 71)
Nutzungsrechte	u. U. aktivierbar bei entgeltlichem Erwerb (Rz 37)
Profisportler	(Rz 36)
Schulungskosten	Aktivierungsverbot (Rz 47)
Software, selbst geschaffene	(Rz 32ff.)
subscriber acquisition costs	(Rz 42)
Tausch	(Rz 60)
Umzugs- und Umorganisationskosten	sind nicht aktivierbar (Rz 47)
Unternehmenszusammenschluss, Erwerb im Rahmen eines	(Rz 17)
Verkaufsförderung	nicht aktivierbar (Rz 47)
Verlagsrechte	nur bei Anschaffung aktivierbar (Rz 27)
Vertriebskosten	Abgrenzung zur Verkaufsförderung mit u. U. gegebener Aktivierung (Rz 44)
Warenzeichen	nur bei Anschaffung aktivierbar (Rz 27)
Webseite	(Rz 35)
Werbeaufwand	ist regelmäßig nicht aktivierbar; aber Ausnahme denkbar (Rz 43)
Wertminderungsverlust siehe Abschreibung, außerplanmäßige	
Zuwendungen der öffentlichen Hand	(Rz 59)

8 Anwendungszeitpunkt, Rechtsentwicklung

Die **Übergangsvorschriften** (IAS 38.129f.) verweisen auf diejenigen nach IFRS 3, mit denen ein Einklang herzustellen ist (→ § 31 Rz 173). Folgerichtig soll im Falle einer prospektiven Anwendung von IFRS 3 gemäß IFRS 3.78 – 84 auch IAS 38 prospektiv angewandt werden. Entsprechend sind die Buchwerte der immateriellen Vermögenswerte nicht an die neuen Ansatzregeln anzupassen. Allerdings sind umgekehrt ab dem Übergangsdatum (Rz 81) die Nutzungsdauern zu überprüfen. Ist eine Neufestsetzung vorzunehmen, liegt insoweit eine Änderung der Schätzung nach IAS 8 vor (→ § 24 Rz 42).

80

Der Standard gilt für immaterielle Vermögenswerte, die im Rahmen eines Unternehmenszusammenschlusses zum **31.3.2004** oder später erworben werden. Für die übrigen immateriellen Vermögenswerte ist der Standard prospektiv im ersten Jahresabschluss anzuwenden, der am 31.3.2004 oder später beginnt. Auch in diesem Fall ist eine Anpassung der Buchwerte nicht erforderlich, umgekehrt aber eine Überprüfung der Nutzungsdauer. Die Neueinschätzung der Nutzungsdauer fällt wieder in den Anwendungsbereich von IAS 8 (→ § 24 Rz 42).

81

Die wesentlichen **Änderungen** des IAS 38 gegenüber der Vorgängerversion IAS 38 (1998) betreffen:

82

- „Einführung" einer unbestimmten Nutzungsdauer mit Verzicht auf die planmäßige Abschreibung (Rz 69).
- Entfernung der Vermutung einer Nutzungsdauer von höchstens 20 Jahren (Rz 67).
- Neuausrichtung von Ansatz (Rz 17) und Bewertung (Rz 52) auf die Vorgaben von IFRS 3 (→ § 31).

Wegen Einzelheiten zur Vorgängerversion wird auf die Vorauflagen verwiesen.

IFRIC 12 *"Service Consession Arrangements"*, betreffend die bilanzielle Abbildung von Betreibermodellen in Form der *public private partnership* (Rz 42), ist für die nach dem 31.12.2007 beginnenden Geschäftsjahre anzuwenden. Eine frühere Anwendung ist unter Anhangsangabe erlaubt (IFRIC 12.28).

83

9 Zusammenfassende Praxishinweise

Aus Sicht der deutschen Bilanzwelt lässt sich der Regelungsgehalt von IAS 38 betreffend die immateriellen Vermögenswerte wie folgt zusammenfassen:

84

- Inhaltlich **unterscheiden** sich die Merkmale des Begriffs „immaterieller Vermögenswert" (Rz 8ff.) nach HGB von demjenigen nach IFRS nicht nennenswert. Was bisher nach HGB dem Grunde nach, d. h. abstrakt, als bilanzierbar angesehen worden ist, kann deshalb weitgehend unbesehen auch in die IFRS-Bilanzwelt transferiert werden.

- Auch mit den konkreten Bilan**zansatzkriterien** (Rz 13ff.) von IAS 38 hat man aus deutscher Sicht keine nennenswerten Probleme, sofern man sich nicht zu sehr auf abstrakte Begriffsmerkmale versteift.
- Ein entscheidender Unterschied zwischen HGB/EStG einerseits und IFRS andererseits resultiert jedoch aus dem generellen **Aktivierungsverbot** für immaterielle Vermögenswerte nach HGB/EStG. Nach IAS 38 besteht dies nur in Einzelfällen (Kundenlisten, Marken; Rz 27).
- Für andere Fälle besteht nach IAS 38 ein **Aktivierungsgebot** der Kosten, die ab dem Zeitpunkt anfallen, ab dem die Erstellung des immateriellen Vermögenswertes sich in der Entwicklungsphase befindet und bestimmte Zusatzkriterien erfüllt sind (Rz 21ff.). Hier bieten die IFRS Handreichungen zur Abgrenzung zunächst der Forschungs- von der Entwicklungsphase (Rz 23). Forschungsaufwendungen sind nicht aktivierbar. Für die Aufwendungen in der Entwicklungsphase liefert IAS 38 einen reichhaltigen Katalog, der zur Bejahung des Bilanzansatzes abgearbeitet werden muss (Rz 24). Im Ergebnis kristallisiert sich ein weitgehendes Ermessen des Managements heraus, so dass man zu Recht von einem **effektiven Ansatzwahlrecht** für selbst geschaffene immaterielle Vermögenswerte, insbesondere in Form von Entwicklungsaufwendungen, sprechen kann (Rz 29ff.).
- Nicht spezifisch ist die Aktivierungsmöglichkeit von **selbst geschaffener Computer-Software** „geregelt" (Rz 32ff.).
- Die Zugangsbewertung erfolgt sowohl nach IFRS als auch nach HGB auf der Basis von weitestgehend identischen definierten oder definierbaren **Anschaffungskosten**. Herstellungsfälle und damit Herstellungs**kosten** sind nur nach IFRS berücksichtigungsfähig (Rz 48ff.). Die Einbeziehung von Kosten der allgemeinen Verwaltung in die Herstellungskosten ist nicht zulässig (Rz 58).
- Die **Folgebewertung** kann als **Wahlrecht** in Form der **Neubewertung** *(revaluation)* vorgenommen werden (Rz 63ff.), das aber bei immateriellen Vermögenswerten nur als große Ausnahme in Betracht kommt, weil hier das Kriterium des „aktiven Marktes" in der Regel fehlt.
- Immaterielle Vermögenswerte **unbestimmter** Nutzungsdauern sind nicht planmäßig abzuschreiben. Mit dem Abschreibungsverzicht verbunden ist die Verpflichtung eines jährlichen Wertminderungstestes (Rz 69).
- Planmäßige und außerplanmäßige **Abschreibungen** für zeitlich begrenzt nutzbare Vermögenswerte sind wie nach deutschem Handelsrecht vorzunehmen, ebenso Wertaufholungszuschreibungen nach vorhergehender außerplanmäßiger Abschreibung (Rz 62, mit den dortigen Verweisen).
- Umfangreiche **Anhangsangaben** sind für alle immateriellen Vermögenswerte, insbesondere aber für solche unbestimmter Nutzungsdauer, vorgeschrieben (Rz 75).

Nicht aktivierbar sind
- der intern geschaffene *goodwill* (Rz 46),
- die selbst geschaffenen Marken, Buch- und Verlagsrechte, Kundenbeziehungen u. Ä. (Rz 27),
- die Gründungs- und Aufbaukosten, Ausbildungskosten, Werbemaßnahmen, Reorganisation (Rz 50),
- die Forschungskosten (Rz 21),
- bestimmte Entwicklungskosten (Rz 28).

§ 14 SACHANLAGEN

Inhaltsübersicht	Rz
Vorbemerkung	
1 Überblick	1–5
1.1 Regelungsbereich	1–3
1.2 Begriffsinhalte	4–5
2 Bilanzansatz	6–8
3 Bewertung	9–19
3.1 Überblick	9
3.2 Zugangsbewertung	10–16
3.2.1 Allgemein	10–11
3.2.2 Nachträgliche Anschaffungs- oder Herstellungskosten, Komponentenansatz	12
3.2.3 Tausch	13–15
3.2.4 Einlagen/Einbringungen	16
3.3 Folgebewertung	17–19
4 Abgang	20–23
5 Ausweis und Anhangsangaben	24–28
6 Anwendungszeitpunkt, Rechtsentwicklung	29–30
7 Zusammenfassende Praxishinweise	31

Schrifttum: BALLWIESER, IAS 16, in: BAETGE u. a., Rechnungslegung nach IAS; ERNST & YOUNG, International GAAP 2005, S. 655ff.; FISCHER, IAS-Abschlüsse von Einzelunternehmungen, 2001; GRAUMANN, Bilanzierung der Sachanlagen nach IAS, StuB 2004, S. 709; HOFFMANN, Aktivierung von Gemeinkosten bei Anschaffungen, PiR 2007, S. 27; HOFFMANN/LÜDENBACH, Die Abbildung des Tauschs von Anlagevermögen nach den neu gefassten IFRS-Standards, StuB 2004, S. 337; KPMG, Insights into IFRS 2006/2007; LÜDENBACH, Anlagen im Bau, PiR 2006, S. 149; SCHMIDT, Die Folgebewertung des Sachanlagevermögens nach den IAS, WPg 1998, S. 808; WAGENHOFER, Internationale Rechnungslegungsstandards, 5. Aufl., 2005.

Vorbemerkung
Die Kommentierung bezieht sich auf IAS 16 in der aktuellen Fassung und berücksichtigt alle Ergänzungen, Änderungen und Interpretationen, die bis zum 1.1.2007 beschlossen wurden.

1 Überblick

1.1 Regelungsbereich

1 IAS 16 umfasst das Teilgebiet der Bilanz, das nach deutscher Sprachregelung als „**Sachanlagen**" umschrieben wird. Es entspricht in etwa dem so überschriebenen Gliederungsteil in § 266 Abs. 2 HGB (Rz 24). Besonderheiten gelten für den Posten „Anlagen im Bau":
- Bei Eigenerstellung durch individuelle Auftragsvergabe an Handwerker entstehen aktivierungspflichtige Herstellungskosten.
- Bei schlüsselfertiger Erstellung eines Bauwerks durch einen Generalunternehmer liegt ein Anschaffungsfall vor; hier beschränkt sich die Aktivierung während der Bauphase auf geleistete Anzahlungen.[1]

Im Bereich der **Immobilien** des Anlagevermögens findet IAS 16 nur auf die vom Eigentümer selbst genutzte Immobilie *(owner-occupied properties)* unbeschränkt Anwendung. Bei fremd vermieteten oder spekulativ gehaltenen Immobilien *(investment properties,* gemäß IAS 40) ist hingegen zu differenzieren:
- Anwendung der Bewertungs- und Ausweisvorschriften von IAS 16 für die **Herstellungsphase** (IAS 40.57e i. V. m. IAS 16; → § 16 Rz 7),
- Anwendung der Bewertungsvorschriften von IAS 16 nach Fertigstellung sowie in Anschaffungsfällen nur, soweit *investment properties* nicht zum *fair value* angesetzt werden (IAS 40.56 i. V. m. IAS 16; → § 16 Rz 35ff.).

2 **Ausgeschlossen** vom Anwendungsbereich von IAS 16 sind außerdem
- **landwirtschaftlich** und biologisch „orientierte" Vermögenswerte gemäß IAS 41 (→ § 40 Rz 1),
- **Mineralgewinnungsrechte** und die Aufwendungen zur Gewinnung von Mineralien und ähnlichen nicht regenerativen Ressourcen (→ § 41).

Allerdings sind solche Sachanlagegegenstände für diese beiden ausgeschlossenen Bereiche doch nach IAS 16 zu bewerten, wenn die betreffenden Vermögenswerte eine Art **Hilfsfunktion** für die landwirtschaftliche Tätigkeit etc. ausüben.

3 In der **Definitionsnorm** IAS 16.6 werden die in IAS 16 behandelten Vermögenswerte wie folgt umschrieben:

> ... *vom Unternehmen gehalten zur Nutzung in der Produktion oder zum Angebot von Gütern und Diensten, zur Vermietung und für Verwaltungszwecke.*

Vorausgesetzt wird dabei generell eine Nutzungsdauer von **mehr als einer Rechnungsperiode** (IAS 16.6). Dieses Sachverhaltsmerkmal lässt sich nahtlos in dasjenige nach § 247 Abs. 2 HGB integrieren.

---

[1] Vgl. LÜDENBACH, PiR 2006, S. 149.

1.2 Begriffsinhalte

Soweit im Definitionskatalog von IAS 16.6 Bestandteile der planmäßigen und außerplanmäßigen Abschreibungsverrechnung angesprochen sind, wird auf die Kommentierung in → § 8, → § 10 und → § 11 **verwiesen**.

Im Einzelnen:
- Planmäßige Abschreibung *(amortisation;* → § 10).
  - Abschreibbarer Betrag *(depreciable amount;* → § 10 Rz 20).
  - Abschreibungsmethode *(pattern;* → § 10 Rz 24).
  - Nutzungsdauer *(useful life;* → § 10 Rz 31).
  - Anschaffungs- oder Herstellungskosten *(cost;* → § 8 Rz 11ff.).
  - Restwert *(residual value;* → § 10 Rz 20).
- Sonstige Definitionen
  - Zeitwert *(fair value;* → § 8 Rz 53).
  - Aktiver Markt *(active market;* → § 28 Rz 107f.).
  - Wertminderungsverlust *(impairment loss;* → § 11 Rz 5).
  - Buchwert *(carrying amount;* → § 11 Rz 5).

Anders als IAS 38 zu den immateriellen Vermögenswerten *(intangible assets)* enthält IAS 16 zum sächlichen Anlagevermögen keine weiteren Spezifizierungen über den Begriffsinhalt eines Vermögenswertes (→ § 13 Rz 10ff.).

2 Bilanzansatz

Die Bilanzierung dem **Grunde nach** richtet sich nach den allgemeinen Kriterien in F.49ff. (→ § 1 Rz 87ff.). Eher im Sinne einer **Klarstellung** verlangt IAS 16.7 einen Bilanzansatz (für sächliches Anlagevermögen), wenn
- mit Wahrscheinlichkeit künftiger ökonomischer Nutzen für das Unternehmen dem betreffenden Vermögensgegenstand zugeordnet werden kann und
- die Anschaffungs- bzw. Herstellungskosten zuverlässig ermittelbar sind.

Das letztgenannte Kriterium dürfte in aller Regel erfüllt sein; zum Aspekt der „Wahrscheinlichkeit" wird verwiesen auf → § 21 Rz 32ff.
Der Standard-Regelungsinhalt definiert **nicht** den Inhalt bzw. Umfang eines Vermögenswertes „Sachanlagevermögen". Das bleibt dem individuellen Beurteilungsvermögen *(judgement)* anvertraut (IAS 16.9).
In IAS 16.8 werden **Ersatzteile** und **Hilfsmittel** *(spare parts, servicing equipment)* besonders erwähnt: Solche für den **laufenden** Gebrauch sind als **Vor**ratsvermögen auszuweisen (→ § 17 Rz 1) und bei Verbrauch als Aufwand zu verbuchen. Bei Verwendung innerhalb eines Zeitraumes von mehr als einem Jahr können sie hingegen auch **Anlage**vermögen darstellen; Letzteres ist der Fall, wenn diese Ersatzteile etc. nur in Verbindung mit einem Vermögenswert genutzt werden können.

> **Beispiel²**
>
> **Sachverhalt**
> Ein Unternehmen befasst sich mit Wartungsarbeiten für Flugzeuge. Dazu hält es die für den laufenden Unterhalt im Kundenauftrag benötigten Teile bereit. Außerdem bevorratet es längerlebige Ersatzteile für die eigenen Flugzeuge.
>
> **Lösung**
> Die erstgenannte Kategorie der Ersatzteile gehört zum Vorratsvermögen (→ § 17 Rz 3), die zweitgenannte zum Anlagevermögen. Bei tatsächlicher Ununterscheidbarkeit sind alle Ersatzteile dem Vorratsvermögen zuzuordnen.

Aus **Sicherheitsgründen** oder für den **Umweltschutz** angeschaffte oder hergestellte Anlagegüter sind ebenfalls anzusetzen, auch wenn sie keinen unmittelbaren ökonomischen Nutzen verschaffen (IAS 16.11).

8 IAS 16.9 erlaubt eine **Sammelerfassung** von **untergeordneten** Vermögenswerten *(unsignificant items)* nach vernünftiger kaufmännischer Einschätzung *(professional judgement)*. Beispielhaft werden genannt: Gussformen und Werkzeuge (→ § 8 Rz 38). Weitere Beispiele sind Paletten und „umlaufende" Warenumschließungen im Rahmen des sog. Pfandkreislaufes in der Getränkewirtschaft (→ § 25 Rz 30). Eine stückweise Inventarisierung erfolgt hier regelmäßig nicht; stattdessen wird mit **Festwerten** *(minimum value)* bilanziert.³ Zu den geringwertigen Wirtschaftsgütern des Anlagevermögens vgl. → § 10 Rz 29.

3 Bewertung

3.1 Überblick

9 In IAS 16.15ff. sind die Vorschriften zu den **Bewertungsfolgen** eines einmal vorgenommenen Bilanzansatzes von Gegenständen des Sachanlagevermögens niedergelegt. Aus systematischer Sicht ist dabei die Parallele zu IAS 38.60ff. (→ § 13 Rz 48) beachtlich. Die entsprechenden Bewertungskriterien für die **materiellen** Vermögenswerte sind weitgehend **identisch** denjenigen für die **immateriellen**. In diesem Kommentar ist der Parallelität dadurch Rechnung getragen, dass in → §§ 8-11 die einschlägigen Bewertungsvorschriften für die beiden Standards vor die Klammer gezogen worden sind, so dass nachstehend weitgehend darauf **verwiesen** werden kann.

---

² Nach KPMG, Insights into IFRS 2006/2007, 3.8.30.20.
³ ERNST & YOUNG, International GAAP 2005, S. 658.

3.2 Zugangsbewertung

3.2.1 Allgemein

Ausgangsgröße der Bewertung (Zugangsbewertung) sind nach IAS 16.14 die **Anschaffungs- oder Herstellungskosten** *(cost;* → § 8 Rz 11ff.). Öffentliche Investitionszuschüsse *(grants related to assets)* können (Ausweiswahlrecht) von den Anschaffungs- oder Herstellungskosten des bezuschussten Vermögenswertes abgezogen oder als passiver Sonderposten ausgewiesen werden (→ § 12 Rz 26).

Im Rahmen von **Anschaffungs**vorgängen – dem Regelfall der Zugangsbewertung im Bereich des Sachanlagevermögens – sind nur Einzelkosten aktivierbar, gegebenenfalls unter Einbeziehung der so genannten unechten Gemeinkosten. Dazu wird auf die Ausführungen und das Beispiel in → § 8 Rz 13 verwiesen.

Unklar ist, wie weit für **Herstellungs**prozesse von Sachanlagen (echte) Gemeinkosten aktivierbar sind. IAS 16.22 hält fest:

„Die Ermittlung der Herstellungskosten für selbst erstellte Vermögenswerte folgt denselben Grundsätzen, die auch beim Erwerb von Vermögenswerten angewendet werden. Wenn ein Unternehmen ähnliche Vermögenswerte für den Verkauf im Rahmen seiner normalen Geschäftstätigkeit herstellt, sind die Herstellungskosten eines Vermögenswertes normalerweise dieselben wie die für die Herstellung der zu veräußernden Gegenstände (siehe IAS 2)." Zwei Lesarten dieser Vorschrift sind erwägenswert:

- IAS 16.22 Satz 1 lässt i. V. m. IAS 16.16b nur die Aktivierung direkt zurechenbarer Kosten (Einzelkosten) zu. Satz 2 erlaubt ausnahmsweise die Eigennutzung sonst zum Verkauf bestimmter Erzeugnisse.
- IAS 16.22 Satz 1 regelt nicht im Detail die Übereinstimmung mit Anschaffungsfällen, sondern nur im Grundsatz *(principle)*. Satz 2 zeigt am Beispiel (!) eines üblicherweise zum Verkauf bestimmten Erzeugnisses die Möglichkeit von Aktivierung von Gemeinkosten im Unterschied zum Anschaffungsvorgang.

Dazu folgendes Beispiel:

Beispiel[4]

Sachverhalt

Das Unternehmen L produziert auf kundenspezifische Anforderungen Lastwagen. Im betreffenden Jahr erstellt L einen Lastwagen zur Eigennutzung sowie unter Heranziehung eigenen Personals nach selbst erstellten Plänen eine Krananlage.

---

[4] HOFFMANN, PiR 2007, S. 27.

> **Lösung**
> - Der Lastwagen ist nach IAS 16.22 Satz 2 mit den Vollkosten zu aktivieren.
> - Bei der Krananlage sind zwei Lösungen (Aktivierung mit oder ohne Gemeinkosten) vertretbar. Die herrschende Meinung sieht (auch für die Krananlage) eine Gemeinkostenaktivierung als zwingend an.[5] Soweit sie sich zur Begründung auf IAS 2 bezieht, ist dies u. E. nicht zutreffend, da IAS 16.22 keinen Generalverweis auf IAS 2 enthält. Vielmehr beschränkt sich der dortige Verweis auf die selbst erstellten Anlagegüter, die auch im normalen „Geschäft" verkauft werden.

3.2.2 Nachträgliche Anschaffungs- oder Herstellungskosten, Komponentenansatz

12 Auf die Kommentierung in → § 8 Rz 30ff. wird verwiesen.

3.2.3 Tausch

13 Die Grundkonzeption der Zugangsbewertung beim **Tausch**[6] *(exchange of one non-monetary asset for another)* stützt sich auf das *fair-value*-Konzept (→ § 8 Rz 46f.) mit der (regelmäßigen) Folge einer Gewinn- bzw. Verlust**realisierung** (→ § 25 Rz 96) bei Abweichen des *fair value* für den hingegebenen Vermögenswert von dessen Buchwert (IAS 16.24).[7] Der *fair value* ist ausnahmsweise **nicht** anzuwenden, wenn

- der Tauschakt keinen **wirtschaftlichen Gehalt** *(commercial substance)* hat oder
- der *fair value* weder des erhaltenen noch des hingegebenen Vermögenswertes **zuverlässig bestimmbar** ist.

Zum *fair-value*-Ansatz beim Tausch müssen also **beide** Kriterien – wirtschaftlicher Gehalt, zuverlässige Bestimmbarkeit – tatbestandlich vorliegen. Wenn nicht, ist die Zugangsbewertung für den erworbenen Vermögenswert mit dem **Buchwert** des aufgegebenen vorzunehmen.

Ob ein Tausch einen **wirtschaftlichen Gehalt** hat, richtet sich nach der erwarteten Änderung des künftigen **Liquiditätsflusses** *(cash flow*; IAS 16.25). Ein wirtschaftlicher Gehalt liegt demnach vor, wenn

- die *cash flows* der hingegebenen Vermögenswerte bezüglich Risikogehalt, Zeitpunkt oder Höhe eine andere Zusammensetzung *(configuration)* als die *cash flows* der erhaltenen Vermögenswerte aufweisen,
- der **unternehmensspezifische Wert** *(entity-specific value)* des betroffenen Unternehmensteiles sich durch den Austauschvorgang verändert

---

[5] So SCHEINPFLUG, in: Beck'sches IFRS-Handbuch, 2. Aufl., 2006, § 5 Rz 23; HEUSER/ THEILE, IAS/IFRS-Handbuch, 2. Aufl., 2005 Tz 574.
[6] HOFFMANN/LÜDENBACH, StuB 2004, S. 337.
[7] So auch der BFH in Auslegung des handelsrechtlichen Realisationsprinzips, Urteil v. 25.1.1984, I R 183/81, BStBl II 1984, S. 422.

- und der Unterschied in Bezug auf die *fair values* der beiden Austauschgegenstände **bedeutend** *(significant)* ist.

Der **"unternehmensspezifische Wert"** wird im Definitionskatalog IAS 16.7 mit dem aus der dauerhaften Nutzung eines Vermögenswertes resultierenden *cash flow* umschrieben. IAS 36 bezeichnet die entsprechende Größe als *value in use* (→ § 11 Rz 5). Dieser unterscheidet sich vom Verkehrswert dadurch, dass auch Synergien und sonstige Vorteile einbezogen werden, die zwar beim bilanzierenden Unternehmen, aber nicht bei jedem Nutzer entstünden. Die erforderliche *cash-flow*-Berechnung muss **Steuer**effekte berücksichtigen *(post-tax cash flows)*, braucht aber nicht zu detailliert auszufallen.

Das **Zusammenspiel** der **beiden** (kumulativ) geforderten Kriterien für den *fair-value*-Ansatz (wegen der verlässlichen Bestimmbarkeit vgl. Rz 14) soll anhand des folgenden Beispiels dargestellt werden:

Beispiel
Die Brauerei B-AG verlegt auf Drängen der Stadt F ihre Produktion vom Innenstadtbereich in ein neu erschlossenes Industriegebiet mit günstigem Autobahnanschluss. Die Produktionslinien können neu ausgerichtet, die Logistik effizienter gestaltet werden. Wirtschaftlicher Gehalt nach IAS 16.25 kann dem Umzugsvorgang nicht abgesprochen werden. Nach langen Verhandlungen erzielt die B-AG einen Tauschwert für den **Grund und Boden** von 386 EUR/m^2 für 10.000 m^2 Fläche = 3.860.000 EUR (Tauscherlös). Die Bodenrichtwertkartei weist in der betreffenden Lage einen Preisrahmen zwischen 290 EUR/m^2 und 410 EUR/m^2 auf. Der Buchwert beträgt 500.000 EUR. Das neue Gelände im Industriegebiet umfasst nur noch 8.500 m^2, für die ein Einvernehmen über 110 EUR/m^2 als Tauschwert (= 935.000 EUR) mit der Stadt erreicht wird. Der m^2-Preis von 110 EUR für das neu erschlossene Gelände entspricht den vorläufig festgesetzten Bodenrichtwerten, da kaum Nachfrage nach Grund im neuen Industriegebiet besteht. Die B-AG erhält von der Stadt den Unterschiedsbetrag von 2.925.000 EUR und bucht:

	Soll EUR	Haben EUR
Kasse	2.925.000	
Zugang Grund und Boden	935.000	
Veräußerungserlös		3.860.000
Abgangsaufwand	500.000	
Restbuchwert		500.000

Die Gewinnrealisierung von 3.360.000 EUR entsteht durch die *fair-value*-Bewertung, die dank Vorliegens beider Kriterien – wirtschaftlicher Gehalt, Ermittelbarkeit – geboten ist. Die gewählten Buchungen beruhen auf den im Vertrag genannten Beträgen. Wegen der Ermittelbarkeit der *fair values* der beiden Tauschobjekte und des jeweiligen Vorrangs vgl. Rz 14. Zur Barkomponente des Geschäftes vgl. das Beispiel weiter unten.

> **Beispiel**
> Der *deal* mit der Stadt umfasst auch das **Gebäude**, also die bisherige Produktionsstätte im Stadtbereich (Restbuchwert 7.420.000 EUR) und den Neubau im Industriegebiet. Als „Pauschalvergütung" für Umzugs- und Nebenkosten erhält die B-AG weitere 3.500.000 EUR. Die Abbruchkosten (400.000 EUR) für das bisher genutzte Fabrikgebäude übernimmt die Stadt. Ob man hinsichtlich dieser Kosten ein Tauschgeschäft annimmt, hängt davon ab, ob die Leistungen der Stadt als Teil einer „Paketlösung" betrachtet werden. Verneint man dies, ist der Restbuchwert des Gebäudes ergebniswirksam auszubuchen. Die Pauschalvergütung stellt einen Investitionszuschuss gemäß IAS 20.3 dar, der erfolgsneutral zu vereinnahmen ist (→ § 12 Rz 25ff.).

Das Kriterium des wirtschaftlichen Gehalts *(commercial substance)* lag im Fall des Brauereigrundstückes schon im Hinblick auf die geänderten Produktionsverfahren (mit evidenter Auswirkung auf die *cash flows*) vor. Das muss nicht zwingend bei jedem Tauschgeschäft der Fall sein.

> **Beispiel**
> Das Taxiunternehmen T gibt dem Autohändler die bisher genutzte Limousine zurück und erhält dafür einen gebrauchten Kombi-Wagen. Bargeld wird nicht bewegt.
>
> **Lösung**
> Eine erhebliche Änderung des *cash flow* wird sich für den Taxibetrieb aus dem Austausch der beiden Autos im Allgemeinen nicht ergeben. Dann kommt die *fair-value*-Bewertung nicht in Betracht. Anders kann es allerdings sein, wenn der Erwerb des Kombis im Hinblick auf die geplante Erweiterung der Angebotspalette (Spezialtransporte) erfolgt ist.

Die vorstehenden Kriterien gelten auch für die in der Realität dominierenden Tauschgeschäfte mit **Baraufgabe** *(combination of monetary and non-monetary assets*; IAS 16.24). Vgl. hierzu auch das Beispiel in → § 8 Rz 46.

> **Beispiel**
> Der Geschäftsführer der Maschinenbauunternehmung M erhält einen neuen Dienst-Pkw, Typ Mercedes S-Klasse, mit einem Listenpreis von 80 TEUR und gibt den bisherigen Wagen, Typ BMW 740, mit 20 TEUR in Zahlung. Im Internethandel wird der BMW mit 12 TEUR taxiert. Die Händler-Rabatte für die Mercedes-Wagen der S-Klasse schwanken nach einem Bericht der Fachpresse zwischen 3 % und 11 % der Listenpreise.
>
> **Lösung**
> Dem Tauschvorgang mit wesentlicher Baraufgabe (→ § 8 Rz 46) kommt wirtschaftlicher Gehalt *(commercial substance)* aus Sicht des Unternehmens

zu, denn die *cash flows* verändern sich schon wegen der Barzahlung von 60 TEUR.
Sowohl der Verkaufspreis des Mercedes als auch der Abgabepreis des BMW sind zuverlässig ermittelbar. Das Schätzverfahren für den Mercedes erlaubt verlässliche Wahrscheinlichkeitsquantifizierungen, und für den BMW liegt bei einer Trefferquote von 23 Stück im Internet-Handel ein Marktpreis vor. Letzterer beträgt 12 TEUR, so dass die Zugangsbewertung für den Mercedes mit 72 TEUR vorzunehmen ist (8 TEUR Weniger-Marktpreis für den BMW als offiziell gutgeschrieben = Händlerrabatt für den Mercedes).

Anders verhält es sich in Fällen von **Geringfügigkeit**.

> **Beispiel**
> Das EDV-Systemhaus tauscht beim Heizölhändler H einen neuwertigen PC mit Anschaffungspreis von 2.800 EUR gegen ein neu konfiguriertes Gebrauchtgerät mit geringfügig höherer Taktgeschwindigkeit aus. H zahlt dafür 250 EUR.
>
> **Lösung**
> Die Baraufgabe ist unbedeutend. Die künftigen *cash flows* ändern sich nicht signifikant. Eine *fair-value*-Bewertung des Tauschvorgangs kommt nicht in Betracht, obwohl die Wertermittlung für beide Objekte verlässlich möglich ist.

Der Tausch ist in der Praxis in aller Regel mit einer **Zahlungskomponente** verbunden. Ist diese in Relation zu den Werten der getauschten Güter nicht unbedeutend, ändert sich bereits die **zeitliche** Konfiguration des *cash flows* (Rz 13). In den meisten Tauschfällen wird deshalb das Tatbestandsmerkmal des **wirtschaftlichen Gehaltes** *(commercial substance)* erfüllt sein.
Eine Buchwertfortführung kann dann nur noch bei fehlender **Verlässlichkeit** der *fair-value*-Bestimmung (Rz 13) in Frage kommen.
Das **Fehlen von Marktpreisen** begründet nach IAS 16.26 keine Zweifel an einer verlässlichen Bewertbarkeit, wenn alternative Verfahren eine Intervallschätzung des *fair value* ermöglichen und

- die Varianz der Werte innerhalb des Intervalls unbedeutend *(not significant)* ist oder
- den verschiedenen Schätzungswerten begründete Wahrscheinlichkeiten zur Gewichtung zugeordnet werden können.

Sofern für beide Tauschgegenstände die *fair values* verlässlich bestimmbar sind,
- definiert der Wert des **abgegebenen** Vermögenswertes die Anschaffungskosten des erworbenen.
- Dagegen ist der *fair value* des **erhaltenen** Vermögenswertes maßgeblich, wenn dessen (Wert-)Ermittlung eindeutiger ist.

Die *fair-value*-Bewertung gilt auch für die Fälle der **Einlage** von Sachanlagen in ein Gesellschaftsvermögen gegen Gewährung von Gesellschaftsrechten, die nach deutschem Bilanzverständnis als „tauschähnlich" gelten (→ § 33 Rz 45). Auf → § 8 Rz 48 wird verwiesen.

15 Als **Fazit** aus Sicht der Rechnungslegungspraxis kann bezüglich der Abbildung von **Tauschvorgängen** Folgendes festgehalten werden:
- Erforderlich ist eine **zweigliedrige Tatbestandsanalyse**, nämlich den wirtschaftlichen Gehalt *(commercial substance)* und die Verlässlichkeit der *fair-value*-Ermittlung.
- Beide Tatbestände müssen vorliegen, wenn der Tauschvorgang zum *fair value* und damit ergebnisrealisierend verbucht werden soll (Rz 13).

Durch den zunehmend verbreiteten **Internethandel** und die damit entstehenden **Sekundärmärkte** wird die *fair-value*-Ermittlung erleichtert. Sie wird auch durch die „milden" Anforderungen in IAS 16.26 (Rz 14) gefördert. Bei **Grundstücken** stehen Bodenrichtwerte und Sachverständigengutachten als Bewertungsgrundlage zur Verfügung (→ § 16 Rz 48ff.).
Ausgeschlossen von dem *fair value* bleiben dann nur Bereiche wie **Spezialmaschinen**, die indes wiederum kaum jemals Gegenstand eines Tauschgeschäftes sein können. Das Erfordernis des wirtschaftlichen Gehaltes *(commercial substance)* wird bei den in der Praxis dominierenden Tauschgeschäften mit **Barzahlungskomponente** (Rz 14) wegen der damit verbundenen Änderungen der den Tauschgegenständen zuzuordnenden *cash flows* – abgesehen von unbedeutenden Größenordnungen – immer erfüllt sein. Als relevantes **Gegenbeispiel** kann man eigentlich nur **Grundstückstauschgeschäfte** von **Landwirten** im Flurbereinigungsverfahren nennen, die deren *cash flow* kaum verändern.[8]
Letztlich bleibt die Anwendung der **Buchwertlösung** für Tauschvorgänge im Bereich des sächlichen Anlagevermögens materiell unbedeutenden Austauschvorgängen vorbehalten (Beispiel in Rz 13: Computertausch).

3.2.4 Einlagen/Einbringungen
16 Es wird verwiesen auf → § 8 Rz 48.

3.3 Folgebewertung

17 Konzeptionell und weitgehend auch inhaltlich stimmen die Vorschriften für die **Folgebewertung** von sächlichem Anlagevermögen mit denen für das immaterielle Anlagevermögen überein. Deswegen sind im Rahmen dieser Kommentierung zur **Vermeidung von Wiederholungen** die beiden Standards IAS 16 und IAS 38 und ergänzende Standards insoweit **zusammengefasst** worden. Dabei geht es um die:

---

[8] Die Tauschgrundsätze von IAS 16 weisen eine gewisse Verwandtschaft mit den Kriterien des Tauschgutachtens des BFH aus 1951 auf: Die erfolgsneutrale Verbuchung setzte danach die Wert-, Art- und Funktionsgleichheit der Tauschgegenstände voraus. Eine solche konnte immer allerdings nur bei Wertpapiervermögen oder Beteiligungen festgestellt werden (also nicht bei Sachanlagevermögen).

- Bewertung zu den fortgeführten Anschaffungs- und Herstellungskosten gem. IAS 16.30 (→ § 8 Rz 11ff.);
- Neubewertung gem. IAS 16.31 (→ § 8 Rz 52ff.);
- planmäßige Abschreibung (IAS 16.43; → § 10);
- außerplanmäßige Abschreibung wegen Wertverlustes (IAS 16.63f. i. V. m. IAS 36.88ff.; → § 11 Rz 9ff.);
- Wertaufholungs-Zuschreibungen (IAS 16.63 i. V. m. IAS 36.94ff.; → § 11 Rz 77);
- Finanzierungskosten der Anschaffung oder Herstellung (→ § 9 Rz 13ff.).
- Sonderfall für Anlagegüter innerhalb eines aufzugebenden Geschäftsfeldes (*discontinued operations*) oder einer aufzugebenden Sachgesamtheit (*disposal group*) gem. IFRS 5.15 (→ § 29 Rz 25ff).

Wegen der **steuerlichen Subventionsabschreibungen** (§ 254 HGB) wird verwiesen auf (→ § 10 Rz 40). **18**

Soweit ein außerplanmäßiger Wertverlust zu **Ersatzleistungen** Dritter führt, sind diese erfolgswirksam bei Anfall zu erfassen (IAS 16.65). **19**

4 Abgang

Ein **Abgang** *(disposal)* mit der Folge der Ausbuchung *(derecognition)* liegt vor (IAS 16.67) **20**
- in „körperlicher" Form oder
- bei Fehlen künftigen wirtschaftlichen Nutzens.

Das **Ergebnis** (Gewinn oder Verlust) des Abgangs eines sächlichen Anlagewertes besteht aus der Differenz (Saldo) zwischen dem Buchwert und dem erhaltenen Gegenwert (IAS 16.71), ggf. unter getrennter Erfassung eines Zinseffektes (IAS 16.72). Die übliche Verbuchungstechnik nach deutschem Verständnis wird in abgewandelter Terminologie bestätigt. **21**

Der ggf. erzielte Gewinn *(gain)* ist **nicht** als Erlös *(revenue)* auszuweisen (IAS 16.67), sondern unter „sonstige betriebliche Erträge"*(other operating income*; → § 2 Rz 51). **22**

Zum Abgang des bisherigen Buchwertes führt auch die **Ersatzbeschaffung** eines (selbstständig bilanzierten) Teiles (→ § 10 Rz 8) eines Vermögenswertes (IAS 16.70), und zwar auch dann, wenn dieser Teil *(part)* gemäß dem *component approach* (→ § 8 Rz 32ff., → § 10 Rz 7ff.) nicht gesondert abgeschrieben worden ist. In diesem Fall ist der auszubuchende Restbuchwert anhand des Anschaffungspreises für das Ersatzteil zu schätzen.[9] **23**

---

[9] Vgl. ERNST & YOUNG, International GAAP 2005, S. 686 mit Beispiel.

5 Ausweis und Anhangsangaben

24 Das Sachanlagevermögen ist nach IAS 1.66 **gesondert** auszuweisen (→ § 2 Rz 34). Eine **weiter gehende Untergliederung** kann sich an IAS 16.37 wie folgt anlehnen:
- unbebaute Grundstücke,
- Grundstücke und Gebäude,
- Maschinen und maschinelle Anlagen,
- Schiffe,
- Flugzeuge,
- Kraftfahrzeuge,
- Betriebsausstattung,
- Geschäftsausstattung.

Andere Untergliederungen sind auch unter *materiality*-Aspekten zulässig. Die Gliederungsvorgaben samt unternehmensspezifischer Anpassungen nach **HGB** können der deutschen Rechnungslegungspraxis zufolge unproblematisch in die IFRS-Welt transponiert werden.[10]

25 Im **Anhang** sind nach Maßgabe der vorgenommenen Gliederung in der Bilanz folgende **Angaben** zu machen (IAS 16.73, 16.75, 16.76):
- Die Bewertungsgrundlagen zur Ermittlung des Bruttobuchwertes, gegebenenfalls bei Verwendung verschiedener Bewertungsgrundlagen mit einer Aufteilung auf die einzelnen ausgewiesenen Gruppen von Anlagegegenständen.
- Die angewandten Abschreibungsmethoden (→ § 10 Rz 24ff.).
- Die angenommenen Nutzungsdauern bzw. Abschreibungsraten (→ § 10 Rz 31ff.).
- Bestandteile des Anlagespiegels (**Beispiel** Rz 28):
  - Der Bruttobuchwert und die aufgelaufenen Abschreibungen einschließlich außerplanmäßiger Abschreibungen zum Beginn und zum Ende der Periode.
  - Zugänge.
  - Abgänge.
  - Laufende Abschreibungen (→ § 10).
  - Zugänge durch Unternehmenszusammenschlüsse (→ § 31).
  - Werterhöhungen und Wertminderungen durch Neubewertungen (→ § 8 Rz 52ff.).
  - Außerplanmäßige Abschreibungen *(impairment losses)* in der Periode mit Wertaufholungszuschreibungen *(reversal*; → § 11).

---

[10] Zu entsprechenden Vorgehensweisen der deutschen IFRS-Rechnungslegungspraxis vgl. von Keitz, Praxis der IASB-Rechnungslegung, 2. Aufl., 2005, S. 50.

- Umrechnungsdifferenzen bei ausländischen Gesellschaften mit abweichender Währung (→ § 27).

Weitere **zusätzliche** Angaben sind nach IAS 16.74 geboten:
- Angaben über Sicherungsrechte und Ähnliches zu Gunsten von Gläubigern, betreffend die einzelnen Anlagegegenstände (→ § 5 Rz 20).
- Die Bilanzpolitik für die geschätzten Aufwendungen der Wiederherstellung des Standortes von Sachanlagegegenständen.
- Angaben über Anlagen im Bau.
- Angaben über schwebende Beschaffungsgeschäfte (Verträge), betreffend Sachanlagegegenstände.
- Ersatzleistungen Dritter anlässlich der Wertminderungen oder Abgangsverluste von Anlagewerten.

Im Falle der Anwendung der **Neubewertungsmethode** nach IAS 16.31 (→ § 8 Rz 52ff.) sind folgende Anhangangaben gemäß IAS 16.77 zu machen:
- Die Grundlagen der Neubewertung.
- Der Zeitpunkt der Neubewertung.
- Die Einschaltung unabhängiger Gutachter.
- Die Art der verwendeten Indizes zur Bestimmung der Wiederbeschaffungskosten.
- Für jede Gruppe des Sachanlagevermögens Angabe des Buchwertes, der sich ergeben hätte, wenn von dem Anschaffungskostenmodell nach IAS 16.30 Gebrauch gemacht worden wäre.
- Darstellung der Veränderungen der Neubewertungsrücklage *(revaluation surplus)* mit Hinweis auf Ausschüttungsbeschränkungen.

Schließlich werden in IAS 16.79 noch folgende Angaben **empfohlen**:
- Der Buchwert von ungenutzten Anlagegegenständen.
- Der Bruttobuchwert von voll abgeschriebenen Anlagegegenständen, die noch genutzt werden.
- Der Buchwert von Sachanlagegegenständen, die nicht mehr genutzt werden und zum Abgang bereitgestellt sind.
- Bei Anwendung des Anschaffungskostenmodells nach IAS 16.30 der Verkehrswert *(fair value)* des Sachanlagevermögens, wenn dieser wesentlich vom Buchwert abweicht.

Die **Vorjahresvergleichszahlen** werden in der Bilanzierungspraxis im Bereich des Anlagespiegels (Rz 28) vielfach nicht angegeben.
Weitere Bereiche der Anhangsangaben lassen sich durch einen (erweiterten) **Anlagespiegel** (Rz 28) nach § 268 Abs. 2 HGB abdecken. **Zusätzliche Angabepflichten** von größerer praktischer Bedeutung (die nicht über die Darstellungstechnik des Anlagespiegels abgedeckt werden können) sind die folgenden:
- Sicherungsübereignungen und Verpfändungen (vergleichbar § 285 Nr. 1b HGB).
- Schwebende Beschaffungsgeschäfte (vergleichbar § 285 Nr. 3 HGB).

- Außerplanmäßige Abschreibungen und Wertaufholungszuschreibungen (vergleichbar § 277 Abs. 3 S. 1 HGB; → § 11 Rz 73).

Auf die **Checkliste Abschlussangaben** wird ergänzend verwiesen (→ § 5 Rz 8).

Beispiel für die Erläuterungen zum Anlagevermögen (→ § 5 Rz 27)
Sachanlagen
Die Bewertung von Sachanlagen erfolgt zu Anschaffungs- oder Herstellungskosten abzüglich planmäßiger linearer Abschreibung. Die dabei zugrunde gelegten Nutzungsdauern entsprechen der voraussichtlichen Nutzungszeit der Vermögenswerte im Unternehmen. Restwerte sind bei der Berechnung der Abschreibungen aufgrund von Unwesentlichkeit vernachlässigt worden. Neubewertungen des Sachanlagevermögens werden nicht vorgenommen. Reparaturen und Erhaltungsaufwand werden bei Anfall im Aufwand verrechnet, es sei denn, sie führen zu einer Erweiterung oder wesentlichen Verbesserung der betreffenden Anlagegüter.

Den planmäßigen Abschreibungen des Sachanlagevermögens liegen im Wesentlichen folgende Nutzungsdauern zugrunde:

Vermögenswert	Nutzungsdauer in Jahren
Gebäude	25 bis 50
Technische Anlagen und Maschinen	3, 5, 7 u. 10
Kraftfahrzeuge	4 bis 5
EDV-Ausstattung	3 bis 5
Mietereinbauten	3 bis 10

Eine planmäßige Abschreibung auf Grundstücke erfolgt nicht.

Impairment
Eine Wertminderung von Vermögenswerten (außerplanmäßige Abschreibung) wird immer dann vorgenommen, wenn der Buchwert den voraussichtlich erzielbaren Betrag übersteigt.

Leasingverhältnisse – die Gesellschaft als Leasingnehmer
Unter Anwendung von IAS 17 werden geleaste Gegenstände, die der Gesellschaft als wirtschaftlichem Eigentümer zuzuordnen sind, aktiviert und über ihre betriebsgewöhnliche Nutzungsdauer bzw. über die kürzere Dauer des Leasingvertrages abgeschrieben. Entsprechend wird die Verbindlichkeit, die aus dem Leasingverhältnis entsteht, passiviert und um den Tilgungsanteil der geleisteten Leasingraten gemindert. Wesentliche Verträge, die als Finanzierungsleasing einzustufen sind, betreffen Vereinbarungen über Festnetztechnologie und EDV-Hardware sowie Telekommunikationsanlagen und Mobiltelefone. Die Laufzeiten betragen zwischen 24 und 66 Monaten.

Immaterielle Vermögenswerte
Erworbene immaterielle Vermögenswerte werden bei Zugang mit den Anschaffungskosten bewertet und planmäßig linear über die voraussichtliche Nutzungsdauer abgeschrieben. Im Allgemeinen beträgt die Nutzungsdauer

fünf Jahre, doch sind abweichend hier folgende Besonderheiten zu vermerken:
Lizenzen für Produktionsrechte werden nach der Vertragslaufzeit unter Berücksichtigung von Verlängerungsoptionen abgeschrieben. Erworbene Warenzeichen, deren Nutzungszeitraum schwer definierbar ist, werden auf zwanzig Jahre linear abgeschrieben. In keinem Fall überschreitet die angenommene Nutzungsdauer die Grenze von zwanzig Jahren. Erworbene *goodwills* schreiben wir ebenfalls auf zwanzig Jahre ab. Negative *goodwills* aus Unternehmenserwerben werden linear in fünf Jahren vereinnahmt, soweit diese die beizulegenden Zeitwerte der miterworbenen nichtmonetären Vermögenswerte überschreiten; in diesem Fall wird der negative *goodwill* sofort als Ertrag erfasst. Der Ausweis der Auflösung des negativen *goodwill* wird in der GuV unter den sonstigen betrieblichen Erträgen vorgenommen. Selbst entwickelte Software wird ab dem Zeitpunkt mit den dabei entstehenden Kosten aktiviert, in dem die praktische Anwendbarkeit als sicher erscheint. Auch für die selbst entwickelte Software beträgt die Nutzungsdauer fünf Jahre. Wesentliche Programmerweiterungen, die einen künftigen Zusatznutzen erzeugen werden, werden ebenfalls mit den anfallenden Kosten aktiviert und auf fünf Jahre abgeschrieben.

Außerplanmäßige Abschreibungen
Im Geschäftsjahr ... wurden folgende außerplanmäßigen Abschreibungen *(impairment losses)* durchgeführt:

	TEUR 02	TEUR 01
Immaterielle Vermögenswerte		
Sachanlagen		

Die außerplanmäßige Abschreibung für immaterielle Vermögenswerte entfällt insbesondere auf eine nicht mehr genutzte Vertriebslizenz. Beim Sachanlagevermögen hat die Schließung der Fabrik in O. die genannte Abschreibung verursacht.
Die außerplanmäßigen Abschreibungen sind in der GuV in der Position „Abschreibungen" enthalten.

Hinweis
Die meisten der vorstehend wiedergegebenen Sätze entsprechen der üblichen Praxis, sind aber nicht zwingend zu schreiben, da sie keinen Aussagegehalt haben außer: „Wir haben nach den Regeln der IFRS bilanziert" (→ § 5 Rz 26ff.).

Zur Darstellung der **Entwicklung des Anlagevermögens** bedient sich die deutsche und die internationale Rechnungslegungspraxis des so genannten **Anlagespiegels oder -gitters**. Vergleichbar § 268 Abs. 2 HGB werden die er-

forderlichen Angaben in IAS 16.73 (Rz 25) bzw. IAS 38.107 (→ § 13 Rz 77) nur verbal aufgeführt, ohne die Art der Darstellung vorzuschreiben.
Nach IFRS ist der Anlagespiegel nur für das Sachanlagevermögen und die immateriellen Vermögenswerte vorgeschrieben, **nicht** dagegen für die **Finanzanlagen**.
Für den IFRS-kompatiblen Anlagespiegel finden sich folgende **Muster** auf den nächsten Seiten:
- **horizontale** Entwicklung,
- **vertikale** Entwicklung.

	Anschaffungs- bzw. Herstellungskosten						
1.1.01	Währungsdifferenzen	Veränderung Konsolidierungskreis	Zugänge	Werterhöhungen durch Neubewertung	Umbuchungen	Abgänge	31.12.01
TEUR	TEUR	TEUR	TEUR	TEUR	TEUR	TEUR	TEUR
Selbst erstellte Software							
Software, Markenrechte und Lizenzen							
goodwill							
Negativer *goodwill*[*)]							
Immaterielle Vermögensgegenstände							
Grundstücke und Bauten auf fremden Grundstücken							
Technische Anlagen und Maschinen							
Sonstige Betriebs- und Geschäftsausstattung							
Anlagen im Bau							
Sachanlagen							

*) Ab 31.3.2004 „Negativer Unterschiedsbetrag" (→ § 31 Rz 111).

		Abschreibungen							
	1.1.01	Währungs-differenzen	Veränderung Konsolidie-rungskreis	Zugänge	Zuschreibung negativer goodwill	Andere Zuschreibun-gen	Um-buchungen	Abgänge	31.12.01
	TEUR	TEUR	TEUR	TEUR	TEUR	TEUR	TEUR	TEUR	TEUR
Selbst erstellte Software									
Software, Markenrechte und Lizenzen									
goodwill									
Negativer goodwill[*)]									
Immaterielle Vermögensgegenstände									
Grundstücke und Bauten auf fremden Grundstücken									
Technische Anlagen und Maschinen									
Sonstige Betriebs- und Geschäftsausstattung									
Anlagen im Bau									
Sachanlagen									

*) Ab 31.3.2004 „Negativer Unterschiedsbetrag" (→ § 31 Rz 111).

Die Vielzahl der Spalten erfordert an sich in der vorstehenden Strukturierung die Verwendung von zwei DIN-A4-Seiten. In einfacheren Fällen kann optisch gefälliger statt der horizontalen auch eine **vertikale** Darstellung erfolgen. Hierzu folgendes Beispiel:

Beispiel Anlagespiegel vertikale Entwicklung
Die Entwicklung der immateriellen Anlagewerte sowie der Sachanlagen stellt sich wie folgt dar:

Mio. EUR	Immaterielle Anlagewerte		Sachanlagen	
	Geschäfts- oder Firmenwerte	Sonstige immaterielle Anlagewerte	Grundstücke und Gebäude	Betriebs- und Geschäftsausstattung
Buchwert zum 1.1.01	**1.417**	**100**	**784**	**1.837**
Anschaffungs-/Herstellungskosten zum 1.1.01	1.611	123	905	3.523
Zugänge in 01	119	26	170	531
Abgänge in 01	30	5	191	100
Umbuchungen	-	-	-	-
Anschaffungs-/Herstellungskosten zum 31.12.01	1.700	144	884	3.954
Zuschreibungen	-	-	-	-
Kumulierte Abschreibungen zum 31.12.00	194	23	121	1.686
Währungsdifferenzen	11	0	0	0
Zugänge in 01	116	18	37	518
Abgänge in 01	1	1	13	96
Umbuchungen	-	-	-	-
Kumulierte Abschreibungen zum 31.12.01	320	40	145	2.108
Buchwert zum 31.12.01	**1.380**	**104**	**739**	**1.846**

Auf die **Checkliste Abschlussangaben** wird verwiesen (→ § 5 Rz 8).

6 Anwendungszeitpunkt, Rechtsentwicklung

29 IAS 16 ist auf alle Abschlüsse anzuwenden, deren Berichtsperiode am 1.1.2005 beginnt. Eine befürwortete frühere Anwendung ist offenzulegen (IAS 16.81). Wesentliche Änderungen gegenüber der bisherigen Standardfassung (IAS 16 (1998)):

- Die **Neubewertung** *(revaluation)* ist nicht mehr erlaubte Ausnahme, sondern dem Anschaffungskostenmodell gleichwertig (IAS 16.31; → § 8 Rz 52ff.).
- Bei Abbildung von **Tauschgeschäften** (Rz 13ff.) kam es nach IAS 16 (1998) darauf an, ob die Tauschgegenstände sich in Funktion und Wert ähneln (dann erfolgsneutral) oder nicht (dann erfolgswirksam). Die Neufassung hebt abstrakter auf den wirtschaftlichen Gehalt der Transaktion ab, führt aber in vielen Fällen zu gleichen Lösungen.
- Zum **Komponentenansatz** wird verwiesen auf → § 8 Rz 32ff. und → § 10 Rz 7ff.

30 Bezüglich der bilanziellen Abbildung der Aktivitäten zur Gewinnung von **Bodenschätzen** (Mineralien) wird verwiesen auf → § 42.

7 Zusammenfassende Praxishinweise

Aus Sicht der deutschen Bilanzwelt lässt sich der Regelungsgehalt von IAS 16 betreffend das Sachanlagevermögen wie folgt **zusammenfassen**: **31**
Inhaltlich unterscheiden sich die **Begriffsmerkmale** nach HGB von denjenigen nach IFRS nicht nennenswert. Was bisher nach HGB dem Grunde nach als **bilanzierbar** angesehen worden ist, kann deshalb weitgehend auch in die IFRS-Bilanzwelt transferiert werden (Rz 4ff.).
Die **Zugangsbewertung** (Rz 10f.) erfolgt sowohl nach IFRS als auch nach HGB auf der Basis von weitgehend identisch definierten oder wenigstens definierbaren Anschaffungs- oder Herstellungskosten (Einzelheiten → § 8) und Berücksichtigung des Komponentenansatzes (→ § 8 Rz 32ff.).
Die Zugangsbewertung durch **Tausch** (mit Baraufgabe; Rz 13ff.) erfolgt regelmäßig – wie nach deutschem Steuerrecht – durch den Verkehrswert *(fair value)* des hingegebenen Vermögenswertes.
Die **Folgebewertung** (Rz 17ff.) kann als Wahlrecht in Form der **Neubewertung** *(revaluation)* vorgenommen werden (Einzelheiten hierzu → § 8 Rz 52ff.).
Planmäßige und außerplanmäßige Abschreibungen (Rz 17) sind wie nach deutschem Handelsrecht vorzunehmen, ebenfalls **Wertaufholungs**zuschreibungen nach vorhergehender außerplanmäßiger Abschreibung (→ §§ 10 und 11).
Die **Bilanzgliederung** (Rz 24) kann sich am HGB und den dort gegebenen Erweiterungsmöglichkeiten orientieren (→ § 2 Rz 22ff.).
Die wichtigsten **Anhangsangaben** (Rz 25ff.) entsprechen denjenigen des HGB. Viele lassen sich innerhalb des erweiterten **Anlagespiegels** in Anlehnung an § 268 Abs. 2 HGB darstellen.

§ 15 LEASING

Inhaltsübersicht	Rz
Vorbemerkung	
1 Zielsetzung, Regelungsinhalt und Begriffe	1–16
1.1 Leasing, sonstige Leistungsverhältnisse, verdeckte Leasinggeschäfte	1–12
1.1.1 Grundlagen, Regelungsrahmen	1–3
1.1.2 Indirekte und eingebettete Leasingverhältnisse ...	4–11
1.1.3 Nichtanwendung von IAS 17 auf Patente, Mineralgewinnungsrechte etc.	12
1.2 Maßgeblichkeit des wirtschaftlichen Eigentums	13–16
2 Ansatz von Leasingobjekten: Zurechnungskriterien	17–97
2.1 Grundunterscheidung zwischen *finance-* und *operating-*Leasing	17–19
2.2 Klassifizierungskriterien	20–24
2.3 Kriterien eines *finance lease*	25–66
2.3.1 Günstige Kaufoption	25–30
2.3.2 Laufzeitkriterium	31–37
2.3.3 Barwertkriterium	38–60
2.3.3.1 Grundsatz	38
2.3.3.2 Bestimmung der Mindestleasingraten ...	39–48
2.3.3.3 Beizulegender Zeitwert des Leasingobjekts	49–50
2.3.3.4 Maßgebender Zinssatz	51–58
2.3.3.5 Bedeutung des Barwerttests über die Klassifizierung hinaus	59–60
2.3.4 Spezialleasing	61–66
2.4 Anwendungs- und Abgrenzungsprobleme	67–87
2.4.1 Besonderheiten bei Immobilienleasingverhältnissen	67–76
2.4.2 Vertragsänderungen	77–84
2.4.3 Portfolioleasing, Rahmenleasingverträge	85
2.4.4 Leasingverhältnisse beim Unternehmenserwerb ..	86
2.4.5 Erwerb und Verkauf von *operating leases*	87
2.5 Unterschiede zwischen IFRS und Steuerrecht bei den Zurechnungskriterien	88–95
2.6 Zusammenfassende Beurteilung der Zurechnungskriterien	96–97
3 Bewertung	98–130
3.1 *Finance-*Leasingverhältnisse beim Leasingnehmer	98–110
3.1.1 Zugangsbewertung beim Leasingnehmer	98–101
3.1.2 Folgebewertung beim Leasingnehmer	102–110
3.1.2.1 Planmäßige Abschreibungen	102–104
3.1.2.2 Außerplanmäßige Abschreibungen	105

    3.1.2.3 Wartungs- und Reparaturarbeiten 106
    3.1.2.4 Vorzeitige Beendigung eines Leasing-
       verhältnisses 107
    3.1.2.5 Bewertung von Leasingobjekten im Rah-
       men von *subleases* 108
    3.1.2.6 Folgebewertung der Leasingverbindlich-
       keit 109–110
 3.2 *Finance*-Leasingverhältnisse beim Leasinggeber 111–116
   3.2.1 Zugangsbewertung beim Leasinggeber 111–112
   3.2.2 Folgebewertung beim Leasinggeber 113–116
     3.2.2.1 Entwicklung des Nettoinvestitionswertes 113–114
     3.2.2.2 Wertberichtigungen von Leasing-
       forderungen 115–116
 3.3 *Operating*-Leasingverhältnisse 117–130
   3.3.1 *Operating*-Leasingverhältnisse beim Leasingnehmer 117–125
   3.3.2 *Operating*-Leasingverhältnisse beim Leasinggeber . 126–130
     3.3.2.1 Zugangsbewertung beim Leasinggeber .. 126–127
     3.3.2.2 Folgebewertung beim Leasinggeber 128–129
     3.3.2.3 Behandlung der Leasingraten 130
4 Besondere Leasingverhältnisse 131–159
 4.1 Händler- bzw. Herstellerleasing 131–134
 4.2 Mehrstufige Leasingverhältnisse *(multi party leases)* 135–137
   4.2.1 Zuordnung des wirtschaftlichen Eigentums 135
   4.2.2 Bilanzielle Konsequenzen der Begründung von
      Unterleasingverhältnissen beim Haupt-
      leasingnehmer 136–137
 4.3 *Sale-and-lease-back*-Transaktionen 138–144
   4.3.1 Grundlagen 138–141
   4.3.2 *Finance*-Leasingverhältnisse 142
   4.3.3 *Operating*-Leasingverhältnisse 143–144
 4.4 *Cross-border*-Leasing und andere Leasinggeschäfte ohne
   wirtschaftliche Substanz 145–148
 4.5 Leasingobjektgesellschaften 149–156
 4.6 Forfaitierung von Leasingforderungen 157–159
5 Ausweis 160–161
6 Latente Steuern 162
7 Angaben 163–164
 7.1 Leasingnehmer 163
 7.2 Leasinggeber 164
8 Anwendungszeitpunkt, Rechtsentwicklung 165–168
9 Zusammenfassende Praxishinweise 169–181

Schrifttum: ADLER/DÜRING/SCHMALTZ, Rechnungslegung nach internationalen Standards, 6. Aufl., 2005; ALVAREZ/WOTSCHOFSKY/MITHIG, Leasingverhältnisse nach IAS 17, WPg 2001, S. 933; AMMAN/WULF, Leasingbilanzierung gemäß HGB, US-GAAP sowie IAS, StuB 2000, S. 909; ANDREJEWSKI, Die Risikobestimmung und -prüfung in der Rechnungslegung nach International Financial Reporting Standards, 2006; BRAKENSIEK/KÜTING, Special Purpose Entities in der US-amerikanischen Rechnungslegung, StuB 2002, S. 209; BECK'SCHES IFRS-HANDBUCH, 2. Aufl., 2006; CAIRNS, Applying IAS, 3. Aufl., London 2002; EISELE, Technik des betrieblichen Rechnungswesens, 7. Aufl., 2002, S. 281ff.; EPSTEIN/MIRZA, Interpretation and Application of IFRS 2006; ERNST & YOUNG, Financial Reporting Series – Accounting for Leases, December 2005; ERNST & YOUNG, International GAAP 2007; ESSER, Leasingverhältnisse in der IFRS-Rechnungslegung, StuB 2005, S. 429; FAHRHOLZ, Neue Formen der Unternehmensfinanzierung – Unternehmensübernahmen, Big ticket-Leasing, Asset Backed Securities und Projektfinanzierung, 1998; FINDEISEN, Die Bilanzierung von Leasingverträgen nach den Vorschriften des International Accounting Standards Committee, RIW 1997, S. 838; FREIBERG, Bedeutung von Mieterdarlehen für die Leasingklassifizierung nach IFRS, PiR 2006, S. 92; FREIBERG, Die Effektivzinsmethode in der Handels- und IFRS-Bilanz, PiR 2005, S. 110; FÜLLBIER/PFERDEHIRT, Überlegungen des IASB zur Leasingbilanzierung, Abschied vom off balance sheet approach, KoR 2005, S. 275; GÖTZ/SPANHEIMER, Nutzungsrechte im Anwendungsbereich von IAS 17, BB 2005, S. 259-264; HELMSCHROTT, Zum Einfluss von SIC 12 und IAS 39 auf die Bestimmung des wirtschaftlichen Eigentums bei Leasingvermögen nach IAS 17, WPg 2000, S. 426; HOFFMANN, Incentives zum Abschluss von Mietverträgen, PiR 2005, S. 97; HOFFMANN, Mietereinbauten nach HGB und IFRS, PiR 2006, S. 30; IdW, ERs HFA 13, FN. 2007, S. 83 ff.; INTERNATIONAL VALUATION STANDARDS COMMITTEE, International Valuation Standards, 7. Aufl., 2005; KÖRNER/WEIKEN, Wirtschaftliches Eigentum nach § 5 Abs. 1 Satz 1 EStG, BB 1992, S. 1033ff.; KPMG, Insights into IFRS, 3. Aufl., 2006/7ff.; KÜMPEL/BECKER, Besonderheiten bei der Klassifizierung von Immobilien-Leasingverhältnissen im IFRS-Regelwerk, PiR 2006, S. 84; KÜMPEL/BECKER, Nachträgliche Änderungen von Leasingvereinbarungen nach IFRS, PiR 2006, S. 247; KÜTING/HELLEN/BRAKENSIEK, Die Bilanzierung von Leasinggeschäften nach IAS und US-GAAP, DStR 1999, S. 39; KÜTING/HELLEN/BRAKENSIEK, Leasing in der nationalen und internationalen Bilanzierung, BB 1998, S. 1465; KÜTING/HELLEN/KOCH, Das Leasingverhältnis: Begriffsabgrenzung nach IAS 17 und IFRIC 4 sowie kritische Würdigung, KoR 2006, S. 656; LEIPPE, Die Bilanzierung von Leasinggeschäften nach deutschem Handelsrecht und US-GAAP 2001; LORENZ, Leasingverhältnisse, in: Rechnungslegung für Banken nach IAS, 2003, S. 429; LORENZ, Verträge neu würdigen!, Accounting 8/2005, S. 4ff.; LÜDENBACH, Anlagen im Bau, PiR 2006, S. 149; LÜDENBACH, Barwert- und Laufzeittest bei Hardwareleasing, PiR 2005, S. 31; LÜDENBACH, Finance und operating lease nach IFRS im Vergleich zum Steuerrecht, BC 2007, S. 7 ff.; LÜDENBACH, IFRS, 4. Aufl., 2005; LÜDENBACH, Leasing-Verträge über Stadien, VIP-Logen und Business Seats, BC 2006, S. 133 ff.; LÜDENBACH, Liefer- und Dienstleistungsverhältnisse als verdeckte Leasingverhältnisse nach IFRS, BC

2006, S. 216ff.; LÜDENBACH/FREIBERG, Spezialleasing und wirtschaftliches Eigentum nach IAS 17, BB 2006, S. 259; MCGREGOR, Accounting for Leases: A New Approach, FASB 1996; MELLWIG, Die bilanzielle Darstellung von Leasingverträgen nach den Grundsätzen des IASC, DB 1998, Beilage 12/1998; MELLWIG/WEINSTOCK, Die Zurechnung von mobilen Leasingobjekten nach deutschem Handelsrecht und den Vorschriften des IASC, DB 1996, S. 2345; MOXTER, Zur neueren Bilanzrechtsprechung des I. BFH-Senats, DStR 1997, S. 433; NAILOR/LENNARD/ANSTIS, Leases: Implementation of a New Approach, ASB 2000; PwC, IFRS für Banken, 3. Aufl., 2005; REITHER, Accounting Horizons 1998, S. 285; ROß/KUNZ/DROGEMÜLLER, Verdeckte Leasingverhältnisse bei Outsourcing-Maßnahmen nach US-GAAP und IAS/IFRS, DB 2003, S. 2023; RÜGEMER, Cross Border Leasing. Ein Lehrstück zur globalen Enteignung der Städte, 2004; SCHILDBACH, IAS als Rechnungslegungsstandards für alle, BFuP 2002, S. 263; SCHIMMELSCHMIDT/HAPPE, Off-Balance-Sheet-Finanzierungen am Beispiel der Bilanzierung von Leasingverträgen im Einzelabschluss und im Konzernabschluss nach HGB, IFRS und US-GAAP, DB Beilage 9/2004 zu Heft 48; SEELIGER, Der Begriff des wirtschaftlichen Eigentums im Steuerrecht, Stuttgart 1962, S. 89f.; VATER, Bilanzierung von Leasingverhältnissen nach IAS 17: Eldorado bilanzpolitischer Möglichkeiten, DStR 2002, S. 2094; WASSMER/HELMSCHROTT, Leasingbilanzierung nach dem G4+1-Positionspapier: Fortschritt oder Rückschritt?, DB 2000, S. 2025f.

Vorbemerkung
Die Kommentierung bezieht sich auf IAS 17 in der aktuellen Fassung und berücksichtigt alle Ergänzungen, Änderungen und Interpretationen, die bis zum 1.1.2007 beschlossen wurden. Einen Überblick über ältere Fassungen sowie über diskutierte oder schon als Änderungsentwurf vorgelegte zukünftige Regelungen enthalten Rz 165ff.

1 Zielsetzung, Regelungsinhalt und Begriffe

1.1 Leasing, sonstige Leistungsverhältnisse, verdeckte Leasinggeschäfte

1.1.1 Grundlagen, Regelungsrahmen

1 Leasingverhältnisse zeichnen sich durch ein mögliches **Auseinanderfallen** von **rechtlichem** und **wirtschaftlichem** Eigentum an einem Vermögenswert aus. Das rechtliche Eigentum liegt i. d. R. bei dem Leasinggeber, fraglich und bilanziell bedeutsam ist die Zuordnung des wirtschaftlichen Eigentums.
Die Behandlung von Leasingverhältnissen richtet sich innerhalb der IFRS nach folgenden Standards:
- IAS 17 enthält Bilanzierungs- und Bewertungsregeln für Leasingnehmer *(lessee)* und Leasinggeber *(lessor)*. Untersuchungsgegenstand ist der Umfang, in dem die mit dem wirtschaftlichen Eigentum eines Leasinggegen-

standes verbundenen **Risiken und Chancen** *(risks and rewards)* bei einem Leasinggeber oder Leasingnehmer liegen (IAS 17.7).

- IFRIC 4 weitet den **Anwendungsbereich** von IAS 17 auch auf von den Parteien anders bezeichnete und zivilrechtlich i. d. R. nicht als Nutzungsüberlassung zu qualifizierende Rechtsverhältnisse in wirtschaftlicher Betrachtung (**verdeckte Leasingverhältnisse** bzw. indirekte Leasingverhältnisse (Rz 4ff.)) aus.
- SIC 27 zielt gerade umgekehrt auf Leistungsbeziehungen, die die Parteien zwar als Leasing bezeichnen, denen aber bilanzrechtlich die **wirtschaftliche Substanz** eines Leasingvertrags fehlt (Rz 145).
- Die Behandlung von **Anreizvereinbarungen** (mietfreie Perioden, Zuschüsse des Leasinggebers etc.) im Zusammenhang mit *operating-lease*-Vereinbarungen wird in SIC 15 thematisiert (Rz 119).

Darüber hinaus sind noch Querbeziehungen aus der einzelbilanziellen Perspektive der Behandlung von wirtschaftlichem Eigentum hin zu einer **konzerninternen Berücksichtigung** von so genannten **Zweckgesellschaften** *(special purpose entities)* gem. SIC 12 (→ § 32 Rz 59ff.) beachtlich (Rz 149ff.).

Leasingverhältnisse *(leases)* im Sinne von IAS 17.4 sind Vereinbarungen, bei denen der Leasinggeber dem Leasingnehmer das Recht zur **Nutzung eines Vermögenswertes** für einen vereinbarten Zeitraum gegen Entgelt einräumt.

Ohne Konsequenz für die wirtschaftliche Qualifizierung des Vertragsverhältnisses ist aus der zivilrechtlichen Perspektive zwischen folgenden Ausprägungen der Übertragung von Nutzungsrechten zu differenzieren:

- **Direkte** Nutzungsrechte ermöglichen dem nichtjuristischen Eigentümer des Vermögenswertes die Entscheidung über Art, Umfang und zeitliche Struktur der Nutzung des Vertragsgegenstandes nach eigenem Ermessen.
- Bei der Übertragung von **indirekten** Nutzungsrechten hat der Leasingnehmer zeitlich befristet (über die Dauer des Vertrages) Zugriff auf den gesamten Output eines konkreten Vermögenswertes.

Im Rahmen der wirtschaftlichen Betrachtung ist es für die Bilanzierung **unerheblich**, ob der Leasingnehmer ein **direktes** oder **indirektes** Nutzungsrecht an einem bestimmten Vermögenswert erhält.

Beispiel
Der Produktionsbetrieb S hat durch Ausbau der Produktion im eigenen Werk einen erhöhten Strombedarf. Bislang hat S den Strombedarf durch ein eigenes Kraftwerk auf dem Betriebsgelände gedeckt. Die Stadtwerke teilen ihm auf eine Anfrage hin mit, dass die Bereitstellung der benötigten Menge nicht ohne die zusätzliche Errichtung eines weiteren Kraftwerks möglich ist. Ein Kauf kommt für den S aufgrund begrenzt vorhandener liquider Mittel nicht in Frage. Die Stadtwerke erklären sich zur Finanzierung des Kraftwerks bereit und unterbreiten ihm daraufhin folgendes Angebot:

> - Errichtung eines Kraftwerks auf dem Gelände des S und Abschluss eines 20-jährigen (= Nutzungsdauer des Kraftwerks) Vertrags, welcher die Amortisation der Investition der Stadtwerke garantiert.
> - Abschluss eines Stromlieferungsvertrags.
>
> Aus rechtlicher Perspektive handelt es sich bei der zweiten Vertragsalternative um ein Liefergeschäft (Strom gegen Geld). Wirtschaftlich betrachtet finanzieren die Stadtwerke den Bau eines Kraftwerks für den S, denen dieser über die Nutzungsdauer die Investitionskosten vergütet.

3   Der Leasingbegriff nach IAS 17 ist sehr weit zu verstehen, da es nicht auf den formalrechtlichen, sondern auf den **wirtschaftlichen** Gehalt des Geschäfts ankommt.[1]
- Die **Bezeichnung** des Vertrags durch die Parteien ist daher unerheblich (IAS 17.6).
- Neben Miet- und Pachtverträgen können u.U. auch **andere Vertragstypen** unter den Anwendungsbereich von IAS 17 fallen (Projektfinanzierungen oder langfristige Liefer- oder Leistungsverträge).[2]

Eine spezielle Ausformulierung des Gedankens, dass auch von den Parteien anders bezeichnete und zivilrechtlich nicht als Nutzungsüberlassung zu qualifizierende Rechtsverhältnisse (**indirekte Nutzungsrechte**) in **wirtschaftlicher Betrachtung** einen *lease* darstellen können, findet sich in IFRIC 4.[3] Gegenstand von IFRIC 4 sind Outputvereinbarungen, d. h. Verträge über die Sukzessivlieferung von Gegenständen oder Dienstleistungen (Outputs), die auf bestimmten Anlagen erstellt werden. In Abhängigkeit von der Ausgestaltung einer Outputvereinbarung kann sie wirtschaftlich eine Nutzungsüberlassung (*lease*) der Anlage darstellen (Rz 4ff.).

Im Fokus von IFRIC 4 steht nicht nur die Identifizierung von Leasingverhältnissen bei der Übertragung indirekter Nutzungsrechte, sondern darüber hinaus auch die Aufspaltung des zivilrechtlichen Liefer- oder Leistungsvertrags in ein **eingebettetes Leasingverhältnis** (*embedded lease*) einerseits und andere Komponenten (Kauf, Dienstleistung) andererseits (Rz 11ff.).

1.1.2 Indirekte und eingebettete Leasingverhältnisse

4   Fälle, die nach IFRIC 4.1 ein verdecktes Leasingverhältnis (indirektes Nutzungsrecht) begründen können, sind z. B.:
- Verträge über die Nutzung von Festnetzkapazitäten,
- Mietverträge über Netzwerke auf dem Betriebsgelände (Beispiel Rz 3),

---

[1] Vgl. CAIRNS, Applying IAS, 3. Aufl., London 2002, S. 811.
[2] Vgl. ADS, Rechnungslegung nach Internationalen Standards, Abschn. 12, Tz 12.
[3] IFRIC 4 ist weitestgehend deckungsgleich mit EITF 01-8. Vgl. zum EITF 01-8 Ross/Kunz/Drögemüller, DB 2003, S. 2024, und zu IFRIC 4 Götz/Spanheimer, BB 2005, S. 259.

- Outsourcing-Verträge (z. B. Auslagerung von IT- und technischen Anlagen),
- Vorhaltung von kundengebundenen Werkzeugen und Formen (→ § 18 Rz 67).

Bei derartigen Vertragsverhältnissen ist immer im Einzelfall zu prüfen, ob
- die Vertragserfüllung an die Überlassung eines spezifischen Vermögenswertes geknüpft ist (IFRIC 4.6a) und
- wirtschaftlich ein Nutzungsrecht an diesem Vermögenswert übertragen wird (IFRIC 4.6b).

IFRIC 4 ist mangelnde Verständlichkeit entgegengehalten worden, da nun u.U. Verträge als *leasing* zu qualifizieren seien, die nach Zivilrecht und Verständnis der Parteien keine Nutzungsüberlassungsverträge darstellen.[4] Unter *substance-over-form*-Gesichtspunkten (→ § 2 Rz 81) kann es auf die Zivilrechtslage aber nicht ankommen, wenn diese dem wirtschaftlichen Gehalt der Vereinbarung zuwiderläuft. Entsprechend betont schon der BFH in seinem für die späteren Leasingerlasse grundlegenden Urteil, dass „unter Leasing Verträge verstanden werden, die vom normalen Mietvertrag bis zum verdeckten Raten-Kaufvertrag reichen", und die Frage von Nutzungsüberlassung und wirtschaftlichem Eigentum unabhängig von derartigen zivilrechtlichen Qualifizierungen zu beurteilen sei.[5]

Der Vertrag knüpft dann an einen spezifischen Vermögenswert an, wenn
- eine **explizite** Bezeichnung des Vermögenswerts im Vertrag enthalten ist (Nutzungsvereinbarung über Maschine „xy") oder
- ein bestimmter Vermögenswert **implizit** aus dem Gesamtbild der Verhältnisse hervorgeht (Verkäufer verfügt aus wirtschaftlicher Perspektive nur über einen einzigen Vermögenswert zur Erfüllung seiner vertraglichen Pflichten, theoretisch besteht die Möglichkeit der Produktion auf einer zweiten Maschine, die Rüstkosten wären aber unverhältnismäßig hoch).

5

Beispiel
Die Verwaltung des Unternehmens U ist teils in A und teils in B angesiedelt. U mietet bei T eine Datenstandleitung zwischen A und B an.
Das Vertragsverhältnis ist nicht auf die Nutzung eines identifizierbaren Vermögenswertes (Leitung) gerichtet. T schuldet lediglich eine Dauerverbindung zwischen A und B. Ob die Signale unmittelbar von A nach B oder ohne merklichen Zeitunterschied auf der Strecke A – C – B transportiert werden, ist nicht Gegenstand des Vertragsverhältnisses. T schuldet eine Daten-Transportleistung, nicht die Überlassung eines bestimmten Vermögenswertes. Das Vertragsverhältnis ist kein Leasing.

---

[4] Küting/Hellen/Koch, KoR 2006, S. 656f.
[5] BFH, Urteil v. 26.1.1970, IV R 144/66, BStBl II 1970 S. 264.

> **Beispiel**
> Im Zuge der Neustrukturierung und der Beschränkung auf die Kernkompetenzen beschließt U ein komplettes Outsourcing ihrer Server-Umgebung. Aus datenschutzrechtlichen Aspekten kommt jedoch für U die Anmietung von Serverkapazitäten auf verschiedenen Rechnern zum Betrieb der Netzwerkprogramme nicht in Betracht. U besteht darauf, für sämtliche ERP- und Steuerprogramme sowie das Dokumentenmanagement bestimmte Rechner exklusiv zu nutzen. Das Vertragsverhältnis ist in diesem Fall auf die Nutzung eines identifizierbaren Vermögenswertes gerichtet. Die Zurechnung der Hardware und der Software richtet sich nach IAS 17.

6   Das **Recht zur Nutzung** eines spezifischen Vermögenswerts liegt vor, wenn mindestens **eine der drei** Voraussetzungen erfüllt ist (IFRIC 4.9):
- Der Abnehmer der Leistung hat **operationelle Verfügungsmacht** über die Anlage, auf der der Output produziert wird (er betreibt sie selbst oder kann den Betrieb anweisen), und er bezieht einen signifikanten Teil des Outputs (IFRIC 4.9a).
- Der Abnehmer hat die **physische Verfügungsmacht** über die Anlage, diese steht etwa auf dem Gelände des Abnehmers und dieser kann dem (juristischen) Eigentümer den Zugang verwehren (IFRIC 4.9b).
- Es ist unwahrscheinlich, dass ein Dritter mehr als nur einen nicht signifikanten Anteil des Outputs aus der Anlage bezieht, und der Abnehmer hat basierend auf der **Preisgestaltung** im Vertrag (insbesondere *take-or-pay*-Verträge) die wirtschaftlichen **Chancen und Risiken** aus dem Vermögenswert übernommen (Stückpreis weder vertraglich fixiert noch aktuellem Marktpreis entsprechend; IFRIC 4.9c).

In der Praxis kommt dem dritten Merkmal vorrangige Bedeutung zu.

> **Beispiel**
> Ein Aluminiumwerk wird von A in einer dünn besiedelten Region errichtet. Das Energieversorgungsunternehmen V errichtet zur Deckung des Strombedarfs des Aluminiumwerks ein Wasserkraftwerk. Die Energieversorgung der bereits ansässigen Bevölkerung wurde und wird durch ein sehr viel kleineres Heizkraftwerk gedeckt. Der Vertrag zwischen V und A sieht Folgendes vor:
> - Variable Zahlungen pro kWh (unter Marktpreis) (Stückpreiskomponente 1)
> - Zahlung einer hohen *fixed charge* pro Monat (dividiert durch kWh = Stückpreiskomponente 2)
> - Anpassung der *fixed charge* nach oben/unten bei Unter-/Überschreiten einer bestimmten Abnahmemenge
>
> V kann seinen Strom auch aus anderen Quellen (eigene Kraftwerke, Fremdbezug) beziehen. Ökonomisch ist dies aber nicht sinnvoll.

Im Rahmen der Beurteilung gelangt man zu folgendem Ergebnis:
- Die Erfüllung des Vertrags durch V hängt (ökonomisch) an dem spezifischen Vermögenswert, dem Wasserkraftwerk.
- A hat weder die operationelle noch die physische Verfügungsmacht über das Wasserkraftwerk, diese liegt allein bei V. Der Stückpreis (Summe der beiden Stückpreiskomponenten) ist nicht fixiert und entspricht nicht (oder nur zufällig) dem Marktpreis. Außerdem ist es unwahrscheinlich, dass Dritte mehr als einen insignifikanten Teil des Outputs beziehen.

Aufgrund der preislichen Ausgestaltung des Stromliefervertrags handelt es sich um die Übertragung eines indirekten Nutzungsrechts vom V auf den A, der den Output des Wasserkraftwerks für sich beanspruchen kann, als hätte er das Wasserkraftwerk von V geleast. In einer anschließenden Würdigung ist dann zu klären, ob von einem *finance* oder einem *operating lease* auszugehen ist (Rz 17ff.).

Wenn ein nicht unbedeutender Teil des in der jeweiligen Zeitspanne erzeugten Gesamtoutputs noch von Dritten bezogen wird, liegt aus Sicht des Hauptabnehmers regelmäßig kein verdecktes *lease* i. S. der Kriterien von IFRIC 4.9 vor. Eine Qualifizierung nach IFRIC 4.9c (*take-or-pay*-Vertrag) scheidet schon definitorisch aus, da dieses Kriterium gerade das Fehlen signifikanter Drittabnehmer voraussetzt. I. d. R. wird der Hauptabnehmer in solchen Fällen aber auch nicht die **operationelle** oder **physische Verfügungsmacht** erlangen, so dass aus praktischer Sicht auch die beiden anderen Möglichkeiten von IFRIC 4.9 ausscheiden.

7

Problematischer ist der Fall der **zeitlich gestaffelten Abnahme**:

> **Beispiel**
> Die komplette Produktion einer Maschine (Nutzungsdauer 4 Jahre) wird in Periode 1 bis 2 von A, in Periode 3 bis 4 von B abgenommen.
> **Alternative 1: Während der Perioden 1 und 2 hat A die physische und/ oder operationelle Verfügungsmacht über die Maschine.**
> U. E. liegt ein verdecktes *lease* vor. Die Frage, ob die Nutzung sich über die gesamte Nutzungsdauer erstreckt, ist Sache der **Klassifizierung** des *lease* als *operating* oder *finance*, nicht Sache der Qualifizierung des Vertrags als *lease* überhaupt.
> **Alternative 2: Die Vertragsbeziehungen sind als *take or pay* gestaltet.**
> Eine verdeckter *lease* nach IFRIC 4.9c setzt voraus, dass kein signifikanter Teil des Outputs des Vermögenswertes von einer anderen Partei bezogen wird. Wäre hiermit der Output über die gesamte Nutzungsdauer gemeint, schiede ein *lease* aus. Wie bei den beiden anderen Kriterien sollte u. E. aber die Frage, ob die Nutzung sich über die gesamte Nutzungsdauer erstreckt, Sache der Klassifizierung des *lease*, nicht Sache der Qualifizierung des Vertrags als *lease* **überhaupt** sein. Eine Einordnung als *lease* ist daher u. E. sachgerecht.

8 Spezielle Fragestellungen ergeben sich mit (Netzwerk-)**Kapazitätsverträgen**, (z. B. Pipeline oder Glasfaserkabel etc.). Die US-GAAP-Regeln, niedergelegt u. a. in EITF 00-11, unterscheiden zwischen **Leasing-** oder **Service**verhältnis u. a. anhand folgender Kriterien:

- (1) Der Erwerber des Nutzungsrechts hat ein **exklusives Recht** zur Nutzung der vertraglich vereinbarten Kapazität. Bei Nichtauslastung der Kapazität darf der Eigentümer (*provider*) nicht genutzte Mengen nicht anderweitig vertreiben (*indefeasible right of use*).
- (2) Der Erwerber des Nutzungsrechts leistet während des Nutzungsrechts **Zahlungen für den Betrieb**, die Wartung und Instandhaltung an den *provider*.
- (3) Während des vertraglichen Nutzungszeitraums trägt der Erwerber des Nutzungsrechts das **Risiko** des zufälligen Untergangs.

Bei **Nichterfüllung** eines der Kriterien ist ein Kapazitätsvertrag nach US-GAAP als Servicevertrag zu behandeln. U. E. sind die amerikanischen Regeln **nicht durchgängig** auf IFRS übertragbar. Insbesondere kann es aus systematischer, nicht kasuistischer Sicht nicht auf die Vergütungsform (höhere Bruttozahlung mit einkalkulierten Betriebs-, Wartungs- und Instandhaltungskosten, vs. niedrigere Nettozahlung mit separater Berechung der genannten Kosten nach tatsächlichem Anfall) ankommen. Ähnliche Bedenken bestehen gegen das Kriterium der Gefahrtragung. Bei Abwälzung auf eine Versicherung reduziert sich auch dieses Problem auf die Frage, ob die Versicherungsprämie einkalkuliert ist oder direkt und separat vom Nutzer getragen wird.

Entscheidend bleiben die Kriterien von IFRIC 4.9 und IFRIC 4.7. Eine Qualifizierung als *lease* kommt daher nur dann in Frage, wenn Verfügungsmacht oder ein *take-or-pay*-Vertrag vorliegt **und** das Vertragsverhältnis auf die Nutzung eines spezifischen Vermögenswertes (einer bestimmten Pipeline oder eines Kabels) gerichtet ist. Letzteres ist dann zu bejahen, wenn der Leistungsverpflichtete die zwischen den Punkten A und B versprochene Kapazität rechtlich, technisch oder ökonomisch nur mit einer bestimmten Pipeline oder einem bestimmten Kabel erbringen kann, alternative Leitungswege also ausscheiden (Rz 5).

Wegen der **Ertragsrealisierung** beim Kapazitätstausch wird auf → § 25 Rz 38 verweisen.

9 Die Identifizierung eines Leasingverhältnisses (indirekten Nutzungsrechts) nach IFRIC 4 kann nach folgendem Schema erfolgen:[6]

---

[6] Götz/Spanheimer, BB 2005, S. 263.

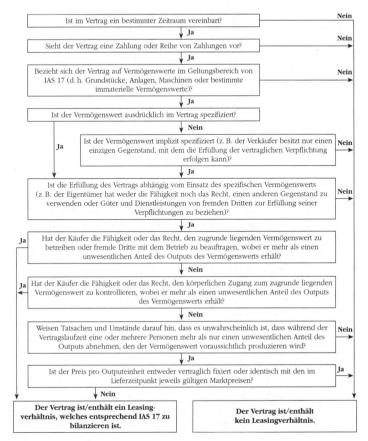

Abb. 1: Identifizierung von indirekten Leasingvereinbarungen

Auch **Veräußerungsgeschäfte** können bei wirtschaftlicher Betrachtung als Leasing zu qualifizieren sein. Ein derartiges Leasingverhältnis liegt etwa bei Veräußerung mit Residualwertgarantie vor (→ § 25 Rz 35).
Leasingverhältnisse im Sinne von IAS 17 können auch verdeckt durch **Zulieferverträge** begründet werden.

> **Beispiel**
> Ein Automobilhersteller lagert die Produktion von Autocockpits aus. Hierzu erwirbt ein Zulieferer eine Maschine, die der Produktion der entsprechenden Bauteile dient. Die Maschine könnte ohne hohe Umrüstkosten auch für die Produktion von Cockpits anderer Automarken verwendet werden. Als Entgelt wird ein von der Ausbringungsmenge

10

unabhängiger Betrag vereinbart, der die Produktionskosten und eine Marge von 3 % deckt.

Im vorstehenden Fall ist ein Leasingverhältnis anzunehmen, wenn der nahezu vollständige Erwerb der produzierten Bauteile der vollständigen Nutzung der Maschinen gleichgesetzt werden kann und damit in wirtschaftlicher Betrachtungsweise das Nutzungsrecht an der Maschine auf den Automobilhersteller übertragen wird.

Die Feststellung eines (verdeckten) Leasingverhältnisses gem. IFRIC 4 (Schritt 1) lässt aber noch keine Aussage über dessen Klassifizierung als *finance* oder *operating lease* und damit über Zurechnung des Vermögenswerts zu. Die Zurechnung der Maschine richtet sich gem. IFRIC 4.2 allein nach IAS 17 (Schritt 2).

Es müssen deshalb alle Leasingkriterien entsprechend IAS 17.10 (Rz 20) und die Indikatoren entsprechend IAS 17.11 (Rz 21) zur Beurteilung herangezogen werden, um im Beispiel zu klären, ob die Maschine beim Automobilhersteller zu aktivieren ist. Zur Frage der Ertragsrealisierung beim Autozulieferer (Leasinggeber) wird auf → § 18 Rz 67 verwiesen.

11 Im Rahmen von Mehrkomponentengeschäften (→ § 25 Rz 66ff.; *multiple deliverables* (analog EITF 00-21) oder *multi element transaction)* ist bei der Übertragung eines Nutzungsrechts sowohl vom Käufer als auch vom Verkäufer die **Leasing**komponente nach IAS 17 zu bilanzieren. Die **verbleibenden** Vertragskomponenten sind nach den für sie jeweils einschlägigen Standards zu beurteilen (IFRIC 4.12).

Eine **Separierung** der Zahlungen zwischen Leasingverhältnis und den übrigen Komponenten hat auf Basis ihrer relativen *fair values* zu erfolgen (IFRIC 4.13). Ist nur der *fair value* einer der beiden Leistungsteile bekannt, kann durch Subtraktion von der Gesamtzahlung hilfsweise der Anteil des anderen Teils bestimmt werden (residuale Ermittlung; → § 25 Rz 72).

Beispiel[7]
U veräußert im Zuge eines kompletten Outsourcing seine Server-Umgebung an den unternehmensunabhängigen E. Darüber hinaus übernimmt E das bislang bei U angestellte IT-Personal. Die Outsourcing-Vereinbarung sieht eine Bereitstellung der von U benötigten IT-Struktur sowie eine Betreuung und Wartung der Server-Umgebung durch den E vor. Dieser greift hierbei auf das ehemalige Personal des U zurück. Das Vertragsverhältnis sieht die Zahlung einer festen monatlichen Rate von 200 TSD über eine Vertragsdauer von 3 Jahren vor.
Ein Hardwareleasingvertrag bei einem Dritten würde U 150 TSD pro Monat kosten, die Wartungs- und Betreuungsleistung 100 TSD pro Monat.

---

[7] Nach LÜDENBACH, BC 2006, S. 216ff.

> Wenn die Erfüllung des Vertrags ökonomisch an spezifische, nur für U vorgehaltene Infrastruktur gebunden ist, außerdem U der einzige wesentliche Nutzer dieser Struktur ist und die Leistung wesentlich nach *take-or-pay*-Gesichtspunkten vergütet wird, liegt ein Leasingverhältnis über die Serverumgebung vor. Dieses ist in einen Gesamtvertrag eingebettet, der außerdem diverse Dienstleistungen (Betreuung und Wartung) vorsieht. Die monatliche Zahlung von U an E ist daher in ein Leasingentgelt und ein sonstiges Entgelt für Wartungs- und Betreuungsleistung aufzuteilen.
>
> Als bester Aufteilungsmaßstab dient der relative *fair value* der beiden Leistungskomponenten: Danach beträgt die monatliche Leasingrate 150/250 × 200 = 120 TSD und der monatliche Aufwand für Wartung und Betreuung 100/250 × 200 = 80 TSD.
>
> Wäre nur der Wert der Wartungs- und Betreuungsleistung bekannt, müsste der Wert der Leasingrate residual mit 200 − 100 = 100 TSD bestimmt werden (indirekte Methode).

Gerade Outsourcing-Verträge zeichnen sich in der Praxis durch eine Vielfalt komplizierter Vertragsstrukturen aus. Aus diesen Strukturen wird sich nicht immer so einfach wie im Beispiel die Aufteilung von Entgelten in Leasing und sonstige Leistungen ergeben.

Wenn ausnahmsweise keine Möglichkeit der Separierung (dem Grunde oder der Höhe nach) besteht (→ § 25 Rz 70), sind die gesamten Raten als Leasingzahlungen zu behandeln (IFRIC 4.15).

1.1.3 Nichtanwendung von IAS 17 auf Patente, Mineralgewinnungsrechte etc.

Der Anwendungsbereich der Leasingbilanzierung nach IFRS ist sehr weit gefasst (IAS 17.3). Die Vorschriften des IAS 17 sind nicht nur auf **Sach**anlagen (bewegliche und unbewegliche Vermögenswerte), sondern generell auch auf **immaterielle** Vermögenswerte anwendbar. Speziell **ausgenommen** von den Leasingvorgaben sind

- **Lizenzvereinbarungen** über Filme, Videos, Theaterstücke, Manuskripte, Patente und Urheberrechte und Ähnliches (IAS 17.2b). Ob mit derartigen Lizenzvereinbarungen das wirtschaftliche Eigentum an den Vermögenswerten übergeht und – unabhängig davon – ein sofortiger Erlös zu realisieren ist, beurteilt sich nach IAS 18. Wegen Einzelheiten wird daher auf → § 25 Rz 61 verwiesen.
- Vereinbarungen, die im Zusammenhang mit der **Entdeckung und Verarbeitung** von Mineralien, Öl, Erdgas, Holz und ähnlichen natürlichen Ressourcen stehen (IAS 17.2a).
- Auch **Dienstleistungsverträge** (Personalgestellung etc.) begründen kein Leasingverhältnis i. S. von IFRIC 4/IAS 17, da es an der Übertragung eines Nutzungsrechts und dem dahinterstehenden Vermögenswert fehlt.

Der Ausschluss für immaterielle Vermögenswerte ist auf Lizenzvereinbarungen über Schutzrechte begrenzt. Fraglich ist, ob auch **Know-how-Lizenzierungen** in diesen Bereich fallen. Dagegen spricht der im Gegensatz zu Patenten fehlende spezialrechtliche Schutz. Andererseits können allgemeine Schutzrechte, etwa betreffend den Verrat von Betriebsgeheimnissen, greifen. Die Anwendung von IAS 17.2b auch auf diese „ähnlichen Fälle" erscheint sachgerecht.

Eine **Ausweitung** der Leasingvorgaben erfolgt durch IFRIC 4. Zunächst sind von den Parteien anders bezeichnete Vertragsbeziehungen auf das wirtschaftliche Vorliegen eines Leasingverhältnisses zu untersuchen. Darüber hinaus ist allerdings auch eine **generelle Ausnahme** zu beachten: Fehlt es einer Leasingtransaktion an **wirtschaftlicher Substanz**, scheidet eine Bilanzierung nach IAS 17 aus (vgl. Rz 145).

1.2 Maßgeblichkeit des wirtschaftlichen Eigentums

13 Die bilanzielle **Zurechnung** von Vermögenswerten orientiert sich nicht am zivilrechtlichen, sondern am **wirtschaftlichen** Eigentum (IFRS F.57). IAS 17 dient dessen Konkretisierung im Rahmen von Leasingverhältnissen. In IAS 17.21 wird das Konzept des wirtschaftlichen Eigentums innerhalb der IFRS definiert. Danach ist wirtschaftlicher Eigentümer insbesondere, wer auf Dauer die Herrschaft über das Leasingobjekt hat und/oder dessen Amortisation trägt. Die Zurechnung richtet sich danach, welche Vertragspartei **überwiegend die Risiken und Chancen** aus der Nutzung des Leasingobjektes trägt. Für diese Merkmale werden in IAS 17.10 Kriterien formuliert:

- Die Kriterien der günstigen Kaufoption (Rz 25ff.) und der im Verhältnis zur Nutzungsdauer langen Vertragsdauer (Rz 31ff.) stellen vor allem darauf ab, wer voraussichtlich auf **Dauer die Herrschaft** über das Leasingobjekt ausüben wird.
- Das Kriterium eines im Verhältnis zum Wert des Leasingobjektes hohen Barwertes der Leasingzahlungen (Rz 38ff.) stellt demgegenüber das **Amortisationsrisiko** in den Vordergrund.

An **beiden** Aspekten lässt sich die Frage des wirtschaftlichen Eigentums festmachen. Im einfachsten Fall weisen beide Aspekte in die **gleiche Richtung**. Nach dem Einleitungssatz zu IAS 17.10 reicht es für die Qualifizierung eines Vertrags als *finance lease* aber regelmäßig aus, wenn **nur** in **einer** Hinsicht Klarheit besteht (Rz 20).

In der konkreten Einzelfallwürdigung hat allerdings der Aspekt der **dauernden Herrschaft** oft den logischen Vorrang. Dies ergibt sich u. a. daraus, dass zwar Kaufoptions- und Vertragsdauerkriterium ohne Rückgriff auf den Barwerttest auskommen, umgekehrt aber der Barwerttest häufig nicht. Dieser beruht auf einer Diskontierung der Mindestleasingraten. Zu den Mindestleasingraten zählen auch der Ausübungspreis einer günstigen Kaufoption sowie die laufenden Zahlungen für einen günstigen Vertragsverlängerungszeitraum (IAS 17.4). Bei entsprechenden Gestaltungen ist das Ergebnis des Barwerttests daher von den logisch vorrangigen Feststellungen zu den anderen Kriterien abhängig.

Bei jedem Leasingvertrag, der alle wesentlichen Vorteile und Risiken aus der Nutzung eines Leasingobjektes überträgt, steht der **Leasingnehmer** dem **rechtlichen** Eigentümer des Leasinggegenstandes wirtschaftlich gleich (IAS 17.8). Aufgrund unterschiedlicher Auslegung der Zuordnungskriterien durch den Leasingnehmer und Leasinggeber kann ein Leasingobjekt sowohl in der Bilanz des Leasinggebers als auch in der Bilanz des Leasingnehmers aktiviert werden (Rz 54, 88). Darüber hinaus kann es zu einer bilanziellen **Doppelerfassung** kommen, wenn es sich um ein Leasingobjekt handelt, das beim Leasingnehmer die Kriterien einer Anlageimmobilie bzw. Renditeliegenschaft im Sinne von IAS 40 erfüllt (Rz 16). 14

Nach IAS 17.5 wird zwischen *finance*-Leasing und *operating*-Leasing **differenziert**. Diese Differenzierung ist ausschlaggebend für den Ansatz des Leasingobjektes: Ein *finance lease* führt zur Zurechnung des Leasingobjektes beim Leasing**nehmer**, während bei einem *operating lease* das Leasingobjekt dem Leasing**geber** zugerechnet wird. Die **Übersetzung** des Begriffs *finance*-Leasing in „Finanzierungsleasing" ist damit eigentlich **unzutreffend**, da bei „Finanzierungsleasing" im Sinne des deutschen Sprachgebrauchs die Zurechnung sowohl beim Leasingnehmer als auch beim -geber möglich ist (Rz 88). 15

Von der Regelzurechnung der im *operating lease* überlassenen Objekte beim Leasinggeber wurde im Rahmen der Neuregelung durch das *Improvement Project* eine wichtige **Ausnahme** geschaffen (Rz 122): IAS 40.6 gewährt nunmehr dem Leasingnehmer das **Wahlrecht**, eine Immobilie, die nach IAS 17.10 (Rz 20) als *operating lease* klassifiziert und deshalb beim Leasinggeber bilanziert werden müsste, wie ein *finance lease* zu behandeln, wenn es sich bei der Immobilie aus der Sicht des Leasingnehmers um eine **Renditeliegenschaft** gemäß IAS 40 (→ § 16 Rz 2) handelt (Rz 122). Somit dürfen Immobilien, die vom Leasingnehmer zur Erzielung von Mieteinnahmen und nicht zur Eigennutzung gehalten werden (IAS 40.5), vom Leasingnehmer auch dann bilanziert werden, wenn der Leasingnehmer nicht das wirtschaftliche Eigentum hat. Dieses Wahlrecht setzt jedoch nach IAS 40.6 die Bilanzierung der Renditeliegenschaft nach dem *fair-value*-Modell voraus (→ § 16 Rz 3). Im Ergebnis wird damit die im *Framework* postulierte Maßgeblichkeit des wirtschaftlichen Eigentums zu Gunsten einer umfassenden Zeitwertbilanzierung durchbrochen. 16

Die Aktivierung einer solchen nicht im wirtschaftlichen Eigentum stehenden, zunächst im *sublease* weitervermieteten Immobilie bleibt nach IAS 17.19 bestehen, wenn der Hauptleasingnehmer später zur Eigennutzung übergeht (→ § 16 Rz 72ff.).

> **Beispiel**
> Der Leasingnehmer A least am 1.1.01 ein Bürogebäude im *operating lease*. A vermietet das Bürogebäude an ein konzernfremdes Unternehmen C weiter. Am 31.12.03 wird der Mietvertrag mit C gekündigt, weil A das Bürogebäude nun selbst nutzen möchte.
> Bilanziert Leasingnehmer A alle *investment properties* zum beizulegenden Zeitwert, kann er auch nicht in seinem wirtschaftlichen Eigentum stehende

investment properties bilanzieren. Durch die Kündigung des Mietvertrags mit C und die Eigennutzung verliert zwar das Gebäude aus Sicht von A die Eigenschaft einer Renditeliegenschaft, gleichwohl ist an der Aktivierung des Gebäudes bei A festzuhalten (IAS 17.19a).

2 Ansatz von Leasingobjekten: Zurechnungskriterien

2.1 Grundunterscheidung zwischen *finance*- und *operating*-Leasing

17 Ein Leasingverhältnis wird als *finance*-Leasing klassifiziert, wenn im Wesentlichen alle mit dem Eigentum verbundenen **Risiken** und **Chancen** des Leasingobjektes auf den **Leasingnehmer** übertragen werden. Die Zurechnung des Vermögenswertes erfolgt dann (mit Ausnahme der in Rz 16 erwähnten Besonderheit) beim Leasingnehmer. Im Sinne einer **Negativabgrenzung** werden alle Leasingverhältnisse, die diese Voraussetzungen nicht erfüllen, als *operating*-Leasing bezeichnet und beim Leasinggeber bilanziert (IAS 17.8).

18 Die Klassifizierung erfolgt zu **Beginn** des Leasingverhältnisses (*inception of the lease*). Die getroffene Wahl kann nicht durch spätere Neudefinition der Schätzparameter umgestoßen werden. Lediglich der Abschluss eines neuen Vertrages oder eine grundlegende Vertragsänderung kann eine Neuqualifizierung bewirken (Rz 78). Als Beginn des Leasingverhältnisses gilt dabei der Tag der Leasingvereinbarung oder der frühere Tag, an dem sich die Vertragsparteien über die wesentlichen Bestimmungen der Leasingvereinbarung geeinigt haben. (IAS 17.4).

Der Zeitpunkt der bilanziellen Abbildung des Leasingverhältnisses ist allerdings abhängig von dem **Zeitpunkt des tatsächlichen Nutzungsbeginns** (*commencement of the lease*).[8] Liegt zwischen Vertragsschluss (*inception*) und Beginn der Nutzung eine längere Periode (z. B. weil das Leasingobjekt noch fertig gestellt werden muss), ist eine Bilanzierung des noch nicht fertig bzw. zur Nutzung bereitgestellten Leasingobjekts durch den zukünftigen Leasingnehmer nach IAS 17.20 nicht zulässig.[9]

Gleichwohl ist die Entscheidung zwischen *finance* und *operating lease* schon mit Vertragsschluss zu treffen. Für **Zahlungen des Leasingnehmers bis zum Beginn der Nutzung** des Leasingobjekts bedeutet dies:

- bei *finance lease* sind sie als **geleistete Anzahlungen** zu berücksichtigen und
- bei *operating lease* nach SIC 15 **abzugrenzen** (Rz 119) und über die tatsächliche Nutzungsdauer zu verteilen.

---

[8] Vgl. ERNST & YOUNG, International GAAP 2007, S. 1640.
[9] Vgl. LÜDENBACH, PiR 2006, S. 149ff. mit Beispielen.

Beim **Leasinggeber** sind die Zahlungen wie folgt abzubilden:
- bei *finance lease* sind sie als **erhaltene Anzahlungen** zu erfassen und
- bei *operating lease* ebenfalls nach SIC 15 **abzugrenzen** und über die tatsächliche Nutzungsdauer zu verteilen.

Im Übrigen sind die vor Nutzungsbeginn geleisteten Zahlungen als Teil der Mindestleasingzahlungen (Rz 39ff.) beim Barwerttest zu berücksichtigen (Rz 38).

Die **Laufzeit** des Leasingverhältnisses ist für das Vertragsdauerkriterium (IAS 17.10c), ebenso aber auch für die Verteilung von Leasingraten aus einem *operating lease* (SIC 15) von Bedeutung. Die Vertragslaufzeit beginnt mit dem Zeitpunkt, ab dem der Leasingnehmer die Möglichkeit zur Nutzung des Leasingobjekts hat. Die Laufzeit umfasst (IAS 17.4)

19

- die unkündbare **Grundmietzeit**,
- eine Folgeperiode, in welcher der **Leasingnehmer** aufgrund einer ihm im (ursprünglichen) Leasingvertrag eingeräumten Option das Leasingobjekt nutzen kann, wenn die Ausübung dieser Option aufgrund der günstigen Konditionen als hinreichend sicher gilt (Rz 36),
- eine an die Grundmietzeit anschließende Nutzungsperiode aufgrund einer dem **Leasinggeber** zustehenden Verlängerungsoption, deren Ausübung bei Beginn des Leasingvertrages wahrscheinlich ist,
- einen Zeitraum, für den ein faktischer Verlängerungszwang des Leasingnehmers vorliegt.

Die **Laufzeit** des Leasingverhältnisses stellt sich damit in **wirtschaftlicher** Betrachtungsweise wie folgt dar:

Unkündbare Grundmietzeit
+ Zeitraum günstiger Verlängerungsoption des Leasingnehmers
= Leasingzeit i. e. S.
+ Zeitraum einer Verlängerungsoption des Leasinggebers*
+ Zeitraum eines faktischen Verlängerungszwangs (Vertragsstrafen etc.)**
= wirtschaftliche Vertragsdauer
* Nur insoweit, als die Ausübung durch LG wahrscheinlich ist.
** Z. B. wegen hoher Abschlusszahlungen/Vertragsstrafen.

2.2 Klassifizierungskriterien

Nach IAS 17.10 wird ein Leasingvertrag regelmäßig als *finance*-Leasing klassifiziert und beim Leasing**nehmer** bilanziert, wenn zu Beginn des Leasingverhältnisses **mindestens eines** der folgenden fünf Kriterien erfüllt ist:

20

1. Am **Ende der Vertragslaufzeit** werden die Eigentumsrechte am Leasingobjekt auf den Leasingnehmer übertragen (**Eigentumsübergangskriterium**; *transfer of ownership test*). (IAS 17.10a). Ist der Eigentumsübergang

nicht unbedingt, sondern lediglich eine Option des Leasingnehmers vereinbart, greift IAS 17.10b.

2. Es besteht zugunsten des Leasingnehmers eine **günstige Kaufoption** (**Kaufoptionskriterium**; *bargain purchase option test;* Rz 25) (IAS 17.10b).
3. Die **Vertragslaufzeit** erstreckt sich über den überwiegenden Teil der verbleibenden wirtschaftlichen **Nutzungsdauer** des Leasingobjektes. Eine eventuelle spätere rechtliche Übertragung des Leasingobjektes ist dabei unerheblich (**Mietzeitkriterium**; *economic life time test;* Rz 31; IAS 17.10c).
4. Der **Barwert** der Mindestleasingzahlungen entspricht im Wesentlichen dem beizulegenden Zeitwert des Leasinggegenstandes ohne Zuwendungen von Dritten an den Leasinggeber zu Beginn des Leasingvertrages (**Barwertkriterium**; *recovery of investment test;* Rz 38ff.; IAS 17.10d).
5. Der Leasinggegenstand hat eine **spezielle Beschaffenheit** *(specialised nature)*, so dass er nur vom Leasingnehmer ohne wesentliche Veränderungen genutzt werden kann (Spezialleasing; Rz 59; IAS 17.10e).

21 Ohne Erfüllung eines dieser Kriterien verbleiben an sich die Risiken und Chancen aus dem Leasinggegenstand beim **Leasinggeber**; somit liegt ein *operating*-Leasing vor. Da es sich jedoch bei den genannten Kriterien **nicht um ausschließliche** Bedingungen handelt, sind auch andere Fälle denkbar, die zu einem *finance*-Leasing führen können. IAS 17.11 führt deshalb **ergänzende Indikatoren** auf, die bei einem entsprechenden wirtschaftlichen Gesamtbild von Kriterien und Indikatoren ebenfalls zum Vorliegen eines *finance*-Leasing führen können. Folgende Fälle werden unterschieden:

1. Der **Leasingnehmer** hat zwar ein **Kündigungsrecht** (Rz 22), das ihm z. B. ermöglicht, das Leasingverhältnis weit vor dem Ende der wirtschaftlichen Nutzungsdauer des Leasingobjekts zu beenden, muss aber dann die dem Leasinggeber aus der Kündigung entstehenden Verluste übernehmen (Rz 22) (IAS 17.11a);
2. Gewinne und Verluste aus **Schwankungen des beizulegenden Zeitwertes** (Rz 23) gegenüber dem vertraglich vereinbarten Restwert trägt der Leasingnehmer (IAS 17.11b);
3. der Leasingnehmer hat das Recht, das Leasingverhältnis um eine weitere Mietperiode zu **verlängern** (Rz 24), während deren die Mietzahlungen wesentlich geringer sind als die marktübliche Miete (IAS 17.11c).

Das Vorliegen von mindestens einem der in IAS 17.11 genannten Indikatoren soll **nicht zwangsläufig** zu einem *finance lease* führen, könnte dies aber *("could lead")*, andererseits ist aber die Einordnung als *finance lease* auch dann möglich, wenn keiner der Indikatoren erfüllt ist. Im Vergleich zu IAS 17.10, dessen Kriterien normalerweise *("normally")* zu einem *finance lease* führen, ist der **Verbindlichkeitsgrad** von IAS 17.11 tendenziell niedriger als der von IAS 17.10.[10]

---

[10] Fuchs, DB 1996, S. 1833ff., und Findeisen, RIW 1997, S. 843ff.

In der Rechtspraxis führt die Erfüllung eines der Kriterien des IAS 17.10 regelmäßig zum *finance lease*. Anderes kann dann gelten, wenn alle anderen Indikatoren inkl. IAS 17.11 deutlich in die andere Richtung weisen.
Die Indikatoren des IAS 17.11 stehen überwiegend nicht „neben" denen des IAS 17.10, sondern können in die dort vorzunehmenden Prüfungen, insbesondere der des Barwerts und der Vertragsdauer, integriert werden.

Ist der Leasingnehmer im Falle einer **vorzeitigen Kündigung** des Leasingverhältnisses zur Übernahme der Verluste des Leasinggebers verpflichtet, kann dies eine Indikation für das Vorliegen eines *finance lease* darstellen.

22

Dogmatisch stellt der Indikator der Verlustabdeckung im Fall der Kündigung auf den Übergang des **Amortisationsrisikos** vom Leasinggeber auf den Leasingnehmer ab und ist insoweit als Erweiterung/Ergänzung der zu berücksichtigenden Mindestleasingraten des Barwerttests anzusehen (Rz 48 und 52). Er kann aber auch als Ergänzung des Vertragsdauerkriteriums interpretiert werden (Rz 38). Eine aufgrund von Kündigungsrechten formal kurze Vertragsdauer kann in wirtschaftlicher Betrachtung als lange Vertragsdauer anzusehen sein, wenn die im Falle einer Kündigung zu leistenden Zahlungen so hoch sind, dass sie die Ausübung des Kündigungsrechts unwahrscheinlich machen.

Nach IAS 17.11b kann auch in den Fällen ein *finance*-Leasing vorliegen, in denen der Leasingnehmer die **Gewinne oder Verluste aus Schwankungen im Restwert** des Leasingobjekts übernimmt. Folgende vertragliche Gestaltungen sind auf die Übernahme von Restwertrisiken durch den Leasingnehmer hin zu untersuchen:

23

- **Andienungsrechte** des Leasinggebers, denen zufolge er vom Leasingnehmer die Übernahme des Leasingobjekts zu einem Preis verlangen kann, der dem kalkulierten Restwert entspricht,
- *first-loss*-Garantien (auf einen bestimmten Betrag festgelegte Restwertgarantien) des Leasingnehmers, die den Leasinggeber von einem Verwertungsrisiko freistellen,
- Vereinbarung über nicht marktübliche (nicht ausreichend besicherte) **Mieterdarlehen** (Darlehen des Leasingnehmers an den Leasinggeber),
- **Festpreiskaufoptionen** oder
- Vereinbarungen über die **Aufteilung** von **Veräußerungsgewinnen** oder **-verlusten** (siehe Beispiel in Abgrenzung zur steuerrechtlichen Behandlung in Rz 93).

Liegen derartige Vertragsgestaltungen vor, werden i. d. R. die Gewinnchancen und das Restwertrisiko über den Vertragshorizont hinaus auf den Leasingnehmer übertragen.

Für eine Klassifizierung als *finance lease* ist es hierbei unerheblich, ob gleichzeitig Chancen und Risiken oder lediglich Risiken oder Chancen übertragen werden. Auch bei Transfer **nur** der **Risiken** (z. B. das komplette Restwertrisiko über eine *first-loss*-Garantie) oder **nur** der Chancen (im Rahmen einer günstigen Kaufoption ohne Andienungsrecht; Rz 25) ist eine Nutzungsüberlassung als *finance lease* zu klassifizieren.

Konzeptionell ist die Zuweisung von Gewinnen/Verlusten aus Schwankungen des Restwerts eines Leasingobjekts als Konkretisierung des Barwerttests (Rz 39 und 52) auf die Feststellung des **Amortisationsrisikos** ausgelegt. Der Anteil des garantierten Restwertes am Barwert der Mindestleasingzahlungen wird dabei maßgeblich durch das Verhältnis von Vertragslaufzeit zur wirtschaftlichen Nutzungsdauer beeinflusst:
- Zum einen wird bei einem höheren Anteil der Vertragslaufzeit an der wirtschaftlichen Nutzungsdauer bereits ein Großteil der Chancen und Risiken auf den Leasingnehmer übertragen und
- zum anderen wird über die Diskontierung über eine längere Periode ein Zinseszinseffekt die Höhe des Barwerts zusätzlich beeinflussen.

24 Die Vereinbarung einer günstigen, unter den Marktkonditionen liegenden Verlängerungsoption führt bei isolierter Betrachtung nicht zum Vorliegen eines *finance lease*. Günstige Verlängerungsoptionen sind jedoch im Rahmen des Laufzeitkriteriums (Rz 31ff.) und des Barwerttest (Rz 52) mit in die Klassifizierung eines Leasingvertrags aufzunehmen. Dogmatisch sind sie somit sowohl als Konkretisierung der **Dauer der Herrschaft** (Ausdehnung der Nutzungsdauer) als auch des **Amortisationsrisikos** (Einbezug der Anschluss-Leasingraten in den Barwerttest) einzuordnen.

2.3 Kriterien eines *finance lease*

2.3.1 Günstige Kaufoption

25 Bei einem Leasingvertrag mit vereinbarter **Kaufoption** hat der Leasingnehmer das Recht, das Leasingobjekt nach Ablauf der Grundmietzeit zum vereinbarten Optionspreis zu **erwerben**. Der Leasinggeber hat bei ordnungsmäßiger Vertragsabwicklung keine rechtliche Einflussnahme auf die Ausübung der Option des Leasingnehmers. Von einer günstigen Kaufoption ist auszugehen, wenn die Ausübung des Optionsrechts durch den Leasingnehmer bereits bei Vertragsbeginn feststeht. Das ist nach IAS 17.10b der Fall, wenn der vereinbarte Kaufpreis „deutlich" *(sufficiently)* unter dem erwarteten beizulegenden Zeitwert des Leasingobjektes im Optionsausübungszeitpunkt liegt. Ausgehend vom Wortlaut des IAS 17.10b ist die Ausübungswahrscheinlichkeit zwar nur im Hinblick auf die Höhe des Optionspreises zu prüfen. Gleichwohl ist es sinnvoll, auch bei Vorliegen eines **wirtschaftlichen Zwangs** zur Optionsausübung eine günstige Kaufoption anzunehmen. Das gilt insbesondere in den Fällen, in denen es sich um ein für die Fortführung des betreffenden Geschäftsbereichs notwendiges Leasingobjekt handelt.

> **Beispiel**
> Ein Leasingnehmer mietet eine große Anzahl an Personalcomputern. Die betriebsgewöhnliche Nutzungsdauer beträgt 4 Jahre. Im Zuge der Aufstellung der Computer entstehen dem Leasingnehmer erhebliche Installations- und Implementierungskosten. Die Grundmietzeit beträgt zwei Jahre. Zugleich wurde eine Mietverlängerungsoption für weitere zwei Jahre

> vereinbart, die allerdings nicht als günstig qualifiziert werden kann. In diesem Fall beträgt die für die Klassifizierung des Leasingverhältnisses maßgebende Vertragslaufzeit trotzdem 4 Jahre, da der Leasingnehmer bei Nichtverlängerung gezwungen wäre, erneut hohe Installations- und Implementierungskosten zu tragen. Die Ausübung der Kaufoption ist deshalb entgegen der ersten Vermutung als wahrscheinlich anzusehen.

Das Kaufoptionskriterium wird von den IFRS nur „in wenig greifbarer Weise"[11] umschrieben, so dass es zu **erheblichen Anwendungsschwierigkeiten** bzw. **Ermessensspielräumen** (→ § 51 Rz 24ff.) in der Praxis kommt: Bei längeren Leasingzeiträumen lässt sich der beizulegende Zeitwert im Options**ausübungszeitpunkt** kaum verlässlich bestimmen. Insofern ist es bei Vertragsbeginn oftmals **Ermessensbeurteilung**, ob der vereinbarte Kaufpreis „deutlich" unter dem erwarteten beizulegenden Zeitwert des Leasingobjektes im Optionsausübungszeitpunkt liegt.[12] Aus Praktikabilitätserwägungen spricht nichts dagegen, das Kaufpreiskriterium nach IAS 17 in Anlehnung an den deutschen Vollamortisationserlass zum Mobilienleasing[13] auch dann als erfüllt anzusehen, wenn ein Kaufpreis vereinbart wird, der unterhalb des Restbuchwertes bei Anwendung der linearen Abschreibungsmethode im Optionsausübungszeitpunkt liegt. Sofern allerdings bessere Informationen über den zukünftigen *fair value* vorliegen, ist diesen Informationen zu folgen.[14]

26

Die Schätzung des zukünftigen *fair value* von Leasingobjekten kann marktpreisorientiert erfolgen, indem (z. B.) heutige Marktpreise für dem späteren Abnutzungsgrad des Leasingobjekts entsprechende Objekte mit der voraussichtlichen Preissteigerungsrate (z. B. für Immobilien Baukostenindex) hochgerechnet werden.

27

Daneben ist eine Wertbestimmung über ein **DCF-Verfahren** denkbar. Notwendig ist hier die Kenntnis

- des zeitlichen Anfalls und der Höhe der *cash flow*, die in dem Zeitraum **nach** der möglichen Optionsausübung erzielt werden können, und
- des risiko- und laufzeitäquivalenten **Diskontierungs**zinssatzes.

Die Auswirkungen von **Inflationserwartungen** sind bei der Bestimmung des beizulegenden Zeitwerts zu berücksichtigen, den das Leasingobjekt am Ende der Laufzeit voraussichtlich haben wird. Die gegenteilige Auffassung[15] würde bei hoher erwarteter Preissteigerung zu nicht vertretbaren Ergebnissen führen.

---

[11] MELLWIG, DB 1998, Beilage 12/1998, S. 5.
[12] Vgl. MELLWIG/WEINSTOCK, DB 1996, S. 2345.
[13] Vgl. BMF, Schreiben v. 19.4.1971, IV 312 – S 2170 – 31/1, BStBl I 1971 S. 264.
[14] Vgl. PwC, IFRS für Banken, 3. Aufl., 2005, S. 581f.
[15] A. A. ERNST & YOUNG, Financial Reporting Series – Accounting for Leases, December 2005, L305.

> **Beispiel**
> Eine Immobilie in der Region X, Nutzungsdauer 25 Jahre, wird für 5 Jahre geleast. Danach besteht eine Kaufoption. Als Ausübungspreis sind 80 % des heutigen Zeitwertes vereinbart, entsprechend der Abnutzung von 5/25 = 20 %. In der Region X steigen die Immobilienpreise mit 25 % p. a.
> Der Neuwert der Immobilie nach 5 Jahren würde ca. 300 % des heutigen Neuwerts betragen, der voraussichtliche Markwert der gebrauchten Immobilie somit 300 % × 80 % = 240 % des heutigen Zeitwerts. Dies ist das Dreifache des Optionsausübungspreises. Die Option ist daher günstig, ihre Ausübung hoch wahrscheinlich.

Im Rahmen der Wertbestimmung über ein DCF-Verfahren sind Preissteigerungsraten insoweit nicht zu berücksichtigen, als sie am Bewertungsstichtag nicht gleichzeitig auch im Diskontierungszins (einem Nominalzins) berücksichtigt sind (Rz 42).

28 Auch bei vernachlässigbaren Preissteigerungsraten kann der Restwert des Leasingobjektes den Zeitwert zu Beginn der Nutzung erreichen oder übertreffen, etwa wenn vertraglich Sanierungsaufwendungen vorgesehen sind, die das Leasingobjekt über die Vertragslaufzeit wesentlich verbessern.

> **Beispiel**
> Der Leasingnehmer LN least am 1.1.01 für 20 Jahre ein Bürogebäude mit anschließender Kaufoption zu einem Preis, der dem Zeitwert am 1.1.01 entspricht. Das Bürogebäude befindet sich zu Beginn des *lease* in einem stark sanierungsbedürftigen Zustand. Bei entsprechend niedriger Miete übernimmt LN die notwendigen Sanierungsarbeiten.
> Hat sich der Zeitwert des Bürogebäudes durch die Sanierung so stark erhöht, dass auch unter Berücksichtigung der anschließenden 20-jährigen Abnutzung der Zeitwert des 31.12.20 deutlich über dem am 1.1.01 liegt, ist die Kaufoption als günstig zu beurteilen.

29 In der Praxis treten oftmals Leasingverhältnisse mit Kaufoptionen auf, bei denen der Leasingnehmer die aus einem Leasingverhältnis stammenden Objekte im Rahmen eines **Untermietvertrags** *(sublease)* an einen Dritten weitervermietet. Bei der Klassifizierung der einzelnen Leasingverhältnisse muss die **Wechselwirkung** zwischen Haupt- und Unterleasingverhältnis berücksichtigt werden. Ist das Unterleasingverhältnis aufgrund einer günstigen Kaufoption als *finance lease* zu werten, muss das eine Kaufoption enthaltende Hauptleasingverhältnis ggf. auch dann zu einem *finance lease* umklassifiziert werden, wenn die Option nicht günstig, der Hauptleasingnehmer aber mit Blick auf das Untermietverhältnis gleichwohl gezwungen ist, seine Kaufoption auszuüben.[16] Auch bei einem nicht mehrstufigen Leasingverhältnis (Rz 146ff.)

---

[16] Vgl. ADS, Rechnungslegung nach Internationalen Standards, Abschn. 12, Tz 124.

können **sonstige Verpflichtungen** (z. B. *leasehold improvements* (Rz 120), Kosten der Entfernung etc.) unabhängig von dem betrachteten Leasingverhältnis einen faktischen Zwang zur Ausübung der Kaufoption enthalten, der mit in die Klassifizierungsüberlegungen einzubeziehen ist.[17]

Dogmatisch fasst das Kaufoptionskriterium zwei Facetten des wirtschaftlichen Eigentums:

- Vorteilhafte Ausübungsbedingungen der Option bewirken, dass die wesentlichen **Chancen** aus dem Vertrag beim **Leasingnehmer** liegen, die **Risiken** hingegen zum Teil beim **Leasinggeber**.
- Eine **hohe Ausübungswahrscheinlichkeit** der Option sorgt dafür, dass der Leasingnehmer nach dem wahrscheinlichen Verlauf der Dinge auf **Dauer die Herrschaft** über das Leasingobjekt ausüben wird.

Eines der Kriterien reicht für die Zurechnung des wirtschaftlichen Eigentums zum Leasingnehmer aber aus. Dabei ist das Kriterium der dauernden Herrschaft ggf. sogar höher zu werten, da es z. B. nicht auf Risikotragung bei unwahrscheinlichen Wertverläufen abstellt, sondern auf den nach Erkenntnissen des Vertragsbeginns wahrscheinlichen Verlauf (Rz 13).[18]

2.3.2 Laufzeitkriterium

Nach IAS 17.10c ist ein Vertrag als *finance lease* zu qualifizieren, wenn die Laufzeit des Leasingvertrags den „überwiegenden Teil" *(major part)* der wirtschaftlichen Nutzungsdauer abdeckt. IAS 17 vermeidet auch bei dem **Laufzeitkriterium** die Vorgabe quantitativer Größen („*bright lines*"), wie sie z. B. nach SFAS 13.7 im Rahmen der US-GAAP relevant sind. Der Entwurf des IAS 17 enthielt zwar in E 19.5 exakte quantitative Regelungen in Anlehnung an SFAS 13.7. In der endgültigen Fassung wurde jedoch zur Vermeidung einer starren Regelanwendung bewusst auf eine **genaue Quantifizierung verzichtet**.[19] Der IASB hat es auch im Rahmen der Neuregelung von IAS 17 im Rahmen des *Improvement Project* vermieden, **quantitative** Größen zu nennen. Durch die fehlende Quantifizierung ergeben sich in der Praxis erhebliche Schwierigkeiten und weit reichende **bilanzpolitische Spielräume**.[20]

In der Literatur werden vorherrschend Grenzen von 75 % (in Anlehnung an US-GAAP) bis 90 % (in Anlehnung an das Steuerrecht Deutschlands und anderer Staaten) für das Verhältnis von Vertrags- und Nutzungsdauer genannt. Das Fehlen quantitativer Vorgaben eröffnet dem Bilanzierer ein faktisches Wahlrecht (→ § 24 Rz 8). Allerdings birgt die fehlende Quantifizierung auch ein Risiko für den Anwender: Während bei der Leasingklassifizierung nach US-GAAP die 75 %-Grenze eine sichere Orientierungshilfe (*safe harbour*) darstellt, ist nach IFRS – jedenfalls in der Theorie (vgl.

---

[17] Vgl. LÜDENBACH/FREIBERG, BB 2006, S. 259.
[18] Vgl. LÜDENBACH/FREIBERG, BB 2006, S. 259ff.
[19] Vgl. KÜTING/HELLEN/BRAKENSIEK, BB 1998, S. 1468.
[20] Vgl. ALVAREZ/WOTSCHOFSKY/MITHIG, WPg 2001, S. 937; VATER, DStR 2002, S. 2094.

Rz 92) – die Klassifizierung unter dem Gesamtbild der wirtschaftlichen Verhältnisse geboten.[21]
Es obliegt dem pflichtgemäßen **Ermessen des IFRS-Bilanzierers**, innerhalb des Intervalls von 75-90 % seine Definition zu finden, die er dann **konzerneinheitlich** und im Zeitablauf **konsistent** (unter Berücksichtigung der materiellen Stetigkeit (→ § 24 Rz 5) anzuwenden hat (IAS 8.13).[22]

Beispiel[23]
Der Leasingnehmer LN least Anfang 01 von Leasinggeber LG Hardware auf 4 Jahre. Der Vertrag sieht weder eine Kaufoption für LN noch ein Andienungsrecht für LG noch irgendeine Art von Restwertgarantie vor. Der Vertrag enthält auch keine Mietverlängerungsoption. Der LN hat im Interesse der Bewertungseinheitlichkeit und -stetigkeit ein Bilanzierungshandbuch *(accounting manual)* erstellt, in dem u. a. folgende Festlegungen getroffen sind:

- „... Nutzungsdauer beweglicher Anlagen: Soweit nicht ungewöhnliche Umstände vorliegen, gelten folgende Nutzungsdauern laut amtlicher AfA-Tabelle auch für die IFRS-Bilanzierung: ... Hardware: 5 Jahre.
- *finance leases:* Leasingverträge sind als *finance lease* zu qualifizieren, wenn a) die Vertragsdauer mehr als 90 % der Nutzungsdauer des Leasingobjekts beträgt, oder b)..."

Beurteilung
Das sich daraus ergebende Verhältnis von Vertragsdauer und Nutzungsdauer liegt mit 4/5 = 80 % unter dem Grenzwert des Bilanzierungshandbuchs. Nach dem Nutzungsdauerkriterium erfolgt keine Qualifizierung als *finance lease*. Eine Bilanzierung beim Leasingnehmer würde auf dieser Beurteilungsgrundlage unterbleiben (vgl. aber Rz 38).

---

33 Zwischen den Begriffen „*economic life*" (wirtschaftliche Nutzungsdauer) gem. IAS 17.4 und „*useful life*" (betriebsindividuelle Nutzungsdauer) i. S. von IAS 16.6 (→ § 10 Rz 31) ist zu unterscheiden:
- Während sich die für die Leasingklassifizierung maßgebliche **wirtschaftliche Nutzungsdauer** aus einer durchschnittlichen Marktperspektive ergibt,
- bestimmt sich die für die Abschreibung relevante betriebsindividuelle **Nutzungsdauer** aus der unternehmensspezifischen Verwendungsabsicht.

Allerdings ist u. E. bei erheblichen Abweichungen zwischen wirtschaftlicher Nutzungsdauer und unternehmensspezifischer Nutzungsdauer eine Plausibilisierung der Annahmen bzgl. der wirtschaftlichen Nutzungsdauer erforderlich.

---

[21] Vgl. KPMG, Insights into IFRS, 3. Aufl., 2006/7, Tz 5.1.150.20. Dazu Lüdenbach, BC 2007.
[22] Lüdenbach, PiR 2005, S. 31.
[23] Lüdenbach, PiR 2005, S. 31.

> **Beispiel**
> Der innovationsbewusste LN nutzt im Eigentum befindliche und geleaste Computer regelmäßig nicht mehr als 3 Jahre. Die amtliche AfA-Tabelle weist in statistischer Auswertung durchschnittlicher Verhältnisse eine Nutzungsdauer von 5 Jahren aus, die nach einer Auffassung in der Literatur als *economic life* gelten soll.[24]
> Dies ist aber gerade nicht die betriebsindividuelle Nutzungsdauer des LN. Er schließt daher auch nur Leasingverträge über 3 Jahre ab und hat die in seinem rechtlichen Eigentum stehenden Computer (*useful life* 3 Jahre) über diesen Zeitraum abzuschreiben. Das Vertragsdauerkriterium (IAS 17.10c; Rz 31) führt hier nicht zu einem *finance lease*. Berücksichtigt der Leasinggeber allerdings die Nutzungsdauer des Leasingnehmers in der Gestaltung des Leasingvertrages (z. B. in den Leasingraten), kann der Barwerttest zur Qualifizierung als *finance lease* führen (Rz 38).

Nach US-GAAP ergeben sich Besonderheiten im Rahmen des Laufzeittests für **gebrauchte** Leasingobjekte, bei denen vor Leasingbeginn **bereits 75 %** oder mehr der **Gesamtnutzungsdauer** abgelaufen sind (SFAS 13.7c).

34

> **Beispiel**
> Der Leasinggeber Z finanziert ein Leasingobjekt unter der Bedingung, dass die zukünftige Amortisation zu mindestens 75 % sichergestellt ist. Leasingnehmer A least das Objekt über 75 % der wirtschaftlichen Nutzungsdauer und ist wirtschaftlicher Eigentümer. Am Ende der Leasingperiode tritt B als zweiter Leasingnehmer über die verbleibende Restnutzungsdauer in das Leasingverhältnis ein.
> In Bezug auf den Rest(buch)wert des Leasingobjekts übernimmt B zwar 100 % der Chancen und Risiken, im Vergleich zu dem „Neuwert" des Leasingobjekts allerdings nur 25 %. Eine Feststellung zum Übergang des wirtschaftlichen Eigentums auf B soll daher nach US-GAAP über das Nutzungsdauerkriterium nicht mehr möglich sein (SFAS 13.7c).

Gegen eine analoge Anwendung dieser Regelungen auf IFRS sprechen folgende Gründe:

- Nach US-GAAP wird das Laufzeitkriterium allgemein mit 75 % fixiert. Auf diesem Prozentsatz bauen die Sonderregeln für das Leasing besonders alter Gebrauchtobjekte auf. In IAS 17 wird das Laufzeitkriterium hingegen als *„major part"* definiert. Sonderregeln für Gebrauchtobjekte könnten daher ebenfalls nur auf diesem weichen Kriterium und nicht auf der 75 %-Grenze aufbauen.
- Fraglich bleibt dann, ob mit *major part of the lifetime* die Gesamtnutzungsdauer (*total lifetime*) oder die Restnutzungsdauer (*remaining life*

---

[24] Vgl. KMPG, Insights into IFRS, 3. Aufl., 2006, Tz 5.1.60.10.

time) gemeint ist. Aus IAS 17.4 ergibt sich keine eindeutige Antwort. Eine Bindung des Laufzeitkriteriums an die *total lifetime* ließe dieses bei Gebrauchtobjekten fast völlig ins Leere laufen. Ein Gebäude mit einer Gesamtnutzungsdauer von 30 Jahren wäre etwa, wenn es nach 10 Jahren Eigennutzung in einen 20-jährigen *lease* gegeben würde, schon nicht mehr als *finance lease* zu qualifizieren, da die Vertragsdauer nur noch 67 % der *total lifetime* betrüge.

- Zu sachgerechteren Ergebnissen führt die Interpretation des Laufzeitkriteriums als *„major part of the remaining lifetime.“*[25] Im Beispiel liegt dann ein *finance lease* vor. Um das Laufzeitkriterium überhaupt auf Gebrauchtobjekte anwenden zu können, muss es also geltungserhaltend im Sinne von *remaining lifetime* interpretiert werden.
- Mit dieser Interpretation besteht aber für eine kasuistische Sonderbehandlung besonders alter Objekte keine Rechtfertigung mehr. Das Alter spiegelt sich vielmehr allgemein im *remaining life* wider und bei gegebener Vertragslaufzeit damit auch im Laufzeitkriterium.

35 In Analogie zu SIC 12.10 könnte der unbestimmte Begriff **„überwiegender Teil"** *(major part)* ggf. auch im Sinne einer **50 %-Grenze** interpretiert werden.[26] Gegen eine 50 %-Grenze spricht jedoch, dass „im Wesentlichen alle Risiken und Chancen" auf den Leasingnehmer übergehen müssen. Eine knappe Mehrheit dürfte hierzu wohl kaum ausreichen.[27]

36 Im Rahmen der Bestimmung der Mietzeit sind ebenfalls Vertragsverlängerungsoptionen mit einzubeziehen (Rz 24). Ist deren Ausübung wegen garantierter Mietkonditionen unter dem Marktniveau oder aufgrund wirtschaftlicher Zwänge (vgl. bzgl. der Kaufoption Rz 29) schon bei Vertragsabschluss hinreichend sicher, verlängert sich die zu veranschlagende Mietzeit entsprechend. Ein wirtschaftlicher Zwang kann sich ebenfalls aus einer **Untervermietung** des Leasingobjekts ergeben (vgl. ausführlich Rz 146ff.).

37 Auch das Laufzeitkriterium zeichnet sich dogmatisch durch zwei Facetten aus (vgl. bzgl. der günstigen Kaufoption Rz 30): Wenn die Nutzungsüberlassung den überwiegenden Teil der wirtschaftlichen Nutzungsdauer abdeckt,

- übt einerseits der Leasingnehmer auf **Dauer die Herrschaft** über das Leasingobjekt aus,
- wird andererseits über die **Summe der Leasingraten** regelmäßig der überwiegende Teil des Amortisationsrisikos auf den Leasingnehmer übertragen.

Ob das Amortisationsrisiko übertragen wird, hängt vom Produkt aus Anzahl und Höhe der Leasingraten ab. Eine 1-zu-1-Beziehung zwischen Laufzeit- und Amortisationsrisiko besteht daher nicht, hingegen ein zwingender Zusammenhang zwischen Vertragsdauer und Herrschaft über das Objekt. Dem Kriterium

---

[25] Vgl. wenngleich ohne nähere Begründung: KPMG, Insights into IFRS, 3. Aufl. 2006, Tz 5.1.60.20.
[26] Vgl. HELMSCHROTT, WPg 2000, S. 426.
[27] Vgl. LÜDENBACH, PiR 2005, S. 31, und VATER, DStR 2002, S. 2096.

der dauernden Herrschaft kommt daher u.E. eine höhere Bedeutung zu, da es bei langer Vertragsdauer unabhängig von der Ausgestaltung der sonstigen Konditionen (Höhe der einzelnen Leasingraten etc.) gewährleistet ist.[28]

2.3.3 Barwertkriterium
2.3.3.1 Grundsatz

Das Barwertkriterium legt offen, welche Vertragspartei das Investitionsrisiko trägt. Auch beim Barwertkriterium **vermeidet IAS 17.10 bewusst die Vorgabe quantitativer Angaben**, wie sie z. B. nach den US-GAAP relevant sind. Wie bei der Auslegung des Mietzeitkriteriums ist es möglich, sich aufgrund der fehlenden Konkretisierung an den US-GAAP zu orientieren.

38

Der Barwerttest wäre in Anlehnung an SFAS 13.7d erfüllt, wenn der Barwert der Mindestleasingzahlungen mindestens 90 % des beizulegenden Zeitwertes des Leasinggegenstandes zu Beginn des Leasingvertrages beträgt.[29] Jede exakte Grenzziehung in der kommentierenden Literatur ist indes willkürlich,[30] da der IASB als Regelgeber auch im Rahmen der Neuregelung durch das *Improvement Project* bewusst auf eine Quantifizierung verzichtet hat (vgl. Rz 32).[31] Ähnlich wie auch bei dem Nutzungsdauertest ist auch im Rahmen des Barwerttests auf das Gesamtbild der wirtschaftlichen Verhältnisse abzustellen, ein Unterschreiten der 90 %-Grenze also nicht hartes Kriterium (*bright line*) der Leasingklassifizierung.[32]

Zur Anwendung des Barwertkriteriums folgendes Beispiel:

Beispiel[33]

Der Leasingnehmer LN least Anfang 01 von Leasinggeber LG Hardware auf 4 Jahre. Der Vertrag sieht weder eine Kaufoption für den LN noch ein Andienungsrecht für den LG, noch irgendeine Art von Restwertgarantie vor. Der Vertrag enthält auch keine Mietverlängerungsoption.

Für den Kauf der Hardware hat der LG 40.000 EUR entrichtet. Die jährlich vorschüssig zu leistenden Leasingraten betragen 10.800 EUR. Der Leasinggeber legt keinen Kalkulationszins offen. Im Bilanzierungshandbuch *(accounting manual)* des LN (Rz 32) ist weiterhin folgende Festlegung getroffen:

- „...Diskontierungssätze: Für Barwertberechnungen sind im Jahre 2005 folgende Werte anzusetzen: a) Leasingverträge: Grenzfremdkapitalkosten 6 % b) Langfristige Rückstellungen:..."

---

[28] Vgl. LÜDENBACH/FREIBERG, BB 2006, S. 259.
[29] Vgl. zur Orientierungsgröße 90 %: ERNST & YOUNG, International GAAP 2007, S. 1632.
[30] Vgl. EPSTEIN/MIRZA, IFRS 2006, S. 477, äußern wegen der unbestimmten Formulierung die Hoffnung, dass sich der IASB zu einer klaren Regelung alsbald durchringen kann.
[31] Zu den damit verbundenen Unklarheiten und Gestaltungsspielräumen vgl. VATER, DStR 2002, S. 2094ff.
[32] Vgl. KPMG, Insights into IFRS, 3. Aufl., 2006/7, Tz 5.1.160.20.
[33] LÜDENBACH, PiR 2005, S. 31.

> **Beurteilung**
> Das Nutzungsdauerkriterium führt ggf. nicht zur Klassifizierung als *finance lease* (vgl. aber Rz 33). Eine **Barwertberechnung** ergibt Folgendes:
> Der für eine Berechung benötigte interne Zinssatz des Leasinggebers lässt sich nur ermitteln, wenn
> - neben der Anfangsinvestition (40.000 EUR) und den laufenden Leasingzahlungen auch
> - der voraussichtliche Restwerterlös des Leasingebers nach Ablauf des Vertrags bekannt ist.
>
> Letzteres ist hier der Fall, da ein Restwert von null unterstellt werden kann. Der interne Zinsfuß beträgt 5,4 % und führt zu einem Barwert von 100 %. Eine Berechnung nach der zweiten Alternative würde zu einem Barwert der Mindestleasingzahlungen (Zinssatz: 6 %) in Höhe von 39.669 EUR führen. Der Vertrag wäre auch hiernach als *finance lease* zu qualifizieren.

Neben der Referenzgröße für das Verhältnis zwischen dem beizulegenden Zeitwert des Leasingobjekts und dem Barwert der Mindestleasingzahlungen sind vor allem drei Informationen für die Klassifizierung des Leasingverhältnisses anhand des Barwerttests notwendig:
- **Mindestleasingzahlungen** des Leasingnehmers.
- Beizulegender Zeitwert (*fair value*) des Leasingobjekts.
- Zugrunde zu legender **Diskontierungszinssatz**.

2.3.3.2 Bestimmung der Mindestleasingraten

39 Die im Rahmen der Beurteilung des Barwerttests heranzuziehenden Mindestleasingraten sind für den Leasinggeber und den Leasingnehmer **nicht identisch**. Aus Sicht des Leasingnehmers umfassen die Mindestleasingraten sämtliche Zahlungen, die der Leasinggeber vom Leasingnehmer oder von einer mit dem Leasingnehmer **verbundenen Partei** (*related party*) i. S. von IAS 24 (→ § 30 Rz 7) einfordern kann (IAS 17.4). Kosten, die im Zusammenhang mit dem Abschluss des Leasingverhältnisses anfallen (*initial direct costs*) und von dem Leasingnehmer übernommen werden, sind ebenfalls Bestandteil der Mindestleasingraten (ausgenommen sind Kosten, die im Zusammenhang mit Hersteller-/Händlerleasingverhältnissen verbunden sind; Rz 131).

Zu den Mindestleasingzahlungen gehören auch vom Leasingnehmer übernommene Kosten des Leasinggebers, Sonderzahlungen,[34] Vertragsstrafen, Übernahme von Verpflichtungen (z. B. zum Rückbau; → § 21 Rz 120) und garantierte Restwerte (IAS 17.4). Darüber hinaus ist bei der Ermittlung der

---

[34] Analog für die IFRS heranzuziehende Beispiele für Sonderzahlungen sind Finanzgeschäfte (Investition/Kreditvergabe) mit dem Leasinggeber, Zahlungen an eine Leasingobjektgesellschaft (siehe EITF 96-21, Frage 6) sowie Zahlungen im Zusammenhang mit einem Säumnis (default) des Leasingnehmers (siehe EITF 97-1), die der Leasingnehmer trägt.

Mindestleasingraten auch der **Barwert** einer **günstigen Kaufoption** mit einzubeziehen.

Zahlungen, die der Leasingnehmer **vor Leasingbeginn** an den Leasinggeber leistet, sind ebenfalls als Bestandteil der Mindestleasingraten anzusehen. Im Barwerttest sind diese Zahlungen auf den Klassifizierungszeitpunkt aufzuzinsen. Als Zinssatz ist der entsprechende Diskontierungssatz für nach dem Klassifizierungszeitpunkt zu entrichtende Leasingzahlungen zugrunde zu legen.

40

> **Beispiel**
> Anfang 01 leistet der Leasingnehmer LN eine einmalige Zahlung von 10.000 EUR an den Leasinggeber LG. Beginn des Leasingverhältnisses ist Anfang 02, die Vertragslaufzeit endet Ende 10. Zukünftig sind jeweils zum Jahresende Leasingzahlungen in Höhe von 5.000 EUR vereinbart.
> Der Barwert der Mindestleasingraten ergibt sich unter Berücksichtigung eines internen Zinssatzes des Leasingnehmers in Höhe von 10 % wie folgt: Der Barwert Anfang 02 der zukünftigen Leasingzahlungen (bis Ende 10) beträgt 28.795 EUR. Zusätzlich ist für den Barwert der Mindestleasingzahlungen noch die aufgezinste Einmalzahlung in Höhe von 11.000 EUR zu berücksichtigen. Der Barwert beträgt insgesamt also 39.795 EUR.

Zahlungen vor dem Beginn des Leasingverhältnisses sind von dem Leasingnehmer als auch vom Leasinggeber **abzugrenzen**. Wegen Einzelheiten wird auf Rz 18 verwiesen.

Bedingte Leasingraten (*contingent rent*) sind definiert als der Teil der zukünftigen Leasingraten, der von zukünftigen, ungewissen Ereignissen (z. B. Nutzungsintensität, Preisindexentwicklung, Umsatz etc.) abhängt. Sie sind **nicht Bestandteil der Mindestleasingzahlungen** (IAS 17.4). Sie fließen weder in den Barwerttest ein noch in die Bewertung der Leasingverbindlichkeit bzw. -forderung beim *finance lease*. Sie sind daher bei *finance leases* als Aufwand (Leasingnehmer) bzw. Ertrag (Leasinggeber) der Periode zu erfassen, in welcher der ungewisse Teil anfällt.

41

Bei voller Koppelung der Leasingzahlungen an einen **Preisindex** besteht nicht nur die Möglichkeit der **Steigerung** der Leasingzahlungen, sondern theoretisch auch die Möglichkeit der **Verringerung** der Zahlungen durch negative Inflationsraten.

42

- Bei **extensiver Auslegung** des Bedingungsbegriffs wäre die zukünftige Leasingrate in beinahe voller Höhe kontingent, da hoch negative Inflationsraten zwar extrem unwahrscheinlich, aber nicht völlig ausgeschlossen sind.
- **Sachgerechter** scheint hier unter Beachtung des **Stichtagsprinzips** ein Abstellen auf die **Preisverhältnisse zum Beurteilungszeitpunkt**. Die Ausgangsrate der Leasingzahlungen wird demzufolge als unbedingt angesehen, jede mögliche Abweichung nach oben oder unten in den Mindestleasingzahlungen vernachlässigt.[35]

---

[35] Gleiche Auffassung: KMPG, Insights into IFRS, 3. Aufl., 2006/2007, Tz 5.1.80.10.

- Nach noch großzügigerer Auffassung würden die zukünftigen Leasingraten auf Basis der aktuellen Inflationsrate in die Mindestleasingzahlungen eingehen. Diese Ansicht würde sich u. E. nicht mit dem Stichtagsprinzip vertragen, da die Annahme, die zukünftige Inflationsrate entspreche der aktuellen, z. B. im Widerspruch zur aktuellen Marktbewertung von Terminkontrakten auf Preisindizes stehen kann. Andererseits ist aber der Diskontierungszins ein Nominalzins (z. B. der Zins für Bundesanleihen), enthält also Inflationserwartungen. Zur Wahrung der Konsistenz müsste daher auch der Diskontierungszinssatz um die Inflationserwartung bereinigt werden. Lediglich aus Vereinfachungsgründen ist es hier nicht zu beanstanden, wenn umgekehrt die Zahlungsreihe um die aktuelle Inflationsrate erweitert wird.

> **Beispiel**
> Die Leasingraten sind an die Entwicklung der Inflationsrate gebunden. Die (realen) Leasingzahlungen vor Berücksichtigung der Inflationseffekte betragen 10.000 EUR p. a. (endfällig). Zu Vertragsbeginn wird eine Inflationsrate von 2,0 % festgestellt. Der zugrunde zulegende Nominalzins beträgt 7,0 %.
> Werden für die Bestimmung des Barwerts der Mindestleasingzahlungen die zukünftigen Leasingzahlungen in Höhe von 10.000 EUR angesetzt, ist aus dem bekannten Nominalzinssatz die Inflationskomponente (über die Fisher-Gleichung) herauszurechnen. Der zugrunde zu legende Realzins beträgt dann 4,9 %.
> Zum gleichen Ergebnis kommt man, wenn die Leasingzahlungen jährlich um die im Nominalzins enthaltene Inflationskomponente erhöht werden.

43 **Umsatzabhängige** Bestandteile der Leasingraten sind ebenfalls nicht Bestandteil der Mindestleasingzahlungen.

> **Beispiel**
> Die Leasingrate für ein Geschäft in der Abfertigungshalle eines Flughafen beträgt monatlich mindestens 2.000 EUR. Darüber hinaus schuldet der Leasingnehmer zusätzlich 0,1 % seines Monatsumsatzes. Der erzielte Umsatz betrug in den letzten zwei Jahren durchschnittlich 250.000 EUR/Monat, der danach erwartete umsatzabhängige Teil der Miete also 250 EUR/Monat. Die Mindestleasingrate beträgt nur 2.000 EUR. Die umsatzabhängige Zahlung ist eine *contingent rent* und nicht als Bestandteil der Mindestleasingraten zu berücksichtigen. Auch die hohe Wahrscheinlichkeit der zukünftigen Zahlungen (belegt durch die Vergangenheit) führt jedenfalls nicht zu einer Berücksichtigung der umsatzabhängigen Zahlung, wenn wie im Beispiel der Schwerpunkt bei dem nicht umsatzabhängigen Teil liegt.

> **Variante**
> Die Miete ist voll umsatzabhängig. Sie beträgt maximal 2.000 EUR, im Übrigen 0,9 % des Monatsumsatzes nach den Verhältnissen der letzten Jahre, also 2.250 EUR/Monat.
> Bei extensiver Auslegung ist die Miete in vollem Umfang kontingent. Wegen der hohen Wahrscheinlichkeit ist auch vertretbar, eine unbedingte Miete von 2.000 EUR anzunehmen.

Von der **Nutzungsintensität** abhängige Zahlungen sind i. d. R. zwar ebenfalls nicht Bestandteil der Mindestleasingzahlungen, der erwartete Aufwand bei einer wahrscheinlichen Verpflichtung ist aber dennoch über die Perioden der Nutzung des Leasingobjekts zu verteilen.[36]

> **Beispiel**
> Leasinggeber und Leasingnehmer vereinbaren für eine über 4 Jahre zur Verfügung gestellte Maschine neben den laufenden Raten eine endfällige Einmalzahlung in Höhe 10.000 EUR, wenn die gefahrenen Maschinenstunden über die Vertragsdauer 1.000 Stunden übersteigen. Erwartet wird eine Nutzung von 1.500 Stunden. Die Zahlung ist i. S. von IAS 17.4 eine *contingent rent* und wird nicht in die Mindestleasingzahlungen einbezogen. Da die Leistung der Zahlung vom Leasingnehmer allerdings als wahrscheinlich angesehen wird, grenzt dieser jährlich 2.500 EUR (sonstiger betrieblicher Aufwand an Schuld) ab, und zwar sowohl bei einem *operating* als auch bei einem *finance lease*.

Bedingte Leasingzahlungen können als **eingebettete Derivate** (*embedded derivatives*) zu würdigen sein (IAS 39.2b). Neben der Einbeziehung in die Mindestleasingzahlungen stellt sich hier die Frage, ob das Derivat i. S. von IAS 39.10ff. nicht „*closely related*" zu dem Risiko aus dem Leasingvertrag (*host contract*) und daher **getrennt** von diesem zu **bilanzieren** ist (ausführlich → § 28 Rz 9).

- Bei **inflationsabhängigen Leasingzahlungen** (*inflation-indexed rentals*) ohne vertraglich fixierte (Mindest-)Steigerungsrate scheidet die separate Erfassung eines Derivats nach IAS 39.11a aus, da Inflationsauswirkungen als „*closely related*" zum *host contract* gelten (IAS 39.AG33f). Eine abweichende Beurteilung und daher ein Zwang zur Separierung eines Derivats ergibt sich bei einer nicht proportionalen Abhängigkeit der Leasingzahlungen von der Inflationsentwicklung (z. B. x-fache Inflationsveränderung der Leasingzahlungen mit x ungleich 1).[37]

44

---

[36] Analoge Vorgaben finden sich in EITF 98-09.
[37] Vgl. ERNST & YOUNG, Financial Reporting Series – Accounting for Leases, December 2005, L321.

- Als *closely related* und daher nicht separat als Derivat zu erfassen gelten auch vom **Umsatz** oder der Entwicklung des **Zinsniveaus** abhängige Leasingzahlungen (IAS 39.AG33f).
- Ob bei **wechselkursabhängigen** Leasingzahlungen eine Trennung in Grundgeschäft (*leasing*) und eingebettetes Fremdwährungsderivat erforderlich ist, hängt von der Interpretation von IAS 39.AG33d ab. Danach ist bei in Fremdwährung valutierenden **nicht finanziellen** Verträgen, etwa über den Kauf oder Verkauf von Vorräten, kein trennungspflichtiges Derivat gegeben, wenn die Fremdwährung funktionale Währung des Kontraktpartners ist oder (wie in von Hochinflation bedrohten Ländern) allgemein bei derartigen Transaktionen genutzt wird. U. E. ist das *leasing* (im Gegensatz zu den aus dem Leasing resultierenden Forderungen und Verbindlichkeiten) kein Finanzinstrument und daher als nicht finanzieller Vertrag anzusehen. Unter den genannten Bedingungen ist daher auf eine Separierung des Derivats zu verzichten.

45 Zahlungen, die für **Service, Wartung, Versicherung und Steuern** anfallen (*executory costs*), gehören nicht zu den Mindestleasingraten.

> **Beispiel**
> Der Leasingnehmer LN least Anfang 01 von Leasinggeber LG einen Fotokopierer für drei Jahre. In der monatlichen Leasingrate von 100 EUR sind Toner, Papier und Wartung enthalten. Für den Service auf gleichen Kopierern, die LN erworben hat, berechnet LG monatlich 25 EUR. Zur Bestimmung der Mindestleasingraten sind daher die 100 EUR um die 25 EUR Serviceentgelt zu kürzen.

46 Sind in den Konditionen des Leasingverhältnisses von der Nutzungsintensität abhängige Zahlungen vereinbart, aber nicht offengelegt, ist eine Separierung auf Basis der **relativen *fair values*** (gem. IFRIC 4.12) erforderlich (vgl. Rz 11). Aus Sicht des Leasinggebers gehören zu den Mindestleasingraten auch Restwertgarantien (Rz 23), die ihm vom Leasingnehmer, einer mit dem Leasingnehmer verbundenen Partei oder einer unabhängigen Partei eingeräumt werden (IAS 17.4). Das betrifft z. B. **Rücknahmeverpflichtungen seitens des Herstellers** gegenüber dem Leasinggeber und vom Leasinggeber abgeschlossene **Restwertversicherungen**, aber auch vom Leasingnehmer zu tragende **Rückbauverpflichtungen** (→ § 21 Rz 120). Ein Andienungsrecht des Leasinggebers ist einem garantierten Restwert gleichzusetzen und deshalb bei der Ermittlung der Mindestleasingzahlungen ebenfalls zu berücksichtigen.

47 In Deutschland werden nicht selten beim Immobilienleasing **Mieterdarlehen** vereinbart (Rz 23).[38] Im Gegensatz zu traditionellen Kreditgeschäften (Kreditausgabe heute, Zins- und Tilgungszahlung in Zukunft) bauen sich Mieterdarlehen über die Vertragslaufzeit sukzessive auf und sind erst am Ende der Laufzeit des Leasingvertrages durch den Leasinggeber zurückzuzahlen. Die von

---

[38] Zum Ganzen FREIBERG, PiR 2006, S. 92ff.

dem Leasingnehmer während des Aufbaus des Mieterdarlehens zu leistenden Zahlungen lassen sich somit in ein Entgelt für die Nutzung des Vermögenswerts und sukzessive Darlehensauszahlungen trennen.
In wirtschaftlicher Betrachtung kommt dem Mieterdarlehen die Funktion einer **verdeckten Restwertgarantie** zu.[39] Ist bei Beendigung des Leasingverhältnisses als relevante Sicherheit für das Darlehen ausschließlich das Leasingobjekt heranzuziehen, gilt:

- Kann das Leasingobjekt **zu einem restwertdeckenden Preis veräußert** werden, wird das Mieterdarlehen vollständig zurückgezahlt.
- Kann das Leasingobjekt **nicht restwertdeckend veräußert** werden, muss der Leasinggeber ggf. vertraglich, mindestens aber faktisch anteilig auf die Rückzahlung des Mieterdarlehens verzichten.

Wegen dieser Abhängigkeit des Darlehens vom Restwert zählen die vom Mieter an den Vermieter geleisteten Darlehensauszahlungen zu den zu berücksichtigenden **Mindestleasingzahlungen** (IAS 17.11b) und sind daher in den nach IAS 17.10d vorzunehmenden Barwerttest einzubeziehen. Maßgeblich ist hierbei i. d. R. die planmäßige **Restvaluta** des Mieterdarlehens am Ende des Vertragsverhältnisses. Eine dies ggf. kompensierende Einbeziehung der Darlehensrückzahlung mit negativem Vorzeichen in den Barwerttest kommt hingegen regelmäßig wegen der Unsicherheit der Rückzahlung nicht in Frage (*contingent rent*; Rz 41).

> **Beispiel**[40]
> Die LN AG least Anfang 01 ein neu errichtetes Verwaltungsgebäude (Investitionskosten 6 Mio. EUR, Nutzungsdauer 30 Jahre) von der Leasingobjektgesellschaft LG GmbH & Co KG, die das Verwaltungsgebäude als einzigen Vermögenswert über die Bank B (als Gründer der LG) fremdfinanziert. Die Parteien vereinbaren eine Vertragsdauer von 20 Jahren, nach deren Ablauf LN ein Vorkaufsrecht für das Gebäude hat. Die jährlichen Leasingraten belaufen sich auf 400 TEUR. Aufgrund des Zins- und Tilgungsplans der Bank verlangt LG zusätzlich die Gewährung eines zum Vertragsende rückzahlbares Mieterdarlehens mit einer jährlichen Darlehenszahlung von weiteren 100 TEUR p. a., zu dessen Besicherung nur das Verwaltungsgebäude dient. Über Eigenkapital relevanter Größenordnung verfügt die KG nicht.
> Die Summe der jährlichen Mindestleasingzahlungen beträgt 500 TEUR. Der interne Leasingzinssatz des Leasinggebers ist der A bekannt und beträgt 5,45 % p. a., der Rentenbarwertfaktor somit 12,0.
> Die Valuta des Darlehens am Ende der Vertragslaufzeit beträgt 2 Mio. EUR. Da die Rückzahlung des Mieterdarlehens der Höhe nach unsicher ist, ist der Rückzahlungsbetrag nicht kürzend im Barwertkalkül zu berücksichtigen. Der Barwert der Mindestleasingraten beträgt daher

---

[39] Vgl. LORENZ, in: Rechnungslegung für Banken nach IAS, 2003, S. 451.
[40] Entnommen aus FREIBERG, PiR 2006, S. 92ff.

6 Mio. EUR (12 × 400 TEUR aus dem Leasingvertrag + 12 × 100 TEUR aus dem Mieterdarlehen) und entspricht damit den Investitionskosten. Es liegt ein *finance lease* vor. A hat das Verwaltungsgebäude zu bilanzieren.

Durch die Einbeziehung der Darlehensauszahlungen (ohne Kürzung um die unsichere Rückzahlung) wird i. d. R. das **Barwertkriterium** regelmäßig mit der Folge der Zurechnung des wirtschaftlichen Eigentums beim Leasingnehmer erfüllt.

48 Im Zusammenhang von vereinbarten **Verlustabdeckungen** (Rz 22) im Fall der **Kündigung** eines Leasingverhältnisses ist Folgendes beachtlich:
- Nicht jede Vereinbarung hinsichtlich einer Verlustabdeckung führt automatisch zu einem *finance lease*. Vielmehr sind bei Vorliegen einer entsprechenden Kündigungsklausel ggf. **Barwerttests** in **unterschiedlichen Szenarien** anzustellen (entweder reguläre Beendigung des Vertragsverhältnisses oder bei Kündigungsmöglichkeiten der Parteien ein Kündigungsszenario).
- **Doppelzählungen** (Zahlungen bis zum Ende der Vertragslaufzeit **und** der Verlustabdeckung bei Kündigung) bei der Berechnung des Barwerts der Mindestleasingzahlungen sind zu **vermeiden**.

> **Beispiel**
> Zwischen dem Leasinggeber und dem Leasingnehmer wird ein Leasingvertrag über ein Gebäude abgeschlossen. Es wird weder eine günstige Kaufoption noch eine günstige Verlängerungsoption eingeräumt. Spezialleasing liegt ebenfalls nicht vor. Der Barwerttest über die vereinbarte Vertragsdauer (reguläre Beendigung unterstellt) führt zu einem Barwert von 70 % des beizulegenden Zeitwerts des Gebäudes.
> Der Leasingvertrag enthält ein Kündigungsrecht nach 3/4 der vertraglichen Nutzungsdauer, welches mit einer Verlustabdeckungsklausel (*first-loss*-Garantie des Leasingnehmers) verbunden ist.
>
> **Lösung**
> Ein Barwerttest unter der Prämisse der Vertragskündigung und Diskontierung der gezahlten Leasingraten bis zur Kündigung (3/4 der Laufzeit) und der vereinbarten Verlustabdeckungssumme führt zu einem Barwert von 97 % des beizulegenden Zeitwerts des Gebäudes. Der Leasingvertrag begründet ein *finance lease*, da der Leasinggeber über die Ausübung der Kündigungsmöglichkeit das wirtschaftliche Eigentum auf den Leasingnehmer überträgt.

2.3.3.3 Beizulegender Zeitwert des Leasingobjekts

49 Der dem Barwert der Mindestleasingzahlungen **gegenüberzustellende** beizulegende Zeitwert des Leasingobjekts ergibt sich aus dem Wert, zu dem voneinander unabhängige und vertragswillige Parteien einen Tausch vereinbaren würden. Wenn der Leasinggeber kein Hersteller/Händler ist, ergeben die Investitionskosten des Leasinggebers den besten Anhaltspunkt für den beizulegenden Zeitwert des Leasingobjekts.

Werden **ertrags- oder DCF-orientierte Bewertungsverfahren** zur Bestimmung des beizulegenden Zeitwerts herangezogen, ist Folgendes zu beachten: Der *fair value* des Leasingobjekts ist unabhängig von dem Leasingverhältnis (also ex ante) zu bestimmen. Für die Bestimmung des Zeitwerts über ein *discounted cash-flow*-Verfahren ist daher vorrangig auf marktbasierte Zahlungsströme aus der Nutzung des Leasingobjekts zurückzugreifen. In den Zahlungsströmen sind keine ungünstigen (*unfavorable*) oder günstigen (*favorable*) Konditionen des Leasingverhältnisses zu berücksichtigen. Ein Rückgriff auf die vertraglich vereinbarten Leasingzahlungen ist u. E. daher nur nach vorheriger Prüfung der Marktüblichkeit der Leasingraten zulässig.

Hinsichtlich des beizulegenden **Zeitwerts**, dem Vergleichsmaßstab des Barwerttests, sind im Rahmen der Klassifizierung Anpassungen für erhaltene Zuschüsse oder (steuerliche) Investitionszulagen (→ § 12 Rz 25) wegen der dadurch bedingten Kürzung des Investitionswerts vorzunehmen (zur Begrenzung der Berücksichtigung für die Klassifizierung vgl. Rz 100), wenn diese nicht an den Leasingnehmer weitergeleitet werden.[41] In der Regel sind dem Leasingnehmer mögliche Zuschüsse und Steuervergünstigungen bekannt, er wird deswegen einer Leasingverbindlichkeit vor Abzug dieser Vergünstigungen bei der Übernahme des wirtschaftlichen Eigentums nicht zustimmen.

> **Beispiel**
> Im Rahmen des Mittelstandsprogramms der KfW wurden Investitionen in Geschäftsimmobilien (Firmengründungen) mit einem vergünstigten Kreditangebot bezuschusst. Voraussetzung für die Gewährung der vergünstigten Finanzierungskonditionen im Rahmen eines Leasinggeschäfts zwischen einer Bank und dem anspruchsberechtigten Mittelständler war die Einräumung einer „günstigen" Kaufoption (zum steuerlichen RBW des Investitionsobjekts) nach Ablauf der Vertragsdauer.
> Sowohl Leasingnehmer als auch Leasinggeber haben den Konditionen für die Inanspruchnahme der KfW-Förderung zugestimmt. Die Leasingraten werden anhand der Gesamtinvestitionskosten und der Barwert der Mindestleasingraten unter Rückgriff auf den Refinanzierungszinssatz der Bank unter Anrechnung des Finanzierungszuschusses der KfW bestimmt.
>
> **Beurteilung**
> Bei dem zwischen den Parteien abgeschlossenen Leasingverhältnis handelt es sich um ein *finance lease*. Die Feststellung anhand des Barwertkriteriums muss hinsichtlich des Vergleichs mit dem beizulegenden Zeitwert (den Gesamtinvestitionskosten) berücksichtigen, dass der Barwert der Mindestleasingraten durch den Zuschuss der KfW nicht mehr 1:1 mit dem beizulegenden Zeitwert des Leasingobjekts zu vergleichen ist.

---

[41] Bis 1997 so auch in IAS 17 festgehalten.

50 Lässt sich der **beizulegende Zeitwert** des Leasingobjekts **nicht verlässlich bestimmen**, darf auf das Barwertkriterium nicht zurückgegriffen werden. In der Praxis ergeben sich Probleme der verlässlichen Bestimmung des beizulegenden Zeitwerts eines Leasingobjekts immer dann, wenn **mehrere Nutzer** auf ein Leasingobjekt zurückgreifen.

> **Beispiel**
> Ein Mobilfunkanbieter erwirbt ein 15-jähriges Nutzungsrecht an einem bereits bestehenden Antennenträger zur Befestigung der eigenen Sendetechnik (Antenne, BTS etc.).
> Zwar lässt sich ein beizulegender Zeitwert für den Antennenträger als Ganzes ermitteln (zu den Verfahren → § 31 Rz 59ff.), eine Verteilung auf einzelne Antennenplätze ist allerdings nicht zuverlässig möglich. Damit kann der Barwerttest nicht angewandt werden.

2.3.3.4 Maßgebender Zinssatz

51 Zur Bestimmung des Barwerts der Mindestleasingraten ist ein **Abzinsungssatz** heranzuziehen. Dieser stimmt aus Sicht des Leasinggebers und des Leasingnehmers häufig **nicht überein**.

- Aus der Perspektive des **Leasinggebers** spiegelt der Zinssatz zur Diskontierung zukünftiger Leasingzahlungen die interne Verzinsung (*rate implicit in the lease*) der Investition in das Leasingobjekt wider. Die Höhe des Zinssatzes ergibt sich aus der Rendite einer Alternativanlage des Leasinggebers.

- Zur Ermittlung des Barwertes der Mindestleasingzahlungen hat der **Leasingnehmer** gleichfalls den dem Leasingverhältnis zugrunde liegenden Zinssatz als Diskontierungszinssatz zu verwenden, sofern er diesen in praktikabler Weise ermitteln kann.[42] Ist dies nicht der Fall, hat er seinen eigenen **Grenzfremdkapitalzinssatz** (*incremental borrowing rate*) zu verwenden (IAS 17.20).

Aus Sicht des Leasinggebers ergeben sich in der Praxis keine Probleme zur Bestimmung des anzuwendenden Abzinsungssatzes. Aus der Sicht des Leasingnehmers stellt sich allerdings regelmäßig die Frage nach dem „geeigneten" Abzinsungssatz, wenn der Leasinggeber dem Leasingnehmer seinen internen Zinssatz bzw. die notwendigen Parameter zur Kalkulation **nicht zur Verfügung** stellt.

52 Zur Ermittlung des Barwertes der Mindestleasingzahlungen ist aus Sicht des Leasingnehmers vorrangig der **interne Zinssatz** des Leasinggebers als Abzinsungsfaktor heranzuziehen. Wird dieser von dem Leasinggeber nicht zur Verfügung gestellt, ergibt er sich aus dem Zinssatz, mit dem die Summe der Leasingzahlungen einschließlich des nicht garantierten Restwertes diskontiert

---

[42] In einem Tabellenkalkulationsprogramm (z. B. Excel®) ergibt sich der interne Zinssatz über eine Iteration (z. B. IKV-Funktion). Vgl. FREIBERG, PiR 2005, S. 110.

werden muss, so dass sich der ergebende Barwert und der (ggf. um Zuschüsse korrigierte) beizulegende Zeitwert des Leasingobjektes zu Beginn des Leasingverhältnisses entsprechen.

Zur **Berechnung des internen Zinssatzes** des Leasinggebers sind aus Sicht des Leasingnehmers folgende Zahlungen mit einzubeziehen:

Leasingraten
+ Zahlungen bei Ausübung eines Andienungsrecht durch Leasinggeber*
+ Zahlungen aufgrund von Restwertgarantien einer dem Leasingnehmer zuzurechnenden Partei*
+ Zahlungen aufgrund von günstigen Kauf-/Verlängerungsoptionen*
+ Sonstige nicht in den Leasingraten enthaltene Zahlungen des Leasingnehmers an den Leasinggeber (separat berechnete Verwaltungskosten, Vertragskosten etc.; ausdrücklich jedoch nicht Steuererstattungen oder Kosten für lfd. Dienstleistungen)
= Mindestleasingzahlungen aus Sicht des Leasingnehmers
+ Zahlungen aufgrund von Restwertgarantien einer dem Leasinggeber zuzurechnenden Partei
= Mindestleasingzahlungen aus Sicht des Leasinggebers
+ nicht garantierte Restwerte
= Berechnungsbasis für internen Zinssatz

* Doppelerfassungen sind zu vermeiden. Zahlungen z. B. für ein Andienungsrecht des Leasinggebers können nicht zugleich als Zahlungen für die Ausübung einer Kaufoption beim Leasingnehmer berücksichtigt werden.

Ein vom Leasingnehmer offengelegter Zinssatz kann u. E. nicht ohne weitere **Plausibilitätsprüfung** übernommen werden. Insbesondere Annahmen in Bezug auf den nicht durch die Zahlungen des Leasinggebers gesicherten Restwert sind dabei kritisch zu würdigen (Rz 27 und Rz 28).

53

Beispiel

Ein Leasingnehmer least ab dem 1.1.01 eine Anlage mit einem beizulegenden Zeitwert zu Beginn des Leasingvertrages von 250.000 EUR über eine Grundmietzeit von 5 Jahren. Die wirtschaftliche Nutzungsdauer wird auf 8 Jahre geschätzt. Die jährlichen (nachschüssigen) Leasingraten betragen 67.600 EUR, davon entfallen 2.400 EUR auf Vertragsnebenkosten. Der interne Zinssatz des Leasinggebers ist dem Leasingnehmer nicht bekannt. Es findet kein Vermögensübergang am Ende der Laufzeit auf den Leasingnehmer statt; es besteht auch keine günstige Kauf- oder Mietverlängerungsoption des Leasingnehmers. Auf Nachfrage bestätigt der Leasinggeber dem Leasingnehmer, dass er von einem Restwert von 50 % des Zeitwerts zu Beginn des Leasingverhältnisses (also 125.000 EUR) ausgehe.
Der Zinssatz der teuersten Darlehensfinanzierung des Leasingnehmers beträgt 9,5 %.

> Zur Prüfung des Barwertkriteriums (*recovery of investment test*) werden in einem ersten Schritt die vom Leasingnehmer zu zahlenden Leasingraten mit dem internen Zinssatz des Leasinggebers diskontiert, da der Leasinggeberzinssatz von dem Leasingnehmer bestimmt werden kann. Der interne Zinssatz wird unter Berücksichtigung der um die Vertragsnebenkosten bereinigten Leasingraten (65.200 EUR) und des Restwerts in Höhe von 50 % mit ca. 19 % bestimmt. Der (quasi-risikolose) Zinssatz liegt im Vergleich für 5-jährige Bundesanleihen unter 4 %.
>
> Der Barwert der Mindestleasingraten beträgt unter Berücksichtigung des dem Leasingvertrag zugrunde liegenden Zinssatzes von 19 % und einer Grundmietzeit von 5 Jahren insgesamt 198.194 EUR. Das entspricht 79 %, damit nicht „im Wesentlichen dem beizulegenden Zeitwert des Leasingobjektes".

Das im Beispiel erzielte Ergebnis überzeugt allerdings nicht:
- Der Vermögenswert hat eine wirtschaftliche Nutzungsdauer von 8 Jahren, also am Ende der Vertragslaufzeit noch eine Restnutzungsdauer von 3/8 (= 37,5 %). Im Vergleich hierzu ist der angegebene Restwert von 50 % nicht ohne weiteres plausibel. Ohne stützende zusätzliche Informationen wäre die Annahme daher nicht brauchbar.
- Zum anderen erscheint der interne Zinssatz mit 19 % sowohl mit Blick auf den Kapitalmarkt als auch mit Blick auf die sonstigen Finanzierungskosten des Leasingnehmers unverhältnismäßig hoch. Auch hier ist ohne weitere Informationen eine Plausibilität nicht gegeben.

Verallgemeinert gilt daher: Ein Rückgriff auf den über die Restwertannahme ermittelten internen Zinssatz des Leasinggebers ist u. E. dann nicht möglich, wenn die Annahmen nicht nachvollziehbar bzw. plausibel sind. In diesem Fall ist der Diskontierungszins über die Grenzfinanzierungskosten des Leasingnehmers zu bestimmen.

54 Sofern der Leasingnehmer den Leasinggeberzinssatz **nicht explizit kennt**, hat der Leasingnehmer den Zinssatz anzuwenden, den er
- entweder in einem vergleichbaren Leasingverhältnis (gleiches Leasingobjekt, gleiche Sicherheiten und Laufzeit) entrichten müsste oder
- bei einem unterstellten (bank-)finanzierten Kauf über eine vergleichbare Laufzeit hätte aufwenden müssen (**Leasingnehmerzinssatz** bzw. **Grenzfremdkapitalzinssatz**, *lessee's incremental borrowing of interest;* IAS 17.4).

55 Hat der Leasingnehmer im Rahmen der Finanzierungsverhandlungen für ein bestimmtes Leasingobjekt mehrere Finanzierungsalternativen zur Auswahl, kann bei fehlender Kenntnis des internen Zinssatzes des Leasinggebers zur Bestimmung des Grenzfremdkapitalzinssatzes auf einen Zinssatz, der sich aus dem Eingehen eines **vergleichbaren Leasingverhältnisses** ergeben hätte, abgestellt werden.

> **Beispiel**
> Ein Leasingnehmer LN holt bei drei verschiedenen Leasinggebern (A, B und C) Angebote für die Finanzierung eines Leasingobjekts ein. Der Vertrag wird mit A abgeschlossen. Aus den Vertragsunterlagen lässt sich der interne Zinssatz nicht ableiten. B und C legen allerdings mehr Informationen als A offen. Dabei ist nur die Leasingkondition des C mit denen von A vergleichbar. Das Leasingangebot von B sieht eine längere Vertragsdauer vor und scheidet daher als Vergleich aus.
> Aus den Konditionen des C ergibt sich ein interner Zinssatz von 10 %. In der Bestimmung des Barwerts der Mindestleasingraten stellt LN auf die 10 % als Grenzfremdkapitalkosten ab.

IAS 17 enthält keine konkreten Regeln zur Ermittlung des Grenzkapitalkostensatzes. Ohne Informationen über die Höhe des Zinssatzes alternativer Leasingverhältnisse ist u. E. auf den Zinssatz abzustellen, der bei einem **vollständig fremdfinanzierten Kauf** aufgebracht werden müsste. Der Rückgriff auf Eigenkapitalkosten oder gewichtete Kapitalkosten (WACC) ist nicht zulässig, da diese Größen gerade nicht die Fremdkapitalkosten darstellen.

Bei fiktiv fremdfinanziertem Kauf ist regelmäßig eine **Mischfinanzierung** zu unterstellen. Eine Bank wird bei großen Volumina i. d. R. nur einen Teil der Finanzierung durch ein besichertes Darlehen gewähren, der verbleibende Teil wird demnach von dem Leasingnehmer durch ein unbesichertes Darlehen oder Mezzanine-Finanzierungen zu beschaffen sein.

- Für den **besicherten Teil** ist dann u. E. der laufzeitäquivalente Basiszins (Festsatzeinstand der Bank) zzgl. einer Marge maßgeblich,
- für den **unbesicherten Teil** ein höherer Zinssatz.[43]

Bei Unterstellung einer Mischfinanzierung sind die Grenzfremdkapitalkosten methodisch zwangsläufig als gewichteter Durchschnitt der Kosten des besicherten und des unbesicherten Teils abzuleiten. Die konkrete Höhe der für den unbesicherten Teil zugrunde gelegten Finanzierungssätze hängt von der individuellen Bonität des Leasingnehmers und der Qualität des Leasingobjekts, vor allem aber auch dem Volumen der Finanzierung im Verhältnis zur Größe des Unternehmens ab.

> **Beispiel**
> Leasingnehmer LN, **Bilanzsumme 1 Mrd.**, least eine Immobilie mit Anschaffungskosten in Höhe von 50 Mio. EUR über eine Laufzeit von 25 Jahren. LN könnte den Kauf der Immobilie durch ein besichertes Darlehen in Höhe von 30 Mio. EUR zu einem Zinssatz von 6 % und ein **unbesichertes** Darlehen von 20 Mio. mit einem Zinssatz von 9 % entsprechend

---

[43] Vgl. ERNST & YOUNG, Financial Reporting Series – Accounting for Leases, December 2005, L345.

dem Finanzierungssatz von Betriebsmittelkrediten ähnlichen Volumens finanzieren.
Der sich daraus ergebende gewichtete Fremdkapitalzinssatz, der für die Leasingbeurteilung heranzuziehen wäre, beläuft sich auf 7,2 % (= 60 % × 6 % + 40 % × 9 %).

Variante
Leasingnehmer LN, **Bilanzsumme** bisher 100 Mio., vereinbart einen *sale and lease back* über seine gesamten Immobilien, deren Buch- und Zeitwert 50 Mio. beträgt. Angesichts der Größenordung des Geschäfts wird für die nachrangige unbesicherte Finanzierung ein Zinssatz angenommen, der den Renditeforderungen von *venture-capital*-Organisationen entspricht, also etwa 25 %.
Bei sonst gleichen Prämissen ergeben sich nun Fremdkapitalkosten von 13,6 % (= 60 % × 6 % + 40 % × 25 %). Der Barwerttest wird bei solch hohem Diskontierungszins meistens nicht mehr zu einem *finance lease* führen.

Für den seltenen Fall, dass der Leasingnehmer aufgrund seiner **schlechten Bonität** keine Fremdfinanzierung bekommen könnte, ist u. E. auf den beobachtbaren Fremdfinanzierungszinssatz für das nachrangigste Fremdkapital zurückzugreifen.[44] Dieser stellt somit auch die **Obergrenze** des Grenzfremdkapitalkostensatzes eines Unternehmens dar.

58 Die Anwendung des Grenzfremdkapitalzinssatzes ist jedoch dann ausgeschlossen, wenn der Leasingnehmer den **Leasinggeberzinssatz** in praktikabler Weise **berechnen** kann (IAS 17.20). Hierzu benötigt der Leasingnehmer Informationen über Investitionszuschüsse des Leasinggebers und nicht bzw. von Dritten garantierte Restwerte.

Beispiel
Ein Leasingnehmer mietet am 1.1.01 eine Anlage mit einer wirtschaftlichen Nutzungsdauer von 6 Jahren über eine Grundmietzeit von 5 Jahren. Die jährlichen Leasingraten betragen 75.000 EUR. Es besteht eine Kaufoption für den Leasingnehmer zum Erwerb der Anlage am Ende der Vertragslaufzeit für 29.000 EUR. Der Zeitwert im Ausübungszeitpunkt wird auf 40.000 EUR geschätzt. Der dem Leasingverhältnis zugrunde liegende Zinssatz ist dem Leasingnehmer nicht bekannt. Dem Leasingnehmer ist allerdings bekannt, dass die Anschaffungskosten der Anlage beim Leasinggeber 400.000 EUR betragen haben und der Leasinggeber einen staatlichen Investitionszuschuss in Höhe von 100.000 EUR erhalten hat. Im Falle des Kaufs und der laufzeitäquivalenten Fremdfinanzierung würde der Zinssatz 12 % p. a. betragen.

---

[44] Vgl. ERNST & YOUNG, Financial Reporting Series – Accounting for Leases, December 2005, L348.

> **Lösung**
> Bereits die günstige Kaufoption und die Vertragslaufzeit von 83,3 % der wirtschaftlichen Nutzungsdauer können zu einer Zurechnung des Leasingobjektes beim Leasingnehmer führen.
> Bei der Berechnung des Barwertes der Mindestleasingraten ist vorrangig der dem Leasingverhältnis zugrunde liegende Zinssatz anzuwenden. Dieser Zinssatz ist dem Leasingnehmer zwar nicht explizit bekannt; der Leasingnehmer verfügt jedoch über sämtliche Informationen, um den internen Zinssatz des Leasinggebers auf einfache Weise zu bestimmen. Dieser Zinssatz beträgt 10,28 %. Unter Zugrundelegung des internen Zinssatzes des Leasinggebers deckt der Barwert der Mindestleasingraten (bestehend aus dem Barwert der Leasingraten und dem Barwert der Kaufpreiszahlung im Optionsausübungszeitpunkt) vollständig den beizulegenden Wert des Leasingobjektes, der den zuschusskorrigierten Anschaffungskosten des Leasinggebers entspricht:
>
> | | Barwerte EUR |
> |---|---:|
> | Mindestleasingraten | |
> | Leasingraten 75.000 EUR p. a. (nachschüssig) | 282.227,40 |
> | Optionspreiszahlung 29.000 EUR am 31.12.05 | 17.772,60 |
> | | 300.000,00 |
> | Korrigierter beizulegender Wert des Leasingobjektes | 300.000,00 |
> | Verhältnis | 100 % |
>
> Das Leasingobjekt ist damit dem Leasingnehmer zuzurechnen.

Es ist auch folgende **Sachverhaltskonstellation** denkbar:
- Die Zurechnung hängt allein vom Barwertkriterium ab;
- der Leasingnehmer kennt den Zinssatz des Leasinggebers nicht;
- der Leasingnehmer verwendet deshalb den alternativen Grenzfremdkapitalzinssatz.

Die **Folge** kann sein:
- Das Barwertkriterium ist beim Leasingnehmer,
- nicht dagegen beim Leasinggeber erfüllt.

Die Folge ist eine aus deutscher Sicht gewöhnungsbedürftige „Doppelbilanzierung" sowohl beim Leasinggeber als auch -nehmer (Rz 96).

2.3.3.5 Bedeutung des Barwerttests über die Klassifizierung hinaus

Die Ermittlung des Barwerts der Mindestleasingzahlungen ist nicht nur für die Zurechnungsfrage *finance* oder *operating lease* entscheidend. Werden im Rahmen eines Leasingverhältnisses die Chancen und Risiken aus der Nutzung eines Vermögenswerts dem Leasingnehmer zugerechnet, hat dieser zu Beginn des *finance lease* den Vermögenswert und die korrespondierende Schuld in gleicher Höhe in der Bilanz anzusetzen. Die Höhe des Vermögenswerts/der Schuld bestimmt sich aus dem zu Beginn des Leasingverhältnisses beizulegenden **Zeitwert** des Leasingobjekts **oder** dem **Barwert** der Mindestleasingzahlungen (Rz 98), sofern dieser Wert niedriger ist (IAS 17.20).

60 Der **anzuwendende Diskontierungszinssatz** für die Durchführung des Barwerttests und die Folgebewertung der Leasingverbindlichkeit im Rahmen eines *finance lease* (Rz 109) ist **zwingend identisch**, wenn der Barwert der Mindestleasingraten geringer ist als der beizulegende Zeitwert des Leasingobjekts. Liegt der Barwert der Mindestleasingraten über dem beizulegenden Zeitwert, ist im Rahmen der Folgebewertung der Leasingverbindlichkeit der Effektivzins (Verhältnis der Verbindlichkeit zu den vereinbarten Leasingraten) zugrunde zu legen.[45]

2.3.4 Spezialleasing

61 Ein *finance lease* liegt nach IAS 17.10e normalerweise *(normally)* auch vor, wenn ein Leasingobjekt **speziell** auf die **Bedürfnisse** des Leasingnehmers zugeschnitten und nach Ablauf der Grundmietzeit wirtschaftlich sinnvoll nur von diesem nutzbar ist.[46] Eine alternative, aber wirtschaftlich nicht sinnvolle Nutzung widerlegt Spezialleasing ebenso wenig wie eine denkbare, aber aus der Perspektive des Vertragsbeginns sehr unwahrscheinliche wirtschaftlich sinnvolle Drittverwendung.[47]

> **Beispiel**
> Der Bundesligafußballverein B (einziger Bundesligaverein der Stadt) hat das Stadion langfristig von der Stadt angemietet. Die Nutzung des Stadions ist nicht auf Fußball beschränkt. Ebenso könnte man hier Schafe weiden lassen oder Rockkonzerte veranstalten, wobei Letzteres gelegentlich sogar vorkommt.
> Beide Verwendungsalternativen scheiden aber für einen langfristigen Mietvertrag aus, bzw. sowohl der Schäfer als auch der Konzernveranstalter würden einen solchen langfristigen Vertrag nur abschließen, wenn die Stadionmiete nur noch einen verschwindend kleinen Bruchteil dessen betrüge, was ein Bundesligaverein für die fortgesetzte regelmäßige Nutzung zahlen würde.
> Nach unserer Auffassung liegt in diesem Fall (der Vermietung des Stadions an den Bundesligaverein) Spezialleasing vor. Entscheidend ist nicht, ob ein anderer als der Leasingnehmer das Leasingobjekt ohne größere Modifikationen überhaupt, sondern ob er es **wirtschaftlich sinnvoll** nutzen kann.

Andererseits liegt z. B. bei kommunalen Objekten, wie z. B. Krankenhäusern und Schulen, kein Spezialleasing vor, wenn eine Nutzung durch private Träger möglich und nicht ganz unwahrscheinlich ist.[48]

---

[45] Vgl. zum Effektivzins FREIBERG, PiR 2005, S. 110.
[46] Vgl. ADS, Rechnungslegung nach Internationalen Standards, Abschnitt 12, Tz 95.
[47] LÜDENBACH/FREIBERG, BB 2006, S. 259.
[48] LÜDENBACH/FREIBERG, BB 2006, S. 259.

Strittig ist, ob dem Spezialleasingkriterium eine **eigenständige** Bedeutung zukommt. Teilweise wird dieses Kriterium als eine Unterform des Barwerttests angesehen.[49] U. E. kommt dem Kriterium „Spezialleasing" eine eigenständige und hohe Bedeutung zu, da die Zielsetzung dieses Kriteriums gerade darin liegt, Gestaltungen aufzudecken, mit denen die anderen Zurechnungskriterien umgangen werden können.

Sowohl ein **formeller** als auch ein **materieller** Grund sprechen für eine **eigenständige** und **gewichtige** Bedeutung des Kriteriums Spezialleasing:

- **Formell** ist einzuwenden, dass das Spezialleasingkriterium in IAS 17.10 auf gleicher Ebene wie die anderen Kriterien genannt wird, obwohl der Indikator „Spezialleasing" nachträglich in den Indikatorenkatalog des IAS 17 (*revised* 1997) aufgenommen worden ist.[50] Dem Wortlaut der Regelung ist kein Hinweis auf eine **Inkludierung** in ein anderes Kriterium bzw. die **Unterordnung** unter ein solches zu entnehmen.
- **Materiell** decken Barwerttest und Spezialleasingtest unterschiedliche Konkretisierungsformen des wirtschaftlichen Eigentums ab. Der Barwerttest zielt auf die sichere **Amortisation** aus der Perspektive eines risikoscheuen Leasinggebers. Er versagt daher (Rz 60) bei erfolgsabhängigen Leasingraten, da Amortisationssicherheit hier wegen der Bedingtheit nie darzustellen ist. Andererseits kann auch bei bedingten Leasingraten das wirtschaftliche Eigentum beim Leasingnehmer liegen, dies eben aufgrund der **anderen** Kriterien (z. B. Vertragsdauer), die nicht auf die sichere Amortisation, sondern vorrangig darauf zielen, wer bei normalem und wahrscheinlichem Verlauf der Dinge auf Dauer die tatsächliche Herrschaft über das Leasingobjekt hat.

62

Dem Gedanken folgend, durch das Kriterium des Spezialleasings Umgehungen zu vermeiden, sehen auch andere internationale Regelungssysteme als die IFRS (und das deutsche Steuerrecht im Bereich des Kommunalleasings[51]) eine Zurechnung wirtschaftlichen Eigentums bei Spezialleasing vor. Dies gilt z. B. für

- die *International Public Sector Accounting Standards* (IPSAS) als Pendant der IFRS im Bereich der öffentlichen Verwaltung,[52]
- die Regelungen des *United States General Accounting Office* (GAO) zur Berücksichtigung von Vermögen, Schulden und Investitionsausgaben aus

---

[49] In diesem Sinne: FINDEISEN, RIW 1997, S. 843ff.; auch ESSER, StuB 2005, S. 433ff.
[50] In der vorherigen Version des IAS 17 (1994) war das Spezialleasing nicht Bestandteil des Indikatorenkatalogs. In der Einleitung zu IAS 17 (revised 1997) wurde die Einführung zusätzlicher Kriterien (Spezialleasing sowie die weiteren Indikatoren (heute IAS 17.11)) mit der Ausweitung des Chancen-Risiken-Ansatzes begründet. Spezialleasing wurde Bestandteil der bestehenden Indikatoren, die weiteren wurden separat (nachrangig) aufgeführt.
[51] Vgl. KALIGIN, DStZ 1985, S. 235-240; GOERTZEN, Finanz-Rundschau 1996, S. 549-556; THEISSEN, Die Information über Steuer und Wirtschaft, 1996, S. 146-149.
[52] Vgl. IPSAS 13.15e.

Leasingverträgen in öffentlichen Haushalten nach den Grundsätzen des wirtschaftlichen Eigentums.[53]

63 Der spezielle Zuschnitt eines Leasingobjekts löst **faktische Handlungszwänge** aus, die einen weitgehenden Verzicht auf rechtliche Bindungen ermöglichen bzw. diese, etwa durch Wahl einer formell kurzen Vertragsdauer, so gestalten, dass die anderen Leasingkriterien umgangen werden können.[54] Eine den wirtschaftlichen Verhältnissen entsprechende Betrachtung könnte daher in diesen Fällen ohne Einbeziehung des Spezialleasingkriteriums nicht erreicht werden.[55]

> **Beispiel**
> Die Parteien eines Leasingverhältnisses vereinbaren zur Umgehung des Vertragsdauerkriteriums eine verhältnismäßig kurze Laufzeit mit einer marktüblich bepreisten Vertragsverlängerungsoption für den Leasinggeber. Die vereinbarten Leasingraten enthalten auch eine erfolgsabhängige Komponente, so dass der Barwert der (sicheren) Mindestleasingraten nicht dem wesentlichen Teil des beizulegenden Zeitwerts entspricht. Der Vertrag sieht keine Kaufoption vor.
>
> **Lösung**
> Der an dauernder Herrschaft interessierte Leasingnehmer kann sich auf diese alle anderen Kriterien umgehende Gestaltung einlassen, wenn Spezialleasing vorliegt und es deshalb völlig unwahrscheinlich ist, dass der Leasinggeber einen anderen Leasingnehmer finden wird, also die Verlängerungsoption nicht ausüben wird.

64 Spezialleasing liegt nach unserer Auffassung regelmäßig dann vor, wenn der spezielle Zuschnitt eines Leasingobjekts eine ökonomisch sinnvolle **Drittverwendung** quasi **ausschließt**. Im Bereich des Softwareleasing sehen wir das Kriterium Spezialleasing nach IFRS daher als erfüllt an, wenn über ein Leasingverhältnis finanzierte **ERP-Software** in ganz wesentlichem Umfang an die betriebliche Situation des Leasingnehmers angepasst (*customized*) wird.

---

[53] Vgl. Bericht des US GAO an diverse Ausschüsse des Repräsentantenhauses vom August 2001 (www.gao.gov/new.items/d01929.pdf). Im konkreten Fall ging es darum, dass Budgetrestriktionen z. B. hinsichtlich der Neuverschuldung nicht durch Leasinggestaltungen in „Public Private Partnership"-Konstruktionen umgangen werden sollen, bei denen das wirtschaftliche Eigentum bei der öffentlichen Hand liegt. Voraussetzung für ein operating lease (kein wirtschaftliches Eigentum) ist u. a.: „The asset is a general purpose asset rather than being for a special purpose of the government and is not built to unique specifications of the government lessee."

[54] LÜDENBACH/FREIBERG, BB 2006, S. 259; BFH, Urteil v. 15.2.2001, III R 130/95, BFH/NV 2001, S. 1041 ff.

[55] BFH, Urteil v. 26.1.1970, IV R 144/66, BStBl II 1970 S. 264.

Im Übrigen war auch in der Entwurfsfassung des BMF-Schreibens zur „ERP-Software" noch eine ähnliche Auffassung enthalten,[56] wurde aber nach Intervention aus der Praxis gestrichen.

Das **Fehlen** der wirtschaftlich sinnvollen **Drittverwendungsmöglichkeit** ist als das entscheidende Definitionsmerkmal des Spezialleasings anzusehen:[57] Spezialleasing liegt daher nach an steuerlichen Grundsätzen orientierter Auslegung vor, „wenn der Leasinggegenstand in einem solchen Maße auf die speziellen Anforderungen und Verhältnisse des Leasingnehmers zugeschnitten ist, dass eine sinnvolle anderweitige Nutzung oder Verwertung durch den Leasinggeber nicht möglich erscheint" oder in typisierter Betrachtung völlig unwahrscheinlich ist.

65

Nach unserer Auffassung muss die Konkretisierung des IFRS-Begriffs des Spezialleasings gleichen Grundsätzen folgen.[58] Diese Auffassung stützt sich auf folgende Überlegung:

- Jede Klassifizierung eines Leasingverhältnisses hat gem. IAS 17.13 zu Beginn des Leasingverhältnisses *(at inception of the lease)* zu erfolgen.
- Sie ist damit notwendig zukunftsgerichtet und daher von Wahrscheinlichkeitsüberlegungen geprägt.
- Würde man unter diesen Umständen jede noch so unwahrscheinliche Drittverwendungsmöglichkeit für die Widerlegung eines Spezialleasings genügen lassen, wäre der Begriff bzw. das Kriterium jedes Anwendungsgehalts beraubt. IAS 17.10e würde zu einer Vorschrift ohne Anwendungsbereich degenerieren.

Ein Spezialleasing liegt daher nach IFRS auch dann vor, wenn aus der Perspektive des Vertragsbeginns eine **wirtschaftlich sinnvolle Drittverwendung sehr unwahrscheinlich** ist.

Spezialleasing in Bezug auf einen spezifischen Vermögenswert wird u. E. auch nicht durch die Fiktion der Übernahme des **gesamten Unternehmens** – der rechtlichen und wirtschaftlichen Hülle um den spezifischen Vermögenswert – durch einen Dritten ausgeschlossen. Nur in ganz seltenen Fällen ist die beim Spezialleasing vorausgesetzte Beschränkung der Verwendungsmöglichkeit auf den Leasingnehmer absolut, nämlich in dem Sinne gegeben, dass jeder Dritte schon technisch mit dem Objekt nichts anfangen könnte. Häufig wird ein Dritter aber wirtschaftlich nichts mit dem „speziellen" Vermögenswert anfangen können, wenn er nicht zugleich das damit betriebene (Teil-)Geschäft, repräsentiert durch konkrete Kundenbeziehungen etc., übernimmt. Spezialleasing wird u. E. daher nicht dadurch ausgeschlossen, dass ein Dritter das

66

---

[56] BMF, IV B 2 – S 2172 – 0/00 Entwurf, Bilanzsteuerliche Beurteilung von Aufwendungen zur Einführung eines neuen Softwaresystems (ERP-Software), Tz 20, vom 10. Juni 2005.
[57] So GOERTZEN, FR 1996, S. 549ff.
[58] LÜDENBACH/FREIBERG, BB 2006, S. 259.

Leasingobjekt nur unter der Voraussetzung der Übernahme des damit **betriebenen (Teil-)Geschäftes** verwenden könnte.[59]

2.4 Anwendungs- und Abgrenzungsprobleme

2.4.1 Besonderheiten bei Immobilienleasingverhältnissen

67 Leasingverträge über unbebaute Grundstücke sind i. d. R. *("normally")* nach IAS 17.14 nur dann als *finance*-Leasing zu klassifizieren, wenn am Ende der Grundmietzeit das Eigentum am Grundstück auf den Leasingnehmer übergeht. Infolgedessen sind bei unbebauten Grundstücken nur das Eigentumsübergangs- und das Kaufoptionskriterium (Rz 20) zu prüfen. Wenn eines dieser beiden Kriterien erfüllt ist, erfolgt die Zurechnung beim Leasingnehmer. Nutzungsdauer- und Barwertkriterium sind für die Beurteilung der Zurechnung von unbebauten Grundstücken nicht heranzuziehen. Auch für sehr langfristige Leasingverhältnisse über Grund und Boden, in denen der nicht durch den Leasingnehmer genutzte Restwert des Grund und Bodens aufgrund des Diskontierungseffektes (Zeitwert des Geldes; *time value of money*) sehr gering (im Vergleich zum Gesamtwert) ist, gilt Entsprechendes. Die Chancen und Risiken aus dem Eigentum *(incidental to ownership)* an dem Grund und Boden werden nicht auf den Leasingnehmer übertragen.[60]

68 Im Zusammenspiel zwischen IAS 40 (→ § 16) und IAS 17 ergibt sich in Bezug auf **lang laufende Leasingverhältnisse** über als **Renditeimmobilien** klassifizierten (Rz 16) und zum *fair value* bewerteten Grund und Boden ggf. ein Problem der Vorrangigkeit des einen oder anderen Standards.

> **Beispiel**
> Der bisherige Immobilieneigentümer einer Landfläche, die als Renditeimmobilie zum *fair value* bilanziert wird, entscheidet sich, diese im Rahmen eines lang laufenden Leasingverhältnisses (Laufzeit 300 Jahre) gegen ein hohes *upfront payment* (30 Mio. EUR), welches den Buchwert *(fair value)* der Landfläche (25 Mio. EUR) übersteigt, und geringe zukünftige Leasingraten zu vermieten *(operating lease)*. Der Restwert der Immobilie am Ende der Vertragslaufzeit wird aufgrund des Diskontierungseffekts auf 100.000 EUR geschätzt.
> Nach IFRS ist das wirtschaftliche Eigentum an der Renditeimmobilie nicht auf den Leasingnehmer übergegangen (IAS 17.14), auch ein Barwert der Mindestleasingraten von 99,99 % führt bei Grund und Boden nicht zu einer Klassifizierung als *finance lease*. Nach IAS 17 erfolgt also eine bilanzielle Abbildung des Leasingobjekts beim Leasinggeber. Die erhaltene (Einmal-)Zahlung am Anfang der Vertragslaufzeit ist über die Laufzeit zu verteilen.

---

[59] Lüdenbach/Freiberg, BB 2006, S. 259.
[60] IFRIC, Update Dezember 2005.

Beurteilung
Die bilanziellen Folgen aus Sicht des Eigentümers sind gemäß SIC 15/IAS 17 wie folgt:

Kasse 30 Mio. EUR an *deferred income* 30 Mio. EUR

Danben ist nach IAS 40 der Wert oder Ansatz der Landfläche betroffen.

- **Erste** Auffassung: Da sich der beizulegende Zeitwert im Rahmen einer DCF-Bewertung allerdings nur noch aus dem Restwert in 300 Jahren ergibt, ist die Immobilie auf den Erinnerungsbetrag abzuwerten.

  Zeitwertverlust/Abschreibung
  24,9 Mio. EUR an Landfläche 24,9 Mio. EUR

- **Zweite** Auffassung: Aufgrund der langen Vermietungsdauer (und dem geringen verbleibenden Restwert) ist die Immobilie bis auf den Erinnerungswert abgegangen.

  deferred income 30 Mio. EUR an Landfläche 24,9 Mio. EUR
  Abgangserfolg 5,1 Mio. EUR

- **Dritte** Auffassung: Der Zeitwertverlust ist nach Maßgabe des *matching principle* gegen das *deferred income* zu saldieren.

  deferred income 24,9 Mio. EUR an Landfläche 24,9 Mio. EUR

Im ersten Fall steht der sofortigen Aufwandserfassung (Abwertung der Landfläche) erst in späteren Perioden (durch Auflösung des abgegrenzten *upfront payment*) ein Ertrag gegenüber. Ein Verstoß gegen das *matching principle* liegt vor. Die Annahme einer Veräußerung (zweite Auffassung) scheitert andererseits daran, dass das rechtliche, bei einem *operating lease* aber auch das wirtschaftliche Eigentum an der Landfläche zurückbehalten wird.

Die dritte Auffassung ist u. E. vorzugswürdig:

- Sie berücksichtigt die Anforderung von IAS 40.50c, im Zeitwert einer Renditeimmobilie im Voraus vereinnahmte (abgegrenzte) Mieten aus *operating leases* nicht zu berücksichtigen, „da das Unternehmen diese bereits als gesonderte Schuld oder gesonderten Vermögenswert erfasst." Aus *fair-value*-Sicht ist daher eine Abwertung der Immobilie geboten, wenn die Miete schon auf lange Zeit vereinnahmt wurde, ein fremder Dritter entsprechend auf lange Zeit keine Miete erhalten würde. Eine rationale, an den erwarteten Erträgen orientierte Preisbildung würde dies durch einen hohen Abschlag gegenüber einer Vergleichsimmobilie mit laufenden Mieterwartungen berücksichtigen. Eine Wertminderung im Zeitpunkt der Vorausvereinnahmung der Mieten ist daher zu buchen.

- Aus Sicht des *matching principle* ist dabei eine saldierte Betrachtung geboten. Das *upfront payment* ist bis zur Höhe der Wertminderung Entschädigung für den geringeren *fair value*, nur darüber hinaus zukünftiger abzugrenzender Ertrag.

Lüdenbach/Freiberg

69 Bei bebauten Grundstücken ist der Leasingvertrag auf **Grund und Boden** sowie **Gebäude** aufzuteilen. Für die Frage der Zurechnung des Grund und Bodens gelten wie bei unbebauten Grundstücken nur das Eigentumsübergangs- und das Kaufoptionskriterium (Rz 67). Für Gebäude sind dagegen sämtliche in IAS 17.10 genannten Kriterien (Rz 20f.) maßgebend (IAS 17.15), also auch das Laufzeit-, das Barwert- und das Spezialleasingkriterium. Abweichend von der handels- und steuerrechtlichen Regelung, wonach bebaute Grundstücke einheitlich beim Leasingnehmer oder Leasinggeber bilanziert werden, ist somit nach IFRS eine Bilanzierung des Grund und Bodens beim Leasinggeber und des Gebäudes beim Leasingnehmer oder umgekehrt denkbar (Rz 88).

70 Eine in einem Immobilienverhältnis zwischen Leasinggeber und Leasingnehmer vereinbarte einheitliche Leasingrate für Grund und Boden sowie Gebäude ist daher auf diese beiden Komponenten aufzuteilen. Hierbei ist Folgendes beachtlich: Eine Aufteilung im Verhältnis der beizulegenden Zeitwerte (Verkehrswerte) zu Leasingbeginn ist i. d. R. nach IAS 17.BC9ff. nicht zulässig. Grund und Boden sowie die Gebäude zeichnen sich durch eine unterschiedliche wirtschaftliche Nutzungsdauer aus. Während Gebäude einer physischen Alterung unterliegen, ist die Grund-und-Boden-Komponente i. d. R. unbestimmt nutzbar.

Eine **Aufteilung einer einheitlichen Leasingrate** ist daher im **Verhältnis des Mietwertes** (*relative fair values of the leasehold interest*) am Grund und Boden sowie am Gebäude zu Beginn des Leasingverhältnisses vorzunehmen (IAS 17.16).[61] Dabei sind aus Sicht des Leasinggebers zwei unterschiedliche Komponenten der Leasingzahlungen zu unterscheiden (→ § 31 Rz 110):

(1) **Gleichermaßen** für Grund und Boden sowie das Grundstück ist eine angemessene **Verzinsung** auf die Höhe der von dem Leasinggeber getätigten Investition (*return on*) enthalten.

(2) Nur für das Gebäude ist zusätzlich eine Kompensation für die physische **Abnutzung** (*return of*) zu berücksichtigen.

71 Die Aufteilung der Leasingrate ist nicht nur für die Frage des Barwerttests, sondern auch für den (Wert-)Ansatz der Gebäude-und-Grundstückskomponente (also nach der Klassifizierung als *finance lease*) relevant. Bei der notwendigen Aufteilung einer einheitlichen Leasingrate für Grund und Boden sowie Gebäude spielen die beizulegenden **Zeitwerte** der beiden Komponenten nur mittelbar eine Rolle:

(1) Wird das rechtliche Eigentum am Grund und Boden am Ende der Vertragslaufzeit **nicht** auf den Leasingnehmer übertragen, ist für die Investition des Leasinggebers eine **unterschiedliche Renditeforderung** für die Grundstücks- und die Gebäudekomponente zu berücksichtigen. Während aus Sicht des Leasinggebers wegen des Rückbehalts des rechtlichen Eigentums in Bezug auf das Grundstück nur eine Verzinsung auf den beizulegenden Zeitwert notwendig scheint, wird er für das Gebäude

---

[61] A. A. DOLL, in: Beck'sches IFRS-Handbuch, 2. Aufl., 2006, § 22 Tz 38.

daneben auch eine Rendite für die physische Wertminderung verlangen.[62] Ist der Wert des Grundstücks und der „Bodenzins" bekannt, kann der Grundstücksanteil der Leasingrate herausgerechnet werden. Die verbleibende Leasingrate ist dann (*residual*) dem Gebäude zuzurechnen (Rz 72).[63] Alternativ oder zur Plausibilisierung kann eine Aufteilung der einheitlichen Leasingrate auch unter Berücksichtigung der **Restwerte der Gebäudekomponente** am Ende des Leasingverhältnisses erfolgen (Rz 70 c und d).[64] Residuum ist dann die Verzinsung der Grundstückskomponente.

(2) Geht am Ende des Leasingverhältnisses das Eigentum an dem Grundstück **und** dem Gebäude auf den Leasingnehmer über, wird der (rationale) Leasinggeber die Amortisation seiner gesamten Investitionskosten für Grund und Boden sowie Gebäude von dem Leasingnehmer verlangen. Eine Aufteilung einer einheitlichen Leasingrate in Grundstücks- und Gebäudeanteil für den Barwerttest ist nicht mehr erforderlich, sie wird nur für die Bestimmung des Bilanzansatzes von Grundstück und Gebäude notwendig.

- Entspricht der Barwert der Mindestleasingraten mindestens dem beizulegenden Zeitwert der Gesamtimmobilie, hat die Aufteilung der Leasingrate u. E. keine praktische Relevanz. In der Bilanz des Leasingnehmers ist die Grundstückskomponente zum beizulegenden Zeitwert zu aktivieren (vgl. Rz 98) und nur außerplanmäßig zu mindern, während die (ebenfalls zum *fair value* zu erfassende) Gebäudekomponente über die wirtschaftliche Nutzungsdauer (hier *useful life* gem. IAS 16.6; vgl. Rz 33) abzuschreiben ist.

- Liegt der Barwert der Mindestleasingzahlungen unter dem beizulegenden Zeitwert der Immobilie (z. B. weil der interne Zins des Leasinggebers nicht bekannt und der Grenzfremdkapitalzins des Leasingnehmers höher ist), muss allerdings eine Allokation des Barwerts auf die Komponenten im Verhältnis der Mietrechte erfolgen.

Zur residualen **Berechnung** des Gebäudemietwertes bei Nichtübergang des Grund und Bodens folgendes Beispiel:

Beispiel
Der Leasingnehmer LN least für 20 Jahre ein Gebäude und das zugehörige Grundstück. Der Verkehrswert des Grundstücks ist 5 Mio. EUR und der Wert des Gebäudes 15 Mio. EUR. Nach 20 Jahren geht das Eigentum am Grundstück zurück auf den Leasinggeber. Die jährlich nachschüssig zu zahlende Leasingrate beträgt 2 Mio. EUR. Der interne Zins des Leasinggebers ist unbekannt, der Grenzfremdkapitalzins des LN beträgt 10 %. Der

---

[62] So Kümpel/Becker, PiR 2006, S. 84.
[63] Ebenso, Epstein/Mirza, IFRS 2006, S. 514; Ernst & Young, Financial Reporting Series – Accounting for Leases, December 2005, L602; Kümpel/Becker, PiR 2006, S. 85.
[64] Vgl. Ernst & Young, International GAAP 2007, S. 1637; PwC, IFRS für Banken, 3. Aufl., 2005, S. 578ff.

> Zins für eine Bundesanleihe mit gleicher Laufzeit beträgt 4 % und wird zzgl. einer Marge von 1 % zur Bestimmung der Verzinsung auf das Grundstück herangezogen. Die Leasingrate für das Gebäude ergibt sich somit in Höhe von 1,75 Mio. EUR (2 – 5 % × 5).
> Der Barwert der Mindestleasingraten für das Gebäude beträgt ca. 14,9 Mio. EUR. Bei einem Verhältnis von Barwert der Mindestleasingraten zu dem beizulegenden Zeitwert des Gebäudes von 99 % erfolgt eine Zurechnung des Gebäudes beim Leasingnehmer (*finance lease*).

73 Für die Ermittlung mit Hilfe von Restwertannahmen folgendes Beispiel:

Beispiel
Der Zeitwert einer Immobilie (Grundstück + Gebäude) beträgt zum Leasingbeginn 200 Mio. EUR. Hiervon entfallen 50 Mio. EUR auf das Grundstück, der Rest auf das Gebäude. Bei einer Vertragslaufzeit von 30 Jahren wird zwischen Leasinggeber und Leasingnehmer eine einheitliche Leasingrate (jährlich nachschüssig) in Höhe von 12 Mio. EUR vereinbart (interner Zinssatz: 9,3 %). Der erwartete Restwert der Immobilie am Ende der Laufzeit (Grundstück und Gebäude) beträgt 100 Mio. EUR.
Unter der Annahme einer Werterhaltung der Grundstückskomponente ergibt sich folgende Aufteilung der Leasingrate:

	Grundstück	Gebäude	Insgesamt
Zeitwert *(at inception)*	50	150	200
Restwert	50	50	100
Barwert des Restwerts	3,5	3,5	7
Wert des Mietrechts	46,5	146,5	193
	24 %	76 %	100 %
Aufteilung Leasingrate	2,9	9,1	12

74 Die **Internationalen Bewertungsstandards** des IVSC[65] – wie auch die Royal Institution of Chartered Surveyors[66] – beschäftigen sich ausführlich mit der Bewertung von Mietrechten von Immobilienleasingverhältnissen. Die notwendigen Schritte für eine **Allokation der Miete auf Grundstücks- und Gebäudekomponenten** sind (bei fehlender Kenntnis der Restwerte der Grundstücks- und Gebäudekomponente) in Anlehnung an die Bewertungssystematik der Royal Institution of Chartered Surveyors wie folgt:[67]

---

[65] INTERNATIONAL VALUATION STANDARDS COMMITTEE, International Valuation Standards, 7. Aufl., 2005.
[66] THE ROYAL INSTITUTION OF CHARTERED SURVEYORS, Valuation Information Paper No. 9, May 2006.
[67] THE ROYAL INSTITUTION OF CHARTERED SURVEYORS, Valuation Information Paper No. 9, Tz 4.7 und 4.8, May 2006.

- (1) Verteilung des (Gesamt-)Zeitwertes der geleasten Immobilie auf das Grundstück und Gebäude (*freehold value*) zu Beginn des Leasingverhältnisses;
- (2) Bestimmung eines Restwerts, welcher der geleasten Immobilie insgesamt am Ende des Leasingverhältnisses zuzuordnen ist;
- (3) Schätzung des verbleibenden (Gesamt-)Restwerts einer Komponente durch Kenntnis (empirisch beobachtbare Werte) oder Berechnung des Restwerts einer Komponente (üblicherweise der Gebäudewert, näherungsweise Berechnung über die Subtraktion der kumulierten Amortisation vom ursprünglichen Zeitwert);
- (4) Ableitung des Restwerts der verbleibenden Komponente aus dem Gesamtrestwert der Immobilie,
- (5) Feststellung des notwendigen Anteils der Leasingrate, die zur Amortisation der Wertminderung des Gebäudes über die Vertragslaufzeit notwendig ist;
- (6) Bestimmung der verbleibenden Leasingrate durch Subtraktion der Zahlung zur Amortisation der Wertminderung;
- (7) Verteilung der verbleibenden einheitlichen Leasingrate, die dann nur noch die Verzinsung der Investitionskosten widerspiegelt, im (unter 1) ermittelten Verhältnis auf die Grundstücks- und Gebäudekomponente.

Beispiel
Bei gleichen Annahmen wie im vorangegangenen Beispiel (Rz 73), aber ohne Kenntnis des Restwerts der Gebäudekomponente geht der Leasingnehmer von einer wirtschaftlichen Nutzungsdauer (*economic life*) von 50 Jahren aus. Die Höhe der notwendigen Miete zur Amortisation bestimmt sich dann aus der aufgezinsten Zahlungsreihe, die zur Erreichung der Amortisationssumme (150/45 × 30 =) von 100 Mio. EUR erforderlich ist. Es ergibt sich somit eine Aufteilung der Leasingraten in Bezug auf die Kompensation für die physische Abnutzung (*return of*) des Gebäudes von ca. 700.000 EUR und einer angemessenen Verzinsung auf das eingesetzte Kapital (*return on*) des Leasinggebers für Grundstück und Gebäude von 11,3 Mio. EUR, die im Verhältnis der Verkehrswerte aufgeteilt werden können:

	Grundstück	Gebäude	Insgesamt
Zeitwert (*at inception*)	50	150	200
Amortisation	0	100	100
return of	0	0,7	0,7
return on	2,8	8,5	11,3
Aufteilung Leasingrate	2,8	9,2	12

Die residuale Berechnung des Gebäudemietwertes bei Nichtübergang des Grund und Bodens kann auch über den Rückgriff auf den Barwertfaktor (betrachtet als Annuität) bestimmt werden. Hierzu folgendes Beispiel:

> **Beispiel**[68]
> Der Leasingnehmer LN least für 20 Jahre ein Gebäude und das zugehörige Grundstück. Der Verkehrswert des Grundstücks ist 5 Mio. EUR und der Wert des Gebäudes 15 Mio. EUR (inkl. Rückbaukosten). Nach 20 Jahren geht das Eigentum am Grundstück zurück auf den Leasinggeber, das Gebäude wird zurückgebaut. Die jährlich nachschüssig zu zahlende jährliche Leasingrate beträgt 2 Mio. EUR. Der interne Zins des Leasinggebers ist unbekannt, der Grenzfremdkapitalzins des LN beträgt 10 %. Der Barwert der (Gesamt-)Mindestleasingraten beträgt ca. 17 Mio. EUR. Der *present-value*-Faktor ergibt sich in Höhe von 8,5 (= 17/2).
> Die jährliche Leasingrate (als Annuität) für die Gebäudekomponente beträgt 1,76 Mio. EUR (= 15/8,5), der Barwert der Mindestleasingraten somit 100 % des Zeitwerts. Bei einem Barwert der Mindestleasingraten des Gebäudes von 15 Mio. EUR erfolgt eine Zurechnung des Gebäudes beim Leasingnehmer (*finance lease*). Die Verzinsung des Grundstücks beträgt ca. 4,8 % (vgl. Beispiel unter Rz 72).

75 Vom Grundsatz der isolierten Betrachtung von Grund und Boden sowie Gebäuden gibt es zwei wichtige **Ausnahmen**: Auf die entsprechende Aufteilung der Leasingraten ist zu **verzichten**, wenn

- diese **nicht verlässlich** vorgenommen werden kann. Folge: Bei Klassifizierung des Gebäudes als *finance lease* ist das bebaute Grundstück insgesamt dem Leasingnehmer zuzurechnen (IAS 17.16);
- bei dem betreffenden Leasingverhältnis der Wert des **Grund und Bodens** nur von **untergeordneter** Bedeutung ist. Folge: Das gesamte Grundstück wird als einheitliches Leasingobjekt behandelt, und die Zurechnung richtet sich nach der Klassifizierung des Gebäudes als *finance* oder als *operating lease*.

Wann eine solche „untergeordnete Bedeutung" im Sinne der zweiten oben genannten Variante vorliegt, wird nicht weiter konkretisiert, woraus sich einmal mehr Ermessensspielräume ergeben. Analog zu den Vorgaben der US-GAAP kann nach wohl herrschender Meinung auf eine Grenze von 25 % (beizulegender Zeitwert des Grund und Bodens im Verhältnis zum Gesamtwert) zurückgegriffen werden (SFAS 13.26).[69]

76 Umfasst ein Leasingverhältnis neben Grund und Boden auch **Betriebsvorrichtungen** (z. B. Silos, Hochöfen, Kräne, Kühltürme, Arbeitsbühnen), so

---

[68] In Anlehnung an: EPSTEIN/MIRZA, Wiley IFRS 2006, S. 514ff. Diese unterstellen allerdings im Beispiel (ohne weitere Begründung) eine vorrangige Amortisation des Grundstücks, welches am Ende des Leasingverhältnisses nicht auf den Leasingnehmer übertragen wird. Bei der Aufteilung der einheitlichen Leasingrate wird der Grundstückskomponente damit ein höherer Anteil zugeordnet als bei einer Verteilung im Verhältnis der beizulegenden Zeitwerte von Grundstück und Gebäude.

[69] Vgl. KÜMPEL/BECKER, PiR 2006, S. 84.

sind diese u. E. **einzeln** der Überprüfung der Zuordnungskriterien zu unterziehen. Die Betriebsvorrichtungen werden entsprechend ihrer Zuordnung als *finance* oder *operating lease* einzeln bilanziert, während der Grund- und Bodenanteil nur bei Eigentumsübergang auf den Leasingnehmer dessen Vermögen zugerechnet wird. Im Falle von Schwierigkeiten bei der Aufteilung der Mindestleasingzahlungen empfiehlt sich eine Orientierung an der Relation der Verkehrswerte.

2.4.2 Vertragsänderungen

IAS 17.13 bestimmt, dass Änderungen von **Schätzungen** (z. B. hinsichtlich Nutzungsdauer oder Restwert des Leasingobjekts) ebenso wenig zu einer Neuklassifizierung des Leasingverhältnisses führen können wie Änderungen von Sachverhalten (etwa Zahlungsausfall des Leasingnehmers). 77

Daneben regelt IAS 17.13 die Auswirkungen von **Änderungen** der Vertragsbedingungen und unterscheidet dabei zwei Fälle: 78

- **Neuabschluss**[70] bzw. **Verlängerung** des Leasingverhältnisses *(renewing the lease)*;
- **sonstige Änderungen** der Vertragsbedingungen *(other changes in the provisions of the lease)*, d. h. Änderung von Höhe oder des Zeitpunkts der Zahlungen, Aufhebung oder Einräumung von Restwertgarantien, Aufhebung oder Einräumung von Kaufoption usw.

Hinsichtlich der Rechtsfolgen ist wie folgt zu differenzieren:

- **Neuabschluss** bzw. **Verlängerung** eines Leasingverhältnisses *(renewing the lease)* führen dann zu einer **erneuten** Beurteilung des Leasingverhältnisses, wenn ursprünglich keine Verlängerungsoption vorgesehen war. Der Neuvertrag ist eigenständig und unabhängig von dem bisherigen Vertragsverhältnis zu würdigen.
- Eine erneute Beurteilung unterbleibt hingegen, wenn eine bereits bei Vertragsbeginn vereinbarte **Verlängerungsoption ausgeübt** wird (Rz 84).
- Bei der **Änderung** sonstiger Vertragsbedingungen ist wiederum eine erneute Beurteilung nötig (Rz 79).

IAS 17.13 sieht bei einer nachträglichen Änderung der sonstigen Bedingungen (Höhe der Raten etc.) eines Leasingverhältnisses folgende **Vorgehensweise** vor: 79

- Zunächst ist zu prüfen, ob zu **Beginn** des Leasingverhältnisses eine **abweichende Klassifizierung** des Vertrages notwendig gewesen wäre, wenn die geänderten Bedingungen bereits zu diesem Zeitpunkt gegolten hätten.
- Bei dieser „retrospektiven" Würdigung sind die ursprünglichen Schätzungen bezüglich des Zeitwertes und der Nutzungsdauer des Leasingobjekts sowie des Diskontierungszinssatzes **unverändert** beizubehalten.
- Lediglich die **Mindestleasingzahlungen** sind nach den angepassten, aktuellen Verhältnissen anzusetzen.

---

[70] So die amtliche deutsche Übersetzung von „renewal".

- Wenn sich danach eine **abweichende** Klassifizierung ergeben hätte, ist der Leasingvertrag ab Zeitpunkt der Änderungen neu zu klassifizieren.

Hinsichtlich der Rechtsfolgen sind folgende Fälle zu unterscheiden:
- Aus einem *operating lease* wird ein *finance lease* (Rz 80).
- Aus einem *finance lease* wird ein *operating lease* (Rz 81).
- Ein *finance lease* bleibt ein *finance lease*. Die Leasingverbindlichkeit (bzw. Leasingforderung) und ggf. der Buchwert des Leasingobjekt sind aber anzupassen (Rz 82).

80 Wenn sich ein *operating lease* in ein *finance lease* ändert, ergeben sich folgende Wirkungen:
- Beim **Leasingnehmer** wird das Leasingobjekt mit dem Verkehrswert bzw. dem niedrigeren Barwert der (für die verbleibende Vertragszeit anfallenden) Mindestleasingzahlungen eingebucht und in gleicher Höhe eine Verbindlichkeit gegenüber dem Leasinggeber passiviert.
- Beim **Leasinggeber** wird das Leasingobjekt ausgebucht und in Höhe des Barwerts der verbleibenden Mindestleasingzahlungen eine Forderung angesetzt.

81 Sofern sich ein *finance lease* in ein *operating lease* verwandelt, sind die Konsequenzen wie folgt:
- Beim **Leasingnehmer** werden das Leasingobjekt und die Leasingverbindlichkeit ausgebucht. Wirtschaftlich liegt bei der Wandlung eines *finance* in einen *operating lease* ein Verkauf mit Rückanmietung vor, daher sind die *Sale-and-lease-back*-Regeln anzuwenden (Rz 138). Die folgenden Fälle sind zu unterscheiden:
  - Eine positive Differenz von Anlagenbuchwert und Leasingverbindlichkeit (also Leasingverbindlichkeit > Anlagenbuchwert) führt insoweit zu Ertrag, wie die entfallende Verbindlichkeit nicht über dem beizulegenden Zeitwert des Leasingobjekts liegt.
  - Für den übersteigenden Teil ist eine Abgrenzung eines Ausbuchungsgewinns notwendig, die über die Laufzeit des anschließenden *operating* lease zu verteilen ist.
  - Eine negative Differenz zwischen Anlagenbuchwert und Verbindlichkeit führt zu Aufwand.
- Beim **Leasinggeber** wird spiegelbildlich das Leasingobjekt mit seinem aktuellen Zeitwert oder dem niedrigeren beizulegenden Zeitwert der Leasingforderung eingebucht und die Leasingforderung ausgebucht. Eine positive Differenz von Anschaffungskosten und Leasingforderung führt zu Ertrag, eine negative zu Aufwand.

82 Führt die Überprüfung der Leasingklassifikationen wegen sonstiger Vertragsänderungen zur **Beibehaltung der Qualifikation als** *finance lease*, kann sich gleichwohl ein Anpassungsbedarf bei der Leasingverbindlichkeit bzw. Forderung ergeben, da neue Zeitpunkte oder Beträge der Leasingzahlungen zu einem geänderten **Barwert** führen.

Für die Behandlung dieser Anpassung beim **Leasingnehmer** bestehen zwei Möglichkeiten:
- **ergebniswirksamer** Austausch der alten Leasingverbindlichkeit nach **Umschuldungsgrundsätzen** gegen eine neue Verbindlichkeit (→ § 28 Rz 129),
- **ergebnisneutrale** Anpassung des Bar- und Buchwerts der Leasingverbindlichkeit gegen den Buchwert des Leasingobjekts (per Anlagevermögen an Leasingverbindlichkeit oder umgekehrt).

Zugunsten des Umschuldungskonzepts wird angeführt, dass IAS 39.2b Leasingverbindlichkeiten (und -forderungen) nicht von den Ausbuchungsregeln des IAS 39 ausschließt (→ § 28 Rz 63).[71] Die Ausbuchungsregeln des **IAS 39** sehen wiederum für **Umschuldungen** Folgendes vor: Bei der Änderung der Konditionen einer Verbindlichkeit ist ein Abgang der alten und der Zugang einer neuen Verpflichtung anzunehmen, wenn der Barwert sich um mindestens 10 % verändert (IAS 39.AG62; → § 28 Rz 86). In Höhe der Differenz ist ein Erfolg zu buchen. Weicht der Wert der „neuen" Verbindlichkeit hingegen um weniger als 10 % von dem bisherigen Wert ab, ist der Differenzbetrag über die Restlaufzeit zu amortisieren.

Das Problem dieser Argumentation liegt u. E. in Folgendem:
- Nach IAS 39.2b unterliegt zwar die **Ausbuchung** von Leasingverbindlichkeiten den Regeln von **IAS 39**, die **Einbuchung** und Zugangsbewertung hingegen den Regeln von **IAS 17**.
- Im Unterschied zu anderen Fällen der Ausbuchung (z. B. Tilgung von Leasingverbindlichkeiten durch Zahlung oder Aufrechnung) ist aber in Umschuldungsfällen die Ausbuchung der alten Verbindlichkeit notwendig mit der Einbuchung und Zugangbewertung der neuen verbunden. Ausbuchung und Einbuchung/Zugangsbewertung stellen **zwei Seiten der gleichen Medaille** dar.

Zur Vermeidung von **Inkonsistenzen** bleiben damit zwei Lösungen:
- Gegen den Wortlaut von IAS 39.2b wird IAS 39 auch auf die Einbuchungsseite angewandt. Es bleibt also beim Umschuldungskonzept und der **ergebniswirksamen Behandlung der Differenz** von alter und neuer Leasingverbindlichkeit (bzw. -forderung).
- Da für die Einbuchungsseite IAS 39 explizit nicht anwendbar ist, wird bei einer den *finance-lease*-Status wahrenden Vertragsänderung insgesamt auf die **Anwendung von IAS 39 verzichtet**.

Den zweiten Ansatz halten wir für vorzugswürdig.
- Er entspricht dem in IAS 17.20 verankerten **Rechtsgedanken einer Quasi-Bewertungseinheit** von Leasingobjekt und Leasingverbindlichkeit. Danach sind Leasingobjekt und Leasingverbindlichkeit zum gleichen Zeitpunkt und mit den gleichen Werten einzubuchen mit der Folge, dass etwa der niedrigere Barwert der Leasingverbindlichkeit den Ansatz des

---

[71] So Kümpel/Becker, PiR 2006, S. 247.

Leasingobjekts mit dem höheren Zeitwert verhindert. Dieser Quasi-Bewertungseinheit entspricht es, wenn bei einer späteren „Umschuldung" ein positiver Differenzbetrag zwischen neuer und alter Leasingverbindlichkeit zu einer entsprechenden Zubuchung beim Leasingobjekt führt (per Anlagevermögen an Leasingverbindlichkeit) bzw. ein negativer Differenzbetrag mit einer spiegelbildlichen Buchung (per Leasingverbindlichkeit an Anlagevermögen) einhergeht.

- Die Lösung hat zudem den Vorzug, dem Vorgehen bei **anderen Quasi-Bewertungseinheiten** zwischen Anlagevermögen und Schulden zu entsprechen, konkret der **Lösung von IFRIC 1** für Rückbauverpflichtungen. Auch hier gilt: Der Bewertungseinheit bei ursprünglicher Einbuchung (per Anlagevermögen an Rückbauschuld) entspricht bei späteren Änderungen der Rückbauschuld eine bilanzverlängernde oder -verkürzende Buchung zwischen Anlage und Schuld (→ § 21).
- Schließlich **vermeidet** sie anders als das Umschuldungskonzept einen **Wertungswiderspruch** zu IAS 17.59. Wenn dort für *Sale-and-finance-lease-back*-Fälle der Ausweis eines Erfolgs untersagt ist, muss dies u. E. erst recht für Fälle gelten, in denen es zu überhaupt keinem *sale* gekommen ist, sondern sich lediglich die Konditionen eines *finance lease* geändert haben.

Für den **Leasinggeber** besteht das Problem der Quasi-Bewertungseinheit nicht. Nach Begründung des *finance lease* ist er wirtschaftlich wie ein Darlehensgeber gestellt und kann wie alle Darlehensgeber aus späteren Umschuldungen Gewinn oder Verlust ziehen.

83 IFRIC 4.10 verlangt abweichend von IAS 17.13 eine Neubeurteilung eines möglichen verdeckten (indirekten) Leasingverhältnisses (Rz 4ff.) in folgenden Fällen:

- Die Vertragsbedingungen werden zwischen den Parteien geändert,
- eine Verlängerungsoption wird ausgeübt oder der Vertrag wird verlängert,
- die Erfüllung der vertraglichen Verpflichtungen des Verkäufers hängt nicht mehr von einem spezifischen Vermögenswert ab, oder
- der Vermögenswert wird in seiner Beschaffenheit wesentlich verändert.

Hiermit wird theoretisch ein **Widerspruch** zwischen IAS 17 und IFRIC 4 erzeugt:

- Nach IFRIC 4 ist auch bei der Ausübung einer Verlängerungsoption, die bereits *at inception of the lease* vertraglich vereinbart war, eine erneute Beurteilung, ob es sich bei dem Geschäftsvorfall um ein Leasingverhältnis handelt, vorzunehmen.
- Nach IAS 17 ist dieser Fall explizit von einer Neubeurteilung *(reassessment)* ausgeschlossen.

U.E. lässt sich dieser vermeintliche Widerspruch aber wie folgt **auflösen**:

- Hat eine Beurteilung eines zivilrechtlichen Liefer- oder Dienstleistungsvertrags nach IFRIC 4 wirtschaftlich die Existenz eines Leasingverhältnisses begründet, erfolgt die weitere bilanzielle Behandlung (Ansatz und Bewertung) dieses Vorfalls nach den Regeln von IAS 17. In die Klassifi-

zierungsüberlegungen im Beurteilungszeitpunkt sind alle eingeräumten Verlängerungsoptionen mit einzubeziehen, eine Neubeurteilung nach IFRIC 4 entfällt damit aufgrund einer Option *at inception of the lease*.
- Führt die initiale Untersuchung nicht zu einem (verdeckten) Leasingverhältnis, ist gleichwohl bei Ausübung einer Verlängerungsoption gem. IFRIC 4 eine erneute Beurteilung notwendig.

Ein *operating lease* bleibt somit *operating lease*, selbst wenn eine bereits zu Vertragsbeginn vereinbarte, **ursprünglich nicht günstige** Verlängerungsoption später tatsächlich ausgeübt wird und unter Berücksichtigung der verlängerten Vertragsdauer anders als ursprünglich angenommen der überwiegende Teil der Nutzungsdauer auf den Leasingnehmer entfällt.
Anders hingegen die Regelungen von IFRIC 4.10b zur Identifikation eines verdeckten *lease*: Bei neu vereinbarter Verlängerung eines Vertrags ist ebenso wie bei Ausübung einer schon ursprünglich vereinbarten Verlängerungsoption eine erneute Beurteilung notwendig, ob es sich bei dem Geschäft noch/ erstmalig um ein Leasingverhältnis handelt.

84

Beispiel

Variante 1: „Offenes" Leasing
Der Leasingnehmer LN mietet für 3 Jahre von LG eine Maschine mit einer wirtschaftlichen Nutzungsdauer von 6 Jahren im Rahmen eines *operating lease*. Der Vertrag enthält eine Verlängerungsoption um 3 weitere Jahre, die nicht als günstig beurteilt wird.
Das Vertragsverhältnis wird zunächst als *operating lease* qualifiziert. Am Ende der Grundvertragslaufzeit übt LN die Verlängerungsoption aus.
Die Ausübung der Option führt zu keiner Neubeurteilung, da die Klassifizierung als *finance* oder *operating lease* bei Leasingbeginn, also in 01 vorzunehmen und später daran festzuhalten ist.

Variante 2: „Verdecktes" Leasing
LN bezieht die von LG auf einer Spezialmaschine hergestellten Produkte auf Basis eines 3-jährigen *take-or-pay*-Vertrages (Rz 7.). Bei Beginn des Vertrags ist mit der Abnahme signifikanter Produktionsanteile der Maschine durch Dritte zu rechnen. Der Vertrag wird daher nicht als *lease* qualifiziert (Rz 8).
Nach 3 Jahren übt LN die Option zur Verlängerung des Liefervertrages um weitere 3 Jahre aus. Für die weiteren 3 Jahre wird nicht mit signifikanten Abnahmen von Dritten gerechnet.
Der Vertrag ist neu und nunmehr als *lease* zu beurteilen. Nach dem Nutzungsdauerkriterium ist er für die verbleibenden 3 Jahre als *finance lease* zu klassifizieren.

2.4.3 Portfolioleasing, Rahmenleasingverträge

85 Die Leasingklassifizierung erfolgt gem. IAS 17.4 i. d. R. **vermögenswertspezifisch** (*on an asset-by-asset basis*).[72] Bei Vorliegen von Leasingverträgen über mehrere Vermögenswerte oder eines Rahmenleasingvertrags (*master lease agreement*) ist eine Aufteilung einer Gesamtleasingrate auf die einzelnen Vermögenswerte nur dann nicht erforderlich, wenn eine **hohe funktionale Abhängigkeit** der einzelnen Leasingobjekte eines Portfolio-*lease* (*functional interdependence of the property being leased*) besteht.

In allen anderen Fällen ist für den Nutzungsdauertest das vermögenswertspezifische Verhältnis von **Vertragsdauer** zu wirtschaftlicher **Nutzungsdauer** zu bestimmen und ein Rückgriff auf einen gewichteten **Durchschnitt** nicht zulässig. Aus einer *asset-by-asset*-Analyse von Portfolioleasingverträgen ergibt sich ggf. folgendes Ergebnis: Einige Leasingobjekte könnten Teil eines *finance lease*, andere Teil eines *operating lease* sein. Im Rahmen eines objektspezifischen Barwerttests sind u. E. unterschiedliche Risikostrukturen für verschiedene Leasingobjekte, die in einem Portfolioleasingvertrag zusammengefasst werden, im Diskontierungszinssatz zu berücksichtigen (Rz 54ff.).

> **Beispiel**
> Der Leasingnehmer LN übernimmt im Rahmen eines Leasingverhältnisses drei Bürogebäude (A, B und C), deren Gesamtwert 250 Mio. EUR bei Vertragsabschluss beträgt. Die einheitliche (Mindest-)Leasingrate für die nächsten 20 Jahre (jeweils jahresendfällig zu entrichten) beträgt 22 Mio. EUR. Weder liegt ein automatischer Eigentumsübergang noch eine günstige Kaufoption vor. Auch die Vertragslaufzeit liegt nicht über 75 % der ökonomischen Nutzungsdauer.
>
> Im Rahmen einer Portfoliobetrachtung wird ein Gesamtfremdkapitalzins von 7 % (annahmegemäß gleich dem gebäudespezifischen Zinssatz) für den Barwerttest herangezogen. Der Barwert der (Gesamt-)Mindestleasingraten beträgt 233 Mio. EUR und im Vergleich zum beizulegenden Zeitwert (Rz 38) nur 93 %. In einer Gesamtbetrachtung wären daher sämtliche Bürogebäude beim LN zu bilanzieren.
>
> Das Verhältnis der Leasingraten weicht jedoch vom Verhältnis der *fair values* ab.
>
> Gebäude A ist bereits relativ stark abgenutzt und bedarf einer dringenden Sanierung, der beizulegende Zeitwert wird daher nur auf 50 Mio. EUR geschätzt. Der sich aus dem Leasingvertrag marktkonform abgeleitete Leasinganteil des Gebäudes beträgt 4 Mio. EUR p. a. Der Barwert der Mindestleasingraten beträgt 42 Mio. EUR und damit nur 84 % des beizulegenden Zeitwerts; Gebäude A ist nicht von LN zu bilanzieren.
>
> Die beiden anderen Gebäude haben jeweils einen *fair value* von 100 Mio. EUR bei einer Leasingrate von 9 Mio. EUR p. a. Der Barwert der Min-

---

[72] Vgl. KPMG, Insights into IFRS, 3. Aufl., 2006/7, Tz 5.1.260.10.

> destleasingraten beträgt jeweils 95 Mio. EUR und damit 95 % des beizulegenden Zeitwerts. Gebäude B und C sind daher als *finance leases* bei LN zu bilanzieren.

In den meisten Fällen entspricht der Aufteilungsschlüssel der Gesamtleasingrate jedoch dem Verhältnis des Zeitwertes der Objekte, da sich die Zeitwerte eben aus den am Markt erzielbaren Mieten bestimmen. Portfoliobetrachtung und Einzelbetrachtung führen dann zum gleichen Ergebnis.

2.4.4 Leasingverhältnisse beim Unternehmenserwerb

In bestimmten Fällen ist gemäß IAS 17.13 eine Neubeurteilung eines Leasingverhältnisses erforderlich. Insbesondere im Zusammenhang mit Leasingverhältnissen, die im Rahmen eines Unternehmenserwerbs (*business combinations*) übernommen wurden, stellt sich die Frage der bilanziellen Behandlung beim Erwerber. Auf → § 31 wird verwiesen.

86

2.4.5 Erwerb und Verkauf von *operating leases*

In speziellen Fällen, etwa beim Erwerb günstiger Verträge (*favorable contracts*), können auch Nutzungsrechte aus *operating lease* einen bilanzierbaren Vermögenswert darstellen. Wegen Einzelheiten wird verwiesen auf → § 13 Rz 37 und → § 25 Rz 63 sowie → § 31.

87

2.5 Unterschiede zwischen IFRS und Steuerrecht bei den Zurechnungskriterien

Ein **Vergleich** der Behandlung von Leasing nach IFRS und Steuerrecht kann sich auf zwei Aspekte richten:[73]
- Was wird als *lease* definiert (Rz 89)?
- Wie wird im Falle eines *lease* das **wirtschaftliche Eigentum** verstanden (Rz 90ff.)?

88

IAS 17.4 definiert ein Leasingverhältnis als „eine Vereinbarung, bei der der Leasinggeber dem Leasingnehmer
- gegen eine **Zahlung** oder eine Reihe von Zahlungen
- das **Recht auf Nutzung** eines Vermögenswertes ... überträgt."

89

Kürzer ausgedrückt: Leasing ist die entgeltliche Nutzungsüberlassung eines Vermögenswertes. Auf die rechtliche Qualifikation des Nutzungsvertrags – Miete, Pacht usw. – kommt es nicht an.

Das **deutsche Verständnis**, geprägt durch die Leasingbranche und zivilrechtliche Überlegungen, ist teilweise **enger**: Leasing wird entweder als eine Vertragsform eigener Art angesehen oder als eine besondere Art von Miete oder Pachtvertrag bezeichnet, wobei die Besonderheit etwa darin liegen soll, dass der Leasingnehmer für Versicherung, Instandhaltung etc. aufkommt. Für die

---

[73] Nachfolgende Überlegungen überwiegend in Anlehnung an LÜDENBACH, BC 2007, S. 7ff.

entscheidende Bilanzierungsfrage, wer das **wirtschaftliche Eigentum** am Nutzungsobjekt hat, sind all diese zivilrechtlichen „**Besonderheiten**" ebenso **unerheblich** wie die Bezeichnung der Parteien für ihren Vertrag. Der **BFH** betont dementsprechend in seinem für die späteren Leasingerlasse grundlegenden Urteil[74], dass „unter Leasing Verträge verstanden werden, die **vom normalen Mietvertrag bis zum verdeckten Raten-Kaufvertrag** reichen." Die **BMF-Erlasse**[75] selbst legen auf eventuelle formalrechtliche Unterschiede ebenfalls keinen Wert. Sie sprechen etwa von der Grund**miet**zeit eines Leasingvertrages, unterscheiden Leasingverträge mit und ohne **Miet**verlängerungsoption usw.

Praktische Konsequenz: Weder IAS 17 noch die Steuererlasse können durch zivilrechtliche Qualifikation oder Bezeichnung der Verträge als Miete, Pacht usw. umgangen werden.

90 Für die bilanzielle Zurechnung eines Leasingobjekts ist das wirtschaftliche Eigentum maßgeblich. Es ist nach **IAS 17.8** dem Leasingnehmer zuzurechnen, wenn er im Wesentlichen alle **Risiken und Chancen** übernimmt, die üblicherweise mit dem zivilrechtlichen Eigentum verbunden sind. Das angeführte **BFH**-Urteil sieht den wirtschaftlichen Eigentümer dadurch gekennzeichnet, dass er im Regelfall „den rechtlichen Eigentümer **dauernd** von der **Einwirkung** auf das Wirtschaftsgut wirtschaftlich ausschließen kann, so dass ein **Herausgabeanspruch** des Eigentümers **keine wirtschaftliche Bedeutung** mehr hat." Konzeptionelle Unterschiede bestehen somit nur in Nuancen: IAS 17 stellt die Risiken und Chancen in den Vordergrund, misst aber daneben dem Gesichtspunkt der dauernden Herrschaft Bedeutung bei (IAS 17.21). Der BFH betont primär die dauernde Herrschaft, daneben aber auch die Chancen und Risiken, ausgedrückt u. a. in dem wirtschaftlichen Wert des Herausgabeanspruchs am Ende der Grundmietzeit.

91 Ob der Leasingnehmer wirtschaftlicher Eigentümer ist, macht IAS 17.10 an verschiedenen Kriterien fest (Rz 20). Ein *finance lease* liegt vor, wenn

- von vornherein die Übertragung des rechtlichen Eigentums feststeht,
- eine günstige Kaufoption vereinbart ist,
- die Vertragslaufzeit den überwiegenden Teil der wirtschaftlichen Nutzungsdauer des Leasingobjekts abdeckt, wobei nach IAS 17.11 auch eine günstige Mietverlängerungsoption zu berücksichtigen ist,
- das Leasingobjekt von spezieller Beschaffenheit ist,
- der Barwert der Mindestleasingzahlungen im Wesentlichen den anfänglichen Zeitwert des Leasingobjekts erreicht oder sogar größer als dieser ist.

Vergleicht man die vorgenannten Kriterien mit denen der steuerlichen Vollamortisationserlasse, so ergibt sich nur **ein** grundsätzlicher Unterschied: Das **Barwertkriterium** kommt nicht vor. Die **anderen Kriterien** werden hingegen im **Steuerrecht** zugrunde gelegt, drei davon in den Leasingerlassen selbst, der

---

[74] BFH, Urteil v. 26.01.1970, IV R 144/66, BStBl II 1970 S. 264.
[75] BMF, Schreiben v. 19.4.1971, IV B/2 – S 2170 – 31/71, BStBl 1971 I S. 264, sowie Schreiben v. 21.3.1972, IV B/2 – S 2170 – 11/72, BStBl 1972 I S. 188.

Fall des von vornherein feststehenden Eigentumsübergangs als unechter Mietkauf in Rechtsprechung und anderen Erlassen.[76] Das hohe Maß der Übereinstimmung ist kein Zufall: Das grundlegende BFH-Urteil beruft sich an vielen Stellen ausdrücklich auf US-GAAP Vorschriften (!). Die gleichen Vorschriften standen auch bei der Entwicklung von IAS 17 Pate.
Unterschiede bleiben im Detail:

92

- Während das Steuerrecht im Interesse der Rechtssicherheit die Kriterien **genau** quantifiziert, etwa für das Verhältnis von Vertrags- und Nutzungsdauer eine 90 %-Grenze formuliert,
- enthält IAS 17 **auslegungsbedürftige** Begriffe, etwa den des „überwiegenden Teils" (*major part*) für das Verhältnis von Vertrags- und Nutzugsdauer (Rz 31).

Bei der Verabschiedung von IAS 17 hat der IASC bewusst interpretationsbedürftige Begriffe verwendet, um ein sog. *cook-book accounting*, bei dem man hart bis an die Grenzen herangeht, zu Gunsten einer Gesamtwürdigung zu verhindern.

> **Beispiel**
> Das Leasingobjekt hat eine Nutzungsdauer von 20 Jahren. Der Leasingvertrag läuft über 17,5 Jahre. Er ist steuerlich „erlasskonform", weil die kritische Grenze von 90 % (18 Jahre) zwar bewusst ins Visier genommen, aber nicht überschritten wurde.
> Nach IAS 17 macht die Vertragsdauer je nach Interpretation des Begriffs „*major part*" zwar nicht zwingend den überwiegenden Teil der Nutzungsdauer aus, liegt aber jedenfalls sehr nahe an diesem Kriterium. Soll es in der geforderten Gesamtwürdigung bei einem *operating lease* bleiben, müssten daher die anderen Kriterien umso eindeutiger verneint werden können. Dies wäre nicht der Fall, wenn etwa eine Nutzung des Leasingobjekts durch einen anderen als den Leasingnehmer zwar nicht ausgeschlossen, aber doch unwahrscheinlich wäre, also der Vertrag zugleich in der Nähe des Spezialleasings (Rz 61) angesiedelt werden könnte. In der Gesamtbetrachtung läge dann ein *finance lease* vor.

Soweit jedenfalls die **Theorie**. In der **IFRS-Praxis** bleibt die **Gesamtwürdigung** allzu oft auf der Strecke. Die ermessensbehafteten Kriterien werden in Konzernbilanzierungsrichtlinien (*accounting manuals*) quantifiziert. Wie im Steuerrecht tritt dann an die Stelle einer Gesamtwürdigung das quantitative Abprüfen der Kriterien.

Bei **Teilamortisationsverträgen** (*non-full-pay-out*-Verträge) erfolgt entsprechend dem Leasing-Erlass vom 22.12.1975[77] entweder keine Amortisation

93

---

[76] Vgl. z.B. FinMin Schleswig-Holstein, Verfügung v. 27.7.2004, S 2170, und BMF, Schreiben v. 28.8.1991, BStBl I S. 768.
[77] Vgl. BMF, Schreiben v. 22.12.1975, IV B/2 – S 2170 – 161/75, BB 1976, S. 172.

der Kosten des Leasinggebers oder eine Amortisation erst am Ende der Laufzeit des Vertrags durch eine Schlusszahlung. Eine Zurechnung des Leasingobjekts beim Leasingnehmer erfolgt unabhängig von der Amortisation der Kosten des Leasinggebers im Vorliegen von **Spezialleasing** (Rz 61) sowie im Fall von Immobilienleasing bei Vorliegen besonderer Verpflichtungen (Übernahme der Gefahr des zufälligen Untergangs etc.) des Leasingnehmers.

In den anderen Fällen, in denen die unkündbare Grundmietzeit zwischen 40 % und 90 % der betriebsgewöhnlichen Nutzungsdauer liegt, erfolgt die Zurechnung des wirtschaftlichen Eigentums beim Leasingnehmer, wenn folgende Vertragsinhalte vereinbart sind:

- **Andienungsrecht** des Leasinggebers, **ohne Optionsrecht** des Leasingnehmers: Die Verwertungsentscheidung liegt beim Leasinggeber, der Leasingnehmer hat keine Entscheidungsbefugnis hinsichtlich der Substanz.
- **Aufteilung** des **Mehrerlöses**: Bei einer (vereinbarten) Veräußerung des Leasingobjekts nach Ablauf der Grundmietzeit ist ab einer Beteiligung des Leasinggebers in Höhe von $\geq$ 25 % am **Verwertungserlös** eine beträchtliche Partizipation des Leasinggebers an dem Restwert anzunehmen und diesem das wirtschaftliche Eigentum zuzurechnen.
- **Kündbarer Mietvertrag** mit **Anrechnung des Veräußerungserlöses auf die Schlusszahlung** des Leasingnehmers: Im Falle einer Kündigung des Leasingverhältnisses durch den Leasingnehmer ist dieser zur Erstattung der Kosten des Leasinggebers verpflichtet. Erfolgt **keine vollständige Anrechnung** des vom Leasinggeber zu erzielenden Veräußerungserlöses (nach Rückerhalt vom Leasinggeber), profitiert allein dieser von **Wertsteigerungen**.

94 Aufgrund der unterschiedlichen Behandlung des Amortisationsrisikos – nachgeordnet für das Steuerrecht und erstrangig für die IFRS-Bilanz – kommt es hinsichtlich folgender Kriterien u. U. zu einer auseinanderlaufenden Beurteilung des wirtschaftlichen Eigentums:[78]

- Der **Barwerttest** nach IFRS (IAS 17.10c) zielt auf die Übertragung des Amortisationsrisikos des Leasinggebers auf den Leasingnehmer ab (Rz 48), ein vergleichbares Kriterium fehlt im Steuerrecht. Hierdurch kommt es insbesondere bei Leasingobjekten ohne relevanten Gebrauchtmarktwert (z. B. Hardwareleasing; Rz 38) nach IFRS zu einer Zurechnung beim Leasingnehmer.
- **Restwertgarantien, Andienungsrechte** und Verpflichtungen des Leasingnehmers zur **Amortisation der Investitionskosten** führen nach IFRS i. d. R. zu einer Zurechnung des Leasingobjekts beim Leasingnehmer (Rz 23).

Zwar findet sich der mit dem Barwertkriterium verbundene **Rechtsgedanke** auch im o. g. **BFH**-Urteil, wenn dort vom „*second-hand-leasing*" gesprochen und unterschieden wird zwischen

---

[78] Vgl. PwC, IFRS für Banken, 3. Aufl., 2005, S. 583ff.

- Objekten, bei denen ihrer Art nach mit Ablauf des Leasingvertrags noch ein wesentlicher Erlös durch Verkauf oder Überlassung an einen weiteren Nutzer (*second-hand*) erzielt werden kann und deshalb der Leasingvertrag nicht für die volle Amortisation sorgen muss, und
- solchen, bei denen eine Anschlussnutzung nicht zu erwarten ist.

Im Detail wird der Amortisationsaspekt im Steuerrecht aber nicht weiter verfolgt.

Beispiel
Im Rahmen eines Leasingvertrags über eine Maschine schließen Leasingnehmer und Leasinggeber folgende Konditionen miteinander ab:
- Das Leasingverhältnis wird über die Dauer von 75 % der wirtschaftlichen Nutzungsdauer geschlossen, die vereinbarten Leasingraten decken die Investitionskosten des Leasinggebers nicht.
- Am Ende der Vertragslaufzeit wird das Leasingobjekt veräußert. Aus dem Veräußerungserlös sind zunächst die noch nicht gedeckten Kosten des Leasinggebers zu bedienen, darüber hinausgehende Gewinne fallen zu 75 % auf den Leasingnehmer und zu 25 % auf den Leasinggeber.
- Der Leasingnehmer garantiert dem Leasinggeber eine Ausgleichszahlung bei Nichtdeckung der Investitionskosten aus der Veräußerung und den bislang gezahlten Leasingraten.

Beurteilung
Steuerlich ist das Leasingverhältnis nach dem Teilamortisationserlass für Mobilienleasing zu beurteilen. Aufgrund der hohen Beteiligung des Leasinggebers an der Verwertungsmöglichkeit des Leasingobjekts ist ihm das wirtschaftliche Eigentum zuzurechnen.
In der IFRS-Bilanz ist die Garantie des Leasingnehmers im Rahmen des Barwerttests zu berücksichtigen, der Barwert der Mindestleasingzahlungen entspricht aufgrund der Verpflichtung des Leasingnehmers gerade oder annähernd dem beizulegenden Zeitwert des Leasingobjekts, die Risiken werden vollständig auf den Leasingnehmer übertragen, der das Leasingobjekt und eine Verbindlichkeit bilanziell abzubilden hat.

Unterschiede bestehen außerdem bei **Immobilienleasingverträgen**. Nach den Leasingerlassen vom 21.3.1972 und vom 23.12.1991[79] folgt die **Zuordnung des Grund und Bodens** derjenigen für das **Gebäude**. Nach IAS 17.15 kommt auch eine getrennte personelle Zuordnung von Grund und Boden und Gebäude in Betracht (Rz 69).

95

---

[79] Vgl. BMF, Schreiben v. 23.12.1991, IV B/2 – S 2170 – 115/91, BStBl 1992 I S. 13.

2.6 Zusammenfassende Beurteilung der Zurechnungskriterien

96 Die häufig nur qualitativen und auch sonst recht vagen Zurechnungskriterien eröffnen den Bilanzierenden nennenswerte **faktische Wahlrechte** (Rz 31f.). Der IASB ist sich dessen bewusst, denn er hat die begriffliche „Offenheit" gewählt, um dem Anwender ein *professional judgement* zu eröffnen.[80] Dadurch soll Umgehungspraktiken gegengesteuert werden. Die Folge dieser gewählten Unbestimmtheit ist die Eröffnung erheblicher Ermessensspielräume (→ § 51 Rz 24ff.), und zwar insbesondere im Zusammenhang mit dem **Mietzeitkriterium** (Rz 31f.)[81] sowie dem **Barwertkriterium** (Rz 38). In hohem Maße gewöhnungsbedürftig ist aus deutscher Sicht auch die Möglichkeit einer „**Doppelbilanzierung**" beim Leasinggeber und -nehmer bzw. **doppelte Nichtbilanzierung** (Rz 14 und 54).

Beispiel für eine Doppelbilanzierung

Ein Leasingnehmer lässt vom Leasinggeber eine Lagerhalle auf einem gepachteten (wertmäßig unbedeutenden) Grundstück errichten und mietet diese über eine Grundmietzeit von 15 Jahren. Die betriebsgewöhnliche Nutzungsdauer der Lagerhalle beträgt 25 Jahre. Die jährlichen Leasingraten betragen 55.000 EUR. Es besteht keine Kaufoption für den Leasingnehmer. Der Verkehrswert der Lagerhalle entspricht den Herstellungskosten in Höhe von 600.000 EUR. Der dem Leasingverhältnis zugrunde liegende Zinssatz beträgt aufgrund eines garantierten Restwertes in Höhe von 157.757 EUR 6 % und ist dem Leasingnehmer nicht bekannt. Im Falle des Kaufs und der laufzeitäquivalenten Fremdfinanzierung würde der Zinssatz für den Leasingnehmer 5,5 % p. a. betragen.

Aus Sicht des Leasinggebers stellt sich die Prüfung der Zurechnungskriterien wie folgt dar:

Eigentumsübergangskriterium: Nicht erfüllt
Kaufoptionskriterium: Nicht erfüllt
Mietzeitkriterium: 15/25 = 60 %, d. h. vermutlich nicht erfüllt (Rz 32)
Barwertkriterium:

	EUR
Leasingraten 55.000 EUR p. a. (6 %)	534.174
Verkehrswert	600.000
Verhältnis	89 %

Da das Barwertkriterium mit 89 % vermutlich nicht erfüllt ist (Rz 38), wird das Leasingobjekt aus Sicht des Leasinggebers in seiner Bilanz erfasst. Aus Sicht des Leasingnehmers stellt sich die Prüfung der Zurechnungskriterien dagegen wie folgt dar:

---

[80] Schildbach, BFuP 2002, S. 263ff.
[81] Vgl. die ausführliche Darstellung bei Vater, DStR 2002, S. 2094.

Eigentumsübergangskriterium: Nicht erfüllt
Kaufoptionskriterium: Nicht erfüllt
Mietzeitkriterium: 15/25 = 60 %, d. h. vermutlich nicht erfüllt (Rz 32)
Barwertkriterium:

	EUR
Leasingraten 55.000 EUR p. a. (5,5 %)	552.067
Verkehrswert	600.000
Verhältnis	92 %

Da das Barwertkriterium mit 92 % vermutlich erfüllt ist (Rz 38), wird das Leasingobjekt aus Sicht des Leasingnehmers vom Leasingnehmer bilanziert.
Es kommt insoweit zu einer Doppelbilanzierung.

> **Beispiel für eine doppelte Nichtbilanzierung**
> In Abwandlung zum gerade skizzierten Beispiel beträgt der nicht garantierte Restwert 107.000 EUR. Der interne Zinssatz des Leasinggebers beläuft sich damit auf 5,5 % und ist dem Leasingnehmer wiederum nicht bekannt. Im Falle des Kaufs und der laufzeitäquivalenten Fremdfinanzierung würde der Zinssatz für den Leasingnehmer nunmehr 6 % p. a. betragen.
> Aus Sicht des Leasinggebers stellt sich die Prüfung der Zurechnungskriterien wie folgt dar:
> Eigentumsübergangskriterium: Nicht erfüllt
> Kaufoptionskriterium: Nicht erfüllt
> Mietzeitkriterium: 15/25 = 60 %, d. h. vermutlich nicht erfüllt (Rz 32)
> Barwertkriterium:
>
> | | EUR |
> |---|---|
> | Leasingraten 55.000 EUR p. a. (5,5 %) | 552.067 |
> | Verkehrswert | 600.000 |
> | Verhältnis | 92 % |
>
> Da das Barwertkriterium mit 92 % vermutlich erfüllt ist (Rz 38), wird das Leasingobjekt aus Sicht des Leasinggebers dem Leasingnehmer zugerechnet.
> Aus Sicht des Leasingnehmers stellt sich die Prüfung der Zurechnungskriterien dagegen wie folgt dar:
> Eigentumsübergangskriterium: Nicht erfüllt
> Kaufoptionskriterium: Nicht erfüllt
> Mietzeitkriterium: 15/25 = 60 %, d. h. vermutlich nicht erfüllt (Rz 32)
> Barwertkriterium:
>
> | | EUR |
> |---|---|
> | Leasingraten 55.000 EUR p. a. (6 %) | 534.174 |
> | Verkehrswert | 600.000 |
> | Verhältnis | 89 % |

> Da das Barwertkriterium mit 89 % vermutlich nicht erfüllt ist (Rz 38) und auch kein Spezialleasing vorliegt (Rz 61), wird das Leasingobjekt aus Sicht des Leasingnehmers dem Leasinggeber zugerechnet.
> Es kommt insoweit zu einer doppelten Nichtbilanzierung.

Eine überraschende Zurechnungsregel liefert auch das Wahlrecht, einen „an sich" als *operating lease* zu behandelnden Vertrag über eine **Renditeliegenschaft** beim Leasingnehmer als *finance lease* zu behandeln (Rz 16). Den damit angedeuteten bilanzpolitischen Spielräumen durch Ermessensausübung kann aus Sicht des Abschlussadressaten insbesondere durch **Anhangerläuterung** und – sachlich und zeitlich – **konsistente** Anwendung gegengesteuert werden.

97 Eine Einschätzung des Leasingverhältnisses durch den Leasinggeber kann nicht vom Leasingnehmer übernommen werden. Dieser hat seine **eigene** Analyse vorzunehmen. Denkbar ist lediglich die Übernahme der internen Kalkulation des Leasinggebers zur Bestimmung des internen Zinssatzes durch den Leasingnehmer. In diesem Falle halten wir allerdings eine Plausibilitätsbeurteilung durchaus für geboten (Rz 52).

3 Bewertung

3.1 *Finance*-Leasingverhältnisse beim Leasingnehmer

3.1.1 Zugangsbewertung beim Leasingnehmer

98 Bei Vorliegen eines *finance*-Leasingverhältnisses hat der Leasingnehmer zu Beginn des Leasingverhältnisses (*at inception*) das Leasingobjekt und die Verbindlichkeit gegenüber dem Leasinggeber in Höhe des beizulegenden **Zeitwertes** zu bewerten. Eine bilanzielle Abbildung erfolgt mit dem Beginn (zum *commencement date*) des Nutzungsverhältnisses (Rz 18).

Sofern der **Barwert** der Mindestleasingzahlungen **unter** dem beizulegenden Wert liegt (Rz 59), ist im Rahmen der Zugangsbewertung der niedrigere Barwert der Mindestleasingzahlungen (aus Sicht des Leasingnehmers; Rz 52) maßgebend (IAS 17.20).

99 Der beizulegende Zeitwert des Leasingobjekts zzgl. evtl. Anschaffungsnebenkosten (Rz 100) stellt die **Obergrenze** für die Zugangsbewertung beim Leasingnehmer dar. Wird im Rahmen des Barwerttests nicht auf den internen Zinssatz des Leasinggebers (*rate implicit in the lease*) abgestellt, sondern der Grenzfremdkapitalzins des Leasingnehmers (Rz 54) angewendet, kann der Barwert der Leasingraten **über** dem beizulegenden Zeitwert des Leasingobjekts liegen. Es gilt Folgendes:
- Im Rahmen der Folgebewertung ist die (im Vergleich zum Barwert geringere) Leasing**verbindlichkeit** durch Berücksichtigung eines höheren Zinssatzes zu **reduzieren** (Rz 109). Der Diskontierungszins des Barwerts der Mindestleasingraten und der Folgebewertung der Leasingverbindlichkeit stimmen dann nicht überein (Rz 59).

- Ein Ansatz des Barwerts der Mindestleasingzahlungen mit anschließender Anpassung an den niedrigeren beizulegenden Zeitwert des Leasingobjekts durch eine **außerplanmäßige Abschreibung** des Leasingobjekts ist **nicht** zulässig.

Der beizulegende Zeitwert des Leasingobjekts ist im Rahmen der bilanziellen Abbildung durch den Leasinggeber vor Abzug evtl. **Steuergutschriften** und **staatlicher Zuwendungen** zu bestimmen. Im Rahmen der Zugangsbewertung sind Zahlungen, die der Leasingnehmer nicht erhalten hat, in Abgrenzung zu der Berücksichtigung dieser im Zusammenhang mit der Klassifizierung (Rz 49) nicht zu berücksichtigen. Weiterhin sind Kosten, die dem Leasingnehmer in Zusammenhang mit dem Abschluss von Leasingverträgen entstehen (Anschaffungsnebenkosten), ebenfalls im beizulegenden Zeitwert des Leasingobjekts zu berücksichtigen, soweit sie bei einem Erwerb eines vergleichbaren Vermögenswerts aktivierungsfähig wären (→ § 8 Rz 11ff.).

100

Die **Mindestleasingzahlungen** (Rz 39) umfassen aus Sicht des Leasingnehmers die während der Vertragslaufzeit zu leistenden Grundmietzahlungen sowie eventuelle Kaufpreiszahlungen am Ende des Leasingverhältnisses im Falle einer günstigen Kaufoption (Rz 40) und Restwertgarantien (Rz 39f.) des Leasingnehmers (IAS 17.4). **Nicht einbezogen** werden dagegen **Nebenkosten** (die keine verdeckten Leasingzahlungen i.S. von IFRIC 4.12 enthalten; Rz 11), die der Leasingnehmer an den Leasinggeber oder an Dritte leistet, wie z.B. Kosten für Versicherungen, Instandhaltung und Steuern für das Leasingobjekt (IAS 17.4). Darüber hinaus sind solche Leasingzahlungen nicht bei der Berechnung der Mindestleasingzahlungen zu berücksichtigen, die vom Eintritt künftiger Bedingungen abhängen *(contingent rents;* IAS 17.4) (Rz 41).
Die Nichteinbeziehung nur solcher Nebenkosten, die separat in Rechnung gestellt werden, würde zu ungerechtfertigen Differenzierungen führen.

101

> **Beispiel**
> Ein Gebäude wird in **zwei** Varianten zum Leasing angeboten:
> 1. gegen eine Nettokaltmiete zuzüglich vom Mieter selbst zu tragender Energiekosten und nach Einzelabrechnung vom Vermieter erhobener Nebenkosten.
> 2. gegen eine Bruttomiete, in die Energie- und sonstige Kosten mit kalkulierten Werten einbezogen sind.

Der höhere Wert der Miete im zweiten Fall könnte eher dazu führen, dass ihr Barwert den Zeitwert des Objektes erreicht oder übersteigt. Aus *substance-over-form*-Gesichtspunkten wäre dies nicht gerechtfertigt. Die Definition der Mindestleasingraten in IAS 17.4 sieht daher den Ausschluss auch von **kalkulatorischen Nebenkosten** vor.[82]

---

[82] Gleiche Auffassung: KMPG, Insights into IFRS, 3. Aufl., 2006, Tz 5.1.30.20.

3.1.2 Folgebewertung beim Leasingnehmer
3.1.2.1 Planmäßige Abschreibungen

102 Im Rahmen der Folgebewertung sind die vom Leasingnehmer bilanzierten Leasingobjekte wie rechtlich zuzurechnende Vermögenswerte in Übereinstimmung mit IAS 16 zu bewerten. Entsprechend IAS 16 besteht das Wahlrecht, betrieblich genutzte Sachanlagen zu fortgeführten Anschaffungs- bzw. Herstellungskosten oder zum höheren Zeitwert der Neubewertung, korrigiert um danach angefallene Abschreibungen zu bewerten. Auf die Ausführungen unter → § 8 Rz 6ff. sowie → § 10 Rz 20ff. ist deshalb zu verweisen.

103 Das Leasingobjekt ist über die **Laufzeit des Leasingvertrags** abzuschreiben (anders beim Leasinggeber im Rahmen eines *operating*-Leasing; Rz 128). Sofern jedoch bereits zu Beginn des Leasingverhältnisses der Übergang des rechtlichen Eigentums am Leasingobjekt zum Ende der Vertragslaufzeit hinreichend sicher ist, muss eine Abschreibung über die längere wirtschaftliche Nutzungsdauer des Leasingobjektes erfolgen (IAS 17.28). Das ist regelmäßig anzunehmen, wenn die Zurechnung zum Vermögen des Leasingnehmers aufgrund des Eigentumsübergangs- oder Kaufoptionskriteriums erfolgt (Rz 20). Da sich die Dauer des Leasingvertrags und die wirtschaftliche Nutzungsdauer nicht entsprechen müssen, ist möglicherweise der geleaste Vermögenswert in der Bilanz des Leasingnehmers bereits vollständig abgeschrieben, obwohl noch eine Verbindlichkeit gegenüber dem Leasinggeber besteht.

104 Auch bei **Spezialleasing** (Rz 61ff.) kann u. E. bereits zu Beginn des Leasingverhältnisses mit hinreichender Sicherheit vom Übergang des rechtlichen Eigentums am Leasingobjekt auf den Leasingnehmer ausgegangen werden. Zumindest ist in diesem Fall das Leasingobjekt so auf die Bedürfnisse des Leasingnehmers zugeschnitten, dass eine Verwendung von Dritten entweder überhaupt nicht oder nur mit erheblichen Kosten möglich ist.[83] Infolgedessen erscheint auch in diesem Fall eine Abschreibung über die wirtschaftliche Nutzungsdauer geboten.

3.1.2.2 Außerplanmäßige Abschreibungen

105 Zur Feststellung eines zusätzlichen außerplanmäßigen Abschreibungsbedarfs ist IAS 36 heranzuziehen (IAS 17.30). Auf die Kommentierung unter → § 11 kann deshalb verwiesen werden.

3.1.2.3 Wartungs- und Reparaturarbeiten

106 Für die Folgebewertung von Leasingobjekten eines *finance lease* kann u. E. in Bezug auf nachträgliche Herstellungs- und Erhaltungsaufwendungen nichts anderes gelten als für im (rechtlichen) Eigentum befindliche Vermögenswerte (→ § 8 Rz 30ff.).

- Die **laufenden Unterhaltungsaufwendungen** des Leasingnehmers für ein Leasingobjekt (*the day-to-day servicing*) sind als Aufwand zu behandeln (IAS 16.12).

---

[83] Vgl. ALVAREZ/WOTSCHOFSKY/MIETHIG, WPg 2001, S. 939.

- Notwendige **Ersatzteile** (*parts*) eines Vermögenswertes sind bei Ersatzbeschaffung zu aktivieren, wenn sie das generell gültige Ansatzkriterium in IAS 16.7 erfüllen.
- Größere Inspektionen oder Sanierungen sind als Ersatzbeschaffung zu aktivieren, wenn die genannten Ansatzkriterien erfüllt sind (IAS 16.14).

3.1.2.4 Vorzeitige Beendigung eines Leasingverhältnisses
Im Falle einer vorzeitigen Beendigung des *finance lease* hat der Leasingnehmer den Vermögenswert und die Schuld ergebniswirksam auszubuchen. In Höhe der Differenz der Buchwerte zwischen dem Leasingobjekt und der Leasingverbindlichkeit entsteht ein Erfolg.

107

3.1.2.5 Bewertung von Leasingobjekten im Rahmen von *subleases*
Soweit der Leasingnehmer einen *finance*-Leasingvertrag abschließt und das Leasingobjekt im Rahmen eines **weiteren** Leasingvertrages vermietet *(sublease)*, hängt die bilanzielle Behandlung des *sublease* davon ab, ob es sich hierbei um ein *operating* oder *finance lease* handelt. Bei einem *operating sublease* bilanziert der Leasingnehmer (der gleichzeitig Leasinggeber im Rahmen des *sublease* ist) das Leasingobjekt im Zugangszeitpunkt nach den oben dargestellten Grundsätzen (Rz 98ff.). Die Frage der **Folgebewertung** richtet sich nach der Art des Leasingobjekts:

108

- Bei **beweglichen** Vermögenswerten ist IAS 16 (→ § 14) anzuwenden (Rz 102).
- Sofern es sich um bebaute oder unbebaute **Grundstücke** handelt und die Nebenleistungen insgesamt nur eine untergeordnete Bedeutung an den Gesamterträgen haben, ist IAS 40 anzuwenden, da es sich insoweit um eine Renditeliegenschaft handelt (→ § 16 Rz 6). Danach besteht für den Leasingnehmer (der gleichzeitig Leasinggeber im Rahmen des *sublease* ist) das explizite Wahlrecht zur Bewertung des Leasingobjekts zu fortgeführten Anschaffungs- oder Herstellungskosten *(„cost model")* oder zu aktuellen Marktwerten *("fair value model"*; → § 16 Rz 35ff.).

3.1.2.6 Folgebewertung der Leasingverbindlichkeit
Zum Zwecke der Folgebewertung der Leasingverbindlichkeiten sind die zu leistenden Leasingraten in Finanzierungskosten *(finance charge)*, nicht aktivierbare Nebenkosten und einen Tilgungsanteil **aufzuteilen** (IAS 17.25). Die Finanzierungskosten sind über die Vertragslaufzeit so zu verteilen, dass sich unter Berücksichtigung des Zinssatzes, welcher der Berechnung des Barwertes der Mindestleasingzahlungen zugrunde gelegt wurde, eine **gleich bleibende Verzinsung** ergibt (IAS 17.25). Lediglich aus Vereinfachungsgründen ist bei gleichzeitiger Beachtung der Wesentlichkeitsgrenzen eine **lineare Verteilung** der Finanzierungskosten über die Vertragslaufzeit oder eine Verteilung nach der Zinsstaffelmethode im Einzelfall zulässig.

109

Der Zinsanteil der Leasingraten ist in der **GuV** unter den **Zinsaufwendungen** zu erfassen. Die Nebenkosten stellen sonstige betriebliche Aufwendungen dar. Der Tilgungsanteil vermindert erfolgsneutral die am Anfang einer Periode

110

bestehende Restverbindlichkeit. Es ist somit unzulässig, vereinfachungsbedingt die gesamten Leasingzahlungen in der GuV aufwandswirksam zu erfassen.

Beispiel
Ein Leasingnehmer least ab dem 1.1.01 eine Anlage mit einem beizulegenden Zeitwert von 250.000 EUR über eine Grundmietzeit von 5 Jahren. Unter Berücksichtigung der nachfolgenden Annahmen
– Zinssatz 10 %
– wirtschaftliche Nutzungsdauer 8 Jahre
– Barwert der Mindestleasingrate 247.159,30 EUR und
– jährliche Leasingrate von 67.600 EUR (inkl. Nebenkosten von 2.400 EUR)

entwickeln sich die Wertansätze des Leasingobjekts und der -verbindlichkeit wie folgt:

Jahr	Leasing-objekt	Abschreibungen	Verbindlichkeit	Zinsanteile	Leasingraten		
					Tilgung	Nebenkosten	Gesamt
	EUR	EUR	EUR	EUR	EUR	EUR	EUR
1.1.01	247.159,30		247.159,30				
31.12.01	197.727,44	49.431,86	206.675,23	24.715,93	40.484,07	2.400	67.600
31.12.02	148.295,58	49.431,86	162.142,75	20.667,52	44.532,48	2.400	67.600
31.12.03	98.863,72	49.431,86	113.157,03	16.214,28	48.985,72	2.400	67.600
31.12.04	49.431,86	49.431,86	59.272,73	11.315,70	53.884,30	2.400	67.600
31.12.05	0,00	49.431,86	0,00	5.927,27	59.272,73	2.400	67.600
		247.159,30		78.840,70	247.159,30	12.000	338.000

Das Leasingobjekt ist über die kürzere Vertragslaufzeit von 5 Jahren und nicht über die wirtschaftliche Nutzungsdauer von 8 Jahren abzuschreiben, da die Zurechnung zum Vermögen des Leasingnehmers aufgrund des in IAS 17.10d genannten Barwertkriteriums erfolgte (Rz 38ff.).
Die Tilgung der Verbindlichkeit ergibt sich aus der Aufteilung der zu zahlenden Leasingraten in Zinsanteil, Nebenkostenanteil und Tilgungsanteil.

3.2 *Finance*-Leasingverhältnisse beim Leasinggeber

3.2.1 Zugangsbewertung beim Leasinggeber

111 Da bei einem *finance lease* das **wirtschaftliche** Eigentum am Leasingobjekt auf den **Leasingnehmer** übergeht, bilanziert der Leasinggeber nicht das Leasingobjekt, sondern eine **Leasingforderung**. Die Höhe der Leasingforderung entspricht im Zugangszeitpunkt dem **Nettoinvestitionswert** des Leasingobjektes (IAS 17.36).

112 Der Nettoinvestitionswert, definiert als Differenz zwischen der Bruttoinvestition in das Leasingverhältnis und dem noch nicht realisierten Finanzertrag (IAS 17.4), wird wie folgt **ermittelt:**

> Mindestleasingzahlung (Summe der Mindestleasingraten und garantierter Restwert)
> + geschätzter nicht garantierter Restwert
> = Bruttoinvestition in das Leasingverhältnis
> − noch nicht realisierter Finanzertrag
> = Nettoinvestition in das Leasingverhältnis

3.2.2 Folgebewertung beim Leasinggeber
3.2.2.1 Entwicklung des Nettoinvestitionswertes

Zum Zwecke der Folgebewertung der Leasingforderungen sind die Leasingraten in einen **Zins- und Tilgungsanteil zu zerlegen**: Die Zinserträge sind so auf die Laufzeit des Leasingverhältnisses zu verteilen, dass sich auf Basis des internen Zinssatzes des Leasinggebers eine **periodisch gleich bleibende Rendite** des Nettoinvestitionswertes ergibt (IAS 17.39). Der Teil der Leasingratenzahlungen, der über den Zinsanteil hinausgeht, vermindert als Tilgungsanteil die Forderung gegenüber dem Leasingnehmer (IAS 17.40).

113

> **Beispiel**
> Zwischen Leasinggeber und Leasingnehmer wird am 1.1.01 ein Leasingvertrag über 5 Jahre abgeschlossen. Die wirtschaftliche Nutzungsdauer des Leasingobjektes beträgt 8 Jahre. Der beizulegende Wert des Leasingobjektes entspricht den Anschaffungskosten des Leasinggebers in Höhe von 230.000 EUR. Die jährlichen nachschüssigen Leasingraten betragen 60.000 EUR. Daraus errechnet sich der dem Leasingverhältnis zugrunde liegende Zinssatz von 9,565 %.
>
> **Lösung**
> Es handelt sich um ein *finance lease*, da der Barwert der Leasingraten dem beizulegenden Zeitwert des Leasinggegenstandes zu Vertragsbeginn im Wesentlichen (hier: 100 %) entspricht (Rz 38).
> Beim Leasinggeber ergeben sich der Bruttoinvestitionswert aus der Summe der Leasingraten (5 × 60.000 EUR = 300.000 EUR), der Nettoinvestitionswert als beizulegender Wert des Leasingobjektes (230.000 EUR) und der nicht realisierte Finanzertrag als Differenz zwischen Bruttoinvestitionswert und Nettoinvestitionswert (70.000 EUR).
> Die bilanzielle Entwicklung des Nettoinvestitionswertes und die Auswirkungen in der GuV aus dem Leasingverhältnis stellen sich beim Leasinggeber wie folgt dar:

Jahr	Netto-Investitionen zum 1.1.	Leasingraten	Zinsertrag (GuV)	Verminderung Netto-Investition	Netto-Investition zum 31.12.
	EUR	EUR	EUR	EUR	EUR
01	230.000,00	60.000	21.998,53	38.001,47	191.998,53
02	191.998,53	60.000	18.363,85	41.636,15	150.362,38
03	150.362,38	60.000	14.381,53	45.618,47	104.743,91
04	104.743,91	60.000	10.018,31	49.981,69	54.762,22
05	54.762,22	60.000	5.237,78	54.762,22	0,00
		300.000	70.000,00	230.000,00	

Variante

In Abwandlung zum gerade skizzierten Beispiel rechnet der Leasinggeber mit einem Restwert von 5.000 EUR am Ende der Vertragslaufzeit. Der Restwert wird jedoch weder vom Leasingnehmer noch von einem Dritten garantiert. An der Zuordnung des Leasingobjektes zum Vermögen des Leasingnehmers ändert sich nichts. Durch die Veränderung des Zahlenbeispiels ergeben sich die dem Leasingverhältnis zugrunde liegenden Größen wie folgt:

Bruttoinvestition	$5 \times 60.000,00$ EUR
	$+ 5.000,00$ EUR
	$= 305.000,00$ EUR
Leasinggeberzinssatz	10,093 %
Barwert der Leasingraten	60.000,00 EUR
	$\times$ RBF
	$= 226.908,47$ EUR
Barwert des Restwertes	$\dfrac{5.000,00 \text{ EUR}}{(1,1)^5}$
	$= 3.091,53$ EUR
Unrealisierter Finanzertrag	305.000,00 EUR
	$- 226.908,47$ EUR
	$- 3.091,53$ EUR
	$= 75.000,00$ EUR
Nettoinvestition	305.000,00 EUR
	$- 75.000,00$ EUR
	$= 230.000,00$ EUR

Die bilanzielle Entwicklung des Nettoinvestitionswertes und die Auswirkungen in der GuV aus dem Leasingverhältnis stellen sich beim Leasinggeber wie folgt dar:

Jahr	Netto-Investitionen zum 1.1.	Leasingraten	Zinsertrag (GuV)	Verminderung Netto-Investition	Netto-Investition zum 31.12.
	EUR	EUR	EUR	EUR	EUR
01	230.000,00	60.000	23.213,66	36.786,34	193.213,66
02	193.213,66	60.000	19.500,85	40.499,15	152.714,51
03	152.714,51	60.000	15.413,31	44.586,69	108.127,82
04	108.127,82	60.000	10.913,23	49.086,77	59.041,05
05	59.041,05	60.000	5.958,95	54.041,05	5.000,00
		300.000	75.000,00	225.000,00	

> Der Nettoinvestitionswert (230.000 EUR) vermindert sich auf Basis des dem Leasingvertrag zugrunde liegenden Zinssatzes bis zum Ende des Leasingverhältnisses auf den nicht garantierten Restwert (5.000 EUR).

Geschätzte **nicht garantierte Restwerte** sind regelmäßig auf deren Realisierbarkeit hin zu überprüfen (IAS 17.41). Ergeben sich Anzeichen für eine Verminderung des erwarteten Restwertes, ist der Nettoinvestitionswert entsprechend zu ändern. Die Wertanpassung ist dabei so vorzunehmen, als ob die Datenänderung bereits zu Beginn des Leasingverhältnisses bekannt gewesen wäre (IAS 17.41). 114

3.2.2.2 Wertberichtigungen von Leasingforderungen

Beim *finance lease* ist die Leasingforderung im Zugangszeitpunkt mit dem Nettoinvestitionswert (*net investment in the lease*) zu bewerten. Der Nettoinvestitionswert ergibt sich aus der Summe der vereinbarten Mindestleasingzahlungen und eines evtl. nicht garantierten Restwerts, abzüglich noch nicht realisierter Finanzerträge. Der **Wertansatz der nicht garantierten Restwerte** ist von dem Leasinggeber regelmäßig zu prüfen; sich daraus ergebende Wertminderungen sind sofort ergebniswirksam zu berücksichtigen (IAS 17.41). 115

> **Beispiel**
> Bei Beginn des *finance lease* am 31.12.00 hat das Leasingobjekt einen *fair value* von 5.046. Dies entspricht bei 5 nachschüssigen Leasingraten von 1.200 EUR und einem ungarantierten Restwert von 800 EUR einem impliziten Zinssatz von 10 %.
> Zum Ende des Jahres 03 revidiert der Leasinggeber die Restwerterwartung um 300 auf 800. Bei einer Restlaufzeit von 2 Jahren sind $300/1{,}1^2 = 248$ abzuschreiben. Die Leasingforderung per 31.12.03 reduziert sich damit von 2.744 auf 2.496. Die Zinserträge der Folgeperioden fallen entsprechend niedriger aus.
> Nachfolgend die Entwicklung von Leasingforderung, Zinsertrag und Tilgung nach ursprünglichen und korrigierten Annahmen:
>
> | | Ursprüngliche Annahmen | | | | Korrigierte Annahmen | | | |
> |---|---|---|---|---|---|---|---|---|
> | | Rate | BW | Zins | Tilgung | Forderung | Rate | Zins | Tilgung | Forderung |
> | 31.12.00 | | | | | 5.046 | | | | |
> | 31.12.01 | 1.200 | 1.091 | 505 | 695 | 4.350 | | | | |
> | 31.12.02 | 1.200 | 992 | 435 | 765 | 3.585 | | | | |
> | 31.12.03 | 1.200 | 902 | 359 | 841 | 2.744 | 1.200 | | | 2.496 |
> | 31.12.04 | 1.200 | 820 | 274 | 926 | 1.818 | 1.200 | 250 | 950 | 1.545 |
> | 31.12.05 | 2.000 | 1.242 | 182 | 1.818 | 0 | 1.700 | 155 | 1.545 | 0 |
> | | | 5.046 | | 5.046 | | | | | |

Für die **bonitätsbedingten Wertberichtigungen** gelten die Regelungen von IAS 39 (IAS 39.2d). Eine Einzelwertberichtigung ist danach zu bilden, wenn substanzielle Hinweise für eine Wertminderung oder Uneinbringlichkeit vor- 116 liegen (IAS 39.58). Bei der Höhe der Wertberichtigung ist die Sicherheit aus dem zivilrechtlichen Eigentum am Leasingobjekt zu berücksichtigen. Für nicht einzelwertberichtigte Forderungen sind gem. IAS 39.64 portfolioorientierte Wertberichtigungen vorzunehmen (→ § 28 Rz 122ff.).

3.3 *Operating*-Leasingverhältnisse

3.3.1 *Operating*-Leasingverhältnisse beim Leasingnehmer

117 Bei *operating*-Leasingverhältnissen verbleibt das **wirtschaftliche Eigentum** am Leasingobjekt beim **Leasinggeber**. *Operating*-Leasingverhältnisse sind damit bilanziell wie **Mietverhältnisse** zu behandeln: Der Leasingnehmer erwirbt lediglich ein Nutzungsrecht und erfasst die gezahlten Leasingraten als Aufwand.

118 Der Aufwand bemisst sich nicht notwendigerweise nach der Höhe der gezahlten Leasingraten. Vielmehr sind die insgesamt geschuldeten Leasingraten **linear** als Aufwand über die Laufzeit des Leasingverhältnisses zu erfassen (IAS 17.33).

119 Von einer linearen Aufwandsverteilung ist in den Fällen abzusehen, in denen eine andere systematische Grundlage dem zeitlichen Verlauf des Nutzens besser entspricht (IAS 17.34). Das ist z. B. der Fall bei **Anreizvereinbarungen**: Wurden Anreize für die Vereinbarungen eines Leasingverhältnisses wie z. B. Übernahme bestimmter Kostenelemente des Leasingnehmers gewährt, so sind diese spiegelbildlich zur Behandlung beim Leasinggeber über den gesamten Leasingzeitraum zu verteilen (SIC 15).

Entscheidend ist die **periodengerechte** (in der Regel gleichmäßige) Aufwandsbelastung der gesamten Zahlungsabflüsse aus dem Leasingvertrag *(accrual basis of accounting* gemäß F.22 und IAS 1.25). In welchem Bilanzposten sich die Aufwandszuordnung (in Abweichung von den Zahlungsverläufen) niederschlägt, bleibt nach SIC 15 offen.[84] In Frage kommt aus Sicht des Mieters die Passivierung einer Verbindlichkeit für die ersten „mietfreien" Monate.

> **Beispiel**
> **Kostenübernahme durch den Leasingnehmer**
> Es wird ein *operating*-Leasingvertrag über eine Grundmietzeit von 5 Jahren mit einer jährlich vorschüssigen Leasingrate in Höhe von 2.000 EUR abgeschlossen. Der Leasinggeber übernimmt im Rahmen einer Anreizvereinbarung bei Vertragsabschluss am 1.1.01 Kosten des Leasingnehmers in Höhe von 1.000 EUR.
>
> **Lösung**
> Die Übernahme von Kosten des Leasingnehmers durch den Leasinggeber ist durch die Bildung eines Abgrenzungspostens *(deferred income)* unter den sonstigen Verbindlichkeiten gleichmäßig auf die Leasinglaufzeit zu

---

[84] HOFFMANN, PiR 2005, S. 97f.

verteilen. Die Ermittlung des Abgrenzungspostens beim **Leasingnehmer** und die zeitliche Entwicklung stellen sich wie folgt dar:

Jahr	Leasing-raten	*deferred income* 1.1.01	Veränderung	31.12.01	Korrigierte Leasingrate
	EUR	EUR	EUR	EUR	EUR
01	2.000	1.000	200	800	1.800
02	2.000	800	200	600	1.800
03	2.000	600	200	400	1.800
04	2.000	400	200	200	1.800
05	2.000	200	200	0	1.800
	10.000		1.000		9.000

Eine Linearisierung der Aufwandsverteilung ist auch bei **mietfreien Zeiten** erforderlich.

Beispiel[85]
Der Leasingnehmer least eine Anlage im Rahmen eines *operating*-Leasingverhältnisses über die Grundmietzeit von vier Jahren. Die ersten drei Monate des Leasingverhältnisses sind mietfrei. Nach Ablauf der mietfreien Zeit betragen die monatlichen (nachschüssigen) Leasingraten 3.000 EUR.

Lösung
Die Summe der Leasingraten beträgt 45 × 3.000 EUR = 135.000 EUR. Demzufolge ist in jedem Jahr ein Leasingaufwand in Höhe von 135.000 EUR / 4 Jahre = 33.750 EUR zu erfassen. Der Nutzen aus der mietfreien Zeit ist auf die Laufzeit des Leasingvertrages zu verteilen. Die Passivierung einer Verbindlichkeit erhöht den Leasingaufwand. Die spätere Auflösung vermindert dagegen den Leasingaufwand.
Die Entwicklung stellt sich beim Leasingnehmer wie folgt dar:

Jahr	gezahlte Leasingraten	*deferred income* 1.1.	Veränderung	31.12.	Leasing-aufwand
	EUR	EUR	EUR	EUR	EUR
01	27.000	0	6.750	6.750	33.750
02	36.000	6.750	-2.250	4.500	33.750
03	36.000	4.500	-2.250	2.250	33.750
04	36.000	2.250	-2.250	0	33.750
	135.000				135.000

---

[85] Vgl. hierzu den Sachverhalt des BFH, Urteil v. 5.4.2006, I R 43/05, BStBl II 2006 S. 593, mit Anm. von HOFFMANN, in: DStR 2006, S. 1123. Der BFH folgt nicht der nachstehenden Lösung.

120 Spiegelbildlich zu den Anreizvereinbarungen (Rz 119), bei denen der Leasinggeber dem Leasingnehmer Vorteile bei Abschluss eines *operating lease* einräumt, entsteht ein Bilanzierungsproblem bei Leistungen des Leasingnehmers, von denen der **Leasinggeber** profitiert. Wenn der Leasingnehmer ohne vertragliche Verpflichtungen am Leasingobjekt Verbesserungen *(leasehold improvements)* vornimmt, stellt sich die Frage der bilanziellen Zuordnung der Verbesserungsmaßnahme.

Die IFRS befassen sich nirgends mit dem speziellen Problembereich der **Mietereinbauten**. Die Lösung muss deshalb anhand allgemeiner Kriterien gefunden werden. Dazu gehören:[86]

- Vorliegen eines Vermögenswerts *(assets)*, d. h. die Aktivierbarkeit generell.
- Bilanzrechtliche Zuordnung (wirtschaftliches Eigentum).
- Aufwandsverteilung *(matching principle)*.

In der Regel liegt bei *leasehold improvements* ein Vermögenswert vor, da es sich bei den Verbesserungen nicht um Erhaltungsaufwand, sondern **Herstellungskosten** handelt. Die Frage des wirtschaftlichen Eigentums richtet sich nach den Allgemeinregeln (Rz 20), also danach, welche Partei die maßgeblichen Chancen und Risiken aus der Verbesserungsmaßnahme trägt.

In den IFRS ist keine konkrete Ausprägung des *matching principle* in diesem Zusammenhang feststellbar. Nach der Auslegungshierarchie in IAS 8.10ff. richtet sich der Blick dann auf die US-GAAP (IAS 8.12), hier auf SFAC 6.177. Es geht um die dort genannten *leasehold improvements*, also Aufwendungen des Leasingnehmers (Mieter) im Zusammenhang mit einem Leasingverhältnis (langfristiger Mietvertrag). Ein *leasehold improvement* wird als *asset* angesehen, das üblicherweise als *deferred costs* oder *deferred charges* zu aktivieren ist:

- Der Leasingnehmer hat den zusätzlichen Aufwand auf das Leasingobjekt *(leasehold improvement)* über die **Laufzeit des Vertrags** zu verteilen.
- Der Leasinggeber hat den am Ende der Mietzeit noch vorhandenen **Restwert** der Verbesserung des Leasinggegenstandes zu **aktivieren** und auf die restliche Nutzungsdauer abzuschreiben.

Beispiel
Der Leasingnehmer A least am 1.1.00 eine Maschine für einen Zeitraum von 10 Jahren (bis zum 31.12.09), die aufgrund der Nichterfüllung der Zurechnungskriterien als *operating lease* zu klassifizieren ist. Dabei sind von A zum 31.12.03 weitere Nebenleistungen, eine Erweiterung der Produktionskapazität und Modernisierung der Technik, zu erbringen. Die Herstellungskosten der Verbesserungen betragen 50.000 EUR. Die Verbesserungen haben eine geschätzte wirtschaftliche Nutzungsdauer von 20 Jahren (Jahresabschreibung 2.500 EUR), wobei die Nutzung 6 Jahre durch

---

[86] Zum Ganzen HOFFMANN, PiR 2006, S. 30.

den Leasingnehmer A erfolgt. Am 1.1.10 hat die Maschine einen Restbuchwert (= *fair value*) von 35.000 EUR.

Lösung (Mieterperspektive)
Der Restwert von 35.000 EUR wächst dem Vermieter am Ende der Mietperiode zu und ist deshalb als Teil der Mindest-Leasing-Zahlungen anzusehen. Dieser Betrag ist über die Mietdauer gleichmäßig dem Aufwand zu belasten (3.500 EUR p. a.). Ende 04 beträgt die aufgelaufene zusätzliche Mietverpflichtung 14.000 EUR.
Die Zahlung des Mietereinbaus Ende 04 ist zu splitten auf:
- 35.000 EUR Mietvorauszahlung
- 15.000 EUR Mietereinbau (Sachanlagen)

Die Mietvorauszahlung ist mit der Mietverpflichtung von 14.000 EUR zu verrechnen; es verbleiben als Aktivsaldo 21.000 EUR, der jährlich mit 3.500 EUR zu Lasten des Aufwands aufgelöst wird. Der Mietereinbau *(leasehold improvement)* ist auf das Ende des Mietvertrages abzuschreiben (2.500 EUR p. a.). Insgesamt sind über die Vertragslaufzeit folgende Aufwandsverbuchungen vorzunehmen:

```
4 × 3.500 =  14.000
6 × 3.500 =  21.000
6 × 2.500 =  15.000
             50.000
```

In einer Stellungnahme vom Februar 2005 beschäftigt sich die SEC mit Fragestellungen der Behandlung von *leasehold improvements* und der Verbindung von diesen mit Anreizvereinbarungen zwischen Leasinggeber und Leasingnehmer:[87]

- Wertverzehr von *leasehold improvements*: Verbesserungen an einem Leasingobjekt sind von dem Leasingnehmer über die kürzere Dauer der Restlaufzeit des Vertrags und der wirtschaftlichen Nutzungsdauer abzuschreiben. Hierbei ist eine **Ausdehnung der Abschreibungsperiode** auf Verlängerungsperioden zulässig, wenn deren Ausübung hinreichend sichergestellt *(„reasonably assured")* ist.
- Behandlung mietfreier Zeiten *(rent holidays)*: Mietfreie Zeiten sind über die Gesamtnutzungsperiode zu verteilen. Die Aufwendungen des Leasingnehmers verlaufen linear *(„straight-line basis over the lease term")*.
- Mit Anreizen *(incentives)* verbundene *leasehold improvements*: Enthält eine Vereinbarung sowohl *incentives* des Leasinggebers als auch *leasehold improvements* des Leasingnehmers sind diese getrennt voneinander zu behandeln *("it is inappropriate to net the deferred rent against the leasehold improvements")*, eine **Saldierung** ist **nicht zulässig**.

---

[87] Letters from SEC Staff, February 7, 2005.

122 Abweichend von der vorstehend (Rz 117f.) dargestellten Regel **darf** der Leasingnehmer ein *operating lease* bezüglich einer **Renditeliegenschaft** (→ § 16) gem. IAS 17.6 wie ein *finance lease* behandeln und die Immobilie trotz fehlenden wirtschaftlichen Eigentums aktivieren, wenn er unter den in IAS 40 vorgesehenen Möglichkeiten *(fair value* oder Anschaffungskosten) für das *fair-value*-Modell optiert (Rz 16). Die Immobilie ist dann im Zugangszeitpunkt nach IAS 40.25 mit den fiktiven Anschaffungskosten in Höhe des Verkehrswerts des Leasingobjekts oder des niedrigeren Barwerts der Mindestleasingraten zu bilanzieren. In gleicher Höhe wird eine Verbindlichkeit gegenüber dem Leasinggeber passiviert. Im Rahmen der Folgebewertung im *fair-value*-Modell sind dann nach IAS 40.30 Veränderungen des **Zeitwertes erfolgswirksam zu erfassen** (→ § 16 Rz 42; IAS 40.30).

> **Beispiel**
> Der Leasingnehmer A least am 1.1.01 ein Grundstück, das aufgrund der Nichterfüllung der Zurechnungskriterien als *operating lease* zu klassifizieren ist, und vermietet es an ein konzernfremdes Unternehmen C im Rahmen eines *operating lease* weiter. Die Anschaffungskosten des Grundstücks betragen beim Leasinggeber 1 Mio. EUR. Am 31.12.01 steigt der Marktwert des Grundstücks auf 1,1 Mio. EUR.
> Obwohl der ursprüngliche Leasingvertrag ein *operating lease* darstellt, darf der Leasingnehmer A das Grundstück zu fiktiven Anschaffungskosten in Höhe von 1 Mio. EUR bilanzieren. Verfährt er so, muss er das Grundstück am 31.12.01 zum aktuellen Zeitwert in Höhe von 1,1 Mio. EUR bewerten und die Wertänderung ergebniswirksam in der GuV erfassen.

123 Manche *operating*-Leasingvereinbarungen sehen eine **Rückgabe** des Leasingobjekts **im Zustand bei Leasingbeginn** vor (Pachterneuerungsverpflichtung). Der periodengerechten Verteilung der Aufwendungen *(accrual basis of accounting)*[88] entspricht eine **ratierliche Bildung** der Erneuerungsrückstellung (Ansammlungsrückstellung).

124 Wenn der Leasingnehmer eines *operating lease* das **Leasingobjekt** während der Laufzeit des Leasingverhältnisses von dem Leasinggeber erwirbt, stellt sich die Frage der Zugangsbewertung in der Bilanz des Leasingnehmers. Der Preis, der zwischen Leasinggeber und Leasingnehmer für die Veräußerung (Übertragung des rechtlichen Eigentums) verhandelt wird, enthält ggf. neben dem beizulegenden Zeitwert des Leasingobjekts aufgrund der vorherigen Vertragsbeziehung (*preexisting relationship*) auch ein Entgelt für die Beendigung des Leasingverhältnisses (ausführlich zu Mehrkomponentengeschäften: → § 25 Rz 66ff.).

In analoger Anwendung entsprechender Vorgaben für die Behandlung von *preexisting relationships* bei Unternehmenserwerb (→ § 31 Rz 96ff.) halten wir eine sofortige ergebniswirksame Erfassung enthaltener Aufwendungen oder

---

[88] Vgl. KPMG, Insights into IFRS, 3. Aufl., 2006/7, Tz 3.12.620.20.

Erträge aus Beendigung des *operating lease* für geboten. Aufwendungen fallen bei einem aus Sicht des Leasingnehmers ungünstigen Leasingverhältnis an (Abstandszahlung für die Entlassung aus dem ungünstigen Vertrag), Erträge im umgekehrten Fall.

Wird die tatsächliche Nutzung eines *operating*-Leasingobjekts noch während der unkündbaren Mietzeit aufgegeben, so wird das Leasingverhältnis zu einem *onerous contract* mit der Folge einer Drohverlustrückstellung in Höhe des Barwerts der noch geschuldeten Mieten (→ § 21 Rz 45). Wird das nicht mehr selbst genutzte Objekt unter den Einstandskosten untervermietet, ist die Rückstellung auf Basis der Differenz beider Mieten zu berechnen.

125

3.3.2 *Operating*-Leasingverhältnisse beim Leasinggeber
3.3.2.1 Zugangsbewertung beim Leasinggeber

Da bei einem *operating lease* das wirtschaftliche Eigentum am Leasingobjekt beim Leasinggeber verbleibt, hat der Leasinggeber das Leasingobjekt im Zugangszeitpunkt mit den **Anschaffungs- oder Herstellungskosten** (→ § 8 Rz 11ff.), ggf. vermindert um erhaltene Zuschüsse (→ § 12 Rz 25ff.) zu bewerten.

126

Im Rahmen der Neuregelung durch das *Improvement Project* ist das **Wahlrecht** zur sofortigen aufwandswirksamen Erfassung von **Vertragsabschluss**kosten aufgehoben worden (IAS 17.38 und 17.52). Im Interesse der internationalen Vergleichbarkeit ist nur noch die Abgrenzung über die Laufzeit des Leasingverhältnisses zulässig. Direkt zurechenbare anfängliche Kosten, wie z. B. Aushandlung oder Absicherung der Leasingvereinbarung, Bewertungsgutachten, Vertragsnebenkosten und Provisionen werden deshalb aktiviert und über die Vertragslaufzeit verteilt.

127

3.3.2.2 Folgebewertung beim Leasinggeber

Die vom Leasinggeber bilanzierten Leasingobjekte sind im Rahmen der Folgebewertung in Übereinstimmung mit IAS 16 (IAS 17.53; → § 11 Rz 6ff.) bzw. im Einklang mit IAS 40 zu bewerten (→ § 16 Rz 6). Die Bewertung richtet sich danach, ob es sich um **bewegliches** Sachanlagevermögen oder um **Immobilien** handelt. Bei Bewertung mit den fortgeführten Anschaffungs- oder Herstellungskosten ist der Abschreibungszeitraum an der geplanten **Nutzungsdauer** auszurichten (→ § 10 Rz 31ff.). Anders verhält es sich im Falle von *finance*-Leasingverhältnissen beim Leasingnehmer (Rz 103).

128

Sofern der wirtschaftliche Nutzen des Leasingobjekts niedriger ist als sein Buchwert, ist nach IAS 36 eine **außerplanmäßige** *(impairment)* Abschreibung auf den niedrigeren beizulegenden Wert vorzunehmen (IAS 17.54; → § 11 Rz 8ff.).

129

3.3.2.3 Behandlung der Leasingraten

Erhaltene Leasingraten sind **linear** über den Leasingzeitraum zu **vereinnahmen**. Es besteht ein Verbot für die Aktivierung der noch nicht fälligen Leasingraten, da es sich um ein schwebendes Geschäft handelt. **Eine Abweichung von der Linearisierung** der Leasingraten ist geboten, wenn eine andere Art der Verteilung zu einer sachgerechteren Abbildung der Ertragsver-

130

einnahmung führt (IAS 17.50). Das ist z. B. der Fall bei Kostenübernahmen und mietfreien Zeiten am Ende des Leasingzeitraums. In diesen Fällen sind die erhaltenen Leasingraten (spiegelbildlich zur Behandlung beim Leasingnehmer) als Forderung gegenüber dem Leasingnehmer aktivisch abzugrenzen (Rz 119ff.). Nebenkosten wie z. B. Aufwendungen für Versicherungen und Instandhaltung sowie sonstige Dienstleistungen, die vom Leasingnehmer erstattet werden, sind nicht auf die Laufzeit des Leasingverhältnisses zu verteilen, sondern sofort erfolgswirksam zu erfassen (IAS 17.51).

4 Besondere Leasingverhältnisse

4.1 Händler- bzw. Herstellerleasing

131 Im Rahmen der Bilanzierung von *finance*-Leasingverhältnissen beim Leasinggeber sind **Besonderheiten** zu beachten, wenn es sich beim Leasinggeber um einen **Händler oder Hersteller** handelt. Das Unterscheidungsmerkmal zwischen Händler- bzw. Herstellerleasinggeschäften und reinen *finance*-Leasinggeschäften liegt in der Realisierung von Verkaufsgewinnen und Verkaufsverlusten: Ein Händler- bzw. Herstellerleasing **vereinigt Verkaufs- und Finanzierungsgeschäfte** mit der Folge einer **Abweichung** des beizulegenden Wertes des Leasingobjektes von den Anschaffungs- oder Herstellungskosten. Infolgedessen wird hier ein **Gewinn oder Verlust** aus dem Verkaufsgeschäft in Höhe der Differenz zwischen dem beizulegenden Zeitwert und den Anschaffungs- oder Herstellungskosten des Leasingobjektes **realisiert** (IAS 17.43).

132 In den **Umsatzerlösen** wird der beizulegende Zeitwert des Leasingobjektes bzw. der niedrigere Barwert der Mindestleasingraten zuzüglich des garantierten Restwertes ausgewiesen. Ein nicht garantierter Restwert gilt nicht als realisiert und deshalb nicht als Umsatzerlös (IAS 17.43). IAS 18 ist auf Leasinggeschäfte generell nicht anzuwenden (→ § 25 Rz 5).

133 Im Unterschied zum reinen *finance*-Leasing ist bei der Ermittlung des Barwertes der Mindestleasingraten nicht generell der dem Leasingverhältnis zugrunde liegende **Zinssatz** anzusetzen: Sofern ein künstlich niedriger Zinssatz verwendet wurde, um das Interesse beim Kunden zu wecken, wird der Veräußerungsgewinn auf den Wert beschränkt, der sich bei Berechnung mit einem marktüblichen Zinssatz ergeben hätte (IAS 17.45).

134 Um den **Gewinn oder Verlust aus dem Verkaufsgeschäft** *(gross profit)* zu ermitteln, werden die Anschaffungs- oder Herstellungskosten des Leasingobjektes bzw. ein abweichender Buchwert des Leasinggegenstands abzüglich des Barwertes des nicht garantierten Restwertes in den Herstellungskosten des Umsatzes ausgewiesen (IAS 17.43). Darüber hinaus werden bei dieser Art von Leasingverträgen die Vertragsabschlusskosten ebenfalls in den Herstellungskosten des Umsatzes erfasst. Eine Verteilung der direkten Kosten über die Laufzeit des Leasingvertrags kommt nicht in Betracht (IAS 17.46). Der **Gewinn errechnet** sich wie folgt:

Barwert Mindestleasingzahlungen (ohne ungarantierten Restwert):	Umsatz
– (Buchwert Leasingobjekt – Barwert ungarantierter Restwert):	– HK des Umsatzes
= Gewinn	= *gross profit*

Beispiel
Zwischen dem Leasinggeber und dem Leasingnehmer wird am 1.1.01 ein Leasingvertrag abgeschlossen. Die unkündbare Grundmietzeit beträgt 5 Jahre. Die wirtschaftliche Nutzungsdauer des Leasingobjekts beläuft sich auf 6 Jahre. Der beizulegende Wert des Leasingobjekts bei Vertragsbeginn (100.000 EUR) übersteigt die Herstellungskosten (85.000 EUR). Der Restwert nach Ablauf des Leasingverhältnisses beträgt 8.423,50 EUR. Die jährlichen nachschüssigen Leasingraten in Höhe von 27.000 EUR enthalten Nebenkosten des Leasingvertrags in Höhe von 2.000 EUR. Daraus errechnet sich der dem Leasingverhältnis zugrunde liegende Zinssatz von 10 %.

Lösung
Das Leasingobjekt kann dem Leasingnehmer zugerechnet werden, da die Laufzeit des Leasingverhältnisses den überwiegenden Teil der wirtschaftlichen Nutzungsdauer umfasst (83,3 %). Beim Leasinggeber handelt es sich um ein Händlerleasing, da die Herstellungskosten vom beizulegenden Zeitwert des Leasingobjekts abweichen.
Die für die bilanzielle Abbildung beim Leasinggeber maßgebenden Werte ermitteln sich unter der Annahme eines garantierten bzw. nicht garantierten Restwerts wie folgt:

	Garantierter Restwert	Nicht garantierter Restwert
Mindestleasingzahlungen	(25.000 × 5)	
+ Restwert	+ 8.423,50 EUR	
= Bruttoinvestition (Bruttoinvestment)	= 133.423,50 EUR	identisch
	133.423,50 EUR	
– beizulegender Wert des Leasingobjekts	– 100.000,00 EUR	
= Unrealisierter Finanzertrag	= 33.423,50 EUR	identisch
Bruttoinvestition (Bruttoinvestment)	133.423,50 EUR	
– unrealisierter Finanzertrag	– 33.423,50 EUR	
= Nettoinvestition (Nettoinvestment)	= 100.000,00 EUR	identisch
Barwert der Leasingraten	25.000 EUR × RBF = 94 769,67 EUR	identisch
Barwert des Restwerts	$\frac{8.423,50 \text{ EUR}}{(1,1)^5}$ = 5.230,33 EUR	identisch
Barwert der Leasingraten	94.769,67 EUR	94.769,67 EUR
+ Barwert des (garantierten) Restwerts	+ 5.230,33 EUR	0 EUR
= Umsatzerlöse	= 100.000,00 EUR	94.769,67 EUR
– Barwert des ungarantierten Restwerts		–85.000,00 EUR – 5.230,33 EUR
– Umsatzkosten	–85.000,00 EUR	– 79.769,67 EUR
= *gross profit* (Bruttoergebnis vom Umsatz)	= 15.000,00 EUR	identisch

Die Zusammenhänge lassen sich wie folgt darstellen:

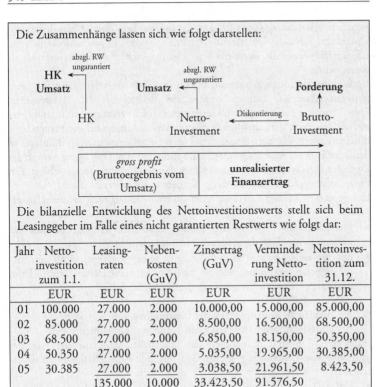

Die bilanzielle Entwicklung des Nettoinvestitionswerts stellt sich beim Leasinggeber im Falle eines nicht garantierten Restwerts wie folgt dar:

Jahr	Nettoinvestition zum 1.1.	Leasingraten	Nebenkosten (GuV)	Zinsertrag (GuV)	Verminderung Nettoinvestition	Nettoinvestition zum 31.12.
	EUR	EUR	EUR	EUR	EUR	EUR
01	100.000	27.000	2.000	10.000,00	15.000,00	85.000,00
02	85.000	27.000	2.000	8.500,00	16.500,00	68.500,00
03	68.500	27.000	2.000	6.850,00	18.150,00	50.350,00
04	50.350	27.000	2.000	5.035,00	19.965,00	30.385,00
05	30.385	27.000	2.000	3.038,50	21.961,50	8.423,50
		135.000	10.000	33.423,50	91.576,50	

4.2 Mehrstufige Leasingverhältnisse *(multi party leases)*

4.2.1 Zuordnung des wirtschaftlichen Eigentums

Die IFRS enthalten **keine besonderen** Regelungen für die Bilanzierung mehrstufiger Vertragsverhältnisse. Soweit sich hier eine Lücke in den IFRS ergibt, kann zu deren Füllung jedoch gegebenenfalls auf die in SFAS 13 niedergelegten Vorschriften zurückgegriffen werden (IAS 8.12). Hiernach sind wirtschaftlich voneinander abhängige Leasingverhältnisse zwischen mehreren Parteien über einen identischen Leasinggegenstand nach einem **Haupt**leasinggeschäft *(head lease)* und einem **Unter**leasingverhältnis *(sublease)* zu unterscheiden.

Die amerikanischen Regeln zu Mehrparteienleasinggeschäften verfolgen einen *top-down*-Ansatz (SFAS 13.35-40):[89] Leasinggeschäfte sind sequenziell – in der Folge der Übertragung der Chancen und Risiken – zu würdigen. Liegt das

---

[89] Vgl. EPSTEIN/MIRZA, IFRS 2006, S. 519ff., sowie auch ERNST & YOUNG, International GAAP 2007, S. 1676ff.

head lease als *operating lease* vor, kann das *sublease* kein *finance lease* mehr sein. Umgekehrt kann das Unterleasingverhältnis sowohl ein *finance lease* als auch ein *operating lease* sein, wenn das Hauptleasinggeschäft als *finance lease* klassifiziert wurde.
Im kommentierenden Schrifttum finden sich aber auch Hinweise auf einen **bottom-up-Ansatz**.[90] Danach können die Rechte, die der Hauptmieter/Untervermieter *(sub lessor)* dem Untermieter *(sub lessee)* zugesteht, und die damit verbundenen wirtschaftlichen Eigentumsverhältnisse auf die Hauptebene durchschlagen. Z.B. kann eine dem *sub lessor* eingeräumte günstige Kaufoption den *head lessee* zur Ausübung einer Kaufoption und zum Durchgangserwerb des Eigentums auch dann zwingen, wenn die Kaufoption oberer Ebene (im Hauptleasinggeschäft) nicht günstig, sondern *at the money* ist (Rz 29).
Ein genereller **Vorzug** der einen oder anderen Betrachtung ist **nicht** zu erkennen.[91]

- Der *bottom-up*-Ansatz ist u.E. dann vorzuziehen, wenn der *sublease* aus ökonomischer Sicht das tragende Hauptgeschäft ist,
- der *top-down*-Ansatz hat etwa dann seine Vorzüge, wenn ein ursprünglicher Leasingnehmer die Sache nicht mehr (selbst) nutzen kann und daher einen Nachfolger/Unternutzer finden muss.

4.2.2 Bilanzielle Konsequenzen der Begründung von Unterleasingverhältnissen beim Hauptleasingnehmer

136 Nach SFAS 13 sind hinsichtlich der bilanziellen Konsequenzen der Begründung von Unterleasingverhältnissen folgende **Konstellationen** zu unterscheiden:

- **Fall 1:** Der ursprüngliche Leasingnehmer *(head lessee)* least das Objekt weiter an einen *sub lessee* ohne Änderung der (ursprünglichen) Bedingungen aus dem (jetzt) als **head lease** zu qualifizierenden Ausgangsvertrag (SFAS 13.35a). Der *head lessee* bucht eine **Forderung** in Höhe der fortgeführten Anschaffungskosten *("unamortized balance of the asset under the original lease")* des Leasinggegenstandes ein und Letzteren entsprechend aus (bilanzsummenneutraler **Aktivtausch**). Die Leasingverbindlichkeit gegenüber dem *head lessor* wird fortgeführt.
- **Fall 2:** Der ursprüngliche Leasingnehmer findet einen „Nachmieter", der mit allen Rechten und Pflichten als Hauptschuldner in den bestehenden Vertrag eintritt. Bilanzielle Folge einer schuldnerischen Entlastung des bisherigen Leasingnehmers ist eine **Ausbuchung** der Leasingverbindlichkeit und des Leasingobjekts (Rz 135), und zwar erfolgs**neutral**, soweit sehr zeitnah zum Abschluss des ursprünglichen Leasingvertrags der Eintritt des „Nachmieters" stattfindet (per Leasingverbindlichkeit an Anlagevermögen,

---

[90] Vgl. ADS, Rechnungslegung nach Internationalen Standards, Abschn. 12, Tz 124; ERNST & YOUNG, International GAAP 2007, S. 1677f.
[91] Mit anderer Auffassung, DOLL, in: Beck'sches IFRS-Handbuch, 2. Aufl., 2006, § 22 Tz 102.

als **Bilanzverkürzung**), erfolgs**wirksam**, soweit (wegen Zeitversatz) bereits Buchwertdifferenzen zwischen Leasingverbindlichkeit und Leasingobjekt bestehen. Bleibt der bisherige Leasingnehmer subsidiär oder gesamtschuldnerisch verpflichtet (SFAS 13.35b), kann eine Ausbuchung der Leasingverbindlichkeit nur unter expliziter Berücksichtigung zukünftiger drohender Verpflichtungen gegenüber dem Hauptleasinggeber erfolgen.

> **Beispiel**
> Die C GmbH bietet ihren Kunden Hard- und Software-Leistungen im IT-Bereich aus einer Hand an. Den Hardwarebedarf ihrer Kunden deckt sie hierbei wie folgt ab:
> - Im Rahmen eines *finance lease* bezieht sie Hardware als Leasingnehmer,
> - welche sie ihrerseits als Leasinggeber ihren Kunden im *finance lease* zur Verfügung stellt.
>
> Die C möchte sich substanziell auf ihre Kerndienstleistung (Service und Wartung) beschränken.
>
> **Lösung**
> Zunächst ist eine eher isolierte Würdigung der beiden Leasingverhältnisse geboten. Sie sieht wie folgt aus:
> - *Head lease:* Als Leasingnehmer hat die C den Leasinggegenstand (die Hardware) zum beizulegenden Zeitwert oder mit dem Barwert der Mindestleasingzahlungen, falls dieser geringer ist, anzusetzen. In gleicher Höhe ist eine Leasingverbindlichkeit zu passivieren (IAS 17.20) (per Leasingobjekt an Leasingverbindlichkeit als Bilanzverlängerung).
> - *Sublease:* Die C ist Leasinggeber aus dem *sublease* und hat den Vermögenswert aus- und eine Forderung einzubuchen (IAS 17.36) (per Forderung an Leasingobjekt als Aktivtausch). Die Forderung spiegelt die Höhe des Nettoinvestitionswerts aus dem Leasingverhältnis wider. Der Nettoinvestitionswert ist definiert als Residuum von Bruttoinvestitionswert (als Summe der Mindestleasingraten zzgl. Restwert) und noch nicht realisiertem Finanzertrag.
>
> Aufgrund der unterschiedlichen Ansatzvorschriften für die Leasingforderung der C und ihre Leasingverbindlichkeit kann es bei der C durchaus zu
> - unterschiedlichen Einbuchungsbeträgen für Forderung und Verbindlichkeit sowie in Verbindung damit zu
> - unterschiedlichen Ein- und Ausbuchungsbeträgen für die Hardware kommen.

In den IFRS fehlen explizite Regelungen, wie mit einem somit evtl. entstehenden Differenzbetrag umzugehen wäre, da „Mehrparteien-Leasingbeziehungen" nicht in den Leasingvorschriften enthalten sind. Aus IAS 17.37 und 17.42ff. lässt sich ggf. jedoch der Rechtsgrundsatz ableiten, dass mögliche Abweichungen zwischen dem aktivierten Vermögenswert und der gegen ihn einzubuchenden Forderung erst über die Laufzeit wie Finanzerträge zu realisieren sind, soweit sie nicht aus einer Händlermarge stammen. Für die Heranziehung des aktivierten Leasinggegenstands als Wertmaßstab für die anschließenden Leasingforderungen sprechen auch die konkretisierten Vorschriften für „Mehrparteien-Leasingbeziehungen" der US-GAAP in der oben als Fall 1 dargestellten Konstellation. Der aktivierte Betrag des weiterzugebenden Leasinggegenstands dient als Kostenbasis für die Aktivierung der Forderung.

Aus Sicht der C handelt es sich beim zeitgleichen/zeitnahen Abschluss des *sublease*-Vertrags am ehesten um einen reinen Aktivtausch (per Leasingforderung an Leasingobjekt). Die Vereinbarung von höheren Leasingraten als diejenigen, die man selber aufbringen muss, schlüge sich dann in der Höhe der (Finanz-)Erträge in den zukünftigen Perioden nieder. Die C würde den *sublease* mit einem von dem im Rahmen des *head lease* abweichenden *(credit spread)* internen Zinsfuß fortführen.

137 Im Rahmen von mehrstufigen Leasingverhältnissen ist fraglich, ob bei Übertragung der Ansprüche und Verpflichtungen auf eine **weitere** Partei die Forderung gegenüber dem Leasingnehmer *(sub lessee)* ausgebucht werden kann und wie mit den Leasingverbindlichkeiten gegenüber dem *head lessor* zu verfahren ist.

Die Ausbuchung von finanziellen Vermögenswerten fällt – unabhängig davon, ob es sich um eine Mehrparteien- oder sonstige Leasingbeziehung handelt – unter die Bilanzierungsvorschriften des IAS 39. Vorrangig anzuwenden ist IAS 39, da 39.2 zwar die Bewertung von Leasingforderungen und -verbindlichkeiten im Wesentlichen aus seinem Anwendungsbereich ausnimmt (insoweit Anwendung von IAS 17), hinsichtlich der Ausbuchung aber den Vorrang von IAS 39 vor IAS 17 erklärt.

IAS 39 unterscheidet zwei Anwendungsfälle der Ausbuchung von finanziellen Vermögenswerten (→ § 28 Rz 63ff.):

- **Erledigung:** Das Recht aus dem finanziellen Vermögenswert (der Schuld) existiert nicht mehr (IAS 39.17a und IAS 39.39).
- **Übertragung:** Das Recht ist noch existent, wird aber mit fast allen relevanten Risiken auf eine andere Person übertragen (IAS 39.18 u. 20).

> **Beispiel (Fortsetzung)**
> Da die C sich substanziell auf ihre Kerndienstleistung (Service und Wartung) beschränken möchte, sucht sie nach einer Möglichkeit, die Bilanz frei von Leasingverhältnissen zu zeigen, in denen sie nicht selber den wirtschaftlichen Nutzen übernimmt und behält.
>
> **Lösung**
> Voraussetzung für die Ausbuchung einer Leasingverbindlichkeit ist die rechtliche Entbindung von der betreffenden Verpflichtung (IAS 39.39), etwa durch Zahlung, Erlass, Aufrechnung usw. *("when the obligation specified in the contract is discharged or cancelled or expires")*.

> Es kommt also auf die **vertraglichen Abreden** an. Vereinbart die C mit dem *head lessor* etwa eine Aufrechnung des ihr aus der Übertragung der Leasingforderung zustehenden Betrags (Kaufpreis aus Forderungsverkauf) mit der Leasingverbindlichkeit, so ist insoweit „per Verbindlichkeit an Forderung" zu buchen.
> Der wirtschaftliche Gehalt der mehrstufigen Leasingbeziehungen, welche die C eingeht, ist auch nach SIC 27 zu würdigen. Wirtschaftlich betrachtet fungiert die C bei Übertragung der Forderung (gegen Untergang der Verbindlichkeit) möglicherweise nicht mehr als Leasingnehmer/Leasinggeber, sondern nur noch als Agent des *head lessors*.

Rechtsgeschäfte, deren Zielsetzung nicht in der Übertragung des Nutzungsrechtes auf einen Vermögenswert liegt, sind keine Leasinggeschäfte im Sinne des IAS 17 (Rz 12). Es ist nach SIC 27 kritisch zu prüfen, ob im bilanzrechtlichen Sinne von einem Geschäftsvorfall gesprochen werden kann. Findet weder eine Eigentums- noch eine Nutzenübertragung statt, handelt es sich bei einem Bündel von Transaktionen um einen einheitlichen Geschäftsvorfall *(linked transaction)*.

Gemäß SIC 27.6 sind in Bezug auf den Ansatz einer Forderung und einer Verbindlichkeit aus der Tätigkeit als Intermediär in einem Mehrparteien-Leasinggeschäft die Definitionen und Anwendungsleitlinien des **Rahmenkonzepts** der IFRS (FR.49-64) zu berücksichtigen. Folgende **Indikatoren** weisen dann darauf hin, dass eine Leasingforderung und Leasingverbindlichkeit eines Intermediärs nicht als solche zu erfassen sind, d. h. er weder die Forderung noch die Verbindlichkeit ausweist (Rz 146):

- Das Unternehmen hat einerseits **kein Verfügungsrecht über die Forderung** (die finanziellen Rückflüsse) und ist andererseits nicht verpflichtet, der Verbindlichkeit nachzukommen.
- Das Unternehmen geht kein oder nur ein **sehr geringes Risiko** ein sowohl bzgl. der Höhe der zu zahlenden als auch der empfangenen Leasingraten.
- Außer evtl. Anfangszahlungen sind die **einzigen Zahlungen**, die vereinnahmt werden, aus der **Leasingforderung** zu erzielen.

4.3 Sale-and-lease-back-Transaktionen

4.3.1 Grundlagen

Bei *sale-and-lease-back*-Vereinbarungen geht in einem ersten Schritt das rechtliche Eigentum an einem Vermögenswert im Rahmen eines **Veräußerungsgeschäfts** vom Verkäufer auf den Erwerber über. Im zweiten Schritt erwirbt der Verkäufer vom Erwerber im Rahmen einer Leasingvereinbarung ein **Nutzungsrecht**. Der Erwerber wird damit Leasinggeber und der Verkäufer Leasingnehmer (IAS 17.58).

Vorstehendes gilt u. E. (mit Rückgriff auf den Grundsatz „*substance over form*") unabhängig davon, ob einzelne Vermögenswerte veräußert und rückgeleast oder Anteile an einer diese Vermögenswerte haltenden Gesellschaft unter

Rücklease der Vermögenswerte veräußert werden (analog in den US-GAAP: FIN 43.4).

139 Bei *sale-and-lease-back*-Transaktionen handelt es sich somit um **zwei zusammenhängende Verträge**: den Vertrag über den Verkauf des Vermögensgegenstands vom künftigen Leasingnehmer an den künftigen Leasinggeber und den eigentlichen Leasingvertrag[92]. Der Leasingvertrag ist nach den **allgemeinen Leasingkriterien** zu klassifizieren und entsprechend bilanziell zu erfassen. Die Behandlung eines **Veräußerungsgewinns** erfolgt beim Leasingnehmer in Abhängigkeit von der Klassifizierung des zugrunde liegenden Leasingvertrages als *finance* oder *operating lease* (IAS 17.59).

140 Bei *sale-and-lease-back*-Transaktionen (Verknüpfung von Verkauf und Leasing) stehen IAS 18 (→ § 25 Rz 17) und IAS 17 in einem Komplementärverhältnis. Der Abschluss des Verkaufvertrags unterliegt neben den allgemeinen Regeln den speziellen **Realisationsregeln** für Veräußerungserlöse. Danach setzt eine Realisation Folgendes voraus:

- Der Veräußerer verliert die effektive **Verfügungsmacht** und ist nicht mehr fortgesetzt in der Art eines Eigentümers in die Verfügung (das Management) involviert (IAS 18.14b).
- Es erfolgt ein **Übergang** der maßgeblichen, mit dem Eigentum verbundenen Chancen und Risiken (IAS 18.14a).

Das erste Kriterium verlangt den **dauerhaften** Verlust der Verfügungsmacht. Das Kriterium ist daher z. B. dann nicht erfüllt, wenn der Veräußerer im Rahmen des *lease back* als Mieter (Leasingnehmer) die tatsächliche Herrschaft behält, weil der Leasingvertrag sich über den überwiegenden Teil der wirtschaftlichen Nutzungsdauer erstreckt. Umgekehrt ist das Kriterium erfüllt, wenn der Veräußerer dauerhaft all diese Rechte und Pflichten aufgibt, sie lediglich vorübergehend auf der Basis noch behält. Vor diesem Hintergrund ist wie folgt zu differenzieren:

- Ein dauerhafter Übergang der Verfügungsmacht findet statt, wenn der Veräußerer diese zwar für eine bestimmte Zeit zurückleast, aber dieses *lease back* als *operating lease* zu qualifizieren ist. Das erste Kriterium für eine Erlösrealisierung wäre dann erfüllt, hinsichtlich der Höhe des Erlöses wären jedoch die besonderen Vorschriften aus IAS 17.61ff. zu beachten.
- Ist hingegen das *lease back* als *finance lease* zu qualifizieren, scheint die systematisch-theoretische Lösung unklar. IAS 18 spricht dagegen, überhaupt einen Erlös anzunehmen; die den Ausweis eines Erlöses restriktiv regelnden Vorschriften des IAS 17 setzen hingegen einen solchen Erlös dem Grunde nach voraus, neutralisieren ihn aber über einen Passivposten. U. E. sind beide Lösungen vertretbar. Wird IAS 17 als spezialgesetzlicher Regelung Vorrang vor IAS 18 eingeräumt, kommt es auf diese Weise zu einer Bilanzverlängerung. Wegen Einzelheiten wird auf Rz 142 verwiesen.

---

[92] So auch IDW, ERS HFA 13 n. F., Tz 71.

Nach einer aktuellen „*non-decision*" des IFRIC sind die speziellen Veräußerungsregeln gem. IAS 18.14 für den Fall der Gewährung einer **Rückkaufoption** für den Veräußerer (Leasingnehmer) einer *sale-and-lease-back*-Transaktion nicht erfüllt.[93] Danach gilt: Wenn der Veräußerer das rechtliche und wirtschaftliche Eigentum an dem Vermögenswert nicht aufgibt, kommt es nicht zu einer Veräußerung des Vermögenswerts und konsequenterweise aufgrund fehlender wirtschaftlicher Substanz der *sale-and-lease-back*-Transaktion (gem. SIC 27) auch nicht zu einem *lease back*.

141

In der *non-decision* fehlt es u. E. allerdings an einer detaillierten Auseinandersetzung mit der Ausgestaltung der Rückkaufoption.[94] Fraglich bleibt, ob neben bereits vertraglich vereinbarten Rücknahmen *(repurchase agreement)* jede vertraglich vereinbarte Rückkaufoption *(repurchase option)* eine Ausbuchung nach IAS 18 verhindert oder nur günstige (Rück-)Kaufoptionen *(bargain purchase options)*, die nach IAS 17 zu einer bilanziellen Zuordnung des Leasingobjekts beim Veräußerer geführt hätten. Insoweit wird auch nicht deutlich, ob sich Vorstehendes auch auf den Rückbehalt des wirtschaftlichen Eigentums (der Chancen und Risiken) in Form der anderen Kriterien des IAS 17 (Vereinbarung einer günstigen Verlängerungsoption, Barwertkriterium und Spezialleasing) ausdehnen lässt.

U. E. tragen die Ausführungen des IFRC daher wenig zur systematischtheoretischen Lösung des Komplementärverhältnisses von IAS 18 zu IAS 17 bei. Daher halten wir für die Behandlung eines im Rahmen einer *sale-and-finance-lease-back*-Transaktionen entstehenden Veräußerungsgewinns weiterhin zwei Alternativen für zulässig.[95]

- Entweder wird die Veräußerung und damit eine Erlösrealisation (i. S. eines *true sale*) bereits nach IAS 18.14 verneint oder
- ein zunächst nach IAS 18 realisierter Veräußerungserlös wird durch die Bildung eines Passivpostens gem. IAS 17.59 neutralisiert.

4.3.2 *Finance*-Leasingverhältnisse

Resultiert aus der *sale-and-lease-back*-Transaktion ein *finance*-Leasingverhältnis, so geht lediglich das zivilrechtliche Eigentum auf den Erwerber über. Das **wirtschaftliche Eigentum verbleibt weiterhin beim Leasingnehmer.** Bei wirtschaftlicher Betrachtung hat sich damit im Vermögen des Verkäufers nichts verändert. Deshalb darf der aus der *sale-and-lease-back*-Transaktion entstandene Veräußerungsgewinn nicht unmittelbar erfolgswirksam vereinnahmt werden (IAS 17.59). Vielmehr ist **jeglicher Veräußerungsgewinn** vom Leasingnehmer passivisch als *deferred income* unter den sonstigen Ver-

142

---

[93] Vgl. IFRIC, Update Januar 2007.
[94] Ausführlich IASB, Information for observers, Januar 2007; auch IdW, ERS HFA 13 n. F. Tz 11ff.
[95] So auch der IASB: „It ist not necessary to demonstrate that the sales criteria in IAS 18 paragraph 14 have been met before a transaction is treated as a sale and leaseback transaction." (Information for observers, Januar 2007).

bindlichkeiten abzugrenzen und über die Laufzeit des Leasingverhältnisses erfolgswirksam zu vereinnahmen (IAS 17.59).

Beispiel
Eine Anlage mit einem Buchwert von 800.000 EUR und einem Verkehrswert von 1.000.000 EUR wird am 1.1.01 im Rahmen einer *sale-and-lease-back*-Transaktion zum Verkaufspreis von 1.300.000 EUR verkauft und zurückgeleast. Die Laufzeit des Leasingverhältnisses beträgt 5 Jahre. Die verbleibende betriebsgewöhnliche Nutzungsdauer der Anlage wird auf 8 Jahre geschätzt. Es werden jährliche Leasingraten in Höhe von 264.000 EUR vereinbart. Der dem Leasingvertrag zugrunde liegende Zinssatz (10,03 %) ist dem Leasingnehmer bekannt. Am Ende des Leasingverhältnisses erfolgt kein Eigentumsübergang auf den Leasingnehmer. Es besteht auch keine Optionsmöglichkeit für den Leasingnehmer.

Lösung
Zur Beurteilung der *sale-and-lease-back*-Transaktion ist zunächst die Klassifizierung der Leasingvereinbarung vorzunehmen: Am Ende der Vertragslaufzeit erfolgt kein Eigentumsübergang auf den Leasingnehmer. Es besteht auch keine günstige Kauf- oder Mietverlängerungsoption. Darüber hinaus erstreckt sich die Vertragslaufzeit mit 62,5 % (eine mögliche Auslegung, vgl. Rz 31) nicht über den überwiegenden Teil der wirtschaftlichen Nutzungsdauer des Leasingobjektes. Da aber der Barwert der Mindestleasingzahlungen (1.000.000 EUR) nicht nur im Wesentlichen, sondern in voller Höhe dem beizulegenden Zeitwert der Anlage zu Beginn des Leasingvertrages entspricht, handelt es sich um ein *finance*-Leasingverhältnis. Die Bilanzierung erfolgt damit trotz Übertragung des rechtlichen Eigentums durch Verkauf weiterhin beim Leasingnehmer. Der Leasingnehmer muss bei Vertragsbeginn den Veräußerungsgewinn in Höhe von 500.000 EUR passivisch abgrenzen und über die Laufzeit des Leasingverhältnisses von 5 Jahren linear vereinnahmen.

Das Aufwands- und Amortisationsschema ergibt sich beim Leasingnehmer wie folgt:

Jahr	Leasingobjekt	Abschreibungen	Leasingverbindlichkeit	Leasingraten		Sonstige Verbindlichkeiten
				Zinsanteil	Tilgung	
	EUR	EUR	EUR	EUR	EUR	EUR
1.1.01	1.000.000		1.000.000,00			500.000
31.12.01	800.000	200.000	836.300,47	100.300,47	163.699,53	400.000
31.12.02	600.000	200.000	656.181,80	83.881,33	180.118,67	300.000
31.12.03	400.000	200.000	457.997,14	65.815,34	198.184,66	200.000
31.12.04	200.000	200.000	239.934,47	45.937,33	218.062,67	100.000
31.12.05	0	200.000	0,00	24.065,53	239.934,47	0
		1.000.000		320.000,00	1.000.000,00	

> **Variante**
> In Abwandlung des gerade skizzierten Sachverhalts sei angenommen, dass der Verkaufspreis der Anlage dem Verkehrswert in Höhe von 1.000.000 EUR entspricht. Trotz des Verkaufs zu marktüblichen Bedingungen darf der Veräußerungsgewinn nicht sofort vereinnahmt werden. Vielmehr ist auch in diesem Fall der Veräußerungsgewinn in Höhe von 200.000 EUR passivisch abzugrenzen und über die Laufzeit des Leasingverhältnisses zu vereinnahmen.

4.3.3 Operating-Leasingverhältnisse

Resultiert aus einer *sale-and-lease-back*-Transaktion ein *operating*-Leasingverhältnis, so geht neben dem zivilrechtlichen Eigentum auch das **wirtschaftliche Eigentum** auf den Leasinggeber über. Der Leasingnehmer erhält durch den Leasingvertrag lediglich ein **Nutzungsrecht** über die vereinbarte Vertragslaufzeit. Für die Behandlung von Veräußerungsgewinnen aus *sale-and-lease-back*-Transaktionen, denen ein *operating*-Leasingverhältnis zugrunde liegt, ist es entscheidend, ob die Veräußerung zu **marktüblichen Bedingungen** erfolgt. Dabei sind drei mögliche Fälle zu unterscheiden:

- Veräußerungspreis **entspricht** dem beizulegenden Zeitwert: Es handelt sich wirtschaftlich um ein **Veräußerungsgeschäft**.[96] Ein sich ergebender Veräußerungsgewinn oder Veräußerungsverlust ist daher unmittelbar erfolgswirksam zu erfassen (IAS 17.62).
- Veräußerungspreis **liegt über** dem beizulegenden Zeitwert: Es ist **nur** die Differenz zwischen Buchwert und dem beizulegenden Zeitwert als Gewinn in der GuV zu erfassen. Die **Differenz** zwischen dem beizulegenden Zeitwert und dem Veräußerungspreis muss der Leasingnehmer passivisch abgrenzen und über die voraussichtliche **betriebsgewöhnliche Nutzungsdauer** verteilen (IAS 17.61).

> **Beispiel**
> Ein Leasingobjekt, das beim Verkäufer in Höhe von 600.000 EUR bilanziert ist, wird im Rahmen einer *sale-and-lease-back*-Vereinbarung an den künftigen Leasinggeber für 1.600.000 EUR verkauft. Der beizulegende Zeitwert beträgt 1.000.000 EUR. Es liegt ein *operating*-Leasingverhältnis vor.
> Die Differenz zwischen dem Buchwert und dem beizulegenden Zeitwert in Höhe von 400.000 EUR ist beim Leasingnehmer sofort erfolgswirksam als sonstiger betrieblicher Ertrag zu erfassen. Die Differenz zwischen dem Veräußerungserlös und dem beizulegenden Zeitwert in Höhe von 600.000 EUR muss passivisch abgegrenzt werden.

---

[96] Vgl. Alvarez/Wotschofsky/Miethig, WPg 2001, S. 945.

- Veräußerungspreis **liegt unter** dem beizulegenden Zeitwert: Es ist ein Veräußerungs**gewinn** sofort erfolgswirksam zu realisieren. Veräußerungs**verluste** sind in diesen Fällen ebenfalls sofort zu erfassen, es sei denn, dass der Veräußerungsverlust durch künftige Leasingraten unterhalb des Marktpreises kompensiert wird.[97] Der Veräußerungsverlust hat in diesem Fall den Charakter von im Voraus gezahlten Leasingraten und ist aktivisch abzugrenzen (IAS 17.61). Die Auflösung des Abgrenzungspostens erfolgt über die voraussichtliche Nutzungsdauer des Leasingobjekts.

> **Beispiel**
> Eine Anlage mit einem Buchwert von 5.000.000 EUR und einem Verkehrswert von 6.000.000 EUR wird am 1.1.01 im Rahmen einer *sale-and-lease-back*-Transaktion zum Verkaufspreis von 4.000.000 EUR verkauft und zurückgeleast. Die Laufzeit des Leasingverhältnisses beträgt 5 Jahre. Die verbleibende betriebsgewöhnliche Nutzungsdauer der Anlage wird auf 10 Jahre geschätzt. Es werden angemessene jährliche Leasingraten in Höhe von 145.000 EUR vereinbart. Der dem Leasingvertrag zugrunde liegende Zinssatz in Höhe von 10 % ist dem Leasingnehmer bekannt. Am Ende des Leasingverhältnisses erfolgt kein Eigentumsübergang auf den Leasingnehmer. Es besteht auch keine Optionsmöglichkeit für den Leasingnehmer.
>
> **Lösung**
> Es liegt ein *operating*-Leasingverhältnis vor: Es wurde weder ein Eigentumsübergang am Ende der Vertragslaufzeit noch eine günstige Optionsmöglichkeit für den Leasingnehmer vereinbart. Außerdem entspricht die Grundmietzeit mit 50 % nicht dem überwiegenden Teil der betriebsgewöhnlichen Nutzungsdauer des Leasingobjektes. Darüber hinaus entspricht der Barwert der Mindestleasingraten in Höhe von 550.000 EUR mit 9,2 % nicht im Wesentlichen dem beizulegenden Zeitwert des Leasingobjektes bei Vertragsbeginn in Höhe von 6.000.000 EUR.
> Der Veräußerungsverlust in Höhe von 1.000.000 EUR ist sofort erfolgswirksam zu vereinnahmen, da angemessene Leasingraten vereinbart wurden und daher keine Verlustkompensation durch niedrigere Leasingraten erfolgt.
>
> **Variante**
> Wären in Abwandlung zum gerade skizzierten Sachverhalt Leasingraten in Höhe von 409.000 EUR als angemessen anzusehen, so wäre der Veräußerungsverlust in Höhe von 1.000.000 EUR durch die niedrigeren Leasingraten von 145.000 EUR in voller Höhe über die Grundmietzeit kompensiert worden (Barwert der Differenz von 409.000 EUR und 145.000 EUR über die Grundmietzeit von 5 Jahren und einem Zinssatz von 10 % = 1.000.000 EUR). In diesem Fall wäre der Verlust aktivisch

---

[97] Vgl. LÜDENBACH, IFRS, 4. Aufl., 2005, S. 112.

> abzugrenzen und ratierlich über die geschätzte Restnutzungsdauer von 10 Jahren erfolgswirksam zu erfassen.

Die Regeln für *sale-and-lease-back*-Transaktionen lassen sich wie folgt zusammenfassen: Ein an einen Verkauf sich anschließendes Leasingverhältnis zwischen dem Käufer als Leasinggeber und dem Verkäufer als Leasingnehmer führt zur Gesamtqualifikation als *sale and lease back*. Beide Verträge oder Vertragsbestandteile sind als **einheitliche** Transaktion zu werten. Die Erlösrealisierung aus dem Verkauf *(sale)* ist dann nicht mehr primär gemäß IAS 18, sondern nach den Sondervorschriften zum *sale and lease back* in IAS 17.58ff. zu würdigen. Ob es unter dieser Prämisse überhaupt zu einer Erlösrealisierung beim Zulieferer kommt, hängt von der **Klassifizierung** des Leasingvertrags als *finance* oder *operating lease* ab.

144

Daraus ergeben sich die **Erlösrealisierungsfolgen** für den vorangegangenen *sale*:

- Bei einem *sale and finance lease back* unterbleibt eine sofortige Erlösrealisierung,
- bei einem *operating lease back* findet eine sofortige Erlösrealisierung statt (IAS 17.61) und, soweit der Veräußerungspreis dem *fair value* entspricht, auch eine sofortige Gewinnrealisierung.

Die Ertragsrealisierungsfolgen sind in Abb. 2 zusammengefasst:[98]

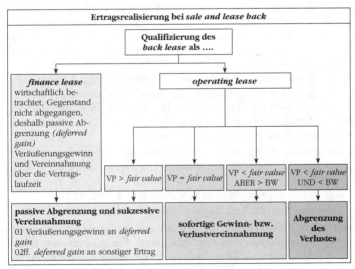

Abb. 2: Ertragsrealisierung bei *sale-and-lease-back*-Vereinbarungen

---

[98] LÜDENBACH, IFRS, 4. Aufl., 2005, S. 112.

Lüdenbach/Freiberg

4.4 Cross-border-Leasing und andere Leasinggeschäfte ohne wirtschaftliche Substanz

145 Bei *lease-and-lease-back*-Geschäften vermietet ein Unternehmen (Initiator) an einen Dritten (Investor) einen Leasinggegenstand langfristig (Hauptmietvertrag bzw. *head lease*) und **mietet** den gleichen Gegenstand wieder **zurück** (Untermietvertrag bzw. *sublease*). In der Praxis werden insbesondere kommunale Klärwerke, Kanalsysteme, Heizkraftwerke, Schienennetze, Messehallen und ähnliche Objekte an US-Firmen über eine Laufzeit von bis zu 100 Jahren vermietet und direkt zurückgemietet. In der Regel wird ein *lease-and-lease-back*-Geschäft bzw. *cross-border*-Leasing durchgeführt, um aufgrund der unterschiedlichen Gesetzgebung in beiden Ländern Steuervorteile zu erlangen.

Durch die international unterschiedlichen Rechtsauffassungen gibt es bei *cross-border*-Leasing **zwei Eigentümer** desselben Objekts. Möglich wurde *cross-border*-Leasing durch Deregulierungsmaßnahmen in den USA während der 1990er Jahre. Es entsteht aufgrund von Abschreibungen eine Steuerersparnis, die sich eine US-Bank mit dem Initiator teilt. In der Regel erhält der Initiator maximal 5 % des gesamten Transaktionsvolumens als „Barwertvorteil". Im Jahr 2004 haben der US-Senat und das US-Repräsentantenhaus einem Steueränderungsgesetz zugestimmt, wonach künftig US-*cross-border-leasing*-Geschäfte unzulässig sind; bestehende Verträge bleiben jedoch unberührt.

Unabhängig hiervon sind derartige Rechtsgeschäfte nach SIC 27 i. d. R. **nicht** als Leasingverhältnisse zu behandeln, da die eigentliche Zielsetzung derartiger *lease-and-lease-back*-Transaktionen nicht darin liegt, das Recht auf Nutzung eines Vermögenswertes zu übertragen, sondern einen Steuervorteil für den Investor zu erzielen, der mit dem Initiator durch Zahlung eines Entgelts geteilt wird (SIC 27.5). Die Bilanzierung hat den wirtschaftlichen Gehalt der Vereinbarung widerzuspiegeln (SIC 27.4). Dies bedeutet im konkreten Fall: Aus IFRS-Sicht neutralisieren sich Haupt- und Untermietvertrag. In der gebotenen zusammengefassten Betrachtung liegt gar keine Transaktion vor.

Bei der Frage, wann das Entgelt (der Anteil am Steuervorteil), das der Initiator erhält, als **Ertrag** zu erfassen ist, sind die Kriterien aus IAS 18.20 anzuwenden (→ § 25 Rz 42). Es ist hierbei zu berücksichtigen, ob

- die Vereinnahmung des Entgelts ein **anhaltendes Engagement** in Form von Verpflichtungen zu wesentlichen zukünftigen Leistungen voraussetzt (SIC 27.8a),
- eine Beteiligung des Initiators an **Risiken** vorliegt (SIC 27.8b),
- das Risiko einer **Rückzahlung** des Entgelts besteht (SIC 27.8c).

Sich ergebende **Nettoerträge**, die dem Initiator aus dem Hauptleasingvertrag verbleiben, sind nur dann bei Vertragsbeginn als **Ertrag** zu erfassen, wenn lediglich nichtsubstanzielle Verpflichtungen (wie z. B. Garantieverpflichtungen) beim Initiator verbleiben (SIC 27.8). Sofern eine **Verpflichtung** besteht, bestimmte maßgebliche Tätigkeiten auszuüben oder die Nutzung des betreffenden Vermögenswerts mit Beschränkungen verbunden oder die Rückzahlung eines Teiles oder des gesamten Betrags des Entgelts zu erwarten ist, sind die Erträge **ratierlich** über die Laufzeit des Vertrags zu vereinnahmen.

Kernpunkt von SIC 27 ist die evtl. **fehlende wirtschaftliche Grundlage** verknüpfter Transaktionen *(linked transactions)*. Von einem verknüpften und daher bilanzrechtlich unbeachtlichen Geschäftsvorfall ist dann auszugehen, wenn einer bzw. mehreren Transaktionen zwischen Parteien kein wirtschaftlich valider Zweck *(valid business purpose)* zugrunde liegt. Das ist z. B. dann der Fall, wenn Chancen und Risiken aus einer Transaktion in gleicher Höhe zurücktransferiert werden, ohne dass sich die wirtschaftliche Situation der Parteien geändert hat.

146

SIC 27 nennt neben dem bereits erwähnten *lease and lease back* folgende Beispiele, die zu einem verknüpften Geschäftsvorfall führen (SIC 27.5 i. V. m. Appendix A2):

- Ein Unternehmen A veräußert ein Objekt an ein Unternehmen B und least es zugleich zurück. Zusätzlich vereinbaren A und B eine Rückgabeverpflichtung des Leasingobjekts am Ende der Vertragsdauer, deren Preis so kalkuliert ist, dass B insgesamt eine übliche Darlehensverzinsung erhält (z. B. EURIBOR zzgl. einem bonitätsbedingten Aufschlag von x%).
    - Auf Basis der **vertraglichen Abreden** stellt diese Transaktion einen **speziellen** *sale and finance lease back* dar (Rz 142), A bleibt wirtschaftlicher Eigentümer des Leasingobjekts und sichert sich über die Rückgabeverpflichtung auch das rechtliche Eigentum. B verhält sich wie ein Fremdkapitalgeber, der als Sicherheit das Leasingobjekt akzeptiert.
    - **Wirtschaftlich** betrachtet vereinbaren die Parteien keinen Verkauf und eine Nutzungsüberlassung, sondern ein **Darlehensgeschäft**, in welchem ein bestimmter Vermögenswert des Darlehensnehmers als Sicherheit genutzt wird. Nach SIC 27.B2d ist bilanziell entsprechend kein Verkauf mit Abgrenzung eines evtl. Veräußerungserlöses (Rz 142) und einer Leasingverbindlichkeit, sondern ein Zahlungsmittelzufluss gegen Finanz-Verbindlichkeit (per liquide Mittel an Finanz-Verbindlichkeit) zu erfassen.
- Zwischen zwei Unternehmen A (LG) und B (LN) wird ein Leasingverhältnis abgeschlossen. A nimmt unter Abtretung der vereinbarten Leasingraten bzw. Einräumung von Sicherungsrechten am Leasingobjekt ein Darlehen von C ohne Rückgriffsmöglichkeit auf das sonstige Vermögen des A *(non-recourse loan)* auf. Vermögenswert und Darlehen werden anschließend in einem *sale and finance lease back* (Sicherung des Rückerhalts des rechtlichen Eigentums) an einen Treuhänder D veräußert.

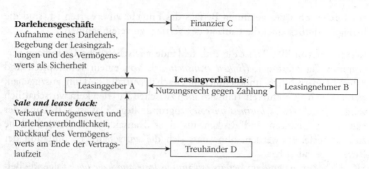

Abb. 3: **Struktur einer *linked transaction* gem. SIC 27.A2c**

Die Zahlungsverpflichtungen der einzelnen Parteien entsprechen sich in Höhe und zeitlichem Anfall. Vermögenswert und Darlehen werden in der Bilanz des A ausgebucht, eine Leasingverbindlichkeit und Zahlungsmittelzugang aktiviert.

Auf Basis der **vertraglichen Abreden** sind aus Sicht des A mehrere Transaktionen *(linked transaction)* im Rahmen eines Geschäftsvorfalls abgeschlossen worden. A nimmt ein besichertes Darlehen auf einen Vermögenswert auf und gibt das Nutzungsrecht an diesem an B weiter. Für die bilanzielle Behandlung des Leasingvertrags durch B (LN) haben die weiteren vertraglichen Abreden des A keine Bedeutung.

Wirtschaftlich betrachtet sind nur zwei Transaktionen relevant und voneinander zu unterscheiden. Das Geschäft zwischen A und D ist wegen fehlender wirtschaftlicher Substanz bilanziell nicht zu berücksichtigen (keine Abgrenzung eines evtl. Veräußerungserlöses und keine Leasingverbindlichkeit). Zwischen den Parteien A und C findet ein Darlehensgeschäft statt (vgl. obiges Beispiel). Zusätzlich vereinbart A mit B eine Nutzungsüberlassung über einen Vermögenswert. Isoliert betrachtet führen beide Geschäfte zu a) einem Zugang an Zahlungsmitteln gegen Darlehensverbindlichkeit und b) einem Leasingverhältnis zwischen A und B, welches bei Klassifizierung als *finance lease* zu einem Abgang des Vermögenswerts und dem Zugang einer Forderung (in gleicher Höhe) oder bei Klassifizierung als *operating lease* zu keiner bilanziellen Auswirkung führt. Handelt es sich bei dem *lease* zwischen A und B um ein *finance lease*, bleibt A also nicht wirtschaftlicher Eigentümer des Vermögenswerts, können die Forderung gegenüber B und die Verbindlichkeit gegenüber C von A ausgebucht werden, wenn die Ausbuchungsvorschriften des IAS 39.39 erfüllt sind (vgl. Beispiel Rz 136).

147 Eine Sonderform von Leasingverhältnissen wird unter der Bezeichnung *leveraged lease* in den Leasingvorschriften der US-GAAP behandelt (SFAS 13.41ff.). Als *leveraged leases* gelten unter bestimmten Prämissen beschlossene Leasingverhältnisse, die neben einem Leasingnehmer und -geber auch die Beteiligung eines **Kreditgebers** vorsehen (Kreditnehmer ist der Leasinggeber):

- Aus Sicht des Leasingnehmers ergeben sich aus der Einschaltung des Finanzinvestors keine Besonderheiten, da dieser lediglich das zugrunde liegende Leasinggeschäft daraufhin zu untersuchen hat, ob aus seiner Sicht ein *operating* oder *finance lease* vorliegt (Rz 20).
- Aus Sicht des Leasinggebers ergeben sich **zwei Vertragsbeziehungen**, ein Leasinggeschäft und ein Finanzierungsgeschäft.

Nach den Regelungen in US-GAAP sind Leasinggeschäft und Finanzierungsgeschäft bei Erfüllung restriktiver Voraussetzungen bei dem Leasinggeber als **geschlossene Transaktion** zu behandeln. Die zusammengefasste Betrachtung ist u. a. an folgende **Bedingungen** geknüpft:

- Das Leasingverhältnis muss eindeutig (Übertragung des Eigentums, günstige Kaufoption) als *finance lease* klassifiziert werden.
- Die Parteien (LG, LN und Kreditgeber) sind unabhängig voneinander.
- Das Darlehen des Kreditgebers ist ausschließlich mit dem Leasingobjekt/den Zahlungen des LN besichert, es besteht keine darüber hinausgehende Haftung des LN *(non-recourse financing)*.
- Die Nettoinvestition (definiert als Leasingforderung abzüglich Darlehensverbindlichkeit) des Leasinggebers sinkt in den ersten Jahren und steigt gegen Ende der Vertragslaufzeit.

Bei **Erfüllung** dieser Voraussetzungen gilt für die Bilanzierung beim Leasinggeber:

- Seine Forderung gegenüber dem Leasingnehmer ist mit der Verbindlichkeit gegenüber dem Finanzinvestor zu saldieren.
- Ein möglicher Restwert des Leasingobjekts ist auszuweisen.
- Zukünftig erwartete Erträge vor Steuern sind abzugrenzen und über die Vertragslaufzeit zu vereinnahmen. Die Bestimmung der abzugrenzenden zukünftigen Erträge vor Steuern ist anhand einer *cash-flow*-Planung vorzunehmen, die mit einem spezifischen Zins zu diskontieren ist (SFAS 13.44 i. V. m. SFAS 13.E *Schedule* 3).
- Das Ergebnis aus dem Leasingverhältnis – d. h. einerseits der Ertrag/Verlust vor Steuern aus dem Leasingverhältnis *(pretax lease income or loss)* und andererseits der Steueraufwand bzw. -ertrag – ist dergestalt über die Laufzeit des Leasingverhältnisses ergebniswirksam zu erfassen, dass eine konstante Verzinsung der Nettoinvestition *(net investment)* in den Perioden erzielt wird, in denen die Nettoinvestition einen positiven Wert aufweist (vgl. SFAS 13.44).[99]

In IAS 17 gibt es keine speziellen Regelungen zu *leveraged leases*. Bevor allerdings entsprechende Regeln der US-GAAP für die IFRS-Behandlung übernommen werden, ist gem. IAS 8.11 vorrangig das IFRS-Recht selbst bei Regelungslücken per Analogie anzuwenden. Hierbei ist wie folgt zu unterscheiden:

148

---

[99] ADS, Rechnungslegung nach Internationalen Standards, Abschn. 12, Tz 306.

- Im Falle eines *operating lease* (zwischen A und B, vgl. Rz 146) ist nach SIC 27.A2 eine getrennte Behandlung des Leasinggeschäfts einerseits und des Kreditgeschäfts andererseits vorzunehmen. Die Regeln der US-GAAP zu *leveraged leases* greifen nicht, da eine Bedingung – das Vorliegen eines *finance lease* – nicht erfüllt ist.
- Ist das *lease* ein *finance lease*, kommt es auch nach SIC 27.A2c zur Ausbuchung der Leasingforderung und der Darlehensverbindlichkeit des Leasinggebers (vgl. insbesondere das Beispiel in Rz 146), so dass bis auf die nur nach US-GAAP geforderte Abgrenzung evtl. Steuervorteile über die Vertragslaufzeit das Ergebnis gleich ist.

Für eine analoge Anwendung der US-GAAP-Vorschriften ist damit kein Raum. Die Lösung ergibt sich aus dem IFRS-Regelwerk selbst.[100]

4.5 Leasingobjektgesellschaften

149 In der Praxis gehen Leasinggesellschaften vermehrt dazu über, für die Abwicklung von Leasingverträgen über Immobilien, Großanlagen oder Flugzeuge **Leasingobjektgesellschaften** zu gründen. Die Tätigkeiten der Leasingobjektgesellschaften umfassen meist die Errichtung und die Durchführung aller zur Erhaltung der Funktionen erforderlichen Geschäfte.[101] Der Leasingnehmer ist überwiegend nicht an der Leasingobjektgesellschaft beteiligt.

150 Neben steuerlichen Aspekten stehen insbesondere **haftungsrechtliche** Gesichtspunkte im Vordergrund.[102] Erfolgt die Abwicklung eines Leasingverhältnisses unter Einschaltung einer Leasingobjektgesellschaft, so gilt es zu untersuchen, ob ein *finance* oder *operating lease* vorliegt und ob die Leasingobjektgesellschaft in den Konzernabschluss des Leasingnehmers oder Leasinggebers einzubeziehen ist.

151 Die Prüfung der **wirtschaftlichen Zugehörigkeit** des Leasingobjekts richtet sich nach den allgemeinen Leasingkriterien von IAS 17.10 und den Indikatoren nach IAS 17.11 (Rz 20ff.). Die Prüfung des Einbezugs in den **Konzernabschluss** richtet sich zunächst nach IAS 27. Danach sind Unternehmen im Konzernabschluss zu konsolidieren, wenn ein *control*-Verhältnis vorliegt (→ § 32 Rz 8ff.).

152 Aus IAS 27 kann **keine eindeutige Lösung zur Konsolidierung** von Leasingobjektgesellschaften abgeleitet werden. Deshalb wird IAS 27 durch SIC 12 ergänzt. Danach ist eine Objektgesellschaft in den Konzernabschluss des Leasingnehmers einzubeziehen, wenn sie vom Leasingnehmer beherrscht wird. Auf eine Stimmrechtsmehrheit oder eine Kapitalbeteiligung an der Leasingobjektgesellschaft kommt es dabei nicht an.

---

[100] A. A. Epstein/Mirza, Wiley IFRS 2006, S. 521ff.
[101] Vgl. Brakensiek/Küting, StuB 2002, S. 211.
[102] Vgl. Fahrholz, Neue Formen der Unternehmensfinanzierung – Unternehmensübernahmen, Big ticket-Leasing, Asset Backed Securities und Projektfinanzierung, 1998, S. 1.

SIC 12.10 formuliert **beispielhaft** vier Indikatoren, die zu einer Konsolidierungspflicht von Zweckgesellschaften *(special purpose entities)* beim Leasingnehmer führen (→ § 32 Rz 63). Jeder einzelne der folgenden Indikatoren kann auf eine Beherrschung einer Zweckgesellschaft durch ein anderes Unternehmen **hindeuten**:

153

- Die Geschäftstätigkeit der Leasingobjektgesellschaft wird bei wirtschaftlicher Betrachtung **zu Gunsten** des Leasingnehmers ausgeübt. Das kann z. B. der Fall sein, wenn die Leasingobjektgesellschaft nur ein Leasingobjekt verwaltet oder die Zweckgesellschaft folgende Aufgaben innehat:
  - Ausübung einer Finanzierungsfunktion (betreffend langfristiges Kapital oder auch Liquiditätsverschaffung für das operative Geschäft) des Gründerunternehmens;
  - Beschaffung von Gütern oder Dienstleistungen, die das Gründerunternehmen ansonsten zur Gewährleistung seiner Geschäftstätigkeit selbst hätte beschaffen müssen (SIC 12, Appendix a).
- Der Leasingnehmer **dominiert** im Wesentlichen die Entscheidungsfindung der Zweckgesellschaft. Beispielhaft wird im Anhang von SIC 12, Appendix b) die Befugnis zur Auflösung oder Änderung der Statuten der Objektgesellschaft genannt.
- Der Leasingnehmer zieht die **Mehrheit des Nutzens** aus der Tätigkeit der Leasingobjektgesellschaft. Dies können z. B. Rechte auf Gewinne oder andere Nutzenpotenziale der Objektgesellschaft sein (SIC 12, Appendix c).
- Der Leasingnehmer behält die Mehrheit der mit der Leasinggesellschaft verbundenen residual- oder eigentümertypischen Risiken aus der Geschäftstätigkeit der SPE und ihrer Vermögenswerte. Das wäre z. B. gegeben, wenn der Leasingnehmer gegenüber außenstehenden Investoren, die im Wesentlichen das gesamte Kapital der Leasingobjektgesellschaft bereitstellen, Bonitäts- oder Ertragsgarantien abgibt und dadurch die residual- oder eigentümertypischen Risiken beim Leasingnehmer liegen, während die Investoren aufgrund des beschränkten Gewinn- und Verlustrisikos wirtschaftlich die Stellung gesicherter Kreditgeber haben (SIC 12, Appendix c).

Die Regelungen in SIC 12 sind insgesamt **vage** und durch erhebliche Auslegungs- und Interpretations**spielräume** (→ § 51 Rz 24ff.) gekennzeichnet, die bilanzpolitisch nutzbar sind. So ist insbesondere unklar, unter welchen Umständen der Leasingnehmer im Wesentlichen die Entscheidungsfindung dominiert und die Mehrheit des Nutzens aus der Tätigkeit der Objektgesellschaft zieht. Deshalb ist in der Praxis auch nur bei einfachen Strukturen eine eindeutige Zurechnung von Leasingobjektgesellschaften in den Konsolidierungskreis möglich.

154

Lüdenbach/Freiberg

> **Beispiel**
> Im Rahmen eines Leasingverhältnisses über ein Großraumflugzeug gründet der Leasinggeber eine Leasingobjektgesellschaft. Das Stammkapital der Leasingobjektgesellschaft von 50.000 EUR wird in voller Höhe vom Leasinggeber eingezahlt. Die Leasingobjektgesellschaft schließt mit dem Leasingnehmer ein *operating*-Leasingverhältnis ab. Die Anschaffungskosten des Flugzeugs betragen 20.000.000 EUR. Die Finanzierung des Erwerbs erfolgt über ein konzernfremdes Kreditinstitut. Aufgrund der geringen Eigenkapitalausstattung der Leasingobjektgesellschaft gibt der Leasingnehmer der Bank eine selbstschuldnerische Bürgschaft zugunsten der Leasingobjektgesellschaft ab.
>
> **Lösung**
> Ausgehend von IAS 17.10 und IAS 27 würde die Bilanzierung des Leasingobjektes beim Leasinggeber erfolgen, da es sich um ein *operating*-Leasingverhältnis handelt und der Leasinggeber zu 100 % an der Leasingobjektgesellschaft beteiligt ist. Bei nur einem Flugzeug handelt die Leasingobjektgesellschaft allerdings ausschließlich im Interesse des Leasingnehmers. Außerdem trägt die Leasingobjektgesellschaft nur vordergründig die Risiken aus dem Leasingverhältnis, da der Leasingnehmer der Bank eine Bürgschaft gegeben hat und damit das Ausfallrisiko trägt. Deshalb ist die Leasingobjektgesellschaft nach SIC 12.8 in den Konzernabschluss des Leasingnehmers einzubeziehen. Die Zurechnung des Leasingobjektes erfolgt damit trotz eines *operating*-Leasingverhältnisses beim Leasingnehmer.

155 Fraglich ist im Zusammenhang mit Objektgesellschaften *(special purpose entities)* das Verhältnis von **einzel-** (IAS 17) und **konzern**bilanzieller Perspektive (IAS 27/SIC 12) des Leasingnehmers. IAS 17 zielt auf die Zuordnung des Vermögenswerts zum wirtschaftlichen Eigentümer ab, SIC 12 konkretisiert das „*control*"-Konzept aus IAS 27 (→ § 32 Rz 8ff.). In Bezug auf die Frage einer vorrangigen Anwendung sind dann folgende Konstellationen zu unterscheiden:
- **Simultan-Beziehung**: Vermögenswerte einer Leasingobjektgesellschaft sind wirtschaftlich dem Leasingnehmer zuzurechnen, und der Leasingnehmer hat die Kontrolle über die Zweckgesellschaft.
- **Komplementär-Beziehung**: Entweder ist dem Leasingnehmer ohne ein Kontrollverhältnis nach SIC 12 das wirtschaftliche Eigentum zuzurechnen oder er kontrolliert die Zweckgesellschaft, ist aber nicht wirtschaftlicher Eigentümer der Vermögenswerte.

156 Unproblematisch sind dabei auch hinsichtlich der Reihenfolge der Untersuchung diejenigen Konstellationen, in denen nur ein Standard – IAS 17 oder IAS 27/SIC 12 – einschlägig ist, sich also eine **eindeutige** Zuordnung der Chancen und Risiken *on balance* ergibt. Liegt aber eine Simultan-Beziehung vor, stellt sich die Frage nach der vorrangigen Perspektive.

Lüdenbach/Freiberg

- Die **Konsolidierung** der Objektgesellschaft könnte als **logisch vorrangig** gegenüber der Anwendung der Bestimmungen zum Leasing nach IAS 17 angesehen werden, da bei einer Vollkonsolidierung die Ansprüche und Verpflichtungen aus den Mietverträgen durch die Schuldenkonsolidierung entfallen.[103]
- Dem könnte entgegengehalten werden, dass mit der Zurechnung der Vermögenswerte im Rahmen eines *finance lease* die eigentliche Konsolidierungsmasse entfällt.[104]

Auch unter Rückgriff auf die unterschiedlichen Begründungen lässt sich aus den IFRS keine zwingende Rangfolge ableiten. In der praktischen Anwendung ist somit eine einzelfallabhängige und ermessensbehaftete Entscheidung zu treffen.

4.6 Forfaitierung von Leasingforderungen

Zum Zwecke der Refinanzierung von Leasinggeschäften werden zunehmend die **künftig fällig werdenden Leasingforderungen** (regelmäßig still) verkauft und abgetreten. Bei der **echten** Forfaitierung geht das gesamte Bonitätsrisiko auf den Forderungskäufer über, während der Leasinggeber (als Forfaitist) lediglich für den rechtlichen Bestand der Leasingansprüche haftet. Als Entgelt für die verkauften künftig fällig werdenden Leasingforderungen erhält der Leasinggeber eine Vergütung in Höhe des Barwertes; der Abzinsungssatz berücksichtigt dabei die Übernahme des Delkredererisikos.

Die bilanzielle Behandlung der Forfaitierung ist in den IFRS **nicht explizit geregelt**. Da jedoch die Leistung des Leasinggebers an den Leasingnehmer zum Zeitpunkt der Forfaitierung noch nicht erbracht ist, stellt der Zahlungszufluss einen Ertrag künftiger Geschäftsjahre dar und ist deshalb mit dem abgezinsten Betrag **passivisch abzugrenzen**. Insoweit ergeben sich keine Unterschiede zur handels- und steuerrechtlichen Behandlung.[105]

Unterschiede zur handels- und steuerrechtlichen Behandlung können sich indes bei der Frage der **Auflösung** des passiven Abgrenzungspostens ergeben (linear, degressiv oder progressiv): Ausgehend von einer den wirtschaftlichen Grundgehalt verkennenden,[106] streng formalrechtlichen Betrachtungsweise hat sich der BFH in seinem Forfaitierungsurteil[107] für eine generelle **lineare** Auflösung des Abgrenzungspostens ausgesprochen. Nach IFRS muss sich dagegen die Auflösung an der Leistungserbringung des Leasinggebers orientieren. Danach ist der Abgrenzungsposten in Höhe der für eine Periode verein-

157

158

159

---

[103] Vgl. SENGER/BRUNE, in: Beck'sches IFRS-Handbuch, 2. Aufl., 2006, § 31 Tz 14ff.
[104] So ANDREJEWSKI, Die Risikobestimmung und -prüfung in der Rechnungslegung nach International Financial Reporting Standards, S. 177ff.
[105] Vgl. DOLL, in: Beck'sches IFRS-Handbuch, 2. Aufl., 2006, 17, Tz 66; abweichend zum Ausweis: ADS, Rechnungslegung nach Internationalen Standards, Abschn. 12, Tz 295.
[106] Vgl. z. B. MOXTER, DStR 1997, S. 433, 435.
[107] BFH, Urteil v. 24.7.1996, I R 94/95, BStBl II 1997 S. 122.

barten Leasingraten aufzulösen und anschließend aufzuzinsen. Im Ergebnis führt dies bei linearen Leasingraten zu einer **progressiven** statt linearen Auflösung.

5 Ausweis

160 Im Rahmen von *finance*-Leasingverhältnissen sind beim Leasing**nehmer** die Leasingobjekte wie rechtlich zuzurechnende Vermögenswerte in der Bilanz unter dem **Anlagevermögen** auszuweisen. Die entsprechenden Leasingverbindlichkeiten sind unter den **sonstigen Verbindlichkeiten** auszuweisen.

161 Beim Leasinggeber erfolgt im Rahmen von *finance*-Leasingverhältnissen der Ausweis der Leasing**forderungen** getrennt von den Forderungen aus Lieferungen und Leistungen. Beachtlich ist in diesem Zusammenhang das Gliederungswahlrecht nach „*current*" und „*non-current*" entsprechend IAS 1.53 (→ § 2 Rz 22ff.).

6 Latente Steuern

162 Soweit Leasingverträge nach IFRS anders qualifiziert werden als steuerrechtlich, kommt es zu **temporären** Differenzen (→ § 26 Rz 18). Im Falle der Zurechnung zum Leasingnehmer nach IFRS und der Zurechnung zum Leasinggeber nach Steuerrecht ist das Resultat bei isolierter Betrachtung der Bilanzposten des **Leasingnehmers** wie folgt:
- Passive Steuerlatenz aus dem Leasinggegenstand.
- Aktive Steuerlatenz aus der Leasingverbindlichkeit.

Gegen den Ansatz dieser Steuerlatenzposten im Rahmen der **Zugangsbewertung** spricht indes die Vorgabe von IAS 12.22c: Steuerlatenzen sollen nicht bilanziert werden, wenn die temporäre Differenz durch den erfolgsneutralen Zugang eines Vermögenswertes oder einer Verbindlichkeit entsteht, da durch die korrespondierende Steuerlatenz mangels Berührung der GuV nur Anschaffungs- oder Herstellungskosten ändernd erfasst werden könnten (→ § 26 Rz 45).

Andererseits besteht in **saldierter Betrachtung** von Leasinggegenstand und Leasingverbindlichkeit gerade kein Unterschied in der Zugangsbewertung und damit saldiert ohnehin keine Steuerlatenz. Eine Anpassung der Anschaffungs- oder Herstellungskosten, der IAS 12.22c entgegenwirken soll, wird daher schon aufgrund der Saldierung vermieden. Der von IAS 12.22c verfolgte Regelungszweck wird daher auch ohne Anwendung der Vorschrift erreicht.

In saldierter Betrachtung entstehen erst bei der **Folgebewertung** Buchwertunterschiede zur Steuerbilanz, da die Abschreibung des Vermögenswertes und die Auflösung der Verbindlichkeit nicht im Gleichschritt verlaufen. Hält man die Anwendung von IAS 12.22c für geboten, **verbleibt** es bei der

Nichterfassung der Steuerlatenz über die gesamte Nutzungsdauer bzw. Laufzeit des Leasingengagements. U. E. ist indes nach der Zielrichtung der Steuerlatenzrechnung (→ § 26 Rz 6ff.) dieser Variante nicht zu folgen. Die jeweilige Steuerlatenz sollte vielmehr stichtagsbezogen zutreffend dargestellt werden.[108] Beide Varianten können allerdings zurzeit als vertretbar gelten, eine endgültige Klärung ist erst nach Beendigung des *short-term*-Konvergenzprojekts des IASB und FASB in Bezug auf latente Steuern zu erwarten.[109]

Selbst in den Fällen, in denen in der Steuerbilanz und in der IFRS-Bilanz das Leasingobjekt **übereinstimmend** beim Leasingnehmer bilanziert wird, können sich latente Steuern ergeben, wenn steuerlich für die Aufteilung der Leasingraten die Zinsstaffelmethode verwendet wird. Zur Vermeidung von Steuerlatenzen bietet sich in diesen Fällen die Anwendung der Barwertmethode in der Steuerbilanz an.

7 Angaben

7.1 Leasingnehmer

Vom Leasing nehmer sind entsprechend IAS 17.31 und IAS 17.35 neben den nach IFRS 7 notwendigen noch folgende Angaben zu machen:

163

---

[108] Gleiche Auffassung KPMG, Insights into IFRS, 3. Aufl., 2006/7, Tz 3.13.140.20; a. A. Schulz-Danso, in: Beck'sches IFRS-Handbuch, 2. Aufl., 2006, § 25 Tz 81 u. 85k.
[109] IFRIC, Update, Juni 2005.

	finance leases	*operating leases*
Nettobuchwerte der Leasingobjekte zum Bilanzstichtag	X	
Angaben zu Anschaffungskosten und Abschreibungen gemäß IAS 16	X	
Nach Fristigkeiten gestaffelte Überleitungsrechnung von den Mindestleasingzahlungen zu deren Barwerten	X	
Erfolgswirksam erfasste bedingte Mietzahlungen	X	
Summe der zukünftigen Mindestleasingzahlungen aufgrund von Untermietverträgen (*sublease*)	X	X
Zahlungen aus Leasingverhältnissen und Untermietverträgen, getrennt nach Mindestleasingzahlungen, bedingte Mietzahlungen und Zahlungen aus Untermietverträgen		X
Allgemeine Beschreibung der wesentlichen Leasingvereinbarungen	X	X

Formulierungsbeispiel
Wir haben verschiedene *finance*- und *operating*-Leasingvereinbarungen für Gebäude, technische Anlagen und Kraftfahrzeuge getroffen. Die Laufzeiten betragen zwischen 4 und 8 Jahren. Die meisten Leasingverhältnisse sehen keine Verlängerungsoptionen vor. Die Leasingbestimmungen enthalten keinerlei Beschränkung solcher Geschäftsaktivitäten, die Dividenden, zusätzliche Schulden oder weitere Leasingverhältnisse betreffen.
Die Summe der geleasten und im Rahmen von Untermietverträgen verleasten Vermögenswerte, die uns entsprechend IAS 17 wirtschaftlich zuzurechnen sind, stellen sich wie folgt dar:

	Gebäude	Technische Anlagen	Gesamt
	TEUR	TEUR	TEUR
Anschaffungskosten			
Stand 1.1.05	1.000	500	1.500
Änderung Konsolidierungskreis	500	300	800
Zugänge	230	130	360
Abgänge	− 20	− 10	− 30
Stand 31.12.05	**1.710**	**920**	**2.630**

Abschreibungen			
Stand 1.1.05	600	200	800
Änderung Konsolidierungskreis	200	50	250
Zugänge	100	10	110
Abgänge	–10	–5	–15
Stand 31.12.05	890	255	1.145
Buchwert zum 31.12.05	820	665	1.485

Zukünftige Mindestleasingzahlungen aufgrund von unkündbaren *operating*-Leasingverhältnissen (technische Anlagen) werden in den Folgeperioden wie folgt fällig:

	Bis zu 1 Jahr	1 bis 5 Jahre	Länger 5 Jahre
	TEUR	TEUR	TEUR
Gebäude	200	800	1.000
Technische Anlagen	100	400	300
Kraftfahrzeuge	300	200	–
	600	1.400	1.300
Einzahlungen aus *sublease*	100	–	–

Aus den *finance*-Leasingverhältnissen werden in den Folgeperioden folgende Leasingzahlungen fällig, wobei die variablen Leasingraten auf Grundlage des zuletzt gültigen Zinssatzes fortgeschrieben wurden:

	Bis zu 1 Jahr	1 bis 5 Jahre	Länger 5 Jahre
	TEUR	TEUR	TEUR
Leasingzahlungen	640	800	200
Abzinsungsbeträge	60	80	90
Barwerte	580	720	110
Einzahlungen aus *sublease*	60	30	–

7.2 Leasinggeber

Vom Leasinggeber sind entsprechend IAS 17.47 und IAS 17.56 neben den nach IFRS 7 notwendigen noch folgende Angaben zu machen:

164

	finance leases	operating leases
Überleitung von der Bruttogesamtinvestition in das Leasingverhältnis am Bilanzstichtag zum Barwert der am Bilanzstichtag ausstehenden Mindestleasingzahlungen	X	
Bruttogesamtinvestition in das Leasingverhältnis und der Barwert der am Bilanzstichtag ausstehenden Mindestleasingzahlungen (gestaffelt nach Fristigkeiten)	X	
Noch nicht realisierte Finanzerträge	X	
Die nicht garantierten Restwerte, die zugunsten des Leasinggebers anfallen	X	
Die kumulierten Wertberichtigungen für uneinbringliche Mindestleasingzahlungen	X	
Die im Periodenergebnis berücksichtigten bedingten Mietzahlungen	X	
Eine allgemeine Beschreibung der wesentlichen Leasingvereinbarungen des Leasinggebers	X	X
Summe der zukünftigen Mindestleasingzahlungen aufgrund von Untermietverträgen (gestaffelt nach Fristigkeiten)		X
Summe der im Periodenergebnis berücksichtigten bedingten Mietzahlungen		X

Darstellungsbeispiel

	Lfd. Jahr TEUR	Vorjahr TEUR
ausstehende Mindestleasingzahlungen	910	800
+ nicht garantierte Restwerte	195	195
= **Bruttoinvestition**	**1.005**	**995**
- nicht realisierte Finanzerträge	– 243	– 162
= **Nettoinvestition**	**762**	**833**
- Barwert der nicht garantierten Restwerte	– 144	– 96
= **Barwert der Mindestleasingzahlungen**	**618**	**737**

	Bis zu 1 Jahr	1 bis 5 Jahre	Länger 5 Jahre
	TEUR	TEUR	TEUR
Bruttogesamtinvestition	403	562	40
Barwert der ausstehenden Mindestleasingraten	287	318	13

8 Anwendungszeitpunkt, Rechtsentwicklung

IAS 17 ist für Geschäftsjahre ab dem 1. Januar 2005 anzuwenden. Eine frühere Anwendung wird empfohlen (IAS 17.69). 165
Die frühere Fassung IAS 17 (1997) unterscheidet sich in folgenden Punkten von IAS 17 (2004):

- Ein *operating lease* führte bisher zwingend zur **Zurechnung** des Leasingobjekts beim Leasinggeber. Im Rahmen der Neuregelung durch das *Improvement Project* gewährt IAS 40.6 dem Leasingnehmer das Wahlrecht, eine als *operating lease* klassifizierte Renditeliegenschaft wie ein *finance lease* zu behandeln, wenn der Leasingnehmer die Renditeliegenschaft nach dem *fair-value*-Modell zum aktuellen Marktwert bilanziert (Rz 16).
- Bei der Behandlung von direkten **Vertragsabschlusskosten** bestand für den Leasinggeber das Wahlrecht, direkt zurechenbare anfängliche Kosten zu Beginn des Leasingverhältnisses erfolgswirksam als Aufwand zu erfassen oder über die Vertragslaufzeit zu verteilen. Im Rahmen der Neuregelung durch das *Improvement Project* ist im Interesse der internationalen Vergleichbarkeit nur noch die Abgrenzung über die Laufzeit des Leasingverhältnisses zulässig (Rz 127).
- Für Immobilienleasingfälle über bebaute Grundstücke ist der Leasingvertrag auf Grund und Boden sowie **Gebäude** aufzuteilen (Rz 70). Für die Zurechnung des Grund und Bodens gelten nunmehr explizit wie bei unbebauten Grundstücken nur das Eigentumsübergangskriterium und das Kaufoptionskriterium. Für das Gebäude sind dagegen sämtliche in IAS 17.10 genannten Kriterien maßgebend (IAS 17.15; Rz 20f.).

IFRIC 4 definiert verdeckte Leasingverhältnisse (Rz 4ff.). IFRIC 4 ist für die nach dem 31.12.2005 beginnenden Wirtschaftsjahre anzuwenden. Eine frühere Anwendung unter Anhangerläuterung wird empfohlen (IFRIC 4.16). Eine Verpflichtung zur rückwirkenden Anwendung besteht nicht. Die Qualifikation als Leasing hat nach den Verhältnissen zu Beginn des Vorjahres der erstmaligen Anwendung zu erfolgen, i. d. R. also zum 1.1.2005 (IFRIC 4.17).
Derzeit gehören die Regelungen zur Leasingbilanzierung wieder zu den aktiv 166
verfolgten Projekten des IASB. Ein erstes Diskussionspapier wird allerdings nicht vor 2008 erwartet. Die Wiederaufnahme der Forschungsaktivitäten im Auftrag des IASB können zukünftig zu einer grundlegenden Neuregelung der

Leasingbilanzierung auf Basis der Vorschläge der G-4+1-Gruppe führen.[110] Bislang liegen noch keine konkreten Änderungsvorschläge vor.

167 Die in 1996/2000 veröffentlichten[111], vom IASB aber derzeit noch weiter diskutierten Vorschläge der sog. G-4+1-Gruppe würden zu einer Abkehr von der Bilanzierung eines Leasingverhältnisses beim wirtschaftlichen Eigentümer führen. Die Umsetzung der Vorschläge schüfe gegenüber der derzeitigen Situation (komplexe Vorschriften, die häufig dennoch umgangen werden[112]) eine auf den ersten Blick einfache und für bilanzpolitische Maßnahmen unempfindliche Bilanzierungsweise.

- Nach geltendem IAS 17 erfolgt eine Zurechnung des wirtschaftlichen Eigentums immer zu einer Zurechnung des Leasingobjekts in Gänze, der Leasingnehmer bilanziert entweder alles oder nichts *(all or nothing approach)*.
- Diskutiert wird eine Leasingbilanzierung, die sich nach der Höhe der zukünftigen Verpflichtung und einem Nutzungsrecht an dem Leasingobjekt bemisst *(financial component approach)*. Der Barwert der Mindestleasingzahlungen bestimmt dann die Höhe der zu passivierenden Verbindlichkeit und des zu aktivierenden Nutzungsrechts. Ein Vertrag mit langer Laufzeit (nach derzeitigem Recht *finance)* würde sich von einem Vertrag mit kurzer Laufzeit (derzeit *operating)* nicht mehr im Bilanzansatz dem Grunde nach, sondern nur noch in der Bewertung unterscheiden. Im ersten Fall würden ein hoher Aktivposten (Nutzungsrecht) und eine hohe Leasingverbindlichkeit ausgewiesen, im zweiten Fall niedrigere Werte.

168 Eine Umsetzung der Entwürfe scheiterte bislang auch an der Komplexität der Berechnung der beizulegenden Höhe der *financial components*. Fraglich ist insbesondere Folgendes:

- Behandlung von Leasingverträgen mit eingebetteten Optionen (z. B. kurz laufender Vertrag mit Vertragsverlängerungsoption),
- Behandlung von bedingten (z. B. umsatzabhängigen) Mindestleasingzahlungen,
- Bestimmung des zutreffenden Abzinsungssatzes,
- Aufteilung von Verträgen über Grundstücke und Gebäude.

Die mögliche Verbesserung der bilanziellen Abbildung von Leasingverhältnissen würde über eine zunehmende Komplexität eingekauft. Aus dieser Komplexität ergibt sich die Gefahr, dass die Leasingvorschriften im Einzelfall

---

[110] Vgl. WASSMER/HELMSCHROTT, DB 2000, S. 2025f., sowie FÜLLBIER/PFERDEHIRT, KoR 2005, S. 275.

[111] MCGREGOR, Accounting for Leases: A New Approach, 1996, und NAILOR/LENNARD/ANSTIS, Leases: Implementation of a New Approach, 2000.

[112] Der Leasingstandard (SFAS 13) inkl. aller Ergänzungen gilt als der schlechteste Accounting Standard (vgl. REITHER, Accounting Horizons, 1998, S. 285).

Lüdenbach/Freiberg

aufgrund von Wesentlichkeits- und Kosten-Nutzen-Überlegungen unterlaufen würden.[113]

9 Zusammenfassende Praxishinweise

Die Feststellungen zum **Vorliegen** eines Leasingverhältnisses dürfen nicht am Vertragswortlaut ausgerichtet werden; vielmehr ist nach **verdeckten** Leasingverhältnissen Ausschau zu halten (Rz 4ff.). Ausschlaggebend für die bilanzielle Behandlung von Leasingverhältnissen nach IFRS ist die **Unterscheidung** in *finance-* und *operating-*Leasing (Rz 17ff.). Bei *finance leases* erfolgt die Zurechnung beim Leasingnehmer. Bei *operating-*Leasingverhältnissen wird das Leasingobjekt beim Leasinggeber bilanziert.

Ein *finance lease* liegt vor, wenn mindestens eines der folgenden **Kriterien** erfüllt ist (Rz 20ff.):

- Am Ende der Vertragslaufzeit werden die Eigentumsrechte am Leasingobjekt auf den Leasingnehmer übertragen;
- es besteht zu Gunsten des Leasingnehmers eine günstige Kauf- oder Mietverlängerungsoption;
- die Vertragslaufzeit erstreckt sich über den überwiegenden Teil der wirtschaftlichen Nutzungsdauer des Leasingobjektes;
- der Barwert der Mindestleasingzahlungen entspricht im Wesentlichen dem beizulegenden Zeitwert des Leasinggegenstandes zu Beginn des Leasingvertrages;
- es handelt sich um Spezialleasing.

Im **Unterschied** zum HGB (Rz 70) bleibt IAS 17 bei den entscheidenden **Zurechnungskriterien** sehr vage und nennt keine **quantitativen** Kriterien zur Nutzungsdauer, Mietverlängerungs- bzw. Kaufoption (Rz 25ff.). Außerdem ergeben sich durch die Konkretisierung des wirtschaftlichen Eigentums sowohl über die „**Dauer der Herrschaft**" als auch die „Übernahme des **Amortisationsrisikos**" ggf. Abweichungen zwischen der Behandlung nach IFRS und Steuer- und Handelsbilanz. Das Barwertkriterium (Rz 38) kann in IFRS zur Qualifizierung von Verträgen als *finance lease* führen, die nach HGB/EStG als *operating lease* gelten.

Diese quantitative **Unbestimmtheit** der IFRS-Kriterien eröffnet dem Bilanzierenden **faktische Wahlrechte**, da die Orientierung an den klaren quantitativen Regelungen nach US-GAAP nicht zwingend ist (Rz 96). Diese faktischen Wahlrechte können vom Bilanzierenden in dem Sinne genutzt werden, dass die handels- und steuerrechtlichen Regelungen (Rz 88) zum Nutzungsdauerkriterium sowie Mietverlängerungs- und Kaufoptionskriterium im IFRS-Abschluss beibehalten werden. Andererseits besteht die Möglichkeit, aus

---

[113] Vgl. WASSMER/HELMSCHROTT, DB 2000, S. 2025f.

172 bilanzpolitischen Erwägungen (→ § 51 Rz 7ff.) heraus im IFRS-Abschluss zu anderen Zurechnungen als im HGB-Abschluss (Rz 88) zu gelangen.

172 Trotz der (überwiegend durch entsprechende Auslegung der IFRS erreichbaren) Übereinstimmung zwischen HGB und IFRS sind sämtliche bestehenden Leasingvereinbarungen dahingehend zu untersuchen (Rz 88ff.), ob es sich um *finance-* oder *operating*-Leasingverhältnisse im Sinne von IAS 17.10 handelt (Rz 17ff.). Das ist ein wichtiger Untersuchungsschritt für das **Übergangsprozedere** auf die IFRS (→ § 6 Rz 103).

173 Darüber hinaus sind in der Vergangenheit in der HGB-Welt vorgenommene *sale-and-lease-back*-Transaktionen (Rz 142ff.) auf die Vereinbarkeit mit IAS 17 zu untersuchen[114], soweit die auf den Verkauf folgende Laufzeit des Leasingverhältnisses noch nicht abgelaufen ist. Denn die im Vergleich zum HGB (ausnahmsweise) strengeren Gewinnrealisierungsgrundsätze bei *sale-and-lease-back*-Transaktionen führen zu tendenziell niedrigeren Veräußerungsgewinnen nach IFRS.

174 Soweit ein Leasingobjekt beim Leasingnehmer zu bilanzieren ist, erfolgt die **Bewertung** im Zugangszeitpunkt zum beizulegenden Zeitwert oder dem niedrigeren Barwert der Mindestleasingraten. In gleicher Höhe wird eine Verbindlichkeit gegenüber dem Leasinggeber bilanziert. Im Rahmen der Folgebewertung wird das Leasingobjekt entsprechend IAS 16 bzw. IAS 40 bewertet. Gegebenenfalls sind außerplanmäßige Abschreibungen entsprechend IAS 36 vorzunehmen. Die Leasingraten werden in einen Zins- und Nebenkostenanteil sowie einen Tilgungsanteil aufgesplittet (Rz 98ff.).

175 Der Leasinggeber bilanziert bei einem *finance lease* eine **Leasingforderung**. Die Höhe der Leasingforderung entspricht im Zugangszeitpunkt dem **Nettoinvestitionswert** des Leasingobjektes. Zum Zwecke der Folgebewertung der Leasingforderungen sind die Leasingraten in einen **Zins- und Tilgungsanteil zu zerlegen**: Die Zinserträge sind so auf die Laufzeit des Leasingverhältnisses zu verteilen, dass sich auf Basis des internen Zinssatzes des Leasinggebers eine **periodisch gleich bleibende Rendite** des Nettoinvestitionswertes ergibt (Rz 111ff.).

176 Bei *operating*-Leasingverhältnissen verbleibt das **wirtschaftliche Eigentum** am Leasingobjekt beim **Leasinggeber**. Der Leasingnehmer erwirbt lediglich ein Nutzungsrecht und erfasst die gezahlten Leasingraten als Aufwand. Der Leasinggeber bilanziert das Leasingobjekt entsprechend den allgemeinen Grundsätzen (Rz 117ff.).

177 Bei *sale-and-lease-back*-Transaktionen handelt es sich somit um **zwei zusammenhängende Verträge**: den Vertrag über den Verkauf des Vermögensgegenstands vom künftigen Leasingnehmer an den künftigen Leasinggeber und den eigentlichen Leasingvertrag. Der Leasingvertrag ist nach den **allgemeinen Leasingkriterien** zu klassifizieren und entsprechend bilanziell zu erfassen. Die Behandlung eines **Veräußerungsgewinns** erfolgt beim Leasingnehmer in Abhängigkeit von der Klassifizierung des zugrunde liegenden Lea-

---

[114] Eine Angleichung der handelsrechtlichen Behandlung von sale-and-lease-back-Transaktionen erfolgt mit IdW, ERS HFA 13, Tz 70ff.

singvertrages als *finance* oder *operating lease*. Bei einem *finance lease* kommt eine sofortige Gewinnrealisierung nicht in Betracht (Rz 138ff.).

Lease-and-lease-back-Transaktionen sind nach SIC 27 i. d. R. **nicht** als Leasingverhältnisse zu behandeln (Rz 145). **178**

Sofern Leasingvereinbarungen über **Leasingobjektgesellschaften** abgewickelt werden, ist zu prüfen, ob die Zweckgesellschaft in den Konzernabschluss des Leasingnehmers oder Leasinggebers einzubeziehen ist (Rz 149ff.). **179**

Die **Forfaitierung** von künftigen Leasingraten ist passiv mit degressiver Auflösung abzugrenzen (Rz 157ff.). **180**

Auf die **Checkliste Abschlussangaben** wird verwiesen (→ § 5 Rz 8). **181**

§ 16 ALS FINANZINVESTITIONEN GEHALTENE IMMOBILIEN (INVESTMENT PROPERTIES)

Inhaltsübersicht   Rz
Vorbemerkung
1   Zielsetzung, Regelungsinhalt, Definitionen   1–4
2   Abgrenzung zu sonstigen Immobilien   5–17
    2.1   Einheitlich genutzte Immobilien   5–13
    2.2   Gemischt genutzte Immobilien   14–16
    2.3   Erst-Ansatz: Maßgeblichkeit des wirtschaftlichen
        Eigentums   17
3   Bewertung   18–71
    3.1   Zugangsbewertung   18–34
        3.1.1   Anschaffungs-/Herstellungskosten   18–26
        3.1.2   Abzinsungsgebot bei später fälligen Kaufpreisen ..   27
        3.1.3   Nachträgliche Anschaffungs- oder Herstellungskosten   28–29
        3.1.4   Anschaffungsnahe Kosten   30–32
        3.1.5   Künftige Abbruch- und Wiederherstellungskosten   33–34
    3.2   Folgebewertung   35–47
        3.2.1   Methodenwahlrecht   35–36
        3.2.2   Einheitliche Wahlrechtsausübung   37–39
        3.2.3   Bewertung zu fortgeführten Anschaffungskosten .   40–41
        3.2.4   Bewertung zu Zeitwerten   42–44
        3.2.5   Bewertung gemischt genutzter Immobilien   45–46
        3.2.6   Besonderheiten beim Leasinggeber im Rahmen von *operating*-Leasingverhältnissen   47
    3.3   Wertermittlungsverfahren zur Bestimmung des *fair value*   48–66
        3.3.1   Definition des *fair value*   48–50
        3.3.2   Methodenwahlrecht   51–52
        3.3.3   Vergleichswertverfahren   53–56
        3.3.4   Ertragswertverfahren   57
        3.3.5   *Discounted-cash-flow*-Verfahren   58–66
    3.4   Besonderheiten bei Grundsanierungen   67–69
        3.4.1   Unterschiedliche Erfassung im *cost* und *fair value model*   67
        3.4.2   Doppelte Aufwanderfassung im *fair value model?*   68–69
    3.5   Beurteilung des *fair value model*   70–71
4   Nutzungsänderungen und Abgänge   72–81
    4.1   Nutzungsänderungen   72–78
    4.2   Abgänge   79–81

Engel-Ciric

5	Steuerlatenz	82
6	Ausweis	83–85
7	Angaben	86–93
7.1	Allgemeine Angaben	86
7.2	Angaben bei der Bewertung zu Zeitwerten	87
7.3	Angaben bei der Bewertung zu Anschaffungskosten	88
7.4	Angaben bei der Bewertung zu fortgeführten Anschaffungs- oder Herstellungskosten	89–92
7.5	Übergangsvorschriften	93
8	Anwendungszeitpunkt, Rechtsentwicklung	94–96
9	Zusammenfassende Praxishinweise	97

Schrifttum: BAETGE/ZÜLCH/MATENA, Fair Value-Accounting – Ein Paradigmenwechsel auch in der kontinentaleuropäischen Rechnungslegung, StuB 2002, S. 365; BALLWIESER/KÜTING/SCHILDBACH, Fair value – erstrebenswerter Wertansatz im Rahmen einer Reform der handelsrechtlichen Rechnungslegung?, BFuP 2004, S. 529; BDO, Praxishandbuch Real Estate Management, 2005; BECK, Bilanzierung von investment properties nach IAS 40, KoR 2004, S. 498; BECK'scher Bilanzkommentar, 6. Aufl., 2006; BECK'sches IFRS-Handbuch 2. Aufl., 2006, § 6; BEHR, Rechnungslegung und Bewertung von Immobiliengesellschaften, Schweizer Treuhänder 2001, S. 219; BÖCKEM/ SCHURBOHM, Die Bilanzierung von Immobilien nach den International Accounting Standards, KoR 2002, S. 38; BÖCKEM/SCHURBOHM-EBNETH, Praktische Fragestellungen der Implementierung von IAS 40, KoR 2003, S. 335; DYCKERHOFF/LÜDENBACH/SCHULZ, Praktische Probleme bei der Durchführung von Impairment-Tests im Sachanlagevermögen, in: Festschrift POHLE, 2003; ENGEL-CIRIC, Die Bewertung von Immobilien nach IAS 40, BC 2001, S. 125; FREIBERG, Grundsanierung von als Finanzinvestitionen gehaltenen Immobilien im fair value model, PiR 2007; FRIESS/KORMAIER, Fair-Value-Ermittlung von Investment Properties mit Hilfe des Ertragswertverfahrens nach der WertV, DStR 2004, S. 2024; HACHMEISTER, Der Discounted Cash Flow als Maß der Unternehmenswertsteigerung, 3. Aufl., 1999, S. 175–225; HELM, Investment Properties – Implikationen für die Rechnungslegung, 2001; HELMSCHROTT, Die Anwendung von IAS 40 (investment properties) auf Immobilien-Leasingobjekte, DB 2001, S. 2457; HOFFMANN, § 6, in: LITTMANN/BITZ/PUST, EStG-Kommentar; HOMMEL, Neue Entwicklungen in der Jahresabschlussrichtlinie: Bewertung zum Fair Value, BB 2000, S. 1189; HOWIESON, Accounting for Investment Properties, 1997; INGOLD, Anwendungsbereiche und Abgrenzungsfragen bei der Bilanzierung von Immobilien nach IFRS, PiR 2006, S. 111ff.; IVSC, International Valuation Standards, 7. Aufl., 2005; KLEIBER, „Die europäischen Bewertungsstandards" des Blauen Buches, in: Grundstücksmarkt und Grundstückswert 2000; KORMAIER, Eignung des Income Capitalisation Model zur Fair Value-Ermittlung von Investment Properties nach IAS 40, KoR 2006, S. 378ff.; KPMG, Insights into IFRS 2006/7; LÜDENBACH, IFRS, 4. Aufl., 2005; LÜDENBACH, Investment

Engel-Ciric

properties, BC 2006, S. 73ff.; LÜDENBACH/HOFFMANN, Erlösrealisierung bei Mehrkomponentengeschäften nach IFRS und HGB/EStG, DStR 2006, S. 153; SIGLOCH/SCHMIDT/HAGEBÖKE, Die Clusterbewertung für Großimmobilienbestände als Ausnahmefall vom Einzelbewertungsgrundsatz, DB 2005, S. 2589; SIMON/CORS/TROLL, Handbuch der Grundstückswertermittlung, 4. Aufl., 1997; TEITLER, Anpassung von FER 18 bezüglich Sachanlagen zu Renditezwecken, Schweizer Treuhänder 2000, S. 1129; WHITE/TURNER/JENYON/LINCOLN, Internationale Bewertungsverfahren für das Investment in Immobilien, 1999; ZIMMERMANN, Der Verkehrswert von Grundstücken, 2. Aufl., 1999; ZÜLCH, Die Bilanzierung von Investment Properties, 2003; ZÜLCH, Investment Properties: Begriff und Bilanzierungsregeln nach IFRS, PiR 2005, S. 67; ZÜLCH/WILLMS, Anwendung des Fair Value Model nach IAS 40 im Sanierungsfall: Praktische Probleme und Lösungsansätze, BB 2005, S. 372.

Vorbemerkung

Die Kommentierung bezieht sich auf IAS 40 in der aktuellen Fassung und berücksichtigt Ergänzungen, Änderungen und Interpretationen, die bis zum 1.1.2007 beschlossen wurden. Einen Überblick über ältere Fassungen sowie über aktuell diskutierte oder schon als Änderungsentwurf vorgelegte zukünftige Regelungen enthält Rz 94f.

1 Zielsetzung, Regelungsinhalt, Definitionen

IAS 40 regelt die Bilanzierung von als Finanzinvestitionen gehaltenen Immobilien *(investment properties)* und die damit verbundenen Anhangangaben (IAS 40.2). Der Standard ersetzt frühere Bestimmungen des IAS 25 und ist Ausdruck der Bemühung des IASB, weitreichende Bewertungswahlrechte zu beseitigen, um eine Vergleichbarkeit der Jahresabschlüsse untereinander zu erreichen.[1] Tatsächlich wurde jedoch das alte Wahlrecht des IAS 25 zur Bewertung zu fortgeführten Anschaffungs- bzw. Herstellungskosten *(benchmark treatment)* oder der Bewertung nach der Neubewertungsmethode *(allowed alternative treatment)* durch ein neues Wahlrecht mit weitaus **größeren Bewertungsspielräumen** ersetzt (Rz 35ff.).

1

IAS 40 erfordert eine gedankliche **Aufspaltung** des Immobilienbestandes in

2

- **eigenbetrieblich** genutzte Immobilien *(owner-occupied properties)*, die vorrangig nach IAS 16 (→ § 14) zu bewerten sind, und
- **Anlage**immobilien[2] oder **Rendite**liegenschaften[3] *(investment properties)*, deren Bewertung sich nach IAS 40 richtet.

---

[1] Vgl. HOMMEL, BB 2000, S. 1189.
[2] BÖCKEM/SCHURBOHM, KoR 2002, S. 38.
[3] BEHR, Schweizer Treuhänder 2001, S. 221.

Auch dem deutschen Bilanzrecht ist der Gedanke nicht fremd, betrieblich genutzte Immobilien bewertungstechnisch **anders zu beurteilen** als fremdvermietete oder spekulativ gehaltene Immobilien. Das gilt nicht nur **steuerrechtlich** bei der Differenzierung zwischen notwendigem und gewillkürtem Betriebsvermögen, sondern auch **handelsrechtlich** bei der Bewertung: In Ermangelung von Marktpreisen ist handelsrechtlich der (niedrigere) beizulegende Wert betrieblich genutzter Anlagegegenstände im Normalfall am Wiederbeschaffungswert orientiert. Für vermietete Vermögensgegenstände des Anlagevermögens wird dagegen eine Ertragswertermittlung mit dem Argument empfohlen, dass einem solchen Vermögensgegenstand ein selbstständiger Erfolgsbeitrag zugeordnet werden könne.[4]

3   Die besondere Behandlung nicht betrieblich genutzter Immobilien nach IFRS geht über diese Überlegungen hinaus: Um eine Verbesserung der Berichterstattung über den Erfolgsbeitrag von als Finanzinvestitionen gehaltenen Immobilien zu erreichen, wurde mit IAS 40 zum ersten Mal die Bilanzierung nach dem *fair value model* für nicht finanzielle Vermögenswerte *(non-financial assets)* eingeführt. Als Finanzinvestitionen gehaltene Immobilien nehmen eine „Zwitterstellung"[5] ein, aus einer substantiellen Perspektive sind sie dem Sachanlagevermögen, aus einer funktionalen Perspektive den Finanzinvestitionen zuzuordnen.

Daher können Immobilien, die als Finanzanlagen gehalten werden, **entweder** zu fortgeführten Anschaffungs- bzw. Herstellungskosten *(cost model*; Rz 40ff.) **oder** zu (ggf. höheren) Zeitwerten *(fair value model*; Rz 42ff.) bewertet werden. Zeitwerten soll dabei eine **höhere Informationsrelevanz** als den Anschaffungs- oder Herstellungskosten beizumessen sein.

Es stellt sich indes die **Frage**, inwieweit tatsächlich eine Verbesserung der Berichterstattung und der Aussagekraft des Jahresabschlusses für **Nicht-Immobilien**unternehmen durch die Einführung von IAS 40 erreicht wird (Rz 70). Für **Immobilienunternehmen** und die für das Jahr 2007 in Deutschland erwarteten steuerbegünstigten **REITs** (Rz. 96) stellt andererseits die Bewertung der Vermögenswerte zum beizulegenden Zeitwert eine Möglichkeit dar, die Rendite von Finanzanlagen und Immobilienanlagen direkt vergleichbar zu machen.

In der **Ergebnisrechnung** vermischen sich **realisierte** Aufwendungen (für Unterhalt) und Erträge (Mieten) mit **unrealisierten** Wertveränderungen. Deren getrennte Darstellung ist nicht gefordert – anders beim **Neubewertungsmodell** für Sachanlageimmobilien (→ § 8 Rz 52).

4   Der Standard richtet sich an **Grundstücke** *(properties)*, die definitorisch (IAS 40.5) Grund und Boden *(land)* und Gebäude *(building)* umfassen. Ungeklärt bleibt dabei der Regelungsgehalt von „**Gebäude**". Das Thema erinnert an einschlägige Abgrenzungsprobleme im steuerlichen Bewertungsrecht („Be-

---

[4] Vgl. Hoyos/Schramm/Ring, in: Beck'scher Bilanzkommentar, 6. Aufl., 2006, § 253 HGB Anm. 290.

[5] Vgl. Lüdenbach, BC 2006, S. 73ff.; Freiberg, PiR 2007.

triebsvorrichtungen"). U. E. kann die Eignung für den dauernden Aufenthalt von Menschen aus dem Bewertungsrecht übernommen werden. Danach wären nicht als Gebäude zu werten: Trafostationen, Trockendocks, automatische Hochregallager (→ § 10 Rz 16).
Auch der Begriffsinhalt von „*land*" ist nicht immer zweifelsfrei. Als Beispiel seien Sportplätze der verschiedensten Ausrichtung genannt: Tennis- und Golfplätze, auch der Rasen einer Fußball-Großarena. Sollte es sich dabei um „*land*" handeln, stellt sich weiter die Frage der funktionellen Zuordnung (Rz 11).

2 Abgrenzung zu sonstigen Immobilien

2.1 Einheitlich genutzte Immobilien

Als Finanzinvestitionen gehaltene Immobilien im Sinne von IAS 40 *(investment properties)* gelten Grundstücke oder Gebäude bzw. Gebäudeteile, die zur Erzielung von **Mieteinnahmen** oder zum **Zwecke** der **Wertsteigerung**, jedoch **nicht** zur **Eigennutzung** bzw. zum Verkauf im Rahmen der **gewöhnlichen Geschäftstätigkeit** gehalten werden (IAS 40.7).[6]   5

Beispiele für als Finanzinvestitionen gehaltene Immobilien sind nach IAS 40.8 insbesondere: 6

- Grundstücke und Gebäude, die langfristig für **Wertzuwächse** statt für einen kurzfristigen Verkauf gehalten werden (IAS 40.8a);
- Grundstücke und Gebäude, die für eine gegenwärtig **unbestimmte** künftige Nutzung gehalten werden (IAS 40.8b);
- Gebäude, die vom Unternehmen im Rahmen eines **Leasingverhältnisses** gehalten und aufgrund eines *operating*-Leasingvertrags weitervermietet werden (IAS 40.8c);
- **leer** stehende Gebäude, die vom Leasingnehmer zum Zwecke der Vermietung im Rahmen von *operating*-Leasingverhältnissen gehalten werden (IAS 40.8d).

Bemerkenswert ist der Rechnungslegungsgehalt für **Leasing**-Immobilien. IAS 40.6 gewährt dem Leasingnehmer das **Wahlrecht**, eine Immobilie, die nach den Zuordnungskriterien von IAS 17.10 (→ § 15 Rz 20) als *operating lease* klassifiziert und deshalb beim Leasinggeber bilanziert wird, wie ein *finance lease* zu behandeln. Voraussetzungen zur Ausübung dieses für jedes Objekt **einzeln** auszuübenden Wahlrechts sind kumulativ:

- Die betreffenden Objekte erfüllen aus Sicht des Leasingnehmers die oben genannten **Kriterien** der Renditeliegenschaft, d. h. i. d. R.: Der Leasingnehmer überlässt seinerseits das Objekt in einem Untermietverhältnis an einen Endnutzer.

---

[6] Eine Zuordnung von Immobilien zu den relevanten IFRS findet sich bei INGOLD, PiR 2006, S. 111ff.; ZÜLCH, PiR 2005, S. 67f.

- **Alle** Anlageimmobilien, also auch die im zivilrechtlichen Eigentum stehenden, werden nach dem *fair value model* bilanziert (Rz 35ff.).

Somit dürfen Immobilien, die der Leasingnehmer zur Erzielung von Mieteinnahmen hält, vom Leasingnehmer auch dann bilanziert werden, wenn der Leasinggeber sowohl über das wirtschaftliche als auch über das rechtliche Eigentum verfügt. Dieses Wahlrecht besteht jedoch nur, wenn der Leasingnehmer die Renditeliegenschaft nach dem *fair-value*-Modell zum aktuellen Marktwert bilanziert (IAS 40.6). Im Ergebnis kommt es dann zu einer „Doppelbilanzierung" (→ § 15 Rz 16).[7]

7 Typischerweise erfüllt die Renditeliegenschaft die Funktion einer **Kapitalanlage**.[8] **Nicht** unter den Regelungsinhalt von IAS 40 fallen daher (IAS 40.9):

- Immobilien, die mit der Absicht erworben oder errichtet wurden, um sie im **normalen Geschäftsverlauf** in naher Zukunft zu veräußern – geregelt im Vorratsvermögen in IAS 2 (→ § 17);
- Bauten, die Gegenstand eines **Fertigungsauftrags** sind gemäß IAS 11 (→ § 18);
- **eigenbetrieblich** genutzte Immobilien (→ § 14), insbesondere
  - betriebliche Ersatzgrundstücke;
  - vom Eigentümer selbst genutzte Immobilien;
  - an beschäftigte oder ausgeschiedene Arbeitnehmer sowie an Pensionäre vermietete Immobilien, selbst wenn sie zu marktüblichen Konditionen vermietet werden (IAS 40.9c);
- Immobilien beim **Leasinggeber**, die im Rahmen von *finance*-Leasingverhältnissen vermietet werden (IAS 40.9e).

Darüber hinaus fallen auch Immobilien in der **Herstellungsphase**, die für die zukünftige Nutzung als Finanzinvestition vorgesehen sind (IAS 40.9d), zurzeit nicht unter den Anwendungsbereich von IAS 40. Bestehende Überlegungen des IASB und des IFRIC sehen allerdings eine Erweiterung von IAS 40 mit Bewertungsregeln für die Herstellungsphase von als Finanzinvestition gehaltenen Immobilien vor.[9]

8 Die **Unterscheidung** zwischen als Finanzinvestitionen gehaltenen und dem **Vorrats**vermögen zuzurechnenden Immobilien, die mit der Absicht einer späteren Veräußerung im normalen Geschäftsverlauf erworben oder errichtet werden, ist in der Praxis aufgrund fehlender konkreter Abgrenzungskriterien

---

[7] Diese Regelung ist u. a. der Marktsituation im Vereinigten Königreich zu verdanken, wo in großem Umfang Grundstücke in Form eines operating lease genutzt werden, und in Hongkong, wo es keine förmlichen Eigentumsrechte gibt. In diesen Fällen werden die Nutzungsrechte oft zu einem Einmalbeitrag (up-front-premium) erworben, der in wirtschaftlicher Betrachtung einen Kaufpreis darstellt. Daraus wären planmäßige Abschreibungen vorzunehmen, was offensichtlich in dieser Branche unerwünscht ist (ERNST & YOUNG, International GAAP 2005, S. 694).

[8] Vgl. BAETGE/ZÜLCH/MATENA, StuB 2002, S. 418.

[9] Vgl. IASB, IASB Update October 2006 als auch IFRIC, IFRIC Update November 2006.

(i. S. von *bright lines*) u. U. schwierig. Insbesondere wenn eine Veräußerung nicht kurzfristig geplant ist, erscheint auch eine Klassifizierung als *investment property* sachgerecht.

Für die Klassifizierung einer Immobilie als Vorratsvermögen oder Finanzinvestition ist die **Geschäftsintention** des Unternehmens ausschlaggebend.[10]

> **Beispiel**
> Unternehmen A erwirbt einige Parzellen Bauland noch ohne eine Entscheidung über die zukünftige Verwendung. Die Kaufentscheidung beruht auf der Annahme eines günstigen Preises *(bargain purchase)*. Ohne konkrete Verwertungsabsicht sind die Parzellen zunächst als Finanzinvestitionen anzusehen.
> Unternehmen B kauft Portfolios von Gewerbe- und Wohnimmobilien an und veräußert diese bevorzugt unbewohnt weiter. Da das Geschäftsmodell des B eine künftige Weiterveräußerung vorsieht, sind die Gebäude des Portfolios unabhängig von der (noch andauernden) Vermietung als Vorratsvermögen zu klassifizieren.

Unterscheidungsunsicherheiten ergeben sich, wenn eine Veräußerung von dem vorherigen Eintritt einer **Bedingung** abhängig gemacht wird (z. B. sei die Veräußerung im vorstehenden Beispiel von einer tatsächlichen Entmietung der Wohnimmobilien abhängig). Die **Abgrenzung** ist u. E. dann abhängig von den Aufwendungen, die zur Erfüllung einer Veräußerungsfähigkeit aufzubringen sind. Bei geringen Aufwendungen sind diese der Herstellung der Veräußerungsfähigkeit zuzuordnen, bei größeren erfolgt eine Klassifizierung als Finanzinvestition.

Schwierigkeiten der Abgrenzung ergeben sich auch dann, wenn der Erwerb einer Immobilie nicht oder nur **mittelbar** beabsichtigt gewesen ist. Wird eine Immobilie mit der Absicht der Weiterveräußerung (IFRS 5) oder der eigenen Nutzung (IAS 16) erworben, scheidet eine Klassifizierung als Renditeimmobilie aus. Spiegelbildlich ist eine Klassifizierung als *investment property* erforderlich, wenn beim Erwerb einer Immobilie **keine konkrete Veräußerungs- oder Nutzungsabsicht** besteht.

> **Beispiel**
> Die Immobiliengesellschaft A hat der Bank B als Sicherheit für ein Darlehen ein Grundpfandrecht an einer Immobilie des eigenen Bestands eingeräumt. Zur Jahresmitte des lfd. Jahres stellt A einen Insolvenzantrag. Das rechtliche Eigentum an der Immobilie geht nach einer Zwangsversteigerung, bei der B aufgrund fehlender Interessenten bzw. aus Sicht von B nicht akzeptabler Angebote das Höchstgebot abgegeben hat, auf B über.

---

[10] Vgl. KPMG, Insights into IFRS 2006/7, S. 228.

> Die Ausübung des Grundpfandrechts und anschließende Ersteigerung der Immobilie war von B nicht geplant, entsprechend bestehen auch keine konkreten Verwertungsabsichten. Die Immobilie ist als Finanzinvestition zu klassifizieren.

Existiert also

- **weder** eine konkrete **Veräußerungsabsicht** (und damit eine nach IFRS 5 notwendige Klassifizierung als „*held for sale*"; → § 29)
- **noch** die Absicht einer **Eigennutzung** (und damit Zuordnung zum Sachanlagevermögen; → § 14),

ist eine Immobilie u. E. als *investment property* zu klassifizieren.[11]

10 Eine eindeutige Klassifizierung als Anlageimmobilie wird erschwert, wenn den Mietern – neben der Vermietung – noch **liegenschaftsbezogene Dienstleistungen** angeboten werden. Solche Nebenleistungen sind z. B. Sicherheits-, Reinigungs- oder Verwaltungsdienstleistungen. In diesen Fällen entscheidet der **Anteil** der Erträge aus Nebenleistungen am Gesamtertrag aus der Erbringung der Dienste und der Vermietung. Infolgedessen ist die Immobilie nur dann als Renditeliegenschaft anzusetzen, wenn der Ertrag aus den liegenschaftsbezogenen Dienstleistungen *(ancillary services)* im Verhältnis zum Gesamtertrag **unbedeutend** ist (IAS 40.11). Sind die erbrachten Dienstleistungen jedoch ein **wesentlicher** Bestandteil der Vereinbarung, ist die Immobilie als **selbst genutzt** einzuordnen. IAS 40 lässt hier bewusst eine exakte Quantifizierung offen, so dass sich bilanzpolitische Spielräume ergeben.

11
> **Beispiel**
> K erwirbt eine Hotelanlage und führt sie eigenständig. Mit dem Hotel sind bautechnisch auch ein Fitnesscenter und ein Hallenschwimmbad verbunden. Diese beiden Bestandteile des Gesamtkomplexes können auch von Nichthotelgästen entgeltlich genutzt werden.
> Der den Hotelgästen angebotene Service ist ein bedeutender Bestandteil der Vereinbarung insgesamt. Deshalb ist ein vom Eigentümer geführtes Hotel als eine selbst genutzte Immobilie anzusetzen und entsprechend IAS 16 (→ § 14) zu bilanzieren (IAS 40.12). Auch die übrigen Bereiche – Schwimmbad und Fitnesscenter – werden mit nennenswerten Serviceleistungen betrieben.

Ebenso stellen sich beim Betrieb eines normalen **Parkhauses** – überwiegend keine Festvermietung bestimmter Stellplätze, sondern stundenweise abgerechnete Belegung – Abgrenzungsprobleme. Zwar sind die Serviceleistungen gemäß IAS 40.11 – Bewachung und laufender Unterhalt – im Umfang und aus Sicht des Betreibers im Verhältnis geringfügig, jedoch entspricht der wirt-

---

[11] So auch KPMG, Insights into IFRS 2006/7, S. 229.

schaftliche Gehalt der Geschäftstätigkeit von vornherein nicht der **typischen**, in IAS 40 angesprochenen **Vermietungstätigkeit**. Der Unternehmer ist kein Vermieter, sondern Betreiber eines Parkhauses. U. E. liegt hier **keine** Renditeimmobilie *(investment property)* vor.[12]

Aus dem vorstehenden Beispiel folgt auch:
- Der Hotelbetrieb durch den Eigentümer im eigenen Haus führt nicht zu einem *investment property*.
- Dem Hotelbetrieb ist die laufende Nutzung durch **wechselnde** Personen ohne Anspruch auf einen **bestimmten** Teil der Immobilie eigen. Deshalb können Fitnesscenter, Sportanlagen (Rz 4) und u. E. Parkhäuser ebenfalls keine *investment properties* darstellen.

Ausschlaggebend für den Ansatz als Renditeliegenschaft kann auch die vertragliche Ausgestaltung des **Mietzinses** sein.[13]

> **Beispiel**
> K erwirbt eine Hotelanlage und überträgt die Verantwortlichkeit der Geschäftsführung im Rahmen eines Pachtvertrags an einen Dritten. Der Pachtzins wird in Abhängigkeit vom Auslastungsgrad des Hotels variabel vereinbart.
> Die Erträge aus der variablen Ausgestaltung des Pachtzinses reflektieren die Risikobehaftung des Hotelgewerbes an sich, nicht aber das Risiko der Immobilienwirtschaft. Deshalb ist das Hotel nicht als Anlageimmobilie anzusetzen (IAS 40.13). Hätte K dagegen einen Pachtzins in Abhängigkeit von den ortsüblichen Vergleichsmieten vereinbart, wäre das Hotel als Anlageimmobilie anzusetzen und entsprechend zu bilanzieren (IAS 40.13).

Die Klassifizierung einer maßgeblich **durch Dritte** betriebenen Immobilie hängt von der Risikoposition des Eigentümers der Immobilie ab:
- Ist der Eigentümer lediglich **passiver Investor**, der eine von den normalen Geschäftsrisiken unabhängige Rendite erzielt, ist die Immobilie als *investment property* anzusehen.
- Verbleiben **maßgebliche Risiken** aus dem Betrieb der Immobilie bei dem Eigentümer, scheidet eine Klassifizierung als *investment property* aus.

Indikationen für einen maßgeblichen Einfluss (und damit korrespondierend Übernahme von Risiken) des Eigentümers auf die Nutzung der Immobilie lassen sich an der **Vertragsgestaltung** zwischen Betreiber und Eigentümer festmachen (Vetorechte des Eigentümers, fixe oder variable Rendite des Eigentümers, Dauer des Vertrages etc.).

In **Grenzfällen** soll das bilanzierende Unternehmen **eigenständig** Kriterien für den Ansatz von Anlageimmobilien festlegen und im Anhang angeben

---

[12] A. A. möglicherweise BÖCKEM/SCHURBOHM-EBNETH, KoR 2003, S. 336.
[13] Vgl. hierzu ein Beispiel mit gleicher Würdigung ZÜLCH, PiR 2005, S. 68.

(IAS 40.14). Damit werden die **bilanzpolitischen Spielräume** zusätzlich erhöht.

13 Immobilien, die an (voll-)**konsolidierte verbundene Unternehmen** vermietet werden, sind im **Einzelabschluss** bei Erfüllung der Ansatzkriterien als Finanzinvestitionen anzusetzen. Im **Konzernabschluss** ist jedoch eine Umklassifizierung in eigengenutzte Immobilien vorzunehmen (IAS 40.15).

2.2 Gemischt genutzte Immobilien

14 Die Definition der als Finanzinvestition gehaltenen Immobilien ist „heikel und **ohne Trennschärfe**".[14] Probleme bei der Klassifizierung und dem Ansatz von Anlageimmobilien entstehen insbesondere, wenn diese nicht einheitlich genutzt werden, sondern eine **Mischnutzung** vorliegt *(dual purpose property)*. So kann z. B. eine Immobilie teilweise vermietet und gleichzeitig teilweise selbst genutzt werden. IAS 40.10 sieht in solchen Fällen einen **getrennten Ansatz** der Immobilienteile vor (Rz 45ff.), sofern diese **gesondert** verkauft *(could be sold separately)* oder im Rahmen eines **Finanzierungs-Leasings** (gesondert) vermietet werden könnten.

15 Die **Einzelveräußerbarkeit** wird als Kriterium herangezogen, da nur so Wertsteigerungen der im Bestand gehaltenen Immobilien realisierbar sind, ohne gleichzeitig betrieblich genutzte Teile zu veräußern. IAS 40 lässt jedoch offen, ob Gebäude bereits geteilt bzw. Grundstücke bereits parzelliert sein müssen oder ob die technische Teilbarkeit von Immobilien ausreicht, um das Kriterium der Einzelveräußerbarkeit zu erfüllen.

16 Sofern einzelne Immobilienbestandteile nicht veräußert werden können, darf nach IAS 40.10 eine Immobilie nur dann als Renditeliegenschaft angesetzt werden, wenn der selbst genutzte Anteil **unbedeutend** ist *(insignificant portion)*. Abgrenzungskriterien liefert IAS 40 nicht. Als **Maßstab** könnte der prozentuale Anteil der betrieblich genutzten Fläche an der Gesamtfläche in Betracht kommen. Da aber der IASB als Regelgeber bewusst auf die Vorgabe quantitativer Grenzen verzichtet hat, muss der Bilanzierende nach IAS 8.11 eigene Methoden entwickeln (→ § 1 Rz 82ff). Zusätzlich können nach IAS 8.12 die Standards **anderer Standardsetter**, das **Schrifttum** und akzeptierte **Branchenpraktiken** berücksichtigt werden, die auf ähnlicher konzeptioneller Basis einschlägige Regeln entwickeln. Allerdings erweisen sich Schrifttum und Branchenpraktiken als uneinheitlich. In der deutschsprachigen Literatur werden **Bandbreiten** des höchstzulässigen eigengenutzten Anteils von 5 % bis zu 30 % der genutzten Fläche diskutiert.[15] Die internationale Praxis wendet unterschiedliche Prozentsätze an:[16]

- Vereinigtes Königreich: SSAP 19 → 15 %
- Hongkong: HKSSAP 13.5 → 15 %

---

[14] TEITLER, Schweizer Treuhänder 2000, S. 1129.
[15] Vgl. z. B. BÖCKEM/SCHURBOHM, KoR 2002, S. 40.
[16] Vgl. HOWIESON, Accounting for Investment Properties, 1997, S. 14.

- Neuseeland: SSAP 17.4.2 → 20 %.

Werden diese Prozentsätze des eigengenutzten Anteils überschritten, gilt die jeweilige Immobilie **insgesamt** als eigenbetrieblich genutzt (Rz 5). Im Ergebnis verbleiben nach IFRS erhebliche Interpretationsspielräume.

2.3 Erst-Ansatz: Maßgeblichkeit des wirtschaftlichen Eigentums

Anlageimmobilien sind als Vermögenswert (→ § 1 Rz 87ff.) anzusetzen, wenn dem Unternehmen der **zukünftige wirtschaftliche Nutzen**, der mit den Anlageimmobilien verbunden ist, wahrscheinlich zufließen wird (IAS 40.16a). Die Ansatzfähigkeit richtet sich insoweit nicht nach dem zivilrechtlichen, sondern dem **wirtschaftlichen** Eigentum des Erwerbvertrages. Zu dessen Erwerb bedarf es nach deutschem Recht der notariellen **Beurkundung** und der darin festgelegten Bestimmung für den **Übergang** von Besitz, Gefahr, Nutzen und Lasten.[17] Auf die Auflassung und den Grundbucheintrag (rechtliches Eigentum) kommt es nicht an.
Fraglich ist, ob ein Übergang des wirtschaftlichen Eigentums nach den IFRS-Regeln im Einzelfall auch schon **vor** Abschluss des schuldrechtlich wirksamen Vertrags möglich ist. Denkbar sind Fälle, in denen die Parteien zunächst unverbindlich einen Übergang von Nutzen und Lasten bzw. Chancen und Risiken (→ § 28 Rz 63) vereinbaren, diesen praktizieren und alsbald rechtsförmlich durch Vertragsabschluss bestätigen. Ein gewisser Analogieschluss zu komplexen Transaktionsvorgängen im Rahmen von Unternehmenszusammenschlüssen (→ § 31 Rz 23) lässt sich u. U. auch für den Erwerb größerer Renditeobjekte (Großeinkaufszentren, Bürohochhäuser) ziehen. Hier kann je nach Sachverhalt auch eine „unechte Rückwirkung" in Betracht kommen. Dabei darf der Zeitraum nicht zu weit ausgedehnt werden, weil sonst die Manipulationsgefahr wächst. Der Wertaufhellungsstichtag (→ § 4 Rz 4ff.) sollte die Grenzmarke liefern.
Die BFH-Rechtsprechung – insoweit ausschließlich Handelsrecht auslegend – hat eine solche **Rückwirkung** der Verschaffung wirtschaftlichen Eigentums (bezogen auf den Vertragsabschluss) im Falle von einfachen Grundstücksverkäufen bisher nicht bestätigt. Andererseits hat der BFH[18] in Fällen von Unternehmensveräußerungen – also komplexen Rechtsgeschäften – im Interesse einer „technischen Vereinfachung" eine kurzfristige Rückbeziehung des Vertragsabschlusses anerkannt. Allgemein geht man von einem Drei-Monats-Zeitraum aus. Dieser Gesichtspunkt stützt die u. E. nach IFRS mögliche zeitliche Rückbeziehung eines Grundstücksgeschäfts mit nennenswerten Volumen in besonderen Fällen.

17

---

[17] So zuletzt im BFH-Urteil vom 4.6.2003, X R 49/01, BStBl II 2003 S. 751.
[18] BFH, Urteil v. 18.9.1984, VIII R 119/81, BStBl II 1985 S. 55.

3 Bewertung

3.1 Zugangsbewertung

3.1.1 Anschaffungs-/Herstellungskosten

18 Als Finanzinvestitionen gehaltene Immobilien werden im Zugangszeitpunkt zu Anschaffungs- oder Herstellungskosten bewertet (IAS 40.20). Der **Umfang** der Anschaffungskosten lässt sich wie folgt darstellen (→ § 8 Rz 11):

	Anschaffungspreis
+	Anschaffungsnebenkosten
+	nachträgliche Anschaffungskosten
−	Anschaffungspreisminderungen
=	Anschaffungskosten

19 Der Anschaffungs**preis** richtet sich nach dem zivilrechtlich vereinbarten Kaufpreis (§ 433 Abs. 2 BGB) ggf. unter Berücksichtigung von zu übernehmenden Verbindlichkeiten, wie z. B. Hypotheken-, Grund- und Rentenschulden sowie Reallasten.

Beim **Tausch** (→ § 14 Rz 13) bemessen sich die Anschaffungskosten der empfangenen Immobilie nach dem Wert des hingegebenen Vermögenswertes (IAS 40.27).

20 In den Fällen, in denen der **Leasingnehmer** das Wahlrecht beansprucht, eine im Rahmen eines *operating lease* gemietete Immobilie zu bilanzieren (Rz 6), ist die Immobilie beim Leasingnehmer mit den fiktiven Anschaffungskosten in Höhe des Verkehrswertes des Leasingobjekts oder des niedrigeren Barwertes der Mindestleasingraten zu bewerten (IAS 40.25; → § 15 Rz 54).

21 Ein regelmäßig in der Praxis auftauchendes Problem ist der Erwerb von Immobilien zu einem **einheitlich** festgelegten Kaufpreis ohne Differenzierung nach Grund und Boden einerseits und Gebäude andererseits. Bei der Zugangsbewertung bedarf es einer **Aufteilung** des Anschaffungspreises. Den einzelnen Vermögenswerten Grund und Boden einerseits und Gebäude andererseits müssen insoweit **fiktive** Anschaffungswerte zugerechnet werden. Als solche dienen (geschätzte) **Einzel**beschaffungswerte im Zugangszeitpunkt *(relative fair values)*, eine sog. Residualwertmethode ist nicht anwendbar.[19]

22 Zu den Anschaffungskosten gehören neben dem Kaufpreis sämtliche Anschaffungs**nebenkosten** (→ § 8 Rz 11), soweit sie direkt zurechenbar sind (IAS 40.21). Soweit die Anschaffungsnebenkosten extern anfallen, dienen sie der Erlangung der wirtschaftlichen Verfügungsmacht; interne Nebenkosten dienen der Versetzung der Immobilie in einen betriebsbereiten Zustand.[20]

---

[19] Vgl. LÜDENBACH/HOFFMANN, DStR 2006, S. 153.
[20] Vgl. HOFFMANN, in: LITTMANN/BITZ/PUST, EStG, § 6 Tz 165.

> **Typische Beispiele für Anschaffungsnebenkosten von Immobilien sind:**
> - Makler- und Vermittlungsgebühren für die Immobilie;[21]
> - Notariatskosten und Gerichtskosten für die notarielle Beurkundung des Kaufvertrags (§ 313 BGB) sowie die Eintragung in das Grundbuch;[22]
> - Steuern und Abgaben im Zusammenhang mit dem Erwerb (dazu gehört die Grunderwerbsteuer, die gem. § 1 Abs. 1 GrEStG mit Abschluss eines notariell beurkundeten Kaufvertrags anfällt).[23]

23

Die Anschaffungskostendefinition von IAS 40 unterscheidet sich insoweit kaum von § 255 Abs. 1 HGB. Besonderheiten bestehen bei den **Finanzierungskosten** von Immobilien. Anders als im HGB dürfen bislang nach IAS 23 Finanzierungskosten von *investment properties* als Anschaffungsnebenkosten aktiviert werden, sofern es sich um so genannte qualifizierte Vermögenswerte *(qualifying assets)* handelt (zu der geplanten Abschaffung des Aktivierungswahlrechts durch eine Aktivierungspflicht → § 9 Rz 11).

24

> **Beispiel**
> A erwirbt am 1.1.05 ein Bürogebäude zum Zwecke der sofortigen Fremdvermietung für 1.500.000 EUR. Zur Finanzierung der Immobilie wurde ein Darlehen in Höhe von 700.000 EUR aufgenommen. Im Jahr 05 sind folgende Aufwendungen im Zusammenhang mit dem Grundstückserwerb angefallen:
>
> | | EUR |
> |---|---|
> | Kaufpreiszahlung | 1.500.000 |
> | Notargebühren für Auflassung | 7.000 |
> | Notargebühren für Hypothekenbestellung | 2.000 |
> | Grunderwerbsteuer | 52.500 |
> | Grundbuchgebühr für Eigentumsübergang | 3.000 |
> | Grundbuchgebühr für Hypotheceintragung | 1.500 |
> | Darlehenszinsen | 18.500 |
> | Maklergebühren | 15.500 |
> | | 1.600.000 |
>
> Die als Finanzinvestition gehaltene Immobilie ist mit den Anschaffungskosten in Höhe von 1.578.000 EUR zu aktivieren. Die Notargebühr für die Bestellung der Hypothek, die Grundbuchgebühr für die Eintragung der Hypothek und die Darlehenszinsen stehen zwar im Zusammenhang mit der Finanzierung der Anschaffung der Immobilie. Die Finanzierungskosten in Höhe von 22.000 EUR sind jedoch – auch nicht wahlweise –

25

---

[21] Vgl. z. B. BFH, Urteil v. 24.8.1995, IV R 27/94, BStBl II 1995 S. 895.
[22] Vgl. BFH, Urteil v. 23.3.1995, IV R 58/94, BStBl II 1995 S. 702.
[23] Vgl. BFH, Urteil v. 13.10.1983, IV R 160/78, BStBl II 1984 S. 101.

> Bestandteil der Anschaffungskosten, da ein bereits gebrauchsfertiger Vermögenswert nach IAS 23.4 kein *qualifying asset* (→ § 9 Rz 12) darstellt.

26 Im Falle der **Selbsterstellung** von als Finanzinvestitionen gehaltenen Gebäuden sind für die Bewertung im Zugangszeitpunkt die **Herstellungskosten** maßgebend. Diese umfassen jene Kosten, die bis zum Zeitpunkt der Fertigstellung des Gebäudes angefallen sind (IAS 40.22). Die einzubeziehenden Kostenelemente richten sich nach IAS 16 (→ § 14 Rz 17, → § 8 Rz 16ff.). Überhöhte Kosten sind nicht aktivierbar (IAS 40.23). Herstellungskosten können aus verschiedenen Gründen überhöht sein. Typische Beispiele sind hohe Materialabfälle, Fertigungslöhne und Unterbeschäftigungskosten (IAS 40.23). In der Praxis gelingt allerdings kaum jemals die Abgrenzung von notwendigen und nicht notwendigen Herstellungskosten.

3.1.2 Abzinsungsgebot bei später fälligen Kaufpreisen

27 Im Normalfall ist der Kaufpreis oder der Werklohn für eine Immobilie zeitnah zur Zahlung fällig. Erfolgt jedoch die Bezahlung nicht innerhalb der üblichen Zahlungsfristen, wird im Kaufpreis ein **Zinsanteil** vermutet. Die Anschaffungs- oder Herstellungskosten bemessen sich in diesem Fall nach dem **Barwert** der künftigen Zahlungen (IAS 40.24). Vereinfachungsbedingt kann hier von einer Jahresfrist ausgegangen werden (vgl. die Analogie zu den längerfristigen Rückstellungen; → § 21 Rz 106).

3.1.3 Nachträgliche Anschaffungs- oder Herstellungskosten

28 Zu den Anschaffungs- oder Herstellungskosten von Renditeliegenschaften gehören auch **nachträgliche** Anschaffungs- oder Herstellungskosten, die sich nach Versetzung der Immobilie in einen betriebsbereiten Zustand ergeben (IAS 40.23a). Voraussetzung für die Aktivierung ist ein **zusätzlicher künftiger Nutzen** durch die nachträglichen Ausgaben, der über den ursprünglich bemessenen Leistungsgrad hinausgeht. Alle anderen nachträglichen Aufwendungen sind nach IAS 40.23a als **Erhaltungsaufwand** sofort aufwandswirksam zu erfassen. Insoweit gelten die gleichen Regeln wie nach IAS 16.12ff. (→ § 8 Rz 30ff.; → § 14 Rz 12).

29 Diese mit dem deutschen Bilanzrecht scheinbar übereinstimmenden, aber bei näherer Betrachtung doch abweichenden (→ § 8 Rz 34) „Regeln" haben lediglich Bedeutung für die Folgebewertung nach dem *cost model* (Rz 40ff.). Insofern verweist IAS 40.56 konsequent auf IAS 16 (→ § 8 Rz 30ff.).
Nach dem *fair value model* (Rz 42ff.) führen größere Erhaltungsaufwendungen immer zu einer **Werterhöhung**, aber nur nach Maßgabe der Ceteris-paribus-Klausel. Denn der Werterhöhung durch die Erhaltungsmaßnahme können **gegenläufige Markttrends** gegenüberstehen, welche die Werterhöhung durch die Erhaltungsmaßnahme teilweise oder ganz kompensieren oder sogar überkompensieren. Aus diesem Befund heraus könnte die Frage auftauchen, ob die betreffende Erhaltungsmaßnahme als Aufwand zu verbuchen oder im ersten Zug als werterhöhende Maßnahme zu aktivieren ist, um dann von einem höheren

Betrag aus die gegebenenfalls erforderliche Abwertung auf den *fair value* vorzunehmen (vgl. auch Rz 44). Zu den Besonderheiten bei Grundsanierungen vgl. Rz 67.

Nach der **hier vorgeschlagenen Lösung** sollten aus Vereinfachungsgründen alle einschlägigen Erhaltungsmaßnahmen (vorläufig) als Aufwand verbucht werden. Die Gegenrechnung erfolgt dann im Rahmen der Ermittlung des *fair value* – auch unter Berücksichtigung dieser Erhaltungsmaßnahme.

3.1.4 Anschaffungsnahe Kosten

Im Zuge eines Immobilienerwerbs werden regelmäßig kleinere oder größere **Erhaltungs-** oder **Umbau**maßnahmen getätigt. Deren Aktivierbarkeit hängt nach IAS 40.23a von den Umständen ab, die bei der erstmaligen Bewertung der Immobilie berücksichtigt wurden. Dahinter verbirgt sich folgender Grundgedanke: Der Erwerber einer Immobilie hat einen niedrigeren Preis bezahlt, weil die Immobilie **Mängel** aufweist; die im Anschluss an den Erwerb angefallenen Sanierungs- und Instandhaltungsmaßnahmen füllen den Minderwert wieder auf und sind aktivierungspflichtig. Auch insoweit ergeben sich keine wesentlichen Unterschiede zum HGB (→ § 8 Rz 35).

30

> **Beispiel**
> A erwirbt im Januar 05 ein schadstoffverseuchtes Grundstück für 1.000.000 EUR. Die Schadstoffbelastung wurde beim Erwerb durch einen angemessenen Kaufpreisabschlag berücksichtigt und im Juli 05 beseitigt. Bei der im Juli 05 vorgenommenen Grundstückssanierung handelt es sich um anschaffungsnahe Aufwendungen, die als Anschaffungskosten der Immobilie zu berücksichtigen sind.

31

> **Beispiel**
> A erwirbt im Januar 05 ein Gebäude zum Zwecke der Fremdvermietung für 1.000.000 EUR. Unmittelbar nach Erwerb stellt sich ein Befall mit Hausschwamm heraus. Im Juli 05 wird das Gebäude vom Hausschwamm befreit. Die Sanierungskosten betragen 100.000 EUR.
> Die Sanierungskosten sind nicht als anschaffungsnahe Aufwendungen zu berücksichtigen, sondern aufwandswirksam zu erfassen, da im Kaufpreis die künftigen Aufwendungen zur Beseitigung des Hausschwammes nicht berücksichtigt wurden. Die Sanierung wirkt sich auch nicht als Erhöhung des Marktwertes der Immobilie aus, da im Anschaffungszeitpunkt der bezahlte Kaufpreis faktisch überhöht war.

32

3.1.5 Künftige Abbruch- und Wiederherstellungskosten

Im Unterschied zu den handelsrechtlichen GoB gehören nach IFRS auch künftig erwartete **Abbruch-** und **Wiederherstellungskosten** zu den aktivierungspflichtigen Anschaffungs- oder Herstellungskosten, soweit sie auf einer vertraglichen oder öffentlich-rechtlichen Verpflichtung des bilanzierenden Unternehmens beruhen. Diese Verpflichtungen sind nach IAS 37 i. V. m.

33

IAS 16.15c/e erfolgsneutral als **Rückstellung** zu erfassen, indem sie als Anschaffungsnebenkosten der Immobilie aktiviert werden (→ § 8 Rz 11f.; → § 21 Rz 63ff.). Für *investment properties* ist diese Regelung analog anzuwenden.

34

> **Beispiel**
> Die A-AG hat Anfang 05 auf einem gepachteten Grundstück eine Lagerhalle zum Zwecke der Fremdvermietung für 200.000 EUR errichtet. Die A-AG ist verpflichtet, die Lagerhalle bei Ablauf des Pachtvertrags im Dezember des Jahres 14 zu entfernen. Die Abbruchkosten werden nach den heutigen Preisverhältnissen auf 100.000 EUR geschätzt. Es wird jedoch mit einer jährlichen Preissteigerungsrate von 3 % gerechnet. Der Anlagezinssatz beträgt 4 %.
>
> **Lösung**
> Nach IAS 40 sind neben den reinen Herstellungskosten auch die erwarteten Kosten der Rückbauverpflichtung zu aktivieren. Diese ergeben sich unter Berücksichtigung der erwarteten Inflation von 3 % und durch Abzinsung der künftigen Verpflichtung auf den Stichtag mit einem Zinssatz von 4 % wie folgt:
>
> $$\text{Abbruchverpflichtung} = \frac{100.000 \times 1{,}03^{10}}{1{,}04^{10}} = 90.790 \text{ EUR}$$
>
> Die Herstellungskosten der Lagerhalle ergeben sich nach IAS 40 wie folgt:
>
> | | EUR |
> |---|---|
> | Herstellungskosten der Lagerhalle | 200.000 |
> | + Abbruchverpflichtung | 90.790 |
> | = Herstellungskosten nach IFRS | 290.790 |

3.2 Folgebewertung

3.2.1 Methodenwahlrecht

35 Im Rahmen der Folgebewertung von Renditeliegenschaften gewährt IAS 40 ein explizites **Wahlrecht**: Die Immobilien dürfen alternativ zu **fortgeführten Anschaffungs- oder Herstellungskosten** *(cost model)* oder zum **beizulegenden Zeitwert** des Bilanzstichtags *(fair value model)* bewertet werden (IAS 40.30). Die Ermittlung von Zeitwerten zum Bilanzstichtag ist allerdings bei beiden Modellen **zwingend**: Selbst wenn sich der Bilanzierende für eine Folgebewertung zu fortgeführten Anschaffungs- oder Herstellungskosten entscheidet, müssen die beizulegenden Zeitwerte der Renditeliegenschaften im **Anhang** angegeben werden (IAS 40.32). Im Ergebnis wird dadurch das *fair value model* **favorisiert** (Rz 38).

36 Wenn ein Leasingnehmer das Bilanzierungswahlrecht für eine im Rahmen eines *operating lease* gemietete Immobilie beansprucht (Rz 6), gilt andererseits das Wahlrecht zur Bewertung zu **fortgeführten Anschaffungs-** oder Her-

stellungskosten nicht. IAS 40.34 sieht hierfür verpflichtend den **Zeitwertansatz** vor.

3.2.2 Einheitliche Wahlrechtsausübung

Objektivierungsbedingt ist die einmal gewählte Bewertungsmethode für sämtliche Renditeliegenschaften **einheitlich** anzuwenden (IAS 40.33). Es ist insoweit nicht möglich, einzelne als Finanzinvestition gehaltene Immobilien zu fortgeführten Anschaffungs- oder Herstellungskosten und andere zum beizulegenden Zeitwert des Bilanzstichtags zu bewerten. Das Wahlrecht im Rahmen der Folgebewertung ist damit als **Unternehmens-** bzw. **Konzern**wahlrecht konzipiert.

37

Darüber hinaus ist der Bilanzierende in der Folge aufgrund des **Stetigkeitsprinzips** an die einmal gewählte Bewertungsmethode gebunden. Die Fähigkeit zur fortlaufenden Bestimmung des *fair value* einer Renditeliegenschaft wird **vermutet** (IAS 40.53). Ein **Wechsel** der Bewertungsmethode darf unter Berücksichtigung von IAS 8 nur dann vorgenommen werden, wenn die Änderung zu einer sachgerechteren Darstellung der Ereignisse oder Geschäftsvorfälle im Jahresabschluss des Unternehmens führt (IAS 40.31; → § 24 Rz 21). Für einen Wechsel von der Marktwert- zur Anschaffungskostenbewertung soll dies indes höchst **unwahrscheinlich** *(highly unlikely)* sein (IAS 40.31). Auch dadurch wird das *fair value model* vom IASB implizit als gegenüber dem *cost model* höherwertig dargestellt (Rz 35).

38

Die Bewertung muss i. d. R. für jedes Objekt **einzeln** erfolgen. Unter *cost-benefit*-Gesichtspunkten (→ § 1 Rz 64) wird für homogene Gruppen von Grundstücken unter bestimmten Voraussetzungen[24] auch eine **Sammelbewertung** allerdings als zulässig angesehen.[25]
Die Frage des Bewertungsverfahrens betrifft den *trade-off* zwischen der Verlässlichkeit der Bewertungsergebnisse und den durch die Bewertung verursachten Kosten. Mit abnehmendem Sicherheitsgrad der Bewertungsergebnisse (aber auch sinkenden Kosten) lassen sich die nachfolgenden Bewertungsansätze unterscheiden:

39

- Im Rahmen einer **aggregierten Einzelbewertung** erfolgt die Bewertung nach einer objektbezogenen Erhebung der relevanten Daten und einer Ortsbesichtigung. Der hohe Kosten- und Zeitaufwand der Einzelbewertung wird durch vorherige Gruppenbildung in Bezug auf einheitliche Bewertungsparameter teilweise reduziert. Die Bewertungsergebnisse verfügen über einen hohen Sicherheitsgrad, bleiben aber kosten- und zeitintensiv.
- Einen mittleren Sicherheitsgrad bei erheblicher Reduktion der Kosten erreicht man durch eine **Paketbewertung**. Nach einer Bildung von homo-

---

[24] Vgl. EUBE/PÖRSCHKE, in: BDO (Hrsg.), Praxishandbuch Real Estate Management 2005, S. 271ff.
[25] ZÜLCH, PiR 2005, S. 72. Eine solche Cluster-Bewertung erachten SIGLOCH/SCHMIDT/HAGEBÖKE (DB 2005, S. 2589) auch für die HGB-Bilanzierung als zulässig.

genen Gruppen von Immobilien (nach Größe, Alter, Mieteinnahmen etc.) erfolgt eine stichprobenartige Einzelbewertung ausgewählter Immobilien (Einzelbegutachtung und Ortsbesichtigung) mit einer Übertragung der Ergebnisse auf das verbleibende Portfolio.
- Minimale Aufwendungen verursacht eine **Desktop-Bewertung**. Ohne Ortsbesichtigungen und anhand einer überschlägigen Wertermittlung wird für eine überschlägige Bewertung auf „geschätzte" Vergleichsfaktoren zurückgegriffen. Für bilanzielle Zwecke ist eine reine Desktop-Bewertung aufgrund der fehlenden Objektivierbarkeit der ermittelten Werte nur eingeschränkt verwendbar.

In der Praxis bietet sich eine Mischung aus einer Einzelbewertung (für die wertmäßig größten Immobilien) und einer „**rollierenden**" **Paketbewertung** an:
- Die wertvollsten Immobilien (je nach Größe des Unternehmens und Streuung der Immobilienwerte z. B. die 10, 20 oder 30 führenden Objekte) werden einzeln bewertet. Ebenso wird mit Neuzugängen verfahren.
- Für die verbleibenden Immobilien wird wie folgt verfahren:
  – Nach einer Bestimmung homogener Gruppen wird zum Bewertungsstichtag Einzelbewertungen für repräsentativ ausgewählte Immobilien der jeweiligen Gruppe vorgenommen und die Bewertungsparameter auf das verbleibende Portfolio übertragen.
  – Zum folgenden Bewertungsstichtag sind andere Immobilien der jeweiligen Gruppe einer Einzelbewertung zu unterziehen.

> **Beispiel**
> **Geschäftsbericht Quintain Estates and Development Plc. 2005**
> S. 44: „*We have inspected the top 30 properties by value, a third of the remainder and all properties acquired over the last twelve months. For each property we have made relevant local enquiries and obtained such other information as we considered necessary to provide you with our opinions of value.*"
> *(Jones Lang Lassalle Limited)*
> S. 45: „*The Valuations are based on inspections of 14 Properties during March 2006 within Quercus together with desk top reviews of all the other Properties. For these desk top reviews we have relied upon information provided together with our general knowledge of the industry and Properties. The Inspected Properties were selected by Christie + Co in conjunction with Quercus and considered to be representative in terms of geography, size, type of care provided and tenant company. Based on our overall knowledge of the Portfolio and the previous inspections of 85 properties we carried out in December 2004 plus March, June and December 2005, we consider the sample to be fully representative, equating to around 52 % of the Portfolio. The Tri-Care and Progress assets were inspected in March 2004.*" *(Christie + Co.)*

3.2.3 Bewertung zu fortgeführten Anschaffungskosten

Entscheidet sich das Unternehmen für die Bewertung von Renditeliegenschaften zu fortgeführten Anschaffungs- oder Herstellungskosten, so sind sämtliche (Rz 37) als Finanzinvestition gehaltene – mit Ausnahme zum Verkauf stehender oder einem aufzugebenden Unternehmensbereich zugehöriger (IFRS 5→ § 29 Rz 3) – Immobilien nach dem *cost model* (IAS 40.56) entsprechend IAS 16 (→ § 14 Rz 17; → § 8 Rz 2ff.) zu bewerten. Die Neubewertungsmethode (→ § 8 Rz 52ff.) ist dabei nicht anwendbar. Wegen Einzelheiten wird auf → § 8 verwiesen. Der zusätzlichen Erläuterung dient das folgende Beispiel:

40

Beispiel
Ein Unternehmen erwirbt am 1.1.03 ein Grundstück mit aufstehendem Geschäftsgebäude zum Zwecke der Fremdvermietung. Von den Anschaffungskosten in Höhe von 2.000.000 EUR entfallen 50 % auf den Grund und Boden und 50 % auf das Gebäude. Die betriebsgewöhnliche Nutzungsdauer des Gebäudes beträgt 20 Jahre. Am 31.12.03 entspricht der Verkehrswert dem Buchwert; am 31.12.04 sinkt der beizulegende Wert der Immobilie aufgrund einer voraussichtlich dauerhaften Wertminderung auf 1.500.000 EUR. Zum 31.12.05 zeigt sich indessen, dass die Gründe für die Wertminderungen nicht mehr bestehen; der Verkehrswert der Immobilie steigt auf 2.500.000 EUR. Die Wertansätze für die Immobilie entwickeln sich unter Anwendung der Anschaffungswertmethode nach IAS 40.50 wie folgt:

41

	Grund und Boden EUR	Gebäude EUR	Gesamtansatz EUR
Wertansatz 1.1.03	1.000.000	1.000.000	2.000.000
./. planmäßige Abschreibungen		–50.000	–50.000
Wertansatz 31.12.03	1.000.000	950.000	1.950.000
./. planmäßige Abschreibungen		–50.000	–50.000
./. außerplanmäßige Abschreibungen	–250.000	–150.000	–400.000
Wertansatz 31.12.04	750.000	750.000	1.500.000
./. planmäßige Abschreibungen		–41.667	–41.667
+ Zuschreibungen	250.000	+141.667	+391.667
Wertansatz 31.12.05	1.000.000	850.000	1.850.000
Verkehrswerte	1.250.000	1.250.000	2.500.000

Zum 31.12.05 sind zunächst planmäßige Abschreibungen über die Restnutzungsdauer von 18 Jahren unter Berücksichtigung der neu ermittelten Abschreibungsbemessungsgrundlage in Höhe von 750.000 EUR vorzunehmen (= 41.667 EUR).

Die erfolgswirksame Zuschreibung ist auf die fortgeführten Anschaffungskosten begrenzt. Beim Gebäude ist dies der Wert, der sich ergeben hätte, wenn keine außerplanmäßige Abschreibung in den Vorjahren vorgenommen worden wäre (850.000 EUR).
Der Verkehrswert *(fair value)* für die Immobilie ist im Anhang zwingend anzugeben (IAS 40.79e; Rz 35).

3.2.4 Bewertung zu Zeitwerten

42 Der beizulegende Zeitwert hat die aktuelle **Marktlage** zum **Bilanzstichtag** und nicht zu einem vergangenen oder zukünftigen Zeitpunkt widerzuspiegeln (IAS 40.31). Im Unterschied zur Anschaffungskostenmethode nach IAS 16 (→ § 8 Rz 57 i. V. m. → § 14 Rz 17) ist zu **jedem Bilanzstichtag** (Rz 44) eine *fair-value*-Bewertung der Immobilien vorzunehmen. Gewinne oder Verluste, die sich aus der Änderung des beizulegenden Zeitwertes von Renditeliegenschaften ergeben, sind stets **erfolgswirksam** unter Gegenrechnung der damit entstehenden Steuerlatenz (Rz 82) zu erfassen (IAS 40.35).
Für die im Erstansatz enthaltenen **Transaktionskosten** besteht im Rahmen der Folgebewertung zum beizulegenden Zeitwert ggf. ein Wertminderungsbedarf, wenn diese Kosten sich aus einer Marktwertperspektive nicht im Zeitwert der Immobilie niederschlagen und keine kompensierende Wertsteigerung der Immobilie eingetreten ist.

Beispiel
Immobilienunternehmen A erwirbt zum 30.12. ein Grundstück inkl. aufstehendem Geschäftsgebäude zum Zwecke der Fremdvermietung zu einem Anschaffungspreis (= beizulegender Zeitwert) von 99.000.000 EUR. Im Rahmen der Zugangsbewertung werden noch 6.000.000 EUR unternehmensspezifische Anschaffungsnebenkosten, die aus einer Marktperspektive unbeachtlich sind, aktiviert.
Nicht selbst genutzte Immobilien werden von A regelmäßig als Finanzinvestition behandelt und zum beizulegenden Zeitwert bewertet. Der Buchwert der Immobilie in Höhe von 105.000.000 EUR ist daher zum Stichtag im Wert zu berichtigen (per Aufwand an *investment property* 6.000.000 EUR).

43 Im Rahmen der Folgebewertung zu Anschaffungskosten von betrieblich genutzten Immobilien gibt IAS 16 die Möglichkeit zur Anwendung des sog. *components approach* (→ § 10 Rz 7). Danach ist es wie in der deutschen Bilanzierungspraxis möglich, Betriebsvorrichtungen, wie z. B. Schaufensteranlagen und Lastenaufzüge, **getrennt** vom Gebäude zu bilanzieren und über die betriebsgewöhnliche Nutzungsdauer abzuschreiben (→ § 10 Rz 31 und → § 8 Rz 35). Bei der *fair-value*-Bewertung von Renditeliegenschaften erscheint die Anwendung des **Atomisierungsgedankens** nicht sachgerecht. Die gedankliche Trennung der einzelnen Bestandteile einer Immobilie wider-

spricht der Veräußerungsfiktion: Der gedachte Erwerber würde den Marktpreis nach der Ertragserzielungsmöglichkeit der gesamten Renditeliegenschaft mit der gegebenen Ausstattung bemessen. Insofern gehen die Wertbeiträge der einzelnen Vermögensteile **geschlossen** (ungetrennt) in den Marktwert ein.[26]
Aufgrund der – i. d. R. jährlichen[27] – Bewertung sind Renditeliegenschaften nicht **planmäßig abzuschreiben**. Auch **außerplanmäßige Abschreibungen** sind gemäß IAS 36 überflüssig (→ § 11 Rz 3). Die zu jedem Bilanzstichtag ermittelten Zeitwerte spiegeln Alter und Zustand wider, so dass eine zusätzliche planmäßige oder außerplanmäßige Abschreibung einer Doppelerfassung von Wertminderungen gleichkäme[28] (Rz 91).

44

3.2.5 Bewertung gemischt genutzter Immobilien
Die Beschränkung des Anwendungsbereichs von IAS 40 auf Renditeliegenschaften erfordert die **strikte Aufteilung** (Rz 14ff.) einer Immobilie, wenn ein Teil eigenbetrieblich wird (z. B. Räumlichkeiten für die eigene Verwaltung) und der restliche Teil der Immobilie als Renditeliegenschaft Verwendung findet (IAS 40.10). Der **betrieblich** genutzte Teil der Immobilie ist in diesem Fall nach IAS 16 (→ § 14) zu bewerten, während für den **fremdgenutzten** Teil die Regelungen von IAS 40 Anwendung finden.

45

> **Beispiel**
> Ein Unternehmen erwirbt am 1.1.03 ein beliebig teilbares Grundstück für 1.000 TEUR mit der Absicht, das Grundstück hälftig als Anlageimmobilie und hälftig eigenbetrieblich zu nutzen. Am 31.12.03 beträgt der Marktwert 1.200 TEUR. Im Jahr 04 wird ein Projekt für den Bau einer Autobahn in unmittelbarer Nähe diskutiert, woraufhin der Marktwert des Grundstücks auf 800 TEUR sinkt. Im Jahr 05 wird das Projekt wieder verworfen, woraufhin der Marktwert auf 1.400 TEUR steigt.
>
> **Lösung**
> Unter der Annahme, dass sich die Unternehmensleitung für die Bewertung zu Marktwerten entscheidet, entwickeln sich die bilanziellen Wertansätze der Immobilie wie folgt:

46

---

[26] Vgl. auch Böckem/Schurbohm-Ebneth, KoR 2003, S. 341.
[27] Zum Bewertungsturnus enthält sich IAS 40 einer Vorgabe. Im Schrifttum wird eine jährliche Wertermittlung vorgeschlagen (Böckem/Schurbohn, KoR 2002, S. 42; Zülch, PiR 2005, S. 71).
[28] Vgl. Teitler, Schweizer Treuhänder 2000, S. 1129, 1132. Vergleichbar ist die Regelung für Finanzinstrumente in IAS 39 (→ § 28 Rz 149).

	Fremd-nutzung IAS 40 TEUR	Eigen-nutzung IAS 16 TEUR	Gesamt TEUR
Wertansatz 1.1.03	500	500	1.000
+ erfolgswirksame Aufwertung	100	0	100
+ Einstellung in die Neubewertungs-rücklage (→ § 8 Rz 54)	0	100	100
Wertansatz 31.12.03	600	600	1.200
./. außerplanmäßige Abschreibungen (GuV)	-200	-100	-300
./. Auflösung Neubewertungsrücklage (EK)	0	-100	-100
Wertansatz 31.12.04	400	400	800
+ Zuschreibung (GuV)	300	100	400
+ Einstellung in die Neubewertungs-rücklage	0	200	200
Wertansatz 31.12.05	700	700	1.400

3.2.6 Besonderheiten beim Leasinggeber im Rahmen von *operating*-Leasingverhältnissen

47 Das Wahlrecht zur Bewertung von Immobilien zu Anschaffungs- oder Herstellungskosten einerseits und Marktwerten andererseits steht auch dem **Leasinggeber** bei einem *operating*-Leasingverhältnis zu (→ § 15 Rz 117ff.). Sofern er sich für die Bewertung nach dem *fair-value*-Modell entscheidet, ergibt sich im Falle eines Leasingvertrages mit **Kaufoption** des Leasingnehmers folgende Besonderheit: Der *fair value* einer Immobilie, die Gegenstand eines Leasingverhältnisses ist, wird nach IAS 40.29 nicht als Nutzungswert im Sinne des Barwerts der noch anfallenden Mindestleasingraten zuzüglich des abgezinsten Optionspreises definiert, sondern als Wert, zu dem die Immobilie am Markt verkauft werden könnte (Rz 50).

Mit steigendem Marktpreis der Immobilie **wächst** bei Leasingverträgen mit Kaufoption zugunsten des Leasingnehmers die Wahrscheinlichkeit der Ausübung dieser Option. Bei einer Folgebewertung nach dem *cost model* (Rz 40) stellt die Ausübung der Kaufoption aus Sicht des Leasinggebers lediglich einen **entgangenen Gewinn** dar, der bilanziell nicht berücksichtigt wird. Bei Anwendung des *fair-value*-Modells „droht" die Ausübung der Option mit entsprechender „Belastung" des ausgewiesenen (Brutto-)Wertes.[29] Diese Belastung kann zu einem künftigen **Aufwandsüberschuss** aus dem Leasingvertrag führen, der durch eine Rückstellung für drohende Verluste zu antizipieren ist (→ § 21 Rz 45ff.).

Die **Höhe** der Rückstellung ergibt sich aus der Differenz zwischen dem aktuellen Marktwert der Immobilie und dem vertraglich festgelegten Options-

---

[29] Vgl. HELMSCHROTT, DB 2001, S. 2457, 2458.

preis. Die Verwendung des erwarteten Marktwertes als Bewertungsgröße für die Rückstellung wäre zwar theoretisch richtig, allerdings muss dieser Wert vernachlässigt werden, da es ungewiss ist und insoweit die geforderte Mindestwahrscheinlichkeit (→ § 21 Rz 100ff.) nicht erfüllt wäre.

3.3 Wertermittlungsverfahren zur Bestimmung des *fair value*

3.3.1 Definition des *fair value*

Nach IAS 40.38 basiert der *fair value* auf einem **fiktiven Transaktionspreis** des Vermögenswertes zum Bilanzstichtag. Es handelt sich hierbei um den wahrscheinlichsten Betrag, zu dem ein Vermögenswert zwischen sachverständigen und vertragswilligen (IAS 40.40) sowie voneinander unabhängigen Geschäftspartnern getauscht werden könnte (IAS 40.44). Diese Definition des Marktwertes ist weitgehend identisch mit der Definition des Marktwertes der *Royal Institution of Chartered Surveyors (red book)*[30], der Marktwertdefinition in Art. 49 Abs. 2 der Richtlinie des Europäischen Rates[31] sowie der Verkehrswertdefinition in § 194 BauGB. Nach § 194 BauGB wird der Verkehrswert „durch den Preis bestimmt, der in dem Zeitpunkt, auf den sich die Ermittlung bezieht, im gewöhnlichen Geschäftsverkehr nach den rechtlichen Gegebenheiten und tatsächlichen Eigenschaften, der sonstigen Beschaffenheit und der Lage des Grundstücks oder des sonstigen Gegenstands der Wertermittlung ohne Rücksicht auf ungewöhnliche oder persönliche Verhältnisse zu erzielen wäre". 48

IAS 40 versucht die Typisierung und Marktorientierung des *fair value* mit den Attributen „sachverständig", „vertragswillig" und „unabhängig" zu unterstreichen. **Sachverständigkeit** bedeutet in diesem Zusammenhang, dass der gedachte Käufer ausreichend über Art und Merkmale der Immobilie, ihrer gegenwärtigen und möglichen Nutzung sowie über die Marktlage zum Bilanzstichtag informiert ist (IAS 40.40). Als **vertragswillig** gelten Geschäftspartner, die motiviert, aber nicht gezwungen sind, das Geschäft um jeden Preis abzuschließen (IAS 40.42 und IAS 40.43). **Unabhängig** bedeutet, dass keine besondere Beziehung zwischen dem gedachten Erwerber und dem gedachten Verkäufer besteht, die markttypische Transaktionspreise begründen könnte (IAS 40.44). Der beizulegende Zeitwert wird somit als hypothetischer Marktwert definiert, der von persönlichen Einflüssen vollständig abstrahiert. 49

Durch die gerade skizzierte Typisierung **unterscheidet** sich der *fair value* nach IAS 40.49 vom *value in use* nach IAS 36 (→ § 11 Rz 22): Der *value in use* berücksichtigt auch **unternehmensspezifische Nutzenpotenziale**, wie z. B. den zusätzlichen Wert, der sich aus der Portfoliobildung ergibt, Synergieeffekte zwischen Renditeliegenschaften und anderen Vermögenswerten sowie rechtliche oder steuerliche Vorteile, die nur für den gegenwärtigen Eigentümer be- 50

---

[30] Vgl. THE ROYAL INSTITUTION OF CHARTERED SURVEYORS (Hrsg.), Appraisal and Valuation Manual, 1995.
[31] Vgl. KLEIBER, Die „europäischen Bewertungsstandards" des Blauen Buches, in: Grundstücksmarkt und Grundstückswert 2000, S. 324.

stehen. Diese Nutzenpotenziale werden bei der Ermittlung des beizulegenden Zeitwertes nach IAS 40 nicht berücksichtigt, da der *fair value* allgemein gültige Erwartungen und Kenntnisse widerspiegeln soll (IAS 40.49). Bei der Ermittlung des beizulegenden Zeitwertes dürfen zudem keine bei Verkauf oder Abgang entstehenden **Transaktionskosten** berücksichtigt werden (IAS 40.30). Insofern unterscheidet sich der *fair value* im Sinne von IAS 40 auch vom Nettoveräußerungswert nach IAS 36 (→ § 11 Rz 17f.), da dieser Veräußerungskosten berücksichtigt.

IAS 40.36ff. enthält eine eigene **Hierarchie** der Methoden zur *fair-value*-Bestimmung: Bevorzugt soll der *fair value* auf der Grundlage von Preisen für gleiche oder ähnliche Immobilien auf einem **aktiven Markt** ermittelt werden (IAS 40.45). Verlangt man aber für das Vorliegen eines aktiven Marktes den Handel mit relativ **homogenen** Gütern, so ist der Markt für bebaute Grundstücke in der Regel nicht „aktiv" im Sinne der IFRS: Anlageimmobilien unterscheiden sich nach Alter, Lage, Ausstattung und Größe; jedes Objekt ist bis zu einem gewissen Grade einzigartig in den Ausprägungen dieser Merkmale, so dass die Homogenitätsbedingung i. d. R. auch nicht annähernd gegeben ist.[32] Nach IAS 40.46 sind dann hilfsweise zuverlässige und glaubwürdige Alternativverfahren zur Wertermittlung heranzuziehen.

Zusammenfassend lässt sich das **Stufenkonzept** von IAS 40 in Anlehnung an ZÜLCH[33] wie folgt darstellen:

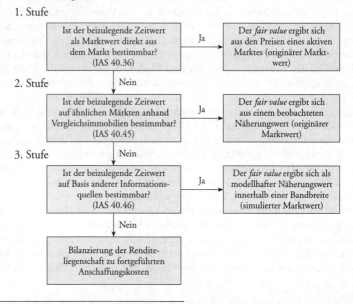

---

[32] Vgl. DYCKERHOFF/LÜDENBACH/SCHULZ, Praktische Probleme bei der Durchführung von Impairment-Tests im Sachanlagevermögen, in: Festschrift Pohle, 2003.
[33] Vgl. ZÜLCH, Die Bilanzierung von Investment Properties nach IAS 40, 2003, S. 187.

3.3.2 Methodenwahlrecht

Das zentrale Problem bei der Bewertung von Anlageimmobilien zu Marktwerten ist die *fair-value*-Ermittlung einer Immobilie; denn aufgrund fehlender Börsenpreise für Immobilien besteht stets die Gefahr der bilanziellen Überbewertung. Um zumindest ansatzweise eine zuverlässige und glaubwürdige Bilanzierung im Rahmen der *fair-value*-Bewertung zu erreichen, bedürfte es zur Bestimmung des beizulegenden Zeitwertes zu jedem Bilanzstichtag eines unabhängigen **Wertgutachtens**. IAS 40 ist indessen wesentlich freizügiger: Externe Wertgutachten zur Bestimmung des Marktwertes sind **nicht zwingend** erforderlich. Der Bilanzierende wird zwar „ermutigt" *(is encouraged)*, den Marktwert auf Grundlage eines **externen** Bewertungsgutachtens zu ermitteln; er ist jedoch nicht dazu verpflichtet (IAS 40.32).

51

Bei einer Bewertung nach international anerkannten Grundsätzen *(International Valuation Standards)* wird eine Bewertung durch den Bilanzierenden *(internal valuer)* als nicht *„acceptable to fill the role of independent Valuer in certain types of assignments"* angesehen.[34] Unter Beachtung des für die Bilanzierung geltenden *Materiality*-Gedankens kann man dieser apodiktischen Behauptung bei Industrie- und Handelsunternehmen mit gemessen am Gesamtvermögen niedrigem Wertanteil von *investment properties* nicht zustimmen. Unabhängig davon, ob eine Fremd- oder Eigenbewertung vorgenommen wird, stellt sich die Frage nach den anzuwendenden Immobilienbewertungs**verfahren**.

Durch die Verkehrs- bzw. Marktwertermittlung einer Immobilie soll ein möglichst **marktkonformer** Wert des Grundstücks, d. h. der wahrscheinlichste Kaufpreis, bestimmt werden. Dazu bieten die deutschen Wertermittlungsvorschriften (insbesondere die Wertermittlungsverordnung 1988 – WertV) verschiedene Verfahren an. Diese sind jedoch nicht in jedem Bewertungsfall alle gleichermaßen zur Ermittlung marktkonformer Verkehrswerte geeignet. Im Einzelfall bedarf es einer Prüfung, welche **Methode** das geeignetste Wertermittlungsverfahren darstellt. Nach § 7 Abs. 1 S. 1 WertV sind zur Ermittlung des Verkehrswerts

52

- das **Vergleichswert**verfahren (Rz 53ff.),
- das **Ertragswert**verfahren,
- das **Sachwert**verfahren

oder **mehrere** dieser Verfahren heranzuziehen.

Die Verfahren sind nach der **Art** des Gegenstandes der Wertermittlung unter Berücksichtigung der Umstände des Einzelfalls zu wählen; die Wahl ist zu begründen (§ 7 Abs. 2 WertV).

Neben diesen in der WertV normierten drei Wertermittlungsverfahren haben sich in Deutschland als **nicht normierte** Verfahren die *discounted-cash-flow*-Methode und das Residualwertverfahren herausgebildet.

Im **internationalen** Vergleich gelten die vom IVSC *(International Valuation Standards Committee)* präferierten Methoden als maßgebende Immobilienbe-

---

[34] IVSC, International Valuation Standards, 7. Aufl., 2005, S. 39ff.

wertungsverfahren. Diese entsprechen in den wesentlichen Zügen den in Deutschland gebräuchlichen Verfahren. Hierzu folgende Übersicht:[35]

	Deutsche Verfahren	Internationale Verfahren
Normierte Verfahren	Vergleichswertverfahren (§§ 13 und 14 WertV)	sales comparison approach
	Ertragswertverfahren (§§ 15–20 WertV)	income capitalisation approach
	Sachwertverfahren (§§ 21–25 WertV)	cost approach
Nicht normierte Verfahren	discounted-cash-flow-Methode Residualwertverfahren	discounted-cash-flow-Methode Residualwertverfahren

IAS 40.46 schlägt zur Bewertung von Renditeliegenschaften explizit das **Vergleichs**wert- oder das **Ertrags**wertverfahren (*discounted-cash-flow*-Methode) vor. Das in der deutschen Praxis ebenfalls verwendete **Sach**wertverfahren wird nicht erwähnt. Bei dessen Anwendung sind der Wert der baulichen Anlage, wie Gebäude, Außenanlagen und besondere Betriebseinrichtungen, und der Wert der sonstigen Anlagen, getrennt vom Bodenwert nach **Normalherstellungs**kosten zu ermitteln. Der Bodenwert ist nach dem Vergleichswertverfahren zu ermitteln. U. E. kommt auch dem Sachwertverfahren trotz der Nichterwähnung in IAS 40.46 eine gewisse Bedeutung zumindest als Kontrollrechnung zu, wenn andere Verfahren keine verlässlichen Daten liefern, also keine ortsüblichen Mieten vorliegen: Krankenhäuser oder Hallenschwimmbäder.

3.3.3 Vergleichswertverfahren

53 Bei der Wertermittlung auf Grundlage des **Vergleichswertverfahrens** IAS 40.46a entsprechend §§ 13 und 14 WertV erfolgt die *fair-value*-Ermittlung durch Analyse der Verkaufspreise solcher Grundstücke, die hinsichtlich der Wertbestimmungsfaktoren mit dem zu bewertenden Grundstück hinreichend übereinstimmen (sog. Vergleichsgrundstücke).

54 Zur Feststellung der hinreichenden **Übereinstimmung** von Immobilien sind verschiedene Wertmerkmale heranzuziehen, wie z. B.:
- Ortslage (z. B. Kerngebiet, Ortsrandlage oder Einzugsgebiet);
- Grundstückslage (charakterisiert durch die Verkehrs-, Wohn- und Geschäftslage, aber auch die Klassifizierung als Reihen- oder Eckgrundstück bzw. Baulücke);
- Art und Maß der baulichen Nutzung (z. B. Industrie- oder Wohngebiet);

---

[35] Vgl. ZÜLCH, Die Bilanzierung von Investment Properties nach IAS 40, 2003, S. 154.

- Bodenbeschaffenheit (z. B. Bodengüte, Eignung als Baugrund oder Verunreinigung durch Altlasten);
- Grundstücksgröße und -zuschnitt;
- Erschließungszustand (z. B. Anbindung an die örtliche Kanalisation, die Gas-, Wasser- und Stromversorgung sowie das Straßennetz).

In der Praxis werden sich nur **selten** Vergleichsgrundstücke finden lassen, die in sämtlichen entscheidenden Merkmalen vergleichbar sind. Deshalb müssen in einem zweiten Bewertungsschritt die vorhandenen Unterschiede durch Zu- und Abschläge an die Zustandsmerkmale des Bewertungsgrundstücks **angepasst** werden. Schließlich ist ein repräsentativer Wert der korrigierten Vergleichspreise zu bilden, wobei erhebliche „Ausreißer" nicht berücksichtigt werden sollten. Bei „Ausreißern" liegt die Vermutung nahe, dass die diesbezüglichen Vergleichspreise aufgrund von ungewöhnlichen und persönlichen Verhältnissen entstanden sind.

Die Vergleichswertmethode kann meist nur bei **unbebauten** Grundstücken Anwendung finden. Bei **bebauten** Grundstücken ist das Vergleichswertverfahren aufgrund fehlender aussagekräftiger Vergleichskriterien lediglich bei einheitlichen Objekten (wie z. B. bei Reihenhäusern in einer Anlage) anwendbar. Bei der Mehrzahl der Anlageimmobilien ist es insofern nicht sinnvoll, den Marktwert nach der Vergleichswertmethode zu bestimmen: Es wäre eine „Illusion",[36] anzunehmen, die Unterschiede in den wertrelevanten Merkmalen der zu bewertenden Immobilie könnten durch einen ermessensfreien und damit objektivierten Wertmaßstab ausgeglichen werden.

3.3.4 Ertragswertverfahren

In den Fällen, in denen eine *fair-value*-Wertermittlung anhand der Vergleichswertmethode nicht sinnvoll ist, soll nach IAS 40.46c die Bewertung auf Grundlage der **Ertragswert-** bzw. **DCF-Methode** vorgenommen werden.

Es bestehen keine Bedenken gegen die Heranziehung des in Deutschland nach der WertV normierten **Ertragswertverfahrens** zur *fair-value*-Wertermittlung nach IAS 40.[37] Das Ertragswertverfahren nach §§ 15–20 WertV kommt bei solchen Immobilien zur Anwendung, bei denen die Ertragserzielung das entscheidende Kriterium für das Investment ist. Das betrifft vor allem Wohn- und Gewerbeobjekte sowie Betreiberimmobilien wie z. B. Hotels, Krankenhäuser und Freizeitimmobilien. Bei Anwendung des in der WertV normierten Ertragswertverfahrens ist der Wert der Gebäude getrennt vom Bodenwert auf der Grundlage des Ertrages zu ermitteln. Der Bodenwert wird gem. § 15 Abs. 2 WertV nach Maßgabe des Vergleichswertverfahrens entsprechend §§ 13 und 14 WertV bestimmt.

---

[36] ZIMMERMANN, Der Verkehrswert von Grundstücken, 2. Aufl., 1999, Anm. 19.
[37] Vgl. ZÜLCH, PiR 2005, S. 71; BECK, in: BDO (Hrsg.), Real Estate Management 2005, S. 219. Kritische Anmerkungen FRIESS/KORMAIER, DStR 2004, S. 2024; KORMAIER, KoR 2006, S. 378ff.

Im Ertragswertverfahren nach der WertV hängt der **Marktwert** einer Immobilie von folgenden **Eingangsgrößen** ab:
- Jahresrohertrag,
- Bewirtschaftungskosten (Mietausfallwagnis, nicht umlagefähige Betriebskosten, Verwaltungskosten und Instandhaltungskosten),
- Restnutzungsdauer der baulichen Anlagen,
- Liegenschaftszinssatz,
- sonstige wertbeeinflussende Umstände,
- Bodenwert.

Die **Rechenformel** des Ertragswertverfahrens stellt sich mit diesen Eingangsgrößen wie folgt dar:

	Jahresrohertrag
-	Bewirtschaftungskosten
=	jährlicher Grundstücksreinertrag
-	Bodenwertverzinsung
=	Gebäudeertragsanteil
×	Vervielfältiger
=	Gebäudeertragswert
+	sonstige wertbeeinflussende Umstände
+	Bodenwert
=	Ertragswert

Die **Bodenwertverzinsung** wird mittels des Liegenschaftszinssatzes und des Bodenwerts, der Ertragsvervielfältiger mittels der Restnutzungsdauer und des Liegenschaftszinssatzes ermittelt. Der **Liegenschaftszinssatz** ist gem. § 11 WertV der Zinssatz, mit dem der Verkehrswert von Liegenschaften im Durchschnitt marktüblich verzinst wird. In Abhängigkeit von der Lage der Immobilie kann der Liegenschaftszins bei Mietwohngrundstücken 4,5 %–5,5 % und bei Geschäftsgrundstücken 5,5 %–6,5 % betragen.[38]

> **Beispiel**
> Es ist ein Bürogebäude zu bewerten. Das Grundstück umfasst 2.000 qm. Der Bodenrichtwert der Gemeinde beträgt 500 EUR/qm. Die Restnutzungsdauer des Gebäudes beträgt 92 Jahre. Es ist ein Kapitalisierungszinssatz von 6,5 % anzuwenden. Die monatlichen Mieteinnahmen betragen 41 TEUR.

---

[38] Vgl. SIMON/CORS/TROLL, Handbuch der Grundstückswertermittlung, 4. Aufl., 1997, S. 118.

Der Ertragswert des Grundstücks ermittelt sich nach §§ 15–20 WertV wie folgt:

	EUR
Mieteinnahmen (41 TEUR × 12)	492.000
- Bewirtschaftungskosten 25 %	-123.000
= Jahresrohertrag	369.000
Bodenwertverzinsung	
- 1 Mio. EUR × 6,5 %	-65.000
= Gebäudeertragswert	304.000
× Vervielfältiger bei einer Restnutzungsdauer von 92 Jahren und einem Zinssatz von 6,5 % = 15,34 (vgl. Anlage zur WertV)	
= Gebäudeertragswert (304 TEUR × 15,34)	4.663.360
+ Bodenwert	1.000.000
= Ertragswert des Grundstücks	5.663.360

3.3.5 Discounted-cash-flow-Verfahren

Das *discounted-cash-flow*-Verfahren stimmt in der Grundidee mit dem Ertragswertverfahren der WertV überein. Beim *discounted-cash-flow*-Verfahren (zu dessen „Technik" vgl. auch → § 11 Rz 22ff.) erfolgt die Ermittlung des Marktwertes der zu bewertenden Immobilie durch **Diskontierung** aller aus der Immobilie resultierenden **zukünftigen Einzahlungsüberschüsse** *(cash flows)* auf den Bewertungszeitpunkt. Die zu diskontierenden Einzahlungsüberschüsse ergeben sich wie folgt:

58

Erwartete Nettokaltmiete
- Mietausfallwagnis
- nicht umlagefähige Betriebskosten
- Verwaltungskosten
- Instandhaltungskosten
= Einzahlungsüberschuss

Das **Mietausfallwagnis** dient dem Ausgleich von Ertragsminderungen, die entstehen können durch uneintreibbare Mietrückstände, Leerstände, Aufhebung von Mietverhältnissen oder Räumungen sowie Kosten von Rechtsstreitigkeiten. Das Mietausfallwagnis ist bei Wohnungs- und Gewerbeobjekten im Wesentlichen von der Lage der Immobilie abhängig. In guten bis sehr guten Lagen ist das Risiko eines Mietausfalls eher gering. Bei weniger guten Lagen sind dagegen häufig Leerstände zu verzeichnen. Bei gewerblichen Objekten kommt eine weitere Abhängigkeit des Mietausfallwagnisses von der Bonität der Mieter sowie der konjunkturellen Lage hinzu. In Zeiten schlechter Konjunktur kann es in bestimmten Wirtschaftszweigen vermehrt zu Geschäftsaufgaben kommen. Die aus diesem Grund leer stehenden Geschäftsräume können dann unter Umständen kaum noch vermietet werden. Das

59

Mietausfallwagnis kann bei Wohngebäuden zwischen 2 % und 4 % und bei Gewerbegebäuden zwischen 4 % und 8 % von der Nettokaltmiete betragen.

60 **Betriebskosten** können weitgehend in voller Höhe auf den Mieter bzw. Pächter **umgelegt** werden. Sofern jedoch der Bilanzierende Betriebskosten selbst zu tragen hat (z. B. durch Abrechnungsmängel oder ungeklärten Verbrauch) sind diese bei der Ermittlung der zu diskontierenden Einzahlungsüberschüsse abzuziehen.

61 **Verwaltungskosten** sind die Kosten der zur Verwaltung des Grundstücks erforderlichen Arbeitskräfte und Einrichtungen, die Kosten der Aufsicht sowie die Kosten für die gesetzlichen oder freiwilligen Prüfungen des Jahresabschlusses und der Geschäftsführung. Die Verwaltungskosten sind bei Wohngebäuden im Wesentlichen abhängig von der Nutzungsart und der Größe des zu verwaltenden Objekts, von der Anzahl und der Sozialstruktur der Mieter sowie von der Größe der Gemeinde. Sie können in Abhängigkeit der oben genannten Faktoren 2 % bis 5 % der Nettokaltmiete betragen. Bei Gewerbeobjekten ist der Mietvertrag daraufhin zu untersuchen, ob die Verwaltungskosten auf den Mieter umgelegt werden können. Ist dies der Fall, so werden keine Verwaltungskosten angesetzt. Ansonsten kann auch bei Gewerbeobjekten von Verwaltungskosten zwischen 2 % bis 5 % der Nettokaltmiete ausgegangen werden.

62 Die **Instandhaltungskosten** decken die ordnungsgemäße Beseitigung durch Abnutzung, wie z. B. durch Witterungseinflüsse oder altersbedingte Materialschwäche ab. In der Praxis werden vereinfachungsbedingt zwischen 1 % bis 2 % der Normalherstellungskosten eines Objektes berücksichtigt.

63 Das *discounted-cash-flow*-Verfahren beruht i. d. R. auf dem so genannten **Zwei-Phasen-Modell**. Die **erste** Phase umfasst die Detailphase, in der die zukünftigen Einzahlungsüberschüsse für jedes Jahr relativ genau prognostiziert werden können. Die Dauer der Detailphase ist umstritten. Das IVSC lässt in der Anwendungshilfe GN 10 den Zeithorizont offen. In der Literatur und in der Bewertungspraxis wird ein Zeithorizont von bis zu 10 Jahren angenommen.[39] Mit zunehmendem Planungshorizont sind jedoch genaue Prognosen nicht mehr möglich. Letztlich hängt der Zeithorizont der ersten Phase vom Einzelfall, insbesondere von der Laufzeit der bestehenden Mietverträge ab.

In der **zweiten** Phase wird daher vereinfachend von konstanten, nachhaltigen Einzahlungsüberschüssen ausgegangen, die in Form einer ewigen Rente anfallen. Der beizulegende Zeitwert der Renditeliegenschaft ergibt sich dann als Summe der Barwerte aus der ersten Phase und des Restwertes in Form des Barwertes der ewigen Rente aus der zweiten Phase.[40] Z. T. wird in der Literatur die Auffassung vertreten, in der zweiten Phase sei nicht die unendliche Rente anzusetzen, sondern ein jährlich entsprechend der geschätzten Restnutzungs-

---

[39] Vgl. z. B. WHITE/TURNER/JENYON/LINCOLN, Internationale Bewertungsverfahren für das Investment in Immobilien, 1999, S. 116.

[40] Vgl. ZÜLCH, Die Bilanzierung von Investment Properties, S. 276.

dauer zu vermindernder Restwert.[41] Dieser Auffassung ist jedoch m. E. nicht zu folgen, da nach IAS 40.38 jährlich ein Wert anzusetzen ist, den ein gedachter Erwerber bezahlen würde. Der gedachte Erwerber würde aber bei der Bestimmung der künftigen Zahlungsüberschüsse nicht eine Laufzeit ansetzen, die um die Nutzungsdauer beim vorherigen Eigentümer korrigiert ist, sondern die volle Restnutzungsdauer, z. B. 40 Jahre. Die bisherige Abnutzung und damit das Risiko künftiger Instandhaltungen würde der gedachte Erwerber durch eine plausible Verminderung der zu diskontierenden Einzahlungsüberschüsse im Zeitablauf berücksichtigen.

In der Unternehmensbewertung wird zur Bestimmung eines kapitalmarktorientierten (Eigenkapital-) **Diskontierungszinssatzes** (→ § 11 Rz 24) das *capital asset pricing model* (CAPM) angewendet (→ § 11 Rz 26). Hier ergibt sich der Zinssatz aus der Rendite einer Alternativanlage in eine risikofreie Investition zuzüglich eines Zuschlags für die Investition in risikobehaftete Unternehmen (Risikoprämie). Diese Risikoprämie entspricht der Differenz aus der Verzinsung der risikofreien Anlage und der über einen Zeitraum beobachteten durchschnittlichen Rendite anderer Investitionen am Markt. Da nicht jedes Unternehmen am Markt das gleiche Risiko birgt, muss die Risikoprämie an das individuelle Risiko angepasst werden. Dies geschieht mit Hilfe des Betafaktors, der die Entwicklung eines bestimmten Investments im Verhältnis zur Gesamtmarktentwicklung (z. B. Aktienindex) misst. Beträgt der Betafaktor > 1, so trägt das gewählte Investment im Verhältnis zur Gesamtmarktentwicklung ein größeres Risiko. Spiegelbildlich verhält sich dies zu Investments, deren Betafaktor < 1 ist.[42] Allerdings ist dieses für die Unternehmensbewertung entwickelte Verfahren bei der Immobilienbewertung aufgrund der unterschiedlichen Fungibilität von Aktien und Immobilien kaum anwendbar. Deshalb ist bei der Bestimmung des **Diskontierungssatzes** für die Bewertung von Immobilien nur zunächst vom Zinssatz einer laufzeitäquivalenten, risikoarmen Anlage auszugehen. Um die mit der Investition in Immobilien verbundene Unsicherheit im Vergleich zu der risikoarmen Anlage zu berücksichtigen, ist der Zins um einen **Risikozuschlag** zu ergänzen, der die Risiken der jeweiligen Immobilie widerspiegelt. Alternativ besteht auch die Möglichkeit, Risikoabschläge bei der Schätzung der Einzahlungsüberschüsse in Form von geringeren Rückflüssen zu berücksichtigen und anschließend diese mit dem Marktzins für eine risikoarme Anlage zu diskontieren.

64

---

[41] Vgl. BÖCKEM/SCHURBOHM-EBNETH, KoR 2003, S. 340f.
[42] Vgl. HACHMEISTER, Der Discounted Cash Flow als Maß der Unternehmenswertsteigerung, 3. Aufl., 1999, S. 176–225.

65 **Beispiel**
Ein Unternehmen hat am 1.1.01 ein Bürogebäudekomplex zu Anschaffungskosten in Höhe von 80.000 TEUR zum Zwecke der Fremdvermietung erworben. Zum 31.12.01 soll der Ansatz zu Marktwerten erfolgen. Der um Ertragsteuern und Risikozuschlag korrigierte Abzinsungssatz beträgt 8,5 %. Die Nettoeinzahlungsüberschüsse wurden wie folgt prognostiziert:

	Phase I				Phase II
	02	03	04	05	ab 06
	TEUR	TEUR	TEUR	TEUR	TEUR
Nettomieteinnahmen	9.000	10.000	11.000	11.500	14.500
./. Mietausfallrisiko	−150	−150	−150	−150	−150
./. nicht umlagefähige Betriebskosten	−130	−130	−130	−130	−130
./. Verwaltungskosten	−250	−250	−118	−118	−118
./. Instandhaltungskosten	−347	−99	0	−320	−277
Einzahlungsüberschüsse vor Steuern	8.123	9.371	10.602	10.782	13.825
./. Steuern vom Einkommen und Ertrag (35 %)	−2.843	−3.280	−3.711	−3.774	−4.839
Einzahlungsüberschüsse nach Steuern	5.280	6.091	6.891	7.008	8.986

Die Ertragswertermittlung stellt sich unter Anwendung des Zwei-Phasen-Modells wie folgt dar:

Ertragswertermittlung $= \dfrac{5.280}{(1{,}085)^1} + \dfrac{6.091}{(1{,}085)^2} + \dfrac{6.891}{(1{,}085)^3} + \dfrac{7.008 + \dfrac{8.986}{0{,}085}}{(1{,}085)^4}$

Ertragswert $= 96.767$

Zum 31.12.01 ist die als Finanzinvestition gehaltene Immobilie mit dem beizulegenden Zeitwert in Höhe von 96.767 TEUR anzusetzen. Es ergibt sich ein Ertrag in Höhe von 16.767 TEUR, der in der GuV zu erfassen ist (Rz 42).

66 Bei der *discounted-cash-flow*-Methode handelt es sich um ein finanztheoretisch fundiertes und in der betriebswirtschaftlichen Investitionsrechnung verbreitetes Verfahren. Allerdings bietet auch diese Methode nur eine **Scheingenauigkeit**, da der so ermittelte Ertragswert notwendigerweise eine subjektive Größe ist und nicht den „objektiven Wert" widerspiegelt. Letztlich besteht durch die Wahl des Prognosehorizonts, die Einschätzung der künftigen Mieteinnahmen und des Leerstandsrisikos sowie des Risikozuschlags auf den risi-

kofreien Zinssatz die Gefahr einer Bestimmung des „*fair value*" von Immobilien nach subjektivem Ermessen und in Abhängigkeit vom **bilanzpolitisch erwünschten** Ergebnis (→ § 51 Rz 24ff.).
Die bilanzpolitischen Spielräume werden nur in einem unbefriedigenden Umfang durch eine **Objektivierungsfunktion** eingeschränkt. Nach IAS 40.44 wird der beizulegende Zeitwert durch Transaktionen zwischen unabhängigen Geschäftspartnern bestimmt. Insoweit können bei der Diskontierung keine zukünftigen Zinssätze verwendet werden, so dass stets die am Bilanzstichtag geltenden (laufzeitadäquaten) Basiszinssätze zuzüglich eines Risikozuschlags maßgebend sind. Unklar ist allerdings, wie der Risikozuschlag nach „objektiven" Kriterien ermittelt werden soll. Unklar ist ferner, ob auch bei der Ermittlung der zu diskontierenden Mieterträge auf die Stichtagsverhältnisse abzustellen ist und deshalb erhoffte Mietsteigerungen und Inflationsanpassungen nicht berücksichtigt werden dürfen. Objektivierungsbedingt sollte sowohl auf erhoffte Mietsteigerungen als auch auf künftige Inflationsanpassungen verzichtet werden, sofern diese nicht bereits am Bilanzstichtag bei angemessener Sorgfalt erkennbar sind (vgl. zum ganzen Komplex auch → § 28 Rz 107ff.).

3.4 Besonderheiten bei Grundsanierungen

3.4.1 Unterschiedliche Erfassung im *cost* und *fair value model*
Im Rahmen der Folgebewertung von Renditeimmobilien ist bei der Berücksichtigung von **Gebäudesanierungsmaßnahmen** zwischen der Bewertung zu AK/HK *(cost model)* und zum beizulegenden Zeitwert *(fair value model)* zu unterscheiden:[43]

67

- Im *cost model* kann der Aufwand aus Sanierungsmaßnahmen als nachträgliche AK/HK berücksichtigt werden (→ § 8 Rz 30ff.).
- Im *fair value model* ist umgekehrt zunächst ein entsprechender Periodenaufwand zu verbuchen.

Bei Anwendung des *fair value model* wird im Schrifttum die Gefahr einer **doppelten Aufwandserfassung** gesehen:[44] Neben den **Zahlungsmittelabflüssen** in Zusammenhang mit der Sanierung sei zusätzlich ein Aufwand aus der *fair-value*-**Minderung** zu berücksichtigen. Als Begründung dient IAS 40.51, wonach der beizulegende Zeitwert einer als Finanzinvestition gehaltenen Immobilie „weder zukünftige Ausgaben zur Verbesserung oder Wertsteigerung noch den damit einhergehenden künftigen Nutzen" widerspiegeln darf. In einem ertragswert- oder *cash-flow*-orientierten Bewertungsmodell führe der **Wegfall von Mieten** während der Sanierungsphase zu einer *fair-value*-Minderung, während mögliche Mieterhöhungen oder die Ausdehnung des Nutzungszeitraums nach Sanierung wegen IAS 40.51 im *fair value* noch keine Berücksichtigung fänden.

---

[43] Zum Ganzen FREIBERG, PiR 2007.
[44] So ZÜLCH/WILLMS, BB 2005, S. 374; BECK, KoR 2004, S. 503.

3.4.2 Doppelte Aufwanderfassung im *fair value model*?

68 Zur Vermeidung einer Doppelerfassung von Aufwand im *fair value model* werden im zitierten Schrifttum hauptsächlich zwei Lösungen diskutiert:
- Aktive Abgrenzung der sanierungsbedingten Zahlungsmittelabflüsse als *deferred expense* oder
- **Wechsel** von der Bewertung zum *fair value* zur **Anschaffungskostenbewertung** mit retrospektiver erfolgsneutraler Buchwertanpassung auf der Grundlage von IAS 8.

Beide Lösungen sind unbefriedigend:
- Die Bildung eines **Abgrenzungspostens** *(deferred expense)* für Ausgaben ist in den IFRS nur dort vorgesehen, wo Vorauszahlungen (etwa Mietvorauszahlungen) zu Vermögenswerten führen. Eine aktive Abgrenzung von bereits angefallenen Aufwendungen ist nicht zulässig.
- Auch ein **Methodenwechsel** aufgrund einer Sanierung ist nicht sachgerecht, wenn das Unternehmen nicht nur die **eine** in Sanierung befindliche Investment-Immobilie hält.[45] Nach IAS 40.30 ist die Entscheidung für das *cost* oder *fair value model* für das als Finanzinvestition gehaltene Immobilienportfolio **insgesamt** zu treffen (Rz 37). Bei Wahl der Bewertung zum beizulegenden Zeitwert dürfen einzelne Immobilien ausnahmsweise dann zu AK/HK bewertet werden, wenn Schwierigkeiten bestehen, den *fair value* zuverlässig zu bestimmen (IAS 40.53) oder die Immobilie sich im Bau befindet. Beide Ausnahmefälle sind hier – mit der Ausnahme der Kernsanierung – nicht einschlägig.

69 Eine adäquate Lösung liegt u. E. in der **Auslegung** der für die vermeintliche Doppelerfassung von Aufwand maßgebenden Regelung in IAS 40.51. Diese verbietet die Berücksichtigung **zukünftiger Ausgaben** im beizulegenden Zeitwert der Immobilie, die der **Wertsteigerung** dienen. Von dem Verbot ausgenommen sind somit
- **bereits erfolgte** Zahlungen sowie
- zukünftige Ausgaben, die nur zu einer Wert**erhaltung**, nicht aber zu einer Wert**erhöhung** führen.

In dieser Hinsicht sind **drei Sanierungsfälle** zu unterscheiden:
- Die Sanierung **verhindert das weitere Absinken** des *fair value* der Immobilie. Bezogen auf den Zustand vor Sanierungsentscheidung findet insoweit keine Erhöhung des beizulegenden Zeitwerts, sondern lediglich dessen Stabilisierung statt. Die während der Periode vorgenommen Sanierungsarbeiten sind zwar als Aufwand zu erfassen, der *fair value* ist aber nicht nach unten anzupassen. Die Steigerung der Mieten nach Sanierung ist keine in IAS 40.51 angesprochene Wertsteigerung, sondern Kompensation für den Mietausfall während des Sanierungszeitraums, also **werterhaltend**. Die Sanierung wird nur einmal als laufender Aufwand,

---

[45] A. A. Beck, Praxishandbuch Real Estate Management 2005, S. 188ff.

nicht ein zweites Mal als (fiktive) Minderung des *fair value* der Immobilie berücksichtigt.

> **Beispiel**
> Eine langfristig vermietete Immobilie mit einem beizulegenden Zeitwert von 100.000 TEUR zum 01.01.05 ist in den nächsten zwei Perioden grundlegend zu sanieren. Als Sanierungskosten werden insgesamt 20.000 TEUR, verteilt über die Sanierungsperiode, erwartet. Die bestehenden Mietverträge werden mit Beginn der Sanierungsphase beendet. Nach Abschluss der Arbeiten wird neu vermietet, in der realistischen Variante zu einer höheren Miete oder länger erzielbaren Restnutzungsdauer der Immobilie, nur in einer unrealistischen Variante zu einer gleich bleibenden Miete und Restnutzungsdauer.
> In beiden Fällen kann bei einer ertragswert-/DCF-orientierten Bewertung durch den Wegfall von Mieten für zwei Jahre eine Werteinbuße für die Immobilie ermittelt werden, die im realistischen ersten Fall durch die Folgemieten kompensiert wird. Nur in der unrealistischen Variante tritt daher neben den Aufwand aus der Sanierung ein Aufwand aus Minderung des beizulegenden Zeitwerts.

- Die Sanierung **erhöht** den beizulegenden Zeitwert der Immobilie. Das „Aktivierungsverbot" von IAS 40.51 greift auch hier nur insoweit, als **zukünftige** Sanierungsarbeiten bezogen auf den Zustand vor Sanierungsentscheidung und Entmietung **werterhöhend** wirken. Eine Minderung des beizulegenden Zeitwerts der Immobilie liegt hingegen nicht vor. Mit **einem** Teil sind die Sanierungsaufwendungen der Stabilisierung des *fair value*, mit einem **anderen** Teil der Erhöhung des Immobilienwerts zuzurechnen. Eine Erhöhung des beizulegenden Zeitwerts darf allerdings nur insoweit berücksichtigt werden, wie sie aus **bereits geleisteten** Zahlungen resultiert.

> **Beispiel**
> In Abwandlung zu dem gerade dargestellten Sachverhalt beträgt der Sanierungsaufwand 40.000 TEUR. Dafür wird nicht nur eine Wertstabilisierung der Immobilie, sondern nach zwei Perioden eine Werterhöhung um insgesamt 20.000 TEUR (50 % der Sanierungskosten) erwartet.
> Zu einer Doppelerfassung von Aufwand kommt es nicht. Die Werterhöhung aus der Sanierung ist insoweit zu erfassen, wie sie auf bereits geleistete Sanierungsaufwendungen zurückzuführen ist, da insoweit keine zukünftigen Aufwendungen mehr vorliegen. In Periode 1 ist die Hälfte der Sanierungsarbeiten abgeschlossen, daher erhöht sich der Wert der Immobilie am Ende der Periode 1 bereits um 10.000 TEUR. Der entsprechende Anteil der Sanierungsaufwendungen ist im beizulegenden Zeitwert der Immobilie zu aktivieren und der verbleibende Aufwandsbetrag im Ergebnis der Periode zu erfassen.

Engel-Ciric

- Durch eine **Kernsanierung** (Um- bzw. Neubau, Teilabriss etc.) entsteht wirtschaftlich eine **neue Immobilie**. Die alte Immobilie ist auf Anlagen im Bau umzubuchen. Für die Bewertung einer im Bau befindlichen als Finanzinvestition gehaltenen Immobilie gilt auch dann das Anschaffungskostenmodell (Rz 7), wenn das Unternehmen sich für eine *fair-value*-Bewertung der *investment properties* entschieden hat (IAS 40.9d). Die Sanierungskosten sind als Herstellungskosten anzusetzen. Nach Abschluss der Sanierungsphase ist eine neue Immobilie in Höhe der Herstellungskosten (Restwert der Altimmobilie + werterhöhende Sanierungsaufwendungen) zu bilanzieren.

3.5 Beurteilung des *fair value model*

70 Die Bewertung von Immobilien zu Zeitwerten kann nicht zu einer Erhöhung der **Transparenz** in der Rechnungslegung beitragen. Die Marktwertbewertung stellt auch kein sinnvolles Vorgehen im Lichte einer **kapitalmarktorientierten** Rechnungslegung dar: Solange eine solche im Sinne einer uneingeschränkten Zeitwertbilanzierung von Immobilien durch erhebliche **Ermessensspielräume** gekennzeichnet ist, kann nicht wirklich der investorenorientierten Sorgfaltspflicht entsprochen werden. Die so verstandene Investorenorientierung steht nur auf einem fragwürdigen Fundament. Auch das IDW hat sich explizit gegen einen Ausweis der Zeitwerte von Immobilien in der Bilanz und Zeitwertänderungen in der GuV gewandt, weil für Immobilien keine aktiven Märkte bestehen und mit der Bestimmung von Zeitwerten erhebliche Schätzspielräume und Unsicherheiten verbunden sind.[46]

71 Die Bewertung von Immobilien zu Zeitwerten steht im **Widerspruch zum HGB**. Das HGB misstraut (zu Recht) Wertschwankungen, solange es sich bloß um potenzielle, noch nicht realisierte Gewinne handelt, weil sich potenzielle Gewinne erfahrungsgemäß wieder verflüchtigen können. Die bloße Wertsteigerung am Stichtag ohne Verkauf führt nicht zu einem realisierten, sondern nur zu einem entstandenen Gewinn, der nach § 252 Abs. 1 Nr. 4 HGB nicht berücksichtigt werden darf.

Eine **Übereinstimmung** zwischen IFRS und HGB kann nur erreicht werden, wenn aufgrund des **Wahlrechts** von IAS 40 die Bewertung zu fortgeführten Anschaffungs- oder Herstellungskosten vorgenommen wird.

Die (erfolgswirksame) Bewertung von Renditeliegenschaften zu Zeitwerten steht ferner im **Widerspruch** zu Artikel 33 Abs. 1 der **4. EG-Richtlinie**. Zwar erlaubt die 4. EG-Richtlinie eine Neubewertung des Sachanlagevermögens zu Zeitwerten; jedoch dürfen die hieraus resultierenden Wertänderungen nicht in der GuV erfasst, sondern müssen erfolgsneutral unmittelbar im Eigenkapital ausgewiesen werden.

---

[46] Vgl. Stellungnahme des IDW vom 27.10.1999, in: WPg 1999, S. 932; zur grundlegenden Kritik vgl. BALLWIESER/KÜTING/SCHILDBACH, BFuP 2004, S. 539.

4 Nutzungsänderungen und Abgänge

4.1 Nutzungsänderungen

Bei eintretenden Nutzungsänderungen sind entsprechende **Umbuchungen** in den Bestand oder aus dem Bestand der als Finanzinvestitionen gehaltenen Immobilien vorzunehmen. Nutzungsänderungen zeigen sich insbesondere durch

1. den Beginn der eigenbetrieblichen Nutzung mit der Umbuchung aus dem Bestand der Finanzinvestitionen in den Bestand der eigenbetrieblich genutzten Immobilien (IAS 40.57a);
2. den Beginn von Weiterentwicklungs- und Umbaumaßnahmen an einer Anlageimmobilie zum Zwecke der Veräußerung mit der Umbuchung in das Vorratsvermögen (IAS 49.57b);
3. das Ende der eigenbetrieblichen Nutzung mit der Übertragung in den Bestand der Renditeliegenschaften (IAS 40.57c);
4. den Beginn eines *operating*-Leasingverhältnisses mit einem anderen Vertragspartner und der Umbuchung aus dem Vorratsbestand in den Bestand der Renditeliegenschaften (IAS 40.57d);
5. die Fertigstellung einer Anlageimmobilie mit der Umbuchung von den eigenbetrieblich genutzten Immobilien in den Bestand der Renditeliegenschaften (IAS 40.57e);
6. die geplante Veräußerung einer Anlageimmobilie mit der Übertragung in den Bestand der zum Verkauf bestimmten Vermögenswerte (IFRS 5.6).

In den **Fällen** (1) und (2) gelten nach IAS 40.54 die beizulegenden Zeitwerte im Umwidmungszeitpunkt als Anschaffungs- oder Herstellungskosten der eigenbetrieblich genutzten Immobilie nach IAS 16 (→ § 8) bzw. der Vorräte (→ § 17) nach IAS 2 (Rz 6f.).

In den **Fällen** (3) und (5) ist die Immobilie bis zum Zeitpunkt der Nutzungsänderung entsprechend IAS 16 (→ § 14) zu bewerten (IAS 40.61).

Im **Fall** (4) ist die Immobilie bis zum Zeitpunkt der Nutzungsänderung entsprechend IAS 2 zu bewerten (→ § 17).

Im **Fall** (6) ist die Immobilie entsprechend IFRS 5 gesondert auszuweisen (→ § 29).

Die zum Umwidmungszeitpunkt noch nicht berücksichtigten **Wertminderungen** sind erfolgswirksam durch **außerplanmäßige Abschreibungen** zu erfassen (→ § 11 Rz 8ff.). Soweit jedoch eine Neubewertungsrücklage aus einer früheren **Neubewertung** besteht, sind Wertminderungen zunächst erfolgsneutral durch Verrechnung mit der Neubewertungsrücklage zu berücksichtigen. Die darüber hinausgehenden und nicht durch entsprechende Neubewertungsrücklagen gedeckten Wertminderungen wirken sich ergebnismindernd aus (IAS 40.62a; vgl. → § 8 Rz 70).

75

Beispiel
Ein Unternehmen hat am 1.1.02 ein Bürogebäude zum Zwecke der Eigennutzung errichtet. Dabei sind Herstellungskosten in Höhe von 1 Mio. EUR angefallen. Die betriebsgewöhnliche Nutzungsdauer beträgt 20 Jahre. Am 31.12.02 steigt der Marktwert des Gebäudes aufgrund der geplanten Erschließung eines Gewerbegebiets auf 1,9 Mio. EUR. Deshalb geht das Management zur Neubewertung für alle Gebäude über (→ § 8 Rz 52). Im Jahr 03 werden die Pläne für das Gewerbegebiet von der Gemeinde verworfen. Am 31.12.03 entschließt sich deshalb die Unternehmensleitung zu einer Betriebsverlegung und Fremdvermietung des Bürogebäudes. Inzwischen ist der Marktwert des Gebäudes auf 0,6 Mio. EUR gesunken.

Lösung
Zum 31.12.03 ist das Bürogebäude in die als Finanzanlagen gehaltenen Immobilien umzubuchen und mit 600 TEUR anzusetzen. Der Wertansatz entwickelt sich wie folgt:

	IAS 16 EUR
Wertansatz 1.1.02	1.000.000
- planmäßige Abschreibungen (GuV)	- 50.000
+ Einstellung in die Neubewertungsrücklage (EK) (Rz 76)	950.000
Wertansatz 31.12.02	1.900.000
- planmäßige Abschreibungen (GuV)	- 100.000
- Auflösung Neubewertungsrücklage (EK)	- 950.000
- außerplanmäßige Abschreibungen (GuV)	- 250.000
Wertansatz 31.12.03	600.000

Zunächst sind die planmäßigen Abschreibungen über die Restnutzungsdauer von 19 Jahren unter Berücksichtigung der neu ermittelten Abschreibungsbemessungsgrundlage in Höhe von 1,9 Mio. EUR vorzunehmen. Zum Zwecke der Erfassung der Wertminderung im Umwidmungszeitpunkt erfolgt zunächst eine Verrechnung mit der im Vorjahr gebildeten Neubewertungsrücklage in Höhe von 950 TEUR. Die nicht durch die Neubewertungsrücklage gedeckte Wertminderung wird durch eine außerplanmäßige Abschreibung in Höhe von 250 TEUR erfasst.
Fraglich ist, inwieweit die planmäßige Abschreibung in 03 von 100 TEUR sinnvoll in vollem Umfang erfolgswirksam zu buchen ist (→ § 8 Rz 67 und 77).

76 Im Umwidmungszeitpunkt gegenüber den fortgeführten Anschaffungs- oder Herstellungskosten **höhere Zeitwerte** sind wie folgt zu erfassen:
- Soweit die Erhöhung des Buchwertes eine früher vorgenommene außerplanmäßige Abschreibung **kompensiert**, ist die Zuschreibung **erfolgswirksam** als sonstiger betrieblicher Ertrag zu erfassen. Die erfolgswirksame

Zuschreibung ist auf den Wert begrenzt, der sich ergeben hätte, wenn keine außerplanmäßige Abschreibung vorgenommen worden wäre (IAS 40.62b).

- Ein noch **verbleibender Teil** der Erhöhung des Buchwertes ist erfolgsneutral in einer **Neubewertungsrücklage** zu erfassen. Bei einem späterem Abgang der Immobilie darf die Neubewertungsrücklage erfolgsneutral in die Gewinnrücklagen umgebucht werden (IAS 40.62b). Vergleichbar ist die Regelung für das Neubewertungskonzept (→ § 8 Rz 52ff.).

Beispiel 77
Die A-AG hat im Januar 05 ein unbebautes Grundstück zum Zwecke der betrieblichen Nutzung für 1.000 TEUR erworben. Das Grundstück weist am 31.12.03 einen Zeitwert von 1.100 TEUR auf. Am 1.6.06 entschließt sich die Unternehmensleitung, das Grundstück als Anlagerendite zu nutzen. Der beizulegende Zeitwert beträgt zu diesem Zeitpunkt 1.300 TEUR. Am 31.12.06 veräußert die Gesellschaft das Grundstück zu einem Veräußerungspreis in Höhe von 1.400 TEUR.

Lösung
Im Juni 06 ist das Grundstück in die als Finanzanlagen gehaltenen Immobilien umzugliedern. Die Erhöhung des Buchwertes ist erfolgsneutral durch Bildung einer Neubewertungsrücklage (vgl. → § 8 Rz 54) zu erfassen. Im Veräußerungszeitpunkt realisiert die Gesellschaft einen Veräußerungsgewinn. Die Neubewertungsrücklage kann in die Gewinnrücklagen umgebucht werden.
Die Buchungssätze im Jahr 06 ergeben sich wie folgt:

1.6.06

		TEUR	TEUR
per	Grundstücke	200	
an	Neubewertungsrücklage		200
31.12.06			
per	Flüssige Mittel	1.400	
an	Grundstücke		1.300
	Sonstiger betriebliche Ertrag		100
per	Neubewertungsrücklage	200	
an	Gewinnrücklage		200

Hinweis: Der gesamte zwischenperiodisch erzielte Gewinn beträgt 300, ausgewiesen werden aber nur 200; vgl. hierzu das Beispiel in → § 8 Rz 76; für Steuerlatenz Rz 82.

In den **Fällen** (4) und (5) in Rz 72 sind die zum Umwidmungszeitpunkt bestehenden Wertdifferenzen zwischen Buchwert und Zeitwert erfolgswirksam in der GuV zu erfassen (IAS 40.63 und IAS 40.65). 78

4.2 Abgänge

79 Eine als Finanzinvestition gehaltene Immobilie darf nicht mehr in der Bilanz angesetzt werden, wenn sie durch Verkauf oder den Abschluss eines *finance*-Leasingverhältnisses abgeht oder zukünftige wirtschaftliche Vorteile nicht mehr zu erwarten sind (IAS 40.66). Es wird **verwiesen** auf die Kommentierung zu IFRS 5 (→ § 29).

80 **Gewinne** oder **Verluste** aus dem Verkauf oder der Stilllegung von Renditeliegenschaften ergeben sich aus der Differenz zwischen dem Nettoveräußerungserlös und dem Buchwert der Immobilie. Das Veräußerungsergebnis ist in der GuV als Ertrag bzw. Aufwand zu erfassen, es sei denn, dass IAS 17 (→ § 15 Rz 138ff.) etwas anderes bei *sale-and-lease-back*-Transaktionen vorsieht (IAS 40.69).

81 Sofern die Zahlung des Kaufpreises vom Verkäufer **gestundet** wird, gilt das Barpreisäquivalent gemäß IAS 18.11. Das erwartete Entgelt wird danach zunächst in Höhe des Barwertes angesetzt (IAS 40.63). Der Unterschied zwischen Nominalwert und Barwert des Entgelts wird als Zinsertrag gemäß IAS 18.30 zeitproportional unter Anwendung der Effektivzinsmethode erfasst (IAS 40.70).

5 Steuerlatenz

82 Steuerlich ist die buchmäßige Werterhöhung nach dem *fair value model* **nicht nachvollziehbar**. Es kommt dann – bei gegenüber den fortgeführten Anschaffungs- oder Herstellungskosten höherem Buchwert in der IFRS-Bilanz – zu einer **passiven Steuerlatenz**. Die zu bildende Rückstellung „schwankt" proportional (gleicher Steuersatz) mit der Differenz zwischen Steuerbuchwert und *fair value*. Die Bildung und Veränderung der Rückstellung für Steuerlatenz ist erfolgswirksam zu buchen (→ § 26 Rz 103).

6 Ausweis

83 Aufgrund der Besonderheit der als Finanzinvestitionen gehaltenen Immobilien dürfen diese nicht gemeinsam mit den betrieblich genutzten Immobilien in der Bilanz ausgewiesen werden. Deshalb ist in der Bilanz nach IAS 1.68b ein **gesonderter** Ausweis im Anlagevermögen getrennt von den Sachanlagen vorgeschrieben (→ § 2 Rz 34).

84 Soweit die Bewertung von Renditeliegenschaften nach dem *fair value model* vorgenommen wird, sind Aufwertungen und Abwertungen auf den beizulegenden Zeitwert stets **erfolgswirksam** in der GuV auszuweisen (IAS 40.27). Eine erfolgsneutrale Erfassung der Wertänderungen im Eigenkapital ist nicht zulässig (Rz 42).

85 Im Interesse der Klarheit und Übersichtlichkeit des Jahresabschlusses kann sich in der GuV eine **getrennte** Darstellung der Aufwendungen und Erträge aus der

Veränderung der beizulegenden Zeitwerte empfehlen. Nach IAS 1 (oder 8) dürfte mindestens bei größeren Portfolien mit Wertänderungen teils in der einen, teils in der anderen Richtung aber auch der saldierte Ausweis (→ § 2 Rz 14) zulässig sein. Ergebniseffekte aus der Veränderung des beizulegenden Zeitwerts von Renditeimmobilien sind von Immobilienunternehmen als Teil des operativen Ergebnisses zu erfassen.

7 Angaben

7.1 Allgemeine Angaben

Unabhängig von der Bewertung zu fortgeführten Anschaffungs- oder Herstellungskosten bzw. zu Marktwerten sind nach IAS 40.75 folgende Angaben zu machen:

- die angewandte **Bewertungsmethode** für Anlageimmobilien (Anschaffungskostenmethode oder Zeitwertmethode);
- die Kriterien zur **Abgrenzung** betrieblich genutzter Immobilien von Renditeliegenschaften;
- die **Methoden** und wesentlichen **Annahmen** zur Bestimmung der **beizulegenden Zeitwerte** der Anlageimmobilien sowie der Umfang der Bewertung durch einen unabhängigen **Gutachter**;
- die in der **GuV** erfassten Beträge für:
  - Miet- und Pachterträge aus Anlageimmobilien;
  - direkte betriebliche Aufwendungen im Zusammenhang mit Anlageimmobilien (z. B. Reparaturaufwendungen, Instandhaltungsaufwendungen);
- die Existenz und das Ausmaß von **Beschränkungen in der Realisierbarkeit** von Anlageimmobilien;
- wesentliche **vertragliche Verpflichtungen** bezüglich Kauf, Herstellung, Entwicklung oder Instandhaltung von Anlageimmobilien.

86

7.2 Angaben bei der Bewertung zu Zeitwerten

Gemäß IAS 40.76 ist zusätzlich zu den Angaben nach Rz 86 eine **Entwicklung** im Bestand der Renditeliegenschaften im Geschäftsjahr (ohne Vergleichswerte zum Vorjahr) beispielsweise nach folgendem Schema darzustellen:

87

Renditeliegenschaften gem. IAS 40	Sparte Office TEUR	Sparte Home TEUR	Gesamt TEUR
Anschaffungskosten			
Stand 1.1.06	1.000	500	1.500
Zugänge			
Veränderung Konsolidierungskreis	500	300	800
Zukäufe	230	130	360
Abgänge	-20	-10	-30
Umklassifizierungen			
von Vorräten	20	30	50
von eigengenutzten Immobilien	30	15	45
Stand 31.12.06	1.760	965	2.725
Wertveränderungen			
Stand 1.1.06	600	200	800
Höherbewertungen	200	50	250
Tieferbewertungen	-150	-10	-160
Abgänge	-10	-5	-15
Stand 31.12.06	640	235	875
Buchwert = Marktwert zum 31.12.06	2.400	1.200	3.600

In den Fällen, in denen Anlageimmobilien in **Ermangelung eines verlässlich bestimmbaren Zeitwertes** zu fortgeführten **Anschaffungskosten** bewertet werden, ist nach IAS 40.78 die vorstehende Buchwertentwicklung getrennt von den anderen als Finanzinvestitionen gehaltenen Immobilien darzustellen. Zusätzlich sind

- die nicht zu Zeitwerten bewerteten Immobilien zu beschreiben (IAS 40.78a);
- die Gründe dafür zu nennen, warum Marktwerte hierfür nicht ermittelt werden konnten (IAS 40.78b);
- nach Möglichkeit die Bandbreiten der wahrscheinlichen Zeitwerte anzugeben (IAS 40.78c).

Bei **Veräußerungen** von Anlageimmobilien, die in Ermangelung eines verlässlich beizulegenden Zeitwertes zu fortgeführten Anschaffungskosten bewertet werden, sind außerdem nach IAS 40.78d die Buchwerte zum Zeitpunkt des Verkaufs und die aus dem Verkauf realisierten Gewinne bzw. Verluste zu nennen.

Bei der Bewertung zu Zeitwerten ist beim **Leasingnehmer** anzugeben, ob und in welchem Umfang Immobilien zu Marktwerten bewertet werden, die Gegenstand eines *operate*-Leasingverhältnisses sind (IAS 40.75.c). Nach IAS 40.80 ist der diesbezügliche Effekt aus der erstmaligen Anwendung von

IAS 40 darzulegen. Dabei wird für publizitätspflichtige Gesellschaften eine Anpassung der Gewinnrücklagen empfohlen (IAS 40.80a).

7.3 Angaben bei der Bewertung zu Anschaffungskosten

Es wird verwiesen auf die Kommentierung mit **Formulierungsbeispielen** zu IAS 16 (→ § 14 Rz 24ff.).

88

7.4 Angaben bei der Bewertung zu fortgeführten Anschaffungs- oder Herstellungskosten

Bei der Bewertung zu fortgeführten Anschaffungs- oder Herstellungskosten *(cost model)* ist nach IAS 40.79 zusätzlich zu den Angaben nach (Rz 86) eine Buchwertentwicklung der Renditeliegenschaften im Geschäftsjahr (ohne Vergleichswerte zum Vorjahr) beispielsweise nach folgendem Schema darzustellen:

89

Renditeliegenschaften gem. IAS 40	Sparte Office TEUR	Sparte Home TEUR	Gesamt TEUR
Buchwerte			
Stand 1.1.06	1.000	500	1.500
Zugänge			
Veränderung Konsolidierungskreis	500	300	800
Zukäufe	240	130	370
nachträgliche Anschaffungskosten	230	130	360
Abgänge	-20	-10	-30
Umklassifizierungen			
von Vorräten	40	15	55
von eigengenutzten Immobilien	30	15	45
Abschreibungen			
planmäßige Abschreibungen	-20	-100	-120
außerplanmäßige Abschreibungen	-30	-50	-80
Umrechnungsdifferenzen	10	-10	0
Stand 31.12.06	1.980	920	2.900

Darüber hinaus sind die verwendeten Abschreibungsmethoden, Nutzungsdauern und Abschreibungssätze sowie der beizulegende Zeitwert (Rz 35) der Renditeliegenschaften anzugeben.

90

Nach deutscher Begrifflichkeit sind die *investment properties* dem **Anlagevermögen** zuzuordnen. Gleichwohl ist für sie die übliche Entwicklung des Bilanzausweises von der Anfangs- bis zur Schlussbilanz im Wege des **Anlagespiegels** bzw. **-gitters** nicht vorgeschrieben – anders z. B. für sächliches Anlagevermögen nach IAS 16 (→ § 14) und für immaterielle Vermögenswerte

91

gemäß IAS 38 (→ § 13) – **sofern** das *fair value model* (Rz 42) angewandt wird (IAS 40.76 im Vergleich zu IAS 40.79). Das hat auch seinen guten Grund, denn (außerplanmäßige) **Abschreibungen** und **Wertaufholungszuschreibungen** als wesentliche Bestandteile eines Anlagespiegels können unter dem *fair value model* nicht auftreten (Rz 44). Veränderungen der Buchwerte können sich nur durch **Zu- und Abgänge** einerseits und **Wertveränderungen** andererseits ergeben. Wenn gleichwohl diese Wertveränderungen im üblichen Anlagespiegel als Zuschreibungen oder Zugänge oder als Abschreibungen oder Abgänge ausgewiesen werden, erscheint eine zusätzliche Erläuterung im Anhang erforderlich. Darstellungstechnisch können diese Sonderbewegungen nach dem *fair value model* auch in zwei gesonderten Spalten des Anlagespiegels gezeigt werden.

92 Die bisherige Berichterstattung deutscher Konzerne zu den *investment properties* ist als **zurückhaltend** zu werten.[47] Nur 14 von 86 untersuchten Unternehmen machen überhaupt einschlägige Angaben. Die Anwendung des *fair-value*-Modells (Rz 42) konnte nirgends festgestellt werden. In allen Fällen ist der *fair value* im Anhang beziffert (Rz 38). Als Bewertungsmodell kam das Vergleichswertverfahren (Rz 53ff.) im DCF-Verfahren (Rz 57) zur Anwendung. Externe Gutachter wurden kaum bemüht.

7.5 Übergangsvorschriften

93 Beim **erstmaligen Ansatz** von Anlageimmobilien im Zuge des Übergangs auf die neue Standardregelung zum (ggf. höheren) beizulegenden **Zeitwert** sind die Auswirkungen des Übergangs als eine Anpassung des Eröffnungsbilanzwertes der Gewinnrücklagen (erfolgsneutral) zu erfassen (IAS 40.80). Die Anpassung der Gewinnrücklagen in der Eröffnungsbilanz umfasst die Umgliederung sämtlicher Neubewertungsrücklagen der Anlageimmobilien (IAS 40.83). Vergleichsinformationen zum Vorjahr durch Anpassung der Vorjahreswerte sind entgegen der Grundregel in IAS 8 nicht erforderlich (IAS 40.81).

8 Anwendungszeitpunkt, Rechtsentwicklung

94 IAS 40 tritt für Jahresabschlüsse in Kraft, die am oder nach dem 1. Januar 2005 begonnen haben. Eine frühere Anwendung wird vom IASB empfohlen (IAS 40.85). Die rückwirkende Anwendung der Regelungen zum Tausch ist nicht zugelassen (40.84).

95 Die frühere Fassung (IAS 40 (2000)) unterscheidet sich hauptsächlich in folgendem Punkt von IAS 40:

---

[47] VON KEITZ, Praxis der IASB-Rechnungslegung, 2. Aufl., 2005, S. 80.

- Aufgrund der Neuregelung findet das *fair value model* nach IAS 40 nunmehr beim Leasingnehmer auch dann Anwendung, wenn es sich beim ursprünglichen Leasingvertrag um ein *operating*-Leasingverhältnis handelt und die Immobilie vom Leasingnehmer als Renditeliegenschaft genutzt wird. Diese Änderung stellt eine Abkehr von der Bilanzierung auf der Grundlage des wirtschaftlichen Eigentums zugunsten des voll umfänglichen Ausweises von Zeitwerten dar (Rz 6).

Bereits im Jahr 2004 wurde in Deutschland die Einführung von *Real Estate Investment Trusts* (REITs) nach amerikanischem Vorbild diskutiert.[48] Im November 2006 ist ein Gesetzesentwurf des Bundeskabinetts verabschiedet worden, erste REITs werden für das Jahr 2007 erwartet. Ausgestattet mit Steuervergünstigungen (Erträge aus der Immobilienbewirtschaftung werden nicht auf Gesellschafts-, sondern erst auf der Gesellschafterebene besteuert) eignet sich die Anlageform für gemeinschaftliche Immobilieninvestitionen unterschiedlicher Investoren (Kleinanleger als auch institutionelle Investoren). Ein Anspruch auf die Steuervergünstigungen verlangt lt. dem aktuellen Gesetzesentwurf neben einer Börsennotierung der Gesellschaft auch gewisse geschäftliche Restriktionen (Mindestausschüttung (→ § 13); Schwerpunkt bei der Immobilienanlage (→ § 12); Mindeststreuung der REIT-Aktien (→ § 11); Ausschluss des Immobilienhandels (→ § 14).

96

9 Zusammenfassende Praxishinweise

IAS 40 unterzieht Anlageimmobilien *(investment properties)* einer besonderen Behandlung bei der Bilanzierung einschließlich der Anhangsangaben. Solche „Anlageimmobilien" bzw. „Renditeliegenschaften" werden nach der **Definition** nicht zur Eigennutzung bzw. zum Verkauf im Rahmen der gewöhnlichen Geschäftstätigkeit gehalten, sondern dienen der Erzielung langfristiger Wertzuwächse bzw. laufender Mieteinnahmen (Rz 5ff.). Einbezogen werden auch **Leasingverhältnisse**. Dabei kann der Leasingnehmer ausnahmsweise ein Wahlrecht bei einem *operating lease* ausüben und dies in seinem Abschluss bilanzieren, als ob es sich um ein *finance lease* handelt (Rz 6).
Besondere Aufteilungsprobleme ergeben sich bei **gemischt** genutzten Immobilien (Rz 14ff.).
Die **Zugangsbewertung** erfolgt zu Anschaffungs- oder Herstellungskosten gemäß den üblichen Definitionskriterien (Rz 18ff.).
Für die **Folgebewertung** besteht ein **Methodenwahlrecht** (Rz 35ff.):
- Bewertung zu den fortgeführten Anschaffungs- oder Herstellungskosten (Rz 40ff.),
- Bewertung zu Zeitwerten (Rz 42ff.).

97

---

[48] Zum Ganzen REHKUGLER, in: BDO (Hrsg.), Praxishandbuch Real Estate Management 2005, S. 405ff.

Das letztgenannte Bewertungsverfahren ist dem deutschen Rechnungslegungssystem fremd mit der Folge von **Steuerlatenzen** (Rz 82).

Das *fair-value*-Modell erfordert die jährliche Ermittlung (Rz 42) dieses Wertes, was die Vornahme von planmäßigen oder außerplanmäßigen **Abschreibungen** nach Maßgabe des Anschaffungskostenmodells überflüssig macht (Rz 43).

Als **Wertermittlungsverfahren** zur Bestimmung des *fair value* kommen das Vergleichswert- (Rz 53ff.) und das Ertragswertverfahren (Rz 57ff.) in Betracht. In jedem Fall ergeben sich erhebliche **Ermessensspielräume**, da es sich bei Renditeliegenschaften höchst selten um ein einigermaßen homogenes Gut handelt (Rz 66).

Eine Übereinstimmung mit der handels- und steuerbilanziellen Vorgehensweise kann nur durch Anwendung des **Anschaffungskostenmodells** *(cost model)* herbeigeführt werden (Rz 71).

Von den beiden Methoden der Folgebewertung **favorisiert** IAS 40 (verdeckt) das *fair value model* (Rz 35), da bei Wahl des *cost model* im Anhang immer der *fair value* angegeben werden muss (Rz 89).

Diese Bevorzugung zeigt sich auch in den Regelungen zur Änderung des einmal getroffenen **Wahlrechtes**; denn ein Wechsel von der *fair-value-* zur Anschaffungskostenbewertung soll kaum jemals eine bessere Darstellung der Vermögens- und Ertragslage des Unternehmens bewerkstelligen (Rz 38).

Das Wahlrecht ist für alle Renditeliegenschaften **einheitlich** auszuüben (Rz 37).

Zu **Nutzungsänderungen** sind detaillierte Einzelvorschriften zu beachten (Rz 72ff.).

Wegen **Ausweisfragen** vgl. Rz 83ff. und zu den **Anhangsangaben** vgl. Rz 86ff.

§ 17 VORRÄTE

Inhaltsübersicht   Rz
Vorbemerkung
1 Überblick 1–3
    1.1 Regelungsbereich 1
    1.2 Ökonomischer Grundgehalt 2
    1.3 Begriffsinhalte 3
2 Bewertung 4–17
    2.1 Zugangsbewertung zu Anschaffungs-/Herstellungskosten   4–9
       2.1.1 Grundlagen 4–5
       2.1.2 Gemeinkosten 6
       2.1.3 Nebenkosten 7
       2.1.4 Unterbeschäftigung und Finanzierung 8
       2.1.5 Bewertungsvereinfachung 9
    2.2 Folgebewertung zum Nettoveräußerungswert 10–16
    2.3 Wertaufholung 17
3 Latente Steuern 18
4 Ausweis und Anhangsangaben 19–22
5 Anwendungszeitpunkt, Rechtsentwicklung 23–24
6 Zusammenfassende Praxishinweise 25

Schrifttum: FREIBERG, Der Niederstwert bei Vorräten, PiR 2005, S. 62; HOFFMANN, Aktivierung von Gemeinkosten bei Anschaffungen, PiR 2007, S. 27; HOFFMANN, Retrograde Bewertung des Vorratsvermögens, PiR 2006, S. 240; JACOBS, Vorräte (Inventories), in: BAETGE u. a., Rechnungslegung nach IAS; v. KEITZ, Die Praxis der Warenbewertung in der Einzelhandelsbranche, KoR 2006, S. 101; KÜMPEL, Bilanzierung und Bewertung des Vorratsvermögens nach IAS 2 (revised 2003), DB 2003, S. 2609; KÜMPEL, Folgebewertung nach IAS 2, Accounting 1/2006, S. 8ff.; KÜMPEL, Vorratsbewertung nach IAS 2, DStR 2005, S. 1153; LÜDENBACH, IFRS, 4. Aufl., 2005; RIESE in Beck'sches IFRS-Handbuch, 2. Aufl. 2006, § 8; SAURE, Neue Logistik der Warenbeschaffung bei Handelsunternehmen, StBp 2002, S. 285; WOHLGEMUTH/RADDE, Der Bewertungsmaßstab „Anschaffungskosten" nach HGB und IAS, WPg 2000, S. 903; WOHLGEMUTH/STÄNDER, Der Bewertungsmaßstab „Herstellungskosten" nach HGB und IAS, WPg 2003, S. 203.

Vorbemerkung
Die Kommentierung bezieht sich auf IAS 2 in der aktuellen Fassung und berücksichtigt alle Ergänzungen, Änderungen und Interpretationen, die bis zum 1.1.2007 beschlossen wurden.

1 Überblick

1.1 Regelungsbereich

IAS 2 zum Vorratsvermögen *(inventories)* umfasst fast deckungsgleich das Vorratsvermögen nach der HGB-Gliederungssystematik (abgeleitet aus dem Definitionsgehalt von IAS 2.6; Rz 3 sowie Rz 19):[1]
- Roh-, Hilfs- und Betriebsstoffe,
- unfertige Erzeugnisse, unfertige Leistungen,
- fertige Erzeugnisse und Waren.

Ausgenommen aus dem **Anwendungsbereich** des Standards sind bedingt (IAS 2.2):
- die Auftragsfertigung nach IAS 11 (→ § 18);
- biologische Produkte und solche aus landwirtschaftlicher Produktion bis zum Zeitpunkt der Ernte nach IAS 41 (→ § 40 Rz 11);
- Finanzinstrumente (→ § 28).

Ausgenommen aus den **Bewertungsregeln** des Standards sind (IAS 2.3ff.):
- land- und forstwirtschaftliche und mineralische Produkte (Erdöl, Gas, Kohle), soweit die Bewertung zum Netto-Veräußerungspreis *(net realisable value*; Rz 3) Branchenpraxis ist;
- Waren-Broker, soweit sie Bewertungen zum *fair value* abzüglich Veräußerungskosten vornehmen.

Die **Ausnahme** für **mineralische** Produkte greift nur dann, wenn nicht das Anschaffungskostenprinzip, sondern eine nettoveräußerungspreisorientierte Bewertung Branchenusus ist *(well established practices in those industries)* und deshalb Bewertungen **über** den Anschaffungskosten zulässig sind. Zu den Konsequenzen, die sich dann auch für die Ermittlung eines niedrigeren Stichtagswertes ergeben, wird auf Rz 15 verwiesen. Der Anwendungsbereich der Ausnahme scheint aus deutscher Perspektive gering, da eine Abweichung vom Anschaffungskostenprinzip bisher weder üblich noch zulässig war. Auf die deutsche Perspektive kommt es aber bei einem internationalen Regelsystem nicht an. Soweit daher in wichtigen (bzw. für die Branche wichtigeren) anderen Ländern, z. B. in den USA, entsprechende Praktiken zugelassen sind, hat dies Bedeutung auch für den deutschen Anwender.

Nicht zu den *inventories* zählen auch die nach HGB dem Vorratsvermögen zuzuordnenden geleisteten **Anzahlungen**. Zu deren Bilanzausweis vgl. Rz 20.

1.2 Ökonomischer Grundgehalt

Die eigentliche Zielsetzung ökonomischer Art von IAS 2 ist der Anweisung in IAS 2.34 zu entnehmen. Danach sind die Aufwendungen zur Beschaffung oder Herstellung von Vermögensgegenständen in weitestmöglichem Umfang

---
[1] So auch KÜMPEL, DB 2003, S. 2609.

so lange **erfolgsneutral** zu halten, als die damit verbundenen Erlöse noch nicht realisiert worden sind. Umgekehrt: Sobald die Materialien, Waren, Produkte und Dienstleistungen zu Umsatzerlösen geführt haben, sind die entsprechenden aktivierten Aufwendungen erfolgswirksam im Aufwand zu verrechnen (IAS 2.34).

Zu Aufwand führt allerdings auch die erforderliche Abschreibung auf den Nettoveräußerungswert *(net realisable value;* IAS 2.9 und 2.34, s. Rz 3); dadurch sollen **Wertverluste** derjenigen Periode belastet werden, in der sie anfallen; es darf also mit der Erfolgswirksamkeit des Verlustes nicht bis zur Realisierung desselben gewartet werden – vergleichbar mit den HGB-Imparitätsregeln.

1.3 Begriffsinhalte

In IAS 2.6 werden folgende **Arten** von Vermögenswerten als Vorratsvermögen unterschieden:

- zum Verkauf im normalen Geschäftsgang gehaltene (**Fertigerzeugnisse, Waren**);
- solche, die im Produktionsprozess zur späteren Veräußerung bestimmt sind (**unfertige Erzeugnisse, unfertige Leistungen**);
- solche in Form von **Rohmaterial**, die zum Verbrauch im Produktionsprozess oder zur Erbringung von Dienstleistungen bestimmt sind (Roh-, Hilfs- und Betriebsstoffe), z. B. auch für Kunden bereitgehaltene Ersatzteile (→ § 14 Rz 7).

In IAS 2.6 wird auch der **Nettoveräußerungswert** *(net realisable value)* definiert als geschätzter Verkaufspreis im normalen Geschäftsgang abzüglich der mutmaßlichen Fertigstellungs- und Vertriebskosten (Rz 13).

IAS 2 befasst sich nicht mit dem **Bilanzansatz**, also der abstrakten Bilanzierungsfähigkeit. Hierzu sind die Definitionen in F.49ff. einschlägig (→ § 1 Rz 87ff.).

3

2 Bewertung

2.1 Zugangsbewertung zu Anschaffungs-/Herstellungskosten

2.1.1 Grundlagen

Die Regelung in IAS 2 folgt weitestgehend dem **Anschaffungskostensystem** *(historical cost system)* unter Beachtung des **Niederstwertprinzips** – durchaus identisch mit den Regeln des HGB. Irgendeine Anlehnung an Marktbewertungen, *fair value* etc. ist in IAS 2 nicht enthalten (wegen Ausnahmen vgl. Rz 1 und Rz 15).

Die Maßstäbe für die **Zugangsbewertung** sind also in aller Regel die **Anschaffungs- oder Herstellungskosten**. Dazu wird auf die Kommentierung in

4

5 → § 8 Rz 11ff. verwiesen. Gemeinkosten sind in Herstellungsfällen aktivierbar (IAS 2.15). Wegen Besonderheiten bei **Handelswaren** vgl. Rz 7.

2.1.2 Gemeinkosten

6 Aktivierbar sind bei **Anschaffungen** die direkt zurechenbaren Kosten (*directly attributable*) gemäß IAS 2.11, bei **Selbsterstellung** auch produktionsbezogene Gemeinkosten. Wegen Einzelheiten wird verwiesen auf → § 8 Rz 11ff. Zu den aktivierungspflichtigen Einzelkosten gehören auch die so genannten **unechten** Gemeinkosten. Zur Abgrenzungsproblematik gegenüber den echten Gemeinkosten wird verwiesen auf → § 8 Rz 13. Dazu folgendes Beispiel:

> **Beispiel**[2]
>
> **Sachverhalt**
> Die Antikmöbel GmbH & Co. KG betreibt den Import und den Groß- und Einzelhandel von antiken Möbeln und ähnlichen Gebrauchsgegenständen. Mitarbeiter der Einkaufsabteilung reisen regelmäßig in europäische und asiatische Länder, um Ausschau nach passenden Objekten zu halten. Häufig werden in diesen Ländern auch nach Vorgaben der GmbH & Co. KG aus gebrauchten Materialien „antike" Möbel, Fliesen u. Ä. hergestellt. Die Mitarbeiter der Einkaufsabteilung überwachen diese Arbeiten mitunter im Rahmen ihrer ohnehin durchgeführten „Besichtigungsreise." In Einzelfällen erfolgt aber auch eine Reise des einen oder anderen Mitarbeiters zur speziellen Überwachung dieses Herstellungsvorganges im Ausland.
>
> **Lösung**
> - Die Besichtigungsreisen dienen nicht einem Anschaffungsvorgang, sie sind diesem vorgelagert, weshalb sich die Frage der Abgrenzung der Einzel- von den Gemeinkosten nicht stellt.
> - Umgekehrt zielen die „speziellen" Überwachungsreisen auf die Anschaffung eines bestimmten Vermögenswertes und sind deshalb als Einzelkosten *(directly attributable)* aktivierbar.
> - Wieder umgekehrt liegt es in den Fällen der mit einer Besichtigungsreise verbundenen Überwachung. Die Reisekosten und die wesentlichen Teile der Lohnkosten entfallen ununterscheidbar auf beide Tätigkeiten (echte Gemeinkosten), anders für den Teil der Arbeitszeit, der theoretisch zugeordnet werden könnte (unechte Gemeinkosten) (→ § 8 Rz 13).

Die Anschaffungskosten berechnen sich bei Überschreiten der üblichen **Zahlungsfristen** durch Abzinsung (IAS 2.18). Die spätere Aufzinsung ist dann als

---

[2] Nach HOFFMANN, PiR 2007, S. 27.

Zinsaufwand auszuweisen. Unter *materiality*-Gesichtspunkten wird dieses Thema selten praktisch werden.[3]

2.1.3 Nebenkosten

Die primären Anschaffungskosten (Kaufpreis) sind gem. IAS 2.11 um direkt zurechenbare Anschaffungsnebenkosten zu erhöhen und um Rabatte, Boni usw. zu mindern. Bei der Warenbewertung im **Einzelhandel** sind bei beiden Ergänzungsgrößen Besonderheiten[4] zu beachten.

- In die **Anschaffungsnebenkosten** können je nach Art der Beschaffungslogistik nennenswerte (unechte) Gemeinkosten anfallen, also Beschaffungskosten, die mangels Schlüsselung Gemeinkostencharakter aufweisen. Es geht dabei um Kosten der eigenen oder fremd vergebenen Logistik, weil die Ware vom Hersteller häufig in ein Zentrallager befördert wird, von wo aus dann ein Weitertransport zu den eigenen Verkaufsstellen vorzunehmen ist. Die Verkaufsbereitschaft für die Ware ist erst bei Einlagerung ins Verkaufsregal gegeben. Die Aktivierbarkeit kann sich u. U. auf IAS 2.15 stützen, wo Verbringungskosten eigens erwähnt sind. **Praktikabel** ist eine Erfassung dieser Logistikkosten in die gesamten zu aktivierenden Anschaffungskosten nur durch einen recht groben **pauschalen** Zuschlag nach einer eher großzügig zu definierenden Gruppierung.

- **Anschaffungspreisminderungen** resultieren aus den diversen verkaufsfördernden Praktiken (→ § 25 Rz 104), beginnend bei den Skonti, über Rabatte und Boni bis hin zu besonderen Verkaufsaktionen, denen die Hersteller durch die Marktmacht des Einzelhandels ausgesetzt sind. Dabei kann es auch einen Gegenpol zu den eben genannten Logistik-Gemeinkosten geben, weil das Einzelhandelsunternehmen für die Übernahme des Warentransportes etc. vom Zentrallager zu den einzelnen Verkaufsstellen vom Hersteller einen Zusatzbonus beansprucht. Auch im Bereich der Anschaffungspreisminderungen sind durch die Vielgestaltigkeit der betreffenden Maßnahmen nur grob **pauschale** Berechnungsmethoden sinnvoll anwendbar.

In der deutschen IFRS-Praxis werden die dargestellten Anschaffungsnebenkosten für Logistik u. Ä. eher selten berücksichtigt, umgekehrt verhält es sich bei den Anschaffungspreisminderungen.[5]

Für Zwecke der Handels-/Steuerbilanz wird z.T. eine Aktivierung von Logistikkosten befürwortet, wenn diese aus tatsächlichen Gründen dem einzelnen Produkt nicht zugeordnet werden können (sog. unechte Gemeinkosten). Zu

---

[3] So auch KÜMPEL, DB 2003, S. 2609 u. 2611. Ähnliches gilt für Finanzimmobilien (investment properties) nach IAS 40 (→ § 16 Rz 27), für Sachanlagen IAS 16.23 (→ § 8 Rz 11).

[4] VON KEITZ, KoR 2006, S. 101.

[5] VON KEITZ, KoR 2006, S. 101.

den Anschaffungskosten zählen dabei alle weiteren Kosten in der logistischen Kette bis hin zur Einlagerung in die Verkaufsregale (*point of sale*).[6] U.E. ist ein solches Vorgehen auch nach IAS 2.11 vertretbar. Es kommt hier darauf an, wie die Anforderung der direkten Zurechenbarkeit interpretiert wird. Bei **enger** Interpretation entfällt mit dem Verzicht auf die Einzelaufzeichnung der Kosten faktisch die direkte Zurechenbarkeit, bei **weiter** auf die theoretische Zurechen**barkeit** abstellender Interpretation sind die unechten Gemeinkosten im Schätzungswege aktivierungsfähig. Vgl. hierzu weitere Hinweise in → § 8 Rz 13.

2.1.4 Unterbeschäftigung und Finanzierung

8 Die aus einer **Unterbeschäftigung** resultierenden Mehrkosten je Produktionseinheit sind nicht aktivierbar (IAS 2.13). Wegen Einzelheiten → § 8 Rz 22.

Eine Einbeziehung von **Finanzierungsaufwendungen** in die Herstellungskosten kommt nur bei *qualifying assets* i. S. v. IAS 23.4 und dort als **Wahlrecht** in Frage (→ § 9 Rz 14). Als qualifiziert gelten im Anwendungsbereich von IAS 2 (Rz 1) „Vorräte, für die ein beträchtlicher Zeitraum erforderlich ist, um sie in einen verkaufsfähigen Zustand zu versetzen", nicht hingegen „Vorräte, die routinemäßig gefertigt oder auf andere Weise in großen Mengen wiederholt über einen kurzen Zeitraum hergestellt werden." Betroffen sind somit vor allem **langfristige Auftragsfertigungen** (→ § 18), daneben **Sonderfälle** wie etwa einer langen Reifungszeit unterliegende Lebensmittel.

2.1.5 Bewertungsvereinfachung

9 Für die **Bewertungsvereinfachungsverfahren** (Durchschnitts- und Verbrauchsfolgeverfahren) gilt:

- Das **Standardkostenverfahren** wird ausdrücklich als zulässig erachtet (IAS 2.21).
- Die Ermittlung der Anschaffungs- oder Herstellungskosten auf der Basis der **Verkaufspreise** unter Abzug der Brutto-Handelsmarge – sog. **retrograde** Methode – ist erlaubt (IAS 2.22).
- Gewogener **Durchschnitt** – zulässig.
- **Fifo** – zulässig.
- **Lifo** – unzulässig (ab 1.1.2005, s. Rz 24).

Die Bewertungsvereinfachungsverfahren gelten nur für **Standardprodukte** (IAS 22.23). Zu Einzelheiten wird auf → § 8 Rz 38ff. verwiesen. Die Anwendung der Bewertungsmethoden unterliegt dem **Stetigkeitsgebot** (→ § 24 Rz 5ff.). Die erwähnte retrograde Methode kommt praktisch ausschließlich im Bereich des Einzelhandels vor.[7] Ihr Ursprung liegt im Inventurverfahren, das bei der Bewertung notgedrungen die Verkaufspreise heranziehen muss. Das Warenbewirtschaftungssystem erlaubt in vielen Fällen – mit rückläufiger Ten-

---

[6] Saure, StBp 2002, S. 285.
[7] Vgl. hierzu Hoffmann, PiR 2006, S. 240.

denz im Hinblick auf die wegen der Wettbewerbssituation im Einzelhandel zunehmend erforderliche genaue Kalkulation des einzelnen Artikels – u. U. keinen unmittelbaren Zugriff auf den aktuellen Einstandspreis. Dann bleibt nur der Weg zur Ermittlung der Anschaffungskosten über einen pauschalen Abschlag vom jeweiligen Verkaufspreis. „Pauschal" besagt negativ: Der Abschlag erfolgt nicht für den einzelnen Artikel, sondern für eine bestimmte Produktgruppe. Diese muss betriebswirtschaftlich sinnvoll unternehmensindividuell festgelegt werden, z. B. im Vollsortiment-Warenhaus in Differenzierung nach Lebensmittel, Bekleidung, Uhrwaren und Schmuck, Kosmetika etc. Weiter kann natürlich innerhalb der Lebensmittel differenziert werden nach alkoholischen Getränken, Milchprodukten, Obst und Gemüse etc., gegebenenfalls noch mit weiterer Untergliederung.

2.2 Folgebewertung zum Nettoveräußerungswert

Planmäßige Abschreibungen gibt es bei den Vorräten nicht. Dafür ist das (nach deutschem Sprachgebrauch) so genannte strenge **Niederstwertprinzip** (Rz 13) auch nach IAS 2.9 im Rahmen der **Folgebewertung** als *„lower of cost or net realisable value"*-Prinzip beachtlich. In IAS 2.28 sind **Hinweise** bezüglich der Kriterien enthalten, die eine **Abschreibung** auf den **Nettoveräußerungswert** *(net realisable value)* gebieten können:

- Beschädigungen,
- teilweise oder völlige Überalterung (Gängigkeitsabschreibung),
- Rückgang der Verkaufspreise.

In systematischer Betrachtung ist der Nettoveräußerungswert in einem **retrograden** Verfahren (→ § 5 Rz 9) zu ermitteln.
Die Vorschriften zur **außerplanmäßigen Abschreibung** nach IAS 36 (→ § 11 Rz 3) gelten nicht für das Vorratsvermögen (IAS 36.1a).
Zur Bemessung der **Gängigkeitsabschreibung** können die unternehmensindividuell verwendeten Rechenschemata herangezogen werden. Entsprechendes gilt für die zur Ermittlung des Nettoveräußerungswertes benötigten noch anfallenden **Verkaufskosten**. Nicht explizit geregelt ist in IAS 2, ob hier ein Voll- oder Teilkostenansatz erfolgen muss. Da die IFRS-Bewertungsregeln aber generell vom Vollkostenprinzip ausgehen, muss dieses auch an dieser Stelle beachtet werden.[8]

10

Nach IAS 2.29 wird der **Einzelbewertungsgrundsatz** u. U. durchbrochen zu Gunsten der **Zusammenfassung** in einer **Gruppe** ähnlicher oder voneinander abhängiger Vermögensgegenstände. Allerdings darf bei der insoweit zulässigen Gruppenbewertung nicht **zu großzügig** verfahren werden in dem Sinne, dass z. B. alle Fertigerzeugnisse oder alle Erzeugnisse eines bestimmten Produktions- oder geographischen Segmentes abgeschrieben werden.
Folgende **Grenzmarken** der Bewertung sind beachtlich (IAS 2.31):

11

12

---

[8] So auch KÜMPEL, DStR 2005, S. 1153.

- Die vereinbarten Verkaufspreise im Rahmen von Kontrakten stellen die **Bewertungsobergrenze** dar.
- Produktionsmaterial und andere Hilfs- und Betriebsstoffe der Produktion dürfen **nicht abgeschrieben** werden, wenn die **Fertig**produkte mit Gewinn verkauft werden können (IAS 2.32).
- **Preisrückgänge** für das Produktionsmaterial können aber eine Preissenkung für die Fertigprodukte **indizieren** (IAS 2.32).

Nach diesem **qualitativen** Test können sich die Wiederbeschaffungskosten als passende Schätzgröße für den Nettoveräußerungswert von Roh-, Hilfs- und Betriebsstoffen darstellen (IAS 2.32 S. 3) – also dann in Übereinstimmung mit dem HGB (Rz 13).

13 Im Vergleich zum HGB orientieren sich die **Abschreibungskriterien** (Rz 10) für das Vorratsvermögen eher am **Verkaufs**- als am **Beschaffungs**markt. Hierzu folgendes Schema auf der Grundlage des HGB:[9]

- Maßgeblichkeit des **Beschaffungsmarktes**
  - Roh-, Hilfs- und Betriebsstoffe,
  - Erzeugnisse, soweit ein Fremdbezug möglich wäre.
- Maßgeblichkeit des **Absatz**marktes
  - Erzeugnisse, Leistungen,
  - Überbestände an Rohstoffen.
- Maßgeblichkeit **beider** Märkte
  - Handelsware,
  - Überbestände an Erzeugnissen.

Eine **Divergenz** zu den IFRS-Regeln lässt sich am ehesten beim **Rohmaterial** (Vorprodukte) feststellen: Hier besteht nach IAS 2.32 der erwähnte (Rz 12) Vorbehalt des gewinnhaltigen Verkaufs der Endproduktion,[10] es sei denn, der Preisrückgang der Vorprodukte indiziert das Absinken des Nettoveräußerungswertes. Nur in diesem Fall wird der Wiederbeschaffungspreis als Hilfsgröße zur Bestimmung des Niederstwerts relevant (Rz 12).

Gleichwohl dürfte sich in vielen Fällen der praktischen Handhabung eine **Übereinstimmung zwischen HGB und IFRS** bezüglich erforderlicher Abschreibungen im Vorratsvermögen erzielen lassen. Der Inhalt der schlagwortartig häufig so bezeichneten „**verlustfreien Bewertung**" lässt sich jedenfalls weitgehend mit den Anweisungen der IFRS in Einklang bringen (Rz 10).

Beispiel[11]
Die Holzmichel GmbH beschafft, bearbeitet und vertreibt inländische Holzsorten. Die Wiederbeschaffungspreise für die in der GmbH lohn- und maschinenintensiv weiterverarbeitete Sorte Lärche sinken ebenso wie für

---

[9] Nach ADLER/DÜRING/SCHMALTZ, 6. Aufl., § 253 HGB Tz 488.
[10] Ausführlich hierzu KÜMPEL, DB 2003, S. 2609 u. 2614.
[11] Nach FREIBERG, PiR 2005, S. 62.

das nach wenig aufwändiger Sortierung durchgehandelte Brennholz. Nur beim Brennholz schlägt dies auf den Absatzpreis durch.
Intensive Veredelungsprozesse durchläuft als dritte Sorte das Buchenholz. Wegen eines Konjunktureinbruchs sinkt die inländische Nachfrage nach dem weiterverarbeiteten Buchenholz, während der Einstandspreis auf Grund starker chinesischer Nachfrage nach dem Rohprodukt sogar leicht steigt.

Preise in EUR je Raummeter (RM)	Lärche verarbeitungsintensiv EP sinkend AP konstant	Brennholz materialintensiv EP und AP sinkend	Buche verarbeitungsintensiv EP konstant AP sinkend
ursprünglich kalkulierter Absatzpreis (AP)	140,0	20,0	100,0
aktueller Absatzpreis (AP)	140,0	18,0	85,0
Fertigungs-, Lager- und Veräußerungskosten	60,0	1,0	40,0
Nettoveräußerungswert	80,0	17,0	45,0
Einstandspreis (EP)	70,0	18,0	50,0
Wiederbeschaffungspreis	63,0	16,1	50,5
Preisminderung	7,0	1,8	0,0
Ansatz nach HGB	63,0	16,2	50,0
Ansatz nach IFRS	**70,0**	**17,0**	**45,0**

Die unterschiedlichen Wertansätze in der Handels- und IFRS-Bilanz lassen sich wie folgt begründen:
- Bei **verarbeitungsintensiver** Fertigung schlagen gesunkene Wiederbeschaffungspreise nicht auf den Absatzpreis durch. Eine Wertberichtigung ist nur nach HGB vorzunehmen.
- Bei **materialintensiver** Produktion und konstanten Wettbewerbsbedingungen schlagen Kosteneinsparungen im Einkauf auf den Absatzpreis durch. Wegen des Puffers aus der ursprünglich kalkulierten Gewinnmarge ist die Wertberichtigung nach IFRS (1,0 EUR/RM) jedoch geringer als die der Minderung des Einstandspreises entsprechende Wertberichtigung nach HGB (1,8 EUR/RM).
- Brechen die **Absatzpreise** trotz (zunächst) im Wesentlichen stabiler Wiederbeschaffungspreise ein, ergibt sich nur nach IFRS ein Wertberichtigungsbedarf.

14 Zur Höhe der vorzunehmenden Abschreibung – nach IAS 2.9 die Differenz zwischen den *cost* und dem *net realisable value* – ist für (unfertige) **Produkte** eine Definition der noch anfallenden Herstellungskosten erforderlich. Bei **Waren** geht es um mögliche Erlösschmälerungen und für beide Gattungen um den Umfang der noch zu erwartenden Verkaufskosten. Nach IAS 2.29 kann aus Praktikabilitätsgründen vom **Einzelbewertungs**grundsatz abgewichen werden, es ist also unter bestimmten Voraussetzungen eine **Sammel**bewertung für Güter ähnlichen Endnutzens und Verkaufs in der gleichen geografischen Umgebung angemessen (*appropriate*). Diese „Sammlung" darf allerdings auch nicht übertrieben werden und sich beispielsweise auf **alle** Fertigprodukte und alle Produkte einer bestimmten Branche beziehen.

Nicht ausdrücklich geregelt ist die Frage nach der Einbeziehung oder Nichteinbeziehung von Produktionsgemeinkosten (bei Erzeugnissen) und Vertriebsgemeinkosten (bei Erzeugnissen und Waren). U. E. ist im Hinblick auf die **Vollkosten**orientierung für die Vorrätebewertung nach IFRS (→ § 8 Rz 16ff.) mindestens eine Einbeziehung der Fertigungsgemeinkosten in den Abzugsbetrag – Differenz zwischen *cost* und *market* – geboten. Anders ausgedrückt: Alle Kostenarten, die in die Herstellungskosten einbezogen worden sind, müssen auch in den Abzugsbetrag vom mutmaßlichen Verkaufspreis eingehen.[12] Hinsichtlich der **Vertriebs**gemeinkosten ist eine feste Meinung im Schrifttum nicht ersichtlich.[13]

15 Fraglich ist allerdings, wie sich der besondere Bewertungshinweis auf den Nettoveräußerungspreis für **mineralische** Produkte (Rz 1) mit der allgemeinen Geltung des Niederstwertprinzips verträgt. Unter den in Rz 1 genannten Voraussetzungen der **Branchenüblichkeit** sind mineralische Produkte zum Nettoveräußerungspreis zu bewerten. Für den Fall von Preissteigerungen, d. h. eines über den Anschaffungskosten liegenden Nettoveräußerungspreises, ergibt sich eine Abweichung vom Anschaffungskostenprinzip. Für den Fall von Preissenkungen ergibt sich eine Interpretation des Niederstwertprinzips außerhalb der Produktionskette.

> **Beispiel**
> Ein Versorgungsunternehmen erzeugt Strom aus Erdöl. Der Verfall des Preises für das Rohmaterial „Erdöl" würde nach IAS 2.9 (Rz 10) keine Abschreibung erlauben, wenn der daraus gewonnene Strom noch Gewinn bringend verkauft werden kann (IAS 2.32; Rz 12).
> IAS 2.3a führt hingegen eher zu einer **Einzelbetrachtung:** Bei niedrigerem Einstandspreis für Öl ist ohne Berücksichtigung des Verkaufspreises für den Strom eine Abschreibung vorzunehmen.

---

[12] Vgl. HOFFMANN, PiR 2006, S. 240; so auch KÜMPEL, DStR 2005, S. 1157.
[13] Für eine Einbeziehung ALFREDSON et al., Applying International Accounting Standards, Milton 2005, S. 268: „Estimated selling costs include all costs likely to be incurred in securing and filling customers such as advertising costs, sales personnel salaries and operating costs, and the costs of storing and shipping finished goods."

> Für diese Interpretation spricht auch die Möglichkeit des Stromherstellers, den Ölvorrat jederzeit weiterzuverkaufen. Allerdings gilt diese Überlegung nur unter dem in IAS 2.3a enthaltenen Vorbehalt einer entgegenstehenden Branchenpraxis, wenn also das Anschaffungskostenprinzip keine Branchenpraxis darstellt.

In der Praxis kann die Bewertung von **Ersatzteilen** für **langlebige** Verkaufsprodukte besondere Probleme bereiten. Insbesondere Premiumhersteller von Investitions- oder langlebigen Konsumgütern garantieren rechtlich oder faktisch über einen langen Zeitraum die Versorgung der Kunden mit Ersatzteilen. Produktionstechnische Erfordernisse führen dann zu einer überwiegenden Herstellung der Ersatzteile gegen Ende des Produktionszyklus. Die Folge sind entsprechend hohe Bestände, die in der bisherigen deutschen Bilanzierungspraxis oft mit pauschalen **Gängigkeitsabschlägen** wertberichtigt werden. Diese Verfahrensweise ist aus Sicht des Absatzmarktes (Nettoveräußerungswert) sachgerecht: **16**

> **Beispiel**
> Ein Unternehmen ist Qualitätsführer bei der Produktion von Kameras. Ein Modellwechsel findet alle drei bis fünf Jahre statt. Eine Ersatzteilversorgung ist auch nach Auslaufen der jeweiligen Modellproduktion noch für mindestens acht Jahre sichergestellt. Modellspezifische Ersatzteile werden zu diesem Zweck im Zeitpunkt des Modellauslaufs auf Lager produziert, und zwar nach Maßgabe eines Sicherheitszuschlages mit einer Reichweite von zehn Jahren. Die Reichweite von zehn Jahren rechtfertigt nicht notwendig einen pauschalen Gängigkeitsabschlag. Lediglich auf den Sicherheitszuschlag von 25 % erscheint ein sofortiger Gängigkeitsabschlag gerechtfertigt.
> Für die verbleibende Menge von acht Jahren, geschichtet nach Jahren (oder vereinfacht nach längeren Clustern), sind folgende Berechnungen je Cluster angezeigt:
>
> | | Voraussichtlicher Veräußerungspreis im Jahre 0 + x |
> |---|---|
> | - | im Jahre 0 + x anfallende Vertriebskosten |
> | = | Ertrag des Jahres 0 + x |
> | | Abgezinst auf 0 = Barwert |
> | - | Lagerkosten 0 bis x (abgezinst) |
> | = | Nettoveräußerungswert 0 je Stück |
> | x | erwartete Absatzmenge in 0 + x |
> | = | Nettoveräußerungswert des Clusters 0 + x |
>
> Die Erwartungsgrößen sind jährlich fortzuschreiben. Bei nicht erwarteter Nachfrageänderung, z. B. weil sich das Kundenverhalten geändert hat oder die Reparaturanfälligkeit unter Plan liegt, kann sich ein erhöhter Abschreibungsbedarf ergeben.

2.3 Wertaufholung

17 Vergleichbar § 289 Abs. 1 HGB ist nach IAS 2.33 eine **Wertaufholung** geboten: Wenn die Gründe für eine frühere Abschreibung auf den *net realisable value* weggefallen sind oder der Wert sich aus sonstigen Gründen erholt hat, ist eine Zuschreibung vorzunehmen *(the amount of the writedown is reversed).* Der dann gültige Buchwert entspricht dem niedrigeren Betrag aus den Anschaffungs- oder Herstellungskosten und dem Nettoverkaufspreis. Als Beispiel für eine Wertaufholung wird die Wiedererhöhung des möglichen Verkaufspreises nach früherer Preissenkung für ein verkaufsfähiges Produkt genannt.

Wegen des dem Vorratsvermögen begrifflich innewohnenden zügigen Umschlages wird sich das Wertaufholungsproblem in der Praxis nur selten stellen. Die wiedergewonnene Werthaltigkeit zeigt sich in aller Regel im erfolgten Verkauf.

3 Latente Steuern

18 Zu einer systematischen **Divergenz** zwischen Steuerbilanz und IFRS kann es neben dem in Rz 13 dargestellten Fall im Bereich des **Verbrauchsfolgeverfahrens** kommen.

> **Beispiel**
> Das Unternehmen bzw. der Konzern wendet aus (deutscher) steuerlicher Motivation das Lifo-Verfahren an, während nach IFRS die Fifo-Methode gewählt wird (wegen Verbotes des Lifo-Verfahrens; Rz 24). Je nach Entwicklung der Einstandspreise bzw. Herstellungskosten für die betreffenden Vorratspositionen kann es zu unterschiedlichen Bilanzausweisen und damit Ergebnissen im IFRS-Abschluss einerseits und HGB-/EStG-Abschluss andererseits kommen (→ § 8 Rz 43ff.).
> Daraus resultiert das Erfordernis, die entsprechende **Steuerlatenz** nach Maßgabe der nachstehenden Tabelle zu bilanzieren (→ § 26 Rz 18f.).
>
> | Preisentwicklung | Bilanzansatz | | Steuerlatenz |
> | --- | --- | --- | --- |
> | | Fifo | Lifo | |
> | steigend | zu hoch | zu niedrig | passiv |
> | fallend | zu niedrig | zu hoch | aktiv |

4 Ausweis und Anhangsangaben

19 In IAS 1.75 (c) wird folgende **Gliederung** des Vorratsvermögens im Bilanzausweis oder im Anhang empfohlen (→ § 2 Rz 45):
- Handelswaren,
- Roh-, Hilfs- und Betriebsstoffe,

- unfertige Erzeugnisse, unfertige Leistungen,
- Fertigerzeugnisse.

Abgesehen von den geleisteten Anzahlungen entspricht diese Gliederung derjenigen in § 266 HGB (Rz 1). Solche Anzahlungen sollten als Forderung ausgewiesen werden.
Abschreibungen auf den Nettoveräußerungswert und entsprechende Zuschreibungen sind in der GuV im Materialeinsatz auszuweisen. Innerhalb eines **aufzugebenden** Geschäftsfeldes (*discontinued operations*) oder einer **aufzugebenden** Sachgesamtheit (*disposal group*) können Vorräte enthalten sein (→ § 29 Rz 33).

Der Gliederungsvorschlag in IAS 1.75 (c) ist allerdings **nicht zwingend**. Er kann deshalb auch individuell an die unternehmensspezifischen Vorgaben angepasst werden. Deshalb ist auch die nach **HGB vorgegebene** Einbeziehung der geleisteten **Anzahlungen** (mit Aufgliederung im Anhang; Rz 21) zulässig und entspricht der überwiegenden deutschen IFRS-Bilanzierungspraxis.[14] Speziell vorgeschrieben ist lediglich ein Bilanzausweis für Vorräte insgesamt (*inventories*) nach IAS 1.68 (g) (→ § 2).

20

Im **Anhang** sind gemäß IAS 2.36ff. folgende Angaben zu machen:

21

- Darstellung der Bewertungs**methoden** einschließlich der angewandten Bewertungsvereinfachungsverfahren (Durchschnittsmethode, Verbrauchsfolgeverfahren).
- Der Buchwert von Vorräten, die zum **Nettoveräußerungswert** angesetzt sind.
- Der Betrag von **Wertaufholungszuschreibungen** einschließlich Angabe der Gründe für diese Zuschreibungen.
- Der Buchwert von **sicherungsübereigneten** Vorräten.
- Bei Anwendung des auslaufenden (vgl. Rz 24) **Lifo**-Verfahrens die Angabe des niedrigeren Bilanzwertes, der sich bei Anwendung entweder der Durchschnitts- oder der Fifo-Methode ergeben hätte, oder (wahlweise) den niedrigeren Betrag aus den Wiederbeschaffungskosten (*current cost*) und dem Nettoveräußerungspreis (*net realisable value*).
- Die Kosten der gegebenenfalls in die Herstellungskosten einbezogenen Kosten der **Fremdfinanzierung** gemäß IAS 23.29 (Rz 5).

22

Beispiel
Die Anhangerläuterungen können **beispielhaft** etwa wie folgt formuliert werden:
Die Bewertung der **Vorräte** erfolgt jeweils zum niedrigeren Betrag aus Anschaffungs- bzw. Herstellungskosten einerseits und am Bilanzstichtag realisierbarem Nettoveräußerungspreis abzüglich noch anfallender Kosten

---

[14] Vgl. Kümpel, DStR 2005, S. 1153; so auch Riese, in: Beck'sches IFRS-Handbuch, 2. Aufl., 2006, § 8 Tz 118.

> andererseits. Die Ermittlung der Anschaffungs- bzw. Herstellungskosten erfolgt auf Basis des *first-in-first-out*-Verfahrens (Fifo). Mit dem Nettoveräußerungswert sind Fertigerzeugnisse in Höhe von X EUR bewertet. Sicherungsübereignet wurden Vorräte mit einem Buchwert von Y EUR.

Auf die **Checkliste Abschlussangaben** wird verwiesen (→ § 5 Rz 8).

5 Anwendungszeitpunkt, Rechtsentwicklung

23 IAS 2 ist für Geschäftsjahre anzuwenden, die am 1. Januar 2005 oder später beginnen. Eine frühere Anwendung wird unter Anhangangabe vom IASB befürwortet.

24 Als wesentliche Änderung gegenüber der ab 1. Januar 1995 gültigen früheren Fassung ist die Abschaffung des **Lifo**-Verfahrens zu nennen. Derzeit sind keine größeren Änderungen des Standards geplant.

6 Zusammenfassende Praxishinweise

25 Die Bilanzierungsregeln für Vorräte nach IAS 2 entsprechen – abgesehen von den dortigen Wahlrechten – **weitestgehend den Vorgaben des HGB**. Im Einzelnen:

- Die **Zugangs**bewertung richtet sich nach den Anschaffungs- oder Herstellungskosten (Rz 5).
- Die in die Anschaffungs- oder Herstellungskosten **einzubeziehenden Kostenelemente** entsprechen denjenigen des HGB; allerdings gilt nach IFRS das Einbeziehungswahlrecht für Fertigungs- und Materialgemeinkosten gemäß § 255 Abs. 2 S. 3 HGB nicht (→ § 8 Rz 17ff.).
- Nach IFRS können unter bestimmten – beim Vorratsvermögen allerdings kaum zu erfüllenden (→ § 9 Rz 12) – Voraussetzungen nicht nur (wie beim HGB) die **Fremdfinanzierungskosten** für die Herstellung, sondern auch für die Anschaffung aktiviert werden (→ § 9 Rz 11).
- Bei der Ermittlung der Anschaffungs- oder Herstellungskosten nach **Verbrauchsfolgen** sind die Methoden des gewogenen Durchschnitts sowie das Fifo-Verfahren zulässig, das Lifo-Verfahren dagegen ab 2005 nicht mehr (Rz 5).
- Es gilt (auch) nach IFRS das **strenge Niederstwertprinzip**. Gegebenenfalls sind die Anschaffungs- oder Herstellungskosten auf den niedrigeren Wiederverkaufspreis *(net realisable value)* abzuschreiben. Die Ermittlung des erforderlichen Abschreibungsbetrages orientiert sich überwiegend am **Absatzmarkt**. Die einschlägigen in der deutschen Kommentarliteratur herausgearbeiteten Kriterien können in der Regel auch in der IFRS-Welt als

Hoffmann

Berechnungsgrundlage für eine erforderliche Abschreibung herangezogen werden (Rz 10ff.).
- Identisch mit dem HGB ist eine **Wertaufholungszuschreibung** unter den üblichen Voraussetzungen nach einer vorgängigen **außerplanmäßigen Abschreibung** auf den *net realisable value* vorzunehmen (Rz 17).
- Die **Gliederungsvorgabe** des HGB kann auch nach IFRS angewandt werden (Rz 19).
- Die erforderlichen **Anhangangaben** entsprechen weitgehend denjenigen nach HGB (Rz 21).

Nochmals wird auf die **einschlägigen Kommentierungen** in → §§ 8 und 9 verwiesen (Rz 5).

§ 18 FERTIGUNGSAUFTRÄGE

Inhaltsübersicht	Rz
Vorbemerkung	
1 Zielsetzung, Regelungsinhalt und Begriffe	1–14
1.1 Zielsetzung und Einordnung von IAS 11, Verhältnis zu IAS 18 und IAS 2	1–3
1.2 Umsatz- und Gewinnrealisierung nach Auftragsfortschritt *(percentage of completion)*	4
1.3 Begriff des Fertigungauftrags	5–14
1.3.1 Fristigkeit: Quartals- und Jahresabschluss	5–6
1.3.2 Klassische Fälle: Bauwirtschaft, Anlagenbau	7–8
1.3.3 Analogfälle: Dienstleistungswirtschaft	9–10
1.3.4 Ausgeklammerte Fälle: Individualisierte Massenfertigung, z. B. Auto- und Möbelindustrie	11–14
2 *Percentage-of-completion*-Methode (POC)	15–41
2.1 Vergleich zum Handelsrecht	15–18
2.2 Rechenparameter: Erlös, Kosten, Fertigungsgrad	19–26
2.2.1 POC bei Festpreisverträgen *(fixed price contracts)*	19–22
2.2.2 POC bei Kostenzuschlagsverträgen *(cost plus contracts)*	23–24
2.2.3 Gemischte Verträge	25–26
2.3 Verfahren zur Bestimmung des Fertigungsgrades	27–35
2.3.1 Überblick: *input-* und *output-*Verfahren	27
2.3.2 *cost-to-cost-* und andere *input-*Verfahren	28–33
2.3.3 *Output-*Verfahren	34–35
2.4 Gewinnermittlung durch Schätzung	36–39
2.4.1 Verlässlichkeit als Anwendungsvoraussetzung von POC	36–37
2.4.2 Spätere Korrekturen ursprünglicher Schätzungen	38–39
2.5 Drohende Verluste aus Fertigungsaufträgen	40
2.6 Controlling-Effekte	41
3 Sonderprobleme	42–69
3.1 Bewertungsobjekt: Segmentierung und Zusammenfassung von Aufträgen, Folgeaufträge	42–47
3.2 Umfang der Erlöse	48–57
3.2.1 Erlöse bei Änderung des Leistungsumfangs	48–49
3.2.2 Erlöse bei Ersatzansprüchen des Auftragnehmers	50–51
3.2.3 Prämien und Vertragsstrafen, z. B. für Fristüberschreitung und -unterschreitung	52–53
3.2.4 Einbeziehung von Zinsvorteilen aus langfristigen Anzahlungen	54–57
3.3 Umfang der Kosten	58–63

Lüdenbach

3.3.1 Direkte und indirekte Kosten 58–61
3.3.2 (Vorlaufende) Vertriebskosten, Kosten der Auftragserlangung 62–63
3.4 Infrastrukturkonzessionsverträge bei *public private partnership* 64–66
3.5 Herstellung kundengebundener Werkzeuge 67–68
3.6 Übergang vom HGB zu IFRS 69
4 Latente Steuern 70–71
5 Ausweis und Buchungstechnik 72–80
5.1 Bilanzausweis 72–73
5.2 GuV-Ausweis 74–78
5.3 Buchungstechnik 79–80
6 Angaben 81–84
7 Anwendungszeitpunkt, Rechtsentwicklung 85–86
8 Zusammenfassende Praxishinweise 87

Schrifttum: ADS INTERNATIONAL, Abschnitt 16, Fertigungsaufträge; AICPA, SOP 81-1, Accounting for Performance of Construction-Type and Certain Production-Type Contracts; AMMAN/MÜLLER, Vergleichende Darstellung der Gewinnrealisierung gem. HGB, US-GAAP und IAS bei langfristiger Fertigung, BBK 2002, F 20, S. 601ff.; DSR, E-DRS 17 Erlöse; EPSTEIN/MIRZA, Interpretation and Application of IAS 2002; HASENBURG/BEYS, Die Bilanzierung von Dienstleistungslizenzen nach den Entwürfen IFRIC D 12 bis IFRIC D 14, WPg 2005, S. 973ff.; HEUSER/THEILE, IAS/IFRS-Handbuch, 2. Aufl., 2005; HOFFMANN, Bilanzierung und Bewertung von halbfertigen Erzeugnissen, DB 2001, S. 2016ff.; IDW, ERS HFA 2, n.F. Einzelfragen zur Anwendung von IFRS; IDW RS HFA 2, Einzelfragen zur Anwendung von IAS; IDW, Stellungnahme zum E-DRS 17 Erlöse, FN 2002, S. 388ff.; IDW, Comments on IFRIC Draft Interpretations D 12, D 13 und D 14, FN 2005, S. 467ff.; KEITZ/SCHMIESZEK, Ertragserfassung, Anforderungen nach den Vorschriften des IASB und deren praktische Umsetzung, KoR 2004, S. 118ff.; KÜTING/REUTER, Erhaltene Anzahlungen in der Bilanzanalyse, KoR 2006, S. 1ff.; KÜTING/WOHLGEMUTH, Möglichkeiten und Grenzen der internationalen Bilanzanalyse, Beihefter zu DStR, Heft 48, 2004; LEFFSON, Die Grundsätze ordnungsmäßiger Buchführung, 7. Aufl., 1987; LÜDENBACH, Bilanzierung von Fertigungsaufträgen bei outputorientierter Bestimmung des Fertigungsgrads, PiR 2006, S. 178ff.; LÜDENBACH, IAS/IFRS, 4. Aufl., 2005; LÜDENBACH, POC-Methode bei Verwendung von kundenspezifischem vs. standardisiertem Material, PiR 2005, S. 111ff.; LÜDENBACH/JANSSEN, Erlös- und Gewinnrealisierung bei mehrperiodigen Fertigungsaufträgen, BC 2003, S. 236ff.; POTTGIESSER/VELTE/WEBER, Die langfristige Auftragsfertigung nach IAS 11, KoR 2005, S. 310ff.; PWC, Understanding IAS, Chapter 11; SCHMID/WALTER, Teilgewinnrealisierung bei langfristiger Fertigung in Handels- und Steuerbilanz, DB 1994, S. 2353ff.; SEEBERG, IAS 11, in: BAETGE u. a. (Hrsg.), Rechnungslegung nach IAS; SELCHERT, Das Realisationsprinzip,

Teilgewinnrealisierung bei langfristiger Auftragsfertigung, DB 1990, S. 797ff.;
Stewing, Bilanzierung bei langfristiger Auftragsfertigung, BB 1990, S. 100ff.;
Weissenberger, IFRS für Controller, 2007; Zieger, Gewinnrealisierung bei
langfristiger Fertigung, 1990.

Vorbemerkung
Die Kommentierung beruht auf IAS 18 in der aktuellen Fassung und berücksichtigt alle bis zum 1.1.2007 beschlossenen Änderungen, Ergänzungen oder Interpretationen. Einen Überblick über diskutierte zukünftige Regelungen gibt Rz 86.

1 Zielsetzung, Regelungsinhalt und Begriffe

1.1 Zielsetzung und Einordnung von IAS 11, Verhältnis zu IAS 18 und IAS 2

IAS 11 behandelt insbesondere die Frage, wie bei **Fertigungsaufträgen** *(construction contracts)*, die sich über mehr als eine (Berichts-)Periode erstrecken, Erlöse, Aufwendungen und Gewinne zeitlich zu verteilen sind.

Während **IAS 18 allgemein** den Zeitpunkt der Ertrags- bzw. **Erlösrealisierung** regelt (→ § 25), enthält **IAS 11 besondere** Vorschriften für (in der Regel langfristige) Auftragsfertigung. Die besonderen Vorschriften gehen den allgemeinen Regeln vor, auch wenn es an einem entsprechenden ausdrücklichen Hinweis fehlt. Im Übrigen fallen bei formaler Betrachtung Dienstleistungen (z. B. kundenspezifische Softwarefertigung oder Anfertigung von Steuererklärungen) nicht in den Anwendungsbereich von IAS 11. IAS 18 enthält jedoch hier analoge, z. T. wortgleiche Regelungen (vgl. Rz 9ff. sowie → § 25 Rz 42).

Aus der Sicht der Bilanz ist **IAS 2** der allgemeine Standard für die **Bewertung** von unfertigen und fertigen **Erzeugnissen** und anderen Vorräten. Nach den allgemeinen Regeln sind unfertige/fertige Erzeugnisse maximal zu den Herstellungskosten anzusetzen (IAS 2.9). Mit der vorgezogenen Gewinnrealisierung von IAS 11 wäre dies nicht kompatibel. Fertigungsaufträge sind daher ausdrücklich aus dem Anwendungsbereich von IAS 2 ausgenommen (IAS 2.2a; → § 17 Rz 1) und im Übrigen auch nicht als Vorräte, sondern als **Forderungen** auszuweisen (Rz 72).

1.2 Umsatz- und Gewinnrealisierung nach Auftragsfortschritt *(percentage of completion)*

4   Nach dem Konzept von IAS 11 sind Umsätze und Gewinne aus Fertigungsaufträgen in der Regel nicht erst mit Auftragserfüllung (Lieferung bzw. Abnahme des Werks) *(completed contract)* zu realisieren, sondern fortlaufend nach Maßgabe des **Auftragsfortschritts** *(percentage of completion – POC)*. Wird etwa in Periode 1 ein Drittel des Gesamtauftrages erledigt, so ist in Periode 1 bereits ein Drittel des Gesamtumsatzes als Erlös und ein Drittel des (erwarteten) Netto-Ergebnisses als Gewinn auszuweisen. Das POC-Verfahren **glättet Umsatz und Ergebnis** und vermeidet Irritationen bei Anlegern, Kreditgebern, Ratingagenturen usw.

1.3 Begriff des Fertigungauftrags

1.3.1 Fristigkeit: Quartals- und Jahresabschluss

5   IAS 11.3 definiert den Fertigungsauftrag *(construction contract)* als einen Vertrag über die
- kundenspezifische
- Fertigung
- einzelner Gegenstände oder einer Anzahl von Gegenständen, die nach Design, Technologie, Funktion oder Verwendung abgestimmt oder voneinander abhängig sind.

6   Die **Längerfristigkeit** der Auftragsabwicklung ist **nicht Bestandteil der Definition**. Auch jeder kurzfristige Fertigungsauftrag, der vor dem Bilanzstichtag begonnen, aber erst nach ihm vollendet wird, ist nach Maßgabe von IAS 11 zu behandeln. Wird ein Auftrag hingegen zwischen zwei Stichtagen vollständig abgewickelt, so stellt sich das Problem der Verteilung von Umsatz und Ertrag auf verschiedene Rechnungsperioden nicht. IAS 11 kommt dann nicht zur praktischen Anwendung. Fraglich ist in diesem Zusammenhang die Bedeutung von **Zwischenabschlüssen** (→ § 37). Für die Zwecke der unterjährigen Rechnungslegung (Quartalsabschluss) wäre auch ein kurzfristiger Auftrag nach den Grundsätzen von IAS 11 zu behandeln, soweit er vor dem Quartalsstichtag begonnen, aber erst danach vollendet wird. Auf der Basis von *materiality*-Überlegungen (→ § 37 Rz 5) kann hier auch eine Qualifizierung als Vorratsvermögen (unfertige Leistungen) zulässig sein.

1.3.2 Klassische Fälle: Bauwirtschaft, Anlagenbau

7   Klassische Anwendungsfälle von IAS 11 sind der **Hoch- und Tiefbau**, der **Anlagenbau**, der Schiff- und Flugzeugbau (Rz 13) und ähnliche langfristige Geschäfte. Hierbei muss es nicht notwendig um die Herstellung neuer Anlagen oder eines neuen Bauwerks gehen. Auch Verträge über den Abriss oder die Restaurierung von Gebäuden oder anderen Anlagen zählen zu den Fertigungsaufträgen (IAS 11.5b).

Lüdenbach

Fraglich ist die Anwendbarkeit von IAS 11 auf die Errichtung von **Ei-** **8**
gentumswohnungen durch **Bauträger.** Im typischen Fall ergeben sich folgende
Phasen:
- Phase 1: Der Bauträger beschafft das Grundstück, plant dessen Bebauung, holt die erforderlichen Bau- und Teilungsgenehmigungen ein.
- Phase 2: Für ein von den projektfinanzierenden Banken verlangtes Mindestmaß an Wohnungen (z. B. 50 %) werden Kaufverträge vor Baubeginn abgeschlossen.
- Phase 3: Der Bau wird begonnen. Weitere Käufer (aber nicht für alle Wohnungen) werden akquiriert.
- Phase 4: Der Bau wird beendet.
- Phase 5: Die letzten Einheiten werden verkauft.

Der *Australian Accounting Standards Board* sieht hier gem. *Urgent Issues Group Abstract 53* Folgendes vor:
- Auf die **bei Baubeginn verkauften Wohnungen** wird *contract accounting* (das australische Pendant zu IAS 11) angewendet.
- Für die **während der Bauphase veräußerten Wohnungen** gilt
  – ab **Kaufvertrag** *contract accounting*,
  – bis zum Abschluss des **Kaufvertrags** unterliegen sie als **Vorratsvermögen** den australischen Analogvorschriften zu IAS 2.
- Die erst **nach Fertigstellung veräußerten Wohnungen** werden ausschließlich nach den australischen Analogvorschriften zu **IAS 2** und **IAS 18** behandelt.

Die Anfrage, ob nach IFRS entsprechend zu verfahren ist, hat der **IFRIC** gem. Update November 2004 nicht auf seine offizielle Agenda genommen. Zur Begründung führt er an, dass es bei derartigen Verträgen insgesamt an dem Merkmal „kundenspezifische Fertigung" fehlen könne. In der Regel lägen daher **Veräußerungsgeschäfte gem. IAS 18** vor, aus denen Umsatz und Gewinn erst mit Übergang des Risikos realisiert seien. Die Ausführungen des IFRIC sind in mehrfacher Hinsicht unbefriedigend:
- Sie führen zur **Ungleichbehandlung** mit anderen Fällen, etwa dem **Flugzeugbau** (Rz 13), wo kundenspezifische Modifikationen regelmäßig ausreichen, um trotz kundenunabhängiger Grundplanung des Flugzeugs gem. IAS 11.4 einen Fertigungsauftrag anzunehmen. Im Verhältnis zum jeweiligen Gesamtauftragswert sind die spezifischen Anforderungen der Fluggesellschaften an Design der Innenausstattung usw. häufig nicht höher zu werten als die spezifischen Anforderungen des Wohnungskäufers an Bodenbeläge, Sanitärausstattung, nicht tragenden Innenwänden usw.
- Ungelöst bleibt die Frage, wann der nach IAS 18 wichtige Risikoübergang stattfände. Die Abnahme der einzelnen Wohnung sorgt noch nicht für die Abnahme des Gemeinschaftseigentums. Diese wird vollständig erst mit der Abnahme der Wohnung durch den letzten Käufer bewirkt. Soweit vorher Erlöse und Gewinne realisiert werden sollen, würden sie, bezogen auf das Gesamtobjekt, Teilerlöse und Teilgewinne darstellen, konzeptionell zwar

Lüdenbach

für Fertigungsaufträge in IAS 11, jedoch nicht für Veräußerungen in IAS 18 vorgesehene Größe.

Angesichts dieser Unklarheiten halten wir bis zum Ergehen einer spezifischen Regelung die **analoge Anwendung der australischen Vorschriften** für **vertretbar**.

1.3.3 Analogfälle: Dienstleistungswirtschaft

9 Zu den Fertigungsaufträgen zählen auch „Verträge über die Erbringung von Dienstleistungen, die direkt in Zusammenhang mit der Fertigung eines Vermögenswertes stehen, beispielsweise Dienstleistungen von Projektleitern und Architekten" (IAS 11.5a). In Verbindung mit den in IAS 11.4 genannten Beispielen, die sämtlich die Herstellung von Sachgütern betreffen, könnte aus dieser Formulierung gefolgert werden, dass normale Dienstleistungen ohne Bezug zu einem materiellen Fertigungsauftrag, etwa die kundenspezifische Softwarefertigung, nicht als Fertigungsaufträge gelten.

10 Diese Schlussfolgerung ist nur bedingt bzw. nur formal richtig. Regelungen zur Ertragsrealisierung bei der Erbringung von Dienstleistungen *(services)* befinden sich in **IAS 18.20ff.** Danach ist bei Dienstleistungsgeschäften, deren Ergebnis verlässlich geschätzt werden kann, der Ertrag nach Maßgabe des **Fertigstellungsgrades** zu erfassen (IAS 18.20). IAS 18.21 bestimmt demgemäß, dass die Anforderungen von IAS 11 „im Allgemeinen" *("generally")* auch auf die Erfassung von Erlösen und zugehörigen Aufwendungen aus Dienstleistungsgeschäften anwendbar sind. Die nachfolgenden Formulierungen in IAS 18.22ff. übernehmen zum Teil wörtlich Passagen aus IAS 11. Insgesamt kann daher von einer **(analogen) Anwendbarkeit von IAS 11 auf solche Servicefälle** ausgegangen werden, bei denen der Auftragnehmer bestimmte Erfolge (z. B. die Herstellung eines immateriellen Vermögenswertes[1] oder die Erstellung eines Gutachtens) schuldet (→ § 25 Rz 42). Eine analoge Anwendbarkeit ergibt sich unmittelbar nur für die Ertragsrealisierung, nicht hingegen für Ausweisfragen in Bilanz und GuV (Rz 72ff.).

Die praktische Anwendung von IAS 11 (bzw. der Analogvorschriften in IAS 18) ist in **Dienstleistungsbranchen** teilweise noch die Ausnahme, wobei nicht immer ersichtlich ist, ob es tatbestandlich an der Anwendbarkeit fehlt, ob *materiality*-Gründe (→ § 1 Rz 65ff.) gegen die besondere Behandlung von Fertigungsaufträgen sprechen oder ob Kenntnisstand und Bewusstsein der Praxis noch nicht hinreichend entwickelt sind. Für die letzte Diagnose sprechen Beispiele aus der IT-Branche, in denen die POC-Methode ohne nähere Begründung auf **langfristige** Aufträge beschränkt wird und zur Art der Anwendung nichts weiter zu finden ist als ein pauschaler Hinweis, dass langfristige Fertigungsaufträge nach IAS 11 bilanziert werden. In anderen Fällen, etwa bei der Bertelsmann AG, werden die Vorschriften von IAS 11 auch dort angewendet und eingehalten, wo möglicherweise wegen des geringen Umfangs

---

[1] Mit anderer Begründung im Ergebnis ebenso: ADS INTERNATIONAL, Abschn. 16, Tz 11.

Lüdenbach

der Fertigungstätigkeit an der Gesamttätigkeit aus *materiality*-Gründen noch eine andere Abwägung hätte getroffen werden können. Beispiele wie die Bertelsmann AG oder die Odeon Film AG zeigen jedenfalls nachdrücklich, dass **IAS 11 keine Branchenvorschrift** nur für die Bauwirtschaft und den Anlagenbau ist. Jeder IFRS-Anwender, der nicht für einen anonymen Massenmarkt tätig ist, muss sorgfältig prüfen, ob er in den Anwendungsbereich von IAS 11 bzw. in die Analogvorschriften von IAS 18 fällt. Sofern dies der Fall ist und nicht aus Gründen der *materiality* (geringer Anteil der Fertigungsaufträge) auf die Befolgung der Vorschriften verzichtet werden kann, ist weder eine Ignorierung der POC-Methode noch eine Begrenzung auf **langfristige** Aufträge angezeigt. In vielen Fällen wird ein solches Verhalten auch bilanzpolitisch nicht zielführend sein, da es Möglichkeiten der Umsatz- und Gewinnglättung verschenkt.

1.3.4 Ausgeklammerte Fälle: Individualisierte Massenfertigung, z. B. Auto- und Möbelindustrie

Der Käufer eines Autos kann in der Regel zwischen einer Vielzahl von **Ausstattungsvarianten** wählen, zwischen z. B. mehr als 20 Lackierungen, einer ähnlich großen Anzahl von Polsterstoffen, verschiedenen Radiotypen, verschiedenen Bereifungen, verschiedenen Belüftungssystemen, verschieden teilbaren Rückbänken usw. In der Multiplikation der Möglichkeiten ergibt sich leicht eine Auswahl zwischen einigen tausend Ausstattungsvarianten. Unter diesen Voraussetzungen werden Fahrzeuge kaum noch auf Lager produziert, sondern erst nach Eingang des Kundenauftrags. Ähnliche Verhältnisse finden sich bei nicht ganz so zahlreichen Varianten z. B. in der Polstermöbelindustrie, in der ebenfalls der **Fertigungsbeginn nach Auftragserteilung** dominiert. 11

Nach der deutschen Übersetzung von IAS 11 könnten diese Geschäfte als Fertigungsaufträge verstanden werden, da bei nicht kleinlicher Betrachtung eine kundenspezifische Fertigung vorliegt. Der englische Originaltext spricht jedoch nicht von „kundenspezifischer Fertigung", sondern von *„contracts specifically negotiated"*, also von **speziell ausgehandelten Verträgen**. Mit der herrschenden Meinung können wir Fälle, in denen der Kunde zwar spezielle Ausstattungsvarianten bestimmen kann, dies jedoch nur nach einem „Menü", d. h. nicht wirklich speziell ausgehandelt, deshalb aus dem Anwendungsbereich von IAS 11 ausgrenzen.[2] 12

Der Unterschied zwischen einer Selektion aus einem vorgegebenen Ausstattungsmenü und spezfisch ausgehandelten Verträgen kann am Kontrast des **Flugzeugbaus** zum o. g. Autobau verdeutlicht werden: Auch Linienflugzeuge sind hinsichtlich ihrer Basiskomponenten ein Serienprodukt. Die Besteller geben aber i. d. R. individuelle Spezifikationen vor, die von der inneren und äußeren Optik über die Ausstattung mit Unterhaltungselektronik bis zu besonderen Anforderungen an flugtechnische Komponenten reichen. Anders als 13

---

[2] Gleicher Ansicht: z. B. PWC, Understanding IAS 11, SEEBERG, in: BAETGE et al., 2. Aufl., IAS 11, Tz 3.

Lüdenbach

ein Serien-Pkw wird ein „Serienflugzeug" i. d. R. in signifikantem Maße den individuellen Kundenwünschen angepasst. Der Bau von Flugzeugen wird folgerichtig in IAS 11.4 als ein typisches Beispiel für Fertigungsaufträge genannt. Entsprechend zu qualifizierende Fälle sind auch im Fahrzeugbau denkbar, etwa wenn es nicht um Pkws, sondern um Transportfahrzeuge mit besonderen, individualisierten Aufbauten geht. Wie beim Flugzeugbau ist jeweils darauf abzustellen, ob die kundenspezifischen Komponenten einen signifikanten Teil des Auftragsvolumens ausmachen.

14 Das IDW nennt folgende **Kriterien** für das Vorliegen eines Fertigungsauftrags:
- **Begrenzte Anzahl** der insgesamt gefertigten Vermögenswerte,
- **Komplexität** der gefertigten Vermögenswerte (geringer **Standardisierungsgrad**),
- **Exklusivität** der gefertigten Vermögenswerte (**beschränkter Abnehmerkreis**),
- kundenspezifische und aufwändige **Planung und Entwicklung**.[3]

2 *Percentage-of-completion*-Methode (POC)

2.1 Vergleich zum Handelsrecht

15 Beim Großanlagenbau, im Hoch- und Tiefbau, im Schiffsbau, aber auch bei der Erstellung kundenspezifischer Software, kann der Fertigungsprozess **über einen oder mehrere Bilanzstichtage** hinausreichen. Zu fragen ist dann, ob der Gewinn erst mit Fertigstellung und Abnahme *(completed contract)* oder kontinuierlich nach dem Fertigstellungsgrad *(percentage of completion)* als realisiert gelten soll.

> **Beispiel**
> Die Phoenix Bauträger GmbH erstellt auf eigenen Grundstücken schlüsselfertige Eigentumswohnungen mit einem Gesamtumsatzvolumen von 10 Mio. EUR.
> - In 01 werden sämtliche Verträge mit den Erwerbern geschlossen. Der Strukturvertrieb erhält hierfür in 01 eine Vertriebsprovision von 20 % bzw. 2 Mio. EUR. In 01 wird außerdem das Grundstück für 1 Mio. EUR angeschafft.
> - In 02 wird das Gebäude zu 50 % bei Kosten von 3 Mio. EUR fertig gestellt.
> - In 03 entstehen noch einmal 3 Mio. EUR Kosten und es erfolgen Fertigstellung und Abnahme.
> - Insgesamt sind bei einem Erlös von 10 Mio. EUR, Kosten von 6 Mio. EUR für Gebäude, 1 Mio. EUR für Grundstück und 2 Mio. EUR für

---

[3] IDW, HFA 2 (n.F. v. 18.10.2005) Tz 1.

> Vertrieb angefallen, woraus ein Gesamtergebnis von 10 − 9 = 1 Mio. EUR resultiert.
>
> Das kommentierte **Handelsrecht** lässt **drei Lösungen** zu:
> - Nach tradierter handelsrechtlicher Meinung würde das Realisationsprinzip dazu zwingen, in 01 einen Verlust von 2 Mio. EUR aus den Vertriebskosten auszuweisen und in 03 einen Gewinn von 3 Mio. EUR (Gesamtergebnis 1 Mio. EUR).
> - Nach anderer Auffassung stellt die langfristige Auftragsfertigung einen begründeten Ausnahmefall (§ 252 Abs. 2 HGB) zum Realisationsprinzip dar. Zulässig soll deshalb die Aktivierung von Selbstkosten, d. h. hier auch der Vertriebskosten, sein. In 01 und 02 würde nach dieser Auffassung kein Gewinn oder Verlust und in 03 ein Gewinn von 1 Mio. EUR ausgewiesen.
> - Nach einer dritten Auffassung kann der Gewinn entsprechend dem Leistungsfortschritt auf die Perioden aufgeteilt werden, also zum Beispiel 0,5 Mio. EUR in 02 und weitere 0,5 Mio. EUR in 03 (Gesamtergebnis ebenfalls 1 Mio. EUR).

Auch die dritte Ansicht wird zum Teil als begründete Ausnahme vom Realisationsprinzip dargestellt, wobei dann besondere zusätzliche Tatbestandsmerkmale vorausgesetzt werden: Die fortlaufende Ertragsrealisierung soll z. B. nur bei einer Dauer der Projekte von mehr als zwei Geschäftsjahren zulässig sein und nur dann, wenn sich der Gewinnausgleich nicht von selbst durch ein ständig revolvierendes Auftragsvolumen ergibt. Eine wieder andere handelsrechtliche Begründung verweist auf die Besonderheiten der Auftragsfertigung. Im Unterschied zu sonstigen Fertigungsfällen steht der Abnehmer und damit auch der vereinbarte Gesamterlös bereits vor der Fertigstellung fest. Es besteht eine klare Zuordnung des Produkts zu dem Auftrag. Es existiert somit keine Ungewissheit mehr, ob und zu welchem Preis das Produkt abgesetzt wird. Unter diesen Voraussetzungen sei daher die fertigungsbegleitende Gewinnrealisierung keine Ausnahme zum Realisationsprinzip, sondern dessen beste Interpretation. Die Teilgewinnrealisierung galt aus dieser Perspektive nicht als Wahlrecht, sondern als Pflicht, eine Auffassung, die sich auch auf die Ausführungen des Deutschen Standardisierungsrates im derzeit allerdings nicht mehr weiter verfolgten Entwurf E-DRS 17.31 berufen kann.[4]

16

---

[4] Auch die steuerliche Diskussion gestaltet sich ähnlich offen. Der BFH – als Interpret der GoB – hatte bislang noch keine Gelegenheit, sich des Themas abschließend zu widmen. Die im Urteil v. 5.5.1976, I R 121/74, BStBl II 1976 S. 541, geäußerten erheblichen Bedenken gegen eine Teilgewinnrealisierung beziehen sich auf das AktG 1965; vgl. zum Ganzen: AMMANN/MÜLLER, Vergleichende Darstellung der Gewinnrealisierung, BBK 2202, F. 20, S. 601; STEWING, Bilanzierung bei langfristiger Auftragsfertigung, BB 1990, S. 100; SCHMID/WALTER, 1994, Teilgewinnrealisierung, DB 1994, S. 2353.

Lüdenbach

17 Im **handelsrechtlichen Schrifttum** werden somit vom Aktivierungsverbot[5] über den Selbstkostenansatz[6] und das Teilgewinnrealisierungswahlrecht[7] bis zum Teilgewinnrealisierungsgebot[8] und einer Differenzierung zwischen Umsatz- und Gewinnrealisierungszeitpunkt[9] **alle Lösungen (und damit keine)** angeboten.

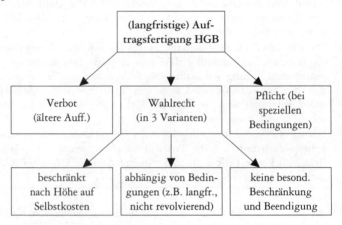

Abb. 1: Auffassungen zur Teilgewinnrealisierung nach HGB[10]

18 IAS 11 bietet der Bilanzpraxis demgegenüber eine **klare Vorgabe** für Fertigungsaufträge, d. h. kundenspezifische Auftragsfertigung: „Ist das Ergebnis eines Fertigungsauftrages verlässlich zu schätzen, so sind die Auftragserlöse und Auftragskosten in Verbindung mit diesem Fertigungsauftrag entsprechend dem Leistungsfortschritt am Bilanzstichtag jeweils als Erträge und Aufwendungen zu erfassen. Ein erwarteter Verlust durch den Fertigungsauftrag ist ... sofort als Aufwand zu bilanzieren" (IAS 11.22). Fraglich ist nur, ob ein Fertigungsauftrag vorliegt. Hierzu wird auf Rz 8 verwiesen.

2.2 Rechenparameter: Erlös, Kosten, Fertigungsgrad

2.2.1 POC bei Festpreisverträgen *(fixed price contracts)*

19 Als **Festpreisverträge** definiert IAS 11.3 Fertigungsaufträge mit einem festen bzw. einem pro Outputeinheit festen Preis, wobei eine Preisgleitklausel (Indexierung) unschädlich ist. Bei der Anwendung der POC-Methode auf Fest-

---

[5] LEFFSON, Grundsätze ordnungsmäßiger Buchführung, S. 278ff.
[6] ELLROTT/SCHMIDT-WENDT, in: BECK'scher Bilanz-Kommentar, § 255 Tz 547ff.
[7] ADS INTERNATIONAL, 6. Aufl., § 252 Tz 86ff.
[8] ZIEGER, Gewinnrealisierung bei langfristiger Fertigung, 1990.
[9] IDW, Stellungnahme zum E-DRS 17 Erlöse, FN 2002, S. 388ff.
[10] LÜDENBACH, IFRS, 4. Aufl., 2005, S. 181.

preisverträge werden **drei Rechenparameter** benötigt: **Erlös, Kosten und Fertigungsgrad**. In der Betrachtung der anteiligen Erlöse der **ersten Auftragsperiode** ergibt sich danach folgender **formelmäßige Zusammenhang**:

Gesamterlös × Fertigungsgrad 01	=	Erlös 01
abzüglich	–	Kosten 01
gleich	=	Gewinn 01

In der **zweiten (und den nachfolgenden) Periode(n)** ist vorgehend eine kumulierte Betrachtung anzustellen, so dass sich hier folgender Zusammenhang ergibt:

20

Gesamterlös × Fertigungsgrad 02	=	kumulierter Erlös 02
abzüglich	–	Erlös 01
gleich Periodenerlös	=	Erlös 02
abzüglich Periodenkosten	–	Kosten 02
gleich Periodengewinn	=	Gewinn 02

Die POC-Methode darf angewendet werden, wenn das Ergebnis eines Fertigungsauftrags **verlässlich geschätzt** werden kann. Dies setzt im Falle von Festpreisverträgen gemäß IAS 11.23 **kumulativ** Folgendes voraus:

21

- Die **Gesamterlöse** können **verlässlich** ermittelt werden (IAS 11.23a), d. h. im Allgemeinen, die Gegenleistung ist vertraglich festgelegt und damit rechtlich durchsetzbar ((IAS 11.29).
- Der am Bilanzstichtag erreichte **Fertigstellungsgrad** kann **verlässlich** ermittelt werden.
- Die dem Vertrag zurechenbaren direkten und indirekten **Kosten**, einschließlich der noch anfallenden Kosten, können **verlässlich** ermittelt werden.
- Neben den drei spezifisch für Festpreisverträge geltenden Bestimmungen gilt die **allgemeine Bedingung**, dass der wirtschaftliche Nutzen aus dem Vertrag dem Unternehmen wahrscheinlich zufließen wird, d. h. die Bezahlung wahrscheinlich und der Auftraggeber z. B. nicht notleidend geworden ist (IAS 11.28).

Ohne Schätzung kommt die POC-Methode nicht aus. An die Verlässlichkeit sind jedoch keine zu hohen Anforderungen zu stellen (Rz 36).

22

2.2.2 POC bei Kostenzuschlagsverträgen *(cost plus contracts)*

Zuschlagsverträge sind Fertigungsaufträge, bei denen der Auftraggeber festgelegte Kosten, z. B. einen **festen Honorarsatz pro Stunde**, in Rechnung stellt, wobei es auf die eventuelle Differenzierung in Kosten- und Gewinnanteile methodisch nicht ankommt (IAS 11.3). Die Anwendung der POC-Methode bei Kostenzuschlagsverträgen setzt neben der allgemeinen Voraussetzung der Einbringlichkeit der Forderung (Rz 21) nur voraus, dass die Auftragskosten eindeutig und verlässlich sind (IAS 11.24). Da die Erlöse von der Kostenseite

23

her determiniert sind, sind besondere Anforderungen an die verlässliche Ermittlung des Gesamterlöses und des Fertigstellungsgrades entbehrlich.

24 Hierzu folgendes Beispiel aus dem Dienstleistungsbereich (IAS 18.21 i. V. m. IAS 11):

> **Beispiel**
> **Wirtschaftsprüfer** W prüft Unternehmen A (**Festpreisvertrag**, wobei der Festpreis unter der Prämisse steht, dass die Unterlagen des A in einem geordneten, prüfungsbereiten Zustand sind) und Unternehmen B (**Stundensatzvertrag**). Zum Bilanzstichtag des W sind die Vorprüfungen abgeschlossen. Folgende anteilige Umsatzerlöse sind zu realisieren:
> - Beim **Festpreisvertrag** A: Fertigstellungsgrad × Gesamterlös. Die Schwierigkeit liegt hier in der Bestimmung des Fertigungsgrades (z. B. geleistete Arbeit im Verhältnis zu insgesamt anfallender Arbeit) und des Gesamterlöses (zwar grundsätzlich Festpreis, aber evt. Zuschläge bei inadäquaten Bilanzunterlagen).
> - Beim **Stundensatzvertrag** B stellen sich diese Probleme nicht. Es müssen nur die per Stichtag angefallenen Stunden darauf geprüft werden, ob sie abrechenbar sind, z. B. nicht der Beseitigung selbst verschuldeter Differenzen oder der Ausbildung von Assistenten gedient haben.

2.2.3 Gemischte Verträge

25 Keine Regelung enthält IAS 11 (bzw. IAS 18.21 i. V. m. IAS 11) für die Behandlung von Verträgen, die **weder Festpreis- noch Kostenzuschlags**charakter haben. Aus dem Dienstleistungsbereich wäre etwa an folgendes Beispiel zu denken:

> **Beispiel**
> Ein **Krankenhaus** erhält für die Patientenbehandlung Tagessätze.
> - Ein Festpreisvertrag liegt nicht vor. Dieser würde diagnoseabhängige Fallpauschalen voraussetzen.
> - Ein Kostenzuschlagsvertrag ist aber ebenfalls nicht gegeben, da die Patienten-Verweildauer und damit die Summe der Tagessätze nur in einem losen Zusammenhang zu den tatsächlichen Kosten stehen.
> - Bei zum Bilanzstichtag begonnenen, aber noch nicht abgeschlossenen Behandlungen dürften daher nach strenger Betrachtung mangels Anwendbarkeit von IAS 11 nur die Kosten und nicht die einen eventuellen anteiligen Gewinn enthaltenen Tagessätze aktiviert werden.

26 Ein derartiges Vorgehen erscheint jedoch nicht unbedingt sachgerecht, wenn man für die **Kalkulations- und Schätzsicherheit** der Auftragsgewinne die Branchen als **Maßstab** heranzieht, in denen das POC-Verfahren allgemein akzeptiert ist. Nimmt man also etwa die **Baubranche** als Musterfall, so dürfte die Kalkulations- und Schätzsicherheit im Krankenhausfall eher höher liegen. U. E. entspricht es daher dem *true and fair view*, wenn in nicht ausdrücklich in

IAS 11 genannten Fällen der Auftragsfertigung die *percentage-of-completion*-Methode jedenfalls dann angewendet werden **darf**, wenn die Ertragsungewissheiten nicht größer sind als in der Baubranche, im Anlagenbau und in ähnlich typischen Fällen.

2.3 Verfahren zur Bestimmung des Fertigungsgrades

2.3.1 Überblick: *input*- und *output*-Verfahren

Für die bei den Festpreisverträgen notwendige Bestimmung des **Fertigungsgrades** lässt IAS 11 verschiedene **Methoden** zu. Beispielhaft und ohne systematische Einordnung sind in IAS 11.30 genannt:

- Das *cost-to-cost*-Verfahren, das den Fertigungsgrad am Verhältnis der bis zum Stichtag kumuliert angefallenen Kosten zu den geschätzten Gesamtkosten festmacht,
- sowie Verfahren, die den Fertigungsfortschritt an der Erbringung von physischen Teilleistungen messen.

Die analoge amerikanische Vorschrift SOP 81-1 *("Accounting for performance of construction-type and certain production-type contracts")* führt entsprechende Beispiele auf, ordnet sie aber in ein System ein. Aus dieser systematischen Sicht ist zu unterscheiden zwischen

- *input*-**Verfahren,** die den in Kosten (Geldeinheiten) oder anderen Größen gemessenen **Faktoreinsatz** bis zum Stichtag in Relation zum insgesamt erwarteten Faktoreinsatz setzen, und
- *output*-**Verfahren,** deren Perspektive die bereits erbrachte **Leistung** im Verhältnis zur geschuldeten Gesamtleistung ist.

Zu den *input*-Verfahren gehören neben der o.g. *cost-to-cost*-**Methode**, solche Verfahren, die den Anteil der aufgewendeten Bemühungen *(efforts-expended)* an den insgesamt erwarteten Bemühungen messen. Maßstab für die *efforts-expended* kann dabei z.B. die Zahl der Arbeitsstunden (sinnvoll bei lohnintensiver Tätigkeit) oder die Zahl der Maschinenstunden (sinnvoll bei anlagenintensiver Tätigkeit) sein.

*Output-***Verfahren** können bei einem zu erbringenden Gesamtwerk (z.B. Brückenbau) auf **physische Teilleistungen** (z.B. Brückenpfeiler) oder auf vertraglich festgelegte *milestones* abstellen, bei einer Summe von nacheinander erbachten Einzelleistungen (z.B. 10 Einfamilienhäuser) auf die Zahl der bereits fertig gestellten Einheiten *(units produced)*.

Abbildung 2 zeigt die Bandbreite der Methoden. Ihre Kommentierung erfolgt unter Rz 28ff. für die *input*-Verfahren und unter Rz 34ff. für die *output*-Verfahren.

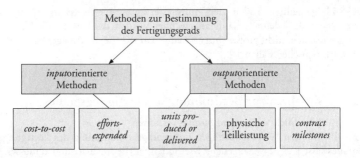

Abb. 2: Methoden zur Bestimmung des Fertigungsgrads

2.3.2 *cost-to-cost*- und andere *input*-Verfahren

28 Beim *cost-to-cost*-Verfahren bestimmt das Verhältnis der bis zum Stichtag angefallenen Auftragskosten zu den geschätzten gesamten Auftragskosten den Grad der Fertigstellung (IAS 11.30a). Das *cost-to-cost*-Verfahren zählt zu den *input*orientierten Verfahren. Diese bemessen den Auftragsfortschritt nicht nach der erbrachten Leistung (*Output*), sondern nach den eingesetzten Faktoren. Im Falle des *cost-to-cost*-Verfahrens wird der Faktoreinsatz in Geld bewertet. Andere *input*orientierte Verfahren könnten an die Zahl der geleisteten Arbeitsstunden im Verhältnis zur geschätzten Gesamtzahl von Arbeitsstunden *(labor hours)*, an die Zahl der erbrachten Maschinenstunden oder an Materialverbräuche anknüpfen.

29 Als **kritische Anwendungsbedingung** *input*orientierter Verfahren sieht SOP 81-1 § 47 die relative **Konstanz zwischen *input*- und *output*-Größen** an. Eine unerwartete Verschlechterung der Effizienz im Zeitablauf könne daher zu einer zu frühen Ertragsrealisierung führen. Diese Einschränkung in SOP 81-1 ist zutreffend, aber insoweit irreführend, als sie nicht spezifisch für *input*orientierte Methoden gilt.

Beispiel
Das auf archäologische Grabungen spezialisierte Unternehmen A übernimmt für einen Festpreis von 100.000 EUR den Auftrag zur Ausgrabung einer am Niederrhein entdeckten römischen Siedlung. Das Geschäftsjahr der A endet am 31. Oktober. Der Auftrag soll in den Monaten September, Oktober, November mit jeweils 500 Arbeitsstunden ausgeführt werden. Die dafür kalkulierten Kosten belaufen sich auf 100.000 EUR. Wesentliche Material- und Maschinenkosten entstehen nicht.
Bis zum Bilanzstichtag sind 1.000 Stunden erbracht und das Grabungsfeld ist zu ²/₃ freigelegt. Durch einen unerwartet frühen Wintereinbruch im November sinkt die Arbeitsproduktivität. Statt der geplanten 500 Arbeitsstunden (November) fallen nach dem Bilanzstichtag noch 1.000 Arbeitsstunden (November und Dezember) an.

> Wendet A *input*orientiert die *cost-to-cost*-Methode oder *efforts-expended*-Methode in der Variante *labour hours* an, werden zum Bilanzstichtag 2/3 (1.000/1.500 Stunden) der Erlöse, also 67.000 EUR, ausgewiesen. Der realisierte Gewinn der Periode beträgt demzufolge 17.000 (67.000 – 50.000) EUR. Eine rückblickende Betrachtung hätte hingegen zu einer Realisierung von nur 1/2 der Erlöse (10.000/20.000 Stunden), also 50.000 EUR, und zu einem Ergebnis der Periode von nur 0 (50.000 – 50.000) EUR geführt.
>
> Die gleiche Fehleinschätzung würde sich jedoch bei *output*orientierter Betrachtung ergeben. Da das Grabungsfeld am Bilanzstichtag zu 2/3 freigelegt war, hätte man auch aus dieser Sicht 2/3 der Erlöse, also 67.000 EUR, ausgewiesen.

Das Beispiel zeigt, dass, unabhängig von der Art des Verfahrens, eine **fortlaufende Überprüfung** notwendig ist, ob die ursprünglich geschätzten Gesamtgrößen noch zu halten sind. Wo diese Prüfung unterbleibt oder spätere Entwicklungen auch bei bester Prüfung unvorhersehbar sind, können Umsätze und Gewinne zu früh und drohende Verluste zu spät realisiert werden.

Das am meisten verbreitete Verfahren ist die *cost-to-cost*-Methode. Das nachfolgende Beispiel zeigt die Funktionsweise:

30

> **Beispiel**
> Die Groß-Anlagen GmbH errichtet für ihren Kunden eine Fertigbeton-Misch-und-Verladeanlage zum Festpreis von 12 Mio. EUR und zu Kosten von 8 Mio. EUR, die zu je 2 Mio. in 01 und 03 sowie zu 4 Mio. in 02 anfallen.
>
> | | 01 | 02 | 03 |
> |---|---|---|---|
> | a) Kosten der Periode | 2 | 4 | 2 |
> | b) Kosten per Periodenende, kumuliert | 2 | 6 | 8 |
> | c) dito in % geschätzte **Gesamtkosten** | 25 | 75 | 100 |
> | d) Festpreis | 12 | 12 | 12 |
> | e) Umsatz per Periodenende, kumul. (= d × c) | 3 | 9 | 12 |
> | f) dito per Ende Vorjahr | 0 | 3 | 9 |
> | g) Umsatz der Periode (= e–f) | 3 | 6 | 3 |
> | h) Gewinn der Periode (= g–a) | 1 | 2 | 1 |

Im Rahmen des *cost-to-cost*-Verfahrens dürfen nur solche angefallenen Kosten zur Bestimmung des aktuellen Fertigungsgrades genutzt werden, die tatsächlich im Sinne der Begrifflichkeit der **Kostenrechnung** bereits zu **Verbrauch** geführt haben. Bereits bezogenes, aber nicht verarbeitetes Material scheidet deshalb ebenso aus wie bereits bezahlte, aber noch nicht erbrachte Subunternehmerleistungen.

31

Diese Regelung bleibt aber vor allem dann interpretationsbedürftig, wenn die Werkstoffe nicht von einem Dritten bezogen, sondern **selbst hergestellt** werden. Zum Verbrauch i.S. der Kostenrechnung ist es dann bereits im Zuge der

32

Herstellung der Werkstoffe gekommen. Fraglich ist aber, ob damit schon ein hinreichender Zusammenhang mit dem Fertigungsauftrag gegeben ist. In dieser Hinsicht differenziert IAS 11.31a wie folgt:
- **Spezifisch** für den Auftrag hergestellte Materialien, Komponenten usw. gehen mit ihrer Erstellung in die Bestimmung des Auftragsfortschritts ein.
- **Auftragsunabhängig** hergestellte standardisierte Teile sowie angeschaffte Teile unabhängig von ihrer Standarisierung finden erst dann Berücksichtigung, wenn sie eingebaut bzw. installiert werden.

Diese **Differenzierung** macht Sinn. Mit der Herstellung spezifischer Komponenten beginnt bereits die Erledigung des konkreten Fertigungsauftrags. Die Zuordnung zum Auftrag kann eindeutig und willkürfrei vorgenommen werden. Bei Verwendung auftragsunabhängiger, standardisierter Komponenten steht die endgültige Verwendung für die Zwecke des Fertigungsauftrags hingegen erst dann fest, wenn die Komponenten eingebaut wurden.

Beispiel[11]

S stellt sowohl standardisierte als auch individuelle Fassadenelemente her, in die Solarmodule integriert sind. Die individuell für besondere Fassadenverhältnisse gefertigten Module werden fast ausschließlich, die standardisierten Module teilweise als System angeboten und schlüsselfertig beim Auftragnehmer eingebaut.

Die Kunden K-1 und K-2 haben jeweils einen Auftrag für ein schlüsselfertiges System über 1,1 Mio. EUR erteilt. S kalkuliert in beiden Fällen mit Gesamtkosten von 1 Mio. EUR. Zum Bilanzstichtag sind alle Module auf der jeweiligen Baustelle angeliefert. aber erst 20 % eingebaut. Im Übrigen unterscheiden sich die Aufträge wie folgt:

- Die Fassade von K-1 ist kleiner, verlangt aber den Einbau individuell gefertigter Module. S kalkuliert mit Kosten von 800 für die Fertigung der Module und 200 für den Einbau.
- Bei K-2 werden Standardmodule verwendet. S kalkuliert mit Kosten von 600 für die Module und 400 für den Einbau.

Beurteilung Auftrag 1 (individuelle gefertigte Module)
Für die Erledigung des Auftrags von K-1 verwendet S individuell gefertigte Module. Bei erwarteten und am Bilanzstichtag bereits realisierten Modulkosten von 800 sowie erwarteten Arbeitskosten von 200, von denen bis zum Stichtag 20 % = 40 angefallen sind, ergibt sich folgende Rechnung:

---

[11] Entnommen LÜDENBACH, PiR 2005, S. 111ff.

Kosten Module	800 EUR
Kosten Arbeitsleistung (20 %)	40 EUR
bis zum Stichtag angefallene, berücksichtigungsfähige Kosten	= 840 EUR
in % Gesamtkosten (= POC)	84 %
× Auftragswert	× 1.100 EUR
= Umsatzerlös 01	= 924 EUR

Wenn Anzahlungen nicht angefallen sind, ist in gleicher Höhe von 924 EUR zum Bilanzstichtag eine Forderung aus Fertigungsauftrag auszuweisen. Das Vorratsvermögen wird nicht mehr angesprochen.

Beurteilung Auftrag 2 (Standardmodule)
Für die Erledigung des Auftrags von K-2 verwendet S standardisierte Module. Bei erwarteten und bereits realisierten Modulkosten von 600 bzw. erwarteten Arbeitskosten von 400, von denen bis zum Stichtag jeweils 20 % = 40 angefallen sind, ergibt sich folgende Rechnung:

Kosten Module (20 %)	120 EUR
Kosten Arbeitsleistung (20 %)	80 EUR
bis zum Stichtag angefallene, berücksichtigungsfähige Kosten	= 200 EUR
in % Gesamtkosten (= POC)	20 %
× Auftragswert	× 1.100 EUR
= Umsatzerlös 01	= 220 EUR

Dem Umsatzausweis von 220 folgt auch hier ein Forderungsausweis in gleicher Höhe.
Die am Bilanzstichtag bereits zur Baustelle verbrachten, aber noch nicht eingebauten Module (80 % von 600 = 480) werden hingegen als Vorratsvermögen ausgewiesen.
Der Fertigstellungsgrad ist in jedem Fall unter Berücksichtigung der bereits eingebauten Module zu bestimmen. Ob daneben die bereits gefertigten, aber noch nicht eingebauten Module Berücksichtigung finden, hängt von ihrer Art ab.

- Die Kosten der speziell für den Auftrag gefertigten Module gehen in die Kalkulation des Fertigstellungsgrades des Gesamtauftrags ein.
- Standardisierte Module finden keine Berücksichtigung.

Im ersten Fall ist (Anzahlungen auf den Auftrag vernachlässigt) bilanziell nur noch eine Forderung aus Fertigungsauftrag auszuweisen, im zweiten Fall wird der bereits verbaute Teil der Module als Teil der Forderung aus

Lüdenbach

> Fertigungsauftrag ausgewiesen, der noch nicht verbaute Teil in den Vorräten.

33 In der ersten Variante des vorstehend besprochenen Falls sind spezifische Materialien für den Fertigungsauftrag **hergestellt** worden. Im Bereich des Hoch- und Tiefbaus wird häufiger der Fall einer **Anschaffung** spezifischer Materialien durch den Auftraggeber vorkommen. Die Zuordnungsentscheidung zum Auftrag ist mit der Bestellung und Anschaffung dieses Materials bereits gefallen. Gleichwohl beschränkt IAS 11.31a die Berücksichtigung spezifischer Materialien bei der Bemessung des Auftragsfortschritts auf den Fertigungsfall. Als Rechtfertigung dieser Regelung kann die Perspektive der Leistungserbringung dienen: IAS 11 soll dem Auftragnehmer ermöglichen, **seine** Leistungen nach Auftragsfortschritt als Umsatz und Gewinn zu realisieren. Bei Fremdbezug spezifischer Materialien liegt eine solche Eigenleistung des Auftragnehmers jedoch nicht vor.

Alle Überlegungen zur Einbeziehung der fertig gestellten oder bezogenen und bereits eingebauten materiellen Teile in die Ermittlung des Fertigungsfortschritts **erübrigen** sich, wenn es wirtschaftlich von vornherein an der **Einheitlichkeit des Geschäfts** fehlt. Als Beispiel kann ein zu einem Gesamtpreis vereinbarter Auftrag über die Lieferung von Hardware und die Fertigung kundenspezifischer Software dienen. In wirtschaftlicher Sicht liegt – anders als im Falle des Fassadenbaus im obigen Beispiel – ein **Mehrkomponentengeschäft** (→ § 25 Rz 66ff.) vor. Der Gesamtpreis ist in einen Erlös für die Lieferung der Hardware und einen Umsatz aus der Fertigung der Software aufzuteilen. Nur der zweite Teil unterliegt der POC-Methode (→ § 25 Rz 85ff.); der erste Teil wird bei Auslieferung als Waren- oder Erzeugnisumsatz realisiert.

2.3.3 *Output*-Verfahren

34 *Output*orientierte Verfahren bemessen den Auftragsfortschritt am **Verhältnis der erreichten Leistung zur Gesamtleistung.** Bei einer über den gesamten Auftrag gleich bleibenden Leistungsart, z. B. Asphaltierung einer bestimmten Straßenkilometerzahl, ist die Anwendung der Methode auf den ersten Blick einfach (im Beispiel: asphaltierte Kilometer/Gesamtkilometer).

35 In vielen Fällen fehlt es jedoch bei einer zweiten Betrachtung an einfachen, annähernd **linearen Beziehungen.** Bei einem **Tunnelbau** ist etwa das Verhältnis der gebohrten Kilometer zu den Gesamtkilometern dann kein verlässlicher Indikator, wenn wegen unterschiedlicher Gesteinsschichten mit unterschiedlicher Vortriebsgeschwindigkeit zu rechnen ist. Beim **Hochbau** kann nicht unmittelbar aus dem Verhältnis der errichteten Geschosse oder Kubikmeter zur Gesamtzahl der Geschosse oder Kubikmeter auf den Fertigstellungsgrad geschlossen werden, wenn Gründungs- und Erdarbeiten einen relevanten Anteil an der Gesamtleistung haben oder die Herstellung der Geschosse unterschiedlich aufwändig ist. In derartigen Fällen muss die einfache **Mengenbetrachtung gewichtet** werden. Geeignete Gewichtungsfaktoren können unter anderem die

Kosten oder die Arbeitsstunden sein, also typische *input*-Faktoren. Die Grenzen zu den *input*orientierten Verfahren verwischen sich dann. Ganz grundsätzlich müssen *output*orientierte Verfahren auf Erfahrungswerte zurückgreifen (z. B. Rohbau = x % des schlüsselfertigen Gesamtbaus). Diese Erfahrungsrelationen kommen nicht ohne Blick auf die in Kosten gewichtete *input*-Seite aus.
Ähnliches gilt für die *milestone*-Methode. Eine technische Betrachtung, die von den mit der Erbringung der Meilensteine verbundenen Kosten abstrahiert, kann in die Irre führen.

> **Beispiel**
> Die S-GmbH hat einen Festpreisauftrag zur Entwicklung einer kundenspezifischen Software angenommen. Der Auftrag definiert 100 logisch aufeinander aufbauende Funktionalitätserfordernisse. Am Bilanzstichtag sind 80 % der Funktionalitäten programmiert. Die S-GmbH entschließt sich daher, 80 % des vereinbarten Festpreises als Erlös auszuweisen, und setzt in der Gewinnermittlung die bisher angefallenen Kosten (hautsächlich Löhne) dagegen.
> Der in IT-Angelegenheiten unbewanderte Wirtschaftsprüfer WP fragt nach, wie viele Stunden noch anfallen werden, um die restlichen 20 % zu programmieren. Die Antwort ist: „Ungefähr genauso viele Stunden wie für die 80 %." Der WP ist hier nicht bereit, einem technisch interpretierten Fertigungsgrad von 80 % auch bilanziell zu folgen. Er will vielmehr nur einen „naiven" Fertigungsgrad von 50 % annehmen.

Zu den buchungstechnischen Folgen einer vom Kostenanfall abweichenden *output*orientierten Bestimmung des Fertigstellungsgrads wird auf Rz 76, zur eingeschränkten Zulässigkeit der *output*-Methode in solchen Fällen auf Rz 78 verwiesen.

2.4 Gewinnermittlung durch Schätzung

2.4.1 Verlässlichkeit als Anwendungsvoraussetzung von POC

Die Erfassung von Erlös, Kosten und Gewinn nach Maßgabe des Fertigungsgrades setzt eine verlässliche Schätzung des Gesamtergebnisses aus dem Auftrag voraus (IAS 11.22; Rz 22). Die diesbezüglichen **Ausführungen in IAS 11** sind **nicht** besonders **schlüssig**. Wenn in einer frühen Phase eines Auftrages noch große Schätzunsicherheiten bestehen, aber ein Überschuss (in ungewisser Höhe) wahrscheinlich ist, sollen zunächst nur die Kosten und nicht der Gewinn aktiviert werden. Wenn umgekehrt ein negatives Ergebnis wahrscheinlich, aber dessen Höhe ungewiss ist, soll in Höhe dieses annahmegemäß gerade nicht bekannten Betrages ein Passivposten gebildet werden.
Tabelle 2 zeigt, welche (im Verlustfall widersprüchliche) Verfahrensweise danach durch IAS 11.33 geboten ist:

36

Auftragfertigung mit wahrscheinlichem Verlust	Auftragfertigung mit wahrscheinlichem Gewinn
1. Wahrscheinliches Ergebnis (= Überschuss Kosten über Ertrag) kann nicht zuverlässig bestimmt werden.	1. Wahrscheinliches Ergebnis (= Überschuss Ertrag über Kosten) kann nicht zuverlässig bestimmt werden.
Aber: 2. Es ist wahrscheinlich, dass Kosten den Ertrag übersteigen.	Aber: 2. Es ist wahrscheinlich, dass Ertrag die Kosten übersteigt.
Deshalb: 3. Erwartetes Ergebnis (= Überschuss Kosten über Ertrag) passivieren (WIDERSPRUCH ZU 1).	Deshalb: 3. Erwartetes Ergebnis (= Überschuss Ertrag über Kosten) nicht aktivieren, sondern nur Kosten.

Tab. 1: Bilanzierung bei fehlender Schätzzuverlässigkeit

37 Aufgrund der Widersprüche in IAS 11 und der mangelnden Bestimmung (Bestimmbarkeit) der zentralen Begriffe der Schätzzuverlässigkeit und der Wahrscheinlichkeit ergeben sich faktische **Ermessensspielräume** (→ § 51 Rz 24ff.). So obliegt dem Unternehmen die Wertung, ob die Schätzungen hinreichend verlässlich sind (POC-Methode) oder nicht (Aktivierung nur der Kosten, gegebenenfalls Rückstellung für drohende Verluste).[12] Bei der Ausübung dieses **faktischen Wahlrechts** ist **allerdings Vorsicht** geboten. Wer sich gegen **Branchenkonventionen** für die Kostenaktivierung entscheidet, erweckt beim Bilanzadressaten den Eindruck, über eine weniger verlässliche Auftragskalkulation als die Wettbewerber zu verfügen. In der Bilanzierungspraxis der einschlägigen Branchen (Hoch-, Tiefbau, Anlagenbau usw.) wird der real gegebene Grad der Kalkulationszuverlässigkeit regelmäßig als ausreichend i. S. der POC-Methode angesehen.

Gegen die großzügige Annahme eines faktischen Wahlrechts spricht außerdem noch folgende Überlegung: Entsprechend den allgemeinen Regeln aus IAS 37 verlangt auch IAS 36.11 den Ansatz eines **Passivpostens** im Falle **drohender Verluste** (→ § 21 Rz 45). Dieser „GoB-Anforderung" könnte nicht entsprochen werden, wenn es an verlässlichen Methoden zur Schätzung des erwarteten Ergebnisses fehlen würde. Die allgemeine Berufung auf fehlende Schätzzuverlässigkeit würde daher insgesamt die Ordnungsmäßigkeit des Ab-

---

[12] Vgl. hierzu KÜTING/WOHLGEMUTH, Beihefter zu Heft 48, DStR 2004, S. 14, sowie POTTGIESSER/VELTE/WEBER, KoR 2005, S. 310.

schlusses in Frage stellen.[13] Darüber hinaus würden sich Zweifel ergeben, ob die Geschäftsführung ihren Risikoerkennungs- und -überwachungspflichten (§ 91 Abs. 2 AktG mit analoger Anwendbarkeit für GmbHs) entspräche. Die Regeln für fehlende Verlässlichkeit der Schätzung sind daher u. E. nur für **ungewöhnliche** oder **seltene** Fälle intendiert, einzelne Aufträge, bei denen es zu unkalkulierbaren rechtlichen Problemen (z. B. drohende Enteignung im Ausland) oder technischen Schwierigkeiten kommt.

Die Bilanzierungs**praxis** geht hinsichtlich der Anforderungen von IFRS bezüglich der Verlässlichkeit der Schätzungen **großzügig** um (Rz 37). Ein Nebeneinander der *completed-contract*-Methode für nicht verlässlich zu schätzende Aufträge mit dem „POC-Verfahren" ist wenigstens in den „klassischen" Branchen nur ausnahmsweise festzustellen.

2.4.2 Spätere Korrekturen ursprünglicher Schätzungen

Es liegt im Wesen der zukunftsgerichteten Schätzung, dass ursprüngliche Annahmen und spätere Realität bzw. Erkenntnis nicht unbedingt übereinstimmen. Das Unternehmen ist gehalten, mit fortschreitender Leistungserfüllung die Schätzungen zu überprüfen und gegebenenfalls zu korrigieren. „Die Notwendigkeit derartiger Korrekturen ist nicht unbedingt ein Hinweis darauf, dass das Ergebnis des Auftrages nicht verlässlich geschätzt werden kann" (IAS 11.29). Die nachträgliche Korrektur kann dazu führen, dass ursprünglich angenommene und zum Teil bereits realisierte Gewinne zu einem späteren Zeitpunkt tatsächlich nicht mehr erwartet werden. Der notwendige Korrekturbetrag ist **sofort erfolgswirksam** auszuweisen. Die in den USA übliche Reallokation (Verteilung auf den Restzeitraum – SOP 81-1 § 83) würde im Widerspruch zu IAS 8 stehen (→ § 24 Rz 10). Das nachfolgende Beispiel zeigt die Wirkungsweise der sofortigen Korrektur.

38

> **Beispiel**
> Die Groß-Anlagen GmbH errichtet für ihren Kunden eine Fertigbeton-Misch- und -Verladeanlage zum Festpreis von 10 Mio. EUR und zu geschätzten Kosten von 8 Mio. EUR, die nach Erkenntnisstand 31.12.01 zu je 2 Mio. in 01 und 03 sowie zu 4 Mio. in 02 anfallen.
> In 02 fallen tatsächlich aber 6 Mio. EUR an Kosten an. Die Gesamtkostenschätzung wird deshalb Ende 02 auf 10 revidiert:

---

[13] In diesem Sinne in der analogen amerikanische Vorschrift: SOP 81-1 § 24, Fn. 4: „... many contractors have informal estimating procedures that may result in poorly documented estimates ... However, procedures and systems should not influence the development of accounting principles and should be dealt with by management as internal control, financial reporting and auditing concerns."

Lüdenbach

	01	02	03
a) geschätzte Gesamtkosten	8	10	10
b) Kosten der Periode	2	6	2
c) Kosten per Periodenende, kumuliert	2	8	10
d) dito in % geschätzte Gesamtkosten	25	80	100
e) Festpreis	10	10	10
f) Umsatz per Periodenende, kumul. (= e × d)	2,5	8,0	10,0
g) dito per Ende Vorjahr	0	2,5	8,0
h) Umsatz der Periode (= e–f)	2,5	5,5	2,0
i) Gewinn der Periode (= h–b)	0,5	–0,5	0,0

39 Schätzänderungen können sich nicht nur auf die Kostenseite, sondern auch auf die Erlösseite beziehen (Rz 42ff.).

2.5 Drohende Verluste aus Fertigungsaufträgen

40 In Übereinstimmung mit dem Handelsrecht sind auch nach IFRS erwartete **Verluste** aus Fertigungsaufträgen (gesamte Auftragskosten größer als gesamter Auftragserlös) **sofort** als Aufwand zu erfassen (IAS 11.36). Eine fortlaufende Verlustrealisierung nach Maßgabe des Leistungsfortschrittes ist unzulässig.[14] Die Bemessung des Verlustes erfolgt auf Vollkostenbasis, der Ausweis nicht als Rückstellung, sondern z. B. unter den „Verbindlichkeiten aus POC" (Rz 73). Zur Buchungstechnik wird auf Rz 71 verwiesen.

2.6 Controlling-Effekte

41 Technisch verlangt die Anwendung von IAS 11 eine Methode zur Bestimmung des Leistungsfortschrittes. Mindestens die angefallenen und die insgesamt zu erwartenden **Kosten müssen kalkuliert werden**. Soweit bisher noch nicht bzw. noch nicht in „vernünftiger" Qualität kalkuliert wurde, verursacht die IFRS-Einführung diesbezüglich Aufwendungen, die sich operativ aber in fast allen Fällen rentieren. Die IFRS-Umstellung erzielt hier heilsame „Nebenwirkungen", indem sie zur Etablierung eines Mindeststandards genügenden Controlling-Systems zwingt.[15]

---

[14] Demgegenüber will die Finanzverwaltung für die Steuerbilanz nur eine anteilige Verlustrealisierung nach Maßgabe des Leistungsfortschritts zulassen. Zu den Widersprüchen, die sich dabei auch zum Teilwertprinzip ergeben: HOFFMANN, Bilanzierung und Bewertung von halbfertigen Erzeugnissen, DB 2001, S. 2016ff. Weiteres hierzu unter Rz 71.

[15] Ausführlich dazu: WEISSENBERGER, Neuer Blickwinkel auf Controlling-Kennzahlen, Accounting 1/2005, S. 10; WEISSENBERGER, IFRS für Controller, 2007.

Lüdenbach

3 Sonderprobleme

3.1 Bewertungsobjekt: Segmentierung und Zusammenfassung von Aufträgen, Folgeaufträge

Den Regelungen von IAS 11 unterliegt der einzelne, nach wirtschaftlichen Kriterien abgegrenzte Fertigungsauftrag (IAS 11.7). Schwierigkeiten bei der Bestimmung des Bewertungsobjektes können sich ergeben, wenn **wirtschaftlich separierbare** Aufträge **rechtlich zusammengefasst** sind oder umgekehrt rechtlich separierte Aufträge eine wirtschaftliche Einheit bilden. In derartigen Fällen ist die **wirtschaftliche Betrachtungsweise** maßgeblich: Ein Vertrag, der **mehrere Einzelleistungen** umfasst, ist **zu segmentieren**, wenn die Leistungen

- getrennt angeboten wurden **und**
- getrennt hätten angenommen werden können **und**
- die Kosten und Erlöse der Einzelleistungen getrennt ermittelbar sind (IAS 11.8).

Bei allen drei kumulativ zu erfüllenden Kriterien stellt sich die Frage der Objektivierung und Nachweisbarkeit. Die (als Wahlrecht ausgestaltete) analoge amerikanische Vorschrift sieht dies i. d. R. nur dann als gegeben an, wenn sowohl beim Auftragnehmer als auch bei den anderen Marktteilnehmern die Einzelleistungen häufig separat angeboten und durchgeführt werden (SOP 81-1 § 41).

> **Beispiel**
> Bauunternehmen B errichtet für K ein schlüsselfertiges Gebäude. Der Gesamtpreis ergibt sich aus Einzelpreisen für (angeblich) separat angebotenen (1) Boden- bzw. Tiefbau, (2) Rohbau und (3) Innenausbau. Tatsächlich ist B auf schlüsselfertige Bauten spezialisiert und hat in der Vergangenheit nur ganz selten Verträge über separate Leistungen geschlossen.
> Die eigene Unternehmenshistorie spricht gem. SOP 81-1 gegen die Ernsthaftigkeit des separaten Angebots. In Anwendung dieses Rechtsgedankens wird man auch nach IAS 11 eine Separierung ablehnen müssen.

Eine Transaktion kann sowohl Fertigungsleistungen als auch Leistungen anderer Art (z. B. Warenlieferungen oder Dienstleistungen) enthalten. Ein Beispiel wäre etwa ein Vertrag, der kundenspezifische Softwarefertigung (Fertigungsleistung) mit Training oder Nachbetreuungsleistungen (*post customer support*) verbindet. Hinsichtlich der Behandlung solcher Verträge wird auf → § 25 Rz 89 und Rz 66 verwiesen.

Mehrere **Verträge** sind **zusammenzufassen**, wenn

- sie als ein einziges **Vertragspaket** verhandelt werden **und**

- sie so eng miteinander verbunden sind, dass sie Teil **eines einzigen Projektes** mit einer Gesamtgewinnspanne sind, **und**
- die Leistungen zeitgleich oder in **enger zeitlicher Abfolge** erbracht werden (IAS 11.9).

Wichtige Indizien für ein einheitliches Vertragspaket sind ein enger zeitlicher Zusammenhang der Vertragsabschlüsse sowie ein Gesamtfunktionsinteresse des Bestellers. Der geforderte **Verbund** der Leistungen kann sich auf Design, Technik oder Funktion des Auftragsobjektes beziehen. Entscheidend sind insoweit die Eigenschaften, die das fertige Objekt allgemein und/oder spezifisch für den **Auftraggeber** hat. Die Forderung nach enger zeitlicher Abfolge stellt demgegenüber nicht auf das Auftragsobjekt, sondern auf den Prozess der Leistungserbringung ab.

Die Frage der **Zusammenfassung** von Verträgen stellt sich regelmäßig nur, wenn diese Verträge alle den gleichen Vertragspartner aufweisen. Nach vorläufiger Auffassung des IFRIC[16] ist allerdings das Kriterium der Rechtspersönlichkeit nicht immer ein angemessenes Unterscheidungsmerkmal. Erhält der Auftragnehmer etwa zeitgleich Aufträge von verschiedenen Niederlassungen eines Großunternehmens, sind diese als separate Vertragspartner zu betrachten, wenn sie unabhängig voneinander Aufträge erteilt haben. Die Frage der Zusammenfassung der Aufträge stellt sich dann von vornherein nicht.

Eine Zusammenfassung von Aufträgen verschiedener Vertragspartner ist ausnahmsweise dann angezeigt, wenn aus Auftragnehmerperspektive ein wirtschaftlich einheitlicher Herstellungsvorgang eines einzigen Objektes vorliegt, dessen rechtliche teilbare Komponenten dann verschiedenen Auftraggebern geschuldet werden. Das klassische Beispiel wäre die Erstellung eines Wohnhauses mit nach Wohnungseigentumsgesetz geteilten Einheiten, deren Besteller die jeweiligen Käufer der einzelnen Wohneinheiten sind.[17]

45 Wird ein Vertrag um einen **Folgeauftrag** ergänzt,
- der sich in Design, Technologie, Funktion usw. wesentlich von dem ursprünglichen Vertrag unterscheidet oder
- dessen Preis losgelöst von dem ursprünglichen Vertrag verhandelt wird,

so ist der Folgeauftrag ein separates Bewertungsobjekt (IAS 11.10).

46 War bereits im ursprünglichen Vertrag eine preislich fixierte Option des Kunden auf den Folgeauftrag/Nachtrag enthalten, kommt eine Separierung nur noch dann in Frage, wenn sich die Auftragsgegenstände nach Technik, Funktion, Design erheblich unterscheiden. Ohne eine solche Option kann hingegen schon das Kriterium der **losgelösten Preisverhandlung** eine Zusammenfassung der Aufträge verhindern. Allerdings darf dieses Kriterium u. E. **nicht formal** interpretiert werden. Wird etwa im Hochbau zu einem späteren Zeitpunkt eine Zusatzleistung vereinbart und deren Preis separat verhandelt, so wäre zu

---

[16] IFRIC, Update Juni 2004.
[17] In diesem Sinne ERNST & YOUNG, International GAAP 2005, S. 1244.

Lüdenbach

prüfen, wie frei diese Preisverhandlungen sind. Hat der Auftraggeber wegen der technischen und zeitlichen Abstimmung der Arbeiten keine realistische Alternative, einen neuen Unternehmer zu beauftragen, haben die späteren Verhandlungen wirtschaftlich eher den Charakter von Nachträgen zum ursprünglichen Vertrag und sind deshalb mit diesem als eine Einheit zu sehen (Rz 48).

Generell hat die Frage nach der **Separierung** von Aufträgen für die IFRS eine geringere Relevanz als für das deutsche Handels- und Steuerrecht: **47**
- In den IFRS entscheidet die Separierung „nur" darüber, auf welche **Bewertungseinheit** die POC-Methode anzuwenden ist.
- Im deutschen Recht ist die „**abrechenbare Teilleistung**" das **Hilfskonstrukt**, mit dem trotz *completed-contract*-Prinzip vorzeitig Umsätze und Gewinne realisiert werden können.

> **Beispiel**
> Ein Bauunternehmen errichtet für einen Auftragnehmer ein Doppelhaus. Zum Bilanzstichtag ist die eine Hälfte komplett fertig und wird abgerechnet. Die andere Hälfte ist zu 60 % fertig und wird später abgerechnet.
> - Nur wenn eine abrechenbare Teilleistung vorliegt, ist steuerbilanziell und nach tradierter handelsrechtlicher Auffassung die erste Umsatzhälfte realisiert.[18]
> - Nach IFRS sind 80 % (= 50 % + ¹/₂ × 60 %) realisiert. Die Separierung oder Zusammenfassung ist „nur" für den Ausweis und für evtl. Saldierungen von Gewinnen aus der einen Hälfte und Verlusten aus der anderen Hälfte bedeutsam.

Die gesamte Darstellung des zutreffenden Bewertungs- bzw. Realisierungsobjektes spielt auch bei „normalen" Erlösen eine Rolle und wird dort unter dem Begriff „Mehrkomponentengeschäft" diskutiert (→ § 25 Rz 66ff.).

3.2 Umfang der Erlöse

3.2.1 Erlöse bei Änderung des Leistungsumfangs

Gemäß IAS 11.11b umfassen die Auftragserlöse nicht nur die ursprünglichen im Vertrag vereinbarten Erlöse, sondern auch Erhöhungen oder Minderungen aufgrund **späterer abweichender Vereinbarungen** zum Auftragsumfang *(variations;* IAS 11.12f.). Wie im Falle der nachträglichen besseren Erkenntnis (Rz 38) ist die Kalkulation anzupassen. **48**

Hierzu folgendes Beispiel, das Anpassungen wegen nachträglicher besserer Kenntnis und Anpassungen wegen Änderungen des Leistungsumfanges kombiniert: **49**

---

[18] Zur Frage, wann eine abrechenbare Teilleistung vorliegt, ergehen umfangreiche BMF-Schreiben jeweils dann, wenn sich der USt-Satz erhöht.

Lüdenbach

> **Beispiel**
> Die Skyscraper GmbH hat in 01 von der New-Age AG den Auftrag zur Erstellung eines Bürohochhauses gegen einen Festpreis von 100 Mio. EUR erhalten.
> Ursprünglich ging die GmbH von Kosten von 90 Mio. EUR aus. Wegen Schwierigkeiten bei den Gründungsarbeiten ist **diese Kostenschätzung zum Bilanzstichtag auf 95 Mio. EUR korrigiert** worden (davon 19 in 01). Einen Ausgleich kann die GmbH in 02 dadurch erreichen, dass die Erweiterung des Bürohochhauses um ein Penthouse für den New-Age-Vorstand zu einem Preis von 10 Mio. EUR bei geschätzten Kosten von 4 Mio. EUR vereinbart wird. Der Preis für diesen **Folgeauftrag** wird nur formell unabhängig verhandelt. Wegen der technischen und zeitlichen Abstimmung kommt die Beauftragung anderer Unternehmen nicht in Frage.
> Bei Kosten von 40,4 in 02 und 39,6 + 1,0 in 03 wird das Gebäude in 03 fertig gestellt. Die **zusätzlichen Kosten** von 1,0 Mio. EUR in 03 fallen in der Endphase zur Fristeinhaltung an (Schnellbaukosten).
>
> | | 01 | 02 | 03 |
> |---|---|---|---|
> | ursprünglicher Erlös | 100,0 | 100,0 | 100,0 |
> | + Erweiterung | 0,0 | 10,0 | 10,0 |
> | = gesamter Erlös | 100,0 | 110,0 | 110,0 |
> | – gesamte Kosten | 95,0 | 99,0 | 100,0 |
> | = gesamter Gewinn | 5,0 | 11,0 | 10,0 |
> | Kosten bis Stichtag | 19,0 | 59,4 | 100,0 |
> | Fertigstellungsgrad (= kumulierte Stichtagskosten/geschätzte Gesamtkosten) | 20 % | 60 % | 100 % |
> | kumulierter Erlös (Gesamterlös × % Fertigstellung) | 20,0 | 66,0 | 110,0 |
> | – davon in Vorjahren | 0,0 | 20,0 | 66,0 |
> | = Periodenerlös | 20,0 | 46,0 | 44,0 |
> | kumulierte Kosten (s. o.) | 19,0 | 59,4 | 100,0 |
> | – davon in Vorjahren | 0,0 | 19,0 | 59,4 |
> | = Periodenkosten | 19,0 | 40,4 | 40,6 |
> | Periodengewinn | 1,0 | 5,6 | 3,4 |

3.2.2 Erlöse bei Ersatzansprüchen des Auftragnehmers

50 Kommt der Kunde in **Annahmeverzug** oder hat er sonstige Nebenpflichten aus dem Vertrag verletzt, z. B. die Stelle, an der eine Anlage zu installieren ist, nicht rechtzeitig betriebsbereit gemacht, so kann es insbesondere im Falle von Festpreisverträgen zu **Nachforderungen des Auftragnehmers wegen zusätzlicher Kosten**, aufgrund Verzugs der anderen Seite usw. kommen.

Lüdenbach

Für die Einbeziehung solcher Nachforderungen *(claims)* in die Auftragserlöse gilt ein **implizites Vorsichtsprinzip**. Nachforderungen dürfen nur dann einbezogen werden, wenn die Verhandlungen so weit fortgeschritten sind, dass der Kunde die Nachforderungen wahrscheinlich akzeptieren wird und zusätzlich der vom Kunden akzeptierte Betrag verlässlich ermittelt werden kann (IAS 11.14).

51

3.2.3 Prämien und Vertragsstrafen, z. B. für Fristüberschreitung und -unterschreitung

Im Industriegebäude- und Industrieanlagenbau sehen Verträge häufig eine **Prämie für vorzeitige Erfüllung** vor. Derartige Prämien *(incentives)* dürfen in die Erlös- und damit POC-Kalkulation nicht zu einem früheren Zeitpunkt, sondern erst dann einbezogen werden, wenn die Erreichung des besonderen Leistungsziels und damit die Prämie wahrscheinlich ist (IAS 11.15).

52

Umgekehrt kann es wegen unzureichender oder zu später Leistungserfüllung (**Verzug**) zu Minderungen der Auftragserlöse bzw. zu Vertragsstrafen *(penalties)* kommen (IAS 11.12c). Für die Berücksichtigung solcher Erlösminderungen gelten die allgemeinen Schätzgrundsätze (Rz 21 und Rz 36). Insbesondere muss die Minderung nicht unwahrscheinlich sein (IAS 11.34). Mangels Bestimmung (Bestimmbarkeit) der Wahrscheinlichkeitsanforderungen (→ § 21 Rz 32ff.) bleibt ein Ermessensspielraum.

53

3.2.4 Einbeziehung von Zinsvorteilen aus langfristigen Anzahlungen

Erfolgen die **Zahlungen** des Auftraggebers nicht mehr oder weniger parallel zum Leistungsfortschritt, sondern tritt er in erheblichem Maße und über längere Frist in **Vorleistung**, ergeben sich **Zinsvorteile** beim Auftragnehmer (→ § 9 Rz 7). Das IDW empfiehlt die Einbeziehung dieser Zinsvorteile in die Auftragserlöse.[19]

54

Hierzu folgendes Beispiel:

55

> **Beispiel**
> Eine Bauleistung ist zu je ½ in 02 und 03 zu erbringen. Bei einem angenommenen Anlage- und Schuldzinssatz von 10 % stehen folgende Zahlungsalternativen zur Diskussion:
> 1. Zahlung von je 50 Mitte 02 und Mitte 03
> 2. Zahlung von 87 (= 50/1,1 + 50/1,21) Mitte 01
> In der zweiten Alternative kann der Auftragnehmer 87 für ein Jahr und 43 für ein weiteres Jahr anlegen und so einen Zinsertrag von 8,7 + 4,3 = 13 erzielen.

Die Empfehlung des IDW ist **aus analytischer Sicht** im Interesse einer Spaltung zwischen operativem Ergebnis und Finanzergebnis und mit Blick auf die interne und externe Vergleichbarkeit des operativen Ergebnisses **überzeugend**.

56

---

[19] IDW, RS HFA (n. F. v. 18.10.2005) Tz 11.

Lüdenbach

Bei der Einbeziehung der Zinsvorteile in die Auftragserlöse ergeben sich jedoch verschiedene **praktische Probleme**.

- Zunächst ist unklar, ob die **Zinskalkulation** auf Basis des Anlagezinses, des Schuldzinses oder etwa auf Basis des für die Vertragsverhandlung maßgeblichen **Zinssatzes** erfolgen soll.
- Weiterhin muss der Ab- oder Aufzinsungs**zeitraum** bestimmt werden. Die Orientierung an einem „normalen" Zahlungsrhythmus (etwa dem der Makler- und Bauträger-Verordnung, MaBV) ist denkbar. Hierbei würde sich dann allerdings die Frage stellen, ob der als Maßstab gewählte Zahlungsrhythmus tatsächlich „normal" ist, wo also die Nulllinie angesetzt werden soll.
- Schließlich wäre noch zu überlegen, wie ein errechneter Zinsvorteil den **Umsatzerlösen** zugeschlagen werden sollte. Die **Verteilung auf die Perioden** kann linear oder nach Maßgabe der Effektivzinssatz-Methode erfolgen.

57 Die Berücksichtigung der Zinsvorteile wirft mithin viele offene und ungelöste praktische Fragen auf, sodass ihr u. E. unter *materiality*-Gesichtspunkten nur bei sehr langem und hohem Vorlauf der Anzahlungen zwingend zu folgen ist (→ § 9 Rz 4).

3.3 Umfang der Kosten

3.3.1 Direkte und indirekte Kosten

58 Zu jedem Stichtag sind einerseits die bereits angefallenen, andererseits die insgesamt noch anfallenden Kosten zu bestimmen. Zu den Kosten gehören neben den direkten Einzel- und Gemeinkosten des Materials und der Fertigung (inklusive Subunternehmerkosten) auch die **indirekten fertigungsbezogenen Gemeinkosten** der Verwaltung (IAS 11.16ff.).

59 Der Kostenbegriff folgt den Definitionen von IAS 2 (→ § 8 Rz 16ff.). Danach sind einzubeziehen:

- als **direkte Kosten**: Fertigungsmaterial (Rz 32) und Fertigungslöhne, Gehälter für die Auftragsüberwachung, Abschreibungen oder Mieten für die beim Auftrag eingesetzten Maschinen und Anlagen, Transportkosten für Materialien und Maschinen, (geschätzte) Kosten für Nachbesserung und Gewährleistung (IAS 11.17),
- als **indirekte Kosten**: Versicherungsprämien, Fertigungsgemeinkosten (z. B. für eine zentrale Qualitätskontrolle) auf Basis der normalen Kapazitätsauslastung (IAS 11.18).

Bei **überhöhten** Kosten (z. B. aufgrund von unwirtschaftlichem Materialverbrauch) und Leerkosten (z. B. planmäßige Abschreibungen auf zeitweise ungenutzte, für den Auftrag „reservierte" Anlagen) ist nach IDW wie folgt zu differenzieren:

- Sofern überhöhte Kosten dem Fertigungsauftrag **direkt** i.S.v. IAS 11.16 (a) zugeordnet werden können, sind sie als Bestandteil der Auftragskosten zu erfassen. Entsprechendes gilt für Leerkosten.
- **Sonstige** überhöhte oder Leerkosten sind sofort aufwandswirksam.
- Als **Auftragskosten** sind vorrangig solche Kosten zu berücksichtigen, die im Zeitraum von Auftragserlangung bis Erfüllung des Vertrags anfallen (IAS 11.21). Kosten der Auftragerlangung sind ggf. ergänzend zu berücksichtigen (Rz 62). **Nachlaufende** Herstellungskosten (z. B. aus Nacharbeiten, Erfüllung von Gewährleistungsansprüchen) sind mit ihren Schätzwerten in die Auftragskosten einzubeziehen.[20]

Nicht einzubeziehen sind Kosten der allgemeinen **Verwaltung**, z. B. der Gehaltsbuchhaltung (hingegen – theoretisch – doch einzubeziehen: Kosten der Lohnbuchhaltung), FuE-Kosten (es sei denn, Erstattung ist vereinbart) und Abschreibungen auf ungenutzte Anlagen und Maschinen (IAS 11.10). **Fremdkapitalkosten** können unter den Voraussetzungen von IAS 23, d. h. insbesondere bei Längerfristigkeit der Auftragsfertigung, einbezogen werden (IAS 11.18; → § 9 Rz 14).

60

61

3.3.2 (Vorlaufende) Vertriebskosten, Kosten der Auftragserlangung

IAS 11.20 bestimmt, dass Kosten, die einzelnen Verträgen nicht zugeordnet werden können, bei der Bestimmung der Kosten, des Auftragsfortschritts usw. nicht berücksichtigt werden dürfen: „Dazu gehören . . . Vertriebskosten" (IAS 11.20b). IAS 11.21 und 27 sehen hingegen vor, dass Kosten, die zur Erlangung eines konkreten Auftrags erforderlich sind, zu den Auftragskosten gehören, wenn sie einzeln identifiziert und verlässlich ermittelt werden können und wahrscheinlich ist, dass der Auftrag zustande kommt.

Ein Widerspruch zwischen beiden Regeln besteht dann nicht, wenn man zwischen **allgemeinen** Vertriebskosten und dem einzelnen Vertrag direkt zurechenbaren Vertriebskosten (**Einzelkosten**) unterscheidet. Im Bauträgergeschäft mit steuerbegünstigten Wohnungen ist es etwa üblich, mit Vertragsschluss hohe Provisionen an den Strukturvertrieb zu zahlen. Die Höhe der so genannten **Innenprovisionen** kann sich durchaus auf 20 % und mehr des Auftragserlöses belaufen. Es ist u. E. sachgerecht, solche einzeln zurechenbaren Vertriebskosten nach IAS 11 in Gesamtkostenkalkulation, Ermittlung des Fertigstellungsgrades und Bestimmung der anteiligen Erlöse einzubeziehen.[21] Voraussetzung für die Einbeziehung vorlaufender Vertriebs- und sonstiger Kosten (Beraterhonorare, nützliche Ausgaben zur Förderung der Vertragsbereitschaft usw.) ist die **Zurechenbarkeit** zu einem einzelnen Auftrag. In sachlicher Hinsicht kommen daher regelmäßig nur Einzelkosten in Frage, in zeitlicher Hinsicht nur Kosten solcher Aufträge, deren Erlangung spätestens bei Bilanzerstellung sicher oder sehr wahrscheinlich ist. Ohne eine solche

62

63

---

[20] IDW, HFA 2 (n.F. v. 18.10.2005) Tz 8.
[21] So für das Handelsrecht SELCHERT, Realisationsprinzip, Teilgewinnrealisierung, DB 1990, S. 797.

Lüdenbach

Wahrscheinlichkeit sind die Kosten als Aufwand zu behandeln und bei späterer tatsächlicher Auftragserlangung auch nicht nachzuaktivieren (IAS 11.21).

3.4 Infrastrukturkonzessionsverträge bei *public private partnership*

64 Der ab 1.1.2008 anwendbare IFRIC 12 beschäftigt sich mit der Bilanzierung von so genannten *Service Concession Contracts* über privat finanzierte und betriebene **Infrastruktureinrichtungen**. In diesem Kontext kommt es zur Anwendung der Regeln von IAS 11, wenn der private Partner neue Infrastruktur erstellt oder vorhandene grundlegend verbessert (*upgrade*).

65 Nicht dem Anwendungsbereich von IFRIC 12 unterliegen folgende Fälle:
- Der private Partner unterliegt in der Gestaltung des Serviceumfangs (etwa Tageszeiten der Nutzung), in den von den Nutzern erhobenen Gebühren usw. keinen Auflagen (IFRIC 12.5a). Hier kommt bei rechtlichem Eigentum des öffentlichen Partners ggf. ein Leasingverhältnis mit dem privaten Partner gem. IAS 17 oder IFRIC 4 in Frage (→ § 15 Rz 4).
- Der öffentliche Partner hat keine Verfügungsmacht über den Restwert der Einrichtung nach Ablauf des Servicevertrags, weil der private Partner z. B. frei ist, die Infrastruktur vorher zu verpfänden oder zu veräußern und/oder der öffentliche Partner die Nutzung nicht über die gesamte Dauer des Servicevertrags kontrollieren kann (IFRIC 12.5b und IFRIC 12.AG4). Hier kommt eine Bilanzierung der Infrastruktur als Sachanlage gem. IAS 16 (→ § 14) beim privaten Partner in Frage.

66 In den Anwendungsbereich von IFRIC 12 fallende Verträge sind wie folgt zu bilanzieren:
Während der **Bauphase**: Es entstehen durch die Erstellung/Verbesserung der Infrastruktur Erlöse aus Fertigungsaufträgen und entsprechende Forderungen gegen den öffentlichen Partner.
Während der **Betriebsphase** ist zu unterscheiden:
- Leistet oder garantiert der öffentliche Partner die Zahlungen für die Einrichtung und deren Betrieb, gelangt das *financial asset model* zur Anwendung (IFRIC 12.16). Die Einnahmen werden (unter Berücksichtigung von Zinseffekten) gegen die Forderung aus dem Fertigungsauftrag verrechnet. Im Übrigen entstehen beim privaten Partner noch Zinserträge.
- Zahlen die Infrastrukturnutzer an den privaten Betreiber und garantiert der öffentliche Partner auch keine Mindesteinnahmen, wird nach dem *intangible asset model* verfahren (IFRIC 12.17): Es unterstellt einen gewinn- und erlösrealisierenden Tausch der Forderung aus dem Fertigungsauftrag gegen den Erwerb eines Rechts auf den Betrieb der Infrastruktur. Dieses Recht wird dann über die Laufzeit abgeschrieben. Umsätze entstehen in diesem Modell nicht nur aus dem Fertigungsauftrag, sondern auch aus der laufenden „Maut". Mit dieser „Doppelung" der Umsätze geht keine „Doppelung" des Ergebnisses einher, da das Ergebnis andererseits im Unterschied zum

Lüdenbach

financial asset model um die Abschreibung auf das immaterielle Vermögen gemindert wird.

- Zahlen zwar die Infrastrukturnutzer, **garantiert** der öffentliche Partner aber eine **Mindesteinnahme**, liegt in Höhe der (abgezinsten) Garantieeinnahmen ein *financial asset*, in Höhe der darüber hinausgehenden Ertragserwartungen ein *intangible asset* vor (IFRIC 12.18).

> **Beispiel**
> Die Bundesrepublik Deutschland entscheidet sich für eine Entlastung des notorisch verstopften Kölner Autobahn-Rings. Eine neue Autobahn Siegburg – Leverkusen wird privat von der Maut und Bau AG erbaut und finanziert. Die AG wendet dafür 5 Mrd. EUR auf, bei Einbeziehung eines üblichen Gewinnaufschlags von 14 % würde sie für den Bau der Autobahn einem Dritten 5,7 Mrd. EUR in Rechnung stellen.
> Die Maut und Bau AG darf weder von Pkws Gebühren erheben noch die Nutzung der Autobahn durch Pkws beschränken. Nach Ende der 5-Jahres-Frist fällt die Autobahn entschädigungslos an die Bundesrepublik.
> Danach **scheidet** für die Maut und Bau AG die bilanzielle Abbildung als Sachanlage wegen der fehlenden dauernden Kontrolle (→ § 1 Rz 87) über die Autobahn **aus**.
> Die Maut und Bau AG erhält auf 5 Jahre
> - entweder einen **garantierten** Betrag von je 1,5 Mrd. EUR (insgesamt 7,5 Mrd. EUR) von der Bundesrepublik *(finacial asset modell)*
> - oder das Recht, von Lkws Mautgebühren in **kalkulierter** Höhe von insgesamt ebenfalls 7,5 Mrd. EUR zu erheben *(intangible asset model)*.
>
> **Alternative 1** *(financial asset model)*:
> - Die Maut und Bau AG aktiviert eine **Forderung aus Fertigungsauftrag** gegen die Bundesrepublik, die parallel zum Fertigungsfortschritt ansteigt und bei Fertigstellung 5,7 Mrd. EUR beträgt; entsprechend entstehen über die Bauzeit kumuliert POC-Erlöse von 5,7 Mrd. EUR.
> - Bei einem Effektivzins von 10 % sind die 7,5 Mrd. EUR (p.a. 1,5) als annuitätische Leistung auf die Forderung anzusehen.
> - Nach Fertigstellung wird die Forderung jährlich mit 10 % **aufgezinst** (daraus Zinserträge von 1,8 Mrd.), andersets um die annuitätische Zahlung von 1,5 Mrd. EUR verringert.
> - Summe der Erlöse/Erträge: 5,7 Mrd. EUR aus POC-Fertigung + 1,8 Mrd. EUR aus Zins = 8,5 Mrd. EUR.

BILANZ (Forderung)

Jahr	1.1.	Aufzinsung	Annuität	31.12.
0				5,70
1	5,70	0,57	−1,50	4,77
2	4,77	0,47	−1,50	3,74
3	3,74	0,37	−1,50	2,61
4	2,61	0,26	−1,50	1,37
5	1,37	0,13	−1,50	**0,0**

GuV (Erträge)

Jahr	Erlös POC	Zins	Summe
0	5,7		5,70
1		0,57	0,57
2		0,47	0,47
3		0,37	0,37
4		0,26	0,26
5		0,13	0,13
		1,80	7,50

Alternative 2 *(intangible asset model):*
- Über die Bauzeit wiederum Aktivierung einer **Forderung aus Fertigungsauftrag** von 5,7 Mrd. EUR mit entsprechenden POC-Erlösen.
- Zum Ende der Bauzeit: Anschaffung eines **immateriellen** Vermögenswertes von 5,7 Mrd. EUR im **Tausch** gegen die erbrachte Fertigungsleistung bzw. die aus ihr resultierende Forderung.
- Über die Betriebszeit: **Vereinnahmung** der 7,5 Mrd. EUR Mauteinnahmen als Erlöse und Verbuchung von 5,7 Mrd. EUR **Abschreibung** auf den immateriellen Vermögenswert.
- Summe der Erlöse/Erträge 5,7 Mrd. EUR aus POC + 7,5 Mrd. EUR aus Maut = 13,2 Mrd. EUR, denen u. a. noch 5,7 Mrd. EUR Abschreibungen gegenüberstehen.

BILANZ (immaterielles Vermögen)

Jahr	1.1.	Abschreib.	31.12.
0			5,70
1	5,70	−1,14	4,56
2	4,56	−1,14	3,42
3	3,42	−1,14	2,28
4	2,28	−1,14	1,14
5	1,14	−1,14	**0,00**

Ist der Betreiber vertraglich verpflichtet, die Einrichtung am Ende der Laufzeit in einem bestimmten Erhaltungszustand zu übergeben, so ist in den Jahren ohne Instandhaltung eine Rückstellung nach dem Maß der „Abnutzung" anzusammeln (IFRIC 12.21).

GuV (Erlöse)			
Jahr	POC	Mauterlös	Summe
0	5,70		5,70
1		1,50	1,50
2		1,50	1,50
3		1,50	1,50
4		1,50	1,50
5		1,50	1,50
	5,70	7,50	13,20

3.5 Herstellung kundengebundener Werkzeuge

In **Zulieferindustrien**, z. B. in der Automobilbranche, kommt es häufig zur Produktion sog. kundengebundener Werkzeuge. Auftragnehmer (Zulieferer) und Auftraggeber (Abnehmer) schließen einen längerfristigen Rahmenvertrag, dem zufolge der Auftragnehmer Teile für den Auftraggeber nach dessen technischen Spezifikationen erstellt. Die Produktion der Zulieferteile erfordert den Einsatz **spezifischer Werkzeuge** (Gussformen etc.), die für alternative Zwecke nicht einsetzbar sind.

Am **Anfang** des Leistungsprozesses steht regelmäßig die Herstellung dieser Werkzeuge. Soweit der Auftraggeber nicht ausnahmsweise eine für die Amortisation der Werkzeugkosten hinreichend hohe Mengenabnahme garantiert, können Vereinbarungen getroffen werden, die dem Auftragnehmer das **Risiko** der Wertloswerdung der Werkzeuge teilweise abnehmen. Derartige **Vereinbarungen** können vorsehen:

- Am Anfang zu zahlende **Werkzeugkostenzuschüsse** bzw. -beiträge, die auf Basis der gemeinsamen Teilekalkulation implizit auf den Preis der gelieferten Teile angerechnet werden,
- einen bei Vertragsbeendigung oder dauerhaftem Verfehlen der Mengenziele zu zahlenden **Amortisationsbeitrag**,
- stückzahlenunabhängige, **laufende Amortisationsgebühren**.

Die Vereinbarungen enthalten überdies regelmäßig Bestimmungen für das **Ende** des (laufenden) Produktionszyklus, z. B. eine Pflicht des Auftragnehmers, die Werkzeuge nach Auslaufen der Bauserie noch zehn Jahre aufzubewahren und für Ersatzteileanforderungen einzusetzen, oder aber die Verpflichtung zur Rückübertragung der Werkzeuge an den Auftraggeber.

Nach den Kriterien von IFRIC 4 erfüllen die Rahmenverträge zumeist den Tatbestand eines **verdeckten Leasingverhältnisses** (→ § 15 Rz 10). Der Zulieferer als rechtlicher Eigentümer überlässt in wirtschaftlicher Betrachtung dem Abnehmer die Werkzeuge. Zu beurteilen ist dann, ob die Nutzungsüberlassung (Leasing)

- als *finance lease* (dann Bilanzierung beim Abnehmer)
- oder als *operating lease* (dann Bilanzierung bei Zulieferer)

erfolgt.

Lüdenbach

Für ein *finance lease* sprechen insbesondere (→ § 15 Rz 20ff.) die den Aufbewahrungspflichten des Zulieferers entsprechenden dauernden Verfügungsrechte des Abnehmers oder dessen Erwerbsrechte für den Fall der vorzeitigen Vertragsbeendigung. Auch ohne solche Regelungen ist die Qualifizierung als *finance lease* **die Regel**, da die Werkzeuge nicht allgemein verwendbar sind, also ein Fall des Spezialleasings vorliegt (→ § 15 Rz 104).

68 Bei einem *finance lease* treffen die Regelungen von IAS 17 und IAS 11 zusammen. Die Vertragskonstruktion kann in diesem Fall als eine besondere Form des **Herstellerleasings** qualifiziert werden (→ § 15 Rz 131ff.), die sich von den bekannten Formen (z. B. Kfz- oder EDV-Leasing) nur dadurch unterscheidet, dass das hergestellte und im Wege des *finance lease* wirtschaftlich veräußerte Produkt **kundenspezifisch** gefertigt wird. Konsequenzen hieraus sind:

- Der Zulieferer tätigt eine Auftragsfertigung, die nach Maßgabe der POC-Methode zu Erlösen und Forderungen führt.
- Soweit der Abnehmer Werkzeugkostenbeiträge leistet, sind diese keine analog IAS 20 zu behandelnden (privaten) Zuschüsse (→ § 12 Rz 37), sondern Leasingvorauszahlungen bzw. (An-)Zahlungen auf die Forderung aus dem Fertigungsauftrag.
- Soweit laufende Amortisationsbeiträge gezahlt werden, sind diese als Leasingraten zu interpretieren.
- Soweit keine oder nicht ausreichende „Zuschüsse" oder Amortisationsgebühren vereinbart sind, müssen die Stückentgelte des Abnehmers in eine Leasingrate und einen Kaufpreis für die Teile aufgegliedert werden. Die dabei auftretenden Schätzunsicherheiten und Ermessensspielräume sind nach IFRIC 4.14 unschädlich.

Beispiel[22]
Zulieferer Z erstellt kundenspezifische Werkzeuge zur Produktion von Autotanks für Autohersteller A.
Die anfallenden Herstellungskosten der Werkzeuge betragen 10 Mio. EUR. A beteiligt sich in 01 mit einem „Zuschuss" von 4 Mio. EUR an den Werkzeugkosten. Im Übrigen ist Folgendes vereinbart:
- Geplante Teileabnahme: 4 Jahre (02 bis 05) à 50.000 Stück = 200.000 Stück.
- Somit ergibt sich ein rechnerischer Anteil der nicht bezuschussten Werkzeugkosten von 6 Mio. / 200.000 = 30 EUR pro Stück und der bezuschussten Kosten von 4 Mio. / 200.000 = 20 EUR pro Stück.
- Preis pro Stück vor Werkzeugkostenanteil: 450 EUR.
- Bei Unterschreiten des Mengenziels von 200.000 werden nachträgliche Amortisationszahlungen in Höhe von
 (200.000 − Istmenge) × 30 EUR fällig.

---

[22] Aus LÜDENBACH, IFRS, 4. Aufl., 2005, S. 116.

Die Produktion wird wie vereinbart aufgenommen. Sie endet vorzeitig nach 3 Jahren (150.000 Stück).
Z erhält Anfang 05 eine Abschlusszahlung von 1,5 Mio. EUR (50.000 × 30).
Unter Vernachlässigung eines Finanzierungsanteils in den verdeckten Leasingraten sowie in der POC-Forderung ergeben sich unter der Annahme eines *finance lease* die Bilanz- und Kalkulationswerte sowie die Umsätze und Zahlungen beim Zulieferer wie folgt:

POC Forderung		Stückkalkulation	
POC Ford. vor Zahlung	10.000.000	Fertigungskosten	450
– „Zuschuss"	4.000.000	WK-Beitrag	50
= POC Ford. 31.12.01	6.000.000	Entgelt kalkulatorisch	500
		bereits gel. WK-Beitrag	–20
		Restentgelt	480

Jahresumsatz/Jahreszahlung	02	03	04
Teile in Stück	50.000	50.000	50.000
× Stückpreis ohne WK Beitrag	450	450	450
= Teileumsatz	22.500.000	22.500.000	22.500.000
+ noch nicht geleist. WK-Beitrag (50.000 × 30)	1.500.000	1.500.000	1.500.000
= Zahlung	24.000.000	24.000.000	24.000.000

Hieraus ergeben sich folgende **Buchungssätze**:

01:	per Forderung (aus POC)	10 Mio.	an POC-Umsatz	10 Mio.
	per Geld	4 Mio	an Forderung (aus POC)	4 Mio.
02 bis 04 jeweils:				
	per Geld	24 Mio.	an Teileumsatz	22,5 Mio.
			an Forderung (aus POC)	1,5 Mio.
05:	per Geld	1,5 Mio.	an Forderung aus POC	1,5 Mio.

Ist das verdeckte Leasingverhältnis ausnahmsweise als *operating lease* zu beurteilen, ergeben sich folgende Wirkungen:
- Das Werkzeug ist als aktivierte Eigenleistung beim Zulieferer zu bilanzieren und über die Laufzeit (entsprechend dem *matching principle* nicht pro rata, sondern stück- bzw. leistungsabhängig) abzuschreiben.
- Die operativen Leasingzahlungen setzen sich zusammen aus
  - einem „Werkzeugkostenzuschuss", der als Leasinganfangszahlung passivisch abzugrenzen ist und nicht sofort, sondern über die Vertragsdauer ertragswirksam wird (Auflösung auch hier entsprechend dem *matching principle* stück- bzw. leistungsabhängig),
  - einem Leasinganteil in den laufenden Stückentgelten,
  - einer evtl. Schlusszahlung, die erst mit Entstehen der betreffenden Forderung Ertrag wird.

Lüdenbach

Die Regeln laufen ins Leere, wenn der Hersteller dem Zulieferer keinerlei Amortisationsgarantien gibt oder kein Serienliefervertrag geschlossen wird, sondern jeweils einzelne Lose in Auftrag gegeben werden. Zwar kann das Interesse an einer langfristigen Zusammenarbeit auch hier zu „faktischen Amortisationsgarantien" führen, indem dem Zulieferer etwa in Aussicht gestellt wird, im Falle einer unbefriedigenden Stückzahlabnahme für den laufenden Vertrag durch höhere Preise bei zukünftigen Verträgen über andere Modelle indirekt eine Kompensation zu erhalten. Derartige Abreden sind aber kaum zu objektivieren. Durch die Umstellung auf Verträge über einzelne Lose haben die einschlägigen Industrien daher bereits die Implementierung des IFRIC 4 (→ § 15 Rz 4) entsprechenden amerikanischen Standards EITF 01-08[23] bilanzneutral „bewältigt".

3.6 Übergang vom HGB zu IFRS

69 Handelsrechtlich gilt die POC-Methode nicht oder nur unter engen Voraussetzungen als zulässig (Rz 15). Wird bei der **Umstellung von HGB auf IFRS** retrospektiv verfahren, so, als ob immer schon nach IFRS bilanziert worden wäre, ist der nach IAS 11 schon anteilig als realisiert anzusehende Gewinn- und Umsatzanteil gegen die Gewinnrücklagen der IFRS-Eröffnungsbilanz einzubuchen (→ § 6 Rz 21f.). Bei isolierter Betrachtung dieser zum IFRS-Eröffnungsbilanzstichtag noch unfertigen Aufträge bleibt daher der IFRS-Gewinn der Folgeperioden hinter dem Gewinn zurück, der bei Fortführung der Handelsbilanz erzielt worden wäre. Andererseits entsteht aber der IFRS-Gewinn aus neuen Aufträgen früher als handelsbilanziell. Bei gleich bleibendem Volumen gleichen sich beide Effekte aus. Nur durch Änderung des Fertigungsvolumens nach dem Zeitpunkt des Übergangs wird der Unterschied aus der IFRS-Eröffnungsbilanz auch saldiert wirksam.

4 Latente Steuern

70 Im deutschen Steuerrecht gilt der Ertrag aus langfristigen Fertigungsaufträgen regelmäßig erst mit Vollendung als realisiert *(completed-contract-*Methode). Eine frühere Abrechnung ist nur ausnahmsweise bei selbstständigen Teilleistungen und fehlendem Gesamtfunktionsrisiko zulässig (Rz 47).[24] Im Regelfall kommt es somit bei **Gewinn bringenden Aufträgen** zu den Stichtagen, zu denen der Auftrag noch nicht abgeschlossen ist, in der IFRS-Bilanz zu einem höheren Wertansatz als in der Steuerbilanz. Die Folge ist der **Ansatz passiver latenter Steuern** nach IAS 12 (→ § 26).

71 Bei **Verlustaufträgen** entsteht eine Abweichung zur Steuerbilanz dann, wenn die Verluste sofort in voller Höhe in der IFRS-Bilanz auszuweisen sind

---

[23] EITF 01-8 Determining Whether an Arrangement Contains a Lease.
[24] BFH, Urteil v. 5.5.1976, I R 121/74, BStBl II 1976 S. 541.

(Rz 40), in der Steuerbilanz der Ansatz drohender Verluste hingegen verboten ist (§ 5 Abs. 4a EStG). Als Folge dieses Unterschieds sind in der IFRS-Bilanz **aktive latente Steuern** anzusetzen (→ § 26 Rz 19).
Die Höhe der im **Verlustfall** entstehenden temporären Differenz zwischen Steuerbilanz und IFRS-Bilanz hängt allerdings konkret davon ab, wie weit der Verlust
- als Drohverlust und damit steuerlich unbeachtlich zu qualifizieren ist oder
- er als Teilwertabschreibung auf unfertige Leistungen auch steuerlich Berücksichtigung findet.

Zum damit angesprochenen **Verhältnis von Niederstwert-/Teilwert-Abschreibung und Drohverlustrückstellung** vertraten das BMF und ein Teil der Finanzrechtsprechung bislang folgende Auffassung:[25]
- Es gibt keinen Vorrang der verlustfreien Bewertung (Niederstwert- bzw. Teilwertabschreibung) vor der Drohverlustrückstellung.
- Beide Vorschriften ergänzen sich vielmehr in zeitlicher Hinsicht derart, dass nur die anteilig bis zum Bilanzstichtag entstandenen Verluste über eine Abschreibung zu berücksichtigen sind, die danach anfallenden Verluste aber als (steuerbilanziell nicht berücksichtigungsfähige) Drohverlustrückstellung gelten.

Zur praktischen Konsequenz dieser durch BFH-Urteil vom 7.9.2005 (VIII R 1/03) wohl überholten Auffassung folgendes Beispiel:

> **Beispiel**
> Gegen einen Anfang 01 vereinbarten Festpreis von 1.000 TEUR wird ein Gebäude errichtet. Zum Stichtag wird mit Gesamtkosten von 1.200 gerechnet. Davon fallen 900 in 02 und 300 in 03 an.
> Nach IAS 11.36f. ist in 01 ein Verlust von 200 auszuweisen.
> In der Steuerbilanz ist der Auffassung der Finanzverwaltung zufolge zu differenzieren:
> - Ende 01 werden 200 als steuerlich unbeachtliche Drohverlustrückstellungen ausgewiesen. Die aktive latente Steuer ist 40 % von 200 = 80.
> - Ende 02 ist der Verlust mit $3/4$ (= 900/1.200), d. h. mit 150 als Teilwertabschreibung zu berücksichtigen.
> - Die verbleibenden 50 werden als steuerlich unbeachtliche Drohverlustrückstellung qualifiziert. Die aktive latente Steuer reduziert sich auf 40 % von 50 = 20.

---

[25] BMF, Schreiben v. 27.4.2001, IV A6-S-2174-15/01, DStR 2001, S. 1527; BMF, Schreiben v. 14.11.2000, IV A6-S-2174-5/00, DStR 2000, S. 2043; FG Rheinland-Pfalz, Urteil v. 18.11.2002, 5 K 1468/01, EFG 2003, S. 1289. Gegen die Auffassung der Finanzverwaltung vgl. HOFFMANN, DB 2001, S. 2016. In einem Aussetzungsverfahren hat der BFH mit Beschl. vom 28.4.2004 (VIII B 79/03, FR 2004, S. 995) die Auffassung der Finanzverwatung allerdings als ernstlich zweifelhaft angesehen.

Zu buchen ist wie folgt:				
01:	per Aufwand	200	an Verb. POC	200
	per aktive latente Steuer	80	an Steuerertrag	80
02:	per Aufwand	750	an Geld	900
	per Verb. POC	150		
	per Ford. POC	750	an Erlös	750
	per Steueraufwand	60	an aktive latente Steuer	60
03:	per Aufwand	250	an Geld	300
	per Verb. POC	50		
	per Ford. POC	250	an Erlös	250
	per Steueraufwand	20	an aktive latente Steuer	20

Durch das Urteil des BFH vom 7.9.2005 (VIII R 1/03) ist die Auffassung der Finanzverwaltung aber wohl überholt, nunmehr ist von einem Vorrang der Teilwertabschreibung auszugehen.

5 Ausweis und Buchungstechnik

5.1 Bilanzausweis

72 Der im Rahmen der POC-Methode zu aktivierende Betrag wird nicht unter den Vorräten ausgewiesen, sondern **unter den Forderungen**, z. B. als „Forderung aus POC" (so Hochtief AG), als „Fertigungsaufträge in Bearbeitung" oder als „Fertigungsaufträge mit aktivischem Saldo".[26] Für unfertige Leistungen, die nicht spezifisch für den Auftrag erstellt wurden (Standardkomponenten) bleibt es so lange beim Vorratsausweis, bis Installation/Einbau erfolgen (Rz 31f.).[27]

73 Soweit der Kunde bereits **Zahlungen** auf den Auftrag geleistet hat, ist nach IAS 11.43f. wie folgt zu differenzieren:
- **Erhaltene Anzahlungen** *(advances received)*, d. h. Zahlungen, die den Gegenwert des Leistungsfortschritts übersteigen bzw. vor Leistungserbringung erfolgen, sind als Verbindlichkeit (nicht als Fertigungsaufträge mit passivischem Saldo) anzusetzen.
- Zahlungen aufgrund von **Teilabrechnungen** *(progress billings)*, die den Leistungsfortschritt nicht überschreiten, werden hingegen von der „Forderung aus POC" in Abzug gebracht.
- Ein Abzug soll bereits mit **Erstellung** der Teilabrechnung notwendig sein.[28]

---

[26] So IDW, HFA 2 (n.F. v. 18.10.2005) Tz 17.
[27] Vgl. auch HEUSER/THEILE, IAS/IFRS-Handbuch, 2. Aufl., Tz 488.
[28] Vgl. ADS INTERNATIONAL, Abschn. 16, Tz 151, KEITZ/SCHMIESZEK, KoR 2004, S. 118ff., sowie IDW, HFA 2, Tz 17ff.

Die unterschiedliche Behandlung von Anzahlungen und Teilabrechnung, insbesondere im dritten Fall, bereitet wegen des fließenden Übergangs beider Formen **Schwierigkeiten**. Auch Anzahlungen erfolgen aus wirtschaftlichen oder rechtlichen Gründen (MaBV) i. d. R. nicht völlig unabhängig vom Leistungsfortschritt. In pragmatischer Betrachtung kann folgende Regel Anwendung finden:
- Erhaltene Zahlungen sind unabhängig von ihrem formalen Charakter bzw. der zivilrechtlichen Qualifizierung zunächst gegen den Fertigungsauftrag zu saldieren.
- Soweit ein Zahlungsüberschuss verbleibt, ist dieser als Verbindlichkeit auszuweisen.

Für ein solches Vorgehen sprechen *substance over form*-Gesichtspunkte sowie die unklare Reichweite des in IAS 1.32 enthaltenen Saldierungsverbots.[29]
Droht aus dem Auftrag ein **Verlust**, erfolgt der Ausweis auf der Passivseite unter „**Verbindlichkeiten** aus POC" oder wiederum unter „Fertigungsaufträge mit passivischem Saldo" bzw. als „Verpflichtungen aus Fertigungsaufträgen".
Die nachfolgende Tabelle zeigt die Bilanzausweismöglichkeiten unter Berücksichtigung des Auftragsstadiums und der vereinnahmten Zahlung bei einem Fertigungsauftrag, aus dem kein Verlust droht:

	keine Anzahlung/keine Teilabrechnung**	Zahlung unter anteiliger Leistung	Zahlung über anteiliger Leistung
vor Auftragsbeginn	entfällt	entfällt	erhaltene Anzahlung
unfertiger Auftrag	Ford. aus POC* (Höhe: anteil. Erlös)	Ford. aus POC* (Höhe: anteil. Erlös – erhaltene Zahlung)	erhaltene Anzahlung* (Höhe: Anzahlung – ant. Erlös)
fertiger Auftrag**	Ford. L+L (Höhe: Erlös)	Ford. L+L (Höhe: Auftragserlös – erhaltene Zahlung)	entfällt

*) alternative Bezeichnung z. B. „Fertigungsaufträge in Bearbeitung" oder „Fertigungsaufträge mit aktivischem Saldo"

**) bei Abrechnung Teilleistung Minderung der POC-Forderung ggf. bereits vor Vereinnahmung

Tab. 2: Bilanzausweis POC-Methode

---

[29] Vgl. dazu KÜTING/REUTER, KoR 2006, S. 1ff.

Lüdenbach

5.2 GuV-Ausweis

74 Für den GuV-Ausweis ergeben sich **keine Besonderheiten**. Die Erlöse aus Fertigungsaufträgen sind als Umsatzerlöse, die Kosten als Herstellungskosten der zur Erzielung der Umsatzkosten erbrachten Leistung (Umsatzkostenverfahren) oder in den verschiedenen Kostenarten, also im Materialaufwand, Personalaufwand usw. auszuweisen (Gesamtkostenverfahren).

75 Wird der Fertigungsgrad nicht nach Maßgabe des *cost-to-cost*-Verfahrens (Rz 28), sondern nach anderen Maßstäben, insbesondere *output*orientiert (Rz 34), bestimmt, kann sich eine Divergenz zwischen den tatsächlich angefallenen Kosten und den zur Ermittlung des anteiligen Gewinns heranzuziehenden Kosten ergeben.

76 Hierzu folgendes Beispiel:

> **Beispiel**
> Ein Auftrag wird über 2 Perioden abgewickelt. Die Gesamtkosten betragen 100, der Gesamterlös beträgt 110. Der Fertigungsgrad per 31.12.01 wird outputorientiert mit 50 % bestimmt. Die Kosten verteilen sich mit 45 auf Periode 01 und 55 auf Periode 02.
> Unzulässig wäre ein Ansatz von 50 % der Erlöse (55) und 45 % der Kosten (45) in Periode 1. Dadurch käme es zur Erfassung des gesamten Gewinns in 01. Eine solche Verteilung vertrüge sich nicht mit dem *matching principle* (→ § 1 Rz 117). Dieses allgemein im *Framework* festgehaltene Prinzip der „gleichzeitigen und gemeinsamen Erfassung von Erlösen und Aufwendungen, die unmittelbar und gemeinsam aus denselben Geschäftsvorfällen oder anderen Ereignissen resultieren" (F.95), wird für Fertigungsaufträge spezifisch in IAS 11.25 bekräftigt.
> In Frage kommen deshalb nur folgende Ausweisalternativen für die GuV 01:
> Alt. 1: Erlöse 55 (= 50 % von 110), Kosten 50 (= 50 % von 100)
> Anpassungsbuchung: Aufwendungen (GuV) 5 an Fertigungsauftrag (Bilanz) 5.
> Alt. 2: Kosten 45, Erlöse 50

Nach IDW ist die Alternative 2 – also eine Anpassung der Auftragserlöse zur Ermittlung des zutreffenden Periodenergebnisses bei unverändertem Ausweis der als Aufwand erfassten Auftragskosten – mit IAS 11 nicht vereinbar.[30]

77 In beiden Beispielalternativen ergibt sich der gleiche Jahresertrag von 5. Für Alternative 1 spricht, dass die Erlöse entsprechend dem Leistungsfortschritt ausgewiesen werden. Gegen Alternative 1 spricht, dass zur Ermittlung des zutreffenden Ertrages Kosten bzw. Aufwendungen eingebucht werden müssen, die tatsächlich noch nicht angefallen sind. Alternative 2 kommt ohne eine solche die Kosten betreffende Anpassungsbuchung aus, zeigt dafür aber Erlöse,

---

[30] IDW, HFA 2 (n.F. v. 18.10.2005), Tz 9.

die nicht dem Leistungsfortschritt entsprechen. IAS 11 enthält keine besonderen Regelungen für den GuV-Ausweis. Insoweit sind beide Methoden anwendbar.

Zum großen Teil behandelt die vorstehend dargestellte Diskussion allerdings ein **Scheinproblem**. Soweit der *output*-orientierte Fertigstellungsgrad wesentlich von dem nach der *cost-to-cost*-Methode ermittelten abweicht, beruht die *output*-Methode nämlich regelmäßig auf falschen Prämissen:

78

Beispiel[31]

Sachverhalt
Das Tiefbauunternehmen TBau hat für einen Festpreis von 120 Mio. EUR den Auftrag zum Bau von 6 km Autobahn (incl. erforderlicher kleinerer Brückenbauwerke) erhalten. In der Periode 1 werden 4,5 km (75 %) fertig gestellt, in der Periode 2 die verbleibenden 1,5 km (25 %). Die Kosten (Personal, Material, Gemeinkosten) von insgesamt 100 Mio. EUR verteilen sich mit je 50 Mio. EUR gleichmäßig auf die beiden Perioden.
Die Verteilung der Kilometerleistungen (75 % zu 25 %) weicht von der der Kosten (50 % zu 50 %) ab, weil im zweiten Streckenabschnitt mehr Brückenbauwerke enthalten sind.
Um einen möglichst hohen Umsatz in Periode 1 auszuweisen, möchte die TBau den Umsatzanteil der Periode nicht kostenorientiert (mit 50 % von 120 Mio. EUR), sondern mengen- bzw. kilometerorientiert (mit 75 % von 120 Mio. EUR) bestimmen.

Beurteilung:
Die Wahl der *output*-Methode würde deshalb zu einem eklatant höheren Umsatzanteil der Periode 1 führen, weil der *output*orientiert festgelegte Fertigungsgrad (hier 75 %) deutlich von dem nach der *cost-to-cost* Methode (hier 50 %) abweicht. Erklärend ist der höhere Anteil an Brückenbauwerken im zweiten Bauabschnitt. Die verbleibenden 25 % der Kilometer sind wegen der vermehrten Brückenbauwerke deutlich aufwändiger als die ersten 75 %. Unter diesen Umständen halten wir eine nur an der Kilometerleistung orientierte Bestimmung des Fertigungsgrades für unzulässig. Die TBau schuldet nicht beliebige 6 km Autobahnbau in einer topographisch idealen, brückenfreien Lage, sondern den Bau auf einer örtlich genau bestimmten Strecke, zu der eine genau bestimmte Zahl von Brückenbauwerken gehört. Diese Bauwerke sind Teil der geschuldeten Gesamtleistung. Wenn alle Bauabschnitte eine gleichmäßige Zahl von Brückenbauten aufweisen würden, wäre die Kilometerleistung möglicherweise ein geeigneter Maßstab für das nach IAS 11.30 zu bestimmende Verhältnis erbrachter Leistung zur Gesamtleistung. Wenn, wie im Fallbeispiel, der zweite Streckenabschnitt mehr Brückenbauwerke fordert, re-

---

[31] Aus LÜDENBACH, PiR 2006, S. 178ff.

Lüdenbach

präsentiert der Kilometermaßstab gerade nicht mehr die ingenieurtechnischen und ökonomischen Verhältnisse. Ggf. müssten die Kilometer unter Berücksichtigung der unterschiedlichen Aufwendungen gewichtet werden, was im Resultat ein Übergehen zur *cost-to-cost* Methode bedeuten würde.

Dieses Ergebnis lässt sich wie folgt verallgemeinern:
Nach IAS 11.30 ist der Fertigungsgrad durch das
- Verhältnis der erbrachten Leistung (*work performed*)
- zur insgesamt geschuldeten Leistung definiert.

Da die Erledigung eines Fertigungsauftrags eine technische und ökonomische, seine bilanzielle Abbildung eine rein ökonomische Veranstaltung ist, kann mit diesem Verhältnis nur ein ökonomisches gemeint sein. Eine nach (naiven) physischen Größen vorgehende *Output*bemessung des Fertigungsgrades führt nur dann zu dem in IAS 11.30 geforderten verlässlichen Ergebnis, wenn eine annähernd lineare Beziehung zwischen Kosten und physischem Aufteilungsmaßstab besteht oder eine solche Beziehung über Gewichtungsfaktoren hergestellt wird. Wo dies der Fall ist, ergeben sich keine wesentlichen Abweichungen zur *cost-to-cost*-Methode. Wo dies nicht der Fall ist, halten wir die Anwendung der *output*-Methode für unzulässig, weil sie nicht das ökonomische Verhältnis von erbrachter zur insgesamt geschuldeten Leistung widerspiegelt.

5.3 Buchungstechnik

79 Das nachfolgende Beispiel zeigt, wie Fertigungsaufträge unter Berücksichtigung erhaltener Zahlungen zu verbuchen sind:

Beispiel
Ein Auftrag wird zu je 1/3 in 01 bis 03 durchgeführt. Der Gesamterlös ist 120. Die Kosten von 90 verteilen sich zu je 1/3 auf die Perioden. In 01 werden Zahlungen von 15 nach Leistungsfortschritt geleistet (aktiver Überhang), in 02 Zahlungen von 85 (passiver Überhang). Die Buchungen sind wie folgt:

Buchungen 01

Zahlung:	Geld	15	an	Ford. POC	15
Div. Aufw.:	Aufw.	30	an	Geld	30
Erlös:	Ford. POC	40	an	Erlös	40

danach: Ford. POC 25 (= 40 Erlös – 15 Zahlung)

Buchungen 02

Zahlung:	Geld	85	an	Ford. POC	85
Div. Aufw.:	Aufw.	30	an	Geld	30
Erlös:	Ford. POC	40	an	Erlös	40
Pass. Ausw:	Ford. POC	20	an	Verb.	20

danach. Verb. 20 (= 80 Erlös – 100 Zahlung)

Buchungen 03

Div. Aufw.:	Aufw.	30	an	Geld	30
Erlös	Ford. L+L	20	an	Erlös	40
	Verb.	20			

danach. Ford. L+L 20 (= 120 Erlös – 100 Zahlung)

Zur Buchungstechnik bei Verlusten wird auf Rz 71 verwiesen. **80**

6 Angaben

Die nach IAS 11.39ff. geforderten Angaben ergeben sich bei einem überwiegend in der Auftragsfertigung tätigen Unternehmen zum Teil bereits aus der **Bilanz**. Dies trifft etwa für die in IAS 11.42 geforderte Angabe der Fertigungsaufträge mit aktivischem Saldo einerseits und passivischem Saldo andererseits zu, die zum Beispiel als Forderungen aus POC und Verbindlichkeiten aus POC in der Bilanz (oder bei einer unter *materiality*-Gesichtspunkten stärker aggregierten Bilanz wiederum im Anhang) zu ersehen sind. Wichtige andere Angaben betreffen die Erläuterung der Bilanzierungs- und Bewertungsmethoden (IAS 11.39) sowie die Erläuterung der bei noch laufenden Aufträgen bereits ausgewiesenen Gewinne (IAS 11.40). **81**

Tabelle 3 listet die Angabepflichten nach Fundstelle, Inhalt und Beispiel auf:[32] **82**

IAS	Inhalt	Beispiel
Bilanzierungs- und Bewertungsmethoden		
11.3a	Methode zur Ermittlung der Auftragserlöse	POC oder *completed contract*, falls POC, aber nicht *cost-to-cost* erlösanteilig oder kostenanteilig (vgl. Rz 76)
11.39c	Methode Ermittlung Fertigstellungsgrad	*cost-to-cost, milestones* etc.

---

[32] Zur Praxis der Anhangsangaben: KEITZ/SCHMIESZEK, KoR 2004, S. 118ff.

Lüdenbach

IAS	Inhalt	Beispiel
GuV- und Bilanzposten		
11.39a	Höhe Auftragserlöse	Umsatzerlöse X TEUR, davon Auftragserlöse Y TEUR
11.42	Fertigungsaufträge mit a) aktivischem b) passivischem Saldo	a) Ford. a. POC: X TEUR b) Verb. a. POC: Y TEUR
Angaben für noch laufende Projekte		
11.40a	Höhe kumulierter Kosten und Gewinne	Bis zum Stichtag bei lfd. Projekten angefallene Kosten und Gewinne: X TEUR und Y TEUR
11.40b	Höhe erh. Anz.	X TEUR
11.40c	Höhe Einbehalte (z. B. w/ noch fehlender Abnahme)	X TEUR
Rückstellungen, Eventualverbindlichkeiten		
11.45 i. V. m. 37	Rückstellungen (für wahrsch. Inanspruchn. oder Verluste), Eventualverbindl. für mögliche, nicht völlig unwahrscheinl. Inanspruchnahmen	a) Rückst. für drohende Verluste aus Fertigungsaufträgen X TEUR b) Eventualverbindl. aus ... Y TEUR

Tab. 3: Angaben gem. IAS 11

83 Ein Formulierungsbeispiel ist nachfolgend angegeben.

Formulierungs-Beispiel

Bilanzierungs- und Bewertungsmethoden
Fertigungsaufträge (*construction contracts*) werden nach der *percentage-of-completion*-Methode (POC-Methode) bilanziert. Der anzusetzende Fertigstellungsgrad wird nach der *cost-to-cost*-Methode ermittelt. Der Ausweis der Aufträge erfolgt aktivisch unter den „Forderungen aus POC" bzw. bei drohendem Verlust passivisch unter den „Verbindlichkeiten aus POC". Soweit Anzahlungen die kumulierte Leistung übersteigen, erfolgt der Ausweis passivisch unter Verbindlichkeiten.

Erläuterung der GuV
1. Umsatzerlöse: In den Umsatzerlösen von XX TEUR sind mit Hilfe der POC-Methode ermittelte Auftragerlöse von YY TEUR enthalten.

> 2. Sonstige Angaben: Die kumulierten Kosten der am Stichtag noch laufenden Fertigungsaufträge betragen XX TEUR, die kumulierten ausgewiesenen Gewinne bzw. Verluste YY TEUR bzw. ZZ TEUR.
>
> **Erläuterung der Bilanz**
> 1. Forderungen: Von den Forderungen entfallen XX TEUR auf Forderungen aus POC. Die Summe der erhaltenen Zahlungen beträgt YY, hiervon sind entsprechend dem Leistungsfortschritt XY bei den Forderungen aus POC in Abzug gebracht und ZY als Verbindlichkeiten ausgewiesen.
> 2. Verbindlichkeiten: (analog)

Auf die **Checkliste Abschlussangaben** wird verwiesen (→ § 5 Rz 8). **84**

7 Anwendungszeitpunkt, Rechtsentwicklung

IAS 11 ist für alle Abschlüsse anzuwenden, deren Berichtsperioden ab dem 1. Januar 1995 beginnen (IAS 11.46). **85**
Die Regelungen von IFRIC 12 zu *Public-Private-Partnership*-Verträgen (Rz 64) sind ab 1.1.2008 anzuwenden.
Der IFRIC erarbeitet eine Stellungnahme zur Frage der Separierung und Kombination von Fertigungsaufträgen (Rz 42ff.). Arbeitsprämisse ist eine möglichst weitgehende Übereinstimmung mit SOP 81-1. **86**
Bedeutsame Änderungen und Ergänzunen von IAS 11 sind im Übrigen derzeit nicht angekündigt. Der IASB betreibt aber das Projekt „*Liabilities and Revenue Recognition*" u. a. mit dem Ziel, erweiterte Regelungen für den Zeitpunkt der Realisierung von Erträgen zu treffen. Es ist nicht auszuschließen, dass in diesem Zusammenhang die Anwendbarkeit der POC-Methode auch auf Dienstleistungen stärker als bisher betont wird und das Nebeneinander der diesbezüglichen Regelungen in IAS 18 und IAS 11 beendet wird.[33]

8 Zusammenfassende Praxishinweise

IAS 11 behandelt die Fälle der (in der Regel langfristigen) Auftragsfertigung bezüglich der **Realisierung von Umsätzen und Gewinnen**. Es handelt sich um **Spezialvorschriften**, die der allgemeinen Regelung der Erlös- und Gewinnrealisierung nach IAS 18 vorgehen (Rz 1ff.). **87**
Die Umsatz- und Gewinnrealisierung erfolgt nach dem **Auftragsfortschritt** (POC-Verfahren) und **nicht** erst mit der Auftragserfüllung *(completed contract*; Rz 4).
Das POC-Verfahren wird üblicherweise in der **Bauwirtschaft** und im Anlagenbau und ähnlichen Branchen angewandt, gilt jedoch durch die Analog-

---

[33] Ähnlich DSR, E-DRS 17.

Lüdenbach

vorschrift in IAS 18.20ff. auch für den **Dienstleistungsbereich**, wird dort indes praktisch nur sehr zurückhaltend beachtet (Rz 7ff.). In Zulieferindustrien kann die Produktion kundengebundener Werkzeuge als verdecktes Leasingverhältnis nach verdecktem Fertigungsauftrag zu interpretieren sein.

Nicht erfasst von IAS 11 wird die **industrielle Massenfertigung**, und zwar auch nicht, soweit diese auftragsbezogen abgewickelt wird (Rz 11ff.).

Das **handelsrechtliche** Schrifttum schwankt zwischen vollständiger Ablehnung und kompletter Übernahme des POC-Verfahrens nach der IAS-Regelung (Rz 15ff.).

Das POC-Verfahren bedarf **dreier Rechenparameter**: Erlös, Kosten, Fertigungsgrad. Dabei ist zu differenzieren nach Festpreis- und Kostenzuschlagsverträgen und solchen Aufträgen, bei denen sich diese Vertragstypen vermischen (Rz 19ff.).

Der **Fertigungsgrad** kann durch verschiedene *input*-Verfahren (kostenorientiert) oder durch *output*-Verfahren (leistungsorientiert) ermittelt werden (Rz 28ff.).

Die Erfassung der drei genannten Berechnungsparameter erfordert in großem Umfang **Schätzungen**. Die Praxis stellt an die Zuverlässigkeit der Schätzungsmethoden keine allzu großen Anforderungen (Rz 36ff.).

Drohende Verluste aus Fertigungsaufträgen sind sofort in vollem Umfang als Aufwand zu erfassen (Rz 40).

Sonderprobleme ergeben sich bei der **Segmentierung** und **Zusammenfassung** von Aufträgen und bei der Erteilung von Folgeaufträgen (Rz 42ff.). Entsprechendes gilt u. a. bezüglich der **Ersatzansprüche** des Auftragnehmers, der dabei etwa anfallenden Prämien und der Vertragsstrafen (Rz 50ff.).

Ungeklärt erscheint die Einbeziehung von **Zinsvorteilen** aus erhaltenen Anzahlungen (Rz 54ff.).

Der Umfang der **einzubeziehenden Kosten** ist nach Maßgabe von IAS 2 (→ § 8 Rz 16ff.) geregelt (Rz 58ff.). Dabei sind allgemeine Verwaltungs- und Vertriebskosten nicht zu erfassen, wohl aber Einzelkosten des Vertriebs (Rz 62f.).

Latente Steuern sind bei Gewinn bringenden Aufträgen zu passivieren, bei Verlustaufträgen zu aktivieren, wenn die zweifelhafte Rechtsauffassung der deutschen Finanzverwaltung bezüglich der zeitlichen Erfassung von Verlustvorträgen zutreffen sollte (Rz 70f.).

Der **Ausweis** in der Bilanz, der GuV-Rechnung und die zugehörige Buchungstechnik sind in Rz 72ff. dargestellt.

Unter Rz 81ff. ist ein Muster für die **Anhangsangaben** wiedergegeben.

Lüdenbach

§ 19 FORDERUNGEN/ AUSLEIHUNGEN

Im Gegensatz zu den anderen Posten des Umlauf- bzw. Anlagevermögens ist für Forderungen bzw. Ausleihungen kein eigener Standard reserviert. Sie werden in IAS 39 als **Finanzinstrumente** behandelt. Im Einzelnen wird deshalb wie folgt verwiesen:
- Ansatz und Ausbuchung, insbesondere Factoring (→ § 28 Rz 63ff.).
- Zugangsbewertung, insbesondere Anschaffungsnebenkosten (→ § 28 Rz 100ff.).
- Folgebewertung nach der Effektivzinsmethode (→ § 28 Rz 114).
- Folgebewertung von Fremdwährungsforderungen (→ § 28 Rz 121), insbesondere bei *hedging* (→ § 28 Rz 213ff.).
- Un- und unterverzinsliche Forderungen (→ § 28 Rz 116).
- Wertberichtigung, notleidende Forderungen (→ § 28 Rz 122ff.).

D

Bilanzierung der Passiva

§ 20 EIGENKAPITAL, EIGENKAPITALSPIEGEL

		Rz
Inhaltsübersicht		
Vorbemerkung		
1	Regelungsinhalt IAS 32 und IAS 1	1–2
1.1	IAS 32: Definition und Abgrenzung des Fremdkapitals	1
1.2	IAS 1: Eigenkapitaländerungsrechnung und alternative Darstellungsformate	2
2	Abgrenzung Eigen- und Fremdkapital	3–38
2.1	Überblick	3
2.2	Allgemeine Kriterien der Abgrenzung von Eigen- und Fremdkapital	4–5
2.3	Zusammengesetzte Finanzinstrumente	6–11
2.3.1	Wandelanleihen und ähnliche Instrumente	6–9
2.3.2	Vorzugsaktien	10–11
2.4	Echte Genussrechte, *perpetuals* und ähnliche Mezzanine-Finanzierungen	12
2.5	Leistungsbezug gegen Anteilsgewährung (Sacheinlagen etc.)	13–15
2.6	Derivative Kontrakte in eigenen Aktien (Aktienerwerbsangebote etc.)	16–17
2.7	Eigenkapital von Persongesellschaften, Genossenschaften und GmbHs bei ordentlichen und außerordentlichen Kündigungsrechten	18–38
2.7.1	Überblick und Problemstellung	18–19
2.7.2	Deutsche Rechtslage	20–22
2.7.3	Enge Auslegung von IAS 32 (Mindermeinung)	23–24
2.7.4	Weite Auslegung von IAS 32 (herrschende Meinung)	25
2.7.5	Auslegung von IAS 32 nach der wirtschaftlichen Qualität von gesellschaftsrechtlichem Eigenkapital (Rechtsformvergleich)	26–31
2.7.6	Bezeichnung des umqualifizierten Eigenkapitals	32–33
2.7.7	Bewertungs- und sonstige Anomalien bei Umqualifizierung des Eigenkapitals	34–36
2.7.8	Ergebnis	37–38
3	Eigenkapitalspiegel, Angaben zum Eigenkapital	39–69
3.1	Grundstruktur: Ursachen der Reinvermögensänderungen	39–45
3.2	Korrektur von Fehlern, Änderung der Bilanzierungs- und Bewertungsmethoden	46–47
3.3	Kapitaltransaktionen, Kapitalumgliederungen	48–65
3.3.1	Barkapitalzuführungen, ausstehende Einlagen	48–49

  3.3.2 Eigenkapitalbeschaffungskosten 50–54
  3.3.3 Sachkapitalerhöhungen, Anteilstausch 55–59
  3.3.4 Erwerb eigener Anteile *(treasury shares)* 60–62
  3.3.5 Kapitalerhöhung aus Gesellschaftsmitteln 63
  3.3.6 Kapitalherabsetzung 64
  3.3.7 *Stock options* 65
 3.4 Gewinnrücklagen, Jahresüberschuss, Bilanzgewinn 66–67
 3.5 „Unrealisierte", direkt im Eigenkapital erfasste Gewinne
  (other comprehensive income) 68–69
4 Eigenkapital im Konzern 70–71
5 Eigenkapital der Personengesellschaft (GmbH-&-Co.-KG-
 Konzern) 72–85
6 Angaben 86–91
7 Anwendungszeitpunkt, Rechtsentwicklung 92–94
8 Zusammenfassende Praxishinweise 95–97

Schrifttum: BALZ/ILINA, Kommanditkapital nach IAS – Ist die GmbH & Co KG kapitalmarkttauglich?, BB 2005, S. 2759ff.; BARCKOW/SCHMIDT, Financial Instruments Puttable at fair Value and Obligations Arising on Liquidation, KoR 2006, S. 623ff.; BERGER/GRÜNEWALD/KOLB, Zweifelsfragen bei der Abgrenzung von Eigen- und Fremdkapital bei Personenhandelsgesellschaften nach IFRS, PiR 2005, S. 83; BREKER/HARRISON/SCHMIDT, Abgrenzung von Eigen- und Fremdkapital, KoR 2005, S. 469; BROSER/HOFFJAN/STRAUCH, Bilanzierung des Eigenkapitals von Kommanditgesellschaften nach IAS 32, KoR 2004, S. 452ff.; CLEMM, Ausscheiden eines Gesellschafters aus der Personengesellschaft, Änderung oder Beibehaltung der bisherigen Bilanzierungsgrundsätze?, BB 1992, S. 1959; DSR, DRS 7, Konzerneigenkapital und Konzerngesamtergebnis; FENTZ/VON VOIGT, Künftige Probleme hinsichtlich der Berechnung des Eigenkapitals bei Regionalbanken, KoR 2004, S. 520ff.; FREIBERG, Perpetual Bonds – Ewigkeit als zentrales Merkmal von Eigenkapital?, PiR 2006, S. 28ff.; GÖBEL/KORMAYER, Bilanzierung des Aktienrückkaufs im internationalen Vergleich, PiR 2006, S. 65ff.; HASENBURG/DRÄXLER, Die geplanten Änderungen zur Darstellung von IFRS-Abschlüssen, KoR 2006, S. 289ff.; HENNRICHS, Kündbare Gesellschaftereinlagen nach IAS 32, Ein Beispiel zur Auslegung und Rechtskontrolle von in Gemeinschaftsrecht übernommenen IFRS, WPg 2006, S. 1253ff.; HOFFMANN, Eigenkapitalausweis und Ergebnisverteilung bei Personenhandelsgesellschaften nach Maßgabe des KapCoRiLiG, DStR 2002, S. 837ff.; HOFFMANN, Rechnungslegung (der Personengesellschaften), in: HOFFMANN/MÜLLER (Hrsg.), Beck'sches Handbuch der Personengesellschaften, 2. Aufl., 2002, S. 381ff.; HOFFMANN/ LÜDENBACH, Die Neuregelung des IASB zum Eigenkapital bei Personengesellschaften, DB 2006, S. 1797ff.; IDW, HFA 1/1994, Zur Behandlung von Genussrechten im Jahresabschluss der Kapitalgesellschaften; IDW, RS HFA 9, Einzelfragen zur Bilanzierung von Finanzinstrumenten, FN-IDW 2006, S. 216ff.; IDW, RS HFA 2, Einzelfragen zur Anwendung von IFRS; ISERT/

Lüdenbach

SCHOBER, Bilanzierung von Wandelanleihen nach IFRS, BB 2005, S. 2287; KIRSCH, Die Eigenkapitalveränderungsrechnung im IFRS-Abschluss, StuB 2004, S. 1001 ff.; KIRSCH, IAS-Jahresabschluss für Kommanditgesellschaften, BB 2003, S. 143 ff.; KÜTING/DÜRR, Genüsse in der Rechnungslegung nach HGB und IFRS sowie Implikationen im Kontext von Basel II, DStR 2005, S. 938; LEIBFRIED/AMANN, Ein Schatten über den Gewinn- und Verlustrechnungen des DAX 100, Die praktische Bedeutung des Other Comprehensive Income nach IAS und US-GAAP, KoR 2002, S. 191 ff.; LIND/FAULMANN, Die Bilanzierung von Eigenkapitalbeschaffungskosten nach IAS, US-GAAP und HGB, DB 2001, S. 601 ff.; LÜDENBACH, Ausgestaltung des Eigenkapitalspiegels, BC 2005, S. 7; LÜDENBACH, Bilanzierung der Sacheinlage von Unternehmen oder einzelnen Vermögenswerten, PiR 2006, S. 93 ff.; LÜDENBACH/HOFFMANNN, IFRS-Rechnungslegung für Personengesellschaften als Theater des Absurden, DB 2005, S. 404; LÜDENBACH/HOFFMANN, Kein Eigenkapital in der IAS/IFRS-Bilanz von Personengesellschaften?, BB 2004, S. 1042 ff.; PAWELZIK, Kommen Personengesellschaften druch den geplanten „ownership approach" nach IFRS wieder zu Eigenkapital?, KoR 2006, S. 153 ff.; RAMMERT/MEURER, Geplante Änderungen in der Eigenkapitalabgrenzung nach IAS 32 – eine Erleichterung für deutsche Unternehmen?, PiR 2006, S. 1; SCHABER/EICHHORN, Eigenkapitalcharakter von Genussrechten in der Rechnungslegung nach HGB und IFRS, BB 2004, S. 315 ff.; SCHMALENBACH-GESELLSCHAFT (Arbeitskreis externe Rechnungslegung) Behandlung eigener Aktien nach deutschem Recht und US-GAAP unter besonderer Berücksichtigung der Änderungen des KonTraG, DB 1998, S. 1673 ff.; SCHMIDBAUER, Die Bilanzierung eigener Aktien im internationalen Vergleich, DStR 2002, S. 187 ff.; SCHUBERT, Zur Eigenkapitalabgrenzung bei Personenhandelsgesellschaften mit besonderer Analyse von Liquidationsverpflichtungen nach ED IAS 32, PiR 2006, S. 251 ff.; SPANIER/WELLER, Was unterscheidet Sichteinlagen von rückzahlbarem Eigenkapital in der Bankbilanz?, BB 2004, S. 2235 ff.; VATER, Wandelanleihen, Ökonomische Charakterisierung und bilanzielle Abbildung beim Emittenten, PiR 2005, S. 57 ff.; WEIDENHAMMER, Vorgeschlagene Änderungen von IAS 32, PiR 2006, S. 155.

Vorbemerkung
Die folgende Kommentierung beruht auf der Neufassung aus 2003 von IAS 32 und IAS 1 und berücksichtigt alle bis zum 1.1.2007 verabschiedeten Änderungen, Ergänzungen und Interpretationen. Soweit erforderlich sind Abweichungen gegenüber früheren Standardversionen als solche dargestellt und ebenso wie vorliegende Änderungsentwürfe unter Rz 93 ff. zusammengefasst.

1 Regelungsinhalt IAS 32 und IAS 1

1.1 IAS 32: Definition und Abgrenzung des Fremdkapitals

IAS 32 regelt die Angaben zu **Finanzinstrumenten** (→ § 28 Rz 4ff.). Zu den Finanzinstrumenten gehören auch die finanziellen Schulden (→ § 28 Rz 174ff.). In diesem Zusammenhang ist von Bedeutung, wann überhaupt eine finanzielle Verbindlichkeit vorliegt bzw. wie sich **Schulden** vom **Eigenkapital unterscheiden**. Die hierzu in IAS 32 getroffenen Regelungen sind über den Bereich der Angaben bzw. der *notes* hinaus von grundlegender Bedeutung, da sie die Primäruntertilung der Passivseite der Bilanz betreffen.

1.2 IAS 1: Eigenkapitaländerungsrechnung und alternative Darstellungsformate

IAS 1 verlangt eine Reihe von Angaben **zur Zusammensetzung und Entwicklung** des Eigenkapitals. Der Abschlussadressat soll insbesondere informiert werden über die Quellen, aus denen sich die Zu- oder Abnahme des Reinvermögens speisen. Quellen der Eigenkapitalerhöhung oder -minderung sind:

- **Transaktionen mit Anteilseignern** (z. B. Barkapitalerhöhung oder Ausschüttung),
- das **Periodenergebnis** (Gewinne oder Verluste)
- sowie die im HGB weitgehend unbekannte Eigenkapitaländerung aus **unrealisierten**, nicht in der **GuV erfassten Gewinnen und Verlusten**, z. B. aus veräußerbaren Finanzinstrumenten *(available for sale;* → § 28 Rz 37ff.) oder aus der Neubewertung *(revaluation)* von Sachanlagevermögen (→ § 8 Rz 52).

Für die darstellungstechnische Abwicklung der verlangten Angaben sieht IAS 1.96ff. zwei **Formatalternativen** vor (Rz 40ff.):

- Nach der ersten Variante werden sämtliche Änderungen des Eigenkapitals in einer **Eigenkapitaländerungsrechnung** (= Eigenkapitalspiegel) erfasst.
- Nach der zweiten Alternative wird in einer Darstellung der erfassten Gewinne und Verluste *(statement of recognised income and expenses,* abgekürzt SORIE) das **Gesamteinkommen** *(total* oder *comprehensive income)* als Summe aus Periodenergebnis und nicht in der GuV berücksichtigten Gewinne ermittelt, während die Erläuterung der übrigen Eigenkapitalveränderungen dann den *notes* vorbehalten bleibt.

Lüdenbach

2 Abgrenzung Eigen- und Fremdkapital

2.1 Überblick

Probleme der **Abgrenzung** von Eigen- und Fremdkapital stellen sich in fünf Kontexten:

3

- **Zusammengesetzte Finanzierungsinstrumente:** Ein Unternehmen kann zur Kapitalbeschaffung **Wandelanleihen** oder ähnliche Finanzinstrumente emittieren, die sowohl Schuld- als auch Eigenkapitalelemente enthalten. Bei derartig zusammengesetzten Finanzinstrumenten ist eine Aufteilung des Emissionserlöses in Fremd- und Eigenkapital geboten (Rz 6). Fraglich ist, ob wegen des Rechts auf Vorwegdividende auch **Vorzugsaktien** als zusammengesetzte Finanzinstrumente zu qualifizieren sind (Rz 10).
- **Mezzanine Finanzierungen:** Eine schuldrechtliche Kapitalüberlassung kann durch Verlustbeteiligung, Insolvenznachrang etc. dem **Eigenkapital wirtschaftlich nahe** kommen. Fraglich ist dann, ob eine wirtschaftliche Betrachtungsweise den bilanziellen Ausweis als Eigenkapital rechtfertigt (Rz 12).
- **Leistungsbezug gegen Gewährung von Anteilsrechten:** Ein Vertrag über den „Einkauf" von Leistungen kann die Begleichung der Schuld durch die Aus- bzw. Hingabe von **Eigenkapital** vorsehen. Zu untersuchen ist dann, unter welchen Bedingungen die bereits „vereinnahmte", aber noch nicht „bezahlte" Leistung zu Eigen- oder Fremdkapital führt (Rz 13).
- **Derivative Kontrakte in eigenen Aktien:** Eine Gesellschaft kann ein bindendes Angebot auf den Erwerb oder die Lieferung **eigener Aktien** abgegeben haben: Der tatsächliche Vollzug des Geschäftes führt zur Erhöhung oder Minderung des Eigenkapitals. Fraglich ist, ob ein am Bilanzstichtag bestehender Schwebezustand eine Verbindlichkeit begründen kann (Rz 16).
- **Abfindungen bei Ausscheiden von Gesellschaftern:** Gesellschaftsrechtliche Kapitalüberlassung kann, wie z. B. bei Personengesellschaften oder Genossenschaften üblich, mit bedingt (bei Kündigung des Gesellschafters) oder betagt (bei Tod des Gesellschafters) entstehenden **Rückzahlungs-** und **Abfindungs**pflichten verbunden sein. Klärungsbedürftig ist hier, ob erst das die Rückzahlung auslösende Ereignis oder bereits die gesellschaftsvertragliche Regelung zur Umqualifizierung von gesellschaftsrechtlichem Eigen- in bilanzielles Fremdkapital führt (Rz 18ff.).

Für die Beantwortung dieser Fragen ist vorrangig der Regelungsbereich des IAS 32 heranzuziehen, daneben die Definition des Eigen- und Fremdkapitals im *Framework* (→ § 1 Rz 102).

2.2 Allgemeine Kriterien der Abgrenzung von Eigen- und Fremdkapital

4 Nach dem Regelungen in IAS 32 und im *Framework* sind für die **Abgrenzung von Eigen- und Fremdkapital** folgende allgemeine Erwägungen maßgeblich:
1. **Residualer Anspruch**
Als Eigenkapitalinstrument (IAS 32.11 i. V. m. IAS 39.8) bzw. Eigenkapital (F.49) ist der residuale Anspruch *(residual interest)* auf das nach Abzug der Schulden verbleibende Nettovermögen eines Unternehmens anzusehen.
2. **Substance over form**
Hierbei ist nicht die Form, sondern die Substanz (*substance*; IAS 32.18), d. h. der „tatsächlich wirtschaftliche Gehalt" (F.51) entscheidend.
3. **Vertragliche Verpflichtung bestimmter Art**
Die Substanz ist entscheidend daran festzumachen, ob eine vertragliche Verpflichtung der folgenden Art besteht:
- (bedingte oder unbedingte) Pflicht des Unternehmens (a) zur Lieferung von Geld (oder anderen Vermögenswerten; IAS 32.16a(i)) bzw. (b) zum potenziell nachteiligen Tausch von Vermögenswerten oder Verbindlichkeiten (IAS 32.16a(ii));
- (bedingte oder unbedingte) Pflicht des Unternehmens zur Lieferung einer variablen Zahl eigener Anteile (IAS 32.16b(i)) bzw. Recht, Pflicht oder bedingte Pflicht zum Erwerb einer festen Zahl eigener Anteile gegen einen festen Betrag an Geld (oder anderen Vermögenswerten; IAS 32.16b(ii)).

Nur wenn **keine** dieser Bedingungen erfüllt ist, liegt Eigenkapital vor (IAS 32.16f.).

5 Zu den vorgenannten Definitionen und Kriterien folgende **Anmerkungen**:
ad 1): Die Definition von **Eigenkapital** als **Residualanspruch** auf Nettovermögen nach Abzug von Schulden setzt den Begriff der Schuld und seine Abgrenzung vom Eigenkapital bereits voraus. Die **Definition** ist somit **zirkulär** und löst die Abgrenzungsfrage nicht (→ § 1 Rz 102).
ad 2): Die Berufung auf **Substanz** bzw. **wirtschaftlichen Gehalt** ist eher **Beschreibung** der Abgrenzungsaufgabe als deren **Lösung**. Soweit rechtliche und wirtschaftliche Würdigung übereinstimmen, entstehen keine Abgrenzungsprobleme. Im Mittelpunkt der Eigen-/Fremdkapitalfrage stehen aber gerade die Fälle, in denen rechtlich als Eigen- oder Fremdfinanzierung einzuordnende Kapitalüberlassungen der Substanz nach auch Fremd- oder Eigenkapitaleigenschaften aufweisen. Für die dann vorzunehmende bilanzrechtliche Qualifizierung des konkreten Einzelfalls liefert das abstrakte Prinzip der wirtschaftlichen Betrachtung keine hinreichend aussagekräftige Lösung.
ad 3): Einen Konkretisierungsbeitrag leistet nur die in IAS 32.16 aufgeführte Regelung:
- Sie stellt in ihrer **ersten Variante** vor allem auf die bedingte oder unbedingte vertragliche **Verpflichtung** ab, **Geld** (oder andere Vermögenswerte) **einzutauschen**. Jede solche Verpflichtung begründet Fremdkapital. Danach können sog. Mezzanine-Finanzierungen (schuldrechtliche Kapitalzufüh-

rungen mit wirtschaftlichen Elementen des Eigenkapitals; Rz 12) bilanziell i. d. R. nicht als Eigenkapital gelten. In einer weiteren Interpretation bewirkt die Regelung außerdem eine (teilweise) Umqualifizierung des Eigen- in Fremdkapital, wenn der Gesellschaftsvertrag ein Kündigungsrecht gegen Abfindung aus dem Gesellschaftsvermögen vorsieht. Hierzu Näheres unter Rz 18ff.

- In der **zweiten Variante** geht es einerseits um Leistungen, die gegen Gewährung von Gesellschaftsrechten vereinnahmt werden. Aus wirtschaftlicher Sicht soll es sich insoweit (noch) **nicht** um **eigenkapitalerhöhende Einlagevorgänge** handeln, als dem Vertragspartner nicht eine feste Zahl von Anteilen (Aktien) versprochen ist, sondern ein **fester rechnerischer Geldbetrag**, der in Abhängigkeit vom Wert der Anteile (Aktienkurs) am Erfüllungstag zu einer unterschiedlichen Zuteilung von Anteilen führt. Daneben werden in der zweiten Variante **derivative**, auf den Erwerb oder die Ausgabe **eigener Aktien** gerichtete Kontrakte behandelt. Das Innehaben einer Option auf den Erwerb eigener Aktien durch das Unternehmen kann danach ebenso zu Fremdkapital führen wie die Gewährung einer Option auf die Lieferung eigener Aktien an das Unternehmen (Rz 16) oder die Begebung einer Wandelschuldverschreibung, deren Wandlungsverhältnis von externen Faktoren abhängt, die das Unternehmen nicht kontrolliert (Rz 7).

2.3 Zusammengesetzte Finanzinstrumente

2.3.1 Wandelanleihen und ähnliche Instrumente

Enthält ein vom Unternehmen ausgegebenes Finanzinstrument sowohl Schuld- als auch Eigenkapitalelemente, so ist der Emissionserlös aufzuteilen. Die **Bestandteile** des zusammengesetzten Instrumentes sind **getrennt** zu bilanzieren *(split accounting)*, d. h. zum Teil im Eigenkapital und zum Teil im Fremdkapital darzustellen (IAS 32.28).
Ein wichtiges Beispiel für zusammengesetzte Instrumente sind **Wandelschuldverschreibungen**, die dem Gläubiger ein Recht zur Wandlung der Anleihe (Fremdkapital) in Aktien (Eigenkapital) geben. Eine ähnliche Struktur weisen **Optionsanleihen** auf, bei denen allerdings die Anleihe nicht mit der Wandlung untergeht, sondern mit der Anleihe ein Optionsrecht auf den Erwerb von Aktien verbunden ist, das unabhängig von der Anleihe ausgeübt oder in sonstiger Weise verwertet werden kann. Der Effektivzins von Wandel- und Optionsanleihen liegt unter dem durch Bonität und Laufzeit gegebenen marktgerechten Zins. Die Anleihen werden entweder mit einem höheren Agio als laufzeitähnliche Anleihen vergleichbarer Emittenten ausgegeben oder der Nominalzins liegt unter dem Nominalzins anderer Anleihen. Dieses Weniger an Verzinsung kann aus Sicht des Emittenten als in die Kapitalrücklage einzustellendes Eigenkapital qualifiziert werden.
In diesem Sinne sieht IAS 32.31ff. folgendes Vorgehen vor:

6

Lüdenbach

- **Schritt 1: Ermittlung des Barwerts von Zins und Tilgung:** Für die wandelbare Anleihe wird zunächst der Wert der finanziellen Schuld dadurch bestimmt, dass die zukünftigen Tilgungen und Zinszahlungen mit dem **risikogerechten Zinssatz** abgezinst werden, der für eine ähnliche, aber nicht mit einer Eigenkapitalkomponente versehene finanzielle Schuld nach Maßgabe der Bonität bzw. des Ratings des Unternehmens zu zahlen wäre.
- **Schritt 2: Subtraktion des Barwerts vom Gesamtwert:** Der in die Kapitalrücklage einzustellende Wert des Eigenkapitalinstrumentes ergibt sich dann durch Subtraktion der finanziellen Schuld vom Wert des gesamten zusammengesetzten Instrumentes, d. h. unter Vernachlässigung von Emissionskosten vom vereinnahmten Betrag.

Anstelle der Subtraktions- oder Restwertmethode konnte gemäß IAS 32 (1998) **wahlweise** nach einer **Verhältnismethode** verfahren werden. Hierbei wurde der beizulegende Zeitwert des Fremdkapitalteils durch Abzinsung und der beizulegende Zeitwert des Eigenkapitalteils durch Optionspreismodelle oder Vergleich mit dem beizulegenden Zeitwert ähnlicher Optionen ermittelt. Nach dem Verhältnis der beiden Zeitwerte erfolgte dann eine Aufteilung auf Fremdkapital und Eigenkapital. Die Verhältnismethode ist nach der Neufassung von IAS 32 nicht mehr zulässig.

Zu kombinierten **aktienkursorientierten** Vergütungsformen → § 23 Rz 46.

7 Zur buchmäßigen Behandlung einer Wandelanleihe beim Emittenten folgendes vereinfachtes **Beispiel:**

> **Beispiel**
>
> **Sachverhalt**
> U emittiert am 31.12.00 eine Wandelanleihe von nominal 100 zu pari. Die Laufzeit beträgt 3 Jahre, die jährliche Zinszahlung 2. Ohne Gewährung des Wandlungsrechts hätte U einen Effektivzins von 10 % bieten müssen.
> Folgende Aufgaben sind zu lösen:
> - Die Ermittlung des Fremd- und Eigenkapitalanteils sowie der zugehörige Buchungssatz per 1.1.01
> - Die Entwicklung der Verbindlichkeit bis zur Fälligkeit (Aufzinsung)
> - Die Erledigung der Verbindlichkeit durch Wandlung oder Tilgung.
>
> In der GuV verursacht die Anleihe aufgrund der Aufzinsung insgesamt einen Aufwand von 25,89, also 19,89 mehr als die Zinszahlungspflicht. Dieser Mehrbetrag entspricht der ursprünglichen Zuführung zur Kapitalrücklage. In der Summe wird also bei Nichtwandlung kein Eigenkapital geschaffen. Hinsichtlich des Mehrbetrags findet lediglich eine Verschiebung zwischen Gewinnrücklage (-19,89) und der Kapitalrücklage (+19,89) statt.

Jahr	Zahlungsreihe	Abzinsungsfaktor für 10 %	
01	2,00	0,909090909	1,82
02	2,00	0,826446281	1,65
03	102,00	0,751314801	76,63
			80,11

Buchung 31.12.00			
per Geld	100,00	an Verbindl.	80,11
		an KapRL	19,89

	1. 1.	+ Effektivzins	− Zahlung	− Tilgung oder Wandlung	= 31. 12.
00					80,11
01	80,11	8,01	−2,00		86,12
02	86,12	8,61	−2,00		92,73
03	92,73	9,27	−2,00	−100,00	0,00
		25,89	−6,00		

Buchung 31.12.03 bei Wandlung			
per Verbindl.	100	an EK	100

Buchung 31.12.03 bei Nichtwandlung			
per Verbindl.	100	an Geld	100

Die Emissionsbedingungen einer Wandelanleihe sehen häufig Regelungen zum Schutz vor **Verwässerungen** des Wandlungsrechts (*dilutive effect*) vor. **Anpassungen** des Wandlungsverhältnisses sind in folgenden Fällen gängig:

- Aktiensplit, Zusammenlegung von Stammaktien
- außerordentliche Bardividenden
- Ausgabe von Gratisaktien (Kapitalerhöhung aus Gesellschaftsmitteln)
- effektive Kapitalerhöhungen
- Ausgabe von weiteren Wandlungsinstrumenten
- Nichteinhaltung einer vorgegebenen Eigenkapitalquote, Herabstufung im Rating, Unterschreiten eines Mindestaktienkurses und sonstige nicht im Ermessen des Unternehmens stehende Bedingungen

Soweit etwaige Modifikationen der Anleihebedingungen auf die fünf erstgenannten Konstellationen beschränkt bleiben, berührt dies den Eigenkapitalcharakter des Wandlungsrechts nicht, da die Ereignisse im **Ermessen** der Organe des Emittenten stehen. Für den sechsten Fall gilt dies gerade nicht. Insofern geht es um **ungewisse Ereignisse**, die das Unternehmen nicht kontrolliert. Bei Anpassung des Wandlungsverhältnisses im Falle der Nicht-

8

einhaltung einer vorgegebenen Eigenkapitalquote ist nach Auffassung des IDW[1] wie folgt zu verfahren:
- Die Anleihe ist in ihrer Gesamtheit als **Fremdkapital** zu erfassen (IAS 32.25 i. V. m. IAS 32.16(b)(ii)); Rz 5).
- Im Rahmen dessen ist ferner zu prüfen, ob das Wandlungsrecht nicht zusätzlich als **eingebettetes Derivat** gemäß IAS 39.11 (→ § 28 Rz 98) gesondert zu erfassen ist. Regelmäßig ist dies der Fall.

Der Residualbetrag (Ausgabebetrag der Anleihen minus des Barwerts des Rückzahlungsbetrags und der Zinsen) ist insbesondere in folgenden Fällen als **Fremdkapital** bzw. **Fremdkapitalderivat** zu qualifizieren:
- Der Inhaber hat das Recht, nach Ausübung des Wandlungsrechts den Kurswert der Aktien in **Geld** zu fordern, oder die Differenz zwischen dem Kurswert der Aktien und dem Nominalbetrag der Anleihe wird durch eine **variable Anzahl Aktien** beglichen (IAS 32.26 i. V. m. IAS 32.AG27) oder
- Zinsen und Rückzahlungsbetrag sind in **Fremdwährung** nominiert (IAS 32.16b(ii)) oder
- bei Eintritt eines ungewissen, vom Unternehmen nicht kontrollierten Ereignisses i.S.v. IAS 32.25 (z. B. Schwellenwert für Jahresergebnis oder Verschuldungsgrad, aber auch externe Ereignisse) erhalten die das Wandlungsrecht ausübenden Gläubiger eine **höhere Zahl von Aktien** als bei Nichteintritt (IAS 32.25 i. V. m. IAS 32.16b(ii)).

Mit Qualifizierung als Fremdkapitalderivat geht eine erfolgswirksame *fair-value*-Bewertung einher.[2]

9 **Transaktionskosten**, die bei Begebung eines zusammengesetzten Finanzinstrumentes entstehen, sind
- vom **Eigenkapital** in **Abzug** zu bringen, soweit sie auf die Eigenkapitalkomponente entfallen,
- über die Laufzeit der Anleihe als **Zinsaufwand** zu berücksichtigen, soweit sie auf die Fremdkapitalkomponente entfallen.

Bei vorzeitiger Tilgung (Rückkauf) des zusammengesetzten Finanzinstruments ist eine analoge Aufteilung vorzunehmen.

2.3.2 Vorzugsaktien

10 Fraglich ist, ob auch Vorzugsaktien nach § 139 AktG wegen des Vorrechts bei den Dividenden (sog. Vorwegdividende) als **zusammengesetzte** Finanzinstrumente anzusehen sind. Da der Vorzugsaktionär hinsichtlich seiner Einlage keinen Rückzahlungsanspruch hat, sondern ihm nur ein sog. **residuales** Interesse auf das nach Bedienung der Verbindlichkeiten verbleibende Vermögen der Gesellschaft zusteht, scheidet eine **reine** Fremdkapitalqualifikation von vornherein aus. Für die bilanzielle Qualifizierung kommen dann noch zwei Alternativen in Betracht:

---

[1] Vgl. IDW, RS HFA 9 Tz 34ff., Tz 32, sowie VATER, PiR 2005, S. 57ff.
[2] Zu Einzelheiten: ISERT/SCHABER, BB 2005, S. 2287.

- Es läge ein **zusammengesetztes** Finanzinstrument vor, wenn die Verpflichtung zur Zahlung der Vorzugsdividende nur bedingt bestünde, insbesondere nur von der Höhe des nach Dotierung der Rücklagen verbleibenden verteilungsfähigen Jahresergebnisses (Bilanzgewinn) abhängig wäre. Stünde die (Nicht-)Zahlung der Vorzugsdividende **nicht im Ermessen** der Gesellschaft, wäre eine vertragliche Verpflichtung zur Zahlung gegeben (IAS 32.25 und IAS 32.AG26). Zum Zeitpunkt der Ausgabe der Aktien müsste der Emissionserlös nach der Restwertmethode in Fremd- und Eigenkapital aufgeteilt werden. Die **Fremdkapital**komponente ergäbe sich aus dem Barwert der **ermessensunabhängigen** Vorzugsdividendenerwartung (IAS 32.28ff.).
- Es läge ein **reines** Eigenkapitalinstrument vor, wenn die Ausschüttung einer Vorzugsdividende vom **Ermessen** der Gesellschaft, insbesondere einem Hauptversammlungsbeschluss abhängig wäre.

Entscheidend ist also das Gesellschaftsrecht. Es soll beispielhaft für **Satzungsbestimmung** und **Ergebniserwartung** untersucht werden.

> **Beispiel**
> 1. Satzung
> „Aus dem sich nach dem festgestellten Jahresabschluss ergebenden, dem Gewinnverwendungsbeschluss der Hauptversammlung unterliegenden Bilanzgewinn wird auf die Vorzugsaktien vorweg eine Dividende von EUR 0,10 ausgeschüttet (**Vorwegdividende**). Sodann wird auf die Stammaktien eine Dividende von EUR 0,10 ausgeschüttet, soweit der Gewinn hierfür ausreicht. Hinsichtlich darüber hinausgehender Ausschüttungen sind Vorzugs- und Stammaktien gleichgestellt."
> Abs. 3: „**Reicht** in einem oder mehreren Geschäftsjahren der **Gewinn nicht zur Ausschüttung** der Vorwegdividende auf die Vorzugsaktien aus, so werden die fehlenden Beträge ohne Zinsen aus dem Gewinn der folgenden Geschäftsjahre **nachgezahlt**, ..."
> 2. Ergebniserwartung
> Annahmegemäß betrage der nachhaltig erwartete Jahresüberschuss mindestens ein Doppeltes der „Vorwegdividende". Womit nach möglicher Zuführung des hälftigen Jahresüberschusses zu den Rücklagen durch den Vorstand (§ 58 Abs. 2 AktG) mindestens ein verteilungsfähiger Bilanzgewinn in Höhe der Vorwegdividende bleibt.

Fraglich ist nun, ob die Vorzugsaktionäre einen **gegen** den Willen der Gesellschaft bzw. der Hauptversammlung **durchsetzbaren** Anspruch auf Zahlung der Vorzugsdividende hat. Festzuhalten ist hier als Erstes:[3]

- Vorzugsaktionäre haben nur dann einen schuldrechtlichen Anspruch auf die Vorzugsdividende, wenn die Hauptversammlung eine Dividenden-

---

[3] Vgl. Hüffer, KurzKom AktG, 7. Aufl., § 139 Tz 6; Hopt/Wiedemann, GroßKom AktG, 4. Aufl., § 139 Tz 12; Münchener Komm AktG, 2. Aufl., § 139 Tz 10.

Lüdenbach

ausschüttung beschließt. **Ohne Ausschüttungsbeschluss** beschränken sich die Rechte der Vorzugsaktionäre auf den wiederum von Ausschüttungsbeschlüssen abhängigen Nachzahlungsanspruch und auf Anfechtungsmöglichkeiten.

- Erst mit dem (von der Hauptversammlung) zu treffenden Ausschüttungsbeschluss wandelt sich das Mitgliedschaftsrecht in ein **Gläubigerrecht** und entsteht insoweit der schuldrechtliche Anspruch des Vorzugsaktionärs.
- Die Zahlung der Vorzugsdividende ist insoweit zunächst **ermessensabhängig**.

Zu untersuchen bleibt aber, ob die Möglichkeit der Vorzugsaktionäre zur aktienrechtlichen **Anfechtung** gem. IAS 32 als vertragliche Verpflichtung der Gesellschaft zur Zahlung der Vorzugsdividende auszulegen ist. Eine gesellschaftsrechtliche Anfechtung des Gewinnverwendungsbeschlusses der Hauptversammlung durch die (nicht stimmberechtigten) Vorzugsaktionäre ist sowohl nach § 243 AktG (Verletzung des Gesetzes oder der Satzung) als auch nach § 254 AktG (Verwendung des Bilanzgewinns) möglich. Hinsichtlich Inhalt und Ausformung dieser beiden Anfechtungsrechte ist wie folgt zu differenzieren:

- Nach § 243 AktG sind Hauptversammlungsbeschlüsse bei einer Verletzung des Gesetzes oder der Satzung anfechtbar. Das **Anfechtungsrecht aus § 243 AktG** ist ein individuelles Recht (§ 245 Abs. 1-3 AktG). Die Anfechtung des Gewinnverwendungsbeschlusses nach § 243 AktG ist aber nur möglich, wenn dieser gegen das Gesetz oder die Satzung verstößt. Ein solcher Verstoß läge etwa vor, wenn die Hauptversammlung die Ausschüttung eines der Höhe nach zur Bedienung der Vorzugsdividenden gerade ausreichenden Gewinns beschließen würde, der Beschluss aber eine gleichmäßige Ausschüttung an Vorzugs- und Stammaktionäre vorsähe, mit der Folge, dass die Vorzugsaktionäre weniger als die Vorzugsdividende erhielten. Wenn bei gleicher Höhe des verteilungsfähigen Gewinns hingegen dessen vollständige Thesaurierung beschlossen würde (§ 58 Abs. 3 AktG), läge keine Verletzung von Gesetz oder Satzung vor. Eine Anfechtung nach § 243 würde somit ausscheiden.
- Im letztgenannten Fall käme allerdings eine **Anfechtung nach § 254 AktG** in Frage. Danach ist die Anfechtung des Gewinnverwendungsbeschlusses aufgrund übermäßiger Rücklagenbildung möglich. Beschließt die Hauptversammlung die vollständige Thesaurierung des zu ihrer Disposition stehenden Bilanzgewinns, obwohl dies bei vernünftiger kaufmännischer Beurteilung zur Erhaltung der Lebens- und Widerstandsfähigkeit der Gesellschaft nicht notwendig wäre, und erhalten dadurch die Aktionäre keinen Gewinn in Höhe von mindestens 4 % des Grundkapitals, ist eine Anfechtung möglich (§ 254 Abs. 1 AktG). Im Unterschied zu § 243 AktG ist die Anfechtung nach § 254 AktG allerdings nicht als Individualrecht, sondern als Kollektivrecht ausgestaltet, da sie an das Erreichen eines Quorums von mindestens 5 % des Grundkapitals geknüpft ist.

Lüdenbach

In Bezug auf **Klassifizierung** der Vorzugsaktien ist somit wie folgt zu unterscheiden: Beschließt die Hautversammlung eine vollständige Thesaurierung des Bilanzgewinns und damit implizit eine Nichtausschüttung an die Vorzugsaktionäre, ist

- eine individuelle Anfechtung wegen eines Verstoßes des Beschlusses gegen Gesetz oder Satzung (§ 243 AktG) nur in kaum relevanten Fällen möglich,
- im relevanten Fall nur eine kollektivrechtliche Anfechtung zulässig (§ 254 AktG).

Die Ermessensentscheidung der Hauptversammlung, keine Ausschüttung vorzunehmen, kann mithin nur kollektiv von einer Minderheit von mindestens 5 % angefochten werden. Nach IAS 32.17 und IAS 32.AG26 begründet ein Kollektivrecht der Gesellschafter jedenfalls dann keine zu Fremdkapital führende vertragliche Zahlungsverpflichtung des Unternehmens, wenn zur Ausübung dieses Rechts ein Mehrheitsbeschluss der Gesellschafter erforderlich ist. Mit dem Mehrheitsbeschluss der Gesellschafter handelt das Organ „Gesellschafterversammlung" und dessen Handeln wird ohne Rücksicht auf die Trennung von Gesellschafts- und Gesellschaftersphäre nach IAS 32 als für die Eigenkapitalqualifikation unschädliches Ermessen der Gesellschaft angesehen. Zur Frage, ob dies für ein „Minderheitskollektiv" entsprechend gilt, lassen sich spezifische Aussagen im Schrifttum nicht finden. U.E. ist dies nicht der Fall. Das Handeln einer Minderheit kann nicht mehr als Handeln der Gesellschaft gelten. Ein vollständiger Eigenkapitalausweis des von den Vorzugsaktionären eingebrachten Kapitals wäre dann in den Fällen nicht mehr vertretbar, in denen hohe Jahresüberschüsse erzielt und erwartet werden. Mindestens in Höhe des Barwertes von 4 % des Vorzugskapitals läge eine Schuld vor.

Wir befürworten ein solches Vorgehen nicht, da wir grundlegende Bedenken gegen die herrschende weite Interpretation des IFRS-Fremdkapitals haben (Rz 23f.), meinen aber, dass bei Zugrundlegung der herrschenden Meinung Vorzugsaktien konsequenterweise als zusammengesetztes Finanzinstrument zu würdigen wären. Tatsächlich zieht die herrschende Meinung diese Konsequenz nicht. Das IDW hält etwa in RS HFA 9 Tz 55 ohne nähere Begründung fest:

„Bei den stimmrechtslosen Vorzugsaktien i.S.v. § 139 AktG handelt es sich um Eigenkapital, da keine Rückzahlungsverpflichtung besteht und die Zahlung einer Vorzugsdividende von der Entscheidung der Hauptversammlung abhängt. Dem steht auch das Recht auf Nachzahlung der im Vorjahr ausgefallenen Vorzugsdividende, sofern künftig eine Dividendenzahlung beschlossen wird, nicht entgegen."

Anders soll nach IDW RS HFA 9 Tz. 32 hingegen eine **Mehrdividende** zu würdigen sein.

„Sofern bspw. in einer Satzung einer Aktiengesellschaft für eine bestimmte Gattung von Aktien die Zahlung einer Mehrdividende vereinbart wird und die Zahlung dieser Mehrdividende unabhängig von weiteren (!) Hauptversammlungsbeschlüssen zu erfolgen hat, ... handelt es

11

sich bei dieser Gattung von Aktien um ein zusammengesetztes Finanzinstrument."

Nach deutschem Recht ist ein solches Mehrdividendenrecht etwa satzungsmäßig wie folgt ausgestattet:

> **Beispiel**
> "1) Aus dem sich nach dem festgestellten Jahresabschluss ergebenden, dem Gewinnverwendungsbeschluss der Hauptversammlung unterliegenden Bilanzgewinn wird auf die Vorzugsaktien vorweg eine Dividende von EUR 0,10 ausgeschüttet.
> 2) Hinsichtlich darüber hinausgehender Ausschüttungen sind Vorzugs- und Stammaktien gleichgestellt."
> Unterschiede und Gemeinsamkeiten zum unter Rz 10 genannten Beispiel (einfache Vorwegdividende) lassen sich an folgendem Fall darstellen: Die Zahl der Stamm- und Vorzugsaktien betrage jeweils 1 Mio.
> **Variante 1: Die Hauptversammlung beschließt eine Ausschüttung von EUR 100.000.**
> Sowohl bei einfacher Vorwegdividende wie bei Mehrdividenden erhalten nur die Vorzugsaktionäre eine Ausschüttung, und zwar in Höhe von EUR 0,10 x 1 Mio. = EUR 100.000
> **Variante 2: Die Hautversammlung beschließt eine Ausschüttung von EUR 300.000.**
> Bei reinem Vorwegdividendenrecht erhalten Vorzugs- und Stammaktionäre jeweils eine Dividende von EUR 0,15 (zunächst EUR 0,10 x 1 Mio. = EUR 100.000 an die Vorzugsaktionäre, dann EUR 0,10 x 1 Mio. = EUR 100.000 an die Stammaktionäre, dann EUR 0,05 x 2 Mio. = EUR 100.000 an beide. In Summe also für beide Aktiengattungen jeweils EUR 0,15).
> Bei Mehrdividendenrecht erhalten die Vorzugsaktionäre zunächst EUR 0,10 x 1 Mio. = EUR 100.000. Die verbleibenden EUR 200.000 werden (bei gleicher Aktienzahl) je zur Hälfte an die Vorzugs- und Stammaktionäre ausgeschüttet. Die Stammaktionäre erhalten insgesamt EUR 100.000 (= EUR 0,10 je Aktie), die Vorzugsaktionäre EUR 100.000 mehr, insgesamt also EUR 200.000 (= EUR 0,20 je Aktie),
> **Variante 3: Die Hauptversammlung beschließt die Thesaurierung des gesamten Gewinns.**
> Unabhängig von der Ausgestaltung der Satzung erhalten auch die Vorzugsaktionäre keine Dividende

Insbesondere die dritte Fallvariante zeigt: Die Differenzierung des IDW zwischen

- zu **Vorweg**dividenden berechtigten Vorzugsaktien Eigenkapital

- mit **Mehr**dividendenrecht ausgestatteten Vorzugsaktien zusammengesetztes Finanzinstrument

ist unzutreffend: Wie die sog. Vorzugsdividende ist auch die sog. Mehrdividende durch die **Ermessens**ausübung der Hauptversammlung bedingt. Entscheidet sich die Hauptversammlung überhaupt gegen eine Ausschüttung, kommt auch die Mehrdividende nicht (oder nur über Anfechtungsrechte) zum Tragen.[4] Ein zusammengesetztes Finanzinstrument liegt entweder in **beiden** Fällen (weite Interpretation des Fremdkapitalbegriffs von IAS 32) oder in **keinem** Fall (restriktive Auslegung) vor.

2.4 Echte Genussrechte, *perpetuals* und ähnliche Mezzanine-Finanzierungen

Nach **handelsrechtlicher** Interpretation des Prinzips der wirtschaftlichen Betrachtungsweise sind schuldrechtliche Verpflichtungen bilanziell als Eigenkapital auszuweisen, wenn das **längerfristig** überlassene Kapital Haftungsfunktion hat. Dies wird angenommen, wenn das Kapital nur **nachrangig** in der Insolvenz bedient wird und bei **Erfolgsabhängigkeit** der Vergütung bis zur vollen Höhe am **Verlust** teilnimmt.[5]

12

IAS 32.18ff. interpretiert den Grundsatz *substance over form* hingegen anders; danach führt jede auch längerfristige **Rückzahlungsverpflichtung** zur Qualifizierung als Fremdkapital. Die temporäre Übernahme der Haftungsfunktion reicht nach IFRS für die Qualifizierung als Eigenkapital nicht aus.
Während deshalb das Handelsrecht – in der zitierten Auslegung durch das IDW – echtes, d. h. nachrangiges, verlustteilhabendes und längerfristiges **Genussrechtskapital** als Eigenkapital qualifiziert, folgt nach IFRS aus der im „Normalfall" gegebenen vertraglichen **Rückzahlungsverpflichtung** eine Einordnung als Fremdkapital.[6] Dies gilt auch für **stille** Gesellschaftsbeteiligungen mit Verlustübernahmeverpflichtung des stillen Gesellschafters.
Zwar kann auch nach IFRS ein Genussrecht **ausnahmsweise** als Eigenkapital zu qualifizieren sein, die dafür notwendigen Bedingungen machen es aber meist unverkäuflich.

---

[4] Zur Vorweg- und Mehrdividende im Einzelnen Hüffer, KurzKom AktG, 7. Aufl., § 139 Tz 8; Hopt/Wiedemann, GroßKom AktG, 4. Aufl., § 139 Tz 11 und 19; Münchener Komm AktG, 2. Aufl., § 139 Tz 21.
[5] Vgl. IDW, HFA 1/1994.
[6] Vgl. im Einzelnen: Schaber/Eichhorn, BB 2004, S. 315ff.

Lüdenbach

Beispiel
U emittiert Genussrechte mit folgenden Konditionen:
a) Laufzeit „ewig" (sog. *perpetuals*).
b) Kündigungsrecht durch Gesellschaft, aber nicht durch Genussrechtsinhaber.
c) akzelerierender Erfolgsanteil (z. B. bei 6 % Kapitalanteil in den Jahren 01 bis 10 6,0 % Erfolgsanteil, in 11 8 %, in 12 10 % usw.).
d) Bindung des Erfolgsanteils nicht an Jahresüberschuss, sondern an Dividenden (d. h. mit den Daten von oben in den Jahren 01 bis 10 jeweils 6 % der Dividende).

Beurteilung
a) Aufgrund der „ewigen" Laufzeit entfällt die Rückzahlungs**pflicht**; dies spricht für Eigenkapital.
b) Ein Kündigungsrecht der **Gesellschaft** ist unschädlich für die Qualifizierung als Eigenkapital.
c) Aufgrund des in der akzelerierenden Erfolgsbeteiligung zum Ausdruck kommenden faktischen Rückzahlungszwangs (ab 11ff. wird die Finanzierung für die Gesellschaft zu teuer) können die Vertragsparteien mit einer **Beendigung** der Laufzeit am Ende des Jahres 10 rechnen. Dies macht das Genussrecht attraktiver für die Zeichner (die insofern mit einem Rückzahlungstermin kalkulieren können), ist aber trotz der Berufung von IAS 32.15 auf das *substance-over-form*-Prinzip nach h. M. **unschädlich** für die **Eigenkapitalqualifikation**.
d) Eine Bindung des Erfolgsanteils an den Jahresüberschuss wäre schädlich für die Eigenkapitalqualifizierung. Es läge hier eine bedingte, außerhalb der Kontrolle bzw. des freien Ermessens der Gesellschaft liegende Rückzahlungspflicht vor. Sie führt nach IAS 32.25 zu Fremdkapital.[7] Mit der Bindung der Erfolgsbeteiligung an die Dividendenpolitik bleibt das freie Ermessen der Gesellschaft gewahrt; das Genussrecht ist Eigenkapital. Fraglich ist aber, ob sich ein derartiges Genussrecht, bei dem der Zeichner der Dividenden- und Thesaurierungspolitik des Unternehmens völlig ungeschützt ausgeliefert ist, noch platzieren lässt. Gegenüber institutionellen Geldgebern, von denen das Unternehmen in vielfacher sonstiger Weise (z. B. bei Emissionen, hinsichtlich Kreditlinien etc.) faktisch abhängig ist, gelingt die Platzierung eines solchen Instruments noch am ehesten. Alle Beteiligten wissen um die normative Kraft der faktischen Abhängigkeiten. Diese werden auch ohne rechtlichen Zwang für Dividendenausschüttungen und damit Zahlungen an den Genussrechtsinhaber sorgen. Nach dem in IAS 32.15 in den Vordergrund gestellten *substance-over-form*-Grundsatz

---

[7] Für einen Eigenkapitalausweis bei Erfüllung bestimmter Zusatzbedingungen (hinreichend freie Rücklagen etc.) KÜTING/DÜRR, DStR 2005, S. 938, unter Verweis auf den Grundsatz substance over form.

Lüdenbach

müsste hier aus faktischen Gründen Fremdkapital angenommen werden. Die herrschende Meinung und Praxis verfährt aber ohne Rücksichtnahme auf *substance over form*.

Nach IFRS bilanzierende Unternehmen zeigen derzeit auch ein verstärktes Interesse für **ewige Anleihen** *(perpetual bonds)*. Wesentliches Kriterium einer Finanzverbindlichkeit ist die Verpflichtung des Unternehmens zu Geldzahlungen in der Zukunft. Aufgrund der fehlenden Verpflichtung des Schuldners zur Rückzahlung der Anleihe ist diese Voraussetzung für den Nominalbetrag der ewigen Anleihe nicht erfüllt. Gleichwohl liegt bei „normaler" Ausgestaltung **kein Eigenkapital** vor. Eine gleichwertige unbegrenzte Zahlungsverpflichtung besteht nämlich hinsichtlich der Verzinsung des Nominalbetrags.

> **Beispiel**
> Ein Unternehmen will eine Anleihe mit einem Nominalbetrag von 100 emittieren, entweder a) mit einer Laufzeit von 200 Jahren oder b) als ewige Anleihe jeweils mit einer jährlichen (marktgerechten) Zinszahlung von 4 GE. Für den Barwert beider Anleihen gilt dann Folgendes:
> a) **200-jährige Anleihe:** Aus der diskontierten Summe der Zinszahlungen und dem mit dem laufzeitäquivalenten Zins diskontierten Nominalbetrag ergibt sich ein Barwert von ca. 100. In diskontierter Betrachtung ist der **Rückzahlungsbetrag** der 200-jährigen Anleihe **vernachlässigbar**, er beträgt weniger als 0,04 % des Barwertes.
> b) *Perpetual bond:* Aus der diskontierten Summe der zukünftigen Zinszahlungen (gem. Rentenformel: 4 GE/4 %) ergibt sich ein Barwert von ebenfalls 100.

Somit besteht eine **wirtschaftliche Äquivalenz** zwischen der zeitlich begrenzten, d. h. zurückzuzahlenden Anleihe und der ewigen Anleihe. Dieser Äquivalenz trägt IAS 32.AG6 Rechnung, indem **ewige Anleihen** mit marktgerechter Verzinsung ohne weitere Ausgestaltungsmerkmale als **Fremdkapital** zu klassifizieren sind. Entscheidendes Kriterium für den Fremdkapitalcharakter ist die Verpflichtung des Schuldners zur Leistung von Zahlungen. Ob diese zivilrechtlich als Zinsen oder als Rückzahlung des Nominalbetrags zu qualifizieren sind, ist bei entsprechender Laufzeit nicht entscheidend. Aktuelle Anleihen sehen aber z. T. eine **Bindung** der Zinszahlung an einen **Dividendenbeschluss** der Gesellschaft vor.

- Eine Anknüpfung der Zinszahlung an den **Jahresüberschuss** des Schuldners **reicht** für die Eigenkapitalqualität **nicht** aus (IAS 32.25).
- Nur eine Anknüpfung an den **Dividendenbeschluss** ist **unschädlich**. Wird der Zins nur für die Jahre gezahlt, für die auch Dividenden gezahlt werden, liegt die Zinszahlung im Ermessen der Gesellschaft. Diese kann auf Divi-

dendenbeschlüsse verzichten und muss dann auch keine Zinsen zahlen. Eine zu Fremdkapital führende Zahlungsverpflichtung liegt nicht vor.

- Die Anleihebedingungen können jedoch eine spätere **Nachholung der Zinszahlung** in folgender Weise vorsehen: Der rechnerische Zinsanspruch aus den Jahren, für die keine Dividende gezahlt wurde, wird festgehalten und gelangt kumuliert in den Jahren zur Auszahlung, in denen wieder Dividenden gezahlt werden. Es kommt somit faktisch lediglich zu einer **Verschiebung des Zahlungszeitpunkts**. Der Schuldner kann sich der Zahlungsverpflichtung jedoch **theoretisch/rechtlich entziehen**, damit soll das Finanzinstrument Eigenkapitalqualität haben.

In aktuellen Ausgestaltungen von ewigen Anleihen ist zumeist eine einseitige **Kündigungsmöglichkeit** des Emittenten vorgesehen. Bei einem nur für eine Anfangszeit (z. B. 10 Jahre) stabilen, danach **steigenden Zinsniveau** ist eine Ausübung dieses Kündigungsrechts durch einen rational handelnden Schuldner so gut wie sicher, da die Finanzierung nach Ablauf der Grundzeit zu teuer wird. Nach der wohl herrschenden Meinung sind Kündigungsoptionen des **Schuldners** jedoch auch bei faktischem Ausübungszwang **nicht zu berücksichtigen**, da es an einer vertraglich (einklagbaren) Verpflichtung gegenüber dem Schuldner fehlt (IAS 32.AG25). Hierin unterscheidet sich die aktuelle, ab 2005 geltende, Fassung von IAS 32 von der Vorgängerversion (IAS 32 (rev. 2000)).

- Nach IAS 32 (rev. 2000).18 war der **wirtschaftliche Gehalt** einer Vereinbarung **zentrales Kriterium der Klassifizierung** als Eigen- oder Fremdkapital. Demzufolge galt für rückzahlbare Vorzugsaktien (angelsächsischen Rechts) und andere vom Unternehmen kündbare Finanzinstrumente: Eine festgelegte ansteigende Dividende der Art, dass innerhalb absehbarer Zeit der Dividendenertrag eine Größenordnung annimmt, die den Emittenten aus wirtschaftlichen Gründen zum Rückkauf des Finanzinstruments zwingt, führt zur Klassifizierung als Fremdkapital (IAS 32(rev. 1998).22).
- In der derzeit gültigen Fassung wird der wirtschaftliche Gehalt zwar noch programmatisch beschrieben, in den Einzelregelungen aber allein auf die **vertragliche Verpflichtung** *(contractual obligation)* des Emittenten, **Zahlungen zu leisten**, abgestellt (IAS 32.16f.). Dadurch ist nach herrschender Meinung derzeitig eine **Umgehung** des *substance-over-form*-Gedankens (IAS 32.15) durch **Vertragsgestaltung** möglich (IAS 32.17ff. i. V. m. IAS 32.AG25ff.).

Die Frage des faktischen Rückzahlungszwangs ist im Übrigen in 2006 an den IFRIC herangetragen, von diesem aber nicht auf die Agenda genommen worden. Der IASB hat die bestehende Gestaltungen eher **bestätigt**, indem er erklärte, ökonomischer Rückzahlungszwang führe für sich genommen (*by itself*) nicht zu einer Verbindlichkeit.[8] Der EFRAG vertritt unter Berufung auf *sub-*

---

[8] IASB, Update Juli 2006.

stance over form eine andere Auffassung und kritisiert, dass „*some commentators, including some IASB and IFRIC members*", dies anders sähen.[9]

2.5 Leistungsbezug gegen Anteilsgewährung (Sacheinlagen etc.)

Für „Vergütungen", die ein Unternehmen für bereits empfangene Leistungen nicht in Geld oder anderen Vermögenswerten, sondern in eigenen Anteilen gewährt, differenziert IAS 32.16b(i) wie folgt:

- Der Geschäftsvorfall ist gegen **Eigenkapital** zu buchen, wenn das Unternehmen eine Verpflichtung hat, eine **feste** Zahl von Anteilen zu gewähren.
- Die Leistungsvereinnahmung ist gegen **Fremdkapital** zu buchen, wenn das Unternehmen eine Verpflichtung hat, eine **variable** Zahl von Anteilen zu liefern.

Zur **Bewertung** wird auf Rz 56 verwiesen.

Zur **Unterscheidung** der beiden Fälle folgendes Beispiel:

13

> **Beispiel**
> Das Beratungsunternehmen M berät von Juli bis Dezember 01 die börsennotierte NewCo. Die Honorierung soll im Hinblick auf die schlechte Liquiditätslage, aber hoffnungsvolle Kursentwicklung der NewCo nicht in Geld, sondern in Anteilen erfolgen, und zwar am 31. Januar 02. Der *fair value* der Leistung des Beratungsunternehmens ist nicht verlässlich bestimmbar.
> Der Börsenkurs der NewCo entwickelt sich wie folgt:
> - 2,0 am 1. Juli 01,
> - 1,6 am 31. Dezember 01,
> - 1,0 am 31. Januar 02.
>
> Der Nominalwert der Aktien beträgt 1.
> Die Vergütung erfolgt in Aktien, die die Gesellschaft am 31.1.02 erwirbt. Alternativ sollen die Aktien durch Kapitalerhöhung am 31.1.02 ausgegeben werden (wobei evtl. gesellschaftsrechtliche Mängel der Einlagefähigkeit hier vernachlässigt werden).
> Zwei Vergütungsvarianten stehen zur Debatte, die sich danach unterscheiden, ob M eine feste Aktienzahl oder einen kursabhängig in Aktien umzurechnenden festen Geldbetrag erhält:
>
> **Variante 1 (feste Aktienzahl)**
> M erhält 50 Anteile. Dies entspricht nach den Kursverhältnissen des 1. Juli 01 einem Betrag von 100.
> Fremdkapital entsteht zu keinem Zeitpunkt. Die NewCo bucht

---

[9] Draft Comment Letter, Re: Discussion Paper „Preliminary Views on an improved Conceptual Framework for Financial Reporting", www.efrag.org.

Lüdenbach

- in 01:
  Aufwand 100 an Kapitalrücklage 100 (IFRS 2.10 i. V. m. IAS 32.16b(i)); → § 23 Rz 34)
- in 02 bei Generierung der Aktien durch Erwerb:
  Abzugsposten eigene Anteile (Eigenkapital) 50 an Geld 50 für den Erwerb der Aktien
  Kapitalrücklage 50 an Abzugsposten eigene Anteile 50 für die Hingabe der Aktien an M
- in 02 alternativ, d. h. bei Generierung der Aktien durch Kapitalerhöhung:
  Kapitalrücklage 50 an gezeichnetes Kapital 50

Das Eigenkapital hat sich insgesamt wie folgt verändert:

	bei Erwerb der Aktien	Alternativ bei KapErh
Aufwand	- 100	- 100
Kapitalrücklage	+ 100	+ 100
31.12.01	0	0
Aktienkauf	- 50	0
31.1.02	- 50	0

Variante 2 (variable Aktienzahl)
M erhält am 31. Januar 02 diejenige Aktienzahl, die einem Betrag von 100 entspricht. Dies führt nach den Kursverhältnissen des 31. Januars 02 zu einer Gewährung von 100 Aktien.
Die NewCo bucht
- in 01:
  Aufwand 100 an Verbindlichkeit 100 (nach IAS 32.16b(ii)) (hingegen Aufwand an Kapitalrücklage nach IFRS 2)
- in 02 bei Generierung der Aktien durch Erwerb:
  Abzugsposten eigene Anteile (Eigenkapital) 100 an Geld 100
  Verbindlichkeit 100 an Abzugsposten eigene Anteile 100
- in 02 **alternativ**, d. h. bei Generierung der Aktien durch Kapitalerhöhung:
  Verbindlichkeit 100 an Eigenkapital 100

Das Eigenkapital hat sich insgesamt wie folgt verändert:

	bei Erwerb der Aktien	(Alternativ bei KapErh)
Aufwand	- 100	- 100
31.12.01	- 100	- 100
Aktienkauf	- 100	0
Verbindlichkeit	+ 100	+ 100
31.1.02	- 100	0

Lüdenbach

Im Fall der Aktiengewährung aus **Kapitalerhöhung** unterscheiden sich beide Vergütungsvarianten nur temporär. Die Vergütung in einer festen Aktienzahl führt von Anfang an zu Eigenkapital, die Vergütung mit einer variablen Aktienzahl vorübergehend, d. h. vor Durchführung der Kapitalerhöhung, zu einer Verbindlichkeit.

Werden hingegen die zu gewährenden Aktien vom **Unternehmen selbst beschafft**, lösen sich die temporären Unterschiede mit der Gewährung der Aktien nicht völlig auf. Grund: Die Minderung des Aktienkurses zwischen Vertragsschluss und Erfüllung wirkt bei einer festen Aktienzahl zugunsten des Unternehmens bzw. zu Lasten des Vertragspartners, während bei einer variablen Aktienzahl das Unternehmen immer den gleichen Zahlungsaufwand hat und der Vertragspartner immer den gleichen Wert vereinnahmt.

14

Da der Vertragspartner im Falle der **variablen** Aktienzahl bis zur Erfüllung noch nicht das **Kursrisiko** trägt, ist er bis zu diesem Zeitpunkt anders gestellt als diejenigen, die schon **Anteilseigner** der Gesellschaft sind. Aus dieser Sicht verneint IAS 32.21 den **Residualcharakter** der Ansprüche des Vertragspartner und nimmt daher, da der Residualanspruch Eigenkapital definieren soll (Rz 4), Fremdkapital an.

15

Diese Argumentation des IASB leidet unter **drei Defiziten:**

- Die Definition des Eigenkapitals über den Residualanspruch ist **zirkulär** und damit untauglich (Rz 59).
- Das Fehlen von eigentümertypischen **Kursänderungsrisiken** und -chancen beim (potenziellen) Gesellschafter berührt zwar dessen Position, jedoch, wie der Fall der Kapitalerhöhung zeigt, nicht notwendig die Position der Gesellschaft. Ob der bei einer Kapitalerhöhung anzusetzende Ausgabekurs von vornherein bestimmt ist oder nicht, berührt lediglich das Verhältnis von Alt- zu Neugesellschaftern, da bei einer variablen Aktienzahl noch nicht feststeht, welche Anteilsquote die Neugesellschafter erhalten werden und in welchem Maße damit die Anteilsquote der Altgesellschafter sinken wird. Das Abstellen auf die Risikoposition des neuen und alten Gesellschafters impliziert ein **verdecktes Korrespondenzprinzip**, das die Bilanzierung bei der Gesellschaft von der Position des Gesellschafters abhängig macht. Ein derartiges Korrespondenzprinzip ist u. E. nicht sachgerecht, da es zur **Vermischung von Gesellschafts- und Gesellschaftersphäre** führt.
- IAS 32 ist **in sich selbst widersprüchlich:** IAS 32.21 stellt für den variablen Fall auf eine Situation ab, in der die Verpflichtung des Unternehmens auf einen Betrag lautet, *that „fluctuates in part or in full in response to changes in a variable other than the market price of the entity's own instuments"*. Ein Anwendungsfall von IAS 32.16b(ii) läge demnach in o.g. Beispiel überhaupt nicht vor, da die zu liefernde Aktienzahl nicht von anderen Variablen (Entwicklung des Goldpreises, der Marktzinsen etc.), sondern vom Aktienkurs selbst abhängt. Nach IAS 32.AG 27d soll es andererseits darauf nicht ankommen, sondern auch im Fall der Abhängigkeit

Lüdenbach

der Aktienzahl vom Aktienkurs selbst eine Verbindlichkeit anzunehmen sein.[10]
- IAS 32 steht im **Widerspruch zu IFRS 2**. Nach IFRS 2 würde auch das Vergütungsschema mit variabler Aktienzahl eine Buchung „Aufwand an Eigenkapital" (→ § 23 Rz 35) statt „Aufwand an Verbindlichkeit" nach sich ziehen. Die Frage, welche Vorschrift vorrangig ist, bleibt offen.[11]

Wegen dieser systematischen Bedenken ist eine Differenzierung von Vergütungs- bzw. Einlagefällen nach fester oder variabler Zahl der Aktien u. E. in Einlagefällen nicht zwingend geboten.

2.6 Derivative Kontrakte in eigenen Aktien (Aktienerwerbsangebote etc.)

16 Nach IAS 32.16b(ii) führen auf den **zukünftigen** Erwerb oder die **zukünftige** Veräußerung eigener Aktien gerichtete Kontrakte in einigen Fällen zu Eigen-, in anderen zu Fremdkapital. Am Beispiel von **Optionskontrakten** lassen sich folgende relevante Fälle unterscheiden:

- *Purchased call option*: Die Gesellschaft hat gegen Zahlung einer Prämie das Recht gekauft, eigene Aktien zu einem bestimmten Preis (Ausübungspreis) zu erwerben. Der Vertrag berührt nur das **Eigenkapital**. Die gezahlte Optionsprämie ist vom Eigenkapital abzuziehen (IAS 32.AG14). Bei Ausübung der Option ist eine Buchung „Eigenkapital an Geld" geboten.
- *Issued call option:* Die Gesellschaft hat gegen Erhalt einer Prämie dem Vertragspartner das Recht zum Erwerb eigener Aktien eingeräumt. Der Vertrag berührt nur das **Eigenkapital**. Die vereinnahmte Optionsprämie ist dem EK zuzuschreiben (IAS 32.AG13 und IAS 32.AG27a). Bei Ausübung der Option ist eine Buchung „Geld an Eigenkapital" geboten.
- *Written put option:* Dem Vertragspartner ist das Recht eingeräumt worden, eigene Aktien an die Gesellschaft zu veräußern. Die bedingte Erwerbsverbindlichkeit führt zur Umgliederung von Eigen- in **Fremdkapital**. (IAS 32.AG27b). Bei Ausübung der Option ist eine Buchung „Verbindlichkeit an Geld" geboten.

17 Ein für börsennotierte Aktiengesellschaften wichtiges Anwendungsfeld des letzten Falles sind **freiwillige Erwerbsangebote** nach dem Wertpapiererwerbs- und Übernahmegesetz (**WpÜG**). Soweit eine börsennotierte Gesellschaft ein Angebot auf den Erwerb eigener Aktien abgeben möchte, muss sie dies im Interesse der Gleichstellung aller Aktionäre öffentlich tun (§ 10 WpÜG) und bei einer Überzeichnung des Angebots durch eine quotale Zuteilung für eine Gleichbehandlung derjenigen Aktionäre sorgen, die das Angebot angenommen haben (§ 19 WpÜG). Durch das Erwerbsangebot entsteht eine **bedingte Verpflichtung** der Gesellschaft zur Zahlung von Geld.

---

[10] Vgl. ERNST & YOUNG, International GAAP 2007, S. 1252ff.
[11] Vgl. ERNST & YOUNG, International GAAP 2007, S. 2079ff.

Nach IAS 32.16 und 23 i. V. m. IAS 32.AG 27b ist diese **Verpflichtung** dann als Verbindlichkeit auszuweisen, wenn sie **vertraglichen** Charakter hat. Gegen einen solchen vertraglichen Charakter spricht nicht die Subsumierung des Angebots unter die Regelungen des WpÜG. Zwar hat das WpÜG z. T. öffentlich-rechtlichen Charakter, z. B. in Bezug auf die Aufsichts- und Untersagungsrechte der Bundesanstalt für Finanzdienstleistungsaufsicht. Daneben hat es aber den Charakter eines speziellen Zivilrechts, das die Kontrahierungs-, Inhalts- und Formfreiheiten des allgemeinen Zivilrechts im Interesse des Gleichbehandlungsgrundsatzes einschränkt. Unter Beachtung dieser Beschränkungen unterliegt das Erwerbsangebot sowie seine Annahme aber den allgemeinen Regeln des **Vertragsrechts**.[12] Die Einschränkungen der allgemeinen Vertragsfreiheiten bzw. die quasi öffentlich-rechtliche Prägung des Vertragsverhältnisses verhindern u. E. nicht die Qualifikation eines öffentlichen Erwerbsangebots als vertragliche Verpflichtung i.S. von IAS 32. Auch das freiwillige Erwerbsangebot führt zum Ausweis einer **Verbindlichkeit**.

Gegen diese Auffassung mag man aber folgende **wirtschaftliche** Argumente anführen:

- Ein öffentliches Erwerbsangebot lautet üblicherweise auf einen Erwerbspreis **über** dem aktuellen Börsenkurs.
- Ein „normales", an einen **begrenzten** Personenkreis gerichtetes Erwerbsangebot über Börsenkurs führt zur unfreiwilligen Entreicherung der verbleibenden gegenüber den ausscheidenden Aktionären. Die Bildung eines Passivpostens wäre aus dieser Entreicherungsperspektive wirtschaftlich gerechtfertigt.
- Das WpÜG verhindert aber durch die **Gleichbehandlungsgrundsätze** gerade solche unfreiwilligen Entreicherungen.
- Es überlagert deshalb durch den Grundsatz der **gleichberechtigten** und **quotalen** Zuteilung das vertragliche Erwerbsverhältnis durch quasi öffentlich-rechtliche Vorgaben. Aus wirtschaftlicher Sicht ist deshalb ein Ausweis als Verbindlichkeit nicht mehr zwingend erforderlich.

U. E. ist eine solche „wirtschaftliche Betrachtung", die auf die Frage der Entreicherung von Gesellschaftern abstellt, nicht sachgerecht, da es u. E. auf die Vorgänge in der **Gesellschafter**sphäre nicht ankommt, sondern allein die Sphäre der **Gesellschaft** entscheidend ist. Aus Sicht der Gesellschaft macht es nach Abgabe eines bindenden Angebots aber keinen Unterschied mehr, ob dieses Angebot allgemeinen oder speziellen zivilrechtlichen Vorschriften un-

---

[12] Vgl. GEIBEL/SÜSSMANN, WpÜG Kommentar, 2002, § 11 Rn. 2: „Öffentliche Angebote i.S.d. Gesetzes ... sind insoweit nach den allgemeinen Bestimmungen des bürgerlichen Rechts zu qualifizieren." Ähnlich STEINMEYER/HÄGER, WpÜG Kommentar, § 11 Rn. 5f., die die Veröffentlichung der vom Bieter zu erstellenden Angebotsunterlage als Abgabe eines bindenden Angebots i. S. d. § 145 BGB qualifizieren. Die Rechtsfolgen der Annahme des Angebots „sind nicht mehr Gegenstand des Übernahmerechts, sondern richten sich nach den allgemeinen Vorschriften des BGB. Allerdings werden die zulässigen Vertragsbedingungen in weitem Umfang durch das WpÜG vorbestimmt" (ebenda, § 11 Rn. 6).

terliegt. Die Gesellschaft unterliegt in beiden Fällen einer bedingten vertraglichen Verpflichtung zur Zahlung von Geld und hat damit eine **Verbindlichkeit** auszuweisen.

> **Beispiel**
> Gemäß WpÜG gibt die A am 27.12.01 ein freiwilliges öffentliches Angebot über den Erwerb von 10.000 eigenen Aktien ab, das bis zum 31.1.02 von den Aktionären angenommen werden kann.
> - Die angebotene Leistung (= Optionsausübungspreis) beträgt 10.
>
> Die Kurse entwickeln sich wie folgt:
> - Kurs bei Abgabe des Erwerbsangebots 9,
> - Stichtagskurs 31.12.01: 8,5 (**alternativ 11,0**),
> - konstanter Kurs 2.1. bis 31.1.02 von 8,0 im Grundfall (bzw. **von 11,0** im **Alternativfall**).
>
> Im Grundfall werden die Aktionäre das Erwerbsangebot annehmen, da sie bei einem an der Börse erzielbaren Kurs von 8,0 von der Gesellschaft 10,0 erhalten, die Ausübung der Option also vorteilhaft ist. Folgende Buchungen sind daher geboten:
> - in 01:
>   Eigenkapital 100.000 an Verbindlichkeit 100.000
> - in 02 (Aktienrückkauf):
>   Verbindlichkeit 100.000 an Geld 100.000
>
> Im **Alternativfall** werden die Aktionäre das Angebot nicht annehmen, da sie bei einem an der Börse erzielbaren Kurs von 11,0 von der Gesellschaft nur 10,0 erhalten würden, die Ausübung der Option also nachteilig wäre. Die Buchung in 01 ist von den Wertentwicklungen nicht betroffen. Auch wenn der Kurs bereits am Stichtag 11,0 betrug und daher auch aus Sicht des Stichtags eine Optionsausübung nicht wahrscheinlich war, darf dies nicht berücksichtigt werden. Als Fremdkapital ist zum Stichtag jede Ankaufsverpflichtung auszuweisen, auch wenn sie bedingten Charakter hat und der Eintritt der Bedingung nicht wahrscheinlich ist.
> Erst am 31.1.02 steht die Nichtannahme fest und erlischt die bedingte Verbindlichkeit. Zu diesem Zeitpunkt erfolgt die „Stornierung" der Buchung aus 01, d. h. die Wiedereinstellung der 100.000 in das Eigenkapital.
> - Buchung 02 (Aktienrückkauf kommt nicht zustande):
>   Verbindlichkeit 100.000 an Eigenkapital 100.000

Ist der derivative Kontrakt über eigene Aktien nicht auf deren tatsächliche Lieferung, sondern auf einen Barausgleich in Höhe der Differenz von Vertragskurs und Kurs bei Fälligkeit gerichtet (*cash settlement*), liegt ein „normales" Derivat vor, das zum *fair value* als finanzieller Vermögenswert oder Verbindlichkeit auszuweisen ist (IAS 32.AG27).[13]

---

[13] Vgl. IDW, RS HFA 9, Tz 25ff.

2.7 Eigenkapital von Personengesellschaften, Genossenschaften und GmbHs bei ordentlichen und außerordentlichen Kündigungsrechten[14]

2.7.1 Überblick und Problemstellung

Nach IAS 32.16 und 19 liegt **Eigenkapital** nur insoweit vor, als ein Unternehmen keine bedingte oder unbedingte **Verpflichtung** zur **Lieferung** von Geld oder anderen Vermögenswerten hat.

In der Konkretisierung dieser Regelungen bestimmt IAS 32.18b: Ein Recht der Anteilseigner von **Personengesellschaften** *(partnerships)*, **Genossenschaften** und **Fonds** *(mutual funds)*, ihren Anteil *(interest)* jederzeit *(at any time)* gegen eine Abfindung zurückzugeben, ist bilanziell als **Verbindlichkeit** auszuweisen, auch wenn die Stellung der Anteilseigner rechtlich die Form eines Residualinteresses hat. Deshalb ist möglicherweise das **Eigen**kapital von Personengesellschaften und Genossenschaften in einem IFRS-Abschluss ganz oder teilweise als **Fremd**kapital auszuweisen,[15] wenn

- den Mitgliedern bzw. Gesellschaftern ein **Kündigungsrecht** zusteht

und

- die Ausübung dieses Rechts einen **Abfindungsanspruch** gegen das Unternehmen begründet.

Ein Fremdkapitalausweis gesellschaftsrechtlichen Eigenkapitals könnte aber auch für **GmbHs** erforderlich sein, wenn der Gesellschaftsvertrag ein ordentliches Kündigungsrecht gegen Abfindung vorsieht, möglicherweise aber auch schon im Hinblick auf gesetzlich nicht abdingbare außerordentliche Kündigungsrechte.

2.7.2 Deutsche Rechtslage

Nach deutscher Rechtslage bestehen (nicht ausschließbare) **Kündigungsrechte** für

- **Genossenschaften** gem. §§ 65 und 73 GenG und
- **Personenhandelsgesellschaften** gem. § 105 Abs. 3 HGB i. V. m. § 723 BGB (OHG) bzw. § 161 Abs. 2 i. V. m. § 105 Abs. 3 HGB und § 723 BGB (KG).[16]
- **GmbHs** nur im Hinblick auf eine außerordentliche Kündigung.

In diesen Fällen führt die Kündigung gesetzlich nicht zur Auflösung, sondern zum Ausscheiden des kündigenden Mitglieds bzw. Gesellschafters unter Ent-

---

[14] Die nachfolgenden Ausführungen sind überwiegend entnommen Lüdenbach/Hoffmann, BB 2004, S. 1042ff. und Lüdenbach/Hoffmannn, DB 2005, S. 404

[15] IDW, Stellungnahmen, WPg 2004, S. 86ff., mit dem Fokus auf Personengesellschaften; IASB, IFRIC-Update Februar 2004 mit einer Wiedergabe der Bedenken der Europäischen Genossenschaftsbanken und des Deutschen Genossenschafts- und Raiffeisen-Verbandes.

[16] Weitere Fälle wie die BGB-Gesellschaft selbst und die Partnerschaftsgesellschaft werden wegen geringer Relevanz der IFRS-Bilanzierung nachfolgend nicht behandelt.

stehen eines **Abfindungsanspruchs** (§ 73 GenG, § 131 Abs. 3 Nr. 1 HGB i. V. m. § 738 BGB). Dieser kann der Höhe nach vertraglich geregelt, aber nicht ausgeschlossen werden:
- Bei **Genossenschaften** darf die Abfindung, ein ausreichendes Vermögen der Genossenschaft unterstellt, das Geschäftsguthaben nicht unterschreiten (§ 73 Abs. 2 GenG).
- Bei **Personenhandelsgesellschaften** ist eine Abfindung unterhalb der buchmäßigen Beteiligung am Gesellschaftsvermögen sittenwidrig,[17] eine Abfindung zum Buchwert oder nach anderen Formeln (z. B. Stuttgarter Verfahren) zwar nicht sittenwidrig, aber häufig durch ergänzende Vertragsauslegung auf eine angemessene Abfindung zu korrigieren.[18]
- Bei **GmbHs** darf die Abfindungszahlung nicht aus dem Stammkapital erfolgen (§ 30 Abs. 1 GmbHG).

Käme es hinsichtlich der Fremdkapitalqualifikation allein auf die Kündigungs**möglichkeit** an, müssten daher in den dem gesetzlichen Regelstatut unterliegenden Fällen
- **Genossenschaften** das **Geschäftsguthaben,**
- **Personengesellschaften** das gesamte gesellschaftsrechtliche **Eigenkapital,**
- **GmbHs** alle Eigenkapitalanteile **außer dem Stammkapital**

als **Fremdkapital** ausweisen. Die **Bewertung** dieses „Fremdkapitals" wäre mit dem Abfindungsanspruch vorzunehmen, der regelmäßig höher ist als das anteilige gesellschaftsrechtliche Eigenkapital (Rz 32ff.).

21 Eine Umqualifizierung von Eigenkapital in Fremdkapital kann sich auch aus den Regelungen über das Schicksal der Mitgliedschaft im **Todesfall** ergeben.
- Nach dem gesetzlichen Statut der **Genossenschaft** geht die Mitgliedschaft zwar im Todesfall auf die Erben über, diese scheiden aber zum Ende des Geschäftsjahres, in dem der Todesfall sich ereignet hat, aus (§ 77 Abs. 1 GenG). In der Praxis des Genossenschaftsstatuts ist jedoch regelmäßig abweichend eine Fortsetzung mit den Erben vorgesehen (§ 77 Abs. 2 GenG).
- Bei der gesetzlich verfassten **OHG** führt der Tod des Gesellschafters zum Ausscheiden § 131 Abs. 3 Nr. 1 HGB). Auch hier dominieren in der Vertragspraxis Klauseln, die eine Fortsetzung mit den Erben (ggf. nur mit den „qualifizierten" Erben) vorsehen. Bei der **KG** gilt Entsprechendes für den Komplementär, während die Erben des Kommanditisten mangels abweichender Bestimmung in dessen Gesellschafterstellung eintreten (§ 177 HGB).

Im Falle gesetzlicher oder dispositiver **Fortsetzung mit den Erben** ist das Unternehmen bezüglich des **Todesfalls** von keinen Abfindungsverpflichtungen betroffen. Die Übertragung der Mitgliedschaft auf die Erben berührt nur die

---

[17] BGH, Urteil v. 9.1.1989, ZR 83/88, NJW 1989, S. 2686ff.
[18] BGH, Urteil v. 20.9.1993, II ZR 104/92, BB 1993, S. 2265ff.

Sphäre der **Gesellschafter**. Eine Verbindlichkeit der **Gesellschaft** besteht insoweit nicht.

Anders kann es sich bei **Genossenschaften** und **OHGs**, die nach dem gesetzlichen Regelstatut organisiert sind, verhalten. Hier muss in dreierlei Hinsicht differenziert werden:
- Gesellschafter oder Genosse kann sowohl eine natürliche als auch eine juristische Person sein. Denkbar ist diese Konstellation auch in „gemischter" Form.
- Soweit eine juristische Person Gesellschafter oder Genosse ist, kommt der Frage nach der Abfindung im Todesfall keine Bedeutung zu.
- Aber auch bei einer natürlichen Person als Gesellschafter oder Genosse ist mit einer gesetzlichen oder vertraglichen Abfindungsverpflichtung der Gesellschaft nicht zwingend (zu unbestimmter Zeit) zu rechnen; denn der „potenziell sterbende" Gesellschafter kann „rechtzeitig" seinen Anteil an der Gesellschaft auf eine andere – natürliche oder juristische – Person übertragen.

Wie im Kündigungsfall führt also auch das **todesbedingte** Ausscheiden eines Gesellschafters (nach dem Gesellschaftsvertrag oder Regelstatut der OHG/KG) nur **bedingt** zu einer Abfindungszahlung.

Alle derartigen **Überlegungen** müssen mit folgenden **Fragen** konfrontiert werden: 22
- Unterliegen die **deutschen** Rechtsverhältnisse tatsächlich dem Wortlaut von IAS 32.18b?
- Wie würde sich eine Umqualifizierung von Eigenkapital (Personengesellschaft) bzw. Eigenkapitalteilen (Genossenschaft) mit dem Grundsatz *substance over form* vertragen, insbesondere im **Rechtsformvergleich** mit Kapitalgesellschaften, für die IAS 32 keine Hinweise zur Umqualifizierung von Eigen- in Fremdkapital enthält?

2.7.3 Enge Auslegung von IAS 32 (Mindermeinung)
Der Wortlaut von IAS 32.18b i. V. m. IAS 32.13 stellt auf den Fall ab, dass das 23
Mitglied jederzeit
- (1) seinen **Anteil** am Unternehmen *(interest in the issuer)* **zurückgeben** *(redeem)* kann und insoweit
- (2) eine **vertragliche Abfindungsverpflichtung** des Unternehmens ausgelöst wird.

In Bezug auf diese Merkmale verhält sich das deutsche Genossenschafts- und Gesellschaftsrecht wie folgt:
ad 1): Unklar ist, ob das Ausscheiden eines Personengesellschafters gegen Abfindung eine **Rückgabe des Anteils** *(redemption of interest)* i.S. von IAS 32.16b darstellt. Anders als der Aktionär, der seine Aktie an die Aktiengesellschaft verkauft, kann der Personengesellschafter keinen „Anteil zurückgeben". Er kann nur aus der Gesellschaft **ausscheiden**, wobei er als persönlich haftender Gesellschafter noch in der Haftung bleibt (§ 160 HGB). Der Anteil wächst

den verbleibenden Gesellschaftern zu, der ausscheidende Gesellschafter verliert seinen Anteil durch „Abwachsung". Ähnliche Bedenken bestehen bei Genossenschaft und GmbH.

ad 2): Bei Personengesellschaften ist nach dem Wortlaut von § 738 Abs. 1 BGB unklar, ob es sich bei der im Fall der Kündigung aus dem Gesellschaftsvermögen zu erbringenden Abfindungsleistung überhaupt um eine vertragliche **Verpflichtung der Gesellschaft** handelt. Den Gesellschaftsvertrag schließen die Gesellschafter untereinander ab. Die Gesellschaft ist höchstens Betroffene dieser Regelungen, aber nicht deren Vertragspartner. Die Abfindungsverpflichtung würde vielmehr allein den verbleibenden Gesellschaftern obliegen. Die herrschende Meinung nimmt allerdings eine primäre Schuldnerschaft der Gesellschaft an.[19] Die verbleibenden Gesellschafter – nicht die Kommanditisten – haften akzessorisch.

Die Bedenken gegen die Anwendbarkeit von IAS 32.18b auf deutsche Personengesellschaften verstärken sich im Falle von **Zwei-Personen**-Gesellschaften. Die Kündigung eines Gesellschafters führt zur Anwachsung des Gesellschaftsvermögens bei dem anderen Gesellschafter. Der Abfindungsanspruch richtet sich in keiner Weise gegen die Gesellschaft.[20] Bei den Genossenschaften richtet sich der Abfindungsanspruch zwar unzweifelhaft gegen das Unternehmen, aber auch hier ist das Unternehmen Betroffener, nicht Vertragspartner der Regelung. Entsprechendes gilt für das ordentliche oder außerordentliche Kündigungsrecht bei der GmbH.

24 Fasst man die vorstehenden Überlegungen zusammen, so sind die Abfindungsregeln für das Ausscheiden von Genossen und Personengesellschaftern nach deutschem Recht durch die Fremdkapitaldefinition von IAS 32.16ff., insb. IAS 32.18b **nicht völlig gedeckt**. Die gewichtigsten Bedenken ergeben sich aus **fehlenden** (eigenen) **vertraglichen** Abfindungsverpflichtungen der Gesellschaft; sie ist nur Betroffener der von den Gesellschaftern bzw. Mitgliedern statuarisch getroffenen Regelung. Eine finanzielle Schuld i.S. von IAS 32 liegt aber nur vor, wenn die Schuld **vertraglichen** *(contractual)* Charakter hat (IAS 32.11 i. V. m. IAS 32.AG12). Der Begriff „vertraglich" bezieht sich nach IAS 32.13 auf eine Vereinbarung *(agreement)* zwischen zwei oder mehr Personen. IAS 32.AG4 konkretisiert anhand von Beispielen das *contractual right* als typisches schuldrechtliches Austauschverhältnis („Leistung gegen Geld"). Demzufolge wären nur eigene Verpflichtungen der Gesellschaft bzw. Genossenschaft als Verbindlichkeit auszuweisen. Hierzu würden nicht Kündigungsfolgen nach deutschen gesellschaftsrechtlichen Verhältnissen rechnen, im Unterschied zu bestimmten angelsächsischen Konstrukten (*redeemable shares*), bei denen z.T. die Gesellschaft Vertragspartner ist.

---

[19] BAUMBACH/HOPT, HGB-Kommentar, § 131 Tz 48; EBENRODT/BOUJONG/JOOST, 2001, Bd. 1, § 131 Tz 64; kritisch: CLEMM, BB 1992, S. 1959ff.

[20] BAUMBACH/HOPT, HGB-Kommentar, § 131 Tz 19; EBENRODT/BOUJON/JOOST, a.a.O.

2.7.4 Weite Auslegung von IAS 32 (herrschende Meinung)

Die herrschende Meinung, repräsentativ niedergelegt etwa in IDW RS HFA 9, teilt die vorgenannten Bedenken nicht und nimmt bei ordentlichen Kündigungsrechten gegen Abfindung die Umqualifizierung gesellschaftsrechtlichen Eigenkapitals in Fremdkapital an. In der Umsetzung dieser weiten Grundinterpretation ist diese Auffassung aber **inkonsequent**. Sie verlangt von Personengesellschaften und (hinsichtlich des Geschäftsguthabens) Genossenschaften, gesellschaftsrechtliches Eigenkapital bilanziell als Fremdkapital auszuweisen, stellt aber keine **entsprechenden Anforderungen** an

- Aktiengesellschaften hinsichtlich **Vorzugsaktien** bzw. Vorwegdividenden (Rz 10) und
- GmbHs hinsichtlich der durch **außerordentliche Kündigungsrechte** latent vorhandenen Abfindungsverpflichtungen.

Zu den **GmbHs** führt IDW, RS HFA 9 aus:

- Sei in der Satzung ein **ordentliches Kündigungsrecht** gegen Abfindung aus dem Gesellschaftsvermögen enthalten, führe dies zur Fremdkapitalqualifikation des gesellschaftsrechtlichen Eigenkapitals. Der Unterschied zu Personengesellschaften bestehe lediglich hinsichtlich der Kapitalerhaltungsvorschriften (§ 30 Abs. 1 GmbHG). Da danach eine Auszahlung des Stammkapitals auch bei Kündigung nicht in Frage komme, bleibe das Stammkapital – und **nur** dieses – bilanziell Eigenkapital.[21]
- Satzungsmäßig nicht abdingbare **außerordentliche Kündigung**srechte, deren Rechtsfolge ein lediglich durch § 30 Abs. 1 GmbHG begrenzter Abfindungsanspruch gegen die Gesellschaft ist,[22] sollen hingegen nicht zur Umqualifizierung in Fremdkapital führen.[23]

Diese Auffassung ist **inkonsequent**. Wenn man mit der von uns nicht geteilten (Rz 23) herrschenden Meinung für die Umqualifizierung eine Kündigungsmöglichkeit ausreichen lässt, muss dies auch für die außerordentliche gelten. Die abweichende Beurteilung von außerordentlichen gegenüber ordentlichen Kündigungsrechten beruft sich **unzutreffend** auf IAS 32.25a. Danach sind zwar bedingte, von ungewissen zukünftigen Ereignissen abhängende Zahlungsverpflichtungen unbeachtlich, wenn die Bedingungen nur in Extremfällen (*not genuin*) eintreten können. Diese Ausnahmeregelung im ansonsten nicht auf Wahrscheinlichkeiten abstellenden IAS 32 gilt gem. IAS 32.25 S. 1 jedoch **nur** für solche Bedingungen, die **außerhalb der Kontrolle** sowohl des Unternehmens als auch des Gesellschafters liegen. Die außerordentliche Kündigung liegt aber gerade im Einflussbereich und Ermessen der Gesellschafter, und zwar nicht nur der Kündigungserklärung selbst, sondern auch bestimmte von der Rechtsprechung anerkannte Kündigungsgründe,

25

---

[21] IDW, RS HFA 9 Tz 59.
[22] Zum außerodentlichen Kündigungsrecht: Scholz, GmbHG, 9. Aufl., § 15 Tz 118ff.; Lutter/Hommelhoff, GmbH-Gesetz, § 34 Tz 36ff.
[23] IDW, RS HFA 9 Tz 19.

Lüdenbach

etwa Gefährdung des wirtschaftlichen Fortkommens (selbstständige Existenzgründung) des Gesellschafters.[24] Wenn also IAS 32.25 S. 1 tatbestandlich nicht einschlägig ist, fehlt es auch an einer Anwendbarkeit von IAS 32.25a.[25] In **konsequenter** Anwendung der herrschenden Auffassung dürfte daher auch **jede GmbH** (bis auf das Stammkapital) **kein Eigenkapital** ausweisen.

Ein solches nur noch die **Aktiengesellschaft** unverschont lassendes Ergebnis ist widersinnig. Verständlich daher der Argumentationsversuch der herrschenden Meinung gegen diese zwingende Folgerung. Dieser Versuch widerspricht aber dem Wortlaut von IAS 32.25. Das sinnvolle Ergebnis, GmbHs nicht vom bilanziellen Eigenkapitalausweis auszuschließen, kann u.E. nur über eine Änderung der Prämissen (**enge** Grundinterpretation des Fremdkapitalbegriffs von IAS 32), nicht über eine unzutreffende Schlussfolgerung aus den herrschenden Prämissen (**weite** Grundinterpretation) erzielt werden.

Prämisse müsste sein, dass aus den unter Rz 23f. dargelegten Gründen (Gesellschaft als Betroffener nicht als Vertragspartner von Kündigungsregelungen) die Fremdkapitaldefinitionen von IAS 32 von **vornherein nicht erfüllt sind.** Eine weitere – nicht zu begründende – Differenzierung zwischen ordentlichen und außerordentlichen Kündigungsrechten oder Vorweg- und Mehrdividende (Rz 10) wäre dann ebenso überflüssig wie der vergebliche Versuch, auf Basis der weiten Grundinterpretation eine Anschaffungskostenbewertung von Verkehrswertabfindungsverbindlichkeiten zu legitimieren (Rz 35).

2.7.5 Auslegung von IAS 32 nach der wirtschaftlichen Qualität von gesellschaftsrechtlichem Eigenkapital (Rechtsformvergleich)

26 Unabhängig von der Interpretation des IAS 32 nach dem Wortlaut (Rz 23) stellt sich die grundlegende Frage, ob die Eigenkapitalqualität der Personengesellschafts- bzw. Genossenschaftsanteile an **rechtlichen** (formalen) Details festgemacht werden sollte. Gegen ein solches Vorgehen sprechen die dann entstehenden **Gestaltungs-** und **Umgehungs**möglichkeiten:

- Auflösung als Rechtsfolge der Kündigung, verbunden aber mit der Möglichkeit eines Fortsetzungsbeschlusses der übrigen Gesellschafter, bei dem der kündigende Gesellschafter entweder kein Stimmrecht hat oder aus Treuepflicht zur Zustimmung verpflichtet ist.
- Ersatz des Kündigungsrechts durch ein Andienungsrecht gegenüber den Mitgesellschaftern.
- Ersatz des Kündigungsrechts durch ein Recht, die Umwandlung in eine Kapitalgesellschaft zu verlangen.[26]

---

[24] SCHOLZ, GmbHG, 9. Aufl., § 15 Tz 119ff.; BAUMBACH/HUECK, GmbHG Anh § 34 Tz 20.
[25] So mit überzeugender Beweisführung SCHUBERT, PiR 2006.
[26] Zu den Details dieser Umgehungen BALZ/ILINA, BB 2005, S. 2759, zur ersten Alternative auch die Vorauflagen dieses Kommentars.

Lüdenbach

Die Frage ist nur, ob es solcher Formalitäten (Umweglösungen) diesbezüglich überhaupt bedarf.[27]

Eine formalrechtliche Betrachtung kann jedenfalls im hier zu behandelnden Kontext nicht im Vordergrund stehen, da der in IAS 32.18 und F.51 ausdrücklich für die Qualifizierung des Eigenkapitals reklamierte Grundsatz *substance over form* primär zu **wirtschaftlichen** Auslegungen auffordert. Eine solche substanzielle Betrachtung muss zunächst klären, ob sich das gesellschaftsrechtliche Eigenkapital von Genossenschaften und Personengesellschaften wirtschaftlich derart von dem anderer Rechtsformen **unterscheidet**, dass eine unterschiedliche bilanzrechtliche Qualifikation gerechtfertigt ist.

Einem solchen **wirtschaftlichen Rechtsformvergleich** kommt deshalb besondere Bedeutung zu, weil das IFRS-Regelwerk im Gegensatz zum HGB keine Differenzierung der Ansatz-, Bewertungs- und Ausweisregeln nach der Rechtsform des Unternehmens kennt, sondern **rechtsformneutral** angelegt ist. Eine unterschiedliche Behandlung des Eigenkapitals verschiedener Rechtsformen ist daher nur dann zu rechtfertigen, wenn mit dem Rechtsformunterschied ein Unterschied in der wirtschaftlichen Qualität des Eigenkapitals einhergeht.

Für die Beurteilung dieser Qualität ist nach der Systematik von IAS 32 **nicht** die Perspektive der (potenziellen) **Investoren**, d. h. Eigen- und Fremdkapitalgeber, von Bedeutung, sondern die **Sicht des Unternehmens**. Das zentrale wirtschaftliche **Beurteilungskriterium** aus dieser **Unternehmensperspektive** ist, in welchem Umfang das Bruttovermögen auf Dauer zur Verfügung steht und in welchem Maße es durch zu tilgende Schulden gemindert ist. In dieser Hinsicht lassen sich die Eigenkapitalkategorien der verschiedenen Rechtsformen wie folgt unterscheiden:

- Bei der **Kapitalgesellschaft** steht – eine für die *going-concern*-Bilanzierung irrelevante Liquidation ausgeklammert – nur das gesetzliche **Mindestkapital** dem Unternehmen mit Sicherheit zur Verfügung.
- Über das gesetzliche Mindestkapital hinausgehendes gezeichnetes Kapital kann ggf. im Wege der **Kapitalherabsetzung** ausgekehrt werden.
- **Kapitalrücklagen** können bei der GmbH generell, bei der AG in bestimmten Fällen entzogen werden.
- Für **Gewinnrücklagen** gilt, mit bestimmten Ausnahmen bei der AG, Entsprechendes.
- **Gewinnvorträge und Jahresergebnis** bzw. **Bilanzgewinn** stehen ebenfalls zur Disposition der Gesellschafter.

Bei einer absoluten Anforderung an die **Dauerhaftigkeit** des Finanzierungsbeitrags wäre daher nur das gesetzliche Mindestkapital, bei der AG ggf. noch Teile der Gewinn- und Kapitalrücklagen als bilanzielles Eigenkapital auszuweisen. Das IFRS-Regelwerk enthält jedoch **keine** derartige **absolute**

---

[27] Zu einem ähnlichen Problem vgl. CLEMM, BB 1992, S. 1963.

Lüdenbach

Dauerhaftigkeitsanforderung. Weder nach dem *Framework* noch nach den Ausweisvorschriften in IAS 1 und IAS 32 sind entnehmbare Rücklagen, Gewinnvorträge und Jahresüberschüsse als Fremdkapital auszuweisen. Nach IAS 10.12 können zur **Ausschüttung** vorgesehene Beträge erst in der Periode des Gewinnausschüttungsbeschlusses, d. h. im Zeitpunkt der Umwandlung eines Mitgliedschaftsrechtes des Gesellschafters in ein Gläubigerrecht, in Fremdkapital umgegliedert werden (→ § 4 Rz 23).

Da demnach **erst** die Ausübung eines Kapitalherabsetzungs- oder Ausschüttungsrechtes bei der Kapitalgesellschaft zur Umqualifizierung von Eigen- in Fremdkapital führt, stellt sich im **Rechtsformvergleich** die Frage, aus welchem Grunde bei einer Personengesellschaft oder Genossenschaft ein Abfindungsrecht bereits **vor** seiner Ausübung als Schuld auszuweisen sein sollte.

30 Als Begründungsmöglichkeit für eine unterschiedliche Behandlung der Rechtsformen bietet sich nur die **Differenzierung** zwischen **kollektiven**, nur durch die (qualifizierte) Mehrheit der Gesellschafterversammlung ausübbaren, und **individuellen**, dem einzelnen Gesellschafter zustehenden, Rechten an. Der Kapitalherabsetzungs- bzw. Gewinnausschüttungsbeschluss der Kapitalgesellschaft bedarf einer Entscheidung der Gesellschafterversammlung mit 75 % bzw. mehr als 50 % der Stimmen, während der Abfindungsanspruch des Gesellschafters einer Personengesellschaft einseitig durch Kündigungserklärung oder durch Tod entsteht.

Gegen eine Differenzierung zwischen kollektiven und individuellen Ansprüchen sprechen aber folgende Erwägungen:

- Bei Abstellen auf die Stimmrechtsquote wäre u. U. die **Publikumskapitalgesellschaft** von einer Umqualifizierung des Eigen- in Fremdkapital verschont.

- Anders wären jedoch die Fälle zu würdigen, in denen ein Gesellschafter (einer Kapitalgesellschaft) über eine **satzungsändernde** Mehrheit verfügt. Hier wäre nur das gesetzliche Mindestkapital gegen individuelle Anforderungen geschützt, da der betreffende Gesellschafter jederzeit eine Kapitalherabsetzung beschließen könnte.

- Bei **einfacher** Mehrheit bestünde ein Schutz nur für das gezeichnete Kapital und ggf. für Teile der Rücklagen, da der Mehrheitsgesellschafter das übrige Eigenkapital jederzeit durch Ausschüttungsbeschluss anfordern könnte.

Auf der Basis einer Unterscheidung zwischen Kollektiv- und Individualansprüchen des Gesellschafters wäre also das gesellschaftsrechtliche Eigenkapital der Kapitalgesellschaften in weiten Teilen in Fremdkapital umzugliedern. Derartige Differenzierungen würden zu unsäglichen **kasuistischen Betrachtungen** zwingen. Je nach Struktur des Anteilseignerkreises, je nach den zwischen verschiedenen Anteilseignern bestehenden Bindungen (Poolungs- bzw. Stimmrechtsbindungsverträge), je nach den von nominellen Mehrheiten abweichenden Präsenzmehrheitsverhältnissen ergäbe sich ein abweichender Bilanzausweis. Weiter zu berücksichtigen wären die satzungsmäßigen Kündigungsrechte einer GmbH[28] oder AG[29] sowie außerordentliche[30] Kündigungsmöglichkeiten. Einer solchen Kasuistik wäre überdies entgegenzuhalten, dass sie nicht die Sicht des Unternehmens, sondern die Perspektive der **Gesellschafter**, deren Struktur- und Vertragsverhältnisse, in den Vordergrund stellt. Den IFRS sind jedenfalls für Kapitalgesellschaften solche differenzierenden Vorgaben zum Eigenkapitalbegriff nicht zu entnehmen. Die Frage ist dann, weshalb bei Personengesellschaften mit ähnlichen Strukturen (Rz 21) **anders** als bei Kapitalgesellschaften verfahren werden soll.

Zugunsten einer Umqualifizierung von Eigen- in Fremdkapital ist insbesondere für Genossenschaftsbanken vereinzelt noch eine angebliche **Ähnlichkeit mit Sichteinlagen** angeführt worden, da beide Positionen jederzeit individuell kündbar seien und die Bank sich dann der Rückzahlung nicht entziehen könne. Diese Ansicht verkennt indes die wirtschaftlichen und rechtlichen **Unterschiede** von Sichteinlagen und Geschäftsguthaben:

31

- Nicht durch Rücklagen oder Gewinnvorträge gedeckte **Verluste** gehen nur zu Lasten der Geschäftsguthaben. Die Mitglieder tragen damit das eigenkapitaltypische Risiko, bei fortgesetzten Verlusten ihre Guthaben zu verlieren.
- Dieses Risiko erstreckt sich auch auf die **Insolvenz**, während Sichteinlagen nicht zur Insolvenzmasse gehören.[31]

Das Auslegungskriterium der *substance over form* anhand eines Rechtsformvergleichs hat keine Rechtfertigung einer **Ungleichbehandlung** von Kapitalgesellschaften einerseits und Genossenschaften bzw. Personengesellschaften andererseits hinsichtlich der Abgrenzung von Eigen- und Fremdkapital ergeben. Bestätigt wird dies im Vergleich von Sichteinlagen und Geschäftsguthaben.

Der Ende November 2004 verabschiedete IFRIC 2 trägt diesen Einwendungen jedoch nur in geringem Maße Rechnung (Rz 35). Nach der auf IFRIC 2 fußenden (herrschenden) Meinung wird man daher Eigen- in Fremdkapital mit den unter (Rz 32ff.) dargestellten Konsequenzen für Bilanz- und GuV-Ausweis, Bewertung und Eigenkapitaländerungsrechnung **umqualifizieren** müssen. Wegen der gebotenen Rechtsformneutralität einerseits und der ansonsten entstehenden Ausweis- und Bewertungsanomalien, aber auch aus den unter Rz 23f. dargelegten Gründen, halten wir allerdings eine **Abweichung** von dieser Mehrheitsmeinung für sachgerecht und jedenfalls unter Berufung auf IAS 1.17 – Abweichung von Einzelregeln im Interesse der im *Framework* niedergelegten Zielsetzungen – für zulässig (→ § 1 Rz 71f.). Die Konsequenzen unserer Mindermeinung werden unter Rz 72ff. dargestellt.

---

[28] K. Schmidt, Gesellschaftsrecht, 4. Aufl., 2002, S. 1064f.
[29] Strittig ob bei AG zulässig: Vgl. Kölner Komm zum AktG, 2. Aufl., 1996, Bd 5/3, § 262 Tz 16, sowie Münchener Komm zum AktG, 2. Aufl., 2001, § 262 Tz 19.
[30] K. Schmidt, Gesellschaftsrecht, 4. Aufl., 2002, S. 1065.
[31] Spanier/Weller, BB 2004, S. 2235ff.

2.7.6 Bezeichnung des umqualifizierten Eigenkapitals

32 Für den Fall einer erforderlichen Umqualifizierung von Eigen- in Fremdkapital lässt IAS 32.18b einen **gesonderten** Ausweis zu:

- Das umqualifizierte Eigenkapital kann innerhalb des Schuldpostens gesondert als „**den Anteilseignern zuzurechnender Nettovermögenswert**" *(net asset value attributable to unitholders)*,
- der den Gesellschaftern zuzurechende Ergebnisanteil kann als „**Veränderung des dem Anteilseigner zuzurechnenden Nettovermögenswertes**" *(change in net asset value attributable to unitholders)*

ausgewiesen werden.

Die vorgenannten Sonderbezeichnungen werden nur **beispielhaft** *(descriptors such as)* aufgeführt. Die Wahl **anderer** Bezeichnungen, etwa „wirtschaftliches Eigenkapital" oder „gesellschaftsrechtliches Eigenkapital", dürfte bei entsprechender Erläuterung zulässig sein. Voraussetzung ist allerdings der Ausweis dieser Positionen innerhalb der Schuldposten.

33 Die *Illustrative Examples* zu IAS 32 enthalten unter IAS 32.IE32ff. ein Anwendungsbeispiel. Die **GuV** ist danach (aggregiert) wie folgt zu gliedern (→ § 2 Rz 46):

	Erlöse
–	operative Aufwendungen
=	Ergebnis aus operativer Tätigkeit
+/–	Finanzergebnis
–	Dividendenzahlung
=	Veränderung Nettovermögenswert Anteilseigner

Die Schlusszeile *(bottom-line)* dieser GuV entspricht nicht dem Ergebnisanteil der Gesellschafter, da die Dividendenzahlungen bereits abgezogen sind. Sie berücksichtigt im Übrigen auch nicht die Veränderung des Nettovermögenswerts der Anteilseigner durch Kapitaleinlagen oder durch nicht in der GuV erfasste Gewinne (Rz 39ff.). Unter Berücksichtigung solcher Fälle wäre das Schema wie folgt zu ergänzen:

	Erlöse
–	operative Aufwendungen
=	Ergebnis aus operativer Tätigkeit
+/–	Finanzergebnis
=	**erfolgswirksame Veränderung Nettovermögenswert Anteilseigner** (Ergebnis vor Anteil der Eigenkapitalgeber)
–	Dividenden
+/–	sonstige Transaktionen mit Anteilseigner
+/–	nicht in der GuV erfasste Gewinne
=	Veränderung Nettovermögenswert Anteilseigner

Lüdenbach

Der **bilanzpolitische** „Nutzen" der in IAS 32.18b und IAS 32.IE32ff. angebotenen Lösung könnte darin bestehen, dass in die „wirtschaftlichen Eigenkapitalposten" bzw. die „wirtschaftlichen Ergebnisposten" u. U. auch Gesellschafterdarlehen und darauf entfallende Zinsen einzubeziehen sind, da auch diese Posten bzw. deren Veränderungen den Anteilseignern zuzurechnen sind.

2.7.7 Bewertungs- und sonstige Anomalien bei Umqualifizierung des Eigenkapitals

Unklar ist die **Bewertung** des in Fremdkapital umqualifizierten gesellschaftsrechtlichen Kapitals. Der Regelungstext und die *Illustrative Examples* gehen von einer Bewertung mit dem unveränderten Buchwert aus. Wenn aber die Rückzahlungsverpflichtung des Eigenkapitals bei Kündigung oder Tod die Ausweisverpflichtung als Fremdkapital begründen soll (Rz 19), dann ist in der Konsequenz die Bewertung in Höhe der Rückzahlungsverpflichtung (Abfindungsanspruch) vorzunehmen.

34

Bei **Genossenschaften** kann hiervon mit den unter Rz 20 vorgenommenen Einschränkungen auch ausgegangen werden.

Bei einer deutschen **Personengesellschaft** stellt hingegen die Buchwertabfindung aus den unter Rz 20 dargelegten Gründen die absolute Ausnahme dar. Gesetzlich vorgesehen ist eine **Verkehrswertabfindung**, die ggf. auch gegen eine anders lautende Satzungsbestimmung gerichtlich durchgesetzt werden kann.

Die analogen amerikanischen Vorschriften[32] sehen für den Fall einer auf den Verkehrswert lautenden Abfindungsverpflichtung eine (erfolgswirksame) *fair-value*-Bewertung vor. Im folgenden Beispiel wird diese Annahme auf IFRS übertragen.

> **Beispiel**
> An der auf unbestimmte Zeit geschlossenen ABC OHG sind A, B und C mit je einem Drittel beteiligt. Die Satzung enthält keine besonderen Regelungen zur Kündigung. Nach den gesetzlichen Regelungen hat daher jeder Gesellschafter ein ordentliches Kündigungsrecht, dessen Ausübung zum Ausscheiden aus der Gesellschaft, zur Fortsetzung der Gesellschaft unter den anderen Gesellschaftern und zu einer Verkehrswertabfindung führt.
> Das buchmäßige Bruttovermögen der Gesellschaft beträgt zum 1.1.2005, 31.12.2005 und 31.12.2006 jeweils 10.000. Die Fremdverbindlichkeiten belaufen sich jeweils auf 9.000. Das den Gesellschaftern zustehende (positive) Jahresergebnis beträgt 300 in 04, 400 in 05 und 600 in 06. Es wird jeweils bereits unterjährig entnommen.

---

[32] SFAS 150, Accounting for Certain Financial Instruments with Characteristics of Both Liabilities and Equity sowie FSP FAS 150-2, Accounting for Mandatorily Redeemable Shares Requiring Redemption by Payment of an Amount that Differs from the Book Value.

Aufgrund der positiven Ertragsentwicklung steigt der Unternehmenswert (incl. originärem *goodwill*) von 3.000 am 1.1.2005, über 3.500 am 31.12.2005 auf 4.500 am 31.12.2006.
Die Berücksichtigung der Erhöhung des Unternehmenswertes und damit der Abfindungsverpflichtungen führt zu folgenden Effekten:
- Bei Implementierung von IAS 32 am 1.1.2005 ist nicht nur das gesellschaftsrechtliche Eigen- in Fremdkapital umzubuchen, sondern die Differenz zwischen Buchwert und Verkehrswert (der Gesellschaft) ist zusätzlich als Fremdkapital auszuweisen (IAS 39.49).
- Die Erhöhung des Unternehmenswertes an den Folgestichtagen führt sachgerecht zu einer entsprechenden Erhöhung der Schulden.
- Die Veränderung des *fair value* der Schulden ist sachgerecht in der GuV zu berücksichtigen.
- Die Position Nettovermögen/Nettoschulden sowie das Ergebnis der GuV fallen daher umso schlechter aus, je erfolgreicher das Unternehmen ist.

Nachfolgend die entsprechenden Bilanzen und GuVs.

BILANZ	31.12.04	1.1.05	31.12.05	31.12.06
Vermögenswerte	10.000	10.000	10.000	10.000
Fremdschulden	– 9.000	9.000	9.000	– 9.000
EK (31.12.04)	1.000			
Schulden aus Eigenkapital	0	– 3.000	– 3.500	– 4.500
Überschuss Vermögen/ Schulden	1.000	– 2.000	– 2.500	– 3.500
GUV				
Ergebnis vor Anteilseigner		300	400	600
Aufwand Anteilseigner (*interest on equity*)			– 900	– 1.600
Jahres-Überschuss/ -Fehlbetrag		300	– 500	– 1.000

35   **Das Ergebnis wäre sinnwidrig:** Je **besser** sich das Unternehmen entwickelt, desto **schlechter** stellen sich Bilanz und GuV dar. Deshalb lautet die Frage, ob zur Vermeidung dieser untragbaren Konsequenz die Schuld gegenüber den Eigenkapitalgebern nur mit dem Buchwert angesetzt werden kann:

- Die **Kündigungs**option des Personengesellschafters bzw. die entsprechende **Stillhalter**position der Gesellschaft hat Merkmale eines **Finanzderivats** und wäre damit gem. IAS 39 **erfolgswirksam** zum *fair value* zu führen (→ § 28 Rz 193). Jedenfalls hinsichtlich des Erstansatzes ergibt sich dies unzweifelhaft aus IAS 39.49. Für die **Folge**bewertung kann u. E. nichts anderes gelten.

- Zwar hat das IDW im Bemühen, diese sinnwidrigen Ergebnisse zu vermeiden, Gründe für eine Bewertung der latenten Abfindungsverbindlichkeit zum (IFRS-)**Buchwert** angeführt.[33] An dieser Auffassung kann jedoch nach Vorlage des *Amendments* zu IAS 32 im Juni 2006 (Rz 94) kaum mehr festgehalten werden. Zentrale Begründung des Änderungsentwurfs sind nämlich gerade die Anomalien, die sich nach Angaben des IASB (!) im gegenwärtigen Recht daraus ergeben, dass auf den Verkehrswert lautende Abfindungsregeln eine Bewertung der latenten Abfindungsverbindlichkeit zum *fair value* bedingen (ED IAS 32 *amendment* BC3ff.))

Die so bereits in der 2. Auflage von uns formulierte Kritik der **sinnwidrigen Bewertungsergebnisse** entspricht inzwischen auch der Auffassung des IASB. Von „offensichtlicher anomaler Rechnungslegung" *(apparently anomalous accounting)* ist die Rede.[34] Diese Einsicht war Grundlage für den genanten Änderungsentwurf.

Im Übrigen eröffnet IFRIC 2.10 (explizit nur für **Genossenschaften**) eine allerdings „**kleine**" Lösung, die den Anteil des umzuqualifizierenden Eigenkapitals und damit auch den Wert des entsprechenden Fremdkapitals begrenzen kann: Würde das Statut (auf der Grundlage eines geänderten Genossenschaftsrechts) bestimmen, dass Kündigungen von Genossen nur insoweit wirksam sind oder zu einer Abfindungsverpflichtung führen, als dadurch das Geschäftsguthaben nicht unter 50 % sinkt, wären nur 50 % des Geschäftsguthabens von der Umqualifizierung betroffen (IFRIC 2.A7ff.). Diese Lösung wäre u. E. analog auf eine zweigliedrige paritätisch „besetzte" Personengesellschaft anwendbar, soweit hier überhaupt Fremdkapital angenommen wird (Rz 23).

Außer den dargestellten **Bewertungsanomalien** ergäben sich **weitere Probleme** bei der Umqualifizierung von Eigen- in Fremdkapital:

- **Kapitalkonsolidierung:** Ist die Konzernmutter eine Kapital-, das Tochterunternehmen eine Personengesellschaft, stellt sich die Frage, ob eine bei dem Tochterunternehmen als Fremdkapital dargestellte Einlage bei der Mutter nicht folgerichtig als Forderung auszuweisen wäre. An die Stelle einer Kapital- träte dann eine Schuldenkonsolidierung. Aufrechnungsdifferenzen entstünden, wenn die Buchwerte von „Forderung" und „Schuld" nicht übereinstimmten. Die Behandlung dieser Differenzen wäre unklar. Die Ausweichlösung einer Kapitalkonsolidierung gegen Fremd-

36

---

[33] IDW, RS HFA 9, Tz 53ff.
[34] IASB, Updates Juni 2004 und Juli 2004.

Lüdenbach

kapital der Tochter wäre jedenfalls formal nicht durch IFRS 3 und IAS 27 gedeckt.[35] Selbst wenn man hinsichtlich des Hauptgesellschafters einen Vorrang der Konsolidierungsregeln (Rz 35) vor IFRIC 2 annähme, würde sich noch die Frage der Konsolidierung eines Minderheitenanteils an der Untergesellschaft stellen. Der potenzielle Abfindungsanspruch der Minderheitsgesellschafter würde nicht nur zur Umqualifizierung des Minderheitenanteils in Fremdkapital führen, sondern für den Minderheitenanteil auch die unter Rz 35 beschriebenen Bewertungs- und GuV-Anomalien nach sich ziehen.

- **Erstanwendung IFRS:** Beim Übergang vom HGB zu IFRS gem. IFRS 1 sind entstehende Ansatz- und Bewertungsunterschiede gegen Gewinnrücklagen zu buchen (→ § 6 Rz 21). Wie ist dabei im Falle der Personengesellschaft zu verfahren? Nehmen die entstehenden Rücklagen an der Umqualifizierung von Eigen- in Fremdkapital teil? In formaler Betrachtung zunächst nicht, da die Umklassifizierung nur den gesellschaftsrechtlichen Abfindungsanspruch betrifft, der sich unabhängig von der Höhe der buchungstechnischen Rücklagenteile verhält. Soweit allerdings der potenzielle Abfindungsanspruch der Gesellschafter die Höhe des gesamten Eigenkapitals vor Umklassifizierung übersteigt, ist ein negativer Ausgleichsposten zum Bilanzsummenausgleich erforderlich.[36] Die nach IFRS zu buchenden Rücklagen würden in diesem Posten untergehen. Indirekt nimmt daher auch der Unterschiedsbetrag aus Umstellung an der Umdeutung teil. Damit stellt sich weiter die Frage, ob die in IFRS 1 verlangte Überleitungsrechnung vom HGB-Eigenkapital zum IFRS-Eigenkapital für Personengesellschaften noch gefordert werden kann. U. E. mit Rücksicht auf den Regelungszweck nicht. Nach IFRS 1 soll erläutert werden, aufgrund welcher neuen Ansätze und Bewertungen der Vermögenswerte und Schulden sich ein gegenüber der bisherigen Rechnungslegung gleich definiertes Eigenkapital (Reinvermögen) ändert. Bei grundlegend anderer Interpretation des Eigenkapitals wird diese Erläuterung gegenstandslos.

- ***other comprehensive income I:*** Nach IAS 16 und IAS 38 sind Neubewertungserfolge gegen eine Neubewertungsrücklage zu buchen (→ § 8 Rz 52ff.). Eine Rücklagenbuchung erfolgt außerdem nach IAS 39 bei Erfolgen aus *available-for-sale assets* (→ § 28 Rz 154) und *cash flow hedges* (→ § 28 Rz 216) sowie nach IAS 21 bei bestimmten Währungsdifferenzen (→ § 27 Rz 48). Unterstellt, die entsprechenden Beträge seien positiv, die potenziellen Abfindungsansprüche überstiegen aber den Wert des gesamten Eigenkapitals vor Abfindung, dann wäre eine Einbeziehung der besonderen Rücklagen in den anlässlich der Umqualifizierung vom Ei-

---

[35] Zur Formulierung des Problems vgl. im Einzelnen bei BROSER/HOFFJAHN/STRAUCH, KoR 2004, S. 432.
[36] Zu den Problemen im Umgang mit einem solchen Posten im Einzelnen: BERGER/ GRÜNEWALD/KOLB, PiR 2005, S. 83.

genkapital entstehenden Ausgleichsposten („technisches Eigenkapital") zu erwägen.
- **Eigenkapitaländerungsrechnung:** Gegen die Einbeziehung der besonderen Rücklagen in die Umqualifizierung spräche u. E. aber die Anforderung von IAS 1.96b (Rz 40), direkt im Eigenkapital erfasste Ergebnisse in einer Eigenkapitaländerungsrechnung offenzulegen. Diese Rechnung könnte dann allerdings nur noch die technischen Eigenkapitalkategorien ausweisen, hingegen keine Einlagen, keine Ausschüttungen, keine thesaurierten Gewinne und keine GuV-wirksamen Periodenergebnisse. Die Eigenkapitaländerungsrechnung degenerierte zu einem Torso. Nach auch vertretbarer Ansicht könnte sie aber auch ganz entfallen, da es kein (substanzielles) Eigenkapital mehr gäbe.
- *other comprehensive income II:* Der Verzicht auf eine Eigenkapitaländerungsrechnung würde aber ein neues Problem aufwerfen: Wenn nach IAS 16, IAS 21, IAS 38, und IAS 39 bestimmte Erfolge nicht in der GuV, sondern direkt im Eigenkapital zu berücksichtigen sind, die Personengesellschaft aber im Ergebnis kein Eigenkapital hat, sondern einen Ausgleichsposten, in dem die Rücklagen untergehen, gelten die entsprechenden Vorschriften dann überhaupt noch oder kommt eine Neubewertung, eine erfolgsneutrale Bewertung von Finanzinstrumenten und Währungsergebnissen für Personengesellschaften nicht mehr in Frage, weil die in den Vorschriften unterstellte zweite Hälfte des Buchungssatzes, das Eigenkapital, fehlt? U. E. könnte auch in diesen Fällen eine ansonsten erfolgsneutrale Neubewertung, *fair-value*-Bewertung oder Währungsumrechnung weder erfolgswirksam gestellt noch untersagt werden. Neben dem in Fremdkapital umqualifizierten „sonstigen" Eigenkapital wäre daher ein „technisches" Eigenkapital zu führen oder jeweils interimistisch (plakativ: für eine logische Sekunde) zu bebuchen.
- **Methodenänderung und Fehlerkorrektur:** Ohne ein solches „technisches" Eigenkapital liefen auch die Vorschriften von IAS 8 zur Verbuchung von Fehlerkorrekturen (→ § 24 Rz 43) und Änderungen der Rechnungslegungsmethode (→ § 24 Rz 25) gegen Eigenkapitalvorträge ins Leere.
- **Einzelunternehmer:** Die IFRS sind nach ihrem eigenen Selbstverständnis an **alle** Unternehmen weltweit *(for any entity, in any part of the world)* ausgerichtet (→ § 6 Rz 6). Der Einzelunternehmer ist nirgends vom Anwendungsbereich ausgenommen. „*IFRSs are suitable for all entities*" (→ § 50). Auch der Einzelunternehmer kann daher eine IFRS-Bilanz aufstellen. Für dessen Eigenkapitalausweis sind vor dem Hintergrund der Regeln in IAS 32.15ff. zwei Lesarten denkbar:
  - Der Einzelunternehmer kann keine Verbindlichkeit gegen sich selbst haben; also sind alle von ihm geleisteten „Finanzinstrumente" dem Eigenkapital zuzuordnen (formales Argument).
  - Der Einzelunternehmer kann noch mehr als jedes Mitglied einer Personengesellschaft jederzeit *(at any time)* seine Einlage aus dem Unternehmen zurückziehen *(redeem of interest)*. Die nach IAS 32.18 der

rechtlichen Sicht *(legal form)* vorgehende Würdigung des wirtschaftlichen Gehalts *(substance)* des „*Finanzinstruments*" führt zu einer Behandlung des Eigenkapitals als „Quasi-Schuld" (materielles Argument).

Beide Lesarten führen zu bemerkenswerten Anomalien:
- Die erste „Lösung" diskriminiert bedeutsam die Personengesellschaft; bei Letzterer kommt trotz der wesentlich höheren Kapitalbindung (Rz 23) kein Eigenkapitalausweis in Betracht, wohl aber beim Einzelunternehmer mit der jederzeitigen Rückführungsmöglichkeit seiner Einlage.
- Der gegen eherne Rechtsgrundsätze verstoßende Ausweis der geleisteten Einlage als Schuld ohne Gläubiger widerspricht deren Definition in F.49b und IAS 37.10 (→ § 21 Rz 7).

Zusammengefasst würde eine Umqualifizierung von Eigen- in Fremdkapital neben der jetzt auch vom IASB erkannten Bewertungsanomalie eine Reihe weiterer Anomalien und ungelöster Fragen auslösen. IASB und IFRIC lassen den Anwender vorläufig mit diesen Problemen allein. Im kurz gefassten historischen Aufriss verfahren sie vielmehr wie folgt:
- **Phase 1** (Verabschiedung der Neufassung von IAS 32): Das Problem wird nicht erkannt.
- **Phase 2** (Entwurf IFRIC D8): Das Problem wird auf die Agenda genommen.
- **Phase 3** (Verabschiedung IFRIC 2): Das Problem wird ausgeklammert. Beschränkung auf den Ausweis und die unproblematische Erstbewertung des gesellschaftsrechtlichen Eigenkapitals.
- **Phase 4** (Entwurf des Amendments zu IAS 32): Das Problem wird nicht an der Wurzel, sondern symptomatisch „kuriert" durch eine komplizierte und unbefriedigende kasuistische Sonderform von Eigenkapital (Rz 94).

2.7.8 Ergebnis

Das IDW[37] sieht mit der herrschenden Meinung eine Notwendigkeit zur **Umqualifizierung** des Eigenkapitals von deutschen Personengesellschaften sowie der Geschäftsguthaben von Genossenschaften in **Fremdkapital**. Die Begründung wird in dem von Gesetzes wegen gegen die Gesellschaft gerichteten Abfindungs- bzw. Rückzahlungsanspruch des ausscheidenden Gesellschafters bzw. Genossen gesehen. U. E. ist eine Umqualifizierung aus folgenden Gründen mindestens bei **Personengesellschaften** aber nicht **zwingend**:
- Das Ausscheiden eines Personengesellschafters gegen Abfindung ist nicht notwendig identisch mit der **Rückgabe des Anteils** (*redemption of interest*; Rz 23).
- Fraglich ist auch das Vorliegen einer **Verpflichtung** der Gesellschaft im Hinblick auf die begrifflichen Vorgaben nach IAS 32.11 (Rz 24).

---

[37] IDW, RS HFA 9, Tz 49ff.

Lüdenbach

- Durch gesellschaftsvertragliche **Umformulierungen** ohne materiellen Gehalt kann das gewünschte Ergebnis – Eigenkapitalausweis – erreicht werden (Argument der *substance over form*; Rz 26, 27).
- Der **Rechtsformvergleich** vor dem Hintergrund des wirtschaftlichen Gehaltes zeigt die weitgehende Verwandtschaft zwischen Kapital- und Personengesellschaft bezüglich des Rückzahlungspotenzials von „gebundenem" Gesellschaftsvermögen an die Anteilseigner (Rz 28ff.).
- In der Konsequenz müsste bei Kapitalgesellschaften bezüglich der Eigenkapitaldefinition u. a. auch nach der **Struktur** der Anteilseigner und den **Eigenkapitalkategorien** differenziert werden – ein bislang auch nach IFRS unbekannter Gesichtspunkt (Rz 30), bzw. müsste auch **jede GmbH** wegen der unabdingbaren außerordentlichen Kündigungsrechte alle gesellschaftsrechtlichen Eigenkapitalanteile bis auf das Stammkapital als Fremdkapital ausweisen (Rz 25).
- Wer dieses Resultat nicht will, muss das Problem an der **Wurzel** packen, entweder die Fremdkapitaldefinition von IAS 32 wegen Europarechtswidrigkeit für nichtig halten[38] oder die Fremdkapitaldefinition von IAS 32 eng auslegen und die Übertragungsmöglichkeit von angelsächsischen *redeemable shares* auf deutsche Verhältnisse weitgehend verneinen (Rz 28 bis 27).
- Ungewohnte **Ausweis-** und **Bezeichnungs**vorgaben wären die Folge einer gleichwohl vorgenommen Umqualifizierung von Eigen- in Fremdkapital von Personenhandelsgesellschaften und Genossenschaften (Rz 32).
- Sinnwidrige Folgen der Umqualifizierung von Eigen- in Fremdkapital ergäben sich bei der **Bewertung** im Personengesellschaftsfall (Rz 34), weil dann das Eigenkapitalsurrogat „Abfindung" häufig mit dem Verkehrswert *(fair value)* zu bewerten wäre.
- Die Folge wäre: Je **besser** es dem Unternehmen geht, desto **schlechter** ist die Abbildung der wirtschaftlichen Situation in der Bilanz und der GuV (Rz 35).
- Ungelöst wäre mangels **konsolidierungsfähigen** Eigenkapitals die Behandlung von Tochterpersonengesellschaften, mangels Eigenkapitals die Verbuchung von Unterschieden beim **Übergang** vom HGB nach IFRS sowie die geforderte EK-**Überleitung** für diesen Übergang, mangels Eigenkapitals die Behandlung direkt im Eigenkapital zu berücksichtigender **Ergebnisse** bei Neubewertung, Finanzinstrumenten und Währungsdifferenzen (Rz 36).

Die unserer Auffassung **entgegenstehende** herrschende Meinung sieht sich durch die Verabschiedung von IFRIC 2 in 2004 **bestärkt**. Zu den Reformvorschlägen des IASB verweisen wir auf Rz 94.[39]

---

[38] So mit schlüssiger Argumentation HENNRICHS, WPg 2006, S. 1253ff.
[39] Vgl. außerdem: BREKER/HARRISON/SCHMIDT, KoR 2005, S. 474ff., sowie RAMMERT/MEURER, PiR 2006, S. 1ff.

3 Eigenkapitalspiegel, Angaben zum Eigenkapital

3.1 Grundstruktur: Ursachen der Reinvermögensänderungen

39 Bezüglich der **Ursachen** der Änderungen des Reinvermögens eines Unternehmens kann zwischen zwei Bereichen unterschieden werden:
- Das Eigenkapital kann sich zum einen aufgrund von **realisierten** (in der GuV berücksichtigten) oder **unrealisierten** (direkt im Eigenkapital verbuchten) **Erfolgen** verändern.
- Zum anderen führen **Transaktionen** mit den Anteilseignern in der Form von Kapitalzuführungen und -rückzahlungen und von Dividenden zu einer Veränderung des Eigenkapitals.

Abbildung 1 fasst die relevanten Vorgänge zusammen:

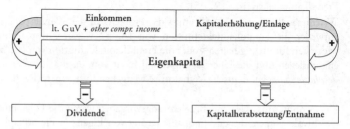

Abb. 1: Quellen der Änderung des EK (bei positivem Einkommen)

40 Dieser Unterscheidung folgend sieht IAS 1.96ff. ein i. d. R. frei ausübbares Wahlrecht zwischen **zwei** (**mit Untervariante drei**) **Darstellungsformaten** vor:
- **Gesamteinkommensrechnung** *(statement of recognised income and expense,* abgekürzt SORIE): Nach diesem ersten Format werden entweder
  - nach dem sog. *„one statement approach"* die GuV-wirksamen Aufwendungen und Erträge und die nicht in der GuV berücksichtigten Einkommensbestandteile *(income and expenses recognised directly in equity)* als Posten eines **einheitlichen** Rechenwerks erfasst, dessen Summe das Gesamteinkommen *(total* oder *comprehensive recognised income and expense)* ist oder
  - gemäß dem sog. *„two statement approach"* in einem Rechenwerk das Periodenergebnis entwickelt (GuV), in einem zweiten die Entwicklung des Gesamteinkommens aus dem Saldo der GuV und den Einzelposten der nicht in der GuV berücksichtigten Ergebnisse *(other comprehensive income)* dargestellt.

  Das **direkt im Eigenkapital** berücksichtigte Einkommen *(other comprehensive income)* umfasst u. a. (Rz 68):
  - Neubewertung von Anlagevermögen (→ § 8 Rz 52),
  - erfolgsneutrale Wertänderung von veräußerbaren Wertpapieren (→ § 28 Rz 154) und *cash flow hedges* usw. (→ § 28 Rz 216),

- Währungsumrechungsdifferenzen im Konzern (→ § 27 Rz 48),
- weitere Fälle der erfolgsneutralen Eigenkapitalveränderung (Rz 68).

Alle sonstigen Angaben zum Eigenkapital, also insbesondere zu den Kapitaltransaktionen mit den Anteilseignern, werden unabhängig von der gewählten Untervariante im Anhang erläutert (IAS 1.97).

- **Eigenkapitalveränderungsrechnung/Eigenkapitalspiegel:** In diesem Darstellungsformat werden in einer tabellarischen Darstellung zusammengefasst:
  - die Angaben zum **Gesamteinkommen** sowie zu den **Methodenänderungen** (→ § 24 Rz 25) und **Fehlerkorrekturen** (→ § 24 Rz 44) und
  - die Angabe zu den **Transaktionen mit den Anteilseignern** incl. Ausschüttungen (IAS 1.96f.). Dabei werden die Buchwerte des gezeichneten Kapitals, der Kapitalrücklage und sämtlicher anderer Rücklagen sowie der angesammelten bzw. erwirtschafteten Ergebnisse (Gewinnrücklagen, Bilanzgewinn oder Gewinnvortrag und Jahresüberschuss) vom Beginn der Periode (Eröffnungsbilanzwert) zum Ende der Periode (Schlussbilanzwert) übergeleitet.
  - Die zusammengefasste Darstellung (Eigenkapitalspiegel) enthält in ihren Spalten die einzelnen Eigenkapitalkategorien und in ihren Zeilen die **Eröffnungs-, Veränderungs- und Schlussbeträge** (Rz 43).

Der Eigenkapitalspiegel **dominierte** in der bisherigen deutschen IFRS-Praxis.[40] In der Fassung des § 297 Abs. 1 HGB durch das Bilanzrechtsreformgesetz ist er **handelsrechtlich** für alle Konzerne vorgeschrieben. Der konkrete Inhalt ergibt sich aus DRS 7 „Konzerneigenkapital und Konzerngesamtergebnis", der bei einer allerdings besseren Systematik inhaltlich den diesbezüglichen Regelungen von IAS 1 entspricht.

41

Nach der im Dezember 2004 vorgenommenen Änderung von IAS 19 ist das bisher bestehende Wahlrecht in der Behandlung **versicherungsmathematischer Gewinne** (sofortige erfolgswirksame Erfassung oder Korridormethode) um eine dritte Alternative erweitert worden: sofortige Anpassung der Bilanzansätze an die tatsächliche versicherungsmathematische Entwicklung, Buchung der Differenz zwischen Ist- und Soll-Werten gegen Gewinnrücklagen (→ § 22 Rz 45). Bei Wahl dieser Alternative ist gem. IAS 19.9B zwingend ein *statement of recognised income and expense* (SORIE) zu erstellen (Rz 40). Das ansonsten bestehende Wahlrecht zwischen SORIE oder einer Einbeziehung der unrealisierten Gewinne und Verluste in den Eigenkapitalspiegel ist dann nicht mehr ausübbar.

42

---

[40] Empirisch belegt durch HALLER/SCHLOSSGANGL, KoR 2003, S. 317ff. Von 62 untersuchten deutschen und österreichischen Unternehmen aus den oberen Börsensegmenten stellt kein einziges eine Gesamteinkommensrechnung auf. Bestätigt durch VON KEITZ, Praxis der IASB-Rechnungslegung, 2. Aufl., 2005, S. 215.

43 Die nachfolgenden Tabellen 1 und 2 zeigen den **Aufbau** einer **Gesamteinkommensrechnung** nach dem *two-statement approach* einerseits sowie den Aufbau eines vollständigen Eigenkapitalspiegels andererseits. In beiden Darstellungen sind entsprechend der Empfehlung in *Guidance on Implementing IAS 1* die direkt im Eigenkapital berücksichtigten Einkommensbestandteile zunächst jeweils brutto, d. h. vor (latenten) Steuern, ausgewiesen. Anschließend werden die „gesamten Steuern auf direkt im Eigenkapital erfasstes Nettoeinkommen" abgezogen.

Der dargestellte **Eigenkapitalspiegel** enthält im Einkommens- und Transaktionsteil einen Bereich „Umgliederungen". In ihm können Vorgänge dargestellt werden, die, wie etwa die Kapitalerhöhung aus Gesellschaftsmitteln (Umwandlung von Rücklagen in gezeichnetes Kapital; Rz 63), nicht zur Veränderung der Summe des Eigenkapitals, sondern nur zur Veränderungen zwischen den Kategorien des Eigenkapitals führen. In diese Gruppe gehört außerdem die Dotierung der Gewinnrücklagen aus dem nicht ausgeschütteten Ergebnis. In der Praxis wird dieser Vorgang zum Teil unzutreffend unter den erfolgswirksamen Teil subsumiert.

Darstellung des Gesamteinkommens für das Geschäftsjahr 02 *(statement of total recognised income and expense)*		
	02	01
+/– Überschuss/Fehlbetrag aus Neubewertung Grund/Boden	xx	xx
+/– Überschuss/Fehlbetrag aus veräußerbaren Finanzinstrumenten	xx	xx
+/– Währungsumrechnungsdifferenz wirtschaftlich selbstständiger ausländischer Einheiten	xx	xx
– Steuern auf direkt im Eigenkapital berücksichtigte Ergebnisse	-xx	-xx
= Summe direkt im Eigenkapital berücksichtigter Ergebnisse netto *(net income recognised directly in equity)*	XXX	XXX
+ Jahresüberschuss *(profit for the period)*	xx	xx
= Gesamteinkommen *(total recognised income and expense)*	XXX	XXX
davon Minderheitengesellschaftern zuzurechnen *(minority interest)*	-xx	-xx
= den Eigenkapitalgebern der Muttergesellschaft zuzurechnendes Einkommen	XXX	XXX

Lüdenbach

NACHRICHTLICH:		
Änderung Bilanzierungs- und Bewertungsmethode	xx	xx
Korrektur von Fehlern	xx	xx

Tab. 1: Erste Formatalternative: Gesamteinkommensrechnung *(two-statement approach)*

EIGENKAPITALSPIEGEL	Gez. Kap.	Kap. RL	GewinnRL	RL Neubewert.	RL *available for sale*	RL *cash flow hedges*	JÜ	Summe
EK 1.1	xx	xx	xx	xx	xx	xx	xx	zz
+/– Änderung Bewertungsmethode und Fehlerkorrektur				xx				zz
= EK 1.1. angepasst	XX	XX	XX	XX	XX	XX	XX	ZZ
DIREKT IM EK ERFASSTE ERGEBNISSE								
+/– Neubewertung				xx				zz
+/– *available for sale*					xx			zz
+/– *cash flow hedges*						xx		zz
= Summe im EK berücksichtigter Ergebnisse vor Steuern				XX	XX	XX		ZZ
– (latente) Steuern darauf				-xx	-xx	-xx		zz
= Summe im EK berücksichtigter Ergebnisse nach Steuern				XX	XX	XX		ZZ
+ JAHRESÜBERSCHUSS							xx	ZZ
= GESAMTEINKOMMEN				XX	XX	XX	XX	XX

Lüdenbach

EIGENKAPITALSPIEGEL								
	Gez. Kap.	Kap. RL	GewinnRL	RL Neubewert.	RL available for sale	RL cash flow hedges	JÜ	Summe
TRANSAKTIONEN MIT GESELLSCHAFTERN								
– Dividende			xx					zz
+ Barkapitalerhöhung	xx	xx						zz
UMGLIEDERUNG								
+/– KapErh aus Gesellschaftsmitteln	xx	-xx	-xx					
+/– Zuführung GewinnRL			xx				-xx	
= Summe EK-Änderungen	XX	XX	XX	XX	XX	XX	XX	ZZ
+ EK 1.1. angepasst (s.o.)	xx	xx	xx	xx	xx	xx	xx	zz
= EK 31.12.	XX	XX	XX	XX	XX	XX	XX	XX

Tab. 2: Zweite Formatalternative: Eigenkapitalspiegel (Einzelabschluss)

Im Konzernabschluss ist der Eigenkapitalspiegel noch um eine Spalte **Minderheitenanteile** zu ergänzen, da diese nach der Neufassung von IAS 1 dem Eigenkapital zuzurechnen sind (→ § 31 Rz 169).
Danach ergibt sich folgende Gliederung:

EIGENKAPITALSPIEGEL								
	Gez. Kap.	Kap. RL	RL Währ.diff.	RL Neubewert.	GewinnRL	Summe EK-Geber MU	Minderheit	Summe
EK 1.1	xx	xx	xx	xx	xx	xy	yz	zz
+/– Änderung Bewertungsmethode und Fehlerkorrektur					xx	xy	yz	zz
= EK 1.1. angepasst	XX	XX	XX	XX	XX	XY	YZ	ZZ
DIREKT IM EK ERFASSTE ERGEBNISSE								
Währungsdifferenz			xx			xy	yz	zz
+/– Neubewertung				xx		xy	yz	zz
+/– *available for sale*					xx	xy	yz	zz
+/– *cash flow hedges*					xx	xy	xx	zz
= Summe im EK berücksichtigter Ergebnisse vor Steuern			XX	XX	XX	XY	YZ	ZZ
– (latente) Steuern darauf			-xx	-xx	-xx	-xy	-yz	-zz
= Summe im EK berücksichtigter Ergebnisse nach Steuern			XX	XX	XX	XY	YZ	ZZ
+ JAHRESÜBERSCHUSS					xx	xy	yz	ZZ
= GESAMTEINKOMMEN			XX	XX	XX	XY	YZ	XX
TRANSAKTIONEN MIT GESELLSCHAFTERN								
– Dividenden					-xx	-yz		-zz
+ Barkapitalerhöhung	xx	xx			xx			zz

Lüdenbach

EIGENKAPITALSPIEGEL								
	Gez. Kap.	Kap. RL	RL Währ.diff.	RL Neubewert.	GewinnRL	Summe EK-Geber MU	Minderheit	Summe
UMGLIEDERUNG								
+/− KapErh aus Gesellschaftsmitteln	xx	xx			-xx	0		0
= Summe EK-Änderungen	XX	XX	XX	XX	XX	XY	YZ	ZZ
+ EK 1.1. angepasst (s.o.)			xx	xx	xx	xx	xy	yz	zz
= EK 31.12.	XX	XX	XX	XX	XX	XX	XX	XX

Tab. 3: Zweite Formatalternative (Konzern)

44 Die Aufstellung einer Eigenkapitaländerungsrechnung dürfte für jeden, der unter dem körperschaftsteuerlichen Anrechnungsverfahren Erfahrungen mit dem komplexen Gebilde der Gliederung des verwendbaren Eigenkapitals gesammelt hat, eine vergleichsweise einfache Übung sein. Zu- und Abgänge sind so, wie sie buchungsmäßig anfallen, im Eigenkapitalspiegel darzustellen, Eröffnungs- und Schlussbilanzwerte sind mit der Bilanz abzustimmen.

45 Für die Praxis **empfiehlt** sich die umfassendere Darstellung über den **Eigenkapitalspiegel** regelmäßig auch deshalb, weil sie die kompaktere Darstellungsform gegenüber der Anhangserläuterung ist. Die Anhangserläuterungen zum Eigenkapital fallen z. B. bei Aktiengesellschaften wegen der Erläuterung aller Kapitalkategorien und Beschlüsse (z. B. auch i.S. genehmigtes und bedingtes Kapital) ohnehin umfangreich genug aus (vgl. dazu Rz 86ff.).

Aus **bilanzanalytischer Sicht** ist weder das eine noch das andere – im Zeitverlauf stetig anzuwendende – Format höherwertig. Ein Unterschied ergibt sich in der Verdeutlichung der dem deutschen Bilanzrecht unbekannten Gesamteinkommensgröße (→ § 51 Rz 57 und Rz 81). Diese speist sich nicht nur aus den „realisierten", in der GuV erfassten Ergebnissen, sondern auch aus den „unrealisierten", direkt im Eigenkapital erfassten Gewinnen und Verlusten (Rz 68). Von besonderer Bedeutung sind Gewinne und Verluste aus veräußerbaren Finanzinstrumenten (*available for sale*; → § 28 Rz 154). Das Gesamteinkommensformat macht durch die Konzentration auf die Einkommensquellen das Verhältnis von realisierten zu unrealisierten Gewinnen deutlicher als die Eigenkapitalveränderungsrechnung. Sie lässt z. B. auf einen Blick erkennen, ob positive GuV-Ergebnisse durch negative unrealisierte Verluste überkompensiert wurden, und somit in Summe ein negatives Einkommen resultiert. In Zeiten sinkender Bestandskurse für *available-for-sale*-Wertpapiere mag dies bilanzpolitisch unerwünscht sein. Dieser eventuelle Darstellungsnachteil des Gesamteinkommensformats kehrt sich in Zeiten steigender Kurse (unrealisierte Gewinne aus *available-for-sale*-Wertpapieren) jedoch zu einem Vorteil um. Fraglich ist, ob die Kategorie *other comprehensive income,* in der die ergebnisunwirksamen Vermögensänderungen erfasst werden, schon ausreichend in das Bewusstsein der deutschen Bilanzadressaten gedrungen ist.[41]

3.2 Korrektur von Fehlern, Änderung der Bilanzierungs- und Bewertungsmethoden

IAS 8 sieht eine Korrektur von **Fehlern aus der Vergangenheit** in der Eröffnungsbilanz des ersten im Abschluss dargestellten Jahres vor. Dabei sind die Eröffnungsbilanzwerte so anzupassen, als ob die Fehler nie passiert wären. Entsprechend ist nach IAS 8 bei der Änderung von Bilanzierungs- und Bewertungsmethoden zu verfahren. Die Eröffnungsbilanzwerte sind so anzupassen, als ob immer schon nach der neuen Methode verfahren worden wäre (→ § 24 Rz 25 und 44).

46

Als **Gegenkonto** zu den anzupassenden Aktiv- oder Passivposten dient in beiden Fällen die **Gewinnrücklage.** Aus dem ursprünglichen Saldo per 1.1. des aktuellen Jahres resultiert durch Hinzurechnung oder Abzug des Änderungsbetrages der angepasste Saldo per 1.1. Gleichermaßen wie Fehler- und Methodenanpassungen, d. h. als Vortragskorrektur, können behandelt werden:

47

- Anpassungsbuchungen im Zuge des Übergangs auf die IFRS-Rechnungslegung (→ § 6 Rz 21f.),
- Erfassung der Kaufpreiskorrektur im Rahmen eines Unternehmenszusammenschlusses (→ § 32 Rz 40).

3.3 Kapitaltransaktionen, Kapitalumgliederungen

3.3.1 Barkapitalzuführungen, ausstehende Einlagen

Barkapitalzuführungen sind im Eigenkapitalspiegel in der Spalte gezeichnetes Kapital und, soweit sie über pari erfolgen, zusätzlich in der Spalte Kapitalrücklagen zu berücksichtigen.

48

---

[41] Aufschlussreich die Untersuchung von LEIBFRIED/AMANN, KoR 2002, S. 191ff. Danach erzielten die DAX-100-Unternehmen in 2001 in Summe bei positivem GuV-Ergebnis ein insgesamt negatives Gesamteinkommen. Die Autoren sehen jedoch die öffentliche Wahrnehmung eher auf Ergebnis und Umsatzzahlen fokussiert. Die Komponenten des other comprehensive income kämen zu kurz.

Lüdenbach

49 IAS 1.76a verlangt, dass bei den ausgegebenen Anteilen im Anhang erläutert wird, wie viele **voll eingezahlt sind** und wie viele noch nicht. Aus dieser Angabepflicht kann in Verbindung mit der *Framework*-Definition des Vermögenswertes als Ergebnis vergangener Ereignisse (vergangener Geschäftsvorfälle; F.58) geschlossen werden, dass **ausstehende Einlagen** nicht als Vermögenswert/Aktivposten zu berücksichtigen sind und demzufolge im Eigenkapital nur die geleisteten Einlagen gezeigt werden.[42] Zulässig dürfte auch eine Darstellung sein, bei deren Eigenkapital zunächst das gesamte ausgegebene Kapital gezeigt wird, daneben aber innerhalb des Eigenkapitals ein Abzugsposten für die ausstehenden Einlagen, so dass als Differenz wiederum der eingezahlte Betrag resultiert.

3.3.2 Eigenkapitalbeschaffungskosten

50 Die mit der Ausgabe von Eigenkapital direkt verbundenen Kosten sind gemäß IAS 32.37 **nicht als Aufwand in der GuV** zu berücksichtigen, sondern unmittelbar vom zugegangenen Eigenkapital zu kürzen. Sind die Eigenkapital-Beschaffungskosten steuerlich abziehbar, vermindert sich der Kürzungsbetrag entsprechend.

Hierzu folgendes Beispiel:

51

> **Beispiel**
> 100.000 neue Aktien mit einem Nominalwert von 1 EUR werden zu einem Ausgabebetrag von 5 EUR (Agio 4 EUR) ausgegeben. Die Emissionskosten betragen 50.000 EUR, der Steuersatz ist 40 %.
> 100.000 EUR sind als Zuführung des gezeichneten Kapitals auszuweisen. In die Kapitalrücklage fließen nach handelsrechtlicher Betrachtung 400.000 EUR ein.
> Nach IFRS ist die Zuführung um die Emissionskosten nach Steuern zu mindern. Die Emissionskosten nach Steuern betragen 60 % von 50.000 EUR, also 30.000 EUR. Somit sind als Zugang zur Kapitalrücklage 400.000 EUR ./. 30.000 EUR = 370.000 EUR auszuweisen.
> Buchungssätze:
>
> | | | | | |
> |---|---|---|---|---|
> | per Geld | 500.000 | an | gez. Kapital | 100.000 |
> | | | | Kapital-RL | 400.000 |
> | per Kapital-RL | 30.000 | an | Kreditoren | 50.000 |
> | Steuerford. | 20.000 | | | |

52 Zu den **Eigenkapitalbeschaffungskosten** rechnen Registergebühren, Stempelsteuern, Gesellschaftssteuern, Beurkundungskosten, aber auch Kosten für die rechtliche oder steuerliche Beratung und vom platzierenden Finanzinstitut einbehaltene **Emissionsgebühren** (IAS 32.37). Nicht zu den Eigenkapital-Beschaffungskosten gehören die **internen Gemeinkosten**, z. B. die Gehälter der mit der Emission betrauten Mitarbeiter.

---

[42] Gleicher Ansicht z. B. EPSTEIN/MIRZA, IAS 2002, S. 713.

Ebenso sind Kosten ausgeschlossen, die etwa bei einem **Aktiensplitt** oder bei einer **Börseneinführung** ohne Ausgabe neuer Aktien nicht im Zusammenhang mit der Beschaffung neuen Eigenkapitals stehen.

Stehen die Kosten nur **teilweise** im Zusammenhang mit der Eigenkapitalbeschaffung, so etwa bei der Ausgabe von **Wandelanleihen** oder bei einer Börsennotierung, die mit der **Ausgabe junger Aktien** einhergeht, so ist eine verursachungsgerechte **Aufteilung** vorzunehmen (IAS 32.38). Im Anhang sind die direkt vom Eigenkapital gekürzten Kosten sowie die auf sie entfallenen Steuerentlastungen zu erläutern (IAS 32.39).

53

54

3.3.3 Sachkapitalerhöhungen, Anteilstausch

Für den **Erwerb eines anderen Unternehmens** durch **Ausgabe eigener Anteile** sieht IFRS 3.24ff. folgendes Verfahren vor (→ § 31 Rz 35):

- **Regel:** Die Anschaffungskosten des erworbenen (per Sacheinlage eingebrachten) Unternehmens bemessen sich vorzugsweise nach dem *fair value* der **ausgegebenen Anteile**.
- **Ausnahme:** Ist der *fair value* der ausgegebenen Anteile nicht verlässlich bestimmbar, der *fair value* des **erworbenen Unternehmens** hingegen doch, determiniert der Wert des erworbenen Unternehmens die Anschaffungskosten.

55

Für die Sacheinlage **einzelner** Vermögenswerte trifft IFRS 2.10 eine entgegengesetzte Bestimmung (→ § 23 Rz 49):

- **Regel:** Vorzugsweise ist der *fair value* des **Einlagegegenstandes** anzusetzen. Er determiniert dann die Erhöhung des Eigenkapitals.
- **Ausnahme:** Soweit der *fair value* des Einlagegegenstandes nicht zuverlässig ermittelbar ist, bestimmt umgekehrt der *fair value* der gewährten **Anteile** (nicht deren Nominalwert) die Anschaffungskosten der Einlage (IFRS 2.13).

56

Wegen der Beschränkung des Anwendungsbereichs von IFRS 2 auf nichtfinanzielle Vermögenswerte (IFRS 2.5) greift eine wieder **andere** Regelung für die Einlage von **Finanzinstrumenten**.

- **Regel:** Anzusetzen ist der *fair value* des Vermögenswertes im Zugangszeitpunkt (IAS 39.43) (→ § 28 Rz 31).
- **Differenzierung:** Wenn zwischen obligatorischem und dinglichem Geschäft eine durch externe Notwendigkeiten (z. B. Genehmigungen) bedingte Zeitspanne liegt, hat das Unternehmen ein Wahlrecht zwischen einer Einbuchung zum **Zeitpunkt** und mit den **Wert**verhältnissen (→ § 28 Rz 56) des
  - Vertragsschlusses *(trade date accounting)* oder
  - Erfüllungstages *(settlement date accounting)*.

57

Im zweiten Fall werden Änderungen des *fair value* zwischen den beiden Zeitpunkten nur berücksichtigt, soweit es sich um veräußerbare Werte *(available-for-sale assets)* oder Handelswerte *(trading assets)* handelt, unberücksichtigt bleiben sie hingegen bei Fälligkeitswerten *(held to maturity assets)* oder Forderungen *(loans receivables)* (IAS 39.AG56). Vgl. zu diesen Kategorien von Finanzinstrumenten → § 28 Rz 31.

Lüdenbach

58 Zu dieser dem Ziel der prinzipienbasierten Rechnungslegung widersprechenden extremen **Kasuistik** folgendes Beispiel:

> **Beispiel**
>
> **Sachverhalt:**
> Durch Kapitalerhöhungsbeschluss vom 1. Januar erwirbt E 10 Mio. Aktien an der B. Der Erwerb vollzieht sich als Sacheinlage, indem E die 10 Mio. B-Aktien gegen Gewährung von 10 Mio. E-Aktien in die E einbringt. Die Durchführung der Kapitalerhöhung steht unter der aufschiebenden Bedingung der kartellrechtlichen Genehmigung. Diese erfolgt am 1.4.
> Die Kurse der Aktien entwickeln sich wie folgt:
> - E-Aktien: am 1.1. 10 EUR, am 1.4. 12 EUR
> - B-Aktien. am 1.1. 10 EUR, am 1.4. 8 EUR
>
> Zu bestimmen ist der konzernbilanzielle Zugangswert für das eingelegte Vermögen, wenn die B nach der Kapitalerhöhung insgesamt folgende Aktienzahl im Umlauf hat:
> - Variante 1: 15 Mio. Aktien – Anteil E an B daher 10/15, somit Erwerb eines Tochterunternehmens (IFRS 3).
> - Variante 2: 40 Mio. Aktien – Anteil E an B daher 10/40 = 25 %, somit Erwerb eines assoziierten Unternehmens (IFRS 3).
> - Variante 3: 200 Mio. Aktien – Anteil E an B daher 10/200 = 5 %, somit Erwerb eines Finanzinstruments mit Qualifizierung als *available for sale asset*, wenn keine Handelsabsicht (IAS 39).
>
> **Beurteilung**
> **Variante 1: Unternehmenserwerb nach IFRS 3**
> IFRS 2 ist nicht anwendbar (IFRS 2.5). Die Anschaffungskosten (Zugangswert incl. Goodwill) ergeben sich aus dem Wert der hingegebenen E-Aktien im Zugangszeitpunkt 1.4. somit 10 Mio. x 12 EUR = 120 Mio. EUR (IFRS 3.24ff.)
>
> **Variante 2: Erwerb eines assoziierten Unternehmens nach IFRS 2**
> Zugangswert ist der Wert der erworbenen Aktien im Zugangszeitpunkt (IFRS 2.10 und IFRS 2.13)), d.h. der Wert der B-Aktien am 1.4, somit 10 Mio. x 8 EUR = 80 Mio. EUR.
>
> **Variante 3: Erwerb eines *availabe for sale asset***
> Die Einbuchung erfolgt mit dem *fair value* der erworbenen Aktien (IAS 39.43). Sofern die Transaktion als *regular way purchase* qualifiziert wird, entweder zum 1.1. mit 10 Mio. x 10 EUR = 100 Mio. EUR *(trade date accounting)* oder zum 1.4. mit 10 Mio. x 8 EUR = 80 Mio. EUR *(settlement date accounting)*, mit evtl. Verbuchung eines *impairment*-Verlusts bezüglich der Wertänderung zwischen den Stichtagen in beiden Fällen (IAS 39.AG56) oder falls ein *regular way purchase* verneint wird, ohne *impairment*-Verlust zum 1.4. mit 80 Mio. EUR.

Der Gesamtbetrag der Eigenkapitalzuführung ist nach Maßgabe der beschlossenen nominellen Kapitalerhöhung dem gezeichneten Kapital und im Übrigen den Kapitalrücklagen zuzuführen. 59

3.3.4 Erwerb eigener Anteile *(treasury shares)*

Eigene Anteile *(treasury shares)* sind nach IAS 32.33 nicht zu aktivieren, sondern als **Abzug vom Eigenkapital** auszuweisen. Der Erwerb solcher Anteile stellt demgemäß eine Veränderung des Eigenkapitals dar. Nach IAS 1.76 sind entweder in der Bilanz selbst oder in den *notes* die vom Unternehmen oder seinem Tochterunternehmen oder seinem assoziierten Unternehmen gehaltenen eigenen Anteile auszuweisen. 60

Das mit Wirkung bis 2004 hierfür in SIC 16 vorgesehene Wahlrecht zwischen drei **Ausweismöglichkeiten** dürfte mangels entgegenstehender Regelung in IAS 32 auch weiterhin bestehen: 61

- Die gesamten Anschaffungskosten der eigenen Anteile werden in einer Summe vom Eigenkapital abgezogen (*one-line adjustment bzw. cost method*; Buchungssatz: „per Abzugsposten für eigene Anteile an Geld").
- Der Nominalbetrag der erworbenen eigenen Anteile wird vom **gezeichneten Kapital** abgezogen, darüber hinausgehende Anschaffungskosten werden von **den Kapital- oder Gewinnrücklagen** abgezogen *(par value method)*.
- Die **Aufteilung** der Anschaffungskosten erfolgt nicht nur auf gezeichnetes Kapital und Kapitalrücklage, sondern auf **alle** betroffenen Kategorien des Eigenkapitals. Reflektiert der Kaufpreis z. B. thesaurierte Gewinne, so ist ein entsprechender Abzug von den Gewinnrücklagen geboten (**modifizierte** *par value method*).

Der Erwerb eigener Anteile kann zu negativem Eigenkapital führen, das u. E. passivisch auszuweisen ist. 62

> **Beispiel**
> Die X AG hatte während ihrer handelsrechtlichen Zeit umfangreiche Beteiligungen erworben und dabei Firmenwerte konzernbilanziell mit Gewinnrücklagen verrechnet. In Ausübung des Wahlrechts aus IFRS 1.B2 wendet sie in der IFRS-Eröffnungsbilanz IFRS 3 nicht retrospektiv an und belässt es daher bei der Rücklagenverrechnung. Zwei Jahre später kauft sie in erheblichem Umfang eigene Aktien zurück.
> Einzelbilanziell entsteht kein Problem, da die Beteiligungen mit hohen Werten (incl. impliziter Firmenwerte) zu Buche stehen, so dass auch nach Rückkauf und Einzug der Aktien genügend Eigenkapital verbleibt. Konzernbilanziell weist die AG bereits aufgrund der früheren Rücklagenverrechnungen ein niedriges Eigenkapital aus. Durch den Rückkauf wird es negativ.

Werden erworbene eigene Aktien zu einem späteren Zeitpunkt wieder veräußert, so ist dies in den Fällen der (modifizierten) *par value method* (Rz 61) wie eine Neuemission zu werten (Buchungssatz: „per Geld an gezeichnetes

Kapital und Kapitalrücklage"). Wurde der ursprüngliche Erwerb nach der *cost method* gebucht, ist der Weiterveräußerungserlös zunächst in Höhe der früheren Anschaffungskosten gegen den Abzugsposten im Eigenkapital zu buchen. Ein über diese Anschaffungskosten hinausgehender Erlös ist in die Kapitalrücklage einzustellen. Bei einem Mindererlös ist die Kapitalrücklage oder die Gewinnrücklage zu kürzen.[43]

3.3.5 Kapitalerhöhung aus Gesellschaftsmitteln

63 Die Kapitalerhöhung aus **Gesellschaftsmitteln** stellt keinen Zugang an Eigenkapital dar. Sie ist im Eigenkapitalspiegel (oder im Anhang) lediglich als Umgliederung zwischen Rücklagen und gezeichnetem Kapital zu zeigen (Buchungssatz: „per Rücklagen an gezeichnetes Kapital"; Rz 43).

3.3.6 Kapitalherabsetzung

64 Die ordentliche Kapitalherabsetzung stellt eine **Minderung** des gezeichneten Kapitals dar. Die vereinfachte Kapitalherabsetzung dient gesellschaftsrechtlich dem Ausgleich von Verlusten (§ 229 AktG und § 58a GmbHG). Aus Sicht der IFRS-Bilanz darf die vereinfachte Kapitalherabsetzung die **GuV** nicht berühren. Sie ist u. E. als **Umgliederung** zwischen gezeichnetem Kapital und Rücklagen zu berücksichtigen.

3.3.7 *Stock options*

65 Für die Gewährung von **Aktienoptionen** an Vorstände und Arbeitnehmer sieht IFRS 2 die Erfassung des zugeführten Vorteils als Personalaufwand vor. Die Gegenbuchung erfolgt dann in der Kapitalrücklage (Buchungssatz: „per Personalaufwand an Kapitalrücklage"; → § 23 Rz 33). Ein bei Ausübung der Option vereinnahmter Betrag ist nach normalen Regeln auf das gezeichnete Kapital und die Kapitalrücklage aufzuteilen (→ § 23 Rz 79).

3.4 Gewinnrücklagen, Jahresüberschuss, Bilanzgewinn

66 Die Beispiele in der *Guidance in Implementing* IAS 1 (Bilanz und Eigenkapitalspiegel) sehen die Zusammenfassung aller nicht ausgeschütteten Gewinne *(retained earnings* oder *accumulated profits)* in **einer** Kategorie als mögliches Ausweisformat vor. Andererseits verlangt IAS 1.75e und 76b die gesonderte Darstellung verschiedener Rücklagengruppen in Bilanz oder Anhang. Schließlich ist durch IAS 1.97c eine Überleitungsrechnung für jede Kategorie der Rücklagen *(reserves)* zwischen Eröffnungs- und Schlussbilanzwert vorgeschrieben. Daneben sind die vollzogenen Ausschüttungen (Gewinnverwendungen) anzugeben (IAS 1.97a) sowie der Beschluss bzw. Vorschlag über die Gewinnverwendung der abgelaufenen Periode (IAS 1.125).

67 Die **Trennung** zwischen Jahresergebnis und Summe der Gewinnrücklagen und Gewinnvorträge kann im **Eigenkapitalspiegel** vorgenommen werden. Für die **weitere Unterteilung** der Rücklagen ist zweckmäßigerweise der Anhang zu nutzen. Analog zum handelsrechtlichen Schema der Bilanzierung vor Gewinn-

---

[43] Vgl. im Einzelnen: GÖBEL/KORMAIER, PiR 2006, S. 65.

verwendung und in Anwendung gesellschaftsrechtlicher Unterscheidungen ergeben sich, soweit einschlägig, folgende Erläuterungspositionen:
- gesetzliche Gewinnrücklagen,
- satzungsmäßige Gewinnrücklagen,
- andere Gewinnrücklagen (inklusive Gewinnvortrag aus alter Rechnung),
- Periodenergebnis (nur soweit nicht schon im Eigenkapitalspiegel von der Summe der anderen Positionen getrennt).

Auf die Formulierungsbeispiele in Rz 88 wird verwiesen.

3.5 „Unrealisierte", direkt im Eigenkapital erfasste Gewinne *(other comprehensive income)*

Jeder Ertrags-, Aufwands-, Gewinn- oder Verlustposten, der nach dem jeweiligen Standard ohne Berührung der GuV **direkt im Eigenkapital** zu erfassen ist, sowie die Summe dieser Posten sind im Eigenkapitalspiegel oder in der Darstellung der erfassten Gewinne und Verluste anzugeben (Rz 40).[44] Von Bedeutung sind insbesondere:

68

- Neubewertungen des Anlagevermögens nach IAS 16 und IAS 38 (→ § 8 Rz 52),
- Währungsumrechnungsdifferenzen im Konzern nach IAS 23 (→ § 27 Rz 48),
- Wertänderungen bei veräußerbaren Finanzwerten und *cash flow hedges* gemäß IAS 39 (→ § 28 Rz 154 und Rz 213),
- Kaufpreiskorrektur bei Unternehmenszusammenschluss (→ § 31 Rz 47f.),
- Anpassungsbuchungen bei Übergang auf die IFRS-Rechnungslegung (→ § 6 Rz 21),

Die Bildung entsprechender Kategorien (**Spalten**) in der Eigenkapitaländerungsrechnung ist zweckmäßig. Die Änderungsbeträge sind entweder als Nettowerte **nach Abzug latenter Steuern** oder als Bruttowerte unter Hinzufügung einer Zeile für die gesamten latenten Steuern auszuweisen. In der Netto-Alternative sind die latenten Steuern, die auf die direkt im Eigenkapital berücksichtigten Erfolge entfallen, gemäß IAS 12.81a im Anhang zu erläutern (→ § 26 Rz 14 und 112).

69

4 Eigenkapital im Konzern

Im Eigenkapital des Konzerns sind zu zeigen:
- das gezeichnete Kapital des Mutterunternehmens,
- die Kapitalrücklage des Mutterunternehmens,

70

---

[44] Nach den Untersuchungen von HALLER/SCHLOSSGANGL (Fn 14) wird die Vorschrift über den Ausweis der Summe aller direkt im Eigenkapital erfassten Ergebnisse in der deutschen IFRS-Rechnungslegungspraxis ganz überwiegend missachtet.

Lüdenbach

- die vom Konzern erwirtschafteten Gewinne,
- der Anteile der Minderheit.

71 In die vom Konzern erwirtschafteten Gewinne fließen Gewinne von Tochterunternehmen nur insoweit ein, als sie auf die **Dauer der Konzernzugehörigkeit** entfallen und nicht an dem Tochterunternehmen beteiligten Minderheiten zuzurechnen sind. Der Minderheitenanteil ist nach der Neufassung von IAS 1 gemäß IAS 1.68 innerhalb des Eigenkapitals auszuweisen (→ § 32 Rz 140).

5 Eigenkapital der Personengesellschaft (GmbH-&-Co.-KG-Konzern)

72 Die nachfolgende Darstellung steht unter der Prämisse, dass Personengesellschaften überhaupt über Eigenkapital im Sinne der IFRS-Vorschriften verfügen. Zur Begründung dieser eine Mindermeinung darstellenden Annahme sowie zur Gegenposition und deren Konsequenzen wird auf Rz 18ff. verweisen.

73 Für Kapitalgesellschaften sieht IAS 1.76 Angaben zur Zusammensetzung des gezeichneten Kapitals (z. B. Aktien mit unterschiedlichen Rechten) sowie Angaben zu Art und Zweck jeder Rücklage vor. In der Eigenkapitaländerungsrechnung sind gemäß IAS 1.96ff. die realisierten und unrealisierten Gewinne, die akkumulierten Ergebnisse und die Entwicklung des gezeichneten (Rz 43) Kapitals, der Kapitalrücklagen und jeder sonstigen Rücklage zu zeigen. Fraglich ist, inwieweit diese Regelungen auf die **Personengesellschaft**, z. B. den GmbH-&-Co.-KG-Konzern, anwendbar sind.

In IAS 1.77 findet sich hierzu der Hinweis, dass Gesellschaften ohne gezeichnetes Kapital, insbesondere Personengesellschaften, **äquivalente Informationen** geben müssen, wobei insbesondere
- die Veränderungen innerhalb jeder Eigenkapitalkategorie und
- die Rechte, Vorrechte und Restriktionen zu jeder Kategorie

zu zeigen seien.

74 Der Verzicht auf konkretere Vorgaben für Personengesellschaften ist angesichts der eher größeren nationalen Vielfalt auf dem Gebiet des Personengesellschaftsrechts verständlich. Die Forderung nach äquivalenter Darstellung erlaubt als relativ **offene** und **weiche** Vorschrift die Anwendung auf die jeweiligen nationalen Besonderheiten, wobei mit der Offenheit und Flexibilität ein **Ermessensspielraum** einhergeht, der auch in der Anwendung des jeweiligen nationalen Rechts noch bestimmte Freiheitsräume lässt.

75 Die nachfolgenden Ausführungen zur OHG und KG sind insofern nicht als Präsentation der einzig möglichen Lösung, sondern als ein Vorschlag zu verstehen, der versucht, die **Unterschiede zu Kapitalgesellschaften gering zu halten**. Solange der IFRS-Bilanz, insbesondere der Konzernbilanz, primäre gesellschaftsrechtliche Funktionen wie etwa die Festlegung des gesellschaftsrechtlichen ausschüttungs- bzw. entnahmefähigen Betrages nicht zukommen,

Lüdenbach

verdient u. E. ein weitgehend auf **Parallelisierung zur Kapitalgesellschaft** achtender Bilanzausweis gegenüber einer umgekehrt die Rechtsformunterschiede betonenden Darstellung den Vorzug. Eine derartige Parallelisierung macht im Übrigen auch handelsbilanziell (KapCoRiLiG) mehr Sinn als die bisherigen Ausweismaßstäbe, die sich in zu enger Interpretation der gesellschaftsrechtlichen Entnahme- und Verlusttragungsregelungen „alle um die Zuschreibung oder Abschreibung von Gewinnen bzw. Verlusten drehen".[45] Da die Bilanzierungspflichten nicht die Gesellschafter, sondern die Personengesellschaft als Kaufmann betreffen, müssen Ausweisfragen vorrangig aus der Perspektive der Gesellschaft beantwortet werden. Die Einheit der Gesellschaft hat daher der Vielheit der Gesellschafter vorzugehen, soweit dem nicht zwingende Ausweisvorschriften entgegenstehen.

Aus IAS 1.76 ergibt sich die Anforderung, die mit jeder Eigenkapitalkategorie verbundenen Restriktionen, Rechte und Vorrechte kenntlich zu machen. In Verbindung mit IAS 1.75e wäre daher bei der **Kommanditgesellschaft** auf Bilanz- oder Anhangsebene zwischen der **Summe der Komplementäreinlagen** und der **Summe der Kommanditeinlagen** zu unterscheiden. Statt der jeweils zusammengefassten Betrachtung dürfte bei nicht zu vielen Gesellschaften auch der Ausweis der Kapitalanteile der einzelnen Gesellschafter zulässig sein. Vorzuziehen ist jedoch u. E. die erste Alternative, da sie der hier befürworteten Parallelisierung mit der Kapitalgesellschaft besser entspricht.

76

Auszuweisen sind in Bilanz und Eigenkapitalspiegel jeweils die geleisteten Einlagen. Gesellschaftsrechtlich bedungene und beschlossene, aber **noch nicht geleistete Pflichteinlagen** können als Abzugsposten innerhalb des Eigenkapitals berücksichtigt werden. Die Angabe einer über die Pflichteinlage hinausgehenden **Hafteinlage** der Kommanditisten ist Sache des Anhangs.

77

Bei den Gesellschaftern können neben Festkapitalkonten, die die Anteilsverhältnisse der Gesellschafter untereinander wiedergeben, weitere Einlagen und Konten vereinbart und/oder geleistet worden sein. Es ist zunächst Sache des Gesellschaftsvertrages, ob diese **weiteren Einlagen als Kapitalanteile oder als Rücklagen** zu verstehen sind. U. E. sollte vorzugsweise darauf abgestellt werden, ob die zusätzlichen Einlagen gesamthänderisch gebunden sind. Ist dies nach Maßgabe des Gesellschaftsvertrages der Fall, so sind sie in der Parallelwertung zur Kapitalgesellschaft als Kapitalrücklagen zu verstehen.

78

Das Eigenkapital der Personengesellschaft kann sich durch Entnahmen ändern. Bei **zulässigen Entnahmen** ist gesellschaftsrechtlich zwischen persönlich haftenden Gesellschaftern und Kommanditisten zu unterscheiden. Die zulässige Entnahme des **persönlich haftenden Gesellschafters** reduziert dessen Festkapitalanteil. Wird im gleichen Maße die bedungene Pflichteinlage herabgesetzt, so ist der Vorgang wie eine Kapitalherabsetzung bei einer Kapitalgesellschaft zu behandeln. Kommt es nicht zur Herabsetzung der Pflichteinlage, so erhöht sich der Korrekturposten für nicht geleistete Einlagen. Bei

79

---

[45] HOFFMANN, Eigenkapitalausweis, DStR 2000, S. 837ff.; ders., Rechnungslegung, in: Beck'sches Handbuch der Personengesellschaften.

Lüdenbach

den **Kommanditisten** kann unabhängig von der im Anhang zu erläuternden gesellschaftsrechtlich unterschiedlichen Folge (wiederauflebende Haftung usw.) bilanziell entsprechend verfahren werden.

80 Werden durch Entnahmen die Kapitaleinlagen bzw. **Kapitalanteile negativ**, so ist u. E. nicht von einem Passivausweis zu einem Aktivausweis zu wechseln, da ein derartiges Verfahren auch für Kapitalgesellschaften bei nicht durch Eigenkapital gedeckten Fehlbeträgen nicht vorgesehen ist.

81 Sowohl die Beispielbilanz im Anhang zu IAS 1 als auch die dort wiedergegebene beispielhafte Eigenkapitaländerungsrechnung sieht Zusammenfassung von Gewinnrücklagen, Ergebnisvorträgen und Periodenergebnis in einer **Sammelposition „erwirtschaftete Gewinne"** vor. Eine Unterteilung ist zulässig und mindestens im Anhang, wegen der gebotenen Erläuterung sämtlicher Rücklagen, notwendig. Fraglich ist, wie sich die zusammengefasste Darstellungsmöglichkeit sowie die Tatsache, dass in der IFRS-Gliederung die Kategorie Bilanzgewinn (handelsrechtlich bei Aufstellung der Bilanz nach Gewinnverwendung) fremd ist, zum Gesellschaftsrecht der Personengesellschaften verhalten.

82 Nach § 120 Abs. 2 HGB ist der auf einen **OHG-Gesellschafter** entfallene Gewinn seinem Kapitalanteil zuzuschreiben bzw. der Kapitalanteil um den auf ihn entfallenen Verlust zu mindern. Soweit dies der Gesellschaft nicht schadet, kann die Auszahlung des vorjährigen Gewinnanteils verlangt werden (§ 122 Abs. 1 HGB). Ohne besondere gesellschaftsrechtliche Regelungen fallen gesellschaftsrechtliches und bilanzielles Kapital auseinander. Gesellschaftsrechtlich werden die Kapitalanteile um Gewinne/Verluste fortgeschrieben, gesetzlich ist keine Differenzierung der auf den jeweiligen Gesellschafter entfallenen Kapitalanteile/Konten und keine Dispositionsbefugnis der Gesellschafterversammlung über die erwirtschafteten Gewinne vorgesehen. In der Bilanz werden demgegenüber entweder saldiert das erwirtschaftete Ergebnis oder unsaldiert die Positionen Gewinnrücklagen, Gewinnvortrag und Jahresüberschuss ausgewiesen.

Es besteht **keine Identität mehr zwischen bilanziellem und gesellschaftsrechtlichem Kapitalanteil**. Für eine solche Identität besteht aber u. E. auch kein Bedürfnis, solange der IFRS-Abschluss keine gesellschaftsrechtlichen Primärfunktionen hat.

83 U. E. kann unabhängig davon, ob die Gewinnverwendung gesellschaftsrechtlich in die Dispositionen der Gesellschafterversammlung gestellt wird oder nicht, das IFRS-Jahresergebnis **getrennt** von den Kapitalanteilen gezeigt werden. Ob für die Verwendung bzw. Entnahmefähigkeit des Ergebnisses die gesetzlichen oder besondere gesellschaftsrechtliche Regelungen gelten, muss u. E. nur in den Erläuterungen zur Bilanz bzw. in den Erläuterungen zum Eigenkapitalspiegel deutlich gemacht werden. Dort wäre dann anzugeben, dass die Gewinnanteile gesellschaftsrechtlich entweder dem Kapitalanteil zuzuschreiben und entnahmefähig sind (gesetzliche Regelung) oder dass die Verwendung des Gewinnes noch eines besonderen Beschlusses bedarf. Liegt

Lüdenbach

bis zur Bilanzaufstellung ein entsprechender Beschluss oder ein Beschlussvorschlag vor, so wäre hierüber nach IAS 1.125 zu berichten.

Für eine Verlagerung der Erläuterungen in den **Anhang** spricht auch folgende Überlegung: Entnahmefähig ist nur der handelsrechtliche Gewinn, also eine Größe, die nur in einem losen bzw. zufälligen Zusammenhang zum IFRS-Jahresergebnis steht.[46] Bei einer Darstellung der Gewinnverwendung, genauer der Verwendung des entnahmefähigen handelsrechtlichen Gewinns in der IFRS-Bilanz selbst, würde implizit der positive oder negative Unterschiedsbetrag zum IFRS-Jahresergebnis entweder vom Kapitalanteil abgezogen bzw. diesem zugerechnet oder es würde ein Unterschiedsbetragsergebnis separat dargestellt. Beide Varianten wären nicht selbsterklärend. Die ohnehin notwendige besondere Erläuterung wäre daher in jedem Fall im Anhang vorzunehmen.

Die für den persönlich haftenden Gesellschafter gemäß § 120 Abs. 2 HGB bestehenden Kapitalfortschreibungsregelungen entsprechen nicht den Bestimmung für Kommanditisten. Sobald der Betrag der bedungenen Einlage erreicht ist, wird der **Gewinnanteil des Kommanditisten** nicht mehr dem Kapitalanteil zugeschrieben. Der Kommanditist hat auf übersteigende Gewinnanteile mangels abweichender gesellschaftsrechtlicher Regelungen einen Auszahlungsanspruch (§ 169 Abs. 1 HGB). Aus gesellschaftsrechtlicher Sicht wäre bei voller Leistung und ungeschmälertem Bestehen der bedungenen Einlage der Gewinnanteil sofort als Verbindlichkeit auszuweisen. Gesellschaftsvertragliche Regelungen können Rücklagenzuführungen, Ausschüttungsbeschlüsse usw. vorsehen. Unabhängig davon, ob solche Vertragsregelungen bestehen oder die gesetzlichen Vorschriften gelten, ist u. E. auch beim Kommanditisten in der IFRS-Bilanz eine HGB-analoge Eigenkapitaldarstellung nach vollständiger Ergebnisverwendung (Ausweis des Entnahmeanspruchs als Verbindlichkeit gegenüber dem Gesellschafter) nicht zwingend. Zur Begründung und zu den Problemen bei Ausweis einer Verbindlichkeit wird auf Rz 83 verwiesen.

84

Zusammenfassend sind wir der Auffassung, dass den Vorschriften von IAS 1 bzw. der dort verlangten äquivalenten Darstellung am besten entsprochen wird, wenn der Gewinn der Berichtsperiode separat als solcher ausgewiesen wird und die erwirtschafteten, noch nicht entnommenen, noch nicht ausgeschütteten Gewinne und noch nicht endgültig Rücklagen zugewiesenen Gewinne der Vorjahre ebenfalls von den Festkapitalanteilen getrennt dargestellt werden. Das für Kapitalgesellschaften geltende Gliederungsschema würde damit weitgehend beibehalten. Ein wesentlicher Unterschied bestünde im Falle einer KG auf der Ebene der Festkapitalkonten in der Trennung zwischen Komplementär- und Kommanditkapital. Das Ergebnis unserer

85

---

[46] Zu den Problemen, die sich hieraus unter der Prämisse ergeben, dass der potenzielle Abfindungsanspruch des Gesellschafters gem. IFRIC 2 Fremdkapital darstellt: BERGER/GRÜNEWALD/KOLB, PiR 2005, S. 83.

Lüdenbach

Überlegungen ist in Tabelle 4 niedergelegt, eine alternative Darstellung in Tabelle 5.[47]

I. Festkapital
1. Komplementäre
2. Kommanditisten
II. Kapitalrücklagen
III. Gewinnrücklagen und Gewinnvortrag
IV. Jahresüberschuss

Tab. 4 : EK KG Variante 1

I. Feste Kapitalanteile
II. Rücklagen
III. Unverteilte Überschüsse
IV. Ergebnisneutrale Eigenkapitalbestandteile

Tab. 5: EK KG Variante 2 (Kirsch)

6 Angaben

86 Soweit das Darstellungsformat Eigenkapitalspiegel gewählt wird, enthalten die Spalten und Zeilen des Eigenkapitalspiegels bereits viele der durch IAS 1 geforderten Angaben. Die verbleibenden Erläuterungsnotwendigkeiten ergeben sich vor allem aus der Erklärung dessen, was gesellschaftsrechtlich beschlossen und was davon vollzogen wurde. In diesem Sinne sind etwa Beschlüsse über die Schaffung von **bedingtem Kapital** im Zusammenhang mit Wandelanleihen oder Arbeitnehmeroptionen zu erläutern. Ebenso sind Beschlüsse über zukünftige Kapitalerhöhungsmöglichkeiten durch Schaffung **genehmigten Kapitals** darzustellen. Die Erläuterungspflicht bezieht sich nicht nur auf die Beschlüsse der Berichtsperioden, sondern auf alle noch nicht erledigten Beschlüsse. Soweit also in Vorjahren bedingtes oder genehmigtes Kapital beschlossen wurde und die Beschlüsse weder vollständig vollzogen sind noch sich durch Zeitablauf erledigt haben, sind die Beschlüsse und ihr bisheriger **Vollzug/Teilvollzug/Nichtvollzug** zu erläutern.

87 Nach einer **Faustregel** sind **alle das Kapital betreffenden gesellschaftsrechtlichen Beschlüsse** zu erläutern und über Vollzug, Teilvollzug oder (Noch-)Nichtvollzug zu berichten. In Anwendung dieser Grundregel wären etwa bei Arbeitnehmeroptionsrechten der Umfang und die Bedingungen der

---

[47] Kirsch, BB 2003, S. 143.

Ausübung der Option zu erläutern sowie die im jeweiligen Jahr erfolgten Ausübungen der Option bzw. die bis zum Stichtag kumulierten Ausübungen (→ § 23 Rz 90).

Das nachfolgende, bewusst ausführlich gehaltene Formulierungsbeispiel enthält die wichtigsten Varianten. Die in erster Linie nur für AGs relevanten Teile sind kursiv gedruckt.

88

> **Beispiel**
> **Gezeichnetes Kapital:** Das gezeichnete Kapital der X AG betrug zum 31.12.01 100 Mio. und verteilte sich auf 10 Mio. Stammaktien über je 10 EUR. In der ordentlichen Hauptversammlung vom 20. April 01 wurde die Umstellung auf 10 Mio. nennwertlose Aktien mit einem rechnerischen Anteil von je 10 EUR am gezeichneten Kapital beschlossen.
> Darüber hinaus wurde mit wirtschaftlicher Wirkung zum 15. Juni unter Inanspruchnahme des genehmigten Kapitals II eine Kapitalerhöhung durchgeführt, die zu einer Erhöhung des gezeichneten Kapitals um 10 Mio. führte. Die Kapitalerhöhung wurde von Y erbracht, der 1 Mio. stimmberechtigte Vorzugsaktien gegen Einlage der Y-GmbH erhielt. Die an Y ausgegebenen Aktien/Geschäftsanteile sind ebenfalls nennwertlos, besitzen jedoch Vorzugsrechte hinsichtlich der Dividendenausschüttung.
> Schließlich wurde mit Beschluss der Hauptversammlung/Gesellschafterversammlung vom ... das Kapital um 1 Mio. aus Gesellschaftsmitteln durch Umwandlung von Gewinnrücklagen erhöht. Der Erhöhung lag die Jahresbilanz zum 31.12.00 zugrunde. An die Gesellschafter wurden 100.000 nennwertlose Aktien ausgegeben.
> Die Gesamtzahl der ausgegebenen Aktien hat sich somit zum 31. Dezember 01 auf 11,1 Mio. Stück erhöht.
> **Kapitalrücklage:** Die Kapitalrücklage enthält die bei der Ausgabe von Vorzugs- und Stammaktien/Anteilen über den Nennbetrag hinaus erzielten Beträge. Die Erhöhung der Kapitalrücklage von 60 Mio. zum 1. Januar 01 auf 80 Mio. zum 31. Dezember 01 resultiert aus der oben dargestellten Kapitalerhöhung.
>
> **Kapitalerhöhung aus Gesellschaftsmitteln**
> *Bedingtes Kapital I: Am 1. Februar 199x wurde eine bedingte Erhöhung des Grundkapitals um 3 Mio. EUR beschlossen (bedingtes Kapital I). Diese bedingte Kapitalerhöhung steht im Zusammenhang mit der Ermächtigung des Vorstands, bis zum 31. Dezember 03 Options- und/oder Wandelschuldverschreibungen im Gesamtbetrag von bis zu 50 Mio. EUR zu begeben und den Inhabern Options- bzw. Wandlungsrechte auf bis zu 300.000 Stück neue Stamm- und/oder Vorzugsaktien der Gesellschaft zu gewähren. Am 1. März 199x wurden Null-Kupon-Inhaber-Teilschuldverschreibungen mit Wandlungsrecht in Inhaber-Vorzugsaktien der X AG begeben. Danach ist jedem Anleihegläubiger das Recht eingeräumt, die Schuldverschreibungen während des Ausübungszeitraums vom 1. März 1999 bis 1. Februar 2010 (beide Tage*

einschließlich) in stimmrechtslose Vorzugsaktien zu wandeln. Die Anleiheschuldnerin ist berechtigt, nach Ausübung des Wandlungsrechts durch einen Anleihegläubiger anstatt der Lieferung von Vorzugsaktien einen bis zu ... Barbetrag zu zahlen. Bisher wurde das Wandlungsrecht nur im Jahre 00 ausgeübt. Das bedingte Kapital verringerte sich dadurch auf 2 Mio. EUR.

Bedingtes Kapital II: *Die Hauptversammlung hat am 20. April 199x eine bedingte Erhöhung des Grundkapitals um 1 Mio. EUR durch Ausgabe von bis zu 100.000 Stück Stammaktien beschlossen, um den Aktienoptionsplan bedienen zu können (bedingtes Kapital II). Das bedingte Kapital II dient aufgrund des Aktienoptionsplans der X AG ausschließlich der Gewährung von Bezugsrechten an Mitglieder des Vorstands der Gesellschaft, an Mitglieder der Geschäftsleitungsorgane nachgeordneter verbundener Unternehmen sowie an weitere Führungskräfte der Gesellschaft und ihrer nachgeordneten verbundenen Unternehmen, soweit diese nicht selbst börsennotiert sind. Im Rahmen des Aktienoptionsplans sind am 1. September. 199x, am 1. September 00 und am 1. September 01 Aktienoptionen ausgegeben worden, von denen am 31.12.01 insgesamt 12.000 wirksam waren. Diese Aktienoptionen können nach Erfüllung der dazu vorgesehenen Voraussetzungen zur Ausgabe von bis 12.000 Stück Stammaktien führen, was 0,1 Prozent des Grundkapitals entspricht. Die vom Vorstand der Gesellschaft festgelegten Ausübungsbedingungen für die eingeräumten Bezugsrechte im Rahmen des Aktienoptionsplans sehen insbesondere ...... vor.*

Genehmigtes Kapital I: *Der Vorstand wurde durch Beschluss der außerordentlichen Hauptversammlung vom 1. Oktober 19xx ermächtigt, mit Zustimmung des Aufsichtsrats bis zum 31.12.02 das Grundkapital durch Ausgabe neuer Stamm- bzw. Vorzugsaktien gegen Bareinlagen einmalig oder mehrmals um bis zu 15 Mio. EUR zu erhöhen. 199x wurde das genehmigte Kapital I mit 10 Mio EUR teilweise in Anspruch genommen. Danach besteht noch ein genehmigtes Kapital I in Höhe von bis 5 Mio. EUR.*

Genehmigtes Kapital II: *Die außerordentliche Hauptversammlung am 1. September 199x beschloss, ein genehmigtes Kapital II zu schaffen. Der Vorstand war danach ermächtigt, mit Zustimmung des Aufsichtsrats bis zum 31.12.03 das Grundkapital der Gesellschaft durch Ausgabe neuer auf den Inhaber lautender Stammaktien gegen Sacheinlage einmalig oder mehrmals, höchstens jedoch bis zu 15 Mio. EUR, zu erhöhen (genehmigtes Kapital II). Der Vorstand wurde gleichzeitig ermächtigt, mit Zustimmung des Aufsichtsrats über den Ausschluss des Bezugsrechts zu entscheiden und die weiteren Einzelheiten der Kapitalerhöhung festzulegen.*
Durch Sacheinlage der Y-GmbH wurde das genehmigte Kapital II in 01 mit 10 Mio. EUR in Anspruch genommen. Das verbleibende genehmigte Kapital II beträgt danach bis zu 5 Mio. EUR.

Kein Erwerb eigener Aktien: Die Hauptversammlung ermächtigte die Gesellschaft am 20. April 199x, bis zum 20. Dezember 02 eigene Aktien bis zu insgesamt zehn vom Hundert des Grundkapitals zu erwerben. Von dieser Ermächtigung hat weder die Gesellschaft noch ein abhängiges oder in Mehrheitsbesitz der Gesellschaft stehendes Unternehmen oder ein anderer für Rechnung der Gesellschaft oder eines abhängigen oder eines in Mehrheitsbesitz der Gesellschaft stehenden Unternehmens Gebrauch gemacht.

Gewinnrücklagen: Die Gewinnrücklagen enthalten im Geschäftsjahr 01 erstmals sowohl die Effekte aus der Erstanwendung des IAS 39 *(Financial Instruments: Recognition and Measurement)* in Höhe von 1 Mio. EUR als auch die in der Eigenkapitalentwicklung unter „Bewertung IAS 39" ausgewiesenen Bewertungsergebnisse in Höhe von –2 Mio. EUR. Davon entfallen –0,5 Mio. EUR auf *cash flow hedges* und –1,5 Mio. EUR auf Vermögenswerte, die als „*available for sale*" klassifiziert wurden.
Im Übrigen unterteilen sich die Gewinnrücklagen wie folgt:
gesetzliche Gewinnrücklagen ...
satzungsmäßige Gewinnrücklagen ...
andere Gewinnrücklagen (inklusive Gewinnvortrag aus alter Rechnung in Höhe von ...) ...

Die Verpflichtung zur Erläuterung bzw. Aufgliederung der Gewinnrücklagen ergibt sich für Aktiengesellschaften bereits bisher aus den §§ 152ff. AktG. Für GmbHs fehlen entsprechende gesellschaftsrechtliche Vorschriften. Eine Aufgliederung der Gewinnrücklagen wird jedoch für große GmbHs durch § 266 HGB verlangt. Nach IAS 1.74b ist im IFRS-Abschluss größen- und rechtsformunabhängig die Aufgliederung und Beschreibung der Rücklagen geboten.
Soweit dies nicht schon der Eigenkapitalspiegel (Rz 43) leistet, sind ergänzende Aufstellungen vorzunehmen. Folgende Darstellungen kommen bei Ausklammerung der in der Praxis kaum anzutreffenden Neubewertung gem. IAS 16 oder IAS 38 (→ § 8 Rz 52ff.) in Frage:[48]

---

[48] Kirsch, StuB 2004, S. 1001ff. mit im Übrigen auch sehr instruktiven Ausführungen zur Generierung der Angaben aus einem Kontenplan.

Lüdenbach

Währungs-differenzen (→ § 27 Rz 5)	Bewertungsergebnisse *available-for-sale assets* und *cash flow hedges* (→ § 28 Rz 154 u. 253a)	allgemeine Gewinnrücklagen
Anfangsbestand	Anfangsbestand	Anfangsbestand
		+/− Auswirkung aus Methodenänderung oder Fehlerkorrektur (jeweils nach Steuern)
		= korrigierter Anfangsbestand
+/− Veränderung auf Grund neuer Umrechnung	+/− Veränderung auf Grund Zeitbewertung *available-for-sale assets*	+/− Periodenergebnis
+/− Abgang durch Veräußerung − Tochterunternehmen	− Abgang durch *impairment available-for-sale assets*	− Ausschüttung
	+/− Veränderung auf Grund Zeitbewertung *cash flow hedges*	+/− Umgliederung aus/in Kapitalrücklage und gezeichnetes Kapital
	+/− Abgang durch Beendigung *hedge*-Beziehung, Realisierung Grundgeschäft oder Anpassung AK Grundgeschäft	− Veränderung aus Rückkauf oder Einziehung eigener Aktien
+/− Steuereffekte	+/− Steuereffekte	+/− Steuereffekte
= Endbestand	= Endbestand	= Endbestand

90 Im August 2005 hat der IASB eine Ergänzung zu IAS 1 mit dem Titel „*Capital Disclosures*" verabschiedet.
Ab 2007 hat ein Unternehmen danach die Ziele und Verfahren des Managements in Bezug auf das Eigenkapitals offenzulegen. (IAS 1.124A). Anzugeben sind gem. IAS 1.124 B insbesondere:

- die **qualitative** Abgrenzung des (wirtschaftlichen) Eigenkapitals (z. B. die Einbeziehung nachrangigen Fremdkapitals),
- Art von und Umgang mit externen, **regulatorischen** Eigenkapitalanforderungen (z. B. bei Banken),

Lüdenbach

- **Zielsetzung** hinsichtlich der Entwicklung des Kapitals, der Eigenkapitalquote etc. und der Grad der Zielerreichung,
- **quantitative** Daten zur Zusammensetzung und Entwicklung des Kapitals.

Die *Implementation Guidance* gibt folgendes (hier gekürztes) **Beispiel**:

Beispiel

Ziele unseres Kapitalmanagements sind:
- Sicherstellung der Unternehmensfortführung,
- adäquate Verzinsung des Eigenkapitals.

Zur Umsetzung wird das Kapital ins Verhältnis zum Risiko gesetzt und ggf. angepasst. Der Anpassung dienen die Dividendenpolitik, Kapitalrückzahlungen, Kapitalerhöhungen, aber auch der Verkauf von Vermögen zwecks Schuldentilgung.

Das Kapital wird auf Basis des Verhältnisses von Nettoschulden zum wirtschaftlichen Eigenkapital überwacht. Nettoschulden sind die mit Zahlungsmitteln saldierten Schulden. Wirtschaftliches Eigenkapital ist das bilanzielle Eigenkapital, gekürzt um nicht realisierte Erfolge sowie nachrangige Darlehen.

In 2006 und 2007 war das Ziel, für die vorgenannte Relation einen Wert von 6:1 bis 7:1 zu erhalten, dabei tendenziell eine Minderung der Verhältniszahl zu erreichen.

Die Ergebnisse waren wie folgt:

	2007	2006
Schulden	1.000	1.100
Zahlunsgmittel	–90	–150
Nettoschulden	910	950
Eigenkapital	100	100
nachrangige Darlehn	38	38
wirtschaftliches Kapital	138	138
Ratio	6,6	6,9

Die Minderung der Verhältniszahl ist Folge des Abbaus der Nettoverschuldung, die wiederum aus dem Verkauf des Tochterunternehmens X resultiert.

Ergebnis war eine verbesserte Profitabilität, die zu einer höheren Dividende führt.

Auf die **Checkliste Abschlussangaben** wird verwiesen (→ § 5 Rz 8). **91**

7 Anwendungszeitpunkt, Rechtsentwicklung

92 Die Regeln von IAS 1 und IAS 32 sind für alle Abschlüsse, deren Berichtsperiode ab dem 1. Januar 2005 beginnt, anzuwenden. Eine frühere Anwendung wird vom *Board* unter Anhangsangabe empfohlen. Die Angabevorschriften aus der Ergänzung von IAS 1 um *Capital Disclosures* (Rz 90) sind ab 2007 anzuwenden.

93 Die bis 2004 weiter anwendbaren bisherigen Fassungen – IAS 1 (1997) und IAS 32 (1998) – unterscheiden sich von den Neufassungen vor allem in folgenden Punkten:
- Nach bisherigem Rechtsstand war die bilanzielle Eigenkapitalqualität des gesellschaftsrechtlichen **Eigenkapitals** von **Personengesellschaften** und **Genossenschaften** und **GmbHs** nicht fraglich. Je nach Interpretation der Neufassung von IAS 32 kommt nunmehr eine Umqualifizierung in Fremdkapital in Frage (Rz 18ff.).
- Nach der Neufassung von IAS 1 sind **Minderheitenanteile** im Eigenkapital auszuweisen. Bisher war ein Ausweis außerhalb des Eigenkapitals vorgesehen (Rz 71).
- Der Emissionserlös aus **wandelbaren Anleihen** und ähnlichen zusammengesetzten Instrumenten war bisher wahlweise nach dem Verhältnis der Marktwerte (von Eigen- und Fremdkapitalkomponente) oder nach der Subtraktions-/Restwertmethode aufzuteilen. Die Neufassung lässt nur noch die Restwertmethode zu (Rz 16f.)

Im März 2006 hat der IASB einen Änderungsentwurf zu IAS 1 vorgelegt, nach dem zukünftig in der Eigenkapitaländerungsrechnung nur noch die Transaktionen mit Gesellschaftern dargestellt werden sollen. Die Einbeziehung des nicht in der GuV berücksichtigten *other comprehensive income* soll nicht mehr zulässig sein. Diese müssten außerhalb entweder in einem eigenen Rechenwerk (*two-statement approach*) oder in Fortentwicklung der GuV zum Gesamteinkommen (*one-statement approach*) dargestellt werden (Rz 40).

94 In der strittigen Frage des Eigenkapitals von **Personengesellschaften** (Rz 18) werden beim IASB derzeit eine kurz- und eine mittelfristige Lösung diskutiert: **Kurzfristig** soll die Schaffung einer **Ausnahme**regel helfen. Ein im Juni 2006 vorgelegter Entwurf eines Amendment zu ED IAS 32 *„Financial instruments puttable at fair value and obligations arising on liquidation"* sieht einen Ausweis des kündbaren gesellschaftsrechtlichen Eigenkapitals von Personengesellschaften dann als Eigenkapital vor, wenn es
- die **nachrangigste**, in der Liquidation zuletzt zu bedienende Form der Unternehmensfinanzierung darstellt und
- der Abfindungsanspruch des Gesellschafters auf den *fair value* (Verkehrswert) lautet oder sich nach einer gesellschaftsvertraglichen Abfindungsformel berechnet, die den *fair value* hinreichend **approximiert**.

Der Änderungsvorschlag ist **konzeptionell** und im **Detail** kritisiert worden.

- Der Änderungsentwurf will Symptome und nicht die Grunderkrankung kurieren. **Konzeptionell** schafft er unter Verstoß gegen das Ziel einer prinzipienbasierten Rechnungslegung daher eine **kasuistische Sonderform** von Eigenkapital. Da sich die unter Rz 34 dargestellten Anomalien aus der Bewertung der latenten Abfindungsverbindlichkeit bei einer Buchwertabfindungsklausel nicht ergeben, dieser Fall also (insoweit) symptomfrei ist, belässt der Änderungsentwurf es hier beim Fremdkapitalausweis. Das Resultat ist eine Bilanzierung, die in krassem Gegensatz zu den tatsächlichen Verhältnissen steht. Von zwei ansonsten gleichen Gesellschaften würde diejenige niedriger, weil nur mit einer Buchwertabfindung belastet, das gesellschaftsrechtliche Eigenkapital bilanziell als Fremdkapital zeigen und sich damit schlechter darstellen müssen als die andere, tatsächlich höher, weil mit einer latenten Verkehrswertabfindung belastete.
- Im **Detail** lässt der Änderungsentwurf zu viele Frage offen und zu viele Probleme ungelöst:
  - Da in der Praxis nicht die gesetzliche Verkehrswertabfindung, sondern **gesellschaftsvertragliche Abfindungsklauseln** (Stuttgarter Verfahren etc.) dominieren, bleibt der Anwendungsbereich des Entwurfs unscharf. Er hängt davon ab, wie hoch die von Abfindungsklauseln verlangte Approximation des *fair value* sein muss und ob die **Approximationsqualität** nach dem Wortlaut der Klausel oder unter Berücksichtigung des Ausgangs eines eventuellen **Rechtsstreits** zu beurteilen ist. Die zweite Frage ist in Deutschland von besonderer Bedeutung, da nach der höchstrichterlichen Rechtsprechung Abfindungsklauseln nicht nur der Gefahr der Unwirksamkeit wegen Sittenwidrigkeit unterliegen (regelmäßig etwa bei Abfindungen unter Buchwert), sondern in vielen anderen Fällen eine gerichtliche Anpassung durch ergänzende Vertragsauslegung wahrscheinlich ist.[49]
  - Anteile Dritter an **Tochterpersonengesellschaften**, also **Minderheitsanteile** im Konzern, sollen, da sie nicht die nachrangigste Form der Finanzierung darstellen würden, weiterhin als Fremdkapital gelten, mit der Wirkung etwa, dass eine positive Ertragsentwicklung der Tochtergesellschaft als aufwandswirksame Erhöhung des Minderheitsanteils das Konzernergebnis gerade negativ beeinflussen kann.
  - Das Kriterium der **Nachrangigkeit** hat außerdem in Teilen der Literatur zu Zweifeln an der Eigenkapitalqualität von **Kommanditanteilen** geführt. Stellt man – u. E. unzutreffend – nicht nur auf die Verteilung eines positiven Liquidationsergebnisses, sondern auch auf

---

[49] Vgl. insbesondere die BGH-Urteile vom 24.5.1993 und 20.9.1993, NJW 1993, 2101 ff. und 3193 ff. So bestätigend HENNRICHS, WPg 2006, S. 1261; IDW-Stellungnahme, WPg 2006, S. 1478.

Lüdenbach

die eines negativen ab, wäre nur das Komplementärkapital eigenkapitaltauglich.[50]

Mittelfristig ist an ein gemeinsames Vorgehen mit **US-GAAP** gedacht.[51] Die Beurteilung einer Kapitalüberlassung erfolgt hier nach Maßgabe der Existenz bzw. Ausgestaltung eines Rückforderungsanspruchs *(settlement/ownership approach)*.[52] Eigenkapital stellen danach drei Gruppen von Finanzinstrumenten dar:

- **Unbegrenzt** laufende „Kapitaltitel", die lediglich im Liquidationsfall einen Anspruch auf das Nettovermögen des Emittenten gewähren.[53]
- „Kapitaltitel", die ein sog. **direktes** Eigentümerverhältnis begründen *(direct ownership instruments)*, unabhängig davon, ob sie einen Zahlungsanspruch schon vor der Liquidation gewähren.[54] Ein direktes Eigentümerverhältnis ist durch folgende Merkmale gekennzeichnet:
  - **Nachrang** in der Liquidation,
  - **proportionaler Anteil** am Reinvermögen des Unternehmens,[55]
  - volle Teilnahme an **Vermögensänderungen** – ungeachtet der Richtung, wobei hiervon abgewichen werden darf, sofern für den „Kapitaltitel" kein aktiver Markt existiert. Die Vereinbarung einer Rücknahme zum Buchwert wird nicht als eine Begrenzung des Anspruchs am Nettovermögen, sondern als eine Annäherung an den *fair value* des Unternehmens betrachtet.[56]
- Erfüllt ein (potenziell) befristetes Finanzinstrument eine der beiden Bedingungen nicht, kann es dennoch eine **indirekte** Eigentümerstellung vermitteln *(indirect ownership instrument)* und aufgrund dieser dem Eigenkapital zugeordnet werden. Eine solche Situation liegt vor, wenn der Ausgleich bei Kündigung bzw. Laufzeitende zum einen durch ein *direct ownership instrument* erfolgt und zum anderen der Höhe nach auf dem Wert eben dieses Instruments basiert.

Vor allem der zweite Punkt wäre für deutsche **Personengesellschaften** von Bedeutung.[57]

---

[50] Zum Änderungsentwurf u. a. HOFFMANN/LÜDENBACH, DB 2006, S. 1797ff., BARCKOW/SCHMIDT, KoR 2006, S. 623ff., und WEIDENHAMMER, PiR 2006, S. 155.
[51] Vgl. das IASB Project Update zum Joint project on liabilities and equity, abrufbar unter: http://www.iasb.org/uploaded_files/documents/16_99_fl-le.pdf.
[52] Vgl. FASB: Milestone Draft – Proposed Classification for Single-Component Financial Instruments and Certain Other Instruments, abrufbar unter: http://www.fasb.org/project/l&e_milestone_draft.pdf. Siehe auch LEUSCHNER/WELLER, WPg 2005, S. 268f., KÜTING/DÜRR, DB 2005, S. 1533f., sowie BREKER/HARRISON/SCHMIDT, KoR 2005, S. 474ff.
[53] Vgl. FASB: Milestone Draft (FN 34) S. 14f.
[54] Vgl. ebd. S. 14.
[55] Vgl. ebd. S. 15.
[56] Vgl. ebd. S. 3f. sowie FASB: Milestone Draft (FN 34), S. 6 sowie S. 15.
[57] Einzelheiten bei RAMMERT/MEURER, PiR 2006, S. 1ff.

Lüdenbach

8 Zusammenfassende Praxishinweise

IAS 32 behandelt diverse Abgrenzungsfälle von Eigen- und Fremdkapital. 95
- Bei **zusammengesetzten Finanzinstrumenten** (z. B. Wandelanleihen) ist eine Aufteilung des Emissionserlöses in Fremd- und Eigenkapital geboten. Nur die Restwert- bzw. Subtraktionsmethode ist zugelassen (Rz 6). Die Behandlung von Vorzugsaktien ist strittig (Rz 10).
- **Mezzanine-Finanzierungen:** Eine schuldrechtliche Kapitalüberlassung ist auch dann als Fremdkapital zu qualifizieren, wenn sie durch Verlustbeteiligung, Insolvenznachrang etc. dem Eigenkapital wirtschaftlich nahe kommt (Rz 12).
- **Leistungsbezug gegen Gewährung von Anteilsrechten:** Ist ein Vertrag über den „Einkauf" von Leistungen statt mit Geld durch die Aus- bzw. Hingabe von Eigenkapital zu vergüten, führt die bereits „vereinnahmte", aber noch nicht „bezahlte" Leistung nur dann schon zu Eigenkapital, wenn die Zahl der zu gewährenden Aktien feststeht. Ist die Aktienzahl variabel (insbesondere umgekehrt proportional zur Kursentwicklung), liegt vorübergehend Fremdkapital vor (Rz 13).
- **Derivative Kontrakte in eigenen Aktien:** Gibt die Gesellschaft ein bindendes Angebot auf den Erwerb oder die Lieferung eigener Aktien ab, ist der am Bilanzstichtag bestehende Schwebezustand als Schuld auszuweisen. Ein wichtiger Anwendungsfall sind freiwillige Erwerbsangebote nach WpÜG (Rz 16).
- **Abfindungen bei Ausscheiden von Gesellschaftern und Genossen:** Wird bei Personengesellschaften, Genossenschaften oder GmbHs gesetzlich oder statuarisch vorgesehen, dass Kündigung oder Tod zum Ausscheiden aus der Gesellschaft gegen Abfindung führen, ist strittig, ob diese Abfindungspflichten bereits abstrakt, d. h. vor Eintritt des auslösenden Ereignisses, zur Umqualifizierung des gesellschaftsrechtlichen Eigenkapitals in bilanzielles Fremdkapital führen (Rz 18).
  - Wird eine Umqualifizierungsnotwendigkeit bejaht, ergeben sich verschiedene Ausweismöglichkeiten, vor allem aber gravierende und teils sinnwidrige Bewertungsfolgen aus dem Ansatz des umqualifizierten Eigenkapitals zum *fair value* (Rz 32).
  - Wird keine Notwendigkeit zur Umqualifizierung gesehen, entspricht der Eigenkapitalausweis der Personengesellschaft im Wesentlichem dem der Kapitalgesellschaft (Rz 73).

In der Ergänzung der übrigen Rechenwerke des Abschlusses sind Angaben zur 96
Eigenkapitalentwicklung zu leisten. Der IFRS-Anwender hat hierbei die **Wahl zwischen** einer vollständigen **Eigenkapitaländerungsrechnung**, die alle Bewegungen des Eigenkapitals zusammenfasst, und einer **Gesamteinkommensrechnung**, die nur die Veränderungen des Eigenkapitals aus realisierten und unrealisierten Gewinnen darstellt (Rz 40ff.). In der deutschen IFRS-Praxis ist die Eigenkapitaländerungsrechnung bisher die häufiger verwendete Variante,

auch deshalb, weil eine konzentrierte Darstellung den ohnehin gebotenen Umfang der Anhangserläuterungen (Rz 88) zum Eigenkapital nicht weiter aufbläht. Bei erfolgsneutraler Erfassung **versicherungsmathematischer Gewinne** aus Pensionsplänen ist zwingend eine Gesamteinkommensrechnung zu erstellen (Rz 41).

97 Wird die Eigenkapitaländerungsrechnung als Darstellungsformat gewählt, so sind Entscheidungen zwischen dem Detaillierungsgrad innerhalb dieses Rechenwerkes selbst und innerhalb des Anhangs zu treffen. Nach der hier vertretenen Auffassung ist es zweckmäßig, wenn der Eigenkapitalspiegel unabhängig von der Gesellschaftsform eine Unterteilung in gezeichnetes Kapital/Festkapital, Kapitalrücklagen, Gewinnrücklagen aus nicht GuV-wirksamen Erfolgen und sonstigen kumulierten Gewinnen aufweist. Die Erläuterungen des Grund-/Festkapitals, der Kapital- und Gewinnrücklagen, aber auch die Erläuterung bedingter und genehmigter Kapitalien kann dann rechtsformabhängig in den *notes* erfolgen (Rz 67 und Rz 86).

§ 21 RÜCKSTELLUNGEN, VERBINDLICHKEITEN

Inhaltsübersicht	Rz
Vorbemerkung	
1 Überblick	1–6
1.1 Schulden *(liabilities)*	1–4
1.2 Sonderfall: Rückstellungen und Eventualverbindlichkeiten	5
1.3 Der Regelungsgehalt von IAS 37	6
2 Ansatz	7–92
2.1 Verbindlichkeiten *(liabilities)*	7–12
2.2 Rückstellungen *(provisions)*	13–84
2.2.1 Begriffsinhalte	13–17
2.2.2 Die Ansatzkriterien	18–42
2.2.2.1 Die Tatbestandsmerkmale insgesamt	18–19
2.2.2.2 Vergangenheitsereignis – wirtschaftliche Verursachung	20–23
2.2.2.3 Rechtliche oder faktische Verpflichtung	24–28
2.2.2.4 Künftige Verluste – Aufwandsrückstellungen	29
2.2.2.5 Das Bestehen der Verpflichtung (Konkretisierung)	30–39
2.2.2.6 Wahrscheinlicher Abfluss von Ressourcen zur Regulierung der Verbindlichkeit	40
2.2.2.7 Verlässliche Bewertung (Schätzung)	41
2.2.2.8 Kurzfristige Arbeitnehmervergütungen	42
2.2.3 Sonderfälle	43–84
2.2.3.1 Die *accruals*	43–44
2.2.3.2 Drohverluste *(onerous contracts)*	45–54
2.2.3.3 Umweltschutz, Entsorgung	55–62
2.2.3.4 Entfernungs- und Wiederherstellungsverpflichtungen (Rekultivierung)	63–69
2.2.3.5 Rücknahme- und Entsorgungsverpflichtungen (Elektroschrott)	70–71
2.2.3.6 Restrukturierungsrückstellungen *(restructuring)*	72–80
2.2.3.7 Emissionsrechte	81
2.2.3.8 Kosten der Rechtsverfolgung	82
2.2.3.9 Dokumentationsverpflichtungen, Registrierungskosten	83–84
2.3 Eventualverbindlichkeiten *(contingent liabilities)*	85–91
2.4 Eventualforderungen *(contingent assets)*	92

3 Bewertung *(measurement)* 93–124
   3.1 Verbindlichkeiten allgemein 93
   3.2 Rückstellungen 94–124
      3.2.1 Ausgangspunkt: Bestmögliche Schätzung
         (best estimate) 94–95
      3.2.2 Die stufenweise Abfolge von Unsicherheits-
         momenten 96–99
      3.2.3 Einmal mehr: Die Wahrscheinlichkeit 100–104
      3.2.4 Berücksichtigung von Preisentwicklung und Fällig-
         keit (Inflationierung und Diskontierung) 105–110
      3.2.5 Rückgriffsansprüche *(reimbursements)* 111–115
      3.2.6 Einbeziehung von Gemeinkosten 116–117
      3.2.7 Entfernungs- und Wiederherstellungs-
         verpflichtungen 118–123
      3.2.8 Drohverluste *(onerous contracts)* 124
4 Ausweis und Anhangsangaben 125–136
   4.1 Verbindlichkeiten *(liabilities)* 125–127
   4.2 Rückstellungen *(provisions)* 128–132
   4.3 Eventualverbindlichkeiten *(contingent liabilities)* 133–135
   4.4 Ereignisse nach dem Bilanzstichtag 136
5 Latente Steuern 137
6 Einzelfälle der Rückstellungsbilanzierung (ABC) 138
7 Anwendungszeitpunkt, Rechtsentwicklung 139–143
8 Zusammenfassende Praxishinweise 144–146

Schrifttum: ADS INTERNATIONAL, Abschn. 18; BRÜCKS/RICHTER, Business Combinations (Phase II), KoR 2005, S. 413; CHRISTIANSEN, Steuerliche Rückstellungsbildung, 1993; ENGEL-CIRIC, Einschränkung der Aussagekraft des Jahresabschlusses nach IAS durch bilanzpolitische Spielräume, DStR 2002, S. 780; ERNSTING/VON KEITZ, Bilanzierung von Rückstellungen nach IAS 37, DB 1998, S. 2477; EULER, Paradigmenwechsel im handelsrechtlichen Einzelabschluss: Von den GoB zu den IAS, BB 2002, S. 875; EULER/ENGEL-CIRIC, Rückstellungskriterien im Vergleich – HGB versus IFRS, WPg 2004, S. 139; FÖRSCHLE/KRONER/HEDDÄUS, Ungewisse Verpflichtungen nach IAS 37 im Vergleich zum HGB, WPg 1999, S. 41; GLASCHKE, Rückstellungen für Umweltschutzmaßnahmen im Bilanzsteuerrecht, StuB 2004, S. 897; HAAKER, Änderungen der Wahrscheinlichkeitsberücksichtigung bei der Rückstellungsbilanzierung nach ED IAS 37, PiR 2005, S. 51; HAAKER, Das Wahrscheinlichkeitsproblem bei der Rückstellungsbilanzierung nach IAS 37 und IFRS 3, KoR 2005, S. 8; HACHMEISTER, Verbindlichkeiten nach IFRS, 2006; HAYN/PILHOFER, Die neuen Rückstellungsregeln der IASC im Vergleich zu den korrespondierenden Regeln der US-GAAP, DStR 1998, S. 1729, 1765; HEUSER/THEILE, IAS/IFRS-Handbuch, 2. Aufl., 2005; HOFFMANN, §§ 4, 5 EStG Rz 873ff., in: LITTMANN/BITZ/PUST, EStG-Kommentar; HOFFMANN, Zinseffekte bei der Rückstellungsbewertung, PiR 2006, S. 63; HOFFMANN,

Der Pfandkreislauf, PiR 2006, S. 95; HOMMEL/WICH, Die Bilanzierung von Entfernungsverpflichtungen gemäß HGB und SFAS 143 in kritischer Betrachtung, KoR 2004, S. 16; KIRCHHOF, Die Bilanzierung von Restrukturierungsrückstellungen nach IFRS, WPg 2005, S. 589; KÜHNE/NERLICH, Vorschläge für eine geänderte Rückstellungsbilanzierung nach IAS 37: Darstellung und kritische Würdigung, BB 2005, S. 1839; KÜHNE/SCHWEDLER, Geplante Änderungen der Bilanzierung von Unternehmenszusammenschlüssen, KoR 2005, S. 329; KÜMPEL, Bilanzielle Behandlung von Entsorgungs-, Rekultivierungs- und ähnlichen Verpflichtungen im IFRS-Regelwerk, DStR 2004, S. 1227; LÜDENBACH, IAS/IFRS, 4. Aufl., 2005; LÜDENBACH, Rückbauverpflichtungen nach internationaler Rechnungslegung und deutschem Bilanzrecht, BB 2003, S. 835; LÜDENBACH/FREIBERG, Günstige und ungünstige Verträge – Bilanzierung schwebender Geschäfte nach IFRS 3, KoR 2005, S. 188; LÜDENBACH/FREIBERG, Drohende Verluste nach IAS 37 – Saldierungsbereich und Verhältnis zur außerplanmäßigen Abschreibung, PiR 2005, S. 41; LÜDENBACH/HOFFMANN, Faktische Verpflichtungen und (verdeckte) Aufwandsrückstellungen nach IFRS und HGB/EStG, BB 2005, S. 2344; LÜDENBACH/HOFFMANN, Imparitätische Wahrscheinlichkeit – Zukunftswerte im IAS-Regelwerk, KoR 2003, S. 5; MARX/BERG, Rückstellungen für Dokumentationsverpflichtungen nach HGB, IFRS und EStG, DB 2006, S. 169; MARX/KÖHLMANN, Bilanzielle Abbildung von Rücknahmeverpflichtungen nach HGB und IFRS, BB 2005, S. 2007; MOXTER, Neue Ansatzregeln für Verbindlichkeitsrückstellungen? DStR 2004, S. 1059; MOXTER, Rückstellungen nach IAS: Abweichungen vom geltenden deutschen Bilanzrecht, BB 1999, S. 519; OSER/ROSS, Rückstellungen aufgrund der Verpflichtung zur Rücknahme und Entsorgung von Elektroschrott beim Hersteller, WPg 2005, S. 1069; OSTERLOH-KONRAD, Rückstellungen für Prozessrisiken in Handels- und Steuerbilanz, DStR 2003, S. 1631; RECHNUNGSLEGUNGS INTERPRETATIONS COMMITTEE, RIC 2, Verpflichtung zur Entsorgung von Elektro- und Elektronikgeräten; REINHARDT, Rückstellungen, Contingent Liabilities sowie Contingent Assets nach der neuen Richtlinie IAS 37, BB 1998, S. 2514; ROSS/DRÖGEMÜLLER, Keine Rückstellungen in der Handels- und Steuerbilanz für Registrierungskosten aufgrund der künftigen EU-Chemikalienverordnung (REACH), BB 2006, S. 1044; SCHÄFER, Droht die Pflicht zur kumulierten Rückstellungsbildung für die Entsorgung von Elektroaltgeräten?, BB 2004, S. 2735; SCHILDBACH, Aufwandsrückstellungen in der internationalen Rechnungslegung, StuB 2002, S. 791; SCHMIDT/ROTH, Bilanzielle Behandlung von Umweltschutzverpflichtungen, DB 2004, S. 553; SCHREIBER, IFRIC-Verlautbarungen der letzten 18 Monate, BB 2006, S. 1842; SCHULZE-OSTERLOH, Rückzahlungsbetrag und Abzinsung von Rückstellungen und Verbindlichkeiten, BB 2003, S. 351; THIELE, Schwebende Rechtsstreitigkeiten in der Rechnungslegung nach IFRS/IAS, WPg 2004, S. 742; ZEIMES, Fair Value-Bewertung von Rückstellungen nach IFRS, DB 2003, S. 2077; ZÜLCH, Die Interpretation des IFRIC: Die Bilanzierung von Rücknahme- und Entsorgungsverpflichtungen gemäß IFRIC 6, StuB

2005, S. 892; ZÜLCH/FISCHER, Business Combinations Phase II: Überarbeitung von IFRS 3, IAS 27 und IAS 37, StuB 2005, S. 1054; ZÜLCH/ WILLMS, Rückstellungen für Entsorgungs-, Wiederherstellungs- und ähnliche Verpflichtungen: Umstellung von HGB auf IFRS, DB 2005, S. 1178.

Vorbemerkung
Die Kommentierung bezieht sich auf IAS 37 in der aktuellen Fassung und berücksichtigt alle Ergänzungen, Änderungen und Interpretationen, die bis zum 1.1.2007 beschlossen wurden. Einen Überblick über ältere Fassungen sowie über diskutierte oder schon als Änderungsentwurf vorgelegte zukünftige Regelungen enthalten Rz 139ff.

1 Überblick

1.1 Schulden *(liabilities)*

1   Es geht in diesem Paragraphen des Kommentars um „**Schulden**" i. S. d. § 247 Abs. 1 HGB, die man im deutschen Sprachgebrauch auch mit „**Verbindlichkeiten**" (vgl. z. B. die Gliederungsterminologie in § 266 Abs. 3 HGB i. V. m. § 249 Abs. 1 S. 1 HGB „ungewisse Verbindlichkeiten") bezeichnet. Der IFRS-Oberbegriff *„liability"* passt nahtlos in diese aus deutscher Sicht gewohnte Begrifflichkeit.
Eindeutig im Mittelpunkt dieser Kommentierung steht der Regelungsinhalt von IAS 37 („unsichere Schulden"). Die „sicheren" Schulden (= Verbindlichkeiten) sind im Überblick mit abgehandelt. Wegen des themenbezogenen und deshalb teilweise unsystematischen Aufbaus der IFRS sind wichtige Teilbereiche der *liabilities* in **anderen Standards** geregelt (Rz 16 speziell für Rückstellungen):
- Arbeitnehmervergütung, insbesondere im Bereich der Altersversorgung nach IAS 19 (→ § 22);
- laufende und latente Steuerschulden nach IAS 12 (→ § 26);
- aktienkursorientierte Vergütungsverpflichtungen nach IFRS 2 (→ § 23 Rz 68);
- Finanzverbindlichkeiten (z. B. aus Lieferungen und Leistungen) hinsichtlich der Bewertung nach IAS 39 (→ § 28 Rz 175ff.);
- Verbindlichkeiten aus Leasingverhältnissen nach IAS 17 (→ § 15 Rz 109ff.);
- Drohverluste aus Fertigungsaufträgen nach IAS 18 (→ § 18 Rz 40).

2   Im Rahmen des Bilanz**ausweises** (Gliederung) bzw. der **Anhang**erläuterungen wird nach IAS 1.68 unterschieden (→ § 2 Rz 41):
- „Sichere" Schulden, also Verbindlichkeiten = *trade and other payables* sowie Finanzverbindlichkeiten (Rz 7ff.).
- „Unsichere" Verbindlichkeiten = *provisions* (Rz 13ff.).

Hoffmann

- Eventual- und weniger wahrscheinliche Verbindlichkeiten = *contingent liabilities* (Rz 85ff.).

„**Sicher**" umfasst dabei den Betrag und die berechtigte Person (Gläubigerin).

„**Unsicher**" kann sich inhaltlich auf den Betrag und/oder den Berechtigten beziehen.

Zu den „**sicheren**" Verbindlichkeiten zählen:
- Verbindlichkeiten aus Lieferungen und Leistungen, die üblicherweise im normalen Geschäftszyklus beglichen werden und auch keine längere Laufzeit als ein Jahr haben (Rz 125).
- Kurzfristige formalisierte Lieferantenkredite, z. B. Valuten der Industrie für den Handel.
- Dividenden nach Fassung des Ausschüttungsbeschlusses (IAS 37 Appendix C Ex 12).
- Kundenanzahlungen.
- Sicherheitsdepots.
- „*Accruals*" (Rz 15 und 43) in Form von ausstehenden Abrechnungen für erbrachte Leistungen, Urlaubsüberhänge etc.
- Einbehaltungspflichten für Lohnsteuer, Sozialversicherungsbeiträge.
- Finanzverbindlichkeiten gem. IAS 39.

Zu den „**unsicheren**" Verbindlichkeiten vgl. Rz 13ff.

Nicht dagegen in der Bilanz anzusetzen und auch nicht im Anhang zu erläutern sind wenig wahrscheinliche *(remote)* Verbindlichkeiten (Rz 43, 92, 133).

Weniger vertraut aus Sicht der bisherigen HGB-Praxis wirkt das **Gliederungskonzept** des *current/non-current* (IAS 1.60ff.). Gänzlich ungewohnt ist aus deutscher Sicht die explizite Darstellung von „*contingent assets*" in IAS 37.31, die sich nur schwer verständlich etwa mit „**Eventualforderungen**" übersetzen lassen (Rz 92). Sie stellen eine Art Spiegelbild zu den Eventualverbindlichkeiten *(contingent liabilities)* dar. Zur Bilanzgliederung generell (→ § 2 Rz 22ff.).

1.2 Sonderfall: Rückstellungen und Eventualverbindlichkeiten

Den (weitgehend) **sicheren** Schulden (z. B. aus Lieferungen und Leistungen) ist kein eigener IFRS-Standard vorbehalten. Sie werden als (passives) Finanzinstrument in IAS 39 behandelt (→ § 28 Rz 175ff.). Demgegenüber widmet sich IAS 37 – ohne logisch-schlüssiges Gliederungskonzept für die Verbindlichkeiten insgesamt – den **weniger** „**sicheren**" Verbindlichkeiten (mit Ausnahme der ebenfalls in IAS 39 geregelten Finanzderivate mit Verpflichtungsüberhang; → § 28 Rz 188ff.),
- einerseits in einer Abstufung nach „Sicherheitsgrad" (Rz 43),
- andererseits in den Sonderfällen der Rückstellungsbildung für
  - Drohverluste (Rz 45ff.),

- Restrukturierungen (Rz 72ff.),
- Entfernungsverpflichtungen (Rz 63).

1.3 Der Regelungsgehalt von IAS 37

6 Der im Mittelpunkt der Kommentierung (Rz 1) dieses Paragraphen stehende IAS 37 („unsichere" Verbindlichkeiten) behandelt folgende **Teilbereiche**:
- Rückstellungen (Rz 13ff., 94ff., 128ff.),
- Eventualschulden (Rz 85ff.),
- Eventualforderungen (Rz 92ff.).

Wegen der „Unsicherheit" überhaupt vgl. Rz 43.

2 Ansatz

2.1 Verbindlichkeiten *(liabilities)*

7 Die Definition in F.49b i. V. m. der speziellen Ansatzvorschrift in F.83b umfasst das Vorliegen folgender **Kriterien**:
- gegenwärtige (am Bilanzstichtag) bestehende Verpflichtung – *present obligation*
- als Ergebnis einer früheren Begebenheit – *past event*
- mit erwartetem (künftigem) Ressourcenabfluss zur Regulierung – *outflow of resources*.

Das **HGB** kennt keine solchen Definitionen. **Inhaltlich** dürften dem allgemeinen Verständnis zufolge **keine Unterschiede** bestehen. In F.60 wird das Definitionsnetz noch weiter verfeinert – nicht unbedingt mit nennenswerter zusätzlicher Aussagekraft. Neben den **rechtlich** begründeten Verpflichtungen werden auch Geschäftspraktiken, Aufrechterhaltung von Geschäftsbeziehungen u. Ä. als Verpflichtungsgrund *(obligation)* genannt mit dem typischen Beispiel von **Kulanz**-Regulierungen. Die IFRS nennen in IAS 37.10 dies *constructive obligation* (Rz 14).

Negativ – hinsichtlich der Ansatzpflicht – beschreibt F.61 in anderer Ausdrucksweise das, was nach deutscher Sprachregelung als Verpflichtung aus **schwebenden Beschaffungsgeschäften** bezeichnet wird. Für solche *liabilities* verneint F.91 speziell die Ansatzmöglichkeit (abgesehen von besonderen, nicht weiter definierten Umständen).

8 In F.62 werden die Möglichkeiten zur **Regulierung** von Verbindlichkeiten *(settlement)* beispielhaft aufgezeigt:
- Zahlung in Geld,
- Begebung von Sachwerten („Tausch"),
- Begebung von Gegenleistungen („tauschähnlich"),
- Ersatz durch eine andere Verbindlichkeit („Umschuldung"),
- Umwandlung in Eigenkapital.

Rabatt- und Bonusverpflichtungen aufgrund des Jahresbezugs von Gütern sind in F.63 beispielhaft als „*liability*" aufgeführt. Im Übrigen enthalten die Definitionsbestandteile in F.60-63 auch nichtssagende Begriffe und Selbstverständlichkeiten, die hier nicht weiter aufgeführt werden. 9

Die „**sicheren Verbindlichkeiten**" erfüllen i. d. R. die Definitionskriterien der **Finanzinstrumente** *(financial instruments)* und sind in IAS 39 (→ § 28 Rz 175ff.) geregelt (Rz 5). Die **übergeordneten** Definitions- und Ansatznormen des *Framework* für Schulden *(liabilities)* gelten auch für die „sicheren Verbindlichkeiten". 10

Im Bereich „**Rückstellungen**" werden teilweise die gleichen Definitionen und Ansatzvorschriften (z. B. gegenwärtige Verpflichtung, *present obligation)* vorgegeben. Auf die dortige Kommentierung (Rz 18ff.) wird deshalb verwiesen. 11

Wegen der **Ausweismöglichkeiten** in der Bilanz bzw. im Anhang wird verwiesen auf Rz 125ff. sowie auf → § 2 Rz 41. 12

2.2 Rückstellungen *(provisions)*

2.2.1 Begriffsinhalte

IAS 37.10 rekurriert auf die Definitionen in F.60-64. Nach F.64 stellt die Unsicherheit bei der Bewertung keinen Ausschlusstatbestand bezüglich der Annahme und des Bilanzansatzes einer Verbindlichkeit dar. Hier knüpft IAS 37.14 an: Eine der (zeitlichen) Entstehung und/oder der Höhe und der Fälligkeit nach **unsichere** Verbindlichkeit *(liability)* gilt als Rückstellung *(provision)*. Die *liability* wird im Anschluss daran inhaltlich identisch mit F.49b definiert. Zu den Tatbestandsmerkmalen der Verbindlichkeit allgemein (Rz 7) gesellt sich bei den Rückstellungen als weitere die genannte „Unsicherheit" (Rz 2). Auf den Begriff „*provisions*" soll **künftig** verzichtet werden (Rz 143). Systematisch – nicht inhaltlich – eher störend ist die Weiterführung der Definition in IAS 37.10, die schon die *liabilities* generell betrifft (Rz 7): 13

- Als Verbindlichkeitstatbestand *(obligating event)* wird ein solcher auf **rechtlicher** *(legal)* oder **tatsächlicher** *(constructive)* Grundlage bezeichnet, dem sich das Unternehmen vernünftigerweise nicht entziehen kann.

- Besonders werden dabei solche **faktischen Verpflichtungen** *(constructive obligations)* genannt: Durch Geschäftspraktiken, Veröffentlichungen u. a. geweckte Erwartungshaltungen des Publikums über Verpflichtungen des Unternehmens jenseits der Rechtsverpflichtung (z. B. Kulanzen, Warenrücknahmen, regelmäßige Mitarbeitervergütungen ohne Rechtsgrund (Rz 24). 14

Systematisch wenig geglückt ist auch die Einführung eines **zusätzlichen** mit Unsicherheit behafteten (ansatzpflichtigen) Verbindlichkeits-Typs mit der Bezeichnung „*accruals*" (IAS 37.11; Rz 43f.). Einer einigermaßen griffigen Übersetzung sind diese *accruals* nicht zugänglich. Sie sollen sich von den *provisions* durch den geringeren Grad der Unsicherheit unterscheiden. Als Beispiel werden Verpflichtungen aus erhaltenen, aber noch nicht abgerechneten Leistungen oder Urlaubsverpflichtungen genannt (Rz 2). Man kann vielleicht die 15 *accruals* von den *provisions* dahingehend abgrenzen,[1] dass bei Ersteren die Verbindlichkeit dem Grunde nach unzweifelhaft ist, nur die Höhe oder Fälligkeit nicht eindeutig festliegt. In der Praxis verschwimmen indes die Unterscheidungskriterien. Auch in der Bilanzierungspraxis werden die *accruals* nicht gesondert ausgewiesen (Rz 44).

16 Einige **andere** IFRS-Standards behandeln ebenfalls bestimmte Rückstellungen (Rz 1). Die dortigen Regeln gehen vor (IAS 37.5). Es geht um
- drohende Verluste aus Fertigungsaufträgen nach IAS 11 (→ § 18 Rz 40),
- Steuern vom Einkommen nach IAS 12 (→ § 26 Rz 3),
- Leasingverhältnisse nach IAS 17 (→ § 15), allerdings fehlen dort spezifische Regeln für verlustbehaftete Verträge beim Leasinggeber (Rz 49),
- Arbeitnehmervergütungen nach IAS 19 (→ § 22).

17 Die im Schrifttum zum HGB und in der Rechtsprechung des BFH als selbstverständlich erachtete Gegenbuchung zu den Rückstellungen als **Aufwand** gilt nach den IFRS nicht. Hier können Herstellungskosten durchaus als Rückstellungen erfasst werden (→ § 8 Rz 50; → § 13 Rz 56; Rz 69).

2.2.2 Die Ansatzkriterien
2.2.2.1 Die Tatbestandsmerkmale insgesamt

18 IAS 37.14 knüpft bezüglich der Bilanzierung dem Grunde nach an die Definitionsnormen für die Verbindlichkeiten allgemein (F.49b und 60–64) und die sich teilweise überlagernden in IAS 37.10 (Rz 7) an. Danach verlangt der Ansatz einer Rückstellung das Vorliegen folgender Tatbestandsmerkmale:
- Gegenwärtige – gesetzliche oder faktische – **Außenverpflichtung** – *present obligation*,
- begründet durch ein **vorhergegangenes** Ereignis – *past event* (Rz 20ff.),
- mit **wahrscheinlichem** Abfluss von Ressourcen – *outflow of resources* (Rz 40ff.),
- bei **zuverlässiger Schätzungsmöglichkeit** der Verpflichtungshöhe – *measured with sufficient reliability* (Rz 41ff.).

19 Abgesehen von dem „Störfaktor" der *accruals* (Rz 43f.) lässt sich die Abbildungshierarchie für unsichere Verbindlichkeiten anhand des Entscheidungsbaumes in IAS 37 App. B wie folgt darstellen:

---

[1] LÜDENBACH, IFRS, 4. Aufl., 2005, S. 207f.

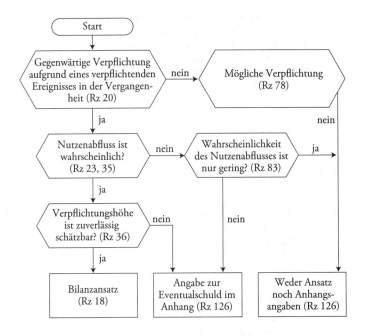

2.2.2.2 Vergangenheitsereignis – wirtschaftliche Verursachung

Keinen besonderen Aussagegehalt[2] lässt zunächst das in der Definitionsnorm IAS 37.10 ebenso wie in der Ansatznorm IAS 37.14 aufgeführte Tatbestandsmerkmal des Vergangenheitsereignisses *(past event)* erkennen. Denn eine (am Bilanzstichtag) **gegenwärtige Verpflichtung** muss notgedrungen in der Vergangenheit verursacht worden sein. Insoweit ist das Merkmal *past event* bereits im Merkmal *present obligation* enthalten.

Verpflichtungen aufgrund **künftiger** Geschäftstätigkeit sind **nicht** anzusetzen, aber solche, die in der **Vergangenheit** begründet worden sind. Im Zusammenspiel von Vergangenheit und Zukunft bedeutet dies: Eine Verpflichtung des Unternehmens ist dann nicht rückstellungsfähig, wenn es die Erfüllung „noch in der Hand hat", sie also aus **eigener Kraft vermeiden** kann. Vgl. hierzu die Fälle unter Rz 55ff. „Umweltschutz". Umgekehrt ausgedrückt: Der Ansatz ist geboten, wenn das Unternehmen **keine realistische Alternative** gegenüber der Erfüllung der Verpflichtung hat (IAS 37.17).

Diese Interpretation von *present obligation* bzw. *past event* kann sich auf die Erläuterungen in IAS 37.18f. stützen, wo Rückstellungen für die Ausübung der **künftigen** Geschäftstätigkeit ausgeschlossen werden. Außerdem „passt" diese Interpretation des Vergangenheitsereignisses *(past event)* auf das **Beispiel 6** in Appendix C zu IAS 37:

---

[2] Ähnlich MOXTER, BB 1999, S. 519 (521).

> **Beispiel**
> Die Verpflichtung zum Einbau einer **Rauchfilteranlage** ist erst passivierungsfähig, wenn entsprechende Aufträge („Außenverpflichtung") an leistende Unternehmen erteilt worden sind. Nach IAS 37.19 kann sich das Unternehmen dieser öffentlich-rechtlichen Auflage zum Einbau der Anlage an einem künftigen Bilanzstichtag dadurch entledigen, indem es andere Produktionsverfahren einführt oder den entsprechenden Produktionszweig ganz einstellt.[3] Umgekehrt ist für etwa entstandene Schadensersatzverpflichtungen wegen des unstatthaften Gebrauches der Fabrikationsanlage ohne den Rauchfilter eine Rückstellung zu bilden, denn diese Verpflichtung resultiert aus der Produktionstätigkeit in der Vergangenheit (Rz 58).

22 Zeitliche Abgrenzungsprobleme für den Rückstellungsansatz ergeben sich auch bei **geänderter Rechtslage**. Dadurch kann ein Ereignis, das aktuell noch nicht zur Rückstellungsbildung berechtigt, an einem späteren Stichtag „rückstellungsbedürftig" sein (IAS 37.21).

> **Beispiel[4]**
>
> **Sachverhalt**
> - Variante 1: Durch ein neues Gesetz ist ein Automobilproduzent am 31.12.00 zur Rücknahme und Verschrottung aller nach diesem Stichtag verkauften Erzeugnisse verpflichtet.
> - Variante 2: Mit Wirkung ab 1.1.01 besteht die Verpflichtung, auch alle vor diesem Stichtag verkauften Fahrzeuge zurückzunehmen und zu verschrotten.
> - Variante 3: Nach der am 31.12.00 gültigen Gesetzeslage erhebt die Umweltbehörde vom Autohersteller eine Verschrottungsgebühr für die vor dem 1.1.01 verkauften Fahrzeuge. Grundlage für die Berechnung der Gebühr ist die Marktteilnahme des Herstellers im Jahr 01 ohne Berücksichtigung der zuvor getätigten Verkäufe.

---

[3] Dies ist für den BFH in einem vergleichbaren Fall kein Grund, von der Rückstellungsbildung abzusehen (BFH, Urteil v. 27.6.2001, I R 45/97, DB 2001, S. 1698). Gegen den BFH argumentiert Siegel mit der zitierten Begründung aus IAS 37.19 (DB 2002, S. 707). Dem BFH ist allerdings auch der Aspekt der „Entziehung" aus der Verpflichtung durch irgendwelche Handlungen geläufig. So hat er im Urteil v. 13.11.1991, I R 78/99, BStBl II 1992 S. 177, einer Bank die Rückstellung für eine Einzahlungsverpflichtung in einen Garantiefonds mit der Begründung verweigert, die Bank hätte sich ihrer Einzahlungsverpflichtung durch Kündigung der Mitgliedschaft (in diesem Fonds) entledigen können.

[4] Nach KPMG, Insights into IFRS 2006/2007, 3.12.80.10.

> **Lösung**
> - In Variante 1 kann eine Rückstellung zum 31.12.00 nicht gebildet werden, denn das ansatzbegründende Ereignis *(obligating event)* ist der Verkauf von Autos nach dem 31.12.00. Am nächsten Stichtag ist eine Rückstellung für die zwischen dem 1.1.01 und dem betreffenden Stichtag verkauften Fahrzeuge zu bilden.
> - In Variante 2 ist dagegen eine Rückstellung für die bis zum 31.12.00 verkauften Fahrzeuge zu bilden. Der Ansatz muss zu jedem Stichtag nach den bis dahin angefallenen Verkaufszahlen und den tatsächlich durchgeführten Verschrottungen weitergerechnet werden.
> - In Variante 3 liegt das Verpflichtungsereignis *(obligating event)* in der Marktteilnahme im Jahr 01. Diese Lösung beruht auf einem Analogieschluss zum speziellen Entsorgungsverfahren für den so genannten Elektroschrott (Rz 70). Die dazu geäußerten Bedenken schlagen auch hier durch: Der Automobilhersteller ist zum Weiterverkauf seiner Produkte in dem betreffenden Jurisdiktionsgebiet faktisch gezwungen.

Wegen der konkreten Bilanzierungsvorgabe nach der EU-Altautorichtlinie wird verwiesen auf Rz 71.

Eindeutig „vergangenheitsorientiert" und damit rückstellungspflichtig sollen nicht nur die Verpflichtungen aus verkehrsüblichen **Garantien**, sondern auch die aus **Kulanzen** (Rz 24) bei schadhaften Produkten etc. sein. Hinsichtlich der Gewährleistungen ohne rechtliche Verpflichtungen (Kulanz) ist dies im Vergleich zur oben behandelten Rauchgasfilteranlage nicht immer schlüssig: Den Kulanzerwartungen der Kunden des Produktionszweigs X kann sich das Unternehmen u. U. sanktionslos entziehen; sofern es diesen Zweig ganz einstellt, läge eine entziehbare Verpflichtung vor (Rz 25).

2.2.2.3 Rechtliche oder faktische Verpflichtung
Für die festzustellende Verpflichtung ist zu unterscheiden zwischen einer
- **rechtlichen** *(legal)* oder
- **faktischen** *(constructive)* Grundlage.

Nach IAS 37.10 (Definitionsnorm) kann „**rechtlich**" beruhen auf
- Vertrag,
- Gesetz,
- anderer Rechtsgrundlage.

Diese Kriterien entsprechen weitestgehend den deutschen Bilanzierungsvorstellungen.[5] Vertragliche und gesetzliche Schuldverhältnisse (z. B. Garantien) gelten ebenso wie die öffentlich-rechtlichen, insbesondere im Falle des Umweltschutzes, als Rechtsgrund und damit als bilanzansatzbegründend. Der Gläubiger muss nicht bekannt sein, so z. B. bei der Produzentenhaftung.

---

[5] Vgl. z. B. Hoyos/Ring, Beck'scher Bilanzkommentar, 6. Aufl., § 249 HGB Tz 29ff.

Hoffmann

Auch die **faktischen** Verpflichtungen (Musterbeispiel: Kulanz, aber auch bekanntes Geschäftsgebaren) stimmen als Bilanzierungskriterien der IFRS mit denjenigen des HGB und der dieses auslegenden BFH-Rechtsprechung überein (Rz 20). Für den Fall der verjährten Verbindlichkeiten gilt dies ebenfalls (→ § 28 Rz 86).

25 **Faktische** Verpflichtungen sind nach IAS 37.10 (im Wesentlichen unverändert ED IAS 37.10, Rz 143) wie folgt gekennzeichnet:[6]
- Durch **Geschäfts**gebaren oder öffentliche **Ankündigungen**,
- bei einer anderen Partei, die der „**Gläubiger**" eines Anspruchs ist,
- ist eine gerechtfertigte **Erwartung** *(valid expectation)* eines bestimmten Verhaltens des Unternehmens geweckt worden.

Zu den vorstehend aufgeführten Begriffen gibt IAS 37.20 folgende **Erläuterung:**
- Die Verpflichtung besteht immer gegenüber einer anderen „**Partei**".
- Diese Partei muss nicht notwendig identifizierbar sein, auch die **Öffentlichkeit** insgesamt zählt darunter.
- Die Verpflichtung setzt eine **Zusage** des Managements – die Entscheidung allein genügt nicht – voraus, weil sonst keine Erwartungshaltung der Betroffenen geweckt werden kann.

Außerdem wird in IAS 37.17 und 37.19 ein **Vergangenheitsbezug** (Rz 20ff.) gefordert. Dieser setzt
- keine realistische **Alternative** zur Erfüllung,
- Unabhängigkeit vom **zukünftigen** Verhalten des Unternehmens, insbesondere der Unternehmensfortführung

voraus.

26 Die vorstehend dargestellten Begriffsinhalte sind nicht immer trennscharf in der Abgrenzung zu **Aufwandsrückstellungen**, die „an sich" nicht angesetzt werden dürfen (Rz 29). Dies gilt insbesondere für die Sonderform der faktischen Verpflichtung in Form der **Restrukturierungsaufwendungen** (Rz 72ff.). Hier sollen ansatzbegründend die berechtigten Erwartungen der freizusetzenden Arbeitnehmer als Gläubiger dienen. Diese haben indes in aller Regel gerade kein Interesse an der Durchführung der Restrukturierungspläne, d. h., im Gegensatz zu anderen Gläubigern fehlt es ihnen am Vollstreckungsinteresse. Nach **künftiger** Rechtslage sollen Restrukturierungsrückstellungen erst bei Vorliegen einer Verbindlichkeit i. S. d. allgemein gültigen Ansatzkriterien gebildet werden (Rz 143).

27 Unklar kann auch der Begriffsinhalt der „**anderen Partei**" sein, die als Gläubiger zur Begründung einer Verpflichtung erforderlich ist. Hierzu folgendes Beispiel für den Fall der „Öffentlichkeit" als Gläubigerin:

---

[6] Vgl. zum Folgenden LÜDENBACH/HOFFMANN, BB 2005, S. 2344.

> **Beispiel[7]**
> Ein Ölförderungsunternehmen steht vor der Alternative, eine Plattform in der Nordsee zu versenken oder umweltgerecht zurückzubauen. Zum Rückbau ist es gesetzlich nicht verpflichtet. Bisher entsprach das „übliche Geschäftsgebaren" dem Versenken in anderen Weltmeeren und bei kleineren Plattformen auch in der Nordsee. Aufgrund umweltorientierter Pressemeldungen erklärt sich das Unternehmen Ende 01 durch seinen Pressesprecher zu einer umweltgerechten Entsorgung bereit.
> Diesen Verlautbarungen „glaubt" ein Teil der Öffentlichkeit, d. h., insoweit sind „gerechtfertigte Erwartungen" *(valid expectations)* geweckt. Ein anderer Teil der Öffentlichkeit glaubt dem Unternehmen nicht. Der Rest ist uninteressiert.
>
> **Beurteilung**
> - Das bisherige Geschäftsgebaren spricht **gegen**, die veröffentlichte Erklärung **für** eine Rückstellung.
> - Die Öffentlichkeit als andere Partei ist „gespalten". Welcher Teil dieser Öffentlichkeit ist für die Bilanzierung maßgebend? Ist dabei länderspezifisch zu unterscheiden, z. B. wenig Umweltbewusstsein im Vereinigten Königreich und umgekehrt in Deutschland?

Das Beispiel zeigt: Bei faktischen Verpflichtungen fehlt es an dem sonst einem Gläubiger zustehenden **Vollstreckungspotenzial**. Zudem stellt sich die Frage nach der „**realistischen Alternative**" zur Erfüllung der Verpflichtung: Diese können in der Rufschädigung und ähnlichen nicht quantifizierbaren Größen liegen. Dann ist aber unklar, wie dieser kaum quantifizierbare Schaden bewertet werden muss, um die „realistische Alternative" auszuschließen. Schließlich soll der erforderliche Vergangenheitsbezug (Rz 20) durch die **Unabhängigkeit** von der **künftigen** Geschäftstätigkeit, also der Unternehmensfortführung, hergestellt werden (IAS 37.19). Dadurch werden erst recht die Grenzen zur Aufwandsrückstellung verwischt, wie sich etwa am Beispiel von **Kulanz**leistungen zeigt. Diese haben ökonomisch einen Sinn, wenn durch Kundenbindung, Imagegewinn u. Ä. **künftige** Erlöse und Erträge generiert werden. Deshalb sind faktische Verpflichtungen dieser Art als Opportunitätskosten immer abhängig von der **künftigen** Geschäftstätigkeit. Wenn die *going-concern*-Prämisse entfällt, kommt es nicht mehr auf Rufschädigungen etc. an. Das Unternehmen ist dann an der Erfüllung seines Versprechens gehindert.

Rechtliche und **faktische** Verpflichtungen sind insoweit grundlegend zu **unterscheiden**: Vertragliche Garantieleistung (z. B.) kann der Gläubiger auch noch im Liquidationsstadium vollstrecken, Kulanzforderungen gehen demgegenüber ins Leere. Allerdings kann u. U. auch durch öffentliche Ankündi-

28

---

[7] Entnommen LÜDENBACH/HOFFMANN, BB 2005, S. 2345.

gungen (vgl. das obige Beispiel zur Ölplattform) eine effektive rechtliche Verpflichtung unter dem Aspekt von Treu und Glauben begründet werden.[8]

2.2.2.4 Künftige Verluste – Aufwandsrückstellungen

29 Die Außenverpflichtung muss „**gegenwärtig**" *(present* Rz 20), also nicht durch **zukünftige** Tätigkeiten bedingt sein. In der **Zukunft** entstehende **Verluste** aus der Geschäftstätigkeit *(future operating losses)* erfüllen daher nicht das Ansatzkriterium für *liabilities* und sind deshalb als Rückstellungen nicht bilanzierbar (IAS 37.63; Rz 53).

> **Beispiel**
> Ein Luftfahrtunternehmen muss nach Gesetz alle 3 Jahre eine Generalüberholung an den Flugzeugen vornehmen. Das Flugzeug X wird Anfang 01 angeschafft. In den Jahren 1 bis 3 darf keine Rückstellung gebildet werden, selbst wenn Ende 03 schon der Auftrag zur Durchführung der Generalüberholung an ein Drittunternehmen erteilt worden sein sollte.

Der IASB erläutert an diesem Beispiel den Begriff „*present*" wie folgt: Die Fluggesellschaft könnte sich der Überholungsverpflichtung entziehen, z. B. durch Stilllegung oder Veräußerung des Flugzeuges vor Erreichen der Drei-Jahres-Frist. Anders ausgedrückt: Die Überholung dient nicht dem Betrieb der Jahre 01 bis 03, sondern dem Weiterbetrieb in den Jahren 04 bis 06 und ist deshalb durch die zukünftige Nutzung verursacht.
Gleichwohl wird im Beispielfall der Überholungsaufwand ergebnismäßig auf die Jahre 01 bis 03 verteilt, aber nicht durch Dotierung einer Rückstellung, sondern durch Berücksichtigung einer über 3 Jahre abzuschreibenden „Generalüberholungskomponente" (→ § 8 Rz 36).
Künftige Aufwendungen zur **Unterhaltung** des Geschäftsbetriebes sind nicht rückstellungsfähig. Dazu folgendes Beispiel:

> **Beispiel**[9]
>
> **Sachverhalt**
> H betreibt eine Hotelkette. Die Hotels werden in bestimmtem zeitlichem Rhythmus je nach Saison für drei Monate zur Durchführung von Unterhaltsarbeiten geschlossen. Ohne diese Reparaturmaßnahmen könnte der Hotelbetrieb auf Dauer nicht aufrechterhalten werden.
>
> **Lösung**
> Die betreffenden Reparaturen sind bei Anfall im Aufwand zu verrechnen.

---

[8] Nach US-Recht kann ein außervertragliches Versprechen eine rechtlich durchsetzbare Verpflichtung („promissory estoppel") begründen.
[9] Nach KPMG, Insights into IFRS 2006/2007, 3.12.550.10.

2.2.2.5 Das Bestehen der Verpflichtung (Konkretisierung)

Die Frage nach dem Bestehen oder Nichtbestehen einer Verbindlichkeit ist in der komplizierten Welt der Ökonomie häufig nicht eindeutig zu beantworten. Das **Unsicherheits**moment steigt noch spürbar, wenn über die Bilanzansatzfähigkeit der potenziellen Verbindlichkeit zu befinden ist.

Nicht jede denkbare oder befürchtete Verpflichtung kann einen Bilanzansatz rechtfertigen. IAS 37.15 trägt dem durch folgende Regel Rechnung: Ein Bilanzansatz für eine unsichere Verpflichtung ist nur dann vorzunehmen, wenn ihr Bestehen **mehr wahrscheinlich als unwahrscheinlich** ist *("more likely than not")*. Dieses Ansatzkriterium soll künftig entfallen (Rz 143).

30

31

> **Beispiel**
> Ein selbst ernannter Umweltschützer verklagt das Energieversorgungsunternehmen auf Schadenersatz wegen Umweltverseuchung durch CO_2-Ausstoß. Eine Verurteilung ist unwahrscheinlich. Eine Rückstellung ist nicht zu bilden.

Nach deutschem Sprachgebrauch muss das Unternehmen mit dem Ent- oder Bestehen der Verpflichtung **ernsthaft** rechnen.[10] Die Verpflichtung muss zwar nicht mit Sicherheit (dann „normale" Verbindlichkeit), aber doch mit einiger **Wahrscheinlichkeit** be- oder entstehen.[11] Und eine solche Wahrscheinlichkeit soll dann tatbestandlich vorliegen, wenn **mehr Gründe für als gegen** das Bestehen oder Entstehen der Verpflichtung am Bilanzstichtag ersichtlich sind. Diese (sog. 51-%-Wahrscheinlichkeit)[12] passt nahtlos zum *„more likely than not"*-Kriterium von IAS 37.

32

Die Übereinstimmung in beiden Rechnungslegungsregeln umfasst allerdings auch den geringen **Aussagegehalt**, der zur Lösung eines konkreten Bilanzierungsproblems wenig hilft.

33

Abgesehen vom Bewertungsproblem ist die „**Wahrscheinlichkeit**" (nochmals: *more likely than not)* die große Crux der Rückstellungsbildung speziell.[13] In der deutschen Literatur und Rechtsprechung wird in diesem Zusammenhang gerne der ordentliche Kaufmann zitiert, der die objektiven Gegebenheiten am Jahresabschluss mit dem subjektiven Kenntnisstand bei Bilanzerstellung

34

---

[10] MOXTER, in: FS Forster, S. 430. So auch ständige BFH-Rechtsprechung z. B. Urteil v. 27.6.2001, I R 45/97, DStR 2001, S. 1384.
[11] Z. B. BFH, Urteil v. 2.12.1992, I R 46/91, BStBl II 1993 S. 109.
[12] Z. B. BFH, Urteil v. 2.10.1992, III R 54/91, BStBl II 1993 S. 153 („einige Wahrscheinlichkeit"). Siehe hierzu auch die Beispiele bei LÜDENBACH/HOFFMANN, KoR 2003, S. 5.
[13] HOFFMANN, §§ 4, 5 Tz 873, in: LITTMANN/BITZ/PUST, EStG-Kommentar. Zur Quantifizierbarkeit der „Wahrscheinlichkeit" in diesem Zusammenhang vgl. auch OSTERLOH-KONRAD, DStR 2003, S. 1631f. Die damit verbundenen erheblichen Ermessensspielräume bestätigt WAGENHOFER, IAS/IFRS, 4. Aufl., 2003, S. 261.

(**Wertaufhellung**) kombinieren muss und dann zur Bilanzierung schreiten kann.

35 Hier beginnen die Unwägbarkeiten (→ § 51 Rz 24ff.), genauer gesagt die Hilflosigkeit des bilanzierenden Kaufmanns genauso wie diejenige der Literatur und der Rechtsprechung, wenn es um die Auslegung der für den Bilanzansatz erforderlichen „**Wahrscheinlichkeit**" geht: Nach IFRS, BFH und handelsrechtlicher Literatur sollen mehr Gründe für das Bestehen der Verbindlichkeit als dagegen sprechen (**51-%-Regel**). Wörtlich genommen würde dieses Kriterium eine Auflistung der Gründe mit positivem und negativem Vorzeichen anschließender „Errechnung" der Differenz erfordern – eine absurde Vorstellung. Diese wird auch nicht nach einem anderen Vorschlag[14] besser handhabbar, wenn die Gründe für und gegen die Inanspruchnahme **gewichtet** werden.

Beispiel
Ein Kunde im Vorderen Orient verweigert die Zahlung für eine Großproduktionsanlage und macht zusätzlich Schadenersatzansprüche geltend. Wendet man zu Letzteren die 51-%-Regel an, könnte etwa folgendes Schema als Berechnungsgrundlage dienen:

Gründe		
für Inanspruchnahme	gegen Inanspruchnahme	Gewicht
1. Kunde kennt den Schaden.		58
2.	Internationales Handelsgericht ist dem Vorderen Orient nicht hold.	21
3. Technischer Mangel.		72
4.	Technischer Mangel möglicherweise durch fehlerhafte Wartung entstanden.	38
5. Erfahrungsgemäß wird angestrebt.		81
6.	Die Richterbesetzung gilt als „*producer minded*".	37
7. etc.?		x
8.	etc.?	y
	Σ	**Nonsens**

Es bedarf keiner weiteren Begründung, dass eine solche Vorgehensweise unsinnig ist. Weder die „reine" Arithmetik noch die „gewichtete" Arithmetik können hier ein Ergebnis liefern.

---

[14] CHRISTIANSEN, Steuerliche Rückstellungsbildung, 1993, S. 36.

Die **IFRS** bemühen generell geradezu ausufernd die „**Wahrscheinlichkeit**" als Bilanzierungskriterium (Rz 92 zur Hierarchie der Begrifflichkeiten).[15] Die Rückstellungen speziell bieten hierzu eine Fundgrube *(probable, more likely than not,* Beispiele in IAS 37.10, 37.14, 37.15). An keiner Stelle ist eine nähere Umschreibung dessen zu finden, was *„probable"* eigentlich bedeutet und wie *„more likely than not"* gerade im Fall singulärer Ereignisse zu interpretieren ist (vgl. auch Rz 90f.). Daher zunächst ein kurzer Blick in andere Rechnungslegungssysteme:

36

- In den **US-GAAP** verweist der FASB – etwa vergleichbar den IASB – auf den **allgemein gültigen Sprachgebrauch** („wahrscheinlich regnet es morgen"). Ansonsten behilft er sich mit klassischer Tautologie: Ein Ergebnis ist *„probable",* wenn *„likely to occur".* Zur **Vortäuschung einer Quantifizierbarkeit** (zur Bewertung vgl. Rz 101) ist dann vermutlich die nachstehende Tabelle geeignet:[16]

	US-GAAP
probable	*The future event or events are likely to occur.*
reasonably possible	*The chance of the future event or events occurring is more than remote but less than likely.*
remote	*The chance of the future event or events occurring is slight.*

- Der **BFH**[17] betont in diesem Zusammenhang die Notwendigkeit der **Objektivierung** des Bilanzausweises:

„Die Wahrscheinlichkeit ist nicht nach den subjektiven Erwartungen des Steuerpflichtigen zu prüfen, sondern auf der Grundlage objektiver, am Bilanzstichtag vorliegender und spätestens bei Aufstellung der Bilanz erkennbarer Tatsachen aus der Sicht eines sorgfältigen und gewissenhaften Kaufmanns zu beurteilen."[18]

- Auch im **handelsrechtlichen** Schrifttum herrscht eher **Rätselraten** als eine einigermaßen schlüssige Ableitung. So heißt es im Standardkommentar der Wirtschaftsprüfer:[19]

„Rückstellungen sind daher weder mit dem ungünstigsten noch mit dem günstigsten Betrag anzusetzen, sondern mit dem Betrag, mit dem das Unternehmen unter Berücksichtigung des Gesichtspunktes der Vorsicht voraussichtlich in Anspruch genommen wird."

---

[15] Einzelheiten bei LÜDENBACH/HOFFMANN, KoR 2003, S. 5.
[16] SFAS 5, Abs. 3; SFAS 90, Abs. 9(a).
[17] BFH, Urteil v. 1.8.1984, I R 88/80, BStBl II 1985 S. 44; ähnlich BFH, Urteil v. 2.10.1992, III R 54/91, BStBl II 1993 S. 153.
[18] Siehe Fn 12.
[19] ADS INTERNATIONAL, 6. Aufl., § 253 HGB Tz 192.

Im Zentrum des Ansatzes von Rückstellungen steht also die „**Wahrscheinlichkeit**". Für diesen Begriff fehlt eine Konkretisierung. Wahrscheinlichkeit kann zweierlei bedeuten:

- Eine **mathematisch-statistische** Größe, die dem Gesetz der großen Zahl unterliegt (bilanzrechtlich anwendbar bei Gewährleistungsrückstellungen, Rückgabequoten im Versandhandel).
- Eine **subjektive Glaubensaussage**: „Lassen sich, wie etwa bei Entscheidungssituationen im Wirtschaftsleben, die Wahrscheinlichkeiten nicht aus Zufallsexperimenten ableiten, so werden sie subjektiv geschätzt; sie stellen damit genau genommen nur vernünftige Glaubensaussagen dar."[20]

Die Frage ist dann, wie mit dem so verstandenen Wahrscheinlichkeitsbegriff der Bilanzansatz für die Schadensersatzverpflichtung im Beispielsfall (Rz 35) richtigerweise angesetzt wird. LEFFSON[21] spricht von einer „intuitiven Wahrscheinlichkeitsermittlung", die man auch als „**Erwartungsgefühl**" interpretieren kann. Die zitierten „Begründungen" für den Rückstellungsansatz kaschieren vor diesem Hintergrund eigentlich nur die systematisch bedingte Unbegründbarkeit im Sinne einer einigermaßen exakten Mathematik.[22]

37 Es hilft auch nichts, wenn mit **gewichteten** Eintrittwahrscheinlichkeiten gerechnet wird. All das kann man nur als **Scheinquantifizierung** bezeichnen. Eine Verpflichtung aus einem geführten Passivprozess ist hinsichtlich des Prozessausganges zwischen 0 und 100 % gleich wahrscheinlich, die gemeinhin hierfür angegebenen Prozentzahlen „wir gewinnen zu 70 %", sind reine Gefühlsausdrücke, haben jedenfalls mit dem einer „Wahrscheinlichkeit" zugrunde liegenden Gesetz der großen Zahl nichts gemein.[23]

Nur, wenn mit dem **Gesetz der großen Zahl** – etwa bei pauschalen Gewährleistungsverpflichtungen – gerechnet werden kann, hat es einen „quantitativen" Sinn, von „Wahrscheinlichkeit" zu sprechen. Die eigentliche Botschaft dieser Begriffsspielereien lautet: In diesem Bereich der Bilanzierung (nicht nur) muss die Welt mit Ungenauigkeiten leben. Aber selbst bei Vorliegen einer ausreichenden statistischen Grundgesamtheit ist das Wahrscheinlichkeitskriterium **nicht immer eindeutig** definierbar.

---

[20] Vahlens großes Wirtschaftslexikon, 2. Aufl., 1993, S. 2310; Wirtschaftslexikon, 2. Aufl., 1993, S. 727; Meyers Enzyklopädisches Lexikon, Bd 24, 1971, S. 773.
[21] LEFFSON, Grundsätze ordnungsmäßiger Buchführung, 7. Aufl., S. 472.
[22] HERZIG, DB 1990, S. 1347, „... da die Quantifizierung von Wahrscheinlichkeiten nur selten nachprüfbar gelingt". Mathematische Modelle zur Bestimmung der Wahrscheinlichkeit sind nachzulesen bei ADS INTERNATIONAL, Abschn. 18 Tz 69ff.
[23] HOFFMANN, DStR 1993, S. 125; HARTUNG, BB 1988, S. 1421; siehe aber HERZIG/KÖSTER, BB 1994, Beilage 23, S. 6; STENGEL, BB 1993, S. 1406. Wie hier HEUSER/THEILE, IAS/IFRS-Handbuch, 2. Aufl., 2005, Rz 1262.

> **Beispiel**[24]
> Der Fußballclub SV Werder Bremen hat für den Fall der Erringung der deutschen Meisterschaft zu Beginn der Saison 2003/2004 für jeden Spieler 2.000 EUR pro in der Saison erzielten Punkt „ausgelobt".
> Zum Bilanzstichtag bzw. zum Quartalsstichtag 31.12.03 ist der SV Werder Bremen Herbstmeister. Statistisch gesehen gewinnt in 70 % der Fälle der Herbstmeister auch die Meisterschaft.
> Das Gesetz der Großen Zahl ist hier verfügbar. Die Erfassung beruht indes auf Vergangenheitswerten, während die Rückstellung zukünftige Entwicklungen berücksichtigen soll.
> Eine solche zukunftsorientierte Betrachtung kann aus Meinungsumfragen der Bildzeitung herausgearbeitet werden. Danach prognostizieren 41 % der Befragten Bayern München als Meister, 13 % tippen auf den VfB Stuttgart und nur 11 % auf den SV Werder Bremen. Ein Bilanzansatz kommt danach nicht in Betracht, denn das *more-likely-than-not*-Kriterium wird nicht erfüllt.
> Möglicherweise muss man allerdings auch nach der Qualifikation der Befragten differenzieren. U. U. sind Akademiker und Frauen mit weniger Fußballverstand gesegnet. Dann wäre die Quote der männlichen Nichtakademiker, die sich an der Umfrage beteiligt haben, von größerer Aussagekraft. Allerdings liegt hier die „Erwartungsquote" für die Meisterschaft noch unter 10 %, so dass nicht einmal eine Berichtspflicht im Anhang bestünde (Rz 40, 133).

Die IFRS haben bewusst auf genaue Bestimmungen zur Quantifizierung von Wahrscheinlichkeiten verzichtet,[25] mag auch nicht ganz selten die „Regel" *more likely than not* so interpretiert werden. Ansonsten bleiben die IFRS hinsichtlich der Konkretisierung des Verpflichtungsgrundes offen. Demgegenüber sind aus der BFH-Rechtsprechung – insoweit rein handelsrechtlich argumentierend – zwei **feste Regeln** bezüglich der Wahrscheinlichkeit auszumachen: **38**

- Bei **Umweltschutzverpflichtung** (Rz 56) muss die zuständige Behörde vom Schadensfall Kenntnis haben; fehlt es daran, ist die Inanspruchnahme des Unternehmens „unwahrscheinlich".[26]

---

[24] Nach LÜDENBACH/HOFFMANN, DB 2004, S. 1442, 1446. Vgl. zu einem ähnlichen Beispiel HAAKER, KoR 2005, S. 52: Eine Handelskette verspricht eine Kaufpreisermäßigung für den Erwerb neuer Fernsehgeräte bis zum 31.12.01, wenn die deutsche Tischfußball-Nationalmannschaft im Sommer 02 die Europameisterschaft gewinnt.

[25] EPSTEIN/MIRZA, Interpretation and Application of IAS 2002, S. 536, führen aus: „It is tempting (verführerisch) to express quantitatively the likehood of the occurence of contingent events (e. g. an 80 % probability), but this exaggerates the precision possible in the estimation process."

[26] BFH, Urteil v. 11.12.2001, VIII R 34/99, DStRE 2002, S. 541 m. w. N.

- Bei anhängigen **Passivprozessen** liegt immer die ansatzbegründende Wahrscheinlichkeit vor.[27]

Im erstgenannten Sachverhaltsbereich (Umweltverpflichtungen) stimmen die BFH-Kriterien mit denjenigen nach IFRS bedingt überein. Allerdings kann das Unternehmen nach IAS 37 Anhang C durch öffentlich gemachte Selbstbindung (veröffentlichter Plan der Dekontaminierung) eine faktische Verbindlichkeit schaffen. Sie soll dann rückstellungsfähig sein, wenn das Unternehmen „bekanntermaßen" entsprechende Ankündigungen auch einhält.

> **Beispiel**[28]
> Die Power Car GmbH ist bei den lokalen Behörden und in der örtlichen Presse in die Kritik geraten. Moniert werden vor allem Lärmemissionen, daneben Bodenverunreinigungen. Eine gesetzliche Pflicht zur Sanierung des Bodens besteht nicht. Die Power Car GmbH geht jedoch in die Image-Offensive und erklärt in einer Presse-Konferenz ihre Absicht, im Folgejahr ein 1-Millionen-Programm zur Bodendekontaminierung durchzuführen. Die Aufsichtsbehörde nimmt dies wohlwollend zur Kenntnis, erlässt darüber hinaus eine Verfügung, wonach der Gewerbebetrieb am vorhandenen Ort in zwei Jahren einzustellen ist, sofern bis dahin nicht umfangreiche Lärmschutzvorrichtungen (Volumen von 2 Mio. EUR) eingebaut sind.
> Die Kontaminierung des Bodens hat ihre Ursache in der Vergangenheit. Mangels gesetzlicher Verpflichtung kommt nur eine **faktische** Verpflichtung in Frage. Diese könnte sich aus der öffentlich kundgemachten Absicht ergeben. Eine faktische Verpflichtung (mit der Folge der Rückstellungspflicht) bestünde dann, wenn die Power Car GmbH schon bisher veröffentlichte Zusagen auch eingehalten hat. Gibt das bisherige Geschäftsgebaren des Unternehmens zu größerem Zweifel Anlass, ob es die veröffentlichte Politik auch einhält, muss von einer Rückstellung abgesehen werden.
> Der Einbau der Lärmschutzvorrichtungen ist durch die behördliche Verfügung als rechtliche Verpflichtung konkretisiert. Es besteht jedoch kein Zusammenhang mit einem **vergangenen Ereignis**. Die Verpflichtung entsteht nur dann, wenn das Unternehmen seine Geschäftstätigkeit über den Stichtag der Verfügung hinaus am gegebenen Ort fortsetzt. Eine Rückstellung ist deshalb nicht zu bilden.

Bei der Prozesshängigkeit ist nach IAS 37.16 (Rz 20) eine weitere Abwägung der Wahrscheinlichkeit einer Inanspruchnahme durchzuführen. Nach BFH genügt die **Prozesshängigkeit** als solche zur Ansatzbegründung.

39 Der *Board* plant nach ED IAS 37 den Wegfall des Wahrscheinlichkeitskriteriums für den **Ansatz** einer Rückstellung. Die notwendig in diesem Bi-

---

[27] BFH, Urteil v. 30.1.2002, I R 68/00, DStR 2002, S. 713 mit Anm. von Hoffmann. Detailliert zu den Ansatz- und Bewertungskriterien für Risiken aus Gerichtsverfahren nach HGB/EStG vgl. Osterloh-Konrad, DStR 2003, S. 1631.
[28] Nach Lüdenbach, IFRS, 4. Aufl., 2005, S. 220.

lanzierungsbereich bestehenden Unsicherheiten werden dann nur noch bei der **Bewertung** berücksichtigt.[29] Auf Rz 143 wird wegen weiterer Einzelheiten verwiesen.

2.2.2.6 Wahrscheinlicher Abfluss von Ressourcen zur Regulierung der Verbindlichkeit

Diesem Ansatzkriterium kommt lediglich wiederholender oder selbstverständlicher Charakter zu. Eine Verpflichtung oder Verbindlichkeit *(liability)* setzt denknotwendig den Abfluss von ökonomischen Ressourcen voraus. Und die „**Wahrscheinlichkeit**", als das der Rückstellung *(provision)* eigene Kriterium der Unsicherheit, ist durch das „*more likely than not*" (Rz 32) in IAS 37.15 bereits definitorisch abschließend umschrieben. Dementsprechend wiederholt auch die Erläuterungspassage in IAS 37.23 in unschöner Diktion lediglich den Inhalt von IAS 37.15. Die Formulierung dort (IAS 37.23) soll dem Anwender nicht vorenthalten bleiben, da sie trotz des **tautologischen** Charakters für den Umgang mit dem Wahrscheinlichkeitsproblem symptomatisch ist (Rz 31ff.):

40

„*An outflow of resources ... is regarded as probable if the event is more likely than not to occur, i. e. the probability that the event will occur is greater than the probability that it will not.*"

IAS 37.24 befasst sich noch mit dem Sonderfall einer Anzahl von gleichartigen *(similar)* Verpflichtungen, deren Wahrscheinlichkeit durch eine Art Gesamtbetrachtung gegriffen werden soll. Als Beispiel werden Produktgarantien *(product warrenties)* genannt.
Wenn eine so verstandene „Wahrscheinlichkeit" nicht vorliegt, muss eine **Anhangerläuterung** erfolgen mit der Rückausnahme einer sehr geringen Wahrscheinlichkeit *(remote;* Rz 133), die gänzlich unbeachtet bleiben kann.

2.2.2.7 Verlässliche Bewertung (Schätzung)

Das letzte Ansatzkriterium zur Bildung von Rückstellungen (Rz 18) bezieht sich auf die **Bewertungsmöglichkeit**. Eine zuverlässige Bewertung *(reliable estimate)* muss möglich sein, um den Bilanzansatz auszulösen. Aus Sicht des deutschen Bilanzrechts ist dieses Erfordernis ungewohnt. Die strenge Abfolge der Bilanzierungsentscheidung in deutscher bilanzrechtlicher Tradition **vom Ansatz zur** Bewertung kennt den umgekehrten Weg nicht.
Die Erläuterungen in IAS 37.25f. sehen den Pferdefuß dieser von der Bewertung rückgekoppelten Ansatzvorschrift. Denn Schätzungen sind (insbesondere) im Bereich der Rückstellungen ein „normales" Bewertungsverfahren. Erstere sollen das „Zuverlässigkeitskriterium" nicht beeinträchtigen. Es genügt (für die Verlässlichkeit der Schätzung) die Feststellung einer **Bandbreite** *(range)* von möglichen Ergebnissen. Welcher Wert innerhalb dieser Bandbreite dann anzusetzen ist, wird nicht mitgeteilt. Abgesehen davon: Auch die Bandbreite selbst ist eine qualitativ undefinierte und undefinierbare Größe.

41

---

[29] HAAKER, PiR 2005, S. 54.

Streng klingt allerdings die in IAS 37.25f. zweifach betonte Vorgabe, dass nur in **sehr seltenen Fällen** *(extremly rare cases)* eine Unzuverlässigkeit der Schätzung angenommen werden darf. Und dann muss statt des Bilanzansatzes (lediglich) eine **Anhangsangabe** erfolgen (Rz 85). Gleichwohl bietet in der Praxis wenigstens bei außergewöhnlichen Fällen dieses Ansatzkriterium (z. B. hohe potenzielle Schadenersatzverpflichtungen wegen Umweltschäden, Produkthaftung) ein bilanzpolitisches Schlupfloch, welches das deutsche Rechnungslegungssystem jedenfalls systematisch nicht bereithält.

> **Beispiel**
> Der niederländische Einzelhandelskonzern Royal Ahold NV ist in 2003 mit Sammelklagen wegen Schadensersatzes in den USA konfrontiert worden. Eine Rückstellung wurde erst gebildet, als eine außergerichtliche Einigung mit einer „Zahllast" von 945 Mio. EUR zustande kam (FAZ vom 29.11.2005).
> Die Bayer AG steht aufgrund von kartellrechtlich verbotenen Preisabsprachen am 31.12.2005 in Verhandlungen mit Behörden und potenziell Geschädigten, „die von wesentlicher Bedeutung sein können". Dafür seien die möglichen Aufwendungen nicht beziffer- und deshalb nicht bilanzierbar (FAZ vom 7.12.2005).

2.2.2.8 Kurzfristige Arbeitnehmervergütungen

42 Der Bereich der **Personalvergütungen** unterliegt nicht IAS 37 (Rz 1), sondern IAS 19 (→ § 22). Die dortigen Ansatzkriterien sind nicht identisch mit denjenigen in IAS 37. Für Gewinnbeteiligungen und Bonusvergütungen gilt (→ § 22 Rz 85) eine Ansatzpflicht, wenn

- das Unternehmen eine gegenwärtige faktische oder rechtliche Verpflichtung hat – sich also realistischerweise nicht der Zahlungsschuld entziehen kann – und
- eine verlässliche Schätzung der Verpflichtung möglich ist.

Unklar ist der Regelungsinhalt und ggf. die Abweichung von dem *„more likely than not"*-Kriterium in IAS 37.15 (Rz 31). Vom Sprachverständnis her müsste die Klausel „keine realistische Alternative" einen höheren Sicherheitsgrad bedeuten als die überwiegende Wahrscheinlichkeit. Das Beispiel zeigt das unbefriedigende, rein kasuistisch orientierte Nebeneinander der Ansatzkriterien in IAS 37 einerseits und IAS 19 andererseits.[30]

2.2.3 Sonderfälle
2.2.3.1 Die *accruals*

43 In IAS 37.11 wird zwischen „normalen" Rückstellungen *(provisions)* – vorstehend unter Rz 18ff. abgehandelt – und *accruals* unterschieden (Rz 15). Dieser Rückstellungstyp fügt sich systematisch kaum in den Ansatzkatalog des IAS 37 ein und lässt sich auch nur mit einigermaßen willkürlicher Sprach-

---

[30] Mit Beispielen unterlegt von LÜDENBACH/HOFFMANN, DB 2004, S. 1442, 1447.

findung übersetzen (weshalb hier auch ausnahmsweise nur die englische Bezeichnung wiedergegeben wird).
Aus den Definitionsansätzen in IAS 37.11 kann jedenfalls folgende „**Unsicherheits-Hierarchie**" hinsichtlich der bilanzansatzpflichtigen **Verbindlichkeiten** abgeleitet werden:
- *trade and other payables* – sicher
- *accruals* – fast sicher bzw. nur noch mit Restunsicherheit der Höhe nach behaftet
- *provisions* – überwiegend wahrscheinlich
- *contingent liability* – eher unsicher
- „*remote*" – kaum zu erwarten.

Als Beispiel für *accruals* nennt IAS 37.11b: Leistungsverbindlichkeiten, die noch nicht bezahlt (sic!), berechnet oder förmlich vereinbart worden sind; speziell werden Urlaubsrückstände von Mitarbeitern aufgeführt, die indes dem Regelungsbereich von IAS 19 (→ § 22) unterliegen.

Mehr als diese Hinweise zur Sonderposition der *accruals* bietet IAS 37 nicht. Die *accruals* werden ohne Beanstandung im Standardtext häufig gliederungsmäßig als Bestandteil der Leistungsverbindlichkeiten *(trade payables)* oder der anderen Verbindlichkeiten *(other payables)* ausgewiesen. Die Veröffentlichungspraxis zumindest der deutschen IFRS-Anwender verzichtet deshalb zu Recht auf eine Trennung von *provisions* und *accruals*. Wegen der Besonderheiten für *contingent assets* vgl. Rz 92.

44

2.2.3.2 Drohverluste *(onerous contracts)*

Eine spürbare Verwandtschaft zu den in § 249 Abs. 1 S. 1 HGB genannten Rückstellungen für **drohende Verluste aus schwebenden Geschäften** lässt IAS 37.10 (Definitionsregel) und IAS 37.66ff. für so genannte **lästige Verträge** *(onerous contracts)* erkennen. Gemeint ist ein Vertrag, für den die zwingenden Kosten der Erfüllung höher sind als der zu erwartende Nutzen. Liegt ein solcher lästiger Vertrag vor, dann ist er als Verbindlichkeitsrückstellung anzusetzen und zu bewerten (Rz 124). Das gilt auch für verlustträchtige Leasingverträge beim Leasinggeber (IAS 37.5Rz 16). Wegen künftiger Änderungen vgl. Rz 143.

45

Ausgangspunkt der Überlegungen zum Bilanzansatz sind **in beiden Rechnungslegungskreisen die schwebenden** Verträge, die dem Grunde nach **nicht bilanzierbar** sind (anders allerdings IAS 39 für Finanzderivate vgl. → § 28 Rz 28). Das betont die Erläuterung in IAS 37.67: Schwebende Verträge *(executory contracts)* ohne drohenden Verlust sind nicht in die Bilanz aufzunehmen. Umgekehrt gilt also für den lästigen Vertrag *(onerous contract)*: Ein solcher liegt vor, wenn die zwingenden *(unavoidable)* Kosten zur Vertragserfüllung den erwarteten Gewinn *(economic benefits)* übersteigen. Dabei werden in IAS 37.68 die *unavoidable costs* als die niedrigeren von zweien definiert: einerseits die Kosten der Vertragserfüllung und andererseits die Kosten der Vertragsauflösung (Ausgleichszahlung, Vertragsstrafen).

46

Die *onerous contracts* sind abzugrenzen von den wirtschaftlich **ungünstigen** Vertragsverhältnissen *(unfavourable contracts)*, die nicht im Einzelabschluss, wohl aber bei der Kaufpreisallokation im Anschluss an einen Unternehmenserwerb ansetzbar sein können (→ § 31 Rz 87).[31]

47 Die IFRS systematisieren in ihren Erläuterungen nicht die verschiedenen Typen von schwebenden Verträgen und die damit möglicherweise verbundenen Verlustpotenziale. Hierzu ersatzweise folgendes Schema:[32]

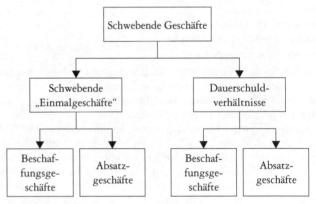

48 Hierzu folgende Beispiele:

> **Beispiel**
> **Beschaffungsgeschäfte** können für Anlagegüter, Rohmaterialien und Handelswaren vorliegen. Ein Rückstellungsansatz kann dann in Betracht kommen, wenn die Beschaffungskosten am Markt gegenüber denjenigen aufgrund des noch nicht erfüllten Vertrages gesunken oder gestiegen sind. Dies gilt aber dann nicht, wenn aus dem Produktionsprozess heraus oder durch den Weiterverkauf (Waren) ein Verlust insgesamt nicht droht. Anders ausgedrückt: Ein geringerer Gewinn aufgrund der Änderung der Marktverhältnisse berechtigt nicht zur Rückstellungsbildung.[33]
> Im **Produktionsbereich** – Anlagevermögen, Rohmaterial – ist ohnehin ein möglicher Verlust dem Einzelproduktionsfaktor nicht isoliert zuzuordnen. Deshalb wird in diesen Fällen eine Drohverlustrückstellung auch unter Anwendung der IFRS nicht in Betracht kommen.
> Anders verhält es sich bei schwebenden **Einmalaufträgen** aus Sicht des Absatzmarktes. Insbesondere bei der (langfristigen) Auftragsfertigung stellt sich hier in der Praxis häufig die Frage der **verlustfreien Bewertung**. In diesem Zusammenhang besteht eine Bilanzierungskonkurrenz zwischen

---

[31] Einzelheiten bei LÜDENBACH/FREIBERG, KoR 2005, S. 188.
[32] Nach HOFFMANN, BB 1997, S. 1195.
[33] KPMG, Insights into IFRS 2006/2007, 3.12.640.20. Außerdem IDW, RS HFA 4, WPg 2000, S. 716.

> der außerplanmäßigen Abschreibung *(impairment loss)* gemäß IAS 11.36 und der Rückstellungsbildung. IAS 11.36 löst diese „zugunsten" der außerplanmäßigen Abschreibung auf (für andere wertgeminderte Aktiva bestätigt durch IAS 37.69) und entspricht so unbewusst der absolut herrschenden Meinung in der handelsrechtlichen Literatur zum HGB.[34] Diese Auffassung hat der BFH gegenüber derjenigen des BMF bestätigt.[35]
> Auch bei industrieller **Serienproduktion** im Rahmen von Auftragsfertigungen (Musterfall ist die Automobilzulieferungsindustrie) wird ein Verlust aus dem betreffenden Beschaffungskontrakt bei der Bewertung der betreffenden Vorräte (z. B. unfertige Erzeugnisse) berücksichtigt.

Der praktische Anwendungsbereich der Drohverlustrückstellung reduziert sich dann weitestgehend auf die Fälle von **Dauerschuldverhältnissen**. Diese kann man wieder kategorisieren nach Beschaffungs- und Absatzmarkt (entsprechend der Skizze in Rz 47). Instruktiver erscheint allerdings eine Darstellung anhand einiger vom BFH nach früherer Rechtslage entschiedenen Fälle; der BFH legt in diesem Zusammenhang allein Handelsrecht aus, da bis dahin die steuerliche Gewinnermittlung sich ausschließlich auf handelsrechtliche Ansatz- und Bewertungsvorschriften stützen konnte und musste.

49

> **Beispiel**
> In einem BFH-Urteil[36] ging es um die **Vermietung** eines Heizwerkes. Unstreitig waren die mit dem Betrieb des Heizwerkes verbundenen Kosten höher als die zu erzielende Miete. Der BFH erlaubte die Bildung einer Drohverlustrückstellung wegen der verlustbringenden Vermietung. Die Vermietung war in diesem Fall dem Absatzbereich nach Maßgabe der vorstehenden Skizze zuzuordnen.

Anders verhielt es sich in den folgenden Fällen des BFH:

50

> **Beispiel**
> - Die Steuerpflichtigen wollten im Rahmen eines **Leasingvertrages** für ein Gebäude eine Drohverlustrückstellung bilden, weil unstreitig der in der Leasingrate enthaltene Zinsanteil gegenüber dem Marktzins überhöht war. Das hat der BFH mit der Begründung abgelehnt, der Wert der Gebäudenutzung – also hier Produktionsbereich – sei nicht ermittelbar.[37]

---

[34] Für viele ADS INTERNATIONAL, 6. Aufl., § 249 HGB Tz 138 m. w. N.
[35] BMF, Schreiben v. 27.4.2001, DB 2001, S. 2018, mit Kritik von HOFFMANN, DB 2001, S. 2016; vgl. dazu das BFH, Urteil v. 7.9.2005, VIII R 1/03, DStR 2005, S. 1975, mit Anm. von HOFFMANN.
[36] Vom 19.7.1983, VIII R 160/79, BStBl II 1984 S. 56. Zu Drohverlusten aus Mietverhältnissen im sozialen Wohnungsbau vgl. RUTER/MOKLER/SERF, DB 2001, S. 209.
[37] BFH, Urteil v. 27.7.1988, I R 133/84, BStBl II 1988, S. 999.

- **Arbeitsverhältnisse** sind generell vom BFH nicht als der Drohverlustrückstellung zugänglich beurteilt worden; Begründung: Die menschliche Arbeit als Produktionsfaktor sei nicht bewertbar.[38]
- Der berühmte **Apothekerfall**, der die Fachwelt jahrelang in Beschlag hielt: Ein Apotheker hatte im Obergeschoss seines gewerblich genutzten Gebäudes eine Arztpraxis gemietet und an einen praktizierenden Arzt untervermietet. Der Mietaufwand überstieg den Mietertrag erheblich. Der X. BFH-Senat[39] wollte diesen „negativen" Mietüberschuss als Drohverlustrückstellung behandelt wissen, der Große BFH-Senat[40] hat ihm die Gefolgschaft versagt. Seine Begründung lautet im Kern: Der unstreitig vorhandene Vorteil des Apothekers aus dem Betrieb einer Arztpraxis – die Patienten werden vielfach die ausgestellten Rezepte sofort in der eine Etage darunter befindlichen Apotheke einlösen – ist bei der Ansatzbildung einer Verlustrückstellung zu berücksichtigen. Der X. BFH-Senat war demgegenüber der Auffassung, dieser Vorteil sei nicht bilanzierungsfähig und deshalb auch nicht in die Verlustberechnung einzubeziehen. Man spricht hier vom Problem des **Saldierungsbereiches**, der zur Bestimmung des bilanzrechtlich maßgeblichen Verlustes heranzuziehen ist.

51 Wie sind die Fälle im Anwendungsbereich der IFRS-Bilanzierungsregeln zu lösen? Eine explizite Stellungnahme dazu ist nicht ersichtlich. Im deutschen Fachschrifttum werden ähnliche Überlegungen wie zum Umfang des Saldierungsbereiches vor dem Hintergrund der *„economic benefits"* angestellt:[41] Enthalten diese die vertragliche Zusicherung einer entsprechenden Vermögensmehrung oder genügt für das *economic benefit* der mutmaßliche Vorteil für den Apotheker aus dem Betrieb einer Arztpraxis in räumlicher Nähe? Aus den IFRS-Regeln ist jedenfalls keine eindeutige Lösung vor dem Hintergrund der genannten Diskussion und den aufgeführten BFH-Entscheidungen abzuleiten. So fehlt es an einer Bestimmung des **Saldierungsbereiches** (Rz 50 „Apothekerfall") ebenso wie an Vorgaben für die **Bewertung** (Einbeziehung

---

[38] So der BFH im „Drucker-Urteil" v. 16.12.1987, II R 68/87, BStBl I 1988 S. 338; zur Verdienstsicherung älterer Arbeitnehmer s. BFH, Urteil v. 25.2.1986, VIII R 377/83, BStBl II 1986 S. 465.
[39] BFH, Beschluss v. 26.5.1993, X R 72/90, BStBl II 1993 S. 855.
[40] BFH, Beschluss v. 23.6.1997, GrS 2/93, DB 1997, S. 1897.
[41] FÖRSCHLE/KRONER/HEDDÄUS, WPg 1999, S. 41 (43). Die genannten Autoren stellen ihre Analyse anhand eines gebildeten Sachverhalts dar, der offensichtlich vom eben dargestellten Apotheker-Fall des BFH inspiriert ist, diesen aber noch um weitere Sachverhaltskomponenten erweitert. Die Autoren kommen zu einem Ergebnis, das demjenigen des Großen BFH-Senats nicht unähnlich ist, wohlgemerkt unter Analyse der einschlägigen IFRS-Vorschriften. In der Fußnote 14, a. a. O., ist auch eine gegensätzliche Auffassung aus der deutschen handelsrechtlichen Literatur wiedergegeben.

Hoffmann

von Gemeinkosten).[42] Die Erwähnung von „*net cost*" in IAS 37.68 lässt sich vielleicht als Verbot der Einbeziehung von **Gemeinkosten** in die Bewertung interpretieren.[43] Dann allerdings brauchen Drohverlustrückstellungen bei einem produzierenden Unternehmen so gut wie nie gebildet zu werden, denn Aufträge, die nicht einmal die direkt zurechenbaren Kosten decken, tragen fast schon kriminelle Züge (des verantwortlichen Managements). Der wirtschaftliche Gehalt im Apothekerfall spricht u. E. entscheidend für eine Lösung nach IFRS gleich wie nach BFH (Argument der *substance over form*).[44] Dem IFRS-Anwender bleiben jedenfalls hier häufig **Interpretationsspielräume**, so dass er seine Bilanzierungsentscheidung ggf. unter Berücksichtigung der einschlägigen Rechtsprechung des BFH und/oder der handelsrechtlichen Kommentierung treffen kann.

Eindeutig zu lösen sollte allerdings der in der Praxis häufig vorkommende Fall der langfristig angemieteten, aber mangels Kundeninteresse nicht genutzten oder mit Verlust untervermieteten Ladengeschäfte sein. Hier ist nach Handelsrecht und IFRS (IAS 37.68; Rz 46) zwingend eine Drohverlustrückstellung zu bilden. Ein vergleichbares Beispiel enthält die Nr. 8 in Appendix C zu IAS 37.

Und umgekehrt gilt: Sowohl nach HGB als auch nach IFRS kommen Pflicht-Rückstellungen für **künftige Verluste aus der Geschäftstätigkeit** *(future operating losses)* nicht in Betracht (IAS 37.63-65; Rz 20). Diese Vorgabe erfordert eine Abgrenzung zu direkt zurechenbaren Verlusten einzelner Verträge.

Beispiel[45]

Sachverhalt
Ein Reiseveranstalter bietet Kreuzfahrten an. Dazu verwendet er ein im *operating lease* (→ § 15 Rz 117) gemietetes Schiff. Wegen starker Konkurrenz können die erzielten Verkaufserlöse die für die nächsten fünf Jahre fest vereinbarten Leasingraten und die weiteren Kosten nicht mehr decken. Die Leasingraten machen den weitaus überwiegenden Teil der mit der Kreuzfahrt verbundenen Kosten aus. Die *cash flows* aus der Kreuzfahrt sind von den übrigen des Unternehmens eindeutig trennbar.

Lösung
Wegen der direkten Zurechenbarkeit der *cash flows* handelt es sich hier um einen *onerous contract* mit der Verpflichtung zur Rückstellungsbildung.

Sachverhalt
In Abwandlung des Sachverhaltes bietet der Reiseveranstalter Pauschalreisen an, die auch eine Kreuzfahrt umfassen. Dazu hat er ebenfalls ein Schiff im *operating lease* gemietet. Insgesamt tragen die wegen starken

---

[42] Vgl. ENGEL-CIRIC, DStR 2002, S. 780, 783.
[43] Anders IDW, RS HFA 4 Tz 35, WPg 2000, S. 716.
[44] Ähnlich VON KEITZ u. a., in: BAETGE u. a., Rechnungslegung nach IAS, IAS 37 Tz 65.
[45] KPMG, Insights into IFRS 2006/2007, 3.12.700.20.

> Wettbewerbs „gedrückten" Pauschalangebotspreise die gesamten Kosten der einschlägigen Reiseveranstaltungen nicht mehr.
>
> **Lösung**
> Die von den Kunden generierten *cash inflows* können nicht zwischen der Kreuzfahrt und den anderen Bestandteilen der Pauschalreise getrennt werden. Ein *onerous contract* lässt sich aus dem Schiffsleasingvertrag nicht definieren. Eine Rückstellung kommt nicht in Betracht.

54 Wegen der **Bewertung** von lästigen Verträgen und deren Bezug zu **außerplanmäßiger** Abschreibung vgl. Rz 124.

2.2.3.3 Umweltschutz, Entsorgung

55 In diesem weiteren Feld der Rückstellungsbildung geht es bezüglich des Bilanzansatzes entscheidend um

- das Bestehen der Verbindlichkeit, d. h. hinreichende Konkretisierung (Rz 30ff., 56),
- wirtschaftliche Verursachung in der Vergangenheit oder Zukunft (Rz 20ff., 58) und
- die verlässliche Bewertbarkeit (Rz 41).

Begrifflich kommt es in Teilbereichen zu **Überschneidungen** mit Verpflichtungen aufgrund von öffentlich-rechtlichen Auflagen im Zusammenhang mit Betriebsgenehmigungen (Regelungsbereich von IFRIC 1; Rz 63ff., Rz 118ff.).

> **Beispiel**
> Der Betrieb eines Atomkraftwerkes ist an die Verpflichtung zur Entfernung der gesamten Anlage nach der Laufzeit gebunden (Rz 63). Außerdem sind die im laufenden Betrieb genutzten Kernbrennstäbe zu entsorgen.

56 Für die **hinreichende Konkretisierung** (Rz 55) soll die überwiegende Wahrscheinlichkeit der Inanspruchnahme als Beurteilungskriterium dienen (Rz 32ff.). Mit Wahrscheinlichkeitsanalysen sind indes Singularereignisse nicht zu „greifen" (Rz 37).[46] Nach der einschlägigen BFH-Rechtsprechung[47] muss das Unternehmen mit einer Inanspruchnahme ernsthaft rechnen. Dies ist nur dann der Fall, wenn die Behörde **Kenntnis** von gesetzeswidrigem Verhalten des Unternehmens hat.[48]

---

[46] Ähnlich GLASCHKE, StuB 2004, S. 898.
[47] BFH, Urteile v. 19.10.1993, VIII R 14/92, BStBl II 1993 S. 891; und v. 19.11.2003, I R 77/01, BFH/NV 2004, S. 271.
[48] Detailliert dargestellt von SCHMIDT/ROTH, DB 2004, S. 553.

> **Beispiel**
> Die X AG in Frankfurt am Main hat bei verschiedenen Grundstücken Kontaminierungsprobleme aufgrund früherer Gasgewinnung. Das Problem ist der Behörde bekannt. Nach dem Hessischen Altlastengesetz (spezialgesetzliche Vorschrift) regeln sich die Vorgehensweise der öffentlichen Hand und die daraus resultierenden Verpflichtungen der X AG. Der Ansatz hierfür ist nach IAS 37.14 (Rz 18) geboten. Diese Lösung entspricht der eben dargestellten BFH-Rechtsprechung.

In Abwandlung des Sachverhalts in obigem Beispiel hat die Behörde noch keine Kenntnis der Bodenverunreinigung. Hier muss die Lösung differenziert ausfallen: Sofern die „Entdeckung" abzusehen ist und die Verunreinigung die Trinkwasserversorgung eines Baugebietes gefährdet, ist u. E. ein Ansatz geboten. So auch der BFH: „. . . die Entdeckung unmittelbar bevorsteht." Anders kann die Lösung (Nichtansatz) ausfallen, wenn eine anders geartete Verunreinigung in einem weitläufigen Industriegebiet auftritt und nicht unter eine spezialgesetzliche Regel fällt. Das u. U. einschlägige Polizei- und Ordnungsrecht (Inanspruchnahme des Störers) ist für den Sachverhalt und die zu ziehenden Konsequenzen möglicherweise zu wenig konkret, um einen Ansatz zu rechtfertigen.

> **Beispiel**
> Eine Bodenkontaminierung durch die Y AG ist bislang unerkannt. Der Vorstand stellt im Gefolge von IAS 37.15 Wahrscheinlichkeitsüberlegungen an (Rz 40) mit dem Ergebnis: Die „Entdeckung" ist zu 25 % wahrscheinlich. Ein Ansatz entfällt, stattdessen ist im Anhang zu berichten (Rz 133). Durch die Anhangsangabe erfährt die Behörde von der Verunreinigung, was dann den Ansatz nach Art einer *self fullfilling prophecy* im nächsten Jahresabschluss erzeugt.

> **Beispiel**
> Eine Müllverbrennungsanlage in Andalusien stößt seit Jahren ein unzulässiges Quantum von Giftstoffen aus. Der Behörde ist dies seit langem bekannt. Sie unternimmt gleichwohl nichts, weil die gut organisierten Arbeitnehmer mit einer Besetzung des Verwaltungsgebäudes der Provinzregierung drohen. Eine Rückstellung scheidet wegen der faktischen Erlaubnis der Behörde aus.

Umgekehrt muss bei Vorliegen eines **Verwaltungsaktes** mit entsprechender Verfügung eine Rückstellung gebildet werden (sofern Verwaltungsakte rechtstatsächlich auch vollzogen werden).

Hoffmann

> **Beispiel**
> Die Umweltbehörde entdeckt auf dem Grundstück der chemischen Fabrik eine Gewässerverunreinigung aufgrund der jetzigen Produktionstätigkeit oder derjenigen des Rechtsvorgängers. Sie bescheidet die Fabrik mit der Aufforderung zur Beseitigung der vorhandenen Verunreinigung. Die erforderliche Ernsthaftigkeit des Eintretens der Verpflichtung ist gegeben, ein Rückstellungsansatz somit zwingend.

57 Im Zusammenhang mit der Verpflichtung aus den **Bodenverunreinigungen** stellt sich auch die Frage der Bilanzierungskonkurrenz zur außerplanmäßigen *(impairment)* Abschreibung (→ § 11 Rz 8ff.). Durch die Kontaminierung ist das Grundstück möglicherweise für den Betrieb auf Dauer unbrauchbar, was eine Abschreibung erforderlich macht. Andererseits würde eine erfolgreiche Sanierung die Nutzungsmöglichkeit wiederherstellen. U. E. scheidet eine „doppelte" Berücksichtigung des Sanierungserfordernisses in der Bilanz aus. Der Einzelbewertungsgrundsatz[49] steht dem nicht entgegen. Für die Erfassung der Beseitigungskosten als **Rückstellung** sprechen folgende auf eine fiktive Grundstücksveräußerung zugeschnittenen Überlegungen:

- Würde ein Grundstück vor Veräußerung saniert, entspräche der Veräußerungserlös demjenigen eines nicht kontaminierten Grundstücks. Diesem Erlös müsste auch der Buchwertabgang eines unkontaminierten Grundstücks gegenübergestellt werden. Eine außerplanmäßige Abschreibung widerspräche dem.
- Bei einer Veräußerung des unsanierten Grundstücks ergäbe sich der Veräußerungserlös wirtschaftlich als Summe aus Barzahlung und Schuldübernahme. Der übernommenen Schuld entspräche die bis dahin vorgenommene Bilanzierung einer Rückstellung.

58 Die **wirtschaftliche Verursachung** in der **Vergangenheit** (Rz 55) muss als weiteres Tatbestandsmerkmal (zum zwingenden Bilanzansatz) hinzukommen. Gemeint ist: Verpflichtungen aus der **künftigen** wirtschaftlichen Betätigung erlauben keinen Bilanzansatz (Rz 20).

> **Beispiel[50]**
> Die halbjährliche Inspektion einer Fabrik am 30.9.04 durch die zuständige Behörde stellt bedeutende Verstöße gegen öffentliche Auflagen fest. Darauf erhält das Unternehmen zwei Handlungsoptionen, die bis zum 30.3.05 auszuführen sind:

---

[49] Auf den der BFH im Urteil v. 19.11.2003, I R 77/01, BFH/NV 2004, S. 271 verweist und von Schmidt/Roth, DB 2004, S. 553, zustimmend zitiert wird.
[50] Epstein/Mirza, Interpretation and Application of IAS 2002, S. 526.

- Abstellung der Ursachen für die Verstöße durch umfangreiche Reparatur- und Unterhaltungsmaßnahmen, andernfalls sind hohe Strafen zu gewärtigen.
- Schließung der Fabrik ohne weitere Strafen.

Zum 31.12.04 ist seitens des Unternehmens noch nichts unternommen oder entschieden worden.
Eine Rückstellung kommt nicht in Betracht, da noch die Möglichkeit der Produktionsverlagerung in eine andere Gemeinde oder die Einstellung der Tätigkeit besteht.

Eine behördliche Verfügung kann sowohl ansatzbegründende oder auch ansatzvermeidende Bestandteile enthalten. **59**

Beispiel
Im letzten Beispiel unter Rz 56 verlangt die Behörde nicht nur die Beseitigung der gegebenen Verunreinigung, sondern auch die Abstellung der Ursache wegen eines fehlenden Klärwerkes. Der letztgenannten Auflage – Errichtung der Kläranlage – kann sich die chemische Fabrik durch Einstellung der fraglichen Produktion entziehen. Eine Rückstellung kommt insoweit nicht in Betracht.

Eine **faktische** Verpflichtung zur Aufrechterhaltung der Produktion wird seitens der IFRS in diesem Zusammenhang nicht förmlich diskutiert. Gleichwohl gelten in diesem Zusammenhang die Definitionsmerkmale der Verpflichtung überhaupt (Rz 24). **60**

Beispiel
In Weiterführung des Sachverhaltes im vorstehenden Beispiel (Rz 59) hat die chemische Fabrik in der Lokalpresse eine Werksschließung „für absehbare Zeit" ausgeschlossen. Die Verfügung der Umweltbehörde sieht eine Beseitigung der Verschmutzungsursache durch Bau eines Klärwerks innerhalb von 15 Monaten vor. Der zwingende Rückstellungsansatz beruht auf der Quasi-Zusage in der Vergangenheit, der sich die chemische Fabrik nicht entziehen kann.

Nicht nur im Hinblick auf die praktischen Überleitungsprozesse von HGB auf IFRS, sondern auch wegen der behaupteten geringeren Bedeutung des Vorsichtsprinzips (in den IFRS gegenüber dem HGB) bietet sich ein **Vergleich** der IFRS-„Philosophie" – bezüglich der unsicheren Verpflichtungen mit den Regelungsansätzen der deutschen Rechnungslegungswelt an. Dabei kennen die IFRS-Regeln, wenigstens im argumentativen Ansatz, keine eindeutige Parallele zu der im deutschen Schrifttum[51] und der BFH-Rechtsprechung so heiß diskutierten Frage, ob **61**

---

[51] Hommel/Wich, KoR 2004, S. 16.

Hoffmann

- es einer rechtlichen und/oder – wie auch immer definierten – wirtschaftlichen Verursachung (ähnlich dem Vergangenheitsereignis, *past event;* Rz 7)[52] bedürfe,
- eine eher statisch geprägte Bilanzauffassung über das Vorliegen einer mutmaßlichen Verbindlichkeit befinden solle oder
- eine in Richtung *„matching principle"* gehende Zuordnung von künftigen Aufwendungen (besser Ausgaben) zu künftigen Erträgen Platz zu greifen habe.

Diese mit hohem intellektuellem Einsatz und noch mehr argumentativem Fleiß geführte Auseinandersetzung lässt sich am kürzesten anhand eines vom BFH entschiedenen Falles darstellen, der sich zur Illustration in diesem Kommentar auch wegen der Parallelität eines Beispieles in Appendix C Nr. 6 zu IAS 37 eignet (Rz 20):

Beispiel
Es ging vor dem BFH[53] um eine Anpassungsverpflichtung nach dem Bundesimmissionsschutzgesetz für eine Spänetrocknungsanlage. Diese war zur Einhaltung bestimmter Emissionswerte umzurüsten. Das Gewerbeaufsichtsamt hatte am 20.12.1988 eine entsprechende Auflage erlassen, der zufolge bis zum 1.3.1991 die Umrüstung zu erfolgen habe. Vor dem BFH streitig war die von der betreffenden Steuerpflichtigen in der Bilanz zum 30.9.1989 gebildete Rückstellung.

Der BFH sah in dieser Auflage eine (unstreitig vorhandene) **Rechtsverpflichtung** am Bilanzstichtag und ließ diese zur Anerkennung des Bilanzansatzes genügen. Die Argumentation des BFH ist dabei „klassisch"-handelsrechtlich aufgezogen. Die Gegenauffassung[54] bestreitet eine am Bilanzstichtag bestehende wirtschaftliche Verpflichtung bzw. beruft sich auf eine rückstellungsbegrenzende Wirkung des Realisationsprinzips.[55] Der Anpassungsaufwand für die Spänetrocknungsanlage soll die **künftige Produktion** alimentieren und sei deshalb am fraglichen Bilanzstichtag (1988) nicht rückstellungsfähig.

---

[52] LÜDENBACH, IFRS, 4. Aufl., 2005, S. 210.
[53] Urteil v. 27.6.2001, I R 45/97, DStR 2001, S. 1698; anhand einer Besprechung dieses Urteils stellt H. KESSLER, DStR 2001, S. 1903, die oben kurz paraphrasierte Rechtslage ausführlich dar. S. auch EULER, BB 2001, S. 1897, sowie die Diskussion zwischen SIEGEL und KOTHS, in: DB 2002, S. 707.
[54] EULER, DB 2001, S. 1849; WEBER-GRELLET, FR 2001, S. 900, und SIEGEL, DB 2002, S. 707, lehnen diese Entscheidung mit vehementen Worten ab. Für sie betrifft die Anpassungsverpflichtung die künftige Produktion – gestützt auf die dem matching principle eher verbundene so genannte Alimentationsformel von MOXTER, BB 1994, S. 780. Für dieses Urteil sprechen sich die Mitverfasser (Senatsmitglieder) CHRISTIANSEN, in: DStZ 2002, S. 163, und WASSERMEYER, in: WPg 2002, S. 10, aus.
[55] HERZIG, in: FS Forster, S. 656; DERS., DB 1990, S. 1347.

Hoffmann

Die letztgenannte Auffassung (in ihrer Kritik am zitierten BFH-Urteil) entspricht im Ergebnis – nicht in der Begründung – dem wiedergegebenen Beispiel. Ergänzend zur IFRS-Regelung noch folgendes Beispiel:

> **Beispiel**
> Von Gesetzes wegen sind an Flugzeugen regelmäßig Überholungsaufwendungen durchzuführen. Eine Rückstellungsbildung wird abgelehnt. Begründung: Das Unternehmen kann sich dieser anstehenden Verpflichtung durch Verkauf des Fluggerätes entziehen.

Im Ergebnis (nicht in der Begründung) stimmen die IFRS mit einem Urteil des BFH überein,[56] das die Rückstellungsbildung für den künftigen Überholungsaufwand eines Hubschraubers ablehnte.

Der **Vergleich** zwischen **IFRS**-Rechtslage einerseits und derjenigen nach deutschem **HGB**, das durch die einschlägigen BFH-Entscheidungen geprägt ist, fällt differenziert aus. Das hängt entscheidend mit der nur auf Beispielen beruhenden IFRS-„Kommentierung" zusammen, die nicht nennenswert abstrakte Denkansätze bemüht. Das ist im Falle der deutschen HGB-Rechtslage gerade umgekehrt.

Zusammengefasst gilt: Zumindest in den Fällen, in denen der BFH aufgrund einer am Bilanzstichtag vorliegenden wirtschaftlichen Verursachung – wie immer diese definiert sein mag – eine Rückstellungsbildung anerkannt hat, ist eine solche auch nach IFRS vorzunehmen. Andererseits wird man nach IFRS dem vorstehend zitierten BFH-Urteil[57] zu der Rückstellung wegen Emissions-Anpassung im Hinblick auf das Gegenbeispiel in den IFRS zum Filtereinbau nicht folgen können. Umgekehrt gilt wieder eine einheitliche Beurteilung nach IFRS und HGB in den Fällen, in denen der BFH eine wirtschaftliche Verursachung (bei fehlender rechtlicher) am Bilanzstichtag nicht festgestellt und deshalb eine Rückstellungsbildung abgelehnt hat.

Zu **Einzelfällen** sei verwiesen auf das „ABC der Rückstellungsbilanzierung" in Rz 138.

62

2.2.3.4 Entfernungs- und Wiederherstellungsverpflichtungen (Rekultivierung)

Angesprochen sind Verpflichtungen anlässlich des Betriebes von Anlagevermögen zur **Wiederherstellung des früheren Zustandes** „rings um das genutzte Anlagegut". Typische Beispiele, die auch aus dem deutschen Schrifttum und der Rechtsprechung des BFH zur Steuerbilanz bekannt sind:

- Rückbauverpflichtungen für Mietereinbauten oder Bauten auf fremdem Grundbesitz,
- Entfernungsverpflichtungen für Funkmasten auf fremdem Gebäude u. Ä.,
- Braunkohleabbau,

63

---

[56] BFH, Urteil v. 19.5.1987, VIII R 327/83, BStBl II 1987 S. 848.
[57] Vgl. Fn 56.

- Abbruch- bzw. Rückbauverpflichtungen für betriebene Anlagen zur Energiegewinnung (Wasserkraftwerk, Ölplattform, Kernkraftwerk).

Diesen beispielhaft aufgeführten Sachverhalten sind zwei wichtige Aspekte gemeinsam:

- die Verpflichtung besteht – rechtlich und wirtschaftlich (Rz 68) – dem Grunde nach mit Sicherheit zum Zeitpunkt des Nutzungs**beginns** (Ölförderung mit einer Ölplattform), möglicherweise aber auch schon früher bei Erteilung der behördlichen Genehmigung (Lizenz zur Erdölexploration),
- **Langfristigkeit** in der Abwicklung der betreffenden Vorgänge mit der Folge von erheblichen Schätzungsungenauigkeiten beim Ansatz entsprechender Bilanzposten (Rz 118).

Wegen der z. T. anders gelagerten Verpflichtungsstruktur bei **Rekultivierungen** vgl. Rz 68, wegen der **Bewertungsprobleme** vgl. Rz 118.

In **Sonderfällen** kann die Rückbauverpflichtung auch **nach** Aufnahme der Produktionstätigkeit im Gefolge von öffentlich-rechtlichen Auflagen entstehen. Dann ist das geschätzte Kostenvolumen nachträglich den Anschaffungs-/Herstellungskosten der betreffenden Anlage zuzuschlagen und entsprechend den Vorgaben von IFRIC 1 weiterzubewerten (Rz 119).

Entsprechend sollte verfahren werden, wenn die Auflage erst am **Ende** der Nutzungsdauer des betreffenden Anlagegutes entsteht.

Beispiel[58]
Sachverhalt
Eine Brauerei wird im Innenstadtbereich betrieben. Durch Gemeinderatsbeschluss wird das Areal als reine Wohngegend ausgewiesen. Entsprechend ergeht die Auflage an die Brauerei, umgehend die Produktion am bisherigen Ort einzustellen und „auf die grüne Wiese" zu verlagern. Mit der Auflage ist der Abriss der gesamten Produktionsanlage mit Gebäude verbunden. Eine entsprechende Abbruchverpflichtung ist bislang nicht bilanziert worden.

Lösung
Diese Entfernungsverpflichtung ist spätestens mit rechtskräftigem Ergehen des entsprechenden Verwaltungsaktes anzusetzen. Eine Gegenbuchung auf dem zugehörigen Anlagevermögen ist hier nicht sinnvoll. Vielmehr ist die Rückstellung unmittelbar im Aufwand zu verrechnen.
Vertretbar scheint auch eine Aktivierung der Entsorgungskosten auf der abzureißenden Anlage mit anschließendem Werthaltigkeitstest (→ § 11 Rz 8) und einer darauf beruhenden Wertminderungsabschreibung.
Sofern das Grundstück nach Abriss veräußert werden soll, ist auch die Zugehörigkeit der gesamten abzureißenden Anlage zu einer „Abgangsgruppe" im Sinne von IFRS 5 denkbar (→ § 5 Rz 13). Dann ist ein Wertminderungstest vorzunehmen (→ § 11 Rz 48) und zur Folgebewertung mit dem *fair value* überzugehen (→ § 29 Rz 26).

---

[58] KPMG, Insights into IFRS 2006/2007, 3.12.450.50.

Solche Verpflichtungen können auch von **mehreren** betroffenen Unternehmen „gebündelt" werden. Dieses Themas nimmt sich IFRIC 5 für „**Entsorgungsfonds**" an; es ist derzeit in Deutschland (noch) nicht aktuell,[59] kann aber hinsichtlich **ausländischer**, zum Konsolidierungskreis gehörender Gesellschaften oder Betriebsstätten bedeutsam sein. Die **Kernregeln** von IFRIC 5 lassen sich im **Kontrast** zum Entsorgungs- und Pensionsfonds wie folgt darstellen: Ein **Pensionsfonds** ist kein **Konsolidierungsobjekt**, d. h. weder voll (→ § 31) noch bei von mehreren Arbeitgebern betriebenen Fonds quotal (→ § 34) oder *at equity* (→ § 33) zu konsolidieren. Das Unternehmen, dessen Versorgungsverpflichtungen ein Pensionsfonds trägt, bilanziert vielmehr den Saldo aus (ihm zuzurechnenden) Verpflichtungen des Fonds und dem *fair value* des dem gegenüberstehenden Fondsvermögens.

Entsorgungsfonds unterliegen hingegen den allgemeinen Konsolidierungsvorschriften. Wenn das Unternehmen zumindest subsidiär für die auf den Fonds übertragenen Verpflichtungen haftet, gilt deshalb:

- **Vorrangig** ist zu prüfen, ob der Anteil an dem Entsorgungsfonds **Kontrolle**, gemeinschaftliche Kontrolle oder signifikanten **Einfluss** vermittelt (IFRIC 5.8). Ist dies der Fall, wird der Fonds a) **voll** konsolidiert, d. h. sein gesamtes Vermögen und seine gesamten Schulden erfasst, oder b) **quotal** mit den Anteilen am Vermögen und den Schulden konsolidiert oder c) *at equity* mit dem Anteil am Eigenkapital abgebildet. Im letzten Fall sind bestehende Nachschusspflichten zusätzlich zu passivieren.
- Besteht **kein Einfluss**, hat das Unternehmen die Entsorgungsverpflichtungen so zu passivieren und bei AK/HK-Eigenschaft zu aktivieren, als ob der Fonds nicht bestünde (IFRIC 5.7). Daneben sind die Erstattungsansprüche gem. IAS 37.53ff. zu erfassen, und zwar mit dem niedrigeren Wert aus Anteil am Vermögen des Fonds (*fair value*) oder dem Wert der passivierten Schuld.

64

---

[59] Vgl. hierzu ZÜLCH/WILLMS, DB 2005, S. 1178; StuB 2005, S. 364.

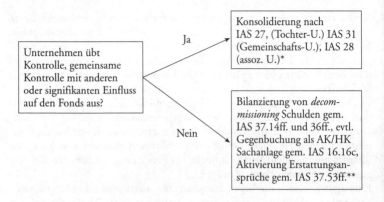

* bei assoz. U. ggf. Passivierung Nachschusspflicht
** Bewertung mit niedrigerem Wert
Aus Anteil am Vermögen des Fonds *(fair value)* oder Wert der passivierten Schuld

65 Soweit es sich nicht um kontinuierlich entstehende Rekultivierungs- oder ähnliche Verpflichtungen handelt, bereiten die vorgenannten Verpflichtungen dem traditionellen deutschen Bilanzierungsverständnis besondere Schwierigkeiten. „An sich" müssen solche unstreitig vorhandenen Verpflichtungen aufgrund des **Vollständigkeitsgebotes** im HGB-Abschluss angesetzt werden. Das Ergebnis wäre jedoch wirtschaftlich höchst unbefriedigend: Die hohen Kosten der Entsorgung eines Kernkraftwerkes (z. B.) müssten dann im Jahr der Produktionsaufnahme, wenn nicht schon bei Erteilung der Konzession, in vollem Umfang zu **Lasten des Ergebnisses** verbucht werden. Die Folge läge in einer bilanzmäßigen Überschuldung des Kernkraftwerkbetreibers zu diesem Zeitpunkt. Letztlich rührt diese Kalamität im handels- und steuerrechtlichen Abschluss deutscher Provenienz in der dort für unzulässig erachteten Gegenbuchung für die Bildung einer Rückstellung auf der Aktivseite; lediglich ein Buchungssatz „per Aufwand an Rückstellungen" wird als zulässig erachtet. Der Definitionsnorm in § 249 Abs. 1 S. 1 HGB ist dies allerdings nicht zu entnehmen, lediglich mittlerweile für die Steuerbilanz in § 5 Abs. 4b EStG.

Dieses Dilemma versuchen die meisten Autoren durch das Prinzip der **wirtschaftlichen Verursachung** zu ersetzen.[60] Danach sollen die unstreitig vorhandenen Verpflichtungen ratierlich nach der mutmaßlichen Laufzeit der Produktion oder Nutzung als Rückstellung angesammelt werden.

Das Reglement der IFRS hat gemäß IAS 37.14 (Rz 18) mit dem **vollen** Ausweis des mutmaßlichen **Verpflichtung**sbetrages aus den genannten Schuldverhältnissen als Passivum bei Eintreten der Verpflichtung kein Problem. Dort ist die Buchung „per AK/HK an Rückstellung" (Rz 17) zulässig (IAS 16.16c; → § 8 Rz 17). Sieht man einmal von Bewertungsproblemen (Rz 118) ab, bestehen die Rechtsfolgen der unterschiedlichen Betrachtungsweise im deut-

---

[60] Im Überblick dargestellt durch HOMMEL/WICH, KoR 2004, S. 16, 19.

schen Bilanzrecht einerseits und in den IFRS andererseits in der Bilanzsumme, aber nicht im Eigenkapital und auch nicht im Ergebnisausweis (jedenfalls nicht notwendig).
Schon dieser Befund sollte Anlass zu Überlegungen geben, ob nicht die vorstehend kurz dargestellte HGB-Interpretation zwingend ist oder nicht im Interesse der Angleichung an die IFRS auch eine andere Auslegung möglich erscheint. Letzteres könnte in dem **finalen** Charakter des AK/HK-Begriffes gefunden werden.[61]

Die IFRS sprechen das Problem von einem eher pragmatischen Standpunkt aus an. In (der Neufassung von) IAS 16.18 i. V. m. IAS 16 BC13ff. werden die einschlägigen Entsorgungs- und Entfernungskosten auch für einen Sonderfall angesprochen, der wohl eher selten sein dürfte, der aber entscheidend auf die Aufwandswirksamkeit abhebt. Es geht dort um die Einbeziehung von Entsorgungslasten in die Herstellungskosten von **Vorratsvermögen**; ist deren Produktion mit entsprechenden Verpflichtungen verknüpft, müssen Letztere aufwandsmäßig dem einzelnen produzierten Vermögenswert zugeordnet werden, auch wenn für die Produktion kein entsprechender Anlagewert bilanziert ist (Beispiel: Rekultivierungsverpflichtung für die gepachtete Kiesausbeute).

66

Das **Vergangenheitsereignis** im Ansatzkatalog von IAS 37.14 (Rz 18) wird in der unabdingbaren Verpflichtung zur späteren Entsorgung etc. im Rahmen der erteilten Konzession oder des Beginns der einschlägigen Tätigkeit etc. gesehen. Dieser Verpflichtung kann sich das Unternehmen ab dem genannten Zeitpunkt nicht mehr entziehen (Rz 20).

67

Beispiel in IAS 37.19
Die Installation einer **Erdölbohrung** oder eines **Atomkraftwerkes** führt zu Rückbauverpflichtungen u. Ä.; soweit diese am Bilanzstichtag bereits durch Erteilung der Lizenz rechtlich begründet worden sind, muss eine Rückstellung gebildet werden.

Beispiel Nr. 3 in Appendix 10 zu IAS 37
Die Lizenz zum Betrieb einer Ölplattform verlangt vom Betreiber deren Entfernung nach dem Ausbeutungszeitraum und außerdem die Wiederherstellung des Meeresbodens, der durch die Ölförderung beschädigt wird. Der Aufwand für die Wiederentfernung der Plattform ist bei Erteilung der Lizenz – noch vor Beginn der Ölförderung – zu passivieren, aber nicht entsprechend dem deutschen Bilanzierungsverständnis zu Lasten des Aufwandes, sondern als Bestandteil der Herstellungskosten für die Plattform gemäß IAS 16.15 (→ § 8 Rz 16ff.) zu aktivieren. Über die dann zu verrechnenden Abschreibungen ergibt sich in etwa das gleiche Ergebnis wie nach der in Deutschland gebräuchlichen **Ansammlungsrückstellung**.[62]

---

[61] So LÜDENBACH, BB 2003, S. 835, 839.
[62] Siehe hierzu FÖRSCHLE/KRONER/HEDDÄUS, WPg 1999, S. 41 (47).

Dieser Verpflichtung kann sich das Unternehmen nach Erteilung der Lizenz nicht mehr entziehen. Anders soll es sich bei den Kosten für die Wiederherstellung des Meeresbodens verhalten. Hier beginnt die Rückstellungsfähigkeit erst mit Aufnahme der Produktion).

IFRIC *Interpretation* 1 (IFRIC 1) hat sich auf der Grundlage der genannten Vorgaben in IAS 16, 16c und IAS 37.14 (Rz 65) detailliert der Materie angenommen. Der Bilanz**ansatz** im Rahmen der Anschaffungs- oder Herstellungskosten bzw. die Bildung der Rückstellung wird dabei zutreffenderweise als zwingend unterstellt. Es geht also in IFRIC 1 um die **Bewertung** im Rahmen der Folgebilanzierungen. Auf die Kommentierung in Rz 118ff. wird an dieser Stelle verwiesen.

68 Ein auch aus deutscher Sicht typisches Feld der Rückstellungsbilanzierung stellen die **Rekultivierungs**verpflichtungen dar. Die Lizenz zum Abbau von Bodenschätzen enthält die Verpflichtung zur Wiederherstellung des Geländes nach Abbau von Braunkohle, Kies etc. oder zur Verfüllung von Bohrlöchern und anderen Hohlräumen. Wie in den unter Rz 63 genannten Sachverhalten besteht die Verpflichtung rechtlich bei Erteilung der Lizenz, wirtschaftlich kommt sie indes erst mit **Beginn des Abbaus** (der Produktion) zum Tragen; anders beim Kernkraftwerk (Rz 65), das auch ohne Inbetriebnahme nach Konzessionsablauf wieder entfernt werden muss.

Die Rekultivierungsverpflichtung ist dementsprechend nach Maßgabe der Abbaumenge **ratierlich** als Rückstellung einzubuchen, Gegenbuchung als laufender Betriebsaufwand.

69 Speziell bei der Braunkohleförderung fallen vor Beginn des Abbaus Aufwendungen an, deren Bilanzierung fraglich sein kann.

> **Beispiel**
> **Sachverhalt**
> Die Braunkohle AG hat eine Abbaulizenz für das Gebiet X erhalten. Sie trägt daraufhin die Humusschicht ab und bereitet das Gelände zum Kohleabbau vor.
>
> **Lösung**
> Die vorbereitenden Kosten dienen der Herstellung der Betriebsbereitschaft für die Lizenz (→ § 13 Rz 58) und sind mit dieser als immaterieller Vermögenswert zu aktivieren und nach Abbaubeginn entsprechend der Abbaumenge abzuschreiben (→ § 10 Rz 32). Vgl. auch → § 42 Rz 5.

2.2.3.5 Rücknahme- und Entsorgungsverpflichtungen (Elektroschrott)

Aktuell geht es um die vom Hersteller öffentlich-rechtlich geforderte Rücknahmeverpflichtung für

- Elektro- und Elektronikgeräte (sog. **Elektroschrott**).[63]
- Altfahrzeuge (Rz 71).

Für den Elektroschrott gilt die nachstehende **Verpflichtungsstruktur:**[64]

	Verpflichtungsstruktur Elektroschrott	
#	Haushalte	Entsorgungsverpflichteter
1	alte Gebrauchtgeräte (vor 23.11.2005 in Verkehr gebracht)	Hersteller im Umlageverfahren nach Maßgabe des Marktanteils im Rücknahmezeitpunkt
2	neue Gebrauchtgeräte (ab 23.11.2005 in Verkehr gebracht)	Hersteller im Umlageverfahren (jedoch Bringschuld zur Sammelstelle)
	Nicht private Nutzer	
3	neue Gebrauchtgeräte (ab 23.11.2005 in Verkehr gebracht)	Hersteller
4	alte Gebrauchtgeräte (vor 23.11.2005 in Verkehr gebracht)	Regel: Nutzer

Zu 1. Alte Gebrauchtgeräte, private Haushalte
Ausschließlich mit den alten Gebrauchtgeräten befasst sich IFRIC 6 (IFRIC 6.6, Rz 142). In diesen Fällen orientiert sich die Rücknahmeverpflichtung bzw. der Kostenanteil an kollektiven Rücknahmesystemen nicht am Anteil der in **Verkehr gebrachten** Geräte, sondern am Marktanteil im **Rücknahmezeitpunkt**. Erst die **künftige** Marktteilnahme stellt daher die gegenwärtige Verpflichtung im Sinne von IAS 37.12a (Rz 20) dar.
Die *measurement period* nach IFRIC 6.9 ist das Entsorgungsjahr, das allerdings nicht in jedem Mitgliedstaat der EG identisch ist. Der Rückstellungsansatz ist also erst **nach** Festlegung der **aktuellen** Marktteilnahme bei Rücknahme möglich. Entsprechend hat sich auch das deutsche Rechnungslegungs-Interpretations-Committee (RIC) in RIC 2 geäußert. Ab diesem Zeitpunkt kann sich das Herstellerunternehmen seiner Verpflichtung **nicht mehr entziehen** (Rz 20) oder umgekehrt ausgedrückt: Die Rücknahme- und Entsorgungsverpflichtung kann durch Einstellung der einschlägigen Geschäftstätigkeit bis

---

[63] Vom 16.3.2005 Elektro- und Elektronikgerätegesetz (ElektroG), BGBl I 2005, S. 762ff.
[64] OSER/ROSS, WPg 2005, S. 1069; SCHREIBER, BB 2006, S. 1842.

zum genannten Zeitpunkt aus eigener Kraft vermieden werden. Gegen dieses Argument äußert der HFA des IDW Bedenken:[65] Der Marktaustritt sei höchst unwahrscheinlich, so dass zumindest eine faktische Entsorgungsverpflichtung vorliege (Rz 20).
Hinsichtlich der anderen drei Fälle verweist IFRIC 6.7 auf IAS 37, hält eine **analoge** Anwendung von IFRIC 6 aber für geboten, wenn (für die anderen Fälle) ein ähnliches Rücknahmeregime wie zu 1. herrscht.

Zu 2. Neue Gebrauchtgeräte, private Haushalte
Hier muss nach der **rechtlichen** Verpflichtung differenziert werden:
Weist der Hersteller seinen Anteil am Abfallstrom nach, wird er nach Maßgabe dieses Anteils für die Rücknahme in Anspruch genommen. Ohne diesen Nachweis folgt die Inanspruchnahme dem aktuellen Marktanteil (wie unter 1.).

- Bei Nachweis des eigenen Anteils gleicht die Rücknahmepflicht derjenigen für Altfahrzeuge (Rz 71). Eine Rückstellung ist zum Zeitpunkt des Inverkehrbringens anzusetzen.[66]
- Ohne diesen Nachweis entspricht die Abholverpflichtung derjenigen zu 1. (alte Gebrauchtgeräte). Eine Rückstellung kommt dann im Zeitpunkt des Inverkehrbringens nicht in Betracht (Anwendungsfall von IFRIC 6.7).[67] Das gilt trotz der vom Hersteller zu stellenden insolvenzsicheren Garantie. Der Garantiefall ist erst bei Marktaustritt des letzten Marktteilnehmers gegeben. Da dieser Fall kaum jemals eintreten wird, verbleibt es im Ergebnis bei der Lösung wie vorstehend zu 1. (IFRIC 6.7) – Rückstellung bzw. Aufwand also erst nach Festlegung der aktuellen Marktteilnahme im Rücknahmezeitpunkt.

Zu 3. Neue Gebrauchtgeräte, gewerbliche Nutzer
In diesem Fall trägt der Hersteller die Entsorgungsverpflichtung mit der Folge einer Passivierungspflicht für die Entsorgungsverpflichtung im Zeitpunkt des Inverkehrbringens von Elektrogeräten.
Inwieweit es gelingt, eine übereinstimmende Rückstellungsbildung nach HGB und IFRS zu erreichen, bleibt der endgültigen RIC-Stellungnahme vorbehalten.[68]

Zu 4. Alte Gebrauchtgeräte, gewerbliche Nutzer
Der deutsche Gesetzgeber hat ein Mitgliedstaatenwahlrecht zu Gunsten der Hersteller und zu Lasten der gewerblichen Nutzer ausgeübt. Letztere müssen vollständig die Kosten der Entsorgung tragen. Folglich besteht für den Hersteller kein Rückstellungserfordernis, es sei denn, die beiden „Parteien" treffen eine andere Regelung.

---

[65] FN-IDW 2005, S. 781; ähnlich Marx/Köhlmann, BB 2005, S. 2010.
[66] So Oser/Ross, WPg 2005, S. 1074.
[67] So Schäfer, BB 2004, S. 2738. Dagegen differenzierend Oser/Ross, WPg 2005, S. 1074.
[68] Oser/Ross gehen von einer Übereinstimmung auch mit US-GAAP aus (WPg 2005, S. 1076).

Nach der EU-Altautorichtlinie und der Altfahrzeug-VO vom 21.6.2002[69] sind Hersteller und gewerbliche Importeure bestimmter **Fahrzeuge** zur unentgeltlichen Rücknahme und **Entsorgung** von Altfahrzeugen ihrer Marke verpflichtet, und zwar für

- nach dem 30.6.2002 in Verkehr gebrachte Fahrzeuge generell und
- vor dem 1.7.2002 in Verkehr gebrachte Fahrzeuge ab dem 1.1.2007.

Mit dem Inverkehrbringen der Fahrzeuge liegt das Vergangenheitsereignis *(past event)* vor (Rz 20).[70]
Zur Bewertung können **Erfahrungswerte** bezüglich der Kosten des Fahrzeugrecyclings herangezogen werden (Rz 100). Möglicherweise stehen auch Angebote gewerbsmäßiger Auto-Recycler zur Verfügung, wodurch das Bewertungsverfahren nach IAS 37.37 – **Übertragung** der Verpflichtung auf einen Dritten – eröffnet wird (Rz 95). Wegen der Langfristigkeit der Verpflichtung ist eine **Abzinsung** vorzunehmen (Rz 105).

71

2.2.3.6 Restrukturierungsrückstellungen *(restructuring)*[71]

Einen weiteren Sonderfall für die Bildung einer *provision* stellen **Restrukturierungsverpflichtungen** dar. Unter IAS 37.70 wird zunächst der Begriffsinhalt erläutert; zu Restrukturierungen zählen dabei u. a.

72

- die **Aufgabe** bzw. der **Verkauf** ganzer Geschäftsbereiche *(line of business)*;[72]
- **Schließung** eines Geschäftsbereiches in einem bestimmten Gebiet oder Land *(location)*;
- **Verlegung** eines Geschäftsbereiches in ein anderes Gebiet oder Land;
- „**fundamentale Reorganisationen**" mit wesentlichen Auswirkungen auf den Inhalt der Geschäftstätigkeit;
- Änderungen der **Managementstruktur**, z. B. Verselbstständigung von funktionalen Einheiten oder Aufhebung einer Hierarchiestufe;
- Änderungen des unternehmerischen **Kernbereichs**;
- örtliche Verlegung der **Konzernzentrale**.

Es geht also nicht nur um Abfindungen für das **Personal**, sondern generell um direkte, den betreffenden Maßnahmen zuzuordnende Kosten.
Die Beispiele belegen den hochgradigen **Interpretationsbedarf** für den konkreten Fall des „*restructuring*" mit der Folge nennenswerter bilanzpolitischer Möglichkeiten. Die Zielsetzung des Managements wird häufig dahin gehen, den anstehenden Aufwand aus diesem Bereich hoch zu schätzen, um dann nicht benötigte Rückstellungen „still" zugunsten des laufenden Ergebnisses aufzulösen.

---

[69] Hug/Ross/Seidler, Bilanzielle Bewältigung der Rückwirkungsproblematik durch das Altfahrzeuge-Gesetz, DB 2002, S. 1013.
[70] ADS International, Abschn. 18 Tz 129.
[71] Die nachstehende Darstellung folgt in den Grundzügen den Ausführungen von Ernsting/von Keitz, DB 1998, S. 2477 (2480) sowie Reinhart, BB 1998, S. 2514 (2517).
[72] U. U. zu behandeln als discontinued operation gemäß IFRS 5 (→ § 29).

73 Gemäß IAS 37.71 müssen die Restrukturierungsrückstellungen die **generellen Ansatzkriterien** für *provisions* gemäß IAS 37.14 erfüllen. Die Regeln für die Restrukturierung stellen also nach dieser Vorstellung nur Spezifika zu den allgemeinen Vorschriften zum Bilanzansatz dar. Ganz überzeugend ist diese Logik nicht; wie noch zu zeigen sein wird (Rz 77), können eigentliche **Aufwandsrückstellungen** im Rahmen von solchen Restrukturierungsmaßnahmen entgegen der generellen Regel (Rz 20) durchaus gebildet werden. Im Rahmen des kurzfristigen Konvergenzprojektes plant der *Board* eine Aufhebung der Sondervorschriften für Restrukturierungsverpflichtungen (Rz 139).

IAS 37.72 geht bei der Ansatzvoraussetzung von einer *„constructive obligation"*, also von einer faktischen Verpflichtung aus, dem sich das Unternehmen nicht mehr entziehen kann (Rz 14). Notwendig für die Rückstellungsbildung ist ein **detaillierter Plan**, der folgende Identifizierungen erlaubt:

- der betroffene **Geschäftsbereich** oder Teilgeschäftsbereich;
- die wesentlichen **Örtlichkeiten**, die betroffen sind;
- die näherungsweise *(approximate number)* Angabe der betroffenen **Arbeitnehmer** hinsichtlich der Anzahl, des Ortes und der Funktion;
- die erforderlichen **Ausgaben**;
- der **Umsetzungszeitpunkt** für den getroffenen Plan.

Wie detailliert der Plan hinsichtlich des Umfangs der zu entlassenden Mitarbeiter oder der Einzelkosten sein muss, bleibt offen und damit der Interpretation des Managements anvertraut.

Die besonderen Anforderungen für Restrukturierungsaufwendungen greifen dann nicht, wenn eine rechtliche Verpflichtung vorliegt, die Kosten der von einem anderen durchzuführenden Restrukturierung ganz oder teilweise zu tragen. Dazu folgendes Beispiel:

Beispiel[73]

Sachverhalt
Ein Unternehmen (U) will seine EDV-Abteilung auf einen entsprechenden Dienstleister (D) auslagern *(outsourcing)*. Entsprechend übernimmt D die IT-Abteilung von U mit der faktischen Verpflichtung einer Restrukturierung, also insbesondere Entlassung von Mitarbeitern. Nach der getroffenen Vereinbarung erhält D von U eine entsprechende Entschädigung für alle mit der Restrukturierung verbundenen Kosten.

Lösung
Durch den (veröffentlichten) Vertrag zwischen U und D wird eine entsprechende Erwartungshaltung *(valid expectation)* bei den Betroffenen begründet. Bei U kommt eine Rückstellungsbildung schon im Zeitpunkt der Vertragsunterzeichnung von U und D in Frage, bei D erst, wenn er die Restrukturierung umsetzt, den Detaillierungsplan bekannt gibt.

---

[73] Nach KPMG, Insights into IFRS 2006/2007, 3.12.300.20.

Weitere Voraussetzung ist die Weckung einer entsprechenden **Erwartungshaltung** bei den betroffenen Personen über die Umsetzung des Restrukturierungsplans. In IAS 37.73 wird die Schaffung der Erwartungshaltung noch weiter umschrieben und dabei insbesondere auf die **öffentliche Ankündigung** abgehoben. Nach IAS 37.74 muss der betreffende Plan so schnell wie möglich durchgeführt und innerhalb eines bestimmten Zeitrahmens vollendet werden. Vorbehalte werden an dieser Stelle gegenüber langfristig angelegten Plänen angebracht, weil ein solcher Zeitrahmen Gelegenheiten zu Planänderungen eröffnet. Offensichtlich sollen damit bilanzpolitische Gestaltungsspielräume eingeengt werden. Andererseits können im Rahmen solcher Planankündigungen (überhöhte) Rückstellungen gebildet werden, die sich dann in späterer Zeit mehr oder weniger unbemerkt zugunsten des laufenden Ergebnisses auflösen lassen.

74

Die bloße Entscheidung des Managements zur Durchführung einer solchen Restrukturierungsmaßnahme genügt danach als Ansatzkriterium nicht. Es bedarf eben der effektiven **Implementierung** des Restrukturierungsplanes bzw. dessen öffentlicher **Ankündigung**. Erfolgen die letztgenannten Maßnahmen nach dem Bilanzstichtag, aber vor Bilanzerstellung, ist eine Erläuterung nach IAS 10 (Rz 134) im Anhang vorzunehmen. Als weiteres bejahendes Ansatzkriterium wird die Aufnahme von **Verhandlungen mit Arbeitnehmervertretern** in IAS 37.76 genannt. Das Gleiche gilt in IAS 37.77, wenn nach Art des deutschen Unternehmensverfassungsrechts Arbeitnehmervertreter im Aufsichtsrat sitzen und diese in die entsprechenden Pläne des Vorstandes involviert worden sind. Die vorstehend genannte Einweihung der Arbeitnehmervertreter (Betriebsrat oder Aufsichtsrat) in die Restrukturierungspläne entsprechen als Ansatzkriterium in etwa denjenigen gemäß R 31c Abs. 6 EStR 2004. Danach genügt nicht der Plan zur Rückstellungsbildung, es bedarf vielmehr der entsprechenden Bekanntgabe bis zum Bilanzstichtag.

75

Und schließlich wird noch in IAS 37.78 der Restrukturierungsfall des **Verkaufs eines eigenständigen Geschäftsfeldes** erwähnt. Danach ist eine Rückstellung für die damit verbundenen Verluste bzw. Aufwendungen erst mit Abschluss des bindenden Vertrages ansetzbar. Wegen einer möglichen Kollision mit IFRS 5 vgl. → § 29 Rz 26.

76

Nicht ganz abgestimmt mit diesen Ansatzvorgaben sind Parallel- oder sich überschneidende Ansatzregeln für **Abfindungsverpflichtungen** anlässlich der Aufhebung eines Dienstverhältnisses gemäß IAS 19.134 (→ § 22 Rz 74). Danach ist erst ein Sozialplan ansatzbegründend.[74]
Entgegen der allgemeinen Regel für den Ansatz von *provisions* (Rz 20) können auch eigentliche **Aufwandsrückstellungen** in die Bemessungsgrundlage einfließen[75] (vgl. hierzu auch Rz 25). **Künftig** sollen für Restrukturierungsaufwendungen nur noch die **allgemeinen** Ansatzregeln gelten (Rz 143).

77

---

[74] So die „Vermutung" von Kirchhof, WPg 2005, S. 592.
[75] Vgl. Schildbach, StuB 2002, S. 791.

> **Beispiel**
> Der oben genannte detaillierte Restrukturierungsplan erfordert die Schließung angemieteter Räume. Es besteht das Interesse, die entsprechenden Mietverhältnisse gegen eine Abfindung zu beenden oder aber (möglicherweise) nicht kostendeckend unterzuvermieten. Konkrete Verpflichtungen aus diesem (Teil-)Plan bestehen noch nicht.

78 Der für den Ansatz von *provisions* erforderliche Verbindlichkeitscharakter *(liability)* wird also im Falle von Restrukturierungen durch die genannten Ankündigungen, Detaillierungen etc. **ersetzt** (Rz 25). Bilanzpolitische Spielräume ergeben sich (derzeit noch, Rz 143) aus dem angedeuteten definitorischen Interpretationsbedarf (Rz 72) und insbesondere im Bereich der **Bewertung** (Rz 94ff.).

79 Zur **Bewertung** von Restrukturierungsrückstellungen vgl. Rz 104. Dort sind auch – der Gliederung von IAS 37 folgend – bestimmte **Ansatzverbote** aufgeführt.

80 Für den Bilanzansatz von Restrukturierungsaufwendungen besteht im Hinblick auf die sehr spezifischen Voraussetzungen nach den IFRS nur eher zufällig eine Übereinstimmung mit dem HGB/EStG. Die Information des Betriebsrates als Ansatzkriterium (Rz 75) entspricht allerdings der Rechtslage nach HGB in der Interpretation durch den BFH und die Finanzverwaltung.[76] Zum Ansatz von Restrukturierungskosten im Rahmen von **Unternehmenserwerben** vgl. → § 31 Rz 91ff.

2.2.3.7 Emissionsrechte

81 Zur Bilanzierung der Rückgabeverpflichtung von **Emissionsrechten** für Treibhausgase wird verwiesen auf → § 13 Rz 40.

2.2.3.8 Kosten der Rechtsverfolgung

82 Rechtsverfolgungskosten können wie folgt systematisiert werden:[77]
- Außerprozessuale Rechtsverfolgungskosten
- Prozesskosten
  - Gerichtsgebühren und Auslagen
  - außergerichtliche Kosten für Rechtsanwälte, Zeugen, Reisekosten u.Ä.

Zu Prozesskostenrückstellungen ist primär der am Rechtsstreit **passiv** Beteiligte „befugt", es liegt hier ein Vergangenheitsereignis dann vor, wenn die Klage anhängig gemacht worden ist. Der gleiche Ansatzgrund kann auch für den aktiv **Beteiligten** gelten, wenn dieser einen insgesamt relativ aussichtslosen Prozess aus bestimmten Gründen anzettelt. Die gleichen Ansatzkriterien gelten im Rahmen des Instanzenwegs. Erst wenn die **nächste** Instanz förmlich angerufen worden ist, kann für die dann entstehenden weiteren Rechtsverfolgungskosten eine Rückstellung gebildet werden.

---

[76] R 31c Abs. 3 EStR 2003.
[77] THIELE, WPg 2004, S. 737; OSTERLOH-KONRAD, DStR 2003, S. 1631.

Bezüglich der **Bewertung** des Prozesskostenrisikos kann sich das Unternehmen am Streitwert orientieren und den Höchstbetrag – abgesehen von unbedeutenden Nebenkosten – in aller Regel zuverlässig ermitteln. Im weiteren Schätzverfahren stellt sich allerdings die Frage nach dem Ausgang des Verfahrens und damit nach der Kostentragung. Hierzu darf auf das Beispiel in Rz 96 und auf den Umgang der Praxis mit der Unsicherheit bei Rechtsverfahren in Rz 98 verwiesen werden.

2.2.3.9 Dokumentationsverpflichtungen, Registrierungskosten

Nach den verschiedensten Handels- und öffentlich-rechtlichen Verpflichtungen muss ein Unternehmen Dokumente erstellen und für einen bestimmten Zeitraum in Papier oder elektronisch aufbewahren. Ein typisches Beispiel stellen die **Buchungsbelege** dar. Diese entstehen im laufenden Geschäftsverkehr, so dass am Bilanzstichtag die entsprechende Verpflichtung zur Aufbewahrung besteht. Gläubiger ist die öffentliche Hand in weitem Sinne, das Unternehmen kann sich dieser Verpflichtung auch nicht entziehen. Damit sind die Ansatzkriterien für die Rückstellungsbildung nach IAS 37.14 erfüllt (Rz 18). Die Bewertung hat sich nach den mit der Aufbewahrung verbundenen Kosten z. B. am Mietaufwand für entsprechende Räume während der Aufbewahrungsfrist auszurichten.[78] Im Hinblick auf die Langfristigkeit ist eine Abzinsung geboten (Rz 106).

83

Nach der anstehenden EU-Chemikalienverordnung (REACH) setzt die Herstellung bzw. der Import von **Chemikalien** in der bzw. die EU die Einreichung eines Registrierungsdossiers bei der Europäischen Agentur für Chemische Stoffe voraus. Diese Dokumentationspflicht greift bei einer Produktions- oder Einfuhrmenge von einer Tonne und mehr pro Kalenderjahr ein. Die Dokumentationsanforderungen steigen dabei stufenweise mit dem Volumen der hergestellten oder eingeführten Stoffmengen.
In dem Augenblick, in dem die genannte Schwelle von einer Tonne überschritten wird, entsteht rechtlich die Dokumentationspflicht. Zuvor liegt also keine rechtliche Entstehung der Verpflichtung, ebenso wenig eine wirtschaftliche Verursachung (Rz 20) vor, d. h. kein Vergangenheitsereignis (Rz 20). Danach entsteht Aufwand erst mit der Einfuhr bzw. der Herstellung bei Überschreiten der genannten Mindestmenge.[79]

84

2.3 Eventualverbindlichkeiten *(contingent liabilities)*

Die IFRS unterscheiden eine weitere Kategorie von für die Abschlusserstellung relevanten **Verpflichtungen**, die in IAS 37.10 definiert sind. Unterschieden werden dabei **zwei Tatbestände**:
- Eine **mögliche** Verpflichtung aufgrund vergangener Ereignisse, deren Existenz oder Nichtexistenz von weniger sicheren zukünftigen Ereignissen

85

---

[78] So Marx/Berg, DB 2006, S. 169, auf der Grundlage des BFH, Urteil v. 25.3.2004, IV R 35/02, DB 2004, S. 1645.
[79] So Ross/Drögemüller, BB 2006, S. 1044.

abhängen, welche nicht unter der vollständigen Kontrolle des Unternehmens stehen.

- **Gegenwärtige** Verpflichtungen *(present obligation)* aufgrund vergangener Ereignisse (Rz 20ff.), für die allerdings der Abfluss von Ressourcen zur Regulierung der Verbindlichkeit **unwahrscheinlich** (Rz 31ff.) ist.

Beide Kategorien setzen voraus, dass die „an sich" zu bilanzierende Verpflichtung nicht mit der genügenden Sicherheit **bewertet** werden kann (Rz 41).

86 Es handelt sich bei diesen *contingent liabilities* um zwei Verbindlichkeitskategorien, die nur vor dem Hintergrund der die Rückstellungsbildung generell durchziehenden **Unsicherheiten** (Rz 13ff.) und **Wahrscheinlichkeiten** (Rz 34ff.) verständlich sind. Die Unsicherheit soll sich im ersten angeführten Punkt auf das Ereignis als solches beziehen, im zweiten Punkt auf die Wahrscheinlichkeit des Ressourcenabflusses. Bezeichnend ist allerdings auch das dritte Tatbestandsmerkmal in der Aufstellung unter Rz 85, das als Auffanggröße zu der ansatzbeschränkenden Bewertungsnorm in IAS 37.14c zu verstehen ist (Rz 18). In diesen „sehr seltenen" Fällen der nicht zuverlässigen Bewertbarkeit soll wenigstens im Rahmen der Eventualverbindlichkeiten eine Anhangangabe erfolgen (IAS 37.86; Rz 133). Auf den Begriff *„contingent liabilities"* soll **künftig** verzichtet werden (Rz 143).

87 Die unter Rz 85 dargestellten Definitionsnormen beugen einem bei wörtlicher Übersetzung (s. die Überschrift zu diesem Abschnitt) drohenden **Missverständnis** vor. Die in § 251 HGB genannten Eventualverbindlichkeiten sind ausschließlich als **Ausfallverpflichtungen** definiert; es muss also in jedem Fall ein **Primärschuldner** vorhanden sein, sodass das betreffende bilanzierende Unternehmen erst beim Ausfall dieses Schuldners von dessen Gläubiger in Anspruch genommen werden kann. Solche möglichen Inanspruchnahmen fallen **auch** unter die Definitionsnorm der *contingent liabilities* in IAS 37.10, wie sie oben aufgeführt worden sind (IAS 38.12). Allerdings: Diese Definitionsnorm umfasst **weit mehr** Tatbestandsmerkmale als diejenige in § 251 HGB, nämlich auch **Primärschuldverhältnisse**, aber eben mit niedrigerem Wahrscheinlichkeitsgrad. Die geplante **Überarbeitung** nach dem Konvergenzprojekt sieht eine Beschränkung auf die **bedingten** Verpflichtungen vor (Rz 139).

Beispiel[80]
Bei einer Hochzeitsfeier starben eine Anzahl von Leuten, möglicherweise wegen vergifteter Speisen, die durch das bilanzierende Unternehmen geliefert worden sind. Gerichtsverfahren gegen das Unternehmen sind anhängig, bei denen es um die Schuld des Unternehmens im Rechtssinne geht.

---

[80] IAS 37 Appendix C Beispiel Nr. 10.

> Die Lösung des Falles geht einfach dahin: Schätzt der Rechtsexperte die Verpflichtung des Unternehmens als „wahrscheinlich" ein, ist eine Rückstellung zu bilden; bei „Unwahrscheinlichkeit" verbleibt es bei der Angabe im Anhang als Eventualverbindlichkeit im Sinne der IFRS.[81]

In beiden Fällen liegt eine gegenwärtige Verpflichtung aufgrund eines Vergangenheitsereignisses vor (Rz 20ff.), allerdings eben mit unterschiedlichen Ansatzfolgen infolge des Wahrscheinlichkeitskriteriums. **88**
Ein weiteres **Beispiel** in Appendix C (Nr. 9) zu IAS 37 bezieht sich auf einen Fall der Eventualverbindlichkeit im Sinne des § 251 HGB:

> **Beispiel**
> **Sachverhalt**
> Das Unternehmen B übernimmt eine Garantie (Bürgschaft) für den Kredit eines anderen Unternehmens S, das in 01 als „gesund" betrachtet wird. Im Jahr 02 beantragt S Insolvenz.
>
> **Lösung**
> Die Bürgschaft unterliegt ab 2006 in bestimmten Fällen noch dem IFRS 4, da sie als Versicherungsvertrag gilt (→ § 39 Rz 20), i. d. R. aber dem Anwendungsbereich von IAS 39. Aus dem Barwert der erwarteten Nettozahlungsströme im Gefolge des Bürgschaftsvertrags ist dessen *fair value* zu ermitteln. Bei einer praktisch risikofreien Bürgschaft (in 01) ist der *fair value* sehr gering und umgekehrt.
> Zum 31.12.02 entspricht der *fair value* und damit die beim Bürgen zu bildende Rückstellung dem Bürgschaftsbetrag.

Zu Details wird auf § 28 Rz 13 verwiesen.
Eine Eventualverbindlichkeit liegt auch für die (bedingte) Einzahlungsverpflichtung in einen „Entsorgungsfonds" (Rz 63) vor (IFRIC 5.10).
Die Unterscheidung hinsichtlich der Wahrscheinlichkeit des Ereignisses einerseits und des Abflusses von Ressourcen andererseits mag gekünstelt wirken, da das eine vom anderen nicht zu trennen ist. Im Ergebnis kann aber aus praktischer Sicht darüber hinweggesehen werden. Letztlich geht es immer nur um das „Kriterium" der **Wahrscheinlichkeit** (Rz 31ff.). Bei überwiegender Wahrscheinlichkeit (Rz 92) kommt es zum Bilanzansatz, sonst genügt – bis zum Bereich von „*remote*" – eine **Anhangsangabe** (Rz 133). **89**
Bei einem Vergleich der IFRS-Regeln mit denjenigen des deutschen Rechnungslegungsrechtes kommt man notgedrungen (erneut Rz 36ff.) auf die individuelle Auslegung der „**Wahrscheinlichkeit**" als entscheidendes Ansatzkriterium zurück (Rz 31ff.). Weit verbreiteter Auffassung zufolge sollen nach deutschem Recht die Anforderungen an die „Wahrscheinlichkeit" niedriger **90**

---

[81] Zu dem Kriterium der „Wahrscheinlichkeit" als Ansatz-Tatbestandsmerkmal siehe Rz 31ff.

liegen als nach den IFRS.[82] Dieser Aussage steht die in Rz 35 dargestellte „51-%-Regel" des BFH und auch des handelsrechtlichen Schrifttums (in Teilbereichen) entgegen. Aus dieser Sicht kann das Beispiel der Todesfälle wegen vergifteter Nahrung (Rz 87) auch nach deutschem Recht durchaus so wie nach den IFRS gelöst werden.

91 Vor allem aber kommt es in diesem Zusammenhang entscheidend auf **subjektive Einschätzungen** an. Deshalb hängt die Bilanzierungsentscheidung im Einzelfall nicht so sehr von den Rechnungslegungsregeln – Standards, Kommentare oder BFH-Entscheidungen –, sondern vom **individuellen Ermessen** (→ § 51 Rz 24ff.) des jeweiligen Bilanzerstellers und dessen **bilanzpolitischen Zielsetzungen** (→ § 51 Rz 4) ab. So gesehen besteht zwischen den deutschen Bilanzierungsregeln und denjenigen der IFRS kein materieller Unterschied bezüglich der hier besprochenen Verbindlichkeiten mit niedrigerem Wahrscheinlichkeitsgrad (verstanden nach der obigen Definition der *contingent liabilities*). Auch der Abgrenzungs-Versuch zwischen *provisions* und *contingent liabilities* in IAS 37.12f. gibt der Praxis keine zusätzliche Hilfestellung gegenüber dem entscheidenden Kriterium der subjektiven Beurteilung der Wahrscheinlichkeit (Rz 13ff.).

2.4 Eventualforderungen *(contingent assets)*

92 Schon die deutsche Übersetzung für die *contingent assets* in IAS 37.31ff. ist erklärungsbedürftig. Die Wortwahl erklärt sich aus der Korrespondenz der nach deutschem Sprachgebrauch üblichen Eventualverbindlichkeiten (Rz 85). Es handelt sich also danach um **bedingt** bestehende Vermögenswerte, deren effektives Entstehen von der Erfüllung einer aufschiebenden Bedingung abhängig ist. Künftig soll der Begriff *„contingent assets"* nicht mehr verwendet werden (Rz 143).

Das den Inhalt von IAS 37 durchziehende Unsicherheitsmoment (Rz 6, 43) erfährt im Zusammenhang mit den *contingent assets* eine besondere Ausprägung, die durch einen **imparitätischen** Definitionsgehalt charakterisiert ist.[83] Im Vergleich zu den *contingent liabilities* werden die Wahrscheinlichkeitskriterien diesbezüglich anders definiert. In IAS 37.31 sollen solche Eventualforderungen nicht angesetzt werden (IAS 37.31), es sei denn, der Eingang ist so gut wie sicher *(virtually certain)*. Im deutschen Sprachgewand wird dieser Wahrscheinlichkeitsgrad auch als „mit an Sicherheit grenzender Wahrscheinlichkeit" bezeichnet.

Zusammen mit den übrigen **Begriffsvarianten** zur Wahrscheinlichkeit in IAS 37 (Rz 31ff.) ergibt sich dann folgende **Hierarchie**:
- so gut wie sicher *(virtually certain)*,
- hochwahrscheinlich *(highly probable = significantly more likely than probable)*,

---

[82] Vgl. hierzu die abwägende Darstellung von Moxter, BB 1999, S. 519. Vgl. auch Lüdenbach/Hoffmann, KoR 2003, S. 5.
[83] Lüdenbach/Hoffmann, KoR 2003, S. 5.

- überwiegend wahrscheinlich *(probable = more likely than not)*,
- möglich, aber eher unwahrscheinlich *(possible)*,
- höchst unwahrscheinlich *(remote)*.

Die Eventualforderungen sind danach nur anzusetzen, wenn die betreffende Bedingung **so gut wie sicher** eintreten wird. Bei den Verbindlichkeiten ist es umgekehrt: Hier genügt schon der Maßstab der überwiegenden Wahrscheinlichkeit. Und bei Vorliegen der Letzteren ist eine Eventualforderung im Anhang (nur) zu vermerken. Wegen vorgesehener Änderungen wird auf Rz 143 verwiesen.

Beispiel
Sachverhalt
In einem gerichtshängigen Rechtsstreit sind die Schriftsätze ausgetauscht, Beweiserhebungen sind nicht erforderlich, es geht ausschließlich um die Beurteilung einer bislang ungeklärten Rechtsfrage. Eine mündliche Verhandlung wird demnächst anberaumt werden.

Lösung für den Aktivprozess
Die Gerichtsentscheidung ist in der Schwebe. Ein Bilanzansatz und auch eine Anhangsangabe kommen nicht in Betracht.

Lösung für den Passivprozess
Die Entscheidung hängt in hohem Maße vom Ermessen des Vorstands und der Beurteilung des Anwaltes ab. Eine eindeutige Lösung wird im Regelfall nicht möglich sein (Rz 90f.). Zumindest eine Anhangsangabe ist allerdings Pflicht, denn von „*remote*" kann in diesem Fall nicht die Rede sein.

Im Rahmen des kurzfristigen Konvergenzprojektes sollen künftig nur noch **bedingte** Vermögenswerte als *contingent assets* definiert werden (Rz 139). Die Eventualforderungen *(contingent assets)* sind von den **Rückgriffsansprüchen** *(reimbursements)* zu unterscheiden. Hier folgt (wieder dargestellt am Beispiel des Prozesses) der Zahlungspflicht aufgrund der Verurteilung zwingend ein Erstattungsanspruch, z. B. gegenüber einer Versicherung (Rz 111ff.). Ein weiteres Beispiel stellen Ansprüche an „Entsorgungsfonds" gemäß IFRIC 5.9 dar (Rz 63), die ihren Rechtsgrund in vorgängigen Einzahlungen in das Fondsvermögen haben.

3 Bewertung *(measurement)*

3.1 Verbindlichkeiten allgemein

93 Mit der Bewertung von (sicheren) Verbindlichkeiten befasst sich neben derjenigen von Aktivwerten *(assets)* der „Vierklang" in F.100. Für **beide** Bilanzbereiche werden folgende Bewertungsmaßstäbe „angeboten":

- Anschaffungs- oder Herstellungskosten *(historical costs)*: der Gegenwert für die erhaltenen Güter, der nach dem HGB-Verständnis am ehesten als **Rückzahlungsbetrag** übersetzt werden kann.
- Wiederbeschaffungskosten *(current costs)*: der undiskontierte Wert zur **Begleichung** der Verbindlichkeit.
- *settlement value*: Es handelt sich um **denselben** Wertmaßstab wie vorstehend.
- Gegenwartswert *(present value)*: Die Verbindlichkeit ist mit dem **abgezinsten** Betrag der künftigen Auszahlung zu bewerten.

Die Kommentierung erfolgt in → § 28 Rz 174ff. und für Verbindlichkeiten in Fremdwährung in → § 27.

3.2 Rückstellungen

3.2.1 Ausgangspunkt: Bestmögliche Schätzung *(best estimate)*

94 Der Rückstellungsbilanzierung haftet die **Unsicherheit** bzw. Ungewissheit als wesentliches Element an. Das war durchgängig unter Rz 13ff. zu zeigen. Dieses Unsicherheitsmoment setzt sich dann auch bei der Bewertung fort. Die Grundlage der Bilanzierung der Höhe nach soll also die **bestmögliche Schätzung** sein, um den Betrag in die Bilanz einzustellen, mit dem aus Sicht des Bilanzstichtages die gegenwärtige Verpflichtung reguliert werden muss (IAS 37.36). Die vergleichbare Bewertungsvorschrift im HGB drückt diese Unsicherheit inhaltsgleich mit anderen Worten aus: Nach § 253 Abs. 1 S. 2 HGB sind Rückstellungen in Höhe der **vernünftigen kaufmännischen Beurteilung** zu bewerten. Der Hinweis in IAS 37.42, wonach die Risiken und Unsicherheiten, die in diesem Zusammenhang notwendig vorliegen, in die bestmögliche Schätzung einzufließen haben, bedeutet nichts anderes als die Weiterführung des Unsicherheitsmomentes in anderen Worten. Ein materieller Unterschied zum HGB wird sich daraus bei praktischen Bilanzierungsentscheidungen selten zwingend ableiten lassen.

95 Klarstellend ist der Hinweis in IAS 37.38, dem zufolge dem **Management** diese Schätzung obliegt – in gewisser Weise eine unbewusste Parallele zur genannten vernünftigen kaufmännischen Beurteilung des HGB –, weil ja nach der IFRS-Nomenklatur dem Management vergleichbar dem deutschen Kaufmann die Erstellung des Jahresabschlusses verantwortlich obliegt.

Die bestmöglich zu schätzende **Größe** der Verpflichtung ohne Steuereffekt (IAS 37.41) ist nach IAS 37.37

- der **Erfüllungs**betrag oder
- der **fiktiv** zur Übertragung der Verpflichtung auf einen Dritten zu zahlende Betrag.

> **Beispiel**
> Hauseigentümer A (Lehrer) droht Bauunternehmer B eine Klage auf Nachbesserung in einem Umfang von 5.000 EUR (gerechnet zu Marktpreisen) bzw. 4.500 EUR (gerechnet zu Vollkosten der B) an. B rechnet nach Erfahrungen in vergleichbaren Fällen zu 60 % mit einer Klage und dann zu 75 % (von 60 %) mit einem Klageausgang in Höhe des vollen, zu 25 % mit einem Ausgang in Höhe des halben Wertes.
> Der für die Erfüllung aufzuwendende **wahrscheinlichste** Betrag ist 4.500 EUR.
> Ein fiktiver Dritter, der gewerbsmäßig entsprechende Risiken übernimmt, müsste hingegen – gleiche Wahrscheinlichkeitsbetrachtung unterstellt – folgende Kalkulation anstellen:
>
> | | |
> |---|---:|
> | 40 % × 0 | 0 EUR |
> | + 60 % × [(75 % × 5.000) + (25 % × 2.500)] | 2.625 EUR |
> | = Erwartungswert | 2.625 EUR |
> | + Risiko- und Gewinnzuschlag (10 %) | 262 EUR |
> | = *fair value* | 2.887 EUR |
>
> In diesen *fair value* geht die Wahrscheinlichkeit als Gewichtungsfaktor ein (Erwartungswert Rz 100).

IAS 37.37 lässt keine Präferenz für einen dieser beiden Werte erkennen. Der Bewertungsmaßstab liegt im Ermessen (→ § 51 Rz 24ff.) des Bilanzierenden.

3.2.2 Die stufenweise Abfolge von Unsicherheitsmomenten

Die **stufenweise Abfolge von Unsicherheitsmomenten** bei der Lösung eines praktischen Bilanzierungsfalles soll in Abwandlung des **Beispiels** Nr. 10 im Appendix C zu IAS 37 (Rz 87) wie folgt dargestellt werden:

96

> **Beispiel**
> Die Verantwortung des Verpflegungslieferanten für den Tod der Essensgäste ist nach Auffassung des Anwaltes[84] der Unternehmung nicht von der Hand zu weisen. Auf die Frage nach der **Wahrscheinlichkeit der Inanspruchnahme** aus dem laufenden Verfahren antwortet er: „Eine Vorhersage über den Prozessausgang ist derzeit zu gewagt. Wenn ich die „Wahrscheinlichkeit" abgreifen soll, ist mir eine einigermaßen klare Einschätzung versagt. So gesehen ist mit wenigstens 50 %iger Wahrscheinlichkeit, vielleicht auch mit mehr, mit der Feststellung einer nennenswerten Schadenersatzverpflichtung durch das Gericht zu rechnen. Die noch nicht abge-

---

[84] Vgl. hierzu auch THEILE, WPg 2004, S. 742.

schlossene Beweiserhebung kann allerdings noch zu einem anderen Resultat führen."
Diese eher realistische Antwort des Anwaltes mit differenzierendem Denkvermögen bringt dem Management keine klare Bilanzentscheidung. Hat es sich dann doch zu einem Bilanzansatz – nicht zuletzt unter Berücksichtigung der bilanzpolitischen Interessenlage (Rz 91) – durchgerungen, stellt sich im weiteren Verlauf die Frage nach der **Höhe** des möglichen Schadenersatzes. Dazu wird der Anwalt erst recht keine Aussage machen können, weil es im augenblicklichen Prozessstand nur um den Verpflichtungsgrund als solchen geht, über die Werte wird erst später oder in einem anderen Verfahren zu entscheiden sein. Diesem zusätzlichen Unsicherheitsmoment gesellt sich dann ein drittes dazu, wenn es um den Zeitpunkt der Erfüllung dieser möglicherweise bestehenden Schadenersatzpflicht geht. Denn nach IAS 37.45ff. ist eine **Abzinsung** vorzunehmen (Rz 105f.). Die Antwort des Anwaltes wird diesbezüglich lauten: „Je nach Umfang der erforderlichen Beweiserhebungen und der möglichen Rückverweisung der Revisionsinstanz zur weiteren Beweiserhebung ist mit einem Prozessverlauf zwischen drei und zehn Jahren zu rechnen." Zur **Preisentwicklung** (Rz 105) wird der Anwalt gar nicht mehr gefragt werden. Und schließlich stellt sich die Frage der **Rückgriffsmöglichkeit** (reimbursement) gemäß IAS 37.53 (Rz 111ff.). Danach sind mögliche Rückgriffsrechte gegenüber Dritten – also Versicherern, Mitschuldigen – als Aktivwert aufwandsmindernd zu berücksichtigen. Auch diesbezüglich wird der Anwalt mit den Schultern zucken und irgendeine einen Betrag konkretisierende Antwort vermeiden.

97 Das vorstehend dargestellte Beispiel und viele andere der Illustration von Bilanzierungssachverhalten im Rückstellungsbereich dienende geben ausgesprochen **einfache** Sachverhalte wieder. Die Wirklichkeit liefert demgegenüber häufig weitaus **komplexere** Ereignisse, die im folgenden Beispiel angedeutet werden.[85]

> **Beispiel**
>
> **Sachverhalt**
> Ein Automobilzulieferer stellt am Jahresende im Rahmen einer Qualitätskontrolle Mängel bei seinen Produkten fest. Davon ist ein Teil der noch auf Lager liegenden Tagesproduktion betroffen. Die Produktion des Vortages ist bereits an die Kunden ausgeliefert worden.
> Eine konkretisierte Bilanzansatzverpflichtung (Rz 30) liegt vor. Mit überwiegender Wahrscheinlichkeit (Rz 32) wird der Zulieferer aus diesem Vergangenheitsereignis mit wirtschaftlicher Verursachung vor dem Bilanz-

---

[85] HAAKER, PiR 2005, S. 53.

stichtag (Rz 20) in Anspruch genommen. Offen ist die Entscheidung über die verlässliche **Bewertbarkeit** (Rz 41) und gegebenenfalls die vorzunehmende **Bewertung** selbst.

Bewertungsparameter
- Die mögliche Qualität der Mängel reicht von „Schönheitsfehler" über „unbrauchbar" bis „gefährlich".
- Die laufende Produktion muss bis zur Feststellung der Schadensursache gestoppt werden. Dadurch kann es zu Produktionsausfällen beim Kunden kommen, auf die reagiert werden muss, z. B. durch zusätzliche Schichten, ungeplanten Einkauf von Material etc.
- Kann ein Produktionsausfall beim Kunden nicht verhindert werden, drohen Vertragsstrafen.
- Wenn sich ein notorischer Fehler herausstellt, kann auch die Produktion früherer Zeiträume betroffen sein. Der Grund dieser Mängel kann in fehlerhaften Fremdbauteilen (von Unterlieferanten), Schlamperei der Mitarbeiter, fehlerhaft arbeitender Maschine oder einem nicht durchsichtigen Durcheinander aller möglichen Faktoren liegen.
- Je nach Ursache für die fehlerhafte Produktion können Produkte aus nicht definierbaren Losen in der Vergangenheit ausgeliefert worden sein. Sind die fehlerhaften Produkte beim Automobilhersteller in noch nicht ausgelieferten Fahrzeugen enthalten, müssen sie ausgebaut und ersetzt werden. Sind Autos schon ausgeliefert worden, kommt es zu einer Rückrufaktion.
- Möglicherweise sind aufgrund der fehlerhaften Teile bereits Unfälle von Nutzern der Autos eingetreten.
- Sind diese Unfälle in den USA passiert, stehen Sammelklagen ins Haus.

Aufgabe
Lässt sich der Aufwand am 10.1.2005 *(fast close* → § 4 Rz 39) zuverlässig schätzen, und wenn ja, in welcher Höhe?

Das Ansatz- und Bewertungs-Procedere für Rückstellungen *(provisions)* lässt sich auch als „**Unsicherheitsbaum**" *(incertainty tree)* darstellen:

98

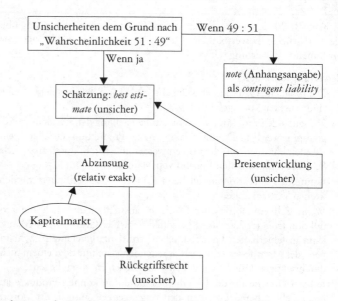

Ergebnis wiederum (Rz 94, 103): großer **Ermessensspielraum** des Managements.

99 Nach dem HGB reduziert sich das Unsicherheitsmoment um den Teilbereich „**Abzinsung**" (Rz 105f.), weil eine solche im Beispielsfall nach § 253 Abs. 1 S. 2 2. Halbs. nicht in Betracht kommt.[86] Anders nach **Steuerrecht**: Hier ist ebenfalls eine Abzinsung gemäß § 6 Abs. 1 Nr. 3a e) EStG vorzunehmen. Bei den Rückgriffsrechten läuft dann wieder die Bilanzierung gemäß IAS 37.53, HGB – entsprechend der überwiegend herrschenden Kommentarmeinung – und nach Steuerrecht (§ 6 Abs. 1 Nr. 3a c) EStG) im Ergebnis einheitlich (Rz 111).

3.2.3 Einmal mehr: Die Wahrscheinlichkeit

100 Vergleichbar dem Bilanz**ansatz**problem versuchen die IFRS ebenso wie die vergleichbaren HGB-Kommentierungen dem Unsicherheitsmoment auch bei der Bewertung mit dem **Wahrscheinlichkeitsbegriff** beizukommen (Rz 32, 40, 90). IAS 37.39 enthält eine entsprechende Erläuterung und dazu ein Berechnungs**beispiel**. Dieses stützt sich auf das Gesetz der großen Zahl und ist dementsprechend auf den Fall der industriellen Massenproduktion oder Fälle der Sachversicherung ausgerichtet. Das Berechnungsergebnis wird technisch als **Erwartungswert** *(expected value)* bezeichnet.

---

[86] Kritisch hierzu mit beachtlichen Argumenten SCHULZE-OSTERLOH, BB 2003, S. 351.

> **Beispiel**
> Nach den bisherigen Aufzeichnungen des Unternehmens werden 75 % der produzierten Güter ohne Defekt ausgeliefert, 20 % mit geringen Defekten und 5 % mit größeren Defekten. Danach kann die Wahrscheinlichkeit der Inanspruchnahme des Unternehmens für solche Defekte in gewichteter Form errechnet werden. IAS 37.39 spricht von einem statistischen Erwartungswert *(expected value)*. Er resultiert aus den mit den Eintrittswahrscheinlichkeiten gewichteten Beträgen.

Dieses oder ähnliche Berechnungsmodelle können aus Sicht der deutschen Rechnungslegungspraxis in den Fällen „gleichartiger Verpflichtungen" i. S. d. § 6 Abs. 1 Nr. 3a EStG[87] herangezogen werden. Dort sind eine Reihe von häufig anfallenden Rückstellungspositionen angesprochen, die nach der – handelsrechtlich orientierten – BFH-Rechtsprechung **statistisch quantifiziert** werden können:
- Garantie- und Kulanzleistungen,
- Wechselobligo,
- Schadensregulierungen in der Versicherungswirtschaft.

Man kann auch von Sammel- oder **Pauschal**bewertung sprechen.[88] Der Erwartungswert soll **künftig** (Rz 143) den alleinigen Bewertungsmaßstab – auch für Einzelverpflichtungen (Rz 101) – darstellen.

Bei einer **Einzelverpflichtung** – nochmals der Hinweis auf das abgewandelte Beispiel aus Appendix C Nr. 10 zu IAS 37 (Rz 96) – versagt das vorstehende Berechnungsmodell, da das Gesetz der großen Zahl nicht zur Verfügung steht. Diesem Problem *(single obligation)* widmet sich dann IAS 37.40 mit dem nichtssagenden Bewertungsmaßstab: „Das wahrscheinlichste Ergebnis kann das bestmögliche Schätzergebnis darstellen." *(„The individual most likely outcome may be the best estimate of the liability.")*
Wenn andere Ergebnisse meistens höher oder niedriger liegen als das wahrscheinlichste, kann das *best estimate* entsprechend höher oder niedriger ausfallen. Dieser **Bewertungsmaßstab** soll künftig zu Gunsten des Erwartungswertes (Rz 100) aufgegeben werden (Rz 143). **101**

Und schließlich noch ein Blick auf IAS 37.43, der **Vorsicht** bei den Beurteilungen unter den Unsicherheitsbedingungen gebietet. Einkommen oder Vermögenswerte dürfen dabei nicht **über**- und Ausgaben und Verbindlichkeiten nicht **unter**schätzt werden. Auch die vorsichtige Einschätzung ist statthaft. Andererseits darf die Unsicherheit nicht dazu dienen, überhöhte *(excessive)* Vorsorgen oder entschiedene Überschätzungen von Verbindlichkeiten **102**

---

[87] Hoffmann, § 6, in: Littmann/Bitz/Pust, EStG-Kommentar, Tz 663ff.
[88] BFH, Urteil v. 30.6.1983, IV R 41/81, BStBl II 1984 S. 263, sowie EuGH, Urteil v. 14.9.1999, Rs C-275/97, DB 1999, S. 2035. Detaillierte Beispiele zu den einschlägigen Berechnungserfordernissen bei latenten Gewährleistungsverpflichtungen sind nachzulesen bei Kessler/Ranker, StuB 2001, S. 325, 425.

vorzunehmen. Die Schätzungen sind laufend an die besseren Erkenntnisstände anzupassen (mit entsprechender ergebniswirksamer Erfassung gemäß IAS 8.36; → § 24 Rz 42). Die buchhalterische Folge ist eine Erhöhung oder (Teil-)Auflösung des Bilanzwertes (anders beim Wegfall des Ansatzes).

103 Das deutsche handelsrechtliche Schrifttum kann hier auch nicht viel mehr bieten als die Vorgabe, aus der **Bandbreite** möglicher Werte denjenigen mit der höchsten Wahrscheinlichkeit herauszufiltern.[89] Der Aussagegehalt für Zwecke einer praktischen Bilanzierungsentscheidung nach HGB ist auch nicht größer oder kleiner als die vorstehend skizzierten Anweisungen der IFRS. Dem **Bilanzierungsermessen**[90] des Kaufmanns bzw. des Managements sind also nach beiden Rechnungslegungssystemen die gleichen (Nicht-)Grenzen gesetzt (Rz 91, 94, 96).

104 **Ergänzende** Vorschriften sind in IAS 37.80ff. zu den **Restrukturierungsrückstellungen** (Rz 72ff.) vorgesehen. Diese sind zunächst von Ausgaben in Zusammenhang mit dem weitergehenden Geschäft *(ongoing activities)* abzugrenzen (IAS 37.80). Typische Geschäftsbereiche sind[91]
- Abfindungen für freizustellende Mitarbeiter,
- Abfindungen für die Kündigung von laufenden Beschäftigungsverträgen, Mietverhältnissen etc.,
- Demontage und Verschrottung von Anlagevermögen,
- Bewertungskosten und Gerichtsgebühren.

Dem Grunde nach sind hier **Ansatz**posten angesprochen. Für die **Bewertung** gelten die allgemeinen Regeln, z. B. die Abzinsung (Rz 105).
Nicht rückzustellen sind (IAS 37.81):
- Kosten der Umschulung und Versetzungen von Mitarbeitern,
- Marketingaufwendungen für neue Produkte,
- Kosten der Installation neuer Produktlinien und Vertriebswege.

Erwartete Gewinne aus dem Verkauf von nicht mehr benötigten Vermögenswerten sind nicht rückstellungsmindernd zu berücksichtigen (IAS 37.83 i. V. m. IAS 37.51). Wegen einer möglichen Kollision mit IFRS 5 vgl. → § 29 Rz 26.

3.2.4 Berücksichtigung von Preisentwicklung und Fälligkeit (Inflationierung und Diskontierung)

105 Nach der Festlegung des *best estimate* als Ausgangsgröße der Rückstellungsbewertung ist in einem weiteren Schritt der Gegenwartswert *(present value)* – also der Erfüllungsbetrag unter Berücksichtigung der Preisentwicklung – festzulegen. Hinter dieser Bewertungsvorgabe versteckt sich ein **investitionstheoretischer Ansatz**, vergleichbar demjenigen, der dem *impairment of assets* gemäß IAS 36 zugrunde liegt (→ § 11 Rz 8ff.). Deshalb gilt es bei der Be-

---

[89] ADS INTERNATIONAL, 6. Aufl., § 253 HGB Tz 190.
[90] S. auch ERNSTING/VON KEITZ, DB 1998, S. 2477 (2481).
[91] KIRCHHOF, WPg 2005, S. 589.

wertung, zukünftige **Zahlungsströme** (in diesem Fall nur Auszahlungen) und einen Rechnungs**zinsfuß** festzulegen. Zu Letzterem schreibt IAS 37.47 die Verwendung einer **Vorsteuerrate** nach Maßgabe der laufenden Kapitalmarktverzinsung vor.
Allerdings ist diesbezüglich zu differenzieren:
- Wenn sich der Diskontierungssatz am **Nominalzins** ausrichtet, muss der nominale (inflationierte) Erfüllungsbetrag der Gesamtbewertung zugrunde gelegt werden (Rz 109),
- umgekehrt ist die Diskontierung mit dem **Realzins** angemessen, wenn der Erfüllungsbetrag nach heutigen Preisverhältnissen berechnet wird.[92]

Der gewählte Zinssatz sollte risikofreie Anlagen reflektieren (IAS 37.47). Die **Risiken** der künftigen Entwicklung sind dann bei der Bestimmung der *cash flows* zu berücksichtigen. Der zum Teil befürwortete Ansatz unternehmensspezifischer Risikozinssätze,[93] z. B. des WACC, stünde im Widerspruch zu IAS 37.37. Nach der dort aufgestellten – im Einzelfall schwer zu befolgenden – Maxime ist der Betrag anzusetzen, zu dem ein Dritter die Schuld übernähme. Diesen fiktiven Dritten interessieren aber die individuellen Kapitalkosten des bisherigen Schuldners nicht. Sein Interesse richtet sich nur auf den „*time value of money*", ausgedrückt durch den risikofreien, nicht unternehmensspezifischen Zinssatz und das Risiko. Dieses Risiko kann entweder durch einen Aufschlag in der Zahlungsreihe oder durch einen Abschlag beim Diskontierungszins berücksichtigt werden (so implizit IAS 37.47).
Tiefer gehende Überlegungen zum anzuwendenden Zinssatz sind bei **langfristig** bestehenden Verpflichtungen von besonderem Gewicht (und überschreiten deshalb die *materiality*-Grenze (Rz 106) im Regelfall). Typische Beispiele sind die Rückbau- und Entsorgungsverpflichtungen, auf die unter Rz 118ff. noch getrennt einzugehen ist. Zu berücksichtigen ist dabei auch der **Zinsstruktureffekt** (→ § 11 Rz 25).
Der Abzinsungsvorschrift soll nur bei – im Übrigen undefinierten – **wesentlichen** Auswirkungen Bedeutung zukommen (IAS 37.45). Dieser Hinweis auf den *materiality*-Grundsatz erscheint überflüssig, da Letzterer ohnehin der Bilanzierung generell nach Maßgabe von F.29f. zugrunde liegen sollte (→ § 1 Rz 65ff.). Man kann die spezielle Betonung der Wesentlichkeit im Zusammenhang mit der Rückstellungsbewertung vielleicht als zulässigen Verzicht auf die Abzinsung von mutmaßlichen Zahlungsabflüssen **innerhalb eines Jahres** verstehen.[94] Aber auch bei kleineren absoluten Beträgen kann nach dem *materiality*-Gedanken generell auf eine Abzinsung verzichtet werden. Das Problem der *materiality* ist letztlich im Sinne einer eindeutigen Quantifizier-

106

---

[92] So auch VON KEITZ u. a., in: BAETGE u. a., IAS 37 Tz 92; HEUSER/THEILE, IAS/IFRS-Handbuch, 2. Aufl., 2005, Tz 1286.
[93] HEBESTREIT/DÖRGES, in: BECK'sches IFRS-Handbuch, 2. Aufl., § 13 Tz 69; ADS INTERNATIONAL, Abschn. 18 Tz 82. Vgl. hierzu HOFFMANN, PiR 2006, S. 63.
[94] So ERNSTING/VON KEITZ, DB 1998, S. 2477 (2481). Ähnliches für Kaufpreisverpflichtungen aus Erwerben von als Finanzinvestition gehaltenen Grundstücken (→ § 16 Rz 27).

barkeit unlösbar (→ § 1 Rz 65). Bei sehr großen Verpflichtungen kann der Abzinsungsbetrag für Laufzeiten bis zu einem Jahr eine nennenswerte Größenordnung erreichen.[95] Andererseits werden hier auch in anderen Bilanzbereichen große Dimensionen vorliegen, so dass der relative Definitionsansatz für die *materiality* ebenfalls für einen Abzinsungsverzicht sprechen könnte.[96] Die genannte Zwölfmonatsfrist findet ihre Entsprechung in der Abzinsungsvorschrift des **Einkommensteuerrechtes** (§ 6 Abs. 1 Nr. 3a e) S. 1 2. Halbs. EStG).

107 Der einmal gewählte Rechnungszins ist bei einer späteren Bilanzierung der Marktentwicklung **anzupassen**. Das geht aus der Erläuterungsvorschrift in IAS 37.84e hervor. Die generelle Aufzinsung im Zeitverlauf ist in der GuV als Zinsaufwand zu zeigen (IAS 37.60).

108 Der investitionstheoretische Ansatz zur Bewertung der Rückstellung zum Gegenwartswert *(present value)* schlägt sich auch in der Regelung über zukünftige Ereignisse *(future events)* in IAS 37.48-50 nieder. Soweit genug objektive Einsicht *(objective evidence)* besteht, sind künftige Einflüsse auf diesen Auszahlungsbetrag zu berücksichtigen. Darunter können allgemeine **Kostensteigerungen** verstanden werden (Rz 105), aber auch Änderungen in der einschlägigen Produktions- oder Verfahrenstechnik. IAS 37.49 gibt hierzu Beispiele:

> **Beispiel**
> Bezieht sich die Rückstellung auf die Kosten der Wiederherstellung eines bislang genutzten Gebäudes, dann ist der mutmaßliche **technische Fortschritt** für den Renovierungsprozess mit in das Kalkül einzubeziehen. Das Gleiche soll nach IAS 37.50 für eine anstehende **Änderung der Rechtsgrundlagen** durch Gesetzgebung gelten.

109 Diese Bewertungsregeln der IFRS für Rückstellungen unter Berücksichtigung des **Zeitverlaufs** haben keine Parallelität in der deutschen Rechtslage, wenigstens soweit die handelsrechtliche Bilanzierung durch den BFH ausgelegt wird. Danach können **künftige Preisänderungen** u. Ä. infolge des **Stichtagsprinzips** nicht berücksichtigt werden. Handelsrechtliche Kommentierungen weichen allerdings u.U. von dieser BFH-Rechtsprechung ab.

110 Insbesondere bei langfristigen Verpflichtungen ist laufend das Erfordernis der **Anpassung** von Schätzungsgrößen erforderlich. Wegen Einzelheiten vgl. Rz 102.

3.2.5 Rückgriffsansprüche *(reimbursements)*

111 Nach IAS 37.53 ist ein Kompensationsbetrag für eine zu bilanzierende Verbindlichkeitsrückstellung *(provision)* **getrennt von der Rückstellung** zu ak-

---

[95] HEUSER/THEILE, IAS/IFRS-Handbuch, 2. Aufl., 2005, Tz 1286.
[96] VON KEITZ u. a., in: BAETGE u. a., IAS 37 Tz 91.

tivieren (Rz 96). Es handelt sich also um einen eigenen Vermögenswert, dessen Bilanzansatz allerdings den Rückstellungsbetrag nicht übersteigen darf.
Diese Rückgriffsansprüche sind inhaltlich von den Eventualforderungen (Rz 92) abzugrenzen.
IAS 37.53 verlangt eine bedingte Wahrscheinlichkeit: Rückgriffsansprüche sind dann anzusetzen, wenn sie der **Verpflichtung** so gut wie sicher *(virtually certain)* folgen.

> **Beispiel**
> Es ist gegenüber dem Unternehmen eine Schadensersatzklage (Passivprozess) wegen (z. B.) Produkthaftung anhängig. Der diesbezügliche Versicherungsschutz ist dem Grunde und der Höhe nach unstreitig, alle Versicherungsprämien sind bezahlt.
> - Das Unternehmen rechnet nicht mit einer Verurteilung *(less likely than yes)*: Es ist weder eine Rückstellung zu bilden noch ein Ersatzanspruch zu aktivieren. Es verbleibt bei einer Anhangsangabe unter Erwähnung der Versicherungsdeckung (Rz 87).
> - Das Unternehmen rechnet eher mit einem negativen Prozessausgang *(more likely than not)*: Hier sind sowohl die Rückstellung als auch der Ersatzanspruch getrennt zu bilanzieren (Rz 31).

Für den **GuV-Ausweis** erlaubt IAS 37.54 in Übereinstimmung mit IAS 1.34b eine Saldierung des Aufwandes aus der Rückstellungsverpflichtung mit dem Ertrag aus dem Erstattungsanspruch (→ § 2 Rz 13).

Als **Beispiele** für solche Rückgriffsrechte nennt IAS 37.55 Versicherungsverträge, Entschädigungsklauseln in Verträgen und Gewährleistungen von Lieferanten (Rz 115). Dabei soll unerheblich sein, ob sich der Anspruchsberechtigte direkt an den Rückgriffsverpflichteten oder an das Unternehmen hält.

Nach IAS 37.29 i. V. m. IAS 37.58 ist der Fall einer **gemeinsamen Verpflichtung** mit einem anderen Unternehmen nicht nach der vorstehenden Regel des getrennten Ansatzes von Rückgriffsrechten zu bilanzieren. Soweit das Unternehmen hilfsweise für die gemeinsame Verpflichtung in Anspruch genommen werden kann, ist dies als Eventualverbindlichkeit zu werten, soweit der andere Verpflichtete erwartungsgemäß der Zahlungspflicht nachkommt.

Nach ständiger BFH-Rechtsprechung sind **Rückgriffsrechte** für Verpflichtungen aus dem Rückstellungsbereich in **saldierender** Form bei der Bewertung zu berücksichtigen (also nicht getrennte Aktivierung und Passivierung gemäß IAS 37.53; Rz 111). Der BFH-Rechtsprechung können folgende Beispiele für sog. **Bewertungseinheiten** entnommen werden, die nach IAS 37.53 abzubilden wären.

Thema	BFH vom	Aktenzeichen	Fundstelle
Rückgriffsrechte gegen Versicherer	14.11.1957	IV 67/57	BB 1958, 225
Rückgriffsforderung des Bauunternehmers gegen Subunternehmer bei Garantieverpflichtungen	17.2.1993	X R 60/89	BStBl II 1993, 437
Einnahmen aus Kippgebühren bei Wiederauffüllungsverpflichtung für ausgeschachtete Kiesvorkommen	16.9.1970	I R 184/67	BStBl II 1971, 85
Forderungsübergang kraft Gesetzes bei Inanspruchnahme durch Bürgschaftsgläubiger	19.3.1975	I R 173/73	BStBl II 1975, 614
	26.1.1989	IV R 86/87	BStBl II 1989, 456
	15.10.1998	IV R 8/98	BStBl II 1999, 333
Ausgleichsansprüche gegen Urlaubskasse	8.2.1995	I R 72/94	BStBl II 1995, 412
Erstattungsanspruch an die Arbeitsbehörde	BMF vom 11.11.1999		BStBl I 1999, 959

3.2.6 Einbeziehung von Gemeinkosten

116 Die Einbeziehung von Gemeinkosten in die Rückstellungsbewertung ist expressis verbis in IAS 37 nicht geregelt. U. E. ergibt sich indes eine Einbeziehungspflicht aus der Interpretation von IAS 37.37.[97] Ein fremder **Dritter** würde die Verpflichtung nämlich nur übernehmen, wenn er die sachverhaltsbezogenen Gemein- und anteiligen Verwaltungskosten erstattet bekäme.[98]

---

[97] A. A. KPMG, Insights into IFRS 2006/2007, 3.12.180.30: Einzubeziehen sind nur die mit der Regulierung der Verpflichtung verbundenen zusätzlichen Kosten (*incremental costs*), die in der Regel aus externer Quelle stammen.

[98] Ähnlich VON KEITZ u. a., in: BAETGE u. a., IAS 37, Tz 106; a. A. dort allerdings zu „Abschlusskosten" (Tz 132). U. E. sind auch für die Abschlussarbeiten Gemeinkosten in die Rückstellungsbewertung einzubeziehen. Grund: Die Verpflichtung ist extern durch Gesetz vorgegeben; die damit verbundene Außenverpflichtung kann nur unter Einbeziehung auch von Gemeinkosten erfüllt werden.

Hoffmann

Im deutschen Rechnungslegungsrecht ist seit jeher bei **Sachleistungsverpflichtungen** das Ob und Wie der Einbeziehung von Gemeinkosten in die Rückstellungsbewertung streitig. Die überwiegende Meinung fordert für die Handelsbilanz den **Vollkostenansatz**;[99] steuerlich ist die Bewertung mit den „angemessenen Teilen der notwendigen Gemeinkosten" durchzuführen (§ 6 Abs. 1 Nr. 3a Buchstabe b) EStG).
Folgende den Vollkostenansatz bestätigende Beispiele sind aus der **BFH-Rechtsprechung** bekannt:

Thema	BFH vom	Aktenzeichen	Fundstelle
Einzelgarantiefälle	13.11.1991	I R 129/90	BStBl II 1992, 519
Jahresabschlusserstellung und -prüfung	24.11.1983	IV R 22/81	BStBl II 1984, 301
Erstellung der Jahressteuererklärungen	24.11.1983	IV R 22/81	BStBl II 1984, 301
Abschreibungsverpflichtungen im Baugewerbe	18.1.1995	I R 44/94	BStBl II 1995, 742
Schadensermittlung bei Versicherern	19.1.1972	I R 114/65	BStBl II 1972, 392
Urlaubsverpflichtungen	8.7.1992	XI R 50/89	BStBl II 1992, 910
	10.3.1993	I R 70/91	BStBl II 1993, 446
	6.12.1995	I R 14/95	BStBl II 1996, 406

Das handelsrechtliche Schrifttum folgt den Entscheidungen des BFH teilweise nicht (ganz). Insbesondere zur Bewertung der Urlaubsrückstellungen differieren die Auffassungen.[100] Nach IFRS-Bilanzierung kann indes jedes betriebswirtschaftlich vertretbare Rechenschema unter Einbeziehung von Gemeinkosten akzeptiert werden.

117

3.2.7 Entfernungs- und Wiederherstellungsverpflichtungen
Vorab wird verwiesen wegen des
- Regelungsinhalts auf Rz 63,
- Bilanzansatzes im Zugangsjahr auf → § 8 Rz 50.

118

---

[99] Hoyos/Ring, Beck'scher Bilanzkommentar, 6. Aufl., § 253 HGB Tz 158.
[100] Einzelheiten bei Hoyos/Ring, Beck'scher Bilanzkommentar, 6. Aufl., § 249 HGB Tz 100 „Urlaub".

Das Thema ist durch die **Langfristigkeit** des bilanziellen Engagements gekennzeichnet. Der Buchungssatz „per AK/HK an Rückstellungen" (Rz 65) bringt dieses Faktum stärker zum Ausdruck als die nach HGB/EStG übliche ratierliche Ansammlung des Rückstellungsbetrages zu Lasten des laufenden Aufwandes (Rz 63). Die beiden nach IFRS anzusetzenden Bilanzposten – aktivisch die AK/HK, passivisch die Rückstellungen – bedürfen einer **ständigen Korrektur** im Gefolge der angenommenen Entsorgungskosten, der Schwankungen des Zinssatzes und der Aufzinsung.

119 Dieses Problemkreises nimmt sich ausführlich IFRIC 1 mit folgenden Anwendungsbereichen an:

- Anlagevermögen i. S. d. IAS 16 (→ § 14),
- Rückstellungen i. S. d. IAS 37.

Mit erfasst von IFRIC 1 werden damit auch gemäß IAS 16.4 und 16.5

- Vermögenswerte im Rahmen eines Leasingverhältnisses i. S. d. IAS 17 (→ § 15),
- Renditeliegenschaften, bewertet nach dem *cost model* i. S. d. IAS 40 (→ § 16 Rz 40ff.).

Er behandelt dagegen nicht die Steuerlatenz i. S. d. IAS 12 (→ § 26).

Wegen des Anwendungs**zeitpunkts** von IFRIC 1 vgl. Rz 140.

120

Beispiel (zum *finance lease*)
Sachverhalt
Der Energieversorgungskonzern K baut ein Kraftwerk und finanziert dies im Wege des Spezialleasing. Nach den Zurechnungskriterien des IAS 17 liegt ein *finance lease* vor (→ § 15 Rz 20ff.). Der Konzern hat das Kraftwerk zu aktivieren und den Barwert der Leasingverbindlichkeit (→ § 15 Rz 109f.) zu passivieren.
Nicht im Leasingvertrag inbegriffen ist die Rückbauverpflichtung.

Lösung
Die Rückbauverpflichtung stellt kein *asset* i. S. d. IAS 16.5, sondern nur einen Teilbereich der aktivierungspflichtigen Herstellungskosten gemäß IAS 16.16(c) dar (→ § 8 Rz 50 und Rz 61). Die Rückbauverpflichtung ist umgekehrt als *liability* i. S. d. IAS 37.14 zu werten (Rz 18).

Beispiel (zum *operating lease*)
Sachverhalt
Das Fabrikationsunternehmen F lässt auf Erbbaurecht eine neue Montagehalle bauen. Die Finanzierung erfolgt im *operating lease*, das die Rückbauverpflichtung gegenüber dem Grundstückseigentümer nicht umfasst.

Lösung
Auf der Aktivseite der Bilanz des Leasingnehmers „erscheint nichts". Eine formal konsequente Verbuchung der Rückbauverpflichtung – keine *asset*-

Eigenschaft – „per Aufwand an Rückstellung" kommt u. E. trotzdem nicht in Betracht. Eine Aktivierung des Rückbauaufwands analog IAS 16.16 (c) wirkt andererseits befremdlich. Gleichwohl erscheint uns dieses Verfahren eher den Intentionen der IFRS zu entsprechen als eine ratierliche Ansammlung der Verpflichtung gemäß der Vorgehensweise nach HGB/EStG (Rz 63). Danach ist die Rückbauverpflichtung als Quasi-Vermögenswert mit dem Barwert zu aktivieren (Rz 63) und auf die Nutzungsdauer abzuschreiben. Der jeweilige Aufzinsungsbetrag für die Rückstellung ist als Finanzaufwand auszuweisen (→ § 2 Rz 63).

Beispiel zur Renditeliegenschaft
Sachverhalt
Die Immobiliengesellschaft I errichtet auf Erbbaurecht einen Supermarkt und verpflichtet sich am Ende der Laufzeit des Vertrages zum Abriss der Gebäulichkeit. I wählt das *fair-value*-Modell (→ § 15 Rz 119).

Lösung
Die Zugangsbewertung für die Rückbauverpflichtung erfolgt analog IAS 16.16 (c) mit dem Barwert der Verpflichtung (→ § 16 Rz 33). Für die Folgebewertung zum *fair value* passen die auf IAS 16 (→ § 8) aufbauenden Regeln des IFRIC 1 nicht (vgl. auch IAS 16.5). Vielmehr sind in die *fair-value*-Bewertung der Immobilie die aktuellen bewerteten Rückbauverpflichtungen einzubuchen. Die Verpflichtung ist zum jeweiligen Barwert (laufende Aufzinsung) zu passivieren.

Die erforderliche Überwachung der beiden Bilanzposten setzt nach IFRIC 1.2 bei der **Rückstellungsbewertung** und deren erforderlichen **Änderungen** an, die auf laufend anzupassenden Schätzelementen beruhen (IFRIC 1.3): **121**
- Bestimmung des Entsorgungs**volumens** (Mengengerüst) und der zugehörigen **Aufwendungen** (Preisgerüst) – *outflow of recources*;
- Änderung der **Abzinsungs**rate – *discount rate*, die nach IAS 37.47 (Rz 105) zu bestimmen ist;
- **Aufzinsung** nach Maßgabe des Zeitverlaufs – *unwinding of the discount*.

Unproblematisch ist dabei die dritte Anpassungsgröße, also der **Aufzinsungsbetrag**. Dieser ist nach IFRIC 1.8 ergebniswirksam als Finanzierungskosten bei Anfall zu erfassen. Eine Kapitalisierung nach dem Wahlrecht in IAS 23.10ff. (→ § 9 Rz 14ff.) entfällt.

Schwieriger gestaltet sich die Lösung für die beiden übrigen Parameter des Schätzverfahrens, die in IFRIC 1.5-7 behandelt werden. Eine irgendwie festgestellte Änderung der langfristigen Verpflichtung führt zu einer korrespondierenden Folgewirkung auf die Buchwerte der betreffenden Anlagegüter. Hier unterscheidet IFRIC 1 konsequent nach den beiden Bewertungsmodellen in IAS 16, dem Verfahren der **fortgeführten AK/HK** *(cost model;* → § 8 Rz 11ff.) und der **Neubewertungskonzeption** *(revaluation model;* → § 8 Rz 52ff.).

Im *cost model* ist wie folgt zu verfahren (IFRIC 1.5):
- Die Änderung des Rückstellungsbetrages aufgrund neuer Diskontierungssätze oder neuer Annahmen bezüglich Zeitpunkt oder Höhe der zu leistenden Zahlung – nicht also die Änderung aufgrund des Aufzinsungseffekts – ist als Veränderung des **Buchwertes** des betreffenden Anlagegutes zu erfassen (erfolgsneutrale Verbuchung).
- Kommt es zu einer **Verminderung** des Rückstellungswertes, darf der entsprechende Betrag den restlichen Buchwert nicht übersteigen, ansonsten ist die Minderung der Rückstellung unmittelbar erfolgswirksam zu behandeln (kein negativer Buchwert der Entsorgungsverpflichtung).
- Bei einer **Erhöhung** des Buchwertes muss sich das Unternehmen Gedanken darüber machen, ob dieser Betrag nicht überzogen ist, also ein Anzeichen für eine erforderliche Abschreibung darstellt. Wenn ein solches Anzeichen gegeben ist, ist ein *impairment*-Test nach Maßgabe von IAS 36 vorzunehmen (→ § 11 Rz 8ff.).

Die entsprechenden Änderungen sind **prospektiv** (erfolgswirksam) als Schätzungsänderungen nach IAS 8.36f. (→ § 24 Rz 30) zu verbuchen. Wegen des Übergangsverfahrens vgl. Rz 140.

122

> **Beispiel**
> **Sachverhalt**
> Das Unternehmen B erwirbt in 00 das Recht zum Aufbau einer Windkraftanlage (WKA) im Wattenmeer unter der Auflage eines Rückbaus nach 25 Jahren. Folgende Informationen liegen vor:
> - Die erwartete zukünftige Verpflichtung beträgt 1 Mio. EUR.
> - Der marktübliche Diskontierungszins für 25 Jahre beläuft sich auf 5 %.
>
> Bei der Erstaktivierung der WKA wird die zukünftige Verpflichtung zum Barwert *(present value)* bilanzverlängernd (ergebnisneutral) passiviert:
> - Per WKA 0,3 Mio an Rückstellung für Rückbau 0,3 Mio.,
>
> wobei die 0,3 Mio. sich aus der Diskontierung von 1 Mio. über 25 Jahre ergeben.
>
> In der Periode 15 erfolgt eine Anpassung der Rückstellung an bessere Informationen:
> - FALL 1: Die Höhe der zukünftigen Verpflichtung wird nun auf 1,2 Mio. geschätzt.
> - FALL 2: Der marktübliche Diskontierungszins beträgt nun 6 %.
>
> **Lösung**
> Der Barwert der passivierten Rückstellung ist aufgrund der besseren Erkenntnisse zum Stichtag der Periode 15 anzupassen. Die Anpassung erfolgt in der aktuellen Periode i. d. R. ergebnisneutral durch gleichzeitige Anpassung des Buchwertes der WKA (Bilanzverlängerung oder -verkürzung). In den Folgeperioden kommt es über Abschreibungen und Finanzierungskosten zu geänderten Aufwendungen.

> **Fall 1: Erhöhung Erfüllungsbetrag der Rückbauverpflichtung**
> - Per WKA 123 TSD an Rückstellung 123 TSD,
>
> wobei sich der Betrag von 123 aus der Diskontierung von 200 zu 5 % über die Restdauer von 10 Jahren ergibt.
>
> **Fall 2: Änderung des Kapitalisierungszinssatzes (Minderung Barwert bei gleich bleibendem Erfüllungsbetrag)**
> - Per Rückstellung 56 TSD an WKA 56 TSD,
>
> wobei die 56 TSD sich als Differenz aus einer Diskontierung des Erfüllungsbetrages von 1.000 über 10 Jahre mit einerseits 6 %, anderseits 5 % ergeben. Die erfolgsneutrale Buchung ist nur zulässig, wenn der RBW der WKA > mindestens 56 TSD beträgt. Liegt er etwa bei null, kommt nur eine ertragswirksame Buchung in Frage.
> Fraglich ist, wie im vorstehenden System der Zinstrukturkurveneffekt (→ § 11 Rz 26) zu berücksichtigen ist. Bei normalen Verhältnissen sinkt der Zins mit der Laufzeit. Bei unveränderten Marktverhältnissen ergäbe sich also zu jedem Stichtag eine Änderung des Zinssatzes aufgrund der verminderten (Rest-)Laufzeit. Dieser Effekt kann gemindert werden, indem aus *materiality*-Gründen für die Zinsbetrachtung der Diskontierungszins stets auf volle oder zumindest halbe Prozentpunkte gerundet wird.

Komplizierter stellen sich die erforderlichen Verbuchungen bei Anwendung der **Neubewertungskonzeption** *(revaluation model)* dar (→ § 8 Rz 52ff.):

- Die Änderung des Rückstellungsbetrages ändert die Neubewertungsrücklage auch im negativen Bereich *(revaluation surplus or deficit)* für den betreffenden Vermögenswert wie folgt:
  - Eine Minderung der Rückstellung ist unmittelbar der Neubewertungsrücklage im Eigenkapital zu belasten, es sei denn, zuvor ist eine Neubewertung zu Lasten des Ergebnisses verbucht worden (→ § 8 Rz 70).
  - Eine Erhöhung der Verpflichtung ist ergebniswirksam zu erfassen, soweit er eine vorgängige ergebniswirksame Abschreibung des neu bewerteten Vermögenswertes nicht übersteigt; der übersteigende Betrag ist dann der Neubewertungsrücklage zuzuführen.
  - Übersteigt die Verminderung der Verpflichtung den fiktiven Buchwert bei Anwendung des *cost model*, muss der übersteigende Betrag direkt im Aufwand verrechnet werden.
- Eine Veränderung der Rückstellungsverpflichtung indiziert das Erfordernis einer erneuten Vornahme des Bewertungsverfahrens, damit der Buchwert nicht nennenswert vom *fair value* am Bilanzstichtag abweicht (→ § 8 Rz 57). Sofern eine Neubewertung in diesem Fall erforderlich ist, müssen alle Vermögenswerte dieser Gruppe *(class* nach IAS 16.36) neu bewertet werden (→ § 8 Rz 58).

123

- In der Eigenkapitalveränderungsrechnung (→ § 20 Rz 39ff.) ist die daraus resultierende Bewegung der Neubewertungsrücklage gesondert darzustellen und zu erläutern.

Die aus den vorstehenden Änderungen sich ergebende neue **Abschreibungsbasis** *(depreciable ammount;* → § 10 Rz 20ff.) ist über die Nutzungsdauer hinweg (→ § 11 Rz 22ff.) abzuschreiben. Nach Ende der Nutzungsdauer (vollständige Abschreibung) sind Änderungen der dann noch vorhandenen Verpflichtung unmittelbar ergebniswirksam zu verbuchen (IFRIC 1.7).

Eine nennenswerte **praktische** Bedeutung kommt dem Neubewertungsverfahren in diesem Bereich zumindest in Deutschland vermutlich nicht zu. Gründe:
- Die Neubewertungsmethode wird bislang nur sehr selten und dann auch nur für Grundbesitz gewählt.[101]
- Eine einigermaßen zuverlässige Ermittlung des *fair value* eines Kernkraftwerkes oder Antennenanlage etc. (Rz 63) dürfte selten möglich sein.

3.2.8 Drohverluste (*onerous contracts*)

124 Bei lästigen Verträgen (*onerous contracts*) **übersteigen** die zwingenden Vertragserfüllungskosten den zu erwartenden Nutzen (Rz 45). Dabei sind die zwingenden (*unavoidable*) Kosten nach IAS 37.68 definiert als die niedrigeren infolge der Vertragserfüllung gegenüber den Kosten anlässlich eines Ausstiegs aus dem Vertrag (Vertragsstrafen, Schadensersatz). Diese Bewertungsvorgabe darf nicht rein juristisch verstanden werden, der **wirtschaftliche** Hintergrund ist vielmehr beachtlich.

> **Beispiel**[102]
> Großhändler G hat bei Kleinbauer B Tomaten der Güteklasse A zu einem Preis bestellt, der angesichts des nach der Bestellung eingetretenen Preisverfalls keine kostendeckende Weiterveräußerung mehr erlaubt.
> G weiß, dass der Gütenachweis schwierig ist, der Bauer an einem gutachten- und kostenintensiven Rechtsstreit kein Interesse hat und im Übrigen auch zur Vermeidung einer Auslistung bei G nach einer „Kündigung" des Vertrags mit an Sicherheit grenzender Wahrscheinlichkeit keine Schadensersatzklage einreichen würde. Die von G erwarteten Kosten eines Vertragsausstiegs belaufen sich daher auf null. G hat allerdings keinerlei Absicht, sich vertragsbrüchig zu verhalten.

Beachtlich bei der Bewertung von lästigen Verträgen ist eine mögliche **Interaktion** zur **außerplanmäßigen Abschreibung**:
- Bei verlustträchtigen **Beschaffungs**geschäften besteht dem Grunde nach ein **Komplementär**verhältnis: Die Drohverlustrückstellung **nimmt** die erforderliche außerplanmäßige Abschreibung vorweg. Allerdings besteht

---

[101] Von Keitz, Praxis der IASB-Rechnungslegung, 2003, S. 49.
[102] Nach Lüdenbach/Freiberg, PiR 2005, S. 42.

keine konzeptionelle Übereinstimmung – wenigstens in der praktischen Handhabbarkeit – mit den Vorgaben für die außerplanmäßige Abschreibung *(impairment)* nach IAS 36. Die Drohverlustrückstellung ist auf das **einzelne** Beschaffungsgeschäft ausgerichtet, die Ermittlung der Wertminderung dagegen in aller Regel auf einen **großen** Unternehmensbereich, die *cash genearting unit* (→ § 11 Rz 29ff.). In diesem großen Saldierungsbereich *cushion* geht die Wertminderung eines einzelnen Vermögenswertes „unter" (Saldierungskissen; → § 11 Rz 51).

- Bei verlustträchtigen **Absatz**geschäften werden unterschiedliche Regelungsbereiche der IFRS angesprochen. In diesem Fall hat nach IAS 37.69 die *impairment*-Abschreibung nach IAS 36 (→ § 11) **Vorrang** vor der Drohverlustrückstellung. Diese Vorrangigkeit bezieht sich auf bestimmte Sach- und immaterielle Anlagen und bestimmte Finanzanlagen. **Ausgeschlossen** sind förmlich die Spezialvorschriften für Vorräte nach IAS 2 (→ § 17), zur Veräußerung bestimmte Anlagen nach IFRS 5 (→ § 29) und andere Finanzanlagen nach IAS 39. Allerdings kann man IAS 37.69 auch als **allgemeinen Rechtsgedanken** verstehen und generell der außerplanmäßigen Abschreibung Vorrang vor der Drohverlustrückstellung zuerkennen.[103] Unter dieser Prämisse entspricht die Bilanzierung nach IFRS derjenigen nach Handels- und Steuerrecht (Rz 48).

- Bei **Dauerschuldverhältnissen** gilt ebenfalls der Vorrang der außerplanmäßigen Abschreibung vor der Drohverlustrückstellung nach IAS 37.69. Auch hier stößt sich die Einzelfallbetrachtung des lästigen Vertrags mit dem Saldierungskissen einer größeren Einheit. U. E. gebührt dem Regelungsbereich der außerplanmäßigen Abschreibung der Vorrang.

> **Beispiel**[104]
> Ein vermietetes Bürogebäude *(investment property* gemäß IAS 40; → § 16) ist defizitär, wird nach den vorhandenen Planungen in absehbarer Zeit keine positive Rendite erwirtschaften. Die CGU umfasst allerdings noch 50 andere Bürohäuser, die überwiegend positiv „wirtschaften". Eine außerplanmäßige Abschreibung auf das einzelne Gebäude kommt nicht in Betracht, wohl aber eine Drohverlustrückstellung.

Die Frage der Drohverlustrückstellung stellt sich allerdings dann nicht, wenn dem isoliert betrachteten Vertrag (z. B. Mietvertrag) wirtschaftliche **Vorteile** gegenüberstehen, wie im Apothekerfall des BFH.[105] Ähnlich der Entscheidung des BFH ist weiter Saldierungsbereich (also ebenfalls ein *„cushion"*) angezeigt.

---

[103] So Lüdenbach/Freiberg, PiR 2005, S. 43.
[104] In Anlehnung an Lüdenbach/Freiberg, PiR 2005, S. 45.
[105] BFH, Beschluss v. 23.6.1997, GrS 2/1993, BStBl II 1997 S. 735.

4 Ausweis und Anhangsangaben

4.1 Verbindlichkeiten *(liabilities)*

125 Erläuterungen zu den **Gliederungsproblemen** für die Bilanz werden in → § 2 Rz 22ff. gegeben.

126 In den **Anhangerläuterungen** *(notes)* sind gemäß IAS 32.60a neben möglichen weiteren **Untergliederungen** – etwa nach Maßgabe des HGB-Schemas – spezifizierte Angaben über Art, Umfang und Konditionen der einzelnen Verbindlichkeiten zu machen (→ § 28).

127 Die Darstellung kann etwa nach Maßgabe des folgenden **Beispieles** erfolgen:

Beispiel	31.12.02 TEUR	31.12.01 TEUR
Langfristig		
Sonderfinanzierung des Unternehmenserwerbs		
Andere Verbindlichkeiten gegenüber Kredit- und Finanzinstituten		
Stille Beteiligungen		
Verbindlichkeiten aus Finanzierungsleasingverträgen		
Kurzfristig		
Verschiedene Kredit- und Finanzinstitute		
Restkaufpreisverpflichtungen		
Verbindlichkeiten aus Finanzierungsleasingverträgen		

Die gesondert ausgewiesene Verbindlichkeit aus dem ... erwerb wurde von einem Bankenkonsortium unter der Führung der XY-Bank aufgenommen. Die eingeräumte Kreditlinie von ... TEUR war am Bilanzstichtag mit ... TEUR in Anspruch genommen. Die Kreditaufnahme datiert vom ... und ist mit einer Laufzeit von 364 Tagen versehen bei einer Verlängerungsoption um 12 Monate. Als Zins ist der EURIBOR plus 2,5 % festgelegt. Diese Verbindlichkeit ist im Hinblick auf die Verlängerungsmöglichkeit als langfristig ausgewiesen. Die entstandenen Nebenkosten der Darlehensgewährung werden nach der Effektivzinsmethode auf die Laufzeit verteilt aufwandswirksam.
Die stillen Beteiligungen betreffen Mitarbeiterbeteiligungsgesellschaften.
Einzelheiten zu den Finanzschulden gegenüber anderen Kredit- und Finanzierungsinstituten ergeben sich aus folgender Tabelle: [hier nur Kopfzeile]

Institut	Ursprungs-betrag TEUR	Til-gungs-höhe TEUR	Til-gungs-termin	Zinssatz p. a.	Valuta 31.12.02 TEUR	davon < 1 Jahr TEUR	davon > 1 Jahr TEUR	gewährte Sicher-heiten

4.2 Rückstellungen *(provisions)*

In Ergänzung zum Bilanzausweis sind im Anhang zu den Rückstellungen *(provisions)* – ohne Differenzierung nach den *accruals* (Rz 43) – detaillierte Angaben zu machen, die signifikant über die Pflichten in § 285 Nr. 12 HGB hinausgehen. Zunächst verlangt IAS 37.85 folgende **qualitativen** Angaben:
- Art der Rückstellung in kurzer Beschreibung,
- Darstellung der Ungewissheit der Höhe und der Zeit nach über den Zahlungsabfluss sowie eine informative Darlegung der wesentlichen Annahme über die künftige Entwicklung.
- mögliche Kompensationen von dritter Seite *(reimbursement*; Rz 111ff.).

Sinnvollerweise sind die Rückstellungen nach **wirtschaftlich definierten Kategorien** zusammenzufassen, also z. B. Gewährleistungsfälle, (anstehende) Passivprozesse, Personalbereich (→ § 19) etc. Teilweise überlappende Angaben sind nach IAS 8.16 vorgeschrieben (→ § 24 Rz 49ff.).

128

Die so definierten Rückstellungen sind nach IAS 37.84 vergleichbar einem Anlagespiegel – tabellarisch – von der Anfangsbilanz zur Schlussbilanz zu entwickeln. Der nachstehende **Rückstellungsspiegel** folgt dieser Vorgabe und enthält die nach IAS 37.84 geforderten Angaben.

129

Art der Rückstellung (Beispiele)	Buchwert 1.1.	Zufüh-rung	Auf-zinsung	Inanspruch-nahme	Auf-lösung	Buchwert 31.12.
Gewinnbeteiligungen						
Sonstige Personal-verpflichtung						
Garantien						
Prozesse						
Umweltverpflichtungen						
Summe						

Tab. 1: Rückstellungsspiegel

Hierzu folgende Erläuterungen: Die Spalte „**Aufzinsung**" resultiert aus der Bewertungsvorschrift in IAS 37.45, die eine Abzinsung von längerfristig „laufenden" Rückstellungsvorsorgen vorsieht (Rz 105). Besonders wichtig ist die **Unterscheidung zwischen Inanspruchnahme** *(utilized)* **und Auflösung** *(unutilized)*. Die Spalte „**Auflösung**" zeigt die gegenüber dem tatsächlichen Bedarf überhöhte Vorsorge in den Vorjahren. Umgekehrt fehlt die korrespondierende Spalte für eine **zusätzliche Inanspruchnahme**, die über die bilanzielle Vorsorge aus dem Vorjahr hinausgeht. Eine solche ließe sich in rechnerisch abstimm-

130

barer Form nicht darstellen, sondern nur als Zusatzangabe. Erstaunlicherweise schreiben die IFRS diese – für einen Bilanzleser interessante – Information nicht vor (ebenso wenig das HGB).

Zusätzlich zum Inhalt der Tabelle in Rz 129 erscheinen Angaben zur **Fristigkeit** der Zahlungsverpflichtung erforderlich (IAS 37.85b). Üblich ist dabei in der deutschen IFRS-Rechnungslegungspraxis die Aufteilung: bis zu einem Jahr, 1-5 Jahre, über 5 Jahre. Die Tabelle ist außerdem um **qualitative Angaben** zu den einzelnen Rückstellungspositionen zu ergänzen; dazu gehören auch Angaben zu den Abzinsungssätzen bei Verpflichtungen mit längerfristiger Laufzeit.

131 **Nicht mehr benötigte** Rückstellungen einer Kategorie dürfen nicht (erfolgsneutral) auf eine andere Kategorie **übertragen** werden (IAS 37.61).

132 Zur weiteren Verdeutlichung folgendes

> **Beispiel**[106]
> Die World Wide AG hat seit Ende 00 einen neuen Vorstand, der die Bilanz 00 in Ausnutzung sämtlicher Ermessensspielräume umfangreich mit Rückstellungen belastet und dadurch das Ergebnis 00 auf 100 Mio. EUR reduziert. U. a. hat er noch im **Dezember 00** die Entlassung sämtlicher Leiter der Übersee-Niederlassungen verkündet und hierfür eine Abfindungsrückstellung von 50 Mio. EUR gebildet. Weiterhin hat er die Garantierückstellungen (durchschnittliche Garantielaufzeit 1 Jahr) neu kalkuliert und deshalb von 15 auf 20 Mio. EUR erhöht. Schließlich hat er für einen Ende 02 endenden Pachtvertrag eine bisher nicht berücksichtigte Altlastenbeseitigungspflicht von 12,1 Mio. EUR (Barwert bei Zins von 10 %: 10 Mio. EUR) bilanziert.
>
> In **01** scheiden diverse Country-Manager gegen 24 Mio. EUR Abfindung (davon 12 Mio. EUR Europa) aus. Mit weiteren Abfindungen ist nicht zu rechnen. In 01 kommt es zu Garantie-Kosten von 13 Mio. EUR. Die Garantierückstellung wird wieder von 20 auf 15 Mio. EUR zurückgeführt. Der Jahresüberschuss hat sich von 00 nach 01 verdoppelt, wofür der Vorstand eine ordentliche Sondervergütung erhält.
>
> Der IFRS-Rückstellungsspiegel 01 stellt sich wie folgt dar:

Art	Buchwert 1.1.	Zuführung	Aufzinsung	In-anspruchnahme	Auflösung	Buchwert 31.12.
Abfindung Übersee	50			12	38	0
Garantie	20	15		13	7	15
Altlasten	10		1,0			11
Summe	80	15	1,0	25	45	26

---

[106] Aus LÜDENBACH, IFRS, 4. Aufl., 2005, S. 228f.; vgl. auch die Erläuterungen in Rz 129.

Die Rückstellung Übersee darf nicht für Europa verwendet werden, ihre Auflösung beträgt daher 38 und nicht 26 Mio. EUR. Die Auflösungsspalte ist insgesamt aufschlussreich für den Bilanzleser: Bei angemessener Rückstellungsdotierung wären die Ergebnisse 00 bzw. 01 mit 145 Mio. EUR bzw. 155 Mio. EUR um 45 Mio. EUR höher bzw. niedriger ausgefallen. Aus der Verdoppelung des Jahresüberschusses und der schönen Sondervergütung für den Vorstand wäre nichts geworden.

4.3 Eventualverbindlichkeiten *(contingent liabilities)*

Diese Sonderform der Verbindlichkeit, die hinsichtlich der Wahrscheinlichkeit des Eintretens zwischen *„more likely than not"* (dann Bilanzansatz als *provision*;Rz 40, 43) einerseits und *remote* (dann überhaupt keine Angabe) angesiedelt sind (Rz 85ff.), müssen nach IAS 37.86 näher erläutert werden. Das Gleiche gilt umgekehrt für die *contingent assets* (Rz 92) gemäß IAS 37.89. Zunächst ist auch hier eine **Klassifizierung** nach der Art der Verpflichtung vorzunehmen – entsprechend der deutschen Gewohnheit z. B. im Wechselobligo, in Bürgschaften, Schuldbeitritten etc.
Dabei sind folgende Angaben – **soweit wirtschaftlich sinnvoll ermittelbar** – zu machen:
- mögliche finanzielle Auswirkungen,
- Angaben zu den geschätzten Beträgen und dem Zeitpunkt der Bezahlung,
- Möglichkeit einer Kompensation.

Die Formulierungen der IFRS an dieser Stelle sind bewusst vage gehalten, so dass hier weite Interpretationsmöglichkeiten bestehen bis hin zum **Verzicht** auf mögliche Angaben, was auch die Praxis der deutschen IFRS-Bilanzierung beweist.[107]
Als weitere Angabe kommen **Verpflichtungen** in Betracht, die **mangels zuverlässiger Bewertbarkeit** nicht bilanziert worden sind (Rz 41), sowie **Restrukturierungsvorhaben**, die **nach** dem Bilanzstichtag, aber **vor** der Bilanzerstellung verkündet wurden (Rz 75). Weiter sind zu nennen bedingte Einzahlungsverpflichtungen in „Entsorgungsfonds" (Rz 63 und Rz 89).
Zu den Eventualverbindlichkeiten folgendes **Formulierungsbeispiel**:

> **Beispiel**
> Wir sind eine **Ausfallbürgschaft** mit unbestimmter Laufzeit zugunsten eines wichtigen Zulieferunternehmens in Höhe von TEUR X eingegangen. Ein Mitbewerber hat uns wegen Verstößen auf dem Gebiet des Warenzeichenrechtes **verklagt**. Die geltend gemachte Forderung von TEUR Y ist nach Auffassung unserer Rechtsvertreter unbegründet und wurde deshalb nicht als Rückstellung in die Bilanz aufgenommen.

---

[107] Vgl. von Keitz, Praxis der IASB-Rechnungslegung, 2003, S. 114ff.

> Für die im Januar vom Vorstand und Aufsichtsrat beschlossene Aufgabe der ... produktion rechnen wir mit nicht bilanzierten Verpflichtungen von ... TEUR.
> Für bestimmte in die USA ausgelieferte Produkte werden seitens amerikanischer Verbraucherschutzvereinigungen ganz erhebliche **Schadenersatzforderungen** geltend gemacht. Diese Forderungen werden dem Grunde nach von uns bestritten, können vor allem aber auch nicht annähernd zuverlässig geschätzt werden (Rz 41). Ein Bilanzansatz erfolgte deshalb nicht.

4.4 Ereignisse nach dem Bilanzstichtag

136 Der Rückstellungsbereich stellt ein Bilanzierungsfeld dar, das in besonderem Umfang **zukunftsbezogen**, d. h. von mangelnden Erkenntnissen des Managements über das Bestehen und/oder die Höhe einer Verpflichtung gekennzeichnet ist. Deshalb kann es hier häufig (zu materiell bedeutenden) **ansatz- oder wertbegründeten** Erkenntnissen nach dem Bilanzstichtag kommen. Nach IAS 10.20 (→ § 4) ist in diesem Fall eine **Anhangsangabe** erforderlich. Beispiele (für Bilanzstichtag 31.12.05):

> **Beispiel**
> - Unsere Polyesterfertigungsanlage in Freiburg wurde am 10.1.05 durch Frosteinbrüche erheblich beschädigt. Seitdem liegt diese Produktionslinie still. Inwieweit der Schaden versichert ist, lässt sich derzeit nicht zuverlässig abschätzen.
> - Wir haben am 15.1.05 unseren Entschluss zur Schließung der Glasfaserfabrik in Köln bekannt gemacht. Den damit verbundenen Einmalaufwand von geschätzt X TEUR haben wir nicht im Jahresabschluss zum 31.12.04 berücksichtigt (Rz 74).

5 Latente Steuern

137 Die Deutsche Rechnungslegungswelt ist bezüglich der Rückstellungen von der Spezifizierung zu Ansatz und Bewertung durch die BFH-Rechtsprechung dominiert. Im Rahmen der vorstehenden Kommentierung ist immer wieder ein **Vergleich** zu dieser Rechtsprechung gezogen worden. Auf die Zusammenstellung ist zu **verweisen** (Rz 138).
Nach IFRS anzusetzende Drohverlustrückstellungen (Rz 45ff.) sind steuerbilanziell wegen § 5 Abs. 4a EStG nicht anzusetzen. Hieraus ergibt sich eine aktive Steuerlatenz. Sofern umgekehrt eine Rückstellungsbildung nach IFRS anders als in der StB nicht oder nur in geringer Höhe in Betracht kommt, ist eine Steuerlatenz zu passivieren (→ § 26 Rz 18). Andererseits ist erneut auf die

erheblichen **Ermessensspielräume** zu verweisen, den der Bilanzposten „Rückstellungen" dem Management eröffnet (Rz 103). Deshalb werden sich häufig Abweichungen zwischen EStG- und IFRS-Bilanzansatz vermeiden lassen, was auch im Interesse der **Vereinfachung** erwünscht ist. Eine zu akribische Durchleuchtung einzelner Rückstellungssachverhalte bezüglich IFRS- bzw. EStG-Tauglichkeit erscheint auch deshalb unangebracht, weil im Augenblick der Bilanzierungsentscheidung des Managements die erst viel später ergehende Beurteilung der **steuerlichen Außenprüfung** unbekannt ist.

Beispiel
Das Unternehmen hat der Bundesregierung die Einführung eines Mautsystems bis zum 2.11.2003 zugesagt. Am 31.12.2003 war das System nicht funktionsfähig mit der Folge, dass die Bundesregierung das Unternehmen auf Vertragsstrafen und Schadenersatz in Anspruch nehmen will.

Lösung
1. Das Unternehmen stellt in der IFRS-Bilanz und der StB die Vertragsstrafen zurück (keine Steuerlatenz).
2. Bezüglich weitergehender **Schadenersatzverpflichtungen beschränkt sich das Unternehmen in der IFRS-Bilanz** auf Anhangserläuterungen (Rz 43, 85ff., 133). In der StB erfolgt demgegenüber ein Ansatz wegen der unterstellten geringeren Wahrscheinlichkeitsschwelle nach der BFH-Rechtsprechung (Rz 36). Das Argument steht allerdings nicht auf festem Fundament, denn die Wahrscheinlichkeitskriterien sind in beiden Rechnungslegungssystemen gleich unbestimmt (Rz 31ff.). Die spätere Entscheidung der Außenprüfung ist nicht vorhersehbar. Bei der getroffenen Bilanzierungsentscheidung muss eine passive Steuerlatenz gebildet werden, ein auch in Betracht kommender Nichtansatz in der StB würde eine Steuerlatenzrechnung vermeiden.

6 Einzelfälle der Rückstellungsbilanzierung (ABC)

138

Abbruch-verpflichtung	Ansatzpflicht, soweit faktische oder rechtliche Außenverpflichtung, s. Rz 63ff., zur Bewertung Rz 118. Wegen Einbeziehung in die Herstellungskosten eines Neubaus s. → § 8 Rz 49. S. auch „Entfernungsverpflichtungen" und „Wiederherstellungsverpflichtungen". BFH-Urteil v. 19.2.1975, I R 28/73, BStBl II 1975, 480: Ansatzpflicht bejahend.
Abfindungen (für Arbeitnehmer)	Nicht den Bestimmungen von IAS 37 unterliegend, sondern in IAS 19 geregelt (→ § 22 Rz 85).
Abrechnungsver-pflichtung (im Baugewerbe)	Vergangenheitsereignis, dem sich das Unternehmen nicht entziehen kann (Rz 20ff.). Deshalb Ansatzpflicht. BFH-Urteil v. 18.1.1995, I R 44/94, BStBl II 1995, 742. Ansatzpflicht bejahend.
Abschlussgebühren (für Bausparverträge)	Rückzahlungsverpflichtung aufgrund eines Vergangenheitsereignisses (Rz 20), das dann eintritt, wenn der Bausparer auf das Darlehen nach der Ansparphase verzichtet: Die Abschlussgebühr ist dem Bausparer zurückzuerstatten. Deshalb Ansatzpflicht. Die Bewertung erfolgt nach statistischen Erhebungen aus der Vergangenheit. BFH-Urteil v. 12.12.1990, I R 18/89, BStBl II 1991, 485: Ansatzpflicht bejahend.
Abschlusskosten	S. „Jahresabschlusskosten".
Abzinsung	Langfristige Verpflichtungen sind abgezinst zu bewerten (Rz 105ff.).
Altersteilzeit	S. → § 22 Rz 76ff.
Altersversorgung	S. → § 22 Rz 8ff.
Altfahrzeuge – Rück-nahmeverpflichtung	Begründet Rückstellungsansatz mit Bewertung aus Vergangenheitserfahrung (Rz 71).
Arbeitsbehörden (Erstattungsanspruch)	Kompensationsansprüche gegen die Arbeitsbehörde sind getrennt von der Rückstellung zu aktivieren, s. Rz 115.
Arbeitsfreistellung	S. → § 22 Rz 85.

Arzneimittelregistrierung	Keine Ansatzmöglichkeit, da sich das Unternehmen der Verpflichtung durch Verzicht auf die Einführung des Produktes entziehen kann (Rz 20f.). BFH-Urteil v. 25.8.1999, III R 95/87, BStBl II 1989, 893: Kein Ansatz.
Aufbewahrungspflichten	Rz 83.
Aufwandsrückstellungen	Nicht ansetzbar (Rz 20).
Ausgleichsverpflichtung	S. „Handelsvertreter".
Belastende Verträge	Rückstellung ist bei drohendem Verlust zu bilden, s. Rz 45.
Berufsgenossenschaftsbeiträge	Sind bei Zahlungsrückstand anzusetzen, s. → § 22 Rz 85.
Bewertungseinheiten	S. Rz 115.
Bohrlochverfüllung	Ratierliche Rückstellungsansammlung mit Beginn des Abbruchs, s. Rz 68.
Bonusvergütungen	S. „Erfolgsprämien" und „Umsatzbonus".
Buchung laufender Geschäftsvorfälle des Vorjahres	Wie „Jahresabschlusskosten". BFH-Urteil v. 25.3.1992, I R 69/91, BStBl II 1992, 1010: Ansatzpflicht.
Bürgschaft	S. Rz 88.
Dauerschuldverhältnisse	Als mögliche *onerous contracts*, s. Rz 48.
Dokumentationsverpflichtungen	S. Rz 83.
Drohverlustrückstellungen	Sind anzusetzen, s. Rz 45.
Einzelgarantiefälle	Sind nach Wahrscheinlichkeitsüberlegungen zu bewerten, s. Rz 101.
Elektroschrott	Differenzierende Beurteilung der Ansatzpflicht (Rz 70).
Emissionsrechte, Rückgabepflicht	S. → § 13 Rz 38.

Entfernungsverpflichtung	S. Abbruchverpflichtung sowie Rz 63 und 118.
Entsorgung	S. Abbruchverpflichtung sowie Rz 55ff.
„Entsorgungsfonds"	S. Rz 63.
Erfolgsprämien Arbeitnehmer	Nicht den Bestimmungen von IAS 37 unterliegend, sondern in IAS 19 geregelt, s. → § 22 Rz 85: Ansetzbar, soweit zurückliegende Perioden betreffend. Zur Steuerrechtslage: s. a. BFH-Urteil v. 2.12.1992 IR 46/91, BStBl II 1993, 109: Ansatzpflicht.
EU-Chemikalienverordnung	S. Rz 83.
Garantien	Sind anzusetzen und nach Erfahrungsgrundsätzen zu bewerten, s. Rz 24, 100.
Gemeinkosten	Sind in die Bewertung einzubeziehen, s. Rz 116.
Gewährleistung	S. „Garantie" und „Einzelgarantie".
Gleitzeitguthaben	S. → § 22 Rz 85.
Gratifikationen (an Arbeitnehmer)	Nicht den Bestimmungen von IAS 37 unterliegend, sondern in IAS 19 geregelt, s. → § 22 Rz 85.
Handelsvertreter	Für die Ausgleichsverpflichtung gegenüber **freien** Handelsvertretern ist IAS 37 einschlägig. Passivierungspflicht besteht erst nach Beendigung des Handelsvertretervertrages. Zuvor liegt kein Vergangenheitsereignis im Sinne von IAS 37.19 vor (Rz 20). Während der Laufzeit des Vertretervertrages kann das Unternehmen den Vertrieb der provisionierten Produkte einstellen (IAS 37.19). Für **angestellte** Handelsvertreter (Arbeitnehmer) ist IAS 19 einschlägig, führt aber nicht zu einer anderen Beurteilung der Ansatzverpflichtung. BFH-Urteil v. 14.3.1986, III R 179/82, BStBl II 1986, 669: ebenfalls keine Ansatzmöglichkeit.
Hohlraumverfüllung	S. „Bohrlochverfüllung".
Instandhaltung	S. „Reparaturen".

Jahresabschlusskosten	Ansatzpflicht für alle externen und internen Kosten Abschlusskosten, da auf einem Vergangenheitsereignis (Ablauf des Geschäftsjahres) beruhend und sich das Unternehmen kraft öffentlich rechtlicher Bestimmungen (HGB, GenG etc.) der Verpflichtung nicht entziehen kann; Bewertung zu Vollkosten (Rz 20 und 116). Zur BFH-Rechtsprechung s. Rz 116.
Jahressteuererklärungen	S. „Jahresabschlusskosten".
Jubiläumsgelder	Abgezinst zu bilanzieren, s. → § 22 Rz 85.
Kulanzen	Passivierungspflicht, da faktische Verpflichtung, s. Rz 24.
Künftige Kostenentwicklung	Ist bei der Bewertung zu berücksichtigen, s. Rz 105.
Leasingverträge	Können *onerous contracts* sein, s. Rz 53.
Nachbetreuungsleistungen (von Optikern und Hörgeräteverkäufern)	Verpflichtung aus Vergangenheitsereignis, dem sich das Unternehmen nicht entziehen kann; deshalb Ansatzverpflichtung (Rz 20). Zur Steuerrechtslage: s. a. BFH, Urteil v. 10.12.1992, XI R 34/91, BStBl II 1994 S. 158.
Patentverletzung	Erst rückstellbar, wenn der Patentinhaber Ansprüche geltend macht. Weitere Voraussetzung ist die Fortführung der „verletzenden" Produktionstätigkeit (s. Rz 20).
Pensionen	S. → § 22 Rz 8ff.
Pensionssicherungsverein	S. → § 22 Rz 85.
Pfandleergutrückgabe	Die „Einstellung" von Getränkeumschließungen u. Ä. in den so genannten Pfandkreislauf begründet eine Rücknahmeverpflichtung und damit verbunden die Rückvergütung des zunächst vereinnahmten Betrages. Es liegt ein ansatzbegründendes Vergangenheitsereignis vor (s. Rz 20 sowie → § 25 Rz 30).[108]
Produkthaftpflicht	Kann nur auf einem Vergangenheitsereignis beruhen, deshalb Ansatzpflicht (s. Rz 20).

---

[108] JAKOB/KOBOR, DStR 2004, S. 1596; HOFFMANN, PiR 2006, S. 95.

Prozessrisiken	Nach Wahrscheinlichkeitsüberlegungen anzusetzen, s. Rz 38 und 96.
Rabatt	S. „Umsatzbonus".
Rechtsverfolgungskosten	Stufenweise (instanzenabhängig) ansetzbar, s. Rz 81/1.
Registrierungskosten (nach der EU-Chemikalienverordnung)	S. Rz 84.
Rekultivierungsverpflichtung	S. Rz 68 und 118: ratierliche Ansammlung und abgezinste Bewertung. BFH, Urteil v. 19.5.1983, IV R 205/79, BStBl II 1983 S. 670: Ansatzpflicht.
Reparaturen	Rückständige Reparaturen sind nicht ansetzbar, da keine Außenverpflichtung (Rz 20).
Restrukturierung	Bei bestimmten tatbestandlichen Voraussetzungen zu bilanzieren, s. Rz 72.
Rückbau	S. Rz 63 und 118: Bei Inbetriebnahme sind die Kosten des Rückbaus anzusetzen.
Schadstoffausstoß	S. Emissionsrechte.
Steuerschulden	S. → § 26 Rz 1.
Umsatzbonus	Vergangenheitsereignis, dem sich der Unternehmer nicht entziehen kann. Daher Ansatzpflicht (Rz 20).
Umweltschutz	S. Rz 55ff. sowie „Entfernungsverpflichtung" und s. „Abbruchkosten".
Urlaubsverpflichtung	S. → § 22 Rz 85.
Verluste, künftige	Kein Ansatz möglich (Rz 20).
Wiederauffüllverpflichtung	S. Rz 68 und 118: ratierliche Rückstellungsansammlung.

7 Anwendungszeitpunkt, Rechtsentwicklung

139 Der Standard IAS 37 ist anzuwenden auf Jahresabschlüsse für Geschäftsjahre, die am 1. Juli 1999 oder später beginnen. Durch das *Improvement Project* haben sich keine nennenswerten Änderungen ergeben. Eine Überarbeitung ist im Rahmen des **Konvergenz**projektes geplant (Rz 143). Die Verabschiedung der Standardänderung ist für Ende 2007 mit verpflichtender Anwendung ab

1.1.2009 vorgesehen. Nach den bisher bekannt gewordenen Plänen sollen die Definitionen von Eventualverbindlichkeiten (Rz 85) und -forderungen (Rz 92) geändert und Restrukturierungsverpflichtungen (Rz 72) den regulären Ansatzschritten unterworfen werden.
IFRIC 1 (Rz 119ff.) ist auf nach dem 31.8.2004 beginnende Geschäftsjahre anzuwenden. Die empfohlene frühere Anwendung ist im Anhang zu erläutern. Eine danach gebotene Änderung der Bilanzierungsmethoden unterliegt den Regeln von IAS 8 (→ § 24 Rz 17ff.). Zur IFRS-Erstanwendung vgl. → § 6. Soweit durchführbar *(where practicable)* ist das Bilanzierungsverfahren nach IFRIC 1 retrospektiv anzuwenden. Dazu folgendes Beispiel nach IFRIC 1 IE13ff.:

140

Beispiel
Sachverhalt
- Anwendung von IAS 37 ab 1.7.1999.
- Anwendung von IFRIC 1 ab 1.1.2005.
- Zuvor aufwandswirksame Erfassung der Schätzungsänderungen für die Entsorgungsverpflichtungen.
- Per 31.12.2000 Aufzinsung der Entsorgungsverpflichtung um 500 auf 10.500 und außerdem Schätzungserhöhung um 1.500 auf 12.000.
- Die Erhöhung der Verpflichtung um 2.000 ist aufwandswirksam verbucht worden.

Lösung
- Vor Gültigkeit von IFRIC 1 wurde die Aktivseite nicht verändert. Wenn in 2000 IFRIC 1 schon gegolten hätte (retrospektive Anwendung), wären 1.500 aktiviert und von da an abgeschrieben worden. Dieser Effekt ist in 2005 über den Gewinnvortrag nachzubuchen.
- Die Jahresabschreibung für 39 Jahre von 1.500 beträgt rd. 39; Stand der Abschreibung per 31.12.2004 115, per 31.12.2005 154.
- Es ist zu buchen:

per 1.1.2004 (Vorjahresvergleich gemäß IAS 8)
Anlagevermögen	1.500	
Kumulierte Abschreibung		115
Gewinnvortrag		1.385

per 1.1.2005
Anlagevermögen	1.500	
Kumulierte Abschreibung		154
Gewinnvortrag		1.340

Ob diese retrospektive Verfahrensweise **durchführbar** *(practicable)* ist, kann nur im Einzelfall entschieden werden.

Die Vorschriften über „Entsorgungsfonds" gemäß IFRIC 5 sind für nach dem 31.12.2005 beginnende Geschäftsjahre anzuwenden. Eine empfohlene frühere

141

Anwendung ist im Anhang zu erläutern (IFRIC 5 Rz 11). Bilanzmethodische Anpassungen sind nach IAS 8 (→ § 24) zu behandeln.

142 IFRIC 6 – Entsorgung von Elektroschrott (Rz 70) – ist auf Geschäftsjahre anzuwenden, die nach dem 30.11.2005 beginnen. Eine frühere Anwendung unter Anhangsangabe wird empfohlen (IFRIC 6.10).

143 Im Rahmen des Projektes *„Business Combinations Phase II"* (→ § 31 Rz 173) und des Konvergenz-Projektes (mit den US-GAAP) hat der IASB am 30.6.2005 einen **Standardentwurf** zur Änderung des bestehenden IAS 37(ED IAS 37) vorgelegt. Die wichtigsten Änderungsvorschläge sind die folgenden:[109]

- Die Begriffe *provisions* (Rz 13) und *contingent liabilities* (Rz 85) sollen durch *„non-financial liabilities"* ersetzt werden. Für deren Ansatz – im Gegensatz zu den *financial liabilities* nach IAS 32 (→ § 28 Rz 6) – ist zu unterscheiden zwischen **unbedingten** *(unconditional)* und **bedingten** *(conditional)* Verpflichtungen *(obligations)*. Die unbedingte Verpflichtung erfüllt stets das Ansatzkriterium einer *liability*. Umgekehrt kann eine *liability* – so wenigstens die Sicht des *Board* – nie bedingt sein (→ § 1 Rz 93).
- Das Problem des Ansatzes von bisher so verstandenen **bedingten** Schulden (z. B. Bürgschaftsobligo) will der *Board* in seinem Entwurf durch einen Kunstgriff lösen: Eine unbedingte Verpflichtung beruht dem Grunde nach **ausschließlich** auf rechtlichen und faktischen Gegebenheiten in der Gegenwart, beruht also nicht auf künftigen Ereignissen. **Ob** allerdings das Unternehmen und in **welcher Höhe** in Anspruch genommen wird, hängt entweder vom reinen Zeitablauf oder von dem Eintritt eines Ereignisses ab (z. B. Inanspruchnahme aus dem Bürgschaftsobligo). Die Passivklage (z. B.) soll aus dieser Sicht eine unbedingte Verpflichtung begründen, da der Beklagte bereitstehen müsse *(stand ready to perform)*, den dem Wert nach noch ungewissen Urteilsspruch zu akzeptieren.
- Als **Bewertungsmaßstab** gilt sowohl für Sammel- (Rz 100) als auch für Einzelverpflichtungen (Rz 101) der wahrscheinlichkeitsgewichtete Erwartungswert (Rz 101). Das Ansatzkriterium in IAS 37.14 der überwiegenden Wahrscheinlichkeit (*more likely than not*) in IAS 37.15 (Rz 31). Dem Wahrscheinlichkeitskriterium kommt dann „nur" noch Bedeutung für die Bewertung zu. Auf das Beispiel in → § 51 Rz 26 wird verwiesen. Insoweit wird eine Übereinstimmung mit der Vorgehensweise im Rahmen der Kaufpreisallokation bei der Erstkonsolidierung anlässlich eines Unternehmenszusammenschlusses erreicht (→ § 31 Rz 57).
- Der Begriff *„contingent assets"* (Rz 92) soll entfallen. Dies erscheint als Pendant zur Streichung der *contingent liability* (s. o.) zwingend. Stattdessen

---

[109] Kühne/Nerlich, BB 2005, S. 1839; Brücks/Richter, KoR 2005, S. 413; Kühne/Schwedler, KoR 2005, S. 333; Haaker, PiR 2005, S. 51.

sollen dem *Board* zufolge einige dieser *contingent assets* als „normale" *assets* nach Maßgabe des *Framework* (→ § 1 Rz 87) oder als immaterielle Vermögenswerte (→ § 13) gelten.
- **Restrukturierungsaufwand** (Rz 72) soll erst dann als Rückstellung angesetzt werden, wenn eine entsprechende Verbindlichkeit für das Unternehmen entstanden ist.
- **Drohverluste** (*onerous contracts*; Rz 45) sollen erst nach konkreter Handlung des Unternehmens angesetzt werden, z. B. die Auflösung eines bestehenden Leasingvertrags.
- Die Ansatzkriterien für **Abfindungen** i. S. d. IAS 19 *(termination benefits)* (→ § 22 Rz 74) sollen neu gefasst werden.

8 Zusammenfassende Praxishinweise

Bei einer Zusammenfassung des in diesem Paragraphen dargestellten Bilanzierungsgebietes aus Sicht des **Übergangs vom HGB zu den IFRS** stellt sich eine weitgehende Übereinstimmung in materieller Hinsicht heraus. Insbesondere im Bereich der Rückstellungen werden in beiden Rechnungslegungssystemen die systematischen Unzulänglichkeiten der kaufmännischen Rechnungslegung offengelegt, soweit sich diese auf zukünftige Ereignisse bezieht. Die Ermessensabhängigkeit des Bilanzansatzes und/oder der Bewertung lässt sich weder durch die handelsrechtliche Kommentierung einschließlich der Myriaden von BFH-Entscheidungen, die das HGB auslegen, noch durch die im Übrigen weitaus unbestimmteren Regeln der IFRS entscheidend bekämpfen.

144

Zusammengefasst lassen sich folgende wesentlichen **Übereinstimmungen** zwischen **HGB** einerseits und **IFRS** andererseits feststellen:

145

Inhalt	Verweis
Abgrenzung von „sicheren" Verbindlichkeiten bzw. Schulden (liabilities) und „unsicheren" Verbindlichkeiten *(provisions and accruals)*	(Rz 1ff.)
getrennter Ausweis von (sicheren) Verbindlichkeiten und Rückstellungen	(Rz 125)
Nichtansatz von Verbindlichkeiten aus schwebenden Verträgen	(Rz 7)
Rückstellungsansatz bei Vorliegen einer Außenverpflichtung	(Rz 20)
Einbeziehung der faktischen neben den rechtlichen Verpflichtungen	(Rz 24)
die erforderliche Konkretisierung des Bestehens einer Verbindlichkeit (Wahrscheinlichkeitstheorien)	(Rz 31ff.)

Inhalt	Verweis
Nichtberücksichtigung von Aufwendungen für die künftige Produktion (so genannte Alimentationstheorie, nach IAS ähnlich *matching principle*)	(Rz 20ff.)
weitgehende Übereinstimmung der Rückstellungs-Rechtsprechung des BFH mit den IFRS	(Rz 138)
zwingender Bilanzansatz für Drohverluste	(Rz 45ff.)
Restrukturierungsaufwendungen, aber nur für den Bereich der damit verbundenen Personalaufwendungen	(Rz 72ff.)
Eventualverbindlichkeiten, soweit eine Auswahlhaftung für Drittschulden betroffen ist	(Rz 85ff.)
Bewertung von (sicheren) Verbindlichkeiten nach den Anschaffungskosten = Rückzahlungsbetrag	(Rz 93)
Bewertung von Rückstellungen nach bestem kaufmännischem Schätzungsvermögen	(Rz 94ff.)

146 Folgende **Unterschiede** zwischen **HGB** einerseits und **IFRS** andererseits sind beachtlich:

Inhalt	Verweis
Hinsichtlich der Konkretisierungsanforderungen bestehen Abweichungen in Einzelfällen, zumindest nach den vom BFH aufgestellten Regeln.	(Rz 20ff.)
Die rein rechtliche Verpflichtung am Bilanzstichtag genügt nach IFRS zum Bilanzansatz nicht, zumindest im Bereich der Umweltverpflichtungen.	(Rz 104)
Bei nicht verlässlicher Bewertung (nur in seltenen Ausnahmefällen gegeben) scheidet nach IFRS ein Bilanzansatz aus.	(Rz 41)
Die Eventualverbindlichkeiten *(contingent liabilities)* umfassen auch für eher unwahrscheinlich gehaltene Verpflichtungen, die nicht zurückgestellt werden.	(Rz 85ff.)
Bei der Rückstellungsbewertung sind nach IFRS künftige Entwicklungen von Preisen, Technologie etc. zu berücksichtigen und Abzinsungen vorzunehmen.	(Rz 105ff.)
Die Anhangsangaben sind nach IFRS umfangreicher, insbesondere ist ein Rückstellungsspiegel mit Erläuterungen darzustellen.	(Rz 128ff.)

§ 22 LEISTUNGEN AN ARBEITNEHMER, ALTERSVERSORGUNG

Inhaltsübersicht

	Rz
1 Zielsetzung, Regelungsinhalt und Begriffe	1–7
2 Betriebliche Altersversorgung	8–70
2.1 Bilanzansatz	8–21
2.1.1 Leistungszusagen *(defined benefit plans)* und Beitragszusagen *(defined contribution plans)*	8–12
2.1.2 Aufwands- und stichtagsbezogener Bilanzansatz	13–17
2.1.3 Bilanzansatz und Finanzierungsstatus *(financial status)*	18–21
2.2 Bewertung	22–34
2.2.1 Statische und dynamische Pensionsverpflichtungen	22–23
2.2.2 Bewertungsmethode	24–25
2.2.3 Ermittlung der am Bilanzstichtag erdienten Pensionsansprüche	26–30
2.2.4 Bewertungsparameter	31–34
2.3 Ausweis	35–53
2.3.1 Pensionsrückstellung	35–36
2.3.2 Pensionsaufwand	37
2.3.3 Zu den Komponenten des Pensionsaufwands	38–43
2.3.4 Versicherungsmathematische Gewinne und Verluste (Korridormethode, erfolgswirksame und erfolgsneutrale Soforttilgung)	44–46
2.3.5 Mindest- und Höchstausweis der Pensionsrückstellung	47–49
2.3.6 Überleitung von HGB nach IFRS	50–51
2.3.7 Pensionsspiegel	52–53
2.4 Besonderheiten und Gestaltungen bei Pensionsverpflichtungen	54–70
2.4.1 Zur Auslagerung von Pensionsrückstellungen mittels Treuhandlösungen	54–57
2.4.2 Rückdeckungsversicherungen, Direktversicherungen, versicherungsförmig geführte Pensionskassen und Pensionsfonds	58–60
2.4.3 Vermögenswerte, die nur „fast" als *plan assets* gelten	61
2.4.4 Abfindungen, Übertragungen *(settlements)* und Kürzungen *(curtailments)* von Pensionsplänen	62–67
2.4.5 Schuldbeitritt mit Erfüllungsübernahme	68–70
3 Sonstige Leistungen für Arbeitnehmer *(employee benefits)*	71–78

3.1	Ansatz, Bewertung und Ausweis	71–72
3.2	Arbeitszeitkontenmodelle	73
3.3	Personalstrukturmaßnahmen und *termination benefits*	74–75
3.4	Altersteilzeit	76–78
4 Angaben		79–84
4.1	Angaben für einen Leistungsplan	79
4.2	Angaben für einen Beitragsplan	80
4.3	Angaben für eine Gruppenkasse	81
4.4	Formulierungsbeispiel	82–84
5 Einzelfälle (ABC)		85
6 Anwendungszeitpunkt, Rechtsentwicklung		86–88
7 Zusammenfassende Praxishinweise		89

Schrifttum: BAETGE/HAENELT, Pensionsrückstellungen im IFRS-Abschluss, DB 2006, S. 2413; BODE/BERGT/OBENBERGER, Doppelseitige Treuhand als Instrument der privatrechtlichen Insolvenzsicherung im Bereich der betrieblichen Altersversorgung, DB 2000, S. 1864; Entwurf einer Neufassung der IDW-Stellungnahme zur Rechnungslegung: Einzelfragen zur Anwendung von IFRS vom 14.10.2004 (IDW ERS HFA 2 n.F.); BUSCHE/RHIEL, Gestaltung und Bewertung von beitragsorientierten Zusagen, BetrAV 2006, S. 509; FISCHER/THOMS-MEYER, Privatrechtlicher Insolvenzschutz für Arbeitnehmeransprüche aus deferred compensation, DB 2000, S. 1860; HAFTERSTOCK/RÖSSLERER, *„Prudent Man Principle"* – Anforderungen an das Vermögensmanagement von Pensionsfonds, DB 1999, S. 2273; HIRSCH/LIEB/VEIT, Rückstellungen für Altersteilzeitverpflichtungen: BFH widerspricht BMF und IDW, StuB 2006, S. 344; HÖFER/OPPERMANN, Änderung des IAS 19 für den Bilanzausweis von Betriebsrenten, BetrAV 2000, S. 551; IVS, Richtlinie zur Anwendung von IAS 19 auf deutsche Verhältnisse, Der Aktuar 2003, S. 13; IVS, Stellungnahme zur Bewertung der Leistungszusage aus Entgeltumwandlung, der Beitragszusage mit Mindestleistung und der beitragsorientierten Leistungszusage nach deutschem Steuer- und Handelsrecht, nach IAS und US-GAAP beim verpflichteten Arbeitgeberunternehmen, Der Aktuar 2003, S. 21; KPMG, Die neue Rechnungslegung für Pensionsverpflichtungen nach US-Handelsrecht, Kommentierung der FASB-Statements No. 87 und No. 88, S. 1989; LIEB/RHIEL, Berechnung und Bilanzierung der Altersteilzeit-Rückstellung in der Steuerbilanz – Unterschiede zu HGB und IFRS, BC 2006, S. 209; LIEB/RHIEL, Bilanzierung von Altersteilzeitverpflichtungen nach IFRS und US-GAAP, PiR 2006, S. 87; PAWELZIK, Pensionsspiegel für Pensionsrückstellungen nach IAS 19, DB 2005, S. 733; PETERSEN, Rechnungslegung für Pensionsverpflichtungen nach HGB, US-GAAP und IAS, 2002; RHIEL, Änderungen bei IAS 19 betreffend Plan Assets, BetrAV 2001, S. 78; RHIEL, Pensionsfonds, Pension Trusts, Rentner- und Pensionsgesellschaften zur externen Finanzierung von Pensionsverpflichtungen, BetrAV 2000, S. 436; RHIEL, Pensionsverpflichtungen im IFRS-Abschluss – Die Neuerungen in IAS 19 vom Dezember 2004, DB 2005, S. 293; RHIEL, Replik zum Beitrag:

„Bilanzierung von Pensionsrückstellungen – Gestaltungsspielräume beim Übergang von HGB zu IAS 19", BetrAV 2006, S. 125; Rhiel, Voraussetzungen für die Anerkennung von Vermögenswerten als Plan Assets nach US-GAAP und IAS, in: FS Förster, 2001, S. 489; Rhiel/Stieglitz, Bilanzielle Behandlung der Auslagerung von Pensionsverpflichtungen nach HGB und IAS/IFRS, BC 2004, S. 197; Rhiel/Stieglitz, Praxis der Rechnungslegung für Pensionen nach IAS 19 und FAS 87, DB 2006, S. 1385; Rössler/ Doetsch/Heger, Auslagerung von Pensionsverpflichtungen im Rahmen einer Bilanzierung gemäß SFAS bzw. IAS, BB 1999, S. 2498; Stöhr, Betrieblicher Pensionsfonds in Form einer Treuhand findet Anerkennung als *„funded pension plan"* nach US-GAAP, DB 1998, S. 2233; Theile, Pensionsverpflichtungen: Erfolgsneutrale Verrechnung versicherungsmathematischer Gewinne und Verluste – Vor- und Nachteile eines neuen Wahlrechts –, PiR 2006, S. 17.

1 Zielsetzung, Regelungsinhalt und Begriffe

Zielsetzung von IAS 19 ist die realistische und zutreffende Berücksichtigung von **Leistungen für Arbeitnehmer aus dem Arbeitsverhältnis***(employee benefits)*, in erster Linie Leistungen der betrieblichen **Altersversorgung** im Jahresabschluss des verpflichteten Arbeitgeberunternehmens *(IAS objective)*. Pensionsrückstellungen sind daher unter IFRS in der Regel deutlich höher als unter HGB und EStG. Als Ausnahmen hiervon können statische Zusagen (Rz 23) oder auch neuere beitragsorientierte Leistungszusagen mit nicht dienstzeitproportionaler Unverfallbarkeitsgestaltung gemäß § 2 Abs. 5a BetrAVG gelten.
Der Regelungsinhalt von IAS 19 lässt sich wie folgt systematisieren:[1]

- Kurzfristig fällige Leistungen (IAS 19.8-23)
  - Löhne, Gehälter, Beiträge,
  - vergütete Abwesenheiten,
  - Erfolgsbeteiligungen (fällig innerhalb eines Jahres),
  - Sachbezüge.
- Leistungen nach Beendigung des Arbeitsverhältnisses (IAS 19.24-125)
  - betriebliche Altersversorgung,
  - sonstige Leistungen (Lebensversicherung, Krankheitskosten),
  - Beihilfe zu Krankheitskosten von Betriebsrentnern[2] *(post employment medical care)* und aktiven Mitarbeitern.
- Andere langfristig fällige Vergütungen (IAS 19.126-131)
  - Abwesenheitszeiten *(sabbaticals)*,
  - Erwerbsunfähigkeit,

---

[1] Nach KPMG, IFRS visuell, 2006, S. 56.
[2] Vom BFH als steuerlich rückstellungsfähig anerkannt (aufgrund Auslegung des HGB) im Urteil v. 30.1.2002, I R 71/00, DStR 2002, S. 1295.

- Erfolgsbeteiligungen (fällig nach einem Jahr),
- Arbeitszeitkonten,
- Jubiläumsgeld.
• Leistungen anlässlich der Beendigung des Arbeitsverhältnisses (IAS 19.132-143)
  - Vorruhestand, Altersteilzeit,
  - Freisetzung,
  - Abfindungen, Entlassungsentschädigungen, Abfertigungen,
  - Überbrückungsgelder.

Die Abbildung der Altersversorgungsverpflichtungen im IFRS-Jahresabschluss steht im Mittelpunkt unserer Kommentierung (Rz 8-88). Unter (Rz 71-100) sind andere Bestandteile der Arbeitnehmervergütungen kommentiert.

3   **Betriebskrankenkassen**, die **gesetzliche Rentenversicherung** sowie die **Berufsgenossenschaft**sbeiträge führen nicht zu Verbindlichkeiten unter IAS 19, da die Verpflichtung des Arbeitgebers nur in der Zahlung seiner Arbeitgeberbeiträge besteht und diese mit Beendigung eines Beschäftigungsverhältnisses (insbesondere auch bei Betriebsstilllegung) wegfällt. Anders ist dies bei den **Zusatzversorgungskassen** für Arbeiter und Angestellte des öffentlichen Dienstes (z. B. Versorgungsanstalt des Bundes und der Länder, VBL), in denen mittlerweile auch viele privatisierte Unternehmen versichert sind.

4   Zur Bilanzierung eines Pensionsfonds und einer Pensionskasse selbst und zur Abgrenzung von IAS 19 gegen IAS 26 *(accounting and reporting by retirement benefit plans)* siehe → § 41.

5   Nach IAS 19.24 und 19.49 erfolgt im Gegensatz zu Art. 28 EGHGB **keine Unterscheidung zwischen unmittelbaren und mittelbaren Pensionsverpflichtungen**. Mittelbare Pensionsverpflichtungen sind solche, bei denen der Arbeitgeber einen **externen Versorgungsträger** (Unterstützungskasse, Pensionskasse[3], Pensionsfonds, Lebensversicherungsunternehmen hinsichtlich Direktversicherung) einschaltet. Dessen Vermögenswerte gelten in der Regel als sog. *plan assets* (Rz 21). Solche Pensionspläne werden auch als *funded plans* bezeichnet, da sie in dem externen Träger mit Vermögenswerten gedeckt sind. Je nach dem Umfang der Vermögensdeckung (Kapitaldeckung) gelten sie als *fully funded* oder nur als *partially funded*. Unmittelbare Pensionsverpflichtungen (auch Direktzusagen genannt) werden nach angelsächsischem Brauch als *unfunded plans* bezeichnet; dabei wird verkannt, dass bei vollständiger und marktgerechter Bilanzierung aller Vermögenswerte und Schulden eines Un-

---

[3] Zusatzversorgungskassen, die die Zusatzversorgung der Arbeiter und Angestellten des öffentlichen Dienstes bzw. auch von privatisierten ehemals öffentlichen Unternehmen durchführen (z. B. die Versorgungsanstalt des Bundes und der Länder VBL), gelten rechtlich als Pensionskassen. Sie unterstehen im Gegensatz zu „normalen" Pensionskassen nicht der Aufsicht der BaFin, sondern meist anderer Behörden. Bei ihnen besteht – im Gegensatz zu den in der Regel voll dotierten „normalen" Pensionskassen – oft nur eine sehr geringe Kapitaldeckung. Sie sind in der Regel multi-employer plans (Rz 81).

ternehmens die Gesamtheit aller Schulden des Unternehmens durch die Gesamtheit aller Vermögenswerte des Unternehmens gedeckt ist; es besteht eben nur keine Zuordnung zwischen einzelnen Schulden und einzelnen Vermögenswerten.

Unmittelbare Pensionsverpflichtungen erfahren unter IFRS die **gleiche Behandlung** wie mittelbare. Dabei wird das Vermögen des externen Trägers rechnerisch gleich null gesetzt und die Rentenzahlungen werden wie Zuwendungen an den externen Träger mit sofortiger Weiterleitung an den Rentner behandelt. 6

Die formelle Ausgestaltung der **Rechtsverhältnisse** zwischen Arbeitgeber, Arbeitnehmer und Versorgungseinrichtung (Rechtsanspruch des Arbeitnehmers gegenüber Arbeitgeber und/oder Versorgungseinrichtung) ist ohne Bedeutung (IAS 19.3). Auch schriftlich nicht fixierte Ansprüche (z. B. aufgrund betrieblicher Übung oder solche, denen man sich aus wirtschaftlichen Gründen faktisch nicht entziehen kann) sind zu berücksichtigen. Die Rechtsform eines externen Trägers ist für IAS 19 unbeachtlich (IAS 19.7, Definition der *plan assets*). 7

2 Betriebliche Altersversorgung

2.1 Bilanzansatz

2.1.1 Leistungszusagen *(defined benefit plans)* und Beitragszusagen *(defined contribution plans)*

Für den Bilanzansatz ist es entscheidend, ob **Leistungs- oder Beitragszusagen** vorliegen. Bei **Beitragszusagen** besteht der Aufwand lediglich aus den zu zahlenden Beiträgen. Einen **Bilanzausweis gibt es nicht** bzw. höchstens dann, wenn das Unternehmen mit Beitragszahlungen im Verzug ist oder Beiträge im Voraus gezahlt hat (IAS 19.44). Die Bilanzierung von **Leistungszusagen** ist hingegen hoch komplex und steht deshalb im Mittelpunkt des Regelungsgehaltes von IAS 19 (Rz 1) und der nachstehenden Kommentierung (Rz 13-73). 8

Ein *defined contribution plan* liegt dann vor, wenn der Arbeitgeber **nur** zur Erbringung von **Beiträgen** (z. B. in absoluter Höhe oder in relativer Höhe zum Gehalt oder zu einer anderen Bemessungsgröße wie Umsatz oder Gewinn) verpflichtet ist (bzw. diese freiwillig zahlt) und aus diesen Beiträgen und deren Erträgen die Versorgungsleistungen bestritten werden. Eine schlechte Entwicklung *(performance)* der Versorgungseinrichtung darf zu **keiner Nachschusspflicht** (besser: Auffüllungsverpflichtung) des Arbeitgebers führen. Bei normalem (d. h. planmäßigem oder rechnungsmäßigem) Verlauf ist keine Beitragsminderung oder Beitragsrückvergütung an den Arbeitgeber zulässig. Eine „unerwartete Verbilligung" des Pensionsplans *(upside potential)* darf aber dem Arbeitgeber zugute kommen (IAS 19 BC5). 9

> **Beispiel**
> Es liegt kein *defined contribution plan* vor, wenn bei einer Pensionskasse (oder bei einem Direktversicherungsvertrag) der erforderliche Beitrag nach besonders vorsichtigen Rechnungsgrundlagen (insbesondere mit einem Rechnungszinssatz von 2,75 % oder 3,25 %) ermittelt wird, aber realistischerweise mit einem höheren langfristigen Vermögensertrag von z. B. 5 % zu rechnen ist und diese sich planmäßig ergebenden „Überschüsse" (in der Terminologie der Pensionskassen) ganz oder teilweise an den Arbeitgeber zurückfließen, sei es durch Barausschüttung, künftige Beitragsminderung oder durch Anrechnung der (erhöhten) Pensionskassenleistungen auf einen anderen Versorgungsplan des Arbeitgebers.

10 Da in Deutschland bei Beitragszusagen in der Regel immer eine **Mindestleistung** garantiert wird, für die auch bei Einschaltung eines externen Versorgungsträgers oder einer Versicherungsgesellschaft zu guter Letzt immer der Arbeitgeber **haftet** (sog. finale Haftung des Arbeitgebers nach § 1 Abs. 1 Satz 3 BetrAVG), kann man die streng formale Auffassung vertreten, dass es in der deutschen betrieblichen Altersversorgung eigentlich keine reinen Beitragszusagen gibt. Der Begriff der Beitragszusage *(defined contribution plan)* ist aber für **Rechnungslegungszwecke wirtschaftlich** auszulegen.

U. E. ist bei **versicherungsförmigen Pensionsplänen** diese finale Haftung lediglich als **Eventualverbindlichkeit** *(contingent liability)* anzusehen (→ § 21 Rz 85) und zerstört nicht per se schon den Charakter als Beitragszusage, sofern die Leistungen von einem solventen Dritten (Versicherungsgesellschaft, ggf. auch analog operierende Pensionskasse oder Pensionsfonds) garantiert und erbracht werden und die Arbeitnehmer primär gegen diesen Dritten einen Rechtsanspruch besitzen (Rz 60).

11 Deshalb sind u. E. eine
- Beitragszusage mit Mindestleistung,
- Entgeltumwandlungszusage,
- beitragsorientierte Leistungszusage und insbesondere auch
- wertpapiergebundene Zusage (als spezielle beitragsorientierte Leistungszusage)

bei Durchführung über eine Versicherungsgesellschaft oder analog operierende Pensionskasse oder Pensionsfonds auch formalrechtlich (nicht nur wirtschaftlich) als *defined contribution plans* zu behandeln, wenn alle Überschüsse den Arbeitnehmern zugute kommen und den Arbeitgeber nur die o.a. (unwahrscheinliche) finale Haftung treffen kann.

Eine Bilanzierung als *defined contribution plan* kann **wirtschaftlich** auch erreicht werden, wenn
- die zugesagten Leistungen dem Arbeitnehmer vom Arbeitgeber zwar garantiert werden (bei Direktzusage oder Unterstützungskasse), aber eine „Rückgarantie" eines solventen Dritten (Bank oder Versicherungsgesellschaft) vorliegt oder

- eine „ausreichend vorsichtig gestaltete" Treuhandlösung (Rz 54ff.) durchgeführt wird.

Erst wenn der unwahrscheinliche Fall einer Unterdeckung eintritt, d. h., wenn der Barwert der garantierten Leistungen bzw. Mindestleistungen nicht durch Vermögen des externen Versorgungsträgers (bzw. des externen Garanten oder Bürgen) gedeckt sind, ist die Unterdeckung beim Arbeitgeber zu bilanzieren.[4] Zur Bewertung der Pensionsansprüche s. Rz 30. Wegen geplanter Änderungen s. Rz 88.

Da in Deutschland bei Direkt- und Unterstützungskassenzusagen aus steuerlichen Gründen (§ 6a EStG und § 4d EStG) stets Leistungen (und nicht Beiträge) zugesagt werden müssen, liegen formalrechtlich aber immer *defined benefit plans* vor. Zur **rückgedeckten Unterstützungskasse** und zu **rückgedeckten Direktzusagen** siehe auch Rz 59.

12

2.1.2 Aufwands- und stichtagsbezogener Bilanzansatz

Als Grundsatz gilt: Aufwand ist **periodengerecht** in dem Jahr zu buchen, in dem er anfällt. Eine **Rückstellung** ist zu bilden, wenn der Arbeitnehmer seine Arbeitsleistung für künftig zu erhaltene Leistungen erbracht hat (IAS *objective*).

13

IAS 19 basiert – insbesondere für Pensionsverpflichtungen – auch gegenwärtig noch auf dem sog. **aufwandsbezogenen** *(income approach)* und **nicht** auf dem **stichtagsbezogenen** Bilanzansatz *(balance sheet approach)*, dem HGB und EStG folgen. Der nach IFRS anzusetzende Pensionsaufwand *(pension expense)* ist zu **Beginn** des Wirtschaftsjahres auf der Grundlage der zu Beginn des Wirtschaftsjahres maßgeblichen Daten zu ermitteln (mit Wertstellung zum **Ende** des Jahres).

14

Der **Pensionsaufwand nach IFRS steht danach in der Regel zu Beginn des Wirtschaftsjahres fest.** Unter IFRS darf alles, was am Jahresanfang nicht zu erwarten war (also z. B. außergewöhnliche Sterblichkeit oder Invalidität, Gehaltserhöhungen bei gehaltsabhängigen Pensionszusagen oder Wertveränderungen der *plan assets*), über künftige Wirtschaftsjahre **verteilt** werden (sog. „Verteileritis" oder *delayed recognition approach*). Es gibt somit in der Regel keine Aufwands-Überraschungen mehr zum Jahresende, wie sie unter HGB oftmals vorkommen. Gerade bei so langfristigen Verpflichtungen wie den Pensionsverpflichtungen ist eine verlässliche und auf Dauer angelegte (überraschungsfreie) Aufwandsverteilung ein sinnvolles Ziel der IFRS. Dies ist die sog. **Korridormethode** (Näheres Rz 44f.), die in der Regel zur Anwendung kommt.

15

Der **Verpflichtungsumfang** *(defined benefit obligation,* DBO; nach US-GAAP *projected benefit obligation,* PBO) wird zwar auch zum Bilanzstichtag mit den

16

---

[4] So auch IVS-Stellungnahme 2003 und auch die IFRIC Draft Interpretation D9 (Employee Benefit Plans with a Promised Return on Contributions or Notional Contributions), die aber derzeit immer noch kontrovers diskutiert wird (allerdings seit Juli 2006 nun direkt vom IASB unter dem neuen Namen „intermediate risk plans"), in Rz 88.

dann gültigen Bewertungsparametern berechnet, die **Abweichung** zum vorab schon feststehenden Bilanzansatz wird lediglich im **Anhang** berichtet und ggf. über künftige Wirtschaftsjahre verteilt (Rz 35f.).

17 Allerdings verschiebt sich mittlerweile die Auffassung des IASB auch mehr zum stichtagsbezogenen Bilanzansatz hin. Die volle Bilanzierung des Verpflichtungsumfangs wird präferiert, sei es ergebniswirksam oder teilweise ergebnisneutral (Rz 45f.).

2.1.3 Bilanzansatz und Finanzierungsstatus
(financial status)

18 Die grundsätzliche formale Struktur des Bilanzansatzes ist jedoch in allen (denkbaren) Rechnungslegungssystemen der Welt ähnlich (sog. **Finanzierungsstatus**, *financial status*, IAS 19.54):

Schema des Finanzierungsstatus	
	„Messlatte" (Rz 19)
./.	evtl. externes Kassenvermögen (z. B. einer Unterstützungskasse)
./.	ausstehende Verteilungsbeträge (Fehlbeträge oder Überdeckungen)
=	Pensionsrückstellung

Beispiel zum Finanzierungsstatus		
	„Messlatte"	15.000.000
./.	externes Kassenvermögen	– 4.000.000
./.	ausstehende Fehlbeträge	– 2.000.000
=	Pensionsrückstellung	= 9.000.000

19 Die „Messlatte" der Pensionsverpflichtungen ist nach HGB und EStG der Teilwert nach § 6a EStG und nach IFRS die *defined benefit obligation* (DBO, der Barwert der erdienten Teilansprüche auf Versorgungsleistungen zum Stichtag). Besteht zur Finanzierung der Pensionsverpflichtungen ein externes Kassenvermögen (z. B. Unterstützungskasse), so kann dieses Vermögen gegengerechnet werden (Rz 6).

20 Nicht bilanzierte Beträge können **Fehlbeträge** oder auch **Überdeckungen** sein (z. B. wenn der Zusatzaufwand für Neuzusagen oder Rentenerhöhungen verteilt werden kann oder wenn außergewöhnlich gute Vermögenserträge einer Unterstützungskasse dort „geparkt" werden dürfen). Für diese nicht bilanzierten Beträge kann es Buchungsvorschriften geben: Sie sind entweder sofort oder über gewisse Zeiträume verteilt oder auch gar nicht erfolgswirksam zu buchen. Nach HGB darf es bei **unmittelbaren** Pensionszusagen wegen der Passivierungspflicht (außer bei den sog. Altzusagen, d. h. bei Zusagen vor dem 1.1.1987) **keine Fehlbeträge** geben (bei **mittelbaren** Verpflichtungen über Unterstützungskassen sind allerdings Fehlbeträge mit Anhangangabe erlaubt!). Nach IFRS bestehen dagegen (für die o.a. zusätzlichen Aufwendungen oder Erträge) großzügige – aber stetig anzuwendende – **Verteilungswahlrechte**. Die Rechnungslegung im Sinne von „Rechenschaft des Managements

für das Wirtschaften im Geschäftsjahr" findet insofern nur im Finanzierungsstatus statt.

> **Bilanzierungstipp**
> Die nach IFRS erlaubten Verteilungswahlrechte von außergewöhnlichen Veränderungen der Pensionsrückstellungen (Korridormethode) oder auch die Möglichkeit einer erfolgsneutralen Erfassung (SORIE-Option) sollten von den Unternehmen genutzt werden. Nur so können Überraschungen bezüglich des Pensionsaufwands vermieden werden.

Die der Pensionsverpflichtung gegenzurechnenden **Vermögenswerte eines externen Versorgungsträgers** werden unter IFRS als *plan assets* (Rz 5) anerkannt, wenn diese Vermögenswerte ausschließlich dem Versorgungszweck dienen, dem Zugriff anderer Unternehmensgläubiger entzogen sind und höchstens dann an den Arbeitgeber zurückfließen können, wenn sie zur Erstattung von direkten Rentenzahlungen *(reimbursement)* verwendet oder für den Versorgungszweck (endgültig oder mit sehr großer Wahrscheinlichkeit) nicht mehr benötigt werden, d. h., die verbleibenden *plan assets* müssen **ausreichen**, um die bestehenden Versorgungsverpflichtungen zu erfüllen (IAS 19.7, Definition der *plan assets*). Was als ausreichend anzusehen ist, bedarf der Überprüfung im Einzelfall und wird auch von der zulässigen Kapitalanlagestrategie des Versorgungsträgers abhängen. Pauschalaussagen, wonach eine Überdeckung der DBO *(defined benefit obligation*, Verpflichtungsumfang) um z. B. 10 % immer ausreicht, sind nicht möglich. „Ausreichend" wäre wohl sicherlich, wenn ein bonitätsstarker fremder Dritter (z. B. eine Versicherungsgesellschaft) die Versorgungsverpflichtungen mit den verbleibenden *plan assets* übernehmen oder garantieren würde. U. E. ist es als „ausreichend" anzusehen, wenn ein Versorgungsträger nach sehr vorsichtigen nationalen aufsichtsrechtlichen Regelungen Überschüsse erwirtschaftet hat und diese dann an den Arbeitgeber oder Arbeitnehmer ausschütten darf (sog. **Beitragsrückerstattung**). 21

Plan assets werden dann mit der Brutto-Pensionsverpflichtung (DBO, Rz 25) saldiert und führen so zu einer Bilanzverkürzung und einer Verbesserung von Bilanzkennzahlen, da nur die Netto-Pensionsverpflichtung ausgewiesen wird. Saldierungsfähige *plan assets* können auch für direkte, unmittelbare Pensionszusagen über eine geeignete Treuhandgestaltung (sog. *contractual trust arrangement*, CTA; Rz 54ff.) oder verpfändete Rückdeckungsversicherungen (*qualifying insurance policies*; Rz 58f.) geschaffen werden. Vom Arbeitgeberunternehmen ausgegebene Finanzinstrumente (z. B. Aktien oder Anleihen) gelten nur dann als *plan assets*, wenn diese handelbar *(transferable)* sind. Nicht als *plan assets* gelten (in aller Regel) bspw. Darlehen einer Unterstützungskasse an das Arbeitgeberunternehmen, außer wenn diese wie unter fremden Dritten vereinbart (und gesichert) sind.[5] *Plan assets* sind zum *fair value* anzusetzen (IAS 19.102f.).

---

[5] IDW, RS HFA 2, WPg 2003, S. 422.

Sind **zwei Versorgungspläne** eines Arbeitgebers so stark miteinander verwoben, dass die Leistungen des einen Plans durch die Leistungen oder die Vermögenswerte *(plan assets)* des anderen Plans stark beeinflusst (z. B. durch Anrechnung) werden, liegt materiell nur ein **einziger (gemeinsamer) Versorgungsplan** vor (IAS 19.116).[6]

2.2 Bewertung

2.2.1 Statische und dynamische Pensionsverpflichtungen

22 Die gegenüber HGB bzw. EStG meist **deutlich höhere** Pensionsrückstellung nach IFRS hat folgende Ursache: Dort müssen auch **künftige wahrscheinliche** – und nicht nur schriftlich rechtsverbindlich zugesagte – Erhöhungen der Pensionsansprüche sowohl in der Anwartschaftsphase (z. B. bei gehaltsabhängigen Pensionszusagen) als auch in der Rentenphase (z. B. Anpassungen nach Betriebsrentengesetz) zwingend in die Bewertung eingehen.

23 Je „dynamischer" Pensionszusagen sind (siehe Beispiele unten), umso deutlicher liegt die Pensionsrückstellung nach IFRS **über** der nach HGB. Bei gänzlich statischen Zusagen (insbesondere betragsmäßig fixierten Kapitalzusagen) liegt die Pensionsrückstellung nach IFRS (aufgrund der unterschiedlichen Bewertungsmethode und Bewertungsparameter) dagegen oft **unter** derjenigen nach HGB bzw. EStG.

Beispiele zur Abgrenzung von statischen und dynamischen Versorgungszusagen

- Eine statische Kapitalzusage sieht einen Kapitalbetrag von 1.000 pro Dienstjahr vor, so dass bei Ausscheiden nach 30 Dienstjahren ein Kapital von 30.000 an den Betriebsrentner ausgezahlt wird.
- Da eine statische Rentenzusage von (monatlich) 10 pro Dienstjahr, die nach 30 Dienstjahren zu einem Rentenanspruch von 300 führt, ab Rentenbeginn nach § 16 BetrAVG (meist entsprechend der Inflationsrate) erhöht werden muss, ist diese Zusage „teildynamisch".
- Wird der Steigerungsbetrag von 10 auch während der Anwartschaftszeit regelmäßig (z. B. analog zur Inflationsrate oder Gehaltserhöhung) erhöht, liegt eine „volldynamische" Pensionszusage vor. Pensionszusagen mit einer gehaltsabhängigen Formel (z. B. 0,5 % des Gehaltes pro Dienstjahr) sind ebenfalls volldynamisch.
- Bei neueren Betriebsrentensystemen, die Rentenbausteine mit einer rechtsverbindlich garantierten Rentenanpassung von z. B. 1 % p. a. versprechen, liegen die Pensionsrückstellungen nach IFRS oft unter denjenigen nach HGB und EStG, da auch nach deutschem Recht diese garantierten Anpassungen bereits berücksichtigt werden müssen. Im obigen Sinne wäre eine solche Zusage nicht dynamisch.

---

[6] Busche/Rhiel, BetrAV 2006, S. 509.

2.2.2 Bewertungsmethode

Beim **Teilwertverfahren** nach § 6a EStG wird die gesamte Pensionsverpflichtung gegenüber einem Arbeitnehmer (analog zu einem Versicherungsvertrag) mit einem laufenden Beitrag finanziert, der wegen des Stichtags- und Nominalwertprinzips über die gesamte Dienstzeit gleichbleibend sein soll. Hinzu kommt noch die in der Zuführung enthaltene Aufzinsung der Pensionsrückstellung vom Jahresanfang zum Jahresende, da sich in jedem Jahr der Abzinsungszeitraum (bis zur Fälligkeit der Betriebsrente) um ein Jahr vermindert. Zu Sprüngen im Teilwertverlauf kommt es dann, wenn die erreichbaren Pensionsansprüche von Jahr zu Jahr stark schwanken; dies insbesondere dann, wenn ein kompliziertes und altmodisches Pensionssystem mit jährlich stark schwankenden Bemessungsgrößen (z. B. Berücksichtigung der Sozialversicherungsrente oder Nettolimitierung) vorliegt.

Nach **IFRS** wird der Verpflichtungsumfang (*defined benefit obligation*, DBO) nach dem **Anwartschaftsbarwertverfahren** (*projected unit credit method*, PUCM) ermittelt. Die DBO ist der Barwert der am Bewertungsstichtag erdienten und realistisch bewerteten Pensionsansprüche – inklusive wahrscheinlicher künftiger Erhöhungen von Renten und Gehältern. Der Verpflichtungsumfang (DBO) für einen aktiven Mitarbeiter erhöht sich alljährlich um die Aufzinsung *(interest cost)* und um den Barwert der im Wirtschaftsjahr neu erdienten Pensionsansprüche *(current service cost).*

> **Beispiel**
> Wird eine Pension von 0,5 % des Gehalts pro Dienstjahr zugesagt und hat ein Arbeitnehmer 20 Dienstjahre abgeleistet, so hat er einen Pensionsanspruch von 10 % seines Gehalts p. a. (z. B. 30.000) erdient. Die DBO ist der Anwartschaftsbarwert einer Jahresrente von 3.000. Die *current service cost* für das Folgejahr (Aufwand, der auf die im Geschäftsjahr erdienten Ansprüche entfällt) ist der Anwartschaftsbarwert eines jährlichen Rentenanspruchs von 150 – also 1/20 der DBO.

2.2.3 Ermittlung der am Bilanzstichtag erdienten Pensionsansprüche

Die Höhe der DBO hängt entscheidend von der Ermittlung der bis zum Bilanzstichtag insgesamt (bzw. der in einem Wirtschaftsjahr) **erdienten** Pensionsansprüche ab. Dies war in obigem Beispiel sehr einfach, da sich der Pensionsanspruch (0,5 % des Gehalts) gleichmäßig über alle Dienstjahre aufbaute. Es gibt aber **kompliziertere Pensionsformeln**. Daher ist dieser Abschnitt etwas technischer, aber nicht weniger wichtig. Grundsätzlich sollen die erdienten Pensionsansprüche nach der Pensionsformel ermittelt werden; lediglich bei *backloading* der Pensionsformel, d. h., wenn spätere Dienstjahre mit einem höheren Pensionsanspruch als frühere Dienstjahre belegt werden, ist der Pensionsanspruch gleichmäßig zeitratierlich den Dienstjahren zuzuordnen, in denen effektiv Leistungsansprüche erworben werden (IAS 19.67). Bei (oftmals vorkommendem) *frontloading* der Pensionsformel, d. h., wenn frühere Dienstjahre mit einem höheren Pensionsanspruch als spätere Dienstjahre belegt werden, wäre jedoch der Pensionsformel zu folgen. In Deutschland ist dies aber nur sinnvoll, wenn auch die Unverfallbarkeit diesem *frontloading* folgen sollte.

28 Auf jeden Fall gelten **unverfallbare** Pensionsansprüche als erdient, da sie auch bei Ausscheiden aus dem Unternehmen aufrechtzuerhalten sind. Außerdem sind diese Ansprüche realistisch dynamisch zu bewerten. Daher gilt bei Pensionsplänen (reinen Leistungszusagen) in Deutschland in der Regel als am Stichtag erdient (und zwar für jede zu erwartende Teilleistung) derjenige Teil der erreichbaren Pensionsleistung, der dem Verhältnis der am Stichtag bereits abgeleisteten zu der beim jeweiligen Leistungsbeginn ableistbaren Dienstzeit entspricht (sog. degressives m/n-tel ab Diensteintritt), mindestens der zum Stichtag (gesetzlich gemäß § 2 BetrAVG oder ggf. vertraglich garantierte höhere) unverfallbare (aber dynamisierte) Pensionsanspruch.

29 Bei **beitragsorientierten** Leistungszusagen, Beitragszusagen mit Mindestleistung und Entgeltumwandlungszusagen (Rz 8ff.) bemessen sich die erdienten Pensionsansprüche nach den effektiv bis zum Stichtag geleisteten bzw. zugeteilten „Beiträgen" und den daraus erworbenen Anwartschaften. Bei beitragsorientierten Leistungszusagen sind aber (zugesagte oder auch nur wahrscheinliche) künftige Beiträge dennoch als Rückstellung zu berücksichtigen, wenn es bei planmäßigem Verlauf zu einem *backloading* von künftigen Leistungsscheiben kommen sollte. Dann ist nach IAS 19.67 der gesamte Beitragsaufwand linear über die Dienstzeit zu verteilen, in der effektiv Leistungsansprüche erworben werden. Im Ergebnis ist also das Maximum beider Berechnungsmethoden (gemäß Unverfallbarkeitsverlauf bzw. degressives m/n-tel, jedoch ab Beginn des Leistungserwerbs) zu verwenden.

30 Hängen die (erdienten) Pensionsleistungen von der Entwicklung eines Aktienindexes oder eines Rentenindexes oder eines speziellen tatsächlichen oder fiktiven *(notional)* Wertpapierportfolios (sog. **wertpapiergebundene Zusagen**) ab, dann ist gemäß Wortlaut IAS 19 die Entwicklung dieses Indexes oder Portfolios bestmöglich zu schätzen, um die wahrscheinlichen (erdienten) Pensionsleistungen zu ermitteln, die dann mit dem Zinssatz gemäß Rz 32 zu diskontieren sind. Wird die Entwicklung dieses Indexes oder Portfolios anders (z. B. mit 7 % p.a.) eingeschätzt als der Zinssatz (z. B. 5 %), ergibt sich materiell eine unzutreffende Bewertung. Sinnvoller, zutreffender und einfacher wäre eine Bewertung nach Rz 11 und Rz 88, die aber derzeit immer noch kontrovers diskutiert wird.

2.2.4 Bewertungsparameter

31 Nach **deutschem Steuerrecht** werden wegen des **Stichtags- und Nominalwertprinzips** die Pensionsverpflichtungen mit einem **Zinssatz** von 6 % ohne Berücksichtigung künftiger nicht rechtsverbindlich zugesagter Pensionserhöhungen bewertet. Die Wahrscheinlichkeiten für Tod und Invalidität werden den Standardtabellen der „Heubeck-Richttafeln RT2005G" (Generationentafeln) entnommen. Der steuerliche Bewertungsansatz wird meist auch in den HGB-Abschluss übernommen.

Nach **IFRS** sollen alle Bewertungsparameter realistisch und zutreffend sein (IAS 19.73). Der **Zinssatz** richtet sich nach langfristigen Unternehmensanleihen *(high quality corporate bonds)* mit AA-*rating* (IAS 19.78); dieser Zinssatz lag in der Eurozone (Ende 2006) aufgrund sehr flacher Zinskurve bei

- normal strukturierten Personenbeständen bei 4,5 %,
- reinen Rentnerbeständen bei 4,3 % und
- jungen Aktivenbeständen bei bis zu 4,6 %.

32

Künftige Rentenanpassungen nach der Inflationsrate werden derzeit mit etwa 1,5 % bis 2 %, gehaltsabhängige Anwartschaftssteigerungen (auch für zu erwartende karrieremäßige Steigerungen) mit etwa 2 % bis 4 % angesetzt. Die Wahrscheinlichkeiten für Invalidität, Tod und Verlassen des Unternehmens wegen Kündigung sowie das wahrscheinliche Pensionierungsalter sind betriebs- bzw. branchenspezifisch zu schätzen bzw. zu modifizieren.

33

Insbesondere börsennotierte Unternehmen stehen oft wegen vermeintlich unzureichender (d. h. zu „schlapper") Bewertungsparameter im Kreuzfeuer der Kritik. Bei internationalen Konzernen kann noch das Problem der mangelnden „Konsistenz der Bewertungsparameter zwischen den einzelnen Ländern" hinzukommen. Daher sollten unbedingt die Parameter Zins, Sterblichkeit (Lebenserwartung), Invalidität und Mitarbeiterkündigung (Fluktuation) nicht „einfach nur grob über den Daumen" mit dem Aktuar und dem Wirtschaftsprüfer abgestimmt werden, sondern anhand eines nachprüfbaren und öffentlich darlegbaren Prozesses *(rigorous assumption setting process)* im Sinne einer *„assumption governance"* bestimmt werden. Die Parameter Sterblichkeit und Invalidität können auch schon bei Beständen von weniger als 1.000 Personen unternehmensspezifisch überprüft werden, genauso wie dies auch bei kleineren Pensionskassen von der Aufsichtsbehörde verlangt wird. Zur Ableitung des richtigen laufzeitadäquaten Zinssatzes sollten unbedingt die der Bewertung zugrunde liegenden erdienten Rentenzahlungen *(cash flows)* prognostiziert und ausgewertet werden.[7]

34

2.3 Ausweis

2.3.1 Pensionsrückstellung

Nach **HGB** und **EStG** wird die Pensionsrückstellung (die in der Regel mit dem Teilwert identisch ist) zum Bilanzstichtag originär versicherungsmathematisch errechnet und bilanziert. Nach **IFRS** ist der Finanzierungsstatus der Pensionsverpflichtungen (Rz 18) darzustellen. Die Pensionsrückstellungen entwickeln sich vom Jahresanfang zum Jahresende wie folgt:

35

---

[7] Vgl. auch RHIEL, BetrAV 2006, S. 125, zum Gestaltungsspielraum bei der Wahl der Bewertungsparameter.

> **Entwicklungsschema der Pensionsrückstellung nach IFRS**
>
>   Pensionsrückstellung *(defined benefit liability)* zum Jahresanfang
> + Pensionsaufwand *(pension expense)*
> + ggf. im SORIE gebuchter Aufwand
> +/– Zahlungen des Unternehmens wie folgt:
> ./.   direkte Rentenzahlungen
> ./.   ggf. Zahlungen an einen externen Träger
> ./.   Abfindungen von Pensionsansprüchen
> +/– Übertragungen von/an andere/n Unternehmen oder Versorgungsträger/n
> = Pensionsrückstellung *(defined benefit liability)* zum Jahresende

36 Die Pensionsrückstellung verändert sich also um den vom Versicherungsmathematiker zu errechnenden Pensionsaufwand (dessen recht komplexe Ermittlung im nächsten Abschnitt dargestellt wird) sowie den Saldo der Zahlungen des Unternehmens.

> **Beispiel zur Rückstellungsentwicklung**
>
> | | | |
> |---|---|---:|
> | | Pensionsrückstellung zum Jahresanfang | 9.000.000 |
> | + | Pensionsaufwand | + 1.245.000 |
> | +/– | Zahlungen des Unternehmens wie folgt: | |
> | ./. | direkte Rentenzahlungen | – 400.000 |
> | ./. | ggf. Zahlungen an externen Träger | – 350.000 |
> | ./. | Abfindungen | – 10.000 |
> | +/– | Übertragungen von Fremdunternehmen | + 30.000 |
> | = | Pensionsrückstellung zum Jahresende | = 9.515.000 |

2.3.2 Pensionsaufwand

37 Der Pensionsaufwand nach **HGB** ergibt sich aus der Veränderung der Pensionsrückstellung zzgl. der Zahlungen des Unternehmens im Wirtschaftsjahr. Nach **IFRS** wird der Pensionsaufwand *(pension expense;* nach US-GAAP *net periodic pension cost)* originär vom Versicherungsmathematiker folgendermaßen ermittelt (IAS 19.61):

> **Entwicklungsschema zum Pensionsaufwand nach IFRS**
>
>   Dienstzeitaufwand/Prämien *(current service cost)*
> + Zinsaufwand/Zinsanteil auf die DBO *(interest cost)*
> ./. ggf. erwarteter Ertrag eines externen Trägers *(expected return on plan assets)*
> + Tilgungsbetrag für versicherungsmathematische Gewinne und Verluste *(actuarial gains or losses)*

+	Tilgungsbetrag für rückwirkende Pensionsplanänderungen *(past service cost)*
+/–	Auswirkung von Kürzungen oder Abgeltungen *(curtailments or settlements)*
+/–	ggf. Auswirkung eines *asset ceiling* nach IAS 19.58
=	Pensionsaufwand *(pension expense)*

Anmerkung: Bei Verwendung der „dritten Option" (SORIE-Methode) werden die versicherungsmathematischen Gewinne und Verluste sofort, aber erfolgsneutral gebucht (Rz 45).

Beispiel zum Pensionsaufwand

	Dienstzeitaufwand *(current service cost)*		600.000
+	Zinsaufwand (6 % von 15 Mio. der DBO; Rz 18)	+	900.000
./.	Erwarteter Ertrag eines externen Trägers (7 % von 4 Mio. des externen Kassenvermögens; Rz 18)	–	280.000
+	Tilgungsbetrag Gewinne/Verluste (lt. Vorjahresberechnung)	+	25.000
+	Tilgungsbetrag Planänderungen	+	0
+	Auswirkung von Kürzungen oder Abgeltungen *(curtailments or settlements)*	+	0
=	Pensionsaufwand	=	1.245.000

2.3.3 Zu den Komponenten des Pensionsaufwands

Der originär versicherungsmathematisch ermittelte **Dienstzeitaufwand** *(current service cost)* misst den Barwert der im Wirtschaftsjahr neu erdienten Pensionsansprüche (IAS 19.63f.). **38**

Der **Zinsaufwand** *(interest cost)* ergibt sich durch Multiplikation des (kapitalmarktorientiert) gewählten Zinssatzes mit der DBO zu Jahresanfang (IAS 19.82). **39**

Der erwartete **Ertrag** eines externen Trägers ist langfristig realistisch zu schätzen (IAS 19.105f.). Kurzfristige Wertschwankungen sind nicht zu beachten. **40**

Bilanzierungstipp
Nach IFRS (nicht aber nach US-GAAP) kann der Zinsaufwand (ggf. vermindert um einen erwarteten Ertrag eines externen Trägers) auch formell unter Zinsaufwand erfolgswirksam gebucht werden (IAS 19.119). Hierdurch vermindert sich der Personalaufwand entsprechend, so dass sich das operative Ergebnis *(earnings before interest and tax, EBIT)* des Unternehmens verbessert.

Wird ein Pensionsplan **verbessert**, so dass sich auch die erdienten Pensionsansprüche erhöhen (z. B. der Pensionssteigerungsbetrag von 10 wird auf 15 **41** pro Dienstjahr erhöht), ist dieser Mehraufwand *(past service cost)* über die Zeit zu verteilen, in der die neuen Ansprüche unverfallbar werden (IAS 19.96) – in der Regel ist also sofort voll zu buchen. Nach US-GAAP ist der Mehraufwand dagegen über die erwartete Restdienstzeit zu verteilen (sog. Dienstzeitverteilung).

42 Bei **erstmaliger Bilanzierung** nach IFRS (auf der Basis des bis 31.12.2003 gültigen SIC 8[8] (→ § 6 Rz 3f.) und auch des neuen IFRS 1) ist bereits zum Übergangsstichtag *(date of transition)* eine Eröffnungsbilanz nach IFRS-Grundsätzen zu erstellen, als ob schon immer nach IAS bilanziert worden wäre. Meistens wird darin aber der volle Verpflichtungsumfang (DBO ggf. abzgl. eines externen Kassen- oder Planvermögens) erfolgsneutral zurückgestellt; es wird also ohne Fehlbeträge oder Überdeckungen in die IFRS-Zukunft gestartet *(fresh start)*. Ein solches Wahlrecht ergibt sich aus IFRS 1.20 (→ § 6 Rz 79). Der Übergangsstichtag *(date of transition)* ist der Beginn der frühesten Vergleichsperiode, die im ersten IFRS-Jahresabschluss dargestellt wird. In der Regel müssen dann die Pensionsverpflichtungen bei Übergang auf IFRS zu drei Stichtagen (mit den jeweils zu diesen Stichtagen passenden Parametern) berechnet werden: zum Bilanzstichtag, zum Vorjahresstichtag und zum Übergangsstichtag (→ § 6 Rz 15). Es ist ratsam, zum Übergangsstichtag *(date of transition)* eher mit etwas vorsichtigeren Parametern (Zinssatz, Inflationsrate, aber auch Sterblichkeit) zu starten, um die Gefahr künftiger versicherungsmathematischer Verluste zu vermindern.

In der Vergangenheit wurde es vielfach als zulässig angesehen (analog zu IAS 19.153), in der Eröffnungsbilanz nach IFRS mit einer Unterdeckung zu starten und den Fehlbetrag erfolgswirksam über bis zu fünf Wirtschaftsjahre zu buchen (Rz 45). Diese Verteilungsregelung aus IAS 19.153 galt aber richtigerweise eigentlich nur beim Übergang von IAS 19 (*revised* 1993) auf IAS 19 (*revised* 1998), gilt aber nicht nach IFRS 1.

43 Zu den Auswirkungen eines *asset ceiling* siehe Rz 48f.

2.3.4 Versicherungsmathematische Gewinne und Verluste (Korridormethode, erfolgswirksame und erfolgsneutrale Soforttilgung)

44 Der Pensionsaufwand steht in der Regel bereits zu Beginn des Wirtschaftsjahres fest (Rz 15). Unvorhergesehene Änderungen der DBO (Differenz von erwartetem zu tatsächlichem Verpflichtungsumfang) durch Bestandsveränderungen oder Gehalts- bzw. Rentenerhöhungen oder durch am Ende des Wirtschaftsjahres neu festgelegte Berechnungsparameter (und auch abweichender tatsächlicher Ertrag eines externen Trägers vom erwarteten Ertrag) **müssen nicht sofort bilanziert werden**. Ggf. ist ein Mindestteilbetrag im nächsten Wirtschaftsjahr erfolgswirksam zu buchen, der sich nach der Korridormethode ergibt: Das heißt, der den Korridor (von 10 % des Maximums aus DBO und Vermögenswerten eines evtl. externen Trägers) übersteigende Betrag

---

[8] So auch IDW, RS HFA 2, WPg 1999, S. 591.

an noch ungetilgten Gewinnen und Verlusten wird durch die erwartete Restdienstzeit der Aktiven dividiert (sog. Dienstzeitverteilung; IAS 19.92f.; vgl. nachfolgende Beispiele). Hierdurch ergeben sich großzügige Glättungsmöglichkeiten für den Periodenaufwand.

Es darf aber auch **mehr als der Mindesttilgungsbetrag** erfolgswirksam gebucht werden; sogar die **sofortige vollständige Tilgung** ist zulässig. Eine einmal gewählte Tilgungsmethode ist grundsätzlich beizubehalten (IAS 19.93).

45

Die Methode der sofortigen vollständigen Tilgung im Jahr des Entstehens der versicherungstechnischen Gewinne oder Verluste, insbesondere bei Änderungen der Berechnungsparameter (z. B. Zinssatz), kann erhebliche **Aufwandsschwankungen** verursachen. Aus diesem Grund hat der IASB durch das *Amendment* vom 16.12.2004 auch eine „**dritte Option**" ab sofort zugelassen, nach der diese Buchung **erfolgsneutral** über das *statement of recognised income and expense* (SORIE) erfolgen kann (Rz 17).

Die drei Tilgungsmethoden
- erfolgswirksame Mindesttilgung nach der Korridormethode,
- erfolgswirksame Mehrtilgung bis hin zur sofortigen vollständigen Tilgung,
- erfolgsneutrale sofortige vollständige Tilgung

lassen sich in folgender Tabelle übersichtlich darstellen:[9]

Bezeichnung	Korridor-methode	erfolgswirksame Mehrtilgung	erfolgsneutrale Tilgung (3. Option)
Vorschrift	IAS 19.92f.	IAS 19.93, IAS 19.95	IAS 19.93A
Anwendung in der Praxis	Regelfall (noch)	Ausnahme	neu ab 2004/ 2005/2006
Bilanzausweis	teilweise	teilweise bis vollständig	vollständig
GuV-Effekt	erfolgswirksam	erfolgswirksam	erfolgsneutral
Durchführung	Mindest-Aufwandsverrechnung	höhere, ggf. vollständige Aufwandsverrechnung	vollständige Verrechnung mit Gewinnrücklagen
Anwendung	gleichermaßen für Gewinne und Verluste	gleichermaßen für Gewinne und Verluste	gleichermaßen für Gewinne und Verluste

---

[9] In Anlehnung an HEUSER/THEILE, IAS/IFRS-Handbuch, 2005, Tz 1141, bzw. THEILE, PiR 2006, S. 17.

Wann kann die Anwendung der dritten Option **sinnvoll** sein?
Derzeit liegen bei den meisten Pensionsplänen ungetilgte versicherungsmathematische **Verluste** vor, nur in den seltensten Fällen Gewinne. Ursachen hierfür sind

- das beständige Absinken der Rechnungszinssätze zur Diskontierung der Pensionsverpflichtungen in den letzten Jahren,
- die Verwendung niedrigerer Sterbewahrscheinlichkeiten und somit längerer Lebenserwartungen für die Rentenbezieher (neue Heubeck-Tafeln in Deutschland in 2005),
- die abgesunkenen Marktwerte von Aktienportfolios (im Vergleich zu 2000) bzw. die Realisierng dieser Verluste durch Verminderung der Aktienquote.

Erfolgswirksame Tilgungen dieser Verluste erhöhen den Pensionsaufwand, wenn auch ggf. gestreckt über viele Jahre bei Verwendung der Korridormethode. Bei erfolgsneutraler Verrechnung dieser Verluste vermindert sich der Pensionsaufwand mit der Folge eines besseren Jahresergebnisses (und besserer Rendite je Aktie). Da aber die Pensionsrückstellung dann die volle Unterdeckung des Pensionsplans sofort in der Bilanz zeigt und nicht nur im Anhang, verschlechtern sich Bilanzrelationen (z. B. Eigenkapitalquote). Sinnvoll könnte die dritte Option insbesondere bei Pensionsplänen ohne aktive Mitarbeiter sein, da dort die Korridormethode zur Vollverrechnung des den Korridor übersteigenden Betrags führen würde.[10]

Beispiel zur erwarteten und tatsächlichen DBO

DBO Ende Vorjahr		15.000.000
+ Dienstzeitaufwand *(current service cost)*	+	600.000
+ Zinsaufwand *(interest cost)*	+	900.000
./. Rentenzahlungen	−	700.000
./. Abfindungen	−	10.000
+ Übertragungen	+	30.000
= Erwartete DBO zum Jahresende	=	15.820.000

Der Versicherungsmathematiker ermittelt aber zum Jahresende auf Basis der tatsächlichen Personendaten und ggf. neuer Berechnungsannahmen (z. B. Zins) mit 16.000.000 eine um 180.000 höhere tatsächliche DBO, was grundsätzlich einen Verlust darstellt. Andererseits meldet der externe Träger (z. B. Unterstützungskasse) um 40.000 höhere tatsächliche Erträge als erwartet. Per saldo sind also 140.000 neue Verluste entstanden.

---

[10] Vgl. auch Rhiel, DB 2005, S. 293, und Theile, PiR 2006, S. 17.

Beispiel zur Korridormethode

	Ungetilgte Verluste zum Jahresanfang (stammend aus Vorjahren; siehe Beispiel Rz 18)	2.000.000
+	neu entstandene Verluste im Geschäftsjahr (siehe zuvor)	+ 140.000
./.	getilgte Verluste im Geschäftsjahr (lt. Vorjahresberechnung)	− 25.000
=	ungetilgte Verluste zum Jahresende	= 2.115.000
./.	Korridor (10 % von 16 Mio. der DBO)	− 1.600.000
=	den Korridor übersteigender Betrag	= 515.000
:	Restdienstzeit der Aktiven	: 20
=	Tilgungsbetrag für Verluste für das Folgejahr	= 25.750

Im Erstjahr der Anwendung von IFRS sind die „ungetilgten Verluste (Gewinne) zum Jahresanfang" sowie die „getilgten Verluste im Geschäftsjahr" natürlich gleich null, da ohne Fehlbeträge und Überdeckungen in die IFRS-Zukunft gestartet wird (Rz 42). In unserem Beispiel befinden wir uns also schon in einem späteren Jahr der Bilanzierung nach IFRS.

Finanzierungsstatus am Jahresende als Kontrolle

	DBO zum Jahresende (lt. Berechnung)	16.000.000
./.	externes Kassenvermögen (lt. Buchhaltung der Kasse)	− 4.370.000
./.	ausstehende Fehlbeträge (siehe Beispiel zur Korridormethode)	− 2.115.000
=	Pensionsrückstellung zum Jahresende	= 9.515.000

Diese ist identisch mit der Zahl in Rz 35; dies zeigt, dass richtig gerechnet wurde (vgl. auch mit dem Finanzierungsstatus am Jahresanfang in Rz 18 sowie dem Pensionsspiegel in Rz 52).

2.3.5 Mindest- und Höchstausweis der Pensionsrückstellung

Die **IFRS** verlangen keine Mindestrückstellung wie US-GAAP (bis 15.12.2006): Deckten Kassenvermögen und Pensionsrückstellung die sog. ABO *(accumulated benefit obligation)* nicht ab, war nach US-GAAP (nicht aber nach IFRS) erfolgsneutral eine zusätzliche Rückstellung *(additional liability)* in Höhe dieser Unterdeckung zu bilden. Die ABO ermittelte sich wie die PBO *(projected benefit obligation)* – jedoch ohne Ansatz einer Gehaltssteigerungsannahme. Es waren ansonsten die gleichen versicherungsmathematischen Annahmen zu Preisentwicklung (Rentenanpassungen), Lebenserwartung, Diskontierungssatz, Mitarbeiterfluktuation sowie Pensionierungsverhalten im Unternehmen zu berücksichtigen. Ab 15.12.2006 sind nach US-GAAP (FAS 158) die noch nicht erfolgswirksam gebuchten Gewinne und Verluste über das

47

other comprehensive income erfolgsneutral zu buchen, also ähnlich wie die SO-RIE-Option nach IAS 19 (jedoch **mit** *recycling*).

48 Umgekehrt kann bei einem sehr gut dotierten externen Träger (Pensionskasse oder Pensionsfonds) die Pensionsrückstellung auch negativ (also ein Aktivposten, *defined benefit asset*; IAS 19.54) sein. Ein solcher Aktivposten kann auch entstehen, ohne dass der externe Träger eine Überdeckung aufweist (sondern nur ungetilgte versicherungsmathematische Verluste). Nach IFRS (nicht aber nach US-GAAP) ist ein Aktivposten beschränkt auf den Barwert des Nutzens („Nutzenbarwert"), den das Unternehmen für sich daraus wirklich ziehen kann (z. B. durch Beitragsrückgewähr oder Beitragssenkung) zzgl. evtl. noch ausstehender Tilgungsbeträge für versicherungsmathematische Verluste und *past service cost* (IAS 19.58). Die Beschränkung eines Aktivpostens durch ein *asset ceiling* wird erfolgswirksam vorgenommen und ist daher eine Komponente des Pensionsaufwands (wenn nicht die SORIE-Methode verwendet wird). Wegen möglicher Änderungen durch IFRIC D 19 wird verwiesen auf Rz 87.

49 Die Ermittlung dieser Limitierung kann in der Praxis durchaus kompliziert werden. Die Regelungen zur Anwendung eines *asset ceiling* dürfen nämlich nicht allein deshalb zu einem zu buchenden Gewinn (bzw. Verlust) führen, weil sich im abgelaufenen Geschäftsjahr ein *actuarial loss* oder auch eine *past service cost* (bzw. *actuarial gain*) ergeben hat (IAS 19.58A). Im Einzelnen können sich folgende Fallgestaltungen ergeben:
Im abgelaufenen Geschäftsjahr
- ergeben sich *actuarial losses* (und ggf. auch *past service cost*) und der Nutzenbarwert bleibt gleich oder steigt: dann erfolgswirksame Tilgung dieser *actuarial losses* und *past service cost*.
- ergeben sich *actuarial losses* (und ggf. auch *past service cost*), die ein Sinken des Nutzenbarwerts überkompensieren: dann erfolgswirksame Tilgung dieser überschießenden *actuarial losses* und *past service cost*.
- verbleiben (auch nach evtl. Abzug neu entstandener *past service cost*) noch *actuarial gains* und der Nutzenbarwert bleibt gleich oder sinkt: dann erfolgswirksame Tilgung dieser *actuarial gains* (nach evtl. Abzug neu entstandener *past service cost*).
- verbleiben (auch nach evtl. Abzug neu entstandener *past service cost*) noch *actuarial gains*, die ein Steigen des Nutzenbarwerts überkompensieren: dann erfolgswirksame Tilgung dieser überschießenden *actuarial gains* (nach vorherigem evtl. Abzug neu entstandener *past service cost*).

Diese Zusatzvorschriften sind nur anzuwenden, wenn der Pensionsplan eine Überdeckung (Marktwert der *plan assets* übersteigt die DBO) hat und das Unternehmen nicht voll auf eine Überdeckung (mittels Rückvergütungen oder künftiger Beitragssenkungen) zugreifen kann (IAS 19.58B).

2.3.6 Überleitung von HGB nach IFRS

50 Das Rechenschema zur Ermittlung der Pensionsrückstellungen zum Jahresende (Rz 35) ist formal auch nach **HGB** möglich und wird auch in vielen

Prüfberichten von Wirtschaftsprüfern so vorgenommen. Eine solche Darstellung ist dann eine Kontrollrechnung für den Pensionsaufwand nach HGB, der aus den Zahlungen des Unternehmens und der Veränderung der Teilwerte (Pensionsrückstellungen) vom Jahresanfang zum Jahresende besteht. Nach **IFRS** wird der Pensionsaufwand originär (Rz 37f.) ermittelt, so dass sich die Pensionsrückstellung zum Jahresende als Ergebnis ergibt. Insoweit ergibt sich für den Buchhalter in der Darstellung grundsätzlich kein Unterschied.

Die Buchhaltung eines deutschen Unternehmens erfolgt in der Regel nach HGB-Konventionen, so dass bei der Überleitung von HGB nach IFRS lediglich der deutsche Pensionsaufwand sowie die deutschen Pensionsrückstellungen zum Jahresanfang und zum Jahresende durch die entsprechenden IFRS-Werte zu ersetzen sind (Anpassungsbuchungen). 51

2.3.7 Pensionsspiegel

Die Staffeldiagramme zum Finanzierungsstand am Jahresanfang (Rz 18), zur Rückstellungsentwicklung (Rz 36), zum Pensionsaufwand (Rz 37), zu den versicherungsmathematischen Gewinnen und Verlusten aus DBO und externem Träger (*plan assets*; Rz 46) und zum Finanzierungsstand am Jahresende (Rz 46) lassen sich übersichtlich in einem „Pensionsspiegel" darstellen.[11] 52

Ein Pensionsspiegel muss sämtliche Wirkungen der betrieblichen Altersversorgung auf den Jahresabschluss einbeziehen; also auch *settlements, curtailments* (Rz 62f.), *asset ceiling* (Rz 48f.), Rückübertragungen und *reimbursement rights*.[12] Sicherlich können nicht zutreffende, nur mit Nullen gefüllte Zeilen und Spalten letztlich weggelassen werden.

Ein mit den Daten unseres Beispiels ausgefüllter Pensionsspiegel könnte wie folgt aussehen:

---

[11] Hierauf machen PAWELZIK (DB 2005, S. 733) bzw. HEUSER/THEILE (IAS/IFRS-Handbuch, 2005, Tz 1130f.) zutreffend aufmerksam. Als interne Arbeitsunterlage wird ein Pensionsspiegel schon länger des Öfteren von Aktuaren, Wirtschaftsprüfern und Buchhaltern genutzt. Allerdings verlangt IAS 19 nur die vielen Staffeldiagramme (Rz 79) und nicht die übersichtliche Darstellung in einem Pensionsspiegel.

[12] Reimbursement rights (Rz 61) können im Pensionsspiegel zunächst wie richtige plan assets angesetzt werden; allerdings wird dann in der Bilanz letztlich „brutto" gebucht, d. h., die reimbursement rights werden aktiviert und die Pensionsrückstellung wird entsprechend erhöht (Bilanzverlängerung).

		Anwartschafts-barwert DBO	Planvermögen des externen Trägers	ungetilgte Verluste (+) oder Gewinne (−)	ungetilgte rückwirkende Planänderungen	Wertberich-tigung (WB) (−) wegen Nicht-nutzbarkeit einer Überdeckung des Planvermögens	Pensionsrück-stellung DBL (+) oder Pensionsak-tivwert DBA (−)
		A	B	C	D	E	F
1	tatsächliche Werte am Jahresbeginn	15.000.000	4.000.000	2.000.000	0	0	9.000.000
2	Pensionsaufwand in GuV:						
3	Dienstzeitaufwand (ArbN+ArbG-finanziert)	600.000					600.000
4	Arbeitnehmerbeiträge an externen Träger	0					0
5	Zinsaufwand	900.000					900.000
6	erwarteter Ertrag eines externen Trägers		280.000				−280.000
7	Tilgung Verluste/Gewinne (Korridor)			−25.000			25.000
8	Tilgung Verluste/Gewinne sofort (nicht Korridor)			0			0
9	Tilgung Planänderungen				0		0
10	Aufwand/Ertrag aus Abfindungen und Übertragungen	0		0			0
11	Aufwand/Ertrag aus Plankürzungen	0		0			0
12	Anpassung *asset ceiling*						
13	Änderung der WB					0	0
14	Sondertilgung Verluste/Gewinne			0			0
15	Summe:	1.500.000	280.000	−25.000	0	0	1.245.000
16	Pensionsaufwand im SORIE:						
17	Tilgung Verluste/Gewinne			0			0
18	Anpassung *asset ceiling*: Änderung der WB					0	0
19	Summe:			0		0	0

§ 22 Leistungen an Arbeitnehmer, Altersversorgung

		Anwartschafts-barwert DBO	Planvermögen des externen Trägers	ungetilgte Verluste (+) oder Gewinne (−)	ungetilgte rückwirkende Planänderungen	Wertberich-tigung (WB) (−) wegen Nicht-nutzbarkeit einer Überdeckung des Planvermögens	Pensionsrück-stellung DBL (+) oder Pensionsak-tivwert DBA (−)
		A	B	C	D	E	F
20	**Zahlungen für Renten und Zuwendungen:**						
21	Firma an Rentner (Renten)	−400.000					−400.000
22	Firma an externen Träger (Zuwendungen)		350.000				−350.000
23	Arbeitnehmer-Beiträge an externen Träger	0	0				
24	externer Träger an Rentner (Renten)	−300.000	−300.000				0
25	externer Träger an Firma (Erstattungen)	0		0			
26	Summe:	−700.000	50.000	0			−750.000
27	**Zahlungen für Abfindungen und Übertragungen:**						
28	Firma an Pensionsberechtigte	−10.000					−10.000
29	Firma an (−) bzw. von (+) Übernehmer	30.000					30.000
30	externer Träger an Pensionsberechtigte	0	0				
31	externer Träger an (−) bzw. von (+) Übernehmer	0	0				
32	Summe:	20.000	0				20.000
33	**neue Planänderungen (Z9)**	0			0		
34	**neue vers.-math. Verluste/Gewinne aus:**						
35	DBO-Veränderung	180.000		180.000			
36	Minder- oder Mehrertrag des externen Trägers		40.000	−40.000			
37	Summe:	180.000	40.000	140.000			
38	**tatsächliche Werte am Jahresende**	16.000.000	4.370.000	2.115.000	0	0	9.515.000

Zeile	Anmerkungen zu einzelnen Zeilen des Pensionsspiegels:
1	Neukonsolidierungen und Entkonsolidierungen sind hier (bzw. in einer separaten Zeile) zu berücksichtigen.
9	Ggf. inkl. erster Teiltilgung neuer Planänderungen (sofort unverfallbare Planverbesserungen müssen sofort gebucht werden).
10	Wegen Erhöhung der DBO oder anteiliger Tilgung von Verlusten/Gewinnen.
11	Wegen Erhöhung der DBO oder anteiliger Tilgung von Verlusten/Gewinnen oder Planänderungen.
13/18	Die WB wegen Nichtnutzbarkeit einer Überdeckung kann sich verringern oder erhöhen.
14	Wenn sich durch Verluste des externen Trägers eine Überdeckung vermindert und hierdurch die WB gewinnerhöhend abnimmt, dann ist dieser Gewinn durch Tilgung von (neu entstandenen) Verlusten insoweit zu kompensieren.
25	Erfolgsneutrale Erstattungen oder Rückübertragungen (wenn und insoweit ungetilgte Gewinne bestehen, kann ggf. ein Gewinn in C25 gebucht werden).

53 Will man die Ursachen der versicherungsmathematischen Gewinne und Verluste darstellen, ist folgender ausführlicherer Pensionsspiegel sinnvoll, der auch die am Jahresanfang für das Jahresende erwarteten Werte und die Abweichungen zu den tatsächlichen Werten explizit enthält.

§ 22 Leistungen an Arbeitnehmer, Altersversorgung

			Anwartschaftsbarwert DBO	Planvermögen des externen Trägers	ungetilgte Verluste (+) oder Gewinne (−)	ungetilgte rückwirkende Planänderungen	Wertberichtigung (WB) (−) wegen Nichtnutzbarkeit einer Überdeckung des Planvermögens	Pensionsrückstellung DBL (+) oder Pensionsaktivwert DBA (−)
			A	B	C	D	E	F
1		tatsächliche Werte am Jahresbeginn	15.000.000	4.000.000	2.000.000	0	0	9.000.000
2		**Pensionsaufwand:**						
3	P&L	Dienstzeitaufwand (ArbN+ArbG-finanziert)	600.000					600.000
4	P&L	erwartete Arbeitnehmerbeiträge an externen Träger	0					0
5	P&L	Zinsaufwand	900.000					900.000
6	P&L	erwarteter Ertrag eines externen Trägers		280.000				−280.000
7	P&L	Tilgung Verluste/Gewinne			−25.000			25.000
8	P&L	Tilgung Planänderungen				0		0
9	P&L	Z 2 bis 8 Summe:	1.500.000	280.000	−25.000	0		1.245.000
10		**erwartete Zahlungen:**						
11		Firma an Rentner (Renten)	−400.000					−400.000
12		Firma an externen Träger (Zuwendungen)		350.000				−350.000
13		Arbeitnehmer-Beiträge an externen Träger	0	0				
14		externer Träger an Rentner (Renten)	−300.000	−300.000				
15		externer Träger an Firma (Erstattungen)		0				0
16	P&L	externer Träger an Firma (Rückübertragung = gain)		0	0			

Rhiel

			Anwartschafts-barwert DBO	Planvermögen des externen Trägers	ungetilgte Verluste (+) oder Gewinne (−)	ungetilgte rückwirkende Planänderungen	Wertberichtigung (WB) (−) wegen Nichtnutzbarkeit einer Überdeckung des Planvermögens	Pensionsrückstellung DBL (+) oder Pensionsaktivwert DBA (−)
			A	B	C	D	E	F
17		Z 10 bis 16 Summe:	−700.000	50.000	0			−750.000
18		Z 1 bis 17 erwartete Werte am Jahresende	15.800.000	4.330.000	1.975.000	0	0	9.495.000
19		unerwartete Mehrzahlungen:						
20		Firma an Rentner (Renten)			0			0
21		Firma an externen Träger (Zuwendungen)		0				0
22	P&L	Arbeitnehmer-Beiträge an externen Träger		0				0
23		externer Träger an Rentner (Renten)		0	0			
24		externer Träger an Firma (Erstattungen)		0	0			0
25	P&L	externer Träger an Firma (Rückübertragung = gain)		0	0			
26		Z 19 bis 25 Summe:		0	0			0
27		neue vers.-math. Verluste/Gewinne aus:						
28		DBO-Veränderung	180.000		180.000			
29		Minder- oder Mehrertrag des externen Trägers		40.000	−40.000			
30		Z 27 bis 29 neue vers.-math. Verluste/Gewinne DBO u. Träger	180.000	40.000	140.000			
31		Z 19 bis 30 neue vers.-math. Verluste/Gewinne ges.	180.000	40.000	140.000			0

§ 22 Leistungen an Arbeitnehmer, Altersversorgung

			Anwartschaftsbarwert DBO	Planvermögen des externen Trägers	ungetilgte Verluste (+) oder Gewinne (−)	ungetilgte rückwirkende Planänderungen	Wertberichtigung (WB) (−) wegen Nichtnutzbarkeit einer Überdeckung des Planvermögens	Pensionsrückstellung DBL (+) oder Pensionsaktivwert DBA (−)
			A	B	C	D	E	F
32			Sondereffekte aus:					
33	P&L		Tilgung Verluste/Gewinne sofort (nicht Korridor)		0			0
34	SORIE		Tilgung Verluste/Gewinne sofort (SORIE)		0			0
35			neue Planänderungen	0			0	
36	P&L		abzgl. ggf. erste Teiltilgung davon				0	0
37			Zahlungen für Abfindungen und Übertragungen:					
38			Firma an Pensionsberechtigte	−10.000				−10.000
39			Firma an (−) bzw. von (+) Übernehmer	30.000				30.000
40			externer Träger an Pensionsberechtigte		0			
41			externer Träger an (−) bzw. von (+) Übernehmer		0			
42		Z 37 bis 41	Summe:	20.000	0			20.000
43	P&L		GuV-Aufwand/Ertrag aus Abf. und Übertrag.	0		0	0	0
44	P&L		GuV-Aufwand/Ertrag aus Plankürzungen	0		0	0	0
45		Z 32 bis 44	alle Sondereffekte	20.000	0	0	0	20.000
46		Z 1 bis 45	tats. Werte Jahresende *vor asset ceiling*	16.000.000	4.370.000	2.115.000	0	0	9.515.000
47			Anpassung *asset ceiling*:					

			Anwartschaftsbarwert DBO	Planvermögen des externen Trägers	ungetilgte Verluste (+) oder Gewinne (−)	ungetilgte rückwirkende Planänderungen	Wertberichtigung (WB) (−) wegen Nichtnutzbarkeit einer Überdeckung des Planvermögens	Pensionsrückstellung DBL (+) oder Pensionsaktivwert DBA (−)
			A	B	C	D	E	F
48	P&L	Änderung der WB					0	0
49	P&L	Sondertilgung wegen Erhöhung vers.-math. Verluste			0			0
50	SORIE	Änderung der WB					0	0
51	SORIE	Sondertilgung wegen Erhöhung vers.-math. Verluste			0			0
52	Z 47 bis 51	Summe:			0		0	0
53	Z 1 bis 52	tatsächliche Werte am Jahresende	16.000.000	4.370.000	2.115.000	0	0	9.515.000

Zeile	Anmerkungen zu einzelnen Zeilen des Pensionsspiegels:
1	Neukonsolidierungen und Entkonsolidierungen sind hier (bzw. in einer separaten Zeile) zu berücksichtigen.
3/4	Der Dienstzeitaufwand ist ein erwarteter Wert. Wenn dieser unverändert bleibt, aber mehr Arbeitnehmerbeiträge vereinnahmt werden, ergibt sich ein zu buchender Gewinn.
15/24	Erfolgsneutrale Erstattungen oder Rückübertragungen.
16/25	Nur sinnvoll, wenn und insoweit ungetilgte Gewinne bestehen.
36	Sofort unverfallbare Planverbesserungen müssen sofort gebucht werden.
43	Wegen Erhöhung der DBO oder anteiliger Tilgung von Verlusten/Gewinnen.
44	Wegen Erhöhung der DBO oder anteiliger Tilgung von Verlusten/Gewinnen oder Planänderungen.
48/50	Die WB wegen Nichtnutzbarkeit einer Überdeckung kann sich verringern oder erhöhen.
49/51	Wenn sich durch Verluste des externen Trägers eine Überdeckung vermindert und hierdurch die WB gewinnerhöhend abnimmt, dann ist dieser Gewinn durch Tilgung von (neu entstandenen) Verlusten insoweit zu kompensieren.

2.4 Besonderheiten und Gestaltungen bei Pensionsverpflichtungen

2.4.1 Zur Auslagerung von Pensionsrückstellungen mittels Treuhandlösungen

Pensionsrückstellungen in Deutschland werden vom Ausland als *unfunded pension obligations* angesehen (Rz 5) und führen oft auch zu Nachteilen beim *credit rating* des Unternehmens. Die zu bilanzierende Pensionsrückstellung verlängert die Bilanz und verschlechtert Bilanzkennzahlen. Da in Deutschland die Umstellung des Durchführungswegs auf einen externen Träger (Unterstützungskasse, Pensionskasse, Pensionsfonds oder Versicherungslösung) meist teuer, oft steuerlich nachteilig und rechtlich kompliziert (meist mitbestimmungspflichtig) ist, bieten sich **Treuhandlösungen** an, die nach internationalen Bilanzierungsgrundsätzen genauso behandelt werden wie die klassischen externen Durchführungswege.

54

Einige nach US-GAAP bilanzierende Unternehmen führten **Pension-Trust-Modelle** bereits im letzten Jahrtausend ein (z. B. Deutsche Shell und DaimlerChrysler); für nach IFRS bilanzierende Unternehmen waren solche Modelle erst ab 2000 zulässig.

55

Einem in der Regel in Form eines Vereins (als Treuhänder) gegründeten Pension Trust (auch *contractual trust arrangement,* CTA, genannt) werden (der Höhe und dem Zeitpunkt nach freiwillig) Vermögenswerte zugewendet, die ausschließlich und unwiderruflich nur der Deckung und Finanzierung der direkten Pensionsverpflichtungen des Unternehmens dienen; eine anderweitige Verwendung ist ausgeschlossen. Die Versorgungsberechtigten erwerben nur im Falle des Konkurses des Unternehmens einen direkten Rechtsanspruch gegen den Pension Trust.

Solange das Unternehmen solvent ist, erhält der Versorgungsberechtigte seine Betriebsrente direkt vom Unternehmen. Der Pension Trust erstattet dem Unternehmen nachträglich die gezahlten Betriebsrenten *(reimbursement)*. Natürlich kann der Pension Trust auch direkt, aber dann nur für Rechnung und im Auftrag des Unternehmens, zahlen. Nur wenn nach Erfüllung aller bestehenden und abgesicherten Pensionsverpflichtungen Vermögenswerte des Pension Trust übrig bleiben, dürfen diese nach US-GAAP an das Unternehmen zurückübertragen werden. Nach IAS 19 darf demgegenüber auch zuvor schon „überdotiertes" Trust-Vermögen an das Unternehmen zurückübertragen werden; der Begriff der „Überdotierung" ist allerdings noch auslegungsbedürftig (Rz 21).

Nach IFRS und US-GAAP qualifizieren die Vermögenswerte des Pension Trust (wobei vom Unternehmen ausgegebene und vom Pension Trust gehaltene Wertpapiere frei handelbar sein müssen) als *plan assets.* Außerdem vermindert sich der Pensionsaufwand um den (erwarteten) Vermögensertrag des Pension Trust. Marktwertschwankungen (Volatilität) des Trust-Vermögens schlagen somit bei Anwendung des Korridorverfahrens nicht direkt auf den Pensionsaufwand durch. Auch viele Bilanzkennzahlen sehen aufgrund der Bilanzverkürzung im internationalen Vergleich besser aus. Bei ausreichend vorsichtiger Gestaltung des Leistungsplans (z. B. wenn eine Pensionskasse virtuell imitiert wird) kann über ein CTA auch ein Beitragsplan *(defined contribution plan)* etabliert werden (Rz 61).

56 Nach **deutschem Handels- und Steuerrecht** gelten die Vermögenswerte des Vereins (Treuhandvermögen) jedoch weiterhin als wirtschaftliches Eigentum des Unternehmens, so dass insoweit diese Trust-Lösung als nicht existent zu qualifizieren ist und somit weder steuerliche Vorteile noch Nachteile entstehen.

57 Unter dem alten **IAS 19** *(revised* 1998) wurden Pension-Trust-Gestaltungen **nicht** als externe *plan assets* anerkannt. Der IASB hatte in IAS 19 *(revised* 2000) die Bedingung des formellen Rechtsanspruchs der Versorgungsberechtigten gegen den Pension Trust fallen gelassen, so dass seitdem solche Gestaltungen auch nach IFRS anerkannt werden können.

2.4.2 Rückdeckungsversicherungen, Direktversicherungen, versicherungsförmig geführte Pensionskassen und Pensionsfonds

58 Ebenso können nach IAS 19 *(revised* 2000) auch ohne Gründung eines Pension Trust vom Unternehmen zur **Rückdeckung** direkter Pensionszusagen eingesetzte Versicherungen (sog. *qualifying insurance policies)* als *plan assets*

angesetzt werden, wenn die Versicherungen unwiderruflich und auch im Konkursfall des Unternehmens ausschließlich für den Versorgungszweck zur Verfügung stehen (z. B. durch Verpfändung an die Versorgungsberechtigten). Dies gilt jedoch nicht für andere zur Rückdeckung eingesetzte Vermögenswerte (z. B. Immobilien oder Fondsanteile). IAS 19 erkennt *qualifying insurance policies* nur dann an, wenn die Versicherungsgesellschaft, bei der die Verträge abgeschlossen werden, kein mit dem Arbeitgeber verbundenes Unternehmen, sog. *related party* gem. IAS 24 (→ § 30), ist. Diese Einschränkung ist in Deutschland vor dem Hintergrund, dass der Deckungsstock von Versicherungen über einen Treuhänder abgesichert ist, eigentlich unverständlich.

Bei kongruenten Rückdeckungsversicherungen, die die erworbenen Pensionsansprüche vollständig abdecken, kann deren Marktwert mit der DBO der rückgedeckten Pensionsverpflichtungen gleichgesetzt werden (IAS 19.104). Hierdurch wird der Pensionsplan materiell einem *defined contribution plan* ähnlich. Dies kann insbesondere bei **kongruent rückgedeckten Unterstützungskassen** (mit beitragsorientierten Leistungszusagen) erstrebenswert sein.

59

Bei betrieblichen **Direktversicherungen** mit üblicher Ausgestaltung verbleibt für den Arbeitgeber nur das Risiko der finalen Haftung nach § 1 Abs. 1 Satz 3 BetrAVG, also Einstandspflicht bei Insolvenz des Versicherers (Rz 10). Diese „**fast risikolosen Direktversicherungen**" zeichnen sich durch folgende Eigenschaften aus:

60

- Der Arbeitnehmer hat einen Rechtsanspruch gegen den Lebensversicherer.
- Der Arbeitnehmer ist versicherte Person und Bezugsberechtigter der Leistung.
- Die vom Versicherer garantierte Leistung „richtet sich nach den gezahlten Beiträgen".
- Die garantierte Leistung ist höchstens mit dem aufsichtsrechtlichen Höchstzins von 2,25 % (bzw. früher 2,75 % oder 3,25 % o. Ä.) ermittelt.
- Die Überschüsse kommen ausschließlich den Versicherten zugute.
- Bei unverfallbarem Ausscheiden des Mitarbeiters aus dem Unternehmen richtet sich die unverfallbare Anwartschaft nach dem vorhandenen Deckungskapital und führt nicht zu einer „Auffüllverpflichtung" des Arbeitgebers (z. B. also Anwendung der versicherungsvertraglichen Lösung gemäß § 2 Abs. 2 Satz 2 BetrAVG oder einer ähnlich zuverlässigen Regelung bei beitragsorientierten Leistungszusagen oder bei Beitragszusagen mit Mindestleistung).

Solche „fast risikolosen Direktversicherungen" sind u. E. nicht nur „wirtschaftlich", sondern auch rechtlich als *defined contribution plan* zu bilanzieren (IAS 19.39f.; Rz 10). Die finale Haftung des Arbeitgebers ist dann nur als Eventualverbindlichkeit *(contingent liability)* anzusehen (→ § 21 Rz 85). Nach IAS 19.39 ist nämlich *defined contribution accounting* anzuwenden, außer wenn *„the enterprise will have (either directly or indirectly through the plan) a legal or constructive obligation to either (a) pay the employee benefits directly when*

they fall due; or (b) pay further amounts if the insurer does not pay all future employee benefits relating to employee service in the current and prior periods."
Der Arbeitgeber hat bei diesen „fast risikolosen Direktversicherungen" weder eine Verpflichtung nach (a) noch nach (b): Es liegt keine Verpflichtung nach (b) vor, da alle erworbenen Pensionsansprüche durch den Versicherer gedeckt sind und von ihm erfüllt werden, sodass weitere Beiträge durch den Arbeitgeber zu deren Erfüllung nicht notwendig sind. Auch im Falle der Insolvenz des Versicherers würde der Arbeitgeber natürlich keine weiteren Beiträge mehr an den insolventen Versicherer zahlen, sondern die Ansprüche direkt (oder anders) erfüllen wollen. Es liegt auch keine Verpflichtung nach (a) vor, denn der Nachsatz *„when they fall due"* zeigt unmissverständlich, dass man auf den „normalen" Zahlungszeitpunkt an den Betriebsrentner abstellt (und dann zahlt ja der Versicherer) und nicht auf den Zahlungsverzug oder die Zahlungsunmöglichkeit durch den Versicherer; sonst hätte man formuliert *„when the insurer cannot pay"*.

Auch IAS 19.42 unterstützt diese Argumentation: Der Versicherungsvertrag ist im Namen eines speziellen Arbeitnehmers abgeschlossen und der Arbeitgeber hat keine Verpflichtung, einen versicherungsmathematischen Verlust des Versicherungsvertrags *(to cover any loss on the policy)* zu tragen; diesen trägt der Versicherer (bzw. die Versichertengemeinschaft) selbst. Es wird somit auch hier nicht auf die Insolvenz des Versicherers abgestellt, sondern auf den „normalen" Verlauf der Dinge.

Wenn im Falle einer arbeitgeberfinanzierten „fast risikolosen Direktversicherung" bei verfallbarem Ausscheiden eines Arbeitnehmers das angesammelte Deckungskapital an den Arbeitgeber zurückfällt, könnte dies gegen *defined contribution accounting* sprechen. Wenn diese Chance des Arbeitgebers nicht immateriell sein sollte, wäre sie zu berücksichtigen. Da Direktversicherungen auf einzelne Personen individualisiert sind, wird man hier nur den „Teilplan der noch verfallbaren Direktversicherungen" anschauen (und die bereits unverfallbaren, fast risikolosen Direktversicherungen wie *defined contribution* behandeln). Für diesen Teilplan müsste man die DBO berechnen und mit dem Deckungskapital als *plan assets* vergleichen und ggf. das *asset ceiling* nach IAS 19.58 beachten. Dies widerspricht natürlich den Bedürfnissen der Praxis, die Vereinfachungen wünscht. U. E. sollten aus Erfahrungen der Vergangenheit die Deckungskapitalien der noch verfallbaren Direktversicherungen mit „Rückfallprozentsätzen" gewichtet und aktiviert werden: Z. B. die Deckungskapitalien der Direktversicherungen im ersten Versicherungsjahr mit 20 %, im zweiten Versicherungsjahr mit 15 %, im dritten Versicherungsjahr mit 10 %, im vierten (und höheren, aber noch verfallbaren) Versicherungsjahren mit 5 %.

Wenn **Pensionskassen** oder **Pensionsfonds** nach gleichen Grundsätzen (insbesondere hinsichtlich Solvabilität) wie Versicherungsgesellschaften operieren und Tarife wie die o.a. fast risikolosen Direktversicherungen anbieten, gilt insoweit das Gleiche wie bei diesen (also rechtlich einwandfrei *defined contribution accounting*). Umgekehrt gilt dies nicht, wenn z. B. eine Pensionskasse die Möglichkeit hat, bei versicherungstechnischen Verlusten die Leistungen zu mindern oder höhere Beiträge zu verlangen. Dann kann höchstens bei wirtschaftlicher Betrachtung (wenn dieses Risiko gering ist) ein *defined contribution plan* vorliegen. Werden von der Pensionskasse Finanzierungsverfahren gewählt, die nicht die stetige Deckung der erworbenen Ansprüche durch bereits gezahlte Beiträge sicherstellen (z. B. Bilanzausgleichsverfahren, Verfahren der technischen Durchschnittsprämie oder Nichtanwendung der versicherungsvertraglichen Lösung gemäß § 2 Abs. 3 Satz 2 BetrAVG oder ähnlicher Lösung), liegt insoweit auch wirtschaftlich kein *defined contribution plan* nach IAS 19.7 vor.

Bei **verpfändeten rückgedeckten Direktzusagen** liegt ebenfalls kein *defined contribution plan* vor, da der Arbeitgeber rechtlich zur Zahlung verpflichtet bleibt. Dies gilt auch bei **rückgedeckten Unterstützungskassen**, da hier weder der Versicherer noch die Unterstützungskasse rechtlich zur Zahlung an den Betriebsrentner verpflichtet ist, so dass sich die rechtliche Verpflichtung aus dem Arbeitsverhältnis auch nur gegen den Arbeitgeber richten kann. Verpfändete rückgedeckte Direktzusagen und kongruent rückgedeckte Unterstützungskassen können somit höchstens „bei wirtschaftlicher Auslegung" wie *defined contribution* bilanziert werden (*qualifying insurance policies* und IAS 19.104f.).
Wegen geplanter Änderungen s. Rz 88.

2.4.3 Vermögenswerte, die nur „fast" als *plan assets* gelten

Vermögenswerte, die zwar der Deckung oder Absicherung von Pensionsverpflichtungen dienen, aber nicht **alle** für die Anerkennung als *plan assets* notwendigen Bedingungen erfüllen, sind nach den jeweiligen Bilanzierungsregeln in der Bilanz des Unternehmens zu aktivieren. Hierdurch wird der Pensionsaufwand nicht berührt. Ist jedoch „ziemlich sicher" (*virtually certain*, IAS 19.104A), dass die Pensionszahlungen von dritter Seite *(another party)* erstattet werden (z. B. von einer Versicherungsgesellschaft oder einem bonitätsstarken konzernfremden Dritten im Wege von Schuldbeitritt mit Erfüllungsübernahme, Rz 68f.), ohne dass dieser Anspruch als *plan assets* qualifiziert wird, muss dieser Anspruch mit dem Marktwert aktiviert werden; der Pensionsaufwand kann unter IFRS jedoch so bestimmt werden, als ob *plan assets* vorlägen (sog. *plan assets* „zweiter Ordnung"). Insbesondere können Marktwertschwankungen (Volatilität) über den Einbezug in den Korridor der versicherungsmathematischen Gewinne und Verluste geglättet werden. Auch dies ist allgemein schon ein Vorteil (allerdings weniger von Bedeutung bei klassischen Rückdeckungsversicherungen in Deutschland, da deren Marktwert kaum schwankt). Auch hier kann bei kongruenten Rückdeckungsversicherungen, die die erworbenen Pensionsansprüche vollständig abdecken, deren Marktwert mit der DBO der rückgedeckten Pensionsverpflichtungen gleichgesetzt werden (IAS 19.104D).

61

2.4.4 Abfindungen, Übertragungen *(settlements)* und Kürzungen *(curtailments)* von Pensionsplänen

62 *Settlements* (IAS 19.109f.) können bestehen aus:
- Barabfindungen an die Versorgungsberechtigten, die im Gegenzug auf ihre Pensionsansprüche verzichten;
- Übertragung der Pensionsansprüche (im Sinne der Änderung des Durchführungswegs der betrieblichen Altersversorgung) auf eine Versicherungsgesellschaft, eine Pensionskasse oder auch einen Pensionsfonds (wobei keine oder nur eine unwahrscheinliche finale Arbeitgeberhaftung zurückbleiben darf; vgl. Rz 9f. und Rz 60) oder auf einen neuen Arbeitgeber;
- Abfindungen, bei denen die Abfindungsleistung in der Gewährung einer entsprechenden Beitragszusage *(defined contribution plan)* besteht (Rz 8f.).

63 *Curtailments* entstehen bei Wegfall oder Minderung von künftigen versorgungsfähigen Dienstjahren durch bzw. im Zusammenhang mit Umstrukturierungsmaßnahmen, z. B. Betriebs- oder Teilbetriebsschließungen, Entlassungen in größerem Ausmaß, Vorruhestands- und Altersteilzeitregelungen oder Einfrieren eines Pensionsplanes, so dass die Arbeitnehmer keine zusätzlichen leistungsorientierten Pensionsansprüche für künftige Dienstjahre mehr erwerben. Auch wenn Pensionssteigerungsbeträge für künftige Dienstjahre lediglich vermindert werden, liegt schon ein *curtailment* vor (IAS 19.111). Eine Abfindung (Übertragung) und eine Kürzung können unabhängig voneinander oder auch gemeinsam auftreten (z. B. bei einer definitiven Planbeendigung).

64 Auch bei einem *curtailment*, das eigentlich nur künftige Dienstjahre betrifft, kann sich die DBO, die nur die erdienten Pensionsansprüche bewertet, vermindern (Gewinn) oder erhöhen (Verlust). Denn eine Kürzung kann Anlass geben, die Bewertungsannahmen zu revidieren, z. B. eine höhere Kündigungsrate oder eine stärkere Inanspruchnahme von vorgezogenem Altersruhegeld anzunehmen.

65 Nach IAS 19.109f. sind Gewinne oder Verluste aus der Kürzung oder Abgeltung eines leistungsorientierten Plans zum Zeitpunkt der Kürzung oder Abgeltung zu erfassen; bei Kürzungen wegen Entlassungen ist jedoch schon zu buchen bei Unausweichlichkeit der Maßnahme *(demonstrably committed to)*. Nach US-GAAP gelten unterschiedliche und komplexere Rechnungslegungsvorschriften.

66 Warum ist die Bilanzierung nach **IFRS** (und auch US-GAAP) **komplexer** als die nach **HGB**? Nach HGB wird genau der Verpflichtungsumfang zum Bilanzstichtag bilanziert *(balance sheet approach*; Rz 14f.). Bei Abfindungen oder Übertragungen von Pensionsverpflichtungen oder bei Änderungen des Pensionsplanes wird nach HGB der nun (noch) vorliegende Pensionsplan bewertet und entsprechend bilanziert. Die großzügigen Verteilungswahlrechte nach IFRS sind nur wegen des langfristigen Charakters der Pensionsverpflichtungen gerechtfertigt, aber auch nur dann, wenn der vorhandene Pensionsplan „normal" weiterläuft *(going concern)*. Werden nun Pensionsverpflichtungen abgefunden oder übertragen oder wird der Pensionsplan geändert, so entschwindet diese Voraussetzung für die Verteilungswahlrechte. Auch nach IFRS ist es vernünftig, sämtliche Aufwendungen (und Erträge) sowie sämtliche noch nicht gebuchten Beträge (an versicherungsmathematischen Gewinnen und Verlusten) voll ergebniswirksam zu buchen, wenn der gesamte Pensionsplan „beseitigt" (abgefunden, übertragen) wird. Wenn nur Teile der Verpflichtungen „beseitigt" werden, kommt vernünftigerweise nur eine „anteilige" Buchung in Frage. Wie diese „anteilige" Buchung vorgenommen wird, darin unterscheiden sich IFRS und US-GAAP deutlich. US-GAAP verwendet komplizierte Regelungen; IFRS hat daraus gelernt und macht es deutlich einfacher.

Für die Bilanzierung von *settlements* und *curtailments* nach IFRS gilt, dass **Gewinne und Verluste** aus der Kürzung oder Abgeltung eines leistungsorientierten Plans folgende Posten enthalten müssen:

- Jede daraus resultierende Änderung der DBO,
- jede daraus resultierende Änderung des Planvermögens,
- alle damit verbundenen ungetilgten versicherungsmathematischen Gewinne und Verluste und (ggf.) *past service costs*.

Bei nur **teilweiser** Kürzung oder Abgeltung ist die letztgenannte Position nur anteilig zu buchen.

2.4.5 Schuldbeitritt mit Erfüllungsübernahme

Bestehende Pensionsregelungen können ein Hindernis bei Käufen und Verkäufen von Unternehmen bzw. Betrieben oder Teilbetrieben darstellen, da das deutsche Betriebsrentengesetz keine besonderen erleichternden Regelungen hierfür enthält. Neben den drei stets möglichen *settlement*-Gestaltungen aus Rz 62 findet man in der Praxis daher oftmals Fälle (insbesondere also im **Zusammenhang mit Käufen und Verkäufen von Unternehmen**), in denen ein fremdes Unternehmen die Erfüllung der Pensionsverpflichtungen unter Schuldbeitritt mit Erfüllungsübernahme übernimmt.[13] Im Fall der Insolvenz des Übernehmers **haftet** der abgebende Arbeitgeber. Solche Fälle sind unter IFRS wirtschaftlich zu betrachten.

Wenn der Übernehmer **sämtliche Risiken** (hinsichtlich der übernommenen Vermögenswerte sowie Invalidität, Tod usw.) übernimmt und die ggf. noch weiter zu zahlenden Prämien des abgebenden Arbeitgebers vom weiteren Risikoverlauf beim Übernehmer unabhängig sind, liegt trotz der Haftung im Konkursfall wirtschaftlich ein *settlement* vor.[14] Wegen der (formal) gesamtschuldnerischen Haftung des abgebenden und des übernehmenden Unternehmers könnte sich der Rentner auch direkt an das abgebende Unternehmen halten, so dass die Argumentation unter Rz 60, dass man auch rechtlich einwandfrei zu einem *settlement* gelangen könnte, nicht greift.

---

[13] Zur steuerlichen Behandlung siehe das BMF-Schreiben v. 16.12.2005 (DB 2005, S. 2778).

[14] Bei solchen Gestaltungen besteht aber die Gefahr, dass der Übernehmer ein unzulässiges Versicherungsgeschäft betreibt; zumindest jedenfalls, wenn er das Todesfall- und Invaliditätsrisiko nicht an eine Versicherungsgesellschaft weitergibt.

Hängen hingegen die Prämien vom weiteren Risikoverlauf ab (übliche Gestaltung), liegt kein *settlement* vor. Überträgt der Übernehmer die übernommenen Vermögenswerte (und Prämien) in eine externe Versorgungseinrichtung oder nutzt er eine Treuhandlösung (Rz 54f.), dann liegt aus Sicht des abgebenden Unternehmens ein *funded plan* mit *plan assets* vor. Hält der Übernehmer die übernommenen Vermögenswerte (und Prämien) im operativen Bereich seines Unternehmens, dann liegen aus Sicht des abgebenden Unternehmens keine *plan assets* vor, sondern lediglich *plan assets* „zweiter Ordnung" (Rz 61).

70 Aus Sicht des Übernehmers liegen grundsätzlich keine Pensionsverpflichtungen im Sinne von IAS 19 vor, da eine Verpflichtung gegenüber **fremden** Arbeitnehmern besteht. Man wird jedoch die Verpflichtung analog IAS 19 bewerten und bilanzieren. Je nach Fallgestaltung des Schuldbeitritts mit Erfüllungsübernahme wird man analog einem Beitragsplan *(defined contribution plan)* oder einem *defined benefit plan* (mit oder ohne *plan assets*) vorgehen (Rz 8ff.).

3 Sonstige Leistungen für Arbeitnehmer *(employee benefits)*

3.1 Ansatz, Bewertung und Ausweis

71 Kurzfristige (besser: kurzzeitige) Verpflichtungen aus dem Arbeitsverhältnis (IAS 19.8), die innerhalb von 12 Monaten nach Entstehung fällig werden, sind – sofern sie am Bilanzstichtag noch nicht erfüllt sind – im Gegensatz zu langfristigen unabgezinst zurückzustellen. Hierzu gehören nach IAS 19.8 neben den Gehaltszahlungen auch die Beiträge an die Sozialversicherungsträger.

72 Für sonstige längerfristige Verpflichtungen, die nicht im Rahmen von Pensionsplänen bewertet werden, wie z. B. **Jubiläumsgelder** und Verpflichtungen aus **Arbeitszeitkontenmodellen**, ist der Barwert der abgelaufenen Wirtschaftsjahren zuzurechnenden (Teil-)Ansprüche (DBO) zurückzustellen, wobei für die Berechnungsmethoden und -annahmen (insbesondere Zins und Dynamisierung) das Gleiche wie bei Pensionszusagen gilt (Rz 24ff.). Verteilungswahlrechte (Rz 44ff.) werden jedoch nicht zugestanden (IAS 19.127). Als Folge hiervon können sich stark schwankende Rückstellungswerte ergeben. *Plan assets* stehen auch hier dem Grunde nach zur Finanzierung der Verpflichtung zur Verfügung, jedoch sieht IAS 19 für *other long-term employee benefits* (im Gegensatz zu *post-employment benefits*) keine *defined contribution plans* vor, was eigentlich unverständlich und wohl als Lapsus aufzufassen ist.

3.2 Arbeitszeitkontenmodelle

Zu unterscheiden ist nach dem **wirtschaftlichen Inhalt** des jeweiligen Modells:
- **Verkürzung der Lebensarbeitszeit** vor der eigentlichen Pensionierung: Behandlung als Pensionsplan (Frühpensionierungsplan) mit der Anwendung der „normalen" Rechnungslegungsvorschriften für Pensionsverpflichtungen. Dabei ist die Ausgestaltung dieser Modelle als *defined constribution plan* über eine Treuhandlösung sinnvoll (Rz 54f.).
- **Kurzfristige Ausgleichung** von betrieblichen Auslastungsspitzen: Bilanzierung so, als ob die Verpflichtung unmittelbar nach dem Bilanzstichtag zu erfüllen wäre (IAS 19.8).
- **Langfristige Urlaubs- und Freizeitgewährung** *(sabbaticals)*: Behandlung als *other long-term employee benefits* (Rz 72).

3.3 Personalstrukturmaßnahmen und *termination benefits*

Termination benefits (IAS 19.132f.) sind Leistungen des Arbeitgebers, jenseits eines Pensionsplans, im Zusammenhang mit einer (arbeitgeberseitig gewünschten) Beendigung des Arbeitsverhältnisses von Arbeitnehmern, meist im Zusammenhang mit Personalstrukturmaßnahmen, z. B. Einmalzahlungen, periodische Zahlungen (mehrere Jahre; lebenslänglich), Gehaltsfortzahlungen bei faktischer Freistellung oder einer Extra-Verbesserung der Betriebsrente. Meistens findet zusätzlich ein *curtailment* (Kürzung) des (normalen) Pensionsplans statt. Leistungen, die unabhängig vom Ausscheidungsgrund des Arbeitnehmers gezahlt werden, gelten nicht als *termination benefits*, sondern als Pensionsleistungen oder sonstige *post-employment*-Leistungen. Gewährt der Arbeitgeber bei arbeitgeberseitig veranlasstem Ausscheiden höhere Leistungen als bei freiwilligem Ausscheiden des Arbeitnehmers, so gilt nur die Differenz als *termination benefit*.

Die gesamte Verpflichtung ist mit ihrem vollen Barwert (ohne Verteilungsmöglichkeit) zu bilanzieren, wenn der Arbeitgeber „unausweichlich" verpflichtet ist *(demonstrably committed to)*, Arbeitnehmer vorzeitig freizusetzen oder *termination benefits* aufgrund eines Angebots an die Arbeitnehmer zur Ermutigung ihres freiwilligen Ausscheidens (das aber in erster Linie im Interesse des Arbeitgebers liegen muss) zu gewähren. Erforderlich ist ein detaillierter formeller Plan mit Angabe von Standort, Funktion, ungefährer Anzahl der betroffenen Arbeitnehmer, Höhe der *termination benefits* nach Job und Funktion sowie Zeitpunkt der Umsetzung, die dann aber unverzüglich erfolgen muss. Für *termination benefits* sieht IAS 19 keine *plan assets* vor.

3.4 Altersteilzeit

Ein Altersteilzeit-Modell besteht in der Regel aus folgenden Eckdaten:
- Reduktion der Gesamtarbeitszeit ab dem 55. bis zum 60. Lebensjahr auf 50 %.
- Kontinuierliches Modell: gleichmäßige Verringerung der Arbeitszeit.

- Blockmodell: Arbeitszeit in den ersten 2,5 Jahren (Arbeitsphase): 100 %; in den letzten 2,5 Jahren (Freistellungsphase): 0 %.
- Aufstockung der Bezüge auf mindestens 70 % des Nettogehalts.
- Aufstockung der Beiträge zur Rentenversicherung auf mindestens 90 % (bezogen auf Vollzeitentgelt).
- Eventuell zusätzliche Abfindung (für vorzeitige Aufgabe des Arbeitsplatzes bzw. als Ausgleich für eine niedrigere gesetzliche Sozialrente bzw. auch Betriebsrente).
- Zusätzlicher Aufwand wegen vorgezogenem Finanzierungsendalter bei der Pensionsverpflichtung.
- Erstattung der Mindestaufstockungsbeträge durch das Arbeitsamt bei Vorliegen bestimmter Voraussetzungen (Wiederbesetzung des frei gewordenen Arbeitsplatzes).

77 Zu Gehaltsaufstockungen im Rahmen von Altersteilzeitregelungen (bei bestehenden Arbeitsverhältnissen) enthält IAS 19 keine expliziten Angaben. Eine Bilanzierung analog *termination benefits* (Rz 74f.) als Abfindung für die partielle Aufgabe des Arbeitsplatzes ist sinnvoll.[15] Bei Blockmodellen sind auf jeden Fall die Zahlungen für die Freistellungsphase in der Beschäftigungsphase anzusammeln (Rückstellung mit Abzinsung), da insoweit wie bei Jubiläumsgeldern und Arbeitszeitkontenmodellen eine aufgeschobene Vergütung für erbrachte Arbeitsleistungen (ungewisse Verbindlichkeit wegen Erfüllungsrückstand) vorliegt.[16] Nach HGB und IAS 37.53 sind Erstattungsansprüche zu aktivieren, wenn deren Bezug faktisch sicher *(virtually certain)* ist, also meist erst bei Wiederbesetzung. Vorher können sie auch nicht rückstellungsmindernd berücksichtigt werden.

> **Beispiel**
> Ein Arbeitnehmer erhält ein Vollzeitgehalt (einschließlich Arbeitgeberbeiträgen zur Sozialversicherung) von 100.000. Er will für eine fünfjährige Altersteilzeitphase das Blockmodell (2,5 Jahre Vollbeschäftigung und 2,5 Jahre Freistellung) nutzen. Einschließlich Aufstockungsbeträgen (und Arbeitgeberbeiträgen zur Sozialversicherung) beträgt sein Gehalt über die fünf Jahre 70.000 statt eines „normalen" Teilzeitgehaltes von 50.000. Die fünf Aufstockungsbeträge von je 20.000 sind (abgezinst, mit Gehaltstrend) rückzustellen, wenn die Altersteilzeit vereinbart (oder unausweichlich) ist. Diese Rückstellung vermindert sich sukzessive über die fünf Jahre der Altersteilzeit. Die normalen Gehälter für die

---

[15] Vgl. IDW, RS HFA 3, WPg 1998, S. 1063.
[16] Für diese Erfüllungsrückstände können nach IAS 19.128 auch plan assets bereitgestellt und anerkannt werden (z. B. in einem CTA). Für termination benefits (also auch die Aufstockungsbeträge) sind hingegen in IAS 19.132–143 keine plan assets vorgesehen.

Freistellungsphase (2,5 mal 50.000) aufgrund Erfüllungsrückstandes werden in der Beschäftigungsphase ratierlich angesammelt (abgezinst, mit Gehaltstrend).
Die Rückstellung für die Gehälter in der Freistellungsphase (Erfüllungsrückstand) Rü-Geh bzw. für die Aufstockungsbeträge Rü-Auf entwickelt sich dann (in sechsmonatsschritten) wie in der folgenden Tabelle. Zur Verdeutlichung werden die Rückstellungsverläufe einmal nominal (ohne Abzinsung, ohne künftige Erhöhungen und ohne Sterbewahrscheinlichkeiten) dargestellt und einmal real (einschließlich Abzinsung, künftiger Erhöhungen und Sterbewahrscheinlichkeiten) dargestellt. Der Zinssatz beträgt 5 % p.a., die Gehaltserhöhung 2 % p.a., die Sterbewahrscheinlichkeiten werden den Heubeck-Tabellen entnommen.

Monat	Rü-Geh nominal	Rü-Auf nominal	Rü-Geh real	Rü-Auf real
0	0	100.000	0	83.281
6	25.000	90.000	23.595	75.699
12	50.000	80.000	48.015	69.529
18	75.000	70.000	73.294	61.682
24	100.000	60.000	99.443	54.694
30	125.000	50.000	126.477	46.444
36	100.000	40.000	102.948	38.485
42	75.000	30.000	78.553	29.582
48	50.000	20.000	53.286	20.467
54	25.000	10.000	27.108	10.563
60	0	0	0	0

In der deutschen Steuerbilanz werden die Rückstellungen ratierlich in der Beschäftigungsphase aufgebaut.[17] Ferner: Der Erfüllungsrückstand (Differenz zwischen fiktivem Vollzeitgehalt und dem gezahlten Teilzeitgehalt unter Einbeziehung der Arbeitgeberanteile zur Sozialversicherung ohne Berücksichtigung von Aufstockungsbeträgen und Rentenversicherungs-Aufstockungsbeträgen) wird nicht abgezinst (da er in der Regel mit der Gehaltserhöhung dynamisiert wird) und ohne Sterbewahrscheinlichkeiten berechnet (da er ggf. auch an die Erben ausgezahlt wird). Die Aufstockungsbeträge und Rentenversicherungs-Aufstockungsbeträge werden mit 5,5 % abgezinst und mit Sterbewahrscheinlichkeiten berechnet.

---

[17] BFH, Urteil v. 30.11.2005, I R 110/04, DB 2006, S. 532; das angekündigte präzisierende BMF-Schreiben zum BFH-Urteil stand am 1.1.2007 noch aus. Die Finanzverwaltung wird zum Bilanzstichtag 31.12.2006 sicher nicht am alten BMF-Schreiben vom 11.11.1999 (BStBl I 1999 S. 959) festhalten. Vielleicht wird sie zur Nicht-Abzinsung des Erfüllungsrückstands eine andere Meinung vertreten. Zur Gesamtthematik ausführlicher vgl. Lieb/Rhiel, BC 2006, S. 209, Lieb/Rhiel, PiR 2006, S. 87, und Hirsch/Lieb/Veit, StuB 2006, S. 344.

78   Vorruhestands- oder Altersteilzeitregelungen haben meist auch einen indirekten Effekt auf den Pensionsplan des Unternehmens, da Vorruheständler und Altersteilzeiter im Allgemeinen ihre Betriebsrente früher als eingerechnet beziehen werden (z. B. mit Alter 60 statt 63). Dies stellt ein *curtailment* dar (Rz 62f.), da insoweit ansonsten zu erwartende Dienstjahre wegfallen. Dies führt meist zu einer Verteuerung des Pensionsplans. Der entsprechende Mehraufwand ist sofort erfolgswirksam zu buchen.

4   Angaben

4.1   Angaben für einen Leistungsplan

79   Im Anhang sind für einen *defined benefit plan* folgende Angaben zu machen (IAS 19.120A):
- **Tilgungsmethode** für versicherungsmathematische Gewinne und Verluste;
- eine **allgemeine Beschreibung** des Versorgungsplans (nach IAS 19.121 soll diese nur allgemeiner Art sein; sie soll z. B. Endgehaltspläne, Festbetragspläne, Krankheitskostenpläne unterscheiden; es ist auf Verpflichtungen einzugehen aus *constructive obligations*, d. h. Verpflichtungen, die evtl. rechtlich nicht sicher bestehen, denen sich der Arbeitgeber aber faktisch nicht entziehen kann);
- eine **Überleitung** der DBO vom Jahresanfang zum Jahresende, wobei separat zu zeigen sind (sofern zutreffend):
    - *current service cost* (Barwert der im Geschäftsjahr erdienten Pensionsansprüche),
    - *interest cost,*
    - Arbeitnehmerbeiträge,
    - versicherungsmathematische Gewinne und Verluste,
    - Auswirkungen von Wechselkursänderungen (sofern Plan in anderer Währung geführt),
    - gezahlte Versorgungsleistungen,
    - *past service cost,*
    - Unternehmenskäufe und -verkäufe, Eingliederungen und Ausgliederungen,
    - Effekt von *curtailments* (Kürzungen),
    - Effekt von *settlements* (Abfindungen, Übertragungen);
- eine **Aufteilung** der DBO auf Pläne, die vollständig *(wholly)* oder teilweise *(partly)* kapitalgedeckt *(funded)* sind, und solche, die überhaupt nicht kapitalgedeckt *(wholly unfunded)* sind (zur letzteren Kategorie zählen auch die nicht mit Planvermögen unterlegten Direktzusagen in Deutschland);
- eine **Überleitung** des Marktwerts *(fair value)* des Planvermögens *(plan assets)* sowie des Marktwerts einer nach IAS 19.104A aktivierten Er-

stattungsforderung *(reimbursement right)* vom Jahresanfang zum Jahresende, wobei separat zu zeigen sind (sofern zutreffend):
- erwarteter Nettovermögensertrag auf das Planvermögen,
- versicherungsmathematische Gewinne und Verluste,
- Auswirkungen von Wechselkursänderungen (sofern Plan in anderer Währung geführt),
- Arbeitgeberbeiträge,
- Arbeitnehmerbeiträge,
- gezahlte Versorgungsleistungen,
- Unternehmenskäufe und -verkäufe, Eingliederungen und Ausgliederungen,
- Effekt von *settlements* (Abfindungen, Übertragungen);
- eine **Überleitung** der DBO und des Marktwertes des Planvermögens auf die pensionsbezogenen Aktiv- und Passivposten in der Bilanz (jeweils zum Bewertungsstichtag), die mindestens zeigt:
  - den Betrag der ungetilgten versicherungsmathematischen Gewinne und Verluste,
  - den Betrag der ungetilgten *past service costs,*
  - einen wegen der Beschränkung nach IAS 19.58b nicht als *asset* angesetzten Betrag,
  - den Marktwert einer nach IAS 19.104A aktivierten Erstattungsforderung (mit kurzer Beschreibung des Zusammenhangs zwischen Erstattungsforderung und zugehöriger Pensionsverpflichtung),
  - die anderen in der Bilanz angesetzten Beträge (als *defined benefit liability* oder *asset*);
- der gesamte in der GuV **gebuchte Aufwand** für jede der folgenden Komponenten sowie die Positionen *(line items),* in denen der Aufwand gebucht ist:
  - *current service cost* (Barwert der im Geschäftsjahr erdienten Pensionsansprüche),
  - *interest cost,*
  - erwarteter Nettovermögensertrag auf das Planvermögen,
  - erwarteter Nettoertrag auf nach IAS 19.104A aktivierte Erstattungsforderungen,
  - versicherungsmathematische Gewinne und Verluste,
  - *past service cost,*
  - Effekt von *settlements* (Abfindungen, Übertragungen) und *curtailments* (Kürzungen),
  - Effekt einer Beschränkung eines *defined benefit asset* nach IAS 19.58b;
- der gemäß IAS 19.93A im ***statement of recognised income and expense*** (SORIE) angesetzte Betrag für:
  - versicherungsmathematische Gewinne und Verluste,
  - Effekt einer Beschränkung eines *defined benefit asset* nach IAS 19.58b;

- sofern versicherungsmathematische Gewinne und Verluste gemäß IAS 19.93A im SORIE gebucht werden, ist auch der im SORIE kumulierte Betrag der versicherungsmathematischen Gewinne und Verluste der Vergangenheit darzustellen;
- für jede wesentliche Komponente des Planvermögens (welche auf jeden Fall enthalten sollte: Eigenkapital- und Fremdkapitalinstrumente, Grundstücke und andere Vermögenswerte) ist der Prozentsatz oder der Absolutbetrag am gesamten Planvermögen anzugeben;
- die im Marktwert des Planvermögens eingeschlossenen Beträge für:
  - jede Art der Finanzinstrumente des berichtenden Unternehmens,
  - vom Unternehmen genutzte Grundstücke und andere *assets;*
- eine erklärende **Beschreibung** der Grundlagen zur Bestimmung des erwarteten Nettovermögensertrags auf das gesamte Planvermögen, einschließlich des Effekts der wesentlichen Komponenten des Planvermögens hierauf;
- der tatsächlich **erzielte Nettovermögensertrag** auf das Planvermögen, sowie auf nach IAS 19.104A aktivierte Erstattungsforderungen;
- die wesentlichen **versicherungsmathematischen Berechnungsparameter** am Bilanzstichtag (soweit anwendbar), und zwar als absolute Zahlen (z. B. als absolute Prozentzahlen) und nicht nur als Differenzbetrag zu anderen Werten (z. B. als Differenz zum Rechnungszinssatz):
  - Rechnungszinssatz,
  - erwarteter Nettovermögensertrag auf das Planvermögen,
  - erwarteter Nettoertrag auf nach IAS 19.104A aktivierte Erstattungsforderungen,
  - Steigerungsraten für Gehälter, Pensionsanwartschaften und Renten ab Rentenbeginn,
  - Steigerungsraten für Krankheitskosten (bei einem Krankheitskostenplan, *medical cost plan*),
  - andere wesentliche versicherungsmathematischen Annahmen;
- der Effekt einer Erhöhung und einer Verminderung der **Steigerungsrate für Krankheitskosten** bei einem Krankheitskostenplan um einen Prozentpunkt (wobei die anderen Parameter konstant zu halten sind) auf:
  - die Summe von *service cost* und *interest cost,*
  - die „DBO" der Krankheitskosten (d. h. auf die *accumulated post-employment benefit obligation for medical costs*);
- folgende Beträge für das laufende **und die vier vorhergehenden** Wirtschaftsjahre:
  - DBO, Marktwert des Planvermögens sowie Überdeckung oder Unterdeckung des Plans,

- *experience adjustments* (Unterschiede zwischen erwartetem und tatsächlichem Verlauf)[18] auf:
  - die DBO als Prozentsatz oder als Absolutbetrag,
  - das Planvermögen als Prozentsatz oder als Absolutbetrag;
- die **erwarteten Beiträge oder Zuwendungen** des Arbeitgebers im folgenden Wirtschaftsjahr an das Planvermögen (soweit vernünftig schätzbar).

4.2 Angaben für einen Beitragsplan

Für einen *defined contribution plan* ist nur der im Geschäftsjahr gebuchte Pensionsaufwand anzugeben (IAS 19.46).

80

4.3 Angaben für eine Gruppenkasse

Multi-employer-Pläne sind Pläne mit einheitlichen Leistungen und Beiträgen mehrerer (unverbundener) Arbeitgeber und gemeinsamer Kapitalanlage, so dass unterschiedliche Risikoverläufe (Sterblichkeit, Invalidität, vorzeitige Pensionierung etc.) bei Begünstigten einzelner Arbeitgeber gemeinsam von allen Arbeitgebern getragen werden. Bei versicherungsförmig ausgestalteten *multi-employer*-Plänen (wie die meisten neueren überbetrieblichen Pensionskassen und Pensionsfonds) werden die Risiken Tod und Invalidität zwar gemeinsam getragen, aber eine vernünftige Aufteilung der Verpflichtungen und der Vermögenswerte (anhand der Deckungskapitalien) ist möglich.

81

Sind jedoch bei einer als *defined benefit plan* ausgestalteten Gruppenkasse *(multi-employer plan)* die Informationen für eine entsprechende versicherungsmathematische Bewertung nicht verfügbar (IAS 19.30) bzw. gibt es keine vernünftige Grundlage für die Aufteilung der Verpflichtungen und/oder der Vermögenswerte der Gruppenkasse auf die beteiligten Arbeitgeber (IAS 19.32), dann hat der Arbeitgeber die Gründe hierfür offenzulegen sowie wie für einen *defined contribution plan* Rechnung zu legen (IAS 19.30). Wenn eine Unter- oder Überdeckung der Gruppenkasse Auswirkungen auf die künftigen Beiträge oder Umlagen zur Gruppenkasse hat, sollen verfügbare Informationen über diese Unter- oder Überdeckung gegeben werden. Diese Situation kann sich insbesondere bei den Zusatzversorgungskassen für Arbeiter und Angestellte des öffentlichen Dienstes ergeben (z. B. Versorgungsanstalt des Bundes und der Länder, VBL), in denen mittlerweile auch viele privatisierte Unternehmen versichert sind, oder auch bei pauschal-kollektiver Gestaltung von Pensionskassen (z. B. Bilanzausgleichsverfahren), wenngleich hier die Auswirkungen weniger drastisch als bei der VBL sind.

---

[18] Hiermit sind die im Wirtschaftsjahr neu entstandenen versicherungsmathematischen Gewinne oder Verluste aus der Verpflichtung (DBO, Rentenzahlungen) und dem Planvermögen (plan assets) gemeint. Allerdings sind hier die Gewinne und Verluste, die aus Änderungen der Parameter zur Berechnung der DBO herrühren, nicht zu berücksichtigen; d. h., es ist für diese Zwecke eine DBO zum Jahresende mit den „alten" Vorjahresparametern zu rechnen.

Nach dem *Amendment* vom 16.12.2004 (IAS 19.32A) sind bereits beschlossene künftige Sonderbeiträge zur Deckung eines bestehenden Defizits einer Gruppenkasse beim Arbeitgeber zu passivieren; bzw. auch umgekehrt sind bereits beschlossene Rückübertragungen zur Verminderung einer Überdeckung beim Arbeitgeber zu aktivieren. Diese Regelung könnte insbesondere die Sanierungsgelder der Zusatzversorgungskassen betreffen, die dann aber in der Regel nach IAS 19.160 erfolgsneutral eingebucht werden dürften.[19] Es scheint aber so zu sein, dass die Einführung der Sanierungsgelder nicht dem Übergang auf eine Kapitaldeckung der Zusatzversorgungskassen dient, sondern der Finanzierung der Altlasten vor Systemumstellung auf das Punktesystem; so dass sie eher nur als Teil der gesamten Umlagezahlung zu qualifizieren sind. Insoweit läge nur eine „Umbezeichnung" eines Teils der ansonsten benötigten Umlagezahlung vor. Mit dieser Begründung könnte auch das Thema Sanierungsgelder dem Anwendungsbereich von IAS 19.32A gänzlich entzogen werden. Außerdem scheint nach dem Beispiel in IAS 19.32A dieser Paragraph von einer Gruppenkasse auszugehen, die in einem vollen Kapitaldeckungsverfahren arbeitet, nun aber sich in einem Defizit- bzw. Überdeckungsbereich befindet, der beseitigt werden soll.

4.4 Formulierungsbeispiel

Beispiel

„Die über Pensionskassen finanzierten Pensionsverpflichtungen sind Beitragszusagen *(defined contribution plans)*. Der Aufwand für die Beitragszusagen betrug 15 Mio.

Die Rückstellungen für Pensionen und ähnliche Verpflichtungen beinhalten die Zusagen für eine betriebliche Altersversorgung an Mitarbeiter des Konzerns auf Basis unmittelbarer Direktzusagen. Die erdienten Pensionsansprüche sind teils endgehaltsabhängig, teils basieren sie auf Bausteinplänen (beitragsorientierten Leistungszusagen) mit dynamischer Besitzstandswahrung.

Bei der Berechnung der DBO *(defined benefit obligation)* wurden konzerneinheitlich folgende Bewertungsparameter zugrunde gelegt:

	2006	2005
Zinssatz	4,50 %	4,00 %
Gehaltstrend	2,5-3,5 %	2,5-3,5 %
Rententrend	1,5 %	1,5 %

Für Sterblichkeit und Invalidität wurden die Heubeck-Richttafeln RT 2005G verwendet. Die Fluktuationswahrscheinlichkeiten wurden konzernspezifisch ermittelt."

---

[19] RHIEL, DB 2005, S. 293.

Anzugeben (einschließlich Vorjahreswerten) sind die Zahlen für: **83**
- den Finanzierungsstatus (Rz 18 und hinter Rz 46),
- den Pensionsaufwand im Geschäftsjahr (Rz 37).

Auf die **Checkliste Abschlussangaben** wird verwiesen (→ § 5 Rz 8). **84**

5 Einzelfälle (ABC)

Abfindungen	Abfindungen bei Beendigung des **Arbeitsverhältnisses** *(termination benefits)*, u. a. im Rahmen von Personalstrukturmaßnahmen (Rz 74ff.); Abfindungen im Rahmen von **Altersteilzeitregelungen** (Rz 76ff.); Abfindungen von **Pensionsverpflichtungen** *(settlements;* Rz 62ff.) – jeweils anzusetzen und u. U. abgezinst zu bewerten.	**85**
Altersteilzeit	Ansatz geboten, zur Bewertung s. Rz 76ff.	
Altersversorgung	S. Rz 1ff.	
Arbeitgeberbeiträge zur Sozialversicherung	Sind nach IAS 37 anzusetzen (Rz 3).	
Arbeitsfreistellung	Im Rahmen von Altersteilzeitregelungen (Rz 76ff.); ansonsten volle Passivierung mit dem Barwert als Rückstellung (ggf. unabgezinst, wenn kurzfristig).	
Beitragsplan	S. *„defined contribution plan"* (Rz 8ff.).	
Berufsgenossenschaftsbeiträge	Sind nach IAS 37 anzusetzen (Rz 3).	
Bonus	S. „Gewinnbeteiligungen".	
CTA	*Contractual trust arrangements* sind Treuhandlösungen, die Direktzusagen mit *plan assets* unterlegen (Rz 54ff.).	
Defined benefit plan	Leistungsplan (Rz 8ff.).	
Defined contribution plan	Beitragsplan (Rz 8ff.).	
Direktversicherungen	*Defined contribution plans*, wenn sämtliche Überschüsse an die Arbeitnehmer gehen und die Ansprüche der Arbeitnehmer auch bei deren unverfallbarem Ausscheiden gedeckt sind (Anwendung der versicherungsvertraglichen Lösung bei Ausscheiden), ansonsten *defined benefit plans*. S. Rz 60.	
Direktzusage	Immer *defined benefit plan*; siehe auch CTA.	

Entgeltrahmenabkommen	Sieht für die Metallindustrie eine spätere Auszahlung von Vergütungsbestandteilen vor. Es handelt sich um verdiente Lohnbestandteile, die abgezinst zu bewerten sind (Rz 72).
Gewinnbeteiligungen	Sind als Verbindlichkeit anzusetzen (Rz 2).
Gleitzeitguthaben	Im Rahmen von Arbeitszeitkontenmodellen (Rz 73).
Gratifikationen	Bilanzierung analog „Jubiläumsgelder" (Rz 72).
Jubiläumsgelder	Sind anzusetzen und abgezinst zu bewerten (Rz 72).
Krankheitskostenpläne	Wenn der Arbeitgeber für Betriebsrentner Krankenversicherungsbeiträge (teilweise) trägt oder Krankheitskosten direkt (teilweise) erstattet, ist wie für einen Pensionsplan zu bilanzieren, also Ansammlung der Kosten in der Aktivitätszeit. Trägt der Arbeitgeber solche Kosten für noch tätige Aktive, gelten diese hingegen als laufender Lohn (laufender Personalaufwand).
Leistungsplan	S. „defined benefit plan".
Nicht rückgedeckte Unterstützungskasse	Immer *defined benefit plan* (Rz 12).
Pensionen	S. Rz 1ff.
Pensionsfonds	Wenn der Pensionsfonds wie ein Lebensversicherungsunternehmen geführt wird und die Pensionspläne wie Direktversicherungen gestaltet sind, gilt das Gleiche wie bei Direktversicherungen (Rz 60). Ansonsten liegen formalrechtlich immer *defined benefit plans* vor.
Pensionskasse	Wenn die Pensionskasse wie ein Lebensversicherungsunternehmen geführt wird und die Pensionspläne wie Direktversicherungen gestaltet sind, gilt das Gleiche wie bei Direktversicherungen (Rz 60). Ansonsten liegen formalrechtlich immer *defined benefit plans* vor.
Pensionssicherungsverein („Altlast")	Für die vom PSVaG bereits übernommenen Anwartschaften insolventer Arbeitgeber (die aber noch nicht über den PSV-Beitrag finanziert sind; sog. Altlast) konnte genauso (Ansatz und Bewertung) wie nach HGB eine Rückstellung gebildet werden; steuerlich wurde diese Rückstellung nach ständiger BFH-Rechtsprechung nicht anerkannt. Ende 2006 wurde das PSV-Finanzierungsverfahren auf volle Kapitaldeckung umgestellt (§ 30i BetrAVG). Die Altlast wird durch einen über 15 Jahre zu zahlenden Sonderbeitrag finanziert, der auch durch eine Einmalzahlung abgelöst werden

	kann. Diese Verbindlichkeit ist mit dem Ratenzahlungsbarwert (IAS 37.45 ff.) anzusetzen; höchstens aber mit dem Ablösungsbetrag (so auch IDW vom 29.11.2006).
Plan assets	S. Rz 21 und Rz 5.
Rückgedeckte Direktzusage	Die Versicherungen gelten bei Verpfändung in der Regel als *qualifying insurance policies*. Wenn sie außerdem exakt die erdienten Ansprüche decken, kann nach IAS 19.104 praktisch *defined contribution* erreicht werden (Rz 59, 60). Wenn die Versicherungen nicht verpfändet sind, können sie als plan assets „zweiter Ordnung" gelten (Rz 61).
Rückgedeckte Unterstützungskasse	Formalrechtlich immer *defined benefit plan* (Rz 60). Die Versicherungen gelten in der Regel als *qualifying insurance policies*. Wenn sie exakt die erdienten Ansprüche decken, kann nach IAS 19.104 praktisch *defined contribution* erreicht werden.
Überbrückungsgelder	S. Übergangszahlungen.
Übergangszahlungen	Je nach ihrem Zweck zu bilanzieren: wenn mit dem Ziel der Beendigung des Arbeitsverhältnisses, dann als *termination benefit* (Rz 74f.); wenn mit dem Ziel der Unterstützung des Übergangs in den Ruhestand, dann als betriebliche Altersversorgung.
Urlaubsverpflichtung	Als Schuld anzusetzen (Rz 2).
Verwaltungskosten (der betrieblichen Altersversorgung)	Soweit sie vom Unternehmen getragen werden, sind sie nicht Teil der Pensionskosten *(pension expense)*, sondern werden gebucht wie alle anderen Verwaltungskosten im Personalbereich. Werden sie von einem externen Träger (Unterstützungskasse etc.) getragen, mindern sie den (laufenden) Vermögensertrag des externen Trägers. Künftige Verwaltungskosten (z. B. für die Rentenbezugszeit) werden nicht berücksichtigt (in einer Rückstellung o.Ä.); sie sind natürlich schon dann effektiv berücksichtigt, wenn sie in Prämien an eine Versicherungsgesellschaft o.Ä. eingerechnet sind.
Vorruhestandsregelung	Staatlich geförderte Vorruhestandsregelungen sind mittlerweile ausgelaufen. Die Bilanzierung ist ähnlich wie bei Altersteilzeit (Rz 76ff.), wobei allerdings im Gegensatz zur Altersteilzeit das Arbeitsverhältnis auch formal beendet ist. Wenn die Vorruhestandsregelung einen Altersbereich betrifft, in dem man auch schon im Ruhestand sein

Zusatz-versorgungs-kasse	könnte, sollte man wie für Pensionsverpflichtungen bilanzieren, da es sich faktisch um einen Pensionsplan handelt. Die Einführung eines solchen Plans führt zu *past service cost* und ist sofort voll zu bilanzieren (Rz 41). Zusatzversorgungskassen führen die Zusatzversorgung der Arbeiter und Angestellten des öffentlichen Dienstes bzw. auch von privatisierten ehemals öffentlichen Arbeitgebern durch (z. B. die Versorgungsanstalt des Bundes und der Länder, VBL). Sie gelten rechtlich als Pensionskassen. Sie unterstehen im Gegensatz zu „normalen" Pensionskassen nicht der Aufsicht der BaFin, sondern meist anderer Behörden. Bei ihnen besteht – im Gegensatz zu den in der Regel voll dotierten „normalen" Pensionskassen – oft nur eine sehr geringe Kapitaldeckung. Sie sind in der Regel *multi-employer plans* (Rz 81).

6 Anwendungszeitpunkt, Rechtsentwicklung

86 IAS 19 ist generell anzuwenden, wenn ein Jahresabschluss nach IFRS vorgelegt wird. Zur erstmaligen Bilanzierung nach IFRS Rz 42.

87 Der IASB diskutiert beständig, die Verteilungsmöglichkeiten von versicherungsmathematische Gewinnen und Verlusten künftig zu beschränken oder sogar ganz abzuschaffen. Als Alternative könnten ausstehende, ungetilgte versicherungsmathematische Gewinne und Verluste erfolgsneutral (etwa über eine Neben-GuV) gegen das Eigenkapital zu buchen sein, sofern nicht sogar eine erfolgswirksame Buchung (ggf. in unterschiedlichen „Segmenten" der GuV) verlangt wird. Da in diesen Fragen eine Konvergenz mit US-GAAP angestrebt wird, sieht das *Amendment* vom 16.12.2004 (Anwendung ab 1.1.2006 oder früher) keinen Ausschluss der Korridormethode vor, sondern gewährt eine **dritte Option**, dass analog dem britischen Standard FRS 17 versicherungsmathematische Gewinne und Verluste **sofort** berücksichtigt werden können, aber nicht im Aufwand, sondern direkt im **Eigenkapital** (über das *statement of recognised income and expense*, kurz SORIE). Die Bilanz enthält dann die „richtige Rückstellung", aber die Volatilität der Pensionsrückstellung von einem Bilanzstichtag zum nächsten ist aus dem Aufwand eliminiert. Die über das SORIE gebuchten Gewinne und Verluste werden auch in späteren Jahren nie mehr erfolgswirksam gebucht *(no recycling)*. Außerhalb Großbritanniens wurden diese Vorschläge überwiegend abgelehnt, da durch eine dritte Option die Vergleichbarkeit von IFRS-Abschlüssen weiter erschwert und eine zusätzliche Divergenz zu US-GAAP eingeführt wird (Rz 45).

Rhiel

Allerdings hat der FASB in 2006 mit FAS 158 beschlossen, dass ab 15.12.2006 die noch nicht erfolgswirksam gebuchten Gewinne und Verluste verpflichtend über das *other comprehensive income* erfolgsneutral zu buchen sind, also zwar ähnlich wie die dritte Option nach IAS 19 und FRS 17, jedoch **mit** *recycling* dieser Beträge durch den Pensionsaufwand künftiger Jahre im Rahmen der Korridormethode.[20] Es bleibt zu hoffen, dass in einigen Jahren (zweite Phase des IASB-Projekts) wirklich ein einheitlicher Standard für IFRS und US-GAAP entwickelt sein wird.

Dann sollten auch spätestens die Unterschiede von IAS 19 und US-GAAP hinsichtlich der Bilanzierung von *termination benefits* und auch der deutschen Altersteilzeitverpflichtungen beseitigt sein. Bei Letzterem wird sich der IASB wohl in Richtung US-GAAP bewegen (ED 37/19 vom Juni 2005), also der ratierlichen Ansammlung aller in der Freistellungsphase zu leistenden Zahlungen über den Zeitraum von der individuellen Teilnahmeerklärung des Arbeitnehmers bis zum Ende der Arbeitsphase (Anwendung von FAS 112 aufgrund des EITF 2005-5).[21]

Überraschend ist die neu entfachte Diskussion (auch beim FASB) über die grundsätzliche Frage der Saldierung von *plan assets* mit der Pensionsverpflichtung überhaupt *(consolidation project)*, zumindest Treuhandlösungen (Rz. 54) betreffend.

Da die Regelungen zum *asset ceiling* (Rz 48f.) sehr komplex und undurchsichtig sind, gab es hierzu schon mehrere Nachbesserungen. Auch gegenwärtig liegt wieder ein IFRIC-Interpretationsentwurf (D19 vom 24.8.2006) vor, der sich mit dem aktivierbaren Nutzen beschäftigt, den ein Arbeitgeber aus einer Überdeckung beziehen kann, wenn diese Überdeckung aus zusätzlichen Mindestbeitragszahlungen an die Versorgungseinrichtung resultiert, die sich etwa aus Vorschriften lokaler Aufsichtsbehörden über die Versorgungseinrichtung ergeben. Denkbar wären hier auch Zusatzbelastungen aus solchen Vorschriften. Hauptsächlich betrifft dies Pensionsfonds in Großbritannien und den Niederlanden. Möglich, aber unwahrscheinlich, sind auch Auswirkungen auf deutsche Pensionskassen und Pensionsfonds aufgrund von Solvabilitätsvorschriften der deutschen BaFin.

Die IFRIC *Draft Interpretation D9 (Employee Benefit Plans with a Promised Return on Contributions or Notional Contributions)*, die aber derzeit immer noch kontrovers diskutiert wird (allerdings seit Juli 2006 nun direkt vom IASB unter dem neuen Namen „*intermediate risk plans*"), macht Vorschläge zur geeigneten bilanziellen Behandlung von Pensionsverpflichtungen mit garantierten Mindestleistungen. Gemäß Rz 11 und Rz 60 können solche Pläne (wenn sie versicherungsförmig gestaltet sind) als *defined contribution* zu bilanzieren sein, wenn die Mindestleistungen von einem solventen Dritten (Ver-

88

---

[20] Insoweit ist die neue US-Methode der SORIE-Methode vorzuziehen, gl. A. auch BAETGE/HAENELT, DB 2006, S. 2413.
[21] Vgl. auch ausführlicher LIEB/RHIEL, BC 2006, S. 209, und LIEB/RHIEL, PiR 2006, S. 87.

sicherungsgesellschaft, ggf. auch analog operierende Pensionskasse oder Pensionsfonds) garantiert und erbracht werden und die Arbeitnehmer primär gegen diesen Dritten einen Rechtsanspruch besitzen. Ansonsten stellen sie *defined benefit plans* dar. Der Verpflichtungsumfang ergibt sich dann in der Regel als Maximum des Barwerts der garantierten Mindestleistungen und der angesammelten Vermögenswerte. Solange also die garantierten Mindestleistungen gedeckt sind, liegt im Ergebnis wirtschaftlich *defined contribution accouting* vor.

7 Zusammenfassende Praxishinweise

89 Die Besonderheiten von IFRS hinsichtlich Pensionsverpflichtungen und sonstigen Verpflichtungen gegenüber Arbeitnehmern im Vergleich zu HGB sind die folgenden:
- Bewertungsmethode ist das Anwartschaftsbarwertverfahren *(projected unit credit method)* und nicht das Teilwertverfahren (Rz 24f.).
- Nach IFRS ist realistisch und zutreffend zu bewerten (Rz 1).
- Ungewisse künftige Gehalts- und Rentenerhöhungen sind in erwartetem Umfang mit einzubeziehen. Folge: Daher meist deutlich **höhere** auszuweisende Verpflichtungen als nach HGB; Ausnahmen aber auch möglich, z. B. bei statischen Kapitalzusagen (Rz 22f.).
- Zinssatz ist auszurichten an Anleihen mit AA-Rating-entsprechender Laufzeit, Ende 2006 um 4 % (Rz 32).
- Alle anderen Parameter sind firmenbezogen realistisch zu wählen (Rz 33).
- Aufgrund des unter IAS 19 gewählten aufwandsbezogenen Bilanzansatzes *(income approach)* steht der Pensionsaufwand bereits (im Wesentlichen) zu **Beginn** des Wirtschaftsjahres fest (Rz 15); denn unter IFRS darf alles, was am Jahresanfang nicht zu erwarten war (also z. B. außergewöhnliche Sterblichkeit oder Invalidität, Gehaltserhöhungen bei gehaltsabhängigen Pensionszusagen oder Wertveränderungen der *plan assets*), über **künftige Wirtschaftsjahre** verteilt werden (sog. „Verteileritis" oder *delayed recognition approach*; Rz 44ff.). Es gibt daher in der Regel keine Aufwandsüberraschungen mehr zum Jahresende, wie sie unter HGB oftmals vorkommen (Rz 15).
- Nach IFRS sind auch **mittelbare** Pensionsverpflichtungen in der Bilanz zu berücksichtigen, hingegen reichen nach HGB Angaben im Anhang aus (Passivierungswahlrecht nach Art. 28 EGHGB; Rz 5).

Auf die **Checkliste Abschlussangaben** wird verwiesen (→ § 5 Rz 8).

§ 23 AKTIENKURSORIENTIERTE VERGÜTUNGSFORMEN *(SHARE-BASED PAYMENT)*

Inhaltsübersicht

	Rz
Vorbemerkung	
1 Zielsetzung, Regelungsinhalt, Begriffe	1–32
1.1 Überblick über aktienkursorientierte Vergütungsformen	1–8
1.1.1 Begriffsbestimmungen	1–3
1.1.2 Bedeutung, insbesondere für Arbeitsverhältnisse	4–8
1.2 Typologie aktienkursorientierter Entlohnungsformen	9–21
1.2.1 Reale und virtuelle Optionen	9–10
1.2.2 Rahmenbedingungen nach deutschem Aktienrecht	11–14
1.2.3 Die ökonomischen Grundüberlegungen	15–19
1.2.4 Rechtsbeziehungen	20
1.2.5 Rechtliche Ausgestaltung und Begrifflichkeiten	21
1.3 Die Grundprobleme der Bilanzierung	22
1.4 Inhalt und Aufbau des Standards	23–24
1.5 Anwendungsbereich	25–31
1.6 Die Grundprobleme der Bilanzierung	32
2 Ansatz	33–48
2.1 Aufwandsverbuchung zugunsten des Eigenkapitals bei Vergütung durch Eigenkapitalinstrumente	33–41
2.2 Verbindlichkeitsausweis bei aktienkursorientierter Barvergütung	42–44
2.3 Kombinierte Vergütungspläne	45–48
3 Bewertung	49–74
3.1 Aktienoptionen	49–67
3.1.1 Zugangsbewertung	49–57
3.1.2 Zwischenperiodische Verteilung des Aufwands (Folgebewertung)	58–59
3.1.3 Planänderungen	60–67
3.1.3.1 Neufestsetzung des Ausübungspreises *(repricing)* oder Erhöhung der Optionsmenge	60–62
3.1.3.2 Verschlechterung der Optionsbedingungen	63
3.1.3.3 Widerruf der Optionsausgabe *(cancellation)*	64
3.1.3.4 Umtausch von Optionen	65–66
3.1.3.5 Ungewöhnliche Ausgestaltungen von Optionsplänen, Unmöglichkeit der zuverlässigen Schätzung	67
3.2 *Stock appreciation rights (SARs)*	68–71

3.3 Kombinierte Vergütungsmuster 72–74
4 Anwendungsprobleme nach deutschem Gesellschaftsrecht ... 75–81
5 Latente Steuern 82–86
   5.1 Aktienoptionen und bedingte Kapitalerhöhung 82–83
   5.2 Aktienoptionen mit Bedienung eigener Aktien 84
   5.3 *Stock appreciation rights* 85–86
6 Ausweis 87
7 Angaben 88–90
8 Anwendungszeitpunkt, Rechtsentwicklung 91–93
   8.1 Allgemein 91–92
   8.2 Sonderregeln für IFRS-Erstanwender 93
9 Zusammenfassende Praxishinweise 94

Schrifttum: BERTSCHINGER/SCHWARZ/HALLAUER/WALLIMANN, Optionen und Aktien für Mitarbeiter und Lieferanten – share-based payment. Fragen der Verbuchung und Rechnungslegung, Schweizer Treuhänder 2001, S. 1085; CASPER, Repricing von Stock Options, DStR 2004, S. 1391; CRASSELT, Bewertung indexierter Mitarbeiter – Aktienoptionen im Binomialmodell, KoR 2005, S. 444; DEUTSCHMANN, Es ist nicht alles Gold, was glänzt: Stock Options in den USA – das gelobte Land für vergütungshalber gewährte Aktienoptionen?, IStR 2001, S. 385; DELOITTE, Share-based Payment, A guide to IFRS 2; EKKENGA, Bilanzierung von Stock Options Plans nach US-GAAP, IFRS und HGB, DB 2004, S. 1897; ERNST & YOUNG, International GAAP 2005; HASBARGEN/SETA, IAS/IFRS ED 2 – Auswirkungen auf aktienbasierte Vergütung, BB 2003, S. 515; HASBARGEN/STAUSKE, IFRS 2 und FASB Draft – „Share-based Payment", BB 2004, S. 1153; HERZIG/LOCHMANN, Steuerbilanz und Betriebsausgabenabzug bei Stock Options, WPg 2002, S. 325; HEUSER/THEILE, IAS/IFRS-Handbuch, 2. Aufl., Köln 2005, Tz 1180ff.; HOFFMANN/LÜDENBACH, Die Bilanzierung aktienorientierter Vergütungsformen nach IFRS 2, DStR 2004, S. 786; KIRSCH, H., Bilanzierung eigener Aktien nach IFRS, StuB 2005, S. 9; KROPP, Aktienoptionen statt finanzielle Gewinnbeteiligung: Wann und in welcher Höhe werden sie aufwandswirksam?, DStR 2002, S. 1919 und S. 1960; KUSSMAUL/WEISSMANN, Zur handelsrechtlichen Bilanzierung von Stock Options (Teil I: Bilanzierung nach US-GAAP), StB 2001, S. 382; KÜTING/DÜRR, IFRS 2 Share-based Payment – ein Schritt zu weltweiter Konvergenz, WPg 2004, S. 609; LANGE, Bilanzierung von Stock Options – Kritische Anmerkungen zu ausgewählten Aspekten von E-DRS 11, WPg 2002, S. 354; LANGE, Rückstellungen für Stock Options in Handels- und Steuerbilanz, StuW 2001, S. 137; OSER/VATER, Bilanzierung von Stock Options nach US-GAAP und IAS, DB 2001, S. 1261; PELLENS/CRASSELT, Bilanzierung von Aktienoptionsplänen und ähnlichen Entgeltformen nach IFRS 2, KoR 2004, S. 113; PELLENS/CRASSELT, IFRS 2 „Share-based Payment" – Anwendungsfragen bei nicht börsennotierten Gesellschaften, PiR 2005, S. 35; ROSS/BAUMUNK, in: KESSLER/SAUTER, Handbuch Stock Options – Rechtliche, steuerliche und bilanzielle Darstellung von Mitarbeiterbeteiligungsmodellen, 2002, Rz 237ff., 615ff., 736ff.; ROSSMANITH/FUNK/ALBER, Stock options, WPg 2006, S. 664; SCHILDBACH, Personalaufwand aus Managerentlohnung mittels realer Aktienoptionen – Reform der IAS im Interesse besserer Informationen?, DB 2003, S. 893; SCHMIDT, Bilanzierung von Aktienoptionen nach IAS/IFRS, DB 2002, S. 2657; SCHREIBER, IFRS 2 Sharebased Payment, KoR 2006, S. 298; SCHREIBER/BEIERSDORF, IFRIC D 16 und 17, KoR 2005, S. 338; SCHRUFF, Zur Bilanzierung von Stock Options nach HGB – Übernahme internationaler Rechnungslegungsstandards?, in: FS Welf Müller, 2001, S. 219; VATER, Bewertung von Stock Options: Berücksichtigung bewertungsrelevanter Besonderheiten, DStR 2004, S. 1715; VATER, Bilanzierung von Stock Options und ähnlichen Vergütungsinstrumenten nach IFRS 2, StuB 2004, S. 801; VATER, ED zur Ergänzung von IFRS 2, WPg 2006, S. 713; VATER, SEC Staff Accounting Bulletin No. 107 „Share-Based Payment" – Ergänzung und Interpretationshilfe zu SFAS 123 R, WPg 2005, S. 1269; VATER, Stock Options, 2004; VATER, Zur Bewertung von Executive Stock Options: Bestimmung und Modifikation der Bewertungsparameter, WPg 2004, S. 1246; WOLLMERT/HEY, Einzelfragen bei der Bilanzierung von echten Aktienoptionen nach US-GAAP, DB 2002, S. 1061; ZEIMES/THUY, Aktienoptionen sind als Aufwand zu erfassen, KoR 2003, S. 39.

Vorbemerkung
Die Kommentierung bezieht sich auf IFRS 2 in der aktuellen Fassung und berücksichtigt alle Ergänzungen, Änderungen und Interpretationen, die bis zum 1.1.2007 beschlossen wurden.
Einen Überblick über diskutierte oder schon als Änderungsentwurf vorgelegte zukünftige Regelungen enthält Rz 91f.

1 Zielsetzung, Regelungsinhalt, Begriffe

1.1 Überblick über aktienkursorientierte Vergütungsformen

1.1.1 Begriffsbestimmungen
Anteilsbasierte Vergütungsformen *(share-based payments)* treten regelmäßig in drei **Grundtypen** auf (Rz 26):

1

- Als Aktien**optionen** *(stock* oder *share options),* die ihren Inhabern das Recht gewähren, innerhalb eines bestimmten Zeitraumes zu einem vorab bestimmten Preis **Aktien** des arbeitgebenden Unternehmens zu zeichnen bzw. zu erwerben; der bei Optionsausübung für die zu beziehenden Aktien zu entrichtende Preis (Basispreis, Ausübungspreis, *strike price)* kann sich auch aus der Anwendung eines vorab bestimmten Berechnungsmodus ergeben – *equity settled* (Rz 33, 49).
- Als aktienkursbezogene **Wertsteigerungsrechte** *(stock* oder *share appreciation rights),* die während eines bestimmten Zeitraumes einen Barbzw. Differenz**ausgleichsanspruch** bezogen auf die positive Differenz aus

aktuellem Kurs der unterliegenden Aktie und Basispreis der Wertsteigerungsrechte gewähren – *cash settled* (Rz 42, 68).

- Als Gewährung von Anteilen (nicht Optionen auf Anteile) gegen Einlage von Sachen (Rz 6).

Dazu gesellen sich **Mischformen** der Erfüllung, etwa Aktienoptionen mit *cash settlement alternatives* (Rz 45, 72).

2 Aktienoptionen und aktienkursorientierte Wertsteigerungsrechte weisen eine „normale" börsenfähige Zivilrechtsstruktur auf.[1] Sowohl Finanzmarktoptionen als auch Mitarbeiteroptionen repräsentieren zivilrechtliche Vereinbarungen, bei denen **einem** Vertragspartner, dem Options- bzw. Bezugsberechtigten, das Recht eingeräumt wird, zukünftig innerhalb einer bestimmten Frist von dem **anderen** Vertragspartner (Stillhalter) den Abschluss eines vorab definierten Vertragsverhältnisses (Kaufvertrag bzw. Zeichnungsvertrag über Aktien) bzw. vom Stillhalter die Zahlung eines hinsichtlich seiner Bestimmungsgrößen festgelegten Geldbetrages (Bar- oder Differenzausgleich) zu verlangen.[2] Die Einbettung vergütungshalber gewährter Aktienoptionen oder Wertsteigerungsrechte in ein bestehendes Arbeits- oder sonstiges Dienstleistungsverhältnis berührt dessen innere rechtliche Struktur nicht, sondern charakterisiert lediglich das rechtliche Umfeld, in dem die Optionsrechte Verwendung finden.[3]

Bei aktienoptionsorientierten Vergütungsformen entfällt i. d. R. lediglich die Zahlung einer Optionsprämie. Diese wird beim Erwerb einer Kaufoption am Markt im Hinblick auf die **asymmetrische Risikostruktur** gezahlt. Der Inhaber einer Kaufoption kann aus der ungewissen Aktienkursentwicklung nur gewinnen, hingegen nicht verlieren, da er bei einem Rückgang des Aktienkurses unter den Ausübungspreis auf die Ausübung der Option verzichtet, Wert der Option also nach oben offen ist, hingegen nicht negativ werden kann. Bei aktienkursorientierter Mitarbeitervergütung wird dieser „geldwerte" Vorteil ohne besonderes Entgelt gewährt.

3 Es gibt allerdings auch Sonderformen von Aktienoptionen, die dem Begünstigten ein **Risiko** auferlegen. Als Beispiel können sog. *„purchased stock options"* gelten.[4] In dieser Ausprägung hat der Arbeitnehmer (Rz 7) bei Zusage der Option (Rz 21) schon einen Bruchteil des Ausübungspreises zu leisten. Bei Verfall der Option (Rz 58) verliert der „Begünstigte" seine Einzahlungen. Bei Ausübung zahlt er den Restbetrag.

1.1.2 Bedeutung, insbesondere für Arbeitsverhältnisse

4 Aktienoptionen und aktienkursorientierte Wertsteigerungsrechte werden vor allem Mitarbeitern gewährt. Die Bedeutung liegt in dem Gebot einer *share-*

---

[1] Vgl. LANGE, WPg 2002, S. 361.
[2] Zum Begriff des Optionsgeschäftes vgl. LANGE, StuW 2001, S. 138; BFA, WPg 1995, S. 421.
[3] Vgl. LANGE, WPg 2002, S. 361.
[4] VATER, Stock Options, 2004, S. 38.

holder-value-orientierten Unternehmensführung zur langfristigen und nachhaltigen Unternehmenswertsteigerung im Interesse der Anteilseigner.[5] Diesem Gebot kann im Rahmen der mit Kontrolldefiziten belasteten Publikumsaktiengesellschaft nur genügt werden, wenn es gelingt, den aus der Separation von Eigentum und Kontrolle resultierenden *principal-agent*-**Konflikt** zu egalisieren oder zumindest weitgehend abzumildern.

Verbreitet wird insbesondere der Einsatz aktienkursorientierter Entlohnungsformen als probates Mittel zur Abschwächung des *principal-agent*-Konfliktes angesehen, weil durch die Einbeziehung des Aktienkurses bzw. etwaiger Aktienkurssteigerungen in die Bemessungsgrundlage der Entlohnung des Managements (Agenten) deren **Motivationslage** und Risikopräferenzen zumindest teilweise an die der Aktionäre (Prinzipale) angeglichen werden können.[6] Deshalb richten sich entsprechende Vergütungsformen fast ausschließlich an das **Management**, differenziert nach Hierarchiestufen *(executive stock options)*.

5

Anteilsbasierte Vergütungsformen sind **nicht** auf **Arbeitnehmerleistungen** beschränkt (Rz 28). In der Praxis treten allerdings derartige Vergütungen für Lieferanten, Berater etc. wenigstens in Deutschland kaum auf. Für Aufsichtsräte sind sie unzulässig. Als aktienbasierte Vergütung gilt aber auch die Kapitalerhöhung gegen **Sacheinlage** (→ § 8 Rz 48 und → § 20 Rz 55.). Hinsichtlich des Anwendungsbereichs ist hier gem. IFRS 2.5 wie folgt zu differenzieren:

6

- Die Einlage nichtmonetärer Güter – Sachanlagen (→ § 14), immaterielle Anlagen (→ § 13), Vorräte (→ § 17), aber auch *at-equity*-Beteiligungen (→ § 33) – fällt in den Anwendungsbereich von IFRS 2.
- Die Einlage eines anderen Unternehmens bzw. der Anteilsmehrheit an diesem unterliegt als *business combination* den Vorschriften von IFRS 3 (→ § 31).
- Die Einlage monetärer Güter (Finanzinstrumente) ist nach IAS 39 (→ § 28) zu beurteilen.

Für ein Beispiel zu den sich daraus ergebenden Bewertungsunterschieden wird auf → § 20 Rz 58 verwiesen.

Aktiengestützte Vergütungen an Mitarbeiter können zwar auch für **bereits erreichte** Leistungsziele erfolgen, in der Realität werden sie indes für das Erreichen **künftiger** Performance-Ziele gewährt. Demzufolge sind sie an Bedingungen geknüpft: Z. B. muss regelmäßig das Dienstverhältnis mindestens während einer Sperr- oder Behaltefrist *(vesting period;* Rz 21) aufrechterhalten werden. Häufig wird auch die Ausübung (Rz 20) von einem fortbestehenden Dienstverhältnis abhängig gemacht (Rz 56). Üblicherweise entspricht der Er-

7

---

[5] Zur Verwirklichung des Shareholder-value-Gedankens durch den Einsatz von stock options vgl. etwa KLEINDIEK, in: HOMMELHOFF/RÖHRICHT (Hrsg.), Gesellschaftsrecht 1997, RWS-Forum 14, 1998, S. 24.
[6] Vgl. LANGE, StuW 2001, S. 137 m. w. N.; KROPP, DStR 2002, S. 1919f.

werbspreis der künftig zu erwerbenden Aktien in etwa dem im Zusagezeitpunkt *(grant date)* gültigen Kurs (inneren Wert, *intrinsic value*). In diesem Zeitpunkt ist die Option also „am Geld". Bei *premium-priced*-Optionsplänen liegt der Ausübungspreis im Ausgabezeitpunkt sogar über dem (aktuellen) Aktienkurs, die Option ist hier „aus dem Geld". Nach der Zielsetzung des Optionsprogrammes soll die Option im Ausübungszeitpunkt oder -raum „im Geld" sein.

8 Die Wirksamkeit des Vergütungssystems steht und fällt in diesen Fällen also mit **steigenden Aktienkursen.** Bei einem am Ausübungszeitpunkt oder -raum niedrigeren Aktienkurs als demjenigen im Begebungszeitpunkt der Option ist Letztere wertlos, und zwar unabhängig davon, ob die Kursentwicklung einem allgemeinen oder Branchen-Trend folgt oder tatsächlich fehlende Mitarbeiterleistungen (insbesondere des Managements) zum Kursrückgang beigetragen haben. Entsprechend ist nach dem Abflauen der Spekulationsblase der *new economy* die Attraktivität und praktische Bedeutung aktienkursorientierter Vergütungsformen zurückgegangen. Diesem Trend wird durch anspruchsvoll konzipierte Vergütungsmodelle gegengesteuert,[7] oder es werden grundlegend andere erfolgsabhängige Vergütungssysteme vorgeschlagen.[8]

1.2 Typologie aktienkursorientierter Entlohnungsformen

1.2.1 Reale und virtuelle Optionen

9 Für Bilanzierungszwecke ist zunächst die Differenzierung zwischen **realen** und **virtuellen** Optionen von Bedeutung. **Reale** Optionen stellen Formen aktienkursorientierter Vergütung dar, die auf den Bezug von **Aktien** gerichtet sind *(stock* oder *share options).* Bei Optionsausübung hat die Gesellschaft den Optionsberechtigten eigene Aktien zu liefern (Rz 33, 49), in der angelsächsisch geprägten Fachsprache: *restricted stocks, stock awards.*

10 **Virtuelle Optionen** *(stock appreciation rights)* verpflichten die stillhaltende Gesellschaft hingegen zum **Bar- bzw. Differenzausgleich.** Bei Optionsausübung ist eine Abgeltungszahlung in Höhe der Differenz aus aktuellem Aktienkurs der Arbeitgeberaktie und Basispreis der *stock appreciation rights* durch die Gesellschaft zu leisten (Rz 42, 68), umgangssprachlich: *restricted stock units, phantom stocks.*

1.2.2 Rahmenbedingungen nach deutschem Aktienrecht

11 Der Gesellschaft stehen nach deutschem Aktienrecht insbesondere zwei Wege der Aktienbeschaffung zur Verfügung:
- Die **bedingte Kapitalerhöhung,** also die Schaffung junger Aktien.
- Der **Aktienrückkauf,** also die Verwendung bereits umlaufender Stücke.

---

[7] HASBARGEN/STAUSKE, BB 2004, S. 1153, 1157.
[8] VATER, Stock options, 2004, S. 161ff.

Zur Gewährung von auf einem **bedingten Kapital** beruhenden *stock options* ist ein Hauptversammlungsbeschluss nach §§ 192 Abs. 2 Nr. 3, 193 Abs. 2 Nr. 4 AktG herbeizuführen. Dabei müssen **Erfolgsziele** definiert werden; deshalb kommt nur die Ausgestaltung der Optionsrechte in Form von *performance vesting share options* in Betracht. Deren Ausübbarkeit hängt vom Erreichen bestimmter Erfolgskriterien ab (Höhe des Aktienkurses, Indexierung betriebswirtschaftlicher Kennzahlen).

12

Zur Begebung von auf einem **Aktienrückkauf** basierenden *stock options* ist ein Hauptversammlungsbeschluss über den Aktienrückkauf nach § 71 Abs. 1 Nr. 8 AktG herbeizuführen. Auch im Hauptversammlungsbeschluss über den Aktienrückkauf müssen **Erfolgsziele** festgestellt werden. Kraft der Verweisung in § 71 Abs. 1 Nr. 8 S. 5 AktG gelten die in § 193 Abs. 2 Nr. 4 AktG niedergelegten Anforderungen an Beschlüsse nach § 192 Abs. 2 Nr. 3 AktG für den Erwerb eigener Aktien zum Zwecke der Absicherung von *stock options* entsprechend.

13

Zwingende aktienrechtliche Regelungen für *stock appreciation rights* existieren nicht. Im Schrifttum werden freilich Überlegungen angestellt, die aktienrechtlichen Erfordernisse in § 193 Abs. 2 Nr. 4 AktG, insbesondere die **Pflicht zur Feststellung von Erfolgszielen**, auch auf *stock appreciation rights* auszudehnen.[9] Mit dem Gesetzeswortlaut ist dies nicht vereinbar. Die *shareholder-value*-Orientierung des KonTraG könnte eine solche entsprechende Anwendung dagegen nahe legen.

14

1.2.3 Die ökonomischen Grundüberlegungen

Der gesamte **Wert** *(fair value)* einer Option setzt sich zusammen aus dem
- inneren Wert *(intrinsic value)* und dem
- Zeitwert *(time value)*.

15

Dabei wird begrifflich nicht immer scharf differenziert. Teilweise wird der Zeitwert wie vorstehend als **Komponente** des *fair value* interpretiert, teilweise mit diesem **gleichgesetzt**.

Der **innere** Wert entspricht dem wirtschaftlichen Vorteil bei sofortiger Ausübung der Option im Zusagezeitpunkt. Es handelt sich um die Differenz zwischen dem (i. d. R. höheren) Aktienkurs und dem Ausübungspreis. Der Aktienkurs muss nicht notwendig über dem Ausübungspreis liegen („im Geld") oder diesem entsprechen („am Geld"). Auch eine Option, deren Ausübungspreis im Zusagezeitpunkt über dem Kurs liegt („aus dem Geld"), kann wegen der asymmetrischen Risikostruktur (Rz 2) einen Wert haben. Je länger nämlich die Laufzeit der Option und je höher die Volatilität der Aktie ist, desto

16

---

[9] So namentlich HIRTE, in: SCHMIDT/RIEGGER (Hrsg.), Gesellschaftsrecht 1999, RWS-Forum 15, Köln 2000, S. 220f.; hierzu auch SCHWARK, in: HOMMELHOFF/LUTTER/SCHMIDT/SCHÖN/ULMER (Hrsg.), Corporate Governance, Beiheft der Zeitschrift für das gesamte Handelsrecht und Wirtschaftsrecht, Heft 71, 2002, S. 96; FREY, in: Großkommentar AktG, 4. Aufl., 2001, § 192 AktG Anm. S. 108; EKKENGA, DB 2004, S. 1897.

eher kann der positive Zeitwert den negativen inneren Wert überkompensieren.

17 Im **Zeitwert** der Option schlägt sich die **asymmetrische Risikostruktur** (Rz 2) nieder. Eine ungünstige Kursentwicklung und damit einen Verlust braucht der aus einer Kaufoption Berechtigte nicht zu fürchten, da er in diesem Fall auf die Ausübung der Kaufoption verzichten würde. Insoweit kann der Optionswert im Zeitablauf nicht negativ werden, während der mögliche positive Wert im Ausübungszeitpunkt nach oben theoretisch unbegrenzt ist. Diese Asymmetrie wirkt aus Sicht des Zusagezeitpunkts umso stärker, je länger der **Optionszeitraum** und je **volatiler** die Aktie ist. Neben diesen beiden wichtigsten Determinanten des Zeitwertes bestimmt auch der **Zinsgewinn** aufgrund des erst später zu zahlenden Kaufpreises für die Aktien sowie „als Gegenposten" die **entgehende Dividendenrendite** die Höhe des Zeitwertes.[10]

18 Letztlich beruht der „Charme" aktienkursunterlegter Vergütungsformen auf der (u. U. indexierten) **Entwicklung der Kurse**. Bei nachhaltiger Baisse kann durchaus innerhalb der gesamten Ausübungsfrist die Option „aus dem Geld" liegen. Der Vergütungseffekt ist dann verloren. Aktienoptionspläne zugunsten von Mitarbeitern sind so gesehen eine Schönwetterveranstaltung – zumindest solange nicht mit Hilfe eines *repricing* (Rz 60) gegengesteuert wird.

19 Werden die Optionen auf junge Aktien ausgegeben, erfahren die **Altaktionäre** infolge ihres Bezugsrechtsverzichtes eine **Verwässerung** ihres Aktienvermögens. Diese entspricht barwertig dem Optionsgesamtwert. Der Verwässerungseffekt steigt mit der positiven Entwicklung des Aktienkurses. Die Altaktionäre nehmen dies – bewusst oder unbewusst – im Hinblick auf zusätzliche Kurssteigerungen infolge der erhöhten Mitarbeitermotivation hin.

1.2.4 Rechtsbeziehungen

20 Die **Rechtsbeziehungen** bei der Gewährung von **realen** Aktienoptionen auf der Basis von neu zu schaffenden Aktien lassen sich in Form eines Dreiecksverhältnisses skizzieren.[11]

Abb. 1: Rechtsbeziehungen bei *stock options*

---

[10] HASBARGEN/SETA, BB 2003, S. 515, 517.
[11] Nach VATER, DB 2001, S. 2177.

Die Gesellschaft hat also keine **Barauszahlungsverpflichtung**, im Gegenteil: Sie erhält bei der Ausübung des Optionsrechtes den bei der Gewährung vereinbarten Kurswert der Aktie in bar.

Für *stock appreciation rights* (Rz 42) lassen sich die Rechtsbeziehungen wie folgt darstellen:

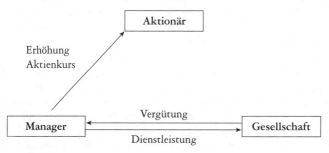

Abb. 2: Rechtsbeziehungen bei *stock appreciation rights*

Hier erfolgt also die Vergütung durch die Gesellschaft.

1.2.5 Rechtliche Ausgestaltung und Begrifflichkeiten

Die Gesellschaft hat die Beschaffung der Aktien zu besorgen, um diese **später** an die Optionsberechtigten weiterleiten zu können. Sodann ist mit dem Begünstigten (z. B. der zweiten Führungsebene des Konzerns) ein **Vertrag** abzuschließen, der u. a. folgende Bestandteile enthalten muss oder sollte:[12]

21

- Zusagezeitpunkt *(grant date)*,
- Verkaufspreis für die Aktien,
- Wartefrist, Sperrperiode *(vesting period)*,
- Ausgabezeitpunkt = frühester Ausübungszeitpunkt *(vesting date)*,
- Ausübungsbedingungen *(vesting conditions;* Rz 56),
- Ausübungszeitraum,
- Übertragbarkeit, Vererbung,
- Verfallkriterien.

Analog SFAS 123.96 ist zwischen **Zusage** von Optionen am *grant date* und **Ausgabe** am *vesting date* zu unterscheiden. In der Zwischenzeit *(vesting period)* kann die Zusage wegen Ausscheidens aus dem Dienstverhältnis verfallen *(forfeit)* oder danach (ab dem *vesting date*) wegen wirtschaftlicher Wertlosigkeit (Rz 16) erlöschen *(expire).* Die Ausübung ist möglich *(vests)*, wenn keine Bedingungen *(vesting conditions)* seitens des Berechtigten mehr erfüllt werden müssen (Rz 56).

---

[12] Einzelheiten mit Vertragsmuster bei BREDOW, Mustervereinbarung zu Aktienoptionsplänen, DStR 1998, S. 380.

Auf der **Zeitachse** sind folgende Daten beachtlich (IFRS App. A):
- **Zusage**zeitpunkt *(grant date)*: Ausgabe der Optionen in Vertragsform.
- **Bewertungs**zeitpunkt *(measurement date)*: Festlegung der erwerbbaren Aktienmenge und des Ausübungspreises bei Arbeitnehmervergütung, in anderen Fällen (Rz 7) der Zeitpunkt der Leistungserbringung.
- **Ausgabe**zeitpunkt *(vesting date)*: Zeitpunkt, in dem die mit Optionsplan verbundenen Bedingungen erfüllt sind und deshalb der Berechtigte definitiv Optionsinhaber wird.
- **Ausübungs**zeitpunkt *(exercise date)* oder -zeitraum.

Zusage- und Bewertungszeitpunkt fallen in der Regel zusammen und **begründen** den Bilanzansatz *(grant date measurement approach*; Rz 33).

Der Kaufpreis (vom Arbeitnehmer zu entrichten) für die Aktien entspricht in der Regel dem Börsenkurs im Zusagezeitpunkt. Ein Erwerbspreis für die Option selbst wird in der Regel nicht vereinbart. Der Vertrag kann zusätzlich eine Finanzierungshilfe seitens der Gesellschaft für die Erwerbskosten der Aktien enthalten.

Die zur Erfüllung der Ausgabebedingungen *(vesting conditions)* abzuleistende Dienstzeit *(service period)* entspricht häufig der **Sperrfrist** *(vesting period*; Rz 58). Dies ist in der vorstehenden Aufstellung unterstellt. Mitunter wird auch die Ausübung von einem bestehenden Dienstverhältnis abhängig gemacht (Rz 8). Üblich ist z. B. eine dreijährige Sperrfrist *(vesting period)* mit nachfolgender siebenjähriger Ausübungsfrist = Laufzeit der Option.

1.3 Die Grundprobleme der Bilanzierung

22 Kein Problem der internationalen Rechnungslegung hat in den letzten Jahren so viel **Diskussionsbedarf** provoziert wie die Frage der aktienkursorientierten Unternehmensvergütung (Rz 33ff.). Die (nicht vollständigen) Gründe hierfür sind:
- Abbildung von Aufwand im Rechenwerk des Unternehmens, das – bei Beschaffung neuer Aktien – selbst gar keine Auszahlungsverpflichtung hat (Rz 38),
- daraus folgend: Ausweis in der Bilanz,
- daraus folgend: Ort der Gegenbuchung eines unterstellten Personalaufwandes,
- bei Bejahung eines Bilanzansatzes: Wahl der Zeitpunktes,
- bei Bejahung des Bilanzansatzes **und** Festlegung eines Zeitpunktes: Ermittlung des Wertes zum jeweiligen Bilanzstichtag für die erst in der ferneren Zukunft bestimmbare effektive Höhe der Vergütung,
- im Hinblick auf das Schätzungserfordernis (Rz 52ff.): fehlender Ausgleich der Schätzungsfehler in späteren Zeiträumen (keine Konvergenz),
- Folgeprobleme für die Abbildung der aus der Stillhalterverpflichtung bestehenden Risiken bei u. U. erforderlicher Beschaffung der Aktien,

- aus Sicht des deutschen Gesellschaftsrechtes: Vereinbarkeit mit den Grundstrukturen der Aktienrechtsverfassung (Rz 75ff.),
- aus Sicht der deutschen Besteuerung: grundlegende Fragen der Gewinnermittlung (Rz 82ff.).

1.4 Inhalt und Aufbau des Standards

Der im Februar 2004 verabschiedete IFRS 2 setzt einen Markstein nicht nur hinsichtlich der Regelung eines höchst umstrittenen Bilanzobjektes, sondern auch als Vehikel zur **Vereinheitlichung** der internationalen mit der US-amerikanischen Rechnungslegungswelt. Diese Vorgabe ist der FASB durch Verabschiedung von SFAS 123 Ende 2004 gefolgt, wobei dessen Anwendung politisch noch umstritten ist. Damit ist allerdings noch nichts über die Akzeptanz unter der Ägide des deutschen HGB ausgesagt.

23

IFRS 2 und die ihn begleitenden Texte liefern ein Musterbeispiel für die **voluminöse** Ausrichtung der Produktion des IASB. Auf gut 160 eng gedruckten DIN-A-Seiten werden dem Regelanwender angeboten:

24

- Der IFRS 2 – *Share-based Payment;*
- als integrale Bestandteile des Standards drei Anhänge (App. A–C):
  - Liste der Definitionen
  - Anwendungsführung *(Application Guidance)*
  - Änderungen anderer Standards;
- Einführung *(Guidance on Implementing* = IG), insbesondere enthaltend Fallbeispiele;
- die Entscheidungsgrundlagen des Board *(Basis of Conclusions* = BC) – eine Art Gesetzesbegründung.

Die beiden letztgenannten Dokumente sollen den Standard nur begleiten, stellen also keinen förmlichen Bestandteil dar. Der Standard selbst ist relativ kurz gehalten, offensichtlich im Hinblick auf das „politisch" vorgegebene *principle-based accounting* (→ § 1 Rz 44ff.). Die Kritik an der einschlägigen Vorgehensweise des IASB allgemein (→ § 1 Rz 53) gilt auch dem Regelungsaufbau des IFRS 2 mit den Begleittexten.

In der *Basis of Conclusions* setzt sich der Board besonders ausführlich auf 87(!) Seiten mit der **Fülle von Einwendungen** gegen die Grundkonzeption des Standards auseinander (BC25ff.). Es geht um die Argumente der Gegenseite:

- Bei Einsatz von Eigenkapitalinstrumenten (Aktienoptionen) werde unzulässig die Ebene der Gesellschaft einerseits und der Gesellschafter andererseits vermengt.
- Nicht die Gesellschaft, sondern die Aktionäre leisten durch den Verwässerungseffekt die Personalkosten und entsprechend sei bei der Gesellschaft kein Aufwand zu verbuchen.
- Der aus Sicht der deutschen Rechnungslegung gewöhnungsbedürftige Buchungssatz „per Personalaufwand an Eigenkapital (Kapitalrücklage)".

Die Argumente **für und wider** sind unter Rz 35ff. zusammengefasst.

Hoffmann

Insgesamt ist der Standard in besonderer Weise als „*rule based*" im Interesse einer Umgehungsverhütung gekennzeichnet.[13]

1.5 Anwendungsbereich

25 Der Regelungsgehalt von IFRS 2 bezieht sich auf **sämtliche** Vergütungsformen *(share-based payment transactions)*, und zwar solche, in denen das Unternehmen bzw. der Konzern *(entity)* Gegenleistungen für erhaltene Vermögenswerte oder Dienstleistungen erbringt, die wertmäßig am Eigenkapital (des Unternehmens) orientiert sind (Rz 28). Entgegen der Überschrift des Standards umfasst der Anwendungsbereich nicht nur Aktien, sondern auch andere rechtliche Ausgestaltungen einer Unternehmensbeteiligung.[14]

> **Beispiel**
> Die Unternehmensberatungs-AG U erhält für eine Strategieberatung des K-Konzerns am 2.12.2004 die Zusage, am 31.3.2006 eine Anzahl Aktien des Mutterunternehmens von diesem zum Ausübungspreis in Höhe des Aktienkurses im Zusagezeitpunkt zu erwerben.

26 IFRS 2.2 führt folgende Vergütungsformen *(share-based payment transactions)* auf:
- **Eigenkapitalinstrumente** *(equity-settled share-based payment transactions)*
  → insbesondere *stock* oder *share options* (Rz 9), im Weiteren auch synonym verwendet (Rz 33ff.),
- **Barvergütungen**, deren Höhe sich am Wert von Eigenkapitalinstrumenten orientiert *(cash-settled share-based payment transactions)*
  → virtuelle Optionen (*stock* bzw. *share appreciation rights*; Rz 42ff.),
- Gegenleistung mit **Wahlrecht** des Unternehmens oder des Leistungsempfängers zwischen festbetrags- oder aktienwertorientierter Vergütung (*share-based payment transactions with cash alternatives*; Rz 45ff.).

27 Eine *share-based payment transaction* liegt auch vor, wenn das die Leistung empfangende Unternehmen die an seinem Eigenkapital orientierte Vergütung **nicht selbst** erbringt; vielmehr kommen als Vergütungsschuldner auch in Betracht:
- die Anteilseigner (so IFRIC 11.7),
- andere in den Konzernabschluss einbezogene Unternehmen nach IFRS 2.3 (Rz 31).

Zwingend für die Anwendung von IFRS 2 ist allerdings der **Zugang der Leistungen** beim rechnungslegungspflichtigen Unternehmen/Konzern.[15] Der

---

[13] ERNST & YOUNG, International GAAP 2005, S. 1596.
[14] PELLENS/CRASSELT, PiR 2005, S. 35.
[15] ZEIMES/THUY, KoR 2003, S. 36.

Rückkauf eigener Aktien (Rz 78) zur Erfüllung der Optionsverpflichtung schließt die Anwendung von IFRS 2 nicht aus (IFRIC 13).

Der Regelungsgehalt von IFRS 2 **beschränkt** sich **nicht** auf Vergütungen an **Arbeitnehmer** (IFRS 2.3); auch andere „Lieferanten" des Unternehmens können aktienkursorientierte Vergütungen erhalten (vgl. das Beispiel in Rz 25). Auch Zuwendung an karitative Einrichtungen zur Förderung des Unternehmensansehens können gemäß IFRIC 8 unter den Anwendungsbereich von IFRS 2 fallen (Rz 50). Gleichwohl steht die Versorgung von (leitenden) **Mitarbeitern** mit **Aktienoptionen** in der Praxis im Mittelpunkt des Interesses und des Regelungsgehaltes von IFRS 2. Unsere Kommentierung schließt sich dem an.

28

Die erhaltene **Gegenleistung**, für welche die aktienkursunterlegte Vergütung gewährt wird, kann in – bilanzierbaren oder nicht bilanzierbaren – Vermögenswerten *(goods)* oder Dienstleistungen bestehen (Rz 34). Diese *goods* können Vorräte, Konsumgüter, Grundstücke, Ausrüstung und immaterielle oder andere nichtfinanzielle Vermögenswerte darstellen (IFRS 2.9). Auch politisches Wohlverhalten kann als *„good"* in diesem Sinne gemäß IFRIC 8 gelten (Rz 28).

29

Ausgenommen sind gemäß:

30

- IFRS 2.6 Güter und andere nichtfinanzielle Vermögenswerte als Bestandteil des Erwerbs im Rahmen eines **Unternehmenszusammenschlusses** gemäß IAS 22 (→ § 31).
- IFRS 2.6 Güter oder Dienste im Zusammenhang mit einem **Finanzinstrument** gemäß IAS 32, also eine „reine" Eigenkapitaltransaktion (→ § 20 Rz 4).
- IFRS 2.4 Leistungen an **Arbeitnehmer** in ihrer Eigenschaft als **Aktionäre** *(share holders as a whole)*, z. B. verbilligter Aktienerwerb anlässlich einer Kapitalerhöhung aus Gesellschaftsmitteln.
- IFRS 2.3 Transaktionen zwischen Anteilseignern, denen **kein Vergütungscharakter** für empfangene Güter und Dienste zukommt, z. B.[16] Übertragungen von Unternehmensanteilen im Erbgang, bei vorweggenommener Erbfolge oder zur Begleichung privater Schulden.
- Vergütungen, deren Höhe an die buchmäßige **Eigenkapitalvermehrung** des Unternehmens bzw. den ausgewiesenen **Jahresüberschuss** geknüpft sind.

---

[16] Nach PELLENS/CRASSELT, PiR 2005, S. 38. Die nachfolgenden Beispiele sind ebenfalls dieser Fundstelle entnommen.

> **Beispiel**
>
> **Sachverhalt**
> Der neue Finanzvorstand soll am Aktienkapital beteiligt werden. Dazu kauft er eigene Aktien der Gesellschaft zum aktuellen Börsenkurs. Die Valuta wird ihm von der Gesellschaft als Darlehen gewährt, das er in 5 Jahren verzinslich zu tilgen hat.
>
> **Lösung**
> Es handelt sich um eine nicht unter IFRS 2 fallende Transaktion.
>
> **Abwandlung des Sachverhaltes**
> Der Aktienerwerb erfolgt zu einem gegenüber dem Kurswert ermäßigten Preis. Dafür nimmt er eine Gehaltsreduzierung für den Zeitraum von 2 Jahren in Kauf.
>
> **Lösung**
> Es liegt eine anteilsbasierte Vergütung nach dem Regelungsgehalt von IFRS 2 vor.

> **Beispiel**
>
> **Sachverhalt**
> Der bisherige Alleineigentümer einer GmbH will das Unternehmen verkaufen. An einen Anteilseigner und Geschäftsführer wird die erste Hälfte des Anteilsbesitzes zum Verkehrswert übertragen. Gleichzeitig erhält der neue Gesellschafter die Option, die zweite Hälfte nach 3 Jahren zum gleichen Preis wie die erste Hälfte zu erwerben. Diese Option steht unter der Bedingung einer Beibehaltung der Geschäftsführerfunktion während der Laufzeit dieser Option.
>
> **Lösung**
> Der Erwerb der ersten Hälfte des Anteilsbesitzes unterliegt nicht IFRS 2, wohl aber der der zweiten Hälfte. Die Einräumung der Option ist nur im Hinblick auf die Arbeitsleistung des neuen Gesellschafters durch seine Geschäftsführertätigkeit erklärbar.

> **Beispiel**
> Die Arbeitnehmer erhalten eine erfolgsabhängige Vergütung, abhängig vom ausgewiesenen Gewinn und der damit verbundenen Erhöhung des ausgewiesenen bilanziellen Eigenkapitals.
>
> **Lösung**
> Bezugspunkt für den Anwendungsbereich von IFRS 2 ist der Wert der Beteiligung (Aktien) am Unternehmen und nicht dessen buchmäßiges Eigenkapital. Deshalb handelt es sich im Beispielfall um eine Vergütung im Anwendungsbereich von IAS 19 in Form von *employee benefits* (→ § 22 Rz 71).

Hoffmann

Auch im Rahmen eines **Unternehmenszusammenschlusses** (→ § 31) können sich Vorgänge *(transactions)* abspielen, die unter den Regelungsbereich von IFRS 2 fallen. Z. B. kann der Erwerber eines Unternehmens Eigenkapitalinstrumente zu Gunsten der Beschäftigten des erworbenen Unternehmens im Interesse von deren künftiger Arbeitsleistung ausgeben. Auch der Anteilsverkäufer selbst wird vom erworbenen Unternehmen z. B. als Geschäftsführer weiterbeschäftigt. Erhält er als Arbeitsanreiz Anteile des erwerbenden Unternehmens, fällt dies unter den Regelungsbereich von IFRS 2. Es ergeben sich dabei allerdings ungeregelte Abgrenzungsprobleme, denn die Vergütungskomponente „Aktien am erwerbenden Unternehmen" kann auch eine solche für den Unternehmensverkauf selbst enthalten.

Für die Behandlung **konzern**spezifischer Sachverhalte begnügt sich IFRS 2.3 mit dem Hinweis auf die Einbeziehung in den Standard-Regelungsgehalt (Rz 27). Aus Sicht der Einheitsperspektive des Konzernabschlusses ist dies unproblematisch. Anders verhält es sich im Teilkonzern- und Einzelabschluss. IFRIC 11 (Rz 92) nimmt sich dieser Materie zunächst in zwei Sachverhaltskonstellationen bezüglich des **Einzel**abschlusses an und geht dabei von Eigenkapitalinstrumenten (Rz 26) aus Sicht des Konzernabschlusses aus:

31

- Mitarbeiter der **Tocher**gesellschaft erhalten Optionen auf Aktien der **Mutter**gesellschaft von der **Letzt**genannten.
- Die **Tochter**gesellschaft gewährt ihren Mitarbeitern Optionen auf **Aktien** der **Mutter**gesellschaft.

Im erstgenannten Fall unterliegen die Transaktionen bei beiden Gesellschaften dem **Regelungsgehalt von IFRS 2**, obwohl die Tochtergesellschaft keine Vergütungsverpflichtung trifft. Gleichwohl spricht sich IFRIC 11.8 im Interesse einer **einheitlichen** Bewertungsgrundlage (IFRIC 11.BC11) für eine Subsumtion unter *„equity settled"* (Rz 26) aus.

Umgekehrt beurteilt IFRIC 11.11 als *cash settled* (Rz 26) den zweitgenannten Sachverhalt, weil die Tochtergesellschaft leistungsverpflichtet ist (IFRIC 11. BC16). Das gilt unabhängig von der Art und Weise des Aktienerwerbs durch die Tochtergesellschaft, also auch, wenn die Mutterunternehmung sich zur Verschaffung der Anteile verpflichtet. Im **Konzern**abschluss ist allerdings auf der Grundlage der Einheitsperspektive diese (zweitgenannte) Variante als *equity settled* zu behandeln.

Diese Regelung sah sich im Vorfeld der Interpretation heftiger **Kritik** gegenüber, etwa folgenden Inhalts:[17] In wirtschaftlicher Betrachtung könne es keinen Unterschied ausmachen, ob die Mutter- oder die Tochtergesellschaft die Aktienoptionen (der Muttergesellschaft) ausgibt. Deshalb sei die Differenzierung nach *equity settled* oder *cash settled* nicht sachgerecht. Andererseits gibt es

---

[17] Vgl. hierzu SCHREIBER/BEIERSDORF, KoR 2005, 338, insbesondere auch zur Kritik an IFRIC 11.

Argumente für und gegen die (ausschließliche) Zuordnung zu einem der beiden „*settlements*".[18]

Außerdem befasst sich der IFRIC 11 noch mit dem Fall eines **Arbeitsplatzwechsels innerhalb** eines Konzerns unter Beibehaltung der Optionsrechte. In diesem Fall sollen die Bewertungsgrundlagen (Rz 49ff.) für den Optionsplan nicht geändert werden, vielmehr sollen diese unverändert unter Berücksichtigung des Zeitablaufs der Wartefrist (Rz 21) auf das Konzernunternehmen übergehen, welches die Dienstleistung des Arbeitnehmers übernimmt. Wenn der Arbeitnehmer die Ausübungsbedingungen für vom Mutterunternehmen ausgegebene Eigenkapitalinstrumente (*vesting condititions*; Rz 56) nicht erfüllt, muss jedes Gruppenunternehmen, das die Arbeitsleistung entgegengenommen hat, eine Anpassung der Mengenkomponente innerhalb des Bewertungsverfahrens (Rz 56) vornehmen (IFRIC 13.10), also gegebenenfalls eine Stornierung (Rz 58).

Der Anwendungsbereich von IFRS 2 ist auf „Gruppenunternehmen" eines Konzerns beschränkt, umfasst also nicht die Gewährung von Eigenkapitalinstrumenten an Mitarbeiter von *joint-venture*-Gesellschaften (→ § 34) und von assoziierten Unternehmen (→ § 33).

Zum Anwendungszeitraum von IFRIC 11 wird auf Rz 92 verwiesen.

1.6 Die Grundprobleme der Bilanzierung

32 Die bilanzielle Abbildung von aktienkursorientierte Vergütungsformen dreht sich immer um drei Fragenkomplexe:[19]
- Entsteht für das Unternehmen **Personalaufwand** (Rz 33ff.)?
- Wenn ja, wie ist die **Bewertung** vorzunehmen (Rz 49ff.)?
- Wie ist der Aufwand zu **periodisieren** (Rz 58ff.)?

2 Ansatz

2.1 Aufwandsverbuchung zugunsten des Eigenkapitals bei Vergütung durch Eigenkapitalinstrumente

33 Die im Rahmen einer aktienkursunterlegten Transaktion erworbenen Güter oder Dienstleistungen sind im Augenblick des **Zugangs** (Rz 21) buchmäßig zu erfassen (IFRS 2.7). Bezüglich der **Gegenbuchung** ist zu differenzieren: Erfolgt die Vergütung durch
- Eigenkapitalinstrumente (Rz 26), ist die Gegenbuchung im **Eigenkapital** (Kapitalrücklage) vorzunehmen (Rz 35);

---

[18] So Schreiber, KoR 2006, S. 304.
[19] Vgl. Vater, StuB 2004, S. 801, 802.

- Barzahlung auf der Basis eines Aktienkurses, ist eine **Schuld** *(liability)* auszuweisen (Rz 42).

Die empfangenen Güter oder Leistungen sind als **Vermögenswerte** *(assets)* auszuweisen, wenn sie die entsprechenden Ansatzvorschriften erfüllen, ansonsten jedoch als **Aufwand** (IFRS 2.8; Rz 29). Das Eigenkapital erhöht sich also in den meisten Fällen (wenn die Gegenbuchung im Personalaufwand erfolgt) **nicht**.[20] Die Aussage in IFRS 2.10 *("increase in equity")* ist nur im Ausnahmefall einer aktivierungspflichtigen Gegenleistung richtig (Rz 59). Das **Ansatzproblem** ist nach allgemeinen Regeln (→ § 1 Rz 87ff.) zu lösen. Als Beispiel werden in IFRS 2.9 Entwicklungskosten für ein neues Produkt genannt, die die Ansatzkriterien nach IAS 38 nicht erfüllen (→ § 13 Rz 21ff.).

34

Der **zentrale** Problembereich des Standards bezieht sich auf die offensichtlich nicht nur für die deutsche Betrachtungsweise gewöhnungsbedürftige Buchung von **nicht zu Ausgaben** führenden (nichtpagatorischen) **Aufwendungen** mit der Gegenbuchung im **Eigenkapital** (im Falle der Gewährung von Eigenkapitalinstrumenten durch das Unternehmen, IFRS 2.7). In der *Basis of Conclusions (BC)* setzt sich der *Board* ausführlich mit den hierzu vorgetragenen **Bedenken** auseinander (BC29ff.). Damit werden auch weitgehend die im deutschen Schrifttum gegen diese Art der bilanzmäßigen Darstellung von Aktienoptionsplänen erhobenen Einwendungen[21] mit abgehandelt.

35

Die wichtigsten Argumente gegen die genannte buchmäßige Erfassung und deren Widerlegung durch den *Board* sind die folgenden:

36

- Die Mitarbeiter des Unternehmens/Konzerns erhalten aktienkursorientierte Vergütungen nicht von diesem, sondern von (anderen Personen, nämlich) den Aktionären (BC34f.).

Dem hält der *Board* entgegen: Das Unternehmen, nicht die Aktionäre, lege die entsprechenden Vergütungspläne auf und gäbe die Optionen aus. Die Eigenkapitalinstrumente seien als Gegenleistung für die erhaltenen Dienstleistungen für das Unternehmen und nicht für die Aktionäre bestimmt. Es liege kein Unterschied gegenüber anderen Eigenkapitalmaßnahmen vor, z. B. wenn eine Kapitalerhöhung gegen Bareinlage erfolge. Auch in diesem Fall würde die zusätzliche Liquidität buchmäßig erfasst.

- **Die Mitarbeiter erbringen ihre Leistung nicht für die Aktienoptionen, sondern werden hierfür in bar oder anderen Sachwerten vergütet** (BC36ff.).

Dem hält der *Board* entgegen: Nach diesem Argument erhielte das Unternehmen für die Ausgabe der Aktienoptionen keine Gegenleistung. Dann würden Organmitglieder bei der Ausgabe von solchen Optionen ihre Treuepflicht gegenüber den Aktionären verletzen. Außerdem stellten die Aktien oder Optionen auf diese einen Bestandteil des Vergütungspaketes

---

[20] So auch PELLENS/CRASSELT, PiR 2005, S. 36.
[21] SCHRUFF, FS Welf Müller, 2001, S. 235; SCHILDBACH, StuB 2000, S. 1034; LANGE, WPg 2002, S. 354; HERZIG/LOCHMANN, WPg 2002, S. 325.

dar, das auch sonst nicht in seine Bestandteile (hinsichtlich der Aufwandswirksamkeit) zerlegt würde.

- Da bei Vergütungen mit **Eigenkapitalinstrumenten** das Unternehmen/ der Konzern keine Gegenleistung zu erbringen hat, entstehen ihm auch keine buchmäßig auszuweisenden Aufwendungen (BC40ff.).

  Demgegenüber der *Board:* Auch wenn man keine Aufwendungen des Unternehmens feststellen könne, erhalte das Unternehmen/der Konzern gleichwohl wirtschaftliche Ressourcen und verbrauche diese im Produktionszyklus. Im Übrigen solle auch hier gelten: Geld und nichtmonetäre Vermögenswerte, die gegen Aktienausgabe dem Unternehmen zur Verfügung gestellt werden, sind zu bilanzieren. Die Nutzung dieser Ressourcen führe ebenso zu buchmäßigem Aufwand wie eben die Nutzung der Arbeitnehmer-Dienstleistungen im Zusammenhang mit der Ausgabe von Eigenkapitalinstrumenten.

- Die Bewertung von (nichtbörsennotierten) Aktienoptionen zum *fair value* ist nur technisch einfach, inhaltlich bzw. in der Festlegung der Prämissen aber anspruchsvoll und verbunden mit reichlichem Schätzungsermessen für das Management.[22]

  Der *Board* diskutiert umfangreich (BC294-310) das Bewertungsproblem. Dabei behandelt es der Reihe nach eine ganze Anzahl möglicher Bilanzierungsverfahren, insbesondere den Verzicht auf eine Aufwandsbuchung wegen der Schwierigkeit der Objektivierung der Aufwandshöhe. Er verwirft diese Bedenken aber. Fazit des *Board:* Der *fair value* von *stock options* kann so gut wie immer am Zusagezeitpunkt verlässlich ermittelt werden (Rz 49ff.).

37 Weitere vom *Board* widerlegte **Bedenken** gegen die genannte Verbuchung „Aufwand an Eigenkapital" beziehen sich auf die Definition des Aufwandes (*expense*; BC45ff.) und auf die Beeinträchtigung der Kennzahl Gewinn pro Aktie (*earnings per share*; → § 35) durch „Doppelerfassung"[23] (BC54ff.). Auch diese Argumente lässt der *Board* in umfangreicher Begründung nicht gelten.

38 Fraglich ist, ob die von IFRS 2 vorgeschriebene Bilanzierung von nicht zu Ausgaben für das Unternehmen führendem Personalaufwand unter Gegenbuchung in der Kapitalrücklage auch nach **HGB zulässig** ist. Gegenstimmen stützen sich insbesondere auf die Vorschrift in § 27 Abs. 1 1. HS AktG, wonach Dienstleistungen nicht Gegenstand einer Sacheinlage sein könnten. Außerdem dürfe Personalaufwand wie jede andere Aufwandsposition ohne **pagatorische** Grundlage nicht verbucht werden (Rz 59).[24] Überdies habe das Unternehmen nicht nur keine Ausgabe zu leisten, sondern erhalte noch einen Geldzufluss durch den Aktienkauf (Rz 20).

---

[22] Detailliert vorgetragen von VATER, Stock Options, 2004, S. 9ff., sowie WPg 2004, S. 1246; PELLENS/CRASSELT, PiR 2005, S. 36.
[23] So SCHILDBACH, DB 2003, S. 894; KÜTING/DÜRR, WPg 2004, S. 616.
[24] So insbesondere SCHRUFF, FS Welf Müller, 2001, S. 234ff.

Hoffmann

Dem schließt sich das weitere Argument an: Der Sinn des **Bilanzenzusammenhangs** (Kongruenz) werde außer Kraft gesetzt, weil mangels pagatorischer Grundlage der Aufwandsverbuchung eine spätere Korrektur des effektiven Aufwandes nicht mehr möglich sei (Rz 59, 48).[25]

Die **Gegenposition** wird vom DSR in E-DRS 11.7 eingenommen, entsprechend vom IDW unter Hinweis auf die nicht abgeschlossene Meinungsbildung im Berufsstand der Wirtschaftsprüfer unterstützt.[26] 39

Für die Zwecke **unserer Kommentierung** braucht auf das Meinungsspektrum speziell zum HGB nicht weiter eingegangen zu werden. Für die IFRS-Bilanzierung ist von der **aufwandswirksamen** Verbuchung von Aktienoptionsplänen mit dem *fair value* zum Zusagezeitpunkt (*grant date*; Rz 21) mit Gegenbuchung im **Eigenkapital** auszugehen. Ist der Ansatz nach dieser Vorgabe einmal erfolgt, kann er nicht wieder rückgängig gemacht oder angepasst werden (IFRS 2.23). Das gilt nicht (Rz 59) bei Verfall (*forfeit*) innerhalb der Sperrperiode (*vesting period*), also zwischen Zusage- und Ausgabezeitpunkt (Rz 21, 58). 40

Sofern das begebene Eigenkapitalinstrument vom Empfänger sofort nach der Zusage = Ausgabe realisiert werden kann, wird eine **bereits erfolgte** Leistungserbringung unterstellt; der Ansatz ist dann in voller Höhe vorzunehmen (IFRS 2.14). In aller Regel erfolgt die Gewährung von solchen Vergütungen (z. B. Aktienoptionen) aber für **künftige** Leistungen; dann ist der Ansatz aufwandsmäßig als **Ansammlungsbetrag** auf die „Wartefrist" (*vesting period*; Rz 21) zu **verteilen** (IFRS 2.15). 41

2.2 Verbindlichkeitsausweis bei aktienkursorientierter Barvergütung

Für die vom **Unternehmen/Konzern** in bar zu erbringenden Gegenleistungen, die der Höhe nach auf der Basis eines Aktienkurses bestimmt werden (*stock appreciation rights*; Rz 1), ist die Verbuchung unter den Verbindlichkeiten (*liability*) zu Lasten des Aufwands vorzunehmen (IFRS 2.30). *Liability* ist dabei als Oberbegriff zu verstehen, der „sichere" Schulden und Rückstellungen umfasst (→ § 21 Rz 7ff.). Einschlägige Verpflichtungen sind also von der **Gesellschaft/dem Konzern selbst** (nicht von den Aktionären) zu regulieren, basieren ihrer Höhe nach allerdings auf der Aktienkursentwicklung. Sie werden praktisch ausschließlich Arbeitnehmern als Bestandteil eines Vergütungspaketes gewährt (IFRS 2.31f.). 42

Der Bilanzansatz hat dann zu erfolgen, wenn die entsprechende Arbeitsleistung erbracht worden ist. Sofern die Berechtigung auf die Zusatzvergütung **sofort** eintritt (*vest immediately*), hat der Ansatz in voller Höhe der Verbindlichkeit zu erfolgen (Rz 58). In der Regel hängt aber die Berechtigung für diese aktienkursabhängige Vergütung von der Erbringung einer bestimmten 43

---

[25] So insbesondere SCHILDBACH, StuB 2000, S. 1033; RAMMERT, WPg 1998, S. 772.
[26] IDW-Stellungnahme in FN 2001, S. 557.

Periode der Arbeitsleistung ab (Sperrfrist, *vesting period*). In diesem Fall ist der Bilanzansatz zeitanteilig über die betreffende Periode hin aufzubauen (IFRS 2.32; Rz 58ff.).

44 Der Ansatz einer Verbindlichkeit richtet sich nach der allgemeinen Regelung in IAS 37.14 (→ § 21 Rz 20) danach, ob eine **gegenwärtige** *(present)* Verpflichtung besteht. Der *Board* hat daran bezüglich der *stock appreciation rights* gewisse **Zweifel**, weil während der anstehenden Wartefrist *(vesting period)* noch bestimmte Leistungsmerkmale erfüllt werden müssen. Gleichwohl befürwortet er, gestützt auf den Regelungsgehalt für Arbeitnehmer-Pensionspläne nach IAS 19 (→ § 22), den ratierlichen Aufbau ab dem Augenblick der Zusage, also mit Beginn der dafür erbrachten Arbeitsleistung (BC243-245).

2.3 Kombinierte Vergütungspläne

45 Die Regulierungsverpflichtung für die empfangenen Güter oder Dienstleistungen kann auch in kombinierter Form als **Wahlrecht** ausgestattet sein. Dabei hat entweder

- der **Leistende** (Arbeitnehmer) ein Wahlrecht auf Begleichung seines Vergütungsanspruches in bar oder durch Entgegennahme eines Eigenkapitalinstrumentes (Aktienoptionen) oder
- das **Unternehmen** ein Wahlrecht zur Begleichung der Schuld in bar oder durch Ausgabe von Eigenkapitalinstrumenten.

IFRS 2.34 spricht hier von aktienunterlegten Vergütungen mit Bar-Alternativen *(share-based payment with cash alternatives)*. Die Art der Bilanzierung richtet sich danach, **welcher Partei** die Wahl der Vergütung zusteht.

46 Steht dem **Leistenden** (Arbeitnehmer) das Vergütungswahlrecht zu, hat das Unternehmen/der Konzern ein **strukturiertes Finanzinstrument** *(compound financial instrument)* ausgegeben:

- eine **Schuld**komponente für das Recht der Gegenseite zum Erhalt der Vergütung in bar und
- eine **Eigenkapital**komponente durch das Recht der Gegenpartei, die Erfüllung der Verbindlichkeit mit einem Eigenkapitalinstrument zu verlangen (IFRS 2.35).

Diese beiden Komponenten sind zu **identifizieren** und nach den **jeweils geltenden** Regeln anzusetzen. Maßgeblich ist dabei nicht der allgemein gültige Regelungsgehalt (→ § 20 Rz 6), sondern die spezialgesetzliche Vorgabe in IFRS 2 (Rz 73).

47 Kann umgekehrt das Unternehmen die Vergütungsform auswählen *(share-based payment transaction in which the entity has the choice of settlement)*, muss zunächst (vom Unternehmen) die **Vergütungsart** bestimmt werden. Die Wahl des **Barausgleichs** wird dann als gegeben unterstellt, wenn die Eigenkapitalvariante ohne Bedeutung ist *(no commercial substance)* oder die bisherige Praxis oder die Geschäftspolitik solches belegt (IFRS 2.41). Entsprechend hat dann der Ansatz einer Schuld *(liability)* nach den Regeln für die *stock appreciation rights* (Rz 42ff.) zu erfolgen.

Umgekehrt gilt bei einer vom Unternehmen beabsichtigten Wahl der **Vergütung durch Eigenkapitalinstrumente**: Der Ansatz ist unter Gegenbuchung des Aufwandes im Eigenkapital – insgesamt also „eigenkapitalneutral" – vorzunehmen (Rz 33ff.). Zur Bewertung wird auf Rz 73 verwiesen.

48

3 Bewertung

3.1 Aktienoptionen

3.1.1 Zugangsbewertung

Im Falle einer Vergütung durch die Gewährung von Aktienoptionen gilt für den Maßstab und den Zeitpunkt der **Zugangsbewertung** gemäß IFRS 2.10f. Folgendes:

49

- Sofern der Zeitwert *(fair value)* der empfangenen Güter oder Dienste **zuverlässig geschätzt** werden kann, ist der Aufwand und die Gegenbuchung im Eigenkapital auf dieser Grundlage zu bewerten (**direkte** Methode).
- Bei **nicht** möglicher zuverlässiger Schätzung des *fair value* der erhaltenen Güter oder Dienste ist die Bewertung mit dem *fair value* der ausgegebenen Eigenkapitalinstrumente vorzunehmen (**indirekte** Methode).
- Für Dienstleistungen von **Arbeitnehmern** kommt nur die zweite (indirekte) Methode in Betracht (IFRS 2.11f.; Rz 51).

IFRS 2.13 geht von der widerlegbaren **Vermutung** *(rebuttable presumption)* aus, der Zeitwert von erhaltenen Gütern und Dienstleistungen **Dritter** (Nicht-Arbeitnehmer) könne zuverlässig geschätzt werden (Rz 36). Diese Vermutung kann in seltenen Fällen *(rare cases)* widerlegt werden; dann ist die Bewertung im indirekten Verfahren (Rz 49) vorzunehmen. Als Beispiel hierfür dienen die in IFRIC 8 behandelten Transaktionen (Rz 28). Es handelt sich dabei um Fälle, in denen das Unternehmen Eigenkapitalinstrumente um des **politischen Wohlverhaltens** willen und zur generellen **Imageförderung** ausgibt.[27] Hier ist eine konkrete Gegenleistung des Empfängers der Aktien etc. nicht oder nicht in Höhe des ausgegebenen Wertes festzustellen. Gleichwohl erhöht das emittierende Unternehmen gemäß IFRIC 8 eine „vollwertige" – dem *fair value* des Eigenkapitalinstrumentes entsprechende – Gegenleistung. Die Nichtidentifizierbarkeit der Gegenleistung hindert also nicht die Anwendung von IFRS 2 (Rz 29). Aus Sicht der deutschen Rechnungslegungspraxis ist der Anwendungsbereich von IFRIC 8 höchst beschränkt und im Übrigen durch IFRS 2.9 und 13 ausreichend abgedeckt.

50

Umgekehrtes gilt bei Aktienoptionen zugunsten von **Mitarbeitern** als Bestandteil eines Vergütungspaketes: Hier kann normalerweise der Zeitwert einer Vergütungskomponente „Aktienoption" nicht unabhängig vom gesamten Vergütungspaket bestimmt werden. Außerdem enthalten entsprechende aktiengestützte Vergütungselemente häufig ein Bonussystem als Anreiz *(incen-*

51

---

[27] Vgl. hierzu SCHREIBER/BEIERSDORF, KoR 2005, S. 338.

tive) für die Aufrechterhaltung des Dienstverhältnisses und für Bemühungen im Interesse einer verbesserten Leistungsfähigkeit des Unternehmens/ Konzerns. Solche Wertbestimmungen sind praktisch unmöglich *(difficult)*, deshalb wird der Wert der erbrachten Arbeitsleistung (**indirekt**) unter Bezugnahme auf den Wert der gewährten Eigenkapitalkomponenten bestimmt (Rz 49).

52 Der *fair value* des Eigenkapitalinstruments (z. B. Aktienoption) zum Zusagezeitpunkt (*grant date* = *measurement date*; Rz 21) ist auf der Grundlage von
- **Marktpreisen**, soweit verfügbar, allerdings unter Berücksichtigung der Ausgabebedingungen für die Aktienoptionen (Eigenkapitalinstrumente; IFRS 2.16), oder
- allgemein anerkannten **Bewertungstechniken** für Finanzinstrumente, soweit Marktpreise für die Eigenkapitalinstrumente (Aktienoptionen) nicht vorliegen,

zu ermitteln.

Der *fair value* einer Option (Gesamtwert) setzt sich aus dem **inneren** Wert *(intrinsic value)* und dem **Zeitwert** *(time value)* zusammen (Rz 15).
In aller Regel erfolgen die eigenkapitalunterlegten Vergütungsformen an Mitarbeiter durch Aktienoptionen. Diese wiederum haben meist Konditionen, die anderen öffentlich gehandelten Optionen bei gleichem Optionsgegenstand nicht entsprechen. Oder es sind überhaupt keine Optionen für das betreffende Wertpapier marktgängig, oder die betreffende Gesellschaft ist nicht börsennotiert. Dann können entsprechende Optionen mangels vorliegender Marktpreise nur auf der Grundlage von **Optionsbewertungsmodellen** ermittelt werden. App. B5 zu IFRS 2 befasst sich mit der Frage, welches der gängigen Modelle zu favorisieren ist, legt sich diesbezüglich allerdings nicht fest. Genannt wird expressis verbis außer Binomialmodellen[28] nur das Black-Scholes-Modell, ohne aber dieses gegenüber anderen zu bevorzugen.

53 Bei **nicht börsennotierten** Unternehmen ist im ersten Schritt eine **Unternehmensbewertung** nach einer einschlägigen Technik – der Standard macht hierzu keine Vorgaben – vorzunehmen. Falls Optionen auf so bewertete Unternehmensanteile gewährt werden, baut deren Wertermittlung auf diese Unternehmensbewertung mit allen ihren Schätzungenauigkeiten auf. Die in das Bewertungsmodell einfließenden Annahmen über die künftige Volatilität erweitern in ganz erheblichem Umfang die Schwankungsbreite, innerhalb derer die „richtigen" Optionswerte liegen.[29] Die Problematik fehlender Börsenpreise und Vergangenheits-Volatilitäten bei **nicht** oder **neu notierten** Unternehmen wird vom *Board* erkannt und als lösbar angesehen (BC140ff.). Nur in seltenen Ausnahmefällen soll die buchmäßige Erfassung auf der Basis des **inneren Wertes**

---

[28] Vgl. hierzu die mathematischen Grundlagen bei CRASSELT, KoR 2005, S. 444.
[29] Die damit verbundenen Bewertungsspielräume werden anhand einer Modellrechnung von PELLENS/CRASSELT, PiR 2005, S. 39 dargelegt.

(intrinsic value) erfolgen (Rz 67). Das Erfordernis der Schätzung des Anteilswertes selbst bleibt unbenommen.
Bei Anwendung dieser Optionspreismodelle sind gemäß App. B6 mindestens folgende **Faktoren** mit ins Kalkül einzubeziehen:[30]

- Ausübungspreis,
- Laufzeit,
- der augenblickliche Marktwert des Optionsgegenstandes (Unternehmensaktien),
- die erwartete Volatilität des Marktpreises,
- die zu erwartenden Dividenden auf die Aktien,
- der risikofreie Zinssatz für die Laufzeit der Option.

Es sind aber auch die **Besonderheiten** der Ausübungsmöglichkeit der betreffenden Optionen zu beachten:

- Die Ausübung ist erst nach **Ablauf** einer **Sperrfrist** möglich: Dann ist ein Optionspreismodell anzupassen, wenn dieses die jederzeitige Ausübung unterstellt.
- Mitarbeiter neigen zu einer möglichst **frühen** Optionsausübung, weil die Optionen nicht frei übertragbar sind oder bei Ende des Dienstverhältnisses insgesamt ausgeübt werden müssen; auch diese Besonderheit ist in das Optionspreismodell einzubeziehen.

Zu diesen Punkten und zu wichtigen anderen Parametern des Optionspreiskalküls – erwartete Volatilität des Basispapiers, insbesondere auch bei Neuemissionen oder nicht notierten Gesellschaften, erwartete Dividenden, risikofreier Zinssatz und Auswirkungen der Kapitalstruktur – werden in App. B umfangreiche Vorgaben gemacht.
Wegen der Effekte der **asymmetrischen Risikostruktur** auf die Optionsbewertung vgl. Rz 17. Zur **generellen** Kritik an der Bewertung auf der Grundlage von Optionspreismodellen vgl. → § 28 Rz 195ff.[31]
Die mitarbeiterorientierten Aktienoptionen *(executive stock options)* sind in der Realität indes noch durch **zusätzliche** Unsicherheitsmomente gekennzeichnet, die eine verlässliche Bewertung erschweren:[32]

- **Laufzeit:** Der wichtige Bewertungsfaktor „Laufzeit" für *executive stock options* unterscheidet sich oft erheblich von den üblichen an der Börse gehandelten Optionen. Letztere haben in aller Regel eine Laufzeit von allenfalls bis zu einem Jahr, Mitarbeiteroptionen erreichen hier Grenzwerte von 15 Jahren. Hinzu kommt die Sperrfrist *(vesting period;* Rz 21). Bei derart langen Laufzeiten haben selbst kleinste Änderungen der Bewertungsparameter, insbesondere der unterstellten Volatilität, eine große Wirkung auf den ermittelten Optionswert.

---

[30] Vgl. hierzu Oser/Vater, DB 2001, S. 1261.
[31] Grundlegend zur Kritik an den Optionspreismodellen Vater, Stock Options, 2004, S. 9ff., sowie ders., DStR 2004, S. 1715; außerdem Pellens/Crasselt, PiR 2005, S. 39f.
[32] Vgl. hierzu insbesondere Vater, WPg 2004, S. 1246.

- **Risikoloser Zins:** Der risikolose Zins kann im genannten langfristigen Zeitraum schwanken (entgegen der in den Berechnungsmodellen unterstellten Konstanz).
- **Volatilität:** Die Verwendung von Vergangenheitswerten für die bewertungsrelevante zukünftige Volatilität wird umso unsicherer, je länger sich die Optionslaufzeit darstellt. Bei fehlender Börsennotierung ist im Übrigen schon die Ableitung einer Vergangenheitsvolatilität (z. B. über sog. *Accounting Beta's*) schwierig.
- **Marktliquidität der unterlegten Aktie:** Bei geringer Marktliquidität müssen Kursabschläge in die Formel eingebaut werden.
- **Kapitalstruktureffekt:** Der Verwässerungseffekt bei Bedienung der Optionen durch Kapitalerhöhung oder Aktienrückkauf muss ebenfalls zusätzlich in die Berechnungsformel einfließen.
- **Spätere Kapitalerhöhungen:** Dadurch vermindert sich der anfangs ermittelte Optionswert.

Weitere Besonderheiten ergeben sich aus Vergütungsplänen mit eigenen Zuzahlungen der Mitarbeiter (*contribution requirements*) oder so genannten *restricted stock plans*, bei denen Mitarbeiter nach der Aktiengewährung weitere Aktien erhalten, sofern sie die ursprünglich gewährten Titel über einen gewissen Mindestzeitraum gehalten haben (angesprochen in ED IFRS 2.BC3; Rz 2).[33]

Die gesamte Problematik ficht den *Board* nicht an (Rz 36): Die Bewertung hat fast ausnahmslos (Rz 67) zum *fair value* zu erfolgen, der auf der Grundlage von Optionspreismodellen zu ermitteln ist. Eine **Unmöglichkeit** der Wertermittlung wird als unwahrscheinlich erachtet (BC197).

55 Die Bilanzierungspraxis kann dieser optimistischen Einschätzung nicht unbedingt folgen und relativiert daher zum Teil ihre Berechnungen sogleich wieder:

> **Beispiel**[34]
> „*The Black-Scholes option valuation model was developed for use in estimating the fair value of traded options which have no vesting restrictions and are fully transferable. In addition, option valuation models require the input of highly subjective assumptions including the expected stock price volatility. Because the company's stock options have characteristics significantly different from those of traded options and because changes in the subjective input assumptions can materially affect the fair value estimate, in management's opinion, the existing models do not necessarily provide a reliable single measure of the fair value of its employee stock options.*"

---

[33] VATER, WPg 2006, S. 716.
[34] Aus dem Annual Report 2002 der Wal-Mart INC. (zum ausgewiesenen Pro-forma-Aufwand); zitiert nach VATER, WPg 2004, S. 1258.

Schätzungen stellen an sich einen notwendigen Bestandteil der Bilanzierung dar (F.86); sie stellen sich ex post fast immer als „falsch" heraus. Im Falle von *stock options* sind die Diskrepanzen aus den vorstehend aufgeführten Gründen besonders hoch (Rz 59). Im Rahmen der US-amerikanischen Börsenaufsicht ist dieses Thema im Hinblick auf die strenge Vorgehensweise der SEC in die Diskussion gelangt und hat die SEC zur Veröffentlichung des SAB 107 veranlasst, wo die einschlägigen Passagen von SFAS 123 C kommentiert werden.[35]
Zentral geht es dabei um die Frage, ob das Auseinanderklaffen der *fair-value*-Schätzung des Zugangswertes (Rz 49ff.) mit seiner später nicht mehr änderbaren Wertkomponente (Rz 59) und dem letztlich von den Mitarbeitern realisierten Wert von der SEC beanstandet werden kann. Die Antwort lautet kurz gefasst: Selbst eine **bedeutende** Abweichung *(no matter how significant)* ist aus Sicht der *faithfull presentation* nicht **irreführend** *(materially misleading)*, sofern sie sich auf anerkannte und vernünftig angewandte Bewertungstechniken stützt. Eine Präferenz für ein bestimmtes Bewertungsmodell enthält die SEC-Stellungnahme nicht. Letztlich verlangt die SEC die Anwendung eines *good faith fair value estimate*.
SAB 107 erlaubt auch den **Wechsel** von einer Bewertungstechnik zur anderen bei einer späteren Neuausgabe von Vergütungstiteln. Es handle sich nicht um eine Änderung der Bewertungsmethode *(change in accounting policy;* → § 24 Rz 5ff.). Nur ständiges *(frequently)* Hin- und Herwechseln wird als unzulässig angesehen. Jedenfalls ist eine Offenlegung der Änderung des Bewertungsverfahrens im Anhang geboten.
Empirische Studien schreiben wegen der mangelnden Zuverlässigkeit der Optionsbewertung der Erfassung des zugehörigen Personalaufwandes fast keine **Entscheidungsrelevanz** für die Abschlussadressaten (→ § 1 Rz 30) zu.[36]
Diese „**Markt**"-Konditionen (Rz 52 – 55) zur Ermittlung des *fair value* eines Eigenkapitalinstruments als Vergütungskomponente für Mitarbeiter sind streng von den Bedingungen zu **unterscheiden**, die zur **Ausübung** der Option berechtigen *(vesting conditions)*. Letztere dürfen nicht in die Berechnungsparameter des Optionspreismodelles einfließen (IFRS 2.19). Solche Ausübungsbedingungen sind z. B.:

56

- Beibehaltung der Arbeitnehmerstellung *(service conditions)*,
- Erfüllung einer Zielvorgabe, z. B. Erreichen eines Aktienkurses – absolut oder im Vergleich zu Konkurrenzunternehmen –, Umsatzvolumen, Gewinnanstieg, Gewinn je Aktie *(performance conditions)*.

Im Entwurf eines *Amendment to IFRS 2* (Rz 92) wird der Definitionsinhalt der *vesting condition* eindeutig auf die *service conditions* und *performance conditions* in der vorstehenden Aufzählung beschränkt; nicht dazu zählen die *market*

---

[35] Vgl. hierzu VATER, WPg 2005, S. 1269.
[36] VATER, WPg 2005, S. 1269.

conditions. Die Ausübungsberechtigung setzt den Wegfall jeglicher Bedingung voraus.[37]
Im Zusagezeitpunkt *(grant date = measurement date)* ist abzuschätzen, wie viele der zugesagten Optionen nach Ablauf der üblichen Sperrfrist (Rz 21) tatsächlich ausgeübt werden. Insbesondere ist dabei die Einschätzung der Mitarbeiterfluktuation angesprochen, aber auch die übrigen eben genannten Vorgaben, die nicht marktabhängig sind (IFRS 2.20). Diese Ausübungsbedingungen *(vesting conditions)* sind also nicht bei der **Bewertung** der einzelnen Aktienoption, sondern bei der Abschätzung des **Umfanges** der Eigenkapitalinstrumente zu berücksichtigen, die letztlich ausgeübt werden (IFRS 2.20.IG9; Rz 58). Die letztgenannte Wertermittlungskomponente stellt das – nach deutschem Sprachverständnis – **Mengengerüst** der Bewertung dar, das Optionspreismodell oder – ausnahmsweise – der Markt liefert dazu die **Wertkomponente**.[38] Wenn das Unternehmen demnach nicht mit einem Erreichen der Ausübungshürden – z. B. Überschreitung eines bestimmten Aktienkurses – rechnet, ist die Bewertung im Zugangszeitpunkt mit null vorzunehmen (der Multiplikator „Menge" ist null). Allerdings dürfte es sich dabei um ein höchst unrealistisches Fallbeispiel handeln, weil sich das Unternehmen die Installation eines solchen Anreizsystemes von vornherein ersparen kann.
Es ist also nach folgendem Schema zu differenzieren:

marktunabhängige Konditionen = Mengenkomponente *(vesting conditions)*	marktabhängige Konditionen = Wertkomponente (Entwicklung des Aktienkurses)
↓	↓
Einbeziehung in die *fair-value*-Bewertung am Zusagezeitpunkt *(grant date)*	Nichteinbeziehung in die *fair-value*-Bewertung am Zusagezeitpunkt *(grant date)*
↓	↓
keine Anpassung der Bewertung nach der Erstverbuchung	laufende Anpassung der Bewertung nach der Erstverbuchung bis zum Ausübungszeitpunkt *(vesting date)*

Auf die Beispiele unter Rz 59 wird verwiesen.

57 Gleichwohl liegt dem gesamten Bewertungsprozess letztlich folgendes – kaum jemals erreichbares – **Ziel** vor Augen: Am Ende der Sperrperiode (Rz 21) soll die gesamte zwischenperiodische Aufwandsbelastung der ausübbaren Anzahl der Eigenkapitalinstrumente multipliziert mit deren *fair value* entsprechen,

---

[37] IASB, Update Oktober 2006.
[38] Küting/Dürr unterscheiden begrifflich zwischen (nicht) marktabhängigen Erfolgszielen (WPg 2004, S. 609, 612f.).

allerdings ohne Berücksichtigung der am Ausgabetag bestehenden Ausübungsbedingungen.[39] Dieses Ergebnis wird durch einen **fortlaufenden Schätzungsprozess** in folgenden Arbeitsschritten erreicht:

- Am Zusagezeitpunkt (Rz 21) wird der *fair value* der Option (ohne Berücksichtigung der Ausübungsbedingungen) bestimmt.
- An jedem folgenden Bilanz- bzw. Berichts-Stichtag schätzt das Unternehmen die kumulierten Einkommensbelastungen bis zu diesem Termin als Produkt aus
    - dem *fair value* am Ausgabetag (wie oben),
    - der Schätzung der im Ausgabezeitpunkt ausübbaren Optionen unter Berücksichtigung der Fluktuation, Erreichen der Ausübungsbedingungen etc.,
    - der Ermittlung der in der Wartefrist (Rz 21) verfallenen Optionen.
- Aufwandsbelastung des vorstehend ermittelten Betrages, abzüglich des in Vorperioden bereits belasteten Betrages, unter Gegenrechnung im Eigenkapital.
- Verzicht auf weitere Aufwandsbelastung ab dem Ausübungszeitpunkt (Rz 21), abgesehen von nachfolgenden Änderungen der Ausübungsbedingungen (Rz 60ff.).

3.1.2 Zwischenperiodische Verteilung des Aufwands (Folgebewertung)

Ausnahmsweise können Aktienoptionen und Gesellschaftsanteile selbst auch für **vergangene** Dienste gewährt werden. In diesem Fall ist im Zusagezeitpunkt eine Verbindlichkeit in Höhe des *fair value* einzubuchen (Rz 43). Ausgegebene Eigenkapitalinstrumente für **künftige** Arbeitsleistungen müssen auf die angenommene Dienstzeit *(service period)* aufwandsmäßig verteilt werden. Diese Periode entspricht in aller Regel der Sperrfrist *(vesting period)*, also dem Zeitraum zwischen der Zusage und der frühestmöglichen Ausübung *(vesting date*; Rz 21). Die **Aufwandsverteilung** innerhalb dieser Periode bestimmt sich demzufolge nach dem Wert der jeweils erbrachten Arbeitsleistung. Bei **Mitarbeitertransfers** innerhalb eines Konzerns ist im jeweiligen Einzelabschluss eine zeitanteilige Zuordnung zu jedem betroffenen Gruppenunternehmen vorzunehmen (Rz 31).

Nach Ablauf der Sperrperiode (Rz 21) sind bezüglich der vorstehend dargestellten Buchungen keine Anpassungen im Hinblick auf verfallene *(forfeit)* oder nicht ausgeübte *(expired)* Optionen vorzunehmen (Rz 40). Lediglich eine Umbuchung von einer zur anderen Eigenkapitalkategorie kommt in Betracht (IFRS 2.23).

Mit dem zugehörigen Bewertungsverfahren wird die **Wertkomponente** (i. d. R. der *fair value* der Aktienoption) im Zusagezeitpunkt (Rz 21) auch für die **Folgebewertungen** bis zum Ende der Laufzeit **festgelegt** (wegen Planänderungen

---

[39] ERNST & YOUNG, International GAAP 2005, S. 1606.

vgl. Rz 60ff.). Umgekehrt ist zu jedem Bewertungsstichtag eine Neueinschätzung des zu erwartenden **Ausübungsvolumens** (= Mengengerüst der Bewertung; Rz 56) vorzunehmen mit der Folge einer entsprechenden Anpassung des Zuführungsbetrages unter Berücksichtigung der bislang schon erfolgten Zuführung. Es kann dabei im Einzelfall auch zu einer „**negativen**" Zuführung kommen,[40] auch innerhalb eines Konzerns im Falle von Mitarbeitertransfers (Rz 31).

Oder anders dargestellt:[41] Bei Nichterreichen
- der *market conditions* (Rz 52 – 55) bleibt der zuvor verbuchte Aufwand bestehen;
- der *performance conditions* (Rz 56) ist die Aufwandsbuchung zu stornieren.

Beispiel (entnommen IG11)

Sachverhalt
Die Gesellschaft vereinbart mit 500 Arbeitnehmern die Einräumung von 100 Aktienoptionen je Mitarbeiter. Voraussetzung für die Gewährung ist die Aufrechterhaltung des Dienstverhältnisses über 3 Jahre hinweg. Der *fair value* jeder Option wird am *grant date* (Rz 21) auf 15 EUR geschätzt.
Aufgrund eines durchschnittlichen Wahrscheinlichkeitskalküls rechnet das Unternehmen mit einer Ausscheidungsquote von 20 % während der 3-Jahres-Periode mit der Folge eines entsprechenden Verfalls der zugesagten Optionen.

Planmäßiger Aufwand
Unter der Annahme eines erwartungsgemäßen Verlaufs entwickelt sich die Aufwandsverbuchung (unter Gegenbuchung im Eigenkapital) wie folgt:

Jahr	Berechnung	Vergütungsaufwand je Periode	kumulierter Vergütungsaufwand
		EUR	EUR
1	50.000 Optionen × 80 % × EUR 15 × 1/3 Jahre	200.000	200.000
2	(50.000 Optionen × 80 % × EUR 15 × 2/3 Jahre) – EUR 200.000	200.000	400.000
3	(50.000 Optionen × 80 % × EUR 15 × 3/3 Jahre) – EUR 400.000	200.000	600.000

---

[40] Vgl. hierzu das Beispiel bei ERNST & YOUNG, International GAAP 2005, S. 1611.
[41] Vgl. VATER, WPg 2006, S. 717.

Tatsächlicher Aufwand
Im Jahr 1 scheiden tatsächlich 20 Mitarbeiter aus, daraufhin revidiert das Unternehmen seine Schätzung bezüglich des Gesamtausscheidens über die Dreijahresperiode von 20 % (= 100 Arbeitnehmer) auf 15 % (= 75 Arbeitnehmer). Im Jahr 2 scheiden weitere 22 Mitarbeiter aus. Daraufhin revidiert das Unternehmen seine Schätzung über das Gesamtausscheiden während der Dreijahresperiode erneut, und zwar von 15 % auf 12 % (= 60 Mitarbeiter). Im Jahr 3 scheiden weitere 15 Mitarbeiter aus. Insgesamt sind deshalb die zugesagten Aktienoptionen von 57 Mitarbeitern während der Dreijahresperiode verfallen, und umgekehrt sind insgesamt 44.300 Optionen für die verbliebenen 443 Mitarbeiter am Ende der *vesting period* definitiv ausgegeben.
Aus der realen Entwicklung ergibt sich folgende tatsächliche Aufwandsverteilung:

Jahr	Berechnung	Vergütungsaufwand je Periode	kumulierter Vergütungsaufwand
		EUR	EUR
1	50.000 Optionen × 85 % × EUR 15 × 1/3 Jahre	212.500	212.500
2	(50.000 Optionen × 88 % × EUR 15 × 2/3 Jahre) – EUR 212.500	227.500	440.000
3	(44.300 × EUR 15) – EUR 440.000	224.500	664.500

Der kumulierte Vergütungsaufwand besagt nichts über korrespondierende **pagatorische** Größe (Geldabfluss) beim Unternehmen (Rz 38). Ohnehin kann im Unterschied zu virtuellen Optionen (Rz 68ff.) die Gewährung echter Optionen nur dann zu Zahlungsabflüssen führen, wenn das Unternehmen die Optionen aus am Markt erworbenen eigenen Aktien bedient (Rz 78ff.). Die betreffende Option in Beispiel 1 kann während der ganzen Ausübungsfrist (Rz 21) „aus dem Geld" sein (Rz 16). Dann entsteht beim Unternehmen kein Erfordernis zum Erwerb eigener Aktien und damit auch kein Geldabfluss (Rz 38). Der gebuchte Aufwand bleibt davon unberührt. Umgekehrt wird dieser (z. B. Rz 56) durch die effektive Personalfluktuation verändert.

Der **Verteilungszeitraum** *(vesting period)* für die Aufwandsverbuchung ist vom Unternehmen korrespondierend zu den Formelinputs für das Optionspreismodell (zur Ermittlung des *fair value*) anzunehmen. Der so im Zusagezeitpunkt (Rz 21) ermittelte Verteilungszeitraum ist nicht mehr anzupassen, wohl aber die Mitarbeiterfluktuation (Rz 56).

59

Die **Konditionen** eines Mitarbeitervergütungsplanes auf der Basis von Aktienoptionen – dem Hauptanwendungsfall von IFRS 2 – können auf die vielfältigste Weise **variieren**. Die bilanzielle Abbildung nach IFRS 2 muss dann immer differenzieren (Rz 56) zwischen der

- **Wert**komponente (i. d. R. der *fair value* einer Option) im Zusagezeitpunkt *(grant date)* und der
- **Mengen**komponente, die letztlich zur Ausübung gelangen kann.

Der erstgenannte Betrag bleibt über die *vesting period* hinaus unverändert, die letztgenannte Komponente muss laufend **angepasst** werden (Rz 54).

Eine ganze Reihe von Beispielen in IFRS 2.IG soll die Unterschiede aufzeigen:

Beispiele

Sachverhalt

Die Optionszusage erfolgt unter einer Bedingung, welche die **Laufzeit** der „Wartefrist" *(vesting period;* Rz 21) beeinflusst (IFRS 2.15).

Die *vesting period* endet, wenn der Aktienkurs des Unternehmens eine bestimmte Höhe erreicht hat. Der Optionsplan soll 500 Mitarbeiter umfassen.

Lösung

Nach Ende der ersten Periode (innerhalb der *vesting period*) ist die Vorgabe noch nicht erreicht, aber 25 betroffene Mitarbeiter haben das Unternehmen verlassen. Der ursprünglich geschätzte *fair value* für jede Option ist unverändert für die gesunkene Mitarbeiterzahl der Ermittlung des Bilanzansatzes zugrunde zu legen.

Sachverhalt

Die **Anzahl** der zugesagten Aktienoptionen variiert.

Die Zuteilungsbedingungen sehen einen Mindestverbleib im Unternehmen von X Jahren und einen Umsatzanstieg der neu eingeführten Produktlinie XY von jährlich mindestens um durchschnittlich 10 % bis zum Jahre Z vor.

Einzelheiten: Bei einem Umsatzanstieg von 10 % werden pro einbezogenen Mitarbeiter 100 Optionen ausgegeben, bei einem Anstieg von 15 % 150 Optionen und bei einem Umsatzanstieg von 20 % 200 Optionen.

Lösung

Bei der Schätzung der Mengenkomponente muss nicht nur die Personalfluktuation, sondern auch der erwartete Umsatz mit berücksichtigt werden. Das diesbezügliche Schätzerfordernis zu jedem Abschluss-Stichtag variiert dann hinsichtlich der Mitarbeiterzahl und der erwarteten Umsätze, nicht dagegen hinsichtlich des ursprünglich festgelegten *fair value*.

Sachverhalt
Die Aktienoption variiert hinsichtlich des **Ausübungspreises**.
Der Vorstandsvorsitzende erhält – vorausgesetzt, er ist nach Ablauf von 3 Jahren noch im Dienst – 100 Aktienoptionen. Der Ausübungspreis beträgt 40 EUR, sinkt allerdings dann auf 30 EUR, wenn der ausgewiesene Jahresüberschuss jährlich mindestens mit einer Durchschnittsrate von 10 % über die 3-Jahres-Periode hin wächst.

Lösung
Bei der *fair-value*-Bewertung dürfen die beiden unterschiedlichen Ausübungspreise nicht berücksichtigt werden, weil in ihnen eine Ausübungshürde *(performance condition)* zum Ausdruck kommt. Stattdessen ist der *fair value* am Zusagezeitpunkt unter beiden Bedingungen getrennt auszurechnen. Der mutmaßliche Aufwand ist auf der Grundlage des unbedingten Ausübungspreises (40 EUR) zu bewerten und in die Ergebnisrechnung des betreffenden Jahres einzubuchen. Wenn am *vesting date* die Hürde des Umsatzanstieges überschritten ist und entsprechend der Ausübungspreis auf 30 sinkt, ist eine entsprechende Anpassung des Gesamtaufwandes vorzunehmen.

Sachverhalt
Zusage einer Aktienoption nach **Maßgabe der Marktverhältnisse**.
Der Vorstandsvorsitzende erhält – vorausgesetzt, er ist drei weitere Jahre im Dienst der Gesellschaft – 100 Aktienoptionen. Diese können aber erst ausgeübt werden, wenn der Börsenkurs von 50 EUR im Ausgabezeitpunkt am Ende des dritten Jahres auf über 65 EUR gestiegen ist. In diesem Fall kann die Option zu jedem Zeitpunkt während der nächsten 7 Jahre, also bis zum Ende des Jahres 10, ausgeübt werden.

Lösung
Nach Maßgabe eines Binomial-Modells zur Optionspreisermittlung werden beide Szenarien – Erreichen der 65-EUR-Hürde in der bedungenen Periode oder das Gegenteil – berücksichtigt mit der Folge eines Optionswertes von 24 EUR.
Die Bewertung auf dieser Grundlage bleibt während der *vesting period* unverändert. Die Möglichkeit eines Verfalls der Option infolge Nichterreichung des Aktienkurses ist bei der Ermittlung des *fair value* zum *grant date* berücksichtigt worden. Deshalb darf eine (nachträgliche) Korrektur der vorgängigen Aufwandsverbuchungen auch dann nicht erfolgen, wenn die Option letztlich nicht zur Ausübung kommt.
Der Fall des vorzeitigen Ausscheidens des Vorstandsvorsitzenden – z. B. im Jahr 3 – ist noch nicht vollständig gelöst. Sicherlich kommt es nicht mehr zu einer Aufwandszuführung nach der ursprünglichen Schätzung. Die Frage ist aber, ob die Aufwandsbuchungen in den beiden Vorjahren (rückwirkend) storniert werden müssen. Die Antwort kann durch Analo-

gieschluss gefunden werden: Da die entsprechenden Anpassungen durch Änderung der Mengenkomponente immer die Vorjahreswerte mit berücksichtigen (vgl. das Beispiel in Rz 58), halten wir es für sachgerecht, diese Lösung auch in den negativen Bereich hin weiterzuführen. Es käme dann also zu einer Stornierung des Gesamtaufwandes, der in den ersten beiden Jahren der *vesting period* verbucht worden ist.

Sachverhalt
Zusage einer Aktienoption auf der Grundlage von Markbedingungen mit **variabler Ausübungsfrist.**
10 leitende Mitarbeiter erhalten je 100 Aktienoptionen mit 10-jähriger Laufzeit. Diese Optionen werden dann fällig (werden ausübbar), sobald der Aktienkurs des Unternehmens von derzeit 50 EUR auf 70 EUR gestiegen ist und der betreffende Mitarbeiter noch in den Diensten der Gesellschaft steht.

Lösung
Auf der Grundlage eines Binomial-Optionspreismodelles wird einerseits das Erreichen, andererseits das Nichterreichen der Zielvorgabe angenommen. Der ermittelte *fair value* beträgt 25 EUR je Option. Dabei wird als wahrscheinlichster Zeitpunkt des Erreichens der Zielvorgabe das Ende des Jahres 5 unterstellt. Deshalb wird die zu erwartende *vesting period* auf das Ende des Jahres 5 gelegt. Auf diesen Zeitraum muss dann auch die mutmaßliche Ausscheidungsquote der betroffenen Mitarbeiter geschätzt werden.
Die Aufwandszuführung ist auf den Zeitraum von 5 Jahren begrenzt. Der ursprünglich geschätzte *fair value* verändert sich nicht, es verändert sich lediglich die geschätzte Anzahl der letztlich noch verbleibenden Mitarbeiter. Diese Anpassung endet allerdings am Ende des Jahres 5, das Ausscheiden eines weiteren Mitarbeiters im Jahre 6 führt nicht mehr zu einer Veränderung des Personalaufwandes.

Die vorstehenden Beispiele belegen das hohe **Schätzungsermessen** (Rz 54), das der verlangten Aufwandsverbuchung zugrunde liegt. Dabei sind die Ermessensspielräume bei der Wahl der Formelinputs in das jeweils gewählte Optionspreismodell noch gar nicht angesprochen.[42] Schätzungsungenauigkeiten stellen einen wesentlichen Bestandteil der Bilanzierung jeglicher Provenienz dar (→ § 5 Rz 49ff.). In der Regel gleichen sich zwischenperiodisch derlei Ungenauigkeiten aus (Rz 43). Dies gilt allerdings im hier dargestellten Rechnungslegungssystem für Aktienoptionen nur hinsichtlich der Mengenkomponente. Stellt sich dagegen der bei der Erstverbuchung angenommene *fair value* aus rückwirkender Betrachtung als unzutreffend heraus – so gut wie immer der Fall –, kommt es nicht zu einer entsprechenden Aufwandskorrektur

---

[42] Eindrücklich dargestellt von VATER, Stock Options, 2004, S. 52ff.

(vgl. das Beispiel und die Erläuterung unter Rz 58; weitere Beispiele im vorstehenden Raster). Es kann auch umgekehrt kommen: Der Gegenwert der ausgeübten Optionen kann höher liegen, als die ursprüngliche *fair-value*-Schätzung angezeigt hat.
Die ansonsten durch das Doppik-System gewährleistete Ergebniskorrektur im intertemporären Vergleich versagt im Gefolge der Buchung „Aufwand an Eigenkapital" (Rz 38). Das scheint möglicherweise deswegen nicht weiter zu stören, weil letztlich das ausgewiesene Eigenkapital so oder so unverändert bleibt (Rz 34).

3.1.3 Planänderungen
3.1.3.1 Neufestsetzung des Ausübungspreises *(repricing)* oder Erhöhung der Optionsmenge

Wegen einer negativen (gegenüber der ursprünglichen Erwartung) Entwicklung des optionsgegenständlichen Aktienkurses geschieht häufig während der Sperrperiode *(vesting period)* eine **Neufestsetzung** (Ermäßigung) des **Ausübungspreises** für die Optionen *(repricing)*.[43] Neben Preisänderungen können auch andere **Anpassungen** der **Optionsbedingungen** erfolgen, die begrifflich unter dem *repricing* zusammengefasst werden (BC222ff.). Solche Änderungen der Bezugsbedingungen können auch nach Ablauf der *vesting period* erforderlich sein, nämlich dann, wenn nach dem Ausgabezeitpunkt (Rz 21) die Option „aus dem Geld" ist, also nicht sinnvoll ausgeübt werden kann (der Ausübungspreis ist höher als der Aktienkurs; Rz 7). In solchen Fällen wird der Ausübungspreis in der Praxis häufig **reduziert** mit der Folge eines entsprechenden Wertanstieges der Kaufoption (IFRS 2.26). Diese Erhöhung des Optionswertes führt auf der Grundlage der indirekten Methode der Ermittlung des Wertes der Arbeitsleistung (Rz 51) zu einem gegenüber der bisherigen Annahme **erhöhten** Personalaufwand (App. B43a). Dieser ist im Zeitpunkt der Planänderung *(date of repricing)* buchmäßig zu erfassen.

60

Der **Zusatzaufwand** errechnet sich aus dem (erhöhten) Wert *(incremental value)* – Differenz zwischen den *fair values* der geänderten und der ursprünglichen Optionen im Änderungszeitpunkt – der noch ausstehenden Optionen, also unter Berücksichtigung der „Mengenkomponente" (Rz 54). Dieser zusätzliche Betrag gilt als *fair value* in der (u. U. neu festgesetzten) Sperrfrist *(vesting period)* und ist bis dahin (wiederum) **zeitanteilig** dem Aufwand zugunsten der Kapitalrücklage zu belasten. Erfolgt die Änderung nach Ablauf der Sperrfrist, ist die Werterhöhung in vollem Umfang aufwandswirksam zu verbuchen.

61

Die Werterhöhung des Optionsplans kann auch durch eine **Erhöhung** der **Options-Stückzahl** erfolgen (App. B43b). Diese ist buchmäßig abzubilden wie der Fall des *repricing* (Rz 61).

62

---

[43] Zu Bedenken gegen das repricing aus Sicht des deutschen AktG und des Corporate Governance Kodex vgl. CASPER, DStR 2004, S. 1391.

Hoffmann

3.1.3.2 Verschlechterung der Optionsbedingungen

63 Sofern die Optionsbedingungen nachteilig für die Arbeitnehmer geändert werden, ist wie folgt zu verfahren (App. B44):
- Eine Reduzierung des *fair value* (z. B. durch Erhöhung des Ausübungspreises) bleibt unbeachtlich.
- Eine Verringerung der zugesagten Options-Anzahl ist als Teil-Widerruf (Rz 64) zu behandeln.
- Die Verlängerung der Sperrfrist oder die Erhöhung einer Zielvorgabe (z. B. Gewinnzuwachs 20 % statt 10 %) bleibt unbeachtlich.

„Unbeachtlich" heißt in diesem Zusammenhang: Die bilanzielle Erfassung ist nach der ursprünglichen Vorgabe (Rz 54) weiterzuführen.

3.1.3.3 Widerruf der Optionsausgabe *(cancellation)*

64 Eine andere Besonderheit ist der **Widerruf** *(cancellation)* der Option (= Planbeendigung) innerhalb der Behaltefrist – einerlei, welche Vertragspartei widerruft (so in der Klarstellung durch ED IFRS 2; Rz 92). In diesem Fall gilt nach IFRS 2.28 Folgendes:
- Die bislang gewählte Bilanzierung mit der **zeitanteiligen** Zuführung von Personalaufwand ist **aufzugeben**, d. h., der noch **nicht** zugeführte Aufwand nach Maßgabe der ursprünglichen Schätzung ist **sofort** zu erfassen.
- Eine **Ausgleichszahlung** an die Gegenseite (i. d. R. Arbeitnehmer) gilt als Kapitalrückzahlung, soweit diese Zahlung den *fair value* der Option oder Aktien im Rückzahlungszeitpunkt nicht übersteigt; ein übersteigender Betrag ist im Aufwand zu verbuchen.
- Sofern im Gegenzug zu der Ungültigerklärung der Optionen **neue** Optionen gewährt werden, ist so zu verfahren, als ob ein *repricing* stattgefunden hätte (Rz 60f.).

Beispiel

Sachverhalt

Am Ende des zweiten Jahres nach dem *grant date* (Rz 21) ist die Option hoffnungslos aus dem Geld. Die noch verbliebenen Führungskräfte verzichten auf ihre Optionen und erhalten von der Gesellschaft zum Ausgleich je eine Sondervergütung von 10.000 EUR. Gleichzeitig wird ein neues Optionspreismodell mit derselben Stückzahl, aber mit einem niedrigeren Ausübungspreis aufgelegt. Die Sperrfrist *(vesting period)* verlängert sich um ein Jahr. Die begünstigten Führungskräfte bleiben alle insgesamt im Unternehmen tätig, wovon auch bei der Erstauflage des Optionsplans ausgegangen worden ist.

Lösung
- Der ursprünglich kalkulierte Personalaufwand ist in den Jahren 01 und 02 (jetzt auch den Rest vom Jahr 3 umfassend) in vollem Umfang zugunsten des Eigenkapitals zu buchen.

- Die „Abfindung" an die begünstigen Mitarbeiter ist bis zur Höhe des *fair value* der rückgekauften Optionen am Rückkauftag als Minderung des Eigenkapitals zu erfassen.
- Der darüber hinausgehende Abfindungsbetrag ist als Aufwand zu behandeln.
- Die Neugewährung ist auf der Grundlage des *fair value* mit Beginn des Jahres 03 verteilt auf zwei Jahre dem Aufwand zu belasten.

Das Ergebnis **überrascht**: Im Gefolge der **ungünstigen** Entwicklung des Aktienkurses wird das Unternehmen durch **zusätzlichen** Personalaufwand belastet. Anders ausgedrückt: Die Aufwandsbuchung im Gefolge der Erstauflage des Optionsplanes bleibt in retrospektiver Betrachtung ohne Grundlage. Es fällt schwer, diesen Zusatzaufwand mit einer zusätzlichen Arbeitsleistung der betroffenen Mitarbeiter zu begründen (Rz 36). Durch den Änderungsentwurf ED IFRS 2 (Rz 92) soll sich an dieser Bilanzierungsvorgabe (nach heutigem) Recht nichts ändern.[44] Als Ausnahme (nach jetzigem und künftigem Recht) gilt der Widerruf bei vorzeitiger Beendigung des Dienstverhältnisses (*forfeiture*; Rz 40).

3.1.3.4 Umtausch von Optionen

In IFRS 2 wird eine andere Ausprägungsvariante von *stock options* abgehandelt, nämlich solche mit einem *reload feature*.[45] Diese Ausgestaltung der Optionsbedingung berechtigt einen Mitarbeiter zum Empfang zusätzlicher Optionen, wenn er den Ausübungspreis für früher erhaltene Optionen nicht in bar, sondern in Aktien der betreffenden Gesellschaft leistet. Im Ergebnis **tauscht** also der begünstigte Arbeitnehmer die (früher) erhaltenen Optionen am Ausübungstag in neue Eigenkapitalinstrumente aus.

Die Frage ist nun, wie diese **besondere Optionsbedingung** (der ursprünglich gegebenen Optionen) in die **Bewertung** einfließen muss. Der Board hat die verschiedenen Methoden zur Berücksichtigung dieses *reload feature* überdacht (BC188ff.). Es geht dabei um zwei **Bewertungsvarianten:**
- **Einbeziehung** des *reload feature* in die Bewertung der (ursprünglich) gegebenen Option;
- Ansatz und Bewertung einer **neuen** Option im Zeitpunkt der Ausübung.

Der *Board* hat sich nach reiflicher Überlegung für die zweite Lösung entschieden (IFRS 2.22). Die ursprüngliche Erfassung des Aufwandes nach den Vorgaben von IFRS 2.10ff. (Rz 49ff.) bleibt deshalb unverändert.

3.1.3.5 Ungewöhnliche Ausgestaltungen von Optionsplänen, Unmöglichkeit der zuverlässigen Schätzung

Der *Board* hat auch **andere** (künftig möglicherweise auftretende) Varianten des *share-based payment* überdacht, allerdings keine weiteren spezifischen Regeln

---

[44] Zur Kritik vgl. SCHREIBER, KoR 2006, S. 300.
[45] Einzelheiten bei VATER, Stock Options, 2004, S. 40ff.

mehr vorgesehen. Er verzichtet auf die Beschreibung ausführlicher Anwendungsvorschriften, die durch die tatsächliche Entwicklung sehr schnell überholt sein könnten. In diesen Fällen sind die zuvor herausgearbeiteten allgemeinen Grundsätze zur bilanziellen Abbildung des *share-based payment* zu beachten (BC193ff.).

Die Bewertungsvorschriften beruhen auf der **unterstellten Möglichkeit**, im Zeitpunkt der Optionsgewährung *(grant date)* den Optionswert zuverlässig zu bewerten (BC197). Gleichwohl wird auch die Existenz von unüblichen und sehr komplex ausgestalteten Aktien berücksichtigt, die aus Sicht des Board in **seltenen Fällen** *(rare cases)* eine zuverlässige Schätzung unmöglich machen (BC199). SFAS 123 sieht in solchen Fällen die Möglichkeit vor, den Bilanzansatz mangels Bewertbarkeit hinauszuschieben. Dieser Lösung kann sich der *Board* förmlich nicht anschließen. Im Ergebnis folgt er der Vorgabe von SFAS 123 gleichwohl, indem er in diesen seltenen Ausnahmefällen eine Bewertung zum inneren Wert *(intrinsic value;* Rz 15) bei Ausgabe und bei der Folgebewertung zulässt (IFRS 2.24). Die Folge ist dann eine **Nichterfassung von Aufwand** im Zusagezeitpunkt (Rz 21), wenn – wie üblich – im Zusagezeitpunkt (Rz 21) der Ausübungspreis dem Aktienkurs entspricht, ein innerer Wert also nicht vorhanden ist.

Die Wertänderung vom Zusagezeitpunkt *(grant date)* bis zur letztendlichen Ausübung bzw. zum Verfall *(settlement)* ist zu jedem Stichtag erfolgswirksam zu verbuchen. Der *fair value* als Wertkomponente (Rz 52) wird in diesen Fällen durch den **inneren Wert** *(intrinsic value)* ersetzt. Abweichend von der Regel (Rz 59) hat hier zu jedem Bilanzstichtag eine erneute Bewertung zu erfolgen. Die Bewertung über die Laufzeit insgesamt entspricht dann dem Ausübungsgewinn des Optionsinhabers.[46] Unberührt bleibt indes die Mengenkomponente der Bewertung gemäß IFRS 2.15 (Rz 58), also die Einschätzung der letztlich ausübbaren Optionen (IFRS 2.24b). Die Vorschriften zum „*repricing*" u. Ä. (Rz 60ff.) sind dann nicht anzuwenden. Wenn allerdings während der „Wartezeit" *(vesting period)* eine Ablösung der Optionsverpflichtung *(settlement)* erfolgt, ist der noch nicht erfasste Aufwandsteil sofort zu erfassen und sind etwaige Ausgleichszahlungen bis zur Höhe des inneren Wertes zu Lasten des Eigenkapitals zu verbuchen (IFRS 2.25); ein übersteigender Betrag ist im Aufwand zu erfassen.

3.2 Stock appreciation rights (SARs)

Aktienkursorientierte Barvergütungen, d. h. virtuelle Aktien *(cash settled share-based payment transactions = share stock appreciation rights)*, sind als „normale" **Verbindlichkeit** zu Lasten des **Aufwands** zu verbuchen (Rz 42). Es handelt sich um eine Art **Tantieme** (erfolgsabhängige Vergütung), deren Wert durch die Entwicklung des Aktienkurses bestimmt ist (IFRS 2.31). Anders als

---

[46] Pellens/Crasselt, PiR 2005, S. 40.

bei den Aktienoptionen ist die Vergütung aus Mitteln der **Gesellschaft** selbst zu erbringen (Rz 20).

Die **Zugangsbewertung** hat im Zeitpunkt der Zusage auf der Basis des *fair value* zu erfolgen (IFRS 2.33). Dieser ist wie bei den „echten" Aktienoptionen auf der Grundlage eines Optionspreismodelles zu ermitteln (Rz 58ff.). Die am betreffenden Bilanzstichtag auszuweisende Verbindlichkeitsrückstellung (Rz 42) gibt den jeweils neu zu ermittelnden Zeitwert *(fair value)* der virtuellen Aktienoptionen wieder, und zwar unter Berücksichtigung der bereits innerhalb der Laufzeit erbrachten zeitanteiligen Arbeitsleistung. 69

Sollten (ausnahmsweise) mit den Optionen **bereits erbrachte** Arbeitsleistungen abgegolten werden, ist sofort in voller Höhe des Zeitwertes eine Rückstellung zu bilden (Rz 41). Für die (in aller Regel) abzugeltenden **künftigen** Arbeitsleistungen ist demgegenüber die Verbindlichkeitsrückstellung **zeitanteilig** verteilt über die Wartefrist hin aufzustocken (IFRS 2.32). 70

Anders als bei der Eigenkapitalzuführung im Falle von „echten" Aktienoptionen ist an jedem Bilanzstichtag eine **Neuermittlung des** *fair value* vorzunehmen und **ergebnismäßig** zu berücksichtigen (IFRS 2.33). Soweit der so ermittelte Personalaufwand in den Buchwert eines Vermögenswertes (z. B. Vorratsvermögen) eingeflossen ist, bleibt diese Bewertung durch die Neuermittlung der Verbindlichkeit unberührt (IG19). 71

Die Bewertung ist jeweils auf der Grundlage eines **Optionspreismodells** (Rz 54) vorzunehmen, und zwar unter Berücksichtigung der Zusagebedingungen **und** der Personalfluktuation. Es gehen also – anders als bei „echten" Aktienoptionen – sowohl das Mengen- als auch das Wertgerüst (Rz 58) in die jeweilige Bewertung der Verbindlichkeit ein.

Beispiel[47]

Sachverhalt

- 500 Führungskräfte erhalten eine Zusage von je 100 *stock appreciation rights* (SARs).
- Bedingung: Verbleib in den Diensten der Gesellschaft für wenigstens drei Jahre.
- Fluktuation

Jahr	Effektives Ausscheiden	Geschätztes weiteres Ausscheiden	Kalkulierter Gesamtabgang bis zum *vesting date*
1	35	60	95
2	40	25	100
3	22	97	
	97		

---

[47] Nach IFRS 2.IG19, Example 12.

- Von den 500 Führungskräften sind bis zum erstmaligen Ausübungszeitpunkt 97 ausgeschieden. Die 403 verbliebenen Führungskräfte üben ihre SARs wie folgt aus:

Jahresende	Anzahl		
3	150		
4	140		
5	113		
	403		

- Innerer Wert zum Ausübungszeitpunkt

Jahr		fair value EUR	innerer Wert = Geldabfluss EUR
1		14,40	
2		15,50	
3		18,20	15,00
4		21,40	20,00
5			25,00

Entwicklung der Buchungen

Jahr	Berechnung		Aufwand EUR	Verbindlichkeit EUR
1	(500 − 95) Mitarbeiter × 100 SARs × EUR 14,40 × 1/3		194.400	194.400
2	(500 − 100) Mitarbeiter × 100 SARs × EUR 15,50 × 2/3 − EUR 194.400		218.933	413.333
3	(500 − 97 − 150) Mitarbeiter × 100 SARs × EUR 18,20 − EUR 413.333	47.127		460.460
	+ 150 Mitarbeiter × 100 SARs × EUR 15,00	225.000		
	insgesamt		272.127	

Jahr	Berechnung		Aufwand EUR	Verbindlichkeit EUR
4	(253 – 140) Mitarbeiter × 100 SARs × EUR 21,40 – EUR 460.460	(218.640)		241.820
	+ 140 Mitarbeiter × 100 SARs × EUR 20,00	280.000		
	insgesamt		61.360	
5	EUR 0 – EUR 241.820	(241.820)		
	+ 113 Mitarbeiter × 100 SARs × EUR 25,00	282.500		
	insgesamt		40.680	
Endsumme			787.500	

3.3 Kombinierte Vergütungsmuster

Bei aktienkursorientierten Verpflichtungen mit dem Erfüllungswahlrecht entweder in Eigenkapitalinstrumenten oder in bar kommt es auf die Verteilung der Berechtigungen zwischen den beiden Vertragsparteien an (Rz 45ff.): Die **Gegenseite** aus Sicht des Unternehmens – also in der Regel der **Arbeitnehmer** – hat das **Ausübungsrecht**.

- Es liegt ein **zusammengesetztes** (strukturiertes) Finanzinstrument (→ § 28 Rz 138ff.; IFRS 2.35) mit einer **Eigenkapital-** und einer **Fremdkapital-** komponente (Rz 46) vor. Diese beiden Komponenten sind den entsprechenden Aufwendungen (für Arbeitnehmerdienstleistungen) auf der Basis des Zeitwertes *(fair value)* im Zusagezeitpunkt zuzuordnen und über die Laufzeit hinweg **zeitanteilig** aufzubauen.

Weiter ist danach zu differenzieren, ob der Vergütungsberechtigte ein Mitarbeiter oder ein **sonstiger Begünstigter** (Rz 28) ist.

- Bei der Optionsgewährung an sonstige Begünstigte ist der *fair value* der Eigenkapitalkomponente gem. IFRS 2.35 als **Differenz** zu ermitteln (Restwertmethode):

	fair value erhaltene Güter/Leistungen
–	*fair value* Schuldkomponente
=	*fair value* Eigenkapitalkomponente

- Bei der Optionsgewährung an **Arbeitnehmer** (oder in sonstigen Fällen, in denen der *fair value* der empfangenen Leistung nicht bestimmbar ist; Rz 49) scheidet eine Restwertbetrachtung aus. Nach IFRS 2.36f. sind vorrangig folgende Berechnungen geboten:

	fair value Schuldkomponente
+	*fair value* Eigenkapitalkomponente
=	*fair value* gesamt

Regelmäßig ist der *fair value* beider Ausübungsalternativen gleich, so dass unter Beachtung des Erlöschens der einen Alternative bei Ausüben der anderen der *fair value* der Eigenkapitalkomponente gleich null ist. In diesem Regelfall gilt:

fair value Schuldkomponente = *fair value* gesamt.

Bei der **Folgebewertung** ist nach den jeweiligen Regeln vorzugehen (IFRS 2.38):
- für die Eigenkapitalkomponente vgl. Rz 49ff.,
- für die Fremdkapitalkomponente vgl. Rz 68ff.

- Nach Maßgabe der **Erfüllungswahl** des Gläubigers – bei Wahl der einen Erfüllungsform verfällt das Recht auf die andere – ist im Zeitpunkt der Regulierung *(date of settlement)* eine erfolgsneutrale **Angleichung** zwischen der bilanzierten Eigenkapital- und der Fremdkapitalkomponente vorzunehmen. Bei Erfüllung mit Eigenkapital ist zu diesem Zeitpunkt die Verbindlichkeit in das Eigenkapital umzubuchen. Bei Erfüllung mit Fremdkapital muss der letzte Bilanzausweis an den Erfüllungsbetrag angeglichen werden. Ein restlicher Eigenkapitalanteil wird dabei nicht verändert (IFRS 2.40). Allenfalls eine Umbuchung innerhalb der Eigenkapitalkategorien kommt in Betracht.

Beispiel für ein Mitarbeiter-Ausübungswahlrecht[48]

Sachverhalt

Ein Unternehmen gewährt einem leitenden Mitarbeiter 1.000 virtuelle Aktien *(stock appreciation rights)* und 3.000 echte Aktienoptionen mit einem Bezugskurs von je 50 EUR = aktueller Aktienkurs. Der Mitarbeiter erhält das Wahlrecht zur

- Auszahlung des Gegenwertes der virtuellen Aktien
- Ausübung der Option.

Die Ausübung einer Option führt zum Erlöschen der anderen Alternative. Übt der Mitarbeiter innerhalb der Laufzeit keine Option aus, erhält er am Ende den Gegenwert der virtuellen Aktien ausbezahlt.

Lösung

Der Wert der Fremdkapitalkomponente zum *grant date* beträgt 50.000 EUR (Gegenwert der virtuellen Aktien bei sofortiger Auszahlung). Bei einem Aktienkurs von 75 EUR entsprechen sich der innere Wert der virtuellen Aktien und der der Aktienoptionen. Ab diesem Kurs ist die

---

[48] Nach SCHMIDT, DB 2002, S. 2662.

Ausübung des Optionsrechts unter Verzicht auf die Vergütung aus den virtuellen Aktien sinnvoll.

Bei der Ermittlung des Werts der Eigenkapitalkomponente ist nun zu berücksichtigen, dass bei Ausübung der Optionen nicht nur die Zahlung des Bezugskurses i. H. von 150.000 EUR (3.000 × 50 EUR) ansteht, sondern der Mitarbeiter auch auf den Gegenwert der virtuellen Aktien verzichtet. Über mehrere Umformungen lässt sich zeigen, dass diese Position aus finanzwirtschaftlicher Sicht dem Halten von 2.000 Optionen mit einem Bezugskurs von 75 EUR entspricht:

Ausübungserfolg = (3.000 × Aktienkurs) − (3.000 × 50 EUR) − (1.000 × Aktienkurs) bzw.
Ausübungserfolg = (2.000 × Aktienkurs) − (3.000 × 50 EUR) bzw.
Ausübungserfolg = (2.000 × Aktienkurs) − (2.000 × 75 EUR) bzw.
Ausübungserfolg = 2.000 × (Aktienkurs − 75 EUR)

Der beizulegende Zeitwert des strukturierten Finanzinstruments und damit der Wert der erhaltenen Gegenleistung ergibt sich somit aus dem Wert der Fremdkapitalkomponente i. H. von 50.000 EUR (1.000 virtuelle Aktien × 50 EUR) und dem Wert der Eigenkapitalkomponente in Form der 2.000 synthetischen Aktienoptionen, die mit Hilfe eines Optionspreismodells zu bewerten sind.

Bei **Zuordnung** des **Wahlrechtes** der Art der Schuldentilgung zum **Unternehmen** ist wie folgt zu differenzieren: **74**

- Für den Regelfall ist nach IFRS 2.41 von einer Erfüllung in **bar** auszugehen. Die Bilanzierung über die Laufzeit des Kontrakts hinweg erfolgt dann nach den Vorgaben für die *share appreciation rights* (Rz 68ff.). Für die Erfüllung in bar sprechen ein etwa bestehendes gesetzliches Hindernis zur Ausgabe von Aktien sowie die bisherige Unternehmenspraxis.
- Besteht **keine** solche Quasi-Verpflichtung, erfolgt die Bilanzierung nach Maßgabe der Vergütung durch Einsatz von Eigenkapital (Rz 49ff.; Buchung „Aufwand an Eigenkapital"). Die **Erfüllung** der Verpflichtung ist dann wie folgt darzustellen (IFRS 2.43):
  - Wird entsprechend der Absicht tatsächlich mit Eigenkapitalinstrumenten vergütet, soll dadurch nach IFRS 2.43b die Höhe des Eigenkapitals nicht mehr verändert werden. Dabei wird offensichtlich die Ausgabe neuer Aktien durch die Gesellschaft ohne Zahlung des Begünstigten unterstellt. Komplexer ist der Fall, in dem der Begünstigte aus gesellschaftsrechtlichen Gründen mindestens den Nominalbetrag der Aktien einzahlen muss. In Höhe dieser Zahlung ist ihm kein Vorteil gewährt worden, also aus Sicht der Gesellschaft kein Aufwand entstanden. Insoweit liegt aber ein Eigenkapitalzugang vor (Buchung: „Geld an Eigenkapital").

- Wenn entgegen der ursprünglichen Absicht später eine Barvergütung gewählt wird, ist diese als Minderung des Eigenkapitals anzusehen (Buchung: „Eigenkapital an Geld"; IFRS 2.43a).
- Sofern sich das Unternehmen/der Konzern zu einer Regulierung der Verbindlichkeit mit einem höheren *fair value* als dem zum Erfüllungszeitpunkt gültigen entschließt – in Erwartung weiterer Arbeitnehmerleistungen (BC268) –, ist ein zusätzlicher Aufwand zugunsten des Eigen- bzw. Fremdkapitals zu verbuchen.

Sofern das Unternehmen ein **Vergütungswahlrecht** – Aktienausgabe oder Barzahlung – ohne Abhängigkeit vom Aktienkurs besitzt, liegt gleichwohl ein Anwendungsfall von IFRS 2 vor.[49]

Beispiel für ein Unternehmenswahlrecht (Rz 74)[50]

Sachverhalt

- Die Gesellschaft gewährt 500.000 Aktienoptionen mit einer Laufzeit von zehn und einer Sperrfrist von 3 Jahren.
- Die Gesellschaft rechnet nicht mit dem Ausscheiden von begünstigten Mitarbeitern.
- Der Gesamtwert *(fair value)* pro Option beträgt 24 EUR.
- Die Gesellschaft behält sich das Recht vor, den Differenzbetrag zwischen dem Börsenpreis der Aktie bei Ausübung und dem Bezugskurs von 100 in bar auszuzuahlen.

Lösung

- Der anzunehmende Leistungszeitraum beträgt 3 Jahre. Entsprechend ist ein Drittel des gesamten Optionswertes im Zeitpunkt der Gewährung (4 Mio. EUR) als Aufwand zu verbuchen.
- Die beabsichtigte Vergütung durch Gewährung von Aktienoptionen führt zu einer Gegenbuchung im Eigenkapital.
- Am Ende des zweiten und dritten Jahres wird so weiterverfahren („Personalaufwand an Eigenkapital 4 Mio. EUR").
- Bei Erfüllung der Verpflichtung durch Gewährung von Aktienoptionen fällt der gegebenenfalls höhere *fair value* als zusätzlicher Aufwand an. Im Übrigen erfolgt eine erfolgsneutrale Umbuchung innerhalb des Eigenkapitals.

---

[49] So jedenfalls die (vorläufige) Auffassung des IFRIC in Update Mai 2006.
[50] Nach E-DRS 11, Anhang E Beispiel 5.

4 Anwendungsprobleme nach deutschem Gesellschaftsrecht

Ein deutscher IFRS-Anwender ist zwar nach § 315a HGB (→ § 7) von der HGB-Konzernrechnungslegung befreit, unterliegt indes unverändert den zwingenden Vorgaben des **Gesellschaftsrechts**, hier also in aller Regel des AktG. Folgerichtig ist die Frage nach der „Verträglichkeit" der Bilanzierungsvorschriften nach IFRS 2 mit den (insbesondere) aktienrechtlichen Vorgaben zu stellen.[51] Zu unterscheiden ist dabei, ob die aktienunterlegte Vergütung (meistens an Mitarbeiter) **schuld-** oder **gesellschafts**rechtlich ausgestaltet ist.

75

Bei den *stock appreciation rights* (Rz 10) ist die Antwort am einfachsten: Die Vergütung erfolgt hier durch die **Gesellschaft** selbst, sie hat die Verbindlichkeit und muss entsprechend über die Laufzeit hinweg eine Verbindlichkeitsrückstellung aufbauen (Rz 68).

76

Gerade umgekehrt liegt der bilanzierungsrelevante Sachverhalt, wenn die (spätere) Vergütung aus einem **bedingten Kapital** gemäß § 192 Abs. 2 Nr. 3 AktG mit neuen Aktien des Unternehmens erfolgen soll („nackte Aktienoptionen"). Hier hat die Gesellschaft **keine** schuldrechtliche Leistungsverpflichtung. Die Leistungsverpflichtung trifft vielmehr die **Altaktionäre**, die durch den Bezugsrechtsausschluss im Wege der Kapitalverwässerung die Vergütung an die Neuaktionäre (Optionsinhaber) erbringen (sollen) (Rz 19). Außerdem erhält (umgekehrt) die Gesellschaft eine Vergütung in Höhe des Ausübungspreises (Rz 20).

77

Auf diese Gestaltung nach deutschem Gesellschaftsrecht „passen" die Bilanzierungsregeln von IFRS 2 zu den Eigenkapitalinstrumenten nur bedingt (Rz 26). Ob die von IFRS 2 vorgesehene Buchung „per Aufwand an Kapitalrücklage" nach deutschem Gesellschaftsrecht zulässig ist, wird dagegen kontrovers diskutiert (Rz 38 f.). Die Auffassungsunterschiede sind insoweit von geringer Relevanz, als die IFRS-Vorschriften nur auf den **Konzernabschluss** von kapitalmarktorientierten Gesellschaften zwingend anzuwenden sind; die Mitgliedschaftsrechte auf Dividenden, Liquidationserlösteilhabe usw., aber auch die Gläubigerrechte richten sich auf den Einzelabschluss und werden von einem „falschen" Kapitalausweis in der Konzernbilanz nicht berührt.

Demgegenüber ist die andere Rechtsgestaltung zur Verschaffung von Aktien, nämlich der Erwerb eigener **Aktien** nach § 71 Abs. 1 Nr. 8 AktG (Rz 17), unmittelbar im Regelwerk des IFRS 2 nicht angesprochen. Die Abbildung im IFRS-Abschluss muss sich deshalb an den Leitgedanken von IFRS 2 orientieren.

78

Die Erfüllung des Optionsplanes vollzieht sich für die Gesellschaft bei Erwerb eigener **Aktien** in **drei Schritten:**

79

- Ergebniswirksame Gewährung der Optionen,
- Erwerb der eigenen Aktien gegen bar (erfolgsneutral),
- „Verkauf" der eigenen Aktien gegen bar (erfolgsneutral).

---

[51] Vgl. hierzu EKKENGA, DB 2004, S. 1897.

Fraglich ist, ob dabei insoweit **Aufwand** entsteht, als der Erwerbspreis für die eigenen Aktien höher ist als der Ausübungskurs für die Aktienoptionen. Die Gewährung der Optionen ist auf jeden Fall **ergebniswirksam** zu verbuchen (Rz 33ff.). Übereinstimmung besteht auch bei der Zugangsbewertung (am Tag der Zusage, *grant date*; Rz 21): Maßgeblich ist der nach Optionspreismodellen ermittelte *fair value* des Optionsrechts (im Falle von Mitarbeiteroptionen siehe Rz 49ff.).

80 Die effektiv beim Unternehmen entstehenden **pagatorischen** Aufwendungen in Form von erwarteten Auszahlungsüberschüssen (Erwerbspreis der eigenen Aktien ist größer als der Optionsausübungspreis) sind hingegen nicht aufwandswirksam darzustellen.

Beispiel

Sachverhalt

Die Gesellschaft hat sich verpflichtet, leitenden Mitarbeitern unter Beachtung einer Sperrfrist etc. Aktien zu einem Ausübungspreis von 100 zu verschaffen. Die erforderlichen Aktien erwirbt sie an der Börse zu 150. Dieser Erwerb ist als Einlagenrückgewähr im Eigenkapital zu kürzen. Nach Ende der Sperrfrist *(vesting period)* üben die begünstigten Mitarbeiter ihr Optionsrecht aus. Der Börsenkurs beträgt in diesem Augenblick für die Aktien 180.

Lösung

Die Gesellschaft erhält für die abgehenden Aktien einen Kurs von 100 (Ausübungskurs), es entsteht in Summe eine Eigenkapitalminderung von 50.

Buchungen:

Für den Erwerb
per EK   150   an Geld   150
Für die Abgabe
per Geld   100   an EK   100

Das Eigenkapital ist insofern um 50 gemindert.

Daneben führt der *fair value* der Option im Zusagezeitpunkt zu einem pro rata zu erfassenden Aufwand, der jedoch gegen Kapitalrücklage und somit ohne zusätzliche Änderung des Eigenkapitalbetrags gebucht wird.

Sachverhalt (Abwandlung)

Die Gesellschaft erwirbt während der Behaltefrist *(vesting period)* keine eigenen Aktien und muss deshalb ihrer Stillhalterverpflichtung am Ausübungstag auf der Grundlage eines Kurses von 180 nachkommen.

Lösung

Die entstehende Eigenkapitalminderung errechnet sich nunmehr mit 180 − 100 = 80

Buchungen:

per	EK	180	an	Geld	180
per	Geld	100	an	EK	100

sowie wiederum Aufwand aus dem *fair value* der Option.

Sachverhalt (Abwandlung)
Die Gesellschaft sichert den erforderlichen Aktienerwerb z. T. durch eine zeitlich gleich lautende Gegenposition (*call option* mit einem Basispreis von 105). Sie zahlt hierfür eine Optionsprämie von 5.

Lösung
Hier entsteht für die Gesellschaft Aufwand in Höhe des Optionspreises und der eventuellen Zusatzaufwendungen wegen nicht identischer Absicherung. Die sich daran anschließende Frage ist nach der Verteilung eines entsprechenden Aufwandes über den Zeitraum zwischen der Ausgabe der Optionen *(grant date)* und dem Beginn der Ausübungsfrist *(vesting date)*. Hier bietet sich eine analoge Anwendung der Regeln für die *stock appreciation rights* (Rz 68ff.) an. Die nachstehende Tabelle zeigt die buchungstechnischen[52] Zusammenhänge. Die Ergebnisauswirkungen resultieren jeweils aus dem *fair value* der Optionen und dem Ausgabeeffekt.

Buchungsschema

Prämissen:	Aktienkurs 1.1.	105
	Aktienkurs 31.12.	110
	Basispreis	100
	vesting period 1 Jahr (= bis 31.12.01)	
	Optionswert 1.1.	10

				EK-Veränderung
Optionsgewährung	Personalaufwand 10	an KapRL 10		0
Erwerb *call option*	Vermögenswert 5	an Geld 5		0
Aktienkauf (Ausübung *call option*)	EK 110	an Geld 105 an Vermögenswert 5		−110
Aktienverkauf	Geld 100	an EK 100		+100
				−10

---

[52] HOFFMANN/LÜDENBACH, DStR 2004, S. 791.

Hoffmann

81 Heftiger Streit besteht im Schrifttum darüber, ob die latente Verpflichtung aus der Stillhalterposition des Unternehmens nach HGB und EStG als **Verbindlichkeits-**[53] oder als **Drohverlust**rückstellung[54] auszuweisen ist. Für die IFRS-Bilanzierung kommt diesem Thema nur indirekt über die Steuerlatenzrechnung (Rz 82ff.) Bedeutung zu.

5 Latente Steuern

5.1 Aktienoptionen und bedingte Kapitalerhöhung

82 IFRS 2 sieht für die aktienkursorientierte Vergütung auf der Grundlage eines **bedingten Kapitals** (Rz 77) eine aufwandswirksame Ansammlung der unterstellten Arbeitsleistung unter Gegenbuchung im Eigenkapital vor. Die Übernahme dieser Bilanzierungsregel in das deutsche HGB ist umstritten (Rz 38f.), in die steuerliche Gewinnermittlung nach EStG nicht denkbar.[55] Eine Aufwandsbelastung zugunsten der Kapitalrücklage lässt sich mit dem Einlagetatbestand des deutschen Steuerrechts nicht vereinbaren. Eine Abweichung von IFRS- und steuerlichem Ergebnis ist deshalb unvermeidlich. Diese ist im Rahmen der Überleitungsrechnung nach IAS 12.81 (→ § 26 Rz 115) zu erfassen.

83 Allenfalls kann sich die Frage stellen, ob im Zeitpunkt der Optionsausübung mit der Folge einer **Zuflussbesteuerung** beim Arbeitnehmer[56] eine Aufwandsverbuchung bei der Gesellschaft steuerlich wirksam möglich ist. Eine einigermaßen überzeugende Befürwortung des Betriebsausgabenabzugs in diesen Fällen ist weder im Schrifttum[57], geschweige denn bei der Finanzverwaltung oder beim BFH feststellbar. Das dahinter steckende ökonomische Problem liegt in der **Person** des Vergütungsschuldners: Nicht die Gesellschaft, sondern die Altaktionäre erbringen (durch Kapitalverwässerung) die Gegenleistung (Rz 20).
Eine Steuerlatenzrechnung kann in Betracht kommen, obwohl kein Buchwert für ein *asset* oder eine *liability* vorliegt. Als Sonderfall wertet IAS 12.68 A die u. U. (nicht nach deutschem Steuerrecht) mögliche steuerliche Abzugsfähigkeit (Rz 84 und 86) als Ansatzgrundlage für eine (aktive) Steuerlatenz (→ § 26 Rz 21).

---

[53] So z. B. HERZIG/LOCHMANN, WPg 2002, S. 325ff. m. w. N.
[54] So z. B. LANGE, Bilanzierung von Stock Options, WPg 2002, S. 354, 362ff. m. w. N.
[55] HERZIG/LOCHMANN, WPg 2002, S. 255ff.
[56] BFH, Urteile v. 24.1.2001, I R 100/98, DB 2001, S. 1173, sowie I R 119/98, DB 2001, S. 1176.
[57] HERZIG/LOCHMANN, WPg 2002, S. 325ff.

5.2 Aktienoptionen mit Bedienung eigener Aktien

Eine Steuerlatenz kann sich aus der Stillhalteverpflichtung ergeben, sofern diese nicht als Drohverlustrückstellung gewertet wird. Nach IFRS 2 ist die **Bewertung** zum *fair value* vorzunehmen, in der Steuerbilanz muss die Bewertung auf der Grundlage des inneren Wertes *(intrinsic value)* erfolgen. Es kommt dann zu einer aktiven Steuerlatenz mit der Auflösung im Zuge der Ausübung[58] (→ § 26 Rz 34).

84

5.3 *Stock appreciation rights*

Zu klären ist zunächst, ob eine Bilanzierung dem Grunde nach wie nach IFRS (Rz 42ff.) auch in der Steuerbilanz in Betracht kommt. Vom BFH wurde ein solcher Fall bislang nicht entschieden. In der Auslegung sollte deshalb von einer Analogie zur **erfolgsabhängigen** Vergütung ausgegangen werden, die eine Verbindlichkeitsrückstellung auch steuerlich erforderlich macht. Die zeitanteilige Zuführung kann u. E. in der Steuerbilanz ebenfalls nachvollzogen werden. Es werden damit die in der **Vergangenheit** erbrachten Arbeitsleistungen abgegolten.

85

Die Bewertung ist mit dem *fair value* vorzunehmen (Rz 68f.). Dem kann das Steuerrecht nicht folgen.[59] Hier ist die Bewertung mit dem innewohnenden Wert (Optionskurs abzüglich aktuellem Aktienkurs) vorzunehmen. In der Behaltefrist ist der Steueraufwand deshalb zu hoch ausgewiesen mit der Folge des Ansatzes einer aktiven Steuerlatenz (→ § 26 Rz 48).

86

6 Ausweis

Der aus den aktienkursgestützten Vergütungsformen resultierende Aufwand ist in der **GuV** nach den Regeln des dafür gewählten Formates – Umsatzkosten- oder Gesamtkostenverfahren (→ § 2 Rz 46ff.) – auszuweisen.
In der **Bilanz** sind entweder das Eigenkapital oder die Verbindlichkeiten als Ausweisposition zu wählen (Rz 33). IFRS 2 macht diesbezüglich keine weiteren Vorgaben. Sinnvollerweise erfolgt der Ausweis im Eigenkapital in der Kapitalrücklage (→ § 20 Rz 65) und bei den Verbindlichkeiten unter den Rückstellungen (*provisions*; → § 21 Rz 125).
Wegen des Sonderproblems eines möglicherweise **nicht vorhandenen Eigenkapitals** – bei Personengesellschaften und Genossenschaften – wird verwiesen auf → § 20 Rz 36.

87

---

[58] A. A. möglicherweise HEUSER/THEILE, IAS/IFRS-Handbuch, 2. Aufl., 2005, Tz 1233.
[59] HERZIG, DB 1999, S. 1, 10.

Hoffmann

7 Angaben

88 Die in IFRS 2.44ff. vorgesehenen Angaben *(disclosures)* sind hinsichtlich des Umfangs und der Detaillierung zumindest aus Sicht der deutschen Rechnungslegungspraxis sehr gewöhnungsbedürftig (→ § 5).
Leitlinie (IFRS 2.44) ist die **Offenlegung** von Informationen, die dem Abschlussadressaten ein tieferes Verständnis für die angewandten Bilanzierungs- und Bewertungsmethoden im Zusammenhang mit aktiengestützten Informationssystemen liefern sollen *(information to enable users)*.
Drei **Hauptgliederung**spunkte können geortet werden:
- Der **Inhalt** der in der Rechnungslegungsperiode bestehenden Vereinbarungen *(arrangements;* IFRS 2.45).
- Die **Methoden** zur Ermittlung der in das Rechenwerk eingebuchten Zeitwerte *(fair values;* IFRS 2.46).
- Die Auswirkungen aktienunterlegter Transaktionen auf das **Periodenergebnis** (IFRS 2.50).

89 Die damit einhergehende **Detaillierung** umfasst unter anderem folgende Angabepflichten:
- Art der ausgegebenen Rechte, also z. B. Optionen (Rz 33, 49) oder bar zu erbringende Vergütungen (Rz 42, 68),
- Zeitpunkt der Ausgabe,
- begünstigte Personen und Personengruppen,
- vertragliche Laufzeit von Optionen,
- Bestimmung des Ausübungspreises (fix oder variabel),
- Behaltebedingungen einschließlich Leistungsvoraussetzungen,
- Anzahl und durchschnittliche Ausübungspreise für Aktienoptionen, und zwar in Entwicklung vom Beginn der Periode bis zum Ende in folgender Aufgliederung (Rz 21):
  - umlaufende Optionen zu Beginn der Periode,
  - Neuzusagen,
  - Verfall,
  - Ausübung,
  - Erlöschen,
  - Umlauf am Ende der Periode,
  - ausübbar am Ende der Periode,
- für die während der Rechnungsperiode ausgeübten Optionen der durchschnittliche Ausübungspreis,
- für die am Periodenende noch offenen Optionen das Spektrum der Ausübungspreise und die durchschnittliche verbleibende Laufzeit,
- im Falle der indirekten Wertermittlung der erhaltenen Leistungen (Rz 49f.)

- der durchschnittlich während der Periode für neu ausgegebene Optionen ermittelte *fair value*,
- die *inputs* in das Optionspreismodell zur Ermittlung des *fair value*,
- die Vergangenheits-Volatilität, die dem Optionsmodell zugrunde liegt, mit Erläuterung der Unterschiede zur erwarteten Volatilität,
- Ermittlung des risikofreien Zinssatzes,
- die in der Sperrfrist zu beachtenden Besonderheiten,
- bei Ausgabe anderer Eigenkapitalinstrumente als Optionen (z. B. Aktien) Angaben zu Art und Umfang sowie Details zur Ermittlung des *fair value*,
- Einzelheiten zur Änderung von aktienkursunterlegten Vereinbarungen (Rz 60ff.),
- die Bewertungsgrundlagen zur Ermittlung des *fair value* für Barvergütungen auf der Grundlage von Aktienkursen *(stock appreciation rights)* (Rz 68ff.),
- Darlegung der Methode zur Feststellung des direkt ermittelten *fair value* von Gütern und Dienstleistungen, ggf. Widerlegung der dortigen Vermutung (Rz 50),
- das Volumen des (ergebniswirksamen) Aufwands aus aktiengestützten Vergütungen unter getrennter Angabe der Aufwendungen aufgrund des Einsatzes von Eigenkapitalinstrumenten (IFRS 2.51a),
- die Verbindlichkeiten aufgrund aktiengestützter Vergütungen (IFRS 2.51b),
- der innere Wert *(intrinsic value)* der Verbindlichkeiten, welche die Berechtigten sich am Periodenende in bar oder anderen Vermögenswerten vergüten lassen können.

Die Praxis wird sich mehr als sonst an **Musterlösungen** für die Darstellung orientieren, dazu lieferten die Appendices A bis D zum ED 2 verwendbare Muster, die der endgültigen Fassung von IFRS 2 nicht mehr beigefügt worden sind. Die nachstehenden Beispiele beruhen auf denjenigen in den genannten Appendices. Im Übrigen wird auf die Checkliste Abschlussangaben verwiesen (→ § 5 Rz 8).

90

> **Beispiel**
>
> *Share options arrangement* 1
> Am 15.12.2003 hat die Gesellschaft 1.000 Optionen an alle 50 Mitarbeiter der Hierarchiestufe „*senior management*" ausgegeben. Der Ausübungspreis war im Zusagezeitpunkt festgelegt worden, und die Optionen hatten eine Vertragslaufzeit von zehn Jahren. Voraussetzung für die Ausübung der Option war das Verbleiben in den Diensten der Gesellschaft für zwei Jahre ab dem Ausgabezeitpunkt und außerdem ein Anstieg des Börsenkurses der Gesellschaft um 10 % bis zum 15.12.2005. Dieses Ziel ist erreicht worden.

***Share options arrangement* 2**
Zum 1.1.2005 hat die Gesellschaft 100 Optionen an jeden ihrer 750 Mitarbeiter im Rang unterhalb des Bereiches der *„senior manager"* gewährt. Voraussetzung für die Ausübung des Optionsrechtes ist der Verbleib in den Diensten der Gesellschaft für drei Jahre. Der Ausübungspreis ist im Zeitpunkt der Zusage festgelegt worden, die Optionen haben eine Vertragslaufzeit von zehn Jahren. Die Gesellschaft schätzte den *fair value* jeder ausgegebenen Option auf 18,81 EUR. Der *fair value* wurde berechnet auf der Grundlage des *Black-Scholes*-Optionspreismodells. Den Modellberechnungen liegen als Annahme zugrunde:

- Aktienkurs im Gewährungszeitpunkt Ausübungspreis 60 EUR
- Erwartete Volatilität des Aktienkurses 40 %
- Erwarteter Dividendenertrag 1 %
- Mutmaßliche Laufzeit 5 Jahre
- Risikofreier Zinssatz von 5 %.

Die Volatilität in der Vergangenheit betrug 45 %, und zwar unter Einbezug der ersten Jahre des Bestehens der Gesellschaft. Sie geht davon aus, dass sich die Volatilität der Aktienkurse im Laufe der Zeit reduziert. Der risikofreie Zinssatz entspricht dem Ertrag eines staatlichen *zero bonds* zum Ausgabezeitpunkt mit einer Restlaufzeit von fünf Jahren.

Die Option erlaubt einen Optionsumtausch (*reload feature;* Rz 65ff.), der eine zusätzliche Ausgabe von weiteren Optionen vorsieht für den Fall, dass der Mitarbeiter den Ausübungspreis für die ursprünglich gewährten Optionen statt in bar in Aktien der Gesellschaft erbringt. Der Wert dieses Umtauschprogramms ist nicht in die Berechnung des *fair value* eingegangen. Deshalb werden die im Umtausch ausgegebenen neuen Optionen *(reload options)* als neue Optionen behandelt.

Shares
Am 15.12.2005 hat die Gesellschaft 500 Aktien an die zehn Mitglieder der Geschäftsleitung ausgegeben. Voraussetzung zum Erwerb ist das Verbleiben im Unternehmen bis zum 31.12.2007 und eine Steigerung des Gewinns je Aktie um 12 % bis zu diesem Zeitpunkt. Die Gesellschaft schätzt den *fair value* jeder ausgegebenen Aktie auf 55,46 EUR. Diese Einschätzung erfolgte unter Anpassung des Börsenkurses von 65 EUR am Ausgabetag aufgrund der erwarteten Dividenden von 1,25 EUR je Aktie und des erwarteten durchschnittlichen Verfalls wegen Verfehlens der Performanceziele. Diese Wahrscheinlichkeit schätzt die Gesellschaft im Rahmen des angewandten Binomialmodells auf 13 % ein.

Share appreciation rights (SARs)
Am 1.1.2005 gewährte die Gesellschaft 500 SARs an alle 50 Mitarbeiter in der Hierarchiestufe *„senior management"*. Dadurch werden die Mitarbeiter zu einer Barzahlung entsprechend dem Anstieg des Aktienkurses über 60 EUR berechtigt; vorausgesetzt ist dabei ein Verbleiben in den Diensten

der Gesellschaft für drei Jahre ab dem Zusagezeitpunkt. Die SARs haben eine Vertragslaufzeit von zehn Jahren ab dem Ausgabezeitpunkt. Die Gesellschaft schätzte den *fair value* jedes ausgegebenen SARs auf 19,75 EUR. Diese Einschätzung erfolgte unter Anwendung des *Black-Scholes-*Optionspreismodells, wobei der errechnete Wert nach Maßgabe des gewichteten Durchschnitts des möglichen Verfalls auf 16 % geschätzt wurde. Die Modell-*inputs* sind die gleichen wie vorstehend für die *share options*. Weitere Angaben sollten in Form eines „Optionsspiegels" erfolgen, der – unter Beifügung der Vorjahreswerte (→ § 2 Rz 19ff.) – etwa wie folgt aufgebaut werden könnte (nach dem Beispiel in IG23):

	Entwicklung der Aktienoptionen			
	2004		2005	
	Anzahl der Optionen	Durchschnittlicher Ausübungspreis	Anzahl der Optionen	Durchschnittlicher Ausübungspreis
		EUR		EUR
Stand 1.1.	0	-	45.000	40
Zusage	50.000	40	75.000	50
Verfall	(5.000)	40	(8.000)	46
Ausübung	0	-	(4.000)	40
Erlöschen	0	0	0	0
Stand 31.12.	45.000	40	108.000	46
ausübbar am Jahresende	0	40	38.000	40

Der gewichtete Aktienkurs der Ausübung betrug in der Periode 2005 42 EUR. Die am Bilanzstichtag 2005 noch ausstehenden Optionen haben einen Ausübungspreis von 40 EUR und eine durchschnittliche Laufzeit von 8,63 Jahren.

Der *fair value* der in 2004 gegebenen Zusagen auf Aktienoptionen ist auf 18,60 EUR und derjenige für die Zusagen in 2005 auf 19,50 EUR geschätzt worden. Diese Schätzung erfolgt unter Anwendung eines Binomial-Modells. Die Modellannahmen beruhen auf einem Aktienkurs von 50 EUR, einem Ausübungspreis von 50 EUR, einer erwarteten Volatilität von 30 %, keiner Dividendenauszahlung, einer Vertragslaufzeit von 10 Jahren und einem risikofreien Zinssatz von 5 %. Die Vergangenheitsvolatilität betrug 40 %, wir gehen von einer Reduktion dieser Volatilität aus. Bei der Modellpreisermittlung wurde die vorzeitige Ausübung dann unterstellt, wenn der Aktienkurs doppelt so hoch ist wie der Ausübungspreis.

8 Anwendungszeitpunkt, Rechtsentwicklung

8.1 Allgemein

91 IFRS 2 ist für Geschäftsjahre ab dem 1.1.2005 anzuwenden. Eine frühere Anwendung wird unter Anhangsangabe vom *Board* empfohlen.
Sachlich sind folgende Vorgaben bzw. Empfehlungen für den Übergang beachtlich (IFRS 2.53ff.):
- **Nach** dem 7.11.2002 zugesagte, aber noch „gesperrte" *(vested)* **Eigenkapitalinstrumente** sind den Standardregeln entsprechend unter Anpassung der Gewinnrücklage in der Eröffnungsbilanz der ersten dargestellten Rechnungsperiode (i. d. R. des Vorjahres) anzusetzen (IFRS 2.53 und 2.55).
- **Vor** dem 8.11.2002 zugesagte, am Bilanzstichtag noch umlaufende **Eigenkapitalinstrumente** sind bezüglich des Inhalts (Rz 89) offenzulegen (IFRS 2.56).
- Nach dem 31.12.2004 erfolgte **Modifikationen** der vor dem 8.11.2002 zugesagten **Eigenkapitalinstrumente** (Rz 60ff.) sind nach den (gültigen) Standardregeln (ab 1.1.2005) zu behandeln (IFRS 2.57).
- **Verbindlichkeiten** aus aktienbasierten Vergütungsformen sind ab dem 1.1.2005 unter Anpassung der Gewinnrücklagen in der Eröffnungsbilanz für den ersten vorgelegten Zeitraum zu erfassen; die Anpassung der Vorjahreswerte kann unterbleiben, soweit sich der Vergleichswert auf ein Datum oder einen Termin vor dem 7.11.2002 bezieht.
- Eine **insgesamt retrospektive** Ausweitung der Standardregeln auf alle noch nicht abgewickelten aktienbasierten Vergütungsformen, die nicht eigens durch Übergangsvorschriften erfasst sind, wird **empfohlen** (IFRS 2.54 und 2.58), soweit deren *fair values* zuvor öffentlich bekannt gegeben wurden.

92 Die Endfassung von IFRS 2 adaptiert weitgehend die parallelen Vorschriften nach US-GAAP in SFAS 123. Der FASB hat ein Projekt zur Überarbeitung von SFAS 123 begonnen. Der FASB und der IASB sind übereingekommen, nach Abschluss dieses Projektes ein (gemeinsames) **Konvergenzprojekt** in Angriff zu nehmen, um etwa noch verbleibende Divergenzen auszuräumen (BC286).
IFRIC 11 ist unter Rz 31 und Rz 27 besprochen.[60] Die Interpretation ist auf Geschäftsjahre, die nach dem 28.2.2007 beginnen, anzuwenden, eine frühere Anwendung unter Anhangsangabe erlaubt.
IFRIC 8 ist unter Rz 50 kommentiert. Er ist **retrospektiv** auf Geschäftsjahre anzuwenden, die nach dem 30.4.2006 beginnen (→ § 24 Rz 20).
Im Interesse einer Klarstellung „trennt" der Ergänzungsstandard *„Amendments to IFRS 2"* die *market conditions* von den *vesting conditions*; Letztere fließen deshalb nicht in die Optionsbewertung ein (Rz 56). Außerdem sollen dort

---

[60] Schreiber/Beiersdorf, KoR 2005, 338.

spezielle Fälle des Widerrufs von Optionsplänen neu geregelt werden (Rz 64) Die Neuregelungen sind frühestens (nach Verabschiedung) ab 1.1.2008 anzuwenden.[61]

8.2 Sonderregeln für IFRS-Erstanwender

Auf die Kommentierung in → § 6 Rz 88 wird verwiesen. 93

9 Zusammenfassende Praxishinweise

IFRS 2 befasst sich allgemein mit Vergütungsformen des Unternehmens, die sich am eigenen **Aktienkurs** orientieren. Dabei werden drei Varianten unterschieden: 94
- Eigenkapitalinstrumente (insbesondere *stock options*; Rz 33ff.),
- Barvergütungen *(stock appreciation rights*; Rz 42ff.),
- kombinierte Vergütungspläne mit Ausübungswahlrechten (Rz 45ff.).

IFRS 2 spricht sich eindeutig für die **erfolgswirksame** Verbuchung des entsprechenden Aufwandes im Zeitpunkt der Zusage unter zeitanteiliger **Ansammlung** des Aufwandes über die Behaltefrist aus (Rz 33ff.). Bei Vergütung durch Eigenkapitalinstrumente hat die Gegenbuchung im **Eigenkapital** zu erfolgen (Rz 33), was nach deutschem Bilanzverständnis höchst umstritten ist (Rz 38f.).
Die **Bewertung** für Arbeitnehmervergütungen hat auf der Basis des *fair value* der gewährten Vergütungen zu erfolgen (Rz 49ff.). Dabei sind in Ermangelung von Börsen- oder Marktpreisen **Optionspreismodelle** heranzuziehen (Rz 54).
Die **Verteilung** des Aufwandes hat unter Anwendung des so ermittelten *fair value* unter Ex-ante-Abschätzung der letztlich ausgeübten Optionen (**Mengen**komponente) zu erfolgen. Der so im Zusagezeitpunkt bewertete Gesamtaufwand ist bis zum Ende der Sperrperiode nur noch hinsichtlich der Mengen-, nicht aber der Wertkomponente anzupassen (Rz 58ff.).
Für **Barvergütungen** durch die Gesellschaft, die sich am Aktienkurs orientieren *(stock appreciation rights)*, gelten die gleichen Buchungsgrundsätze wie für die *stock options*; allerdings hat die Gegenbuchung für den Aufwand unter den **Rückstellungen** zu erfolgen, und die Wertkomponente ist laufend anzupassen (Rz 68ff.).
Nach deutschem Gesellschaftsrecht ist die Ausgestaltung von Optionsplänen auf Aktien auch durch **Rückkauf** (der Aktien) durch die Gesellschaft möglich. In diesem Fall müssen die Regelungen in IFRS 2, die nicht unmittelbar auf diese Ausgestaltung ausgerichtet sind, sinnvoll angepasst werden (Rz 78f.).
Steuerlatenzrechnungen sind in verschiedenen Konstellationen erforderlich (Rz 82ff.).
Umfangreiche **Anhangsangaben** einschließlich eines „Optionsspiegels" sind zu beachten und nach dem *materiality*-Prinzip sinnvoll zu interpretieren (Rz 88ff.).

---

[61] IASB, Update Oktober 2006.

Ergebnisrechnung

§ 24 STETIGKEITSGEBOT, ÄNDERUNG BILANZIERUNGSMETHODEN UND SCHÄTZUNGEN, BILANZBERICHTIGUNG

Inhaltsübersicht Rz
Vorbemerkung
1 Zielsetzung, Regelungsinhalt und Begriffe 1–4
   1.1 Innere und äußere Vergleichbarkeit als Zielsetzung von IAS 8 1–2
   1.2 Verhältnis von IAS 8 zu IAS 1 und zum *Framework* 3–4
2 Änderung von Ausweis- und Bilanzierungsmethoden 5–29
   2.1 Grundsatz der Methodenstetigkeit 5–6
   2.2 Geltungsbereich des Stetigkeitsgebots 7–16
      2.2.1 Echte und unechte Wahlrechte 7–9
      2.2.2 Keine Geltung des Stetigkeitsgebots für individuelle Schätzungen 10–12
      2.2.3 Grenzen des Stetigkeitsgebots bei Schätzverfahren, unbestimmten Rechtsbegriffen und Neuzugängen 13–16
   2.3 Zulässige Abweichungen vom Stetigkeitsgebot 17–24
      2.3.1 Überblick 17
      2.3.2 Durch die Rechtsvorschriften verlangte Methodenänderungen 18–20
         2.3.2.1 Erstmalige Anwendung eines Standards . 18–19
         2.3.2.2 Übergang auf die IFRS-Rechnungslegung 20
      2.3.3 Methodenänderungen zur Verbesserung der Darstellung 21–24
   2.4 Technische Darstellung des Methodenwechsels 25–29
      2.4.1 Grundsatz: Retrospektiv und erfolgsneutral 25–27
      2.4.2 Ausnahmen von der retrospektiven Anpassung ... 28–29
3 Revision von Schätzungen, Bilanzkorrektur 30–48
   3.1 Abgrenzung zwischen Revision von Schätzungen und Bilanzkorrektur 30–34
   3.2 Was sind Bilanzierungsfehler? 35–41
      3.2.1 Objektiver und subjektiver Fehlertatbestand 35
      3.2.2 Die Ermessensspielräume 36
      3.2.3 Die Steuerbilanz 37–38
      3.2.4 Die Handelsbilanz 39
      3.2.5 Blick nach den USA 40
      3.2.6 Strafrechtliche Konsequenzen von Bilanzierungsfehlern 41

Lüdenbach

3.3 Vorgehen bei der Revision von Schätzungen 42
3.4 Technische Darstellung der Korrektur von Fehlern 43–48
    3.4.1 Grundsatz: Retrospektiv und erfolgsneutral 43–45
    3.4.2 Ausnahmen von der retrospektiven Korrektur ... 46
    3.4.3 Interaktion von IAS 8 mit den Korrektur-
         vorschriften des Aktien- und Wertpapierrechts ... 47–48
4 Angaben 49–54
5 Anwendungszeitpunkt, Rechtsentwicklung 55–56
6 Zusammenfassende Praxishinweise 57

Schrifttum: BIENER, IAS 8, in: BAETGE u. a., Rechnungslegung nach IAS, 2. Aufl.; ERNST & YOUNG, International GAAP 2005, Global Edition 1; HENRICHS, Fehlerhafte Bilanzen, Enforcement und Aktienrecht, ZHR 168 (2004), S. 383; HEUSER/THEILE, IAS/IFRS-Handbuch, 2. Aufl., 2005; HOFFMANN, Bilanzierungsfehler, BC 2005, S. 1ff.; HOMMELHOFF/MATTHEUS, Verlässliche Rechnungslegung, Enforcement nach dem geplanten Bilanzkontrollgesetz, BB 2004, S. 93ff.; IDW, HFA 3/1997: Zum Grundsatz der Bewertungsstetigkeit; KPMG, Insights into IFRS, 3. Aufl., 2006; KUPSCH, Einheitlichkeit und Stetigkeit der Bewertung gem. § 252 Abs. 1 Nr. 6 HGB, DB 1998, S. 1101ff.; KÜTING/WEBER/BOECKER, Fast Close – Beschleunigung der Jahresabschlusserstellung: (zu) schnell am Ziel?!, StuB 2004, S. 1; MATTHEUS/SCHWAB, Rechtsschutz für Aktionäre beim Rechnungslegungsenforcement, DB 2004, S. 1975; MÜLLER, Prüfverfahren und Jahresabschlussnichtigkeit nach dem BilKoG, ZHR 168 (2004), S. 414; RUHNKE/BERLICH, Behandlung von Regelungslücken innerhalb der IFRS, DB 2004, S. 389; SÖFFING, Der Stetigkeitsgrundsatz in steuerrechtlicher Sicht, DB 1987, S. 2598ff.; SORGENFREI, Bilanzstrafrecht und IFRS, PiR 2006, S. 38ff.; WEILEP/WEILEP, Nichtigkeit von Jahresabschlüssen, BB 2006, S. 147ff.; ZÜLCH/WILLMS, Änderungen eines IAS/IFRS-Abschlusses, StuB 2004, S. 11ff.

Vorbemerkung
Die Kommentierung bezieht sich auf IAS 8 in der aktuellen Fassung und berücksichtigt alle Ergänzungen, Änderungen und Interpretationen, die bis zum 1.1.2007 beschlossen wurden. Einen Überblick über ältere Fassungen sowie über diskutierte oder schon als Änderungsentwurf vorgelegte künftige Regelungen enthält Rz 55f.

1 Zielsetzung, Regelungsinhalt und Begriffe

1.1 Innere und äußere Vergleichbarkeit als Zielsetzung von IAS 8

1   IAS 8 ist in gewisser Weise ein „**Omnibus-Standard**". Eine Reihe ganz verschiedenartiger Themen wird behandelt:

Lüdenbach

- Anwendung und Auswahl der **Bilanzierungsmethoden** (z. B. nach Maßgabe der *materiality* oder bei Regelungslücken),
- die Zulässigkeit von und das buchhalterische Vorgehen bei der Änderung von Bilanzierungsmethoden (**Ausnahmen vom Stetigkeitsgebot**),
- das Vorgehen bei der **Revision von Schätzungen**,
- die Buchungs- und Darstellungsweise bei der Bilanzberichtigung (**Korrektur von Fehlern** aus Vorperioden).

Inhaltliche Klammer dieser Themen soll die **Zielsetzung der inneren und äußeren Vergleichbarkeit** sein. In IAS 8.1 heißt es dementsprechend: „Der Standard beabsichtigt, die Relevanz und Verlässlichkeit der Abschlüsse eines Unternehmens und die Vergleichbarkeit dieser Abschlüsse sowohl über die Zeit als auch mit denen anderer Unternehmen zu verbessern."

1.2 Verhältnis von IAS 8 zu IAS 1 und zum *Framework*

Als besondere Themenklammer taugt die Vorgabe der inneren und äußeren **Vergleichbarkeit** kaum. Die Vergleichbarkeit ist eine ganz grundlegende Anforderung an die Rechnungslegung, die über IAS 8 hinaus in vielen anderen Standards eine Rolle spielt. Betroffen sind vor allem das *Framework* und IAS 1. Zwischen diesen drei Standards bestehen vor allem in der Frage der Anwendung und Auswahl von Bilanzierungsmethoden *(application and selection of accounting policies)* starke **Überlappungen**.

- Welches die auf einen IFRS-Abschluss **anwendbaren Regeln** sind bzw. unter welchen Voraussetzungen ein Abschluss als IFRS-Abschluss bezeichnet werden darf, wird sowohl in IAS 1.13ff. als auch in IAS 8.7ff. und im *Framework* (F.2ff.) behandelt (→ § 1 Rz 55).
- Wie im Falle **unspezifischer** oder **fehlender Regelung** zu verfahren ist, behandelt vorrangig IAS 8.10ff., benutzt aber dabei Konzepte (Relevanz, Verlässlichkeit, *faithfulness* usw.), die nur in IAS 1.13ff. und im *Framework* erläutert sind (→ § 1 Rz 17).
- Jede (ökonomisch sinnvolle) Regelanwendung steht unter dem **Vorbehalt der** *materiality*. Auf unwesentliche Sachverhalte brauchen komplexe Regeln nicht angewandt zu werden. Ausführungen zur *materiality* finden sich sowohl in IAS 1.29ff. als auch in IAS 8.8 und wiederum im *Framework* (F.29f.; → § 1 Rz 63ff.).
- Die (sinnvolle) Anwendung der Rechnungslegungsregeln unterliegt weiterhin dem **Vorbehalt der** *true and fair presentation*. Bilanzierungsregeln sind insoweit nicht anzuwenden, als dies zu einer falschen bzw. verzerrten Darstellung führen würde. Umgekehrt findet auch die Nichtanwendung von Regeln unter Verweis auf die *immateriality* ihre Grenzen, wo das Ziel die bewusste Verzerrung der Darstellung ist. Ausführungen zu diesen Punkten finden sich in IAS 1.13ff., IAS 8.10ff. und im *Framework* (F.46; → § 1 Rz 63ff.).
- Schließlich gibt der Zweck der zeitlichen Vergleichbarkeit der Regelanwendung eine **Stetigkeitsvorgabe**. Regeln sollen konsistent angewendet

werden. Dieses Problem wird in IAS 1.27, in IAS 8.14ff. und erneut im *Framework* (F.41) behandelt.

4 Das IFRS-Regelwerk fragmentiert diese Themen, indem es sie an verschiedenen Stellen mit teils gleichen, teils unterschiedlichen Aussagen und Schwerpunkten behandelt. Das kommentierende Schrifttum hat hier die Aufgabe der **Defragmentierung**. Es hat zusammenzuführen, was zusammengehört. In diesem Sinne behandelt unsere Kommentierung die vorgenannten Punkte einheitlich, und zwar überwiegend in → § 1. Es wird deshalb verwiesen

- zu den anwendbaren Regeln auf → § 1 Rz 44ff.,
- zum Vorgehen bei Regelungslücken auf → § 1 Rz 78ff.,
- zum Vorbehalt der *materiality* auf → § 1 Rz 63ff.,
- zum Vorbehalt der *true and fair presentation* auf → § 1 Rz 70ff.

Hingegen werden in diesem Paragraphen behandelt:
- die **Stetigkeit** der Regelanwendung (Rz 5) und
- die **Ausnahmen vom Stetigkeitsgebot** (Rz 17),
- die **Revision von Schätzungen** (Rz 42) und
- die **Korrektur von Fehlern** (Rz 43).

2 Änderung von Ausweis- und Bilanzierungsmethoden

2.1 Grundsatz der Methodenstetigkeit

5 Der Grundsatz der Methodenstetigkeit findet sich im IFRS-Regelwerk u. a. an folgenden Stellen:

- Im *Framework* erfolgt der positive Hinweis auf das Erfordernis der Änderung von Bilanzierungsmethoden *(accounting policies)*, wenn bessere Alternativen existieren (F.41).
- IAS 1.27 fordert die **Ausweisstetigkeit**, d. h. die Konsistenz in der Klassifizierung von Vorfällen bzw. der Gliederung von Posten, in Bilanz, GuV, Eigenkapitaländerungs- und Kapitalflussrechnung (→ § 2 Rz 7ff.).
- In **IAS 8**.42 findet sich schließlich das Gebot, Ansatz- und Bewertungsmethoden (kurz: Bilanzierungsmethoden) beizubehalten (**materielle Stetigkeit**).

Im Vergleich zum **Handelsrecht** ist der Anwendungsbereich der IFRS-Stetigkeitsgebote **weiter gefasst**. Die Ausweisstetigkeit ist anders als nach § 265 Abs. 1 HGB nicht auf Bilanz und GuV beschränkt. Die materielle Stetigkeit umfasst im Gegensatz zu § 252 Abs. 1 Nr. 6 HGB neben der Bewertung auch den Bilanzansatz.

Lüdenbach

Die Stetigkeitsgebote sollen keine „Fortschritte" verhindern. Methoden- **6**
änderungen sind daher in bestimmten Ausnahmefällen erlaubt. Unter Einbeziehung dieser Ausnahmen stellen sich drei Fragen:
- **Geltungsbereich:** Unterliegt nur die Ausübung echter Methodenwahlrechte dem Stetigkeitsgebot oder gilt das Gebot auch für die sog. **unechten Wahlrechte** durch Ermessensspielräume etc. (Rz 7)?
- **Zulässige Ausnahmen:** Wann darf ausnahmsweise von dem Stetigkeitsgebot abgewichen werden (Rz 17)?
- **Darstellungstechnik:** Welche Buchungen und Darstellungen sind im Falle einer zulässigen Abweichung vom Stetigkeitsgebot zur Wahrung der Vergleichbarkeit geboten (Rz 25)?

Im Unterschied zum Handelsrecht (§ 252 Abs. 1 Nr. 6 HGB) betreffen die beiden ersten Fragen nicht nur die Bewertung, sondern ebenso den Bilanzansatz.

2.2 Geltungsbereich des Stetigkeitsgebots

2.2.1 Echte und unechte Wahlrechte

Die Stetigkeit von Darstellung, Ansatz- und Bewertung bedarf dort keiner **7**
besonderen Regelung, wo eindeutig **nur eine Bilanzierungsweise zugelassen** ist. Der Wechsel von einer unzulässigen zu einer zulässigen Bilanzierung stellt demgemäß keinen Methodenwechsel, sondern eine **Bilanzkorrektur** dar (Rz 31 und Rz 43).

Soweit aber Wahlrechte bestehen, sollen diese im Interesse der inneren Ver- **8**
gleichbarkeit im Zeitablauf einheitlich ausgeübt werden. Die **Wahlrechtsausübung** ist daher ein Anwendungsbereich des **Stetigkeitsgebots**. Zur Konkretisierung dieses Anwendungsbereichs ist zwischen **zwei Arten** von Wahlrechten zu unterscheiden:
- **Echte Wahlrechte:** Das Regelsystem lässt ausdrücklich alternative Darstellungen, Ansätze oder Bewertungen zu. **Beispiele** sind: die Aktivierung von Fremdkapitalzinsen als Herstellungskosten (→ § 9 Rz 13f.), die Neubewertung von Sachanlagen (→ § 8 Rz 52ff.), der passivische Ausweis von Investitionszuschüssen (→ § 12 Rz 26).
- **Unechte oder faktische Wahlrechte:** Das Regelsystem enthält keine ausdrücklichen Alternativen. Die Anwendung der Regeln erfordert aber **Ermessensentscheidungen** (→ § 51 Rz 24ff.) in der Form der
  - **Auslegung unbestimmter Begriffe,**
  - Auswahl von **Schätzverfahren** bei Unsicherheit,
  - Auswahl konkreter **Prämissen** für Schätzungen im Einzelfall (individuelle Schätzungen).

Das Stetigkeitsgebot von IAS 8.13 umfasst u. E. sowohl echte als auch unechte **9**
Wahlrechte. Dies ergibt sich insbesondere aus der *Guidance on Implementing IAS 8*, die neben einem echten Wahlrecht (Aktivierung von Fremdkapitalzinsen) folgenden Fall behandelt:

> **Beispiel**
> Die U hat für das jeweilige Anlagengut bisher überwiegend eine einheitliche Nutzungsdauer unterstellt. Eine Aufteilung des Abschreibungsverlaufs nach Maßgabe der unterschiedlichen Nutzungsdauern der Komponenten wurde überwiegend nicht vorgenommen (→ § 10 Rz 7). Zwar verlangt IAS 16.43 eine derartige Abschreibung nach Komponenten *(components approach)*, interpretationsbedürftige Voraussetzung ist aber, dass sich **wesentliche Teile** des Anlagegegenstandes **signifikant** in den Nutzungsdauern unterscheiden.
> Diese unscharfen Voraussetzungen wurden von U bisher auch mangels detaillierter Untersuchungen nicht bejaht. U hat aber nunmehr eine technische Begutachtung vornehmen lassen und entscheidet sich als Ergebnis dieser Begutachtung, den *"components approach more fully"* anzuwenden.

2.2.2 Keine Geltung des Stetigkeitsgebots für individuelle Schätzungen

10 Die in IAS 8 enthaltene Ausdehnung des Stetigkeitsgebots auf **unechte Wahlrechte** entspricht der herrschenden handelsrechtlichen Auffassung. Diese wendet das in § 252 Abs. 1 Nr. 6 HGB enthaltene Gebot der Bewertungsstetigkeit ebenfalls auf die unechten Wahlrechte an.[1]

11 Allerdings kann dies nach Handelsrecht wie nach IFRS nicht unterschiedslos für alle Ermessensfälle gelten. Eine erste Grenze ist bei den oben (Rz 8) aufgeführten individuellen Schätzungen zu ziehen. Die konkrete, sich im Zeitablauf ändernde Beurteilung eines **mit Unsicherheiten behafteten Einzelfalls** kann nicht mehr Gegenstand des Stetigkeitsgebots sein:[2]

> **Beispiel**
> U hat in 01 eine 10 MWp Großwindkraftanlage errichtet. Die bisher installierten Anlagen hatten eine Leistung von 1 MWp und eine wirtschaftliche Nutzungsdauer von 20 Jahren. U rechnet mit einer höheren Reparaturanfälligkeit der Großanlage, unterstellt aber, dass die Nutzungsdauer sich nicht sehr wesentlich von der der kleinen Anlagen unterscheidet. Er nimmt eine Nutzungsdauer von 16 bis 20 Jahren an und schreibt die Großwindkraftanlage deshalb über 18 Jahre linear ab.
> Bereits im ersten Jahr kommt es bei der Großanlage zu einigen Reparaturen und Stillstandszeiten. Sie häufen sich in 05. U revidiert daraufhin in 05 seine Nutzungsdauerschätzung von 18 auf 10 Jahre (bzw. die Restnutzungsdauer von 13 auf 5 Jahre).
>
> **Beurteilung**
> U muss in der Anwendung des Begriffs der Nutzungsdauer zu Schätzungen greifen. Die ursprüngliche Schätzung ist im Jahre 05 nicht mehr aufrechtzuhalten. Die Schätzung muss der besseren Erkenntnis angepasst werden.

---

[1] IDW, HFA 3/1997: Zum Grundsatz der Bewertungsstetigkeit.
[2] Gl. A. DRIESCH, in: Beck'sches IFRS Handbuch, 2. Aufl., 2006, § 44 Rz 33.

Soweit im Einzelfall unklar ist, ob eine Methodenänderung oder die Revision einer Schätzung vorliegt, ist nach IAS 8.35 von der Revision einer Schätzung auszugehen. In der Grenzziehung zu den Schätzungen ist der Begriff der **Methodenänderung** also **eng** auszulegen.

12

2.2.3 Grenzen des Stetigkeitsgebots bei Schätzverfahren, unbestimmten Rechtsbegriffen und Neuzugängen

Da bei unklarer Abgrenzung im Zweifel nicht von einem Methodenwechsel, sondern von einer revidierten Schätzung auszugehen ist (Rz 12), stellt sich die Frage, ob neben der individuellen Schätzung des Einzelfalls auch die in Rz 8 aufgeführten **Schätzverfahren** aus dem Anwendungsbereich des Stetigkeitsgebots ausscheiden. Die Frage ist eng verknüpft mit der nach der Ausstrahlung von Bilanzierungsmethoden älterer Zugänge auf **Neuzugänge**. Das handelsrechtliche Schrifttum ist in diesem zweiten Punkt uneinheitlich. Unter Berufung auf den Einzelbewertungsgrundsatz wird zum Teil die Zulässigkeit einer von Jahr zu Jahr wechselnden Bewertungsmethode vertreten.[3] Dazu folgende Fortsetzung des Beispiels aus Rz 11:

13

Beispiel
U errichtet in 02 eine weitere Großwindkraftanlage. Die in 01 errichtete Anlage wurde und wird zu diesem Zeitpunkt noch linear über 18 Jahre abgeschrieben. Die Anlage des Jahres 02 möchte U geometrisch-degressiv abschreiben, beginnend mit einem Abschreibungssatz von 10 %.

Beurteilung
IAS 16.50 schreibt vor, die Herstellungskosten auf **systematischer Basis** über die Nutzungsdauer zu verteilen. Die Auswahl zwischen linearer und degressiver Methode ist kein echtes Wahlrecht, sondern es ist die Methode anzuwenden, die den Anforderungen von IAS 16.50 am besten entspricht. Angesichts der begrifflichen Unbestimmtheit der Voraussetzungen besteht in vielen Fällen aber ein unechtes bzw. **faktisches Wahlrecht**.
Zu fragen ist aber, ob die in diesem Ermessensrahmen von U getroffene Festlegung für die Windkraftanlage des Jahres 01 ihn für die Anlage des Jahres 02 bindet.
U. E. ist dies jedenfalls dann nicht der Fall, wenn U willkürfrei handelt. Nach den Reparaturproblemen des Jahres 01 mit der ersten Großanlage kann er (willkürfrei) unterstellen, dass ein schneller Abschreibungsverlauf, also die degressive Abschreibung, angesichts der Unwägbarkeiten ein besseres (Schätz-)Verfahren zur Verteilung der Kosten über die Nutzungsdauer darstellt.
Hinsichtlich der möglichen Rückwirkung auf die lineare Abschreibung der ersten Anlage ist nun zwischen zwei Fällen zu unterscheiden:

---

[3] SÖFFING, DB 1987, S. 2598ff.; a. A. KUPSCH, DB 1998, S. 1101ff.

Lüdenbach

> Fall 1: Die Annahme, dass die degressive Abschreibung ein besseres Schätzverfahren darstellt, ist plausibel, gleichwohl bleibt auch die lineare Abschreibung eine vertretbare Variante. In diesem Fall wird die lineare Abschreibung für die Altanlage beibehalten.
> Fall 2: Reparaturanfälligkeit und Stillstandszeiten zeigen, dass die gleichmäßige jährliche Wertminderung evident dem tatsächlichen Werteverzehr widerspricht. In diesem Fall ist die Abschreibungsmethode für die Altanlage zu ändern, ggf. retrospektiv in der unter Rz 26ff. dargestellten Technik.

Unter Beachtung des Einzelbewertungsprinzips entfalten daher u. E. die **Schätzverfahren der vergangenen Perioden** i. d. R. **keine Bindungswirkung für Neuzugänge** der laufenden und zukünftigen Perioden.

14 Diese restriktive Auslegung des Stetigkeitsgebots findet jedoch dort ihre Grenze, wo es weder um konkrete Schätzungen noch um Schätzverfahren, sondern um die **Ausfüllung unbestimmter Rechtsbegriffe**, z. B. durch unternehmensinterne Bilanzierungshandbücher *(accounting manuals)*, geht.

> **Beispiel**
> U hat als Leasingnehmer in 01 bis 03 diverse Leasingverträge abgeschlossen. Das Verhältnis von Vertragsdauer zur Nutzungsdauer liegt jeweils bei 80 % der Nutzungsdauer.
> IAS 17 bindet die Zurechnung von Leasinggegenständen u. a. daran, ob die Vertragsdauer sich über den *„major part"* der Nutzungsdauer erstreckt (→ § 15 Rz 31f.). U verfährt im Umgang mit diesem Merkmal wie folgt:
> In 01 interpretiert er *„major part"* als 90 % und kommt zu dem Schluss, dass die Leasingobjekte der Verträge 01 nicht zu bilanzieren sind.
> In 02 gelangt er nach Lektüre einschlägiger Aufsätze zur Auffassung, dass das amerikanische Laufzeitkriterium von 75 % (SFAS 13.7) eine sinnvollere Grenze darstellt. Er bilanziert daher die Zugänge des Jahres 02.
> In 03 besucht U diverse Seminare zur internationalen Rechnungslegung und erfährt dabei, dass 90 % eine vertretbare und weit verbreitete Auslegung von *„major part"* darstellen. Er bilanziert deshalb die Objekte der Leasingverträge 03 nicht.
>
> **Beurteilung**
> Die unternehmensinterne Konkretisierung des unbestimmten Rechtsbegriffs fällt in den Anwendungsbereich des Stetigkeitsgebots.
> U verstößt also gegen das Stetigkeitsgebot.
> Ein Verstoß gegen das Stetigkeitsgebot ist nur dann zulässig, wenn dies ausnahmsweise, etwa im Interesse der besseren Lagedarstellung, erlaubt ist (Rz 21). Ein solcher Ausnahmefall liegt nicht vor. U verstößt daher gegen die IFRS-Regeln.

Die **Neuinterpretation unbestimmter Rechtsbegriffe** (*major part, near future* etc.) stellt u. E. auch dann einen **Verstoß gegen das Stetigkeitsgebot** dar, wenn sie willkürfrei erfolgt und nur auf Neuzugänge angewendet wird. Ein solches Vorgehen ist daher nur dann zulässig, wenn eine gesetzliche Ausnahmevorschrift die Änderung der Bilanzierungsmethode erlaubt (Rz 17). Betroffen ist neben dem behandelten Leasingfall z. B. die Ausbuchung von Forderungen beim Factoring. Sie setzt nach IAS 39 im Allgemeinen voraus, dass nicht „so gut wie alle Risiken" (*substantially all of the risks*) beim Forderungsverkäufer verbleiben (→ § 28 Rz 72). In der unternehmensinternen Konkretisierung dieses Begriffs wird man die Grenzziehung nicht von Jahr zu Jahr anders vornehmen können.

15

Ähnlich ist die Ausübung **echter** Wahlrechte zu beurteilen. Hier ergibt sich i. d. R. schon aus der Wahlrechtsregel selbst die periodenübergreifende Anwendungspflicht:

- Nach IAS 16.36 kann das Wahlrecht der **Neubewertung von Sachanlagen** nur einheitlich für ganze Klassen (*entire classes*) ausgeübt werden (→ § 8 Rz 58). Bei einer Änderung der Bilanzierungsmethode anlässlich von Neuzugängen sind daher auch Altanlagen der gleichen Gruppe umzubewerten.
- Nach IAS 40.30 kann die Entscheidung zwischen Anschaffungskosten- oder *fair-value*-Bewertung nur einheitlich für alle *investment properties* getroffen werden (→ § 16 Rz 37). Auch hier sind bei einer durch Neuzugänge ausgelösten Methodenänderung Altanlagen ebenso umzubewerten.
- Für das Wahlrecht der **Aktivierung von Fremdkapitalzinsen** (→ § 9 Rz 13) ergeben sich klare Regeln nicht aus IAS 23 selbst. Eine entsprechende Klarstellung war bisher in SIC 2 enthalten. Der IASB hält diese Klarstellung nunmehr für entbehrlich, da sie durch den Inhalt von IAS 8.13 abgedeckt sei (IAS 8.IN3).

Keine Änderung der Bilanzierungsmethoden und damit kein Anwendungsfall von IAS 8 ist die Wahl einer Bilanzierungsmethode für **neue Ereignisse oder Geschäftsvorfälle**, die sich von früheren Ereignissen oder Geschäftsvorfällen unterscheiden (IAS 8.16a).

16

Keinen Methodenwechsel stellt auch der von vornherein **geplante Übergang von der degressiven zur linearen Abschreibung** dar, sobald die lineare Verteilung des Restbuchwertes zu einer höheren Abschreibung führt als die Fortsetzung der degressiven Abschreibung.

2.3 Zulässige Abweichungen vom Stetigkeitsgebot

2.3.1 Überblick

Von den Geboten der Ausweisstetigkeit und der materiellen Stetigkeit gibt es nur zwei **Ausnahmen**. Die Änderung ist demnach nicht nur zulässig, sondern auch geboten, wenn sie

17

- durch **Gesetz** oder sonstige **verbindliche Regel verlangt** wird (IAS 1.27b und IAS 8.14a) oder
- zu einer **angemessenen** *(more appropriate)* bzw. **relevanteren oder verlässlicheren Darstellung** von Geschäftsvorfällen führt (IAS 1.27a und IAS 8.42).

2.3.2 Durch die Rechtsvorschriften verlangte Methodenänderungen
2.3.2.1 Erstmalige Anwendung eines Standards

18 Bilanziert ein Unternehmen bereits nach den IFRS-Vorschriften, so kann es nur um eine **Neufassung** oder erstmalige **Verabschiedung einer IFRS-Regel** gehen. Insbesondere bei erstmaliger Anwendung eines neu oder grundlegend überarbeiteten Standards werden diesem häufig spezifische Übergangs- bzw. Anwendungsvorschriften beigefügt. Nach diesen speziellen Vorschriften ist dann vorzugehen (IAS 8.19a).

19 Fehlt es an solchen speziellen Vorschriften, so gelten für die Anwendung eines neuen Standards die allgemeinen Regelungen, d. h., in der Regel ist die Anpassung **retrospektiv** unter Korrektur von Eröffnungsbilanzwerten (IAS 8.19b; Rz 25) bzw. unter Anpassung der vorjährigen Klassifizierungen (IAS 1.38) vorzunehmen.

2.3.2.2 Übergang auf die IFRS-Rechnungslegung

20 Das Vorgehen bei erstmaliger Aufstellung eines Abschlusses ist in IFRS 1 geregelt. Danach sind IFRS-Vorschriften mit wichtigen Ausnahmen retrospektiv anzuwenden, d. h., sämtliche Sachverhalte sind so zu würdigen, als ob schon immer nach den in der ersten IFRS-Berichtsperiode geltenden IFRS-Vorschriften bilanziert worden wäre. Differenzen, die sich aus dieser Neuwürdigung zwischen IFRS-Eröffnungsbilanz und handelsrechtlicher Schlussbilanz ergeben, sind gegen Gewinnrücklagen zu buchen. Zum Vorgehen im Einzelnen und zu Ausnahmen von der Retrospektion wird auf → § 6 Rz 26ff. verwiesen.

2.3.3 Methodenänderungen zur Verbesserung der Darstellung

21 Bilanzierungsmethoden dürfen und sollen trotz des Grundsatzes der Stetigkeit geändert werden, wenn hierdurch bei sachgerechter Beurteilung des Einzelfalls eine **verbesserte Darstellung** der Vermögens-, Finanz- und Ertragslage resultiert (IAS 8.14b).
Formell ist der für diese Stetigkeitsausnahme z. T. verwendete Begriff des *„voluntary change in accounting policy"* irreführend, da bei Vorliegen der Voraussetzungen (verbesserte Darstellung) die Bilanzierungsmethode ggf. zu ändern **ist** und im Übrigen dort, wo wirklich die freie Wahl zwischen zwei Bilanzierungen besteht, wegen des Vorrangs spezifischer Regeln IAS 8 z. T. überhaupt nicht anwendbar ist. Dies gilt etwa nach IAS 8.17 für den Wechsel von der Anschaffungs-/Herstellungskostenbewertung zur Neubewertung nach IAS 16 oder IAS 38 (→ § 8 Rz 52ff.).
Tatsächlich aber erfordert die Beurteilung, wann eine Verbesserung der Darstellung vorliegt, die Ausübung von **Ermessen im Einzelfall**. Generelle Regeln, etwa der Art, dass z. B. der Übergang von einer Alternativ-Methode zu einer

Lüdenbach

benchmark-Methode immer die Darstellung verbessern würde, sind durch die Ausführungen in IAS 8 nicht gerechtfertigt. Die Beispiele in der *Guidance on Implementing IAS 8* begnügen sich mit sehr weichen Begründungen:

> **Beispiel 1**
> Unternehmen Gamma wechselt bezüglich des Finanzierungsaufwandes für Anschaffungs- oder Herstellungskosten von der Aktivierung der Fremdkapitalkosten zur Aufwandsverrechnung (→ § 9 Rz 13). Die in den *notes* zu liefernden Begründungen formuliert IAS 8.IG2 beispielhaft wie folgt: Das Management ist der Auffassung, dass die Aufwandsverrechnung **zuverlässigere und relevantere Informationen** liefert, da sie die Finanzierungskosten **transparenter** behandelt und mit der lokalen **Branchenpraxis** konsistent ist.
>
> **Beispiel 2**
> Unternehmen Delta schreibt das jeweilige Anlagegut nicht mehr einheitlich, sondern nach der Nutzungsdauer der wichtigsten Komponenten ab (→ § 10 Rz 7). IAS 8.IG3 lässt folgende Begründung in den *notes* genügen:
> Das Management ist der Ansicht, dass der Komponentenansatz **zuverlässigere und relevantere Informationen** liefert, da er sich **akkurater** mit den Komponenten befasst.

Die Illustrationen des IASB lassen folgenden Schluss zu: Die in IAS 8.14b vorausgesetzte Verbesserung der Lagedarstellung muss mehr **behauptet** als im Detail **belegt** werden. Ein Verweis auf Zuverlässigkeit, Relevanz, Branchenpraxis, Detailgenauigkeit etc. reicht regelmäßig aus.[4]

Weitere Ermessensspielräume ergeben sich aus der Unbestimmtheit des **Zeit- und Sachhorizonts** für die geforderte Verbesserung der Darstellung. Die sachgerechte Ermessensausübung bezüglich einer Methodenänderung kann u. U. **kurz**fristig, also für den aktuellen Jahresabschluss, keinen wesentlichen Informationsgewinn liefern, wohl aber bei **länger**fristiger Betrachtung. Nach unserer Auffassung wäre die langfristige Perspektive ausreichend, um eine Methodenänderung zu rechtfertigen. **Sachlich** kann eine Methodenänderung nicht die Ertrags-, wohl aber die Vermögenslage besser darstellen. Auch hier wäre eine Methodenänderung zulässig. Soweit es zu Zielkonkurrenzen kommt – z. B. kurzfristige Darstellung sogar verschlechtert, langfristige dafür verbessert –, sind Vor- und Nachteile argumentativ (und nicht mathematisch) abzuwägen.

Eine „freiwillige" Änderung der Bilanzierungsmethode liegt nach IAS 8.21 auch dort vor, wo der Bilanzierende zur Lückenfüllung auf **anderes** Recht (z. B. US-GAAP) zurückgreift, sich die Vorschriften dieses anderen Rechts aber ändern und der Bilanzierende diese Änderung nachvollzieht.

---

[4] Ähnlich KPMG, Insights into IFRS, 3. Aufl., 2006, Tz 2.8.10.10.

Lüdenbach

2.4 Technische Darstellung des Methodenwechsels

2.4.1 Grundsatz: Retrospektiv und erfolgsneutral

Für die technische Durchführung der *changes in accounting policies* statuierte IAS 8 (1993) noch ein **Wahlrecht** zwischen **erfolgswirksamer** Berücksichtigung der Anpassungsbeträge in der GuV und **erfolgsneutraler** Einbuchung gegen Eröffnungsbilanzwerte. IAS 8.22 lässt nur noch die **retrospektive** und **erfolgsneutrale** Variante zu. Ihre Anwendung erfordert folgende Feststellungen und Anpassungen:

- Bilanzansatz und Bilanzwert sind so zu ermitteln, als ob immer schon nach der neuen Methode verfahren worden wäre (**retrospektive Anwendung**) (IAS 8.22).
- Daraus resultierende Differenzen gegenüber dem bisherigen Ansatz bzw. Wert sind in der **Eröffnungsbilanz** des ersten im Abschluss präsentierten Jahres (bei nur einer Vergleichsperiode Eröffnungsbilanz des Vorjahres) gegen Gewinnrücklagen **erfolgsneutral** einzubuchen (IAS 8.22).
- Alle Vergleichsinformationen (**Vorjahresbeträge**) sind **anzupassen** (IAS 8.26).
- Für jeden betroffenen Posten der Bilanz, GuV usw. ist der **Anpassungsbetrag offenzulegen**, der Wert vor Anpassung dem Wert nach Anpassung gegenüberzustellen (IAS 8.28f und IAS 8.29c).

Eine retrospektive Anpassung ist dort nicht notwendig, wo spezifischere Vorschriften hiervon befreien. Dies gilt etwa für die erstmalige Neubewertung von Sach- und immateriellen Anlagen, bei der nach IAS 8.17 nur die Vorschriften von IAS 16 und IAS 38 anzuwenden sind (Rz 21). Die Werte früherer Perioden sind daher nicht für Vergleichszwecke neu zu ermitteln.

Das nachfolgende Beispiel zeigt die Anwendung für den Fall eines Übergangs von der Durchschnitts- zur Fifo-Bewertung von Vorräten (→ § 8 Rz 41 ff.):

Beispiel

Ein Unternehmen hat Vorräte bis einschließlich 01 nach der Durchschnittsmethode bewertet. In 02 wird auf Fifo umgestellt.
Ohne Berücksichtigung der Umstellung hätte das Ergebnis vor Steuern in beiden Perioden 200 betragen. Nachfolgend zunächst die angenommenen Werte für einen Steuersatz von 50 % sowie die Gewinnauswirkung für den Fall, dass schon immer nach Fifo bewertet worden wäre.

Vorräte in Bilanz	Fifo	Durchschnittsmethode	Differenz
1.1.01	100	110	-10
31.12.01	150	180	-30
31.12.02	120	140	-20

Auswirkung auf Gewinn	Vor Steuern	Steuern	Nach Steuern
vor 01	-10	-5	-5
+ auf Gewinn 01	-20	-10	-10
= Summe 1.1.02	-30	-15	-15
+ auf Gewinn 02	+10	+5	+5
= Summe 31.12.02	-20	-10	-10

Nach der retrospektiven Methode ergibt sich in 02 ein um 10 auf 210 erhöhtes Ergebnis vor Steuern, in 01 ein um -20 auf 180 angepasstes Ergebnis. Im Anhang sind die angepassten Posten zu zeigen:

GuV und Gewinnänderung	01 angepasst	01 vorher
Materialaufwand	620	600
Ergebnis vor Steuern	180	200
Steuern	90	100
Periodengewinn	90	100

Im **Anhang** wäre außerdem folgende Erläuterung geboten:
Die Gesellschaft ist in 02 von der Durchschnitts-Methode der Vorratsbewertung zur Fifo-Methode übergegangen, da diese zunehmend den Branchenstandard der Vorratsbewertung darstellt und dadurch auch die Darstellung verbessert wird. Die Auswirkung der Methodenänderung ist retrospektiv berücksichtigt worden. Die Vergleichsbeträge des Jahres 01 sind so angepasst worden, als ob schon in 01 (und den Vorperioden) zu Fifo bewertet worden wäre. Dabei sind die Gewinnrücklagen per 1.1.01 wegen der Anpassungen in den Vorperioden um -5 (nach Berücksichtigung von 5 Steuern) angepasst worden. Zum 1.1.02 beträgt der Anpassungsbetrag -15 (nach 15 Steuern). Der Periodengewinn 01 hat sich um 10 vermindert (nach 10 Steuern). Der Periodengewinn 02 ist um 5 erhöht (nach 5 Steuern). Die angepassten und die ursprünglichen Beträge der GuV 01 ergeben sich aus obiger Tabelle.

Besondere Regelungen bestehen für die erstmalige Wahl der Neubewertungsmethoden für Sachanlagen und immaterielle Vermögenswerte. Sie sind in IAS 16 und IAS 38 geregelt und gehen den Vorschriften von IAS 8 vor (→ § 8 Rz 57).

2.4.2 Ausnahmen von der retrospektiven Anpassung
Eine Änderung der Bilanzierungsmethoden muss ausnahmsweise insoweit nicht retrospektiv durchgeführt werden, als die Ermittlung der kumulierten und/oder periodenbezogenen Anpassungsbeträge nicht durchführbar (*im-*

practicable) ist (IAS 8.23ff. bzw. IAS 8.54). In derartigen Fällen kommt es zu einer so genannten prospektiven Anpassung.[5]

29 Der **Begriff der** *impracticability* ist nicht in einem theoretischen Szenario zu interpretieren. Er setzt nicht voraus, dass die Beträge objektiv unter keinen denkbaren Umständen ermittelt werden können. Eine Ermittlung ist gem. IAS 8.5 bereits dann *impracticable*, wenn **vernünftige Anstrengungen** *(reasonable efforts)* nicht zum Ziel führen würden. Hierzu folgendes Beispiel zum Wahlrecht bezüglich der Finanzierung von Anschaffungs- oder Herstellungskosten (→ § 9 Rz 13):

> **Beispiel**
> Ein Unternehmen hat in den Jahren 01 bis 10 Fremdkapitalzinsen auf Anlagevermögen gemäß der *benchmark*-Methode von IAS 23 nicht aktiviert. Es möchte im Jahr 11 zur Alternativ-Methode, d. h. zur Aktivierung wechseln.
> - Bei einer retrospektiven Anwendung wären sämtliche noch nicht abgeschriebenen Vermögenswerte neu zu beurteilen, d. h., es müssten die Zinsen des Anschaffungs- bzw. Herstellungszeitraums neu bestimmt, die Abschreibungs-Bemessungsgrundlagen neu festgelegt und die Abschreibungen selbst neu entwickelt werden.
> - Ist dies mit vertretbarem Aufwand *(reasonable efforts)* nicht zu machen, müssen Zinsen nicht rückwirkend (retrospektiv) aktiviert werden, sondern es kann beginnend ab der Berichtsperiode 11 so verfahren werden.
> - Sind die nötigen Feststellungen mit vertretbarem Aufwand zwar für das Jahr 10 zu bewirken, aber nicht für weiter zurückliegende Jahre, so sind auch GuV und Bilanz des Jahres 10 insoweit anzupassen.
> - Ist die Feststellung auch noch für das Jahr 09 praktikabel, aber nicht für die Jahre 01 bis 08, so ergibt sich ein Anpassungsbetrag für die Eröffnungsbilanzwerte des Jahres 10, der in der Eigenkapitaländerungsrechnung als Methodenänderung darzustellen ist (→ § 20 Rz 40ff.).

3 Revision von Schätzungen, Bilanzkorrektur

3.1 Abgrenzung zwischen Revision von Schätzungen und Bilanzkorrektur

30 Die Vornahme von **Schätzungen** ist ein elementarer Bestandteil der Rechnungslegung (IAS 8.33). Für die Bemessung von planmäßigen Abschreibungen muss die voraussichtliche **Nutzungsdauer** des Vermögenswertes für die **Wertberichtigung** dubioser Forderungen des voraussichtlich noch zu

---

[5] Vgl. ALEXANDER/ARCHER, Miller International Accounting Standards Guide 2002, IAS 26.10ff., zur Kritik dieses Begriffes.

Lüdenbach

erwartenden Geldeinganges eingeschätzt werden. Werden derartige Schätzungen revidiert *(changes in accounting estimates)*, weil der Erkenntnisstand einer späteren Periode sich gegenüber dem der ursprünglichen Periode verbessert hat (verbesserte **Informationen**) oder weil sich die Umstände anders als erwartet entwickelt haben (veränderte **Sachlage**), so ist dieser Effekt normal im Ergebnis zu berücksichtigen (IAS 8.36f.).

Von der Revision von Schätzungen zu unterscheiden ist die **Korrektur von Fehlern** *(correction of errors)*, also die **Bilanzkorrektur**. Fehler können gem. IAS 8.41 den Ausweis (einschließlich Angaben), die Bewertung oder den Ansatz betreffen. Die Vorschriften zur Korrektur beziehen sich auf jeden dieser Fälle.

IAS 8.41 und IAS 8.8 treffen noch eine weitere Unterscheidung von Fehlerarten. Abschlüsse sind nicht IFRS-konform, wenn sie

- **wesentliche Fehler** *(material errors)* oder
- **unwesentliche Fehler** *(immaterial errors)* enthalten, die in der Absicht begangen wurden, eine bestimmte Lagedarstellung *(particular presentation)* zu bewirken.

31

Die **technischen Vorschriften** zur Fehlerkorrektur (IAS 8.42) erwähnen nur **wesentliche** Fehler. Die Behandlung absichtlicher **unwesentlicher** Fehler bleibt unklar. Ohnehin liegt im Begriff des **absichtlichen unwesentlichen Fehlers** ein gewisser **Widerspruch**. Das absichtliche Abweichen von einer Vorschrift macht gerade einen Hauptzweck des *materiality*-Prinzips aus. Vorschriften brauchen auf unwesentliche Sachverhalte nicht angewendet zu werden (IAS 8.8). Insoweit ist ein immaterieller „Fehler" i. d. R. kein Regelverstoß und damit auch kein Fehler. Nach IAS 8.8 ist es jedoch unangemessen *(inappropriate)*, immaterielle Abweichungen von den Regeln vorzunehmen, um dadurch eine bestimmte Lagedarstellung *(particular presentation)* zu erreichen. Unter dieser besonderen Voraussetzung ist das *materiality*-Prinzip nicht anwendbar und deshalb auch ein immaterieller „Fehler" ausnahmsweise tatsächlich ein Fehler. Allerdings fällt es schwer, einen unmittelbaren Anwendungsbereich für diese Sonderbestimmung zu finden. Nach der Definition in IAS 8.5 sind Fehler materiell, wenn sie für sich oder auch nur in Summe die ökonomischen Entscheidungen von Bilanzadressaten beeinflussen könnten. Fehler, die die Lagedarstellung verzerren und deshalb die Entscheidung der Bilanzadressaten beeinflussen könnten, sind daher immer materiell. Ein absichtlicher immaterieller Fehler müsste also einerseits die Lagedarstellung verzerren, andererseits aber nicht geeignet sein, die Bilanzadressaten zu beeinflussen (sonst: materiell). Es ist schwer vorstellbar, wie dieses zu bewerkstelligen sein soll.[6] Intendiert ist offenbar etwas anderes: Prozentual kleine Abweichungen von den Rechnungslegungsvorschriften können bewusst eingesetzt werden, um dadurch eine bestimmte Lagedarstellung zu bewirken,

32

---

[6] Ähnlich ERNST & YOUNG, International GAAP 2005, S. 183, die das Konzept als „a little curious" bezeichnen.

Lüdenbach

Analystenerwartungen nicht zu enttäuschen usw. Der (in unzutreffender prozentualer Betrachtung) unwesentliche Fehler wird dadurch zu einem wesentlichen, auf den die Korrekturvorschriften von IAS 8 anzuwenden sind. Im Einzelnen wird auf Rz 40 sowie → § 1 Rz 67 verwiesen.

33 Nicht mehr in IAS 8 enthalten ist die noch in IAS 8.31 (1993) vorgenommene Unterscheidung zwischen Fehlern bei der Anwendung von **Bilanzierungsmethoden** sowie der Fehlbeurteilung von **Sachverhalten**. Hierzu folgendes Beispiel:

> **Beispiel**
>
> **Methodenfehler**
> Vorratsvermögen wurde nach Hifo oder Lofo bewertet, obwohl als Verbrauchsfolge-Fiktionen nur Fifo zulässig ist (→ § 17 Rz 5).
> Es handelt sich um einen Fehler bei der Anwendung von Bewertungsmethoden.
>
> **Sachverhaltsfehler**
> Eine Forderung gegenüber dem (geschäftsunfähigen) B wird ausgewiesen, obwohl die Forderung wegen Nichtigkeit des Vertrages (in anderen Fällen aus anderen Gründen) tatsächlich und rechtlich nicht existiert.

34 Das Beispiel der nichtigen Forderung zeigt die **Grenzen zwischen Neueinschätzung und Fehlerkorrekturen**. Wenn bei der ursprünglichen Bilanzierung der Forderung auch unter Anwendung aller erforderlichen Sorgfalt von einer Nichtigkeit der Forderung nicht ausgegangen werden konnte, weil die Geschäftsunfähigkeit des Vertragspartners überhaupt nicht erkennbar war, so liegt eine unvermeidliche Fehleinschätzung und kein Fehler vor (Rz 35).
Eine Regel zur Behandlung von Grenzfällen enthält IAS 8 nicht. IAS 8.35 verlangt lediglich, in schwierigen Abgrenzungsfällen zwischen einer Revision von Schätzungen und einer Änderung von Bilanzierungs- oder Bewertungsmethoden von einer **Schätzrevision** auszugehen. Nach unserer Auffassung sollte dieser Grundsatz analog für die Abgrenzung zwischen einer Revision von Schätzungen und einer Korrektur von Fehlern gelten.[7]

3.2 Was sind Bilanzierungsfehler?

3.2.1 Objektiver und subjektiver Fehlertatbestand

35 IAS 8.5. definiert Fehler als

- „Auslassungen oder fehlerhafte Angaben in den Abschlüssen eines Unternehmens für eine oder mehrere Perioden,
- die sich aus einer Nicht- oder Fehlanwendung von zuverlässigen Informationen ergeben haben, die a) zu dem Zeitpunkt, an dem die Abschlüsse für die entsprechenden Perioden zur Veröffentlichung genehmigt wurden, zur

---

[7] Gl. A. KPMG, Insights into IFRS, 2. Aufl., 2006, Tz 2.8.60.50.

Verfügung standen; und b) hätten eingeholt und bei der Aufstellung und Darstellung der entsprechenden Abschlüsse berücksichtigt werden können."
Das erste Definitionselement – Auslassung oder fehlerhafte Angabe – betont die **objektive** Tatbestandseite des Fehlers. Ein Fehler setzt eine unrichtige, im Widerspruch zu den objektiven Verhältnissen stehende Darstellung voraus. Das zweite Definitionselement betont die **subjektive** Seite: Die unrichtige Darstellung muss auf eine vermeidbare Nicht- oder Fehlanwendung bis zum Ende des Wertaufhellungszeitraums verfügbarer Informationen zurückzuführen, i. w. S. also schuldhaft verursacht sein.
IAS 8.5 erfordert die **kumulative** Erfüllung **beider** Voraussetzungen:

- Wenn also etwa das Unternehmen objektiv zu Unrecht eine Forderung ausweist, weil diese rechtsunwirksam (Rz 33) oder nicht werthaltig ist, unter Anwendung aller erforderlichen Sorgfalt hiervon aber nicht ausgehen konnte, liegt kein Fehler vor. Der bessere Erkenntnisstand späterer Perioden stellt eine Neueinschätzung dar. Die „Korrektur" erfolgt demgemäß nicht erfolgsneutral und retrospektiv durch Anpassung von Eröffnungsbilanzwerten (Rz 43), sondern erfolgswirksam in laufender Rechnung (Rz 42).
- Fraglich ist, welches Maß an Sorgfalt insbesondere in Zeiten der *fast-close*-Abschlüsse (→ § 4 Rz 39) zu verlangen ist. Unkritisch ist der kürzere Werterhellungszeitraum. Ein Widerspruch zu Informationen, die erst nach Ende des Werterhellungszeitraums verfügbar sind, begründet nach IAS 8.5 keinen Fehler. Kritisch zu hinterfragen ist die Sorgfalt im Umgang mit den vorher verfügbaren Informationen. Bei gegebener Personalstärke kann der „*fast closer*" auf die Auswertung und Beschaffung aller schon zum Bilanzstichtag verfügbaren Informationen nicht so viel Sorgfalt aufwenden wie der „*slow closer*," dem 1 bis 3 Monate mehr Zeit zur Verfügung stehen. Als Rechtfertigung könnte die im *Framework* (F. 43) verlangte Abwägung zwischen Zeitnähe und Verlässlichkeit der Informationen dienen.[8] Ein Freibrief für eine geringe Sorgfalt im *fast close* wird damit nicht erteilt. Gefordert ist eben eine Abwägung. Wenn Zahl und Qualifikation des mit Abschlussarbeiten i. w. S. betrauten Personals nicht ausreichend sind, um zugleich Zeitnähe und hohe Qualität des Abschlusses zu gewährleisten, muss der Erstellungszeitraum ggf. ausgeweitet werden.

> **Beispiel**
> Die mittelständische U erstellt mit kleiner Mannschaft den Jahresabschluss zum 31.12. Um den großen Vorbildern nachzueifern, wird der Abschluss am 20. Januar freigegeben.
> Im Februar und März stellen sich einige wesentliche Unrichtigkeiten des Abschlusses heraus.

---

[8] KÜTING/WEBER/BOECKER, StuB 2004, S. 1.

Lüdenbach

- A) Ein kleinerer Teil ist auf erst nach dem 20. Januar verfügbare Informationen zurückzuführen,
- B) ein größerer Teil auf Informationen, die schon vorher verfügbar waren, in der Kürze der Zeit aber nicht beschafft oder nicht angemessen ausgewertet wurden.

Die Unrichtigkeiten vom Typ A sind keine Fehler, da die Informationen erst nach dem Werterhellungszeitraum verfügbar waren.

Die Unrichtigkeiten vom Typ B sind nur dann keine Fehler, wenn bei Beschaffung und Auswertung der Informationen mit der erforderlichen Sorgfalt vorgegangen wurde. Hieran ist bei einer für einen *fast close* zu kleinen Mannschaft zu zweifeln.

3.2.2 Die Ermessensspielräume

36 IAS 8 unterscheidet also zwischen „Fehlern" bei **Schätzungs**vorgängen *(changes in accounting estimates)* und „**eigentlichen**" Fehlern *(errors)* (Rz 30). Daraus erschließt sich zunächst ein wesentlicher Gesichtspunkt: Dem die Erstellung eines IFRS-Abschlusses durchziehenden Erfordernis der Vornahme von Schätzungen wohnt im Kern immer der „Fehler" inne.[9] Im Zeitverlauf wird auch der Bilanzersteller klüger, er erkennt die unzutreffende Einschätzung der Nutzungsdauer eines Anlagegutes (→ § 10 Rz 31) oder den endgültigen Betrag der Entsorgungskosten nach jahrelanger Auseinandersetzung mit der zuständigen Behörde und den schlecht kalkulierbaren damit verbundenen Kosten (→ § 21 Rz 94). Solche besseren Erkenntnisse über unsichere Zukunftsgrößen decken keine Fehler bei der früheren Bilanzierung auf, sie stellen lediglich eine **Neueinschätzung** dar.

Mit dieser Erkenntnis ist kein Freibrief für das Schätzungsverfahren allgemein und die diesen zugrunde liegenden Annahmen verbunden. Diese müssen sich innerhalb eines **vernünftigen Ermessens** bewegen (→ § 51 Rz 24ff.). Die Frage ist dann, wo dessen **Grenzen** liegen.

Beispiel
Sachverhalt 1
Die Bauentwicklungs-AG hat eine Büro-Großimmobilie fertig gestellt. Die Baukosten entsprechen der Planung mit einer Monatsmiete der vermietbaren Fläche von durchschnittlich 25 EUR/m^2. Die Vermietung verläuft schleppend. Am Bilanzstichtag 01 sind erst 40 % der Fläche vermietet. Aufgrund der langfristig angelegten Prognosen von unabhängigen Agenturen ist in der vergleichbaren Lage mit einem größeren Bedarf von Büroflächen in den nächsten 10 Jahren zu rechnen. Man spricht dabei von erzielbaren Quadratmeter-Mietpreisen zwischen 30 und 35 EUR/m^2 p. m.

---

[9] Vgl. hierzu und zu den folgenden Ausführungen HOFFMANN, BC 2005, S. 1.

Lösung
Der Vorstand verzichtet im Rahmen seines Ermessens auf eine außerplanmäßige Abschreibung.

Sachverhalt 2
Der Großbaukonzern X hat in Berlin ein Bürohochhaus mit luxuriöser Innenausstattung und einer ebensolchen Außenfassade erstellt. Bei der Kalkulation der Baukosten ging man von einer durchschnittlichen Quadratmetermiete von 48 EUR/m^2 p. m. aus. Diese Annahme beruhte auf den „Gesetzmäßigkeiten" der (im Planungszeitraum) boomenden *bubble-economy*. Zum Bilanzstichtag 01 besteht keine nennenswerte Nachfrage nach vergleichbaren Büroimmobilien. Der Vorstand hofft auf eine Änderung dieser Szene wegen der in den nächsten 5 Jahren zu erwartenden Neuansiedlung international tätiger Anwalts- und Beratungskonzerne und rechnet mit dann zu erzielenden Quadratmetermieten von bis zu 75 EUR p. m. Er stützt sich dabei auf einschlägige Marktuntersuchungen zur Büroraumentwicklung in Singapur.

Lösung
In diesem Fall überschreitet der Vorstand seinen Ermessensspielraum. Die „Schätzung" ist unzulässig und schon a priori fehlerhaft.

In der Praxis liegen die Fälle häufig nicht in klar abgrenzbaren Bereichen. Die Unterscheidung zwischen vertretbarer und fehlerhafter Schätzung ist **fließend**. Die IFRS liefern keine nähere Anleitung zu diesem Problem oder eine Definition des *error* bei der Bilanzierung. Deshalb nachfolgend ein Blick auf die deutsche und amerikanische Rechtslage.

3.2.3 Die Steuerbilanz
Das deutsche Steuerrecht trifft eine grundlegende Unterscheidung zwischen Bilanz**berichtigung** und Bilanz**änderung**. Im letztgenannten Fall wird ein richtiger Bilanzansatz durch einen anderen richtigen ausgetauscht, im erstgenannten wird eine falsche Bilanzierung durch die richtige ersetzt.

Beispiel
Die Brauerei G. verkauft ihr Betriebsareal in der Innenstadt, um im verkehrsgünstig gelegenen Nachbarort eine modern ausgerichtete Produktionsstätte zu errichten. Der durch die Veräußerung aufgedeckte Gewinn soll gemäß § 6b EStG auf die neue Produktionsstätte – Grund und Boden und Gebäude – übertragen werden. Entsprechend wird der Jahresabschluss 01 erstellt. Eine größere, als Lager dienende Fläche des verkauften Grundstücks ist aber erst 5 Jahre und 11 Monate vor dem Verkauf vom damaligen Nachbarn zugekauft worden. Die Sechsjahresfrist gemäß § 6b Abs. 4 EStG ist also nicht eingehalten. Solange die Veranlagung nicht rechtskräftig ist, kann und muss diese fehlerhafte Bilanzierung berichtigt werden.

Lüdenbach

Die vorstehend genannte Berichtigung wirkt dann allerdings nicht nur für die Steuerbilanz, sondern im Rahmen der umgekehrten Maßgeblichkeit auch für die **Handelsbilanz**. Letztere ist mit dem genannten Fehler erstellt und vom – unterstellt zuständigen – Aufsichtsrat bzw. der Gesellschafterversammlung festgestellt worden. Die Frage geht dann nach dem erforderlichen Zeitpunkt der Korrektur – rückwirkend oder „in laufender Rechnung".

38 Ein weiteres gängiges Bilanzberichtigungsszenario stellt die steuerliche **Betriebsprüfung** dar. Hier kommt es fast immer in Fällen von nicht ganz kleinen Unternehmen zu Berichtigungen in Form der so genannten Prüferbilanz. Die Berichtigung erfolgt dann regelmäßig beginnend mit dem ersten noch verfahrensmäßig änderbaren Veranlagungszeitraum, also erfolgswirksam. In Ausnahmefällen wird eine divergierende Rechtsauffassung über die „Richtigkeit" oder „Falschheit" einer vom steuerpflichtigen Unternehmen gewählten Bilanzierung vor den Gerichten streitig ausgefochten. In aller Regel erfolgt indes spätestens im Rahmen der Schlussbesprechung eine Einigung, oft in „Paketform" und manchmal nach der Verhandlungstechnik des „Basar". Darüber mag man die Nase rümpfen, in der Praxis hat sich diese Vorgehensweise durchaus bewährt, und zwar im Interesse einer Streitvermeidung und damit des Rechtsfriedens. Über richtig und falsch wird dann nicht mehr befunden.

3.2.4 Die Handelsbilanz

39 Das steuerpraktische Vorgehen findet in der **Handelsbilanz** keine Entsprechung, zumindest nicht in der flächendeckenden Form, wie dies aus der Sphäre der steuerlichen Bilanzierung bekannt ist. Insbesondere sind auch Rechtsstreite vor Gerichten über Richtigkeit und Falschheit von Bilanzen höchst selten, sodass sich schon deswegen Erkenntnisse zur näheren Beschreibung des (eigentlichen) Bilanzierungs**fehlers** kaum ergeben.

Das HGB selbst befasst sich nicht mit Bilanzierungsfehlern, es verlangt nur die Erstellung des Jahresabschlusses nach den Grundsätzen ordnungsmäßiger Buchführung (§ 243 HGB) sowie die Beachtung des *true and fair view* im Einzelabschluss von Kapital- und Kap.-&-Co.-Gesellschaften (§ 264 Abs. 2 S. 1 HGB) und ebenso für den Konzernabschluss (gemäß § 297 Abs. 2 S. 1 HGB).

Aus der (spärlichen) **Rechtsprechung** sind nennenswerte **Definitionen** nicht ersichtlich. Aus dem **Schrifttum** sollen beispielhaft zwei Zitate ausgewählt werden:

„Eine Bilanz ist nur dann fehlerhaft, wenn sie objektiv gegen gesetzliche Vorschriften verstößt und subjektiv ein ordentlicher Kaufmann diesen Verstoß nach den im Zeitpunkt der Bilanzaufstellung (bzw. -feststellung) bestehenden Erkenntnismöglichkeiten über die zum Stichtag gegebenen objektiven Verhältnisse bei pflichtgemäßer und gewissenhafter Prüfung erkennen konnte."[10]
Anders ausgedrückt: Der Kaufmann ist kein Hellseher.

---

[10] HENRICHS, ZHR 168 (2004), S. 384 (Fußnote).

Lüdenbach

Der HFA des IDW[11] definiert indirekt den fehlerhaften Jahresabschluss als einen solchen, der ein „den tatsächlichen Verhältnissen nicht entsprechendes Bild der Vermögens-, Finanz- oder Ertragslage vermittelt".
Wann dies der Fall ist, wird nicht weiter dargestellt, der Rechtsanwender bleibt insofern auf seine eigenen Ansichten zum Thema der Fehlerhaftigkeit der Bilanz zurückgeworfen.
Eine Fehlerhaftigkeit des Jahresabschlusses ist weiter in § 258 Abs. 1 AktG angesprochen, nämlich die vermutete **Unterbewertung** oder unvollständige Anhangsangaben. Vorbehalten ist aber § 256 Abs. 5 AktG zu erwähnen: Imparitätisch wird die **Nichtigkeit** des Jahresabschlusses festgelegt als

- Überbewertung oder
- vorsätzliche Unterbewertung.

Bei der Auslegung dieser unbestimmten Rechtsbegriffe vermag die kommentierende Literatur dem Rechtsanwender keine Entscheidungshilfe zu geben. Eindeutig ist nur die **Negativ**aussage: Nicht jede Über- oder Unterbewertung hat die Nichtigkeit zur Folge, deshalb spricht man logisch elegant von Fehlern ober- und unterhalb der **Nichtigkeitsschwelle**.[12]
Schließlich versagt auf der Suche nach einer näheren Definition der fehlerhaften Bilanz bzw. des Bilanzierungsfehlers auch der Griff in einschlägige **Kommentare**. Im umfangreichsten Erläuterungswerk zur kaufmännischen Rechnungslegung[13] findet sich im Registerband auf 222 eng beschriebenen Seiten mit ungefähr 5.000 Einträgen kein Verweis auf die beiden genannten Stichworte. „Bilanzierungsfehler" bzw. „fehlerhafte Abschlüsse" scheint es nicht zu geben, jedenfalls keinen Kommentierungsbedarf.

3.2.5 Blick nach den USA

Wenn also nach den Vorgaben des Bilanzkontrollgesetzes (BilKoG) ab 1.7.2005 die Konzernabschlüsse der deutschen kapitalmarktorientierten Unternehmen von den neu installierten Prüfungsinstanzen unter die Lupe genommen werden (Rz 47), steht diesen eine auch nur annähernd verwendbare Definition des Bilanzierungsfehlers und damit – nach den IFRS-Regeln – Unterscheidung zwischen Neueinschätzung *(change of accounting estimate)* und eigentlichem Fehler *(error)* **nicht** zur Verfügung. Der Blick wird sich deshalb primär nach den USA richten, um dort Präjudizien aufzuspüren.
Die US-amerikanischen Beispiele zeigen: Fehlerhaftigkeit in der Bilanzierung wird nicht so sehr an absoluten **Quantitäten** oder **Relationen** innerhalb von Bilanz und GuV festgemacht, geahndet wird vielmehr die bewusste **Täuschung** der Öffentlichkeit, um die Erwartungen von Abschlussadressaten zu erfüllen. Im Einzelnen wird hierzu auf Rz 32 sowie auf § 1 Rz 67 verwiesen.

40

---

[11] Stellungnahme HFA 2/1991.
[12] So z. B. HENRICHS, ZHR 168 (2004), S. 384 (Fußnote), und MÜLLER, ZHR 168 (2004), S. 414ff.
[13] ADLER/DÜRING/SCHMALTZ, 6. Aufl.

Lüdenbach

3.2.6 Strafrechtliche Konsequenzen von Bilanzierungsfehlern

41 Unabhängig von den bilanz- und zivilrechtlichen Konsequenzen kann eine fehlerhafte Bilanzierung strafrechtliche Konsequenzen haben. In Frage kommen u. a.:
- Unrichtige Darstellung bzw. Verschleierung der Verhältnisse nach § 331Nr. 1a und Nr. 2 HGB,
- Betrug nach § 263 StGB (etwa bei Vorlage eines unrichtigen Abschlusses zur Krediterlangung oder zum Unternehmensverkauf),
- Kreditbetrug (ohne Schädigung) nach § 265b Abs. 1 Nr. 1a StGB,
- Bankrott nach § 283 Abs. 1 Abs. 7 StGB.[14]

3.3 Vorgehen bei der Revision von Schätzungen

42 Zu den Rechtsfolgen der Revision einer Schätzung enthält IAS 8 zwei Regelungen:
- Nach **IAS 8.37** ist die Wirkung einer geänderten Schätzung von Vermögens-, Schulden- oder Eigenkapitalposten durch **Buchwertanpassung** des entsprechenden Postens zu berücksichtigen.
- Nach **IAS 8.36** sind die Auswirkungen der Änderung einer Schätzung **ergebniswirksam** zu erfassen, „außer es handelt sich um eine **Änderung i. S. d. Paragraphen 37**."

Unklar ist das **Verhältnis beider Vorschriften:**[15]
- In erster Betrachtung behandeln sie den **gleichen Tatbestand**, regeln aber **unterschiedliche Rechtsfolgen**, IAS 8.36 die Rechtsfolge für die GuV, IAS 8.37 die Rechtsfolge für die Bilanz. Am Beispiel einer Neueinschätzung des Einzelwertberichtigungsbedarfs einer Forderung ergäbe sich folgendes Zusammenspiel: Ertrag oder Aufwand in der GuV nach IAS 8.36, Erhöhung oder Minderung des Buchwertes der Forderung in der Bilanz.
- Gegen diese Interpretation spricht aber die in IAS 8.36 verwendete Formulierung „außer es handelt sich um eine Änderung i. S. d. Paragraphen 37." Danach müsste es in 8.36 um **erfolgswirksame** Fälle ohne **Anpassung** eines **Bilanzpostens** gehen. Relevante Anwendungsfälle dafür sind kaum erkennbar.
- Eine dritte Lesart ist u. E. schlüssiger: In **Ausnahmefällen** hat die **Bilanzanpassung keine Rückwirkung auf die GuV**. Beispiele hierfür wären etwa die Neueinschätzung von **Rückbaukosten** nach IFRIC 1 (Buchung: „Per Anlagevermögen an Rückstellung") (→ § 21 Rz 118) oder die Neubeurteilung des *fair value* eines *available-for-sale asset* (Buchung: „Per Finanzinstrument an Eigenkapital") (→ § 28 Rz 169). IAS 8.37 betrifft unausgesprochen nur diese Fälle, in denen in der laufenden Periode kein

---

[14] Vgl. im Einzelnen: SORGENFREI, PiR 2006, S. 38ff. und WEILEP/WEILEP, BB 2006, S. 147ff.

[15] Für die Überlegungen zum Verhältnis von IAS 8.36 und 37 danke ich NADINE ANTONAKOPOULOS.

Lüdenbach

Ergebniseffekt auftritt. Diese Interpretation wird durch die Entstehungsgeschichte bestätigt. Der *Exposure Draft* zu IAS 8 sah ohne Ausnahme eine Berücksichtigung von Schätzungsänderungen in der GuV vor. In den eingehenden Stellungnahmen wurde jedoch darauf hingewiesen, dass manche Änderungen zugleich Vermögenswerte und Schulden betreffen und daher saldiert keinen Eigenkapital- oder Ergebniseffekt haben (Rückbaukostenfall), andere Fälle zwar zur Anpassung eines Vermögenswertes führen würden, diese Anpassung aber nach den allgemein für den Vermögenswert geltenden Regeln erfolgsneutral im Eigenkapital zu verbuchen sei (*available-for-sale-asset*-Fall). Nach IAS 8.BC33 sollte die Einfügung des im *Exposure Draft* noch nicht enthaltenen IAS 8.37 solche Ausnahmefälle abdecken. Insoweit ergibt sich folgendes Verhältnis der Vorschriften:

Die **Revision** von Schätzungen betreffend Vermögenswerte und Schulden ist:
- in der **Regel erfolgswirksam** in der Periode selbst und, soweit betroffen, zusätzlich in den Folgeperioden vorzunehmen (IAS 8.36),
- es sei denn, die Revision bleibt **ausnahmsweise** saldiert ohne Wirkung auf das Eigenkapital, oder die Wirkung auf das Eigenkapital ist nach allgemeinen Grundsätzen erfolgsneutral als *other comprehensive income* zu erfassen.

Zu unterscheiden sind damit 3 **Fälle**;
- **GuV der lfd. Periode und Bilanz** betroffen – Beispiel: An der Annahme der Wertlosigkeit einer Forderung wird nicht mehr festgehalten. Buchung: per Forderung an Ertrag
- **GuV der lfd. und zukünftiger Perioden sowie Bilanz** betroffen – Beispiel: Die Restnutzungsdauer wird niedriger eingeschätzt als im Vorjahr. Buchung: per (Mehr-)Abschreibung an Anlagen in lfd. Periode, entsprechend in Folgeperioden (IAS 8.38)
- **nur Bilanz** betroffen – Beispiel 1): Der Zeitwert nicht börsennotierter Anteile wurde bisher zu niedrig eingeschätzt (Buchung: per *available-for-sale asset* an Eigenkapital), Beispiel 2): Rückbaukosten werden höher als bisher eingeschätzt (Buchung: per Anlagen an Rückstellung)

Bei geänderten Annahmen zur Nutzungsdauer eines Anlagegegenstandes ist der lineare Abschreibungssatz anzupassen (→ § 10 Rz 38). Nach IAS 8.38 ist bei Ermittlung der neuen Restnutzungsdauer auf den Periodenanfang abzustellen, ein höherer Abschreibungssatz wird also bereits in der laufenden Periode erfolgs- und bilanzwirksam. Dies gilt nicht, wenn die für die Neueinschätzung der Nutzungsdauer maßgeblichen Umstände erst nach Bilanzstichtag auftreten und somit kein werterhellender, sondern ein wertändernder Umstand vorliegt:

Beispiel

Sachverhalt:
Für eine Windkraftanlage wird am 31.12.00 unter Berücksichtigung der Subvention durch Stromeinspeisevergütungen eine wirtschaftliche Restnutzungsdauer von 15 Jahren unterstellt. Der Buchwert beträgt 1.500.
Alternative 1: Die Subventionsgesetze werden im Dezember 01 geändert. Bestehende Anlagen werden danach nur noch bis 31.12.10 gefördert.
Alternative 2: Die entsprechende Änderung wird erst im Januar 02 beschlossen.

Beurteilung:
In der ersten Alternative ist mit „Rückwirkung" auf den 1.1.01 eine Restnutzungsdauer von 10 Jahren anzunehmen. Die Abschreibung 01 beträgt 150, der Buchwert 31.12.01 1.350.
In der zweiten Alternative bleibt die Nutzungsdauereinschätzung des Jahres 01 unberührt. Die Abschreibung beträgt 100, der Buchwert per 31.12.01 1.400. Er ist ab 02 mit 1/9 pro Jahr abzuschreiben.

3.4 Technische Darstellung der Korrektur von Fehlern

3.4.1 Grundsatz: Retrospektiv und erfolgsneutral

43 Für die Korrektur von Fehlern enthielt IAS 8 (1993) noch ein **Wahlrecht** zwischen erfolgsneutraler **Anpassung der Eröffnungsbilanzwerte** und erfolgswirksamer Berücksichtigung im Ergebnis der Periode.

44 Nach IAS 8.42 ist nur noch die **erfolgsneutrale** Korrektur zulässig. **Folgende Feststellungen und Anpassungen sind erforderlich:**
- Bilanzansatz und Bilanzwert sind so zu ermitteln, als ob der Fehler nie passiert wäre (**retrospektive Anwendung**) (IAS 8.42).
- Daraus resultierende Differenzen gegenüber dem bisherigen Ansatz bzw. Wert sind in der **Eröffnungsbilanz** des betroffenen ersten im Abschluss präsentierten Jahres (bei nur einer Vergleichsperiode also des Vorjahres) gegen Gewinnrücklagen **erfolgsneutral** einzubuchen (IAS 8.42b).
- Alle Vergleichsinformationen (**Vorjahresbeträge**) sind anzupassen (IAS 8.42a).
- Für jeden betroffenen Posten der Bilanz, GuV usw. ist der **Anpassungsbetrag offenzulegen**, der Wert vor Anpassung dem Wert nach Anpassung gegenüberzustellen (IAS 8.49b).

45

Beispiel
Ein Unternehmen entdeckt in 02, dass in 01 irrtümlich eine lineare Abschreibung von 10 auf ein Verwaltungsgebäude unterblieben ist. Die Vorsteuer-Gewinne 01 und 02 vor Aufdeckung des Fehlers betragen 100 (Bruttoergebnis vom Umsatz 120 minus Verwaltungsaufwendungen 20). Der Steuersatz ist 50 %.

Die nachfolgende Tabelle zeigt die Auswirkungen:

	02	01 angepasst	01 vorher
Ergebnis vor Steuern	100	90	100
Steuern	50	45	50
Periodengewinn	50	45	50
Im Anhang wären folgende Angaben zu machen: Das Unternehmen hat in 01 irrtümlich eine Gebäudeabschreibung von 10 unterlassen. Die Vergleichszahlen für das Jahr 01 sind entsprechend angepasst worden (vgl. Tabelle 1).			

3.4.2 Ausnahmen von der retrospektiven Korrektur

Eine Bilanzkorrektur muss ausnahmsweise nicht retrospektiv durchgeführt werden, soweit die Ermittlung der kumulierten und/oder periodenbezogenen Anpassungsbeträge nicht durchführbar *(impracticable)* ist (IAS 8.43ff.). Wie bei der Änderung von Bilanzierungs- und Bewertungsmethoden ist die Praktikabilität periodenbezogen zu beurteilen. Retrospektiv ist also insoweit zu berichtigen, wie es praktikabel ist. Im Einzelnen wird auf Rz 29 verwiesen.

46

3.4.3 Interaktion von IAS 8 mit den Korrekturvorschriften des Aktien- und Wertpapierrechts

Das durch das BilKoG (Rz 40) institutionalisierte zweistufige *enforcement*-Verfahren zur Aufdeckung von Bilanzierungsfehlern sieht eine besondere Prüfung der Jahres- und Konzernabschlüsse von kapitalmarktorientierten Unternehmen vor. Deren Konzernabschluss ist ab 2005 nach den IFRS-Regeln zu erstellen. Es geht damit um die Feststellung von *errors* im Sinne von IAS 8.41 (Rz 34ff.). Hier droht eine „institutionelle Konkurrenz" bei der Fehleraufdeckung zwischen den beiden BilKoG-Instanzen und der nach deutschem Gesellschaftsrecht zuständigen Gerichtsbarkeit.

47

Für den handelsrechtlichen **Einzel**abschluss sieht das AktG verschiedene Sanktionsmechanismen vor, insbesondere die Sonderprüfung nach § 258 AktG und die Nichtigkeitsklage auf der Grundlage von § 256 Abs. 5 AktG (Rz 39). Diese Normen kreisen um Probleme des Gläubiger- und Aktionärschutzes, insbesondere auch von Minderheitsaktionären. Die Frage geht dann u. a. nach den **Rechtsfolgen** eines festgestellten, aber letztlich als fehlerhaft von den nach dem BilKoG vorgesehenen Prüfungsinstanzen beurteilten **Jahres**abschlusses. Andere Fragen richten sich nach der **rückwirkenden** Berichtigung oder nach solchen in **laufender Rechnung**. Das BilKoG kennt keine Abstimmung insbesondere mit den aktiengesetzlichen Schutzrechten und wirft deshalb eine Fülle neuer ungelöster Rechtsprobleme auf.[16]

---

[16] Vgl. hierzu im Einzelnen MÜLLER, ZHR 168 (2004), S. 414ff.; HENRICHS, ZHR 168 (2004), S. 384; MATTHEUS/SCHWAB, DB 2004, S. 1975.

Diese Probleme stellen sich beim IFRS-**Konzern**abschluss nicht. Gesellschaftsrechtliche Funktionen kommen ihm nicht zu, seine „Werthaltigkeit" beschränkt sich auf die **Informationsfunktion**. Daraus können (lediglich) Ansprüche auf Schadenersatz fehlgeleiteter Adressaten des Konzernabschlusses gegenüber dem Vorstand oder gegenüber der Konzernmuttergesellschaft erhoben werden. Weiterer nationaler Regeln bezüglich der Korrektur von Konzernabschlüssen bedarf es u. E. nicht.[17] Insbesondere bedarf es keiner materiellen (d. h. bilanzrechtlichen) Vorschriften. Die Regeln über die Durchführung der Korrektur eines festgestellten Fehlers ergeben sich vielmehr aus IAS 8.[18]

48 Betroffener Anwenderkreis des BilkoG sind die börsennotierten Gesellschaften. Diese haben ab 2005 ihren Konzernabschluss nach IFRS zu erstellen. Das materielle Recht, das definiert, wann ein Fehler vorliegt, ist insofern IFRS. Das IFRS-Regelwerk gibt aber auch vor, welche materiellen Konsequenzen die Fehlerbeseitigung hat:

> **Beispiel**
> Die BaFin stellt im Dezember 2006 einen Fehler im Konzernabschluss 2005 der U fest und verlangt die Beseitigung im Konzernabschluss 2006. Die Beseitigung in 2006 kann gem. IAS 8 nur erfolgsneutral durchgeführt werden. Unter Praktikabilitätsvorbehalt sind dabei auch die Vorjahresbeträge (2005) anzupassen.
> Nimmt U eine erfolgswirksame Korrektur vor oder passt U die Vorjahresbeträge nicht an (obwohl keine Praktikabilitätseinwände bestehen), begeht U den nächsten Fehler, der zum erneuten Eingreifen der BaFin führen kann.

Keine unmittelbare Interaktion besteht zwischen IAS 8 und den Nichtigkeits- und Anfechtungsgründen des § 256f AktG, da diese Vorschriften sich nur auf den handelsrechtlichen Einzelabschluss beziehen.[19]

---

[17] So Müller, ZHR 168 (2004), S. 426; a. A. möglicherweise Henrichs, ZHR 168 (2004), S. 395ff., Stand 8.12.2003 (→ § 7 Rz 3).

[18] Demgegenüber war der Entwurf § 37q Abs. 1 WpHG-E im Verhältnis zum materiellen Recht noch undeutlich: Ergibt die Prüfung durch die Bundesanstalt, dass die Rechnungslegung oder die Berichterstattung im Lagebericht fehlerhaft ist, so stellt die Bundesanstalt den Fehler fest. Sie kann im Einklang mit den materiellen Rechnungslegungsvorschriften anordnen, dass der Fehler unter Berücksichtigung der Rechtsauffassung der Bundesanstalt im nächsten Abschluss oder unter Neuaufstellung des Abschlusses für das geprüfte Geschäftsjahr zu berichtigen ist. Die im Dezember 2004 verabschiedete endgültige Fassung lautet demgegenüber kurz: „Ergibt die Prüfung durch die Bundesanstalt, dass die Rechnungslegung fehlerhaft ist, so stellt die Bundesanstalt den Fehler fest."

[19] Zu mittelbaren Beziehungen zwischen Aktienrecht und IAS 8 (1993): Heuser/Theile, IAS Handbuch 2003, Tz 143.

Lüdenbach

4 Angaben

Die durch IAS 8 geforderten Anhangsangaben wurden im Wesentlichen schon in den o. g. Beispielen behandelt. Auf Rz 26 und Rz 45 wird deshalb verwiesen. An dieser Stelle erfolgt noch eine Systematisierung und Vervollständigung: 49

a) Angaben zu Methodenänderungen (IAS 8.28ff.)   50
- Bei der erstmaligen Anwendung eines Standards sind anzugeben:
  - der Titel des Standards,
  - die Tatsache der Befolgung der Anwendungsbestimmungen *(transitional provisions)* und die Beschreibung dieser Bestimmungen,
  - die Anpassungsbeträge für alle im Abschluss dargestellten Jahre sowie für die Eröffnungsbilanz des ersten präsentierten Jahres.
  - Bei dem letztgenannten Punkt ist häufig eine Angabe im Eigenkapitalspiegel ausreichend (→ § 20 Rz 40ff.).
- Wird ein neuer Standard, der noch nicht anwendbar oder anwendungspflichtig ist, nicht angewendet, ist die voraussichtliche Auswirkung der zukünftigen Anwendung dieses Standards offenzulegen (IAS 8.30).
- Bei der Änderung von Bewertungsmethoden zur Verbesserung der Darstellung sind anzugeben:
  - die Art der Änderungen,
  - die Anpassungsbeträge (wie oben).

Soweit aus Gründen der Praktikabilität nicht retrospektiv angepasst wird, ist diese Tatsache offenzulegen.

b) Angaben bei Änderung von Schätzungen (IAS 8.39f.)   51
In allen Fällen der wesentlichen Änderung einer Schätzung sind anzugeben:
- Art und Betrag der Änderung,
- möglichst auch für die zukünftigen Perioden,
- soweit dies aber nicht praktikabel erscheint, ist dies offenzulegen.

c) Angaben bei Bilanzkorrektur (IAS 8.49)   52
Bei der Korrektur eines Fehlers sind anzugeben:
- die Art des Fehlers,
- die Anpassungsbeträge,
- ggf. die Tatsache, dass eine retrospektive Anpassung nicht praktikabel ist.

Alle Angaben unterliegen dem **Vorbehalt der** *materiality* (→ § 1 Rz 63ff.). Diesem kommt insbesondere im Bereich der **Schätzungen** eine hohe Bedeutung zu. Die Anpassung geschätzter Werte an die besser gewordene Erkenntnis würde angesichts der Vielzahl betroffener Fälle (Rückstellungen, Wertberichtigungen, Restnutzungsdauern usw.) zu einer **Inflation von Angaben** *(information overload)* führen. Eine strenge Beurteilung, ob eine Angabe notwendig ist, dient daher nicht nur den Unternehmen, sondern auch den Bilanzadressaten.   53

Lüdenbach

54 Auch die durch IAS 8.30ff. geforderten Angaben zu **zukünftig wirksamen Standards** sind in dieser Hinsicht sorgfältig zu prüfen. Die Verabschiedung von 15 revidierten Standards im Dezember 2003 stellt ein besonders eklatantes Beispiel dar. Man konnte von den Unternehmen nicht verlangen, die Arbeiten für die Bilanz 31.12.2003 erst einmal zurückzustellen, um sich mit den revidierten, ab 2005 anwendbaren Regeln zu befassen und deren Folgen abzuschätzen. Der **Konzernabschluss** ist **kein Proseminar zur Bilanzierung**. Ein derartiges Bilanzseminar war weder den Unternehmen noch ihren Bilanzadressaten zuzumuten, zumal zum Bilanzerstellungszeitpunkt alle genannten Standards noch ohne *endorsement* durch die EU waren.

5 Anwendungszeitpunkt, Rechtsentwicklung

55 IAS 8 ist auf alle Abschlüsse anzuwenden, deren Berichtsperiode ab dem 1. Januar 2005 beginnt. Eine frühere Anwendung wird empfohlen.

56 Gegenüber IAS 8 (1993)[20] unterscheidet sich die Neufassung vor allem in folgenden Punkten:

- Die **Wahlrechte** zur erfolgswirksamen Behandlung von Methodenänderungen (Rz 25) und Fehlerkorrekturen (Rz 43) sind entfallen. Es ist zwingend retrospektiv und erfolgsneutral zu verfahren.
- Die in IAS 8 (1993) noch enthaltenen Ausführungen zur **Untergliederung der GuV** sind teils ersatzlos entfallen, teils verlagert worden.
  - IAS 8.10 (1993) schrieb die Unterteilung der GuV in ein Ergebnis aus der **gewöhnlichen** (Geschäfts-)Tätigkeit *(profit or loss from ordinary activities)* und ein Ergebnis aus **außerordentlichen** Posten *(extraordinary items)* vor. Beide Teile enthielten abweichend vom Handelsrecht jeweils die auf sie entfallenen Steuern. Im Hinblick auf unscharfe Abgrenzungen von ordentlichen und außerordentlichen Posten und daraus entstehenden bilanzpolitischen Missbrauchsmöglichkeiten ist der Ausweis außerordentlicher Posten nicht mehr erlaubt.
  - Ausführungen zur Aufschlüsselung von GuV-Posten, insbesondere im Bereich der sonstigen Erträge und Aufwendungen, sind nicht mehr in IAS 8, sondern in IAS 1 enthalten (→ § 2ff.).

6 Zusammenfassende Praxishinweise

57 Der Grundsatz der **Methodenstetigkeit** ist in IAS 8 für **Ansatz** und **Bewertung** und in IAS 1 für den **Ausweis** geregelt (Rz 5).
In den Anwendungsbereich des Stetigkeitsgebots fallen neben **echten auch unechten Wahlrechte** (Rz 8).

---

[20] Mehr zu IAS 8 (1993) bei Zülch/Willms, StuB 2004, S. 11ff.

Lüdenbach

Im Bereich der **unechten** Wahlrechte ist aber eine enge Auslegung geboten:
- Keinen Stetigkeitsanforderungen unterliegen konkrete **Schätzungen im Einzelfall** (Rz 11).
- Unter Beachtung des Einzelbewertungsprinzips entfalten aber auch die **Schätzverfahren** der vergangenen Perioden i. d. R. keine Bindungswirkung für Neuzugänge (Rz 13).

Abweichungen vom Stetigkeitsgebot sind dann zulässig und geboten, wenn
- dies durch **neue Rechtsvorschriften** verlangt wird (Rz 18) oder
- die Methodenänderungen der **Verbesserung der Darstellung** dienen (Rz 21).

Die Illustrationen des IASB zum zweiten Punkt lassen folgenden Schluss zu: Eine Verbesserung der Lagedarstellung muss mehr behauptet als im Detail belegt werden. Ermessensspielräume ergeben sich auch daraus, dass der **Zeit- und Sachhorizont** für die geforderte Verbesserung der Darstellung unklar ist (Rz 22).

Im Falle eines zulässigen Methodenwechsels ist die **neue** Bilanzierungsmethode **retrospektiv** anzuwenden. Anpassungsbeträge sind **erfolgsneutral** zu verbuchen (Rz 25).

Ausnahmen von der retrospektiven Anpassung ergeben sich aus dem **Praktikabilitätsvorbehalt**. Der Begriff der *impracticability* ist nicht in einem theoretischen Szenario zu interpretieren. Ein Verfahren ist bereits dann *impracticable*, wenn vernünftige Anstrengungen *(reasonable efforts)* nicht zum Ziel führen würden (Rz 29).

Auch eine Korrektur von Fehlern (**Bilanzkorrektur**) ist **erfolgsneutral und retrospektiv** vorzunehmen, wobei die Retrospektion wiederum dem Praktikabilitätsvorbehalt unterliegt (Rz 43).

Die Korrekturvorschriften von IAS 8 geben den materiellen Rahmen vor, in dem sich **Korrekturvorschriften des formellen Rechts** (Bilanzkontrollgesetz) bewegen können (Rz 47).

Die **Revision von Schätzungen** ist **erfolgswirksam** in der laufenden Periode, bei Dauersachverhalten über die zukünftigen Perioden verteilt, durchzuführen (Rz 42).

Bei Methodenänderungen, Bilanzkorrekturen und Revision von Schätzungen sind zahlreiche **Anhangsangaben** geboten (Rz 49), die aber einem strengen *materiality*-Vorbehalt unterworfen werden müssen (Rz 53).

Auf die **Checkliste Abschlussangaben** wird verwiesen (→ § 5 Rz 8).

§ 25 ERLÖSE *(REVENUE)*

Inhaltsübersicht	Rz
Vorbemerkung	
1 Zielsetzung, Regelungsinhalt und Begriffe	1–8
1.1 Erlöse und (andere) Erträge	1–5
1.2 Zeitpunkt, Art und Höhe der Erlöse	6–7
1.3 Verhältnis von IAS 18 zu IAS 11	8
2 Erlösrealisierung	9–95
2.1 Erlösrealisierung zwischen Prinzip und Kasuistik	9–16
2.2 Verkauf von Gütern	17–41
2.2.1 Risikoübergang und Verlust der Verfügungsmacht	17–18
2.2.2 Übergang der Preisgefahr: Versendungskauf, *„bill-and-hold"*-Verkäufe	19–23
2.2.3 Ausstehende Montage und Prüfung, Abnahme und Abnahmeverzug	24–27
2.2.4 Lieferung mit Rückgaberecht des Käufers	28–30
2.2.5 Kommissions- und kommissionsähnliche Geschäfte	31–32
2.2.6 Lieferung an notleidenden Kunden	33–34
2.2.7 Verkauf mit Erlös-, Rendite- oder Preisgarantie	35–36
2.2.8 Verkauf gegen Erfolgsbeteiligung	37
2.2.9 Tauschgeschäfte und bilanzpolitisch motivierte Geschäfte	38–40
2.2.10 Fertigungsaufträge sowie *sale-and-lease-back*-Transaktionen	41
2.3 Dienstleistungsaktivitäten	42–58
2.3.1 Zeitverträge und Verträge, bei denen ein Erfolg geschuldet wird	42–46
2.3.2 Vermittlungs-, Makler- und Vertreterprovisionen	47–50
2.3.3 Lehrtätigkeiten, künstlerische Veranstaltungen	51
2.3.4 Mitgliedschaftsentgelte, *up-front fees, franchise*	52–54
2.3.5 Finanzdienstleistungen	55–58
2.4 Finanzerträge, Lizenz- und Nutzungsentgelte	59–65
2.4.1 Finanzerträge	59
2.4.2 Lizenzentgelte	60–61
2.4.3 Nutzungsentgelte aus Miet- und Leasingverträgen	62
2.4.4 Veräußerung von Nutzungsrechten	63–65
2.5 Mehrkomponentengeschäfte	66–77
2.5.1 Begriff und Problemstellung	66–68
2.5.2 Kriterien eines Mehrkomponentengeschäfts	69
2.5.3 Trennbarkeit dem Grunde und der Höhe nach	70–75

Lüdenbach

		2.5.3.1 Trennbarkeit als Voraussetzung separater Erlösrealisierung	70
		2.5.3.2 Trennbarkeit dem Grunde nach	71
		2.5.3.3 Trennbarkeit der Höhe nach	72–75
	2.5.4	Wichtige Anwendungsbereiche der Mehrkomponentenregelungen	76
	2.5.5	Mehrkomponentengeschäft beim Leistungsbezieher?	77
2.6	Strukturierte Geschäfte		78–84
	2.6.1	Die herkömmliche Betrachtungsweise	78
	2.6.2	Das strukturierte Geschäft: Divergenz von rechtlicher Form und wirtschaftlichem Gehalt	79
	2.6.3	Verkauf mit Rücknahmeverpflichtung an Handelsintermediäre (verdecktes Kommissionsgeschäft)	80
	2.6.4	Verkauf mit Rücknahmeverpflichtung an einen gewerblichen Nutzer (verdecktes Leasing)	81
	2.6.5	Verkauf mit Renditegarantie	82
	2.6.6	Verkaufsgeschäfte unter ungleicher Marktmacht .	83
	2.6.7	Fazit	84
2.7	Erlösrealisierung bei Softwareunternehmen		85–91
	2.7.1	Verzicht des Regelgebers auf branchenspezifische Vorschriften, Rückgriff der Praxis auf US-GAAP	85–86
	2.7.2	Grundunterscheidungen in US-GAAP und ihre Verträglichkeit mit IFRS	87–90
		2.7.2.1 Auftragsfertigung, *customizing*	87
		2.7.2.2 Lizenzierung von Standardsoftware	88
		2.7.2.3 Mehrkomponentengeschäfte über Software	89
		2.7.2.4 Kein *cash accounting* bei Ratenzahlungsvereinbarungen	90
	2.7.3	Zusammenfassender Befund	91
2.8	Erlöse aus rechtsmängelbehafteten Geschäften		92–95
3 Bemessung der Erlöse			96–106
3.1	Tauschgeschäfte		96
3.2	Kommissions- und kommissionsähnliche Geschäfte ...		97–98
3.3	Erlösschmälerungen, Ertrags-Aufwands-Saldierungen ..		99–104
	3.3.1	Erlösschmälerungen i.e.S.	99
	3.3.2	Kundenbindungsprogramme (Sach-Boni)	100
	3.3.3	Nachbetreuungsleistungen und vereinnahmte *up-front fees*	101–102
	3.3.4	Abgrenzung *up-front fees* von erhaltenen Investitionszuschüssen	103
	3.3.5	Leistungen an den Händler: *placement fees* und andere *sales incentives*	104

Lüdenbach

3.4 Entgelte von dritter Seite, durchlaufende Posten, fakturierte Nebenkosten	105–106
4 Rechtspraxis	107
5 Einzelfälle der Erlöse (ABC)	108
6 Latente Steuern	109–110
7 Angaben	111
8 Anwendungszeitpunkt, Rechtsentwicklung	112–113
9 Zusammenfassende Praxishinweise	114–116

Schrifttum: AICPA, SOP 97-2, Software Revenue Recognition; AICPA, SOP 98-9, Modification of SOP 97-2; AICPA, SOP 00-2, Accounting by Producers or Distributors of Films; BECK, Ertragsrealisierung bei der Veräußerung von Immobilien nach IAS 18, StuB 2004, S. 1057; BRINER, Subtle Issues in Revenue Recognition, The CPA Journal, 3/2001; DRIESCH, IFRIC D 20: Bilanzierung von Kundenbindungsprogrammen, WPg 2006, S. 1345; DSR, E-DRS 17 Erlöse; EKKENGA, Gibt es wirtschaftliches Eigentum im Handelsbilanzrecht?, in: ZGR 1997, S. 262ff.; ERNST & YOUNG, International GAAP 2005, Global Edition, 2005; ERHARDT, Realisierung von Umsatzerlösen nach dem Vorbild der US-GAAP, StuB 2004, S. 945ff.; FISCHER/NEUBECK, Umsatzrealisationszeitpunkt bei Werklieferungsverträgen nach der Schuldrechtsreform, BB 2004, S. 657; GOERDELER/MÜLLER, Die Behandlung von schwebend unwirksamen Anschaffungsgeschäften, von Forderungsverzichten und Sanierungszuschüssen im Jahresabschluss, WPg 1980, S. 313ff.; HOFFMANN, Der Pfandkreislauf, PiR 2006, S. 95; HOFFMANN, Erlösrealisation bei erfolgsabhängigem Kaufpreis, PiR 2006, S. 209ff.; HOFFMANN/LÜDENBACH, Das Realisationsprinzip – 1884 und heute. Eine kleine (Geburtstags-)Gabe für Adolf Moxter, DStR 2004, S. 1758; HOFFMANN/LÜDENBACH, Umsatzrealisierung bei strukturierten Geschäftsmodellen, DStR 2005, S. 1331ff.; KPMG, Insights into IFRS, 2006/2007; KÜHNE/SCHREIBER, Bilanzierung von Kundenbonusprogrammen nach IFRS, KoR 2006, S. 573ff.; KÜTING/PILHOFER, „Miles and More" und mehr, Verbuchung von Bonusleistungen aus Verkäufer- und Käufersicht im internationalen Vergleich, BB 2002, S. 2059ff.; KÜTING/PILHOFER/KIRCHHOF, Die Bilanzierung von Software aus der Sicht des Herstellers nach US-GAAP und IAS, WPg 2002, S. 73ff.; KÜTING/TUROWSKI/PILHOFER, Umsatzrealisation im Zusammenhang mit Mehrkomponentenverträgen. Aktuelle Entwicklungstendenzen in der US-amerikanischen Rechnungslegung, WPg 2001, S. 305ff.; KÜTING/ZWIRNER, Bilanzierung und Bewertung bei Film- und Medienunternehmen des Neuen Marktes, FB 2001, Beilage 3; LÜDENBACH, Leasing-Verträge über Stadien, VIP-Logen und Business-Seats, BC 2006, S. 133ff.; LÜDENBACH, Warenlieferung an Handelsketten oder Endverbraucher mit (faktischer) Rücknahmepflicht, PiR 2005, S. 15ff.; LÜDENBACH/HOFFMANN, Das schwebende Geschäft als Vermögenswert, Bilanzierung bei Erwerb und Verkauf von Nutzungsrechten, DStR 2006, S. 1382ff.; LÜDENBACH/HOFFMANN, Erlösrealisierung bei Mehrkomponentengeschäften nach IFRS und HGB/EStG,

DStR 2006, S. 153ff.; ORDELHEIDE/BÖCKEM, IAS 18 Erträge (Revenue), in: BAETGE u. a., Rechnungslegung nach IAS, 2. Aufl.; RUHNKE/NERLICH, Abbildung von Filmrechten in einem IAS/IFRS-Jahresabschluss, WPg 2003, S. 753ff.; SCHARPF/KUHN, Erfassung von Erträgen und Aufwendungen im Zusammenhang mit Finanzinstrumenten nach IFRS, KoR 2005, S. 154; UNKELBACH, Umsatzrealisation und Bilanzmanipulation aus der SEC-Fundgrube, PiR 2006, S. 196 ff.; UNKELBACH, Verkaufsgeschäfte an Handelsintermediäre mit Rücknahmeverpflichtung, PiR 2006, S. 235; WÜSTEMANN/ KIERZEK, Ertragsvereinnahmung im neuen Referenzrahmen von IASB und FASB – internationaler Abschied vom Realisationsprinzip? BB 2005, S. 427ff.; WÜSTEMANN/KIERZEK, Ertragsvereinnahmung im neuen Referenzrahmen von IASB und FASB, Update, BB 2005, S. 2799ff.; ZÜLCH, Die Gewinn- und Verlustrechnung nach IFRS, 2005; ZÜLCH/WILMS, Revenue Recognition. Mögliche Änderungen bei der Ertragsrealisation nach IFRS, DB 2004, S. 2001ff.; ZWIRNER, Transparenz des Zelluloids?, KoR 2002, S. 245ff.

Vorbemerkung

Die Kommentierung bezieht sich auf IAS 18 in der aktuellen Fassung und berücksichtigt alle Ergänzungen, Änderungen oder Interpretationen, die bis zum 1.1.2007 beschlossen wurden. Einen Überblick über ältere Fassungen sowie über diskutierte oder schon als Änderungsentwurf vorgelegte künftige Regelungen enthalten Rz 112f.

1 Zielsetzung, Regelungsinhalt und Begriffe

1.1 Erlöse und (andere) Erträge

1 Der Anwendungsbereich von IAS 18 erschließt sich dem deutschen Anwender aus der Überschrift „Erträge" bzw. „*Revenue*" nicht unmittelbar. IAS 18.7 definiert Erträge als „aus der gewöhnlichen Tätigkeit eines Unternehmens resultierenden **Bruttozufluss** wirtschaftlichen Nutzens".

- Diese Definition ist **enger** als der handelsrechtliche Begriff des Ertrages (§ 275 HGB), da sie Erträge aus Wertaufholungen oder aus Auflösung von Rückstellungen ausschließt (kein Zufluss).
- Die Definition ist andererseits **weiter** als der handelsrechtliche Begriff der Erlöse (§ 277 Abs. 1 HGB), da sie sich nicht auf den Verkauf (bzw. die Vermietung) von für die Geschäftstätigkeit des Unternehmens typischen Erzeugnissen, Waren und Diensten beschränkt, sondern z. B. auch sonstige Erträge (z. B. aus Gebäudevermietung) und Kapitalerträge einschließt.

2 IAS 18.1 bestimmt Folgendes: „Dieser Standard ist auf die Bilanzierung von Erträgen anzuwenden, die sich aus folgenden Geschäftsvorfällen und Ereignissen ergeben:

(a) dem **Verkauf** von Gütern,

(b) der Erbringung von **Dienstleistungen** und

(c) der **Nutzung** von Vermögenswerten durch Dritte gegen Zinsen, Nutzungsentgelte *(royalties)* **und** Dividenden."

In der abweichenden Terminologie des *Framework* geht es danach vorrangig um „Erlöse" und nicht um „andere Erträge".

- „**Erlöse**" fallen „im Rahmen der gewöhnlichen Tätigkeit eines Unternehmens an und haben Bezeichnungen wie Umsatzerlöse, Dienstleistungsentgelte, Zinsen, Mieten, Dividenden und Lizenzerträge" (F.74).
- „**Andere Erträge**" sind „beispielsweise Erträge aus der Veräußerung von langfristigen Vermögenswerten (und) ... Erträge aus der Erhöhung des Buchwertes langfristiger Vermögenswerte" (F.76).

Die „Erlöse" unterscheiden sich von den „anderen Erträgen" vorrangig dadurch, dass es um **Zuflüsse** und nicht um **Wertänderungen** geht. Nur die „**Erträge mit Erlöscharakter**", darunter jedoch nicht Veräußerungsgewinne oder -verluste (*gains and losses*) aus dem **Abgang** von Sach- und immateriellen Anlagen (IAS 16 und IAS 38), werden in IAS 18 behandelt. Für den Ertragsrealisierungszeitpunkt bei *gains and losses* kann jedoch mangels spezifischer Regelungen in IAS 16 und IAS 38 auf IAS 18 zurückgegriffen werden.

Nicht anzuwenden ist der Standard jedoch gem. IAS 18.6 auf folgende Fälle:
- Leasinggeschäfte (→ § 15),
- Versicherungsverträge von Versicherungsunternehmen (→ § 39),
- Abbau von Bodenschätzen (→ § 42).

1.2 Zeitpunkt, Art und Höhe der Erlöse

Nach der Einleitung zu IAS 18 besteht „die primäre Fragestellung bei der Bilanzierung von Erträgen darin, den Zeitpunkt der Ertragserfassung zu bestimmen". Die allgemein für den **Erlös-/Ertragsrealisierungszeitpunkt** formulierten Kriterien des *Framework* (→ § 1 Rz 108ff.) sollen deshalb in IAS 18 konkretisiert werden. Bei diesem Konkretisierungsversuch ist zwischen verschiedenen **Arten** von Erlösen (Rz 4) zu unterscheiden.
- Beim **Verkauf** kommt es z. B. wesentlich auf die Übertragung der Verfügungsrechte an (Zeit**punkt**betrachtung; Rz 17ff.),
- bei **Nutzungs**überlassungen sowie vielen **Dienstleistungs**aktivitäten hingegen auf den Ablauf einer bestimmten Zeitspanne (Zeit**raum**betrachtung; Rz 59ff.).

Allerdings ist bei modernen Geschäftsmodellen nicht immer sofort erkennbar, ob ein Verkauf und damit eine Zeitpunktleistung oder eine Nutzungsüberlassung und damit eine Zeitraumleistung vorliegt. Im Rahmen sog. **strukturierter Geschäfte** kann ein zivilrechtliches Veräußerungsgeschäft wirtschaftlich als Nutzungsüberlassung zu deuten und entsprechend zu bilanzieren sein (Rz 80ff.). Besondere Probleme können auch aus einer Kombination mehrerer Leistungsarten entstehen (**Mehrkomponentenvertrag**; Rz 66). In diesem Fall stellt sich die Frage, ob die Komponenten trennbar und einer **separierten** Beurteilung nach Zeitpunkt und Höhe der Erlösrealisierung zugänglich sind.

Lüdenbach

1.3 Verhältnis von IAS 18 zu IAS 11

8 Während **IAS 18 allgemein** den Zeitpunkt der Ertrags- bzw. Erlösrealisierung regelt, enthält **IAS 11** (→ § 18) **besondere** Vorschriften für in der Regel langfristig abzuwickelnde Fertigungsaufträge *(construction contracts)*. Die besonderen Vorschriften gehen den allgemeinen Regeln vor, auch wenn es an einem entsprechenden ausdrücklichen Hinweis fehlt. Im Übrigen fallen bei formaler Betrachtung Dienstleistungen (z. B. kundenspezifische Softwarefertigung oder Anfertigung von Steuererklärungen) nicht in den Anwendungsbereich von IAS 11. IAS 18 enthält jedoch hier analoge, z. T. wortgleiche Regelungen (→ § 18 Rz 9).

2 Erlösrealisierung

2.1 Erlösrealisierung zwischen Prinzip und Kasuistik

9 Das **Periodisierungsprinzip** stellt den wichtigsten Pfeiler des Bilanzrechts dar. Erst dadurch, dass „Aufwendungen und Erträge ... unabhängig von den Zeitpunkten der entsprechenden Zahlungen im Jahresabschluss zu berücksichtigen" (§ 252 Abs. 1 Nr. 5 HGB) bzw. Geschäftsvorfälle dann zu erfassen sind, „wenn sie auftreten und nicht wenn ... bezahlt wird" (F.22), verwandelt sich die Einnahmen-Ausgaben-Rechnung in eine Bilanz- und Erfolgsrechnung. Geregelt wird damit freilich nur die Aufgabenstellung der doppelten Buchführung, nicht schon deren Lösung. Die Frage, wann ein Geschäftsvorfall auftritt, wann Aufwand zu Aufwand und wann Ertrag zu Ertrag wird, bleibt noch offen.

10 Für die Beantwortung dieser Frage gibt z. B. auch das handelsrechtliche **Vorsichtsprinzip** aus § 252 Abs. 1 Nr. 4 HGB wenig her: Risiken und Verluste sollen bereits dann berücksichtigt werden, wenn sie vorhersehbar sind, Gewinne nur dann, „wenn sie am Abschlussstichtag realisiert sind". Damit wird nur deutlich gemacht, dass eine Gewinnchance nicht ausreicht. Aber der Übergang zwischen Gewinnchance und realisiertem Gewinn bleibt unklar.

11 Auch die Ausführungen des *Framework* und von IAS 18 sorgen kaum für mehr Klarheit. Ein Erlös soll danach entstehen, wenn

- ein **Nutzenzufluss wahrscheinlich** (F.83) bzw. hinreichend sicher (F.93) bzw. hinreichend wahrscheinlich (IAS 18.14d) ist und
- die **Höhe** des Erlöses **verlässlich** bestimmt werden kann (F.92 und IAS 18.14c).

12 Auf die Problematik der Begriffe „**Wahrscheinlichkeit**" und „Zuverlässigkeit/ Verlässlichkeit" und ihre (notwendige) Unschärfe wird an verschiedenen Stellen dieses Kommentars hingewiesen (→ § 1 Rz 87ff.; → § 18 Rz 36; → § 21 Rz 40ff.; → § 28 Rz 147ff.). Gerade in Zweifelsfällen helfen derart unscharfe Kriterien nicht weiter. Eine Unzahl von Fragen bleibt vielmehr unbeantwortet. Z. B.:

Lüdenbach

- Hat der Einzelhandel bei heute üblichem **Rückgaberecht** des Kunden den Umsatz erst mit Ablauf der Rückgabefrist auszuweisen (Rz 28)? Sind Rückgaberechte eines Handelsintermediärs anders als die eines gewerblichen Nutzers zu würdigen (Rz 80ff.)?
- Ist eine **Werkleistung ohne Abnahme** des Auftraggebers dann schon erbracht, wenn sich der Auftraggeber mit der Abnahme im Verzug befindet (Rz 27)?
- Soll der Ertrag aus einer zeitlich begrenzten Einräumung einer **Software-Lizenz** abgegrenzt oder die Lizenzierung als Veräußerung interpretiert und deshalb Umsatz sofort ausgewiesen werden (Rz 61)?
- Soll die **Dividende der Tochtergesellschaft** phasengleich (Handelsbilanz) oder phasenversetzt (Steuerbilanz und IFRS) realisiert werden (Rz 59)?

Dabei zeigt das Dividendenbeispiel, dass nicht einmal eine **Faustregel**, die vorsichtsgeprägte Handelsbilanz führe in Zweifelsfällen zu späterer Ertragsrealisierung, hilfreich wäre.

Aus allem lässt sich folgender Schluss ziehen: Das **Realisationsprinzip** ist notwendigerweise **abstrakt**. Für die Lösung unzweifelhafter Fälle, kommt es auf seine Ausformulierung nicht an. Für die Lösung konkreter Zweifelsfälle gibt es andererseits wenig her. Nahe liegend ist deshalb der Weg in die **Kasuistik**, in eine Art ABC der wichtigsten Zweifelsfälle.

Die grundlegenden **Bedenken** gegen solche Kasuistiken werden unter → § 1 Rz 44ff. diskutiert. Der IASB selbst interpretiert sein Regelwerk als *principle-based*, d. h. nicht kasuistisch. Gleichwohl erkennt er in der Einleitung zu IAS 18 die Notwendigkeit an, die Fragen der Erlösrealisierung nicht nur in allgemeiner Weise zu erörtern, sondern „außerdem praktische Hinweise zur Anwendung zu geben". Diese Hinweise enthält der Anhang zu IAS 18, indem dort relevante Zweifelsfälle abgehandelt werden.

Den drohenden **Widerspruch** zwischen **offizieller Prinzipienbasierung** und **tatsächlicher Kasuistik** hält folgende Formulierung in der Einleitung des Anhangs zu IAS 18 latent: „Der Anhang dient lediglich der Veranschaulichung und ist nicht Teil der Vorschriften. Der Anhang konkretisiert die Ertragsrealisierungskriterien der Vorschriften, indem er ihre Bedeutung anhand einiger Geschäftssituationen verdeutlicht."

Die **Praxis** muss sich an diesem Vorbehalt nicht allzu sehr stören. Er betont das **politische** Ziel der Prinzipienbasierung. Tatsächlich formuliert der Anhang „regelbasierte" (*rule based*) Vorschriften, an denen sich auch die nachfolgenden Ausführungen orientieren. Entsprechenden Tendenzen in der Praxis folgend ziehen wir ergänzend bzw. zur Lückenfüllung US-GAAP-Vorschriften heran (zur Begründung: Rz 86).

2.2 Verkauf von Gütern

2.2.1 Risikoübergang und Verlust der Verfügungsmacht

Ein Ertrag/Erlös aus dem Verkauf von Gütern ist nach IAS 18.14 realisiert, wenn neben den für alle Erlöse geltenden **allgemeinen Bedingungen**

- der **Wahrscheinlichkeit** eines Nutzenzuflusses und
- der **verlässlichen** Bestimmbarkeit der Ertragshöhe

zusätzlich folgende für den Verkauf **spezifische Bedingungen** erfüllt sind:

- Der Veräußerer verliert die **Verfügungsmacht** und behält keine eigentumsähnlichen Verfügungsrechte;
- die maßgeblichen, mit dem Eigentum verbundenen **Risiken und Chancen** sind auf den Käufer übergegangen.

18 Nach dem **ersten** spezifischen Kriterium kommt es auf die **Verfügungsmacht**, nicht notwendig das rechtliche Eigentum an, etwa bei Verkauf unter **Eigentumsvorbehalt** (IAS 18.17). Hier reicht aus, dass der Vorbehaltskäufer weitgehend wie ein Eigentümer verfügen, die Ware etwa verarbeiten oder weiterveräußern kann.

Das **zweite** spezifische Kriterium wird in IAS 18 wie folgt erläutert: Maßgebliche **Risiken und Chancen** verbleiben beim Verkäufer, wenn

- das Unternehmen über normale Garantien hinaus bei Schlechterfüllung *(unsatisfactory performance)* **garantiert** (IAS 18.16a),
- seine eigenen Erlöse von **Weiterveräußerungen, Renditen** usw. des Käufers abhängen (IAS 18.16b; Rz 35),
- wesentliche vertragliche **Nebenleistungen** wie Aufstellung und Montage noch nicht erbracht sind (IAS 18.16c; Rz 24),
- der Käufer ein **Rücktrittsrecht** hat und dessen Ausübungswahrscheinlichkeit nicht eingeschätzt werden kann (IAS 18.16d; Rz 28).

Wesentliche Anwendungsfälle der spezifischen Kriterien werden nachfolgend dargestellt.

2.2.2 Übergang der Preisgefahr: Versendungskauf, „bill-and-hold"-Verkäufe

19 Von allgemeiner Bedeutung für den **Risikoübergang** sind die **rechtlichen** Bedingungen, wie sie sich aus Gesetz, vertraglicher Einzelabrede, allgemeinen Auftragsbedingungen oder im internationalen Handel auch aus Incoterms ergeben. Nach dem Anhang zu IAS 18 können demgemäß je nach Gesetzes- bzw. Rechtslage (bei **gleichem physischen** Lieferzeitpunkt) unterschiedliche Erlösrealisierungszeitpunkte vorliegen. Entscheidend ist vor allem der **Übergang der Preisgefahr**, d. h. der Zeitpunkt, zu dem die Gefahr des zufälligen Untergangs auf den Käufer übergeht.

20 Hierzu folgendes Beispiel:

> **Beispiel**
> U liefert Waren an K. Die Parteien haben als Erfüllungsort den Sitz des K vereinbart.
> Nach § 446 BGB geht die Preisgefahr mit Übergabe an K auf diesen über. Erst in diesem Zeitpunkt ist der Umsatz realisiert.

> **Variante**
> Erfüllungsort ist der Sitz des U. U soll jedoch auf Verlangen des K die Ware durch Spediteur an K liefern. Am 30.12. erfolgt die Übergabe an den Spediteur, der die Ware am 2.1. an K übergibt.
> Es liegt ein **Versendungskauf** nach § 447 BGB vor (Versand auf Verlangen des Käufers an anderen Ort als Erfüllungsort). Mit der Übergabe an den Spediteur ist die Preisgefahr auf K übergegangen. Der Erlös ist deshalb bei U noch im alten Jahr zu realisieren.

Das **Eigentum** an beweglichen Sachen geht im Normalfall durch Einigung und Übergabe über (§ 929 BGB). Die Übergabe kann durch Vereinbarung eines Besitzmittlungsverhältnisses ersetzt werden (§ 930 BGB). Der Anhang zu IAS 18 Tz. 1 spricht in anderer, angelsächsischer Terminologie von „*bill-and-hold*-Verkäufen". Die Umsatzerlöse aus solchen Verkäufen sind realisiert, sofern folgende Bedingungen kumulativ erfüllt sind:

- Das **rechtliche Eigentum** ist übertragen worden.
- Eine **spätere tatsächliche Lieferung** ist wahrscheinlich.
- Die Ware ist **identifiziert** („*identified*").
- Die **Parteien** sind über die „verzögerte" Lieferung einig.
- **Übliche Zahlungsbedingungen** sind vereinbart.

Das Kriterium der **Identifizierung** kann insbesondere bei Gattungsschulden (§ 243 BGB) Schwierigkeiten bereiten.

21

> **Beispiel**
> Landwirt L verkauft 10 Tonnen Getreide an Landhändler H mit der Maßgabe, es erst später zu liefern. Folgende Bedingungen sind (alternativ) vereinbart:
>
> **Alternative 1**
> Das für H bestimmt Getreide lagert L in einem 10-Tonnen-Silo. Der Inhalt wird rechtlich auf H übertragen, das Eigentumsrecht des H durch Kennzeichnung am Silo und in der Lagerbuchführung dokumentiert.
>
> **Alternative 2**
> Das für H bestimmt Getreide lagert L mit anderem Getreide in einem 25-Tonnen-Silo. Der gesamte Inhalt des Silos wird rechtlich auf H übertragen. Am Silo und in der Lagerbuchführung wird dokumentiert: 10 Tonnen stehen im Eigentum von H. Nach Vereinbarung zwischen L und H darf der Siloinhalt nie unter 10 Tonnen sinken.
> Den rechtlichen Erfordernissen ist in beiden Fällen Genüge getan. Fraglich ist jedoch, ob in der zweiten Alternative das Identifikationserfordernis erfüllt ist.

Zur Konkretisierung des Identifikationserfordernisses finden sich in IAS 18 **keine Hinweise**. Mit dem Problem haben sich jedoch andere Instanzen, u. a. in

Interpretation des deutschen Handels- und Steuerrechts der BFH sowie in Interpretation der US-GAAP die SEC, befasst. Nicht nur die Auffassung der SEC kann nach IAS 8.12 bei der Interpretation von IAS 18 herangezogen werden. Die Ausführungen von **BFH** und **SEC** stellen sich wie folgt dar:
Im **BFH**-Fall[1] ging es um die Bilanzierung **schwimmender** Ware (Rohkaffee). Der dem Erwerber auszuliefernde Rohkaffee war jeweils eine dem Gewicht nach bezeichnete Teilmenge der von dem Veräußerer auf dem Seewege eingeführten Partien an Rohkaffee gleicher Beschaffenheit. Der BFH lehnte eine Aktivierung beim Käufer mit folgender Begründung ab: „Als nur der Gattung nach und durch das Gewicht als unabgeschiedener Teil einer (dem Käufer) nicht bekannten Menge gattungsmäßig bezeichneter Ware ist der gekaufte Rohkaffee **nicht hinreichend individualisiert**, um als Gegenstand des wirtschaftlichen Verkehrs Teil des Vermögens der Klägerin zu sein. Dies ist erst in dem Augenblick möglich, in dem der von der Klägerin gekaufte Rohkaffee aus der Gesamtladung Rohkaffee gleicher Beschaffenheit erkennbar ausgesondert wird. Das Finanzgericht hat festgestellt, dass eine solche Aussonderung – die **etwa durch Numerierung der einzelnen Säcke** oder auf andere Weise sichtbar gemacht worden wäre – nicht erfolgt ist."

Die SEC[2] gelangt zu ähnlichen Ergebnissen: Da eine Umsatzrealisierung **vor** physischer Lieferung eine **Abweichung** von den allgemeinen Regelungen *(departure from the general rules)* sei, müssten die Umstände einer solchen Transaktion besonders belegt *(specially verified)* werden. Hierzu gehöre insbesondere, dass die vertragsgegenständlichen Güter vom sonstigen Inventar des Veräußerers segregiert seien und nicht mehr zur Ausführung anderer Umsätze zur Verfügung stünden. An der letztgenannten Voraussetzung fehlt es bei der lediglich mengenmäßigen Bestimmung des Vertragsobjekts. Plakativ gesprochen hindert eine solche Bestimmung nicht die Auslieferung des einzelnen Getreidekorns oder der einzelne Kaffeebohnen an einen Dritten und steht daher der Umsatzrealisierung entgegen.

22 Bei **Ratenzahlungen** kann von vornherein vereinbart sein, dass eine Ware erst geliefert wird, wenn die letzte Rate bezahlt ist. Soweit die Ware bereits vor Auslieferung identifiziert und beiseitegelegt ist *(lay-away sales)*, kommt eine Umsatzrealisierung vor der Lieferung in Frage. Voraussetzung ist, dass ein wesentlicher Teil der Raten geleistet wurde und nach Erfahrungswerten mit Leistung der restlichen Zahlungen zu rechnen ist (IAS 18 Anhang Tz 3).

23 IAS 18 setzt **kumulativ** Übergang der Preisgefahr und Verlust der Verfügungsmacht voraus (Rz 17). Zum **Zusammenwirken** beider Kriterien folgendes Beispiel:

---

[1] BFH, Urteil v. 9.2.1972, I R 23/69, BStBl II 1972 S. 563.
[2] Im Accounting and Auditing Enforcement Release No. 108 vom 5. August 1986.

Lüdenbach

> **Beispiel[3]**
> A verkauft B am 10.12. abessinischen Rohkaffee „FOB Djibuti, netto Verschiffungsgewicht". Die Partie wird am 30.12. verladen. Das darüber ausgestellte Konnossement lautet auf die Commercial Bank of Ethiopia und wurde von dieser blanko indossiert. Das Konnossement wird am gleichen Tag an das Bankhaus Bremen verschickt, bei dem B für die Bezahlung der Warenschuld ein Akkreditiv hatte eröffnen lassen. Der Käufer erhält die Konnossemente erst im neuen Jahr. Erst dadurch erlangt er den Anspruch auf Herausgabe der Ware.
> Die Warenpartie wurde schon vor dem Bilanzstichtag verschifft, sodass die Preisgefahr nach der vereinbarten FOB-Klausel mit der Verbringung an Bord des Schiffes auf die Klägerin überging. Daraus folgt noch nicht der Verlust der Verfügungsmacht. Verfügungsberechtigt ist der jeweilige berechtigte Inhaber des Konnossements.
> Mit der Absendung der Waren und dem Gefahrenübergang ist aber das Schweben des Verkaufsgeschäfts für den Verkäufer dann beendet, wenn er zugleich das Konnossement abgegeben hat. Ob es andererseits schon beim Käufer angekommen ist und dieser schon wirtschaftliches Eigentum erlangt hat, ist dann nicht mehr entscheidend.

Die Bezugnahme auf **zivilrechtliche** Kriterien der Preisgefahr und des Eigentums **versagt** allerdings dann, wenn Garantien, Rücknahmevereinbarungen u. Ä. das zivilrechtliche Veräußerungsgeschäft so überlagern, dass in **wirtschaftlicher** Betrachtung gar keine Veräußerung mehr vorliegt (dazu: Rz 80ff.).

2.2.3 Ausstehende Montage und Prüfung, Abnahme und Abnahmeverzug

Nach IAS 18 Anhang Tz 2 soll der Erlös normalerweise erst realisiert sein, „wenn der Käufer die Lieferung akzeptiert und Installation und Endkontrolle abgeschlossen sind". Nach der weiteren Erläuterung soll dies jedoch nicht für Fälle gelten, in denen der Installationsaufwand gering ist, wie beispielsweise bei Installation eines Fernsehers. Im Einzelnen wäre danach wie folgt zu differenzieren: 24

- **Verkäufer schuldet Installation** als wesentliche Nebenleistung: Erlös nach Installation.
- Verkäufer schuldet keine Installation und **Installation ist wenig aufwändig**: Erlös mit Übergabe der Sache.
- Verkäufer schuldet keine Installation und **Installation ist aufwändig**: Erlös nach Installation.

Die letzte Variante wäre wenig schlüssig und stünde im Widerspruch zu den Regelungen von IAS 10 (→ § 4 Rz 5ff.). 25

---

[3] In Anlehnung an BFH, Urteil v. 3.8.1988, I R 157/84, BStBl II 1988 S. 21.

Lüdenbach

> **Beispiel**
> U liefert K am 23. Dezember eine Einbauküche, vertragsgemäß in kleinsten Einzelteilen und ohne Montage. K beauftragt M mit der Montage. Feiertagsbedingt kommt M erst im neuen Jahr zur Montage. Weder weiß U noch kann er beeinflussen, wann K die Küche montieren lässt. Die Montage ist auch nicht seine Angelegenheit.
> Wenn sich bei der Montage im Januar herausstellt, dass die Lieferung von U weder unvollständig noch wesentlich mangelhaft war, so ist dies kein wert- bzw. ansatzbeinflussendes, sondern lediglich ein wert- bzw. ansatzerhellendes Ereignis. Der Erlös ist im alten Jahr realisiert.

26 Bei einem **Kaufs auf Probe** stellt sich ebenso die Frage nach der Bedeutung der **endgültigen Annahme** der Ware für den Realisationszeitpunkt. Solange die vertraglich vereinbarte oder angemessene Probefrist am Bilanzstichtag noch nicht abgelaufen ist, fehlt es am Anerkennungsakt (§ 495f BGB). Die Finanzverwaltung[4] geht daher von einem Realisationszeitpunkt mit Ablauf der Rückgabefrist aus.

27 Beim **Werkvertrag** über unbewegliche Sachen geht die Preisgefahr erst mit Abnahme des Werkes, d. h. Anerkennung als im Wesentlichen vertragsgerecht, auf den Auftraggeber über. Ist der Auftraggeber jedoch mit der **Abnahme in Verzug**, findet ein Gefahrenübergang bereits mit Eintritt des Verzugs statt (§ 644 BGB). Zu diesem Zeitpunkt ist der Ertrag gleichwohl noch nicht zu realisieren, wenn die Verfügungsgewalt beim Verkäufer bleibt (Rz 23). Entsprechendes gilt für den Kaufvertrag, wenn die Ware wegen Annahmeverzugs des Käufers nicht übergeben werden kann. Für den Werklieferungsvertrag über bewegliche Sachen gilt nach § 651 BGB i. d. F. Schuldrechtsreformgesetz das Kaufvertragsrecht; eine Abnahme entfällt. Die Übergabe der Sache ist entscheidend.[5]

2.2.4 Lieferung mit Rückgaberecht des Käufers

28 Bei Lieferung mit Rückgaberecht hängt nach IAS 18.16d die Erlösrealisierung davon ab, ob die **Wahrscheinlichkeit** der Rückgabe eingeschätzt werden kann. Für die Rücknahmen ist eine **Schuld** zu passivieren (IAS 18.17), und zwar u. E. erlösmindernd und nicht aufwandswirksam (Rz 102). Die Regelung in IAS 18.16d ist vor allem auf die im Einzel- und Versand-**Handel bei Lieferung an Endverbraucher** vereinbarten „Umtauschrechte" zugeschnitten. Sie gilt aber auch für die Veräußerung von Massenware an Handelsintermediäre.

29 Hierzu folgendes Beispiel:

---

[4] OFD Münster, DStR 1989, S. 402.
[5] FISCHER/NEUBECK, BB 2004, S. 657.

> **Beispiel**
> Die in 01 gegründete Firework AG liefert im Dezember Feuerwerk an den Handel aus. Mit Rücksicht auf die Vorschriften des Sprengstoffgesetzes und der Sprengstofflagerrichtlinie hat sie sich zur Rücknahme aller bis 31.12.01 nicht an Endkunden weiterveräußerten Waren verpflichtet.
> Mangels Erfahrungswerten der Vergangenheit kann die Firework AG die Rückgabewahrscheinlichkeit nicht verlässlich einschätzen. Nach IAS 18.16d dürfte sie in 01 keinen Umsatz ausweisen.
> Dieses Ergebnis scheint kaum sachgerecht. Die tatsächlich im Januar und Februar erfolgenden Retouren sind ansatzerhellend i. S. von IAS 10. Bei Bilanzaufstellung im März 02 sollte daher ein Umsatz für 01 ausgewiesen werden. Die Rücknahmen sind als Rückstellungen zu Lasten der Umsatzerlöse zu buchen.
> **Variante**
> In 05 geht die Firework AG an die Börse. Dem allgemeinen Erwartungsdruck folgend erstellt sie ihre Jahresabschlüsse jetzt im *„fast close"* auf. Die Bücher werden am 10.1. geschlossen, um wenige Tage später bereits das Jahresergebnis zu verkünden.
> Die tatsächliche Retourenhöhe ist zu diesem Zeitpunkt noch nicht bekannt. Die Firework AG kann aber die Retouren der Jahre 01 bis 04 auswerten und aus diesem Erfahrungswert die wahrscheinliche Retourenhöhe einschätzen.

Der vorstehende Fall lässt sich allerdings auch ohne besondere Bezugnahme auf IAS 18.16d lösen: Bleibt das **Absatzrisiko** wie im Beispiel bis zum Verkauf an den Endkunden beim **Hersteller**, agiert der Händler **wirtschaftlich** wie ein **Verkaufskommissionär** (Rz 97). Die Lieferung an ihn ist einer Konsignationslieferung gleichzustellen. Erst der Weiterverkauf durch den Handel an den Endverbraucher generiert (in diesem Fall) den Umsatz des Herstellers an den Handel, vgl. hierzu auch das Beispiel unter Rz 83. Wenn bis zum Zeitpunkt der Bilanzaufstellung die genaue Retourenhöhe und damit die genaue Absatzmenge noch nicht bekannt ist, aber verlässlich geschätzt werden kann, ist der Umsatz auf Basis der Schätzung zu realisieren.
Der Rechtsgedanke der (verdeckten) Verkaufskommission wird in Rz 80ff. für den Verkauf von **individuellen** bzw. solitären Gegenständen weiter ausgeführt. Dort werden auch Rückgaberechte behandelt, die zur wirtschaftlichen **Umdeutung** des Veräußerungsgeschäftes in eine **Nutzungsüberlassung** führen.
Ein Rückgaberecht an einem **Teilbereich** der Lieferung erhält branchenüblich der Abnehmer von ausreichend werthaltigen Warenumschließungen, typischerweise im Bereich des Getränkehandels (so genannter **Pfandkreislauf**). Die dort benutzten Warenumschließungen – Fässer und Kästen – sind im Vergleich zur gehandelten Ware werthaltiger als z. B. Faltkartons und werden deshalb vom Hersteller „verpfandet". Dieser fakturiert an den Abnehmer (hier Getränkehändler) neben dem eigentlichen Warenwert ein so genanntes

30

Pfandgeld mit der Verpflichtung zur Rückzahlung bei Rückgabe des Pfandgutes.

Mit der Lieferung der eigentlichen Getränke ist das Risiko an der Warenumschließung also noch nicht übergegangen. Vielmehr erwirbt der Leistungsempfänger durch Bezahlung des Pfandgeldes eine Option zur Rückgabe. Diese Put-Option bezieht sich auf qualitativ identische Umschließungen, also auf vertretbare Güter. Die Option ist tief im Geld (*deeply in the money*), weil der Optionspreis spürbar höher ist als der Sachwert des Pfandgutes. Die Rückgabe des Pfandgutes ist wahrscheinlich, wodurch der Abfüller in analoger Anwendung entsprechender Vorschriften für Finanzinstrumente (→ § 28 Rz 83) an der Ausbuchung des Leerguts gehindert ist. Soweit nicht aus *materiality*-Gründen ein anderes Vorgehen zulässig erscheint, ist daher in Höhe des fakturierten Pfandentgelts kein Umsatz auszuweisen.

2.2.5 Kommissions- und kommissionsähnliche Geschäfte

31 Nach dem Anhang zu IAS 18 Tz. 2c und Tz. 6 ist der Erlös des Kommittenten aus Kommissions- und kommissionsähnlichen Geschäften erst mit **Weiterverkauf** an den Dritten auszuweisen.

32 Zur Behandlung beim Kommissionär und zum kommissionsähnlichen Geschäft vgl. Rz 97.

2.2.6 Lieferung an notleidenden Kunden

33 Der Kunde kann bereits im Lieferzeitpunkt von **Zahlungsunfähigkeit** bedroht oder jedenfalls in erheblichen **Zahlungsschwierigkeiten** sein. Die Motive für eine dennoch erfolgende Lieferung können vielschichtig sein:

- Unkenntnis über die Liquiditätssituation,
- Spezialanfertigung für den Kunden ohne anderweitige Verwertbarkeit,
- besonderes Interesse am Weiterbestehen der (umfangreichen) Geschäftsbeziehung,
- Überbestand an Waren bzw. Erzeugnissen.

34 Nach IAS 18.18 soll bei derartigen Lieferungen mit ungewissem Zahlungseingang nicht ein Erlös einerseits und eine Wertberichtigung auf Forderungen andererseits gebucht werden, sondern bis zur **Beseitigung der Ungewissheit keine Erlösrealisierung** stattfinden. Die Vorschrift soll missbräuchlicher Umsatzrealisierung entgegenwirken. Prototypisch ist die Auslieferung von anderweitig nicht absetzbaren Überbeständen an dubiose Kunden. U. E. ist die Vorschrift daher nicht auf Fälle anzuwenden, in denen die Zahlungsschwierigkeiten erst nach Lieferung eintreten oder auch bei Anwendung aller erforderlichen Sorgfalt erst danach erkennbar waren.[6]

2.2.7 Verkauf mit Erlös-, Rendite- oder Preisgarantie

35 Nach IAS 18.16b und Tz 9 des Anhangs ist ein Erlös nicht bzw. insoweit nicht realisiert, als der Verkäufer in wesentlichem Ausmaß die Erlöse oder Renditen des Erwerbers direkt oder indirekt **garantiert** (vgl. auch Rz 82). Ob der Erlös

---

[6] A. A. für die analoge amerikanische Vorschrift des SAB 101: ERHARDT, StuB 2004, S. 945ff.

ganz oder in Teilen wegfällt, ist eine Sache der ermessensbehafteten Würdigung des Einzelfalls.[7]

> **Beispiel**
> Bauträger A verkauft Ende 01 ein Gebäude zum überhöhten Preis von 4.000 EUR/qm an Erwerber E und übernimmt im Gegenzug bei tatsächlichen Marktmieten von 15 EUR/qm/Monat eine 10-jährige Mietgarantie über 35 EUR/qm/Monat.
> Die Mietgarantie „kostet" 12 × (35 − 15) = 240 EUR/Jahr/qm.
> Bei Annahme eines 6 %igen Zinses beträgt der Barwert der 10 Zahlungen 1.766 EUR/qm, also beinahe die Hälfte des Veräußerungserlöses.
> Bei einem solchen Ausmaß verbleibender Risiken ist der Erlös zumindest verzögert zu erfassen, z. B. indem der Betrag von 1.766 EUR/qm nicht als Rückstellung, sondern als abzugrenzendes *deferred income* passiviert wird. In Periode 01 würden dann zunächst nur 4.000 − 1.766 = 2.234 EUR/qm erlöswirksam.
> Auch eine andere Lösung ist vertretbar: Da das Gelingen einer Vermietung (zur Marktmiete) über die 10 Jahre überhaupt ungewiss ist, beträgt das maximale Risiko 12 × 35 = 40 EUR/Jahr bzw. als Barwert 3.090 EUR/qm, also etwa 75 % des Veräußerungserlöses. Mit Blick auf das Maximalrisiko kann eine Umsatzrealisierung daher auch ganz unzulässig erscheinen. Die Zahlung des „Käufers" ist dann als abzugrenzende Garantiezahlung (3.090) und erhaltene Anzahlung auf das Gebäude (910) zu passivieren. Die Garantiezahlung wäre pro rata, der Veräußerungserlös mit Ablauf des Garantiezeitraums auszuweisen.

Bei weniger ausgeprägten **marktnahen** Garantien ist gegen eine sofortige Erlösrealisierung unter Abgrenzung des Garantiebetrags im Allgemeinen nichts einzuwenden. Eine Abgrenzung der Erlöse kann ggf. unterbleiben, wenn der Verkäufer auch an einer positiven Entwicklung der Marktrendite partizipiert:[8]

> **Beispiel**
> Bauträger A verkauft das Gebäude für 4.000 EUR/qm. Er garantiert auf 10 Jahre die Marktmiete von 15 EUR/qm/Monat. Mindermieten hat er auszugleichen, Mehrmieten sind an ihn abzuführen.

Der Verkäufer kann dem Käufer einen **Preisschutz** gewähren *(price protection clause)*. In wettbewerbsintensiven Märkten wird etwa den Endverbrauchern eine nachträgliche Preisminderung garantiert, sofern innerhalb einer bestimmten Zeitspanne das gekaufte Produkt bei einem anderen Händler zu ei- **36**

---

[7] So auch ORDELHEIDE/BÖCKEM, in: BAETGE u. a. (Hrsg.), Rechnungslegung nach IAS, 2. Aufl., IAS 18 Erträge (Revenue), Tz 50.
[8] Dazu und zu weiteren Sachverhalten: BECK, StuB 2004, S. 1057.

Lüdenbach

nem niedrigeren Preis angeboten wird (Wettbewerberklausel). Eine andere, eher bei Verkauf an Handelsintermediäre gebräuchliche Klausel sieht eine Gutschrift vor, wenn der Verkäufer in der Garantieperiode seine eigenen Preise senkt (Meistbegünstigungs- bzw. *„most favored nation" clause*).
Bedenken gegen eine Erlösrealisierung ergeben sich in solchen Fällen aus der Frage, ob nach IAS 18.14 die Höhe des Erlöses **verlässlich bestimmt** werden kann, solange ein Risiko der Preisminderung besteht. Bei einer **Meistbegünstigungsklausel** sind die Bedenken gering, da das Unternehmen selbst den zu einer Gutschrift führenden Tatbestand in der Hand hat. Bei **Wettbewerberklauseln** gilt dies zwar nicht, regelmäßig ist aber der Preisgarantiezeitraum so kurz (14 Tage), dass auch hier i. d. R. eine Umsatzrealisierung zulässig bleibt.

2.2.8 Verkauf gegen Erfolgsbeteiligung

37 Voraussetzung der Umsatzrealisierung ist nach IAS 18.14c (Verkäufe) und IAS 18.20a (Dienste) die verlässliche Bestimmbarkeit der Erlöshöhe. Hieran fehlt es im Allgemeinen, wenn der Veräußerungspreis ganz oder überwiegend von den Erlösen, Absatzmengen oder ähnlichen Größen abhängt, die der Käufer aus einem **Weiterverkauf** erzielt. Für ein Beispiel wird auf Rz 61 verwiesen.

2.2.9 Tauschgeschäfte und bilanzpolitisch motivierte Geschäfte

38 Die bilanzielle Behandlung von Tauschgeschäften hat zwei Dimensionen:
- **Erlösrealisierung:** Beim Tausch gleichartiger Vermögenswerte stellt sich die Frage, ob überhaupt ein Umsatzgeschäft anzunehmen ist.
- **Gewinnrealisierung:** Sofern vor allem beim Tausch ungleichartiger Güter ein Erlös dem Grunde nach zu bejahen ist, stellt sich zusätzlich die Frage, ob der Umsatz nach dem Buchwert oder dem Zeitwert des abgehenden Vermögens bemessen werden soll.

In diesem Abschnitt wird nur der **erste** Aspekt behandelt. Zur Gewinnrealisierung wird auf Rz 96 verwiesen, zu speziellen Regeln für den Tausch von Sachanlagen auf → § 14 Rz 13 und für immaterielle Anlagen auf → § 13 Rz 19. Nach IAS 18.12 führt der Tausch *gleichartiger (similar)* Vermögenswerte nicht zu einem Erlös *(revenue)*.

> **Beispiel**
> Das Elektrizitätsunternehmen E-1 veräußert Strom in der Region 1 an Wettbewerber E-2 und erhält im Gegenzug in der Region 2 Strom von E-2. Ein Erlös ist bei E-1 nur insoweit auszuweisen, als die Lieferung an E-2 die empfangene Leistung übersteigt.

Als typischen Fall des Tauschs gleichartiger Güter nennt die Vorschrift die gegenseitige Belieferung mit Vorräten, insbesondere **vertretbaren** Sachen *(commodities)*. Hinsichtlich der **Motive** für derartige Geschäfte ist wie folgt zu unterscheiden:

Lüdenbach

- Die Transaktion ist ganz überwiegend **bilanzpolitisch** motiviert (Aufblähung der Erlöse). Sie hat, wie sich an der Gleichartigkeit von hingegebenem und erhaltenem Gut zeigt, keinen **wirtschaftlichen Gehalt**. Eine Umsatzrealisierung ist schon deshalb abzulehnen.
- Die Transaktion ist **ökonomisch** begründet, sie dient z. B. der Reduktion von Transportkosten oder dem Ausgleich von Unterschieden zwischen der vorrätigen und der von Endkunden nachgefragten Qualität eines Rohstoffs. Bei unterschiedlichen Qualitäten der Rohstoffe oder sonstigen Tauschleistungen fehlt es an der Gleichartigkeit der Tauschgüter, sodass gegen eine Umsatzrealisierung i. d. R. keine Bedenken bestehen. Bei sonstigen ökonomischen Gründen (Transportkostenreduzierung usw.) ist jedenfalls bei reiner Auslegung nach dem Wortlaut gem. IAS 18.12 kein Umsatz auszuweisen.

Zu **bilanzpolitisch** motivierten Transaktionen folgendes Beispiel:

> **Beispiel**
> Die Telefonprovider A und B sind börsennotiert. Die Analystenbewertungen fußen zu einem großen Teil auf Umsatzmultiplikatoren. A und B kommen daher auf die Idee, Leitungskapazitätsrechte in der gleichen Region in der Weise zu tauschen, dass B für die Nutzung der Kapazität von A zahlt und umgekehrt. Die vereinbarten Entgelte sollen zusätzlich zum Endkundenumsatz in der GuV als Umsatz ausgewiesen werden.

Beim Tausch **gleichartiger** Leistungen muss nach dem Wortlaut von IAS 18.12 trotz nachweislich wirtschaftlichem Gehalt der Transaktion eine Umsatzrealisierung stets **ausscheiden**. Dies kann zu unbefriedigenden Ergebnissen führen.

> **Beispiel**
> Ölgesellschaft T fördert auf einem texanischen Feld Rohöl, das vor Ort raffiniert wird. Der Benzinabsatz erfolgt über ein eigenes Tankstellennetz überwiegend an der Golfküste. Ölgesellschaft G fördert Öl im Golf von Mexiko. Es wird in der Nähe von New Orleans raffiniert. Der Benzinverkauf erfolgt überwiegend über ein texanisches Tankstellennetz.
> T und G tauschen gleiche Benzinmengen derart, dass T das texanische Zentrallager von G beliefert und G das am Golf gelegene Zentrallager von T. Hierdurch gelingt den Unternehmen eine erhebliche Reduktion ihrer Transportkosten.
> Trotz wirtschaftlicher Substanz darf kein Umsatz aus dem Tauschgeschäft ausgewiesen werden.

Der Anwendungsbereich dieser Regelung sollte u. E. aber **nicht extensiv** interpretiert werden. Bei Nachweis der wirtschaftlichen Substanz ist eine **enge Auslegung** der „Gleichartigkeit" sachgerecht.

Lüdenbach

> **Beispiel**
> Ölgesellschaft T fördert hauptsächlich Leichtöl, in nicht unbedeutendem Umfang aber auch Schweröl. Bei Ölgesellschaft G sind die Verhältnisse umgekehrt. T hat aktuell Kaufangebote über Schweröl erhalten, die sie aus eigenem Bestand und Förderung nicht decken kann. Bei G geht umgekehrt die aktuelle Nachfrage nach Leichtöl über Bestand und Förderung hinaus. T und G tauschen daher Schwer- gegen Leichtöl, die Preisdifferenz wird in Geld ausgeglichen.
> Schwer- und Leichtöl sind zwar verwandte, aber u. E. nicht hinreichend gleichartige Produkte. Eine Umsatzrealisierung ist daher zulässig.

Auch der Tausch **ungleichartiger** Güter oder sonstiger Leistungen führt nicht zwangsläufig zu einem Umsatz. Voraussetzung der Umsatzrealisierung nach IAS 18.14c (Lieferung von Sachen) und IAS 18.20a (Serviceleistungen) ist die **verlässliche Messbarkeit** der Erlöshöhe. Hieran mangelt es, wenn der *fair value* der an Stelle von Geld erhaltenen Leistung nicht zuverlässig bestimmt werden kann.

> **Beispiel**
> Eine Zeitung kann ihren Anzeigenraum nicht mehr voll zu vernünftigen Preisen veräußern. Einem privaten Radiosender geht es ähnlich mit seinen Werbezeiten. Sie vereinbaren deshalb eine Rundfunkwerbung in der Zeitung im Tausch gegen Werbespots des Rundfunksenders für die Zeitung. Regelungen zu derartigen Transaktionen über **Werbeleistungen** finden sich in SIC 31. Danach ist ein **Erlös** *(revenue)* nur auszuweisen, wenn
> - ungleichartige Leistungen getauscht werden und
> - der *fair value* der empfangenen Gegenleistung verlässlich bestimmt werden kann.
>
> An der zweiten Voraussetzung kann es fehlen, wenn verbleibende/r Anzeigenraum/Werbezeit nur noch mit einem unbekannten Abschlag auf die üblichen Preise veräußert werden könnte.

39 In den Tauschvorgang kann eine **dritte Partei** eingeschaltet werden. Sofern die handelnden Parteien „abgestimmt" handeln, hebelt auch die Einschaltung einer dritten Partei nicht die für den Tausch bestehenden Restriktionen aus. Die amerikanische Rechnungslegungspraxis spricht in solchen Fällen von *round trip sales*. Die Struktur ist im einfachsten Fall wie folgt:

A verkauft Produkt an B. B verkauft gleiches Produkt an C und C wiederum an A.

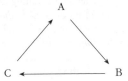

→ **Formal:** A erzielt Umsatz an B und tätigt Wareneinkauf von C
→ **Wirtschaftlich:** gar keine Transaktion

Abb. 1: *Round trip sales* – Grundfall

Eine komplexere, von der SEC ebenso beanstandete Variante wurde im Fall *Homestore* angewandt:

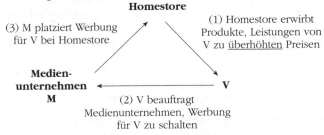

Quelle: SEC *Report Persuant to Section 704 of the Sarbanes Oxley Act of 2002*, 2003

Abb. 2: *Round trip sales* – Variante

Fraglich ist, ob die Voraussetzungen für den Ausweis eines Werbeumsatzes gegenüber M bei *Homestore* vorliegen. Die SEC verneint dies, da dieser „Umsatz" letztlich mit eigenen Geldmitteln (überhöhtes Entgelt an V) gezahlt worden sei. Diese Beurteilung ist Ausfluss des *substance-over-form*-Gedankens und daher dem Grunde nach auf IFRS (und HGB) übertragbar. Der Beurteilung der SEC wird man allerdings nur insoweit folgen können, als das abgestimmte Verhalten aller drei Parteien, im Beispiel insbesondere der Zusammenhang zwischen überhöhten Zahlungen der *Homestore* und Werbeplatzierung bei ihr, evident ist.

Round trip sales sind Beispiel für den Abschluss von Geschäften, die ausschließlich oder ganz überwiegend bilanzpolitisch motiviert sind, bei denen ein **valider ökonomischer Zweck**[9] also fehlt. Wegen der **pagatorischen Basis**

40

---

[9] Entsprechend der Begrifflichkeit des „valid business purpose" in der analogen amerikanischen Regelung EITF Issue No. 04-13 Title: Accounting for Purchases and Sales of Inventory with the Same Counterparty.

der Rechnungslegung ist ein Umsatz gleichwohl auszuweisen, wenn mit der Transaktion eine Änderung der Zahlungsströme oder Zahlungsstromerwartungen einhergeht. Einer generellen Bindung der Umsatz- oder Ertragsrealisierung an das Vorhandensein eines *valid business purpose* hat der IASB jedenfalls bei der Neufassung der Regeln zum Tausch von Sach- und immateriellen Anlagen im Rahmen des *Improvment Project* eine Absage erteilt.[10] Falls eine Transaktion zu realen Veränderungen der (ewarteten) Zahlungsströme führt, ist dies in einer pagatorisch fundierten Rechnung buchhalterisch abzubilden, unabhängig davon, ob es gute Gründe für die Transaktion gibt oder nicht.

Nur wenn die bilanzpolitisch agierenden Parteien sich gegenseitig **neutralisierende Transaktionen** abgeschlossen haben, sodass es in Summe gerade nicht zu realen Veränderungen kommt, kann das bilanzpolitisch motivierte Geschehen ungebucht bleiben. Ein Beispiel sind neben *round trip sales* bestimmte *lease-and-lease-back*-Geschäfte im Rahmen des sog. *cross border leasing* (→ § 15 Rz 145). In wirtschaftlich orientierter Betrachtung *(substance over form)* wird dann nicht einerseits ein Umsatz und anderseits ein gegenläufiger Leistungsbezug gebucht, sondern der Gesamtvorgang ungebucht gelassen (bzw. nur in seinen „Nebenwirkungen", beim *cross border leasing* etwa in der Aufteilung des Steuervorteils auf die Parteien, erfasst).

Neutralisieren sich die bilanzpolitisch motivierten Transaktionen nicht, kann der *substance-over-form*-Gedanke nur zu einer Umdeutung des Geschäfts führen. Im Einzelnen wird hierzu auf Rz 78ff. verweisen.

2.2.10 Fertigungsaufträge sowie *sale-and-lease-back*-Transaktionen

41 Beide Fälle unterliegen nicht IAS 18. Deshalb wird verwiesen:
- zu Fertigungsaufträgen auf IAS 11 (→ § 18),
- zu *sale and lease back* auf IAS 17 (→ § 15 Rz 138ff.).

2.3 Dienstleistungsaktivitäten

2.3.1 Zeitverträge und Verträge, bei denen ein Erfolg geschuldet wird

42 Wie für alle Erlöse gelten auch für Dienstleistungsaktivitäten die **allgemeinen** Kriterien
- der Wahrscheinlichkeit des ökonomischen Nutzens und
- der verlässlichen Bestimmbarkeit der Erlöshöhe (Rz 17).

An der verlässlichen Bestimmbarkeit kann es z. B. bei **nichtmonetären** Transaktionen (Leistungstausch) fehlen. Auf Rz 38 wird insofern verwiesen.

43 **Spezifisch** bestimmt IAS 18.20, dass Erträge bzw. Erlöse aus Dienstleistungsgeschäften nach Maßgabe des **Fertigstellungsgrades** des Geschäftes am Bilanzstichtag zu erfassen sind.

Nach deutscher Zivilrechtslage passt diese Anforderung zwar auf den Werkvertrag, bei dem der Auftragnehmer einen bestimmten Erfolg schuldet, jedoch

---

[10] IASB Board Meeting im Oktober 2003 in Toronto, Information for Observers.

kaum auf den Dienstvertrag, bei dem er resultatsunabhängig lediglich Dienste zu erbringen hat. Im einfachsten Fall obliegt dem Auftragnehmer des Dienstvertrages lediglich eine in Stunden oder Monaten gerechnete Arbeitsleistung, ohne dass es je zu einer Fertigstellung käme. Nur bei **extensiver Auslegung des Begriffes der Fertigstellung** kann hier noch von einem Fertigstellungsgrad gesprochen werden:

> **Beispiel**
> Personalconsulting-Unternehmen P berät ab 15.7.01 U in allen Personalfragen und erhält hierfür ein Jahreshonorar von 120.000 EUR.
> Am 31.12.01 hat P 5,5/12 seiner Jahresleistung „fertig gestellt" und kann daher 55.000 EUR als Umsatz realisieren.

Wo Dienstleistungen (hier und nachfolgend i. w. S., d. h. unabhängig von der zivilrechtlichen Terminologie) gegen **Zeithonorar** geschuldet werden, stellen sich keine besonderen Probleme der Erlösrealisierung. Zu prüfen ist lediglich, ob

- die Dienstleistung ordentlich erbracht worden ist,
- alle Arbeitsstunden abrechenbar sind ($\rightarrow$ § 18 Rz 24) und
- der Leistungsempfänger zahlungsfähig ist (Rz 33).

Ggf. ist bei pauschaler Vergütung eine Anpassung an die tatsächliche Inanspruchnahme erforderlich:

44

> **Beispiel**
> Steuerberatungsgesellschaft S ist für U ab 1.7.01 auf Basis eines Jahreshonorars von 120.000 EUR tätig. Die größte Arbeit (Jahresabschlussstellung) wird jeweils in der ersten Hälfte des Kalenderjahres im Frühjahr anfallen. Das zweite Halbjahr wird etwa 1/5 der Jahresarbeitsleistung beanspruchen.
> Zum 31.12.01 sind angesichts der geringen Inanspruchnahme des zweiten Halbjahres nicht 60.000 EUR, sondern nur 24.000 EUR als Erlös anzusetzen.

Nach dem Wortlaut von IAS 18.25 könnte im Beispiel auch der **Verzicht** auf die Erlösrealisierung in 01 in Frage kommen. Voraussetzung wäre, dass die Jahresleistung als Summe von Teilleistungen verstanden und die Abschlusserstellung als „Teilleistung von erheblich größerer Bedeutung als die Übrigen" interpretiert würde.

45

Wird hingegen ein bestimmter **Erfolg/***output***/Resultat** zu einem Festpreis **geschuldet**, kommt es auf den Fertigstellungsgrad des Bilanzstichtages an. Die diesbzüglichen Vorschriften in IAS 18.20-28 entsprechen inhaltlich den Regelungen von IAS 11 zu Fertigungsaufträgen. Auf die entsprechende Kommentierung wird verwiesen ($\rightarrow$ § 18 Rz 9, 24f.).

46

2.3.2 Vermittlungs-, Makler- und Vertreterprovisionen

47 **Werbeprovisionen** werden nicht bei Vermittlung der Werbung, sondern im Zeitpunkt der Veröffentlichung der vermittelten Werbung erfasst (IAS 18 Anhang Tz 12).

48 **Abschlussprovisionen von Versicherungsvertretern** entstehen mit Beginn des Versicherungszeitraums. Sind mit der Provision spätere Leistungsverpflichtungen abgegolten, ist die Gesamtprovision oder ein Teilbetrag abzugrenzen (IAS 18 Anhang Tz 13). Erhält der Versicherungsvertreter hingegen neben der Abschluss- später jährlich eine Bestandspflegeprovision, wird die Abschlussprovision mit Beginn des Versicherungszeitraums sofort zu Ertrag.

> **Beispiel**
> Die X GmbH betreibt eine Generalagentur. Anfang Dezember 01 vermittelt sie Y eine Unfall-Versicherung der Z-Versicherungsgesellschaft. Versicherungsbeginn ist der 1.1.02, Versicherungsablauf der 31.12.04. X erhält nach Ablauf der Rücktrittsfrist, d. h. Ende Dezember eine Provision. Der Provisionserlös ist frühestens in 02 auszuweisen, da der Versicherungszeitraum erst in 02 beginnt.
> Ob die Provision dann in voller Höhe zu realisieren oder auf 02 bis 04 zu verteilen ist, hängt davon ab, ob spätere Leistungen (Schadensabwicklung, Inkasso etc.) gesondert, z. B. über eine Bestandspflegeprovision, vergütet werden.

49 Keine kasuistische Lösung gibt IAS 18 für die Fälle der Makler- und Handelsvertretertätigkeit vor. Bei **Maklertätigkeit** ist u. E. wie folgt zu verfahren: Der Makler hat seine Leistung vollendet („fertig gestellt"), wenn er seine Nachweis- oder Vermittlungsleistung erbracht hat. Auf die Leistungserbringung („Fertigstellung") kommt es jedoch nicht an, da ein Anspruch auf Maklerlohn nur dann entsteht, wenn es tatsächlich zu einem Vertrag über das nachgewiesene oder vermittelte Geschäft kommt (§ 652 BGB). Bei Betrachtung eines einzelnen Geschäftes könnte daher erst zu diesem Zeitpunkt der Erlös realisiert werden. Mit Blick auf das Kriterium der Wahrscheinlichkeit (Rz 42) und dessen Behandlung bei Veräußerungen mit Rückgaberecht (Rz 29) scheint bei Betrachtung eines Portfolios von Geschäften eine andere Lösung angemessen.

> **Beispiel**
> M betreibt einen Strukturvertrieb für Immobilien. Die Kunden erwerben Wohneigentum auf der Grundlage eines notariellen Geschäftsbesorgungsvertrages mit dem Treuhänder T, der dann seinerseits unmittelbar Grundstückskaufverträge und zeitlich versetzt (nach Bonitätsprüfung durch die zum Initiatorenkreis gehörende Bank) Finanzierungsverträge für die Kunden abschließt. M erhält mit Abschluss des Geschäftsbesorgungs- und Grundstückskaufvertrages eine Immobilien- und eine Finanzierungsvermittlungsprovision. Beide Provisionen werden unbedingt, sobald die

Finanzierungszusage der Bank vorliegt. Finanziert die Bank den Kunden nicht, ist die Provision zurückzuzahlen.

Ende Dezember kommt es durch Vermittlung von M zu 100 Geschäftsbesorgungs- und Grundstückskaufverträgen. Die Bonitätsprüfung im neuen Jahr führt in 5 Fällen zur Rückabwicklung. Diese Quote entspricht dem langjährigen Mittel.

Beurteilung
M hat seine Arbeit im alten Jahr beendet („fertig gestellt"). Die Wahrscheinlichkeit eines (endgültigen) Erlöses kann er verlässlich einschätzen. Gegen eine Erlösrealisierung im alten Jahr ist daher u. E. nichts einzuwenden.[11]

Der Provsionsanspruch des **Handelsvertreters** entsteht ebenfalls erst mit Abschluss des Vertrages (§ 87 HGB). Fällig wird der Anspruch mit Ausführung des Geschäftes durch den Prinzipal, bei entsprechender Vereinbarung erst mit Zahlung durch den Dritten (§ 87a Abs. 1 HGB). Eventuell bereits vorher erhaltene Provisionen oder Vorschüsse sind bei Nichtleistung des Dritten zurückzugewähren (§ 87a Abs. 2 HGB). Bei Betrachtung des einzelnen Geschäftes ist der Erlös nach handelsbilanzieller Auffassung erst mit Ausführung des Geschäftes durch den Prinzipal realisiert,[12] im Fall einer entsprechenden Vereinbarung sogar erst mit Leistung durch den Dritten. Nach IFRS ist jedenfalls bei Portfoliobetrachtung eine frühere Realisierung angezeigt.

50

Beispiel
H ist als Handelsvertreter ausschließlich für U tätig. Die im Dezember vermittelten und durch Auftragsbestätigungsschreiben rechtsverbindlich zustande gekommenen Geschäfte werden im Januar ausgeführt und erst im Februar von den Kunden bezahlt. Der Handelsvertretervertrag sieht vor, dass der Anspruch auf Provision erst mit Bezahlung durch die Kunden entsteht.
Kann H aufgrund vergangener Erfahrungen eine zuverlässige Schätzung über die Storno- und die Forderungsausfallquote abgeben, ist der unter Berücksichtigung dieser Quote errechnete Provisionsanspruch noch im alten Jahr realisiert.

2.3.3 Lehrtätigkeiten, künstlerische Veranstaltungen
Der Ertrag aus **Lehr**tätigkeiten ist gemäß IAS 18 Anhang Tz 16 über den Zeitraum der Tätigkeit zu erfassen.[13]

51

---

[11] Restriktiver für einen ähnlichen Fall KPMG Insights, Tz 4.2.150.30.
[12] ELLROTT/RING, in: BECK'scher Bilanzkommentar, 5. Aufl., § 247 Tz 99.
[13] So auch der BFH, Urteil v. 10.9.1998, IV R 80/96, BStBl II 1999 S. 21.

> **Beispiel**
> Kurs-Anbieter K bereitet in einem 1-jährigen Kurs auf die Steuerberaterpüfung vor.
> Der Ertrag ist zeitanteilig zu realisieren.

Bei **künstlerischen** Veranstaltungen entsteht der Erlös des Veranstalters aus den Eintrittsgeldern mit dem Aufführungszeitpunkt (IAS 18 Anhang Tz 15). Für den Aufführenden kann eine andere Beurteilung geboten sein.

> **Beispiel**
> Die Musical AG begibt sich im Januar nach 3-monatigen Proben auf eine 6-monatige Tournee. Alle Aufführenden sind Angestellte der Musical AG.
> **Variante A**
> Die Musical AG ist für einen Konzertveranstalter tätig und erhält ein festes Honorar pro Abend.
> Nach Maßgabe des „Fertigstellungsgrades" (IAS 18.20) ist 1/3 der Erlöse im alten Jahr zu realisieren.
> **Variante B**
> Das Honorar variiert mit der Höhe der Eintrittsgelder.
> Erlösrealisierung nach Fertigungsfortschritt ist unzulässig, da/wenn die Höhe der Erlöse nicht verlässlich geschätzt werden kann (IAS 18.20a). Der Erlös ist im neuen Jahr zu realisieren.
> **Variante C**
> Die Musical AG ist selbst Veranstalter.
> Lösung wie in Variante B.

2.3.4 Mitgliedschaftsentgelte, *up-front fees, franchise*

52 Nicht anrechenbare Gebühren zum **Anfang** einer Vertragsbeziehung *(non-refundable up-front fees)* sind z. B. bei der Gewährung von Mitgliedschaften (Aufnahmegebühr), aber auch beim Abschluss von Telefonverträgen (Anschlussgebühr bzw. Aktivierungsgebühr) üblich.

- Nach IAS 18 Anhang Tz. 17 ist der Erlös sofort zu realisieren, wenn auf die Folgeleistungen kein besonderer Vorteil gewährt wird, d. h. die Folgeleistungen nach Inanspruchnahme im Einzelfall oder durch monatliche bzw. jährliche Mitgliedsbeiträge normal bezahlt werden.
- Sind hingegen Vergünstigungen mit dem Eintrittsgeld verbunden, entsteht der Umsatz nach Maßgabe des zeitlichen Anfalls der Vorteile (Rz 101).

> **Beispiel**
> Bei Abschluss eines 2-jährigen Mobilfunkvertrages zahlt der Kunde eine Anschlussgebühr, danach monatliche Grundgebühren sowie Einzelentgelte nach gleichen Tarifen wie Kunden, die (wegen Ablauf der Grundvertragszeit) jederzeit kündigen können.

Die Gebühr ist sofort zu vereinnahmen (sofern sie nicht besondere, mit Neukunden verbundene Kosten oder Risiken abdeckt; siehe Rz 54). Anders die amerikanische Regelung: SAB 104 verlangt eine Periodisierung.

Up-front fees bzw. *initial fees* sind auch bei Abschluss von *franchise*-Verträgen üblich. Falls der Vertrag jedoch laufende Entgelte vorsieht, die (in den Anfangsjahren) nicht die Kosten und einen angemessenen Gewinnaufschlag decken, ist ein entsprechender Teil der Einstandsgebühr laufzeitgerecht abzugrenzen (IAS 18 Anhang Tz 18). 53

Im *franchise*-Fall werden für die Bildung eines Abgrenzungspostens **weichere** Kriterien formuliert als im Mitgliedschaftsfall. Nach dem *franchise*-Beispiel muss das *up-front fee* nicht zu Vergünstigungen berechtigen. Eine Abgrenzung ist schon dann vorzunehmen, wenn die laufenden Entgelte nicht kosten- und durchschnittsgewinndeckend sind. Aus dieser Sicht lässt sich das Beispiel unter Rz 52 wie folgt variieren: 54

> **Beispiel**
> Bei Abschluss eines 2-jährigen Mobilfunkvertrages zahlt der Kunde eine Anschlussgebühr, danach monatliche Grundgebühren sowie Einzelentgelte nach gleichen Tarifen wie Kunden, die (wegen Ablauf der Grundvertragszeit) jederzeit kündigen können.
> Forderungsausfallrisiko und Telefonnutzung von Neukunden sind für den Mobilfunkanbieter nachteiliger als die von Altkunden. Im Neukundengeschäft wird deshalb in den ersten beiden Jahren weniger als der Durchschnittsgewinn erwirtschaftet.
> Die Anschlussgebühr ist abzugrenzen.

Die in SAB 104 niedergelegten **US-GAAP**-Vorschriften verlangen fast ausnahmslos eine Verteilung auch der *non-refundable up-front fees* (Rz 52) auf die (erwartete) Vertragslaufzeit. Als Begründung dienen u. a. die Regeln zum Mehrkomponentengeschäft (Rz 70). Die Leistung des Unternehmens oder Vereins besteht aus zwei Teilen,
- der **Freischaltung** des Telefons, der **Verleihung** der Mitgliedschaft usw.,
- des **laufenden** Angebots der Telefon-, Clubleistungen usw.

Die erste Leistung hat jedoch „*stand alone*" keinen Wert für den Kunden. Er kann die Leistungen wirtschaftlich sinnvoll auch nicht separat beziehen, also etwa bei dem einen Verein oder Telefonanbieter ein Eintrittsgeld zahlen, bei dem anderen ein laufendes Entgelt. Damit fehlt es an der **sachlichen Trennbarkeit** der Leistungen. Eine Umsatzrealisierung ist daher nur insgesamt für die Summe beider Leistungen möglich, und zwar durch Verteilung des Gesamtentgelts auf die erwartete oder Mindestlaufzeit des Vertrags.

Diese Argumente sind konzeptionell auch für IFRS schlüssig, finden sich in analoger Weise etwa in den Regeln SIC 15 zu *lease incentives*. Sie spiegeln sich aber in den im Appendix zu IAS 18 enthaltenen Beispiel nicht wider. Man wird unter diesen Umständen nach IFRS **zwei Lösungen** für vertretbar halten können:

- Unter Berufung auf IAS 18 Appendix werden Erlöse aus *non-refundable up-front fees* sofort vereinnahmt, sofern mit ihnen keine besonderen Vergünstigungen für die Inanspruchnahme der Folgeleistungen verbunden sind.
- Aus konzeptionellen Gründen werden *non-refundable up-front fees* (wie solche, die zu einer Anrechnung berechtigen) über die Vertragsdauer verteilt.

2.3.5 Finanzdienstleistungen

55 Im Zusammenhang mit der Vergabe von Krediten, Aufnahme von Geldern usw. können eine Reihe von **Serviceleistungen** anfallen. Insbesondere wenn sie von der **gleichen Partei** stammen, die auch die „Grundleistung" erbringt, stellt sich die Frage, ob vereinnahmte Gebühren Zinsbestandteil oder eigenständig sind und ob sie sofort oder über die Dauer des Kredites/der Geldanlage verdient werden.

56 Nach IAS 18 Anhang Tz. 14 ist in **wirtschaftlicher** Betrachtungsweise wie folgt zu unterscheiden:

- Entgelte, die Bestandteil der **Effektivverzinsung** bzw. -rendite sind: Praktisch relevant sind insbesondere Gebühren für die Kreditbearbeitung (Bonitätsprüfung usw.). Diese Gebühren bzw. (aus Sicht des Kreditnehmers) Transaktionskosten sind ebenso wie Disagien als Bestandteil der Effektivverzinsung (→ § 28 Rz 106) über die **Laufzeit** zu realisieren. Entstehen die Gebühren bereits mit Kreditbereitstellung bzw. -zusage *(committment fees)* und nimmt der potenzielle Kreditnehmer den Kredit wahrscheinlich nicht in Anspruch, ist der Ertrag über den Zusagezeitraum zu verteilen, bei wahrscheinlicher Inanspruchnahme hingegen in den Effektivzins einzubeziehen. Ist der Kredit ausnahmsweise als Handelswert *(trading asset* bzw. *financial instrument at fair value through profit or loss)* designiert (→ § 28 Rz 33), werden die Bearbeitungsgebühren nicht periodisiert.
- Entgelte, die über den Zeitraum der Leistungserbringung hinweg verdient werden, z. B. **laufende Gebühren** für Bearbeitungs- und Abwicklungsleistungen, Kontoführung, sind nach **Leistungserbringung** über die Zeit zu realisieren. Ebenso ist mit bei Verkauf (insbesondere stiller Abtretung) von Darlehen für die weitere Debitorenverwaltung einbehaltenen oder im Kaufpreis angerechneten *service fees* zu verfahren.
- Entgelte für das Ausführen einer bestimmten übergeordneten Tätigkeit: Ein Anwendungsfall sind Gebühren für die **Konsortialführerschaft** bei syndizierten Krediten. Die Gebühr ist nur dann mit Kreditplatzierung verdient, wenn für den Konsortialführer die gleiche Verzinsung gilt wie für die übrigen Konsortialmitglieder. Stellt die Gebühr einen Ausgleich für eine niedrigere Verzinsung dar, muss eine Periodisierung im Rahmen der Effektivverzinsung erfolgen.

Lüdenbach

Bei Anwendung der **Effektivzinsmethode** ergeben sich noch folgende Sonderprobleme:[14]

- **Zeitliche Verteilung** der Transaktionskosten/Disagien (**Amortisationsdauer**): Maßgeblich ist bei Festzinsdarlehen der Zeitraum bis zum nächsten Zinsanpassungstermin (IAS 39.AG6). Bei variabel verzinslichen Darlehen erfolgt ohnehin eine periodische Anpassung des Effektivzinssatzes (IAS 39.AG7).
- **Vorzeitige Tilgung** (Sondertilgung etc.): Der ursprüngliche Effektivzins bleibt maßgeblich (IAS 39.AG8). Daher ist der rechnerisch auf die vorzeitige Tilgung entfallende Teil der Transaktionskosten/Disagien im Zeitpunkt der vorzeitigen Tilgung als Ertrag zu buchen.
- **Vorfälligkeitsentschädigungen** sind ebenfalls sofort ertragswirksam.
- Zinserträge aus **wertberichtigten Forderungen**: Der wertberichtigte Betrag ist weiter mit dem ursprünglichen Effektivzins aufzinsen. Ein Verzicht auf die Vereinnahmung von Zinserträgen ist unzulässig (IAS 39.AG93), eine Saldierung des rechnerisch auf den Zinsanteil entfallenden Wertberichtigungsaufwands mit dem Zinsanteil des laufenden Jahres ist jedoch möglich.

Entgelte für **Anlagenmanagement** *(investment management fees)* sind mit Leistungserbringung zu vereinnahmen, Entgelte für die **Vermittlung** von Krediten mit Abschluss des (Kredit-)Vertrags.

2.4 Finanzerträge, Lizenz- und Nutzungsentgelte

2.4.1 Finanzerträge

Zinserträge sind nach Zeitablauf unter Berücksichtigung der Effektivverzinsung zu erfassen (IAS 18 Anhang Tz. 30a; vgl. Rz 56ff.).
Dividenden sind mit Umwandlung des Mitgliedschafts- in ein Gläubigerrecht, d. h. erst mit Ausschüttungsbeschluss zu realisieren (zur Abweichung vom Handelsrecht → § 4 Rz 23).

2.4.2 Lizenzentgelte

Bei einer über mehrere Perioden vereinbarten Lizenzierung von Schutzrechten ist im Allgemeinen eine **lineare Erlösrealisierung** anzunehmen.
Die vertraglichen Regelungen sind jedoch nach ihrem **wirtschaftlichen** Gehalt zu würdigen (IAS 18.33).

- Statt eines zeitlich abzugrenzenden Lizenzumsatzes ist ein **sofortiger** Veräußerungserlös anzunehmen, wenn Rechte ohne zeitliche Begrenzung und ohne weitere Pflichten des Lizenzgebers lizenziert werden (IAS 18 Anhang Tz. 20).
- Ist die Lizenzgebühr jedoch von ungewissen zukünftigen Ereignissen abhängig oder bemisst sie sich etwa nach vom Lizenzgeber produzierten

---

[14] Vgl. im Einzelnen SCHARPF/KUHN, KoR 2005, S. 154.

Stückzahlen oder von ihm getätigten Umsätzen, entsteht Erlös üblicherweise (*normally*) erst mit **Eintritt der Bedingungen** (IAS 18.16c analog).
Zur Anwendung dieser Regel folgendes Beispiel:

> **Beispiel[15]**
> Die Biotec AG (B) überlässt durch einen zeitlich und örtlich unbefristeten Lizenzvertrag das Patent an einem Erfolg versprechenden neuen Präparat exklusiv an den Pharmakonzern R. Das patentierte Präparat hat die behördliche Zulassung zum Verkauf als Arzneimittel bereits erhalten.
> Der Kaufpreis berechnet sich nach einem festen Prozentsatz des Umsatzes, den der Pharmahersteller während der Patentlaufzeit (12 Jahre) aus diesem Präparat erzielen wird.
>
> **Beurteilung**
> 1. Die unbeschränkte und exklusive Lizenzierung gilt wirtschaftlich als Veräußerung. Damit ist die erste Voraussetzung einer sofortigen Umsatzrealisierung erfüllt.
> 2. Allerdings fehlt es an der zweiten zu fordernden Bedingung, der verlässlichen Bestimmung der Erlöshöhe. Diese ist unsicher und kann gerade nicht zuverlässig geschätzt werden.
> 3. Die Umsatzrealisierung der B ist daher nach Maßgabe des Geldeingangs bei R vorzunehmen.
>
> **Fallvariante**
> Das vertragsgegenständliche Patent bezieht sich auf ein am Markt bereits gut eingeführtes Präparat mit in den letzten Jahren relativ gleich bleibenden Umsatzzahlen.
> Hier kann zwar auch ein „Rückruf" des Medikamentes vom Markt wegen irgendeiner festgestellten Unverträglichkeit nicht ausgeschlossen werden, sie ist jedoch nach mehrjähriger unbeanstandeter Vermarktung höchst unwahrscheinlich. Die Umsatzrealisation ist zulässig.

Erhöhte Bedeutung haben die Regelungen zu Lizenzerlösen in der **Software**- und **Filmindustrie**. Für beide Fälle existieren in US-GAAP branchenspezifische Regelungen. Die zur Softwareindustrie sind unter (Rz 85) dargestellt. Die in SOP 00-2 *„Accounting for Producers or Distributors of Films"* niedergelegten Regelungen zur **Filmindustrie** unterscheiden drei Fälle der Vergütungsvereinbarung mit dem Lizenznehmer (Kinoverleih):
- (a) Ein **feste Vergütung** für den Lizenzgeber (*flat fee*) führt im Zeitpunkt der Erfüllung der allgemeinen Voraussetzungen (insbesondere Beginn des Lizenzierungszeitraums) zu Umsatz.

---

[15] Entnommen HOFFMANN, PiR 2006, S. 209ff.

- (b) Eine **vom Erfolg** (z. B. von Umsätzen) des Lizenznehmers **abhängige Vergütung** ist nach Maßgabe/Entwicklung der Erfolgsvariable zu realisieren.
- (c) Bei einer erfolgsabhängigen Vergütung mit **garantierter Mindestvergütung** gilt für die Mindestvergütung (a) und für den (darüber hinausgehenden) erfolgsabhängigen Teil (b).

IAS 8.12 legt eine Heranziehung der US-GAAP-Regeln nahe (Rz 86). Dabei ist jedoch die IFRS-Verträglichkeit der Vorschriften zu prüfen. Sie ist insbesondere für den unter (c) genannten **Mischfall strittig**. Z. T. wird die Auffassung vertreten, dass nach IFRS die Mindestvergütung erst nach Maßgabe des variablen Vergütungsanteils zu realisieren ist.[16] Für diese Auffassung spricht, dass IAS 18 Anhang Tz. 20 als Beispiel für die sofortige Umsatzrealisierung aus Filmrechten nur den Fall anführt, dass der Lizenzgeber **keine** Erlösanteile aus dem Kartenverkauf mehr erwartet. Andererseits handelt es sich bei dieser Ausführung aber nur um eine beispielhafte Darstellung. Der Fall der teils fixen, teils variablen Vergütung wird gerade nicht explizit behandelt. Da der fixe Teil (abgesehen vom üblichen Delkredererisiko) keinem Realisierungszweifel mehr unterliegt, ist u. E. auch eine sofortige Realisierung dieses Teils vertretbar.

Zur Aktivierung und Abschreibung von **Filmrechten** nach zeitlichem Anfall der Erlöse wird auf → § 13 Rz 67 verwiesen.

2.4.3 Nutzungsentgelte aus Miet- und Leasingverträgen

Die Reduzierung von Nutzungsentgelten aus Mietverträgen *(operating leases)* ist in IAS 17 geregelt. Die Erlöse sind in der Regel auch dann linear über die Laufzeit zu realisieren, wenn der Vertrag degressive oder progressive Mietzahlungen vorsieht (IAS 17.50f.).

2.4.4 Veräußerung von Nutzungsrechten

Der rechtliche Eigentümer einer Sache kann das Nutzungsrecht an dem ihm zustehenden Vermögenswert förmlich (z. B. durch Rechtskauf nach § 453 BGB) **veräußern**. Dann stellt sich die Frage nach der Abgrenzung zur „normalen" Nutzungsüberlassung im Rahmen eines Mietvertrages.

> **Beispiel**[17]
>
> **Sachverhalt**
> Die Erbengemeinschaft E ist Eigentümer eines auf einem Grundstück in bester Innenstadtlage betriebenen Warenhauses, möchte jedoch das Geschäft nicht weiter betreiben. Andererseits sollen die minderjährigen Kin-

---

[16] So Ruhnke/Nerlich, WPg 2003, S. 753ff., und KPMG, Insights, Tz 4.2.450.; vgl. zum ganzen Problemkreis auch: Küting/Zwirner, FB 2001, Beilage 3, und Zwirner, KoR 2002, S. 245ff.

[17] Nach Lüdenbach/Hoffmann, DStR 2006, S. 1384.

der später die Chance zur Neuaufnahme der wirtschaftlichen Tätigkeit auf dem Grundstück behalten. Im Augenblick besteht Liquiditätsbedarf. Die Erbengemeinschaft „verkauft" deshalb an eine Modehandelskette das Nutzungsrecht am Gebäude für 20 Jahre zu 60 Mio. EUR. Das Gebäude ist in bestem Zustand und hat eine Restnutzungsdauer von wenigstens 30 Jahren. Der Zeitwert des Gebäudes beträgt 90 Mio. EUR.

Lösung
Der wirtschaftlichen Substanz nach ist das „Veräußerungsgeschäft" eine Nutzungsüberlassung mit einer Einmalzahlung pränumerando. Darin ist entsprechend dem wirtschaftlichen Kalkül der Vertragsparteien auch ein Abzinsungseffekt enthalten. Der Vertrag begründet ein Dauernutzungsrecht in Form eines Mietvertrages mit einer Einmalzahlung des Mietzinses. Bilanzrechtlich handelt es sich um ein schwebendes Geschäft, das durch die ungewöhnliche Zahlungsmodalität nicht beeinflusst wird. Der „Verkaufspreis" ist auf die vereinbarte Nutzungsdauer hin zu periodisieren. Umgekehrt bei der nutzungsberechtigten Einzelhandelskette: Diese erwirbt kein aktivierungspflichtiges Nutzungsrecht (vgl. Rz 13, Rz 15), sondern begründet ein „normales" Nutzungsverhältnis im Rahmen eines nicht bilanzierbaren schwebenden Geschäftes „Mietvertrag". Ansonsten käme es zu einer „Doppelbilanzierung" bei der Erbengemeinschaft für das Grundstück selbst, bei der Einzelhandelskette als „Nutzungsrecht".

64 Anders kann es sich verhalten, wenn die Zeitdauer des Nutzungsrechtes die **normale Lebensdauer** des betreffenden Vermögenswertes erreicht.

Beispiel[18]

Sachverhalt
Die Biotec AG hat einen Erfolg versprechenden Wirkstoff zur Bekämpfung des Blutkrebses entwickelt und patentrechtlich schützen lassen. Das Patent verfällt in 18 Jahren. Zur Durchführung der noch erforderlichen Kliniktests und des Zulassungsverfahrens sowie der späteren Vermarktung des Wirkstoffes „Antihämin" fehlen der Biotec die finanziellen Ressourcen. Sie lizenziert daher das Patent exklusiv sowie sachlich und räumlich unbeschränkt auf 18 Jahre gegen eine jährliche Mindestgebühr und eine Umsatzbeteiligung an den Pharmariesen P.

Lösung
Die bilanzrechtliche Beurteilung kann sich nicht am Rechtstitel orientieren. Die Biotec bleibt zwar Eigentümerin des Patents, doch kommt dieser Rechtsstellung keine wirtschaftliche Substanz mehr zu. Nach Ablauf des

---

[18] Vgl. LÜDENBACH/HOFFMANN, DStR 2006, S. 1385.

> Patents ist dieses wertlos, genauer: nicht mehr vorhanden. Der Vertrag ist als Verkaufsgeschäft zu würdigen.

Ein **schwebendes Vertragsverhältnis** kann bei dem, der es begründet hat (abstrakt), bilanzierungsfähig sein, wenn die Ausgeglichenheitsvermutung widerlegt ist. Insoweit wird auf das Beispiel in → § 13 Rz 37 verwiesen und dieses hier weitergeführt:

Beispiel

Sachverhalt
A ist Nutzungsberechtigter eines Bootsliegeplatzes. Die Restdauer des auf 20 Jahre geschlossenen Mietvertrags beträgt 10 Jahre. Angesichts zwischenzeitlich stark gestiegener Nachfrage nach Liegeplätzen hat der Mietvertrag einen Marktwert und ist abstrakt bilanzierungsfähig. A veräußert dieses Recht.
1. Alternative: Der neue Mieter übernimmt die Rechte und Pflichten gegenüber dem Eigentümer auch im Außenverhältnis
2. Alternative: Im Außenverhältnis bleibt A gegenüber dem Eigentümer berechtigt und verpflichtet.
In der 1. Alternative steht dem „Verkauf" der Liegeplatzberechtigung keine Verpflichtung mehr gegenüber. Der Veräußerungserlös ist in vollem Umfang zeitgleich realisiert.
In der 2. Alternative tritt neben das Hauptmietverhältnis (*head lease*) ein Untermietverhältnis (*sub lease*). Eine sofortige Erlösrealisierung ist nur möglich, wenn A das vom Untermieter vereinnahmte Entgelt endgültig behalten darf, unabhängig davon, ob ihm etwa wegen Leistungsstörungen im Hauptmietverhältnis die Untervermietung unmöglich wird.

Zum Rechteverkauf des seinerseits nur Nutzungsberechtigten noch folgendes Beispiel:

Beispiel[19]

Sachverhalt
Der Profifußballclub H AG mietet auf 15 Jahre die Großarena von einer Sportstadion-Betreiber B GmbH gegen eine Umsatzbeteiligung an den Ticketeinnahmen. Nach der Vertragsgestaltung steht dem Club in diesem Zeitraum das Vermarktungsrecht an der gesamten Anlage zur Verfügung. Aufgrund dieses ihm zustehenden „Nutzungsrechtes" verkauft der Club die „Bewirtungsrechte" für die Tribünen an das Cateringunternehmen A und die „Vermarktungsrechte" an den Business-Seats und den VIP-Lounges an die Sportrechteverwertungs-GmbH S auf jeweils 10 Jahre (alternativ

---

[19] LÜDENBACH/HOFFMANN, DStR 2006, S. 1386.

Lüdenbach

> 15 Jahre) zu einem Einmalbetrag. Die Verträge sehen jedoch u. a. Konventionalstrafen für den Fall des Abstiegs in die zweite Liga vor. Die Strafen sind umso höher, je früher ein Abstieg erfolgt. Sie ermäßigen sich nachträglich umso mehr, je früher ein Wiederaufstieg gelingt.
>
> **Lösung**
> Bei einer Veräußerung der Rechte auf 10 Jahre scheitert eine sofortige Umsatzrealisierung schon daran, dass H nicht alle ihm zustehenden Rechte (15 Jahre) überträgt (Abweichung zum Beispiel unter Rz 64).
> Bei einer Veräußerung der Rechte auf 15 Jahre würde eine sofortige Realisation des Einmalbetrages das schwebende Geschäft „zerlegen". Nur die Aktivkomponente – das Einmalentgelt für die Nutzungsüberlassung – würde betrachtet, die „Passivseite" – die Überlassungsverpflichtung – hingegen ignoriert. Dieses Vorgehen wäre nicht sachgerecht. Die für den Fall des Abstiegs in die zweite Liga vorgesehene Konventionalstrafe belegt: Der Fußballclub kann den Einmalbetrag nur dann ungeschmälert behalten, wenn er seinerseits eine Dauervertragsleistung erbringt. Es liegt ein Dauerrechtsverhältnis vor. Die Realisation des „Verkaufs" der Vermarktungsrechte muss also über die Vertragslaufzeit hinweg erfolgen.

2.5 Mehrkomponentengeschäfte[20]

2.5.1 Begriff und Problemstellung

66 Die Ansatz- bzw. Realisierungskriterien sind gemäß IAS 18.13 „in der Regel **einzeln für jeden** Geschäftsvorfall anzuwenden". In diesem Kontext ergeben sich zwei **spiegelbildliche** Probleme:

- **Umdeutung** mehrerer zivilrechtlicher Geschäfte in **einen** Geschäftsvorfall: Mehrere zivilrechtliche Geschäfte (Verträge) können in wirtschaftlicher Betrachtung als ein einziger Geschäftsvorfall zu würdigen sein. Zu denken wäre etwa an den Verkauf eines Anlagegegenstandes mit gleichzeitiger Vereinbarung eines Rückkaufes weit vor Ende seiner Nutzungsdauer. **Zivilrechtlich** liegen **zwei** Geschäfte (An- und Rückkauf) vor, **bilanzrechtlich** möglicherweise nur **ein** Geschäft, nämlich eine **entgeltliche Nutzungsüberlassung**. Aus der Differenz von Verkaufs- und Rücknahmepreis ergibt sich das für die Dauer der Überlassung zu zahlende Nutzungsentgelt (vgl. Rz 81 sowie → § 18 Rz 42).

- **Mehrkomponentengeschäft** (*multiple deliverables*): Gleichzeitig oder zeitnah werden **mehrere** Leistungen an den **gleichen** Abnehmer erbracht. Die Leistungen sind **eng verbunden**, deshalb häufig (aber nicht zwingend) in einem einzigen zivilrechtlichen Vertrag mit einem einzigen Gesamtpreis enthalten. Bilanzrechtlich stellt sich hier die Frage, ob die Leistungen als

---

[20] Die nachfolgenden Ausführungen sind in wesentlichen Teilen entnommen: LÜDENBACH/HOFFMANN, DStR 2006, S. 153ff.

Lüdenbach

Komponenten einer von einheitlichen wirtschaftlichen Motiven getragenen Transaktion **separaten** Erlösrealisierungskriterien unterliegen oder der Realisationszeitpunkt **einheitlich**, z. B. nach Maßgabe der Erbringung der **letzten** Leistungskomponente, zu beurteilen ist. Diese Frage kann sich auch dann stellen, wenn bereits der Vertrag den Gesamtpreis zivilrechtlich in Teilentgelte für die Einzelkomponenten aufteilt oder die Komponenten sogar in jeweils eigenständigen Verträgen geregelt sind. Da die Rechnungslegung der wirtschaftlichen Betrachtungsweise (*substance over form*) folgt, können die vertraglichen Vereinbarungen nicht mehr als ein unverbindliches Indiz für das tatsächliche wirtschaftliche Geschehen sein.

Hinsichtlich des zweiten Aspekts in Rz 66 spricht die amerikanische Rechnungslegung von *„multiple deliverables"* und diskutiert unter diesem Begriff die Frage, wann bei gleichzeitiger Erbringung mehrerer verbundener Leistungen getrennte Erlösrealisierungsregeln anzuwenden sind.[21] Die deutsche Rechnungslegung spricht von **Mehrkomponentengeschäften**. Ein solches liegt nach (dem nicht mehr weiterverfolgten) E-DRS 17.7 vor bei „Verkauf von mehreren Einzelleistungen (Vermögenswerten und/oder Dienstleistungen), deren Vergütungen in einem **wirtschaftlichen Zusammenhang** stehen". Als **Beispiele** werden genannt:

- Dem Käufer eines Kraftfahrzeuges werden zugleich Rücknahme, kostenfreie Service- und Reparaturleistungen für eine bestimmte Zeit zugesagt.
- Der Verkauf von Software wird mit Installations- und Wartungsleistungen sowie Optionen auf *upgrades* kombiniert.
- Der Verkauf technischer Geräte wird mit Nutzungskontingenten verbunden.

Die Frage nach getrennter oder einheitlicher Erlösrealisierung erlangt praktische Relevanz nur, wenn die identifizierbaren Teilleistungen **unterschiedlichen** Erlösrealisierungsregeln bzw. -zeitpunkten unterliegen. Nur dann ist von Interesse, ob der Erlös nur insgesamt, mit Erbringung der letzten Teilleistung oder separiert nach Maßgabe der jeweiligen Komponente zu realisieren ist. Entsprechen sich hingegen die Erlösrealisierungszeitpunkte der Komponenten, besteht kein Unterschied zwischen zusammengefasster oder komponentenweiser Betrachtung.

> **Beispiel**
> U liefert am 31.12.01 einen Laserdrucker mit einer speziellen, für 1.000 Normseiten reichenden Erstausstattungsdruckpatrone zum Gesamtpreis von 150 EUR an K. Außerhalb der Erstausstattung veräußert U an diverse Kunden normale, für 3.000 Druckseiten reichende Druckpatronen für 60 EUR.

---

[21] EITF 00-21, Revenue Arrangements with Multiple Deliverables.

Lüdenbach

> **Beurteilung**
> Ob der Verkauf des Druckers als Mehrkomponentengeschäft anzusehen ist (Lieferung Patrone für 60/3 = 20 EUR, Lieferung Drucker für 150 – 20 = 130 EUR), ist nicht von praktischem Interesse, da „beide" Umsätze zum gleichen Zeitpunkt getätigt werden, unabhängig von der (Nicht-)Separierung in 01 also 150 EUR Umsatz realisiert werden.

2.5.2 Kriterien eines Mehrkomponentengeschäfts

69 Ein relevantes Mehrkomponentengeschäft liegt zunächst vor, wenn
- **ein Vertrag**
- mehrere komplementäre, aber unterscheidbare **Teilleistungen**

enthält, z. B. neben einer Warenlieferung eine Serviceleistung oder die Einräumung eines Nutzungsrechts, oder neben der Lieferung der Anlage A zum Zeitpunkt 1 noch die Lieferung der technisch auf die Anlage A abgestimmten Anlage B zum Zeitpunkt 2.

Bei Abschluss **mehrerer Verträge** ist zu differenzieren:
- Soweit diese Verträge eine wirtschaftlich **einheitliche** Leistung nur formal zerlegen, liegt kein Mehrkomponentengeschäft, sondern von vornherein nur ein **einziges Geschäft** vor. Ein **Beispiel** wäre die Errichtung von neuen Messehallen durch einen Bauunternehmer, der diese Hallen an die Stadt veräußert und zeitgleich zum Werkvertrag mit der Stadt einen Vertrag über die Vermittlung des Erstmieters abschließt, wobei als Erstmieter nur die bereist existierende Messegesellschaft in Frage kommt. Bei einer solchen, häufig steuerlich motivierten Konstruktion liegt in wirtschaftlicher Bertrachtung nur eine einzige Leistung (Werkvertrag über die Gebäude) vor.
- Soweit die Verträge tatsächlich **unterschiedliche** Leistungen betreffen, können diese als Mehrkomponentengeschäft zu würdigen sein, wenn folgende Bedingungen kumulativ erfüllt sind:
  - **zeitnaher** Abschluss der Verträge,
  - **gleicher** Vertragspartner,
  - **Komplementarität** der Leistungsinhalte in technischer oder funktionaler Sicht.

Die Beurteilung unterliegt ermessensbehafteter Einzelfallwürdigung, sofern nicht ganz eindeutige Indikatoren (z. B. Gesamtfunktionsrisiko des Leistungserbringers bzw. Gesamtwandlungsrecht des Abnehmers bei Mangel nur einer einzigen Komponente) vorliegen.

2.5.3 Trennbarkeit dem Grunde und der Höhe nach
2.5.3.1 Trennbarkeit als Voraussetzung separater Erlösrealisierung

70 Die **Identifikation** eines Mehrkomponentengeschäfts besagt noch **nichts** darüber, ob die Umsatzrealisierung getrennt oder einheitlich zu beurteilen ist. Die unterschiedlichen Komponenten eines Mehrkomponentengeschäfts sind

Lüdenbach

nur dann einer eigenständigen Erlöswürdigung zu unterwerfen, wenn zwei Bedingungen kumulativ erfüllt sind:
- Trennbarkeit dem Grunde nach (**sachliche Trennung**): Mindestens die zuerst vollendete identifizierbare Teilleistung muss **für sich** *(stand alone)* einen eigenen Wert für den Kunden haben,[22] oder der Kunde muss die Teilleistungen separat und von verschiedenen Abnehmern beziehen können (E-DRS 17.41).
- Trennbarkeit der Höhe nach (**wertmäßige Trennung**): Das Gesamtentgelt muss, unabhängig davon, ob die Parteien es subjektiv in einem oder mehreren Verträgen aufgesplittet haben, objektiv auf die Komponenten verteilt werden können.

Gelingt zwar die sachliche Trennung, fehlt aber ein Schlüssel für die Aufteilung des Gesamtentgelts auf die Einzelleistungen, läuft die dem Grunde nach zu fordernde separate Behandlung der Komponenten ins Leere. Das Unternehmen tätigt zwar unterschiedliche Umsätze, kann diese aber nicht einzeln bewerten und daher nur insgesamt einer Erlösrealisierung zuführen.

2.5.3.2 Trennbarkeit dem Grunde nach
Zum Kriterium der **sachlichen** Trennbarkeit zunächst folgender Fall:

Beispiel
Ein Pay-TV-Anbieter veräußert Satellitenreceiver, mit denen seine codierten Programme (und nur diese) für die nächsten 12 Monate empfangen werden können. Eine darüber hinausgehende Nutzung des Receivers ist nur möglich, wenn der Kunde das Programmabonnement verlängert und einen ihm dabei zugeteilten Freischaltungscode im Gerät eingibt. Der Gesamtpreis für Receiver und das Abonnement der ersten 12 Monate beträgt 240 EUR, der Preis einer Verlängerung des Abonnements um weitere 12 Monate 180 EUR.

Beurteilung
Der Receiver hat *stand alone*, d. h. ohne das Abonnement, keinen Wert für den Käufer/Abonnenten. Kauf- und Abonnementvertrag stellen daher eine sachliche Einheit dar. Es ist nicht zulässig, bei Auslieferung des Receivers 240 − 180 = 60 EUR als Umsatz zu realisieren und nur die verbleibenden 180 EUR auf 12 Monate zu verteilen. Der Gesamtbetrag von 240 EUR ist vielmehr über 12 Monate verteilt mit je 20 EUR zu vereinnahmen.

Fallvariante
Abschluss eines 24-monatigen Mobilfunkvertrags mit gleichzeitiger Lieferung eines vertragsunabhängig nutzbaren Mobiltelefons.
Wenn das Handy unabhängig vom Dauervertrag *(stand alone)* nutzbar ist und umgekehrt im Rahmen des Dauervertrags auch mit anderen Geräten telefoniert werden kann, sind die Leistungen sachlich trennbar.

---

[22] So für US-GAAP EITF 00-21, § 9a.

Nach den amerikanischen Vorschriften des EITF 00-21 setzt die sachliche Trennbarkeit die *stand-alone*-Nutzbarkeit der zuerst gelieferten Leistung voraus. Nach E-DRS 17 reicht alternativ die separate Bezugsmöglichkeit aus. Praktische Unterschiede ergeben sich regelmäßig nicht. Dies wird etwa bei **Nachbetreuungsleistungen** deutlich, z. B. beim Verkauf einer Ware mit Wartungs- oder Inspektions-„Gararantie". Die zuerst getätigte Leistung, die Ware, kann *stand alone* genutzt werden. Die Nachbetreuungsleistung macht zwar *stand alone* ohne den zu wartenden Gegenstand keinen Sinn, könnte aber unabhängig vom Gegenstand durch Zahlung eines Einzelentgelts bei Inanspruchnahme der einzelnen Wartungs- oder Inspektionsleistung bezogen werden. Nach E-DRS 17.7 und 41 ist die zweite Voraussetzung ebenfalls ausreichend für die sachliche Trennung. Für IFRS sind keine härteren Anforderungen zu stellen, da auch in IAS 18.13 für den Verkauf mit Nachbetreuungsleistungen eine separate Umsatzrelalisierung dem Grunde nach gefordert wird.

2.5.3.3 Trennbarkeit der Höhe nach

72

Nur wenn die Leistungen auch **wertmäßig** trennbar sind, das Gesamtentgelt objektiv den Leistungskomponenten zugeordnet werden kann, ist eine separate Umsatzrealisierung möglich. Fraglich ist, welche **Anforderungen** an die wertmäßige Trennbarkeit zu stellen sind. IAS 18.13 enthält hierzu nur den Hinweis, dass die Werte der Komponenten identifizierbar sein müssen, jedoch keine konkreten Anforderungen an die Identifizierbarkeit. Offen bleibt insbesondere, ob die Werte sämtlicher Einzelleistungen objektivierbar sein müssen oder z. B. bei einem Zweikomponentengeschäft der Wert einer Komponente reicht. E-DRS 17.41 verlangt, dass der beizulegende **Zeitwert** *(fair value)* der jeweiligen Einzelleistungen **verlässlich bestimmbar** ist, und lässt in enger Auslegung die Bestimmung einzelner Werte nicht genügen. Die amerikanischen Regelungen sehen hingegen Folgendes vor:[23]

- **Vorrangig** sind die *fair values* aller Einzelkomponenten zu bestimmen. Nach dem Verhältnis dieser *fair values* ist dann eine Aufteilung des Gesamtumsatzes vorzunehmen (**Methode der relativen** *fair values*).
- **Hilfsweise** reicht es aus, wenn der *fair value* der noch nicht gelieferten Teile bekannt ist. Durch Abzug dieses Wertes vom Gesamtumsatz ergibt sich der Wert der bereits gelieferten Komponenten (**Residualwertmethode**). Bei Verwendung dieser Methode wird der „Gesamtrabatt" über die Restwertermittlung den bereits gelieferten Teilen belastet, also im ersten Schritt eher zu wenig als zu viel Umsatz ausgewiesen. Ist der *fair value* der noch gelieferten Teile unbekannt, würde eine Residualrechnung den Gesamtrabatt der ausstehenden Leistung belasten, der bereits geleistete Teil also ohne Rabattanteil und daher mit einem zu hohen Umsatzanteil ausgewiesen. Aus Vorsichtsgründen wird dieses Verfahren in diesem Fall ab-

---

[23] EITF 00-21, § 12.

gelehnt. Die Restwertmethode ist nur dann zulässig, wenn die *fair values* der noch ungelieferten Teile bekannt sind.

Zu den Methoden folgendes Beispiel:

> **Beispiel**
> U produziert Abfüllautomaten und der Qualitätssicherung dienende optische Erkennungssysteme. Kunde K bestellt beides in einer (nach Art und Kapazität) aufeinander abgestimmten Weise, wobei das optische Erkennungssystem jedoch auch mit anderen Abfüllanlagen kompatibel ist. Der Gesamtpreis beträgt 800 TEUR, in ihm enthalten sind außerdem 50-Mann-Tage für die Schulung des Personals im Betrieb der neuen Anlage.
> Separat bietet U Automaten gleicher Leistung für 600 TEUR und optische Systeme gleicher Leistung für 350 TEUR an. Separate Schulung bietet U nicht an. Die Schulung wird aber von Technikern durchgeführt, die bei sonstigen Einsätzen (Wartung, Reparatur) mit einem Tagessatz von 1.000 EUR abgerechnet werden. Der Abfüllautomat wird noch in 01 geliefert, Lieferung der optischen Anlage und Schulung erfolgen in 02.
> Sofern man den sonst für andere Tätigkeiten abgerechneten Tagessatz als ausreichende Objektivierung des *fair value* der Schulung ansieht, ergibt sich folgende Rechnung nach der Methode der relativen *fair value*:
>
> | METHODE DER RELATIVEN FAIR VALUES | Wertverhältnisse | | Umsatz | davon (in TEUR) | |
> |---|---|---|---|---|---|
> | | TEUR | Prozent | TEUR | in 01 | in 02 |
> | FV Abfüllung | 600 | 60,0 % | 480 | 480 | |
> | FV Optik | 350 | 35,0 % | 280 | | |
> | FV Schulung | 50 | 5,0 % | 40 | | 320 |
> | Summe | 1.000 | 100,0 % | 800 | | |
>
> **Fallvariante**
> Die Abfüllanlage wird nur in Verbindung mit optischen Systemen geliefert, optische Systeme hingegen auch separat. Weder aus eigenen Daten noch aus Marktpreisen lässt sich ein *fair value* der Abfüllanlage ableiten.
> Da der *fair value* der noch ausstehenden Leistungen bekannt ist, darf der Wert der schon erbrachten Leistung residual ermittelt werden. Der sich danach ergebende Umsatz 01 fällt mit 400 um 80 niedriger aus als bei der Verhältnismethode. Begründung: Der gesamte „Mengenrabatt" von 200 wird der bereits erbrachten Leistung belastet, während nach der Verhältnismethode nur 60 % des „Rabatts" bei der Abfüllanlage berücksichtigt werden:

Lüdenbach

RESTWERT-METHODE	TEUR	Umsatz TEUR		davon in TEUR in 01	in 02
Gesamtpreis - FV Optik - FV Schulung	800 -350 -50	Restwert Abf. FV Optik FV Schulung	400 350 50	400	400
= Restwert Abfüllung	400	Summe	800		

73 Sind die **Bedingungen** einer gesonderten Erlösrealisierung nicht **gleichzeitig** erfüllt, d. h.,
- ist der Einzelwert nicht bestimmbar und/oder
- sind die Einzelleistungen nicht unabhängig nutz- bzw. beziehbar,

ist der **gesamte** Erlös erst mit Erbringung **aller** Einzelleistungen zu realisieren (E-DRS 17.44).

74 Der DSR betont den Einklang dieser Regelungen mit IAS 18.13 (E-DRS 17 Anhang C6). Dieser Auffassung ist tendenziell zuzustimmen. IAS 18.13 setzt **abgrenzbare** Bestandteile eines Geschäftsvorfalls voraus. Dies impliziert **quantitativ** die zuverlässige Bestimmbarkeit der Werte und **qualitativ** die separierbare Bezugs- oder Nutzungsmöglichkeit. Die quantitative Bestimmbarkeit ist dabei nicht für beide *fair values* erforderlich. Nach US-GAAP und mangels restriktiverer Vorgaben in IAS 18 damit auch nach IFRS kommt auch die Restwertmethode in Frage.

75 Für die Bemessung des abzugrenzenden, noch nicht realisierten Erlösteils kommt entweder der Verkaufspreis (Einzelhandelspreis – *retail price method*) oder der Wiederbeschaffungspreis (Großhandelspreis – *wholesale price method*) in Frage. Der IASB hat in dem aktuellen *Revenue Project* (Rz 113) noch keine endgültige Entscheidung zwischen *retail* und *wholesale approach* getroffen.[24] In der neueren Entwicklung deutet sich aber eine Bevorzugung des Verkaufspreises an.[25]

2.5.4 Wichtige Anwendungsbereiche der Mehrkomponentenregelungen

76 Die praktisch relevanten Fälle von Mehrkomponentengeschäften lassen sich wie folgt **systematisieren**:

1. Kombination von **Verkauf** und **Dauerleistung**
- Verkauf mit **Finanzierung**: Bei zinsloser Stundung des Kaufpreises (Ratenzahlungen, unüblich lange Zahlungsziele) ist die Einnahme **abzuzinsen**. In Höhe des abgezinsten Betrages liegt Erlös aus der Veräußerung von Gütern vor, der nach den Realisierungskriterien für Verkäufe anfällt. Die Differenz von Nominal- und Barwert führt über die Dauer der Stundung zu Zinsertrag (IAS 18.11). Aus *materiality*-Gründen kann bei nicht zu

---

[24] Vgl. IASB, Update September 03, www.asb.org.
[25] Vgl. IASB, Update October 05, www.asb.org.

langen Zahlungszielen oder nicht zu hohen Beträgen eine Abzinsung entbehrlich sein. In noch stärkerem Maße gilt dies bei zwar zinshaltiger, aber unter dem Marktzins liegender Stundungsvereinbarung (→ § 18 Rz 54ff.).
- Verkauf mit **erweiterten Garantien**: Gesetzliche Garantiepflichten bedürfen keiner separaten Behandlung. Der Umsatz ist mit Verkauf der Güter realisiert, für die Garantieleistungen eine Rückstellung zu bilden. In einzelnen Branchen, etwa bei Verkauf von Computern, wird dem hohen Interesse des Kunden an der Betriebsbereitschaft des gekauften Guts jedoch durch Garantieangebote entsprochen, deren Inhalt (z. B. Austauschgerät für die Dauer der Reparatur, z. B. Abholung des Geräts bzw. Vor-Ort-Reparatur) oder Dauer (z. B. Ausdehnung auf 48 Monate) das gesetzlich gebotene Garantievolumen überschreitet. Regelmäßig wird sich der Wert solcher Garantien objektivieren lassen, z. B. durch Differenzierung zwischen einem Gerätepreis bei normaler Garantie und einem Gerätepreis incl. erweiterter Garantie. Der auf die verlängerte Garantie entfallende Kaufpreisanteil ist dann über den Garantiezeitraum abzugrenzen.
- Verkauf mit **sonstigen Nachbetreuungsleistungen** (vgl. Rz 71 und Rz 101).
- Verkauf von Geräten mit **komplementären Nutzungsverträgen**, z. B. Mobilfunkgeräte mit Mobilfunkvertrag oder Pay-TV-Decoder mit Pay-TV-Abonnement (vgl. Rz 71).
- Verkauf im Rahmen von **Kundenbonusprogrammen** („Miles and More") (Rz 100).

2. Kombination **mehrerer** Verkäufe

Sofern nicht ohnehin beide Verkäufe in der **gleichen Periode** erfolgen und daher die Zerlegung in Komponenten irrelevant ist (Rz 68), muss wie folgt unterschieden werden:
- Trägt der Unternehmer ein **Gesamtfunktionsrisiko** oder ist der Abnehmer zur Wandlung insgesamt berechtigt, wenn nicht sämtliche Anlagen bzw. deren Verbund einwandfrei sind, bestehen jedenfalls dann Bedenken gegen eine separate Umsatzrealisierung, wenn die völlige Mangelfreiheit nicht außer Frage steht, vielmehr ein mehr als unbedeutendes Risiko verbleibt. Der in IAS 18.14a geforderte **Risikoübergang** ist dann gerade nicht gegeben.
- Bestehen **keine derartigen Vereinbarungen,** ist der Umsatz aus der jeweiligen Lieferung separat zu realisieren, sofern eine Aufteilung des Gesamtentgelts gelingt (Rz 72).

3. Kombination von **Fertigungsauftrag** mit **anderen Leistungen**
Auf Rz 91 und → § 18 Rz 57 und Rz 42 wird verwiesen.

4. **Beitrittsgelder** (*up-front fees*)
Auf Rz 54 und Rz 101 wird verwiesen.

5. **Verdeckte Leasingverhältnisse**
Auf → § 18 Rz 67 und → § 15 Rz 4 wird verwiesen.

Lüdenbach

2.5.5 Mehrkomponentengeschäft beim Leistungsbezieher?

77 Die Regelungen zum Mehrkomponentengeschäft in IAS 18, E-DRS 17, EITF 00-21 und SAB 104 behandeln die Umsatzrealisierung beim **leistenden** Unternehmer. Hinsichtlich der Erlösrealisierungskriterien, insbesondere der sachlichen Trennbarkeit, wird aber die Perspektive des Leistungs**beziehers** mit einbezogen. Hierin kommt eine logische Zwangsläufigkeit zum Ausdruck: Wenn aus Sicht des Leistenden ein Mehrkomponentengeschäft vorliegt, gilt dies spiegelbildlich auch für den Leistungsempfänger. Handelt es sich bei dem Empfänger um einen **Unternehmer,** gilt daher Folgendes:

- Wo der **leistende** Unternehmer zwar in zivilrechtlicher Sicht nur eine Leistung gegen ein Gesamtentgelt erbringt, wirtschaftlich aber mehrere Leistungen,
- erhält auch das **empfangende** Unternehmen nicht die eine zivilrechtlich vereinbarte Leistung, sondern wirtschaftlich mehrere Leistungen.

Zu untersuchen ist dann die Bilanzierung beim **empfangenden** Unternehmer. Hierzu folgendes **Beispiel:**

Beispiel

K erwirbt am 30.6.01 gegen 1.180 EUR bar von U einen Computer mit einer wirtschaftlichen Nutzungsdauer von 60 Monaten.
Der Kaufvertrag sieht eine zeitlich und inhaltlich erweiterte Garantie vor. Mängel, die innerhalb von 42 Monaten auftreten, sind unabhängig von o.g. Nachweis zu beheben, und zwar binnen 48 Stunden.
Ohne die 48-Stunden-Zusage und mit Begrenzung der vollen Garantie auf gesetzlich nur 6 Monate (weitere 18 Folgemonate nur noch bei Nachweis von Anfang an vorhandenen Mangels) wird das Gerät für 1.000 EUR angeboten.

Beurteilung bei U

Der Gesamterlös von 1.180 EUR ist aufzuteilen. Folgende Aufteilung könnte in Frage kommen:

- Der in 01 realisierte Verkaufsumsatz beträgt 1.000 EUR.
- Der Betrag von 180 EUR wird hingegen passiv abgegrenzt (per Geld an passive Abgrenzung 180) und ab 02 pro Jahr mit 180 / (42 – 6) × 12 aufgelöst (per passive Abgrenzung 60 an Garantieumsatz 60).

Beurteilung bei K

Der Gesamterwerbspreis von 1.180 EUR ist wie folgt aufzuteilen:
1.000 EUR als Anschaffungskosten des Computers, die über dessen Nutzungsdauer von 60 Monaten als Abschreibung zu verteilen sind, d. h. in 01 mit 6/60 Monaten = 100, ab 02 mit 12/60 Monaten = 200.
180 EUR werden hingegen **separiert** und erst ab 02 pro Jahr mit 180 / (42 – 6) × 12 **abgeschrieben.** Offen ist nur, ob die 180 als Komponente des Sachanlagegegenstandes angesehen und mit anderem Abschreibungsbeginn und anderer Nutzungsdauer als der „restliche" Anlagegegenstand

abgeschrieben (→ § 10 Rz 7) oder ob sie mit gleicher zeitlicher Wirkung als Anschaffungskosten eines abschreibbaren immateriellen Vermögenswertes verstanden werden.

2.6 Strukturierte Geschäfte

2.6.1 Die herkömmliche Betrachtungsweise

In den einschlägigen Kommentierungen geht es bei Lieferungen von Sachwerten (in der Regel Grundstücke und Vorräte) um den Zeitpunkt, in dem der betreffende Vermögenswert durch Veräußerung die Sphäre des abgebenden Unternehmens verlässt und stattdessen ihm eine geldwerte Forderung oder die entsprechende Liquidität zuwächst. Entscheidend ist dann der Zeitpunkt der **wirtschaftlichen Erfüllung** des Leistungsversprechens. Dieser kann an Kriterien des **allgemeinen Schuldrechtes** festgemacht werden: Wenn durch die Übergabe der Sache – auch des hergestellten Werkes seit der Schuldrechtsreform[26] – auf den Erwerber Besitz, Gefahr, Nutzungen und Lasten des erworbenen Wirtschaftsgutes übergegangen sind,[27] er also über die Sache verfügen kann, ist eine wirtschaftliche Erfüllung anzunehmen. Entsprechendes gilt beim Versendungskauf nach § 447 BGB durch die in der Regel erfolgte Übergabe an den Spediteur. Für den Veräußerer verbleibt dann „nur" noch das Risiko einer Sach- oder Rechtsmängelhaftung oder des Ausfalls der Kaufpreisforderung.[28] Der Realisationszeitpunkt ist damit im Wesentlichen identisch mit der Bewirkung der geschuldeten Leistung im Sinne des § 362 Abs. 1 BGB.[29]

Die Bezugnahme auf schuldrechtliche Elemente überzeugt auch dort noch, wo **Leistungsstörungen**, etwa durch Annahmeverzug des Käufers (Rz 27),[30] vorliegen oder besondere bilanzpolitische Gestaltungen gewählt werden, um etwa einen Verkaufsakt bereits vor Auslieferung zu generieren (Rz 21).

2.6.2 Das strukturierte Geschäft: Divergenz von rechtlicher Form und wirtschaftlichem Gehalt[31]

Die vorstehend erwähnten Geschäfte spielen weitgehend in einer beschaulich wirkenden Welt „geordneter" wirtschaftlicher Verhältnisse. Man produziert, übergibt Sachen an einen Käufer, der alsdann bezahlt oder jedenfalls bezahlen soll. Kritisch ist „nur" der genaue Realisationszeitpunkt. Er kann durch Anknüpfung an zivilrechtliche Kriterien, etwa den Übergang der Preisgefahr,

78

79

---

[26] FISCHER/NEUBECK, BB 2004, S. 657.
[27] BFH, Urteil v. 13.10.1972, I R 213/69, BStBl II 1973 S. 209.
[28] BFH, Urteil v. 29.11.1973, IV R 181/71, BStBl II 1974 S. 202; v. 5.5.1976, I R 121/74, 1976, S. 541; v. 14.12.1982, VIII R 53/81, 1983, S. 303.
[29] BFH, Urteil v. 8.12.1982, I R 142/81, BStBl II 1983 S. 369.
[30] BFH, Urteil v. 29.4.1987, I R 192/82, BStBl II 1987 S. 787.
[31] Die nachfolgenden Ausführungen sind überwiegend entnommen HOFFMANN/ LÜDENBACH, DStR 2004, S. 1758.

Lüdenbach

entschieden werden. Diese Anknüpfung ist konsequent, wenn die **zivilrechtliche** Form des Geschäftes mit dem **wirtschaftlichen** Gehalt der Transaktion übereinstimmt.

Zeitgenössische Geschäftsmodelle bewegen sich aber häufig gerade **nicht** in den Grundlinien des allgemeinen und besonderen Schuldrechts. Aus bilanz- und/oder geschäftspolitischen Gründen werden vielmehr **komplexe Vertragsstrukturen** geschaffen, die wirtschaftlich ein Veräußerungsgeschäft mit ganz anderen Leistungen kombinieren. In Analogie zur im Bereich der Finanzinnovationen bekannten Terminologie der „strukturierten Produkte" kann man von „hybriden" oder **strukturierten „Geschäften"** sprechen. Allein unter Heranziehung zivilrechtlicher Entscheidungskriterien lässt sich dann keine befriedigende Lösung mehr finden, wenn wirtschaftlicher Inhalt und zivilrechtliche Form auseinanderlaufen. Aus einem anderen bzw. **spiegelbildlichen** Kontext – der Leasingbilanzierung – ist diese Problemlage bekannt.

> **Beispiel**
> Der Lastwagenhersteller L überlässt dem Spediteur S diverse Fahrzeuge zur Nutzung. Der Nutzungsvertrag sieht die Zahlung einer monatlichen Miete über eine Mindestlaufzeit vor. S erhält außerdem die Option, die Fahrzeuge nach Ablauf der Grundmietzeit zu kaufen. Der bei Ausübung der Option zu zahlende Kaufpreis ist auf der Basis heutiger Preisverhältnisse günstig. Die Nutzungsüberlassung ist nach IAS 17 (→ § 15 Rz 25) und analog nach Steuerrecht als *finance lease* zu qualifizieren. Aufgrund der günstigen Kaufoption geht das wirtschaftliche Eigentum sofort auf den Spediteur über. Während der Hersteller zivilrechtlich zunächst zeitraumbezogene Nutzungsraten und erst bei Ausübung der Option zeitpunktbezogen einen Kaufpreis für die Gebrauchtfahrzeuge erhält, ist wirtschaftlich nur ein einziges finanziertes Absatzgeschäft über Neufahrzeuge anzunehmen.
> Da die zivilrechtliche Nutzungsüberlassung wirtschaftlich in eine Veräußerung umgedeutet wird, ist die Frage, wann bzw. wie die Nutzungsüberlassung zivilrechtlich erbracht wird (nämlich ratierlich), irrelevant.

Man kann das aus IAS 17 und den steuerlichen Erlassen bekannte Leasingbeispiel wie folgt **verallgemeinern:**

- Der Zeitpunkt oder Zeitraum, in dem die zivilrechtlich geschuldete Leistung erbracht wird, ist dann ohne Bedeutung, wenn rechtliche Form des Geschäftes und wirtschaftlicher Gehalt **divergieren.**
- Eine solche Divergenz kann sich nicht nur (wie im Leasingbeispiel) in der Weise ergeben, dass sich ein zivilrechtlich anders zu typisierendes Geschäft wirtschaftlich als Veräußerung darstellt.
- Auch **umgekehrt** ist bei einem zivilrechtlich als Veräußerung zu typisierenden Geschäft zu fragen, ob wirtschaftlich nicht eine andere Leistung erbracht wird. Wenn ein solcher Fall vorliegt, lässt sich der Realisationszeitpunkt nicht mehr sinnvoll an zivilrechtlich für die Veräußerung maßgeblichen Kriterien wie dem Übergang der Preisgefahr festmachen.

Lüdenbach

Die mögliche **Umdeutung** von Veräußerungsgeschäften wird nachstehend für Verkaufsgeschäfte mit Rücknahmeverpflichtung und für solche mit Renditegarantie dargestellt.

2.6.3 Verkauf mit Rücknahmeverpflichtung an Handelsintermediäre (verdecktes Kommissionsgeschäft)

Bei einem Verkauf mit Rückgaberecht sieht IAS 18.16d eine Umsatzrealisierung dann als zulässig an, wenn die Rückgabequote verlässlich geschätzt werden kann. Diese Regelung passt auf Veräußerungen an **Endverbraucher**, z. T. auch auf die Veräußerung von **Massenprodukten** an den Handel (Rz 28ff.). Bei Veräußerung von **Einzelobjekten** an Handelsintermediäre ist hingegen grundlegender zu fragen, ob wirtschaftlich überhaupt ein Veräußerungsgeschäft vorliegt.

80

> **Beispiel**
> Die Bauprojektentwicklungs-GmbH verkauft in 2004 ein fertig gestelltes Grundstück mit aufteilbaren Eigentumswohnungen an eine Grundstücksvermarktungs-GmbH. Besitz, Nutzen, Lasten und Gefahren gehen durch notariellen Vertrag im Jahr 2004 auf den Erwerber über; das Gleiche gilt für die Eigentumsumschreibung im Grundbuch.
> Im Kaufvertrag war ein Rücktrittsrecht des Käufers vom Vertrag unter folgenden Voraussetzungen vereinbart worden:
> - Der Verkäufer kommt seiner Verpflichtung zur Beschaffung der Finanzierung des Grundstücks nicht nach.
> - Dem Käufer gelingt nicht bis Ende 2005 ein Weiterverkauf des Grundstücks nach Aufteilung in Eigentumswohnungen.
>
> Tatsächlich übt der Käufer in 2006 – nach Bilanzerstellung des Verkäufers für 2004 – das Rücktrittsrecht aus.

Das Beispiel ist dem BFH-Urteil[32] nachgebildet. Der BFH sieht bei seiner Rechtsfindung den Realisationsvorgang im Zeitpunkt des Übergangs von Besitz, Gefahr, Lasten und Nutzung, stützt sich also auf das traditionelle Beurteilungsraster nach Maßgabe schuldrechtlicher Zuordnungskriterien. Unter Beachtung des wirtschaftlichen Gehalts des Vertragswerkes ist das formale verkaufsrechtliche Realisationskriterium des Gefahrübergangs hingegen nicht mehr vorrangig. Der Gefahrübergang als Realisationszeitpunkt wird mit der **Risikobeschränkung** des Verkäufers auf Gewährleistungsansprüche des Käufers und auf den Zahlungsausfall begründet. Im Beispiel ist indes der Risikogehalt des Verkäufers spürbar höher, genauer: Das Risiko aus der Vermarktung des Gebäudes ist bei ihm verblieben. Der Gefahrübergang im Sinne des Schuldrechtes führte aufgrund der Marktzwänge und der daraus abgeleiteten Vertragsgestaltung nicht zu einer Risikominderung beim Verkäufer. Eine un-

---

[32] BFH, Urteil v. 25.1.1996, IV R 114/94, BStBl II 1997 S. 382, mit Anm. HOFFMANN, in: BB 1996, S. 1821.

beeinflusste Nachfrage nach dem entsprechenden Gebäude oder den daraus aufzuteilenden Eigentumswohnungen ist offensichtlich dem veräußernden Bauträger nicht verfügbar gewesen.
Dieser wollte mit der Veräußerung ein besonderes Vertriebskonzept in die Welt setzen. Man kann das Vertragswerk daher wirtschaftlich als eine spezifische Form eines **Verkaufskommissionsgeschäftes** werten. Beim Kommissionsgeschäft übernimmt der Verkaufskommissionär für an ihn erfolgte Lieferungen des Kommittenten eine Verwahrpflicht (§ 390 HGB). Der Kommittent behält das rechtliche und wirtschaftliche Eigentum. Bei ihm verbleiben daher auch die Preis- und Absatzrisiken. Die Konsignationslieferung an den Kommissionär führt daher noch nicht zur Umsatzrealisierung beim Kommittenten. IAS 18 App. Tz. 6 sowie US-GAAP SAB 101 verlangen eine entsprechende Behandlung solcher Geschäfte, die nach ihrem wirtschaftlichen Gehalt **Konsignationslieferungen** sind (Rz 98).
Von einem derartigen Gehalt kann man im vorliegenden Beispiel ausgehen: Die bisherige Eigentümerin (Bauprojektentwicklungs-GmbH) hat sich zwar (vorübergehend) des **rechtlichen Eigentums** entledigt, gleichwohl ist bei ihr das **wirtschaftliche Vermarktungsrisiko** aus dem entwickelten Grundstück verblieben. Auf die Erwerberin (Grundstücksvermarktungs-GmbH) ist spiegelbildlich nur das rechtliche Eigentum am Grundstück, nicht dagegen das wirtschaftliche übergegangen. Die Preis- und Absatzrisiken bleiben im Wesentlichen bei der bisherigen Eigentümerin. Die neue Eigentümerin wird von dem Rückgaberecht nur dann nicht Gebrauch machen, wenn es ihr gelingt, die Eigentumswohnungen über dem Einkaufspreis zu veräußern. Wirtschaftlich entspricht dies der Übergabe des **Kommissionsgutes** an den Kommissionär unter Setzung eines Mindestverkaufspreises (§ 386 HGB). Ist dieser Mindestverkaufspreis nicht erzielbar, kommt es zur Rückgabe der Sachen an den Kommittenten. Ein wirtschaftlich bedeutsamer Unterschied zur Verkaufskommission liegt nur darin, dass der Verkauf der Vermarktungsgesellschaft zu einem vorteilhaften, über dem Einkaufspreis bzw. der Preissetzung liegenden Preis ihr und nicht der Baugesellschaft zugute kommt. Nach § 387 HGB fiele der Vorteil hingegen dem Kommittenten zu. Die Vorschrift ist jedoch dispositiv. Bei einem schwierigen Marktumfeld wird sie daher in der Praxis häufig abbedungen.
Neben der Umdeutung des zivilrechtlichen Veräußerungsgeschäftes in ein wirtschaftliches Kommissionsgeschäft scheint eine **zweite Parallele** instruktiv: Der Sachverhalt im Beispiel wäre in Analogie zur Begrifflichkeit der Wertpapiergeschäfte als *unechtes* **Pensionsgeschäft** zu werten, d. h., die Erwerberin (Grundstücksvermarktungs-GmbH) hat ein Andienungsrecht (*put option*). Bei einem entsprechenden Wertpapiergeschäft würde ihr deshalb das wirtschaftliche Eigentum nur dann nicht zuerkannt (mit Bilanzierungspflicht dort), wenn die Option *deeply in the money*, deren Ausübung also wahrscheinlich wäre (→ § 28 Rz 83).[33] Auf den Fall des Grundstücksverkaufs mit

---

[33] Für das HGB FÖRSCHLE/KRONER, in: BECK'scher Bilanzkommentar, 6. Aufl., § 246 HGB Tz 22.

Rückgaberecht an einen Handelsintermediär sind diese Regelungen nicht ohne weiteres anzuwenden: **Gleich** verhält sich die Options**struktur; ungleich** ist dagegen der Options**gegenstand**. Im Gegensatz zu einem an der Börse handelbaren Wertpapier stellt ein Grundstück mit bestimmter Bebauung, Lage etc. ein Solitärstück dar, für das sich kein Marktpreis vergleichbar dem eines börsengängigen Wertpapiers ermitteln lässt. Das Kriterium „*deeply in the money*" ist deshalb im Voraus nicht operationalisierbar. Es besteht vielmehr grundlegende Unsicherheit, zu welchem Preis der „Pensionsnehmer" das Grundstück an einen Dritten veräußern kann. Erst wenn die Unmöglichkeit der Vermarktung über den Rücknahmepreis feststeht, wird er von seinem Rückgaberecht Gebrauch machen und werden die Parteien nachträglich wissen, ob die Rückgabeoption „*in the money*" war. Im Vorhinein sind derartige Beurteilungen nicht mit hinreichender Sicherheit möglich. Gerade deshalb verbleibt das mit der Grundstücksverwertung verbundene Risiko bei der „Pensionsgeberin".

Solange der Handelsintermediär ein vertragliches Rückgaberecht hat und deshalb die Veräußerung wirtschaftlich als Konsignationslieferung zu würdigen ist, hängt das wirtschaftliche Ergebnis des Vertragswerkes sozusagen in der Luft. Der Realisationszeitpunkt kann dann nicht mit den sonst anzuwendenden Kriterien des so genannten Gefahrübergangs bestimmt werden.[34] Der **Verbleib** eines wesentlichen Teiles des **Verwertungsrisikos** beim Verkäufer **verhindert** vielmehr den Realisationsakt.

Anders können Geschäfte zu beurteilen sein, bei denen der Händler zwar ein Rückgaberecht hat, dies aber **nicht** zum **Händlereinkaufspreis**, sondern zu einem nicht unwesentlich darunterliegenden Preis. In der Würdigung der wirtschaftlichen Substanz des Geschäfts ist hier nach Tempo des Technologie- und Modewandels wie folgt zu differenzieren:

- In Branchen ohne raschen Wandel kann die Rücknahmegarantie der vereinfachten Rückabwicklung von **Schlechtlieferungen** etc. dienen. Gegen einen Umsatzausweis in Höhe von Liefermenge minus wahrscheinlicher Retourenquote ist dann nichts einzuwenden.
- In Branchen mit raschem Wandel dient die Rücknahmegarantie hingegen der weitgehenden Freistellung des Händlers von daraus resultierenden **Absatz-** und **Preisrisiken**. Eine Umsatzrealisierung beim Produzenten kommt hier auch bei nicht unwesentlich unter dem Händlereinkaufspreis liegendem Rücknahmepreis kaum in Frage.[35]

Dem Grunde nach gilt dies auch dann, wenn das Rückgaberecht nicht **rechtlicher**, sondern **faktischer** Natur ist. Hierzu wird auf Rz 83 verwiesen.

---

[34] Markant begründet von Piltz, BB 1985, S. 1368; siehe auch die Urteilsanmerkung von Hoffmann, in: DB 2000, S. 1444 zum BFH, Urteil v. 28.3.2000, VIII R 77/96, DB 2000, S. 1442.
[35] Vgl. im Detail Unkelbach, PiR 2006, S. 235.

Lüdenbach

2.6.4 Verkauf mit Rücknahmeverpflichtung an einen gewerblichen Nutzer (verdecktes Leasing)

81 Das vorstehende **Beispiel** ist auf den Verkauf eines (solitären) Vermögensgegenstandes an einen Handelsintermediär ausgerichtet. Anders kann die Lösung für den Fall des Verkaufes mit Rückgaberecht dann aussehen, wenn der betreffende Vermögensgegenstand an einen Nutzer veräußert wird.

> **Beispiel**
> Ein Automobilhersteller H veräußert Anfang 01 10.000 Pkws des Typs X für 100 Mio. EUR an einen Autovermieter V. Gleichzeitig wird eine Rücknahme der Fahrzeuge nach 2 Jahren zu einem jetzt **vereinbarten Preis** (50 Mio. EUR, ggf. angepasst wegen außergewöhnlicher Abnutzung) vereinbart.[36]

Im Beispiel werden die Neuwagen zeitgleich ver- und wieder zurückgekauft. Das rechtliche Eigentum geht auf das Mietwagenunternehmen über. Vom wirtschaftlichen Eigentum wird man dies nicht behaupten können. Aus der Differenz von Verkaufs- und Rückkaufspreis ergibt sich eine zwischen den Vertragspartnern vereinbarte **Marge**, die dem **wirtschaftlichen Gehalt** nach keinen Kaufpreis, sondern eine **Nutzungsvergütung** darstellt. Diese ist über den Nutzungszeitraum hin abzugrenzen.

> **Fortsetzung Beispiel**
> Der Hersteller bucht – unter Vernachlässigung von Zinseffekten – wie folgt:
> Anfang 01: per Geld 100 Mio. an Verbindlichkeit 100 Mio.
> Ende 01: per Verbindlichkeit 25 Mio. an Erlöse aus Nutzungsüberlassung 25 Mio.
> Ende 02: per Verbindlichkeit 25 Mio. an Erlöse aus Nutzungsüberlassung 25 Mio.
> per Verbindlichkeit 50 Mio. an Geld 50 Mio.

Gegen einen derartigen Lösungsansatz wird (handelsrechtlich) eingewandt,[37] der Autovermieter sei nicht zur Rückgabe eines *identischen* (bestimmt durch die Fahrgestellnummer), sondern nur eines *gleichartigen* (hinsichtlich der Ausstattung) Fahrzeuges verpflichtet gewesen. U. E. ist diesem Kriterium jedenfalls nach IFRS keine entscheidende Bedeutung beizumessen, wir befürworten vielmehr eine Portfoliobetrachtung (vgl. Rz 28f.).

Das vorstehende Beispiel unterstellt eine von vornherein feststehende Rückgabe. Im nachstehenden Beispiel wird demgegenüber ein ähnliches „Flottengeschäft" mit Rückgabeoption dargestellt.

---

[36] Nachgebildet dem Sachverhalt des Urteils FG Bremen, v. 26.8.2004, EFG 2004, S. 1588.
[37] Kossow, StuB 2001, S. 209, mit Kommentierung von HOFFMANN, in: StuB 2001, S. 550.

> **Beispiel**
> Ein Automobilhersteller veräußert 10.000 Pkws des Typs X an einen Autovermieter. Der Autovermieter hat nach zwei Jahren ein Rückgaberecht zu einem aus heutiger Sicht für ihn **günstigen** Rückgabepreis.

Nach der Sprachregelung des **Wertpapierpensionsgeschäftes** ginge das wirtschaftliche Eigentum nicht auf den Autovermieter über, denn die Ausübung der *put option* ist bei Abschluss des Geschäftes wahrscheinlich. Allerdings besteht bei Veräußerung von Sach- und immateriellen Anlagen an einen Nutzer ein Unterschied zum Fall der Wertpapierpension: Das „Pensionsgut Kfz" unterliegt einer planmäßigen Abnutzung. Der ursprüngliche Verkauf bezieht sich auf einen Neuwagen, die spätere Rücklieferung auf einen Gebrauchtwagen; es liegt also kein wirtschaftlich identisches Gut (vergleichbar dem börsengängigen Wertpapier) vor. Bei einem unechten Wertpapierpensionsgeschäft mit wahrscheinlicher Ausübung der *put option* würde die „Kaufpreiszahlung" wirtschaftlich in eine Darlehensgewährung uminterpretiert. Im Falle des Beispieles ist dies schon wegen der Differenz zwischen dem ursprünglichen Verkaufs- und dem späteren Rücknahmepreis nicht möglich. Diese Differenz stellt dem wirtschaftlichen Gehalt nach aus Sicht des Autovermieters das Entgelt für Gebrauch bzw. Abnutzung dar. Der **Differenzbetrag** hat also den Charakter einer **Nutzungsvergütung**. In Höhe des ursprünglich vereinbarten Verkaufspreises liegt deshalb kein Umsatzerlös vor, vielmehr ist die Differenz zwischen Verkaufs- und Rücknahmepreis zeitanteilig als Umsatzerlös zu erfassen.

Diese Lösung – **Umdeutung eines zivilrechtlichen Veräußerungsgeschäftes in eine wirtschaftliche Nutzungsüberlassung** – verhält sich spiegelbildlich zum eher geläufigen Fall des *finance lease*. Hier wird eine zivilrechtliche Nutzungsüberlassung unter bestimmten Umständen (z. B. im Falle einer günstigen Kaufoption zu Gunsten des Leasingnehmers gemäß IAS 17.10b) wirtschaftlich als Veräußerung interpretiert (→ § 15 Rz 25). Nach der gleichen Systematik, allerdings unter gespiegelten Verhältnissen, „verwandelt" sich der Autoverkaufsfall im Beispiel wirtschaftlich in eine Nutzungsüberlassung. Übereinstimmungen und Unterschiede sind in der folgenden Tabelle dargestellt:

Sachverhalt	Optionsart	schuldrechtlicher Gehalt	wirtschaftliche Substanz	wirtschaftlicher Eigentümer	rechtlicher Eigentümer
Autoverkauf mit günstigem Andienungsrecht des Erwerbers	*put*	Verkauf	Nutzungsüberlassung	Verkäufer	Käufer
Autoleasing mit günstigem Erwerbsrecht des Leasingnehmers	*call*	Nutzungsüberlassung	Verkauf	Mieter	Vermieter

Lüdenbach

„Flottengeschäfte" zwischen Automobilherstellern und Autovermietern müssen nicht zwingend im Vorhinein einen **festen** Rücknahmepreis vorsehen.

> **Beispiel**[38]
> A kauft im Rahmen eines riesigen Flottengeschäftes von G 350.000 Autos in den kommenden fünf Jahren. G nimmt im Durchschnitt nach sechs Monaten die „verkauften" Autos zurück. Ein fester Rücknahmepreis zwischen A und G wird nicht vereinbart. Stattdessen verpflichten sich die Vertragspartner zu einem gemeinsamen Marketing des Wiederverkaufes.

In diesem aktuellen Fall schlägt sich die **hohe Marktmacht** des Autovermieters nieder. G kann zwar einen „Verkauf" von Fahrzeugen verbuchen (besser vermelden). Ob ein wirklicher Realisationsvorgang durch Transfer des wirtschaftlichen Risikos stattgefunden hat, hängt vom Inhalt der Vermarktungsvereinbarungen ab. Eine sofortige Umsatzrealisierung für den vereinbarten „Kaufpreis" kommt z. B. dann nicht in Betracht, wenn die Risiken des Wiederverkaufs wesentlich bei dem Autohersteller verbleiben, der Hersteller also etwa einen aus heutiger Sicht günstigen Wiederverkaufspreis garantiert. Anders hingegen, wenn er nur eine Rücknahme zum Marktpreis garantiert

2.6.5 Verkauf mit Renditegarantie

82 Statt der Einräumung einer *put option* für den Erwerber kann sich die „Marktschwäche" des Veräußerers auch in der vertraglichen Einräumung einer **Ertragsgarantie** niederschlagen. Je nach Umfang der Garantie verzögert oder verhindert diese die Umsatzrealisierung. Unter Rz 35 wird dies für **Miet**garantien dargestellt. Entsprechendes gilt für **Verwertung**sgarantien.

> **Beispiel**
> Die operativ auch als Bauträger tätige AG des Großbau-Konzerns verkauft unter Realisierung eines Buchgewinns X Vorratsgrundstücke zum *fair value* an die Unterstützungskasse GmbH des Konzerns (U-Kasse). Begründung des Vorstandes: Die Grundstücke sind dort „geparkt", da an eine Realisierung des *fair value* am Markt angesichts der schlechten Nachfrage derzeit nicht zu denken sei.
> Das „Parken" deutet auf eine aus sozialrechtlichen Gründen gebotene Verwertungsgarantie der AG zugunsten der Unterstützungskasse hin. Soweit sich eine solche Garantie auf den Weiterveräußerungspreis bezieht, kommt es u. E. nicht darauf an, ob die AG einen Mindestweiterveräußerungserlös durch „Auffüllung" garantiert oder ein Rückgaberecht einräumt. In beiden Fällen verbleibt das Risiko bei der AG.

Eine **Ertragsgarantie** in Form eines garantierten Weiterveräußerungserlöses ähnelt also wirtschaftlich der Einräumung eines **Rückgaberechts**. Auf die Ausführungen unter Rz 80 kann deshalb verwiesen werden. Die dort vor-

---

[38] FAZ vom 3.11.2003, S. 16.

genommene Grundunterscheidung zwischen Veräußerungen an Handelsintermediäre und Nutzer ist in Fällen auszudifferenzieren, in denen ein bereits **vermietetes Grundstück** Gegenstand des Geschäftes ist.

> **Beispiel**
> Die AG verkauft Anfang 01 nicht Vorratsgrundstücke, sondern vermietete Gebäude an die U-Kasse. Unter Ertragswertgesichtspunkten ist der Veräußerungspreis jedenfalls nach Maßgabe der aktuellen Mietverhältnisse überhöht. Die AG garantiert keine Mieten, aber eine Rücknahme zu einem Wert über dem Veräußerungspreis, ausübbar zum Ablauf des Jahres 05. Die diskontierte Differenz zwischen Rücknahmepreis und Veräußerungspreis ist nach dem Missverhältnis von Veräußerungspreis und derzeit erzielbarer Miete kalkuliert.
> Das Vertragsverhältnis kann nicht ohne weiteres in eine Verkaufskommission umgedeutet werden, da es nicht auf die alsbaldige Weiterveräußerung gerichtet, sondern die Rücknahmeoption langfristig angelegt ist und zwischenzeitlich eine Nutzung durch die U-Kasse stattfindet.
> Man wird hier (wie spiegelbildlich beim Immobilienleasing) darauf abstellen müssen, ob die Rückgabeoption günstig ist. Dann kommt eine Umdeutung in eine Nutzungsüberlassung in Frage. Ist die Option nicht deutlich günstig, scheint eine Wertung als Verkauf mit Renditegarantie sachgerecht.

2.6.6 Verkaufsgeschäfte unter ungleicher Marktmacht

Die Kategorien des Schuldrechts beruhen auf einer unterstellten „Vertragsfreiheit" auch im wirtschaftlichen Sinn, also einer einigermaßen **gleichen Marktmacht**. Die Realität des Wirtschaftslebens stellt sich indes häufig ganz anders dar.

83

> **Beispiel**
> Der Einzelhandelsriese A bietet wöchentlich umfangreich beworbene Sonderverkaufsaktionen. Dazu erhält der Elektrowerkzeughersteller F den Auftrag zur Anlieferung von 20.000 Geräten, verteilt auf 1.500 Filialen in Deutschland am Tag X zwischen 14 und 16 Uhr.
> Nach Beendigung der Aktion bleiben 5.000 Geräte bei A unverkauft. Eine Rücknahmepflicht des F war nicht vereinbart. Gleichwohl nimmt F die unverkauften Geräte zurück.

Nach Schuldrecht ist ein Rückgaberecht von A aus dem Kaufvertrag nicht abzuleiten. Der so genannte Gefahrenübergang ist erfolgt und damit nach herkömmlichem Lösungsmuster der Realisationszeitpunkt spätestens bei Anlieferung in den Filialen gegeben. Bei F verbleiben „nur" das Gewährleistungs- und das Forderungsausfallrisiko. In der Realität kann F allerdings seine Ansprüche aus dem Kaufvertrag nicht durchsetzen. Verweigert er die nicht vereinbarte Rücknahme der unverkauften Geräte, wird er von A nie mehr einen

Auftrag erhalten. Nach der Terminologie von IAS 37 liegt eine **faktische Verpflichtung** vor (→ § 21 Rz 24). Für eine **Gleichbehandlung** mit der rechtlichen sprechen folgende Gründe:[39]

- Nach IAS 18.15 kann die für die Erlösrealisierung maßgebliche Übertragung der Chancen und Risiken der Eigentümerstellung mit der rechtlichen Eigentums- oder Besitzübertragung **zusammenfallen**, muss es aber nicht.
- Zum Ausdruck kommt darin der Grundsatz der **wirtschaftlichen** Betrachtungsweise (*substance over form*). Er wird im *Framework* (F.35) gerade am Beispiel der Erlösrealisierung verdeutlicht. Entscheidend ist, wer wirtschaftlich die Chancen und Risiken eines veräußerten Gegenstandes trägt.
- Soweit die Risikotragung von **Verpflichtungen** (hier Rückgabepflichten) abhängt, kann deren rechtliche Fundierung nicht entscheidend sein, da das IFRS-Regelwerk auch ansonsten, exemplarisch etwa in IAS 37.10ff., rechtliche Verpflichtungen (*legal obligations*) mit faktischen (*constructive obligations*) gleichstellt.

Der Kaufvertrag im vorliegenden Beispiel stellt sich deshalb dem wirtschaftlichen Gehalt nach wiederum als **Kommissionsgeschäft** dar (Rz 80). F erhält von A die Gelegenheit, seine Geräte den Kunden von A anzubieten. Was diese nicht abnehmen, darf der Hersteller wieder in sein Lager nehmen. Realisationstatbestand des Herstellers ist also der Verkauf des A an den Endverbraucher (vgl. auch das Beispiel unter Rz 29).

Der Rechnungslegungs**praxis** bereitet die **Identifizierung** faktischer Rücknahmepflichten allerdings ungleich größere Probleme als die entsprechender rechtlicher Vereinbarungen. Die Frage, ob und wie weit sich Machtverhältnisse zu einem Rücknahmezwang verdichtet haben, kann einzelfallabhängig gegen eine Berücksichtigung solcher Verhältnisse sprechen.

2.6.7 Fazit

84 Die allgemeinen Regeln und Kommentierungen zum Realisationsprinzip sind auf die Typisierungen des Schuldrechtes ausgerichtet. Die dortigen Kriterien – insbesondere der Übergang der so genannten Preisgefahr – regeln vollauf befriedigend herkömmliche Geschäftsmodelle (Rz 78). Wenn indes nicht nur ver- und gekauft oder Dienst- oder Werklieferungsverträge abgewickelt, sondern förmliche Verkaufsakte mit signifikanten Verpflichtungen **verknüpft** werden, deren wirtschaftlicher Gehalt für „normale" Veräußerungen untypisch ist, **versagt** die alleinige Bezugnahme auf schuldrechtliche Strukturen. Der Realisationsakt ist dann unter Berücksichtigung des **wirtschaftlichen** „Gesamtgehaltes" des Geschäftes zu definieren.

Entscheidend ist dabei folgender Aspekt: Spiegelbildlich zum *finance lease* kann bei strukturierten Verkäufen zwar das rechtliche Eigentum übergehen, nicht dagegen das den Realisationstatbestand definierende wirtschaftliche (Rz 81). Anders ausgedrückt: Selbst wenn das **rechtliche** Eigentum (z. B.) auf

---

[39] LÜDENBACH, PiR 2005, S. 15ff.

einen Erwerber durch Kaufvertrag übergeht, ist damit **nicht zwingend** ein Realisationsvorgang verbunden. Die traditionelle Anknüpfung des Realisationstatbestandes an kaufrechtliche Kriterien wie den Übergang der Preisgefahr versagt in solchen Fällen, in denen die zivilrechtliche Form des Geschäftes mit dem wirtschaftlichen Gehalt der Transaktion nicht mehr übereinstimmt. Es ist dann vorrangig nicht der Übergang der Preisgefahr zu untersuchen, sondern etwa, ob sich hinter einem Verkauf mit Rückgaberecht oder Renditegarantie nicht wirtschaftlich eine **Nutzungsüberlassung** oder eine **Konsignationslieferung** verbirgt.

Die nachfolgende Abbildung fasst die relevanten Fälle zusammen:

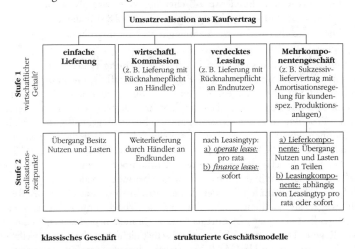

Abb. 3: Zweistufenbetrachtung strukturierter Geschäfte[40]

2.7 Erlösrealisierung bei Softwareunternehmen

2.7.1 Verzicht des Regelgebers auf branchenspezifische Vorschriften, Rückgriff der Praxis auf US-GAAP

Dem Anspruch des IASB auf ein prinzipienbasiertes, nicht kasuistisches Normensystem (Rz 13ff.) entspricht der weitgehende Verzicht auf **branchenspezifische** Rechnungslegungsvorschriften. Als unerwünschter Nebeneffekt einer solchen Enthaltsamkeit droht der Verlust an zwischenbetrieblicher Vergleichbarkeit. In Fragen der Erlösrealisierung von Softwareunternehmen ist diese Gefahr deshalb besonders groß, weil die angebotenen **Softwareleistungen** und -leistungsbündel häufig **quer zu den Grundunterscheidungen von IAS 18** liegen.

Die Finanzerträge ausgeklammert, unterscheidet IAS 18 drei Grundtypen von Leistungen:

---

[40] Quelle: HOFFMANN/LÜDENBACH, DStR 2005, S. 1331ff.

- den **Verkauf** von Gütern,
- die Erbringung von **Service**leistungen,
- **die Lizenzierung** oder sonstige Überlassung von Vermögenswerten zur Nutzung.

Dass Softwareleistungen je nach individueller Gestaltung mal der einen, mal der anderen Leistungskategorie näher stehen, ergibt sich bereits aus dem Anhang zu IAS 18:
- Die zeitlich **unbefristete** Lizenzierung gilt als **Verkauf** (IAS 18 Anhang Tz 20).
- Die Entwicklung **kundenspezifischer** Software wird als Serviceaktivität, spezieller als **Auftragsfertigung** angesehen (IAS 18 Anhang Tz 19).
- Die zeitlich **befristete** Lizenzierung gilt als **Nutzungsüberlassung** (IAS 18 Anhang Tz 20).

Ein erstes Problem besteht dann in der **Grenzziehung** zwischen den drei genannten Fällen im Einzelfall. Wie viel Kundenspezifik *(customizing)* ist etwa notwendig, um zu den Regeln der Auftragsfertigung zu gelangen? Ein zweites Problem ergibt sich daraus, dass die Softwareindustrie, jedenfalls soweit sie keine Produkte für den Massenmarkt anbietet, regelmäßig mit **Mehrkomponentenverträgen** operiert, die neben der Lizenzierung einen *post-customer support* (PCS), Updaterechte usw. enthalten können. Der in IAS 18 nur sporadisch behandelten Frage der Mehrkomponentengeschäfte *(multiple deliverables)* kommt in der Softwareindustrie besondere Bedeutung zu.

86 Aufgrund der genannten Schwierigkeiten besteht sowohl aus Sicht der Rechnungsleger als auch aus Sicht der Analysten und sonstigen Rechnungslegungsadressaten ein **Bedürfnis nach branchenspezifischen (Einzelfall-)Regeln**. Da sie im IFRS-Regelwerk selbst nicht enthalten sind, greift die Praxis regelmäßig auf **US-GAAP**-Vorschriften, insbesondere auf die *Statements of Position* SOP 97-2 und SOP 98-9 zurück. Als **Legitimation** für diese Anlehnung dient die Bestimmung in IAS 8.12, wonach in nicht hinreichend spezifisch geregelten Fällen der Rückgriff auf Verlautbarungen anderer Standardsetter und auf Branchenkonventionen zulässig ist. IAS 8.12 erteilt allerdings **keine Blankovollmacht** für die Übernahme fremder Regelungen. Die Übernahme ist ausdrücklich gebunden an die Konsistenz mit den Regelungen in den IFRS-Einzelstandards und dem *Framework* (→ § 1 Rz 78).
- Aus dieser Sicht ist zunächst zu prüfen, ob SOP 97-2 und ergänzende amerikanische Vorschriften verträglich mit den rudimentären Anweisungen in IAS 18 sind.
- Auch wenn dies hinsichtlich der Prinzipien und Grundunterscheidungen bejaht wird, kann die Übernahme von Einzelfalllösungen problematisch bleiben.

Der **Konsistenzvorbehalt** in IAS 8.12 ist u. E. nicht abstrakt durch Verweis auf tatsächlichen oder angeblichen Prinzipiengleichklang zwischen IFRS und US-GAAP zu überwinden. Auch wo ein solcher Gleichklang bejaht wird, bleibt noch die zur Übernahme vorgesehene Einzelregelung darauf zu prüfen, ob sie

Lüdenbach

prinzipiengerecht ist oder eine unsystematische Ausnahme darstellt. Für die Übernahme eines kasuistischen Wildwuchses aus anderen Rechnungslegungssystemen bietet IAS 8.12 jedenfalls keine Grundlage.

2.7.2 Grundunterscheidungen in US-GAAP und ihre Verträglichkeit mit IFRS

2.7.2.1 Auftragsfertigung, *customizing*

SOP 97-02.07 unterscheidet zunächst zwischen **kundenspezifischer Softwarefertigung** und Lizenzierung von Standardsoftware. Als kundenspezifische Softwarefertigung gilt nicht nur die Herstellung individueller Software nach Kundenvorgaben, sondern ebenso das signifikante Modifizieren oder *customizing* von Standardsoftware. In Fällen der kundenspezifischen Fertigung gelangen die Grundsätze der Auftragsfertigung *(contract accounting)* zur Anwendung, d. h. insbesondere die POC-Methode (→ § 18 Rz 15ff.). Der gesamte Vertrag einschließlich eventueller Hardwareleistungen, Nachbetreuungen usw. ist dann nach Maßgabe der Regeln zur **Auftragsfertigung** zu bilanzieren.

Die Bestimmung des **Fertigungsgrades** kann **output**orientiert (→ § 18 Rz 34) erfolgen, wenn der durch den jeweiligen Fertigungsschritt hinzugefügte Wert verlässlich bestimmbar ist (SOP 97-2.80). An dieser Voraussetzung fehlt es im Allgemeinen, sodass häufiger **input**orientierte Verfahren, insbesondere die *cost-to-cost*-Methode (→ § 18 Rz 28), zum Tragen kommt. Bei ihrer Anwendung dürfen nur solche Kostenbestandteile zur Bestimmung des Fertigungsgrades eingehen, die spezifisch für den Auftrag produziert wurden (SOP 97-2.83).

87

Beispiel

Der Kunde erhält eine Komplettlösung bestehend aus Hardware, die der Unternehmer bei Dritten erworben hat, sowie Software, die in signifikantem Maße für die Kundenbedürfnisse modifiziert wurde. Die Gesamtkalkulation des Herstellers sieht wie folgt aus:

	Erlös	Kosten
Hardware	200	150
Lizenz	300	0
customizing	500	300
	1.000	450

Bis zum Stichtag sind Kosten von 60 für das *customizing* angefallen, entsprechend 20 % des Gesamtbetrages. Da die Hardware nicht speziell für den Auftrag hergestellt wurde, geht sie in die *cost-to-cost* Ermittlung nicht ein. Für die vergebenen Lizenzen selbst fallen keine Kosten an.

- Der Fertigstellungsgrad beträgt daher 60/300 = 20 %. Die resultierenden Umsatzerlöse sind 20 % × 1.000 = 200.
- Die dagegenzusetzenden Kosten betragen 60 für das *customizing* sowie 20 % der Hardwareeinstandskosten = 30, somit in Summe 90.

- Der Nettoertrag der Periode beträgt 200 – 90 = 110. Dies entspricht 20 % des gesamten Nettoertrages von 550 (= 1.000 – 450). Die Berücksichtigung von nur 20 % der Hardwareeinstandskosten gelingt nur, wenn 80 % als Bestand (Vorratsvermögen) ausgewiesen werden.

Die vorstehenden Regelungen von SOP 97-2 stehen im **Einklang mit IAS 18**. Für die Grenzziehung zwischen Auftragsfertigung und Lizenzierung von Standardsoftware ergibt sich dies aus IAS 18 Anhang Tz. 19, für die konkrete Bestimmung des Fertigungsgrades aus IAS 18.21 i.V. mit IAS 11.31.

2.7.2.2 Lizenzierung von Standardsoftware

88 Liegen die Merkmale einer kundenspezifischen Fertigung nicht vor und wird die Software auch nicht im Bündel mit anderen Serviceleistungen lizenziert, so unterstellt SOP 97-2.08 eine Veräußerung, die dann zu Erlös führt, wenn die Lizenz ausgeliefert, das Entgelt bestimmbar und seine Vereinnahmbarkeit wahrscheinlich ist. Dabei wird in **SOP 97-2 keine Unterscheidung** zwischen **befristeter und unbefristeter Lizenzierung** vorgenommen. Nach **IAS 18** Anhang Tz. 20 ist hingegen eine derartige **Unterscheidung erforderlich**:

- Nur die **unbefristete Lizenzierung** ist in IAS 18 der **Veräußerung** gleichgestellt und führt zu einem sofortigen Erlös,
- während die **befristete Lizenzierung** über den Lizenzierungszeitraum **abzugrenzen** ist.

Eine solche Pro-rata-Realisierung kennt SOP 97-2 nur für Fälle der Subskription (Lieferung aller in dem Vertragszeitraum neu entwickelten Produkte der gleichen Linie im Entgelt enthalten) sowie in bestimmten Fällen des *post customer service* (SOP 97-2 und 48 und 57).

Den Verzicht auf eine Differenzierung zwischen befristeten und unbefristeten Lizenzen in **SOP 97-2** wird man als **nicht IFRS-konform** ansehen müssen. Die Regelungen von SOP 97-2 zur Lieferung nicht kundenspezifischer Software außerhalb eines Mehrkomponentengeschäftes sind daher **nur auf unbefristete Lizenzierungen anwendbar**.

> **Beispiel**
> Ein Kunde erhält eine Lizenz für 5 Jahre. Nach Ablauf der 5 Jahre verlängert er sie gegen eine Gebühr für weitere 3 Jahre.
> Nach dem *Technical Practice Aid* (TPA) zu SOP 97-2 ist mit Auslieferung der Software das komplette Entgelt für die 5-jährige Nutzung zu realisieren. Mit Vereinbarung der Verlängerung ist der komplette Erlös für den Verlängerungszeitraum auszuweisen (TPA 5190.71).
> Diese Lösung ist u. E. nicht IFRS-konform. Der ursprüngliche Erlös ist auf die ersten 5 Jahre zu verteilen, das Entgelt für die Verlängerung über die 3 Folgejahre.

Kritisches Kriterium für die Erlösrealisierung bei zeitlich unbefristeten Lizenzen ist der **Lieferzeitpunkt**. Den amerikanischen Vorschriften sind folgende Grundsätze zu entnehmen:

- Ist die Software **physisch per CD oder Diskette ausgeliefert**, der Kunde jedoch noch nicht in Besitz eines für die Inbetriebnahme notwendigen **Autorisierungsschlüssels**, den er jederzeit über Internet abrufen kann, ist der Erlös realisiert. Der Verkäufer hat seine Leistungsverpflichtungen erfüllt. Der verzögerte Abruf des Autorisierungsschlüssels liegt nicht in seinem Verantwortungsbereich (SOP 97-2.25).

- Enthält der Datenträger auch **zusätzliche Software**, für die der Kunde zunächst keine Lizenz erwirbt und sie deshalb erst mit einem weiteren Autorisierungsschlüssel betriebsfähig wird, ist die Erlösrealisierung in dem Zeitpunkt vorzunehmen, in dem der Kunde vertragsgemäß auf diesen Zusatzschlüssel zugreifen **kann**. Auf den tatsächlichen Zugriff kommt es nicht an.

- Umfasst der Softwarevertrag das Recht des Kunden, gegen ein Gesamtentgelt eine bestimmte Maximalzahl von **Kopien** zu beziehen bzw. anzufertigen, ist der gesamte Erlös mit Auslieferung der ersten Kopie bzw. des Produktmasters realisiert. Ist die Lizenzgebühr hingegen eine Funktion der Zahl der Kopien, entsteht der Erlös nur sukzessive mit jeder weiteren Kopie (SOP 97-2.21).

- Wird die Software im Rahmen einer *hosting*-Vereinbarung geliefert, die den Betrieb der Software auf der Hardware des Lieferanten vorsieht, kommt es darauf an, ob das *hosting* optional oder verpflichtend ist. Hat der Kunde das Recht und die tatsächliche Möglichkeit, jederzeit unmittelbar die Software in Besitz zu nehmen, ist der auf dieses Recht entfallende Anteil des Erlöses mit Entstehen der Besitznahmemöglichkeit realisiert. An einer ausreichenden Besitznahmemöglichkeit fehlt es dann, wenn die Software nur auf spezialisierter, bei den meisten Kunden nicht vorhandener Hardware läuft oder der Kunde trotz Inbesitznahme noch für eine signifikante Mindestzeit für das *hosting* zahlen muss. In beiden Fällen liegen Serviceverträge und keine Softwarelieferungen im Sinne von SOP 97-2 vor (EITF Issue 00-3).

Die **Regelungen zum Lieferzeitpunkt** heben auf die Erlangung der Verfügungsmöglichkeit durch den Erwerber und nicht auf die tatsächliche Inbesitznahme ab. Auf den früheren Zeitpunkt der Inbesitznahmemöglichkeit stellt z. B. auch IAS 18 Anhang Tz. 1 *("bill and hold sales")* ab. Die US-Regelungen sind daher u. E. (mit der o. g. Beschränkung auf unbefristete Lizenzierung) **IFRS-konform**.

2.7.2.3 Mehrkomponentengeschäfte über Software

Die Lieferung von Software geht häufig mit der Vereinbarung von Serviceleistungen einher. Soweit die **Serviceleistungen** nicht im *customizing* bestehen und damit keine kundenspezifische Fertigung vorliegt, handelt es sich um ein **Mehrkomponentengeschäft**. Nach SOP 97-2.10 ist das Mehrkomponenten-

geschäft dann in Lizenzlieferung einerseits und Service andererseits zu disaggregieren, wenn es einen objektiven Maßstab für die Wertaufteilung gibt. Als objektiver Aufteilungsmaßstab sind zugelassen:
- der **Preis**, den das Unternehmen **bei separatem Verkauf** bzw. Leistung erzielt, oder,
- falls das Unternehmen die Elemente bislang nicht separat anbietet, der **Preis**, der wahrscheinlich bei der **separaten Markteinführung** des Elementes erhoben wird.

Preisnachlässe, die aufgrund gleichzeitigen „Verkaufs" mehrerer Elemente vereinbart werden, hindern die objektive Wertaufteilung nicht. Sie sind nach dem Verhältnis der *fair values* der Einzelelemente auf diese aufzuteilen (SOP 97-2.11). Ist zwar der *fair value* des gelieferten Elementes nicht bestimmbar, jedoch der des noch ausstehenden Elementes, so ist eine residuale Wertaufteilung zulässig und geboten (SOP 97-2.12).

> **Beispiel**
> U veräußert die zeitlich unbefristete Lizenz L in Verbindung mit einem *post customer support* (PCS) für das erste Jahr. Der Gesamtpreis beträgt 80 TEUR. Der Kunde kann den PCS jeweils für ein weiteres Jahr für einen Betrag von 15 TEUR verlängern. Der Kunde erhält außerdem einen 55 %igen Rabatt auf den Listenpreis für alle Produkte, die in den nächsten drei Jahren auf den Markt gelangen.
> Nach SOP 98-9 und TPA 5100.74 ist wie folgt zu verfahren:
> Der Gesamtpreis von 80 TEUR minus der PCS-Jahresrate von 15 TEUR führt unbereinigt, d. h. vor Rabatt, zu einem Residualwert von 65 TEUR.
> Bei einem angenommenen Listenpreis von 100 TEUR entspräche dies einem Rabatt von 35 TEUR, zusammengesetzt aus kostenlosem Support des ersten Jahres von 15 TEUR als Naturalkomponente (abzugrenzen) und einer Geldkomponente von 20 TEUR.
> Diesem 35 %igen Rabatt steht ein 55 %iger Rabatt auf die zukünftigen Produkte (jeweils bezogen auf den Listenpreis) gegenüber. Die Differenz von 20 % ist auf den dreijährigen Rabattzeitraum abzugrenzen. Es ergeben sich somit folgende Buchungen:
>
> | | | |
> |---|---|---:|
> | per Forderung 80 | an Lizenzerlös | 45 |
> | | an Abgrenzung PCS | 15 |
> | | an Abgrenzung Zusatzrabatt | 20 |

Steht in einem Mehrkomponentengeschäft zwar der *fair value* des ausgelieferten Elementes fest, jedoch nicht der der noch ausstehenden Leistung, soll nach SOP 97-2 der gesamte Erlös abgegrenzt werden, bis der Wert der ausstehenden Leistung feststeht oder diese erbracht ist.

Lüdenbach

> **Beispiel**
> Ein Kunde wünscht die für das nächste Jahr angekündigte Version 3.2 eines Softwareproduktes, erhält aber zunächst die Version 3.1 gegen späteres kostenloses Upgrade auf die Version 3.2. Der Upgrade-Preis für andere bereits im Besitz der Lizenz 3.1 befindliche Kunden steht noch nicht fest. Der gesamte Erlös ist bis zur Feststellung des Upgrade-Preises abzugrenzen. Zu diesem Zeitpunkt kann der residual ermittelte Erlösanteil der Version 3.1 realisiert werden.

Gelingt nach den vorstehenden Grundsätzen **keine objektive Wertaufteilung** und ist das ausstehende Element keine Upgrade-Lieferung, sondern eine **Serviceleistung**, ist nach SOP 97-2 wie folgt zu differenzieren:

- Handelt es sich bei dem **ausstehenden Element** um *post customer support* (wozu auch unspezifizierte Upgrade-Rechte gehören), ist das gesamte, nicht aufteilbare Entgelt **pro rata** über die Dauer des PCS zu realisieren (SOP 97-2.58).
- Handelt es sich bei dem **ausstehenden Element** um **sonstige Serviceleistungen** (Training, Installation, Consulting usw.), ist das gesamte Entgelt **mit Vollendung der Serviceleistungen** bzw. bei einem identifizierbaren zeitlichen Muster der Leistungserbringung verteilt über die Dauer der Leistung zu realisieren (SOP 97-2.67).

Die vorstehenden Regelungen sind in der Tendenz mit der rudimentären Regelung der Mehrkomponentengeschäfte in IAS 18.13 kompatibel. Dies gilt auch für die kasuistisch anmutende Unterscheidung zwischen PCS und sonstigem Service, da es hierbei dem Grunde nach um die auch in IAS 18.25 enthaltene Differenzierung zwischen zeitraumbezogenen und zeitpunktbezogenen Leistungen geht.

Zusammenfassend sind die in SOP 97-2 enthaltenen Mehrkomponentenregelungen u. E. IFRS-verträglich. Hinsichtlich der Frage der Aufteilbarkeit eines Mehrkomponentenerlöses stellen SOP 97-2 und SOP 98-9 allerdings sehr restriktive Anforderungen. Unter anderem soll für die Bestimmung des *fair value* der Elemente nur der **verkäuferspezifische Wert** *(vendor specific objective evidence)*, nicht hingegen der am Markt beobachtbare Wert **zählen**. Derartige **restriktive Vorgaben** sind IAS 18.13 nicht zu entnehmen. Sie können im Sinne einer Selbstbindung des Ermessens des Bilanzierers übernommen werden (IFRS-**Verträglichkeit**). Ein Übernahmezwang ist jedoch u. E. nicht gegeben. Der IFRS-Anwender kann auch eine weniger restriktive Interpretation wählen.

2.7.2.4 Kein *cash accounting* bei Ratenzahlungsvereinbarungen

Sind die übrigen Voraussetzungen einer sofortigen Erlösrealisierung gegeben, sieht die Vereinbarung aber eine über mehr als 12 Monate gestreckte Zahlung vor *(extended payment term)*, ist nach SOP 97-2.29 der Erlös nur **sukzessive** mit Fälligkeit der Raten *(due date)* zu realisieren. Die Praxis spricht von *due date accounting* unter Vernachlässigung des Unterschiedes zwischen Fälligkeit und Zahlung, vereinfacht auch von *cash accounting*. Begründet wird die hinausgeschobene Realisierung mit der raschen technischen „Verderblichkeit" von Softwareprodukten, mit der im Verlauf einer langfristigen Zahlungsvereinbarung die Wahrscheinlichkeit von Zugeständnissen (Zahlungsnachlässe, Rabatte für Folgeprodukte usw.) einhergehe.

Da das *cash accounting* zu erwartende Realisierungshemmnisse aus solchen Zugeständnissen reflektieren soll, enthält SOP 97-2 eine **Rückausnahme**: Kann das Unternehmen anhand seiner eigenen Historie belegen, dass es solche Zugeständnisse bei langfristigen Zahlungsverträgen nicht macht, ist der Erlös sofort zu realisieren.

Diese kasuistischen Sonderregelungen für langfristige Zahlungspläne sind u. E. häufig **nicht mit IAS 18 verträglich**.

> **Beispiel**
> Ein Unternehmen veräußert Software (zeitlich unbefristete Lizenzierung) an institutionelle Kunden mit Zahlungsvereinbarungen, die sich regelmäßig über fünf Jahre erstrecken. In der Vergangenheit ist als Anreiz des Erwerbs neuer Produkte in einem technologisch schnelllebigen Umfeld regelmäßig die letzte Rate erlassen worden.
> Nach SOP 97-2 ist (unter Vernachlässigung der Abzinsung) der Erlös in den Jahren 1-4 mit jeweils einem Viertel zu erfassen.
> IAS 18.29 stellt auf die Wahrscheinlichkeit des Geldzuflusses und die zuverlässige Messbarkeit des Erlöses ab. Unter Beachtung der Rechtsgedanken aus IAS 18.16f. (Lieferung mit Rückgaberecht) sind diese Voraussetzungen dann erfüllt, wenn die Konzessionsquote statistisch bestimmbar ist. Unter Abzug der Konzessionsquote von 20 % wären daher 80 % des Entgeltes sofort als Erlös zu vereinnahmen und lediglich die verbleibenden 20 % einem *cash* bzw. *due date accounting* zu unterwerfen.

2.7.3 Zusammenfassender Befund

91 Der zuletzt in Sachen *extended payment terms* getroffene Befund lässt sich wie folgt verallgemeinern:
- Die durch IAS 8.12 eröffnete Möglichkeit, bei Regelungslücken fremdes Rechnungslegungsrecht (hier US-GAAP) anzuwenden, steht unter dem **Vorbehalt der IFRS-Kompatibilität** dieses Rechts (Rz 86).
- Für die in SOP 97-2 getroffenen **amerikanischen Grundunterscheidungen** ist diese **Kompatibilität gegeben**.
- Wichtige **Ausnahmen** ergeben sich hier bei
  - zeitlich befristeten Lizenzen sowie
  - langfristigen Zahlungsvereinbarungen.

Neben den Grundunterscheidungen enthalten SOP 97-2, SOP 98-9 sowie der zugehörige *Technical Practice Aid* TPA 5000 und die Interpretation der *Emerging Issues Task Force* EITF 00-03 aber auch eine umfangreiche **kasuistische Behandlung einzelner Vertragstypen**. Die bilanzpolitische Praxis kann diese

Kasuistik in unterschiedlicher Weise nutzen und umgehen. Sie kann zum einen ihre Produkte in Vertragsformen verkaufen, die in den genannten Regeln explizit und mit dem bilanzpolitisch gewünschten Ergebnis behandelt werden. Sie kann zum anderen bewusst Vertragsvarianten erschaffen, die keinem der in den Regelungen enthaltenen Typen entsprechen und deren rechnungsmäßige Abbildung deshalb Optionen zulässt. Mit Blick auf diese bilanzpolitischen Möglichkeiten ist der Beitrag von Kasuistiken zur Objektivierung und Vergleichbarkeit von Jahresabschlüssen begrenzt. Aus Einsicht in diese Problematik, insbesondere in die Anreize, die Kasuistiken zur Umgehung setzen, verfolgt der IASB programmatisch das Konzept einer prinzipien- statt kasusbasierten Rechnungslegung (vgl. (→ § 1 Rz 44ff.).

In Anbetracht dieser Zielsetzung kann IAS 8.12 **kein Freibrief** dafür sein, Kasuistiken fremder Rechnungslegungssysteme unbesehen im IFRS-Abschluss anzuwenden (→ § 1 Rz 78). Weder ist die kasuistische Lösung des fremden Systems notwendig IFRS-kompatibel, noch führt die fehlende Fallbehandlung im fremden System notwendig auch in der IFRS-Bilanz zum daraus erhofften bilanzpolitischen Spielraum. Sowohl die Übernahme der Falllösung des fremden Rechnungslegungssystems als auch die anstelle einer fehlenden Falllösung gesetzte eigene bilanzpolitische Entscheidung bleiben in jedem Fall auf die **Verträglichkeit** mit den in IAS 18 niedergelegten Grundsätzen zu prüfen. Die u. E. wichtigsten, vorstehend in der Auseinandersetzung mit SOP 97-2 herausgearbeiteten Grundsätze der Erlösrealisierung bei Softwarefertigung nach IFRS sind in der Abbildung 4 zusammengefasst.

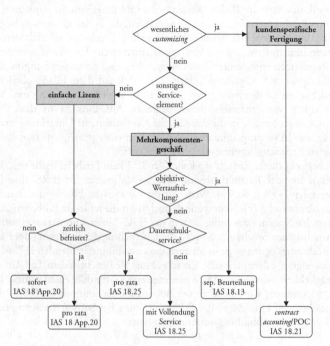

Abb. 4: Erlösrealisierung Software

2.8 Erlöse aus rechtsmängelbehafteten Geschäften

92 Die Behandlung **nichtiger** oder **schwebend unwirksamer** Geschäfte ist weder in IAS 18 noch im Handelsrecht klar geregelt. Für die Steuerbilanz ist allerdings die Unwirksamkeit eines Rechtsgeschäfts so weit und so lange unerheblich, wie die Beteiligten in das wirtschaftliche Ergebnis dieses Rechtsgeschäfts gleichwohl eintreten und es bestehen lassen. Mit Ausnahme bestimmter missbrauchsgeneigter Gestaltungen – etwa steuermindernde Verträge unter Angehörigen – ist daher die zivilrechtliche Nichtigkeit oder schwebende Unwirksamkeit eines Vertrages irrelevant, wenn die Beteiligten sich so verhalten, als ob er wirksam wäre.

Diese Regelung ist Ausdruck einer **wirtschaftlichen Betrachtungsweise,** wie sie auch für das **Handelsrecht** und für die **IFRS** gilt. Wie etwa die Frage der Zurechnung von Leasinggegenständen zeigt (Rz 81), wird aber nicht jeder Einzelfall auf der Basis der gleichen Prinzipien gleich gelöst. Insoweit ist eine genauere Untersuchung geboten. Sie soll sich an folgendem Fall orientieren:

> **Beispiel**
> Versicherungsmakler X hat in der Vergangenheit Verträge über Lebensversicherungen vermittelt, bei denen die versicherte Person ein unter 7 Jahre altes Kind des Versicherungsnehmers war. Die Verträge enthalten in nicht wenigen Fällen eine Todesfallleistung, die auch bei Tod des Kindes vor der Vollendung des 7. Lebensjahrs den Betrag der gewöhnlichen Beerdigungskosten übersteigt. Derartige Verträge bedürfen gem. § 159 Abs. 3 VVG (Versicherungsvertragsgesetz) der Einwilligung des Kindes qua Einschaltung eines Ergänzungspflegers. Bei den genannten Verträgen wurde diesem Erfordernis häufig nicht Rechnung getragen. Die betreffenden Verträge sind daher rechtlich nicht oder schwebend wirksam. Soweit die Unwirksamkeit von einem Versicherungsnehmer erfolgreich geltend gemacht wird, hat X die Abschluss- und Bestandspflegeprovisionen zu Unrecht erhalten und daher zu erstatten. Bisher ist dieser Fall aber nur in ganz wenigen Fällen (1 %) eingetreten.
> Da das VVG keine Rechtsfolgenregel trifft, sind die Auswirkungen einer fehlenden Beteiligung eines Ergänzungspflegers allerdings strittig:
> - Nach einer ersten Auffassung sind die Lebensversicherungsverträge (und damit die Provisionsvergütung an X) schwebend unwirksam, erlangen aber auch ohne Einschaltung des Ergänzungspflegers mit Vollendung des 7. Lebensjahres Wirksamkeit (Heilung durch Zeitablauf).
> - Eine zweite Auffassung sieht eine Heilungsmöglichkeit nur durch Einwilligung des Kindes, d. h. durch Einschaltung eines Ergänzungspflegers oder durch Einwilligung des volljährig gewordenen Kindes (Heilung durch Einwilligung). Hierbei wird angenommen, dass den Eltern die vertragliche Nebenpflicht obliegt, das Ihre zur Herbeiführung der Einwilligung zu tun.
> - Nach einer dritten Auffassung sind die Verträge unhaltbar nichtig.

Steuerbilanziell gelten die Provisionserlöse als verdient, da die Beteiligten das Geschäft trotz Rechtsmängeln ganz überwiegend bestehen lassen. Das Restrisiko kann durch eine Rückstellung berücksichtigt werden.

Zur **handelsbilanziellen** Behandlung unwirksamer Rechtsgeschäfte ist eine BGH-Entscheidung aus 1978 einschlägig. Das Gericht hatte über die Aktivierung von Anteilen zu entscheiden, deren dinglicher Erwerb (d. h. das Übertragungsgeschäft) wegen fehlender kartellrechtlicher Genehmigung schwebend **unwirksam** war.[41] Der BGH bejahte die Aktivierung im konkreten Fall deshalb, weil die Beteiligten trotz Kenntnis der schwebenden Unwirksamkeit an der Übertragung festhalten wollten.

Die handelsrechtliche Literatur hat dieses Urteil wie folgt verallgemeinert: Ein **schwebend unwirksam angeschaffter Gegenstand** ist jedenfalls dann zu aktivieren, wenn

93

---

[41] BGH-Z v. 31.10.1978, KZR 5/77, NJW 1980, S. 183f.

Lüdenbach

- alle Vertragsbeteiligten die **Beseitigung** des Schwebezustandes beabsichtigen,
- sie hierzu (soweit nicht ohnehin Heilung durch Zeitablauf) auch **verpflichtet** sind und
- anhand objektiver Kriterien **Gewissheit** über die mögliche Beseitigung des Schwebezustandes besteht.[42]

Entsprechendes wird für nichtige Geschäfte befürwortet, an denen die Beteiligten trotz Kenntnis der Nichtigkeit festhalten.[43]

94 Für die Beurteilung nach IFRS kann u. E. nichts anderes gelten: Dem Grundsatz der wirtschaftlichen Betrachtungsweise – *substance over form* – ist auch das IFRS-Regelwerk verpflichtet (→ § 1 Rz 52). Seinen hier relevanten konkreten Ausdruck findet der Grundsatz zunächst in der Definition des **Vermögenswerts**. Dieser wird in F.49 als vom Unternehmen **kontrollierte** ökonomische Ressource definiert (→ § 1 Rz 87). Auf die **rechtliche** Qualität der Ressource kommt es zunächst nicht an. Sie kann nur mittelbar eine Rolle spielen, indem etwa bei rechtlich wirksam erlangtem Eigentum die Kontrolle leichter zu bejahen ist als bei (schwebender) Unwirksamkeit. Der Begriff der **Kontrolle** wird im Übrigen im *Framework* nicht definiert. Eine Konkretisierung findet sich jedoch in IFRS 3.39 in Bezug auf die Kontrolle über ein erworbenes Unternehmen. Danach setzt Kontrolle nicht voraus, dass der Erwerbsvorgang *„closed or finalised by law"* ist (→ § 31 Rz 24). Anders ausgedrückt: Mit der Kontrolle verbundenes wirtschaftliches Eigentum kann bestehen, obwohl der Eigentumserwerb zivilrechtlich nicht oder noch nicht wirksam ist. Analoge Überlegungen finden sich in IAS 39.AG42ff.

Eine **Verallgemeinerung** ist daher auch für IFRS zulässig: Die bilanzielle Behandlung von aus unwirksamen, noch unwirksamen oder schwebend **unwirksamen** Rechtsverhältnissen stammenden Ressourcen kann je nach Umständen des zu betrachtenden Falls der Bilanzierung **wirksamer** Rechtsverhältnisse folgen oder nicht folgen.[44] Besondere Bedeutung kommt dabei der Frage zu, ob mit einer Rückabwicklung auf Anforderung des Vertragspartners zu rechnen ist. Da F.82ff. die Wahrscheinlichkeit des Ressour-

---

[42] GOERDELER/MÜLLER, WPg 1980, S. 313, ADS, § 246 Tz 72ff.
[43] Hierzu folgendes Beispiel aus BFH, Urteil v. 29.11.1973, IV R 181/71, BStBl II 1974 S. 202: Ein Bauträger räumt den Erwerbern von Kaufeigenheimen den Besitz ein, nachdem die Käufer den bedungenen Preis bezahlt haben. Der Kaufvertrag war allerdings nach den §§ 313, 125 BGB formnichtig. Der BFH hat in der Nichtigkeit des Vertrages keinen Hinderungsgrund für die Annahme einer Gewinnrealisation gesehen. Begründung: Der Vertrag sei von den Parteien trotz der Nichtigkeit durchgeführt worden. Eine Rückabwicklung des Kaufvertrages wäre für beide Seiten praktisch nicht möglich gewesen. Denn die Käufer hätten bezahlt und wohnten in den Häusern und für den Verkäufer sei das ganze Geschäft ein Erfolg gewesen.
[44] So für den Fall eines noch nicht notariell beurkundeten Grundstücksgeschäfts ORDELHEIDE/BÖCKEM, in: BAETGE u. a. (Hrsg.), Rechnungslegung nach IAS, 2. Aufl., IAS 18 Erträge (Revenue) Tz 49.

cenzuflusses bzw. -verbleibs als Ansatzkriterium formuliert (→ § 1 Rz 89), sind **Wahrscheinlichkeitseinschätzungen** gefordert.

Die Bilanzierung **rechtsmängelbehafteter Geschäfte** wird jedoch in handels- **95** bilanzieller Rechtsprechung und Literatur ebenso wie im IFRS-Schrifttum nur äußerst selten angesprochen. Eine herrschende Auffassung ist deshalb nicht ableitbar. Herrschend ist eher eine „**Nichtmeinung**". Unter den vereinzelt aufzufindenden Äußerungen ist teils auch eine strikte Ablehnung jeder wirtschaftlichen Betrachtung zu finden.[45] Alle positiven Meinungen beziehen sich zudem auf Einzelverträge und Einzelgegenstände. An die erforderliche Gewissheit des Festhaltens der Beteiligten am Vertrag sind dann hohe, i. d. R. nicht erfüllbare Anforderungen zu stellen. Fraglich ist, ob bei einem **Portfolio** rechtsmängelbehafteter Verträge wie im Ausgangsbeispiel modifizierte, leichter erfüllbare Bedingungen gelten.

Dafür spricht die Behandlung eines analogen Problems: Bei Lieferungen mit **Rückgaberecht** des Verkäufers, also bis zum Ablauf der Rücktrittsfrist nicht endgültig wirksamen Geschäften, macht eine handelsrechtliche Meinung in Übereinstimmung mit IAS 18 (Rz 28ff.) die Aktivierung einer Kaufpreisforderung sowie die Realisation von Umsatz davon abhängig, ob die Rückabwicklungsquote wie im Versandhandel statistisch fassbar ist.[46] Nach anderer handelsrechtlicher Auffassung genügt die statistische Fassbarkeit hingegen nicht,[47] sodass mangels Gewissheit über das Festhalten am einzelnen Vertrag eine Gewinnrealisierung zunächst nicht in Frage kommt.

Mit der ersten Auffassung sehen wir (nicht nur für IFRS) die Portfoliobetrachtung als angemessen an, weil sie die Bilanzierung von der Ansatzfrage (Ja-Nein-Entscheidung) auf eine statistische Bewertungsfrage (Mehr-oder-Weniger-Entscheidung) verlagert, wie dies für Fälle einer „*large population*" (Gesetz der großen Zahl; F.85) angemessen ist (→ § 1 Rz 90). **Rechtliche** Mängel eines Aktivportfolios werden dann nicht anders behandelt als **wirtschaftliche** Mängel, die etwa in Bonitätsfällen über pauschale Wertberichtigungen berücksichtigt werden. Die Erlöse des Versicherungsmaklers im Ausgangsbeispiel (Rz 92) sind daher trotz Rechtsmängeln realisiert. Das Rechtsmängelrisiko ist durch eine statistisch berechnete Rückstellung zu berücksichtigen.

Die vorstehenden Überlegungen beziehen sich auf den **aktuellen Rechtsstand**. Das Projekt „*Revenue Recognition*" (Rz 113) kann hier zu einer Verschärfung führen. Es sieht vor, die Existenz eines unbedingt wirksamen Vertrages zur Bedingung der Erlösrealisierung zu machen.[48] Soweit diese Voraussetzung in einer endgültigen Regelung ohne jede Einschränkung enthalten sein sollte, würde sich der Erlösrealisierungszeitpunkt nicht nur bei rechtsmängelbehafte-

---

[45] So etwa Ekkenga, ZGR 1997, S. 262ff. für das Handelsrecht.
[46] So Ellrott/Ring, in: Beck'scher Bilanzkommentar, § 247 Tz 91, WPH, 2. Aufl. I E, S. 426 und Adler/Düring/Schmalz, § 246 Tz 57.
[47] Adler/Düring/Schmalz, 6. Aufl., § 252 HGB, Tz 82, und Piltz, BB 1985, S. 368.
[48] IASB, Update März 2004.

ten Geschäften, sondern auch bei Vereinbarung von Rücktrittsrechten verschieben.

3 Bemessung der Erlöse

3.1 Tauschgeschäfte

96 Der Tausch gleichartiger Vermögenswerte führt nach IAS 18.12 – ähnlich IAS 16.22 (→ § 14 Rz 13) und IAS 38.34 (→ § 13 Rz 19) – u. U. nicht zu Erlös bzw. Ertrag *(revenue)*. Anders der Tausch ungleichartiger Güter (Rz 38).
Die Höhe des bei Tausch ungleichartiger Güter anzusetzenden Erlöses ergibt sich aus dem **Zeitwert** *(fair value)* der erhaltenen Leistung, korrigiert um evtl. Barelemente der Transaktion. Eine „Buchwertfortführung", bei der der Buchwert des abgehenden Vermögenswertes den Erlös sowie daneben die Anschaffungskosten des neuen Gutes bestimmt, ist nicht zulässig.
Ist der Zeitwert der erhaltenen Leistung **nicht verlässlich** bestimmbar, muss nicht nur die Gewinnrealisierung unterbleiben. Auch ein Erlös *(revenue)* darf nicht ausgewiesen werden (Rz 38); verwiesen wird für Sachanlagen auf → § 14 Rz 13 und für immaterielle Anlagen auf → § 13 Rz 19.

3.2 Kommissions- und kommissionsähnliche Geschäfte

97 Der Kommissionär hat nicht den in Rechnung gestellten Bruttoumsatz, sondern nur seine **Spanne** bzw. **Provision** als Erlös auszuweisen (IAS 18 Anhang Tz 6).

98 Kommissionsgeschäfte liegen nach § 383 Abs. 1 HGB vor, wenn ein Kaufmann im Betrieb seines Handelsgewerbes im **eigenen** Namen, aber für Rechnung eines **Dritten** ein Geschäft tätigt. Ein Ausweis des Umsatzes nur in Höhe der Marge ist darüber hinaus aber auch dann geboten, wenn zwar rechtlich keine Verkaufskommission vorliegt, aber der Verkäufer wirtschaftlich *(in substance)* wie ein Verkaufskommissionär handelt (Rz 80). Welche Geschäfte kommissionsähnlichen Charakter haben, kann anhand qualitativer Indikatoren bestimmt werden.
Der kommissionsähnlich Handelnde
- trägt keine Risiken aus Vorratsvermögen,
- modifiziert das Produkt bzw. die Leistung nicht,
- tätigt keinen (oder einen nur durchlaufenden) Eigentumserwerb,
- hat (im Innenverhältnis) keine Gewährleistungspflichten,
- trägt kein relevantes Delkredererisiko.

Im Rahmen einer Gesamtwürdigung müssen nicht alle Faktoren gleich stark ausgeprägt sein.

Lüdenbach

> **Beispiel**
> U betreibt einen Internet-Handel. Die Kunden zahlen direkt per Kreditkarte. Die Bestellung wird nach Kreditkartenprüfung automatisch an den Produzenten P weitergeleitet, der die Ware unmittelbar an den Kunden ausliefert und im Innenverhältnis P – U für alle Mängel geradesteht. U kalkuliert seine Verkaufspreise so, dass sie je nach Ware 125 % – 150 % des zwischen ihm und P vereinbarten Preises betragen.
> - U hat keine Risiken aus Vorratsvermögen, deren physischer oder preislicher Wertminderung.
> - Er modifiziert die Standardprodukte nicht.
> - Er erwirbt – evtl. juristische Sekunden ausgeklammert – kein Eigentum.
> - Er trägt die Gewährleistungspflichten im Innenverhältnis, d. h. wirtschaftlich, nicht.
> - Angesichts der Kreditkartenzahlung besteht kein relevantes Delkredererisiko.
>
> U handelt deshalb kommissionsähnlich und weist nur die Differenz von Verkaufs- und Einkaufspreis als Erlös aus.

Ein weiteres Beispiel für eine wirtschaftliche **Verkaufskommission** liefert der Flug- oder Bahnkartenverkauf durch ein Reisebüro. Ein kommissionsähnliches Geschäft wäre auch dann zu bejahen, wenn das Reisebüro in bestimmtem Unfang das Delkredererisiko trüge.[49] IAS 18 behandelt allerdings nur die Fälle der Verkaufskommission und des einer Verkaufskommission ähnlichen Geschäftes. Ob analog auch bei einer **Einkaufskommission** ähnlichen Geschäften der Umsatz nur in **Margenhöhe** auszuweisen ist, bleibt offen.[50] **Gegen** eine solche Ausweitung per Analogie spricht aber, dass z. B. im Großhandel ein Einkauf (beim Zulieferer) nach Bestellungseingang (vom Handelskunden) längst keinen Ausnahmefall mehr darstellt. Eine extensive Anwendung des Begriffs des kommissionsähnlichen Geschäftes würde daher in jedem Einzelfall eine Feststellung bedingen, ob die Ware schon vor oder erst nach Bestelleingang vom Kunden beim Zulieferer bestellt wurde. Derartige Differenzierungen wären nicht praktikabel. Sie würden außerdem nicht dem Zweck der Rechnungslegung dienen, interperiodische und zwischenbetriebliche Vergleiche zu ermöglichen, da je nach zeitlichen Abläufen der einen oder der anderen Periode bzw. des einen oder des anderen Betriebes Umsätze trotz gleicher rechtlicher und tatsächlicher Verhältnisse unterschiedlich ausgewiesen würden.

---

[49] So auch KMPG, Insights into IFRS, 2006/2007 Tz 4.2.30.40.
[50] Bei der Verkaufskommission liefert der Kommittent an den Kommissionär, der dann wiederum an den Käufer liefert. Die Einkaufskommission stellt den umgekehrten Fall dar, bei dem der Verkäufer an den Kommissionär und dieser dann weiter an den Dritten liefert.

Lüdenbach

3.3 Erlösschmälerungen, Ertrags-Aufwands-Saldierungen

3.3.1 Erlösschmälerungen i.e.S.

99 IAS 1.36 bestimmt, Erlöse mit gewährten Preisnachlässen und Rabatten zu saldieren. Entsprechend ist mit in bar gewährten Boni zu verfahren. Anders kann je nach konkreter Ausgestaltung bei Sach-Boni, etwa im Falle von Kundenbindungs- bzw- **Treueprämienprogrammen**, zu verfahren sein (Rz 100).

3.3.2 Kundenbindungsprogramme (Sach-Boni)

100 Dem Kunden kann ein sofortiger Sachbonus etwa folgender Art gewährt werden: „Buy two – get third for free." Bei entsprechenden Verkaufsaktionen im Einzelhandel ergeben sich keine besonderen Ausweisprobleme, da Grundlieferung und Bonuslieferung zeitgleich erfolgen, sich die Frage der Umsatzabgrenzung oder der Rückstellung also nicht stellt. Überdies liegt bei substantieller Betrachtung nicht wirklich ein Sach-Bonus vor. Der Kunde hat drei Produkte für einen dem doppelten Listenpreis entsprechenden Paketpreis erworben, mithin (bei drei identischen Produkten) einen baren Preisnachlass von 1/3 erhalten.

In anderen Fällen, nämlich bei Kundenbindungs- bzw. **Treueprämienprogrammen** (*miles and more, payback* usw.) liegt zwischen den bonusbegründenden Verkäufen/Leistungen und der Inanspruchnahmen des Bonus ein längerer Zeitraum. Zu unterscheiden ist dabei zwar nach

- der sachlichen **Reichweite** des Programms: zwischen unternehmensindividuellen Programmen und solchen, bei denen sich mehrere Unternehmen zusammenschließen,
- der Waren-/Produkt**art**: zwischen Eigen- und Fremdwaren/-produkten
- nach den **Freiheitsgrad**: zwischen festgelegten und von Kunden aus einem Katalog wählbaren Produkten.

Das Problem der **zeitlichen Verzögerung** ist aber in allen Varianten gegeben. Fraglich ist daher, ob

- über **Rückstellungen** oder **Abgrenzungs**posten *(deferred revenues)* bilanziell Vorsorge für die zukünftigen Bonusinanspruchnahmen getroffen werden soll und
- der Passivposten **umsatzkürzend** oder **aufwandswirksam** zu bilden ist.

Zu dieser Frage hat der IFRIC im September 2006 den Entwurf IFRIC D20 *Customer Loyalty Programmes* vorgelegt.[51] Der Entwurf orientiert sich eng an IAS 18, um nicht neues Recht schaffen. Ein Vorgehen nach IFRIC D20 ist daher schon jetzt **vertretbar**.

Der Entwurf diskutiert drei Bilanzierungsansätze für Kundenbindungsprogramme (IFRIC D20.BC4ff.):

- Umsatzkürzende Einbuchung eines Abgrenzungspostens unter Bezugnahme auf die Mehrkomponentenregelungen in IAS 18.13.

---

[51] Vgl. KÜHNE/SCHREIBER, KoR 2006, S. 573ff.; DRIESCH, WPg 2006, S. 1345.

Lüdenbach

- Aufwandswirksame Einbuchung einer Rückstellung unter Bezugnahme auf IAS 18.19.
- Differenziertes Vorgehen nach Höhe des Bonus und nach Eigen- oder Fremdwaren/-produkten.

IFRIC D20 entscheidet sich für die erste Variante. Der Verkauf unter Gewährung von Treuepunkten wird danach als **Mehrkomponentengeschäft** (Rz 66ff.) gedeutet. Der Gesamtpreis entfällt mit einem (dem größten) Teil auf die jetzige Leistung/Lieferung, mit einem zweiten (dem geringeren) Teil auf die zukünftige Leistung/Lieferung. **Aufteilungsmaßstab** ist der relative *fair value*. Der *fair value* des Bonusteils wird dabei als diskontierter Erwartungswert ausgestaltet. Die Wahrscheinlichkeit von Ausübung bzw. Verfall/Nichtausübung des Bonusrechts ist in diesem Kalkül ebenso zu berücksichtigen wie bei Programmen mit Kundenwahlrechten die wahrscheinliche Ausübung des Wahlrechts. Wenn die Dotierung des Abgrenzungspostens sich zu einem späteren Zeitpunkt als nicht ausreichend erweist, ist ergänzend und aufwandswirksam eine Rückstellung zu buchen.

In der 4. Vorauflage haben wir unter lückenfüllender Bezugnahme auf US-GAAP und Stimmen im Schrifttum[52] eine umsatzmindernde Verbuchung der Kundenbindungsboni bereits befürwortet, dabei aber als bilanzielles Gegenkonto die Rückstellung bevorzugt. Ein entsprechendes Vorgehen halten wir bis zur Verabschiedung des Standards weiterhin für vertretbar, da der sog. Abgrenzungsposten alle Merkmale einer Rückstellung (Unsicherheit etc.) erfüllt.

3.3.3 Nachbetreuungsleistungen und vereinnahmte *up-front fees*

Das Saldierungsgebot aus IAS 1.36 ist u. E. nicht auf die typischen Fälle der Erlösminderung beschränkt:

- Nach IAS 18.13 ist ein im Verkaufspreis enthaltener Betrag für wesentliche **Nachbetreuungsleistungen passivisch abzugrenzen** und erst über den Zeitraum als **Erlös** zu erfassen, in dem die Nachbetreuungsleistung erbracht wird (vgl. Rz 70).
- Nach IAS 18 Anhang Tz. 17 und 18b sind die *up-front fees* oder *initial fees*, jedenfalls soweit sie **spätere Vergünstigungen** abgelten, passivisch **abzugrenzen**; sie werden erst zum Zeitpunkt der Inanspruchnahme der Vergünstigung zu Ertrag/Erlös (Rz 52).

Dabei kann es u. E. nicht darauf ankommen, ob den Passivposten **Abgrenzungscharakter** im engeren Sinne *(deferred income/deferred revenue)* oder **Rückstellungsgehalt** zuzusprechen ist. Auch die Bildung einer Rückstellung für wesentliche Nachbetreuungen usw. ist u. E. **erlösmindernd** und nicht als sonstiger betrieblicher Aufwand zu buchen, da sie im Rahmen einer Mehrkomponentenbetrachtung wirtschaftlich hinausgeschobenen Erlös und nicht entstandenen Aufwand verkörpert.

---

[52] KÜTUNG/PILHOFER, „Miles and More", BB 2002, S. 2059ff.

Lüdenbach

3.3.4 Abgrenzung *up-front fees* von erhaltenen Investitionszuschüssen

103 Die Qualifizierung von Vorabentgelten des Kunden kann schwierig sein, wenn sie einen Bezug zu **Investitionskosten** haben. In Frage kommt dann

- die Einordnung als **privater Zuschuss** mit einem Ausweiswahlrecht zwischen der Bildung eines passiven Abgrenzungspostens (*deferred income*) oder der Kürzung der Anschaffungs- oder Herstellungskosten (→ § 12 Rz 37),
- die **sofortige** Erlösrealisierung.

Entgelte mit Investitionsbezug kommen bei Energieversorgern als sog. **Baukostenzuschüsse** vor, die Kunden bei Neuanschluss eines Hauses zu zahlen haben. Die Qualifikation als Investitionszuschuss lässt sich durch den vom Neukunden verursachten erheblichen Kostenzuwachs (*incremental costs*) rechtfertigen. Die bisherige IFRS-Praxis der (deutschen) Energieversorger behandelt daher die Baukostenzuschüsse durchweg als Investitionszuschuss. Diese Handhabung entspricht auch der steuerrechtlichen Ansicht.[53]

Gegen den Zuschusscharakter und für die Qualifikation als *up-front fees* sprechen aber folgende Aspekte:

- Die Höhe des Zuschusses orientiert sich **nicht** an den durch den Hausanschluss entstehenden Kosten.
- In Einzelfällen **übersteigt** der Zuschuss sogar die anfallenden Kosten.
- Als Rechtfertigung dient die Heranziehung der Neukunden zu den bereits entstandenen Kosten des vorgelagerten Netzes begründet. Ein solcher Bezug auf schon getätigte **Vorleistungen** kennzeichnet aber *up-front fees*, wie sie etwa als Eintrittsgelder beim Erwerb von Mitgliedschaften, bei Franchisegeschäften oder in der Telekommunikationsindustrie entstehen.

Angesichts dieser Bedenken halten wir daher die Behandlung als *up-front fee* für ebenfalls und in der Regel sogar besser begründbar. Faktisch besteht dann, da keine späteren Vergünstigungen für den „Zuschussgeber" anfallen, ein Wahlrecht zwischen **sofortiger** Vereinnahmung und zeitlicher Verteilung auf die (erwartete) Vertragsdauer (Rz 52).

3.3.5 Leistungen an den Händler: *placement fees* und andere *sales incentives*

104 Der Verkauf kurzfristiger Konsumgüter (Lebensmittel, Kosmetika etc.) konzentriert sich immer stärker auf wenige Handelsketten. Die dadurch entstehende **Einkaufsmacht** wird u. a. für die Erhebung von „**Einstandsgebühren**" genutzt. Der Produzent zahlt eine Platzierungsgebühr (*slotting oder placement fee*), um gelistet, d. h. überhaupt oder speziell in die günstiger gelegenen Verkaufsregale aufgenommen zu werden.

Drei Varianten der buchmäßigen Behandlung dieser Gebühren sind diskussionswürdig:

- Aktivierung als immaterieller Vermögenswert (Belieferungsrecht),

---

[53] BMF, Schreiben v. 27.5.2003, BStBl I 2003 S. 361.

- Verbuchung als Aufwand (Vertriebskosten),
- Verbuchung als Erlösminderung.

Die erste Lösung scheitert regelmäßig schon am **fehlenden Exklusivrecht**: Die Machtverhältnisse sind hier anders als bei der Einstandszahlung einer Brauerei für den exklusiven Bierbezug einer Gaststätte. Die Handelsketten lassen sich auf Exklusivvereinbarungen kaum ein. Selbst wo dies ausnahmsweise der Fall ist, werden keine Mengenabnahme und keine längerfristigen Platzierungen garantiert. Der potenzielle Nutzen der Platzierung – Aktivierungsvoraussetzung nach IAS 38.21 (→ § 13 Rz 13) – ist unter diesen Umständen nicht hinreichend verlässlich belegbar.

Eher ist eine Nähe zu den in IAS 38.69c mit einem **Aktivierungsverbot** belegten Vertriebs- und Werbekosten erkennbar (→ § 13 Rz 47), bei einem neuen Produkt ggf. auch zu den ebenso zu behandelnden *„pre-operating cost for launching new products"* (IAS 38.69a). Jedenfalls dienen die Aufwendungen dem Vertrieb der (neuen) Produkte.

Im Vergleich zu anderen **vertriebsfördernden** Kosten (z. B. Handelsvertreterprovisionen oder Werbeaufwendungen) besteht aber eine Besonderheit: **Empfänger** der Zahlung ist nicht ein Dritter, sondern der **Abnehmer** der Produkte. Wenn der Handel die Produkte nur kauft, sofern ihm der Produzent eine Sonderzahlung leistet, hat die Zahlung den Charakter eines besonderen **Rabatts** oder Bonus. Der Unterschied zu normalen Rabattierungen besteht dann hauptsächlich im **Zeitelement**: Die Platzierungsgebühr entsteht vor dem Verkauf, der normale Rabattanspruch danach. Die amerikanischen Regeln in EITF 01-09[54] sehen diesen Unterschied als nicht wesentlich an und verlangen daher auch die Behandlung von an den Käufer geleisteten Vorabzahlungen (Platzierungsgebühren etc.) als Erlösminderung mit folgender Ausnahme:

- ausnahmsweise kann der *fair value* der erhaltenen Gegenleistung verlässlich bestimmt werden **und**
- die Leistung hätte auch von einem Nichtkunden erbracht werden können.

Beispiel

Produzent P will mit einem neuen Produkt bei Handelskette H gelistet werden. Zwei Vergütungsmodelle werden diskutiert:
a) P zahlt für die günstige Platzierung in den Läden eine Platzierungsgebühr an H.
b) H wird das neue Produkt intensiv durch Sonderprospekte bewerben. Den dafür intern und extern bei H entstehenden Aufwand erstattet P.
Nur im zweiten Fall kommt der Verzicht auf eine Saldierung mit den Erlösen in Frage, da hier eine Leistung gewährt wird, die auch ein Nichtkunde hätte erbringen können.

---

[54] EITF Issue 01-09 Accounting for Consideration Given by a Vendor to a Customer (Including a Reseller of the Vendor's Products) sowie EITF Issue 03-10 Application of Issue No. 02-16 by Resellers to Sales Incentives Offered to Consumers by Manufacturers.

Lüdenbach

Die Anwendung der amerikanischen Regeln auf die IFRS-Bilanzierung halten wir für sachgerecht. Die Erfindung immer neuer „Gebühren" (z. B. Delkrederprovision an die Konzernmutter des Abnehmers oder Werbekostenzuschüsse) hat weniger mit substanziell neuen Leistungsspektren zu tun als mit dem Karrierewettbewerb der Einkäufer und der internen Konkurrenz zwischen den Profitcentern der Handelskonzerne. Aus wirtschaftlicher Sicht geht es immer darum, den Einkaufspreis zu mindern – und damit den Erlös der Hersteller zu **schmälern** –, einerlei wie die jeweilige Gebühr oder Erlösminderung nun benannt wird.

Zu einem Problem wird die erlösmindernde Buchung von Platzierungsgebühren (und sonstigen *sales incentives*) dann, wenn der Bruttoerlös der ersten Periode die Gebühr **nicht deckt**, die Erlösminderung also zu einem negativen Erlös führen würde. EITF 01-09 sehen als sachgerecht die Saldierung bis zur Höhe des Bruttoerlöses (Nettoerlös somit null) und die Behandlung des Kostenüberschusses als Aufwand vor.

3.4 Entgelte von dritter Seite, durchlaufende Posten, fakturierte Nebenkosten

105 Die Bestimmung der Erlöshöhe bereitet dann Probleme, wenn neben leistendem Unternehmen und leistungsempfangenden Kunden **Dritte** auf der Entgelt- oder Leistungsseite beteiligt sind. Zwei Grundfälle sind zu unterscheiden:

- Das Entgelt **wird ganz oder in Teilen** von Dritten erbracht. Ein Beispiel sind die öffentlichen Zuschüsse an Unternehmen des öffentlichen Nahverkehrs wegen der verbilligten oder unentgeltlichen Beförderungen von Schülern oder Schwerbehinderten (→ § 12 Rz 23).
- Das leistende Unternehmen nimmt **Nebenleistungen** von Dritten in Anspruch. Sie werden dem Kunden ohne Aufschlag **weiterberechnet**. Beispiele hierfür sind Reisespesen bei Beratungsunternehmen oder Speditionskosten bei Handelsunternehmen.

In beiden Fällen ist eine **Einbeziehung** in die Umsatzerlöse ebenso erwägenswert wie eine **Saldierung** der entsprechenden Entgeltanteile gegen die korrespondierenden Kosten. Die Bevorzugung einer der beiden Alternativen ist weniger eine Frage des Saldierungsprinzips als der Definition des Erlös- bzw. *revenue*-Begriffs. Hierzu hat der IASB bisher zwei Definitionsansätze diskutiert:[55]

- einen sog. *broad performance view*, der darauf abstellt, ob das rechnungsstellende Unternehmen die Leistung selbst erbringt oder sie nur Durchlaufcharakter hat;
- einen sog. *liability extinguishment view*, der den rechtlich geschuldeten Leistungsumfang in den Mittelpunkt stellt.

---

[55] IASB, Update Mai 2003, www.iasb.org.

Zurückbezogen auf die beiden o.g. Beispiele hätten die Definitionsansätze folgende Wirkungen: Die Schüler- und **Behindertenbeförderung** gegen **öffentlichen Zuschuss** wird rechtlich geschuldet. Die Leistung wird auch vom Unternehmen selbst erbracht. Das Entgelt von dritter Seite ist nach beiden Ansätzen Erlös.

Die **erstatteten Reisespesen** oder **Speditionskosten** betreffen Leistungen, die von anderen Unternehmen erbracht werden. Nach dem *broad performance view* spricht ihr Duchlaufcharakter gegen die Einbeziehung in die Erlöse. Aus Sicht des *liability extinguishment view* kommt es bei den Reise- und Speditionskosten darauf an, ob sie integral mit der Erfüllung der geschuldeten (Haupt-)Leistung verbunden sind. Für die Reisekosten wird man dies ohne weiteres, für die Speditionskosten je nach den Umständen bejahen (z. B.: Bedarf der Transport besonderer Vorkehrungen? Ist er üblicher Leistungsbestandteil? etc.).

Bei **Vermietung** eines Hauses gegen Nettokaltmiete und Nebenkostenvorauszahlungen stellt nur die Nettokaltmiete Umsatz dar; anders bei einer garantierten Warmmiete, da hier das Nebenkostenrisiko beim Vermieter liegt, ein durchlaufender Posten also ausscheidet.[56]

Erbringt das Unternehmen selbst **Transport- oder sonstige Nebenleistungen**, ist eine Einbeziehung in die Erlöse regelmäßig geboten, unabhängig davon, ob die Nebenleistung gesondert berechnet wird oder im Kaufpreis enthalten ist.

> **Beispiel**
> Ein konventionelles Möbelhaus präsentiert preiswerte Möbel in der Mitnahmeabteilung in den zwei Varianten Mitnahme- und Anlieferungspreis. Ein Wettbewerber bietet sämtliche Möbel zur Mitnahme an (Regelverkaufsform). Der Kunde kann jedoch bei sperrigen Möbeln gegen einen gesonderten, nach Entfernung berechneten Preis die Anlieferung wählen. Unabhängig von der Art der Abrechnung ist die Gesamtvergütung incl. der offenen oder verdeckten Transportanteile u. E. als Erlös auszuweisen.[57] Anders, wenn das Unternehmen lediglich arrangiert, wirtschaftlich als Vermittler zwischen Kunden und Spedition auftritt und der Transportpreis (bis auf eine eventuelle kleine Gewinnmarge des Möbelhauses) im Wesentlichen vom Spediteur festgesetzt wird.[58]

In den vorstehenden Fällen geht es nicht um den netto entstehenden **Gewinn**, sondern um die Höhe des brutto auszuweisenden **Erlöses**. Diese Höhe kann von großer praktischer Bedeutung sein, wenn **Analysten, Kreditgeber** usw. Unternehmen nicht (*start-up*-Fälle) oder nicht nur nach Erträgen und *cash flows* bewerten, sondern primär oder zusätzlich sog. **Umsatzmultiple** verwenden.

106

---

[56] So KPMG, Insights into IFRS, 2006/2007 Tz 4.2.60.
[57] Ebenso für US-GAAP EITF 00-10, Accounting for Shipping and Handling Fees and Costs.
[58] Vgl. Für diese Unterscheidung: KPMG, Insights into IFRS, 2006/2007 Tz 4.2.40.

4 Rechtspraxis

107 Gut dokumentiert ist der Umgang der Praxis mit den Vorschriften zur Umsatzrealisierung für US-GAAP. Die **SEC** hat wiederholt die besondere Bedeutung der Regeln zur *Revenue Recognition* betont, zuletzt in systematisch umfassender Weise in einer nach dem Sarbanes Oxley Act geforderten Auswertung aller Beanstandungen (*enforcement actions*) des Zeitraums Juli 1997 bis Juli 2002.
Die nachfolgende Tabelle zeigt die überragende Bedeutung der Umsatz-/ Ertragsrealisierung, im Vergleich etwa zu anderen, oft als wichtiger empfundenen Themen (z. B. *off-balance*-Gestaltungen).[59]

Verletzte Regel	absolut	Häufigkeit in % Regelverletzungen[1]	in % der Verfahren[2]
Nonmonetary and Roundtrip Transactions[3]	19		
Other Revenue Recognition	126		
Revenue Recognition	145	38,2 %	63,9 %
Expense Recognition	101	26,6 %	
Business Combinations	23	6,1 %	
Related Party Disclosures	23	6,1 %	
Other Disclosures	43	11,3 %	
Off-balance Sheet Arrangements	3	0,8 %	
Diverse	42	11,1 %	
	380	100,0 %	

[1+2] Mehrfachverletzungen, daher 380 Beanstandungen[1] verteilt auf 227 Verfahren[2]
[3] Hierin auch Fälle, in denen es um *gains/losses* aus Tausch Anlagevermögen geht

Die **Übertragbarkeit** dieser Ergebnisse auf IFRS ist durch die unterschiedliche Regelungsdichte in US-GAAP (über 100 Vorschriften zur *Revenue Recognition*) und IFRS (neben IAS 18 und IAS 11 nur wenige Vorschriften) nur eingeschränkt möglich. Die meisten Beanstandungen der SEC i.S.d. Erlösrealisierung betreffen entweder reine Luftbuchungen oder den mangelnden **Risikoübergang** (z. B. bei dem Käufer gewährten Renditegarantien, Rz 35) oder die **fehlende wirtschaftliche** Substanz (z. B. bei *round trip sales*, Rz 39). In dieser Hinsicht ergeben sich nach IFRS keine anderen Anforderungen, sodass

---

[59] SEC, Report Persuant to Section 704 of the Sarbanes Oxley Act of 2002, New York 2003.

die Resultate der SEC-Untersuchung jedenfalls tendenziell übertragbar sein dürften.[60]

5 Einzelfälle der Erlöse (ABC)

108

Abnahmeverzug des Bestellers oder Käufers	Beeinflusst nur Preisgefahr, nicht Verfügungsgewalt, führt i. d. R. nicht zu Vorverlagerung des Realisationszeitpunktes (Rz 27).
Abnahme des Werks	Erlösvoraussetzung, soweit Abnahme gesetzlich überhaupt vorgesehen (z. B. nicht bei Werklieferung beweglicher Sachen; Rz 27).
Aufnahmegebühren	s. *up-front fees*
Auftragsfertigung	→ § 18
Besitzmittlungsverhältnis	s. „*bill-and-hold*-Verkäufe"
bill-and-hold-Verkäufe	Definition: Eigentumsübertragung ohne Übergabe durch Vereinbarung eines Besitzmittlungsverhältnisses. Erlös mit Übergang rechtliches Eigentum und (kumulativ) Separierung Ware (Rz 21)
Delkredererisiko	s. „Lieferung notleidende Kunden"
Dienstleistungsverträge	Soweit Erfolg geschuldet wird, Erlösrealisierung nach „Fertigstellungsgrad" (POC-Methode), soweit kein Erfolg geschuldet wird, Erlösrealisierung nach Zeitablauf (Rz 42ff.).
durchlaufende Ausgaben	Dem Kunden berechnete Reise-, Versand-, Speditionskosten usw. können aufgrund des noch unklaren Ausgangs des *Revenue Project* derzeit noch wahlweise als Umsatz ausgewiesen oder aufwandsmindernd gebucht werden (Rz 105).
Fertigungsaufträge	→ § 18
Filmindustrie	Realisierung Lizenzerlöse abhängig vom Vergütungsmodell. Bei *flat fee* mit Beginn des Lizenzierungszeitraums.

---

[60] Ausführliche Darstellung der von der SEC aufgegriffenen Umsatzmanipulationsfälle bei UNKELBACH, PiR 2006, S. 196ff.

	Bei vom Ticket-Verkauf abhängigem Entgelt nach Maßgabe der Entwicklung der Erfolgsvariablen (Rz 61).
Finanzdienstleistungen	s. Kreditgebühren, Kreditnebenleistungen (Rz 55)
Handelsvertreterprovision	Erlösrealisierung ggf. bereits vor Ausführung des vermittelten Geschäftes durch den Prinzipal, soweit Stornoquote verlässlich zu schätzen (Rz 50).
Hersteller- und Händlerleasing	→ § 15 Rz 131
initial fees	s. *up-front fees*
Kaufpreisstundung	Bei zinsloser (niedrig verzinslicher) Stundung des Kaufpreises Veräußerungserlös nur in Höhe des (marktgerecht) abgezinsten Betrags (Rz 76).
kommissionsähnliches Geschäft	Definition: „Händler" bestellt erst nach Auftragseingang beim Lieferanten, Lieferant liefert direkt an Kunden, Händler trägt im Innenverhältnis die Gewährleistungspflichten nicht. Rechtsfolge: Umsatz nur in Höhe der Spanne (Rz 98).
Kommissionsgeschäft	Umsatzrealisierung bei Kommittent nicht schon mit Lieferung an Verkaufskommissionär, sondern erst bei Weiterverkauf durch diesen (Rz 31). Umsatz Kommissionär nur in Höhe der Spanne/ Provision (Rz 98).
Kreditgebühren, Kreditnebenleistungen	Vom Kreditgeber separat in Rechnung gestellte Gebühren (z. B. für Bonitätsprüfung oder Begutachtung des Beleihungsobjekts) sind i. d. R. in die Effektivzinsermittlung des ausgereichten Kredits einzubeziehen und über die Laufzeit zu realisieren (Rz 56).
Kundenbindungs-/ Treueprämienprogramme	Umsatzmindernde Bildung eines Abgrenzungspostens (*deferred revennue*) in Höhe des Wertes (*fair value*) der Treueprämie (Rz 100).
langfristige Verträge	→ § 18
Leasing	Herstellerleasing → § 15 Rz 131 *sale and lease back* → § 15 Rz 138

Lüdenbach

Listungsgebühren	An den Abnehmer gezahlte Listungsgebühren (*placement* oder *slotting fees*) und sonstige verkaufsfördernde Zahlungen sind Rabatte und daher nicht aufwandswirksam, sondern erlösmindernd (Rz 104).
Lizenzentgelte	Verteilung über den Vertragszeitraum, wenn Lizenzvergabe mit zeitlicher Begrenzung, sofortige Erlösrealisierung, wenn weder zeitliche Begrenzung noch zeitraumbezogene Nebenpflichten des Lizenzgebers (Rz 60). s. „Filmindustrie" s. „Softwareindustrie"
Maklerprovision	Erlösrealisierung bei Abschluss des vermittelten Vertrags (Rz 49).
Mehrkomponentenverträge	Gesonderte Erlösrealisierung für die Teilkomponenten, falls Wert der Einzelleistungen verlässlich bestimmbar und (kumulativ) Einzelleistungen separat nutz- bzw. beziehbar. Ansonsten: Gesamter Erlös erst mit Erbringung aller Einzelleistungen (Rz 70). s. „Kaufpreisstundung" s. „Nachbetreuungsleistungen"
Mietgarantie	s. „Renditegarantie"
Mitgliedsgebühren	Aufnahmegebühren sind nur insoweit zwingend abzugrenzen, als sie implizite Leistungsvorteile der Folgezeit abgelten (Rz 52). s. *up-front fees*
Montageleistungen, ausstehende	Veräußerungserlös, Erlös vor Erbringung der Montageleistung, wenn diese wenig aufwändig oder nicht vertraglich geschuldet (Rz 24).
Nachbetreuungsleistungen	Abgrenzung des implizit auf die Nachbetreuung entfallenden Teils des Verkaufspreises (Rz 71), und zwar nicht aufwandswirksam (Rückstellung), sondern erlösmindernd (Rz 101).
Nebenkosten	s. „durchlaufende Ausgaben"
nichtige Geschäfte	s. „rechtsmängelbehaftete Geschäfte"

Lüdenbach

notleidende Kunden	Bei Lieferung auf Ziel an schon zum Lieferzeitpunkt notleidenden Kunden Erlösrealisierung erst mit Zahlungseingang oder sonstiger Beseitigung der Ungewissheit der Zahlung (Rz 35).
placement fees	s. „Listungsgebühren"
Provisionen	s. „Werbeprovisionen" s. „Maklerprovision" s. „Handelsvertreterprovision" s. „Versicherungsvertreter"
Ratenzahlung	s. „Kaufpreisstundung"
rechtsmängelbehaftete Geschäfte	Führen nur dann bzw. insoweit zu Erlös, wenn bzw. wie das Rechtsmängelrisiko (Geltendmachung der Nichtigkeit oder schwebenden Unwirksamkeit) in Einzelfällen vernachlässigbar gering ist oder bei Portfoliobetrachtung verlässlich abgeschätzt werden kann (Rz 92).
Renditegarantie gegenüber Kunden	Erlös- oder Renditegarantien hindern Erlösrealisierung ganz oder in Teilen (Rz 35 und Rz 82).
round trip sales	Führen bei fehlender wirtschaftlicher Substanz nicht zu Umsatz (Rz 39).
Rückgaberecht des gewerblichen Nutzers	Entsprechende Lieferung führt regelmäßig zur Umdeutung des Verkaufs- in ein verdecktes Leasinggeschäft und daher nicht zu sofortigem Veräußerungserlös, sondern im Zeitablauf zu Leasingerlös (Rz 81). s. „strukturierte Geschäfte"
Rückgaberecht des Handelsintermediärs	Entsprechende Lieferung an Handelsintermediär führt zu kommissionsähnlichem Geschäft (siehe dort), ist daher nur Konsignationslieferung und vor Weiterlieferung an Endkunden noch kein Umsatz (Rz 80). s. „strukturierte Geschäfte"
Rückgaberecht des Konsumenten	Hindert Erlösrealisierung nicht, soweit verlässliche Schätzung der Rückgabequote möglich (Rz 28).
sale and lease back	→ § 15 Rz 138
schwebend unwirksame Geschäfte	s. „rechtsmängelbehaftete Geschäfte"

Softwarelizenzierung	Erlösrealisierung • nach den Regeln der Auftragsfertigung, wenn wesentliches *customizing* (d. h. gem. Fertigungsfortschritt); • nach den Regeln des Mehrkomponentengeschäfts, wenn wesentliche sonstige Serviceleistung im Lizenzpreis enthalten (d. h. separate Beurteilung von Lizenz und Service, wenn objektive Wertaufteilung möglich, ansonsten einheitliche Beurteilung mit ratierlicher oder endfälliger Realisierung); • nach den Regeln der einfachen Lizenz, wenn kein wesentliches *customizing* oder sonstige Leistungen (d. h. sofort, soweit zeitlich unbefristete Lizenz ratierlich, soweit befristete Lizenz; Rz 91).
Speditionskosten	s. „durchlaufende Ausgaben"
strukturierte Veräußerungsgeschäfte	Geschäfte, die zwar zivilrechtlich, aber nicht wirtschaftlich Veräußerungscharakter haben und auf die daher die Regeln der Erlösrealisierung bei Verkäufen (Übergang Eigentum etc.) nicht oder nur modifiziert anwendbar sind (Rz 79). s. „Renditegarantie" s. „Rückgaberecht des Handelsintermediärs" s. „Rückgaberecht des gewerblichen Nutzers"
Tauschgeschäfte	Bei gleichartigen Gütern weder gewinn- noch umsatzrealisierend (Rz 38). Bei ungleichartigen Gütern Umsatz in Höhe des *fair value* des erhaltenen Gutes, korrigiert um evtl. Barelemente der Transaktion (Rz 96).
up-front fees (initital fees)	Anlässlich des Beginns eines Dauervertragsverhältnisses bzw. einer Mitgliedschaft vereinnahmte Entgelte sind jedenfalls dann abzugrenzen, wenn und insoweit dem Neukunden/Neumitglied besondere Vorteile und Vergünstigungen für einen Folgezeitraum gewährt werden (Rz 52 und Rz 101). Auch vom Kunden erhaltene Zuschüsse (z. B. Baukostenzuschüsse in der Stromwirtschaft) können *up-front fees* sein (Rz 103).

verkaufsfördernde Zahlungen an den Abnehmer	s. „Listungsgebühren"
Verkaufskommission	s. „Kommissionsgeschäft"
Versandhandel	s. „Rückgaberecht des Käufers"
Versandkosten	s. „durchlaufende Ausgaben"
Versendungskauf	Erlös mit Übergabe an den Spediteur.
Versicherungsvertreter	Realisierung reiner Abschlussprovisionen mit Beginn des Versicherungszeitraums; soweit Provision auch laufende Betreuung abgilt (keine eigenständige Bestandspflegprovision), Abgrenzung des darauf entfallenden Teils (Rz 48).
Werbeprovisionen	Erlösrealisierung im Zeitpunkt der Veröffentlichung der vermittelten Werbung (Rz 47).
Zinserträge	Realisierung über Laufzeit nach Maßgabe der Effektivzinsmethode (Rz 59).
Zuschüsse von Kunden	s. *up-front fees*

6 Latente Steuern

109 Auch die deutsche steuerrechtliche Beurteilung der Erlös- und Ertragsrealisierung ist (notwendig) eher **kasuistisch** als systematisch. Die nachfolgende Tabelle gibt einige wesentliche Entscheidungen bzw. Rechtsquellen wieder.

A	Übereinstimmung mit IFRS	
1	Verkaufserlös i. d. R. realisiert mit Übergang Preisgefahr	BFH, Urteil v. 12.5.1993, XI R 1/93, BStBl II 1993, S. 786
2	Tauschgeschäfte über ungleiche Gegenstände erfüllen Realisationstatbestand (siehe aber B 2)	BFH, Urteil v. 25.10.1984, I R 183/81, BStBl II 1984, S. 422

3	Nachbetreuungsleistungen mindern Ertrag (siehe aber B 3)	BFH, Urteil v. 5.6.2002, I R 96/00, DB 2002, S. 2351
4	Kauf auf Probe: Realisation mit Billigung oder Ablauf Billigungsfrist	OFD Münster, DStR 1989, S. 402
5	Unterrichtsvertrag: zeitanteilige Realisierung	BFH, Urteil v. 10.9.1998, IV R 80/96, BStBl II 1999, S. 21
6	Vermittlungsprovision Versicherungsvertrag: Realisierung hinausgeschoben, soweit Provisionsanteil für evt. spätere Bearbeitungsleistung	BFH, Urteil v. 14.10.1999, IV R 12/00, BStBl II 2000, S. 25
7	Dividende erst mit Ausschüttungsbeschluss	BFH, Urteil v. 7.8.2000, GrS 2/99, DB 2000, 1993
B	**Abweichung von IFRS**	
1	Langfristige Auftragsfertigung: Erlösrealisierung mit Fertigstellung	BFH, Urteil v. 5.5.1976, I R 121/74, BStBl II 1976, S. 541
2	Tauschgeschäfte über gleichartige Gegenstände (Rz 96) erfüllen Realisationstatbestand (siehe aber A 2)	BFH, Urteil v. 25.1.1984, I R 183/81, BStBl II 1984, S. 422
3	Nachbetreuungsleistungen mindern Ertrag nicht (siehe aber A 3)	BFH, Urteil v. 10.12.1992, XI R 34/91
4	Abschlussgebühr für Bausparvertrag: sofortige Realisation	BFH, Urteil v. 11.2.1998, I R 23/96, BStBl II 1998, S. 381

Tab. 1: Steuerrecht zur Erlös-/Ertragsrealisierung

In den Fällen, in denen die steuerliche Erlösrealisierung derjenigen nach IFRS vorauseilt, z. B. bei Abschlussprovisionen für Bausparverträge, entsteht eine aktive Steuerlatenz, im umgekehrten Fall, z. B. bei Fertigungsaufträgen eine passive Latenz. Im Einzelnen wird auf → § 26 Rz 18 verwiesen.

Lüdenbach

7 Angaben

111 IAS 18.35 sieht folgende Anhangsangaben vor:
- Angabe der **Methode** der Erlöserfassung bzw. der Bestimmung des Fertigstellungsgrades (→ § 5 Rz 27; → § 18 Rz 83),
- **Aufschlüsselung der Erlöse/Erträge** (i. d. R. bereits durch GuV; → § 2 Rz 46ff.) nach
  - Güterverkauf,
  - Dienstleistungen,
  - Zinsen,
  - Lizenzentgelten *(royalties)* und
  - Dividenden.
- Dabei jeweils **Davon-Angabe** für **bedeutende** Erlöse/Erträge aus **Tauschgeschäften**.

Die Methodenangaben können bei Standardgeschäften kurz ausfallen, sich z. B. bei Verkauf ohne Rückgaberecht darauf beschränken, dass der Umsatz mit Auslieferung realisiert wird. Bei **komplexen** Geschäften sind ausführliche Erläuterungen geboten.

> **Beispiel[61]**
> Wir erzielen Erlöse aus
> (a) der **Veräußerung** von Spielautomaten und der **Fertigung** und Lieferung von Lotteriesystemen,
> (b) dem **Betreiben von Casino-Spielen** und **Spielautomaten** sowie
> (c) der **Platzierung** von allein stehenden und vernetzten Spielautomaten.
> (a) Erlöse aus der **Veräußerung** von Spielautomaten, Lotteriesystemausstattungen usw. werden im Allgemeinen bei Auslieferung an den Kunden realisiert, Erlöse aus kundenspezifischer **Fertigung** von Lotteriesystemen nach Maßgabe der *percentage-of-completion*-Methode.
> (b) In Übereinstimmung mit der Branchenpraxis werden Erlöse aus dem **Betreiben von Casino-Spielen und Spielautomaten** als Nettobetrag aus Wetteinsatz der Spieler und Auszahlung an diese ausgewiesen. Erlöse werden zusätzlich um die den Vielspielern gewährten Rabatte und die allen Spielern gewährten Gratisgetränke und -speisen gekürzt. Als Kürzungsbetrag wird der im Einzelhandel erzielbare Verkaufspreis der Getränke und Speisen angesetzt.
> (c) Wir **platzieren Spielautomaten** in Casinos nach einem breiten Spektrum von Preis- und Vertragsgestaltungen, darunter (c1) **Einzelverträge** zu *flat fees* oder mit Gewinnpartizipation, (c2) Verträge über elektronisch **vernetzte Automaten**, bei denen sich der Jackpot aus den Einzahlungen aller ver-

---

[61] In Anlehnung an einen Geschäftsbericht der International Game Technology Inc., Reno (Nevada).

netzten Automaten aufbaut, (c3) hybride bzw. **strukturierte** Verträge, die gleichzeitig ein Veräußerungs- und ein laufendes Entgelt enthalten:
(c1) Die Erlöse aus **Einzelverträgen** werden bei einer *flat fee* pro rata, bei einer Gewinnbeteiligung auf Basis unseres Anteils an den Nettoeinnahmen (Spieleinsätze minus Spielgewinne) realisiert.
(c2) Abhängig vom jeweiligen Bundesstaatenrecht führen die Casinos aus den Nettoeinnahmen der **vernetzten Automaten** in der Regel einen Prozentanteil an einen Trust ab, der hieraus den Jackpot finanziert. Die Abwicklung von Zahlungs- und Anlagenverkehr wird in der Regel von uns gegen eine *cash-flow*-abhängige Gebühr übernommen. Diese Gebühren werden nach Maßgabe der geschätzten Einbringlichkeit als Erlös realisiert. Soweit die anteiligen Nettoeinnahmen uns selbst zustehen, werden diese ohne Abzug der Jackpotdotierung oder Jackpotauszahlung realisiert; die den Jackpot betreffenden Beträge werden als Aufwand erfasst.
(c3) Wenn **strukturierte** Verträge insgesamt den Charakter eines *operating-lease*-Vertrages haben, wird die Gesamtvergütung verteilt über die Laufzeit realisiert; soweit nach den Regeln für Mehrkomponentengeschäfte eine Aufteilung in Veräußerung und eine Serviceleistung möglich und geboten ist, wird der Veräußerungserlös (in Höhe des *fair value*) mit Auslieferung realisiert, der Serviceerlös mit Erbringung der Dienstleistung.

Auf die **Checkliste Abschlussangaben** wird verwiesen (→ § 5 Rz 8).

8 Anwendungszeitpunkt, Rechtsentwicklung

IAS 18 ist für alle Abschlüsse anzuwenden, deren Berichtsperioden ab dem 1. Januar 1995 beginnen (IAS 18.37). **112**

Konkrete Änderungen von IAS 18 sind derzeit nicht angekündigt. Der IASB betreibt aber das Projekt „*Revenue and Related Liabilites*"[62] u. a. mit dem Ziel „*to establish workable general principles as a basis for determining when revenue should be recognized in the financial statements*". **113**

Im Rahmen des Projekts wird auch eine **Vorverlagerung** der Gewinnrealisierung vom Erfüllungszeitpunkt (Veräußerungen) bzw. Teilerfüllungszeitpunkt (Fertigungsaufträge) auf den Zeitpunkt des **Vertragsschlusses** diskutiert. Danach wäre ein Überschuss des Entgeltanspruchs gegenüber dem Wert der eigenen Leistungsverpflichtung schon im Schwebezustand des Geschäfts als Gewinn auszuweisen. Die Schwierigkeiten des Konzeptes liegen u. U. in der Definition des **Wertes der Leistungsverpflichtung**: Einkaufs- oder Verkaufsmarkt? Abstrahiert von den Kosten des Leistungsverpflichteten oder – jedenfalls bei Fehlen von Marktpreisen – mit Rücksicht darauf?[63]

---

[62] Vgl. WÜSTEMANN/KIERZEK, BB 2005, S. 427ff. und BB 2005, S. 2799ff.
[63] Vgl. zum Ganzen: ZÜLCH/WILMS, DB 2004, S. 2001ff.

Lüdenbach

Im bisherigen Projektverlauf ist es in derartigen Fragen mehrfach zu Änderungen gekommen.
Weiterhin ist fraglich, wie weit eine Leistung über die bisherigen Regelungen zum Mehrkomponentengeschäft (Rz 70) hinaus in Komponenten zerlegt werden soll (Neben erweiterten Garantien auch schon die gesetzliche Garantie als von der Warenlieferung getrennte Komponente?).
Zu Kundenbindungsprogrammen („*Miles and More*") hat der IFRIC im September 2006 den Entwurf D 20 vorgelegt. Wegen seines Inhalts wird auf Rz 100 verwiesen.

9 Zusammenfassende Praxishinweise

114 Mit Ausnahme des unterschiedlichen Dividendenvereinnahmungszeitpunktes bei Mutter-Tochter-Beziehung (Rz 59) weisen die Regelungen von IAS 18 kaum systematische **Unterschiede zum Handelsrecht** aus. Dementsprechend stellt auch der DSR eine Übereinstimmung seines Entwurfs E-DRS 17 „Erlöse" sowohl mit dem geltenden Handelsrecht als auch mit den IFRS fest.

115 Diese **Übereinstimmung** kann allerdings genauer als **„Verträglichkeit"** charakterisiert werden. Mangels aussagefähiger gesetzlicher Regelungen bestehen im handelsrechtlichen Schrifttum disparate Auffassungen zu Einzelproblemen, wobei sich fast immer eine Auffassung findet, die mit der IFRS-Regelung übereinstimmt. In → § 18 Rz 17 wird dies exemplarisch für die Fertigungsaufträge dargestellt. Für andere Themen, etwa die Frage der Gewinnrealisierung bei Tausch (Rz 96), gilt nichts anderes.

116 Die **Praxis** kann sich deshalb nicht einfach auf die theoretische Übereinstimmung verlassen. Sie muss in Zweifelsfällen fragen, nach welcher handelsrechtlichen Variante bisher gebucht wurde und ob gerade diese mit IFRS übereinstimmt. Insbesondere ist auch die **umsatzsteuerliche** Beurteilung des Umsatzerlöses kein Kriterium für die Definition von „Erlös" nach IFRS. **Unterschiede** zum HGB können sich z. B. in folgenden Fällen ergeben:

- **Lieferung mit Rückgaberecht**: Nach IAS 18.16d hängt die Erlösrealisierung davon ab, ob die Wahrscheinlichkeit der Rückgabe eingeschätzt werden kann (Rz 28). Ggf. sind derartige Geschäfte aber auch wirtschaftlich als eine **Konsignationslieferung** (Rz 80) oder **Nutzungsüberlassung** (Rz 81) zu deuten und den dafür geltenden Regeln zu unterwerfen.
- Nach IAS 18.18 wird bei **Lieferungen mit ungewissem Zahlungseingang** nicht ein Erlös einerseits und eine Wertberichtigung auf Forderungen andererseits gebucht, sondern bis zur Beseitigung der Ungewissheit keine Erlösrealisierung vorgenommen (Rz 33).
- Verkauf mit **Erlös- oder Renditegarantie**: Nach IAS 18.16b und Tz. 9 des Anhangs ist eine Erlösrealisierung nicht (insoweit nicht) anzunehmen, wenn (als) der Verkäufer in wesentlichem Ausmaß die Erlöse oder Renditen des Erwerbers direkt oder indirekt garantiert (Rz 35 und Rz 82).

Lüdenbach

- Erlösrealisierung beim **Tausch** (Rz 38).
- Erlösrealisierung in der **Filmindustrie** (Rz 61) und **Softwareindustrie** (Rz 85).
- Gebühren am **Anfang** einer Vertragsbeziehung (Aufnahmegebühren, Anschlussgebühren), die teilweise zukünftige Vorteile abgelten, sind auch dann abzugrenzen, wenn das handelsrechtlich für eine Rechnungsabgrenzung geforderte Kriterium der bestimmten Zeit nicht erfüllt ist (Rz 52).
- **Kommissionsähnliche Geschäfte** (z. B. Internet-Handel): Nur die Spanne ist als Umsatz auszuweisen (Rz 98).
- **Nachbetreuungsleistungen** sind nach IAS 18.13 passivisch abzugrenzen, d. h. nicht durch aufwandswirksame Rückstellungsbildung, sondern erlösmindernd zu buchen. Entsprechendes gilt z. B. auch für Bonusrückstellungen im Rahmen von Treueprämienprogrammen (Rz 102).
- An Handelsketten gezahlte **Listungs- oder Platzierungsgebühren** sind beim Hersteller nicht Aufwand, sondern Erlösminderung (Rz 104).
- Einbeziehung von **Drittentgelten** (Zuschüsse, Preisauffüllungen) und **durchlaufenden Kosten** (Spesen, Frachtkosten) in den Erlös (Rz 105). Die Entscheidung über Bruttoausweis oder Saldierung hat spürbare Auswirkung auf die Jahresabschlussanalyse (Rz 106).

§ 26 STEUERN VOM EINKOMMEN

Inhaltsübersicht	Rz
Vorbemerkung	
1 Zielsetzung, Regelungsinhalt, Begriffe	1–39
1.1 Das ökonomische Konzept	1–5
1.2 Wesen der Steuerabgrenzung	6–9
1.3 Methoden der Steuerabgrenzung	10–21
1.4 Weitere Begriffsdefinitionen	22–24
1.5 Isolierte Änderung des Steuerbuchwertes (*tax base*)	25–28
1.5.1 Gesellschafterwechsel	25–26
1.5.2 Konzerninterne Umstrukturierungen	27–28
1.6 Unsicherer Steuerbuchwert (*tax base*)	29–39
1.6.1 Lösungshinweise nach US-GAAP	29–30
1.6.2 Betriebsprüfungsrisiko aus deutscher Sicht	31–34
1.6.3 Tatsächliche Steuerschulden und -erstattungsansprüche	35–39
2 Ansatz	40–56
2.1 Grundlagen	40–44
2.2 Zugangsbewertung	45–47
2.3 Besonderheiten für die aktive Steuerlatenz	48–53
2.3.1 Allgemein	48–50
2.3.2 Verlustvortrag	51–53
2.4 Zusammenspiel von aktiver und passiver Steuerlatenz	54–56
3 Die Steuerlatenz im Unternehmensverbund	57–83
3.1 Überblick: *inside* und *outside basis differences*	57
3.2 Konzernabschluss	58–74
3.2.1 Zugangsbewertung beim Unternehmenserwerb, insbesondere Behandlung des *goodwill*	58–62
3.2.2 *Inside* und *outside basis differences* bei der Folgekonsolidierung	63–67
3.2.2.1 Systematische Grundlegung	63
3.2.2.2 Buchungstechnik	64–65
3.2.2.3 Anwendungsbeschränkungen der *outside basis differences*	66–67
3.2.3 Rechtsformvergleich	68–74
3.2.3.1 Mutter und Tochter Kapitalgesellschaft	68
3.2.3.2 Mutter Kapital-, Tochter Personengesellschaft	69–72
3.2.3.3 Mutter Personen-, Tochter Kapitalgesellschaft	73
3.2.3.4 Mutter und Tochter Personengesellschaft	74
3.3 Einzelabschluss	75–83

       3.3.1 Tochter Kapitalgesellschaft 75–76
       3.3.2 Mutter Kapital- und Tochter Personengesellschaft 77–82
       3.3.3 Mutter und Tochter Personengesellschaft 83
4 Sonderfälle 84–94
   4.1 Einzelabschluss der Personengesellschaft 84–85
   4.2 Gruppenbesteuerungssysteme 86–93
       4.2.1 Überblick über die Organisationsstrukturen 86–87
       4.2.2 Transnationale Verlustzurechnung 88–89
       4.2.3 Ergebniszurechnung innerhalb der Gruppe 90
       4.2.4 Zeitliche Abwicklung der temporären Differenzen 91
       4.2.5 Behandlung von Verlustvorträgen bei Eintritt in die
             Gruppe 92
       4.2.6 Aufdeckung von Firmenwerten bei Begründung der
             Gruppe 93
   4.3 Sonstiges 94
5 Bewertung 95–102
   5.1 Anzuwendende Steuersätze 95–96
   5.2 Steuersätze national und international 97–99
   5.3 Verlustvorträge 100
   5.4 Änderungen im Steuerstatut (Rechtsformwechsel) 101
   5.5 Sonstige Bewertungsprobleme 102
6 Erfolgswirksame oder -neutrale Behandlung des Steueraufwandes 103
7 Ausweis 104–110
8 Angaben 111–118
   8.1 Allgemein 111
   8.2 Zwingende Angaben 112
   8.3 Empfohlene Angaben 113
   8.4 Insbesondere die Überleitungsrechnung, Konzern-
       steuerquote 114–118
9 Abweichungen gegenüber dem HGB, Umstellungsprobleme . 119–125
10 Anwendungszeitpunkt, Rechtsentwicklung 126
11 Zusammenfassende Praxishinweise 127

Schrifttum: BERGER, Was der DPR aufgefallen ist: Ermessensspielraum und die Bilanzierung von latenten Steuern auf Verlustvorträge, DB 2006, S. 2473; COENENBERG/HILLE, IAS 12, in: BAETGE u. a., Rechnungslegung nach IAS, S. 399; DAHLKE, Vergleich der Bilanzierung tatsächlicher Steuern nach HGB und nach IAS 12, KoR 2006, S. 579; DAHLKE/VON EITZEN, Steuerliche Überleitungsrechnung im Rahmen der Bilanzierung latenter Steuern nach IAS 12, DB 2003, S. 2207; DIETEL, Bilanzierung von Anteilen an Personengesellschaften in Handels- und Steuerbilanz, DStR 2002, S. 2140; ERNSTING, Auswirkung des Steuersenkungsgesetzes auf die Steuerabgrenzung im Konzernabschluss nach US-GAAP und IAS, WPg 2001, S. 11; ERNSTING/LOITZ, Zur Bilanzierung latenter Steuern bei Personengesellschaften nach IAS 12, DB 2004,

S. 1053; GENS/WAHLE, Bewertung körperschaft- und gewerbesteuerlicher Verlustvorträge für aktive latente Steuern nach IAS, KoR 2003, S. 288; HANNEMANN/PFEFFERMANN, IAS-Konzernsteuerquote: Begrenzte Aussagekraft für die steuerliche Performance eines Konzerns, BB 2003, S. 727; HERZIG, Gestaltung der Konzernsteuerquote – eine neue Herausforderung für die Steuerberatung?, WPg Sonderheft 2003, S. 80; HEUSER/THEILE, IAS/IFRS-Handbuch, 2. Aufl., 2005; HEUSER/THEILE/PAWELZIK, Die Auswirkung von Betriebsprüfungen auf IFRS-Abschlüsse, DStR 2006, S. 717; HIRSCHLER/SCHINDLER, Die österreichische Gruppenbesteuerung als Vorbild für Europa?, IStR 2006, S. 505; KIRSCH, Abgrenzung latenter Steuern bei Personengesellschaften in Deutschland nach IAS 12, DStR 2003, S. 1875; KIRSCH, Angabepflichten für Ertragsteuern nach IAS und deren Generierung im Finanz- und Rechnungswesen, StuB 2002, S. 1189; KIRSCH, IAS-Jahresabschluss für Kommanditgesellschaften, BB 2003, S. 143; KIRSCH, Steuerliche Berichterstattung im Jahresabschluss nach IAS/IFRS, DStR 2003, S. 703; KLEIN, Die Bilanzierung latenter Steuern nach HGB, IAS und US-GAAP im Vergleich, DStR 2001, S. 1450; KÜTING/WIRTH, Latente Steuern und Kapitalkonsolidierung nach IAS/IFRS, BB 2003, S. 623; KÜTING/ZWIRNER, Latente Steuern in der Unternehmenspraxis: Bedeutung für Bilanzpolitik und Unternehmensanalyse, WPg 2003, S. 301; KÜTING/ZWIRNER, Zunehmende Bedeutung und Indikationsfunktion latenter Steuern in der Unternehmenspraxis, BB 2005, S. 1553; LIENAU, Bilanzierung latenter Steuern im Konzernabschluss nach IFRS, 2006; LIENAU/ZÜLCH, Geplante Änderungen des IAS 12 im Rahmen des Short Term Convergence Project, PiR 2006; LOITZ, Latente Steuern und steuerliche Überleitungsrechnung bei der Umstellung auf IAS/IFRS, KoR 2003, S. 516; LOITZ, Latente Steuern und steuerliche Überleitungsrechnung, WPg 2004, S. 1177; LOITZ/RÖSSEL, Die Diskontierung von latenten Steuern, DB 2002, S. 645; LÜDENBACH, IFRS, 4. Aufl., 2005; LÜDENBACH/HOFFMANN, Imparitätische Wahrscheinlichkeit – Zukunftswerte im IAS-Regelwerk, KoR 2003, S. 5; MARTEN/WEISER/KÖHLER, Aktive latente Steuern auf steuerliche Verlustvorträge: Zunehmende Tendenz zur Aktivierung, BB 2003, S. 2335; MEYER/BORNHOFEN/HOMRIGHAUSEN, Anteile an Personengesellschaften nach Steuerrecht und IFRS, KoR 2005, S. 285 und S. 504; RING, Die Behandlung von Sonderbilanzen bei der Ermittlung latenter Steuern nach IAS 12, FR 2003, S. 1053; SCHÄFFELER, Ermittlung aktiver latenter Steuern aus steuerlichen Verlustvorträgen, IRZ 2006, S. 153; SCHEUNEMANN, Praktische Anforderungen einer grenzüberschreitenden Verlustberücksichtigung im Konzern, IStR 2006, S. 145; SCHMIDBAUER, Die Bilanzierung latenter Steuern nach HGB unter Berücksichtigung von E-DRS 12 sowie nach IAS auf Basis der Änderungen der Steuergesetze, DB 2001, S. 1569; SCHULZ-DANSO, Laufende und latente Ertragsteuern, in: Beck'sches IFRS-Handbuch, 2. Aufl., 2006, § 25; SPENGEL, Konzernsteuerquoten im internationalen Vergleich, in: ÖSTERREICHER (Hrsg.), Internationale Steuerplanung 2005, S. 89; WAGENHOFER, International Accounting Standards, 5. Aufl., 2005; WENDLANDT/VOGLER, Latente Steuern nach E-DRS 12 im Vergleich mit IAS, US-GAAP und bisheriger Bilanzierung nach HGB sowie Kritik an E-DRS 12, KoR 2001, S. 244; ZWIRNER/

Busch/Reuter, Abbildung und Bedeutung von Verlusten im Jahresabschluss, DStR 2003, S. 1042.

Vorbemerkung
Die Kommentierung bezieht sich auf IAS 12 in der aktuellen Fassung und berücksichtigt alle Ergänzungen, Änderungen und Interpretationen, die bis zum 1.1.2007 beschlossen wurden. Einen Überblick über ältere Fassungen sowie über aktuell diskutierte oder schon als Änderungsentwurf vorgelegte zukünftige Regelungen enthält Rz 126.

1 Zielsetzung, Regelungsinhalt, Begriffe

1.1 Das ökonomische Konzept

1 IAS 12 befasst sich nach seiner Zielsetzung mit der buchmäßigen Behandlung der Steuern (in deutscher Terminologie) vom Einkommen und Ertrag (kurz **Ertragsteuern**, *income taxes*). Substanz- und Verbrauchssteuern sind nicht Gegenstand von IAS 12. In Deutschland umfasst der Anwendungsbereich die Körperschaftsteuer mit Solidaritätszuschlag sowie die Gewerbesteuer.
Inhaltlich geht es in IAS 12 um

- die **aktuellen** Steuerforderungen und -schulden für das laufende und frühere Geschäftsjahre *(current tax for current and prior periods)*;
- **künftige**, deshalb **latente** Steuerwirkungen, die sich aus der Weiterentwicklung von Bilanzansätzen aktiver und passiver Art ergeben *(deferred tax liability or asset)*.

Solche Steuerfolgen können entstehen aus:

- **Transaktionen** und sonstigen Geschäftsvorfällen *(events)* des laufenden Geschäftsjahres, die in der Bilanz berücksichtigt worden sind;
- der späteren **Realisierung** *(recovery and settlement)* der Aktiva und Passiva.

2 Das Thema der Steuer**latenz** durchzieht das gesamte Regelwerk der IFRS. Wegen des für den IFRS-Anwender unbeachtlichen Maßgeblichkeitsprinzips kommt es in der Bilanzierungspraxis gegenüber der HGB-Bilanzwelt zu einer enormen Problemausweitung. Im Rahmen der Umstellungsarbeiten vom HGB auf IFRS stellt die Steuerlatenzrechnung eine besonders große Herausforderung für die IFRS-Neuanwender dar.[1] In diesem Kommentar ist deshalb in den meisten Paragraphen ein **eigener Abschnitt** den latenten Steuern gewidmet. Die dortigen Ausführungen sind als Ergänzung zu diesem Paragraphen mit heranzuziehen.

---

[1] Vgl. Loitz, KoR 2003, S. 516, der eindrucksvoll die organisatorischen Anforderungen zur Bewältigung der Steuerlatenzposition darstellt.

Sofern mit **Wahrscheinlichkeit** (→ § 1 Rz 90ff.; → § 21 Rz 31ff.) aus der künftigen Realisierung der Aktiva und Passiva ein höherer oder niedrigerer Steueraufwand entsteht als ohne deren Realisierung, ist eine Aktivierung oder Passivierung der daraus resultierenden Steuerfolgen (**Steuerlatenz**) vorzunehmen (Rz 6). Alle Geschäftsvorfälle des Rechnungslegungszeitraums und alle zum Ende der Periode bilanzierten Aktiva und Passiva sollen unter **Berücksichtigung ihrer gegenwärtigen oder künftigen Steuerfolgen** im Jahres-, Konzern- oder Zwischenabschluss abgebildet werden. Die Latenzrechnung berücksichtigt die steuerlichen Konsequenzen einer Liquidation des Bilanzinhaltes zu IFRS-Buchwerten.[2]

3

Das dem IAS 12 zugrunde liegende Konzept umfasst also nach IAS 12.6:

4

- die bis **zum Bilanzstichtag entstandenen** Erstattungsansprüche *(current tax assets)* und Schulden *(current tax liabilities)* für Steuern vom Einkommen (**tatsächlicher** Steueraufwand; Rz 5),
- die **noch nicht entstandenen** (latenten) Ansprüche *(deferred tax assets)* und Schulden *(deferred tax liabilities)* für solche Steuern aufgrund von unterschiedlichen Buchwerten in der IFRS-Bilanz einerseits und der Steuerbilanz andererseits (latente Steuerbe- und -entlastungen; Rz 40ff.). Dabei kommt es für Zwecke der Bilanzierung nicht darauf an, ob der Buchwertunterschied erfolgswirksam oder erfolgsneutral (Rz 13) entstanden ist,
- **künftige** Steuererstattungsansprüche aus bislang ungenutzten **Verlustvorträgen** *(carry forward of unused tax losses;* Rz 51ff.).

Die **erstgenannte Position** (IAS 12.12) entspricht herkömmlicher deutscher Bilanzierungspraxis und wird unter Rz 30 kommentiert.

5

1.2 Wesen der Steuerabgrenzung

Die **zweite Position** (Rz 4) betrifft die eigentliche **Steuerlatenz**, die im Mittelpunkt der Regelungen von IAS 12 und unserer Kommentierung steht. Eine Steuerlatenz besteht nach Maßgabe der **Differenz** zwischen dem IFRS- oder Steuerbilanzansatz eines Vermögenswertes oder einer Schuld. Aus dieser **bilanzorientierten** Sicht *(liability approach)* dient die Latenzrechnung zunächst der zutreffenden Erfassung **zukünftiger** Steuerbe- oder -entlastungen. Hierzu folgendes **Beispiel**:

6

> **Beispiel**[3]
> Die vorausgezahlten Ertragsteuern der Tax Base GmbH entsprechen der veranlagten Steuer. Zwischen der IFRS-Bilanz und Steuerbilanz besteht jedoch folgender Unterschied: Aufgrund von Sonderabschreibungen in der Vergangenheit hat ein Gebäude in der Steuerbilanz einen Wert von

---

[2] ERNST & YOUNG, International GAAP 2005, S. 1330.
[3] Nach LÜDENBACH, IFRS, 4. Aufl., 2005, S. 243.

500 TEUR und in der IFRS-Bilanz einen Wert von 900 TEUR. Der Ertragsteuersatz beträgt 40 %.
Die IFRS-Bilanz weist eine **Schuld für latente Steuern** von 160 TEUR (40 % von 400) aus. Dies ist der Betrag, den die GmbH in zukünftigen Perioden **auf die Wertdifferenz** zahlen muss, weil die zukünftigen steuerlichen Abschreibungen hinter der IFRS-Abschreibung zurückbleiben (→ § 10) und/oder der zukünftige steuerliche Veräußerungsgewinn höher ausfällt als der nach IFRS.

7   Neben die Abbildung zukünftiger Be- und Entlastungen tritt eine **zweite Zielsetzung** der Steuerlatenzrechnung: Ohne sie passen das ausgewiesene Ergebnis nach IFRS-Rechnungslegung mit dem zugehörigen Steueraufwand oder -ertrag nicht zusammen (Problem der **Steuerquote**; Rz 114ff.). Durch die Steuerlatenzrechnung soll letztlich der Steueraufwand zutreffend – d. h. zum ausgewiesenen Ergebnis passend – im Jahresabschluss abgebildet werden.[4] Deshalb muss zusätzlich zum ausgewiesenen effektiven Steueraufwand (berechnet bis zum Bilanzstichtag) noch ein weiterer Aufwand oder Ertrag **abgegrenzt**, also eine (noch) **fiktive** Steuerschuld bzw. ein -erstattungsanspruch eingebucht werden.

> **Weiteres Beispiel**[5]
> Ein genau am Bilanzstichtag fertig gestelltes Gebäude wird in der Steuerbilanz degressiv mit 5 % abgeschrieben, in der IFRS-Bilanz aber nur mit 1/360 von 2 %, also praktisch mit 0. Es entstehen folgende **Differenzen**:
> Der Gebäudewert in der IFRS-Bilanz liegt über dem Ansatz der Steuerbilanz, d. h., die IFRS-Abschreibung des aktuellen Jahres ist niedriger als die steuerliche Abschreibung. Das IFRS-Ergebnis (vor Steuern) des aktuellen Jahres liegt somit über dem Steuerbilanz-Ergebnis (vor Steuern).
> Aus den Differenzen ergibt sich folgendes **Problem**:
> Die **Steuerquote**, d. h. das prozentuale Verhältnis von Steueraufwand zum Ergebnis vor Steuern (Rz 114), ist im IFRS-Abschluss zunächst zu niedrig. Das IFRS-Ergebnis vor Steuern ist praktisch nicht mit Abschreibungen belastet, der tatsächliche Steueraufwand aber voll durch die degressive Abschreibung gemindert. Der Steueraufwand ist deshalb im Verhältnis zum IFRS-Ergebnis vor Steuern zu gering.
> Im Gegenzug werden die Abschreibungen **späterer Jahre** in der IFRS-Bilanz höher und die Vor-Steuer-Ergebnisse der IFRS-GuV niedriger ausfallen als in der entsprechenden Steuerbilanz. Damit entsteht in den späteren Jahren ein **umgekehrtes Steuerquoten**-Problem: Das IFRS-Ergebnis wird dann mit Abschreibungen belastet sein, die z. T. über die steuerliche Abschreibung hinausgehen. Der Steueraufwand späterer Jahre wird demzufolge im Verhältnis zum Ergebnis vor Steuern zu hoch ausfallen.

---

[4] HERZIG, WPg 2003, Sonderheft, S. 80f.
[5] Nach LÜDENBACH, IAS/IFRS, 4. Aufl., 2005, S. 245.

> Die aktuelle und die spätere Verzerrung der Steuerquote wird vermieden und der Steueraufwand richtig periodisiert, wenn nach folgender **Lösung** verfahren wird:
> Das aktuelle Jahr wird in der IFRS-Rechnung mit einer Buchung „Steueraufwand an Passive latente Steuern" belastet.
> Die späteren Jahre werden durch die Buchung „Passive latente Steuern an Steueraufwand" entlastet.

Allerdings kann die Steuerlatenzrechnung das Ziel eines Ausweises des „passenden" Steueraufwandes im Jahresabschluss (Rz 7) allein nicht bewerkstelligen. Als Ergänzung ist dazu im Anhang eine **Überleitungsrechnung** (Rz 114) vorgesehen.

Die in der Bilanz ausgewiesenen Posten der Steuerlatenz liefern Anhaltspunkte für das Volumen der Abweichungen zwischen IFRS-Buchwert und Steuer-Buchwert und stellen insoweit ein Hilfsmittel der **Bilanzanalyse** (→ § 51 Rz 99ff.) dar.[6]

1.3 Methoden der Steuerabgrenzung

Die Theorie unterscheidet zwischen

- einer **bilanz**orientierten Steuerabgrenzung, die auf die Abbildung zukünftiger Belastungen und Entlastungen (*temporary*-Konzept), und
- einer **GuV**-orientierten Abgrenzung, die auf die Abbildung eines angemessenen Steueraufwandes bzw. -ertrages (*timing*-Konzept)

ausgerichtet ist.

Das *timing*-Konzept folgt der Idee, den Steueraufwand in der GuV dem ausgewiesenen Jahresergebnis „anzupassen"; es ist deshalb – dem allgemeinen Sprachgebrauch folgend – „**GuV-orientiert**" oder „**dynamisch**". Das *timing*-Konzept liegt dem HGB (§ 274 HGB) und **lag** den IFRS bis 1997 zugrunde (Rz 40).

Ab dem 1. Januar 1998 (IAS 12 *revised* 1996) sowie mit unbedeutenden Änderungen ab 1. Januar 2001 (IAS 12 *revised* 2000) wird nunmehr das ***temporary*-Konzept** verfolgt.[7] Es ist **bilanzorientiert** und gilt damit als „**statisch**" (Rz 41).

Die beiden nach dem Sprachgebrauch vorgestellten Unterschiede der beiden Methoden zur Ermittlung der Steuerlatenz sind eher als **Schlagworte** denn als logisch-stringente **Unterscheidungsmerkmale** zu verstehen. Der **materielle Unterschied** liegt darin, dass nach der IFRS-Rechnungslegungsphilosophie Änderungen von Bilanzposten zwischen zwei Stichtagen (Vermögensvergleich!) entweder erfolg**wirksam** über die GuV oder ergebnis**neutral** direkt

---

[6] RAMMERT, PiR 2005, S. 13.
[7] Der DSR hat sich in DRS 10 inhaltlich voll dem IAS 12 (für den Bereich des **Konzernabschlusses**) angeschlossen.

im Eigenkapital (Rz 103) verbucht werden (zu den letztgenannten Fällen vgl. die Beispiele in → § 20 Rz 68).

14 Nach dem *temporary*-Konzept sind auch die **erfolgsneutral** durch Verbuchung direkt im Eigenkapital (→ § 20 Rz 68) entstandenen Abweichungen zwischen den steuerlichen Buchwerten und den Ansätzen nach IFRS der Steuerlatenzrechnung zu unterwerfen (IAS 12.61ff.). Umgekehrt gilt: Bei **erfolgswirksam** entstandener Abweichung in den Ansätzen nach IFRS einerseits und Steuerrecht andererseits führen beide Methoden der Steuerlatenzrechnung (*timing*- und *temporary*-Konzept) zum gleichen Ergebnis. Deshalb beginnen die Begriffsbestimmungen in IAS 12.5 auch mit dem Vergleich des IFRS-Ergebnisses vor Steuern *(accounting profit)* mit der steuerlichen Bemessungsgrundlage für die Steuern vom Einkommen *(taxable profit or loss)* – also typischen Begriffe aus der **Ergebnisrechnung**.

15 Die in Teilen des Schrifttums so hoch gehaltene Unterscheidung von *timing*-Konzept und *temporary*-Konzept ist eher missverständlich. Aussagekräftiger ist die Unterscheidung von **erfolgswirksamer und erfolgsneutraler** Steuerlatenzrechnung.

16
> **Beispiel**[8]
> Die *Tax Base* GmbH hat zum 31.12.00 ihre unbebauten Grundstücke (Buchwert 10 Mio. EUR) von einem Sachverständigen neu auf 20 Mio. EUR taxieren lassen und übernimmt diese neue Bewertung gemäß der Alternativ-Methode (Neubewertung) aus IAS 16.20ff. (→ § 8 Rz 52ff.) in die Bilanz. Außerdem hat die GmbH Ende Juni einen Mainframe-Computer für 1 Mio. EUR erworben; in der Steuerbilanz wird er degressiv und unter Anwendung der Vereinfachungsregel mit (angenommenen) 0,3 Mio. EUR abgeschrieben, in der IFRS-Bilanz linear und pro rata temporis mit 0,1 Mio. EUR. Der Steuersatz beträgt 40 %.
> Im Falle des Computers liegt ein Ergebnisunterschied vor, der sich in der Zukunft umkehrt, somit eine *timing difference* (**zugleich auch** *temporary difference*). Der Computerfall führt nach beiden Konzepten zu einem Passivposten für Steuerlatenz.
> Die Neubewertung der Grundstücke vollzieht sich hingegen nicht über die GuV. Es liegt nur eine *temporary difference* vor, die nach HGB nicht ansatzfähig wäre.
> Die buchmäßige Darstellung des Falles findet sich unter Rz 42.

17 Der Begriff der *temporary difference* schließt den der *timing difference* in dem Sinne ein, dass
- jede *timing* auch eine *temporary difference*,
- hingegen nicht jede *temporary* auch eine *timing difference*
ist.

---

[8] Nach LÜDENBACH, IFRS, 4. Aufl., 2005, S. 253. Zur „erfolgsneutralen" Steuerlatenzrechnung siehe auch die Beispiele in → § 8 Rz 75ff.

Innerhalb des *temporary*-Konzepts unterscheidet man (von der Wortwahl her gesehen ebenfalls eher missverständlich) zwischen:
- **zeitlich begrenzten**, d. h. sich im Zeitverlauf steuerwirksam auflösenden Buchwert-Unterschieden *(temporary differences)* und
- **dauerhaften** Unterschieden *(permanent differences)*, sich also im Zeitverlauf nicht oder steuerunwirksam auflösend.

Allerdings kennt IAS 12 den Begriff *permanent difference* **nicht**. Er hat sich vielmehr in der **Umgangssprache** mit dem vorstehend dargestellten Inhalt und den nachstehend erläuternden Beispielen (Rz 18) herausgebildet.

Permanent differences ergeben sich bei Kapitalgesellschaften z. B. aus

- **nicht abzugsfähigen** Betriebsausgaben, Abschreibungen auf Beteiligungen an Kapitalgesellschaften, der Hälfte der Dauerschuldzinsen bei der Gewerbesteuer,
- **steuerfreien** Betriebseinnahmen, Dividenden von Tochtergesellschaften – soweit steuerfrei –, Investitionszulagen (→ § 12 Rz 31).

Temporary differences ergeben sich aus **Abweichungen** zwischen IFRS-Bilanzansatz und Steuerbilanzausweis *(tax base; Rz 29*; IAS 12.7f.). Dabei gilt folgende Gleichung:[9]

Buchwert nach IFRS *(carrying amount)* – Steuerbilanzwert *(tax base; Rz 29)* = *temporary difference*.

Nicht eindeutig ist der Begriffsinhalt von
- *deductible temporary differences* (IAS 12.24) und
- *taxable temporary differences* (IAS 12.15).

In steuer**technischer** Interpretation liegt das Verständnis eines **Gegensatzpaares** nahe:

- *deductable* bedeutet künftige Steuer**minderung**, also Anspruch
- *taxable* bedeutet künftige Steuer**erhöhung**, also Verbindlichkeit.

Allerdings kann „*deductible*" auch die Abzugsfähigkeit in **isolierter** Betrachtung ansprechen.

18

Beispiel[10]

Sachverhalt
Unternehmer U passiviert zum Bilanzstichtag eine steuerlich nicht abzugsfähige Kartellbuße von 100 *(carrying amount)*.

Lösung 1
Die *tax base* ist ebenfalls 100, obwohl die Verbindlichkeit bzw. die spätere Zahlung der Buße nicht abzugsfähig *(deductible)* ist. Der Steueraufwand ist im Verhältnis zum IFRS-Ergebnis zu hoch. Wegen des Vorrangs des zu-

---

[9] ERNST & YOUNG, International GAAP 2005, S. 1330.
[10] Nach IAS 12.8 „Examples".

treffenden Vermögensausweises (*liability approach*) muss eine aktive Latenz entfallen.

Lösung 2
Die Verbindlichkeit für die Kartellbuße hat eine *tax base* von null. Die daraus resultierende *deductible temporary difference* unterliegt einem Steuersatz von ebenfalls null. Auch hier kommt es nicht zur Aktivierung einer Steuerlatenz mit demselben Ergebnis bezüglich des Ergebnisvergleichs zwischen IFRS-Bilanz und Steuerbilanz wie bei Lösung 1.

Beide Lösungen führen bilanziell zum richtigen Ergebnis. Die Wirkung auf die GuV bzw. die Steuerquote kann nur durch die **Überleitungsrechnung** (Rz 114) sinnvoll dargestellt werden.

Beispiele

Sachverhalt
Nach IFRS wird eine Maschine linear mit 10 %, nach EStG/HGB degressiv mit 20 % vom Anschaffungswert abgeschrieben.

Folge
- Passive Latenz, da sonst der Steueraufwand zu niedrig wäre.
- Sobald die Abschreibungshöhe „umschlägt" (IFRS-Abschreibung dann höher als HGB-Abschreibung), erfolgt eine erfolgswirksame Auflösung des Passivpostens, da sonst der Steueraufwand zu hoch wäre.

Sachverhalt
Eine zu Handelszwecken gehaltene Verbindlichkeit (→ § 28 Rz 177) ist wegen niedriger Verzinslichkeit nach IFRS unterhalb des Rückzahlungsbetrages zu bewerten, in der Steuerbilanz ist der Rückzahlungsbetrag auszuweisen.

Folge
- Passive Latenz, da sonst Steueraufwand zu niedrig wäre.
- Bei Erfüllung der Verbindlichkeit wird eine Auflösung des Passivpostens für Steuerlatenz vorgenommen.

Sachverhalt
Eine *at equity* bilanzierte Beteiligung an einer assoziierten Personengesellschaft (→ § 33) ist wegen eines Verlustausweises nicht dauernder Art nach IFRS niedriger zu bewerten als in der Steuerbilanz.

Folge
- Aktive Latenz, da sonst Steueraufwand zu hoch wäre.
- Bei späterer Zuschreibung wegen Gewinnen in der IFRS-Bilanz erfolgt eine Auflösung des Aktivpostens.

Hoffmann

Sachverhalt
Die Altersversorgungsrückstellung nach IAS 19 (→ § 22) ist höher als nach § 6a EStG.

Folge
- Aktive Latenz, da sonst Steueraufwand zu hoch wäre.
- Bei späterer Angleichung beider Bilanzausweise erfolgt eine entsprechende Auflösung des Aktivpostens.

Wegen der Steuerlatenz durch Anwendung von **Verbrauchsfolgeverfahren** bei der Bewertung von Vorratsvermögen vgl. → § 17 Rz 18.
Schematisch lassen sich die einschlägigen Begriffe wie folgt strukturieren:[11]   **19**

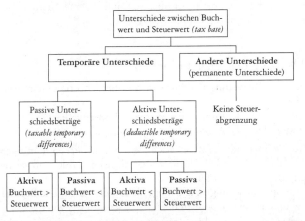

Abb. 1: Typen von Buchwert-Unterschieden

In zusammengefasster „**Faustformel**"[12]:
- **Minder**vermögen in der IFRS-Bilanz gegenüber Steuerbilanz: **aktive** Steuerlatenz.
- **Mehr**vermögen in der IFRS-Bilanz gegenüber Steuerbilanz: **passive** Steuerlatenz.

Keine besondere Behandlung erfahren in IAS 12 die **quasi-permanenten** Differenzen. Darunter versteht man bilanzielle Unterschiedsbeträge, die sich im Regelfall erst nach sehr langer Zeit auflösen, z. B. bei eigengenutzten Grundstücken. Die Steuerlatenzrechnung ist also **unabhängig von der Dauer der Umkehrungsperiode** (für die Buchwertdifferenz) durchzuführen. Die Dauer   **20**

---

[11] Nach WAGENHOFER, IAS, 5. Aufl., 2005, S. 324.
[12] So HEUSER/THEILE, IAS/IFRS-Handbuch, 2. Aufl., 2005, Tz 1312.

der Umkehrungsperiode wird auch nicht durch eine Barwertbetrachtung berücksichtigt. Steuerlatenzen sind **unabgezinst** zu bewerten (Rz 102).

21 In Sonderfällen ist ein Steuerbuchwert *(tax base)* nicht sofort ersichtlich:
- Sofort nach IFRS als Aufwand zu verbuchende **Forschungskosten** sind erst in späteren Perioden steuerlich abzugsfähig (IAS 12.26b) – gilt nicht nach deutschem Steuerrecht.
- **Aktienkursorientierte** Vergütungsformen gemäß IFRS 2 (→ § 23), die in späteren Perioden zu steuerlich abzugsfähigen Betriebsausgaben führen (IAS 12.68A) – gilt nicht nach deutschem Steuerrecht. Wegen der Abzugsfähigkeit wird verwiesen auf → § 23 Rz 82ff.
- Sofort gegen **Rücklagen** verrechneter *goodwill* aus **früheren** Unternehmensakquisitionen (→ § 6 Rz 56).

In diesen Fällen beträgt der IFRS-Buchwert null,[13] der „Steuerbuchwert" entspricht dem künftig abzugsfähigen Betrag.

1.4 Weitere Begriffsdefinitionen

22 Bezüglich der **Bewertung** (Rz 95ff.) wird in der Theorie unterschieden zwischen der
- *liability*-Methode: Ausfluss des *temporary*-Konzepts (Rz 12);
- *deferred*-Methode: Ausfluss des *timing*-Konzepts (Rz 11).

Die *liability*-Methode bewertet nach den mutmaßlichen **künftigen** Steuersätzen, die *deferred*-Methode nach den **aktuellen**. Zur ambivalenten Regelung nach IFRS vgl. Rz 96.

Die IFRS-Sprachregelung ist allerdings nicht konsequent. Die Begriffe laufen teilweise durcheinander. So wird in IAS 12.5 gesprochen von
- *deferred tax liabilities*: künftige Steuer**schulden** aus temporären Differenzen;[14]
- *deferred tax assets*: künftige Steuer**erstattungen** aus temporären Differenzen.

Mit „*deferred*" soll dabei nicht die zuvor genannte *deferred*-Methode der Bewertung vorgeschrieben, sondern lediglich die Tatsache des „*deferral*", also der zeitlichen Verlagerung des Entstehens von Steuerguthaben und -verbindlichkeiten, angesprochen werden.

23 Andererseits stimmt die Begriffswahl (Rz 18) mit der dargestellten Methodik der Steuerlatenzrechnung auch überein (IAS 12.5):
- *taxable temporary differences* sind künftige Steuer**schulden**,
- *deductible temporary differences* sind künftige Steuer**entlastungen**,

---

[13] Ähnlich in der Diskussion des Board „Definition of tax base" in der Juni-2004- und der Juli-2005-Sitzung.

[14] In der englischen Fassung des DRS 10 wird von zeitlichen Unterschieden (timing differences) gesprochen. Im Übrigen schließt sich DRS 10 hautnah den Inhalten von IAS 12 an.

die bei der Realisierung aktuell vorhandener Bilanzposten und damit der Auflösung der Differenz (Rz 1) anfallen.

Im Ergebnis gilt:

- Latente Steuer**schulden** entstehen aus steuerpflichtigen temporären Differenzen, die bei künftiger Auflösung der Differenzen zu effektiven Zahllasten werden.
- Latente Steuer**forderungen** entstehen aus abzugsfähigen temporären Differenzen oder noch nicht genutzten steuerlichen Verlustvorträgen (Rz 51), die bei Auflösung bzw. Realisierung zu höheren Erstattungen oder geringeren Zahllasten führen.

1.5 Isolierte Änderung des Steuerbuchwertes (*tax base*)

1.5.1 Gesellschafterwechsel

Die *tax base* (Rz 18) kann ohne Berührung des IFRS-Rechenwerkes und damit des Buchwertes (*carrying amount*) geändert werden. Musterfälle dafür sind:[15]

- Der Ein- oder Austritt der Gesellschafter von **Personen**gesellschaften,
- **konzerninterne** Umstrukturierungen.

Beim Ein- oder Austritt von Gesellschaftern einer Personengesellschaft oder bei der Übertragung sämtlicher Anteile an neue Gesellschafter entstehen für steuerliche Zwecke regelmäßig **Ergänzungsbilanzen**[16] mit dem Inhalt einer Wertkorrektur gegenüber den Bilanzausweisen in der steuerlichen Gesamthandsbilanz. Solche Transaktionsvorgänge bewegen sich außerhalb der **Gesellschafts**-Sphäre und tangieren damit auch nicht die IFRS-Bilanz der Gesellschaft. Es entstehen Anschaffungskosten für den **Gesellschafter** und damit – in der Regel – erhöhte steuerliche Buchwerte der Wirtschaftsgüter durch Aufdeckung der stillen Reserven und Ansatz eines *goodwill*. Indirekt ergeben sich wegen des Folgeeffektes für die **Gewerbesteuer** allerdings auch Auswirkungen auf die Besteuerungssituation der Gesellschaft.

Daran schließt sich die Frage an, ob im Zeitpunkt der Veränderung der *tax base* durch den Beteiligungserwerb (Gesellschafterwechsel) auf die dann entstehende Differenz zum *carrying amount* eine Steuerlatenz zu bilden ist. **Abzugrenzen** ist dieser Tatbestand von dem Regelungsbereich des IAS 12.15 bzw. 12.24. An diesen Stellen wird die Bildung von Steuerlatenzen auf Differenzen, die schon beim **Zugang** von **Vermögenswerten** entstehen, untersagt (Rz 45). Im hier behandelten Fall gehen der Gesellschaft (dem Bilanzierungssubjekt) aber gerade keine Vermögenswerte zu. Eine Latenzrechnung für die Gewerbesteuer ist damit geboten. Hierzu folgendes Beispiel:

---

[15] Vgl. zu beiden **Fällen** Freiberg, PiR 2006, S. 205.
[16] Vgl. hierzu im Einzelnen Lienau, Bilanzierung latenter Steuern im Konzernabschluss nach IFRS 2006, S. 233.

> **Beispiel**[17]
> Der Gesellschafter X ist mit 50 % an der schuldenfreien XYZ OHG (Gewerbesteuersatz s = 20 %) beteiligt. Die verbleibenden Anteile werden mit 25 % von X und Z gehalten. Die Summe der Kapitalkonten beträgt 10 Mio. EUR. Der Teilwert der Vermögenswerte ohne *goodwill* beträgt 14 Mio. EUR. Für einen Kaufpreis von 5 Mio. EUR erwirbt X zum 31.12. die Anteile des Y. Die steuerliche Gesamthandsbilanz der XYZ OHG wird durch die Transaktion nicht beeinflusst, dem EK von 10 Mio. EUR (davon 2,5 Mio. EUR des Y) stehen Vermögenswerte in gleicher Höhe gegenüber. Bei Fortführung der steuerlichen Gesamthandswerte ist aus der Perspektive des X eine positive steuerliche Ergänzungsbilanz zu führen, da die Anschaffungskosten der Beteiligung das anteilig erworbene Vermögen zu Buchwerten übersteigt. Die Werte der Ergänzungsbilanz sind dann in Mio. EUR wie folgt:
>
> Steuerlicher *goodwill*   1,5   an   Mehrkapital X   2,5
> Stille Reserven   1,0
>
> In der IFRS-Bilanz der XYZ sind aktive latente Steuern auf die zusätzlichen Differenzen i. H. von 0,5 Mio. EUR (20 % von 2,5 Mio. EUR) zu erfassen. Die Auflösung erfolgt für die stillen Reserven unter Berücksichtigung der Restnutzungsdauer der Aktiva und für den *goodwill linear* über 15 Jahre (§ 7 Abs. 1 Satz 3 EStG).

Zur Behandlung der Steuerlatenz in der GuV wird auf Rz 28 verwiesen.

1.5.2 Konzerninterne Umstrukturierungen

27 Bei **konzerninternen** Umstrukturierungen in Form von Verschmelzungen, Spaltungen, Umhängungen von Beteiligungen etc. werden für Steuerbilanzzwecke u. U. stille Reserven und *goodwill* aufgedeckt. In diesen Fällen kommt es nach IFRS regelmäßig nicht zur Aufdeckung stiller Reserven, die Buchwerte der abgebenden Gesellschaft sind von der aufnehmenden fortzuführen (→ § 31 Rz 146). Wie im vorstehenden Fall der steuerlichen Ergänzungsbilanz (Rz 26) ist das Verbot zur Bildung einer Steuerlatenz nach IAS 12.15 und 12.24 nicht einschlägig.

> **Beispiel**[18]
> Im Rahmen eines *sidestream merger* wird die Tochter A der MU AG auf die Tochter B verschmolzen. Es entsteht ein steuerlicher *goodwill* i. H. von 15 Mio. EUR. Die Erfassung eines korrespondierenden *goodwill* im IFRS-Konzernabschluss der MU scheidet aus. Unter Berücksichtigung des Konzernsteuersatzes von 40 % ergibt sich eine aktive Steuerlatenz i. H. von 6 Mio. EUR, die erfolgswirksam einzubuchen ist.

---

[17] Freiberg, PiR 2006, S. 205; weiteres Beispiel bei Schulz-Danso, in: Beck'sches IFRS-Handbuch, 2. Aufl., 2006, § 25 Rz 79.
[18] Freiberg, PiR 2006, S. 206.

> Der steuerliche *goodwill* wird linear über 15 Jahre abgeschrieben (§ 7 Abs. 1 Satz 3 EStG). Der Steuerlatenzposten ist daher jährlich um 0,4 Mio. EUR erfolgswirksam zu reduzieren.

Fraglich ist, ob der aus dem Gesellschafterwechsel (Rz 26) oder der Umstrukturierung (Rz 27) resultierende Steuerlatenzposten erfolgswirksam einzubuchen sind. Für die Beantwortung ist IAS 12.58 nicht relevant, da es dort um Geschäftsvorfälle oder Bewertungsmaßnahmen geht, die nicht nur die Steuerbilanz, sondern auch die IFRS-Bilanz betreffen. Bei den hier betrachteten Wechseln von Gesellschaftern bzw. Umstrukturierungen sind die Wertansätze der IFRS-Bilanz hingegen überhaupt nicht berührt. Eine Regelung findet sich aber insofern in IAS 12.65. Danach ist bei Änderungen der Steuerbasis durch steuerliche „Neubewertung" zu unterscheiden, ob

- diese zeitversetzt mit einer Neubewertung nach IFRS korreliert – dann erfolgs**wirksame** Buchung der Steuerlatenz, oder
- die IFRS-Bilanz überhaupt nicht betroffen ist – dann erfolgs**neutrale** Buchung.

U. E. entspricht der Gesellschafterwechsel regelmäßig dem zweiten Fall. Die Steuerlatenzbuchung ist daher erfolgswirksam.[19]
Die gegenteilige Ansicht[20] schließt aus der Nichtanwendbarkeit von IAS 12.15a und IAS 12.66 (Differenzen im Anschaffungszeitpunkt) auf eine erfolgsneutrale Buchung. Die Nichtanwendung der genannten Vorschriften ist unbestritten. Eine Rechtsfolge lässt sich hieraus aber nicht ableiten. Sie ergibt sich im oben dargestellten Sinne aus IAS 12.65.

1.6 Unsicherer Steuerbuchwert (*tax base*)

1.6.1 Lösungshinweise nach US-GAAP

Der **Steuerbuchwert** (*tax base*; Rz 18) findet trotz seines maßgeblichen Einflusses auf die **Steuerlatenzrechnung** und auch auf die Erfassung der **aktuellen Steuerschuld** im Regelwerk von IAS 12 keine Beachtung. Dabei ist jeder Steuerbilanzposten wenigstens aus Sicht der deutschen Erhebungspraxis bis zum Vorliegen einer endgültigen Veranlagung „unsicher" (Rz 31). In einer Interpretation zu SFAS 109 – *Accounting for Uncertain Tax Positions* – (FIN 48) nimmt sich der FASB des Themas an. Betroffen sind sowohl die **tatsächlichen** Steuern *(current taxes)*, deren Bemessungsgrundlage der Steuerbuchwert ist, als auch die **latenten** Steuern, die sich aus der Differenz von Steuerbuchwert und IFRS-Buchwert ergeben.
Der FASB geht vom **Wahrscheinlichkeitsgrad** (→ § 21 Rz 32ff.) der Anerkennung eines abzugsfähigen Steuerpostens durch die Finanzverwaltung in

---

[19] Freiberg, PiR 2006, S. 206.
[20] Schulz-Danso, in: Beck'sches IFRS-Handbuch, 2. Aufl., § 25 Rz 78.

Form des *more-likely-than-not*-Kriteriums aus. Seine Einschätzung beruht auf folgenden Kriterien (FIN 48.7):
- Eine vollständige Prüfung durch die zuständige Behörde ist zu unterstellen.
- Eine gründliche Prüfung der Rechtslage hat zu erfolgen.
- Erfahrungen mit der Vorgehensweise der Verwaltung bei der Beurteilung eines ähnlichen Sachverhaltes sind zu berücksichtigen.
- Kompensationsmöglichkeiten mit anderen denkbaren Streitpunkten („Paketlösungen") bleiben außer Betracht.

Das Management kann aus dem als abzugsfähig deklarierten Posten nur insoweit eine Steuerentlastung bilanzieren, als von der Anerkennung mit einer **überwiegenden** Wahrscheinlichkeit auszugehen ist.

Die **Bewertung** hat nach FIN 48.8 mit dem höchsten Betrag der Steuerentlastung zu erfolgen, die mit einer mehr als 50 %igen Wahrscheinlichkeit eintreten wird.

Beispiel (nach FIN 48.A21)

Das Unternehmen bildet eine Rückstellung für einen Einzelgewährleistungsfall in Höhe von 250 und fertigt entsprechend die Steuererklärung auf dieser Grundlage. Daraus errechnet sich eine **maximale** Steuerermäßigung von 100 (Steuersatz 40).

Mögliche Steuerermäßigung	Wahrscheinlichkeit der Anerkennung durch Finanzverwaltung	Kumulierte Wahrscheinlichkeit
100	5 %	5 %
80	25 %	30 %
60	25 %	55 %
50	20 %	75 %
40	10 %	85 %
20	10 %	95 %
0	5 %	100 %

60 ist der höchste Betrag der Steuerermäßigung mit einer 50 % übersteigenden Wahrscheinlichkeit des Eintretens. Dieser Betrag ist als Steuerguthaben oder Reduzierung der Steuerschuld zu bilanzieren.

Zu jedem Stichtag ist die ansatzbegründende Wahrscheinlichkeitsschwelle zu **überprüfen**. Sofern sie übersprungen wird, ist die Bewertung nach dem vorstehend dargestellten Szenario weiterzuführen. Bei Nichterfüllung des Ansatzkriteriums („*less likely than not*") muss eine Ausbuchung mit der Folge des Ansatzes einer Steuerschuld oder niedriger aktiver Steuerlatenz erfolgen.

	Ansatz IFRS-Bilanz	Ansatz StB	Steuervorteil lt. Erklärung	Steuervorteil lt. Erwartung	Differenz
31.12.00	250	250	100	60	40
31.12.01	250	250	100	0	100

Zum 31.12.00 ist eine „**vorsorgliche**" Steuerverbindlichkeit von 40 ergebniswirksam einzubuchen, der zwar auch Latenzcharakter zukommt, aber nicht auf „*temporary differences*" i.S.d. „eigentlichen" Steuerlatenzrechnung beruht. Dieser Posten repräsentiert eine mögliche künftige Steuerzahllast und darf nicht unter den Steuerlatenzposten ausgewiesen werden.
Zum 31.12.01 ist das „*more-likely-than-not*"-Kriterium nicht (mehr) erfüllt. Eine zusätzliche (befürchtete) Steuerschuld von 60 ist einzubuchen.

Bei all diesen mathematischen Übungen sind die gebotenen systematischen **Vorbehalte** zu beachten (→ § 21 Rz 35).
In der Praxis ist in vielen Fällen (Rückstellung, Wertberichtigung usw.) „nur" die Periode ungewiss, in der der betreffende Aufwand auch steuerlich zu berücksichtigen ist. Eine durch FIN 48 gebotene vorsichtige Einschätzung der sofortigen steuerlichen Anerkennung mindert/erhöht damit zwar laufende Steuerforderungen/-schulden, erhöht/mindert aber zugleich den Aktiv-/Passivsaldo latenter Steuern. Von bestimmten Ausnahmefällen – Steuersatzsenkung in zukünftigen Perioden, Zweifel an der Realisierbarkeit aktiver latenter Steuern – abgesehen, ergibt sich ein Nullsummenspiel. Wegen Einzelheiten wird auf Rz 31 verwiesen.
Recht praxisnah liefert der FIN 48.A26 auch ein Beispiel für die Latenzrechnung bei „**steuertaktischem**" Vorgehen.

30

> **Beispiel**
>
> **Sachverhalt**
> Zu Beginn des Jahres 1 erwirbt das Unternehmen einen nicht planmäßig abschreibbaren immateriellen Vermögenswert mit unbestimmter Nutzungsdauer (→ § 13 Rz 69ff.) zu 15 Mio. EUR. Im Hinblick auf die bestehende Unsicherheit in der steuerlichen Wertung behandelt das Unternehmen den Erwerb in der Steuererklärung als sofort abzugsfähige Betriebsausgabe. Die Anerkennung dieser Behandlung durch die Verwaltung ist allerdings nicht wahrscheinlich (< 50 %); vielmehr rechnet man eher mit einer „Nachaktivierung" durch die Außenprüfung mit einer Nutzungsdauer von 15 Jahren. Der Steuersatz beträgt 40 %.
>
> **Lösung**
> Nach Auffassung des FASB soll in diesem Fall – nicht ausreichende Wahrscheinlichkeit der Anerkennung – eine laufende Steuerschuld ausgewiesen werden, soweit am Bilanzstichtag noch ein potenzieller Buchwertunter-

schied vorliegt. Anzusetzen sind daher auf der Basis der wahrscheinlichen Veranlagung
- passive Steuerlatenz 40 % × (15 IFRS Buchwert – 14 wahrscheinlicher Steuerbuchwert) = 0,4 Mio. EUR,
- tatsächliche Steuerverbindlichkeit 40 % × (15 – 1) = 5,6 Mio. EUR,
- in Summe also 6,0 Mio. EUR.

Auf Basis der Steuererklärung wäre ebenfalls ein Betrag von 6,0 Mio. EUR anzusetzen. Der Betrag würde aber ausschließlich eine passive Steuerlatenz darstellen: 40 % × (15 IFRS Buchwert – 0 deklarierter Steuerbuchwert) = 6,0 Mio. EUR. Dieser Ausweis ist unzulässig, weil eine Nichtanerkennung des sofortigen Betriebsausgabenabzugs, also des deklarierten Steuerbuchwerts von 0, wahrscheinlich ist.

1.6.2 Betriebsprüfungsrisiko aus deutscher Sicht

31 Der vorstehende Vorschlag des FASB zum Umgang mit unsicheren Steuerwerten ist auf die Verhältnisse des **deutschen** Steuererhebungsverfahrens zu spezifizieren. Die Erhebung der Steuern vom Einkommen und Ertrag ist wenigstens im Bereich von mittleren und großen Unternehmen durch das Merkmal der **Vorläufigkeit** gekennzeichnet. Regelmäßig werden eingereichte Steuererklärungen ohne materielle Prüfung unter dem Vorbehalt der Nachprüfung nach § 164 AO veranlagt. Erst durch die im Anschluss daran – oft einige Jahre später – erfolgende steuerliche Außenprüfung (umgangssprachlich Betriebsprüfung) kommt es dann zu einer endgültigen Veranlagung, möglicherweise mit noch offenen gerichtlich zu entscheidenden Streitfragen. Bis zu deren Klärung, die sich durchaus auf 15 Jahre nach dem Bilanzstichtag hin erstrecken kann, besteht also ein **Steuerrisiko** in abgestufter Form.

Dieses Steuerrisiko kann sich im Rahmen der Ermittlung der Besteuerungsgrundlage beziehen auf:[21]

- Steuer**bilanz**werte,
- Bestimmung der steuer**freien** Erträge,
- Umfang der steuerlichen **Zurechnungen** „außerhalb der Bilanz",
- **verdeckte** Gewinnausschüttungen, Zurechnungen nach § 1 AStG.

Die drei letztgenannten Sachverhaltskonstellationen betreffen **permanente** Differenzen; etwaige Risiken betreffend die Nichtanerkennung oder abweichende Beurteilung durch die Betriebsprüfung können auf der Grundlage von Wahrscheinlichkeitsüberlegungen bezüglich der mutmaßlichen Akzeptanz durch die Verwaltung bilanziell abgebildet werden. Im erstgenannten Fall betrifft das Risiko der **Nichtanerkennung** eines Bilanzpostens (z. B. einer Rückstellung oder einer Wertminderung auf Aktiva) also aus Sicht der IFRS-Bilanzierung die *tax base* (Rz 29). Behält in solchen Streitfällen das Finanzamt die Oberhand, **erhöht** sich die **tatsächliche** (aktuelle) Steuerschuld, die – nach

---

[21] Vgl. DAHLKE, KoR 2006, S. 582.

IFRS als zutreffend unterstellte und damit unverändert bilanzierte – (z. B.) Rückstellung bewirkt einen temporären Unterschiedsbetrag (passiver IFRS-Bilanzwert > als Steuerbilanzwert) mit der Folge einer (zusätzlichen) **aktiven Steuerlatenz**, wodurch der erhöhte laufende Steueraufwand durch den Ertrag aus der Steuerlatenz (vgl. hierzu die Beispiele unter Rz 18) **kompensiert** wird.

> **Beispiel**
>
> **Sachverhalt**
> Durch eine Betriebsprüfung wird für das letzte geprüfte Wirtschaftsjahr 01 eine Abschreibung auf ein an einen notleidenden Kunden vergebenes Darlehen (→ § 28 Rz 122) aufgegriffen (Darlehensbetrag 100, Abschreibung/Wertberichtigung 50). Die Betriebsprüfung erkennt die Abschreibung nicht an, weil der Kunde weiter beliefert wird. Die Steuerabteilung akzeptiert die Prüfungsfeststellung. Der Steuersatz beträgt 40 %. In der IFRS-Bilanz wird der Buchwert einstweilen weitergeführt.
>
> **Lösung**
> Für das Jahr der „Aufdeckung" des – aus Sicht der steuerlichen Bilanzierung – Fehlers entsteht tatsächlicher zusätzlicher Steueraufwand mit folgender Buchung in der IFRS-Bilanz (die zeitliche Abfolge vernachlässigt, vgl. Rz 33):
> per laufender Steueraufwand an Steuerschuld 20 (40 % v. 50).
>
> Am Bilanzstichtag des Aufdeckungsjahres beträgt die *tax base* 100 und der *carrying amount* (Rz 18) 50. Nach der „Faustformel" (Rz 19) ist das Vermögen in der IFRS-Bilanz niedriger als in der Steuerbilanz mit der Folge einer aktiven Steuerlatenz.
> Buchung: per aktive Steuerlatenz an Steueraufwand/-ertrag 20.
>
> Die Buchwertabweichung wird sich in späteren Wirtschaftsjahren ausgleichen, wenn
> - die Forderung tatsächlich eingeht, dann kein Effekt auf die laufende Besteuerung, aber (zusätzlicher) Aufwand aus der Steuerlatenzrechnung
>   – Buchung: per Steueraufwand an aktive Steuerlatenz 20;
> - die Forderung endgültig verloren ist, dann (zusätzliche) Minderung des laufenden Steueraufwandes (Steuerertrag um 40), die teilweise kompensiert wird durch zusätzlichen Aufwand in der Steuerlatenzrechnung um 20
>   – Buchung: per Steueraufwand an aktive Steuerlatenz 20.
>
> Verprobung Forderungseingang
>
> | | | |
> |---|---|---|
> | Ertrag nach IFRS | +50 | (Buchwert zuvor 50) |
> | laufender Steueraufwand | 0 | |
> | Aufwand aus Steuerlatenz | −20 | |
> | Steueraufwand insgesamt | 20 | |
> | Gesamtergebnis | +30 | |

> Verprobung Forderungsausfall
>
> | | | |
> |---|---|---|
> | Aufwand nach IFRS | −50 | (Buchwert zuvor 50) |
> | laufender Steueraufwand (-ertrag) | +40 | |
> | Aufwand aus Steuerlatenz | −20 | |
> | Steuerertrag insgesamt | +20 | (40 % von 50) |
> | Gesamtergebnis | −30 | |
>
> Das Gesamtergebnis aus der Abwicklung des nach Bp streitigen Postens beläuft sich jeweils auf 60 % des strittigen Buchwertansatzes.

32 Bezüglich des **Zeitpunkts** der Einbuchung entsprechender Steuerrisiken bzw. drohender -nachzahlungen ist zu differenzieren:
- Bei Einbuchung eines dem Grunde oder der Höhe nach von vornherein in seiner steuerlichen Abzugsfähigkeit **zweifelhaften** Bilanzpostens kann ein Vorgehen nach dem Beispiel unter Rz 30 in Betracht kommen.
- Bei „Aufdeckung" durch eine Betriebsprüfung, die vom Unternehmen **anerkannt** wird, erfolgt die Einbuchung der zusätzlichen Steuerschuld (vgl. Rz 31).
- Bei Aufrechterhaltung der Rechtsauffassung in einem nachfolgenden **Rechtsbehelfs**verfahren erfolgt regelmäßig eine Weiterführung des Steuerbilanzwertes (hier unterstellt identisch mit dem IFRS-Bilanzwert), da hier die überwiegende Wahrscheinlichkeit des Obsiegens vom Unternehmen unterstellt wird (→ § 21 Rz 30). Eine entsprechende **Anhang**erläuterung muss nach IAS 12.88 erfolgen.

33 Im Rahmen einer Betriebsprüfung können auch Sachverhalte aufgedeckt werden, die in früheren Zeiträumen **sowohl** nach IFRS **als auch** nach Steuerrecht **falsch** behandelt worden sind.

> **Beispiel**
>
> **Sachverhalt**
> Im Jahr 04 stellt der Betriebsprüfer Umbaumaßnahmen in einer Fabrikhalle im Jahr 03 fest, die eine spürbar effizientere Ausnutzung des Maschinenpotenzials erlauben. Die Umbaumaßnahmen wurden sowohl nach IFRS als auch in der Steuerbilanz als Aufwand behandelt. Der Betriebsprüfer sieht darin Herstellungsaufwand, dem die Steuerabteilung und auch die IFRS-Bilanzabteilung folgt (→ § 8 Rz 30).
> Fraglich ist die Behandlung im IFRS-Abschluss 03.
>
> **Lösung**
> Es handelt sich im vorliegenden Fall um einen Bilanzierungsfehler mit der Folge einer erfolgsneutralen Bilanzberichtigung gemäß IAS 8.42 (→ § 24 Rz 43). Die Korrektur ist auch durchführbar, d.h. nicht *impractable* nach IAS 8.43ff. Eine erfolgswirksame Korrektur in 04 könnte nur aus-

nahmsweise unter dem *materiality*-Gesichtspunkt (→ § 1 Rz 63) infrage kommen.

Eine Berichtigung in **laufender** Rechnung aufgrund von Bp-Feststellungen kommt dagegen im Falle von **Schätzungsfehlern** (*changes in accounting estimates*) in Betracht (→ § 24 Rz 36.)

> **Beispiel**
>
> **Sachverhalt**
> Die Bauentwicklungs-AG hat eine Büro-Großimmobilie fertig gestellt (vgl. Beispiel in → § 24 Rz 36). Am Bilanzstichtag 01 sind 40 % der Nutzfläche vermietet. Die Kostenplanungen beruhen auf einer erzielbaren Quadratmetermiete von 35 bis 40 %. Im Augenblick ist eine Vermietung, wenn überhaupt, nur auf der Basis von 25 EUR/m^2 möglich. Entsprechend wird eine außerplanmäßige bzw. *impairment*-Abschreibung (→ § 11 Rz 13) auf das Bürohaus im Umfang von 20 % der Herstellungskosten vorgenommen. Im Prüfungszeitraum haben sich die Mietverhältnisse aus Sicht der Vermieter verbessert. Nach Feststellungen des Betriebsprüfers im Jahr 03 ist mit Mieterträgen in vergleichbarer Lage zwischen 30 und 35 % zu rechnen, die Betriebsprüfung sieht auch eine weiter steigende Tendenz.
>
> **Lösung**
> Die Steuer- und die Bilanzabteilung akzeptieren die Prüfungsfeststellungen, weil ihnen ein Rechtsstreit über die Erkenntnismöglichkeit im Jahre 01 nicht sinnvoll erscheint. Die – in deutscher Terminologie – Anpassung des Buchwertes der Immobilie und der laufenden Steuerschuld an die Prüferbilanz im IFRS-Abschluss erfolgt dann erfolgswirksam in 03. Eine Steuerlatenzrechnung ist entbehrlich, da Ende 03 *tax base* und *carrying amount* (Rz 18) übereinstimmen.

Die Nachzahlungs**zinsen** aufgrund von Bp-Feststellungen unterliegen nicht dem Regelungsbereich von IAS 12, sondern von IAS 37 und sind nach den dortigen Regeln (→ § 21) als Schuld mit ergebniswirksamer Aufwandsverbuchung auszuweisen. **34**

1.6.3 Tatsächliche Steuerschulden und -erstattungsansprüche
IAS 12 konzentriert sich in seinem Regelungsgehalt auf die Steuer**latenz**rechnung. Die bilanzielle Erfassung des **laufenden** Steueraufwandes wird nur am Rande behandelt. Das ist insoweit verständlich, als hier spezielle Bilanzierungsprobleme auch aus Sicht der internationalen Besteuerung nur in geringem Umfang auftauchen. **35**

Für diese tatsächlichen Steuerschulden und -ansprüche ist die Abbildung im IFRS-Abschluss weitestgehend identisch mit derjenigen nach HGB vorzunehmen. Insbesondere gilt der Grundsatz der **Periodenabgrenzung**: Am jeweiligen Bilanzstichtag sind die Steuerschulden und -erstattungsansprüche für das laufende Geschäftsjahr bzw. das betreffende Quartal (→ § 37) und für frühere, bislang noch nicht erfasste Zeiträume erfolgswirksam einzubuchen.

Betroffen sind generell im Rahmen von IAS 12 nach deutschem Recht die **Körperschaft-** und die **Gewerbesteuer** und vergleichbare ausländische Steuern – Letztere im Einzelabschluss für Gewinne aus ausländischen Betriebsstätten oder aufgrund von einbehaltener Quellensteuer. Im **Konzern**abschluss schlagen sich die ausländischen Steuern vom Einkommen im laufenden Steueraufwand nieder.

Bei (mitunternehmerischen) deutschen **Personenhandelsgesellschaften** ist lediglich die **Gewerbesteuer** zu berücksichtigen, eine **fiktive Körperschaftsteuer** vergleichbar der Vorgabe in § 264c Abs. 3 S. 2 HGB kann nicht ausgewiesen werden. Zu Besonderheiten im Falle von Personengesellschaften wird verwiesen auf Rz 84.

36   Zu berücksichtigen sind innerhalb der tatsächlichen Steueransprüche auch Erstattungsansprüche im Rahmen eines (in Deutschland) körperschaftsteuerlichen **Verlustrücktrages** (IAS 12.13). Frühester Aktivierungszeitpunkt ist – abgesehen von der Zwischenberichterstattung (→ § 37) – das Ende des Geschäftsjahres, in dem der zurückzutragende Verlust entsteht.[22]

37   Wegen der Berücksichtigung von **Betriebsprüfungsrisiken** nach IAS 12.88 wird verwiesen auf Rz 31.

38   Für einbehaltene **Kapitalertragsteuer** (beim Tochterunternehmen) sieht IAS 12.65A die gleiche Behandlung wie nach deutschem Bilanzrecht vor, nämlich eine erfolgsneutrale Verrechnung mit dem **Eigenkapital**, d. h. nach den Regeln des AktG und des GmbHG: Einbehalt von der Gewinnausschüttung mit der Buchung:

Bilanzgewinn 100   an Nettodividende (Bank)   80,
                     an Kapitalertragsteuer (Bank)   20.

Das Mutterunternehmen bucht spiegelbildlich – allerdings nicht periodengleich (→ § 4 Rz 23) – wie nach deutschem Handelsrecht:

per Dividendenanspruch (Bank)   an Beteiligungsertrag,
per Steueranrechnungsguthaben (Forderung
an Finanzamt)   an Beteiligungsertrag.

39   Aus dem **Übergangs**prozedere vom **Anrechnungs-** zum **Halbeinkünfte**verfahren können für eine deutsche Kapitalgesellschaft noch Körperschaftsteuerminderungsansprüche oder Nachzahlungen in den Finanzamtsakten und Steuerbescheiden „schlummern" (die „Latenz" wird hier zur Vermeidung einer Verwechslung nicht begrifflich verwendet). Nach der bis 2005 gültigen Rechtslage wurden solche Guthaben und Schulden nur durch **Ausschüttungsbeschlüsse** aus dem Schlummerzustand in effektive Guthaben bzw. Schulden verwandelt.[23] Dies entspricht dem Regelungsgehalt von IAS 12.52B.

---

[22] So auch SCHULZ-DANSO, in: Beck'sches IFRS-Handbuch, 2. Aufl., 2006, § 25 Rz 13.
[23] Vgl. SCHULZ-DANSO in Beck'sches IFRS-Handbuch 2. Aufl. 2006 § 25 Rz 19.

Die Aktivierung bzw. Passivierung dieser Beträge muss dann in dem Wirtschaftsjahr erfolgen, in dem der Ausschüttungsbeschluss gefasst wird (→ § 4 Rz 23). Die Behandlung in der IFRS-Bilanz entspricht dann in periodisierender Betrachtung derjenigen nach den Vorgaben der Finanzverwaltung,[24] widerspricht aber der Auffassung des HFA des IDW für die handelsrechtliche Bilanzierung, der eine periodengleiche Aktivierung für richtig erachtet.[25]
Die Steuerrechtslage hat sich durch Ergänzung des § 37 KStG durch das so genannte **SEStEG geändert**. Danach sind die verbleibenden Körperschaftsteuerguthaben zum 31.12.2006 verbindlich festzustellen und in zehn gleichen Jahresbeträgen ab dem 30.09.2008 auszuzahlen. Eine Verzinsung unterbleibt. Der **Erstattungsanspruch** entsteht unabhängig (unbedingt) von irgendwelchen Ausschüttungsbeschlüssen mit Ablauf des 31.12.2006 und ist somit in der IFRS-Bilanz zu diesem Stichtag zu aktivieren (bei abweichendem Wirtschaftsjahr in dem nächstnachfolgenden Bilanzstichtag. Die Zugangsbewertung hat abgezinst zum Barwert zu erfolgen (→ § 28 Rz 117). Der fristadäquate fristlose Zinssatz zum 31.12.2006 ist mit ca. 4 % anzunehmen. Der Aufzinsungsertrag in der Folgebewertung ist steuerfrei.
Zu den **tatsächlichen** Steueraufwendungen und -erträgen wird **verwiesen** bezüglich
- des Ausweises in der Bilanz auf Rz 104,
- des GuV-Ausweises auf Rz 109,
- der Angaben auf Rz 112.

2 Ansatz

2.1 Grundlagen

Das **HGB** folgt im Einzelabschluss (§ 274 HGB) dem *timing*-Konzept (Rz 11): Ein Ansatz für Steuerlatenz ist zwingend (passiv) oder optional (aktiv) vorzunehmen, wenn

- am Bilanzstichtag ein **Unterschied** zwischen Handels- und Steuerbilanzergebnis vorliegt und
- dieser Unterschied sich künftig **umdreht**.

Das *temporary*-Konzept der IFRS blickt demgegenüber nur auf die **Bilanzposten** und fragt nach den Unterschieden in den Ansätzen zwischen IFRS- und Steuerbilanz (Rz 12ff.), soweit sich der Unterschied künftig wieder umkehrt. Außerdem wird hinsichtlich des Ansatzes nicht nach **Aktiv- und Passivlatenz** unterschieden: Für beide gilt eine Ansatzpflicht (ebenso für konsolidierungsbedingte Latenzen gem. § 306 HGB im handelsrechtlichen Konzernabschluss).

40

41

---

[24] BMF-Schreiben vom 16.05.2002.
[25] HFA des IDW, FN-IDW 2001, S. 668 und 2003, S. 22.

42

Buchungsbeispiel für passive Steuerlatenz
(buchmäßige Darstellung des Beispieles unter Rz 16)

Bilanzposten	Ansatz IFRS	Ansatz StB *(tax base)*	Unterschied	Steuer
	TEUR	TEUR	TEUR	TEUR
Grundstück	20.000	10.000	10.000	4.000
Computer	900	700	200	80
Gesamt	20.900	10.700	10.200	4.080

Buchungen für Steuerlatenz

Soll	Haben	TEUR
Neubewertungsrücklage	Passive Steuerlatenz	4.000
Steueraufwand	Passive Steuerlatenz	80

Die Neubewertungsrücklage beträgt also nur 6.000 TEUR: 10.000 TEUR Aufwertung, 4.000 TEUR Steuerlatenz (→ § 8 Rz 75ff.).

43

Buchungsbeispiel für aktive Steuerlatenz
Die *accounting ahead* AG legt per 31.12.2005 erstmals einen IFRS-Abschluss vor. In die IFRS-Eröffnungsbilanz (→ § 6 Rz 17) wird eine Rückstellung für Altersversorgung gemäß IAS 19 (→ § 22) von 52 Mio. EUR eingestellt, der Steuerbilanzansatz nach § 6a EStG beläuft sich auf 37 Mio. EUR. Der Steuersatz beträgt 40 %.
In der IFRS-Eröffnungsbilanz ist zu buchen:

Soll	Haben	Betrag Mio. EUR
Gewinnrücklage	Pensionsrückstellung	15
Aktive Steuerlatenz	Gewinnrücklage	6

Nach HGB besteht für die aktive Steuerlatenz im Einzelabschluss lediglich ein Ansatzwahlrecht (§ 274 Abs. 2 HGB).

Ein **detailliertes** Beispiel zur Steuerlatenzrechnung ist unter Rz 124 wiedergegeben.

44 Zusätzlich zu den Ansätzen für Aktiva und Passiva aus **latenten** Steuern einschließlich solcher aus Verlustvorträgen (Rz 51ff.) sind die **effektiv** am Bilanzstichtag bestehenden Forderungen und Verbindlichkeiten aus Steuern gemäß IAS 12.12 einschließlich eines Erstattungsanspruchs aus **Verlustrücktrag** (IAS 12.13) anzusetzen (Rz 4).

2.2 Zugangsbewertung

Bei der Zugangsbewertung entstehende Wertdifferenzen zwischen IFRS- und der Steuerbilanz führen nicht in allen Fällen zu einer Steuerlatenz. Zu unterscheiden ist zwischen **einfachen** Zugängen und solchen, die sich aus einem **Unternehmenszusammenschluss** ergeben. Für Bewertungsdifferenzen bei einfachen Zugängen ist keine Steuerlatenz zu bilden, da sonst der **Zugangsbetrag selbst verändert** würde (IAS 12.22c sowie IAS 12.15b, IAS 12.24b sowie IAS 12.33). Vgl. auch Rz 60. Der *Board* plant eine **Abschaffung** dieser Ausnahme von der Steuerlatenzrechnung im Rahmen des Konvergenzprojektes (Rz 126).

45

Beispiele
- **Einlagen** von Vermögenswerten zum Buchwert (des Einbringenden) in der IFRS-Bilanz und zum Verkehrswert in der Steuerbilanz nach § 6 Abs. 6 S. 2 EStG (→ § 8 Rz 48).
- Abweichende Qualifikation des **Leasingvertrages** (→ § 15 Rz 162).[26]
- Sofortige (steuerfreie) Vereinnahmung von **Investitionszulagen** in der Steuerbilanz, Kürzung von den Anschaffungs-, Herstellungskosten in der IFRS-Bilanz (→ § 12 Rz 31).

Die Bildung von Latenzen unterbleibt auch in Fällen eines *investment* in Tochter-, assoziierte oder *joint-venture*-Unternehmen (IAS 12.39), sofern der Investor die zeitliche Auflösung der temporären Differenz **kontrollieren** kann und deshalb die temporären Buchwertunterschiede sich auf absehbare Zeit voraussichtlich nicht auflösen (Rz 66).[27] Auch bei der **Folgebewertung** kommt es in diesen Fällen nicht zu einer Steuerlatenzrechnung.
Zur Steuerlatenzrechnung im Rahmen von **Unternehmenserwerben** vgl. Rz 60 sowie → § 31 Rz 164ff., § 33 Rz 96.
Umgekehrt kommt es gemäß IAS 12.22b zu einer Steuerlatenz im Ausnahmefall einer **erfolgswirksam entstehenden** Zugangsdifferenz: Z. B. Investitionszuschuss, der nach dem steuerlichen Wahlrecht sofort erfolgswirksam vereinnahmt, in der IFRS-Bilanz hingegen von den AK/HK abgezogen wird (→ § 12 Rz 25 u. 36).

46

Beispiel

Sachverhalt:
U erwirbt am 1.1.01 eine Anlage, Nutzungsdauer 10 Jahre, zu Anschaffungskosten von 1000. Hierauf erhält er sofort eine steuerfreie Investitionszulage von 100 sowie einen steuerpflichtigen Investitionszuschuss von 200. U realisiert die Zuwendungen in der StBil sofort über die GuV,

---

[26] Vgl. IFRIC, Update April 2005.
[27] WAGENHOFER, IAS, 5. Aufl., 2005, S. 331.

während er sie in der IFRS-Bil passivisch abgrenzt. Der Steuersatz beträgt 40 %.

Lösung

	IFRS base	tax base	z.verst. temp-Diff.
Anlage	1000	1000	0
passiv. Posten InvZusch	−200	0	−200
passiv. Posten InvZul	−100	0	0*
Summe			−200
passive latente Steuer			80

IAS 12.15(b) verbietet den Ansatz einer latenten Steuerschuld auf die Investitionszulage, da sie auf die Differenz bei der Erstbewertung/Zugangsbewertung entstanden ist und weder das IFRS-Ergebnis (nicht über GuV vereinnahmt) noch das zu versteuernde Einkommen (steuerfrei) beeinflusst hat. Für den Investitionszuschuss gilt diese Vorschrift nicht, da die Differenz das zu versteuernde Einkommen beeinflusst hat.

47 Nach nationalem Steuerrecht (z. B. österreichischem im Rahmen der Gruppenbesteuerung) kann mit dem Erwerb einer Beteiligung an einer Kapitalgesellschaft als eine Art steuerliche **Beihilfe** (*tax credit*) die Bilanzierung eines Firmenwerts zulässig sein. Wenn dieser steuerliche Firmenwert nicht als *goodwill*, sondern als *tax credit* gewertet wird,[28] sind die Latenzierungsverbote von IAS 12.15a nicht einschlägig. Eine aktive latente Steuer ist nach IAS 12.34 anzusetzen.

Wird bei Erwerb von Kapitalgesellschaften umgekehrt nur nach IFRS (Konzernbilanz) ein *goodwill* aufgedeckt, untersagt IAS 12.15a die Latenzierung der Differenz zur Steuerbilanz im Zugangszeitpunkt. Für die Folgebewertung wird auf → § 31 Rz 167 verwiesen.

2.3 Besonderheiten für die aktive Steuerlatenz

2.3.1 Allgemein

48 Der Ansatz der aktiven Steuerlatenz (→ § 21 Rz 31ff) *(deductible temporary difference)* setzt (gegenüber der passiven **zusätzlich**) die **Wahrscheinlichkeit**[29] (*„more-likely-than-not"*-Kriterium mit einer Eintrittswahrscheinlichkeit von mehr als 50 %)[30] voraus, dass künftig genug steuerpflichtiges Einkommen vorliegt, um einen steuerwirksamen Abzug des Verrechnungspotenzials vornehmen zu können (IAS 12.27). Die Wahrscheinlichkeit der künftigen Ver-

---

[28] So Institut Österreichischer Wirtschaftsprüfer, Einzelfragen zur Bilanzierung latenter Ertragsteuer im Zusammenhang mit der Gruppenbesteuerung.
[29] LÜDENBACH/HOFFMANN, KoR 2003, S. 5.
[30] Nach dem Short-term Convergence Project bestätigt durch FASB-Interpretation (FIN) No. 48.

rechnungsmöglichkeit *(deductible)* der aktiven Steuerlatenz wird (als Ansatz- und Bewertungskriterium) in IAS 12.28ff. näher **spezifiziert** (Rz 56). Danach sind ausreichende steuerliche Gewinne zu **unterstellen**, wenn und soweit
- entsprechend hohe passive Steuerlatenzen bestehen, die sich auf die gleiche Steuerbehörde beziehen und zeitkongruent mit den Beträgen aus den aktiven Latenzen anfallen (Aufrechenbarkeit), oder
- in den Perioden des Wirksamwerdens einer aktiven Steuerlatenz ein **Verlust**-Vor- oder -Rücktrag möglich ist.

Sofern die vorstehenden Kriterien nicht erfüllt sind, gelten **hilfsweise** folgende alternative Ansatzkriterien für die aktive Steuerlatenz:
- Für den Zeitraum des Wirksamwerdens des Steuererstattungsanspruches liegen beim gleichen Steuerschuldner (Konzerngesichtspunkt: keine Verrechnungsmöglichkeit zwischen verschiedenen Steuersubjekten) gegenüber der gleichen Steuerbehörde „wahrscheinlich" *(probable)* ausreichend steuerpflichtige **Gewinne** vor (IAS 12.29a).
- Es stehen **steuerplanerische** Ansätze zur Nutzung von Verlustvorträgen zur Verfügung.

Generell soll den erforderlichen Planungsrechnungen in Analogie zu IAS 36.33 (→ § 11 Rz 23) ein Zeitraum von maximal **5 Jahren** zugrunde gelegt werden.[31] Bei *start-up*-Unternehmen wird höchst selten eine Verlustaktivierung möglich sein.

Beispiel

Sachverhalt
Die Mobilfunk AG plant nach den Verhältnissen zum 31.12.2002 den Abbau der aus den Investitionen in das Mobilfunknetz der dritten Generation resultierenden Verluste ab dem Geschäftsjahr 2010.

Lösung
Wegen des Verfalls der Verlustvorträge nach sieben Veranlagungszeiträumen (unterstellt), d. h. zum 31.12.2009, kommt ein Ansatz für aktive Steuerlatenz nicht in Betracht. Auch bei unbeschränkter Vortragsdauer bedarf es einer überzeugenden Darlegung der Gründe, weshalb eine mehr als fünfjährige Planung (Rz 48) ein zuverlässiges Ergebnis zeitigt.

Sachverhalt
Wegen nicht vorgenommener Abschreibungen für die Mobilfunklizenz im IFRS-Abschluss bei gleichzeitiger Abschreibung in der Steuerbilanz haben sich passive Steuerlatenzen bis zum 31.12.2002 aufgebaut.

49

---

[31] BERGER, DB 2006, S. 2474.

> **Lösung**
> Die unterschiedlichen Abschreibungsverläufe und -beträge für die Mobilfunklizenzen führen nach den Planungsrechnungen ab dem Jahr 2003 zu einer Auflösung der zugehörigen passiven Steuerlatenz. Im Umfang dieses Auflösungsvolumens (bis 2009) kann eine aktive Steuerlatenz für Verlustvorträge angesetzt werden.
>
> **Sachverhalt**
> Die passiven Steuerlatenzen sind erst ab dem Jahr 2010 gewinnerhöhend aufzulösen.
>
> **Lösung**
> Ohne besondere Steuerplanungsstrategie kann (wegen unterstellten Verfalls der Verlustvorträge) keine latente Steuer aktiviert werden. Plant das Management jedoch, den Untergang der Verlustvorträge wegen Zeitbeschränkung (unterstellt) rechtzeitig durch Realisierung von stillen Reserven im Sachanlagevermögen zu verhindern (Ersetzung des Verlustvortrages durch Abschreibungsvolumen), kann zum 31.12.2002 eine aktive Steuerlatenz angesetzt werden.

Zusammengefasst setzt die Aktivierung einer Steuerlatenz voraus:[32]
- entweder ausreichende passive Latenzen bei der gleichen Fiskalinstanz, oder
- ausreichende Wahrscheinlichkeit des Entstehens steuerpflichtiger Gewinne.

50 Für Beteiligungen an Gesellschaften setzt der Ansatz einer aktiven Steuerlatenz die Umkehrung der Buchwertdifferenzen (Rz 40) in absehbarer Zeit *(foreseeable future)* voraus (IAS 12.44).[33]

2.3.2 Verlustvortrag

51 Nach deutschem Bilanzverständnis bedeutet die Aktivierung von Steuererstattungen wegen künftiger Verlustnutzung die vorzeitige **Realisierung künftigen Gewinns** in Höhe des Steuersatzes. Sie wird vom HGB-Schrifttum deshalb (noch) überwiegend abgelehnt.[34] Der DSR befürwortet demgegenüber den Bilanzansatz als Grundsatz ordnungsmäßiger Konzernrechnungslegung (DRS 10 Rz 11).
Nach IAS 12.34 ist der Steuereffekt aus einem am Bilanzstichtag **vorhandenen Verlustvortrag** (lt. Steuerbilanz) zu aktivieren, wenn mit Wahrscheinlichkeit[35] *(probable)* künftig genügend steuerlicher Gewinn zur Verlustverrechnung

---

[32] Ähnlich SCHULZ-DANSO, in: Beck'sches IFRS-Handbuch, 2. Aufl., 2006, § 25 Tz 46.
[33] Zur Konkretisierung ziehen MEYER/BORNHOFEN/HOMRIGHAUSEN (KoR 2005, S. 506) einen Analogieschluss zu IAS 36.33b und plädieren für eine 5-Jahres-Frist.
[34] Umfassend nachgewiesen durch MARTEN/WEISER/KÖHLER, BB 2003, S. 2335.
[35] Siehe Fn 16.

verfügbar ist. Der Wahrscheinlichkeitsmaßstab wird dabei (IAS 12.36) nach denselben Kriterien beurteilt, die auch für die aktive Steuerlatenz (Rz 48) Gültigkeit haben.
Zusätzlich (IAS 12.35) befassen sich die Darlegungen zum Wahrscheinlichkeitskriterium in gewundener Logik mit der **negativen Beweiskraft** von bestehenden Verlustvorträgen. Eine Folge steuerlicher Verluste in der näheren Vergangenheit *(history of recent losses)* begründet für sich allein starke **Zweifel** an der Realisierbarkeit des Verlustvortrages durch **zukünftige Gewinne**. Sollen gleichwohl aktive Steuerlatenzen angesetzt werden, bedarf es einer klaren **Widerlegung** dieser Zweifel durch ausreichend passive Steuerlatenzen oder andere überzeugende Gründe *(convincing other evidence)*. Als zeitliche Grenze für die Prognose von künftigen Gewinnen werden im Schrifttum fünf Jahre befürwortet.[36]

> **Beispiel**
>
> **Sachverhalt**
> Nach vier Verlustjahren hat die Biotechnik AG die verlustbringende Sparte „Tiermedizin" geschlossen und die zugehörigen Kosten zurückgestellt. Die Planungsrechnungen für den verbleibenden Humanbereich liefern für die nächsten fünf Jahre nennenswert positive Ergebnisse und sind durch die Ist-Zahlen der vier vergangenen Jahre eindeutig verifizierbar.
>
> **Lösung**
> Die Verrechnung der Verluste mit künftigen Gewinnen ist plausibel (wahrscheinlich). Die daraus resultierende Steuerlatenz ist aktivierbar.

> **Beispiel**
>
> **Sachverhalt**
> Die Biotechnik AG sieht nach vier Verlustjahren ihr Heil unter den Fittichen eines Pharmakonzerns. Realistischerweise kommt nur eine Vollübernahme in Betracht, die die Verrechenbarkeit der Verlustvorträge nach § 8 Abs. 4 KStG, § 7 GewStG massiv gefährdet.
>
> **Lösung**
> Eine Aktivierung der Steuerlatenz kommt nicht in Betracht.

Zwischen diesen beiden Extremsachverhalten (in den Beispielen) verbleiben reichlich Fälle mit **hoher Ermessensabhängigkeit** (→ § 51 Rz 28) der Bilanzierung von Steuerlatenzen[37] und entsprechendem Gestaltungspotenzial, dem

---

[36] So Berger, DB 2006, S. 2474, dagegen der DRSC in einer Verlautbarung vom 15.1.2007. Indizien für und wider das Vorliegen künftiger Gewinne zur Verlustkompensation bei Lienau, Bilanzierung latenter Steuern im Konzernabschluss nach IFRS, 2006, S. 139.
[37] So auch Küting/Zwirner, WPg 2003, S. 301, S. 312. Sie sprechen von einem „faktischen Ansatzwahlrecht". Vgl. hierzu auch Wagenhofer, IAS, 5. Aufl., 2005, S. 329.

weder das Stetigkeitsprinzip noch Offenlegungspflichten entgegenstehen.[38] Jedenfalls **verwandeln** sich **Verluste** aufgrund von positiven Ertragserwartungen in aktivierbare **Vermögenswerte**, die dann bei Nichteintreten der Gewinne aufwandswirksam abzuschreiben sind und dadurch die wider Erwarten eingetretenen Verluste noch erhöhen.[39]

52

> **Beispiel**
> Die Mobilcom AG hat im Konzernabschluss 2001 aus Verlustvorträgen einen Betrag von 592.266 TEUR aktiviert.
>
> **Begründung**
> „Gemäß den Geschäftsplänen wird davon ausgegangen, dass die steuerlichen Verlustvorträge mit den zukünftigen Gewinnen verrechnet werden können." Diese nicht näher beschriebenen „Geschäftspläne" im Zusammenspiel mit der passiven Steuerlatenz ermöglichen also den – sehr zweifelhaften (Rz 51) – Ansatz für aktive latente Steuern aus Verlustvorträgen.

53 **Empirische** Erhebungen für börsennotierte deutsche Konzerne belegen einen hohen Umfang aktivierter Steuerlatenzen aus Verlustvorträgen.[40] Die Gefahr der Aktivierung einer bloßen Hoffnung auf bessere Zeiten ist evident. Diese Besorgnis ist allerdings insoweit unberechtigt, als das gleiche Steuersubjekt betreffende passive Latenzen z. B. auf Entwicklungskosten (→ § 13 Rz 21ff.) ausgewiesen sind.[41] Plakativ ausgedrückt: Wenn künftig nie mehr Gewinne zur Absorption der Verlustvorträge anfallen und deshalb die dafür aktivierte Steuerlatenz entfällt, muss auch gegenläufig die passive Latenz entfallen.

Die Aktivierbarkeit von Steuererstattungspotenzial aus Verlustvorträgen fördert auch die Tendenz zu rein **steuerlich motivierten Geschäftspraktiken**.[42] Zur Aktivierung von Steuerlatenzen aufgrund von Verlustvorträgen im **Konzern**abschluss vgl. → § 32 Rz 176, zur Organschaft (Gruppenbesteuerung) im **Einzel**abschluss vgl. Rz 94. Zur **grenzüberschreitenden** Verlustnutzung vgl. Rz 88. Zur **Bewertung** der Steuerlatenz aus Verlustvorträgen wird verwiesen auf Rz 100, wegen der **Anhangangaben** auf Rz 112.

---

[38] ENGEL-CIRIC, DStR 2002, S. 781.
[39] KÜTING/ZWIRNER, WPg 2003, S. 301, S. 312, bezeichnen diesen Effekt als „paradox".
[40] KÜTING/ZWIRNER, WPg 2003, S. 301; ZWIRNER/REUTER, DStR 2003, S. 1042.
[41] Dieser Hinweis in Ergänzung zu den einschlägigen Besorgnissen von ZWIRNER/REUTER, DStR 2003, S. 1402, S. 1048.
[42] Vgl. zum Fall Enron den Beitrag von HARTMANN, DB 2003, S. 1247.

2.4 Zusammenspiel von aktiver und passiver Steuerlatenz

Interessant ist dabei das Zusammenspiel zwischen der passiven Latenz und der Aktivierungsberechtigung für aktive Steuerlatenz aus zu nutzenden **Verlustvorträgen**. Hierzu folgendes Beispiel:

54

Zusammenspiel von aktiver und passiver Steuerlatenz Aus dem Geschäftsbericht der Mobilcom AG für den Konzernabschluss 2001 lassen sich in runden Zahlen folgende Posten ablesen:			
	IFRS-Konzern	HGB/StB	Differenz
	Mrd. EUR	Mrd. EUR	Mrd. EUR
Buchwert UMTS-Lizenzen	9	8	1
Gründe für die Differenz			
• Abschreibung auf die Nutzungsdauer	noch nicht	Ja	
• Aktivierung von Finanzierungszinsen	Ja	Nein	
Latente Steuerbelastung bei einem Steuersatz von 37,5 % (rechnerisch)		375 Mio. EUR	
Passive Latenz auf immaterielle Vermögenswerte lt. Geschäftsbericht		441 Mio. EUR	
Passive Latenz insgesamt		486 Mio. EUR	
Aktive Latenz aus Verlustvorträgen		591 Mio. EUR	
Ergebnis Die passive Latenz wegen Nichtabschreibung etc. auf die Mobilfunklizenz im IFRS-Abschluss gegenüber der Steuerbilanz „speist" zum größten Teil die Aktivierungsmöglichkeit für den Steuerertrag aufgrund des vorhandenen Verlustvortrages.			

Zu jedem Bilanzstichtag sind nach IAS 12.37 bislang nicht aktivierte Steuerlatenzen **neu einzuschätzen** *(reassess)*. Bei verbessertem wirtschaftlichen Umfeld *(improvement in trading conditions)* werden u. U. ausreichend steuerliche Gewinne in der Zukunft generiert, die die gesamten Ansatzkriterien (Rz 48) für die aktive Steuerlatenz erfüllen. Dann ist der Ansatz nachzuholen. Sofern die aktive Steuerlatenz den Ausweis der passiven **übersteigt**, ist nach IAS 12.82a im Anhang eine Begründung für die unterstellten künftigen steuerlichen Gewinne zu liefern (Rz 111f.).

55

Hoffmann

56 Die vorstehende Darstellung der Ansatzkriterien für die **aktive** Steuerlatenz ist auffallend im **Vergleich** zu denjenigen für die **passive** (Rz 48). Letztere erfahren keinerlei besondere Aufmerksamkeit. Von Wahrscheinlichkeitskriterien ist nicht die Rede. Insoweit stellen die Regeln für die Steuerlatenzrechnung in IAS 12 ein Musterbeispiel für die **imparitätische Wahrscheinlichkeitsbetrachtung** der IFRS insgesamt dar (→ § 1 Rz 22).[43]

3 Die Steuerlatenz im Unternehmensverbund

3.1 Überblick: *inside* und *outside basis differences*

57 Im **systematischen** Vorgehen zur Ermittlung von Steuerlatenzen aus der Verbundsituation (von zwei oder mehreren Unternehmen) darf nicht im ersten Schritt auf die möglichen steuerrechtlichen Befreiungsvorschriften abgehoben werden. Vielmehr ist von **rechnungslegungsspezifischen** Grundlagen auszugehen. Die US-amerikanische (SFAS 103) Orientierung von IAS 12 legt dabei aus Sicht der Buchungstechnik den Musterfall der **Vollkonsolidierung** nach der Erwerbsmethode (→ § 31 Rz 14ff.) nahe (Rz 64f.).
Danach können im Unternehmensverbund folgende **Quellen** von Steuerlatenzen festgestellt werden:[44]

- Buchwerte der IFRS-Bilanz I vs. Steuerbuchwerte der Tochter → *inside basis differences I*;[45]
- Buchwerte der IFRS-Bilanz II (aus Neubewertung etc.) vs. Steuerbuchwerte der Tochter (→ § 31 Rz 53ff.) → *indside basis differences II*;
- Buchwerte der (konsolidierten) IFRS-Bilanz vs. Steuerbuchwert des Beteiligungsansatzes → *outside basis differences*.

Die *inside basis differences* sind bereits bei der **Erst**konsolidierung beachtlich (Rz 58ff.), die *outside basis differences* erst bei der **Folge**konsolidierung (Rz 64f.).
Ob insbesondere die *outside basis differences* tatsächlich zu Steuerlatenzen führen, hängt dann u. a. vom **spezifischen Steuerrecht** (Befreiungsvorschriften) ab. Danach sind z. B. bei einer Beteiligung einer deutschen Kapital- an einer anderen Kapitalgesellschaft wegen der Befreiungsvorschriften die *outside basis differences* sowohl im Konzernabschluss als auch einzelbilanziell gegenstandslos (Rz 67ff.).
Die Systematik des Steuerrechts ist aber auch **unabhängig** von evtl. Befreiungsvorschriften beachtlich.

---

[43] Zu weiteren Beispielen vgl. LÜDENBACH/HOFFMANN, KoR 2003, S. 5.
[44] Ausführlich hierzu LIENAU, Bilanzierung latenter Steuern im Konzernabschluss nach IFRS, 2006, S. 93ff.
[45] Zur Begriffsbildung im Sprachgebrauch, der ebenfalls aus den USA übernommen worden ist (basis statt base) vgl. ERNSTING, WPg 2001, S. 19.

- *Outside basis differences* im Konzernabschluss reflektieren bei der Beteiligung an einer **Kapitalgesellschaft** den Systemunterschied zwischen dem konzernbilanziellen und dem steuerrechtlichen **Abgang** der Tochterkapitalgesellschaft. Das Konzernrecht fingiert die Einzelveräußerung des Nettovermögens, steuerrechtlich geht hingegen die Beteiligung ab. Die (vorbehaltlich einer Steuerbefreiung) entstehende Differenz zwischen abgehendem Nettovermögen (IFRS) und abgehendem Beteiligungsbuchwert (Steuerbilanz der Mutter) ist in der *inside*-Perspektive noch nicht enthalten und daher zusätzlich zu berücksichtigen.

- Anders bei der Beteiligung an einer **Personengesellschaft**: Sie ist auch steuerrechtlich als Anteil an deren Nettovermögen (Aktiva und Passiva) konzipiert. Im Falle der Gewinnrealisierung durch Veräußerung ergibt sich daher kein Systemunterschied zwischen IFRS-(Konzern-)Bilanz und Steuer(einzel)bilanz des Mutterunternehmens. Sowohl konzernbilanziell (Entkonsolidierung → § 32 Rz 155ff.) als auch steuerbilanziell geht nicht eine Beteiligung, sondern das Nettovermögen der Tochterpersonengesellschaft ab (Rz 69).

Die Relevanz der unterschiedlichen Arten von Buchwert-Differenzen ist also abhängig von der (rechtlichen) Beteiligungs- und Konzern**struktur**. Hieran orientiert sich die nachfolgende Darstellung. Zusätzlich ist nach **Konzern-** (Rz 58ff.) und **Einzel**abschluss (Rz 75ff.) zu differenzieren.
Dazu folgendes Schema:

Inside und *outside basis differences* im Konzern- und Einzelabschluss nach Beteiligungsstruktur[46]

		Mutter KapG Tochter KapG	Mutter KapG Tochter PersG	Mutter PersG Tochter KapG	Mutter PersG Tochter PersG
KONZERN- BILANZ	*inside basis difference* I+II	Buchwertdifferenz TU-Vermögen in IFRS-Bilanz II und Steuerbilanz (Latenzierung, soweit keine permanente Differenz und/oder keine aus erfolgsneutraler Zugangsbewertung)			
	outside basis difference	Differenz EK TU IFRS II zu Beteiligungs-BW TU in Steuerbilanz MU (Einzelveräußerungsfiktion in IFRS-Konzern vs. Abgang Beteiligung in Steuerbilanz)	keine Differenz, da Veräußerungsszenario TU konzeptionell gleich (Einzelveräußerungsfiktion in IFRS-Konzern- und Steuerbilanz der MU)	Differenz EK TU IFRS II zu Beteiligungs-BW TU in Steuerbilanz MU (Einzelveräußerungsfiktion in IFRS-Konzern vs. Abgang Beteiligung in Steuerbilanz)	keine Differenz, da Veräußerungsszenario TU konzeptionell gleich (Einzelveräußerungsfiktion in IFRS-Konzern- und Steuerbilanz der MU)

---

[46] Im Konzernabschluss nur für den Fall der **Erstkonsolidierung**.

		Mutter KapG Tochter KapG	Mutter KapG Tochter PersG	Mutter PersG Tochter KapG	Mutter PersG Tochter PersG
EINZEL-BILANZ	*inside basis difference* I+II	irrelevant, da im Veräußerungsszenario nach IFRS nicht Nettovermögen TU abgeht, sondern Beteiligungsbuchwert TU in MU-Bilanz (IFRS-Buchwerte TU somit ohne Bedeutung)			
	outside basis difference	Beteiligungs-BW TU in – IFRS-B. MU – StBil. MU	Beteiligungs-BW TU in – IFRS-B. MU – EK der TU lt. StBil. TU (da Einzelveräußerungsfiktion in Steuerbilanz MU)	Beteiligungs-BW TU in – IFRS-B. MU – StBil. MU	Beteiligungs-BW TU in – IFRS-B. MU – EK TU lt. StBil. TU (da Einzelveräußerungsfiktion in Steuerbilanz MU)

Nicht in der vorstehenden Tabelle berücksichtigt sind **konsolidierungstechnisch** veränderte Buchwerte bei Tochter-PersG, z. B. aus Zwischengewinneliminierungen und Schuldenkonsolidierungen.[47] Diese sind im Rahmen der Folgekonsolidierung zusätzlich den *outside basis differences* zuzuordnen, da der Steuerbilanz-Buchwert der Beteiligung beim Mutterunternehmen nach Maßgabe der Spiegelbildmethode (Rz 69) nur unkonsolidierte Bilanzwerte abbilden kann.

Die **steuerökonomischen** Grundlagen für die erforderliche Differenzierung sind in Rz 63, die anzuwendenden **Buchungstechniken** in Rz 64 dargestellt.

3.2 Konzernabschluss

3.2.1 Zugangsbewertung beim Unternehmenserwerb, insbesondere Behandlung des *goodwill*

58 Bei einem Unternehmenserwerb *(business combination)* sind folgende **Grundfälle** zu unterscheiden (→ § 31 Rz 3):
- Erwerb der Anteile (Aktien oder GmbH-Anteile): *share deal;*
- Erwerb der Unternehmenssubstanz: so genannter *asset deal;*
- Fusion *(legal merger).*

59 Im Falle des *asset deal* sind Steuerlatenzen immer dann zu berücksichtigen, wenn die erworbenen Vermögenswerte und die übernommenen Schulden infolge des Unternehmenszusammenschlusses nach IFRS **anders bewertet** werden als nach der Steuerbilanz. Dieser Fall ist jedoch eher selten, da beim *asset deal* sowohl nach IFRS als auch nach Steuerrecht eine neue Bewertungsbasis (Anschaffungskosten) an die Stelle der alten tritt.

60 Bei einem *share deal* ist nach IAS 12.66 i. V. m. IAS 12.19, 12.21 und 12.26c **differenziert** vorzugehen: Im Rahmen der **Erstkonsolidierung** (→ § 31 Rz 164) ist der Kaufpreis für die *shares* den (anteiligen) Buchwerten der erworbenen Vermögensgegenstände und Schulden gegenüberzustellen. Alsdann sind der IFRS-Bilanz II die stillen Reserven und Lasten in den bilanzierten und nicht bilanzierten Vermögenswerten aufzudecken.

---

[47] Diese Erkenntnis verdanken wir einem Hinweis von Rolf Uwe Fülbier.

Der verbleibende Betrag ist als *goodwill* anzusetzen. In der Steuerbilanz können diese Aufwertungen bei Erwerb einer Kapitalgesellschaft wegen deren eigener Steuerrechtssubjektivität nicht nachvollzogen werden. Insoweit entstehen Steuerlatenzen zwischen den neuen Buchwerten des Vermögens der erworbenen Kapitalgesellschaft in der IFRS-Konzernbilanz und den fortgeführten Buchwerten ihrer Steuerbilanz. Hierzu folgendes Beispiel (vgl. auch → § 31 Rz 166):

> **Beispiel**
> - Steuerlatenz beim *share deal* bei der Zugangsbewertung
> Erwerb aller Anteile an einer Tochter-AG; Anschaffungspreis 1.000, EK 100. Der Kaufpreis entfällt auf:
>
> | Kaufpreis-allokation vor Steuer-latenz | Steuerlatenz bei Tarif 40 % | Kaufpreis-allokation nach Steu-erlatenz | Bilanzposten |
> |---|---|---|---|
> | 100 | 0 | | Eigenkapital (Buchwert der Aktiva abzüglich der Passiva) des erworbenen Unternehmens |
> | 200 | 80 pass. | | stille Reserven im Grund und Boden |
> | 500 | 200 pass. | | nicht bilanziertes Warenzeichen |
> | –200 | 80 akt. | | höherer Ansatz der Pensionsrückstellung |
> | | –280 | –280 | passive Latenz |
> | | 80 | 80 | aktive Latenz |
> | 400 | 0 | 600 | Firmenwert |
> | 1.000 | 200 | 1.000 | Summe |

Die in Rz 60 genannten Paragraphen von IAS 12 **verbieten eine Zuordnung einer Steuerlatenz** zu dem steuerlich nicht abschreibbaren **erworbenen (positiven oder negativen) *goodwill*,** weil eine solche Zuordnung den Firmenwert selbst wieder erhöhen würde (Iteration; vgl. auch Rz 45). Der *goodwill* anlässlich des Unternehmenserwerbes behält also seinen Charakter als **Residualgröße** (→ § 31 Rz 166).

Nach IFRS 3.14 ist auch eine förmliche **Fusion** *(legal merger)* als Anschaffungsvorgang unter Aufdeckung der stillen Reserven des als erworben geltenden Unternehmens zu werten (→ § 31 Rz 4). Die Abbildung in der IFRS-Bilanz erfolgt nach den Regeln des *share deal.*

Hoffmann

61 Im Rahmen eines solchen Unternehmenszusammenschlusses darf der Erwerber nach IAS 12.67 Überlegungen anstellen, ob bisher nicht aktivierbare Steuerlatenzen nunmehr aufgrund der „gekauften Gewinne" im erworbenen Unternehmen eine **Verrechnungsmöglichkeit** eröffnen (→ § 31 Rz 94). Das ist allerdings nach deutschem Steuerrecht in Fällen des *share deal* wegen der fehlenden Konzernbesteuerung allenfalls beim Erwerb von Personengesellschaften möglich.

62 Im Konzernabschluss kann ein im Rahmen der Erstkonsolidierung nicht identifizierbarer Erstattungsanspruch auf latente Steuern bei der **Folgekonsolidierung** ergebniswirksam eingebucht werden, sofern die weiteren Voraussetzungen (Rz 48ff.) erfüllt sind. Nach IAS 12.68 ist dann rückwirkend der Brutto-Erwerbspreis für den Firmenwert und die zugehörige aufgelaufene Abschreibung im Anlagespiegel (→ § 14 Rz 28) so zu **korrigieren**, als ob der Anspruch aus der Steuerlatenz schon im Erstkonsolidierungszeitpunkt aktiviert worden wäre. Die entsprechende Minderung des *goodwill* ist als Betriebsausgabe zu verbuchen.

Beispiel
- Steuerlatenz beim *share deal* bei der Folgebewertung
  Im Fall des Beispiels in Rz 60 wird im Jahresabschluss nach der Erstkonsolidierung eine aktive Steuerlatenz von 70 identifiziert.

Buchungen		
Soll	Haben	Betrag
Aktive Steuerlatenz	Ertrag aus Steuerlatenz	70
Aufwand	*goodwill*	70
Künftige *goodwill*-Abschreibung 5 % von 530 = 26,5 p. a.		

Vorstehende Regel gilt allerdings nicht für einen **negativen** *goodwill* (IAS 12.32), sofern noch auszuweisen (→ § 31 Rz 122).

3.2.2 *Inside* und *outside basis differences* bei der Folgekonsolidierung
3.2.2.1 Systematische Grundlegung

63 Wie unter Rz 57 dargestellt, sind bei der Folgekonsolidierung (von erworbenen Kapitalgesellschaften) **zwei Arten** von Differenzen zu unterscheiden:
- *Inside basis differences* aus dem Unterschied zwischen den Buchwerten, mit denen das **Vermögen** des Tochterunternehmens im Konzernabschluss (in der IFRS-Bilanz II) erfasst wird, zu den Buchwerten in der eigenen Steuerbilanz des Tochterunternehmens.

- *Outside basis differences* aus dem Unterschied zwischen dem in der Konzernbilanz erfassten Nettovermögen des Tochterunternehmens und dem **Beteiligungs**buchwert, mit dem es in der Steuerbilanz der Mutter erfasst wird.

Die latente Steuer auf *inside basis differences* spiegelt in einem **Veräußerungsszenario** die steuerliche Mehr- oder Minderbelastung wider, die sich beim Verkauf von **einzelnen** Vermögenswerten durch das Tochterunternehmen ergibt, wenn aus der IFRS-Konzernbilanz ein anderer Buchwert abgeht als aus der Steuerbilanz der Tochter. Diese Differenz wird bereits bei der Erstkonsolidierung berücksichtigt. Sie ist in dem Maße, in dem sich die Differenzen bei der Folgekonsolidierung (z. B. durch Abschreibung aufgedeckter stiller Reserven) verändern, erfolgswirksam fortzuschreiben.

Die latente Steuer auf *outside basis differences* spiegelt in einem auf die **vollständige Veräußerung** des Tochterunternehmens gerichteten Szenario den eventuellen konzeptionellen Unterschied zwischen IFRS-Konzernabschluss und Steuerbilanz wider: Zur Ermittlung des Veräußerungserfolgs ist dem Veräußerungserlös in der IFRS-Bilanz das IFRS-II-Vermögen des TU gegenüberzustellen, da die Entkonsolidierung als Einzelveräußerung fingiert wird. Steuerlich geht hingegen (bei einem Tochterunternehmen in der Rechtsform einer Kapitalgesellschaft) eine Beteiligung ab. Aus der Differenz von abgehendem Nettovermögen (lt. IFRS II) und abgehendem Beteiligungsbuchwert (lt. Steuerbilanz) können sich Steuerbe- oder -entlastungen ergeben.

Steuerökonomisch resultiert das *outside-basis*-Problem aus der – vereinfacht angenommen – **wirtschaftlichen Einheit** des Verbunds, die im Gegensatz zum an der **Rechtsperson** anknüpfenden Besteuerungssystem steht. Diese unabgestimmte Konstellation birgt immer die Gefahr einer doppelten oder gar mehrfachen Besteuerung ein und desselben Gewinns in wirtschaftlicher Betrachtung in sich (Rz 86).

Beispiel
- Die Tochtergesellschaft[48] hat Gewinne thesauriert. Der spätere Transfer dieser gespeicherten Gewinne an die Mutter durch Dividenden oder eine Fusion löst (möglicherweise) dort eine weitere Besteuerung aus.
- Dividenden einer Auslandstochter unterliegen einer Quellensteuer, die nicht (voll) auf die deutsche Steuerschuld der Mutter angerechnet werden kann.
- Die Muttergesellschaft hat eine außerplanmäßige *(impairment)* Abschreibung (→ § 11 Rz 8ff.) und eine steuerliche Teilwertabschreibung auf die Tochtergesellschaft vorgenommen. Möglicherweise sind damit potenzielle Steuerlasten in der Zukunft verbunden (z. B. nach § 8b Abs. 2 S. 4 KStG, § 12 Abs. 2 S. 2 UmwStG).

---

[48] „Muttergesellschaft" und „Tochtergesellschaft" sind hier zu verstehen als „Ober-" und „Untergesellschaft".

Die nationalen Steuersysteme bedienen sich der verschiedensten Instrumente zur **Vermeidung** von derlei Mehrfachbelastungen des wirtschaftlich identischen Steuersubstrats. In Deutschland sind hierzu das frühere Anrechnungs- und jetzige Halbeinkünfteverfahren sowie die Organschaft zu nennen. Einen durchgehenden „Schutz" gegen Doppelbelastungen liefern diese Instrumente indes nicht; Beispiele bieten die Regeln über einbringungsgeborene Anteile gemäß § 8b Abs. 4 KStG oder die tatbestandlichen Voraussetzungen zur Gewährung der Schachtelbefreiung bei der Gewerbesteuer (§ 9 Nr. 2a GewStG).

3.2.2.2 Buchungstechnik

64 Das Zusammenwirken der verschiedenen Arten von Differenzen, insbesondere aber die bei der Folgekonsolidierung auftauchende Problematik der Ermittlung von *outside basis differences* lassen sich sinnvoll anhand der einzelnen Buchungsvorgänge des **Vollkonsolidierungs**verfahrens darstellen. Es geht dabei um den **Unterschiedsbetrag** zwischen dem Beteiligungsbuchwert in der Steuerbilanz der Mutter und dem Eigenkapital in der IFRS-Bilanz II der Tochter. Die nachstehende Darstellung dient der Systematik. Im Rahmen der Vollkonsolidierung auf Konzernebene lösen sich im Ergebnis die systematischen Unterschiede von *inside* und *outside differences* auf. Umgekehrt verhält es sich im Einzelabschluss (vgl. insbesondere unter Rz 77ff.).

Beispiel
- AK-Beteiligung = 1.500 *(tax base)*
- Steuerbilanz: EK Tochter 1.000
- Abweichungen nach IFRS zur Steuerbilanz sind nachfolgend aufgeführt.
- Die in der nachfolgenden Tabelle in 2-4 dargestellten Werte haben sich in der ersten Periode (01) nach der Erstkonsolidierung nicht verändert.
- Die Tochter erzielt in 01 einen Gewinn vor Steuern von 100, Steuersatz 40 %, Gewinn nach Steuern 60.

Lösung

Vorgang	IFRS I	IFRS II	Lat. St. „*inside*"	IFRS II nach Steuern
(1)	(2)	(3)	(4)	(5)
EK-StB	1.000			1.000
POC-Mehrwert	70		−28	42
Drohverlustrückstellung	−40		16	−24
Warenzeichen		80	−32	48
	1.030	80	−44	1.066
goodwill				434
AK-Beteiligung = *tax base*				1.500

Per Ende 01 stellt sich bei Annahme einer ansonsten unverändert fortbestehenden Differenz von Steuer- und IFRS-Bilanz (keine Abschreibung stiller Reserven im Warenzeichen, Fortbestehen der Drohverlustrückstellung) unter Berücksichtigung des Gewinns nach Steuern von 60 das Konsolidierungsergebnis wie folgt dar:

Beteiligung – *tax basis*	1.500
EK-Tochter – *parents book basis*	–1.126
goodwill	–434
Gewinnrücklage = *outside basis difference*	60

Diese aus Sicht der Vollkonsolidierung durch den (versteuerten) Gewinn bei der Tochter für die Mutter bestehende Differenz kann zu einer **späteren** (deshalb jetzt latenten) Steuerbelastung bei der Mutter führen.

65

Beispiel

Sachverhalt
- Ausgangswerte wie im Beispiel unter Rz 64.
- Die Tochter wird per Ende 01 (fiktiv) zu 1.800 verkauft.
- Einzelvermögenswerte mit *goodwill* bei der Tochter 1.500 (wie zuvor) zuzüglich 60 Gewinn in 01 = 1.560.

Lösung

	Steuer-B	IFRS-B	Δ
Verkaufspreis	1.800	1.800	0
Buchwert(e)	1.500	1.560	60
Gewinn	300	240	60

Für die IFRS-Bilanz gilt die Einzelveräußerungsfiktion (Entkonsolidierung; → § 32 Rz 154ff.), für die Steuerbilanz hingegen nur bei Tochter-Personengesellschaften (Rz 69), sonst aber die Gesamtbetrachtung in Form der Beteiligung.

Der Unterschiedsbetrag von 60 begründet (im Fall der Tochterkapitalgesellschaft) eine latente (passive) Steuerlatenz, also eine *temporary difference* (Rz 17) ohne Berücksichtigung von Befreiungsvorschriften etc. (Rz 68). Bezugspunkt dafür ist eine künftige Veräußerung der Beteiligung *(reversal).*
Die passive Latenz wird durch eine spätere **Dividende** (teilweise) zurückgebildet.

Beispiel

Sachverhalt (wie in den Beispielen unter Rz 64f.)

EK Tochter IFRS II am 31.12.01	1.126
Dividende in 02 (keine andere EK-Bewegung)	–50
EK 31.12.02	1.076

Konsolidierung

Beteiligung	1.500
– *goodwill*	–434
– EK-Tochter	–1.076
Gewinnvortrag = *outside basis difference*	–10

Auch eine **außerplanmäßige Abschreibung** (*impairment;* → § 11 Rz 8ff.) kann die *outside basis difference* beeinflussen.

Sachverhalt
- Im Jahr 03 erzielt die Tochter ein Ergebnis von 0.
- Die Mutter nimmt eine außerplanmäßige Abschreibung von 700 (nur) in der IFRS-Bilanz (nicht in der konsolidierten Bilanz) vor. In der Steuerbilanz ist keine Teilwertabschreibung möglich.

Lösung

Buchwertbeteiligung in der IFRS-Bilanz 31.12.03	800
EK-Tochter	1.076
outside basis difference (führt zur aktiven Latenz)	276

3.2.2.3 Anwendungsbeschränkungen der *outside basis differences*

66 Eine **aktive** (Rz 48) Steuerlatenzrechnung auf die *outside basis differences* ist nach IAS 12.44 vorgesehen für die **Beteiligung** an
- Tochterunternehmen (→ § 32 Rz 8ff.),
- assoziierten Unternehmen (→ § 33 Rz 96),
- *joint ventures* (→ § 34 Rz 89f.).

Voraussetzungen für den Ansatz sind (Rz 48):
- Die *temporary*-Differenz wird sich in der absehbaren Zukunft **umkehren**.
- **Ausreichendes steuerliches Einkommen** wird zur Nutzung dieser Steuerlatenzen verfügbar sein.

Eine **passive** (Rz 48) Steuerlatenzrechnung auf die *outside basis differences* ist nach IAS 12.39ff. für den gleichen Unternehmenskreis vorgesehen, wenn *temporary*-Differenzen vorliegen, es sei denn, die Obergesellschaft kann den Zeitpunkt der Umkehrung bestimmen – in der Regel nur bei Mehrheitsstimmrecht denkbar – **und** voraussichtlich (*probable*) wird sich die *temporary*-Differenz in der absehbaren Zukunft nicht umkehren. Damit wird eine

vom Mutterunternehmen **kontrollierbare** *permanent difference* unterstellt. Entsprechendes gilt für aktive Steuerlatenzen gemäß IAS 12.44. Der *Board* plant allerdings die Abschaffung dieser Regelung.[49]
Angesprochen sind damit die Fälle einer **nachhaltigen Thesaurierung** von Gewinnen beim Beteiligungsunternehmen.

Beispiel
Sachverhalt
Das deutsche Mutterunternehmen in der Rechtsform der GmbH & Co. KG oder der AG/GmbH hält 100 % der Aktien und der Stimmrechte an einer niederländischen AG. Diese fungiert seit neuestem als Zwischenholding für eine ganze Reihe neu aufzubauender ausländischer Vertriebsgesellschaften. Zur Stärkung der Eigenkapitalbasis ist nach den Geschäftsplänen in den nächsten sechs Jahren eine Ausschüttung nicht geplant.

Lösung
Wegen der Kontrolle über das Ausschüttungsverhalten entfällt die passive Latenz auf die *outside basis differences* (Rz 64).

Auf die zeitliche Steuerung der Dividendenpolitik nach IAS 12.39ff. kommt es allerdings nicht an, soweit die Beteiligungserträge (und -aufwendungen) **mangels Steuerbarkeit** in Deutschland zu dauerhaften Differenzen *(permanent differences)* führen (Rz 18). Deshalb ist die **Struktur** der (deutschen) Unternehmensbesteuerung als weiteres Beurteilungskriterium heranzuziehen (Rz 57).

Beim Tochterunternehmen ist entsprechend dem jeweiligen Steuer**statut** – Kapitalgesellschaft Körperschaft- und Gewerbesteuer, Personengesellschaft nur Gewerbesteuer – eine Steuerlatenzrechnung auf die individuellen *temporary differences* vorzunehmen (sog. *inside basis differences;* Rz 57). Die Folgewirkung für die Steuerlatenz beim Mutterunternehmen aufgrund von *outside basis differences* (Rz 64f.) richtet sich an der jeweiligen Steuer**art** aus.

67

3.2.3 Rechtsformvergleich
3.2.3.1 Mutter und Tochter Kapitalgesellschaft
Dem Grunde nach können in dieser Konstellation *outside basis differences* entstehen (Rz 57). Deren „Wirkung" wird allerdings aus Sicht einer deutschen Mutterunternehmung infolge der Befreiungsvorschriften des § 8b KStG neutralisiert. Die *outside basis differences* sind deshalb im Konzernabschluss irrelevant. Für die *inside basis differences* gelten die allgemeinen Regeln (Rz 57). Spezifische **Besonderheiten** der deutschen Unternehmensbesteuerung sind dabei nicht berücksichtigt; z. B.:
- Einbringungsgeborene Anteile mit ihren Folgewirkungen (§ 8b Abs. 4 KStG);

68

---

[49] IAS-Update Juli 2003; vgl. hierzu ERNSTING/LOITZ, DB 2004, S. 1054.

- Pauschalzurechnung von 5 % der Dividende bzw. des Veräußerungsgewinns (§ 8b Abs. 3 KStG).

Diese Sonderfälle können praktisch nur im Rahmen der **Überleitungsrechnung** (Rz 114) berücksichtigt werden, es sei denn, die Veräußerung ist konkret geplant (→ § 29 Rz 44).

3.2.3.2 Mutter Kapital-, Tochter Personengesellschaft

69 Diese Beteiligungsstruktur wird in der IFRS-Konzernbilanz und in der Steuereinzelbilanz der Mutter konzeptionell **gleich** behandelt: Sowohl aus IFRS-Konzernsicht als auch steuerlich tritt an die Stelle des Vermögenswertes/Wirtschaftsgutes „Beteiligung" der Anteil an den zum Gesellschaftsvermögen gehörenden (aktiven und passiven) Vermögenswerten/Wirtschaftsgütern. In der Steuerbilanz der Mutterunternehmung wird entsprechend auch nicht eine eigentliche Gewinnermittlung für die Beteiligung an der Personengesellschaft durchgeführt, vielmehr geht der beim Tochterunternehmen festgestellte Gewinn in die Besteuerungssphäre des Mutterunternehmens ein (Rz 77). Umgangssprachlich wird diese Bilanzierung als **Spiegelbildmethode** bezeichnet.

70 Bezüglich der *outside basis differences* gilt demnach:
- Der **laufende** Gewinn der Tochterpersonengesellschaft ist in beiden Rechenwerken unabhängig von einer förmlichen Ausschüttung dem Mutterunternehmen zuzurechnen.
- Der Gewinn aus einem Verkauf der Tochter-Personengesellschaft ist sowohl in der IFRS-Bilanz als auch in der Steuerbilanz nach Maßgabe der **Einzelveräußerungsfiktion** abzubilden; dem Verkaufserlös ist in beiden Fällen das abgehende Nettovermögen gegenüberzustellen (Rz 57).
- Die **Bewertungsunterschiede** dieses Nettovermögens der Tochter sind bereits als *inside basis differences* (Rz 57) berücksichtigt.
- Steuerbefreiungsvorschriften (Rz 68) und IFRS-spezifische Beschränkungen (Rz 67) für die Steuerlatenzierung können **unberücksichtigt** bleiben.

Bezüglich der *inside basis differences* ergeben sich konsolidierungstechnisch keine Unterschiede gegenüber dem Fall „Tochter-Kapitalgesellschaft". Allerdings sind die **unterschiedlichen Steuersätze** zu berücksichtigen. Dazu folgendes Beispiel:

Beispiel	
	TEUR
Steuerlich nicht ansetzbare Drohverlustrückstellung bei der Tochter-Personengesellschaft (PersG)	−200
17 % latente Gewerbesteuer bei PersG (aktiv)	+34
Gesamtes IFRS-Eigenkapital der PersG	
• vor der Latenzrechnung	+3.000
• nach der Latenzrechnung	3.034

Daraus folgt die

IFRS-Bilanz der PersG

Aktive Latenz GewSt	34	EK	3.034
Sonstiges	3.000		
	3.034		3.034

StB der PersG

Sonstiges	3.200	EK IFRS-Bilanz	3.000
		Drohverlustrückstellung	200
	3.200	Gesamtes EK	3.200

Für den Eigenkapitalunterschied von 166 (= 3200–3034) ist keine weitere Latenzrechnung aufgrund einer *outside basis difference* bei der Mutter durchzuführen. Allerdings wird diese bei der Tochterpersonengesellschaft festgestellte *inside basis difference* auf die Besteuerungsebene der Muttergesellschaft „durchgereicht" und ist dort mit dem **Körperschaftsteuersatz** zu belegen. Die **Splittung der Steuersätze** ist nach folgendem Schema vorzunehmen (Rz 100):

71

		Steuer
Gewinn vor Steuern	100	
Gewerbesteuer[50]	17	17
darauf 26,375 % KöSt	83	22
		39

Der zur Vereinfachung häufig verwendete Steuersatz von 40 % (Rz 97) kann mit 18 % auf GewSt und 22 % auf KöSt verteilt werden.

Konsolidierungstechnisch ist die Körperschaftsteuerlatenz sinnvollerweise bereits bei der **Neubewertung** für die Tochter-Personengesellschaft zu erfassen. Nach Maßgabe der Beispiele unter Rz 70 stellt sich diese wie folgt dar:

72

IFRS-Bilanz II der PersG			
Aktive Latenz KöSt	44	EK	44

---

[50] Bei Hebesatz 400 % = 16,67.

3.2.3.3 Mutter Personen-, Tochter Kapitalgesellschaft

73 Die Beurteilung bezüglich einer konsolidierungstechnisch (Rz 57) möglichen *outside basis difference* (nur für Gewerbesteuer) ist **nicht eindeutig**, weil
- einerseits Gewinnanteile im Rahmen der Schachtelbefreiung (§ 9 Nr. 2a GewStG) nicht,
- andererseits Veräußerungsgewinne (Rl 61 S. 7 GewStRl)

der Besteuerung unterliegen.

Wir befürworten eine Orientierung an der **Verwendungsabsicht** (Rz 76). Soll die Beteiligung in absehbarer Zeit verkauft werden, muss die *outside basis difference* als Latenzgrundlage berücksichtigt werden, umgekehrt bei Haltensabsicht.

Die *inside basis differences* (Rz 57) bei der Tochter-Kapitalgesellschaft sind mit Körperschaft- und Gewerbesteuer belegt in den Konzernabschluss einzubeziehen.

3.2.3.4 Mutter und Tochter Personengesellschaft

74 Die *outside basis differences* sind unbeachtlich, da in beiden Rechenwerken die Einzelveräußerungsfiktion gilt (Rz 57 und Rz 70).

3.3 Einzelabschluss

3.3.1 Tochter Kapitalgesellschaft

75 Bei Tochter-Kapitalgesellschaften können (z. B. aufgrund steuerlich nicht anerkannter außerplanmäßiger Abschreibungen) Differenzen zwischen den Beteiligungsansätzen in der IFRS-Einzelbilanz der Mutter und der Steuerbilanz der Mutter entstehen. Diese Differenzen begründen nur dann eine Latenz, wenn aus der Beteiligung steuerpflichtige Erträge entstehen können.

Bei Beteiligung einer **Kapitalgesellschaft** an einer in- oder ausländischen **Kapitalgesellschaft** liegt aus Sicht der deutschen Besteuerung in der Regel wegen § 8b KStG i. V. m. § 7 GewStG eine *permanent (outside basis) difference* vor (Rz 68). Die Steuerlatenzierung entfällt. Diese Feststellung gilt unabhängig davon, ob die Beteiligung beim Mutterunternehmen im Einzelabschluss *at cost, at equity* oder *at fair value* geführt wird (→ § 32 Rz 164f.).

76 Schwieriger ist die Beurteilung der Beteiligung einer Mutter-Personen- an einer Tochter-Kapitalgesellschaft. Eine Differenz der Beteiligungsansätze **kann**, aber **muss nicht** Gewerbesteuer auslösen,
- weil einerseits Gewinnanteile im Rahmen der Schachtelbefreiung (§ 9 Nr. 2a GewStG) steuerbefreit sind,
- andererseits Veräußerungsgewinne (Rl 61 S. 7 GewStRl) der Besteuerung unterliegen.

Die Latenzierung könnte sich an der Verwendungsabsicht orientieren (Rz 73). Bei Verkaufsabsicht in absehbarer Zeit muss die *outside basis difference* als Latenzgrundlage berücksichtigt werden, umgekehrt bei Haltensabsicht.

3.3.2 Mutter Kapital- und Tochter Personengesellschaft

Eine Beteiligung einer deutschen **Kapitalgesellschaft** an einer deutschen **Personenhandelsgesellschaft** stellt in der IFRS-Bilanz (und in der Handelsbilanz) einen Vermögenswert dar, nicht dagegen in der Steuerbilanz.[51] Aus steuerlicher Sicht tritt an die Stelle des Wirtschaftsgutes „Beteiligungen" die Summe aller Anteile an den zum Gesellschaftsvermögen gehörenden (aktiven und passiven) Wirtschaftsgütern (Spiegelbildmethode). In der Steuerbilanz der Mutterunternehmung wird entsprechend auch nicht eine eigentliche Gewinnermittlung betreffend die Beteiligung an der Personengesellschaft durchgeführt, vielmehr geht der beim Tochterunternehmen festgestellte Gewinn in die Besteuerungssphäre des Mutterunternehmens ein, und zwar unabhängig davon, ob dort in der IFRS-Bilanz eine Wertveränderung vorgenommen worden ist (Rz 69). Diese rechtsdogmatische Konstellation bereitet seit jeher im nationalen Abschluss **Schwierigkeiten**. Die Verfasser der IFRS haben sie nicht erkennbar in ihre Überlegungen einbezogen. Die bilanzielle Abbildung muss deshalb dem allgemeinen Regelungsgehalt des IAS 12 entsprechen. Wegen der Kompliziertheit der Materie – in Teilbereichen nachfolgend dargestellt – ist dem *cost-benefit*-Aspekt (→ § 1 Rz 69) gebührend Beachtung zu schenken. Weitere Schwierigkeiten bereitet das (möglicherweise) Fehlen von Eigenkapital im IFRS-Abschluss **von** Personengesellschaften mit der Qualifizierungsfolge für die Beteiligung an Personengesellschaften (→ § 20 Rz 18ff.). Im Folgenden wird der Beteiligungscharakter gleichwohl unterstellt.

Eine denkbare Lösung aufgrund eines **formalistischen** Ansatzes könnte sich auf das **Nichtvorhandensein** einer Beteiligung (im eigentlichen Sinn) in der Steuerbilanz stützen mit der Folge, dass ein Steuerbuchwert *(tax base*; Rz 121ff.) nicht bestünde. Als mögliche Konsequenz entfiele wegen der dann anzunehmenden permanenten Differenz eine Steuerlatenzrechnung oder die Steuerlatenz wäre auf die wechselnden Differenzen des IFRS-Beteiligungsansatzes zum steuerbilanziellen Null-Ansatz zu bilden. Diese Lösung ist u. E. nicht sachgerecht.

Sinnvollerweise sollte man sich durch das von IAS 12 gewählte *temporary concept* (Rz 10ff.) leiten lassen. Im Gegensatz zur Behandlung der Personentochtergesellschaft im Konzernabschluss – **keine** *outside basis differences* (Rz 70) – ist die Steuerlatenzrechnung (hinsichtlich der IFRS-Einzelbilanz) dann **ausschließlich** auf die *outside basis difference* gerichtet, was sich auf den Wortlaut von IAS 12.39 stützen kann: *associated with investments*. Hinzu kommt die unterschiedliche Besteuerungshoheit für Körperschaft- und Gewerbesteuer (Rz 71).

Der **Beteiligungsbuchwert** der Mutter-Kapitalgesellschaft ist mit dem (anteiligen) **Steuerbilanzkapital** samt Ergänzungsbilanzen (Rz 26) (zur Sonderbilanz

---

[51] So ständige BFH-Rechtsprechung, z. B. BFH, Beschluss v. 25.2.1991, GrS 7/89, BStBl II 1991, S. 691. Weiterführend DIETEL, Bilanzierung von Anteilen an Personengesellschaften in Handels- und Steuerbilanz, DStR 2002, S. 2140; HOFFMANN, BB 1988, Beilage 2; HFA-Stellungnahme 1/1991, WPg 1991, S. 334; MEYER/BORNHOFEN/HOMRIGHAUSEN, KoR 2005, S. 286.

vgl. Rz 85) der Tochter-Personengesellschaft zu vergleichen. Letzteres stellt die *tax base* (Rz 18) der Beteiligung dar. Der Unterschiedsbetrag entspricht der *outside basis difference*.[52] Diese ist bei der Mutter-Kapitalgesellschaft mit dem vollen (kombinierten) Steuertarif zu belegen. Das folgt aus der fiktiven Veräußerung der Beteiligung als Tatbestand des *reversal* (Rz 65) wegen § 7 S. 2 Nr. 1 GewStG. Zu den Besonderheiten bei **Ergänzungsbilanzen** vgl. Rz 82.

80 Wegen der zeitlichen Beschränkung betreffend die Umkehrung wird auf Rz 50 verwiesen.

81 Insbesondere die *outside basis differences* (Rz 64), aber nicht nur, hängen in ihrer Entstehung und Entwicklung entscheidend von der **Bilanzierungsmethode** für die **Beteiligung** an der Tochter-Personengesellschaft nach den IFRS (→ § 32 Rz 164ff.) ab. Hierzu folgendes Beispiel[53] zu typischen Sachverhalten:

> **Beispiel**
> **Sachverhalt**
> Die K-AG erwirbt 100 % der Anteile an der V-GmbH & Co. KG. Der Erwerbspreis beträgt 1.000, das anteilige Eigenkapital der KG 600. Der Differenzbetrag wird als *goodwill* identifiziert und bei der KG in einer steuerlichen Ergänzungsbilanz aktiviert und auf 15 Jahre mit 27 abgeschrieben. Die nachstehend genannten Sachverhalte führen als Ceteris-paribus-Betrachtung jeweils zu einer Veränderung des steuerlichen Eigenkapitals der KG.
>
> **Lösung bei Beteiligungsbilanzierung in der IFRS-Bilanz** *at cost*
> Zum Anschaffungszeitpunkt besteht keine Differenz. Bei der Folgebilanzierung ist zu differenzieren:
> - Abschreibung auf *goodwill* oder andere aufgedeckte stille Reserven in der StB, nicht in der IFRS-Bilanz
>   → passive Latenz
> - vorläufig thesaurierter Gewinn der KG
>   → aktive Latenz (Rz 65)
> - außerplanmäßige Abschreibung auf die Beteiligung in IFRS-Bilanz, nicht in StB
>   → aktive Latenz (Rz 65)
> - laufender Verlust der KG (ohne Verlustübernahmeverpflichtung)
>   → passive Latenz (es liegt keine *liability* vor)
> - Gewinnvereinnahmung
>   → passive Latenz[54]

---

[52] ERNSTING/LOITZ, DB 2004, S. 1054.
[53] Weiterführend MEYER/BORNHOFEN/HOMRIGHAUSEN, KoR 2005, S. 287.
[54] Nach IDW ERS HFA 18 bedarf es einer Feststellung des Jahresabschlusses, also nur phasenverschobene Vereinnahmung in der IFRS-Bilanz möglich (→ § 4 Rz 23). Wie hier MEYER/BORNHOFEN/HOMRIGHAUSEN, KoR 2005, S. 290.

> **Lösung bei der Folgebilanzierung in der IFRS-Bilanz *at equity* (einzelbilanziell letztmalig 2004)**
> - Abschreibung auf *goodwill* in der StB mit 27, in der IFRS-Bilanz mit 20
>   → passive Latenz
> - vorläufig thesaurierter Gewinn der KG
>   → keine Latenz (Differenz fehlt)
> - außerplanmäßige Abschreibung auf die Beteiligung in IFRS-Bilanz, nicht in StB
>   → aktive Latenz
> - laufender Verlust der KG
>   → keine Latenz (Differenz fehlt)
>
> **Lösung bei der Folgebilanzierung in der IFRS-Bilanz *at fair value***
> Keine eindeutige Regel möglich. Eine Steuerlatenz errechnet sich zu jedem Bilanzstichtag aus dem Unterschiedsbetrag *(difference)* zwischen IFRS-*fair-value* und anteiligem steuerlichem Eigenkapital (ohne *inside basis differences*, (Rz 57)) der Tochter-KG (vgl. Beispiel in Rz 79).

Die **Ergänzungsbilanz** (Rz 26) (zu den Sonderbilanzen vgl. Rz 85) bildet systematisch die Neubewertung einschließlich *goodwill*-Ermittlung im Rahmen der Erstkonsolidierung (→ § 31 Rz 14ff. für die Vollkonsolidierung bzw. → § 33 Rz 47ff. für die *equity*-Konsolidierung) ab. Inhaltlich entspricht (Rz 64) die Ergänzungsbilanz der IFRS-Bilanz II (ohne die dortige Steuerlatenz aus *inside basis differences*). Gleichwohl kann es im Rahmen der Folgenkonsolidierung zu *inside basis differences* kommen.

82

> **Beispiel**
> Der Mehrwert von 400 (Beispiel in Rz 81) ist in der Steuerbilanz auf 15 Jahre mit jährlich 27 abzuschreiben. In der IFRS-Bilanz der KG erfolgt keine Abschreibung. Die im Zugangsjahr bei der Tochter-Personengesellschaft zu passivierende Steuerlatenz (bei der KG) beträgt bei einem Steuersatz von 17 % für die Gewerbesteuer 68. Die Steuerlatenz ist jährlich mit 4,5 zu Gunsten des Steueraufwandes der KG aufzulösen.
> Bei der Mutter-Kapitalgesellschaft ist derselbe Latenz-Effekt mit einem Steuersatz von 22 % für die Körperschaftsteuer (Rz 71) zu belegen.

3.3.3 Mutter und Tochter Personengesellschaft
In **mehrstöckigen** Personengesellschaftsstrukturen entfällt auf der oberen Konzernebene die vom Tochterunternehmen induzierte Steuerlatenzrechnung „mangels Masse" (kein Steuersubstrat aus der Beteiligung nach § 9 Nr. 2 bzw. § 8 Nr. 8 GewStG). Erst wenn in der Beteiligungskette nach oben eine Kapitalgesellschaft erscheint, wird aus der unteren Beteiligungsebene (von Personengesellschaften)

83

u. U. eine Steuerlatenzrechnung „hinaufgereicht" und wirkt sich dort (nur) bei der Körperschaftsteuer aus (Rz 71).

4 Sonderfälle

4.1 Einzelabschluss der Personengesellschaft

84 Bei deutschen Personengesellschaften mit IFRS-Einzelabschluss bezieht sich die Steuerlatenzrechnung[55] nach Maßgabe des Kriteriums der Steuerschuldnerschaft nur auf die **Gewerbesteuer** (Rz 70). Der effektive **Steuersatz** schwankt nach Maßgabe der Hebesätze und der Zuordnung von Arbeitslöhnen auf die hebeberechtigte Gemeinde (Zerlegung). Eine eher großzügig ausgestaltete **Durchschnittsrechnung** zur Ermittlung des anzuwendenden Steuersatzes erscheint angebracht (Rz 97ff.). Der Progressionseffekt durch § 11 GewStG (Freibetrag und Staffeltarif) kann u. E. aus Wesentlichkeitsgesichtspunkten (→ § 1 Rz 65ff.) vernachlässigt werden.[56] Im **IFRS-Konzernabschluss** einer Personengesellschaft mit Beteiligungen an Kapitalgesellschaften ist neben der Gewerbe- auch die (in- oder ausländische) Körperschaftsteuer zu berücksichtigen.

Die **zwischenbetriebliche** Vergleichbarkeit mit Kapitalgesellschaften ist mangels körperschaftsteuerlicher Rechtssubjektivität der Personengesellschaft nicht gegeben. Die Einbeziehung einer **fiktiven** Körperschaftsteuerbelastung in das IFRS-Rechenwerk soll diesem Mangel abhelfen.[57] U. E. kann dieses Problem nur unter umfassender Berücksichtigung der gesellschaftsrechtlichen Struktur und deren Abbildung im Abschluss gefunden werden (→ § 20 Rz 73ff.). Wir befürworten eine Zusatzangabe in der Überleitungsrechnung (Rz 114).

85 Eine Besonderheit der Besteuerung mitunternehmerischer Personengesellschaften stellt das Institut des positiven oder negativen **Sonderbetriebsvermögens** dar, insbesondere

- Vermögenswerte im Eigentum des Gesellschafters, genutzt von der Gesellschaft,
- Verbindlichkeiten des Gesellschafters zur Finanzierung des Erwerbs der Beteiligung.

IAS 12 befasst sich nicht mit dieser Besonderheit der deutschen **Mitunternehmenbesteuerung.** Deshalb ist nach allgemeinen Kriterien Ausschau zu halten. Ein solches könnte in IAS 8.11ff. (→ § 1 Rz 78ff.) gesehen werden. Danach wäre die Steuerlatenzrechnung unter Einbeziehung des **Sonder-**

---

[55] Vgl. zum Thema auch Kirsch, Einführung in die internationale Rechnungslegung nach IAS/IFRS, 2003, S. 188.

[56] A.A. möglicherweise Kirsch, DStR 2002, S. 1875. Wie hier Ernsting/Loitz, DB 2004, S. 1055.

[57] Befürwortet von Dahlke/von Eitzen, DB 2003, S. 2237, S. 2239; Lienau, Bilanzierung latenter Steuern im Konzernabschluss nach IFRS 2006, S. 237.

betriebsvermögens vorzunehmen,[58] also auf der Grundlage des deutschen Steuersystems, verstanden als **anderer** Standardsetter. Dagegen spricht die Konzeption der Steuerlatenzrechnung in IAS 12, die auf dem **Vergleich der Buchwerte** in der IFRS-Bilanz und der Steuerbilanz beruht (Rz 41). Wenn aber hierzu **kein Buchwert** (in der IFRS-Bilanz der Personengesellschaft) – das Sonderbetriebsvermögen ist per definitionem gerade kein Gesellschaftsvermögen – vorliegt, kann auch kein Unterschiedsbetrag ermittelt werden.[59] Es besteht folglich keine systematische Basis für die Latenzrechnung. Die Effekte des Sonderbetriebsvermögens auf den ausgewiesenen Steueraufwand der Personengesellschaft sind dann im Rahmen der **Überleitungsrechnung** (Rz 114) zu berücksichtigen.[60]
Eine *tax base* des Sonderbetriebsvermögens besteht allerdings dann, wenn dieses **seinerseits** in einer IFRS-Bilanz geführt wird (z. B. Mutter-Personen- oder -Kapitalgesellschaft). Dann liegt eine „*mixed*" *tax base* vor, die zur gesplitteten Latenzrechnung (Rz 71) führt.
Die Latenzierung von Sonderbilanzen scheidet im Übrigen meist schon aus **Praktikabilitäts**gründen aus.

4.2 Gruppenbesteuerungssysteme

4.2.1 Überblick über die Organisationsstrukturen

Die nationalen Steuersysteme versuchen auf unterschiedliche Weise eine Vermeidung einer doppelten oder mehrfachen Belastung **eines** ökonomischen Gewinnes im Zuge von Gewinntransfers innerhalb des Konzerns und dann weiter an die Anteilseigner. Beispiele sind das in Deutschland aufgegebene Anrechnungs- oder das noch gültige Halbeinkünfteverfahren. Gleichwohl verbleibt die latente Gefahr einer mehrfachen Besteuerung **eines** wirtschaftlich verstandenen Gewinns innerhalb eines Konzerns. Der systematische Grund liegt in der Rechtssubjektivität der einzelnen Konzerngesellschaften für Zwecke der Ertragsbesteuerung, die dem einheitlichen und wirtschaftlichen Gebilde „Konzern" widerspricht.
Diesem Problem wollen so genannte **Gruppenbesteuerungssysteme** zu Leibe rücken, die wir in Deutschland in langer Tradition in Form einer so genannten **Organschaft** kennen. Im europäischen Bereich sind in folgenden Ländern Gruppenbesteuerungssysteme gesetzlich eingerichtet und wie folgt strukturiert:[61]

86

---

[58] So möglicherweise KIRSCH, DStR 2003, S. 1875, S. 1877.
[59] So RING, FR 2003, S. 1054; a. A. ohne Begründung ERNSTING/LOITZ, DB 2004, S. 1060.
[60] So auch HEUSER/THEILE, IAS/IFRS-Handbuch, 2. Aufl., 2005, Rz 1339; SCHULZ-DANSO, in: Beck'sches IFRS-Handbuch, 2. Aufl., 2006, § 25 Rz 76.
[61] Nach einer Vortragsfolie von WOLFGANG KESSLER, Universität Freiburg im Breisgau, wegen der Voraussetzungen zur Einrichtung einer solchen Gruppenbesteuerung und Ausprägung im Einzelnen wird verwiesen auf HIRSCHLER/SCHINDLER, IStR 2006, S. 505.

Voraussetzungen	Dänemark	Italien	Frankreich	Österreich	Deutschland	Niederlande
Beteiligungsquote	100 %	> 50 %	> 50 %	> 50 %	> 50 %	95 %
EAV	nein	nein	nein	nein	ja	nein
Gruppenvertrag	Steuerausgleich	nein	nein	Steuerausgleich	nein	nein
Mindestdauer	keine	5 Jahre, danach 3	5 Jahre	3 Jahre	5 Jahre	keine
Verlustausgleich Ausland	ja	ja	ja	ja	nein	nein

87 Für Zwecke der Steuerlatenzrechnung sind folgende **Struktur**merkmale der Gruppenbesteuerungssysteme von besonderem Interesse:
- Ausschließliche **Zurechnung** zum **Gruppenträger** (GT) oder **Verteilung** des gesamten steuerlichen Ergebnisses nach bestimmten Schlüsseln auf die **Gruppengesellschaften** (Steuerumlage) (Rz 90).
- Behandlung von bestehenden **Verlustvorträgen** bei **Eintritt** in die Gruppe (Rz 86f.).
- **Abwicklung** der temporären Differenzen (Rz 40) in- und außerhalb des Gruppenbesteuerungszeit**raumes** (Rz 91).
- Möglichkeit der Verlustübernahme von **ausländischen** Gruppenunternehmen (Rz 88).

4.2.2 Transnationale Verlustzurechnung

88 Der letztgenannte Aspekt ist von besonderer fiskalischer Brisanz, da kein nationaler Fiskus „bestrebt" ist, im **Ausland** angefallene Verluste zur Minderung des inländischen Steueraufkommens anzuerkennen. Andererseits können gegen eine Abschottung ausländischer Verluste von der inländischen Steuerbemessungsgrundlage europarechtliche Bedenken bestehen, wenn nämlich die Verlustübernahme aus nationalen Gruppenmitgliedern möglich, aus ausländischen Gruppengesellschaften in der EU dagegen unzulässig ist. Dieses Thema ist vom EuGH im Fall Marks & Spencer beurteilt worden.[62] Aus diesem EuGH-Urteil folgt generell für die „Verlustübernahme" von ausländischen Kapitalgesellschaften auf inländische Muttergesellschaften Folgendes:
- **Primär** müssen die von den ausländischen Tochtergesellschaften eines Konzerns ermittelten Verluste bei **diesen** Rechtsträgern selbst steuerlich geltend gemacht werden.
- Nur wenn die ausländische Tochtergesellschaft im Sitzstaat alle Möglichkeiten einer Berücksichtigung von Verlusten **ausgeschöpft** hat und dort keine Möglichkeit einer Verlustverrechnung in irgendeiner Form besteht, ist die Muttergesellschaft zur „Übernahme" der ausländischen Verluste in die eigene Bemessungsgrundlage berechtigt.

---

[62] EuGH vom 13.12.2005, C-446/03, IStR 2006, S. 19.

Die anschließende Frage geht nach der Definition von solchen Möglichkeiten oder Nichtmöglichkeiten der Verlustnutzungen dieser ausländischen Gesellschaft in deren Jurisdiktionsbereich. Im „Normalfall" **scheidet** eine Verlustübernahme von ausländischen Tochtergesellschaften **aus**. Ausnahmen können in folgender Konstellation in Betracht kommen:[63]

- Im Staat der Tochtergesellschaft erfolgt überhaupt **keine** Unternehmensbesteuerung – besteuert wird nur die Ausschüttung –, weshalb auch eine Verlustberücksichtigung entfällt (Beispiel Estland).
- Die Verlustvortragsmöglichkeit ist **zeitlich** beschränkt.[64]
- Die ausländische Gruppengesellschaft wird **liquidiert**.
- Die ausländische Gruppengesellschaft wird auf einen **anderen** Rechtsträger **verschmolzen** oder **verkauft** mit der Folge eines zwingenden oder möglichen Untergangs des Verlustvortrages, vergleichbar § 12 Abs. 3 S. 2 UmwStG oder § 8 Abs. 4 KStG.

Daraus folgt für die Zwecke der Steuerlatenzrechnung im **Einzel**abschluss:

- Verlustvorträge können nur zu einer aktiven Steuerlatenz (Rz 51) beim **verlusterzielenden** Tochterunternehmen führen, solange dessen Ergebnis nicht in die Bemessungsgrundlage der (ausländischen) Muttergesellschaft übergeht. Dies entspricht der nationalen Rechtslage, weil in diesen Fällen ohnehin die aktive Steuerlatenz aus Verlustvorträgen ausgebucht werden muss.
- Wenn (in Ausnahmefällen s. o.) ein Verlustübergang auf die Gruppenträgerin möglich ist, kann die Steuerlatenz aus dem Verlustvortrag der Tochtergesellschaft bei der **Mutter**gesellschaft **eingebucht** werden.
- Die Aus- und Einbuchung hat mit dem jeweiligen **nationalen** Steuersatz zu erfolgen mit der in Rz 95 dargestellten Folge.

Unabhängig von der **europarechtlich** vorgegebenen „ultimativen" transnationalen Verlustübertragung im Konzernsteuerbereich besteht in vier der unter Rz 86 aufgeführten EU-Mitgliedstaaten nach **nationaler Gesetzesvorgabe** die Möglichkeit eines Verlusttransfers von ausländischen Tochterunternehmen eines Konzerns in die Bemessungsgrundlage der inländischen Konzernmutter. Dazu dienen spezifische **Gruppenbesteuerungssysteme** in unterschiedlicher Ausprägung. In **Dänemark** kann der im Ausland erzielte Verlust **unabhängig** von der **Beteiligungsquote** in vollem Umfang verrechnet werden, in den drei anderen Staaten nur pro rata. Im **österreichischen** Gruppenbesteuerungssystem führen **spätere** Gewinne der ausländischen Gruppengesellschaft zu einer **Nach**versteuerung beim sogenannten Gruppenträger, auf den die steuerlichen Ergebnisse ausschließlich zugerechnet werden. Im Zusammenspiel von tatsächlichem Steueraufwand und demjenigen aus der Steuerlatenzrechnung ergibt sich in diesen Fällen eine **besondere** Kon-

89

---

[63] SCHEUNEMANN, IStR 2006, S. 145.
[64] Vgl. hierzu die Auflistung für den EU-Bereich bei SCHEUNEMANN, IStR 2006, S. 148.

stellation, die systematisch auf einer zwischenstaatlich nicht abgestimmten Zuordnung der Steuerbemessungsgrundlage begründet ist:
- Der Verlust einer (angenommen) deutschen Tochter-Kapitalgesellschaft bleibt der **deutschen** „Steuerhoheit" als Vortragspotential erhalten.
- Der (gleiche) Verlust – identische Gewinnermittlung unterstellt – wird in die Bemessungsgrundlage der angenommenen **österreichischen** „Gruppe" übernommen (Rz 90).

Danach folgt für den IFRS-**Einzel**abschluss der
- deutschen Gruppen-Tochtergesellschaft mit (nationalem) Verlustvortrag: Aktivierung einer Steuerlatenz (bei Vorliegen der spezifischen Voraussetzungen, Rz 51),
- österreichischen Gruppenträgerin: Minderung des laufenden (nationalen) Steueraufwandes.

Im IFRS-**Konzern**abschluss der österreichischen Gruppenträgerin ist dieser Effekt zu **konsolidieren**. Aus der Einheitsperspektive (→ § 32 Rz 104) besteht kein Verlustvortrag der deutschen Tochtergesellschaft, also muss im Rahmen der Konsolidierungsbuchungen die darauf gebildete aktive Steuerlatenz storniert werden. Genau umgekehrt ist bei einem späteren Gewinn der deutschen Tochtergesellschaft vorzugehen, der in der österreichischen Gruppe zu einer Nachversteuerung führt.

4.2.3 Ergebniszurechnung innerhalb der Gruppe

90 Weiter stellt sich für die Steuerlatenzrechnung die Frage nach der **ergebnismäßigen Zuordnung** des in der Gruppe **insgesamt** erzielten Ergebnisses auf die einzelnen Gruppengesellschaften. In der steuerlichen **Organschaft** nach deutschem Recht werden die Ergebnisse der Organschaften der (obersten) **Gruppenträgerin** zugerechnet. Dann müsste konsequent die Steuerlatenzrechnung auch auf deren Einzelabschluss ausgerichtet werden. Das Ergebnis dieser Anknüpfung an das nationale Steuerrecht erscheint wenig sachgerecht. Eher bietet sich ein Analogieschluss auf der Grundlage von IAS 8.10ff. (→ § 1 Rz 78) nach Maßgabe von SFAS 109.40 (US-GAAP) an.[65] Danach ist das gruppenweit erzielte Ergebnis den einzelnen Gruppenunternehmen nach einer wirtschaftlich vernünftigen **Schlüsselung** zuzuordnen. Diese Anweisung entspricht in großen Zügen der in **Deutschland** üblichen Vorgehensweise bei der Körperschaft- und Gewerbesteuer**umlage** im Organschaftskonzern. Dabei sind für Zwecke der IFRS-Rechnungslegung sowohl die *stand-alone*-Methode als auch die Verteilungsmethode zulässig[66]. Im **österreichischen** Gruppenbesteuerungssystem wird vergleichbar vorgegangen mit der Folge einer Bilanzierung der Steuerlatenzen bei den einzelnen Gruppenunternehmen. Diese Umlage „ersetzt" den nach österreichischem Gruppenbesteuerungssystem

---

[65] So auch LIENAU, Bilanzierung latenter Steuern im Konzernabschluss nach IFRS, 2006, S. 227.
[66] Zur gesellschaftsrechtlichen Zulässigkeit nur der Verteilungsmethode vgl. BGH, Urteil v. 1.3.1999, II ZR 312/97, DStR 1999.

nicht erforderlichen **Gewinnabführungsvertrag**, der nach deutschem Organschaftsrecht unverändert zur Durchführung der Gruppenbesteuerung erforderlich ist.

In diesen Fällen einer Steuerumlage auf Gruppenunternehmen unabhängig von der rechtlich bestehenden Steuersubjektivität kann u. E. die Steuerlatenzrechnung im IFRS-Einzelabschluss des jeweiligen Gruppenmitglieds angesiedelt werden.

4.2.4 Zeitliche Abwicklung der temporären Differenzen
Einen weiteren Problembereich stellt die Frage nach dem **zeitlichen** Abspiel der Begründung bzw. Entstehung von temporären Differenzen und deren Umkehr **innerhalb** der **Gruppenbesteuerungsperiode** oder **außerhalb** dar. Nach deutschem Körperschaftsteuerrecht spricht man von **vor-** und **nach**organschaftlichen Ergebnissen und solchen **innerhalb** der Organperiode.[67] U. E. kommt diesem Problem der zeitlichen Zuordnung der Differenzumkehr dann keine Bedeutung zu, wenn nach dem vorigen Vorschlag (Rz 90) das einzelne Gruppenunternehmen in eine *stand-alone*-Situation für Zwecke der Ergebniszuordnung gebracht wird. Sie wird dann bezüglich des Steueraufwandes so behandelt, als ob sie nicht der Gruppe angehört, weshalb dann nach Beendigung der Gruppenbesteuerung die temporären Differenzen unverändert weitergeführt werden können.

91

4.2.5 Behandlung von Verlustvorträgen bei Eintritt in die Gruppe
Unterschiedliche Regeln bestehen in den unter Rz 86 aufgeführten EU-Staaten zur Behandlung der beim Eintritt in die Besteuerungsgruppe vorhandenen Verlustvorträge der betreffenden Gesellschaft. Nach **deutschem** Recht spricht man von „**vororganschaftlichen** Verlusten". Diese können während des Bestehens der Organschaftsstruktur nicht verwertet werden, bleiben allerdings bei dem betreffenden Gruppenunternehmen (Organgesellschaft) erhalten. Aus der Perspektive von dessen Einzelabschluss ist im Zeitpunkt des Eintretens die **Werthaltigkeit** des Verlustvortrages nicht mehr gegeben. Eine darauf gebildete aktive Steuerlatenz ist ergebniswirksam auszubuchen. Steuergestalterisch besteht deshalb ein Interesse, eine „verlusttragende" Gesellschaft als Gruppenträgerin zu installieren, weil deren Verluste nicht von der Neutralisierungswirkung der Organschaft betroffen sind. Dadurch kann eine zuvor verlorene Werthaltigkeit eines Verlustvortrages bei der Organträgerin durch Eintritt eines gewinnträchtigen Tochterunternehmens in die Gruppe wieder an Werthaltigkeit gewinnen. Das gilt im Übrigen unabhängig vom Gruppenbesteuerungsstatut (→ § 32 Rz 176).

Das **österreichische** und das **dänische** Gruppenbesteuerungssystem regeln die „Vorgruppenverluste" anders als das deutsche Organschaftsrecht: Diese Verluste sind zuvörderst mit späteren – nach Eintreten in die Gruppe – an-

92

---

[67] Zur Unterscheidung von vier möglichen „Umkehr-Perioden" für die temporären Differenzen vgl. LIENAU, Bilanzierung latenter Steuern im Konzernabschluss nach IFRS, 2006, S. 225.

fallenden Gewinnen zu verrechnen (vergleichbar der Regelung im früheren gewerbesteuerlichen Organschaftsrecht in Deutschland). In diesen Fällen sind die bei Eintritt in die Gruppenbesteuerung gegebenenfalls vorhandenen Steuerlatenzen im IFRS-Einzelabschluss dieser Gesellschaft unverändert weiterzuführen.

4.2.6 Aufdeckung von Firmenwerten bei Begründung der Gruppe

93 Nach österreichischem Recht ist der für den Erwerb einer Kapitalgesellschaft gezahlte Kaufpreis über die Gruppenbesteuerung z. T. in einen steuerlich abschreibbaren Firmenwert transformierbar. Zu den Folgen für die Latenzrechnung wird auf Rz 47 verwiesen.

4.3 Sonstiges

94 Es wird zu **Sonderfällen** der Steuerlatenzrechnung verwiesen auf die Kommentierung betreffend die

- Zwischenberichterstattung (→ § 37 Rz 26)
- Währungsumrechnung (→ § 27 Rz 68f.)
- Konsolidierungsvorgänge im Konzernabschluss (→ § 32 Rz 169ff.)
- Anteile an assoziierten Unternehmen (→ § 33 Rz 96).
- Investitionszuschüsse (→ § 12 Rz 25 und 37).

5 Bewertung

5.1 Anzuwendende Steuersätze

95 Die Bewertung der **aktuellen** *(current)* Steuererstattungsansprüche und Steuerverbindlichkeiten (Rz 3) ist auf der Basis der **Steuersätze** nach den **gültigen Gesetzen** oder der mit Sicherheit zu erwartenden Gesetzeslage vorzuziehen (IAS 12.48). Nach den Erläuterungen in IAS 12.48 kommt eine „verbindliche" Gesetzesankündigung einer tatsächlichen Inkraftsetzung gleich. Scheinbar dem *deferral*-Konzept verpflichtet, schreibt IAS 12.47 (1. Satz) zunächst eine Bewertung der Steueransprüche und -verbindlichkeiten aus Steuerlatenzen mit den **mutmaßlichen Steuersätzen** im Zeitraum der angenommenen Realisierung vor. Im Folgesatz wird diese Anweisung allerdings gleich wieder aufgehoben; es sollen die am Bilanzstichtag gültigen oder angekündigten **Steuersätze** angewendet werden. Dem *deferral*-Konzept wird somit tatsächlich nicht Rechnung getragen. Hinter dieser widersprüchlichen Regelung verbirgt sich vermutlich ein wenig gelungener Kompromiss zwischen widersprüchlichen Auffassungen im *Board*.

Nach den Erläuterungen in IAS 12.48 kommt eine „verbindliche" Gesetzesankündigung einer tatsächlichen Inkraftsetzung gleich.

> **Beispiel**
> Der Vermittlungsausschuss von Bundestag und Bundesrat einigt sich im Dezember 03 auf einen ab 04 geltenden neuen Steuersatz. Die Verkündung im BGBl (Inkrafttreten) erfolgt im Januar 04. Bereits zum 31.12.03 ist mit den neuen Steuersätzen zu rechnen.[68]

Eine Steuersatzänderung hat Einfluss auf die Bewertung der Latenzposten. Dann gilt nach IAS 12.60a:
Die Anpassung des Buchwertes folgt der früheren Einbuchung als erfolgswirksam bzw. -neutral (Rz 103).

96

> **Beispiel**[69]
> Die A-AG hält in ihrem Portfolio sowohl Wertpapiere der Kategorien „*held for trading*" (erfolgswirksame Bewertung) als auch „*available for sale*" (afs, erfolgsneutrale Bewertung). Der *fair value* der Wertpapiere lag bereits zum Periodenbeginn über den Anschaffungskosten und hat sich seitdem nicht wesentlich verändert. Eine für das Unternehmen relevante Steuersatzänderung von 40 % auf 25 % wird am 30.12. beschlossen. Folgende Anpassungen sind vorzunehmen:
>
> | in TEUR | Ansatz IFRS | Ansatz Steuerbilanz | Temporäre Differenz | Latente Steuer 1.1. S = 40 % | Latente Steuer 31.12. s = 25 % | Steuersatzbedingte Änderung |
> |---|---|---|---|---|---|---|
> | *Trading securities* | 100.000 | 90.000 | 10.000 | 4.000 | 2.500 | 1.500 |
> | *Afs securities* | 80.000 | 60.000 | 20.000 | 8.000 | 5.000 | 3.000 |
>
> Die Reduzierung der Steuerlatenzposten aus den Wertpapieren der Kategorie „*held for trading*" ist zum Stichtag erfolgswirksam (Steuerrückstellung an Steuerertrag 1.500) und die der Kategorie „*available for sale*" erfolgsneutral (Steuerrückstellung an Neubewertungsrücklage afs 3.000) zu erfassen.

5.2 Steuersätze national und international

Sofern das Unternehmen/der Konzern in der Rechtsform der **Kapitalgesellschaft (als Muttergesellschaft)** sich weitaus überwiegend im **Inland** betätigt, kommt bei Kapitalgesellschaften sinnvollerweise für die Latenzrechnung die **zusammengefasste Tarifbelastung** von Körperschaft- und Gewerbesteuer sowie Solidaritätszuschlag zur Anwendung (Rz 100). Der Gewerbesteuersatz ist wegen der Zerlegung auf Gemeinden mit unterschiedlichen Hebesätzen meistens nur überschlägig zu ermitteln. Eine Festlegung auf 40 % erscheint derzeit in vielen Fällen als geeignete Größe (Rz 71).

97

---

[68] So bestätigt im Board Meeting vom Januar 2005 (IASB, Update Februar 2005). Dort sind auch vergleichbare Fälle anderer Länder dargestellt.
[69] Nach FREIBERG, PiR 2006, S. 177.

Bei nennenswerter **Auslandsaktivität** ist im Konzernabschluss die Anwendung **eines Durchschnittssteuersatzes** nach IAS 12.49 geboten. Dem widerspricht auch IAS 12.11 (für den Konzernabschluss) nicht. Dort ist nur von der länderspezifischen *tax base* die Rede, nicht dagegen von dem zugehörigen Steuersatz.[70] Eine entsprechende Konsolidierung mit einer Vielzahl von Steuerarten wäre auch nicht praktikabel und würde im Hinblick auf andere erhebliche Bewertungsunsicherheiten – z. B. wegen des künftigen Steuersatzes (Rz 95) – nur eine nicht existierende Scheingenauigkeit suggerieren.

Die Vorgabe des Durchschnittssteuersatzes wird allerdings durch IAS 12.85 relativiert, wonach im Rahmen der Überleitungsrechnung (Rz 114) der am **meisten aussagekräftige** Steuersatz herangezogen werden soll.[71] Vielfach wird in der deutschen IFRS-Praxis auch bei nennenswerten Auslandsaktivitäten der in den USA übliche *home-based approach* angewandt, also der **inländische** Steuersatz. Diese Lösung birgt den Vorteil einer längerfristigen Stabilität und fördert die zwischenperiodische Vergleichbarkeit im Gegensatz zum jährlich neu zu bestimmenden **gewichteten Durchschnittssatz.**[72] Beide Varianten – *home-based approach* und Mischsteuersatz – erscheinen als zulässig. Dem *materiality*-Gedanken (→ § 1 Rz 65ff.) ist gebührend Rechnung zu tragen. Bei Personengesellschaften ist zwischen Einzel- und Konzernabschluss zu unterscheiden (vgl. Rz 71).

98 Die Bewertung muss auch die **Art** der Besteuerung berücksichtigen, die bei **Realisierung** der mit einer Steuerlatenzrechnung behafteten Vermögenswerte entstehen (IAS 12.51). Angesprochen sind damit primär die Fälle, in denen nach ausländischem Steuerrecht der Steuersatz für laufendes Einkommen von demjenigen für Gewinne aus der Veräußerung einzelner Vermögenswerte differiert (niedrigere „*capital gains tax*"). Fraglich ist, ob dies nur unter der *going-concern*-Prämisse oder auch für Betriebsveräußerungen gilt.

---

[70] COENENBERG/HILLE, in: BAETGE u. a., IAS 12, Rz 126, schließen mathematisch von der appropriate tax base auf den dorthin ausgerichteten Tarif. U. E. ist dieser Schluss nicht zwingend; jedenfalls ist von Steuersatz an dieser Stelle nicht die Rede, wohl aber im zitierten IAS 12.49. Wie hier auch SCHULZ-DANSO. Im Übrigen sind COENENBERG/HILLE für die praktische Anwendung großzügig: „... sollte es vertretbar erscheinen, einen durchschnittlichen Konzernsteuersatz anzuwenden."

[71] Vgl. DAHLKE/VON EITZEN, DB 2003, S. 2237, S. 2238.

[72] Vgl. HERZIG, WPg 2003, Sonderheft S. 80, S. 91.

Steuerlatenz bei geplanter Unternehmensveräußerung
Der Einzelunternehmer will in fünf Jahren das Unternehmen (bzw. einen Teilbetrieb) verkaufen. Folgende Steuerlatenzen bestehen unter Berücksichtigung eines (angenommenen) ermäßigten Tarifs von 20 % für die Veräußerung.

Bilanzposten	IFRS-Buchwert	Steuerbilanzwert	Steuersatz 20 %
Grund und Boden	400	100	−60
selbst erstellte immaterielle Vermögenswerte	500	0	−100
Pensionsrückstellungen	700	500	+40
Steuerlatenz (passiv) (aktiv)			−160 +40

Die Lösung verträgt sich höchstens dann mit dem *going-concern*-Gedanken, wenn von der Veräußerung eines Teilbetriebs ausgegangen wird.

Sofern die Steuersätze für **einbehaltene** und **ausgeschüttete** Gewinne divergieren, ist derjenige für einbehaltene bei der Steuerlatenzrechnung anzuwenden,[73] es sei denn, für die Ausschüttung ist eine Verbindlichkeit passiviert.

99

5.3 Verlustvorträge

In Deutschland werden zwei Steuerarten von IAS 12 „erfasst": Die Körperschaftsteuer mit Solidaritätszuschlag sowie die Gewerbesteuer (Rz 1). Für beide Steuerarten wird ein zeitlich unbegrenzter, allerdings durch die Mindestbesteuerung gestreckter **Verlustvortrag** gewährt. Bei der genauen Bestimmung des Aktivierungsvolumens aus dem Verlustvortrag (Rz 51) muss mit einer Anzahl von Parametern gerechnet werden.[74] Erschwerend ist dabei die regelmäßig **nicht** vorhandene **Übereinstimmung** von körperschaft- und gewerbesteuerlichem Verlustvortrag.

100

---

[73] IASB, Update April 2005.
[74] Im Einzelnen SCHÄFFELER, IRZ 2006, S. 153.

Die Berechnung kann auf folgender Grundlage erfolgen (Rz 71):

		Steuern (%)
Gewinn lt. StB vor Steuern	100	
– Gewerbesteuer (bei Hebesatz 400)	17	17
Einkommen	83	
KöSt u SolZ (26,375 % vom Einkommen)	22	22
		39

Auf dieser Basis oder gerundet auf 40 sollte die Steuerlatenz aus einem Verlustvortrag angesetzt werden, soweit Körperschaft- und Gewerbesteuer **gemeinsam** betroffen sind. Ist jeweils nur **eine** der beiden Steuerarten „verlustvortragsträchtig", ist die Steuerlatenz mit den vorstehend dargestellten Prozentsätzen zu errechnen.
Die **Mindestbesteuerung** ändert an dem vorstehend dargestellten Berechnungsschema nichts. Die zeitliche Streckung der Verrechnungsmöglichkeit gibt (vermehrt) Anlass zur Werthaltigkeitsprüfung (Rz 51).

5.4 Änderungen im Steuerstatut (Rechtsformwechsel)

101 Die Steuerlatenzrechnung kann der Höhe nach durch **Umwandlung** aus dem Statut der Kapitalgesellschaft heraus in das der Personenhandelsgesellschaft hinein und umgekehrt beeinflusst werden. Die **Personenhandels**gesellschaft unterliegt nur der Gewerbesteuer (Rz 84), die **Kapital**gesellschaft zusätzlich der Körperschaftsteuer mit Solidaritätszuschlag (Rz 67 und Rz 100). Dabei gilt:[75]
Der Wechsel von
- einer Personenhandels- in eine Kapitalgesellschaft **erhöht**
- einer Kapital- in eine **Personenhandels**gesellschaft **vermindert**

die Steuerlatenzposten.
Die daraus entstehenden Bewertungsänderungen sind nach SIC 25.4 **ergebniswirksam** zu erfassen, soweit sie nicht auf direkt im Eigenkapital erfassten Latenzposten beruhen (Rz 96).

> **Beispiel**
> Die A-OHG wurde zum 31.12. formwechselnd in eine AG umgewandelt. Der anzuwendende Unternehmensteuersatz erhöht sich aufgrund der zusätzlichen Körperschaftsteuerpflicht von 20 % (nur Gewerbeertragsteuer) auf 40 %. Zum Stichtag zeigt die A einen Überhang von aktiven latenten Steuern in Höhe von 10 Mio. EUR, welcher auf die Bewertung der Pensionsverpflichtung der Gesellschaft zurückzuführen ist. Die A verbucht aufgrund des durch den Rechtsformwechsel veränderten Steuersatzes eine Erhöhung der aktiven Steuerlatenz auf 20 Mio. EUR (aktive latente Steuer an Steuerertrag 10 Mio. EUR).

---

[75] Vgl. hierzu und zum folgenden Beispiel FREIBERG, PiR 2006, S. 178.

5.5 Sonstige Bewertungsprobleme

Guthaben und Verbindlichkeiten aus Steuerlatenzen sind **nicht abzuzinsen** (IAS 12.53). Begründung: Häufig sei eine detaillierte Berechnung des Zeitpunktes für die Realisierung der Latenzen nicht möglich. Dieses Argument steht bei den ohnehin höchst ermessensbehafteten Ansatzregeln (Rz 51) auf schwachen Füßen. Zum Sonderproblem bei der Kapitalkonsolidierung vgl. → § 31 Rz 168.

102

„Hilfsweise" ist nach IAS 12.56 eine **Nachprüfung** *(review)* der Bewertung von **aktivierten** Ansprüchen aus Steuerlatenzen vorzunehmen, gegebenenfalls hat eine **Abwertung** zu erfolgen, sofern die Wahrscheinlichkeit nicht mehr besteht, dass der Buchwert in der bisher angenommenen Höhe realisiert werden kann. Abwertungserfordernisse können sich z. B. durch einen geplanten Unternehmensverkauf (beim Verkaufsobjekt) wegen eines dann drohenden Untergangs des Verlustvortrages nach § 8 Abs. 4 KStG oder bei einer Verschmelzung nach § 12 Abs. 3 UmwStG ergeben. Ein weiteres Beispiel für die notwendige Abschreibung auf eine aktivierte Steuerlatenz wegen Verlustvortrages ist die Einbeziehung in ein steuerliches Gruppenbesteuerungssystem (Rz 86f.). Eine **Zuschreibung** ist in späteren Zeiträumen bei Umkehrung der Voraussetzungen geboten (IAS 12.56). Dabei ist der Zuschreibungsbetrag auf die Höhe des ursprünglichen Buchwertes „gedeckelt". Als Beispiel für die Wiedergewinnung der Werthaltigkeit eines Verlustvortrages kann die Implementierung der (Verlust-)Gesellschaft als Organträgerin dienen, wenn aus dem Organkreis Gewinnzuweisungen zu erwarten sind (Rz 86f.). Wegen weiterer Einzelheiten und Beispiele vgl. → § 31 Rz 94.

6 Erfolgswirksame oder -neutrale Behandlung des Steueraufwandes

Sowohl die laufenden als auch die latenten Steuern sind nach IAS 12.58 in der Ergebnisrechnung **erfolgswirksam** zu behandeln. **Ausnahmen:**

103

- Der zugehörige Geschäftsvorfall und die daraus resultierenden Vermögenswerte und Schulden sind **direkt im Eigenkapital** gegengebucht worden (IAS 12.61, Rz 13f.). Dies gilt insbesondere im Falle der Neubewertung *(revaluation)* des Anlagevermögens (→ § 8 Rz 73) oder für Wertänderungen bei veräußerbaren Finanzinstrumenten (→ § 28 Rz 153f.). Wegen Beispielen vgl. → § 8 Rz 75ff.
- Die Steuerlatenz resultiert aus der **Erstkonsolidierung** im Rahmen eines Unternehmenserwerbs (Rz 58ff.).

Die letztgenannte Regel ist eigentlich selbstverständlich, da es sich dabei um eine (modifizierte) Zugangsbuchung handelt.
Wegen der Erfolgswirksamkeit der Steuerlatenz bei Änderungen der *tax base* wird verwiesen auf Rz 26, wegen der „Aufteilung" nach erfolgswirksam und -neutral bei Steuer**tarif**änderungen vgl. Rz 96.

7 Ausweis

104 Für den Bilanzausweis gelten die Regelungen in IAS 1.68 (→ § 2 Rz 34ff.) mit im Wesentlichen folgendem **Inhalt**:
- Aktiva und Passiva aus laufenden und latenten Steuern sind **getrennt** von den übrigen Vermögenswerten und Schulden zu zeigen.
- Die Erstattungsansprüche und die Verpflichtungen aus **tatsächlichen** Steuerschulden sind **getrennt** von denjenigen aus der **Steuerlatenz** auszuweisen.
- Die Aktiv- und Passivposten aus der Steuerlatenz dürfen gemäß IAS 1.70 **nicht als laufende** (kurzfristige, *current*) Vermögenswerte oder Schulden im Gliederungsschema erscheinen (→ § 2 Rz 36).
- Die **tatsächlichen** Steueransprüche sind (ausnahmsweise) mit Schulden **saldiert** auszuweisen, wenn eine Aufrechnung oder zeitgleiche Erledigung möglich und beabsichtigt ist (IAS 12.21).
- Die Aktiv- und Passivposten aus **latenten** Steuern sind **saldiert** auszuweisen, wenn sie aufrechenbar (für das betreffende Steuersubjekt) gegenüber der gleichen Steuerbehörde bestehen, sonst getrennter Ausweis.

Bei **einzustellenden** Unternehmensbereichen *(discontinued operations)* gelten besondere Ausweisvorschriften (→ § 29 Rz 36 und 44). Im Rahmen des Konvergenzprojektes (Rz 126) soll die Gliederungsvorgabe von SFAS 109 nach „*current/non-current*" (→ § 2 Rz 25ff.) übernommen werden.

105 Einer weiteren in IAS 12.74 genannten Saldierungsmöglichkeit für verschiedene rechtliche Einheiten (im Konzern) kommt aus Sicht der deutschen Besteuerung nur eingeschränkte Bedeutung zu, da die Voraussetzungen der **identischen Steuereinheit** *(same taxable entity)* bzw. der innerkonzernlichen Steuerverrechnung nicht vorliegen.

Eine Aufrechnungsmöglichkeit fehlt im deutschen Steuersystem auch zwischen der Körperschaft- und der Gewerbesteuer wegen der **unterschiedlichen Verwaltungshoheit** über die beiden Steuerarten.

106 Hinsichtlich des **Fristigkeitskriteriums** (*current/non current;* → § 2 Rz 22ff.) sind die Ausweisregeln der IFRS **nicht konsistent**. Die Aktiva und Passiva aus der Steuerlatenz dürfen nicht als kurzfristig ausgewiesen werden, andererseits ist das allgemein gültige Langfristigkeitskriterium nicht erfüllt. In der Praxis werden sie als gesonderte Position in der Bilanz ausgewiesen und im Anhang weiter erläutert (Rz 111).

107 In der deutschen IFRS-Bilanzierungspraxis werden zwar die Aktiv- und Passivposition aus der Steuer**latenz** in der Bilanz gesondert aufgeführt, nicht dagegen diejenige aus **tatsächlichen** Ansprüchen bzw. Schulden. Die Erläuterung erfolgt dann im Anhang.

Beispiel aus dem Geschäftsbericht 2001 der Mobilcom AG 108
Latente Steuern wurden unter Berücksichtigung der temporären Unterschiede nach der „*liability method*" mit einem Gesamtsteuersatz von 37,5 % errechnet.
Folgende Beträge werden in der Konzernbilanz ausgewiesen:

	31.12.2001	31.12.2000
	TEUR	TEUR
Aktive latente Steuern		
• aus abzugsfähigen temporären Differenzen	32.549	12.532
• aus steuerlichen Verlustvorträgen	592.266	233.175
	624.815	245.707
Passive latente Steuern		
• aus zu versteuernden temporären Differenzen	−486.319	−148.422
	138.496	97.285

Die Netto-Entwicklung der latenten Steuern im Berichtsjahr wird aus der folgenden Übersicht deutlich:

	31.12.2001	31.12.2000
	TEUR	TEUR
Stand 1.1.	97.286	37.880
Zugänge aus Konsolidierung	1.943	4.791
Steuerertrag	39.267	54.614
Stand 31.12.	**138.496**	**97.285**

Die latenten Steueransprüche und Steuerverbindlichkeiten auf temporäre Differenzen setzen sich wie folgt zusammen:

	31.12.2001		31.12.2000	
	aktivisch	passivisch	aktivisch	passivisch
	TEUR	TEUR	TEUR	TEUR
Immaterielle Vermögenswerte	4.501	440.882	0	110.130
Sachanlagen	0	26.844	0	38.152
Finanzanlagen	0	165	0	0
Umlaufvermögen	0	390	0	140

Rückstellungen	2.640	0	0	0
Verbindlichkeiten	25.408	18.038	12.532	0
	32.549	486.319	12.532	148.422

Gemäß den Geschäftsplänen wird davon ausgegangen, dass die steuerlichen Verlustvorträge mit zukünftigen Gewinnen verrechnet werden können. Jedoch wurde aufgrund einer Neueinschätzung der Höhe steuerlich nicht abzugsfähiger Aufwendungen eine Wertberichtigung auf den aktiven latenten Steueranspruch in Höhe von 14.553 TEUR vorgenommen. Die Wertberichtigung ist in dem Posten Ertragsteuern enthalten.

109 Als Ausweis in der **GuV** ist der Aufwand bzw. Ertrag für die laufenden und die latenten Steuern zusammengefasst vorgesehen, und zwar auch aperiodischer Art. Die Detaillierung ist dann im **Anhang** vorzunehmen (Rz 111).

110

Beispiel aus dem Geschäftsbericht 2001 der Mobilcom AG
Ertragsteuern
Als Ertragsteuern sind sowohl die gezahlten oder geschuldeten Steuern auf Einkommen und Ertrag sowie die latenten Steuerabgrenzungen ausgewiesen.

	2001	2000
	TEUR	TEUR
Laufende Steuern aus konsolidierten Unternehmen	–241	627
Latente Steuern aus konsolidierten Unternehmen	39.267	54.614
Anteiliger Steuerertrag aus assoziierten Unternehmen	2.985	1.519
Ertrag	42.011	56.760

In den latenten Steuern aus konsolidierten Unternehmen ist die Wertberichtigung auf den latenten Steuerposten enthalten, die aufgrund der Verringerung des voraussichtlich zukünftig verrechenbaren Verlustvortrags vorgenommen wurde.

Der anteilige Steuerertrag aus assoziierten Unternehmen ergibt sich im Geschäftsjahr wie auch im Vorjahr ausschließlich aus latenten Steuern, die aufgrund der erzielten steuerlichen Verluste dieser Gesellschaften entstanden sind.

8 Angaben

8.1 Allgemein

Für den Anhang gibt es neben einer „**Generalklausel**" in IAS 12.79 – die wesentlichen Bestandteile des Steueraufwandes bzw. -ertrags *(major components)* sind offenzulegen – eine Fülle von nach IAS 12.80 **empfohlenen** *(may include)* sowie nach IAS 12.81 **zwingenden** *(should be disclosed)* Angabepflichten. Der Umfang der dort vorgeschriebenen Angaben macht es in besonderem Maße erforderlich, **Wesentliches von Unwesentlichem zu trennen** (→ § 1 Rz 65ff.). In Betracht kommen:[76]

111

8.2 Zwingende Angaben

- die Steuerlatenzposten, die unmittelbar in **Eigenkapital** verbucht worden sind (Rz 14f.);
- die **Überleitungsrechnung** vom anzuwendenden (nominellen) Steuersatz (oder dem sich daraus fiktiv ergebenden Steueraufwand) zum effektiven Steuersatz (oder effektiven Steueraufwand; Rz 115);
- Aufwand für latente Steuern aufgrund von **Änderungen** der Steuersätze oder Erhebung neuer Steuern (Rz 95);
- Gesamtbetrag der *temporary differences* im Zusammenhang mit Anteilen an **Tochtergesellschaften, assoziierten und Gemeinschafts-Unternehmen**, für die in der Bilanz wegen unverhältnismäßigen Aufwandes keine latenten Steuern angesetzt sind (Rz 77);
- Steuereffekte aus der **Stilllegung** von Unternehmensbereichen (→ § 29) ab 2005 (Rz 126);
- Steuereffekte aus **Ausschüttungen** unter dem Regime des Anrechnungsverfahrens und dessen Übergangsregelungen (Rz 126) – in Deutschland letztmals für das Jahr 2006;
- Erklärung der **Änderung** des anzusetzenden **Steuersatzes** (Rz 95), ggf. unter Darstellung der damit verbundenen Ergebnisauswirkungen;
- der Betrag und ggf. das Verfalldatum für **nicht aktivierte** Latenzen aus steuerlichen Verlustvorträgen (Rz 51) und *temporary differences* (Rz 48);
- **Einzelheiten** zu allen temporären Differenzen, die zu aktiven und passiven Steuerlatenzposten geführt haben, sowie der zugehörige Aufwand bzw. Ertrag, soweit diese Beträge nicht aus der Bilanz oder Gewinn- und Verlustrechnung ersichtlich sind;
- den Betrag der **aktiven** Steuerlatenz und eine **Begründung** für den Ansatz, sofern
  – der Betrag die passiven Latenzen übersteigt und

112

---

[76] Die geplante Neufassung von IAS 12 im Rahmen des Konvergenzprojektes sieht eine Erweiterung der Angabepflichten vor (IASB, Update Juni 2005).

- das Unternehmen in der laufenden und der vorherigen Periode einen Verlust erzielt hat (IAS 12.82).

8.3 Empfohlene Angaben

113
- **Aufgliederung** des Ertragsteueraufwands nach tatsächlichem und latentem, und weitere Trennung auf den **periodenfremden** Bereich (Letzteres insbesondere Nachzahlungen für frühere Jahre aufgrund von Betriebsprüfungen (Rz 109));
- Aufwand bzw. Ertrag aus der Latenzrechnung infolge **Entstehung** oder **Umkehrung** von temporären Unterschieden (Rz 40ff.);
- **Minderung** des tatsächlichen oder latenten Steueraufwandes aufgrund bislang nicht berücksichtigter **Verlustvorträge** (Rz 55) bzw. bislang nicht berücksichtigter temporärer Differenzen (Rz 48);
- Aufwand bzw. Ertrag aus **Abwertungen** von aktiven Latenzen oder deren **Rückgängigmachung** (Rz 102);
- Ertragsteueraufwand bzw. -ertrag aus **Änderungen** der Bilanzierungs- und Bewertungs**methoden** nach IAS 8, soweit erfolgswirksam erfasst (→ § 24 Rz 28).

§ 26 Steuern vom Einkommen

Die nachfolgende Abbildung[77] zeigt den **Zusammenhang** der praktisch wichtigsten Größen:

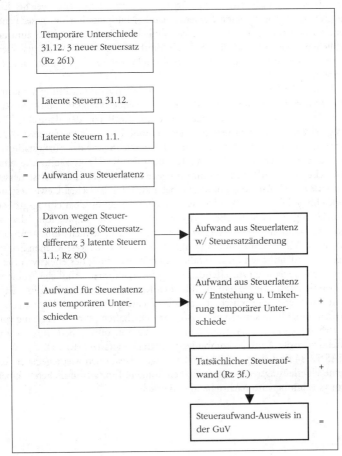

Tab. 1: Ertragsteuern nach IAS 12

8.4 Insbesondere die Überleitungsrechnung, Konzernsteuerquote

Die größten Probleme bereitet in der Praxis die **Überleitungsrechnung** vom **anzuwendenden** (nominellen) zum **effektiven** Steuersatz/Steueraufwand. Das

---

[77] Aus LÜDENBACH, IAS/IFRS, 4. Aufl., 2005, S. 259.

Hoffmann

Steuerabgrenzungskonzept in IAS 12 gewährleistet keine unmittelbare Ableitbarkeit des ausgewiesenen Steueraufwandes aus dem Ergebnis vor Steuern. Mit der Überleitungsrechnung nach IAS 12.81c wird dargestellt, welche Einflussgrößen vom **erwarteten** Steueraufwand (Multiplikation des gesetzlichen Steuersatzes mit dem Ergebnis der gewöhnlichen Geschäftstätigkeit) zum **tatsächlichen** Steueraufwand führen.[78] Die Einflussfaktoren auf die ausgewiesene **Konzernsteuerquote**[79] sollen dem Abschlussadressaten Anhaltspunkte über die Bilanz- und Steuerpolitik verschaffen.

Am Beginn der Überleitungsrechung steht bei **relativer** Betrachtung der nominelle Steuersatz, bei **absoluter** der entsprechende Steueraufwand. Als anzuwendender nomineller Steuersatz wird in der Praxis der deutschen Kapitalgesellschaften mehrheitlich der kombinierte Ertragsteuersatz aus Körperschaft- und Gewerbesteuer unter Berücksichtigung der Abzugsfähigkeit der Gewerbesteuer (z. B. 37,5 %; Rz 108 oder Rz 71) gewählt. Die amerikanische US-GAAP-Praxis nimmt hingegen nur den Körperschaftsteuersatz *(corporate tax)* als Ausgangspunkt und behandelt der deutschen Gewerbesteuer vergleichbare lokale und Bundesstaatensteuern bereits als Überleitungsgrößen. Zurückbezogen auf deutsche Verhältnisse macht die Verwendung des inländischen kombinierten Ertragsteuersatzes u. U. dann keinen Sinn, wenn eine inländische Mutter reine Holdingfunktion ausübt und alle wesentlichen Erträge in einem ausländischen Staat anfallen. Die Verwendung des effektiven Steuersatzes würde dann zu zutreffenderen Ergebnissen führen. Ähnliche Probleme ergeben sich im Fall eines rein inländischen Konzerns, wenn die Holdinggesellschaft eine Personengesellschaft und die Tochtergesellschaften Kapitalgesellschaften sind. Der ansonsten bei Personengesellschaften gebotene Ausgang vom Gewerbesteuersatz (Rz 84) führt dann nicht zu sinnvollen Überleitungen. Zutreffend wäre die Wahl des kombinierten Ertragsteuersatzes (Rz 71).

In IAS 12.84 sind einige – nicht vollständige – Positionen wiedergegeben, die in eine Überleitungsrechnung einfließen können. Eine ausführlichere[80] Überleitungsrechnung wird nachstehend entwickelt.

---

[78] Vgl. hierzu DAHLKE/VON EITZEN, DB 2003, S. 2237.
[79] HERZIG, WPg 2003, S. 80; einschränkend zur Aussagefähigkeit der IAS-Konzernsteuerquote, HANNEMANN/PFEFFERMANN, BB 2003, S. 727, zum internationalen Vergleich s. SPENGEL, in: ÖSTERREICHER (Hrsg.), Internationale Steuerplanung, 2005, S. 89ff.
[80] Nach DAHLKE/VON EITZEN, DB 2003, S. 2237f.; ein anderes Beispiel gibt KIRSCH, DStR 2003, S. 703, S. 706.

Beispiel		
Steuerliche Überleitungsrechnung (*tax reconciliation*)	2002	2003
Ergebnis der gewöhnlichen Geschäftstätigkeit		
Anzuwendender (gesetzlicher) Steuersatz		
Erwarteter Steueraufwand		
Steuersatzabweichungen		
a) Auswirkungen von Steuersatzänderungen	(+/−)	(+/−)
b) *foreign tax rate differential* (Effekt aus Steuersatzdifferenzen ausländischer Steuerhoheiten)	(+/−)	(+/−)
c) Abweichungen aus unterschiedlichen Gewerbesteuer-Hebesätzen	(+/−)	(+/−)
d) Latente Steuern aus Zurechnungen nach § 8b Abs. 5 KStG oder Gewerbesteuer nach § 7 S. 2 GewStG auf Anteile an konsolidierten oder *at equity* einbezogenen Unternehmen und laufende Steuern nach diesen Vorschriften auf Gewinne aus anderen Unternehmen		
Steuereffekte aus Abweichungen in der steuerlichen Bemessungsgrundlage		
a) Abschreibung eines steuerlich nicht absetzbaren *goodwill*	(+)	(+)
b) Steuerfreie Beteiligungserträge und Veräußerungsgewinne	(−)	(−)
c) Nicht abziehbare Aufwendungen	(+)	(+)
d) Sonstige steuerfreie Erträge	(−)	(−)
Ansatz und Bewertung aktiver latenter Steuern		
a) Vornahme einer Wertberichtigung/Nichtansatz von aktiven latenten Steuern	(+)	(+)
b) Zuschreibung/nachträglicher Ansatz latenter Steuern	(−)	(−)
Aperiodische Effekte		
a) Laufende und latente Steuern Vorjahre (z. B. aus einer Betriebsprüfung)	(+/−)	(+/−)
b) KSt-Erhöhungen bzw. -minderungen wegen Ausschüttungen	(−)	(−)

c) Nicht abzugsfähige/anrechenbare Quellensteuer oder Steuer nach § 8b Abs. 5 KStG bzw. *capital gains tax* oder GewSt. Nach § 7 S. 2 GewStG bei Ausschüttung durch bzw. Veräußerung von konsolidierten oder *at equity* einbezogenen Unternehmen (soweit nicht durch die Auflösung einer latenten Steuer kompensiert)	(+)	(+)
d) Steuererstattungen aus einem Verlustrücktrag	(–)	(–)
e) Andere aperiodische Steueraufwendungen bzw. -erträge	(+/–)	(+/–)
Sonstige		
Max. 5 % des fiktiven Steueraufwandes (Rz 117)		
Tatsächlicher Steueraufwand (Gesamtsteueraufwand)		
Steuer- bzw. Konzernsteuerquote		

Tab. 2: Überleitungsrechnung zum tatsächlichen Steueraufwand

115 Drei wesentliche **Abweichungsfaktoren** sind die folgenden:
- Aufwendungen sind steuerlich **nicht absetzbar** (Beispiel Bußgelder).
- Erträge sind **steuerfrei** (Beispiel Investitionszulagen).
- Der Konzern ist in **verschiedenen Steuerrechtskreisen** mit unterschiedlichen Steuersätzen tätig.

Das nachfolgende **Beispiel kombiniert** diese drei Positionen:

Überleitungsrechnung effektiver Steuersatz und -aufwand

Der Konzern hat ein Ergebnis vor Steuern von 2.000 erwirtschaftet. Davon entfallen 1.500 auf die inländische Mutter und 500 auf die ausländische Tochter. Der inländische Steuersatz (KöSt + SolZ + GewSt) beträgt 40 %, der ausländische 30.

Im inländischen Ergebnis ist ein Betrag von 300 aus Investitionszulage sowie eine nicht abzugsfähige Betriebsausgabe von 50 enthalten.

Der effektive Steueraufwand beträgt 650 und ergibt sich wie folgt:
inländisch: 40 % von (1.500 – 300 + 50) = 500
ausländisch: 30 % von 500 = 150.

Nachfolgend die Überleitungsrechnung in **absoluten** Beträgen und in **Prozenten**. Im Anhang muss nur eines dieser Formate gezeigt werden (Wahlrecht).

Überleitungsrechnung Steuersatz	
Anzuwendender Steuersatz von 40 %	40,0 %
Steuerbefreiung Investitionszulage (300/2000 × 40 %)	– 6,0 %
Nicht abziehbare Betriebsausgaben (50/2000 × 40 %)	+1,0 %

Niedrigere ausländischer Steuer (40 % – 30 %) × (500/2000)	–2,5 %
Effektiver Steuersatz (Konzernsteuerquote)	32,5 %
Überleitungsrechnung Steueraufwand	
Steuern zum anzuwendenden Steuersatz von 40 %	800
Steuerbefreiung Investitionszulage (40 % × 300)	–120
Nicht abziehbare Betriebsausgaben (40 % × 50)	+20
Niedrigere ausländischer Steuer ((40 % – 30 %) × 500)	–50
Effektiver Steueraufwand	650

In der deutschen IFRS-Rechnungslegungspraxis wird fast ausschließlich die Überleitungsrechnung in **absoluten** Zahlen gewählt, im Ausland dominiert das **relative** Format (Überleitung auf den effektiven Steuersatz). Bei der „absoluten" Methode muss noch durch Division mit dem Ergebnis vor Steuern (im Beispiel 2000) die Konzernsteuerquote errechnet werden.

Auswirkungen von **Steuersatzabweichungen** (Rz 97) seien anhand des nachfolgenden Beispieles[81] dargestellt:

> **Beispiel**
> In Periode 1 wird eine Steuersatzsenkung von 50 % auf 40 % verabschiedet, die in der nachfolgenden Periode wirksam wird (1. Fall) bzw. zu einer Senkung des Steuersatzes in Periode 1 von 50 % auf 40 % führt (2. Fall). Der Bestand an passiven latenten Steuern aufgrund einer temporären Differenz von 200 beträgt zu Beginn der Periode 100 und ist in beiden Fällen aufgrund der Steuersatzänderung mit 20 aufzulösen (10 % von 200). Das handelsrechtliche Ergebnis in Periode 1 beträgt 1.000. Ein steuerliches Mehreinkommen aufgrund der Umkehrung temporärer Differenzen von 40 führt zu einem zu versteuernden Einkommen von 1.040 und damit zu laufenden Steueraufwendungen i.H.v. 520 (50 % von 1.040) und latenten Steuererträgen i.H.v. 16 (40 % von 40). Im 1. Fall ist die Überleitungsposition aus der Steuersatzänderung mit 4 zu korrigieren, da sich die passiven latenten Steuern wegen der Umkehrung der temporären Differenzen in Periode 1 mit einem Steuersatz i.H.v. 50 % realisieren.

---

[81] Nach DAHLKE/VON EITZEN, DB 2003, S. 2237, S. 2239f.

Hoffmann

	Bestand zum Beginn der Periode 1	Auflösung (+)/ Zuführung (-)		Bestand zum Ende der Periode 1	
		1. Fall	2. Fall	1. Fall	2. Fall
Passive latente Steuern	–100	20 16	20 16	–64	–64
Rückstellung laufende Steuern Periode 1	0	–520	–416	–520	–416
Summe der Steuerpositionen	–100	–484	–380	–584	–480
Steuerliche Überleitungsrechnung				**1. Fall**	**2. Fall**
Handelsrechtliches Ergebnis vor Steuern				1.000	1.000
Anzuwendender Steuersatz				× 50 %	× 40 %
Erwarteter Steueraufwand				–500	–400
Steuereffekt aus der Änderung des Steuersatzes				20	20
Korrektur des Steuereffekts aus der Änderung des Steuersatzes wegen der Umkehrung temporärer Differenzen zum Steuersatz der Periode 1				–4	0
Tatsächlicher Steueraufwand				–484	–380

117 Aus Sicht der **deutschen Besteuerung** sind folgende wesentliche Positionen im Rahmen der Überleitungsrechnung zu beachten:
- Unterschiedliche Abschreibungsverfahren für den *goodwill*, der aus einem Unternehmenszusammenschluss resultiert.
- Pauschalzuschlag für nicht abzugsfähige Betriebsausgaben auf Dividenden gem. § 8b Abs. 5 KStG 2004.
- Nach-Steuerausweis des Ergebnisses assoziierter Unternehmen (→ § 33 Rz 96).
- Steuerfreie oder nur hälftig steuerpflichtige Beteiligungsverkäufe und Wertaufholungszuschreibungen.
- Nicht oder nur hälftig steuerwirksame Teilwertabschreibungen und Veräußerungsverluste auf Beteiligungen an Kapitalgesellschaften.
- Generell steuerunwirksame Betriebsausgaben bzw. -einnahmen.

Ein weiterer Effekt auf die Überleitungsrechnung kann sich aus den **Besonderheiten für die aktive** Steuerlatenz ergeben (Rz 48ff.). Es geht dabei um eine eventuell geänderte Einschätzung der Wahrscheinlichkeit über die künftige **Verlustverrechnungsmöglichkeit** – z. B. wegen der in Deutschland ab

2004 gültigen so genannten Mindestbesteuerung – oder einen drohenden zeitlichen Verfall. Auch eine geänderte positive Einschätzung bezüglich der möglichen Verlustnutzungen ist denkbar.

Sodann sind auch **aperiodische** Effekte denkbar, insbesondere aus Nachbelastungen aufgrund steuerlicher Betriebsprüfungen.

Ungeklärt nach IAS 12 ist der Grad der erforderlichen **Detaillierung** hinsichtlich der vorstehenden Berechnungsgrößen. Nach US-GAAP gilt ein Größenmerkmal von 5 % der Abweichung der tatsächlichen von der erwarteten Steuer als Aufgliederungskriterium. IAS 12 kennt keine solchen Darstellungsgrenze *(bright line)*. Deshalb kann eine Entscheidung nur unter Berücksichtigung der Verhältnisse des Einzelfalles getroffen werden.[82]

Die unterschiedlichen Detaillierungsgrade in der **Praxis** der **deutschen** internationalen Rechnungslegung zeigen die nachstehenden Beispiele.[83]

118

Beispiel für „schlanke" Überleitungsrechnung des Bayer-Konzerns				
	2001		2000	
	Mio. EUR	%	Mio. EUR	%
Erwarteter Steueraufwand	413	100	1.179	100
Steuerminderungen aufgrund steuerfreier Erträge	−283	−68	−151	−13
Steuermehrungen aufgrund steuerlich nicht abzugsfähiger Aufwendungen	47	11	93	8
Sonstige Steuereffekte	−23	−5	27	2
Effektiver Steueraufwand	154	38	1.148	97
Effektiver Steuersatz %	13,8		38,4	

---

[82] A.A. Dahlke/von Eitzen, DB 2003, S. 2237, S. 2243, die für eine Anwendung der US-GAAP-Regel auf IFRS plädieren (vgl. das Beispiel unter Rz 114).
[83] Wiedergegeben bei Herzig, WPg 2003, Sonderheft, S. 90.

Beispiel für „detaillierte" Überleitungsrechnung des Siemens-Konzerns		
	2001	2000
Erwarteter Steueraufwand	1.393	6.364
Erhöhung/Minderung der Ertragsteuerbelastung durch: Nicht abzugsfähige Betriebsausgaben inkl. ausländischer Quellensteuer	144	108
Steuerlich nicht abzugsfähige Abschreibungen auf: Geschäfts- und Firmenwerte sowie erworbenes Know-how aus Entwicklungsprojekten	853	225
Steuerfreie Erträge	–43	–27
Herstellung der Ausschüttungsbelastung	–	–208
Gewinne aus der Veräußerung von Geschäftseinheiten	–859	–2.972
Auswirkungen der Steuerreform: Umbewertungseffekt zum Zeitpunkt der Veröffentlichung	–222	–
Umbewertungseffekt auf die während des Geschäftsjahres gebildeten latenten Steuern	367	–
Steuersatzunterschiede Ausland	–768	–440
equity-Bewertung	–111	–77
Sonstiges	27	44
Ausgewiesener Ertragsteueraufwand	781	3.017

Überleitungsrechnung auch erforderlich ohne Latenz(-Zurechnungen).
Im Übrigen wird auf die **Checkliste Abschlussangaben** verwiesen (→ § 5 Rz 8).

9 Abweichungen gegenüber dem HGB, Umstellungsprobleme

119 Die Steuerlatenzrechnung auf der Vorgabe der IFRS bereitet erhebliche praktische (buchungstechnische und organisatorische[84]) **Probleme.** Das hängt aus deutscher Sicht insbesondere damit zusammen, dass wegen der immer noch

---

[84] Vgl. die Darstellung bei LOITZ, KoR 2003, S. 516.

gültigen und die Denkrichtung beeinflussenden **Maßgeblichkeit** der Handels- für die Steuerbilanz nicht allzu viele Unterschiede zwischen handelsrechtlichem und steuerlichem Rechenwerk bestehen. Und diese Unterschiede sind in der Regel so gestrickt, dass der handelsrechtliche Aktivansatz niedriger und der passivische höher ist als in der Steuerbilanz. Das führt im Einzelabschluss zum **Wahlrecht** der Aktivierung einer Steuerlatenz nach § 274 Abs. 2 HGB, von dem in der Praxis kein Gebrauch gemacht wird.

Die **Unterschiede** der Steuerlatenzrechnung nach HGB und IFRS lassen sich für den **Einzel**abschluss wie folgt darstellen:

- Während die handelsrechtlichen Vorschriften über latente Steuern nur für Kapitalgesellschaften (und GmbH & Co.) gelten, sind die IFRS-Vorschriften **rechtsformunabhängig**.
- Nach IFRS sind latente Steuern **getrennt von den tatsächlichen** Steuern auszuweisen (Rz 104), während handelsrechtlich für passive latente Steuern der gemeinsame Ausweis auf Bilanzebene (Separierung nur im Anhang) zulässig ist.
- Die **Saldierung** aktiver und passiver latenter Steuern ist nach Handelsrecht allgemein zulässig, hingegen nach IFRS an besondere Bedingungen geknüpft (Rz 104ff.).
- Während das Handelsrecht nur den Ansatz passiver latenter Steuern (anders Konzernabschluss) vorschreibt, es dagegen bei aktiven latenten Steuern bei einem **Ansatzwahlrecht** belässt, sieht IFRS in beiden Fällen ein **Ansatzgebot** vor (Rz 48).
- Die **zukünftigen Steuervorteile** aus Verlustvorträgen sind nur nach IFRS zu bilanzieren (Rz 51), nach HGB ist die Rechtslage diesbezüglich zweifelhaft (Rz 51).

120

Die IFRS-Verfasser geben ausführliche Hilfen für die Steuerlatenzrechnung anhand von **Beispielen** in IAS 12.7ff. Ausgangspunkt dieser Beispielrechnungen ist der **Steuerbilanzwert** *(tax base)*. Dies ist konsequent: Denn das gewählte *temporary*-Konzept (Rz 18) beruht ja auf dem einzelpostenbezogenen **Vergleich** von IFRS- und Steuerbilanz-**Buchwerten**.

121

Diese Denkrichtung ist unmittelbar kompatibel mit der bilanzpostenorientierten **Mehr-Weniger-Rechnung**, wie sie im Alltag der deutschen Betriebsprüfung und in deren Gefolge der Konzernsteuerabteilungen praktiziert wird. Wichtig für die praktische Arbeit ist dabei, jeglichen Denkansatz bezüglich einer **Ergebnisauswirkung** der entsprechenden Buchungen zu unterdrücken und immer nur auf die Unterschiedsbeträge in den Bilanzposten und deren zwischenperiodischen Entwicklung zu achten.

122

Dieser Gedanke wird anhand der Beispielrechnung unter Rz 124 noch vertieft. Zunächst aber zu den IFRS-Erläuterungen zur genannten *tax base* (Rz 18), also dem Buchwert in der Steuerbilanz:

123

Beispiele aus IAS 12.7f.
- Eine laufende Verbindlichkeit (Beispiel: Drohverlustrückstellung) ist in der IFRS-Bilanz angesetzt, aber nicht in der Steuerbilanz. Die *tax base* beträgt 0.
- Anschaffungskosten für eine Maschine zu 100, bislang vorgenommene steuerliche Abschreibung 30, unter Voraussetzungen – z. B. volle Steuerwirksamkeit der Abschreibungen und der späteren Veräußerungserlöse etc. – beträgt die *tax base* 70.
- Eine Zinsforderung hat im IFRS-Abschluss einen Buchwert von 100, die Besteuerung erfolgt erst bei Zufluss in der Zukunft. Die *tax base* beträgt 0.
- Kundenforderungen haben einen IFRS-Buchwert von 100, der in gleicher Höhe auch in der Steuerbilanz angesetzt wird. Die *tax base* beträgt ebenfalls 100.
- Eine ausstehende Dividende von einer Tochtergesellschaft hat einen IAS-Buchwert von 100. Die Dividende ist nicht steuerbar. Die *tax base* beträgt 100. Es besteht keine *temporary difference*.
- Eine laufende Verbindlichkeit von 100 hat einen IFRS-Buchwert von 100. Die betreffende Verpflichtung ist im steuerlichen Ergebnis berücksichtigt. Die *tax base* beträgt 100.
- In den laufenden Verbindlichkeiten ist ein Betrag von 100 für ein Bußgeld enthalten, dieses ist für steuerliche Zwecke nicht abzugsfähig. Die *tax base* beträgt 100 (es besteht keine *temporary difference*).
- Eine im Voraus erhaltene Zinsgutschrift ist im IFRS-Abschluss passiv abgegrenzt, aber bereits steuerlich bei Vereinnahmung erfasst worden. Die *tax base* beträgt 0.

Weiteres Beispiel
Die Dividende für 01 wird in 02 von der Tochter- an die Muttergesellschaft ausgeschüttet. In der IFRS-Bilanz ist der Anspruch erst in 02 zu erfassen, ebenso nach deutschem Steuerrecht (→ § 4 Rz 23f.). Die *tax base* ist 0, ebenso der IFRS-Bilanzwert. Es besteht keine *temporary difference*. Soweit die Dividende bei Mutter-Kapitalgesellschaften steuerfrei ist, liegt zusätzlich eine *permanent difference* (Rz 17f.) vor.

Die latenten Steuern lassen sich nach Maßgabe des folgenden **Musters**[85] berechnen:

124

Beispiel							
Steuerlatenzen – Berechnungsmuster							
	00			01			
	IFRS	StB	Diff.	IFRS	StB	Diff.	
goodwill							
sonstiges immater. AV							
Grund und Boden							
Gebäude							
Maschinen							
sonstige Sachanlagen							
Wertpapiere							
sonstiges Finanzvermögen							
Teilgewinn langfristiger Auftragsfertigung							
Pensionsrückstellung							
Drohverlustrückstellung							
sonstige Rückstellungen							
Saldo	.....	.....	b...	.....	....	a...	
× Steuersatz (z. B.)			X %			Y %	
= passive/aktive latente Steuern (ohne Verl.Vortr.) - Vorjahr						....	
= Veränderung (= Ertrag/Aufwand)						c.....	
davon							

---

[85] Nach LÜDENBACH, IAS/IFRS, 4. Aufl., 2005, S. 257.

Hoffmann

Steuerlatenzen – Berechnungsmuster						
	00			01		
	IFRS	StB	Diff.	IFRS	StB	Diff.
wg. Umkehrung Diff.		Y % von (a – b)				.....
wg. Steuersatz		(X % – Y %) von a				.....
Ertrag/Aufwand (wie oben)						.....

Beispiel
Der Ertragsteuersatz der Tax Base GmbH beträgt 2003 60 %. Zum Jahresende 2004 ist mit einem Steuersatz von 40 % zu rechnen. Unter Berücksichtigung der nachfolgenden Differenzen zwischen Steuer- und IFRS-Bilanz und der Steuersatzänderungen ergeben sich die latenten Steuern zu den Stichtagen 2003 und 2004 wie folgt:

	2003			2004		
	IFRS	StB	Diff.	IFRS	StB	Diff.
Grund und Boden	20,0	10,0	10,0	20,0	10,0	10,0
Maschinen	0,5	0,7	–0,2	0,4	0,5	–0,1
Teilgewinn lfr. Auftragsfertigung	4,2	0,0	4,2	2,1	0,0	2,1
Drohverlustrückstellung	–4,0	0,0	–4,0	–3,0	0,0	–3,0
Saldo	20,7	10,7	10,0	19,5	10,5	9,0
× Steuersatz			60 %			40 %
= passive latente Steuern			6,0			3,6
Vorjahr						6,0
Veränderung						–2,4
davon wg. Umkehrung Diff.		+ 60 % von (9,0 – 10,0)				–0,6
wg. Steuersatz		–20 % von 9,0				–1,8
Ertrag						–2,4

Außerdem ist auf die **Beispiele** für Steuerlatenzrechnungen bei der **Neubewertung** (→ § 8 Rz 73) und bei **Konsolidierungsfällen** zu verweisen (→ § 32 Rz 169ff.; → § 31 Rz 166; → § 33 Rz 96).

Besondere **organisatorische** Vorkehrungen erfordert die **Umstellung** vom HGB auf die IFRS-Rechnungslegung (→ § 6). Hier muss praktisch dreigleisig verfahren werden – vom HGB zu IFRS mit dem Zwischenschritt durch die Posten der Steuerbilanz. Die Übergangsregeln in IFRS 1 enthalten keine Sonderregelungen für die Steuerlatenzrechnung (→ § 6 Rz 24).

125

10 Anwendungszeitpunkt, Rechtsentwicklung

IAS 12 ist für Geschäftsjahre, die am 1. Januar 2001 oder später beginnen, anzuwenden. Durch *amendments* von anderen geänderten oder neu herausgegebenen Standards haben sich **Veränderungen** bei einzelnen Paragraphen gegenüber der ab 1. Januar 2001 gültigen Version ergeben, im Wesentlichen betreffend die **Anhangsangaben**:

126

- Steuereffekte auf **außerordentliche** Ergebnisbestandteile sind ab 2005 nicht mehr anzugeben.
- (Neu) anzugeben sind die Steuereffekte aus der **Stilllegung** von Unternehmensbereichen (→ § 29).
- (Neu) anzugeben sind **Steuereffekte aus Ausschüttungen** (Rz 112).

Im Rahmen des **Konvergenzprojektes** mit dem FASB soll eine Angleichung an SFAS 109 im Wege einer Neufassung von IAS 12 erfolgen. Die wichtigsten Änderungen, die sich bislang aus der umfangreichen Diskussion abzeichnen, sind im Rahmen der Erläuterungen dieses Paragraphen erwähnt worden. An dieser Stelle erfolgt eine kurze Zusammenfassung:[86]

- Der Verzicht auf eine Latenzrechnung bei einer kontrollierbaren Ausschüttungspolitik soll entfallen (Rz 66).
- Bei gespaltenen Steuersätzen soll der Ausschüttungstarif der Latenzrechnung zugrunde gelegt werden (Rz 99).
- Gliederungstechnisch sollen latente Steuern nicht mehr vollständig im *non-current*-Bereich, sondern nach der Fristigkeit der Vermögenswerte und Schulden, auf die sie entfallen, teils im *current*-, teils im *non-current*-Bereich ausgewiesen werden (Rz 104).
- Der Verzicht auf die Latenzrechnung in bestimmten Fällen unterschiedlicher Zugangsbewertung soll entfallen (Rz 45).
- Angabepflichten sollen um bestimmte Sachverhalte ergänzt werden (Rz 111).

---

[86] Vgl. auch LIENAU/ZÜLCH, PiR 2006.

11 Zusammenfassende Praxishinweise

127 IAS 12 behandelt **auch** die laufenden Steuerschulden einschließlich der Ansprüche aus Verlustrückträgen (Rz 1–4). Hier ergibt sich keine Abweichung gegenüber den Bilanzierungsregeln nach HGB.
Im **Mittelpunkt** des Standards stehen die Ansprüche und Verbindlichkeiten aus der **Steuerlatenzrechnung**. Diese resultiert entsprechend dem *temporary*-Konzept (Rz 12) aus Abweichungen zwischen IFRS-Bilanz- und Steuerbilanzwert *(tax base)*. Daraus folgt aus Sicht der Ergebnisrechnung ein „unpassendes" Verhältnis von Ertragsteueraufwand zum Jahresergebnis, also der Steuerquote (Rz 7).
Die Weiterentwicklung der entsprechenden Buchwerte in den künftigen Jahresabschlüssen führt dann irgendwann einmal zur **Umkehrung** dieses Effektes (Rz 7) mit entsprechender (folgerichtiger) Anpassung der Steuerquote.
Das der Steuerlatenzrechnung nach IAS 12 zugrunde liegende *temporary*-Konzept umfasst nicht nur **ergebniswirksam** gewordene Abweichungen zwischen IFRS- und Steuerbilanz, sondern auch **erfolgsneutrale**, also direkt im Eigenkapital verbuchte Wertunterschiede von Bilanzposten im Zeitverlauf. Die hierfür geforderte Steuerlatenzrechnung ist in der Konsequenz ebenfalls entweder erfolgswirksam oder direkt im Eigenkapital (erfolgsneutral) vorzunehmen (Rz 14).
Dauerhafte Unterschiede *(permanent differences)* sind bei der Steuerlatenzrechnung nicht zu erfassen, sondern nur die so genannten Quasi-Permanenten (Rz 18f.).
Einschränkenden Voraussetzungen unterliegt der Ansatz einer **aktiven** Steuerlatenz (Rz 48ff.), zu der auch die mögliche Aktivierung eines künftigen Steuererstattungsanspruches aus einem **Verlustvortrag** gehört (Rz 51f.).
Besonderheiten ergeben sich für die Steuerlatenzrechnung im Rahmen von **Konsolidierungsbuchungen** (Rz 58ff.). Komplexe Berechnungen sind für die Steuerlatenz im Unternehmensverbund unter systematischer Trennung von *inside* und *outside basis differences* erforderlich (Rz 63ff.).
Die **Bewertung** hat mit den mutmaßlichen künftigen Steuersätzen, gegebenenfalls mit Durchschnittssätzen, zu erfolgen und das unter gebührender Beachtung des *materiality*-Grundsatzes (Rz 96). Eine **Abzinsung** kommt nicht in Betracht (Rz 102).
Es besteht eine getrennte Ausweispflicht für aktive und passive Steuerlatenzen, nur ausnahmsweise ist ein **saldierter** Ausweis zulässig (Rz 104).
In der **GuV selbst** ist der Aufwand bzw. Ertrag aus laufenden Steuern und aus der Steuerlatenzrechnung auszuweisen, soweit er auf das ordentliche Geschäft entfällt. In der GuV oder im Anhang ist der auf das **außerordentliche** Ergebnis entfallende Steueraufwand bzw. -ertrag (getrennt) darzustellen (Rz 109).
Umfangreiche Anhangsangaben sind vorgeschrieben (Rz 111ff.). Dem *materiality*-Grundsatz ist gebührende Beachtung zu schenken.

Hoffmann

Die wichtigsten **Anhangsangaben** sind (Rz 112):
- tatsächlicher Steueraufwand,
- Aufwand aus der Steuerlatenzrechnung,
- Überleitungsrechnung vom nominellen zum effektiven Steuersatz (Konzernsteuerquote).

Bei der **Buchungstechnik** sollte tunlichst von der aus der steuerlichen Betriebsprüfungsszene bekannten Technik der Mehr-Weniger-Rechnung Gebrauch gemacht werden (Rz 122). Bei umfangreichen Rechenwerken bedarf es einer gründlichen datentechnischen Organisation (Rz 119f.).

Übergreifende Fragen

§ 27 WÄHRUNGSUMRECHNUNG, HYPERINFLATION

Inhaltsübersicht	Rz
Vorbemerkung	
1 Zielsetzung, Regelungsinhalt und Begriffe	1–10
1.1 Ziel und Inhalt von IAS 21, Verhältnis zu IAS 39 und IAS 29	1–3
1.2 Anwendungsbereiche von IAS 21	4–7
1.2.1 Umrechnung von Geschäften in fremder Währung	4–5
1.2.2 Umrechnung von Abschlüssen ausländischer Beteiligungsunternehmen, Niederlassungen usw.	6–7
1.3 Berichtswährung und funktionale Währung	8–9
1.4 Währungsumrechnung in der neuen Terminologie der funktionalen Theorie, ein Vergleich mit IAS 21 (1993)	10
2 Umrechnung von Geschäften in fremder Währung	11–23
2.1 Erstverbuchung	11
2.2 Folgebewertung monetärer Bilanzposten zum Stichtagskurs	12
2.3 Folgebewertung nichtmonetärer Bilanzposten	13–21
2.3.1 Abgrenzung von monetären Posten	13–14
2.3.2 Regelfall: Keine Stichtagsumrechnung nichtmonetärer Posten	15–16
2.3.3 Sonderfall: *fair-value*-Ansatz (Finanzinstrumente usw.), Zweifelsfall Niederstwertansatz (Anlagen, Vorräte)	17–21
2.4 Behandlung der Umrechnungsdifferenzen	22–23
2.4.1 Grundregel: Erfolgswirksame Behandlung	22
2.4.2 Sonderfall: Umrechnung bei erfolgsneutraler Neu- und Zeitbewertung	23
3 Umrechnung von ausländischen Abschlüssen im Konzernabschluss	24–61
3.1 Theorie und Praxis der Währungsumrechnung	24–28
3.1.1 Funktionale Theorie	24–27
3.1.2 Funktionslose Theorie? Währungsumrechnung in der Praxis	28
3.2 Umrechnung von Abschlüssen integrierter ausländischer Einheiten	29–42
3.2.1 Abgrenzung gegenüber selbstständigen Einheiten	29
3.2.2 Umrechnung der Bilanz	30–31
3.2.3 Umrechnung der GuV	32–35

Lüdenbach

3.2.4	Erfolgswirksame Berücksichtigung der Umrechnungsdifferenzen, Buchungstechnik	36–37
3.2.5	Sonderfall I: Wertminderungen auf Anlagen und Vorräte	38–40
3.2.6	Sonderfall II: Währungsverluste auf konzerninterne Forderungen und Schulden	41
3.2.7	Umklassifizierung in selbstständige Einheit, Wechsel der funktionalen Währung	42
3.3	Umrechnung von Abschlüssen selbstständiger ausländischer Einheiten	43–61
3.3.1	Abgrenzung zu integrierten Einheiten	43
3.3.2	Umrechnung der Bilanz	44–46
3.3.3	Umrechnung der GuV	47
3.3.4	Ermittlung der Umrechnungsdifferenzen, Einstellung in das Eigenkapital	48–51
3.3.5	Erfolgsrealisierung beim (Teil-)Abgang der Einheit	52
3.3.6	Sonderfall I: *goodwill* und Minderheitenanteil	53
3.3.7	Sonderfall II: Währungsverluste auf konzerninterne Forderungen und Schulden	54–58
3.3.8	*cash flow hedge* antizipierter konzerninterner Transaktionen	59
3.3.9	*hedge* eines Nettoinvestments	60
3.3.10	Umklassifizierung in integrierte Einheit, Wechsel der funktionalen Währung	61
4	Hyperinflation	62–67
4.1	Ziel und Anwendungsbereich von IAS 29	62–64
4.2	Anwendung bei Beteiligungsunternehmen: 7-Stufen-Ansatz	65–67
5	Latente Steuern	68–69
6	Ausweis Währungsumrechnungsdifferenzen	70
7	Angaben	71–74
8	Anwendungszeitpunkt, Rechtsentwicklung	75
9	Zusammenfassende Praxishinweise	76

Schrifttum: ALEXANDER/ARCHER, Miller International Accounting Standards Guide 2002; BUSSE VON COLBE, IAS 29, in: BAETGE u. a., Rechnungslegung nach IAS, 2. Aufl., 2002; DSR, DRS 10, Währungsumrechnung; KPMG, Insights into IFRS, 3. Aufl. 2006; KÜTING/WIRTH, Umrechnung von Fremdwährungsabschlüssen voll zu konsolidierender Unternehmen nach IAS/IFRS, KoR 2003, S. 376; LACHNIT/AMMAN, Währungsumrechnung als Problem einer tatsachengetreuen Darstellung der wirtschaftlichen Lage im Konzernabschluss, WPg 1998, S. 751ff.; LINGNER, Währungsumrechnung selbstständiger ausländischer Einheiten bei der Erst- und Folgekonsolidierung, PiR 2005. S. 99ff.; LORENZ, DRS 14 zur Währungsumrechnung, Darstellung und Vergleichbarkeit mit den IASB-Regelungen, KoR 2004, S. 437ff.; MUJKANO-

VIC/HEHN, Währungsumrechnung im Konzern nach IAS, WPg 1996, S. 605ff.; OECHSLE/MÜLLER/DOLECZIK, IAS 21, in: BAETGE u. a., Rechnungslegung nach IAS; PLEIN, Die Eliminierung von Effekten aus Wechselkursänderungen bei indirekt erstellten Kapitalflussrechnungen, WPg 1998, S. 10ff.; SCHILDBACH, Geldentwertung und Bilanz, 1979.

Vorbemerkung
Die Kommentierung bezieht sich auf IAS 21 und IAS 29 in der aktuellen Fassung und berücksichtigt alle Ergänzungen, Änderungen und Interpretationen, die bis zum 1.1.2007 beschlossen wurden. Einen Überblick über ältere Fassungen sowie über diskutierte oder schon als Änderungsentwurf vorgelegte künftige Regelungen enthält Rz 75.

1 Zielsetzung, Regelungsinhalt und Begriffe

1.1 Ziel und Inhalt von IAS 21, Verhältnis zu IAS 39 und IAS 29

IAS 21 regelt die **Umrechnung** von
- Geschäftsvorfällen in fremder Währung im **Einzelabschluss** (Rz 11ff.) sowie
- ausländischen Abschlüssen im Rahmen der Konsolidierung für den **Konzernabschluss** (Rz 24ff.).

1

Fragen der Währungsumrechnung werden daneben in **IAS 39** unter dem Gesichtspunkt der Bilanzierung von **Fremdwährungsderivaten** sowie der Berücksichtigung von **Sicherungszusammenhängen** *(hedge accounting)* behandelt. Beide Aspekte sind aus dem Anwendungsbereich von IAS 21 ausgenommen (IAS 21.3a). Sofern ein Sicherungszusammenhang vorliegt, berührt dieser im Allgemeinen die Umrechnung des Grundgeschäftes (z. B. Fremdwährungsforderungen) nicht. Gegebenenfalls können sich aber Auswirkungen auf die erfolgswirksame oder erfolgsneutrale Behandlung von Umrechnungsdifferenzen ergeben (→ § 28 Rz 210ff.).
Die Umrechnung von *cash flows* in fremder Währung für Zwecke der Kapitalflussrechnung unterliegt ebenfalls nicht IAS 21 (IAS 21.7), sie ist in IAS 7.25ff. geregelt (→ § 3 Rz 80).

2

IAS 29 behandelt die kaufkraftorientierte Rechnungslegung in Ländern mit **Hochinflation** (bzw. Hyperinflation) mit dem Ziel der **Scheingewinneliminierung**. Aus der Sicht des deutschen Anwenders sind diese Regelungen nur insoweit relevant, als es um zu konsolidierende Beteiligungsunternehmen in Hochinflations-Ländern geht. In derartigen Fällen ist die Bilanz des Beteiligungsunternehmens zunächst um die Inflationseffekte zu bereinigen und erst anschließend die Währungsumrechnung durchzuführen (Rz 62ff.).

3

1.2 Anwendungsbereiche von IAS 21

1.2.1 Umrechnung von Geschäften in fremder Währung

Erster Anwendungsbereich von IAS 21 ist die Umrechnung von **Geschäften** in fremder Währung. Es geht hierbei um Fälle, in denen Ein- oder Ausgangsleistungen in fremder Währung fakturiert sind, sowie um Fälle der Aufnahme oder Gewährung von Darlehen in fremder Währung usw. Bei derartigen Geschäftsvorfällen stellt sich die Frage, wie Wechselkursänderungen nach dem Erstverbuchungszeitpunkt in Bilanz und GuV zu erfassen sind.

Als **Grundregel** gilt (Rz 11ff.):
- Umrechnung **nichtmonetärer** Bilanzposten (z. B. Sachanlagevermögen) zum **Erstverbuchungskurs**;
- Umrechnung **monetärer** Bilanzposten (z. B. Forderungen) zum **Kurs** des jeweiligen **Bilanz**stichtages mit **erfolgswirksamer** Verbuchung der Kursdifferenzen.

Wichtige **Ausnahmen** sind unter Rz 17ff. dargestellt.

1.2.2 Umrechnung von Abschlüssen ausländischer Beteiligungsunternehmen, Niederlassungen usw.

Zweiter Anwendungsbereich von IAS 21 ist die **Konsolidierung** von ausländischen Tochterunternehmen, Gemeinschaftsunternehmen oder assoziierten Unternehmen. Bei der Einbeziehung dieser Unternehmen in den Konzernabschluss (aber auch bei der Übernahme der Buchhaltungszahlen einer selbstständigen ausländischen Niederlassung) müssen Bilanz- und GuV-Zahlen in die **Berichtswährung des Konzerns** „übersetzt" werden (Rz 24ff.).

- Die Umrechnung von **monetären** Posten erfolgt dabei zu Stichtagskursen.
- Die Umrechnung **nichtmonetärer** Posten sowie die Behandlung von Umrechnungsergebnissen (GuV-wirksam oder erfolgsneutral) folgt hingegen der so genannten **funktionalen Theorie der Währungsumrechnung** (Rz 8ff. und 24ff.). Hiernach hängt die Währungsumrechnung davon ab, ob die ausländische Einheit weitgehend selbstständig oder lediglich „verlängerter Arm" der Konzernmutter ist, ob ihre funktionale Währung die eigene Landeswährung oder die des Mutterunternehmens ist.

1.3 Berichtswährung und funktionale Währung

IAS 21.8 definiert zwei Währungsbegriffe:
- **Funktionale Währung** *(functional currency)* als Währung der primären operativen Umwelt des Unternehmens/Konzerns.
- **Berichtswährung** *(presentation currency)* als Währung, in der der Einzel- oder Konzernabschluss präsentiert wird.

Bei einem deutschen Unternehmen oder einem Konzern mit deutschem Mutterunternehmen ist der **Euro** regelmäßig sowohl funktionale als auch Berichtswährung.

Eine Pflicht zur Wahl des Euro als Berichtswährung ergibt sich aus IAS 21 nicht (IAS 21.19 und 38 sowie IAS 21.BC13). Allerdings schreibt das BilReG in § 315a Abs. 1 HGB i. V. mit § 298 Abs. 1 und § 244 HGB für die Erfüllung der inländischen gesetzlichen Bilanzierungspflicht den **Euro als Berichtswährung** vor. Ein Unternehmen/Konzern kann aber daneben freiwillig (z. B. für *benchmarking*-Zwecke) oder aus rechtlichen Gründen (z. B. für die Berichterstattung an ausländischen Börsen oder für ausländische Emissionsprospekte) seinen Abschluss in einer anderen Währung (z. B. USD) präsentieren. Die in diesem Fall erforderliche Umrechnung von funktionaler Währung (Euro) in Berichtswährung (z. B. USD) folgt den Regelungen zur Umrechnung selbstständiger ausländischer Einheiten (Rz 43ff.).

Tochterunternehmen in **Hochinflationsländern** (Rz 62ff.) dürfen ihren Abschluss in der Regel nicht in der Hartwährung des Mutterunternehmens (oder einer anderen Hartwährung) aufstellen, sondern haben zunächst eine Inflationsbereinigung in eigener Währung durchzuführen, bevor die normale Währungsumrechnung im Rahmen der Konsolidierung vorgenommen wird (IAS 21.IN8).

9

1.4 Währungsumrechnung in der neuen Terminologie der funktionalen Theorie, ein Vergleich mit IAS 21 (1993)

IAS 21 (1993) (Rz 75) unterschied die Umrechnung von

10

- Fremdwährungsgeschäften (erfolgswirksam),
- integrierten ausländischen Einheiten (erfolgswirksam),
- selbstständigen ausländischen Einheiten (erfolgsneutral).

Die Umrechnung **integrierter** ausländischer Einheiten ist in der ab 2005 geltenden Neufassung von IAS 21 nicht mehr erwähnt, aber gleichwohl ohne materiellen Unterschied gegenüber IAS 21 (1993) geregelt. Die scheinbare Abweichung beruht lediglich auf einer **terminologischen Neupositionierung** in IAS 21, deren Fixpunkt der Begriff der **funktionalen Währung** ist. Danach gilt als Fremdwährung nur noch die Währung, die mit der funktionalen Währung nicht identisch ist (IAS 21.8). Regelungsinhalt von IAS 21 (2005) ist dann gem. IAS 21.3:

- die erfolgswirksame Umrechnung von Geschäften und Salden in fremder Währung in die funktionale Währung sowie
- die erfolgsneutrale Umrechnung ausländischer Einheiten für den Konzernabschluss,
- daneben außerdem die Umrechnung in eine abweichende Berichtswährung.

Die **integrierte** ausländische Einheit ist dadurch charakterisiert, dass ihre **funktionale Währung** diejenige des Konzerns ist. Umgekehrt stellt die **lokale Währung** der integrierten ausländischen Einheit aus funktionaler Sicht eine **Fremdwährung** dar. Alle in lokaler Währung getätigten Geschäfte gelten deshalb als Fremdwährungsgeschäfte. Nach IAS 21.17 muss folglich die integrierte ausländische Einheit bereits vor der eigentlichen Konsolidierungsphase, technisch gesprochen schon in der IFRS-Bilanz II (in der die Anpassung an konzerneinheitliche Bilanzierungsvorschriften erfolgt), die Umrechnung in die funktionale Währung nach den Grundsätzen der Umrechnung von Fremdwährungsgeschäften vornehmen. Eine Umrechnung für Konsolidierungszwecke (d. h. eine in der Konzernwährung erstellte IFRS-Bilanz III) ist dann nicht mehr erforderlich:[1]

> **Beispiel**
> Die Software GmbH hält 100 % der Anteile an einer unselbstständigen **indischen Softwareentwicklungsgesellschaft**. Die indische Gesellschaft ist ausschließlich für die GmbH tätig und in deren Cash Pool eingebunden. Entwicklungsleistungen werden in Euro fakturiert. In Rupien fallen die örtlichen Löhne und Mieten an. Funktionale Währung der indischen Gesellschaft ist der Euro.
>
> - Mit der Zahlung der Löhne und Mieten in Rupien tätigt die indische Gesellschaft Fremdwährungsgeschäfte (!). Verbindlichkeiten aus Löhnen, Lohnsteuern, Sozialabgaben usw. sind Fremdwährungsverbindlichkeiten (!).
> - Die Fakturierung der Entwicklungsleistungen gilt hingegen nicht als Fremdwährungsgeschäft. Die daraus resultierenden Euro-Forderungen sind **keine** Fremdwährungsforderungen.
>
> Die Währungsumrechnungsaufgabe kann nun **auf zwei** Arten bewältigt werden:
>
> **1. Theoretisch bevorzugtes Vorgehen**
> Stellt die indische Gesellschaft ihren IFRS-Einzelabschluss II bereits in der funktionalen Währung Euro auf, ist eine Umrechnung für Konsolidierungszwecke nicht mehr erforderlich.
> Fremdwährungsverbindlichkeiten (Löhne, Lohnsteuer usw. in Rupie) werden einzelbilanziell erfolgswirksam zum Stichtagskurs umgerechnet. Die Umrechung des korrespondierenden Aufwands erfolgt zum Kurs des Entstehungstages oder zu Durchschnittskursen.
>
> **2. Praktisch dominierendes Vorgehen**
> Die indische Gesellschaft bilanziert in Rupie.
> Bei der Umrechnung des Einzelabschlusses für Konsolidierungszwecke werden die Verbindlichkeiten aus Löhnen, Lohnsteuer usw. erfolgswirksam zum Stichtagskurs in Euro umgerechnet (wie oben). Die Umrechnung des entsprechenden Aufwands erfolgt zu Transaktions-, ggf. zu Durchschnittskursen (ebenfalls wie oben).

---

[1] „It follows, that it is not necessary, to translate the results and financial position of an integral foreign operation when incorporating them into the financial statements of the parent - they will already be measured in the parents functional currency." (IAS 21.BC7).

Lüdenbach

Eine konzernbilanzielle Umrechnung von der IFRS-Bilanz II zur IFRS-Bilanz III ist nur noch für selbstständige ausländische Einheiten notwendig, deren funktionale Währung sich von der des Konzerns unterscheidet. Da die Vorschriften zur Umrechnung von Fremdwährungsgeschäften schon bisher inhaltlich den Vorschriften für die Umrechnung integrierter Einheiten entsprachen, führt die terminologische Neuorientierung zu **keinen materiellen Änderungen**. Die Neufassung von IAS 21 behält den zutreffenden Aussagen des IASB in IAS 21.IN3 zufolge den Grundansatz *(fundamental approach)* des Vorgängerstandards bei.

Die Neukonzeption zeichnet eine gewisse theoretische Eleganz aus, da sie mit weniger Fallunterscheidungen und weniger Redundanzen auskommt. Der Praxis wird aber schwer zu vermitteln sein, dass eine integrierte Tochtergesellschaft in den USA, die ihre Löhne in USD zahlt, damit ein Fremdwährungsgeschäft tätigt, da nunmehr der Euro und nicht der USD ihre funktionale Währung darstellt. Die Praxis sieht eine Umrechnung in den Euro eher als eine konzernbilanzielle Aufgabe (IFRS-Bilanz III) an. Die **nachfolgende Kommentierung** orientiert sich daher gliederungstechnisch (nicht in den behandelten Einzelregelungen) an den bisherigen praxistauglichen und dem Sprachgebrauch entsprechenden Unterscheidungen.[2]

Eine **Gegenüberstellung der alten und der neuen Konzeption** ist in Tabelle 1 enthalten. Sie enthält auch die bisher in SIC 19 behandelte Umrechnung von der funktionalen in eine abweichende Berichtswährung, die nunmehr in IAS 21 integriert ist.

	Umrg. Fremdwährungsgeschäfte	Umrg. unselbst. ausländ. Einheit	Umrg. selbst. ausländ. Einheit	Umrg. funktionale in Berichtswährung
IAS 21 (1993)	21.8ff.	21.23ff.	21.30ff.	SIC 19
IAS 21 (2005)	21.27ff. ⟶		21.38ff. 21.44ff.	21.38ff.

Tab. 1: IAS 21 (1993) und IAS 21 (2005) im Vergleich

---

[2] Ausführlich zur funktionalen Theorie und zur Frage, ob bereits IAS 21 (1993) diesem Konzept verpflichtet war: KÜTING/WIRTH, 2003, S. 376ff.

Lüdenbach

2 Umrechnung von Geschäften in fremder Währung

2.1 Erstverbuchung

11 Bei der Fakturierung von Umsätzen in fremder Währung, dem Erwerb von Gütern oder Dienstleistungen in fremder Währung, der Gewährung oder Aufnahme von Darlehen in fremder Währung usw. erfolgt die **Erstverbuchung** in der funktionalen Währung durch Umrechnung mit dem **Wechselkurs am Tag der Transaktion** (IAS 21.21). Die Verwendung eines Wochen- oder Monats-**Durchschnittskurses** für alle Transaktionen der betreffenden Periode ist zulässig, sofern der Wechselkurs nicht in signifikanter Weise schwankt (IAS 21.22). Aus praktischen Gründen ist bei nicht zu großen Schwankungen auch gegen die Verwendung des **Endkurses** der **Vorperiode** (Woche oder Monat) für die Buchungen der laufenden Periode nichts einzuwenden.[3]

Tag der Transaktion ist nicht das Datum der Rechnungsstellung, sondern bei erhaltenen oder geleisteten Warenlieferungen oder Diensten der Tag der **Leistungserbringung**, bei Warenlieferungen also etwa der Tag des Übergangs des wirtschaftlichen Eigentums.

2.2 Folgebewertung monetärer Bilanzposten zum Stichtagskurs

12 **Monetäre** Bilanzposten, d. h. neben Zahlungsmitteln und Zahlungsmittel-äquivalenten alle Vermögenswerte und Schulden, die zu einem festen oder bestimmbaren Geldeingang oder Geldausgang führen (IAS 21.8), sind zu jedem Bilanzstichtag unter Verwendung des **Stichtagskurses** umzurechnen (IAS 21.23a). Anders als im Handelsrecht ist dabei keine Begrenzung nach oben auf die Anschaffungskosten (Aktiva) bzw. nach unten auf den Rückzahlungsbetrag (Passiva) gegeben. Hierzu folgendes Beispiel:

> **Beispiel**
> Aufnahme eines Darlehens von 90 USD beim Kurs USD/EUR von 0,9. Der Stichtagskurs beträgt 1,0 USD/EUR.
> **Erstverbuchung:** 90/0,9 = 100 EUR.
> **Stichtagsumrechnung:** 90/1,0 = 90 EUR (handelsrechtlich: weiterhin 100 EUR, da Höchstwertprinzip für Verbindlichkeiten).
> **Variante**
> Vergabe eines Darlehens von 90 USD beim Kurs USD/EUR von 0,9. Der Stichtagskurs beträgt 0,8 USD/EUR.
> **Erstverbuchung:** 90/0,9 = 100 EUR.
> **Stichtagsumrechnung:** 90/0,8 = 112,5 EUR (handelsrechtlich: weiterhin 100 EUR, da Niederstwertprinzip für Forderungen).

---

[3] Vgl. ERNST & YOUNG, International GAAP 2005, S. 553.

Bei als **veräußerbare Werte** *(available-for-sale assets)* qualifizierten Fremdkapitalinstrumenten ist das Umrechnungsergebnis nur zum Teil erfolgswirksam:
- Soweit die Wertänderung in fremder Währung auf die Amortisation von Disagien, Anschaffungsnebenkosten etc. entfällt und somit erfolgswirksamen Zinscharakter hat (→ § 28 Rz 158), ist der entsprechende Umrechnungserfolg ebenfalls in der GuV zu berücksichtigen.
- Soweit die Wertänderung in fremder Währung auf die Änderung der Bonitätseinschätzung, des Marktzinsniveaus etc. entfällt und damit erfolgsneutral behandelt wird, ist der entsprechende Umrechnungserfolg ebenfalls erfolgsneutral (IAS 39.AG83).

Bei als veräußerbare Werte qualifizierten Eigenkapitalinstrumenten (nichtmonetärer Posten) ist eine derartige Differenzierung nicht notwendig (Rz 18).

2.3 Folgebewertung nichtmonetärer Bilanzposten

2.3.1 Abgrenzung von monetären Posten

Zu den nichtmonetären Posten rechnen neben einfach zu qualifizierenden Fällen wie **Sachanlagen, immateriellen Vermögenswerten,** *goodwills* und **Vorräten** auch folgende Posten:

- erhaltene und geleistete **Anzahlungen** (IAS 21.16),[4] es sei denn, sie befinden sich wegen Leistungsstörung im Rückabwicklungsstadium und sind daher nicht mehr Sachverbindlichkeit bzw. Sachforderung, sondern Geldverbindlichkeit bzw. Geldforderung,
- sonstige **Sachleistungsforderungen** und sonstige **Sachleistungsverbindlichkeiten,**
- **Abgrenzungsposten,** z. B. für vorausbezahlte Mieten (IAS 21.16) einschließlich der Abgrenzungsposten für erhaltene Investitionszuwendungen,
- **Eigenkapital.**

Rückstellungen sind im Allgemeinen als monetärer Posten zu qualifizieren. Überwiegt der Sachleistungscharakter (Gewährleistungen usw.), ist eine andere Beurteilung geboten (IAS 21.16).

Aktien, GmbH-Anteile usw. gelten gem. IAS 39.IGE.3.3. als nichtmonetäre Posten (Rz 16 und 17). Es besteht, anders als in IAS 21.16 für monetäre Posten gefordert, **kein Recht auf Erfüllung** in Geld oder in *assets* mit einem bestimmbaren *fair value*.

2.3.2 Regelfall: Keine Stichtagsumrechnung nichtmonetärer Posten

Nichtmonetäre Posten, die zu (fortgeführten) Anschaffungs- oder Herstellungskosten zu bewerten sind, werden zum Stichtag nicht umgerechnet. Maßgeblich bleibt der Kurs am Tag der **Erstverbuchung** (IAS 21.23b). Die wörtliche Bestimmung, dass die Umrechnung zu Einstandskursen erfolge, ist formal richtig, aber inhaltlich irreführend. Tatsächlich findet z. B. bei Ma-

---

[4] Zur Abgrenzung zwischen nichtmonetären Anzahlungen (prepayments) und monetären Sicherungsleistungen ERNST & YOUNG, International GAAP 2005, S. 549.

Lüdenbach

schinen, die in fremder Währung angeschafft wurden, nur eine einzige Umrechnung zum Erwerbszeitpunkt statt. Zum späteren Bilanzstichtag wird nicht mehr umgerechnet.

16 Für Eigenkapitalinstrumente (Aktien usw.) ist der Kurs der Erstverbuchung jedoch nur dann maßgeblich, wenn der *fair value* nicht bestimmbar ist und deshalb die Bewertung hilfsweise zu Anschaffungskosten erfolgt (→ § 28 Rz 109).

2.3.3 Sonderfall: *fair-value*-Ansatz (Finanzinstrumente usw.), Zweifelsfall Niederstwertansatz (Anlagen, Vorräte)

17 Für nichtmonetäre Posten, die mit ihrem **beizulegenden Zeitwert** *(fair value)* bewertet werden, sieht IAS 21.23c eine Umrechnung zum **Stichtagskurs** vor. Bedeutung hat diese Regel vor allem für **Anteile** und **Beteiligungen** (Rz 14), daneben für zum *fair value* angesetzte Renditeliegenschaften (*investment properties*; → § 16 Rz 35). Zu Anteilen folgendes Beispiel:

Beispiel
Ein Unternehmen hat im Januar 01 100 US-Aktien zu einem Börsenkurs von 9 Dollar je Aktie erworben. Der USD/EUR-Kurs zum Anschaffungszeitpunkt betrug 0,9. Die Anschaffungskosten von 100 × 9 USD = 9.000 USD entsprechen somit zum Erstverbuchungszeitpunkt 9.000/0,9 = 10.000 EUR.
Zum Bilanzstichtag notiert die Aktie mit 9,5 Dollar. Der USD/EUR-Kurs beträgt nun 1,0. Die Aktien sind gem. IAS 39 zum Stichtag mit dem *fair value* anzusetzen (→ § 28). Er beträgt 9.500 USD. Die Umrechnung erfolgt zum Stichtagskurs also mit 9.500/1,0 = 9.500 EUR.

18 Die Wertänderung in fremder Währung nominierter Eigenkapitalinstrumente ist erfolgsmäßig einheitlich zu behandeln. Bei als veräußerbare Werte *(available-for-sale assets)* qualifizierten Anteilen (→ § 28 Rz 150ff.) ist daher **keine** Unterscheidung in Kurs- und Währungsergebnis notwendig. Die saldierte Wertänderung ist erfolgsneutral in das Eigenkapital einzustellen (IAS 39.AG83). Zur abweichenden Behandlung bei Fremdkapitalinstrumenten vgl. Rz 12.

19 Fraglich könnte sein, wie Fälle zu behandeln sind, in denen **Anlagevermögen** oder **Vorräte außerplanmäßig** abgeschrieben werden. Einerseits sind nicht mehr die AK/HK maßgeblich (keine Anwendung von IAS 21.23b). Andererseits entspricht der unter den Anschaffungskosten liegende erzielbare Betrag von Sachanlagen nach IAS 36 (→ § 11 Rz 17ff.) bzw. der unter den Anschaffungskosten liegende Netto-Veräußerungswert von Vorräten nach IAS 2 (→ § 17 Rz 13) nicht oder nur zufällig dem beizulegenden Zeitwert (keine wörtliche Anwendung von IAS 21.11c). Eine Regelungslücke entsteht hieraus jedoch nicht; denn nach IAS 21.25 ist der **Niederstwert** wie folgt zu bestimmen:

- Umrechnung der (fortgeführten) AK/HK mit dem Erstverbuchungskurs,

Lüdenbach

- Umrechnung des erzielbaren Betrages bzw. Nettoveräußerungswertes mit dem aktuellen Kurs.
- Ansatz des niedrigeren der beiden Werte.

Diese Regelung macht nur Sinn, wenn der Erlös oder sonstige Nutzen aus dem Vermögenswert in der fremden Währung anfällt.

> **Beispiel**
> Das Handelsunternehmen H hat Edelmetalle für 1.000.000 USD = 1.000.000 EUR erworben und beabsichtigt, sie nach dem Stichtag für 1.050.000 USD zu veräußern. Zwischen Transaktionstag und Stichtag hat der Dollar 10 % gegenüber dem Euro verloren.
> Historische Kosten: 1.000.000 USD = 1.000.000 EUR
> Nettoveräußerungswert: 1.050.000 USD = 945.000 EUR.
> Ansatz: 945.000 EUR
>
> **Variante**
> Die Weiterveräußerung soll zu 975.000 EUR erfolgen.
> Der Nettoveräußerungswert ist originär in Euro bestimmt. Eine Umrechnung ist weder notwendig noch sinnvoll.
> Ansatz: 975.000 EUR

Wenn, wie bei **Sachanlagen** der Regelfall, die Niederstwerte primär **absatzmarktorientiert** zu ermitteln sind und deshalb der Fremdwährungs-(Beschaffungs-)Markt irrelevant ist, kommt dem Stichtagskurs und damit den Regelungen von IAS 21.23c und IAS 21.25 keine Bedeutung zu.

20

> **Beispiel**
> Eine regionale deutsche Fluggesellschaft hat im Januar 01 ein Flugzeug in den USA für 900.000 USD = 900.000 EUR erworben und schreibt es auf 5 Jahre linear ab. Zum Bilanzstichtag 31.12.02 ist wegen einer Krise der Luftfahrtindustrie eine mögliche außerplanmäßige Abschreibung indiziert. Die Abschreibung kann nur dann unterbleiben, wenn Nettoveräußerungswert und/oder Nutzungswert nicht unter dem Buchwert von 800.000 EUR liegen.
> - Der **Nettoveräußerungswert** *(fair value less costs to sell)* bestimmt sich aus den Preisen des Gebrauchtflugzeugmarktes. Gibt es einen europäischen Markt, in dem Gebrauchtflugzeuge in Euro fakturiert werden, ist der Dollar-Stichtagskurs nicht unmittelbar relevant, da der Nettoveräußerungspreis i. S. v. IAS 36 auf den Absatzmarkt (für Gebrauchtflugzeuge) und nicht auf den Beschaffungsmarkt (für Neuflugzeuge) abstellt.
> - Der **Nutzungswert** *(value in use)* ergibt sich aus den abgezinsten zukünftigen Erträgen des Flugzeuges. Der Nutzungswert könnte zufällig mit dem Dollarkurs im Zusammenhang stehen, wenn die Erträge und laufenden Kosten überwiegend in Dollar anfielen. In diesem Fall

> würde aber der zukünftige und nicht der stichtagsbezogene Dollarkurs interessieren.
>
> Eine Umrechnung eines „Dollar-Niederstwertes" in Euro findet somit überhaupt nicht statt.

21 Wie der Niederstwert von Anlagevermögen wird auch der Niederstwert von Vorräten nach IFRS nicht beschaffungsmarktorientiert ermittelt. Nur zufällig, wenn die in fremder Währung angeschafften Vorräte auch in dieser fremden Währung (nach oder ohne Weiterverarbeitung) weiterveräußert werden sollen, ist der Stichtagskurs der fremden Währung von Bedeutung.

2.4 Behandlung der Umrechnungsdifferenzen

2.4.1 Grundregel: Erfolgswirksame Behandlung

22 Umrechnungsdifferenzen zwischen Erst- und Folgebewertung sowie zwischen jetzigem und vorherigem Bilanzstichtag sind **erfolgswirksam** zu erfassen (IAS 21.15). Wird z. B. eine Maschine auf Ziel in Dollar angeschafft und ist die Verbindlichkeit zum Stichtag noch nicht beglichen, so ist die sich bei der Verbindlichkeit ergebende Umrechnungsdifferenz nicht etwa als Änderung der Anschaffungskosten des Anlagevermögens zu behandeln, sondern als Aufwand oder Ertrag in der GuV.

Eine als Wahlrecht gestaltete Ausnahme von der Grundregel der erfolgswirksamen Behandlung bestand in IAS 21 (1993) für bestimmte Fälle der Anschaffung von Vermögenswerten auf Ziel in fremder Währung. Umrechnungsdifferenzen, die daraus resultieren, dass die eigene Währung **plötzlich** notleidend wird, konnten den Anschaffungskosten des erworbenen Vermögenswertes zugerechnet werden (IAS 21.21 (1993); → § 8 Rz 11). Dieses Wahlrecht ist fortgefallen. Für den deutschen Anwender hatte es, da der plötzliche Verfall der eigenen Währung gefordert war, ohnehin keine praktische Bedeutung.

2.4.2 Sonderfall: Umrechnung bei erfolgsneutraler Neu- und Zeitbewertung

23 Bestimmte Bewertungsergebnisse sind nach IAS 16 und IAS 38 sowie nach IAS 39 **erfolgsneutral** in das Eigenkapital einzustellen, und zwar Ergebnisse aus der

- **Neubewertung von Sachanlagen** (*revaluation*; → § 8 Rz 56ff.) und
- **Zeitbewertung von veräußerbaren Werten** (*available-for-sale assets*; → § 28 Rz 150ff.).

Nach IAS 21.22c sind in diesen Fällen auch nonmonetäre Vermögenswerte nicht mehr mit dem Einstandskurs fortzuführen, sondern mit dem Kurs zum Zeitpunkt der Feststellung des Neu- bzw. Zeitwertes. Die dabei entstehende Differenz zum bisherigen Umrechnungskurs teilt nach IAS 21.30 das Schicksal der Grundbewertung. Da das Ergebnis der Grundbewertung erfolgsneutral

Lüdenbach

im Eigenkapital zu berücksichtigen ist, muss auch die **Umrechnungsdifferenz erfolgsneutral** dort eingestellt werden (vgl. Rz 12).

3 Umrechnung von ausländischen Abschlüssen im Konzernabschluss

3.1 Theorie und Praxis der Währungsumrechnung

3.1.1 Funktionale Theorie

Für Zwecke eines in Euro aufzustellenden Konzernabschlusses müssen die Abschlüsse konsolidierungspflichtiger ausländischer Tochterunternehmen, assoziierter Unternehmen, Gemeinschaftsunternehmen *(joint ventures)* oder Niederlassungen mit Einzelabschlüssen in fremder Währung in Euro umgerechnet werden. Die Art der Umrechnung und ihre erfolgsmäßige Behandlung hängen gem. der **funktionalen Theorie** von der wirtschaftlichen Selbstständigkeit des konsolidierungspflichtigen Teils ab. Zu unterscheiden ist dabei

- zwischen wirtschaftlich **selbstständigen** Einheiten, deren Geschäftstätigkeit kein **integrierter Bestandteil** der Tätigkeit des Konzerns ist, und
- **unselbstständigen** ausländischen Einheiten, die in den Geschäftsbetrieb des Konzerns **integriert** sind.

24

Nach der **funktionalen Theorie der Währungsumrechnung** rechtfertigt sich die Unterscheidung wie folgt: Ist die ausländische Einheit überwiegend in lokaler Währung (oder sonstiger Drittwährung) tätig und finanziert sie sich überwiegend aus eigenen Mitteln oder jedenfalls nicht aus Fremdkapitalaufnahmen in Konzernwährung, so reagiert der operative *cash flow* dieser Einheit nur wenig auf Währungsschwankungen. Die ausländische Einheit gilt dann als **selbstständige Teileinheit** und wird zum Stichtagskurs erfolgsneutral konsolidiert, d. h. von ihrer eigenen funktionalen Währung (lokale Währung) in die abweichende funktionale Währung des Konzerns (i. d. R. zugleich Berichtswährung des Konzerns) umgerechnet. Im umgekehrten Fall, wenn die ausländische Einheit nur ein „**verlängerter Arm**" ist, d. h. ihre lokale Währung nicht ihre funktionale Währung darstellt, wird entsprechend der Behandlung eigener Fremdwährungsgeschäfte der Mutter eine **erfolgswirksame** Umrechnung in die funktionale Währung des Konzerns vorgenommen (Währungsumrechnung als Bewertungsvorgang).

25

Zur Bestimmung der funktionalen Währung und damit aus Sicht der Praxis (Rz 28) zur Abgrenzung zwischen selbstständigen und unselbstständigen, d. h. integrierten Einheiten enthält IAS 21.9 zwei Primär**indikatoren**. Soweit sie nicht zu einer eindeutigen Qualifizierung führen, sind ergänzend die in IAS 21.10 und 11 genannten weiteren sechs Indikatoren heranzuziehen (IAS 21.12). Eine Zusammenstellung der Indikatoren liefert die nachstehende Tabelle.

26

Kriterien zur Bestimmung der funktionalen Währung	selbstständige Einheit (funktionale Währung ≠ Konzernwährung)	integrierte Einheit (funktionale Währung = Konzernwährung)
Absatzpreise/ Umsatz IAS 21.9a	Preise vorwiegend durch lokale Währung* determiniert/Umsatz vorwiegend so fakturiert	Preise vorwiegend durch Konzernwährung determiniert/Umsatz vorwiegend so fakturiert
Personal-, Material-, sonstiger Aufwand IAS 21.9b	vorwiegend durch lokale Währung* determiniert	vorwiegend durch Konzernwährung determiniert
Finanzierung IAS 21.10a	vorwiegend aus lokalem Kapital*	vorwiegend aus Kapital in Konzernwährung
operative cash inflows IAS 21.10b	vorwiegend in lokaler Währung*	vorwiegend in Konzernwährung
Führung der Geschäfte IAS 21.11a	weitgehend unabhängig von denen des Konzerns	weitgehend abhängig von denen des Konzerns
Geschäftsvorfälle (Umsätze usw.) mit Konzern IAS 21.11b	kein großes Gewicht relativ zu Drittgeschäften (z. B. reine Vertriebsgesellschaft)	großes Gewicht von Konzerngeschäften
direkter Einfluss *cash flows* auf Konzern-*cash-flows* IAS 21.11c	gegeben	nicht gegeben
cash in Relation zu Verpflichtungen IAS 21.11d	eigene *cash flows* ausreichend, um Verpflichtungen selbst zu erfüllen	Verpflichtungen nur mit Rückgriff auf Konzernmittel erfüllbar

* oder Drittwährung

Tab. 2: Bestimmung der funktionalen Währung, Abgrenzung selbstständiger von integrierter Einheit

27   Schon die **primären** Bestimmungsfaktoren – determinierende Währung auf der Umsatz- und Kostenseite – lassen einigen Interpretationsspielraum:

> **Beispiel:**[5]
> Die inländische Mutter hat eine amerikanische Tochter, die Metalle in US-Dollar von Dritten einkauft und nach Weiterverarbeitung in Dollar weiterverkauft.
> Auf den ersten Blick liegt ein klarer Fall einer selbstständigen Tochter mit funktionaler Währung US-Dollar vor.
> Bei zweiter Betrachtung ist auch eine andere Beurteilung vertretbar: Ist es international wie bei vielen anderen Commodities üblich, die Metalle in US-Dollar zu fakturieren, weil der Metallmarkt ein globaler Markt und der Dollar die für globale Transaktionen notwendige liquide Währung ist, werden die Einstands- und Absatzpreise weniger durch den Dollar determiniert als durch das globale Verhältnis von Angebot und Nachfrage nach Metall. Der Dollar wäre in dieser Beurteilung nicht die funktionale Währung.

Noch offensichtlicher sind die Interpretationsspielräume in den Fällen, in denen einige Indikatoren in Richtung **Selbstständigkeit** und andere in Richtung **Integration** weisen. Eine ermessensbehaftete Gesamtwürdigung der Verhältnisse ist dann geboten (IAS 21.12). In der **Praxis** fällt sie wegen der leichteren Handhabung der Stichtagsumrechnung bisher fast immer **zu Gunsten der Selbstständigkeit** aus (Rz 28ff.). Selbst bei einer nur den Interessen der Muttergesellschaft dienenden, in diesem Sinne also abhängigen ausländischen Zweckgesellschaft (*Special Purpose Entity*; → § 32 Rz 59) wird dann für Zwecke der Währungsumrechnung eine Selbstständigkeit (eigene funktionale Währung) angenommen.[6]

3.1.2 Funktionslose Theorie? Währungsumrechnung in der Praxis

Bereits IAS 21 (1993) verfolgte – wenngleich in anderer Terminologie (Rz 10) – die funktionale Theorie der Währungsumrechnung und unterschied demgemäß bei der Umrechnung ausländischer Abschlüsse zwischen **selbstständigen** und **integrierten** ausländischen Einheiten. Der zur Abgrenzung beider Fälle in IAS 21.26 (1993) enthaltene Kriterienkatalog entspricht weitgehend dem jetzt in IAS 21.9ff. zur Bestimmung der funktionalen Währung vorgelegten. Beiden Standardfassungen zufolge ist die Auslegung der Kriterien, abgesehen von den Fällen, bei denen die Mehrheit der Indikatoren deutlich in die gleiche Richtung weist, eine Frage des **Ermessens** (*judgement*; IAS 21.26 (1993); IAS 21.12).

Von Interesse ist, wie dieses Ermessen bisher in der **Praxis** ausgeübt wurde. Die Umrechnung **selbstständiger** ausländischer Einheiten bereitet **wenig Aufwand**, da sie zu Stichtags- bzw. Jahresdurchschnittskursen erfolgt. Außerordentlich aufwändig wäre hingegen die Umrechnung unselbstständiger ausländischer Einheiten, da alle nichtmonetären Positionen, also insbesondere Sach- und immaterielle Anlagen, zu Einstandskursen umzurechnen sind. Bei

---

[5] In Anlehnung an KPMG, Insights into IFRS, 2006, Tz 2.7.40.80.
[6] KPMG, Insights, 2006, Tz 2.7.210.30.

einem Anlagevermögen, das aus Hunderten von Positionen mit unterschiedlichen Anschaffungszeitpunkten besteht, wären entsprechend Hunderte von Wechselkursen für die Umrechnung heranzuziehen. Untersucht man in dieser Hinsicht die IFRS-Rechnungslegungs**praxis großer (deutscher) Konzerne**, so ist Folgendes festzustellen: Umrechnungen zu individuellen Einstandskursen werden nicht vorgenommen. Durchweg findet sich in den Abschlüssen die Behauptung, dass „**sämtliche Tochterunternehmen** ihre Geschäfte **selbstständig** in ihrer Landeswährung betreiben."[7] Etwas seltener findet sich der Hinweis, dass dies nur für die wesentlichen Auslandsgesellschaften gelte, wobei dann die Frage offenbleibt, warum auch die weniger wesentlichen mit der Stichtagsmethode umgerechnet wurden.

Der Bilanzadressat muss annehmen, dass kaum ein deutscher Großkonzern in seinem durchweg umfangreichen Auslandsportfolio **unselbstständige** Vertriebs-, Einkaufs- oder Zuliefergesellschaften hält. Er mag sich aber, wie der zuweilen zu findende Hinweis auf die wesentlichen Auslandsgesellschaften nahe legt, in dieser Beurteilung auch täuschen: Das IFRS-*Framework* beschreibt die Abwägung von **Nutzen und Kosten** als „einen vorherrschenden Sachzwang (→ § 1 Rz 64). Der aus einer Information abzuleitende Nutzen muss höher sein als die Kosten für die Bereitstellung der Informationen. Die Abschätzung von Nutzen und Kosten ist jedoch im Wesentlichen eine Ermessensfrage" (F. 44). Dieses **Ermessen** könnte der Grund dafür sein, dass hervorragende akademische Arbeiten zur tatsachengetreuen und funktionsgerechten Währungsumrechnung in der Praxis ebenso wenig Widerhall finden wie die theoretisch überzeugenden Überlegungen des IASB.

Schon die ermessensbehaftete Prüfung, ob eine ausländische Einheit eher selbstständig oder unselbstständig ist (Rz 27), erfolgt offenbar eher nach der pragmatischen Regel „**im Zweifel für die Selbstständigkeit**". Nur für unselbstständige Einheiten, die auf dieser ersten Stufe nicht erledigt wurden, ist dann auf einer zweiten Stufe kritisch zu fragen, ob sie für den Konzern **wesentlich** sind und/oder ob den deutlich erhöhten **Kosten der Umrechnung** mit früheren Kursen ein noch höherer Nutzen gegenübersteht.

Die Beispiele der großen Konzerne zeigen, dass die Antwort recht gleichmäßig ausfällt, und erwecken den Eindruck, dass man weder sich noch dem Publikum die Anwendung unterschiedlicher Methoden zumuten möchte. Den **mittelständischen** IFRS-Anwender könnte diese herrschende Praxis der IFRS-Rechnungslegung ermuntern, die vermeintliche Unselbstständigkeit ausländischer Einheiten kritisch zu hinterfragen und, wo dies nicht hilft, ebenso kritisch Nutzen und Kosten einer Umrechnung zu Anschaffungskursen abzuwägen, um zu ähnlichen Resultaten zu gelangen wie die größeren Vorbilder.

Man mag – und muss aus theoretischer Sicht – ein solches Vorgehen tadeln. In der Praxis eines **zeitnahen Jahresabschlusses** *(fast close)* bleibt indes häufig **keine realistische Alternative**. Damit stellt sich aber die Frage, ob es nicht besser wäre, die praktischen Notwendigkeiten und den „vorherrschenden

---

[7] Vgl. hierzu auch von Keitz, Praxis der IASB-Rechnungslegung, 2003, S. 190.

Lüdenbach

Sachzwang" der Nutzen-Kosten-Abwägung von der Anwender- auf die Regelungsebene zu befördern. Einer einheitlichen und ehrlichen Rechnungslegung könnte mehr gedient sein, wenn IAS 21 die Umrechnung zu **Einstandskursen auf Ausnahmefälle** erhöhter Inflationen und erhöhter Abwertungen begrenzte, statt Praktikabilität und Kosten-Nutzen-Abwägung ausschließlich in die Hände des einzelnen Anwenders zu legen. Bis es so weit kommt, wird die Praxis fortfahren, IAS 21 nur zu 50 % zu verstehen und nur zur praktikablen Hälfte anzuwenden.

3.2 Umrechnung von Abschlüssen integrierter ausländischer Einheiten

3.2.1 Abgrenzung gegenüber selbstständigen Einheiten
Für die Abgrenzung integrierter gegenüber selbstständigen Einheiten wird auf Rz 24ff. verwiesen.

29

3.2.2 Umrechnung der Bilanz
Die Bilanz einer ausländischen integrierten Einheit ist so umzurechnen, als wären die Geschäftsvorfälle beim berichtenden Unternehmen (Konzern) selbst angefallen, da die lokale Währung der integrierten Einheit schon für diese selbst als Fremdwährung gilt (Rz 10). Anzuwenden sind somit die oben unter Rz 11ff. für Einzelabschlüsse genannten Grundsätze, d. h. insbesondere:

30

- Umrechnung aller **monetären** Werte zum **Stichtagskurs**,
- Umrechnung **nichtmonetärer** Posten regelmäßig zum Kurs des **Erstverbuchungszeitpunkts** (Rz 15), jedoch **ausnahmsweise** zum Stichtagskurs, wenn der nichtmonetäre Posten zum beizulegenden Zeitwert anzusetzen ist (z. B. Anteile) (Rz 17).

Ein Grundstück wird deshalb beispielsweise zu dem im Anschaffungszeitpunkt geltenden Wechselkurs umgerechnet, während börsennotierte Anteile (beizulegender Zeitwert) mit dem Stichtagskurs umgerechnet werden (Rz 17). Der Stichtagskurs ist darüber hinaus i. d. R. auch bei wertberichtigten Anlagegegenständen und Vorräten heranzuziehen (Rz 19). Der konzernbilanzielle Anwendungsbereich ist (theoretisch) größer als derjenige entsprechender Wertberichtigungsfälle in der Einzelbilanz (Rz 19f.). Die in der **Vorjahresspalte** für Vergleichzwecke anzugebenden Zahlen (→ § 2 Rz 19; *comparative amounts*) werden durch Kursänderungen in der aktuellen Berichtsperiode nicht tangiert. Es bleibt insoweit bei den im Vorjahresabschluss verwendeten Umrechnungskursen (IAS 21.39a).

31

3.2.3 Umrechnung der GuV
Die Posten der GuV einer ausländischen integrierten Einheit werden regelmäßig zu **Jahresdurchschnittskursen** umgerechnet. Bei stärkeren **Schwankungen** und/oder **saisonalem** Verlauf der Geschäfte ist der Kurs des Transaktionstages oder der Durchschnittskurs eines kleineren Zeitintervalls (z. B. Wochendurchschnittskurs) zu nehmen (Rz 11). Die **Vorjahresvergleichszahlen** (→ § 2 Rz 19)

32

werden nicht neu errechnet, sondern zu den im Vorjahr verwendeten Kursen (i. d. R. Durchschnittskurs des Vorjahres) geführt.

33 Die Umrechnung zu Jahresdurchschnittskursen würde bei planmäßigen **Abschreibungen** zu unangemessenen Ergebnissen führen. Wird der abzuschreibende Vermögenswert bzw. die Bemessungsgrundlage der Abschreibung zu Kursen des Erstverbuchungszeitpunktes umgerechnet, ist es sachgerecht, auch auf die Abschreibungen diesen Kurs anzuwenden, um so Anschaffungskosten, kumulierte Abschreibungen und Buchwert in Übereinstimmung zu bringen.

34 Ob aus ähnlichen Gründen der Betrag einer nicht (mehr) benötigten **Rückstellung** mit dem Kurs bei Bildung der Rückstellung umzurechnen ist,[8] scheint fraglich. Man müsste dann gegebenenfalls bei über mehrere Perioden laufenden Rückstellungen weiter zwischen ursprünglichem Kurs und letztem Stichtagskurs differenzieren. Die sich hieraus ergebenden Komplizierungen sind unter *materiality-* und *cost-benefit*-Gesichtspunkten (→ § 1 Rz 63ff.) nur ausnahmsweise gerechtfertigt.

35 Aus Vereinfachungs- und Kostengedanken werden regelmäßig auch **Vorräte** (nichtmonetäre Güter) bilanziell zum Stichtagskurs erfasst,[9] so dass dann auch gegen eine Umrechnung des **Materialaufwandes** mit dem Jahresdurchschnittskurs nichts einzuwenden ist.

3.2.4 Erfolgswirksame Berücksichtigung der Umrechnungsdifferenzen, Buchungstechnik

36 Da **Bilanz-** und **GuV**-Positionen einer ausländischen integrierten Einheit **nicht** mit einem **einheitlichen** Stichtagskurs, sondern mit unterschiedlichen Kursen umgerechnet werden, entsteht eine **Umrechnungsdifferenz**, die **erfolgswirksam** zu berücksichtigen ist. Technisch ist folgendes Vorgehen angezeigt:

- **Schritt 1:** Alle Salden werden mit dem für sie maßgeblichen Kurs umgerechnet, d. h. monetäre Positionen mit dem Stichtagskurs, nichtmonetäre Salden in der Regel mit dem Anschaffungskurs und GuV-Salden in der Regel mit dem Durchschnittskurs.

  Hierbei ist die Zusammensetzung eines Bilanzpostens bzw. eines Saldos zu beachten. Anlagevermögen, das zu unterschiedlichen Zeitpunkten angeschafft wurde, ist mit dem jeweiligen Einstandskurs umzurechnen. Entsprechend ist das Eigenkapital (ohne Jahresüberschuss, der sich aus der GuV ergibt) darauf zu untersuchen, zu welchen Kursen es entstanden ist. Bei Gewinnrücklagen und Gewinnvorträgen sind je nach Entstehungszeitpunkt unterschiedliche Umrechnungskurse zugrunde zu legen.

- **Schritt 2:** Die sich aus der Anwendung unterschiedlicher Umrechnungskurse ergebende Differenz von Soll- und Haben-Salden ist als Aufwand oder Ertrag in der GuV zu berücksichtigen.

- **Schritt 3:** Der sich auf diese Weise (nach Währungsaufwand, Währungsertrag) ergebende Jahresüberschuss ist in die Bilanz einzustellen.

---

[8] MUJKANOVIC/HEHN, WPg 1996, S. 605ff.
[9] OECHSLE/MÜLLER/DOLECZIK, IAS 21, Tz 59, in: BAETGE u. a., Rechnungslegung nach IAS.

Zum Ganzen folgendes Beispiel: **37**

> **Beispiel**
> Ein deutsches Unternehmen erwirbt zum 1.1.01 100 % der Anteile an einer amerikanischen Gesellschaft. Die Kurse betragen
> - zum 1.1.01: 1,2 EUR/USD;
> - zum 31.12.01: 1,4 EUR/USD, im Durchschnitt 01: 1,3 EUR/USD;
> - zum 31.12.02: 1,6 EUR/USD, im Durchschnitt 02: 1,5 EUR/USD.
>
> Nachfolgend zunächst die Bilanz zum 1.1.01 in USD und EUR.
>
> | Aktiva | | | 1.1.01 | | Passiva |
> |---|---|---|---|---|---|
> | | USD | EUR | | USD | EUR |
> | Maschinen | 150 | 180 | gez. Kap. | 200 | 240 |
> | Forderungen | 90 | 108 | RL | 40 | 48 |
> | | 240 | 288 | | 240 | 288 |
>
> In 01 wird bei Umsätzen von 75 und Abschreibungen von 50 ein Jahresüberschuss von 25 USD erzielt. Die Saldenliste ergibt sich danach wie folgt:
>
> | | USD | | × Kurs = | EUR | |
> |---|---|---|---|---|---|
> | | S | H | | S | H |
> | Maschinen | 100 | | × 1,2 | 120,0 | |
> | Forderungen | 165 | | × 1,4 | 231,0 | |
> | gez. Kapital | | 200 | × 1,2 | | 240,0 |
> | Rücklagen | | 40 | × 1,2 | | 48,0 |
> | Umsatz | | 75 | × 1,3 | | 97,5 |
> | Abschreibung | 50 | | × 1,2 | 60,0 | |
> | Summe I | 315 | 315 | | 411,0 | 385,5 |
> | Differenz (Ertrag, da Haben-Saldo) | | | | | 25,5 |
> | Summe II | | | | 411,0 | 411,0 |
>
> Hieraus ergeben sich GuV 01 und Bilanz 31.12.01 wie folgt:
>
> | | USD | | EUR |
> |---|---|---|---|
> | Umsatz | 75 | × 1,3 | 97,5 |
> | Abschreibung | −50 | × 1,2 | −60,0 |
> | Ertrag aus Umrechnung | | | 25,5 |
> | Jahresüberschuss | 25 | | 63,0 |

Aktiva		31.12.01		Passiva	
	USD	EUR		USD	EUR
Maschinen	100	120	gez. Kap.	200	240
Forderungen	165	231	Rücklagen	40	48
			JÜ	25	63
	265	351		265	351

In 02 wird bei Umsätzen von 130 und Abschreibungen von 50 ein Jahresüberschuss von 80 USD erzielt. Bei der Umrechnung des Eigenkapitals ist nunmehr als neue Komponente der Gewinnvortrag aus dem Jahresüberschuss des Vorjahres zu beachten. Er ist mit seinem ursprünglichen Eurowert, d. h. mit 63 EUR zu erfassen. Auf dieser Grundlage ergibt sich folgende Bilanz per 31.12.02:

Aktiva		31.12.02		Passiva	
	USD	EUR		USD	EUR
Maschinen	50	60	gez. Kap.	200	240
Forderungen	295	472	Rücklagen	40	48
			Gewinnvortrag	25	63
			JÜ*	80	181
	345	532		345	532

* im Jahresüberschuss enthalten: 46 EUR Umrechnungsertrag

3.2.5 Sonderfall I: Wertminderungen auf Anlagen und Vorräte

38 **Wertminderungen** auf Anlagen und Vorräte sind für Zwecke des Konzernabschlusses aus der **Perspektive des Konzerns** zu beurteilen. Möglicherweise sind dann zuvor im Abschluss der integrierten ausländischen Einheit berücksichtigte Verluste rückgängig zu machen. Umgekehrt können Wertminderungen auch im Rahmen der Konsolidierung erstmals zu berücksichtigen sein, da sie zwar aus Konzernperspektive, aber nicht aus Perspektive des ausländischen Geschäftsbetriebes eingetreten sind.

39 Nach IAS 21.25 sind **Anlagewerte**, die zum niedrigeren erzielbaren Betrag, und **Vorräte**, die zum Netto-Veräußerungswert angesetzt werden, nicht mit den bisherigen Kursen, sondern i. d. R. mit Kursen des Abwertungszeitpunktes anzusetzen. Ist die Abwertung währungsbedingt, ergibt sich hier die aus Konzernsicht zutreffende Beurteilung tendenziell schon von alleine.

40 Hierzu folgendes Beispiel:

> **Beispiel**
> Das ausländische Tochterunternehmen TU hat zum Jahresanfang Vorräte in EUR erworben, die überwiegend auch in EUR weiterveräußert werden. Die eigene Währung des TU wird in 01 erheblich gegenüber dem EUR aufgewertet. Der Nettoveräußerungspreis der Vorräte in EUR bleibt kon-

stant. Der Nettoveräußerungspreis in TU-Währung sinkt demzufolge. Das TU nimmt deshalb im Einzelabschluss eine außerplanmäßige Abschreibung auf die Vorräte vor.
Die Umrechnung des Einzelabschlusses in EUR erfolgt hinsichtlich der abgeschriebenen Vorräte nicht zum Einstands-, sondern zum Stichtagskurs. Hierdurch hebt sich die Abwertung, die aus Konzernsicht (EUR) nicht gegeben ist, tendenziell auf.
Zahlenbeispiel:
- Anschaffung für 100 EUR beim Kurs 1 EUR/1 TU.
- Stichtagskurs 1 EUR/2 TU,
- deshalb Abwertung in TU-Währungs-Abschluss auf 50 TU.
- Umrechnung TU-Abschluss in EUR: 50 × 2 = 100 EUR. Hieraus ergibt sich ein „Umrechnungsgewinn" von 50 EUR, der aber tatsächlich aufgrund des aus Konzernsicht nicht gegebenen Abwertungsbedarfs zu neutralisieren ist.
- Sachgerechte Umbuchung: „Umrechnungsertrag an Abschreibung Vorräte".

3.2.6 Sonderfall II: Währungsverluste auf konzerninterne Forderungen und Schulden

In der Einzelbilanz der integrierten ausländischen Einheit oder der inländischen Mutter können währungsbedingte Verluste oder Gewinne auch aus **konzerninternen Forderungen und Verbindlichkeiten** entstehen. Derartige Umrechnungsdifferenzen gleichen sich im Rahmen der Konsolidierung aus:

41

Beispiel (vgl. Rz 54)
Die inländische Mutter MU gewährt der integrierten amerikanischen Tochter TU Ende 01 zum Erwerb eines Grundstücks ein Darlehen von 1 Mio. EUR bei einem Wechselkurs von 1/1. Zum Bilanzstichtag 02 hat sich der Kurs des Dollars auf 1,1 USD/1,0 EUR verschlechtert, sodass TU in ihrer USD-Bilanz eine Verbindlichkeit von nunmehr 1,1 Mio. USD und in der GuV einen korrespondierenden Verlust von 0,1 Mio. USD ausweist. In der GuV der MU ist bei unveränderter Forderung von 1 Mio. EUR kein Ertrag entstanden.
Der USD-Abschluss der TU ist für Konzernzwecke in Euro umzurechnen. Bei Ausklammerung übriger Bilanz- und GuV-Positionen entsteht folgende Umrechnungsdifferenz:
a) Die Bilanz weist im hier zu betrachtenden Ausschnitt keine Vermögensänderung aus.
- Das Grundstück wird unverändert mit dem Einstandskurs von 1/1, d. h. mit 1 Mio. EUR angesetzt.
- Die Verbindlichkeit von 1,1 Mio. USD hat mit dem aktuellen Kurs von 1,0 USD/1,1 EUR unverändert einen Umrechnungswert von 1 Mio. EUR.

> b) Dem unveränderten Vermögen – Gewinn aus Sicht der Vermögensvergleichsrechnung = Null – steht im Einzelabschluss ein GuV-Verlust von 100 TUSD bzw. bei einem Durchschnittskurs von 1,05/1,00 von 100 TUSD/1,05 = 95 TEUR gegenüber. In entsprechender Höhe entsteht eine Differenz zwischen Soll- und Haben-Salden, die durch Ansatz eines Umrechnungsertrages auszugleichen ist (Rz 36ff.). Somit:
>
> | | |
> |---|---|
> | Währungsverlust Einzelbilanz TU | 95 TEUR |
> | Ertrag Umrechnung für Konzern | 95 TEUR |
> | Summe | 0 TEUR |
>
> Begründet ist dieses Ergebnis in der funktionalen Währung der US-Tochter. Da sie unselbstständig ist, ist der Euro ihre funktionale Währung. Einzelbilanziell tritt ein Umrechnungserfolg aus Euro-Darlehen nur in dem in US-Dollar, also „falscher" Währung, erstellten Einzelabschluss auf. Bei Erstellung des Abschlusses in der funktional „richtigen" Währung, nämlich in Euro, wäre schon einzelbilanziell kein Umrechnungsverlust entstanden.

Für die Behandlung konzerninterner Differenzen bei **selbstständigen** ausländischen Einheiten wird auf Rz 54 verwiesen.

3.2.7 Umklassifizierung in selbstständige Einheit, Wechsel der funktionalen Währung

42 Wird eine bisher integrierte ausländische Einheit zu einer selbstständigen Einheit, so ändert sich die Methode der Währungsumrechnung. Alle Posten, auch die nichtmonetären, sind zum Wechselkurs des Änderungszeitpunkts umzurechnen. Die resultierenden Beträge gelten als neue historische Kostenbasis. Eine Einstellung aufgelaufener Differenzbeträge in das Eigenkapital, wie bei Umrechnung einer selbstständigen Einheit, erfolgt jedoch nicht. Die Regeln zur Umrechnung selbstständiger Einheiten sind nur **prospektiv**, ab dem Datum des Wechsels der funktionalen Währung anzuwenden (IAS 21.35).

3.3 Umrechnung von Abschlüssen selbstständiger ausländischer Einheiten

3.3.1 Abgrenzung zu integrierten Einheiten

43 Für die Abgrenzung der selbstständigen Teileinheit gegenüber der integrierten ausländischen Einheit wird auf Rz 24ff. verwiesen.

3.3.2 Umrechnung der Bilanz

44 Bei der Umrechnung der Bilanzposten selbstständiger Einheiten ist nicht zwischen monetären und nichtmonetären Posten zu differenzieren. Vielmehr sind **sämtliche Vermögenswerte und Schulden zum Stichtagskurs** umzurechnen (IAS 21.39a).

45 Ausgenommen von der Stichtagsbewertung ist lediglich das Eigenkapital. Der Eigenkapital-Anfangsbestand, d. h. das **Eigenkapital der Vorjahre**, wird weiter mit seinen jeweiligen **Einstandskursen** fortgeführt. Es muss nicht erneut um-

gerechnet werden. Der Jahresüberschuss des laufenden Jahres ergibt sich aus der GuV.

Als **Einstandskurse** der Eigenkapitalvorträge gelten:
- für das bereits bei Erstkonsolidierung **vorhandene** Eigenkapital die Kurse des Erstkonsolidierungszeitpunkts;
- für die **Kapitalzuführungen späterer Jahre** die Kurse der Zuführungszeitpunkte;
- für die nach **Erstkonsolidierung** thesaurierten Gewinne die Stichtagskurse des jeweiligen Gewinnentstehungsjahres;
- für die in das *other comprehensive income* eingestellten **Ergebnisse** aus Neubewertung, *available-for-sale assets* usw. die Stichtagskurse des Einstellungszeitpunkts.

Eine Umrechnung des Eigenkapitals mit aktuellen Stichtagskursen wird ebenfalls für zulässig gehalten, sofern die Differenz zum Einstandskurs nicht in die Währungsumrechnungsrücklage, sondern in die allgemeinen Gewinnrücklagen eingestellt wird.[10] Eine Vereinfachung bringt ein solches Vorgehen nicht, da für Zwecke der Differenzfeststellung auch hier in einer (Neben-)Rechnung die ursprünglich gültigen Kurse zu berücksichtigen sind.

Die in der **Vorjahresspalte** für Vergleichszwecke (→ § 2 Rz 19) anzugebenden Zahlen *(comparative amounts)* werden durch Kursänderungen in der aktuellen Berichtsperiode nicht tangiert. Es bleibt insoweit bei den im Vorjahresabschluss verwendeten Umrechnungskursen (IAS 21.39a). Ausnahmen bestehen für den Fall, dass sowohl die funktionale Währung der selbstständigen Einheit als auch die des Konzerns hyperinflationär sind (IAS 21.42a).

46

3.3.3 Umrechnung der GuV
Sämtliche Ertrags- und Aufwandsposten sind zu den Kursen des Transaktionszeitpunktes, bei nicht zu großen Währungsschwankungen aus Vereinfachungsgründen mit **Durchschnittskursen** (Rz 11) umzurechnen (IAS 21.39b i. V. m. IAS 21.40). Hinsichtlich der **Vorjahresvergleichszahlen** (→ § 2 Rz 19) bleibt es i. d. R. bei der Umrechnung zum Vorjahresdurchschnittskurs (IAS 21.39b). Zu Ausnahmen wird auf Rz 45 verwiesen.

47

3.3.4 Ermittlung der Umrechnungsdifferenzen, Einstellung in das Eigenkapital
Auch bei der Umrechnung selbstständiger Teileinheiten nach der Stichtagsmethode ergeben sich im System der Doppelten Buchführung Umrechnungsdifferenzen, da nicht sämtliche Soll- und Haben-Salden zum Stichtagskurs umgerechnet werden, sondern abweichend davon das Alteigenkapital mit Einstands- und die GuV mit Durchschnittskursen. Es entsteht eine buchhalterische **Umrechnungsdifferenz**, die **erfolgsneutral** in das Eigenkapital einzustellen ist (IAS 21.39c). Die Umrechnungsdifferenz wird dort unter geeigneter Bezeichnung, z. B. als „Währungsumrechnungsrücklage" oder als „Differenz aus der Währungsumrechnung" separat festgehalten. Soweit Min-

48

---

[10] ERNST & YOUNG, International GAAP 2005, S. 555.

Lüdenbach

derheiten an der selbstständigen ausländischen Einheit beteiligt sind, ist der entsprechende Teil der Umrechnungsdifferenz mit dem Minderheitenanteil zu verrechnen (IAS 21.41)

49 Technisch ermittelt sich die Umrechnungsdifferenz als Summe aus folgenden Beträgen:

- **Wertänderung des Eigenkapitals:** Eigenkapitalanfangsbestand, multipliziert mit der Differenz aus neuem und alten Stichtagskurs.
- **Differenz GuV:** Jahresergebnis, multipliziert mit der Differenz aus Stichtagskurs und Durchschnittskurs (bzw. Transaktionskurs).

50 Änderungen des Kapitals durch **Ausschüttung, Kapitalherabsetzungen, Kapitalzuführungen** usw. sind zusätzlich zu berücksichtigen. Wird etwa ein Jahresergebnis in 01 von 100 USD zum Durchschnittskurs 01 von 1,2 in EUR umgerechnet (120 EUR), aber in 02 bei einem Kurs von 1,4 ausgeschüttet (140 EUR), so ergibt sich eine zu berücksichtigende Differenz in Höhe von 20.

51 Zum Ganzen folgendes Beispiel:

> **Beispiel**
> Im nachfolgenden Beispiel werden die genannten Grundsätze auf das unter Rz 37 wiedergegebene Beispiel angewendet:
> - Kurs bis 1.1.01: 1,2 EUR/USD;
> - Kurs 31.12.01: 1,4 EUR/USD;
> - Kurs 31.12.02: 1,6 EUR/USD.
>
> Vereinfacht wird angenommen, dass der Wechselkurs bis zum 1.1.01 konstant war, es also in der Bilanz 1.1.01 keine Währungsdifferenz gibt. (Bei einer realistischen Annahme würde das Währungsdifferenzkonto bereits per 1.1.01 einen Saldo ausweisen. Im Gegenzug würde das Eigenkapital per 1.1.01 andere Einstandskurse ausweisen.)
>
> Unterschiede zu der unter Rz 37 vorgenommenen Umrechnung ergeben sich also erst zum 31.12.01, und zwar dort bei den Positionen Maschinen und Jahresüberschuss sowie bei der Position Währungsdifferenz.
>
> | Aktiva | | | 1.1.01 | | Passiva | |
> |---|---|---|---|---|---|---|
> | | USD | EUR | | | USD | EUR |
> | Maschinen | 150 | 180 | gez. Kap. | | 200 | 240 |
> | Forderungen | 90 | 108 | RL | | 40 | 48 |
> | | 240 | 288 | | | 240 | 288 |
>
> - Das **Eigenkapital** ist mit den Einstandskursen fortzuführen.
> - Alle Aufwendungen und Erträge 01 und damit einfacher der **Jahresüberschuss 01** sind zum Jahresdurchschnittskurs umzurechnen. Der Jahresüberschuss in EUR beträgt demnach: 25 × 1,3 = 32,5.

Die **Umrechnungsdifferenz 01** ergibt sich wie folgt:

EK Jahresanfang × (neuer − alter Stichtagskurs) = 240 × 0,2	48,0
JÜ × (Stichtagskurs − Durchschnittskurs) = 25 × 0,1	2,5
Dividende × (Entstehungskurs − Transaktionskurs)	0,0
Summe =	50,5

Hieraus resultiert bei Umrechnung der übrigen Bilanzposten zum Stichtagskurs folgende Bilanz per 31.12.01:

Aktiva			31.12.01		Passiva
	USD	EUR		USD	EUR
Maschinen	100	140	gez. Kap.	200	240
Forderungen	165	231	Rücklagen	40	48
			Währungsdiff.		50,5
			JÜ	25	32,5
	265	371		265	371

Bei Abschreibungen in 02 auf die Maschinen von 50 USD, einem Jahresüberschuss 02 von 80 USD ergibt sich Folgendes per 31.12.02:

- Das **Eigenkapital** ist mit den Einstandskursen fortzuführen, d. h. das schon per 1.1.01 vorhandene Eigenkapital (gezeichnetes Kapital und Rücklagen) weiter mit 1,2, der thesaurierte Gewinn 01 (nun Gewinnvortrag) weiter mit dem Jahresdurchschnittskurs 01 von 1,3.
- Alle Aufwendungen und Erträge 02 und damit (einfacher) der **Jahresüberschuss 02** sind zum Jahresdurchschnittskurs umzurechnen. Der Jahresüberschuss in Euro beträgt demnach: 80 × 1,5 = 120.

Die neu zu berücksichtigende **Umrechnungsdifferenz** ergibt sich technisch wie folgt:

EK Jahresanfang × (neuer − alter Stichtagskurs) = 265 × 0,2 =	53,0
JÜ × (Stichtagskurs − Durchschnittskurs) = 80 × 0,1 =	8,0
Dividende × (Entstehungskurs − Transaktionskurs) =	0,0
Summe Zuführung	61,0
+ Vortrag Währungsdifferenzkonto	50,5
= Währungsdifferenzkonto per 31.12.02	111,5

Dass es sich bei dem Betrag von 61 nur um den **Zuführungsbetrag** (nicht um den Endbestand) handelt, ergibt sich u. a. daraus, dass die Eigenkapitalumrechnungsdifferenz von 53,0 nur die Wertänderung zwischen 1.1.02 und 31.12.02 (nicht die Wertänderung in 01) wiedergibt.

Lüdenbach

Hieraus resultiert insgesamt folgende Bilanz per 31.12.02:

Aktiva	31.12.02				Passiva
	USD	EUR		USD	EUR
Maschinen	50	80	gez. Kap.	200	240
Forderungen	295	472	Rücklagen	40	48
			Gewinnvortrag	25	32,5
			Währungsdiff.		111,5
			JÜ	80	120
	345	552		345	552

3.3.5 Erfolgsrealisierung beim (Teil-)Abgang der Einheit

52 Die Währungsdifferenzen können **nicht auf** „ewig" erfolgsneutral im Eigenkapital verbleiben. Beim Abgang einer wirtschaftlich selbstständigen Einheit sind die bis dahin aufgelaufenen Umrechnungsdifferenzen in den **Abgangserfolg** mit einzubeziehen (IAS 21.48). Als Abgang gelten nicht nur der **Verkauf** und die **Liquidation**, sondern auch **die Kapitalrückzahlung** einschließlich bestimmter Dividenden (IAS 21.48f.). Eine Dividende ist dann als Abgang („**Superdividende**") zu qualifizieren, wenn sie wirtschaftlich eine (Teil-)Rückzahlung des Investments darstellt. Dies wäre etwa der Fall, wenn ein mit erheblichem thesaurierten Gewinn erworbenes Tochterunternehmen diese Altrücklagen auskehrte. Bei einem **Teilabgang** *(partial disposal)* ist nach dem Wortlaut von IAS 21.49 ein proportionaler Teil *(a proportionate share)* der Währungsrücklage aufzulösen. Der Begriff *„proportionate share"* ist u. E. nicht rein mathematisch im Sinne einer Prozentrechnung zu interpretieren, sondern inhaltlich als „dem abgehenden Teil entsprechend" zu verstehen. Ein prozentuales Vorgehen wäre jedenfalls unangemessen, wenn es klare Zuordnungen der Währungsumrechnungsdifferenz zu einzelnen Teilen des Investments in die ausländische Einheit gibt. Dies ist insbesondere bei der Einbeziehung von Forderungen/Verbindlichkeiten in das Investment der Fall (Rz 54 und 58).[11]

3.3.6 Sonderfall I: *goodwill* und Minderheitenanteil

53 Der beim Erwerb einer selbstständigen Einheit entstehende *goodwill* sowie die dabei aufgedeckten stillen Reserven konnten nach IAS 21.33 (1993) für Zwecke der Währungsumrechnung wahlweise der **Teileinheit oder dem berichtenden Konzern** zugeordnet werden. Im zweiten Fall wurden die Einstandskurse fortgeführt. Die Fortschreibung von *goodwill* und stillen Reserven blieb von Wechselkursänderungen unberührt. Im ersten Fall war/ist eine jährliche Neuberechnung zu Stichtagskursen vorzunehmen. Die entstehenden Umrechnungsdifferenzen waren/sind dabei erfolgsneutral zu behandeln. Mit der Neufassung von IAS 21 im Dezember 2003 ist das **Wahlrecht entfallen**. Der *goodwill* sowie die aufgedeckten stillen Reserven und Lasten *(fair va-*

---

[11] Generell für ein prozentuales Vorgehen hingegen: KPMG, Insights into IFRS, 2006, Tz 163.

lue adjustments) sind als Vermögenswerte bzw. Schulden der ausländischen Einheit zu betrachten (IAS 21.47). Die Neufassung ist nur prospektiv anzuwenden, d. h. auf Unternehmenserwerbe, die ab der Periode der erstmaligen Anwendung von der Neufassung von IAS 21 (d. h. ab 2005) getätigt werden (IAS 21.59).

Folgende Konsequenzen ergeben sich für die **Erst-** und **Folge**konsolidierung:
- Der Kaufpreis muss im Rahmen der **Erstkonsolidierung** zum Kurs des Erwerbszeitpunktes in die funktionale Währung des ausländischen Geschäftsbetriebes umgerechnet werden. Nach Bewertung der übernommenen Vermögenswerte und Schulden zum beizulegenden Zeitwert (Aufdeckung stiller Reserven) wird der verbleibende Unterschiedsbetrag *(goodwill)* ebenfalls in der funktionalen Währung des ausländischen Geschäftsbetriebes in dessen Bilanz eingestellt. Hierdurch erhöht sich dessen konsolidierungstechnisches Eigenkapital. Erst danach wird die Währungsumrechnung wie gewohnt durchgeführt. Bei der Erstkonsolidierung entspricht dadurch der Wert des konsolidierungstechnischen Eigenkapitals der Tochter in Berichtswährung (Euro) der bei der Muttergesellschaft bilanzierten Beteiligung. Differenzen bei der Kapitalkonsolidierung entstehen nicht.
- Bei der **Folgekonsolidierung** wird der nun in der funktionalen Währung des ausländischen Geschäftsbetriebes bilanzierte *goodwill* jeweils zum Kurs des Bilanzstichtages umgerechnet. Dadurch verändert sich der ausgewiesene Wert des *goodwill* zu jedem Bilanzstichtag. Bei den sehr großen *goodwill*-Beträgen in den Bilanzen vieler Konzerne kann es bei entsprechenden Währungsschwankungen zu erheblichen Abweichungen beim Ansatz des *goodwill* zwischen den Bilanzstichtagen kommen.

Wenn das Mutterunternehmen nicht zu 100 % an seinem zu konsolidierenden Tochterunternehmen beteiligt ist, müssen im Konzernabschluss **Minderheitenanteile** ausgewiesen werden. Der *goodwill* ist in der funktionalen Währung der Tochtergesellschaft in deren (IFRS II-)Abschluss einzustellen. Erst danach wird die Währungsumrechnung durchgeführt. Die bei der Folgekonsolidierung entstehenden Währungsdifferenzen auf den *goodwill* sind jedoch ausschließlich dem Mehrheitsgesellschafter zuzurechnen, da die Minderheit zwar am Vermögen inklusive der stillen Reserven, nicht aber am *goodwill* beteiligt ist (→ § 31 Rz 107). Der auf die Minderheiten entfallende Anteil der Währungsdifferenzen muss daher in einer Nebenrechnung ermittelt werden. Hierzu nachfolgend ein **Beispiel** unter der Annahme eines 20%igen Minderheitenanteils und eines Erstkonsolidierungskurses von 1,2 sowie eines Stichtagskurses von 1,4.

	USD	Kurs	100 %	80 %	20 %
EK IFRS zum Stichtag	100	1,4	140		
dito bei Erstkonsolidierung	100	1,2	120		
Kursdifferenz			20	16	4
Stille Reserven zum Stichtag	500	1,4	700		
dito bei Erstkonsolidierung	500	1,2	600		
Kursdifferenz			100	80	20
goodwill zum Stichtag	1.520	1,4	2.128		
dito bei Erstkonsolidierung	1.520	1,2	1.824		
Kursdifferenz			304	304	0
Gesamte Kursdifferenzen			**424**	**400**	**24**

Tab. 3: Beispiel zur Zuordnung von Umrechnungsdifferenzen auf den Minderheitenanteil[12]

3.3.7 Sonderfall II: Währungsverluste auf konzerninterne Forderungen und Schulden

54 In der Einzelbilanz der ausländischen Tochter oder der inländischen Mutter können währungsbedingte Verluste oder Gewinne auch aus konzerninternen **Forderungen und Verbindlichkeiten** entstehen. Derartige **Umrechnungsdifferenzen** sind im Rahmen der Konsolidierung **nicht zu neutralisieren** (IAS 21.45).

> **Beispiel** (vgl. Rz 41)
> Die inländische Mutter MU gewährt der selbstständigen amerikanischen Tochter TU Ende 01 zum Erwerb eines Grundstücks ein Darlehen von 1 Mio. EUR bei einem Wechselkurs von 1 USD/1 EUR. Zum Bilanzstichtag 02 hat sich der Kurs des Dollar auf 1,1 USD/1,0 EUR verschlechtert, sodass TU in ihrer USD-Bilanz eine Verbindlichkeit von nunmehr 1,1 Mio. USD und in der GuV einen korrespondierenden Verlust von 0,1 Mio. USD ausweist. In der GuV der MU ist bei unveränderter Forderung von 1 Mio. EUR kein Ertrag entstanden.
> Der US-Dollar-Abschluss der TU ist für Konzernzwecke in Euro umzurechnen.
> - Das Grundstück ist mit dem aktuellen Kurs von 1,1 USD/1 EUR, d. h. mit 909 TEUR anzusetzen.
> - Die Verbindlichkeit von 1,1 Mio. USD hat mit dem aktuellen Kurs von 1,1 USD/1,0 EUR unverändert einen Umrechnungswert von 1 Mio. EUR.

---

[12] Nach LINGNER, PiR 2005, S. 99ff.

- Aus Sicht der **Vermögensvergleichsrechnung** (Nettovermögen Periodenende minus Nettovermögen Periodenanfang) ist ein Verlust von 91 TEUR entstanden.
- Dem steht ein **GuV**-Verlust von 100 TUSD entsprechend 95 TEUR bei einem angenommenen Durchschnittskurs von 1,05/1,00 gegenüber.

Nur die Differenz von 4 TEUR zwischen zum Durchschnittskurs ermitteltem GuV-Verlust und zum Stichtagskurs ermitteltem Vermögensvergleichsverlust stellt eine konsolidierungstechnische Umrechnungsdifferenz dar und ist damit erfolgsneutral in die Rücklage für Währungsdifferenzen einzustellen.

JFB zum Durchschnittskurs = 100/1,05 =	95 TEUR
– JFB zum Stichtagskurs = 100/1,1 =	– 91 TEUR
= erfolgsneutrale Umrechnungsdifferenz (Rz 48)	4 TEUR

Der Währungsverlust von 100 TUSD/1,1 = 91 TEUR geht hingegen in das Konzernergebnis ein.

Dass (einzelbilanzielle) Währungsverluste oder -gewinne aus konzerninternen Forderungen und Schulden im Rahmen der Konsolidierung **nicht eliminiert** werden, mag aus Sicht der **Einheitstheorie** befremden: Die wirtschaftliche Einheit Konzern verleiht das Geld nur an sich selbst und scheint hieraus kein Währungsergebnis erzielen zu können. Die Nichteliminierung der einzelbilanziellen Ergebnisse ist aber Konsequenz der wirtschaftlichen Selbstständigkeit der ausländischen Einheit (Rz 26). Die ausländische Einheit ist dann als selbstständig zu qualifizieren, wenn sie ihre *cash flows* überwiegend in lokaler Währung generiert.

Aus dieser Sicht lässt sich das obige Beispiel ökonomisch wie folgt interpretieren: Um das mit 1 Mio. EUR = 1 Mio. USD aufgenommene Darlehen zurückzuzahlen, hätte die amerikanische Tochter bei unveränderten Wechselkursen einen *cash flow* von 1 Mio. USD erwirtschaften müssen. Bei auf 1,1/1,0 verschlechtertem Dollarkurs muss sie 1,1 Mio. USD, d.h. zusätzlich 100 TUSD bzw. 91 TEUR für die Rückzahlung erwirtschaften. Dieses Zusatzerfordernis hat auch aus der einheitstheoretischen Sicht des Konzerns Bestand: Der Konzern muss (durch seine ausländische Tochter) zusätzliche 100 TUSD erzielen, um die mit der Finanzierung bewirkte Investition zu amortisieren. Währungserfolge aus konzerninternen Forderungen/Schulden gegenüber einer selbstständigen ausländischen Einheit können nur dann vermieden werden, wenn die **Forderung/Schuld als Teil des Nettoinvestments** *(net investments)* in die ausländische Einheit, d.h. als Quasi-Eigenkapital, zu qualifizieren ist. IAS 21.32 bestimmt, dass in diesem Fall die **Umrechnungsdifferenz erfolgsneutral** im Eigenkapital zu erfassen ist. Sie ist von dort in dem Zeitpunkt erfolgswirksam umzubuchen, indem die selbstständige ausländische Einheit ganz oder teilweise veräußert wird. Als Teilveräußerung *(partial disposal)* ist

55

u. E. auch die Tilgung der als *net investment* behandelten Forderung/ Verbindlichkeit anzusehen. Zum Ganzen folgendes Beispiel:

> **Beispiel**
> MU gründet Anfang 01 gegen eine Bareinlage von 10 TEUR die amerikanische Tochter TU. TU gewährt 5 TUSD sofort als Darlehen zurück. TU erzielt in allen Perioden Ergebnisse von 0. Der Dollarkurs fällt kontinuierlich. MU erzielt Währungsgewinne aus dem Kursverlust des Dollars, weil der für die (fiktive) Tilgung aufzuwendende Euro-Betrag entsprechend sinkt. Ende 02 wird das Darlehen tatsächlich zurückgezahlt, Anfang 03 wird TU zu 8,34 TEUR veräußert.
> Zunächst die Bilanzen und Konzernerfolge für den Fall, dass das Darlehen nicht als (negativer) Teil des *net investment* betrachtet wird, dann für den umgekehrten Fall:
>
> **Gründung**
> **01.01.01**   1,00   USD/EUR
>
> Bilanz TU
>
> | | USD | EUR | | USD | EUR |
> |---|---|---|---|---|---|
> | Vorräte | 5,00 | 5,00 | StKap | 10,00 | 10,00 |
> | Forderung | 5,00 | 5,00 | | | |
> | | 10,00 | 10,00 | | 10,00 | 10,00 |
>
> **FALL 1: FORDERUNG KEIN TEIL DES *NET INVESTMENT* (Rz 54)**
>
> **31.12.01**   1,10   USD/EUR
>
> Bilanz TU
>
> | | USD | EUR | | USD | EUR |
> |---|---|---|---|---|---|
> | Vorräte | 5,00 | 4,55 | StKap | 10,00 | 10,00 |
> | Forderung | 5,00 | 4,55 | JÜ | 0,00 | 0,00 |
> | | | | WUD | | −0,91 |
> | | 10,00 | 9,09 | | 10,00 | 9,09 |
>
> Berechnung WUD (Rz 48ff.):
>
> | | |
> |---|---:|
> | EK neuer Kurs | 9,09 |
> | EK alter Kurs | −10,00 |
> | WUD 31.12.01 | −0,91 |

31.12.02		1,20	USD/EUR		
			Bilanz TU		
	USD	EUR		USD	EUR
Vorräte	5,00	4,17	StKap	10,00	10,00
Forderung	0,00	0,00	GewinnV	0,00	0,00
Bank	5,00	4,17	JÜ	0,00	0,00
			WUD		−1,66
	10,00	8,34		10,00	8,34

Berechnung WUD:

EK neuer Kurs	8,34
EK alter Kurs	−9,09
Zuführ. WUD	−0,75
Vortrag WUD	−0,91
WUD 31.12.02	−1,66

Veräußerung Anfang 03 für 8,33 EUR
Mit der Veräußerung gehen die Vermögenswerte der TU (Vorräte und Bank) gegen Geld ab.
Außerdem ist die Währungsumrechnungsdifferenz erfolgswirksam aufzulösen, daher folgende **Entkonsolidierungsbuchungen**:

Soll		Haben	
Geld	8,34	Vorräte	4,17
Aufwand	1,66	Bank	4,17
		WUD	1,66
	10,00		10,00

Der Erfolg des Konzerns (der jeweiligen Periode) ermittelt sich aus
(a) dem Ergebnis der TU (jeweils 0),
(b) dem Ergebnis der MU (jeweils Währungsertrag) und
(c) Konsolidierungsbuchungen. Derartige Konsolidierungsbuchungen sind in 01 und 02 nicht erforderlich, da der Währungsertrag **nicht** eliminiert wird. In Periode 03 entsteht der oben ermittelte Entkonsolidierungsaufwand aus der Auflösung der WUD. Somit folgender **Erfolg des Konzerns**:

Periode	TU	MU	Konsolid.	Summe
1	0,00	0,45	0,00	0,45
2	0,00	0,38	0,00	0,38
3			−1,66	−1,66
Summe				−0,83

Im Vergleich: Erfolg Einzelbilanz MU

Periode		
1		0,45
2		0,38
3	8,34	
	−10,00	−1,66
Summe		−0,83

Fazit

Da TU in allen Perioden ein Ergebnis von 0 erwirtschaftet, muss das einzel- und das konzernbilanzielle Ergebnis der MU gleich sein. Dieser Gleichklang wird gerade durch Nichteliminierung der Währungserträge aus konzerninternen Salden bewirkt.

FALL 2: FORDERUNG ALS TEIL DES *NET INVESTMENT* (Rz 55)
Bilanzen TU wie im Fall 1.
Aber: Neben WUD I (Bilanz TU) ist eine WUD II im Rahmen der Konsolidierung zu berücksichtigen. Sie neutralisiert die einzelbilanziell bei MU entstandenen Währungserträge.

Veräußerung Anfang 03 für 8,34 EUR
Entkonsolidierungsbuchungen

Soll		Haben	
Geld	8,34	Vorräte	4,17
Aufwand	0,83	Bank	4,17
WUD II	0,83	WUD I	1,66
	10,00		10,00

Erfolg Konzern

Periode	TU	MU	Konsolid.	Summe
1	0,00	0,45	−0,45	0,00
2	0,00	0,38	−0,38	0,00
			0,83	0,83
Zwischensumme				0,83
3			−1,66	−1,66
Summe				−0,83

Erfolg Einzelbilanz MU

Periode		
1		0,45
2		0,38
Zwischensumme		0,83
3	8,34	
	−10,00	−1,66
Summe		−0,83

> **Fazit**
> Ein Gleichklang von einzel- und konzernbilanziellem Ergebnis wird nur in Summe (bzw. in Zwischensumme nach Tilgung des Darlehens) erreicht. Die konzernbilanzielle Eliminierung der Währungserträge führt hingegen in 01 und 02 zu Abweichungen. Sie ließen sich nur dann vermeiden, wenn die Verbindlichkeit der MU auch einzelbilanziell als (negativer) Teil der Beteiligung qualifiziert und damit in der Einzelbilanz der MU kein Währungsertrag angesetzt würde.

Das Beispiel zeigt insgesamt, dass die Behandlung konzerninterner Forderungen/Verbindlichkeiten als eigenständig oder als Teil des *net investment* zwar nicht den Gesamterfolg, wohl aber die Periodenerfolge beeinflusst. Bei Behandlung der **Forderung/Verbindlichkeit als Teil des** *net investment* sind die **Periodenerfolge** der Konzern- und der Einzelbilanz des Mutterunternehmens **nicht mehr identisch**. Erklärend ist im Beispiel, dass einzelbilanziell ein Währungsertrag des Mutterunternehmens angesetzt wird, weil einzelbilanziell die Verbindlichkeit der Mutter als Verbindlichkeit und nicht als (Minderung der) Beteiligung gilt, während der gleiche Ertrag konzernbilanziell neutralisiert wird (WUD II). Die Tilgung des Darlehens ist u. E. als *partial disposal* des *net investment* anzusehen (Rz 58). Mit der Tilgung geht daher der Währungserfolg auch konzernbilanziell in die GuV ein, sodass für die Zwischensumme (Erfolg nach Tilgungszeitpunkt) der Gleichklang von Konzern- und Einzelbilanz wiederhergestellt ist.

56

Da demnach die Qualifizierung von Forderungen/Verbindlichkeiten als *net investment* oder als eigenständiger Posten den Periodenerfolg prägt, kommt der Abgrenzung beider Fälle eine hohe Bedeutung zu. IAS 21.15 gibt für die monetären Posten, die Teil des **Nettoinvestments** sind, folgende **Definition**:

57

- Eine Tilgung oder sonstige Begleichung *(settlement)* darf für die absehbare Zukunft *(forseeable future)* weder geplant noch wahrscheinlich *(likely)* sein.
- Langfristige Forderungen (Erhöhung des Investments) und langfristige Verbindlichkeiten (Minderung des Investments) des Mutterunternehmens können *(may)* diese Bedingung erfüllen.
- Forderungen und Verbindlichkeiten aus Lieferungen und Leistungen sind jedoch nicht als Teil des Nettoinvestments anzusehen.

Unklar ist die Bedeutung des Begriffs „absehbare Zukunft". U. E. ist für die Qualifizierung als *net investment* mindestens ein Zeitraum von mehr als einem Jahr, in der Terminologie von IAS 1.57 die Grenze zwischen kurz- und langfristig, zu fordern. Darüber hinaus bestehen Ermessensspielräume. Gestaltungsmöglichkeiten gibt es bei der Behandlung der Forderungen und Verbindlichkeiten aus Lieferungen und Leistungen. Da die allgemeine Definition des *net investment* zukunftsgerichtet ist, kann die Genese einer Forderung oder Verbindlichkeit u. E. dann keine Rolle mehr spielen, wenn durch Novation in ein Darlehen ein neuer Schuldgrund geschaffen wird. Bei sog. Verrechnungskonten zwischen den verbundenen Unternehmen ist entsprechend danach zu

differenzieren, ob sie als Kontokorrent gegenseitige Ansprüche saldieren (kein Teil des *net investment*) oder sich Verpflichtungen zu Lasten der einen Seite kumulieren (dann ggf. *net investment*).[13]
Eine **erfolgsneutrale Einbeziehung** des dem Tochterunternehmen gewährten oder von diesem erhaltenen **Darlehens** in das *net investment* war nach alter Fassung von IAS 21.33 nicht zulässig, wenn das Darlehen in einer anderen als der funktionalen Währung des berichtenden Unternehmens oder des ausländischen Geschäftsbetriebes valutiert, also etwa ein deutsches Mutterunternehmen seiner amerikanischen Tochter ein Darlehen in Britischen Pfund gewährt. Kursdifferenzen aus diesen Posten verblieben bisher im Ergebnis des Konzerns und durften nicht als separater Bestandteil des Eigenkapitals umgegliedert werden.[14] Das im Dezember 2005 verabschiedete *Amendment* zu IAS 21 „*Net Investments in a Foreign Operation*" hat diese Einschränkung aufgehoben (IAS 27.33). Er stellt im Übrigen auch klar, dass die zu einem *net investment* führende Schuldbeziehung nicht notwendig zwischen Mutter- und Tochterunternehmen bestehen muss. Auch das Darlehen des Tochterunternehmens 2 an das Tochterunternehmen 1 ist bei Erfüllung der übrigen Voraussetzungen als *net investment* des Mutterunternehmens anzusehen (IAS 21.15A). Das *Amendment* ist ab 1.1.2006 anzuwenden, eine frühere Anwendung ist zulässig.

Für die Behandlung konzerninterner Differenzen bei integrierten ausländischen Einheiten wird auf Rz 41 verwiesen, für die Möglichkeit des *hedging* konzerninterner Transaktionen auf Rz 59.

58 Bei Einbeziehung von Darlehen in das *net investment* stellt sich in besonderer Weise die Frage nach dem **Realisationszeitpunkt** zunächst erfolgsneutral behandelter Differenzen (Rz 52). Nach IAS 21.32 ist für die erfolg**swirksame** Realisierung von bisher erfolg**sneutral** behandelten Umrechnungsdifferenzen eine Rückführung des *net investment* („*disposal*") erforderlich. Die Bestimmung wird durch IAS 21.49 konkretisiert. Danach gilt:

- Das *net investment* muss nicht vollständig aufgegeben werden, eine **teilweise** Rückführung (*partial disposal*) berechtigt zur teilweisen Auflösung der Umrechnungsdifferenz.
- Ein *disposal* verlangt **keine Veräußerung** (*sale*) der Beteiligung oder von Teilen der Beteiligung. Auch die Ausschüttung von Altrücklagen (*dividends paid out of pre-acquisition profits*) oder die Rückzahlung von Eigenkapital (*repayment of share capital*) erfüllt den Tatbestand.
- Nicht erwähnt wird die **Rückführung** von Forderungen oder Verbindlichkeiten. IAS 21.15 stellt diese schuldrechtlichen Kapitalüberlassungen aber unter bestimmten Umständen dem gesellschaftsrechtlichen Eigenkapitalinvestment gleich und verweist hinsichtlich der Rechtsfolgen beider Formen einheitlich auf IAS 21.32. Die Regeln über die erfolgsneutrale Behandlung der Umrechnungsdifferenzen gelten daher in gleicher

---

[13] Vgl. ERNST & YOUNG, International GAAP 2005, S. 558.
[14] Vgl. LINGNER, PiR 2005, S. 99ff.

Weise für den **gesellschafts**rechtlichen Teil des *net investment* wie für den **schuld**rechtlichen. Damit ist die Darlehensrückführung, auch wenn sie in der beispielhaften (nicht abschließend aufzählenden) Regelung in IAS 21.49 nicht erwähnt wird, als Teilabgang des *net investment* zu würdigen.

- Neben der Rückführung ist auch die **Umqualifizierung** eines Darlehens relevant: Darlehensbeziehungen sind nur insoweit und so lange als Teil des *net investment* anzusehen, wie eine Tilgung für die absehbare Zukunft weder geplant noch wahrscheinlich ist. Ändern sich die Planungen oder Wahrscheinlichkeiten und kann dadurch an der Qualifikation als Teil des *net investment* nicht mehr festgehalten werden, muss zeitgleich ein Teil der Umrechnungsdifferenzen realisiert werden.

Beispiel
Sachverhalt
Die MU-D hat vor Jahren die TU-USA erworben. Die TU-USA verfügte (und verfügt) über beträchtliche Gewinnvorträge aus der Zeit vor dem Erwerb (Altrücklagen). Aus steuerlichen Gründen wurden diese nicht ausgekehrt, sondern die ihnen entsprechenden liquiden Mittel nach der Akquisition als Darlehen an die MU-D vergeben.
Das Darlehen wurde in den folgenden Konzernabschlüssen der MU-D als (negativer) Teil des *net investment in a foreign entity* angesehen und darauf entstandene Währungsdifferenzen demzufolge erfolgsneutral im Eigenkapital erfasst.
Aufgrund des in 05 geänderten, allerdings noch nicht ratifizierten DBA zwischen Deutschland und den USA fällt die *Withholding Tax* auf Ausschüttungen voraussichtlich zukünftig weg. Vor diesem Hintergrund beabsichtigt die MU-D noch im Dezember 2006 einen Beschluss zu fassen, dass TU-USA im nächsten Jahr einen Teil der Altrücklagen ausschütten wird, entweder in bar (Variante 1) oder in Aufrechnung gegen das Darlehen (Variante 2).

Beurteilung
Variante 1
Die bloße Absicht, eine Ausschüttung vorzunehmen, ermöglicht noch keine Realisierung der Währungsgewinne. Diese erfolgt erst im Jahr der tatsächlichen Ausschüttung.
Variante 2
Durch die begründete Absicht der zeitnahen Rückführung des Darlehens über Ausschüttungen erfüllt das Darlehen nicht mehr die in IAS 21.15 an die Einbeziehung von schuldrechtlichem Kapital in das *net investment* gestellten Anforderungen. Da eine zeitnahe Erfüllung nunmehr geplant und wahrscheinlich ist, verliert das Darlehen seine Eigenschaft als Teil des *net investment*. Zu klären bleibt dann noch das Verhältnis von IAS 21.15 zu IAS 21.49, also die Frage, ob das Darlehen, sobald es nach IAS 21.15 seine

Lüdenbach

Eigenschaft als Teil des *net investment* verliert, als *disposed* anzusehen ist, obwohl es tatsächlich noch nicht zurückgeführt wurde. Angesichts der Unbestimmtheit des in IAS 21.49 gebrauchten *disposal*-Begriffs erscheint eine weite Interpretation, die auch den vorgenannten Fall umfasst, jedenfalls vertretbar. U. E. ist sie sogar geboten. Die Einordnung einer bloßen Umbuchung als *disposal* rechtfertigt sich aus dem Ausnahmecharakter der Einbeziehung der schuldrechtlichen Korrekturposten in das Gesamtinvestment. Mit Wegfall des Langfristcharakters entfällt auch der Korrekturposten in dieser Höhe. Die Umrechnungsdifferenz ist erfolgswirksam aufzulösen, entweder prozentual (nach dem Verhältnis von Beteiligung und Darlehen) oder u. E. vorzugswürdig insoweit, als die Differenzen auf das Darlehen entfielen (Rz 52).

3.3.8 *cash flow hedge* antizipierter konzerninterner Transaktionen

59 Für die bis 2004 anwendbare Fassung von IAS 39 hatte der *Guidance on Implementation* (IGC 137-13) ein erfolgsneutrales *cash flow hedging* (→ § 28 Rz 216) auf konzerninterne Transaktion zugelassen.

Beispiel
Das inländische Mutterunternehmen der Automobilindustrie plant in 02 eine Veräußerung von Fahrzeugen an seine selbstständige amerikanische Tochter, damit diese sie wiederum in den USA absetzen kann. Die konzerninternen Lieferungen werden in Dollar fakturiert. Ein in 01 abgeschlossener Dollarterminverkauf kann nach IAS 39 (2000) als *cash flow hedge* der konzerninternen Transaktion mit der Wirkung der Erfolgsneutralität des Sicherungsgeschäftes per 31.12.01 designiert werden.

In der im Dezember 2003 verabschiedeten, ab 2005 geltenden Fassung von IAS 39 war diese Regelung nicht mehr enthalten. Eine in 2005 verabschiedete Ergänzung zu IAS 39 – „*Cash Flow Hedge Accounting of Forecast Intragroup Transactions*" – sieht aber die Einführung einer funktional gleichwertigen Lösung vor (IAS 39.AG99a).

Beispiel
Ein inländisches Mutterunternehmen MU hat zwei Tochterunternehmen:
- die inländische Produktionstochter PTU mit funktionaler Währung Euro,
- die amerikanische Vertriebstochter VTU mit funktionaler Währung Dollar.

PTU fakturiert Lieferungen an VTU (Innenumsätze) in Dollar. VTU tätigt hieraus zeitnah Außenumsätze in Dollar, wobei der Aufschlag gegenüber dem konzerninternen Einkaufspreis 20 % beträgt. Die wichtigsten Aufwendungen des Konzerns, insbesondere die inländischen Produktionskosten, fallen in Euro an.

Lüdenbach

Eine Änderung der Euro-Dollar-Parität hat deshalb folgende Wirkungen auf den Konzern:
- die Umsatzerlöse variieren,
- die konsolidierten Herstellungskosten bleiben unverändert.

Zur Absicherung des Währungsrisikos auf die voraussichtlichen Lieferungen 02 von PTU an VTU (Volumen: 100) schließt der Konzern in 01 einen Dollarterminverkauf (Volumen: 100) mit Fälligkeit 02 ab.

Nach IAS 39 kann ein konzerninterner Vorgang kein gesichertes Grundgeschäft im Rahmen eines *cash flow hedge* sein. IAS 39.AG 99a sieht aber folgende Möglichkeit vor:
- Der Konzern bestimmt (designiert) den erwarteten externen Umsatz (120) mit einem Anteil von 100 als gesichertes Grundgeschäft.
- Der Erfolg aus dem Dollarterminverkauf kann daher per 31.12.01 gegen Eigenkapital gebucht werden.
- Er ist erst dann in der GuV zu berücksichtigen, wenn auch das Grundgeschäft (Außenumsatz) Berücksichtigung findet.

3.3.9 *hedge* eines Nettoinvestments

Nach IAS 39.86c besteht die Möglichkeit, das Währungsrisiko aus einem *net investment* in eine selbstständige ausländische Einheit den Regeln des *hedge accounting* zu unterwerfen (→ § 28 Rz 197ff.). Taugliche Sicherungsinstrumente sind neben Derivaten auch originäre finanzielle Vermögenswerte oder Verbindlichkeiten (IAS 39.72). Durch das *hedging* wird das Währungsergebnis aus dem Sicherungsinstrument ebenso erfolgsneutral behandelt wie das Ergebnis aus der Umrechnung der Einheit (IAS 39.102).

60

> **Beispiel**
> M-D ist seit einigen Jahren Alleingesellschafter der T-US. Das Eigenkapital (*net assets*) der T beträgt per 1.1.01 9 Mio. USD. Zu diesem Zeitpunkt nimmt M-D eine US-Anleihe in Höhe von 15 Mio. USD auf. In 01 erhöht sich der Kurs des USD von 1,5 USD/1,0 EUR auf 1/1.
> Ohne Widmung der Anleihe als *hedge* resultiert aus der Kurserhöhung des USD ein Währungsverlust von 5 Mio. EUR (15/1,0 – 15/1,5).
> M-D hat jedoch die Möglichkeit, 60 % der Anleihe (9 Mio. USD) als Sicherungsinstrument zu bestimmen. Der darauf entfallende Kursverlust (3 Mio. USD) wird dann erfolgsneutral behandelt und im Eigenkapital mit dem entgegenstehenden Kursgewinn aus der Umrechnung der T-US saldiert.
> Das anteilige Kursergebnis der Anleihe (3 Mio. EUR) wird nicht schon mit Tilgung der Anleihe, sondern erst mit (Teil-)Veräußerung der ausländischen Einheit erfolgswirksam (IAS 39.102).

Das Eigenkapital der ausländischen Einheit limitiert den *hedge*-fähigen Anteil des Sicherungsinstruments. Bei starken Änderungen des Eigenkapitals innerhalb der Periode wird man daher ggf. gewichtete Durchschnittsbetrachtungen vornehmen müssen.

3.3.10 Umklassifizierung in integrierte Einheit, Wechsel der funktionalen Währung

61 Wird aus einer zuvor selbstständigen eine integrierte Einheit, d. h. ändert sich die funktionale Währung der Einheit, so findet zugleich ein **Wechsel** von der **erfolgsneutralen** zur **erfolgswirksamen** Behandlung von Umrechnungsdifferenzen statt. Die Umklassifizierung erfolgt **prospektiv** (IAS 21.35). Die bis zum Zeitpunkt der Umklassifizierung aufgelaufenen und ins Eigenkapital eingestellten Umrechnungsdifferenzen werden nicht aufgelöst. Sie werden nach allgemeinen Grundsätzen erst im Zeitpunkt des (Teil-)Abgangs erfolgswirksam (IAS 21.37).

4 Hyperinflation

4.1 Ziel und Anwendungsbereich von IAS 29

62 Ein Rechnungslegungssystem, das Anlagevermögen, Vorräte usw. zu Anschaffungs- oder Herstellungskosten ansetzt, verliert seine Aussagekraft in Zeiten einer Hyperinflation. Hierzu folgendes Beispiel:

> **Beispiel**
> Ein Tochterunternehmen in einem Land mit einer Inflationsrate von 100 % ist am 1.1.01 mit einer Bareinlage von 100 in Landeswährung (LW) gegründet worden. Die operative Tätigkeit beginnt erst Anfang 02. Bis dahin bestehen folgende Investitionsalternativen:
> - A) Kauf von Vorräten für 100 LW
> - B) Kauf eines mit 60 % verzinsten Wertpapiers für 100 LW.
>
> Ohne Inflationsbereinigung, d. h. in Nominalwerten, sieht die Bilanz per 31.12. wie folgt aus:
> **Fall A: Vorräte** 100 LW, Kapital 100 LW, **Jahresüberschuss 0** LW
> **Fall B: Wertpapiere und Geld** 160 LW, Kapital 100 LW, **Jahresüberschuss 60 LW.**
> Im Fall B werden Anfang Januar 02 die Wertpapiere liquidiert, um die gleiche Menge Vorräte für jetzt 200 LW zu beschaffen. Die Bilanz Anfang Januar zeigt Vorräte von 200 LW, Eigenkapital von 160 LW und erstmalig **Verbindlichkeiten von 40 LW.**
> - Bei real gleichem Vorratsvermögen wie im Fall A ist das Unternehmen im Fall B im **Januar 02** mit 40 LW verschuldet. Seine Vermögens- und Finanzlage ist schlechter als im Fall A, weil die 60 LW Zinsertrag aus 01 nicht ausreichten, um den Kaufkraftverlust von 100 LW zu decken.
> - Per **31.12.01** täuschten die nicht inflationsbereinigten Zahlen hingegen im Fall B eine bessere Lage als im Fall A vor.

Bei Hochinflationsländern schreibt daher IAS 29 bestimmte **Anpassungen** vor. Insbesondere sind nichtmonetäre Posten (Anlagevermögen, Vorräte usw.) mit dem Kaufkraftindex fortzuschreiben (IAS 29.11). Außerdem sind Gläubigerverluste und Schuldnergewinne aus monetären Posten im Periodenergebnis zu berücksichtigen (IAS 29.28).

63

Für den deutschen Anwender ist IAS 29 insoweit interessant, als es um die Bilanzierung ausländischer Einheiten (Tochterunternehmen usw.) in Hochinflationsländern geht. Praktisch können die Kaufkraftanpassungen in der Regel nur **vor Ort** und nicht in der Konzernzentrale vorgenommen werden. Die deutsche Konzernzentrale und der deutsche Abschlussprüfer sollten aber die Grundzüge der kaufkraftangepassten Bilanzierung verstehen, um die Schlüssigkeit entsprechender Bilanzen beurteilen zu können oder zum Beispiel Bilanzplanung und Bilanzpolitik (→ § 51) nicht auf falschen Prämissen aufzubauen. Die nachfolgende Kommentierung ist für diesen eingeschränkten Anwendungsbereich auf Grundzüge von IAS 29 beschränkt.

64

4.2 Anwendung bei Beteiligungsunternehmen: 7-Stufen-Ansatz

Die Anwendung der Vorschriften über die Hyperinflation vollzieht sich in 7 Schritten:

65

Schritt 1: Vorliegen einer Hyperinflation?
Damit IAS 29 zur Anwendung gelangt, muss eine Hyperinflation vorliegen. Eine **Inflationsrate**, die kumuliert über drei Jahre in der Nähe von **100 %** liegt, ist nicht notwendigerweise, aber regelmäßig der härteste Indikator (IAS 29.3e). Eine über 50 % liegende, aber stark steigende Inflationsrate kann ebenfalls für eine Hyperinflation sprechen.

Schritt 2: Auswahl eines Preisindexes
Für die Kaufkraftanpassung ist **ein** allgemeiner **Preisindex** anzuwenden. Existieren mehrere Preisindizes (z. B. Industriegüter, Konsumgüter usw.), ist die Auswahl des zutreffenden Index eine Frage des sachgerechten Ermessens (IAS 29.11 und 29.17).

Schritt 3: Anpassung nichtmonetärer Bilanzposten
Nichtmonetäre Bilanzposten, d. h. insbesondere Vorräte, Sachanlagen und immaterielle Anlagewerte, sind durch Anwendung des **Preisindex** auf die Anschaffungs- oder Herstellungskosten (und die kumulierten Abschreibungen) anzupassen. Maßgeblich ist nicht die Entwicklung des Index in der Periode, sondern die Entwicklung vom Anschaffungszeitpunkt bis zum Bilanzstichtag (IAS 29.15).

Schritt 4: Anpassung der GuV
Alle Posten der **GuV** sind mit der Kaufkraft des Bilanzstichtages auszudrücken. Bei Erträgen und Aufwendungen, die sich relativ gleichmäßig über das Jahr verteilen (kein Saisongeschäft usw.), und bei einer Inflationsrate, die ebenfalls

relativ gleichmäßig über das Jahr verteilt ist, kann die Umrechnung gegebenenfalls mit der halben Inflationsrate der Periode erfolgen (IAS 29.26).

Schritt 5: Ermittlung Schuldnergewinn/Gläubigerverlust
Ist ein Unternehmen in einer Netto-Gläubigerposition (mehr Guthaben und Forderungen als Schulden), so erleidet es durch die Entwertung dieser Position einen **Gläubigerverlust**. Umgekehrt erzielt ein Netto-Schuldner einen **Schuldnergewinn** aus der Inflation. Der Gewinn oder Verlust ist in der GuV zu berücksichtigen (IAS 29.27). Seine Berechnung wird im nachfolgenden Beispiel unter Rz 66 erläutert.

Schritt 6: Anpassung Vorjahreszahlen
Die **Vorjahreszahlen** werden i. d. R. mit dem alten Preisindex und bei Umrechnung in Euro mit dem alten Wechselkurs, d. h. auf Konzernebene mit den ursprünglichen Werten, dargestellt (IAS 29.34 i. V. m. IAS 21.42b).

Schritt 7: Umrechnung in Berichtswährung Euro
Erst nach Inflationsanpassung erfolgt mit den normalen Regeln der Währungsumrechnung die Umrechnung in die Berichtswährung des Konzerns (IAS 29.35).

Zur Qualifikation verschiedener Länder (Schritt 1) nachfolgende Übersicht auf Basis von Daten des Internationalen Währungsfonds (IMF):

	Länder mit hoher kum. 3-Jahres-Inflation		
	Juni 2006	September 2005	September 2004
Haiti	61 %	100 %	90 %
Myanmar	40 % (Dez. 2005)	46 %	112 %
Weißrussland	42 %	65 %	114 %
Venezuela	58 %	82 %	97 %

66 Das nachfolgende Beispiel zeigt die Anwendung der Schritte 3-5:

Beispiel
Für Zwecke des Konzernabschlusses ist der Einzelabschluss einer Hyperinflationstochter auf den 31.12.02 an die Kaufkraft anzupassen.
Im Vorjahr wurde bereits eine entsprechende Indizierung vorgenommen.
Aus ihr ergeben sich folgende Werte per **31.12.01**:

Aktiva	Bilanz 31.12.01		Passiva
Masch. (alt)	100	gezK+KRL	100
Vorräte (alt)	80	GewinnRL	60
Ford./Bank	20	Verbindl.	40
	Index 01 200		Index 01 200

In 02 ereignen sich bei einer Inflationsrate von 50 % u. a. folgende Geschäftsvorfälle:
- **Abschreibung alte Maschinen** (RND 5 Jahre) mit 20 (auf den per 31.12.01 indizierten Wert).

Lüdenbach

- **Anschaffung neuer Maschinen** am 1.7. für 100. Abschreibung 20 bei RND von 5 Jahren.
- **Anschaffung neuer Vorräte** zur Jahresmitte für 240. Davon ½ in 02 verbraucht.
- Außerdem werden **alle alten Vorräte** in 02 verbraucht.

Hieraus ergibt sich bei einem angenommenen JÜ von 20 folgende Bilanz per 31.12.02 (Maschinen alt und Eigenkapital alt noch zu Indexwerten 1.1.02, d. h. ohne 50 % Aufschlag):

S	vorläufige Bilanz 31.12.02		H
Masch. (alt)	80	gezKap+ KapRL	100
Masch. (neu)	80	GewinnRL	60
Vorräte (alt)	0	JÜ	40
Vorräte (neu)	120		
Ford./Bank	60	Verbindl.	140
	340		340

Bei der Kaufkraftanpassung der Bilanzposten auf den 31.12.02 ist wie folgt vorzugehen:

- **monetäre Posten** (Forderungen, Verbindlichkeiten, Geld): **Keine Anpassung**
- **EK**, d. h. gezeichnetes Kapital, Kapitalrücklage und Gewinnrücklagen: jeweils × **150 %**
- **Vorräte und Maschinen:** laut nachfolgenden Konten (jeweils links nominale bzw. bei alten Maschinen und alten Vorräten alte Indexwerte, jeweils rechts inklusive Anpassung an 50 % Inflation)

Erläuterung Vorräte: Per 31.12.02 sind alle alten Vorräte verbraucht und die neuen noch zur Hälfte vorhanden. Die Anschaffungskosten dieser Hälfte betrugen 120. Wegen Anschaffung zur Jahresmitte ist dieser Wert nur mit 25 % zu indexieren. Der Endbestand ergibt sich daher mit 120 × 125 % = 150. Für die Ermittlung des Verbrauchs ist der Anfangsbestand mit 50 %, der Zugang der Jahresmitte mit 25 % zu indizieren. Der Verbrauch beträgt somit 80 × 150 % + 240 × 125 % – 150 = 270. Die Differenz von 70 zum nominellen Verbrauch entfällt mit 40 (= 80 × 50 %) auf die alten und mit 30 (=120 × 25 %) auf die zugegangenen Vorräte:

S			Vorräte 31.12.02		H
AB	80	80	Verbrauch	200	200
Anpassung		40	Anpass. Verbr.		70
Zugang	240	240	EB	120	150
Anpassung		60			
	320	420		320	420

Bei den Maschinen ist ebenfalls zu beachten, dass die Altbestände und ihre Abschreibung für ein ganzes Jahr (50 %), die Neuzugänge und ihre Abschreibungen nur für ½ Jahr (25 %) zu indizieren sind.

Lüdenbach

S		Maschinen 31.12.02		H
AB (M. alt)	100	100	AfA (M. alt)	20	20
Anpass. (M. alt)		50	Anpassung		10
Zugang (M. neu)	100	100	AfA (M. neu)	20	20
Anpass. (M. neu)		25	Anpassung		5
			EB	160	220
	200	275		200	275

Zur Erstellung der indizierten Bilanz fehlen nun noch GuV und Schuldnergewinn. Die nominalen GuV-Werte sind wie folgt zu indizieren:

- **Umsätze** und **sonstige Aufwendungen** mit 25 % (Unterstellung: gleichmäßiger Anfall über das Jahr).
- **Materialverbrauch alt** und **Abschreibung alt** mit 50 %.
- **Materialverbrauch neu** und **Abschreibung neu** mit 25 %, da Anschaffung zur Jahresmitte.

Die GuV zeigt jeweils links die alten Werte und rechts die neu indizierten Werte:

S		GuV 02		H
Material alt	80	120	Umsatz	320	400
			Schuldnergewinn		25
Material neu	120	150			
AfA alt	20	30			
Afa neu	20	25			
Sonstiges	40	50			
JÜ	40	50			
	320	425		320	425

Der **Schuldnergewinn** kann im Rahmen der Doppik über ein **Kaufkraftausgleichskonto** ermittelt werden. Es enthält die Anpassung aller Anfangsbestände und Zugänge der nichtmonetären Bilanzposten (Buchungen: „Kaufkraftkonto an gezeichnetes Kapital", „Maschinen an Kaufkraftkonto" usw.).

- Der Saldo des Kaufkraftkontos sollte ungefähr dem rechnerischen Schuldnergewinn entsprechen.
- Die Nettoschuldnerposition (Verbindlichkeit − Forderungen/Bank) beträgt 80 (= 140 − 60) per Jahresende und 20 (= 40 − 20) per Jahresanfang. Die Veränderung ist also 60, gemittelt über das Jahr somit 60/2 = 30.
- Das Kaufkraftkonto weist mit einem Saldo von 25 in etwa den gleichen Wert aus.
- In die Bilanz geht der Kontenwert, nicht der rechnerische Wert ein.

Lüdenbach

S	Kto. Kaufkraftausgleich		H
gezKap/kapRL	50	Masch. alt	50
GewinnRL	30	Masch. neu	25
Umsatz	80	Vorräte (AB+Zugang)	100
SALDO	25	sonstige Aufw.	10
	185		185

Somit stehen alle Werte für die angepasste Bilanz per 31.12.02 zur Verfügung:

S		Bilanz 31.12.02		H
Masch. (alt)		120	gezKap+KapL	150
Masch. (neu)		100	GewinnRL	90
Vorräte (alt)		0	JÜ	50
Vorräte (neu)		150		
Ford./Bank		60	Verbindl.	140
	Index 02	430	Index 02	430

Diese Werte in Landeswährung sind nun noch nach den allgemeinen Grundsätzen der Währungsumrechnung in die Berichtswährung des Konzerns (Euro) umzurechnen.

Der im November 2005 verabschiedete IFRIC 7 *„Applying the Restatement Approach IAS 29 Financial Reporting in Hyperinflationary Economies for the first time"* enthält u. a. besondere Regelungen für das Jahr der erstmaligen Feststellung einer Hyperinflation. IAS 29 ist retrospektiv, d. h. so anzuwenden, als ob die Hyperinflation immer schon bestanden hätte. Ausgangspunkt der Preisindexierung von Sachanlagen wäre dann etwa der u. U. sehr weit zurückliegende Zeitpunkt der Anschaffung/Herstellung. Daneben trifft IFRIC 7 Regelungen zu latenten Steuern sowie zur Umrechnung der Vorjahresvergleichszahlen indexierter Posten. Anzuwenden ist danach z. B. auf das Sachanlagevermögen des Vorjahres der Index des aktuellen Jahres. IFRIC 7 ist auf Geschäftsjahre anzuwenden, die ab 1. März 2006 beginnen.

67

5 Latente Steuern

Sowohl bei der Umrechnung von Fremdwährungsgeschäftsfällen als auch bei der Währungsumrechnung für Konzernzwecke kann es zu Abweichungen von Bilanzposten zwischen dem **Steuer- und** dem **IFRS-Wert** kommen. Die sich hieraus ergebenden Steuereffekte sind gemäß IAS 20.50 nach den Regeln von IAS 12 zu bilanzieren (→ § 26).

68

Wichtige Anwendungsfälle bei **Fremdwährungsgeschäften** ergeben sich aus dem **Realisationsprinzip**. Wird der Euro aufgewertet, so sinkt der Euro-Wert einer Fremdwährungsverbindlichkeit. Nach derzeitigem deutschem Steuerrecht bleibt es hingegen in der Steuerbilanz beim Ansatz des höheren

69

Rückzahlungsbetrages. Auf den Differenzbetrag sind passive latente Steuern zu bilden (→ § 26 Rz 18). Ebenfalls sind passive latente Steuern zu bilden, wenn der Euro abgewertet wird und deshalb der Euro-Wert einer Fremdwährungsforderung in der IFRS-Bilanz steigt, während in der Steuerbilanz die Euro-Anschaffungskosten nicht überschritten werden dürfen (Rz 12).
Die Bilanzierung der latenten Steuern aus Umrechnungsdifferenzen bei Fremdwährungsgeschäften ist im Allgemeinen **erfolgswirksam** vorzunehmen. Eine Ausnahme besteht nach IAS 12.61 für Neu- und Zeitbewertungsfälle, in denen die Umrechnungsdifferenz selbst erfolgsneutral erfasst wird (Rz 23).
Ebenfalls unmittelbar im Eigenkapital erfasst werden die Differenzen aus der Umrechnung **selbstständiger Einheiten im Konzern**. Auch hier ist daher die korrespondierende latente Steuer **erfolgsneutral** zu bilanzieren (IAS 21.61c).

6 Ausweis Währungsumrechnungsdifferenzen

70 Folgende **besondere** Ausweisvorschriften sind zu beachten:
- **Konzernbilanz:** Die **erfolgsneutralen** Umrechnungsdifferenzen aus **selbstständigen** ausländischen Teileinheiten sind als **separater** Posten im Eigenkapital oder im Anhang zu zeigen (IAS 21.42b).
- **GuV:** Für den Ausweis **erfolgswirksamer** Umrechnungsdifferenzen in der GuV enthält IAS 21 **keine Vorschriften**. Die Einbeziehung in die sonstigen Erträge/Aufwendungen kommt ebenso in Frage wie die Bildung eines besonderen Postens. Eine Berücksichtigung im Finanzergebnis ist u. E. insoweit vorzuziehen, als die Differenzen Finanzinstrumente betreffen und sich daher von anderen Erfolgen aus Finanzinstrumenten (insbesondere Zu- und Abschreibungen) nicht grundlegend unterscheiden. Die **Saldierung** von Umrechnungsgewinnen und -verlusten ist nach IAS 1.34 und 37 zulässig, ggf. geboten (→ § 2 Rz 15).
- **Anlagespiegel:** Bei der Anwendung der **Stichtagsmethode** geht die Überleitung der Anschaffungskosten und der kumulierten Abschreibungen vom 1.1. auf den 31.12. sowie die Überleitung beider Größen auf den Buchwert nicht auf. Die Anschaffungskosten und kumulierten Abschreibungen per 1.1. sind vom alten Stichtagskurs auf den neuen Stichtagskurs (31.12.) **anzupassen**, z. B. durch Einfügung von **Währungsdifferenzspalten** in den Anlagespiegel (→ § 14 Rz 28).

7 Angaben

71 IAS 21 verlangt die Vornahme folgender Angaben auf aggregierter Basis:
- Betrag der **im Periodenergebnis** erfassten **Umrechnungsdifferenzen** mit Ausnahme derer, die bei nach IAS 39 erfolgswirksam zum *fair value* bilanzierten Finanzinstrumenten entstehen (IAS 21.52a),

Lüdenbach

- Betrag und Entwicklung der **als Eigenkapitaländerung** behandelten **Umrechnungsdifferenzen** (IAS 21.52b),
- bei **Abweichung** zwischen **Berichts- und funktionaler Währung**: Angabe und Begründung dieser Tatsache (IAS 21.53),
- bei **Änderung der funktionalen Währung** des Unternehmens bzw. Konzerns oder einer wesentlichen *(significant)* ausländischen Einheit: Angabe und Begründung dieser Tatsache.

Die **erste** Angabe ist Teil der Erläuterungen der **GuV-Posten** (z. B. Zusammensetzung sonstiger Erträge bzw. Aufwendungen). Die zweite Angabe ergibt sich unmittelbar aus der **Eigenkapitaländerungsrechnung** (Eigenkapitalspiegel), wenn in dieser eine besondere Spalte für die Umrechnungsdifferenz geführt wird (→ § 20 Rz 43). Die dritte Angabe betrifft einen nach Maßgabe von § 315a Abs. 1 HGB seltenen Fall (Rz 8). Die vierte Angabe hat angesichts einer Bilanzpraxis, die sämtliche signifikanten Einheiten als selbstständig qualifiziert (Rz 28), ebenfalls eine geringe Relevanz.

72

Darüber hinaus ist die **Methode** der **Währungsumrechnung** im Rahmen der allgemeinen Beschreibung der Bilanzierungs- und Bewertungsmethoden mitzuerläutern (IAS 1.97 und IAS 1.99p; → § 5 Rz 22ff.).

73

Nachfolgend ein **Formulierungsbeispiel**, das auch die Angaben zur Hyperinflation berücksichtigt:

74

Formulierungsbeispiel Währungsumrechnung
In den Einzelabschlüssen der Gesellschaften werden Geschäftsvorfälle in fremder Währung mit dem Kurs zum Zeitpunkt der Erstverbuchung bewertet. Kursgewinne und -verluste werden ergebniswirksam berücksichtigt. Im Konzernabschluss werden die Jahresabschlüsse ausländischer Tochterunternehmen gemäß IAS 21 nach dem Konzept der funktionalen Währung in Euro umgerechnet. **Da sämtliche Tochterunternehmen ihre Geschäfte selbstständig betreiben, ist die jeweilige Landeswährung die funktionale Währung.** Bei der Umrechnung der Eigenkapitalfortschreibung von ausländischen Unternehmen, die nach der *equity*-Methode bilanziert werden, wird entsprechend vorgegangen. Die Umrechnung der Vermögensgegenstände und Schulden erfolgt zum Mittelkurs am Bilanzstichtag, während die GuV mit dem Jahresdurchschnittskurs und das übrige Eigenkapital mit ursprünglichen Kursen umgerechnet werden. Umrechnungsdifferenzen werden ergebnisneutral im Eigenkapital verrechnet. Zum Zeitpunkt der Entkonsolidierung von Konzerngesellschaften werden die jeweiligen kumulierten Umrechnungsdifferenzen erfolgswirksam aufgelöst.
Die Jahresabschlüsse von Tochterunternehmen in Hochinflationsländern werden gemäß IAS 29 *(financial reporting in hyperinflationary economies)* umgerechnet. Dies betrifft Konzernunternehmen mit Sitz in R und T. Dabei werden die den geänderten Kaufkraftverhältnissen entsprechenden Aufwands- und Ertragsposten einschließlich des Jahresergebnisses zum jeweili-

> gen Stichtagskurs umgerechnet. Die Buchwerte der nichtmonetären Bilanzposten dieser Gesellschaften wurden vor einer Umrechnung in Euro auf Grundlage geeigneter Indizes zur Messung der Kaufkraft an die im Geschäftsjahr eingetretenen Preisänderungen angepasst. Die sich aus der Indizierung ergebenden Kaufkraftgewinne oder -verluste werden erfolgswirksam in den sonstigen finanziellen Erträgen/Aufwendungen im übrigen Finanzergebnis erfasst.
>
> Für die Währungsumrechnung wurden hinsichtlich der für den Konzern wichtigsten Währungen der Länder, die nicht an der Europäischen Währungsunion teilnehmen, folgende Wechselkurse zugrunde gelegt: (es folgt die Angabe von Stichtags- und Jahresdurchschnittskursen).

Auf die **Checkliste Abschlussangaben** wird verwiesen (→ § 5 Rz 8).

8 Anwendungszeitpunkt, Rechtsentwicklung

75 IAS 21 bzw. IAS 29 sind für alle Berichtsperioden anzuwenden, die ab dem 1. Januar 2005 bzw. 1990 beginnen. Eine frühere Anwendung von IAS 21 wird empfohlen. Die Unterschiede von IAS 21 (1993) zu IAS 21 stellen sich wie folgt dar:

- Redaktionelle Änderungen: IAS 21 differenziert begrifflich nicht mehr zwischen selbstständigen und integrierten ausländischen Einheiten. Konzernbilanzielle Umrechnungsregeln für integrierte Einheiten sind theoretisch entbehrlich, weil die Währung der inländischen Mutter als funktionale Währung der Einheit gilt und damit theoretisch bei der Tochter bereits einzelbilanziell (in der Vorkonsolidierungsphase) zugrunde zu legen ist (Rz 11).
- Fremdwährungsderivate und Fremdwährungs-*hedging* waren z. T. in IAS 21 (1993) geregelt. Nach IAS 21 ist für diesen Bereich nur noch IAS 39 einschlägig (Rz 2).
- IAS 21 (1993) sah Wahlrechte zur Behandlung von Umrechnungsdifferenzen beim Verfall der eigenen Währung (Rz 22) und bei der Behandlung des *goodwill* (Rz 53) vor. Diese Wahlrechte sind durch IAS 21 entfallen.
- IAS 21 enthält ausdrückliche Regelungen zur Umrechnung der Vorjahresvergleichszahlen (Rz 45f.).

Die im April 2005 verabschiedete Ergänzung zu IAS 39 sieht die Möglichkeit des *cash flow hedging* konzerninterner Transaktionen vor (Rz 59).

Die im Dezember 2006 verabschiedete Ergänzung zu IAS 21 sieht Erleichterungen bei der Einbeziehung von Darlehensverhältnissen zwischen Mutter und Tochter in das *„net investment"* vor (Rz 55ff.). Beide Ergänzungen sind ab 2006 anzuwenden.

Lüdenbach

9 Zusammenfassende Praxishinweise

IAS 21 enthält Regelungen zur Umrechnung von Fremdwährungsgeschäften und -salden sowie zur Umrechnung von voll-, quotal oder *at equity* zu konsolidierenden ausländischen Einheiten. Die wesentlichen Bestimmungen sind wie folgt:

76

Fremdwährungsgeschäfte:
- Die **Erstverbuchung** von Geschäften in fremder Währung erfolgt in der funktionalen Währung durch Umrechnung mit dem Wechselkurs am **Tag der Transaktion** (IAS 21.21; Rz 11).
- **Monetäre Bilanzposten** sind zu jedem Bilanzstichtag unter Verwendung des **Stichtagskurses** umzurechnen (IAS 21.23a). Anders als im Handelsrecht ist dabei keine Begrenzung nach oben auf die Anschaffungskosten (Aktiva) bzw. nach unten auf den Rückzahlungsbetrag (Passiva) gegeben (Rz 12).
- **Nichtmonetäre Posten**, die zu (fortgeführten) Anschaffungs- oder Herstellungskosten zu bewerten sind, werden zum Stichtag nicht umgerechnet. Maßgeblich bleibt der Kurs am Tag der **Erstverbuchung** (IAS 21.23b; Rz 15). Lediglich für solche nichtmonetären Posten, die – insbesondere wegen außerplanmäßiger Abschreibung – mit ihrem **beizulegenden Zeitwert** *(fair value)* bewertet werden, sieht IAS 21.23c eine Umrechnung zum **Stichtagskurs** vor (Rz 17).
- **Umrechnungsdifferenzen** zwischen Erst- und Folgebewertung sowie zwischen jetzigem und vorherigem Bilanzstichtag sind **erfolgswirksam** zu erfassen (IAS 21.15; Rz 22).

Umrechnung ausländischer Einheiten im Konzern
Aus Sicht der **funktionalen Theorie** ist zu unterscheiden zwischen der
- Umrechnung **integrierter** Einheiten (erfolgswirksam, teils zu Stichtags-, teils zu Einstandskursen) und
- Umrechnung **selbstständiger** Einheiten (erfolgsneutral, zu Stichtagskurs).
- Die Abgrenzungskriterien sind stark ermessensbehaftet. Die **Praxis** qualifiziert ausländische Einheiten fast immer als **selbstständig** (Rz 29).
- Bei **selbstständigen Einheiten** gilt:
  - **Sämtliche** Vermögenswerte und **Schulden** sind zum **Stichtagskurs** umzurechnen (Rz 44).
  - Die Umrechnung der **GuV** erfolgt i. d. R. zu **Durchschnittskursen** (Rz 47).
  - Die aus der Anwendung unterschiedlicher Kurse entstehende Umrechnungsdifferenz wird unter geeigneter Bezeichnung, z. B. als „**Währungsrücklage**" oder als „Differenz aus der Währungsumrechnung" erfolgsneutral ins Eigenkapital eingestellt (Rz 48). Ein Erfolg ist erst beim **Abgang** der Einheit zu realisieren (Rz 52).

Lüdenbach

- Währungserfolge aus **konzerninternen Forderungen/Schulden** sind i. d. R. nicht zu eliminieren (Rz 53). Eine **Neutralisierung** gegen die Währungsrücklage ist nur dann möglich, **wenn** die Forderung/Schuld als Teil des **Nettoinvestments** *(net investment)* in die ausländische Einheit, d. h. als Quasi-Eigenkapital, zu qualifizieren ist (Rz 56).

Ausweisvorschriften (Rz 70)

- **Konzernbilanz**: Die erfolgsneutralen Umrechnungsdifferenzen aus selbstständigen ausländischen Teileinheiten sind als separater Posten im Eigenkapital oder im Anhang zu zeigen (IAS 21.42b).
- **GuV**: Für den Ausweis in der GuV enthält IAS 21 keine expliziten Vorschriften. Soweit die Währungsergebnisse überwiegend operativen Charakter haben, sich z. B. vor allem aus Kundenforderungen, Vorräten oder Lieferantenverbindlichkeiten ergeben, kommt eine Einbeziehung in die sonstigen Erträge/Aufwendungen ebenso in Frage wie die Bildung eines besonderen Postens im operativen Teil der GuV. Soweit die Ergebnisse überwiegend dem Finanzierungsbereich zuzuordnen sind, z. B. auf Darlehen entfallen, ist eine Einbeziehung in das Finanzergebnis i. d. R. sachgerechter. Die Saldierung von Umrechnungsgewinnen und -verlusten ist nach IAS 1.34 und 37 zulässig, ggf. geboten. Werden operative Währungsergebnisse und solche des Finanzbereichs getrennt ausgewiesen, ergeben sich Saldierungsmöglichkeiten nur innerhalb des jeweiligen Bereichs.

Angabepflichten (Rz 71)

- Betrag der **im Periodenergebnis erfassten Umrechnungsdifferenzen**, mit Ausnahme derer, die nach IAS 39 erfolgswirksam zu *fair-value*-bilanzierten Finanzinstrumenten entstehen (IAS 21.52a), sowie
- Betrag und Entwicklung der **als Eigenkapitaländerung behandelten Umrechnungsdifferenzen** (IAS 21.52b).

Auf die **Checkliste Abschlussangaben** wird verwiesen (→ § 5 Rz 8).

§ 28 FINANZINSTRUMENTE

Inhaltsübersicht	Rz
Vorbemerkung	
1 Zielsetzung, Regelungsinhalt und Begriffe	1–20
1.1 Zielsetzung und Einordnung von IAS 39	1–3
1.2 Regelungsinhalt und Begriffe	4–15
1.2.1 Überblick	4–5
1.2.2 Berücksichtigte originäre und derivative Finanzinstrumente, Definitionen	6–10
1.2.3 Ausgeklammerte Finanzinstrumente	11–14
1.2.4 Rechnungslegung bei Sicherungszusammenhängen	15
1.3 *Substance over form* – Synthetisierung von Finanzinstrumenten	16–18
1.4 Verhältnis von IAS 39 zu IAS 32 und IFRS 7	19–20
2 Systematischer Überblick über IAS 39 und seine mittelstandsrelevanten Inhalte	21–51
2.1 Der Zauber von IAS 39	21–22
2.2 Mittelstandsrelevanter Anwendungsbereich von IAS 39: Weiter Begriff des Finanzinstruments	23
2.3 Ansatz-Regeln	24–30
2.3.1 Überblick	24
2.3.2 Ausbuchung von Finanzinstrumenten	25–27
2.3.2.1 Kombination von formalrechtlichem und ökonomischem Konzept	25
2.3.2.2 Verkauf von Anteilen mit zeitlich nachgelagerter Abtretung (Termingeschäfte)	26
2.3.2.3 Factoring von Forderungen	27
2.3.3 Bilanzierung schwebender Geschäfte auch im Gewinnfall, Finanzderivate, *hedge accounting*	28–30
2.4 Bewertungs-Regeln	31–51
2.4.1 Erst klassifizieren, dann bewerten	31–33
2.4.2 Die *fair value option*	34
2.4.3 Klassifizierung und Bewertung originärer Finanzinstrumente	35
2.4.4 Verbuchung der Änderung des *fair value* gegenüber früherer Bewertung	36–39
2.4.5 Einzelfälle der Bewertung	40–42
2.4.5.1 Debitoren, Einzel- und Pauschalwertberichtigungen	40
2.4.5.2 Einfache Anteile an anderen Unternehmen	41

Kehm/Lüdenbach

	2.4.5.3 Mit einem Disagio versehene Darlehen .	42
2.4.6	*Hedge accounting*	43–51
	2.4.6.1 Inhalt und Zweck des *hedge accounting* .	43–44
	2.4.6.2 *Fair value hedge* bei Veräußerung von Anteilen	45
	2.4.6.3 *hedge accounting* für Fremdwährungsgeschäfte	46–47
	2.4.6.4 Dokumentation und Effektivitätsnachweis am Beispiel des *cash flow hedge* von Währungsrisiken	48–51
3 Ansatz		52–90
3.1	Einbuchung *(recognition)*	52–62
	3.1.1 Derivative Finanzinstrumente: Bilanzierungspflicht schwebender Geschäfte	52–53
	3.1.2 Regelmäßiger Einbuchungszeitpunkt originärer Finanzinstrumente	54–55
	3.1.3 Divergenz von Vertrags- und Erfüllungstag – *regular way contracts*	56–62
3.2	Ausbuchung *(derecognition)*	63–90
	3.2.1 Konzeptionelle Grundlagen	63–71
	3.2.2 Einzelfälle	72–90
	3.2.2.1 Factoring, *asset-backed securities* (ABS), *off-balance*-Finanzierungen	72–77
	3.2.2.2 *Bondstripping* und sonstige Teilveräußerungen	78–80
	3.2.2.3 Rückübertragungsregelungen, insbes. Wertpapierpension und -leihe, *total-return*-Swaps	81–85
	3.2.2.4 Ausbuchung von Verbindlichkeiten: Verjährung, Umschuldung, Rückkauf von Anleihen	86–89
	3.2.2.5 Vollstreckung in Sicherheiten	90
4 Bewertung von aktiven originären Finanzinstrumenten		91–173
4.1	Überblick	91–99
4.2	Bewertungsmaßstäbe der Zugangs- und Folgebewertung	100–113
	4.2.1 Zugangsbewertung: *fair value* als nomineller, Anschaffungskosten als tatsächlicher Bewertungsmaßstab	100–105
	4.2.2 Folgebewertung	106–113
	4.2.2.1 Begriff der fortgeführten Anschaffungskosten, Effektivzinsmethode	106
	4.2.2.2 Begriff des *fair value*, Methodik seiner Bestimmung	107–113
4.3	Darlehen und andere Forderungen	114–129

		4.3.1 Abgrenzung zu den übrigen Kategorien	114
		4.3.2 Zugangs- und planmäßige Folgebewertung im Regelfall	115
		4.3.3 Sonderfälle	116–121
		4.3.3.1 Un- und unterverzinsliche Forderungen	116–120
		4.3.3.2 Fremdwährungsforderungen	121
		4.3.4 *Impairment*/Wertberichtigung von Darlehen und anderen Forderungen sowie Zuschreibung	122–127
		4.3.5 Restrukturierung Not leidender Forderungen . .	128–129
	4.4	Fälligkeitswerte *(held-to-maturity assets)*	130–144
		4.4.1 Anforderungen an die Klassifizierung als Fälligkeitswert	130–133
		4.4.2 Regeln für Erst- und Folgebewertung	134
		4.4.3 Bewertung bei vom Nominalwert abweichenden AK: Disagien, Gebühren, Stückzinsen, niedrigerer Marktpreis	135–136
		4.4.4 *Impairment*/Wertberichtigung von Fälligkeitswerten sowie Zuschreibung	137
		4.4.5 Strukturierte Anleihen, eingebettete Derivate . . .	138–144
	4.5	Handelswerte *(trading assets)*	145–149
		4.5.1 Klassifizierung als Handelswert, insbesondere bei geänderter Verwendungsabsicht	145–146
		4.5.2 Regeln für Erst- und Folgebewertung, Behandlung der Transaktionskosten	147–148
		4.5.3 *Impairment*/Wertberichtigung von Handelswerten	149
	4.6	Veräußerbare Werte *(available-for-sale assets)*	150–167
		4.6.1 Klassifizierung als veräußerbarer Wert	150–152
		4.6.2 Regeln für Erst- und Folgebewertung	153
		4.6.3 Erfolgsneutrale Erfassung der Wertänderungen .	154–157
		4.6.4 Erfolgsmäßige Behandlung von Transaktionskosten, Disagien usw.	158–160
		4.6.5 *Impairment*/Wertberichtigung, Zuschreibung sowie Abgangserfolg bei veräußerbaren Werten . . .	161–167
	4.7	Umklassifizierung von Finanzinstrumenten: Anlässe, Vorgehensweise, Buchung	168–173
5	Bewertung von Finanzverbindlichkeiten, einschließlich Finanzgarantien		174–187
	5.1	Abgrenzung zum Eigenkapital	174
	5.2	Regelbewertung von Finanzverbindlichkeiten	175–176
	5.3	Sonderfälle	177–182
		5.3.1 Zu Handelszwecken gehaltene bzw. entsprechend gewillkürte Verbindlichkeiten	177–178
		5.3.2 Auswirkungen der Restrukturierung notleidender Forderungen beim Schuldner	179–181

	5.3.3 Fremdwährungsverbindlichkeiten	182
5.4	Bürgschaften und andere Finanzgarantien beim Garanten	183–187
6	Bilanzierung von Derivaten sowie Sicherungszusammenhängen	188–229
6.1	In den Anwendungsbereich von IAS 39 fallende Derivate	188–191
6.2	Erst- und Folgebewertung von nicht für Sicherungszwecke verwendeten Derivaten	192–196
6.3	Bilanzierung von Sicherungsgeschäften – *hedge accounting*	197–229
	6.3.1 Überblick...............................	197–200
	6.3.2 *Hedge-accounting*-taugliche Sicherungsinstrumente..................................	201–205
	6.3.2.1 Regelsicherung durch Finanzderivate, Ausnahmen bei Währungsrisiken	201
	6.3.2.2 Untauglichkeit interner Sicherungsgeschäfte	202
	6.3.2.3 Kombinations- und geschriebene Optionen am Beispiel bestimmter Zins- oder Währungssicherungsprodukte	203–204
	6.3.2.4 Umfang der Designation des Sicherungsinstruments	205
	6.3.3 Gesicherte Grundgeschäfte, untaugliche Grundgeschäfte	206–212
	6.3.4 Abgrenzung *cash flow hedge, fair value hedge,* Währungs-*hedge*	213–215
	6.3.5 Bilanzierungs- und Buchungstechnik bei *hedges* .	216–218
	6.3.6 Voraussetzungen des *hedge accounting*: Effektivität, Dokumentation, Transaktionswahrscheinlichkeit	219–224
	6.3.6.1 Überblick	219
	6.3.6.2 Dokumentationserfordernisse	220
	6.3.6.3 Prospektive und retrospektive Effektivität	221–223
	6.3.6.4 Transaktionswahrscheinlichkeit	224
	6.3.7 Nachträglicher Wegfall, nachträgliches Entstehen einer Sicherungsbeziehung	225–227
	6.3.8 *Fair value option* als Alternative zum *hedge accounting*	228–229
7	Latente Steuern auf Finanzinstrumente	230–235
7.1	Anteile an Kapitalgesellschaften: § 8b KStG	230–231
7.2	Fremdkapitalinstrumente: Wertsteigerung über AK sowie vorübergehende Wertminderung	232
7.3	Pauschalwertberichtigungen	233

7.4　Forderungen und Verbindlichkeiten in Fremdwährung　　234
7.5　Derivate – *hedge accounting* . . . .　235
8　Ausweis . . . .　236–242
　8.1　Bilanz und Eigenkapitalveränderungsrechnung . . . . . .　236–240
　8.2　GuV und Kapitalflussrechnung . . . .　241–242
9　Angaben . . . .　243–270
　9.1　Überblick . . . .　243–244
　9.2　*Materiality*-Überlegungen . . . .　245–247
　9.3　Angaben zu Bilanzierungs- und Bewertungsmethoden .　248–251
　9.4　Überleitung von Bewertungskategorien auf Bilanz- und
　　　GuV-Posten . . . .　252–255
　9.5　Angaben zu Zeitwerten (*fair values*) und zur Nutzung
　　　der *fair value option* . . . .　256–258
　9.6　Angaben zum *hedge accounting* . . . .　259–261
　9.7　Sonstige Angaben . . . .　262–263
　9.8　Angaben zu Risiken und Risikomanagement . . . .　264–267
　9.9　Formulierungsbeispiel . . . .　268
　9.10　Verhältnis zu den Angabepflichten des HGB i. d. F. des
　　　Bilanzrechtsreformgesetzes . . . .　269–270
10　Anwendungszeitpunkt, Rechtsentwicklung . . . .　271–275
11　Zusammenfassende Praxishinweise . . . .　276

Schrifttum: APP/KLEIN, Verbriefungen: Motivation und Strukturen sowie ausgewählte Probleme der Rechnungslegung, KoR 2006, S. 487; BALLWIESER/KÜTING/SCHILDBACH, Fair value, erstrebenswerter Wertansatz im Rahmen einer Reform der handelsrechtlichen Rechnungslegung? BFuP 2004, S. 529; BELLAVITE-HÖVERMANN/BARCKOW, IAS 39, Finanzinstrumente, in: BAETGE u. a., Rechnungslegung nach IAS, 2. Aufl., 2002; BREKER/GEBHARDT/PAPE, Das Fair-Value-Projekt für Finanzinstrumente, WPg 2000, S. 729; BRÜGGEMANN/LÜHN/SIEGEL, Bilanzierung hybrider Finanzinstrumente nach HGB, IFRS und US-GAAP im Vergleich, KoR 2004, S. 340ff.; EITF Issue 03-1, The Meaning of Other-Than-Temporary Impairment and Its Application to Certain Investments; ENGEL-CIRIC/SCHULER, Factorings und ABS-Transaktionen nach IFRS, PiR 2005, S. 19ff.; FINDEISEN/ROSS, Asset-Backed-Securities-Transaktionen im Einzel- und Konzernabschluss des Veräußerers nach IAS, DB 1999, S. 2224; FINDEISEN/ROSS, Wirtschaftliche Zurechnung und Anhangangaben bei Asset-Backed-Securities, DB 1999, S. 1077; FREIBERG, Die Bilanzierung von einfachen Anteilen nach IFRS, PiR 2006, S. 12ff.; FREIBERG, Die Effektivzinsmethode in der Handels- und IFRS-Bilanz, PiR 2005, S. 110ff.; FRÖHLICH, Bilanzierung von Beschaffungsgeschäften unter der Zielsetzung des hedge accounting nach IAS 39, BB 2004, S. 1381ff.; GEBHARDT/NAUMANN, Grundzüge der Bilanzierung von Financial Instruments nach IAS 39, DB 1999, S. 1461; GRÜNBERGER, Bilanzierung von Finanzgarantien nach der Neufassung von IAS 39, KoR 2006, S. 81ff.; HOFFMANN/LÜDENBACH, Bilanzrechtsreformgesetz – Seine Bedeutung für den Einzel- und

Konzernabschluss der GmbH, GmbHR 2004, S. 145ff.; HOFFMANN/ LÜDENBACH, Internationale Rechnungslegung: kapitalmarkt- oder managementorientiert?, StuB 2002, S. 541; HOMMEL/HERMANN, Hedge accounting und full fair value approach hedge in der internationalen Rechnungslegung, DB 2003, S. 2501ff.; IDW RS HFA 8, Zweifelsfragen der Bilanzierung von Asset-backed-Securities-Gestaltungen oder ähnlichen Securitisation-Transaktionen; IDW RS HFA 9, Einzelfragen zur Anwendung von IAS 39; IDW RS BFA 1, Stellungnahme zur Rechnungslegung und Bilanzierung von Kreditderivaten; IDW RS VFA 2, Auslegung des § 341b HGB (neu), WPg 2002, S. 475, JWG Joint Working Group of Standard Setters, Financial Instruments and Similar Items, Draft Standard and Basis for Conclusion, 2000; KEHM, Offenlegung von Finanzinstrumenten, in: Löw, Rechnungslegung für Banken nach IAS – Praxisorientierte Einzeldarstellungen, 2003, S. 355; KEHM/LAUINGER/RAVE, Umsetzung der Anforderungen des IAS 39 im Commerzbank-Konzern, ein Projektbericht, Zeitschrift für das gesamte Kreditwesen 2003, S. 799; KPMG, Financial Instruments Accounting, September 2000; LEIBFRIED/SOMMER, Die Praxis der Bilanzierung von Available-for-sale-Wertpapieren nach IAS und US-GAAP, KoR 2001, S. 254; Löw, Neue Offenlegungsanforderungen zu Finanzinstrumenten und Risikoberichterstattung nach IFRS 7, BB 2005, S. 2175ff.; Löw, Rechnungslegung für Banken nach IAS – Praxisorientierte Einzeldarstellungen, 2003; Löw/ SCHILDBACH, Financial Instruments, Änderungen von IAS 39 aufgrund des Amendment Project des IASB, BB 2004, S. 875ff.; LÜDENBACH, Geplante Neuerungen bei Bilanzierung und Ausweis von Finanzinstrumenten nach IAS 32 und IAS 39, BB 2002, S. 2113; LÜDENBACH, Zusammenfassung einer Verbindlichkeit und eines Swap zu einem einzigen Bilanzierungsobjekt, PiR 2005, S. 95ff.; LÜDENBACH, Zweck und Technik des hedge accounting, in: Accounting 5/2005, S. 5ff.; LÜDENBACH/HOFFMANN, Beschreiten wir mit der Internationalisierung der Rechnungslegung den Königsweg?, DStR 2002, S. 231; LÜDENBACH/HOFFMANN, Enron oder die Umkehrung der Kausalität bei der Rechnungslegung, DB 2002, S. 1169; LÜDENBACH/HOFFMANN, Gemildertes Fair-Value-Prinzip bei der Bilanzierung von Wertpapiervermögen, DB 2004, S. 85; PFIZER/OSER/ORTH, Offene Fragen und Systemwirdrigkeiten des Bilanzrechtsreformgesetzes, DB 2004, S. 2593ff.; SCHARPF, Bilanzierung von Financial Instruments nach IAS 39, FB 2000, S. 125, 208, 284, 372; SCHARPF/WEIGEL/Löw, Die Bilanzierung von Finanzgarantien und Kreditzusagen nach IFRS, WPg 2006, S. 1492ff.; SCHMIDT/SCHREIBER, Neubeurteilung eingebetteter Derivate, KoR 2006, S. 445; SCHNEIDER, Zur Dokumentation von Sicherungsgeschäften bei mittelständischen Unternehmen, PiR 2006, S. 168ff.; THIELE, Partielles Endorsement von IAS 39. Europäischer Sonderweg bei der Bilanzierung von Finanzinstrumenten, DStR 2004, S. 2162ff.; VÖLKNER, Fair value als Zugangswert bei Finanzinstrumenten, PiR 2005, S. 14ff.; WÜSTEMANN/DUHR, Steuerung der Fremdwährungsrisiken von Tochterunternehmen im Konzern, BB 2004, S. 2501ff.

Vorbemerkung
Die Kommentierung bezieht sich auf IAS 39, IAS 32 und IFRS 7 und berücksichtigt alle Ergänzungen, Änderungen und Interpretationen, die bis zum 1. Januar 2007 beschlossen wurden.

1 Zielsetzung, Regelungsinhalt und Begriffe

1.1 Zielsetzung und Einordnung von IAS 39

Vor der Verabschiedung von IAS 39 (2000) existierten ausdrückliche Ansatz- und Bewertungsregeln für Finanzvermögen im Bereich der Beteiligungen (IAS 28 usw.) und für einen eng umrissenen Bereich sonstiger Finanzinvestitionen (IAS 25, nicht mehr in Kraft). IAS 39 (2000) hatte vor diesem Hintergrund zunächst das Ziel, Lücken in den Vorschriften zur Bilanzierung und Bewertung von Finanzinstrumenten zu schließen. In diesem Zusammenhang wurden auch Ansatz und Bewertung von derivativen Finanzinstrumenten (Optionen usw.) erstmals umfassend geregelt.

Gegenüber bisherigen Standards sowohl des Finanz- als auch des sonstigen Vermögens markiert der den Finanzinstrumenten gewidmete Standard in doppelter Weise einen Wechsel:

- Der **beizulegende Zeitwert** *(fair value)* wird für eine Reihe von Finanzinstrumenten zum zwingenden Bewertungsmaßstab.
- **Finanzderivate** sind zwingend zu bilanzieren, d. h., im Gegensatz zur normalen Behandlung schwebender Geschäfte werden Finanzderivate zu **bilanzwirksamen Geschäften**.

Gewisse Schwierigkeiten entstehen dadurch, dass IAS 39 nicht durchgängig eine Bewertung zum *fair value*, sondern zum Teil auch die Bewertung zu (fortgeführten) Anschaffungskosten vorsieht. Entgegen der ursprünglichen Diskussion wurde also kein *full fair value accounting*, sondern ein so genanntes *mixed model* (teilweise Anschaffungskosten, teilweise Zeitwert) eingeführt. Hieraus entstehen zum einen **Abgrenzungsprobleme**, da die Klassifizierung eines Finanzinstrumentes über dessen Bewertung entscheidet und damit die Differenzierung der Klassen bewertungsrelevant wird (Rz 31ff.). Ein Beispiel für die „brüchigen" Bewertungsfolgen des *mixed model* enthält Rz 173. Zum anderen könnten sich **Bewertungswidersprüche** ergeben, wenn ein für Sicherungszwecke eingesetztes Finanzderivat zum beizulegenden Zeitwert erfasst würde, das gesicherte Geschäft hingegen zu fortgeführten Anschaffungskosten (Rz 15). Aus diesem Grunde enthält IAS 39 Vorschriften zur Bilanzierung bei **Sicherungsgeschäften** *(hedge accounting)*, die der Vermeidung derartiger Widersprüche dienen sollen (Rz 197ff.).

IAS 39 hat mit der Neufassung in 2003 durch eine konsequentere Beschränkung auf Bilanzierung und Bewertung und damit eine klarere Arbeitsteilung gegenüber IAS 32 (Rz 19) partiell an Übersichtlichkeit gewonnen.

Andererseits sind aber viele bisher im Standard selbst enthaltene Regelungen in eine *Application Guidance* ausgelagert worden. Dies macht den Standard selbst schlanker und gibt ihm den Anschein eines stärker *principle-based accounting* (→ § 1 Rz 44ff.), dient aber nicht der Lesbarkeit. Notwendige Erklärungen und Konkretisierungen zu den vielen in IAS 39 enthaltenen abstrakten Definitionen und Regeln finden sich nicht mehr leicht zugänglich an Ort und Stelle, sondern sind nur durch Parallellektüre der *Application Guidance* und zusätzlich einer *Guidance on Implementing* zu finden. Es ist auch eine Aufgabe dieser Kommentierung, auf diese Art **Getrenntes** wieder **zusammenzuführen**.

1.2 Regelungsinhalt und Begriffe

1.2.1 Überblick

4   IAS 39 hat einen **dreifachen** Regelungsinhalt:
- Bilanzierung und Bewertung **originärer Finanzinstrumente**,
- Bilanzierung und Bewertung von **Finanzderivaten**,
- Rechnungslegung bei **Sicherungszusammenhängen**.

5   Hierbei entsteht eine gewisse Intransparenz dadurch, dass IAS 39 zwar „grundsätzlich" alle Finanzinstrumente behandelt, tatsächlich aber bestimmte Instrumente ausgeklammert werden (Rz 11).

1.2.2 Berücksichtigte originäre und derivative Finanzinstrumente, Definitionen

6   IAS 32.11 enthält folgende zugleich für IAS 39 geltende Grunddefinitionen:
- Ein **Finanzinstrument** ist jeder Vertrag, der gleichzeitig bei dem einen Unternehmen zu einem finanziellen Vermögenswert und bei dem anderen zu einer finanziellen Verbindlichkeit oder einem Eigenkapitalinstrument führt.
- **Finanzielle Vermögenswerte** umfassen:
  - (a) **flüssige Mittel**,
  - (b) als Aktivum gehaltene Eigenkapitalinstrumente anderer Unternehmen (also **Anteile** an anderen Unternehmen),
  - (c) das vertragliche Recht, (i) flüssige Mittel oder andere finanzielle Vermögenswerte von einem anderen Unternehmen zu erhalten (hierzu zählen **nicht Steuer**forderungen, entgegen dem Wortlaut jedoch vertragliche **Forderungen** gegenüber **Privatpersonen**) oder (ii) finanzielle Vermögenswerte oder Verbindlichkeiten mit einem anderen Unternehmen unter potenziell vorteilhaften Bedingungen austauschen zu können (hierzu gehören **Finanzderivate**, deren *fair value* zum Bilanzstichtag positiv ist),
  - (d) jede Art von Vertrag, der in den eigenen Eigenkapitalinstrumenten des Unternehmens erfüllt werden wird oder werden muss und der (i) ein nichtderivatives Finanzinstrument ist, das das Unternehmen verpflichtet oder verpflichten könnte, eine variable Zahl eigener Eigenkapitalinstrumente zu erwerben, oder (ii) ein derivatives Finanzinstru-

ment ist, das anders erfüllt werden kann oder muss als durch den Austausch eines festen Geldbetrages oder einer festen Zahl anderer finanzieller Vermögenswerte gegen eine feste Zahl eigener Eigenkapitalinstrumente. Die eigenen Eigenkapitalinstrumente umfassen dabei keine Instrumente, die selbst Verträge über den zukünftigen Erwerb oder die zukünftige Lieferung eigener Eigenkapitalinstrumente darstellen.

- Eine **finanzielle Verbindlichkeit** ist jede Schuld folgender Art:
  - (a) eine vertragliche Verpflichtung, (i) flüssige Mittel oder einen anderen finanziellen Vermögenswert an ein anderes Unternehmen abzugeben (hierzu zählen nicht **Steuer**schulden, entgegen dem Wortlaut jedoch vertragliche **Verbindlichkeiten** gegenüber **Privatpersonen**) oder (ii) finanzielle Vermögenswerte oder Verbindlichkeiten mit einem anderen Unternehmen unter potenziell nachteiligen Bedingungen austauschen zu müssen (hierzu gehören **Finanzderivate**, deren *fair value* zum Bilanzstichtag negativ ist);
  - (b) jede Art von Vertrag, der in den eigenen Eigenkapitalinstrumenten des Unternehmens erfüllt werden wird oder muss und der (i) ein nichtderivatives Finanzinstrument ist, das das Unternehmen verpflichtet oder verpflichten könnte, eine variable Zahl eigener Eigenkapitalinstrumente zu liefern, oder (ii) ein derivatives Finanzinstrument ist, das anders erfüllt werden kann oder muss als durch den Austausch eines festen Geldbetrages oder einer festen Zahl anderer finanzieller Vermögenswerte gegen eine feste Zahl eigener Eigenkapitalinstrumente. Die eigenen Eigenkapitalinstrumente umfassen dabei keine Instrumente, die selbst Verträge über den zukünftigen Erwerb oder die zukünftige Lieferung eigener Eigenkapitalinstrumente darstellen.
- Ein **Eigenkapitalinstrument** ist ein Vertrag, der einen Residualanspruch an den Vermögenswerten eines Unternehmens nach Abzug aller dazugehörigen Schulden begründet.

Der **Definitionskatalog** ist nicht nur wegen seines hohen Abstraktionsgrades und der verwendeten Begriffe (z. B. *„non-derivative"*) **nicht sehr geglückt**. Insbesondere entspricht die Bindung der Finanzinstrumente an einen **Vertrag** und an ein **anderes Unternehmen** *(entity)* nicht durchweg herrschender Meinung und Praxis. Nach diesen Kriterien fielen nicht nur, wie beabsichtigt, Steuerforderungen und Steuerschulden aus dem Anwendungsbereich von IAS 39 (kein Vertrag, kein anderes Unternehmen). Bei Anwendung der Kriterien wären zum Beispiel auch Kundenforderungen gegenüber Privatpersonen keine Finanzinstrumente (kein anderes Unternehmen) oder rechtskräftige Schadenersatzforderungen in Geld danach zu unterscheiden, ob der Anspruchsgegner ein Unternehmen und ob der Schadenersatz aus Vertrag oder aus unerlaubter Handlung begründet ist.
Die herrschende Praxis ignoriert diese beiden Definitionsbestandteile. Sie versteht unter

7

- **aktiven Finanzinstrumenten** alle Positionen, die **nicht** immaterielles Vermögen, Sachanlagevermögen, Vorratsvermögen, Steueransprüche, Sachleistungsforderung oder Abgrenzungsposten sind;
- **passiven Finanzinstrumenten** alle Positionen, die **nicht** Eigenkapital, Sachleistungsverpflichtung, Abgrenzungsposten oder Rückstellung sind.

Dieser Praxis entsprechen im Übrigen auch die Erläuterungen, die der IASB selbst in der *Application Guidance* zu IAS 32 (IAS 32.AG) zu seinen Definitionen gibt. Folgende Positiv- und Negativbeispiele werden angeführt:

- **Positivbeispiele:** Finanzielle Vermögenswerte bzw. Verbindlichkeiten sind gem. IAS 32.AG6ff.
  - **Kundenforderungen,**
  - **Anleihen** beim Inhaber (aktivisch) bzw. Emittenten (passivisch),
  - **Darlehen** beim Darlehensgeber (aktivisch) bzw. -nehmer (passivisch),
  - **finanzielle Garantien** (Bürgschaften usw.) beim Garantiegeber bzw. -nehmer,
  - Forderungen und Verbindlichkeiten aus *finance leases*
  - Eigenkapitalinstrumente, d. h. **Anteile** an anderen Gesellschaften.
- **Negativbeispiele:** Keine finanziellen Vermögenswerte sind hingegen
  - körperliche und immaterielle Vermögenswerte (**Vorräte, Sachanlagen, immaterielle** Vermögenswerte; IAS 32.AG10),
  - **abgegrenzte,** im Voraus erhaltene bzw. bezahlte **Einnahmen** bzw. **Ausgaben,** deren Gegenleistung in zukünftigen Güterlieferungen, Dienstleistungen usw. besteht, sowie nicht finanzielle Garantieverpflichtungen (IAS 32.AG11),
  - **Steuern** und
  - **faktische Verpflichtungen** (IAS 32.AG12).

8   Der Anwendungsbereich von IAS 32 und 39 **umfasst** weder **jedes** Finanzinstrument, noch ist **jeder** nichtfinanzielle Vermögenswert bzw. jede nichtfinanzielle Schuld aus dem Anwendungsbereich **ausgeschlossen.** So sind Anteile an einem anderen Unternehmen zwar stets Finanzinstrumente, unterliegen i. d. R. jedoch nur dann IAS 39 und 32, wenn die Beteiligungsschwelle nicht erreicht ist (Rz 11). Umgekehrt sind bestimmte Verträge über den Kauf nichtfinanzieller Vermögenswerte, etwa nicht auf die Deckung eigenen Bedarfs gerichtete Warenterminkontrakte, so zu behandeln, *„as if the contracts were financial instruments"* (IAS 32.8; Rz 190).

9   Von den originären zu unterscheiden sind **derivative** Finanzinstrumente. IAS 39.9 enthält **drei Definitionselemente** für Finanzderivate:
- Der Wert des Finanzinstrumentes reagiert auf **Änderungen des Wertes eines Basisobjektes.** Basisobjekte können sein: Zinssätze, Wertpapierkurse, Rohstoffpreise, Wechselkurse, Preis- oder Zinsindizes, Bonitätsratings oder Kreditindizes und ähnliche Variablen. Mit IFRS 4 wurde – zur Abgrenzung von Derivaten gem. IAS 39 gegenüber Versicherungsverträgen – dieses Definitionselement erweitert: Für den Fall, dass sich der Vertrag auf

eine nichtfinanzielle Variable bezieht (zum Beispiel Wetterbedingungen), liegt ein Derivat nur dann vor, wenn keine Vertragspartei bezüglich dieser Variablen einem tatsächlichen Risiko ausgesetzt ist (IAS 39.9(a), IAS 39.AG12A) und der Vertrag insofern keinen Versicherungscharakter besitzt.

- Eine **anfängliche Netto-Investition entfällt** oder ist, verglichen mit ähnlich reagierenden Verträgen, **niedrig** (*„no or smaller initial net-investment"*).
- Das Geschäft wird erst in **Zukunft** erfüllt (Termingeschäft). Termingeschäfte können unterschieden werden nach der
  - **Vertragsform** in bedingte Geschäfte (Optionen) und **unbedingte** Geschäfte (*futures, forwards*, Swaps),
  - **Art** des Basiswertes z. B. in Zinsderivate, Währungsderivate, Aktienderivate, Kreditderivate (Basiswert ist das Kreditrating) usw.

Die *Guidance on Implementing* IAS 39 (IAS 39.IG) listet unter anderem die folgenden Fälle auf (IAS 39.IG.B.2):

10

Vertragsart	Basisobjekt
Zinsswap	Zinssatz
Währungsswap	Wechselkurs
Kreditswap	Kreditrating, Kreditindex
Optionen, *futures* und *forwards* auf Anleihen	Zinssatz, Zinsindex
Optionen, *futures* und *forwards* auf Rohstoffe	Rohstoffpreis
Optionen, *futures* und *forwards* auf Aktien	Aktienkurs, Aktienindex

Tab. 1: Derivate nach Vertragsart und Basisobjekt

1.2.3 Ausgeklammerte Finanzinstrumente

IAS 39.2 enthält eine Liste von Finanzinstrumenten, deren Rechnungslegung ausdrücklich nicht nach IAS 39 erfolgen soll. Im Wesentlichen geht es um folgende Fälle:

11

- Anteile an **Tochterunternehmen** (IAS 27; → § 32), **assoziierten Unternehmen** (IAS 28; → § 33) und *joint ventures* (IAS 31; → § 34); in den Anwendungsbereich von IAS 39 fallen jedoch bestimmte derivative Kontrakte über diese Anteile, etwa der Verkauf eines Anteils an einem assoziierten Unternehmen auf Termin (Rz 26), hingegen wegen IAS 39.2g nicht Terminkontrakte über den Kauf oder Verkauf eines Tochterunternehmens.
- Rechte und Pflichten aus **Leasing**-Verträgen (IAS 17; → § 15). Eine generelle Rückausnahme gilt für in den Leasingvertrag eingebettete Derivate. Spezielle Rückausnahmen bestehen für Leasingforderungen (Anwendung von IAS 39 auf Ausbuchung und *impairment*) sowie für Verbindlichkeiten

des Leasingnehmers aus *finance lease* (Anwendung von IAS 39 auf Ausbuchung, jedoch nicht auf Bewertung).
- Vermögenswerte und Verpflichtungen aus **Altersversorgungsplänen** (IAS 19; → § 22).
- Vom Unternehmen **selbst emittierte** Aktien, Optionen und sonstige **Eigenkapitalinstrumente** gem. IAS 32.
- Verträge mit **bedingter Gegenleistung** im Rahmen eines **Unternehmenszusammenschlusses** (IFRS 3; → § 31), jedoch nur aus Sicht des Erwerbers.
- Kaufverträge im Rahmen eines **Unternehmenszusammenschlusses**, die den Kauf bzw. Verkauf eines Unternehmens zu einem **künftigen Zeitpunkt** vorsehen.
- **Darlehenszusagen** (*loan commitments*), für die keine Möglichkeit eines Barausgleichs besteht. Eine (freiwillige) Rückausnahme besteht gem. IAS 39.4, wenn das Unternehmen die Zusage gem. der *fair value option* als ein zum *fair value* zu erfassendes Finanzinstrument gewillkürt hat (Rz 33). Eine (verpflichtende) Rückausnahme gilt für den Fall, dass das Unternehmen in der Vergangenheit wiederholt die aus einer Zusage resultierenden Darlehen kurzfristig weiterveräußert hat (IAS 39.4).
- Finanzinstrumente, Verträge und Verpflichtungen im Rahmen **aktienorientierter Vergütungen**, die unter IFRS 2 (→ § 23) fallen (insbesondere Mitarbeiter-Aktienoptionen). Eine Rückausnahme gilt allerdings für aktienbezogene Vergütungen nach IAS 39.5 bis 7. Damit sind Warentermingeschäfte mit einem vom Aktienkurs des Käufers abhängigen Kaufpreis angesprochen; Voraussetzung für die Rückausnahme ist allerdings die Möglichkeit eines Barausgleiches, wenn vom Gebrauch dieser Möglichkeit auszugehen ist (Rz 190; IFRS 2.2, IFRS 2.BC25ff.).

12 Im Bezug zu **IFRS 4** ergeben sich folgende **Abgrenzungen**:
- Rechte und Verpflichtungen aus **Versicherungsverträgen** und anderen Verträgen, die unter IFRS 4 fallen (→ § 39 Rz 5ff.), sind nicht nach IAS 39 zu bilanzieren. In solche Verträge eingebettete Derivate fallen allerdings unter IAS 39 (Rückausnahme), sofern die Derivate nicht selbst wiederum unter IFRS 4 fallen (Rückausnahme von der Rückausnahme).
- **Wetterderivate**: Bestimmte Wetterereignisse sind Gegenstand von Versicherungsverträgen, so etwa bei der Sturm- und Hagelversicherung. Andere klimatische Faktoren, etwa die Sonnenscheindauer im Sommerhalbjahr oder die Zahl der Hitzetage, sind nicht Gegenstand von üblichen Versicherungen, obwohl sie zum Beispiel für Energieanbieter eine wichtige Rolle spielen können. Versicherungsverträge jeglicher Art waren Gegenstand eines Projektes (IASC, *Issue Paper* 1999) über die Einbeziehung in einen besonderen zukünftigen Standard. Wegen der Schwierigkeiten bei der Abgrenzung zwischen ausgeklammerten Versicherungsverträgen und derivativen Wetterinstrumenten wurde in IAS 39 (2003) generell auf die Einbeziehung von Wetterderivaten verzichtet. Angesichts der Unzahl

sonstiger Abgrenzungsprobleme, die sich aus IAS 39 ergeben, war diese Entscheidung von Anfang an nicht unbedingt konsequent. Mit der Einführung des IFRS 4 zur Bilanzierung von Versicherungsverträgen (→ § 39) ist die Bilanzierung von Wetterderivaten weitergehend geklärt worden. Danach gehören sie dann in den Anwendungsbereich des IAS 39, wenn sie nicht unter IFRS 4 fallen (IAS 39.AG1). Dies ist insbesondere dann der Fall, wenn auf Seiten des Sicherungsnehmers kein tatsächliches eigenes Risiko besteht (IFRS 4.Appendix B.18(l)). Wetterderivate werden daher regelmäßig als Derivate gem. IAS 39 zu bilanzieren sein.

Bei **finanziellen Garantien** (unabhängig davon, ob sie als Bürgschaft, Akkreditiv, Kreditderivat oder anders ausgestaltet sind) ist in sachlicher und zeitlicher Hinsicht zu differenzieren: 13

Finanzielle **Garantien**, die **bei Übertragung eines Finanzinstruments** abgeschlossen (oder zurückbehalten) wurden, fallen stets in den Anwendungsbereich des IAS 39 (IAS 39.2(e), IAS 39.AG4A(a)). Diese Vorschrift steht im Zusammenhang mit den Regeln zur Ausbuchung von Finanzinstrumenten (IAS 39.15ff.; → Rz 63ff.).

Für **nicht bei Übertragung** eines Finanzinstruments **abgegebene Finanzgarantien**, die den Ersatz eines Verlusts für den Fall vorsehen, dass ein Schuldner seinen Zahlungsverpflichtungen nicht nachkommt (z. B. Bürgschaften), ist eine zeitliche Differenzierung notwendig:

- In 2005 sind sie nach **IFRS 4** und nicht nach **IAS 39** zu behandeln (IAS 39.2e und 3). IFRS 4 verlangt dabei einen sog. *„liability adequacy test"*, der bestimmten Mindestanforderungen genügen muss (IFRS 4.15f.; → § 39 Rz 20).

- **Ab 2006** gelten die *„Amendments to IAS 39 Financial Instruments: Recognition and Measurement and IFRS 4 Insurance Contracts, Financial Guarantee Contracts"*. Finanzgarantien unterliegen danach i. d. R. **IAS 39**. Wegen Einzelheiten wird auf Rz 183 verwiesen.

Neben normalen Garantien (Bürgschaften etc.) gibt es **exotische Konstruktionen**, die z. B. eine Zahlung bei einer Änderung eines Bonitätsratings, ggf. eines Zinssatzes, eines Wertpapierkurses, eines Rohstoffpreises, eines Wechselkurses, eines Kurs- oder Zinsindexes oder einer anderen Variablen vorsehen. Sie haben eher den Charakter von Derivaten und fallen deshalb ausnahmsweise in den Anwendungsbereich von IAS 39 (IAS 39.3, IAS 39.AG4A(a)). Das nachfolgende Beispiel zeigt einen Anwendungsfall hierzu.

Beispiel
X hält 10 Mio. EUR-Anleihen des UMTS-Anbieters Y. Y wird von den Rating-Agenturen mit B bewertet. X befürchtet eine Verschlechterung des Ratings und in der Folge einen Kursverlust bei den Anleihen. X schließt deshalb mit der Bank Z einen Vertrag ab, der eine Zahlung für den Fall garantiert, dass es innerhalb einer spezifizierten Zeitspanne zu einer Verschlechterung des Ratings kommt.

> Nach der ökonomischen Substanz handelt es sich nicht um eine Bürgschaft, die bei Zahlungsunvermögen von Y greift, sondern um eine Kursabsicherung der Anleihe. Diese Absicherung wird wie andere Absicherungen (z. B. über Verkaufsoptionen) als Derivat behandelt.

14 Die vorstehenden Beispiele zeigen schon durch ihre vielen **Rückausnahmen** die Schwierigkeit, die der *Board* bei der Bestimmung des Anwendungsbereichs von IAS 39 hatte und hat.

1.2.4 Rechnungslegung bei Sicherungszusammenhängen

15 Finanzderivate können **spekulativ** oder zu **Sicherungszwecken** eingesetzt werden. Eine Verkaufsoption auf den Dollar kann etwa erworben worden sein, um eine erwartete Dollarabwertung spekulativ auszunutzen. Erwerbsmotiv mag aber auch die Absicherung einer in Dollar valutierenden Kundenforderung sein, die gegen Wertverluste geschützt werden soll.
Nicht Sicherungszwecken dienende Finanzderivate sind erfolgswirksam zum *fair value* zu bilanzieren (IAS 39.46, 47(a), 55(a)). Im Spekulationsfall führt die Bewertung **nicht** zu **Inkonsistenzen**, da die in der GuV abgebildete Volatilität Ausdruck des eingegangenen Risikos ist. Im Sicherungsfall würde sich hingegen ein **Widerspruch** ergeben, wenn der zu sichernde Wert zu Anschaffungskosten oder erfolgs**neutral** zum *fair value*, das Derivat hingegen erfolgs**wirksam** zum *fair value* erfasst wird. Hierzu folgendes Beispiel:

> **Beispiel**
> Unternehmen A hält einige Anteile an der börsennotierten Gesellschaft B. Eine unmittelbare Verkaufsabsicht besteht nicht. Die Anteile werden als *available for sale* qualifiziert. Die Wertänderungen ist daher gem. IAS 39.55b erfolgsneutral im Eigenkapital zu berücksichtigen (Rz 37).
> A hat jedoch eine Verkaufsoption auf die Aktien der B erworben. Der Kurs der Aktien fällt, wodurch der Wert der Option steigt. Diese Steigerung ist gem. IAS 39.55a erfolgswirksam in der GuV zu erfassen.
> Die Behandlung der Kurswirkung nach den Normalregeln ist inkonsistent. Die positive Wirkung auf die Option wird erfolgswirksam, die negative Wirkung auf die Anteile bliebe erfolgsneutral.
> Bei Bestehen eines dokumentierten und effektiven Sicherungszusammenhangs werden daher die Normalregeln durch Sonderregeln für das *hedge accounting* substituiert. Gem. IAS 39.89 geschieht dies im vorliegenden Fall (sog. *fair value hedge*) dadurch, dass die erfolgsneutrale Behandlung der Anteile nicht fortgeführt wird.

Die Regeln zum *hedge accounting* (Rz 197ff.) dienen der Bewältigung solcher, sich aus dem *mixed model* (Rz 3) ergebenden Widersprüche.
Im Beispiel – *fair value hedge* – wird in die Bilanzierungsregeln für das gesicherte Grundgeschäft eingegriffen, in anderen Fällen – *cash flow hedge* – erfolgt der Eingriff bei den Bilanzierungsregeln für die Derivate, deren Wertänderung

dann nicht mehr erfolgswirksam, sondern erfolgsneutral zu behandeln ist (IAS 39.95).
Zu Einzelheiten wird auf Rz 44 und 216ff. verwiesen.

1.3 Substance over form – Synthetisierung von Finanzinstrumenten

Ein Vertrag über ein Finanzinstrument ist als Derivat zu beurteilen, wenn er die „*no or smaller initial net-investment*"-Bedingung erfüllt (Rz 9). Ob dies der Fall ist, muss unter *substance-over-form*-Gesichtspunkten beurteilt werden. Auf die zivilrechtliche Form kommt es demzufolge nicht an. Aus **formaler Sicht** können z. B. **zwei Verträge** zwischen den gleichen Parteien vorliegen, mit jeweils bedeutsamen Anfangsinvestments der einen Seite, die aber **wirtschaftlich eine Einheit** bilden, wobei sich in substanzieller Betrachtung die Anfangsinvestitionen der Parteien gegen null neutralisieren:

16

> **Beispiel**
>
> **Zinsswap mit Bruttoausgleich**
> A tritt in einen Swap mit B ein. A zahlt fix 8 % und erhält variable EURIBOR + 2 %, jeweils bezogen auf 10 Mio. bei Quartalszahlung.
> Die Parteien vereinbaren eine Bruttoregelung. A zahlt zu Anfang (und Ende) 10 Mio. an B und B die gleiche Summe an A. Auch Quartalszinsen werden nicht netto (in Höhe der Zinsdifferenz), sondern brutto (in beide Richtungen) entrichtet.
> Trotz Bruttoregelungen ist die „*no or smaller initial net-investment*"-Bedingung erfüllt. Durch das Hin- und Herzahlen des Geldes wird bei substanzieller Betrachtung keine Nettoinvestition getätigt. Es liegt ein Derivat vor (IAS 39.IGB.3).

> **Beispiel**
> A und B vereinbaren folgenden 5-Jahres-Swap über 100 Mio.: A zahlt 10 % fix und erhält EURIBOR + 4 %. A zahlt seine fixe Verpflichtung (den Barwert von 5 × 10 Mio. = 38 Mio.) zu Beginn des Vertrags. Nach IAS 39.IG.B.4 ist die „*no or smaller initial net-investment*"-Bedingung erfüll, da das Investment von A (38 Mio.) im Vergleich zur Begründung einer risikoäquivalenten nichtderivativen Position (Erwerb einer variablen Anleihe über 100 Mio.) signifikant niedriger ausfällt.

Notwendige, aber nicht hinreichende Voraussetzung für die Zusammenfassung von Verträgen zu einem Finanzinstrument ist die **Identität der Vertragspartner.**

17

> **Beispiel**[1]
> U schließt mit der Bank B zeitgleich und fristenkonform einen ersten Vertrag über ein variabel verzinsliches Yen-Darlehen und einen zweiten über einen *cross-currency*-Swap ab. In der wirtschaftlichen Gesamtwirkung stellen die Verträge U so, als ob er ein festverzinsliches Euro-Darlehen aufgenommen hätte.
> Fraglich ist, ob die Bilanzierung dieser wirtschaftlichen Betrachtungsweise folgen kann, also statt zwei Finanzinstrumenten (nach komplizierten Regeln) eines (nach einfachen Regeln) zu erfassen ist.

Ein Lösungshinweis ergibt sich aus dem Vergleich von IAS 39.IG.B.6 mit IAS 39.IG.C.6: In IAS 39.IG.B6 ist Unternehmen A Gläubiger eines an B gewährten Euro-Festzinsdarlehens und Schuldner eines von B gewährten variabel verzinslichen Darlehens mit jeweils gleicher Laufzeit und gleichen Beträgen, wobei zugleich eine Aufrechnungsabrede getroffen wird. Der IASB erkennt in dieser Konstruktion **nicht zwei Geschäftsvorfälle** (zwei Darlehensverträge), **sondern einen Geschäftsvorfall** (Swapvertrag). Als Begründung führt er an:

- **inhaltliche Abstimmung** der Verträge (nach Frist, Betrag usw.)
- **Identität der Vertragspartner**
- **Fehlen einer substanziellen Geschäftsnotwendigkeit** (*substantive business purpose*) für die Aufteilung der Transaktion auf zwei Verträge.

In IAS 39.IG.C6 vergibt Unternehmen A ein variabel verzinsliches Darlehen an Unternehmen B und schließt gleichzeitig sowie betrags- und fristenkongruent einen Swap mit C ab, der A zum Erhalt fixer und zur Zahlung variabler Zinsen berechtigt bzw. verpflichtet. In der wirtschaftlichen Gesamtwirkung scheint U so gestellt, als ob er ein Festzinsdarlehen an B begeben hätte. Indessen unterliegt jeder Vertrag eigenen Bewertungs-, insbesondere Ausfallrisiken. Wird etwa B insolvent und fällt daher das Darlehen wirtschaftlich weg, bleibt U gleichwohl gegenüber C aus dem Swapvertrag verpflichtet. Eine **Synthetisierung scheidet aus**, da

- **keine Identität der Vertragspartner** besteht und
- **daher jeder Vertrag eigenen Risiken** unterliegt.

Die Anwendung dieser Kriterien auf das obige Beispiel ergibt:

- Darlehens- und Swapvertrag werden gleichzeitig und abgestimmt abgeschlossen.
- Die Vertragspartner beider Geschäfte sind identisch.
- Bei Aufrechenbarkeit sind die Risiken der Verträge gemeinsam zu würdigen.
- Das wirtschaftliche Ergebnis – Festzinsdarlehen in Euro – hätte auch durch Abschluss nur eines Geschäftes erreicht werden können.

---

[1] Entnommen LÜDENBACH, PiR 2005, S. 95ff.

- Der wirtschaftlichen Betrachtungsweise folgend ist daher ein Euro-Festzinsdarlehen zu bilanzieren.

Eine wirtschaftliche Betrachtungsweise ist nicht nur zulässig, sondern immer dort, wo die Möglichkeit der Abweichung des formalrechtlichen vom wirtschaftlichen Gehalt besteht, **zwingend**. Hierbei kann es zur Zusammenfassung (Synthetisierung) von Finanzinstrumenten kommen. Die Identität der Vertragspartner ist hierfür eine notwendige, aber nicht hinreichende Bedingung. Es bleibt Aufgabe des bilanzierenden Unternehmens, die ökonomische Wirkungsweise der vertraglichen Vereinbarungen zu beurteilen und mit „normalen" Verträgen zu vergleichen.

Wegen der Begründung des *substance-over-form*-Gedankens wird allgemein auf → § 1 Rz 82 verwiesen.

18

1.4 Verhältnis von IAS 39 zu IAS 32 und IFRS 7

Für 2005 und 2006 (Rz 271ff.) kann das **Verhältnis von IAS 39 zu IAS 32** wie folgt beschrieben werden:

- IAS 39: **Bilanzierung und Bewertung** von Finanzinstrumenten,
- IAS 32: **Angaben und Darstellung** von Finanzinstrumenten (Rz 244ff.).

Entsprechend lauten auch die Überschriften der beiden Standards. **Irritierend** war bis vor der Änderung von IAS 39 im Rahmen des *Improvement Project*, dass IAS 39 (2000) entgegen seiner auf Ansatz und Bewertung beschränkten Überschrift Regelungen zu Angaben enthielt. Die Ausführungen hatten teilweise den Charakter von Konkretisierungen allgemeiner Vorschriften aus IAS 32 (1998), teilweise überlappten sie sich aber auch, teilweise ergänzten sie IAS 32 (1998) um spezifische Regelungskomplexe, die bei der Verabschiedung des älteren Standards noch nicht vorgesehen waren. Mit der Neufassung ist eine strikte **Arbeitsteilung** erreicht worden, die innerhalb des IFRS-Regelwerkes aber insofern **systemfremd** wirkt, als zu anderen Bilanzpositionen Ansatz, Bewertung einerseits und Angaben und Ausweis andererseits jeweils zusammenhängend in einem Standard behandelt werden.

19

Eine erneut geänderte Arbeitsteilung ergibt sich aus dem im August 2005 verabschiedeten, ab 2007 geltenden IFRS 7. Er ersetzt und ergänzt die einerseits für **alle** Unternehmen in IAS 32, andererseits die bislang für **Finanzinstitutionen** in IAS 30 enthaltenen Regelungen zum Anhang. Abbildung 1 zeigt die Änderungen der Arbeitsteilung durch IFRS 7:

20

Abb. 1: Arbeitsteilung IAS 39, IAS 32, IFRS 7, IAS 30

2 Systematischer Überblick über IAS 39 und seine mittelstandsrelevanten Inhalte

2.1 Der Zauber von IAS 39

21 Gemessen an der Zahl der Veröffentlichungen, Seminare usw. ist IAS 39 der ergiebigste Standard. Soweit es um Institutionen des **Finanzsektors** geht, die in vielfältiger Weise von den Neuregelungen betroffen sind, ist das gesteigerte Interesse nachvollziehbar. Soweit es um Unternehmen außerhalb des Finanzsektors, insbesondere den **Mittelstand**, geht, dürfen Zweifel angemeldet werden, ob die gesteigert auf IAS 39 konzentrierten Bemühungen das Verhältnis zwischen güterwirtschaftlicher und finanzwirtschaftlicher Ebene noch angemessen darstellen. Natürlich müssen auch hier die Grundlagen des *hedge accounting* beachtet werden (z. B. bei Absicherung von Fremdwährungsforderungen oder Zinsrisiken) und natürlich kann auch hier ein Portfolio an Wertpapieren zu bewerten sein. Andererseits muss aber nicht unbedingt die bilanzielle Behandlung noch der letzten exotischen Optionsscheine beherrscht werden, deren ökonomische Wirkungsweise ohnehin nur einige Finanzexperten verstehen und die deshalb (nicht nur) das mittelständische Unternehmen meist besser nicht kontrahieren sollte (Rz 276).

22 Insoweit beschränkt sich dieser Einführungsteil zunächst auf „vernünftige" Fälle. Mit dem Fokus auf diese Fälle erläutert er die Grundzüge von IAS 39. Eine gewisse Redundanz zu den nachfolgenden Teilen wird im Interesse einer schnelleren Orientierung bewusst in Kauf genommen. Als Leitfaden kann Abbildung 2 dienen.

Abb. 2: Regelungsinhalte von IAS 39

2.2 Mittelstandsrelevanter Anwendungsbereich von IAS 39: Weiter Begriff des Finanzinstruments

Die deutsche Rezeption von IAS 39 wird außerhalb der Fachkreise durch den Begriff des **Finanzinstruments** etwas erschwert. Der Sprachgebrauch sieht in Finanzinstrumenten eher **Wertpapiere** (analog § 2b WpHG) oder komplexe, innovative **Finanzprodukte** (analog den Erlassen zu § 20 Abs. 2 Nr. 2ff. EStG). Zwar ist der Begriff durch das Bilanzrechtsreformgesetz erstmalig und dies in seiner weiten Fassung in das HGB eingegangen (§ 285 Nr. 18f. HGB und § 289 Abs. 2 Nr. 2 HGB), gleichwohl tut sich ein Teil der Praxis noch nicht leicht, z. B. Debitoren oder Kreditoren als „Finanzinstrumente" wahrzunehmen und die sie betreffenden Regelungen in IAS 39 zu suchen, der genau dieser weiten Interpretation folgt. Folgende für den **Mittelstand** besonders **relevanten** Fälle sind daher in IAS 39 geregelt:

23

- Ausbuchung von Forderungen beim **Factoring** (Rz 25 und Rz 72ff.).
- Einzel- und portfolioorientierte **Wertberichtigung** auf Debitoren und andere Forderungen (Rz 40 und Rz 122ff.).
- Bewertung von mit einem **Disagio** ausgestatteten Darlehen bei Schuldner oder Darlehensgeber (Rz 42 und Rz 106ff.).
- Bewertung von einfachen, keinen Einfluss vermittelnden **Anteilen an anderen Unternehmen**, unabhängig davon, ob diese verbrieft und börsengehandelt sind (börsennotierte Aktien) oder nicht (Rz 41 und Rz 150ff.).
- Bewertung von **börsennotierten Rentenpapieren** (Rz 32 und Rz 130ff.).
- Ansatz und Bewertung von **Fremdwährungsderivaten**, in Abhängigkeit davon, ob und ggf. zu welchen Sicherungszwecken sie verwendet werden (Rz 43 und Rz 188ff.).

2.3 Ansatz-Regeln

2.3.1 Überblick

Hinsichtlich der Frage des **Bilanzansatzes** (Bilanzierung dem Grunde nach), d. h. der Ein- und Ausbuchung von Finanzinstrumenten, unterscheidet sich IAS 39 in zweifacher Weise vom HGB:

24

- **Originäre Finanzinstrumente**: Bei Wertpapierpension und Wertpapierleihe, beim Factoring und in anderen Sonder- und Grenzfällen kann die

Beurteilung schwierig sein, bei wem der Vermögenswert zu bilanzieren ist. Das Handelsgesetzbuch selbst enthält hier (mit Ausnahmen für Kreditinstitute in § 340b HGB) keine ausdrücklichen Regelungen. Der Anwender ist auf das Schrifttum angewiesen. IAS 39 behandelt hingegen einen Teil dieser besonderen Fälle (Rz 25).

- **Derivative Finanzinstrumente**: Nach Handelsrecht sind schwebende Geschäfte nur im Falle drohender Verluste zu berücksichtigen. IAS 39 schreibt hingegen den Ansatz von Finanzderivaten auch im Falle unrealisierter Gewinne vor (Rz 29).

2.3.2 Ausbuchung von Finanzinstrumenten
2.3.2.1 Kombination von formalrechtlichem und ökonomischem Konzept

25 IAS 39 verfolgt hinsichtlich des Ansatzes von finanziellen Vermögenswerten eine **Kombination** von **formalrechtlichem** und **ökonomischem** Konzept. Mit Ausnahme der Sonderregelungen zu Durchleitungsvereinbarungen (Rz 76) fordert IAS 39.18ff. für die Ausbuchung von Forderungen, Anteilen usw. in Veräußerungsfällen kumulativ:

- den **rechtswirksamen** Vollzug des dinglichen Geschäfts (**Abtretung**) und
- die Übertragung von **Chancen und Risiken**.

Fehlt es an der Abtretung, ist das Finanzinstrument weiter zu bilanzieren, auch wenn die Risiken und Chancen durch Festschreibung des Veräußerungspreises, Ausschluss von Bonitätsgarantien etc. schon vollständig übergegangen sind. Ist die rechtwirksame Abtretung erfolgt, kommt es auf die **Risiken und Chancen** an. Sind diese

- so gut wie vollständig beim **Veräußerer** verblieben, darf er das Finanzinstrument **nicht ausbuchen** (Beispiel: **unechtes Factoring**, bei dem der Forderungskäufer den Forderungsverkäufer für alle Ausfälle voll in Regress nehmen kann)
- so gut wie vollständig **übertragen**, ist das Finanzinstrument auszubuchen (Beispiel: **echtes Factoring**)
- **teils** beim Forderungsverkäufer verblieben, **teils** auf den Forderungskäufer übergegangen, gelten komplexe **Sonderregeln** (Rz 69).

2.3.2.2 Verkauf von Anteilen mit zeitlich nachgelagerter Abtretung (Termingeschäfte)

26 Bei Anteilsveräußerungen kommt es nicht selten zu einer **zeitlichen Divergenz** von obligatorischem Geschäft (Kaufvertrag) und dinglichem Vollzug (Abtretung). Die Parteien schreiben etwa noch im alten Jahr den Kaufpreis und alle sonstigen Konditionen fest (Kaufvertrag), die Abtretung erfolgt aber aus steuerbilanziellen oder sonstigen Gründen erst im neuen Jahr. Mit der Festschreibung des Kaufpreises gehen jedenfalls dann bereits **alle Risiken und Chancen** (Wertänderung der Anteile) auf den Erwerber über, wenn diesem schon alle ab Datum des Kaufvertrags entstehenden Gewinne zustehen. Bei einem primär an den Chancen und Risiken orientierten Konzept müsste daher der Veräußerer den Anteil schon mit Datum des Kaufvertrags ausbuchen.

Wie unter Rz 25 dargestellt, folgt IAS 39.18a aber zunächst einem **formalen Ansatz**. Solange die Rechte aus den Anteilen zivilrechtlich noch nicht übertragen (abgetreten) sind, hat der Veräußerer diese **weiter zu bilanzieren**. Die Chancen und Risiken finden dann in anderer Weise Berücksichtigung. Die zeitliche Divergenz von obligatorischem und dinglichem Geschäft stellt einen Terminkontrakt und damit ein Finanzderivat dar (IAS 39.AG16 und 18). Dieses Derivat unterliegt den Regelungen von IAS 39, da IAS 39.2a zwar Anteile an Tochterunternehmen, assoziierten Unternehmen und Gemeinschaftsunternehmen vom Anwendungsbereich ausschließt, aber eine Rückausnahme für Derivate über diese Anteil enthält. Eine Rückausnahme von der Rückausnahme sieht IAS 30.2g vor. Danach unterliegen Kontrakte über eine zukünftige *business combination* nicht den Regeln von IAS 39. Unbedingte Terminkontrakte *(forward contracts)* über den Erwerb oder die Veräußerung von Tochterunternehmen sind daher nicht als Finanzderivate zu behandeln, das Vorgehen bei bedingten Verträgen (Optionen) ist fraglich (→ § 32 Rz 151).[2] (Bedingte und unbedingte) Terminkontrakte über Anteile an assoziierten Unternehmen und Gemeinschaftsunternehmen sind zum Bilanzstichtag mit dem *fair value* anzusetzen (Rz 31). Der *fair value* entspricht i. d. R. der Wertänderung zwischen Kaufvertrag und Bilanzstichtag. Ein sich daraus ergebender GuV-Effekt kann ggf. durch *hedge accounting* (Rz 45) verhindert werden.

Beispiel

Sachverhalt
Zum 1.10.01 veräußert A die Anteile an der assoziierten X-AG zu 100 an B. Der Gewinn des Jahres 01, mit dessen Ausschüttung nicht vor März 02 gerechnet wird, steht bereits B zu. Der Übergang von „Besitz, Nutzen und Lasten" soll jedoch erst am 2.1.02 erfolgen. Erst zu diesem Datum werden daher die Anteile abgetreten.
Zwischen dem 1.10.01 und dem 31.12.01 erhält die X-AG überraschend viele Neuaufträge. Der Wert der zur Übertragung bestimmten Anteile wird daher zum 31.12.01 auf 120 geschätzt.

Beurteilung
Alle (Vermögens-)Rechte gegenüber der X-AG bleiben bis zur Abtretung bei A. Eine Ausbuchung im alten Jahr kommt daher gem. IAS 39.18a auch dann nicht in Frage, wenn schon alle Chancen und Risiken übergegangen sind. Die Divergenz von Vertrags- und Erfüllungstag führt jedoch zu einem mit dem *fair value* anzusetzenden Finanzderivat. Zum 1.10.01 ist dessen Wert angesichts der zu vermutenden Ausgeglichenheit von Leistung (Anteilsübertragung) und Gegenleistung (Kaufpreis) null. Zum 31.12.02 liegt diese Ausgeglichenheit nicht mehr vor. Aus Sicht von A beträgt der Wert

---

[2] Vgl. IASB, Update November 2003.

> des Derivats -20. Eine finanzielle Verbindlichkeit in entsprechender Höhe ist aufwandswirksam einzubuchen.
> Der Aufwand kann ggf. durch eine ertragswirksame Zuschreibung bei den Anteilen ausgeglichen werden.

2.3.2.3 Factoring von Forderungen

27 Die Ausbuchung einer Forderung kommt gem. IAS 39.18 – mit der hier zunächst nicht interessierenden Ausnahme der Durchleitungsvereinbarung (Rz 76) – nur in Frage, wenn der Forderungsverkäufer seine Rechte gegenüber dem Schuldner mit Wirksamkeit nach außen übertragen hat, durch

- **offene** Forderungsabtretung mit Anweisung an den Schuldner, nur noch an den Käufer zu zahlen, oder
- dem Schuldner nicht angezeigte **stille Abtretung**, die der Forderungskäufer spätestens bei Vertragsverletzung des Abtretenden in eine offene Abtretung **wandeln** kann.[3]

Damit sind nur die rechtlichen Voraussetzungen der Ausbuchung, noch nicht die kumulativ zu erfüllenden ökonomischen angesprochen: Die **Risiken** aus der Forderung (Bonitäts- bzw. Ausfallrisiko) müssen gem. IAS 39.20 ganz oder in wesentlichen Teilen auf den Forderungskäufer übergehen. Hierbei gilt:

- Übernimmt der Factor (Forderungskäufer) das ganze Ausfallrisiko (**echtes** Factoring), ist die Forderung beim **abtretenden Unternehmen auszubuchen** und beim Factor zu bilanzieren (IAS 39.20a).
- Verbleibt das ganze Ausfallrisiko beim abtretenden Unternehmen (**unechtes** Factoring), ist die Forderung weiter beim **abtretenden Unternehmen** zu bilanzieren, da sie nur rechtlich, nicht wirtschaftlich übertragen ist. Ein gleichwohl schon vom Factor gezahltes Entgelt ist daher nicht gegen die Kundenforderung zu buchen, sondern wie ein empfangenes Darlehen oder eine erhaltene Anzahlung zu passivieren (per Geld an Verbindlichkeit gegen Factor; IAS 39.20b und IAS 39.29).
- Im Fall der **Risikoteilung** ist primär zu prüfen, ob der weiterhin in einen Teil des Risikos involvierte ursprüngliche Forderungsinhaber die **Kontrolle** (Verfügungsmacht) über den Vermögenswert aufgegeben hat.
  - Wurde die **Verfügungsmacht aufgegeben**, ist der Vermögenswert **vollständig auszubuchen**, daneben das verbleibende Risiko separat mit seinem *fair value* zu passivieren (IAS 39.20c(i) i. V. m. IAS 39.25).
  - Hat der Veräußerer hingegen die **Verfügungsmacht behalten**, führt er den Vermögenswert insoweit fort, als er weiterhin in das Risiko involviert ist *(continuing involvement*; IAS 39.20c(ii)). Bei einer Ausfallgarantie ergibt sich der fortzuführende Betrag aus der maximal zu leistenden Garantiesumme (IAS 39.30a). Daneben ist eine Ver-

---

[3] Vgl. IDW RS HFA 9: Abgang von finanziellen Vermögenswerten, Tz 120.

bindlichkeit anzusetzen, deren Höhe sich als Summe aus Maximalgarantie und dem *fair value* der Garantie ergibt.

> **Beispiel**
> U veräußert eine Forderung von 100 für 95 an ein Factoringunternehmen F. 50 % eines evtl. Forderungsausfalls gehen zu Lasten von U (**Risikoteilung**). Die Wahrscheinlichkeit eines Forderungsausfalls wird mit 4 % eingeschätzt.
>
> **Variante 1: Abtretung ohne Einschränkungen für den Forderungskäufer**
> Der Forderungskäufer ist berechtigt, die Forderung weiter zu veräußern, sie zu verpfänden usw. U bucht die Forderung aus:
>
> per Geld   95   an   Forderung   100
> per Aufwand   5
>
> Die Vereinbarung, 50 % eines Forderungsausfalls zu übernehmen, ist eine Finanzgarantie (Rz 183). Anzusetzen ist deren *fair value*, hier 50 % × 4 % × 100 = 2. Somit ist wie folgt zu buchen:
>
> per Aufwand   2   an   Garantieverbindlichkeit   2
>
> **Variante 2: Abtretung mit Einschränkungen für den Forderungskäufer**
> Darf der Forderungskäufer keine Weiterveräußerungen oder Beleihungen der Forderung vornehmen oder ist er faktisch daran gehindert (etwa weil er die Umwandlung einer stillen Abtretung in eine offene unter keinen Umständen verlangen darf), verbleibt die Kontrolle über die Forderung beim Forderungsverkäufer. Damit greift das Konzept des *continuing involvement*. U führt die Forderung in Höhe seines Maximalrisikos (50) fort. Da dem vereinnahmten Geld in gleicher Höhe noch keine Forderungsveräußerung gegenübersteht, ist der Maximalbetrag zu passivieren. Zusätzlich hat U gem. IAS 39.31 den *fair value* der Garantie, d. h. 50 % × 4 % × 100 = 2 anzusetzen. Er bucht daher:
>
> per Geld   95   an   Verbindlichkeit (50 + 2)   52
> per Aufwand   7   an   Forderung   50
>
> Zu weiteren Einzelheiten wird auf Rz 52ff. verwiesen.

2.3.3 Bilanzierung schwebender Geschäfte auch im Gewinnfall, Finanzderivate, *hedge accounting*

Wie nach dem HGB sind nach dem IFRS-Regelwerk **schwebende Geschäfte** über Warenlieferungen, Wareneinkäufe usw. nur dann und nur insoweit zu bilanzieren, als aus ihnen ein **Verlust** droht. Dies ergibt sich zunächst aus dem *Framework*: „Die Vermögenswerte eines Unternehmens sind Ergebnis vergangener Geschäftsvorfälle ... Geschäftsvorfälle oder Ereignisse, deren Eintreten für die Zukunft erwartet wird, erzeugen für sich gesehen keine Vermögenswerte ..." (F.58). Hingegen hat ein Unternehmen gemäß IAS 37.67 (→ § 21 Rz 46) **Rückstellungen** für die zu erwartenden Belastungen aus einem schwebenden Vertrag anzusetzen: „Wenn die Umstände dazu führen, dass ein solcher Vertrag belastend wird, fällt der Vertrag unter den Anwendungsbereich dieses Standards und es besteht eine anzusetzende Schuld. Noch zu erfüllende Verträge, die nicht belastend sind, fallen nicht in den Anwendungsbereich dieses Standards" (IAS 37.67).

29 Eine vom **Handelsrecht abweichende Behandlung** erfahren jedoch **schwebende Verträge auf Finanzinstrumente, d. h. Finanzderivate.** Finanzderivate sind stets, d. h. nicht nur im Verlustfall, zu bilanzieren. Anzusetzen ist der *fair value*. Bei erwartetem Gewinn ist er positiv (finanzieller Vermögenswert), bei erwartetem Verlust negativ (finanzielle Verbindlichkeit). Hierzu folgendes Beispiel:

> **Beispiel**
> Ein deutscher Autohersteller wird im ersten Quartal des Folgejahres ca. 50.000 PKW zu je ca. 20.000 USD in den USA verkaufen und einen voraussichtlichen Erlös von 1 Milliarde USD erzielen. Er sichert noch im Herbst des alten Jahres die erwarteten Dollareingänge des 1. Quartals durch Dollar-Terminverkäufe zu einem Kurs von 1,10 EUR/USD ab. Zum Bilanzstichtag beträgt der Terminkurs für Dollarverkäufe mit gleichem Fälligkeitsdatum 1,00 EUR.
> Weiterhin sichert der Autoproduzent Rohstoffbezüge des 1. Quartals des Folgejahres in Höhe von 100 Mio. USD zu den gleichen Konditionen durch einen Dollar-Terminkauf ab. Der Kauf-Terminkurs zum Stichtag beträgt ebenfalls 1,00 EUR. Die besonderen Bedingungen für eine Bilanzierung bei Sicherungszusammenhängen (*hedge accounting*, Rz 197ff.) liegen nicht vor.
> Aus dem Dollar-Terminverkauf „droht" zum Stichtag ein Gewinn von 100 Mio. EUR, aus dem Dollar-Terminkauf ein Verlust von 10 Mio. EUR. Nach tradiertem Handelsrecht kann der Zusammenhang zwischen den Termingeschäften und den erwarteten (antizipierten) *cash flows* des Folgejahres (Grundgeschäfte) im HGB-Abschluss keine Berücksichtigung finden. Lediglich eine „Saldierung" zwischen den beiden Termingeschäften wird für zulässig erachtet: Der „erhoffte" Gewinn würde mit einem Teilbetrag von 10 Mio. USD gegen den „drohenden" Verlust aufgerechnet, so dass die Termingeschäfte bilanziell überhaupt nicht in Erscheinung treten. Nach IFRS ist der „erhoffte" Gewinn aus dem Terminverkauf aktivisch und der „drohende" Verlust aus dem Terminkauf passivisch zum Bilanzstichtag zu erfassen.

Die Bilanzierung von Finanzderivaten zum positiven *fair value* (erwarteter Gewinn) oder negativen *fair value* (drohender Verlust) erfolgt unabhängig davon, ob die Derivate spekulativ oder zu Sicherungszwecken eingesetzt werden.
Die Existenz eines **Sicherungszusammenhangs** entscheidet jedoch ggf. darüber, ob
- Wertänderungen des Derivates erfolgswirksam erfasst (Normalregeln) oder im Fall der Absicherung zukünftiger Zahlungsströme ohne Berührung der GuV ins Eigenkapital eingestellt werden *(cash flow hedge)* (Rz 44),

- nach normalen Regeln nicht oder nicht erfolgswirksam erfasste Wertänderungen des gesicherten Grundgeschäfts im Fall der Absicherung bereits bilanzierter oder kontrahierter Positionen erfolgswirksam erfasst werden *(fair value hedge)* (Rz 44).

Im Grundfall derivativer Geschäfte in Währungsoptionen, Zinsswaps usw. liegt ein eigenständiger Vertrag vor. Von diesen „*stand-alone*"- oder „*freestanding*"-Derivaten sind eingebettete Derivate *(embedded derivatives)* zu unterscheiden, die Bestandteil so genannter hybrider Finanzinstrumente sind. Ein klassisches Beispiel für ein hybrides Finanzinstrument sind **Wandelschuldverschreibungen**. In das Fremdkapitalinstrument „Schuldverschreibung" ist das Recht zur Umwandlung in ein Eigenkapitalinstrument (Aktien) eingebettet. Nach den in IAS 39.11ff. näher beschriebenen Voraussetzungen sind derartige eingebettete Derivate **getrennt** vom Basisvertrag zu erfassen und zu bewerten (Rz 97f., Rz 138ff.).
In der Buchungspraxis ist schon die **Identifizierung** des eingebetteten Derivats unter Umständen schwierig, erst recht aber bei fehlender Marktnotierung dessen **Bewertung**. Die beste Lösung für beide Probleme ist deren **Vermeidung**: Ohne einen überzeugenden wirtschaftlichen Grund sollten strukturierte bzw. hybride Finanzprodukte, also Anleihen mit allerlei exotischen Zusatzelementen, **nicht erworben** werden.
Dies mag sich auch **operativ empfehlen**, denn ein Produkt, dessen Wirkungsweise man nur halb durchschaut und dessen Marktwertkomponenten man nur schwer berechnen und vorhersehen kann, bereitet möglicherweise in seiner Wertentwicklung unangenehme Überraschungen mit allen möglichen Hebeleffekten. Im Übrigen bietet sich aber vor der Kontrahierung eines solchen Produktes die **Frage** an, ob nach Kenntnis der anbietenden Bank eines oder mehrere eingebettete Derivate vorliegen und ob die Bank als Serviceleistung während der Vertragsdauer die IFRS-konforme *fair-value*-Ermittlung für diese Derivate durchführen kann.

2.4 Bewertungs-Regeln

2.4.1 Erst klassifizieren, dann bewerten

Die Bewertung der Finanzinstrumente erfolgt in drei Schritten:
- Erste Aufgabe ist die **Klassifizierung** des Finanzinstrumentes.
- Abhängig von dieser Klassifizierung erfolgt die **Bewertung** entweder zu fortgeführten (amortisierten) Anschaffungskosten oder zum *fair value*,
- wobei im *fair-value*-Fall dann ggf. noch zu entscheiden ist, ob Wertänderungen **erfolgswirksam** (über GuV) oder **erfolgsneutral** (gegen EK) zu verbuchen sind (Rz 36f.).

In diesem dreistufigen System ist aktivisch zwischen vier Arten von Finanzinstrumenten zu unterscheiden:
- „normale", nicht an einer Börse oder einem anderen aktiven Markt notierte **Ausleihungen** und **Forderungen** *(loans and receivables)* bzw. Ver-

bindlichkeiten, die zu (fortgeführten) Anschaffungskosten bewertet werden (Rz 100ff.);
- bis zur Endfälligkeit zu haltende **Finanzinvestitionen** (*held-to-maturity investments*) bzw. **Fälligkeitswerte**), die ebenfalls zu (fortgeführten) Anschaffungskosten erfasst werden (Rz 130ff.);
- zu **Handels-** bzw. **Spekulations**zwecken gehaltene finanzielle Vermögenswerte (*trading assets* bzw. **Handelswerte**) oder **Schulden** (*trading liabilities*), die zum *fair value* erfasst werden (Rz 145ff.), und
- zur **Veräußerung** verfügbare finanzielle Vermögenswerte (*available-for-sale financial assets* bzw. **veräußerbare Werte**), die in keine der drei ersten Kategorien (Rz 150) fallen und ebenfalls zum *fair value* erfasst werden, wobei die Wertänderungen zwischen den Stichtagen im Gegensatz zu den Handelswerten nicht erfolgswirksam zu erfassen, sondern erfolgsneutral gegen Eigenkapital zu buchen sind.

33 Diese nach **tatsächlichen** Merkmalen und Verwendungsabsichten zu unterscheidenden Grundkategorien werden ergänzt um einen **gewillkürten** Fall: Finanzielle Vermögenswerte (und auch Verbindlichkeiten) können durch entsprechende Widmung bei der Zugangsbuchung als *„financial asset or financial liability at fair value through profit or loss"*, kurz als **Handelswerte, gewillkürt** werden (sog. *fair value option*; Rz 34).
Der *fair-value*-Bewertung unterliegen auch **Finanzderivate**. Bei ihnen ist die Wertänderung – mit Ausnahmen für bestimmter Sicherungsfälle *(hedge accounting)* – erfolgswirksam zu buchen (Rz 193).
Die nachfolgende Tabelle zeigt in anderer, an Handelsbilanzbegriffen orientierter Unterteilung das Bewertungssystem von IAS 39 (vgl. auch Rz 96).

Art des Finanzinstruments	Bewertung
Forderungen, Verbindlichkeiten, Fälligkeits-*investments*	
Kunden- und Darlehensforderungen (soweit ohne Notierung in einem aktiven Markt)	(fortgeführte)* AK
Fälligkeits-*investments* (z. B. Anleihen, die bis zum Ablauf gehalten werden sollen; *held to maturity*)	
Lieferanten- und Darlehensverbindlichkeiten	
Anteile, Anleihen usw. (Anteile jedoch nicht, wenn Beteiligung)	
mit Spekulationsabsicht *(trading)*	*fair value*
weder Spekulationsabsicht noch Absicht, bis zur Fälligkeit zu halten *(available for sale)*	
Finanzderivate	*fair value*

Kehm/Lüdenbach

Art des Finanzinstruments	Bewertung
* Der Begriff „fortgeführt" bringt die Verteilung von Disagien usw. durch Effektivzinsrechnung zum Ausdruck (Rz 42).	

Tab. 2: Bewertung nach IAS 39

2.4.2 Die *fair value option*

Die mit **IAS 39** (2003) eingeführte *fair value option* erlaubte eine erfolgswirksame *fair-value*-Bewertung jeder Art von Finanzinstrument, unabhängig von dessen Merkmalen und Verwendungsabsichten. Eine Ausnahme gab es nur für nicht in einem aktiven Markt notierte Eigenkapitalinstrumente, deren *fair value* nicht verlässlich ermittelt werden kann (z. B. GmbH-Anteile); für sie bestand keine Möglichkeit der Option für die Zeitbewertung (IAS 39.9).

Mit der Einführung der *fair value option* wollte der IASB die Anwendung des IAS 39 insgesamt erleichtern und die aus dem *mixed model* (Rz 3) resultierenden Verwerfungen im Eigenkapital vermeiden. So sollte mit der Option insbesondere

- die bilanzielle Abbildung von Sicherungszusammenhängen erleichtert werden, indem statt der komplexen Regelungen des *hedge accounting* (Rz 197) die *fair value option* angewandt wird;
- eine sonst ggf. erforderliche bilanzielle Zerlegung strukturierter bzw. hybrider Finanzinstrumente in das Trägerinstrument und das eingebettete Derivat vermieden werden, indem das gesamte Geschäft der *fair-value*-Bewertung unterworfen wird.

Aufgrund von Bedenken der Bankenaufsicht (insbesondere der Europäischen Zentralbank) und anderer hat die **EU** aber im *partial endorsment* von IAS 39 die *fair value option* für Verbindlichkeiten nur teilweise, nämlich für aktive Finanzinstrumente, **nicht** hingegen **für Verbindlichkeiten** als europäisches Recht **anerkannt**.

Auf diese missliche Lage – Divergenz von weltweiten und europäischen IFRS – hat der IASB im Juni 2005 mit der Verabschiedung eines *Amendment* zu IAS 39 „*The Fair Value Option*" reagiert. Die geänderte, restriktive *fair value option* wurde inzwischen von der EU anerkannt. Sie sieht eine Einschränkung auf zwei (eigentlich drei) Fälle vor. Die Ausübung der Option

- führt zu relevanteren Informationen (IAS 39.b) oder
- reduziert die Komplexität oder erhöht die Verlässlichkeit der Bewertung (IAS 39.11A bis 13).

34

Abbildung 3 zeigt wichtige Anwendungsfälle.

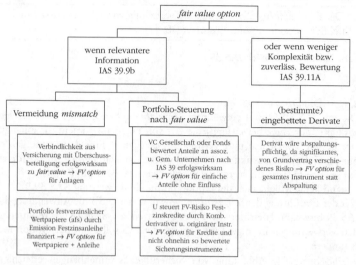

Abb. 3: *fair value option*

Für ein mittelständisches Unternehmen ist die Relevanz der Vorschriften nicht sehr hoch. Am ehesten kann noch die **Variante „Komplexitätsreduzierung"** Bedeutung haben, etwa bei einer Anlage liquider Mittel in strukturierte Produkte (z. B. **Wandelschuldverschreibungen**). Eine sonst erforderliche bilanzielle Aufspaltung in das Basisinstrument (Schuldverschreibung) und das eingebettete Derivat (Wandlungsrecht) ist entbehrlich, wenn das gesamte Instrument erfolgswirksam zu seinem *fair value* (Börsenkurs) bilanziert wird. Wegen Einzelheiten zu strukturierten Produkten wird auf Rz 138ff. verwiesen. Daneben kann die *fair value option* eine Alternative zum **hedge accounting** (Rz 43ff.) sein. Bei Sicherungszusammenhängen können die unterschiedlichen Bewertungs- und/oder Ertragsrealisierungsvorschriften für das Sicherungsinstrument einerseits (erfolgswirksame *fair-value*-Bewertung) und das gesicherte Geschäft andererseits (erfolgsneutrale *fair-value*-Bewertung oder Anschaffungskostenbewertung) in Summe zu einem GuV-Erfolg aus Änderungen von Zinssätzen, Börsenkursen etc. führen, obwohl in der Gesamtbetrachtung beider sich insoweit wirtschaftlich saldierender Geschäfte das Unternehmen gerade nicht mehr von den Änderungen der gesicherten Variablen tangiert ist. Der Vermeidung solcher künstlicher Ergebnisse (*accounting mismatches*) dienen die Regeln des *hedge accounting*. Ihre Anwendung unterliegt jedoch hohen formellen Hürden i. S. der Dokumentation des Sicherungszusammenhangs, dem Nachweis der Sicherungseffizienz usw. (Rz 219ff.). Die durch Option bewirkte erfolgswirksame *fair-value*-Bewertung des Grundgeschäfts kann hier zu einer **äquivalenten Lösung** führen, ohne dass ähnlich strenge Anforderungen erfüllt sein müssen.

2.4.3 Klassifizierung und Bewertung originärer Finanzinstrumente

Klassifizierungs- (und damit Bewertungs-)probleme bereiten bei normalem Geschäft vor allem die **originären aktiven** Finanzinstrumente. Auf der **Passivseite** von Industrie- und Handelsunternehmen sind Handelsfälle *(trading liabilities)* hingegen selten, so dass fast immer zu (fortgeführten) Anschaffungskosten zu bewerten ist (Rz 175ff.).

Auf der Aktivseite kommen demgegenüber alle vier Kategorien in Frage und sind nach **objektiven** Merkmalen des Instrumentes sowie ggf. **subjektiven** Merkmalen der Verwendungsabsicht zu unterscheiden.

Einfach ist nur die Einordnung und Bewertung von Darlehens- und Kundenforderungen (Debitoren, Ausleihungen usw.) ohne notierten Marktpreis. Sie unterliegen als *loans and receivables* der Bewertung zu Anschaffungskosten unter Berücksichtigung von Einzel- oder Pauschalwertberichtigungen (Rz 122).

In anderen Fällen ist das Zusammenspiel subjektiver und objektiver Merkmale zu würdigen.

Beispiel 1

Unternehmen A erwirbt eine börsennotierte **Anleihe**.

1. Aus **objektiver Sicht** ist zu klären, ob **ein Darlehen** *(loan)* vorliegt. Zwar gewährt die Anleihe wie ein Darlehen ein Gläubigerrecht. Sie ist aber börsennotiert, während als *loans and receivables* nur solche Gläubigerrechte definiert sind, die keinen notierten Marktpreis haben. Die Kategorie Darlehen und Forderungen scheidet daher aus.

2. In Frage kommen nun alle anderen 3 Kategorien. Aus **subjektiver Sicht** kommt es dabei auf die **Halte- bzw. Verwendungsabsicht** an:

- Besteht eine Halteabsicht bis zur Fälligkeit, liegt in der Regel ein Fälligkeitswert *(held to maturity*; Rz 130ff.) vor
  → Bewertung zu Anschaffungskosten.
- Steht umgekehrt die kurzfristige Weiterveräußerung (Erwerb in Spekulationsabsicht) an, liegt ein Handelswert *(trading,* Rz 145ff.) vor
  → erfolgswirksame Bewertung zum *fair value*.
- Ist die Verwendungsabsicht unsicher, kommt es zur Qualifizierung als veräußerbarer Wert *(available for sale,* Rz 150ff.)
  → erfolgsneutrale Bewertung zum *fair value*.

Beispiel 2

Unternehmen A erwirbt 5 % der Anteile an einem anderen Unternehmen.

1. Aus objektiver Sicht scheiden *loans and receivables* und ***held-to-maturity investments*** aus, da Anteile keinen Forderungscharakter und damit auch keine Fälligkeit haben.

2. In Frage kommen noch die beiden anderen Kategorien. Aus **subjektiver Sicht** kommt es dabei auf die **Halte- bzw. Verwendungsabsicht** an:
- Steht die kurzfristige Weiterveräußerung (Erwerb in Spekulationsabsicht) an, liegt ein Handelswert (*trading*, Rz 145ff.) vor
  → erfolgswirksame Bewertung zum *fair value*.
- Ist die kurzfristige Weiterveräußerung nicht sicher beabsichtigt, kommt es zur Qualifizierung als veräußerbarer Wert (*available for sale*, Rz 150ff.)
  → erfolgsneutrale Bewertung zum *fair value*.

Die in den Beispielen beschriebenen Klassifizierungs- und Bewertungsentscheidungen werden durch zwei **Sonderregeln** kompliziert:
- Eine vorzeitige Veräußerung von als *held to maturity* qualifizierten Werten löst eine **Sperrfrist** für andere **Fälligkeitswerte** aus, die dann trotz Halteabsicht bis zur Fälligkeit als *available for sale* zu qualifizieren sind (Rz 131ff.).
- Eine *fair-value*-Bewertung von *available-for-sale* oder *trading assets* kann bei Eigenkapitalinstrumenten daran scheitern, dass der **Zeitwert nicht zuverlässig bestimmbar** ist. In diesem Fall sind **hilfsweise Anschaffungskosten** anzusetzen (Rz 147).

Abbildung 4 enthält eine Zusammenfassung der wesentlichen Klassifizierungs- und Bewertungsfragen nach Maßgabe der tatsächlichen objektiven und subjektiven Merkmale. Nicht enthalten und daher zusätzlich zu berücksichtigen ist die Möglichkeit, ohne tatsächliches Vorliegen der Merkmale Vermögenswerte als *trading assets* zu willküren (Rz 33).

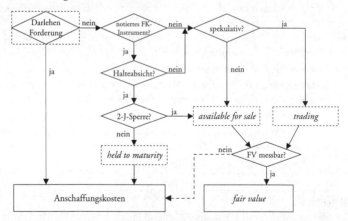

Abb. 4: Bewertung und Klassifizierung originärer finanzieller Vermögenswerte

Bei einem mittelständischen Unternehmen werden *loans and receivables* regelmäßig die wichtigste Kategorie aktiver Finanzinstrumente sein, daneben, für die Anlage liquider Mittel, noch *available-for-sale assets* eine Rolle spielen.

2.4.4 Verbuchung der Änderung des *fair value* gegenüber früherer Bewertung

Soweit ein Finanzinstrument der *fair-value*-Bewertung unterliegt, werden Wertänderungen in der **Regel erfolgswirksam** über die GuV erfasst. Von dieser Regel gibt es zwei wichtige **Ausnahmen**:

Die **erste** Ausnahme betrifft die **veräußerbaren Werte**. Als zur Veräußerung verfügbar *(available for sale)* gelten all jene finanziellen Vermögenswerte, die weder normale Forderungen sind noch bis zur Fälligkeit gehalten werden sollen *(held to maturity)* oder Handelszwecken dienen *(trading)*. Änderungen des *fair value* werden zunächst erfolgsneutral im Eigenkapital gebucht (nach IAS 39 (2000) bestand noch ein Wahlrecht zur sofortigen erfolgswirksamen Behandlung). Bilanziell wird dann zum jeweiligen Bilanzstichtag der *fair value* dargestellt. Eingang in die GuV finden die Wertänderungen jedoch erst zum Veräußerungszeitpunkt oder im Falle einer Abschreibung.

Die Zugehörigkeit zur Kategorie *available for sale* bzw. die Abgrenzung gegenüber der Kategorie *trading* ist **unscharf**. Nach IAS 39.9 setzt die Qualifizierung als **Handelswert** tatbestandlich voraus:

- entweder einen Erwerb in der Absicht, Gewinn aus kurzfristiger Veräußerung *(near-term)* zu erzielen,
- oder Zugehörigkeit zu einem Portfolio, für das ein Muster kurzfristiger *(short-term)* Gewinnrealisierung zu beobachten ist.

Das Kriterium „kurzfristig" ist wenig präzise. Zu verlangen ist deshalb lediglich eine konsistente Vorgehensweise innerhalb des Unternehmens.

Die **zweite** Ausnahme, nach der *fair-value*-Änderungen (zunächst) nicht erfolgswirksam erfasst werden, betrifft **antizipative** *hedge*-**Derivate**, die zur Sicherung zukünftiger *cash flows* eingesetzt werden *(cash flow hedge*; Rz 197ff.).

2.4.5 Einzelfälle der Bewertung
2.4.5.1 Debitoren, Einzel- und Pauschalwertberichtigungen

Für die Wertminderung von finanziellen Vermögenswerten gelten die Regelungen von IAS 36 (→ § 11 Rz 3) nicht (IAS 36.1e). Die Vorschriften in IAS 39.58ff. stimmen jedoch weitgehend mit IAS 36 überein (→ § 11 Rz 8ff.). Der *impairment*-Test erfolgt in zwei Schritten:

- **Erstens** ist mit Hilfe von internen Indizien (z. B. Verzug von Zahlungen) oder externen Hinweisen (Informationen über erhebliche finanzielle Schwierigkeiten des Vertragspartners) zu beurteilen, ob objektive substanzielle **Hinweise** auf eine Wertminderung schließen lassen (IAS 39.59).
- Liegt ein solcher Tatbestand vor, ist **zweitens** der **Barwert** der noch erwarteten künftigen *cash flows* auf der Basis des ursprünglichen effektiven Zinssatzes zu ermitteln (IAS 39.63). Liegt der Barwert *(present value)* unter dem Buchwert *(carrying amount)* des Vermögenswertes, so ist eine außerplanmäßige Abschreibung vorzunehmen (IAS 39.63).

Vorrang haben **Einzelwertberichtigungen** (IAS 39.AG 87). Nicht einzelwertberichtigte Forderungen sind, soweit sie gleichwohl einem statistischen Ausfallrisiko unterliegen, auf Portfolio-Basis (Gesamtbewertung) zu berichten (IAS 39.AG87). An Erfahrungssätzen (Ausfallraten der Vergangenheit, ggf. zeitlich geschichtet nach Fälligkeit/Überfälligkeit) orientierte **pauschale Wertberichtigungen** sind daher zulässig und geboten. Spezifische Informationen über einen Einzelwertberichtigungsbedarf bedingen die Aussonderung der betreffenden Forderung aus dem pauschaliert wertberichtigten Portfolio (IAS 39.AG88).

Eine außerplanmäßige Abschreibung ist **rückgängig** zu machen, wenn sich die Wertminderung verringert und „diese Verringerung objektiv auf einen nach der außerplanmäßigen Abschreibung aufgetretenen Sachverhalt zurückgeführt werden" kann (IAS 39.65).

Zu weiteren Einzelheiten wird auf Rz 122ff. verwiesen.

2.4.5.2 Einfache Anteile an anderen Unternehmen

41 Die Bilanzierung von Anteilen ist nach IFRS abhängig vom Grad der **wirtschaftlichen Einflussnahmemöglichkeit** des Investors. Typisierend liegt ein maßgeblicher Einfluss bei einer Stimmrechtsbeteiligung von mindestens 20 % vor nach IAS 28.6 (→ § 33 Rz 7ff.). Das Beteiligungsunternehmen ist dann ein assoziiertes Unternehmen bzw. bei noch stärkerem Einfluss (Kontrolle) ein Gemeinschafts- oder Tochterunternehmen. Eine Anteilsquote unter 20 % der Stimmrechte kann nur ausnahmsweise, z. B. aufgrund der Vertretung in den Organen des Beteiligungsunternehmens, maßgeblichen Einfluss gewähren (IAS 28.7). In der Regel liegen **einfache Anteile** ohne Einflussmöglichkeit vor. Bei **maßgeblichem Einfluss** auf die Finanz- und Geschäftspolitik eines Beteiligungsunternehmens gilt Folgendes für den Abschluss des **Investors**:

- Im **Konzernabschluss** werden die Anteile *at equity*, quotal oder voll konsolidiert.

- Im **Einzelabschluss** besteht ein Wahlrecht zwischen der *fair-value*-Bewertung nach IAS 39 und einer Bewertung der Anteile zu Anschaffungskosten (IAS 27.37, IAS 28.35 und IAS 31.46; → § 33 Rz 30).

Für **einfache** Anteile, auf die sich unsere weiteren Ausführungen beschränken, gelten im **Einzel- und Konzernabschluss** die gleichen Regelungen: Sie fallen als Finanzinstrumente unter den Anwendungsbereich von **IAS 39** und werden zum *fair value* bewertet, soweit dieser verlässlich bestimmbar ist.

Bei einem mittelständischen Industrie- oder Handelsunternehmen dienen Anlagen in einfache Anteile i. d. R. nicht der kurzfristigen Spekulation und sind daher als *available-for-sale assets („afs")* zu qualifizieren (Rz 32 und 37). Für die Wertänderung der Anteile gilt dann Folgendes:

- Die GuV bleibt von normalen Wertschwankungen (Volatilitäten) zunächst unberührt. Das **Bewertungsergebnis** wird **im Eigenkapital „geparkt"** (IAS 39.55b).

- Erst mit tatsächlicher Realisation der Wertänderung durch **Veräußerung** oder bei **gravierender Wertminderung** (außerplanmäßige Abschreibung) erfolgt eine Umbuchung aus der *afs*-Rücklage in die **GuV** *(recycling;* Rz 161ff.).

> **Beispiel**[4]
> Die X-GmbH erwirbt am 1.1.00 10 % der Anteile der börsennotierten Y-AG zu einem Marktpreis von 100 GE. Am 31.12.00 ist der Wert der Aktien auf 105 GE gestiegen. Zum 1.7.01 veräußert die X-GmbH die Anteile an der Y-AG nach einem weiteren Anstieg auf 108 GE. Folgende Buchungen sind vorzunehmen:
>
> | | | | | |
> |---|---|---|---|---|
> | 1.1.00 | per einfache Anteile | 100 | an Geld | 100 |
> | 31.12.00 | per einfache Anteile | 5 | an *afs*-Rücklage | 5 |
> | 1.7.01 | per Geld | 108 | an einfache Anteile | 105 |
> | | | | an sonstiger betrieblicher Ertrag | 3 |
> | | per *afs*-Rücklage | 5 | an sonstiger betrieblicher Ertrag | 5 |
>
> Zum Zeitpunkt der **Veräußerung** ist der Gewinn aus der Wertsteigerung der einfachen Anteile zu **realisieren**:
> - Die Wertsteigerung der lfd. Periode (3 GE) wird **unmittelbar** erfolgswirksam vereinnahmt.
> - Die bislang im Eigenkapital (*afs*-Rücklage) **geparkte** Wertsteigerung zum vorherigen Bilanzstichtag (5 GE) ist erfolgswirksam *(recycling)* aufzulösen.
> - Hierdurch wird der **Totalgewinn** (Veräußerungspreis – Anschaffungskosten) in Höhe von 8 GE zutreffend dargestellt.

Durch das „**Parken**" von **Wertänderungen** im Eigenkapital soll die GuV von **Volatilitäten** freigehalten werden. Diese Rechtfertigung für eine erfolgsneutrale Behandlung besteht **nicht** mehr, wenn ein **Abwärtstrend** eingetreten ist, mit dessen Umkehr nicht oder nicht kurzfristig zu rechnen ist. Nach IAS 39.59 sind Anhaltspunkte für eine erfolgswirksame Wertminderung z. B. signifikante Schwierigkeiten des Beteiligungsunternehmens, volkswirtschaftliche Entwicklungen, mit denen ein Verfall des Wertes einhergeht usw. Angesprochen sind damit vor allem Fälle, in denen keine kurzfristige Wertschwankung (Volatilität) mehr vorliegt, sondern ein voraussichtlich dauerhafter Wertverfall eingetreten ist. Gem. IAS 39.61 ist eine erfolgswirksame Wertminderung deshalb spätestens dann vorzunehmen, wenn der beizulegende Zeitwert signifikant und/oder auf Dauer (*significant or prolonged decline*) unter dem Buchwert der Anteile liegt (IAS 39.61). In pragmatischer Betrachtung gilt daher für HGB und IFRS gleichermaßen: Je länger und je größer eine Wertbewegung nach unten ist, umso eher ist eine außerplanmäßige Abschreibung geboten. Zur buchungsmäßigen Behandlung nach IFRS gilt Folgendes:

---

[4] Entnommen, FREIBERG, PiR 2006, S. 12ff.

> **Beispiel**[5]
> Die X-GmbH hat 10 % der Anteile an der börsennotierten Z-AG zum 1.1.00 erworben. Die Anschaffungskosten betragen 100 GE, zum 31.12.00 ist ein leichter Kursrückgang um 5 % zu verzeichnen. Am 31.12.01 notiert die Aktie bei nur noch 30 % des initialen Anschaffungspreises. Folgende Buchungen sind vorzunehmen:
>
> | | | | | |
> |---|---|---|---|---|
> | 1.1.00 | per einfache Anteile | 100 | an Geld | 100 |
> | 31.12.00 | per *afs*-Rücklage | 5 | an einfache Anteile | 5 |
> | 31.12.01 | per *impairment* | 70 | an einfache Anteile | 65 |
> | | | | an *afs*-Rücklage | 5 |
>
> Vom Umstieg auf die erfolgswirksame Abschreibung ist nicht nur die Wertminderung des Jahres 01 (65 GE), sondern auch der zuvor im Eigenkapital geparkte Betrag (5 GE) betroffen.

Eine spätere Wertaufholung eines *impairment* von als *available for sale* qualifizierten Anteilen ist nicht erfolgwirksam zu vereinnahmen. Wertaufholungen können hier nur erfolgsneutral gegen die *afs*-Rücklage erfolgen (Rz 161ff.).
Für Finanzinvestitionen in nicht börsennotierte Eigenkapitalinstrumente (z. B. Anteile an GmbHs oder Personengesellschaften) lässt sich häufig der *fair value* der Anteile nicht verlässlich ermitteln. Die Folgebewertung hat dann **hilfsweise zu Anschaffungskosten** *(at cost)* zu erfolgen (IAS 39.46c i. V. m. IAS 39.AG 80-81; Rz 35). Für die Rechtfertigung einer außerplanmäßigen Abschreibung (auf den Barwert der zukünftig erwarteten Rückflüsse) gelten ebenfalls die Kriterien aus IAS 39.59. Eine spätere Wertaufholung ist hier allerdings generell unzulässig (IAS 39.66).
Zu weiteren Einzelheiten wird auf Rz 150ff. verwiesen.

2.4.5.3 Mit einem Disagio versehene Darlehen

42 Im Handelsrecht sind vereinnahmte Darlehen gem. § 253 HGB mit dem Rückzahlungsbetrag anzusetzen. Liegt der Vereinnahmungsbetrag aber unter dem Rückzahlungsbetrag, kann die Differenz (das Auszahlungsdisagio) entweder unmittelbar als Aufwand gebucht oder als aktiver Rechnungsabgrenzungsposten (aRAP) erfasst werden, der über die Laufzeit des Darlehens aufzulösen ist. Die Auflösung des aRAP erfolgt gegen Zinsaufwand, und zwar nicht linear, sondern degressiv (unter Anwendung der Effektivzinsmethode).
In der IFRS-Bilanz erfolgt der **Erstansatz des Darlehens** mit dem **Vereinnahmungsbetrag**. Ein Abgrenzungsposten ist nicht vorgesehen. Gleichwohl muss am Ende der Laufzeit des Darlehens der Rückzahlungsbetrag in den Büchern stehen. Dies wird durch eine kontinuierliche **Aufzinsung des Vereinnahmungsbetrags** mit dem Effektivzins bewirkt; abgezogen werden demgegenüber die geleisteten Nominalzinszahlungen. Der Zinsaufwand der lau-

---

[5] Entnommen FREIBERG, PiR 2006, S. 12ff.

fenden Periode ergibt sich dann aus der effektiven Verzinsung des Jahresanfangsbestands der Verbindlichkeit.

> **Beispiel**
> Am 1.1.01 wird ein Darlehen über 100,00, Disagio 10,00, aufgenommen.
> Die Rückzahlung erfolgt zum 1.1.03.
> Zinsen in Höhe von je 2,40 sind per 31.12.01 und 31.12.02 fällig.
> Mit der internen Zinsfußfunktion eines geläufigen Tabellenkalkulationsprogramms lässt sich der Effektivzins bestimmen. Er beträgt 8,0 %. Hieraus ergibt sich folgende Entwicklung:
>
> | Periode | Verbindlichkeit Jahresanfang | + Effektivzins darauf (8 %) | − Zahlung Nominalzins | − Tilgung | = Verbindlichkeit Jahresende |
> |---|---|---|---|---|---|
> | 01 | 90,00 | 7,20 | − 2,40 | | 94,80 |
> | 02 | 94,80 | 7,60 | − 2,00 | | 100,00 |
> | 03 | 100,00 | | | − 100,00 | 0,00 |
>
> Die Buchungen der ersten Periode sind dann wie folgt:
> - Am Jahresanfang 01 (bei Vereinnahmung):
>   per   Geld   100,00   an   Verbindlichkeit   100,00
> - Am Jahresende 01 (Nominalzinszahlung und Zuführung Verbindlichkeit):
>   per   Zinsaufwand   7,20   an   Geld   2,40
>   Verbindlichkeit   4,80

Wird handelsrechtlich das Wahlrecht zur Aktivierung des Disagios ausgeübt und der resultierende Abgrenzungsposten nicht linear, sondern degressiv (unter Anwendung der Effektivzinsmethode) aufgelöst, so ergeben sich folgende **Übereinstimmungen** und **Unterschiede** zu IFRS:
- Das Periodenergebnis bzw. der Zinsaufwand stimmen überein. In beiden Systemen ist zum einen der Nominalzins zu erfassen, daneben die effektivzinssteigernde Wirkung des Disagios. In IFRS geschieht dies durch eine Zuschreibung der Verbindlichkeit, im Handelsrecht durch eine betragsgleiche Auflösung des Abgrenzungspostens.
- Die Bilanzen stimmen bei Unterschieden im Ausweis materiell überein. Das Handelsrecht zeigt einen aktiven Abgrenzungsposten als Ausgleich zur mit dem Rückzahlungsbetrag anzusetzenden Verbindlichkeit. Der Saldo beider Posten entspricht der nach IFRS allein auszuweisenden Verbindlichkeit.[6]

Die Behandlung eines gewährten Darlehens folgt analogen Regeln.
Zu Einzelheiten wird insgesamt auf Rz 106ff. verwiesen.

---

[6] Für einen ausführlicheren Vergleich: FREIBERG, PiR 2005, S. 110ff.

2.4.6 Hedge accounting
2.4.6.1 Inhalt und Zweck des *hedge accounting*

43 Im System des HGB werden Sonderregeln für Sicherungszusammenhänge vor allem benötigt, um überflüssige Drohverlustrückstellungen zu vermeiden:

> **Beispiel**
> Am 15.12.01 bucht U eine Forderung aus einem mit 100.000 USD fakturierten Umsatzgeschäft ein. Der Tageskurs beträgt 1 EUR/1 USD. Eingebucht werden daher 100.000 EUR.
> Die Forderung ist am 15.1.02 fällig. Zur Sicherung schließt U einen Dollarterminkauf über 100.000 USD mit gleichem Kurs und gleicher Fälligkeit ab.
> Am Bilanzstichtag ist der Dollar auf 1,1 EUR/1 USD gestiegen.
> - Aus dem Terminverkauf droht daher ein Verlust von 10.000 EUR.
> - Spiegelbildlich hat sich der Wert der Forderung auf 110.000 EUR erhöht.
>
> Auf die Forderung kann wegen des Anschaffungskosten- und Imparitätsprinzips jedoch keine Zuschreibung vorgenommen werden; der gegenläufige Verlust aus dem Sicherungsgeschäft wäre hingegen als Rückstellung zu berücksichtigen.

Das Ergebnis entspräche nicht der wirtschaftlichen Situation des Unternehmens. Dieses hat sich durch das Sicherungsgeschäft gerade von der Wertentwicklung des Dollars unabhängig gemacht. Indem das Einzelbewertungsprinzip für diesen Fall aufgegeben und durch eine Sonderregelung – Zulassung von Bewertungseinheiten – verdrängt wird, kann ein dem wirtschaftlichen Gehalt entsprechendes Ergebnis erreicht werden.

44 Auch beim sog. *hedge accounting* nach IAS 39 geht es um die Ersetzung allgemeiner Regeln durch Sondervorschriften für die Rechnungslegung bei Sicherungszusammenhängen. Anders als im HGB greifen die Sondervorschriften aber nicht in den Bilanzansatz der Finanzderivate (Termingeschäfte, Optionen, Swaps) usw. ein. Diese sind in jedem Fall mit dem *fair value* zu bilanzieren, passivisch im Falle eines negativen *fair value* (drohender Verlust), aktivisch bei einem positiven *fair value* (erwarteter Gewinn). Die Existenz eines **Sicherungszusammenhangs** berührt daher nie den Bilanzansatz oder die Bewertung des Derivats. Er hat jedoch Auswirkungen auf

- die Erfassung von **Wertänderungen des Derivats (erfolgsneutral oder in der GuV)** oder
- die Berücksichtigung von **Wertänderungen des gesicherten Geschäfts**.

Zweck der entsprechenden Sonderregeln ist die **Synchronisierung** von Aufwendungen und Erträgen. Hinsichtlich des Synchronisierungsproblems und seiner Lösung sind zwei Fälle zu unterscheiden:

a) *fair value hedge:*
- **Synchronisierungsproblem:**
  Der *fair value* eines schon bilanzwirksamen Grundgeschäfts reagiert spiegelbildlich zum *fair value* des Sicherungsgeschäfts (Derivat) auf Änderungen von Marktzinsen, Devisenkursen oder sonstigen Parametern. Nach allgemeinen Regeln wird das Grundgeschäft jedoch zu Anschaffungskosten (z. B. als Forderung) oder zwar zum *fair value*, aber erfolgsneutral *(available-for-sale assets)* geführt. Nach den Normalregeln würde nur die *fair-value-*Änderung des Derivats in die GuV einfließen. In Summe beider Geschäfte ergäbe sich trotz geschlossener Position, d. h. trotz spiegelbildlicher Wertentwicklung, ein GuV-Erfolg.
- **Lösung:**
  Abhilfe schafft hier IAS 39.89. Bei Vorhandensein einer *fair-value-hedge*-Beziehung wird in die Regeln für das Grundgeschäft eingegriffen. Das Grundgeschäft ist nicht mehr zu Anschaffungskosten (Forderung) oder erfolgsneutral zum *fair value (available-for-sale asset)* zu bilanzieren. Es ist vielmehr der erfolgswirksamen *fair-value-*Bewertung zu unterwerfen. In der GuV ergibt sich dann bei geschlossener Position saldiert ein Ergebnis von null.

b) *cash flow hedge:*
- **Synchronisierungsproblem:**
  Das Grundgeschäft ist eine geplante, noch nicht bilanzwirksame Transaktion. Der *fair value* des noch nicht bilanzwirksamen Grundgeschäfts reagiert spiegelbildlich zum *fair value* des Sicherungsgeschäfts (Derivats) auf Änderungen von Marktzinsen, Devisenkursen oder sonstigen Parametern. Das Grundgeschäft wird jedoch erst in der nächsten Periode bilanz- und erfolgswirksam. In der aktuellen Periode ist hingegen bereits der *fair value* des Derivats zu bilanzieren. Würde die *fair-value-*Änderung des Derivats nach allgemeinen Regeln bereits jetzt in die GuV einfließen, ergäbe sich in der Summe beider Geschäfte trotz geschlossener Position ein GuV-Erfolg der aktuellen Periode.
- **Lösung:**
  Abhilfe schafft hier IAS 39.95. Bei Vorhandensein einer *cash-flow-hedge*-Beziehung zwischen beiden Positionen wird in die Regeln für das Derivat eingegriffen. Es wird nicht mehr erfolgswirksam behandelt, sondern seine Wertänderung so lange erfolgsneutral im Eigenkapital geparkt, bis auch die Grundposition erfolgswirksam wird. In der GuV ergibt sich bei geschlossener Position saldiert ein Ergebnis von null.

Gemeinsam ist beiden Fällen, dass über die Regeln des *hedge accounting* die Erfolge aus Grundgeschäft und Derivat synchronisiert werden. Der Punkt, an dem der **Synchronisierungsmechanismus** ansetzt, unterscheidet sich jedoch:
- Beim *fair value hedge* wird in die Regeln für das **Grundgeschäft** eingegriffen. Die Wertänderung eines ansonsten nicht oder nur erfolgsneutral zum *fair value* bilanzierten Grundgeschäfts wird erfolgswirksam gestellt.

- Beim *cash flow hedge* erfolgt der Eingriff auf der Seite des **Derivats**. Die Wertänderung des Derivats wird so lange erfolgsneutral gestellt, bis auch das Grundgeschäft bilanzwirksam wird.

2.4.6.2 *Fair value hedge* bei Veräußerung von Anteilen

45 Bei der Veräußerung von Anteilen, die keinen Einfluss vermitteln, ebenso aber von Anteilen an assoziierten Unternehmen und Gemeinschaftsunternehmen (Rz 26) ist ein über abwicklungstechnische Notwendigkeiten (Rz 56) hinausgehender längerer Zeitraum zwischen obligatorischem (Kaufvertrag) und dinglichem Geschäft (Abtretung der Anteile) als Finanzderivat zu werten. Die Folgen für GuV und Bilanz hängen dann davon ab, ob der Terminkontrakt formell als Sicherungsgeschäft für die zu veräußernden Anteile designiert wird. In Frage kommt ein *fair value hedge*.

> **Beispiel**
>
> **Sachverhalt**
> A hat vor einigen Jahren für 35 Anteile an der X-AG erworben, diese zwar als *available-for-sale assets* qualifiziert (Rz 32), sie aber mangels verlässlicher Bestimmbarkeit des *fair value* (Rz 35) auch in den Folgejahren mit den Anschaffungskosten bilanziert.
> Zum 1.10.01 (Vertragsdatum) veräußert A die Anteile an der X-AG zum Preis von 100 an B. Der Gewinn des Jahres 01, mit dessen Ausschüttung nicht vor März 02 zu rechnen ist, steht bereits B zu. Der Übergang von „Besitz, Nutzen und Lasten" soll jedoch erst am 2.1.02 erfolgen. Erst zu diesem Datum werden daher die Anteile abgetreten.
> Zwischen dem 1.10.01 und dem 31.12.01 erhält die X-AG überraschend viele Neuaufträge. Der Wert der veräußerten Anteile wird daher zum 31.12.01 auf 120 geschätzt.
>
> **Beurteilung**
> Alle Vermögensrechte gegenüber der X-AG bleiben bis zur Abtretung bei A. Auf die Gewinnverteilungsabrede kommt es jedenfalls dann nicht an, wenn im Zwischenzeitraum mit keinen Ausschüttungen zu rechnen ist.
> Eine Ausbuchung bei A kommt daher für 01 nicht in Frage (Rz 26).
> Aufgrund des Kaufpreises ist per 1.10.01 erstmals ein *fair value* verlässlich feststellbar. Die Anteile sind nunmehr mit diesem Wert anzusetzen. Buchung gem. IAS 39.53:
>
> per Anteile 65 an EK 65
>
> Bis zum Stichtag steigt der Wert der Anteile um weitere 20. Nach den normalen Regeln für *available-for-sale assets* ist zu buchen:
>
> per Anteile 20 an EK 20.
>
> Die Divergenz von Vertrags- und Erfüllungstag führt jedoch zugleich zu einem mit dem *fair value* anzusetzenden Finanzderivat. Zum 1.10.01 ist dessen Wert angesichts der zu vermutenden Ausgeglichenheit von Leistung

(Anteilsübertragung) und Gegenleistung (Kaufpreis) null. Zum 31.12.01 liegt diese Ausgeglichenheit nicht mehr vor. Aus Sicht von A beträgt der Wert des Derivats nun –20. Buchung:

per Aufwand 20 an Verbindlichkeit 20.

In Summe ist ein Aufwand von 20 entstanden, obwohl ökonomisch ab 1.10.01 eine geschlossene Position vorliegt, die weitere Wertentwicklung A also tatsächlich nicht mehr berührt.

Dieses unangemessene Ergebnis kann nur verhindert werden, indem A am 1.10.01 einen Sicherungszusammenhang zwischen Termingeschäft und Anteilen als *fair value hedge* (Rz 44) designiert. Unter dieser Voraussetzung ist die Wertsteigerung der Anteile vom 1.10. bis zum 31.12. abweichend von den Normalregeln erfolgswirksam zu buchen:

per Anteile 20 an Ertrag 20.

Aufwand aus Derivat und Ertrag aus Wertzuschreibung der Anteile gleichen sich in der *hedge*-Variante aus.

2.4.6.3 *hedge accounting* für Fremdwährungsgeschäfte
Besondere Wahlrechte bestehen für **Fremdwährungssicherungen**: **46**

- Zwar gelten als *fair value hedge* (und nicht mehr als *cash flow hedge*) auch Absicherungen des *fair value* von noch nicht existenten, aber schon fest kontrahierten Vermögenswerten (schwebende Beschaffungs- oder Absatzgeschäfte).
- Für die Absicherung des Fremdwährungsrisikos aus solchen schwebenden Geschäften gewährt IAS 39.87 jedoch ein **Wahlrecht**: Die Sicherungsbeziehung kann auch als *cash flow hedge* interpretiert werden. Entscheidet sich das Unternehmen für die Behandlung als *cash flow hedge*, so eröffnet sich ein **weiteres Wahlrecht**:
  - Der Derivateerfolg muss so lange nicht im Eigenkapital geparkt werden, bis der Vermögenswert selbst durch Abschreibung, Materialverbrauch etc. erfolgswirksam wird.
  - Er kann alternativ gegen die Anschaffungskosten aufgelöst werden (sog. *basis adjustment*). In diesem Fall wird das Grundgeschäft zum Sicherungskurs eingebucht.

Zur Buchungstechnik folgendes Beispiel:

Beispiel
Raffinerie R schließt im November 01 einen Vertrag über den Einkauf von 1 Mio. Barrel Öl zu 30 Mio. Dollar ab. Liefer- und Zahlungstermin ist der 31.1.02. Fakturiert wird in Dollar.
Das Währungsrisiko sichert R bei einem Kurs von 1 zu 1 durch einen Dollarterminkauf ab.

Zum 31.12.01 ist der Dollarkurs auf 1,2 Euro je Dollar gestiegen. Das Dollartermingeschäft hat einen positiven Marktwert von 6 Mio. EUR, denn R kann aufgrund der Terminvereinbarung die Dollars zu 30 Mio. EUR statt zu 36 Mio. EUR beschaffen.

Der schwebende Einkaufsvertrag über das Öl hat hingegen einen negativen Marktwert von 6 Mio. EUR. R muss (ohne Betrachtung des Dollartermingeschäftes) 36 Mio. EUR statt ursprünglich geplanter 30 Mio. EUR für das Öl aufwenden.

Im Januar ändert sich der Wechselkurs nicht mehr.

Alternative 1: Behandlung als *fair value hedge*
Buchungen 01:

per Derivat	6 Mio. EUR	an Ertrag	6 Mio. EUR
per Aufwand	6 Mio. EUR	an schweb. Verb. aus Einkaufsvertrag	6 Mio. EUR

In der GuV 01 ergibt sich saldiert ein Ergebnis von null. Das Eigenkapital wird aber um 6 Mio. EUR niedriger (und zutreffender) ausgewiesen als bei Interpretation als *cash flow hedge*.

Buchungen 02:

per Rohstoffe	30 Mio. EUR	an Geld	36 Mio. EUR
per schweb. Verb.	6 Mio. EUR		
per Geld	6 Mio. EUR	an Derivat	6 Mio. EUR

sowie bei Verbrauch der Rohstoffe:

per Materialaufw.	30 Mio. EUR	an Rohstoffe	30 Mio. EUR

In 02 werden die Rohstoffe zum Sicherungskurs eingebucht. Nach diesem Wert bestimmt sich auch der Materialaufwand.

Alternative 2: Behandlung als *cash flow hedge*
Buchungen 01:

per Derivat	6 Mio. EUR	an Eigenkapital	6 Mio. EUR

Die 6 Mio. EUR aus dem Ölkontrakt sind hingegen nicht zu berücksichtigen.

Der gesamte Vorgang ist zwar GuV-neutral, die Vermögenslage (Eigenkapital) wird aber um 6 Mio. EUR zu günstig ausgewiesen.

Die Buchungen 02 werden hier nur für das *basis adjustment* (Auflösung EK bei Anschaffung Rohstoffe) dargestellt. Für die alternative Behandlung (Auflösung bei Verkauf) wird auf Rz 216ff. verwiesen.

per Rohstoffe	36 Mio. EUR	an Geld	36 Mio. EUR
per Geld	6 Mio. EUR	an Derivat	6 Mio. EUR
per Eigenkapital	6 Mio. EUR	an Rohstoffe	6 Mio. EUR

sowie bei Verbrauch der Rohstoffe:

per Materialaufw.	30 Mio. EUR	an Rohstoffe	30 Mio. EUR

In Fremdwährungsfällen ist im Rechtsvergleich zu berücksichtigen, dass nach IFRS auch die abgesicherten Verbindlichkeiten selbst gemäß IAS 21 zum Bilanzstichtag erfolgswirksam umzurechnen sind. Eine imparitätische Behandlung (Niederstwertprinzip bei Fremdwährungsforderungen, Höchstwertprinzip bei Fremdwährungsverbindlichkeiten) ist nicht vorgesehen. Die strenge Stichtagsumrechnung nach IAS 21 sorgt daher in einigen Fällen (so in der Lösung des Beispiel unter Rz 43 nach IFRS) schon ohne *hedge accounting* für das wirtschaftlich richtige Ergebnis, während der durch Niederst- und Höchstwertprinzip gebundene HGB-Anwender hier eine Bewertungseinheit annehmen, diese dokumentieren und in ihrer Effizienz belegen muss.
Zu weiteren Einzelheiten wird auf Rz 197ff. verwiesen.

Die Anwendung der komplizierten Regeln zum *hedge accounting* kann entbehrlich sein, wenn zu sicherndes Grundgeschäft und Sicherungsgeschäft (Derivat) mit dem gleichen Vertragspartner abgeschlossen werden und bei Erfüllung weiterer Voraussetzungen in wirtschaftlicher Hinsicht als Einheit zu werten sind (Rz 17).   47

2.4.6.4 Dokumentation und Effektivitätsnachweis am Beispiel des *cash flow hedge* von Währungsrisiken

Bei ökonomischer Absicherung der Risiken aus geplanten Transaktionen ist die Synchronisierung von Grund- und Sicherungsgeschäft nur durch einen *cash flow hedge* möglich. Hierzu müssen die in IAS 39.88 genannten Bedingungen erfüllt sein, insbesondere   48

- **Dokumentation** des Sicherungszusammenhangs,
- **Nachweis der Effektivität** der Sicherungsbeziehung, und zwar
  - **prospektiv** bei Abschluss des Sicherungsgeschäfts und zu jedem Stichtag sowie
  - **retrospektiv** zu jedem Stichtag.

Dokumentation und Effektivitätsnachweis können nicht im Nachhinein, etwa nach Mängelrüge des Abschlussprüfers, erstellt werden. Sie sind **materiellrechtliche Voraussetzungen** des *hedge accounting*.

In Fällen der Währungssicherung geplanter Umsätze bzw. Anschaffungen durch Devisentermingeschäfte kann für den Effektivitätsnachweis folgender Zusammenhang berücksichtigt werden: 49

- Der Kurs, zu dem die Fremdwährung sofort getauscht werden könnte (**Kassakurs**), weicht von
- dem Kurs zu dem sie nach heutiger Vereinbarung zu einem späteren Termin getauscht wird (**Terminkurs**) ab, wenn
- zwischen den in beiden Währungsräumen erzielbaren Anlagezinsen eine Differenz besteht (**Zinsdifferenzial**).

Hierzu folgendes Beispiel:

> **Beispiel**
> Der Kassakurs ist 1,2 USD/EUR, das Zinsniveau in den USA um 3 % höher als im Euro-Raum. Ein Dollarbesitzer kann Dollars sofort verkaufen oder auf 12-Monats-Termin. In der Terminvariante kann er noch 1 Jahr lang den höheren USD-Anlagezins erzielen. Gegenüber dem sofortigen Umtausch (zum Kassakurs) stellt er sich daher gleich, wenn er einen entsprechend ungünstigen Dollarterminkurs akzeptiert. Der Terminkurs errechnet sich danach vereinfacht wie folgt:
>
> | | |
> |---|---|
> | Zinsdifferenz (USD-EUR) | 0,03 |
> | × Kassakurs | × 1,2 |
> | × Vertragslaufzeit/360 | × 360/360 |
> | = Swapsatz | 0,036 |
> | + Kassakurs | 1,200 |
> | = Terminkurs | 1,236 |

Das Termingeschäft besteht in dieser Perspektive aus zwei Komponenten
- **Zinskomponente** (Swapsatz × Volumen des Kontrakts),
- **Kassakomponente** (Kassakurs × Volumen des Kontrakts).

Nach IAS 39.74 besteht die Möglichkeit, **nur die Kassakomponente** als Sicherungsinstrument zu bestimmen. Das **erleichtert den Effektivitätsnachweis: Prospektiv** reicht nunmehr der **qualitative Nachweis** aus, dass die kritischen Parameter *(critical terms)* von Grund- und Sicherungsgeschäft, insbesondere Volumen und Erfüllungszeitpunkt übereinstimmen.

Retrospektiv ergibt sich – außer in Ausnahmefällen, etwa Bonitätsschwierigkeiten des Terminkontraktpartners – immer eine perfekte Effektivität. Wird die retrospektive Effektvität nach der sog. Dollar-Offset-Methode als kumulierte Wertänderung des Grundgeschäfts in Relation zur kumulierten Wertänderung des Sicherungsgeschäfts bestimmt, ist das für diese Relation geforderte Intervall (80 % bis 125 %) immer eingehalten, weil sich ein Wert von 100 % ergibt:

$$\frac{\text{Wertänderung GG}}{\text{Wertänderung Kassakomponente TG}} = \frac{\text{Volumen GG} \times \text{Änderung Kassakurs}}{\text{Volumen TG} \times \text{Änderung Kassakurs}} = 100\,\%$$

Der quantitative Nachweis der retrospektiven Effektivität ist unter diesen Umständen eine rein formale, nach herrschender Meinung aber notwendige Übung (Rz 219).

50　Die Designation nur der Kassakomponente als Sicherungsgeschäft bedingt, dass die **Zinskomponente** außerhalb der *hedge*-Beziehung steht und **erfolgswirksam** zu buchen ist. Hierzu muss sie berechnet werden.

> **Beispiel**
> U verkauft am 1.7. bei einem Kassakurs von 1,2 USD/EUR und einem in den USA um 3 % höheren Zins 10 Mio. Dollar auf Termin, fällig in 1 Jahr (360 Tage). Der Dollar steigt nach Abschluss des Geschäfts. Der Kassakurs zum Bilanzstichtag beträgt 1,1 USD/EUR. Die Zinsdifferenz ist auf 2 % gesunken.
> Hieraus ergeben sich für **180 Tage** (Restlaufzeit zum Bilanzstichtag) folgende Werte:
>
> | | Ist | Plan | | |
> |---|---|---|---|---|
> | Zinsdifferenz (US-EUR) | 0,02 | 0,03 | | |
> | × Kassakurs | × 1,1 | × 1,2 | | |
> | × Vertragslaufzeit/360 | × 180/360 | × 180/360 | Differenz | |
> | = Swapsatz | 0,011 | 0,018 | – 0,007 | Zinskomponente |
> | + Kassakurs | 1,100 | 1,200 | – 0,100 | Kassakomponente |
> | = Terminkurs | 1,111 | 1,218 | – 0,107 | Gesamtwert |
>
> Zum Bilanzstichtag ist bei einem Volumen von 10 Mio. USD in einem *cash flow hedge* zu buchen (in TSD EUR):
> per EK   1.000   an Verbindlichkeit (Derivat) 1.070
> per Aufwand   70

Auf der Basis der vorstehenden Beispieldaten und Überlegungen folgendes Beispiel für **Effektivitätsnachweis und Dokumentation:**[7]

51

> **Beispiel**
> U rechnet für Mitte 02 mit Warenlieferungen von 20 Mio. USD in die USA. Das Währungsrisiko hieraus sichert er zu 50 % durch einen Dollarterminverkauf über 10 Mio. USD ab. Der Vertrag wird am 1.7.01 geschlossen. Der Kassakurs beträgt zu diesem Zeitpunkt 1,2 USD/EUR, der vertraglich vereinbarte Terminkurs 1,236 USD/EUR. Der Unterschied von Kassa- und Terminkurs erklärt sich, wie unter Rz 47 dargestellt und erläutert, aus einer Zinsdifferenz von 3 %.
>
> **1. Effektivitätsnachweise**
> U muss bei Abschluss des Vertrags sowie zum Bilanzstichtag **prospektiv** dartun, dass über die (Rest-)Laufzeit die Effektivität des Sicherungszusammenhangs zu erwarten ist. Wenn U nur die Kassakomponente als Sicherung designiert (Rz 49), reicht der **qualitative Nachweis** der Übereinstimmung des Volumens und des Erfüllungstermins von Grund- und Sicherungsgeschäft (*critical term method*).

---

[7] Weitere Beispiele und Details bei SCHNEIDER, PiR 2006, S. 168ff.

Zum Bilanzstichtag ist die Effektivität retrospektiv zu bestimmen, bei Designation der Kassakomponente als Sicherungsgeschäft jetzt auf Basis der Wertentwicklung des Kassakurses vom 1.7. bis zum 31.12.01:
a) kumulierte Wertänderung des Grundgeschäfts = 10 Mio. USD × Änderung Kassakurs = 1 Mio EUR,
b) kumulierte Wertänderung des Sicherungsgeschäfts = 10 Mio. USD × Änderung Kassakurs = 1 Mio EUR,
c) Verhältnis der Wertänderungen: 1 Mio/1 Mio = 100 %.

Die Effektivität ist somit auch retrospektiv gegeben.

2. Dokumentation

Eine kurze Dokumentation könnte wie folgt aussehen:
„*Hedge* Nr. x/01, Datum 01. Juli 01
a) **Grundgeschäft**: Erwartete Umsätze USA in Höhe von 20 Mio. USD für Juni/Juli 02. In den letzten 3 Jahren wurden im gleichen Zeitraum zwischen 15 und 22 Mio. USD Umsatz getätigt. Von den geplanten Umsätzen werden 50 % = 10 Mio. USD gesichert. Die Eintrittswahrscheinlichkeit eines Umsatzes mindestens gleicher Größe ist hoch.
b) **Sicherungsinstrument**: Devisentermingeschäft über den Verkauf von 10 Mio. USD an die D Bank (Bonität AA) zum Kurs von 1,236 USD/EUR, zahlbar am 1. Juli 02. Nur die Kassakomponente wird als Sicherungsinstrument designiert
c) **Risikomanagementstrategie**: *cash flow hedge* erwarteter USD-Umsatzerlöse durch Devisenterminverkauf. Gehen die Zahlungen aus dem Grundgeschäft erst nach Ablauf des Sicherungsgeschäfts ein, sind Anschlusstermingeschäfte zwecks zeitlichen Ausgleichs zu tätigen, damit die Effektivität gewahrt bleibt.
d) **Prospektive Effektivität**: Beurteilung auf qualitativer Basis zum Vertragsschluss und zum Bilanzstichtag. Zum Vertragsschluss ist die Effektivität gegeben, da Grund- und Sicherungsgeschäft in Volumen und Erfüllungszeitpunkt übereinstimmen.
e) **Retrospektive Effektivität**: Kumulierte Messung nach der Dollar-Offset-Methode. Dabei wird zum Bilanzstichtag getestet, ob die kumulierte Wertänderung des Grundgeschäfts im Verhältnis zu der des Sicherungsgeschäfts (Kassakomponente) in einer Bandbreite von 80 % bis 125 % liegt. Solange die Bonität der D Bank hoch bleibt, das Bonitätsrisiko des Vertrags also vernachlässigbar und ein Mindestumsatz von 10 Mio. USD hoch wahrscheinlich ist, gilt:
(1) kumulierte Wertänderung des Grundgeschäfts = 10 Mio. USD × Änderung Kassakurs,
(2) kumulierte Wertänderung des Sicherungsgeschäfts = 10 Mio. USD × Änderung Kassakurs,
(3) Verhältnis der Wertänderungen = 100 %.
Erstellt von: XX, geprüft von: NN"

3 Ansatz

3.1 Einbuchung *(recognition)*

3.1.1 Derivative Finanzinstrumente: Bilanzierungspflicht schwebender Geschäfte

Gemäß IAS 39.14 ist ein Vermögenswert oder eine finanzielle Schuld dann anzusetzen, wenn das **Unternehmen Partei eines entsprechenden Vertrags** wird. Diesem Grundsatz folgend hat ein Unternehmen auch sämtliche vertragliche Rechte oder Verpflichtungen aus derivativen Finanzinstrumenten als Vermögenswerte oder Schulden zu bilanzieren (IAS 39.AG34). Demgemäß sind zum Beispiel Termingeschäfte und Optionen mit **Abschluss** des entsprechenden Vertrages anzusetzen. Zum Zugangszeitpunkt ergibt sich hieraus jedoch in der Regel kein tatsächlicher Unterschied zur handelsrechtlichen Behandlung. Zugangswert wäre nach IAS 39.43 der *fair value*, d. h. der zwischen fremden Dritten *(at arm's length)* erzielbare **Transaktionspreis**. Zum Zeitpunkt des marktkonformen Abschlusses eines **Termingeschäfts** zwischen fremden Dritten stehen sich aber Rechte und Pflichten gleichwertig gegenüber, so dass der *fair value* null ist und kein Einbuchungsbetrag anfällt (IAS 39.AG35c). Beim marktkonformen **Optionsgeschäft** ist die gezahlte/erhaltene Optionsprämie die beste Schätzgröße für den positiven/negativen *fair value* der erworbenen Option/Stillhalterposition. Die gezahlte bzw. empfangene Prämie wäre auch nach HGB auszuweisen.

Unterschiede entstehen erst bei der **Folgebewertung**. Hat etwa das Termingeschäft zum Bilanzstichtag einen positiven *fair value*, d. h., überwiegt aus der Perspektive des Bilanzierenden der Anspruch aus dem Geschäft die Verpflichtung, ist dieser Wert nach IFRS zu erfassen (Rz 193).

3.1.2 Regelmäßiger Einbuchungszeitpunkt originärer Finanzinstrumente

Der in IAS 39.14 niedergelegte Grundsatz, einen finanziellen Vermögenswert oder eine finanzielle Schuld bereits mit Vertragsschluss anzusetzen, bleibt praktisch auf **Finanzderivate beschränkt**, da er für die originären Finanzinstrumente (Forderungen und Verbindlichkeiten) mehrfach eingeschränkt wird. IAS 39.AG35b bestimmt, dass „als Folge einer **festen Verpflichtung** zum An- oder Verkauf von Waren oder Dienstleistungen zu erwerbende Vermögenswerte oder einzugehende Schulden … im Allgemeinen erst dann angesetzt werden, wenn mindestens eine der Vertragsparteien im Rahmen der vertraglichen Vereinbarungen zugesagte Leistungen erbracht hat". Im Falle fester **Bestellungen** hat zum Zeitpunkt der Auftragserteilung weder beim Auftraggeber noch beim Auftragnehmer eine Buchung zu erfolgen, „sondern ist der Ansatz erst dann vorzunehmen, wenn die bestellten Waren verschifft oder geliefert oder die Dienstleistungen erbracht wurden" (IAS 39.AG35b). Etwas anderes gilt, wenn der Vertrag eine Möglichkeit zum Barausgleich *(net settlement)* vorsieht und voraussichtlich von dieser Möglichkeit Gebrauch gemacht wird (IAS 39.5). Derartige Verträge zum An- bzw. Verkauf von Waren oder Dienstleistungen werden als Finanzderivate qualifiziert (Rz 190). Darüber hinaus kann insbesondere bei Transaktionen über finanzielle Vermögenswerte oder bei Kreditgeschäften im Einzelfall der Schwebezustand zwischen Vertrags- und Erfüllungstag als Finanzderivat zu deuten sein (Rz 56).

3.1.3 Divergenz von Vertrags- und Erfüllungstag – *regular way contracts*

56 Wie unter Rz 55 beschrieben, kann sich bei Divergenz von Vertrags- und Erfüllungstag bei Finanzinstrumenten die Frage stellen, ob der zwischen beiden Tagen liegende Schwebezustand als Finanzderivat zu erfassen ist. Für so genannte **übliche Verträge** *(regular way contracts)*, bei denen sich die Zeitdifferenz aus Marktvorschriften oder Marktkonventionen ergibt, wird dies verneint: Die Festpreisverpflichtung zwischen Handelstag und Erfüllungstag erfüllt zwar die Definition eines derivativen Finanzinstrumentes (Termingeschäft); aufgrund der kurzen Dauer wird der Schwebezustand jedoch nicht als derivatives Finanzinstrument erfasst (IAS 39.38).

57 Ein *regular-way*-Vertragsverhältnis ist ohne weiteres zu bejahen, wenn **börsennotierte Finanzinstrumente** im Rahmen der vom Börsenregelwerk vorgesehenen Zeitspanne nach dem Geschäftsabschluss übertragen werden.

58 Bei anderen, nicht börsennotierten Finanzinstrumenten fehlt es hingegen an einem scharfen Beurteilungsmaßstab. IAS 39.IG B.28 etabliert insofern einen „weichen" **Zeitbegriff**, der nicht mehr nur auf präzise Marktvorschriften und Konventionen rekurriert, sondern auf den *„acceptable time frame"* bzw. die *„period customarily required"*. Vorraussetzung ist aber, dass sich der Schwebezustand aus objektiven und nicht aus willkürlichen Gründen ergibt.

59 Objektive Gründe können sich aus technisch notwendigen Abwicklungsschritten (z. B. Prüfung der Besicherung als Auszahlungsvoraussetzung) ergeben. In anderen Fällen können zum Beispiel auch **gesellschafts- oder kartellrechtliche Genehmigungsvorbehalte** objektiv einen Schwebezustand bedingen. Hierzu folgendes Beispiel:

> **Beispiel**
> Ein Unternehmen schließt am 21. Dezember Kaufverträge über
> A) das Unternehmen X, Eigentumsübergang bei Genehmigung der Kartellbehörden,
> B) vinkulierte Namensaktien des Unternehmens Y, Eigentumsübergang bei Genehmigung durch den Vorstand der Y AG.
> Die Kaufpreise werden sofort entrichtet. Zum Stichtag stehen die Genehmigungen noch aus.
>
> **Beurteilung**
> Nur der Fall B unterliegt IAS 39. Fall A ist hingegen als Unternehmenserwerb nach den Regeln von IFRS 3 zu beurteilen.
> Bei Fall B ist fraglich, ob zum Stichtag ein Derivat auszuweisen ist. Dagegen spricht zunächst schon die Kaufpreiszahlung, die im Widerspruch zur *„no or small initial net-investment"*-Regel (Rz 9) steht.
> Dagegen spricht außerdem, dass die 10 Tage bis zum Bilanzstichtag noch im üblichen Rahmen *(acceptable time-frame)* liegen.

In den Fällen eines *regular way contract* hat der Bilanzierende ein **Wahlrecht**. Er kann den Kauf oder Verkauf entweder zum **Handels**tag *(trade day)* oder zum **Erfüllungs**tag *(settlement day)* bilanzieren. Die gewählte Methode ist innerhalb einer Kategorie von finanziellen Vermögenswerten einheitlich auszuüben (IAS 39.38, AG53). 60

Die praktische Bedeutung des Wahlrechtes liegt primär **nicht** in der GuV-Behandlung der zwischenzeitlich eingetretenen Wertänderungen. Diese ergibt sich vielmehr aus der Kategorie des erworbenen Vermögenswertes (IAS 39.AG56). Die Relevanz des Wahlrechtes liegt auf der Bilanz**ansatz**ebene. Der Vermögenswert wird beim *trade-date accounting* schon früher erfasst als beim *settlement-date accounting*. Die nachfolgende Tabelle zeigt an einem **Beispiel** die Unterschiede. Das Beispiel berücksichtigt, dass bei zu fortgeführten Anschaffungskosten geführten Vermögenswerten *(held-to-maturity assets)* der Wert des *trade date* auch dann maßgeblich bleibt, wenn die Einbuchung zum *settlement date* erfolgt (IAS 39.44). 61

Beispiel
Kauf eines Wertpapiers (WP) mit folgenden Daten:
a) Handelstag: 29.12.01, Kurs 100
b) Bilanzstichtag: 31.12.01, Kurs 102
c) Erfüllungstag 4.1.02; Kurs 105

Kategorie	Einbuchung zum Handelstag *(trade date)* Buchungstag bzw. -satz a) 29.12.01 b) 31.12.01 c) 04.01.02	Einbuchung zum Erfüllungstag *(settlement date)* Buchungstag bzw. -satz b) 31.12.01 c) 04.01.02
Fälligkeitswert	a) WP 100 an Verb. 100 b) entfällt c) entfällt	b) entfällt c) WP 100 an Verb. 100

Handelswert	a) WP 100 an Verb. 100
	b) WP 2 an Ertrag 2
	c) WP 3 an Ertrag 3
		b) Ford. 2 an Ertrag 2
		c) WP 105 an Verb. 100
		            an Ertrag 3
		            an Ford. 2

veräußerbarer Wert	a) WP 100 an Verb. 100
	b) WP 2 an EK 2
	c) WP 3 an EK 3
		b) Ford. 2 an EK 2
		c) WP 105 an Verb. 100
		            an EK 3
		            an Ford. 2

Tab. 3: *Trade-date accounting* und *settlement-date accounting*

62 Das zeitliche Buchungswahlrecht zwischen Handelstag und Erfüllungstag gilt entsprechend für die **Ausbuchungen** von finanziellen Vermögenswerten. Wählt der Veräußerer den Erfüllungstag und der Erwerber den Handelstag, kann die Situation eintreten, dass ein Vermögenswert zum Bilanzstichtag noch in der Bilanz des Veräußerers und schon in der Bilanz des Erwerbers, also **zweimal** erfasst ist.

3.2 Ausbuchung *(derecognition)*

3.2.1 Konzeptionelle Grundlagen

63 IAS 39 (2000) verfolgte ein **Kontrollkonzept**. Ein Vermögenswert war auszubuchen, wenn die Verfügungsmacht *(control)* verloren ging. Zum Teil wurde dieses Kontrollkonzept als Abgehen von einem älteren, an Risiken und Chancen orientierten Ansatz *(risk and reward approach)* interpretiert, der dem nach HGB vorherrschenden Konzept des wirtschaftlichen Eigentums besser entsprochen habe.[8] Dieser Interpretation war in der Tendenz zuzustimmen. Andererseits spielte aber der Risikogedanke auch in IAS 39 (2000) weiter eine wichtige Rolle.

Indessen sind sowohl das Verfügungsmacht- als auch das Risikokonzept (und das Konzept des wirtschaftlichen Eigentums) von so hohem **Abstraktionsniveau**, dass sie für die Lösung praktischer Probleme häufig nicht taugen. In unstrittigen Fällen braucht man sie nicht, in strittigen Fällen ergibt sich die Lösung nicht aus der Interpretation der Begriffe, sondern durch kasuistische Regeln und kasuistische Kommentarmeinungen. Dieser Befund gilt auch für die ab 2005 geltende Fassung von IAS 39; demzufolge wird in dieser Kommentierung im Interesse der praktischen Anwendung der Schwerpunkt auf die Darstellung der Einzelfälle gelegt (Rz 72ff.). Gleichwohl sollen zunächst die konzeptionellen Grundlagen dargestellt werden, da deren Verständnis der Einordnung und Lösung der Einzelfälle dienen kann.

64 IAS 39 unterscheidet hinsichtlich der Ausbuchung von Finanzinstrumenten **zwei** Grundfälle. Bei finanziellen Verbindlichkeiten ist i. d. R. nur der erste Fall einschlägig:

- **Fall 1 – Erledigung:** Das (vertragliche) Recht zum Erhalt oder die (vertragliche) Verpflichtung zur Lieferung von Geld oder einem anderen finanziellen Vermögenswert existiert nicht mehr. Es hat sich durch Zahlung, Erlass, Verjährung, Aufrechnung oder in sonstiger Weise erledigt (IAS 39.17a und IAS 39.39).

- **Fall 2 – Übertragung:**
  - Das (vertragliche) Recht zum Erhalt von Geld oder einem anderen finanzielle Vermögenswert ist noch existent, aber auf eine andere Person übertragen worden, und (kumulativ)
  - die relevanten Risiken sind ganz oder teilweise auf den Erwerber übergegangen (IAS 39.18 u. 20).

---

[8] GEBHARDT/NAUMANN, DB 99, S. 1464.

Die **Erledigungsfälle** werden in IAS 39 unscharf und unvollständig behandelt. **65**
Während finanzielle Vermögenswerte nach der Grunddefinition in IAS 32.11
durch Rechte auf *cash flows* oder sonstige finanzielle Vermögenswerte bestimmt
sind, sieht IAS 39.17a nur den Fall der Erledigung des Rechtes auf *cash flows* vor.
Überdies müssen, wie das Beispiel rechtskräftig festgestellter Schadenersatzforderungen aus unerlaubten Handlungen zeigt, einen finanziellen Vermögenswert begründende Rechte auch nicht unbedingt eine **vertragliche Grundlage**
haben. Im Übrigen bereitet der erste Fall aber in der Praxis nur selten Probleme.
Folgende Grenzfälle sind relevant:

- **Umschuldung:** Ist die alte Verbindlichkeit/Forderung wirtschaftlich fortzuführen oder gegen Ansatz des neuen Vertrages auszubuchen (Rz 87)?
- **Verjährung:** Ist eine Verbindlichkeit mit der rechtlichen Verjährung auch wirtschaftlich erledigt (Rz 88)?
- **Rückkauf von Anleihen:** Ist bei Absicht einer erneuten Platzierung am Markt eine Ausbuchung vorzunehmen (Rz 89)?

Größere Probleme ergeben sich in den **Übertragungsfällen**. Die diesbezüg- **66**
lichen Regelungen in IAS 39 fallen entsprechend komplex aus. Drei Fragen
stehen im Mittelpunkt:

- **a) Innen- und Außenverhältnis:** Muss die Übertragung der Rechte auch das Außenverhältnis betreffen oder reicht (wie in Fällen der stillen Abtretung einer Forderung) eine Übertragung im Innenverhältnis aus (Rz 67)?
- **b) Tatsächliche Risikofeststellung:** Welche Ausfall-, Wertänderungs- oder sonstige Risiken markieren den tatsächlichen Übergang des Risikos (Rz 68)?
- **c) Risikoteilung:** Wie ist in Fällen zu verfahren, in denen die relevanten Risiken teilweise auf den Erwerber übergehen, teilweise beim Veräußerer verbleiben (Rz 63f.)?

ad a) Transfer (Innen- und Außenverhältnis) **67**
Eine **Übertragung** *(transfer)* der vertraglichen Rechte auf den *cash flow* ist
gem. IAS 39.18 Grundvoraussetzung für die Ausbuchung eines finanziellen
Vermögenswerts. Fehlt es an ihr, führt auch die Übertragung aller Chancen
und Risiken nicht zur Ausbuchung (Rz 25). Nach IAS 39.18b ist ein *transfer*
auch dann gegeben, wenn das Recht zum Einzug/Erhalt der *cash flows* zwar
beim Veräußerer verbleibt (Außenverhältnis), dieser aber aufgrund der Vereinbarungen mit dem Erwerber (Innenverhältnis) den Vermögenswert nicht
mehr weiterveräußern oder beleihen darf und verpflichtet ist, die eingehenden
Zahlungen (und nur diese) unverzüglich an den Erwerber weiterzuleiten
(IAS 39.19). Zu den Anforderungen an solche Weiterleitungsvereinbarungen
(*pass-through-arrangements*) wird auf Rz 76 verwiesen. Als Durch- oder Weiterleitungsvereinbarung gilt nicht die stille Forderungsabtretung mit Recht des
Käufers, ggf., inbesondere bei Vertragsverletzungen des Abtretenden, die Umwandlung in eine offene zu verlangen. Diese außerhalb von Verbriefungs-

strukturen (Rz 74) dominierende Form der stillen Abtretung wird damit der offenen gleichgestellt.[9]

68 **ad b) Tatsächliche Risikofeststellung**
Die tatsächliche Feststellung, ob die relevanten Risiken übertragen oder beim Veräußerer verblieben sind, ist nach IAS 39.21f. in der Form eines **Vorher-Nachher-Vergleich** durchzuführen. Zu beurteilen ist, ob sich die **Schwankungsrisiken des Barwertes** der erwarteten Einnahmen vor und nach dem Transfer wesentlich unterscheiden.

- Bei **Wertpapieren** besteht das relevante Risiko in der **Kursschwankung**. Eine Risikoübertragung hat daher nicht stattgefunden, wenn im Rahmen eines echten Pensionsgeschäftes ein Rückkauf zu einem bei der Veräußerung bereits festgelegten Preis vereinbart ist. Der Erwerber trägt dann kein Kursschwankungsrisiko. Dieses verbleibt vielmehr beim Veräußerer, der seine Position am Rückerwerbstag nicht durch sofortige Weiterveräußerung erfolgsneutral glattstellen kann. Anders soll demzufolge der Fall eines Rückerwerbs zum *fair value* des Rückerwerbstages zu beurteilen sein (IAS 39.AG39b; Rz 83).
- Bei **Forderungen** besteht das relevante Risiko hingegen im **Ausfall**. Demgemäß hat eine Risikoübertragung regelmäßig nicht stattgefunden, wenn das Ausfallrisiko beim Veräußerer verbleibt. Eine Ausnahme soll nach IAS 39.AG40e für den Fall gelten, dass ein Ausfall nicht wahrscheinlich *(likely)* ist (Rz 70).

69 **ad c) Risikoteilung**
- Der Transfer eines Vermögenswertes unter **Übertragung** so gut wie aller relevanten Risiken *(substantially all)* führt zur Ausbuchung (IAS 39.20a).
- Ein Transfer unter **Rückbehalt** so gut wie **aller** relevanten Risiken verhindert den Abgang des Vermögenswertes (IAS 39.20b); ein ggf. bereits erhaltener „Kaufpreis" ist zu passivieren (IAS 39.29).
- Probleme ergeben sich im Fall der **Risikoteilung**.

Denkbar (und im *Exposure Draft* der Neufassung von IAS 39 zunächst als ausschließliches Konzept enthalten) wäre im dritten Fall eine Aufteilung nach dem Verhältnis der fortgeführten Risikobeteiligung *(continuing involvement)*. Die endgültige Fassung von IAS 39 berücksichtigt diesen Gedanken jedoch nur noch sekundär. Primär ist zu prüfen, ob das weiterhin in einen Teil des Risikos involvierte Unternehmen die **Kontrolle** (Verfügungsmacht) über den Vermögenswert aufgegeben hat.

- Wurde die Verfügungsmacht aufgegeben, ist der Vermögenswert vollständig auszubuchen. Darüber hinaus sind die im Zuge der Übertragung zurückbehaltenen oder neu begründeten Rechte bzw. Pflichten bilanziell zu erfassen (IAS 39.20c(i)); d. h., ein verbleibendes Risiko ist separat auf seine Passivierungspflicht zu prüfen und mit dem *fair value* anzusetzen (IAS 39.25).

---

[9] IDW RS HFA 9, Abgang von finanziellen Vermögenswerten, Tz 120.

- Hat der Veräußerer hingegen die Verfügungsmacht behalten, führt er den Vermögenswert insoweit fort, als er weiterhin in das Risiko involviert ist (IAS 39.20c(ii)). Bei einer Wert- oder Ausfallgarantie ergibt sich der zu passivierende Betrag als Summe aus der maximal zu leistenden Garantiezahlung einerseits und dem *fair value* der Garantie andererseits (IAS 39.30).

> **Beispiel**
> A veräußert eine Forderung von 100 für 95 an ein Factoringunternehmen. 50 % eines evtl. Forderungsausfalls gehen zu Lasten von A (**Risikoteilung**). Die Wahrscheinlichkeit eines Forderungsausfalls wird mit 4 % eingeschätzt.
>
> **Variante 1: A gibt die Kontrolle über die Forderung auf**
> A bucht die Forderung aus:
>
> | per | Geld | 95 | an | Forderung | 100 |
> |---|---|---|---|---|---|
> | per | Aufwand | 7 | an | Verbindlichkeit | 2 |
>
> **Variante 2: A behält die Kontrolle über die Forderung**
> A führt die Forderung in Höhe seines Risikos fort:
>
> | per | Geld | 95 | an | Verbindlichkeit | 52 |
> |---|---|---|---|---|---|
> | per | Aufwand | 7 | an | Forderung | 50 |
>
> Wegen weiterer Einzelheiten der Forderungsabtretung wird auf Rz 27 und Rz 70 verwiesen.

Wer die **Verfügungsmacht** hat, beurteilt sich nach der praktischen Fähigkeit *(practical ability)* des Erwerbers, das Vertragsobjekt ohne Auferlegung besonderer Restriktionen an einen Dritten zu veräußern (IAS 39.23). Nach IAS 39.AG42 soll es dabei nicht auf die vertraglichen Rechte oder Pflichten *(contractual rights or prohibitions)* ankommen. Die Ausführungen der *Application Guidance* konzentrieren sich auf den Fall, in dem der Erwerber alle Weiterveräußerungsrechte hat, sie aber praktisch nicht ausüben kann. Ein solcher Fall soll etwa vorliegen, wenn der Erwerber eine günstige Put-Option zur Rückveräußerung hat. In diesem Fall werde er nicht oder nur unter restriktiven Bedingungen, die den Wert seiner Put-Option sichern, an einen Dritten veräußern (IAS 39.AG44). Nicht anders ist der Fall zu beurteilen, in dem ein Forderungsabtretungsvertrag (offen oder still) ein **Verbot jeder Weiterveräußerung** vorsieht. Allerdings wäre damit eine vertragliche Restriktion angesprochen, auf die (allein) es gerade nicht ankommen soll. Ausgeblendet wird in allen Betrachtungen die Frage der Verfügungsmacht des ersten Veräußerers. Ob er ebenfalls vertraglichen oder faktischen Restriktionen unterliegt, ist nach dem Wortlaut der Vorschriften unerheblich. Wenn also keine der Parteien ohne die andere verfügen kann, erfolgt die Zurechnung zum Veräußerer. Dieser kann aufgrund dieser Fiktion **Verfügungsmach**t haben, **ohne tatsächlich verfügen zu können.**

Kehm/Lüdenbach

70 **Zum Verhältnis der Kriterien am Beispiel der stillen Forderungsabtretung**
Bei stiller Abtretung einer Forderung stellen sich folgende Probleme:
- 1. Eine stille Abtretung **ohne Risikobehalt** führt, unabhängig davon, ob ein Transfer i. S. von IAS 39.18a oder b bejaht wird, nach IAS 39.20a zur Ausbuchung (Rz 68).
- 2. Bei **stiller** Abtretung ohne Anspruch auf Umwandlung in eine offene (Rz 67) scheidet IAS 39.18a aus. Erfolgt die Abtretung unter **Behalt eines Teilrisikos**, wäre bei enger Interpretation aber **auch ein spezieller Transfer** i. S. von IAS 39.18b (Durchleitungsvereinbarung) zu verneinen, da ein solcher Transfer voraussetzt, dass der Veräußerer ausschließlich zur Weiterleitung der vereinnahmten Beträge und zu keinen anderen Zahlungen verpflichtet ist (Rz 63f.). Die Forderung wäre daher in vollem Unfang fortzuführen. Möglicherweise ist IAS 39.18b aber auch extensiv auszulegen und ein **Transfer** zu bejahen. Nach IAS 39.20c wäre die Forderung dann ganz oder nach Maßgabe des übertragenen Risikos auszubuchen (Rz 63f.). In der Entscheidung zwischen diesen beiden Alternativen käme es auf die Kontrolle an.
  - Kann der Erwerber die Forderung ohne Einschränkungen weiterveräußern, verpfänden usw., ist die Forderung beim Veräußerer **zu 100 % auszubuchen** (IAS 39.20c(i)).
  - Ist dies nicht der Fall, erfolgt eine **Fortführung nach Maßgabe des verbleibenden Risikos** (IAS 39.20c(ii); Rz 63f.).

Sämtliche für die Variante 2 diskutierten Lösungen stehen allerdings unter dem Vorbehalt, dass es überhaupt ein **relevantes Ausfallsrisiko** gibt. Ist ein Forderungsausfall unwahrscheinlich, etwa **gegenüber der öffentlichen Hand** oder einem AAA-Schuldner, laufen die Risikokriterien ins Leere (IAS 39.AG40e) mit der Folge einer Vollausbuchung in jeder Variante.

71 **Zusammenfassende Beurteilung**
Unabhängig davon, ob man das vorstehend beschriebene und in Abbildung 3 zusammengefasste System als zu kompliziert betrachtet, leidet das Konzept an der **Unschärfe der zentralen Konzepte**. Nicht oder nur kasuistisch wird klar,
- was ein **Transfer** ist (Rz 67),
- wann ein **Risiko** irrelevant, weil **unwahrscheinlich** ist (Rz 68),
- wo die Messlatte für *substantially all of the risks* liegt (Rz 63f.),
- wie sich **Kontrolle** als „praktische Fähigkeit" definiert (Rz 63f.).

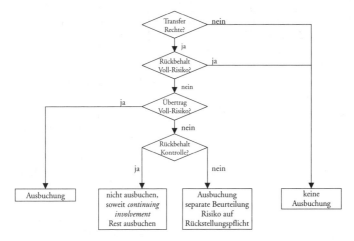

Abb. 5: Ausbuchung finanzieller Vermögenswerte

3.2.2 Einzelfälle

3.2.2.1 Factoring, *asset-backed securities* (ABS), *off-balance*-Finanzierungen

Die konzeptionellen Grundlagen der Ausbuchung von Forderungen sind unter Rz 65 dargestellt. Die nachfolgende Tabelle zeigt die teils kasuistischen Lösungen für verschiedene Fälle des **Factoring** nach IFRS und die herrschende Meinung zur Bilanzierung nach HGB, jeweils aus der Sicht des Forderungsverkäufers:

72

	HGB	IFRS
echtes Factoring: Ausfallrisiko trägt Forderungskäufer	Ausbuchung	Ausbuchung IAS 39.20a
unechtes Factoring: volles Ausfallrisiko bleibt beim Forderungsverkäufer	1. Auff.: Ausbuchung Forderung; Ausfallsrisiko als Eventualverb. oder Rückstellung 2. Auff.: keine Ausbuchung; Passivierung Kaufpreis	Regel: Keine Ausbuchung IAS 39.20b Ausnahme: Ausfall ist nicht wahrscheinlich *(not likely)* IAS 39.AG40e
Teilung des Ausfallrisikos: Verlust bis zum Betrag X trägt Ver-	je nach Einzelfall	Variante 1: Verkäufer gibt Verfügungsmacht auf, Ausbuchung Forderung, separate Beurteilung Garantie als Ver-

HGB		IFRS
käufer, darüber hinausgehend Käufer		bindlichkeit gem. IAS 39.20c(i) Variante 2: Verkäufer behält Verfügungsmacht a) Ausfall wahrscheinlich: Teilausbuchung, Fortführung in Höhe des Risikoanteils IAS 39.20c(ii). Entsprechender Passivposten, erhöht um den *fair value* der Garantie (IAS 39.31) b) Ausfall nicht wahrscheinlich Ausbuchung IAS 39.20c(ii) i. V. m. IAS 39.AG40e
echtes Factoring, aber Verwaltung/ Abwicklung bleibt beim Verkäufer: hierfür Gebühr	keine spezifische Regelung	Ausbuchung Forderung, Aktivierung Servicerecht oder Passivierung Servicepflicht je nach Verhältnis von Servicegebühr zu den zu erbringenden Leistungen IAS 39.24

Tab. 4: Factoring nach HGB und IFRS

73 Der Fall des **Rückbehalts des Servicerechtes** (Einzug, Verwaltung der Forderung) hindert den Abgang der Forderung (oder des sonstigen finanziellen Vermögenswertes) nicht. Erhält der Forderungsverkäufer für seine Dienste keine Gebühr oder eine Gebühr, die den Dienstaufwand nicht kompensiert, so ist eine entsprechende **Schuld** einzubuchen. Wird umgekehrt der Aufwand überkompensiert, ist ein Servicerecht zu **aktivieren** (IAS 39.24).

74 **ABS-Transaktionen** *(asset-backed securities)*[10] sind eine besondere Form des Factoring. Die Forderungen werden von einem Unternehmen (Originator) an eine eigens gegründete Zweckgesellschaft (*SPE= special purpose entity*) verkauft. Die Zweckgesellschaft finanziert sich durch die Ausgabe von Wertpapieren an externe, vor allem institutionelle Investoren. Die Wertpapiere werden aus dem Zahlungsstrom (Zins- und Tilgungszahlungen) der Forderungen bedient. Üblicherweise verbleibt ein Teil des Forderungsausfallrisikos beim Veräußerer, sei es durch die direkte Abgabe von Garantien, sei es durch die Finanzierung der Zweckgesellschaft durch zwei Klassen von Wertpapieren.

---

[10] Zur handelsrechtlichen Behandlung: IDW RS HFA 8.

Im zweiten Fall halten die Externen die Senior-Papiere, die vorrangig bedient werden, und der Forderungsverkäufer die Junior-Papiere, die nur nachrangige Rechte enthalten. Der Forderungsverkauf selbst unterliegt im Wesentlichen den allgemeinen oben genannten Regeln (Abgang, Teilabgang usw.).

Off-balance-sheet-Finanzierungen sind im Gefolge des Enron-Skandals (US-GAAP!)[11] in Verruf geraten. Hierbei ist zwischen **zwei Problemkreisen** zu unterscheiden: 75

- Einerseits geht es um die **allgemeinen Regeln zur Ausbuchung** von Forderungen (Factoring), aber auch von Anlagegegenständen *(sale and lease back)*. Bei Forderungen betraf dies die Frage nach der Angemessenheit des in IAS 39 (2000) verfolgten Kontroll- und Komponentenansatzes. Er stellte in einer eher formalistischen Betrachtung auf den rechtlich einfach zu bewerkstelligenden Übergang der Verfügungsmacht (Kontrolle) ab und überließ die Würdigung der verbleibenden Risiken einer separaten Betrachtung, die nur bei überwiegender Wahrscheinlichkeit (→ § 21 Rz 32) zu einer Rückstellung führte.
- Zum andern geht bzw. ging es um die mögliche **Eliminierung** von Vermögenswerten aus dem Konzernabschluss ohne Übertragung an Fremde, weil die Regelungen zur Konsolidierung von SPEs entweder kasuistisch umgangen werden können (US-GAAP) oder zu stark ermessensbehaftet sind (SIC 12; → § 31 Rz 84; → § 51 Rz 24ff.).

Die in 2003 verabschiedeten Änderungen von IAS 39 sorgen im ersten Punkt für eine Verschärfung. Forderungen dürfen im Wesentlichen nur noch dann oder insoweit ausgebucht werden, als der Veräußerer nicht für die Werthaltigkeit garantiert (Rz 68). Darüber hinaus werden besondere Anforderungen für den zur Ausbuchung erforderlichen Transfer formuliert. 76

IAS 39.18 verlangt, dass die vertraglichen Rechte zum Erhalt der Zahlungsströme aus den Forderungen (Forderungstilgung) auf den Erwerber übergegangen sind. Sofern es sich um eine **stille Zession** ohne Recht der Umwandlung in eine offene handelt, ist nach IAS 39.18(b) zu prüfen, ob eine Weiterleitung der Zahlungseingänge aus den transferierten Forderungen an den Erwerber vereinbart wurde. Weiterleitungsvereinbarungen werden als *pass-through arrangements* bezeichnet. Sie stellen in der Praxis von ABS-Transaktionen die dominierende Strukturierungsvariante dar. An Weiterleitungsvereinbarungen sind nach IAS 39.19 restriktive Anforderungen gestellt. Eine Übertragung ist nur anzunehmen, wenn der Veräußerer verpflichtet ist,

- die eingehenden Zahlungen (und nur diese) **weiterzuleiten**, und zwar
- ohne wesentliche Verzögerung *(without material delay)*.

Hiernach sind insbesondere revolvierende Forderungsankäufe problematisch.

---

[11] Vgl. dazu HOFFMANN/LÜDENBACH, StuB 2002, S. 541, und LÜDENBACH/HOFFMANN, DB 2002, S. 1169.

> **Beispiel**
> Zwischen dem Forderungsverkäufer und einer Zweckgesellschaft wird ein Transfer von Forderungen auf revolvierender Basis sowie eine stille Zession vereinbart. Um Kosten zu sparen, werden die wechselseitigen Zahlungsansprüche aus dem Verkauf der Forderungen und der Weiterleitung der eingehenden Zahlung von Schuldnerseite aufgerechnet. Abrechnungstermin ist jeweils der letzte Werktag im Quartal.
>
> **Lösung**
> Bei revolvierenden Forderungsankäufen erfolgt grundsätzlich keine Weiterleitung der eingehenden „Tilgungsbeträge" aus den Forderungen an den Erwerber. Stattdessen werden die eingehenden Zahlungen („*collections*") zum Kauf der nächsten Tranche von Forderungen genutzt. Zivilrechtlich bewirkt die Aufrechnung die Tilgung der Hauptforderung und ist damit ein Erfüllungssurrogat. Wirtschaftlich kann nichts anderes gelten: Wenn durch die Vereinbarung einer Aufrechnung nur ein unwirtschaftlicher Transfer von Geldmitteln vermieden wird, entspricht das Ergebnis einer Barmittelübertragung. Deshalb ist u.E. die Aufrechnung als Weiterleitung anzusehen.
> Unklar ist weiterhin, ob die Weiterleitung ohne wesentliche Verzögerung erfolgt. Ausgehend vom Sinnzusammenhang mit IAS 7.7 kann jedoch eine mittlere Zahlungsverzögerung von 45 Tagen u. E. nicht schädlich für die Erfüllung des Kriteriums sein.
> Infolgedessen gelten im skizzierten Beispiel die Rechte aus den Forderungen als übertragen.

Sofern sich eine direkte oder indirekte Übertragung der Rechte zum Erhalt der *cash flows* aus den Forderungen ergibt, schließt sich die Beurteilung der Chancen- und Risikoverteilung und ggf. der Kontrolle an. Üblicherweise verbleibt bei ABS-Transaktionen ein Teil des Forderungsausfallrisikos beim Veräußerer. Dies geschieht durch

- die Abgabe von **Garantien** *(financial guarantees)*,
- die Finanzierung der Zweckgesellschaft durch zwei **Klassen von Wertpapieren** *(subordination)* oder
- andere Sicherungsmechanismen *(credit enhancements)*, wie z. B. **Rückkaufzusagen** *(recourse obligation)*, **Patronatserklärungen** *(letter of comfort)*, **Übersicherung** *(overcollateralization)* und **Reservefonds** *(excess spread)*.

Bei einer derartigen **Risikoteilung** ist zu prüfen, ob der Erwerber die **Kontrolle** über die Forderung hat (IAS 39.20(c)). Im Einzelnen wird hierzu auf Rz 63f. verwiesen.

77 Eine **Konsolidierungspflicht** der die Forderungen erwerbenden **Zweckgesellschaft** beim Originator hätte zur Konsequenz, dass die Forderungen nur einzelbilanziell, jedoch nicht aus Konzernsicht auszubuchen wären.

Die Beurteilung der Konsolidierungspflicht erfolgt vorrangig nach SIC 12, hier insbesondere nach dem Kriterium der Risikotragung. Alle mit der Zweckgesellschaft in Verbindung stehenden Personen sind auf den Umfang ihrer individuellen Risikotragung hin zu untersuchen. Ein Kontrollverhältnis ist dann zu vermuten, wenn eine Partei verpflichtet ist, mehrheitlich die **eigentümertypischen Risiken** aus der Unternehmenstätigkeit der Zweckgesellschaft zu übernehmen.[12]

> **Beispiel**[13]
> Die V-AG (Orginator) hält Forderungen aus Lieferungen und Leistungen gegenüber einer Vielzahl von Kunden. Um die Liquiditätssituation zu verbessern, verkauft die V-AG diese Forderungen an die Zweckgesellschaft SPE-GmbH. Die SPE verbrieft die Forderungen durch die Begebung von Wertpapieren an institutionelle Investoren. Um den Investitionsanreiz für die Investoren zu steigern, wird eine Renditegarantie von der SPE gewährt. Die SPE kann aus dieser Garantie resultierende Aufwendungen gegenüber der V-AG geltend machen.
>
> **Lösung**
> Unabhängig davon, ob der Originator den Investoren direkt eine Mindestrendite garantiert oder wie im Beispiel indirekt für sie einsteht, trägt der Originator eigentümerähnliche Risiken. Demgegenüber ist die Gewinn- und Verlustpartizipation der Investorenseite begrenzt. In dieser vereinfachten Betrachtung trägt der Originator die Mehrheit der Risiken aus der ABS-Transaktion. Das führt zur Annahme einer Beherrschung und damit zur Konsolidierung der SPE beim Originator. Eine Konsolidierung bei den Investoren kommt nicht in Betracht, da diese weder einen signifikanten Anteil am Reinvermögen haben noch eigentümertypischen Risiken ausgesetzt sind.

Die Zweckgesellschaft kann zugunsten mehrerer Unternehmen tätig sein (*multi-seller*-**Modelle**). Hinsichtlich SIC 12 ergibt eine oberflächliche Betrachtung dann Folgendes:

- Der einzelne Originator hat nur das Recht, einen Teil der Nutzen der Zweckgesellschaft zu ziehen, und
- trägt auch nur einen Teil der Risiken der Zweckgesellschaft.

Die Konsolidierung wird durch eine derartige **zellulare Strukturierung** der Zweckgesellschaft jedoch i. d. R. nicht vermieden. Trägt der Originator nur die Risiken und Chancen aus dem von ihm veräußerten Forderungspool, gewährleisten die gesellschaftsvertraglichen, schuldrechtlichen und wertpapierrechtlichen Vertragsbedingungen eine Immunisierung gegen die Wertentwicklung

---

[12] Vgl. auch FINDEISEN/ROSS, Wirtschaftliche Zurechnung und Anhangangabe bei Asset-Backed Securities, DB 1999, S. 1077-1079.
[13] Entnommen: ENGEL-CIRIC/SCHULER, PiR 2005, S. 19ff.

des von anderen Originatoren veräußerten Forderungen, werden der eigene Forderungspool und die für seinen Kauf von der Zweckgesellschaft ausgegebenen Wertpapiere zu einem selbstständigen Konsolidierungsobjekt (→ § 32 Rz 76).

3.2.2.2 *Bondstripping* und sonstige Teilveräußerungen

78 Als Beispiel für eine Teilveräußerung wurde unter Rz 73 die Veräußerung einer Forderung unter Rückbehalt des Servicerechtes behandelt. Die Forderung wird nur teilweise, nach dem Verhältnis der Zeitwerte des zurückbehaltenen und des verkauften Teils, ausgebucht. Entsprechend dieser in IAS 39.27 festgehaltenen Regelung sind auch Fälle des *bondstripping* zu behandeln. Unter *bondstripping* versteht man das Trennen des Zinscoupons vom Mantel einer Anleihe mit dem Ziel, die einzelnen Zinscoupons separat behandeln zu können *(strip = separate trading of interest and principal)*. Die Anleihe ist nur **teilweise**, nach dem Verhältnis der Zeitwerte des verkauften und des zurückbehaltenen Teils, auszubuchen (IAS 39.27).

79 Hierzu folgendes vereinfachtes Beispiel:

> **Beispiel**
> Eine Anleihe im Nominalwert von 100 und mit einem Nominalzins von 10 % hat noch eine Restlaufzeit von einem Jahr. Der Zinscoupon wird abgetrennt und für 9,30 veräußert. Die Anleihe ist mit 100 bilanziert. Die aktuelle Marktrendite der Anleihe beträgt 8 %. Der Kurswert der Anleihe ist 101,86. Die Aufteilung des Buchwerts ergibt sich auf Basis der Marktrendite von 8 % wie folgt:
> Marktwert Stammrecht: 100/1,08 = 92,6 = 90,9 %
> Marktwert Zinscoupon: 10/1,08 = 9,26 = 9,1 %
> Von den 100 Buchwert sind 9,1 % = 9,10 als Abgang des Zinscoupons zu buchen. Somit folgende Buchung :
> per Geld   9,30   an   Wertpapier (Zinscoupon)   9,10
>   an   Ertrag   0,20
> Der Ertrag von 0,20 erklärt sich wie folgt:
> Der Marktwert des Zinscoupons (9,26) liegt um 0,16 über seinem (anteilig im Wertpapier enthaltenen) Buchwert.
> Außerdem ist der Kaufpreis (9,30) um 0,04 höher als der Marktwert.

80 Maßstab für die Aufteilung des Buchwertes in abgehenden und verbleibenden Teil ist das **Verhältnis der Marktwerte**. Dieses ergibt sich im Beispiel aus der Marktrendite von 8 % und nicht aus der Buchwertrendite. Handelsrechtlich gilt auch die Aufteilung nach der Buchwertrendite als zulässig.[14]
Die vorstehenden Regelungen sind nicht auf den Fall des *bondstripping* beschränkt. Sie gelten in gleicher Weise für den Teilabgang sonstiger Vermögenswerte.

---

[14] IDW RH BFA 1.001.

3.2.2.3 Rückübertragungsregelungen, insbes. Wertpapierpension und -leihe, *total-return*-Swaps

Ein Vermögenswert kann unter gleichzeitiger Vereinbarung einer (eventuellen) Rückübertragung veräußert werden. Zum Abgang eines Vermögenswertes beim Übertragenden führen derartige Vereinbarungen nur, wenn

- alle wesentlichen Risiken und Erwerbschancen auf den Erwerber übergehen oder
- bei Teilverbleib der Risiken die Verfügungsmacht aufgegeben wird (IAS 39.20ff.).

81

Risikotragung und Kontrolle variieren mit

- der **Art des Rückübertragungsrechts:**
  - Rückerwerbsrecht des Veräußerers *(call option)*,
  - Rückgaberecht des Erwerbers *(written put option)*,
  - unbedingter Rückübertragungsvertrag;
- der **Art des Vermögenswertes:**
  - jederzeit am Markt verfügbar (insbesondere notierte Wertpapiere),
  - sonstiger Vermögenswert;
- dem vereinbarten **Rücknahmepreis:**
  - fester Preis oder Veräußerungspreis plus zinsähnlicher Aufschlag,
  - Zeitwert am Tag der Rücknahme.

Bei **unbedingten Rücknahmevereinbarungen** (echte Pensionsgeschäfte) kommt es auf den Rückübertragungspreis an:

82

- Rückübertragungen zu einem festen Preis hindern die Ausbuchung, weil die Wertänderungsrisiken beim Veräußerer verbleiben (IAS 39.AG51a).
- Rückübertragungen zum *fair value* des Rückübertragungstages führen zur Ausbuchung, weil die Wertänderungsrisiken übergehen. (IAS 39.AG51j).

Call- und *put*-Optionen, die ein **Rückübertragungsrecht zum** *fair value* vorsehen, führen ebenfalls zur Ausbuchung des Vermögenswertes (IAS 39.AG51j). Bei Rücknahme-/Rückgabe-**Optionen zu einem vorher vereinbarten Preis** ist zunächst auf die Konditionen der Optionen, sodann ggf. noch auf die Art des Vermögenswertes abzustellen:

83

- Ein besonders **günstiger Ausübungspreis** *(option deeply in the money)* hindert die Risikoübertragung und damit die Ausbuchung beim Veräußerer, weil die Ausübung der Option durch den Erwerber, d. h. die Rückübertragung, wahrscheinlich ist (IAS 39.AG51f).
- Besonders **ungünstige Ausübungspreise** *(option deeply out of the money)* führen umgekehrt zur Ausbuchung (IAS 39.AG51g).
- Ist der Ausübungspreis weder besonders günstig noch besonders ungünstig *(option at the money)*, liegen Wertänderungsrisiken und -chancen teils beim Veräußerer, teils beim Erwerber. Unter diesen Umständen kommt es darauf an, ob der Veräußerer die **Verfügungsmacht** aufgegeben hat. Dies hängt von der **Art** des Vermögenswertes ab (vgl. Abb. 4):

- Eine *call option* auf einen **jederzeit am Markt verfügbaren** Vermögenswert führt zur Ausbuchung beim Veräußerer: Der Erwerber kann den Vermögenswert ohne Rücksicht auf die *call option* weiterveräußern, da er ihn bei Ausübung der *call option* jederzeit wieder beschaffen kann (IAS 39.AG51h).
- Eine *call option* auf einen **nicht jederzeit am Markt verfügbaren** Wert führt nicht zur Ausbuchung beim Veräußerer: Der Erwerber kann den Vermögenswert nicht frei weiterveräußern, da er mit der Rückforderung durch den Veräußerer rechnen muss (IAS 39.AG51h).
- Eine dem Erwerber gewährte *put option (written put option)* auf einen **jederzeit am Markt verfügbaren Vermögenswert** führt zur Ausbuchung beim Veräußerer: Der Erwerber kann den Vermögenswert ohne Rücksicht darauf, ob er die *put option* ggf. ausüben möchte, weiterveräußern (IAS 39.AG51h).
- Bei einer gewährten *put option* auf einen **nicht jederzeit am Markt verfügbaren Vermögenswert** soll es darauf ankommen, dass die Option hinreichend wertvoll *(sufficiently valuable)* ist, um den Erwerber von der Weiterveräußerung abzuhalten (dann kein Kontrollübergang und keine Ausbuchung beim Veräußerer; IAS 39.AG51i).

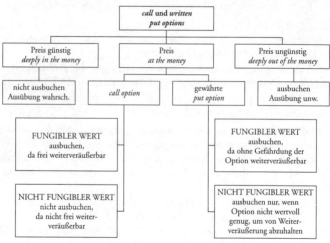

Abb. 6: Bilanzierung bei Rücknahme-/Rückgaberecht

84 Die Bedingung der jederzeitigen Verfügbarkeit am Markt ist insbesondere bei börsengängigen **Wertpapieren** gegeben. In diesem Bereich sind deshalb wegen der leichten Wiederbeschaffbarkeit, aber auch wegen der leichten Bewertbarkeit, **Pensionsgeschäfte** üblich. Die nachfolgende Tabelle zeigt den Regelausweis des Pensionsgutes beim Pensionsgeber, so dass dann der Geldfluss

bei Veräußerung als **Kredithingabe** und der spätere Rückfluss als **Kreditrückzahlung** zu behandeln ist.

Wertpapierpension usw. (bei Börsen- oder Marktgängigkeit und vorher vereinbartem Preis; IAS 39.38ff.)

Art	Rechte/Pflichten	Bilanzierung bei
echte Pension	bindender Rückübertragungsvertrag	Pensionsgeber IAS 39.AG51b
	Rückerwerbsrecht des Pensionsgebers	Pensionsnehmer IAS 39.AG51h (jedoch Pensionsgeber, wenn *deeply in the money* IAS 39.AG51f)
unechte Pension	Andienungsrecht des Pensionsnehmers	Pensionsnehmer
gemischte Pension	Rückerwerbsrecht PG + Andienungsrecht PN	Pensionsgeber
Wertpapierleihe	wie echtes Pensionsgeschäft	wie echtes Pensionsgeschäft IAS 39.AG51b
total-return-Swap	Marktrisiko und Erträge bleiben beim Veräußerer	Veräußerer IAS 39.AG51o

Tab. 5: Wertpapierpension, Wertpapierleihe, *total-return-Swap*

Beim *total-return*-Swap werden die Erträge und Risiken des verkauften Wertpapiers sogleich auf den Verkäufer **rückübertragen**. Er behält somit sämtliche Erträge, d. h. Zinsen oder Wertsteigerung, aus dem veräußerten Vermögenswert. Die Veräußerung i. V. mit einem *total-return*-Swap führt somit nicht zur Ausbuchung beim Veräußerer (IAS 39.AG51o).

85

3.2.2.4 Ausbuchung von Verbindlichkeiten: Verjährung, Umschuldung, Rückkauf von Anleihen

Die Ausbuchung von Verbindlichkeiten setzt deren Erlöschen voraus (IAS 39.39). Wichtige Formen des Erlöschens sind neben der Bezahlung die Entlassung aus der Schuld durch den Gläubiger (**Erlass**) oder durch Gesetz (**Verjährung**; IAS. 39AG57).
Das deutsche Handels- und Steuerrecht sieht die Weiterbilanzierung einer **verjährten Verbindlichkeit** vor, wenn sich der Kaufmann der Verpflichtung aus wirtschaftlichen Gründen (Ruf, Erhaltung der Geschäftsbeziehungen usw.)

86

nicht entziehen kann.[15] U. E. gilt für IFRS nichts anderes, da IAS 37.14 die Passivierung faktischer Verpflichtungen, die sich aus üblichen Geschäftsgebaren ergeben, vorsieht (→ § 21 Rz 24).[16]

87 Bei der **Umschuldung von Krediten** oder der Modifizierung der Konditionen eines Kredits stellt sich die Frage, ob ein **Abgang** der **alten** und ein **Zugang** einer **neuen** Verbindlichkeit (Rz 180) anzunehmen ist oder die alte Verbindlichkeit zu geänderten Bedingungen fortgeführt wird. IAS 39.40 zieht die Grenzlinie anhand der **Vertragsbedingungen**. Unterscheiden sich diese **substanziell** – Abweichung des Barwertes der neuen Verpflichtung um mindestens 10 % gegenüber der alten Verpflichtung –, ist ein Abgang der alten und ein Zugang der neuen Verpflichtung anzunehmen (IAS 39.AG62). Für die Barwertberechnung ist die Effektivverzinsung des alten Kredites maßgeblich.

88 Ist die substanzielle Grenze erreicht, d. h., ist der alte Kredit auszubuchen und ein neuer einzubuchen, so kann aus der Ausbuchung des alten Kredites ein **Gewinn** oder **Verlust** entstehen. Hierzu folgendes Beispiel:

> **Beispiel**
> Ein Unternehmen hat vor einigen Jahren ein Darlehen mit nominal 100 bei einem hohen Disagio und einem niedrigen Nominalzins erhalten. Das Darlehen wurde nach der Effektivzinsmethode (Aufzinsung des Auszahlungsbetrages) bilanziert. Der Buchwert beträgt 95. Eine Umschuldung wird vereinbart. Das neue Darlehen von 100 (ohne Disagio) hat eine deutlich geringere Effektivverzinsung und deshalb einen substanziell niedrigeren Barwert als das alte Darlehen.
> Das alte Darlehen ist wie folgt auszubuchen:
> per Darlehen alt   95   an Darlehen neu   100
> per Aufwand   5

89 Bei einem **Rückkauf von Anleihen** mit der Absicht der erneuten Platzierung am Markt ist gemäß IAS 39.AG58 wie folgt zu verfahren: Die Verbindlichkeit erlischt, da die Gesellschaft keine Verbindlichkeit gegen sich selbst haben kann (Konfusion). Eine eventuelle Differenz zwischen Rückkaufswert und Buchwert ist erfolgswirksam zu behandeln. Die erneute Platzierung begründet eine neue Schuld.

3.2.2.5 Vollstreckung in Sicherheiten

90 In seiner ursprünglichen Fassung sah IAS 39 die Aktivierungspflicht erhaltener Sicherheiten unter der Voraussetzung vor, dass der Sicherungsnehmer die Sicherheiten frei veräußern oder durch Verwendung verwerten dürfe. Eine entsprechende Pflicht besteht jetzt nur noch für die Verpfändung von Zahlungs-

---

[15] BFH, Urteil v. 9.2.1993, VIII R 21/92, BStBl II 1993, S. 543.
[16] Anderer Auffassung offenbar BELLAVITE/HÖVERMANN/BARCKOW, in: BAETGE u. a., IAS 39, Tz 115.

mitteln und Zahlungsmitteläquivalenten (IAS 39.IG.D.1.1). Im Übrigen sind Sicherheiten unter bestimmten Bedingungen nur noch bei der Bemessung der **Wertminderung** eines Vermögenswertes zu berücksichtigen (IAS 39.AG84).

4 Bewertung von aktiven originären Finanzinstrumenten

4.1 Überblick

Die **Erstbewertung** aktiver originärer Finanzinstrumente erfolgt i. d. R. zu **Anschaffungskosten**, auch wenn IAS 39.43 irreführend von einer Zugangsbewertung zum *fair value* spricht (Rz 100ff.). Gegenüber dem **Handelsrecht** besteht eine wesentliche **Abweichung** für Darlehen und Forderungen: Weicht der ausgereichte Betrag vom nominellen Forderungsbetrag ab, z. B. im Falle von **Disagien oder Agien**, bestimmt die ausgereichte Summe die Anschaffungskosten. Der Unterschiedsbetrag wird nicht wie im HGB als Rechnungsabgrenzungsposten erfasst, sondern im Rahmen einer Effektivzinsrechnung über die **Laufzeit amortisiert** (Rz 115 und Rz 42). 91

Bei der **Folgebewertung** werden 92
- für **ausgereichte Forderungen** und **Fälligkeits-*investments*** die fortgeführten **Anschaffungskosten** angesetzt (Rz 106),
- für **Handelswerte** und **veräußerbare Werte** die *fair values* (Rz 107).

Die Veränderungen des *fair value* sind bei **Handelswerten erfolgswirksam**, bei **veräußerbaren Werten erfolgsneutral** zu behandeln (Rz 36f.). 93

Erfolgswirksame **außerplanmäßige Abschreibungen** und **Zuschreibungen** fallen nur dort an, wo nicht ohnehin erfolgswirksam zum *fair value* bilanziert wird, also bei ausgereichten Forderungen, Fälligkeits-*investments* und bei veräußerbaren Werten. 94

Wegen Änderung der Verwendungsabsicht oder aus anderen Gründen kann es zu einer **Umklassifizierung von Finanzinstrumenten**[17] kommen. Hierbei entsteht eine Wertdifferenz, wenn die bisherige Bewertung zu fortgeführten Anschaffungskosten und die zukünftige Bewertung zum *fair value* erfolgt oder umgekehrt. Bei der Umklassifizierung bisheriger Fälligkeits-*investments* in veräußerbare Werte ist das Umbewertungsergebnis **erfolgsneutral**. Bei der Umklassifizierung in Fälligkeits-*investments* dient der *fair value* im Umklassifizierungszeitpunkt als neue Anschaffungskostenbasis. Bisher nicht erfolgswirksam erfasste *fair-value*-Bewegungen (veräußerbare Werte) sind ggf. über die verbleibende Nutzungsdauer **erfolgswirksam** aufzulösen. 95

Die nachfolgende Tabelle fasst die **Grundregeln der Bewertung von aktiven Finanzinstrumenten** inklusive der Umklassifizierung (Rz 168) zusammen: 96

---

[17] Ein vergleichbares Problem ergibt sich bei der Umwidmung von als Finanzinvestitionen gehaltenen Grundstücken (→ § 16 Rz 72f.) sowie bei zum Verkauf bestimmten Anlagewerten nach IFRS 5 (→ § 29).

	Fälligkeitswerte *(held to maturity)* (ebenso Darlehen/Forderungen)	veräußerbare Werte *(available for sale)*	Handelswerte *(trading)* (einschl. gewillkürter Handelswerte gem. *fair value option*)
Bei Empfänger	Fremdkapital	FK oder EK	EK oder FK
Funktion	Absicht und Fähigkeit, bis Fälligkeit zu halten	Negativdefinition: keine der anderen Klassen	Spekulationsabsicht, kurzfristige Gewinne
Erstbewertung	AK (nom. FV)	AK (nom. FV)	AK (nom. FV)
Folgebewertung	fortgeführte AK (Effektivzinsmeth.)	*fair value*	*fair value*
Erfolg aus Änderung *fair value*	entfällt	erfolgsneutral	Aufwand/Ertrag
außerplanmäßige Abschreibung	Aufwand	zuvor in EK berücksichtigten Verlust in GuV übernehmen	entfällt
Zuschreib. nach außerplanmäßiger Abschreibung	Ertrag	Ertrag bzw. Eigenkapital	entfällt
Umklassifizierung von *held to maturity*	→	Differenz BW bisher zu *fair value* erfolgsneutral	
Umklassifizierung nach *held to maturity*	*fair value* als neue AK-Basis; bisher im EK erfasste Wertänderungen über ND auflösen	←	

Tab. 6: Behandlung originärer aktiver Finanzinstrumente

97 Nicht ausdrücklich dargestellt sind in der Tabelle so genannte **hybride Produkte**. Hierbei sind in ein Basisinstrument (meist Anleihe) bestimmte Rechte oder Pflichten eingebettet, die bei isolierter Betrachtung als Derivate gelten würden. Neben dem klassischen Instrument der **Wandelschuldverschreibung** (Schuldverschreibung als Basisinstrument, Option zur Umwandlung in Aktien

als eingebettetes Derivat) gibt es inzwischen eine Unzahl sinnvoller, aber auch überaus exotischer Varianten hybrider bzw. strukturierter Produkte (Rz 30).
Ein Bewertungsproblem ergibt sich dann aus dem **mixed model** von IAS 39 (Rz 3). Denn Derivate sind stets zum *fair value* zu erfassen (Rz 192), originäre Fremdkapitalinstrumente dagegen unter bestimmten Bedingungen zu fortgeführten Anschaffungskosten. Eine einheitliche Bilanzierung des strukturierten Produkts unter Anschaffungskostengesichtspunkten würde dann nicht die Wertänderung des eingebetteten Derivats wiedergeben und zu einem anderen Ergebnis führen als bei wirtschaftlich gleichwertigem separaten Erwerb von originärem Finanzinstrument und Derivat. Daher sieht IAS 39.11 unter bestimmten Umständen eine vom Trägerinstrument getrennte Bilanzierung und Bewertung des eingebetteten Derivats erfolgswirksam zum *fair value* vor. Hierzu folgendes Beispiel (vgl. auch Rz 116):

98

> **Beispiel**
> Ein Unternehmen hat bei einem Marktzins von 10 % Wandelanleihen mit einem Zins von 6 % platzieren können. Der vergleichsweise niedrige Zinssatz resultiert daraus, dass die Anleihe zu Bedingungen in Aktien umgewandelt werden kann, die nach Einschätzung der Marktteilnehmer als vorteilhaft gelten.
> Einige Zeit nach der Platzierung hat sich der Aktienkurs wider Erwarten drastisch verschlechtert. Der Kurs der Anleihe sinkt, nicht wegen verschlechterten Bonitätsratings (dieses ist nach wie vor gut), sondern weil sich der Aktienmarkt in einer Baisse befindet und dadurch eine Entwertung des Umtauschrechtes eingetreten ist.
> Unternehmen A hat Teile der Anleihe bei Emission erworben und will sie bis zur Fälligkeit halten. Würde der Ausweis insgesamt zu fortgeführten Anschaffungskosten erfolgen, hätte der Kursrückgang keine Bewertungsrelevanz. Hätte A dagegen eine normale Anleihe mit 6 % Nominalverzinsung zu einem beträchtlichen Disagio (zum Ausgleich der unter Marktniveau liegenden Verzinsung) erworben und aus dem Disagiobetrag Aktienoptionen gekauft, so wären die Optionen jetzt abzuwerten. Erst die Separierung des eingebetteten Derivats und die Bewertung zum *fair value* führen zur Gleichbehandlung beider Fälle.
> Unternehmen B hat ebenfalls Teile der Anleihe erworben, will aber mit ihnen handeln. Erfolgt der Ausweis insgesamt zum *fair value*, besteht keine Notwendigkeit (und nach IAS 39.11c auch kein Recht) zur Separierung des Derivats.

Die Analyse und bilanzielle Zerlegung hybrider Finanzinstrumente in das Trägerinstrument und das eingebettete Derivat können im Einzelfall sehr **aufwändig** sein. Zur Vermeidung dieser Problematik erlaubt IAS 39.11A daher in der im Juni 2005 verabschiedeten endgültigen Fassung der *fair value option*, hybride Produkte – unter bestimmten Voraussetzungen – **insgesamt erfolgswirksam** zum *fair value* zu bewerten (Rz 34, 138ff.). Durch entsprechende

99

Widmung wird die Separierung des eingebetteten Derivats überflüssig und unzulässig (IAS 39.11c).

4.2 Bewertungsmaßstäbe der Zugangs- und Folgebewertung

4.2.1 Zugangsbewertung: *fair value* als nomineller, Anschaffungskosten als tatsächlicher Bewertungsmaßstab

100 Bei der **erstmaligen Erfassung** eines finanziellen Vermögenswertes soll dieser gem. IAS 39.43 mit dem *fair value*, ggf. zuzüglich Transaktionskosten, anzusetzen sein. Nach IAS 39 IG.E.1.1. sind neben Transaktionskosten auch alle anderen **Anschaffungsnebenkosten** zu erfassen, sofern sie nur den Charakter von der Anschaffung zuzurechnenden Einzelkosten (*incremental cost directly attributable to the acquisition*) haben (→ § 8 Rz 11). Zu den Anschaffungsnebenkosten gehören z. B. Verkehrs- oder Stempelsteuern sowie alle Arten von Gebühren, Provisionen usw., daneben auch Beraterhonorare. Unzulässig ist die Aktivierung von Anschaffungsnebenkosten bei Handelswerten (Rz 147).

In den übrigen Fällen hat der Zugangswert **teils** *fair-value*-Charakter, **teils** (nämlich in den Nebenkosten) Anschaffungskostencharakter und vermengt somit zwei im IFRS-Regelwerk ansonsten fein getrennte **Bewertungsmaßstäbe**. Das **eigentliche Novum** besteht aber in der Verwendung des *fair value* als **Einbuchungswert** für einzeln erworbene Vermögenswerte. Eine derartige Zugangsbewertung war vorher nur solchen Erwerben vorbehalten, die als Sachgesamtheit im Rahmen eines Unternehmenszusammenschlusses erfolgten (→ § 31 Rz 60) oder bei denen es, wie z. B. bei Zuschüssen, überhaupt an einer entgeltlichen Anschaffung fehlte (→ § 12 Rz 30). Auch IAS 39 (2000) hatte daher den *fair-value*-Ansatz noch auf die Folgebewertung beschränkt.

101 Der für den Zugang verwendete Bewertungsmaßstab entscheidet darüber, ob ein Anschaffungsvorgang erfolgsneutral oder erfolgswirksam ist.

- Das **Anschaffungskostenprinzip** stellt die **Erfolgsneutralität des Erwerbsvorgangs** sicher. Buchungstechnisch drückt sich diese in einem Aktivtausch („Wertpapiere an Geld") oder in einer einfachen Bilanzverlängerung („Wertpapiere an Verbindlichkeit") aus (→ § 8 Rz 5).
- Beim Ansatz des *fair value* kann es hingegen zur Divergenz von Zugangswert *(fair value)* und Erwerbspreis kommen. Die Folge wäre ein **sofortiger Ertrag** bei einem günstigen bzw. ein **sofortiger Aufwand** bei einem ungünstigen Erwerbspreis.

Konsequenterweise musste dann jeder Anschaffungsvorgang auf das **Verhältnis** von **Erwerbspreis** und **erhaltener Leistung** geprüft werden. Folgende Fragen wären dann etwa zu stellen:

- Hat die für 100 angeschaffte, nichtbörsennotierte Aktie einen *fair value* von 90 (dann 10 Aufwand) oder von 110 (dann 10 Ertrag)?
- Ist die Verzinsung der mit 100 ausgezahlten Darlehensforderung bonitäts- und marktgerecht (dann Einbuchung mit 100) oder zu niedrig (dann Aufwand und Einbuchung mit einem niedrigeren Betrag) oder zu hoch (dann Ertrag und Einbuchung mit einem höheren Betrag)?

Kehm/Lüdenbach

- Beträgt der *fair value* der Kundenforderung von 100 wegen des jeder Forderung anhaftenden und hier nicht durch Zinsen kompensierten Ausfallsrisikos 98 (dann Einbuchung mit 98 und sofort Aufwand von 2 erfassen)?

Die Dauerbeschäftigung mit solchen Fragestellungen könnte ein Unternehmen in ein Labor für *fair-value*-Untersuchungen verwandeln und jede operative Tätigkeit zum Erliegen bringen. Solchen **praktischen Bedenken** tragen zwei Hinweise in der *Application Guidance* zu IAS 39 Rechnung:

- Nach IAS 39.AG64 ist der *fair value* eines Finanzinstruments im Zugangszeitpunkt „**normalerweise der Transaktionspreis**" (d. h. der *fair value* der hingegebenen Leistung). Ein unvoreingenommener Betrachter wird diesen Wert als Anschaffungskosten bezeichnen: Ein Gegenstand, der gegen die Hingabe einer Geldsumme von 100 erworben wird, ist nach erprobtem Sprachgebrauch und bewährten Regeln mit Anschaffungskosten von 100 zu aktivieren. Nach den Regeln von IAS 39.43 erfolgt die Aktivierung zwar mit dem *fair value*, dieser wird jedoch in IAS 39.AG64 mit dem *fair value* des hingegebenen Geldes und daher ebenfalls mit den Anschaffungskosten gleichgesetzt.

- IAS 39.AG76 bestätigt und konkretisiert diese Feststellungen:
    - „Die **beste Evidenz** des *fair value* eines Finanzinstruments beim Zugang ist der **Transaktionspreis** (d. h. der *fair value* der hingegebenen Leistung ...), es sei denn,
    - der *fair value* des Instruments lässt sich aus einem Vergleich mit anderen **beobachtbaren aktuellen Markttransaktionen im gleichen Instrument** ... ableiten oder
    - er basiert auf einer Bewertungstechnik, deren Variablen **ausschließlich beobachtbare Marktdaten** enthalten."

Die in diesem Hinweis enthaltenen Anforderungen an den *fair value* führen zu einer **Zweiteilung** des *fair-value*-Begriffs:

- Der *fair value* der **Folgebewertungen** kann ggf. auch aus **nicht aktuellen Transaktionen** (IAS 39.AG72) oder aus Transaktionen über zwar ähnliche, aber **nicht gleiche Instrumente** (IAS 39.AG74) abgeleitet werden; soweit es an Transaktionen überhaupt fehlt und deshalb eine DCF-Bewertung durchzuführen ist, muss dieser maximal, aber nicht ausschließlich **marktbasierte** Inputdaten nutzen (IAS 39.AG75).

- Für den *fair value* der **Zugangsbewertung** *(fair value at initial recognition)* sind hingegen **nur beobachtbare, aktuelle Preise des gleichen Instrumentes** zugelassen oder Bewertungsverfahren, die **ausschließlich beobachtbare Marktdaten** verarbeiten.

Die gebotene **pragmatische Interpretation** dieser besonderen Bedingungen für den *fair value* der Zugangsbewertung führt zu folgendem Ergebnis:

- Bewertungsregel für den Normalfall: **Zugangswert = Anschaffungskosten** (d. h. *fair value* der hingegebenen Leistung), evtl. zuzüglich Anschaffungsnebenkosten.

- Bewertungsregel für **Sonderfälle** (nur bei offensichtlicher, ausschließlich aus beobachtbaren Marktdaten bestimmbarer Divergenz von Anschaffungskosten und *fair value* des erworbenen Vermögenswertes): **Zugangswert = *fair value*** des erworbenen Vermögenswertes.

105 Die Bedeutung des *fair value* als Zugangsmaßstab ist in dieser Interpretation gering:

- Der Marktpreis eines Finanzinstrumentes steht fest, wird aber gerade nicht als Kaufpreis vereinbart, weil die Personen sich z. B. nahe stehen und deshalb **nicht *arm's length*** handeln.
- Bei **Fremdkapitalinstrumenten** sind **zinslose** oder eindeutig unterverzinsliche **Darlehen** einschlägig.

Beispiel

A gewährt B am 31.12.01 ein zinsloses, am 31.12.03 rückzahlbares Darlehen über 121. Der beobachtbare Marktzins für zweijährige Ausleihungen an Schuldner mit gleicher Bonität wie B beträgt 10 %.

Eine Diskontierungsrechnung ergibt per 31.12.01 einen Barwert *(fair value)* von 100. Sofern die Differenz von 21 zum verausgabten Betrag keinen bilanzierungspflichtigen sonstigen Vermögenswert darstellt, ist zu buchen:

per Forderung *(fair value)*	100	an Geld	121
per Aufwand	21		

Bei dieser Betrachtung entsteht Aufwand oder Ertrag mit der Zugangsbuchung. Ein solcher *„day one profit"* müsste, wenn der *fair value* als Zugangsmaßstab ernst gemeint wäre, auch noch in folgendem Fall entstehen: Der notierte Marktpreis eines der Folgebewertung zu fortgeführten Anschaffungskosten unterliegenden Fremdkapitalinstrumentes ist bekannt, ändert sich aber zwischen Vertragsabschluss *(trade date)* und Vertragserfüllung *(settlement date)*. Würde die Einbuchung zum *fair value* des *settlement date* erfolgen, entstünde ein Zugangserfolg. Tatsächlich schreibt aber IAS 39.AG56 vor, dass in einem derartigen Fall die Wertentwicklung zwischen *trade date* und Erfüllungstag nicht berücksichtigt wird, es vielmehr bei der Bewertung zu fortgeführten Anschaffungskosten bleibt.

Zusammenfassend bringen die Regelungen von IAS 39.43 inhaltlich wenig Neues. In aller Regel sind die **Anschaffungskosten der tatsächliche Maßstab der Zugangsbewertung** (→ § 8 Rz 8). Die Verwendung des *fair value* als nomineller Bewertungsmaßstab trägt eher zur Verwirrung bei.[18]

In Sonderfällen, insbesondere bei Investmentbanken, kann etwas anderes gelten. Aus der Verpflichtung, den Übergang auf IAS 39 (2003) retrospektiv vorzunehmen (vgl. zur retrospektiven Umsetzung Rz 271), folgt dann die Notwendigkeit, alle in der Vergangenheit getätigten Transaktionen daraufhin

---

[18] Vgl. VÖLKNER, PiR 2005, S. 14ff.

zu untersuchen, ob ein *day one profit* vorlag und daher nachträglich zu berücksichtigen ist. Dies verlangt wiederum eine – u. U. für viele Jahre – rückwirkende Beurteilung, ob die Zugangsbewertung auf Marktpreisen bzw. marktparameterbasierten Bewertungsmodellen vorzunehmen ist. In diesem Zusammenhang hat der IASB im Dezember 2004 das *„Amendment Transition and Initial Recognition of Financial Assets and Financial Liabilities"* zu IAS 39 veröffentlicht. Dieses eröffnet den betroffenen Unternehmen die Möglichkeit, die retrospektive Anwendung auf nach dem 25.10.2002 oder nach dem 1.1.2004 abgeschlossene Transaktionen zu beschränken.

4.2.2 Folgebewertung
4.2.2.1 Begriff der fortgeführten Anschaffungskosten, Effektivzinsmethode

Die **Folgebewertung** von **Forderungen** und **(Darlehens-)Forderungen** sowie von **Fälligkeits-*investments* *(held to maturity)*** erfolgt zu **fortgeführten Anschaffungskosten** nach Maßgabe der Effektivzinsmethode (Rz 42). Hierbei wird der erwartete künftige Zahlungsmittelfluss mit dem Zinssatz diskontiert, der unter Einbeziehung der Anfangsauszahlungen (Anschaffungskosten und Anschaffungsnebenkosten) zu einem Barwert von null führt (interner Zinsfuß; IAS 39.9).

Die Anwendung der **Effektivzinsmethode** erfolgt **zweistufig**:
- im ersten Schritt ist (z. B. mit Hilfe eines Tabellenkalkulationsprogramms) der **Effektivzins** zu bestimmen, wie er sich unter Beachtung von Nominalzins, Disagio etc. ergibt;
- im zweiten Schritt sind aus den Anschaffungskosten (ausgereichter Betrag, d. h. nicht Nominalbetrag, sondern Summe nach Disagio) der effektiven Verzinsung und den tatsächlichen Zahlungseingängen die **fortgeführten Anschaffungskosten** zu bestimmen.

106

> **Beispiel**
> Die nachfolgende Tabelle zeigt die Vorgehensweise am Beispiel eines Fälligkeitsdarlehens 3-jähriger Laufzeit mit einem Nominalbetrag von 100, einem Disagio von 10, Anschaffungsnebenkosten von 0,05 und einem Nominalzins von 6 %.
>
> | 1. Effektivzins-Ermittlung (mit Tabellenkalkulationsprogramm) | | | | |
> |---|---|---|---|---|
> | AK | Zins 01 | Zins 02 | Zins + Tilg. 03 | Effektivzins |
> | – 90,05 | 6 | 6 | 106 | 10 % |
> | 2. Buchwert-Berechnung | | | | |
> | Jahr | a
amort. AK 1.1. | b = a ×
10 %
eff. Zinsertrag | c
cash flow | d = a + b + c
amort. AK
31.12. |

01	90,05	9,01	−6,00	93,06
02	93,06	9,31	−6,00	96,36
03	96,36	9,64	−106,00	0,00

Außerplanmäßige Abschreibungen führen zu einer Minderung der fortgeführten Anschaffungskosten (IAS 39.9). Begrifflich wird der niedrigere Stichtagswert nicht als **Gegensatz** zu den Anschaffungskosten, sondern als deren **Fortführung** angesehen. Zur Ermittlung der niedrigeren fortgeführten Anschaffungskosten des Stichtages werden die erwarten Zahlungen mit dem ursprünglichen Effektivzins diskontiert (IAS 39.63). Nur Änderungen in der Höhe oder dem Zeitpunkt erwarteter Zahlungen, hingegen nicht Änderungen des Zinsniveaus können somit zu einem außerplanmäßigen Abschreibungsbedarf führen.

4.2.2.2 Begriff des *fair value*, Methodik seiner Bestimmung

107 Der *fair value* ist **Folgebewertungsmaßstab** für
- Handelswerte und veräußerbare Werte und damit für **alle Eigenkapitalinstrumente** (Rz 6f.; Aktien, Anteile) sowie
- **Fremdkapitalinstrumente** (Rz 6f.) **bei (bedingter) Veräußerungsabsicht** oder entsprechender Willkürung.

108 Die Bestimmung des *fair value* ist einfach, wenn, wie insbesondere bei Wertpapieren, **notierte Marktpreise** vorliegen. Notierte Preise in aktiven Märkten gelten als beste Schätzung für den *fair value* (IAS 39.AG72).

Ist der **Markt nicht** hinreichend **aktiv**, weil z. B. wegen eines geringen *free float* nur kleine Volumina im Verhältnis zum Gesamtvolumen des zu bewertenden Finanzinstrumentes gehandelt werden, stellt der Marktpreis nur eine **Ausgangsbasis** dar. Für die Bewertung sind insbesondere auch Preise von zeitnahen Transaktionen heranzuziehen (IAS 39.AG72). Bei wenig aktivem Markt ergeben sich erhebliche **Ermessensspielräume** (→ § 51 Rz 24ff.). Hierzu folgendes Beispiel:

> **Beispiel**
> Ein Unternehmen U hat im November börsennotierte Aktien des Unternehmens A für 110 erworben. 80 % der Aktien des Unternehmens A sind im Besitz der Muttergesellschaft M, 20 % im *free float*.
> - Zum Stichtag notiert die Aktie mit 100.
> - An den 5 Handelstagen vor dem Stichtag notiert sie in einem Intervall von 110 bis 120 (durchschnittlich 115).
> - An den 5 Handelstagen nach dem Stichtag notiert sie in einem Intervall von 95 bis 110 (durchschnittlich 105).
>
> Die Handelsvolumina sind an allen Tagen gering.
> U hat faktisch folgende Bewertungsalternativen:
> a) 100, da Stichtagswert;

b) 110 bis 115 (ggf. bis 120), sofern sich die wirtschaftlichen Rahmenbedingungen zwischen diesen Transaktionen und dem Stichtag nicht wesentlich geändert haben, z. B. nicht eine Gewinnwarnung ausgegeben wurde;
c) 95 bis 105 (ggf. bis 110), sofern die Volumina nach den Stichtagen höher oder in sonstiger Weise „repräsentativer" sind als die vor den Stichtagen.

Fehlt es überhaupt an Marktpreisen oder wird deren **Aussagekraft** wegen extremer Volatilität für sehr niedrig gehalten, ist auf etablierte **Bewertungstechniken** zurückzugreifen. Zu diesen zählt IAS 39.AG74: **109**
- den **Vergleich** mit dem Marktwert von anderen im Wesentlichen identischen Finanzinstrumenten,
- die Analyse von **diskontierten** *cash flows* (DCF-Bewertung) sowie
- **Optionspreismodelle.**

Die **Bewertungstechniken** müssen eine **verlässliche Bestimmung** des *fair value* ermöglichen. Diese Möglichkeit wird für Fremdkapitalinstrumente (Rz 6f.) generell bejaht (IAS 39.AG77). Eine DCF-Bewertung von Fremdkapitalinstrumenten kann danach durch den Vergleich der Marktkonditionen bei der Anschaffung des Instrumentes mit den aktuellen Marktkonditionen (oder den Zinsen aktueller vom Unternehmen begebener Fremdkapitalinstrumente) immer eine hinreichende Zuverlässigkeit erreichen.

Für **nichtnotierte Eigenkapitalinstrumente** (Rz 6f.) wird hingegen die nicht verlässliche Bestimmbarkeit des *fair value* als Möglichkeit eingeräumt. Der Ansatz solcher Instrumente erfolgt dann **hilfsweise zu Anschaffungskosten** (IAS 39.46c).

Damit stellt sich die Frage, wie **hoch die Anforderungen an die Verlässlichkeit** der *fair-value*-Bestimmung sein müssen, um den hilfsweisen Anschaffungskostenansatz auszuschließen. Die Antwort erfolgt konzeptionell (nicht begrifflich) in der Form einer **widerlegbaren Vermutung:** **110**
- Nach der **Grundannahme** ist **auch der** *fair value* **von Eigenkapitalinstrumenten normalerweise verlässlich bestimmbar** (IAS 39.AG81).
- Liefert die Anwendung einer Bewertungsmethode kein eindeutiges Ergebnis, sondern ein Intervall möglicher Werte, ist dies unschädlich, sofern das **Intervall keine signifikante Breite** aufweist **und/oder** den Werten innerhalb des Intervalls **begründete Wahrscheinlichkeiten** zur Gewichtung zugeordnet werden können (IAS 39.AG80).
- Nur wenn beide Voraussetzungen nicht erfüllt sind, d. h. die **Varianz der Werte weder insignifikant noch über Wahrscheinlichkeiten gewichtungsfähig** ist, fehlt es an der nötigen Verlässlichkeit der *fair-value*-Bestimmung (IAS 39.AG81).

Überall, wo in den IFRS-Vorschriften die *fair-value*-Methode allein zulässig ist oder sie den (faktischen) *benchmark* darstellt, d. h. zum Beispiel auch in IAS 40 (→ § 16 Rz 35) und IAS 41 (→ § 38), wird mit ähnlichen widerlegbaren Vermutungen gearbeitet. Die realen Messprobleme werden dabei nicht sehr **111** tief diskutiert. Überall dort, wo der *fair value* vorgeschrieben oder empfohlen wird, muss dessen verlässliche Bestimmbarkeit von den IFRS vielmehr apodiktisch behauptet werden.

112 Die einheitliche Verwendung des *fair value* verwischt **aber die** tatsächlichen **Unterschiede zwischen Marktpreisen und Modellwerten**. Aus dem vordergründigen Doppelmix von Anschaffungskosten und Marktpreisen wird ein **Dreifachmix**, wie nachfolgende Tabelle zeigt:

	Zeitdimension	Wertgeber	Ermessen
AK	Vergangenheit	extern, Transaktions-Preis	gering
Marktpreis	Gegenwart	extern, Markt-Preis	gering
DCF-Wert	Zukunft	intern, Modell-Wert, Management	hoch

Tab. 7: Dreifachmix bei *fair value*

Anschaffungskostenmethode und Marktpreisbewertung unterscheiden sich im Wesentlichen nur im **Vergangenheits- oder Gegenwartsbezug**. In beiden Fällen ergeben sich die Preise extern (als Transaktions- oder Marktpreis) und sind ohne oder mit geringem Ermessen zu bestimmen. **Finanzmathematische Modellwerte**, wie etwa der diskontierte *cash flow* (DCF), sind hingegen wesentlich **Zukunftswerte**, die sich aus Annahmen über zukünftige Entwicklungen (von *cash flows*, bei Optionspreismodellen z. B. von zukünftigen Volatilitäten; siehe Rz 195f.) ergeben. Derartige Zukunftseinschätzungen sind notwendig **subjektiv und ermessensbehaftet** (→ § 51 Rz 24ff.). Das Management ist aufgerufen, Annahmen über zukünftige *cash flows*, risikoangemessene Diskontierungszinssätze, Fortgeltung der Volatilitäten der Vergangenheit für die Zukunft usw. festzulegen, aus denen sich dann die Modellwerte ergeben. Hierbei kann sowohl der nichtlineare Zusammenhang zwischen einer einzelnen Modellprämisse und dem Modellwert als auch die mulitiplikative Verknüpfung verschiedener Modellparameter dazu führen, dass kleinste Änderungen in den Prämissen zu größten Abweichungen beim Berechnungsergebnis führen. Die **kapitalmarkt**orientierte kann sich dadurch in eine **management**orientierte Rechnungslegung verwandeln. Diese verliert dann unter Umständen auch ihre **dienende** Funktion der Abbildung von Realitäten und **schafft** selbst Realitäten, indem das Management vermehrt in solche Werte investiert, deren Bilanzierungserfolg (kurz- und mittelfristig) manipulierbar ist.[19]

---

[19] Vgl. zu den Problemen des fair value accounting, insbesondere bei Fehlen von Marktpreisen: BALLWIESER/KÜTING/SCHILDBACH, BFuP 2004, S. 529ff.; HOMMEL/HERMANN, DB 2003, S., 2501ff.; HOFFMANN/LÜDENBACH, StuB 2002, S. 541ff.; LÜDENBACH/HOFFMANN, DB 2002, S. 1169; LÜDENBACH/HOFFMANN, DStR 2002, S. 231; VATER, BBK F20, S. 655.

Für den **Praxisanwender** stellt sich nach dieser grundlegenden Kritik die **113**
Frage, wie er es mit der Bewertung von nichtbörsennotierten Handelswerten
und veräußerbaren Werten halten soll. Zwei **Optionen für die Praxis** stehen
zur Verfügung:
- Er folgt dem Konzept der widerlegbaren Vermutung. **Zweifel** an der verlässlichen Bestimmbarkeit des *fair value* werden zur ganz seltenen **Ausnahme**.
- Er unterstellt, dass die mangels Marktnotierung notwendigen Modellrechnungen nur ausnahmsweise eine verlässliche Bestimmung des *fair value* ermöglichen. Als Begründung dient der Hinweis in IAS 39.AG76. Danach muss die modellorientierte Bewertung marktbasierte Prämissen verwenden. Da bei fehlender Marktnotierung regelmäßig auch Prämissen des Marktes über den *cash flow*, den angemessenen Risikoaufschlag auf den Zinssatz usw. nicht verlässlich zu bestimmen sind, wird die **Verlässlichkeit der modelltheoretischen Messung insgesamt verneint**.

Nach der hier vertretenen Auffassung kann sich das Unternehmen bei **Eigenkapitalinstrumenten** (GmbH-Anteilen usw.) zwischen beiden Optionen entscheiden, wobei die Option nach allgemeinen Grundsätzen nicht einmal durch den Stetigkeitsgrundsatz notwendig eingeschränkt wird, da ein Wechsel von der einen zur anderen Option sich aus neuen Erkenntnissen, neuer Verlässlichkeit usw. rechtfertigen kann.

Für **Fremdkapitalinstrumente**, die zu Handelszwecken gehalten werden oder zur Veräußerung bestimmt sind, gilt dieses faktische Wahlrecht nicht. IAS 39.46c sieht den hilfsweisen Ansatz von Anschaffungskosten nur für Eigenkapitalinstrumente vor.

Der Bilanzansatz von zum *fair value* erfassten Werten wird nicht außerplanmäßig fortgeschrieben. Die Differenzierung zwischen „normalen" und außerplanmäßigen Wertminderungen hat lediglich für die GuV-Behandlung veräußerbarer Werte Bedeutung (Rz 167).

4.3 Darlehen und andere Forderungen

4.3.1 Abgrenzung zu den übrigen Kategorien

Die Kategorie Darlehen und (andere) Forderungen *(loans and receivables)* ist **114**
nicht produktbezogen bzw. zivilrechtlich definiert. Verbriefte, an einem aktiven Markt gehandelte Forderungen (Rentenpapiere, Anleihen) sind vielmehr ausgeschlossen. **Notwendige** Voraussetzung für die Qualifizierung als *loans and receivables* ist somit nur die fehlende Notierung an einem **aktiven Markt** (IAS 39.9). **Hinreichend** ist dies noch nicht. Im Zugangszeitpunkt muss außerdem
- **weder** eine kurzfristige Veräußerungsabsicht bestehen (da sonst die Kategorisierung als Handelswert Vorrang hätte);
- **noch** die *fair value option* (Rz 34) oder die Option zur Designation als veräußerbarer Wert genutzt werden (da in diesem Fall die Designation Vorrang hätte).

Das notwendige Zuordnungskriterium – die **Notierung auf einem aktiven Markt** – ist dann gegeben, wenn für das Fremdkapitalinstrument
- **notierte Preise** leicht und regelmäßig verfügbar sind, die
- tatsächliche und sich regelmäßig ereignende **Markttransaktionen** unter fremden Dritten repräsentieren.

Von der Erfüllung dieser Voraussetzungen muss aus Sicht des Zugangszeitpunkts für die gesamte (Rest-)Laufzeit des Finanzinstruments ausgegangen werden können. Die notierten Preise stammen im einfachsten Fall von einer Börse, in anderen Fällen von einem Händler oder Broker, einer Branchengruppe *(industry group)*, einer Preis-Service-Agentur oder einer Aufsichtsbehörde *(regulatory agency;* IAS 39.AG71).

Für Fremdkapitalinstrumente, die auf einem organisierten Markt i. S. d. § 2 Abs. 5 WpHG notiert sind (hierzu zählen der amtliche Markt und der geregelte Markt der deutschen Wertpapierbörsen), kann im Regelfall von einem aktiven Markt ausgegangen werden. Bei Preisnotierungen aus anderen Quellen ist eine Einzelfallbetrachtung notwendig.

Aus **produktbezogener** Sicht lässt sich Folgendes festhalten:[20]
- Vom Unternehmen **ausgereichte Darlehen** (Ausleihungen) und **Kundenforderungen** sind in Ermangelung einer Notierung als *loans and receivables* zu kategorisieren.
- Für **Schuldscheindarlehen** gilt im Regelfall Entsprechendes.
- Für *asset-backed securities (ABS)* wird häufig der über die gesamte Laufzeit geforderte aktive Markt nicht vorliegen.
- Auch bei **Sekundärmarktkrediten** ist im Zweifel nicht von einem aktiven Markt auszugehen.
- Bei **Pfandbriefen** kommt es auf den Einzelfall an.
- Für **Jumbo-Pfandbriefe** (großvolumige, bestimmten Standards genügende Pfandbriefe) liegt hingegen regelmäßig ein aktiver Markt vor.

Im Falle eines aktiven Marktes kommt für das Fremdkapitalinstrument eine Kategorisierung als *loan and receivable* nicht in Frage; stattdessen ist es als Fälligkeitswert (Rz 130ff.), Handelswert (Rz 145) oder veräußerbarer Wert (Rz 150ff.) einzuordnen. Falls für ein als *loan and receivable* kategorisiertes Finanzinstrument später ein aktiver Markt entsteht, ist es nachträglich als Fälligkeitswert oder veräußerbarer Wert umzuklassifizieren.

4.3.2 Zugangs- und planmäßige Folgebewertung im Regelfall

115 Die **Einbuchung** von Darlehen und anderen Forderungen erfolgt nominell zum *fair value*, tatsächlich i. d. R. zu Anschaffungskosten (Rz 100ff.). Anschaffungsnebenkosten sind zu berücksichtigen (IAS 39.43).

Bei der Bewertung zu Anschaffungskosten bleibt es auch dann, wenn diese wegen Disagien usw. vom nominellen Darlehensbetrag abweichen. Die Differenz zum Nominalbetrag ist nicht durch einen passiven Rechnungs-

---

[20] IDW RS HFA 9, Tz 90ff.

abgrenzungsposten abzubilden, sondern im Rahmen der **Effektivzinsmethode** zu berücksichtigen (Rz 42). Aus der Verteilung des Differenzbetrags über die Laufzeit ergeben sich die zum jeweiligen Stichtag anzusetzenden **fortgeführten Anschaffungskosten.**

4.3.3 Sonderfälle

4.3.3.1 Un- und unterverzinsliche Forderungen

Für eine zu niedrige Verzinsung von Forderungen kommen im Wesentlichen zwei Gründe in Frage:

- **Impliziter Zins:** Der Einkaufspreis unter Fremden wird von vornherein auf längere Zeit gestundet. Bei wirtschaftlicher Betrachtung enthält die Kaufpreisforderung einen impliziten Zins.
- **Besondere Beziehungen:** Ein zinsloses oder unterverzinsliches Darlehen wird z. B. an eine nahe stehende Person vergeben.

116

Bei **unverzinslichen Forderungen** entsteht im Zugangszeitpunkt eine Differenz zwischen Anschaffungskosten und *fair value* (= marktgerecht ermittelter Barwert). Nach IAS 39.43 ist der *fair value* anzusetzen. Bei **kurzfristigen** Forderungen *(short-term receivables)* kann mangels Wesentlichkeit regelmäßig auf eine Abzinsung verzichtet werden (IAS 39.AG79). Bei einer Stundung von **mehr als einem Jahr** dürfte der Effekt hingegen regelmäßig wesentlich sein. Die Abzinsung führt dann zu einer Reduzierung des Veräußerungserlöses und einer Verminderung des Veräußerungserfolgs (→ § 25 Rz 70). Der Erfolgsausgleich findet in den Folgeperioden über den Zinsertrag statt.

117

Der zweiten Kategorie können nach IAS 39.AG43 **zinslose Darlehensvergaben** zugerechnet werden, aus denen der Darlehensgeber andere zukünftige Vorteile wie eine bessere oder preisgünstigere Belieferung oder einen Einfluss auf die Aktivitäten des anderen Unternehmens erwartet. In diesem Fall kann von **zwei Vermögenswerten** auszugehen sein. Das **Darlehen** als erster Vermögenswert ist mit dem marktüblichen Zinssatz zu diskontieren. Beim zweiten Vermögenswert, den **erwarteten** Vorteilen, ist zu prüfen, ob er die Ansatzvoraussetzungen des *Framework* (→ § 1 Rz 83ff.) erfüllt. Ist dies nicht der Fall, führt die Differenz zwischen Nominal- und Barwert zu sofortigem Aufwand. Hierzu folgendes Beispiel:

118

> **Beispiel**
> Unternehmen A gibt Unternehmen B am 31.12.01 ein zinsloses Darlehen von 1.331, fällig zum 31.12.04. Bei einem marktüblichen Zins beträgt der Barwert 1.331 / $(1{,}1)^3$ = 1.000. Das Darlehen ist mit 1.000 anzusetzen. Sofern die Differenz sich nicht als bilanzierungsfähiger Vermögenswert qualifiziert (bloße Erwartung allgemeiner Vorteile), führt sie zu sofortigem Aufwand. Der Buchungssatz wäre dann:
>
> per Forderung   1.000   an Geld   1.331
> per Aufwand   331

119 Die Beurteilung in IAS 39.AG64 ist aus der Sicht der zutreffenden Darstellung der Vermögenslage angemessen. Aus der Sicht der zutreffenden Darstellung der Ertragslage wäre ggf. auch eine andere Beurteilung (Verteilung der Differenz auf die Jahre der Unverzinslichkeit, somit Verzicht auf Abzinsung) denkbar.

120 Es erscheint theoretisch sachgerecht, eine Forderung, die eine nur ganz minimale Verzinsung aufweist, nicht anders zu behandeln als eine Forderung, die völlig unverzinslich ist. Andererseits würde aber eine generelle Abzinsung unterverzinslicher Forderungen zu **schwierigen praktischen** Beurteilungsfragen darüber führen, was der für den Darlehensnehmer, seine Bonitätsklasse usw. angemessene Marktzins ist, wann und in welchem Maße also überhaupt eine Unterverzinslichkeit vorliegt. Insoweit spricht aus praktischer Sicht, aber auch unter dem Gesichtspunkt der *materiality* (→ § 1 Rz 63ff.), alles dafür, Abzinsungen nur dort vorzunehmen, wo der fremdübliche Zins ganz erheblich und ganz unzweifelhaft unterschritten wird.

4.3.3.2 Fremdwährungsforderungen

121 Fremdwährungsforderungen werden zum Stichtagskurs umgerechnet. Wechselkursbedingte Wertänderungen der Forderung sind erfolgswirksam zu erfassen (IAS 21.23; → § 27 Rz 12).

4.3.4 *Impairment*/Wertberichtigung von Darlehen und anderen Forderungen sowie Zuschreibung

122 Für die Wertminderung von finanziellen Vermögenswerten gelten die Regelungen von IAS 36 „Wertminderung von Vermögenswerten" nicht (IAS 36.2e). Die Vorschriften in IAS 39.58ff. stimmen jedoch in vielem mit IAS 36 überein (→ § 11 Rz 8ff.). Der *impairment-Test* erfolgt in zwei Schritten:

- **Erstens** ist mit Hilfe von internen Indizien (z. B. Verzug von Zahlungen) oder externen Hinweisen (Informationen über erhebliche finanzielle Schwierigkeiten des Vertragspartners) zu beurteilen, ob objektive substanzielle **Hinweise** auf eine Wertminderung schließen lassen (IAS 39.59).

- Liegt ein solcher Tatbestand vor, ist **zweitens** der **Barwert** der noch erwarteten künftigen *cash flows* auf der Basis des ursprünglichen effektiven Zinssatzes zu ermitteln (IAS 39.63).

123 Liegt der Barwert *(present value)* unter dem Buchwert *(carrying amount)* des Vermögenswertes, so ist eine außerplanmäßige Abschreibung vorzunehmen (IAS 39.63). Nach durchgeführter Einzelwertberichtigung sind **zinstragende Forderungen** mit dem ursprünglichen Effektivzinssatz **aufzuzinsen**. Ein **Zinsertrag** ist somit auch dann auszuweisen, wenn keine Zinszahlungen mehr eingehen bzw. bei Annuitätendarlehen eingehende unzureichende Raten nach zivilrechtlichen Vorschriften (z. B. § 497 BGB für Verbraucherkredite) vorrangig als Tilgung und nicht als Zins anzurechnen sind.

> **Beispiel**
> Am 01.01.01 gewährt A an B ein Darlehen über nominal 1.000 mit Laufzeit bis zum 01.01.06, einem zum Jahresultimo fälligen Nominalzins von 7 % und einem Disagio von 10 %.
> Die erste Zinszahlung wird ordnungsgemäß von B geleistet, die zweite kann A nur durch Aufrechnung mit einer gegenüber B bestehenden Lieferantenverbindlichkeit sichern. Per 31.12.03 erwartet A daher keine weiteren Zinszahlungen mehr, im Hinblick auf eine entsprechende Sicherheit aber eine Endzahlung von etwa $1/2$ des geschuldeten Nominalbetrags.
> Nachfolgend die Höhe der Wertberichtigung sowie der Zinsertrag vor und nach Wertberichtigung.
>
> | | 01.01.01 | 31.12.02 | 31.12.03 | 31.12.04 | 31.12.05 | 01.01.06 |
> |---|---|---|---|---|---|---|
> | Vertragliche Zahlungsreihe | –900 | 70 | 70 | 70 | 70 | 1000 |
> | daraus errechneter Effektivzins | 10,2 % | | | | | |
> | Planmäßiger Bilanzansatz | 900 | 922 | 945 | 970 | 1000 | 0 |
> | Erwartete Zahlungen 31.12.03 | | | | 0 | 0 | 500 |
> | Barwert erw. Zahl (zugl. Bilanzansatz) | | | 412 | 454 | 500 | 0 |
> | Wertberichtigung | | | 945–412 = 533 | | | |
> | Zinsertrag | | 900 × 10,2 % = 92 | 922 × 10,2 % = 93 | 412 × 10,2 % = 42 | 454 × 10,2 % = 46 | |

Bei Forderungen von untergeordneter Bedeutung ist eine **Wertberichtigung auf Portfolio-Basis** (Gesamtbewertung) zulässig, bei keinem erkennbaren Einzelrisiko, aber statistischen Risiken unterliegenden Forderungen geboten (IAS 39.64 und IAS 39.AG87). Diese **pauschalen Wertberichtigungen** müssen sich der Höhe nach an Erfahrungswerten orientieren. Spezifische Informationen über einen Einzelwertberichtigungsbedarf haben jedoch Vorrang und bedingen die Aussonderung der betreffenden Forderung aus dem pauschaliert wertberichtigten Portfolio (IAS 39.AG88).

124

Üblich ist die Einteilung der nicht einzelwertberichtigten Forderungen in **mehrere Portfolien**, um so der **Homogenitätsanforderung** von IAS 39.AG87 zu genügen:

> **Beispiel**
> U fakturiert seine Leistungen mit einem Zahlungsziel von 2 Wochen. Angesichts der Wettbewerbsintensität des Marktes toleriert U ohne Mahnung aber auch Zahlungen erst in der 3. und 4. Woche. Nach Ablauf der 4. Woche ergeht die erste Mahnung, nach Ablauf weiterer 2 Wochen die zweite, nach weiteren 2 Wochen erfolgt die Einschaltung eines Inkassounternehmens. Zum Bilanzstichtag unterteilt U die Debitoren nach der Altersstruktur *(aging method)*. Nach statistischer Auswertung der letzten

> Jahre ergeben sich folgende Wertberichtigungssätze. Für Forderungen mit einem Alter von
> - bis zu 2 Wochen (noch nicht fällige) – 0,25 %
> - 3 bis 4 Wochen – 0,5 %
> - bis 6 Wochen (Mahnstufe 1) – 5 %
> - bis 8 Wochen (Mahnstufe 2) – 50 %
> - mehr als 8 Wochen (Inkasso) – 100 %.
>
> In den drei letzten Klassen werden nur Forderungen von untergeordneter Bedeutung berücksichtigt. Größere Forderungen mit einem Alter von mehr als 4 Wochen werden auf Einzelwertberichtigungsbedarf untersucht.

125 Führt die im Rahmen einer **Einzelwertberichtigung** durchgeführte Berechnung zu einem Intervall von Barwerten, ist der beste Schätzwert *(best estimate)* innerhalb dieses Intervalls anzusetzen (IAS 39.AG86).

126 Ist ein Darlehen oder eine andere Forderung **dinglich besichert**, ist der aus einer Verwertung der Sicherheit erwartete Erlös (abzüglich Kosten) bei der Barwertermittlung zu berücksichtigen (IAS 39.AG84). Die Berücksichtigung **personaler Sicherungen** (Bürgschaften etc.) ist nicht ausdrücklich geregelt. U. E. ist es sachgerecht, auch solche Sicherheiten nach Maßgabe ihrer Werthaltigkeit bei den *cash-flow*-Erwartungen und damit im Barwert zu berücksichtigen.

127 Eine außerplanmäßige Abschreibung ist **rückgängig** zu machen, wenn sich die Wertminderung verringert und „diese Verringerung objektiv auf einen nach der außerplanmäßigen Abschreibung aufgetretenen Sachverhalt zurückgeführt werden" kann (IAS 39.65). Es kommt für das **Zuschreibungsgebot** nicht darauf an, ob die ursprünglichen Gründe entfallen sind. Eine Kompensation durch andere Gründe reicht aus.[21]

4.3.5 Restrukturierung Not leidender Forderungen

128 Als *troubled debt restructuring* werden allgemein Änderungsvereinbarungen bezeichnet, mit denen durch Fristverlängerung, Stundung, Zins- und Tilgungsreduzierungen oder eine Kombination dieser und anderer Elemente den finanziellen Schwierigkeiten eines Schuldners Rechnung getragen wird. Neben der Rettung der Forderung („Besser später bzw. weniger als nie bzw. gar nichts") können auch **Sanierungsabsichten** eine wichtige Rolle spielen. Abweichend von US-GAAP wird das Restrukturierungsthema im Regelwerk und in den Veröffentlichungen zu IFRS stiefmütterlich behandelt. Zum Teil wird auch das Fehlen eines expliziten Standards „Restrukturierung notleidender Forderungen" bemängelt.[22]

---

[21] Das entspricht auch der Kommentarmeinung zum anders lautenden Gesetzeswortlaut in § 280 HGB (ADS International, 6. Aufl., § 280 HGB Rz 13ff.).
[22] Epstein/Mirza, Interpretation and Application of IAS 2002, S. 557.

U. E. ist ein solcher Standard nicht unbedingt notwendig. Die **allgemeinen** 129
Regeln für die Aus- und Einbuchung von Forderungen und Verbindlichkeiten
(Rz 87) gelten auch für Umschuldungsfälle. Wenn sich etwa durch einen außergerichtlichen Vergleich nicht das Vertragsverhältnis (bezüglich der Forderung) selbst, sondern nur der Vertragsinhalt verändert, kann unter Anwendung der 10-Prozent-Regel (Rz 87) ein Abgang der „alten" Forderung und Zugang einer „neuen" zu verbuchen sein. Die Abgangsbuchung führt dann zur Verlustrealisation, die Zugangsbuchung erfolgt zu Anschaffungskosten (Rz 100ff.).

4.4 Fälligkeitswerte *(held-to-maturity assets)*

4.4.1 Anforderungen an die Klassifizierung als Fälligkeitswert

An einem aktiven Markt notierte Fremdkapitalinstrumente können als Fällig- 130
keitswert *(held-to-maturity asset)* klassifiziert werden (IAS 39.9), sofern sie
- **objektiv** eine **feste** Laufzeit (Endfälligkeit) aufweisen sowie
- **subjektiv** die **Absicht** und die **Fähigkeit** des Unternehmens bestehen, den Wert bis zur **Endfälligkeit** zu halten.

Eigenkapitalinstrumente (Aktien usw.) können in Ermangelung einer Endfälligkeit nicht als *held to maturity* klassifiziert werden. Aber auch für **Fremd**kapitalinstrumente, die die oben genannten Kategoriemerkmale erfüllen, kommt die Kategorisierung als Fälligkeitswert nicht in Frage, falls im Zugangszeitpunkt
- eine kurzfristige Veräußerungsabsicht besteht (Handelswert; Rz 145);
- die *fair value option* (Rz 34) oder die Option zur Designation als veräußerbarer Wert genutzt wird (gewillkürter Handelswert oder veräußerbarer Wert; Rz 145).

Darüber hinaus ist die Abgrenzung zur Kategorie *loans and receivables* (Rz 114) zu beachten. So sind Fremdkapitalinstrumente, die alle vorgenannten Voraussetzungen zur Kategorisierung eines Fälligkeitswerts erfüllen, aber nicht auf einem aktiven Markt notiert sind, als *loans and receivables* zu bilanzieren. Zur Frage, bei welchen Fremdkapitalinstrumenten ein aktiver Markt vorliegt, wird auf Rz 114 verwiesen.

Das Kriterium der festen Laufzeit kann bei **vorzeitiger Kündigungsmöglichkeit** zu verneinen sein: Kann der **Emittent** einer Anleihe vorzeitig kündigen, ist dies allerdings regelmäßig irrelevant. **Ausnahmsweise** schädlich für eine Klassifizierung als Fälligkeitswert beim Gläubiger ist ein Kündigungsrecht des Emittenten dann, wenn bei seiner Ausübung wesentlich weniger als die fortgeführten Anschaffungskosten zu vergüten sind (IAS 39.AG18).

Wenn der **Gläubiger** einer Anleihe vorzeitig kündigen kann, soll eine Klassifi- 131
zierung als Fälligkeitswert hingegen nicht in Frage kommen (IAS 39.AG19).
Als Begründung wird angeführt, dass es inkonsistent sei, einerseits eine „Optionsprämie" für die vorzeitige Rückgabemöglichkeit des Finanzwertes *(put option)* zu zahlen, andererseits aber eine Absicht zu behaupten, den Wert bis zur Fälligkeit halten zu wollen. Die Begründung muss jedenfalls in den Fällen nicht einschlägig sein, in denen beide Parteien nach einer Mindestlaufzeit

kündigen können und auch implizit über Zinsdifferenzbetrachtungen keine Put-Optionsprämie bestimmbar ist.

Die Absicht, einen Vermögenswert bis zur Endfälligkeit zu halten, bedarf als subjektive Tatsache der **Objektivierung** durch Umstände oder Verhalten. IAS 39.9 bestimmt hierzu Folgendes: Hat ein Unternehmen im laufenden Geschäftsjahr oder während der vorangegangenen zwei Geschäftsjahre mehr als einen unwesentlichen Teil der Fälligkeitswerte vor Endfälligkeit verkauft, darf es keine Vermögenswerte mehr als *held to maturity* klassifizieren (Rz 168). Das nachfolgende Beispiel zeigt die Bedeutung dieser als **Sperre** wirkenden *„tainting rule"*.

> **Beispiel**
> Ein Unternehmen hat in 01 Anleihen als *held to maturity* qualifiziert, sie aber in 02 veräußert. Das Unternehmen erwirbt in 02 bis 04 neue Anleihen mit der Absicht, diese bis zur Fälligkeit zu halten. In 03 bis 05 werden keine Verkäufe getätigt.
>
> Das Unternehmen darf Anleihen erstmals wieder in 05 als *held to maturity* qualifizieren, da erst aus Sicht des Jahres 05 die Bedingung „keine Verkäufe in lfd. Jahr (05) und den zwei Vorjahren (03 und 04)" erfüllt ist.

132 **Keine Sperre** tritt ein bei Verkäufen **nahe am Fälligkeitstag** sowie Verkäufen, „die einem **isolierten Sachverhalt** zuzurechnen sind, der sich der Kontrolle des Unternehmens entzieht, von einmaliger Natur ist und von diesem praktisch nicht vorhergesehen werden konnte" (IAS 39.9). Als beispielhafte Kriterien für Verkäufe infolge eines **isolierten** Sachverhalts nennt IAS 36.AG22:
- eine wesentliche Verschlechterung der **Bonität** des Emittenten,
- Änderungen der **Steuergesetzgebung** mit wesentlicher Auswirkung auf die Rentabilität der Anlage,
- **aufsichtsrechtliche** Veräußerungszwänge (bei Banken),
- Unternehmens**zusammenschlüsse** und Unternehmens**umstrukturierungen**, bei denen zur Erhaltung der vorherigen Risikoposition Teilveräußerungen des Portfolios notwendig sind.

133 Greift die Sperre von IAS 39.9 (noch) nicht, so führt die **Aufgabe** der ursprünglichen Halteabsicht bzw. ihre **Umwandlung** in eine Veräußerungsabsicht nicht zur Umklassifizierung in einen Handelswert. Zulässig und – bei Eintritt der Sperre oder Aufgabe der Halteabsicht geboten – ist nur die Umklassifizierung in einen veräußerbaren Wert (IAS 39.51).

Wie Darlehen und Forderungen können auch Fälligkeitswerte durch Widmung im Zugangszeitpunkt als Handelswerte oder veräußerbare Werte **gewillkürt** und damit den Regeln der *fair-value*-Bewertung unterworfen werden (IAS 39.9; Rz 33 und Rz 275).

4.4.2 Regeln für Erst- und Folgebewertung

134 Wie bei Darlehens- und Kundenforderungen erfolgt die **Erstbewertung** von Fälligkeitswerten formell zum *fair value*, faktisch regelmäßig zu Anschaffungskosten (inklusive Nebenkosten; Rz 100), die **Folgebewertung** zu fortgeführten Anschaffungskosten (nach Maßgabe der Effektivzinsmethode). Wegen der Einzelheiten wird auf Rz 100ff. verwiesen.

4.4.3 Bewertung bei vom Nominalwert abweichenden AK: Disagien, Gebühren, Stückzinsen, niedrigerer Marktpreis

Die Behandlung von Disagien und Gebühren ergibt sich aus der Effektivzinsmethode (Rz 115). 135

Wird eine Anleihe nicht auf dem **Erst**markt (d. h. vom Emittenten), sondern auf dem **Zweit**markt (d. h. an der Börse) erworben, können sich Abweichungen zwischen Nominalwert und Anschaffungskosten auch noch aus zwei speziellen Gründen ergeben. Der Kaufpreis kann einerseits einen Aufschlag für **Stückzinsen** enthalten und andererseits eine **Marktwertänderung** wegen eines veränderten Zinsniveaus reflektieren (allgemein oder wegen Bonitätsherabstufung nur unternehmensspezifisch). Die Stückzinsen können separiert und bis zum nächsten Zinszahlungstermin aufgelöst werden (IAS 39.AG6). Der vor Anschaffung eingetretene Kursverlust wird hingegen im Falle von Fälligkeitswerten auf die verbleibende **Laufzeit** (bzw. bis zur nächsten Zinsanpassung) verteilt. Technisch geschieht dies durch Einbeziehung der niedrigeren Anschaffungskosten in die Effektivzinsermittlung. Für vor Anschaffung eingetretene Kursgewinne gilt Entsprechendes. 136

4.4.4 *Impairment*/Wertberichtigung von Fälligkeitswerten sowie Zuschreibung

Die Wertberichtigung von Fälligkeitswerten sowie das Zuschreibungsgebot unterliegen den gleichen Vorschriften wie die Wertberichtigung und Zuschreibung bei Darlehens- und Kundenforderungen (Rz 122). 137

4.4.5 Strukturierte Anleihen, eingebettete Derivate

Falls eine als Fälligkeitswert klassifizierte Anleihe **eingebettete Derivate** aufweist (Rz 34, 97ff.), sind diese gem. IAS 39.11 unter den folgenden kumulativen Voraussetzungen bilanziell von der Anleihe **abzutrennen** und **separat** zu bilanzieren (vgl. Abb. 7): 138

- Die strukturierte (hybride) Anleihe wird **nicht erfolgswirksam** zum *fair value* erfasst.
- Es besteht **keine enge Verbindung** zwischen den wirtschaftlichen Merkmalen und Risiken des eingebetteten Derivates einerseits und des Basisvertrags andererseits.
- Bei **isolierter Betrachtung** würde das eingebettete Instrument die Definitionskriterien eines Derivates erfüllen.

In der **ersten** Voraussetzung ist der Bewertungszweck der **Separierung** eingebetteter Derivate angesprochen: Derivate unterliegen – mit bestimmten Ausnahmen beim *hedge accounting* (Rz 216) – der erfolgswirksamen *fair-value*-Bewertung (Rz 192). Eine Gesamtbewertung der strukturierten Anleihe stellt diese Bewertung nur dann sicher, wenn das gesamte hybride Finanzinstrument als Handelswert *(trading asset)* geführt wird. Die **zweite** Voraussetzung soll eine künstliche Trennung von gleichartigen und zusammengehörigen Merkmalen und Risiken verhindern. An einer **engen Verbindung** fehlt es aber regelmäßig dann, wenn die Anleihe (als Fremdkapitalinstrument) ein eingebettetes Derivat mit Eigenkapitalcharakter aufweist. In diese Kategorie fallen **Options- und Wandelanleihen**, aber auch **aktienindizierte** Anleihen, bei denen die Höhe der Zinsen oder der Rückzahlung (Fremdkapital) an den Wert von Aktien (Eigenkapital) geknüpft ist (IAS 39.AG30d).[23] Dagegen ist bei Bindung der Zinszahlungen an einen Zinsindex ein enger Zusammenhang zu bejahen (IAS 39.AG33a).

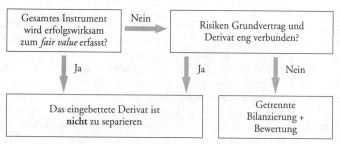

Abb. 7: Separierung eingebetteter Derivate

Der im März 2006 verabschiedete IFRIC 9 „*Reassessment of Embedded Derivatives*" stellt klar: Die Beurteilung, ob ein abspaltungspflichtiges, eingebettetes Derivat vorliegt, ist aus Sicht des Vertragsbeginns zu treffen. Eine spätere Neubeurteilung *(reassessment)* ist nur zulässig (und dann auch geboten), wenn die Vertragsbedingungen und dadurch die *cash flows* signifikant geändert wurden.

Beispiel

Am 1.1.01 gewährt A ein Darlehen an B mit folgenden für die **ersten 5 Jahre** vereinbarten Konditionen:

- Libor + 1 % für das spezifische Kreditrisiko von B (zum Ausgabezeitpunkt liegt der Libor bei 2,5 %, der anfängliche Zins ist also 3,5 %),
- Zinsbegrenzungsvereinbarung (*Collar*) mit einer Zinsuntergrenze (*Floor*) von 2 % und einer Zinsobergrenze (*Cap* von 5 %).

Der *Collar* ist ein eingebettetes Derivat, nach IAS 39.AG33b aber nicht abzutrennen, da der *Floor* unter und der *Cap* über dem Marktzins liegt. Am Ende des 5. Jahres wird der Vertag neu verhandelt. Der Libor beträgt zu diesem Zeitpunkt 2 %, das spezifische Kreditrisiko weiterhin 1 %, der angemessene Marktzins also 3 %. Die Parteien vereinbaren für die **nächsten 5 Jahre** Folgendes:

- Libor ohne Aufschlag,

---

[23] Zur Bilanzierung solcher Anleihen und weiterer Formen hybrider Finanzinstumente, auch nach HGB und US-GAAP: BRÜGGEMANN/LÖHN/SIEGEL, KoR 2004, S. 340ff.

> - Zinsuntergrenze 2 %, Zinsobergrenze weiterhin 4 %.
> Die Vertragsbedingungen und mit ihnen die Zinszahlungen (*cash flows*) haben sich signifikant verändert. Eine erneute Beurteilung ist daher nötig. Da der *Floor* nun nicht mehr unter dem Marktzins liegt, ist die Zinsbegrenzungsvereinbarung zukünftig separat zu bilanzieren.

Bei **Optionen** zur Verlängerung der **Laufzeit** oder bei **Kauf-** oder **Verkaufs-** 139
optionen auf ein mit einem erheblichen Disagio oder Agio ausgegebenes Schuldinstrument kommt es auf die Konditionen der Optionsausübung an. Findet zum Zeitpunkt der Ausübung einer Verlängerungsoption keine Anpassung an den herrschenden Marktzins statt oder erfolgt die Kauf- oder Verkaufsoption nicht zum ab- oder aufgezinsten Betrag, so fehlt es an einem engen Zusammenhang. Eine **getrennte** Bilanzierung ist erforderlich (IAS 39.AG30c und g).

In eine Anleihe eingebettete **Kreditderivate**, die dem Gläubiger des originären 140
Schuldinstruments die Möglichkeit der Übertragung des Ausfallrisikos einer Referenzadresse auf den Schuldner einräumen, sind in der Regel nicht eng mit dem originären Schuldinstrument verbunden (IAS 39.AG30h).[24]

Zum gesamten Komplex der **eingebetteten Derivate** gibt es eine umfangreiche 141
Kasuistik, die teils in IAS 39.AG30ff., teils in IAS 39.IG.C.1ff. enthalten ist. Die nachfolgende Tabelle strukturierter Anleihen enthält einige Beispiele hieraus und ergänzt sie um weitere.

Typ	Analytische Beurteilung aus Anlegersicht	zu separieren? N = Nein J = Ja
Bonitäts-Anleihe; Verzinsung/ Tilgung steigt, wenn Rating sinkt (*credit sensitive bond*)	Anleihe + Verkaufsoption auf Rating	N
Anleihe mit Gläubigerkündigungsrecht (*puttable bond*)	Anleihe + Verkaufsoption auf Anleihe	N
Indexanleihe mit variabler Rückzahlung (*variable principal redemption bond*)	Anleihe + Stillhalter aus Option auf einen Index (Währung, Aktien, Rohstoff usw.)	i. d. R. J
knock-in- oder *knock-out-*Anleihen; Rückzahlungsoption (Art/ Höhe) entsteht/verfällt, wenn Index, Währung usw. bestimmten Wert erreicht	Festzinsanleihe + Stillhalter aus *knock-in-* oder *knock-out-*Option	i. d. R. J, ggf. N bei Zinsindex

---

[24] Vgl. zu Kreditderivaten auch: IDW RS BFA 1.

Typ	Analytische Beurteilung aus Anlegersicht	zu separieren? N = Nein J = Ja
Stufenzinsanleihe *(step-up/step-down bond)*	Festzinsanleihe + Zinstermingeschäft	N
Anleihe mit Schuldnerkündigungsrecht *(callable bond)*	Anleihe + Stillhalter aus einer Kaufoption	N
super floater, leveraged/bear floater: z × Basiszins – x % (nicht negativ)	variable Anleihe + Aufn. Festzinskredit + *floor*	N, wegen *floor*
Umgekehrter *floater, reverse/bull floater* x % – Basiszins	Festzinsanleihe + variable Kreditaufnahme + i. d. R. *cap* (sonst Negativzins)	N, es sei denn ohne Cap
Variabel verzinsliche Anleihe mit Mindestzins *(floored FRN)*	variable Anleihe + *floor* (d. h. Optionen auf Zins)	N
Variabel verzinsliche Anleihe mit Maximalzins *(capped FRN)*	variable Anleihe + *cap* (d. h. Stillhalter aus Zinsoption)	N
Variabel verzinsliche Anleihe mit Mindest- und Höchstzins *(collared FRN)*	variable Anleihe + *floor* (Optionsinhaber) + *cap*	N
Wandelanleihe *(convertible bond)*	Festzinsanleihe + Wandlungsoption	J

Tab. 8: Strukturierte Anleihen

142 Am Beispiel der Optionsanleihe kann der Unterschied zwischen einem **eingebetteten** und einem ***stand-alone*-Derivat** (***freestanding*-Derivat**) festgehalten werden. Ist die Option separat zu handeln, liegt ein *freestanding*-Derivat vor. Ist die Option nicht separat zu handeln, liegt ein eingebettetes Derivat vor. Das *freestanding*-Derivat wird in jedem Fall separat erfasst, das eingebettete Derivat hingegen nur unter den Voraussetzungen von IAS 39.11, d. h. zum Beispiel nicht, wenn das gesamte Finanzinstrument erfolgswirksam zum Zeitwert erfasst wird (Rz 34).

143 Bei der Erstverbuchung hybrider bzw. strukturierter Produkte sind die **Anschaffungskosten** auf das Basisinstrument und das eingebettete Derivat **aufzuteilen**. Hierzu ist i. d. R. zunächst das eingebettete Derivat zum *fair value* zu bewerten; die Differenz zu den Anschaffungskosten wird anschließend dem Basisinstrument zugeordnet. Ist der *fair value* des Basisinstruments verläss-

licher bestimmbar als der des Derivats, wird umgekehrt verfahren (IAS 39.13). Hat das eingebettete Derivat keinen Optionscharakter, sondern den eines unbedingten Termingeschäftes, ist der Zeitwert des Derivates im Zugangszeitpunkt mit null anzusetzen (IAS 39.AG28).

Eine Besonderheit ergibt sich im Falle einer **Wandelanleihe**. Die Methodik der Zuordnung der Anschaffungskosten zur Anleihe und zum Wandlungsrecht unterscheidet sich bei dem Emittenten und dem Erwerber wie folgt:

Für den **Erwerber** gilt i. d. R.:
- 1. Ermittlung des **Zeitwertes** der Option
- 2. Ermittlung des Anleihewertes als **Restwert** durch Subtraktion des Optionswertes von den Anschaffungskosten (IAS 39.AG28).

Für den **Emittenten** stellt die eingebettete Option Eigenkapital und kein Derivat dar; die Aufteilung ist in einem solchen Fall in umgekehrter Richtung vorzunehmen (IAS 32.31):
- 1. Ermittlung des **Zeitwertes** der Anleihe durch Diskontierung der Zahlungen und
- 2. Ermittlung des Optionswertes als **Restwert**.

Zur Bilanzierung von *equity-linked bonds* beim Erwerber folgendes Beispiel:

144

Beispiel

A erwirbt am 1.1.01 einen zweijährigen *equity-linked Zerobond* (Wertpapier mit Zinszahlung ausschließlich bei Fälligkeit und aktienkursabhängigem Rückzahlungsbetrag) des Unternehmens B mit einem Nominal- und Ausgabebetrag von 1.000. Der aktuelle Marktzins beträgt 10 %. Der am Ende der Laufzeit von B zu leistende Rückzahlungsbetrag setzt sich zusammen aus dem Nominalbetrag, den aufgelaufenen Zinsen von 210 und der Kursänderung von 50 Aktien der B zwischen Ausgabe der Anleihe und Rückzahlung. Der Rückzahlungsbetrag kann nicht negativ werden. Der Aktienkurs bei Ausgabe beträgt 30.

Der Rückzahlungsbetrag nach 2 Jahren würde also betragen:
- 1.210 (= 1.000 + 210 + 50 × 0) bei einem Kurs von 30.
- 1.710 (= 1.000 + 210 + 50 × 10) bei einem Kurs von 40.
- 710 (= 1.000 + 210 − 50 × 10) bei einem Kurs von 20.
- 0 bei einem Kurs zwischen 0 und 5,8.

Bei dem *equity-linked Zerobond* handelt es sich um eine strukturierte Anleihe, die sich aus einer normalen Anleihe (*Zerobond*) und einem eingebetteten Aktientermingeschäft zusammensetzt. Da sich die Risiken des Trägerinstruments (*Zerobond* = Zinsrisiko) und des eingebetteten Derivats (Aktientermingeschäft = Aktienkursrisiko) wesentlich unterscheiden, ist das eingebettete Derivat abzutrennen und separat zu bilanzieren.

Am 1.1.01 wird zunächst das eingebettete Derivat mit seinem *fair value* von null eingebucht. Der *Zerobond* (Basisvertrag) wird mit dem Restwert von 1.000 (= 1.000 − 0) eingebucht.

> In den folgenden zwei Jahren ist der *Zerobond* mit dem Marktzins von 10 % aufzuzinsen und das abgetrennte Aktientermingeschäft mit seinem *fair value* zu bilanzieren. Zum 31.12.02 (also einen Tag vor Tilgung der Anleihe) ergeben sich somit folgende Wertansätze:
> - bei einem Kurs von 30:
>   Anleihe: + 1.210, Derivat 0, Summe 1.210.
> - bei einem Kurs von 40:
>   Anleihe: + 1.210, Derivat + 500, Summe 1.710.
> - Bei einem Kurs von 30:
>   Anleihe: + 1.210, Derivat − 500, Summe 710.
> - Bei einem Kurs von 5,8 (oder niedriger):
>   Anleihe: + 1.210, Derivat − 1.210, Summe 0.

Wenn für ein abtrennungspflichtiges **eingebettetes Derivat** im Einzelfall eine **Bewertung zum** *fair value* **nicht möglich** ist (sei es bei Erwerb der Anleihe oder später), gilt für die gesamte Anleihe zwingend der *fair-value*-Ansatz (IAS 39.12). Damit werden im Ergebnis nicht nur die abtrennungspflichtigen eingebetteten Derivate, sondern auch alle anderen Bestandteile der strukturierten Anleihe (insb. das Trägerinstrument) zum *fair value* bewertet.

Umgekehrt ist es aufgrund des Aufwands, der mit der Analyse und ggf. erforderlichen bilanziellen Zerlegung strukturierter Anleihen in das Trägerinstrument und das eingebettete Derivat verbunden ist, gem. IAS 39.11A auch erlaubt, auf eine solche Aufteilung zu verzichten und stattdessen freiwillig die Anleihe insgesamt erfolgswirksam zum *fair value* zu bewerten (*fair value option*). Die Anwendung der *fair value option* ist allerdings dann unzulässig, wenn

- das eingebettete Derivat nicht signifikant ist (IAS 39.11A(a)) oder
- ohne weitere Analyse klar ist, dass eine Abtrennung des eingebetteten Derivats gem. IAS 39.11 nicht zulässig ist (IAS 39.11A(b)). Ein Beispiel hierfür wäre eine Anleihe, die ein Kündigungsrecht aufweist.

Insgesamt rechtfertigt damit das Vorliegen (mindestens) eines wesentlichen eingebetteten Derivats die Anwendung der *fair value option* für strukturierte Anleihen.

4.5 Handelswerte *(trading assets)*

4.5.1 Klassifizierung als Handelswert, insbesondere bei geänderter Verwendungsabsicht

Ein finanzieller Vermögenswert wird als Handelswert klassifiziert, wenn er hauptsächlich zum Zweck der kurzfristigen *(near term)* **Weiterveräußerung** erworben wurde. Unabhängig von der Erwerbsabsicht ist eine Klassifizierung als Handelswert erforderlich, wenn der Vermögenswert Teil eines Portfolios gemeinsam verwalteter *(managed)* Finanzinstrumente ist, das bisher mit Handelsabsicht gesteuert wurde (IAS 39.9). Abzustellen ist – wie bei allen Klassifizierungen – primär auf die ursprüngliche, beim Erwerb gegebene Absicht. Daneben dürfen aktive Finanzinstrumente der Kategorien *loans and receivables*, *held-to-maturity* und *available for sale financial assets* unter bestimmten Voraussetzungen durch Widmung im Zugangszeitpunkt den Bewertungsregeln der *trading assets* unterworfen werden, kurz gesagt als *trading asset* **gewillkürt** werden *(fair value option)*. Hierzu wird verwiesen auf Rz 34, 97ff. und 138ff.

Wurde ein finanzieller Vermögenswert im Zeitpunkt des Zugangs als Handelswert oder gewillkürter Handelswert klassifiziert, darf er **nicht** mehr aus dieser Kategorie **herausgenommen** werden. Genauso wenig ist eine **nachträgliche** Zuordnung eines finanziellen Vermögenswerts in diese Kategorie zulässig (IAS 39.50).

146

4.5.2 Regeln für Erst- und Folgebewertung, Behandlung der Transaktionskosten

Ein Handelswert ist bei der **erstmaligen Erfassung** nominell mit dem *fair value*, tatsächlich i. d. R. mit seinen **Anschaffungskosten** anzusetzen (Rz 100). Transaktions- und sonstige Anschaffungsnebenkosten sind im Gegensatz zu den anderen Kategorien nicht anzusetzen, sondern sofort aufwandswirksam (IAS 39.43).

147

> **Beispiel**
> Wertpapiere werden am 29. Dezember zu einem Kurs von 100, bei Anschaffungsnebenkosten von 2 erworben. Zum 31. Dezember beträgt der Kurs 102. Es ergeben sich folgende Buchungen:
>
> | 29. Dezember: | per Wertpapiere | 100 | an Geld | 102 |
> |---|---|---|---|---|
> | | per Aufwand | 2 | | |
> | 31. Dezember: | per Wertpapiere | 2 | an Ertrag | 2 |

Die **Folgebewertung** ist zum *fair value* (beizulegender Zeitwert) vorzunehmen (IAS 39.46). Im Falle von Eigenkapitalinstrumenten ist der Ansatz der Anschaffungskosten dann auch bei der Folgebewertung maßgeblich, wenn der *fair value* nicht mit hinreichender Sicherheit bestimmt werden kann (IAS 39.46(c); Rz 106ff.).

Wertänderungen zwischen Zugangs- und Folgebewertung sowie Veränderungen zwischen verschiedenen Folgebewertungen sind als **Erfolg** in der GuV zu erfassen.

148

4.5.3 *Impairment*/Wertberichtigung von Handelswerten

Soweit Handelswerte zum *fair value* bewertet werden, ergibt sich hieraus eine automatische Anpassung an die aktuelle Wertentwicklung. Besonderer Regelungen für Wertminderungen, außerplanmäßige Abschreibungen und Zuschreibungen bedarf es dann nicht.[25]

149

---

[25] Vergleichbar ist die Regelung für investment properties in IAS 40 (→ § 16 Rz 44).

Ist der beizulegende Zeitwert von **Eigenkapitalinstrumenten** (Aktien, Anteilen) hingegen nicht verlässlich bestimmbar und erfolgt deshalb hilfsweise die **Bewertung zu fortgeführten Anschaffungskosten,** so gelten die oben für Darlehen und andere Forderungen sowie für Fälligkeitswerte erläuterten Regelungen entsprechend (Rz 134ff.). Zwei **Besonderheiten** sind jedoch gem. IAS 39.66 zu beachten:

- Für die Ermittlung des Stichtagswertes im DCF-Verfahren steht kein ursprünglicher Effektivzinssatz zur Verfügung. Als **Diskontierungszinssatz** ist deshalb die aktuelle Rendite *(current market rate of return)* ähnlicher Finanzwerte zu verwenden.

- Eine **Zuschreibung** nach außerplanmäßiger Abschreibung ist bei hilfsweise zu fortgeführten Anschaffungskosten bewerteten Eigenkapitalinstrumenten der Kategorie *trading assets* nicht zulässig.

4.6 Veräußerbare Werte *(available-for-sale assets)*

4.6.1 Klassifizierung als veräußerbarer Wert

150 Veräußerbare Werte stellen eine **Restkategorie** dar. Alle aktiven Finanzinstrumente, die weder Darlehen/Forderungen noch Fälligkeitswerte noch notwendige oder gewillkürte Handelswerte sind, also alle Werte, die keiner der anderen bisher erläuterten Klassen angehören, fallen in die Kategorie **veräußerbare Werte.**

151 Wie unter Rz 130 und Rz 145 erläutert, ist für die Abgrenzung zu Handels- und Fälligkeitswerten die **ursprüngliche** Verwendungsabsicht maßgeblich. Ein ursprünglich ohne kurzfristige Veräußerungsabsicht erworbenes Eigenkapitalinstrument wird daher auch dann nicht zum Bilanzstichtag umklassifiziert, wenn nunmehr die Veräußerung alsbald nach dem Stichtag geplant ist.

152 Ein Fälligkeitswert *(held to maturity;* Rz 130ff.) kann jedoch aus **zwei** Gründen in einen veräußerbaren Wert **umzuklassifizieren** sein:

- Das Unternehmen hat am Stichtag **nicht mehr die Absicht oder Fähigkeit,** diesen Vermögenswert bis zur Fälligkeit zu halten (**Einzelperspektive**) (IAS 39.51), oder

- **andere** Fälligkeitswerte sind im wesentlichen Umfang vor ihrer Fälligkeit veräußert worden, so dass die Sperrwirkung des IAS 39.9 eintritt (Rz 131ff.) und deshalb die verbleibenden Fälligkeitswerte zwangsweise, auch gegen die tatsächliche Verwendungsabsicht umzubewerten sind (**Gesamtperspektive**; IAS 39.52).

Von der Umklassifizierung zu unterscheiden ist die nach IAS 39.9 zulässige freiwillige Widmung von Darlehen und anderen Forderungen oder Fälligkeitswerten als veräußerbarer Wert (Rz 33). Eine entsprechende **Willkürung** muss im Zugangszeitpunkt erfolgen und bleibt dann über die Haltedauer des Vermögenswertes bestehen.

4.6.2 Regeln für Erst- und Folgebewertung

153 In allen Fällen erfolgt die **Erstbewertung** der veräußerbaren Werte nominell zum *fair value,* tatsächlich zu **Anschaffungskosten** (Rz 100ff.). Anschaffungs-

nebenkosten sind zu aktivieren (Rz 100). Für die Folgebewertung in der Bilanz gelten die gleichen Regelungen wie bei den **Handelswerten** (Rz 147ff.). Primärer Bewertungsmaßstab ist der *fair value*. Ist der *fair value* nicht hinreichend sicher bestimmbar, kommen hilfsweise die Anschaffungskosten zum Ansatz. Im Einzelnen wird auf Rz 147ff. verwiesen.

4.6.3 Erfolgsneutrale Erfassung der Wertänderungen

Die Änderungen des *fair value* gegenüber den (fortgeführten) Anschaffungskosten bzw. gegenüber dem *fair value* zum letzten Bewertungsstichtag sind **erfolgsneutral** im Eigenkapital zu erfassen (IAS 39.55b). Hierin liegt ein wesentlicher **Unterschied** zu den **Handelswerten**, für die eine **erfolgswirksame** Erfassung vorgeschrieben ist (Rz 148). Durch die Möglichkeit, unter bestimmten Bedingungen jeden finanziellen Vermögenswert als Handelswert zu **willküren** und damit der erfolgswirksamen *fair-value*-Bewertung zu unterwerfen (Rz 34 und Rz 145), können auch finanzielle Vermögenswerte ohne kurzfristige Veräußerungsabsicht erfolgswirksam bewertet werden.

154

Die Erfassung der Wertänderungen direkt **im Eigenkapital** unter Berücksichtigung latenter Steuern (IAS 12.15; → § 26 Rz 103) zeigt nachfolgendes Beispiel.

Beispiel

155

Available-for-sale-Aktien werden bei einem Kurs von 100 und Anschaffungsnebenkosten von 3 erworben. Zum ersten Stichtag notieren die Aktien mit 98, zum zweiten mit 108. Zu diesem Wert werden sie kurz nach dem zweiten Stichtag auch veräußert.

Die Wertänderungen werden zunächst in einer **Rücklage für Zeitbewertung** (RLZBW) erfasst, die bei Veräußerung erfolgswirksam aufzulösen ist.

1. Buchungen bei Steuerfreiheit von Veräußerungsgewinnen und Abschreibungen auf Aktien:

Erwerb:	per Aktien	103	an	Geld	103
1. Stichtag:	per RLZBW	5	an	Aktien	5
2. Stichtag:	per Aktien	10	an	RLZBW	10
Verkauf:	per Geld	108	an	Aktien	108
	per RLZBW	5	an	Ertrag	5

2. Buchungen bei Steuerpflicht von Aktienveräußerungen und steuerlicher Unbeachtlichkeit der vorübergehenden Wertminderung für einen Steuersatz von 40 %:

Erwerb:	per Aktien	103	an	Geld	103
1. Stichtag:	per RLZBW	5	an	Aktien	5
	per lat. St.	2	an	RLZBW	2
2. Stichtag:	per Aktien	10	an	RLZBW	10
	per RLZBW	4	an	lat. St	4

Verkauf:	per Geld	108	an Aktien	108
	per RLZBW	3	an Ertrag	5
	per lat. St.	2		
	per St.-Aufw.	2	an Verbind. Steuer	2

156 Die **Rücklage für Zeitbewertung** (Beispiel in Rz 155) muss nicht notwendigerweise als **eigene Kategorie** innerhalb der Bilanz und/oder der Eigenkapitalveränderungsrechnung aufgeführt werden. Eine Zusammenfassung mit anderen Rücklagen ist zulässig. Jedoch muss im Rahmen einer Eigenkapitalveränderungsrechnung (oder einer Gesamteinkommensrechnung) in Verbindung mit Anhangsangaben erkennbar sein, welcher Wertänderungsbetrag bei veräußerbaren Werten unmittelbar im Eigenkapital erfasst ist (IAS 1.86ff. und IAS 32.94h(ii); → § 20 Rz 68).

157 Eine Ausnahme von der erfolgsneutralen Verrechnung aller Wertänderungen ergibt sich für den Fall, dass ein als veräußerbarer Wert klassifiziertes Finanzinstrument ein abtrennungspflichtiges eingebettetes Derivat aufweist (Rz 34, 97ff.). In diesem Fall sind die aus dem Derivat resultierenden Wertänderungen erfolgswirksam zu erfassen.

4.6.4 Erfolgsmäßige Behandlung von Transaktionskosten, Disagien usw.

158 Die Behandlung von Transaktionskosten und sonstigen Anschaffungsnebenkosten sowie bei Fremdkapitalinstrumenten auch von Unterschiedsbeträgen zwischen Ausgabebetrag und Nominalbetrag bedarf **keiner komplexen Regelungen**, wenn ein Finanzinstrument erfolgswirksam zum *fair value* erfasst wird.

159 Transaktionskosten werden dadurch **unmittelbar aufwandswirksam**. Disagien und ähnliche Abweichungen zwischen Nominal- und Ausgabebetrag eines erworbenen Fremdkapitalinstrumentes erfordern keine gesonderte Betrachtung, da sämtliche Wertänderungen zwischen Erstbewertung bzw. vorheriger Bewertung und Folgebewertung erfolgswirksam behandelt werden, unabhängig davon, ob sie Marktänderungen oder die Amortisation solcher Unterschiedsbeträge reflektieren.

160 Probleme ergeben sich hingegen aus der für veräußerbare Werte geforderten **erfolgsneutralen Behandlung** von Wertänderungen. Bei Anleihen oder anderen Fremdkapitalinstrumenten mit fester Laufzeit kann nicht unberücksichtigt bleiben, dass **Transaktionskosten, Agien** usw. den Charakter von **Effektivzinsminderungen** haben, die als solche auch erfolgswirksam **im Zinsergebnis** berücksichtigt werden sollten. IAS 39.55b sieht daher für Fremdkapitalinstrumente mit fester (Mindest-)Laufzeit die zeitliche **Verteilung der Transaktionskosten** und sonstigen Unterschiedsbeträge vor.

Das Instrument hierzu ist die **Effektivzinsmethode** (Rz 106). Im einfachsten Fall einer unverzinslichen Anleihe *(Zerobond)* lässt sich aus der Differenz von Anschaffungskosten (incl. Nebenkosten) und Rückzahlungen der Effektivzins ermitteln. Dessen Anwendung auf die (fortgeführten) Anschaffungskosten ergibt den in jeder Periode erfolgswirksam zu berücksichtigenden Betrag. Bei verzinslichen Anleihen ist zusätzlich die Nominalverzinsung zu berücksichtigen. Ist die (Mindest-)Laufzeit des Fremdkapitalinstruments nicht bestimmbar, kann die Effektivzinsmethode nicht zur Anwendung gelangen. Anschaffungsnebenkosten und sonstige Unterschiedsbeträge sind dann erst bei Veräußerung zu berücksichtigen (IAS 39.AG67). Zum Ganzen folgendes Beispiel:

Beispiel
Ein Unternehmen behandelt alle Anleihen als veräußerbare Werte. Zum 1.1.01 erwirbt es auf dem Primärmarkt eine Anleihe zu folgenden Konditionen:
Laufzeit 5 Jahre
- Nominalbetrag = 100, Ausgabebetrag 102 (d. h. Prämie 2)
- Verzinsung 6 % (marktüblich weniger, deshalb höherer Ausgabebetrag)
- Anschaffungsnebenkosten 3
- Der Zeitwert der Anleihe per 31.12.01 soll bei geändertem Marktzins 106 betragen.

Bei unveränderten Marktbedingungen wären per 31.12.01 auszuweisen: 100 + (2 Prämie + 3 ANK) − 1 Auflös. Prämie u. ANK = 104.
Ins EK ist demnach nicht die Differenz von Zeitwert und gesamten Anschaffungskosten (106 − 105 = 1) einzustellen. Die im Zinsergebnis zu berücksichtigende Auflösung von Prämie und ANK ist zu berücksichtigen. Einzustellen sind daher 106 − (105 − 1) = 2.
Per 31.12.01 sind (unter Vernachlässigung der Zinseszinseffekte und bei linearer Amortisierung) folgende Buchungen vorzunehmen:

per Anleihe	2	an EK	2*
per Geld	6	an Zinsertrag	6
per Zinsertrag	1	an Anleihe	1**

* (wg. Zeitwertänderung)
** (wg. Amortisierung Prämie u. ANK).

Notiert ein als *available for sale* qualifiziertes Fremdkapitalinstrument in fremder Währung, ist auch der Währungsumrechnungserfolg in einen erfolgswirksamen Teil (soweit auf Amortisierung der Anschaffungsnebenkosten etc. entfallend) und ein erfolgsneutrales Element (soweit auf Änderungen von Marktbedingungen etc. entfallend) zu splitten (→ § 27 Rz 12).

4.6.5 *Impairment*/Wertberichtigung, Zuschreibung sowie Abgangserfolg bei veräußerbaren Werten

Werden wie bei Handelswerten Änderungen des *fair value* über die GuV erfasst, so sind besondere Regeln für außerplanmäßige Abschreibungen und den Abgangserfolg nicht notwendig (Rz 149). Bei der für veräußerbare Werte geforderten Erfassung der Wertänderungen direkt im Eigenkapital bedarf hingegen die Behandlung einer außerplanmäßigen Wertminderung sowie eines Abgangserfolgs besonderer Regelungen.

162 Für den **Abgangserfolg** bestimmt IAS 39.55b, dass zuvor im Eigenkapital erfasste kumulierte Wertänderungen zum Abgangszeitpunkt in das Periodenergebnis einzubeziehen sind. Im Einzelnen wird auf das Beispiel unter (Rz 155) verwiesen.

163 Der Veräußerungszeitpunkt ist der **späteste** Zeitpunkt, zu dem zuvor im Eigenkapital berücksichtigte Wertänderungen Eingang in die GuV finden. Eine Berücksichtigung in der GuV bereits zu einem früheren Zeitpunkt ist bei einer sich **ankündigenden außerplanmäßigen Abschreibung** erforderlich. IAS 39.58 bestimmt hierzu Folgendes:

1. An jedem Bilanzstichtag ist zu **prüfen**, ob es objektive Hinweise *(objective evidence)* für die Wertminderung *(impairment)* gibt (IAS 39.58).

2. **Objektive Hinweise** sind

   – **für alle Finanzinstrumente**

   a) signifikante finanzielle Schwierigkeiten des Emittenten (Schuldners),

   b) das aus finanziellen Schwierigkeiten resultierende Verschwinden eines aktiven Marktes,

   c) beobachtbare Daten, die eine messbare Verschlechterung der Aussichten eines Segmentes (Marktes/Branche usw.) indizieren, dem das *asset* zuzurechnen ist,

   d) der Eintritt von Ereignissen, die einen zuverlässig messbaren negativen Einfluss auf die Aussichten des Segmentes oder *assets* hat.

   – **für Fremdkapitalinstrumente zusätzlich:**

   e) Vertragsbruch und

   f) drohende Insolvenz des Schuldners *(borrower;* IAS 39.59).

3. Gibt es derartige **Evidenzen**, ist die Differenz zwischen den Anschaffungskosten und dem aktuellen *fair value* **erfolgswirksam** zu behandeln (IAS 39.68). Evtl. bisher **erfolgsneutral** behandelte Wertminderungen sind aus dem Eigenkapital auszubuchen (IAS 39.67).

164 Über das Verhältnis von „planmäßiger", d. h. erfolgsneutraler, Wertfortschreibung zu außerplanmäßiger, d. h. erfolgswirksamer, Wertminderung entscheidet der Katalog der **objektiven Evidenzen**. Eine **erste Lesart** wäre deshalb wie folgt:

   Nur wenn außergewöhnliche Ereignisse wie erhebliche finanzielle Schwierigkeiten des Emittenten vorliegen, ist ein *impairment* gegeben, ansonsten nur eine normale Wertänderung.

165 Zugunsten dieser Lesart spricht, dass sie von der Normalbewertung (erfolgsneutrale Fortschreibung des *fair value)* nur in Ausnahmefällen abweicht und das Ermessen des Bilanzierers beschränkt.

Andererseits sind die oben unter 2c und d wiedergegebenen Fälle aber weicher formuliert und nicht auf außerordentliche Wertminderungen beschränkt. Eine einschränkende Auslegung dieser beiden Fälle wäre im Interesse einer möglichst klaren Unterscheidung zwischen planmäßiger und außerplanmäßiger

Wertminderung zwar geboten und könnte sich z. T. auch auf die in den weicheren Kriterien enthaltenen Anwendungsvoraussetzungen (beobachtbare Daten und zuverlässig messbare Einflüsse) berufen. Angesichts der sonst eher großzügigen Anforderungen von IAS 39 an die Zuverlässigkeit der Messung würde diese Einschränkung jedoch nicht sehr weit reichen. Man wird daher einer **zweiten Lesart** den Vorzug geben müssen:

Neben außergewöhnlichen Fällen wie drohender Insolvenz des Emittenten **können** auch gewöhnliche Umstände wie eine Verschlechterung der konjunkturellen Aussichten ohne Aussicht auf alsbaldige Erholung ein *impairment* und damit den Übergang von der erfolgsneutralen zur erfolgswirksamen Wertminderung indizieren.

Bei der **zweiten** Lesart entstehen ähnliche Ermessensprobleme (→ § 51 Rz 24ff.), wie sie bereits bisher im HGB und in US-GAAP enthalten sind. In diesen beiden Systemen wird die Pflicht zur Vornahme einer (erfolgswirksamen) Abschreibung davon abhängig gemacht, ob eine Wertminderung dauerhaft (§ 253 Abs. 2 S. 3 HGB) bzw. *other-than-temporary* ist (SFAS 115.16). Eine sachgerechte, nicht willkürliche Konkretisierung dieser ermessensbehafteten Merkmale ist den Standardsettern nicht gelungen.[26] Sie haben stattdessen widerlegbare Vermutungen formuliert und damit durch diese Widerlegungsmöglichkeit eine Objektivierung gerade nicht erreicht. IAS 39 (2000) enthielt demgegenüber durch die Beschränkung auf außergewöhnliche Fälle einen zwar engen, aber in hohem Maße objektivierten Anwendungsbereich (der außerplanmäßigen Abschreibung). Dieser Objektivierungsvorteil ist mit der Neufassung von IAS 39 aufgegeben worden.

Das Subjektivitätsproblem wird noch verschärft durch IAS 39.61. Danach bietet ein signifikanter oder längerfristiger *(prolonged)* Rückgang des *fair value* eines Eigenkapitalinstrumentes unter seine Kosten ebenfalls eine objektive Evidenz eines *impairment*. Vergleichsmaßstab für die Signifikanz sind die Anschaffungskosten, nicht der Wert nach letzter Abschreibung.[27] Weitere Auslegungshinweise werden nicht gegeben. Die Interpretation des Signifikanz- und Dauerhaftigkeitskriteriums lässt daher große Spielräume.

Die **buchungstechnische** Handhabung des *impairment* bei veräußerbaren Werten zeigt das nachfolgende Beispiel.

166

> **Beispiel**
> A hält Aktien der Gesellschaft B. Die ursprünglichen Anschaffungskosten betrugen 100. Die bisher erfolgsneutral im Eigenkapital erfasste Wertänderung ist +10 (alternativ −10). Zum Bewertungsstichtag notiert die Aktie nur noch mit 5. Die Buchung ist wie folgt:

---

[26] IDW RS VFA 2, Auslegung des § 341b HGB (neu), WPg 2002, S. 475, EITF Issue 03-1, The Meaning of Other-Than-Temporary Impairment and Its Application to Certain Investments. Vgl. zum Ganzen auch: LÜDENBACH/HOFFMANN, DB 2004, S. 85ff.
[27] IFRIC, Update Juni 2005

per	RLZBW	10	an Aktien	105
per	Aufwand	95		
Buchung im Alternativfall:				
per	Aufwand	95	an Aktien	85
			an RLZBW	10

167 Für den **Wegfall der Wertminderung**, d. h. die Wertaufholung bei veräußerbaren Werten gilt Folgendes:
- Zuschreibungen auf **Eigen**kapitalinstrumente (Aktien, Anteile) sind erfolgsneutral vorzunehmen (IAS 39.69).
- Zuschreibungen auf **Fremd**kapitalinstrumente sind insoweit erfolgswirksam vorzunehmen, als der Zeitwert objektiv aufgrund eines nach Erfassung der Wertminderung im Periodenergebnis stattfindenden Ereignisses ansteigt (IAS 39.70). Die fortgeführten Anschaffungskosten bestimmen die Obergrenze der Wertaufholung.

4.7 Umklassifizierung von Finanzinstrumenten: Anlässe, Vorgehensweise, Buchung

168 Als **Anlässe** für die Umklassifizierung von Finanzinstrumenten sind im Wesentlichen folgende Fälle zu unterscheiden:
- Ein Fälligkeitswert *(held to maturity)* darf nicht mehr als solcher ausgewiesen werden, weil entweder die Halteabsicht freiwillig **aufgegeben** wird (Einzelbetrachtung) oder weil wegen Veräußerung anderer *held-to-maturity*-Werte (Gesamtbetrachtung) eine **Sperrwirkung eintritt** (Rz 131 sowie IAS 39.51 und 52). Der Fälligkeitswert wird zu einem veräußerbaren Wert.
- Wegen **Zeitablaufs** entfällt die Sperrwirkung (Rz 131). Zuvor zwangsweise als *available for sale* ausgewiesene Finanzinstrumente können entsprechend der individuellen Halteabsicht in *held-to-maturity*-Werte um- bzw. rückklassifiziert werden (IAS 39.54).

Zulässig ist damit nur der **Wechsel zwischen** Fälligkeits- und veräußerbaren Werten, nicht hingegen ein **Wechsel in** oder **aus** der Kategorie „Handelswerte" (IAS 39.50). Auch die bevorstehende Veräußerung eines bisher ohne oder mit bedingter Veräußerungsabsicht gehaltenen Finanzinstrumentes klassifiziert diesen nicht in einen Handelswert um.

169 Mit der Umklassifizierung von Fälligkeitswerten in veräußerbare Werte oder umgekehrt ist ein **Wechsel der Bewertungsmethode** verbunden. Findet der Wechsel **von der Anschaffungskostenbewertung zur Zeitbewertung** statt, so ist die Differenz zwischen fortgeführten Anschaffungskosten und beizulegendem Zeitwert des Umwidmungszeitpunkts regelmäßig erfolgsneutral gegen **Eigenkapital zu buchen**.

170 Im umgekehrten Fall des Übergangs **von der Zeitbewertung zu den Anschaffungskosten** ergibt sich die neue Anschaffungskostenbasis (als Grundlage für

Effektivzinsmethode usw.; Rz 106) aus dem Zeitwert des Umwidmungszeitpunkts. Die Behandlung der vor dem Umwidmungszeitpunkt liegenden bisher erfolgsneutral im Eigenkapital berücksichtigten Wertänderungen hängt davon ab, ob das fragliche Aktivum eine bestimmbare **Restlaufzeit** hat. Ist dies nicht der Fall, so wird die im Eigenkapital aufgelaufene Wertänderung erst dann in die GuV umgebucht, wenn der Vermögenswert **abgeht** (IAS 39.54b). Hat der Vermögenswert hingegen eine **feste** Laufzeit, so ist der im Eigenkapital aufgelaufene Betrag über die Restlaufzeit zu amortisieren. Eine Differenz zwischen der neuen Anschaffungskostenbasis und dem bei Endfälligkeit rückzahlbaren Betrag wird wie jedes „normale" Agio oder Disagio ebenfalls über die Laufzeit amortisiert (IAS 39.54a). In beiden Fällen ist der im Eigenkapital aufgelaufene Betrag außerdem im Fall einer Abschreibung aufzulösen und in der GuV zu erfassen.

Die nachfolgende Tabelle fasst **Anlässe und Behandlung** der Umklassifizierung nach den Regeln von IAS 39 zusammen. Die davon abweichenden Regelungen von IFRS 5 kommen auch dann nicht zur Anwendung, wenn Finanzinstrumente im Paket mit anderen Vermögenswerten veräußert werden sollen (→ § 29 Rz 4).

171

	Umklassifizierungen	
von *held to maturity* nach ...	*available for sale*	*trading*
Anlass	Ende Halte-Absicht/Fähigkeit oder Sperrwirkung wegen Veräußerung anderer *held to maturities* IAS 39.51, 52	entfällt
aufgelaufene Differenz Buchwert – Zeitwert	erfolgsneutral gegen EK IAS 39.52	entfällt
von *available* nach ...	*held to maturity*	*trading*
Anlass	bei Änderung Verwendungsabsicht oder Wegfall Sperre IAS 39.54	entfällt
Bewertung	Zeitwert wird zur neuen AK-Basis; aufgelaufene Wertänderungen – vorrangig Auflösung EK über Restlaufzeit, – mangels fester Laufzeit EK bis Abgang fortführen IAS 39.54 – bei Abschreibung unmittelbar auflösen	entfällt

Tab. 9: Umklassifizierungen von Finanzinstrumenten

172 Buchungsmäßig **komplex** ist insbesondere die Umwidmung von veräußerbaren Werten *(available for sale)* in Fälligkeitswerte *(held to maturity)*. Neben der Amortisierung des Eigenkapitalbetrages und der Differenz zwischen neuer Anschaffungskostenbasis und späterem Rückzahlungsbetrag sind auch ursprüngliche Agien und Disagien zu berücksichtigen. Das nachfolgende Beispiel fasst die relevanten Komplizierungen zusammen.

> **Beispiel**
> Wegen Ablauf der Sperrfrist kann eine zum 31.12.01 mit einem Agio von 3 erworbene Anleihe (Nominal 100, Zins 5 %, AK 103) zum 1.1.03 von *available for sale* nach *held to maturity* umklassifiziert werden. Die Anleihe läuft bis zum 1.1.05. Der Zeitwert zum Umklassifizierungszeitpunkt beträgt 96. Die Zinsen sind zum 31.12.02 usw. fällig.
> Folgende Probleme sind zu unterscheiden:
> - Die Auflösung des Agios von 3 war im Gegensatz zu anderen Wertänderungen nicht im EK, sondern über die Laufzeit im Zinsergebnis zu erfassen (IAS 39.55b; Rz 160). Mit Übergang zur AK-Bewertung (Effektivzinsmethode) entfällt die gesonderte Betrachtung
> - Zum 31.12.02 sind daher nicht 103 – 96 = 7, sondern nur 6 (7 minus 1 Auflösung Agio) als Zeitwertänderung im EK zu erfassen. Diese 6 sind mit Umwidmung, d. h. ab 03, über die (Rest-)Laufzeit zu verteilen.
> - Die neue AK-Basis von 96 liegt um 4 unter dem Nominalbetrag von 100. Dieser Differenzbetrag ist wie ein „normales" Disagio über die (Rest-)Laufzeit zu amortisieren.
>
> Somit ergeben sich folgende Buchungssätze:
> 31.12.02
> per Geld   5   an Zinsertrag   5
> per Zinsertrag   1   an Wertpapier   1
>   (w/Amortisierung Agio)
> per EK   6   an Wertpapier   6
>   (w/Wertänderung 7 - 1)
> 31.12.03 und 31.12.04 jeweils
> per Geld   5   an Zinsertrag   5
> per Zinsertrag   3   an EK   3
>   (w/Amortisierung 6 EK auf 2 Jahre)
> per Wertpapier   2   an Zinsertrag   2
>   (w/Amort. 100 nom. – 96 neue AK)
> Als Ergebnis aller Buchungen beträgt per 31.12.04
> – die EK-Rücklage: $0 = -6 + 3 + 3$
> – das Wertpapier: $100 = 103 - 1 - 6 + 2 + 2$
> – der Gesamtertrag 03 und 04: $8 = 2 \times 5 - 2 \times 3 + 2 \times 2 = 2 \times 5 - 2$

Ähnliche Probleme wie bei der Umklassifizierung stellen sich dann, wenn der **173** *fair value* nicht mehr feststellbar ist und deshalb **hilfsweise** zum **Anschaffungskostenmodell** gewechselt werden muss (IAS 39.54; Rz 109) oder umgekehrt der *fair value* erstmalig festgestellt werden kann und deshalb vom hilfsweisen Anschaffungskostenansatz zum *fair value* zu wechseln ist (IAS 39.53).

Beispiel
Eine erfolgswirksam als Handelswert *(trading)* qualifizierte Aktie wird Anfang 01 zu 100 angeschafft. Ab Ende 01 notiert sie mit 60. In 02 wird die Aktiengesellschaft wegen finanzieller Schwierigkeiten aus der Börsennotierung entfernt *(„delisted")*. Mangels Börsennotierung und sonstiger Informationen ist danach kein *fair value* mehr bestimmbar. Ende 03 erhält die bilanzierende Gesellschaft jedoch zwei Kaufangebote, eines über 100, eines über 200. Die Angebote werden nicht angenommen. Die GuV-Ergebnisse sind wie folgt:
in 01: –40
in 02: 0
in 03: 0 (oder +90)
Der Wert zum *delisting*-Zeitpunkt gilt gem. IAS 39.54 per Fiktion als Anschaffungskosten. Die Kaufangebote in 03 liefern Hinweise auf eine Werterholung von mindestens 40. Angesichts der Differenz der Angebote bzw. der Breite des Intervalls wird man die Angebote jedoch kaum als hinreichend zuverlässigen Indikator für den *fair value* nehmen können (IAS 39.AG80). Die Bilanzierung bleibt im Anschaffungskostenmodell. Eine Zuschreibung über die fiktiven (!) Anschaffungskosten hinaus auf (die ursprünglichen Anschaffungskosten von) 100 kommt daher nicht in Frage. Sähe man jedoch die Kaufangebote bzw. deren Mittelwert (150) als hinreichend zuverlässige *fair-value*-Indikation an, wäre ein Rückwechsel zur *fair-value*-Bewertung vorzunehmen (IAS 39.53). Der Rückwechsel würde zu einem Erfolg von 150 – 60 = 90 führen.

Variante:
Die Aktie wird in bedingter Veräußerungsabsicht, als *available for sale* gehalten. Die GuV-Ergebnisse sind wie folgt:
in 01: 0
in 02: –40 (wegen objektiver Evidenz *impairment*)
in 03: 0
In 03 entsteht wegen IAS 39.53 i. V. m. IAS 39.55b nunmehr auch bei einem Rückwechsel zur *fair-value*-Bewertung kein Erfolg.

Das Beispiel zeigt, dass der *mixed-model*-Ansatz (Rz 3) von IAS 39 zu brüchigen Ergebnissen führen kann.

5 Bewertung von Finanzverbindlichkeiten, einschließlich Finanzgarantien

5.1 Abgrenzung zum Eigenkapital

174 Den Bewertungsüberlegungen vorauszuschalten ist in Grenzfällen die Frage, ob das Finanzinstrument aus Sicht des Unternehmens überhaupt Fremdkapitalcharakter hat (d. h. Finanzverbindlichkeit ist) oder es als Eigenkapital eingestuft werden muss. Die Abgrenzungskriterien sind in IAS 32 enthalten und werden in → § 20 im Einzelnen erläutert. An dieser Stelle nur ein kurzer Überblick:

- **Mezzanine-Finanzierungen:** Eine schuldrechtliche Kapitalüberlassung bleibt auch dann Finanzverbindlichkeit, wenn sie durch Verlustbeteiligung, Insolvenznachrang etc. dem Eigenkapital wirtschaftlich nahekommt (→ § 20 Rz 12).

- **Leistungsbezug gegen Gewährung von Anteilsrechten:** Ist ein Vertrag über den „Einkauf" von Leistungen statt mit Geld durch die Aus- bzw. Hingabe von Eigenkapital zu vergüten, führt die bereits „vereinnahmte", aber noch nicht „bezahlte" Leistung nur dann schon zu Eigenkapital, wenn die Zahl der zu gewährenden Aktien feststeht. Ist die Aktienzahl variabel (insbesondere umgekehrt proportional zur Kursentwicklung), liegt vorübergehend Fremdkapital vor (→ § 20 Rz 13).

- **Derivative Kontrakte in eigenen Aktien:** Gibt die Gesellschaft ein bindendes Angebot auf den Erwerb oder die Lieferung eigener Aktien ab, ist der am Bilanzstichtag bestehende Schwebezustand als Finanzverbindlichkeit auszuweisen. Ein wichtiger Anwendungsfall sind freiwillige Erwerbsangebote nach WpÜG (→ § 20 Rz 16).

- **Abfindungen bei Ausscheiden von Gesellschaftern:** Wird bei Personengesellschaften oder Genossenschaften gesetzlich oder statuarisch vorgesehen, dass Kündigung oder Tod zum Ausscheiden aus der Gesellschaft gegen Abfindung führen, ist strittig, ob diese Abfindungspflichten bereits abstrakt, d. h. vor Eintritt des auslösenden Ereignisses, zur Umqualifizierung des gesellschaftsrechtlichen Eigen- in bilanzielles Fremdkapital führen (→ § 20 Rz 18). Wird eine Umqualifizierungsnotwendigkeit bejaht, ergeben sich verschiedene Ausweismöglichkeiten, vor allem aber gravierende und teils sinnwidrige Bewertungsfolgen aus dem Ansatz des umqualifizierten Eigenkapitals zum *fair value* (→ § 20 Rz 32).

5.2 Regelbewertung von Finanzverbindlichkeiten

175 Sämtliche Finanzverbindlichkeiten (dazu gehören **auch solche aus Lieferungen und Leistungen**) sind im **Zugangszeitpunkt** nominell zum *fair value*, tatsächlich i. d. R. **zu Anschaffungskosten** (Rz 100ff.), zu bewerten (IAS 39.43). Die Anschaffungskosten ergeben sich i. d. R. aus dem vereinnahmten Betrag. Bei der Aufnahme eines mit einem Disagio versehenen Darlehens ergibt sich demgemäß eine Abweichung zum Handelsrecht. Während nach Handelsrecht (§ 250 Abs. 3 HGB) der Rückzahlungsbetrag zu passivieren und das Disagio wahlweise zu aktivieren oder unmittelbar aufwandswirksam zu behandeln ist, wird nach IFRS nur der geringere vereinnahmte Betrag angesetzt. In der **Folgezeit** ist nach Maßgabe der Effektivzinsmethode (Rz 114) eine Aufzinsung vorzunehmen (**fortgeführte Anschaffungskosten**), so dass sich zum Ende der Laufzeit der Rückzahlungsbetrag ergibt. Hierzu folgendes Beispiel:

> **Beispiel**
> Ein Darlehen von 100 wird zum 1.1.01 aufgenommen. Das Disagio beträgt 5 %. Der Nominalzins von 7,12 % ist jeweils zum 31.12. fällig. Das Darlehen ist zum 1.1.03 zurückzuzahlen.
> Rechnerisch ergibt sich ein Effektivzins von 10 %. Hieraus leiten sich, wie in der nachfolgenden Tabelle dargestellt, fortgeführte Anschaffungskosten von 97,38 zum 31.12.01 und 100 zum 31.12.02 ab.

	1.1.	+ 10 % effektiv	− 7,12 % Zahlung	= 31.12.
01	95,00	9,50	− 7,12	= 97,38
02	97,38	9,74	− 7,12	= 100

Tab. 10: Effektivzinsmethode

Die Folgebewertung zu fortgeführten Anschaffungskosten ist die **Regelbewertung**. Sie gilt für alle finanziellen Schulden, außer Schulden, die zu **Handelszwecken** gehalten werden (Rz 177), und **derivativen Schulden** (IAS 39.47).

5.3 Sonderfälle

5.3.1 Zu Handelszwecken gehaltene bzw. entsprechend gewillkürte Verbindlichkeiten

Soweit Verbindlichkeiten **objektiv** zu Handelszwecken gehalten *(trading liabilities)* oder entsprechend **gewillkürt** werden (Rz 34), hat nach IAS 39.47a die Folgebewertung zum *fair value* zu erfolgen. Das Anwendungsfeld der objektiv zu Handelszwecken gehaltenen Finanzverbindlichkeiten ist außerhalb des Finanzdienstleistungsbereichs gering. In Frage kommen insbesondere Verbindlichkeiten aus **Wertpapierleerverkäufen** und mit der Absicht eines kurzfristigen Rückerwerbs begebene Verbindlichkeiten (u. U. Anleihen).

Nach IAS 39.11Aff. kann eine Verbindlichkeit unter restriktiven Voraussetzungen durch Widmung im Zugangszeitpunkt als **Handelsverbindlichkeit** gewillkürt und damit der erfolgswirksamen *fair-value*-Bewertung zugeführt werden. Durch eine solche Widmung führt der mit einer Verschlechterung der Bonität einhergehende Verfall eines Anleihekurses beim Schuldnerunternehmen zu einer **Gewinnerhöhung** (!) im Gefolge der Minderung des Verbindlichkeitswertes, es sei denn, der Zinssatz der vom Unternehmen ausgegebenen Anleihe sei selbst bonitätsabhängig. Die nachfolgende Tabelle zeigt Zusammenhänge zwischen Marktzins und Bonität.

Ereignis	Anleihentyp	
	festverzinslich	variabel (z. B. Euribor + X %)
Marktzins sinkt	Kurs steigt	Kurs konstant
Bonität sinkt	Kurs sinkt	Kurs sinkt (es sei denn, X ist bonitätsabhängig)

Tab. 11: Änderungen des Kurswertes

Mit der Widmung einer Schuld als Handelsverbindlichkeit *(trading)* erfolgt die Bewertung in der Bilanz des Schuldners – u. E. systematisch unzutreffend – aus der Sicht des Gläubigers. Der Schuldner zeigt in seinem Vermögensausweis dann nicht mehr, wie viel er schuldet. Je schlechter die Bonitätsbeurteilung des Schuldnerunternehmens ausfällt, desto mehr Erträge werden bei ihm generiert – aus überkommener deutscher Betrachtung ein gewöhnungsbedürftiges Ergebnis. Zusätzliche Erläuterungen sind deshalb geboten.[28] Anzugeben sind:
- der Betrag der Änderung des *fair value*, der nicht durch Zinsänderungen (sondern insbesondere durch Bonitätsänderungen) hervorgerufen wurde;
- der Unterschied zwischen dem Buchwert (= *fair value*) und dem Rückzahlungsbetrag (IAS 32.94f.).

Beispiel
Unternehmen U rechnet nach internen Planungen kurz- bis mittelfristig mit einer Verschlechterung seiner Bonität. Es gelingt ihm, einen größeren Finanzierungsbedarf noch durch Platzierung einer Festzins-Anleihe zu Konditionen erster Bonität zu decken. Die Verbindlichkeit aus der Anleihe wird als Handelsverbindlichkeit gewillkürt.
Einige Zeit nach der Anleihenplatzierung verschlechtert sich die Bonität von U. Neue Fremdmittel würden nur mit einem erheblich höheren Zinssatz aufgenommen werden können. Das verschlechterte Rating senkt den Marktwert der Anleihe. U erzielt einen Bewertungsgewinn aus der verschlechterten Bonität und bucht demzufolge:
„per Verbindlichkeit an Ertrag (wegen gesunkener Bonität)".

Nach der restriktiven Neufassung der *fair value option* (Rz 34 und Rz 275) ist diese nur noch ausnahmsweise auf Verbindlichkeiten anwendbar.

---

[28] STARBATTY, WPg 2001, S. 543, 548.

5.3.2 Auswirkungen der Restrukturierung notleidender Forderungen beim Schuldner

Verschlechtert sich die wirtschaftliche Lage eines Schuldners derart, dass Zinsen und Tilgungen nicht mehr bedient werden können, und kommt es in diesem Zusammenhang zur **Restrukturierung des Schuldverhältnisses** durch Prolongationen, Verminderungen des Zinssatzes, Verminderung des Tilgungsbetrages usw., stellt sich die Frage nach der buchmäßigen Behandlung beim **Schuldner**. 179

Die Antwort betrifft zunächst den Bilanz**ansatz** und nicht die Bewertung. Wie unter Rz 129 und Rz 87 aus Sicht des Gläubigers dargestellt, ist bei einer wesentlichen Änderung der Konditionen die alte Verbindlichkeit **auszubuchen** und eine **neue** Verbindlichkeit zu **passivieren** (IAS 39.40). Als wesentlich gelten Änderungen, die zu einer mindestens **10%igen Barwertabweichung** führen (IAS 39.AG62). Das nachfolgende Beispiel zeigt die Vorgehensweise bei Überschreiten der 10-%-Grenze. 180

> **Beispiel**
> Eine Verbindlichkeit wurde am 1.1.01 zu pari begründet. Die Zinsen von 10 % sind jährlich nachschüssig fällig. Die Verbindlichkeit ist am 31.12.06 zurückzuzahlen.
> Angesichts einer wirtschaftlichen Notlage des Schuldners wird am 1.1.04 eine Anpassung des Zinses auf 5 % vereinbart. Die mit dem alten Effektivzins berechneten Barwerte betragen 100 für das alte Darlehen und 87,57 für das neue Darlehen. Die Abweichung beträgt mehr als 10 %. Die Barwertdifferenz von 12,43 kann per 1.1.04 als Ertrag gebucht werden:
>
> | per Verbindl. alt | 100,00 | an Verbindl. neu | 87,57 |
> |---|---|---|---|
> | | | an Ertrag | 12,43 |
>
> Die neue Verbindlichkeit mit Anschaffungskosten von 87,57 ist mit der alten Effektivverzinsung aufzuzinsen. Somit:
> 31.12.04: $87{,}57 \times 1{,}1 - 5{,}00 = 91{,}32$
> 31.12.05: $91{,}32 \times 1{,}1 - 5{,}00 = 95{,}45$
> 31.12.06: $95{,}45 \times 1{,}1 - 5{,}00 - 100 = 0$

Bei der Umschuldung entstehende Gebühren und sonstige Kosten sind bei Ausbuchung der Altverbindlichkeit sofort erfolgswirksam zu erfassen. Wird die 10-%-Grenze nicht überschritten, sind die Kosten dem Altdarlehen hinzuzurechnen und über die Restlaufzeit zu amortisieren. 181

5.3.3 Fremdwährungsverbindlichkeiten

Fremdwährungsverbindlichkeiten werden in der Regel zum Stichtagskurs umgerechnet. Wechselkursbedingte Wertänderungen sind erfolgswirksam zu erfassen (IAS 21.21; → § 27 Rz 12). 182

5.4 Bürgschaften und andere Finanzgarantien beim Garanten

183 Als Finanzgarantien definiert IAS 39.9 Verträge, nach denen der Garant den Begünstigten für den (Teil-)Ausfall einer Forderung zu entschädigen hat. Unabhängig davon, ob die Finanzgarantie rechtlich als Bürgschaft, Garantie, Akkreditiv, Kreditderivat oder anders ausgestaltet ist, muss in der Behandlung beim Garanten unterschieden werden zwischen

- **unselbstständig**, im Rahmen der **Veräußerung einer Forderung** gegenüber dem Forderungskäufer abgegebenen Garantien,
- **selbstständig** begründeten Garantien.

Unselbstständig begründete Garantien sind im Zusammenhang mit den Ausbuchungsregeln für Forderungen, insbesondere dem *risks-and-rewards*-Konzept, zu würdigen (IAS 39.20ff.). Auf Rz 27 und Rz 69 wird verwiesen.

Für **selbstständig** begründete Garantien kommt wegen ihres **Versicherungscharakters** eine Anwendung von IFRS 4 (→ § 39) konzeptionell ebenso in Frage wie eine Anwendung von IAS 39. Demgemäß sieht IAS 39.2e ein bedingtes Wahlrecht vor:

- Hat der Garant in früheren Fällen abgegebene Garantien explizit in **Vorjahresberichten**, gegenüber **Aufsichtsbehörden** oder in **Vertragsunterlagen** als Versicherungsverträge behandelt, kann er die jetzt abgegebenen Garantien **wahlweise** nach IFRS 4 oder IAS 39 bilanzieren.
- Fehlt es, wie regelmäßig bei Industrie- und Handelsunternehmen, an einer derartigen Historie, ist **zwingend IAS 39** anzuwenden.

Die nachfolgende Darstellung beschränkt sich auf den zweiten Fall. Zu IFRS 4 wird auf → § 39 verwiesen.

184 Wie für alle Finanzinstrumente ist auch für Finanzgarantien eine **Zugangsbewertung** zum *fair value* vorgesehen (IAS 39.43). Als *fair value* dient regelmäßig der Transaktionspreis (IAS 39.AG64). Bei **entgeltlichen** Bürgschaften entspricht dieser dem **Barwert der vereinbarten Avalprovisionen**.

- Bei **Vorauszahlung** der Avalprovisionen wäre demnach zu buchen: per Geld an Garantieverbindlichkeit;
- bei **nachschüssigen** oder **laufenden** Avalprovisionen: per Forderung auf die Avalprovisionen an Garantieverbindlichkeit.

Die herrschende Meinung[29] nimmt jedoch für den **zweiten Fall** ein Wahlrecht an. Eine Bruttodarstellung (Ausweis von Forderung und Garantieverbindlichkeit) soll zwar zulässig, die **Nettodarstellung** (Saldierung beider Posten somit i. d. R. eine Zugangsbewertung von null) aber vorzugswürdig sein. Zur Begründung wird auf IAS 39.AG4a verwiesen. Danach ist bei einer zwischen fremden Dritten vereinbarten Garantie der *„fair value at inception – ... likely to equal the premium received"*. Da hier nur von der bereits erhaltenen, nicht von den noch zu beanspruchenden Provisionen (*premiums to be received*) die

---

[29] Vgl. z. B. Scharpf/Weigel/Löw, WPg 2006, S. 1492ff.

Rede sei, ergebe sich ein Vorrang der Nettomethode. Gegen diese Meinung lässt sich Folgendes anführen:
- IAS 39.AG4 ist im Abschnitt „*Scope*" (Anwendungsbereich) der *Application Guidance* enthalten. Behandelt wird dort die Frage, wann eine Garantie als **Finanzgarantie** anzusehen und den Regeln von IAS 39 zu unterwerfen ist. In diesem Kontext wird lediglich **exemplarisch** auf die bilanzielle Behandlung einer in den Anwendungsbereich fallenden Finanzgarantie hingewiesen. Aus dem in einer exemplarischen Erläuterung gewählten Tempus – hier: Vergangenheitsform – lässt sich u. E. keine allgemeine Aussage über die Bilanzierungsfolgen ableiten.
- Wie **alle Finanzinstrumente** sind Finanzgarantien nach IAS 39.43 im Zugangszeitpunkt mit dem *fair value* (plus evtl. Transaktionskosten) anzusetzen. Auch für diesen *fair value* formuliert IAS 39.AG64 die Vermutung, dass er i. d. R. der gegebenen oder erhaltenen Gegenleistung (*consideration given or received*) entspreche. In der Literatur finden sich aber keine relevanten Stimmen, die aus der auch hier gewählten Vergangenheitsform schlössen, der *fair value* hänge (abgesehen von evtl. Diskontierungseffekten) vom Zahlungszeitpunkt ab. Eine solche Position wird auch deshalb nicht vertreten, weil sie dem Basisprinzip der Periodenabgrenzung (*accrual basis of accounting*) widerspräche (→ § 1 Rz 16).
- Das Ergebnis ist **inkonsequent**. Aus der Verwendung der Vergangenheitsform im explizit der Zugangsbewertung gewidmeten IAS 39.AG64 wird (zu Recht) kein Wahlrecht zwischen Brutto- und Nettodarstellung abgeleitet, aus der Verwendung der Vergangenheitsform im überhaupt nicht der Bewertung gewidmeten IAS 39.AG4 werden aber solche weitreichenden Folgen gezogen.
- Schließlich widerspräche die Nettodarstellung dem **Saldierungsverbot** von IAS 32.42. Hiernach dürfen finanzielle Vermögenswerte (hier: Provisionsanspruch) und finanzielle Verbindlichkeiten (Garantieverpflichtung) nur bei einer Aufrechnungslage saldiert werden. Diese Voraussetzung ist bei einer Bürgschaft regelmäßig nicht gegeben, da die Vertragspartner nicht übereinstimmen, der Provisionsanspruch gegenüber dem Schuldner, die Garantieverpflichtung gegenüber dem Gläubiger der Hauptforderung besteht.

Bei **unentgeltlichen Bürgschaften** kann der Zugangswert nicht durch den Transaktionspreis bestimmt werden. Der *fair value* der Garantieverbindlichkeit ist vielmehr auf Basis von **Bürgschaftsbetrag** und **erwarteter Ausfallwahrscheinlichkeit** zu schätzen. Soweit die unentgeltliche Bürgschaft dem Bürgen nicht ausnahmsweise einen aktivierungsfähigen Vorteil verschafft, ist bei Begebung der Bürgschaft zu buchen:

per Aufwand an Garantieverbindlichkeit.

Bei unentgeltlicher Verbürgung für Verbindlichkeiten einer **Tochtergesellschaft** wird z. T. eine Aktivierung auf dem Beteiligungskonto in der Einzelbilanz der Mutter für zulässig gehalten.[30] U. E. ist dies nicht sachgerecht. Die Beteiligung

185

---

[30] KMPG, Insights into IFRS, 3. Aufl., 2006, Tz 3.6.30.90.

ist gem. IAS 27.37 entweder zu fortgeführten Anschaffungskosten oder zum *fair value* zu bilanzieren. Anschaffungskosten scheiden aus, da ein (nachträglicher) Anschaffungsvorgang nicht vorliegt. Der Bürgschaft kann auch keine isolierbare *fair-value*-Wirkung zugesprochen werden. Soweit sie mit anderen Faktoren den *fair value* tatsächlich erhöht, ist der Gesamtbetrag der Erhöhung nach den Grundsätzen für *available-for-sale assets* zum Bilanzstichtag erfolgsneutral zu buchen. Im Zusagezeitpunkt bleibt es hingegen bei der Aufwandsbuchung.

186 Für die **Folgebewertung** von Finanzgarantien sieht IAS 39.47c einen **Höchstwerttest** vor.

- Anzusetzen ist mindestens der **fortgeführte Zugangswert**, d. h. entweder der Zugangswert selbst oder, soweit die Provision nach **IAS 18** (→ § 25 Rz 59) ratierlich zu vereinnahmen ist, der um den Vereinnahmungsbetrag geminderte Wert.
- Soweit sich jedoch in Anwendung der für Rückstellungen geltenden Regeln von **IAS 37** ein höherer Wert ergibt, ist dieser Betrag anzusetzen.

Bei einer Bürgschaft über ein laufenden Tilgungen unterliegendes **Ratendarlehen mindert** sich der Zugangswert mindestens entsprechend der Tilgung des verbürgten Darlehens. Die Behandlung von **Fälligkeitsdarlehen** ist strittig.[31]

- Da das Risiko bis zum letzten Tag erhalten bleibt, könnte eine ertragswirksame Vereinnahmung der Avalprovision erst mit Tilgung angemessen erscheinen. Aus dieser Perspektive entspräche der fortgeführte Zugangswert bis auf evtl. Barwerteffekte dem Zugangswert.
- Andererseits nimmt bei normaler geschäftlicher Entwicklung des Schuldners das Risiko der Bürgschaftsinanspruchnahme im Zeitablauf ab, da etwa die kumulierte Wahrscheinlichkeit, durch unvorhergesehene externe Ereignisse insolvent zu werden, über den Gesamtzeitraum höher ist als über einen verbleibenden geringen Restzeitraum. Aus dieser Perspektive betrachtet erscheint eine lineare Vereinnahmung der Avalprovisionen mit entsprechender Minderung des fortgeführten Zugangswertes zulässig.

U. E. sprechen die besseren Gründe für die ratierliche Vereinnahmung der Avalprovision. Die entgeltliche Übernahme der Bürgschaft stellt nach IAS 18 einen Servicevertrag dar. Erlöse hieraus sind ratierlich zu vereinnahmen, sofern eine zeitraumbezogene Leistung ohne herausragenden Haupttakt geschuldet wird (IAS 18.25). Im Übrigen stellt die Tatsache, dass der ökonomische Gesamterfolg erst mit Ablauf der Bürgschaft feststeht, auch keine Besonderheit dar. Entsprechendes gilt etwa für die Vergabe von Fälligkeitsdarlehen, bei denen die Unsicherheit der Tilgung und damit des Gesamtergebnisses nicht die Realisierung der Zinserträge mindert.

Die Reichweite des Verweises auf IAS 37 ist unklar. U. E. sind nur die **Bewertungs**vorschriften von IAS 37 relevant, da die Ansatzfrage bereits durch IAS 39 beantwortet ist. Abweichend von den Regeln des IAS 37, die einen Ansatz bei Risiken, die nicht „*more likely than not*" sind, ausschließen (→ § 21

---

[31] Vgl. GRÜNBERGER, KoR 2006, S. 81ff.

Rz 34), ist daher auch bei einem Ausfallrisiko von unter 50 % für Zwecke der Finanzgarantie die in IAS 37 vorgesehene Bewertung mit dem **besten Schätzwert** (*best estimate*) vorzunehmen (→ § 21 Rz 94). Sie entspricht dem Produkt aus Ausfallwahrscheinlichkeit und verbürgtem Betrag.
Im Falle entgeltlich gewährter Finanzgarantien wirken die vorstehenden Regelungen wie folgt zusammen:

187

> **Beispiel**
> Für das über 1.000 valutierende, am 2.1.03 fällige Darlehen des X gewährt Garant G der Bank B am 1.1.01 eine Bürgschaft. Als Avalprovison wird mit X ein Betrag von 12,1 p. a. zahlbar jeweils am Jahresende, vereinbart. Der Diskontierungszinssatz sei 10 %. Die Ausfallwahrscheinlichkeit wird per 1.1.01 und 31.12.01 mit 2 %, per 31.12.02 noch mit 0,5 % geschätzt.
>
> **1. Zugangswert, Zugangsbuchung**
> Zu passivieren ist der *fair value*, dessen beste Schätzung der Transaktionspreis, d. h. der Barwert der Avalprovisionen ist: somit 12,1/1,1 + 12,1/1,21 = 21. Buchung:
> per Forderung auf Avalprovisionen 21   an Garantieverbindlichkeit 21.
>
> **2. Fortführung des Aktivpostens**
> Der fortgeführte Aktivwert ergibt sich aus Aufzinsung und Minderung um die erhaltenen Zahlungen. Buchungen 31.12.01
> per Geld 12,1   an Forderung auf Avalprovisionen   10
>   an Zinsertrag   2,1
> Buchungen 31.12.02
> per Geld 12,1   an Forderung auf Avalprovisionen   11
>   an Zinsertrag   1,1
>
> **3. Fortführung des Passivpostens**
> a) Fortgeführter Zugangswert:
> Nach einer ersten Auffassung (vgl. Rz 186) entspricht der fortgeführte Zugangswert dem Zugangswert von 21.
> Nach der Gegenauffassung ist die Avalprovision in 01 ½ (10,5) zu vereinnahmen, der fortgeführte Zugangswert per 31.12.01 daher 21–10,5 = 10,5.
> b) *Best estimate* nach IAS 37:
> per 31.12.01 2 % × 1000 = 20
> per 31.12.02 0,5 % × 1000 = 5.
>
> c) Höchstwert:
> Anzusetzen ist der höhere der beiden Werte:
> Nach der ersten Auffassung also zu beiden Stichtagen der fortgeführte Zugangswert von 21.
> Nach der zweiten Auffassung: per 31.12.01 der Wert von 20, per 31.12.02 der Wert von 5.
>
> **4. Ausbuchung der Garantieverbindlichkeit**
> Wird das Darlehen planmäßig getilgt, ist am 2.1.03 zu buchen:

> Nach der ersten Auffassung: per Garantieverbindlichkeit 21 an Provisionsertrag 21.
> Nach der zweiten Auffassung: per Garantieverbindlichkeit 5 an Provisionsertrag 5, da 10,5 bereits in 01 und weitere 5,5 in 02 vereinnahmt wurden.

6 Bilanzierung von Derivaten sowie Sicherungszusammenhängen

6.1 In den Anwendungsbereich von IAS 39 fallende Derivate

188 In den Anwendungsbereich von IAS 39 fallen alle Finanzderivate. Dies sind insbesondere **Termingeschäfte** *(forwards, futures,* Swaps) und **Optionen** auf Fremdkapitalinstrumente (Anleihen), Fremdwährungen, Eigenkapitalinstrumente (Aktien) oder auf entsprechende Indizes.

189 Options- und Bezugsrechte auf **Eigenkapitalinstrumente** gelten nur beim Rechtsinhaber als Derivat. Beim Emittenten werden sie als Bestandteil des Eigenkapitals eingestuft (IAS 39.2e, IAS 32.16).

190 Finanzderivate sind auch bei erwartetem Gewinn anzusetzen, während für schwebende nichtfinanzielle Geschäfte das Imparitätsprinzip gilt (Ansatz nur bei drohendem Verlust). Deshalb ist für den Bilanzansatz in Gewinnfällen von Bedeutung, wann ein schwebendes Geschäft als **Finanzderivat** zu qualifizieren ist (Rz 28). Die Differenzierung ist nach wirtschaftlichen Kriterien vorzunehmen. Ein **Warentermingeschäft** kann deshalb u. U. in den Anwendungsbereich von IAS 39 fallen.

Im Einzelnen ist bei Geschäften über Waren oder Rohstoffe wie folgt zu unterscheiden:

- Soweit die Geschäfte auf die **physische Lieferung** des Vertragsgegenstands in der Zukunft und die anschließende Verwendung im Unternehmen des Erwerbers gerichtet sind, fallen sie i. d. R. nicht in den Anwendungsbereich des IAS 39 (IAS 39.5, AG10).
- Finanzderivate sind hingegen solche Warentermingeschäfte, die von vornherein nicht auf die physische Lieferung, sondern auf den **Barausgleich** von vereinbartem Terminkurs und Kassakurs am Erfüllungstag gerichtet sind *(net settlement)*. Eine für eine oder beide Seiten bestehende **Option** zum Barausgleich führt nicht **zwingend** zur Qualifizierung als Finanzderivat. Eine Würdigung der **tatsächlichen** Verhältnisse (Verhalten in der Vergangenheit, Verhältnis von optionalem Bestellvolumen zu den eigenen Verbrauchserwartungen etc.) ist vorzunehmen (IAS 39.6a).
- Sieht der Vertrag **keine explizite Option** zum *net settlement* vor, liegt gleichwohl ein Finanzderivat vor (Rz 8), wenn
  - eine **faktische** sonstige Möglichkeit besteht, das Termingeschäft durch Barausgleich, ein Gegengeschäft oder einen Verkauf vorzeitig zu be-

enden, und das Unternehmen in der Vergangenheit vergleichbare Termingeschäfte in solcher Weise vorzeitig beendet hat (IAS 39.6b) oder
- das Unternehmen in der Vergangenheit Vermögensgegenstände aus vergleichbaren Termingeschäften unmittelbar nach ihrer Lieferung **veräußert** hat, um einen kurzfristigen Veräußerungsgewinn zu erzielen (IAS 39.6c).

- Kann ein Vermögenswert aus dem Termingeschäft ohne Vorliegen von einer der beiden vorgenannten Bedingungen **jederzeit am Markt in Geld** umgesetzt werden, ist wiederum eine Einzelfallbetrachtung geboten (IAS 39.6f); bei einer Kaufoption auf Rohstoffe ist etwa auf das Verhältnis zwischen optionalem Einkaufsvolumen und tatsächlichen Verbrauchserwartungen abzustellen.

Von den *freestandig*-Derivaten sind eingebettete Derivate, die Bestandteil hybrider Finanzinstrumente sind, zu unterscheiden. Hierzu wird auf Rz 97 verwiesen.

191

6.2 Erst- und Folgebewertung von nicht für Sicherungszwecke verwendeten Derivaten

Gemäß IAS 39.9 fallen **nicht** zur **Sicherung** gehaltene Derivate stets in die Kategorie der zu Handelszwecken gehaltenen Vermögenswerte oder Schulden *(trading)*. Die Bewertung unterliegt demgemäß den unter Rz 147ff. wiedergegebenen Regeln:

192

- Die **Erstbewertung** erfolgt nominell zum *fair value*, faktisch häufig zu Anschaffungskosten (IAS 39.43; Rz 100ff.). Dabei lassen sich hinsichtlich der **Höhe** der Anschaffungskosten zwei Konstellationen unterscheiden:

193

  - Anschaffungskosten sind **null**: Insbesondere bei Termingeschäften und Zinsswaps entstehen i. d. R. keine Anschaffungskosten, weil bei diesen Geschäften die Risiken zwischen den beiden Vertragsparteien gleichmäßig verteilt sind. Nur bei nicht marktgerechten Vertragsparametern (z. B. weil der in einem Devisentermingeschäft festgelegte Kurs nicht dem aktuellen Terminkurs am Devisenmarkt entspricht) ist der Marktwert eines Termingeschäfts oder Swaps bei Begründung ungleich null.
  - Anschaffungskosten sind **ungleich null**: Derivate, die eine asymmetrische Risikoverteilung zwischen den Vertragsparteien aufweisen (insb. Optionen), haben bei ihrer Begründung einen von null verschiedenen Marktwert. Der Marktwert einer Option ist im Zeitpunkt ihrer Begründung beim Optionsinhaber positiv (und damit zu aktivieren), hingegen beim Stillhalter negativ (und somit zu passivieren).

- Die **Folgebewertung** ist erfolgswirksam zum *fair value* (IAS 39.46) vorzunehmen: Der *fair value* am Stichtag ist in der Bilanz auszuweisen; Änderungen des *fair value* gegenüber dem letzten Stichtag sind in der GuV zu erfassen. Auch hier bestehen **wesentliche** Unterschiede zwischen Termingeschäften und Optionen:

  - Der *fair value* eines Termingeschäfts kann für den Terminverkäufer oder den Terminkäufer positiv oder negativ sein. Die Höhe des *fair value* hängt dabei maßgeblich von dem Verhältnis zwischen dem im

Termingeschäft fixierten Kurs bzw. Preis und dem aktuellen, für entsprechende Restlaufzeiten geltenden Terminkurs bzw. -preis ab.

– Der *fair value* eines Optionsgeschäfts ist für den Optionsinhaber nie negativ und für den Stillhalter nie positiv. Die Höhe des *fair value* hängt nicht nur von dem Verhältnis zwischen dem in der Option fixierten Kurs bzw. Preis und dem aktuellen Marktkurs bzw. -preis ab (= innerer Wert der Option). Bestandteil des *fair value* ist darüber hinaus auch der sog. Zeitwert der Option, der – vereinfacht – Ausdruck der Möglichkeit ist, dass sich der innere Wert der Option in der Zukunft erhöht (→ § 23 Rz 17).

Die nachfolgende Tabelle verdeutlicht die Unterschiede am Beispiel eines Terminkaufs von Aktien und einer Kaufoption auf Aktien. Das Beispiel wird sowohl aus der Sicht des Terminkäufers/Optionsinhabers (= Käufer) als auch aus der Perspektive des Terminverkäufers/Stillhalters (= Verkäufer) betrachtet. Hierbei beschränkt sich das Beispiel auf den **inneren** Wert, d. h., es klammert die Zeitwertkomponente aus.

> **Beispiel**
> Aktienderivatgeschäft
> Käufer **darf** (Option)/**muss** *(forward)* für 99 kaufen.
> Kurse:
> a) bei Vertragsschluss 100,
> b) in t – 1: 120,
> c) in t – 2: 80.
> Optionsprämie 1 = innerer Wert bei Vertragsabschluss
> (Vernachlässigung Zeitwert, Beschränkung auf inneren Wert)

	Optionsgeschäft		Termingeschäft	
	Bilanz	GuV	Bilanz	GuV
a) Erstbewertung				
Käufer	1		1	
Verkäufer	– 1		– 1	
b) Folgebewertung t – 1: Kurs von 100 auf 120				
Käufer	21	20	21	20
Verkäufer	– 21	– 20	– 21	– 20
c) Folgebewertung t – 2: Kurs von 120 auf 80				
Käufer	0	– 21	– 19	– 40
Verkäufer	0	21	19	+ 40

	Optionsgeschäft		Termingeschäft	
	Bilanz	GuV	Bilanz	GuV
d) Gesamterfolg				
Käufer		– 1		– 20
Verkäufer		+ 1		+ 20

Tab. 12: Optionen und *forwards*

Für die Feststellung des *fair value* gelten die unter Rz 100ff. und Rz 107ff. niedergelegten Regeln. In der Mehrzahl der Fälle treten Bewertungsmodelle an die Stelle von Marktpreisen. Auch bei Optionen kann **hilfsweise** der **Anschaffungskostenansatz** für die Folgebewertungen erfolgen, sofern der *fair value* (ausnahmsweise) nicht verlässlich zu bestimmen ist (Rz 109).

194

Wie bei originären Handelswerten stellt sich die Frage, wie verlässlich eine Wertermittlung sein muss, um zur *fair-value*-Bewertung zu führen (Rz 110). Würdigt man in dieser Hinsicht etwa das gängige *Black-Scholes*-**Modell** zur Bewertung von Optionen, so könnten sich Zweifel an der Angemessenheit des Modells aus der Verwendung realitätsfremder Prämissen ergeben. Hierzu gehört etwa die Annahme einer über die Laufzeit konstanten Volatilität des Basiswertes, eines über die Laufzeit risikolosen Zinssatzes, die Geltung des *law of one price* (Fehlen von Arbitrage-Chancen), das Fehlen von Transaktionskosten und Steuern, die beliebig hohe Aufnahme von Fremdmitteln, die Öffnung des Marktes zu jeder Stunde und Minute (Fehlen von Kurssprüngen). Einem derartigen grundlegenden **Zweifel** wird man bei der Bilanzierung jedoch nicht folgen können, da Optionspreismodelle in IAS 39.AG74 ausdrücklich als an den Finanzmärkten etablierte Verfahren gelten.

195

Ein weiterer **Zweifel** ergibt sich jedoch aus der Verlässlichkeit der Anwendung im Einzelfall (→ § 23 Rz 51ff.). Das Ergebnis einer Optionspreisbewertung nach *Black-Scholes* hängt wesentlich von den **Volatilitätsannahmen** ab. Ein **erster Mangel** an Verlässlichkeit entsteht dann, wenn für den der Option zugrunde liegenden **Basiswert selbst keine** aus Börsenkursen ableitbaren Volatilitäten vorliegen und deshalb ersatzweise auf Branchenvolatilitäten, Volatilitäten ähnlicher börsennotierter Unternehmen usw. zurückgegriffen werden muss. Ein **zweiter Mangel** an Verlässlichkeit ergibt sich daraus, dass die beobachteten Volatilitäten **Vergangenheitswerte** darstellen, während die richtige Bestimmung des Optionspreises Zukunftsvolatilitäten voraussetzen würde. Die Zulässigkeit einer Zukunfts-Extrapolation von Vergangenheitswerten ist Sache des Einzelfalls. U. E. ist deshalb die verlässliche Bestimmung nichtbörsennotierter Optionspreise über Modelle kritisch zu sehen und deshalb die Ausnahmebestimmung für den Ansatz der Anschaffungskosten nicht kleinlich zu würdigen.

196

6.3 Bilanzierung von Sicherungsgeschäften – *hedge accounting*

6.3.1 Überblick

197 In der Unternehmenspraxis werden Derivate gewöhnlich nicht mit spekulativen Absichten, sondern zur **Absicherung von Risiken** abgeschlossen. Mit dem Abschluss eines Termin- oder Optionsgeschäftes wird daher keine Risikoposition begründet, sondern eine aus anderen Geschäften des Unternehmens resultierende Risikoposition geschlossen. Typische Beispiele sind in diesem Zusammenhang:

- Eine **variabel verzinsliche Schuld**, z. B. eine Anleihe, unterliegt dem Risiko eines Anstiegs des Zinsniveaus und einer damit verbundenen Erhöhung der Zinsaufwendungen (**Zinsrisiko**). Zur Absicherung wird ein **Zinsswap** abgeschlossen.
- Eine **Fremdwährungsverbindlichkeit** unterliegt dem Risiko einer Aufwertung der Fremdwährung und einer damit verbundenen Zunahme des Rückzahlungsbetrags in der Berichtswährung (**Wechselkursrisiko**). Zur Absicherung wird ein **Devisenterminkauf** getätigt.
- Ein geplanter **Warenverkauf in Fremdwährung** unterliegt dem Risiko einer Abwertung der Fremdwährung und eines damit verbundenen Rückgangs des Umsatzerlöses in der Berichtswährung (**Wechselkursrisiko**). Zur Absicherung wird ein **Devisenterminverkauf** getätigt.
- Ein **Aktienbestand** unterliegt dem Risiko eines Rückgangs des Aktienkurses (**Aktienkursrisiko**). Zur Absicherung wird eine **Verkaufsoption** erworben.

Schließt das Unternehmen Derivate in der Absicht ab, Risiken zu beseitigen bzw. zu reduzieren, handelt es sich um **Sicherungsderivate**, die im Verhältnis zu dem gesicherten Grundgeschäft einen Sicherungszusammenhang begründen.

Bezüglich der **bilanziellen Behandlung** solcher Sicherungszusammenhänge gab es national und international **kontroverse Diskussionen**, die sich insbesondere mit der Frage beschäftigten, ob die aus dem Grund- und dem Sicherungsgeschäft resultierenden Wertänderungen **isoliert** betrachtet werden müssen (Einzelbewertung) oder ob die **kompensatorischen** Effekte der Geschäfte bilanziell berücksichtigt werden dürfen.

Obwohl sich zu dieser Frage im HGB keine expliziten Regelungen finden, können nach **handelsrechtlicher Auffassung Sicherungszusammenhänge** ggf. unter dem Aspekt der **Bewertungseinheit** berücksichtigt werden. Droht etwa aus einem Dollar-Terminverkauf zum Stichtag ein Verlust, winkt aber andererseits aus einem Dollar-Kauf ein Gewinn, so kann bei annähernd gleichen Fälligkeiten und Vorliegen weiterer Voraussetzungen gegebenenfalls eine „Saldierung" vorgenommen und auf die Bildung einer Drohverlustrückstellung verzichtet werden. Unzulässig ist nach (noch) herrschender Auffassung handelsrechtlich demgegenüber die Berücksichtigung von Sicherungszusammenhängen zwischen Derivaten und erwarteten zukünftigen Grundgeschäften. Ist beispielsweise der Dollar-Terminverkauf abgeschlossen worden, um im Folgejahr erwartete (antizipierte) *cash inflows* aus in Dollar fakturierten Umsätzen abzusichern, kann dies im handelsrechtlichen Abschluss nach h. M. keine Berücksichtigung finden.

Im Gegensatz zum HGB finden sich in IAS 39 ausführliche Regelungen zur bilanziellen Abbildung von Sicherungszusammenhängen (sog. *hedge accounting*). Die Notwendigkeit für spezielle Regelungen zum *hedge accounting* resultiert aus dem *mixed model approach* des IAS 39 (Rz 3). So schreiben die allgemeinen Bewertungsvorschriften des IAS 39 regelmäßig eine unterschiedliche Bewertung für die gesicherten Grundgeschäfte und die Sicherungsderivate vor. Während Derivate (einschl. Sicherungsderivaten) erfolgswirksam zum *fair value* zu bewerten sind, ist für die Grundgeschäfte (abgesehen von Handelswerten) eine andere Bewertung vorgeschrieben: **198**

- (a) erfolgsneutrale Bewertung zum *fair value* für veräußerbare Werte,
- (b) Bewertung zu fortgeführten Anschaffungskosten für Fälligkeitswerte sowie Darlehen und Forderungen oder
- (c) außerbilanzielle Behandlung für schwebende nichtfinanzielle Geschäfte und erwartete Transaktionen.

Infolge dieser unterschiedlichen Bewertungsvorschriften würden sich die (gegenläufigen) Risiken aus Grund- und Sicherungsgeschäft bei isolierter Betrachtung in unterschiedlicher Weise im Abschluss niederschlagen: Während die Änderungen des *fair value* des Derivats erfolgswirksam in der GuV zu berücksichtigen wären, würden die gegenläufigen Effekte im Fall (a) im Eigenkapital verrechnet und blieben in den Fällen (b) und (c) unberücksichtigt.[32] Konsequenz einer solchen unterschiedlichen Behandlung zusammengehöriger Effekte wäre eine ökonomisch nicht gerechtfertigte Volatilität der Ergebnisse. Keine Notwendigkeit für ein *hedge accounting* besteht demgemäß, sofern für das Grund- und das Sicherungsgeschäft keine unterschiedlichen Bewertungsregeln bestehen. Dies gilt insbesondere für Fälle, in denen Grundgeschäfte, die als Handelswerte klassifiziert oder entsprechend gewillkürt sind (*fair value option*), mit Derivaten abgesichert wurden. Da Grund- und Sicherungsgeschäfte erfolgswirksam zum *fair value* bewertet werden, fehlt es an Verwerfungen in der GuV, die durch Anwendung von *hedge-accounting*-Regeln zu beseitigen wären.

Aufgabe der Regelungen des *hedge accounting* ist es, die Schwäche des *mixed model* zu beseitigen, indem die allgemeinen Bilanzierungs- und Bewertungsregelungen durch besondere Regelungen für die bilanzielle Abbildung von Sicherungsbeziehungen überlagert werden. Hierzu wird in IAS 39 geklärt, **199**

- welche **Sicherungsinstrumente** für das *hedge accounting* anerkannt werden (Rz 201 f.);

---

[32] Dies gilt nicht für Wechselkurseffekte, die gem. IAS 21 regelmäßig in der GuV erfasst werden.

- welche **Grundgeschäfte** für das *hedge accounting* anerkannt werden (Rz 206ff.);
- welche **Methoden** des *hedge accounting* zur Verfügung stehen, nach welchen Regeln also das Grund- und das Sicherungsgeschäft zu bilanzieren sind, um die vorgenannten Verwerfungen in der GuV zu vermeiden (Rz 213ff.) und
- unter welchen weiteren **Voraussetzungen** das *hedge accounting* angewandt werden darf (Rz 219).

Die Regelungen des *hedge accounting* sind komplex und ihre Umsetzung im Einzelfall (insbesondere für die Unternehmen, die ansonsten nur in geringem Umfang mit Finanzinstrumenten zu tun haben) sehr aufwändig. Als praktische Alternative zum *hedge accounting* bietet sich daher (zumindest im Bereich des *fair value hedge accounting*) die Nutzung der *fair value option* an (Rz 228).

200 Schließlich seien noch zwei häufige Missverständnisse zum *hedge accounting* geklärt:

- Die Anwendung der Regeln des *hedge accounting* ist **nicht verpflichtend**; vielmehr besteht ausdrücklich ein Wahlrecht.
- Die Regeln zum *hedge accounting* stellen **keine Anforderungen** an das „**Management**" der Risiken im Unternehmen, also das *hedging*. Vielmehr geht es ausschließlich um Regelungen zur **Bilanzierung** eben dieser Maßnahmen des Risikomanagements. Gleichwohl ergeben sich aus den zum Teil sehr restriktiven *hedge-accounting*-Regeln (z. B. Anforderungen an die Effektivität einer Sicherungsbeziehung) faktisch Auswirkungen auf die Ausgestaltung des Risikomanagements.

6.3.2 Hedge-accounting-taugliche Sicherungsinstrumente
6.3.2.1 Regelsicherung durch Finanzderivate, Ausnahmen bei Währungsrisiken

201 Als *hedge-accounting*-taugliche **Sicherungsinstrumente** kommen gem. IAS 39.72 in Frage
- für alle Risiken **derivative Finanzinstrumente**,
- für **Währungsrisiken** zusätzlich **originäre Finanzinstrumente**.

Hierzu folgende Beispiele:

> **Beispiel 1**
> Unternehmen A erwirbt ein festverzinsliches Wertpapier *(available for sale)* mit einem Nominalbetrag von 1 Mio. EUR und einer (Rest-)Laufzeit von 5 Jahren. A möchte sich gegen das Risiko eines – durch eine Zinserhöhung hervorgerufenen – Marktwertrückgangs des Wertpapiers absichern und erwägt hierzu zwei Alternativen:
> - Abschluss eines Zinsswaps über 1 Mio. EUR, bei dem die festen Zinsen gegen variable Zinsen getauscht werden. Marktwertänderungen des Wertpapiers werden durch gegenläufige Änderungen des *fair value* des Zinsswaps kompensiert.

- Refinanzierung des Wertpapiers mit einer fristenkongruenten, festverzinslichen Verbindlichkeit über 1 Mio. EUR. Auch hier gleichen sich die Marktwertänderungen des Wertpapiers und der Verbindlichkeit aus.

Obwohl die Alternativen 1 und 2 aus ökonomischer Sicht (weitgehend) identisch zu beurteilen sind, erkennt IAS 39 nur den Zinsswap (derivatives Finanzinstrument), nicht hingegen die Verbindlichkeit (originäres Finanzinstrument) für Zwecke des *hedge accounting* an.

Beispiel 2
Unternehmen B kauft eine Maschine für 10 Mio. USD; die Lieferung und Bezahlung finden in drei Monaten statt (schwebendes Geschäft). Um das Risiko einer Abwertung des Euro gegenüber dem US-Dollar (und damit eines höheren Kaufpreises in EUR in drei Monaten) abzusichern, erwägt B zwei Alternativen:
- Abschluss eines Termingeschäfts zum Kauf von 10 Mio. USD in drei Monaten zu einem festen Kurs in EUR (Devisenterminkauf). Im Falle einer Abwertung des Euro wird der gestiegene Kaufpreis der Maschine in EUR durch einen gegenläufigen Gewinn aus dem Termingeschäft ausgeglichen.
- Einsatz einer Forderung über 10 Mio. USD mit einer (Rest-)Laufzeit von drei Monaten. Im Falle einer Abwertung des Euro wird der gestiegene Kaufpreis der Maschine in EUR durch einen gegenläufigen Gewinn aus der Rückzahlung der Forderung ausgeglichen.

IAS 39 erkennt – neben dem Termingeschäft (derivatives Finanzinstrument) – auch die Forderung (originäres Finanzinstrument) als Sicherungsinstrument an, da es sich um die Absicherung eines Wechselkursrisikos handelt.

6.3.2.2 Untauglichkeit interner Sicherungsgeschäfte

Nicht für das *hedge accounting* anerkannt sind gem. IAS 39.73 **interne** Sicherungsgeschäfte, also Derivate, die zwischen Vertragspartnern innerhalb eines Unternehmens bzw. Konzerns abgeschlossen werden. Solche internen Geschäfte werden – insbesondere in größeren Unternehmen – verwendet, um die Risiken in einer zentralen Organisationseinheit (z. B. dem *Treasury Center*) zu sammeln, die dann verantwortlich für das Management dieser Risiken und den damit verbundenen Abschluss von (unternehmens- bzw. konzern-)externen Sicherungsgeschäften ist. Gem. IAS 39.73, IG F.1.4 können interne Geschäfte keine Sicherungsderivate im Rahmen des *hedge accounting* sein, da diese im Zuge der Abschlusserstellung eliminiert werden.

202

> **Beispiel**
> Unternehmen C ist Tochterunternehmen von D und möchte das Zinsrisiko aus einem festverzinslichen Wertpapier (in EUR) mit einem Zinsswap absichern. Gem. Konzernvorgabe von D darf C hierzu nicht selbstständig den Swap am Markt abschließen, sondern muss diesen mit der zentralen *Group Treasury* von D kontrahieren. C wendet in seinem Einzelabschluss für den Zinsswap und das Wertpapier *fair value hedge accounting* an (unterstellt, dass alle Voraussetzungen hierzu erfüllt sind; Rz 219). Bei Erstellung des Konzernabschlusses ist der interne Swap zu eliminieren und damit entfallen auch – auf Konzernebene – die Voraussetzungen für die Anwendung des *hedge accounting*.

IAS 39 verfolgt somit einen Grundsatz, nach dem nur solche Sicherungsinstrumente im Rahmen des *hedge accounting* designiert werden können, die mit einer aus Sicht des berichtenden Unternehmens **externen** Partei abgeschlossen wurden. Daraus folgt zweierlei:

- Das Designationsverbot gilt **nicht für untergeordnete Abschlüsse**. So stellt in dem obigen Beispiel der Zinsswap auf der Ebene des Einzelabschlusses von C ein zulässiges Sicherungsinstrument dar.
- Um das *hedge accounting* auf Konzernebene anwenden zu können, muss der Konzern ein Sicherungsinstrument mit einem konzernexternen Vertragspartner abschließen. Für Banken bedeutet dies z. B.: Es ist auf Konzernebene eine (unternehmensübergreifende) Sicherungsbeziehung zwischen dem Grundgeschäft von C und einem konzernexternen Sicherungsderivat des *Treasury Center* in D herzustellen. Dies scheitert aber häufig daran, dass das *Treasury Center* Risikopositionen aus internen Geschäften zunächst gegeneinander aufrechnet und nur die verbleibende Nettorisikoposition mit Derivaten extern am Markt schließt. Damit ist die Designation einer den Anforderungen des IAS 39 genügenden Sicherungsbeziehung auf Konzernebene kaum mehr möglich.

6.3.2.3 Kombinations- und geschriebene Optionen am Beispiel bestimmter Zins- oder Währungssicherungsprodukte

203 Obgleich es sich um Finanzderivate handelt, werden **geschriebene Optionen** *(written options)*, also **Stillhalterpositionen**, als Sicherungsinstrumente **nicht anerkannt,** da ein möglicher Verlust erheblich höher ausfallen kann als ein möglicher Wertzuwachs aus dem damit gesicherten Grundgeschäft. Ein für das *hedge accounting* anzuerkennendes wirksames Mittel zur Risikoreduzierung liegt daher nicht vor. Hiervon besteht jedoch wiederum eine **Rückausnahme** für eine geschriebene Option, die zur Absicherung einer gekauften Option (beispielsweise ein Kündigungsrecht des Unternehmens in einer Anleihe) eingesetzt wird (IAS 39.AG94).

204 Von geschriebenen Optionen sind zusammengesetzte Optionen (**Kombinationsoptionen**) zu unterscheiden, bei denen das Unternehmen teils in der Stillhalterposition, teils in der Optionsinhaberposition ist. Derartige Produkte

bietet der Finanzsektor etwa im Bereich der **Währungs- oder Zinssicherung** an, indem eine Währungs- bzw. Zinsobergrenze mit einer Untergrenze verknüpft wird.

> **Beispiel 1**
> Zur Absicherung eines variabel verzinslichen Darlehens (Zinssatz Libor) schließt U bei einem aktuellen Libor von 4,5 % eine Zinsbegrenzungsvereinbarung (*Collar*) mit einer Bank. Die Vereinbarung sieht vor:
> - eine Zahlung der Bank in Höhe von Libor − 6 %, wenn der Libor über 6 % steigt. Hierdurch wird die effektive Zinsbelastung des Unternehmens nach oben auf 6 % begrenzt (*Cap*). Beispiel: Bei einem Libor von 6,5 % zahlt die Bank 0,5 % an das Unternehmen und reduziert dessen Nettobelastung auf 6,5 % − 0,5 % = 6 %;
> - eine Zahlung des Unternehmens in Höhe von 3 % − Libor, wenn der Libor unter 3 % fällt. Hierdurch wird die effektive Zinsbelastung des Unternehmens nach unten auf 3 % begrenzt (*Floor*). Beispiel: Bei einem Libor von 2,5 % zahlt das Unternehmen an die Bank 0,5 % und erhöht seine Belastung auf 2,5 % + 0,5 % = 3 %.
>
> Hinsichtlich der Zinsobergrenze ist das Unternehmen Optionsinhaber, hinsichtlich der Zinsuntergrenze Stillhalter.

Eine derartige **Kombinationsoption** ist nur dann *hedge*-tauglich, wenn in einer **Nettobetrachtung** aus Sicht des Unternehmens keine geschriebene Option vorliegt, also die Risikoübernahme gegenüber dem Kontraktpartner nicht die Risikoübertragung auf ihn überwiegt (IAS 39.77). Die Risikoübernahme überwiegt, wenn das Unternehmen in Nettobetrachtung eine **Optionsprämie** erhält, denn rational handelnde Parteien werden für die Übernahme eines (größeren) Risikos eine Prämie verlangen. Aus dieser Sicht soll das vorstehende Beispiel variiert werden:

> **Beispiel 2**
> Zur Absicherung eines variabel verzinslichen Darlehens (Zinssatz Libor, aktuell 4,5 %) schließt U eine Zinsbegrenzungsvereinbarung (*Collar*) mit einer Bank. Die Vereinbarung sieht vor:
> - eine Zahlung der Bank in Höhe von Libor − 5 %, wenn der Libor über 5 % steigt (*Cap* 5 %);
> - eine Zahlung des Unternehmens in Höhe von 5 % − Libor, wenn der Libor unter 3 % fällt (*Floor* 3 %). In dieser Variante ist die sich aus dem *Cap* ergebende Stillhalterposition digital gestaltet. Das Unternehmen profitiert wie im Ausgangsbeispiel von einem Rückgang des Libor auf 3 % durch einen entsprechenden Rückgang seiner Darlehenszinsen. Ein weiterer Rückgang bringt ihm aber im Unterschied zum Ausgangsbeispiel nicht nur keinen Vorteil mehr, sondern verschlechtert seine Situation. Sinke der Libor etwa von 3,0 auf 2,9 %, muss das Un-

> ternehmen 5 % – 2,9 % = 2,1 % an die Bank zahlen, mit den Zahlungen an die Darlehensgläubiger also in Summe 2,1 % + 2,9 % = 5 %. Für diese Verschlechterung gegenüber dem Ausgangsbeispiel (einfacher *Floor* von 3 %) wird das Unternehmen indirekt entschädigt. Bei einem aktuellen Libor von 4,5 % betrug
> - im Ausgangsbeispiel die Zinsobergrenze 6 % (4,5 % + 1,5 %) und die Zinsuntergrenze 3 % (4,5 % – 1,5 %);
> - nunmehr beträgt die Zinsobergrenze nur 5 % (4,5 % + 0,5 %), als Entschädigung für die zwar nach wie vor bei 3 % (4,5 % – 1,5 %) liegende, aber jetzt digital und somit risikoreicher ausgestaltete Zinsuntergrenze.

Fraglich ist, ob im Beispiel 2 das Vorliegen einer **Nettostillhalterposition** noch verneint werden kann.
- Gegen eine **Nettostillhalterposition** spricht **vordergründig** das Fehlen einer **Optionsprämienzahlung** an das Unternehmen.
- Bei rationalem Verhalten wird das Unternehmen die risikoreiche digitale Position aber nicht ohne eine Entschädigung (Prämie) eingegangen sein. Es fehlt zwar an einer **Geldzahlung** an das Unternehmen,
- die Bank hat dem Unternehmen aber durch die **Herabsetzung des *Cap*** einen Vorteil eingeräumt. Dieser **indirekte Vorteil** ist als „verdeckte" **Prämienzahlung** zu würdigen. Aus Sicht des Unternehmens ist die Kombinationsoption daher netto als geschriebene Option anzusehen.[33] Ein *hedge accounting* scheidet daher gem. IAS 39.77 aus.

Die verdeckte Nettoprämie besteht in der Abweichung von dem Normalfall, im Beispiel in der Vereinbarung eines *Cap* bei 5 % statt „normal" 6 %. In der Praxis ist die **Identifikation des Normalfalls** und damit der verdeckten Prämie naturgemäß schwierig und ermessensbehaftet. Die analogen **US-GAAP**-Vorschriften sehen deshalb zur Objektivierung einen **speziellen Symmetrietest** vor. „*That test is met if all possible percentage favorable changes in the underlying (from zero percent to 100 percent) would provide at least as much favorable cash flows as the unfavorable cash flows that would be incurred from an unfavorable change in the underlying of the same percentage.*"[34] Für Beispiel 2 würde dieser Test wie folgt ausfallen: Ausgehend von einem aktuellen Libor von 4,5 %, bedeutet
- ein Rückgang des Libor um 100 % auf 0 % eine Zahlung an die Bank (*unfavorable cash flow*) von 5 %,

---

[33] Gl. A. Ernst & Young, International GAAP 2005, S. 1069.
[34] FASB Staff Implementation Guide, A Guide to Implementation of Statement 133 on Accounting for Derivative Instruments and Hedging Activities (DIG Issues), Question E 5.; vgl auch Sangiulo/Seidman, Miller Financial Instruments 2006, Chapter 14.10.

- ein Anstieg des Libor um 100 % auf 9 % eine Einnahme (*favorable cash flow*) von nur 4 %.
- Der Symmetrietest ist nicht erfüllt. Die Kombinationsoption ist netto als geschriebene Option anzusehen.

Eine **analoge Anwendung** der amerikanischen Vorschriften erscheint **sachgerecht**. Die ihnen zu Grunde liegende Logik, dass die eingegangenen Risiken nicht überproportional zu den Chancen sein dürfen, liegt auch IAS 39.77 zu Grunde. Die analoge Anwendung liegt bei Produkten der beschriebenen Art im Übrigen auch im Interesse des Unternehmens. Sie vermeidet aufwändige prospektive Effektivitätstests, die angesichts der Disproportionalität von Risiko und Chance bei realistischen Prämissen ohnehin nicht bestehen würden.

6.3.2.4 Umfang der Designation des Sicherungsinstruments

- In der Regel darf ein Sicherungsinstrument **inhaltlich und zeitlich nur im Ganzen** designiert werden. Es ist daher nicht erlaubt, ein Sicherungsinstrument nur für einen Teil seiner **Restlaufzeit** zu designieren (IAS 39.75).
- Auch die Designierung nur **eines** Risikobestandteils eines Derivats (z. B. die Designierung lediglich der Währungskomponente bei einem kombinierten Zins-/Währungsswap) ist i. d. R. unzulässig.

Für die Designation von **inhaltlichen Komponenten** bestehen jedoch zwei Ausnahmen:

- **Optionen**, für die eine Designation allein des inneren Wertes und damit eine Ausklammerung der Zeitwertkomponente (IAS 39.74(a)) möglich ist;
- **Termingeschäfte**, für die eine Designation allein der Kassakomponente und damit eine Ausklammerung der Zinskomponente (IAS 39.74(b)) erlaubt ist.

Mit der Ausklammerung des Zeitwerts bzw. der Zinskomponente kann im Regelfall die Effektivität des Sicherungszusammenhangs erhöht werden (Rz 219). Der ausgeklammerte Teil des Sicherungsderivats wird dann wie ein Handelswert (*trading*) bilanziert (Rz 145ff.). Für ein Beispiel zur Designation der Kassakomponente bei Währungssicherung wird auf Rz 49 verwiesen.

Ein Sicherungsinstrument darf allerdings zu einem bestimmten **prozentualen Anteil** designiert werden. Auch in einem solchen Fall wird der ausgeklammerte Teil des Sicherungsderivats wie ein Handelswert bilanziert (IAS 39.75).

6.3.3 Gesicherte Grundgeschäfte, untaugliche Grundgeschäfte

Als gesicherte Grundgeschäfte kommen gem. IAS 39.78 in Frage:

- **Bilanzierte Vermögenswerte** und **Finanzverbindlichkeiten**: Absicherung von in der Bilanz erfassten finanziellen Vermögenswerten bzw. Verbindlichkeiten (insbesondere Forderungen, Kredite, Aktien oder Anleihen), aber auch nichtfinanziellen Vermögenswerten (z. B. Vorräte).
- **Schwebende Geschäfte**: Absicherung von Ansprüchen und Verpflichtungen aus Verträgen, die bisher von keiner Vertragsseite erfüllt und daher

bilanziell noch nicht erfasst wurden (insbesondere Liefer- bzw. Kaufverpflichtungen zu einem festgelegten Preis).

- **Erwartete künftige Transaktionen:** Absicherung von künftigen Transaktionen, für die das Unternehmen (anders als bei schwebenden Geschäften) noch keine rechtliche Verpflichtung eingegangen ist (insbesondere künftig erwarteter Verkauf von Produkten oder Kauf von Rohstoffen), deren Eintritt aber mit hoher Wahrscheinlichkeit erwartet wird.
- **Netto-Investition** in eine wirtschaftlich selbstständige **ausländische Teileinheit** (Niederlassung, Betriebsstätte usw.).

207 Für jede der vorgenannten Alternativen kann das gesicherte Grundgeschäft ein Einzelgeschäft oder ein **Portfolio** von untereinander im Risiko ähnlichen Positionen sein (IAS 39.78). Voraussetzung für einen **Portfolio**-*hedge* ist allerdings, dass die in dem Portfolio zusammengefassten Grundgeschäfte die gleichen **Risikocharakteristika** aufweisen und dass sich die **Sensitivität** jedes einzelnen Geschäfts bezüglich des abgesicherten Risikos proportional zur Sensitivität des gesamten Portfolios verhält (IAS 39.83).

> **Beispiel**
> Unternehmen C hat Kaufverträge über Rohstoffe mit zwei Lieferanten in den USA i. H. v. jeweils 50 Mio. USD fest abgeschlossen. Die Lieferung soll jeweils in drei Monaten erfolgen.
> Um sich gegen das Risiko einer Aufwertung des USD und damit eines Anstiegs des Kaufpreises in EUR abzusichern, hat C folgende Optionen:
> - Abschluss zweier separater Termingeschäfte über den Kauf von USD in drei Monaten i. H. v. jeweils 50 Mio. USD und damit Begründung von zwei Sicherungsbeziehungen.
> - Abschluss eines Termingeschäfts zum Kauf von USD in drei Monaten i. H. v. 100 Mio. USD und damit Begründung einer Sicherungsbeziehung für die beiden schwebenden Kaufverträge.
>
> IAS 39.78 erkennt beide Alternativen an. Die Alternative 2 (Portfolio-*hedge*) wird zugelassen, da sich die aus einer Änderung des Wechselkurses resultierenden Änderungen des *fair value* jedes Grundgeschäfts proportional zur Änderung des *fair value* des Portfolios verhalten.

208 Die Absicherung eines Grundgeschäfts kann auch auf einen **prozentualen Anteil** begrenzt werden. So wäre es in dem vorgenannten Beispiel z. B. möglich, lediglich die Hälfte eines der beiden Kaufverträge (also 25 Mio. USD) mit einem entsprechenden Termingeschäft über 25 Mio. USD abzusichern.

Darüber hinaus kann sich die Absicherung auf bestimmte **Teilrisiken eines Grundgeschäfts** beschränken. So unterliegt z. B. ein festverzinsliches Fremdwährungswertpapier verschiedenen Risiken (Zins-, Währungs- und Ausfallrisiko), die jeweils einzeln abgesichert werden können. Einschränkungen ergeben sich in dem Zusammenhang allerdings im Falle der Absicherung von nicht-finanziellen Grundgeschäften (z. B. Vorräten). Hier ist es nur zulässig, entweder die Gesamtheit **aller** Risiken gleichzeitig abzusichern oder die Absicherung auf ein vorhandenes **Währungs**risiko zu beschränken (IAS 39.82). Schließlich kann auch ein Grundgeschäft nur für einen **Teil seiner (Rest-) Laufzeit** abgesichert werden.

Fälligkeitswerte *(held-to-maturity assets)* kommen als Grundgeschäfte nur eingeschränkt in Frage. IAS 39 erkennt eine Absicherung nur solcher Risiken an, die auch bei einem Halten des Geschäfts bis zu seiner Fälligkeit bestehen. Daher wird eine Absicherung von Fälligkeitswerten gegen

- **Zins**risiken nicht anerkannt, weil das Risiko zum Laufzeitende nicht mehr besteht;
- das Risiko einer **vorzeitigen Kündigung** nicht anerkannt, weil es der Intention der Kategorie widerspricht.

209

Anerkannt wird hingegen die Absicherung gegen

- das **Wechselkurs**risiko, weil dieses Risiko am Laufzeitende noch besteht;
- das **Ausfall**risiko, weil auch dieses Risiko unabhängig von der Halteabsicht besteht (IAS 39.73).

Für Finanzinstrumente der Kategorie Darlehen und Forderungen (Rz 114) gelten hingegen keine vergleichbaren Einschränkungen, da IAS 39.9 für diese Geschäfte keine Absicht des Haltens bis zur Fälligkeit vorschreibt.

Vom Portfolio-*hedge* (Rz 207), bei dem die im Portfolio zusammengefassten Grundgeschäfte jeweils nur von einer Bilanzseite stammen (ein Portfolio von ausschließlich Vermögensgegenständen oder ausschließlich Verbindlichkeiten), sind solche Sicherungsstrategien zu unterscheiden, bei denen das gesicherte Grundgeschäft eine **Netto-Position** ist (sog. *macro hedging*). Hierzu das folgende Beispiel:

210

> **Beispiel**
> Ein Unternehmen verfügt über festverzinsliche Vermögenswerte von 100 Mio. EUR und festverzinsliche Verbindlichkeiten von 90 Mio. EUR mit identischen (Rest-)Laufzeiten von 3 Jahren.
> Besteht die Absicht, das Festzinsrisiko aus diesen Geschäften abzusichern (also die feste Verzinsung in eine variable Verzinsung zu tauschen), so ist es aus ökonomischer Sicht sinnvoll, lediglich für das verbleibende Netto-Risikovolumen von 10 Mio. EUR einen Zinsswap über 10 Mio. EUR abzuschließen. Dies würde die „automatische" Absicherung in Höhe von 90 Mio. EUR zwischen den Vermögenswerten und den Verbindlichkeiten berücksichtigen.
> Das gesicherte Grundgeschäft im Rahmen eines solchen *macro hedging* ist somit die sich aus den Vermögenswerten und Verbindlichkeiten ergebende Netto-Position.

Obwohl das *macro hedging* eine – insbesondere im Finanzdienstleistungsbereich – weit verbreitete Methodik des **Risikomanagements** darstellt, erkannte auch die im Dezember 2003 verabschiedete Neufassung von IAS 39 diese Sicherungsstrategie für das *hedge accounting* nicht an. IAS 39.84 untersagte explizit die Designation einer Netto-Position und erklärte dies mit der Notwendigkeit, die Effektivität des Sicherungszusammenhangs messen zu müssen.

Stattdessen wird in IAS 39.AG101 vorgeschlagen, den *hedge* einer Netto-Position auf einen Portfolio-*hedge* oder ggf. *micro hedge* zurückzuführen und – statt der Netto-Position – entweder **ausschließlich** Vermögenswerte oder **ausschließlich** Verbindlichkeiten als gesicherte Grundgeschäfte zu designieren. In dem Beispiel würde dies eine „künstliche" Designation von Vermögenswerten in Höhe von 10 Mio. EUR verlangen. Damit würde eine Designation eines Sicherungszusammenhangs gefordert, der von der Methodik des Risikomanagements abweicht.

Diese restriktiven Regelungen zur bilanziellen Behandlung von *macro hedges* wurden stets als eine der wesentlichen Schwächen des IAS 39 kritisiert. Diese Kritik hat insbesondere seit 2002 (als der IASB einen Entwurf zur Überarbeitung des IAS 39 vorgelegt hat) erheblich an Schärfe zugenommen. In der Folge sah sich der IASB dazu veranlasst, im August 2003 einen Entwurf für eine diesbezügliche Erweiterung der Regelungen zum *hedge accounting* zu veröffentlichen, in dem eine neue Form des *hedge accounting* („*Fair Value Hedge Accounting for a Portfolio Hedge of Interest Rate Risk*") vorgeschlagen wird. Die Kommentare zu dem Entwurf fielen überwiegend sehr kritisch aus. Dies resultiert nicht nur aus der außerordentlich hohen Komplexität des Entwurfs (die allerdings zum Teil aus der Komplexität der Thematik selbst folgt), sondern insbesondere aus der Tatsache, dass dieser wesentliche Mängel des bisherigen IAS 39 nicht beseitigt. Trotz dieser Kritik hat der IASB im März 2004 den Entwurf weitgehend unverändert in IAS 39 übernommen.

211 Danach kann nunmehr unter allerdings **einschränkenden** Bedingungen ein abgesichertes Portfolio sowohl Vermögenswerte als auch Verbindlichkeiten umfassen. Die Regelungen zum „*Fair Value Hedge Accounting for a Portfolio Hedge of Interest Rate Risk*" lassen sich – stark vereinfacht – in den folgenden acht Schritten gem. IAS 39.AG114 zusammenfassen (unter Verwendung des unter Rz 210 dargestellten Beispiels):

1. **Identifizierung des abzusichernden Portfolios:** Ausgangspunkt ist die Identifizierung der Grundgeschäfte, deren Zinsrisiko das Unternehmen absichern möchte. Das Portfolio kann dabei Vermögenswerte **und** Verbindlichkeiten umfassen. Im Beispiel identifiziert das Unternehmen die 100 Vermögenswerte und 90 Verbindlichkeiten als gesicherte Geschäfte.

2. **Analyse der Zinsrisiken:** Die Geschäfte des Portfolios werden nach Maßgabe ihrer Zinsrisiken Bändern zugeordnet (z. B. auf der Basis der Fälligkeit bzw. Zinsbindung). Ziel dieser Zuordnung ist es, Geschäfte mit vergleichbarem Zinsrisiko, insbesondere einer ähnlichen Zinssensitivität, zusammenzufassen und die Nettozinsrisikoposition zu bestimmen. Dabei dürfen statt der vertraglichen Fälligkeiten auch erwartete Fälligkeiten berücksichtigt werden; dies ist relevant, wenn Geschäfte ein Kündigungsrecht aufweisen. Da in dem Beispiel alle Geschäfte eine verbleibende Restlaufzeit

bzw. Zinsbindung von 3 Jahren haben, werden sie in das gleiche Band eingestellt. Die Nettorisikoposition dieses Bandes beträgt danach 10.

3. **Designation der Grundgeschäfte:** Für jedes Band wird anschließend der Betrag bestimmt, den das Unternehmen absichern möchte. In dem Beispiel kann sich das Unternehmen beispielsweise entscheiden, 80 % der Nettoposition von 10 (also 8) abzusichern. Es ist allerdings nicht zulässig, die Nettoposition als das gesicherte Grundgeschäft zu designieren. Vielmehr müssen Vermögenswerte **oder** Verbindlichkeiten in Höhe dieses Betrags von 8 als gesicherte Grundgeschäfte identifiziert und designiert werden. In dieser Nichtanerkennung der Netto-Position als designationsfähiges Grundgeschäft liegen Parallelitäten zu der Designationsregel des IAS 39.AG101 (Rz 210). Allerdings ist es nach der Neuregelung – abweichend von IAS 39.AG101 – nicht erforderlich, spezifische Geschäfte zu disignieren. Vielmehr genügt die Zuordnung eines entsprechenden Volumens ohne Bezugnahme auf spezifische Einzelgeschäfte. Die Bestimmung der Grundgeschäfte erfolgt dabei als Prozentsatz aller Vermögenswerte bzw. Verbindlichkeiten. Im Beispiel: Das Unternehmen möchte den aktivischen Überhang von 8 absichern. Die Designation erfolgt so, dass 8 % jedes Vermögenswertes (0,08 × 100 = 8) als designiert gelten.

4. **Bestimmung des gesicherten Risikos:** Das Unternehmen bestimmt, welches Zinsrisiko abgesichert werden soll. Dabei wird es sich (insb. wenn Zinsswaps als Sicherungsgeschäfte eingesetzt werden) regelmäßig um den Interbankenzins (z. B. EURIBOR) handeln.

5. **Bestimmung der Sicherungsinstrumente:** Das Unternehmen identifiziert für jedes Band ein oder mehrere Sicherungsgeschäfte (insbesondere Zinsswaps). Dabei dürfen gem. IAS 39.77 gegenläufige Sicherungsgeschäfte gleichzeitig zugeordnet werden (z. B. *payer*- und *receiver*-Zinsswaps). Eine solche Zuordnung gegenläufiger Geschäfte ist bisher nicht zulässig. Im Beispiel kann das Unternehmen den Aktivüberhang von 8 mit Zinsswaps (mit einem Netto-Volumen von −8) absichern.

6. **Effektivitätstest:** Bei Begründung des Sicherungszusammenhangs und während seines Bestehens ist für den *hedge* eine hohe Effektivität nachzuweisen. Auf die Effektivität eines Sicherungszusammenhangs wird unter Rz 219 eingegangen.

7. **Bestimmung der *fair-value*-Änderung der Grundgeschäfte:** Am Ende jeder Periode bestimmt das Unternehmen die *fair-value*-Änderungen für die designierten Grundgeschäfte (soweit sie aus dem gesicherten Risiko resultieren). Diese *fair-value*-Änderungen werden in der Bilanz und in der GuV verbucht. Dabei genügt in der Bilanz ein Ausweis in einer Sammelposition auf der Aktivseite (für Bänder mit einem Nettoaktivüberhang) und der Passivseite (für Bänder mit einem Nettopassivüberhang). Eine Zuordnung zu den individuellen Bilanzpositionen ist nicht erforderlich.

8. **Bestimmung der *fair-value*-Änderung der Sicherungsgeschäfte:** Am Ende jeder Periode bestimmt das Unternehmen die *fair-value*-Änderungen der Sicherungsgeschäfte und verbucht diese in der Bilanz und in der GuV.

9. **Erfassung der Ineffektivität in der GuV:** Als Ergebnis der vorstehenden Schritte wird die Ineffektivität unmittelbar in der GuV erfasst.

Die **Kritik** an diesen Neuregelungen konzentriert sich auf folgende Punkte:
- Die Designation einer **Nettorisikoposition** als gesichertes Grundgeschäft ist weiterhin nicht erlaubt. Es muss eine „künstliche" Designation von Vermögenswerten oder Verbindlichkeiten vorgenommen werden.
- Bei Banken darf das **Einlagegeschäft** (sog. *core deposits*) nicht als Grundgeschäft designiert werden, obwohl es einem vergleichbaren Zinsrisiko ausgesetzt ist und damit einen Einfluss auf die Nettorisikoposition hat.
- Der vorgesehene **Effektivitätstest** ist nicht den Verhältnissen des *macro hedging* angepasst.

212 Als gesicherte Grundgeschäfte kommen regelmäßig nur Geschäfte mit (konzern-)**externen** Vertragspartnern in Frage (IAS 39.80), da interne Geschäfte im Rahmen der Konsolidierung eliminiert werden. Hier gelten analoge Überlegungen wie bei internen Sicherungsgeschäften (Rz 202). Von diesem Grundsatz besteht eine Ausnahme für die Absicherung des **Wechselkursrisikos** aus **konzerninternen monetären** Geschäften (insbesondere Forderungen und Verbindlichkeiten) im Konzernabschluss, falls sich die Wechselkursgewinne und -verluste – aufgrund der Umrechnungsvorschriften des IAS 21 – im Rahmen der Konsolidierung nicht vollständig eliminieren und insofern auf das Konzernergebnis auswirken. Dies ist dann der Fall, wenn das konzerninterne Geschäft zwischen zwei Konzerneinheiten unterschiedlicher funktionaler Währungen besteht (→ § 27 Rz 54).

Darüber hinaus können Geschäfte, die der **Währungssicherung erwarteter konzerninterner Umsätze** dienen, **indirekt** dem *cash flow hedge accounting* unterworfen werden, in dem der konzernexterne Anschlussumsatz als Grundgeschäft designiert wird. Wegen eines Beispiels wird auf → § 27 Rz 59 verwiesen.[35]

6.3.4 Abgrenzung *cash flow hedge, fair value hedge,* Währungs-*hedge*

213 IAS 39.86 unterscheidet drei Arten von Sicherungsbeziehungen:
- *fair value hedge;*
- *cash flow hedge;*
- *hedge of a net investment in a foreign operation* (Währungs-*hedge).*

214 Die Zuordnung einer Sicherungsbeziehung zu einer dieser Formen hängt von der Art des gesicherten Risikos ab. Ein Unternehmen muss daher zunächst eine Klassifizierung des *hedge* nach Maßgabe des gesicherten Risikos vornehmen. Dabei gelten die folgenden Regeln:

Dient das Sicherungsgeschäft dazu,
- das Risiko einer Änderung des *fair value* eines bilanzierten oder schwebenden Geschäfts abzusichern, handelt es sich um einen *fair value hedge;*

---

[35] Zum Überblick über die betriebswirtschaftlichen und bilanziellen Probleme der Steuerung von Fremdwährungsrisiken im Konzern: WÜSTEMANN/DUHR, BB 2003, S. 2501ff.

- das Risiko einer Schwankung der künftigen Zahlungsströme *(cash flows)* eines bilanzierten oder erwarteten Geschäfts abzusichern, handelt es sich um einen *cash flow hedge;*
- das Wechselkursrisiko einer Nettoinvestition in eine wirtschaftlich selbständige Teileinheit (ausländisches Tochterunternehmen, assoziiertes Unternehmen oder *joint venture* oder Filiale) abzusichern, liegt ein sog. *hedge of a net investment in a foreign operation* vor.

Der Währungs-*hedge* ist – mit Blick auf das abgesicherte Risiko keine eigenständige dritte Sicherungsform, sondern faktisch ein *cash flow hedge*. Der Währungs-*hedge* ist im Übrigen nicht mit IAS 39 eingeführt worden, sondern war schon vor der erstmaligen Verabschiedung von IAS 39 in IAS 21 geregelt. Umrechnungsdifferenzen aus Nettoinvestitionen in ausländische Einheiten sind erfolgsneutral im Eigenkapital zu verrechnen (IAS 21.32; → § 27 Rz 48). Sichert sich ein Unternehmen gegen das Wechselkursrisiko aus einer solchen Investition ab (z. B. mit einer Refinanzierung in der gleichen Währung), dürfen die Umrechnungsgewinne oder -verluste aus dem Sicherungsgeschäft ebenfalls im Eigenkapital verrechnet werden. Mit der Neufassung von IAS 21 sind die Regelungen zum *hedge* eines *net investement* in eine ausländische Einheit aus IAS 21 entfernt worden und nur noch in IAS 39 enthalten. Die Aufnahme in den Katalog der Sicherungsbeziehungen in IAS 39.86 dient dem Zweck, die in IAS 39.88 geregelten Voraussetzungen für die Anerkennung der Sicherungsbeziehung für das *hedge accounting* (Effektivität usw.; Rz 219) sicherzustellen. Für die weitere Behandlung kann daher auf die Ausführungen zum *cash flow hedge* verwiesen werden.

Die Unterscheidung zwischen dem *fair value hedge* und dem *cash flow hedge* lässt sich an dem folgenden Beispiel der Absicherung von Zinsrisiken erläutern:

Beispiel

1. Absicherung Festzinsanleihe durch Swap
Unternehmen A erwirbt eine dreijährige Anleihe über 100 Mio. EUR mit einem festen Zinscoupon von 6 %. Aufgrund der fixen Zinsen unterliegt die Anleihe dem Risiko einer Marktwertänderung *(fair-value*-Risiko): Im Falle steigender (sinkender) Zinsen nimmt der Marktwert ab (zu).
Um dieses Risiko einer Marktwertänderung abzusichern, tritt A in einen Zinsswap ein, der die fixen Zinsen aus der Anleihe gegen variable Zinsen (z. B. den 3-Monats-EURIBOR) austauscht. Der Zinsswap macht aus der festverzinslichen eine variabel verzinsliche Anleihe, die keinem *fair-value*-Risiko mehr unterliegt.[36]
Ergebnis: Die Sicherungsbeziehung ist ein *fair value hedge.*

---

[36] Genauer unterliegt die Anleihe nach Absicherung durch den Zinsswap noch einem fair-value-Risiko bis zum jeweils nächsten Zinsanpassungstermin des EURIBOR im Swap.

> **2. Absicherung variabel verzinslicher Anleihe**
> Unternehmen B erwirbt eine dreijährige Anleihe über 100 Mio. EUR mit einem variablen Zinscoupon (3-Monats-EURIBOR). Aufgrund der variablen Zinsen unterliegt die Anleihe nicht dem Risiko einer Marktwertänderung *(fair-value*-Risiko*)*, sondern dem Risiko einer Änderung der künftigen Zinszahlungsströme *(cash-flow*-Risiko): Im Falle steigender (sinkender) Zinsen nehmen die künftigen Zinszahlungen zu (ab).
> Um dieses Risiko einer Änderung der künftigen Zinszahlungen abzusichern, tritt A in einen Zinsswap ein, der die variablen Zinsen aus der Anleihe gegen feste Zinsen austauscht. Der Zinsswap macht aus der variabel verzinslichen eine festverzinsliche Anleihe, die keinem *cash-flow*-Risiko mehr unterliegt.
> Ergebnis: Die Sicherungsbeziehung ist ein *cash flow hedge*.

215 Aus der Perspektive der gesicherten Grundgeschäfte ergibt sich damit die folgende Zuordnung zu den Sicherungsformen:
- **Absicherung bilanzierter Geschäfte:** In Abhängigkeit von der Art des bilanzierten Grundgeschäfts und des gesicherten Risikos kann es sich um einen *fair value hedge* oder einen *cash flow hedge* handeln, z. B.:
  - Absicherung eines **festverzinslichen Wertpapiers** gegen Änderungen des Marktwerts mit einem Zinsswap *(= fair value hedge)*.
  - Absicherung eines **Aktienbestands** gegen Änderungen des Aktienkurses mit einem Aktientermingeschäft oder einer Aktienoption *(= fair value hedge)*.
  - Absicherung einer **Forderung in Fremdwährung** gegen das Wechselkursrisiko mit einem Devisenterminverkauf oder einer Devisenverkaufsoption *(= fair value hedge)*.
  - Absicherung einer begebenen **Anleihe mit variabler Verzinsung** gegen das Risiko steigender Zinsaufwendungen mit einem Zinsswap *(= cash flow hedge)*.
- **Absicherung schwebender Geschäfte:** Im **Grundsatz** stellt die Absicherung schwebender Geschäfte einen *fair value hedge* dar. Die Absicherung des **Wechselkursrisikos eines schwebenden Geschäfts** kann alternativ **auch** als *cash flow hedge* behandelt werden (IAS 39.87). Typische Beispiele sind:
  - Absicherung eines **schwebenden Vorratskaufs in Fremdwährung** gegen das Wechselkursrisiko mit einem Devisenterminkauf oder einer Devisenkaufoption *(= fair value hedge*, ggf. nach IAS 39.87 optional auch *cash flow hedge)*.
  - Absicherung eines **schwebenden Warenverkaufsgeschäfts in Fremdwährung** gegen das Wechselkursrisiko mit einem Devisenterminverkauf oder einer Devisenkaufoption *(= fair value hedge*, ggf. nach IAS 39.87 optional auch *cash flow hedge)*.

- Absicherung eines **schwebenden Rohstoffkaufs** gegen das Preisrisiko mit einem Terminverkaufsgeschäft oder einer Verkaufsoption auf den Rohstoff oder einen Rohstoffindex (= *fair value hedge*).
- Absicherung **erwarteter Transaktionen:** Die Absicherung erwarteter Transaktionen stellt **stets** einen *cash flow hedge* dar, z. B.:
  - Absicherung eines erwarteten Kaufs von Rohstoffen oder Anlagen in Fremdwährung gegen das Wechselkursrisiko mit einem Devisenterminkauf oder einer Devisenkaufoption.
  - Absicherung eines erwarteten Verkaufs von Produkten in Fremdwährung gegen das Wechselkursrisiko mit einem Devisenterminverkauf oder einer Devisenverkaufsoption.
  - Absicherung eines erwarteten Kaufs von Rohstoffen (z. B. Öl) in Berichtswährung gegen das Preisrisiko mit einem Terminverkaufsgeschäft oder einer Verkaufsoption auf das Öl.
  - Absicherung einer erwarteten Emission einer Anleihe gegen einen Zinsanstieg mit einem *forward*-Zinsswap.

6.3.5 Bilanzierungs- und Buchungstechnik bei *hedges*

Aufgabe des *hedge accounting* ist es, eine **Synchronisierung der Wirkungen aus dem Grundgeschäft und dem Sicherungsderivat** in der GuV herzustellen, wo die allgemeinen Bewertungsregeln eine solche Synchronisierung nicht gewährleisten (IAS 39.85). In Abhängigkeit von der Art der Sicherungsbeziehung wird diese Synchronisierung bewirkt

- entweder durch Unterwerfung des gesicherten Geschäftes abweichend von den normalen Regeln unter eine erfolgswirksame *fair-value*-Bewertung
- oder durch zunächst nicht erfolgswirksame Erfassung des *fair value* des (derivativen) Sicherungsgeschäftes (abweichend von den normalen Regeln).

Im Einzelnen gilt Folgendes:
- Beim *fair value hedge* werden – zusätzlich zu den Änderungen des *fair value* des Sicherungsderivats – auch die Änderungen des *fair value* **des gesicherten Grundgeschäfts** (soweit sie aus dem gesicherten Risiko resultieren) in der **GuV** erfasst. Damit kompensieren sich die Effekte aus dem Grund- und dem Sicherungsgeschäft in der GuV. Soweit sich in der GuV kein vollständiger Ausgleich ergibt, ist dies Ausdruck einer nicht perfekten Effektivität des *hedge*. Die Synchronisation wird im Übrigen **technisch** wie folgt bewirkt:
  - **Forderungen oder Verbindlichkeiten:** Die (fortgeführten) Anschaffungskosten (Rz 100ff.) werden um die aus dem gesicherten Risiko resultierenden *fair-value*-Änderungen angepasst **(Buchwertanpassung).** Die Anpassung ist erfolgswirksam.
  - Wertpapier *(available for sale):* Da *available-for-sale assets* bereits nach den allgemeinen Bewertungsregeln zum *fair value* bilanziert werden (Rz 153ff.), ist keine Buchwertanpassung erforderlich. Jedoch ist die

aus dem gesicherten Risiko resultierende *fair-value*-Änderung nicht im Eigenkapital, sondern in der **GuV** zu erfassen. Die *fair-value*-Änderungen sind somit aufzuspalten in den aus dem gesicherten Risiko resultierenden Teil (der synchron zum Derivat in der GuV erfasst wird) und den sonstigen Teil (der im Eigenkapital erfasst wird).

- Beim *cash flow hedge* werden hingegen die *fair-value*-**Änderungen des Sicherungsderivats** – abweichend von den allgemeinen Bewertungsvorschriften für Derivate – im **Eigenkapital** erfasst und dort „geparkt". Dies gilt jedoch insoweit nicht, als die Wertänderungen des Derivats keine effektive Absicherung der künftigen *cash flows* des gesicherten Grundgeschäfts darstellen. Ineffektive Teile des *fair value* werden unmittelbar in der GuV berücksichtigt. Hinsichtlich des effektiven Teils wird mit den zunächst im Eigenkapital geparkten Wertänderungen bei Durchführung des gesicherten Grundgeschäfts wie folgt verfahren:
  - Führt die gesicherte Transaktion unmittelbar zu einem Aufwand oder Ertrag (z. B. weil variable Zinsrisiken gesichert wurden), ist der im Eigenkapital erfasste Betrag zum gleichen Zeitpunkt auszubuchen und in der GuV zu erfassen.
  - Resultiert die gesicherte Transaktion in die Erfassung eines Vermögensgegenstands (z. B. weil ein erwarteter Rohstoffkauf in Fremdwährung gegen Wechselkursrisiken gesichert wurde) oder einer Verbindlichkeit, so ist wie folgt zu differenzieren:

  a) Handelt es sich um einen **finanziellen Vermögenswert** oder eine **finanzielle Verbindlichkeit**, so wird der im Eigenkapital erfasste Betrag erst dann ausgebucht, wenn der gesicherte Gegenstand sich in der GuV niederschlägt (IAS 39.97). Dies gilt zum Beispiel im Falle der Absicherung einer erwarteten Emission einer Anleihe.

  b) Handelt es sich hingegen um einen **nichtfinanziellen Vermögenswert**, so besteht ein Wahlrecht. Der im Eigenkapital erfasste Betrag kann im Zeitpunkt des Zugangs des gesicherten Gegenstands ausgebucht und als Anpassung der Anschaffungskosten erfasst (IAS 39.98b; sog. *basis adjustment)* oder er kann zunächst fortgeführt und erst dann erfolgswirksam dem Eigenkapital entnommen werden, wenn das gesicherte Grundgeschäft selbst erfolgswirksam wird (IAS 39.98a). Im Falle der Absicherung eines erwarteten Kaufs einer Maschine würde die erste Alternative zu einer Anpassung der Anschaffungskosten (und damit der Abschreibungsbemessungsgrundlage) führen, die zweite zu einer Auflösung der Eigenkapitalposition parallel zu den Abschreibungen.

Zusammenfassend gilt: Während das *fair value hedge accounting* eine Abweichung von den allgemeinen Bewertungsregeln auf Seiten des gesicherten Grundgeschäfts vorsieht, erfolgt die Abweichung beim *cash flow hedge accounting* auf Seiten des Sicherungsderivats.

Das nachfolgende Beispiel zeigt die buchmäßige Behandlung des *fair value* **217**
hedge im Falle der Absicherung eines schwebenden Kaufvertrags für Rohstoffe
in Fremdwährung.

> **Beispiel**[37]
> Unternehmen A hat am 30.9.03 Rohstoffe in den USA für 50 Mio. USD
> bestellt. Die Lieferung und Bezahlung erfolgen am 31.1.04.
> Zur Absicherung gegen das Risiko einer Aufwertung des USD und einer
> damit verbundenen Erhöhung des Kaufpreises in Euro kauft A zum Zeitpunkt des Vertragsabschlusses 50 Mio. USD auf Termin per 31.1.04 zum
> Kurs von 1,16 USD/EUR (= 43,1 Mio. EUR). Der Kaufpreis ist damit bei
> 43,1 Mio. EUR festgeschrieben.
> Der Wechselkurs beträgt am 31.12.03 1,26 USD/EUR und am 31.1.04
> 1,24 USD/EUR.
> Am 31.1.04 werden die Rohstoffe geliefert und bezahlt. Aufgrund der
> Aufwertung des Euro ist der Kaufpreis der Rohstoffe in Euro gesunken
> (= 40,3 Mio. EUR) und die Differenz muss in das Termingeschäft gezahlt
> werden (= 43,1 ./. 40,3 = 2,8 Mio. EUR).
> Das Unternehmen bucht wie folgt:[38]
>
> | 30.9.03: | – | | | |
> |---|---|---|---|---|
> | 31.12.03: | per Aufwand | 3,4 Mio. | an Derivat | 3,4 Mio. |
> | | per Vermögenswert | 3,4 Mio. | an Ertrag | 3,4 Mio. |
> | 31.1.04: | per Derivat | 0,6 Mio. | an Ertrag | 0,6 Mio. |
> | | per Derivat | 2,8 Mio. | an Geld | 2,8 Mio. |
> | | per Aufwand | 0,6 Mio. | an Vermögenswert | 0,6 Mio. |
> | | per Rohstoffe | 40,3 Mio. | an Geld | 40,3 Mio. |
> | | per Rohstoffe | 2,8 Mio. | an Vermögenswert | 2,8 Mio. |
>
> **Erläuterung**
> Zum 30.9.03 wird das Devisentermingeschäft (DTG) buchungstechnisch
> erfasst, weist aber einen *fair value* von null aus. Das schwebende Kaufgeschäft bleibt bilanziell unberücksichtigt.
> Zum 31.12.03 wird der (durch die Abwertung des USD verursachte) negative *fair value* des DTG aufwandswirksam bilanziert. Der aus der Abwertung des USD resultierende positive Bewertungseffekt auf das schwebende Kaufgeschäft wird als sonstiger Vermögenswert ertragswirksam
> aktiviert. Aufgrund des perfekten *hedge* gleichen sich die GuV-Effekte
> vollständig aus.

---

[37] In dem Beispiel wird (vereinfachend) von einer Identität des Termin- und Kassakurses ausgegangen.
[38] Unter der Annahme, dass das Unternehmen das Wahlrecht des IAS 39.87, die Absicherung von schwebenden Geschäften gegen Wechselkursrisiken als cash flow hedges zu behandeln, nicht ausübt.

> Bis zum 31.1.04 hat sich der Wert des USD wieder leicht erholt. Der negative *fair value* des DTG reduziert sich um 0,6 Mio. EUR zu Gunsten der GuV auf –2,8 Mio. EUR, die dann von A an die Bank zu zahlen sind. Die korrespondierende Abnahme des *fair value* des schwebenden Geschäfts wird aufwandswirksam bilanziert.
> Die Rohstoffe werden zu 50 Mio. USD gekauft und mit dem aktuellen Kurs zu 40,3 Mio. EUR aktiviert. Der negative *fair value* des schwebenden Geschäfts von –2,8 Mio. EUR wird zur Anpassung der Anschaffungskosten der Rohstoffe ausgebucht *(basis adjustment)*. Die Rohstoffe werden somit zu dem am 30.9.03 gesicherten Kurs von 43,1 Mio. EUR eingebucht.

218 Das nachfolgende Beispiel ist eine Abwandlung des vorstehenden Falls und zeigt die buchmäßige Behandlung des *cash flow hedge* im Falle der Absicherung eines erwarteten Kaufs (anstelle einer festen Bestellung) von Rohstoffen in Fremdwährung.

> **Beispiel**[39]
> Am 30.9.03 geht Unternehmen A mit einer hohen Wahrscheinlichkeit von einem Kauf von Rohstoffen in den USA für 50 Mio. USD am 31.1.04 aus. Ein Kaufvertrag wurde noch nicht abgeschlossen (erwartete Transaktion). Zur Absicherung des Währungsrisikos aus dem erwarteten Rohstofferwerb kauft A am 30.9.03 50 Mio. USD auf Termin per 31.1.04 zum Kurs von 1,16 USD/EUR (= 43,1 Mio. EUR). Der erwartete Kaufpreis für die Rohstoffe ist damit bei 43,1 Mio. EUR festgeschrieben.
> Der Wechselkurs beträgt am 31.12.03 1,26 USD/EUR und am 31.1.04 1,24 USD/EUR.
> Am 31.1.04 werden die Rohstoffe wie erwartet gekauft, geliefert und bezahlt. Aufgrund der Aufwertung des Euro ist der Kaufpreis der Rohstoffe in Euro gesunken (= 40,3 Mio. EUR), und die Differenz muss in das Termingeschäft gezahlt werden (= 43,1 ./. 40,3 = 2,8 Mio. EUR).
> Das Unternehmen bucht wie folgt:
>
> | | | | | |
> |---|---|---|---|---|
> | 30.9.03: | – | | | |
> | 31.12.03: | per EK | 3,4 Mio. | an Derivat | 3,4 Mio. |
> | 31.1.04: | per Derivat | 0,6 Mio. | an EK | 0,6 Mio. |
> | | per Derivat | 2,8 Mio. | an Geld | 2,8 Mio. |
> | | per Rohstoffe | 40,3 Mio. | an Geld | 40,3 Mio. |
> | | per Rohstoffe | 2,8 Mio. | an EK | 2,8 Mio. |

---

[39] In dem Beispiel wird (vereinfachend) davon ausgegangen, dass der Terminkurs stets dem Kassakurs entspricht.

Erläuterung
Zum 30.9.03 wird das Devisentermingeschäft (DTG) buchungstechnisch erfasst, weist aber einen *fair value* von null aus. Die erwartete Transaktion bleibt bilanziell unberücksichtigt.
Zum 31.12.03 wird der (durch die Abwertung des USD verursachte) negative *fair value* des DTG zu Lasten des Eigenkapitals bilanziert (es wird ein perfekter *hedge* und daher keine in der GuV zu erfassende Ineffektivität unterstellt). Die erwartete Transaktion bleibt weiterhin unberücksichtigt.
Bis zum 31.1.04 hat sich der Wert des USD wieder leicht erholt. Der negative *fair value* des DTG reduziert sich um 0,6 Mio. EUR zugunsten des Eigenkapitals auf –2,8 Mio. EUR, die dann von A an die Bank zu zahlen sind.
Die Rohstoffe werden zu 50 Mio. USD gekauft und mit dem aktuellen Kurs zu 40,3 Mio. EUR aktiviert. Der im Eigenkapital „geparkte" Betrag von –2,8 Mio. EUR wird zur Anpassung der Anschaffungskosten der Rohstoffe ausgebucht *(basis adjustment)*. Die Rohstoffe werden somit insgesamt zu dem am 30.9.03 gesicherten Kurs von 43,1 Mio. EUR eingebucht.

Alternative Behandlung
Das Unternehmen kann auf die Anpassung der Anschaffungskosten *(basis adjustment)* verzichten, die Eigenkapitalposition zunächst fortführen und erst dann erfolgswirksam auflösen, wenn das Grundgeschäft erfolgswirksam wird, es also zum Verbrauch der Rohstoffe kommt (IAS 39.98a).

Aus bilanzpraktischer Sicht stellt das **basis adjustment** die einfachere Alternative dar. Jedenfalls bei der wiederholten Anschaffung von langlebigen Anlagegütern in Fremdwährung ist sie eindeutig zu bevorzugen, da andernfalls viele Eigenkapitalpositionen über Jahre (nämlich die jeweilige Nutzungsdauer) nachgehalten werden müssen.
Eine zusammenfassende Darstellung der Behandlung der Derivate bzw. des *hedge accounting* gibt die nachfolgende Abbildung:

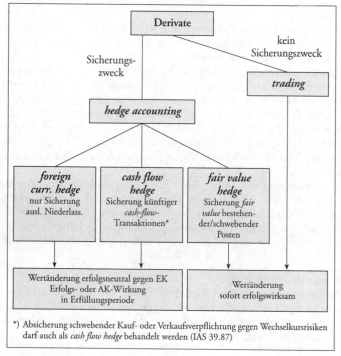

Abb. 8: Derivate und *hedge accounting* [40]

6.3.6 Voraussetzungen des *hedge accounting*: Effektivität, Dokumentation, Transaktionswahrscheinlichkeit
6.3.6.1 Überblick

219 Ob ein Unternehmen die vorgenannten Regelungen des *hedge accounting* anwenden darf, kann angesichts der Bedeutung des *hedge accounting* für die Volatilität der Unternehmensergebnisse nicht ins Belieben des Bilanzierenden gestellt werden. **Objektive** Anwendungsvoraussetzungen sind für die Vornahme des *hedge accounting* erforderlich. Nach IAS 39.98 müssen folgende Voraussetzungen sämtlich erfüllt sein:

- Formale **Dokumentation** des Sicherungszusammenhangs sowie der damit verfolgten Zielsetzung zu Beginn der Sicherung (IAS 39.88a).
- Hohe **Effektivität** des Sicherungszusammenhangs und verlässliche Messung der Effektivität (IAS 39.88b und d).

---

[40] LÜDENBACH, IAS/IFRS, 4. Aufl. 2005, Kap D.

- Im Falle der Absicherung von künftig erwarteten Transaktionen (als *cash flow hedges*) muss eine **hohe Wahrscheinlichkeit** für den tatsächlichen Eintritt dieser Transaktionen bestehen (IAS 39.88c).

Diese Voraussetzungen müssen bei Begründung der Sicherungsbeziehung kumulativ vorliegen, sonst darf das *hedge accounting* nicht begonnen werden. Wird eine der Voraussetzungen während des Bestehens der Sicherungsbeziehung nicht mehr erfüllt, so ist die Anwendung des *hedge accounting* zu beenden.

Letzteres ist insbesondere der Fall, wenn
- sich die Sicherungsbeziehung **retrospektiv** als nicht hinreichend effizient erwiesen hat;
- für die Sicherungsbeziehung **zukünftig** nicht mehr von einer hohen Effizienz ausgegangen werden kann;
- eine abgesicherte Transaktion nicht mehr oder nicht mehr mit hoher Wahrscheinlichkeit **erwartet** wird (z. B. weil Umsatzerwartungen deutlich reduziert werden müssen oder die Wahrscheinlichkeit für die Berücksichtigung in einer Ausschreibung im Ausland gesunken ist).

6.3.6.2 Dokumentationserfordernisse

Die **Dokumentation** ist ausnahmslos zu Beginn der Sicherungsbeziehung vorzunehmen und kann nicht nachgeholt werden (z. B. im Zuge der Erstellung des Abschlusses, in dem für die Sicherungsbeziehung erstmals *hedge accouting* angewandt werden soll oder infolge der Feststellung des Abschlussprüfers). Sie muss die folgenden Bestandteile aufweisen:
- eindeutige Designierung des Grund- und des Sicherungsgeschäfts (also der Sicherungsbeziehung),
- mit der Absicherung verfolgte Ziele und Strategien,
- Art des abgesicherten Risikos und
- Methoden zur Messung der Effektivität der Sicherungsbeziehung.

Die Identifizierung des **Grundgeschäfts** bezieht sich auf den abgesicherten bilanzierten Vermögenswert bzw. die (Finanz-)Verbindlichkeit, das schwebende Geschäft oder die erwartete künftige Transaktion (Rz 206). Im Falle eines Vermögenswerts, einer Verbindlichkeit oder eines schwebenden Geschäfts kann die Identifizierung vergleichsweise einfach (z. B. über eine Geschäftsnummer) erfolgen, weil hierzu ein vertraglich festgelegtes Geschäft vorliegt. Die Dokumentation sollte darüber hinaus eine inhaltliche Kennzeichnung des Grundgeschäfts vornehmen. Im Falle der Absicherung einer künftig erwarteten Transaktion ist der Umfang der erforderlichen Dokumentationsarbeiten regelmäßig größer. Die Dokumentation bezieht sich dabei insbesondere auf:
- Art und Gegenstand der erwarteten Transaktion, erwartete Menge bzw. Währungsbetrag sowie den Zeitpunkt bzw. -raum des Eintritts der erwarteten Transaktion und
- Eintrittswahrscheinlichkeit der erwarteten Transaktion mit entsprechenden Nachweisen (Rz 222).

Auch die **Identifizierung** des **Sicherungsgeschäfts** kann vergleichsweise einfach (z. B. über eine Geschäftsnummer) erfolgen und sollte um eine Kennzeichnung des Geschäfts ergänzt werden.

Die Aufnahme eines nur (prozentualen) **Anteils** eines Grund- und Sicherungsgeschäfts in die Sicherungsbeziehung (Rz 205f.) ist entsprechend zu dokumentieren. Gleiches gilt für die Sicherung nur eines Teils der Restlaufzeit eines Grundgeschäfts (Rz 206) oder wenn mehrere Grundgeschäfte Bestandteil einer Sicherungsbeziehung sind (Rz 208).

Aufbauend auf der dokumentierten Sicherungsbeziehung ist die **Art** des gesicherten Risikos zu beschreiben. Hierzu ist darzulegen, welches aus dem Grundgeschäft resultierende Risiko Gegenstand der Absicherung ist. Hierzu gehört:

- ob es sich um ein Zins-, Wechselkurs-, Aktien-, Kredit- oder ein nichtfinanzielles Preisrisiko (z. B. Ölpreis) handelt. Damit wird für Grundgeschäfte mit mehreren Risiken geklärt, welches der Risiken Gegenstand der Absicherung ist. So kann z. B. ein erwarteter Kauf von Öl in Fremdwährung allein gegen das Preisrisiko für Öl abgesichert werden oder sich die Absicherung eines Wertpapiers in Fremdwährung allein auf das Wechselkursrisiko beziehen;
- ob es sich um ein *fair-value*-Risiko (also das Risiko einer Änderung des Werts des Grundgeschäfts) oder ein *cash-flow*-Risiko (also das Risiko der Änderung künftiger *cash flows*) handelt. So stellt z. B. das Ölpreisrisiko aus dem erwarteten Kauf von Öl in Fremdwährung ein *cash-fow*-Risiko dar, umgekehrt das Wechselkursrisiko aus einem Wertpapier in Fremdwährung ein *fair-value*-Risiko.

Auf dieser Grundlage ist die mit der Absicherung verfolgte **Strategie** des **Risikomanagements** zu beschreiben. Dabei ist zu erläutern, in welcher Weise das in der Sicherungsbeziehung gekennzeichnete Sicherungsgeschäft das vorab darzustellende Risiko aus dem Grundgeschäft absichert. Dabei wird auch dargelegt, um welche Form des *hedge accounting* es sich bei der Absicherungsstrategie handelt: *fair value hedge, cash flow hedge* oder *hedge of a net investment*. Weiterhin ist hier festzulegen, ob der gesamte Wert des Sicherungsderivats zur Absicherung designiert oder ein Teil (insbesondere der Zeitwert einer Option oder die Zeitkomponente eines Termingeschäfts) ausgeklammert wird (Rz 205).

Schließlich ist darzulegen, mit welcher **Methode** das Unternehmen die **Effektivität** messen möchte (Rz 221). Die Messmethode muss bereits zu Beginn des Sicherungszusammenhangs festgelegt und dokumentiert werden. So kann z. B. die Frage, ob die Messung auf der Basis der *fair-value*-Änderungen der Periode oder der kumulierten seit Sicherungsbeginn erfolgt (Rz 223), nicht erst im Zeitpunkt der Messung beantwortet werden.

Die genaue Ausgestaltung der Dokumentation ist dem Unternehmen überlassen. IAS 39 macht hierzu keine Vorgaben. Letztlich wird die Ausgestaltung von dem Umfang und der Art der Sicherungsbeziehung abhängen. Mit zunehmender Anzahl an gleichartigen *hedges* lässt sich die Dokumentation dabei vermehrt standardisieren und in der EDV unterlegen. Bei nur vereinzelten Abschlüssen von Sicherungsgeschäften wird die Dokumentation stark individuell auf den einzelnen *hedge* zugeschnitten sein. Ein Beispiel für eine Dokumentation findet sich unter Rz 51.

6.3.6.3 Prospektive und retrospektive Effektivität

Effektivität bezeichnet allgemein die **Güte** der Sicherungsbeziehung und ist in Abhängigkeit von der Art der Sicherungsbeziehung wie folgt definiert (IAS 39.9):

- *Fair value hedge:* Grad, zu dem die *fair-value*-Änderungen des gesicherten Grundgeschäfts, soweit sie aus dem gesicherten Risiko resultieren, durch *fair-value*-Änderungen des Sicherungsinstruments ausgeglichen werden.
- *Cash flow hedge:* Grad, zu dem die *cash-flow*-Änderungen der gesicherten Transaktion, soweit sie aus dem gesicherten Risiko resultieren, durch *cash-flow*-Änderungen aus dem Sicherungsinstrument ausgeglichen werden.

221

Der **Nachweis** der Effektivität ist die zentrale Voraussetzung für die Anwendung des *hedge accounting* und muss in zweierlei Weise erbracht werden:

- **Prospektive** Effektivität: Auf die Zukunft gerichtet muss für die gesamte (verbleibende) Laufzeit der Sicherungsbeziehung eine hohe Effektivität erwartet werden (IAS 39.88b, AG 105a).
- **Retrospektive** Effektivität: Auf die Vergangenheit gerichtet muss sich die Sicherungsbeziehung als hocheffektiv erwiesen haben (IAS 39.88e, AG 105b).

Deshalb muss im Zeitpunkt der Begründung der Sicherungsbeziehung der erste (prospektive) Effektivitätstest durchgeführt werden. Nur bei Bestehen dieses Tests darf das *hedge accounting* begonnen werden. Während der Laufzeit der Sicherungsbeziehung sind jeweils ein prospektiver und ein retrospektiver Effektivitätstest durchzuführen. Wenn einer der beiden Tests nicht bestanden wird, ist das *hedge accounting* zu beenden.

Eine Sicherungsbeziehung gilt als hocheffektiv (*highly effective*), wenn die Effektivität innerhalb der Spanne von **80 %-125 %** liegt. Danach wäre z. B. ein *fair value hedge* mit einer *fair-value*-Änderung für das Grundgeschäft von −50 und für das Sicherungsgeschäft von +55 effektiv, da die Effektivität bei 110 % (= 55/50) bzw. 91 % (=50/55) liegt. Bei einer *fair-value*-Änderung des Sicherungsgeschäfts von +62 wäre die Sicherungsbeziehung mit einer Effektivität von 126 % (= 63/50) bzw. 79 % (=50/63) hingegen nicht hinreichend effektiv. Obwohl die vorgenannte Effektivitätsspanne in IAS 39 ausdrücklich nur für die retrospektive Effektivitätsmessung geregelt ist (IAS 39.AG 105), wird allgemein von der Gültigkeit auch für den prospektiven Test ausgegangen.

Eine bestimmte Methode zur Effektivitätsmessung wird in IAS 39 nicht vorgeschrieben. Allerdings richtet sich die gewählte Methode nach der dokumentierten Risikomanagementstrategie (Rz 220) für die Sicherungsbeziehung. So wird die Effektivitätsmessung z. B. für den Fall, dass **einzelne** Komponenten des Sicherungsderivats nicht designiert wurden (Rz 205), allein auf der Grundlage der **verbleibenden** Bestandteile des Derivats vorgenommen. Daher wird die Effektivität bei

- einer Option, für die die Zeitwertkomponente aus der Designation ausgeklammert wurde, auf Grundlage des inneren Werts, bzw. bei
- einem Termingeschäft, für das die Zinskomponente ausgeklammert wurde, auf Grundlage der Kassakomponente vorgenommen.

Durch die Ausklammerung der Zeitwertkomponente bzw. Zinskomponente lässt sich regelmäßig die Effektivität der Sicherungsbeziehung verbessern. Die ausgeklammerte Komponente ist unmittelbar in der GuV zu erfassen.

Eine einmal gewählte Methode zur Effektivitätsmessung ist (von begründeten Ausnahmen abgesehen) über die Laufzeit beizubehalten und konsistent für vergleichbare Geschäfte anzuwenden (IAS 39.AG 107, IG F.4.4).

222 Für die **prospektive** Effektivitätsmessung sieht IAS 39 eine aus praktischer Sicht wesentliche Erleichterung in Form des sog. *critical-term-match* vor. Danach kann auf eine quantitative Berechnung der prospektiven Effektivität verzichtet werden, wenn die wesentlichen Ausgestaltungsmerkmale des Grund- und des Sicherungsgeschäfts (also insbesondere Betrag, Laufzeit, Zinstermine usw.) identisch sind. Im Falle solcher perfekter Sicherungsbeziehungen kann eine hohe Effektivität unterstellt werden (IAS 39.AG108). Hierzu die folgenden Beispiele:

- Absicherung des **Zins**risikos einer variabel verzinslichen Verbindlichkeit mit einem marktgerecht abgeschlossenen Zinsswap, wenn die Nominalbeträge, Laufzeiten, Zinsanpassungstermine, Termine für Zins- und Tilgungszahlungen sowie der Referenzzins für die Bemessung der Zinszahlungen (z. B. EURIBOR) für die Verbindlichkeit und den Zinsswap identisch sind.
- Absicherung des **Wechsel**kursrisikos aus erwarteten Verkaufserlösen in Fremdwährung mit einem marktgerecht abgeschlossenen Devisentermingeschäft, sofern die Währung, das Volumen und die Laufzeit der Geschäfte identisch sind.
- Absicherung eines **festverzinslichen** Wertpapiers mit einem marktgerecht abgeschlossenen Termingeschäft auf das gleiche Wertpapier, falls die Nominalbeträge, Laufzeiten und Währungen des Wertpapiers und des Termingeschäfts identisch sind.

Der *critical-term-match* muss, solange sich die Ausstattungsmerkmale der Geschäfte nicht verändern, nur zu Beginn der Sicherungsbeziehung durchgeführt werden.

Liegen die Bedingungen für die Anwendung des *critical-term-match* hingegen nicht vor, ist die prospektive Effektivität rechnerisch zu ermitteln. Hierzu nennt IAS 39.AG 105a beispielhaft zwei Methoden:

- **Historische *dollar-offset*-Methode:** Dabei werden *fair-value-* bzw. *cashflow-*Änderungen des Grund- und Sicherungsgeschäfts aus der Vergangenheit verglichen und die Einhaltung der Effektivitätsspanne von 80 %-125 % geprüft. Methodisch entspricht dies der auch im Rahmen der retrospektiven Effektivitätsmessung verwendeten *dollar-offset*-Methode (vgl. hierzu die Ausführungen unter Rz 223), mit dem Unterschied, dass beim prospektiven Test auf Wertänderungen zurückgegriffen wird, die vor Bestehen der Sicherungsbeziehung entstanden sind.

- **Statistische Verfahren:** Dabei werden ebenfalls historische *fair-value-* bzw. *cash-flow-*Änderungen des Grund- und Sicherungsgeschäfts in der Vergangenheit herangezogen. Dazu bedarf es allerdings der Heranziehung umfangreichen historischen Datenmaterials, um daraus die Effektivität z. B. mit Hilfe einer Regressionsanalyse nachzuweisen (Rz 223).
- Daneben kann die prospektive Effektivität auch mittels **Sensitivitätsanalysen** nachgewiesen werden. Anders als bei den vorgenannten – auf historischen Daten basierenden – Methoden wird bei der Sensitivitätsmethode eine fiktive Änderung eines Risikofaktors unterstellt und ermittelt, welche *fair-value-* bzw. *cash-flow-*Änderungen sich für das Grund- und Sicherungsgeschäft ergeben. So wird beispielsweise im Falle der Absicherung von Zinsrisiken eine Änderung der Zinskurve (z. B. um 100 Basispunkte) und im Falle der Absicherung von Wechselkursrisiken eine fiktive Änderung der Wechselkurse (z. B. um 20 %) unterstellt.

Für die **retrospektive** Effektivitätsmessung sieht IAS 39 – anders als für den prospektiven Effektivitätstest – keinen *critical-term-match* für perfekte Sicherungsbeziehungen vor (IAS 39.BC 134). Hier besteht ein Unterschied zu den Regelungen der US-GAAP, die mit der sog. *short-cut-*Methode den Verzicht auf einen rechnerischen Test auch für den retrospektiven Effektivitätsnachweis zulassen.

Begründet wird die Unzulässigkeit der *short-cut-*Methode insbesondere mit den potenziellen Auswirkungen einer Verschlechterung des Ausfallrisikos des Vertragspartners des Sicherungsderivats und den damit einhergehenden negativen Auswirkungen auf die Effektivität der Sicherungsbeziehung (IAS 39.AG 109, F.4.7, F.5.2.). Daraus kann u. E. die Zulässigkeit des *critical-term-match* gefolgert werden, wenn seit Begründung der Sicherungsbeziehung das Ausfallrisiko des Derivatevertragspartners nicht signifikant angestiegen ist und sich an den *critical terms* nichts geändert hat. Andernfalls liefe die Effektivitätsmessung auf einen inhaltsleeren Formalismus hinaus.[41]

Unabhängig davon ist eine rechnerische Messung der Effektivität stets dann erforderlich, wenn die Voraussetzungen des *critical-term-match* nicht erfüllt sind. Als Messmethode kommen dabei in der Praxis insbesondere die sog. *dollar-offset-*Methode und die Regressionsmethode zur Anwendung.

Die ***dollar-offset-*Methode** leitet sich unmittelbar aus der Definition der Effektivität nach IAS 39.9 ab und ist die einfachste rechnerische Methode zur Effektivitätsmessung. Danach wird die Effektivität wie folgt bestimmt:

- Bei *fair-value-hedges* als das Verhältnis der *fair-value-*Änderungen des Grundgeschäfts zu den *fair-value-*Änderungen des Sicherungsgeschäfts.

223

---

[41] Gl. A. ERNST & YOUNG LLP, GAAP 2005, S. 1139; SCHNEIDER, PiR 2006, S. 173.

- Bei *cash-flow-hedges* als das Verhältnis der *fair-value*-Änderungen der künftig erwarteten *cash flows* der gesicherten Transaktion zu den *fair-value*-Änderungen des Sicherungsgeschäfts.

Der Effektivitätstest kann dabei auf **kumulierter Basis** vorgenommen werden, indem alle *fair-value*-Änderungen seit Beginn des Sicherungszusammenhangs in der Messung berücksichtigt werden. Auch eine **periodenbezogene** Durchführung kommt in Betracht, indem nur *fair-value*-Änderungen in der abgelaufenen Periode berücksichtigt werden (IAS 39.IG.F.4.2.). Regelmäßig führt die kumulierte Messung allerdings zu besseren Ergebnissen. So ist die Fortführung des *hedge accounting* auch dann möglich, wenn der *hedge* für die abgelaufene Periode aufgrund eines Ausreißers ineffektiv war, bei kumulierter Betrachtung allerdings weiterhin als effektiv gilt.

> **Beispiel**
> A begründet am 1.1. eines Jahres eine Sicherungsbeziehung, die am 31.12. des Jahres endet. Die Effektivität wird zu jedem Quartalsende gemessen. Dabei ergeben sich für das Grund- und das Sicherungsgeschäft die folgenden periodenbezogenen bzw. kumulierten *fair-value*-Änderungen, die zur Effektivitätsmessung mittels der *dollar-offset*-Methode verwendet werden.
>
> | Periodenbezogen | 31.03. | 30.06. | 30.09. |
> |---|---|---|---|
> | – Grundgeschäft | 100 | 50 | –70 |
> | – Sicherungsgeschäft | –90 | –65 | 70 |
> | – Effektivität *dollar-offset* | 111 % | 77 % | 100 % |
> | Kumuliert | 31.03. | 30.06. | 30.09. |
> | – Grundgeschäft | 100 | 150 | 80 |
> | – Sicherungsgeschäft | –90 | –155 | –85 |
> | – Effektivität *dollar-offset* | 111 % | 96 % | 94 % |

Bei einer periodenbezogenen Betrachtung muss das *hedge accounting* am 30.6. beendet werden (77 % Effektivität). Bei kumulierter Betrachtung kann das *hedge accounting* hingegen weitergeführt werden (96 % Effektivität).

Bei der **Regressionsanalyse** wird die Effektivitätsmessung am Stichtag nicht nur anhand eines Datenpaares (*fair-value*-Änderungen aus Grund- und Sicherungsgeschäft am Stichtag) durchgeführt, sondern es werden die bisherigen gemessenen Datenpaare der Sicherungsbeziehung ebenfalls berücksichtigt, indem (vereinfacht ausgedrückt) eine durchschnittliche Effektivität über alle bisherigen Messungen ermittelt wird. Dies geschieht mathematisch dadurch, dass alle Datenpunkte in eine Graphik abgetragen (x-Achse: *fair-value*-Änderungen aus Grundgeschäft, y-Achse *fair-value*-Änderungen aus Sicherungsgeschäft) werden und dann mit Hilfe statistischer Verfahren eine Gerade ermittelt wird, die die vorhandenen Datenpunkte am besten repräsentiert. Entscheidend für die Effektivitätsmessung ist die Steigung dieser Geraden, die innerhalb der vorgeschriebenen Bandbreite von 80 %–125 % liegen muss, damit die Sicherungsbeziehung als effektiv gilt. Dabei dürfen die Datenpunkte insgesamt nicht zu stark um diese Gerade streuen und die Gerade muss die Achsen im Nullpunkt schneiden (was nichts anderes bedeutet, als dass im Falle einer *fair-value*-Änderung des Grundgeschäfts von null auch von einer *fair-value*-Änderung aus dem Sicherungsgeschäft von null auszugehen ist). Im Vergleich zur *dollar-offset*-Methode führt die Regressionsmethode häufig zu besseren Ergebnissen bei der Effektivitätsmessung, weil sich einzelne Ausreißer weniger auswirken. Sie kann allerdings erst angewandt werden, wenn eine hinreichende Anzahl an Messwerten vorliegt; so wird häufig eine Mindestzahl von 25 Werten verlangt. Daher wird am Beginn einer Sicherungsbeziehung häufig zunächst die *dollar-offset*-Methode angewandt, um beim Erreichen der Mindestanzahl von Datenpunkten auf die Regressionsmethode umzustellen. Die Regressionsmethode ist komplexer und daher nur bei einer höheren Anzahl (komplexer) *hedges* sinnvoll anwendbar. Sofern lediglich eine überschaubare Anzahl perfekter oder annähernd perfekter Sicherungsbeziehungen abgeschlossen wird, dürfte die *dollar-offset*-Methode vollkommen ausreichend sein. Für ein Beispiel zur *dollar-offset*-Methode bei Währungssicherung wird auf Rz 51 verwiesen.

6.3.6.4 Transaktionswahrscheinlichkeit

Handelt es sich bei dem gesicherten Geschäft nicht um eine vertraglich fixierte, sondern eine von dem Unternehmen **erwartete Transaktion** (*forecasted transaction*), kann diese nur dann als zulässiges Grundgeschäft im Rahmen des *hedge accounting* (als *cash flow hedge*) verwendet werden, wenn eine **hohe Wahrscheinlichkeit** für den tatsächlichen Eintritt dieser Transaktion nachgewiesen wird. Dieser Nachweis ist nicht nur bei Beginn, sondern über die gesamte Laufzeit des Sicherungszusammenhangs zu erbringen. Dabei stellt IAS 39.IG.F.3.7 deutlich klar, dass eine Wahrscheinlichkeit von mehr als 50 % (*more likely than not*) nicht ausreichend ist, die Transaktion muss vielmehr als quasi sicher gelten. Allgemein wird daher eine Eintrittswahrscheinlichkeit von mehr als 90 % gefordert.

Für den Nachweis der hohen Wahrscheinlichkeit sind bloße Absichtserklärungen des Unternehmens allerdings nicht ausreichend. Vielmehr sind diese durch nachprüfbare Fakten und die Rahmenbedingungen des Unternehmens im Einzelnen zu unterlegen (IAS 39.IG.F.3.7). Ein solcher Nachweis kann unter anderem dadurch erbracht werden, dass

- in der Vergangenheit vergleichbare Transaktionen stattgefunden haben,
- der Eintritt der Transaktion durch aktuelle Business-Pläne des Unternehmens untermauert wird,
- die Güte vergleichbarer früherer Pläne mittels vergangenheitsbezogener Plan-Ist-Analysen belegt wird,
- das wirtschaftliche Umfeld des Unternehmens (gesamtwirtschaftliche Rahmenbedingungen, Konkurrenzsituation usw.) angemessen berücksichtigt wurde,
- das Unternehmen aufgrund seiner finanziellen und operativen Kapazitäten in der Lage sein wird, die Transaktion umzusetzen,

- die Nichtdurchführung der Transaktionen erhebliche negative Auswirkungen auf das Unternehmen haben wird.

Grundsätzlich wird der Nachweis einer hohen Wahrscheinlichkeit umso besser zu erbringen sein, je kürzer der Prognosezeitraum ist. Auch wird sich die hohe Wahrscheinlichkeit besser nachweisen lassen für eine Vielzahl gleichartiger künftiger Transaktionen (z. B. erwartete Fremdwährungserlöse aus Verkäufen im Ausland) als für eine einzelne Transaktion (z. B. wenn das Unternehmen an einem Bieterwettbewerb für einen Großauftrag im Ausland teilnimmt).

Dabei lässt sich die Wahrscheinlichkeit dadurch erhöhen, dass lediglich ein **Prozentsatz** der künftig erwarteten Transaktionen als Grundgeschäft in einer Sicherungsbeziehung designiert wird. Geht ein Unternehmen beispielsweise – gestützt durch entsprechende Planungen und Erfahrungen aus der Vergangenheit – von einem Verkaufsvolumen von 100.000 Stück aus, so lässt sich die geforderte hohe Eintrittswahrscheinlichkeit dadurch erreichen, dass lediglich 80.000 Stück davon als Grundgeschäft im Rahmen der Sicherungsbeziehung designiert werden. In diesem Zusammenhang ist es ratsam, keine aggressive Auslegung des Wahrscheinlichkeitskriteriums vorzunehmen, da das wiederholte Ausbleiben erwarteter Transaktionen die Möglichkeit zur Nutzung des *cash flow hedge accounting* in der Zukunft einschränken wird. Zudem ist zu bedenken, dass gem. IFRS 7.23b hierüber im Anhang zu berichten ist (Rz 258).

Letztlich kommt es aber auf die Gesamtheit der Umstände im Einzelfall an, ob die für das *cash flow hedge accounting* erforderliche hohe Wahrscheinlichkeit der erwarteten Transaktion gegeben ist.

6.3.7 Nachträglicher Wegfall, nachträgliches Entstehen einer Sicherungsbeziehung

225 Hinsichtlich des **Zeitpunkts**, zu dem eine Sicherungsbeziehung begründet werden kann, sieht IAS 39 keine wesentlichen Begrenzungen vor. Danach sind die folgenden Konstellationen möglich:
- **Grund- und Sicherungsgeschäft** werden **gleichzeitig** begründet und von Beginn an als Sicherungsbeziehung dokumentiert (Beispiel: Eine variabel verzinsliche Verbindlichkeit wird in t_0 begründet und durch den gleichzeitigen Abschluss eines Zinsswaps gegen das *cash-flow*-Risiko abgesichert).
- Ein Grundgeschäft wird begründet, aber **erst später** durch Abschluss eines *hedge*-Geschäfts abgesichert (Beispiel: Eine Aktie wird in t_0 erworben und erst in t_1 mit einem Aktientermingeschäft gegen Verluste gesichert).
- Ein Derivat wird begründet, aber erst zu einem späteren Zeitpunkt als Sicherungsgeschäft für ein **neu begründetes Grundgeschäft** designiert (Beispiel: In t_0 wird ein Devisentermingeschäft abgeschlossen, aber erst in t_1 als Sicherungsgeschäft für eine zu diesem Zeitpunkt abgeschlossene Bestellung von Rohstoffen in USD designiert).
- Ein Unternehmen verfügt in t_0 über ein Grund- und ein Sicherungsgeschäft, die **Sicherungsbeziehung** – zwecks Anwendung der Regelungen

des *hedge accounting* – wird erst **später**, d. h. in t_1, begründet (retroaktive Widmung).
In allen Fällen werden die Regeln des *hedge accounting* erst ab Beginn der Dokumentation des Sicherungszusammenhangs angewandt. Bis zu diesem Zeitpunkt eingetretene Wertänderungen sind nach den allgemeinen Regelungen zu behandeln. **Unzulässig** ist daher eine **retrospektive Designation** eines Sicherungszusammenhangs (IAS 39.IG.F.3.8), indem beispielsweise ein am Beginn eines Quartals abgeschlossenes Grund- und Sicherungsgeschäft erst zum Ende des Quartals rückwirkend für die abgelaufene Periode als Sicherungszusammenhang dokumentiert werden.

Die Anwendung der Regeln des *hedge accounting* ist unter den folgenden Bedingungen zu **beenden:**

- das **Grundgeschäft fällt weg** (Veräußerung, Abschreibung etc.) oder läuft aus;
- das **Sicherungsgeschäft fällt weg** (Veräußerung, Glattstellung etc.) oder läuft aus;
- die Sicherungsbeziehung erfüllt die **Voraussetzungen** für die Anwendung des *hedge accounting* **nicht mehr** (insbesondere aufgrund mangelnder Effektivität oder weil die Erwartung einer künftigen Transaktion nicht mehr hinreichend sicher ist);
- das **Unternehmen beendet die Designation** des Sicherungsgeschäfts und damit die Sicherungsbeziehung, obwohl das Grund- und das Sicherungsgeschäft noch bestehen („Dedesignation").

226

Für die **buchmäßige** Behandlung bei einer **Beendigung** der Sicherungsbeziehung ist zwischen *fair value hedges* und *cash flow hedges* (Rz 213) zu differenzieren.

227

Wenn im Falle eines *fair value hedge*

- das Sicherungsderivat wegfällt oder
- die Sicherungsbeziehung die Voraussetzung für das *hedge accounting* nicht mehr erfüllt oder
- die Sicherungsbeziehung „dedesigniert" wird,

werden für das Grundgeschäft keine weiteren Buchwertanpassungen mehr vorgenommen. Der bis zu diesem Zeitpunkt aufgelaufene Anpassungsbetrag wird

- im Falle eines zinstragenden Grundgeschäfts bis zu dessen Fälligkeit amortisiert (unter Verwendung der Effektivzinsmethode). Dies gilt insbesondere für Darlehen und Verbindlichkeiten, aber auch für zinstragende *available-for-sale*-Wertpapiere;
- bei allen anderen Geschäften nicht amortisiert, sondern verbleibt bis zur Veräußerung oder Abschreibung in der Bilanz.

Fällt hingegen das **Grundgeschäft weg**, ist dessen Buchwert (einschließlich des Anpassungsbetrags aus dem *fair value hedge accounting*) auszubuchen.
Wenn im Falle eines *cash flow hedge* das Sicherungsderivat wegfällt, werden keine weiteren Anpassungen im Eigenkapital mehr vorgenommen. Der bis zu

diesem Zeitpunkt im Eigenkapital aufgelaufene Betrag wird – den allgemeinen Regeln des *cash flow hedge accounting* folgend (Rz 216) – ausgebucht, wenn die gesicherte Transaktion eintritt (IAS 39.101.(a)(d)).
Wenn das *cash flow hedge accounting* hingegen deshalb zu beenden ist, weil
- die Sicherungsbeziehung die Voraussetzungen nicht mehr erfüllt oder
- die Sicherungsbeziehung „dedesigniert" wird,

ist der bis zu diesem Zeitpunkt im Eigenkapital aufgelaufene Betrag unmittelbar auszubuchen und in der GuV zu erfassen. Ab diesem Zeitpunkt wird das Sicherungsinstrument nach den allgemeinen Regeln behandelt; im Falle eines Derivats folgt daraus eine Behandlung als Handelsgeschäft *(trading)* mit einer Erfassung der *fair-value*-Änderung in der GuV (Rz 148).

6.3.8 Fair value option als Alternative zum *hedge accounting*

228 Zur Anwendung der Regeln des *hedge accounting* müssen Unternehmen eine Reihe von **Voraussetzungen** erfüllen (Rz 219):
- Designation und **Dokumentation** der Sicherungsbeziehung,
- prospektive und retrospektive **Messung der Effektivität** der Sicherungsbeziehung,
- Durchführung von *hedge-accounting*-spezifischen Bewertungen und
- Anwendung der **Buchungsregeln** des *hedge accounting*.

Gerade für Unternehmen, die nur im geringen Umfang Finanzinstrumente einsetzen, bedeutet dies einen nicht unerheblichen Aufwand, u. U. sogar die Unmöglichkeit der Nutzung des *hedge accounting* überhaupt. Als praktische Alternative zu den Regelungen des *hedge accounting* bietet sich in solchen Fällen u. U. die *fair value option* (IAS 39.9) an. Diese erlaubt die Designation eines Finanzinstruments im Zugangszeitpunkt als gewillkürten Handelsbestand (Rz 34 und Rz 145) und damit eine erfolgswirksame Bewertung zum *fair value*, wenn dadurch Bilanzierungs- bzw. Bewertungsdifferenzen (sog. *accounting mismatch*) vermieden werden können und sich insofern die Aussagekraft des Abschlusses erhöht (IAS 39.9b).

Diese Voraussetzungen werden typischerweise bei den Anwendungsfällen des *fair value hedge accounting* **erfüllt**: Ein originäres Finanzinstrument *(loan and receivable, held-to-maturity investment, available for sale financial asset* oder finanzielle Verbindlichkeit) wird mit einem Derivat gegen Änderung seines *fair value* abgesichert (Rz 213ff.):

- Bewertungs**differenzen** resultieren in solchen Fällen aus dem *mixed model*, da das Sicherungsderivat erfolgs**wirksam** zum *fair value* bewertet wird, wohingegen das gesicherte originäre Finanzinstrument entweder erfolgs**neutral** zum *fair value (available for sale financial asset)* oder zu fortgeführten Anschaffungskosten *(loan and receivable, held-to-maturity investment* oder finanzielle Verbindlichkeit) bewertet wird. Durch Anwendung der *fair value option* auf das originäre Finanzinstrument wird die Bewertungsdifferenz ohne Anwendung des *fair value hedge accounting* beseitigt.

- Die Aussagekraft des Abschlusses wird dadurch erhöht, dass der Risikozusammenhang zwischen dem Grund- und dem Sicherungsgeschäft adäquat in der Bilanz und der GuV abgebildet und nicht durch unterschiedliche Bewertungskonzepte verzerrt wird.

Die *fair value option* kann aber nicht nur als Alternative zum *fair value hedge accounting* genutzt werden, sondern auch für die Bilanzierung solcher Sicherungsbeziehungen, für die IAS 39 die Anwendung des *fair value hedge accounting* nicht erlaubt. Dies gilt insb. für solche Fälle, in denen das Sicherungsgeschäft kein Derivat, sondern ein originäres Finanzinstrument ist (Rz 201). Ein typischer Anwendungsfall ist eine als *available for sale financial asset* klassifizierte festverzinsliche Anleihe, die mit einer laufzeitkongruenten festverzinslichen Verbindlichkeit gegen Zinsrisiken abgesichert wird. Da das *fair value hedge accounting* in diesem Fall nicht angewendet werden darf (IAS 39.72), kommt es infolge der einseitigen Bewertung der Anleihe zum *fair value* zu einer Bewertungsdifferenz im Eigenkapital. Mit der Anwendung der *fair value option* für beide Geschäfte lässt sich diese Bewertungsdifferenz beseitigen, weil beide Geschäfte erfolgswirksam zum *fair value* bewertet werden. Als Alternative zum *cash flow hedge accounting* scheidet die *fair value option* hingegen **aus**.

229

7 Latente Steuern auf Finanzinstrumente

7.1 Anteile an Kapitalgesellschaften: § 8b KStG

Soweit eine Kapitalgesellschaft Anteile an einer anderen Kapitalgesellschaft hält, sind Veräußerungsgewinne, Veräußerungsverluste und Abschreibungen auf diesen Anteil in der Regel durch § 8b Abs. 3 KStG zu 95 % von der Körperschaftsteuer freigestellt. Bei einer bilanzierenden Kapitalgesellschaft führen deshalb Abweichungen zwischen dem Anteilswert laut IFRS-Bilanz (z. B. *fair value* über Anschaffungskosten) und dem Anteilswert laut Steuerbilanz (*tax base*) nicht zu latenten Steuern, da die Differenz nicht zu versteuern bzw. steuerlich nicht abzugsfähig ist (IAS 12.5ff.; → § 26 Rz 18).

230

Handelt es sich bei dem Berichtsunternehmen dagegen um eine **Personengesellschaft**, so führen Abweichungen zwischen dem steuerlichen und dem IFRS-Anteilswert (wie andere Abweichungen) in Höhe des **Gewerbesteuersatzes** zu einer Steuerlatenz (→ § 26 Rz 84). Zur Behandlung von Anteilen an Personengesellschaften wird auf → § 26 Rz 77 verwiesen.

231

7.2 Fremdkapitalinstrumente: Wertsteigerung über AK sowie vorübergehende Wertminderung

Werden Fremdkapitalinstrumente, insbesondere Anleihen, aufgrund des *fair-value*-Ansatzes über Anschaffungskosten angesetzt (Rz 177), so steht dies im Widerspruch zu § 6 EStG; auf die Differenz ist eine passive latente Steuer zu

232

bilden. Im Falle von erfolgsneutral bewerteten *available-for-sale*-Papieren erfolgt die Bildung des steuerlichen Abgrenzungspostens im Eigenkapital (Rz 155 sowie → § 26 Rz 103).

Liegt der nach IFRS anzusetzende *fair value* unter den Anschaffungskosten, so ist nach § 6 Abs. 1 EStG zu prüfen, ob die Wertminderung voraussichtlich von Dauer ist. Soweit dies verneint wird, sind aktive latente Steuern zu bilden.[42]

7.3 Pauschalwertberichtigungen

233 Pauschalwertberichtigungen werden von der Finanzverwaltung anerkannt, wenn sie den Betrag von 1 % nicht überschreiten (Nichtbeanstandungsgrenze). Ein höherer Ansatz muss durch die Historie der Forderungsausfälle (Statistik) begründet werden.[43] In diesem Fall bestehen keine besonderen Unterschiede zur IFRS-Bilanz, die für portfolioorientierte Wertberichtigungen (Pauschalwertberichtigungen im weiteren Sinne) ebenfalls die Orientierung an Erfahrungssätzen vorsieht (Rz 125).

7.4 Forderungen und Verbindlichkeiten in Fremdwährung

234 Nach IAS 21 sind Vermögenswerte und Schulden in fremder Währung i. d. R. zum Stichtagskurs umzurechnen (→ § 27 Rz 12). Eine Begrenzung nach oben auf die Anschaffungskosten (Vermögenswerte; Rz 121) bzw. nach unten durch den Rückzahlungsbetrag (Verbindlichkeiten; Rz 182) besteht nicht. Führt die Umrechnung einer Forderung demnach zu einem über den Anschaffungskosten liegenden Wert, so entstehen passive latente Steuern. Der währungsbedingte Ansatz von Verbindlichkeiten unter dem Rückzahlungsbetrag führt ebenfalls zu einer passiven Steuerlatenz.

7.5 Derivate – *hedge accounting*

235 Droht aus Derivaten ein Verlust, so ist dieser Verlust wenigstens nach Auffassung der Finanzverwaltung gemäß § 5 Abs. 4a EStG steuerbilanziell nicht zu berücksichtigen. In Höhe des negativen *fair value* der IFRS-Bilanz liegt eine temporäre Differenz vor, die zu aktiven latenten Steuern führt. Passive latente Steuern ergeben sich, wenn in der IFRS-Bilanz ein positiver *fair value (asset)* anzusetzen ist, hingegen in der Steuerbilanz nach den Grundsätzen schwebender Geschäfte ein Ansatz unterbleibt.

---

[42] Vgl. LÜDENBACH/HOFFMANN, DB 2004, S. 85.
[43] Vgl. BFH, Urteil v. 27.8.1992, IV R 89/90, BStBl II 1982, S. 766.

8 Ausweis

8.1 Bilanz und Eigenkapitalveränderungsrechnung

Das Finanzvermögen bereitet auf der Ebene der Bilanz selbst keine besonderen Ausweisprobleme. **236**
- **Finanzanlagen:** Die Position Finanzanlagen wird in der (deutschen) IFRS-Praxis entweder gar nicht – oder wie von IAS 1.68d und e verlangt (→ § 2 Rz 33) – lediglich in *equity*-Beteiligungen einerseits und übrige Finanzanlagen andererseits unterteilt.
- **Kurzfristiges Vermögen:** Im Umlaufvermögen sieht IAS 1.68 i. V. m. IAS 1.51 eine Mindestuntergliederung in Forderungen *(trade and other receivables),* Zahlungsmittel *(cash and cash equivalents)* und sonstige kurzfristige finanzielle Vermögenswerte vor (→ § 2 Rz 34). Die Forderungen *(receivables)* sind wahlweise in der Bilanz oder im Anhang weiter zu untergliedern in Forderungen aus Lieferung und Leistung, Forderungen gegen nahe stehende Personen, Vorauszahlungen und sonstige Forderungen (IAS 1.75b).

Die relevanten Erläuterungen und Untergliederungen des Finanzvermögens finden sich demgemäß nicht auf der Ebene der Bilanz, sondern in den *notes*. Insoweit wird auf Rz 244ff. und → § 5 verwiesen. **237**

Für Verbindlichkeiten sieht IAS 1.68 mindestens den gesonderten Ausweis folgender Posten in der Bilanz selbst vor (→ § 2 Rz 34): **238**
- **Verbindlichkeiten aus Lieferung und Leistung und sonstige Verbindlichkeiten,**
- **Finanzschulden.**

Soweit in diesen Kategorien jeweils sowohl kurzfristige als auch langfristige Teile enthalten sind, müssen diese jeweils separiert werden (IAS 1.51).

Zusätzliche Posten sind auszuweisen, wenn sie notwendig sind, um die Vermögens- und Finanzlage des Unternehmens den tatsächlichen Verhältnissen entsprechend darzustellen (IAS 1.69; → § 2 Rz 42). Diese Formulierung lässt viele **Spielräume** offen und führt zu einer **uneinheitlichen** Bilanzierungspraxis: Teils werden nur die Posten Verbindlichkeiten und latente Steuern in der Bilanz selbst ausgewiesen und alle anderen Angaben in den Anhang verlagert. Teils wird die Passivseite in langfristiges und kurzfristiges Fremdkapital untergliedert, wobei im langfristigen Fremdkapital langfristige Finanzschulden und übrige langfristige Verbindlichkeiten ausgewiesen werden, im kurzfristigen Fremdkapital kurzfristige Finanzschulden, Verbindlichkeiten aus Lieferungen und Leistungen und übrige kurzfristige Verbindlichkeiten. Die erste Lösung führt nicht wirklich zu einem geringeren Aufstellungsaufwand, da ohnehin für den Anhang eine Aufgliederung nach Fristigkeiten gefordert ist. **239**

240 Besonderer Berücksichtigung in der **Eigenkapitalveränderungsrechnung** bedürfen erfolgsunwirksame *fair-value*-Änderungen, wie sie bei *cash flow hedges* und *available-for-sale*-Werten entstehen. Die Bildung einer besonderen Kategorie (z. B. **Rücklage für Zeitbewertung**) erfüllt am einfachsten die Anforderungen von IAS 1.96b. Alternativ ist die Zusammenfassung mit anderen Rücklagen und die Überleitung des Jahresüberschusses zum Gesamteinkommen *(comprehensive income)* möglich (→ § 20 Rz 40).

8.2 GuV und Kapitalflussrechnung

241 Das Mindestschema der **GuV** aus IAS 1.81 sieht **zwei** Angaben für die Ergebnisse aus Finanzinstrumenten vor:
- das *equity*-Ergebnis aus assoziierten und Gemeinschaftsunternehmen sowie
- das Zinsergebnis *(financial cost)*.

In der Praxis wird häufig wie folgt verfahren (→ § 2 Rz 63):
- Gewinne und Verluste aus dem Abgang von Finanzinstrumenten werden in den Posten **sonstige betriebliche Erträge** oder **sonstige betriebliche Aufwendungen** erfasst. Das Gleiche gilt für Abschreibungen und Zuschreibungen auf Forderungen sowie Währungsgewinne und Währungsverluste.
- In der Position **übriges Finanzergebnis** (nach den Posten Beteiligungsergebnis und Zinsergebnis) werden Abschreibungen und Zuschreibungen auf Finanzanlagen sowie Ergebnisse aus der Marktbewertung von Derivaten und anderen *trading assets* (Rz 145) erfasst. Hierbei dürfen im Allgemeinen Gewinne und Verluste aus zu Handelszwecken gehaltenen Finanzinstrumenten saldiert werden, d. h., auch im Anhang ist nicht zwischen Gewinn- und Verlustfällen zu differenzieren (IAS 1.37).

242 In der **Kapitalflussrechnung** sind neben den allgemeinen Regelungen (z. B. Darlehensaufnahme und Darlehensrückzahlung im Finanzierungsbereich) folgende besonderen Bestimmungen zu beachten:
- Wertpapiere und Anleihen, die zu **Handelszwecken** gehalten werden, sollen gemäß IAS 7.15 den zur Weiterveräußerung bestimmten Vorräten ähneln. *Cash flows* aus dem Erwerb und Verkauf derartiger Wertpapiere sind deshalb im operativen Bereich der *cash-flow*-Rechnung zu berücksichtigen. Entsprechendes gilt für Derivate, die zu Handelszwecken gehalten werden (→ § 3 Rz 42).
- Bei Auszahlungen für **Derivate**, die als *hedges* verwendet werden, ist zu differenzieren: Beziehen sie sich auf ein bestimmtes Sicherungsgeschäft (z. B. Kundenforderungen in Fremdwährung), so ist der *cash flow* des Derivates so zu behandeln wie der des Grundgeschäftes (im Beispiel operativ). Fehlt es an einem solchen besonderen Bezug, so können nicht als *trading* zu qualifizierende Derivate je nach den Umständen der Investitions- oder Finanzierungstätigkeit zugerechnet werden (IAS 7.16g; → § 3 Rz 42).

Kehm/Lüdenbach

- Auszahlungen für *available-for-sale*-Werte sind im Allgemeinen im Investitionsbereich zu berücksichtigen.
- Bei großer **Umschlaghäufigkeit**, d. h. vorrangig in der Kategorie *trading*, können Ein- und Auszahlungen auch **saldiert** dargestellt werden (IAS 7.22b).

9 Angaben

9.1 Überblick

Die notwendigen Anhangsangaben sind bis Geschäftsjahr 2006 aus IAS 32, ab Geschäftsjahr 2007 aus IFRS 7 zu entnehmen. Im Vordergrund der nachfolgenden Kommentierung steht IFRS 7. Da IAS 32 jedoch im Wesentlichen eine Teilmenge dieser Vorschriften darstellt, werden die inhaltsgleichen Vorschriften von IAS 32 überwiegend mit zitiert. **243**

Die Angabepflichten lassen sich in zwei Blöcke aufteilen: **244**

- **Bedeutung** von Finanzinstrumenten für das Unternehmen (IFRS 7.7-30) und
- Art und Umfang der aus den eingesetzten Finanzinstrumenten resultierenden **Risiken** (IFRS 7.31-44).

Zur Erläuterung der **Bedeutung** der eingesetzten Finanzinstrumente sind Angaben zu den folgenden **Punkten** erforderlich:

- **Bilanzierungs- und Bewertungsmethoden** (Rz 248),
- **Überleitung** der Bewertungskategorien des IAS 39 auf die Bilanz und GuV-Positionen, Umgliederungen zwischen den Kategorien (Rz 252),
- Höhe von Zeitwerten (*fair values*), soweit nicht bereits aus der Bilanz ersichtlich, Ermittlung der Zeitwerte, Nutzung der *fair value option* (Rz 256),
- *hedge accounting* (Rz 258),
- sonstige Angaben zur Bedeutung von Finanzinstrumenten (Rz 259).

Zur Kennzeichnung der **Risiken** aus den eingesetzten Finanzinstrumenten sind Angaben zu

- Ausfallrisiken (→ Rz 265),
- Liquiditätsrisiken (→ Rz 266) und
- Markt(preis)risiken (→ Rz 267)

erforderlich (Rz 264). Diese können aber statt im Anhang in einem **Lagebericht** gemacht werden, der mit den *financial statements* offengelegt wird (IFRS 7.B6). Hierdurch lassen sich Redundanzen vermindern.

9.2 *Materiality*-Überlegungen

Betrachtet man den Anhang von Großunternehmen wie Lufthansa, RWE oder Metro, fällt der wesentlich größere **Umfang** der Erläuterungen der Finanz- **245** instrumente im Verhältnis zum Sach- und immateriellen Anlagevermögen und zu den Vorräten (insgesamt) auf. Ein unvoreingenommener Betrachter könnte angesichts dieser Schwerpunktsetzung den Eindruck gewinnen, dass die genannten Unternehmen nicht vor allem Passagiere befördern, Energie produzieren bzw. Warenhandel betreiben, sondern sich eher auf finanzielle als auf operative Tätigkeiten konzentrieren würden. Wer als mittelständischer Anwender einen solchen Eindruck nicht vermitteln will bzw. auch den mit manchen Angaben verbundenen Aufwand scheut, muss den *materiality*-Grundsatz (→ § 1 Rz 65ff.) extensiv auslegen.

246 Wie alle IFRS-Regelungen unterliegen auch die Bestimmungen von IFRS 7 dem Vorbehalt der Nichtanwendung auf **unwesentliche** Sachverhalte. Daneben finden sich aber noch spezielle Hinweise: „Ein Unternehmen entscheidet, unter Berücksichtigung der Umstände, welche Details es zur Erfüllung der Anforderungen des IFRS 7 angibt, wie es die einzelnen Anforderungen gewichtet und wie es Informationen zu einem Gesamtbild aggregiert" (IFRS 7.B3). „Der Umfang der Angabepflichten hängt vom Umfang des Einsatzes von Finanzinstrumenten und der betreffenden Risikoexposition ab" (IFRS 7.IN4).

247 Ein **mittelständisches Unternehmen**, das außer ausgereichten Forderungen und Verbindlichkeiten und vielleicht noch einem zur Währungssicherung eingesetzten Derivat nicht in wesentlicher Größenordnung in Finanzinstrumente engagiert ist, kann bei konsequenter Anwendung des *materiality*-Grundsatzes mit verhältnismäßig wenigen, zumeist aus dem Handelsrecht bekannten Angaben (Laufzeiten usw.) auskommen und so – im Interesse des *true and fair view* – seine Berichterstattung vom **finanziellen Kopf** auf die **operativen Füße** stellen.

9.3 Angaben zu Bilanzierungs- und Bewertungsmethoden

248 Bezüglich der Angabepflichten zu den Bilanzierungs- und Bewertungsmethoden verweist IFRS. 21 (bisher IAS 32.66) lediglich auf die diesbezüglich allgemeine Angabepflicht in IAS 1.108. Für Finanzinstrumente dürfte danach im Wesentlichen eine Angabe der Bewertungsmethoden, der Kriterien für die Ein- und Ausbuchung sowie der Ermittlung der Erträge und Aufwendungen relevant sein. Dabei wird z. B. bei **Forderungen** und **Finanzverbindlichkeiten** sowie bei *held-to-maturity assets* (Rz 130ff.) i. d. R. ein Hinweis auf die Bewertung zu fortgeführten Anschaffungskosten ausreichen. Für die Bewertung von Handelswerten und Derivaten reicht der Hinweis auf den *fair value*.

249 Über diese allgemeinen Angaben hinaus sieht IFRS 7.B5 eine Reihe von **spezifischen Angaben** vor. Von besonderer Bedeutung ist dabei die in IFRS 7.B5f geforderte Angabe der Kriterien, anhand derer über die Notwendigkeit einer **Wertminderung** (*impairment*) entschieden wird. Unternehmen werden sich bezüglich dieser Angabepflicht nicht mit einer Wiedergabe der Indikatoren aus IAS 39.59 begnügen können. Vielmehr sind hierzu weitere unternehmensindividuelle Konkretisierungen erforderlich (z. B. durch Bezugnahme auf

Mahnstufen). In dem Zusammenhang ist auch anzugeben, inwieweit Wertberichtigungen direkt von Forderungen abgesetzt werden oder ob ein separates Wertberichtigungskonto verwendet wird und – in letzterem Fall – nach welchen Kriterien das Konto ausgebucht und die Forderung direkt abgeschrieben wird (IFRS 7.B5d). Diese Angabepflicht bestand bisher nach IAS 32 nicht.

Bei Nutzung der *fair value option* ist darzulegen (IFRS 7.B5a, bisher IAS 32.66d), welche Finanzinstrumente davon betroffen sind und welches der drei zulässigen Kriterien für die Nutzung der *fair value option* verwendet wurde (Rz 34): **250**

- Vermeidung eines *accounting mismatch* gem. IAS 39.9b(i),
- Steuerung eines Portfolios von Finanzinstrumenten gem. IAS 39.9b(ii) auf *fair-value*-Basis oder
- Finanzinstrument enthält ein abtrennungspflichtiges Derivat gem. IAS 39.11A.

Darüber hinaus ist anzugeben, wie die Anwendungsvoraussetzungen für die Nutzung der *fair value option* im Einzelnen erfüllt wurden.

Für die Finanzinstrumente der Kategorie *availabe for sale* sind die Kriterien für die Zuordnung zu dieser Kategorie zu erläutern (IFRS 7.B5b). Diese Angabepflicht bestand bisher nicht nach IAS 32. Hierzu gehört auch die Angabe, ob von der Möglichkeit einer entsprechenden Willkürung als zur Veräußerung verfügbarer finanzieller Vermögenswert Gebrauch gemacht wurde (Rz 152). **251**

9.4 Überleitung von Bewertungskategorien auf Bilanz- und GuV-Posten

In Erweiterung von IAS 32 sieht IFRS 7.8 eine **Aufgliederung der bilanziellen Buchwerte nach den Bewertungskategorien** des IAS 39 vor, sofern sich diese nicht ausnahmsweise bereits aus der Bilanz ergeben. **252**

Für die **Aktivseite** verlangt dies eine Aufgliederung der Bilanzposten nach in ihnen enthaltenen

- Fälligkeitswerten,
- veräußerbaren Werten,
- zu Handelszwecken gehaltenen Werten und
- in die *fair value option* designierten finanziellen Vermögenswerten.

In analoger Weise erfolgt die Aufgliederung der **Passivposten** in:

- zu fortgeführten Anschaffungskosten bilanzierte Finanzverbindlichkeiten,
- zu Handelszwecken gehaltene finanzielle Verbindlichkeiten und
- in die *fair value option* designierte finanzielle Verbindlichkeiten.

> **Beispiel**
> Die X weist in ihrer Bilanz aktive Finanzinstrumente unter folgenden Bezeichnungen aus:

– Als „Finanzanlagen" unter der Position „Langfristige Vermögenswerte"
– als „Forderungen L+L" und „sonstige finanzielle Vermögenswerte" unter der Position „Kurzfristige Vermögenswerte".

Die für Bewertungszwecke erstellten Arbeitspapiere nehmen hingegen eine ganz andere Aufgliederung nach den Bewertungskategorien von IAS 39 vor.

Bewertung und Ausweis stehen in keinem dem Bilanzadressaten erkennbaren Zusammenhang. Die nachfolgende Überleitung stellt diesen Zusammenhang her:

BILANZ		ARBEITSPAPIERE	
AKTIVA	PASSIVA	held-to-maturity assets	50
Langfr. Vermögenswerte		loans and receivables	600
....		available-for-sale assets	120
Finanzanlagen 100		trading assets	30
....			
Kurzfr. Vermögenswerte			
....			
Forderungen L+L 500			
So. fin. Vermögenswerte 200			
....			

ÜBERLEITUNG	Finanzanl.	Ford.L+L	so.fin.Verm.	Summe
held-to-maturity assets	50			50
loans and receivables	50	500	50	600
available-for-sale assets			120	120
trading assets			30	30
	100	500	200	800

253 Im Zusammenhang mit den in der Bilanz verwendeten Bewertungskategorien sind auch Angaben für den Fall erforderlich, dass ein finanzieller Vermögenswert **umkategorisiert** wurde und daher statt wie bisher zu (fortgeführten) Anschaffungskosten nun zum *fair value* bewertet wird. Aufgrund der restriktiven Umklassifizierungsvorschriften des IAS 39 (Rz 168) kommt hierfür nur der Wechsel von

- einem Fälligkeitswert in einen Veräußerungswert (zwingend für den Fall des *tainting*) oder
- einem Veräußerungswert in einen Fälligkeitswert (wenn das Unternehmen nach Ablauf der zweijährigen *tainting*-Frist ein freiwillige Rückkategorisierung vornimmt)

in Frage.

Anzugeben sind der Grund der Umkategorisierung und die betragsmäßigen Auswirkungen in den beiden Kategorien (IFRS 7.12).

254 Wie für die Bilanz wird auch für die **GuV** eine kategoriebezogene **Aufgliederung der Nettogewinne und -verluste** gefordert (IFRS 20a). Dabei sind die folgenden Kategorien zu unterscheiden:

- Darlehen und Forderungen,
- Fälligkeitswerte,
- veräußerbare Werte,
- zu fortgeführten Anschaffungskosten bilanzierte Finanzverbindlichkeiten,

- zu Handelszwecken gehaltene finanzielle Vermögenswerte bzw. Verbindlichkeiten sowie
- in die *fair value option* designierte finanzielle Vermögenswerte bzw. Verbindlichkeiten.

Unter **Nettogewinnen und -verlusten** *(gains and lossses)* sind dabei alle in der GuV der Periode erfassten Bewertungseffekte zu verstehen. Hierunter fallen für Finanzinstrumente, die **zu (fortgeführten) Anschaffungskosten** oder **erfolgsneutral zum** *fair value* bewertet werden, nicht die laufenden Zinsen oder Dividenden, hingegen:

- **Wertberichtigungen, Zuschreibungen** sowie Eingänge aus abgeschriebenen Forderungen,
- Gewinne bzw. Verluste aus der **Veräußerung** von Vermögenswerten und
- Gewinne bzw. Verluste aus dem **Rückkauf** von Verbindlichkeiten.

Im Falle von veräußerbaren Werten ist in diesem Zusammenhang auch anzugeben, welcher Betrag unmittelbar in der **Zeitbewertungsrücklage** erfasst wurde und welcher Betrag (aufgrund von Bewertungs- und Veräußerungseffekten) aus der Zeitbewertungsrücklage in die GuV gebucht wurde (IFRS 7.20a(i), bisher IAS 32.94.k(ii)).

Für **erfolgswirksam zum** *fair value* bewertete Finanzinstrumente sind alle Effekte aus der laufenden Bewertung einzubeziehen. Darüber hinaus werden hier auch Gewinne bzw. Verluste aus der Veräußerung bzw. dem Rückkauf ausgewiesen (Unterschiedsbetrag zwischen der letzten Bewertung zum *fair value* und dem Transaktionspreis).

Die gesamten Nettogewinne und -verluste können für jede Kategorie **in einer Zahl** angegeben werden; Aufgliederungen sind nicht erforderlich.

Gem. IFRS 7.B5e dürfen in das Nettoergebnis aus Handelsbeständen auch Zinsen und Dividenden einbezogen werden. Für Nicht-Handelsbestände ist dies unzulässig. IFRS 7.20b verlangt vielmehr eine separate Angabe der Gesamtzinserträge und der Gesamtzinsaufwendungen für Finanzinstrumente, die zu (fortgeführten) Anschaffungskosten oder erfolgsneutral zum *fair value* bewertet werden. Eine Aufgliederung nach Kategorien ist – anders als bei den Nettogewinnen/-verlusten – nicht notwendig.

Im Zusammenhang mit **Wertberichtigungen bzw. Abschreibungen** werden die folgenden beiden Angaben verlangt (IFRS 7.20d, e):

- Betrag der in der Periode in der GuV erfassten Wertminderungen. Die Angabe ist für jede Kategorie finanzieller Vermögenswerte erforderlich, die nicht erfolgswirksam zum *fair value* bewertet werden: also für Darlehen und Forderungen sowie Fälligkeitswerte (für die jeweils die gem. IAS 39.63 ermittelten *impairments* (Rz 122, 137) anzugeben sind) und für zur Veräußerung verfügbare Werte (für die die gem. IAS 39.66, 67 ermittelten Abschreibungen (Rz 161) anzugeben sind).
- Betrag des im Rahmen der Ermittlung von Wertberichtigungen (für die Kategorien Darlehen und Forderungen sowie Fälligkeitswerte) ermittelten

255

unwinding (IFRS 7.20d; Rz 123, 137). Die Angabe kann in einer Zahl erfolgen.

9.5 Angaben zu Zeitwerten *(fair values)* und zur Nutzung der *fair value option*

256 Nach IFRS 7.25 (bisher IAS 32.86) ist für **jede Klasse** von finanziellen Vermögenswerten und finanziellen Schulden der beizulegende **Zeitwert** *(fair value)* anzugeben und mit dem korrespondierenden Buchwert in der Bilanz zu vergleichen. Die sich daraus ergebende Differenz stellt den Betrag der stillen Reserven (oder Lasten) in den Finanzinstrumenten dar, der z. B. im Zuge eines Verkaufs realisiert werden könnte (oder müsste).

> **Beispiel**
> Ein Unternehmen hat ein Wertpapier im Bestand, das mit den fortgeführten Anschaffungskosten von 100 bilanziert wird. Der Marktpreis *(fair value)* des Wertpapiers hat sich seit Erwerb auf 108 erhöht. In Höhe der Differenz von 8 verfügt das Unternehmen daher über eine stille Reserve, die es durch Verkauf des Wertpapiers erfolgswirksam realisieren kann.

Die Angabe von *fair values* ist nur für Finanzinstrumente erforderlich, die nicht bereits zum *fair value* bilanziert werden. Daher scheidet die Angabe von vornherein aus für:

- zu Handelszwecken gehaltene finanzielle Vermögenswerte und Verbindlichkeiten,
- in die *fair value option* designierte finanzielle Vermögenswerte und Verbindlichkeiten,
- Veräußerungswerte und
- alle Derivate (unabhängig davon, ob sie als Sicherungsinstrumente oder Handelsderivate behandelt bilanziert werden).

Positiv ausgedrückt ist also eine *fair-value-*Angabe nur erforderlich für

- Darlehen und Forderungen,
- Fälligkeitswerte und
- zu fortgeführten Anschaffungskosten bilanzierte Finanzverbindlichkeiten.

Zu einem vom Buchwert abweichenden *fair value* kann es dabei vor allem bei festverzinslichen Finanzinstrumenten im Falle einer wesentlichen Zinsänderung kommen. Hat beispielsweise ein Unternehmen ein Darlehen zu marktüblichen 8 % fest aufgenommen und sinkt in der Folgezeit der Marktzins auf 6 %, so liegt nun der Marktwert (zukünftige Zahlungen diskontiert mit dem Marktzinssatz) über dem Buchwert der Verbindlichkeit.

Dabei ist die Auswirkung einer Marktzinsänderung umso größer, je länger die Restlaufzeit des Geschäfts ist. Die Ermittlung und Angabe des *fair value* ist daher für Finanzinstrumente mit einer nur kurzen Laufzeit nicht erforderlich.

Es genügt bei kurzen Restlaufzeiten (oder kleinen Marktzinsänderungen) regelmäßig die Angabe, dass die Buchwerte im Wesentlichen den Marktwerten entsprechen (IFRS 7.29a, bisher IAS 32.88). Eine entsprechende „Negativangabe" reicht auch für alle variabel verzinslichen Forderungen, Wertpapiere und Schulden.

Auf die *fair-value*-Angabe kann auch bei **Eigenkapitalinstrumenten** (Anteilen) verzichtet werden, für die es keine notierten Preise auf einem aktiven Markt gibt und die daher bereits in der Bilanz zu Anschaffungskosten erfasst werden, wie z. B. GmbH-Anteile (IFRS 7.29b). In diesem Fall sind allerdings gem. IFRS 7.30 (bisher IAS 32.90, 91) zusätzliche qualitative Angaben erforderlich, die dem Bilanzleser eine eigene Einschätzung eventueller stiller Reserven ermöglichen sollen.

Abgesehen von den vorgenannten Ausnahmen muss für alle Finanzinstrumente der *fair value* ermittelt werden, sei es für Bilanz oder für die Angabe im Anhang. Hierzu sieht IFRS 7.27a (bisher IAS 32.92) umfangreiche Angaben zu den **Ermittlungsmethoden** der *fair values* vor. Insbesondere ist zu erläutern, **257**

- in welchem Umfang der *fair value* (objektiv) aus **Marktpreisen** oder (subjektiv) durch Anwendung von **Bewertungstechniken** ermittelt wurde (IFRS 7.27b, bisher IAS 32.92b);
- im Falle der Verwendung von Bewertungstechniken, welche **Methoden** und **Annahmen** verwendet wurden (IFRS 7.27a, bisher IAS 32.92a);
- ob *fair values* insgesamt oder teilweise mittels Bewertungstechniken ermittelt wurden, die auf **nichtmarktbasierten** Annahmen und Inputparametern beruhen (IFRS 7.27c, bisher IAS 32.92c), und der in der GuV der Periode erfasste Betrag, der aus solchen Finanzinstrumenten resultiert (IFRS 7.27d, bisher IAS 32.92d).

Hat ein Unternehmen die *fair value option* (Rz 34) genutzt, sind – zusätzlich zu den Ausführungen über die Bilanzierungs- und Bewertungsmethoden (Rz 249) sowie zu den diesbezüglichen Buchwerten (Rz 252) und GuV-Auswirkungen (Rz 254) – weitere quantitative Angaben für den Fall vorzunehmen, dass die *fair value option* für Darlehen und Forderungen oder Finanzverbindlichkeiten gezogen wurde: **258**

- Bei Anwendung *fair value option* auf **Darlehen** und **Forderungen** ist deren maximales Ausfallrisiko anzugeben. Hinsichtlich der in der GuV erfassten Bewertungsgewinne bzw. -verluste ist der Teil anzugeben, der aus einer Änderung des Ausfallrisikos des Schuldners (und nicht aus Zinseffekten) resultiert. Wurden zur Absicherung der Forderung Kreditsicherungsinstrumente (z. B. Garantien oder Kreditderivate) eingesetzt, ist anzugeben, inwieweit diese das Ausfallrisiko der Darlehen und Forderungen reduzieren und welche GuV-Wirkung sich daraus ergeben hat (IFRS 7.9, bisher IAS 32.94g).
- Bei Anwendung *fair value option* auf **Finanzverbindlichkeiten** ist der Teil der in der GuV erfassten Bewertungsgewinne bzw. -verluste anzugeben, der aus einer Änderung des Ausfallrisikos des Emittenten (und nicht aus

Zinseffekten) resultiert. Da es sich bei dem Emittenten um das bilanzierende Unternehmen handelt, sind die GuV-Effekte anzugeben, die sich aus der eigenen Bonitätsänderung ergeben. In dem Zusammenhang ergibt sich das nicht intuitive Ergebnis, dass eine Verschlechterung der eigenen Bonität einen Gewinnausweis bewirkt und umgekehrt. Weiterhin ist der Unterschiedsbetrag zwischen dem Buchwert (= *fair value*) und dem vertraglichen Rückzahlungsbetrag der Verbindlichkeit im Anhang anzugeben (IFRS 7.10, bisher IAS 32.94h).

9.6 Angaben zum *hedge accounting*

259 Wenn ein Unternehmen über Sicherungsbeziehungen (insbesondere unter Verwendung von Derivaten) verfügt und es dafür die Regeln des *hedge accounting* (Rz 197ff.) anwendet, sind eine Reihe von Angaben im Anhang erforderlich (IFRS 7.22ff., bisher IAS 32.58f.).

Zunächst ist getrennt nach den vom Unternehmen im Einzelnen genutzten Formen des *hedge accounting (fair value hedge, cash flow hedge* und *hedge of a net investment in a foreign operation)* anzugeben (IFRS 7.22, bisher IAS 32.58):

- eine Beschreibung jeder **Art von Sicherungsbeziehungen**;
- eine Kennzeichnung der **Art der gesicherten Risiken** und
- eine Beschreibung der dabei als **Sicherungsinstrumente** eingesetzten und designierten Finanzinstrumente, einschließlich ihrer *fair values*.

Dabei ist nicht jede einzelne Sicherungsbeziehung anzugeben. Vielmehr kann die Angabe zu gleichartigen Sicherungszusammenhängen zusammengefasst werden. Dies gilt z. B., wenn ein Unternehmen erwartete Umsatzerlöse in Fremdwährung über verschiedene Zeiträume mit einer Vielzahl von Devisentermingeschäften absichert.

260 Verwendet das Unternehmen *cash flow hedge accounting,* sind zusätzlich Angaben erforderlich (IFRS 7.23, bisher eingeschränkt IAS 32.58, 59):

- zu den Perioden, in denen die gesicherten *cash flows* erwartet werden und in denen sie sich voraussichtlich auf die GuV auswirken,
- eine Beschreibung jeder erwarteten Transaktion, für die bisher *cash flow hedge accounting* angewandt wurde, das aber aufgrund der Tatsache, dass mit dem Eintritt der Transaktion nicht mehr gerechnet wird, gem. IAS 39.101c beendet werden musste,
- zum Betrag, der in der Periode in das Eigenkapital eingestellt wurde,
- zum Betrag der Entnahmen aus dem Eigenkapital, hinsichtlich der Gegenbuchung unterschieden nach Berücksichtigung in der GuV oder als bilanzielle Anpassung in der Zugangsbewertung abgesicherter Vermögenswerte oder Schulden.

261 Zur Erläuterung des in der **GuV** berücksichtigten Erfolgs aus der Anwendung des *hedge accounting* sind die folgenden Angaben nötig (IFRS 7.24, bisher nicht in IAS 32):

- Gewinne/Verluste aus *fair value hedges*, getrennt nach dem Erfolg beim Sicherungsinstrument und beim Grundgeschäft,
- Gewinne/Verluste aus der Ineffektivität von *cash flow hedges*,
- Gewinne/Verluste aus der Ineffektivität von *net investment hedges*.

9.7 Sonstige Angaben

IFRS 7.13 verlangt für den Fall, dass ein Unternehmen einen Vermögenswert überträgt, diesen aber nicht (oder nicht vollständig) **ausbuchen** darf (zu den Ausbuchungsregeln Rz 63 und zu Einzelfällen Rz 72) die folgenden Angaben: **262**
- Art des übertragenen Vermögenswerts (hier wird zum Beispiel angegeben, dass es sich um eine veräußerte Forderung aus Lieferung und Leistung, einen vergebenen Kredit, ein Wertpapier oder eine Aktie handelt).
- Art der im Zuge der Übertragung des finanziellen Vermögenswerts zurückbehaltenen Risiken. Dabei genügt eine qualitative Angabe, um welches Risiko aus dem Vermögenswert es sich handelt (insbesondere Ausfallrisiko, Zinsrisiko, Fremdwährungsrisiko).
- Bei vollständiger Weiterbilanzierung des übertragenen Vermögenswerts ist dessen Buchwert und derjenige der korrespondierenden Verbindlichkeit anzugeben.
- Wenn der übertragene Vermögenswert nur teilweise weiter bilanziert wird, ist der ursprüngliche Buchwert, der verbliebene Buchwert und derjenige der korrespondierenden Verbindlichkeit anzugeben.

IFRS 7 verlangt Angaben zu **Sicherheiten**, und zwar sowohl für die Sicherungsgestellung (als Sicherungs**geber**) als auch für die Hereinnahme von Sicherheiten (als Sicherungs**nehmer**). **263**
Als **Sicherungsgeber** hat das Unternehmen gem. IFRS 7.14a (bisher IAS 32.94b) den Buchwert aller als Sicherheit gestellten finanziellen Vermögenswerte anzugeben. Hierzu zählen auch solche Sicherheiten, die das Unternehmen in seiner Bilanz getrennt ausweist, weil der Sicherungsnehmer diese weiterveräußern oder verpfänden darf (IAS 39.37a). Bei Gestellung von Sicherheiten durch nichtfinanzielle Vermögenswerte ist eine Angabe nicht erforderlich. Barmittel stellen in diesem Zusammenhang finanzielle Sicherheiten dar und begründen daher eine Angabepflicht.
Weiterhin sind Angaben zu den **Konditionen** der Sicherheitenstellung zu machen (IFRS 7.14b, bisher IAS 32.94b), wie z. B. Ausführungen zur Laufzeit oder der Frage, ob die Sicherheiten vom Sicherungsnehmer veräußert werden dürfen.
Ist das Unternehmen in der Position des **Sicherungsnehmers**, beziehen sich die Angabepflichten des IFRS 7.15 (bisher IAS 32.94c) – abweichend von IFRS 7.14 –
- weitergehend auf finanzielle und auf nichtfinanzielle Sicherheiten (wie z. B. Grundschulden),
- einschränkender nur auf solche Sicherheiten, die unabhängig vom Ausfall des Schuldners (= Sicherungsgeber) durch das bilanzierende Unternehmen

(= Sicherungsnehmer) verwertet werden dürfen. Dies wird im Regelfall nur auf finanzielle Sicherheiten (wie z. B. im Rahmen einer Wertpapieranleihe gestellte Wertpapiersicherheiten) zutreffen, nicht aber auf nichtfinanzielle Sicherheiten (wie eine Grundschuld).

Der Sicherungsnehmer hat hierzu den *fair value* der erhaltenen Sicherheiten, den *fair value* der weiterveräußerten bzw. verpfändeten Sicherheiten und die Konditionen der Sicherheitenstellung anzugeben.

9.8 Angaben zu Risiken und Risikomanagement

264 IFRS 7.31ff. (bisher IAS 32.52) unterscheidet drei **berichtspflichtige Arten von Risiken**, die sich aus Finanzinstrumenten ergeben können:
- **Marktrisiken:** Sie bezeichnen das Risiko, dass sich der Wert eines Finanzinstruments infolge der Änderung von Wechselkursen, Zinsen oder Marktpreisen (z. B. Aktienkursen) ändert.
- **Kreditrisiken:** Sie ergeben sich als Risiko, dass Vertragspartner ihren Verpflichtungen aus Finanzinstrumenten nicht nachkommen, z. B. bei Kundenforderungen (Wertberichtigungen) oder Wertpapieren.
- **Liquiditätsrisiken:** Sie bezeichnen das Risiko, dass ein Unternehmen seinen aus Finanzinstrumenten resultierenden Zahlungsverpflichtungen nicht termingerecht nachkommen kann.

IAS 32.52 kennt zusätzlich das *cash-flow*-Zinsrisiko aus einer Änderung variabler Zinsen. Nach IFRS 7.B18 kann es als Unterfall der Liquiditätsrisiken angesehen werden.

Für die **qualitativen** Angabepflichten zur Art und zum Management der Risiken besteht weitgehende Übereinstimmung zwischen IAS 32 und IFRS 7.[44] So hat ein Unternehmen für jede Risikoart qualitative Angaben zum Ausmaß und den Ursachen der Risiken sowie zu den Zielen und zum Prozess des Risikomanagements, einschließlich der Methoden zur Risikomessung, zu machen (IFRS 7.33).

Für die **quantitativen** Angabepflichten nach IAS 7.34a ist jedoch (anders als noch nach IAS 32) ausdrücklich vorgeschrieben, dass sie auf dem internen Managementinformationssystem *(management approach)* basieren sollen. Insofern sieht IFRS 7 eine stärkere Ausrichtung des Berichtsumfangs an der tatsächlichen Bedeutung von Finanzinstrumenten für ein Unternehmen vor. Allerdings wird dieser Grundsatz durch sog. Mindestanforderungen an die Berichterstattung über Kredit-, Liquiditäts- und Marktrisiken durchbrochen (IFRS 7.34b).

265 Bezüglich der **Kreditrisiken** ist – wie bisher schon in IAS 32.76a – für jede Klasse von finanziellen Vermögenswerten die Angabe des maximalen Ausfallrisikos (ohne Berücksichtigung von Sicherheiten) erforderlich. Da dieses typischerweise am besten durch den Buchwert (nach Abzug ggf. erforderlicher Wertberichtigungen) repräsentiert wird, genügt im Regelfall ein ent-

---

[44] Synopse hierzu bei Löw, BB 2005, S. 2182.

sprechender globaler Hinweis (IFRS 7.36a und IFRS 7.B9). Zusätzlich sind Angaben zu erhaltenen Sicherheiten zu machen (IFRS 7.36b). Mit IFRS 7 neu eingeführt wurden die Verpflichtungen, für finanzielle Vermögenswerte,
- die weder Zahlungsstörungen aufweisen noch wertberichtigt sind, Angaben zur **Kreditqualität** zu machen. Dabei ist der Inhalt der Angaben bewusst in das Ermessen des Unternehmens gestellt; in Frage kommt z. B. die Angabe zur Art der Vertragspartner, historischen Ausfallraten oder internen oder externen Ratings (IFRS 7.36c, IG23);
- deren Zahlungsbedingungen mit dem Schuldner **neu verhandelt** wurden, weil sie ansonsten in Zahlungsverzug geraten wären, die Buchwerte anzugeben (IFRS 7.36d);
- die **Zahlungsstörungen** aufweisen, ohne wertberichtigt zu werden (Verzug), eine Analyse der Dauer des Zahlungsvorzugs anzugeben;
- die **bereits wertberichtigt** sind, weitere Angaben zu machen (z. B. Angabe des Buchwerts vor Wertberichtigung und der Betrag der Wertberichtigung).
- Für die beiden letztgenannten Fälle ist darüber hinaus eine Beschreibung vorhandener **Sicherheiten** sowie eine **Schätzung** von deren *fair value* (sofern möglich) vorzunehmen (IFRS 7.37c).

Nicht geregelt ist in IFRS 7 die Frage, wann von einem Zahlungsverzug auszugehen ist. Ein sehr kurzer Zahlungsverzug (wenige Tage) kann jedenfalls der Intention der Offenlegungspflichten unter *materiality*-Gesichtspunkten nicht gerecht werden. Bei Banken könnte die im Kontext von Basel II verwendete 90-Tage-Frist einen Anhaltspunkt darstellen. Letztlich kommt es aber auf die individuellen Verhältnisse des Unternehmens an.

Die Angabepflichten zu **Liquiditätsrisiken** (IFRS 7.39) sind weniger umfassend als bisher in IAS 32. Als quantitative Angabe wird lediglich eine Restlaufzeitengliederung für finanzielle Verbindlichkeiten gefordert, allerdings ohne Vorgabe einer Struktur der **Laufzeitenbänder**. Zweckmäßig ist ein **Verbindlichkeitenspiegel**, der etwa wie folgt aufgebaut sein könnte:

266

Restlaufzeit	bis zu 1 J			1 bis 2 J			3 bis 5 J			über 5 J			Summe		
	Zins		Tilgung	Zins		Tilgung	Zins		Tilgung	Zins		Tilgung	Zins		Tilgung
	fix	var.		fix	var.		fix	var.		fix	var.		fix	var.	
Langfr. Verbindlichkeiten															
Darlehen Kreditinstitute	16	15		15	15	100	36	32	300	12	9	100	79	71	500
Anleihen	18			18			54			72		300	162		300
Finanzierungsleasing	14			15		50	50		170				79		220
übrige	6			6		100							12		100
Kurzfr. Verbindlichkeiten															
Kontokorrente Kreditinst.*		16									200			216	
Darlehen Kreditinstitute		3	50											3	50
Finanzierungsleasing	3		50										3		50
Lieferanten			600												600
übrige			200												200
Summe	57	34	900	54	15	250	140	32	470	84	209	400	335	290	2220

* Die Kontokorrente sind vertraglich kurzfristig fällig. Sie valutieren derzeit mit einem im Hinblick auf Geschäftsvolumen etc. eher niedrigen Betrag. In einer von der einzelnen Bank losgelösten Betrachtung wird mit einer wesentlichen Rückführung in den nächsten 5 Jahren nicht gerechnet.

Neben den quantitativen Angaben fordert IFRS 7.IG30 zusätzlich qualitative Beschreibungen. So sind zur Erläuterung des „Verbindlichkeitenspiegels" zunächst Angaben zu machen, wenn die dort ausgewiesenen Fälligkeiten von den vertraglichen Regelungen abweichen und stattdessen erwartete Fälligkeiten zu Grunde gelegt wurden. Dies gilt im obigen Beispiel z. B. für die Kontokorrente, die vertraglich zwar kurzfristig fällig sind, aber mit einer Laufzeit von über fünf Jahren berücksichtigt werden, weil nicht mit einer früheren Rückzahlung zu rechnen ist.

Weiterhin sind Angaben darüber vorzunehmen, wie das Unternehmen das aus dem Verbindlichkeitenspiegel ersichtliche Liquiditätsrisiko steuert (IFRS 7.39b). In dem Zusammenhang bieten sich Angaben darüber an, inwieweit das Unternehmen

- Vermögenswerte vorhält, die der Absicherung dieses Liquiditätsrisikos dienen (Liquiditätsreserve). Dabei wird es sich in erster Linie um Wertpapiere handeln; da die Papiere ihre Funktion als Liquiditätsreserve nur erfüllen können, wenn sie auf einem aktiven Markt gehandelt und daher jederzeit kurzfristig veräußerbar sein müssen, bietet sich die Aufnahme der diesbezüglichen Angaben über die Verwertbarkeit in den Anhang an;
- über weitere Finanzierungsmöglichkeiten verfügt; dies können z. B. ungenutzte Kreditlinien oder andere Kreditfaszilitäten oder nicht ausgenutzte Emissionsprogramme sein, die eine kurzfristige Begebung von Anleihen ermöglichen.

Im Zusammenhang mit der Berichterstattung über Liquiditätsrisiken bietet es sich auch an, auf die von IFRS 7.18 geforderten Angaben zu Zahlungsstörungen und Vertragsverletzungen einzugehen. Danach besteht eine Angabepflicht immer dann, wenn das Unternehmen in der abgelaufenen Periode seinen Zahlungsverpflichtungen aus Darlehenverbindlichkeiten (*loans payable*) nicht nachkommen konnte. Dabei kann es sich um Zins- oder Tilgungsverpflichtungen handeln. Nicht betroffen von der Angabepflicht sind Zahlungsstörungen, die sich bei Verbindlichkeiten aus Lieferung und Leistung mit marktüblichen Laufzeiten ergeben. Ausdrücklich ausgenommen von der Angabepflicht sind auch Zahlungsstörungen aus Verbindlichkeiten, die am Bilanzstichtag nicht mehr bilanziert werden (weil das Unternehmen sie in der Zwischenzeit getilgt hat oder sie von dem Gläubiger erlassen wurden).

Liegen die vorgenannten Bedingungen zur Angabepflicht vor, so muss das Unternehmen angeben:

- Einzelheiten zu den Zahlungsstörungen,
- Buchwert der Verbindlichkeit und
- ob die Zahlungsstörung bis zum Zeitpunkt der Freigabe des Abschlusses zur Veröffentlichung beseitigt wurde.

IFRS 7.19 verlangt analoge Angaben, wenn andere Vertragsbestandteile einer Verbindlichkeit verletzt wurden. Hierbei kann es sich z. B. um sog. *covenants* handeln, die als Voraussetzung für den Fortbestand des Darlehens Bedingungen vorsehen (z. B. ein bestimmtes Rating des Unternehmens).

267 Bezüglich der **Marktrisiken** gehen die Angabepflichten des IFRS 7 wesentlich über IAS 32 hinaus. Gefordert wird für jede für das Unternehmen relevante Risikoart (Währungs-, Zins-, Kursrisiken etc.) eine **Sensitivitätsanalyse**, die die Auswirkungen einer hypothetischen Änderung der Risikofaktoren (Wechselkurse, Zinssätze, Kurse usw.) sowohl auf die Gewinn- und Verlustrechnung als auch auf das Eigenkapital angibt. Dabei sind für das Umfeld des berichtenden Unternehmens sinnvolle (*reasonable*) Änderungen der Risikoparameter zu Grunde zu legen. Ausdrücklich nicht gefordert sind *worst-case*-Analysen oder *stress tests* (IFRS 7.B19). Statt der Vornahme einer eigenen Sensitivitätsanalyse für jede Risikoart kann auch eine Analyse verwendet werden, die die wechselseitigen Abhängigkeiten der Risikoparameter berücksichtigt (z. B. eine *value-at-risk*-Analyse; IFRS 7.41). Unabhängig davon sind die Methoden und die dabei zu Grunde gelegten Annahmen zu beschreiben. Die Ermittlung dieser Angaben dürfte viele Unternehmen vor eine erhebliche Herausforderung stellen, da sie regelmäßig nicht über die dafür erforderlichen Instrumente verfügen. Es ist daher im Rahmen des *materiality*-Grundsatzes (Rz 246) zu entscheiden, ob und in welchem Umfang im Einzelfall diesbezügliche Angaben erforderlich sind.

Für ein Muster wird auf das allgemeine Formulierungsbeispiel (Rz 268) verwiesen.

9.9 Formulierungsbeispiel

268 Für ein **mittelständisches** Unternehmen, dessen Finanzvermögen im Wesentlichen aus ausgereichten Forderungen, aufgenommenen Darlehen und operativ begründeten Verbindlichkeiten besteht, das daneben ggf. noch Kursicherung betreibt, könnten bei extensiver Auslegung des *materiality*-Grundsatzes folgende Angaben zu **Finanzinstrumenten** im Anhang enthalten sein (wegen der systematischen Vorbehalte gegen den Inhalt solcher Anhangsangaben und wegen ergänzender Formulierungen vgl. → § 5 Rz 27ff.).

Beispiel

A. Erläuterungen zur Bilanz

1. Finanzanlagen
Die Finanzanlagen bestehen aus ausgereichten Darlehen, die mit fortgeführten Anschaffungskosten bilanziert werden, sowie Rentenpapieren, die als veräußerbare Werte (*available-for-sale assets*) erfolgsneutral zum *fair value* erfasst werden. Die Rentenpapiere sind börsennotiert, ihr *fair value* entspricht dem Kurswert. Wertminderungen werden in beiden Fällen durch Abschreibungen berücksichtigt. Die Buchwerte der Darlehen entsprechen im Wesentlichen dem *fair value*.

---

2. Forderungen aus Lieferung und Leistung
Forderungen aus Lieferung und Leistung werden mit den fortgeführten Anschaffungskosten angesetzt, die i. d. R. vor Wertberichtigung dem Nennwert entsprechen. Neben den erforderlichen Einzelwertberichtigungen wird den erkennbaren Risiken aus dem allgemeinen Kreditrisiko durch Bildung von pauschalierten Wertberichtigungen Rechnung getragen. Zum Bilanzstichtag wurden Wertberichtigungen in Höhe von insgesamt ... gebildet.

3. Übrige Forderungen und sonstige finanzielle Vermögenswerte
Die übrigen Forderungen und sonstigen Fremdkapitalinstrumente sind mit den fortgeführten Anschaffungskosten bilanziert. Erkennbare Risiken wurden durch angemessene Wertberichtigungen berücksichtigt. Von den Forderungen haben insgesamt ... eine Restlaufzeit von mehr als einem Jahr.
Die Buchwerte der übrigen Forderungen und sonstigen finanziellen Vermögenswerte entsprechen im Wesentlichen dem *fair value*.

4. Finanzschulden
Finanzschulden sind zu ihren fortgeführten Anschaffungskosten unter Anwendung der Effektivzinsmethode angesetzt. Wegen der Laufzeiten wird auf ... verwiesen (Rz 266)
Angesichts geringer Laufzeiten bzw. eines seit der Aufnahme der Schulden nicht wesentlich veränderten Marktzinsniveaus ergeben sich keine wesentlichen Abweichungen des *fair value* von den Buchwerten.

5. Verbindlichkeiten aus Lieferungen und Leistungen und übrige finanzielle Verbindlichkeiten
Die Verbindlichkeiten aus Lieferungen und Leistungen sind zu fortgeführten Anschaffungskosten angesetzt, die im Wesentlichen den Zeitwerten entsprechen. Sie sind ganz überwiegend innerhalb eines Jahres fällig. Die übrigen finanziellen Verbindlichkeiten sind zum Rückzahlungsbetrag angesetzt. Sie umfassen eine Vielzahl von Einzelposten. Wesentliche Abweichungen zwischen den Bilanzwerten und den Zeitwerten ergeben sich nicht. Wegen der Laufzeiten wird auf ... verwiesen.

B. Erläuterungen zur GuV
1. Sonstige betriebliche Aufwendungen
Die sonstigen betrieblichen Aufwendungen enthalten Verluste aus dem Abgang von Finanzanlagen in Höhe von ...

2. Zinsergebnis
Das Zinsergebnis ergibt sich aus Zinserträgen von ..., Zinsaufwendungen von ... und aus dem Zinsanteil in den Zuführungen zu Rückstellungen von ...

3. Übriges Finanzergebnis

Bei den übrigen finanziellen Erträgen und Aufwendungen handelt es sich im Wesentlichen um Kursgewinne und Verluste aus Sicherungsgeschäften, Wertpapiergeschäften und Fremdwährungsgeschäften zur Sicherung der Finanzierung der Geschäftstätigkeit. Ergebniseinflüsse aus der Klasse der *available for sale* bestehen nicht.

C. Art und Management finanzieller Risiken

1. Risikomanagement

Der XY-Konzern hat einen zentralen Ansatz des finanziellen Risikomanagements (Portfolio-Ansatz) zur Identifizierung, Messung und Steuerung von Risiken. Die Risikopositionen ergeben sich aus den konzernweit vorgenommenen und geplanten zahlungswirksamen Ein- und Ausgängen als Marktrisiken, als Zinssatz-, Preis- und Wechselkursänderungen. Zins- und Preisänderungsrisiken werden durch die Mischung von Laufzeiten sowie von fest- und variabel verzinslichen Positionen gesteuert. Währungsrisiken aus antizipierten Fremdwährungseinnahmen werden über Devisentermingeschäfte in Höhe von maximal 1/2 der erwarteten Einnahmen bzw. Ausgaben des folgenden Halbjahres begrenzt. Der Erfolg der Risikosteuerung wird regelmäßig geeigneten *benchmarks* gegenübergestellt. In konzerninternen Richtlinien sind die Ziele, Grundsätze und Aufgaben und Kompetenzen für den Finanzbereich verbindlich und unter Beachtung des Grundsatzes der Funktionstrennung festgelegt.

2. Derivative Finanzinstrumente, *hedge accounting*

Am Bilanzstichtag waren folgende Devisentermingeschäfte zur Kurssicherung von während des folgenden Geschäftsjahrs erwarteten USD-Einnahmen eingesetzt (jetzt Tabelle mit Nominalvolumen, Art, Währung, Laufzeit und beizulegendem Zeitwert).

Derivative Finanzinstrumente werden ausschließlich zur Risikoreduzierung eingesetzt. Der Einsatz erfolgt im Rahmen der entsprechenden Konzernrichtlinien. Die Devisentermingeschäfte sind als *cash flow hedges* designiert. Im Geschäftsjahr wurden ein Bewertungserfolg von ... aus noch laufenden *cash flow hedges* erfolgsneutral in das Eigenkapital eingestellt, ein Betrag von ... aus ausgelaufenen Geschäften in der GuV berücksichtigt. Wesentliche Gewinne/Verluste aus Ineffektivitäten von *cash flow hedges* ergaben sich nicht.

3. Kreditrisiken

Die Kreditrisiken sind insgesamt gering, da nur Rentenpapiere von Emittenten erstklassiger Bonität erworben wurden, das Forderungsportfolio breit gestreut ist (keine Risikokonzentration) und Geschäfte nur mit bonitätsmäßig einwandfreien Kontrahenten durchgeführt werden. Außerdem führt eine Kreditliniensystematik zu einer Begrenzung des Risikos.

Das maximale Ausfallrisiko ergibt sich in allen Fällen aus den Buchwerten.
Wertberichtigungen sind nur bei Kundenforderungen erfolgt. Auf einen Forderungsbestand von ... vor Wertberichtigung wurden Einzelwertberichtigungen von ... und portfolio-orientierte Wertberichtigungen von ... vorgenommen. Im Portfolio der nicht einzelwertberichtigten Forderungen sind keine Forderungen, die wesentliche **Zahlungsstörungen** aufweisen, enthalten.

4. Marktrisiken

Währungsrisiken
Wesentliche Fremdwährungsrisiken ergeben sich im Unternehmen nur aus in USD fakturierten Umsätzen. Zur Absicherung im Rahmen von *cash flow hedges* dienen USD-Terminverkäufe. Wenn der **Euro** gegenüber dem US-Dollar zum 31. Dezember um **10 % stärker (schwächer) gewesen wäre**, wäre der *fair value* der Sicherungsgeschäfte um 3 Mio. EUR niedriger (höher) gewesen.

Zinsrisiken
Bei den verzinslichen Forderungen und Schulden des Unternehmens sind überwiegend Festzinsen vereinbart. Marktzinssatzänderungen würden sich hier nur dann auswirken, wenn diese Finanzinstrumente zum *fair value* bilanziert wären. Da dies nicht der Fall ist, unterliegen die Finanzinstrumente mit fester Verzinsung keinen Zinsänderungsrisiken im Sinne von IFRS 7.
Sensitivitätsanalysen nach IFRS 7 wurden für Finanzderivate (Swaps) und variabel verzinsliche Finanzverbindlichkeiten mit folgendem Ergebnis durchgeführt. Wenn das **Marktzinsniveau** zum 31. Dezember um **100 Basispunkte höher (niedriger) gewesen wäre**, wäre das Ergebnis um 1,6 Mio. EUR geringer (höher) gewesen. Die hypothetische Ergebnisauswirkung von –1,6 Mio. EUR ergibt sich aus den potenziellen Effekten aus Zinsderivaten (–1,3 Mio. EUR) und variabel verzinslichen Finanzschulden von (– 0,3 Mio. EUR).

Sonstige Preisrisiken
IFRS 7 verlangt im Rahmen der Darstellung zu Marktrisiken auch Angaben, wie sich hypothetische Änderungen von Risikovariablen auf Preise von Finanzinstrumenten auswirken. Als Risikovariable kommen insbesondere Börsenkurse in Frage. Zum 31. Dezember hatte das Unternehmen jedoch keine wesentlichen Anteile an anderen börsennotierten Unternehmen.

9.10 Verhältnis zu den Angabepflichten des HGB i. d. F. des Bilanzrechtsreformgesetzes

269 Das Bilanzrechtsreformgesetz sieht in Umsetzung der EU-*fair-value*-Richtlinie wesentlich erweiterte handelsrechtliche Angabepflichten zu Finanzinstrumenten vor.

- **Anhang** (§ 285 HGB) und **Konzernanhang** (§ 314 HGB) haben ab Geschäftsjahr 2004 (Art. 58 Abs. 2 EGHB) folgende Pflichtangaben darzustellen (→ § 7):
    - **Derivative Finanzinstrumente** (Rz 188), d. h., Optionen, Swaps usw. sind nach Art und Umfang zu beschreiben; außerdem ist der beizulegende Zeitwert *(fair value)* anzugeben, soweit er sich aus Marktpreisen oder allgemein anerkannten Bewertungsmethoden ermitteln lässt (§§ 285 Nr. 18 und 314 Abs. 1 Nr. 10 HGB). Kleine Kapitalgesellschaften sind von den Angabepflichten nach Nr. 18 befreit (§ 288 HGB).
    - Werden zu den Finanzanlagen gehörende Finanzinstrumente (Aktien, Beteiligungen, Darlehen, Rentenpapiere usw.) in Anwendung des gemilderten Niederstwertprinzips **über** dem beizulegenden Zeitwert *(fair value)* ausgewiesen, sind anzugeben a) der Buchwert und der *fair value*, b) die Gründe für das Unterlassen einer Abschreibung bzw. die Anhaltspunkte, die gegen die Dauerhaftigkeit der Wertminderung sprechen (§§ 285 Nr. 19 und 314 Abs. 1 Nr. 11 HGB).
- Spezifische Informationen zu den Finanzinstrumenten werden außerdem im **Lagebericht** bzw. **Konzernlagebericht** verlangt. In Bezug auf die Verwendung von Finanzinstrumenten durch die Gesellschaft bzw. den Konzern sind, sofern dies für die Beurteilung der Lage und Entwicklung von Belang ist, anzugeben:
    - die **Risikomanagementziele und -methoden** der Gesellschaft bzw. des Konzerns einschließlich der Methoden zur Absicherung (§§ 289 Abs. 1 Nr. 2a und 315 Abs. 2 Nr. 2a HGB) sowie
    - die **Preisänderungs-, Ausfall-, Liquiditäts- und Zahlungsstromschwankungsrisiken**, denen die Gesellschaft bzw. der Konzern ausgesetzt ist (§§ 289 Abs. 1 Nr. 2b und 315 Abs. 2 Nr. 2b HGB; Rz 264).[45]

270 Überlappungen von IFRS-Anhang und nach § 315a HGB gefordertem **Konzernlagebericht** können sich insbesondere bei Risiko- und Risikomanagementangaben zu Finanzinstrumente ergeben.

- Die drohende Redundanz kann nicht durch einen Verweis des Konzernlageberichts auf den Anhang vermieden werden, da nach DRS 15.10 der

---

[45] Vgl. zum Ganzen: HOFFMANN/LÜDENBACH; GmbHR 2004, S. 145ff., sowie PFITZER/OSER/ORTH, DB 2004, S. 2593ff.

Konzernlagebericht ohne Rückgriff auf den Konzernabschluss verständlich sein muss.
- Durch IFRS 7.BG ist jedoch umgekehrt ein Verweis vom Anhang auf den Lagebericht erlaubt.

10 Anwendungszeitpunkt, Rechtsentwicklung

Kein anderer Standard des IASB hat eine derartige Vielzahl von Änderungen erfahren wie IAS 39 (und damit im Zusammenhang stehend IAS 32). IAS 39 (rev. 2000) bzw. IAS 32 (rev. 2000) wurden im Dezember 2003 durch IAS 39 (2003) bzw. IAS 32 (2003) ersetzt und waren – einschließlich der im März 2004 verabschiedeten Ergänzung zum Portfolio-*hedge* für Zinsrisiken (Rz 210) – spätestens für Berichtsperioden anzuwenden, die ab dem 1. Januar 2005 oder später beginnen. IFRS ist ab 2007 anzuwenden. Mit Beginn des Jahres 2007 ist der Übergang auf die Mehrzahl der neuen Vorschriften abgeschlossen.

271

Die Anpassungen waren dabei grundsätzlich **retrospektiv** vorzunehmen (IAS 32.97, IAS 39.104), der Abschluss also so aufzustellen, als sei schon immer nach den neuen Regelungen bilanziert worden. Hiervon bestanden die folgenden **Ausnahmen:**

- Finanzinstrumente durften im Zeitpunkt der erstmaligen Anwendung des IAS 39 (2003) als Handelswerte *(fair value option)* oder veräußerbare Werte gewillkürt werden, obwohl dies ansonsten nur im Zeitpunkt ihres Zugangs zulässig ist (IAS 39.105). Da der IASB die Regelungen zur *fair value option* im Juni 2005 bereits wieder vollständig überarbeitet hat, wurden die diesbezüglichen Übergangsvorschriften in IAS 39.105 gestrichen und in IAS 39.105A-D neu gefasst (vgl. unten in dieser Rz).
- Die Vorschriften zur Ausbuchung von Finanzinstrumenten waren prospektiv anzuwenden. Danach sind im Zuge des Übergangs auf IAS 39 (2003) auch solche finanziellen Vermögenswerte nicht nachträglich wieder einzubuchen, die infolge einer (vor dem 1.1.2004 stattgefundenen) Übertragung auf der Grundlage des IAS 39 (2000) ausgebucht wurden. Allerdings war eine freiwillige retrospektive Anwendung der Ausbuchungsregeln möglich, sofern die hierfür erforderlichen Informationen zur Verfügung standen (IAS 39.106, 107).
- Die im Vergleich zu IAS 39 (2000) geänderte Behandlung von *cash flow hedges* (sog. *basis adjustment*) war für nichtfinanzielle Vermögenswerte und Schulden nicht retrospektiv anzuwenden (IAS 39.108).

Darüber hinaus wurde im Dezember 2004 eine weitere Ausnahme eingeführt, wonach die durch IAS 39 (2003) eingeführte Vorschrift der Erstbewertung zum *fair value* gem. IAS 39.AG76 (Rz 104) nur prospektiv für nach dem 25.10.2002 oder alternativ nach dem 1.1.2004 abgeschlossene Transaktionen anzuwenden war (IAS 39.107A; Rz 105).

272 Gegenüber IAS 39 (rev. 2000) bzw. IAS 32 (rev. 2000) ergaben sich neben redaktionellen Anpassungen (alle Anhangsangaben in IAS 32, Einbeziehung einschlägiger SIC und IGQ&A in die Standards oder *Application Guidances*) u. a. folgende wesentlichen Unterschiede:

- **Ausbuchung von Finanzaktiva:** An die Stelle des einfachen Kontrollansatzes ist ein modifizierter *continuing-involvement*-Ansatz getreten. Bei einem Factoring mit teilweisem Verbleib des Ausfallrisikos beim Forderungsverkäufer darf nur unter bestimmten Umständen eine volle Ausbuchung (mit separater Beurteilung des Risikos auf seine Rückstellungsfähigkeit) erfolgen, während in anderen Fällen die Forderung in Höhe des verbleibenden Risikos fortzuführen ist (Rz 63ff.). Die Frage der Risikotragung bei Pensionsgeschäften und damit der Zurechnung des Pensionsgegenstandes wird detaillierter als bisher behandelt (Rz 81ff.).
- **Wertberichtigung (Forderungen):** Überwiegend klarstellend soll ein Wertberichtigungsbedarf zunächst vorrangig auf individueller Basis zu bestimmen sein (Einzelwertberichtigung). Für die Forderungen, bei denen kein (signifikanter) individueller Wertberichtigungsbedarf angezeigt ist, soll dann eine kollektive Betrachtung erfolgen (Pauschalwertberichtigung). Diese Vorgehensweise entspricht bereits bisheriger IFRS-Praxis.
- *Fair value:* Für alle Finanzinstrumente ist die *fair-value*-Bilanzierung zugelassen worden (durch freiwillige Widmung von nicht spekulativ gehaltenen Werten als Handelswerte; Rz 33).
- **Strukturierte Produkte:** Bei der Aufteilung des Emissionserlöses bzw. der Anschaffungskosten von strukturierten bzw. hybriden Produkten (Wandelanleihen usw.) ist nur noch die Subtraktionsmethode zulässig (Rz 143).
- **Veräußerbare Werte:** Bei isolierter Betrachtung besteht für veräußerbare Werte kein Wahlrecht zur erfolgwirksamen Behandlung mehr, Wertänderungen sind zwingend erfolgsneutral zu erfassen (Rz 154). Bei nicht isolierter Betrachtung ist aber die nach der Neufassung eröffnete Möglichkeit der freiwilligen Widmung aller Finanzinstrumente als Handelswerte zu berücksichtigen (Rz 34, Rz 152). Durch eine derartige, allerdings an einschränkende Bedingungen geknüpfte Widmungsmöglichkeit bleibt das bisherige Wahlrecht z. T. erhalten.
- **Verbindlichkeiten** werden u. U. künftig als Handelswerte mit dem *fair value* (aus Sicht des Gläubigers) bewertet (Rz 33, Rz 178).
- *cash flow hedge:* Die Kategorie *cash flow hedge* ist enger und die Kategorie *fair value hedge* weiter gefasst worden. Nicht mehr als *cash flow*, sondern als *fair value hedge* gelten Geschäfte zur Sicherung bereits kontrahierter Käufe oder Verkäufe von Vermögenswerten. Im Falle der Absicherung von Wechselkursrisiken darf aber auch (weiterhin) der *cash flow hedge* angewandt werden.

273 Die im Juni 2005 verabschiedete Neuregelung zur ***fair value option*** ist für Geschäftsjahre anzuwenden, die am 1.1.2006 oder später beginnen; eine

frühere Anwendung ist zulässig (IAS 39.105A). Die Übergangsregelungen unterscheiden sich danach, ob eine frühere Anwendung gewählt wurde:
- Für Unternehmen, die die überarbeitete *fair value option* erst ab dem 1.1.2006 anwenden, gilt (IAS 39.105C):
  – Finanzinstrumente, die gem. der alten Fassung der *fair value option* als Handelsbestand gewillkürt waren, aber die Anwendungsvoraussetzungen der Neufassung nicht erfüllen, sind in eine andere Kategorie umzugliedern. Der *fair value* der designierten Finanzinstrumente und die neuen Kategorien sind im Anhang anzugeben.
  – Bestehende Finanzinstrumente dürfen nicht (nachträglich) gem. der *fair value option* als Handelsbestand gewillkürt werden.
- Für Unternehmen, die die überarbeitete *fair value option* bereits vor dem 1.1.2006 anwenden, gilt (IAS 39.105B):
  – Finanzinstrumente dürfen nachträglich gem. der *fair value option* als Handelsbestand gewillkürt werden, sofern die Anwendungsvoraussetzungen vorlagen (Rz 34). Sofern das Geschäftsjahr vor dem 1.9.2005 begann, musste die Designation bis 1.9.2005 abgeschlossen sein.
  – Finanzinstrumente, die gem. der alten Fassung der *fair value option* als Handelsbestand gewillkürt waren, aber die Anwendungsvoraussetzungen der Neufassung nicht erfüllen, sind in eine andere Kategorie umzugliedern. Der *fair value* der designierten Finanzinstrumente und die neuen Kategorien sind im Anhang anzugeben.
  – Eine Anpassung der Vorjahreszahlen ist vorzunehmen (IAS 39.105D).

Im November 2005 ist die Neufassung der *fair value option* zudem von der EU *endorsed* worden. Damit verbleibt als einziger noch nicht von der EU anerkannter Teil des IAS 39, das sog. *macro hedging* (Rz 210).

Neben der Überarbeitung der *fair value option* bestehen die folgenden *amendments* des IAS 39, die spätestens für ab dem 1.1.2006 beginnende Geschäftsjahre umzusetzen sind:

274

- „*Financial Guarantee Contracts*" aus August 2005 (Rz 13) und
- „*Cash flow Hedge Accounting of Forecast Intragroup Transactions*" aus April 2005 (Rz 206).

Daneben ist spätestens für ab dem 1.1.2006 beginnende Geschäftsjahre der IFRS 7 umzusetzen.

In 2006 wurden mit Wirkung ab kalendergleichem Geschäftsjahr 2007 verabschiedet:

275

- IFRIC 9: „*Reassessment of Embedded Derivatives*": Die Beurteilung, ob ein abspaltungspflichtiges eingebettetes Derivat vorliegt, ist aus Sicht des Vertragsbeginns zu treffen. Eine spätere Neubeurteilung *(reassessment)* ist nur zulässig (und auch dann geboten), wenn die Vertragsbedingungen und dadurch die *cash flows* signifikant geändert wurden (Rz 138).
- IFRIC 10: „*Interim Financial Reporting and Impairment* (→ § 37 Rz 29)": Bei einer unterjährig vorgenommenen Abschreibung eines Eigenkapital-

instruments ist danach im Falle einer Werterholung im gleichen Jahr eine erfolgswirksame Zuschreibung erfolgsneutral vorzunehmen (Rz 167).

11 Zusammenfassende Praxishinweise

276 IAS 39 regelt **Ansatz** und **Bewertung** von Finanzinstrumenten, IAS 32 die **Angabepflichten**. In den Anwendungsbereich des Standards fallen jedoch **nicht alle** Vermögenswerte und Schulden. Ein komplexes Geflecht von Ausnahmen und Rückausnahmen ist zu beachten (Rz 11).
Für den Ansatz von derivativen Finanzinstrumenten gilt **kein Imparitätsprinzip**. Nicht nur bei drohendem Verlust, sondern ebenso bei einem erwarteten Gewinn ist ein Bilanzansatz geboten (Rz 52). Für schwebende oder bedingte Kontrakte über **nichtfinanzielle** Vermögenswerte gilt hingegen auch nach IFRS das Imparitätsprinzip. Aus der Geltung unterschiedlicher Regelungen für den finanziellen und nichtfinanziellen Bereich folgt die Notwendigkeit einer genauen Abgrenzung beider Bereiche. Grenzfälle ergeben sich bei Warentermingeschäften, die eine Option zum Barausgleich vorsehen (Rz 190).
Für den Ansatz bzw. den Einbuchungszeitpunkt **originärer** Finanzinstrumente besteht dann ein Wahlrecht, wenn sich Vertrags- und Erfüllungsdatum aufgrund objektiver Gegebenheiten (notwendige Abwicklungs- oder Genehmigungsschritte) unterscheiden. Die **Einbuchung** kann wahlweise bei Vertragsschluss oder bei -erfüllung erfolgen (Rz 56).
Die **Ausbuchung** von **finanziellen Verbindlichkeiten** erfolgt i. d. R. mit Erledigung. Als Erledigung gilt

- der Rückkauf von Anleihen (Rz 89),
- die Verjährung, sofern nicht faktische Zwänge an der Verjährungseinrede hindern (Rz 86),
- die Umschuldung (Novation), sofern sie zu einer wesentlichen Barwertänderung der zu leistenden Zahlungen führt (Rz 87).

Für die **Ausbuchung** von **Forderungen** kommt neben der Erledigung die Übertragung auf einen Dritten (Forderungsverkauf) in Frage. Voraussetzungen sind:

- eine Übertragung vertraglicher Rechte (*transfer*; Rz 67) und
- eine mindestens teilweise Übertragung der Bonitätsrisiken (Rz 68).

Bei **Risikoteilung** entscheidet der Übertrag der **Kontrolle** darüber, ob die gesamte Forderung auszubuchen oder im Umfang des fortbestehenden Risikos *(continuing involvement)* fortzuführen ist (Rz 63f.).
Bei **Pensionsgeschäften** über Wertpapiere oder andere finanzielle Vermögenswerte entscheiden die Art des **Rückübertragungsrechtes** (bedingt oder unbedingt), die Art des **Vermögenswertes** (jederzeit am Markt verfügbar) und der vereinbarte **Rücknahmepreis** (vorab vereinbart oder nach Zeitwert am Tag der Rücknahme) über die Ausbuchung bzw. Zurechnung (Rz 80).

Die **Zugangsbewertung** aktiver originärer Finanzinstrumente erfolgt nominell zum *fair value*, tatsächlich in der Regel zu **Anschaffungskosten** (Rz 100). Bei Handelswerten *(trading)* sind Anschaffungsnebenkosten nicht einzubeziehen, sondern sofort als Aufwand zu erfassen (Rz 147).

Für die **Folgebewertung** gilt die Regel: „Erst klassifizieren, dann bewerten", da im *mixed model* des IAS 39 verschiedene Bewertungsmaßstäbe zum Tragen kommen (Rz 31).

Forderungen und Darlehen sowie Fälligkeitswerte *(held-to-maturity assets)* unterliegen der Folgebewertung zu fortgeführten **Anschaffungskosten** nach Maßgabe der Effektivzinsmethode (Rz 106). Wertminderungen führen zu außerplanmäßigen Abschreibungen (Rz 122).

Handelswerte *(trading assets)* und veräußerbare Werte *(available-for-sale assets)* werden zum *fair value* bewertet (Rz 147, Rz 153). Sofern dieser nicht verlässlich bestimmbar ist, kommen **hilfsweise** die Anschaffungskosten zum Ansatz (Rz 110).

Bei der **Folgebewertung** bestehen folgende Besonderheiten:

- **Strukturierte** Anleihen, die nicht zum *fair value* bilanziert werden, sind ggf. in ein eingebettetes Derivat und das Basisprodukt **aufzusplitten** (Rz 138).
- Die **Wertänderung** von veräußerbaren Werten *(available-for-sale assets)* wird **erfolgsneutral** im Eigenkapital geparkt, bis eine Veräußerung erfolgt oder eine außerplanmäßige Abschreibung notwendig ist (Rz 163).

Aus verschiedenen Gründen kann es zur **Umklassifizierung** von Vermögenswerten kommen. Ein wichtiger Fall ist die durch den vorzeitigen Verkauf einzelner Fälligkeitswerte *(held-to-maturity assets)* verursachte Sperrung dieser Kategorie für verbleibende, mit Halteabsicht erworbene Fälligkeits-*investments* (Rz 132). Die Umqualifizierung führt zum Wechsel des Bewertungsmaßstabes (Rz 168).

Verbindlichkeiten werden bei der **Erstverbuchung** i. d. R. zum vereinnahmten Betrag erfasst (Rz 175), bei der **Folgebewertung** zu fortgeführten Anschaffungskosten nach Maßgabe der Effektivzinsmethode (Rz 176). Eine Widmung als Handelswert *(trading liability)* ist zulässig und zieht eine erfolgswirksame *fair-value*-Bewertung nach sich (Rz 178).

Nicht Sicherungszwecken dienende **Derivate** werden stets als Handelswerte *(trading assets)* qualifiziert. Nach der (faktisch) zu Anschaffungskosten erfolgenden Erstbewertung ist eine erfolgswirksame *fair-value*-Folgebewertung vorzunehmen.

Besonderen Regeln unterliegt der Ansatz von Derivaten zu **Sicherungszwecken** *(hedge accounting)*. Die speziellen Regelungen sollen für eine synchrone Behandlung des Grund- und des Sicherungsgeschäftes sorgen (Rz 198).

Für das *hedge accounting* kommen regelmäßig nur **Derivate**, bei **Währungssicherung** ausnahmsweise auch originäre Finanzinstrumente in Betracht (Rz 201).

Ist die Sicherung auf das *fair-value*-Risiko eines **Bilanzpostens** oder eines **schwebenden Geschäfts** gerichtet *(fair value hedge)*, wird die Wertänderung des Derivats erfolgswirksam erfasst. Soll das Risiko zukünftiger Zahlungsströme abgesichert werden *(cash flow hedge)*, sind die Wertänderungen so lange im **Eigenkapital** zu **parken**, bis das Grundgeschäft bilanzwirksam wird (Rz 214).

Die Anwendung des *hedge accounting* ist an verschiedene **Voraussetzungen** gebunden. Aus Sicht des **Sicherungsinstrumentes** kommt es insbesondere auf die Effizienz und die Dokumentation des Sicherungszwecks an (Rz 219). Aus Sicht des **Grundgeschäftes** sind nur Einzelrisiken unproblematisch. Die Absicherung von **Portfolio-Risiken** *(portfolio hedge)* ist nur eingeschränkt (Rz 197), die von Netto-Positionen noch gar nicht zulässig.

IAS 32 enthält sehr umfangreiche **Angabepflichten** (Rz 248ff.). Angesichts der Vielzahl denkbarer Angaben kommt dem *materiality*-Grundsatz erhöhte Bedeutung zu (Rz 245).

§ 29 ZU VERÄUSSERNDES LANGFRISTIGES VERMÖGEN UND AUFGEGEBENE GESCHÄFTSBEREICHE

Inhaltsübersicht   Rz
Vorbemerkung
1 Zielsetzung, Regelungsinhalt, Begriffe 1–5
   1.1 Prognoserelevante Abgrenzung fortzuführender gegenüber auslaufenden Aktivitäten 1
   1.2 Ersatz allgemeiner Ausweis- und Bewertungsvorschriften   2
   1.3 Abgrenzung zwischen zur Veräußerung bestimmtem Anlagevermögen und aufgegebenen Bereichen 3
   1.4 Finanzinstrumente und andere nur den Ausweis-, nicht den Bewertungsvorschriften von IFRS 5 unterliegende Fälle 4
   1.5 Überblick über die in IFRS 5 enthaltenen Qualifizierungen und deren Rechtsfolgen 5
2 Definition der zur Veräußerung bestimmten langfristigen Vermögenswerte und der Abgangsgruppe 6–12
   2.1 Abgrenzung zum Umlaufvermögen 6–7
   2.2 Verfügbarkeit zur sofortigen Veräußerung im gegenwärtigen Zustand 8
   2.3 Hohe Wahrscheinlichkeit einer Veräußerung 9
   2.4 Zwölf-Monats-Kriterium 10–11
   2.5 Zeitpunkt der erstmaligen Klassifizierung 12
3 Definition des aufgegebenen Bereichs 13–24
   3.1 Stilllegung oder Veräußerung nach einheitlichem Plan . 13–15
   3.2 Abgrenzbarer geschäftlicher oder geographischer Bereich (Geschäftsfeldqualität) 16–18
   3.3 Negativabgrenzungen, Grenzfälle, Ermessensspielräume   19–21
   3.4 Mit Veräußerungsabsicht erworbene Tochtergesellschaft   22
   3.5 Zeitpunkt der erstmaligen Klassifizierung 23–24
4 Bewertung 25–29
   4.1 Bewertung zum niedrigeren Nettozeitwert 25–27
   4.2 Bewertung nach Aufgabe der Veräußerungsabsicht 28–29
5 Ausweis und Angaben 30–43
   5.1 Beschreibende Angaben 30–32
   5.2 Separierung Vermögen und Schulden in der Bilanz und im Anhang 33–35

5.3 Separierung von Ergebnis und *cash flows* in GuV und Kapitalflussrechnung 36–38
5.4 Angabe von Umbewertungserfolgen 39
5.5 Besonderheiten im Konzern 40–43
    5.5.1 Transaktionen der zu veräußernden Einheit mit anderen Konzerneinheiten – IFRS 5 vs. IAS 27 .. 40
    5.5.2 Beabsichtigte Teilveräußerung eines Tochterunternehmens (Abwärtskonsolidierung) 41
    5.5.3 Übergang von *equity*-Methode zu IFRS 5 42–43
6 Latente Steuern sowie Steueraufwand 44–45
7 Anwendungszeitpunkt, Rechtsentwicklung 46
8 Zusammenfassende Praxishinweise 47–50

Schrifttum: ALEXANDER/ARCHER, Miller International Accounting Standards Guide 2002; BÖCKING/DIETZ/KIEFER, Discontinuing Operations. Ein Vergleich der Behandlung einzustellender Geschäftsbereiche im Jahresabschluss nach IAS und US-GAAP, WPg 2001, S. 373ff.; EPSTEIN/MIRZA, Interpretation and Application of IAS 2002; HEUSER/THEILE, IAS/IFRS-Handbuch, 2. Aufl., 2005, Rz 2300ff.; HOFFMANN/LÜDENBACH, IFRS 5, Bilanzierung bei beabsichtigter Veräußerung von Anlagen und Geschäftsfeldern, BB 2004, S. 2006ff.; IDW, ERS HFA 2; Entwurf einer Fortsetzung von HFA 2: Zur Veräußerung gehaltene langfristige Vermögenswerte und aufgegebene Geschäftsbereiche nach IFRS 5, WPg 2006, S. 1371ff.; KMPG, Insights into IFRS, 3. Aufl., 2006; KÜTING/KESSLER/WIRTH, Die IFRS-Bilanzierung von nur einem temporären Controleinfluss unterliegenden Tochterunternehmen, KoR 2003, S. 533ff.; LÜDENBACH, Bewertung von Anteilen an assoziierten Unternehmen bei Veräußerungsabsicht, PiR 2006, S. 45ff.; LÜDENBACH/HOFFMANN, Enron und die Umkehrung der Kausalität bei der Rechnungslegung, DB 2002, S. 1169ff.; PEJIC/MEIISEL, Discontinuing Operations, Ausweis- und Bilanzierungsvorschriften nach dem neuen Standard des IASC, DB 1999, S. 2229ff.; SCHILDBACH, Was leistet IFRS 5?, WPg 2005, S. 554ff.; THIEL/PETERS, ED 4, Veräußerung langfristiger Vermögenswerte und Darstellung der Aufgabe von Geschäftsbereichen aus Sicht der Bilanzierungspraxis, BB 2003, S. 1999ff.; VÖLKNER, Zur Veräußerung bestimmtes Anlagevermögen und aufgegebene Bereiche, PiR 2005, S. 78ff.; ZÜLCH/LIENAU, Bilanzierung zum Verkauf stehender langfristiger Vermögenswerte sowie aufgegebener Geschäftsbereiche nach IFRS 5, KoR 2004, S. 442ff.

Vorbemerkung
Die Kommentierung beruht auf IFRS 5 in der aktuellen Fassung und berücksichtigt alle Änderungen, Ergänzungen und Interpretationen, die bis zum 1.1.2007 beschlossen wurden. Abweichungen zu früheren Regelungen sowie diskutierte oder schon als Änderungsentwurf vorgelegte zukünftige Regelungen sind unter Rz 46 dargestellt.

1 Zielsetzung, Regelungsinhalt, Begriffe

1.1 Prognoserelevante Abgrenzung fortzuführender gegenüber auslaufenden Aktivitäten

IFRS 5 enthält besondere Bewertungs- und Ausweisvorschriften für
- zur Aufgabe vorgesehene, nicht fortgeführte Bereiche *(discontinued operations)* und
- zur Veräußerung gehaltenes langfristiges Vermögen *(non-current assets held for sale)*.

Die Sondervorschriften sollen den Bilanzadressaten ermöglichen, die finanzielle Wirkung von Einstellungs- und Veräußerungsplänen zu beurteilen (IFRS 5.30). Der Separierung aufgegebener von fortzuführenden Bereichen wird Prognoserelevanz zugesprochen (IFRS 5.BC62). Die Abschlussadressaten sollen zwischen auch zukünftig zu erwartenden und zukünftig nicht mehr gegebenen Aktivitäten unterscheiden können, um dies in ihren Prognosen, Extrapolationen usw. zu berücksichtigen.

1.2 Ersatz allgemeiner Ausweis- und Bewertungsvorschriften

Der Vorgängerstandard IAS 35 war systematisch als eine reine Ausweis- und Anhangsvorschrift formuliert und enthielt für die Bewertung und den Ansatz aufgegebener Bereiche keine besonderen Vorschriften (IAS 35.17). IFRS 5 erweitert den Bereich der Sondervorschriften hingegen auf den Bereich der Bewertung. Nur der Ansatz, d. h. insbesondere der Ausbuchungszeitpunkt von Anlagevermögen, unterliegt den allgemeinen Vorschriften von IAS 16 (→ § 14 Rz 20) und IAS 38 (→ § 13 Rz 72; IFRS 5.24). Für Ausweis und Bewertung gelten hingegen im Kern folgende Regeln:

- **Bewertungsmaßstab:** Zur Veräußerung bestimmtes Anlagevermögen ist mit dem **Nettozeitwert** *(fair value less costs to sell)*, jedoch maximal mit dem bisherigen Buchwert *(carrying amount)* anzusetzen (Rz 25).
- **Bilanzausweis:** In der Bilanz ist das zur Veräußerung bestimmte langfristige Vermögen (Anlagen), bei Veräußerung einer Sachgesamtheit (Abgangsgruppe bzw. *disposal group)* auch das zugehörige kurzfristige Vermögen (Umlaufvermögen), separat auszuweisen, ggf. auch zugehörige Verbindlichkeiten (Rz 33).
- **GuV-Ausweis:** Soweit die zur Aufgabe bestimmte Sachgesamtheit *(disposal group)* ein bedeutendes sachliches oder geographisches Geschäftsfeld repräsentiert *(discontinued operation)*, ist überdies eine Separierung in der GuV (→ § 2 Rz 46) und in der Kapitalflussrechnung (→ § 3 Rz 123) geboten, und zwar abweichend vom Anwendungsbereich der vorstehenden Sonderregeln auch bei der Stilllegung *(abandonment;* Rz 36).

Auf Abb. 1 sowie die Übersicht in Rz 5 wird verwiesen.

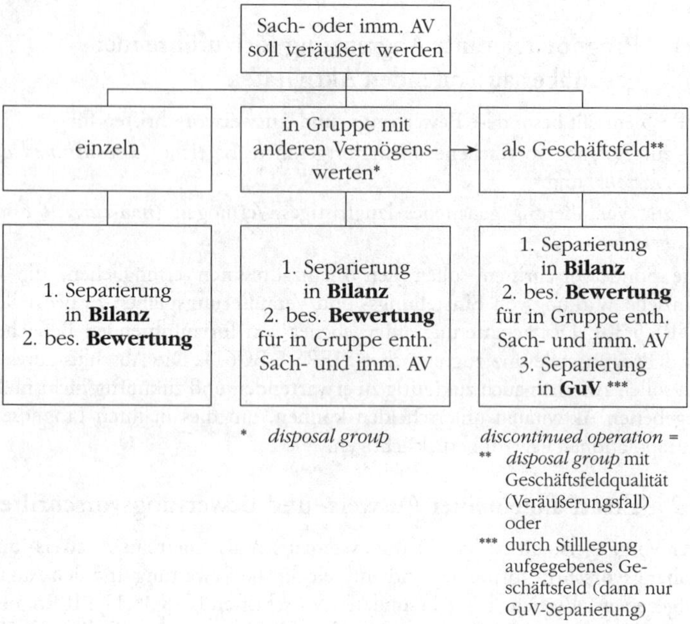

```
                        Sach- oder imm. AV
                        soll veräußert werden
        ┌───────────────────────┼───────────────────────┐
                            in Gruppe mit
      einzeln            anderen Vermögens-  →    als Geschäftsfeld**
                             werten*
        │                       │                       │
                                                   1. Separierung
                         1. Separierung              in Bilanz
   1. Separierung           in Bilanz             2. bes. Bewertung
      in Bilanz          2. bes. Bewertung         für in Gruppe enth.
   2. bes. Bewertung      für in Gruppe enth.        Sach- und imm. AV
                           Sach- und imm. AV      3. Separierung
                                                     in GuV ***
```

* *disposal group*

** *discontinued operation* = *disposal group* mit Geschäftsfeldqualität (Veräußerungsfall) oder

*** durch Stilllegung aufgegebenes Geschäftsfeld (dann nur GuV-Separierung)

Abb. 1: Überblick über IFRS 5

1.3 Abgrenzung zwischen zur Veräußerung bestimmtem Anlagevermögen und aufgegebenen Bereichen

3   Zur **Veräußerung** vorgesehen und damit als *held for sale* kann zu qualifizieren sein:
- ein **einzelner Anlagegegenstand** *(non-current assets held for sale)*,
- eine **Sachgesamtheit**, d. h. eine Abgangsgruppe, die neben Anlagegegenständen auch Umlaufvermögen und Verbindlichkeiten enthalten kann *(disposal group)*, oder
- ein bedeutender sachlicher oder geographischer **Geschäftsbereich** *(discontinued operation)*.

Bei Beschränkung der Betrachtung auf **Veräußerungsfälle** würden sich die *discontinued operations* nur durch ihr größeres Gewicht und ihre Eigenständigkeit (Geschäftsfeldqualität) von der *disposal group* unterscheiden.
Der Begriff der *discontinued operations* berücksichtigt jedoch im Unterschied zu dem der *disposal group* auch Einstellungen eines Bereichs, die sich nicht durch Verkauf, sondern durch **Stilllegung** *(abandonment)* vollziehen. Auch in

Lüdenbach

diesem Fall ist eine Separierung des Erfolgs in der GuV (Rz 36) und des *cash flow* im Anhang oder in der Kapitalflussrechnung (jedoch nicht des Vermögens in der Bilanz) geboten (Rz 2). Anders als bei der Veräußerung beginnt die Separierung jedoch nicht mit dem Einstellungs**beschluss**, sondern erst im Jahr des tatsächlichen **Vollzugs** der Einstellung (Rz 24). In dieser Hinsicht vermittelt die amtliche Übersetzung von IFRS 5.32 im Übrigen einen irreführenden Eindruck vom Anwendungsbereich des Standards: Die Rede ist nur von einem „veräußerten oder zur Veräußerung gehaltenen Geschäftsbereich". Der englische Originaltext spricht jedoch von einem Geschäftsbereich *„that either has been disposed of, or is classified als held for sale"*, wobei der Begriff *„disposal"* auch die Einstellungen durch Stilllegung umfasst.
Zum Verhältnis der zentralen Kategorien von IFRS 5 und zu den an sie anknüpfenden Rechtsfolgen wird auf Tabelle 1 (Rz 5) verwiesen.

1.4 Finanzinstrumente und andere nur den Ausweis-, nicht den Bewertungsvorschriften von IFRS 5 unterliegende Fälle

Hinsichtlich des Anwendungsbereichs der in IFRS 5 enthaltenen Sondervorschriften ist wie folgt zu differenzieren:

4

- Die Regeln zum **separaten Bilanzausweis** gelten für alle als *non-current assets held for sale* klassifizierten Vermögenswerte bzw. bei *disposal groups* oder *discontinued operations* auch für damit verbundene sonstige Vermögenswerte und Schulden (IFRS 5.2).
- Die **besonderen Bewertungsvorschriften** gelten jedoch nur für das in einer *disposal group/discontinued operation* enthaltene Anlagevermögen *(noncurrent assets)*, wobei hier gem. IFRS 5.5 noch folgende langfristigen Vermögenswerte **ausgenommen** sind:
  – latente Steuern nach IAS 12 (→ § 26);
  – Vermögenswerte aus Versorgungsplänen *(plan assets)* i.S. von IAS 19 (→ § 23);
  – Finanzinstrumente i. S. von IAS 39 (→ § 28);
  – im *fair-value*-Modell bewertete *investment properties* gemäß IAS 40 (→ § 16 Rz 42);
  – im *fair-value*-Modell bewertete Anlagen des Agrarbereichs nach IAS 41 (→ § 40 Rz 20);
  – Vertragsrechte aus Versicherungsverträgen nach IFRS 4 (→ § 39).

Die Bewertungs**ausnahmen** bestehen auch dann, wenn die genannten Vermögenswerte (oder Verbindlichkeiten) Teil einer *disposal group* (oder *discontinued operation*) sind. Kurz gefasst gelten die besonderen Bewertungsvorschriften somit nur für **Sachanlagen** und **immaterielle Anlagen**.
Die Ausnahmeregeln sind unterschiedlich begründet. Teilweise ist eine *fair-value*-Bestimmung schwierig – etwa bei den latenten Steuern, die daher bei-

spielsweise auch im Rahmen des Unternehmenserwerbs nicht dem *fair-value*-Prinzip unterworfen werden (→ § 31 Rz 95). Andere in IFRS 5.5 aufgelistete Vermögenswerte – etwa bestimmte Finanzinstrumente – unterliegen z. T. **ohnehin schon** der in IFRS 5 verfolgten Bewertung zum *fair value*. Eine Umbewertung ergäbe sich nur aus dem Abzug von Veräußerungskosten. Der Verzicht auf eine solche Umbewertung vermeidet komplexe Erfolgsrealisierungsprobleme. Sie würden sich etwa ergeben, wenn ein zinstragendes *available-for-sale*-Finanzinstrument mit zuvor z. T. im Eigenkapital erfasstem Bewertungserfolg zu reklassifizieren wäre mit der Folge einer Auflösung der Eigenkapitalposition und einer Einbeziehung der bis zur Veräußerung erwarteten Zinsen in die *fair-value*-Ermittlung.

Dem Ziel der Vermeidung unnötiger Komplexität und Kasuistik noch mehr gedient hätte der völlige **Verzicht** auf besondere Bewertungsvorschriften. Im Interesse der Konvergenz mit US-GAAP bzw. SFAS 144 war dieser Verzicht nicht opportun.[1] Ein *Board*-Mitglied bedauert in seinem Minderheitenvotum, dass der IASB Konvergenz auch dort anstrebe, wo die Konvergenzlösung nicht der Qualität der Rechnungslegung diene (IFRS 5.DO13).

1.5 Überblick über die in IFRS 5 enthaltenen Qualifizierungen und deren Rechtsfolgen

5   Nachstehende Tabelle 1 gibt einen Überblick über die nach IFRS vorzunehmenden **Qualifizierungen** als

- zur Veräußerung gehaltenes langfristiges Vermögen *(non-current assets held for sale)* (Rz 6ff.),
- Abgangsgruppe *(disposal group)* (Rz 6ff.) und
- aufgegebener Geschäftsbereich *(discontinued operation)* (Rz 13)

sowie die damit verbunden **Rechtsfolgen** für

- Bewertung (Rz 25),
- Bilanzausweis (Rz 33) und
- GuV-Ausweis (Rz 36)

in Abhängigkeit von der **Art**

- des zur Veräußerung bestimmten Anlagegegenstandes bzw.
- Vermögenswerts (Rz 26).

---

[1]   Zur Konvergenz von IFRS 5 und SFAS 144: THIEL/PETERS, BB 2003, S. 1999ff.

	besond. Bewertung	sep. Bilanzausweis	sep. GuV-Ausweis	Beispiel
zur veräußerndes langfristiges Vermögen *(non-current assets held for sale)*, jedoch nicht Finanzinstrumente etc.	++	++	–	Veräußerung Lagerhalle
zur Veräußerung bestimmte Sachgesamtheit *(disposal group)* ohne Geschäftsfeldqualität	+/–**	++	–	Veräußerung Lagerhalle incl. Maschinen u. Rohstoffe
zur Veräußerung bestimmte Sachgesamtheit mit Geschäftsfeldqualität *(discontinued operations)*	+/–**	++	++	Veräußerung Produktionslinie Agrarchemie
zur Stilllegung bestimmtes Geschäftsfeld	–	–	++	Rückzug aus Südostasien

** besondere Bewertung nicht für in der *disposal group/discontinued operation* enthaltenes Umlaufvermögen, außerdem nicht für bestimmte Anlagen (Finanzanlagen, zum *fair value* erfasste *investment properties* etc.), vgl. Rz 4.

Tab. 1: Grundbegriffe und ihre Rechtsfolgen

2 Definition der zur Veräußerung bestimmten langfristigen Vermögenswerte und der Abgangsgruppe

2.1 Abgrenzung zum Umlaufvermögen

Soweit es um die Veräußerung eines einzelnen Vermögenswertes geht, findet IFRS 5 nur auf langfristiges Vermögen *(non-current assets)* Anwendung. In *disposal groups* bzw. *discontinued operations* kann hingegen auch kurzfristiges Vermögen enthalten sein, für das dann – jedenfalls auf Einzelbewertungsebene – nur die besonderen Blianzausweisvorschriften gelten (Rz 26).

6

Lüdenbach

In der **Abgrenzung** zwischen lang- und kurzfristigem Vermögen verfährt IFRS 5. App. A wie folgt:

- Der Begriff des *non-current asset* wird negativ und tautologisch definiert als ein Vermögenswert, der kein *current asset* ist.
- Der Begriff des *current asset* wird in Übereinstimmung mit IAS 1 (→ § 2 Rz 34) durch das Vorliegen von mindestens einem der folgenden Merkmale definiert: Umlaufvermögen *(current assets)* sind
  - zur Realisierung durch Verbrauch oder Veräußerung innerhalb des Geschäftszyklus *(operation cycle)* vorgesehene Vermögenswerte (z. B. Rohstoffe und Erzeugnisse),
  - zu Handelszwecken gehaltenes Vermögen (z. B. Waren sowie Wertpapiere des Handelsbestandes),
  - Zahlungsmittel sowie
  - zur Realisierung innerhalb von 12 Monaten (gerechnet vom Bilanzstichtag) vorgesehene Vermögenswerte.

Vor allem das letzte Kriterium gibt im Verhältnis zur Definition der *non-current assets held for sale* Rätsel auf, da diese in IFRS 5.6 als *non-current assets* definiert sind, deren Buchwert gerade nicht durch fortgesetzte Nutzung, sondern durch Verkauf binnen i. d. R. 12 Monaten (IFRS 5.8) realisiert werden soll.[2] **Zwei Lesarten** zum Verhältnis von langfristigem Vermögen und *non-current assets held for sale* bieten sich an:

- Eine eng am **Wortlaut** orientierte Interpretation sähe wie folgt aus:
  - Den Sondervorschriften von IFRS 5.6ff. unterliegen nur solche langfristigen Vermögenswerte, die innerhalb von i. d. R. 12 Monaten veräußert werden sollen.
  - Gem. IAS 1 und IFRS 5.App. A sind langfristige Vermögen nur solche Vermögenswerte, die nicht zur Veräußerung oder zum Verbrauch innerhalb von 12 Monaten bestimmt sind.
  - Die Vorschriften von IFRS 5.6ff. zu den *non-current assets held for sale* laufen demzufolge ins **Leere**. Sie gelten einerseits nicht für Vermögenswerte, die zur Veräußerung innerhalb von 12 Monaten bestimmt und daher *current assets* sind. Sie gelten andererseits nicht für *non-current assets*, die nicht zur Veräußerung innerhalb von 12 Monaten bestimmt und daher keine *held-for-sale assets* sind.
- Eine über die definitorischen Schwächen von IFRS 5 hinwegsehende, den Absichten des IASB entgegenkommende **geltungserhaltende** Interpretation sieht demgegenüber wie folgt aus:[3]

---

[2] Ähnlich SCHILDBACH, WPg 2005, S. 554.
[3] Mit ähnlicher Kritik und etwas anderem Lösungsansatz (Berufung auf lex specialis) ZÜLCH/LIENAU, KoR 2004, S. 442ff.

Lüdenbach

- Den Sondervorschriften von IFRS 5.6ff. unterliegen nur solche langfristige Vermögenswerte, die **innerhalb von i. d. R. 12 Monaten veräußert** werden sollen.
- Gegen den Wortlaut von IFRS 5.App. A sind als langfristig solche Vermögenswerte anzusehen, die entweder (a) **ursprünglich mit Dauerverwendungsabsicht**, d. h. ursprünglich ohne Absicht der Veräußerung oder des Verbrauchs innerhalb von 12 Monaten, beschafft oder hergestellt wurden oder die (b) beim Unternehmen **typischerweise Anlagevermögen** sind.
- **Entfällt** bei Vermögenswerten des Typs a zu einem späteren Zeitpunkt die Weiterverwendungs- und tritt an ihre Stelle eine Veräußerungsabsicht, so sind sie ab diesem Zeitpunkt nicht mehr als normale *non-current assets,* sondern als *non-current assets held for sale* zu qualifizieren.

Die nachfolgenden Ausführungen folgen der zweiten, geltungserhaltenden Lesart. Sie hat den Vorzug, die umfangreichen Ausführungen des IASB in IFRS 5 nicht ohne Anwendungsbereich stehen zu lassen. Als ein Nachteil mag die gewisse Unschärfe angesehen werden, die im Begriff des „**typischen langfristigen Vermögens**" enthalten ist. Diese Kategorie ist jedoch notwendig, um einen bereits mit Veräußerungsabsicht erworbenen Vermögenswert gem. IFRS 5.11 ebenfalls als *non-current asset held for sale* qualifizieren zu können.

7

> **Beispiel**
> Das Unternehmen U baut und veräußert Gebäude. Aus der Insolvenzmasse eines Wettbewerbers konnte U einige Baumaschinen erwerben. Für einen Teil der nur im Paket erwerbbaren Maschinen bestand von vornherein eine Veräußerungsabsicht.
> Nach IAS 1 und IFRS 5.App. A wären die mit Veräußerungsabsicht erworbenen Maschinen Umlaufvermögen. Gem. IFRS 5.11 sowie IFRS 5.IG.E3 sind sie jedoch als *non-current assets held for sale* zu qualifizieren. Diese Zuordnung kann nur durch Verwendung eines **Typusbegriffs** gerechtfertigt werden. Da U kein Baumaschinenhändler, sondern Bauunternehmer ist und daher Baumaschinen bei ihm typischerweise Anlagevermögen sind, hat er die von vornherein zur Veräußerung bestimmten Maschinen als *non-current assets held for sale* zu klassifizieren und sie entsprechend auszuweisen und zu bewerten.
>
> **Fallvariante**
> U erwirbt aus der Insolvenzmasse Immobilien mit der Absicht der Weiterveräußerung. Da die Veräußerung von Immobilien typischer Geschäftszweck von U ist, kommt nur eine Qualifizierung als Vorratsvermögen in Frage.

Bei einer mit Veräußerungsabsicht erworbenen Abgangsgruppe *(disposal group)* (Rz 5), die typisches Anlagevermögen und Umlaufvermögen enthält, teilt u. E. das Umlaufvermögen das Schicksal des Anlagevermögens, wenn es in

einem Akt mit diesem, d. h. i. d. R. an den gleichen Erwerber veräußert werden soll.
Im Übrigen ist der Begriff der Abgangsgruppe **unscharf**. IFRS 5.4 stellt im Wesentlichen nur auf die Intention ab, mehrere Vermögenswerte in einer Transaktion zu veräußern. Dabei könne es sich um eine Zahlungsmittel generierende Einheit (CGU) i.S. von IAS 36 (→ § 11 Rz 29ff.) handeln, aber auch höher aggregiert um Gruppen von CGUs oder weniger aggregiert um Teile von CGUs.[4]

2.2 Verfügbarkeit zur sofortigen Veräußerung im gegenwärtigen Zustand

8   Ein langfristiger Vermögenswert *(non-current asset)* qualifiziert sich gem. IFRS 5.7 nur dann als zur Veräußerung bestimmt *(held for sale)*, wenn er **zur sofortigen Veräußerung im gegenwärtigen Zustand** verfügbar ist *(available for immediate sale in its present condition)*. In Anlehnung an die *Guidance on Implementing* IFRS 5 lässt sich dieses Merkmal an folgenden Beispielen erläutern (IFRS 5.IG1 und IG3):

Beispiel
U plant die Veräußerung der drei folgenden Gebäude:
1) ein nicht mehr genutztes Produktionsgebäude nach **Räumung und Reinigung**
2) ein leer stehendes Lagergebäude nach – zur Anhebung des Veräußerungspreises – **umfassender Renovierung**
3) ein altes Verwaltungsgebäude nach Herstellung eines neuen **Ersatzgebäudes**.

Beurteilung
1) Das Produktionsgebäude steht zur sofortigen Veräußerung im gegenwärtigen Zustand zur Verfügung. Räumungs- und Reinigungsarbeiten zur Übergabe im besenreinen Zustand sind bei der Veräußerung solcher Anlagen üblich und hindern die Klassifizierung als *non-currrent asset held for sale* nicht.
2) Das Lagergebäude soll nicht in seinem gegenwärtigen Zustand, sondern nach Renovierung, d. h. als ein Gut anderer Marktgängigkeit, veräußert werden. Erst mit Abschluss der Renovierungsarbeiten kommt eine Qualifizierung als *non-currrent asset held for sale* in Frage.
3) Das Verwaltungsgebäude soll bis zur Fertigstellung des neuen Gebäudes weiter genutzt werden. Selbst wenn bereits vor Baubeginn des neuen Gebäudes ein Kaufvertrag über das alte Gebäude geschlossen wird, kommt eine sofortige Klassifizierung als *non-currrent asset held for sale* nicht in Frage. Hierzu muss erst das neue Gebäude fertig gestellt sein.

---

[4] Kritisch hierzu VÖLKNER, PiR 2005, S. 78.

Die Voraussetzung der sofortigen Veräußerbarkeit im gegenwärtigen Zustand muss auch bei einer *disposal group* oder *discontinued operation* (Rz 5) erfüllt sein. Zur Erfüllung des Merkmals der **sofortigen Veräußerbarkeit bei Auftragsbeständen** enthält IFRS 5.IG2 folgendes Beispiel:

> **Beispiel**
> U will die Produktionsstätte C veräußern. Der Veräußerungsplan sieht die Veräußerung der entsprechenden Produktionslinie (d. h. mit Arbeitnehmern, Auftragsbeständen, Vorräten usw.) vor.
> Unerledigte Bestellungen (Auftragsbestände) hindern die Qualifizierung als *non-currrent asset held for sale* nicht, da die Auftragsbestände mit veräußert werden sollen.
>
> **Fallvariante**
> Nur die Produktionsstätte soll veräußert werden. Dies setzt die Erfüllung aller noch unerledigten Aufträge voraus.
> Eine Qualifizierung als *non-currrent asset held for sale* kommt erst mit Einstellung der Produktion in Frage. Hieran ändert auch ein bereits vorher geschlossener Kaufvertrag nichts.

2.3 Hohe Wahrscheinlichkeit einer Veräußerung

Gem. IFRS 5.7 muss eine Veräußerung als hoch wahrscheinlich *(highly probable)* anzusehen sein, um die *held-for-sale*-Qualifizierung zu bewirken. Der Begriff der **Veräußerung** umfasst Übertragungen durch Kaufvertrag ebenso wie solche durch Tausch (IFRS 5.10). Nicht als Veräußerung gelten **Aufspaltungen** *(spin offs)*, bei denen es zur Übertragung von Unternehmensteilen auf Anteilseigner des Unternehmens kommt (z. B. § 123 Abs. 1 UmwG). Aus Sicht des Unternehmens liegt kein entgeltlicher Vorgang vor. Hat das abgespaltene Vermögen Geschäftsfeldqualität, ist aber wie bei der Aufgabe eines Geschäftsbereichs durch Stilllegung (Rz 3) mit Vollzug der Spaltung eine Separierung in der GuV vorzunehmen (Rz 36).[5]

Den Begriff der **hohen Wahrscheinlichkeit** definiert Appendix A zu IFRS 5 in zwei Schritten, aus denen sich ein dritter Schritt ableiten lässt:
- *probable = more likely than not* (= 51 % Wahrscheinlichkeit).
- *highly probable = significantly more likely than probable*.
- Somit: hohe Wahrscheinlichkeit = signifikant über 51 % liegende Wahrscheinlichkeit.

Die **Grenzen** einer solchen Quantifizierung singulärer Ereignisse haben wir an anderer Stelle dargelegt (→ § 21 Rz 32). Wichtiger als derartige Zahlenspiele sind daher die **Bedingungen**, die IFRS 5.8 zur Beurteilung der hohen Wahrscheinlichkeit formuliert. Danach soll eine Veräußerung hoch wahrscheinlich

---

[5] Gl. A. KMPG, Insights, 2006, Tz 5.4.200.20.

sein, wenn am Bilanzstichtag (IFRS 5.12) folgende Voraussetzungen kumulativ erfüllt sind:
- A) Die angemessene **Hierarchieebene** *(appropriate level of management)* hat sich auf einen Plan zur Veräußerung der Anlagen **verpflichtet**.
- B) Ein **aktives Programm** zur Suche eines Käufers und zur Umsetzung des Plans ist initiiert worden.
- C) Die Anlagen (oder die *disposal group* bzw. *discontinued operations*) werden **aktiv vermarktet** zu einem im Verhältnis zum gegenwärtigen *fair value* **vernünftigen Preis**.
- D) Der Vermögensabgang binnen **12 Monaten** wird erwartet; eine Ausdehnung dieses Zeitraums ist ggf. zulässig (Rz 11).
- E) Eine Stornierung oder **signifikante Veränderung** des Plans ist **unwahrscheinlich** *(unlikely)*.

Die Kriterien sind **unscharf** und dienen deshalb der Objektivierung der Rechnungslegung nicht. Interpretationsfähig ist z. B., was unter aktiver Käufersuche, aktiver Vermarktung und vernünftigem Preis zu verstehen ist. Auch die Kriterien der Verpflichtung des Managements bzw. der Unzulässigkeit von Planänderungen bleiben unbestimmt. Möglicherweise ist an ein Management gedacht, das – den Empfehlungen der präskriptiven Entscheidungslehre und seinen Sorgfaltspflichten entgegenlaufend – immer nur starre Pläne formuliert, flexible Planungsstrategien daher vermeidet und Verwertungsalternativen (Verpachtung etc.) von vornherein ausblendet, in diesem Sinne also Veräußerungen immer nur ohne Wenn und Aber beschließt.

> **Beispiel**
> Die U verfügt an verschiedenen Standorten, u. a. im Grenzgebiet zu Tschechien, über ungenutzte Lager. Vor dem Bilanzstichtag wird ein Vorstandsbeschluss gefasst, überflüssige Immobilien optimal zu verwerten, d. h. bevorzugt zur veräußern, wo dies binnen 12 Monaten nicht zu einem fairen Wert möglich ist, bestmöglich zu vermieten. Mit der Umsetzung ist der Bereich „Immobilien" beauftragt. Er inseriert in einem örtlichen Anzeigenblatt für einen Preis von „100.000 EUR Verhandlungsbasis" in der Erwartung, diesen Preis im Verhandlungswege um bis zu 50 % nachzulassen.
>
> **Beurteilung der Kriterien**
> A) und E): Unklar ist, ob der Vorstand oder der Bereich „Immobilien" die **angemessene Hierarchieebene** ist. Im ersten Fall könnte eine Qualifizierung als *held for sale* schon an der bedingten Formulierung scheitern. In diesem Zusammenhang ist nicht deutlich, wem gegenüber der Vorstand eine **Verpflichtung** eingegangen sein muss. Nach IFRS 5.9 ist an eine Art **Selbstverpflichtung** gedacht, wie sie in einem unflexiblen Planungssystem ohne in die Planung eingebaute Änderungsoptionen zu finden ist. Bei einer flexiblen Planung, die von vornherein Optionen für den Fall formuliert, dass bestimmte Erwartungen nicht eintreten, wäre danach die erforderliche

Lüdenbach

> Selbstverpflichtung nicht gegeben. Für eine solche Interpretation spricht auch, dass signifikante Planänderungen sanktioniert werden. Da bei einer flexiblen Planung Änderungsoptionen Teil der Planung selbst sind, würde die Sanktionsvorschrift ansonsten ins Leere laufen.
> B) und C): Ob die Inserierung in einem örtlichen Anzeigenblatt eine **aktive Käufersuche** und eine **aktive Vermarktung** darstellt oder mehr getan, z. B. ein Makler beauftragt werden muss, ist ebenso zweifelhaft wie die Qualifizierung des Preisangebotes. Wenn die Immobilienabteilung von einem Zeitwert von 50.000 EUR ausgeht, angesichts regionaltypischer Verhandlungsverläufe aber mit 100.000 EUR inseriert, ist jedenfalls in formaler Betrachtung gerade keine Vermarktung mit einem im Verhältnis zum **Zeitwert vernünftigen Preis** dokumentiert.
> D): Der Veräußerungsplan sieht eine Veräußerung binnen 12 Monaten, genauer maximal über 12 Monate laufende Veräußerungsbemühungen vor. Ob diese **bedingte 12-Monats-Erwartung** – wenn Veräußerung, dann in 12 Monaten – den Anforderungen von IFRS 5.8 genügt, ist unklar.

2.4 Zwölf-Monats-Kriterium

Eine Veräußerung gilt nur dann als hoch wahrscheinlich (Rz 9), wenn ein Abgang des Vermögenswertes binnen 12 Monaten ab Klassifizierung als *held for sale* erwartet wird (IFRS 5.8). Ob unter **Beginn** der 12-Monats-Frist die Erfüllung der übrigen Voraussetzungen (Verabschiedung eines Veräußerungsplans, der Beginn der aktiven Vermarktung etc.) oder der erste Bilanzstichtag nach Erfüllung der Voraussetzungen zu verstehen ist, bleibt im Standard offen. Der ersten Interpretation ist u.E. der Vorzug zu geben (Rz 12).

10

> **Beispiel**
> Das Management von U verabschiedet im März 04 einen Plan zur Veräußerung diverser Verwaltungsgebäude und Produktionsgebäude. Es rechnet mit Vollzug des Plans in den nächsten 12 Monaten (Verwaltungsgebäude) bzw. 18 Monaten (Produktionsgebäude). Nach zunächst vergeblichen Bemühungen findet sich im März 05, unmittelbar vor Feststellung des Jahresabschlusses für 05, doch noch ein Käufer, der die Gebäude mit wirtschaftlichem Eigentumsübergang 1. Juli 05 erwirbt.
> Bezogen auf den Bilanzstichtag 31.12.04 ist eine Veräußerung innerhalb von 12 Monaten sicher. Eine Qualifizierung als *held for sale* käme für beide Gebäudearten in Frage. Konsequenz wäre nicht nur ein separater Bilanzausweis. Die Gebäude dürften außerdem in 05 nicht mehr planmäßig abgeschrieben werden (Rz 26).
> Wird demgegenüber der März 04 als maßgebliches Datum angesehen, unterbleibt schon in 04 die planmäßige Abschreibung für die Gebäude. Die tatsächlich eintretende Überschreitung der 12-Monats-Frist ist unter bestimmten Umständen unschädlich (Rz 11).

11 Eine **Ausdehnung** der 12-Monats-Frist ist gem. IFRS 5.9 i. V. m. Appendix B sowie IFRS 5.IG.E5 bis E7 zulässig, wenn vom Unternehmen nicht zu vertretende Verzögerungen auftreten, das Unternehmen aber gleichwohl seinem Veräußerungsplan verpflichtet bleibt. Drei **unschädliche** Verzögerungstatbestände sind zu unterscheiden:

- Die Veräußerung bedarf der **Genehmigung** durch eine außen stehende, insbesondere kartell- oder aufsichtsrechtliche Instanz. Diese Genehmigung kann erst nach Abschluss des binnen 12 Monaten zustande gekommenen Verkaufsvertrages beantragt werden.
- Der Erwerber verweigert die Eigentumsübertragung unter Hinweis auf nach dem Vertragsschluss entdeckte **Mängel**, z. B. Umweltschäden. Mit deren Beseitigung wird unverzüglich begonnen. Die Nachbesserungsarbeiten führen aber zu einem Überschreiten der 12-Monats-Frist.
- Externe Umstände, insbesondere **Marktpreise,** ändern sich überraschend während der ursprünglichen 12 Monate. Die Unternehmung reagiert darauf, passt insbesondere ihre Preisforderung an die geänderten Umstände an.

2.5 Zeitpunkt der erstmaligen Klassifizierung

12 Zur Veräußerung bestimmte Anlagen und Sachgesamtheiten einschließlich zur Veräußerung bestimmte *discontinued operations* sind ab dem Zeitpunkt gesondert zu bewerten (Rz 25) sowie bilanziell separat auszuweisen (Rz 33), ab dem die vorstehend genannten Voraussetzungen erfüllt sind, d. h. insbesondere ein Veräußerungsbeschluss gefasst und das Vermögen in veräußerungsbereitem Zustand ist. Abweichend von IAS 35.29 ist die erstmalige Erfüllung der Voraussetzungen **nach Ende des Geschäftsjahres** aber vor der formellen Freigabe bzw. Genehmigung des Abschlusses **nicht ausreichend**. Sie führt nicht zur Anwendung der Sondervorschriften (IFRS 5.15). Ein separater **Bilanzausweis** ist erst im Folgejahr zulässig.

> **Beispiel**
> Die Geschäftsführung beschließt im Februar 02 die Veräußerung bestimmter veräußerungsbereiter Anlagen. Der Jahresabschluss 01 wird im März festgestellt und veröffentlicht.
> Das Vermögen aus dem einzustellenden Bereich ist im Abschluss 01 noch nicht zu separieren.
> Eine Separierung ist jedoch in der Bilanz 02 vorzunehmen, soweit das Vermögen bis dahin noch nicht veräußert ist, aber weiterhin die Veräußerungsabsicht besteht und aktiv umgesetzt wird.
> Soweit Quartalsberichte erstellt werden (→ § 37), ist im Beispiel schon ein Sonderausweis zum 31.3.02 geboten.

Während sich die Frage des Bilanzausweises ohnehin nur am Bilanzstichtag (oder Quartalsstichtag) stellt, ist hinsichtlich der **Bewertung** von Bedeutung,

Lüdenbach

wie bei erstmals **unterjähriger** Erfüllung aller Voraussetzungen zur Qualifizierung als *held for sale* zu verfahren ist. Alle einschlägigen Vorschriften beziehen sich auf das Datum *(date)* der Qualifizierung (vgl. z. B. IFRS 5.IN6, IFRS 5.11, 13 und 27). Mithin ist bei unterjähriger Erfüllung der Voraussetzungen für Bewertungszwecke wie folgt zu verfahren:
- Abnutzbares Anlagevermögen ist bis zu diesem Zeitpunkt noch planmäßig abzuschreiben,
- ab diesem Zeitpunkt jedoch nicht mehr.
- Auf den unterjährigen Umklassifizierungszeitpunkt ist eine evtl. außerplanmäßige Abschreibung durchzuführen (Rz 26).
- Auch die 12-Monats-Frist für die Veräußerung (Rz 10) läuft u.E. ab dem unterjährigen Zeitpunkt.[6]

Für den gesonderten Ausweis in **GuV** und Kapitalflussrechnung bestehen abweichende Regeln (Rz 23).

3 Definition des aufgegebenen Bereichs

3.1 Stilllegung oder Veräußerung nach einheitlichem Plan

Einen **aufgegebenen, nicht fortgeführten Bereich** *(discontinued operation)* können nach IFRS 5.32a und b nur solche Bestandteile eines Unternehmens bilden, die
- im Rahmen eines einzelnen (einheitlichen) Plans *(single-coordinated plan)* als Gesamtheit oder stückweise **veräußert** werden oder
- ebenfalls im Rahmen eines einzelnen (einheitlichen) Plans durch **Stilllegung** eingestellt werden.

13

Unter die Kategorie der **Veräußerung** (als Gesamtheit) fallen nicht Spaltungen *(spin offs)*, bei denen es zur Übertragung von Unternehmensteilen auf Anteilseigner des Unternehmens kommt. Im Gegensatz zu den Bilanzvorschriften von IFRS 5 kann aber die Anwendung der GuV-Vorschriften in Frage kommen (Rz 9).

14

Beim **stückweisen Verkauf** erlangt das Kriterium des **einheitlichen Plans** besondere Bedeutung. Nur über die Klammer des einheitlichen Plans können einzelne Verkaufsfälle einer isolierten Betrachtung entzogen und einer Gesamtperspektive zugeführt werden. Die Problematik ähnelt insoweit der steuerlichen Rechtslage zur Betriebs- bzw. Teilbetriebsaufgabe (§ 16 Abs. 3 EStG). Steuerlich ist die durch Freibeträge und Steuersatzermäßigungen begünstigte (Teil-)Betriebsaufgabe von der nicht begünstigten allmählichen Liquidierung einzelner Vermögensteile zu unterscheiden. In IFRS 5 geht es darum, nicht mehr prognoserelevante und damit in der Berichterstattung zu separierende Auslaufbereiche von solchen Vermögensteilen zu **trennen**, deren außer-

15

---

[6] Zum Ganzen jetzt auch ERS HFA 2, Tz 95.

Lüdenbach

planmäßige Abschreibung oder deren Abgangserfolg Bestandteil des normalen Ergebnisses aus *continued operations* ist (Rz 1).

3.2 Abgrenzbarer geschäftlicher oder geographischer Bereich (Geschäftsfeldqualität)

16 Damit die besonderen Ausweis- bzw. Angabevorschriften für einzustellende Bereiche, also insbesondere die Separierung in GuV und Kapitalflussrechnung, greifen, muss der zu veräußernde oder aufzugebende Bereich identifizierbar und von den fortzuführenden Bereichen unterscheidbar sein. **Einzelne** Vermögenswerte oder Aktivitäten erfüllen diese Voraussetzung regelmäßig nicht. IFRS 5.32a und 31 verlangen vielmehr

- das Vorliegen eines **wesentlichen** Geschäftszweiges oder **geographischen Bereiches**,
- der operativ und für Zwecke der Rechnungslegung **abgrenzbar** ist, d. h. vor Einstellungsbeschluss regelmäßig eine (oder mehrere) Zahlungsmittel generierende Einheit (CGU) dargestellt hat (→ § 11 Rz 29).

17 Ein sachliches oder geographisches **Segment** im Sinne von IAS 14 (→ § 36 Rz 14ff.) erfüllt normalerweise die Kriterien. Eine zu enge Anlehnung an IAS 14 wäre jedoch nicht sinnvoll. Auch **Teile** eines Segments oder etwa eine größere Produktlinie eines überhaupt nicht segmentierten Unternehmens können als gesonderter wesentlicher Geschäftszweig oder geographischer Bereich und damit als aufgegebener Bereich gelten (IFRS 5.BC71).

18 Das Kriterium der **betrieblichen und rechnungsmäßigen Abgrenzung** ist erfüllt, wenn einem Bereich *cash flows* direkt zugerechnet werden können. Es muss **klar** sein, welche *cash flows* entfallen werden (IFRS 5.BC70). Wo dies nicht klar ist, z. B. wenn im Rahmen eines plakativen Programms der „Kernkompetenzfokussierung und Kostensenkung" nur prozentuale Hoffnungen gehandelt werden, ohne konkret wegfallende Aufwendungen benennen zu können, fehlt ein Definitionskriterium des einzustellenden Bereichs. Da alle Kriterien kumulativ erfüllt sein müssen, greifen dann die Vorschriften von IFRS 5 nicht.

Zur Frage, ob alle relevanten *cash flows* entfallen, enthält der analoge amerikanische Standard SFAS 144 u. a. folgende Beispiele:[7]

Beispiel

Fall 1

U stellt unter eigener Marke Sportfahrräder und andere Sportartikel her. Die Fahrradproduktion soll veräußert *(outgesourct)* werden, der Vertrieb von Rädern unter der eigenen Marke aber bestehen bleiben.

---

[7] SFAS 144 Appendix A, Beispiele 12-15.

> **Beurteilung nach US-GAAP**
> Das Unternehmen gibt das Geschäftsfeld Fahrräder nicht auf. Es bleibt, wenngleich nicht als Hersteller, im *bicycle business*. Eine *discontinued operation* liegt nicht vor.
>
> **Fall 2**
> U ist Franchisegeber für Schnellrestaurants, betreibt in nicht unbedeutendem Umfang aber auch eigene Restaurants. Die eigenen Restaurants sollen nun an den wichtigsten Franchisenehmer veräußert werden.
>
> **Beurteilung nach US-GAAP**
> Durch das Franchising bleibt U mittelbar in das Management (Marketing, Einkauf usw.) der veräußerten Restaurants involviert. Eine *discontinued operation* liegt nicht vor.

Die amerikanischen Vorschriften bzw. ihre Konkretisierungen sind jedoch nur bedingt auf IFRS übertragbar. Nach IFRS 5.31 darf eine *discontinued operation* nicht kleiner als eine Zahlungsmittel generierende Einheit (CGU) sein:

- In einem vertikal integrierten Konzern (Fall 1 des obigen Beispiels) können die vorgelagerte Stufe (hier die Produktion der Fahrräder) und die nachgelagerte (hier: deren Vertrieb und Verkauf) durchaus eigene CGUs sein. Die Veräußerung nur einer der vertikalen Stufen schließt somit eine *discontinued operation* nicht aus.
- In einem horizontal integrierten Konzern (Fall 2 des obigen Beispiels) sprechen die Verwandtschaft und die Berührungspunkte der nebeneinander betriebenen Geschäfte (hier: eigene Restaurants und Franchising) nicht gegen selbstständige CGUs und selbstständige *operations*.

3.3 Negativabgrenzungen, Grenzfälle, Ermessensspielräume

Als Beispiel für Tätigkeiten, die **„nicht unbedingt"** die Kriterien des einzustellenden Bereichs erfüllen, nannte IAS 35.8 unter anderem: 19
- Auslaufenlassen einer Produktionslinie,
- Einstellung mehrerer Produkte eines weitergeführten Geschäftszweiges,
- Standortverlagerung einiger Produktionsaktivitäten,
- Stilllegung einer Produktionsstätte (*facility*) zur Erzielung von Einsparungen.

Im Gegensatz zu diesen (möglichen) Negativfällen sollte andererseits die Einstellung einer größeren Produktlinie bei einem nicht segmentierten Unternehmen die Kriterien des einzustellenden Bereichs erfüllen **„können"** (IAS 35.9). Die gesamte **Abgrenzungsproblematik** war in IAS 35 in einer **vorsichtigen** und **weichen** Terminologie behandelt worden. Es war nicht von Fällen die Rede, die außerhalb des Anwendungsbereichs liegen, sondern von Fällen, die *„nicht unbedingt"* im Anwendungsbereich liegen. Es war ebenso nicht die Rede von Fällen, die innerhalb des Anwendungsbereichs zu lokali- 20 sieren *sind*, sondern von Fällen, die so zu lokalisieren „*sein können*". Einzig erkennbar war das Bemühen.

21 IFRS 5 setzt diese Linie fort. Auf die Angabe von **Beispielen**, die konkretisieren könnten, wann ein aufgegebener Bereich (nicht) vorliegt, wird von vornherein verzichtet. Die Ausführungen beschränken sich auf abstrakte Hinweise. Für den zentralen Begriff der „*major line of business or geographical area*" fehlt eine Definition. Aus IFRS 5.31 wird lediglich klar, dass der abgehende Geschäftsbereich nicht kleiner als eine Zahlungsmittel generierende Einheit (CGU) sein soll. Er kann aber mehrere CGUs umfassen.[8]
Deshalb besteht bei der Beantwortung der Frage, ob Aktivitäten als aufgegebener Bereich zu qualifizieren sind, ein **weiter Ermessensspielraum**, der vom Management „öffentlichkeitspolitisch" genutzt werden kann (→ § 51 Rz 24ff.).

> **Beispiel**
> Ein Unternehmen produziert unter einheitlicher Marke
> - Körpercremes,
> - Haarpflege- und Haartönungsmittel,
> - Deos,
> - Parfüms und Duftwässer.
>
> Die Deo-„Sparte" soll eingestellt werden.
> **Alternative A:** Aus dem Verkauf wird ein **Gewinn** erwartet.
> Der Deobereich wird weiter als fortzuführende Tätigkeit ausgewiesen mit dem Argument, dass es sich lediglich um eine dem fortzuführenden Parfum- und Duftwässerbereich ähnelnde Produktlinie handelt. In beiden Fällen dienen Duftstoffe als Rohmaterial. In beiden Fällen werden Spraybehälter als Primärverpackung benötigt. In beiden Fällen werden gleiche Vertriebswege genutzt.
> **Alternative B:** Aus dem Verkauf wird ein **Verlust** erwartet.
> Der Deobereich wird als aufgegebener Bereich behandelt mit dem Argument gegenüber dem Duft- und Parfumbereich unterschiedlicher Endkunden (Geschlecht, Alter, Einkommen), unterschiedlicher Konkurrenzlagen (Deos gegen Eigenmarken des Handels, Parfums gegen Marken von Modefabrikanten) und unterschiedlicher Duftträgerrohstoffe (Duftwässer und Parfums alkoholbasiert, eigene Deo-Serie alkoholfrei).

Eine sachgerechte Anwendung des Begriffs der *discontinued operation* hat die Größe und Vielfalt der Tätigkeit des Unternehmens zu berücksichtigen. Bei horizontal oder konglomeral diversifizierten **Großunternehmen** stellt die Aufnahme neuer und Einstellung alter Tätigkeiten einen normalen Aspekt der Geschäftsentwicklung dar. Nur bei **Wesentlichkeit** der aufgegebenen Tätigkeit liegt eine *discontinued operation* vor.

---

[8] Im Einzelnen HEUSER/THEILE, IAS/IFRS-Handbuch, 2. Aufl., Tz 2305.

Lüdenbach

> **Beispiel**
> Der Energiegroßkonzern U hat einige Jahre Solarmodule produziert und hieraus, gemessen am Konzernumsatz, Umsatzanteile im niedrigen einstelligen Prozentbereich erzielt. In einem turbulent wachsenden, überdies durch Fördergesetze national sehr unterschiedlichen Markt war U im Vergleich zu flexibler und in flacheren Hierarchien agierenden mittelgroßen Unternehmen wenig erfolgreich. U beschließt daher die Veräußerung des Bereichs. Erwartet wird ein Abgangsverlust. Als vorzugswürdig gilt der Ausweis als *discontinued operation*.
> **Beurteilung**
> Für den Großkonzern war die „Sparte" nicht wesentlich. Ein Ausweis als *discontinued operation* wäre nicht sachgerecht.

3.4 Mit Veräußerungsabsicht erworbene Tochtergesellschaft

Eine ausschließlich mit Veräußerungsabsicht erworbene Tochtergesellschaft ist gem. IFRS 5.32a als *discontinued operation* zu qualifizieren. Für den Erwerb einer Tochtergesellschaft in Veräußerungsabsicht bestehen folgende Erleichterungen gegenüber einer normalen *discontinued operation*: 22

- Die aktivisch und passivisch jeweils nur in einem Betrag auszuweisenden Vermögenswerte sind auch im Anhang nicht aufzuschlüsseln (IFRS 5.39).[9]
- Die Aufschlüsselung des Ergebnisses aus der *discontinued operation* nach Erträgen, Aufwendungen und Steuern ist auch im Anhang nicht nötig (IFRS 5.33b).
- Entsprechendes gilt für die *cash flows* (IFRS 5.33c).

Im Einzelnen wird auf → § 32 Rz 88 verwiesen.
Soll ein ursprünglich ohne Veräußerungsabsicht erworbenes Tochterunternehmen später veräußert werden, ist nach den allgemeinen Kriterien zu beurteilen, ob es die Qualität eines Geschäftsfelds *(discontinued operation)* hat. Unabhängig davon sind die Vermögenswerte und Schulden daraufhin zu würdigen, ob sie als *non-current assets held for sale* oder *disposal group* zu qualifizieren sind.

3.5 Zeitpunkt der erstmaligen Klassifizierung

Für **Bilanzausweis und Bewertung zur Veräußerung bestimmter** *discontinued operations* gelten die unter Rz 12 dargestellten zeitlichen Regeln (IFRS 5.32). Insbesondere ist danach bei erstmaliger unterjähriger Erfüllung der Voraussetzungen zur Qualifizierung einer *discontinued operation as held for sale* bis zu 23

---

[9] HEUSER/THEILE (IAS/IFRS-Handbuch, 2. Aufl, Tz 2300) halten schon die Angabe je eines Aktivpostens und Passivpostens nicht für notwendig. Der Ansatz eines Beteiligungsbuchwerts soll reichen. U.E. entspricht dies schon nicht dem Wortlaut von IFRS 5.39, jedenfalls aber nicht den Hinweisen in IFRS 5.39 IG Example 13.

Lüdenbach

diesem Zeitpunkt noch planmäßig abzuschreiben, ab diesem Zeitpunkt jedoch nicht mehr (Rz 26).
Eigenen Regeln unterliegt jedoch der separate Ausweis der *discontinued operations* in **GuV und Kapitalflussrechnung**. Bei unterjähriger Klassifizierung als *held for sale* ist wie folgt zu verfahren:
- Das gesamte Periodenergebnis, nicht nur der Zeitanteil nach Klassifizierung als *discontinued operation* ist separat in der **GuV** (→ § 2 Rz 46ff.) auszuweisen (IFRS 5.33).
- Entsprechend ist außerdem mit allen für **Vergleichszwecke** präsentierten Vorjahren zu verfahren (IFRS 5.34; → § 2 Rz 18ff.).
- Mit den wahlweise in der Kapitalflussrechnung selbst oder im Anhang (→ § 3 Rz 123) vorzunehmenden besonderen Angaben zu den *cash flows* aus der *discontinued operation* ist entsprechend zu verfahren (IFRS 5.33c und 34).

> **Beispiel**
> Im Juni 03 wird die Veräußerung der Produktionsstätte C beschlossen. Ab Juli 03 befindet sich die Produktionsstätte in einem veräußerungsbereiten Zustand. Die Veräußerung wird Mitte 04 vollzogen.
> Das abnutzbare Anlagevermögen der Produktionsstätte ist bis einschließlich Juni 03 abzuschreiben.
> Zum 1. Juli 03 erfolgt die Bewertung zum niedrigeren Wert aus Buchwert und Nettozeitwert, d. h., im Falle eines niedrigeren Nettozeitwertes ist eine außerplanmäßige Abschreibung geboten (Rz 26).
> In der GuV 03 wird das gesamte Ergebnis der Produktionsstätte einschließlich der evtl. außerplanmäßigen Abschreibung als Ergebnis aus *discontinued operations* ausgewiesen.
> Entsprechend wird mit den Vorjahresvergleichszahlen 02 (und, sofern zwei Vergleichsjahre präsentiert werden, auch mit 01) verfahren.
> In der GuV 04 wird ebenfalls das gesamte Ergebnis der Produktionsstätte, einschließlich des Abgangserfolges, separat dargestellt.
> In der Bilanz per 31.12.03 werden Vermögen und Schulden separiert. Eine Anpassung des Vorjahresausweises findet nicht statt.

24 Bei Einstellung eines Geschäftsfeldes durch **Stilllegung** *(abandonment)* ist die Qualifizierung als *discontinued operation* erst in der Periode zulässig, in der die Stilllegung vollzogen worden ist (IFRS 5.32).

> **Beispiel**
> In 05 wird der Stilllegungsbeschluss über eine größere Produktionslinie gefasst. In 06 wird die Produktionslinie tatsächlich eingestellt.
> Der Ausweis in der GuV ist wie folgt:
> - in 05 als *continued operation*,
> - in 06 als *discontinued operation* (retrospektiv, d. h. unter Anpassung der Vorjahresvergleichszahlen).

Lüdenbach

4 Bewertung

4.1 Bewertung zum niedrigeren Nettozeitwert

IAS 35.17 bestimmte noch ausdrücklich, dass für den Ansatz und die Bewertung von Posten der Bilanz, der GuV und der Kapitalflussrechnung „die in anderen International Accounting Standards enthaltenen Ansatz- und Bewertungsgrundsätze anzuwenden" seien und demgemäß IAS 35 keinerlei Ansatz- und Bewertungsgrundsätze aufstelle (IAS 35.18). Tatsächlich wurde in IAS 35 teilweise gegen diese Vorgabe verstoßen. Hierzu wird auf Rz 37 und Rz 45 der 1. Auflage verwiesen. 25

IFRS 5 enthält hingegen besondere Bewertungsregeln. Zur **Einzel**veräußerung bestimmte Anlagen bzw. zur Veräußerung im Rahmen einer **Sachgesamtheit** *(disposal group)* bestimmte Anlagen sind gem. IFRS 5.15 im Umqualifizierungszeitpunkt mit dem **niedrigeren** der beiden folgenden Werte anzusetzen: 26

- **Buchwert** vor Klassifizierung des Anlagegutes oder der Sachgesamtheit als *held for sale*
- **Nettozeitwert**, d. h. *fair value* minus Veräußerungskosten

und sodann **nicht mehr planmäßig abzuschreiben.**

IFRS 5 schreibt also eine besondere Form **imparitätischer** Bilanzierung vor (→ § 1 Rz 22f.), bei der in die Bestimmung des Niederstwertes die **Veräußerungskosten** *(cost to sell)* eingehen. Diese umfassen nach IFRS 5.App. A alle inkrementalen, direkt der Veräußerung zurechenbaren Kosten mit Ausnahme von Steuern und Finanzierungskosten. Fraglich ist, ob hierzu auch Arbeitnehmerabfindungen (Rz 36f.) und andere rückstellungspflichtige Vorgänge gehören, die anlässlich der Veräußerung entstehen. Angesprochen ist damit das Verhältnis der Vorschriften von IAS 37 bezüglich Restrukturierungsrückstellungen (→ § 21 Rz 72ff.) zu den Regelungen von IFRS 5. Hierzu folgendes Beispiel:

> **Beispiel**
> U beschließt Ende 01 die Veräußerung von Geschäftsfeld A.
> Der Buchwert des schuldenfreien Geschäftsfelds beträgt 100.
> Aus der Veräußerung wird ein Erlös von 100 erwartet. Mit der Geschäftsfeldveräußerung sind Arbeitnehmerabfindungen in Höhe von 10 verbunden. Die Voraussetzungen einer Restrukturierungsrückstellung und die Anwendungsbedingungen von IFRS 5 sind erfüllt.
> Bei isolierter Anwendung von IFRS 5 und IAS 37 würde die Abfindung zweimal bilanz- und GuV-wirksam, zum einen als Rückstellung/ Rückstellungsdotierung, zum anderen in dem Nettozeitwert/der außerplanmäßigen Abschreibung.
> Sachgerecht ist u.E. die erste Lösung (linke Spalte der nachfolgenden Tabelle).

Lüdenbach

	cost to sell ohne Abfindung	Abfindung als cost to sell
fair value – *cost to sell*	100 0	100 – 10
= Nettozeitwert – Buchwert	100 100	90 100
= **Abschreibung**	0	10
BILANZ 01 Aktiva – Rückstellung Abfindung	 100 – 10	 90 – 10
= „Nettovermögen" IFRS 5/IAS 37 – Nettovermögen nach Veräußerung	90 90	80 90
= **Differenz**	0	– 10
GuV 01 – Abschreibung – Dotierung Rückstellung	 0 – 10	 – 10 – 10
= **Ergebnis**	– 10	– 20

Die Einbeziehung rückstellungspflichtiger Veräußerungskosten in die Nettozeitwertermittlung würde zur Doppelberücksichtigung von Aufwand führen. Sachgerecht ist es daher, den Begriff der Veräußerungskosten enger auszulegen. Nicht mehr Veräußerungs**kosten** sind dann solche erwarteten Zahlungen, die durch Rückstellungsbildung bereits unabhängig von IFRS 5 als Kosten verbucht sind. Dies entspricht auch der Forderung, notwendige Buchwertanpassungen (hier Einbuchung einer Rückstellung) der Anwendung von IFRS 5 vorzuschalten (Rz 27). Vermieden wird damit „nur" die Doppelberücksichtigung von Aufwand; hingegen werden keine Kompensationsmöglichkeiten eröffnet. Eine Restrukturierungsrückstellung wäre demnach auch dann zu bilden, wenn der erwartete Veräußerungserlös selbst nach Abzug dieser Rückstellungen den Buchwert noch überschreiten würde.

Falls ein Vermögenswert bereits mit Veräußerungsabsicht **erworben** wird und – nach Maßgabe der übrigen Voraussetzungen – schon im Erstverbuchungszeitpunkt als *held for sale* (Rz 3) zu klassifizieren ist, muss der Nettozeitwert mit dem fiktiven Buchwert, d. h. i. d. R. mit den Anschaffungskosten, verglichen werden. Durch die „Niederstwertregel" wird ein „*day-one-profit*" jedoch nicht ein „*day-one-loss*" verhindert.

> **Beispiel**
> Der ahnungslose Tiefbauunternehmer T erwirbt von seinem etwas liquiditätsschwachen Kunden P einen Oldtimer-Porsche mit Weiterveräußerungsabsicht. In dem Glauben, es handele sich um ein homologisiertes Sondermodell, das mindestens 80.000 EUR wert sei, bezahlt U (durch Aufrechnung) 50.000 EUR. Der Marktpreis beträgt jedoch nur 30.000 EUR.
> Unter der Prämisse, dass ein Anwendungsfall von IFRS 5 vorliegt (Rz 7), vergleicht der Buchhalter von U den fiktiven Buchwert (Anschaffungskosten) mit dem Nettozeitwert. Anzusetzen als Zugangswert ist der niedrigere Betrag. B bucht daher:
>
> per zur Veräußerung bestimmtes AV 30.000 an Ford. 50.000
> per außerplanmäßige Abschreibung 20.000
>
> **Variante**
> Es handelt sich tatsächlich um ein homologisiertes Raritätenmodell. Der Marktwert ist 80.000 EUR. B vergleicht diesen mit dem (fiktiven) Buchwert (Anschaffungskosten) und setzt den niedrigeren Betrag an. B bucht daher:
>
> per zur Veräußerung bestimmtes AV 50.000 an Ford. 50.000

Eine **planmäßige Abschreibung** (→ § 10) ist nach Klassifizierung als *held for sale* auch dann nicht mehr zulässig, wenn der abnutzbare Anlagegegenstand bis zum Vollzug der Veräußerung noch weiter genutzt wird (IFRS 5.25). Die planmäßige Abschreibung wird als Bewertungsmaßnahme ausgesetzt bzw. durch den Niederstwerttest ersetzt. Hierin liegt ein konzeptioneller Widerspruch zu IAS 16.50, der die planmäßige Abschreibung nicht als Bewertungsverfahren, sondern in erster Linie als Allozierung der Investitionsausgaben auf die Nutzungsperioden versteht.[10]

Soweit der Nettozeitwert bei der Erstklassifizierung oder später unter dem Buchwert liegt, ist die Wertminderung als **außerplanmäßige Abschreibung** *(impairment loss)* erfolgswirksam zu buchen (IFRS 5.20). Eine **Zuschreibung** ist nur nach dem Maße der vorherigen außerplanmäßigen Abschreibung zulässig (→ § 11).

Bei Anwendung der vorstehenden Regeln auf eine *disposal group* ergibt sich ein komplexes **Zusammenspiel von Einzel- und Gruppenbewertung**:

- Einerseits ist nach IFRS 5.15 auch eine *disposal group* (insgesamt) mit dem niedrigeren Wert aus Buchwert und Nettozeitwert anzusetzen.
- Andererseits nimmt IFRS 5.4f in der *disposal group* enthaltenes Umlaufvermögen sowie bestimmte in ihr enthaltene Anlagen (insbesondere Finanzanlagen und zum *fair value* bewertet *investment properties*) von den besonderen Bewertungsvorschriften aus.

---

[10] SCHILDBACH, WPg 2005, S. 554.

Der drohende **Widerspruch** zwischen beiden Vorgaben ist wie folgt zu lösen:
- Unmittelbar vor Klassifizierung einer Sachgesamtheit als *disposal group* sind die darin enthaltenen Vermögenswerte und Schulden nach Maßgabe der für sie geltenden allgemeinen Regeln zu bewerten (**Einzel**bewertung) (IFRS 5.18). Ein nach allgemeinen Vorschriften (z. B. IAS 36, IAS 2 oder IAS 39) regelmäßig nur auf den Bilanzstichtag vorzunehmener **Wertminderungstest** ist daher zum **unterjährigen** Umklassifizierungszeitpunkt zwingend durchzuführen.[11]
- Dem sich daraus ergebenden Buchwert der *disposal group* (Vermögen minus Schulden) ist deren Nettozeitwert gegenüberzustellen (**Gruppen**bewertung) (IFRS 5.4).
- Soweit dabei auf Gruppenebene ein außerplanmäßiger **Abschreibungs**bedarf festgestellt wird, ist er gem. IFRS 5.23 auf die Sach- und immateriellen Anlagen in der **Reihenfolge** von IAS 36 zu verteilen, d. h. vorrangig einem eventuell enthaltenen derivativen *goodwill* zu belasten, danach den Sach- und immateriellen Anlagen (→ § 11 Rz 65).
- Bei späterer **Werterholung** ist die Zuschreibung auf den Buchwert vor Klassifizierung als *disposal group* beschränkt. Soweit die ursprüngliche außerplanmäßige Abschreibung zum Teil auf den *goodwill* entfiel, darf zwar diesem *goodwill* nicht zugeschrieben werden, der Gesamtbetrag der Zuschreibung wird jedoch dadurch nicht gekürzt, andere langfristige Vermögenswerte können vielmehr über ihrem Buchwert vor Anwendung von IFRS 5 angesetzt werden.[12]
- Da es bei der Ermittlung der Gruppenabschreibung nur auf den Vergleich von Gruppenzeitwert und Gruppenbuchwert ankommt, ist die Aufteilung des Zeitwertes auf bilanzierungs- und nichtbilanzierungsfähiges Vermögen irrelevant. Soweit man sie doch vornähme, würde z. B. ein implizit im Gruppenwert enthaltener originärer *goodwill* die Abschreibung der Sach- und immateriellen Anlagen vermindern oder verhindern.[13]

> **Beispiel**
> U beabsichtigt die Veräußerung des Geschäftsfeldes X ohne die zugehörigen Verbindlichkeiten, jedoch incl. der enthaltenen Forderungen. Die Forderungen haben auf Grund von Ereignissen nach dem letzten Bilanzstichtag ¾ ihres Wertes verloren.
> Der Veräußerungspreis für das Geschäftsfeld soll dem *fair value* entsprechen. Dieser wird ertragswertorientiert mit Hilfe des DCF-Verfahrens ermittelt. Der errechnete Wert beträgt 375. Mit wesentlichen Veräußerungskosten wird nicht gerechnet.

---

[11] So auch IDW ERS HFA 2 Tz 104.
[12] IDW ERS HFA 2 Tz 107.
[13] A. A. möglicherweise ZÜLCH/LIENAU, KoR 2004. S. 432ff., mit dem Hinweis, dass ein originärer goodwill eine Abwertung einzelner Vermögenswerte nicht verhindern dürfe.

Lüdenbach

In der nachfolgenden Tabelle sind die Buchwerte und Zeitwerte sowie die Abschreibungen auf Einzel- und Gesamtbewertungsbasis dargestellt. Auf Folgendes ist besonders hinzuweisen:
Unmittelbar vor Umklassifizierung ist der Buchwert der einzelnen Vermögenswerte festzustellen. Betroffen sind im Beispiel die Forderungen, für die zum letzten Abschlussstichtag noch keine Wertberichtigung notwendig war, auf den Umklassifizierungstag aber nach IAS 39 eine Abschreibung vorzunehmen ist.

Die wiederbeschaffungsorientiert ermittelten niedrigeren Zeitwerte des nichtmonetären Vermögens führen vor Anwendung von IFRS 5 nicht zu Abwertungen, da die Wiederbeschaffungswerte sowohl nach IAS 36 (Anlagen) als auch nach IAS 2 (Vorräte) nicht relevant sind.

Der nach IFRS in Gruppenbetrachtung zu ermittelnde Abschreibungsbetrag ergibt sich durch Gegenüberstellung der um Einzelabschreibungen korrigierten Buchwerte (betroffen im Beispiel nur die Forderungen) mit dem *fair value* der gesamten Gruppe. Die Abschreibung ist entsprechend IAS 36 nach dem Verhältnis der Buchwerte aufzuteilen (→ § 11 Rz 65), wobei u. E. Vermögenswerte, die nicht den Vorschriften von IAS 36 unterliegen (z. B. Vorräte), ebenso wenig in die Verteilung einzubeziehen sind wie diejenigen, die nicht den Bewertungsvorschriften von IFRS 5 unterliegen (Rz 4).

Der so insgesamt verbleibende Buchwert liegt über den Zeitwerten der einzelbilanzierungsfähigen Vermögenswerte. Im Beispiel kann dies auf den **Kompensationseffekt** des nicht bilanzierungsfähigen Vermögens (originäre Marken, Kunden, *goodwill*) zurückgeführt werden. Eine Ermittlung des Zeitwertes dieses Vermögens oder gar keine Aufteilung ist aber nicht nötig, da es sich dem Grunde nach nur um einen rechnerischen Ausgleichsposten zur Ableitung des *fair value* der Gruppe handelt. Aus dieser Gesamtgröße ergibt sich ein Ansatz der Sachanlagen mit 105 (statt mit 75), der Patente mit 70 (statt mit 50) und der Vorräte mit 150 (statt mit 100).

	Buchwert	Zeitwert	Einzelbewertung (vor IFRS 5)	Verteilung Gruppenabschreibung	Wert nach Umklass.
Sachanlagen	150	75 (Wiederbeschaffungskosten)	150	45	**105**
erworbene Patente	100	50	100	30	**70**
Rohstoffe	150	100 (Wiederbeschaffungskosten)	150		**150**

	Buchwert	Zeitwert	Einzelbewertung (vor IFRS 5)	Verteilung Gruppenabschreibung	Wert nach Umklass.
Forderungen	200	50 (Wertberichtigung)	50		50
goodwill	0	100	0		0
Summe	600	375	450		375
fair value group			375		
Gruppenabschreibung			75	75	

Beim Zugang von *non-current assets held for sale* im Rahmen eines **Unternehmenserwerbs** ist abweichend von den Normalregeln von IFRS 3 (→ § 31 Rz 32ff.) nicht der Zeitwert, sondern der Nettozeitwert anzusetzen (IFRS 5.16). Die eventuelle Differenz wird nicht als außerplanmäßige Abschreibung erfasst.

4.2 Bewertung nach Aufgabe der Veräußerungsabsicht

28 Wird die Veräußerungsabsicht aufgegeben, ist gem. IFRS 5.27 zu diesem Zeitpunkt der niedrigere der beiden folgenden Werte anzusetzen:
- fortgeführter ursprünglicher Buchwert,
- erzielbarer Betrag i. S. von IAS 36.

Ein durch die Reklassifizierung entstehender **Bewertungsunterschied** ist **erfolgswirksam** zu verbuchen.

29
> **Beispiel**
> Eine Maschine wird am 30.6.04 als *held for sale* qualifiziert. Der Buchwert beträgt zu diesem Zeitpunkt 100, die Restnutzungsdauer 5 Jahre. Der Nettozeitwert zu allen Zeitpunkten ist 60. Mitte 05 steht fest, dass die Maschine weiter genutzt werden soll. Folgende Buchungen sind notwendig:
>
> **30.6.04:**
> 1. per *non-current assets held for sale* 100 an Anlagevermögen 100
> 2. per Aufwand 40 an *non-current assets held for sale* 40
>
> **30.6.05:**
> 3. per Anlagevermögen 60 an *non-current assets held for sale* 60
> 4. per Anlagevermögen 20 an Ertrag 20

Lüdenbach

wobei Buchung Nr. 4 zu dem Wert führt, zu dem die Maschine per 30.6.05 anzusetzen gewesen wäre, wenn es keine Umqualifizierung gegeben hätte (100 per 30.6.04 minus ⅕ lineare Abschreibung = 80 per 30.6.05). Die Buchung ist nur dann zulässig, wenn per 30.6.04 mit Blick auf IAS 36 *(impairment)* kein Ansatz von 60 notwendig ist. Die Zugehörigkeit zu einer profitablen CGU kann z. B. den Wertansatz von 80 nach IAS 36 rechtfertigen.

31.12.05:
5. per planm. Abschreibung   10 an Anlagevermögen   10

5 Ausweis und Angaben

5.1 Beschreibende Angaben

An verbalen Angaben verlangt IFRS 5.41: 30
- eine **Beschreibung** der zur Veräußerung bestimmten **Anlagen** und *disposal groups* bzw. einzustellenden **Bereiche**,
- die Nennung des oder der **Segmente**, zu denen der einzustellende Bereich gehört,
- die Angabe von Fakten und Umständen, die **Zeitablauf** und **Art** der Veräußerung betreffen.

Eine kurze Musterformulierung könnte wie folgt aussehen: 31

> **Beispiel**
> Am 15. November 01 hat die Geschäftsführung nach Genehmigung durch den Aufsichtsrat den Plan zur Veräußerung des Segments „Damenoberbekleidung" bekannt gegeben. Die geplante Veräußerung entspricht der **langfristigen Strategie** des Unternehmens, sich auf die Bereiche „Herrenoberbekleidung" und „Sportbekleidung" zu **konzentrieren** und sich von damit nicht in Zusammenhang stehenden Tätigkeiten zu trennen. Das Unternehmen bemüht sich aktiv um einen Käufer für das Segment „Damenoberbekleidung" und hofft, den Verkauf bis Ende 02/Anfang 03 abschließen zu können.

Bei der gleichzeitigen Veräußerung **verschiedener** Bereiche sind die geforderten Angaben für jeden wesentlichen Bereich zu machen. Auf die **Checkliste Abschlussangaben** wird verwiesen (→ § 5 Rz 8). 32

5.2 Separierung Vermögen und Schulden in der Bilanz und im Anhang

Zu jedem Bilanzstichtag, zu dem das zur Veräußerung bestimmte Vermögen tatsächlich noch nicht veräußert ist, sind die Vermögenswerte und im Falle der 33

disposal group (Rz 6)/*discontinued operation* (Rz 13) auch die damit verbundenen Schulden gesondert anzugeben. Gefordert ist damit **eine** Aktiv- und **eine** Passivangabe je einzustellenden Bereich:
- auf der Aktivseite als „**zur Veräußerung bestimmtes langfristiges Vermögen**" *(non-current assets qualified as held for sale)* und
- auf der Passivseite ein Posten „**Schulden aus zur Veräußerung bestimmtes langfristiges Vermögen**" *(liabilities associated directly with non-current assets qualified as held for sale).*

Die Darstellung der **Bilanz** ist dementsprechend wie folgt:

Langfristiges Vermögen Kurzfristiges Vermögen **Zur Veräußerung bestimmtes langfristiges Vermögen**	Eigenkapital Langfristige Schulden Kurzfristige Schulden Schulden im Zusammenhang mit zur Veräußerung bestimmten Anlagen

Alternativ kann, wie vom DRSC in RIC 1 empfohlen, die Summe der abgehenden Vermögenswerte bzw. Schulden als Unterposition der kurzfristigen Vermögenswerte bzw. Schulden dargestellt werden. Für die weitere Aufschlüsselung des Aktiv- und Passiv(unter)postens reicht in jedem Fall der **Anhang**.
Die bilanziellen Anforderungen gelten **nicht retrospektiv**. Vorjahresvergleichszahlen sind daher nicht umzuklassifizieren (IFRS 5.IE12). In IFRS 5.4 sind u. a. **latente Steuern** und **Finanzinstrumente** vom Anwendungsbereich der **Bewertungs**vorschriften des IFRS 5 ausgenommen. Für den **Ausweis** bleibt IFRS 5 hingegen anwendbar. Zu den sich hieraus ergebenden Folgen am Beispiel der Steuerlatenz wird auf Rz 44 verwiesen.
Im Anhang oder in der Bilanz ist eine **Aufschlüsselung** des Aktiv- und Passivbetrags nach den wesentlichen Gruppen *(major classes of assets and liabilities)* vorzunehmen (IFRS 5.38). Eine Aufschlüsselung nach unterschiedlichen *disposal groups/discontinued operations* ist nicht unbedingt erforderlich, kann sich aber bei nicht zu vielen Fällen empfehlen. Danach könnte eine Aufschlüsselung wie folgt aussehen:

Beispiel			
	Diverse	Geschäftsfeld Südpazifik	Gesamt
Sachanlagen	5.000	10.000	15.000
Immaterielle Anlagen	1.000	2.000	3.000
available-for-sale-Finanzinstrumente	1.000	2.000	3.000*
kurzfristiges Vermögen		1.000	1.000
Summe Vermögenswerte	**7.000**	**15.000**	**22.000**

Lüdenbach

Finanzverbindlichkeiten		2.000	2.000
Sonstige Verbindlichkeiten		1.000	1.000
Schulden		**3.000**	**3.000**

* davon erfolgsneutraler im EK erfasster Erfolg: 500

Tab. 2: Aufschlüsselung der Bilanzposten (Beispiel)

Ein in den zur Veräußerung bestimmten Vermögenswerten enthaltener, direkt im **Eigenkapital** erfasster **Bewertungserfolg** ist nach IFRS 5.38 zu vermerken. Vermögenswerte und Schulden eines mit Veräußerungsabsicht erworbenen **Tochterunternehmens**[14] (Rz 22) sind zwar in die besonderen Aktiv- und Passivposten einzubeziehen, jedoch weder im Anhang noch in der Bilanz nach den darin enthaltenen Klassen von Vermögen/Schulden aufzugliedern (IFRS 5.39).

Der Inhalt der Position „**Schulden aus zur Veräußerung bestimmtes langfristiges Vermögen**" *(liabilities associated directly with non-current assets qualified as held for sale)* ist restriktiv auszulegen. Schulden sind etwa nur dann Teil einer Abgangsgruppe *(disposal group)* (Rz 6), wenn sie bei der Veräußerung der Vermögenswerte mit übertragen werden (IFRS 5.Anhang A.). Die Passivposition umfasst daher **nur die Schulden, die der Erwerber übernimmt**, regelmäßig also nicht die mit einem abgehenden Vermögenswert durch dingliche Sicherung verbundenen Schulden, ebenso wenig die passiven latenten Steuern (Rz 44).

> **Beispiel**
> U qualifiziert Bürogrundstücke als zur Veräußerung bestimmt. Die Grundstücke sind mit Grundschulddarlehen belastet. Die Bank wird nur gegen Tilgung der Darlehen die wirtschaftlich für eine Veräußerung erforderliche dingliche Freigabe erteilen.
> Die Grundschuldarlehen sind keine „Schulden aus zur Veräußerung bestimmten langfristigen Vermögenswerten" im Sinne von IFRS 5, da sie nicht auf den Erwerber übergehen werden.

Bedeutung erlangt die Passivposition in zwei Fällen: Bei der
- **Veräußerung von Tochterunternehmen im *share deal***, wo sämtliche Schulden des Tochterunternehmens aus Konzernsicht auf den Erwerber übertragen werden,
- bei **Verkauf von Anlagen**, mit denen eine **Rückbauverpflichtung** verbunden ist, die der Erwerber regelmäßig übernimmt.

---

[14] Dazu: Kütung/Kessler/Wirth, KoR 2003, S. 533ff.

Lüdenbach

5.3 Separierung von Ergebnis und *cash flows* in GuV und Kapitalflussrechnung

36 Im Falle eines durch Veräußerung oder Stilllegung **aufgegebenen** (bzw. aufzugebenden) **Bereichs** *(discontinued operation)* ist in der GuV der **separate Ausweis des Gesamterfolgs aus den Einstellungen** *(post-tax profit or loss of dicontinued operations)* geboten (IFRS 5.33a). Das Vorjahr ist anzupassen (Rz 23f.).

Wahlweise in der GuV oder im Anhang ist eine **Aufschlüsselung dieses Erfolges** vorzunehmen (IFRS 5.33b) nach

- Erträgen (*revenues*),
- laufenden Aufwendungen,
- Ergebnis vor Steuern,
- Steuern,
- Anteil des Umbewertungs- und Abgangserfolges an dem Ergebnis vor Steuern und an den Steuern.

Nachfolgend ein Beispiel für eine Separierung innerhalb der GuV:

Beispiel

- Im Januar 02 genehmigt der Aufsichtsrat der Core Clothes AG den **Plan** des Vorstandes, das Segment Damenoberbekleidung (DOB) zu veräußern. Mit der aktiven Suche nach einem Käufer wird sofort begonnen. Der erzielbare Veräußerungspreis wird auf ca. 60 Mio. EUR geschätzt.
- Zum **Vertragsschluss** kommt es im **September 02**. Der Vertrag sieht für ein übergehendes Buchvermögen von (aktuell) 70 Mio. EUR einen Veräußerungspreis von 60 Mio. EUR vor.
- Der Vertrag wird Ende **Januar 03 vollzogen**.

Nicht übernommene Arbeitnehmer werden von der AG mit 30 Mio. EUR abgefunden. Der Gewinn nach Steuern aus den fortgeführten Geschäftsbereichen beträgt in allen Jahren 100 Mio. EUR. Der abgehende Geschäftsbereich hat vor Steuern und Einmalaufwendungen ein operatives Ergebnis von 5 Mio. EUR in 01 und jeweils –5 Mio. EUR in 02 und 03. Die erwartete Arbeitnehmerabfindung ist direkt der Veräußerung zuzuordnen, gleichwohl nicht als *costs to sell* zu qualifizieren, da bereits als Rückstellung berücksichtigt (Rz 26). Somit ergibt sich ein erwarteter Nettozeitwert von 60 Mio. EUR minus 30 Mio. EUR = 30 Mio. EUR. Ihm steht ein Buchvermögen von 70 Mio. EUR gegenüber, so dass es zu einer außerplanmäßigen Abschreibung von 10 Mio. EUR kommt.

Die GuV der drei Jahre (01 als Vergleichsjahr im Abschluss 02 rückwirkend angepasst) ergibt sich bei einem Steuersatz von 40 % wie folgt:

GuV-Untergliederung nach Fortführung/Einstellung	03	02	01 angepasst
FORTZUFÜHRENDE BEREICHE			
....	...	...	...
Gewinn	100	100	100
AUFGEGEBENER BEREICH			
Umsatz	5	30	40
– betriebl. Aufwendungen	–10	–35	–35
= Zwischensumme	–5	–5	5
– Abfindungen	0	–30	0
– außerplanm. Abschr.	0	–10	0
= Ergebnis vor Steuern	–5	–45	5
– Steuern (davon auf außerplanm. Abschr. 16 Mio.)	2	18	–2
= Verlust/Gewinn	–3	–27	3
UNTERNEHMENSGEWINN GESAMT	97	73	103

Während ein anlässlich der Einstellung zu erwartender **Verlust** gegebenenfalls bereits im Wege der **außerplanmäßigen Abschreibung** zu berücksichtigen ist, kann ein aus der Einstellung zu erwartender **Gewinn** erst im **Realisierungszeitpunkt** ausgewiesen werden. Hierzu folgendes Beispiel:

> **Beispiel**
> Das letzte Beispiel wird dahingehend variiert, dass der Veräußerungspreis nicht 60 Mio. EUR, sondern 120 Mio. EUR beträgt.
> Eine außerplanmäßige Abschreibung in 02 ist nicht mehr erforderlich, da der Nettozeitwert (Veräußerungspreis minus Veräußerungskosten) über dem Buchwert liegt.
> Fraglich ist, ob die Arbeitnehmerabfindung gesondert in 02 zurückzustellen ist. U.E. ist das der Fall. Rückstellungspflichtige „Veräußerungskosten" sind auch dann zu passivieren, wenn sie durch einen erwarteten Veräußerungsgewinn überkompensiert werden. Ökonomisch sinnvoll ist dieses Resultat nicht, der Wortlaut der Vorschriften lässt aber u.E. nicht zu, die Abfindung in einer derartigen Konstellation wie andere Veräußerungskosten erst im Abgangszeitpunkt anzusetzen.

37

Lüdenbach

> Aus dem aufgegebenen Bereich wird auf der Grundlage unserer Auffassung im Vergleich zum Ursprungsbeispiel ausgewiesen:
> - in 02 ein um 6 Mio. EUR besseres Ergebnis (außerplanmäßige Abschreibung von 10 Mio. EUR entfällt, Steuermehraufwand von 4 Mio. EUR entsteht);
> - in 03 ein um 30 Mio. EUR besseres Ergebnis (Ertrag aus Segmentveräußerung 120 Mio. EUR minus 70 Mio. EUR = 50 Mio. EUR, Steuermehraufwand 20 Mio. EUR).
> - In der Summe beider Jahre ist das Ergebnis vor Steuern um 60 Mio. EUR höher als im Ausgangsbeispiel. Dies entspricht dem um 60 Mio. EUR höheren Veräußerungspreis.

38 Entsprechend der GuV ist auch für die **Kapitalflussrechnung** (→ § 3 Rz 123, 143) eine Separierung von fortlaufenden *cash flows* und dem aufgegebenen Bereich zuzuordnenden *cash flows* nach den vier Bereichen der Kapitalflussrechnung (operativ, investiv, finanziell, Finanzmittelfond) geboten (IFRS 5.33c). Wie für die GuV ist auch eine Anpassung der **Vorjahresbeträge** vorzunehmen (IFRS 5.34).

Für die Separierung der *cash flows* kommen drei Formate in Frage:
- **Davon-Vermerke** zu den aufgegebenen Bereichen in den vier Teilen der Kapitalflussrechnung,
- **Dreispaltendarstellung** mit einer Spalte für die fortgeführten *cash flows*, einer weiteren für die aus aufgegebenen Bereichen und einer Summenspalte,
- Aufschlüsselung der vier Teile der Kapitalflussrechnung nach fortgeführten Bereichen und aufgegebenen im **Anhang**.[15]

5.4 Angabe von Umbewertungserfolgen

39 Soweit nicht ohnehin, wie bei aufgegebenen Bereichen, der Umbewertungserfolg in der GuV oder im Anhang separat auszuweisen ist, ergibt sich eine Anhangsangabepflicht aus IFRS 5.41c.
Auf die **Checkliste Abschlussangaben** wird verwiesen (→ § 5 Rz 8).

5.5 Besonderheiten im Konzern

5.5.1 Transaktionen der zu veräußernden Einheit mit anderen Konzerneinheiten – IFRS 5 vs. IAS 27

40 Soweit das durch Veräußerung aufgegebene Vermögen eine *discontinued operation* darstellt, entsteht ein **potenzieller Konflikt** zwischen den Ausweis- und Bewertungsvorschriften von IFRS 5 und den Konsolidierungsvorschriften von IAS 27.

---

[15] IDW ERS HFA 2 Tz 122.

- IAS 27 liegt die **Einheitstheorie** zu Grunde. Forderungen und Schulden, Aufwendungen und Erträge zwischen den (rechtlich selbständigen) Teileinheiten des Konzerns sind zu saldieren.
- IFRS 5 verlangt demgegenüber tendenziell eine *stand-alone*-**Betrachtung**. Der Abschlussadressat soll darüber informiert werden, mit welchen Ergebnis- und Vermögensbestandteilen er auch zukünftig rechnen kann (Erträge und Aufwendungen aus *continued operations*, nicht umqualifizierte Vermögenswerte und Schulden) und mit welchen nicht mehr zu rechnen ist (Erträge und Aufwendungen aus *discontinued operation*, zur Veräußerung bestimmtes Anlagevermögen und damit zusammenhängende Schulden).
- Hieraus ergeben sich **Konfliktpotenziale** bei der Behandlung von konzerninternen Erträgen und Aufwendungen bzw. Forderungen und Schulden. Wird etwa in einer vertikalen Leistungskette, die oberste am Markt tätige Einheit veräußert, stellt sich die Frage, ob die bisher allein von ihr getätigten Außenumsätze im aufgegebenen Bereich auszuweisen sind mit der Folge, bei den fortgeführten Bereichen nur noch Aufwendungen und keine Umsätze zu zeigen.

Die Lösung solcher Fragen muss sich u.E. am alles **überragenden Regelungsziel** von IFRS 5 orientieren. Der Bilanzadressat soll informiert werden, mit welchen Erträgen, Aufwendungen, Vermögens- und Schuldpositionen er zukünftig weiterhin rechnen kann und mit welchen nicht. Würden Beträge nach Konsolidierung der Innenbeziehungen aufgeführt, wäre dieser Informationszweck verfehlt. Andererseits würde aber eine *stand-alone*-Betrachtung zu Doppelzählungen von Umsatz und Aufwendungen führen. Eine vermittelnde Lösung ist daher angezeigt. Sie weist dem *discontinued*-Bereich, die (Grenz-)Erlöse und (Grenz-)Aufwendungen zu, die durch die Aufgabe des Bereichs entfallen. Zu dieser **Grenzbetrachtung** *(incremental approach)* im Vergleich zu den beiden anderen Möglichkeiten folgendes Beispiel:

> **Beispiel**
> Der Kapitalanlagen- und Bau-Konzern besteht u. a. aus einer Bau-AG sowie einer Vertriebs-GmbH. Die von der Bau-AG erstellten Eigentumswohnungen erwirbt die Vertriebs-GmbH zu fremdüblichen Preisen und veräußert sie mit einem Aufschlag von 20 % an Kapitalanleger.
> - Die Bau-AG erwirtschaftet einen Umsatz von 1.000 gegenüber der Vertriebs-GmbH, der bei ausschließlich externen Kosten von 900 zu einem Ergebnis von 100 führt.
> - Die Vertriebs-GmbH veräußert die Wohnungen für 1.200. Bei konzerninternen Kosten von 1.000 und externen Kosten von 100 erwirtschaftet auch sie ein Ergebnis von 100.
>
> Die Vertriebs-GmbH soll im *Management-buy-out* veräußert werden. Der Erwerber wird voraussichtlich zu unveränderten Konditionen weiterhin für die Bau-AG tätig sein.

Lüdenbach

Konsoli-dierungs-tabelle		continued	discontinued	Summe	Konsoli-dierung	Konzern
	Nachfolgend die Konsolidierungstabelle sowie die drei Alternativen für die Darstellung von aufgegebenem und fortgeführtem Bereich:					
	Umsatz	1.000	1.200	2.200	−1.000	1.200
	Aufwand	−900	−1.100	−2.000	1.000	−1.000
	Ergebnis	100	100	200		200

Darstel-lungs-alter-nativen		stand alone	incremental		konsolidiert
	Continued				
	Umsatz	1.000	1.000		0
	Aufwand	−900	−900		−900
	Ergebnis	100	100		−900
	Discontinued				
	Umsatz	1.200	200		1.200
	Aufwand	−1.100	−100		−100
	Ergebnis	100	100		1.100
	Konzerner-gebnis	200	200		200

Die **Grenzbetrachtung** *(incremental approach)* ist u.E. **vorzuziehen**. Sie zeigt zutreffend, mit welchen Umsätzen und Aufwendungen nach Vollzug der Veräußerung weiterhin bzw. nicht mehr zu rechnen ist. Abzulehnen ist der konsolidierte Ansatz. Sein absurder Aussagegehalt wäre, dass zukünftig nur noch Aufwendungen und keine Umsätze zu erwarten sind. Nicht von vornherein abzulehnen ist der *stand-alone*-Ansatz, da er jeden Bereich für sich gesehen zutreffend darstellt. In der Summe vermittelt er aber ein falsches Bild, da Umsätze und Aufwendungen doppelt gezählt werden.

Wenn in Ausübung des entsprechenden Wahlrechts (Rz 36) der aufgegebene Bereich in der GuV nicht in seinen Einzelpositionen dargstellt wird, sondern in der **GuV nur** sein (dann im Anhang) zu erläuternder **Saldo** präsentiert wird, stellt sich das Problem der Doppelzählung der Umsätze nicht. **Inkrementaler und** *stand-alone*-**Ansatz entsprechen** sich auf Saldo- und somit GuV-Ebene. In diesem Fall ist eine Angabe der unkonsolidierten Umsätze und Aufwendungen des aufgegebenen Bereichs im Anhang und damit eine implizite „Doppelangabe" der Umsätze und Aufwendungen zulässig.[16]

Unabhängig von der Darstellungsalternative darf das Gesamtergebnis des Unternehmens nicht verändert werden. **Zwischenergebniseliminierungen** sind daher vorzunehmen und zwar beim die Leistungen empfangenden Bereich.[17]

---

[16] IDW ERS HFA 2 Tz 114ff.
[17] IDW ERS HFA 2 Tz 118.

Lüdenbach

Die Frage nach dem Verhältnis von IAS 27 und IFRS 5 stellt sich nicht nur aus **GuV-Sicht**, sondern auch hinsichtlich der **Bilanz** bzw. der **Schuldenkonsolidierung**.

> **Beispiel**
> Der Kapitalanlagen- und Bau-Konzern besteht aus einer als Holding fungierenden GmbH, diversen Tochter-GmbHs für den Vertrieb von Kapitalanlagen sowie einer Bau-AG, deren Erzeugnisse von den Schwestergesellschaften gegen fremdübliche Strukturvertriebsprovisionen veräußert werden. Die Bau-AG erwirtschaftet gerade ein ausgeglichenes Ergebnis und soll daher veräußert werden. Da die AG ertraglos ist, orientiert sich der voraussichtliche Veräußerungspreis am Substanzwert. Die Bilanz der Bau AG ist vereinfacht wie folgt:
>
> | Bilanz (im Staffelformat): | *stand alone* und *stand alone incremental* | konsolidiert |
> |---|---|---|
> | Anlagevermögen | 100 | 100 |
> | – Diverse Schulden | – 30 | – 30 |
> | – Verbindlichkeiten gegen Schwester-GmbHs | – 25 | 0 |
> | = Eigenkapital/Nettovermögen | 45 | 70 |
>
> **Beurteilung**
> Der **außerplanmäßige Abschreibungsbedarf** ermittelt sich aus einer Gegenüberstellung von Nettozeitwert und Nettovermögen der abgehenden *disposal group*. Er beträgt 45 – 45 = 0 und nicht 45 – 70 = 25. Ein außerplanmäßiger Abschreibungsbedarf ist gerade nicht gegeben, da der voraussichtliche Veräußerungspreis dem Buchwert entspricht.
> Das **zum Abgang bestimmte Vermögen** ist daher wie folgt darzustellen:
>
> | | |
> |---|---|
> | Zum Abgang bestimmte Anlagen | 100 |
> | Damit zusammenhängende Schulden | – 55 |
>
> Ein Ansatz der Schulden nur in Höhe von 30 wäre unzutreffend. Der Bilanzadressat müsste davon ausgehen, dass sich das Nettovermögen des Konzerns durch den bevorstehenden Abgang nur um 70 (= 100 – 30) und nicht um 45 (= 100 – 55) mindert.

Unsere Auffassung hat Konsequenzen auch für das nicht zur Veräußerung bestimmte Vermögen und die *discontinued operation*.
Wenn das als zum Abgang bestimmte Vermögen die Forderungen/Schulden der *discontinued operation* gegenüber dem fortgeführten Bereich enthält, müssen andererseits die Schulden/Forderungen des fortgeführten Bereichs gegenüber der *discontinued operation* unter geeigneter Bezeichnung ausgewiesen werden.

Lüdenbach

5.5.2 Beabsichtigte Teilveräußerung eines Tochterunternehmens (Abwärtskonsolidierung)

41 Sollen Anteile an einem Tochterunternehmen veräußert und dadurch die Kontrolle aufgegeben werden, stellen aus Konzernsicht die Vermögenswerte und Schulden des Tochterunternehmens das zum Abgang bestimmte Vermögen dar. Soweit im Vermögen Anlagegegenstände enthalten sind, die einer planmäßigen Abschreibung unterliegen, ist diese Abschreibung mit dem Zeitpunkt der Umqualifizierung in zur Veräußerung bestimmte Anlagen nicht mehr fortzuführen (Rz 26).

Stehen nun nicht sämtliche Anteile am Tochterunternehmen zur Veräußerung, sondern soll ein maßgeblicher Einfluss beibehalten werden, sind die **verbleibenden Anteile** bzw. der ihnen entsprechende Teil des Nettovermögens der Tochter im Entkonsolidierungszeitpunkt erfolgsneutral in die *equity*-Konsolidierung zu überführen. Der *equity*-Ansatz ist sodann fortzuschreiben, u. a. um den prozentualen Anteil des Investors an den Abschreibungen. In diesem Kontext erscheint es **unbefriedigend**, die Abschreibungen mit dem Zeitpunkt der Umqualifizierung nach IFRS 5 **zunächst zu 100 % zu stoppen**, um sie mit Vollzug der Veräußerung in **Höhe der nicht veräußerten Anteilsquote wieder aufzunehmen.**

Zu der IFRS 5 entsprechenden **US-GAAP**-Vorschrift SFAS 144 ist daher an den amerikanischen Standardsetter die Frage gestellt worden, ob in der beschriebenen Situation die Abschreibung in Höhe der (voraussichtlich) verbleibenden Anteile ohne Unterbrechung fortzusetzen sei. Der im November 2006 vorgelegte Entwurf *Proposed FSP FAS 144-c* **lehnt einen Split ab**, und zwar nicht nur hinsichtlich der Abschreibungen, sondern ebenso einen Split im Ausweis der Art, dass in Höhe der verbleibenden Anteilsquote das Vermögen der Tochtergesellschaft weiter unter seiner Ursprungsposition ausgewiesen und nur in Höhe des abgehenden Anteils ein Ausweis als zur Veräußerung bestimmtes Vermögen vorgenommen würde.

Diese Auffassung ist **auch für IFRS sachgerecht**. Für die Zulässigkeit eines Splits in den Abschreibungen und im Ausweis findet sich in IFRS 5 kein Hinweis. Das IFRS-Regelwerk kennt ein verwandtes „quotales" Vorgehen nur in einem einzigen Fall, als zulässige Konsolidierungsmethode bei Gemeinschaftsunternehmen. Diese Vorschriften betreffen aber einen ganz speziellen Fall der rechtlich und wirtschaftlich geteilten Zuständigkeit über Vermögenswerte. Für die hier zu behandelnde Frage sind sie daher nicht analogiefähig.[18]

5.5.3 Übergang von *equity*-Methode zu IFRS 5

42 Solange keine Veräußerungsabsicht besteht, müssen Anteile an assoziierten Unternehmen (IAS 28) konzernbilanziell *at equity* konsolidiert werden. Bei Anteilen an Gemeinschaftsunternehmen (IAS 31) kann die Methode wahlweise (als Alternative zur quotalen Konsolidierung) angewendet werden. Sobald die Beteiligung zur Veräußerung bestimmt wird, ist jedoch von der

---

[18] Gl.A. ERS HFA 2 Tz 100.

equity-Methode zur Bewertung nach IFRS 5 zu wechseln (IAS 28.14 und IAS 31.42). Im Umwidmungszeitpunkt ist der bisherige *equity*-Wert oder der niedrigere Nettoveräußerungswert *(fair value less costs to sell)* anzusetzen (IFRS 5.15).
In dem Zwischenzeitraum zwischen Umwidmung und Veräußerung kommt nach den Regeln von IFRS 5 eine Zuschreibung nicht, eine Abschreibung nur dann in Frage, wenn eine Wertminderung *(impairment)* vorliegt (IFRS 5.20). Eine planmäßige Fortschreibung des Vermögenswertes ist nicht mehr zulässig (IFRS 5.25). Für Beteiligungen an Personenunternehmen kann sich hieraus ein Problem wegen solcher Entnahmen, Gewinne oder Verluste ergeben, die im Zwischenzeitraum anfallen:

- Bei (unzulässiger) Fortführung der *equity*-Methode hätten die Entnahmen und anteiligen Verluste den Buchwert gemindert, die Gewinne ihn erhöht.
- Mit Anwendung von IFRS 5 können Verluste und Entnahmen insoweit gegen den Buchwert erfasst werden, als sie eine Wertminderung in entsprechender Höhe begründen. Für Gewinne entfällt wegen des Verbots der Zuschreibung eine solche Möglichkeit von vornherein, für Verluste und Entnahmen, die keine Wertminderung begründen, ist sie zweifelhaft.

> **Beispiel**[19]
> U hält eine 20 %ige Beteiligung an der X KG. Zum 30.9.01 liegen erstmals alle Voraussetzungen zur Qualifizierung des Anteils nach IFRS 5 vor. Zu diesem Zeitpunkt beträgt der *equity*-Wert 100. Der erwartete Nettoveräußerungserlös 130 oder 150, abhängig davon, ob der erwartete Gewinnanteil des Jahres 01 i.H.v. 20 schon dem Erwerber zustehen soll oder nicht. Der Gewinn der ersten drei Quartale beträgt 15, der erwartete Gewinn des vierten Quartals 5 (jeweils anteilig für U).
> Ein Kaufvertrag wird erst Anfang 02 abgeschlossen und vollzogen. U hat noch im November 01 einen Betrag von 15 als „Vorschuss" auf den erwarteten Jahresgewinn entnommen. In 02, kurz vor der Veräußerung, entnimmt er den verbleibenden Teil.
> Da der Nettoveräußerungswert höher als der *equity*-Buchwert ist, findet per 30.9. keine Umbewertung, sondern lediglich eine Umgliederung von „*equity*-Beteiligung (Finanzanlagen)" in „zur Veräußerung bestimmte langfristige Vermögenswerte" statt.
> Probleme bereitet die Entwicklung im vierten Quartal. Hier ist zunächst ein Blick auf die fiktive Fortsetzung der *equity*-Methode instruktiv. Nach diesem (im vierten Quartal nicht mehr zulässigen) Verfahren hätte sich der Anteil (Abschreibungen auf stille Reserven vernachlässigt) bis zum Jahresende wie folgt entwickelt:

---

[19] Entnommen Lüdenbach, PiR 2006, S. 45ff.

Lüdenbach

> *equity*-Anteil 30.9.: 100
> Entnahme November: −15 (Buchung: per Geld an Anteil)
> Gewinn IV. Quartal: 5 (Buchung: per Beteiligung an Ertrag)
> *equity*-Anteil 31.12.: 90
> Mit dem Fortfall der *equity*-Methode stellt sich vor allem die Frage nach der Verbuchung der im November getätigten Entnahme. Bei den gegebenen Zahlen wird eine Entnahme den voraussichtlichen Nettoveräußerungswert nicht unter 100 reduzieren. Diskussionswürdig sind daher zunächst folgende Varianten:
> - Vorgezogene Realisierung eines Gewinnanteils aus der Aufgabe der Beteiligung:
>   per Geld 15 an Ertrag 15
> - Deutung der Entnahme als Teilabgang der Beteiligung:
>   per Geld 15 an Beteiligung 15
> - Deutung der Entnahme als Teilabgang der Beteiligung nur insoweit, als die Entnahme aus „Altgewinnen" entnommen und nicht durch „Neugewinne" gedeckt ist:
>   per Geld 15 an Beteiligung 10
>   an Ertrag   5
> Zusätzlich ist in allen Alternativen noch der aus dem Ergebnis des vierten Quartals entstehende Gewinnanspruch zu berücksichtigen, einschlägig ist IAS 18.30c. Danach sind Dividenden erst dann als Ertrag zu vereinnahmen, wenn sie durch Beschluss oder Gesellschaftsvertrag entnahmefähig geworden, also vom Mitgliedschafts- zum Gläubigerrecht geworden sind. Sofern der Gesellschaftsvertrag einer KG nichts anderes vorsieht, ist diese Voraussetzung gem. § 167 Abs. 2 HGB mit dem Ablauf des jeweiligen Jahres erfüllt. Da unterjährig schon 15 entnommen wurden, bleibt insofern nur noch zu buchen: per Forderung 5 (20−15) an Ertrag 5.

Gegen die erste Alternative – Verbuchung der Entnahme als Ertrag – spricht die Totalgewinnbetrachtung. Der entnommene „Altgewinn" ist bereits während der *equity*-Konsolidierung als Ertrag behandelt worden, er darf nicht ein zweites Mal berücksichtigt werden.

Gegen die zweite Alternative – Deutung der Entnahme als Teilabgang – spricht, dass der Entnahme der Altgewinne ein Zugang entnahmefähigen Neugewinns gegenübersteht. Bestenfalls der Saldo könnte als Teilabgang interpretiert werden.

Diesem letzten Gedanken trägt die dritte Variante Rechnung. Sie leidet aber (wie die zweite) daran, dass der Beteiligungsbuchwert vermindert wird, obwohl weder eine Wertminderung *(impairment)* noch ein wirklicher Abgang vorliegt.

Die Lösung liegt u.E. daher in einer vierten Variante, die bereits zum Zeitpunkt der Umqualifizierung in einem zur Veräußerung bestimmten Vermögenswert ansetzt. Zu diesem Datum wird im Vorgriff auf die spätere Ent-

Lüdenbach

nahmefähigkeit des aufgelaufenen, anteiligen Jahresgewinns der Buchwert gesplittet. In obigem Beispiel würden 15 als sonstiger Vermögenswert ausgewiesen, 85 als Anteil. Die spätere Entnahme ist dann einfach als Aktivtausch zu buchen (per Geld an Sonstiger Vermögenswert). Für den nach Umqualifizierung entstehenden Gewinn (im Beispiel 5) und den insoweit per 31.12. gegebenen zusätzlichen Entnahmespruch bleibt es bei der Buchung „per Forderung an Ertrag".
Soweit im vierten Quartal ein Verlust entstünde und der nach Ablauf der ersten drei Quartale bereits entnommene Betrag insoweit z.T. zurückzuzahlen wäre, ergäbe sich für den Verlust folgende Buchung: per Aufwand an Verbindlichkeit. Die Beteiligung würde noch nicht bzw. erst dann über eine Abschreibung angesprochen, wenn der Verlust so hoch wäre, dass zugleich der Nettoveräußerungswert unter den bisherigen Buchwert sinken würde.
Diese Lösung hat u.E. den Vorzug, die in IFRS 5 enthaltenen Bewertungsregeln ernst zu nehmen, die Beteiligung also nur dann zu mindern, wenn der Nettoveräußerungswert unter den Buchwert sinkt.
Der für den Anteil an einem assoziierten Unternehmen entscheidende maßgebliche Einfluss kann bereits mit Veräußerungsvertrag (obligatorisches Geschäft), aber vor Abgang der Anteile (dingliches Geschäft) verloren gehen. Die **Beteiligung mutiert in ein Finanzinstrument**, das nicht den Bewertungsregeln von IFRS 5 unterliegt. Wegen Einzelheiten wird auf § 28 Rz 26 verwiesen.

43

6 Latente Steuern sowie Steueraufwand

Zum Umklassifizierungszeitpunkt sind zur Veräußerung bestimmte langfristige Vermögenswerte sowie *disposal groups* mit dem Buchwert oder dem niedrigeren Nettozeitwert anzusetzen (Rz 25). Durch den Zeitwertansatz können sich **Differenzen** (→ § 26) zu den Steuerbuchwerten verändern oder erstmals ergeben. Latente Steuern sind dann mit geänderten Werten oder erstmalig anzusetzen.

44

> **Beispiel**
> Ein Gebäude soll veräußert werden. Steuerbuchwert 100, IFRS-Buchwert bisher 175, nach Umklassifizierung 150.
> Die passive latente Steuer verringert sich von 30 (40 % von 75) auf 20 (40 % von 50).

Auch in anderen Fällen kann die beabsichtigte Veräußerung die Höhe der latenten Steuern beeinflussen. Dies gilt etwa, wenn bei nicht steuerbefreiter Beteiligung an einer Tochtergesellschaft wegen IAS 12.39 bisher keine latenten Steuern auf *outside-basis*-Differenzen angesetzt wurden, weil Ausschüttung und Veräußerung bisher nicht geplant und damit mit einer Umkehr der Differenzen nicht zu rechnen war. Mit Aufnahme der Veräußerungsabsicht ändert sich diese Einschätzung. Latente Steuern sind dann erstmals zu bilden.

Lüdenbach

Für den **Ausweis** der latenten Steuern in der Bilanz gelten die Vorschriften von IFRS 5, da IFRS 5.5 die latenten Steuern nur aus dem Anwendungsbereich der besonderen Bewertungsvorschriften von IFRS 5, nicht dagegen der Ausweisvorschriften ausnimmt (Rz 4). Fraglich ist deshalb, ob latente Steuern auch nach Klassifizierung der zugrunde liegenden Vermögenswerte als *held for sale* noch IAS 1.70 folgend in den langfristigen Vermögenswerten und Schulden (→ § 2 Rz 36) oder gem. IFRS 5.38 unter den zur Veräußerung bestimmten langfristigen Vermögenswerten (aktive latente Steuern) bzw. den mit der Veräußerung von langfristigen Vermögenswerten verbundenen Schulden (passive latente Steuern) auszuweisen sind (Rz 33).

U.E. bleibt es (mit einer Ausnahme) bei der Anwendung von IAS 1.70, d. h. dem **einheitlichen Ausweis aller** aktiven oder passiven latenten Steuern, unabhängig davon, ob sie im Zusammenhang mit zu veräußernden langfristigen Vermögenswerten oder Veräußerungsgruppen stehen oder nicht. Dies ergibt sich aus folgender Überlegung:

- Als *non-current assets held for sale* definiert IFRS 5.6ff. (zuvor) langfristige Vermögenswerte, die zur Veräußerung bestimmt sind. Diese Vermögenswerte müssen in einem veräußerungsfähigen Zustand sein (IFRS 5.7) und bestimmte weitere Voraussetzungen erfüllen. Auf die aktiven latenten Steuern treffen die Merkmale nicht zu. Zwar erledigen sie sich mit Vollzug der Veräußerung. Dies ist aber nur Reflex der Veräußerung und macht die latenten **Steuern nicht** selbst zum **Veräußerungsgegenstand**. Demzufolge können die aktiven latenten Steuern auch keinen veräußerungsfähigen Zustand haben und verfehlen auch die sonstigen in IFRS 5.6ff. genannten Bedingungen.

- In Frage käme damit nur noch die Einbeziehung der aktiven latenten Steuern in eine Abgangsgruppe (*disposal group*) und die Berücksichtigung der passiven latenten Steuern als Schulden aus zur Veräußerung bestimmten Anlagen (*liabilities associated directly with non-current assets qualified as held for sale*). Als **Abgangsgruppe** definiert IFRS 5.Anhang A aber eine Gruppe von Vermögenswerten, die gemeinsam in einer einzigen Transaktion durch Verkauf oder auf andere Weise **veräußert** werden sollen. Gemeinsame Klammer ist auch hier der Abgang durch Veräußerung. Diese Klammer umfasst nicht die aktiven latenten Steuern, da diese nicht durch Veräußerung abgehen (übertragen werden), sondern sich lediglich anlässlich der Veräußerung erledigen. Entsprechendes gilt für die passiven latenten Steuern, da Schulden gem. IFRS 5.Anhang A nur dann als Teil einer Veräußerungsgruppe anzusehen sind, wenn sie bei der Veräußerung der Vermögenswerte **mit übertragen** werden. Die passiven Steuern werden aber nicht vom Erwerber übernommen. Er hat neue Anschaffungskosten, die zu neuen temporären Differenzen führen. Für den Veräußerer gilt lediglich, dass sich seine passiven latenten Steuern mit Vollzug der Veräußerung erledigen. Eine solche Erledigung stellt nicht die von IFRS 5 geforderte Übertragung auf einen neuen Schuldner dar.

Lüdenbach

Als Anwendungsbereich der in IFRS 5.5a vorgesehenen Geltung der Ausweisvorschriften für (aktive) latente Steuern bleibt damit nur die **Steuerlatenz aus Verlustvorträgen**. Soweit Mantelkaufvorschriften dem nicht entgegenstehen, wird bei der Veräußerung eines Tochterunternehmens die in den aktiven latenten Steuern verkörperte vermögenswerte Eigenschaft der Verlustvorträge auf den Erwerber übertragen, also veräußert. Nur für diese Steuerlatenzen kommt eine Einbeziehung in die Veräußerungsgruppe in Frage.

Bei Aufgabe eines Geschäftsbereichs ist das Ergebnis der *discontinued operation* gem. IFRS 5.33 in der **GuV** nach Steuern darzustellen. Dies setzt eine **Aufteilung** der insgesamt anfallenden **Steueraufwendungen** auf den fortgeführten Bereich einerseits und den aufgegebenen andererseits voraus.

45

> **Beispiel**
> Der Konzern X hatte bisher aktive latente Steuern auf die Verluste des Tochterunternehmens T angesetzt. Nunmehr soll dieses veräußert werden. Mit einer Realisierung der Vorteile aus den Verlustvorträgen im Konzern wird nicht mehr gerechnet, mit einer Vergütung durch den Erwerber angesichts restriktiver Mantelkaufvorschriften ebenso wenig. Die latente Steuer wird daher auf null wertberichtigt.
> Der entstehende Aufwand ist dem aufgegebenen Bereich zuzuordnen.
> **Fallvariante**
> Der Verlustvortrag ist beim Mutterunternehmen entstanden. Seine Werthaltigkeit wurde bisher im Hinblick auf Steuerplanungsoptionen (Aufdeckung stiller Reserven in Sachanlagen durch Veräußerung an die Tochter) positiv beurteilt. Mit Veräußerungsabsicht für die Tochter entfallen diese Planungsoptionen.
> Der Aufwand aus der Wertberichtigung der aktiven latenten Steuern ist dem fortgeführten Bereich zuzuordnen.

7 Anwendungszeitpunkt, Rechtsentwicklung

IFRS 5 ist für alle Berichtszeiträume ab dem 1. Januar 2005 prospektiv anzuwenden. Eine frühere Anwendung wird empfohlen. Eine frühere Anwendung auf vorhandene Positionen nach dem Definitionskatalog in Rz 5 ist möglich, wenn die erforderlichen Informationen über die Ansatzkriterien schon damals verfügbar waren. Bessere Erkenntnisse aus späterer Zeit sollen nicht gestalterisch genutzt werden können (IFRS 5.BC79).

46

Der Vorgängerstandard IAS 35 unterscheidet sich von IFRS 5 wie folgt: Er enthielt

- keine besonderen Bewertungsvorschriften und
- besondere Bilanzausweisvorschriften nur für *discontinued operations*.
- Die GuV-bezogenen Vorschriften waren nicht zwingend in der GuV zu erfüllen, Anhangsangaben reichten aus.

Lüdenbach

- Anwendungsbereich von IAS 35 waren nur *discontinued operations*, d. h. weder einzelne zur Veräußerung bestimmte Anlagen noch zur Veräußerung bestimmte Sachgesamtheiten ohne Geschäftsfeldqualität (Rz 13).

8 Zusammenfassende Praxishinweise

47 Aus **theoretischer** Sicht ist IFRS 5 weniger systematisch und überzeugend als die meisten anderen IFRS-Standards: **Widersprüche** bereits in den Grunddefinitionen (Rz 6), **Unbestimmtheiten** in den Anwendungsvoraussetzungen (Rz 9 und Rz 21).

48 Aus **praktischer** Sicht bietet IFRS 5 vor allem bei *discontinued operations* ein **reizvolles bilanzpolitisches Aktionsfeld**. Wo sich die Ertragslage dauerhaft verschlechtert hat und deshalb z. B. ein Programm der Besinnung auf die Kernkompetenzen verkündet wird, können die entsprechenden Aufgabe- und Veräußerungspläne alsbald genutzt werden, um aus „schlechten" (weil auch zukünftig zu erwartenden) Verlusten „unschädliche", weil zukünftig nicht mehr zu erwartende, Verluste zu machen (Rz 21). Die unklaren Formulierungen in IFRS 5 (Rz 21) sind kaum das geeignete Mittel, solchen bilanzpolitischen Akzentuierungen einen Riegel vorzuschieben.

49 Auch das **kommentierende** Schrifttum könnte dies nicht leisten. Es ist kein Standardersatz und hätte kein Recht, der bilanzierenden und prüfenden Praxis Türen zu versperren, die der IASB weit öffnet. Die relevante **Grenze** für eine derartige Bilanzpolitik bildet eher die Geduld der Bilanzadressaten. Die Langmut des Publikums mag überstrapaziert werden, wenn allzu häufig das Argument wiederholt wird, bestimmte Verluste hätten keinen nachhaltigen Charakter. Wie prominente amerikanische Beispiele zeigen, liegt diese Schwelle aber nicht ganz niedrig.[20]

50 Im Einzelnen enthält IFRS 5 folgende Regelungen:
- **Bilanzausweis:** Zur Veräußerung bestimmtes Anlagevermögen bzw. zur Veräußerung bestimmte Sachgesamtheiten *(disposal groups)* einschl. *discontinued operations)* sind in der Bilanz separat auszuweisen (Rz 33).
- **Bewertung:** Soweit es sich um Sachanlagen oder immaterielle Anlagen handelt, ist das Niederstwertprinzip in einer **besonderen** Ausprägung anzuwenden: Anzusetzen ist der niedrigere Wert aus Buchwert vor Umklassifizierung und Nettozeitwert im Zeitpunkt der Umklassifizierung (Rz 26). Diese besondere Bewertung gilt jedoch nicht für das in einer Sachgesamtheit enthaltene Finanzanlage- oder Umlaufvermögen (Rz 5).
- **GuV und Kapitalflussrechnung:** Nur bei einer Sachgesamtheit mit Geschäftsfeldqualität (Rz 16), d. h. bei einer *discontinued operation*, ist ein **separater** Ausweis in GuV und Kapitalflussrechnung geboten. Zu einer

---

[20] Zu Kellogs, General Motors und diversen anderen Beispielen aus der „Vor-Enron-Zeit": LÜDENBACH/HOFFMANN, DB 2002, S. 1169ff.

Lüdenbach

Separierung der Ergebnisse kommt es auch dann, wenn das Geschäftsfeld durch Stilllegung eingestellt werden soll. Die besonderen Bilanzausweis- und Bewertungsregeln greifen jedoch im Stilllegungsfall nicht (Rz 3 und 26).

Zum Verhältnis der in IFRS 5 enthaltenen Qualifizierungen – *non-current assets held for sale, disposal group, discontinued operations* – und den unterschiedlichen Rechtsfolgen wird im Übrigen auf Abbildung 1 (Rz 2) und Tabelle 1 (Rz 5) verwiesen.

§ 30 ANGABEN ÜBER BEZIEHUNGEN ZU NAHE STEHENDEN UNTERNEHMEN UND PERSONEN

Inhaltsübersicht Rz

Vorbemerkung	
1 Zielsetzung, Regelungsinhalt, Begriffe	1–6
2 Nahe stehende Personen – Unternehmen und natürliche Personen *(related parties)*	7–19
2.1 Überblick über den Standard-Anwendungsbereich	7–15
2.2 Besondere Berücksichtigung natürlicher Personen	16–18
2.3 Anwendung in der Rechnungslegungspraxis	19
3 Die offenzulegenden Geschäftsvorfälle	20–28
3.1 Beispielhafte Aufzählung	20–21
3.2 Das Nahestehen „an sich" (Beteiligungsspiegel)	22
3.3 Speziell die *arm's-length*-Bedingung	23
3.4 Organbezüge	24–27
3.5 Zwischenberichterstattung	28
4 Das Berichtformat	29–37
4.1 Die Aufgliederung nach Personen	29–30
4.2 Aggregierung und *materiality*	31–32
4.3 Bisherige Rechnungslegungspraxis	33–35
4.4 Darstellungsmuster	36–37
5 Anwendungszeitpunkt, Rechtsentwicklung	38
6 Zusammenfassende Praxishinweise	39–41

Schrifttum: ANDREJEWSKI/BÖCKEM, Die Bedeutung natürlicher Personen im Kontext des IAS 24, KoR 2005, S. 170; BOHL/WOLFF, in: BECK'SCHES IFRS-Handbuch, 2. Aufl., 2006, § 20; DEUTSCHER STANDARDISIERUNGSRAT, DRS 11, Berichterstattung über Beziehungen zu nahe stehenden Personen vom 18.02.2002; ERNST & YOUNG, International GAAP 2005, S. 1835ff.; HEUSER/THEILE, IAS/IFRS-Handbuch, 2005, S. 690; KPMG, Insights into IFRS 2006/2007; KÜTING/GATTUNG, Nahe stehende Unternehmen und Personen nach IAS 24, WPg 2005, S. 1065 und S. 1105; KÜTING/WEBER/GATTUNG, Nahe stehende Personen (related parties) nach nationalem und internationalem Recht, KoR 2003, S. 53; NIEHUS, IAS 24: Related Party Disclosures, WPg 2003, S. 521; ZIMMERMANN, Die Berichterstattung über Beziehungen zu nahe stehenden Personen nach DRS 11, StuB 2002, S. 889.

Vorbemerkung

Die Kommentierung bezieht sich auf IAS 24 in der aktuellen Fassung und berücksichtigt alle Ergänzungen, Änderungen und Interpretationen, die bis zum 1.1.2007 beschlossen wurden.

1 Zielsetzung, Regelungsinhalt, Begriffe

1 Der Regelungsgehalt von IAS 24 *(related party disclosures)* beruht auf der allgemein gültigen Erkenntnis, dass Geschäftsbeziehungen zwischen verbundenen Unternehmen und anderen nahe stehenden Personen **mangels wirtschaftlicher Interessengegensätze** durch außerunternehmerische Zielsetzungen beeinflusst werden können, sich also von vergleichbaren Geschäftsvorfällen **zwischen unabhängigen Parteien** unterscheiden (IAS 24.1). Bei Abwicklung von derlei Geschäftsbeziehungen sind Vorgänge denkbar, die zwischen fremden Dritten nicht auftreten könnten.

Der Standard ist demgemäß anzuwenden (IAS 24.2)

- auf die Erfassung von **Beziehungen** und
- von **Geschäftsvorfällen** sowie
- zur Darlegung der **offenen Positionen** aus dem Geschäftsverkehr

mit **nahe stehenden Personen** (natürliche Personen und Unternehmen, *related parties*).

Außerdem muss das **Umfeld** *(circumstances)* der Geschäftsbeziehungen mit nahe stehenden Personen bestimmt werden, um die erforderlichen Erläuterungen im Anhang zu geben.

2 Dabei kann unterschieden werden zwischen Geschäften, die

- **dem Grunde nach** oder
- **der Höhe nach**

mit **fremden** Personen nicht abgeschlossen worden wären. In vielen Fällen liegen **beide** Tatbestandsmerkmale beim konkreten Sachverhalt vor.

Beispiel[1]

Die in wirtschaftliche Schwierigkeiten gelangte Hotelkette H AG hält die zum Hotelbetrieb erforderlichen Immobilien nicht in ihrem Eigentum. Vielmehr sind Eigentümer verschiedene Immobilienfonds, was als branchenüblich bezeichnet werden kann. Die mit 40 % am Aktienkapital der H AG beteiligte Familie E ist auch in großem Umfang an den von einer Firma E & Partner aufgelegten Fonds beteiligt. Die Fonds erzielten trotz der Krise im Bereich der Luxushotellerie gute Renditen, während die AG in die Verlustzone gerät. Die Interessenverflechtung führte nach erheblichem Rückgang des Aktienkurses zu einem Rückzug der Familie aus dem Aufsichtsratsvorsitz.

---

[1] Nach ZIMMERMANN, StuB 2002, S. 889.

> **Weiteres Beispiel**[2]
> Wartungstätigkeiten werden von Großunternehmen auf Dienstleistungsunternehmen ausgelagert. Als Beispiel dient bei Mineralölgesellschaften die Reinigung und das Instandhalten von Tankstellen. An der diese Wartungsarbeiten durchführenden GmbH ist die Ehefrau des Vorstandsvorsitzenden der Mineralölgesellschaft mehrheitlich beteiligt.

IAS 24 geht dabei von einem recht **weiten** „Beeinflussungshorizont" aus. Dieser umfasst nicht nur die einbezogenen **Personen** (Rz 7), sondern auch die **Sachverhalte**. So unterliegen nicht nur **erfolgte** Transaktionen mit Nahestehenden – vgl. die beiden Beispiele in Rz 2 – dem Regelungsgehalt von IAS 24, sondern auch das „reine" Nahestehen als solches *(the mere existence of the relationship)*, Letzteres aber **nur** im Mutter-Tochter-Verhältnis (Rz 22). Dieses kann zur Aufnahme oder zur Unterlassung von Geschäftsvorfällen *(transactions)* führen, die ohne das Nahestehen nicht denkbar gewesen wären.

3

> **Beispiel**
> Eine Muttergesellschaft erwirbt eine (neue) Tochter, die in einem bestimmten Geschäftsbereich tätig ist. Die vorher schon vorhandene Tochtergesellschaft (Schwester der neu erworbenen) ist im selben Geschäftsbereich tätig. Aufgrund der Neuakquisition gibt die Alt-Tochtergesellschaft ihren entsprechenden Tätigkeitsbereich auf und beendet damit die Leistungen an die Mutter.
>
> **Weiteres Beispiel**
> Eine Muttergesellschaft weist ihre Tochter an, künftig nicht mehr im Bereich der Forschung und Entwicklung zu agieren, etwa weil diese Aktivität künftig allein von der Muttergesellschaft ausgeübt werden soll.

Auch gewinnorientierte Unternehmen unter staatlicher Kontrolle unterliegen dem Regelwerk von IAS 24 (IAS 24 IN6).
Der **Anwendungsbereich** von IAS 24 ist also entsprechend der vorstehenden Übersicht sehr **weit**. Andererseits ist er an einer entscheidenen Stelle **eingeschränkt**: Anzugeben (Rz 20ff.) sind lediglich die Verbundbeziehungen als solche und deren Folgen in Form von Transaktionen oder Unterlassungen; dagegen ist **keine wertende** Darlegung dahingehend erforderlich, wie der Jahresabschluss ausgesehen hätte, wenn die Geschäftsbeziehungen mit den nahe stehenden Personen durchgehend mit fremden Dritten erfolgt wären *(at arm's length)*. Es wird also **keine Stellungnahme zur Angemessenheit** verlangt (weder vom Management noch vom Abschlussprüfer; IAS 24 IN7). Der in Geschäftsberichten deutscher IFRS-Anwender häufig zu findende Hinweis auf die allseits vorliegende *arm's-length*-Bedingung ist also aus Sicht der Regeln

---

[2] Nach NIEHUS, WPg 2003, S. 521.

Hoffmann

überflüssig,[3] kommunikationspolitisch aber erklärlich, da eine Unterlassung dieser Aussage bei Abschlussadressaten die Vermutung von Nicht-*arm's-length*-Bedingungen auslösen könnte (Rz 23).

IAS 24 hebt sich insofern spürbar von der Situation der internationalen **Besteuerungspraxis** bei nahe stehenden Personen ab (Rz 16). Folgerichtig sind die Hinweise auf die verschiedenen Preisvergleichsmethoden, die z. B. im Anwendungsbereich des § 1 AStG Gültigkeit haben, in der Neufassung von IAS 24 (Rz 38) nicht mehr erwähnt (zuvor IAS 24.11-16 (1994)). *„The Standard does not require remeasurement of related party transactions."*[4] Vgl. auch Rz 23.

4 IAS 24 ist inhaltlich weitgehend **identisch** mit dem SFAS 57[5] (US-GAAP) und dem DRS 11[6].

Umgekehrt **unterscheidet** er sich erheblich von Vorschriften mit ähnlicher Zielrichtung nach **deutschem Handelsrecht** (Rz 12):

- Der **Abhängigkeitsbericht** gem. §§ 311 bis 313 AktG ist thematisch auf die Problematik, die dem IAS 24 zugrunde liegt (Rz 1) ausgerichtet, beschränkt sich aber personell auf die Einbeziehung von verbundenen Unternehmen i.S.d. § 271 Abs. 2 HGB. Auch der Adressatenkreis ist anders: Die Berichterstattung nach § 312 AktG einschließlich dessen Prüfung durch den Abschlussprüfer ist an den Aufsichtsrat adressiert. Für die Öffentlichkeit ist lediglich die Schlussbemerkung des Vorstandes nach § 12 Abs. 3 AktG im Lagebericht bestimmt.
- Öffentlich zugänglich sind demgegenüber die im HGB-Abschluss vorgeschriebenen Angaben zu **verbundenen Unternehmen** i.S.d. § 271 Abs. 2 HGB, und zwar insbesondere die Gliederungsvorschriften für die Bilanz und die „Davon-Vermerke" in der GuV sowie bestimmte Anhangsangaben.
- Sodann ist an die Angabepflichten für die Bezüge von und die Kreditgewährung an **Organmitglieder** zu erinnern (§ 285 Nr. 9 u. 10 HGB).
- Eine umfassende Darlegung der Verbundinhalte ist durch die Hinweis- und Angabepflichten des HGB nicht gewährleistet. Das HGB beschränkt sich vielmehr auf eine Offenlegung von **Einzelpositionen**.[7]

5 Von den Vorgaben nach **HGB** und **AktG** unterscheiden sich die Regeln in IAS 24 zusammengefasst folgendermaßen:

- Die **Offenlegung** muss jedermann gegenüber erfolgen, also nicht nur gegenüber dem beschränkten Adressatenkreis des Aufsichtsrates.
- Es sind nicht nur Beziehungen und Transaktionen des Unternehmens zu anderen (verbundenen) **Unternehmen** offenzulegen, sondern auch zu (nahe stehenden) **natürlichen Personen**.

---

[3] Das IDW (WPg 2006, S. 741) wehrt sich dementsprechend auch vehement gegen entsprechende **Prüfungs**anforderungen in dem Standard-Entwurf 550 des IAASB.
[4] Nach IAS 24 Summary of Main Changes.
[5] Einzelheiten bei KÜTING/WEBER/GATTUNG, KoR 2003, S. 53, S. 59.
[6] Einzelheiten bei ZIMMERMANN, StuB 2002, S. 889.
[7] Vgl. NIEHUS, DB 2003, S. 521, S. 522f.

- IAS 24 verlangt eine **umfassende Darstellung** der Verbundbeziehungen.
Systematisch betrachtet regelt IAS 24 drei Fragen: **6**
- Wer? – die betroffenen Personen (Rz 7ff.).
- Was? – die offenzulegenden Geschäftsvorfälle (Rz 20ff.).
- Wie? – das Berichtsformat (Rz 29ff.).

2 Nahe stehende Personen – Unternehmen und natürliche Personen *(related parties)*

2.1 Überblick über den Standard-Anwendungsbereich

Nahe stehende Personen *(related parties)* sind im Katalog von IAS 24.9 abschließend[8] als solche definiert, die **7**
- das Berichtsunternehmen – gegebenenfalls gemeinsam mit Dritten – kontrollieren *(control)* oder maßgeblich beeinflussen *(significant influence)* – **aktive** Sicht – oder
- der Kontrolle oder einem maßgeblichen Einfluss durch das Berichtsunternehmen unterliegen – **passive** Sicht.

„Person" *(party)* wird als **Oberbegriff** verwendet und umfasst **natürliche und juristische Personen** und damit auch **Unternehmen** in allen Rechtsformen oder Konzerne sowie die **öffentliche** Hand in ihren verschiedenen rechtlichen Ausprägungen (zu Letzterer vgl. Rz 14).

> **Beispiel**
> Die Bundesrepublik Deutschland ist direkt oder indirekt am X-Konzern mit 40 % der Stimmrechte (an der Holding) beteiligt. Sie übt mit der Stimmrechtsquote einen **bedeutenden Einfluss** (Rz 9) auf den Konzern aus und ist ihm gegenüber als *related party* anzusehen.
> In Abwandlung des Sachverhalts besitzt die BRD aufgrund der durchschnittlichen Hauptversammlungspräsenz eine sichere Stimmrechtsmehrheit in der Hauptversammlung und **kontrolliert** (Rz 8) den X-Konzern. Die *related-party*-Qualifikation ist auch hier (erst recht) gegeben.

Die Definition der „Kontrolle" ist „aktiv" und „passiv" zu verstehen, bezieht sich also auch auf das „Kontrolliert-Werden" *(is controlled by)*. Die Kontrolle oder der **bedeutende** Einfluss kann direkt oder durch eine oder mehrere „Zwischenpersonen" *(intermediaries)* bewirkt werden. Auch eine **gemeinsame** Kontrolle *(joint control)* im Rahmen eines *joint ventures* ist – als „geteilte" Kontrolle – möglich (vgl. aber Rz 10).
Die Ausübung der **Kontrolle** *(control)* ist in IAS 24.9 entsprechend IAS 27.6 **8** definiert (→ § 32 Rz 8ff.), nämlich durch die Möglichkeit, als Anteilseigner

---

[8] So auch Küting/Gattung, WPg 2005, S. 1065.

direkt oder **indirekt** – in mehrstufiger Unternehmenshierarchie[9] – die Unternehmenspolitik der Tochtergesellschaft zu beherrschen, um aus deren Tätigkeit Nutzen zu ziehen.

Das „Nahestehen" i. S. d. IAS 24 wird außerdem bei Vorliegen eines **bedeutenden Einflusses** *(significant influence)* **begründet**, wenn eine Stimmrechtsmehrheit nicht vorliegt. Ein solcher Einfluss kann etwa durch Organstellung (Sitz im Verwaltungsrat bzw. Vorstand oder Aufsichtsrat) oder Teilnahme am unternehmerischen Entscheidungsprozess (faktische Geschäftsführung), aber auch durch Austausch von Management-Mitgliedern oder Abhängigkeit von technischen Informationen ausgeübt werden. Außerdem ist *significant influence* durch Anteilseignerschaft, Gesellschaftsvertrag oder sonstige Vereinbarung möglich (assoziierte Unternehmen).

> **Beispiel**[10]
> Ein Familienkonzern hält neben den Anteilen an der Konzern-Holding alle Anteile an einer Leasinggesellschaft. Nach der Ausgestaltung des Leasingvertrages ist die Leasinggesellschaft nicht als konsolidierungspflichtige Zweckgesellschaft des Konzerns anzusehen. Trotzdem gilt die Leasinggesellschaft als *related party* i. S. v. IAS 24.

Die **Definition** des bedeutenden Einflusses in IAS 24.9 stimmt im 1. Satz mit derjenigen von IAS 28.4 überein (→ § 33 Rz 7ff.). Im 2. Satz wird die eben dargestellte Erweiterung über den Anteilsbesitz hinaus durch **Vertrag** wiedergegeben.

Negativ werden in IAS 24.11 folgende Verhältnisse abgegrenzt (also keine zwingende Anwendung dieses Standards):

- Personalunion einer Direktorstellung oder einer anderen Schlüsselposition (Rz 25) bei zwei Unternehmen (mit dem Vorbehalt, dass dieser Direktor etc. keinen Einfluss auf die wechselseitigen Beziehungen der betroffenen Unternehmen ausübt).
- Zwei Unternehmen *(two venturers)*, die ein *joint venture* betreiben, nur aufgrund des Vorliegens eines solchen *joint venture* (also nicht aus anderen Gründen).
- Finanzdienstleister (Banken).
- Gewerkschaften.
- Öffentliche Versorgungsunternehmen.
- Verwaltungsinstanzen.
- Hauptlieferant oder -kunde o. Ä., mit dem ein erheblicher Teil des Geschäftsvolumens der betreffenden Unternehmung abgewickelt wird.

Der sicher häufig bestehende bedeutende Einfluss von Hausbanken, Großlieferanten und Hauptabnehmern auf ein Unternehmen ist also – wohl aus

---

[9] Küting/Gattung, WPg 2005, S. 1106.
[10] Nach Heuser/Theile, IAS/IFRS-Handbuch, 2. Aufl., 2005, S. 693.

Praktikabilitätsgründen – aus dem Anwendungsbereich von IAS 24 ausgenommen.

Inbegriffen in den Anwendungsbereich von IAS 24 ist gemäß IAS 24.3 und 4 auch die Angabe von Geschäftsbeziehungen zwischen **Mutter-** und vollständig beherrschtem **Tochter**unternehmen und daraus resultierenden offenen Positionen in deren **Einzel**abschlüssen. Im **konsolidierten** Abschluss der betreffenden Unternehmensgruppe sind diese Geschäftbeziehungen als Konzerninnenverhältnisse eliminiert und daher auch keine Angaben erforderlich (vgl. Beispiel in Rz 13). Anzugeben sind aber im Konzern- und im Einzelabschluss die Geschäfte und Salden (Rz 20) gegenüber **assoziierten** Unternehmen (→ § 33) sowie gegenüber *at equity* konsolidierten **Gemeinschafts**unternehmen (→ § 34 Rz 82). Die (anteiligen) Umsätze, Aufwendungen und Salden mit **quotal konsolidierten** Gemeinschaftsunternehmen (→ § 34 Rz 60) sind schon im Konzernabschluss enthalten und insoweit nicht angabepflichtig, umgekehrt die nicht konsolidierten Anteile an den genannten Größen.[11]

11

Der Standard ist gemäß IAS 24.9 anzuwenden auf:

12

- **Verbundene Unternehmen** (im Sinne der deutschen Konzernrechnungslegung); also Mutter- und Tochtergesellschaften, Enkel- und Schwestergesellschaften etc. (Rz 4).
- **Assoziierte Unternehmen** nach IAS 28 (→ § 33), auch bei mittelbarer Beteiligung.
- Das Verhältnis zwischen einem **Gemeinschaftsunternehmen** *(joint venture)* und dem jeweiligen *„venturer"* gem. IAS 31 (→ § 34).
- **Natürliche Personen**, die durch direkte oder indirekte Stimmrechtsmacht einen bedeutenden Einfluss *(significant influence)* auf das Unternehmen ausüben können.
- **Nahe Familienmitglieder** *(close member of the family)* der letztgenannten natürlichen Personen bzw. solche Personen, die ein Kontrollverhältnis innehaben.
- **Mitglieder des Managements** in Schlüsselpositionen *(key management personal;* Rz 25) einschließlich ihrer Familienmitglieder.
- Unternehmen, bei denen die vorstehend genannten Personen einen **wesentlichen Stimmrechtsanteil** oder in sonstiger Weise bedeutenden Einfluss *(significant influence)* haben.
- **Versorgungskassen** für das betreffende Unternehmen bzw. nahe stehende Personen dieses Unternehmens.

Nicht unter den Anwendungsbereich der IAS 24 beim berichterstattenden Unternehmen fallen dagegen die Verhältnisse von zwei Unternehmen untereinander, die jeweils im Verhältnis zum berichterstattenden Unternehmen „*related*" sind.

13

---

[11] So KPMG, Insights into IFRS 2006/2007, 5.5.120.30.

Beispiel

Sachverhalt

Das Mutterunternehmen M kontrolliert die Tochterunternehmen T1, T2 und T3. Zwischen allen Unternehmen bestehen Geschäftsbeziehungen.

Lösung

Im **Einzel**abschluss der M sind die Geschäftsbeziehungen zu T1 bis T3 anzugeben, nicht aber diejenigen zwischen T1 und T2 bzw. T 2 und T3. Im **Konzern**abschluss der M werden die Geschäftsbeziehungen konsolidiert und sind – da aus der Einheitsperspektive des Konzernabschlusses nicht vorhanden – auch nicht nach IAS 24 anzugeben (Rz 11). In den **Einzel**abschlüssen von T1 bis T3 bzw. in deren Teil-Konzernabschlüssen sind die jeweiligen Geschäftsbeziehungen untereinander anzugeben. T1 hat deshalb im Einzel- oder Teil-Konzernabschluss nicht nur die Beziehungen zu M, sondern ebenso die zu den Schwestergesellschaften T2 und T3 anzugeben, nicht aber die zwischen T2 und T3. Dies will der *Board* im Rahmen einer Neufassung der Definition einer *related party* klarstellen.[12]

Sachverhalt

In Abwandlung des vorstehenden Sachverhalts ist die M an zwei assoziierten Unternehmen aU1 und aU2 mit regem Geschäftsverkehr **untereinander** beteiligt. Außerdem bestehen Geschäftsverbindungen der M mit aU1 und aU2.

Lösung

Die Geschäftsbeziehung der M mit aU1 und aU2 sind im Einzel- und Konzernabschluss der M anzugeben, nicht dagegen die Beziehungen **zwischen** aU1 und aU2.

Sachverhalt

In weiterer Abwandlung des Sachverhaltes liegen Transaktionen zwischen aU1 und T 1 in folgender Konstellation vor:

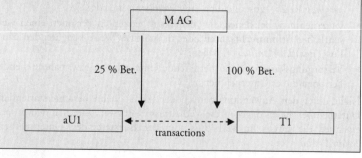

---

[12] So der Board „tentatively" in IASB, Update September 2006.

> **Lösung**
> Dieser Sachverhalt soll in einem *amendment project* behandelt werden.[13] Bis dahin erscheint eine **Nichtberücksichtigung** im Einzelabschluss der M AG nach IAS 24 vertretbar.
>
> **Sachverhalt**
> In weiterer Abwandlung beherrscht die öffentliche Hand – z. B. die BRD – zwei Großkonzerne über deren Holding. Die beiden Konzerne üben Geschäftsbeziehungen untereinander aus.
>
> **Lösung**
> Im jeweiligen Konzernabschluss der beiden Holdings sind – neben den Beziehungen zur BRD als *„party"* – auch diejenigen zwischen den beiden Konzernen anzugeben.[14]

Der *Board* sieht für den letztgenannten Sachverhalt der *related-party*- 14
Beziehung aufgrund **staatlicher Kontrolle** (*state controlled entities*) das Erfordernis einer gewissen **Erleichterung** („*relief*").[15] Der *Board* tendiert dazu, künftig *related-party*-Angaben zwischen den „Staatsunternehmen" nur noch zu verlangen, wenn anhand folgender **Indizien** von der Bedeutsamkeit dieser Beziehungen auszugehen ist:
- Eingriff der öffentlichen Hand in das Geschäftsgebaren,
- nicht marktgerechte Transaktionen zwischen den staatlich kontrollierten Unternehmen,
- Personalunion im jeweiligen Aufsichts- oder Führungsgremium,
- gemeinsame Nutzung von Ressourcen,
- Wirtschaftliche Bedeutsamkeit der Transaktionen der Konzerne untereinander.

> **Beispiel**
> Der Staat beherrscht durch Mehrheitsbeteiligung oder Präsenzmehrheit in der Hauptversammlung die
> - Bahn AG
> - Post AG
> - Telekom AG.
>
> Nach gültiger Standardlage müssen die drei genannten Mutterunternehmen in ihrem Konzernabschluss jeweils die Geschäftsbeziehungen untereinander angeben (Rz 13). Derzeit wäre z. B. im Abschluss der Bahn AG die Inanspruchnahme der Briefpostdienste und der Telefondienste von

---

[13] IASB, Update Juli 2006.
[14] So z. B. jeweils in der Geschäftsbeziehung der Deutschen Telekom zur Deutschen Post World Net 2005 bezüglich ihrer Beziehungen untereinander.
[15] IASB, Update September 2006: „The Board tentatively decided."

> den Schwesterunternehmen sowie umgekehrt die Erbringungen von Beförderleistungen an Mitarbeiter der beiden Schwesterunternehmen der Regel nach angabepflichtig und nur aufgrund von *materiality*-Überlegungen ausnahmsweise entbehrlich. Künftig soll das Verhältnis von Regel und Ausnahme umgekehrt werden: Regelmäßig wären danach keine Angaben erforderlich, Ausnahmen kämen nur bei Vorliegen der o. g. Indizien in Frage, etwa dann, wenn der Vorstand des einen Unternehmens Aufsichtsrat beim anderen wäre.
>
> **Weiteres Beispiel**
> Der Staat X beherrscht den Erdölförderungskonzern Y und die Raffinerie Z, die Rohöl ausschließlich von Y bezieht. Die Geschäftsbeziehungen untereinander sind wesentlich und wären deshalb auch künftig berichtspflichtig.

15 Der Katalog der *related parties* ist **weiter gehend** als der für **verbundene** Unternehmen und **Konzerne** nach deutschem Gesellschaftsrecht (Rz 4), da er natürliche Personen mit umfasst. Beide *„parties"* werden von IAS 24 erfasst.[16] Zum „Wechselspiel" zwischen Unternehmen und natürlichen Personen vgl. unter Rz 16.

2.2 Besondere Berücksichtigung natürlicher Personen

16 Als nahe stehende Personen des Berichtsunternehmens gelten nicht nur Hauptaktionäre und Vorstands-/Aufsichtsratsmitglieder, sondern gem. IAS 24.9 auch deren nahe **Familienangehörige** *(close members of the family of an individual)*. Solche Personen haben potenziellen – aktiven und passiven – **Einfluss** auf die Geschäfte *(dealings)* des Aktionärs oder Organmitglieds mit dem Berichtsunternehmen. Es handelt sich allerdings nur um eine Vermutung *(may be expected to influence)*. Es fehlt aber andererseits an einer Erläuterung, wann diese Vermutung gilt bzw. wie sie zu widerlegen ist.
Nachstehender **Beispiel**katalog aus IAS 24.9 ist jedenfalls im Regelfall verpflichtend: Als *related party* gelten neben den Hautaktionären oder Organmitgliedern
- deren eigene Kinder;
- deren Ehe- oder sonstige Lebenspartner;
- sonstige abhängige Personen;
- die Kinder des „Lebenspartners" (also zusätzlich zu den eigenen Kindern);
- sonstige abhängige Personen des Lebenspartners.

17 Der allgemein gültige Grundsatz *substance over form* (→ § 1 Rz 52) wird in diesem Zusammenhang besonders betont (IAS 24.10). Eine kleinliche Standardinterpretation erscheint deshalb als unangebracht. Andererseits kommt auch eine inhaltliche Ausweitung von *„close"* in Betracht *(„may include")*, wenn

---

[16] Wegen weiterer Fallbeispiele vgl. KÜTING/WEBER/GATTUNG, KoR 2003, S. 53, S. 61.

z. B. Geschwister und deren Abkömmlinge gemeinsam als Interessengruppe agieren („Familienclan").[17]
Durch eine Art „Zusammenspiel" im Gefolge einer Verweiskette in IAS 24.9 fungieren natürliche Personen als **Vermittler** der *„relation"* zwischen rechtlich unabhängigen Unternehmen.

Beispiel

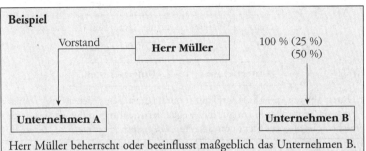

Herr Müller beherrscht oder beeinflusst maßgeblich das Unternehmen B. Durch den Verweis in IAS 24.9 (f) auf (d) stellt Unternehmen B eine *related party* aus Sicht von Unternehmen A dar.[18]

Die Verweisrichtung in IAS 24.9 ist **einseitig**.

Beispiel

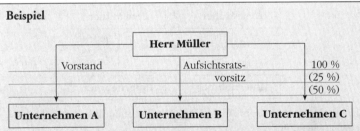

IAS 24.9 (f) geht im Verweis auf (d) von der Beherrschung bzw. dem maßgeblichen Einfluss aus (hier auf C). Die natürliche Person beherrscht bzw. beeinflusst im Beispiel nur Unternehmen C. Deshalb stellt C aus Sicht von A und B ein berichtspflichtiges Unternehmen dar, nicht aber A und B aus Sicht von C. Ebenso wenig ist Unternehmen B aus Sicht von A und umgekehrt *related party*.

Wenn zwei natürliche, sich nahe stehende Personen, also vor allem nahe Familienangehörige (Rz 16), jeweils eine der Definitionen in IAS 24.9 (f) und

---

[17] ERNST & YOUNG, International GAAP 2004, S. 1845; daraus auch die nachstehenden Beispiele. Ähnlich ANDREJEWSKI/BÖCKEM, KoR 2005, S. 170, die eine förmliche Stimmrechtsbindung durch Vertrag verlangen, um dem „Clan" die Eigenschaft als „party" zukommen zu lassen.

[18] Vgl. hierzu und zu Folgendem ANDREJEWSKI/BÖCKEM, KoR 2005, S. 170.

(d) erfüllen, lässt sich die „Verbundbeziehung" in Abwandlung des vorletzten Beispieles wie folgt darstellen:

Beispiel

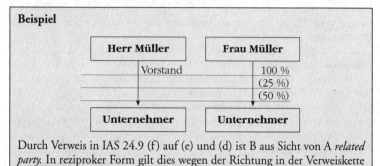

Durch Verweis in IAS 24.9 (f) auf (e) und (d) ist B aus Sicht von A *related party*. In reziproker Form gilt dies wegen der Richtung in der Verweiskette nicht. A ist also aus Sicht von B keine *related party*.

Auch allein durch (gemeinsame) Kontrolle oder mögliche Einflussnahmen (*significant influence*) kann in Abwandlung des vorstehenden Beispieles ein „Nahestehen" von Unternehmen begründet werden.

Beispiel

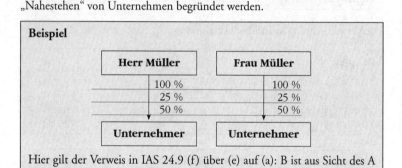

Hier gilt der Verweis in IAS 24.9 (f) über (e) auf (a): B ist aus Sicht des A nahe stehend und umgekehrt.

Trotz des an sich höchst weitreichenden Definitions- und Verweisungskatalogs in IAS 24.9 verbleibt überraschend eine **offene Flanke**.

Beispiel

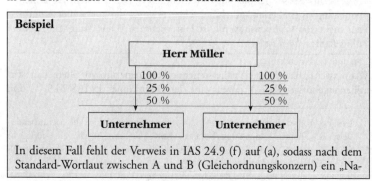

In diesem Fall fehlt der Verweis in IAS 24.9 (f) auf (a), sodass nach dem Standard-Wortlaut zwischen A und B (Gleichordnungskonzern) ein „Na-

> bestehen" nicht anzunehmen ist. Wenn gleichwohl eine Einflussmöglichkeit von Herrn Müller zu Gunsten bzw. zu Lasten von A und B vorliegt, ist nach dem Prinzip der *substance over form* (→ § 1 Rz 52) von einer *related-party*-Beziehung auszugehen[19] (IAS 24.10).

Insgesamt verbleiben erhebliche Probleme nicht nur bei der Auslegung des Definitionskatalogs, sondern insbesondere auch bei der **praktischen Bewältigung**.[20] Die erforderlichen Angaben lassen sich nicht unmittelbar aus dem Rechnungswesen der Konzernunternehmen ableiten, sondern können eigentlich nur durch „Abfragen" ermittelt werden. Ob und in welchem Umfang diese Fragen dann von den betreffenden Personen beantwortet werden, ist in jedem Fall zweifelhaft.

18

> **Beispiel**
> Der international tätige Konzern X hat ein Tochterunternehmen in Brasilien. Im Aufsichtsrat der X sitzt A. A hat eine Tochter T aus erster Ehe, die in Rio de Janeiro ein Modeatelier betreibt. Die einheitliche Dienstkleidung für die brasilianischen Mitarbeiter wird von diesem Modeatelier entworfen und hergestellt. Die Rechnungsstellung erfolgt durch das Modeatelier an die brasilianische Tochtergesellschaft des Konzerns.
>
> **Lösung**
> Die Definitionsnorm der *related party* nach IAS 24.9 ist erfüllt. Die entsprechenden Geschäftsbeziehungen sind im Anhang zum Konzernabschluss zu vermerken. Die Frage ist nur, wie die Konzernzentrale diese Geschäftsbeziehung überhaupt feststellen kann.

2.3 Anwendung in der Rechnungslegungspraxis

In der deutschen **Rechnungslegungspraxis** wird vielfach differenziert zwischen Transaktionen mit

19

- verbundenen Unternehmen und
- natürlichen Personen.

Zu den Letztgenannten erfolgt ein Angabeverzicht aus *materiality*-Gründen (§ 1 Rz 65ff.), die Erstgenannten werden in aggregierter Form (Rz 31f.) wiedergegeben.

Wegen weiterer Einzelheiten wird verwiesen auf Rz 33ff.

---

[19] So ANDREJEWSKI/BÖCKEM, KoR 2005, S. 175.
[20] Vgl. hierzu insbesondere NIEHUS, WPg 2003, S. 521, S. 525f.

3 Die offenzulegenden Geschäftsvorfälle

3.1 Beispielhafte Aufzählung

20 Zu den – auch unentgeltlichen – **Geschäftsvorfällen** *(transactions)* zwischen nahe stehenden Unternehmen *(related party transactions)* werden außer der Definition in IAS 24.9 in IAS 24.20 eine ganze Reihe von **Positivbeispielen** aufgeführt:
- Kauf oder Verkauf von fertigen oder unfertigen Gütern
- Kauf oder Verkauf von Grundstücken und anderen Vermögenswerten
- Gewährung oder Erhalt von Dienstleistungen
- Leasingverträge
- Übertragung von Forschungs- und Entwicklungsergebnissen
- Vergütungen *(transfers)* aufgrund von Lizenzverträgen
- Vergütungen für Finanzierungsvereinbarungen (Darlehen, Bar- und Sacheinlagen in das Eigenkapital)
- Vergütungen für Avale und sonstige Garantien
- Tilgung von Verbindlichkeiten zugunsten des Unternehmens (durch nahe stehende Personen) oder umgekehrt durch das Unternehmen von Verbindlichkeiten einer nahe stehenden Person.

21 Bestehen Geschäftsbeziehungen zwischen nahe stehenden Personen *(related parties)*, dann hat das Unternehmen/der Konzern in seinem Jahresabschluss gem. IAS 24.17 über die **Geschäftsvorfälle** *(transactions)* und die daraus resultierenden noch **offenen Positionen** in der Bilanz *(outstanding balances)* zu berichten. Diese Angaben sind allerdings nur insoweit erforderlich, als aus ihnen mögliche **Auswirkungen** des Nahestehens *(relationship)* auf den **Inhalt** des Jahresabschlusses abgeleitet werden können *(necessary for an understanding of the potential effect of the relationship on the financial statements)*. Man kann in diesem Vorbehalt eine Betonung des *materiality*-Grundsatzes erkennen (→ § 1 Rz 65 ff.).
Dieses ausgesprochen **weit** angelegte Volumen von potenziellen Angabepflichten wird in IAS 24.17 wie folgt **systematisiert**:
- **Strom**größen:
    Alle in Währung (absoluten Zahlen) auszudrückenden **Geschäftsvorfälle** *(transactions)*; die nach IAS 24.23a (1994) für zulässig erachtete Darstellung in relativen Größen ist nicht mehr zulässig.
- **Bestands**größen:
    - die Beträge von **offenen Positionen** (Forderungen oder Verbindlichkeiten) aus diesen Transaktionen in Ausweitung der Darstellungspflichten nach IAS 1 (→ § 2 Rz 38 ff.; IAS 24.19),
    - deren **Vertragsbedingungen** einschließlich der gegebenen Sicherheiten und der vorgesehenen Tilgung (nicht nach IAS 24 (1994)),

- entsprechende Angaben zu gegebenen oder erhaltenen **Garantien** (nicht nach IAS 24 (1994)),
- **Abschreibungen** auf entsprechende Forderungen (nicht nach IAS 24 (1994)),
- **Aufwendungen** (Verluste) aufgrund von Forderungen an nahe stehende Personen (nicht nach IAS 24 (1994)).

Der unterschiedliche **Detaillierungsgrad** ist auffallend. U. E. ist daraus – trotz der „Mindestregel" *(at a minimum)* – ein **Verzicht** auf die zusätzliche Angabe von Bestandsgrößen herauszulesen (z. B. noch nicht verbrauchtes Rohmaterial aus Lieferungen einer nahe stehenden Person). Zur Darstellungstechnik vgl. Rz 36.

3.2 Das Nahestehen „an sich" (Beteiligungsspiegel)

Die Tatsache des „**Nahestehens**" *(related party relationship)* als solche ist unbedingt anzugeben, auch wenn **keinerlei Geschäftsvorfälle** *(transactions)* zwischen dem berichtenden und dem kontrollierten Unternehmen vorgekommen sind (Rz 3). IAS 24.12 beschränkt diese Angabepflicht über das Nahestehen „an sich" allerdings auf die Fälle einer Mutter-Tochter-Beziehung. Dies bedeutet eine inhaltliche Einschränkung durch IAS 24 für **familienbeherrschte** Unternehmen (Konzerne), da die Familienmitglieder keine Mutterunternehmen *(parents)* darstellen.
Dieser Angabepflicht kann bei Mutterunternehmen durch den üblichen „**Beteiligungsspiegel**", also ohne Inhalte der gegebenenfalls entstandenen Geschäftsvorfälle *(transactions)*, entsprochen werden (→ § 32 Rz 187; → § 33 Rz 101; → § 34 Rz 92). Wegen der Darstellungstechnik überhaupt vgl. Rz 36. Dabei hat ein Unternehmen oder Teilkonzern *(entity)* den **Namen** der Mutterunternehmung bzw. der obersten kontrollierenden Einheit anzugeben. Sofern diese beiden Instanzen keine Jahresabschlüsse offenlegen, ist das oberste Unternehmen zu nennen, das Jahresabschlüsse veröffentlicht (IAS 24.12 und 15). Diese Angaben ergänzen die einschlägigen Pflichten nach IAS 27, 28 und 31 (IAS 24.14).

22

3.3 Speziell die *arm's-length*-Bedingung

Mysteriös klingt die Angabepflicht über die Einhaltung der *arm's-length*-**Konditionen** für die Geschäftsbeziehungen. Solche Angaben sollen nach IAS 24.21 nur erfolgen, wenn sie **substantiiert** werden können *(can be substantiated)*. Eine – offenzulegende – „Substantiierung" im eigentlichen Sinn würde im Grunde eine Dokumentation wenigstens über die Preisfindung etwa nach Maßgabe des § 90 Abs. 3 AO erforderlich machen. Eine solche „Darstellungstiefe" kann indes für Zwecke der kaufmännischen Rechnungslegung und der *fair presentation* derselben nicht sinnvoll sein, schon deswegen nicht, weil dabei sehr schnell die Grenze der Offenlegung von **Geschäftsgeheimnissen** erreicht würde. Hinzu kommt die dem Inhalt von IAS 24 generell zugrunde liegende **Beschränkung** auf die **Offenlegung** der Geschäftsbezie-

23

hungen mit nahe stehenden Personen, die gerade eine **Angemessenheitsbeurteilung** ausschließt (Rz 3).

Nach **einer** vertretbaren Auffassung kann deshalb im Anhang auf die eher floskelhafte Versicherung der Angemessenheit aller vereinbarten Transaktionen mit nahe stehenden Unternehmen **verzichtet** werden. Die nach IAS 24.23c (1994) verlangte Angabe über die Preispolitik ist in der Neufassung von IAS 24 bewusst nicht mehr enthalten.

Aber auch eine **andere** Auslegung von IAS 24.21 erscheint zulässig: Der **Ort** der Dokumentation lässt sich nicht eindeutig interpretieren. Möglich erscheint auch ein **internes Arbeitspapier**, dann allerdings mit der Angabepflicht im Anhang: „Der Leistungsaustausch erfolgt zu fremdüblichen Bedingungen. Die Fremdüblichkeit wird laufend dokumentiert und überwacht; ggf. erforderliche Anpassungen werden zeitnah vorgenommen." Für die letztgenannte Interpretation von IAS 24.21 spricht auch folgende – praktische – Überlegung: Wer den Hinweis auf die Fremdüblichkeit unterlässt, kann im Vergleich zu Mitbewerbern den Eindruck erwecken, er habe gerade nicht zu *arm's-length*-Konditionen mit Nahestehenden gehandelt. Wird aber tatsächlich ganz überwiegend mit fremdüblichen Preisen agiert, ohne dass dies im Detail im Anhang dargelegt werden kann, spricht das Interesse an der Vermeidung eines gegenteiligen falschen Eindrucks auch aus Sicht der *true and fair presentation* (→ § 1 Rz 70ff.) für einen verkürzten Hinweis auf Fremdüblichkeit und deren externe Dokumentation und Kontrolle.

3.4 Organbezüge

24 Für das Management in Schlüsselpositionen *(key management personnel)* (Rz 12) ist der **Gesamtbetrag** der geleisteten Vergütungen in einer **sachlichen** Aufgliederung folgenden Inhalts anzugeben (IAS 24.16):

- **laufende** Bezüge fester und variabler Art *(short-term employee benefits)*;
- Vorsorgen für (spätere) **Ruhestandsbezüge** *(post employment benefits)*, z. B. **Einzahlungen** in einen Pensionsfonds- oder den **Dienstzeitaufwand** bei Direktzusagen nach deutschem Recht *(current service cost;* → § 22 Rz 37);
- sonstige Bezüge **längerfristig** ausgerichteter Art, z. B. *deferred compensation*, Jubiläumszahlungen, Arbeitsfreistellungen *(other long-term benefits)*;
- **Abfindungen** *(termination benefits)*;
- **aktienkursorientierte** Vergütungen *(equity compensation benefits)*.

Die vorstehende Aufzählung gibt den Inhalt des Definitionskatalogs von IAS 24.9 nur **verkürzt** wieder. Dessen Inhalt ist **umfassend**. Jede Art der Vergütung des betroffenen Personenkreises (Rz 25) ist anzugeben. Definitionsvariationen und Begriffsneubildungen sollen kein Entkommen aus der Angabepflicht erlauben.

25 Schwieriger ist die Abgrenzung in **persönlicher** Hinsicht. Eindeutig ist jedenfalls das Nichterfordernis der **Aufgliederung** auf die jeweilige der Geschäftsleitung angehörende natürliche Person. Es genügt die Angabe eines **Gesamtbetrages**. Die entscheidende Frage ist dann aber, welcher Personenkreis unter die De-

finition des Managements in Schlüsselpositionen *(key management personnel)* fällt. IAS 24.9 nennt als Definitionskriterium die Berechtigung und Verantwortung für die Planung, Leitung und Kontrolle der Unternehmenstätigkeit, und zwar in direkter oder indirekter Form. Spezifisch aufgeführt wird dabei die aktive oder passive „Direktorenstellung" bei dem betreffenden Unternehmen. Der letztgenannte Begriff gibt einen Anhaltspunkt zur sinnvollen Interpretation der Definitionsvorgaben in IAS 24.9 im **deutschen** Rechtskreis. Dieser ist durch das **duale** System der Unternehmensleitung – Vorstand und Aufsichtsrat – gekennzeichnet. Demgegenüber ist der Definitionskatalog in IAS 24.9 eher auf die **monistische** Struktur (*Board*-System) nach angelsächsischem Vorbild ausgerichtet, zählt dabei aber geschäftsführende „Direktoren" *(executives)* ebenso zum *„key management personel"* wie „Direktoren in Aufsichtsfunktion" *(„whether executive or not")*. Daraus folgt die Notwendigkeit von Angaben sowohl zum Aufsichtsorgan (Aufsichtsrat) als auch zum geschäftsführenden Organ. Insbesondere im dualen System wird man statt zusammengefasster Angaben dann separate Angaben für beide Gruppen verlangen müssen (vgl. hierzu § 285 Nr. 9 HGB).
Erstmals für Geschäftsjahre, die nach dem 31.12.2005 beginnen, ist die Angabepflicht **personenindividuell** zu erfüllen, soweit es sich um börsennotierte Gesellschaften handelt.[21]

Die anschließende Frage ist dann, bis zu welcher **Ebene** der Unternehmenshierarchie das Definitionskriterium der Berechtigung und Verantwortlichkeit für die Unternehmensplanung etc. herunterzubrechen ist. Die Antwort muss auf der Grundlage der sonstigen Standardvorgaben gefunden werden. Entscheidend ist dabei die Angabepflicht für den **Gesamt**betrag der betreffenden Vergütungen, also **ohne Aufgliederung** auf Einzelpersonen (Rz 25). Je mehr Unternehmenshierarchien – nach dem Vorstand auch der Generalbevollmächtigte, der Generaldirektor, der Bereichsvorstand etc. – in die Angabepflicht einbezogen werden, desto geringer ist die **Aussagekraft** dieses Gesamtbetrages. Außerdem würde die **zwischenbetriebliche** Vergleichbarkeit durch die Auffächerung auf die jeweils individuell definierten Hierarchieebenen abhanden kommen.

26

> **Beispiel**
> Die Deutsche Post World Net differenziert in ihrem Geschäftsbericht 2005 zwischen Vorstand und Aufsichtsrat einerseits und der 2. Führungsebene andererseits. Für den letztgenannten Bereich werden Geschäftsbeziehungen unter Einschluss der jeweiligen Ehegatten aufgeführt.
> Die Deutsche Bahn AG erläutert nur die Beziehungen zum Vorstand und Aufsichtsrat.
> Die Deutsche Telekom AG differenziert nicht innerhalb der Schlüsselpositionen des Managements und stellt nur unwesentliche Transaktionen mit diesen Personen und ihren nächsten Familienangehörigen fest (Geschäftsbericht 2005).

---

[21] Vorstandsvergütungs-Offenlegungsgesetz vom 3.8.2005, BGBl I, S. 2267.

U. E. ist entsprechend der bisherigen nach HGB vorgegebenen Beschränkung der Angabepflicht auf die **förmliche Organstellung** – Vorstand bzw. Geschäftsführer – die sinnvolle Interpretation der personellen Vorgaben nach IAS 24.16 (abgesehen von der Trennung nach Vorstand und Aufsichtsrat; Rz 25). Allerdings umfasst diese Angabepflicht auch die so genannte **faktische Geschäftsführung**, also Fälle, in denen eine Person zwar nicht förmlich im Handelsregister als Geschäftsführer (oder Vorstand) eingetragen ist, in Wirklichkeit aber das eigentliche Exekutivorgan darstellt. Wenn demgegenüber die Einbeziehung weiterer Zonen außerhalb des eigentlichen Vorstandes in die Angabepflicht für richtig erachtet wird, müssen u. E. diese Personen (neben dem Vorstand) **namentlich** im „offiziellen" Teil des Jahresabschlusses, also im Anhang, genannt werden.

27 Interpretationsbedürftig, wenigstens aus deutscher Sicht, ist auch der Inhalt der *post employment benefits* (Rz 24), wo als Beispiele auch *„pensions"* genannt werden. U. E. handelt es sich dabei nicht um Angaben für **ehemalige** Organmitglieder und deren Hinterbliebene nach der Vorgabe in § 285 Nr. 9b) HGB. Diese Auffassung erschließt sich aus dem Definitionsgehalt des betroffenen Personenkreises *(key management personnel),* der – in welcher Hierarchiestufe auch immer – mit der Unternehmens**leitung** betraut ist (Rz 25). Ruheständler und deren Witwen und Waisen üben keine geschäftsleitende Tätigkeit aus. Die Angabepflicht für „Ehemalige" gemäß § 285 Nr. 9b) HGB besteht deshalb unter dem Regime des IFRS nicht. Stattdessen sind altersversorgungsbezogene Vergütungsbestandteile der **aktiven** *„key manager"* anzugeben (Rz 24).

3.5 Zwischenberichterstattung

28 Wegen der Besonderheit bei der Zwischenberichterstattung nach IAS 34 wird verwiesen auf → § 37 Rz 32.

4 Das Berichtsformat

4.1 Die Aufgliederung nach Personen

29 Die Angaben nach IAS 24.17 (Rz 21) sind gem. IAS 24.18 nach folgenden Gruppen nahe stehender **Personen aufzugliedern**:
- das **Mutterunternehmen** (aus Sicht der Tochter),
- aus Sicht eines beherrschten Unternehmens: die Unternehmen, die eine **gemeinsame Kontrolle** oder einen wesentlichen Einfluss ausüben,
- **Tochterunternehmen** (aus Sicht der Mutter),
- **assoziierte** Unternehmen,
- die **beherrschenden** Unternehmen *(venturers)* im Rahmen eines *joint venture*,

- **Managementmitglieder** in Schlüsselpositionen des Unternehmens oder der Mutterunternehmung (Rz 12ff. sowie Rz 30),
- **sonstige** nahe stehende Personen (Rz 16ff.).

Soweit **assoziierte** Unternehmen nach der *equity*-Methode (→ § 33) oder **Gemeinschafts**unternehmen nach der Beteiligungsquote oder ebenfalls nach der *equity*-Methode (→ § 34) konsolidiert werden, bleiben anteilige Positionen aus Geschäftsbeziehungen mit nahe stehenden Personen im Abschluss enthalten. Diese Positionen sind dann anteilig offenzulegen und unterliegen im Übrigen dem Vorbehalt nach IAS 24.4 (Rz 11), also keine Angabepflicht, soweit diese Positionen durch **Konsolidierung** aus Bilanz und GuV-Rechnung eliminiert worden sind. Ebenso entfällt eine Berücksichtigung der Verbundbeziehungen von assoziierten Unternehmen untereinander im Einzel- und Konzernabschluss des Mutterunternehmens (Rz 12).

Die Berücksichtigung von **Managementmitgliedern** beschränkt sich nach dem Standard-Wortlaut von IAS 24.9 (d) und IAS 24.18 (f) auf das **berichtende** Unternehmen selbst und das **Mutterunternehmen**. Bei tiefer gegliederten Konzernstrukturen kann entgegen dem Wortlaut auch ein Management-Mitglied einer „höher" angesiedelten Einheit als nahe stehend zu berücksichtigen sein.[22]

4.2 Aggregierung und *materiality*

Nach IAS 24.22 können **sachliche** Positionen (Rz 21) vergleichbarer Art *(items of a similar nature)* in **aggregierter** Form dargestellt werden, sofern nicht eine besondere Erläuterung im Interesse des besseren Verständnisses über die Einflüsse der betreffenden Geschäftsbeziehungen auf den Jahresabschluss erforderlich erscheint.[23] Die Aggregationsmöglichkeit entspricht den Kommentarmeinungen zu § 312 AktG über das Erfordernis von Zusammenfassungen im Abhängigkeitsbericht.[24] Diese Aggregierungsmöglichkeit ist inhaltlich identisch mit derjenigen nach IAS 24.24 (1994).

Wo die **Grenzlinie einer sinnvollen Aggregierung** der sachlichen Angabepflichten zu ziehen ist, kann allgemein nicht bestimmt werden. Bei laufenden Geschäftsbeziehungen zwischen zwei Unternehmen wäre es schlichtweg unsinnig, jede einzelne Transaktion im Anhang aufzulisten. Hier muss die Angabe des Gesamtvolumens ausgedrückt in Währung genügen. Anders ist die Situation bei der Übernahme einer Kreditgarantie etwa der Holding zugunsten von einer oder mehrerer Tochterunternehmen. Hier wird in aller Regel eine Einzelangabe erforderlich sein. Allerdings muss an dieser Stelle nochmals auf den allgemein gültigen *materiality*-Grundsatz verwiesen werden (→ § 1 Rz 65ff.), denn ohne sinnvolle Beschränkung der Angaben würde der Adressat

---

[22] So auch ERNST & YOUNG, International GAAP, 2005, S. 1843.
[23] ERNST & YOUNG, International GAAP, 2005, S. 1852, nennen als Beispiele gruppeninterne Verkäufe von Grundbesitz und immateriellen Vermögenswerten.
[24] ADS INTERNATIONAL, 6. Aufl., § 312 AktG Tz 69.

des Jahresabschlusses in den gegebenen Informationen über die Beziehungen zu nahe stehenden Personen geradezu ertrinken (typischer Anwendungsfall des *information overkill*). Die Offenlegung von **Geschäftsgeheimnissen** ist jedenfalls nicht die zwingende Folgerung aus den Auflagen in IAS 24.

Eine größere Detaillierung ist für **Geldinstitute** nach IAS 30.56ff. (letztmalig anwendbar in 2006) vorgeschrieben. Der *materiality*-Gedanke ist hier weniger großzügig auszulegen.

Das *materiality*-Problem ist besonders offensichtlich bei **staatlich beherrschten** Unternehmen. In Fällen der Post-, Bahn- oder Telekom-Unternehmen kann die Zahl der nahe stehenden Einheiten leicht eine fünfstellige Größenordnung annehmen. Eine kasuistische, vom IASB derzeit angestrebte Lösung liegt hier in einer Ausnahme für *state controlled entities* (Rz 14). Systematischer und prinzipientreuer wäre es, mit Wirkung für alle Unternehmen noch nachdrücklicher als bisher den *materiality*-Gedanken zu betonen (→ § 1 Rz 66),

- nicht nur als **Recht** des Unternehmens zur Entlastung des Bilanzerstellungsprozesses bestimmte Angaben wegzulassen, sondern
- als **Pflicht**, im Interesse der Verständlichkeit für den Bilanzadressaten die Angaben auf das Wichtige zu beschränken.[25]

IAS 24.17 enthält eine solche *materiality*-Vorgabe, der zufolge über **Geschäftsvorfälle** und daraus resultierende **offene Positionen** nur insoweit zu berichten ist, als dies dem Verständnis dient. Diese Vorgabe ist aber offensichtlich nicht deutlich genug, um die bilanzierende und prüfende Praxis immer zur Beschränkung auf das Wesentliche anzuhalten. Im Schrifttum wird das Problem nur vereinzelt aufgegriffen,[26] etwa mit der Zielrichtung: Zu extensive Angaben könnten gerade genutzt werden, um in der Überfülle von Information das Beurteilungserhebliche zu verbergen und so durch wörtliche Befolgung von IAS 24 dessen Regelungsweck zu umgehen.[27]

4.3 Bisherige Rechnungslegungspraxis

33 Über den Aggregierungs- bzw. Detaillierungsgrad bestand unter der Ägide von IAS 24 (1994) in der deutschen Rechnungslegungspraxis **keine einheitliche Marschroute**, abgesehen vom Verzicht auf die unsinnige Auflistung jedes einzelnen Geschäftsvorfalles bei umfangreichen Geschäftsbeziehungen. Die uneinheitliche Rechnungslegungspraxis mag mit der Vielgestaltigkeit der konkret vorkommenden Geschäfte und auch in der jeweils unterschiedlichen Interpretation des *substance-over-form*-Gesichtspunktes (Rz 16) begründet sein. Hierzu folgende **Praxisbeispiele** (vgl. auch Rz 18):

34 Im Geschäftsbericht für 2002 der LINOS AG S. 84 ist Folgendes zu lesen:

---

[25] KPMG, Insights into IFRS 2006/2007, 5.5.130.20.
[26] Vgl. dazu vorstehendes Zitat aus KPMG, Insights into IFRS.
[27] KMPG, Insights into IFRS 2006/2007, 5.5.130.20.

> **Beispiel für eine kurze Berichterstattung**
> Transaktionen zwischen nahe stehenden Unternehmen und Personen, Transaktionen mit nach der *equity*-Methode bilanzierten Beteiligungen:
> Der Konzern führt mit nach der *equity*-Methode bilanzierten Unternehmen Transaktionen durch, die Teil der normalen Geschäftätigkeit sind und wie unter fremden Dritten abgewickelt werden.
> Die Bilanz enthält die folgenden Beträge aus Transaktionen mit solchen Unternehmen:
> **Transaktionen mit nahe stehenden Unternehmen in der Bilanz**
>
> | in TEUR | 2002 | 2001 |
> |---|---|---|
> | Forderungen aus Lieferungen und Leistungen | 18 | 64 |
> | Sonstige Vermögensgegenstände | 438 | 0 |
> | Verbindlichkeiten aus Lieferungen und Leistungen | 10 | 0 |
>
> **An Mitglieder des Vorstands gezahlte Vergütungen**
> Die Aufteilung der Gesamtbezüge gemäß dem durch § 161 AktG kodifizierten *Corporate Governance Codex* 4.2.3 wird im Nachfolgenden dargestellt:
> **Kommentierender Hinweis**
> Die *equity*-Beteiligungen – zwei wesentliche – sind auf S. 63 des Geschäftsberichtes genannt. Die durchgeführten (?) Transaktionen sind volumenmäßig (wegen Unwesentlichkeit?) nicht aufgeführt.

Eine ausführliche Darstellung zeigt der Geschäftsbericht für 2001 der **Mobilcom AG**, was vielleicht auch durch deren prekäre wirtschaftliche Situation erklärt werden kann.

> **Beispiel für eine ausführliche Berichterstattung**
> Beziehungen zu nahe stehenden Unternehmen und Personen
> Zwischen dem Konzern und nahe stehenden Unternehmen bzw. Personen fanden folgende wesentlichen Geschäftsvorfälle statt:
>
> | | 2001 | 2000 |
> |---|---|---|
> | | TEUR | TEUR |
> | **Umsatzerlöse und Erträge aus Dienstleistungen und Weiterberechnungen** | | |
> | MagTel GmbH, Magedeburg* | 9.937 | 4.473 |
> | France Télécom S. A., Paris/Frankreich | 680 | 0 |
> | KielNET GmbH Gesellschaft für Kommunikation, Kiel | 629 | 322 |
> | MFI Mobilfunk Inkasso GmbH, Schleswig* | 467 | 567 |

Büro Nord Verwaltungs GmbH, Schleswig*	413	1.488
NVP Aktiengesellschaft, Vaduz/Liechtenstein*	0	351
Sonstige	1.607	1.816
	13.733	9.017
Bezug von Dienstleistungen und Weiterbelastungen		
MagTel GmbH, Magdeburg*	21.515	7.190
MFI Mobilfunk Inkasso GmbH, Schleswig*	5.107	2.286
fluxx.com AG, Kiel*	4.222	3.517
France Télécom S.A., Paris/Frankreich	2.542	0
Büro Nord Verwaltungs GmbH, Schleswig*	972	0
fluxx.com new communication GmbH, Kiel*	655	0
Karriere Forum Personalberatung GmbH, München[28]	265	0
Herr Gerhard Schmid (Aktionär und Vorstandsvorsitzender der MC AG)	237	0
Steuerbüro J. Brand, K. Ripken, C. T. Naeve, Kiel	158	0
Herr Klaus Ripken (Aufsichtsratsvorsitzender der MC AG)	26	0
Sonstige	3.991	3.451
	39.690	16.444
Zum 31.12.2001 bestanden folgende wesentlichen Forderungen gegen und Verbindlichkeiten gegenüber nahe stehenden Unternehmen bzw. Personen:		
	2001	2000
	TEUR	TEUR
Forderungen gegen nahe stehende Personen		
France Télécom S. A., Paris/Frankreich	997	0
TelePassport GmbH, Frankfurt am Main	907	0
Büro Nord Verwaltungs GmbH, Schleswig*	588	0
MagTel GmbH, Magdeburg*	147	1.703

---

[28] Diese Gesellschaften stehen unter beherrschendem Einfluss von Herrn Gerhard Schmid (Vorstand und Hauptaktionär der berichtenden MC AG) in seiner Funktion als Gesellschafter oder Aufsichtsratsmitglied.

Hoffmann

Verschiedene	1.785	1.683
	4.424	3.386
Verbindlichkeiten gegenüber nahe stehenden Personen		
France Télécom S. A., Paris/Frankreich	1.283	0
Sonstige	1.053	5.588
	2.336	5.588
Alle vorgenannten Umsatzerlöse/Erträge und Bezüge von Dienstleistungen und Weiterberechnungen wurden wie unter fremden Dritten abgerechnet.		

Eine Art Mittelweg zeigt der Geschäftsbericht für 2001/2002 der **Heidelberger Druckmaschinen AG.**

Beispiel für eine mittlere Berichterstattung
Transaktionen mit nahe stehenden Unternehmen
Die RWE Aktiengesellschaft, Essen, ist an unserer Gesellschaft mehrheitlich beteiligt.
Gegenüber der RWE Aktiengesellschaft, Essen, bestanden nur an den ersten beiden Tagen des Geschäftsjahres 2001/2002 Verbindlichkeiten aus Geldmarktgeschäften, die auf der Grundlage banküblicher Zinssätze (Zinsaufwand: Geschäftsjahr 2001/2002: 16 TEUR; Vorjahr: 6.135 TEUR) erfüllt wurden.
Die wesentlichen Beziehungen zu unseren Schwesterngesellschaften stellen sich wie folgt dar:

Liefernde Gesellschaft	Art der Geschäfte	2000/2001	2001/2002
RWE Plus Aktiengesellschaft, Essen	Leistungen	12.513	5.911
RWE Mechatronics GmbH, Mechernich	Lieferungen, Vorräte	53.639	54.130
RWE Solutions AG, Frankfurt	Leistungen	-	5.382
Rheinelektra Technik GmbH, Mannheim*	Leistungen Investitionen	2.059 1.195	385 403
GKM Gesellschaft für Kommunikation und Medienarbeit mbH, Essen	Leistungen	1.234	188

Hoffmann

| HOCHTIEF Aktiengesellschaft, Essen** | Investitionen Leistungen | 293 74 | – – |

* Bis zum 1. Juli 2001 Schwestergesellschaft.
** Bis zum 31. Dezember 2001 Schwestergesellschaft.
Die Festlegung der Verrechnungspreise für gruppeninterne Umsätze erfolgt marktorientiert unter Beachtung des *dealing-at-arm's-length*-Grundsatzes.

35 Versucht man, eine Tendenz hinsichtlich der **Aggregierung** von Angabepflichten nach der deutschen IFRS-Rechnungslegungspraxis auf der Basis von IAS 24 (1994) auszumachen, können **Orientierungsmarken** festgehalten werden:
- Zusammenfassung nach den **sachlichen** Inhalten *(items of a similar nature)* gem. IAS 24.24 (1994);
- **namentliche** Detaillierung nach den (nahe stehenden) Personen und Unternehmen.

Der erstgenannte Angabebereich ist durch IAS 24.17 gegenüber IAS 24 (1994) noch ausgeweitet (Rz 21) und in der nachstehenden tabellarischen Darstellung (Rz 36) berücksichtigt. Fraglich erscheint allerdings das Erfordernis der Detaillierung bzw. der Möglichkeit der Aggregierung bezüglich der **Personen**. Die in Deutschland bislang weitgehend praktizierte Aufgliederung bis hin zur jeweiligen Person (Rz 34) wird jedenfalls von IAS 24 (1994) nicht verlangt.[29] Anders ist nunmehr in IAS 24.18 eine (positive) Regelung des Detaillierungsgrads (bzw. die mögliche Aggregierung) für die **personelle** Struktur der Angabepflichten (Rz 26) vorgegeben. **Die Aufgliederung der sachlichen Angaben bis auf die Ebene der einzelnen Person** – vgl. die Beispiele in Rz 34 – **ist also nicht vorgeschrieben**, auf freiwilliger Basis natürlich möglich.

IAS 24.22 fordert ein **Aufbrechen** des (nicht definierten) Aggregationsgrades im Interesse eines besseren Verständnisses des Jahres- bzw. Konzernabschlusses. Dies wird indes nur für die **sachlichen** Angabepflichten *(items of similar nature)*, nicht aber für die **Personen**gruppen nach IAS 24.18 verlangt (Rz 29).

4.4 Darstellungsmuster

36 Sinnvollerweise wird eine solche aggregierte Darstellung in **tabellarischer Form** („Spiegel") vorgenommen:

---

[29] Ähnlich auch EPSTEIN/MIRZA (Interpretation and Application of IAS 2002, S. 854): „A good example of an aggregated disclosure is total sales made during the year to a **number** of associated companies, instead of separately disclosing sales made to **each** associated company" (Hervorhebung nicht im Original).

Zusammengefasste Geschäftsbeziehungen eines Mutterunternehmens mit nahe stehenden Personen*					
Personengruppe/ Geschäftsbeziehung	Tochtergesellschaften	Assoziierte Gesellschaften	*joint ventures*	Organmitglieder	Andere nahe stehende Personen
Waren- und Dienstleistungsverkehr (TEUR)**	5.370	3.280	370	-	7.100
Ausstehende Forderungen (TEUR)	332	180	-	835	3.205
- Zinssatz p.a.	-	-	-	3	0-4
- Erhaltene Garantien (TEUR)	-	35	-	-	500
- Laufzeiten	Kurzfristig	Kurzfristig	-	1–8 Jahre	1–10 Jahre
Gegebene Garantien (TEUR)	2.000	30	80	2.500	-
Erhaltene Garantien für Kreditlinien	-	10	-	-	1.825
Forderungsabschreibung	-	10	-	-	760

* Die Vorjahresvergleichszahlen (→ § 2 Rz 19) sind sinnvollerweise in einer formal identischen Tabelle gegenüberzustellen. Möglich ist auch eine Angabe mit „i.V." jeweils unter oder neben der Zahl für das aktuelle Jahr. Die Fälle „Mutterunternehmen" sowie „gemeinschaftliche über das berichtende Unternehmen ausgeübte Kontrolle" (Rz 27) können hier nicht vorkommen.
** Eine Trennung nach gegebenen und erhaltenen Leistungen wird nicht verlangt. Der Angabepflicht wird dann mit einer kumulierten Zahl Genüge getan.

Das (abstrakte) Beispiel zielt inhaltlich auf die auffälligen Ausweise betreffend die „anderen nahe stehenden Personen" ab. Hier schlägt sich das Ergebnis eines regen Geschäftsverkehrs nieder, der aber nach den Vorgaben von IAS 24 allenfalls der **Sache** nach (nicht hinsichtlich der **Personen**) weiter aufzugliedern ist (Rz 35).

In Weiterführung des Beispieles in Rz 36 könnte folgende Formulierung zu finden sein:

> **Beispiel**
>
> Die von uns gegebenen Garantien von 2.500 TEUR zugunsten von Organmitgliedern umfasst eine Position von 2.300 TEUR. Sie ist vom Aufsichtsrat in seiner früheren Zusammensetzung genehmigt worden. Wir stehen in Verhandlungen mit dem Ziel der Ablösung dieser Garantie.
>
> Die ausstehenden Forderungen gegen andere nahe stehende Personen betreffen mit 3.000 TEUR eine der Ehefrau eines Geschäftsführers einer Tochterunternehmung nahe stehende GmbH, mit der wir umfangreiche Geschäftsbeziehungen eingegangen waren. Die Werthaltigkeit dieser Forderung hat sich im Berichtsjahr als zweifelhaft erwiesen. Wir haben deshalb die Gesamtforderung teilweise in Höhe des in der obigen Tabelle enthaltenen Betrages abschreiben müssen.
>
> **Lösungshinweis**
>
> Eine namentliche Nennung z. B. der eben genannten Forderung an die Ehefrau etc. und die daraus resultierende Forderungsabschreibung ist nicht erforderlich. Der 2. Absatz im vorstehenden Beispiel braucht nicht geschrieben zu werden. Der Inhalt des 1. Absatzes genügt den Vorgaben.

5 Anwendungszeitpunkt, Rechtsentwicklung

38 IAS 24 ist ab dem 1.1.2005 wirksam (IAS 24.23) und ersetzt IAS 24 (1994). Eine vorherige Anwendung unter entsprechender Offenlegung wird befürwortet. IAS 24 (1994) unterscheidet sich gegenüber der Neuregelung vor allem in folgenden Punkten:
- Das **Nahestehen** „an sich" ist nunmehr für Fälle einer Mutter-Tochter-Beziehung anzugeben; zuvor – nach IAS 24 (1994) – war diese Angabepflicht auf das Kontrollverhältnis ausgerichtet (Rz 22).
- **Organbezüge** sind nach IAS 24 insgesamt nach Personen und getrennt nach Vergütungskategorien anzugeben (Rz 24). IAS 24 (1994) kannte keine solche Angabepflicht.
- Der **Detaillierungs**grad **personeller** Art wird gegenüber der bisherigen Berichterstattungspraxis unter IAS 24 (1994) durch IAS 24 reduziert (Rz 33ff.).

Der *Board* will IAS 24 wie folgt **ergänzen:**
- Keine Angabepflicht für Transaktionen von zwei kontrollierten Unternehmen untereinander im Einzelabschluss des Mutterunternehmens (Rz 12).

- Keine Angabepflicht zu Transaktionen zwischen assoziierten Unternehmen im Konzernabschluss des Mutterunternehmens (Rz 13).
- Erleichterungen für staatlich beherrschte Unternehmen/Konzerne (Rz 14).

6 Zusammenfassende Praxishinweise

Im **Anhang** *(notes)* sind umfassende – die Vorgabe des deutschen Handelsrechts übersteigende – Angaben über **Verbundbeziehungen** („Nahestehen") erforderlich (Rz 4). Es geht dabei nicht nur um tatsächlich ausgeübte Geschäftsbeziehungen *(transactions)*, sondern auch um das Nahestehen „an sich" (Rz 22). IAS 24 liefert einen umfangreichen **Katalog** der in Frage kommenden **Personen** (Rz 7ff.) und **Geschäftsvorfälle** *(transactions*; Rz 20ff.).

Dieser Gliederungsvorgabe – nach Geschäftsvorfällen und Personen – folgt auch die **Strukturierung der Angabepflichten** (Rz 29ff.). Dabei muss eine sinnvolle Abwägung von geforderter **Detaillierung** und notwendiger **Aggregierung** (Rz 31f.) erfolgen.

Beispiele der bisherigen deutschen Rechnungslegungspraxis sind in Rz 34 aufgeführt. IAS 24 verlangt allerdings nicht die vielfach anzutreffende Aufgliederung nach **einzelnen Personen** (Rz 35).

Eine zusammenfassende Darstellung in **tabellarischer** Form ist als Muster in Rz 36 wiedergegeben.

39

40

41

KONZERNABSCHLUSS

§ 31 Unternehmenszusammenschlüsse

Inhaltsübersicht	Rz
Vorbemerkung	
1 Zielsetzung, Regelungsinhalt und Begriffe	1–13
1.1 Überblick	1–2
1.2 Formen von Unternehmenszusammenschlüssen: *share deal, asset deal, legal merger*	3
1.3 Unternehmenserwerb, umgekehrter Erwerb, Transaktionen unter gemeinsamer Kontrolle	4–6
1.4 Regelungen, die gleichermaßen Einzel- und Konzernabschluss betreffen: *goodwill* usw.	7–8
1.5 Regelungen, die nur den Konzernabschluss betreffen: Minderheitenanteil	9
1.6 Verhältnis von IFRS 3 zu IAS 27	10–13
2 Erstkonsolidierung nach der Erwerbsmethode	14–117
2.1 Grundlagen der Erstkonsolidierungstechnik	14–17
2.2 Erwerbsobjekt: Unternehmen oder Gruppe von Vermögenswerten?	18–22
2.3 Bestimmung des Erwerbs-/Erstkonsolidierungszeitpunktes	23–30
2.4 Bestimmung der Anschaffungskosten	31–52
2.4.1 Kaufpreisstundung	31
2.4.2 Anschaffungsneben- und Emissionskosten	32–33
2.4.3 Anschaffung gegen Tausch von Anteilen oder anderen Vermögenswerten	34–40
2.4.4 Abgrenzung eines *earn-out*-Kaufpreises von Vergütungen für sonstige Leistungen	41–44
2.4.5 Kontingente/ungewisse Anschaffungskosten, nachträgliche Änderung der Anschaffungskosten	45–52
2.5 Ansatz und Bewertung des Vermögens (Kaufpreisallokation)	53–110
2.5.1 Grundlagen	53
2.5.2 Kriterien für den Bilanzansatz	54–58
2.5.2.1 Überblick	54
2.5.2.2 Verlässliche Messbarkeit des *fair value*	55
2.5.2.3 Wahrscheinlichkeit des Nutzenzuflusses/-abflusses	56–57
2.5.2.4 Identifizierbarkeit, insbesondere von immateriellen Vermögenswerten	58
2.5.3 Bewertungsmaßstäbe und Bewertungstechniken	59–68

Lüdenbach

	2.5.3.1 Überblick über Bewertungstechniken und deren Anwendungsbereiche	59
	2.5.3.2 Kostenorientierte Verfahren *(cost approach)*	60–61
	2.5.3.3 Marktpreisorientierte Verfahren *(market approach)*	62
	2.5.3.4 Kapitalwertorientierte Verfahren *(income approach)*	63–68
2.5.4	Ansatzfähiges immaterielles Anlagevermögen – Überblick über die Erscheinungsformen	69–71
2.5.5	Kundenbeziehungen	72–80
	2.5.5.1 Typen von Kundenbeziehungen	72
	2.5.5.2 Auftragsbestand und vertragliche Kundenbeziehungen	73–75
	2.5.5.3 Kundenlisten	76
	2.5.5.4 Nichtvertragliche Kundenbeziehungen (Stammkunden) in der Abgrenzung zu Marken und *goodwill*	77–79
	2.5.5.5 Zusammenfassende Beurteilung	80
2.5.6	Marken	81–82
2.5.7	*In process research and development*	83
2.5.8	Schwebende Verträge mit Gewinn- oder Verlusterwartung incl. Arbeitsverträgen	84–88
2.5.9	Abgrenzungsposten für Erlöse und Investitionszuwendungen	89–90
2.5.10	Restrukturierungsrückstellungen	91–93
2.5.11	Verlustvorträge, Ansatz und Bewertung latenter Steuern	94–95
2.5.12	Ansatz und Bewertung von *preexisting relationships*	96–101
	2.5.12.1 Probleme des *fair value accounting* bei (Vertrags-)Beziehungen zum Erwerber	96
	2.5.12.2 Wertgeminderte Forderungen und Verbindlichkeiten	97–98
	2.5.12.3 Schwebende operative Verträge	99
	2.5.12.4 (Rück-)Kauf immaterieller Vermögenswerte	100
	2.5.12.5 Fazit	101
2.5.13	Neuklassifizierung von Leasingverträgen, Finanzinstrumenten, Sicherungsbeziehungen?	102–105
2.5.14	Volle Aufdeckung von auf Minderheitenanteile entfallenden stillen Reserven	106–108
2.5.15	Nachträgliche bessere Erkenntnis über Umfang und Wert des erworbenen Vermögens	109–110
2.6 *Goodwill* und negativer Unterschiedsbetrag		111–117
	2.6.1 Überblick	111–113

2.6.2 *Reassessment* des negativen Unterschiedbetrags .. 114–115
2.6.3 Negativer Kaufpreis – Abgrenzung zu Vergütungen für Leistungen des Erwerbers 116–117
3 Folgekonsolidierung nach der Erwerbsmethode 118–123
   3.1 Gegenstand und Technik der Folgekonsolidierung 118–119
   3.2 Keine planmäßige Abschreibung des positiven *goodwill* . 120–122
   3.3 Fortschreibung von Eventualschulden 123
4 Hinzuerwerb und Veräußerung von Anteilen 124–136
   4.1 Sukzessiver Anteilserwerb 124–132
      4.1.1 Kontrollerlangung in mehreren Erwerbsschritten 124–131
      4.1.2 Aufstockung einer Mehrheitsbeteiligung 132
   4.2 Veräußerung von Anteilen mit und ohne Änderung des Tochterstatus 133–136
5 Kapitalkonsolidierung in Sonderfällen 137–164
   5.1 Mehrstufiger Konzern 137–145
      5.1.1 Problemstellung, Fallunterscheidungen 137–138
      5.1.2 Konzernerweiterung nach unten 139–140
      5.1.3 Konzernerweiterung nach oben 141–144
      5.1.4 Buchungsbeispiel 145
   5.2 Konzerninterne Umstrukturierungen und Transaktionen unter gemeinsamer Kontrolle..................... 146–156
      5.2.1 Motive und Formen 146–147
      5.2.2 Schaffung von Holding-Strukturen mit und ohne *common contol* 148–151
      5.2.3 Verschmelzungen: *side-, down-* und *upstream mergers* 152–156
   5.3 Abfindung eines Gesellschafters aus Gesellschaftsvermögen...................................... 157
   5.4 Umgekehrter Erwerb *(reverse acquisition)* 158–162
      5.4.1 Überblick über die Besonderheiten 158
      5.4.2 Bestimmung der Anschaffungskosten 159
      5.4.3 Kaufpreisallokation 160
      5.4.4 Konzerneigenkapital 161
      5.4.5 Minderheitenanteile 162
   5.5 Erstmalige Konsolidierung einer bisher unwesentlichen Tochter 163–164
6 Latente Steuern 165–168
7 Ausweis 169–170
8 Angaben 171–172
9 Anwendungszeitpunkt, Rechtsentwicklung 173–178
10 Zusammenfassende Praxishinweise 179

Schrifttum: AICPA Practice Aid: „Assets Acquired in a Business Combination to Be Used in Research and Development Activities", 2001; ANDREJEWSKY, Bilanzierung der Zusammenschlüsse von Unternehmen unter gemeinsamer

Beherrschung als rein rechtliche Umgestaltung, BB 2005, S. 1436; ARBEITSKREIS IMMATERIELLE WERTE IM RECHNUNGSWESEN DER SCHMALENBACH-GESELLSCHAFT, Kategorisierung und bilanzielle Erfassung immaterieller Werte, DB 2001, S. 989ff.; BAETGE/SIEFKE/SIEFKE, IAS 22, Unternehmenszusammenschlüsse, in: Baetge u. a., Rechnungslegung nach IAS, 2. Aufl., 2002; BIEKER/ESSER, Der Impairment-Only-Ansatz des IASB: Goodwillbilanzierung nach IFRS 3 Business Combinations, StuB 2004, S. 449; BIEKER/ESSER, Goodwill-Bilanzierung nach ED 3, KoR 2003, S. 75ff.; BÖCKING/KLEIN/LOPATTA, Der Entwurf des DSR zum Purchase Accounting: Ein weiterer Schritt zur kapitalmarktorientierten Rechnungslegung, KoR 2000, S. 10; BÖCKING/KLEIN/LOPATTA, Internationale Entwicklungen bei der Bilanzierung von Unternehmenszusammenschlüssen, KoR 2001, S. 17ff.; BRÜCKS/RICHTER, Business Combination (Phase II), KoR 2005, S. 407; BRÜCKS/WIEDERHOLD, IFRS 3 Business Combinations, KoR 2004, S. 177; CASTEDELLO/KLINGBEIL/SCHRÖDER, IDW RS HFA 16: Bewertungen bei der Abbildung von Unternehmenserwerben und bei Werthaltigkeitsprüfungen nach IFRS, WPg 2006, S. 1028ff.; CLEMM, Ausscheiden eines Gesellschafters aus der Personengesellschaft, Änderung oder Beibehaltung der bisherigen Bilanzierungsgrundsätze?, BB 1992, S. 1959; DOBLER, Folgebewertung des Goodwill nach IFRS 3 und IAS 36, PiR 2005, S. 24ff.; DSR, DRS 4, Unternehmenserwerbe im Konzernabschluss; EITZEN/DAHLKE/KROMER, Auswirkungen des IFRS 3 auf die Bilanzierung latenter Steuern aus Unternehmenszusammenschlüssen, DB 2005, S. 509ff.; EPSTEIN/MIRZA, IFRS 2006; ERNST & YOUNG, International GAAP 2007, Global Edition 1; ERNSTING, Zur Bilanzierung eines negativen Geschäfts- oder Firmenwertes nach Handels- und Steuerrecht, WPg 1998, S. 405ff.; FRÖHLICH, Nochmals: Die Kapitalkonsolidierung bei Erwerb eines Teilkonzerns, WPg 2004, S. 65ff.; FROWEIN/LÜDENBACH, Der Goodwill-Impairment-Test aus Sicht der Bewertungspraxis, FB 2003, S. 65ff.; FROWEIN/LÜDENBACH, Das Sum-of-the-parts-Problem beim Goodwill-Impairment-Test, Marktbewertung als Programm oder Ideologie?, KoR 2003, S. 261ff.; GERPOTT/THOMAS, Bilanzierung von Marken nach HGB, DRS, IFRS und US-GAAP, DB 2004, S. 2485ff.; HANNAPPEL/KNIESEL, Bilanzierung einer Verschmelzung unter common control nach HGB, US-GAAP und IAS, WPg 2001, S. 703ff.; HEURUNG, Kapitalkonsolidierungsmethoden für verbundene Unternehmen im Vergleich zwischen IAS und US-GAAP, DB 2000, S. 1773ff.; HOMMEL/BEKEL/WICH, IFRS 3 Business Combinations, neue Unwägbarkeiten im Jahresabschluss, BB 2004, S. 1267ff.; IDW, HFA 2 n.F., Einzelfragen zur Anwendung von IFRS; IDW HFA 16, Bewertungen bei der Abbildung von Unternehmenserwerben und bei Werthaltigkeitsprüfungen nach IFRS; KAHLE, Die neue Goodwill-Bilanzierung nach US-GAAP, Bilanzierung nach Belieben?, StuB 2002, S. 849ff. und 900ff.; KPMG, Insights into IFRS, 3. Aufl., 2006; KÜTING/ELPRANA/WIRTH, Sukzessive Anteilserwerbe in der Konzernrechnungslegung nach IAS 22/ED3 und dem Business Combination Project (Phase II), KoR 2003, S. 477ff.; KÜTING/LEINEN, Die Kapitalkonsolidierung bei Erwerb eines Teilkonzerns, WPg 2002, S. 1201ff.; Küting/Leinen, Die Kapitalkonsolidierung bei Erwerb eines Teilkonzerns, Anmerkungen zum Beitrag von Fröhlich, WPg 2004, S. 70ff.; Küting/Miller/Pilhofer, Reverse Acquisitions als Anwendungsfall einer Reverse Consolidation bei der Erstellung von Konzernabschlüssen nach US-GAAP und IAS, WPg 2000, S. 257ff.; Küting/Weber/Wirth, Goodwill und immaterielle Vermögenswerte im Übergang auf die Anwendung von SFAS 142, KoR 2002, S. 57ff.; Küthing/Wirth, Bilanzierung von Unternehmenszusammenschlüssen nach IFRS 3, KoR 2004, S. 167; Küting/Zündorf, Die konzerninterne Verschmelzung und ihre Abbildung im konsolidierten Abschluss, BB 1994, S. 1383ff.; Lüdenbach, Die fair-value-Ermittlung von Marken unter Berücksichtigung von Markenerhaltungsaufwendungen, PiR 2006, S. 268ff.; Lüdenbach, Die Vernichtung von Eigenkapital im (befreienden) Konzernabschluss der GmbH & Co. KG, GmbHR 2000, S. 841ff.; Lüdenbach, Erstmalige Einbeziehung eines bisher aus Wesentlichkeitsgründen nicht konsolidierten Unternehmens, PiR 2006, S. 121ff.; Lüdenbach, Erwerb einer Grundstücksgesellschaft: Unternehmenserwerb oder Erwerb der Grundstücke, PiR 2005, S. 48ff.; Lüdenbach/Freiberg, Günstige und ungünstige Verträge – Bilanzierung schwebender Geschäfte nach IFRS 3, KoR 2005, S. 188ff.; Lüdenbach/Freiberg, Zweifelhafter Objektivierungsbeitrag des Fair Value Measurement-Projekts, KoR 2006, S. 437ff; Lüdenbach/Frowein, Der Goodwill-Impairment-Test aus Sicht der Rechnungslegungspraxis, DB 2003, S. 217ff.; Lüdenbach/Hoffmann, Beziehungen zum erworbenen Unternehmen (preexisting relationships) bei der Erstkonsolidierung nach IFRS 3, BB 2005, S. 651; Lüdenbach/Hoffmann, Enron und die Umkehrung der Kausalität bei der Rechnungslegung, DB 2002, S. 1169ff.; Lüdenbach/Hoffmann, Imparitätische Wahrscheinlichkeit – Zukunftswerte im IAS-Regelwerk, KoR 2003, S. 5; Lüdenbach/Hoffmann, Übergangskonsolidierung und Auf- oder Abstockung von Mehrheitsbeteiligungen nach ED IAS 27 und ED IFRS 3, DB 2005, S. 1805ff.; Lüdenbach/Prusaczyk, Bilanzierung von In-Process research and Development beim Unternehmenserwerb nach IFRS und US-GAAP, KoR 2004, S. 415; Lüdenbach/Prusaczyk, Bilanzierung von Kundenbeziehungen, KoR 2004, S. 204; Lüdenbach/Schulz, Unternehmensbewertung für Bilanzierungszwecke. Neue Herausforderungen für den Berufsstand durch FAS 142?, WPg 2002, S. 489ff.; Lüdenbach/Völkner, Abgrenzung des Kaufpreises von sonstigen Vergütungen bei der Erst- und Entkonsolidierung, BB 2006, S. 1435ff.; Mandl/Königsmeier, Kapitalkonsolidierung nach der Erwerbsmethode und die Behandlung von Minderheiten im mehrstufigen Konzern, in: Fischer/Hömberg (Hrsg.), FS Baetge, Düsseldorf 1997, S. 239ff.; Mard/Hitchner/Hyden/Zylas, Valuation for Financial Reporting – Intangible Assets, Goodwill and Impairment Analysis, SFAS 141 and 142, 2002; Meiisel/Pejic, Goodwill durch Sanierungsrückstellung? Beurteilung nach HGB, US-GAAP und IAS, WPg 2000, S. 489ff.; Pellens/Basche/Sellhorn, Full Goowill Method, KoR 2003, S. 1ff.; Pellens/Sellhorn,

Minderheitenproblematik beim Goodwill-Impairment-Test nach geplanten IFRS und geltenden US-GAAP, DB 2003, S. 401ff.; PELLENS/SELLHORN/ AMSHOFF, Reform der Konzernbilanzierung, Neufassung von IFRS 3 Business Combinations, DB 2005, S. 1749; RÖMGENS, Behandlung des auf die Minderheiten entfallenden Goodwills im mehrstufigen Konzern, BB-Special 19 (Beil. zu Heft 39), 2005, S. 21ff.; SMITH/PAAR, Valuation of Intellectual Property and Intangible Assets, 3. Aufl., 2000; THEILE/PAWELZIK, Erfolgswirksamkeit des Anschaffungsvorgangs nach ED 3 beim Unternehmenserwerb im Konzern, WPg 2003, S. 316ff.; THEILE/PAWELZIK, Fair-Value-Beteiligungsbuchwerte als Grundlage der Erstkonsolidierung nach IFRS?, KoR 2003, S. 94ff.; VÖLKNER, Erwerbs- und Erstkonsolidierungsstichtag, PiR 2005, S. 30ff.; WATRIN/STROHM/STRUFFERT, Aktuelle Entwicklungen der Bilanzierung von Unternehmenszusammenschlüssen nach IFRS, WPg 2004, S. 1450ff.; WEISER, Earn-out-Unternehmenserwerbe im Konzernabschluss nach US-GAAP, IFRS und HGB/DRS, WPg 2005, S. 269ff.

Vorbemerkung
Die folgende Kommentierung bezieht sich auf IFRS 3 sowie IAS 27 in der aktuellen Fassung und berücksichtigt alle Ergänzungen, Änderungen und Interpretationen, die bis zum 1.1.2007 beschlossen wurden. Einen Überblick über ältere Fassungen sowie über diskutierte oder schon als Änderungsentwurf vorgelegte zukünftige Regelungen enthält Rz 173ff.

1 Zielsetzung, Regelungsinhalt und Begriffe

1.1 Überblick

1 Im Mittelpunkt von IFRS 3 stehen die Vorschriften zur Aufdeckung und Fortschreibung von *goodwill* und stillen Reserven bei einem **Unternehmenserwerb**.
Der Erwerb kann sich rechtlich sowohl in der Form eines Erwerbs von einzelnen Vermögenswerten *(asset deal)* als auch in der Form eines Anteilserwerbs *(share deal)* vollziehen. Im ersten Fall werden die Vorschriften von IFRS 3 auch im Einzelabschluss des Erwerbers angewendet. Anders als im Handelsrecht gelten **keine separaten Vorschriften** für die Firmenwertbehandlung im **Einzelabschluss** (§ 255 Abs. 4 HGB) und im **Konzernabschluss** (§ 301 Abs. 3 HGB und § 309 HGB).

2 Die Methode der **Interessenzusammenführung** *(pooling-of-interest)*, bei der die beteiligten Unternehmen ihre Buchwerte fortführen, ist nach IFRS 3.14 nicht mehr zulässig. Wegen Anwendungsbereich und Einzelheiten der Methode wird auf die Vorauflagen verwiesen, wegen Buchwertfortführungen bei *common control transactions* auf Rz 146ff.

1.2 Formen von Unternehmenszusammenschlüssen: *share deal, asset deal, legal merger*

IFRS 3 gilt für **alle** rechtlichen Formen von Unternehmenszusammenschlüssen. Im Wesentlichen sind gem. IFRS 1.5 zu unterscheiden:

- **Anteilserwerbe** *(share deals)*, die zu einer Mutter-Tochter-Beziehung führen. Die Vorschriften von IFRS 3 gelten in diesem Fall nur für den **Konzernabschluss** (Aufdeckung eines *goodwill* usw.). Die Bilanzierung erworbener Anteile an einem Tochterunternehmen im **Einzelabschluss** des Mutterunternehmens erfolgt hingegen nach IAS 27.37 wahlweise zu Anschaffungskosten oder zum beizulegenden Zeitwert (→ § 32 Rz 164ff.).

- **Unternehmenskäufe** *(asset deals)*, bei denen ein Unternehmen ein anderes Unternehmen (oder wesentliche Teile des anderen Unternehmens inklusive Firmenwert) erwirbt, ohne dass es zum Anteilserwerb und zu einer Mutter-Tochter-Beziehung kommt. In diesem Fall wendet der Erwerber IFRS 3 sowohl in seinem **Einzel-** als auch in einem evtl. **Konzernabschluss** an (IFRS 3.7).

- Unternehmenszusammenschlüsse durch **Fusionen** *(legal mergers)*, sei es durch Verschmelzung des einen auf das andere Unternehmen oder durch Verschmelzung beider Unternehmen auf ein neues Unternehmen (IFRS 3.5). In diesem Fall ist IFRS sowohl auf den **Einzel-** als auch auf einen evtl. **Konzernabschluss** anzuwenden.

3

1.3 Unternehmenserwerb, umgekehrter Erwerb, Transaktionen unter gemeinsamer Kontrolle

Mit IFRS 3 ist die Methode der Interessenzusammenführung vollständig entfallen (Rz 2). Alle Unternehmenszusammenschlüsse, die am oder nach dem 31. März 2004 vereinbart wurden *(agreement date*; vgl. Rz 23), sind **zwingend** nach der **Erwerbsmethode** *(purchase method)*, d. h. unter Aufdeckung von *goodwill* und stillen Reserven zu bilanzieren (IFRS 3.14).
In jedem Fall eines Unternehmenszusammenschlusses ist somit **eine Partei als Erwerber zu identifizieren**, d. h. als derjenige, der die Kontrolle über die zusammengeführten Einheiten oder Geschäfte *(entities or businesses)* erlangt (IFRS 3.17). Zum Begriff der **Kontrolle** führt IFRS 3.19 in Übereinstimmung mit IAS 27 (→ § 32 Rz 16ff.) Folgendes aus:

- Die **Mehrheit der Stimmrechte** begründet eine widerlegbare Vermutung der Kontrolle (→ § 32 Rz 16 und Rz 27).
- Ohne Stimmrechtsmehrheit kann gleichwohl ein Kontrollverhältnis bestehen, aufgrund
    - vertraglicher Abreden mit anderen Anteilseignern (**Stimmrechtsbindungsverträge**; → § 32 Rz 17),
    - von **Beherrschungsverträgen** (→ § 32 Rz 40),
    - der Möglichkeit, die **Mehrheit** der Mitglieder des **Geschäftsführungs-** und/oder **Aufsichtsorgans** zu bestimmen (→ § 32 Rz 43).

4

Lüdenbach

Ist die Identifikation des Kontrollinhabers und damit des Erwerbers im Einzelfall schwierig, sollen nach IFRS 3.29 folgende **Indikatoren** beachtet werden. Für eine Stellung als Erwerber spricht:
- ein **signifikant höherer Zeitwert** einer der zusammengeschlossenen Einheiten,
- die **Zahlung von Geld** durch eine der Einheiten, während die andere nur in Aktien zahlt,
- die Fähigkeit, die **Auswahl des Managements** der zusammengeschlossenen Einheit zu dominieren.

Zur Anwendung der Indikatoren folgendes Beispiel:

> **Beispiel**
> Die Unternehmen A und B werden zu einem neuen Unternehmen NewCo verschmolzen. Die Alt-Anteilseigner von A und B erhalten je 50 % der Anteile an NewCo, obwohl der Unternehmenswert von A als signifikant höher bewertet wurde als der von B. Als „Ausgleich" erhalten die Vorstände der A mehr Einfluss bei der Auswahl des Managements der NewCo.
> A ist als Erwerber zu identifizieren, da A den signifikant höheren Unternehmenswert und das Management von A mehr Einfluss auf die Zusammensetzung des Managements der NewCo hat.

Werden im Rahmen einer **Umstrukturierung** bestehende Unternehmen in einer neu gegründeten Holding zusammengefasst – durch Sachgründung der Holding oder Verschmelzung im Wege der Neugründung (§ 2 Nr. 2 UmwG) –, ist nicht die Holding als Erwerber anzusehen, sondern
- bei Einbringung eines Unternehmens (oder Konzerns) das eingebrachte Unternehmen (Rz 5 und Rz 146ff.)
- bei Einbringung oder Verschmelzung mehrerer Unternehmen eines dieser Unternehmen (IFRS 3BC.66).

Anders können Fälle zu würdigen sein, in denen die neu gegründete Holding die bestehenden Unternehmen gegen Geld erwirbt.[1]

5   Als Erwerb gilt auch ein **umgekehrter Unternehmenserwerb** *(reverse acquisition)*. In diesem Fall ist das Unternehmen, das formell erworben wurde, in wirtschaftlicher Betrachtung tatsächlich der Erwerber. Hinsichtlich der Bestimmung des *goodwill* und der aufzulösenden stillen Reserven ist dem wirtschaftlichen Sachverhalt zu folgen (IFRS 3.21). Zum umgekehrten Unternehmenserwerb folgendes Beispiel:

---

[1] Vgl. IFRIC, Update März 2006.

Lüdenbach

> **Beispiel**
> Die börsennotierte Online AG **O erwirbt** sämtliche Anteile der Verlags GmbH V. Die Transaktion wird als Kapitalerhöhung gegen Einlage in der Weise durchgeführt, dass die Gesellschafter der V neue Aktien der O erhalten. Nach der Kapitalerhöhung halten die **Gesellschafter der V** die **Mehrheit** an der O-AG.
> - O ist nur formell Erwerber.
> - In wirtschaftlicher Betrachtung erfolgt der Erwerb durch V.
> - Gemäß IFRS 3.21 liegt daher ein umgekehrter Unternehmenserwerb vor, bei dem die V als Erwerber zu identifizieren ist.
>
> Beträgt beispielsweise (unter Vernachlässigung stiller Reserven) der Unternehmenswert der O 100, bei einem buchmäßigen Eigenkapital von 50, und der Unternehmenswert der V 200, bei einem buchmäßigen Eigenkapital von 120, so ist wie folgt zu verfahren:
> - Die Buchwerte der V und nicht der O sind fortzuführen.
> - Der als stille Reserven und *goodwill* aufzudeckende Unterschiedsbetrag beträgt nicht 80 (200 ./. 120; nach Maßgabe der Werte von V), sondern 50 (100 ./. 50; nach Maßgabe der Werte von O).

Zu den **buchungs-** und **bewertungs**technischen Besonderheiten des umgekehrten Unternehmenserwerbs wird auf Rz 158 verwiesen.

IFRS 3 ist nicht auf *business combinations* anwendbar, die Unternehmen unter **gemeinsamer Kontrolle** betreffen; (IFRS 3.3b). Derartige Transaktionen sind dadurch gekennzeichnet, dass die ultimative Kontrolle über die beteiligten Unternehmen vor und nach der Transaktion bei den gleichen Personen liegt (IFRS 3.10). Sie kommen insbesondere bei Umstrukturierungen von Konzernen vor. Wegen Einzelheiten wird auf Rz 146ff. verwiesen.

1.4 Regelungen, die gleichermaßen Einzel- und Konzernabschluss betreffen: *goodwill* usw.

IFRS 3 enthält u. a. Regelungen zu folgenden Bereichen eines Unternehmenserwerbes:
- Bestimmung und Verteilung der **Anschaffungskosten** eines Unternehmenserwerbs,
- Bestimmung des **beizulegenden Zeitwerts** des erworbenen Vermögens,
- Bestimmung des *goodwill*,
- **Fortschreibung** von stillen Reserven und *goodwill*.

Diese Regelungen gelten im Konzernabschluss in gleicher Weise für *asset deal* und *share deal*, im Einzelabschluss nur für den *asset deal* (Rz 3).

1.5 Regelungen, die nur den Konzernabschluss betreffen: Minderheitenanteil

9 In geringem Umfang enthält IFRS 3 Regelungen, die nur die Abbildung des Unternehmenserwerbs im Konzernabschluss betreffen. Dies gilt vor allem für **Minderheiten**anteile (IFRS 3.40). Im Einzelnen wird hierzu auf Rz 106ff. verwiesen.

1.6 Verhältnis von IFRS 3 zu IAS 27

10 Für den Konzernabschluss bzw. die Konsolidierung von Tochterunternehmen sind sowohl IFRS 3 als auch IAS 27 von Bedeutung. Hierbei behandelt
- IAS 27 Fragen des **Konsolidierungskreises**, der **Einheitlichkeit der Bilanzierungsmethoden**, der **Zwischenergebniseliminierung** usw., während
- IFRS 3 die **Kapitalkonsolidierung** (Unterschiedsbeträge, insbesondere *goodwill*) regelt.

11 Die nachfolgende Tabelle zeigt die Arbeitsteilung zwischen beiden Standards (→ § 32 Rz 3):

	IFRS 3	IAS 27
Konsolidierungskreis	X*	X
Konzernbilanzstichtag		X
Einheitlichkeit von Bilanzierung und Bewertung		X
Zwischenergebniseliminierung, Schulden- und Aufwandskonsolidierung		X
Kapitalkonsolidierung (Unterschiedsbeträge im Konzernabschluss)	X**	X*
Minderheitenanteile	X	X
Unterschiedsbeträge (*goodwill*) usw.) im Einzelabschluss	X	

* = in geringerem Umfang
** = relevant auch für assoziierte und Gemeinschaftsunternehmen (IAS 28 und IAS 31)

Tab. 1: Schwerpunkte von IFRS 3 und IAS 27

12 Undeutliche Zuständigkeiten ergeben sich insbesondere bei den komplexen Kapitalkonsolidierungsfragen im Rahmen der Übergangskonsolidierung. Von einer **Übergangskonsolidierung** wird dann gesprochen, wenn sich der Status einer Beteiligung ändert:

Lüdenbach

- im Rahmen einer **Aufwärtskonsolidierung**, wenn schon vor dem Hinzuerwerb Anteile gehalten wurden (z. B. einfache Beteiligung oder ein assoziiertes Unternehmen wird durch Hinzuerwerb Tochterunternehmen),
- im Rahmen einer **Abwärtskonsolidierung**, wenn die Anteilsquote durch eine Teilveräußerung unter 50 % sinkt (Tochterunternehmen wird assoziiertes Unternehmen oder einfache Beteiligung).

Die Behandlung dieser Fragen erfolgt mit unterschiedlichen Schwerpunkten und Perspektiven teils in IFRS 3 (Aufwärtskonsolidierung), teils in IAS 27 (Abwärtskonsolidierung), teils in IAS 28 und IAS 31. Im Rahmen unserer Kommentierung ist daher eine gewisse Redundanz unvermeidlich und möglicherweise nützlich. Schwerpunktmäßig werden behandelt: **13**

- die **Aufwärtskonsolidierung zum Tochterunternehmen** in Rz 124, daneben in → § 33 Rz 88 und → § 34 Rz 76;
- die **Abwärtskonsolidierung von Tochterunternehmen** in → § 32 Rz 161, daneben in → § 33 Rz 92.

Die Auf- und Abstockung einer Mehrheitsbeteiligung (ohne Änderung des Kontrollstatus) werden behandelt in Rz 132ff. sowie in § 32 Rz 156ff.

2 Erstkonsolidierung nach der Erwerbsmethode

2.1 Grundlagen der Erstkonsolidierungstechnik

Kernproblem eines Unternehmenserwerbs ist die so genannte **Kaufpreisallokation** *(purchase price allocation)*. Beim *asset deal* ist für Einzel- oder Konzernabschluss ohne weiteres klar, dass die Buchwerte des Veräußerers nicht fortgeführt werden dürfen. Über den Bilanzansatz beim Erwerber entscheiden vielmehr dessen Anschaffungskosten, die unter Aufdeckung stiller Reserven auf die einzelnen Vermögenswerte und Schulden zu verteilen sind, wobei ein eventuell verbleibender Unterschiedsbetrag zu positivem oder negativem *goodwill* führt. **14**

Beim *share deal* in Form des Erwerbs einer Tochtergesellschaft ist im Konzernabschluss entsprechend zu verfahren, da im Konzernabschluss nicht ein Vermögenswert „Beteiligung an Tochterunternehmen" ausgewiesen wird. Fingiert wird vielmehr der Erwerb der dahinter stehenden Vermögenswerte und Schulden sowie eines eventuellen *goodwill* (**Einzelerwerbsfiktion**). **15**

Der Kaufpreisallokation vorgelagert ist die Frage nach dem Vorliegen eines Unternehmenserwerbs überhaupt sowie die Bestimmung von Erwerber, Erwerbszeitpunkt und Anschaffungskosten. In einfachen Fällen beantworten sich diese Punkte von selbst. In anderen Fällen kann unklar sein, **16**

- ob überhaupt ein **Unternehmenserwerb** vorliegt und damit IFRS 3 zur Anwendung gelangt oder die erworbenen Anteile bzw. Gegenstände gar kein Unternehmen *(business)* repräsentieren (Rz 18),
- wer der **Erwerber** ist (umgekehrter Erwerb bzw. *reverse acquisition*; Rz 5 und Rz 158),

Lüdenbach

- auf welches Datum der **Erwerbszeitpunkt** zu bestimmen ist (Rz 23ff.) oder
- wie nicht in Geld bestehende **Anschaffungskosten** (Tauschvorgänge) zu bewerten sind (Rz 32ff.).

17 In **zeitlich** und **logisch** gestaffelter Betrachtung stellen sich somit folgende **Aufgaben** bei der Erstkonsolidierung:
- 1. Vorab ist zu klären, ob erworbene Gesellschaft *(share deal)* bzw. erworbenene Gegenstände *(asset deal)* überhaupt ein **Unternehmen** *(business)* bilden (Rz 18). Nur wenn dies bejaht wird, gelangt IFRS 3 zur Anwendung.
- 2. Der **Erwerber** ist nicht nach rechtlichen, sondern **wirtschaftlichen** Gesichtspunkten, d. h. unter Beachtung der Regeln zum umgekehrten Erwerb, zu identifizieren (Rz 5 und Rz 158; IFRS 3.17ff.).
- 3. Der **Erwerbszeitpunkt** (= Stichtag der Erstkonsolidierung) ist zu bestimmen, um u. a. gekaufte Ergebnisse des erworbenen Unternehmens (bis zum Stichtag angefallen, daher Teil der Erstkonsolidierung) von nach dem Unternehmenszusammenschluss anfallenden Ergebnissen abzugrenzen (Rz 23; IFRS 3.25).
- 4. Die **Anschaffungskosten** des Erwerbs sind zu berechnen unter Beachtung der Bewertungsregeln für nicht in Geld bestehende Kostenbestandteile (z. B. beim **Anteilstausch**; Rz 34ff.) und unter Beachtung ungewisser Anschaffungskosten (z. B. aus ergebnisabhängigen *earn-out*-Vereinbarungen; Rz 45ff.; IFRS 3.24ff.).
- 5. Die **Aufteilung** der Anschaffungskosten (→ § 16 Rz 21) ist vorzunehmen (IFRS 3.36ff.). Diese **Kaufpreisallokation** erfordert Folgendes:
  - 5a) Die beizulegenden **Zeitwerte** der Vermögenswerte und Schulden sind zu bestimmen, d. h., stille Reserven und stille Lasten sind aufzudecken. Auch bei nicht 100 %iger Beteiligung sind zwingend 100 % der stillen Reserven und Lasten darzustellen (Rz 106).
  - 5b) Die **latenten Steuern** (→ § 26) sind zu ermitteln. Sie erfahren durch die Aufdeckung der stillen Reserven und stillen Lasten eine Änderung gegenüber dem Ansatz beim Veräußerer (Rz 94 und Rz 164).
  - 5c) Schließlich ist der *goodwill* als **Unterschiedsbetrag** von Anschaffungskosten einerseits und Zeitwert (dieser mit anteiliger oder voller Aufdeckung stiller Reserven) sowie latenten Steuern andererseits zu bestimmen. Der *goodwill* ist **Residualgröße**. Diese ist bei **positivem** Unterschiedsbetrag ohne weiteres als *goodwill* zu bilanzieren (Rz 111). Bei **negativem** Unterschiedsbetrag sind die zur Residualgröße führenden Ausgangswerte (Kaufpreis, Zeitwert des Nettovermögens) erneut zu untersuchen *(reassessment)*. Ein nach dem *reassessment* verbleibender Negativbetrag ist sofort als Ertrag zu buchen (Rz 115).

2.2 Erwerbsobjekt: Unternehmen oder Gruppe von Vermögenswerten?

Nach IFRS 3.4 gelangen die Regelungen zur *business combination* nur dann zur Anwendung, wenn das Erwerbsobjekt ein **Unternehmen** *(business)* und nicht lediglich eine Gruppe von Vermögenswerten ist. Für die Beurteilung ist weder auf die rechtliche Form des Erwerbsobjekts noch auf seine Verwendung beim Erwerber abzustellen.[2]

18

> **Beispiel**
> U benötigt zur Arrondierung seines Betriebsareals bestimmte brachliegende Grundstücke des Nachbarn A. Der Nachbar hält diese aus steuerlichen Gründen in einer A-GmbH, die keine Schulden und außer den Grundstücken keine Vermögenswerte hat. U erwirbt die GmbH-Anteile. Wegen des Arrondierungsinteresses zahlt U einen Preis von 10 Mio. EUR, obwohl der Zeitwert der Grundstücke (und damit der GmbH) nur 3 Mio. EUR beträgt. Der steuerliche Buchwert der Grundstücke beträgt 0,5 Mio. EUR.
> Würde der Vorgang als eine *business combination* gewertet, hätte U die Grundstücke mit 3 Mio. anzusetzen, eine latente Steuer von 1 Mio. (40 % von 2,5 Mio.) zu passivieren und in Höhe der Differenz zum Kaufpreis einen *goodwill* von 8 Mio. EUR (10 Mio. – 3 Mio. Grundstück + 1 Mio. latente Steuer) auszuweisen.
> Das erworbene Vermögen (brachliegende Grundstücke) repräsentiert jedoch kein *business*. Als erworben gelten deshalb die Grundstücke. Sie sind bei U mit ihren Anschaffungskosten von 10 Mio. anzusetzen. Eine Steuerlatenz ist wegen der Sondervorschrift von IAS 12.22c (Buchwertdifferenz entsteht bei Zugangsbewertung) nicht zu bilden (→ § 26 Rz 45). Ob die Grundstücke zum Folgestichtag außerplanmäßig abzuschreiben sind, hängt von den Erträgen der Zahlungsmittel generierenden Einheit ab, der sie beim Erwerber zuzuordnen sind (§ 11 Rz 29ff.).

Bei Gesellschaften, die ihr Vermögen (Grundstücke, Marken, Lizenzen usw.) aktiv verwalten bzw. vermarkten, ist die **Abgrenzung** zwischen Unternehmens- und Vermögenserwerb schwieriger als im vorstehenden Beispiel. IFRS 3.4 gibt weder in **zeitlicher** (Verhältnisse bei Vertragsschluss oder bei dinglichem Vollzug?) noch in **inhaltlicher** Hinsicht (wodurch zeichnet sich ein *business* aus?) konkrete Vorgaben.
Zu den **zeitlichen** Kriterien folgende Abwandlung des vorstehenden Beispiels:

19

> **Beispiel**
> Auf den von U benötigten Grundstücken betrieb die A-GmbH unter Beschäftigung von Aushilfskräften einen Parkplatz. Im Anteilskaufvertrag mit

---

[2] Vgl. Hommel/Benkel/Wich, BB 2004, S. 1267ff., sowie Lüdenbach, PiR 2005, S. 48ff.

> A ist geregelt, dass die Anteile erst dann übergehen, wenn mit den Aushilfskräften und Dauerparkern Aufhebungsvereinbarungen getroffen und vollzogen worden sind.
> Beim Vertragsabschluss betrieb die GmbH noch ein Unternehmen, nämlich den Betrieb eines Parkplatzes. An diesem Unternehmen hat der Erwerber aber gerade kein Interesse. Deshalb wird das Unternehmen bis zum dinglichen Vollzug der Anteilsübertragung „liquidiert". Fraglich ist nun, ob auf die Verhältnisse bei Vertragsabschluss (dann Unternehmenserwerb) oder die bei Vollzug (dann Erwerb von Grundstücken) abzustellen ist.

Nach IFRS 3.4 kommt es nicht auf die Verwendung des Erwerbsobjektes beim Erwerber (Fortsetzung des Unternehmens), sondern auf die **Qualität** des Erwerbsobjektes **vor** dem Erwerb an. Der Erwerber, der das Zielobjekt dinglich noch im Unternehmenszustand erwirbt, den bisherigen „Betrieb" aber sogleich danach einstellt, tätigt noch einen Unternehmenserwerb. Auch die Einstellung der unternehmerischen Tätigkeit zwischen Vertragsabschluss und dinglichem Vollzug geschieht schon im Hinblick auf das Verwendungsinteresse des Erwerbers. Dieses ist aber für die Beurteilung, ob ein Unternehmen erworben wird, irrelevant.

20 **Inhaltliche** Kriterien für die Abgrenzung von *business* und Vermögen sind in IFSR 3.Appendix A enthalten. Danach besteht ein *business* im Allgemeinen aus
- **Input-Faktoren** (z. B. Anlagevermögen, *know-how*, Angestellte),
- **Prozessen**, in denen diese Faktoren eingesetzt werden, um daraus
- Leistungen *(outputs)* zu produzieren, die zu **Erlösen** führen.

Dies entspricht der amerikanischen Regelung in EITF 98-3,[3] die noch ausdrücklich klarstellt, dass es nicht darauf ankommt, wie der Erwerber mit erworbenen Vermögen und Prozessen umgehen wird.

- Kein *business* liegt daher vor, wenn das Zielobjekt noch **keine Erlöse** erwirtschaftet und sich dies in absehbarer Zeit nicht ändern wird. Bei einer noch im Aufbau befindlichen *development stage entity* kommt es demzufolge darauf an, ob mit der Vorbereitung von Vermarktungsaktivitäten bereits begonnen wurde und deshalb in absehbarer Zeit mit Erlösen zu rechnen ist.[4]
- Umgekehrt ist es unschädlich, wenn der Erwerber das Zielobjekt stilllegt und **keine Erlöse mehr** hieraus generieren wird.

---

[3] EITF Issue 98-3 Determining Whether a Nonmonetary Transaction Involves Receipt of Productive Assets or of a Business.
[4] Vgl. KMPG, Insights Into IFRS, 3. Aufl., 2006, Tz 2.6.80.10.

Lüdenbach

> **Beispiel**
> Im Rahmen eines *re-* bzw. *insourcing*-Programms erwirbt U die Mehrheit an der vor einigen Jahren outgesourcten und an das Bereichsmanagement veräußerten IT-GmbH zurück. Einziger wesentlicher Kunde von IT ist U. Entscheidend ist u.E. der abstrakte Zustand von IT vor Rückerwerb. Beliefert IT U zu im Wesentlichen marktüblichen Preisen, ist IT ein *business*. Ist IT nur deshalb überlebensfähig, weil U es durch überhöhte Preise subventioniert, fehlt es an einem eigenständigen Erlösstrom. IT ist kein *business*.[5]

> **Beispiel**
> U erwirbt 100 % der Anteile an der Z-GmbH. Das Zielobjekt Z ist in der fortgeschrittenen Phase der Entwicklung eines biotechnischen Patents. Umsätze werden noch nicht erzielt.
> Für die Beurteilung kommt es darauf an, ob in absehbarer Zeit mit Erlösen zu rechnen ist.
> Ist die Entwicklung des Patents im Wesentlichen abgeschlossen und mit der Vorbereitung der Vermarktung begonnen worden (Entwicklung eines Vertriebskonzepts, Einstellung des zukünftigen Produktionsleiters usw.), liegt ein *business* vor. Ein über den Wert der Patente (und des sonstigen Nettovermögens) hinausgehender Kaufpreis ist *goodwill*.
> Ist die Erzielung von Erlösen noch ungewiss oder liegt sie in weiter Ferne, stellt das Zielobjekt kein *business* dar. Ein etwa aus Synergiegründen über dem Wert der Patente liegender Kaufpreis ist als dessen Anschaffungskosten zu aktivieren.

> **Beispiel**
> Um eine monopolähnliche Stellung zu erlangen, erwirbt U den einzigen Wettbewerber Z. Erwerbsmotiv ist die Einstellung des Unternehmens Z, Entlassung der Mitarbeiter und Liquidation der Vermögenswerte.
> U erwirbt ein *business* und damit bei entsprechendem Kaufpreis einen *goodwill*. Je nach Zuordnung des *goodwill* geht dieser nicht mit der Veräußerung der Vermögenswerte ab, sondern bleibt bestehen.

Soweit ein nach den vorstehenden Kriterien nicht als *business* zu qualifizierendes Zielobjekt zu 100 % erworben wird, ergeben sich für den Konzernabschluss des Erwerbers die in Rz 18 beschriebenen **Rechtsfolgen**: Das zugehende Vermögen ist mit den Anschaffungskosten, d. h. ggf. über *fair value* anzusetzen; ein *goodwill* und latente Steuern sind nicht auszuweisen.
Unklar sind aber die Rechtsfolgen eines *share deal*, bei dem **weniger als 100 %** der Anteile übergehen. Die Vorschriften über den **Minderheitenanteil** (Rz 106ff.) sind nicht anwendbar, da gerade keine *business combination* vor-

---

[5] Vgl. im Übrigen zum Thema „Insourcing" Rz 96ff.

Lüdenbach

liegt. **Bruchteilseigentum** an den Vermögenswerten der Zielgesellschaft ist aber ebenfalls nicht gegeben. Man wird hier die **weniger falsche** von zwei unzutreffenden Ausweismöglichkeiten wählen müssen. U.E. wäre dies der Ansatz von 100 % des Vermögens unter Bildung eines im Anhang zu erläuternden passiven Ausgleichspostens, der anders als ein tatsächlicher Minderheitenanteil aber nicht im Eigenkapital ausgewiesen wäre.

Unabhängig von der Erwerbsquote ergeben sich die Rechtsfolgen eines als *share deal* vollzogenen „Nicht-Unternehmens-Erwerbs" im **Einzelabschluss des Anteilseigners**. Da der Einzelabschluss die rechtliche Hülle nicht ignoriert, vielmehr auch die gesellschaftsrechtliche Beteiligung an einem *business* als Anteil (und nicht als hinter diesem Anteil liegendes Nettovermögen zeigt), sollte u.E. entsprechend der gesellschaftsrechtlichen Beteiligung an einem „*Nichtbusiness*" verfahren werden. Auf → § 32 Rz 164ff. wird deshalb verwiesen.

21 Wird beim *asset deal* ein Unternehmen nicht komplett, sondern nur in Teilen erworben (**Teilerwerb**), sind zwei Fälle zu unterscheiden:

- Die erworbenen Teile sind schon in ihrer Beschaffenheit bei Übergabe oder jedenfalls ohne größere Ergänzungen in der Lage, eigene Erlöse zu generieren. Das Erwerbsobjekt ist daher ein *business*.
- Die erworbenen Teile sind nicht oder nur mit größeren Ergänzungen in der Lage, Erlöse zu generieren. Das Erwerbsobjekt ist daher eine Gruppe von Vermögenswerten und kein *buisness*.

22 Notwendig ist immer eine Einzelfallbeurteilung. Hierzu folgendes Beispiel in Anlehnung an EITF 98-13:

> **Beispiel**
> U betreibt eine europäische Hotelkette, die in den großen Städten gut im Luxussegment, aber schwach im Economy-Segment vertreten ist. Deshalb erwirbt U 50 Economy-Hotels von Z. Übernommen werden die Mitarbeiter, die Verträge mit Zulieferern sowie aus wirtschaftlicher Sicht auch wesentliche Teile der Stammkundenbeziehungen, da sich diese z.T. aus den Standorten (Hotellagen) ergeben. Nicht übernommen werden die Marke, unter der Z die Economy-Hotels betrieb, sowie das Reservierungs-, Buchungs-, Rechnungs- und Mahnsystem.
> Die Übernahme stellt einen Grenzfall dar. Wesentlich für ein Unternehmen sind neben den Inputfaktoren (Anlagen und Mitarbeiter) die Kundenbeziehungen und die Prozesse.
> - Die Kundenbeziehungen sind teilweise, soweit sie standortinduziert sind, übergegangen, teilweise, soweit sie markeninduziert sind, jedoch nicht übertragen worden. Soweit man den Standortfaktor für wichtiger hält, ist die Nichtübertragung der Marke unwichtig.
> - Die Buchungs- und Abrechnungsprozesse sind nicht übertragen worden. Soweit man die Kosten und Schwierigkeiten der Implementierung solcher Prozesse als gering einstuft, ist die Nichtübertragung unerheblich. Hierbei kommt es nach den amerikanischen Vorschriften nicht auf

die spezielle Perspektive des Erwerbers an. Ob er bereits über entsprechende Prozesse verfügt, ist unerheblich. Wichtig ist, ob die genannten Prozesse auf dem Markt leicht und kostengünstig zu beschaffen wären, das übertragene Vermögen also auch ohne die spezielle Beziehung zum Erwerber ohne erheblichen Aufwand Erlöse generieren könnte. Für IFRS wird eine großzügigere Auffassung vertreten.[6] Danach reicht es aus, wenn der Erwerber die übernommenen Aktivitäten leicht in seine eigenen Buchungs- und Abrechnungssysteme integrieren kann.

Für den Umgang mit **Zweifelsfällen** gibt IFRS 3.Appenix A einen Hinweis. Danach begründet ein in einer Gruppe von Vermögenswerten enthaltener *goodwill* die Vermutung eines *business*. Diese Definition ist zwar in formaler Hinsicht wegen ihres zirkulären Charakters zu kritisieren,[7] bei zweiter Betrachtung lässt sich aus ihr aber eine **pragmatische Regel** zur Behandlung von Zweifelsfällen (nicht von vornherein klar als *business* oder als Gruppe von Vermögenswerten zu qualifizierende Fälle) formulieren.

- Ein deutlich **über** dem Zeitwert des erworbenen Vermögens liegender Kaufpreis begründet die Vermutung eines *goodwill* bzw. einer *business combination*.
- Diese Vermutung kann durch ein **spezielles** Interesse des Erwerbers am erworbenen Vermögen widerlegt werden, z. B. durch ein Grundstücksarrondierungsinteresse bei Erwerb der Anteile an einer Grundstücksgesellschaft (Rz 18).
- Fehlt es an einem solchen speziellen Interesse, ist von einer *business combination* auszugehen.

2.3 Bestimmung des Erwerbs-/Erstkonsolidierungszeitpunktes

Die Bestimmung des **Erwerbszeitpunktes** *(acquisition date)* ist **von mehrfacher Bedeutung**:[8]

- Der Erwerbszeitpunkt grenzt die mitgekauften **alten Gewinne** von selbst erwirtschafteten **neuen Gewinnen** ab. Die alten Gewinne gehen in die Erstkonsolidierung ein. Die ab dem Tag des Unternehmenserwerbs entstehenden Gewinne sind Bestandteil der GuV des Erwerbers.
- Bei einem Erwerb in einem Schritt sind auf den Erwerbszeitpunkt die Werte der nicht in Geld bestehenden Bestandteile des **Kaufpreises** (insb. hingegebene Anteile) zu bestimmen.

---

[6] KMPG, Insights Into IFRS, 3. Aufl., 2006, Tz 2.6.110.30.
[7] So die Kritik von HOMMEL/BENKEL/WICH, BB 2004, S. 1267ff.
[8] Vgl. zum Nachfolgenden auch VÖLKNER, PiR 2005, S. 30ff.

- Auf den Erwerbszeitpunkt werden die beizulegenden **Zeitwerte** bestimmt und dementsprechend die erworbenen Vermögenswerte und Schulden einschließlich stiller Reserven sowie
- *goodwill* (IFRS 3.36).
- Der Erwerbszeitpunkt ist somit zugleich **Erstkonsolidierungszeitpunkt**.

Die Bestimmung der Anschaffungskosten (bei einem Aktientausch z. B. aus dem Wert der hingegebenen Aktien) erfolgt jedoch nur dann auf den gleichen Zeitpunkt wie die Bestimmung der beizulegenden Zweitwerte des erworbenen Vermögens, wenn der Erwerb in einem Schritt erfolgt *(single exchange transaction)*. Werden Anteile in mehreren Tranchen erworben *(acquisition in steps;* Rz 124ff.), ergeben sich die **Anschaffungskosten** nach dem Transaktionszeitpunkt des jeweiligen Erwerbsschritts *(date of exchange;* IFRS 1.25b).

Neben dem *date of exchange* und dem *acquisition date* führt der Appendix A zu IFRS 3 noch einen dritten Zeitbegriff, das *agreement date*, auf. Abgrenzung und funktionale Bedeutung der drei Zeitbegriffe sind wie folgt:

- *Agreement date* ist der Zeitpunkt, in dem die Vertragsparteien eine substanzielle Vereinbarung über den Erwerb getroffen haben, sich also im Wesentlichen einig sind. Rechtswirksamkeit der Vereinbarung ist nicht gefordert. Bei einer feindlichen Übernahme *(hostile takeover)* soll jedoch die Annahme des Übernahmeangebotes durch die Mehrheit der Anteilseigner des erworbenen Unternehmens erforderlich sein. Der Begriff des *agreement date* wird ausschließlich in den Anwendungsbestimmungen *(transitional provisions)* verwendet und hat Bedeutung nur für die Frage, ob auf einen Unternehmenszusammenschluss **noch IAS 22 oder schon IFRS 3** *(agreement date* 31. März 2004 oder später) anzuwenden ist (Rz 173).
- *Acquisition date* ist das Datum der tatsächlichen Kontrollerlangung. Auf das *acquisition date* sind die *fair values* der erworbenen Vermögenswerte und Schulden zu bestimmen.
- *Exchange date:*
  - Bei einer Kontrollerlangung durch eine einzige Transaktion entspricht das *acquisition date* dem *date of exchange*, d. h. dem Zeitpunkt, zu dem das Investment in den (Einzel-)Abschluss des Erwerbes zu erfassen ist.
  - Bei einem Erwerb in mehreren Schritten ist das *exchange date* der Zeitpunkt, an dem die jeweilige Tranche einzubuchen ist.

Auf das jeweilige *date of exchange* sind die Werte der hingegebenen Leistungen zu bestimmen. Sie ergeben in der Summe die **Anschaffungskosten** des Unternehmenserwerbs (Rz 124).

24 Der **Erwerbszeitpunkt** *(acquisition date)* ist nach IFRS 3.25 der Tag, an dem die **Beherrschung** des erworbenen Unternehmens **tatsächlich** *(effectively)* auf den Erwerber übergeht. Dem wirtschaftlichen Gehalt nach ist der Erwerbszeitpunkt der Tag, ab dem der Erwerber die Möglichkeit erlangt, die Finanz- und Geschäftspolitik eines Unternehmens zu bestimmen, um aus dessen Tätigkeit Nutzen zu ziehen. Danach soll insbesondere nicht notwendig sein, dass

eine Transaktion rechtlich abgeschlossen *(closed or finalised by law)* ist (IFRS 3.39).
Die Bestimmungen von IFRS 3 bleiben allerdings in dieser Hinsicht allgemein. Eine praxisorientierte Konkretisierung hat u.E. folgende **Fallunterscheidungen** vorzunehmen: 25
- Vereinbarungen, nach denen dem Erwerber abweichend von der dispositiven gesetzlichen Ausgangslage (§ 101 BGB) das **Gewinnbezugsrecht** bereits ab einem Zeitpunkt vor Erwerb zusteht (Rz 26).
- **Vertragliche Rückwirkungen**, bei denen die Parteien beispielsweise in der notariellen Urkunde vom 10. Januar einen Eigentumsübergang am 1. Januar vereinbaren (Rz 27).
- **Genehmigungsvorbehalte**, insbesondere gesellschaftsrechtlicher (z. B. bei vinkulierten Namensaktien) oder kartellrechtlicher Art, als Voraussetzung für die Rechtswirksamkeit des Unternehmens- oder Anteilserwerbs (Rz 28).

Regelungen über die **Aufteilung des (unterjährigen) Gewinns** zwischen Erwerber und Veräußerer beeinflussen in der Regel den Erwerbszeitpunkt nicht. Nach § 101 BGB (Verteilung der Früchte nach der Besitzzeit) ist der Veräußerer bei unterjährigem Verkauf berechtigt, die bis dahin erwirtschafteten Gewinne zu beziehen. Diese Regelung wird in der Praxis häufig abbedungen. Bei Vertragsschluss am Ende eines Geschäftsjahrs wird etwa dem Erwerber das Gewinnbezugsrecht für das gesamte Geschäftsjahr gewährt. Eine solche Abrede beeinflusst nur die Höhe des erworbenen Vermögens. 26

> **Beispiel**
> Am 30.6. erwirbt MU jeweils 100 % der Anteile an der TU-1 und der TU-2. In den Kauf- und Abtretungsverträgen ist Folgendes bestimmt:
> - Vertrag über TU-1: Der Kaufpreis beträgt 1.060, das Eigenkapital der TU (Buchwert = Zeitwert) 260 per 30.6. Darin enthalten ist ein Betrag von 60 aus dem Gewinn des ersten Halbjahres. Gewinne der TU-1 stehen MU bereits ab Jahresanfang zu.
> - Vertrag über TU-2: Der Kaufpreis beträgt 1.000, das Eigenkapital der TU (Buchwert = Zeitwert) 260 per 30.6. Die Gewinne des ersten Halbjahres stehen noch dem Veräußerer zu, an den ein entsprechender Betrag nach Erwerb noch auszuschütten ist.
>
> Die Konsequenzen sind wie folgt:
> - Im Falle der TU-1 beträgt das erworbene Vermögen 260, der *goodwill* somit 800 (1.060 – 260).
> - Im Falle der TU-2 erwirbt MU ein mit einer Ausschüttungsverpflichtung zugunsten des Altgesellschafters belastetes Vermögen. Unter Berücksichtigung dieser bereits bei der Erstkonsolidierung zu passivierenden Schuld beträgt das erworbene Nettovermögen nur 200, der *goodwill* wie in Fall 1 also 800 (1.000 – 260 – 60).

Lüdenbach

Eine Vereinbarung, wonach dem Erwerber auch die „Altgewinne" zustehen, führt somit nicht zu einer Vorverlagerung des Erwerbszeitpunktes. Die „Altgewinne" bleiben **vorkonzernliche** Gewinne, die nicht in die Konzern-GuV eingehen. Lediglich der Umfang des Erstkonsolidierungs**vermögens** sowie ggf. der **Kaufpreis** werden beeinflusst. Wird die Gewinnbezugsabrede zutreffend im Kaufpreis berücksichtigt, bleibt der *goodwill* unberührt. Ist der Kaufpreis ohne Rücksicht auf die Gewinnbezugsrechte zustande gekommen, variiert mit dem Erstkonsolidierungsvermögen die Höhe des *goodwill*.

27 Im Falle **vertraglicher Rückwirkungen** ist u.E. der frühere vereinbarte Eigentumsübergangszeitpunkt ohne weiteres dann heranzuziehen, wenn zu diesem Zeitpunkt tatsächlich **Besitz, Kontrolle, Fruchtziehungsrecht** usw. übergegangen sind. Hingegen wird man Fälle ohne tatsächlichen früheren Besitzübergang unter dem Gesichtspunkt früherer **faktischer Übertragungsverpflichtung** und faktischen Geschäftsgebarens im Zwischenzeitraum im Einzelfall würdigen müssen (Rz 29). Eine kurze Rückwirkung kann daneben unter *materiality-* und *cost-benefit-*Gesichtspunkten zulässig sein. So wird man beispielsweise bei einer Einigung am 10. Januar mit Rückwirkung auf den 1. Januar das frühere Datum schon deshalb als Erstkonsolidierungszeitpunkt wählen, weil sich dadurch die Aufstellung eines Zwischenabschlusses auf das spätere Datum erübrigt.

28 Im Falle der gesellschafts- oder kartellrechtlichen **Genehmigungsvorbehalte** kommt es u.E. auf den Inhalt der Vereinbarungen für den Schwebezeitraum an. Ist der Veräußerer gehalten, im Schwebezeitraum **(quasi-)treuhänderisch** zu handeln, wesentliche Investitions-, Personalentscheidungen usw. nicht oder nur in Absprache mit dem Erwerber zu treffen, so ist u.U. ein Übergang bereits **vor** dem Genehmigungsdatum denkbar.

Verallgemeinert stellt sich hier die Frage, welches Datum als Erwerbszeitpunkt in Frage kommt, wenn zwischen Verhandlung über und dinglichem Vollzug des Erwerbs eine Reihe von Zwischenschritten liegt. Zur Veranschaulichung dieses Problems ist in Abb. 1 der **Erwerbsprozess als Zeitstrahl** wiedergegeben. Entscheidend sind die wirtschaftlichen Wirkungen der einzelnen Erwerbsschritte, die mit ihrer rechtlichen Qualität zwar tendenziell, aber nicht als Eins-zu-eins-Beziehung zusammenhängen.

Abb. 1: Erwerbsprozess als Zeitstrahl

- **Frühester Erwerbszeitpunkt** ist in der Regel die **Unterzeichnung** des Kaufvertrages, mit dem nicht oder nur noch eingeschränkt umkehrbare

Erwerbsansprüche entstanden sind. Als noch früherer Erwerbszeitpunkt kommt ausnahmsweise die tatsächliche Einigung und/oder ein *Memo of Understanding* in Frage, wenn dadurch faktische Erwerbszwänge (z. B. Rufschädigung durch Rücknahme einer den Kauf ankündigen Ad-hoc-Meldung) oder rechtliche Pflichten (Schadenersatzpflicht bei Abbruch der Verhandlung) entstehen.

- **Spätester Erwerbszeitpunkt** ist der **dingliche Vollzug** des Erwerbs durch Abtretung der Anteile *(share deal)* oder Übertragung des Eigentums am vertragsgegenständlichen Vermögen *(asset deal)*. Eine evtl. noch spätere Zahlung des Kaufpreises ist unerheblich. Soweit die Abtretung/ Eigentumsübertragung zwar sofort, aber zunächst schwebend unwirksam erfolgt und zur Erlangung der Wirksamkeit noch bestimmter Genehmigungen bedarf, ist als spätester Erwerbszeitpunkt das Vorliegen aller Genehmigungen anzunehmen. Stellen Behördengenehmigungen nur eine Formalität dar, d. h., ist mit an Sicherheit grenzender Wahrscheinlichkeit eine auflagenfreie Genehmigung zu erwarten, erfolgt der Erwerb bereits mit Vereinbarung der Abtretung.

- Die Entscheidung zwischen Kaufvertragszeitpunkt (Verpflichtungsgeschäft) oder dem Zeitpunkt seines wirksamen Vollzugs (dingliches Geschäft) bereitet dann Probleme, wenn die **Rechte des Veräußerers im Zwischenzeitraum beschränkt** sind. Soweit der **Veräußerer** wesentliche Investitions-, Kredit-, Personalentscheidungen nur noch in Absprache mit dem Erwerber treffen darf, hat er i. d. R. die alleinige Kontrolle verloren, da er über die Geschäfts- und Finanzpolitik nicht mehr allein entscheiden kann. Andererseits kann auch der Erwerber in diesem Zwischenzeitraum noch keine neuen Strategien, riskante Geschäftsmodelle etc. etablieren. Der **Erwerber** hat eher ein **Vetorecht** als Gestaltungsbefugnisse. Aus formaler, rechtlich orientierter Sicht würde daher der Zwischenzeitraum häufig als ein Zustand **gemeinsamer** Kontrolle zu kennzeichnen sein. Der Begriff der Kontrolle hat jedoch zwei Dimensionen. Die Beherrschung über ein Unternehmen übt nicht schon derjenige aus, der die Geschicke des Unternehmens rechtlich bestimmt, es kommt ebenso darauf an, in wessen Interesse bzw. zu wessen Nutzen sie bestimmt werden (→ § 32 Rz 8ff.). Aus dieser Sicht ist der Zwischenzeitraum zwischen Vertrag und Vollzug einer **Einzelfallwürdigung** zu unterziehen. Soweit dabei schon die Interessen des Erwerbers im Vordergrund stehen, kann eine frühere Erlangung der Kontrolle möglich sein. Irrelevant ist hingegen unter *substance-over-form*-Gesichtspunkten die rechtliche Gestaltung des Schwebezustandes, also etwa die Frage, ob eine kartellrechtliche Genehmigung auflösende Bedingung eines rechtlich schon vollzogenen Erwerbs oder aufschiebende Bedingung für den Erwerb ist.

Lüdenbach

29 Zum Ganzen folgendes Beispiel:

> **Beispiel**
>
> **Sachverhalt**
> Die M AG erwirbt mit notarieller Urkunde vom 10. August 01 100 % der Anteile an der T GmbH von der A AG. Die Urkunde sieht Folgendes vor:
> - Übergang von **Besitz, Nutzen und Lasten zum 1. August 01.** Alle Ergebnisse bis zum 31.7.01 stehen noch der A AG zu (Ende Juli 01 haben M und A abgestimmte Ad-hoc-Meldungen über den bevorstehenden Verkauf veröffentlicht).
> - Rechtswirksamkeit der Anteilsübertragung mit **kartellrechtlicher Genehmigung** (diese erfolgt im November 01).
> - Im **Zwischenzeitraum** bis zur kartellrechtlichen Genehmigung hat die A AG die Geschäfte der T GmbH mit der Sorgfalt eines ordentlichen Kaufmanns **im Interesse der M GmbH** so zu führen, dass das Anlagevermögen in einem ordentlichen und betriebsbereiten Zustand verbleibt. Größere Investitionen, Neueinstellungen, Entlassungen usw. sollen ebenso wie Änderungen von Produktionsverfahren, der Abschluss von Risikogeschäften, die Umschuldung von Darlehen usw. unterbleiben oder nur nach vorheriger Zustimmung der M AG vorgenommen werden dürfen. Die M AG hat ein Initiativrecht für solche Geschäfte, d. h., sie darf die A AG innerhalb bestimmter Grenzen entsprechend anweisen, muss die A AG aber im Falle eines von ihr nicht verschuldeten Scheiterns der Anteilsübertragung so stellen, als ob dieses Geschäft nicht getätigt worden wäre. Als Sicherheit dient der A AG eine erhebliche Anzahlung auf den Kaufpreis.
>
> **Beurteilung**
> Die A AG verliert spätestens am 10. August 01 die Kontrolle über die T GmbH, da sie im Zeitraum bis zur kartellrechtlichen Genehmigung nur formell die Geschicke der T GmbH bestimmen kann, tatsächlich aber wie ein **uneigennütziger Treuhänder** die Geschäfte im Interesse der M AG führen muss. Schon vor der rechtlichen Wirksamkeit der Anteilsübertragung geht daher bei wirtschaftlicher Betrachtung die Kontrolle auf die M AG über. Möglicherweise ist der Kontrollübergang sogar bereits auf den 1. August 01 erfolgt. Zu diesem Zeitpunkt bestanden im Hinblick auf die öffentliche Bekanntmachung (Ad-hoc-Meldung) bereits **faktische Verpflichtungen.** In analoger Anwendung des Rechtsgedankens aus IAS 37.14a und IAS 37.72b sowie nach dem Grundsatz *substance over form* wird daher nicht auf die Rechtsverbindlichkeit der Anteilsübertragungsverpflichtung durch Beurkundung, sondern auf die frühere faktische Einigung abgestellt werden können. Unter dem Gesichtspunkt der *materiality* ist dies mindestens bei einem verhältnismäßig kurzen Zeitraum zwischen früher vereinbartem Übergang und Beurkundung vertretbar.

Lüdenbach

> **Variante**
> Das Kartellamt verweigert im November endgültig die Genehmigung. Zur Anteilsübertragung kommt es nicht.
> Die A AG hat bei rückwirkender Betrachtung nicht wirklich in der Art einer uneigennützigen Treuhand gehandelt, da sie die Erfolge des Zwischenzeitraums anders als im Falle der Genehmigung nicht an die M AG abführen muss.
> Eine Erstkonsolidierung zum August und Entkonsolidierung im November würde bei nachträglicher Betrachtung den Gesamtvorgang nicht zutreffend wiedergeben (und wäre überdies aufwändig und wenig praxisgerecht). Falls Quartalsabschlüsse (→ § 37) erstellt wurden und deshalb tatsächlich schon eine Erstkonsolidierung erfolgt ist, scheint ein „fehlerkorrigierendes" *restatement* sachgerecht (→ § 24 Rz 16).

Die Auswirkungen, die eine unterschiedliche Bestimmung des Erwerbs- und Transaktionszeitpunktes für die Höhe der Anschaffungskosten haben kann, werden unter Rz 38 dargestellt.

2.4 Bestimmung der Anschaffungskosten

2.4.1 Kaufpreisstundung
Wird der Kaufpreis erst deutlich nach dem Erwerbszeitpunkt entrichtet, ist er nach IFRS 3.26 zur Ermittlung der Anschaffungskosten **abzuzinsen**. Als Abzinsungssatz können die Grenzfremdkapitalkosten des Erwerbers dienen.[9]

2.4.2 Anschaffungsneben- und Emissionskosten
In die Anschaffungskosten (→ § 8 Rz 11ff.) sind gemäß IFRS 3.29 zusätzlich zur Leistung an den Erwerber auch **direkt zurechenbare Kosten** des Unternehmenserwerbs einzubeziehen. Beispielhaft werden **Honorare** für Wirtschaftsprüfer, Rechtsberater, Gutachter und andere im Zusammenhang mit dem Unternehmenserwerb tätige Berater genannt. Somit gehören z. B. auch Kosten einer *due diligence* zu den Anschaffungskosten ebenso Grunderwerbsteuern.
Nicht einzubeziehen sind folgende Kosten:

- **Verwaltungsgemeinkosten**, die z. B. als Personalkosten in einer Abteilung *mergers and acquisitions* entstehen; sie sind **aufwandswirksam** zu verbuchen;[10]

---

[9] HEUSER/THEILE, IAS/IFRS-Handbuch, 2. Aufl., Tz 1619.
[10] HEUSER/THEILE, IAS/IFRS-Handbuch, 2. Aufl., Tz 1624, weisen darauf hin, dass nach IFRS 3.29 „any costs directly attributable to the business combination" zu aktivieren sind, daher Einzel- und variable Gemeinkosten einer M&A-Abteilung. Deren praktische Relevanz ist allerdings gering, da die mit einem Unternehmenserwerb befassten internen Kräfte typischerweise nicht in einer mit dem speziellen Unternehmenserwerb variierenden Weise vergütet werden. Dem einzelnen Erwerb zurechenbare variable Sachkosten (etwa Reisekosten) sind andererseits in aller Regel nicht wesentlich.

Lüdenbach

- Kosten der Eigenkapitalausgabe (**Emissionskosten**) beim Erwerb durch Anteilstausch, Kapitalerhöhung usw.; diese Kosten sind vom **Eigenkapital abzuziehen** (IFRS 3.31).

Die **Grenze** zwischen direkt zurechenbaren Einzelkosten und nicht berücksichtigungsfähigen **Gemeinkosten** ist nicht identisch mit der zwischen **variablen** und **fixen** Kosten.

> **Beispiel**[11]
> Für einen Zeitraum von 2 Monaten sind 3 fest angestellte Mitarbeiter der M&A Abteilung fast ausschließlich mit *due diligence*, Vertragsverhandlungen etc. für den Erwerb X beschäftigt.
> Die Personalkosten für 3 x 2 Monate sind zu aktivieren. Sie sind zwar fix, aber direkt zurechenbar.
> Nicht direkt zurechenbar und daher nicht berücksichtigungsfähig sind hingegen die Sachkosten für Büroräume, EDV-Ausrüstung etc.

Die **Abgrenzung** von Anschaffungsneben- und Emissionskosten kann im Einzelfall schwierig sein. Auch aus *materiality*-Gründen sind dann pragmatische Entscheidungen vorzunehmen.

> **Beispiel**
> Die TU GmbH wird gegen Kapitalerhöhung in die MU AG eingebracht. Im Rahmen der Einbringung entstehen u. a. Kosten für die aktienrechtliche Prüfung der Werthaltigkeit der eingebrachten Anteile, für die notarielle Beurkundung der Abtretung der GmbH-Anteile und deren Registeranmeldung, für die Ausgabe der neuen Aktien und für Grunderwerbsteuer.
>
> **Beurteilung**
> - **Grunderwerbsteuer**, Notar- und (die GmbH betreffende) Handelsregisterkosten wären auch dann entstanden, wenn der Erwerb der GmbH-Anteile gegen Geld und nicht durch Ausgabe junger Aktien erfolgt wäre. Sie sind daher als Anschaffungsnebenkosten zu berücksichtigen.
> - Die Kosten für die **Ausgabe** der neuen Aktien sind demgegenüber gegen den Kapitalerhöhungsbetrag zu verrechnen.
> - Pragmatisch ist hinsichtlich der Kosten der **Werthaltigkeitsprüfung** zu entscheiden: Einerseits ist sie aktienrechtlich durch die Ausgabe der jungen Aktien veranlasst, andererseits sind Wertfeststellungen auch unabhängig von dieser Vorgabe notwendig *(due diligence)*. Tritt die Werthaltigkeitsprüfung neben eine *due diligence*, können die Kosten gegen Eigenkapital verrechnet werden. Trägt die Prüfung Züge einer ansonsten nicht stattfindenden *due diligence*, ist eine Behandlung als Anschaffungsnebenkosten sachgerecht.

---

[11] Nach KMPG, Insights into IFRS, 3. Aufl., 2006, Tz 2.6.290.40.

Die Einbeziehung von Anschaffungs**nebenkosten** bzw. der Verzicht auf eine aufwandswirksame Behandlung bewirkt indirekt eine Erhöhung des *goodwill,* wie sich am Beispiel der Grunderwerbsteuer darstellen lässt. Diese entsteht nicht nur beim *asset deal,* sondern z. B. auch bei Erwerb von mindestens 95 % der Anteile an einer Gesellschaft, die Grundvermögen hält. Die **Grunderwerbsteuer** ist weder Aufwand noch bei den zugehenden Grundstücken zu aktivieren, da diese wie alle Vermögenswerte mit ihrem *fair value* vor Transaktionskosten zu bewerten sind. Die Grunderwerbsteuer zählt vielmehr zu den Anschaffungsnebenkosten des Unternehmenserwerbs. Bei gegebenem *fair value* erhöht sie damit die Differenz zum Nettovermögen. Sie wird damit rechnerisch Teil des *goodwill.* Wirtschaftlich lässt sich diese Wirkung der Regelungen von IFRS 3 nur durch die Annahme rechtfertigen, dass der Erwerber ohne Grunderwerbsteuerpflicht einen entsprechend höheren Kaufpreis gezahlt hätte.

2.4.3 Anschaffung gegen Tausch von Anteilen oder anderen Vermögenswerten

Die Anschaffungskosten bestimmen sich gemäß IFRS 3.24 im einfachsten Fall aus den hingegebenen Zahlungsmitteln oder Zahlungsmitteläquivalenten. Wird der Erwerb (teilweise) durch den **Tausch** von Anteilen oder anderen Vermögenswerten abgewickelt, ist deren beizulegender **Zeitwert** zum Transaktionszeitpunkt *(date of exchange)* maßgeblich. Beim Erwerb in einem Schritt ist dieser Zeitpunkt mit dem Erwerbszeitpunkt *(acquisition date)* identisch (→ § 8 Rz 47).

34

Für den Erwerb durch die **Ausgabe eigener börsengängiger Wertpapiere** ergeben sich die Anschaffungskosten aus dem Börsenkurs zum Transaktionszeitpunkt, es sei denn, ein enger Markt *(thinness of the market)* macht den Börsenkurs der Wertpapiere zu einem unzuverlässigen Indikator (IFRS 3.27).

35

Gilt der Kursverlauf des Wertpapiers in der Vergangenheit trotz Marktenge als zuverlässiger Wertindikator, ist es in der Nähe des Transaktionszeitpunktes aber zu **außergewöhnlichen Kursschwankungen** gekommen, können die Preise während einer angemessenen Zeit vor oder nach der Veröffentlichung der Bedingungen des Unternehmenserwerbs heranzuziehen sein.

36

Gilt der Kursverlauf wegen der Marktenge generell als nicht hinreichend zuverlässig oder **fehlt** es überhaupt an einer **Börsennotierung,** ist der Zeitwert der ausgegebenen Anteile zu schätzen. Hierbei kommt auch eine **umgekehrte Wertermittlung** in Frage. Sind die vom Erwerber hingegebenen Anteile nicht börsennotiert, die erworbenen Anteile hingegen börsennotiert und ist deshalb deren Wert klarer zu ermitteln, determiniert der letztgenannte Wert den Kaufpreis (IFRS 3.27). Dies gilt auch für den Erwerb von assoziierten Unternehmen (→ § 33 Rz 45).

37

Lüdenbach

Zum Ganzen Abb. 2 und das nachfolgende Beispiel:

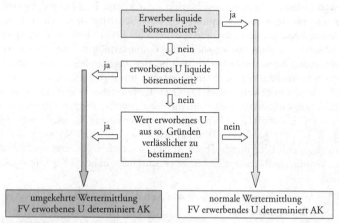

Abb. 2: Wertermittlung bei Anteilstausch

> **Beispiel**
> Die größere börsennotierte **A AG**, schon länger im Besitz von 46 % der Anteile der kleineren B AG, erwirbt gegen Anteilstausch (Kapitalerhöhung) weitere 5 % der Aktien der B AG von einer Investorengruppe. Beide Gesellschaften sind börsennotiert.
> Wegen eines geringen *free floats* sind die börsentäglichen Umsätze in der A-Aktie absolut etwa gleich groß wie die in der B-Aktie, relativ zur jeweiligen Gesamtkapitalisierung aber sehr viel kleiner.
> Der Kurs der A-Aktie ist vor allem an Tagen mit überdurchschnittlichen Umsätzen volatiler als der der B-Aktie.
> Die A AG muss mit Erwerb der Mehrheit eine Erstkonsolidierung durchführen.
> Für die alten Anteile (46 %) bestimmen sich die **Anschaffungskosten** nach den alten Erwerbszeitpunkten.
> Für die neuen Anteile sind die jetzigen Anschaffungskosten maßgeblich, und zwar vorbehaltlich einer abweichenden Gesamtwürdigung eher der **Kurs der B-Aktie**. Beträgt der Gesamtkurswert der neu erworbenen B-Aktien beispielsweise 1 Mio., der der neu geschaffenen A-Anteile hingegen 1,1 Mio., so sind 1,0 Mio. und nicht 1,1 Mio. Anschaffungskosten die Basis für die (anteilige) Aufdeckung stiller Reserven und für den (anteiligen) *goodwill* im Konzernabschluss. Entsprechendes gilt dann auch für den Beteiligungsansatz im Einzelabschluss, sofern dieser überhaupt zu Anschaffungskosten erfolgt.

38 Anschaffungskosten sind auf den **Transaktionstag** *(date of exchange*, Rz 23) zu bestimmen. Auf diesen Stichtag ist auch die Bewertung hingegebener Anteile

Lüdenbach

vorzunehmen, **es sei denn**, der **Stichtagswert** ist wegen Marktenge **kein zuverlässiger Indikator**. Dies kann insbesondere dann der Fall sein, wenn die vorhergehende Veröffentlichung der anstehenden Transaktionen den Kurswert der vom Erwerber hingegebenen Anteile stark beeinflusst. In diesem Fall ist es sachgerecht, die Kurse vor und nach der Veröffentlichung zu analysieren. Soweit danach ein Abweichen vom Börsenkurs hingegebener Anteile am Transaktionstag erfolgen muss, ist diese Abweichung im Anhang anzugeben, zu quantifizieren und zu begründen (IFRS 3.67d).

Zum Ganzen folgendes Beispiel in Fortsetzung zu Rz 29:

39

> **Beispiel**
> Die börsennotierte M AG erwirbt mit notarieller Urkunde vom 10. August 01 100 % der Anteile an der T GmbH von der A AG. Die Urkunde sieht Folgendes vor:
> - Übergang von Besitz, Nutzen und Lasten zum 1. August 01. Alle Ergebnisse bis zum 31.7.01 stehen noch der A AG zu. Am 20. Juli 01 haben M und A abgestimmte Ad-hoc-Meldungen über den bevorstehenden Verkauf veröffentlicht.
> - Rechtswirksamkeit der Anteilsübertragung mit kartellrechtlicher Genehmigung (diese erfolgt am 20. November 01).
> - Im Zeitraum bis zur kartellrechtlichen Genehmigung hat die A AG die Geschäfte der T GmbH mit der Sorgfalt eines ordentlichen Kaufmanns im Interesse der M AG und bei allen wesentlichen Entscheidungen nur mit vorheriger Zustimmungen der M AG zu führen. Die M AG hat ein Initiativrecht für solche Geschäfte, d. h., sie darf die A AG innerhalb bestimmter Grenzen entsprechend anweisen, muss die A AG aber im Falle eines von ihr nicht verschuldeten Scheiterns der Anteilsübertragung so stellen, als ob dieses Geschäft nicht getätigt worden wäre.
> - Der Kaufpreis wird durch Hingabe von 1 Mio. M-Aktien entrichtet. Die M-Aktie notiert wie folgt:
> - am 17. Juli mit 47
> - am 18. Juli mit 48
> - am 19. Juli mit 50
> - am 20. Juli (Ad-hoc-Meldung) mit 60 (u. a. weil nach Investoren- und Analystenmeinung der Erwerb der T GmbH die strategischen Aussichten der M AG entscheidend verbessert)
> - am 1. August (Rückwirkungsdatum) mit 55 (der ersten Euphorie folgt erste Ernüchterung)
> - am 10. August (Vertrag) mit 58 (erneute Euphorie)
> - am 20. November (Rechtswirksamkeit) mit 40 (allgemeine Baisse).
>
> Die Anschaffungskosten sind auf den Transaktionstag, d. h. den Tag des Übergangs der Kontrolle, zu bestimmen. Wegen des treuhandähnlichen Verhältnisses bis zur kartellrechtlichen Genehmigung ist dies u.E. spätestens der 10. August. Auch der 1. August ist u.E. vertretbar (Rz 29).

Lüdenbach

> Wird als **Transaktionstag** der 10. August bestimmt, stellt sich noch die Frage, ob als Anschaffungskosten und damit als Grundlage für die *goodwill*-Ermittlung usw. nach dem Kurs dieses Tages 58 Mio. anzusetzen sind oder ob der Kurs vom 19. Juli (**letzter Kurs vor Ad-hoc-Veröffentlichung**) ein besserer Indikator für die Bemessungsgrundlage der Anschaffungskosten ist.
> **Beide** Lösungen sind **vertretbar, soweit** eine **Enge des Marktes** für die Aktie *(thinness of the market)* begründet werden kann:
> Für die 58 Mio. spricht die Kurstendenz nach oben schon vor der Ad-hoc-Mitteilung (Kursentwicklung 17. bis 19. Juli). Eine positive Entwicklung des gesamten Aktienmarktes (oder der Branche) in der Zeit zwischen Mitte Juli und 10. August würde diese Argumentation zusätzlich stützen.
> Für die 50 Mio. spricht, dass dies der letzte von dem Erwerb noch nicht beeinflusste Kurs war. In diesem Fall ist die Abweichung von 8 Mio. im Anhang anzugeben und zu begründen.
> Wird als Transaktionstag der 1. August bestimmt, kann entsprechend zwischen 55 Mio. und 50 Mio. gewählt werden.

40 Wie das Beispiel zeigt, verlangt die Anschaffungskostenbestimmung bei der Hingabe von eigenen Anteilen eine Einzelfall- und Gesamtwürdigung und ist damit zum Teil eine Angelegenheit der Gewichtung von **Argumenten**.

2.4.4 Abgrenzung eines *earn-out*-Kaufpreises von Vergütungen für sonstige Leistungen

41 Bei Unternehmenstransaktionen wird neben einer fixen Basiszahlung häufig eine **erfolgsabhängige** Zusatzzahlung vereinbart (*earn-out*-**Klausel**). IFRS 3.32ff. enthält Regelungen, wann und wie solche Zusatzzahlungen in die Erstkonsolidierung einzubeziehen sind (Rz 45).[12]
Die logisch vorgeschaltete Frage, ob die erfolgsabhängigen Zahlungen tatsächlich einen *earn-out* bzw. Kaufpreisbestandteil darstellen, wird im Standard hingegen nicht behandelt. Sie stellt sich insbesondere dann, wenn der Veräußerer zu fortgesetzten Leistungen verpflichtet wird, etwa für eine längere Übergangszeit als Geschäftsführer des veräußerten Unternehmens tätig ist.[13]

> **Beispiel**
> Die V-AG veräußert 100 % der Anteile an dem Beratungsunternehmen T-GmbH an die K-AG zu einem festen Kaufpreis von 1.000. Da das Geschäft der T-GmbH stark personenabhängig ist, vereinbaren die Parteien, dass der bisherige Geschäftsführer GF, der aus dem V-Konzern nicht ausscheiden soll und möchte, für zwei Jahre in der T-GmbH tätig bleibt. Die K-AG hat der V-AG für diese „Personalgestellung" die fixe Jahresvergütung

---

[12] Die nachfolgenden Überlegungen sind überwiegend entnommen: LÜDENBACH/VÖLKNER, BB 2006, S. 1435ff.
[13] Vgl. auch WEISER, WPg 2005, S. 269.

> des GF in Höhe von 200 zu erstatten. Darüber hinaus erhält die V-AG eine ergebnisabhängige Vergütung in Höhe von 300, falls über die 2 Jahre ein definiertes Ergebnisziel erreicht wird.
> Unklar ist, ob die erfolgsabhängige Zahlung Kaufpreisbestandteil oder als Geschäftsführungsvergütung zu qualifizieren ist. Folgendes ist beurteilungserheblich:
> - Die Vergütung des Geschäftsführers ist, wenn nur der fixe Teil betrachtet wird, im Fremdvergleich unangemessen niedrig.
> - Eine DCF-Bewertung verschiedener Szenarien führt zu Unternehmenswerten zwischen 800 und 1.100.

Bilanzielle Folgen hat die Qualifikation der erfolgsabhängigen Zahlung sowohl beim Erwerber wie beim Veräußerer:
- **Erwerber:** Werden die variablen Zahlungen als Teil der Anschaffungskosten qualifiziert, erhöhen sie den nach IFRS 3.51 anzusetzenden *goodwill;* erfolgt umgekehrt eine Beurteilung als Vergütung für Geschäftsführung, Personalgestellung usw., sind sie als Aufwand zu buchen.
- **Veräußerer:** Werden die variablen Zahlungen als Teil des Veräußerungserlöses angesehen, erhöhen sie nach IAS 27.30 den Entkonsolidierungsgewinn, bei Interpretation als Entgelt für Personalgestellung etc. sind sie hingegen sonstiger Ertrag.

IFRS 3 (Erwerber) und IAS 27 (Veräußerer) behandeln die Frage, wie Anschaffungskosten des Unternehmenserwerbs bzw. Erlöse aus dem Unternehmensverkauf von sonstigen Vergütungen abzugrenzen sind, nicht. Zur Ausfüllung der Regelungslücke ist gem. IAS 8.11(a) auf andere Standards zurückzugreifen, die sich mit ähnlichen Sachverhalten befassen. Relevant ist insbesondere IAS 18.13. Danach kann es unter *substance-over-form*-Gesichtspunkten erforderlich sein,
- ein **formal** (zivilrechtlich) **einheitliches** Geschäft bilanzrechtlich als eine Mehrzahl von Transaktionen (*multi-element transaction* bzw. **Mehrkomponentengeschäft**) oder
- umgekehrt **formal getrennte** Geschäfte bilanzrechtlich als einen **einheitlichen** Geschäftsvorfall zu würdigen.

Explizit bezieht sich IAS 18.13 zwar nur auf Abgrenzungsfragen aus Sicht des Veräußerers (→ § 25 Rz 66). Unserer Ansicht nach gilt er aber gleichermaßen für den Erwerber.

Die Regelungen von IAS 18 sind jedoch nur rudimentär, liefern eher eine **Beschreibung** des Problems als dessen **Lösung**. Eine ausreichende Lückenfüllung gelingt nicht. Daher kann in Anwendung von IAS 8.12 ergänzend auf die konkreteren **US-GAAP**-Regeln zurückgegriffen werden. Nach EITF 95-8[14]

---

[14] EITF 95-8 Acounting for Contingent Consideration Paid to the Shareholders of on Acquired Enterprise, in a Purchase Business Combination.

Lüdenbach

sind u. a. folgende Faktoren bei der Abgrenzung zwischen Kaufpreis und Vergütung für sonstige Leistungen zu beachten:
- **Angemessenheit** der nicht erfolgswirksamen Vergütung der **sonstige Leistungen,**
- Höhe der fixen Kaufpreiszahlung im Verhältnis zur **Bewertungsbandbreite** für das **erworbene Unternehmen.**

Im Beispiel unter Rz 41 kommt es danach darauf an, ob die Vergütung für die Geschäftsführungsleistung ohne Einbeziehung der variablen Komponente im Fremdvergleich zu niedrig ist und ob der fixe Kaufpreis schon am oberen Ende des Intervalls möglicher Unternehmenswerte liegt. Wird beides bejaht, ergibt sich ein eindeutiges Ergebnis: Die erfolgsabhängige Vergütung ist kein *earn-out*, sondern Geschäftsführungsvergütung. In vielen Fällen ist die Würdigung unter Mehrkomponentengesichtspunkten jedoch nicht so eindeutig, sondern „a *matter of judgement that depends on the relevant facts and circumstances*".[15]

44 Auch **außerhalb** des in EITF 95-8 im Vordergrund stehenden Geschäftsführungsfalls können sich Abgrenzungsprobleme zum Kaufpreis ergeben. Dazu folgendes Beispiel:

> **Beispiel**
> Die V-AG ist hauptsächlich Kapitalanlagevermittler. In der Vergangenheit hat sie in geringem Umfang auch durch die eigene Tochtergesellschaft B-GmbH errichtete Immobilien vertrieben. Im Rahmen der Fokussierung auf die Kapitalanlagevermittlung veräußert die V-AG ihre Bausparte an das Bauunternehmen K-AG. Die Parteien vereinbaren im Kaufvertrag einen Gesamtkaufpreis, der in einem Teilbetrag unbedingt und sofort zahlbar ist, in einem weiteren davon abhängt, dass die V-AG für einen Zeitraum von 3 Jahren ab dem *closing date* weiterhin in einem bestimmten Mindestumfang (die Hälfte des bisherigen Vermittlungsvolumens) von der B-GmbH errichtete Immobilien an Kapitalanleger vermittelt. Unabhängig von der Erreichung dieses Gesamtziels erhält die V-AG auf Basis eines Maklerrahmenvertrags für jede einzelne Vermittlungsleistung den branchenüblichen Provisionssatz.

Die zivilrechtliche Bezeichnung und Behandlung der variablen Zahlung ist nach dem Grundsatz *substance over form* unerheblich. Eine wirtschaftliche Betrachtung ist notwendig. Sie steht vor folgendem **Abwägungsproblem:**
- Dass die V-AG für ihre Vermittlungstätigkeit bereits eine Einzelvergütung erhält, die für sich betrachtet ein marktübliches Niveau erreicht, spricht **gegen** die Qualifizierung der erfolgsabhängigen Vergütung als Vermittlungsentgelt und für einen Kaufpreisbestandteil (*earn-out*).
- Dieser Qualifizierung steht allerdings entgegen, dass *earn-out*-Klauseln i. d. R. an Erfolgsgrößen des Veräußerungsobjekts wie z. B. den Umsatz

---

[15] EITF 95-8, EITF Discussion.

Lüdenbach

oder das EBIT anknüpfen. Die bedingte Zahlung im Beispiel ist hingegen von der eigenen Vermittlungsleistung des Veräußerers abhängig und insbesondere nicht mit Gesamtgrößen saldierungsfähig. Bleibt etwa der Gesamtumsatz des Veräußerungsobjekts hinter den Erwartungen der Parteien zurück, vermittelt aber der Veräußerer die Hälfte des bisherigen Durchschnittsumsatzes, hat er Anspruch auf seine Zusatzvergütung: Übertrifft der Gesamtumsatz alle Erwartungen, hat aber der Veräußerer weniger beigetragen als vereinbart, verfällt sein Anspruch.

Da somit Gründe für wie gegen das Vorliegen eines *earn-out* sprechen, ist nach der **ökonomischen Zielsetzung** der Regelung, also danach zu fragen, warum die Parteien keine Abhängigkeit vom Gesamtumsatz vereinbart haben. Erklärend könnte sein, dass der Veräußerer Gesamtgrößen wie Umsatz oder EBIT nicht beeinflussen kann. Eine entsprechende Regelung würde daher den Zweck von *earn-out*-Klauseln, Informationsasymmetrien zwischen Veräußerer und Erwerber abzubauen sowie gleichzeitig dem Vertragsgeist nicht entsprechende Handlungen des Erwerbers zu vermeiden, nur unzureichend erfüllen. Dies könnte erklären, warum eine spezifischere (*earn-out-*)Klausel zur Anwendung gelangt. Allerdings ist zuzugestehen, dass die **Grenzen** zwischen als Kaufpreis zu wertenden *earn-out*-Klauseln und Vergütungen für sonstige Leistungen in vielen Fällen **nicht eindeutig** zu ziehen, Abgrenzungsentscheidungen also stark **einzelfall-** und **ermessens**abhängig sind.

2.4.5 Kontingente/ungewisse Anschaffungskosten, nachträgliche Änderung der Anschaffungskosten

Ein Vertrag über einen Anteils- oder Unternehmenserwerb kann vorsehen, dass der Kaufpreis angepasst wird, wenn

- das erworbene Unternehmen in einem bestimmten Zeitraum nach dem Erwerb bestimmte **Erfolgsziele** unter- oder überschreitet *(earn-out-Modelle)* oder
- die als Kaufpreis(-bestandteil) hingegebenen Anteile innerhalb einer bestimmten Frist bestimmte **Kurswerte** unterschreiten.
- Daneben kann der Kaufvertrag Vermögens- bzw. **Eigenkapitalgarantien** enthalten, deren Nichtwahrung zu Kaufpreiserstattungen führt (Rz 51).

Bei vertraglicher *earn-out*-Regelung ist vorab zu klären, ob tatsächlich ein erfolgsabhängiger Kaufpreis vorliegt oder ein Mehrkomponentengeschäft (Rz 41), in dem der Veräußerer neben der Übertragung des Erwerbsobjekts auch unterscheidbare sonstige Leistungen verspricht **und dafür ein Entgelt erhält.**[16]

Nur *earn-out*-Klauseln und Kursgarantien werden als Fälle ungewisser Anschaffungskosten *(cost contingent on future events)* explizit in IFRS 3 behandelt. Hierbei wird vorrangig eine Einbeziehung der bereits im Erwerbszeitpunkt

---

[16] Vgl. dazu WEISER, WPg 2005, S. 269, sowie EITF 98-8 Accounting for Contingent Consideration Paid to the Shareholders of on Acquired Enterprise, in a Purchase Business Combination.

Lüdenbach

wahrscheinlichen und verlässlich zu schätzenden Anpassungen von Anfang an in die Anschaffungskosten verlangt (IFRS 3.32). Als Regelfall *(usual possibility)* wird eine verlässliche Schätzmöglichkeit unterstellt. Einige verbleibende Unsicherheiten sollen dem nicht entgegenstehen. Bei einer späteren Revision der ursprünglichen Annahmen sind die Anschaffungskosten anzupassen (IFRS 3.33). Die Anpassung ist rückwirkend auf den Erwerbszeitpunkt vorzunehmen. Die Buchungen führen zur Erhöhung oder Minderung von Verbindlichkeiten (oder Forderungen) gegenüber dem Veräußerer. Hinsichtlich des **Gegenkontos** ist zu unterscheiden:

- Im Falle einer *earn-out*-**Klausel** erhöht oder vermindert sich der bar zu zahlende Kaufpreis, so dass bei gegebenem Erstkonsolidierungsvermögen sich die Residualgröße *goodwill* entsprechend erhöht oder vermindert (IFRS 3.34).
- Im Falle einer **Kursgarantie** für ausgegebene **Anteile** soll sich der den ausgegebenen Anteilen zuzuordnende Wert erhöhen. Die Gegenbuchung erfolgt daher im Eigenkapital (regelmäßig in der Kapitalrücklage) (IFRS 3.35).
- Im Falle einer Kursgarantie für ausgegebene **Schuldinstrumente** (Anleihen) wird der zusätzliche oder geminderte Betrag wie ein Emissionsdisagio oder -agio behandelt und über die Restlaufzeit als Zinsaufwand bzw. Minderung des Zinsaufwands verteilt (IFRS 3.35).

Zu den beiden ersten Fällen folgendes Beispiel:

Beispiel
MU erwirbt Anfang 01 TU. Das Vermögen der schuldenfreien TU (Buchwert = Zeitwert) beträgt 100.

1. *Earn-out*-Variante
MU zahlt einen festen Kaufpreis von 150 sowie je nach Ergebnis der TU in Periode 01 und 02 einen erfolgsabhängigen Preis von maximal 25.
a) MU unterstellt Anfang 01 das Eintreten der Erfolgsbedingungen. Er bucht daher (Abzinsungen vernachlässigt):

per	Vermögen TU	100	an	Geld	150
	goodwill	75	an	Kaufpreisverbindlichkeit	25

b) Nach einem schlechter als erwartet verlaufenen Jahr 01 geht MU nicht mehr davon aus, den vollen erfolgsabhängigen Kaufpreisanteil zahlen zu müssen, sondern nur die Hälfte. Er bucht daher zum 31.12.01:

per	Kaufpreisverbindlichkeit	12,5	an	*goodwill*	12,5

c) Das Jahr 02 verläuft besser als erwartet, so dass der volle erfolgsabhängige Kaufpreisanteil zu zahlen ist. MU bucht daher zum 31.12.02:

per	*goodwill*	12,5	an	Kaufpreisverbindlichkeit	12,5

Lüdenbach

> **2. Kursgarantie-Variante**
> MU zahlt den Kaufpreis in Aktien, die per Erstkonsolidierung einen Wert von zusammen 175 haben. MU garantiert diesen Wert für 2 Jahre. Soweit der Aktienwert am Ende der 2 Jahre unter 175 liegt, hat U den Differenzbetrag durch Ausgabe zusätzlicher Aktien (alternativ in bar) zu zahlen.
> a) MU unterstellt Anfang 01, dass die Aktien nachhaltig stabil bis steigend bleiben und die Kursgarantie nicht zum Tragen kommen wird. Er bucht daher (Abzinsungen vernachlässigt):
>
> | per | Vermögen TU | 100 | an | Eigenkapital | 175 |
> |---|---|---|---|---|---|
> | | *goodwill* | 75 | | | |
>
> b) In 01 reduziert sich der Wert der Aktien um 12,5 auf 162,5. Eine hinreichende Wahrscheinlichkeit für eine Kurserholung in 02 ist nicht gegeben. MU bucht daher zum 31.12.01:
>
> | per | Eigenkapital | 12,5 | an | Kaufpreis- | 12,5 |
> |---|---|---|---|---|---|
> | | | | | verbindlichkeit | |
>
> c) Das Jahr 02 verläuft besser als erwartet. Die Aktien erreichen mit 170 beinahe wieder den ursprünglichen Kurs. MU bucht daher zum 31.12.02:
>
> | per | Kaufpreis- | 7,5 | an | Eigenkapital | 7,5 |
> |---|---|---|---|---|---|
> | | verbindlichkeit | | | | |
>
> d) Anfang 03 kommt die verbleibende Kursdifferenz von 5 zur Regulierung. MU bucht:
> d1) bei Regulierung durch Ausgabe eigener Aktien:
>
> | per | Kaufpreis- | 5 | an | Eigenkapital | 5 |
> |---|---|---|---|---|---|
> | | verbindlichkeit | | | | |
>
> d1) bei Regulierung durch Geld:
>
> | per | Kaufpreis- | 5 | an | Geld | 5 |
> |---|---|---|---|---|---|
> | | verbindlichkeit | | | | |

Wenn der Eintritt der Bedingungen, die zu einer Kaufpreisanpassung führen würden, zum Zeitpunkt der Erstkonsolidierung **noch nicht wahrscheinlich oder** der Betrag **nicht verlässlich** geschätzt werden kann, so ist eine Anpassung zu dem späteren Zeitpunkt vorzunehmen, zu dem die Bedingung wahrscheinlich wird und der Betrag verlässlich geschätzt werden kann (IFRS 3.34). Die buchungstechnische Behandlung folgt den oben dargestellten Regeln.

Sämtliche **Änderungen** von Einschätzungen, die die Anschaffungskosten betreffen, unterliegen **nicht** den allgemein für Schätzungen oder die Korrektur von Fehlern vorgesehenen Regeln von IAS 8 (→ § 24 Rz 30ff.), sondern den besonderen Vorschriften von IFRS 3 (IFRS 3.63 i. V. m. IAS 3.33ff.).

49 Zum Ganzen folgendes Beispiel:

> **Beispiel**
> Die börsennotierte A erwirbt B gegen Hingabe von 10.000 neuen (eigenen) Anteilen an die Gesellschafter von B. Der Kaufvertrag wird bei einem Kurs der A-Aktien von 100 (= 1 Mio.) abgeschlossen. Dieser Kurs ist auch garantiert. Bei Unterschreiten ist ein entsprechender Ausgleich in bar (oder durch weitere Aktien) zu leisten. Die neuen Anteile haben einen Nominalwert von je 10, d. h. von 0,1 Mio. in Summe.
>
> **Fall A**
> Der Kurs von 100 wird für den Erwerbsstichtag 1.7. garantiert. Zu diesem Zeitpunkt valutiert die Aktie mit 90.
> Die Anschaffungskosten betragen von vornherein 1 Mio. (0,9 Mio. Aktien zum Wert 1.7. + 0,1 Mio. als Barausgleichsverpflichtung).
> Ein Anwendungsfall von IFRS 3.32ff. liegt nicht vor.
> Zum 1.7. ist zu buchen:
>
> | | | | | |
> |---|---|---|---|---|
> | per Vermögenswerte/ Schulden/*goodwill* | 1 Mio. | an | gez. Kapital | 0,1 Mio. |
> | | | an | Kapitalrücklage | 0,8 Mio. |
> | | | an | Verbindlichkeit | 0,1 Mio. |
>
> **Fall B**
> Der **Kurs von 100 wird zum 31.12. garantiert**: Zum 1.7. beträgt der Kurs 100, zum 31.12. nur noch 90.
> Die Erstkonsolidierung erfolgt auf Basis der Anschaffungskosten von 1 Mio., da sich nach Auffassung des Managements der Kursverlauf bis zum 31.12. nicht verlässlich schätzen lässt.
> Nach IFRS 3.35 ist per 31.12. folgende Nachbuchung erforderlich:
>
> per Kapitalrücklage 0,1 Mio. an Verbindlichkeit 0,1 Mio.
>
> Aufgrund der Barausgleichsverpflichtung ist tatsächlich eine um 0,1 Mio. geringere Reinvermögensmehrung eingetreten als zum 1.7. erkennbar.
>
> **Fall C**
> Der **Kurs 100 wird zum 31.12. garantiert**: Zum 1.7. beträgt der Kurs 90, zum 31.12. 80.
> Zum 1.7. wird aufgrund der Garantie ein Wert von 1 Mio. angesetzt (davon 0,1 Mio. als Barausgleichsverpflichtung), nicht in objektiv **unmöglicher** Schätzung zukünftiger Entwicklungen, sondern in Anwendung allgemeiner Grundsätze (Wertverhältnisse des Transaktionstages).
> Zum 31.12. werden weitere 0,1 Mio. gegen Kapitalrücklage nachgebucht (IFRS 3.35).
>
> **Fall D**
> **Ein Kurs von 80 wird zum 31.12. garantiert**: Zum 1.7. beträgt der Kurs 90, zum 31.12. nur noch 75.

Lüdenbach

Zum 1.7. wird nach den Wertverhältnissen des Transaktionstages ein Wert von 0,9 Mio. eingebucht, mithin keine Kaufpreisanpassung für voraussichtliche Entwicklungen vorgenommen.
Zum 31.12. wird ein Betrag von 50.000 nachgebucht, nach IFRS 3.35 durch Kürzung der Kapitalrücklage.

Varianten der Fälle B bis D
Die Garantie erstreckt sich bis zum 31.12. des Folgejahres.
Hier ist ggf. eine erste Anpassungsbuchung zum 31.12.01 und eine zweite zum 31.12.02 vorzunehmen.

Tabelle 2 fasst die Behandlung **kontingenter** Kaufpreise in IFRS 3 zusammen. **50**

	Merkmal	Bilanzierung/ Buchung beim Erwerber
erfolgsabhängige Kaufpreisanpassung (earn-out; IFRS 3.33f.)	Bleibt der (Durchschnitts-)Erfolg (oder eine andere Größe, z. B. *cash flow*) in einem bestimmten Zeitraum nach Erwerb hinter einem Schwellenwert zurück oder/ und geht er über einen anderen hinaus, reduziert/erhöht sich der Kaufpreis.	bei Unterschreiten: „per Forderung gegen Verkäufer an *goodwill*"; bei Überschreiten: „per *goodwill* an Verbindlichkeit gegen Verkäufer"
Wertgarantie hingetauschter Anteile (IFRS 3.33 und 35)	Der Kaufpreis wird mit eigenen Aktien beglichen. Sinkt der Wert der Aktien bis zu einem bestimmten Stichtag, sind entweder zusätzliche Aktien auszugeben oder es ist eine zusätzliche Barzahlung zu leisten.	„per Kapitalrücklage an Kaufpreisverbindlichkeit"

Tab. 2: Kontingente Kaufpreise nach IFRS 3

Nicht explizit in IFRS 3 behandelt werden Fälle der **Eigenkapitalgarantie** des **51** Verkäufers für das übertragene Unternehmen. Entsprechende Verträge sehen eine Kaufpreisreduzierung für den Fall vor, dass das Eigenkapital des erworbenen Unternehmens vom Erwerbsstichtag hinter einer garantierten Summe zurückbleibt. Statt des Eigenkapitals können auch bestimmte Bilanzposten garantiert werden, z. B. eine maximale Höhe von Ausfällen auf den Forderungsbestand. Bei der bilanzmäßigen Behandlung ist wie folgt zu differenzieren:
- **Nichteinhaltung des garantierten Betrags zum Erwerbszeitpunkt:** Das Unterschreiten des garantierten Betrages berührt zugleich den *fair-value-*

Ansatz beim Erwerber. In diesem Fall ist die Kaufpreiserstattungsforderung als Korrektur dieses Ansatzes zu buchen.

- **Spätere Wertänderung:** Der garantierte Betrag wird zu einem späteren Zeitpunkt aufgrund nachträglicher Entwicklungen unterschritten. Der Erstansatz beim Erwerber wird nicht berührt. Die spätere Kaufpreisminderung hat Ähnlichkeit mit einer *earn-out*-Garantie. Sie führt u.E. zu einer *goodwill*-Minderung.

52 Hierzu folgendes Beispiel:

> **Beispiel**
>
> **Fall A**
> Der Veräußerer garantiert für einen übertragenen Forderungsbestand von nominell 100 einen Wert von 95 am Übertragungsstichtag.
> In der Übergabebilanz werden eine Wertberichtigung von 5 und ein Forderungsbestand von 95 ausgewiesen.
> Zu einem späteren Zeitpunkt stellt sich heraus, dass im Forderungsbestand einige verjährte und einige uneinbringliche Forderungen enthalten waren, so dass der Wert der Forderungen am Übergabestichtag tatsächlich nur 85 betrug. Der Verkäufer zahlt einen Ausgleich von 10.
> Diese 10 mindern einerseits die Anschaffungskosten des Erwerbers und andererseits seinen bisher unzutreffenden Erstansatz der erworbenen Forderungen. Die Differenz von Anschaffungskosten und Zeitwert des erworbenen Vermögens bleibt konstant. Somit ändert sich auch der *goodwill* nicht.
> Anpassungsbuchung: „Ausgleichsforderung an Debitor" (eine evtl. erfolgswirksame Forderungsabschreibung wäre zu stornieren).
>
> **Fall B**
> Wie Fall A, der Verkäufer hat jedoch nicht 95, sondern 90 garantiert.
> Die Ausgleichsforderung beträgt 5 (90 – 85) und ist wie im Fall A zu buchen.
> Die weiteren 5 Differenzen (95 – 90) zwischen ursprünglichem und zutreffendem Ausweis der Forderung gehen zu Lasten des Erwerbers. Er hat insofern den Erstansatz seiner Forderung um weitere 5 gegen *goodwill* zu mindern. Wird die Schätzung der Wertberichtigung erst nach mehr als 12 Monaten korrigiert, sind diese 5 erfolgswirksam (Abschreibung) zu behandeln (IFRS 3.63f.; Rz 109).
>
> **Fall C**
> Der Veräußerer garantiert für einen übertragenen Forderungsbestand von nominell 100 nicht den Stichtagswert, sondern einen tatsächlichen Geldeingang von 90. In der Übergabebilanz werden zutreffend (d. h. in richtiger Würdigung der Wertverhältnisse dieses Zeitpunkts) eine Wertberichtigung von 5 und ein Forderungsbestand von 95 ausgewiesen. Später gehen tatsächlich nur 90 ein. Die Forderungsabschreibung von 5 ist zu stornieren. Die Ausgleichsforderung ist gegen *goodwill* einzubuchen (IFRS 3.34 analog).

Zur nachträglichen besseren Erkenntnis hinsichtlich Ansatzfähigkeit und *fair value* bei nicht wertgarantierten Bilanzposten siehe Rz 109.

2.5 Ansatz und Bewertung des Vermögens (Kaufpreisallokation)

2.5.1 Grundlagen

Die Anschaffungskosten eines Unternehmenserwerbs sind **vorrangig** auf die **identifizierbaren Vermögenswerte, Schulden** und **Eventualschulden** *(contingent liabilities)* des erworbenen Unternehmens zu verteilen (IFRS 3.36). Nur ein verbleibender Unterschiedsbetrag ist als *goodwill* anzusetzen oder als negativer Unterschiedsbetrag ertragswirksam zu vereinnahmen.

Für den Ansatz und die Bewertung kommt es nicht auf die Bilanzierungs- und Bewertungsmethoden beim Veräußerer an. Das erworbene Nettovermögen ist hinsichtlich seiner **Bilanzierungsfähigkeit und Bewertung neu zu beurteilen**.

- Hinsichtlich des **Bilanzansatzes** orientiert sich IFRS 3 im Wesentlichen an den im *Framework* und den anderen Standards formulierten Regeln (Rz 54). „Erleichterungen" gelten jedoch für
  - **immaterielle Vermögenswerte** (Rz 57 und Rz 70) und
  - **Eventualschulden** (Rz 57 und Rz 123),

  so dass es hier häufig zum Ansatz von Posten kommt, die beim Erworbenen nicht bilanzierungsfähig waren.
  - Auch das wirtschaftliche Eigentum bzw. die Bilanzierung von **Leasingobjekten** kann im Rahmen des Unternehmenserwerbs ggf. neu zu beurteilen sein (Rz 102).
- Regelmäßiger **Bewertungsmaßstab** ist der *fair value* im Zeitpunkt des Unternehmenserwerbs. Je nach Art des Vermögenswertes oder der Schuld und je nach Verfügbarkeit von Marktdaten konkretisiert er sich über unterschiedliche Techniken (Rz 59). Der *fair value* ist jedoch nicht einschlägig
  - bei zur Weiterveräußerung vorgesehenen *non-current assets held for sale,* die zum **Nettozeitwert** *(fair value less costs to sell)* anzusetzen sind (→ § 29 Rz 25), sowie
  - bei **latenten Steuern,** deren Wert nach den normalen Bestimmungen von **IAS 12** (→ § 26) ermittelt wird (Rz 94 und Rz 164).

Die mit der *fair-value*-Bewertung einhergehende Aufdeckung stiller Reserven erstreckt sich auch auf einen evtl. **Minderheitenanteil** (Rz 106).

Besondere Ansatz- und Bewertungsprobleme entstehen, wenn bereits **vor** dem Unternehmenserwerb bestehende Vertragsbeziehungen *(preexisting relationships)* durch den Erwerb zu Konzerninnenverhältnissen werden (Rz 96ff.).

Spezielle Regeln bestehen für den Fall, dass **ursprüngliche Einschätzungen** zur Ansatzfähigkeit und zum Wert des erworbenen Vermögens später zu **revidieren** sind (Rz 109).

Lüdenbach

2.5.2 Kriterien für den Bilanzansatz
2.5.2.1 Überblick

54 IFRS 3.36f. enthält drei Ansatzkriterien für die durch eine *business combination* erworbenen Vermögenswerte und Schulden:
- **verlässliche Messbarkeit** des *fair value*,
- **wahrscheinlicher Nutzenzufluss** (Vermögenswert) bzw. **wahrscheinlicher Ressourcenabfluss** (Schuld),
- **Identifizierbarkeit** der Vermögenswerte bzw. Schulden.

Die Kriterien müssen im Allgemeinen **kumulativ** erfüllt sein.

Eine Ausnahme hiervon besteht für **immaterielle** Vermögenswerte (Rz 57 und Rz 70) und **Eventual**schulden (Rz 57 und Rz 123). Die Wahrscheinlichkeit ist bei diesen beiden Posten kein Ansatzkriterium, sondern nur Bewertungsparameter.

Soweit in IAS 38 für originäre immaterielle Vermögenswerte explizite Aktivierungsverbote (analog § 248 HGB) enthalten sind, d. h. vor allem für Kundenlisten und Marken (→ § 13 Rz 27), greifen diese beim Erwerber nicht mehr, da der Vermögenswert aus seiner Sicht derivativen Charakter hat (Rz 63).

2.5.2.2 Verlässliche Messbarkeit des *fair value*

55 Das Ansatzkriterium der Messbarkeit entspricht der allgemein im *Framework* festgehaltenen Bestimmung, der zufolge nur Vermögenswerte und Schulden, deren relevanter Wert (je nach Kontext Anschaffungskosten, Herstellungskosten oder *fair value*) verlässlich ermittelt werden kann, ansatzfähig sind (→ § 1 Rz 91). An die Verlässlichkeit einer *fair-value*-Messung sind keine übertriebenen Anforderungen zu stellen. Eine begründete beste Schätzung reicht aus.

2.5.2.3 Wahrscheinlichkeit des Nutzenzuflusses/-abflusses

56 Im Wahrscheinlichkeitskriterium spiegeln sich die allgemein, d. h. außerhalb des Unternehmenserwerbs geltenden Anforderungen nur modifiziert wider:
- Die **allgemeinen Wahrscheinlichkeitsanforderungen** des IFRS-Regelwerks sind **imparitätisch** formuliert.[17] Deshalb schreibt IAS 37 zwar den Ansatz von Schulden vor, die wahrscheinlich *(probable)* zu einem Ressourcenabfluss führen, verlangt hingegen für den Ansatz von Vermögenswerten, dass ein **Nutzenzufluss** so gut wie sicher *(virtually certain)* ist (→ § 21 Rz 111).
- **IFRS 3** stellt hingegen keine erhöhten Anforderungen an den Ansatz von Vermögenswerten. Es reicht aus, wenn ein **Nutzenzufluss** wahrscheinlich *(probable)* ist.

Hieraus ergeben sich folgende Übereinstimmungen und Unterschiede zur Einzelbilanz:

---

[17] LÜDENBACH/HOFFMANN, KoR 2003, S. 5.

Lüdenbach

> **Beispiel**
> Das Bauunternehmen B ist wegen Baumängeln auf 100 TEUR Schadenersatz verklagt worden. Das Unternehmen hält eine Verurteilung im Passivprozess für wahrscheinlich *(probable)*.
> Am Bauwerk hat Subunternehmer S mitgewirkt. Unter der Prämisse einer wahrscheinlichen Verurteilung im Passivprozess hält B einen Erfolg der bereits vorbereiteten Aktivklage über 50 TEUR gegen S ebenfalls für wahrscheinlich.
> Soweit nicht eine Bewertungseinheit angenommen wird, hat B die Schadenersatzverpflichtung zu passivieren (da wahrscheinlich), den Regressanspruch aber nicht zu aktivieren (da nicht *virtually certain*).
> Ein Erwerber des Bauunternehmens B hat hingegen im Rahmen der Kaufpreisallokation auch den Regressanspruch anzusetzen.

Der verringerten Wahrscheinlichkeitsanforderung an den Ansatz von Vermögenswerten im Rahmen eines Unternehmenserwerbs kommt keine allzu große praktische Bedeutung zu, da die Begriffe *probable, virtually certain* usw. ohnehin sehr unscharf sind und deshalb Ermessensspielräume auch außerhalb des Unternehmenserwerbs bestehen (→ § 51 Rz 24ff.).

Von größerer praktischer Relevanz ist der ausdrückliche **Verzicht auf Wahrscheinlichkeitsanforderungen in zwei Sonderfällen**: Nach IFRS 3.37 kommt es für den Ansatz von

- Eventualschulden *(contingent liabilities)* und
- immateriellen Vermögenswerten

nicht auf die Wahrscheinlichkeit eines Ressourcenabflusses bzw. -zuflusses an. In diesen Sonderfällen gilt: Die Wahrscheinlichkeit ist hier

- „nur" Bewertungsparameter,
- kein Ansatzkriterium.

Für **Eventualschulden** wird damit der in den Grundregeln aufgegebene Imparitätsgedanke zum Teil wieder installiert. Im Kern geht es darum, dass eine mögliche Belastung **unterhalb der Ansatzschwelle** für Rückstellungen (→ § 21 Rz 143) gleichwohl bei der Kaufpreisfindung Berücksichtigung finden kann und damit auch in die Kaufpreisallokation eingehen soll. Hierzu folgendes Beispiel:

> **Beispiel**
> K erwirbt das Unternehmen V. V ist Beklagter in einem Produkthaftungsprozess über 10 Mio. EUR. Eine Verurteilung ist möglich, aber nicht wahrscheinlich.
> Bei der Kaufpreisverhandlung werden zwei Alternativen diskutiert:
> - Die Veräußerer der V stellen K vom Risiko frei.
> - Keine Freistellung, dafür ein Abschlag von 2 Mio. EUR auf den Kaufpreis.

> Die zweite Variante wird schließlich vereinbart.
> - In der Einzelbilanz des V ist keine Rückstellung anzusetzen, da eine Inanspruchnahme nicht „*more likely than not*" ist.
> - In der (Konzern-)Bilanz des Erwerbers ist der *fair value* der Eventualschuld (2 Mio. EUR) anzusetzen. Die geringe Wahrscheinlichkeit hat in der Wertbemessung Berücksichtigung gefunden, indem statt der Klagesumme, d. h. des möglichen Erfüllungsbetrags, von 10 Mio. EUR nur der *fair value* von 2 Mio. EUR angesetzt wird.
>
> Zur Fortschreibung der Eventualschuld wird auf Rz 123 verwiesen.

Der Ansatz **immaterieller Vermögenswerte** scheitert ebenfalls nicht am Wahrscheinlichkeitskriterium, weil Wahrscheinlichkeitserwägungen ohnehin bei der *fair-value*-Ermittlung zu berücksichtigen sind (IAS 38.33). Ein ausführliches Beispiel hierzu ist unter Rz 70 dargestellt.

Die **unterschiedlichen** Anforderungen an **immaterielles** und **materielles** Vermögen führen zu der zunächst überraschenden Situation, dass *intangibles* im Rahmen eines Unternehmenserwerbs schon dann anzusetzen sind, wenn ein Nutzen nicht ausgeschlossen werden kann, während bei materiellen Vermögenswerten mit einem Nutzen positiv zu rechnen sein muss. Dies ist zutreffend als eine „Zwei-Klassen-Objektivierung" bei der Kaufpreisallokation charakterisiert worden.[18] Immaterielle Vermögenswerte haben eine geringere Ansatzschwelle als materielle.

> **Beispiel**[19]
> Der deutsche Nahrungsmittelkonzern, die Sauerkraut & Knödel AG, erwirbt im Rahmen seines Expansionskurses nach Osteuropa den polnischen Konkurrenten, die Pierogi S.A., zum 1. Januar 2004. Die Pierogi S.A. besitzt u. a. eine Fischfang-Lizenz für einen großen See in der Masurischen Seenplatte sowie ein großes Kühlhaus, in dem der Fang zwischengelagert wird. Das Kühlhaus ist in einem baulich schlechten Zustand. Die Wahrscheinlichkeit, dass eine Genehmigung der Sanierung von der Baubehörde abgelehnt und ein Abriss verlangt wird, liegt bei über 50 %. Darüber hinaus wird die Werthaltigkeit der Fischfang-Lizenz aufgrund eines Unfalls in einer nahe gelegenen Chemiefabrik, welcher den See nachhaltig stark verschmutzt hat, infrage gestellt. Die Chance einer wirtschaftlichen Nutzung der Lizenz wird mit deutlich unter 50 % angenommen.
> Nach IFRS 3.37a ist das Kühlhaus nicht anzusetzen, da der Nutzenzufluss nicht hinreichend wahrscheinlich ist. Im Gegensatz hierzu besteht nach IAS 38.33 ein Aktivierungsgebot für die Fischfang-Lizenz. Die geringe Wahrscheinlichkeit der Einkommensströme ist lediglich als Bewertungsparameter in der Ermittlung des *fair value* zu berücksichtigen.

---

[18] HOMMEL/BENKEL/WICH, BB 2004, S. 1269.
[19] Entnommen: LÜDENBACH/PRUSACZYK, KoR 2004, S. 415ff.

Verallgemeinert wäre z. B. jede Forschungs- und Entwicklungstätigkeit, die zu Wissen *(know-how)* geführt hat, sei sie auch mit geringer Wahrscheinlichkeit eines Nutzens verbunden, bei der Kaufpreisallokation anzusetzen. Eine explizite Wahrscheinlichkeitsschwelle existiert nicht. *Materiality*-Erwägungen sind aber angezeigt, um eine Atomisierung der Kaufpreisallokation in unzählige „Eventualwerte" zu verhindern.

2.5.2.4 Identifizierbarkeit, insbesondere von immateriellen Vermögenswerten

Das Kriterium der Identifizierbarkeit bzw. Unterscheidbarkeit ist grundlegend für jeden Bilanzansatz, unabhängig davon, ob ein Unternehmenserwerb vorliegt oder eine einzelbilanzielle Betrachtung vorgenommen wird. Mit dem Gesamtunternehmen verbundene Gewinnerwartungen verkörpern noch keinen (vom *goodwill* unterscheidbaren) Vermögenswert, entsprechende Verlusterwartungen noch keine Schuld. **Vermögenswerte** oder **Schulden** entstehen erst dann, wenn die **Gewinn-/Verlusterwartungen** sich in einzelnen rechtlichen oder faktischen Verhältnissen **konkretisieren**.

58

Die Beurteilung, ob dies der Fall ist, bereitet insbesondere bei **immateriellen Vermögenswerten** Probleme. IFRS 3 behandelt das Identifikationsproblem daher explizit nur für diesen Fall. Mit Verweis auf IAS 38 erfüllt ein immaterieller Vermögenswert nur dann das Identifizierbarkeitskriterium, wenn mindestens eine der beiden folgenden Bedingungen erfüllt ist (→ § 13 Rz 10 und Rz 18):

- Der immaterielle Vermögenswert basiert auf vertraglichen oder sonstigen **Rechten** *(legal-contractual*-Kriterium).
- Der immaterielle Vermögenswert ist **verkehrsfähig** *(separable)*, d. h., er kann losgelöst vom Gesamtunternehmen veräußert, lizenziert, verpachtet usw. werden, entweder allein oder zusammen mit einem verbundenen Vermögenswert *(separability-*Kriterium; IFRS 3.62 i. V. m. IAS 38.35ff.).

Zur Wirkung der Kriterien folgendes Beispiel:

> **Beispiel**
> Im Rahmen eines Unternehmenserwerbs werden Auftragsbestände (Festbestellungen) und Kundenlisten erworben.
> Mit den Auftragsbeständen sind vertragliche Rechte auf den Kaufpreis verbunden. Sie sind rechtlich fundiert und daher anzusetzen. Auf die Verkehrsfähigkeit kommt es nicht an.
> Kundenlisten haben hingegen keine besondere rechtliche Qualität. Sie sind daher nur dann anzusetzen, wenn sie verkehrsfähig sind. Ist eine Verkehrsfähigkeit (z. B. aufgrund berufsrechtlicher Verschwiegenheitspflichten) nicht gegeben, unterbleibt ein Ansatz.

Die **Differenzierung** zwischen rechtlich verankerten und faktischen Vermögenswerten macht nicht nur im Hinblick auf das Identifikationsproblem Sinn. Mit der rechtlichen Verankerung geht auch eine andere Qualität der Kontrolle über den Nutzen des Vermögenswertes einher: Insbesondere können Nutzungsstörer oder -verletzer wegen Unterlassung, Schadenersatz etc. belangt werden.

Allerdings wird das rechtliche Kriterium vom IASB teilweise überdehnt, indem auch Verhältnisse, die keinen besonderen aktuellen Rechtsbezug mehr haben, Stammkundenbeziehungen etwa, als rechtlich qualifiziert werden (vgl. dazu Rz 77).

Motiviert ist diese **extensive** Auslegung durch das Ziel, möglichst große Teile des zu allozierenden Kaufpreises einzelnen Vermögenswerten und **nicht dem** *goodwill* zuzuordnen.

2.5.3 Bewertungsmaßstäbe und Bewertungstechniken
2.5.3.1 Überblick über Bewertungstechniken und deren Anwendungsbereiche

59 **Allgemeiner Bewertungsmaßstab** der im Rahmen eines Unternehmenserwerbs zugehenden Vermögenswerte und Schulden ist der *fair value* (IFRS 3.36). Besonderheiten bestehen lediglich für latente Steuern (Rz 94) und Rz 164 und *non-current assets held for sale* (→ § 29).

Der **Konkretisierung** des Bewertungsmaßstabs im Einzelfall dienen **Bewertungstechniken**. Systematisch lassen sie sich in drei in Abb. 3 dargestellte Gruppen unterscheiden:[20]

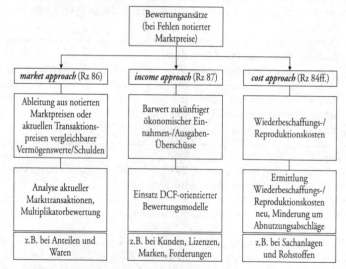

Abb. 3: Bewertungsansätze zur Ermittlung des *fair value*

---

[20] Nach SMITH/PAAR, Valuation of Intellectual Property and Intangible Assets, 3. Aufl., New York u. a. 2000; ähnlich IDW RS HFA 16.

Je nach Art des Vermögenswerts oder der Schuld, aber auch je nach Verfügbarkeit der Daten, kann dem einen oder anderen Ansatz der Vorzug zu geben sein.

Diesem Gedanken folgt auch IFRS 3.B16. Die relevanten Klassen von Vermögenswerten und Schulden werden aufgelistet und **methodenspezifische** Werte *(measures)* genannt, die als *fair value* gelten sollen. In Teilen wird dabei auch nach der **Datenverfügbarkeit** differenziert, indem etwa aktiv gehandelt Finanzinstrumente mit dem aktuellen Marktpreis bewertet werden sollen (IFRS 3.B16a), andere Finanzinstrumente nach vergleichbaren Preisen (IFRS 3.B16b).

Die postenbezogenen Erläuterungen in IFRS 3.B16a werden durch einen allgemeinen Hinweis in IFRS 3.B17 **ergänzt**: Danach ist in allen Fällen, in denen mangels tatsächlicher Marktpreise für das gleiche (nicht lediglich vergleichbare) Objekt eine Schätzung notwendig ist, eine DCF-Bewertung zulässig, und zwar auch dann, wenn das DCF-Verfahren in der Auflistung von IFRS 3.16 beim jeweiligen Posten nicht besonders erwähnt wird.

Fraglich ist, ob die Bestimmung des Bewertungsverfahrens einer **Verfahrenshierarchie** unterliegt, bei der marktpreisorientierte vor einkommensorientierten und diese vor kostenorientierten Verfahren anzuwenden sind.[21] U.E. ist dies mit einer Ausnahme nicht der Fall:

- Aus IFRS 3.B16 und B17 ergibt sich nur der Vorrang **notierter Preise** an Börsen oder anderen aktiven Märkten. Nur in wenigen Fällen (etwa bei Wertpapieren) liegen solche Preise vor.
- Wo sie fehlen, sieht IFRS 3.B16 in einigen Fällen (z. B. bei nicht börsenähnlich gehandelten Rohstoffen) den Vorrang des Kostenverfahrens vor, in anderen Fällen (z. B. bei Grundstücken) den Vorrang marktpreisorientierter Verfahren (Ableitung aus Preisen von ähnlichen Objekten), in wieder anderen Fällen (z. B. bei langfristigen Schulden) den Vorrang von einkommensorientierten Verfahren.
- Schon die nach Bewertungsobjekten **differenzierenden** Vorgaben von IFRS 3.B16 sprechen gegen die vom IDW angenommene Verfahrenshierarchie. Noch deutlicher wird das Fehlen einer solchen Hierarchie in IFRS 3.B17, wonach (notierte Preise in aktiven Märkten wiederum ausgeklammert) immer das einkommensorientierte DCF-Verfahren zugelassen ist, und zwar auch dort, wo marktpreisorientierte Verfahren (Ableitung des Wertes aus Preisen von ähnlichen Objekten) anwendbar wären.

---

[21] So IDW HFA 16 Tz 15.

Lüdenbach

Tabelle 3 fasst die Aussagen von IFRS 3.B16 und B17 zusammen:

IMMATERIELLE VERMÖGENSWERTE UND SACHANLAGEN	
immaterielle Vermögenswerte (IFRS 3.B16g; Rz 63ff.)	a) Marktpreis, sofern aktiver Markt b) ansonsten auf Grundlage von – aktuellen Transaktionspreisen vergleichbarer Vermögenswerte oder – DCF-orientiert
Grundstücke und Gebäude (IFRS 3.B16e; Rz 60f.)	a) Marktwert oder b) DCF-Wert (c) nicht explizit in IFRS 3 genannt, aber insb. bei Spezialimmobilien nach allgemeinen Grundsätzen angezeigt: Rekonstruktions-/Wiederbeschaffungswert unter Berücksichtigung Abnutzungsabschlag)
sonstige Sachanlagen (IFRS 3.B16f.; Rz 60f.)	a) Marktwert b) falls kein Marktwert bestimmbar, – DFC-Wert oder – Rekonstruktions-/Wiederbeschaffungswert unter Berücksichtigung Abnutzungsabschlag
FINANZVERMÖGEN	
an aktivem Markt gehandelt (IFRS 3.B16a; Rz 62)	aktueller Marktpreis (Börsenkurs)
sonstige Wertpapiere (sonstige Anteile) (IFRS 3.B16b; Rz 62)	– Ableitung aus Marktpreis vergleichbarer Instrumente (z. B. Anwendung Kurs-Gewinn-Verhältnis von *comparable companies*) – oder gem. IFRS 3.17 DCF-Wert
Forderungen/Verbindlichkeiten (IFRS 3.B16c und j; Rz 63)	DCF-Wert auf Basis aktueller Marktzinsen unter Berücksichtigung evtl. Uneinbringlichkeit; keine Abzinsung kurzfristiger Forderungen/Verbindlichkeiten, wenn Effekt nicht wesentlich
VORRÄTE (IFRS 3.B16d)	
Rohstoffe (Rz 61)	Wiederbeschaffungskosten

unfertige Erzeugnisse (Rz 64)	Verkaufspreise abzüglich Fertigstellungs-/Veräußerungskosten und Gewinnspanne (entspricht tendenziell steuerlichem Teilwert)
Waren und Fertigerzeugnisse (Rz 64)	Verkaufspreise abzüglich Veräußerungskosten und Gewinnspanne (entspricht tendenziell steuerlichem Teilwert)
DIV. SCHULDEN	
drohende Verluste/ungünstige Verträge (IFRS 3.B16k; Rz 87)	DCF-Wert des wirtschaftlichen Verlusts
Sachschulden, Rückstellungen (IFRS 3.B16k; Rz 63)	DCF-Wert der zur leistenden Ausgaben
Eventualschulden (IFRS 3.B16l; Rz 57 und Rz 123)	Preis, für den ein Dritter das Risiko übernähme (= i. d. R. diskontierte, mit Wahrscheinlichkeiten gewichtete Ausgabenschätzungen)
PENSIONS-PLÄNE (IFRS 3.B16h)	erdienter Barwert der Verpflichtung, abzüglich *fair value* der *plan assets*
STEUERN (IFRS 3.B16i; Rz 94)	tatsächliche Steueransprüche und Verpflichtungen in Höhe unabgezinster Zahlungen, latente Steuern nach allgemeinen Regeln von IAS 12; in beiden Fällen Berücksichtigung von Verlustausgleichsmöglichkeiten

Tab. 3: Techniken zur Bestimmung des *fair value* nach IFRS 3.B16f.

Systematisiert man die in IFRS 3.B16f enthaltenen Leitlinien nicht nach den Bewertungsobjekten, sondern wie in Abb. 1 nach den Bewertungstechniken und berücksichtigt man die Anforderungen der Bewertungspraxis, so ergeben sich die nachfolgend dargestellten Schwerpunktsetzungen.

2.5.3.2 Kostenorientierte Verfahren *(cost approach)*

Kostenorientierte Verfahren *(cost approach)* kommen insbesondere bei **Sachanlagen und Rohstoffen** zum Einsatz, weil ein rationaler Investor für einen Vermögenswert nicht mehr als die **Wiederbeschaffungskosten** bezahlen würde. Soweit der Vermögenswert einer Abnutzung unterliegt, ist von den **Wiederbeschaffungskosten** „neu" ein Abzug für die physische **Abnutzung** infolge normalen Gebrauchs vorzunehmen.

Unabhängig davon, ob der Vermögenswert einer **Abnutzung** unterliegt, d. h. z. B. auch für Rohstoffe, stellt sich die Frage nach einem Wertabschlag wegen
- physischer Beeinträchtigung (Alterung, Beschädigung),
- funktionaler Obsolenz (z. B. infolge technischen Wandels) oder
- ökonomischer Beeinträchtigung aufgrund von Änderungen der Nachfrage, einschränkenden neuen Gesetzesbestimmungen (z. B. Umweltschutz) etc.

61 Soweit diese Kriterien auch bei der „normalen" Bewertung für den Jahresabschluss zu berücksichtigen sind – als Abschreibung auf Sachanlagen, als *„lower of cost or market"* bei Vorräten, als Wertberichtigung bei Forderungen –, kann die **Bewertungspraxis** an die (beim Veräußerer) vorhandenen Buchwerte anknüpfen.

- Der erste Schritt einer solchen praktischen Zeitwertbestimmung ist demgemäß die Frage, ob
  – der **bisherige Buchwert** ordnungsgemäß zustande gekommen ist (→ § 8),
  – die **planmäßigen Abschreibungen** angemessen sind (→ § 10),
  – erforderliche **außerplanmäßige Abschreibungen** auf Anlagen vorgenommen wurden (→ § 11),
  – bei der **Rohstoffbewertung** das *lower-of-cost-or-market*-Prinzip Beachtung fand (→ § 17) usw.
- Wo dies nicht der Fall ist oder bewertungsrelevante Ereignisse **nach** dem letzten Bewertungsstichtag vorliegen, die in den Buchwerten des Veräußerers noch nicht berücksichtigt wurden, sind in einem zweiten Schritt entsprechende **Korrekturen** und Anpassungen vorzunehmen.
- Unabhängig von der Angemessenheit der bisherigen Bewertung ist in einem dritten Schritt für Anlagen und Vorräte noch zu untersuchen, ob es zu wesentlichen **Änderungen** der **Wiederbeschaffungsneuwerte** gekommen ist. Da entsprechende **Preiserhöhungen** bei der bilanziellen Bewertung von Vorräten gar nicht (→ § 17 Rz 13) und bei Anlagen nur eingeschränkt (Neubewertungsmethode; → § 8 Rz 52) berücksichtigt werden können, wäre insoweit eine Anpassung geboten. Für Preisminderungen kann Entsprechendes gelten, da weder die *impairment*-Regeln von IAS 36 (→ § 11) noch die absatzorientierte Niederstbewertung von Rohstoffen gem. IAS 2 (→ § 17) zwingend die Berücksichtigung von Preisminderungen im Buchwert nach sich ziehen.
- Ist die bisherige Bewertung angemessen und sind wesentliche bewertungsrelevante Ereignisse ebenso wenig eingetreten wie drastische Preisänderungen, ist im Allgemeinen der Schluss gerechtfertigt, dass der *fair value* näherungsweise dem Buchwert entspricht (**Buchwertapproximation**).

2.5.3.3 Marktpreisorientierte Verfahren *(market approach)*

62 **Unmittelbare** Marktpreise stehen nur bei **Wertpapieren**, bestimmten **universell einsetzbaren Sachanlagegütern** (etwa Fahrzeugen) und **fungiblen**

Vorratsgütern zur Verfügung. In anderen Fällen kann nur ein marktpreisorientiertes Verfahren *(market approach)* Anwendung finden, das aus Markt- oder Transaktionspreisen vergleichbarer *assets* (oder *liabilities*) den *fair value* ableitet. Derartige **Vergleichswertverfahren** (bzw. Analogiemethoden[22]) sind z. B. aus dem Bereich der Grundstücksbewertung bekannt (→ § 16 Rz 53). Aber auch die Bewertung von nichtbörsennotierten Anteilen durch Anwendung von **Umsatz- und Gewinnmultiplikatoren** börsennotierter Vergleichsunternehmen auf den Umsatz und Gewinn des zu bewertenden Beteiligungsunternehmens ist hier einzuordnen.

Die Ableitung aus den bekannten Preisen ähnlicher Vermögenswerte muss der Tatsache Rechnung tragen, dass die bekannten Preise nicht gleiche, sondern lediglich **vergleichbare** Posten betreffen und daher Anpassungen notwendig sind. Damit diese Anpassungen nicht willkürlich erfolgen, müssen entsprechende **Daten** verfügbar sein. Sind beispielsweise Gebrauchtpreise nur für das ähnliche Vergleichsobjekt bekannt, hingegen nicht für das eigentliche Bewertungsobjekt, können Daten über die relativen Neupreise der beiden Objekte das Maß der Anpassung objektivieren.

Bei der Bewertung von nichtbörsennotierten Anteilen durch **Multiplikatoren** börsennotierter Vergleichsunternehmen kann eine Objektivierung nur dann gelingen, wenn die Multiplikatoren der Vergleichsunternehmen sich in einem relativ engen Intervall bewegen.

2.5.3.4 Kapitalwertorientierte Verfahren *(income approach)*

Einkommens- bzw. kapitalwertorientierte Ansätze *(income approach)* messen den Gegenwartswert zukünftiger ökonomischer Vorteile/Nachteile, die aus Einnahmen/Ausgaben resultieren. Für Sachanlagen ist die Bedeutung der einkommensorientierten Ansätze eher gering. Ihr eigentliches Anwendungsfeld ist die Bewertung von Forderungen/Verbindlichkeiten, von Erzeugnissen und Waren sowie von immateriellen Vermögenswerten.

63

Bei **Forderungen und Verbindlichkeiten** sind die vertraglich vereinbarten Zahlungsströme markt- und bonitätsgerecht abzuzinsen. Eine Abzinsung kann aus *materiality*-Gründen (→ § 1 Rz 65ff.) entbehrlich sein. Bei der Bewertung von kurzfristigen Forderungen und Schulden ist dann, dem Gedanken der Buchwertapproximation folgend (Rz 61), praktisch nur Sorge zu tragen, dass die bisherigen Ansätze nicht zu beanstanden sind, insbesondere Wertberichtigungen und Rückstellungen ausreichend dotiert wurden. Sofern diese Voraussetzung erfüllt ist, kann der Buchwert als Näherung des *fair value* verwendet werden. Bei langfristigen Forderungen und Verbindlichkeiten mit fester Verzinsung ist hingegen, abgesehen von Fällen mangelnder *materiality*, ein Vergleich zwischen vereinbarten und marktüblichen Zinsen vorzunehmen, der über die Abzinsung der Zinsen und Tilgungen mit dem Marktzins zu Abweichungen zwischen *fair value* und Buchwert führen kann.

---

[22] So die Terminologie in IDW RS HFA 16 Tz 18.

Lüdenbach

Bei Sachschulden incl. nichtmonetärer Rückstellungen ist gem. IFRS 3.B16k der Barwert der für eine Erfüllung zu leistenden Ausgaben *(present value of amount to be disbursed in settling the obligation)* anzusetzen. Da besondere Folgebewertungsregeln anders als bei Eventualschulden fehlen (Rz 123), ist u.E. mit den zu leistenden Ausgaben der Vollkostenbetrag (incl. Gemeinkosten) gemeint, der auch außerhalb einer Kaufpreisallokation maßgeblich wäre (→ § 21 Rz 116).

64 Auch die Bewertung von **Erzeugnissen** und **Waren** trägt Züge einer einkommensorientierten Bewertung. Bewertungsmaßstab ist nach IFRS 3.B16i der voraussichtliche **Veräußerungspreis** *(cash inflow)* abzüglich

- der **Kosten** der Veräußerung und (bei unfertigen Erzeugnissen) der Fertigstellung *(cash outflow)* sowie
- einer vernünftigen **Gewinnspanne** *(reasonable profit allowance)* für die Verkaufs- und Fertigstellungsbemühung *(selling and completing efforts);* diese Spanne soll sich am Gewinn vergleichbarer Vorräte orientieren.

In isolierter Betrachtung könnte der zweite Abzugsposten bei Waren und fertigen Erzeugnissen z. B. so verstanden werden, als ob nur der die Vertriebskosten abgeltende Teil einer Aufschlagskalkulation abzusetzen wäre. Dieser Teil ist jedoch bereits im ersten Abzugsposten enthalten. Die zusätzlich abzuziehende Spanne ist daher u.E. gewinn- und nicht kostenorientiert zu ermitteln:

Beispiel

MU erwirbt den Markenartikelproduzenten TU. Aufgrund seiner Premiumstellung kann TU Produkte wie folgt kalkulieren:

Herstellungskosten	90
Aufschlag für Vertriebskosten	10
Gewinnaufschlag	100
Veräußerungspreis	200

- Bei der Erstkonsolidierung sind die Vorräte nicht mit 200 − 10 = 190, sondern mit 200 − 100 − 10 = 90 anzusetzen.
- Die Vorteile aus dem ungewöhnlich hohen Gewinnaufschlag werden vom Erwerber nicht bei den Vorräten, sondern als Marke aktiviert.
- Die Konzern-GuV wird bei Veräußerung der Erzeugnisse nicht durch einen Materialaufwand von 190, sondern von 90 belastet.
- Der Rohertrag in der Konzernbilanz des Erwerbers entspricht tendenziell dem der Einzelbilanz des erworbenen Unternehmens.

---

65 In der einkommensorientierten Bewertung **immaterieller Vermögenswerte** kommen zahlreiche DCF-Varianten zum Einsatz. Von Bedeutung sind u. a.:

- **Kundenstamm/Dauervertragskunden:** Der *multi-period-excess-earnings*-Ansatz (Residualwertmethode) bewertet die Einkommensströme aus dem vorhandenen Kundenstamm. Von den Einnahmen werden neben den operativen Kosten auch kalkulatorische Nutzungsentgelte *(capital charges)* auf den *fair value* der anderen *assets* in Abzug gebracht (Rz 75). Die einfache Anwendung der Methode setzt daher voraus, dass die *fair values* der anderen Vermögenswerte schon bekannt sind. Eine mehrfache Anwendung der Methode (z. B. neben Kunden auf Forschungsprojekte; Rz 83) ist z. B. unter Zuhilfenahme iterativer Betrachtungen möglich. Bei der Bewertung von Kundenbeziehungen mit Hilfe der Residualwertmethode ist die Reduktion der geplanten Einkommensströme im Zeitablauf nach Maßgabe der sog. *shrinking* oder *churn rate* (Schrumpfungsrate) der Kunden zu berücksichtigen (Rz 75).

- **Auftragsbestände:** Die erwarteten Überschüsse aus dem erworbenen Auftragsbestand werden mit einem risikogerechten Zinssatz diskontiert (Rz 74).
- **Marken/Lizenzen:** Die in IAS 38.41 ausdrücklich genannte *relief-from-royalty*-Methode (Methode der Lizenzpreisanalogie) schätzt die Kosteneinsparung, die daraus resultiert, dass das Zielunternehmen die Marke/Lizenz selbst hält und keine Gebühren *(royalties)* an einen Marken-/Lizenzgeber zahlen muss. In der praktischen Anwendung werden durch Datenbankrecherchen branchenübliche *royalty*-Sätze ermittelt und auf die relevanten Bezugsgrößen (z. B. markenrelevante Umsatzerlöse der jeweiligen Periode) angewandt. Die resultierende Ersparnis ergibt nach Abzinsung den anzusetzenden Marken-/Lizenzwert (Rz 81).
- **Hyperlizenzen** (z. B. Mobilfunklizenz), mit denen das gesamte Geschäft steht und fällt: So genannte *greenfield approaches* unterstellen ein Unternehmen, das zunächst nichts besitzt als die zu bewertende Lizenz. Um aus ihr Ertrag zu generieren, muss ausgehend von der „grünen Wiese" möglichst schnell ein funktionierender Betrieb aufgebaut werden *(investive cash outflows)*, der auf der Basis der Lizenz Erträge *(operative netto cash inflows)* erwirtschaftet. Der Barwert des fiktiven Geschäftsplans dieses Unternehmens stellt den Wert der Lizenz dar.

> **Beispiel**
> Im Rahmen des Erwerbs eines Tochterunternehmens ist der *fair value* der Mobilfunklizenz dieses Unternehmens zu bewerten.
> Zeitnahe Transaktions- oder Auktionspreise stehen nicht zur Verfügung. Die tatsächlich vor mehr als einem Jahr gezahlten Preise sind angesichts drastisch verschlechterter Prognosen für den Mobilfunksektor nicht mehr relevant. Der **Marktansatz** scheidet somit aus.
> Der Einsatz eines **einfachen Einkommens- bzw. DCF-Verfahrens** scheitert daran, dass die Mobilfunklizenzen (im Gegensatz zu vielen anderen Lizenzen) keinen zusätzlichen, isolierbaren Nutzen in der Form höherer Preise, niedrigerer Kosten usw. erbringen. Das gesamte Geschäft steht und fällt mit der Lizenz. Der (nach Abzug der übrigen *assets* bzw. einer kalkulatorischen Verzinsung für sie) verbleibende Gegenwartswert im Geschäftsplan stellt daher immer ein Mixtum aus *goodwill* und Lizenz dar und löst die Aufgabe der Bewertung der Lizenz gerade nicht.

Lüdenbach

> Der Gutachter wendet deshalb das DCF-Verfahren in der sog. *build-out*-**Variante** des *greenfield approach* an. Dieses artifizielle, aber in amerikanischen Gerichtsverfahren und von der amerikanischen Börsenaufsicht anerkannte Modell arbeitet mit folgenden Fiktionen:
> - Zum Bewertungsstichtag verfügt das Unternehmen nur über die Lizenz und kein weiteres *asset*. Ein Unternehmen ist aus dem Nichts *(start from the scratch)* „um diese Lizenz herum" aufzubauen.
> - Um die Lizenz zu nutzen und aus ihr Erträge zu erzielen, müssen ein technisches Netzwerk aufgebaut, Kunden und Mitarbeiter geworben werden usw.
> - Die damit verbundenen Ausgaben führen zunächst zu negativen *cash flows* bei allerdings schnell steigenden Umsätzen.
> - Beim Ausbau *(build out)* der Lizenz werden die Fehler der Vergangenheit nicht wiederholt (Lernkurveneffekt). Der *business plan* des *build-out*-Unternehmens erreicht daher schon nach etwa 10 Jahren den tatsächlichen *business plan* (Konvergenz).
>
> Der DCF-Wert des *build-out*-Plans (inklusive des *terminal value* für die Jahre 10ff.) stellt das mit der Lizenz fiktiv erzielbare abgezinste Einkommen, also den *fair value* der Lizenz dar.
>
> Zusätzliche Schwierigkeiten ergeben sich, wenn das Unternehmen zwei Lizenzen hält (z. B. GSM und UMTS). Soweit wegen der (geplanten) Komplementarität der Netzwerke (UMTS in den Ballungsräumen, GSM in der Fläche) *cash flows* nur im Verbund erzeugt werden, muss eine hypothetische Relativbetrachtung durchgeführt werden. Der im *build-out*-Modell ermittelte Gesamtwert der Lizenzen wird nach dem Verhältnis der erwarteten UMTS- und GSM-Einnahmen, bei begründbarer Allokation der Ausgaben nach den Netto-*cash-flows*, gesplittet.

Im Schrifttum wird z.T. die Auffassung vertreten, *greenfield approaches* seien jedenfalls nach US-GAAP, ggf. auch nach IFRS unzulässig, da sie gegen das in EITF D-108: *„Use of the Residual Method to Value Acquired Assets Other Than Goodwill"* enthaltene Verbot verstießen, andere Vermögenswerte als den *goodwill* mit der „Residualmethode" zu bewerten.[23] Dieser Auffassung ist nicht zuzustimmen. Sie verwechselt das im *greenfield approach* angewandte residuale *cash-flow*-Modell mit der im EITF angesprochenen Residualmethode, den Wert eines Vermögenswerts dadurch zu bestimmen, vom Kaufpreis den Wert sämtlicher anderen Vermögenswerte und Schulden abzuziehen. Die so im EITF beschriebene Residualmethode ist naturgemäß sowohl nach US-GAAP wie nach IFRS dem *goodwill* vorbehalten. Der *greenfield approach* baut seine Berechnungen aber gerade nicht auf den Kaufpreis auf und ist auch nicht direkt von den Werten aller anderen Vermögenswerte und Schulden abhängig.

---

[23] CASTEDELLO/KLINGBEIL/SCHRÖDER, WPg 2006, S. 1028ff.

Lüdenbach

Das in EITF D-108 ausgesprochene Verbot der „Residualmethode" betrifft den *greenfield approach* daher von vornherein nicht.

66 Bei einkommensorientierten Bewertungen abschreibungsfähiger Vermögenswerte führt die Diskontierung der Einzahlungsüberschüsse/Auszahlungsersparnisse zunächst nur zu einem Nettowert, der den steuerlichen Vorteil aus der Abschreibungsfähigkeit noch nicht berücksichtigt. Dieser *tax amortization benefit* ist als zweite Wertkomponente zu berücksichtigen.[24] Da der *fair value* ein von den Besonderheiten des konkreten Erwerbs bzw. Erwerbers abstrahierter Wert ist, muss der *tax amortization benefit* unabhängig davon berücksichtigt werden, ob der Unternehmenserwerb als *asset deal* tatsächlich zu steuerlichen Mehrabschreibungen geführt hat oder beim *share deal* keine Mehrabschreibungen entstehen. Der Barwert des Steuervorteils kann iterativ oder nach folgender Formel berechnet werden:

$$\text{tax amortization benefit} = FV_{vor} \times (ND / (ND - RBF_{ND,i} \times t) - 1)$$

Mit:
- FV_{vor} = *fair value* vor Steuervorteil
- ND = steuerliche Nutzungsdauer
- $RBF_{ND,i}$ = Rentenbarwertfaktor für die Laufzeit ND und den Zins i (entspricht Barwert einer Annuität von 1 EUR mit Laufzeit ND und Zins i)
- t = Steuersatz

Beispiel

MU erwirbt 100 % der Anteile an TU. Der Wert eines Patents von TU wird vor Berücksichtigung seiner steuerlichen Abschreibungsfähigkeit mit 100 ermittelt. Das Patent hat eine Restlaufzeit von 2 Jahren.

Allgemein, wenn auch nicht im konkreten Fall *(share deal)* wäre das Patent über die Restnutzungsdauer von 2 Jahren abzuschreiben. Hieraus ergibt sich bei einem unterstellten Diskontierungssatz von 10 % und jährlich nachschüssiger Steuerzahlung abstrahiert vom konkreten Erwerber folgende iterative und direkte Ermittlung des Steuervorteils und damit des unter Berücksichtigung dieses Vorteiles anzusetzenden *fair value*:

Iteration	Wert vor Steuer	Wert incl. Steuervorteil	Abschreibung p.a.	Steuervorteil 01	Steuervorteil 02	Barwert Steuervorteil
1	100,00	100,00	50,00	20,00	20,00	34,71
2	100,00	134,71	67,36	26,94	26,94	46,76
3	100,00	146,76	73,38	29,35	29,35	50,94
4	100,00	150,94	75,47	30,19	30,19	52,39
5	100,00	152,39	76,20	30,48	30,48	52,90
6	100,00	152,90	76,45	30,58	30,58	53,07
7	100,00	153,07	76,54	30,61	30,61	53,13

---

[24] AICPA Practice Aid: Kap. 5.3.102.; ähnlich IDW RS HFA 16 Tz 38.

Lüdenbach

Iteration	Wert vor Steuer	Wert incl. Steuervorteil	Abschreibung p.a.	Steuervorteil 01	Steuervorteil 02	Barwert Steuervorteil
8	100,00	153,13	76,57	30,63	30,63	53,15
9	100,00	153,15	76,58	30,63	30,63	53,16
10	100,00	**153,16**	76,58	30,63	30,63	53,16

Direkte Berechnung
Steuervorteil: $100 \times (2 / (2 - 1{,}73554 \times 0{,}4) - 1) = \underline{53{,}16}$
Dabei ist 1,73554 der Rentenbarwertfaktor für 10 % und 2 Jahre.
Anzusetzen ist somit der Wert von 153,16.

Die explizite Berücksichtigung des *tax amortization benefit* ist eine Besonderheit der kapitalwertorientierten Verfahren. Bei marktorientierten Verfahren wird demgegenüber unterstellt, dass ein eventueller steuerlicher Abschreibungsvorteil bereits im Marktpreis enthalten ist.

67 Da der *income approach* den *fair value* über die Diskontierung von geplanten *cash flows* ermittelt, kommt es entscheidend auf das Planungsmodell und den Diskontierungszinssatz an. Das *cash-flow*-**Planungsmodell** kann ein- oder mehrwertig sein:

- Bei **mehrwertiger** Planung *(expected cash flow approach)* werden verschiedene Szenarien mit ihren Wahrscheinlichkeiten gewichtet und so ein Erwartungswert ermittelt.
- Bei **einwertiger** Planung *(traditional cash flow approach)* werden die Zahlungsströme nur für eine, und zwar i. d. R. die mittlere Entwicklung (Mittelwert und Median) einer (gedachten) symmetrischen Verteilung geplant. Ausnahmsweise wird für eine günstigere Variante geplant, z. B. wenn sich (insbesondere bei nichtsymmetrischen Verteilungen) für die mittlere Entwicklung kein Zahlungsüberschuss ergibt.

Falls – wie in der Praxis üblich – das Risiko nicht im Zahlungsstrom (Sicherheitsäquivalenzmethode), sondern im Diskontierungszins berücksichtigt wird, besteht folgender Zusammenhang zwischen **Planungsmodell** und **Diskontierungszins**:

- Soweit die einwertige Planung für den Mittelwert **symmetrisch verteilter** Szenarien erfolgt, führen ein- und mehrwertige Planung zu den gleichen undiskontierten *cash flows*, auf die dann der gleiche Diskontierungszins angewendet werden kann. Der darin enthaltene Risikozuschlag berücksichtigt die Risikoaversion eines typischen Investors. Dieser wird z. B. für einen Zahlungsstrom, der mit je 33,3 %-iger Wahrscheinlichkeit zu einem Überschuss von 50, 100 und 150 führt (im Mittel also zu einem Wert von 100), einen niedrigeren Preis zahlen als für einen Zahlungsstrom, der sicher einen Überschuss von 100 bringt. Diese Risikoaversion wird durch einen Zuschlag auf den Zins sicherer Anlagen berücksichtigt.
- Soweit die einwertige Planung nicht für den Mittelwert, sondern für eine **günstigere** Entwicklung erfolgt (z. B. weil nur wenige, nicht symmetrisch

verteilte Szenarien existieren), muss durch einen erhöhten Risikozuschlag berücksichtig werden, dass der Planungsfall zu einem günstigeren Ergebnis führt als der Mittelwert. Die Höhe dieses Risikozuschlages ist i. d. R. nicht mehr objektiviert zu begründen.

> **Beispiel**
> Zu bewerten ist Anfang 01 ein Forschungs- und Entwicklungsprojekt, das bei Erfolg Ende 01 veräußert werden soll. Für den Fortgang bestehen zwei Szenarien:
> - mit überwiegender Wahrscheinlichkeit (im *expected cash flow approach* mit 60 % quantifiziert) wird ein Misserfolg (Kosten 25, Ertrag 0) angenommen,
> - mit kleinerer Wahrscheinlichkeit (30 %) die Generierung eines Zahlungsüberschusses von 100 (Kosten 25, Ertrag 125, ggf. mit 10 %) von 450 (Kosten 25, Ertrag 475).
>
> Eine mehrwertige Betrachtung würde undiskontiert zu einem Erwartungswert von 60 ($-25 \times 0{,}6 + 100 \times 0{,}3 + 450 \times 0{,}1$) führen. Eine Abzinsung mit 15 % (angenommene 5 % Basiszins + 10 % Risikozuschlag) ergäbe einen Wert von $60/1{,}15 = 52$.
> Eine einwertige Betrachtung kann ausnahmsweise nur auf den positiven Fall von 100 aufbauen, der über dem Erwartungswert (Mittelwert) von 60 liegt. Die insgesamt geringere Erfolgswahrscheinlichkeit ist durch einen im Vergleich zur mehrwertigen Betrachtung höheren Diskontierungszins zu berücksichtigen. Er müsste im Beispiel rechnerisch 92 % betragen ($100/1{,}92 = 52$), wobei der erhöhte Zuschlag von 77 % (92 % – 15 %) ohne den rechnerischen Vergleich zur mehrwertigen Betrachtung kaum objektivierbar, mit dem objektivierenden Vergleich aber andererseits die Anwendung der traditionellen Methode überflüssig wäre.

Zusammenfassend ist eine **einwertige** Betrachtung nur für den mittleren Wert (gedachter) symmetrischer Verteilungen angezeigt und nur dort eine Alternative zur mehrwertigen Betrachtung. Soweit eine einwertige Planung für einen günstigeren Fall erfolgen muss, wären zusätzliche Risikoaufschläge vorzunehmen. Da deren Höhe sich aber nur über den Vergleich zur mehrwertigen Betrachtung objektivieren ließe, wäre die einwertige Betrachtung in diesem Fall entweder **subjektiv** oder **überflüssig**.
Der bei mehrwertiger Planung *(expected cash flow approach)* oder einer einwertigen Planung für den mittleren Wert einer (gedachten) symmetrischen Verteilung zu verwendende **Diskontierungssatz** ist eine vermögenswertspezifische Größe *(asset specific discount rate)*. Er variiert mit dem Risiko des Vermögensgegenstandes. Für die Bestimmung der Diskontierungssätze nach Steuern können die in Tabelle 4 wiedergegebenen Leitlinien dienen.[25] Zu

---

[25] In Anlehnung an AICPA Practice Aid sowie IDW RS HFA 16.

Lüdenbach

technischen Einzelheiten der Ableitung des Zinses im CAPM-Modell wird auch auf → § 11 Rz 26 verwiesen.[26]

Vermögen	Diskontierungssatz
working capital	marktübliche Zinssätze von Betriebsmittelkrediten (nach Abzug von Steuern)
Allgemein verwendbare Sachanlagen	marktübliche Fremdfinanzierungszinssätze (nach Abzug von Steuern)
Spezifische Sachanlagen mit geringer Zweitverwendungs-/-verwertungschance	Wert zwischen marktüblichen Fremdfinanzierungszinssätzen allgemein verwendbarer Sachanlagen (nach Abzug von Steuern) und Branchen-WACC
Kunden, eingeführte Marken u. Patente etc. sowie *work force*	tendenziell Branchen-WACC
Know-how im Entwicklungsstadium	WACC von *start-up*-Unternehmen

Tab. 4: Leitlinie für die Bestimmung der Diskontierungssätze nach Steuern

An Stelle des Branchen-WACC wird in der Praxis häufig der WACC des Zielunternehmens verwendet, obwohl dies dem *fair-value*-Gedanken – vom konkreten Unternehmen abstrahierte Wertermittlungen – theoretisch nicht entspricht.

Abbildung 4 enthält beispielhafte Werte, ausgehend von einem WACC von 12 %. In die Darstellung ist zusätzlich der *goodwill* aufgenommen, weil die Summe aller mit dem *fair value* der Vermögenswerte (incl. *goodwill*) gewichteten *asset specific discount rates* wiederum dem WACC entsprechen sollte. Die auf den *goodwill* anzusetzende Diskontierungsrate dient hier als Ausgleichsgröße. Sie ist so zu wählen, dass die Gleichung rechnerisch aufgeht. Hieraus lässt sich bei nicht zu kleinem *goodwill* ein Plausibilitätskriterium ableiten: Liegt der sich indirekt ergebende Diskontierungssatz für den *goodwill* weder unter dem WACC noch sehr weit darüber, plausibilisiert dies die übrigen Annahmen. Bei einem insgesamt niedrigen *goodwill* führt die Plausibilisierungsmethode z. B. zu folgendem Ergebnis:

- Soweit die Diskontierungsraten für Sachanlagen, *working capital* usw. deutlich unter und die Raten für Kunden, Marken nicht über dem WAAC liegen, wäre nur über sehr hohe, nicht mehr plausible Diskontierungs-

---

[26] Vgl. zu technischen Einzelheiten bei der Bestimmung des Zinses auch FREIBERG/ LÜDENBACH, KoR 2005, S. 479ff.

annahmen für den *goodwill* aggregiert ein rechnerischer Ausgleich mit dem WACC möglich.
- Zu überlegen ist in einer solchen Konstellation deshalb, ob nicht z. B. die Kunden oder Marken mit einem Wert über WAAC zu diskontieren sind und dadurch aggregiert für den Ausgleich sorgen, den der *goodwill* mit plausiblen Diskontierunsgraten nicht erzielen kann.

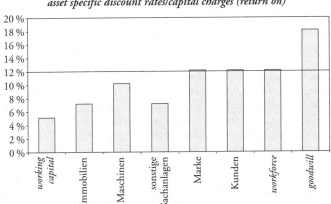

Abb. 4: Vermögenswertspezifische Diskontierungssätze und *capital charges*

Die vermögenswertspezifischen Diskontierungssätze können zugleich für die im Rahmen der **Residualwertmethode** vorausgesetzten *capital charges* verwendet werden. Die als hypothetisches Leasingentgelt deutbaren *capital charges* setzen sich allerdings bei abschreibbaren Vermögenswerten aus zwei Elementen zusammen,
- der Verzinsung auf die investierte Summe *(return on asset)*,
- dem Werteverzehr *(return of asset)*.

Die vermögenswertspezifischen Diskontierungssätze entsprechen dem *return on assets*. Nur wenn der Werteverzehr *(return of)* als eigener operativer Kostenbestandteil bei der Mehrgewinnmethode berücksichtigt wird und sich damit die *capital charges* auf den *return on assets* reduzieren, können gleiche Werte für Diskontierung und *capital charges* verwendet werden.[27]
Ein Beispiel zur Anwendung der **Residualwertmethode** ist in Rz 75 enthalten.

2.5.4 Ansatzfähiges immaterielles Anlagevermögen – Überblick über die Erscheinungsformen

Handelsrechtlich hängt die Bilanzierung immateriellen Anlagevermögens davon ab, ob es **hergestellt** (Aktivierungsverbot gemäß § 248 HGB) **oder angeschafft**

---

[27] Vgl. IDW RS HFA 16 Tz 53.

(Aktivierungspflicht) wurde. Als Anschaffung gilt auch der Erwerb im Rahmen eines Unternehmenszusammenschlusses. Insoweit kann es im handelsrechtlichen Konzernabschluss (beim *asset deal* auch im Einzelabschluss) zum Ansatz von immateriellen Vermögenswerten kommen, die beim Veräußerer nicht angesetzt werden durften, weil dieser sie hergestellt hatte.

Für einen begrenzten Kreis immaterieller Vermögenswerte lassen sich diese Überlegungen unmittelbar auf die IFRS-Rechnungslegung übertragen (→ § 13 Rz 27). Betroffen sind **originäre** *(internally generated)* **Marken, Zeitschriftentitel, Kundenlisten** und substanziell ähnliche Posten, die in IAS 38.63 mit einem **expliziten Aktivierungsverbot** belegt sind. Mit dem Unternehmenserwerb erlangen die Werte derivativen Charakter, so dass das Verbot nicht mehr einschlägig ist und ein Ansatz erstmalig in Frage kommt.

70 Für **andere originäre Vermögenswerte** formuliert IAS 38 hingegen kein Aktivierungsverbot. Die Differenzierung zwischen Herstellung und Anschaffung bleibt in abgeschwächter Form gleichwohl bedeutsam:

- Ein **originärer** immaterieller Vermögenswert ist nach IAS 38.21a und 22 nur dann anzusetzen, wenn auf der Basis begründeter und gestützter *(reasonable uand supportable)* Annahmen ein künftiger wirtschaftlicher **Nutzen wahrscheinlich** ist (→ § 13 Rz 13 und Rz 21ff.).
- Bei **derivativen**, d. h. einzeln oder im Rahmen einer *business combination* erworbenen immateriellen Vermögenswerten gilt hingegen das **Wahrscheinlichkeitskriterium** gem. IAS 38.25 und 33 (→ § 13 Rz 17) **ohne weiteres** als **erfüllt**, da Misserfolgsszenarien mit ihrer gewichteten Wahrscheinlichkeit in den Kaufpreis bzw. die *fair-value*-Bestimmung eingehen.

Zu den hieraus resultierenden Unterschieden folgendes Beispiel:

> **Beispiel**
> K erwirbt das Pharmaunternehmen P, zu dessen Vermögen u. a. ein nicht bilanziertes, gerade anerkanntes Patent über ein Arzneimittel zur Steigerung der Denkfähigkeit gehört. Zur Verwertung des Patents bestehen zwei Szenarien:
> - Variante 1: Das Arzneimittel wird ein Erfolg. Es wird diskontiert einen Überschuss von 300 Mio. EUR erwirtschaften.
> - Variante 2: Das Arzneimittel wird kein Erfolg. Es wird 2 Jahre nach der Markteinführung eingestellt werden und bis dahin diskontiert einen Verlust von 20 Mio. EUR verursachen.
>
> Die Wahrscheinlichkeit der ersten Variante wird mit 25 %, die der zweiten mit 75 % angenommen.
> - In der Einzelbilanz von P ist das Patent nicht anzusetzen, da ein Nutzen nicht wahrscheinlich ist.
> - Für die (Konzern-)Bilanz des Erwerbers gilt Folgendes:
>   - Bei Ansatz der **Wahrscheinlichkeiten als Gewichtungsfaktoren** resultiert folgender *fair value:*
> $300 \times 0{,}25 - 20 \times 0{,}75 = 75 - 15 = 60$ Mio. EUR.

Lüdenbach

> – Die geringere Wahrscheinlichkeit eines Erfolgs ist bei der Wertbemessung zu berücksichtigen.
> – Sie hindert den Bilanzansatz nicht.

Neben der unterschiedlichen rechtlichen **Bedeutung der Wahrscheinlichkeit** als
- **Ansatzkriterium bei Herstellung** und
- **Bewertungsparameter bei Anschaffung**

kann auch eine **faktische Neubeurteilung der Wahrscheinlichkeit** im Rahmen des Erwerbs zum erstmaligen Ansatz führen.
- Das Management des erworbenen Unternehmens kann sein **Ermessen** (→ § 51 Rz 24ff.) in der Einschätzung der Wahrscheinlichkeit anders und mutiger ausüben als das Management des veräußernden Unternehmens (**subjektive Wahrscheinlichkeit**).
- Die Kombination mit Produktionsfaktoren und Kapitalkraft des Erwerbers (**Synergien**) kann die Wahrscheinlichkeit eines Nutzens erhöhen (**objektive bzw. intersubjektive Wahrscheinlichkeit**).

In jedem Fall verlangt der Ansatz von immateriellen Vermögen beim Erwerber gemäß IFRS 3.37c und IAS 38.34 tatbestandlich die **zuverlässige Messbarkeit** des beizulegenden Zeitwertes. Eine entsprechende Kaufpreiskomponente fließt mangels Messbarkeit in den Geschäfts- oder Firmenwert ein. Für immaterielle **Vermögenswerte bestimmter Lebensdauer** formuliert IAS 38.35 die widerlegbare Vermutung, dass der *fair value* verlässlich zu bestimmen ist. Da im Übrigen durch IAS 38.39ff. alle Arten von Bewertungstechniken anerkannt werden, sind Zweifel an der Verlässlichkeit der Zeitwertbestimmung auch bei immateriellen Vermögenswerten die Ausnahme (→ § 13 Rz 69).[28] Zum eigentlichen Prüfstein für den Ansatz von immateriellen Vermögenswerten wird damit die Frage der **Identifizierbarkeit**, d. h. der Abgrenzung vom *goodwill*. Wie unter Rz 58 dargestellt, ist dabei zu unterscheiden zwischen immateriellen Vermögenswerten, die

71

- auf einer **vertraglich-rechtlichen Grundlage** beruhen und deshalb ohne weiteres als **identifizierbar** gelten, und
- **sonstigen** Werten, die nur angesetzt werden dürfen, wenn sie durch Verkauf, Übertragung, Lizenzierung, Verpachtung, Tausch usw. vom Unternehmen **separiert** werden können.

Zur Erläuterung dieser Kriterien führen die *Illustrative Examples* zu IFRS 3 eine Liste von immateriellen Vermögenswerten auf, bei der die rechtlich-

---

[28] Z. T. a. A. GERPOTT/THOMAS, DB 2004, S. 2485: „Ein objektiver Wertansatz fehlt, da bereits eine Konkretisierung der Bestandteile des Markenwerts schwierig ist. Demzufolge existiert in den Vorschriften des HGB, der DRS und IFRS zumindest für Unternehmensakquisitionen die Pflicht bzw. Möglichkeit, Markenwerte als untrennbaren Teil des Goodwill nicht separat ausweisen zu müssen. Die US-GAAP bestehen dagegen hier auf eine Separierung, verbunden mit einer problematischen fair value Bewertung." Vgl. aber Rz 77ff.

vertraglichen Werte überwiegen. Die Liste ist in Tabelle 4 nach den 5 Hauptkategorien gegliedert zusammengefasst.[29]

A. marketing-related intangibles
Warenzeichen
internet domain name
trade dress (Firmenlogos etc.)
newspaper mastheads (Zeitungsnamen)
vertragliche Wettbewerbsverbote
B. customer-related intangibles
Kundenliste *(customer lists)**
Auftragsbestand *(order or production backlog)*
(Dauer-)Kundenverträge *(customer contracts)*
Nichtvertragliche Kundenbeziehungen*
C. artistic-related intangibles
Urheberrechte, Lizenzrechte usw. an Werken von Literatur, Oper, Musik, Film und Funk, bildender Kunst und Fotografie
D. contract-based intangibles
Dienst-, Werk- und Leasing-, Einkaufsverträge in dem Maße, in dem sie gemessen am Markt vorteilhaft sind (bei „Einkaufskontrakten" Preis unter Marktpreis), bei „Verkaufskontrakten" Preis über Marktpreis *(beneficial* oder *favorable contracts)*
Mineralgewinnungsrechte, Ausbeutungsrechte
Fernseh-, Rundfunk-, Telefonlizenzen
Landerechte und ähnliche Luftfahrtlizenzen, Lizenzen zum Betrieb mautpflichtiger Verkehrswege
vorteilhafte Arbeitsverträge *(beneficial employment contracts)*
E. technology-based intangibles

---

[29] Eine andere sinnvolle Einteilungsmöglichkeit immaterieller Vermögenswerte mit sieben statt fünf Hauptkategorien liefert der Arbeitskreis Immaterielle Werte im Rechnungswesen der Schmalenbach-Gesellschaft, DB 2001, S. 989ff.: Berücksichtigt sind innovation capital (Patente, Rezepturen usw.), human capital (Mitarbeiter-know-how), customer capital (Marken, Kunden), supplier capital (Beschaffungsverträge), investor capital (günstige Finanzierungskonditionen), process capital (Organisation), location capital (Standortvorteile).

Lüdenbach

Patente
urheberrechtlich geschützte Software
rechtlich geschützte Datenbanken, Rezepte usw.
ungeschütztes *know-how*, Rezepte, Datenbasen, Geschäftsgeheimnisse usw.*
* nicht vertraglich-rechtlich begründet

Tab. 4: **Beispiele immaterieller Vermögenswerte**

Bedeutung und Tragfähigkeit der Unterscheidung zwischen rechtlich-vertraglichen und sonstigen immateriellen Vermögenswerten sollen nachfolgend am Beispiel der Kundenbeziehungen sowie damit zusammenhängenden Markenrechten untersucht werden.

2.5.5 Kundenbeziehungen[30]
2.5.5.1 Typen von Kundenbeziehungen

Den amerikanischen Vorgaben von EITF 02-17[31] folgend, unterscheidet auch IFRS 3.IE vier Typen von *customer-related intangibles* (Kundenbeziehungen):

- **Kundenlisten** *(customer lists*; Rz 76),
- **Auftragsbestände** *(order or production backlog*; Rz 73),
- **(Dauer-)Vertragskunden** *(contractual customer relationships*; Rz 75),
- faktische **Stammkundenbeziehungen** ohne aktuelles Vertragsverhältnis *(non-contractual customer relationships*; Rz 77).

Der erste und der letzte Fall sind durch fehlende (aktuelle) vertragliche Beziehungen gekennzeichnet *(non-contractual intangibles)*, die beiden anderen beruhen auf (bestehenden) Vertragsverhältnissen *(contractual intangibles)*.
Für die wirtschaftliche und bilanzrechtliche Qualität kann das Vorhandensein oder Fehlen vertraglicher Beziehungen eine wichtige Rolle spielen. Den *contractual intangibles* liegen rechtlich durchsetzbare Nutzen- bzw. *cash-inflow*-Erwartungen zugrunde. Das für den Ansatz eines Vermögenswertes maßgebliche Kriterium der Verfügungsmacht/Kontrolle über einen (wahrscheinlichen) zukünftigen Nutzen (→ § 1 Rz 87) ist damit regelmäßig zu bejahen. Sowohl die amerikanischen Vorschriften als auch IFRS 3.46 lassen deshalb i. d. R. die rechtlich geschützte Qualität eines immateriellen Vermögenswerts als ansatzbegründend genügen *(contractual-legal-*Kriterium), wobei die rechtliche Qualität nicht nur als nachvollziehbare Argumentation für die Verfügungsmacht, sondern apodiktisch auch für die Identifizierbarkeit, insbesondere die Unterscheidbarkeit vom *goodwill*, dient (Rz 77ff.).

---

[30] Die nachfolgenden Ausführungen stützen sich auf LÜDENBACH/PRUSACZYK, KoR 2004, S. 204.

[31] EITF 02-17, Recognition of Customer Relationship Intangible Assets Acquired in a Business Combination.

Bei den *non-contractual intangibles* soll hingegen die Frage, ob ein kontrollierbarer, vor allem aber von anderen immateriellen Vermögenswerten wie Markenrechten und *goodwill* unterscheidbarer Nutzen zu erwarten ist, kritischer untersucht werden. Ansatzvoraussetzung der nicht rechtlich-vertraglich begründeten Vermögenswerte ist dann nach IAS 38.12 und IFRS. 3.46 die **Separierbarkeit** des jeweiligen Vermögenswertes (→ § 13 Rz 10). Hierbei geht es um die durch eine abstrakte Möglichkeit eines Verkaufs, einer Verpachtung usw. gegebene **Verkehrsfähigkeit**.

Wegen der geringeren Anforderungen sollen zunächst die rechtlich begründeten Kundenbeziehungen untersucht werden.

2.5.5.2 Auftragsbestand und vertragliche Kundenbeziehungen

73 Sowohl der Auftragsbestand als auch die auf Dauerverträgen (Zeitschriftenabonnements, Mobilfunkverträge usw.) beruhenden Kundenbeziehungen sind rechtlich begründete und gesicherte Formen immaterieller Vermögenswerte. Nicht mehr zu prüfen ist daher, ob der Vermögenswert separierbar, d. h. insbesondere weiterveräußerbar ist.

Geboten ist aber u.E. eine genaue Untersuchung der rechtlichen Fundierung. In einem vom *substance-over-form*-Gedanken geleiteten Regelsystem kann der **rechtlichen Fundierung** eines Verhältnisses nur dann eine bilanzielle Bedeutung zukommen, wenn mit ihr auch eine **wirtschaftlich-substanzielle Qualität** einhergeht.

- Eine derartige Qualität ist für (feste) **Auftragsbestände** und **ungekündigte Dauervertragsbeziehungen** ohne weiteres zu bejahen, da mit ihnen identifizierbare und rechtlich durchsetzbare *cash inflows* verbunden sind. Bei Dauervertragsbeziehungen muss auch nicht hinderlich sein, dass eine Beendigung der Geschäftsbeziehung durch Kündigung möglich ist. Erwartete Kündigungsraten können im Bewertungskalkül Berücksichtigung finden.
- In Abgrenzung zu fest zugesagten Aufträgen fehlt hingegen bei Gewinnchancen aus **Rahmen- bzw. Konditionenverträgen**, die nur Preise und Lieferbedingungen, ggf. auch Lieferverpflichtungen, jedoch keine Abnahmepflichten festlegen, die durchsetzbare und damit selbstständig bewertbare Gewinnchance. Mit solchen Verträgen verbundene empirisch begründete Bestellerwartungen sollten daher u.E. nicht zur Anerkennung eines Rahmenvertrages als Vermögenswert führen. Die empirischen Erwartungen speisen sich nicht hauptsächlich aus der Existenz des Rahmenvertrags, sondern aus einer Vielzahl verbundener Faktoren (Qualität und Preis der Produkte, Markenruf), die insgesamt als geschäftswertbildend angesehen werden müssen.

Soweit es nach den vorstehenden Überlegungen zum Ansatz von Auftragsbeständen oder Dauervertragsbeziehungen kommt, bereitet die **Ermittlung des *fair value*** regelmäßig keine besonderen Probleme:

74 **Auftragsbestände** sind mit der diskontierten Netto-*cash flow*-Erwartung anzusetzen. Die konkreten Bewertungsprämissen sind von besonderer Bedeutung in den

Lüdenbach

Branchen, die wegen der Langfristigkeit ihrer Fertigung regelmäßig über sehr hohe Auftragsvolumina verfügen.[32] Zur Bewertungsmethodik und den Prämissen folgendes Beispiel (Steuern und damit auch den *tax amortization benefit* – Rz 66 – aus Vereinfachungsgründen vernachlässigt):

Beispiel

Die börsennotierte Konglomerat AG möchte ein auf den Bau von Flugzeugen spezialisiertes Unternehmen erwerben. Das Zielobjekt verfügt u. a. über einen Auftragsbestand für die nächsten drei Jahre in Höhe von 9 Mrd. EUR, der gleichmäßig in t_1, t_2 und t_3 abgewickelt werden wird. Die Vollkostenmarge (vor Zinsen) aus dem Auftragsbestand beträgt 15 %.

Würde von Erfüllungs- und Geschäftsrisiken abstrahiert und der Zeitwert/anteilige Kaufpreis des Auftragsbestands durch Diskontierung der Marge mit einem risikolosen Anlagezins von 5 % (bei Fehlen von Risiken zugleich spezifischer Fremdkapitalisierungszins) ermittelt, ergäbe sich folgende Berechnung für den Wert des Auftragsbestandes:

	t_1	t_2	t_3
Umsatzerlöse	3.000,0	3.000,0	3.000,0
Marge	450,0	450,0	450,0
Rohmarge diskontiert	428,6	408,2	388,7
Barwert/*fair-value*-Auftrag	1.225,5		

Beim Erwerber würden sodann bei unterstellter Fremdfinanzierung (des Erwerbs der Aufträge sowie ihrer Anlaufverluste) und unter Berücksichtigung der Abschreibung auf den Auftragsbestand folgende Ergebnisse in der GuV der Folgeperioden anfallen:

	t_1	t_2	t_3	Summe
Marge vor Zins und Abschreibung auf Auftrag	450,0	450,0	450,0	1.350,0
FK-Zinsen auf *fair-value*-Auftrag	61,3	41,8	21,4	124,5
Abschreibung auf *fair-value*-Auftrag	408,5	408,5	408,5	1.225,5
Gewinn Erwerber	–19,8	–0,3	20,1	0,0

---

[32] Im Flugzeug- und Großanlagenbau sind Auftragsbestände dieser Größenordnung keine absolute Ausnahme. Vgl. etwa den (in Aussicht gestellten) Auftrag der britischen Armee an den EADS-Konzern für die Lieferung von Tankflugzeugen in einer Größenordnung von GBP 19 Mrd. in den nächsten 27 Jahren, s. Financial Times, 23.1.04, S. 1.

Lüdenbach

Der Erwerber würde mithin ein Ergebnis von null erwirtschaften. Dieses rechnerische Resultat ist Konsequenz der Einzelerwerbsfiktion und der Diskontierungsannahmen: Wenn der Barwert des mit dem Auftragsbestand verbundenen *cash flow* dem Veräußerer vergütet (tatsächlicher Erwerb) bzw. eine solche Vergütung unterstellt wird (Einzelerwerbsfiktion bei Unternehmenskauf), kann bei Identität von Fremdfinanzierungs- und Diskontierungszins kein Gewinn mehr anfallen.

Nicht berücksichtigt wurden bisher jedoch die mit der Auftragserfüllung verbundenen Risiken, die sich aus (nicht weiter belastbaren) Kostenüberschreitungen, Bonitätsrisiken sowie aus dem allgemeinen Geschäftsrisiko etc. ergeben können. Dazu folgende Fallvariante:

Beispiel
Operative und Bonitätsrisiken werden durch einen risikoadjustierten Zinssatz in Höhe von 7,5 % abgegolten, während der Fremdkapitalisierungszins weiter 5 % betragen soll. Der Risikozuschlag ist deshalb gering, weil Abnehmer der Leistungen der Staat ist, Bonitätsrisiken daher nicht bestehen und operative bzw. Kostenrisiken vom Abnehmer faktisch zu einem erheblichen Teil übernommen werden. Es ergibt sich ein niedrigerer Zeitwert/anteiliger Kaufpreis des Auftragsbestandes (1. Tabelle) und damit ein Gewinn des Erwerbers (2. Tabelle):

	t_1	t_2	t_3
Umsatzerlöse	3.000,0	3.000,0	3.000,0
Marge	450,0	450,0	450,0
Rohmarge diskontiert	418,6	389,4	362,2
Barwert/*fair-value*-Auftrag	**1.170,2**		

	t_1	t_2	t_3	Summe
Marge vor Zins und Abschreibung auf Auftrag	450,0	450,0	450,0	1.350,0
FK-Zinsen auf *fair-value*-Auftrag	58,5	40,0	20,5	119,0
Abschreibung auf *fair-value*-Auftrag	390,1	390,1	390,1	1.170,2
Gewinn Erwerber	1,4	20,0	39,4	**60,8**

Die Akquisition der Auftragsbestände führt bei den vorliegenden Bewertungs- und Abschreibungsprämissen zu einem Gewinn des Erwerbers. Bei geringerem Risiko – Auftragsbestand gegenüber dem Staat, geringes Bonitätsrisiko, (faktische) Weiterbelastbarkeit von Mehrkosten – fällt der Risikozuschlag wie im

Beispiel gering aus. Unter den gegebenen Prämissen käme ein kapitalmarktorientiertes Unternehmen kaum noch als Käufer in Frage, da es die aufgrund der Einzelerwerbsfiktion resultierende niedrige Umsatzrendite (im Beispiel: 60,8/9.000 = 0,7 %!) den Aktionären und Analysten kaum zumuten könnte. Jedenfalls aus Sicht eines börsennotierten Käufers wäre damit ein Zielunternehmen umso interessanter, je niedriger sein Auftragsbestand und je höher die darin liegenden Risiken ausfielen. Diese **„Paradoxie"** ist systematische Folge der Einzelerwerbsfiktion, die eine Aufteilung des Kaufpreises auf den Auftragsbestand nach Maßgabe des darin zu erwartenden Überschusses vorsieht und somit dem Erwerber bilanziell nur noch die Differenz zwischen risikoadjustiertem Diskontierungs- und Fremdkapitalzins belässt. Pragmatisch kann das Problem nur auf **zwei Arten** gelöst werden; bei der Kaufpreisallokation wird entweder

- ein Risikozinssatz an der Obergrenze des Vertretbaren angesetzt und so für einen entsprechenden Gewinn-*spread* gesorgt (Rz 68) oder
- wegen der Nähe der Auftragsbestände zu den unfertigen Erzeugnissen wird wie dort ein Abschlag für den Durchschnittsgewinn (der Branche oder des Unternehmens) auf die *cash inflows* vorgenommen (Rz 63).

Die Bewertung von Kundenbeziehungen aus ungekündigten **Dauervertragsverhältnissen** erfolgt i. d. R. ertragsorientiert im Rahmen des sog. *multi-period-excess-earnings*-Ansatzes[33] (Rz 65). Zur Bestimmung des Zeitwerts werden ausgehend von einem mehrjährigen Business-Plan die Einnahmen der zum Bewertungsstichtag bestehenden Kundenbeziehungen ermittelt. Bei der Bestimmung der Einnahmen sind Kundenabgänge (Kündigung, Tod etc.) in Form einer natürlichen „Schrumpfungsrate" *(churn rate)* zu berücksichtigen, die entweder aus vergangenheitsbezogenem Datenmaterial oder prospektiv durch Szenarienrechnungen abgeleitet wird. Von den Einnahmen abzuziehen sind anteilige operative Ausgaben, Steuern sowie kalkulatorische Nutzungsentgelte *(capital charges;* Rz 65 und Rz 68). Die hypothetischen Nutzungsentgelte sind sowohl für materielle als auch für immaterielle Vermögensgegenstände, die für die Aufrechterhaltung der Kundenbeziehungen erforderlich sind, anzusetzen.[34] Hierbei kommt es nicht darauf an, ob der Vermögensgegenstand bilanzierungsfähig ist. Auch auf den Wert der regelmäßig nicht bilanzierten Arbeitnehmerschaft *(assembled work force* zu Ausnahmen Rz 84f.) sind *capital charges* zu rechnen.[35]

75

---

[33] AICPA Practice Aid: „Assets Acquired in a Business Combination to Be Used in Research and Development Activities", 2001, Kap. 2.1.10.

[34] Übersicht mit kalkulatorischen Verzinsungssätzen von Vermögensgegenständen bei MARD/HITCHNER/HYDEN/ZYLA, Valuation for Financial Reporting – Intangible Assets, Goodwill and Impairment Analysis, SFAS 141 and 142, 2002, S. 26. Die Darstellung bietet nur Anhaltspunkte für die relative Höhe der Verzinsungssätze bei einzelnen Vermögensgegenständen und kann die einzelfallbezogene Würdigung nicht ersetzen.

[35] IDW RS HFA 16 Tz 53.

Lüdenbach

Die so bereinigten Einzahlungsüberschüsse werden schließlich mit einem risikoadjustierten Diskontierungssatz abgezinst (Rz 68). Für die Ermittlung des *fair value* ist darüber hinaus der steuerliche Barwertvorteil aus Abschreibungen auf die Kundenbeziehungen *(tax amortization benefit)* als zweite Wertkomponente zu berücksichtigen,[36] und zwar unabhängig davon, ob der Unternehmenserwerb als *asset deal* tatsächlich zu steuerlichen Mehrabschreibungen geführt hat oder beim *share deal* keine Mehrabschreibungen entstehen (zur Berechnung: Rz 66). Zum Ganzen folgendes Beispiel:

> **Beispiel**
>
> Das erworbene Unternehmen TU hat Dauervertrags- bzw. Abonnementkunden. Die Verträge sind jedoch kurzfristig kündbar. Die *churn rate* beträgt 50 %. Die Planungen sehen einen Umsatzwachstum pro Kunde von 4 % pro Jahr sowie umsatzproportional verlaufende Kosten vor.
>
> Die *capital charges* werden nur auf Verzinsungsbasis *(return on)* gerechnet (Rz 68), da der Werteverzehr explizit in den operativen Kosten berücksichtigt ist. Eine *assembeld work force* wird nicht berücksichtigt, weil das Unternehmen überwiegend mit gering qualifizierten Kräften arbeitet, deshalb aus Opportunitätskostensicht (ersparte Einstellungs- und Einarbeitungskosten) der Wert der Arbeitnehmerschaft gering ist. Operative Kosten und *capital charges* werden Kundenbestand und Neukunden im Verhältnis der Umsatzanteile belastet. Für operative Kosten und *capital charges* wird Umsatzproportionalität unterstellt. Hiervon ausgenommen sind nur die *capital charges* auf die Marke. Insoweit wird unterstellt, dass das Umsatzwachstum aus der gegebenen Marke generiert wird und Erhaltungsaufwendungen auf die Marke schon in den operativen Kosten enthalten sind. Die Planung berücksichtigt nur 5 Jahre. Dies ist vertretbar, da bei einer Schrumpfungsrate von 50 % p.a. der kumulierte Wertbeitrag aller weiteren Jahre im 1-%-Bereich liegt und damit vernachlässigbar ist.
> Die Berechnung ist wie folgt:
>
> | | | 01 | 02 | 03 | 04 | 05 |
> | --- | ---------------------------- | ------- | ------- | ------- | ------ | ------ |
> | | Umsatz aus Vertragskunden | 100,00 | 52,00 | 27,04 | 14,06 | 7,31 |
> | | HK der Umsätze (ohne Abschr.)| −60,00 | −31,20 | −16,22 | −8,44 | −4,39 |
> | (A) | = Rohertrag | 40,00 | 20,80 | 10,82 | 5,62 | 2,92 |
> | | div. Aufwendungen | 15,00 | 15,60 | 16,22 | 16,87 | 17,55 |
> | | Abschreibung Sachanlagen | 1,00 | 1,04 | 1,08 | 1,12 | 1,17 |
> | | Abschreibung immaterielle | 1,50 | 1,56 | 1,62 | 1,69 | 1,75 |
> | | operative Kosten | 17,50 | 18,20 | 18,93 | 19,69 | 20,47 |
> | | davon Vertragskunden | *100,0 %* | *50,0 %* | *25,0 %* | *12,5 %* | *6,3 %* |
> | (B) | = anteilige operative Kosten | 17,50 | 9,10 | 4,73 | 2,46 | 1,28 |

---

[36] AICPA Practice Aid: Kap. 5.3.102; ähnlich IDW RS HFA 16 Tz 38.

				01	02	03	04	05
(C)	Einkommen (A-B)			22,50	11,70	6,08	3,16	1,65
	– Steuern 40 %			–9,00	–4,68	–2,43	–1,27	–0,66
(D)	= Nettoeinkommen			13,50	7,02	3,65	1,90	0,99
	Vermögenswert	Wert	return on					
	working capital (netto)	15	5 %	0,75	0,78	0,81	0,84	0,88
	Immobilien	10	7 %	0,70	0,73	0,76	0,79	0,82
	Maschinen	6	10 %	0,60	0,62	0,65	0,67	0,70
	son. Sachanlagen	2	7 %	0,14	0,15	0,15	0,16	0,16
	Marke	10	12 %	1,20	1,20	1,20	1,20	1,20
	assembled work force (Rz 85)	2	12 %	0,24	0,25	0,26	0,27	0,28
	asset charges (Rz 68)			3,63	3,73	3,83	3,93	4,04
	davon Vertragskunden			100,0 %	50,0 %	25,0 %	12,5 %	6,3 %
	= Zwischensumme			3,63	1,86	0,96	0,49	0,25
	– ggf. Steuer (hier 0, da return on nach Steuer)							
(E)	= anteilige asset charges			3,63	1,86	0,96	0,49	0,25
(F)	residuale cash flows (D-E)			9,87	5,16	2,69	1,41	0,73
	× Diskontierungsfaktor		12 %	0,8929	0,7972	0,7118	0,6355	0,5674
	= Barwerte			8,81	4,11	1,92	0,89	0,42
	Kapitalwert (Summe Barwerte)			16,15	Prämissen: churn rate 50 % p.a. Wachstum Umsatz/Kunde 4 % p.a. Operative Kosten und asset charges: umsatzproportional (mit Ausnahme Marke)			
	tax amortization benefit (bei 40 %) (Rz 66)			6,55				
(G)	fair value Kunden			22,70				

Sowohl für die Zugangsbewertung als auch für die Folgebewertung (Abschreibung) von Dauervertragskunden ist die Nutzungsdauer von Bedeutung. Eine Gleichsetzung mit der Mindestvertragslaufzeit kommt nicht in Frage, da die wirtschaftliche Nutzungsdauer die Wahrscheinlichkeit der Vertragsverlängerung berücksichtigen muss. Hierzu folgendes Beispiel:

Beispiel
Bei professionellen Sportvereinen ist es üblich, Dauerkarten, die für ein Jahr den Zugang zu allen Heimspielen ermöglichen, an die jeweiligen Fans (Kunden) zu verkaufen. Bei Orientierung allein an der Vertragslaufzeit wäre die Nutzungsdauer auf ein Jahr begrenzt. Der Bundesliga-Fußballverein „Die Knappen 05" verfügt allerdings über eine sehr treue Anhängerschaft, denn seit mehreren Jahren kommen Dauerkarten gar

> nicht zum freien Verkauf, weil die alten Karteninhaber ihre Verlängerungsoption wahrnehmen. In einer Vielzahl der Fälle werden Dauerkarten sogar von Generation zu Generation „vererbt".

Praktikabel und intersubjektiv nachvollziehbar ist die Nutzungsdauer nur anhand von Kündigungsstatistiken bestimmbar. Voraussetzung für die Anwendung ist ein relativ konstantes Branchen- und Unternehmensumfeld. Alternativ wären auch prospektive Überlegungen über die Veränderungen der Umweltentwicklungen anzustellen.

2.5.5.3 Kundenlisten

76 Der Begriff der Kundenliste *(customer list)* steht für ganz unterschiedliche kundenbezogene Informationen. Neben Adress- und demographischen Daten (Alter, Geschlecht, Familienstand, Beruf etc.) können Kundenlisten auch Informationen über das Kaufverhalten enthalten.

Für die mit einem Unternehmenskauf erworbene Kundenliste ist i. d. R. das rechtlich-vertragliche Ansatzkriterium (Rz 72) nicht einschlägig. Deshalb ist die **Verkehrsfähigkeit**, d. h. die Separierbarkeit des wirtschaftlichen Vorteils durch die Möglichkeit des Verkaufs, der Verpachtung oder des Tauschs, zu prüfen. Hierbei kommt es nicht darauf an, ob die erworbene Kundenliste tatsächlich vom Erwerber weiterveräußert oder verpachtet werden soll. Die abstrakte Möglichkeit einer solchen Transaktion reicht aus. Sie wird in IFRS 3.IE B1 nur für den Fall verneint, dass eine Überlassung der Kundenliste an andere Unternehmen gesetzlich oder vertraglich ausgeschlossen sei. Ein solcher Ausschluss kann sich z. B. aus **beruflichen Verschwiegenheitspflichten** von Ärzten, Rechtsanwälten, Wirtschaftsprüfern usw. oder allgemein durch Datenschutzbestimmungen ergeben.

Kann die Separierbarkeit bejaht werden, ist gleichwohl noch zu prüfen, ob die Kundenliste einen kontrollierbaren, wahrscheinlichen Nutzen verkörpert. Zwischen Kontrolle und Nutzen besteht regelmäßig eine **Wechselwirkung**.

> **Beispiel**
> Die Dentalbedarf AG erwirbt ein Unternehmen, das Dentalinstrumente produziert. Mit dem Unternehmen wird auch eine Kundenliste erworben, die beinahe sämtliche deutschen Zahnärzte enthält.
> Die Liste hat keinen besonderen Wert, da sich jedermann mit relativ unbedeutenden Suchkosten Listen von Zahnärzten über Branchen-CDs etc. beschaffen kann. Der niedrige Wert resultiert aus der fehlenden Kontrolle, Dritte von dem Informationsnutzen der Kundenliste auszuschließen.
>
> **Fallvariante**
> Die Liste enthält Angaben, welche Zahnärzte linkshändig sind und deshalb anders geformte und konstruierte Dentalinstrumentarien benötigen. Die Kundenliste bzw. die in ihr enthaltenen Informationen über die Linkshändigkeit sind unter zwei Prämissen werthaltig:

> 1. Der Erwerber – oder ein Dritter, an den die Liste weiterveräußert werden könnte – erwägt die Verwertung der Informationen durch die Produktion spezieller auf linkshändige Zahnärzte zugeschnittener Instrumente.
> 2. Die Information über die Linkshändigkeit von Zahnärzten ist nicht allgemein zugänglich und nur mit hohen Kosten beschaffbar.

Eine nach den vorstehenden Überlegungen anzusetzende Kundenliste kann markt-, einkommens- oder kostenorientiert **bewertet** werden (Rz 59). Da Marktpreise bei Kundenlisten i. d. R. fehlen und auch eine kostenorientierte Bewertung (ersparte Informations-, Sach-, Suchkosten etc.) regelmäßig versagt, dominiert der ertragsorientierte Ansatz. Hierbei wird der Wert der Kundenliste durch Diskontierung der daraus resultierenden Ertragszuwächse *(cash flows)* dargestellt. Im o.g. Beispiel der linkshändigen Zahnärzte wäre von den erwarteten Mehrumsätzen aus Linkshänderinstrumenten auszugehen, hiervon die mit der Umsatzerbringung verbundenen Kosten in Abzug zu bringen und der resultierende Mehrgewinn zu diskontieren. In weniger prägnanten Fällen bereitet ein inkrementales Vorgehen, d. h. die Zurechnung von Mehrgewinnen zur Kundenliste, kaum überwindbare Schwierigkeiten, so dass eine Wertbestimmung nicht oder nur sehr willkürlich möglich ist und der Ansatz an der fehlenden Zuverlässigkeit der *fair-value*-Bestimmung scheitert.

2.5.5.4 Nichtvertragliche Kundenbeziehungen (Stammkunden) in der Abgrenzung zu Marken und *goodwill*

Ein Ansatz der Stammkundenbeziehungen wird in IFRS 3.IE B3 bejaht, da sie das *contractual-legal*-Kriterium erfüllen würden. Diese Feststellung überrascht und offenbart eine Tendenz, das rechtliche Kriterium so weit auszulegen, dass es jeden Gehalts beraubt wird. Zur Begründung führt IFRS 3.IE B3 Folgendes an: „*Customer relationships also meet the contractual-legal citerion ... when an entity has a practice of establishing contracts with its customers, regardless of whether a contract exists at the date of acquisition.*" Als nichtvertragliche Kundenbeziehungen *(non-contractual customer relationships)* i.S. von IFRS 3.IE B4 würde dann nur noch das durch den Standort, den Ruf usw. erreichbare, bisher aber noch nicht mobilisierte Kundenpotenzial gelten. Zu den Konsequenzen dieser EITF 02-17 folgenden Auffassung folgendes Beispiel:

> **Beispiel**
> Das erworbene Unternehmen hat keine Laufkundschaft, sondern ausschließlich Stammkunden.
> Für 20 % der Stammkunden liegt am Erwerbsstichtag eine Bestellung vor, die ohne weiteres als Auftragsbestand (Rz 73) anzusetzen ist.
> Für die anderen 80 % existiert keine aktuelle Bestellung. Sie sollen nach IFRS 3.IE B 3 gleichwohl als vertraglich zu qualifizieren und mit einem festzustellenden *fair value* anzusetzen sein.

Wenn die **Existenz** einer **früheren** vertraglichen Beziehung in Verbindung mit der **Möglichkeit** einer **erneuten** ausreicht, um das *legal-contractual*-Kriterium zu erfüllen, wird dieses jeglicher Schärfe beraubt. Ein derartiges Vorgehen halten wir nicht für sachgerecht. Am Erwerbsstichtag bestehende empirische Erwartungen auf Wiederholungskäufe sollten nicht dadurch zu rechtlichen Beziehungen umgedeutet werden, dass in der Vergangenheit Vertragsbeziehungen bestanden haben.

Rechtsfolge der (u. E. **falschen**) **Umqualifizierung des Kundenstamms** von einem faktischen in einen rechtlich-vertraglichen Vermögenswert wäre der Ansatz der Stammkunden, unabhängig von der materiellen Frage der Verkehrsfähigkeit *(separability)*. Bei **materieller Betrachtung** kann ein normales Unternehmen seinen Kundenstamm i. d. R. nicht veräußern, verpachten oder in sonstiger Weise einem Dritten überlassen, ohne zugleich seine operativen Tätigkeiten im bisherigen Geschäftsfeld aufzugeben oder auf Dauer der Überlassung einzustellen. Eine separate Verwertungsmöglichkeit des Kundenstamms ist daher nicht gegeben. Eine Aktivierung käme nicht in Frage. Durch die falsche Qualifizierung des Kundenstamms als rechtlich-vertraglicher Vermögenswert wird diese materielle Betrachtung jedoch zunächst ausgeblendet. Der Ansatz kann dann nur noch an der Frage scheitern, ob ein verlässliches und angemessenes Bewertungsmodell zur Ermittlung des *fair value* zur Verfügung steht. Aktivierungsfähigkeit und selbstständige Bewertbarkeit fallen zusammen (→ § 1 Rz 99).

In den Anforderungen an die selbstständige Bewertungsfähigkeit wird der amerikanischen Bilanzierungspraxis folgend voraussichtlich auch die zukünftige IFRS-Praxis äußerst großzügig sein. In der US-GAAP-Praxis werden jedenfalls auch hoch artifizielle Modelle als adäquat angesehen. Offensichtlich wurde dies etwa bei der Etablierung von Bewertungsverfahren zu „Hyper-Lizenzen". Derartige Lizenzen, mit denen „das gesamte Geschäft steht und fällt", sind materiell nicht vom Geschäftswert zu trennen. Ein artifizieller Ansatz, wie der sog. *build-out approach*, der gleichwohl in der Lage ist, einen modelltechnischen *fair value* zu generieren, ist jedoch akzeptiert (Rz 65).

78 U. E. wäre jede derartige Modellrechnung bei Stammkundenbeziehungen obsolet, da diese *non-contractual* sind und eine Verkehrsfähigkeit nicht gegeben ist. IASB (und FASB) vertreten jedoch explizit eine andere Auffassung. Unter Zugrundelegung dieser Auffassung können Einwendungen gegen den Ansatz von Stammkundenbeziehungen nur noch aus dem Fehlen einer angemessenen **Bewertungsmöglichkeit** resultieren.

An derartigen Einwendungsmöglichkeiten besteht allerdings kein Mangel. Jedes **Berechnungsmodell** muss u.E. auf seine **ökonomische Adäquanz** befragt werden. Bevor die Mathematik des Modells zur Anwendung gelangt, ist zu klären, ob die finanzmathematischen Prozeduren die ökonomischen Inhalte überhaupt angemessen abbilden. U.E. muss deshalb vor der modelltechnischen Berechnung der Kundenbeziehungen das ökonomische Verhältnis der Kundenbeziehungen zum *goodwill*, der Marke oder anderen immateriellen Vermögenswerten qualitativ untersucht werden.

Lüdenbach

Aus dieser qualitativen Sicht ist der ökonomische Wert der Stammkundschaft durch Wiederholungskäufe als eine empirische Tatsache gekennzeichnet. Das empirisch beobachtete Verhalten erklärt sich aber aus einer Vielzahl unterschiedlicher Faktoren. Markenstärke, Standort, persönliche Kontakte, Design und Technologie der Produkte spielen eine wichtige Rolle. Unter Rückgriff auf die zivile Rechtsprechung kann man in diesem Zusammenhang von sog. „Sogwirkungen"[37] anderer Faktoren sprechen, die den Wiederholungskauf (mit-)erklären. Der Einfluss der **Sogwirkungen** kann kaum quantifiziert werden. Eine adäquate separate Bewertung der Stammkunden (bzw. der anderen interagierenden Vermögenswerte) ist dann nur noch in solchen Fällen möglich, in denen ein Aspekt überragt und daher die anderen als vernachlässigbar anzusehen sind. Solche Prioritätsverhältnisse sind nicht rechnerisch, sondern durch qualitative Vorüberlegungen unter Würdigung des Einzelfalls zu klären.

Sollte die „Sogwirkung" eines anderen immateriellen Vermögenswertes insbesondere der **Marke** einen überragenden Charakter haben, liegt es nahe, dem Posten „Stammkunden" keinen selbstständigen Wert zuzurechnen. Pauschale Urteile sind bei solchen qualitativen Betrachtungen zu vermeiden. Beim Erwerb eines Markenartikelherstellers ist es beispielsweise nicht von vornherein gerechtfertigt, alles der Marke und nichts dem Kundenstamm oder dem *goodwill* zuzuordnen. Der Markenwert sollte ökonomisch fundiert anhand eines zufließenden Nutzens, z. B. in Form höherer Absatzpreise im Vergleich zu No-Name-Produkten oder Eigenmarken der Handelsketten, ermittelt und nicht vereinfachend durch die Gleichung Unterschiedbetrag Kaufpreisallokation = Markenwert „bestimmt werden". Eine solche Gleichung würde zudem übersehen, dass es im Rahmen der Kaufpreisallokation nur **einen** residualen Wert, nämlich den *goodwill* gibt. Seine Berechnung setzt also die vorgängige Bestimmung aller anderen Werte voraus.

In der Bestimmung dieser anderen Werte sind **fallbezogene Differenzierungen** nötig:

- Bei **technologisch getriebenen Marken** sind Wiederholungskäufe Folge eines technisch begründeten Qualitätsversprechens, damit einhergehender Innovationskraft, Qualität der Arbeiterschaft und des Marketings usw. und somit untrennbar mit dem Unternehmen und dem Geschäftswert verbunden. Markenwert und Stammkundenwert sind unter diesen Umständen nicht mehr mit einem ökonomisch adäquat begründeten Modell separierbar. Sie gehen im *goodwill* auf.
- **Marken von Gütern des täglichen Bedarfs** enthalten hingegen häufig kein technologisches Qualitäts-, sondern ein Lifestyle- oder Genussversprechen. In derartigen Fällen kann von einer dominierenden Bedeutung der Marke (gegenüber Stammkundenbeziehung, *know-how* usw.) ausgegangen und deren Wert nach dem o.g. ökonomischen Kalkül bestimmt werden.

---

[37] Vgl. KÜMMEL, Der Ausgleichsanspruch des Kfz-Vertragshändlers – Berechnung nach der „Münchner Formel", DB 1998, S. 2407ff.

Lüdenbach

Die Frage nach der Differenzierung und Trennbarkeit zwischen Kundenstamm und Marke sowie *goodwill* ist u.U. auch abhängig von der **Vertriebsstruktur.**

- Besteht die **Stammkundschaft** eines Markenartiklers aus **Handelskonzernen,** kann ein Erhalt der Kundenbeziehung nur insoweit erwartet werden, als die Endverbraucher der Marke treu bleiben. Die Stammkundenbeziehung zum Handelsunternehmen ist nur ein Reflex auf die Wahrnehmung der Marke durch die Endkunden. Das Kontrollkriterium bezüglich der Endkundenbeziehungen ist aus Sicht des Markenartiklers nicht erfüllt. Die Marke ist dominant und deshalb vorrangig anzusetzen.

- Demgegenüber sind **Markenartikler mit direkten Vertriebskanälen** und direktem Kontakt zu den Endkunden eher in der Lage, diese Beziehungen zu kontrollieren. Eine separate Bewertung der Stammkundenbeziehung kann in Frage kommen.

Die vorgenannten Interdependenzen von immateriellen Vermögenswerten machen häufig nicht nur eine separate Verwertung – auf die es nach Ansicht des IASB und des FASB nicht mehr ankommen soll –, sondern bereits eine separate und adäquate *fair-value*-**Ermittlung** unmöglich, so dass jedenfalls aus dieser Sicht ein Ansatz scheitern kann.[38]

2.5.5.5 Zusammenfassende Beurteilung

80 Rechtliche Anknüpfungspunkte erleichtern die Identifizierung, die Verkehrsfähigkeit und die Kontrolle eines Vermögenswertes. Gleichwohl sollte im Rahmen einer wirtschaftlichen Betrachtung – *substance over form* – nicht jede irgendwie geartete rechtliche Qualität dazu verwendet werden, den Ansatz eines Vermögenswertes zu bejahen. Ein solches Vorgehen ist apodiktisch und verweigert sich der notwendigen Auseinandersetzung mit den wirtschaftlichen Qualitäten von Umständen und Verhältnissen, von denen gerade abhängen sollte, ob ein bilanzierungsfähiger Vermögenswert vorliegt.

Die Ausführungen des IASB sind in dieser Hinsicht nicht überzeugend. Insbesondere bei der Beurteilung der Stammkundenbeziehungen zeigt sich eine Tendenz, das **rechtlich-vertragliche Kriterium jeden Gehalts zu berauben** (Rz 77). Ohnehin **fehlt eine schlüssige Definition** des Kriteriums.

- Die *Illustrative Examples* unterscheiden etwa im Bereich der *technology-based intangible assets* danach, ob die Werte **rechtlich geschützt** *(legally protected)* sind oder nicht.

- Die Ausführungen zu anderen immateriellen Vermögenswerten stellen demgegenüber darauf ab, ob sie **rechtlich zustande gekommen** sind *(arise form contratual or legal rights).*

Nur der zweite Aspekt berührt die Identifizierungsfrage, d.h. die Unterscheidbarkeit vom *goodwill,* während es beim ersten Aspekt um die Frage der Verfügungsmacht geht. Die Vermischung der beiden Dimensionen dient der Klarheit der Vorschriften nicht. Der Anwender kann gerade in Anbetracht

---

[38] Für eine restriktive Beurteilung der Aktivierung von Stammkundenbeziehungen auch: SENGER/BRUNE/ELPRANA, in: Beck'sches IFRS-Handbuch, 2. Aufl., 2006, § 33 Tz 60.

solcher Unklarheiten den aus Amerika kommenden Tendenzen, fast alles als immaterielle Einzelwerte und nichts auf den *goodwill* zu allozieren, mit guten Argumenten partiell widerstehen.

2.5.6 Marken

Nach IFRS 3.B16 i. V. m. IAS 38.41 sind für die Bewertung von Marken zwei Methoden explizit zugelassen. Der Markenwert ist danach bestimmbar

- mit der **opportunitätskostenorientierten** *relief-from-royalty*-Methode als diskontierter Wert der aus dem Eigentum an der Marke resultierenden Ersparnis von Lizenzkostenzahlungen an Dritte,
- mit der **Mehrgewinnmethode** als diskontierter Wert des im Vergleich zu einem No-Name-Produkt erzielbaren Mehrgewinns.

In der **Praxis** dominiert die *relief-from-royalty*-Methode. Sie hat den Vorteil, mit nur **wenigen Parametern und Annahmen** (Lizenzrate, Umsatz, Diskontierungszins) auszukommen. Die notwendigen **detaillieren** Informationen für eine Bewertung anhand der Mehrgewinnmethode (neben dem Diskontierungszins u. a. Preis und Menge, Marketingaufwendungen, Verpackungskosten, Produktionskosten etc. jeweils nicht nur für das Markenprodukt, sondern zur Ermittlung des Mehrbetrags auch für ein fiktives No-Name-Produkt) stehen regelmäßig in der Bewertungspraxis nicht zur Verfügung. Aus diesem Grunde ist die *relief-from-royality*-Methode trotz häufig hoher Bandbreiten, in welcher *royalty rates* beobachtet werden, allgemein verbreitet.

Bei Annahme einer **unbestimmten Nutzungsdauer** der Marke (→ § 13 Rz 61) ist in beiden Bewertungskalkülen eine ewige Rente anzusetzen. Diese Annahme setzt aber **Markenerhaltungsaufwendungen** voraus. Ohne fortlaufende Werbung und sonstige Marketingmaßnahmen würde sich der Wert der Marke schnell verflüchtigen, ein Mehrgewinn bzw. eine fiktive Lizenzrate nur für eine begrenzte Zeit erzielbar bzw. zu zahlen sein. Fraglich ist nun, ob diese Markenerhaltungsaufwendungen im Bewertungskalkül **kürzend** zu berücksichtigen sind. Bei der Antwort ist zu berücksichtigen, dass beide in Frage kommenden Methoden auf unterschiedlichen Größen aufsetzen:

- Die **Mehrgewinnmethode** diskontiert den sich im Vergleich zu einem No-Name-Produkt ergebenden Gewinn, also eine **Saldogröße**. Im Vergleich zum No-Name-Produkt erzielbare höhere Preise und/oder Absatzmengen und ein daraus resultierender Mehrumsatz sind demzufolge noch um die damit verbundenen Mehraufwendungen zu kürzen. Zu diesen **Mehraufwendungen** gehören auch die beim No-Name-Produkt nicht anfallenden **Markenerhaltungsaufwendungen**.
- Die *relief-from-royalty*-**Methode** diskontiert mit der Lizenzkostenersparnis hingegen eine unsaldierte **Bruttogröße**. Die Lizenzkostenersparnis des Markeninhabers (oder spiegelbildlich die von ihm bei Lizenzierung an einen Dritten erzielbaren Lizenzeinnahmen) sind jedenfalls dann nicht mehr um die Markenerhaltungsaufwendungen zu kürzen, wenn – wie bei Volllizenzierung an einen einzigen Lizenznehmer üblich – die Markenerhaltungsaufwendungen vom fiktiven Lizenznehmer getragen werden.

Lüdenbach

Bei vollständiger Information und vollkommenen Marktverhältnissen lassen sich beide Methoden ineinander überführen und die unterschiedliche Behandlung der Markenerhaltungsaufwendungen erklären. Hierzu folgendes Beispiel:

> **Beispiel**[39]
> MU erwirbt 100 % TU. TU produziert unter einer seit vielen Jahrzehnten bekannten Marke Kosmetika und Köperpflegeprodukte und erzielt hieraus bei einem Jahresumsatz von 1 Mrd., diversen Aufwendungen von 750 Mio. und Markenerhaltungsaufwendungen (Marketing) von 130 Mio. einen Gewinn von 120. Annahmegemäß bleiben diese Größen in der Zukunft inflationsbereinigt konstant. Im Rahmen der Erstkonsolidierung (Kaufpreisallokation) ist der Zeitwert dieser Marke zu bestimmen.
> Eine Datenbankrecherche zu Lizenzvereinbarungen für „*cosmetic and consumer care*" ergibt Lizenzraten *(royalties)* von 2 % bis 8 %, im Mittel 5 %. MU möchte die Marke auf Basis dieser Daten opportunitätskostenorientiert bewerten. Besitz der Marke bedeutet danach Ersparnis von Lizenzzahlungen an einen Dritten (oder äquivalent die Möglichkeit, Lizenzeinnahmen durch Überlassung der Marke an einen Dritten zu erzielen). Der Wert der Marke ergibt sich demzufolge nach der sog. *relief-from-royalty*-Methode als Barwert dieser Lizenzkostenersparnis (bzw. der entgehenden Lizenzeinnahmen).
> Der risikoangepasste inflationsbereinigte Diskontierungssatz sei 10 %. Steuern bzw. der *tax amortisantion benefit* (Rz 66) sollen vernachlässigt werden.
> Ein Vergleich beider Methoden ergibt Folgendes:
>
> | | Marke | No-name-Produkt | Mehr-gewinn | Markenwert (ewige Rente, 10 %) |
> |---|---|---|---|---|
> | Erlös | 1.000 | 800 | | |
> | – Div. Aufw. | – 750 | – 730 | | |
> | – Markenerhaltung | – 130 | 0 | | |
> | = Gewinn Markeninhaber/No-Name-Hersteller | 120 | 70 | 50 | 50/10 % = 500 Mehrgewinn |
> | – fikt. Lizenzgebühr (5 %) | – 50 | | | 50/10 % = 500 *relief from royalty* |
> | = Gewinn fiktiver Lizenznehmer | = 70 | | | |

---

[39] Aus Lüdenbach, PiR 2006, S. 268ff.

Mehrgewinnmethode und *relief-from-royalty*-Methode führen dann zum gleichen Ergebnis, wenn der Mehrgewinn (also die um die Markenerhaltungsaufwendungen gekürzte Nettogröße) der ersparten Lizenzgebühr (also der nicht um die Markenerhaltungsaufwendungen gekürzten Bruttogröße) entspricht. Die Höhe der Markenerhaltungsaufwendungen bestimmt (neben anderen Faktoren, im Beispiel u. a. Mehrumsatz) die Höhe der bei vollkommenen Marktverhältnissen erzielbaren Lizenzrate. Für die bei **Volllizenzierung** an nur einen **einzigen** Lizenznehmer typische Tragung der Marketingkosten durch Lizenznehmer gilt mithin: Die **Markenerhaltungsaufwendungen** sind bei perfekten Marktverhältnissen in der Lizenzrate **bereits eingepreist**, im Bewertungskalkül also implizit enthalten. Sie dürfen bei der Bewertung nach der *relief-from-royalty*-Methode dann nicht noch ein zweites Mal, nämlich explizit, berücksichtigt werden.

Kritisiert wird die *relief-from-royalty*-**Methode** vor allem wegen ihrer **Subjektivität**. Die in Datenbanken zugänglichen Lizenzraten zeigten häufig eine hohe Bandbreite, so dass die Auswahl innerhalb dieses Intervalls und entsprechend das Bewertungsergebnis ermessensbehaftet seien. Diese Zustandsbeschreibung ist richtig, fraglich aber die in der Kritik implizit enthaltene Annahme eines Nachteils gegenüber anderen Methoden. Die im Rahmen der **Mehrgewinnmethode** zu treffenden Annahmen über die fiktiv ohne Marke erzielbaren Absatzmengen und -preise sind regelmäßig **nicht weniger** ermessensbehaftet. Ein klarer Objektivitätsvorteil der Mehrgewinnmethode ist daher nicht erkennbar, lediglich ein deutlicher Komplexitätsvorteil zu Gunsten der *relief-from-royalty*-Methode. Er erklärt und rechtfertigt die hohe Verbreitung dieser Methode.

82

In der **Praxis** sind einem **breiten Intervall von Lizenzraten** allerdings ergänzende **qualitative Überlegungen** angezeigt. Je nach „Markenstärke", also etwa dem Bekanntheitsgrad der Marke, der preislichen Positionierung der Produkte (z. B. Premium-Bereich), ihrem Lebenszyklus (rückläufige oder wachsende Umsätze) wird man ausgehend vom Mittelwert wenigstens die Richtung der Anpassung (Zu- oder Abschläge), tendenziell auch dessen Maß (groß oder klein) begründen können. Der unvermeidlich bei jeder Methode verbleibende subjektive Faktor wird dadurch erheblich gemildert.

2.5.7 *In process research and development*

IAS 38 lässt eine Aktivierung von originären Forschungsaufwendungen überhaupt nicht und eine Aktivierung von originärem Entwicklungsaufwand nur unter eingeschränkten Bedingungen zu (→ § 13 Rz 21). Würde man diesen Regeln auch beim Unternehmenserwerb folgen, wären beim Erwerb von forschungsintensiven *start-up*-Unternehmen alle noch im Prozess befindlichen Forschungen und Entwicklungen wertmäßig im *goodwill* zu erfassen. Die geringeren **Wahrscheinlichkeits**anforderungen an erworbene immaterielle Vermögenswerte (Rz 57) bzw. die Berücksichtigung der Wahrscheinlichkeit nicht als Ansatz-, sondern **Bewertungskriterium** (Rz 70) verhindert dies.

83

> **Beispiel**
> U erwirbt das *start-up*-Unternehmen sU. sU beschäftigt sich mit der Entwicklung eines Spracherkennungssystems. In den zwei Jahren seit Bargründung für 10 Mio. EUR sind 8 Mio. EUR für Forschung und 3 Mio. für Entwicklung aufgewendet worden, aus Umsätzen konnte bislang ein Deckungsbeitrag von 1 Mio. erwirtschaftet werden. Da die technische Durchführbarkeit *(technical feasibility)* noch nicht abschließend beurteilt werden kann, werden auch die Entwicklungsaufwendungen bei sU nicht aktiviert (→ § 13 Rz 22).
> U hält die Entwicklung für aussichtsreich und zahlt für sU, deren Bilanz im Übrigen ausgeglichen ist und keine stillen Reserven enthält, einen Preis von 5 Mio. EUR.
> Da die Wahrscheinlichkeit eines Nutzens beim Erwerb nur Bewertungsparameter, nicht aber Ansatzkriterium ist, kann U die im Prozess befindliche Forschung/Entwicklung mit 5 Mio. EUR als separaten immateriellen Vermögenswert ansetzen (IAS 38.42) und darf sie nicht als *goodwill* erfassen.
> Vorausgesetzt ist, dass sU schon ein *business* darstellt und damit die Regeln der *business combination* überhaupt zur Anwendung gelangen (Rz 18). Im Beispiel ist dies der Fall, da sU schon Umsätze erwirtschaftet. Ohne diese Voraussetzung wäre ein separater Erwerb von *know-how* anzunehmen. Die Bewertung dieses *know-how* bzw. seines Anteils an den Anschaffungskosten der erworbenen Gruppe von Vermögenswerten würde zweckmäßiger residual erfolgen: gesamte Anschaffungskosten minus Zeitwert der übrigen erworbenen Vermögenswerte gleich anteilig auf das *know-how* entfallende Anschaffungskosten.

Der Ansatz von Forschungs-/Entwicklungskosten im Rahmen der Erstkonsolidierung zieht ein **Folgeproblem** nach sich: Wie ist mit **nachträglichen Aufwendungen** auf das Forschungs-/Entwicklungsprojekt zu verfahren? Hierzu enthält IAS 38.42f. folgende Regeln:

- Die nachträglichen Aufwendungen *(subsequent expenditures)* sind erfolgswirksam zu behandeln, wenn sie der Forschungsphase zuzuordnen sind oder zwar der Entwicklungsphase, aber die allgemeinen Kriterien der Aktivierung von Entwicklungskosten *(feasibility* etc.) noch nicht erfüllt sind.
- Entwicklungsaufwendungen, die die **allgemeinen** Ansatzkriterien erfüllen, sind zu aktivieren.

Das eigentliche praktische Problem der Behandlung von im Prozess befindlicher Forschung und Entwicklung ist die **Bewertung**. Nur bei einem Ein-Projekt-Unternehmen in der *start-up*-Phase kann eine einfache Ableitung aus dem Kaufpreis wie im Beispiel in Frage kommen.
In anderen Fällen, d.h. bei zwar forschungsintensiven, aber in vielen Produkten auch schon am Markt agierenden Unternehmen ist eine **einkom-**

mensorientierte Bewertung (Rz 63) notwendig. Hierbei stehen zwei Alternativen zur Verfügung (Rz 67):
- Erfolgs- und Verlustszenarien werden mit Wahrscheinlichkeiten gewichtet *(expected cash flow approach)*. Der risikoadjustierte Diskontierungssatz beträgt je nach Fortschritt des erworbenen Projekts 50–70 % (analog Kapitalkosten forschungsintensiver *start-up*-Unternehmen) oder 20–30 % (analog Kapitalkosten forschungsintensiver *young companies)*.[40]
- Berechnungen werden nur für ein Erfolgsszenario durchgeführt *(traditional cash flow approach)*. Repräsentiert dieses Szenario nicht den Mittelwert einer gedachten Wahrscheinlichkeitsverteilung, sondern einen günstigeren Wert, ist ein zusätzlicher Risikoaufschlag geboten.

Der erste Ansatz erweist sich wegen der tendenziell gegebenen Objektivierbarkeit des Diskontierungszinses als überlegen (vgl. Rz 67). Unabhängig davon ist er insbesondere bei flexibler Planungsmöglichkeit mit Ausstiegsoptionen in Stufe n, je nach Erfolg der Stufe n-1 vorzuziehen: Mit Hilfe des so genannten Zustandsbaumverfahrens kann dann dem sequenziellen Charakter der Projekte Rechnung getragen und berücksichtigt werden, dass sich in den einzelnen Phasen je nach bis dahin eingetretenen Entwicklungen *exit*-Möglichkeiten ergeben.[41]

> **Beispiel**
> U erwirbt das Pharmaunternehmen P, das die Laborforschung (Phase 1) eines Medikaments gerade abgeschlossen hat.
> Als Nächstes steht die klinische Prüfung und – bei deren Erfolg – die Zulassung durch die Arzneimittelbehörden an (Phase 2). Die Kosten für Phase 2 betragen 10 Mio.
> Im Falle einer Zulassung folgt ein Markteinführungsjahr mit einem weiteren Defizit von 10 Mio. EUR wegen Werbung etc. (Phase 3).
> Bei Erfolg der Markeinführung wird für die nächsten 8 Jahre (Phase 4) mit einem Überschuss von 30 Mio. EUR p.a. gerechnet.
> Die Wahrscheinlichkeit einer Nichtzulassung beträgt 60 %, die einer Zulassung 40 %. Nur bei Zulassung folgt ein Einführungsjahr, das dann mit 70 % Wahrscheinlichkeit einen Erfolg ergeben wird. Die kombinierte Wahrscheinlichkeit eines erst nach 2 Jahren erkannten Misserfolgs bzw. eines Abbruchs des Projekts nach 2 Jahren beträgt daher 40 % × 30 % = 12 %. Die Wahrscheinlichkeit eines Gesamterfolgs ist 40 % × 70 % = 28 %.
> - Nachfolgend zunächst der *traditional cash-flow*-Ansatz, der nur den Erfolgsfall rechnet, das Risiko des Misserfolgs jedoch mit einem **Diskontierungszinssatz** von 75 % (!) berücksichtigt.

---

[40] AICPA Practice Aid: Assets Acquired in a Business Combination to Be Used in Research and Development Activities, 2001, Kap. 5.3.68ff.
[41] Vgl. im Einzelnen: LÜDENBACH/PRUSACZYK, KoR 2004, S. 412ff.

Lüdenbach

- Danach der *expected cash-flow*-Ansatz mit drei möglichen Ausgängen:
  - Misserfolg der klinischen Prüfung, daher Abbruch nach Phase 2 (Wahrscheinlichkeit 60 %).
  - Erfolg der klinischen Prüfung, aber Misserfolg der Markteinführung, daher Abbruch nach Phase 3 (Wahrscheinlichkeit 12 %).
  - Erfolg der klinischen Prüfung und der Markteinführung, daher Erreichen der Phase 4 (Wahrscheinlichkeit 28 %).

Da die Misserfolgsrisiken in der Zahlungsreihe berücksichtigt sind, wird ein Diskontierungszins von „lediglich" 25 % verwendet.

Der *tax amortization benefit* (Rz 66) ist unter der Annahme eines steuerlichen Abschreibungszeitraums von 10 Jahren gerechnet.

Traditioneller *cash-flow*-Ansatz, Diskontierungszins 75 %

Jahr	Betrag	Diskont.-faktor	diskont. Betrag
1	−10	0,571	−5,7
2	−10	0,327	−3,3
3	30	0,187	5,6
4	30	0,107	3,2
5	30	0,061	1,8
6	30	0,035	1,0
7	30	0,020	0,6
8	30	0,011	0,3
9	30	0,006	0,2
10	30	0,004	0,1
Wert vor *tax amortization benefit*			3,9
tax amortization benefit (vgl. Rz 66)			0,2
fair value			4,1

expected cash-flow-Ansatz (im Zustandsbaumverfahren), Diskontierungszins 25 %

Jahr	Betrag	Diskont.-faktor	diskont. Betrag	komb. Wahrsch.	gewicht. Wert
1	−10	0,800	−8,0	60 %	−4,8
2	−10	0,640	−6,4		
			−14,4	12 %	−1,7
3	30		15,4		

Jahr	Betrag	Diskont.-faktor	diskont. Betrag	komb. Wahrsch.	gewicht. Wert
4	30		12,3		
5	30		9,8		
6	30	0,374	7,9		
7	30	0,325	6,3		
8	30	0,283	5,0		
9	30	0,246	4,0		
10	30	0,214	3,2		
			35,1	28 %	9,8
Wert vor *tax amortization benefit*				100 %	3,3
tax amortization benefit (vgl. Rz 66)					0,6
fair value					3,9

Im Bespiel wurde der Diskontierungssatz von 75 % so gewählt, dass sich in etwa der gleiche *fair value* wie in der mehrwertigen Planung bei einem Diskontierungssatz von 25 % ergibt. Der zusätzliche Risikoaufschlag in der einwertigen Planung (75 % − 25 % = 50 %) ist aber ohne den Vergleich zur mehrwertigen Planung nicht objektivierbar, mit diesem Vergleich ist andererseits die einwertige Planung überflüssig (Rz 67).

2.5.8 Schwebende Verträge mit Gewinn- oder Verlusterwartung incl. Arbeitsverträgen[42]

Schwebende Absatz- oder Beschaffungsverträge können dann einen zu aktivierenden Vermögenswert oder eine zu passivierende Schuld darstellen, wenn die Vertragskonditionen gemessen an Marktwerten

- besonders günstig *(beneficial* oder *favorable contract)* oder
- besonders ungünstig *(unfavorable contract)* sind.

Das günstige Vertragsverhältnis führt nach IFRS 3.IE.D zu einem *contract-based intangible asset*.

> **Beispiel**
> Das erworbene Unternehmen ist u. a. in folgenden schwebenden Verträgen engagiert:
> - Dollarterminkauf mit positivem Marktwert.
> - Rohstoffterminkauf mit positivem Marktwert (vereinbarter Preis unter aktuellem Spotpreis).

---

[42] Die nachfolgenden Ausführungen sind z.T. entnommen aus LÜDENBACH/FREIBERG, KoR 2005, S. 188ff.

Lüdenbach

- Anmietungsvertrag über ein Gebäude mit einer Miete von 12 EUR pro qm bei einer aktuellen Marktmiete von 20 EUR pro qm bei einer Restlaufzeit von 5 Jahren.
- Vermietungsvertrag über ein Gebäude mit gleichen Daten.
- Haustarifvertrag mit Löhnen/Gehältern, die um 20 % unter dem Flächentarifvertrag liegen. Der Vertrag hat eine Restlaufzeit von 2 Jahren.

Beurteilung
- Das **Dollartermingeschäft** war schon beim Veräußerer als Finanzinstrument anzusetzen (→ § 28 Rz 28). Bei Erwerb ergibt sich keine andere Beurteilung.
- Das **Rohstofftermingeschäft** war beim Veräußerer nur dann anzusetzen, wenn es nicht auf physische Lieferung gerichtet ist (dann Finanzderivat; → § 28 Rz 188). Beim Erwerber erfolgt ein Ansatz auch bei physischem Lieferungsziel. Anzusetzen ist der Marktwert.
- Der **Anmietungsvertrag** ist mit dem Barwert der gegenüber den Marktkonditionen ersparten Miete anzusetzen.
- Beim **Vermietungsvertrag** ist zu differenzieren: Nur soweit die zu niedrige Miete nicht mindernd in die Bemessung des Wertes des Gebäudes eingeht, ist eine zusätzliche Berücksichtigung als Schuld erforderlich.
- Die **Arbeitsverhältnisse** sind anzusetzen, soweit die Haustarifvereinbarung tatsächlich günstig ist, d. h. der Flächentarif die tatsächlichen Marktverhältnisse widerspiegelt und der Haustarif nicht lediglich eine geringere Produktivität etc. kompensiert.

85 Die **Ansatzfähigkeit der Arbeitsverhältnisse** überrascht. In ED 3 war analog zu SFAS 142 noch ein Aktivierungsverbot für die *„assembled workforce"* enthalten. In IFRS 3 sind alle Vertragsverhältnisse anzusetzen, die *beneficial* sind, demzufolge auch günstige Arbeitsverträge (IFRS 3.IE D9). Unabhängig davon, ob Arbeitsverträge gemessen an den Marktverhältnissen günstig sind, kann ihre Berücksichtigung bei der Bewertung anderer immaterieller Vermögenswerte notwendig sein. Bei Anwendung der Residualwertmethode *(multi period excess earnings approach)* sind *capital charges* auf die *fair values* der unterstützenden Vermögenswerte (unabhängig von deren Bilanzierungsfähigkeit) in Abzug zu bringen (Rz 65 und Rz 68). Der *fair value* der Arbeitsverhältnisse kann dann opportunitätskostenorientiert (ersparte Einstellungs- und Einarbeitungskosten) bestimmt werden. In der Anwendung des Gedankens der vorteilhaften Verträge ist aber u.E. angesichts vieler Unbestimmtheiten gerade bei Arbeitsverträgen **Zurückhaltung** geboten.

> **Beispiel**
> E erwirbt das in der Region MV liegende Produktionsunternehmen Z, dessen Arbeitsverträge im Durchschnitt Vergütungen deutlich unter dem Tarifniveau vorsehen.
> Bezüglich der Aktivierungsfähigkeit der unter Tarif liegenden Arbeitsverhältnisse sind u. a. folgende Überlegungen anzustellen: Sind die Arbeitsverhältnisse **tatsächlich** noch günstig *(beneficial),* wenn
> - in der Region MV zahlreiche Unternehmen unter Tarif bezahlen,
> - das erworbene Unternehmen zwar unter Tarif zahlt, dafür aber auch die Produktivität der Arbeiter wegen unzureichender Sachkapitalausstattung unterdurchschnittlich ist,
> - zwar der einzelne oder alle Arbeitnehmer des erworbenen Unternehmens unter Tarif bezahlt werden, aber das Unternehmen insgesamt einen Überbestand an Arbeitskräften hat?

Das Beispiel legt einige grundlegende Probleme offen, die sich bei Arbeitsverhältnissen besonders deutlich zeigen, jedoch auch in anderen Fällen bei der Identifizierung und Bewertung der günstigen Vertragsverhältnisse zu Unsicherheiten führen können:
- Im **ersten** Fall (auch andere Unternehmen zahlen unter Tarif) geht es um die Bestimmung der Nulllinie. Nur bei standardisiert und überregional gehandelten Vertragsobjekten ist diese Aufgabe einfach. In anderen Fällen kann ermessensabhängig sein, welcher der für den Vergleich relevante geographische und sachliche Markt ist.
- Im **zweiten** Fall (unterdurchschnittliche Bezahlung entspricht durch mangelnde Sachkapitalausstattung verursachter unterdurchschnittlicher Produktivität) geht es um den Saldierungsbereich für die Beurteilung der Günstigkeit, speziell um das Vertragssynallagma.[43] Unklar ist, ob ein Vertrag günstig ist, wenn zwar die Preise des Leistungsaustauschverhältnisses in isolierter Betrachtung angemessen sind, dem unterdurchschnittlichen Entgelt also eine unterdurchschnittliche Gegenleistung entspricht, die Ursache für die unterdurchschnittliche Gegenleistung aber nicht beim Vertragspartner liegt, sondern z. B. bei der eigenen Sachkapitalausstattung.
- Im **dritten** Fall (günstige Einzelverträge bei insgesamt gegebenem Überbestand an Arbeitskräften) geht es um die Frage der Einzel- oder Gesamtbewertung. Es erscheint kaum sachgerecht, in einzelvertraglicher Perspektive günstige Arbeitsverhältnisse zu aktivieren und gleichzeitig oder zeitversetzt aus der Gesamtperspektive Rückstellungen für notwendige Auflösungen von Arbeitsverhältnissen zu bilden.

---

[43] Grundlegend hierzu auch HERZIG, ZfB 1988, S. 212, mit Differenzierung zwischen weiterem bilanzrechtlichen Saldierungsbereich und engerem zivilrechtlichen Saldierungsbereich (Vertragssynallagma).

Lüdenbach

86 Der Rechnungslegungspraxis werden mit der Kategorie der **günstigen** Verträge **schwer lösbare** Aufgaben gestellt. Für jedes Vertragsverhältnis müsste eine Bewertung zu Marktpreisen durchgeführt werden. Die Kaufpreisallokation würde zu atomisierten Werten führen. U.E. ist es daher sachgerecht, den Ansatz von *beneficial* und *unfavorable contracts* auf die wenigen Fälle zu beschränken, in denen es um große Vertragsvolumina, erhebliche Restlaufzeiten sowie deutliche und klar zu belegende, überdies unkompensierte Abweichungen zwischen Markt- und Vertragskondition geht.

87 Das (gemessen am Markt) **ungünstige** Vertragsverhältnis *(unfavorable contract)* führt nach allgemeinen Grundsätzen schon beim erworbenen Unternehmen zu einer Rückstellung, wenn er zugleich ein **belastender Vertrag** *(onerous contract)* ist, aus dem ein Verlust droht (→ § 21 Rz 45). Der Begriff des *unfavorable contract* stellt jedoch auf eine an Marktverhältnissen gemessene ökonomische Unvorteilhaftigkeit ab, mit der nicht notwendig auch ein Verlust im Sinne der Rechnungslegung einhergehen muss. Zwischen der an Marktverhältnissen und der an Unternehmensverhältnissen gemessenen Vorteilhaftigkeit ergibt sich keine zwangsläufige Parallelität. Vielmehr bestehen folgende Differenzierungsmöglichkeiten:

Vergleich Ertrag/Aufwand \ Marktvergleich	ungünstig	neutral	günstig
belastend	nach IFRS 3.B16k als Passivum	nach IFRS 3.B16k als Passivum	nach IFRS 3.B16k als Passivum, fraglich, ob nach IFRS 3.B16c auch als Aktivum
nicht belastend	fraglich, ob nach IFRS 3 als Passivum	kein Ansatz	nach IFRS 3.B16c als Aktivum

In diesem Raster sind vor allem drei Konstellationen von systematischem Interesse:
- bereits beim erworbenen Unternehmen passivierte belastende Verträge, die gemessen am Markt neutral oder ungünstig sind;
- nicht belastende Verträge, die gemessen am Markt ungünstig sind;
- belastende Verträgen, die gemessen am Markt günstig sind.

In der ersten Konstellation hat das erworbene Unternehmen bereits eine Rückstellung gebildet. Diese ist im Wesentlichen zu übernehmen.

Lüdenbach

> **Beispiel**
> Das erworbene Unternehmen TU handelt mit Rohstoffen, die es in großen Partien erwirbt und in kleinen Parteien mit einem Aufschlag von 5 EUR je kg weiterveräußert. Zum Erwerbsstichtag existieren Verkaufsverträge mit A über einen Preis von 20 EUR je kg und mit B zu einem Preis von 22 EUR je kg. TU muss die Rohstoffe noch beschaffen. Nach den aktuellen Verhältnissen des Beschaffungsmarktes werden die Einstandskosten 22 EUR je kg betragen. Nach den aktuellen Verhältnissen des Absatzmarktes wären sie für 27 EUR je kg veräußerungsfähig.
> Das erworbene Unternehmen hat das mit einem Verlustrisiko behaftete schwebende Geschäft aus belastenden Verträgen gemäß IAS 37.66ff. (→ § 21 Rz 45ff.) bereits im Einzelabschluss zu berücksichtigen. Drohverlustrückstellungen sind im Rahmen der Erstkonsolidierung vom Erwerber mit dem Barwert des aus der Abwicklung drohenden Verpflichtungsüberschusses anzusetzen (IFRS 3.B16k). Der Barwert des Verpflichtungsüberschusses wird durch die bestmögliche Schätzung der zur Erfüllung notwendigen Ausgaben bestimmt. Bei Ausblendung der Marktverhältnisse entspricht der Ansatz beim Erwerber zunächst dem des erworbenen Unternehmens:
> - Im Fall A: Einstandskosten 22 EUR je kg, Veräußerungspreis 20 EUR je kg, wären 2 EUR je kg bereits beim erworbenen Unternehmen zurückzustellen und so vom Erwerber zu übernehmen.
> - Im Fall B: Einstandskosten 22 EUR je kg, Veräußerungspreis 22 EUR je kg, entsteht kein Verpflichtungsüberschuss. Ein belastender Vertrag liegt nicht vor. Ein Ansatz unterbleibt beim erworbenen Unternehmen.

Die zweite Konstellation tritt etwa auf, wenn ein Unternehmen die Verpflichtung hat, Waren zu einem unter dem aktuellen Marktwert liegenden Preis zu verkaufen, der Preis aber andererseits gerade noch kostendeckend ist. Es liegt nur ein *unfavorable* und kein *onerous contract* vor. Das erworbene Unternehmen bildet daher keine Rückstellung. Fraglich ist, ob beim **Erwerber** unter *fair-value*-Gesichtspunkten eine andere Bewertung erforderlich und auch in Fällen ohne drohenden Verlust eine Passivierung geboten ist.

> **Beispiel**
> Das erworbene Unternehmen TU ist Mieter aus zwei langfristigen Büromietverträgen über gleiche Flächen und gleiche Restlaufzeiten. Die aktuelle Marktmiete für den Abschluss eines Mietvertrages mit gleicher Restlaufzeit beträgt 25 EUR/qm. Die tatsächlichen, über die Restlaufzeit festgeschriebenen Mieten sind
> - 15 EUR/qm für den Vertrag A und
> - 35 EUR/qm für den Vertrag B.
> Vertrag A ist *favorable*. Ein immaterieller Vermögenswert ist anzusetzen und über die Laufzeit des Vertrages abzuschreiben. Unter Vernachlässigung

Lüdenbach

> der Verzinsung entspricht die in der Konzern-GuV anzusetzende Summe aus jährlicher Vertragsmiete und jährlicher Abschreibung der jährlichen Marktmiete.
> Vertrag B ist aus der Perspektive der TU nicht (oder nur unter besonderen Bedingungen: z. B. Untervermietung für 25 EUR/qm) *onerous*. Aus Sicht von MU ist der Vertrag aber *unfavorable*. Bei sachgerechter Anwendung des *fair-value*-Prinzips auf schwebende Verträge müsste daher analog zur Aktivierung von Vertrag A (positiver *fair value*) eine Passivierung von Vertrag B (negativer *fair value*) erfolgen. Dieser Passivposten wäre im Zeitablauf aufwandsmindernd aufzulösen, nur so würde auch aus Vertrag B in der Konzern-GuV in Summe ein Aufwand in Höhe der Marktmiete angesetzt.

Allerdings sind in IFRS 3.IE nur die günstigen Verträge erwähnt und geregelt. Auch IFRS 3.B16k enthält keinen Hinweis auf **ungünstige Verträge**. Lediglich **belastende Verträge** des erworbenen Unternehmens *(onerous contracts of the acquiree)* sind mit der Bestimmung erwähnt, den Barwert des für die Erfüllung bzw. Ablösung *(settlement)* der Verpflichtung auszugebenden Betrags anzusetzen. Folgende Verallgemeinerung ist aber möglich:

- U. E. ist das *settlement* als Ablösung durch fiktiven Vergleich zu interpretieren. Damit wäre im Beispiel des ungünstigen Mietvertrags der dem Vermieter zu ersetzende wirtschaftliche Schaden einer sofortigen Umstellung des Mietverhältnisses auf die Marktmiete maßgeblich, also der Barwert der Differenz von Markt- und Vertragsmiete. Dies entspricht – mit umgekehrtem Vorzeichen – auch dem Vorgehen bei *favorable contracts*. Diese Lösung ist sachgerecht und daher u.E. für die Erstkonsolidierung vorzuziehen. Bei der Folgekonsolidierung dürfte dann allerdings nicht zu den Normalregeln von IAS 37 (Passivierung Dauerschuldverhältnisse nur bei *onerous contracts)* gewechselt werden, da der Passivposten sonst sogleich in vollem Umfang ertragswirksam aufzulösen wäre; die Auflösung müsste vielmehr laufzeitgerecht erfolgen.
- Gegen diese Lösung kann formal eingewendet werden, dass explizite Sondervorschriften für die Folgekonsolidierung anders als bei Eventualschulden (Rz 123) fehlen. Soweit man diesen formalen Gesichtspunkt für entscheidend hält, wäre im Rückschluss bereits von vornherein, d. h. bei der Erstkonsolidierung, auf eine Passivierung von Verträgen, die zwar *unfavorable*, aber nicht *onerous* sind, zu verzichten.

Beide Auffassungen halten wir für **vertretbar**. Der **ersten** geben wir den **Vorzug**, da sie zu sachgerechter Gleichbehandlung von günstigen und ungünstigen Verträgen führt.

Ein potenzieller **Konflikt** zwischen der Aktivierungspflicht günstiger Verträge (IFRS 3.B16c) und der Passivierungspflicht belastender Verträge (IFRS 3.B16k) entsteht, wenn ein Vertragsverhältnis gemessen am Markt vorteilhaft, d. h. günstig, andererseits gemessen an den Erfüllungskosten aber unvorteilhaft, d. h. belastend ist. In vielen Fällen kann der Konflikt durch eine **zusammenfassende**

Lüdenbach

Betrachtung zweier Vertragsverhältnisse (Beschaffungs- und Absatzvertrag) gelöst werden.

> **Beispiel**
> Das erworbene Unternehmen TU hat vor 15 Jahren in einer Hochmietphase ein Gebäude für 30 EUR/qm langfristig von A angemietet und für 35 EUR/qm weitervermietet. Der ursprüngliche Mieter ist vor 5 Jahren insolvent geworden. Eine Neuvermietung an B gelang nur für 25 EUR/qm. Nach den Verhältnissen des Erwerbsstichtags wären nur noch 20 EUR/qm zu erzielen (bei marktkonformen 15 EUR/qm für die Anmietung und entsprechend einem Gewinnaufschlag von 5 EUR/qm).
> Der Mietvertrag mit B ist gemessen an heutigen Vertragsverhältnissen günstig und insoweit als immaterieller Vermögenswert zu aktivieren. Gleichzeitig scheint das Vertragsverhältnis aber belastend, da die Mieteinnahmen unter den Mietausgaben liegen. Insoweit würde ein günstiger, zugleich aber belastender Vertrag, also ein immaterieller Vermögenswert, zugleich aber auch eine Schuld vorliegen.
> Bei zweiter Betrachtung löst sich der potenzielle Konflikt auf. Der Vermietungsvertrag mit B ist günstig. Belastend ist er nur unter Ausdehnung der Betrachtung auf den Anmietungsvertrag. In zusammengefasster Betrachtung ergibt sich aus beiden Verträgen ein Verpflichtungsüberschuss. Die Ursache hierfür liegt aber nicht im Vermietungsvertrag, sondern im Anmietungsvertrag. Zwei Lösungen sind deshalb diskussionswürdig:
> - Passivierung des ungünstigen Anmietungsvertrags auf Basis der negativen Mietdifferenz von -35 EUR $-(-15$ EUR$) = -20$ EUR, Aktivierung des Vermietungsvertrags auf Basis der positiven Mietdifferenz von $+25$ EUR $- 20$ EUR $= +5$ EUR, in der Gesamtschau des Nettovermögenseffekts beider Posten also Berücksichtigung einer negativen Differenz von -15 EUR.
> - Passivierung auf Basis des negativen Saldos aus der Zusammenfassung beider Verträge, d. h. Ansatz eines Passivpostens auf Basis einer negativen Differenz von $+ 25$ EUR $- 35$ EUR $= -10$ EUR.
>
> Die erste Lösung führt in der Gesamtschau zu einem um 5 EUR schlechteren Ergebnis als die zweite Lösung. Ursächlich ist der durchschnittliche Gewinnaufschlag. Er wird in der zweiten Lösung still verrechnet. Die zweite Lösung kann sich darauf berufen, dass nur der Ansatz belastender Verträge, d. h. eines Verpflichtungsüberschusses aus Beschaffungs- und Absatzpreis explizit vorgesehen ist. Für die erste Lösung spricht die systematische Gleichbehandlung zu günstigen Verträgen.

Fraglich ist, ob im Rahmen der Kaufpreisallokation neben schwebenden Geschäften des erworbenen Unternehmens auch **sonstige Rechtsverhältnisse** (z. B. behördliche Genehmigungen, die so heute nicht mehr erteilt würden, aber wegen Bestandsschutz fortgelten) auf ihre Günstigkeit zu beurteilen und ggf. anzusetzen sind.

Lüdenbach

Gegen die Berücksichtigung sonstiger Rechtsverhältnisse beim Unternehmenserwerb spricht der Zweck der Kaufpreisallokationsregeln von IFRS 3. Gemäß IFRS 3.52 werden im *goodwill* die vom Erwerber mit einem Preis belegten zukünftigen Erträge erfasst, die nicht identifizierbar sind.[44] Hauptsächlich geht es um Synergien,[45] die entweder schon beim Zielobjekt vorhanden sind oder beim Erwerber erwartet werden (IFRS 3.BC130b). Die Möglichkeit der besseren Nutzung vorhandener Vermögenswerte aufgrund günstiger rechtlicher Bedingungen ist nicht Teil des *fair values* dieser einzelnen Vermögenswerte, sondern *going concern goodwill* im Sinne von IFRS 3.BC130a und deshalb nicht separat zu erfassen.

Diese Argumentation wird unterstützt durch Kosten-Nutzen-Überlegungen: Dem hohen Aufwand, der Identifizierung und der Bewertung schwebender Rechtsverhältnisse wird angesichts der vielen Ermessensprobleme häufig kein angemessener Informationswert gegenüberstehen.

2.5.9 Abgrenzungsposten für Erlöse und Investitionszuwendungen

89 Keine besonderen Bestimmungen enthält IFRS 3 zum Ansatz und zur Wertermittlung bei passiven **Abgrenzungsposten** *(deferred income)*.

Soweit es um **Erlösabgrenzungen** geht, wird man analog den amerikanischen Regelungen in EITF *Issue* 01-3 *„Accounting in a Purchase Business Combination for Deferred Revenue of an Acquiree"* unterscheiden müssen, ob der Posten nur technischen Charakter hat (Periodenabgrenzung) oder tatsächlich eine Schuld repräsentiert. Hierzu folgendes Beispiel (→ § 25 Rz 54):

> **Beispiel**
> Ein Mobilfunkunternehmen vereinnahmt bei Abschluss von Neuverträgen mit *post-paid*-Kunden eine Aktivierungsgebühr. Diese ist im Falle der Vertragsbeendigung, z. B. durch Tod des Kunden, nicht rückzahlbar. Weiterhin vertreibt das Unternehmen *prepaid*-Karten, die den Kunden ein Gesprächsguthaben gewähren.
> Die Erlöse werden nicht sofort realisiert, sondern über durchschnittliche Vertragsdauern abgegrenzt. Die *fair-value*-Beurteilung fällt wie folgt aus:
> Die Aktivierungsgebühren sind nicht rückzahlbar. Der diesbezügliche Abgrenzungsposten hat keinen Schuldcharakter. Der *fair value* ist null.
> Die *prepaid*-Gebühren haben Schuldcharakter. Das Unternehmen schuldet ein bestimmtes Gesprächsguthaben. Die Kosten der Erfüllung dieser Schuld sowie – nach EITF Issue 01-3 – ein Gewinnaufschlag ergeben den *fair value* dieses Schuldpostens.

90 Hat der Veräußerer Investitionszuschüsse oder Investitionszulagen für Anlagevermögen erhalten, waren diese wahlweise von den Anschaffungskosten des Anlagevermögens abzuziehen oder als passiver Abgrenzungsposten dar-

---

[44] Vgl. zur differenzierten Darstellung der ökonomischen Bestandteile des Geschäfts- oder Firmenwertes SELLHORN, DB 2000, S. 885-892.
[45] Vgl. HACHMEISTER/KUNATH, KoR 2005, S. 64f.

zustellen und über die Laufzeit zu verteilen (IAS 20.24; → § 12 Rz 25). Für den Erwerber spielen die Anschaffungskosten und Buchwerte des Veräußerers und damit auch deren Minderung durch Investitionszuwendungen unabhängig davon keine Rolle, ob die Minderung beim Erwerber aktivisch oder passivisch ausgewiesen wurde.

Der Erwerber hat den **Zeitwert** der Anlagen zu aktivieren. Dieser **kann durch Investitionszuwendungen beeinflusst sein**, z. B. wenn der Erwerber und andere Unternehmen ebenfalls eine Investitionsförderung für gleichartiges Anlagevermögen erhalten würden (→ § 12 Rz 29).

Beispiel
U erwirbt am 2.1.02 die TU. TU hat am 31.12.01 ein Gebäude für 100 (brutto) hergestellt. Die Herstellung wird mit 30 bezuschusst. Die Nettoherstellungskosten betragen daher 70. Der Zuschuss ist bereits geflossen.
- Variante 1: Die Anschaffung gebrauchter Gebäude wird nicht bezuschusst.
- Variante 2: Auch für die Anschaffung gebrauchter Gebäude kann ein Zuschuss von 30 % beansprucht werden.

Beurteilung
In Variante 1 wird rationales Handeln unterstellt, der Marktpreis gerade in Betrieb genommener, rechtlich aber als gebraucht geltender Gebäude um 30 % unter dem für rechtlich als neu geltenden liegen. Das Gebäude ist mit 70 anzusetzen.
In Variante 2 ist das Gebäude mit 100 anzusetzen.

Ein Zusammenhang des *fair value* mit dem passivierten, noch nicht aufgelösten Betrag des Veräußerers ist unsystematisch. Insoweit besteht kein Bedarf für die Fortführung entsprechender Posten.
Durch den Erwerb kann es jedoch zu **Rückzahlungsverpflichtungen** kommen (→ § 12 Rz 33), z. B. weil das Anlagegut in eine andere Betriebsstätte versetzt wird oder weil nunmehr Unternehmensgrößen-Kriterien überschritten werden. Soweit der Erwerber die Rückzahlungsverpflichtung übernimmt, ist deren Ansatz u.E. trotz der restriktiven Vorschriften von IFRS 3.41 zu den Restrukturierungsrückstellungen (Rz 91) geboten.

2.5.10 Restrukturierungsrückstellungen

Gemäß IFRS 3.41 sind Schulden, die sich erst aus Absichten und Handlungen des Erwerbers ergeben, insbesondere Schulden (Rückstellungen) für zukünftige Verluste und Aufwendungen (→ § 21 Rz 72ff.), **nicht anzusetzen**.
In IAS 22.31 (1998) war noch eine spezielle **Ausnahme** für bestimmte Restrukturierungsrückstellungen vorgesehen. Für Kosten der **Schließung, Arbeitnehmerabfindung** und **Kündigung** von sonstigen Vertragsverhältnissen war eine Rückstellung zu bilden, wenn

- spätestens zum **Erwerbsstichtag** ein grober **Plan** über die Beendigung oder Verringerung von Aktivitäten entwickelt und den Betroffenen **angekündigt** ist, der sich auf die o.g. Punkte bezieht, und
- dieser Plan **spätestens 3 Monate** nach dem Erwerbsstichtag (oder zum früheren Veröffentlichungszeitpunkt des Jahresabschlusses) formalisiert und hinsichtlich der folgenden Punkte **detailliert** ist:
  - betroffene Geschäftszweige und -orte,
  - Ort, Funktion und Anzahl der abzufindenden Arbeitnehmer,
  - insgesamt entstehende Ausgaben,
  - Planumsetzungszeitraum.

Wesentliche Wirkung von IAS 22.31 gegenüber IAS 37 (→ § 21 Rz 72ff.) war die **erfolgsneutrale Bildung der Restrukturierungsrückstellung**. Bei einer Einbeziehung der Schuld in die Erstkonsolidierung **erhöhte sich der Wert des** *goodwill*. Diese Erhöhung wurde nur langfristig über die Abschreibungsdauer des *goodwill* aufwandswirksam.

Restrukturierungsrückstellungen sind durch verschiedene **Bilanzskandale** ganz allgemein in Verruf geraten, weil mit ihrer Hilfe dem Publikum als „*one time charge*" präsentiert wird, was normalen Aufwand darstellt, oder weil neue Vorstände zu übertriebenen Rückstellungsdotierungen neigen, um in Kombination von Belastung des Antrittsjahres und ertragswirksamer Auflösung der Überdotierungen in den Folgejahren falsche Ergebnistrends zu produzieren.[46]

92 IFRS 3.42 trägt diesen Missständen Rechnung und lässt Restrukturierungsrückstellungen nur noch zu, wenn sie bereits beim **Veräußerer** gebildet werden konnten. Diese Schuld des Veräußerers wird nach allgemeinen Erstkonsolidierungsgrundsätzen übernommen, d. h. **erfolgsneutral** angesetzt.

93 Fraglich ist, ob die Restrukturierungen über die **Umdeutung** in eine **Eventualschuld** (Rz 57) im Einzelfall zum Bilanzansatz kommen können.

> **Beispiel**
> Am 2.4.03 erwirbt MU die TU. Die TU hat in den letzten 2 Jahren nur rote Zahlen geschrieben. Die Notwendigkeit einer Restrukturierung ist daher längst erkannt. Der bisherige Anteilseigner war kurzfristig nicht bereit, der TU die dafür erforderlichen finanziellen Mittel zur Verfügung zu stellen. Zur Aufstellung und Bekanntgabe eines detaillierten Plans ist es daher bisher nicht gekommen. Alle Betroffenen (Betriebsrat usw.) wussten aber längst, dass eine Restrukturierung ohne Alternative und entweder vom alten oder von einem neuen Anteilseigner vorzunehmen ist.

Nach einer im Schrifttum vertretenen Auffassung sollen bei Restrukturierungsmaßnahmen, deren Notwendigkeit schon vor dem Unternehmenserwerb gegeben war, regelmäßig die Voraussetzungen einer Eventualschuld vorliegen,

---

[46] Vgl. LÜDENBACH/HOFFMANN, DB 2002, S. 1169ff., sowie LÜDENBACH, IAS/IFRS, 4. Aufl., 2005, S. 213.

Lüdenbach

die der Erwerber daher anzusetzen habe.⁴⁷ Gegen diese Auffassung spricht Folgendes: Als Eventualschuld definiert IFRS 3.Apendix A Schulden unterhalb der für Rückstellungen verlangten Wahrscheinlichkeitsschwelle von 50 % (→ § 21 Rz 85). Die **Wahrscheinlichkeit** stellt aber in Fällen, in denen die Notwendigkeit einer Restrukturierung offensichtlich ist, **nicht das Problem** dar. Sie ist hoch genug für eine Rückstellung. Fraglich ist vielmehr der für Schulden und Eventualschulden konstitutive Außenverpflichtungscharakter. Er ist nach IAS 37 bei Restrukturierung nur über die Rechtsfigur der faktischen Verpflichtung (*constructive obligation*; → § 21 Rz 25) zu begründen. Eine solche **faktische Verpflichtung** darf nach IAS 37.72ff. aber so lange nicht angenommen werden, wie kein detaillierter Plan an die Betroffenen bekannt gegeben wurde (→ § 21 Rz 72). Mit Erfüllung dieser Voraussetzungen liegt eine Restrukturierungsrückstellung vor, **ohne** fehlt es überhaupt am Verpflichtungscharakter, so dass in bilanzrechtlicher Perspektive weder eine Schuld noch eine Eventualschuld in Frage kommt.

2.5.11 Verlustvorträge, Ansatz und Bewertung latenter Steuern

Als Beispiel für einen Vermögenswert, der erstmalig beim Erwerber die Ansatzkriterien erfüllt, nennt IFRS 3.44 die aktiven latenten Steuern auf einen **Verlust des erworbenen Unternehmens** (→ § 26 Rz 61). Unter der Bedingung, dass die Verluste des erworbenen Unternehmens mit den Gewinnen des Erwerbers verrechnet werden können, kann ein **Verlustausgleich** mit zukünftigen Gewinnen **wahrscheinlich** sein und es damit erstmalig zum Ansatz aktiver latenter Steuern auf Verlustvorträge kommen. Wegen der restriktiven Vorschriften zum **Mantelkauf** (§ 8 Abs. 4 KStG) bzw. zur Verlustfortführung nach Verschmelzung (§ 12 Abs. 2 UmwStG) ist diese Bedingung im deutschen Steuerrecht allerdings nur selten erfüllt.

94

Hat umgekehrt das erwerbende Unternehmen einen Verlustvortrag, dessen Nutzung durch den Zukauf eines ertragsstarken Unternehmens (insbesondere im *asset deal*) erstmals wahrscheinlich wird, darf dieser Synergiegewinn nicht der Kaufpreisallokation zugerechnet werden. Die erstmalige Aktivierung des Verlustvortrags ist vielmehr ertragswirksam zu buchen.⁴⁸

Der nachträgliche Ansatz zunächst nicht als aktivierungsfähig beurteilter latenter Steuern aus Verlustvorträgen des Tochterunternehmens ist **ertragswirksam** zu buchen. Korrespondierend ist der *goodwill* **aufwandswirksam** zu mindern, so dass der saldierte Nachsteuereffekt null beträgt (IAS 12.68 und IFRS 3.65; → § 26 Rz 61). Der nachträgliche Ansatz darf jedoch nicht zur Schaffung oder Erhöhung eines **negativen** Unterschiedsbetrags führen (Rz 112).

95

Im Übrigen unterliegen latente Steuern trotz fehlenden expliziten Hinweises **nicht** der *fair-value*-Bewertung. Nur deshalb kann IFRS 3.B16f. ein Verbot der Diskontierung vorschreiben (→ § 26 Rz 102). Der Grund für dieses Ver-

---

⁴⁷ SENGER/BRUNE/ELPRANA, in: Beck'sches IFRS-Handbuch, 2. Aufl., 2006, § 33 Tz 65.
⁴⁸ Vgl. EITZEN/DAHLKE/KROMER, DB 2005, S. 509ff.

bot und den Verzicht auf die *fair-value*-Bewertung lässt sich an folgendem Beispiel darstellen:

> **Beispiel**
> E erwirbt aus Interesse an bei ihm entstehenden Synergien das ausländische Unternehmen V. Wesentliche stille Reserven sind in dem erworbenen Vermögen nicht enthalten. V hat einen Verlustvortrag von 500 TEUR, der durch den Erwerb nicht verfällt.
> Aktive latente Steuern sind bisher nicht gebildet worden, da das Unternehmen eine „*history of recent losses*" hat und daher Zweifel an der Werthaltigkeit bestehen (→ § 26 Rz 51). Diese Zweifel bestehen nach dem Erwerb fort, da die aus dem Unternehmenserwerb erwarteten Synergien hauptsächlich bei E anfallen. Gleichwohl ist die Verwertung der Verlustvorträge nicht unwahrscheinlich und daher im Kaufpreiskalkül moderat berücksichtigt worden.
> Würde E in der Erstkonsolidierung latente Steuern nach Maßgabe der diskontierten mit der Wahrscheinlichkeit gewichteten zukünftigen Steuerentlastung ansetzen, entstünde zum nächsten Bilanzstichtag folgendes Problem:
> Die Bilanzierung müsste nun wieder den Regeln von IAS 12 folgen, d. h., angesichts der *history of losses* müsste ein Ansatz unterbleiben, sofern nicht überzeugende Belege *(convincing evidence)* für die Werthaltigkeit bestehen. Die bei der Kaufpreisallokation eingebuchten latenten Steuern wären also zum Folgestichtag trotz unveränderter Bedingungen wieder auszubuchen.

Derartige Inkonsistenzen werden vermieden, wenn latente Steuern nach den normalen Regeln von IAS 12, d. h. ohne Rücksicht auf ihren *fair value,* erstkonsolidiert werden (Rz 164).

2.5.12 Ansatz und Bewertung von *preexisting relationships*[49]
2.5.12.1 Probleme des *fair value accounting* bei (Vertrags-)Beziehungen zum Erwerber

96 Mit dem zum Erwerb anstehenden Unternehmen können vertragliche oder sonstige „**Beziehungen**" bestehen, die sich bereits in Bilanzpositionen niedergeschlagen haben oder aber im Zuge der Erstkonsolidierung bilanzwirksam werden.

> **Beispiele**
> - MU führt gegen TU einen Patentverletzungsprozess. TU hat dafür eine Rückstellung gebildet. Beim Erwerb von TU durch MU löst sich die Verbindlichkeit konzernbilanziell auf, ist auch wirtschaftlich wegen des nicht mehr weiterzuführenden Prozesses erloschen.

---

[49] Die nachfolgenden Ausführungen sind z.T. entnommen aus LÜDENBACH/HOFFMANN, BB 2005, S. 651.

Lüdenbach

> Ein Computerhersteller MU hat einen langfristigen Liefervertrag mit dem Handelsunternehmen TU. Die Konditionen liegen hierfür günstiger als diejenigen, die MU anderen Händlern in Rechnung stellt. Beim Erwerb des Handelsunternehmens durch den Computerhersteller geht der bei TU vorhandene immaterielle Vermögenswert „günstiger Liefervertrag" (Rz 84) unter.

Es stellt sich dann die Frage, wie diese Positionen im Rahmen der Erstkonsolidierung zu behandeln sind. Als Wertmaßstab gilt nach IFRS 3.36 der *fair value*, also der von der konkreten „Beziehung" losgelöste Marktwert. Diese „Beziehung" **löst** sich indes konzernbilanziell im Augenblick des Unternehmenserwerbs **auf**; sie ist wirtschaftlich nicht mehr vorhanden (analog der rechtlichen Konfusion) (Rz 98). Dem *fair value* des erworbenen Vermögenswertes bzw. der betreffenden Schuld kommt dann nach Vollzug des Erwerbs regelmäßig keine Bedeutung mehr zu. Es verbleibt ein **unternehmensspezifischer** Wert, der bei der Erstkonsolidierung aber gem. IFRS 3 gerade **keinen zulässigen Wertmaßstab** darstellt. Hieraus folgt die Frage, ob im Hinblick auf das Sonderproblem der *preexisting relationships* eine kasuistische Ausnahme angezeigt und der unternehmensspezifische Wert schon bei der **Erstkonsolidierung zu berücksichtigen** ist. Diese Frage hat **erhebliche Auswirkungen** auf die Bestimmung des *goodwill* aus der Erstkonsolidierung und auf den anschließenden Ergebnisausweis im Rahmen der Folgekonsolidierung.

> **Beispiel**
> TU ist ein vor einigen Jahren durch *management-buy-out* ausgelagertes Unternehmen. Einem aktuellen Trend folgend macht MU das Outsourcing rückgängig, indem es alle Anteile an TU zu einem Preis von 50 erwirbt. Das Aktivvermögen der TU saldiert sich mit den Schulden zu einem Eigenkapital von null. Darin nicht berücksichtigt ist der nach IFRS 3.45 und IAS 38.34 i. V. m. IFRS 3.IE Ex4 anzusetzende Wert der Kundenbeziehung. Der *fair value* der nicht durch feste Vertragslaufzeiten untermauerten Kundenbeziehung ist im Rahmen eines anerkannten Verfahrens *(multi-period-excess earnings* (Rz 75)) mit 50 bestimmt worden. Er entfällt ausschließlich auf die Beziehung zu TU, da die übrigen Lieferbeziehungen unwesentlich sind oder gerade kostendeckend erfolgen.

Nach den generellen Vorgaben für die Erstkonsolidierung in den IFRS (aber ebenso in US-GAAP und HGB) ist der Wert der Kundenbeziehung mit dem *fair value* zu berücksichtigen. Folgt man diesen Regeln, müssten die Kundenbeziehungen als Vermögenswert mit 50 angesetzt werden. Entsprechend betrüge der *goodwill* null. Mit dem Erwerb würde sich aber der immaterielle Vermögenswert „Kundenbeziehung" konzernbilanziell erledigen, da der Konzern keine Kundenbeziehung zu sich selbst haben kann. Eine (aufwandswirksame?) Ausbuchung wäre angezeigt (erste Lösung). Berücksichtigt man hingegen bereits bei der Erstkonsolidierung den unternehmens- bzw.

Lüdenbach

konzernspezifischen Wert, also hier die Tatsache, dass der Konzern keine Kundenbeziehung mit sich selbst haben kann, wären die wirtschaftlich durch den Unternehmenserwerb untergehenden „Kundenbeziehungen" mit null anzusetzen. Der bezahlte Kaufpreis von 50 schlüge sich bei einem übrigen Vermögen von ebenfalls null dann als *goodwill* im Rechenwerk nieder (zweite Lösung).

- Für die **unternehmensspezfische** Lösung spricht das wahrscheinlich vorhandene Kaufpreiskalkül: Bei einem *insourcing* zahlt der Erwerber den Kaufpreis für die **Synergievorteile**, die er sich aus der (Re-)Integration in den Konzern erhofft. Solche Synergien sind nach IFRS 3.BC130 ein typischer geschäftswertbildender Faktor.

- Zugunsten der *fair-value*-Lösung kann vorgebracht werden, dass die Erwerbskosten wirtschaftlich den Charakter einer Investition in den **eigenen Geschäftswert** haben. Derlei Aufwendungen wären aber nach den Regeln von IAS 38.48 aufwandswirksam zu verbuchen.

Das anhand des *insourcing* aufgezeigte Problem stellt sich auch in anderen Konstellationen, von denen einige nachstehend erörtert werden. Der FASB hat sich angesichts der aktuellen Bedeutung in EITF *Issue* 04-01 der Frage des *„Accounting for Preexisting Relationships between the Parties of a Business Combination"* zugewandt. Die nachfolgenden Überlegungen beruhen in wesentlichen Teilen auf den Vorgaben des EITF. Der IASB hat im Dezember 2004 sein Einverständnis mit den Grundaussagen des EITF erklärt. Dieser soll in den gemeinsam mit dem amerikanischen Standardsetter geplanten *Joint IASB-FASB* Business *Combinations Exposure Draft* integriert werden.[50] Die grundlegenden Annahmen des EITF sind wie folgt:

- **Mehrkomponentenbetrachtung:** *„The Task Force determined that a business combination between two parties that have a preexisting relationship is a multiple-element transaction with one element being the business combination and the other element being the settlement of the pre-existing relationship."* (EITF 04-01 Tz 3).

- Bei der Erledigung der vorkonzernlichen Beziehung (*settlement of the pre-existing relationship*) kann ein sofort zu berücksichtigender Ertrag oder Aufwand (*settlement gain or loss*) entstehen. Hierbei ist wie folgt zu differenzieren:
  - **Schwebende Verträge** mit aus Sicht des Erwerbers im Verhältnis zu Marktwerten günstigen bzw. ungünstigen Konditionen *(favorable or unfavorable contracts):* Aufwand/Ertrag ist die Differenz zum Marktwert. Sofern der Vertrag einen Ausstieg gegen einen niedrigeren Betrag vorsieht, ist nur dieser Ausstiegsbetrag als Ertrag/Aufwand zu behandeln, die Differenz zum höheren Marktwert hingegen zu aktivieren/passivieren (EITF 04-01 Tz. 4).
  - **Rückerwerb** in Lizenz, Franchise etc. an das erworbene Unternehmen **überlassener Rechte:** Soweit die Vertragskonditionen aus Sicht des Er-

---

[50] IASB, Update Dezember 2004.

werbers gemessen am Markt günstig/ungünstig waren, entsteht auch hier ein sofortiger Ertrag/Aufwand. Sofern der Vertrag einen Ausstieg gegen einen niedrigeren Betrag vorsieht, ist nur dieser Ausstiegsbetrag als Ertrag/Aufwand zu behandeln, die Differenz zum höheren Marktwert hingegen wie ein derivativer immaterieller Vermögenswert zu aktivieren oder wie ein belastender Vertrag zu passivieren (EITF 04-01 Tz. 5).

- **Schwebende Rechtsstreitigkeiten** zwischen Erwerber und erworbenem Unternehmen: Bei Passivprozessen des Erwerbers ist ein Aufwand zur Beilegung des Rechtsstreits, bei Aktivprozessen ein Ertrag anzusetzen, jeweils in Höhe des *fair value* (wahrscheinlichkeitsgewichtete Prozessausgänge) (EITF 04-01 Tz. 7).

Die nachstehenden Ausführungen folgen überwiegend diesen Annahmen, behandeln aber auch in EITF 04-01 nicht berücksichtigte Fallkonstellationen.

2.5.12.2 Wertgeminderte Forderungen und Verbindlichkeiten

Soweit der Erwerber über eine im Erwerbszeitpunkt **wertgeminderte Forderung gegen das erworbene Unternehmen** verfügt, ist die Forderung bzw. Verbindlichkeit im Rahmen des Erwerbs mit dem *fair value* anzusetzen. Das nachfolgende Beispiel kontrastiert die *fair-value*-Lösung zunächst unter Vernachlässigung des Mehrkomponentengedankens mit der unternehmensspezifischen Variante und fügt dann die Komponentenbetrachtung hinzu.

Beispiel
MU erwirbt am 1.1.01 in Sanierungsabsicht 100 % der Anteile an TU zu einem Kaufpreis von 140. MU hat eine als Anleihe verbriefte, börsennotierte Forderung von nominal 200 gegen TU. Dritte treten nur in vernachlässigbar geringem Umfang als Inhaber der Anleihe in Erscheinung. Wegen Bonitätsschwierigkeit der TU ist die Anleihe zum Erwerbsstichtag nur noch mit dem *fair value* von 120 in der Einzelbilanz der MU ausgewiesen. In der Bilanz der TU ist die Verbindlichkeit hingegen mit 200 angesetzt. Am 1.1.03 wird die Anleihe in vollem Umfang, d. h. mit ihrem Nominalwert von 200, getilgt.
Das übrige Nettovermögen der TU (Buchwert = *fair value*) soll 260 betragen, ihr Eigenkapital lt. IFRS-Bilanz II somit 60 bei Nominalwertansatz der Schuld bzw. 140 (60 + 80) bei *fair-value*-Bewertung.
Die Kaufpreisallokation wäre alternativ wie folgt vorzunehmen:

	Variante 1 *fair value*	Variante 2 *entity specific value*
= Kaufpreis für TU	140	140
− *fair value* übriges Vermögen	− 260	− 260
+ Verbindlichkeit gegen MU	+ 120	+ 200
= *goodwill*	0	80

Lüdenbach

> Kommt es in der Folgezeit in der Einzelbilanz der MU zu einer Zuschreibung bis zum Nominalwert der Anleihe, weil der Markt die Finanzlage der TU nach Erwerb besser einschätzt, ist in der (neu bewerteten) IFRS-II-Bilanz des TU wie folgt zu verfahren:
> - In der *fair-value*-Variante ist der Wert der Verbindlichkeit in Anwendung der Effektivzinsmethode über die Restlaufzeit auf den Betrag von 200 (davon 34 in 01 und 46 in 02) zu erhöhen. In der Totalgewinnbetrachtung gleichen sich damit der Ertrag bei der MU aus Zuschreibung auf die Forderung und der Aufwand bei der TU aus Zuschreibung auf die Verbindlichkeit aus.
> - In der unternehmensspezifischen Variante ist die „Innenforderung" nach Erwerb mit 80 erfolgswirksam zuzuschreiben. Es entsteht in der Totalbetrachtung ein Gewinn von 80 **vor** eventueller *goodwill*-Abschreibung und von null **nach** *goodwill*-Abschreibung.

Für die *fair-value*-**Lösung** sprechen die allgemeinen Regelungen von IFRS 3.36ff. Im Rahmen der Erstkonsolidierung ist zwingend der *fair value* anzusetzen. Eine Rechtsgrundlage zum Ansatz eines unternehmensspezifischen Wertes ist nicht zu erkennen. Im Beispiel ist der *fair value* durch den aktuellen Marktpreis gegeben (IFRS 3.B16a). Wäre die Verbindlichkeit nichtbörsennotiert, könnte die Bewertung gleichwohl nicht anderen Grundsätzen folgen. Bei der in IFRS 3.B16j dann verlangten Bewertung liegt der Akzent nicht auf dem vertraglichen Erfüllungsbetrag *(settlement amount)*, sondern auf dem Betrag, der sich in Anbetracht der Bonität des Schuldners ergibt. Die erst durch den Unternehmenserwerb bzw. danach entstehende Verbesserung der Bonität muss dabei unberücksichtigt bleiben. Dies entspricht auch dem in IFRS 3.41 enthaltenen Rechtsgedanken; danach sind Schulden im Rahmen der Kaufpreisallokation dann nicht anzusetzen, wenn sie erst das Resultat der *business combination* sind. Es erscheint sachgerecht, diesen Grundsatz auf die Bewertung auszudehnen und die **Veränderung des** *fair value* einer Schuld als Folge des Unternehmenserwerbs bei der Erstkonsolidierung ebenfalls unberücksichtigt zu lassen.

Die einfache *fair-value*-Lösung berücksichtigt indes nicht das **wirtschaftliche Kaufpreiskalkül** des Erwerbers. Handelt MU wie angenommen in Sanierungsabsicht, kann der Erwerb als ein **Mehrkomponentengeschäft** interpretiert werden. Der Kaufpreis von 140 entfällt in dieser Perspektive nur mit einem Teilbetrag von 60 auf den Unternehmenserwerb. In Höhe von 80 enthält er einen Beitrag zur Wertsteigerung der als aktives Finanzinstrument gehaltenen Anleihe. Diese Wertsteigerung tritt unmittelbar mit Erwerb des Unternehmens, nicht erst danach ein. Mit ihr korrespondiert eine zeitgleiche Angleichung des *fair value* der Verbindlichkeit an dessen Nominalwert. Kaufpreisallokation und Buchungen sind in dieser **modifizierten** Anwendung der *fair-value*-Lösung wie folgt vorzunehmen:

Lüdenbach

Beispiel (Fortsetzung)	
	Mehrkomponentengeschäft
Barzahlung	140
– davon für Wertsteig. Anleihe	– 80
= Kaufpreis für TU	60
– *fair value* übriges Vermögen	– 260
+ Verbindlichkeit gegen MU	+200
= *goodwill*	0
Einzelbilanz MU	
per Anleihe 80 an Geld	140
per Beteiligung 60	
Erstkonsolidierung	
per EK TU (IFRS II) 60 an Beteiligung	60
per Anleihenverb. 200 an Anleihe	200
Nach dem Erwerb ergeben sich in dieser Variante keine Aufrechnungsdifferenzen aus dem konzerninternen Schuldverhältnis.	

Die Mehrkomponentenlösung führt zum gleichen *goodwill* wie die Ausgangslösung (Variante 1), obwohl sie scheinbar wie Variante 2 die Schuld mit ihrem unternehmensspezifischen Wert ansetzt. Tatsächlich liegt die Begründung für den Ansatz der Schuld mit 200 aber nicht mehr in der Ersetzung des *fair value* durch einen unternehmensspezifischen Wert. Die Mehrkomponentenlösung berücksichtigt vielmehr die beiden wirtschaftlichen Elemente im zivilrechtlichen einheitlichen Geschäft. Das zweite Element, die Investition auf den Wert der gehaltenen Anleihe, führt zu einer Veränderung des *fair value* der Verbindlichkeit. Diese Veränderung tritt nicht nach, sondern zeitgleich mit dem ersten Element – der Investition in das Tochterunternehmen – auf und ist deshalb schon bei der Erstkonsolidierung zu berücksichtigen.

Die **Mehrkomponentenlösung** ist aus dieser Sicht keine dritte Alternative neben der *fair-value-* und der (verworfenen) unternehmensspezifischen Lösung, sondern eine Anwendung des *fair-value-*Prinzips unter anderen wirtschaftlichen **Prämissen**. Zugrunde liegt eine wirtschaftliche Deutung des Unternehmenskaufvertrags als Mehrkomponentengeschäft. U.E. muss sich eine entsprechende Lösung daran prüfen lassen, ob ihr auch einzelbilanziell gefolgt werden kann. Wo dies nicht der Fall ist, würde die Kapitalkonsolidierung nicht nur technisch versagen, da sich einzelbilanzieller Beteiligungsansatz und Nettovermögen (lt. IFRS-Bilanz II) nicht mehr entsprächen. Auch inhaltlich kann die wirtschaftliche Zerlegung eines zivilrechtlichen einheitlichen Geschäfts keine Sonderregelung für den Konzernabschluss sein, sondern nur unter Berufung auf allgemein und damit auch für den Einzelabschluss geltende Grundsätze erfolgen. Die einzelbilanziell zu erfassenden Anschaffungskosten der Beteiligung betragen somit in Anwendung dieses Gedankens im Beispiel nur 60 (140 – 80), während der Betrag von 80 als Anschaffungskosten auf die Anleihe gewertet werden kann.

98 Gehört zu den Vermögenswerten des erworbenen Unternehmens eine **wertberichtigte Forderung gegenüber dem Erwerber**, stellt sich auch hier die Frage nach der Reichweite des *fair-value*-Prinzips.

> **Beispiel**
> MU erwirbt in 01 TU zu einem Kaufpreis von 300.
> TU hat eine Forderungen von 100 gegen MU. Nach Einzelwertberichtigung wird die Forderung im Einzelabschluss der TU mit 60 ausgewiesen. Dies soll zugleich der *fair value* sein.
> In der Bilanz der MU ist die Verbindlichkeit mit 100 angesetzt.
> Das übrige Vermögen der TU (Buchwert = *fair value*) beträgt 200, das Eigenkapital somit 260 bei Ansatz der Forderung mit dem *fair value*, 300 bei Ansatz mit dem Nominalwert.
> Ende 01 wird die Forderung getilgt.
> Kaufpreisallokation und Buchungen (Letztere nur für die *fair-value*-Lösung) sind wie folgt:
>
> | | Variante 1 *fair value* |
> | --- | --- |
> | = Kaufpreis für TU | 300 |
> | – *fair value* übriges Vermögen | – 200 |
> | – **Forderung gegen MU** | – 60 |
> | = *goodwill* | 40 |
>
> Einzelbilanz MU
> per Beteiligung 300 an Geld 300
> Erstkonsolidierung
> per EK TU 260 an Beteiligung 300
> per *goodwill* 40
> per Verbindl. gg. TU 100 an Forderung gg. MU 60
> an Ertrag 40
>
> Folgekonsolidierung 01
> per Ertrag aus Ford. 40 an Konzerngewinnrücklagen 40
> gg. MU

Im Beispiel entsteht eine Aufrechnungsdifferenz zum Erstkonsolidierungszeitpunkt. Sie führt zu einem **sofortigen Ertrag** *(settlement gain)*. Die entsprechende Buchung ist gewöhnungsbedürftig, da die Erstkonsolidierung mit Ausnahmen für den *lucky buy* (Rz 115) ansonsten ein erfolgsneutraler Vorgang ist.

Lüdenbach

Die Erfolgswirksamkeit lässt sich jedoch in einem **Vergleich zum Übernahmefolgegewinn des UmwStG** wie folgt begründen. Nach § 6 UmwStG ist ein in Verschmelzungsfällen aus der Vereinigung von Forderungen und Verbindlichkeiten entstehender Gewinn als laufender Gewinn bei der aufnehmenden Gesellschaft zu erfassen. Die Anpassung der unterschiedlichen Wertansätze im Anschaffungszeitpunkt wird also nicht erfolgsneutral, sondern erfolgswirksam durchgeführt. Dem entspricht die *fair-value*-Lösung in vorstehendem Beispiel. Ein Unterschied besteht nur darin, dass die steuerlichen Regeln auf die rechtliche Konfusion von Forderungen und Verbindlichkeiten zielen, während es konzernbilanziell um eine **wirtschaftliche Konfusion** geht. Ursächlich ist die konzeptionelle Abweichung zwischen Steuerrecht (Fokus auf dem einzelnen rechtlich definierten Steuersubjekt) und dem Konzernbilanzrecht (Fokus auf der wirtschaftlichen, aus mehreren Rechtssubjekten bestehenden Einheit).

Zu auch konzeptionell übereinstimmenden Lösungen kommt es dann, wenn der Erwerb eines Unternehmens sich als *asset deal* vollzieht. Hier gehen zwischen den Parteien bestehende Forderungen und Verbindlichkeiten auch einzelbilanziell durch rechtliche Konfusion unter.

> **Beispiel**
> MU erwirbt in 01 im *asset deal* das Unternehmen T mit allen Aktiven und Passiven. Als Kaufpreis wird der *fair value* des Nettovermögens der T festgesetzt. Deren diverses Vermögen (Buchwert = *fair value*) beträgt 200. Außerdem hat T eine Forderung von nominal 100 gegen MU. Nach Einzelwertberichtigung wird die Forderung im Einzelabschluss der TU mit 60 ausgewiesen. Dies soll zugleich der *fair value* sein.
> Die Kaufpreisallokation ist wie folgt:
>
> | | |
> |---|---:|
> | Kaufpreis | 260 |
> | – Nettovermögen zu *fair value* | – 260 |
> | = *goodwil* | 0 |
>
> Ein Ansatz des Nettovermögens mit 300 (darin Forderung gegen MU mit Nominalwert) würde zu einem unbegründeten negativen Unterschiedbetrag von 40 führen, der nach IFRS 3 sofort als Ertrag zu berücksichtigen wäre und steuerlich in einer unmotivierten Abstockung des nichtmonetären Vermögens münden würden. Die Lösung ist abzulehnen, da der Veräußerer sein Unternehmen gerade nicht unter Wert der Substanz verkauft hat, sondern der Kaufpreis dem *fair value* der Substanz entsprach. Die Annahme eines negativen Unterschiedbetrag bzw. eines *lucky buy* ist daher nicht zu rechtfertigen. Stattdessen ist nach IFRS und Steuerrecht das zugehende Vermögen wie folgt einzubuchen:
>
> | | | | |
> |---|---:|---|---:|
> | per Diverses Vermögen | 200 | an Geld | 260 |
> | per Forderung gegen MU | 60 | | |

Lüdenbach

Im Hinblick auf die Konfusion von Forderung und Verbindlichkeit ist zeitgleich zu buchen:

per Verbindlichkeit gegen T   100   an Forderung gegen MU   60
                                    an Ertrag   40

2.5.12.3 Schwebende operative Verträge

99 Die laufende Bilanzierung schwebender operativer Verträge folgt nach IAS 37.29 und 33 dem **Imparitätsprinzip**. Drohende Verluste sind zu passivieren, erwartete Gewinne mit speziellen Ausnahmen (insb. bei langfristiger Fertigung) nicht zu aktivieren. Eine allgemeine Ausnahme besteht jedoch für den Unternehmenserwerb. Der erwartete Gewinn aus einem solchen noch nicht abgewickelten Kontrakt führt ggf. als für das erworbene Unternehmen **günstiger Vertrag** *(favorable* oder *beneficial contract)* zu einem immateriellen Vermögenswert (Rz 84).

> **Beispiel**
> MU erwirbt am 1.1.01 100 % der Anteile an TU zu einem Kaufpreis von 160.
> TU hat aus schon vorhandenen und kontrahierten, aber noch nicht ausgelieferten Waren einen Auftragsbestand von 1.000, aus dem bei Einstandskosten von 850 ein Gewinn von 150 erwartet wird. Auftraggeber ist MU. Die Ware wird einen Tag nach dem Unternehmenserwerb an MU geliefert.
> Im Rahmen der Kaufpreisallokation ist auch die Gewinnerwartung aus schwebenden Verträgen als immaterieller Vermögenswert anzusetzen (IFRS 3. IE Ex2). Unter Vernachlässigung des übrigen Nettovermögens (Buchwert = Zeitwert = null) wäre die Kaufpreisallokation wie folgt vorzunehmen:
>
> | | Variante 1 *fair value* | Variante 1b Mehrkomponentenlösung mit *settlement loss* |
> |---|---|---|
> | Barzahlung | | 160 |
> | – davon Aufhebung ungünstiger Vertrag | | – 150 |
> | = Kaufpreis für TU | 160 | 10 |
> | – **Auftragsbestand** | – 150 | – 0 |
> | = *goodwill* | 10 | 10 |
>
> Zugunsten der *fair-value*-Variante kann Folgendes angeführt werden: Der immaterielle Vermögenswert „günstiger Vertrag" wird im Zeitpunkt der

(konzerninternen) Lieferung der Ware als Erhöhung von deren Anschaffungskosten aufgelöst. Dass damit vom Konzern für 850 angeschaffte Vorräte mit 1.000 aktiviert werden, erscheint bei einer leichten zeitlichen Variation nicht mehr unangemessen: Wäre der Unternehmenserwerb nämlich einen Tag später vollzogen worden, hätte TU die Ware noch vor Vollzug des Unternehmenserwerbs zu 1.000 an MU geliefert, und sie wäre mit diesem Betrag aktiviert worden. Innerhalb dieses einen Tages ist es aber weder zum Abschluss von Verträgen noch zur Änderung von Beschaffungskosten und *fair values* gekommen. Eine andersartige Behandlung im Falle der Lieferung kurz nach Erstkonsolidierungszeitpunkt scheint daher kaum sachgerecht.

Die Mehrkomponentenlösung überzeugt dann nicht, wenn es an einer tatsächlichen Vertragserledigung durch Abstandszahlung an TU fehlt und aus gesellschafts- und steuerrechtlichen Gründen Zahlungen an die Altgesellschafter nicht mit Zahlungen an die Zielgesellschaft vermengt werden können. Sie würde dann zu folgenden Problemen führen:

- Mit Ausführung des Auftrags wären von MU aufgrund des fortbestehenden, tatsächlich nicht aufgehobenen Vertrags 1.000 an TU zu zahlen.
- TU hätte daher aus dem Vertrag einzelbilanziell einen Erlös von 1.000, dem nur ein Wareneinsatz bzw. Konzernanschaffungskosten von 850 gegenüberstünden.
- Eine Zwischenergebniseliminierung (per Umlaufvermögen 150 an Materialaufwand 150) wäre nötig und würde den bereits als *settlement loss* berücksichtigten Betrag ein zweites Mal als Aufwand qualifizieren.
- Kann hingegen auch einzelbilanziell der Mehrkomponentenlösung gefolgt werden, weil eine tatsächliche Abstandszahlung an das TU erfolgt, beträgt der konzerninterne Umsatz nicht mehr 1.000, sondern 850. Die Zwischenergebniseliminierung entfällt und es bleibt zutreffend bei der Einmalerfassung des Aufwands.

Eine dritte Lösung ist geboten, wenn der Auftrag erst kurz vor Vollzug des Unternehmenserwerbs und nur im Hinblick auf diesen zu nicht marktgerechten Konditionen erteilt worden ist. Da es ohne den Unternehmenserwerb den entsprechenden *favorable contract* nicht gegeben hätte, der immaterielle Vermögenswert also erst durch den (bevorstehenden) Erwerb entstanden ist, darf er u.E. nicht angesetzt werden. Diese Lösung entspricht der in IFRS 3.41b enthaltenen Regelung, wonach Schulden, die das Ergebnis des Unternehmenserwerbs sind, bei der Kaufpreisallokation nicht angesetzt werden dürfen. Dieser Rechtsgedanke ist u.E. analog auf Vermögenswerte anwendbar. Dann wäre in der *fair-value*-Variante 1a abweichend von o.g. Darstellung ein *fair value* von null anzusetzen, weil der Auftragsbestand nicht *at arm's length* zustande gekommen ist.

Die ausführliche Diskussion des Beispiels zeigt die Notwendigkeit fallspezifischer Differenzierungen. Dies scheint dem Grunde nach auch in EITF 04-01 anerkannt, wenn etwa der Ausweis eines *settlement gain* an die Voraussetzung einer tatsächlichen Vertragserledigung *(effective settlement)* geknüpft wird. Allerdings sind die Ausführungen des EITF und des IASB insoweit nicht sehr deutlich. Die offensichtlich auf die Erfolgsrechnung bezogene Vorgabe, jede *preexisting relationship* so zu behandeln, wie sie ohne einen Unternehmenserwerb zu behandeln wäre,[51] lässt sich zwar so deuten, dass eine Parallelität von einzel- und konzernbilanzieller (Mehrkomponenten-)Betrachtung angestrebt wird. Es wäre jedoch zu begrüßen, wenn in das *Joint IASB-FASB Business Combinations Project* eine explizite Aussage zur Parallelität aufgenommen würde.

Anders als bei operativen Geschäften entsteht bei **schwebenden Finanzverträgen** (Finanzderivaten) i. d. R. nicht das Problem eines „Übernahmefolgegewinns", da Ansatz und Bewertung nach IAS 39 **nicht imparitätisch** erfolgen.

2.5.12.4 (Rück-)Kauf immaterieller Vermögenswerte

100 Nicht nur in den unter Rz 96 dargestellten *re-* bzw. *insourcing*-Fällen ausgelagerte Zulieferfunktionen kann der Unternehmenskauf zum Erwerb eines immateriellen Vermögenswertes führen, der sich mit dem Erwerb zugleich wieder erledigt.

> **Beispiel**
> MU – ein Markenartikelhersteller – war in China bislang nicht selbst vertreten. Stattdessen hatte MU in einem Lizenzvertrag die Nutzungsrechte an der Marke für China exklusiv an C vergeben. Die Konditionen des Vertrags sind nicht mehr marktkonform. C erzielt nur aufgrund dieses Lizenzvertrages erhebliche Gewinne aus seinen Produkten. Der diskontierte Wert der Gewinnerwartungen beträgt 120 Mio., er entfällt vollständig auf die Markenprodukte. Bei marktgerechten Konditionen würde die diskontierte Gewinnerwartung nur 80 betragen.
> MU erhält die Gelegenheit, C zu einem Preis von 120 zu erwerben. Ohne Berücksichtigung des o.g. Vertrags beträgt das Nettovermögen von C null. Nach dem Erwerb soll C stillgelegt und die Belieferung des chinesischen Marktes über freie Handelsvertreter erfolgen.
> Mit dem Erwerb des C geht der Lizenzvertrag in konzernbilanzieller Betrachtung unter. Fraglich ist, ob im Rahmen der Erstkonsolidierung
> - 120 Mio. als *goodwill* anzusetzen sind oder
> - ob 120 als Marke erfasst werden müssen oder
> - die 120 teils, soweit der Vertag aus Sicht von MU ungünstig ist (40), als Aufwand zu behandeln sind und nur im Übrigen (80) als Marke zu aktivieren.

---

[51] EITF 04-01, laut Official Minutes of the September 29-30 2004 Meeting, Tz 5.

Gegen die erste Lösung spricht das Kaufpreiskalkül des Erwerbers. Da die Gewinnerwartungen ohne den Lizenzvertrag nur 0 betrüge, ist der Kaufpreis wirtschaftlich nicht für das Unternehmen, sondern für die Marke (Ertragswert 120) gezahlt worden. MU hätte auch 120 Mio. an den Veräußerer für die vorzeitige Beendigung des Lizenzvertrags zahlen können. Ob diese Zahlung als Aufwand oder als immaterieller Vermögenswert zu buchen gewesen wäre, hängt von der Interpretation des Erwerbsgegenstandes ab.

- Soweit man ihn als **Marke** begreift, also gar keine *business combination* annimmt (Rz 18), entfällt eine Aktivierungsmöglichkeit, da die Marke schon MU gehört und Aufwendungen auf die eigene Marke nach IAS 38.63 nicht aktivierungsfähig sind. Eine Aufwandsbuchung in Höhe von 120 wäre vorzunehmen.

- Soweit man den Erwerb eines „Nutzungsrechtes China" im Rahmen einer *business combination* annimmt, ist eine Aktivierung als immaterieller Einzelwert gem. EITF 04-01 geboten. Dabei wird der Erwerb als **Mehrkomponentengeschäft** interpretiert und eine sofort aufwandswirksame Erledigungszahlung (*settlement*) für den Lizenzvertrag insoweit angenommen, als er aus Sicht der MU gemessen an Marktkonditionen ungünstig ist bzw. war.

2.5.12.5 Fazit

Mit dem zum Erwerb anstehenden Unternehmen können „**Beziehungen**" bestehen, die sich bei ihm oder beim Erwerber bereits in Bilanzpositionen niedergeschlagen haben oder aber im Zuge der Erstkonsolidierung und der damit verbundenen Kaufpreisallokation bilanzwirksam werden. Diese „*preexisting relationships/contracts*" bereiten insoweit Probleme, als sie mit Vollzug des Unternehmenserwerbs konzernbilanziell unterzugehen drohen. Eine Anwendung des für die Erstkonsolidierung geltenden *fair-value*-Prinzips kann hier zu Bilanzansätzen führen, die unmittelbar mit dem Erwerb erfolgswirksam zu korrigieren sind. Die Vermeidung solcher Effekte im Wege der Ersetzung des *fair value* durch den konzernspezifischen Wert *(entity specific value)* wäre durch den Regelwortlaut von IFRS 3 nicht gedeckt. Dem *fair-value*-Prinzip ist deshalb zu folgen.

Dabei entstehende „**Erstkonsolidierungsgewinne**" oder -verluste haben keinen technischen Charakter, sondern sind inhaltlich als Ausdruck einer **wirtschaftlichen Konfusion** von Forderungen und Schulden (bzw. anderen Aktiven und Passiven) anzusehen (Rz 98). Im Regelfall ist der Anwendung des *fair-value*-Prinzips eine **Mehrkomponentenbetrachtung** vorzuschalten. Soweit die Interpretation des Kaufvertrages über den Unternehmenserwerb als ein Mehrkomponentengeschäft wirtschaftlich begründbar ist und sowohl einzel- als auch konzernbilanziell zu sinnvollen Ergebnissen führt, sind zur Ermittlung des eigentlichen Erwerbspreises für das Unternehmen vom Vertragspreis die Komponenten abzuziehen oder hinzuzurechnen, die für die **Wertänderung** der *preexisting assets/liabilities* gezahlt oder angerechnet werden (Rz 97). Derartige Beträge führen i. d. R. sofort zu Aufwand bzw. Ertrag. Soweit der Mehrkomponentenansatz nicht trägt, ist die *fair-value*-Methode unmittelbar anzuwenden. Hierbei ist jedoch kritisch zu untersuchen, ob das Vertragsverhältnis nicht erst im Hinblick auf den anstehenden Unternehmenserwerb begründet wurde, somit unabhängig von diesem keinen Wert und damit auch keinen *fair value* hat (Rz 99).

2.5.13 Neuklassifizierung von Leasingverträgen, Finanzinstrumenten, Sicherungsbeziehungen?

102 Das erworbene Unternehmen hat, soweit es selbst nach IFRS bilanziert, bestimmte Vertragsverhältnisse freiwillig oder pflichtweise bei seiner **Begründung** klassifiziert, etwa

- **Leasingverhältnisse** als *operating* oder *finance lease* (→ § 15 Rz 17),
- **Rentenpapiere** je nach Halteabsicht als *held to maturity assets* oder *available for sale assets* (→ § 28 Rz 32),
- **Finanzderivate** als Sicherungsinstrumente *(hedge accounting)* oder Spekulationsobjekte (→ § 28 Rz 15).

Umklassifizierungen zu späteren Zeitpunkten sind z.T. nur unter sehr restriktiven Bedingungen möglich (etwa bei Leasing; → § 15) oder in ihrer Rechtswirkung beschränkt (z. B. für Sicherungsbeziehungen; → § 28 Rz 168). Im Schrifttum wird daher diskutiert, wieweit der Erwerber an fehlerfreie Klassifizierungen des erworbenen Unternehmens gebunden ist. Für **Finanzinstrumente** und **Sicherungsbeziehungen** wird eine solche **Bindung** zu Recht **verneint,** da die einschlägigen Vorschriften von IAS 39 auf Verwendungsabsichten abstellen und dies nur die Absichten des Bilanzierungssubjekts, also des erwerbenden Konzerns, sein können.[52]

103 Für **Leasing** wird hingegen eine Bindung an die Klassifizierungen des Erwerbers bejaht, da IAS 17 eine von Absichten unabhängige, objektive Klassifizierung bei Vertragsbeginn verlange.[53] Insoweit sei die in den US-GAAP (FIN 21) vorgesehene Beibehaltung der Klassifizierungen des erworbenen Unternehmens analog auf IFRS anzuwenden.[54] Wir können dem nur zum Teil zustimmen, halten insbesondere die **Analogie zu US-GAAP** für **verfehlt,** soweit die IFRS im Unterschied zu US-GAAP bezüglich der Klassifizierung von Leasingverhältnissen auf harte Kriterien (*bright lines*) verzichten. Die Klassifizierungskriterien von IAS 17 sind demzufolge auslegungsbedürftig. Diese Auslegung hat nach IAS 27.28 **konzerneinheitlich** zu erfolgen. Im Gegensatz zu den Konzernbilanzierungsrichtlinien des erwerbenden Unternehmens stehende Auslegungen des erworbenen Unternehmens können daher nicht fortgeführt werden.

---

[52] KPMG, Insights into IFRS, 3. Aufl., 2006, Tz 2.6.560.
[53] KPMG, Insights into IFRS, 3. Aufl., 2006, Tz 2.6.540.
[54] EPSTEIN/MIRZA, IFRS 2006, S. 518ff.

> **Beispiel**
> Das Leasingobjekt hatte bei Beginn des Leasingvertrags eine Nutzungsdauer von 20 Jahren, der Leasingvertrag eine Dauer von 17 Jahren.
> Das erworbene Unternehmen hat das Vertragsdauerkriterium von IAS 17.10c *(major part of the lifetime)* als 75 %-Grenze interpretiert (→ § 15 Rz 32) und demzufolge bei 17/20 = 85 % einen *finance lease* angenommen.
> Die Konzernrichtlinie des erwerbenden Konzerns interpretiert *major part* hingegen als 90 %, sodass aus dieser Sicht ein *operating lease* vorläge.
>
> **Beurteilung**
> Die in IAS 27.28 geforderte Einheitlichkeit der Bilanzierungsmethoden im Konzern betrifft auch die Auslegung unbestimmter Rechtsbegriffe. Im Konzernabschluss ist daher ein *operating lease* anzunehmen.

Soweit zwischen Erwerber und erworbenem Unternehmen keine Divergenzen in der Auslegung der Kriterien von IAS 17 bestehen und die bisherige Klassifizierung nicht fehlerhaft war, bleibt es bei ihr. Eine Neuklassifizierung, die etwa beim Vertragsdauerkriterium auf die Restvertragsdauer und Restnutzungsdauer abstellen würde, widerspräche der Anforderung von IAS 17, Beurteilungen des wirtschaftlichen Eigentums auf den **Vertragsbeginn** vorzunehmen (→ § 15 Rz 17).

Unabhängig von der Neuklassifizierung stellt sich die Frage, mit welchem **Wert** das Leasingverhältnis zu erfassen ist. Ist das übernommene Unternehmen **Leasingnehmer**, ergibt sich hier Folgendes:

- *Operating leases* des erworbenen Unternehmens führen zur Aktivierung eines Vermögenswerts oder zur Passivierung einer Schuld in Höhes des *fair value*, wenn die Vertragskonditionen des Leasingverhältnisses gemessen an Marktwerten besonders günstig (*favorable*) oder ungünstig (*unfavorable*) sind (Rz 87). Außerdem kann eine Drohverlustrückstellung infrage kommen, wenn schon das erworbene Unternehmen das Objekt tatsächlich nicht mehr nutzte.
- Bei *finance lease* sind Leasingobjekt (IFRS 3.B16f, g) und -verbindlichkeit (IFRS 3.B16j) zum beizulegenden Zeitwert im Zeitpunkt der Kontrollerlangung (= Erstkonsolidierungsstichtag; Rz 23) zu bewerten. Bilanzansatz von Leasingobjekt und Leasingverbindlichkeit stimmen nur im Falle der Neuklassifizierung bei Kontrollerlangung überein.

Ist das erworbene Unternehmen **Leasinggeber** eines *operating lease*, erfolgt im Rahmen der Kaufpreisallokation eine Bewertung des Leasingobjekts zum beizulegenden Zeitwert. Bei Vorliegen eines *finance lease* ist die Leasingforderung zum *fair value* zu bewerten.

2.5.14 Volle Aufdeckung von auf Minderheitenanteile entfallenden stillen Reserven

106 Für die Verteilung der Anschaffungskosten des Unternehmenserwerbs sah IAS 22 (1998) noch ein **Wahlrecht** zwischen beteiligungsproportionaler Neubewertung (Aufdeckung stiller Reserven nur nach Mehrheitenanteil) und vollständiger Neubewertung vor.

107 Nach IFRS 3.36ff. ist nur noch die volle Aufdeckung der stillen Reserven (vollständige Neubewertung) zulässig.

Im **Normalfall** (stille Reserven höher als stille Lasten) führt sie zu einem **höheren Ansatz von Vermögenswerten** und einem höheren Minderheitenanteil als die beteiligungsproportionale Neubewertung. Bei der Folgekonsolidierung ergeben sich entsprechend höhere Abschreibungen auf das Anlagevermögen und ein niedriger (weil durch Abschreibung auf die stillen Reserven belasteter) Gewinnanteil der Minderheitengesellschafter.

Beispiel

M erwirbt für einen Preis von 240 80 % der Anteile an der schuldenfreien T. Das buchmäßige Eigenkapital von T beträgt 150, die stillen Reserven 50, der Zeitwert somit 200.

goodwill-Ermittlung

Kaufpreis	240
Zeitwert erw. Vermögen (80 %)	160
goodwill	80

Erstkonsolidierungswerte	IAS 22	IFRS 3/IAS 22
goodwill	80	80
+ Erworbenes Vermögen (100 %)	190*	200**
− Minderheitenanteil	30*	40**
= Kaufpreis/Beteiligungsansatz	240	240

* 190 = 100 % × 150 + 80 % × 50
  30 = 20 % von 150
** 200 = 100 % × (150 + 50)
  40 = 20 % × (150 + 50)

Erstkonsolidierungsbuchungen (nach Summenbilanz)

IAS 22 (beteiligungsproportionale Neubewertung):

per	*goodwill*	80	an Beteilig.	240
per	stille Reserven	40	an Minderheit	30
per	Eigenkapital	150		

IFRS 3/IAS 22 (vollständige Neubewertung):

per	*goodwill*	80	an Beteilig.	240
per	stille Reserven	50	an Minderheit	40
per	Eigenkapital	150		

Da sich beide Methoden nur in der Behandlung der auf den Minderheitenanteil entfallenden stillen Reserven/Lasten unterscheiden, entfällt der **Methodenunterschied** bei einer 100 %-igen Tochtergesellschaft.

108

2.5.15 Nachträgliche bessere Erkenntnis über Umfang und Wert des erworbenen Vermögens

Der zum Erstkonsolidierungszeitpunkt vorgenommene Ansatz oder die Bewertung von Vermögenswerten oder Schulden kann sich aufgrund nachträglicher besserer Erkenntnis (**Wertaufhellung**) als unzutreffend erweisen. In diesen Fällen sind **Anpassungen** erforderlich. Die Technik der Anpassung hängt vom Zeitpunkt der Korrektur ab.

109

Werden **Anpassungen binnen 12 Monaten** ab Erwerb vorgenommen, sind diese zurückbezogen auf den Erwerbstag **erfolgsneutral gegen** den *goodwill* vorzunehmen. **Erfolgswirksam** ist lediglich die „Stornierung" zwischenzeitlich durchgeführter Abschreibungen etc. auf den falschen Wert. Erfolgt die Anpassung binnen 12 Monaten, aber nach Veröffentlichung der Bilanz für das Erwerbsjahr, sind im Folgeabschluss die Vergleichsinformationen (für das Erwerbsjahr) so anzupassen, als ob von Anfang an mit den richtigen Werten gerechnet worden wäre (IFRS 3.62).

Erfolgt die **Anpassung nach Ablauf von 12 Monaten** (sog. „Anpassung nach Fertigstellung"), gelangen die Regeln von IAS 8 zur Anwendung. Nach IFRS 3.63 sind Anpassungen nach Fertigstellung nur anzusetzen, „um **Fehler** gemäß IAS 8 ... zu korrigieren. Es sind keine Anpassungen der erstmaligen Bilanzierung von Unternehmenszusammenschlüssen nach deren Fertigstellung als Folge der Änderungen von **Schätzwerten** anzusetzen. Gemäß IAS 8 ist die Auswirkung einer Änderung von Schätzwerten in den laufenden und künftigen Berichtsperioden erfolgswirksam zu erfassen."

In der Behandlung **nachträglicher besserer** Erkenntnisse ist damit wie folgt zu differenzieren:

- IFRS 3.62 hat als Spezialvorschrift **Vorrang** vor IAS 8. Bei Anpassungen innerhalb von 12 Monaten kommt es damit auf die in IAS 8 vorgenommene Unterscheidung von Fehlerkorrekturen (retrospektiv) und Schätzungsänderungen (prospektiv) nicht an. Unabhängig von der Ursache ist eine retrospektive Anpassung mit Gegenkorrektur des *goodwill* geboten.
- IFRS 3.63 beruft sich hinsichtlich Anpassungen nach 12 Monaten hingegen zweifach auf IAS 8,
  - zum einen hinsichtlich der Fehlerkorrektur, die als Anpassung i. e. S. auf den Erstkonsolidierungszeitpunkt zurückwirkt (**Retrospektion**),
  - zum anderen hinsichtlich der Schätzungsänderungen, die **prospektiv** vorzunehmen sind.
  - IFRS 3.63 schreibt somit gerade die Anwendung von IAS 8 vor und damit auch die Differenzierung zwischen Fehlerkorrekturen und Schätzungsänderungen. In der Literatur wird dies z. T. anders gese-

hen,[55] wobei nicht deutlich wird, ob materiell anders, indem Schätzungsänderungen nach Ablauf von 12 Monaten nicht mehr als zulässig angesehen würden, oder nur terminologisch abweichend, indem Schätzungsänderungen nicht mehr als „Anpassung nach Fertigstellung" verstanden werden. Soweit die Differenz zum hier vertretenen Standpunkt nur eine terminologische sein sollte, halten wir sie nicht für relevant. Materiell bleibt es jedenfalls dabei, dass Schätzungsänderungen nach 12 Monaten bei Erfüllung der in IAS 8 enthaltenen Voraussetzungen prospektiv zulässig und erforderlich sind.

110 Hierzu folgendes Beispiel:

> **Beispiel**
> Bei Erstkonsolidierung Mitte 01 wird irrtümlich von der Werthaltigkeit eines Patentes ausgegangen. Es wird mit 100 angesetzt und auf 10 Jahre abgeschrieben.
>
> **Grundfall: Anpassung im Erstjahr oder binnen 12 Monaten**
> Im April 02 wird das Patent von dritter Seite bestritten. Den begonnenen Prozess wird man mit ganz hoher Wahrscheinlichkeit verlieren.
> Die Anpassung ist auf den Erwerbszeitpunkt zurückzubeziehen. Zwischenzeitlich vorgenommene Abschreibungen sind erfolgsneutral zu korrigieren. Somit sind folgende Buchungen in 02 (vor Abschreibung 02) vorzunehmen:
>
> per *goodwill*   100   an Patent   100   (wegen Erstkonsolidierungswert)
>
> per Patent   5   an Gewinnrücklagen   5   (wg. Abschreibung 01)
>   1.1.02
>
> **Variante 1: Anpassung nach mehr als 12 Monaten**
> Der Klagegegner tritt erst Ende 02 auf.
>
> **Variante 1a**
> Bei Anwendung der erforderlichen Sorgfalt wäre schon zum Erstkonsolidierungszeitpunkt von einer fehlenden Werthaltigkeit des Patents auszugehen gewesen. Es liegt ein Fehler vor, der nach IFRS 8 i. V. m. IFRS 3.63 retrospektiv wie im Grundfall zu korrigieren ist.
>
> **Variante 1b**
> Soweit bei der ursprünglichen Kaufpreisallokation auch unter Anwendung aller erforderlichen Sorgfalt Zweifel an der Werthaltigkeit des Patents nicht erkennbar waren, liegt zwar eine Unrichtigkeit wegen deren Unvermeidbarkeit, aber kein Fehler vor (→ § 24 Rz 36). Gleichwohl ist der Bilanzansatz in 02 anzupassen. Da eine Fehlerkorrektur ausscheidet, ist die An-

---

[55] Senger/Brune/Elprana, in: Beck'sches IFRS-Handbuch, 2. Aufl., 2006, § 33 Tz 115.

Lüdenbach

passung nach IAS 8 i. V. m. IFRS 3.63 erfolgswirksam als Schätzungsänderung vorzunehmen, indem das Patent außerplanmäßig abgeschrieben wird:

per außerplanmäßige Abschreibung   95   an Patent   95

Variante 2: Der Veräußerer hat die Werthaltigkeit des Patents garantiert und leistet eine Ausgleichszahlung
Unabhängig davon, ob die Anpassung binnen oder nach 12 Monaten erfolgt, scheint die Buchung „per Ausgleichsforderung 100 an Patent 100" sachgerecht. Sie berücksichtigt, dass in rückwirkender Betrachtung 100 weniger an Nettovermögen erworben und daher 100 weniger an Kaufpreis gezahlt wurde. Zwischenzeitlich bereits vorgenommene planmäßige Abschreibungen sind erfolgsneutral zu korrigieren („per Patent an Gewinnrücklage").[56]

Wegen nachträglicher besserer Erkenntnis hinsichtlich der **Anschaffungskosten**/des Kaufpreises wird auf Rz 177 verwiesen.

2.6 *Goodwill* und negativer Unterschiedsbetrag

2.6.1 Überblick
Bei der Erstkonsolidierung entsteht i. d. R. eine positive oder eine negative Differenz von Anschaffungskosten und Zeitwert der erworbenen identifizierbaren Vermögenswerte und Schulden.

- Eine positive Differenz ist als *goodwill* anzusetzen (IFRS 3.41),
- ein negativer Unterschiedsbetrag führt nach kritischer Überprüfung *(reassessment)* zu sofortigem Ertrag (IFS 3.65).

111

Goodwill und negativer Unterschiedsbetrag stellen eine rechnerische Saldogröße dar. Da es nicht um die Differenz von Anschaffungskosten und Buchwerten geht, sondern um die Differenz von Anschaffungskosten und Zeitwerten, kann anders als bisher[57] im Handelsrecht ein **negativer Unterschiedsbetrag auch** dann entstehen, **wenn** der **Kaufpreis über** dem **Buchwert** liegt. Hierzu folgendes Beispiel:

112

Beispiel
E erwirbt ein schuldenfreies pyrotechnisches Einzel-Unternehmen.
- Der Buchwert der schwer liquidierbaren Aktiva beträgt 15 Mio. EUR.
- Ihr Zeitwert ist 20 Mio. EUR.
- Der Ertragswert des Unternehmens beträgt ebenfalls 20 Mio. EUR.
- Als Kaufpreis werden jedoch 15 Mio. EUR vereinbart.

---

[56] Sich der Variante 2 anschließend SENGER/BRUNE/ELPRANA, in: Beck'sches IFRS-Handbuch, 2. Aufl., 2006, § 33 Tz 115.
[57] § 301 Abs. 1 S. 4 HGB alt, durch TransPuG gestrichen.

Lüdenbach

> Die Abweichung zwischen Kaufpreis und Zeit- und Ertragswert erklärt sich wie folgt:
> Das Unternehmen hat mit ordentlichen Warnhinweisen Feuerwerk in die USA geliefert. Bei unsachgemäßer Umverpackung durch den in den USA für Feuerwerk lizenzierten Abnehmer kommen vier Arbeiter zu Tode. Das Unternehmen wird auf 40 Mio. US-Dollar verklagt. Sein Versicherungsschutz für derartige Fälle beträgt 5 Mio. EUR. Die Wahrscheinlichkeit, mit einem über 5 Mio. EUR hinausgehenden Betrag verurteilt zu werden, wird von den Rechtsanwälten als extrem niedrig eingeschätzt. Eine Rückstellung kann deshalb nicht passiviert werden. Die Warnhinweise waren ordentlich. Abnehmer waren keine Endverbraucher, sondern in den USA lizenzierte Fachleute. Wegen des Überraschungspotenzials amerikanischer Geschworenenverfahren bleibt jedoch ein Restrisiko. Die Parteien berücksichtigen dies durch einen Abschlag beim Kaufpreis. Überdies stand der Veräußerer aus Liquiditätsgründen unter Verkaufsdruck, so dass sich insgesamt ein Abschlag von 5 Mio. EUR auf den Ertragswert ergibt.
> Der **HGB-Einzelabschluss** (von Veräußerer und Erwerber) ignoriert diese Aspekte. Dem Kaufpreis von 15 Mio. EUR steht ein Buchwert der Aktiva von 15 Mio. EUR gegenüber. Ein negativer Geschäftswert für den möglichen Verlust wird in der Erwerberbilanz nicht ausgewiesen. Der negative Geschäftswert wird auf diese Weise still mit den Reserven in den Aktiva saldiert. Soweit es sich bei den Aktiva um abschreibbares Anlagevermögen oder um Vorräte handelt, wird demzufolge auch die Ertragslage der Folgeperioden unzutreffend wiedergegeben. Abschreibungen und Materialaufwand der Folgejahre sind zu niedrig, der Gewinn ist überhöht.
> **IFRS 3** wählt einen anderen Ansatz:
> Soweit ein *fair value* des Prozessrisikos feststellbar ist, wird bei der Erstkonsolidierung eine Eventualschuld passiviert (Rz 57). Bei einem unterstellten *fair value* von 5 Mio. EUR entsteht kein Unterschiedsbetrag.
> Soweit der *fair value* nicht verlässlich feststellbar ist, werden die *assets* mit 20 Mio. EUR erfasst, der negative Unterschiedsbetrag von 5 Mio. EUR ist sofort ertragswirksam.

113 Da das Handelsrecht nur für den Konzernabschluss einen negativen *goodwill* (Unterschiedsbetrag) vorsieht (§ 309 Abs. 2 HGB), ergeben sich im handelsrechtlichen Einzelabschluss Verwerfungen, wenn der Kaufpreis sogar noch unterhalb des Buchwertes des Nettovermögens liegt. Der buchhalterische Ausgleich ist dann nur über eine Abstockung des Aktivvermögens zu erreichen, soweit überhaupt genügend Abstockungsvolumen zur Verfügung steht. Wegen Einzelheiten des handels- und steuerrechtlichen Vorgehens wird auf die Vorauflagen verwiesen.

Lüdenbach

2.6.2 Reassessment des negativen Unterschiedbetrags

Nach IFRS 3.56 kommt es auf die **Ursachen** des negativen Unterschieds- **114**
betrages **nur** insofern an, als
- einer **ersten** Feststellung eines negativen Unterschiedsbetrags
- die kritische **Überprüfung** *(reassessment)* der Wertermittlung von Anschaffungskosten und Nettovermögen folgen muss, und
- nur insoweit, als der negative Unterschiedsbetrag durch das *reassessment* bestätigt wird, ein sofortiger Ertrag zu buchen ist.

In Praxis und Literatur[58] wird das *reassessment* z. T. als rein formaler Akt kriti- **115**
siert, da bei Anwendung der gleichen Prämissen auch bei der zweiten Berechnung nichts anderes herauskommen könne als bei erster Ermittlung. Ein **ernst genommenes** *reassessement* muss sich aber gerade **inhaltlich** mit den in IFRS 3 genannten Gründen für einen negativen Unterschiedsbetrag auseinandersetzen. Nach IFRS 3.57 kommen nur drei Gründe infrage:

(1) Es liegt ein *bargain purchase* (günstiger Kauf) vor, d. h., das Unternehmen hat unter Wert den Eigentümer gewechselt.

(2) Das **Nettovermögen** ist wegen spezifischer, vom *fair-value*-Prinzip abweichender Vorschriften (insbesondere zu latenten Steuern) **regelkonform** unter *fair value* angesetzt *(measurement basis other than fair value)*.

(3) **Nettovermögen und/oder Anschaffungskosten** des Unternehmenszusammenschlusses werden **nicht regelkonform**, sondern fehlerhaft angesetzt oder bewertet *(error)*.

Ad 1: *Bargain purchase*
Unter sachverständig, ohne Druck handelnden und voneinander unabhängigen Dritten scheidet ein *bargain purchase* regelmäßig aus.[59] Der *fair value* ist in IFRS 3 Appendix A gerade als der Betrag definiert, „zu dem zwischen sachverständigen, vertragswilligen und voneinander unabhängigen Geschäftspartnern unter marktüblichen Bedingungen" (also frei von Druck) ein Vermögenswert getauscht werden könnte. In IFRS 3.BC148(c) muss der IASB daher für einen *bargain purchase* unterstellen, dass der Veräußerer aus „**nichtökonomischen Gründen**"*(other than economic reasons)* mit einem Kaufpreis unter Wert einverstanden ist. Solche nichtökonomischen Gründe können selten belegt werden. Sind die Parteien unabhängig, ist der Veräußerer keine Non-Profit-Organisation und handelt er nicht in einer Notlage (z. B. Zwangsversteigerung), muss daher die Ausgeglichenheit von Leistung und Gegenleistung unterstellt und ein *bargain purchase* **regelmäßig ausgeschlossen** werden.

Ad 2: Regelkonformer Ansatz des Nettovermögens unter *fair value*
Den Hauptanwendungsfall für einen **regelkonformen Ansatz** des erworbenen Vermögens mit unter dem *fair value* liegenden Wert stellen die **passiven la-**

---

[58] Vgl. etwa DOBLER, PiR 2005, S. 24ff.
[59] Die nachfolgenden Überlegungen sind überwiegend entnommen: LÜDENBACH/ VÖLKNER, BB 2006, S. 1435ff.

tenten Steuern dar. Sie sind aufgrund von IAS 12.53 nicht abzuzinsen (→ § 26 Rz 102), die Schuld wird dadurch über, das Nettovermögen unter dem Zeitwert ausgewiesen. Dieser Effekt kann aber i. d. R. nur geringe Teile eines negativen Unterschiedsbetrages erklären.

Auch bei **Erwerb** von **Verlustunternehmen** liegt bei erster Betrachtung eine regelkonforme Überbewertung des Nettovermögens nahe. Muss der Erwerber noch für einige Zeit mit Verlusten rechnen, wird dies durch einen entsprechend niedrigeren Kaufpreis (ggf. sogar durch einen negativen Kaufpreis) berücksichtigt, während andererseits die Berücksichtigung im Nettovermögen durch **Ansatz einer Schuld für zukünftige Verluste oder Restrukturierungen** nach IFRS 3.41 (Rz 91) **verboten** ist. Nach Ansicht des IASB können jedoch gerade diese Fälle nicht zur Entstehung eines negativen Unterschiedsbetrages führen (IFRS 3.BC146 und 149). Die nicht passivierbaren erwarteten Verluste oder Restrukturierungskosten sollen sich bereits zutreffend im *fair value* des Nettovermögens niederschlagen. Auf welche Weise, bleibt allerdings unklar. Folgt man gleichwohl der Auffassung des IASB, können Ansatzverbote für tatsächlich bestehende Verlusterwartungen oder Restrukturierungsschulden einen negativen Unterschiedsbetrag nicht erklären und rechtfertigen.

Ad 3: Fehlerhafter Ansatz von Nettovermögen oder Anschaffungskosten

Für das *reassessment* bleibt dann nur noch die Möglichkeit des nicht regelkonformen, also **fehlerhaften Ansatzes** des Nettovermögens oder der Anschaffungskosten. Ein inhaltlich ernsthaftes *reassessment* muss also gerade die **Prämissen** der ersten Bewertung radikal infrage stellen, und zwar

- nicht nur den vorläufigen Ansatz des erworbenen **Nettovermögens**,
- sondern auch die vorläufig angenommenen **Anschaffungskosten**.

Wenn keiner der durch IFRS 3.57(b) und (c) legitimierten Gründe für einen negativen Unterschiedsbetrag vorliegt, also ein *bargain purchase* nicht begründet werden kann, und auch ein regelkonformer Ansatz des Nettovermögens unter *fair value* auszuschließen ist, kann nach der Logik von IFRS 3.57 nur noch ein **Fehler** in der Berechnung vorliegen. Dieser Fehler kann die **Zeitbewertung** des Nettovermögens (Überbewertung) oder die Ermittlung der **Anschaffungskosten** (zu niedriger Ansatz bei positivem bzw. zu hoher bei negativem Kaufpreis) betreffen.

Für den ersten Fall ist insbesondere die Überprüfung der ermessensbehafteten Bewertung **immateriellen** Vermögens von Bedeutung (Rz 69), daneben die Frage, ob sämtliche Eventualschulden identifiziert und in angemessener Höhe angesetzt wurden (Rz 57).

Wenn auch ein (ausreichend großer) Fehler bei der Zeitbewertung des Nettovermögens auszuschließen ist, bleibt nur ein falscher Ansatz der **Anschaffungskosten**. Diese Möglichkeit besteht nicht nur bei einem Unternehmenserwerb gegen Ausgabe eigener Anteile (Fehlbewertung der eigenen Anteile), sondern auch bei bar abgewickelten Transaktionen, hier insbesondere bei negativen Kaufpreisen (Rz 116).

2.6.3 Negativer Kaufpreis – Abgrenzung zu Vergütungen für Leistungen des Erwerbers

Negative Kaufpreise, d. h. Zuzahlungen des Veräußerers an den Erwerber sind beim Übergang verlustbehafteter Unternehmen nicht unüblich.

116

Beispiel
Die K-AG erwirbt von ihrem Wettbewerber, der V-AG, die S-GmbH, deren zu Zeitwerten (zugleich Buch- und Steuerbilanzwerte) bewertetes Vermögen 40 Mio. beträgt. Die Parteien vereinbaren in einem Anteilskaufvertrag einen Kaufpreis von 40 Mio. Der Kaufvertrag verpflichtet die V-AG außerdem mit rechtswirksamer Durchführung der Anteilsübertragung mit der S-GmbH zum Abschluss eines separaten Vertrages (Kostendeckungsvereinbarung) mit folgenden Komponenten:
Die S-GmbH erhält von der V-AG eine Zahlung in Höhe 15 Mio. Im Gegenzug verpflichtet sich die S-GmbH zur Weiterbeschäftigung von 100 Mitarbeitern für die Dauer von einem Jahr, obwohl es sich bei der genannten Anzahl von Mitarbeitern um einen strukturellen Beschäftigungsüberhang handelt. Die Zahlung deckt ferner den Aufwand im Zusammenhang mit der Kündigung der Beschäftigungsverhältnisse nach Ablauf der Beschäftigungsgarantie. Rechnerisch entfallen jeweils 7,5 Mio. auf die Weiterbeschäftigung sowie auf die Kosten der Beendigung der Beschäftigungsverhältnisse.
Die V-AG zahlt der S-GmbH außerdem einen Betrag von 25 Mio. Es handelt sich hierbei um eine unbedingte Zahlung. Nach dem Willen der Parteien soll die Zahlung dazu dienen, die Aufrechterhaltung des Geschäftsbetriebes zu fördern.

Je nach Deutung der Zahlungen des Veräußerers ergeben sich im Beispiel unterschiedliche Rechtsfolgen beim Erwerber:
- Sofern es sich um Entgelt für eine sonstige Leistung des Erwerbers handelt, beträgt der Kaufpreis 40 Mio. Da das zum *fair value* bewertete Nettovermögen im Rahmen der Erstkonsolidierung ebenfalls mit 40 Mio. anzusetzen wäre, ergäbe sich weder ein *goodwill* noch ein negativer Unterschiedsbetrag.
- Sofern die Zahlung als negativer Bestandteil des Kaufpreises zu qualifizieren wäre, würde dieser saldiert gerade null betragen. Nach der Gegenüberstellung mit dem *fair value* des erworbenen Nettovermögens von 40 Mio. ergäbe sich ein sofort ertragswirksamer negativer Unterschiedsbetrag gleicher Höhe.

In Fällen von Zuzahlungen des Veräußerers ist also zu klären, ob tatsächlich ein **negativer Kaufpreis** und damit in aller Regel ein negativer Unterschiedsbetrag vorliegt oder ob die Zuzahlung als Vergütung für eine bestimmte **Leistung des Erwerbers** zu würdigen ist. Die Beurteilung hängt davon ab, ob nur eine einzige Transaktion (Unternehmenskauf) oder eine Kombination von Transaktionen, analog den Regeln für **Mehrkomponentengeschäfte**, angenommen

Lüdenbach

wird. Nach den in IAS 18 festgehaltenen Regeln für Mehrkomponentengeschäfte (→ § 25 Rz 66) können die Zuzahlungen des Veräußerers dann als Vergütung für eine von der Unternehmenstransaktion zu trennende Leistung angesehen werden, wenn die **Trennbarkeit** sowohl dem Grunde als auch der Höhe nach möglich ist.

Angewandt auf das Beispiel ergibt sich hier Folgendes: Die Leistung der S-GmbH (einzelbilanziell) bzw. der K-AG (konzernbilanzielle Betrachtung) besteht darin, im Interesse der V-AG eine **Weiterbeschäftigung** strukturell überflüssiger Mitarbeiter vorzunehmen. Diese Weiterbeschäftigung liegt nicht im eigenen unternehmerischen Interesse des Erwerbers. Der **Nutzen** liegt beim **Veräußerer** und besteht darin, dass sein öffentliches Image nicht durch eine unpopuläre Maßnahme negativ beeinträchtigt wird. Dieses Ergebnis könnte der Veräußerer tendenziell auch durch Gründung einer Beschäftigungsgesellschaft gewährleisten. Eine Trennbarkeit dem **Grunde** nach ist daher gegeben. Die Trennbarkeit der **Höhe** nach erfordert, dass die *fair values* der Einzelkomponenten bestimmbar sind. Der *fair value* des erworbenen Geschäftsbereiches ist unter Anwendung eines DCF-Verfahrens bestimmbar. Der *fair value* der sonstigen Leistung „Weiterbeschäftigung der Mitarbeiter" entspricht bei erster Betrachtung dem Wert, der einer Beschäftigungsgesellschaft zu zahlen wäre, also den Lohnkosten für ein auch von ihr nicht relevant einsetzbares und schwer vermittelbares Personal und, soweit mit einer Vermittlung auf dem Arbeitsmarkt nicht zu rechnen ist, auch den Kosten für die Beendigung der Beschäftigungsverhältnisse. Danach wäre im Beispiel insgesamt ein Entgelt von 15 Mio. der sonstigen imagewahrenden Leistung zuzurechnen.

Diese Interpretation entspricht der vom IASB an anderer Stelle aufgestellten Wertung. Nach IFRIC 8 ist für Zwecke der scheinbar unentgeltlichen Gewährung von Aktien an karitative Organisationen zu unterstellen, dass **der Kaufmann nichts verschenkt**, also nicht unentgeltlich handelt, sondern für seine Leistung (Gewährung von Aktien) eine u. U. zwar nicht im Einzelnen identifizierbare und bewertbare, aber vorhandene Gegenleistung (unmittelbar Steigerung des Images, dadurch mittelbar höhere Loyalität von Kunden, Mitarbeiter usw.) erhält. Das gleiche ökonomische Kalkül kann im hier diskutierten Sachverhalt unterstellt werden.

Schwieriger ist in diesem Rahmen aber noch die Beurteilung nicht **weiter** spezifizierter, nicht an Lohnkosten und Abfindungen gebundener Zahlungen. Aus Sicht des Veräußerers ist im Hinblick auf derartige Zusatzzahlungen die Frage zu stellen, warum er nicht den preiswerten Weg über eine Beschäftigungsgesellschaft geht. Erklärend ist regelmäßig, dass die Überführung der Mitarbeiter in eine Beschäftigungsgesellschaft nicht geräuschlos genug ist, also nicht in gleichem Maße der Imagewahrung dient wie die Übernahme durch einen Wettbewerber, also ein aktives Unternehmen. Nur im zweiten Fall lassen sich die imageschädlichen Entlassungsentscheidungen nach außen eindeutig einem anderen Unternehmen zuordnen und werden auch mittelbar nicht mehr dem Veräußerer zugerechnet. Dieser Interpretation folgend, sind in zweiter Betrachtung im o. g. Beispiel auch die über die Kosten einer Beschäftigungsgesellschaft hinausgehenden Zahlungen als Vergütung für eine sonstige Leistung zu qualifizieren, die der Erwerber nach Maßgabe des *matching principle* (→ § 1 Rz 117) korrespondierend zum Aufwand zu erfassen hat.

Ein inhaltlich ernst genommenes *reassessment* und der **Mehrkomponentenansatz** befruchten sich insbesondere bei Zuzahlungen des Veräußerers („negativen Kaufpreisen") gegenseitig. Die Mehrkomponentenperspektive gibt dem scheinbar formalen *reassessment*-Akt substanziellen Gehalt, umgekehrt kann das *reassessment* andere für einen negativen Unterschiedsbetrag infrage kommende Gründe (*bargain purchase* usw.) ausschließen und dadurch die Mehrkomponentenhypothese bestätigen.

117

3 Folgekonsolidierung nach der Erwerbsmethode

3.1 Gegenstand und Technik der Folgekonsolidierung

Der **erfolgsneutralen Erstkonsolidierung/-bewertung** folgt die **erfolgswirksame Folgekonsolidierung/-bewertung**. Die aufgedeckten stillen Reserven und stillen Lasten sind ebenso wie der positive oder negative *goodwill* **fortzuschreiben**. Hierdurch entstehen

118

- Aufwendungen für Abschreibungen (stille Reserven im Anlagevermögen),
- Aufwendungen für Material (stille Reserven in Vorräten),
- Aufwendungen aus der außerplanmäßigen Abschreibung des positiven *goodwill* (Rz 120) und
- Erträge aus der Auflösung der anlässlich der Erstkonsolidierung bilanzierten stillen Lasten, insbesondere Eventualschulden.

Abschreibungen erfolgen nach den allgemeinen Regeln. Im Falle der Aufdeckung von stillen Reserven auf Sachanlagevermögen erfolgt deren Auflösung planmäßig über die Restnutzungsdauer (→ § 10 Rz 31) und außerplanmäßig im Falle des *impairment* (→ § 11).

119

3.2 Keine planmäßige Abschreibung des positiven *goodwill*

Besondere Regelungen traf IAS 22 (1998) für die Fortschreibung des *goodwill*. Der (**positive**) *goodwill* war i. d. R. linear über eine Nutzungsdauer von maximal 20 Jahren abzuschreiben.

120

Nach IFRS 3.54f. ist der *goodwill* nur noch **außerplanmäßig** gemäß IAS 36 abschreibbar *(impairment-only approach)*. Der Wertminderungstest ist jährlich durchzuführen (→ § 11 Rz 8ff.).

121

Da die Wertminderung des *goodwill* auf der Ebene der Zahlungsmittel erzeugenden Einheit zu bestimmen ist, können sich insbesondere im Falle von synergiebedingten Kaufpreis- bzw. *goodwill*-Komponenten Ermessensspielräume aus der Zuordnung des *goodwill* ergeben (→ § 51 Rz 24ff.). Wird der *goodwill* einer ertragreicheren Zahlungsmittel generierenden Einheit oder dem

Gesamtunternehmen zugeordnet, verringert sich die Wahrscheinlichkeit eines außerplanmäßigen Abschreibungsbedarfs. Vgl. hierzu auch das Beispiel in → § 11 Rz 51.

Wegen Einzelheiten zur *impairment*-Abschreibung auf den *goodwill* wird insgesamt verwiesen auf → § 11 Rz 48ff.

122 Die in IAS 22 (1998) noch enthaltenen besonderen Regelungen für die Fortschreibung eines **negativen** *goodwill* sind entbehrlich geworden, da ein nach dem *reassessment* verbleibender Negativbetrag sofort bei der Erstkonsolidierung Ertrag wird (Rz 115).

Wegen der Bedeutung der Altregeln in **Übergangsfällen** folgendes Beispiel:

Beispiel

E erwirbt ein Einzelunternehmen zum Kaufpreis von 150 TEUR bei folgenden Daten des schuldenfreien Unternehmens:

- nichtmonetäre Aktiva: Buchwert 10 TEUR, Zeitwert 30 TEUR,
- monetäre Aktiva: Buch- und Zeitwert von 170 TEUR,
- nicht passivierungsfähige, von E zu tragende zukünftige Abfindungs-/ Sanierungslasten: 15 TEUR.

Der negative *goodwill* berechnet sich aus der Differenz von Kaufpreis und Zeitwert, also von 150 TEUR minus 200 TEUR. Er beläuft sich somit im ersten Schritt auf 50 TEUR. Diese 50 TEUR sind im zweiten Schritt aufzuteilen. Insgesamt ergibt sich folgende Rechnung:

Fortschreibung negativer *goodwill*

	TEUR	Auflösung/ Ertragswirksamkeit
Kaufpreis	150	
– Zeitwert Vermögen	– 200	
= negativer Unterschiedsbetrag	= 50	
– davon spezifizierter *badwill*	– 15	bei Wegfall Ungewissheit (wenn Sanierung feststeht)
= unspezifizierter *badwill*	= 35	
– davon Zeitwert der nichtmonetären Aktiva	– 30	nach Durchschnitt ND nichtmonetäre Aktiva
= Überschuss unspez. *badwill* über Zeitwert	= 5	sofortiger Ertrag

---

3.3 Fortschreibung von Eventualschulden

123 Eventualschulden mit einem Eintrittsrisiko, das nicht „*more likely than not*" ist, sind im Rahmen der Erstkonsolidierung mit dem *fair value* anzusetzen (Rz 57). Eine Inkonsistenz würde sich ergeben, wenn zum Folgestichtag auf die normalen Ansatz- und Bewertungsregeln von IAS 37 (→ § 21 Rz 133) gewechselt würde. Deshalb schreibt IAS 37.48 in einer Art **Höchstwertprinzip**

Lüdenbach

den Ansatz des ursprünglichen Wertes oder des höheren Stichtagswertes nach IAS 37 vor.

> **Beispiel**
> K erwirbt das Unternehmen V. V ist Beklagter in einem Produkthaftungsprozess über 10 Mio. EUR. Eine Verurteilung ist möglich, aber nicht wahrscheinlich.
> Bei der Kaufpreisverhandlung werden zwei Alternativen diskutiert:
> - Die Veräußerer der V stellen K vom Risiko frei.
> - Keine Freistellung, dafür ein Abschlag von 2 Mio. EUR (entsprechend dem *fair value* der Eventualschuld) auf den Kaufpreis.
>
> Die zweite Variante wird schließlich vereinbart.
> - Bei der Erstkonsolidierung ist der *fair value* der Eventualschuld (2 Mio. EUR) anzusetzen. Die geringe Wahrscheinlichkeit hat in der Wertbemessung Berücksichtigung gefunden, indem statt der Klagesumme, d. h. des möglichen Erfüllungsbetrages, von 10 Mio. EUR nur der *fair value* von 2 Mio. EUR angesetzt wurde.
> - Haben sich bei der Folgekonsolidierung noch keine neuen Erkenntnisse ergeben, bleibt es beim Ansatz der 2 Mio. EUR, obwohl eine Rückstellung nach IAS 37 wegen zu geringer Wahrscheinlichkeit nicht gebildet werden dürfte.
> - Ist nach den Erkenntnissen des Folgekonsolidierungsstichtags von einer Verurteilung mit einem wahrscheinlichen Betrag von 4 Mio. EUR auszugehen, ist eine Zupassivierung von 2 Mio. EUR geboten.

4 Hinzuerwerb und Veräußerung von Anteilen

4.1 Sukzessiver Anteilserwerb

4.1.1 Kontrollerlangung in mehreren Erwerbsschritten

Insbesondere bei der Erlangung des Mehrheitsbesitzes an börsennotierte Unternehmen kann sich der Erwerb über einen längeren Zeitraum und in mehreren Tranchen vollziehen. Für die buchmäßige Behandlung eines derartigen **sukzessiven Anteilserwerbs**, bei dem die Kontrolle erst nach mehreren Erwerbsschritten erlangt wird, sind drei Varianten diskussionswürdig:

- **Stufenweise Kaufpreisallokation**, d. h. Vergleich der Anschaffungskosten des einzelnen Erwerbsvorgangs mit dem (quotalen) Zeitwert des Nettovermögens zum **jeweiligen Erwerbszeitpunkt**. Nachteil dieser – durch IAS 22 (1998) noch zugelassenen – Variante ist die Führung des Nettovermögens des Tochterunternehmens mit gespaltenen Konzernbuchwerten: für die Anteilsquote der alten Erwerbsschritte nach Maßgabe der alten (auf die Gegenwart plan- oder außerplanmäßigen fortgeschriebenen) Zeitwerte, für den letzten Erwerbsschritt nach Maßgabe des aktuellen Zeitwerts.

124

Lüdenbach

- **Anschaffungskostenorientierte Zeitbewertung,** d. h. Ansatz aller Vermögenswerte und Schulden des Tochterunternehmens mit dem *fair value* im Zeitpunkt der Kontrollerlangung, Berücksichtigung der Änderung der (anteiligen) Zeitwerte zwischen Vorerwerbzeitpunkten und Kontrollerlangung durch Anpassung des den Vorerwerben zuzurechnenden *goodwill*. Nachteil dieser Variante ist, dass der *goodwill* der früheren Erwerbsschritte weder nach den Verhältnissen der früheren Erwerbszeitpunkte (ursprüngliche Anschaffungskosten minus ursprüngliche quotale Zeitwerte) noch nach den aktuellen Werten (aus den Anschaffungskosten des jetzigen Erwerbs quotal abgeleitete jetzige Anschaffungskosten minus jetzige quotale Zeitwerte) angesetzt wird. Der *goodwill* wird vielmehr als Anpassungs- bzw. Ausgleichsposten für die Verwendung unterschiedlicher Zeitpunkte „missbraucht" (ursprüngliche Anschaffungskosten minus jetzige quotale Zeitwerte).
- **Vollständige Neubewertung,** d. h. Ansatz des *goodwill* nach Maßgabe der ursprünglichen Werte (ursprüngliche Anschaffungskosten minus ursprüngliche quotale Zeitwerte), Ansatz des Nettovermögens jedoch mit den aktuellen Zeitwerten. Nachteil dieser nach IFRS 3.59 allein zulässigen und nach IAS 22 möglichen Variante ist, dass die Summe aus *goodwill* (ursprüngliche Wertverhältnisse) und quotalem Zeitwert (aktuelle Wertverhältnisse) nicht mehr den tatsächlichen Anschaffungskosten der früheren Erwerbsschritte entspricht. Die **Differenz** ist deshalb zu analysieren:
  – Soweit sie auf den **Zuwachs stiller Reserven** entfällt (alte Anteilsquote × Veränderung der stillen Reserven), wird (in quotaler Betrachtung) ein über den Anschaffungskosten des Unternehmenserwerbers liegender Zeit- bzw. Neuwert angesetzt. Wie in „normalen" Fällen der Neubewertung nach IAS 16 (→ § 8 Rz 52) ist der „Zuschreibungsbetrag" in eine **Neubewertungsrücklage** einzustellen (IFRS 3.59 und IFRS 3.IE6).
  – Soweit die Differenz das buchmäßige Eigenkapital des Tochterunternehmens, d. h. **thesaurierte Gewinne,** betrifft, sind diese in Höhe der bisherigen Anteilsquote nicht vom Mutterunternehmen gekauft, sondern während deren Inhaberschaft erwirtschaftet. Nach den „normalen" Grundsätzen der Abgrenzung gekaufter von erwirtschafteten Gewinnen (Rz 23) ist daher eine Einstellung in die **Konzerngewinnrücklagen** geboten (IFRS 3.IE6).

125 Nach IAS 22 waren u.E. sowohl die erste als auch die dritte Methode zulässig,[60] wobei in der ersten Variante noch Erleichterungen für den Fall be-

---

[60] Der in IAS 22.37 (1998) enthaltene Hinweis auf die Neubewertung ist konditional formuliert: „If all the identifiable assets and .... are restated ... any adjustment relating to the previously held interest of the acquirer is a revaluation and is accounted for as such." U. E. ist damit nur angesprochen, wie vorzugehen ist, **falls** sich der Erwerber für eine vollständige Neubewertung entscheidet.

standen, dass das Beteiligungsunternehmen vor Kontrollerlangung bereits *at equity* bilanziert wurde.[61] IFRS 3.58ff. lässt hingegen nur noch die vollständige Neubewertung zu, und zwar unabhängig davon, ob die Anteile der ersten Tranchen zu Anschaffungskosten, *at equity* oder zum *fair value* bilanziert wurden (IFRS 3.60 und IFRS 3.IE6).
Die notwendige Bildung einer Neubewertungsrücklage impliziert nicht die Ausübung des Neubewertungswahlrechtes aus IAS 16 (→ § 8 Rz 52ff.). Die nach IAS 16 vorgesehene regelmäßige Neubewertung aller Vermögenswerte der gleichen Klasse (→ § 8 Rz 57f.) ist daher nicht angezeigt (IFRS 3.59). Die Fortschreibung der gebildeten Neubewertungsrücklage kann aber in analoger Anwendung von IAS 16 erfolgen, somit optional erfolgsneutral entsprechend dem Abnutzungsverlauf oder unverändert Fortführung bis zum Abgang.[62]
Die Technik der vollständigen Neubewertung der Vermögenswerte und Schulden lässt sich im Übrigen am einfachsten am Fall eines zweistufigen Erwerbs darstellen mit einem ersten Erwerbschritt von Y % < 50 % und einem zweiten Erwerbsschritt von Z % = 100 % − Y %. Die einschlägigen Konzernwerte sind dann nach folgendem Schema zu ermitteln:

1. Nettovermögen	
	fair value des Nettovermögens* TU in t_2
×	100 %
=	in Konzernbilanz anzusetzendes Nettovermögen TU
2. *goodwill*	
	Anschaffungskosten der Anteile in t_1
−	Y % × (*fair value* Nettovermögen* TU in t_1)
=	*goodwill* Tranche 1

	Anschaffungskosten der Anteile in t_2
−	Z % × (*fair value* Nettovermögen* TU in t_2)
=	*goodwill* Tranche 2

	goodwill Tranche 1
+	*goodwill* Tranche 2
=	*goodwill* gesamt

---

[61] Zu den Erleichterungen wird auf die Vorauflage des Kommentars verwiesen: 1. Aufl., → § 31 Rz 174.
[62] So Küting/Elprana/Wirth, KoR 2003, S. 477ff.

Lüdenbach

3. Neubewertungsrücklage
stille Reserven TU in t_2
− stille Reserven TU in t_1
= Veränderung stille Reserven von t_1 nach t_2
× Y %
= Neubewertungsrücklage
4. Gewinnrücklage (incl. Gewinnvortag, Bilanzgewinn)
Gewinnrücklage TU in t_2
− Gewinnrücklage TU in t_1
= Gewinnthesaurierung von t_1 nach t_2
× Y %
= Einstellung in Gewinnrücklage
* nach Berücksichtigung latenter Steuern

Tab. 5: Neubewertung beim sukzessiven Erwerb

127 Zur Anwendung des Schemas das nachfolgende Beispiel. Zum Fall eines zweistufigen Erwerbs, bei dem insgesamt weniger als 100 % erworben werden (Minderheitenanteil), wird auf Rz 132 verwiesen.

Beispiel
- MU hat Ende 04 20 % der Anteile an TU für einen Preis von 1.400 erworben.
- Ende 13 erwirbt U weitere 80 % der Anteile an TU für einen Preis von 8.000.

Das Nettovermögen von TU entwickelt sich von 04 nach 13 wie folgt:

	04	13	Diff. (100 %)	Diff. (20 %)
EK zu BW	3.500	4.000	500	100
stille Reserven	1.000*	2.000*	1.000*	200*
EK zu Zeitwert	4.500	6.000		

* nach latenter Steuer

Nach dem Schema unter Rz 132 sind die sich aus dem Erwerb der TU entfallenden Konzernansätze wie folgt zu ermitteln:

Lüdenbach

1. Nettovermögen				
	fair value des Nettovermögens TU in t_{13}			6.000
×	100 %		×	100 %
=	in Konzernbilanz anzusetzendes Nettovermögen TU		=	6.000
2. *goodwill*				
	Anschaffungskosten der Anteile in t_4			1.400
−	20 % × (*fair value* Nettovermögen TU in t_4)		−	900
=	*goodwill* Tranche 1		=	500
	Anschaffungskosten der Anteile in t_{13}			8.000
−	80 % × (*fair value* Nettovermögen TU in t_{13})		−	4.800
=	*goodwill* Tranche 2		=	3.200
	goodwill Tranche 1			500
+	*goodwill* Tranche 2		+	3.200
=	*goodwill* gesamt		=	3.700
3. Neubewertungsrücklage				
	stille Reserven TU in t_{13}			2.000
−	stille Reserven TU in t_4		−	1.000
=	Veränderung stille Reserven von t_4 nach t_{13}		=	1.000
×	20 %		×	20 %
=	Neubewertungsrücklage		=	200
4. Gewinnrücklage (incl. Gewinnvortag, Bilanzgewinn)				
	Gewinnrücklage TU in t_{13}			500
−	Gewinnrücklage TU in t_4		−	0
=	Gewinnthesaurierung von t_4 nach t_{13}		=	500
×	20 %		×	20 %
=	Einstellung in Gewinnrücklage		=	100

Nachfolgend die Erstkonsolidierungsbuchungen unter der Prämisse, dass die Anteile an TU im Einzelabschluss der MU zu Anschaffungskosten angesetzt sind:

Lüdenbach

31.12.13	MU	TU	Summe	Konsolidierung S		H		Konzern
AKTIVA								
goodwill				500 3.200	1) 2)			3.700
Beteiligung	9.400		9.400			1.400 8.000	1) 2)	0
Diverses	500	4.000	4.500	400 1.600	1) 2)			6.500
Summe	**9.900**	**4.000**	**13.900**					**10.200**
PASSIVA								
gez. Kap	9.900	3.500	13.900	700 2.800	1) 2)			9.900
GewinnRL		500		100 400	1) 2)	100	1)	100
NeubewertungsRL						200	1)	200
Summe	**9.900**	**4.000**	**-**	**9.700**		**9.700**		**10.200**

1) = Konsolidierung 1. Tranche
2) = Konsolidierung 2. Tranche

128 Im Beispiel unter Rz 127 wird eine Bewertung der alten Anteile am Tochterunternehmen im (Einzel-)Abschluss des Mutterunternehmens zu Anschaffungskosten unterstellt. Dies setzt voraus, dass die alten Anteile entweder
- als Anteile an einem **assoziierten** Unternehmen qualifiziert sind und einzelbilanziell die dann bestehende Option zum Anschaffungskostenansatz gewählt wird (→ § 33 Rz 30) oder
- die Anteile **mangels Assoziierung** als Finanzinstrumente i.s. von IAS 39 behandelt werden, der *fair value* der Anteile jedoch nicht ermittelbar ist (→ § 28 Rz 106).

129 Wird hingegen bei Assoziierung die einzelbilanzielle Option zur *fair-value*-Bewertung gewählt oder ist bei Qualifizierung als Finanzinstrument i.s. von IAS 39 eine *fair-value*-Ermittlung möglich, entsteht folgendes Problem: Da der Ansatz der alten Anteile zum Zeitwert erfolgt, hat sich die Differenz von Anschaffungskosten und Zeitwert der Anteile bereits im Eigenkapital des Mutterunternehmens niedergeschlagen.
- Die Wertänderung ist entweder in den normalen Gewinnrücklagen/-vorträgen (bei erfolgswirksamer *fair-value*-Bewertung) oder im *accumulated other comprehensive income* (bei erfolgsneutraler *fair-value*-Bewertung) des Mutterunternehmens berücksichtigt worden.
- Mit dem Übergang zur Vollkonsolidierung sollen jedoch nur solche Ergebnisse des Tochterunternehmens im Konzerneigenkapital Berücksichti-

Lüdenbach

gung finden, die ab den Erwerbszeitpunkten vom Tochterunternehmen erwirtschaftet wurden (Rz 23).

Eine **Stornierung** der Wertänderungsbuchungen der Vergangenheit auf die Anteile ist daher notwendig.

Beispiel
In Abwandlung des Ausgangsbeispiels sind die Altanteile im Einzelabschluss der TU nicht zu den Anschaffungskosten von 1.400, sondern zum Zeitwert von 1.800 angesetzt.
Die Konsolidierung unterscheidet sich nur durch den Buchungssatz Nr. 3 „Gewinnrücklagen 400 an Beteiligung 400" vom Grundfall:

31.12.13				Konsolidierung				
	MU	TU	Summe	S		H		Konzern
AKTIVA								
goodwill				500	1)			3.700
				3.200	2)			
Beteiligung	9.800		9.800			1.400	1)	0
						8.000	2)	
						400	3)	
Diverses	500	4.000	4.500	400	1)			6.500
				1.600	2)			
Summe	10.300	4.000	14.300					10.200
PASSIVA								
1]>	gez. Kap	9.900	3.500					13.900
700	1)			9.900				
2.800	2)							
GewinnRL	400	500		100	1)	100	1)	100
				400	2)			
				400	3)			
Neubewer-tungsRL						200	1)	200
Summe	9.900	4.000	13.900	9.700		9.700		10.200

1) und 3) = Konsolidierung 1. Tranche
2) = Konsolidierung 2. Tranche

War das Beteiligungsunternehmen vor Kontrollerlangung als assoziiertes Unternehmen qualifiziert, wurde es konzernbilanziell *at equity* erfasst. Führt das Mutterunternehmen eine fortlaufende Konzernbuchhaltung, wird nicht jedes Jahr erneut aus den Einzelbilanzen durch Wiederholung von Kapitalkonsolidierungsbuchungen usw. der Konzernabschluss generiert. Vielmehr wird in der Konzernbuchhaltung jeder Erwerb eines voll konsolidierten Unternehmens der Einzelerwerbsfiktion folgend als *net-asset*-Erwerb qualifiziert, der Ansatz jedes assoziierten Unternehmens durch Berücksichtigung thesaurierter

Lüdenbach

Gewinne und Abschreibung stiller Reserven *at equity* gebucht. Bei einem solchen Vorgehen ist mit Kontrollerlangung in der Konzernbuchhaltung eine Überführung des *equity*-Ansatzes in die Vollkonsolidierung vorzunehmen.

> **Beispiel**
> - MU hat Ende 04 20 % der Anteile an TU für einen Preis von 1.400 erworben.
> - Ende 13 erwirbt U weitere 80 % der Anteile an TU zu einem Preis von 8.000.
>
> Das Nettovermögen von TU entwickelt sich von 04 nach 13 wie folgt:
>
> | | 04 | 13 | Diff. (100 %) | Diff. (20 %) |
> |---|---|---|---|---|
> | EK zu BW | 3.500 | 4.000 | 500 | 100 |
> | stille Reserven | 1.000 | 2.000 | 1.000 | 200 |
> | EK zu Zeitwert | 4.500 | 6.000 | | |
>
> In der Fortschreibung des *equity*-Ansatzes ist neben der Gewinnthesaurierung (100) die Abschreibung auf die Altwerte der stillen Reserven zu berücksichtigen. Bei einer angenommenen 25-jährigen Nutzungsdauer (Gebäude) ergäbe dies einen Betrag von 20 % × (40 % × 1.000) = 80. Der *equity*-Ansatz entwickelt sich demnach wie folgt:
>
> | | 04 | 13 |
> |---|---|---|
> | gez. Kapital | 700 | 700 |
> | Gewinnthesaurierung | | 100 |
> | stille Reserven | 200 | 200 |
> | Abschreibung darauf | | – 80 |
> | *goodwill* | 500 | 500 |
> | *equity*-Ansatz | 1.400 | 1.420 |
>
> Mit Kontrollerlangung sind folgende Buchungen in der Konzernbuchhaltung geboten:
>
> **für die 2. Tranche**
>
> | per Vermögen TU (80 %) | 4.800 | an Geld | 8.000 |
> |---|---|---|---|
> | per *goodwill* | 3.200 | | |
>
> **für die 1. Tranche**
>
> | per Vermögen TU (20 %) | 1.200 | an NeubewRL | 200 |
> |---|---|---|---|
> | per *goodwill* | 500 | an GewinnRL | 80 |
> | | | an *equity*-Ansatz | 1.420 |
>
> Die Konzerngewinnrücklagen aus der Beziehung zu TU weisen vor der Vollkonsolidierung 20 aus (100 Gewinnthesaurierung minus 80 Abschreibung stille Reserven). Die Minderung durch die Abschreibung ist zu stornieren, da aus Konzernsicht mit dem Übergang auf die aktuellen Zeitwerte die früher gebildeten stillen Reserven nicht mehr von Bedeutung sind.
>
> Nach dieser Stornierung entsprechen alle Ansätze den unter Rz 127 dargestellten Werten.

Lüdenbach

Die vollständige Neubewertung verlangt retrospektive Betrachtungen. Der **131**
goodwill ist für jeden Erwerbsschritt durch Gegenüberstellung von Anschaffungskosten und anteiligem Zeitwert des Nettovermögens zu bestimmen. Die Neubewertungsrücklage ist aus der anteiligen Veränderung der stillen Reserven zu berechnen.

Liegen die früheren Erwerbsschritte **zeitlich weit** zurück, werden regelmäßig keine zuverlässigen Daten für den Zeitwert des Nettovermögens zur Verfügung stehen. Dies gilt jedenfalls dann, wenn die Altanteile als Finanzinstrumente bilanziert wurden. Sind sie *at equity* bewertet worden, sind zwar *goodwill* und die stillen Reserven bereits in der zur Anwendung der *equity*-Methode notwendigen Nebenrechnung (→ § 33) festgehalten, aus *materiality*-Gründen und im Hinblick auf die beschränkteren Auskunftsrechte eines nicht beherrschenden Gesellschafters wird aber auch hier regelmäßig nicht mit der Genauigkeit einer Kaufpreisallokation vorgegangen. Mit der Kontrollerlangung sind dann **Schätzungen** zu den früheren Verhältnissen notwendig, die sich nicht auf langlebige Vermögenswerte beschränken können. Auf die „Erledigung" stiller Reserven durch Abschreibung oder Abgang (Verbrauch) kommt es nicht an. Die **ursprüngliche Höhe der stillen Reserven** ist vielmehr für die Bestimmung des ursprünglichen *goodwill* und der Neubewertungsrücklage von Bedeutung. Ausdrückliche Erleichterungen für die Ermittlung gewährt IFRS 3 nicht. Unter Betrachtung von *materiality*- und Kosten-Nutzen-Gesichtspunkten (→ § 1 Rz 65) kann jedoch eine **stark vereinfachte Schätzung** zulässig sein, ggf. auch ein offenzulegendes Abweichen von der Regel.[63] Je nach Informationslage ist es dabei auch vertretbar, den beim Erwerb der Altanteile entstandenen Unterschiedsbetrag zwischen Anschaffungskosten und quotalen Buchwerten vollständig als *goodwill* zu behandeln.[64]

Zu den durch *Business Combination Phase II* anstehenden Änderungen bei der Bilanzierung sukzessiver Anteilserwerbe wird auf Rz 177 verwiesen.

4.1.2 Aufstockung einer Mehrheitsbeteiligung

Die Regelungen von IFRS 3.58ff. zum sukzessiven Anteilserwerb beziehen sich **132**
nach Kapitelüberschrift und Wortlaut nur auf die Erwerbsschritte bis zur Erlangung der Kontrolle. IFRS 3 enthält hingegen keine expliziten Regelungen für den Fall, dass ein **Unternehmen bereits Tochterunternehmen** ist und weitere Anteile hinzuerworben werden. Vier Auffassungen zur Behandlung einer solchen Aufstockung sind diskussionswürdig:
1. **Vollständige Neubewertung** in analoger Anwendung von IFRS 3.58ff. (Rz 124ff.): Für den Hinzuerwerb ist dann eine eigenständige *goodwill*-Ermittlung auf Basis der anteiligen Zeitwerte im Zuerwerbszeitpunkt nötig. Die stillen Reserven werden zu 100 % nach den Wertverhältnissen zu diesem Zeitpunkt aufgedeckt (vollständige Neubewertung). Verän-

---

[63] Mit stringenter Begründung: THEILE/PAWELZIK, KoR 2004, S. 94ff.
[64] Gl. A.: KPMG, Insights into IFRS, 3. Aufl., 2006, Tz 2.6.650.30.

Lüdenbach

derungen der stillen Reserven gegenüber dem früheren Zeitpunkt der Kontrollerlangung werden nach der Quote der Altanteile in die Neubewertungsrücklage eingestellt. Ein **Nachteil** dieser Methode ist, dass bereits ein minimaler Zuerwerb zu vollständig neuen Wertansätzen führen würde und damit z. B. Aktivierungs- oder Neubewertungsverbote aus IAS 38 umgangen werden könnten.

2. **Partielle Neubewertung** in analoger Anwendung der in SFAS 141.14 niedergelegten US-GAAP-Vorschriften: Der neu zugehende *goodwill* wird auf Basis der aktuellen Zeitwerte ermittelt, eine Aufdeckung stiller Reserven erfolgt jedoch nur in Höhe der Zuerwerbsquote. **Nachteil** dieser Methode ist eine *mixed basis* für die Vermögenswerte und Schulden des Tochterunternehmens: In Höhe der Zuerwerbsquote werden sie mit aktuellen Zeitwerten ausgewiesen, in Höhe der alten Anteilsquote mit alten Buchwerten. Im Übrigen ist die Analogie zu US-GAAP schon **konzeptionell** problematisch, da SFAS 141 im Unterschied zu IFRS 3 der Interessenmethode verpflichtet ist, d. h. den Anteilsinteressen des Mehrheitsgesellschafters folgend keine Erfassung der auf die Minderheiten entfallenden stillen Reserven vorsieht. In diesem konzeptionellen Rahmen ist eine Aufdeckung stiller Reserven nach Maßgabe der durch den Zuerwerb eintretenden Verringerung des Minderheitenanteils zwingend, in dem von vornherein auch Minderheitenanteile an stillen Reserven berücksichtigenden einheitstheoretischen Konzept von IFRS 3 hingegen nicht.

3. **Verzicht auf Neubewertung:** Nach der sog. *parent-entity-extension*-Methode werden die Vermögenswerte nicht neu bewertet. Der *goodwill* wird als Differenz zwischen Kaufpreis und anteiligem Vermögen (zu alten Buchwerten) ausgewiesen. **Nachteil** dieser Methode ist, dass sie, anders als in IFRS 3.58ff. vorgesehen, den *goodwill* nicht auf der Basis aktueller *fair values* berechnet.

4. **Transaktion zwischen Eigentümern:** Nach dem sog. *entity*-Konzept berührt der Zuerwerb nur die Verteilung der Residualansprüche der Eigentümer. Bilanzansätze der Vermögenswerte und Schulden bleiben unverändert. Innerhalb des Eigenkapitals findet eine Wertverschiebung zwischen Mehrheitsgesellschaftern und Minderheit statt. **Nachteil** dieser Methode ist, dass sie Mehrheits- und Minderheitsgesellschafter gleichstellt, obwohl IFRS 3 und IAS 27 z. B. bei negativen Eigenkapitalanteilen (→ § 32 Rz 145ff.), aber auch hinsichtlich des *goodwill* (Rz 106ff. und Rz 169) deutliche Unterscheidungen zwischen beiden Gruppen vornehmen.

Nach unserer Auffassung wiegen die Nachteile der dritten und vierten Methode am wenigsten schwer. Vertretbar ist ggf. noch die zweite Methode, abzulehnen zur Verhinderung von Umgehungen die erste Methode.[65] Nach den

---

[65] Vgl. zum Ganzen auch KÜTING/ELPRANA/WIRTH, KoR 2003, S. 477ff., sowie ERNST & YOUNG, International GAAP 2007, S. 508ff.

zu *Business Combination Phase II* vorgelegten Entwürfen soll zukünftig nur noch Methode 4 zulässig sein (Rz 177).

Beispiel
MU beteiligt sich in 01 als Gründungsgesellschafter mit 80 % an der Gründung der TU. In 01 bis 05 entwickelt TU eigene Marken mit einem *fair value* von 900, die jedoch nach IAS 38.63 nicht aktivierungsfähig sind. Das übrige Vermögen der TU (Buchwert = *fair value*) beträgt Ende 05 100. Ende 05 stockt MU seine Beteiligung gegen einen Kaufpreis von 15 von 80 % auf 81 % auf.

1. Vollständige Neubewertung
Die Marken sind zu 100 % aufzudecken, d. h. mit 900 anzusetzen. 80 % des Wertes (= 720) werden gegen die Neubewertungsrücklage gebucht, 19 % gegen den Minderheitenanteil (ggf. auch insoweit Buchung gegen die Neubewertungsrücklage vertretbar).
Die Lösung überzeugt insoweit nicht, als ein geringer Zuerwerb das ansonsten geltende Aktivierungsverbot des IFRS 38.63 (→ § 13 Rz 27) sowie das ansonsten für immaterielle Vermögenswerte ohne notierten Marktpreis geltende Neubewertungsverbot des IAS 38.75 (→ § 13 Rz 65) unterläuft.

2. Partielle Neubewertung
Danach ergäben sich (unter Vernachlässigung latenter Steuern) folgende Werte:
Marke (1 % von 900) = 9
goodwill (15 – 1 % von 1.000) = 5
Verringerung Minderheitenanteil (1 % von 100 =) 1
Einziger Nachteil ist die „*mixed basis*" für die Marken. Sie werden zu 1 % mit den aktuellen *fair values*, zu 99 % mit den alten Buchwerten (hier: null) geführt.

3. Verzicht auf Neubewertung
Danach ist der Kaufpreis wie folgt zu allozieren:
goodwill (15 – 1 % von 100) = 14
Verringerung Minderheitenanteil (1 % von 100 =) 1.
Nachteil ist eine *goodwill*-Berechnung auf Basis von Buch- statt Zeitwerten.

4. Transaktion zwischen Eigentümern
Einzige Wirkung des Zuerwerbs ist eine Verringerung des Minderheitenanteils um 15.
Die Lösung ignoriert, dass die Minderheit bilanziell nur zum Teil wie die Mehrheit behandelt wird. Grenzen ergeben sich daher z. B. dort, wo ein Minderheitenanteil negativ zu werden droht (→ § 32 Rz 145ff.).

Lüdenbach

Zum u. E. vorzugswürdigen Vorgehen bei Aufstockung einer Mehrheitenbeteiligung noch folgendes ausführlichere Konsolidierungsbeispiel:

> **Beispiel**
> In Abwandlung des Beispiels aus Rz 130 hat MU im zweiten Schritt (Ende 13) nicht 80 % für 6.000, sondern 60 % für 6.000 erworben und damit seine Anteilsquote zunächst nur von 20 % auf 80 % erhöht. Die verbleibenden 20 % werden in einem dritten Schritt (Ende 14) für 2.000 erworben.
>
> Das Nettovermögen von TU entwickelt sich von 04 nach 13 wie folgt:
>
> | | 04 | 13 | 14 |
> |---|---|---|---|
> | EK zu BW | 3.500 | 4.000 | 4.000 |
> | stille Reserven | 1.000 | 2.000 | 2.500 |
> | EK zu Zeitwert | 4.500 | 6.000 | 6.500 |
>
> Bei der Vollkonsolidierung in 13 ergeben sich nur folgende Abweichungen vom Grundfall:
> Diverses Vermögen nicht 6.500, sondern 8.500 (entsprechend den geringeren Ausgaben von MU für die 2. Tranche)
> *goodwill* 2. Tranche nicht 3.200, sondern 6.000 – 3.600 = 2.400
> Minderheitenanteil nicht 0, sondern 1.200
> Bezogen auf die 3. Tranche ergeben sich folgende Buchungen
> **auf Basis einer Summenbilanz** (für den 20 %igen Zuerwerb)
>
> | | | | |
> |---|---|---|---|
> | per Stille Reserven (20 % von 2.500) | 500 | an Beteiligung | 2.000 |
> | per *goodwill* | 700 | | |
> | per EK (20 % von 4.000) | 800 | | |
> | **auf Basis einer Konzernbuchhaltung** | | | |
> | per Stille Reserven (20 % vom Zuwachs) | 100 | an Geld | 2.000 |
> | per *goodwill* | 700 | | |
> | per Minderheit | 1.200 | | |

31.12.13	MU	TU	Summe	Konsolidierung				Konzern
				S		H		
AKTIVA								
goodwill				500	*1)*			2.900
				2.400	*2)*			
Beteiligung	7.400		7.400			1.400	*1)*	0
						6.000	*2)*	
Diverses	2.500	4.000	6.500	400	*1)*			8.500
				1.200	*2)*			
				400	*3)*			
Summe	9.900	4.000	13.900					11.400
PASSIVA								
gez. Kap	9.900	3.500	13.900	700	*1)*			9.900
				2.100	*2)*			
				700	*3)*			
GewinnRL		500		100	*1)*	100	*1)*	100
				300	*2)*			
				100	*3)*			
Neubewer-tungsRL						200	*1)*	200
Minderheit						1.200	*3)*	1.200
Summe	9.900	4.000	13.900	8.900		8.900		11.400

1) = Konsolidierung 1. Tranche
2) = Konsolidierung 2. Tranche
3) = Konsolidierung Minderheit

Lüdenbach

31.12.14	MU	TU	Summe	Konsolidierung		H		Konzern
				S				
AKTIVA								
goodwill				500	*1)*			3.600
				2.400	*2)*			
				700	*3)*			
Beteiligung	9.400		9.400			1.400	*1)*	0
						6.000	*2)*	
						2.000	*3)*	
Diverses	500	4.000	4.500	400	*1)*			6.600
				1.200	*2)*			
				500	*3)*			
Summe	9.900	4.000	13.900					11.400
PASSIVA								
gez. Kap	9.900	3.500	13.900	700	*1)*			9.900
				2.100	*2)*			
				700	*3)*			
GewinnRL		500		100	*1)*	100	*1)*	100
				300	*2)*			
				100	*3)*			
NeubewertungsRL						200	*1)*	200
Summe	9.900	4.000	13.900	9.700		9.700		10.200

1) bis *3)* = Konsolidierung jeweilige Tranche

4.2 Veräußerung von Anteilen mit und ohne Änderung des Tochterstatus

133 Werden Anteile **ohne Änderung des Tochterstatus** veräußert, wird etwa eine Beteiligung von 80 % auf 60 % reduziert, so ist für **die veräußerten Anteile** eine Teil-**Entkonsolidierung** vorzunehmen. Goodwill und im Falle der alternativen Methode auch anteilige stille Reserven gehen ab. Wegen Einzelheiten wird auf → § 32 Rz 155ff. verwiesen.

134 Wurden die Anteile am Tochterunternehmen nicht in einem Schritt, sondern sukzessiv erworben (Rz 127), kann der *goodwill* aber **seinerseits aus verschiedenen Komponenten** bestehen, so dass sich dann die Frage stellt, ob ein **Durchschnittsabgang** anzunehmen ist (bei einer Reduzierung von 80 % auf 60 %, also ¼ des *goodwill*) oder ob mit **Verbrauchsfolgefiktionen** gearbeitet werden soll. Nach der hier vertretenen Auffassung ist die Durchschnittsbetrachtung in aller Regel vorzuziehen (→ § 33 Rz 91).

135 Bei Veräußerung **sämtlicher Anteile** ist eine **Entkonsolidierung** vorzunehmen. Aus dem Konzernabschluss geht nicht die Beteiligung ab, sondern der *goodwill*, die Vermögenswerte des Tochterunternehmens, die Schulden des Tochterunternehmens und der Minderheitenanteil. Der Veräußerungserlös führt

Lüdenbach

nicht in Höhe der Differenz zum Beteiligungsansatz, sondern in Höhe der Differenz zu diesen abgehenden Werten zu einem Abgangserfolg. Er unterscheidet sich damit erheblich vom Abgangserfolg im Einzelabschluss (→ § 32 Rz 155ff.).

Werden nicht alle Anteile veräußert, **verliert** aber das Beteiligungsunternehmen den **Tochterstatus**, gilt für die weitere Bilanzierung Folgendes:
- Übergang zur einfachen Beteiligung → Bewertung nach IAS 39 (→ § 28 Rz 41).
- Übergang zum assoziierten Unternehmen → Bewertung nach IAS 28 (→ § 32 Rz 163).

136

5 Kapitalkonsolidierung in Sonderfällen

5.1 Mehrstufiger Konzern

5.1.1 Problemstellung, Fallunterscheidungen

Im **zweistufigen Konzern** (Mutterunternehmen und Tochterunternehmen) bereitet die Behandlung der **Minderheitenanteile** keine Probleme. Erwirbt das Mutterunternehmen die Mehrheit, aber nicht sämtliche Anteile eines Tochterunternehmens, ist wie folgt zu verfahren:

137

- Nach der Methode der vollständigen Neubewertung sind die **stillen Reserven** des Tochterunternehmens nicht lediglich in Höhe der Beteiligungsquote, sondern zu 100 % aufzudecken. Der Minderheitenanteil umfasst damit nicht nur den Anteil am Buchvermögen des Tochterunternehmens, sondern ebenso den Anteil an den stillen Reserven, mithin insgesamt den Anteil am *fair value* des Nettovermögens.
- Bei der *goodwill*-Berechnung wird jedoch allein auf die Beteiligungsquote des Mutterunternehmens abgestellt. Von den Anschaffungskosten des Mutterunternehmens (für seinen Anteil am Tochterunternehmen) wird das zum *fair value* bewertete Nettovermögen in Höhe der Beteiligungsquote abgesetzt. Eine Hochrechnung auf 100 % *(full goodwill)* findet nicht statt. Der fiktive Anteil der Minderheit an diesem *full goodwill* bleibt sowohl aktivisch *(goodwill*-Ansatz) als auch passivisch (Minderheitenanteil) unberücksichtigt.

Größere Probleme bereiten **mehrstufige Konzerne**. Bei einer Beteiligung von Minderheiten am Tochterunternehmen (zweite Stufe) stellt sich die Frage, ob in Höhe des mittelbaren bzw. rechnerischen Anteils dieser Minderheit am Enkelunternehmen (dritte Stufe) konzernbilanziell stille Reserven und *goodwill* des Enkelunternehmens aufzudecken sind. Hierzu der in **Abb. 5** dargestellte Grundfall:

Lüdenbach

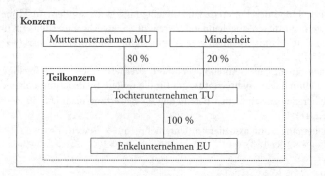

Abb. 5: Mittelbarer Minderheitenanteil

In dieser Konstellation eröffnen sich drei unterschiedliche **Perspektiven:**

- Aus der Sicht des **Teilkonzerns TU-EU** besteht keine Minderheitsproblematik. Beim Erwerb des „Enkel"-Unternehmens sind stille Reserven und ein *goodwill* zu 100 % aufzudecken.

- Aus der Sicht des **Konzernteils MU-TU** sind auf das Tochterunternehmen entfallende stille Reserven zu 100 %, ein auf den Erwerb des Tochterunternehmens entfallender *goodwill* jedoch nur für den Anteil des Mutterunternehmens aufzudecken.

- Unklar ist, wie aus Sicht des **Gesamtkonzerns MU-TU-EU** mit den das Enkelunternehmen betreffenden stillen Reserven und *goodwills* zu verfahren ist, ob es hier bei dem 100 %-Ansatz entsprechend der Teilkonzernperspektive bleibt oder ob bei den stillen Reserven und/oder dem *goodwill* der Enkelunternehmen nur die (durchgerechnete) Anteilsquote des Mutterunternehmens (hier: 80 % × 100 % = 80 %) maßgeblich ist.

138 Der Ansatz und die Bewertung von Minderheitenanteilen im mehrstufigen Konzern sind weder in IAS 27 noch in IFRS 3 explizit geregelt. Wie im HGB fehlt es an konkreten Vorgaben mit der geschilderten Folge, dass die Behandlung des (mittelbaren) Minderheitenanteils am Enkelunternehmen diskussionsbedürftig ist. In dieser Diskussion ist es sachgerecht, nach der Entstehungsgeschichte des mehrstufigen Konzerns zu differenzieren. Das mehrstufige Konzernverhältnis kann auf zwei Vorgängen beruhen:[66]

- **Konzernerweiterung nach unten:** Ein zunächst einstufiger Konzern, bestehend aus einem Mutterunternehmen und einer oder mehreren Tochtergesellschaften, erwirbt über eine Tochtergesellschaft eine Beteiligung an einer weiteren Gesellschaft (Enkelunternehmen).

---

[66] Vgl. MANDL/KÖNIGSMEIER, Kapitalkonsolidierung nach der Erwerbsmethode und die Behandlung von Minderheiten im mehrstufigen Konzern, in: FISCHER/HÖMBERG (Hrsg.), FS Baetge, Düsseldorf 1997, S. 239–277.

Lüdenbach

- **Konzernerweiterung nach oben:**[67] Ein Unternehmen (Mutterunternehmen) erwirbt eine Beteiligung an einem Unternehmen, welches dadurch zum Tochterunternehmen wird. Das Tochterunternehmen ist zum Zeitpunkt des Erwerbs durch das Mutterunternehmen seinerseits schon an einem weiteren Unternehmen (Enkelunternehmen) beteiligt und bildet mit diesem einen (Teil-)Konzern.

Der Unterscheidung kann bei der Frage Bedeutung zukommen, ob und mit welchem Wert ein auf die indirekten Minderheiten entfallender *goodwill* zu aktivieren ist. Handelsrechtlich wurde die Aktivierung traditionell abgelehnt.[68] Im jüngeren handelsrechtlichen Schrifttum wird die Aktivierung hingegen mindestens im Falle einer Konzernerweiterung nach oben eher bejaht. Zur Wertermittlung werden jedoch unterschiedliche Lösungswege aufgezeigt. Im Kern konzentriert sich die **handelsrechtliche Diskussion** darauf, ob bei der Wertfindung auf den Zeitpunkt des Erwerbs der Beteiligung an dem Enkelunternehmen durch das Tochterunternehmen oder auf den Zeitpunkt des Erwerbs der Beteiligung an dem Tochterunternehmen durch das Mutterunternehmen abzustellen ist.[69] Im **IFRS-Schrifttum** wird die Frage bisher kaum behandelt. Die nachfolgenden Ausführungen orientieren sich daher an den im handelsrechtlichen Schrifttum getroffenen Unterscheidungen und diskutierten Lösungsalternativen. Allerdings ist die handelsrechtliche Diskussion in Teilen techniklastig. Die Frage der Konsolidierungstechnik ist mit prominenten Begriffen belegt (Kettenkonsolidierung, Simultankonsolidierung, multiplikative Methode, additive Methode), deren Inhalt häufig genug vieldeutig ist.[70] Unsere Ausführungen klammern diesen Aspekt zunächst aus. Die primäre Frage des zutreffenden *goodwill*- und Minderheitenwerts wird inhaltlich und unabhängig von der sekundären Frage der Buchungstechnik behandelt. Unter Rz 145 folgt ergänzend ein Buchungsbeispiel.

5.1.2 Konzernerweiterung nach unten

Bei einer Konzernerweiterung nach unten (**Tochterunternehmen erwirbt Enkelunternehmen**) wird **handelsrechtlich** folgende Lösung für die stillen Reserven und den *goodwill* favorisiert: Der Beteiligungsbuchwert des Enkelunternehmens in der Bilanz des Tochterunternehmens wird mit dem anteiligen Eigenkapital des Enkelunternehmens verrechnet. Bei Anwendung der **Buchwert**methode ist strittig, ob die in den Vermögenswerten und Schulden enthaltenen stillen Reserven anteilig oder voll aufzudecken sind, bei Anwendung der **Neubewertungs**methode bestehen divergierende Auffassungen nur noch hinsichtlich des *goodwill*.[71]

139

---

[67] Dazu handelsrechtlich: KÜTING/LEINEN, WPg 2002, S. 1201ff.
[68] Vgl. FASS, BB 1989, S. 1165f.
[69] Vgl. KÜTING/LEINEN, WPg 2004, S. 72; FRÖHLICH WPg 2004, S. 68.
[70] Zutreffend dargestellt von KÜTING/LEINEN, WPg 2004, S. 70ff.
[71] Vgl. BECK'scher BilKomm, 5. Aufl., § 301, Tz 273, und § 307 Tz 35ff. sowie ADS, 6. Aufl., § 307, Anm. 41ff. e ADS.

Lüdenbach

Nach IFRS 3 ist die Buchwertmethode nicht vorgesehen. Zulässig ist nur noch die Methode der vollständigen Neubewertung (Rz 107). Für sie gelten folgende Regelungen:

- **Stille Reserven:** Die identifizierbaren Vermögensgegenstände und Schulden eines erworbenen Unternehmens sind gem. IFRS 3.36 mit ihren *fair values* zum Zeitpunkt des Unternehmenserwerbs *(acquisition date)* zu bewerten (Rz 53ff.). Da die Höhe eines mittelbaren oder unmittelbaren Minderheitenanteils irrelevant ist, führt dies bei einer Konzernerweiterung nach unten zu einer vollständigen Aufdeckung der in den Vermögenswerten und Schulden des Enkelunternehmens enthaltenen stillen Reserven. Zum Ausgleich ist der Minderheitenanteil nicht nur in Höhe des Anteils am Buchvermögen, sondern zusätzlich mit dem Anteil an den stillen Reserven belastet.
- Ein *goodwill* ist gem. IFRS 3.51 in Höhe der Differenz zwischen Anschaffungskosten der *business combination* und dem Anteil des Erwerbers am *fair value* des Nettovermögens anzusetzen (Rz 111ff.). Bei einer Konzernerweiterung nach unten ergibt sich hier folgende Unterscheidungsmöglichkeit:
  - Aus der Perspektive des **Teilkonzerns** TU-EU ist das Tochterunternehmen der Erwerber und hätte im Grundfall (d. h. bei 100 %iger Beteiligung von TU an EU) seinen Kaufpreis für 100 % der Anteile am Enkelunternehmen gegen 100 % des Nettovermögens zu setzen, d. h. den *goodwill* vollständig aufzudecken.
  - Aus der Perspektive des **Gesamtkonzerns** ist das Mutterunternehmen der Erwerber. Es ist Bilanzierungssubjekt und damit Normadressat von IFRS 3.51. Das Mutterunternehmen hat die Vorschriften deshalb aus seiner Perspektive anzuwenden. Es tätigt jedoch wirtschaftlich keinen 100 %igen Erwerb des Enkelunternehmens, sondern lediglich einen Erwerb in Höhe seiner durchgerechneten Anteilsquote. Aus dieser Sicht wäre auch der *goodwill* des Enkelunternehmens nur aus der Differenz der anteilig dem Mutterunternehmen zuzurechnenden, vom Tochterunternehmen aufgewendeten Anschaffungskosten und dem anteilig dem Mutterunternehmen zuzurechnenden Nettovermögen des Enkelunternehmens zu ermitteln.

Zur Behandlung der stillen Reserven und zu den Alternativen hinsichtlich des *goodwill* das nachfolgende Beispiel:

Beispiel
TU wird am 31.12.01 mit einer Bareinlage von insgesamt 150 gegründet. Davon übernehmen MU 80 % (= 120) und ein Dritter 20 % (= 30). TU soll als Holding der Koordination der Entscheidungen von MU und dem Dritten im Hinblick auf diverse zu erwerbende operative Gesellschaften dienen.

Am 1.1.02 erwirbt die TU 100 % der Anteile an der operativ tätigen EU zum Kaufpreis von 150.
Das Buchvermögen der EU beträgt 60, die stillen Reserven 40, ihr zum *fair value* bewertetes Vermögen also 100.
Die Ansätze in der Konzernbilanz 1.1.02 (Erstkonsolidierung EU) sind (unter Vernachlässigung latenter Steuern) alternativ wie folgt:

	Alternative 1 Minderheit ohne *goodwill*		Alternative 2 Minderheit mit *goodwill*	
	Berechnung	Bilanzwert	Berechnung	Bilanzwert
Kaufpreis EU	120		150	
Nettovermögen EU (anteilig)	80		100	
goodwill Erstkonsolidierung	40	40	50	50
Nettovermögen Erstkonsolidierung		100		100
Aktivvermögen Erstkonsolidierung		140		150
Minderheitenanteil Nettovermögen	20		20	
Minderheitenanteil *goodwill*	0		10	
Minderheitenanteil	20	20	30	30

Für einen **Minderheitenausweis ohne** *goodwill* (Alternative 1) spricht der Vergleich mit einem unmittelbaren Erwerb bei Verzicht auf eine Zwischenschaltung einer Holding.
- Bei direktem Erwerb der EU durch MU zu 80 % und durch den Dritten zu 20 % wäre nach IFRS 3.51 der *goodwill* nur auf der Basis des Kaufpreisanteils des Mutterunternehmens und dessen Anteil am Nettovermögen des Enkelunternehmens zu errechnen. Der *goodwill* betrüge 40 (wie in Alternative 1) und nicht 50 (wie in Alternative 2). Die Minderheit wäre nicht am *goodwill* beteiligt.
- U.E. sollte aber dem Rechtskleid, in dem eine Erweiterung des Konzerns erfolgt, möglichst keine Bedeutung zukommen. In wirtschaftlicher Betrachtung sind der unmittelbare und der mittelbare Erwerb gleichzustellen. Ein *goodwill* ist daher in beiden Fällen ohne Anteil der Minderheit auszuweisen.

Zu den Problemen, die auch diese Lösung mit sich bringt, und zur Vertretbarkeit der Gegenauffassung wird auf Rz 143 verwiesen.

Lüdenbach

140

5.1.3 Konzernerweiterung nach oben

141 Für die Konzernerweiterung nach oben – MU erwirbt einen Anteil an der schon vor diesem Zeitpunkt an EU beteiligten TU – kann hinsichtlich der stillen Reserven nichts anderes gelten als bei einer Erweiterung nach unten. Die **stillen Reserven** sind in vollem Umfang aufzudecken. Dies ergibt sich aus folgenden Überlegungen:

- IFRS 3.36 i. V. m. IFRS 3.59 fordert die Bewertung der identifizierbaren Vermögenswerte und Schulden mit ihren *fair values* zum Zeitpunkt der Kontrollerlangung (Rz 53). Die Regelungen unterscheiden hierbei nicht zwischen einem **direkten** und einem **indirekten** Erwerb. Beide Fälle sind somit gleich zu behandeln.
- Die Regelungen enthalten auch **keine Bindung** an die tatsächlichen Anschaffungskosten. Irrelevant ist daher, welchen Kaufpreis das Tochterunternehmen ursprünglich für das Enkelunternehmen entrichtet hat und welcher Kaufpreisanteil für den Erwerb des Tochterunternehmens aktuell (rechnerisch) auf das Enkelunternehmen entfällt.
- Normadressat der Vorschriften von IFRS 3 ist das Bilanzierungssubjekt, also für den Gesamtkonzernabschluss das oberste Unternehmen.
- Die Erstkonsolidierung durch das Mutterunternehmen erfolgt daher auch hinsichtlich des Vermögens des Enkelunternehmens mit den *fair values* zum Zeitpunkt des Erwerbs des Tochterunternehmens durch das Mutterunternehmen und nicht auf den früheren Erwerb des Enkelunternehmens durch das Tochterunternehmen.

142 Hinsichtlich des *goodwill* **der Minderheiten** kann nicht ohne weiteres von einer Übereinstimmung mit der Konzernerweiterung nach unten ausgegangen werden.

- Für eine Übereinstimmung und damit **gegen den Ansatz eines Minderheiten-***goodwill* (Rz 140) spricht wiederum die Parallele zu einem direkten Erwerb. Jeder Ansatz eines Minderheiten-*goodwill* würde Bilanzansätze von der rechtlichen Form eines Erwerbs und nicht von der wirtschaftlichen Substanz abhängig machen.
- Für den Ansatz eines **Minderheiten-***goodwill* **nach** den anteilig der Minderheit zuzurechnenden tatsächlichen **früheren Anschaffungskosten** des Tochterunternehmens im Zeitpunkt des Erwerbs des Enkelunternehmens sprechen die Regelungen in IFRS 3.58. Diese sehen für einen sukzessiven Anteilserwerb eine Bindung des *goodwill* an die tatsächlichen Anschaffungskosten der einzelnen Erwerbsschritte und die anteiligen *fair values* zum jeweiligen Zeitpunkt vor (Rz 124ff.). Eine analoge Anwendung auf den mehrstufigen Konzern würde für eine Ermittlung des Minderheiten-*goodwill* nach den tatsächlichen, früher vom Tochterunternehmen aufgewendeten Erwerbskosten sprechen.
- Für den Ansatz eines **Minderheiten-***goodwill* **nach Maßgabe der aktuellen Wertverhältnisse** spricht, dass aus Gesamtkonzernsicht erstmalig mit Erwerb von TU der Dritte zu einer konzernrechnungslegungsrelevanten Minderheit wird. Wie viel der Dritte bzw. anteilig für den Dritten vor

§ 31 UNTERNEHMENSZUSAMMENSCHLÜSSE

Konzernzugehörigkeit auf den Anteil am Enkelunternehmen gezahlt wurde, ist aus Konzernsicht unwichtig. Der Minderheiten-*goodwill* wäre daher durch eine Hochrechnung (analog IAS 36.IE62ff.) zu ermitteln. Zum Ganzen folgendes Beispiel:

Beispiel
Der konzernunabhängige Dritte D ist mit 100 % an dem Internetunternehmen TU beteiligt, die wiederum 100 % an EU hält und über kein weiteres Vermögen verfügt. Das Vermögen der EU beträgt 60 zu Buchwerten und 100 zum *fair value*. D hatte die TU vor Platzen der Dot-Com-Spekulationsblase für 400 erworben. Der *fair value* des Nettovermögens hat sich seitdem nicht verändert. Als *goodwill* wurden demnach von dem Dritten seinerzeit 400–100 = 300 vergütet.
MU möchte nun 80 % an E erwerben. Zwei **Erwerbsalternativen** stehen zur Diskussion:
- MU erwirbt unmittelbar für einen Preis von 120 einen Anteil von 80 % an EU.
- MU erwirbt für den gleichen Preis einen Anteil von 80 % an TU.

Die nachfolgende Abbildung zeigt die Beteiligungsverhältnisse in beiden Varianten:

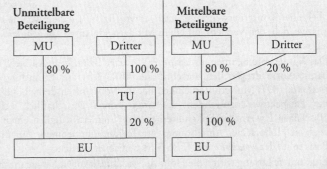

Bei unmittelbarer Beteiligung ist der Anteil der Minderheit (TU) an EU zwar unter Berücksichtigung stiller Reserven, jedoch ohne den *goodwill* zu ermitteln. Der *goodwill* ergibt sich ausschließlich aus dem Kaufpreis (120) minus dem Zeitwert des Vermögens (80), somit also zu 40.
Bei mittelbarer Beteiligung sind die drei oben vorgestellten Lösungen denkbar:

Lüdenbach

	ohne Minderheiten-*goodwill* (Gleichbehandlung mit direktem Erwerb)	mit Minderheiten-*goodwill*	
		auf pagatorischer Basis (nach Anteil an Erwerbskosten der TU für EU)	auf hochgerechneter Basis
Kaufpreis EU	120	120	120
Nettovermögen EU	80	80	80
goodwill Mehrheit	40	40	40
Minderheiten-*goodwill*	0	(20 % von 300 =) 60	(20/80 von 40 =) 10
goodwill gesamt	40	100	50
Minderheitenanteil am Nettovermögen	20	20	20
Minderheitenanteil am *goodwill*	0	60	10
Minderheitenanteil	**20**	**80**	**30**

143 Wie bei einer Konzernerweiterung nach unten (Rz 140) halten wir die erste Alternative, d. h. den **Verzicht auf einen Minderheitenanteil am** *goodwill*, für vorzugswürdig:
- Das Mutterunternehmen als „*acquirer*" ist u. E. Bilanzierungssubjekt und damit **Normadressat** der Vorschrift des IFRS 3.51 zur Ermittlung des *goodwill*.[72] Das Mutterunternehmen hat die Vorschriften deshalb aus seiner Perspektive anzuwenden. Es tätigt jedoch wirtschaftlich keinen 100 %igen Erwerb des Enkelunternehmens, sondern lediglich einen Erwerb in Höhe seiner Anteilsquote am Tochterunternehmen. Auf dieser Basis sollte der *goodwill* nach IFRS 3.51 berechnet werden.
- Eine andere Lösung würde die Höhe des *goodwill* davon abhängig machen, in welchem **Rechtskleid**, ob mittelbar oder unter Zwischenschaltung einer Holding, der Erwerb eines Unternehmens erfolgt. In wirtschaftlicher Betrachtung sind der unmittelbare und der mittelbare Erwerb aber gleichwertig und damit gleichzustellen.[73]
- Die Ermittlung des Minderheiten-*goodwill* auf Basis der anteilig den Minderheiten zuzurechnenden früheren Anschaffungskosten des Enkelunternehmens aus der Sicht des Tochterunternehmens würde **vorkonzernliche** Verhältnisse zur Grundlage konzernbilanzieller Werte machen. Sie widerspräche überdies der Grundkonzeption von IFRS 3.

---

[72] A. A. Römgens, BB-Special 19 (Beil. zu Heft 39), 2005, S. 21ff.
[73] A. A. Römgens, (s. Fn 74).

Danach erfolgt die Bewertung der Vermögenswerte und Schulden nicht erwerberspezifisch, sondern einheitlich auf Basis der *fair values*, also eines realen oder hypothetischen Marktwertes zum Zeitpunkt des die Kontrollmehrheit verschaffenden Anteilserwerbs. Bei den *fair values* wird also eine abstrahierte und objektivierte und keine subjektive Betrachtungsweise verlangt. Der **theoretische Gehalt des *goodwill*** ist anders. Es handelt sich um einen subjektiven, unternehmensspezifischen Wert aus der Sicht des jeweiligen Investors. In ihn fließen auch solche (sog. echten) Synergieerwartungen ein, die sich nur aus Sicht des konkreten Erwerbs ergeben. Entsprechend ist etwa in IFRS 3 BC130 von der Fähigkeit des Investors die Rede, aus den zusammengefügten Vermögenswerten einen höheren Nutzen zu ziehen, als dies auf individueller Basis möglich wäre. Die nicht vom Bilanzierungssubjekt und Normadressaten, sondern von einem anderen, vorkonzernlich gehegten Synergieerwartungen können in diesem Kontext aber nicht relevant sein.

- Aus ähnlichen Gründen ist eine Ermittlung des Minderheiten-*goodwill* auf Basis des hochgerechneten Anteils des Kaufpreises, den das Mutterunternehmen für den mittelbaren Erwerb des Enkelunternehmens zahlt, abzulehnen. In diesen Kaufpreisbestandteil fließen Synergieerwartungen des Mutterunternehmens, Kontrollprämienzuschläge etc. ein,[74] deren Hochrechnung auf Minderheiten inhaltlich verfehlt ist. Dem so ermittelten Wert würde es an jener **pagatorischen Absicherung** fehlen, die z. B. in IAS 3.58 verlangt ist.

Zu **problematischen Ergebnissen** kann unsere Lösung jedoch dann führen, wenn der Erwerb des Enkelunternehmens überwiegend **fremdfinanziert** ist und gleichzeitig im Kaufpreis überwiegend ein *goodwill* vergütet wird. Der Minderheitenanteil wird dann anteilig mit den aus dem Kauf des Enkelunternehmens resultierenden Verbindlichkeiten belastet, ohne dass andererseits der damit zusammenhängende *goodwill*-Anteil gutgeschrieben wird. Der Minderheitenanteil kann hierdurch ggf. **negativ** werden. IAS 27.35 sieht einen (bei der Folgekonsolidierung) entstehenden negativen Minderheitenanteil aber nur in Sonderfällen vor (→ § 32 Rz 145). Eine analoge Anwendung von IAS 27 könnte im Falle eines fremdfinanzierten „*goodwill*-Kaufs" daher für eine volle *goodwill*-Aktivierung sprechen. Die Zahl solcher Problemfälle ist allerdings gering, soweit entsprechend den Vorgaben von IFRS 3 und IAS 38 der Aktivierung immaterieller Einzelwerte Vorrang vor der Aktivierung eines *goodwill* gegeben wird, der *goodwill* also niedrig ist und damit den Fremdfinanzierungsteil der Unternehmensakquisition regelmäßig nicht überschreitet.

Das Fazit unserer Überlegungen lautet wie folgt:

- Insgesamt sprechen u.E. de lege lata die besseren Gründe **gegen** eine Aktivierung des Minderheiten-*goodwill*.

---

[74] Dazu Frowein/Lüdenbach, FB 2003, S. 65ff.

Lüdenbach

- Allerdings bereitet die Lösung in Sonderfällen (hoher, fremdfinanzierter *goodwill*) größere Probleme als die volle *goodwill*-Aktivierung.

Beide Auffassung sind daher bis zum Ergehen einer endgültigen Regelung vertretbar. Eine derartige Regelung könnte das *Business-Combinations*-II-Projekt des IASB bringen (Rz 177). Danach soll ggf. zukünftig auch in zweistufigen Konstellationen nur noch die sog. *Full-goodwill*-Methode[75] angewandt werden. Dies würde auf der Grundlage der vorstehenden Prämisse wirtschaftlicher Gleichbehandlung von direktem und indirektem Erwerb dann de lege ferenda entsprechend für den mehrstufigen Konzern gelten.

5.1.4 Buchungsbeispiel

145 Die vorstehenden Ausführungen waren auf die als vorrangig anzusehende inhaltliche Frage der zutreffenden Höhe von *goodwill* und Minderheitenanteil gerichtet. Zur technischen Ergänzung noch ein vereinfachtes Buchungsbeispiel:[76]

Beispiel

Das Mutterunternehmen MU erwirbt 60 % der Anteile am Tochterunternehmen TU zu einem Preis von 600, unmittelbar nachdem TU 100 % der Anteile am Enkelunternehmen EU erworben hat. Das Buchvermögen der TU beträgt 900, die stillen Reserven in den sonstigen Aktiva der TU 100.

Das Enkelunternehmen hat ein buchmäßiges Eigenkapital von 100 und stille Reserven von 50. Der Beteiligungsansatz (Anschaffungskosten) der EU bei TU beträgt 1.150.

Fraglich ist, ob **1.000** (1.150–150) **oder nur** 600 (60 % von 1.000) in der Konzernbilanz der MU als *goodwill* aufzudecken sind.

Nachfolgend zunächst die Berechungen der Bilanzwerte, dann die Konsolidierungsbuchungen und -tabellen, jeweils ohne anteilige Aufdeckung des auf die 40 %-Minderheit entfallenden Anteils am *goodwill* des EU. Der *goodwill* beträgt 600. Bei voller Aufdeckung würde Buchung 4 entfallen. Der *goodwill* wäre 1.000.

---

[75] Vgl. PELLENS /BASCHE/SELLHORN, KoR 2003, S. 1ff.
[76] Entlehnt aus LÜDENBACH, GmbHR 2002, S. 741ff.

Lüdenbach

	100 %	Anteil Mehrheit	Anteil Minderheit (ohne goodwill)	Anteil Minderheit (mit goodwill)
goodwill EU	1.000	600	0	400
diverse Aktiva EU (fair value)	150	90	60	60
diverse Aktiva TU (fair value)	150	90	60	60
diverse Aktiva MU (fair value)	100	100	0	0
Fremdkapital TU	– 300	– 180	– 120	– 120
Nettovermögen	1.100	700	0	400

1. Konsolidierung EU
(1) per goodwill EU   1.000   an Anteil TU an EU   1.150
    sonstige Aktiva   50
    Eigenkapital   100

2. und 3. Konsolidierung TU
(2) per sonstige Aktiva (60 % stR)   60   an Anteil MU an TU   600
    Eigenkapital (60 % von 900)   540
(3) per sonstige Aktiva (40 % stR)   40   an Minderheitenanteil 400
    Eigenkapital (40 % von 900)   360

4. Eliminierung Minderheitenanteil goodwill (enfällt bei voller goodwill-Aktvierung)
(4) per Minderheit   400   an goodwill   400

	MU	TU	EU	Summe	Umbuchung Soll		Umbuchung Haben		Konzern
goodwill					1.000	1)	400	4)	600
Anteil	600	1.150		1.750			1.150	1)	0
							600	2)	
sonstige	100	50	100	250	50	1)			400
					60	2)			
					40	3)			
Summe	700	1.200	100	2.000					1.000
EK	700	900	100	1.700	100	1)			700
					540	2)			
					360	3)			
Minderheit					400	4)	400	3)	0
FK		300		300					300
Summe	700	1.200	100	2.000	2.550		2.550		1.000

Lüdenbach

5.2 Konzerninterne Umstrukturierungen und Transaktionen unter gemeinsamer Kontrolle

5.2.1 Motive und Formen

146 Unternehmenszusammenschlüsse können sich auch zwischen zuvor bereits verbundenen Unternehmen vollziehen. Im Wesentlichen sind folgende Fälle zu unterscheiden:

- **Gesamtrechtsnachfolge** im Sinne des **UmwG**, z. B. **Verschmelzung** des Tochterunternehmens auf das Mutterunternehmen *(upstream merger)*, des Mutterunternehmens auf das Tochterunternehmen *(downstream merger)*, des Tochterunternehmens A auf das Tochterunternehmen B *(sidestream merger)*.
- **Anwachsung**, z. B. bei Ausscheiden der fremden Gesellschafter aus der Tochter-OHG.
- **Einzelrechtsnachfolge**, z. B. bei Verkauf aller funktional wesentlichen Vermögenswerte eines verbundenen Unternehmens an ein anderes verbundenes Unternehmen.
- „**Umhängen von Beteiligungen**", z. B. durch Einbringung der Anteile am Tochterunternehmen B in das Tochterunternehmen A, wodurch B zum Enkelunternehmen wird.
- Zusammenfassung von Beteiligungen in einer **Holding**.
- **Ausgliederung** oder **Abspaltung** von Unternehmensteilen.

147 Wichtige **Motive** für derartige konzerninterne Umstrukturierungen sind:

- **Transparenz:** Die bisherige Struktur kann intransparent sein, die neue eine bessere Identität von Geschäftsfeldern und rechtlichen Einheiten bringen.
- Schaffung **buchmäßigen Eigenkapitals** *(step up)*: Das Tochterunternehmen verfügt über erhebliche stille Reserven und einen erheblichen *goodwill*, die sich im Beteiligungsansatz beim Mutterunternehmen nicht widerspiegeln. Durch einen *upstream merger* werden stille Reserven und *goodwill* aufgedeckt, wobei im Gegenzug zwar nicht das gezeichnete Kapital (§ 54 und § 68 UmwG), aber das sonstige Eigenkapital erhöht wird.
- **Steuern:** Durch Zusammenfassung einer Verlust bringenden mit einer ertragreichen Einheit entstehen zwar möglicherweise nicht für die Vergangenheit (vgl. § 8 Abs. 4 S. 2 KStG), aber für die Zukunft bessere Verlustausgleichsmöglichkeiten.
- **Vorbereitung von Veräußerungen:** Durch Verschmelzung, Spaltung oder Einzelrechtsnachfolge wird der Konzern so strukturiert, dass der zu veräußernde Teil von den anderen Teilen separiert wird.
- **Haftung:** Vermeidung von auf die Privatsphäre übergreifenden faktischen Konzernhaftungen durch Zwischenschaltung einer Holding.

Lüdenbach

5.2.2 Schaffung von Holding-Strukturen mit und ohne *common contol*

Nach deutschem Recht können konzerninterne Umstrukturierungen gegebenenfalls den Vorschriften des UmwG und des UmwStG unterliegen. Beide Regelwerke bieten für bestimmte Fälle die Möglichkeit der **Buchwertfortführung** (§ 24 UmwG, §§ 12, 15, 20 UmwStG). Dann stellt sich die Frage, ob auch in der Einzel- und Konzernbilanzierung nach **IFRS** zwischen Buchwertfortführung und Aufdeckung stiller Reserven **gewählt** werden kann.

Eine erste Antwort findet sich in folgender Formulierung von IFRS 3.3b: „Dieser IFRS ist nicht anwendbar auf Unternehmenszusammenschlüsse, an denen Unternehmen oder Geschäftsbetriebe unter gemeinsamer Beherrschung beteiligt sind." Derartige Transaktionen sind dadurch gekennzeichnet, dass die **ultimative Kontrolle** über die beteiligten Unternehmen vor und nach der Transaktion bei den gleichen Personen liegt (IFRS 3.10). Irrelevant ist, ob diese Personen konzernrechnungslegungspflichtig sind und die beteiligten Unternehmen zu einem Konsolidierungskreis gehören (IFRS 3.12). Verfügt nicht eine einzelne Partei über die Mehrheit an den beteiligten Unternehmen, sondern eine **Gruppe** von Personen, liegt nur dann eine Transaktion unter gemeinsamer Kontrolle vor, wenn diese Personen vertraglich abgestimmt, etwa auf der Basis von Stimmrechtspoolungen, agieren.

Auswirkungen auf bestehende Gesamtkonzernabschlüsse ergeben sich in den meisten Fällen nicht bzw. sind auf das Eigenkapital oder Minderheitenanteile beschränkt. Wegen Auswirkungen auf **Teilkonzernabschlüsse** wird auf Rz 152ff. verwiesen.

Da IFRS 3 die Transaktionen unter gemeinsamer Kontrolle nicht regelt, sich aber auch in anderen IFRS-Standards keine Regelungen zu diesem Problemkreis finden, ist derzeit noch ein **bewusster Regelungsverzicht** zu konstatieren. Die Folge sind nicht beliebige, aber sehr unterschiedliche Lösungsmöglichkeiten. Infrage kommen aus Gesamtkonzernsicht auf der Basis von IAS 8.11 zunächst Analogien zu IFRS 3, ggf. auch Analogien zur Interessenzusammenführungsmethode (Rz 2).[77]

---

[77] Gl. A. ERNST & YOUNG, International GAAP 2007, S. 547ff., sowie KMPG, Insights into IFRS, 3. Aufl., 2006, Tz 2.6.700.

Lüdenbach

> **Beispiel**
> Die Gruppe G (oder der Gesellschafter G) hält vor Umstrukturierung die direkte, nach Einfügung einer NewCo Holding die indirekte Mehrheit an A.
>
>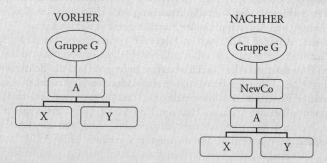
>
> **1. Analogie zu IFRS 3.21**
> Es liegt ein **umgekehrter Unternehmenserwerb** vor, da eine durch Sacheinlage gegründete NewCo nicht als Erwerber des eingelegten Unternehmens gelten kann (Rz 4). Die Konzernbuchwerte der A werden somit fortgeführt (Rz 158).
> **2. Analogie zur Interessenzusammenführungsmethode**
> Es liegt kein Erwerb (*acquisition*) bzw. mangels *business* der NewCo keine *business combination* vor, sondern eine Zusammenführung rechtlicher Einheiten. Daher kann die im früheren Recht verankerte **Interessenzusammenführungsmethode** (Rz 2) mit der Folge der Buchwertfortführung angewandt werden.

Da die analoge Anwendung von IFRS 3 im Beispiel zum gleichen Ergebnis führt wie ein Rückgriff auf die Interessenzusammenführungsmethode, ist das Ergebnis im vorstehenden Beispiel auch unabhängig davon, ob der Vorgang als *common control transaction* zu würdigen ist. Bei fehlender gemeinsamer Beherrschung wäre IFRS 3 mit der gleichen Konsequenz unmittelbar anzuwenden. Im folgenden Beispiel kommt es hingegen darauf an, ob eine Transaktion unter gemeinsamer Kontrolle vorliegt.

Beispiel
Die vertraglich abgestimmt handelnde Gruppe G hat bislang die Mehrheit an den Schwesterkonzernen A und B, wobei der Wert von B deutlich höher ist. Die Obergesellschaften der beiden Konzerne werden gegen Sacheinlage in eine neu gegründete Holding eingebracht.

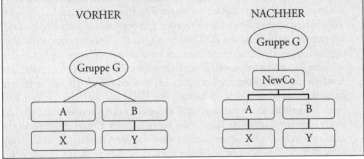

Nach IFRS 3 liegt eine *business combination* vor, da mit A und B zwei Unternehmen zusammengeführt werden, um eine neue Berichtseinheit *(reporting entity)* zu bilden (IFRS 3.4)

Da es sich um eine *transaction under common control* handelt, ist IFRS 3 nicht unmittelbar anwendbar. Zwei Lösungen sind vertretbar:

1. Analogie zu IFRS 3
Da der Wert von B wesentlich höher als der von A ist, ist B als Erwerber zu identifizieren (Rz 4). Die Buchwerte von B sind fortzuführen. Der Erwerb führt zur Aufdeckung von stillen Reserven und *goodwill* bei A.

2. Analogie zur Interessenzusammenführungsmethode
Da die beherrschende Gruppe G in der Holding ihre bisher rechtlich verteilten Interessen zusammenführt, sind die Buchwerte beider Konzerne fortzuführen, ggf. nach Anpassung an konzerneinheitliche Bilanzierungsmethoden.

Läge hingegen keine Transaktion unter gemeinsamer Kontrolle vor, wäre nur die erste Lösung zulässig: Anwendung von IFRS 3, Aufdeckung von stillen Reserven und *goodwill* bei A.

5.2.3 Verschmelzungen: *side-, down-* und *upstream mergers*
Das IDW[78] stellt zum Fall der **Verschmelzung zweier Tochterunternehmen** Folgendes fest:

- **Konzernabschluss des Mutterunternehmens**: Aus Sicht des Mutterunternehmens findet gar keine *business combination* statt. Die Verschmelzung ist nach den in IAS 27.24f. niedergelegten Regeln der **Zwischenergebniseliminierung** zu lösen. Danach kann es durch die konzerninterne Transaktion nicht zur Aufdeckung stiller Reserven kommen. Die Buchwerte sind fortzuführen. Das IDW bevorzugt unter Verweis auf

---
[78] IDW, RS HFA 2 Tz 32ff.

Lüdenbach

IAS 27.24f. die Anwendung dieses Grundsatzes auch bei der Verschmelzung eines nicht im 100 %igen Anteilsbesitz des Mutterunternehmens stehenden Tochterunternehmens auf das anteilig den Minderheitengesellschaftern zustehende Vermögen.

- **Teilkonzernabschluss** des aufnehmenden Tochterunternehmens: Aus Sicht des aufnehmenden Tochterunternehmens kommt es zu einer *business combination*, für die aber IFRS 3.3b einen Regelungsverzicht erklärt. Ob im Teilkonzernabschluss die stillen Reserven und der *goodwill* aufzudecken sind, hängt nach Auffassung des IDW davon ab, ob der Teilkonzernabschluss als eigenständiges Berichtsformat (*separate entity approach*) oder als Ausschnitt aus dem Gesamtkonzernabschluss verstanden wird. Im ersten Fall soll es zur Aufdeckung stiller Reserven kommen, im zweiten Fall sollen die Buchwerte fortgeführt werden. Nach Auffassung des IDW sind beide Ansichten und beide Vorgehensweisen zulässig. Im Übrigen ist bei Anwendung des *separate entity approach* nach den Regeln des umgekehrten Unternehmenserwerbs noch zu klären, ob die rechtlich aufnehmende Gesellschaft auch wirtschaftlich der Erwerber ist, da andernfalls die stillen Reserven gerade beim rechtlich aufnehmenden Unternehmen aufzudecken wären.[79]
- **Einzelabschluss des aufnehmenden Tochterunternehmens**: Auch in diesem Fall liegt eine *business combination* mit Regelungsverzicht nach IFRS 3.3b vor. Wie im vorstehenden Fall dürften beide Vorgehensweisen zulässig sein.
    - Für die Fortführung der Buchwerte des verschmolzenen Unternehmens spricht, dass die Werterhöhung nicht durch eine Transaktion mit unabhängigen Dritten belegt ist.
    - Andererseits ist aber nach allgemeinen Grundsätzen für den Einzelabschluss gerade keine Transaktion mit unabhängigen Dritten gefordert, da die Grundsätze der Zwischenergebniseliminierung für den Einzelabschluss nicht gelten.

153 Auch im Falle der **Verschmelzung einer Tochtergesellschaft auf eine Muttergesellschaft** (*upstream merger*) scheinen verschiedene Lösungen vertretbar:
- **Konzernabschluss** der Muttergesellschaft (Rz 132ff.):
    - keine Buchwertaufstockung oder
    - Buchwertaufstockung nur in Höhe der zuvor am Tochterunternehmen beteiligten Minderheit.
- **Einzelabschluss** des Mutterunternehmens:
    - keine Buchwertaufstockung (Argument: keine Fremdtransaktion),
    - Buchwertaufstockung in Höhe der Leistungen an Minderheitengesellschafter des Tochterunternehmens oder
    - Buchwertaufstockung zusätzlich bis zur Höhe des bisherigen Beteiligungsansatzes (Argument: keine Änderung der Vermögenslage).

---

[79] Vgl. ANDREJEWSKY, BB 2005, S. 1436ff.

Alle vorstehenden Lösungen für den Konzernabschluss stehen unter dem Vorbehalt, dass eine *business combination* überhaupt vorliegt und wenn ja, nicht in Form des umgekehrten Erwerbs (Rz 158).
Zum *upstream merger* folgendes Beispiel:

154

> **Beispiel**
> Das Mutterunternehmen M weist die 80 %ige Beteiligung am Tochterunternehmen T aus:
> - in seiner Einzelbilanz als Beteiligung mit Anschaffungskosten von 160,
> - in seiner Konzernbilanz per saldo mit 180 (60 *goodwill* + 160 Vermögenswerte – 40 Minderheitenanteil).
>
> T hat ein buchmäßiges Vermögen von 100 (darin nicht berücksichtigt: stille Reserven 100, *goodwill* 50). T wird auf M verschmolzen. Das gezeichnete Kapital der M wird durch Ausgabe von Anteilen an die Minderheit um 10 erhöht.
>
> **Einzelbilanz**
> 1. Alternative: Buchwertfortführung
>
> | per | | | an | | |
> |---|---|---|---|---|---|
> | | Vermögenswerte | 100 | | Beteiligung | 160 |
> | | Rücklagen unter Berücksichtigung des Verschmelzungsverlustes | 70 | | gez. Kapital | 10 |
>
> 2. Alternative: Buchwertaufstockung Minderheit (AK 50 – Buchwert 20 = 30, davon 20 % von 100 = 20 für stille Reserven und 20 % von 50 = 10 für *goodwill*)
>
> | per | | | an | | |
> |---|---|---|---|---|---|
> | | Vermögenswerte | 120 | | Beteiligung | 160 |
> | | *goodwill* | 10 | | gez. Kapital | 10 |
> | | Rücklagen | 40 | | | |
>
> 3. Alternative: Buchwertaufstockung auch auf eigene Beteiligung bis zur Höhe Beteiligungsbuchwert
>
> | per | | | an | | |
> |---|---|---|---|---|---|
> | | Vermögenswerte | 200 | | Beteiligung | 160 |
> | | *goodwill* | 10 | | gez. Kapital | 10 |
> | | | | | Rücklagen | 40 |
>
> **Konzernbilanz**
> 1. Alternative: Buchwertfortführung
>
> | per | | | an | | |
> |---|---|---|---|---|---|
> | | Minderheitenanteil | 40 | | gez. Kapital | 10 |
> | | | | | Rücklagen | 30 |
>
> 2. Alternative: Buchwertaufstockung Minderheit
>
> | per | | | an | | |
> |---|---|---|---|---|---|
> | | Minderheitenanteil | 40 | | gez. Kapital | 10 |
> | | Vermögenswerte | 20 | | Rücklagen | 60 |
> | | *goodwill* | 10 | | | |

Lüdenbach

155 Im Konzernabschluss kommt in Höhe der Beteiligungsquote des Mutterunternehmens eine Buchwertaufstockung nach den Grundsätzen der Zwischenergebniseliminierung kaum in Frage. Ansonsten unterliegt der Problemkreis der **konzerninternen Verschmelzungen** wenig Einschränkungen.

156 Man kann versuchen, dem durch Analogie zu US-GAAP oder durch spezielle Interpretationen des Prinzips *substance over form* entgegenzuwirken.[80] Wir halten ein derartiges Vorgehen jedoch nur dort für geboten, wo planwidrig **Regelungslücken** i. e. S. bestehen, wo der IASB also Dinge versehentlich nicht geregelt hat, die es aber bei Kenntnis geregelt hätte. Ein derartiger Fall einer Regelungslücke im Sinne der Lehre von der Gesetzesauslegung liegt jedoch nicht vor. Bei den konzerninternen Umstrukturierungen tut sich keine derartige Lücke auf. Der gesamte Fragenkomplex befindet sich vielmehr immer noch in der Diskussion. Die Transaktionen unter gemeinsamer Kontrolle sind daher nicht irrtümlich, sondern bewusst noch ungeregelt. Bis es zu einer verbindlichen Regelung kommt, kann man zwar Meinungen vertreten, darf aber der rechnungslegenden Praxis keine Vorschriften machen. Dies hieße, sich an die Stelle des Regelgebers zu setzen. Zum Reformprojekt vgl. Rz 174.

5.3 Abfindung eines Gesellschafters aus Gesellschaftsvermögen

157 Beendet der Gesellschafter einer Personengesellschaft oder einer GmbH seine Mitgliedschaft durch Kündigung, muss das Ausscheiden nicht durch Übernahme der Anteile durch die übrigen Gesellschafter erfolgen. Auch eine **Abfindung aus Gesellschaftsvermögen** ist möglich, bei einer GmbH mit der Einschränkung, dass hierdurch das Stammkapital nicht oder nur nach den Regeln einer ordentlichen Kapitalherabsetzung verringert werden darf. Erfolgt die Abfindung **über** dem Buchwert des Eigenkapitalanteils, stellt sich die Frage nach der Behandlung der Differenz. Die amerikanischen Regeln, niedergelegt in EITF 85-46 *„Partnership's Purchase of Withdrawing Partner's Equity",* halten (für den Fall der Personengesellschaft) drei Varianten für vertretbar:

- Behandlung des Ausscheidens als „Gründung" einer neuen Gesellschaft mit der Folge einer Aufdeckung von 100 % der stiller Reserven und eines evtl. *goodwill (complete revaluation).*
- Erfassung der Differenz analog den Regeln einer *business combination*, d. h. mit anteiliger (der Beteiligungsquote des Ausscheidenden entsprechenden) Aufdeckung von stillen Reserven und *goodwill* (*pro ratarevaluation).*
- Buchung des gesamten Betrags gegen Eigenkapital, dadurch Verringerung des Eigenkapitals in Höhe der Differenz von Abfindung und Buchwertanteil des Ausscheidenden *(treasury-stock-*Methode).[81]

---

[80] Vgl. HANNAPEL/KNIESEL, WPg 2001, S. 703ff., sowie ANDREJEWSKY, BB 2005, S. 1436ff.
[81] Zur handelsrechtlichen Diskussion CLEMM, BB 1992, S. 1959ff.

Nach IFRS sind die Methoden wie folgt zu würdigen:
- Bilanzierungssubjekt ist nach IFRS die *entity*, d. h. die Gesellschaft bzw. der Konzern und nicht die Gesellschafter. Eine Deutung des Ausscheidens eines Gesellschafters als Gründung einer neuen *entity* wäre daher nicht sachgerecht. Eine vollständige Neubewertung scheidet aus.
- Die Abfindung eines Gesellschafters ist keine *business combination*, da die Gesellschaft kein *business* erwirbt. Die Regeln von IFRS 3 sind daher nicht oder nur analog anwendbar. Vor einem entsprechenden Analogieschluss ist aber zu prüfen, ob für Abfindungssachverhalte nicht schon konkretere Bestimmungen im Regelwerk enthalten sind.
- Dies ist der Fall. Nach IAS 32.33 ist der Erwerb eigener Anteile in Höhe des dafür entrichteten Entgelts als **Kürzung des Eigenkapitals** zu buchen (→ § 20 Rz 60ff.). Dies entspricht der *treasury-stock*-Methode. Sie ist deshalb **anzuwenden**.

5.4 Umgekehrter Erwerb *(reverse acquisition)*

5.4.1 Überblick über die Besonderheiten
Beim umgekehrten Unternehmenserwerb (Rz 5) ist
- das rechtlich als Erwerber anzusehende Unternehmen *(legal acquirer)*
- wirtschaftlich als erworbenes Unternehmen *(economic acquiree)* zu qualifizieren.

158

Ein **typischer Anwendungsfall** ist die **Einbringung** eines großen nichtbörsennotierten Unternehmens in eine kleinere börsennotierte Gesellschaft gegen Gewährung von Anteilsrechten. Erlangen die Altgesellschafter des nichtbörsennotierten Unternehmens durch die Kapitalerhöhung die Mehrheit der Anteile an der börsennotierten Gesellschaft, so ist das nichtbörsennotierte Unternehmen wirtschaftlicher Erwerber. Seine Buchwerte sind fortzuführen, während stille Reserven und *goodwill* des rechtlichen Erwerbers aufzudecken sind (Rz 5).
Der umgekehrte Unternehmenserwerb weist aus **technischer** Sicht einige Besonderheiten auf, die in IFRS 3.B4ff. und IFRS 3.IE5 behandelt werden. Es handelt sich um folgende Punkte:
- Bestimmung der **Anschaffungskosten**: Maßgeblich ist nicht der Wert der von dem rechtlichen Erwerber ausgegeben Anteile, sondern der Wert, der sich ergeben hätte, wenn der wirtschaftliche Erwerber auch rechtlich Erwerber gewesen wäre und Anteile ausgegeben hätte (Rz 159).
- **Kaufpreisallokation**: Aufdeckung von stillen Reserven und *goodwill* beim rechtlichen Erwerber (Rz 160).
- Ausweis des **Konzerneigenkapitals**: Das auszuweisende ausgegebene Kapital *(issued capital)* ergibt sich als Summe von buchmäßigem Altkapital des wirtschaftlichen Erwerbers einerseits und Anschaffungskosten des wirtschaftlich erworbenen Unternehmens andererseits (Rz 161).

Lüdenbach

- **Minderheitenanteile:** Für die Minderheitengesellschafter des wirtschaftlichen Erwerbers ist im Konzernabschluss ein Minderheitenanteil auszuweisen. Er bemisst sich, da der wirtschaftliche Erwerber die Buchwerte fortführt, nach dem Buchvermögen (Rz 162).

5.4.2 Bestimmung der Anschaffungskosten

159 Wenn nur der rechtliche Erwerber börsennotiert und deshalb zwar der Wert seiner Anteile verlässlich bestimmbar ist, aber nicht der Wert der Anteile des wirtschaftlichen Erwerbers, können wegen IFRS 3.27 die Anschaffungskosten auf Basis der Kurswerte des rechtlichen Erwerbers bestimmt werden (IFRS 3.b6). In allen anderen Fällen aber, d. h., wenn der Wert der Anteile des rechtlichen Erwerbers nicht verlässlicher bestimmbar ist, z. B. weil beide Unternehmen börsennotiert oder beide nicht börsennotiert sind, ist die reale (rechtliche) Anteilsgewährung in eine fiktive (wirtschaftliche) umzurechnen und hieraus der Anschaffungskostenbetrag abzuleiten (IFRS 3.B5). Dazu folgendes Beispiel:

> **Beispiel**
> Die in Frankfurt notierte große Gesellschaft WE wird in die in New York notierte kleinere Gesellschaft RE eingebracht. Unmittelbar vor der Einbringung sind die Marktwerte der Gesellschaften wie folgt:
> - RE: 10 Mio. Aktien zu 10 EUR = 100 Mio. EUR
> - WE: 12 Mio. Aktien zu 20 EUR = 240 Mio. EUR.
>
> Die Einbringung wird in der Weise vollzogen, dass jeder Gesellschafter der WE im Wege der Kapitalerhöhung für 1 WE-Aktie 2 Aktien der RE erhält. Insgesamt werden also 20 Mio. neue Aktien der RE ausgegeben werden, so dass die Altanteilseigner der WE nach der Einbringung mit 66,7 % an der RE beteiligt sind.
> Die Anschaffungskosten des wirtschaftlichern Erwerbers ergeben sich jedoch nicht mit 20 Mio. Aktien × 10 EUR = 200 Mio. EUR, da diese Rechnung auf die (real) vom rechtlichen Erwerber ausgegebenen Anteile abstellen würde, während es tatsächlich auf die Leistung des wirtschaftlichen Erwerbers ankommt. Dessen Leistung könnte man ggf. darin sehen, den Altaktionären der RE 10 Mio. Aktien, also 100 Mio. EUR, zu belassen. Auch diese Betrachtung ist jedoch ungeeignet, da sie nicht auf das abstellt, was die WE hingegeben hat.
> Der Wert der Leistung der WE ist stattdessen durch eine dem wirtschaftlichen Geschehen folgende Fiktivrechnung zu bestimmen:
> - Die Einbringung hätte so strukturiert werden können, dass der wirtschaftliche Erwerber WE auch rechtlicher Erwerber gewesen wäre.
> - WE hätte dann sein Kapital um 6 Mio. Aktien auf 18 Mio. erhöhen müssen, damit nach der Kapitalerhöhung das tatsächlich bewirkte Verhältnis von 66,7 % zu 33,3 % zwischen den Gesellschaftern beider Unternehmen bestanden hätte.
> - Die fiktive Ausgabe von 6 Mio. Aktien an die Gesellschafter der RE führt zu Anschaffungskosten von 6 Mio. × 20 EUR = 120 Mio. EUR.

Lüdenbach

In der Differenz von 120 Mio. EUR Anschaffungskosten zum Marktwert der RE vor Einbringung von 100 Mio. spiegelt sich der von WE entrichtete Mehrpreis wider. Nach den Wertverhältnissen vor Einbringung (240 zu 100) hätte WE nicht 33,3 % der (fiktiven) eigenen Anteile an die Aktionäre der RE leisten müssen, sondern nur 100/340 = 29,4 %.

5.4.3 Kaufpreisallokation

Beim umgekehrten Unternehmenserwerb sind die Anschaffungskosten auf das zum Zeitwert erfasste Vermögen des rechtlichen Erwerbers aufzuteilen. Ein verbleibender Unterschiedsbetrag ist *goodwill* (IFRS 3.B9). Die Buchwerte des wirtschaftlichen Erwerbers sind hingegen fortzuführen (IFRS 3.B7). Dazu die Fortsetzung des Beispiels aus Rz 159.

160

Beispiel
Nachfolgend die Bilanzen zu Buch- und Zeitwerten des wirtschaftlichen Erwerbers WE sowie des rechtlichen Erwerbers RE.
Das zu Zeitwerten bewertete Nettovermögen der RE beträgt 110 Mio. EUR. Hieraus ergibt sich nach den unter Rz 159 festgestellten Anschaffungskosten von 120 Mio. EUR ein *goodwill* von 120 – 110 = 10 Mio. EUR.
Die übrigen konsolidierten Werte ergeben sich wie folgt:
- a) beim diversen Vermögen und den Verbindlichkeiten aus
  Buchwert WE + Zeitwert RE
- b) beim Eigenkapital aus:
  Buchwert WE + Anschaffungskosten auf RE

	WE		RE		Konso-lidiert
	BuchW	ZeitW	BuchW	ZeitW	
div. Vermögen	200	300	100	150	350
goodwill					10
Bilanzsumme	200	300	100	150	360
Eigenkapital					
– gez. Kap./KapRL	50	50	30	30	170*
– GewinnRL	70	150	30	80	70
Verbindlichkeit	80	100	40	40	120
Bilanzsumme	200	300	100	150	360

* Erläuterung gez. Kapital. 50 WE (zu Buchwert) + 120 AK auf RE

Lüdenbach

5.4.4 Konzerneigenkapital

161 Nach IFRS 3.B7c bestimmt sich die **Höhe** des Konzerneigenkapitals unmittelbar nach dem umgekehrten Unternehmenserwerb wie folgt:

> Buchwert Eigenkapital wirtschaftlicher Erwerber vor Erwerb
> + Anschaffungskosten des Unternehmenserwerbs
> = konsolidiertes Eigenkapital

IFRS 3.IE bestimmt jedoch, dass der Ausweis in der Bilanz selbst oder im Anhang die rechtlichen Verhältnisse, d. h. Aktienzahl und Aktientyp des rechtlichen Erwerbers, darstellen muss. Dazu folgende Fortsetzung des Beispiels aus Rz 159 und Rz 160:

> **Beispiel**
> Der Unternehmenszusammenschluss ist dadurch zu Stande gekommen, dass U sein Aktienkapital (bestehend aus Stückaktien) von 10 auf 20 Mio. Aktien erhöht hat. Der Ausweis in Bilanz (oder Anhang) ist wie folgt:
>
> | | |
> |---|---|
> | Gewinnrücklagen: | 70 |
> | ausgegebenes Kapital *(issued equity)* | |
> | 30 Mio. Stückaktien | 170 |
>
> Der Betrag der Gewinnrücklagen entspricht dem Buchwert der WE vor Zusammenschluss.
> Der Betrag des ausgegebenen Kapitals ist
>
> | | |
> |---|---|
> | Buchwert WE vor Zusammenschluss | 50 |
> | + Anschaffungskosten Unternehmenserwerb | 120 |
> | = ausgegebenes Kapital neu | 170 |
>
> Angegebene Aktienzahl und angegebener Aktientyp entsprechen hingegen den rechtlichen Verhältnissen.

Die rechtlichen Verhältnisse des rechtlichen Erwerbers sind im Übrigen auch maßgeblich für die Berechnung des Gewinns pro Aktie (IFRS 3.B12; → § 35). Das konsolidierte Ergebnis von wirtschaftlichem und rechtlichem Erwerber ist mithin durch die Zahl der umlaufenden Aktien des rechtlichen Erwerbers zu dividieren. In der Periode des Erwerbs sind die Verhältnisse vor dem Erwerb (Aktienzahl vor Kapitalerhöhung) und nach dem Erwerb (Aktienzahl nach Kapitalerhöhung) zeitlich zu gewichten (IFRS 3.B13).

5.4.5 Minderheitenanteile

162 Beim normalen Unternehmenserwerb ist ein Minderheitenanteil nur für die fortbestehende Beteiligung Dritter am erworbenen Unternehmen auszuweisen. Beim umgekehrten Unternehmenserwerb ist der wirtschaftliche Erwerber rechtlich Tochtergesellschaft. Der rechtlichen Betrachtung folgend werden Anteile Dritter an dieser Tochtergesellschaft als Minderheitenanteil ausgewiesen. Da die Tochtergesellschaft als wirtschaftlicher Erwerber jedoch die Buchwerte fortführt, kann auch der Anteil der Minderheitsgesellschafter nur auf Buchwertbasis berechnet werden (IFRS 3.B11).

Lüdenbach

5.5 Erstmalige Konsolidierung einer bisher unwesentlichen Tochter

IFRS kennt weder Konsolidierungsverbote noch Konsolidierungswahlrechte (IAS 27.12). Sämtliche in den IFRS-Vorschriften festgelegten Bilanzierungsmethoden (hier unter begrifflichem Einschluss von Bewertungs- und Konsolidierungsmethoden) stehen aber nach IAS 8.8 unter dem Vorbehalt der *materiality*. Nicht auf der Basis spezieller Regelungen in IAS 27, aber nach dem allgemeinen *materiality*-Grundsatz besteht daher ein (Nicht-)Einbeziehungswahlrecht für unwesentliche Tochterunternehmen. Das **Wesentlichkeitsurteil** kann sich **im Zeitablauf ändern**, etwa weil das Tochterunternehmen wächst. Zur Beurteilung der dann vorzunehmenden erstmaligen Einbeziehung des bisher aus Wesentlichkeitsgründen nicht konsolidierten Tochterunternehmens enthalten weder IFRS 3 noch IAS 27 einen Hinweis. Als Regelgrundlage kommen daher zunächst die allgemeinen Vorschriften des IAS 8 infrage. Sie unterscheiden u. a. zwischen:

- einer retrospektiv vorzunehmenden **Korrektur von Fehlern** (*correction of errors*) nach IAS 8.42 (→ § 24 Rz 32) und
- einer ebenfalls retrospektiven **Änderung der Bilanzierungsmethoden** (*change in accounting policy*) nach IAS 8.14 (→ § 24 Rz 17).

Die Fehlervariante scheidet aus. Wenn sich das Mutterunternehmen bis zum Zeitpunkt X zulässigerweise auf Unwesentlichkeit der TU beruft, ab Zeitpunkt X+1 aber eine Wesentlichkeit gegeben ist, bedeutet die erstmalige Konsolidierung in X+1 gerade **nicht** die Korrektur eines gleich bleibenden, bisher fehlerhaft behandelten Sachverhalts. Sie ist vielmehr regelkonforme Reaktion auf einen neuen bzw. geänderten Sachverhalt.

An der Anwendbarkeit der zweiten Variante bestehen aus ähnlichen Gründen Zweifel. Ein *change in accounting policy* liegt vor, wenn ein unveränderter Sachverhalt nunmehr anders behandelt werden soll. Ein bis zum Zeitpunkt X unwesentlicher, ab X+1 wesentlicher Sachverhalt ist aber nicht völlig unverändert.[82] Bejaht man gleichwohl einen Wechsel der Rechnungslegungsmethode, ist die Erstkonsolidierung retrospektiv vorzunehmen. Für ein solches Vorgehen sprechen sich (allerdings ohne nähere Begründung) Teile der Literatur aus.[83]

Verneint man eine Änderung der Bilanzierungsmethode, fehlt eine Rechtsgrundlage. Es entsteht eine **Regelungslücke**, die nach IAS 8.11 vor allem durch Analogie zu anderen Vorschriften zu schließen ist. Als **Analogvorschrift** kommen die Regeln von **IFRS 1** (→ § 6 Rz 56) für die erstmalige Konsolidierung einer bisher nicht konsolidierten Tochter in der IFRS-Eröffnungsbilanz infrage. Sie enthalten ein Wahlrecht zwischen

- **retrospektiver** Ermittlung der Erstkonsolidierungswerte (IFRS 1.7) und

---

[82] Zu weiteren Gründen, die gegen einen change in accounting policy sprechen, LÜDENBACH, PiR 2006, S. 121.
[83] So etwa HAYN, in: Beck'sches IFRS-Handbuch, 2. Aufl., 2006, § 36 Tz 33ff.

Lüdenbach

- **vereinfachter** Ermittlung des *goodwill* als Differenz von Beteiligungsbuchwert bei der Muttergesellschaft und Buchvermögen der Tochtergesellschaft zum Einbeziehungszeitpunkt (IFRS 1b2j).

Zu Gunsten der **vereinfachten** Ermittlung (beim Erstanwender) führt IFRS 1.BC32ff. zwei Argumente an. Die Ermittlung von Werten (z. B. stillen Reserven) auf weit zurückliegende Zeitpunkte ist

- **kosten**intensiv und
- aufgrund der tatsächlichen Beeinflussung der Wahrnehmung durch die konzeptionell irrelevanten Ereignisse der nachfolgenden Jahre **subjektiv**.

Beide Argumente gelten jedenfalls dann, wenn das bisher nicht konsolidierte Unternehmen nicht gegründet, sondern erworben wurde und der Erwerb einige Jahre zurückliegt. Unter diesen Umständen halten wir eine analoge Anwendung von IFRS 1.B2(j) für vertretbar.

164

Beispiel
Im handelsrechtlichen Konzernabschluss 06 war das am 1.1.01 für 650 erworbene Tochterunternehmern TU bisher aus Wesentlichkeitsgründen nicht konsolidiert. Zum Erwerbszeitpunkt ergaben sich für die schuldenfreie TU folgende Werte:

Diverses Vermögen zu Einzelbilanzwerten (IFRS = HGB)	100
Stille Reserven in Kundenstamm und Marke zusammen	300
Passive latente Steuer darauf	–120
Zeitwert des erworbenen Vermögens	*280*

Wäre zu diesem Erwerbszeitpunkt eine Erstkonsolidierung vorgenommen worden, hätte der *goodwill* somit 650 – 280 = 370 betragen.
Die TU hat bei noch geringen, aber stetig wachsenden Umsätzen nur im Jahr 01 ein negatives Ergebnis von –80 erzielt, danach ausgeglichene Ergebnisse. Aufgrund der positiven Umsatzentwicklung gilt sie ab 06 als wesentlich.

a) **Analoge Anwendung von IFRS 1.7 bzw. Annahme eines Methodenwechsels**
Nach IAS 8 (Methodenwechsel) bzw. IFRS 1.7 analog werden die Konsolidierungswerte in retrospektiver Anwendung von IFRS 3 so ermittelt, als ob TU in 01 erstkonsolidiert und diese Werte bis 06 fortgeschrieben worden wären. Nur der *goodwill* ist hier leicht zu bestimmen. Da er nach IFRS 3 und IAS 36 nicht planmäßig abzuschreiben ist, entspricht er dem oben für eine fiktive Erstkonsolidierung auf den Erwerbszeitpunkt errechneten Wert von 280. Das diverse Vermögen ist hingegen vom Erwerbszeitpunkt an nicht nur um die buchmäßige Veränderung (Verlust 00 in Höhe von 80) fortzuschreiben. Auch die stillen Reserven sind zu berücksichtigen und, soweit auf planmäßig abschreibbare Werte entfallend, fortzuschreiben. Insoweit ist der

Lüdenbach

Erstkonsolidierungsbetrag von 300 detailliert auf Kundenstamm (abschreibbar) und Marke (i. d. R. nicht abschreibbar) aufzuteilen und der auf den Kundenstamm entfallende Teil in geeigneter Weise planmäßig bis zur erstmaligen Einbeziehung abzuschreiben. Im Übrigen ist dabei noch die Rückwirkung der Abschreibung des Kundenstammes auf die passive latente Steuer zu berücksichtigen.

b) Analoge Anwendung von IFRS 1.B2j
Für den Fall der Nichtkonsolidierung eines im Rahmen eines Unternehmenszusammenschlusses erworbenen Tochterunternehmens nach der vorherigen Rechnungslegung (hier HGB) gewährt IFRS 1.B2(j) folgende als Wahlrecht gestaltete Erleichterung: „Der erstmalige Anwender hat die Buchwerte der Vermögenswerte und Schulden des Tochterunternehmens so anzupassen, wie es die IFRS für die Einzelbilanz des Tochterunternehmens vorschreiben würden. Der als Ersatz für Anschaffungs- oder Herstellungskosten zum Zeitpunkt des Übergangs auf IFRS angesetzte Wert entspricht beim Geschäfts- oder Firmenwert der Differenz zwischen (i) dem Anteil des Mutterunternehmens an diesen angepassten Buchwerten und (ii) den im Einzelabschluss des Mutterunternehmens bilanzierten Anschaffungskosten der in das Tochterunternehmen vorgenommenen Finanzinvestition."
Das diverse Vermögen der T ist danach auf der Basis einzelbilanzieller Buchwerte, mithin ohne Rücksicht auf die zum Erwerbszeitpunkt bestehenden stillen Reserven und deren Fortentwicklung anzusetzen. Für die Erstkonsolidierung ergibt sich somit folgende einfache und eindeutige Rechnung:

Beteiligungsbuchwert bei MU	650
einzelbilanzielles Vermögen TU (ohne Marke, Kundenstamm, sonstige stille Reserven)	20
goodwill 1.1.2005	630

Wegen IAS 12.15a sind keine latenten Steuern anzusetzen. Eine komplizierte Bestimmung der Werte von Marke, Kundenstamm usw. und eine Steuerlatenzrechnung sind nicht notwendig.

6 Latente Steuern

Latente Steuern spielen im Rahmen von Unternehmenszusammenschlüssen, insbesondere bei Unternehmenserwerben, eine **dreifache** Rolle:
- Infolge des Unternehmenszusammenschlusses kann es zu (veränderten) **temporären Differenzen** zwischen IFRS- und Steuer-Wertansätzen kommen, etwa dann, wenn steuerlich die Buchwerte nach UmwStG oder § 6 Abs. 3 EStG fortgeführt werden, während es in der IFRS-Bilanz zur Aufdeckung stiller Reserven kommt. Vorrangig geht es um *inside basis differences* (→ § 26 Rz 57).

165

Lüdenbach

- Durch den Unternehmenszusammenschluss können für **Verlustvorträge** Verrechnungsmöglichkeiten entstehen oder (nach den deutschen Mantelkaufvorschriften usw. regelmäßig wahrscheinlicher) entfallen. Im Rahmen der Erstkonsolidierung ist dann ein Aktivposten für Steuerlatenz wegen Verlustvorträgen erstmalig anzusetzen oder (in der Regel) zu eliminieren (→ § 26 Rz 86f.).
- Der Ansatz/Nichtansatz von latenten Steuern beeinflusst die Höhe des **Unterschiedsbetrags** *(goodwill)*.

166 Andererseits kann aber auch der *goodwill* selbst zu einem Bewertungsunterschied zwischen IFRS- und Steuerbilanz führen. Hierzu folgendes Beispiel (→ § 26 Rz 60):

> **Beispiel**
> Erworben wird zu Anschaffungskosten von 230 ein Unternehmen mit einem Buchwert von 100 und einem Zeitwert von 150.
> Im Rahmen der IFRS-Erstkonsolidierung werden stille Reserven von 50 im Anlagevermögen aufgedeckt, während steuerlich die Buchwerte fortgeführt werden. Bei einem Steuersatz von 40 % ergibt sich eine passive Steuerlatenz von 40 % von 50 = 20.
> Der *goodwill* beträgt demnach nicht 230 − 150 = 80, sondern 230 − (150 − 20) = 100.
> Gelangt der *goodwill* steuerlich nicht zum Ansatz, wäre auch hierauf eine latente Steuer von 40 % = 40 zu bilden. Der *goodwill* würde sich dadurch auf 230 − (150 − 20 − 40) = 140 erhöhen.
> Hiernach würde aber die latente Steuer auf den *goodwill* nicht mehr 40, sondern 40 % von 140 = 56 betragen. Der *goodwill* wäre entsprechend um weitere 16 auf 156 zu erhöhen usw.
> Auch die 16 würden wieder latente Steuern auslösen usw. (Iteration).
> Mathematisch läge eine geometrische Reihe vor, deren Summe 166, 67 betrüge.
> IAS 12 sieht eine solche Berechnung **nicht** vor, es bleibt beim *goodwill* von 100 (→ § 26 Rz 60).

167 IAS 12.15a und 21 verbieten also den Ansatz latenter Steuern auf den *goodwill*, weil es sich hierbei „um eine Residualgröße handelt und der Ansatz der latenten Steuerschuld wiederum eine Erhöhung des Buchwertes des Geschäfts- oder Firmenwertes zur Folge hätte" (→ § 26 Rz 60). Dies gilt uneingeschränkt für alle Fälle, in denen in der Steuerbilanz kein (abzugsfähiger) *goodwill* entsteht, also insbesondere für alle Fälle des *share deal*. Für Fälle, in denen ein steuerlich abzugsfähiger *goodwill* aufgedeckt wird *(asset deal)*, ist nach IAS 12.21A und B wie folgt zu differenzieren:

- Beim **Erstansatz** sind keine latenten Steuern auf eventuelle Differenzen zu bilden.
- Soweit jedoch in der **Folgezeit** Differenzen entstehen oder sich verändern, sind diese zu latenzieren.

Lüdenbach

> **Beispiel**
> Die MU AG erwirbt am 1.1.01 im *asset deal* TU. Der *goodwill* nach IFRS- und Steuerbilanz beträgt 150.
> - Er wird steuerlich mit 1/15 abgeschrieben.
> - Nach IFSR 3 und IAS 36 erfährt der *goodwill* keine planmäßige Abschreibung.
> - Am 31.12.01 beträgt daher die temporäre Differenz 150 – 140 = 10.
> - Hierauf ist eine latente Steuer von 4 zu passivieren.

Komplex wird die Behandlung temporärer Differenzen aus der Folgebewertung, wenn andererseits auch in der Zugangsbewertung schon Differenzen bestehen. Eine **Aufteilung** des *goodwill* in Komponenten analog SFAS 109.262 kann dann in Frage kommen:

> **Beispiel**[84]
> Ein Unternehmen wird Anfang 01 im *asset deal* erworben. Wegen steuerlich nicht zu berücksichtigender *contingent liabilities* beträgt der *goodwill* nach IFRS 2.000, der der Steuerbilanz nur 1.500. Der steuerbilanzielle *goodwill* wird jährlich mit 100 abgeschrieben. Am Ende des Jahres 02 wird in der IFRS-Bilanz eine außerplanmäßige *goodwill*-Abschreibung von 200 vorgenommen.
>
> **Beurteilung**
> 1. Der IFRS-*goodwill* ist im Zeitpunkt des Zugangs in 2 Komponenten (500 und 1.500) zu **teilen**.
> 2. Die zweite Komponente ist zunächst auf das Entstehen von Bewertungsdifferenzen bei der Folgebewertung zu untersuchen. Am Ende des Jahres 01 beträgt die Differenz 1.500 IFRS minus 1.400 Steuerbilanz, woraus sich bei einem 40 %igen Steuersatz eine passive latente Steuer von 40 ergibt.
> 3. Die außerplanmäßige Abschreibung von 200 Ende 02 führt zu einem IFRS-Buchwert von 1.800, dem ein Steuerbuchwert von 1.300 gegenübersteht. Werden beide ursprünglich gebildeten Komponenten des IFRS-*goodwill* anteilig mit der außerplanmäßigen Abschreibung belastet, setzt sich der IFRS-Wert per Ende 02 wie folgt zusammen: 450 entfallen auf die für die Latenzierung irrelevante Komponente 1, 1.350 auf die Komponente 2; deren Differenz zum Steuerbuchwert von 1.300 führt zu einer passiven Latenz von nur noch 40 % von 50 = 20.

Die im Beispiel vorgenommene historische Betrachtung stößt beim *impairment*-Test dann an Grenzen, wenn der erworbene *goodwill* auf mehrere *cash generating units* (→ § 11 Rz 29) aufzuteilen ist und/oder mit *goodwills* aus anderen Erwerben für Zwecke des *impairment*-Tests zusammenzufassen ist.

---

[84] Nach EITZEN/DAHLKE/KROMER, DB 2005, S. 509ff.

Lüdenbach

168 Fraglich könnte sein, ob im Falle einer langfristigen Nutzbarkeit der erworbenen steuerlichen **Verlustvorträge** die zu aktivierende latente Steuer mit dem undiskontierten Wert oder wie „andere" langfristige Ansprüche mit dem niedrigeren Barwert anzusetzen ist und ob entsprechend auch die **sonstigen Ansprüche aus latenten Steuern abzuzinsen** sind (→ § 26 Rz 102). Der undiskontierten Behandlung ist der Vorzug zu geben, da sie Inkonsistenzen zwischen Erstkonsolidierung und Folgebewertung vermeidet, wie folgende Überlegung zeigt:

- Bei Sachanlagen hat die *fair-value*-Anpassung zum Erwerbszeitpunkt nicht den Charakter eines einmaligen Vorgangs. Die angepassten Werte (neue Abschreibungsbasis) werden zu den Folgestichtagen fortgeführt und lösen sich nach normalen Bewertungsregeln über die Nutzungsdauer auf.

- Bei den Posten der Steuerlatenz wäre zum Folgebewertungsstichtag, den allgemeinen Regeln von IAS 12 folgend, zwingend auf die undiskontierte Bewertung überzugehen (→ § 26 Rz 102). In der nächsten Berichtsperiode wäre die zum Erwerbszeitpunkt vorgenommene Anpassung sofort wieder rückgängig zu machen. Derartige Inkonsistenzen werden vermieden, wenn bereits im Rahmen der Kaufpreisallokation die „normalen" Regeln zur Steuerlatenzrechnung angewendet werden und keine Diskontierung erfolgt (Rz 94).

7 Ausweis

169 Im Falle eines Unternehmenszusammenschlusses sind in der **Bilanz und der GuV** folgende Ausweisvorschriften zu beachten:

- Die **Minderheitenanteile** sind in der Bilanz (IAS 1.68) und in der GuV (IAS 1.82) **gesondert** zu zeigen.
- In der Bilanz ist der **Minderheitenanteil** im **Eigenkapital** auszuweisen (IAS 27.15c).

Im Einzelnen wird auf → § 2 Rz 34 verwiesen.

170 In der **Kapitalflussrechnung** sind nach IAS 7.39 die *cash flows* aus dem Erwerb bzw. der Veräußerung von Tochterunternehmen oder sonstigen Geschäftseinheiten als Investitionstätigkeit zu qualifizieren und jeweils gesondert darzustellen (→ § 3 Rz 111 ff.). Von dem gezahlten Kaufpreis sind die erworbenen Zahlungsmittel und Zahlungsmitteläquivalente der erworbenen Einheit abzuziehen, vom erhaltenen Verkaufspreis die mitveräußerten Zahlungsmittel und Zahlungsmitteläquivalente. Im Erwerbsfall ist demgemäß ein „Erwerb von Tochterunternehmen abzüglich erworbener Netto-Zahlungsmittel" auszuweisen, im Verkaufsfall z. B. ein „Erlös aus Verkauf von Tochterunternehmen abzüglich veräußerter Netto-Zahlungsmittel". Nach allgemeinen Regeln sind Investitionsvorgänge, die nicht zu einer Veränderung der Zahlungsmittel geführt haben, etwa der Erwerb eines Unternehmens gegen die Ausgabe von Anteilen, nicht Bestandteil der Kapitalflussrechnung, sondern in den Angaben zu erläutern (IAS 7.43).

Lüdenbach

8 Angaben

IFRS 3.66ff. sieht eine Reihe von Angaben vor, die sich systematisch wie folgt gliedern lassen:

- **Tatsache und Quantifizierung des Unternehmenszusammenschlusses:** Für sämtliche (materiellen) Unternehmenszusammenschlüsse ist eine Beschreibung geboten, wer wann zusammengeschlossen wurde, welcher Prozentsatz der Stimmrechte erworben wurde, Höhe der Anschaffungskosten, Beschreibung unbarer Anschaffungskosten, Höhe der *fair values* des erworbenen Vermögens nach Bilanzgruppen (IFRS 3.67).
- **Goodwill:** Entwicklung des Buchwertes und der Anschaffungskosten (Anlagespiegel und außerplanmäßige Abschreibung) (IFRSS 3.74f.).
- **Negativer Unterschiedsbetrag:** Quantifizierung des Betrages, Nennung des GuV-Postens, in dem der korrespondierende Ertrag ausgewiesen ist (IFRS 3.67).
- **Vergleichbarkeit:** Pro-forma-Angabe der Umsätze und des Gewinns, der sich ergeben hätte, wenn die unterjährig erworbenen und erstkonsolidierten Unternehmen bereits ab Periodenbeginn konsolidiert worden wären (IFRS 3.70).

Die erstgenannten Angaben zur Tatsache und zur Quantifizierung sind auch für alle Unternehmenszusammenschlüsse vorgeschrieben, die **nach dem Bilanzstichtag**, aber vor der Verabschiedung des Jahresabschlusses getätigt werden. Sofern dies nicht praktikabel oder wirtschaftlich vertretbar ist, soll diese Tatsache angegeben werden (IFRS 3.71). Auf die Checkliste Abschlussangaben wird verwiesen (→ § 5 Rz 8).

Wegen des sachlichen Zusammenhangs mit IAS 27 ist ein zusammenfassendes **Formulierungsbeispiel** für den Anhang in → § 32 Rz 187 angegeben.

9 Anwendungszeitpunkt, Rechtsentwicklung

IFRS 3 enthält umfangreiche Übergangsvorschriften. Sie lassen sich im Kern wie folgt zusammenfassen:

- Auf alle Unternehmenszusammenschlüsse, deren tatsächliches Einigungsdatum *(agreement date*; Rz 23) nicht vor dem 31. März 2004 lag, ist IFRS 3 anzuwenden.
- Für ältere Unternehmenszusammenschlüsse gilt IFRS 3 insoweit, als der daraus resultierende *goodwill* ab Geschäftsjahren, die am oder nach dem 31. März 2004 beginnen, nicht mehr planmäßig abzuschreiben ist (IFRS 3.79). Ein evtl. **negativer** *goodwill* ist in der Eröffnungsbilanz dieser Periode gegen Gewinnrücklagen aufzulösen (IFRS 3.81).
- Eine frühzeitige Anwendung *(early application)* des *impairment-only approach* ist in Altfällen zulässig, sofern zugleich IAS 36 (2004) und IAS 38

(2004) zum gleichen Zeitpunkt angewendet werden (→ § 13; → § 11 Rz 89).

- Zu den Besonderheiten bei erstmaliger Aufstellung einer IFRS-Bilanz (*first-time adoption*) wird auf → § 6 Rz 56 verwiesen.

174 Durch IFRS 3 ist es zu einer Folgeänderung von IFRS 1.B1 gekommen. Danach bleiben einem IFRS-Erstanwender, der sich für eine retrospektive Behandlung von Unternehmenszusammenschlüssen entscheidet und das Wahlrecht auf modifizierte Fortführung des HGB-*goodwill* nicht in Anspruch nimmt (→ § 6 Rz 56), noch folgende Optionen in der Behandlung von Altfällen (erster IFRS-Abschluss auf 31.12.2003):

- retrospektive Ermittlung des *goodwill* nach IAS 22, d. h. unter Ansatz planmäßiger Abschreibungen,
- retrospektive Ermittlung des *goodwill* nach IFRS 3, d. h. ohne planmäßige Abschreibung.

Zu den ohne IAS 22 bestehenden Optionen folgendes Beispiel:

Beispiel
U hat am 1.1.2000 Z mit einem Eigenkapital von 1 Mio. für einen Kaufpreis von 2 Mio. erworben. Stille Reserven waren nur im Kundenstamm (0,3 Mio.) und in selbst entwickelter Software (0,2 Mio., Nutzungsdauer 5 Jahre) vorhanden. In der HGB-Konzernbilanz sind diese Werte unter den *goodwill* subsumiert worden. Er wurde nach der Nutzungsdauer über 10 Jahre abgeschrieben.
Die IFRS-Eröffnungsbilanz (→ § 6 Rz 15) wird auf den 31.12.01/1.1.02 erstellt.

	Ableitung aus HGB	IFRS 3
Kaufpreis	2.000	2.000
diverses Vermögen	– 1.000	– 1.000
Kundenstamm		– 300
Software		– 200
passive latente Steuern 50 %		+ 250
goodwill 1.1.00	1.000	750
Abschreibung 00 und 01	– 200	0
goodwill 31.12.01	800	750
Software (nach 40 % Abschreibung)		– 120
pass. latente Steuer darauf (50 %)		+ 60
goodwill IFRS 1.1.02	740	750

Lüdenbach

Wurde der *goodwill* handelsrechtlich mit den Rücklagen verrechnet und wird diese Verrechnung im Rahmen des Übergangs nach IFRS beibehalten, ist dieser verrechnete *goodwill* auch bei der Ermittlung eines späteren Entkonsolidierungserfolgs nicht mindernd zu berücksichtigen (IFRS 3.80 und IFRS 1.B2i). Wegen der übrigen Übergangsprobleme im Zusammenhang mit der Erstanwendung der IFRS wird verwiesen auf → § 6 Rz 56ff.

Die Unternehmenszusammenschlüsse waren bzw. sind Gegenstand zweier **Reformprojekte**, die unter den Titeln „*Business Combinations Phase 1*" und „*Business Combinations Phase 2*" geführt wurden bzw. werden. Phase 1 hat inzwischen ihren Niederschlag im IFRS 3 gefunden.   175

IFRS 3 enthält unter anderem folgende wesentlichen Änderungen gegenüber IAS 22 (1998):   176

- Abschaffung der Methode der **Interessenzusammenführung** *(pooling-of-interest*; Rz 4 und Rz 163).
- Abschaffung der *benchmark*-Methode, nach der auf die **Minderheiten** entfallende stille Reserven nicht aufgedeckt werden. Stattdessen vollständiger *fair-value*-Ansatz, d. h. Aufdeckung der stillen Reserven zu 100 % (Rz 106).
- **Restrukturierungsrückstellungen**: Einbeziehung von Restrukturierungsrückstellungen in die Erstkonsolidierung nur noch, wenn sie bereits beim Veräußerer (und somit aufwandswirksam) gebildet hätten werden können (Rz 91).
- **Negativer Unterschiedsbetrag**: Unmittelbare Ertragsrealisierung einer negativen Differenz von Anschaffungskosten und *fair value* (Rz 111 und Rz 122).
- *Goodwill*-Abschreibung: Aufhebung der **planmäßigen** Abschreibung des *goodwill*. Übergang zu einem *impairment-only*-Ansatz, d. h. Abschreibung des *goodwill* nur noch im Falle außerplanmäßiger Wertminderungen (Rz 120).

Zur *Business Combination Phase II* liegen die in 2005 veröffentlichten Entwürfe zur Ergänzung von IAS 27 und IFRS 3 (ED IAS 27 und ED IFRS 3) vor. Sie sehen unter anderem folgende Neuregelungen vor:[85]   177

- Anwendung von IFRS 3 auch auf **Vertrags-** bzw. **Gleichordnungskonzerne** *(reporting entities by contract alone)*.
- Abkehr vom **Anschaffungskostenprinzip**,
  - d. h., das erworbene Unternehmen ist mit seinem *fair value* (Unternehmenswert) anzusetzen,
  - wodurch es insbesondere auch zur Aufdeckung des auf die Minderheiten entfallenden *goodwill* kommt *(full goodwill method)*.

---

[85] Vgl. im Einzelnen Pellens/Sellhorn/Amshoff, DB 2005, S. 1749ff., mit Schwerpunkt auf ED IFRS 3 und Lüdenbach/Hoffmann, DB 2005, S. 1805ff., mit Schwerpunkt auf ED IAS 27, außerdem Brücks/Richter, KoR 2005, S. 407.

Lüdenbach

– Außerdem sind im Zusammenhang des Unternehmenserwerbs anfallende Zahlungen an Dritte (Berater etc.) mit Wegfall des Anschaffungskostenprinzips nicht mehr als Anschaffungskosten zu behandeln und nicht mehr wie bisher (implizit im *goodwill*) zu aktivieren. Sie sind vielmehr sofort aufwandswirksam.

Der *goodwill* ist im neuen System nicht mehr Residuum aus Anschaffungskosten und Nettovermögen, sondern **Differenz aus Unternehmenswert und Nettovermögen**. Hieraus ergibt sich theoretisch folgende Möglichkeit: Der Unternehmenswert liegt über dem Nettovermögen, insoweit entstünde ein *goodwill*. Gleichzeitig liegen die Anschaffungskosten unter dem Unternehmenswert *(bargain purchase* oder *lucky buy)*, insoweit entstünde zugleich ein negativer Unterschiedsbetrag. Der **negative Unterschiedsbetrag** soll in solchen Fällen jedoch zunächst gegen den *goodwill* verrechnet werden. Nur der verbleibende Negativbetrag wird (wie bisher) ertragswirksam behandelt.

Für die **Auf- und Abwärtskonsolidierung** sowie die **Auf-** oder **Abstockung** eines Mehrheitenanteils sind folgende Neuregelungen vorgesehen:

- **Erfolgswirksamkeit** der Auf- und Abwärtskonsolidierung in folgender Weise:

  – Bei **Aufwärtskonsolidierung** wird fingiert, dass die Kontrollmehrheit gegen Barzahlung (für die Neuanteile) und Tausch (der Altanteile zum *fair value*) erworben wird. Die Differenz zwischen Buchwert der Altanteile und *fair value* führt zu einem Erfolg. Soweit die Altanteile als *available-for-sale assets* schon bisher erfolgsneutral zum *fair value* geführt wurden, wird auch dieser Erfolg mit der Erstkonsolidierung realisiert (Rz 132).

  – Bei der **Abwärtskonsolidierung** wird fingiert, dass sich der Entkonsolidierungserlös aus dem Veräußerungspreis der abgehenden Anteile und dem *fair value* der verbleibenden Anteile ergibt. Der *fair value* der verbleibenden Anteile stellt den Ausgangswert für die weitere Bilanzierung nach der *equity*-Methode, zu Anschaffungskosten oder zum *fair value* dar (→ § 32 Rz 161).

- Behandlung der Auf- oder Abstockung einer vorhandenen Mehrheitsbeteiligung als **Transaktion zwischen Eigenkapitalgebern**. Die Differenz zwischen gezahltem oder erhaltenem Betrag und der buchmäßigen Änderung des Minderheitenanteils führt weder zur Aufdeckung von *goodwill* oder stillen Reserven (Aufstockung) noch zu einem Abgangserfolg (Abstockung; Rz 132).

178 Der IASB hat im November 2006 ein Diskussionspapier „*Fair Value Measurements*" herausgegeben, das in Anlehnung an die amerikanischen Vorschriften eine von der Qualität bzw. Objektivierbarkeit der Inputparameter abhängige Verfahrenshierarchie für die *fair-value*-Ermittlung vorsieht. Konzernbilanziell ist insbesondere die Kaufpreisallokation betroffen (Rz 59ff.). In den meisten Fällen wird es durch die Umsetzung des Papiers nicht zu einer effektiven Einschränkung der Verfahrenswahlrechte bei der Bestimmung des *fair value* kommen.

> **Beispiel**[86]
> Die A AG erwirbt alle Anteile an der ebenfalls in der Kosmetikbranche tätigen C GmbH Im Rahmen der Kaufpreisallokation ist die renommierte Marke „BeautyFuel" der GmbH zum *fair value* zu bewerten. Es liegen weder ein beobachtbarer Marktpreis noch Vergleichstransaktionen vor.
> Das Management zieht folgende Bewertungsmethoden in Betracht (Rz 81):
> - Barwert des Mehrgewinns (*incremental cash flow*) gegenüber Produktion und Absatz einer No-Name-Kosmetik.
> - Lizenzpreisanalogie (*relief from royalty*): Auf eine unternehmensspezifische Bezugsgröße (Umsatzerwartung) wird eine marktbasierte Lizenzierungsrate angewandt und die sich so ergebenden Opportunitätszahlungsströme werden diskontiert.
>
> Die Mehrgewinnbetrachtung muss in wesentlichen Elementen auf interne Annahmen aufbauen und ist daher der qualitativ niedrigsten Bewertungsstufe (Level 3) zuzurechnen.
> Für die Lizenzrate stehen öffentliche Datenquellen zu Verfügung. Insoweit scheint die Methode im Hinblick auf die Objektivität der Inputparameter höher angesiedelt. Die Datenquellen weisen aber erhebliche Schwankungsbreiten (3,0 – 9,0 %) auf. Mit dem Zwang zu Auswahl aus einem breiten Intervall geht der Übergang auf die niedrigste Bewertungsstufe (Level 3) einher.
> Wie bisher bleibt es bei der freien Verfahrenswahl.

10 Zusammenfassende Praxishinweise

Gegenüber den **handelsrechtlichen** Regelungen zum Unternehmenszusammenschluss **unterscheidet** sich IFRS 3 vor allem in folgenden Punkten:

- Qualifizierung eines zivilrechtlichen Unternehmenskaufs als wirtschaftlicher Unternehmenserwerb nur dann, wenn das Zielobjekt bereits vor dem Erwerb am Markt vertreten ist; deshalb keine Aufdeckung eines *goodwill* bei Erwerb eines noch in der *start-up*-Phase befindlichen Unternehmens (Rz 18).
- Einheitliche Regelungen für den *goodwill* im Konzern- und Einzelabschluss, insoweit abweichend vom Handelsrecht auch explizite Regelungen zum negativen Unterschiedsbetrag im Einzelabschluss (Rz 1 und Rz 112).

179

---

[86] Aus LÜDENBACH/FREIBERG, KoR 2006, S. 437ff.

Lüdenbach

- Differenzierung zwischen rechtlichem und wirtschaftlichem Erwerber, Konsolidierung nach der wirtschaftlichen Erwerbsrichtung *(reverse acquisition*; Rz 158 und Rz 5).
- Erstkonsolidierung zwingend auf den Erwerbszeitpunkt (Rz 23).
- Ansatz von Eventualschulden des erworbenen Unternehmens bei der Erstkonsolidierung (Rz 57 und Rz 123).
- Zwingende Aktivierung des *goodwill*, d. h. kein Wahlrecht zur sofortigen Aufwands- oder Rücklagenverrechnung (Rz 111).
- Detaillierte Vorschriften für den Ansatz und die Bewertung immaterieller Einzelwerte (Rz 69), inkl. Kundenbeziehungen (Rz 72) und im Prozess befindlicher Forschungsprojekte (Rz 83), damit Vorkehrung gegen eine pauschale Qualifizierung des nach Aufdeckung der stillen Reserven im Sachvermögen verbleibenden Unterschiedsbetrages als *goodwill*.
- Zwingende Aufdeckung auf die Minderheiten entfallender stiller Reserven (Rz 106).
- Ansatz der stillen Reserven nach den Verhältnissen des Kontrollerlangungszeitpunktes bei einem mehrstufigen Erwerb; Erfassung des Zuwachses der stillen Reserven gegenüber den Erwerbszeitpunkten früherer Tranchen in einer Neubewertungsrücklage (Rz 124).

Lüdenbach

§ 32 TOCHTERUNTERNEHMEN IM KONZERN- UND EINZELABSCHLUSS

Inhaltsübersicht	Rz
Vorbemerkung	
1 Zielsetzung, Regelungsinhalt und Begriffe	1–7
1.1 Konzernbilanzierung: Verhältnis von IAS 27 zu anderen Konzern-Standards	1–5
1.2 Bilanzierung von Anteilen an Tochterunternehmen im Einzelabschluss, Verhältnis von IAS 27 zu IAS 39	6
1.3 Beziehungen von IAS 27 zur IAS-Verordnung der EU und zu § 315a HGB	7
2 Kontrollkonzept als Grundlage des Konzernbegriffs	8–79
2.1 Überblick	8–15
2.2 Kontrolle durch Stimmrechtsmehrheit	16–33
2.2.1 Widerlegbare Vermutung, Beweislastregel	16–19
2.2.2 Indirekte Beteiligungen	20–24
2.2.3 Präsenzmehrheiten	25–26
2.2.4 Widerlegung der Kontrollvermutung durch Satzung, Entherrschungsvertrag usw.	27–33
2.2.4.1 Allgemeine Anforderungen	27–31
2.2.4.2 Besondere Ausprägung der Minderheitsrechte (Stimmrechtsquoren)	32–33
2.3 Kontrolle ohne Stimmrechtsmehrheit	34–56
2.3.1 Fallvarianten, Notwendigkeit einer Gesamtwürdigung	34–39
2.3.2 Bestimmung der Geschäfts- oder Finanzpolitik durch Satzung oder Vereinbarung	40–42
2.3.3 Personen- oder Stimmrechtsmehrheit im Geschäftsführungs- oder Aufsichtsorgan	43–45
2.3.4 Faktische Kontrolle	46–47
2.3.5 Potenzielle Stimmrechte	48–56
2.3.5.1 Erweiterung der Konsolidierungspflicht durch Erwerb von Kaufoptionen auf Anteile (Optionsinhaberposition)	48–54
2.3.5.2 Vermeidung der Konsolidierungspflicht durch Einräumung von Kaufoptionen an Dritte (Stillhalterposition)	55–56
2.4 Zweckgesellschaften *(special purpose entities)*	59–77
2.4.1 Anwendungsfälle: ABS-Transaktionen, Leasing-Objektgesellschaften, Spezialfonds	59–66

Lüdenbach

	2.4.2 Grenzen des Anwendungsbereichs von SIC 12 ...	67–69
	2.4.2.1 *Joint ventures*	67
	2.4.2.2 Fehlen einer eng definierten Zwecksetzung	68–69
	2.4.3 SPEs als Tochterunternehmen: Merkmale	70–75
	2.4.4 Verfahren zur Feststellung der Mehrheit der Chancen und Risiken	76
	2.4.5 Zellulare Strukturen, *multi-seller-SPEs*	77
2.5	Abgrenzung Tochterunternehmen von assoziierten und Gemeinschaftsunternehmen	78–79
3	Konzernabschlusspflicht, Konsolidierungskreis, Bilanzstichtag	80–103
3.1	Konzernabschlusspflicht	80–84
	3.1.1 Vorrang von EU- und nationalem Recht bei der Bestimmung der Konzernabschlusspflicht	80–81
	3.1.2 Keine originäre Konzernabschlusspflicht nach IFRS	82–83
	3.1.3 Gleichordnungskonzerne – *combinded statements* .	84
3.2	Konsolidierungskreis	85–98
	3.2.1 Weltabschlussprinzip	85
	3.2.2 Zur Veräußerung bestimmte Anteile an Tochterunternehmen	86–89
	3.2.3 Dauernde Beschränkung des Finanzmitteltransfers	90–91
	3.2.4 Nichteinbeziehung aus *materiality-* oder Kosten-Gründen	92–95
	3.2.5 Konsolidierung von assoziierten und Gemeinschaftsunternehmen	96–98
3.3	Konzernbilanzstichtag, abweichende Stichtage von Tochterunternehmen	99–103
4	Konsolidierungsverfahren	104–152
4.1	Überblick über die Konsolidierungsschritte	104
4.2	Vereinheitlichung in Ansatz und Bewertung	105–108
4.3	Kapitalkonsolidierung	109
4.4	Schuldenkonsolidierung	110–125
	4.4.1 Zeitliche Buchungsunterschiede	110–111
	4.4.2 Differenzen aufgrund unterschiedlicher Bilanzstichtage	112
	4.4.3 Echte Aufrechnungsdifferenzen	113–116
	4.4.4 Wandelanleihen	117–119
	4.4.5 Ausstehende Einlagen beim Tochterunternehmen	120–121
	4.4.6 Drittschuldverhältnisse.....................	122–125
4.5	Aufwands- und Ertragskonsolidierung	126–127
4.6	Zwischenergebniseliminierung	128–139
	4.6.1 Zweck und Inhalt der Zwischenergebniseliminierung	128–129
	4.6.2 Rechnerische Ermittlung, *materiality-*Überlegungen	130–135
	4.6.3 Buchungstechnik (Beispiele)	136

Lüdenbach

4.6.4 Zwischenergebniseliminierung bei Minderheitenanteilen 137–139
4.7 Minderheitenanteil in Bilanz und GuV 140–152
4.7.1 Erstkonsolidierung und Folgekonsolidierung 140–144
4.7.2 Negative Minderheitenanteile 145–147
4.7.3 Auswirkung von Call- und Put-Optionen auf den
Ausweis von Minderheitenanteilen 148–151
4.7.4 Minderheitenanteile im mehrstufigen Konzern .. 152
5 Hinzuerwerb und Veräußerung von Anteilen 153–164
5.1 Hinzuerwerb von Anteilen 153–154
5.2 Veräußerung von Anteilen 155–164
5.2.1 Veräußerung sämtlicher Anteile (Entkonsolidierung) 155–160
5.2.1.1 Grundfall ohne Minderheiten 155–158
5.2.1.2 *Goodwill* bei der Entkonsolidierung 159
5.2.1.3 Entkonsolidierung bei Minderheitenanteilen 160
5.2.2 Veräußerung eines Teils der Anteile 161–164
6 Anteile an Tochtergesellschaften im Einzelabschluss der Mutterunternehmung 165–168
7 Latente Steuern 169–177
8 Ausweis-Besonderheiten im Konzern 178–183
9 Angaben 184–187
10 Anwendungszeitpunkt, Rechtsentwicklung 188–191
11 Übergang vom HGB- zum IFRS-Konzernabschluss – Praxisprobleme 192
12 Zusammenfassende Praxishinweise 193

Schrifttum: Alvarez/Wotschofsky/Miethig, Leasingverhältnisse nach IAS 17, Zurechnung, Bilanzierung, Konsolidierung, WPg 2001, S. 933ff.; Baetge/Hermann, Probleme der Entkonsolidierung im Konzernabschluss, WPg 1995, S. 225ff.; Baetge/Schulze, IAS 27, in: Baetge u. a., Rechnungslegung nach IAS; Bischof/Ross, Qualitative Mindestanforderungen an das Organ nach HGB und IFRS bei einem Mutter-Tochter-Verhältnis durch Organbestellungsrecht, BB 2005, S. 203ff.; Böcking/Klein/Lopatta, Der Entwurf des DSR zum Purchase Accounting: Ein weiterer Schritt zur kapitalmarktorientierten Rechnungslegung, KoR 2000, S. 10ff.; Brücks/Richter, Business Combination (Phase II), KoR 2005, S. 407; DSR, DRS 1, Befreiender Konzernabschluss nach § 292a HGB; DSR, DRS 4, Unternehmenserwerbe im Konzernabschluss; Epstein/Mirza, Interpretation and Application of IAS 2004; Engelmann/Zülch, Pflicht zur Aufstellung eines IFRS-Konzernabschlusses trotz nach HGB unwesentlicher Tochterunternehmen, DB 2006, S. 293ff.; Ernst & Young, International GAAP 2007; Hanft/Brossius, Die Endkonsolidierung defizitärer Tochterunternehmen, KoR 2002, S. 33ff.; Hanft/Kretschmer/Eschborn, Negative Lüdenbach

Minderheitenanteile im Konzernabschluss nach HGB, US-GAAP und IAS, BB 2002, S. 2047ff.; HELMSCHROTT, Einbeziehung einer Leasingobjektgesellschaft in den Konzernabschluss des Leasingnehmers nach HGB, IAS und US-GAAP, DB 1999, S. 1865ff.; HEURUNG, Kapitalkonsolidierungsmethoden für verbundene Unternehmen im Vergleich zwischen IAS und US-GAAP, DB 2000, S. 1773ff.; HEUSER/THEILE, IAS/IFRS-Handbuch, 2. Aufl., 2005; IDW, RS HFA 8, Zweifelsfragen zur Bilanzierung von asset backed securities-Gestaltungen oder ähnlichen securisation-Transaktionen; IDW, RS HFA 2 n.F., Einzelfragen zur Anwendung von IAS; KNORR/BUCHHEIM/ SCHMIDT, Konzernrechnungslegungspflicht und Konsolidierungskreis – Wechselwirkungen und Folgen für die Verpflichtung zur Anwendung von IFRS, BB 2005, S. 2399; KPMG, Insights into IFRS, 3. Aufl., 2006; KÜTING/WIRTH, Implikationen von IAS 36 (rev. 2004) auf die Firmenwertberücksichtigung bei einer teilweisen Endkonsolidierung ohne Wechsel der Konsolidierungsmethode, KoR 2005, S. 415; KUHN/SCHOBER, Transparenz bei Spezialfonds durch IAS 39, DB 2001, S. 2661ff.; KUSTNER, Special Purpose Entities. Wirtschaftliche Merkmale und Bilanzierung in der internationalen Rechnungslegung, KoR 2004, S. 308ff.; LÜDENBACH, Mit Rücklagen verrechneter Goodwill bei der Entkonsolidierung, PiR 2005, S. 62ff.; LÜDENBACH/HOFFMANN, Enron und die Umkehrung der Kausalität bei der Rechnungslegung, DB 2002, S. 1169ff.; LÜDENBACH/HOFFMANN, Übergangskonsolidierung und Auf- oder Abstockung von Mehrheitsbeteiligungen nach ED IAS 27 und ED UFRS 3, DB 2005, S. 1805ff.; LÜDENBACH/ VÖLKNER, Abgrenzung des Kaufpreises von sonstigen Vergütungen bei der Erst- und Entkonsolidierung, BB 2006, S. 1435ff.; MELCHER/PENTER, Konsolidierung von Objektgesellschaften und ähnlichen Strukturen nach US-GAAP, DB 2003, S. 513ff.; MÜLLER/OVERBECK/BÜHRER, Der Risks- and Rewards-Ansatz bei der Konsolidierung von Zweckgesellschaften nach IFRS. Die Cashflow-Analyse nach FIN 46 als mögliches Vorbild für eine praxisorientierte Auslegung von SIC 12?, BB 2005, Beil. 8 zu Heft 32, S. 26ff.; PELLENS/ SELLHORN/AMSHOFF, Reform der Konzernbilanzierung, Neufassung von IFRS 3 Business Combinations, DB 2005, S. 1749; RUHNKE/SCHMIDT/ SEIDEL, Einbeziehungswahlrechte und -verbote im IAS-Konzernabschluss, DB 2001, S. 657ff.; SCHMIDBAUER, Die Konsolidierung von „Special Purpose Entities" nach IAS und HGB, insbesondere unter Berücksichtigung von E-DRS 16, DStR 2002, S. 1013ff.; SCHRUFF/WIENAND/ROTHENBURGER, Zur Konsolidierung von Special Purpose Entities im Konzernabschluss nach US-GAAP, IAS und HGB, WPg 2002, S. 755ff.; SENGER/ELPRANA, Unternehmensverbindungen, in: Beck'sches IFRS-Handbuch, 2. Aufl., 2006, § 29; WEBER/ BÖTTCHER/GRIESEMANN, Spezialfonds und ihre Behandlung nach deutscher und internationaler Rechnungslegung, WPg 2002, S. 905ff.

Vorbemerkung

Die folgende Kommentierung beruht auf IAS 27 und IFRS 3 in der aktuellen Fassung. Bis zum 1.1.2007 ergangene Änderungen, Ergänzungen oder Interpretationen sind berücksichtigt. Abweichungen gegenüber älteren Versionen bzw. Standards sind als solche dargestellt und ebenso wie vorliegende Änderungsentwürfe unter Rz 189ff. zusammengefasst.

1 Zielsetzung, Regelungsinhalt und Begriffe

1.1 Konzernbilanzierung: Verhältnis von IAS 27 zu anderen Konzern-Standards

Vorschriften für den Konzernabschluss finden sich an verschiedenen Stellen des IFRS-Regelwerks. Vorrangig geht es um folgende Standards:

- **IAS 21** behandelt die **Währungsumrechnung** der Abschlüsse konsolidierungspflichtiger Unternehmen in die Konzernwährung (→ § 27).
- **IFRS 3** behandelt die Erst- und Folgekonsolidierung von Tochterunternehmen, d. h. die Verrechnung des Beteiligungsbuchwertes bei Mutterunternehmen mit dem zu konsolidierenden Vermögen des Tochterunternehmens und die Aufdeckung von *goodwill* und stillen Reserven (Kapitalkonsolidierung; → § 31).
- **IAS 27** behandelt Fragen des **Konsolidierungskreises** (einzubeziehende Unternehmen), des **Konzernabschlussstichtages**, der **Schulden- und Aufwandskonsolidierung** sowie der **Zwischenergebniseliminierung**.
- IAS 28 und IAS 31 behandeln **assoziierte Unternehmen** und **Gemeinschaftsunternehmen** (→ § 33 und 34).

Systematisiert stellt sich das Verhältnis der Vorschriften wie folgt dar:

- **IFRS 3 und IAS 27** sind die zentralen Standards zum **Konzernabschluss**. Sie befassen sich mit der Definition und konsolidierungstechnischen Behandlung von **Mutter-Tochter-Beziehungen**, ohne die es einen Konzernabschluss nicht gibt.
- Erst wenn eine Mutter-Tochter-Beziehung vorliegt und somit eine Konzernabschlusspflicht begründet ist, d. h. **nur sekundär**, werden **IAS 28** (→ § 33) und **IAS 31** (→ § 34) konzernabschlussrelevant. Hält das übergeordnete Unternehmen **nur** Beteiligungen an assoziierten Unternehmen (IAS 28) und/oder Gemeinschaftsunternehmen (IAS 31), kommt es nicht zur Konzernabschlusspflicht. IAS 28 und IAS 31 sind in diesem Fall nur für die Bilanzierung von Beteiligungen im Einzelabschluss des übergeordneten Unternehmens von Bedeutung.
- **IAS 21** (→ § 27) behandelt anders als IFRS 3 und IAS 27 nicht allgemeine Fragen des Konsolidierungsverfahrens, sondern das **spezifische Problem der Währungsumrechnung**, das sich nur dann stellt, wenn Einheiten eines Konzerns in verschiedenen Währungen bilanzieren.

Die „Arbeitsteilung" zwischen IFRS 3 und IAS 27 wird in der nachfolgenden Tabelle wiedergegeben.

Lüdenbach

	IFRS 3	IAS 27
Konsolidierungskreis	(X)*	X
Konzernbilanzstichtag		X
Einheitlichkeit von Bilanzierung und Bewertung		X
Zwischenergebniseliminierung, Schulden- und Aufwandskonsolidierung		X
Kapitalkonsolidierung (Unterschiedsbeträge im Konzernabschluss)	X**	(X)*
Minderheitenanteile	X	X
Unterschiedsbeträge (goodwill usw.) im Einzelabschluss	X	

* = in geringerem Umfang
** = relevant auch für assoziierte und Gemeinschaftsunternehmen (IAS 28 und IAS 31)

Tab. 1: Schwerpunkte von IFRS 3 und IAS 27

4 Undeutliche Zuständigkeiten ergeben sich insbesondere bei den komplexen Kapitalkonsolidierungsfragen im Rahmen der Übergangskonsolidierung. Von einer **Übergangskonsolidierung** wird dann gesprochen, wenn sich der Status einer Beteiligung ändert,

- im Rahmen einer **Aufwärtskonsolidierung**, wenn schon vor dem Hinzuerwerb Anteile gehalten wurden (z. B. einfache Beteiligung oder assoziiertes Unternehmen wird durch Hinzuerwerb Tochterunternehmen),
- im Rahmen einer **Abwärtskonsolidierung**, wenn die Anteilsquote durch eine Teilveräußerung unter 50 % sinkt (Tochterunternehmen wird assoziiertes Unternehmen oder einfache Beteiligung).

5 Die ohnehin lückenhafte Behandlung dieser Fragen erfolgt mit unterschiedlichen Schwerpunkten und Perspektiven teils in IFRS 3 (Aufwärtskonsolidierung), teils in IAS 27 (Abwärtskonsolidierung), teils in IAS 28 und IAS 31. Im Rahmen unserer Kommentierung ist daher eine gewisse Redundanz unvermeidlich und möglicherweise nützlich. Schwerpunktmäßig werden behandelt:

- die **Aufwärtskonsolidierung** zum Tochterunternehmen in → § 31 Rz 124ff., daneben in → § 33 Rz 88 und → 34 Rz 76);
- die **Abwärtskonsolidierung** von Tochterunternehmen in Rz 161, daneben in → § 34 Rz 76.

Lüdenbach

1.2 Bilanzierung von Anteilen an Tochterunternehmen im Einzelabschluss, Verhältnis von IAS 27 zu IAS 39

Neben den Konzernvorschriften enthält IAS 27 auch Regelungen zur Bilanzierung von Tochterunternehmen im Einzelabschluss. Da die einzelbilanzielle **Bewertung von Tochterunternehmen** im Gegensatz zur Bilanzierung von „einfachen" Anteilen **nicht** in den Anwendungsbereich von **IAS 39** fällt (IAS 39.2a; → § 28 Rz 11), bedarf es einer Regelung an anderer Stelle. IAS 27 ist hierfür prädestiniert, weil sich der Standard ohnehin mit Fragen der Definition von und der Anhangsangaben für Tochterunternehmen befasst. Wegen Einzelheiten, insbesondere des Verhältnisses der Begriffe „Einzelabschluss" und „separater Abschluss" zueinander, wird auf Rz 165ff. verwiesen.

6

1.3 Beziehungen von IAS 27 zur IAS-Verordnung der EU und zu § 315a HGB

IAS 27 regelt u. a.:
- **ob** ein Konzernabschluss aufzustellen ist (**Konzernabschlusspflicht**) und
- **wer** in einen ggf. aufzustellenden Konzernabschluss einzubeziehen ist (**Konsolidierungskreis**).

7

Für börsennotierte Gesellschaften, die gem. Art. 4 der IAS-Verordnung der EU ab 2005 ihren Konzernabschluss pflichtweise nach IFRS erstellen, und für nicht börsennotierte Gesellschaften, denen das Bilanzrechtsreformgesetz in § 315a HGB ein Wahlrecht zu einem befreienden IFRS-Konzernabschluss gewährt (→ § 7), laufen die IFRS-Regeln zur Konzernabschlusspflicht jedoch ins Leere.

Nach den Vorgaben der EU-Kommission[1] und des Bilanzrechtsreformgesetzes beurteilt sich die **Pflicht** zur Aufstellung, Veröffentlichung und Prüfung eines Konzernabschlusses allein nach der 7. **EU-Richtlinie** und ihrer Umsetzung in nationales Recht (**HGB**). Nur wer nach Maßgabe dieser Bestimmungen einen Konzernabschluss zu erstellen hat und darauf IFRS anwenden muss (börsennotierte Gesellschaften) oder will, unterliegt auch den Vorschriften von IAS 27. Somit ergibt sich für deutsche Anwender folgende **Arbeitsteilung zwischen HGB und IFRS**:
- Beurteilung der **Konzernabschlusspflicht nach HGB**,
- Beurteilung des **Konsolidierungskreises nach IAS 27**.

Im Einzelnen wird auf Rz 80f. sowie → § 7 Rz 8 verwiesen.

---

[1] EU-Kommission, Kommentare zu bestimmten Artikeln der Verordnung (EG) Nr. 1606/2002, www.europa.eu.int/comm/internal_market/accounting/docs/ias/ias-200311-comments_de.pdf.

Lüdenbach

2 Kontrollkonzept als Grundlage des Konzernbegriffs

2.1 Überblick

8 Konzernabschlusspflicht und Konsolidierungskreis sind nach IAS 27 durch das Vorliegen von **Mutter-Tochter-Beziehungen** bestimmt. IAS 27.4 definiert dementsprechend den Konzern *(group)* als „ein Mutterunternehmen sowie alle seine Tochterunternehmen". Damit stellt sich die Frage, wann eine Mutter-Tochter-Beziehung anzunehmen ist. Nach der allgemeinen Definition in IAS 27.4 setzt eine Mutter-Tochter-Beziehung **eine Beherrschung** *(control)* voraus, d. h.

- „die **Möglichkeit**, die Finanz- und Geschäftspolitik eines Unternehmens zu **bestimmen**,
- um aus dessen Tätigkeit **Nutzen** zu ziehen".

9 Das Merkmal der **Nutzenziehung** soll etwa notwendig sein, damit **treuhänderisch** gehaltene Anteile nicht dem Treuhänder zuzurechnen sind.[2] Regelmäßig wird der Treuhänder aber aufgrund des Treuhandvertrags auch in seinen Entscheidungen an die Vorgaben des Treugebers gebunden sein, so dass ihm schon die Möglichkeit zur Bestimmung der Geschäftspolitik fehlt. Insoweit ist beim Treuhandverhältnis eher eine Identität der beiden Definitionsmerkmale gegeben. Zu einem Auseinanderfallen kann es hingegen bei sog. **Zweckgesellschaften** kommen (Rz 72).

10 Die allgemeine Definition der Beherrschung bzw. Kontrolle (nachfolgend synonym verwendet) wirft vor allem die Frage auf, unter welchen Umständen und Voraussetzungen die **Möglichkeit**, ein anderes Unternehmen zu bestimmen, zu bejahen bzw. zu verneinen ist. Die zentrale Frage, ob überhaupt eine Konzernabschlusspflicht (nach IAS 27) besteht und welche Unternehmen in den Konzernabschluss einzubeziehen sind, kann nicht beliebiger Interpretation des Begriffs der „Möglichkeit" überlassen werden. Interpretationsleitlinien, Regelvermutungen usw. sind notwendig und werden in IAS 27.13ff. wie folgt gegeben:

- **Widerlegbare Regelvermutung:** Eine Beherrschung wird angenommen, wenn ein Unternehmen, direkt oder indirekt, über **mehr als die Hälfte der Stimmrechte** an einem anderen Unternehmen verfügt (IAS 27.13 S. 1). In außergewöhnlichen Fällen und bei eindeutigem Nachweis fehlender Beherrschung kann diese Vermutung widerlegt werden.
- **Zusatzvermutung:** Eine Beherrschung kann auch ohne Stimmrechtsmehrheit vorliegen, wenn **auf andere Weise**, z. B. durch mehrheitliche Vertretung im Geschäfts- und/oder Aufsichtsorgan die Möglichkeit gegeben ist, die Finanz- und Geschäftspolitik des Beteiligungsunternehmens zu bestimmen (IAS 27.13 Satz 2).

---

[2] So ERNST & YOUNG, International GAAP 2007, S. 385.

Lüdenbach

Je nach Konkretisierung des Beherrschungsbegriffs ist also zwischen Kontrolle   11
- **durch** Stimmrechtsmehrheit und
- **ohne** Stimmrechtsmehrheit

zu unterscheiden.
In die zweite Gruppe fallen auch die besonderen Regelungen von SIC 12 zu   12
Zweckgesellschaften *(special purpose entities)*, die z. B. für *off-balance-sheet*-Finanzierungen eingesetzt werden (Rz 65).
Der Konzernbegriff definiert sich   13
- über die **Möglichkeit**, die Geschäftspolitik eines Unternehmens zu bestimmen,
- auf die **tatsächliche** Einflussnahme, also die Ausübung der Möglichkeit, kommt es nicht an.

Andererseits lässt aber eine dauerhafte **tatsächliche** Einflussnahme regelmäßig   14
den Rückschluss auf eine **gesicherte Möglichkeit** der Beherrschung zu. Unter
dieser Voraussetzung ist ein Mutter-Tochter-Verhältnis i. d. R. auch bei **faktischer** Kontrolle zu bejahen (vgl. Rz 46). Aus dieser Sicht ist der Kontrollbegriff der umfassendere Begriff: Die gesicherte Möglichkeit schließt die tatsächliche Einflussnahme regelmäßig ein.

Aus diesem Grund hat der Unterschied zwischen einem Bilanzierungssystem,   15
das nur auf das Kontrollkonzept abstellt (IFRS), und einem Regelungssystem,
das auch faktische Leitungsmacht genügen lässt (§ 290 Abs. 1 HGB), eher
akademische als praktische Bedeutung.

2.2 Kontrolle durch Stimmrechtsmehrheit

2.2.1 Widerlegbare Vermutung, Beweislastregel
IAS 27.13 definiert die Beherrschung wie folgt: „Eine Beherrschung wird dann   16
angenommen, wenn das Mutterunternehmen, entweder direkt oder indirekt
über Tochterunternehmen, über mehr als die Hälfte der **Stimmrechte** eines
Unternehmens verfügt; dies gilt nicht, wenn sich in außergewöhnlichen Umständen *(exceptional circumstances)* eindeutig nachweisen *(clearly demonstrate)*
lässt, dass ein derartiger Besitz keine Beherrschung begründet" (Rz 27).
Die **Stimmrechtsmehrheit** kann auf drei Arten zustande kommen (Rz 34f.):   17
- Alle **Stimmrechte** entsprechen den **Kapitalanteilen**. Das Mutterunternehmen verfügt über die Kapitalmehrheit und damit auch über die Stimmrechtsmehrheit.
- Die Kapitalanteile sind mit **unterschiedlichen Stimmrechten** ausgestattet (stimmrechtslose Anteile, Mehrstimmrechtsanteile usw.). Das Mutterunternehmen verfügt unter Berücksichtigung dieser Sonderregelungen über die Mehrheit der Stimmrechte.
- Das Mutterunternehmen hat aufgrund seiner Kapitalanteile, auch unter Berücksichtigung der besonderen Ausstattung mit Mehrstimmrechten usw., keine Stimmrechtsmehrheit, es kann jedoch aufgrund von (**Stimmrechts-)Vereinbarungen** mit anderen Gesellschaften über deren Stimm-

Lüdenbach

18 Die Ermittlung der Stimmrechtsquote ergibt sich technisch als **Quotient aus eigenen Stimmrechten und Gesamtzahl der Stimmrechte**. Anders als § 290 HGB sieht IAS 27 keine expliziten Vorschriften zur Ermittlung dieser beiden Größen vor. In Anwendung allgemeiner Grundsätze gilt aber Folgendes:

- Das Mutterunternehmen verfügt in wirtschaftlicher Betrachtung **nicht** über Anteile bzw. Stimmrechte, die es für **konzernexterne Dritte** (z. B. als Treuhänder oder Sicherungsnehmer) hält, wenn es diese Rechte nach Weisung oder wenigstens im Interesse des Dritten ausüben muss. Im Falle der Einzelweisung fehlt es schon an der Möglichkeit, die Politik des untergeordneten Unternehmens zu bestimmen, im Falle des Handelns im Interesse des Konzernfremden erfolgt die Einflussnahme jedenfalls nicht mit der Zweckrichtung, eigenen Nutzen zu ziehen (IAS 27.6).
- Umgekehrt sind den eigenen Stimmrechten Stimmrechte **hinzuzurechnen**, die Konzernfremde **für Rechnung** des Mutterunternehmens halten.
- Bei der **Gesamtzahl der Stimmrechte** ist ein **Abzug** für solche Stimmrechte vorzunehmen, die nicht ausgeübt werden können, z. B. weil sie auf **eigene Anteile** entfallen und das Gesetz die Ausübung von Rechten auf eigene Anteile nicht zulässt.

19 Zum letzten Punkt folgendes Beispiel:

Beispiel
Die T AG hat 5 Mio. Aktien ausgegeben. Sie hat davon zuletzt nach § 71 AktG 500.000 Aktien erworben.
Die M AG hält 2,2 Mio. Aktien der T AG.
Nach § 71b AktG stehen der T AG aus den eigenen Aktien keine Rechte zu.
Die Stimmrechtsquote der M bestimmt sich danach wie folgt:
2,2 Mio./4,5 Mio. = 49 %.
Es liegt kein Mutter-Tochter-Verhältnis vor.

Variante 1
Von den 4,5 Mio. im Umlauf befindlichen Aktien entfallen 1,5 Mio. auf die konzernfremde X AG. Die X AG hat einen großen Teil dieser Aktien erst vor kurzer Zeit erworben und ist dadurch in den Besitz von mehr als 25 % der Anteile gelangt. Der damit verbundenen Mitteilungspflicht gegenüber der Gesellschaft nach § 20 Abs. 1 AktG ist die X AG noch nicht nachgekommen. Für die Zwischenzeit stehen der X AG daher die Rechte aus den Aktien nicht zu (§ 20 Abs. 7 AktG).
Bei Ausklammerung der Aktien der X AG würde die M AG über 2,2 Mio./3 Mio., also über 73 % der Anteile verfügen.
Die X AG kann jedoch die unterlassene Mitteilung jederzeit nachholen und erlangt dann sofort volle Stimmrechte. Die M AG kann somit die T

> AG nur so lange beherrschen, wie die X AG dies duldet. Eine geduldete Beherrschung ist aber keine Beherrschung aus eigenem Recht. U.E. bleibt es deshalb bei der Stimmrechtsquote von 49 %.
>
> **Variante 2**
> Die T AG ist eine börsennotierte Gesellschaft im Sinne des § 2 Abs. 2 WpHG.
> Die X AG unterliegt nach § 20 Abs. 8 AktG von vorneherein keinen Stimmrechtsbeschränkungen, so dass es der vorgenannten Abwägung und Überlegung nicht bedarf.

2.2.2 Indirekte Beteiligungen

Das Mutterunternehmen kann gemäß IAS 27.13 nicht nur direkt, sondern auch **indirekt über andere Tochterunternehmen** über **Stimmrechte** am untergeordneten Unternehmen verfügen. Besteht die indirekte Beteiligung neben der direkten Beteiligung, sind beide Beteiligungen **zusammenzurechnen**.

Fraglich ist, in **welcher Höhe** die indirekte Beteiligung zu berücksichtigen ist. Nach § 290 Abs. 2 HGB sind die vom (anderen) Tochterunternehmen gehaltenen Anteile voll und nicht lediglich quotal dem Mutterunternehmen zuzurechnen. In IAS 27 findet sich keine ausdrückliche Regelung. U.E. ist die Beteiligung des anderen Tochterunternehmens im Normalfall voll zu berücksichtigen, im Einzelfall aber eine andere Beurteilung möglich, wenn die indirekte Kontrollmöglichkeit über das andere Tochterunternehmen eingeschränkt ist.

Hierzu folgendes Beispiel:

> **Beispiel**
> Die M AG ist
> - zu 30 % an der T2 und
> - zu 60 % an der T1 (an den Stimmrechten) beteiligt.
> - T1 hält wiederum 30 % der Anteile an der T2.
>
> Rechnerisch beträgt der Anteil der M AG an der T2
> 30 % (direkt)
> + 60 % × 30 % = 18 % (indirekt über T1)
> = 48 % (gesamt).
> Für die Beurteilung der Konsolidierungspflicht sind hingegen die der T1 zuzurechnenden Anteile voll anzusetzen, weil T1 bei jeder über 50 % hinausgehenden Beteiligung von M beherrscht wird, somit
> 30 % (direkt)
> + 30 % (indirekt über T1)
> = 60 % (gesamt).
> T2 ist Tochterunternehmen, weil M über 30 % der Stimmrechte direkt und über weitere 30 % indirekt, also insgesamt über 60 % der Stimmrechte verfügt.

Lüdenbach

> **Variante**
> Werden die anderen 40 % an der T1 jedoch von E gehalten und ist durch den Gesellschaftsvertrag von T1 oder in sonstiger Weise gesichert, dass abweichend von den sonstigen geschäftspolitischen Maßnahmen der T1 alle Entscheidungen der T1 in Bezug auf die Beteiligung an der T2 ein Einvernehmen von M und E voraussetzen, so greift die Kontrolle von M auf T1 nicht auf T2 durch. T1 ist zwar Tochterunternehmen von M, da für alle sonstigen geschäftspolitischen Maßnahmen der T1 normale Mehrheitsregeln gelten. M kann jedoch nur im Einvernehmen mit E die Stimmrechte der T1 in der Gesellschafterversammlung T2 ausüben.
> M beherrscht somit nur die eigenen Anteile an der T2, während es die von T1 an T2 gehaltenen Anteile nicht beherrscht. T2 ist nicht Tochterunternehmen der M.

23   Auch für die indirekte Beteiligung kommt es auf die wirtschaftliche Zurechnung der Stimmrechte an; bei Treuhandvereinbarungen usw. sind also Zu- oder Abrechnungen vorzunehmen (Rz 18).

24   Keinen Eingang in die Gesamtbetrachtung der direkt und indirekt gehaltenen Anteile finden solche Anteile, die das Mutterunternehmen über assoziierte Unternehmen (→ § 33) oder *joint ventures* (→ § 34) hält. Sie sind nicht zu berücksichtigen.

2.2.3 Präsenzmehrheiten

25   Bei Publikumsgesellschaften mit breit gestreutem Anteilsbesitz kann ein mit weniger als 50 % beteiligter Großaktionär über eine **dauerhafte Mehrheit in der Hauptversammlung** verfügen, wenn viele Kleinaktionäre nicht, auch nicht im Wege der Stimmrechtsvollmacht, an der Hauptversammlung teilnehmen. Die herrschende handelsrechtliche Meinung nimmt für diesen Fall kein Mutter-Tochter-Verhältnis an.[3] Für die IFRS-Bilanz wird z.T. eine großzügigere Auslegung vertreten:

- **Für** die Berücksichtigung von Präsenzmehrheiten spricht die allgemeine Definition des Beherrschungsbegriffs in IAS 27.4. Eine dauerhafte Präsenzmehrheit verschafft die nachhaltige Möglichkeit zur Bestimmung der Geschäftspolitik eines anderen Unternehmens.
- **Gegen** die Berücksichtigung der Präsenzmehrheit spricht andererseits die Regelung in IAS 27.13a. Danach ist ein Unternehmen, dem weniger als die Hälfte der Stimmrechte zusteht, gleichwohl als Mutterunternehmen anzusehen, wenn es „kraft einer mit anderen Anteilseignern abgeschlossenen **Vereinbarung**" über mehr als die Hälfte der Stimmrechte verfügen kann. Ein solcher Fall der Vereinbarungen mit anderen Anteilseignern liegt im Falle der Präsenzmehrheit nicht vor. Im Umkehrschluss könnte daher IAS 27.13a die Nichtberücksichtigung von Präsenzmehrheiten rechtfertigen.

---

[3] Vgl. BERGER/LÜTTIKE, BECK'scher Bilanzkommentar, 5. Aufl., § 290 Tz 41.

Lüdenbach

Bis zur dritten Auflage haben wir deshalb die Ansicht vertreten, dass bis zum **26** Ergehen einer spezifizierten Regelung beide Auffassungen vertretbar sind mit der Folge eines **faktischen Wahlrechts** zur (Nicht-)Berücksichtigung von Präsenzmehrheiten.[4] Eine formelle Regelung **fehlt** nach wie vor. Auf informeller Ebene hat sich der IASB aber im Oktober 2005 wie folgt geäußert:[5]
- Ein Minderheitsgesellschafter könne ein Unternehmen **faktisch** beherrschen *(de facto control)*, wenn die restlichen Anteile breit gestreut seien. Eine rechtliche Stimmrechtsmehrheit sei nicht in jedem Fall erforderlich.
- Allerdings **fehle** es in der *Implementation Guidance* zu IAS 27 an Hinweisen, wann genau eine solche *de facto control* vorliege.

Derartige Hinweise sollen erst im Zuge der **Gesamtüberarbeitung** des Kontrollkonzepts (Rz 191) gegeben werden. Bis dahin bestehe die Gefahr der unterschiedlichen Rechtsanwendung fort.

U. E. sind diese Bemerkungen des IASB wie folgt zu interpretieren:
- In **klaren** Fällen, etwa bei einem 49 %-Gesellschafter und ständig geringer Hauptversammlungspräsenz der anderen Gesellschafter, ist bereits jetzt zwingend eine Beherrschung anzunehmen,
- In **weniger klaren** Fällen besteht mangels Implementierungshinweisen des IASB der bisherige Ermessensspielraum fort.[6]

Beispiel
A hat einen 49,5%igen Anteil an T1, B einen 36%igen an T2. Die Präsenzquote in den Hauptversammlungen der letzten 5 Jahre lag nie über 60 %. Die dauerhafte Präsenzmehrheit beträgt daher in erster Betrachtung:
- für A 49,5/60 = 82,5 %,
- für B 33/60 = 55,0 %.

Allerdings ist in den Hauptversammlungen der letzten 5 Jahre nie über „außerordentliche" Themen wie etwa eine Kapitalherabsetzung, eine Änderung des Geschäftszwecks oder eine bedingte Kapitalerhöhung mit Bezugsrechtsausschluss verhandelt worden. Ein Ansteigen der Präsenzquote um 10 bis 20 Prozentpunkte bei einer entsprechenden Agenda ist eher wahrscheinlich. Unter dieser Annähme wäre die Stimmrechtsquote wie folgt:
- für A 49,5/80 bis 49,5/70 = 62 % bis 71 %,
- für B 33/80 bis 33/70 = 41 % bis 47 %.

Die Präsenzmehrheit des A ist robust gegenüber geänderten Präsenzquoten, die des B hingegen nicht. Unter diesen Umständen wird man bei A eine Kontrolle annehmen müssen, bei B hingegen mangels spezifischer Anwendungsbestimmungen ein faktisches Wahlrecht.

---

[4] Vgl. dazu auch BISCHOF/ROSS, BB 2005, S. 203ff., sowie IASB Update September 2003.
[5] IASB Update October 2005.
[6] Ähnlich nun ERNST & YOUNG, International GAAP 2007, S. 383.

Lüdenbach

2.2.4 Widerlegung der Kontrollvermutung durch Satzung, Entherrschungsvertrag usw.

2.2.4.1 Allgemeine Anforderungen

27 Nach IAS 27.13 ist bei Besitz von mehr als der Hälfte der Stimmrechte eines Unternehmens dessen Beherrschung anzunehmen, „es sei denn, dass sich in außergewöhnlichen Umständen eindeutig nachweisen lässt, dass ein derartiger Besitz keine Beherrschung begründet". Die Mehrheit der Stimmrechte begründet danach eine **widerlegbare Vermutung** zugunsten der Beherrschung (Rz 16). Diese Vermutung kann

- **materiell** nur bei Vorliegen **außergewöhnlicher Umstände** *(exceptional circumstances)* und
- **formell** nur durch **eindeutigen** Gegenbeweis *(clear demonstration)* widerlegt werden.

28 Hierbei kommt dem **Kriterium der außergewöhnlichen Umstände** u. E. keine so große Bedeutung zu. Es setzt als Vergleichsmaßstab gewöhnliche Umstände voraus. In der Vielfalt des Wirtschafts- und Vertragslebens fällt es aber schwer, das Gewöhnliche vom Außergewöhnlichen zu unterscheiden, so dass entweder alles als gewöhnlich gelten würde *(anything goes)* oder gar nichts. Jedenfalls fehlt es in IAS 27 an jeglicher Beschreibung dessen, was außergewöhnlich sein könnte, so dass das Kriterium für die Anwendung kaum taugt.

29 Das **Kriterium des eindeutigen Nachweises** ist weniger weich. Man kann hier zunächst unterscheiden zwischen

- vertraglich oder gesetzlich, d. h. **rechtlich gesicherten Verhältnissen**, und
- stetigem Wandel unterliegenden **faktischen Verhältnissen**.

30 Ein **vertraglich oder gesetzlich** feststehender **Verlust der Beherrschung** ist z. B. gegeben,

- in der **Insolvenz** mit Übergang aller wesentlichen Verfügungsrechte auf den Insolvenzverwalter (IAS 27.21),
- im Falle eines **Entherrschungsvertrages** zwischen Mutter- und Tochterunternehmen (Umkehrschluss aus IAS 27.13a),
- in Fällen, in denen der Gesellschaftsvertrag alle wesentlichen Entscheidungen an ein über der bestehenden Stimmrechtsquote liegendes **Quorum** (z. B. 75 %) bindet,
- in Fällen, in denen nach ausländischem Recht Produktion, Preise, Zusammensetzung der Geschäftsführung usw. in erheblichem Maße durch **staatliche Behörden und Vorschriften** beschränkt sind.

31 Hingegen fällt es schwer, eindeutige Fälle der **faktischen Widerlegung** einer Beherrschung anzunehmen. Unter Berücksichtigung der Beherrschungsdefinition des IAS 27.4 könnte an den Fall der langfristigen und wesentlichen **Beeinträchtigung des Finanzmitteltransfers** gedacht werden (Rz 90). In diesem Fall soll nach IAS 27.IN9 aber dennoch ein Tochterunternehmen vorliegen können. Wenn schon langfristige und wesentliche Beeinträchtigungen des Finanzmitteltransfers eines Mutterunternehmens allein **nicht als Widerlegung** der Kontrollvermutung taugen, so werden auch Fälle, in denen etwa ein

Minderheitsgesellschafter vertraglich ungesichert und damit jederzeit entziehbar zentrales Know-How und zentrale Geschäftsbeziehungen besitzt, nicht als eindeutige Widerlegung gelten können. Die Widerlegbarkeit der Kontrollvermutung ist damit im Wesentlichen auf **vertragliche** oder **gesetzliche** Fälle beschränkt.

2.2.4.2 Besondere Ausprägung der Minderheitsrechte (Stimmrechtsquoren)

Ein Gesellschaftsvertrag kann **Einstimmigkeit** in der Gesellschafterversammlung bezüglich aller **wesentlichen** Entscheidungen oder aber ein vom Mehrheitsgesellschafter nicht erreichbares **Quorum** vorsehen. In einem derartigen Fall liegt nur eine formelle, aber keine materielle Stimmrechtsmehrheit des Hauptgesellschafters vor. Nach dem Grundsatz *substance over form* ist die Kontrollvermutung ohne weiteres widerlegt. Dies ergibt sich auch aus dem **Rechtsvergleich** zur 7. EU-RL und ihrer Umsetzung im HGB.

- Zwar geht auch § 290 Abs. 2 Nr. 1 HGB von der Annahme einer Beherrschungsmöglichkeit durch Stimmrechtsmehrheit aus. Ob dies im Einzelfall tatsächlich der Fall ist, bleibt aber nach herrschender handelsrechtlicher Meinung unerheblich. Die handelsrechtlichen Voraussetzungen für ein Mutter-Tochter-Verhältnis gelten vielmehr bereits dann als erfüllt, wenn eine Stimmrechtsmehrheit nur **formal** gegeben ist. Es kommt nicht darauf an, ob diese Mehrheit einen **materiellen** Gehalt hat. Stehen dem Mutterunternehmen z. B. lediglich 51 % der Stimmrechte zu, ist für alle wesentlichen Entscheidungen jedoch eine qualifizierte Mehrheit von 75 % erforderlich, liegt dennoch eine Stimmrechtsmehrheit i. S. des § 290 Abs. 2 Nr. 1 HGB vor.[7]

- Demgegenüber ist nach IAS 27 die Beherrschungsmöglichkeit das ein Mutter-Tochter-Verhältnis definierende Merkmal. Die Höhe der Stimmrechte ist „nur" der Indikator, an dem diese Möglichkeit regelmäßig festzumachen ist. Verkörpert eine **formelle** Stimmrechtsmehrheit ausnahmsweise ein für sämtliche wesentlichen Entscheidungen geltendes höheres Quorum substanziell keine Mehrheit, scheidet **materiell** eine Beherrschungsmöglichkeit von vornherein aus. Ein Mutter-Tochter-Verhältnis liegt nicht oder nur bei Erfüllung sonstiger Voraussetzungen (z. B. Mehrheit im Geschäftsführungsorgan) vor.

Der Gesellschaftsvertrag kann auch differenzierende Quoren festlegen: In bestimmten, nicht unbedeutenden Fällen ist die Zustimmung der **Minderheit** erforderlich, in anderen wesentlichen Tatbeständen genügt eine Mehrheitsentscheidung. Eine **Einzelfallwürdigung** ist dann geboten. Sie kann sich an folgenden Unterscheidungen und **Kriterien** orientieren:

- **Konstitutive vs. deklarative Minderheitsregelungen:** Gesellschaftsvertragliche Vereinbarungen, die über die gesetzlich garantierten Minderheits-

---

[7] ADLER/DÜRING/SCHMALTZ, 6. Aufl., § 290 HGB Tz 35f.; siehe zum Rechtsvergleich auch: BAETGE/SCHULZE, in: BAETGE u. a., Rechnungslegung nach IAS, IAS 27, Tz 15ff.

Lüdenbach

rechte hinausgehen, sind zur Widerlegung der Kontrollvermutung geeignet. Die Erwähnung oder Nichterwähnung gesetzlich unabdingbarer Rechte im Gesellschaftsvertrag ist demgegenüber irrelevant. Derartige nicht dispositive Rechte können allerdings bei der jeweiligen Rechtsform (z. B. KG vs. GmbH) unterschiedlich ausgeprägt sein; unter sonst gleichen Bedingungen müssen im einen Fall zur Widerlegung der Kontrollvermutung weniger konstitutive Regeln hinzutreten als im andern Fall (vgl. zur KG Rz 41).

- **Mitwirkungs- vs. Schutzrechte** *(participating vs. protective rights)*.[8] Die meisten gesetzlichen Regeln (z. B. das Erfordernis einer 75 %igen Mehrheit bei Änderungen einer GmbH-Satzung) zielen eher auf den Schutz als auf die operative Mitwirkung der Minderheit. Die Minderheit soll vor einer Änderung der Grundlagen des Unternehmens (Kapitalausstattung, Geschäftszweck etc.) durch einfache Mehrheit geschützt werden. Bindet der Gesellschaftsvertrag hingegen auch Teile der laufenden Geschäfts- und Finanzpolitik (etwa die Verabschiedung von Jahresbudgets) an ein vom Mehrheitsgesellschafter allein nicht erreichbares Quorum, kann die qualifizierte Minderheit an der Geschäfts- und Finanzpolitik mitwirken. Je nach Intensität der Mitwirkungsrechte ist dadurch die Kontrollvermutung widerlegbar.

- **Abstand vom Quorum/Zahl der Minderheitsgesellschafter:** Nur in einer Konstellation mit zwei Gesellschaftern ist der Abstand des Mehrheitsgesellschafters von der qualifizierten Mehrheit unerheblich. Sieht etwa der Vertrag einer Gesellschaft mit zwei Gesellschaftern eine 75 %-Mehrheit für die wesentlichen Entscheidungen vor, kommt es nicht darauf an, ob der Mehrheitsgesellschafter über 50,1 % oder 74,9 % der Stimmrechte verfügt; in Anbetracht der Zweierkonstellation wäre in beiden Fällen faktisch Einstimmigkeit erforderlich. Bei hoher Intensität der Mitwirkungsrechte ist dann von einer gemeinsamen Kontrolle (Gemeinschaftsunternehmen) auszugehen (→ § 34). Stehen dem Mehrheitsgesellschafter hingegen einige kleinere Gesellschafter gegenüber, ist die Kontrollvermutung umso schwerer zu widerlegen, je höher der Stimmrechtsanteil des Hauptgesellschafters ist. Bei 10 jeweils in gleichem Umfang beteiligten Mitgesellschaftern reicht etwa im 74,9 %-Fall nur die einvernehmliche Geltendmachung der Mitwirkungsrechte durch alle Minderheitsgesellschafter aus, um einseitige Entscheidungen des Mehrheitsgesellschafters zu verhindern, während im 50,1 %-Fall nur 6 der 10 Minderheitsgesellschafter ihre Rechte geltend machen müssen.

---

[8] Eine entsprechende Unterscheidung für US-GAAP wird getroffen in EITF Issue 04-5 „Investor's Accounting for an Investment in a Limited Partnership When the Investor Is the Sole General Partner and the Limited Partners Have Certain Rights" und EITF Issue 96-16 „Investor's Accounting for an Investee When the Investor Has a Majority of the Voting Interest but the Minority Shareholder or Shareholders Have Certain Approval or Veto Rights".

- **Verteilung der Kompetenzen auf die Organe:** Bei allem ist die Verteilung der Kompetenzen auf die Organe zu berücksichtigen. Ausgeprägte Minderheitsrechte in der Gesellschafterversammlung sind umso eher zur Widerlegung der Kontrollvermutung geeignet, je größer die Kompetenzen der Gesellschafterversammlung sind. Umgekehrt ist bei geringen Kompetenzen der Gesellschafterversammlung eher die Mehrheit im Geschäftsführungs-(oder Aufsichts-)Organ wichtig, sofern über die Zusammensetzung dieser Organe nicht wiederum ohne Zustimmung der Minderheit entschieden werden kann (vgl. Rz 39).

Zum Ganzen folgendes Beispiel:

Beispiel
Vom Stammkapital der X-GmbH haben M 70,0 % (alternativ 55 %) und A bis E je 6 % (alternativ: je 9 %) übernommen. Die Stimmrechte entsprechen den Kapitalanteilen. Der Gesellschaftsvertrag sieht im Übrigen Folgendes vor:
Beschlüsse der Gesellschafterversammlung werden nur in zwei Fällen mit einfacher Mehrheit gefasst:
- Feststellung des Jahresabschlusses und
- Ergebnisverwendung.

Hingegen ist eine Dreiviertel-Mehrheit in folgenden Angelegenheiten erforderlich:
- Zustimmung zur Aufstellung und Änderung des Wirtschaftsplans,
- Bestellung, Anstellung, Entlastung und Kündigung von Geschäftsführern,
- Änderungen des Gesellschaftsvertrages,
- Zustimmung zu genehmigungspflichtigen Geschäftsführungsakten.

Als Geschäftsführer ist ein Fremder bestellt. Seine Kompetenzen sind beschränkt. Die vorherige Zustimmung der Gesellschafterversammlung ist erforderlich
- für den Abschluss von Geschäften, die im Wirtschaftsplan nicht enthalten sind und die im Einzelfall einen Geschäftwert von EUR 250.000 übersteigen,
- unabhängig vom Wert für alle nicht im Wirtschaftsplan enthaltenen Grundstücksgeschäfte und Kreditaufnahmen.

Beurteilung
Unerheblich ist die für Änderungen des Gesellschaftsvertrags erforderliche Dreiviertel-Mehrheit. Die Bestimmung ist lediglich deklaratorisch in den Gesellschaftsvertrag aufgenommen. Die zugrunde liegende gesetzliche Bestimmung verschafft Minderheitsgesellschaftern inhaltlich Schutz- und nicht Mitwirkungsrechte.
Da die Geschäftsführung im Innenverhältnis alle wesentlichen operativen, investiven und finanziellen Entscheidungen nur im Rahmen des von der

Gesellschafterversammlung genehmigten Wirtschaftsplans oder nach vorheriger Zustimmung treffen kann, kommt es nur auf die Verhältnisse in der Gesellschafterversammlung an. Diese Verhältnisse sind wie folgt:

- M kann alleine – in den Grenzen des durch Richterrecht geschaffenen Minderheitenschutzes – über die **Feststellung** des Jahresabschlusses und die **Gewinnverwendung** beschließen.
- **Feststellungs- und Gewinnverwendungsbeschluss** haben jedoch insoweit **subsidiären** Charakter, als mit ihnen nur über das verfügt werden kann, was die Gesellschaft tatsächlich erwirtschaftet hat. Zwar kann das bilanziell ausgewiesene Ergebnis kurzfristig von dem tatsächlich erwirtschafteten abweichen, etwa wenn Abschreibungen über den wirtschaftlichen Werteverzehr hinaus vorgenommen werden. In mittlerer und langer Sicht determiniert hingegen der kumulierte wirtschaftliche Erfolg den kumulierten bilanziellen Gewinn.
- Das erwirtschaftete wirtschaftliche Ergebnis ist wiederum Resultat der Geschäfte, die operativ und finanziell eingegangen worden sind. Insoweit kommt es also vor allem darauf an, wer die **Geschäfts- und Finanzpolitik** der Gesellschaft beeinflussen kann.
- Nach dem Gesellschaftsvertrag kann dies M nicht allein, da über **Wirtschaftsplan und zustimmungsbedürftige Einzelgeschäfte** nur mit 3/4-Mehrheit entschieden werden kann.

Allerdings verfügt M (im **Grundfall**) über **70 %** der Stimmrechte und kann seine Entscheidung bereits dann durchsetzen, wenn einer der fünf Minderheitsgesellschafter nicht widerspricht. Soweit nicht von gleichklingenden, sondern eher von divergierenden Interessen der Minderheitsgesellschafter ausgegangen werden kann, ist die Kontrollvermutung daher nicht klar widerlegt. X ist ein Tochterunternehmen der M.
Im **Alternativfall** (55 % und 5 × 9 %) kann M seine Entscheidungen erst dann durchsetzen, wenn eine Mehrheit der anderen Gesellschafter auf Widerspruch verzichtet. Ohne Hinzutreten weiterer Umstände beherrscht M die X daher nicht.

2.3 Kontrolle ohne Stimmrechtsmehrheit

2.3.1 Fallvarianten, Notwendigkeit einer Gesamtwürdigung

34 IAS 27.13 listet Fälle auf, in denen auch ohne Stimmrechtsmehrheit eine Beherrschung vorliegt bzw. vorliegen kann. Der erste aufgelistete Fall, die Möglichkeit, über die Stimmrechtsmehrheit kraft **Stimmrechtsvereinbarung** zu verfügen, wurde unter Rz 17 behandelt, weil er sich systematisch vom Grundfall nicht durch das Fehlen der Stimmrechtsmehrheit, sondern lediglich durch den Modus der Stimmrechtsmehrheit (schuldrechtlicher Vertrag statt Anteilsrecht) unterscheidet.

35 Die drei anderen in IAS 27.13 genannten Fälle betreffen

Lüdenbach

- die Möglichkeit, die Finanz- und Geschäftspolitik eines Unternehmens gemäß einer **Satzung** oder einer **Vereinbarung** zu bestimmen (IAS 27.13b),
- die Möglichkeit, die Mehrheit der **Mitglieder** des **Geschäftsführungs- und/oder Aufsichtsorgans** zu ernennen oder abzusetzen (IAS 27.13c),
- die Möglichkeit, die Mehrheit der Stimmen bei Sitzungen des **Geschäftsführungs- und/oder Aufsichtsorgans** zu bestimmen (IAS 27.13d).

Bei oberflächlicher Betrachtung von IAS 27.13 liegt eine Beherrschung vor, wenn eine der vorgenannten Bedingungen erfüllt ist. Zu den sich hieraus ergebenden **Widersprüchen** folgendes Beispiel: 36

Beispiel
A und B halten je 50 % der Anteile und Stimmrechte am Unternehmen T. Die Satzung sieht ein dreiköpfiges Aufsichts- und ein dreiköpfiges Geschäftsführungsgremium vor.
A ist als Kapitalgeber von größerer Bedeutung (Stellung von Sicherheiten für Banken usw.). B bringt das größere operative Know-How ein. Der Gesellschaftsvertrag sieht demgemäß vor, dass
- B die Mehrheit der Geschäftsführer stellt,
- A jedoch die Mehrheit im Aufsichtsrat erhält.

Die entsprechenden Entsendungs- und Abberufungsrechte sind in der Satzung verankert.

Beurteilung
Bei oberflächlicher Auslegung von IAS 27.13 besteht eine Mutter-Tochter-Beziehung sowohl zwischen A und T (zweite Alternative von IAS 27.13c) als auch zwischen B und T (erste Alternative). Bei zweiter Betrachtung wird man würdigen müssen, welche Rechte die Geschäftsführung hat und welche Rechte dem Aufsichtsrat, z. B. im Rahmen genehmigungsbedürftiger Geschäfte, zustehen, denn IAS 27.13c verfolgt die Mehrheit bei dem Organ, das seinerseits das Unternehmen beherrscht. Je nach Würdigung wird ein Tochterunternehmen von A **oder** von B oder ein Gemeinschaftsunternehmen im Sinne von IAS 31 (→ § 34 Rz 19ff.) vorliegen.

Widersprüche lassen sich vermeiden, wenn den in IAS 27.13 genannten Fällen nur eine **Indizienwirkung** zugesprochen wird, die nicht von der **Notwendigkeit einer Gesamtwürdigung** entliebt, bei der auch die Rechte der anderen Gesellschafter berücksichtigt werden. Eine solche Gesamtwürdigung entspräche auch den Regeln zur Konsolidierung von Zweckgesellschaften in SIC 12 (Rz 59). Nach SIC 12.9 erfordert die Anwendung des Kontrollkonzeptes „in jedem einzelnen Fall eine Beurteilung unter Berücksichtigung sämtlicher relevanter Faktoren". 37

Im Rahmen einer derart gebotenen Gesamtwürdigung wird es insbesondere auf die **Rechte der anderen Gesellschafter** ankommen. Steht einem mit 50 % 38

Lüdenbach

oder weniger beteiligten Gesellschafter eines der in IAS 27.13b-d genannten Rechte zu, steht aber zugleich einem anderen Gesellschafter ein anderes dieser genannten Rechte zu, so ist eher ein **Gemeinschaftsunternehmen** (→ § 34) als ein Tochterunternehmen indiziert. Verfügen die anderen Gesellschafter hingegen nicht über entsprechende Rechte, so ist i. d. R. von einem Tochterunternehmen auszugehen.

39 Im Rahmen der Gesamtwürdigung ist auch der **wirtschaftliche Gehalt** der in Frage stehenden Rechte zu würdigen. Er lässt sich an den Kompetenzen der Organe festmachen. IAS 27.13c und d verlangen insoweit nicht die Mehrheit hinsichtlich irgendeines Organs, sondern das Organ, das das Unternehmen beherrscht *(control is by that board or body)*.[9] Verfügt etwa Gesellschafter A über die Mehrheit im Geschäftsführungsorgan, bedürfen aber alle wesentlichen Entscheidungen der vorherigen Zustimmung des Aufsichtsorgans, so kommt es eher auf die Mehrheitsverhältnisse im Aufsichtsorgan an. Umgekehrt sind die Mehrheitsverhältnisse im Aufsichtsorgan von geringer Bedeutung, wenn das Aufsichtsorgan (z. B. bei einem fakultativen Aufsichtsrat) weitgehend einflusslos ist.[10]

2.3.2 Bestimmung der Geschäfts- oder Finanzpolitik durch Satzung oder Vereinbarung

40 Wie die Widerlegung der Kontrollvermutung trotz Stimmrechtsmehrheit durch Satzung oder Entherrschungsvertrag (vgl. Rz 30) möglich ist, kann sich auch umgekehrt bei Fehlen einer Stimmrechtsmehrheit eine Beherrschung aus Satzung oder Beherrschungsvertrag ergeben. Insbesondere **Beherrschungsverträge** im Sinne von § 291 Abs. 1 Satz 1 AktG können auch ohne Vorliegen einer Stimmrechtsmehrheit zu einem Mutter-Tochter-Verhältnis führen.

41 Bei **Kommanditgesellschaften** kann sich eine Beherrschung z. B. aus der alleinigen Komplementär-Stellung des übergeordneten Unternehmens ergeben, während den Kommanditisten ohne Rücksicht auf ihre Mehrheitsbeteiligung im Wesentlichen nur die gesetzlichen Rechte zustehen. Entsprechende Überlegungen sind für US-GAAP formuliert in EITF *Issue 04-5: „Investor's Accounting for an Investment in a Limited Partnership When the Investor Is the Sole General Partner and the Limited Partners Have Certain Rights"*. Die Ausführungen sind deshalb von Interesse, weil die zugrunde gelegten gesellschaftsrechtlichen Verhältnisse denen einer deutschen KG im Wesentlichen entsprechen. Insbesondere sieht der *Uniform Limited Partnership Act (revised 2001)* in Section 302 eine Beschränkung der Geschäftsführungs- und Vertretungsrechte des Kommanditisten analog §§ 164 und 170 HGB vor. Der EITF formuliert die widerlegbare Vermutung einer Beherrschung der *Limited Partnership* durch den alleinigen Komplementär. Zur tatsächlichen Widerlegung der Vermutung ist ein zweistufiges Verfahren vorgesehen:

---

[9] Stringent dargestellt bei BISCHOF/Ross, BB 2005, S. 203ff.
[10] Gl. A. KPMG, Insights into IFRS, 3. Aufl., 2006, Tz 2.5.40.

- Auf **Stufe 1** ist zu prüfen, ob eine Mehrheit der Kommanditisten eine Liquidation der Gesellschaft oder die Kündigung bzw. den Ausschluss des Komplementärs ohne Vorliegen besonderer Gründe beschließen kann *(kick-off rights)*. Soweit dies ausnahmsweise der Fall ist, gilt die Vermutung der Beherrschung durch den Komplementär schon auf Stufe 1 als widerlegt.

- Soweit keine entsprechenden *kick-off rights* bestehen, muss auf **Stufe 2** geprüft werden, ob die Kommanditisten abweichend vom gesetzlichen Regelstatut substanzielle Mitwirkungsrechte im laufenden Geschäft haben, insbesondere in Fragen der Auswahl und Vergütung der Geschäftsführung sowie bei operativen, investiven und finanziellen Geschäften im Rahmen des gewöhnlichen Geschäftsbetriebs. Derartige Rechte können durch Bindung der Geschäftsführung an einen Wirtschaftsplan, der seinerseits einer Zustimmung von Kommanditisten bedarf, bestehen.

Die Kriterien des EITF stimmen mit den in IAS 27 niedergelegten Prinzipien konzeptionell überein und können u. E. auf der Basis von IAS 8.12 auch für den IFRS-Abschluss herangezogen werden[11] (→ § 1 Rz 78ff.).

Jeder Fall der Begründung oder Widerlegung einer Kontrollvermutung erfordert eine **Gesamtwürdigung**, die jeweils auf den konkreten Inhalt und die Rechtswirksamkeit der schuld- und gesellschaftsvertraglichen Regelungen abzustellen hat. Für die Bedeutung und Beurteilung von Minderheitsrechten im Rahmen einer solchen Gesamtwürdigung wird auf Rz 33 verwiesen.

2.3.3 Personen- oder Stimmrechtsmehrheit im Geschäftsführungs- oder Aufsichtsorgan

Während IAS 27.13c auf die Möglichkeit abstellt, die Mehrheit der Mitglieder des Geschäftsführungs- und/oder Aufsichtsorgans zu ernennen oder abzusetzen, geht es in IAS 27.13d um die Möglichkeit, die Mehrheit der Stimmen bei Sitzungen des betreffenden Organs zu bestimmen.

Eine Abweichung zwischen beiden Fällen kann sich z. B. aus **Mehrstimmrechten** ergeben, ein scheinbarer Widerspruch innerhalb der beiden Fälle z. B. daraus, dass ein Gesellschafter mehrheitlich im **Geschäftsführungsorgan** und der andere mehrheitlich im **Aufsichtsorgan** vertreten ist.

Eine Gesamtwürdigung ist in derartigen Fällen unbedingt erforderlich (vgl. Rz 37ff.).

2.3.4 Faktische Kontrolle

Ein nicht über die Stimmrechtsmehrheit verfügender Gesellschafter kann ein Unternehmen auch **faktisch** beherrschen, z. B. durch **Präsenzmehrheit** (Rz 26) oder durch Kontrolle der wesentlichen **Ressourcen** des Unternehmens. Zum zweiten Fall folgendes Beispiel:

---

[11] Gl. A. KPMG, Insights into IFRS, 3. Aufl., 2006, Tz 2.5.90.

Lüdenbach

> **Beispiel**
> A hält 50 % der Anteile an T. Die anderen 50 % sind breit gestreut. T ist hauptsächlich als Vertriebsgesellschaft für A auf nicht exklusiver Basis tätig. A kann den Vertrieb jederzeit auf andere verlagern und dadurch T die wirtschaftliche Substanz entziehen.
> Da A mit seinen 50 % jedenfalls nicht überstimmt werden und andererseits im Falle eines Patts durch Beendigung oder Androhung der Beendigung des Vertriebsvertrages der T die Ressourcen entziehen kann, liegt eine Beherrschung vor.

47 Aus den unter Rz 14 dargelegten Gründen ist bei der Anwendung des Kriteriums der faktischen Beherrschung Vorsicht geboten. Im Interesse der Eindeutigkeit können u. E. auch ausgeprägte faktische Abhängigkeiten nur dann zu einem Beherrschungsverhältnis führen, wenn weitere Umstände hinzutreten (SIC 12.Appendix).

2.3.5 Potenzielle Stimmrechte

2.3.5.1 Erweiterung der Konsolidierungspflicht durch Erwerb von Kaufoptionen auf Anteile (Optionsinhaberposition)

48 Bei der Beurteilung, ob **Kontrolle** (Tochterunternehmen) **oder maßgeblicher Einfluss** (assoziierte Unternehmen; → § 33 Rz 57) vorliegt, sind neben den bestehenden auch potenzielle, in **Bezugsrechten** oder **erworbenen Kaufoptionen** (*call options*) verkörperte Stimmrechte einzubeziehen (IAS 27.14ff. sowie IAS 28.8ff.).[12]

> **Beispiel**
> M verfügt über 40 % der Anteile und Stimmrechte an X, B über 20 %. B hat M eine jederzeit ausübbare Kaufoption über den Erwerb der 20 % eingeräumt. Die Option ist zum Stichtag (im Übrigen auch bis zur Bilanzaufstellung) noch nicht ausgeübt worden.
> Sofern der Ausübungspreis nicht sehr ungünstig ist (dazu Rz 52), gilt X als Tochterunternehmen von M, da eine zusammengefasste Betrachtung von bereits bestehenden Stimmrechten (40 %) und potenziellen Stimmrechten (20 %) geboten ist.

49 Wenn die Kaufoption bis zum Bilanzstichtag nicht ausgeübt wurde, könnte sie aus Sicht des **Stichtagsprinzips** vordergründig für irrelevant gehalten werden. Einer solchen Perspektive steht indes IAS 27.IG2 entgegen: Kontrolle gem. IAS 27 bzw. maßgeblicher Einfluss gem. IAS 28 setzen lediglich die **Möglichkeit** der Einwirkung auf die Finanz- und Geschäftspolitik eines Unternehmens voraus. Auf die **tatsächliche** Einwirkung zum Stichtag kommt es nicht an. Optionsrechte, bei deren Ausübung die Kontroll- bzw. Einflussschwelle von

---

[12] Die nachfolgenden Ausführungen sind im Wesentlichen entnommen, LÜDENBACH/VÖLKNER, BB 2006, S. 1435ff.

50 % bzw. 20 % überschritten würde, sind (unter bestimmten Bedingungen) daher schon dann zu berücksichtigen, wenn sie am Stichtag hätten ausgeübt werden können.

Diese Voraussetzung ist für **gegenwärtig ausübbare** *(currently excercisable)* Optionen gegeben, nicht hingegen für Optionen, die erst zu einem zukünftigen Zeitpunkt (Frist) oder bei Eintritt eines zukünftigen Ereignisses (Bedingung) ausübbar sind (IAS 27.14 und IAS 28.8). Unklar ist, ob sich die Voraussetzung der gegenwärtigen Ausübbarkeit nur auf das **obligatorische** oder auch auf das **dingliche** Geschäft bezieht.

50

> **Beispiel**
> X hat M ein jederzeit annehmbares Angebot auf den Erwerb seiner Anteile an T eingeräumt. M hat das Angebot bisher nicht angenommen.
> Hätte er es am Stichtag angenommen, wäre die Übertragung der Anteile (dingliches Geschäft) angesichts kartellrechtlicher Genehmigungsbedürftigkeit gleichwohl erst einige Monate später möglich gewesen.

Nach einer im Schrifttum vertretenen Auffassung kommt es in dieser Konstellation darauf an, ob die behördliche Genehmigung eine bloße Formalität darstellt oder ob ein nicht zu vernachlässigendes Risiko der Ablehnung besteht.[13] Diese Ansicht erscheint sachgerecht.

Nach IAS 27.15 und IAS 28.9 sind bei der Beurteilung, ob potenzielle Stimmrechte Kontrolle bzw. maßgeblichen Einfluss vermitteln, die „Absicht des Managements und die finanziellen Möglichkeiten zur Ausübung" nicht zu berücksichtigen.

51

Die **Nichtberücksichtigung der Absichten** ist sachgerecht, da Kontrolle bzw. Einfluss als **Möglichkeit** der Einwirkung auf die Geschäftspolitik definiert sind, die **Absicht** aber nur etwas darüber aussagt, ob eine Möglichkeit ausgeübt werden soll, nicht darüber, ob überhaupt eine Möglichkeit besteht.[14]
Die Nichtberücksichtigung der **finanziellen Fähigkeit** zur Zahlung des Ausübungspreises ist kritischer zu würdigen. Danach muss sich ein Unternehmen potenzielle Stimmrechte selbst dann zurechnen lassen, wenn ihm die Ausübung oder Wandlung aufgrund bestehender vertraglicher oder ökonomischer Finanzierungsgrenzen am Bilanzstichtag unmöglich ist. Nur formalrechtlich sind die Options- und Wandlungsrechte damit „gegenwärtig ausübbar". Unter *substance-over-form*-Gesichtspunkten sind sie es gerade nicht. Dass sich dies morgen wieder ändern kann, ist eine andere Sache. Das Merkmal der gegenwärtigen Ausübbarkeit dient der Wahrung des **Stichtagsprinzips**. Diesem ist, da es um die Ausübbarkeit, nicht um die tatsächliche Ausübung geht, zwar Genüge getan, wenn die Options- oder Wandlungsrechte zum Stichtag hätten ausgeübt werden können. Bei fehlender finanzieller Fä-

---

[13] KMPG, Insights into IFRS, 3. Aufl., 2006, Tz 2.5.130.60.
[14] In diesem Sinne auch ALFREDSON et al., Applying International Accounting Standards, 1. Aufl., 2004, S. 642.

Lüdenbach

higkeit entfällt aber schon die Möglichkeit. Im Verhältnis zum Kontroll- und Einflussbegriff als **Möglichkeit** der entsprechenden Einwirkung stellt daher die Nichtberücksichtigung finanzieller Restriktionen eine unsystematische, **kasuistische Ausnahme** dar. Derartige Ausnahmen widersprechen dem *principle-based accounting* (→ § 1 Rz 44). Die Anwender hätten daher zumindest ein Recht auf eine Begründung dieser Ausnahme. Tatsächlich bleibt der IASB diese in der *Basis of Conclusion* und der *Guidance on Implementing* zu IAS 27 schuldig.

52 IAS 27.15 verlangt nicht pauschal die Hinzurechnung potenzieller Stimmrechte zu den bereits gehaltenen, sondern eine „**Beurteilung**, ob potenzielle Stimmrechte zur Beherrschung beitragen." Bei dieser Beurteilung sind mit den dargestellten Ausnahmen der Absicht und der finanziellen Fähigkeit „alle **Tatsachen und Umstände** zu untersuchen (einschließlich der **Ausübungsbedingungen** potenzieller Stimmrechte und sonstiger vertraglicher Vereinbarungen, gleich ob in der Einzelfallbetrachtung oder im Zusammenhang), welche die potenziellen Stimmrechte beeinflussen." Eine entsprechende Formulierung enthält IAS 28.9 für assoziierte Unternehmen. Unter Berücksichtigung des *substance-over-form*-Grundsatzes führt dies zu folgendem Ergebnis:

> **Beispiel**
> M verfügt über 40 % der Anteile und Stimmrechte an T, X über 20 %. X hat M eine jederzeit ausübbare Kaufoption über den Erwerb der 20 % eingeräumt.
> Der aktuelle Börsenwert des 20 %-Pakets beträgt 5 Mio.
> Die Kaufoption sieht einen Ausübungspreis von 10 Mio. vor.

Der Ausübungspreis (sog. Basispreis) beträgt das 2-Fache des Börsenwerts. Selbst unter Berücksichtigung von Synergien, die A aus einem Mehrheitserwerb ziehen könnte, war daher die Ausübung der Option zum Stichtag von vornherein **unwahrscheinlich**. Aus Sicht des Bilanzstichtags besteht zwar formal ein Recht, aber wirtschaftlich keine Ausübungswahrscheinlichkeit. Nach Maßgabe der in IAS 27.15 explizit geforderten Beurteilung der Ausübungsbedingungen wären derartige Optionsrechte mit einem **weit aus dem Geld** *(far out the money)* liegenden Ausübungspreis nicht zu berücksichtigen.
Diese Aussage des Standardtextes wird durch die *„Guidance on Implementing* IAS 27"* zunächst bestätigt, jedoch dann möglicherweise konterkariert. Nach IAS 27.IG2

- vermitteln potenzielle Stimmrechte dann nicht die Möglichkeit zur Ausübung von Kontrolle bzw. maßgeblichem Einfluss, wenn den zugrunde liegenden Finanzinstrumenten die **ökonomische Substanz fehlt**,
- hiervon sei z. B. (!) auszugehen, wenn der Ausübungspreis so hoch ist, dass eine Ausübung **in jedem denkbaren** (*any feasible*) **Szenario** ausgeschlossen erscheint.

Lüdenbach

Nach dem ersten Teil der Aussage würde man Optionen, die wie im Beispiel weit aus dem Geld liegen, ohne weiteres unberücksichtigt lassen können. Der zweite Teil ist hingegen interpretationsfähig. Nach wohl **herrschender Auffassung** muss die Ausübung nicht nur unwahrscheinlich, sondern nahezu unmöglich sein,[15] nach **Mindermeinung** reicht es hingegen aus, wenn die Ausübung unwahrscheinlich ist.[16] U. E. sprechen die besseren Gründe für die Mindermeinung:

- Zweck der Vorschriften zur Einbeziehung potenzieller Stimmrechte ist, unter Beachtung des **Stichtagsprinzips** Beherrschungsmöglichkeiten zu fassen, die sich in den aktuellen Stimmrechten noch nicht ausdrücken.
- Nach dem im *Framework* verankerten *substance-over-form*-Prinzip können dabei nur solche Stimmrechte Berücksichtigung finden, die nicht nur formal, sondern auch wirtschaftlich zum Bilanzstichtag hätten ausgeübt werden können. Entsprechend kommt es auch nach IAS 27.G2 auf die **ökonomische Substanz der Optionsrechte** an.
- Bei **weit aus dem Geld liegenden Optionen** fehlt diese Möglichkeit ebenso wie bei mangelnder Finanzkraft. Für den Fall fehlender Finanzkraft trifft IAS 27 eine explizit kasuistische Ausnahme, für die weit aus dem Geld liegende Option hingegen nicht, woraus sich gerade im Kontrast ergibt, dass es hier bei der substanziellen Betrachtung bleiben muss.

Die interpretationsfähige Frage, wann es an der wirtschaftlichen Substanz fehlt, wird durch IAS 27.IG2 gerade nicht entschieden. Der Hinweis auf eine Option, deren Ausübung in jedem denkbaren Szenario ausscheide, ist dort in Parenthese gesetzt und als Beispiel („e. g.") gekennzeichnet. U. E. ist dieses Beispiel als ein Extremfall anzusehen, in dem das Optionsrecht auf keinen Fall Berücksichtigung findet. Eine implizite oder explizite Aussage, dass in weniger extremen Fällen die wirtschaftliche Substanz immer gegeben sein muss, enthält das Beispiel hingegen nicht. Die Nichtberücksichtigung einer weit aus dem Geld liegenden Option ist daher vertretbar. Diese Ansicht wird auch durch das folgende Beispiel aus der *„Guidance on Implementing* IAS 27" nicht widerlegt.

Beispiel
A hält 40 %, B 20 % und C 40 % an X.
A hat eine Option auf die Anteile von C. Der Ausübungspreis ergibt sich aus dem Marktpreis der Anteile zuzüglich einer Kontrollprämie (Paketzuschlag).

IAS 27.IG8 hält zu diesem Fall fest: *„Though the options are out of the money, they are currently exercisable and give entity A the power."* Diesem Ergebnis können wir zustimmen. Solange der Ausübungspreis nur einen **Paketzuschlag** auf den Marktpreis enthält, ist die Option nicht weit genug aus dem Geld. Der

---
[15] Vgl. ERNST & YOUNG, International GAAP 2007, S. 379.
[16] SENGER/ELPRANA, in: Beck'sches IFRS-Handbuch, 2. Aufl., § 29 Rz 12.

Lüdenbach

Optionsinhaber kann bereit sein, zur Verwirklichung von Synergien eine Kontrollprämie zu zahlen. Eine hinreichende Ausübungswahrscheinlichkeit ist noch gegeben. Entfernt sich der Ausübungspreis jedoch weiter vom Marktpreis, werden also nicht nur übliche Kontrollprämienaufschläge (je nach Land und Branche um die 10 %-Punkte, im Beispiel also 10 %/40 % = 25 % relativ)[17] vereinbart, sondern ein Aufschlag von 50 oder mehr Prozentpunkten, ist u. E. eine andere Beurteilung eher angebracht.

53 Auch Optionsrechte, die bei der Begründung der Kontrollvermutung berücksichtigt werden, beeinflussen die **Konsolidierungsbuchungen** nicht; diese erfolgen weiterhin auf Basis der tatsächlichen Kapitalanteile (IAS 27.IG5).

> **Beispiel**
> M hält 40 % der Anteile an T, A bis D je 15 %.
> M hat ein jederzeit ausübbares Kaufoptionsrecht auf die Anteile von A. Die Option liegt nicht weit aus dem Geld.
>
> **Beurteilung**
> M hat die Kontrolle über T.
> Die Konsolidierungsbuchungen erfolgen jedoch weiterhin auf der Basis der 40 %-Beteiligung: Vollkonsolidierung mit 55 % (!) Minderheitsausweis.

Zu den Folgen erworbener, aber auch geschriebener Kaufoptionen für den Ausweis und die Bewertung des Minderheitenanteils wird auf Rz 148 verwiesen.

54 In die Beurteilung von Kontrolle bzw. maßgeblichem Einfluss sind neben eigenen auch die von **anderen gehaltenen Optionen oder Bezugsrechte** einzubeziehen (IAS 27.IG4). Unterscheiden sich die Konditionen nicht wesentlich, ist typisierend eine gleichzeitige Ausübung der Rechte zu unterstellen.

> **Beispiel**
> Unternehmen A und B halten jeweils 30 %, C und D jeweils 20 % der stimmberechtigten Aktien der X-AG.
> A hält eine jederzeit ausübare Option auf die Anteile des C, B eine entsprechende Option auf die Anteile des D.
> X ist kein Tochterunternehmen von A, da auch bei Ausübung der Option die 50 %-Grenze zwar erreicht, aber nicht überschritten würde.
> Fraglich ist, ob es als **Gemeinschaftsunternehmen** von A und B einzustufen ist. Dagegen spricht, dass der für *joint ventures* geltende IAS 31 keine Regelungen zur Berücksichtigung potenzieller Stimmrechte enthält. Eine Analogie zu IAS 27 scheint sich zwar anzubieten, da die für ein Gemeinschaftsunternehmen maßgebliche gemeinschaftliche Beherrschung (*joint control*) eine Abwandlung der Beherrschung ist und wie diese auf die

---

[17] Vgl. DYCK/ZINGALES, Journal of Applied Corporate Finance, Spring 2004, S. 51ff., dort weitere Nachweise.

Lüdenbach

Möglichkeit der Einflussnahme, nicht auf die tatsächliche Ausübung abstellt (IAS 31.4; → § 34 Rz 11). Schwerer wiegt aber u. E., dass ein *joint venture* einen auf die gemeinschaftliche Ausübung der Kontrolle gerichteten Vertrag voraussetzt (IAS 31.9). Bei nebeneinander stehenden Optionen – wie im Beispiel – ist diese gemeinsame Zwecksetzung gerade nicht gegeben. Andere Konstellationen – etwa 60 %-Gesellschafter A räumt 40 %-Gesellschafter B eine Option auf den Erwerb von 10 % ein – können abweichend zu würdigen sein (IAS 27.IG3).

2.3.5.2 Vermeidung der Konsolidierungspflicht durch Einräumung von Kaufoptionen an Dritte (Stillhalterposition)

Die Behandlung von Kaufoptionen beim **Stillhalter** (sog. geschriebene Kaufoptionen) wird in IAS 27 und IAS 28 nicht explizit angesprochen. Nach beiden Standards sind bei der Frage der Kontrolle bzw. des maßgeblichen Einflusses jedoch auch die gegenwärtig ausübbaren Stimmrechte anderer Unternehmen zu berücksichtigen (IAS 27.14 und IAS 28.8; Rz 54). Spiegelbildlich zur Beurteilung beim Optionsinhaber müssen daher u. E. unter bestimmten Bedingungen geschriebene Optionen als **potenzielle Stimmrechtsminderungen** Berücksichtigung finden.

55

> **Beispiel**
> Unternehmen A hält 55 %, B 45 % der stimmberechtigten Anteile der X-GmbH. A hat B eine jederzeit ausübbare Call-Option auf 40 % der Anteile der X-GmbH gewährt. Die Option ist am Geld, der Ausübungspreis entspricht dem *fair value*.
> Unter Einbeziehung der durch die gegenwärtig ausübbaren Call-Optionen vermittelten potenziellen Stimmrechte von B verfügt A gegenwärtig weder über Kontrolle noch über maßgeblichen Einfluss. A hat die Beteiligung an der D-AG dementsprechend nach IAS 39 zu bilanzieren.

Fraglich ist auch hier, ob es auf die Wahrscheinlichkeit der Ausübung nicht ankommt. Folgt man der herrschenden Ansicht, Optionen seien beim Optionsinhaber praktisch ohne Rücksicht auf die Ausübungsbedingungen zu berücksichtigen (Rz 52), ergeben sich interessante bilanzpolitische Gestaltungsmöglichkeiten.

56

> **Beispiel**
> Das börsennotierte Unternehmen A hält 90 % an dem in Risikogeschäften engagierten Unternehmen X. Die anderen 10 % werden von dem mittelständischen Unternehmen B gehalten. A möchte X nicht länger konsolidieren. Er gewährt der B am 30.12.01 eine 367 Tage laufende Option auf den Erwerb sämtlicher Anteile. Als Optionsausübungspreis ist das 3-Fache des auf den Ausübungstag festzustellenden *fair value* bestimmt.

Lüdenbach

Soweit der mittelständische Minderheitsgesellschafter B sich überhaupt zur Konzernrechnungslegung nach IFRS entscheidet (§ 315a Abs. 3 HGB), wäre die Berücksichtigung der potenziellen Stimmrechte aus dem Optionsvertrag nach einer Auffassung notwendig, nach anderer vertretbar. B wäre daher als Inhaber der Kontrolle anzusehen und hätte daher die X per 31.12.01 und 31.12.02 zu konsolidieren.
Die Folge für den Stillhalter A ergibt sich aus IAS 27.IG4. In diesem gerade die Berücksichtigung von Optionsrechten Dritter behandelnden Paragraphen hält der IASB fest: *The definition of control . . . permits only one entity to have control of another entity.*" Aus der Konsolidierungspflicht (herrschende Auffassung) bzw. -möglichkeit (Mindermeinung) beim Inhaber der Kaufoption folgt insofern die Nichtkonsolidierungspflicht bzw. -möglichkeit beim Stillhalter.

57 Durch entsprechende Gestaltung des Sachverhalts wäre es somit im Einzelfall möglich, die Konsolidierung einer Beteiligung bzw. deren *equity*-Bilanzierung zu **vermeiden** oder zu beenden. Die sehr weit gefassten Vorgaben in der *Guidance on Implementing* von IAS 27 zur Berücksichtigung von potenziellen Stimmrechten, die eigentlich **zur Missbrauchsvermeidung** bestimmt sind, eröffnen somit gerade **Gestaltungsmöglichkeiten**. Über entsprechende Ausübungsbedingungen (Preise und Fristen) lässt sich erreichen, dass eine Ausübung der Optionsrechte durch Dritte hoch unwahrscheinlich ist, die Optionen aber dennoch bei der Beurteilung der Frage nach der Möglichkeit der Kontrolle oder maßgeblichen Einfluss berücksichtigpflichtig bzw. -fähig sind. Die daraus beim Dritten potenziell resultierende Konsolidierungspflicht behindert diese Gestaltungen nicht, wenn der Dritte mangels Börsennotierung zur Rechnungslegung nach IFRS überhaupt nicht verpflichtet ist (§ 315a Abs. 3 HGB) oder die Schwellenwerte des § 293 HGB nicht überschreitet oder überhaupt kein Unternehmen, sondern eine natürliche Person ist.
Wie diese bilanzpolitischen Überlegungen zeigen, befindet sich der IASB augenscheinlich in einem **Dilemma**. Durch die Schaffung von Regelungen, die missbräuchliche Gestaltungen im Hinblick auf potenzielle Stimmrechts**erhöhungen** vermeiden sollen, werden auf der anderen Seite im Hinblick auf potenzielle Stimmrechts**minderungen** diese Gestaltungsspielräume gerade geschaffen. Ansätze, diesen Widerspruch dadurch aufzulösen, dass für die Berücksichtigung der potenziellen Stimmrechte darauf abzustellen sei, welche Absicht damit verfolgt wird,[18] halten wir für nicht geeignet. Dieses Kriterium ist weder verifizierbar, da es sich bei Absichten um eine Frage der inneren Willensbildung handelt, noch entspricht es der Definition von Kontrolle und Einfluss als (von den Absichten unabhängige) Möglichkeit der Einwirkung. Wichtiger wäre eine grundlegende Überarbeitung der Regelungen zu den potenziellen Stimmrechten. Sowohl für den Optionsinhaber wie für den Stillhalter sollte der Optionsvertrag nur im Rahmen einer Gesamtwürdigung

---

[18] Vgl. KMPG, Insights into IFRS, 3. Aufl., 2006, Tz 2.5.130.60 mit der Auffassung, eine Option sei bei bewusst (deliberately) weit aus dem Geld liegendem Ausübungspreis nicht zu berücksichtigen.

Lüdenbach

berücksichtigungsfähig sein, hingegen keine Automatik entfalten. Entsprechende Überlegungen des IASB deuten sich an. Er befasst sich aktuell im Rahmen seiner Arbeiten am *Conceptual Framework* auch mit der Berücksichtigung von potenziellen Stimmrechten.[19] Das bloße Halten einer Option (und somit auch die bloße Stillhalterposition) ist zukünftig für das Vorliegen von Kontrolle möglicherweise nicht mehr ausreichend.

Zu den Folgen geschriebener, aber auch erworbener Kaufoptionen für den Ausweis und die Bewertung des Minderheitenanteils wird auf Rz 148 verwiesen.

58

2.4 Zweckgesellschaften *(special purpose entities)*

2.4.1 Anwendungsfälle: ABS-Transaktionen, Leasing-Objektgesellschaften, Spezialfonds

Zweckgesellschaften *(special purpose entities,* SPE) zeichnen sich gem. SIC 12.1 dadurch aus, dass sie

59

- ein **eng definiertes Ziel**
- **zugunsten eines anderen** Unternehmens (= Sponsor)

verfolgen, wobei typischerweise der Sponsor Gründer der Zweckgesellschaft ist.[20]

Ist der Sponsor mit mehr als 50 % beteiligt, ergibt sich die Konsolidierungspflicht für die Zweckgesellschaft bereits aus der **Regelvermutung** von IAS 27.13. Der Rückgriff auf SIC 12 ist dann nicht notwendig.

60

Häufig beträgt der Anteil an der Zweckgesellschaft aber gerade deshalb weniger als 50 %, um bestimmte Aktivitäten, Vermögenswerte oder Schulden nicht nur aus dem Einzelabschluss des Sponsors auszulagern, sondern auch den Konzernabschluss zu „entlasten". Dies setzt die **Verneinung** der Tochterunternehmereigenschaft und damit der Konsolidierungspflicht der SPE voraus.

61

Ein beliebtes Anwendungsfeld von SPE sind **ABS-Transaktionen** *(asset backed securities)* als eine besondere Form des **Factoring**. Die Forderungen werden vom Sponsor an die Zweckgesellschaft verkauft. Die Zweckgesellschaft finanziert sich durch die **Ausgabe von Wertpapieren** an externe, vor allem institutionelle Investoren (oder durch Kreditaufnahme). Die Wertpapiere werden aus dem Zahlungsstrom (Zins- und Tilgungszahlungen) der Forderungen bedient. Üblicherweise verbleibt ein Teil des Forderungsausfallrisikos beim Veräußerer, sei es durch die direkte Abgabe von Garantien, sei es, indem die Zweckgesellschaft sich durch zwei Klassen von Wertpapieren finanziert. Im letztgenannten Fall halten die Externen die Senior-Papiere, die vorrangig, und der Forderungsverkäufer die Junior-Papiere, die nur nachrangig bedient werden.

62

---

[19] Vgl. IASB, Update September 2006.
[20] Zu SPEs: SCHMIDBAUER, DStR 2002, S. 1013ff., und SCHRUFF/WIENAND/ROTHENBURGER, WPg 2002, S. 755ff.

Lüdenbach

Der Forderungsverkauf selbst unterliegt im Wesentlichen den Regeln von IAS 39. Nach ihnen ist zu entscheiden, ob die Forderungen aus der Einzelbilanz des Sponsors **abgehen** (→ § 28 Rz 63ff.). Ob sie, einen Abgang aus der Einzelbilanz unterstellt, im Konzernabschluss **verbleiben**, entscheidet sich nach SIC 12. Unter dort genannten Voraussetzungen führt der Forderungsverkauf zwar zum (Teil-)Abgang aus dem Einzelabschluss, jedoch nicht aus dem Konzernabschluss, so dass die intendierte Verbesserung von Finanzkennzahlen (z. B. Liquidität oder EK-Quote) im Konzernabschluss nicht gelingt.

63 Ein weiteres Anwendungsfeld von Zweckgesellschaften sind **Leasinggeschäfte** (→ § 15 Rz 153). Im typischen Fall wird für die Leasinggegenstände eine GmbH & Co KG gegründet (Leasingobjektgesellschaft). Komplementär der Leasingobjektgesellschaft ist z. b. ein eigens dafür gegründetes Tochterunternehmen des externen Leasinggebers. Die Kommanditistenstellung übernimmt der Sponsor, der durch Garantien, eine hohe Haftsumme usw. auch die wesentlichen Risiken übernimmt. Überlässt die externe Leasinggesellschaft die Leasinggegenstände im *finance lease* der SPE, diese aber im *operate lease* dem Sponsor, so sind die Leasingobjekte und Leasingverbindlichkeiten im Einzelabschluss des Sponsors nicht und im Konzernabschluss nur unter den Voraussetzungen von SIC 12 zu zeigen.[21]

64 Eine spezielle Variante sind *sale-and-lease-back*-Gestaltungen (→ § 15 Rz 138). Der Sponsor veräußert z. B. Leasinggegenstände an die SPE und least sie von dieser zurück. Eine einzelbilanzielle Ausbuchung, insbesondere aber eine einzelbilanzielle Ertragsrealisierung bei Verkauf, kann u. U. schon an den Vorschriften von IAS 17 scheitern (→ § 15 Rz 138ff.). Wo dies nicht der Fall ist, muss bilanzpolitisch zusätzlich die Konzernhürde von SIC 12 genommen werden. Wie bei ABS-Transaktionen ist auch bei Leasinggeschäften unter Einschaltung einer SPE also eine doppelte Würdigung nach den einzel- und nach den konzernbilanziellen Regelungen notwendig.

65 ABS-Transaktionen und *operate*-Leasinggeschäfte sind wichtige Formen der *off-balance-sheet*-**Finanzierung.** Derartige Finanzierungen sind im Gefolge des Enron-Skandals (US-GAAP!)[22] in Verruf geraten. Entsprechend den beiden einzelbilanziellen und konzernbilanziellen Komponenten kann möglichem Missbrauch von zwei Seiten ein Riegel vorgeschoben werden. Bei **Forderungen** stellte sich z. B. einzelbilanziell die Frage nach der Angemessenheit des bis 2004 verfolgten Kontroll- und Komponentenansatzes. Dieser hob in einer eher formalistischen Betrachtung auf den rechtlich einfach zu bewerkstelligenden Übergang der Verfügungsmacht (Kontrolle) ab und überließ die Würdigung der verbleibenden Risiko-Komponente i. d. R. einer separaten Betrachtung, die nur bei überwiegender Wahrscheinlichkeit zu einer Rückstellung führte. Die Neufassung von IAS 39 (→ § 28 Rz 272) hat hier

---

[21] Zu Leasingobjektgesellschaften: HELMSCHROTT, DB 1999, S. 1865ff., und ALVAREZ/ WOTSCHOFSKY/MIETHIG, WPg 2001, S. 933.
[22] Vgl. dazu LÜDENBACH/HOFFMANN, DB 2002, S. 1169ff.

zu Verschärfungen geführt. Unabhängig von diesen einzelbilanziellen Regelungen werden daneben verschärfte Konsolidierungskriterien für SPE diskutiert.

Off-balance-sheet-Finanzierungen sind jedoch nicht der einzige Anwendungsbereich von Zweckgesellschaften. Vor allem während der Börsen-Hausse Ende der 90er-Jahre war es nicht unüblich, liquide Mittel in sog. **Spezialfonds** umzuschichten. Das Investmentgesetz (InvG) kennt neben Publikumsfonds mit breitem Anlegerkreis so genannte Spezialfonds mit speziellem bzw. auf maximal 30 Personen (§ 91 Abs. 1 InvG) begrenztem Anlegerkreis. Aufgrund der Regelung von § 30 InvG hat der Anleger kein ideelles (Bruchteils-)Eigentum an den Wertpapieren, sondern lediglich einen Auszahlungsanspruch in Höhe seines Vermögensanteils. Vor diesem Hintergrund und in Anbetracht des Sondervermögensstatus der Wertpapiere ist auch bei einem einzigen Fondsanleger die Auffassung diskutabel, dass der Anleger einzelbilanziell nicht die einzelnen Wertpapiere, sondern den Fondsanteil zu aktivieren hat, so dass sich dann Wertsteigerungen bei einzelnen Aktien und Wertminderungen bei anderen Aktien auf der Ebene des Anlegers saldieren. Wird der Spezialfonds jedoch als konsolidierungspflichtige SPE i. S. von SIC 12 qualifiziert, sind in der Konzernbilanz die einzelnen Vermögenswerte und Erfolge nach den Regelungen von IAS 39 zu zeigen.[23]

66

2.4.2 Grenzen des Anwendungsbereichs von SIC 12
2.4.2.1 *Joint ventures*
Die „*Reference Section*" von SIC 12 erwähnt neben IAS 27 diverse andere Standards, jedoch nicht IAS 31. Hieraus ergibt sich ein erster **formaler** Hinweis, dass SIC 12 eine Auslegungshilfe zu IAS 27 ist, auf Gemeinschaftsunternehmen jedoch **nicht** angewendet werden kann.[24]
Eine **materielle** Überlegung stützt diese Annahme:

67

- Das Konsolidierungskonzept von IAS 27 ist nicht sehr konkret. Geliefert werden eine Reihe von **Indikatoren** und widerlegbaren **Vermutungen** für das Vorliegen von Kontrolle. Hierbei wird mehr auf formale Anforderungen (Organmehrheiten) als auf inhaltliche (Welche Kompetenzen haben die Organe? Werden die wesentlichen Entscheidungen möglicherweise außerhalb der Organe getroffen?) abgestellt. Eine inhaltliche **Anreicherung** bietet SIC 12, etwa mit den Ausführungen zur Autopilotfunktion (Rz 72).
- Das Kontrollkonzept von IAS 31 ist demgegenüber konkreter und inhaltsreicher. Nicht die formale Frage nach Organmehrheiten steht im

---

[23] Ausführlich zu Spezialfonds KUHN/SCHOBER, DB 2001, S. 2661ff., sowie WEBER/BÖTTCHEYR/GRIESEMANN, WPg 2002, S. 905ff.
[24] Vgl. a. PwC, SIC 12 and FIN 46R, The Substance of Control published 2004, S. 8. SOARES, PWC LLC (UK), Consolidation and Derecognition (www.meet-theexperts.org/presentations/DAY2/Chad_Soares_Peter_Jeffrey.pdf).

Lüdenbach

Vordergrund, sondern die **inhaltliche** Frage, ob die wesentlichen Entscheidungen der strategischen und finanziellen Geschäftspolitik nur gemeinsam getroffen werden können. Wo, d. h. in welchem Organ, oder in welcher anderen Weise diese Entscheidungen getroffen werden, ist ebenso irrelevant wie die Frage, wer operative Entscheidungen beherrscht. Wenn unter den genannten substanziellen Gesichtspunkten eine Gesellschaft positiv als Gemeinschaftsunternehmen identifiziert wird, ist für weitere Untersuchungen nach SIC 12, im Übrigen auch für die analoge Anwendung von SIC 12, kein Raum mehr.[25]

2.4.2.2 Fehlen einer eng definierten Zwecksetzung

68 Die Anwendung von SIC 12 setzt eine eng definierte Zwecksetzung voraus. In Fällen, in denen die Geschäftstätigkeit des Unternehmens **fortlaufend unternehmerischer Entscheidungen** bedarf, wie sie für ein am Markt tätiges Unternehmen typisch sind, erfordert die Beurteilung eines Beherrschungsverhältnisses i. d. R. keinen Rückgriff auf SIC 12, sondern kann ausschließlich nach IAS 27 erfolgen. Folgende **Indikatoren** sprechen **gegen** eine enge Zwecksetzung:[26]

- Die Geschäftstätigkeit umfasst die **Herstellung** von Produkten oder die Erbringung von **Dienstleistungen** (keine Leasing-, ABS- oder Kapitalanlage-Gesellschaft).
- Sie erfordert daher fortlaufende Entscheidungen über die **Kombination** der Produktionsfaktoren und
- eine **aktive Vermarktung** der Leistungen
- gegenüber einem im Zeitablauf **veränderlichen Abnehmerkreis** (keine Beschränkung auf den Sponsor).

Die Frage fortlaufender Produktions- und Absatzentscheidungen ist vor dem Hintergrund von SIC 12.2. deshalb von so großer Bedeutung, weil bei einem stetigen Wandel ein Geschäft nicht automatisch durch einen sog. Autopiloten gesteuert werden kann (Rz 72), sondern immer wieder von neuem strategische Entscheidungen zu treffen sind, die letztlich nur über entsprechende Organmehrheiten kontrolliert werden können.

69 In **Outsourcing-Fällen** kommt es nach dem Vorstehenden darauf an, ob der Sponsor der einzige wesentliche Abnehmer der Leistung ist oder voraussichtlich bleiben wird. Da Zwecksetzungen per Definition zukunftsgerichtet sind, ist u.E. auch die Frage des Abnehmerkreises zukunftsgerichtet und nicht nur nach den Ist-Werten zu beurteilen.

---

[25] So auch IDW, RS HFA 2 Tz 52; a. A. SENGER/ELPRANA, BECK'sches IFRS-Handbuch, 2. Aufl., 2006, § 29 Tz 25), da es nicht sachgerecht sei, den Beherrschungsbegriff gem. IAS 31 anders auszulegen als den des IAS 27.
[26] IDW, RS HFA 2 Tz 55.

Lüdenbach

Beispiel
MU hat seine Abteilung IT zum 1.1.01 rechtlich outgesourct. Die Mehrheit der Anteile an IT halten das Management und Externe. Die IT wird auf Basis eines 5-Jahres-Vertrags weiterhin für die MU tätig sein, soll sich aber auch um externe Kunden bemühen, ihre Leistungen also aktiv vermarkten. Realistische Planungen gehen davon aus, dass der Anteil der MU am Gesamtumsatz der IT pro Jahr um etwa 10 Prozentpunkte sinken wird. Der Planung entsprechend betragen die Drittumsätze im Dezember 01 erstmals 10 % des Gesamtumsatzes mit steigender Tendenz.

Beurteilung
In zukunftsgerichteter Beurteilung hat die IT einen veränderlichen Abnehmerkreis, bedarf daher nicht nur fortlaufender Produktions-, sondern auch Absatzentscheidungen und ist deshalb keine SPE.

2.4.3 SPEs als Tochterunternehmen: Merkmale

Nach SIC 12.8 ist eine SPE beim Sponsor zu konsolidieren, wenn sie der Sponsor nach **wirtschaftlicher** Betrachtung **beherrscht**. SIC 12.10 nennt vier Umstände, die auf ein Mutter-Tochter-Verhältnis auch dann hinweisen, wenn der Sponsor nicht mehr als die Hälfte der Stimmrechte besitzt und auch nicht die sonstigen Kriterien nach IAS 27.12 (Mehrheit im Aufsichtsrat usw.) erfüllt sind:

70

- **Geschäftstätigkeit:** Die Geschäftstätigkeit wird zugunsten des Sponsors entsprechend seinen besonderen Geschäftsbedürfnissen geführt (SIC 12.10a; Rz 71).
- **Entscheidungsmacht:** Der Sponsor verfügt über die Entscheidungsmacht, die Mehrheit des Nutzens aus der Geschäftstätigkeit der SPE zu ziehen (SIC 12.10b; Rz 72).
- **Nutzenziehung:** Der Sponsor verfügt wirtschaftlich über das Recht, die Mehrheit des Nutzens aus der SPE zu ziehen (SIC 12.10c; Rz 73).
- **Risikotragung:** Der Sponsor behält die Mehrheit der mit der SPE verbundenen Residual- oder Eigentümerrisiken (SIC 12.10d; Rz 74).

Zum Kriterium der **Geschäftstätigkeit** hält der Anhang von SIC 12 fest, dass wirtschaftliche Abhängigkeit eines Unternehmens von einem anderen Unternehmen, etwa das Verhältnis zwischen Lieferanten und wichtigen Kunden, allein noch nicht zur Beherrschung führt. Eine SPE soll jedoch dann vorliegen, wenn sie die Versorgung mit Gütern oder Dienstleistungen für die bedeutenden zentralen laufenden Tätigkeiten des Sponsors übernimmt. Zu dieser Unterscheidung folgendes Beispiel:

71

> **Beispiel**
> Ein Handelskonzern unterhält für Fernostimporte eine Einkaufsgesellschaft in Hongkong, an der er aus steuerlichen Gründen (Hinzurechnungsbesteuerung nach AStG) nur mit 49 % beteiligt ist. Die anderen 51 % werden von einem chinesischen Geschäftspartner gehalten. Die Einkaufsgesellschaft ist zu 90 % für den Handelskonzern tätig und zu 10 % für andere Abnehmer.
> Die wirtschaftliche Abhängigkeit der Einkaufsgesellschaft vom Handelskonzern reicht für die Qualifizierung als SPE nicht aus.
> Zu fragen ist auch, ob die Einkaufsgesellschaft die Versorgung mit Gütern „für die bedeutenden und zentralen laufenden Tätigkeiten" des Handelskonzerns übernimmt (SIC 12 Anhang a). Nach dem Wortlaut („für die bedeutenden Tätigkeiten") kommt es auf die Perspektive des Abnehmers und nicht des Lieferers an. Bezieht der Handelskonzern insgesamt nur einen geringen Teil seiner Waren aus Fernost, übernimmt die Einkaufsgesellschaft nicht die Versorgung mit Gütern für die bedeutenden und zentralen laufenden Tätigkeiten des Konzerns. Der Konzern ist zwar der bedeutende Abnehmer der Einkaufsgesellschaft, die Einkaufsgesellschaft jedoch nicht der bedeutende Lieferant des Konzerns. Ohne Hinzutreten weiterer Umstände ist die Einkaufsgesellschaft **dann nicht** als SPE zu würdigen.

72 Das Kriterium der **Entscheidungsmacht** ist nach dem Anhang zu SIC 12 z. B. dann erfüllt, wenn der Sponsor die Satzung der SPE einseitig ändern oder alle Satzungsänderungen blockieren kann. Eine Blockademöglichkeit allein kann jedoch kaum ausreichen, da sie bei einem normalen gesetzlichen 75 %-Quorum jeden 25,1 %-Gesellschafter zu einem beherrschenden Unternehmen machen könnte. Hinzutreten muss der in SIC 12.10b aufgeführte so genannte **Autopilot**. Ein Autopilot bzw. eine Selbststeuerung liegt vor, wenn durch die Satzung (oder in sonstiger Weise) die Geschäftspolitik und die laufende Tätigkeit der SPE in der Weise **zugunsten des Sponsors** festgelegt ist, dass laufende Einflussnahme nicht mehr erforderlich ist. Hierzu folgendes Beispiel:

> **Beispiel**
> A ist zu 25,1 % an einer Leasingobjekt-Gesellschaft beteiligt. Sämtliche Anlagen der Leasingobjekt-Gesellschaft werden an A verleast.
> Nach dem Gesellschaftsvertrag ist dies der ausschließliche Geschäftszweck der Leasinggesellschaft. Änderungen des Gesellschaftsvertrages können nur mit einer 75 %-Mehrheit beschlossen werden.
> Die Leasingobjekt-Gesellschaft ist konsolidierungspflichtige SPE, wenn die Satzung das operative Geschäft **zugunsten von A** vorherbestimmt und jede Satzungsänderung von A blockiert werden kann.

Lüdenbach

Eine **Autopilot**-Struktur führt nicht pauschal zu einer Qualifizierung der SPE als Tochterunternehmen. Sie impliziert zunächst nur, dass das **Kontrollkriterium aus IAS 27 ins Leere läuft**: Wo alle Geschäfte vorherbestimmt sind, spielen Organentscheidungen und Organmehrheiten keine Rolle mehr. Es ist dann auf *benefits* bzw. *risks* abzustellen. In diesem Sinne hält der IASB anlässlich einer Diskussion zur Reform der Konsolidierungsvorschriften fest:[27]

„*The Board discussed a proposed staff approach to developing disclosure principles with regard to the judgement exercised in determining whether one entity controls another entity. [...] A Board member noted that the critical issue was not management's assessment of the power criterion in the developing control model, but the benefit criterion. This issue was acute in a range of special purpose entities that run on 'autopilot' (that is, the power criterion is non-operative) but which expose the sponsor to risks and benefits.*"

Notwendig ist daher eine inhaltliche Würdigung, zu wessen **Gunsten** die Geschäftspolitik durch einen Autopiloten vorherbestimmt ist.[28] Eine solche Würdigung wird bei Leasingobjektgesellschaften häufig ergeben, dass

- die vertraglichen Regelungen das Ziel eines **Interessenausgleichs** zwischen Leasinggesellschaft, Leasingnehmer und finanzierender Bank verfolgen,
- daher die SPE **nicht** als eindeutig auf die **Bedürfnisse einer bestimmten Partei** abgestimmt ist,
- vielmehr die faktischen **Entscheidungsbefugnisse gemeinsam** wahrgenommen werden und
- also auch ein evtl. Autopilot dem **Interessenausgleich** dient.

Eine Konsolidierung kann sich dann nicht aus dem Autopilot, sondern nur noch aus der **absoluten** Mehrheit der typischerweise mit einer Eigentümerstellung verbundenen Vorteile **und** Risiken ergeben.

Das Kriterium der **Mehrheit der Nutzenziehung** kann auch ohne die Mehrheit der Stimmrechte vorliegen, wenn der Sponsor über Vorzugsdividenden-Rechte die Mehrheit der Überschüsse beanspruchen kann. Im Übrigen kommt es aber nicht nur auf den gesellschaftsrechtlichen Nutzen (Dividenden, Liquidationserlöse) an. Auch **schuldrechtlich** erwartete Vorteile aus **nachrangigen Darlehen**, Genussrechten usw. kommen in Frage, ebenso z. B. **Wertsteigerungschancen** aus Leasingobjekten, die dem Sponsor auf Grund entsprechender Vertragsregelungen zustehen.

73

Das Kriterium der **Risikotragung** lässt sich ebenfalls nicht nur gesellschaftsrechtlich, sondern in verschiedener Weise verwirklichen. Bei ABS-Transaktionen kann z. B. den externen Investoren ein Rendite- oder Delkredere-Schutz garantiert sein, so dass diese stets vorrangig und unabhängig vom Forderungsausfall bedient werden und somit das Forderungsausfallrisiko beim

74

---

[27] Notes from the IASB Meeting 16. November 2005.
[28] IDW, RS HFA 2 Tz 65.

Lüdenbach

Sponsor verbleibt. Bei der typischen **Leasingobjekt-Gesellschaft** kann sich die Risikotragung z. B. aus einer geringen Kapitalausstattung der Komplementär-GmbH (externe Gesellschafter) und einer hohen, im Handelsregister eingetragenen Haftsumme des Kommanditisten (Sponsor) ergeben, aber auch aus *first-loss*-**Garantien** im Rahmen des Leasingvertrags.

75 Alle genannten Kriterien haben nur **Indizwirkung**. SIC 12.8 verlangt eine wirtschaftliche Betrachtung des Verhältnisses zwischen Sponsor und SPE. Nach SIC 12.9 ist dabei „in jedem einzelnen Fall eine Beurteilung unter Berücksichtigung sämtlicher relevanter Faktoren" notwendig. Von besonderer Bedeutung sind dabei **Risiko und Chance**.

Rational Handelnde werden im Allgemeinen Risiko und Chancen so verteilen, dass die Partei, die die Mehrheit der Vorteile aus der Geschäftstätigkeit einer SPE innehat, auch in gleichem oder annähernd gleichem Umfang den entsprechenden Risiken ausgesetzt ist. Unter dieser Prämisse ist ein Überwiegen auf beiden Feldern erforderlich. Ergibt sich bei erster Betrachtung (z. B. aus **Garantien oder Bürgschaften**), dass eine Partei zwar eine Mehrheit der Risiken, jedoch keine Mehrheit der Chancen zu tragen scheint, ist daher zu prüfen, ob aufgrund weiterer Vereinbarungen zusätzliche Risiken anderer Parteien oder zusätzliche eigene Vorteile zu berücksichtigen sind.[29]

2.4.4 Verfahren zur Feststellung der Mehrheit der Chancen und Risiken

76 Die **Risiko-Chancen-Tragung** ist i. d. R. der **entscheidende** Aspekt für die Beurteilung der Konsolidierungspflicht einer SPE. Damit stellt sich die Frage, wie Risiko und Chance zu ermitteln sind. Aus SIC 12 ergibt sich nur die **qualitative Vorgabe**, neben den gesellschaftsrechtlichen Verlusten und Gewinnen auch schuldrechtliche einzubeziehen. Hinsichtlich der **Quantifizierung** des Anteils an den Risiken und Chancen bleibt SIC 12 aber unbestimmt. Nahe liegend erscheint es deshalb, auf die analogen **amerikanischen Vorschriften** aus FIN 46 (r) zurückzugreifen.[30] Sie erfordern eine wahrscheinlichkeitsorientierte Szenario-Betrachtung, in der zunächst zwei Größen zu bestimmen sind:

Ergebnis des jeweiligen Szenarios
x Wahrscheinlichkeit des Szenarios
= wahrscheinlichkeitsgewichteter Szenario-Wert (1)

Erwartungswert aller Szenarien
x Wahrscheinlichkeit des jeweiligen Szenarios
= wahrscheinlichkeitsgewichteter Erwartungswert (2)

---

[29] IDW, RS HFA 2 Tz 68.
[30] In diesem Sinne MÜLLER/OVERBECK/BÜHRER, BB 2005, Beil. 8 zu Heft 32, S. 26ff.

Die Summe der positiven Differenzen der beiden Größen gilt als Chance *(expected residual return)*, die Summe der negativen Abweichungen als Risiko *(expected loss)*.
Ist der Anteil des einzelnen Gesellschafters an den so über Variabilitäten definierten Risiken und Chancen größer 50 %, hat er die Gesellschaft zu konsolidieren.
In die Betrachtung fließen nicht nur die gesellschaftsrechtlichen Ergebnisanteile ein, sondern ebenso die Chancen und Verluste aus **Bürgschaften, nachrangigen Darlehen,** *first-loss*-**Garantien** für Leasingobjekte usw. Nachfolgend ein stark, weil u. a. auf eine Periode reduziertes Beispiel:[31]

Beispiel
Eine SPE wird mit einem minimalen, vernachlässigbaren Eigenkapital gegründet. A hält 20 %. Die Gesellschaft wird durch ein nachrangiges und erfolgsabhängiges Darlehen des A in Höhe von 100 finanziert.
Im *bad case* fällt das Darlehen aus, im *base case* erhält A seine Einzahlung nebst eines Zinses von 25 zurückgezahlt, im *best case* beträgt der Zins 50.
Die in der nachfolgenden Tabelle festgehaltenen Berechnungen führen bei A zu einer Ergebnisvariabilität (positiv wie negativ) von 22,8, bei den anderen Gesellschaftern von 16,8. A trägt daher die Mehrheit der Chancen und Risiken.

GESAMTBETRACHTUNG				
Fall		*bad*	*base*	*best*
Wahrscheinlichkeit p		20 %	60 %	20 %
EBIT		−100	50	200
− Zins G'ter-Darlehen A			−25	−50
+ Ertrag aus Ausfall G'ter-Darlehen A		100		
= operativer *cash flow* (Gesellschaft)		0	25	150
+ Zins G'ter-Darlehen A			25	50
− Ausfall G'ter-Darlehen A		−100	0	0
= angepasster *cash flow* (Ergebnis)		−100	50	200
wahrscheinlichkeitsgewichtetes Ergebnis		−20	30	40
Erwartungswert		50		
wahrscheinlichkeitsgewichtetes Ergebnis		−20	30	40	Summe
− Erwartungswert × p		10	30	10	
Negative Abweichung (Risiko)		−30			−30
Positive Abweichung (Chance)			0	30	30

---

[31] Weitere Einzelheiten bei MÜLLER/OVERBECK/BÜHRER, BB 2005, Beil. 8 zu Heft 32, S. 26ff., und MELCHER/PENTER, DB 2003, S. 513ff.

Lüdenbach

GESELLSCHAFTER A			
Fall	bad	base	best
Wahrscheinlichkeit p	20 %	60 %	20 %
Anteil am op. *cash flow* der Gesellschaft (20 %)	0	5	30
+ Zinsen aus Darlehen	0	25	50
− Ausfall Darlehen	−100	0	0
= angepasster *cash flow* A	−100	30	80
wahrscheinlichkeitsgewichteter *cash flow* A	−20	18	16
Erwartungswert	14		

	bad	base	best	
wahrscheinlichkeitsgewichteter *cash flow* A	−20	18	16	Summe
− Erwartungswert x p	2,8	8,4	2,8	
Negative Abweichung (Risiko)	−22,8			−22,8
Positive Abweichung (Chance)		9,6	13,2	22,8

ÜBRIGE GESELLSCHAFTER			
Fall	bad	base	best
Wahrscheinlichkeit p	20 %	60 %	20 %
Anteil am op. *cash flow* der Gesellschaft (80 %)	0	20	120
= angepasster *cash flow*	0	20	120
wahrscheinlichkeitsgewichteter *cash flow*	0	12	24
Erwartungswert	36		

	bad	base	best	
wahrscheinlichkeitsgewichteter *cash flow*	0	12	24	Summe
− Erwartungswert x p	7,2	21,6	7,2	
Negative Abweichung (Risiko)	−7,2	−9,6		−16,8
Positive Abweichung (Chance)			16,8	16,8

Gegen die Anwendung der amerikanischen Vorschriften könnte die Auffassung des IDW sprechen, der keine Grundlage für die analoge Anwendung von FIN 46 (r) auf SIC 12 sieht.[32] Der Hinweis des IDW ist allerdings abstrakt ohne speziellen Bezug zum rechnerischen Verfahren der Ermittlung der Chancen und Risiken formuliert. Man wird bei einer Anlehnung an US-GAAP in diesem Punkt daher nicht unbedingt in Widerspruch zum IDW treten.

2.4.5 Zellulare Strukturen, *multi-seller*-SPEs

Eine SPE mit einer so genannten zellularen Struktur liegt vor, wenn unter der **einheitlichen rechtlichen Hülle** der Zweckgesellschaft verschiedene **haftungsmäßig gegeneinander isolierte Geschäfte** betrieben werden. Durch eine solche Strukturierung kann die Anwendung von SIC 12 nicht umgangen werden. Wie in IAS 27 ist beim rechtlichen und wirtschaftlichen Auseinanderfallen des potenziellen Konsolidierungsobjekts die **wirtschaftliche** Betrachtung vorrangig.[33]

---

[32] IDW, RS HFA 2 Tz 50.
[33] IDW, RS HFA 2 Tz 59; vgl. auch KUSTNER, KoR 2004, S. 308ff.

Lüdenbach

> **Beispiel**
>
> **Sachverhalt**
> Die Leasinggesellschaft LG überlässt verschiedene Leasinggegenstände im *finance lease* an die Leasingobjektgesellschaft LOG, deren Komplementär sie zugleich ist. Kommanditisten mit einer geringen Einlage sind zu gleichen Teilen A, B, C, D und E, die Maschinen von LG im *operate lease* anmieten.
> Nach den Verträgen mit der LOG bürgt jeder Kommanditist für diejenigen Schulden der LOG, welche die von ihm angemieteten Leasinggegenstände betreffen, also sachlich ihm „zuzurechnen" sind. Andere Schulden relevanter Größenordnung hat die LOG nicht.
>
> **Beurteilung**
> Auch wenn keiner der Kommanditisten die Mehrheit der Risiken und Chancen an der LOG hat, können konsolidierungspflichtige SPEs vorliegen. Aus Sicht der relevanten Schulden, Eingangs- und Ausgangsgeschäfte ist die SPE nur eine formale Hülle über 5 wirtschaftlich selbstständige Einheiten.
> Jede dieser Einheiten stellt eine SPE dar und ist nach SIC 12 auf die Konsolidierungspflicht beim jeweiligen Kommanditisten zu prüfen. Diese Prüfung wird regelmäßig zur Konsolidierung führen.

Auch Verbriefungsgeschäfte (**ABS-Transaktionen**; Rz 62) können so gestaltet werden, dass z. B.

- drei Unternehmen A, B, C ihre Forderungen an eine einzige Zweckgesellschaft verkaufen,
- die Zweckgesellschaft zur Finanzierung der Käufe Schuldpapiere A, B und C emittiert,
- wobei zur dinglichen Sicherung der Papiere A nur die von A gekauften Forderungen dienen usw.

Ein derartiges *multi-seller*-SPE repräsentiert nicht **ein** Nichtkonsolidierungsobjekt, sondern **drei (potenzielle) Konsolidierungsobjekte**.

2.5 Abgrenzung Tochterunternehmen von assoziierten und Gemeinschaftsunternehmen

In **typisierender** Betrachtung lassen sich vier Fälle der Beteiligung an einem anderen Unternehmen unterscheiden:

- Beteiligung von **weniger als 20 %**: kein maßgeblicher Einfluss, somit **einfache Beteiligung** nach IAS 39 (→ § 28);
- Beteiligung von **mehr als 20 %, aber weniger als 50 %**: maßgeblicher Einfluss, **assoziiertes Unternehmen**, somit *equity*-Konsolidierung nach IAS 28 (→ § 33);

78

- Beteiligung von 50 %: *joint venture*, Konsolidierung quotal oder *at equity* als Gemeinschaftsunternehmen nach IAS 31 (→ § 34);
- Beteiligung über 50 %: **Tochter**unternehmen, somit volle Konsolidierung (Rz 80).

79 Die typisierenden Annahmen können je nach Würdigung des Einzelfalls zu widerlegen sein; dazu wird verwiesen wegen
- eines **Tochter**status bei fehlender Mehrheitsbeteiligung auf Rz 34 und Rz 25;
- eines **Gemeinschafts**status bei 51 %iger Beteiligung auf Rz 32;
- einer Beteiligung **unter 50 %** (z. B. drei Gleichbeteiligte) auf → § 34 Rz 23;
- eines möglichen **assoziierten** Status bei der Beteiligung unter 20 % auf → § 33 Rz 11ff.

3 Konzernabschlusspflicht, Konsolidierungskreis, Bilanzstichtag

3.1 Konzernabschlusspflicht

3.1.1 Vorrang von EU- und nationalem Recht bei der Bestimmung der Konzernabschlusspflicht

80 Nach IAS 27.9 hat ein **Mutterunternehmen** – größen-, rechtsform- und sitzunabhängig – einen Konzernabschluss vorzulegen. Befreiungsmöglichkeiten sind lediglich für den Teil-Konzernabschluss von bestimmten Mutterunternehmen vorgesehen, die selbst Tochterunternehmen eines anderen Mutterunternehmens sind (IAS 27.10).

81 Aus Sicht **deutscher** und EU-Anwender haben die IFRS-Vorschriften zur Konzernabschlusspflicht jedoch keine Relevanz (Rz 7). Die EU-Kommission hat im November 2003 „Kommentare zu bestimmten Artikeln der Verordnung (EG) Nr. 160" (6/2002) veröffentlicht und dabei das Zusammenspiel von 7. EU-Richtlinie bzw. nationalem Recht (HGB) mit der IFRS wie folgt erläutert:

- „Da sich die IAS-Verordnung lediglich auf ‚konsolidierte Abschlüsse' bezieht, wird sie nur dann wirksam, wenn diese konsolidierten Abschlüsse von anderer Seite gefordert werden. Die Klärung der Frage, ob eine Gesellschaft zur Erstellung eines konsolidierten Abschlusses verpflichtet ist oder nicht, wird nach wie vor durch Bezugnahme auf das einzelstaatliche Recht erfolgen, das infolge der Siebenten Richtlinie erlassen wurde ..."
- Daher „bestimmt das nationale aus den Rechnungslegungsrichtlinien abgeleitete Recht, ob konsolidierte Abschlüsse erforderlich sind oder nicht.
- Werden sie benötigt, so legen die in den übernommenen IAS festgelegten Anforderungen den Anwendungsbereich der Konsolidierung und folglich die

Lüdenbach

Unternehmen fest, die in diese konsolidierten Abschlüsse einzubeziehen sind, und die Art und Weise, wie dies geschehen soll."[34] Die Gesetzesbegründung zum Bilanzrechtsreformgesetz (→ § 7 Rz 8) schließt sich dieser Wertung an. § 315a Abs. 1 HGB formuliert demzufolge nur Vorschriften für „ein Mutterunternehmen, das nach den Vorschriften des ersten Titels *[also nach §§ 290ff. HGB]* einen Konzernabschluss aufzustellen hat." Somit ergibt sich die in Abb. 1 dargestellte Arbeitsteilung von IFRS und HGB für den deutschen Anwender:

IFRS-Konzernabschluss – Arbeitsteilung HGB-IFRS

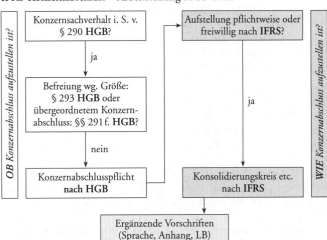

Abb. 1: IFRS-Konzernabschluss – Arbeitsteilung HGB und IFRS

Insoweit haben deutsche Anwender einen verpflichtenden (börsennotierte Gesellschaften) oder gem. § 315a HGB befreienden (sonstige Gesellschaften) IFRS-Konzernabschluss nur aufzustellen, wenn
- ein *control-* oder Leitungsverhältnis i.S. von § 290 HGB vorliegt,
- das Mutterunternehmen nicht selbst Tochterunternehmen eines anderen Mutterunternehmens ist, das einen **den Teilkonzern befreienden Konzernabschluss** erstellt (§§ 291f. HGB),
- die **Größenmerkmale von** § 293 HGB überschritten sind und
- das Mutterunternehmen eine **Kapitalgesellschaft** oder eine Personenhandelsgesellschaft ohne unbeschränkte Haftung mindestens einer natürlichen Person (**KapCo-Gesellschaft**) ist (§ 290 HGB i. V. m. §§ 264 und 264a HGB) oder sich wegen besonderer Größe eine Konzernabschlusspflicht nach dem **Publizitätsgesetz** ergibt (§ 11 PublG).

---

[34] EU-Kommission (Fn 1).

Zum Begriff der Börsennotierung (genauer: Kapitalmarktorientierung) wird auf → § 7 Rz 9 verwiesen.

Die Befreiung des Teilkonzerns und die größen- oder rechtsformabhängigen Befreiungen führen zu keinen Komplikationen im Verhältnis zu IAS 27. Reibungen können sich aber aus dem Vorrang von § 290 HGB ergeben.

Beispiel
An der T sind die branchengleiche A-AG mit 40 % und der Privatier P mit 60 % beteiligt. Die A-AG hält auch im Übrigen keine Mehrheitsbeteiligungen. P und von ihm bestimmte Vertreter nehmen zwar regelmäßig an den Aufsichtsratsitzungen teil und verfügen dort über die Mehrheit, überlassen die Führung der operativen Politik aber weitgehend der AG. Die Geschäftsführung der T teilt sich P mit einem Angestellten der A-AG. Evtl. erforderliche Zustimmungen zu Geschäften erteilt er notfalls per Handy vom Golfplatz aus.

Beurteilung
P duldet die Führung der Geschäfte durch die A-AG. Eine gesicherte Rechtsposition hat die A-AG aber nicht. Je nach den Verhältnissen des Einzelfalls kann Leitungsmacht i.S. von § 290 Abs. 1 HGB vorliegen, zugleich jedoch ein *control*-Verhältnis i.S. von § 290 Abs. 2 HGB und IAS 27 verneint werden.
Die A-AG wäre damit zur Aufstellung eines Konzernabschlusses verpflichtet. Sie könnte diesen gem. § 315a HGB nach IFRS aufstellen, müsste dann aber den Konsolidierungskreis nach IAS 27 beurteilen und hätte danach keine Mutter-Tochter-Beziehung.
Die sachgerechte Lösung in diesem Grenzfall besteht u.E. darin, die Optionsmöglichkeit nach § 315a HGB zu versagen, wenn nach IFRS gerade kein Konzern besteht. Die A-AG hätte danach einen handelsrechtlichen Konzernabschluss aufzustellen.[35]

Abstimmungsprobleme zwischen HGB und IFRS können sich auch dann ergeben, wenn sämtliche Tochtergesellschaften eines börsennotierten Unternehmens als unwesentlich angesehen werden und daher eine Konzernrechnungslegungspflicht gem. § 296 HGB nicht besteht. Nach einer Auffassung ist hier ein IFRS-Konzernabschluss aufzustellen,[36] nach der Gegenmeinung besteht keine Konzernrechnungslegungspflicht.[37]

3.1.2 Keine originäre Konzernabschlusspflicht nach IFRS
Wo **nationale Gesetze** nicht oder noch nicht bestehen, können die IFRS keine Konzernabschlusspflicht begründen, auch nicht mittelbar für Unternehmen, die aus welchen Gründen auch immer IFRS-konforme Einzelabschlüsse auf-

---

[35] Teilweise anderer Auffassung KNORR/BUCHHEIM/SCHMIDT, BB 2005, S. 2399.
[36] KNORR/BUCHHEIM/SCHMIDT, BB 2005, S. 2399.
[37] ENGELMANN/ZÜLCH, DB 2006, S. 293ff.

stellen. Nach IAS 1.14 darf ein Abschluss zwar nur dann als mit IFRS übereinstimmend bezeichnet werden, wenn er sämtliche Anforderungen der IFRS erfüllt. Die Vorschrift bezieht sich jedoch auf den **Abschluss**, nicht auf das **Unternehmen**. Der Einzelabschluss eines Unternehmens darf daher als IFRS-Abschluss bezeichnet werden, wenn er alle für den Einzelabschluss geltenden Vorschriften beachtet. Ob das Unternehmen daneben auch andere IFRS-Vorschriften, insbesondere die über den Konzernabschluss, beachtet, ist für die Konformität des Einzelabschlusses irrelevant.

Insoweit haben auch die Bestimmungen von IAS 27.10 für die **Befreiung** eines Mutterunternehmens, das zugleich im Verhältnis zu einem anderen Unternehmen Tochterunternehmen ist (Teilkonzern), eine praktisch vernachlässigbare Bedeutung. Ihre Übernahme in die amtliche EU-Übersetzung ist eher irreführend.³⁸

83

3.1.3 Gleichordnungskonzerne – *combinded statements*
Bei Beherrschung zweier Unternehmensgruppen durch die gleichen nichtunternehmerischen Personen (Gleichordnungskonzern) kommt IAS 27 nicht zur Anwendung, da kein Beherrschungsverhältnis zwischen den beiden Gruppen besteht. Ein konsolidierter Abschluss scheidet aus. In Frage kommt aber ein zusammenfassender Abschluss (sog. *combined statement*). Dieser Abschluss ist i. d. R. nicht IFRS-konform, auch wenn er sämtliche sonstigen Vorschriften beachtet. In seltenen Fällen, insbesondere bei gleichartigen Eigentümerstrukturen, Personalidentität der Organe und operativem Zusammenwirken der Gruppen kann unter Berufung auf den *fair prensentation override* von IAS 1.17 (→ § 1 Rz 17) ein IFRS-konformer und als solcher testierfähiger Abschluss erstellt werden.³⁹

84

3.2 Konsolidierungskreis

3.2.1 Weltabschlussprinzip
Für die IFRS-Konzernbilanz gilt das **Weltabschlussprinzip**. „Ein Mutterunternehmen, das einen Konzernabschluss aufstellt, hat grundsätzlich alle ausländischen und inländischen Tochterunternehmen ... zu konsolidieren" (IAS 27.12).

85

3.2.2 Zur Veräußerung bestimmte Anteile an Tochterunternehmen
Von dem Grundsatz der Einbeziehung sämtlicher Tochterunternehmen (Rz 189) sah IAS 27 (2000), ebenso aber IAS 27.16 i. d.F. zwischen Dez. 2003 und 30. März 2004 (d. h. vor Folgeänderungen aus IFRS 5) eine Ausnahme vor: Ein Tochterunternehmen war nicht einzubeziehen (**Konsolidierungsverbot**),
- wenn das Tochterunternehmen **ausschließlich** zum Zwecke der **Weiterveräußerung** binnen 12 Monaten erworben wurde und

86

---

³⁸ In diesem Sinne HEUSER/THEILE, IAS/IFRS-Handbuch, 2. Aufl., 2005, Tz 1502.
³⁹ Gl. A. ERNST & YOUNG, International GAAP 2007, S. 394.

Lüdenbach

- das Management bei einer am Bilanzstichtag noch nicht abgelaufenen 12-Monats-Frist aktiv einen **Käufer** sucht.

87 Sinn der Ausnahme war es, dauernde Änderungen des Konsolidierungskreises zu verhindern, da derartige Veränderungen den Periodenvergleich beeinträchtigen. Die Ausnahme war beschränkt auf Fälle, in denen die **Weiterveräußerungsabsicht** schon beim Erwerb bestanden hat und zum **Bilanzstichtag immer noch** besteht. Zu unterscheiden waren damit folgende Fälle:

1. **Erwerb ohne Weiterveräußerungsabsicht**, jedoch **Veräußerungsabsicht zum Bilanzstichtag:** Das Tochterunternehmen wird bis zum Vollzug der Veräußerung weiterkonsolidiert.
2. **Erwerb mit Veräußerungsabsicht, Aufgabe der Veräußerungsabsicht zum Bilanzstichtag:** Das Tochterunternehmen ist rückwirkend ab Erwerb in den Konsolidierungskreis einzubeziehen (IAS 27.17). Soweit die Erwerbsabsicht nicht am ersten Bilanzstichtag nach Erwerb aufgegeben wird, sind in dieser Folgeperiode die Vorjahresvergleichswerte zu korrigieren.
3. **Erwerb mit Veräußerungsabsicht, Fortbestehen der Veräußerungsabsicht am Bilanzstichtag:** Es bestand ein Konsolidierungsverbot. Der Anteil war nach IAS 27.16 als Handelswerte *(trading assets)* zu qualifizieren und nach den Vorschriften von IAS 39 zu bilanzieren, d. h. i. d. R. erfolgswirksam zum *fair value*, hilfsweise zu Anschaffungskosten, wenn der *fair value* nicht bestimmt werden kann (→ § 28 Rz 147).

88 Mit der Verabschiedung von IFRS 5 am 31. März 2004 sind die gerade neu formulierten IAS 27.16 bis 18 gestrichen und stattdessen folgende Fußnote zu IAS 27.12 eingefügt worden: „Wenn der Erwerb einer Tochtergesellschaft die Kriterien für eine Klassifizierung als *held for sale* gem. IFRS 5 erfüllt, soll sie in Übereinstimmung mit diesem Standard bilanziert werden." Diese Formulierung gewinnt Klarheit erst durch IFRS 5.BC54f. und IFRS 5.IG13. Danach ist ein zur **(Weiter-)Veräußerung** bestimmtes **Tochterunternehmen** wie folgt zu bilanzieren:

- Bilanziell **auszuweisen** sind **zwei Beträge:**
  - die Summe der **Vermögenswerte** als „zur Veräußerung bestimmtes Anlagevermögen" *(non-current assets held for sale)* und
  - die Summe der **Verbindlichkeiten** des Tochterunternehmens als „direkt mit zur Veräußerung bestimmtem Anlagevermögen verbundene Schulden" *(liabilities directly associated with non-current held for sale assets).*

- Die **Bewertung** dieser Posten wird vereinfacht wie folgt vorgenommen:
  fair value des Tochterunternehmens
  – voraussichtl. Kosten der Veräußerung
  = Netto-*fair-value* des Tochterunternehmen
  + *fair value* der **Schulden**
  = Netto-*fair-value* der **held for sale assets.**

- In der GuV ist nur ein Gewinn aus eingestellten Bereichen *(profit from discontinued operations)* auszuweisen, der sich nach IFRS 5.IG12 wie folgt ermittelt:

  Ergebnis des Tochterunternehmens
  +/– Änderung des Netto-*fair-value* des Tochterunternehmens
  = Ergebnis aus eingestellten Bereichen.

IFRS 5 hat über den oben unter Nr. 3 genannten Fall der schon bei Erwerb bestehenden Veräußerungsabsicht hinaus Bedeutung. Wenn die Veräußerungsabsicht erstmals zum Bilanzstichtag besteht (oben unter Nr. 1 genannter Fall), geht aus Konzernsicht eine *disposal group* ab. Die Vermögenswerte und Schulden sind aus den normalen Bilanzpositionen in die vorgenanten Sammelpositionen auf der Aktiv- und Passivseite umzugliedern. Anzusetzen ist gem. IFRS 5.15 der (saldiert) **niedrigere Betrag aus**

- bisherigem **Buchwert** und
- **Netto-*fair-value*.**

Ein Ertrag aus Zuschreibung kann mithin nicht entstehen, bei unter dem Buchwert liegendem Netto-*fair-value* aber ein **Wertminderungsaufwand** (IFRS 5.20). Dieser ist als Ergebnis aus eingestellten Bereichen auszuweisen, sofern die zur Veräußerung vorgesehene Tochterunternehmung ein operatives Haupttätigkeitsfeld *(major line of business or geographical area)* repräsentiert (IFRS 5.32a). Bei bereits mit Veräußerungsabsicht erworbenen Tochterunternehmen gilt diese Voraussetzung ohne weiteres als erfüllt (IFRS 5.32c). Zum Ganzen wird auf → § 29 Rz 22 verwiesen.

Als Weiterveräußerung kann aus Konzernsicht nur die Veräußerung an **konzernexterne** Unternehmen gelten. Ein Erwerb eines Enkelunternehmens durch Tochterunternehmen 1 mit der Absicht der Weiterveräußerung an Tochterunternehmen 2 oder an das Mutterunternehmen führt nicht zur Anwendung von IFRS 5. Das Fortbestehen der Weiterveräußerungsabsicht ist eine innere Tatsache, die sich an äußeren Indizien messen lassen muss. IFRS 5.8 verlangt daher die Veräußerung binnen 12 Monaten ab Erwerb. Eine Ausnahme ist nach IFRS 5.9 z. B. für solche Fälle vorgesehen, in denen ein innerhalb von 12 Monaten geschlossener Kaufvertrag noch der Genehmigung (z. B. durch Kartellbehörden) bedarf und mit dieser kurz nach Bilanzstichtag zu rechnen ist.

Beispiel
M erwirbt am 1.12.01 30 % der Anteile an T mit der Absicht der Weiterveräußerung binnen 12 Monaten. Die Anteile werden am 31.12.01 nach IFRS 5 bilanziert.

Variante 1: Noch kein Käufer gefunden
Am 31.12.02 ist noch kein Käufer in Sicht. Die Anteile sind nunmehr entsprechend den normalen Regeln zu konsolidieren.

Lüdenbach

> **Variante 2: Ausstehende Genehmigung des Kaufvertrags**
> Ein Kaufvertrag wird am 5. Januar 03 geschlossen. Der Übergang des wirtschaftlichen Eigentums erfolgt mit kartellrechtlicher Genehmigung. Diese steht zum Zeitpunkt der Bilanzaufstellung (Januar 03) noch aus. Eine Umklassifizierung ist nicht erforderlich, obwohl der Kaufvertrag erst nach 12 Monaten geschlossen wurde. Zweck von IFRS 5.8 ist die Vermeidung von Manipulationen und die Objektivierung der Veräußerungsabsicht. Der Bilanzierende soll nicht durch die bloße Behauptung einer Veräußerungsabsicht der Regelkonsolidierung ausweichen können. Diesem Zweck wird auch dann Genüge getan, wenn die 12-Monats-Frist in solchen Fällen moderat ausgedehnt wird, in denen spätestens bis Bilanzaufstellung ein Kaufvertrag geschlossen wurde.

3.2.3 Dauernde Beschränkung des Finanzmitteltransfers

90 Nach IAS 27 (2000) bestand ein Konsolidierungsverbot aufgrund erheblicher und **langfristiger Beschränkungen** bezüglich der Fähigkeit zum **Finanzmitteltransfer** (Rz 31). Es betraf vor allem Fälle, in denen durch die Einführung von **Devisentransferbeschränkungen** oder anderer staatlicher Maßnahmen Dividenden nicht mehr ausgeschüttet werden dürfen. Dieses Verbot ist entfallen. Es ist nun zu würdigen, ob sich die staatlichen Maßnahmen nicht nur auf den Finanzmitteltransfer, sondern auf die Stimmrechtsausübung, die Geschäftsführerbestellung usw. richten, so dass die Mutter-Tochter-Beziehung wegfällt (Verlust des Tochter-Status, nicht Konsolidierungsverbot).

91 Mit Streichung des Weiterveräußerungsfalls (Rz 88) bestehen **keine** Konsolidierungs**verbote** und auch keine Konsolidierungs**wahlrechte** mehr. Auch grundlegend unterschiedliche Geschäftstätigkeiten (Beteiligung einer Bank an einem Industrieunternehmen oder Industrieunternehmen an einer Versicherung) führen nicht zu Ausnahmen von der Konsolidierungspflicht (IAS 27.20).

3.2.4 Nichteinbeziehung aus *materiality*- oder Kosten-Gründen

92 Wie alle IFRS-Regeln unterliegt auch das Weltabschlussprinzip von IAS 27.12 dem *materiality*-**Vorbehalt** (→ § 1 Rz 63ff.). Tochterunternehmen müssen nicht einbezogen werden, wenn sie für Vermögens-, Finanz- und Ertragslage des Konzerns von insgesamt untergeordneter Bedeutung sind. Entsprechend begründet etwa die Bayer AG in ihrem Konzernabschluss 1999 die Nichteinbeziehung von 99 Tochterunternehmen (gegenüber 187 einbezogenen Tochterunternehmen) damit, dass deren Umsatz in Summe weniger als 1 % des Konzernumsatzes ausmacht.

93 Die Wesentlichkeit unterliegt einer **Gesamtbetrachtung**. Hierzu folgendes Beispiel:

> **Beispiel**
> Die X AG hat 40 Tochterunternehmen, die je etwa 0,5 %, zusammen 20 % zum Konzernumsatz beitragen.
> Jedes Unternehmen ist für sich betrachtet von untergeordneter Bedeutung. In zusammengefasster Betrachtung sind die Tochterunternehmen jedoch wesentlich. Eine Einbeziehung ist deshalb geboten.
> Wird eine kleine Zahl der Tochterunternehmen nicht einbezogen, ist dies nicht schon dann gerechtfertigt, wenn die nicht einbezogenen zusammen einen unwesentlichen Umsatzanteil haben. Bei annähernd gleicher Größe gegenüber anderen einbezogenen Unternehmen muss die Entscheidung systematisch begründbar sein, z. B. wegen besonderer Verzögerungen oder erhöhter Kosten, die sich gerade aus der Einbeziehung dieser Unternehmen ergeben würden.
>
> **Variante**
> Die 20 Tochterunternehmen, die zusammen 40 % zum Konzernumsatz beitragen, haben eine sehr unterschiedliche Größe. Auf 10 Tochterunternehmen entfallen 35 %, auf die anderen 10 Tochterunternehmen 5 % des Umsatzes.
> Die Nichteinbeziehung der zweiten Gruppe ist systematisch gerechtfertigt, da sie insgesamt von untergeordneter Bedeutung ist.

Das Kriterium der Wesentlichkeit ist im IFRS-Regelwerk nicht quantifiziert, weil **nicht quantifizierbar** (→ § 1 Rz 63ff.). Nach verbreiteter Auffassung und Praxis ist jedenfalls eine Größenordnung von 10 % oder mehr regelmäßig als wesentlich anzusehen.
Fraglich ist die **Bezugsgröße** der 10 %. Im letzten Beispiel wurde in Anlehnung an die Praxis vieler Geschäftsberichte der **Umsatz** herangezogen. Er ist dann keine taugliche Einzelgröße, wenn andere Größen, insbesondere der **Ertrag** und das **Vermögen**, zu einem wesentlich höheren Prozentwert führen. Hierzu folgendes Beispiel:

94

> **Beispiel**
> Der Verlag V hat ein Online-Unternehmen O erworben. Der Verlag erzielt bei einem Umsatz von 1 Milliarde einen Jahresüberschuss von 50 Mio. Das Online-Unternehmen erleidet bei einem Umsatz von 1 Mio. einen Verlust von 10 Mio.
> Das Online-Unternehmen ist zwar nicht für den Umsatz, aber für die Ertragslage des Konzerns von wesentlicher Bedeutung und muss daher konsolidiert werden.

Das *Framework* stellt die Berichterstattung unter die Nebenbedingungen der Zeitnähe und der Kosten-Nutzen-Abwägung (→ § 1 Rz 69). Informationen können durch unangemessene Verzögerungen ihre Relevanz verlieren (F.43). Die Abwägung von Nutzen und Kosten ist „ein vorherrschender Sachzwang.

95

Lüdenbach

Der aus einer Information abzuleitende Nutzen muss höher sein als die Kosten für die Bereitstellung der Information" (F.44). Zur Anwendung der Kriterien folgendes Beispiel:

> **Beispiel**
> Tochtergesellschaft der M AG ist unter anderem die Amazonia S.A., die ihre Geschäfte von einer Freihandelszone im Amazonasgebiet betreibt. Die Gewinnung von englischkundigem, qualifiziertem Personal ist objektiv schwierig. Die Amazonia erfüllt ihre unterjährigen Konzernreport-Pflichten stets mit großer Verzögerung. Denkbare Abhilfe, z. B. durch Entsendung von Mitarbeitern aus der Konzernzentrale, wäre mit Kosten verbunden, die in keinem Verhältnis zum von der Amazonia erwirtschafteten Ergebnis stünden.
> Die Nichtkonsolidierung der Amazonia ist dann gerechtfertigt, wenn der dadurch entfallene Informationsnutzen im Verhältnis zu den Kosten einer Abhilfe und im Verhältnis zu den sonst entstehenden Verzögerungen nicht bedeutsam ist. In der einzelfallbezogenen Abwägung wird es dabei unter anderem im Zusammenspiel mit *materiality*-Überlegungen auf die Größenordnung der Amazonia ankommen.
> Die Verzögerungs- und Kostenprobleme könnten auch bei einem Ergebnis- und Umsatzbeitrag der Amazonia von 5 % oder mehr noch eine Nichtkonsolidierung rechtfertigen.

3.2.5 Konsolidierung von assoziierten und Gemeinschaftsunternehmen

96 IAS 27.11 schreibt nur die Konsolidierung von Tochterunternehmen vor. Die Konsolidierung von **assoziierten** Unternehmen ergibt sich aus IAS 28 (→ § 33), die von Gemeinschaftsunternehmen aus IAS 31 (→ § 34). Beide Standards regeln nicht nur die Konsolidierungsmethode, sondern auch die Frage, ob überhaupt eine Einbeziehung in den Konsolidierungskreis erfolgt. Soweit ein assoziiertes Unternehmen oder ein Gemeinschaftsunternehmen wegen Veräußerungsabsicht nicht *at equity* oder quotal zu konsolidieren ist, muss es gleichwohl im Einzel- und damit auch im Konzernabschluss des Mutterunternehmens bilanziert werden. Die Bilanzierung erfolgt jedoch dann nach den Regeln von IFRS 5 statt nach IAS 28.14 und IAS 31.42.

97 In Übereinstimmung mit den Regeln für Tochterunternehmen sind **bei Weiterveräußerungsabsicht** daher Anteile an **assoziierten** Unternehmen (→ § 33 Rz 26ff.) oder Gemeinschaftsunternehmen (→ § 34 Rz 86) mit dem Netto-*fair-value* anzusetzen, sofern der bisherige Buchwert nicht niedriger ist (Rz 88).

- Bei bisheriger *equity*-Konsolidierung erfolgt eine Umgliederung auf der Aktivseite von „*at-equity*-Anteilen" in „zur Veräußerung bestimmtes Anlagevermögen"*(non-current assets held for sale*; → § 29 Rz 42).
- Ob bei bisheriger quotaler Konsolidierung wie in Fällen der Vollkonsolidierung der unsaldierte Ausweis des Netto-*fair-value* geboten ist (mit anteiligem Ansatz von Vermögenswerten und Schulden), scheint zweifelhaft (→ § 34 Rz 86).

Lüdenbach

Der Konzernbegriff (und die Konzernabschlusspflicht) setzt gemäß IAS 27 ein **Mutter-Tochter**-Verhältnis voraus: Ohne Tochterunternehmen kein Konzern (IAS 27.4), ohne Tochterunternehmen kein Konzernabschluss (IAS 27.9). Assoziierte Unternehmen und Gemeinschaftsunternehmen sind somit in einen ohnehin aufzustellenden Konzernabschluss einzubeziehen, begründen jedoch selbst keine Konzernabschlusspflicht.[40] Hierzu folgendes Beispiel:

98

Beispiel
MU ist am Tochterunternehmen TU, am assoziierten Unternehmen aU und am Gemeinschaftsunternehmen GU beteiligt.
MU hat einen Konzernabschluss aufzustellen, in den neben TU auch aU und GU einzubeziehen sind.

Variante
MU ist nur an aU und GU beteiligt.
MU bildet keinen Konzern und muss keinen Konzernabschluss aufstellen.
aU und GU können im Einzelabschluss von MU wahlweise zu Anschaffungskosten oder zum *fair value* bilanziert werden.

3.3 Konzernbilanzstichtag, abweichende Stichtage von Tochterunternehmen

In IAS 27.26 wird als Abschlussstichtag des Konzerns der Stichtag des **Mutterunternehmens** unterstellt. Tochterunternehmen dürfen auf der Basis ihres **abweichenden** Einzelbilanzstichtages einbezogen werden, wenn der **Abweichungszeitraum** nicht größer als **3 Monate** und die Erstellung eines Zwischenabschlusses **unpraktikabel** ist.

99

Im Beispiel einer Konzernbilanzierung auf den 31.12.01 dürfen also die Tochterunternehmen mit Abschlussdatum 30.9.01 und 31.3.02 gerade noch auf der Basis dieser Stichtage einbezogen werden, wobei der zweiten Alternative bei üblichen Aufstellungsfristen für den Konzernabschluss kaum Praxisrelevanz zukommt.

100

Für **bedeutende Geschäftsvorfälle** zwischen dem Konzern bilanzstichtag und den abweichenden Einzelbilanzstichtagen sind **Anpassungen** vorzunehmen (IAS 27.27). Hierzu folgendes Beispiel:

101

Beispiel
Die Tochterunternehmen T 1 und T 2 bilanzieren auf den 30.9. Konzernbilanzstichtag ist der 31.12.
T 1 produziert Silvesterfeuerwerk und tätigt seine Umsätze fast vollständig im vierten Quartal.

---

[40] Ebenso BRUNE/SENGER, in: BECK'sches IFRS-Handbuch, § 15 Tz 96.

Lüdenbach

T 2 hat kein saisonales Geschäft. Im November ist ein Teil des Lagers von T 2 abgebrannt. Der Versicherungsschutz ist unzureichend. T 1 kann trotz des saisonalen Verlaufs auf Basis der Zahlen per 30.9. einbezogen werden. Eine Anpassung um die Zahlen des vierten Quartals 01 wäre sinnwidrig, da dann umgekehrt die Zahlen des vierten Quartals 00 eliminiert werden müssten, um nicht zwei Jahresumsätze zu berücksichtigen. Die Zahlen des vierten Quartals 00 können aber nicht eliminiert werden, da sie bisher noch überhaupt nicht im Konzernabschluss berücksichtigt wurden (Konzernabschluss 31.12.00 auf Basis T-1-Zahlen 30.9.00).

T 2 kann, sofern es sich bei dem Brand um ein bedeutsames Ereignis handelt, nur auf Basis angepasster Zahlen einbezogen werden. Der Verlust ist schon im Konzernabschluss 01 (da in 01 entstanden) zu berücksichtigen. Im Folgejahr ist eine umgekehrte Anpassung notwendig, um eine Doppelerfassung zu vermeiden.

102
- Nur bei **bis zu 3-monatigem** Zeitabstand kann die Konsolidierung aus **Praktikabilitätsgründen** auf der Basis von um besondere Vorfälle und Ereignisse angepassten Einzelabschlüssen erfolgen (IAS 27.26f.).
- Bei **mehr als 3-monatiger** Abweichung sind zwingend **Zwischenabschlüsse** aufzustellen (IAS 27.27).

103 Für die Behandlung ungleicher Bilanzstichtage bei assoziierten Unternehmen wird auf → § 33 Rz 69 verwiesen.

4 Konsolidierungsverfahren

4.1 Überblick über die Konsolidierungsschritte

104 Nach HGB wie nach IFRS vollzieht sich die Aufstellung eines Konzernabschlusses in folgenden sechs (oder sieben) Schritten:
1. **Vereinheitlichung** der Bilanzierungs- und Bewertungs**methoden** (von der IFRS-Bilanz I zur **IFRS-Bilanz II**; Rz 105),
2. **Entweder** schon im Zuge dieser Arbeiten **Neubewertung** des Vermögens nach Maßgabe der durch die Kaufpreisallokation (Erstkonsolidierung) aufgedeckten und auf den Konzernbilanzstichtag fortgeschriebenen stillen Reserven und Lasten (→ § 31 Rz 14ff.) (IFRS-Bilanz III) **oder** Berücksichtigung der Neuwerte im Rahmen der **Kapitalkonsolidierung**,
3. Aufsummierung Bilanzen und GuV (**Summenbilanz**),
4. **Kapitalkonsolidierung** (dabei, sofern nicht separat als Schritt 2 vollzogen, Aufdeckung der fortgeschriebenen stillen Reserven und Lasten; → § 31 Rz 14ff.),
5. **übrige Konsolidierung**, d. h. Aufwand/Ertrag (Rz 126) und Forderungen/Verbindlichkeiten (Rz 110ff.),

Lüdenbach

6. Zwischenergebniseliminierung (Rz 128 ff.),
7. Berücksichtigung **Minderheitenanteil** in Bilanz und GuV (Rz 140 ff.).

Wegen der Ergänzung des Schrittes 1 bei ausländischen Töchtern durch eine **Währungsumrechnung** wird auf → § 27 verwiesen.

4.2 Vereinheitlichung in Ansatz und Bewertung

IAS 27.28 schreibt vor, für ähnliche Geschäftsvorfälle unter vergleichbaren Umständen einheitliche Bilanzierungs- und Bewertungsmethoden anzuwenden. In der Praxis sind zwei Grundfälle zu unterscheiden: 105

- Die **Einzelabschlüsse** werden **nach nationalem Recht** aufgestellt: Echte und unechte IFRS-Wahlrechte sind bei der Überleitung auf die IFRS-Einzelbilanzen einheitlich auszuüben.

- Die **Einzelabschlüsse** werden **bereits nach IFRS** aufgestellt: Eine Vereinheitlichungsnotwendigkeit besteht nur noch insoweit, als mangels interner Konzernrichtlinien echte Wahlrechte und Ermessensspielräume in den Einzelbilanzen uneinheitlich ausgeübt wurden. Die IFRS-Bilanzen I sind auf die nach einheitlichen Vorschriften erstellten IFRS-Bilanzen II überzuleiten.

Das Erfordernis der Einheitlichkeit bezieht sich nicht nur auf echte bzw. ausdrückliche Wahlrechte, sondern auch auf so genannte **unechte** Wahlrechte, die sich aus Regelungslücken, der Auslegung unbestimmter Rechtsbegriffe, der Vornahme von Schätzungen oder sonstigen Ermessensentscheidungen ergeben (→ § 51 Rz 15 ff.). Bei **unechten Wahlrechten relativiert sich die Einheitlichkeitsforderung** jedoch häufig, weil sie nur für ähnliche Geschäftsvorfälle und andere Ereignisse unter vergleichbaren Umständen gilt. Hierzu folgendes Beispiel: 106

Beispiel
Das Mobilfunkunternehmen M hat eine ausländische Tochtergesellschaft T. Mobilfunklizenzen werden von M über 15, von T über 20 Jahre abgeschrieben, EDV-Anlagen von M über 4, von T über 6 Jahre. Fremdkapitalzinsen auf die Lizenzen werden, soweit sie bis zur Netzinbetriebnahme anfallen, von M als Aufwand behandelt, von T aktiviert.
Die Aktivierung/Nichtaktivierung der Zinsen ist echtes Wahlrecht nach IAS 23 (→ § 9 Rz 13 ff.). Das Wahlrecht ist im Konzernabschluss einheitlich auszuüben, entweder durch „nachträgliche" Aktivierung bei M oder durch „nachträgliche" Nichtaktivierung bei T.
Die EDV-Anlagen sind über die Nutzungsdauer abzuschreiben. Die Nutzungsdauer ist eine Schätzgröße und damit innerhalb gewisser Grenzen ermessensabhängig (faktisches Wahlrecht). Auch faktische Wahlrechte sind einheitlich auszuüben. Möglicherweise bestehen aber sachliche Gründe für die unterschiedliche Abschreibungsdauer, etwa weil im Inland andere Reinvestitionszyklen geplant sind als im Ausland oder weil die inländischen

Lüdenbach

> Anlagen anders „gewartet" werden als die ausländischen oder weil aufgrund unterschiedlicher Neu- und Gebrauchtmarktpreisverhältnisse die wirtschaftliche Nutzungsdauer im Inland anders ist als im Ausland. Die Geschäftsvorfälle wären insofern nicht vergleichbar. Es würde keine unterschiedliche Ausübung faktischer Wahlrechte und damit auch kein Vereinheitlichungsbedarf vorliegen.
> Die Lizenzen sind über die wirtschaftliche Nutzungsdauer abzuschreiben. Entspricht diese der rechtlichen Nutzungsdauer und enden die inländischen Lizenzen nach 15, die ausländischen nach 20 Jahren, ist die unterschiedliche Abschreibung nicht nur zulässig, sondern geboten.
>
> **Variante**
> Sowohl M als auch T aktivieren Fremdkapitalzinsen, die sie jedoch unterschiedlich berechnen (→ § 9 Rz 17ff.). M rechnet mit dem Zinssatz einer Anleihe, die in einem gewissen zeitlichen und betragsmäßigen Zusammenhang mit der Finanzierung der Lizenz aufgenommen wurde. T rechnet mit dem durchschnittlichen Zinssatz des Fremdkapitals.
> Vor der Vereinheitlichungsfrage ist zu klären, ob die Behandlung bei M durch IAS 23.15 überhaupt zugelassen ist. Ist dies nicht der Fall, weil ein spezieller Bezug zwischen Anleihe und Lizenzanschaffung fehlt, ist die M-Bilanz nicht zu vereinheitlichen, sondern zu korrigieren.

107 Die Vereinheitlichung unterliegt dem allgemeinen *materiality*-Vorbehalt (→ § 1 Rz 63ff.). Die *materiality* ist aus der **Sicht des Konzerns** zu beurteilen. So mag die Aktivierung von Fremdkapitalzinsen für den Einzelabschluss eines Tochterunternehmens bedeutsam, im Verhältnis zu den größeren Summen des Konzernabschlusses aber unbedeutsam sein. Eine Anpassung an die Nichtaktivierung beim Mutterunternehmen könnte dann unterbleiben.

108 IAS 27.21 (2000) sah als spezielle Regelung noch einen Verzicht auf die Vereinheitlichung vor, wenn diese nicht durchführbar *(impracticable)* war. Die Vorschrift war vor allem wegen der mit ihr verbundenen besonderen Anhangsangaben (betroffener Anteil jedes uneinheitlichen Konzernabschlusspostens) von geringer praktischer Bedeutung. Dem Wegfall dieser Vorschrift in der Neufassung von IAS 27 kommt u.E. kein große Bedeutung zu, da die allgemeinen Grundsätzen der *materiality* und des *cost-benefit* zu gleichen Ergebnissen führen und im Übrigen IAS 27.29 für den Fall unterschiedlicher Rechnungslegungsmethoden keine vollständige Vereinheitlichung fordert, sondern **angemessene Anpassungen** *(appropriate adjustments)*.

4.3 Kapitalkonsolidierung

109 Hinsichtlich der Kapitalkonsolidierung wird auf IFRS 3 verwiesen (→ § 31 Rz 14ff.).

Lüdenbach

4.4 Schuldenkonsolidierung

4.4.1 Zeitliche Buchungsunterschiede

Konzerninterne Salden sind gemäß IAS 27.24 zu konsolidieren. Forderungen gegenüber einbezogenen Unternehmen sind daher mit den korrespondierenden Schulden zu „verrechnen". 110

Bei dieser Verrechnung können sich so genannte **unechte Differenzen**, insbesondere aus **zeitlichen Buchungsunterschieden**, ergeben. Die Ausgleichsbuchung erfolgt mit dem Ziel, das aus Konzernsicht richtige Ergebnis bzw. den aus Konzernsicht richtigen Vermögensausweis zu bewirken. Hierzu folgendes Beispiel: 111

Beispiel
M gleicht eine Lieferantenverbindlichkeit von 10 gegenüber T mit Überweisung vom 29.12 aus.
Die Belastung auf dem Bankkonto von M erfolgt am 31.12.
Das Geld wird T jedoch erst am 3.1. gutgeschrieben.
- Per 31.12. weist M keine Verbindlichkeit aus,
- T jedoch eine Forderung von 10.

Aus Sicht des Konzerns ist das Geld im Transit von einem Konzern-Bankkonto zu einem anderen befindlich. Der Vorgang ist daher nicht anders zu behandeln als ein Geldtransit in der Einzelbilanz. Somit ist zu buchen:
Geldtransit 10 an Debitor 10.
In der Konzernrechnungslegungspraxis wird dieses Problem durch organisatorische Maßnahmen „bekämpft", z. B. durch Anweisung der Konzernbilanzabteilung, derartige Zahlungen nach dem 15.12. nicht mehr vorzunehmen. Ein anderes Organisationsmittel – nur als Nebeneffekt – ist das Bestehen eines konzernweiten *cash-pool*. Vgl. auch Rz 130.

4.4.2 Differenzen aufgrund unterschiedlicher Bilanzstichtage

Zeitlich bedingte Differenzen von Forderungen und Schulden können auch wegen eines (nicht mehr als 3 Monate) **abweichenden** Stichtags der Tochterunternehmung entstehen. Bei **wesentlichen** Differenzen sind ohnehin Anpassungen vorzunehmen (Rz 101). Wird bei **unbedeutenden** Differenzen auf eine Anpassung verzichtet, ist ein Ausweis der Differenz als Forderung oder Schuld gegenüber verbundenen Unternehmen sachgerecht. 112

Beispiel
M erstellt Einzel- und Konzernabschluss auf den 31.12. T wird auf der Basis seines Abschlusses zum 30.9. einbezogen.
Per 31.12. weist M einzelbilanziell eine Darlehensforderung gegenüber T aus. Das Darlehen ist erst im Dezember ausgereicht worden, um ein negatives Bankkonto der T auszugleichen.

Lüdenbach

> **Alternative 1**
> Eine Anpassung wird nicht vorgenommen. Das Darlehen wird als Forderung gegenüber verbundenen Unternehmen in der Konzernbilanz ausgewiesen. Das Bankkonto der T wird mit dem Wert per 30.9. angesetzt.
> **Alternative 2**
> Die Forderung wird gegen die Bankverbindlichkeiten der T verrechnet.
> Buchung:
> per Bankverbindlichkeit T 100 an Forderung M gegen T 100.

4.4.3 Echte Aufrechnungsdifferenzen

113 Echte Aufrechnungsdifferenzen ergeben sich **aus zwingenden Ansatz- oder Bewertungsvorschriften**. Hierbei geht es nicht um die unterschiedliche Ausübung von Wahlrechten oder Ermessensspielräumen. Derartige Unterschiede sind schon bei der Aufstellung der IFRS-Bilanz II zu beseitigen. Die Vereinheitlichung von Ansatz und Bewertung beseitigt jedoch nicht solche Unterschiede, die sich aus zwingenden Regelunterschieden zwischen Aktiv- und Passivposten ergeben.

114 Auch für die IFRS-Bilanz gilt in bestimmtem Umfang der **Imparitätsgrundsatz**:

- Der Gläubiger hat auf notleidende Forderungen **Wertberichtigungen** vorzunehmen (→ § 28 Rz 122),

- der Schuldner bis zu einem eventuellen *troubled debt restructuring* weiterhin den vollen Betrag auszuweisen (→ § 28 Rz 175).

115 Ein anderes Beispiel sind wahrscheinliche Forderungen und Schulden, die beim Schuldner eher zu einem Ansatz als **Rückstellung** führen als beim Gläubiger zu einem Vermögensausweis.[41] Da der Konzern aus Sicht des Einheitsgrundsatzes keine Abschreibungen auf Forderungen und keine Rückstellungen gegen sich selbst bilden kann, ist die Aufrechnungsdifferenz im Entstehungsjahr durch Buchung gegen den Aufwandsposten zu neutralisieren. Im Folgejahr erfolgt die Neutralisierung bereits durch die Eröffnungsbilanzbuchung, d. h. erfolgsneutral gegen Gewinnrücklagen. In einem eventuellen späteren Umkehrungsjahr (z. B. ertragswirksame Auflösung einer Rückstellung) ist die ertragswirksame Buchung des Einzelabschlusses im Rahmen der Konsolidierung zu neutralisieren.

116 Zum Ganzen folgendes Beispiel:

> **Beispiel**
> M hat eine Forderung von 100 gegen die notleidende T.
> - In 01 wird sie in vollem Umfang wertberichtigt.
> - In 03 bessert sich die Lage von T überraschend und T kann die Forderung voll bezahlen.

---

[41] Einzelheiten hierzu bei LÜDENBACH/HOFFMANN, KoR 2003, S. 5ff.

Aufrechnungsdifferenz (AD) und Aufwand oder Ertrag der Einzel-GuV ergeben sich wie folgt:
- per 31.12.01: 100 AD; 100 Aufwand Einzel-GuV
- per 31.12.02: 100 AD; 0 Aufwand
- per 31.12.03: 0 AD; 100 Ertrag Einzel-GuV

Die Konsolidierungsbuchungen sind wie folgt:
01: Forderung 100 an Aufwand 100 (d. h. Konzernergebnis um 100 höher als Summenergebnis) sowie Verbindlichkeit 100 an Forderung 100.
02: Forderung 100 an Gewinnrücklagen 100 (Eröffnungsbilanzbuchung im Rahmen der Konsolidierung) sowie Verbindlichkeit 100 an Forderung 100.
03: Forderung 100 an Gewinnrücklagen 100 (Eröffnungsbilanzbuchung) sowie Ertrag 100 an Forderung 100 (d. h. Konzernergebnis um 100 niedriger als Summenergebnis).

Zur Behandlung **währungsbedingter Umrechnungsdifferenzen** wird auf → § 27 Rz 54ff. und → § 27 Rz 24ff. verwiesen.

4.4.4 Wandelanleihen

Bei der Emission von Wandelanleihen ist der **Emissionserlös aufzuteilen**, d. h. teilweise in das Eigen-(Kapitalrücklage), teilweise in das Fremdkapital einzustellen. Der Zeichner der Anleihe teilt in entsprechender Weise seine Anschaffungskosten in den Forderungs- bzw. Anleiheteil (Fremdkapital- bzw. Gläubigerinstrument) und die Aktienoption (Eigenkapitalinstrument) auf (→ § 28 Rz 97).

117

Wird ein Teil der Anleihe von einem anderen Konzernunternehmen erworben, entstehen zwei Probleme:
- Die Erhöhung der Kapitalrücklage ist bezogen auf den konzernintern erworbenen Teil unzutreffend, da **keine Eigenkapitalzuführung** von außen, sondern ein rein interner Vorgang vorliegt.
- Ein bei der Folgebewertung der Aktienoption entstehender **Aufwand** oder **Ertrag** ist **nicht realisiert**, sondern ein rein konzerninterner Vorgang.

118

Das nachfolgende Beispiel zeigt die Behandlung beider Probleme:

119

Beispiel
M emittiert am 1.1.01 eine Wandelanleihe für 100 Mio. Der Emissionserlös wird im Verhältnis 8/2 auf Fremd- und Eigenkapital aufgeteilt.
Buchung M:

per Geld	100	an	Verbindl.	80
		an	KapRL	20

T erwirbt 10 Mio. der Anleihe und bucht:

per Anleihe	8	an	Geld	10
per Derivat	2			

Lüdenbach

> Zum 31.12.01 sinkt der *fair value* des Derivats auf 1. T bucht:
> per Aufwand 1 an Derivat 1
> Im Rahmen der Konsolidierung auf den 31.12.01 ist der Aufwand (bei T), aber auch die anteilige Rücklagenzuführung (bei M) rückgängig zu machen und ist deshalb wie folgt zu buchen:
> per KapRL 2 an Aufwand 1
>   an Derivat 1

4.4.5 Ausstehende Einlagen beim Tochterunternehmen

120 Das Mutterunternehmen kann noch einen Teil der Einlage in das Tochterunternehmen schulden. In der Einzelbilanz des Tochterunternehmens ist die ausstehende Einlage nicht zu aktivieren, sondern nach allgemeinen Regeln vom Eigenkapital abzusetzen (→ § 20 Rz 49). Hat das Mutterunternehmen die Einlageverpflichtung noch nicht passiviert, entstehen keine besonderen Differenzen und Probleme.

121 Hat das Mutterunternehmen hingegen durch die Buchung „Beteiligung an Verbindlichkeit" die Einlageverpflichtung passiviert, stehen sich Forderungen und Verbindlichkeiten nicht mehr in gleicher Höhe gegenüber. Der Ausgleich kann im Rahmen der Konsolidierung durch Stornierung der Verbindlichkeiten-Buchung (per Verbindlichkeit an Beteiligung) erfolgen. Anschließend wird nach normalen Kapitalkonsolidierungsregeln vorgegangen.

4.4.6 Drittschuldverhältnisse

122 Führt ein Unternehmen verschiedene **Kontokorrentkonten** bei einer Bank, die zum Stichtag teils im Soll, teils im Haben stehen, und können beide Seiten jederzeit aufrechnen bzw. verrechnen, so verstößt ein saldierter Ausweis in der Einzelbilanz nicht gegen die Vorschriften von IAS 1.32ff. Fraglich ist, ob in der Konzernbilanz entsprechend verfahren werden kann, wenn das Sollkonto auf das Konzernunternehmen A und das Habenkonto auf das Konzernunternehmen B lautet.[42]

123 U. E. handelt es sich um einen **Grenzfall**. Das Drittschuldverhältnis kann z. B. auch gegenüber einer Steuerbehörde bestehen, indem Konzernunternehmen A Steuererstattungsansprüche und Konzernunternehmen B Steuerschulden hat. Nach IAS 12.71 ist eine Saldierung dann nur unter der engen Voraussetzung möglich, dass die Positionen einklagbar gegeneinander aufgerechnet werden können und (kumulativ) ein zeitlicher Ausgleich bzw. ein Ausgleich auf Nettobasis beabsichtigt und möglich ist (→ § 26 Rz 104). Mangelt es an der Absicht oder der Möglichkeit zum zeitgleichen Ausgleich bzw. zum Ausgleich auf Nettobasis, ist eine Saldierung unzulässig. Bei **Steuer-Drittschuldverhältnissen** scheitert die Saldierung deshalb regelmäßig schon an den unterschiedlichen Zahlungsfristen.

---

[42] So BAETGE/SCHULZE, IAS 27, Tz 129f., mit der Annahme eines Konsolidierungswahlrechtes.

Bei **Bank-Drittschuldverhältnissen** ist ein zeitgleicher Ausgleich zwar ggf. möglich, regelmäßig aber nicht beabsichtigt. In Anwendung des Rechtsgedankens von IAS 12.71 auf andere Drittschuldverhältnisse wäre daher eine Saldierung ggf. abzulehnen.

124

Im Übrigen ist die Konsolidierung (Saldierung) von Drittschuldverhältnissen bei einem international tätigen Unternehmen unter Umständen auch **nicht praxisgerecht**, da sie umfangreiche zusätzliche Informationen erfordern kann. Bevor entschieden werden kann, ob das Sollkonto bei der Deutschen Bank Frankfurt mit dem Habenkonto der Tochtergesellschaft bei der Deutschen Bank Hongkong gegeneinander saldiert werden kann, wäre zu klären, in welchem Verhältnis die Deutsche Bank Hongkong zur Deutschen Bank Frankfurt steht (Niederlassung, Tochter usw.). Außerdem müsste geprüft werden, ob die Konten identischen Kündigungs- und Aufrechnungsregeln unterliegen. Ein solcher Informationsaufwand wird sich nur dann rechtfertigen, wenn ihm ein erheblicher Informationsnutzen, z. B. in der Form erheblicher Bilanzsummenreduzierung und damit erheblicher Verbesserung der Eigenkapitalquote, gegenübersteht.

125

4.5 Aufwands- und Ertragskonsolidierung

In der GuV des Konzerns sind die Aufwendungen und Erträge aus der Sicht der wirtschaftlichen Einheit Konzern darzustellen. Aus **Konzerninnenleistungen** hat der Konzern weder Umsatz/Ertrag noch Aufwendungen. Hat der Ertrag des einen Unternehmens beim anderen noch nicht zu korrespondierendem Aufwand geführt, z. B. weil konzernintern gelieferte Erzeugnisse (Umsatz) vom Empfänger noch nicht weiterveräußert wurden (Bestand), hingegen nicht Aufwand, so erfolgt ggf. eine Buchung „Ertrag (Umsatz) an Ertrag (Bestandserhöhung Erzeugnisse)".
Hierzu folgendes Beispiel:

126

127

Beispiel
T liefert für 100 hergestellte Erzeugnisse ohne Gewinnaufschlag an M.
Zum Bilanzstichtag ist noch keine Weiterveräußerung vorgenommen.
Der konzerninterne Umsatz wird nicht gegen Aufwand, sondern gegen das Ertragskonto „Bestandserhöhung Erzeugnisse" konsolidiert. Somit folgende Buchung:
per Umsatz   100   an   Bestandserhöhung Erzeugnisse   100

4.6 Zwischenergebniseliminierung

4.6.1 Zweck und Inhalt der Zwischenergebniseliminierung

Kernproblem der internen Leistungsbeziehung ist nicht die Aufwands-Ertragskonsolidierung (Rz 126), sondern die **Eliminierung einzelbilanziell realisierter Ergebnisse**. In Fällen, in denen Konzernunternehmen A Erzeugnisse mit Gewinnaufschlag an Konzernunternehmen B veräußert, es bei B aber

128

noch nicht zur Weiterveräußerung an Dritte gekommen ist, fehlt es an einem Außenumsatz und damit auch an einer Gewinnrealisierung des Konzerns. Aus Konzernsicht ist der im Einzelabschluss ausgewiesene **Gewinn zu eliminieren** (IAS 27.25).

129 Konzernintern „realisierte" **Verluste** können demgegenüber ein Indiz für einen eigentlich gegebenen Abwertungsbedarf sein. Für diesen Fall ist die Zwischenergebniseliminierung nicht zulässig (IAS 27.25). Hierzu folgendes Beispiel:

> **Beispiel**
> Luftfahrtunternehmen M veräußert einige Flugzeuge unter Buchwert (Veräußerungsverlust) an die Tochtergesellschaft T. Die Flugzeuge hatten zuletzt wegen der Krise auf dem Flugreisemarkt nur noch schlechte Auslastungen.
> Der bei M einzelbilanziell realisierte Verlust aus der Veräußerung ist in dem Maße nicht zu eliminieren, als ohne die Veräußerung eine außerplanmäßige Abschreibung geboten wäre.
> Konsolidierungsbuchung insoweit ergebnisneutral:
> per außerplanmäßige Abschreibung an Veräußerungsverlust

4.6.2 Rechnerische Ermittlung, *materiality*-Überlegungen

130 Die Zwischenergebniseliminierung kann insbesondere im **Vorratsvermögen** eine außerordentlich aufwändige Veranstaltung sein. Beste Therapie ist die **Vorsorge** (Rz 111). Wird im Dezember Zurückhaltung bei konzerninternen Lieferungen geübt, reduziert dies den Bestand der konzernintern bezogenen Vorräte zum Stichtag. Eine Rückrechnung von den einzelbilanziellen Stichtagswerten zu den konzerninternen Herstellungskosten kann dann je nach verbleibender Größenordnung aus *materiality*-Gründen (→ § 1 Rz 63ff.) ganz **entbehrlich** sein oder jedenfalls mit gröberem Recheninstrumentarium durchgeführt werden. Eine Zwischenergebniseliminierung kann außerdem dann entbehrlich sein, wenn die konzernintern berechneten **Gewinnaufschläge** sehr gering ausfallen.

131 Bei der kalkulatorischen und buchungstechnischen Abwicklung des Zwischenergebnisproblems ist stets der **Zweck** der Zwischenergebniseliminierung im Auge zu behalten. Am Beispiel der Vorräte bewirkt die Zwischenergebniseliminierung zweierlei:

- Die Vorräte werden in der Konzern**bilanz** nur mit den konzerninternen Herstellungs- oder Anschaffungskosten, d. h. ohne Gewinnaufschlag, ausgewiesen. Der Konzernbilanzansatz reduziert sich in Höhe dieses Aufschlages gegenüber dem Einzelbilanzansatz.

- Der Gewinnaufschlag stellt nicht realisierten Gewinn dar. Das Konzern**ergebnis** reduziert oder erhöht sich, je nachdem, ob die zum Stichtag zu eliminierenden Zwischengewinne in der Gesamtbetrachtung niedriger oder höher ausfallen als die zum vorigen Stichtag zu eliminierenden.

132 Bei ungefährer **Konstanz des konzerninternen** Volumens ist deshalb unter Umständen die Wirkung einer Zwischenergebniseliminierung auf die Er-

tragslage gering. Entsprechen die dem Grunde nach gebotenen Eliminierungen in den Schlussbilanz- in etwa den Eröffnungsbilanzwerten, hat die Eliminierung keine relevante Auswirkung auf das **Periodenergebnis**. Die weitere Analyse der *materiality* kann sich dann auf die **Bilanzwirkung** konzentrieren. Hierzu folgendes Beispiel:

> **Beispiel**
> Solarmodule entstehen durch Rahmen und Laminieren von Solarzellen. Die Tochtergesellschaft T produziert Zellen, die größtenteils fremdveräußert werden, zum geringeren Teil an die Mutter M gehen, die hieraus Module fertigt. Der Gewinnaufschlag auf die eigenen Herstellungskosten beträgt 5 %.
> Zum Bilanzstichtag hat M Zellen mit einem einzelbilanziellen EK-Preis von 105 noch nicht endgültig weiterverarbeitet. Zum vorigen Stichtag betrug der entsprechende Wert 94,5.
> Mit Zwischenergebniseliminierung wären die Bestände zu beiden Stichtagen zu 100 (= 105/1,05) bzw. 90 (= 94,5/1,05) auszuweisen. Ohne Eliminierung sind die Werte um 5 (105 – 100) bzw. 4,5 (94,5 – 90) zu hoch. Das Ergebnis 02 würde ohne Eliminierung um 0,5 (5 – 4,5) zu hoch ausfallen.
> Unter *materiality*-Aspekten ist der bilanzielle Unterschied von 5 in Bezug zum gesamten Vorratsvermögen, zum gesamten Eigenkapital und zur gesamten Bilanzsumme zu sehen. Ist er gemessen daran unwesentlich, ist die Zwischenergebniseliminierung aus bilanzieller Sicht entbehrlich.
> Daneben ist die Auswirkung auf die Ertragslage zu beurteilen. Hierbei ist nicht der Bilanzunterschied von 5, sondern der GuV-Unterschied von nur 0,5 die Größe, die in Bezug zum Gesamtergebnis zu setzen ist.

Im **Handelsrecht** ist der Verzicht auf die Zwischenergebniseliminierung wegen Unwesentlichkeit ausdrücklich geregelt (§ 304 Abs. 2 HGB). Die handelsrechtliche Regelung ist insofern überflüssig, als für die Handelsbilanz ebenso wie für die IFRS-Bilanz sämtliche Bewertungs- und Ansatzregeln unter dem allgemeinen Vorbehalt der Wesentlichkeit stehen. Die explizite Nennung einiger Fälle im HGB mag etwas mit der Unterschiedlichkeit von Nationalcharakteren zu tun haben, der beeinflusst, ob man auch bei einem Nachtspaziergang wartet, bis die Fußgänger-Ampel auf Grün wechselt oder die Grün-Rot-Regel angesichts menschenleerer Straßen als unwesentlich interpretiert.

Wie eine Ampelstellung auf Rot mag daher die durch das TransPuG vorgenommene Streichung des § 304 Abs. 2 HGB a.F. wirken. Danach war bei einer Lieferung zu Marktbedingungen eine Zwischenergebniseliminierung entbehrlich, wenn die Wertermittlung mit einem unverhältnismäßig hohen Aufwand verbunden gewesen wäre. In IFRS findet sich demgegenüber der allgemein gültige *cost-benefit*-Grundsatz in F.44 (→ § 1 Rz 69), der eine sinnvolle Grundeinstellung der Ampel herbeiführt.

Lüdenbach

135 Im Zusammenspiel von Kosten-Nutzen-Überlegungen und *materiality*-Überlegungen einerseits und einer gewissen Zurückhaltung interner Lieferungen in zeitlicher Nähe zum Bilanzstichtag andererseits lässt sich in der Praxis das Problem der Zwischenergebniseliminierung entscheidend **entschärfen**.

4.6.3 Buchungstechnik (Beispiele)

136 Die nachfolgende Tabelle zeigt die Buchungstechnik der Zwischenergebniseliminierung bei typischen Fällen:

Vorgang	Eliminierungsbuchung			
A veräußert Anlagen (BW = 0) an B (AfA 1/10)	s. b. E	100	an Anlagen	100
	Anlagen	10	an Abschreibung	10
A aktiviert von B berechneten Zins (AfA 1/10)	Zinsertrag	100	an Zinsaufwand	100
	Eigenleist.	100	an Anlagen	100
	Anlagen	10	an Abschreibung	10
A veräußert Erzeugnisse (HK = 90) an B (noch nicht weiterveräußert)	Umsatz	100	an Best. Änd. Erz.	90
			an Vorräte	10
A veräußert Erzeugnisse (HK = 90), die B zu Anlagen verarbeitet (AfA 1/10)	Umsatz	100	an Materialaufwand	100
	Eigenleist.	10	an Anlagen	10
	Anlagen	1	an Abschreibung	1

Tab. 2: Buchungstechnik Zwischenergebniseliminierung

4.6.4 Zwischenergebniseliminierung bei Minderheitenanteilen

137 Sind am Tochterunternehmen noch andere Gesellschafter beteiligt und erzielt das Tochterunternehmen aus Lieferung oder Leistung an das Mutterunternehmen (*upstream*-Lieferungen) einen Gewinn, stellt sich die Frage nach der Berücksichtigung der Minderheitsbeteiligung bei der Zwischenergebniseliminierung.

138 Drei Alternativen sind diskussionswürdig:
- Zwischenergebniseliminierung nur **in Höhe des Anteils der Mehrheit**.
- Zwar Zwischenergebniseliminierung in voller Höhe, jedoch **Belastung der Minderheit bei der „Verteilung" des Periodenergebnisses**, d. h. bei der Überleitung von Periodenergebnis zum den Mehrheitsgesellschaftern zuzurechnenden Periodengewinn.
- **Keine Berücksichtigung des Minderheitenanteils**, weder bei der Eliminierung noch bei der Verteilung des Periodenergebnisses.

139 Die erste Alternative ist unzulässig, da IAS 27.25. ausdrücklich die Zwischenergebniseliminierung in voller Höhe vorschreibt. Vorzugswürdig ist die zweite. Die Praxis folgt i. d. R. der dritten Alternative, da sie weniger aufwändig ist.

Lüdenbach

4.7 Minderheitenanteil in Bilanz und GuV

4.7.1 Erstkonsolidierung und Folgekonsolidierung

Der Minderheitenanteil zum Erstkonsolidierungszeitpunkt ergibt sich als **Anteil am Reinvermögen zu diesem Zeitpunkt ohne Berücksichtigung des *goodwill*.** Nach IAS 22.32ff. (1998) (Rz 43) war entweder auf das buchmäßige Eigenkapital abzustellen (*benchmark*-Methode) oder auf den Zeitwert (Alternativ-Methode; → § 31 Rz 111). Nach IFRS 3.36 ist nur noch die zweite Methode zulässig. Bei ihr werden auch die auf die Minderheiten entfallenen stillen Reserven aufgedeckt. Sie sind dann für die Folgekonsolidierungen fortzuschreiben, also z. B. bei abnutzbarem Anlagevermögen anteilig dem Minderheitenanteil am Ergebnis zu belasten (zu **latenten Steuern** aus Minderheitenanteilen vgl. Rz 173).

140

Zu den **Folgekonsolidierungszeitpunkten** ergibt sich der Minderheitenanteil wie folgt:

141

- anteiliges Reinvermögen zum Erstkonsolidierungszeitpunkt,
- zuzüglich Anteil der Minderheit an den nachfolgenden Eigenkapitaländerungen,
- einschließlich anteiliger Auflösung stiller Reserven (Rz 140).

Fortschreibungen können sich aus Gewinnthesaurierung, Gewinnausschüttungen, aber auch aus effektiven Kapitalzuführungen oder Kapitalherabsetzungen ergeben.

142

Nachfolgend ein Beispiel, das verschiedene Eigenkapitaländerungen kombiniert:

143

Beispiel

Am 1.1.01 erwirbt M 80 % der Anteile an T für einen Kaufpreis von 800. Das buchmäßige Eigenkapital von T beträgt zu diesem Zeitpunkt 600, anteilig also 480. Die stillen Reserven betragen 200. Davon entfallen 160 = 80 % auf M und 40 = 20 % auf den Minderheitsgesellschafter MG. Die stillen Reserven werden über eine Nutzungsdauer von 10 Jahren aufgelöst.
In 01 bis 02 erwirtschaftet T je einen Gewinn von 100. Davon entfallen je 20 auf MG.
Der Gewinnanteil von MG im Konzern ist jedoch jeweils um 1/10 der auf ihn entfallenden stillen Reserven zu vermindern und beträgt dann jeweils 20 − 4 = 16.
In 02 schüttet T ½ des Gewinns 01, somit 50 aus. Auf MG entfallen davon 10.
In 02 wird außerdem eine Kapitalerhöhung gegen Bareinlage von 150 geleistet, wovon 30 auf MG entfallen.
Nachfolgend die beiden Methoden zur Bestimmung des Minderheitenanteils 31.12.02 sowie die Konsolidierungstabelle (vereinfacht nur für den 31.12.01).

Fortschreibung Minderheitenanteil auf Basis Einzelbilanz	
EK der T per 1.1.01	600
+ Gewinn 01	+ 100
+ Gewinn 02	+ 100
– Ausschüttung für 01	– 50
+ Kapitalerhöhung 02	+ 150
= EK der T per 31.12.02	= 900
+ Stille Reserven 1.1.01	+ 200
– Auflösung stille Reserven 01	– 20
– Auflösung stille Reserven 02	– 20
= EK II der T per 31.12.02	= 1.060
= davon 20 % für Minderheit	212

Fortschreibung Minderheitenanteil auf Basis Konzernbilanz			
Minderheitenanteil	01	02	02 kumuliert
anteiliges Reinvermögen im Erstkonsolidierungszeitpunkt (incl. stille Reserven)	160	160	160
+ Gewinnanteil (nach Auflösung anteiliger stiller Reserven)	16	16	32
- Ausschüttungen (kumuliert)		–10	–10
+/- Änderungen wegen effektiver Kapitalerhöhungen und Herabsetzungen		30	30
Minderheitenanteil	176		212

Lüdenbach

§ 32 Tochterunternehmen im Konzern- und Einzelabschluss

31.12.01	M	T	Summe	Konsolidierung				Konzern
				S		H		
AKTIVA								
goodwill				160	1)	8	2)	152
Beteiligung	800		800			800	1)	
Diverses	4.700	700	5.400	160	1)	16	3a)	5.580
				40	1)	4	3b)	
Summe	**5.500**	**700**	**6.200**					**5.732**
PASSIVA								
Kapital	5.000	600	5.600	480	1)			5.000
				120	1)			
Gewinn Mehrheitsges.	500	100	600	48	6)	4	7)	556
Minderheit				4	5)	120	1)	176
						40	1)	
						20	4)	
Summe	**5.500**	**700**	**6.200**				1)	**5.732**
GuV								
Erträge	1.200	460	1.660					1.660
Abschreib. goodwill				8	2)			8
übr. Abschreib.		60	60	20	3)			80
übr. Aufwendung	700	300	1.000					1.000
Gewinn	**500**	**100**	**600**					**572**
Anteil Minderheit				20	4)	4	5)	16
Gewinn Mehrheitsges.	500	100	600	4	7)	48	6)	556
				1.064		1.064		

1) = Erstkonsolidierungsbuchung

Lüdenbach

2) = Abschreibung *goodwill* – nicht mehr planmäßig möglich ab 2005
3) = Abschreibung stille Reserven (3a für T, 3b für Minderheit)
4) = Gewinnanteil Minderheit lt. Einzelbilanz T
5) = Reduzierung Gewinnanteil Minderheit durch Abschreibung stille Reserven
6) u. 7) = Folgekonsolidierungserfolg

Tab. 3: Konsolidierungstabelle Minderheiten

144   Der Ausweis des Minderheitenanteils erfolgt bilanziell innerhalb des Eigenkapitals (IAS 27.33), in der GuV in der Überleitung vom „Jahresergebnis" zum „den Eigenkapitalgebern zuzurechnender Anteil am Jahresergebnis" (→ § 2 Rz 34ff. und Rz 46ff.). Auch in der Eigenkapitaländerungsrechnung ist der Minderheitenanteil separat zu erfassen und um die ihn betreffenden erfolgsneutralen und erfolgswirksamen Vorgänge fortzuschreiben (→ § 20 Rz 43).

4.7.2 Negative Minderheitenanteile

145   Nach IAS 27.35 dürfen Minderheitenanteile in der Bilanz nicht mit einem negativen Wert ausgewiesen werden. Soweit die Anteile der Minderheit am Verlust zu einem bilanziellen **Negativansatz** führen würden, wird dieser **Verlustanteil** der Minderheit in der GuV nicht mehr verrechnet. In der Überleitung vom Verlust (vor Minderheitenanteil) zum Nettoverlust (nach Minderheitenanteil) findet insoweit keine Entlastung der Konzernmutter mehr statt.

146   Eine **Ausnahme** besteht gemäß IAS 27.35 für die Fälle, in denen die Minderheit, z. B. als **persönlich haftender Gesellschafter**, zum Verlustausgleich verpflichtet und hierzu finanziell auch in der Lage ist. In derartigen Fällen bleibt es hinsichtlich des kompletten Verlustanteils der Minderheitsgesellschafters bei der Buchung „Minderheitenanteil an Verlustanteil des Minderheitsgesellschafters".

147   In den Fällen ohne Verlustausgleichsverpflichtung wird der überschießende Anteil in einer **Nebenrechnung** festgehalten. Zukünftige Gewinnanteile werden so lange nur zugunsten des Mutterunternehmens berücksichtigt, bis der Merkposten wieder positiv wird.

4.7.3 Auswirkung von Call- und Put-Optionen auf den Ausweis von Minderheitenanteilen

148   Zwischen dem Berichtsunternehmen und anderen (potenziellen) Anteilseignern des Tochterunternehmens können Call- oder Put-Optionen vereinbart sein, wobei das Berichtsunternehmen Inhaber oder Stillhalter der Option sein kann. Zu unterscheiden sind somit vier Fälle, die in der nachfolgenden Tabelle aufgeführt sind:

§ 32 TOCHTERUNTERNEHMEN IM KONZERN- UND EINZELABSCHLUSS

	Optionsinhaber	Stillhalter	Ausübung der Option würde Anteil über/unter 50 % bringen	Ausübung Option würde Minderheitenanteil verringern/erhöhen
1. erworbene Call-Option	Berichtsunternehmen	andere Anteilseigner	Konsolidierung trotz Anteil unter 50 % (Rz 48), Konsolidierungsbuchungen auf Basis tats. Anteilsquote (MindA somit > 50 %); fraglich, ob Vermögenswert aus Finanzderivat, wenn Ausübungspreis < *fair value* der Anteile (→ § 28 Rz 26)	ggf. Vermögenswert aus Finanzderivat, wenn Ausübungspreis < *fair value* der Anteile (→ § 28 Rz 26)
2. geschriebene Call-Option	andere Anteilseigner	Berichtsunternehmen	Nichtkonsolidierung trotz Anteil über 50 % (Rz 55); fraglich, ob Verbindl. aus Finanzderivat, wenn Ausübungspreis < *fair value* der Anteile (→ § 28 Rz 26)	ggf. Verbindl. aus Finanzderivat, wenn Ausübungspreis < *fair value* der Anteile (→ § 28 Rz 26)
3. erworbene Put-Option	Berichtsunternehmen	andere Anteilseigner	keine Folgen für Konsolidierungskreis; fraglich, ob Vermögenswert aus Finanzderivat, wenn Ausübungspreis > *fair value* der Anteile (→ § 28 Rz 26)	ggf. Vermögenswert aus Finanzderivat, wenn Ausübungspreis > *fair value* der Anteile (→ § 28 Rz 26)
4. geschriebene Put-Option	andere Anteilseigner	Berichtsunternehmen	MindA wird zu FK (→ § 20 Rz 36), Differenz FK zu MindA wahlweise gegen EK oder erfolgswirksam (→ § 31 Rz 132)	MindA wird zu FK (→ § 20 Rz 36), Differenz FK zu MindA wahlweise gegen EK oder erfolgswirksam (→ § 31 Rz 132)

Hinsichtlich der rechtlichen Folgen ist zu unterscheiden, ob mit Ausübung der Option der Anteil des Berichtsunternehmens
- über/unter 50 % steigen/sinken würde (**Änderung der Kontrollverhältnisse**);
- er mit und ohne Ausübung der Option über 50 % bleibt (**Änderung des Minderheitenanteils**).

Für den ersten Fall sieht IAS 27 explizite Regelungen zu erworbenen Call-Optionen vor. Danach kann auch eine Anteilsquote unter 50 % zur Vollkonsolidierung verpflichten, wenn die zu unterstellende Ausübung der Call-Optionen die Anteilsquote über 50 % brächte. Analoge Überlegungen können bei geschriebenen Call-Optionen zu einer Nichtkonsolidierung trotz eines Anteils von mehr als 50 % führen. Wegen Einzelheiten wird auf Rz 48 und Rz 55 verwiesen. Für eventuelle Auswirkungen von Put-Optionen auf den Konsolidierungskreis bestehen keine expliziten Regelungen. Gegen die analoge Anwendungen der Regelungen zu (erworbenen) Call-Optionen sprechen systematische Gründe: Die ein Mutter-Tochter-Verhältnis begründende Kontrolle ist definiert als **Möglichkeit,** die Geschäftspolitik zu bestimmen. Diese Möglichkeit kann auch in am Stichtag ausübbaren erworbenen Call-Optionen verkörpert sein. Eine Put-Option ändert hingegen, solange sie nicht ausgeübt wurde, an der Möglichkeit der Beherrschung nichts.

150 Geschriebene Put-Optionen sind aber unabhängig von der Frage, ob ihre Ausübung eine Veränderung der Kontrollverhältnisse mit sich brächte, nach IAS 32.AG 29 zu würdigen: Danach führen Andienungsrechte von Minderheiten zu einer **Umqualifizierung** des Minderheitenanteils vom **Eigen-** in das **Fremd**kapital (→ § 20 Rz 36). Die Behandlung der Differenz zwischen dem *fair value* der Verbindlichkeit und dem Buchwert des Minderheitenanteils ist unklar. Wie bei einfachen Abstockungen des Minderheitenanteils ohne Optionskontrakte (→ § 31 Rz 132) ist eine erfolgs**wirksame** Behandlung ebenso vertretbar wie eine erfolgs**neutrale.**

151 Bei den drei anderen Optionsformen stellt sich die Frage, ob die Option bei entsprechendem Verhältnis des Ausübungspreises als Finanzderivat zu einem finanziellen Vermögenswert (erworbene Option) oder zu einer finanziellen Verbindlichkeit (geschriebene Option) führen kann.

Für Optionen, mit deren Ausübung lediglich eine Änderung des Minderheitenanteils, keine Änderung der Kontrollverhältnisse einhergeht, ist dies u. E. zu bejahen, da IAS 39.2a zwar Anteile (*interests*) an Tochterunternehmen von seinem Anwendungsbereich ausschließt, ausdrücklich aber nicht Derivate über diese Anteile (IAS 32.AG17; → § 28 Rz 26).

Für Optionen, deren Ausübung zu einer Änderung der Kontrollverhältnisse führen würde, ist dies fraglich, da IAS 39.2g Verträge über einen zukünftigen Unternehmenszusammenschluss von seinem Anwendungsbereich ausschließt. Nach IASB-*update* November 2003 sollen damit „*forward contracts*", in enger Lesart also unbedingte Terminkontrakte, gemeint sein. Danach wäre die Behandlung von Optionskontrakten als Derivate vertretbar.[43] Zur Begründung dieser Differenzierung kann angeführt werden, dass IAS 39.2g von Erwerber und Veräußerer spricht, dabei einen bindenden Kontrakt voraussetzt.

4.7.4 Minderheitenanteile im mehrstufigen Konzern
152 Zur Problematik des mehrstufigen Konzerns wird auf die Erläuterung zu IFRS 3 verwiesen (→ § 31 Rz 143ff.).

---

[43] Vgl. im Einzelnen ERNST & YOUNG, International GAAP 2007, S. 1066ff.

Lüdenbach

5 Hinzuerwerb und Veräußerung von Anteilen

5.1 Hinzuerwerb von Anteilen

Der Hinzuerwerb von Anteilen an einem zuvor schon als Tochterunternehmen konsolidierten Unternehmen (Beispiel: Aufstockung von 60 % auf 80 %) führt insoweit zu einem Problem, als der für die Aufstockung gezahlte Betrag regelmäßig nicht mit dem abgehenden Anteil am Buchwert des Minderheitenpostens identisch ist. Übersteigt der Zahlbetrag den korrespondierenden Buchwert, sind **unterschiedliche Auffassungen** zur Behandlung der Differenz vertretbar.
Im Einzelnen wird auf → § 31 Rz 132 verwiesen.
Besondere Probleme ergeben sich, wenn mit dem Zuerwerb ein **Statuswechsel** einhergeht, d. h., dass die Mutter-Tochter-Beziehung erst durch den Zuerwerb entsteht. Erläuterungen finden sich in → § 31 Rz 124ff., → § 33 Rz 84ff. und → § 34 Rz 72ff.

153

154

5.2 Veräußerung von Anteilen

5.2.1 Veräußerung sämtlicher Anteile (Entkonsolidierung)
5.2.1.1 Grundfall ohne Minderheiten

Aus Konzernsicht stellt die Veräußerung sämtlicher Anteile keinen Beteiligungsverkauf *(share deal)*, sondern die entgeltliche Übertragung einzelner Vermögenswerte und Schulden inklusive *goodwill* dar *(asset deal)*. Es ist daher eine **Einzelveräußerung** zu fingieren (IAS 27.30), bei der auch der *goodwill* abgeht (→ § 31 Rz 133ff.).
Detailregelungen zur Entkonsolidierung finden sich in IAS 27 nicht. Nach Maßgabe der **Einzelveräußerungsfiktion** ergibt sich der Abgangserfolg jedoch zwingend aus dem abgehenden Vermögen einschließlich der stillen Reserven und des *goodwill* (**direkte Methode**). Alternativ kann der Abgangserfolg **indirekt** ermittelt werden. Dabei wird der Erfolg der Einzelbilanz in der Vergangenheit um nur im Konzernabschluss aufwands- oder ertragswirksam gewordene Positionen (*goodwill*-Abschreibungen usw.) korrigiert. Beide Methoden führen nur dann zu gleichen Ergebnissen, wenn das Tochterunternehmen bei und nach dem Erwerb konzernbilanziell als eine eigene *goodwill*-tragende *cash generating unit* geführt wurde (→ § 11 Rz 49). Ist dies nicht der Fall, wird der Entkonsolidierungserfolg in der direkten Methode nicht mehr mit dem historischen, im Kaufpreis vergüteten *goodwill*, sondern mit einem Anteil am *goodwill* der CGU belastet (vgl. Rz 159), während einzelbilanziell im abgehenden Beteiligungsbuchwert gerade der früher erworbene *goodwill* enthalten ist. Die indirekte Methode kann dann nicht oder nur unter Einfügung eines entsprechenden Korrekturpostens zur Ermittlung des Entkonsolidierungserfolgs genutzt werden.
Die nachfolgende Tabelle zeigt mit dem vorstehenden Vorbehalt beide Alternativen:

Lüdenbach

155

156

157

Direkte Methode	Indirekte Methode
Buchwert Nettovermögen (Aktiva – Passiva)	
+/– stille Reserven Aktiva/Passiva (soweit beim Erwerb aufgedeckt und noch nicht abgeschrieben/aufgelöst)	Veräußerungspreis
+/– auf TU entfallende Rücklagen für Währungsumrechnungsdifferenz, *available-for-sale assets* und *cash flow hedges*	– Beteiligungsbuchwert
+ *goodwill*	= Erfolg Einzelbilanz
= Summe Abgang (–)	+ in Vergangenheit aufwandswirksame stille Reserven
+ Veräußerungspreis	+ in Vergangenheit aufwandswirksame *goodwill*-Abschreibung – in Vergangenheit ertragswirksamer Gewinn aus T
= Abgangsgewinn	= Abgangsgewinn

Tab. 4: Ermittlung Entkonsolidierungserfolg

158   Zur Anwendung der Methoden und zur Buchungstechnik folgendes Beispiel:

Beispiel
M erwirbt 100 % von T am 1.1.01 für 1.000. Das Eigenkapital von T beträgt zu diesem Zeitpunkt 600. Der Unterschiedsbetrag von 400 entfällt je zu 1/2 auf stille Reserven im Anlagevermögen (Abschreibung über 10 Jahre) und auf Firmenwert (Abschreibung über 20 Jahre). T erwirtschaftet in 01 einen Gewinn von 100, M von 500. Am 2.1.02 wird T überraschend für 900 verkauft, woraus in der Einzelbilanz von M nach Abzug des Beteiligungsbuchwertes von 1.000 ein Verlust von 100 resultiert. Nachfolgend zunächst die Konsolidierungsbuchungen auf Erst- und Folgekonsolidierungszeitpunkt, dann die Abgangsbuchungen.

Lüdenbach

§ 32 Tochterunternehmen im Konzern- und Einzelabschluss 1787

	M	T	Summe	Konsolidierung				Konzern
				S		H		
goodwill				200	*1)*		*1)*	200
Beteiligung	1.000		1.000			1.000	*1)*	
Diverses	4.000	600	4.600	200	*1)*			4.800
Summe	5.000	600	5.600					5.000
EK	5.000	600	5.600	600	*1)*			5.000
JÜ								
Summe	5.000	600	5.600	1.000		1.000		5.000

1) Erstkonsolidierungsbuchung: zur Verrechnung EK + *goodwill* + stille Reserven mit Beteiligung

Tab. 5: Erstkonsolidierung 1.1.01

	M	T	Summe	Konsolidierung				Konzern
				S		H		
goodwill				200	*1)*	10	*2)*	190
Beteiligung	1.000		1.000			1.000	*1)*	
Diverses	4.500	700	5.200	200	*1)*	20	*2)*	5.380
Summe	5.500	700	6.200					5.570
EK	5.000	600	5.600	600	*1)*			5.000
JÜ	500	100	600	30	*2)*			570
Summe	5.500	700	6.200	1.030		1.030		5.570

1) Wiederholung Erstkonsolidierungsbuchung
2) Abschreibung *goodwill* und stille Reserven

Tab. 6: Folgekonsolidierung 31.12.01

Lüdenbach

	M	T	Summe	Konsolidierung				Konzern
				S		H		
goodwill			190	*1)*		190	*2a)*	0
Beteiligung	0		0	1.000	*2)*	1.000	*1)*	0
Diverses	5.400	700	6.100	180	*1)*	180	*2b)*	5.400
						700	*2c)*	
Summe	5.400	700	6.100					5.400
EK	5.500*	700*	6.200	630	*1)*			5.570
JÜ	–100	0	–100	100		30	*2d)*	–170
Summe	5.400	700	6.100	2.100		2.100		5.400

* incl. Gewinnvortrag aus 01

1) Eröffnungsbilanzbuchung 02 zur Darstellung *goodwill* und stille Reserven vor Abgang

2) Entkonsolidierungsbuchung zur Darstellung Einzelveräußerungsfiktion: Abgang *goodwill* (2a), Abgang Diverse incl. stille Reserven (2b + c), kein Abgang Beteiligung aus Konzernperspektive (2)

Tab. 7: Entkonsolidierung 31.12.02

Beispiel-Fortsetzung
Der buchungstechnisch ermittelte Entkonsolidierungserfolg lässt sich nach den unter Rz 156 erläuterten Methoden auch so bestimmen:

Direkte Methode		Indirekte Methode	
Buchwert Aktiva	700	Veräußerungspreis	900
+ stille Reserven Aktiva	180	– Beteiligungsbuchwert	– 1.000
+ *goodwill*	190	= Erfolg Einzelbilanz	– 100
= Summe Abgang	= –1.070	+ schon aufwandswirksame stille Reserven	+ 20
+ Veräußerungspreis	900	+ schon aufwandswirksamer *goodwill*	+ 10
		– schon ertragswirksamer Gewinn aus T	– 100

Lüdenbach

Direkte Methode		Indirekte Methode	
= Abgangserfolg	= – 170	= Abgangserfolg	= – 170
+ Erfolg 01 (100 – 20 – 10)	+ 70	+ Erfolg 01 (100 – 20 – 10)	+ 70
= Totalerfolg (Anschaffung bis Abgang)	= – 100	= Totalerfolg	= – 100

Tab. 8: Entkonsolidierungserfolg

5.2.1.2 Goodwill bei der Entkonsolidierung[44]

Für die Belastung des Entkonsolidierungserfolgs mit *goodwill* ist zunächst IAS 36.86 heranzuziehen (→ § 11 Rz 67). Danach gilt:

- *Goodwills* sind bei ihrer Entstehung/Ersterfassung nicht rechtlichen Einheiten (etwa Tochterunternehmen), sondern wirtschaftlichen Einheiten, sog. *cash generating units* (**CGUs**) zuzuordnen (→ § 11 Rz 51).
- Ist das zu veräußernde Tochterunternehmen Teil einer solchen CGU, muss der *goodwill* regelmäßig im Verhältnis der relativen Werte von abgehenden und verbleibenden Bereichen der CGU **aufgeteilt** werden. Von diesem Verfahren ist ausnahmsweise dann abzuweichen, wenn eine andere Methode nachweislich den abgehenden *goodwill* besser abbildet (z. B. Weiterveräußerung eines Tochterunternehmens kurz nach Erwerb).

Die Wirkungsweise dieser Vorschriften wird an einem Extremfall besonders deutlich, nämlich dort, wo in Anspruchnahme der Wahlrechte aus IFRS 1.B2i ein zu HGB-Zeiten mit den Rücklagen verrechneter *goodwill* unter Beibehaltung dieser Verrechnung nicht nach IFRS übernommen wurde (→ § 6 Rz 56).

> **Beispiel**
> Die Konzernmutter MU hat während der HGB-Zeit *goodwills* z.T. mit den Rücklagen verrechnet. Diese Verrechnungen wurden in der IFRS-Eröffnungsbilanz beibehalten.
> - Nunmehr wird ein Tochterunternehmen TU1 zu einem Preis von 1.000 veräußert. Das im IFRS-Konzernabschluss bilanzierte Nettovermögen der TU beträgt 600. Der vorläufige Entkonsolidierungserfolg wird demzufolge mit 400 ermittelt.
> - Darin noch nicht berücksichtigt ist der bei Erwerb der TU1 aufgedeckte und sofort mit den Rücklagen verrechnete *goodwill* von 500.
>
> Das veräußerte Tochterunternehmen bildete im Übrigen mit zwei weiteren Tochterunternehmen eine *cash generating unit* (CGU). Dieser **CGU** ist für Zwecke des *impairment*-Tests ein *goodwill* von 300 zugeordnet. Er stammt

---

[44] Die nachfolgenden Ausführungen sind überwiegend entnommen aus: LÜDENBACH, PiR 2005, S. 62ff.

Lüdenbach

> ausschließlich aus der Erstkonsolidierung von TU-3. Beim Erwerb von TU-2 entstand demgegenüber kein *goodwill*, da der Kaufpreis für TU-2 gerade dem erworbenen Nettovermögen entsprach. Der „Unternehmenswert" der CGU beträgt nach Entkonsolidierung 2.000, wovon jeweils 1.000 auf TU-2 und TU-3 entfallen.

Nach Rücklagenverrechnung ist der *goodwill* im konzernbilanziell erfassten Nettovermögen des Tochterunternehmens nicht mehr enthalten. Es existiert insofern für den *goodwill* kein Buchwert mehr, dessen Abgang den Entkonsolidierungserfolg unmittelbar belasten könnte. Die wohl herrschende handelsrechtliche Meinung will es dabei aber nicht belassen. Im Interesse einer zutreffenden Erfolgsermittlung über alle Perioden (**Totalgewinn**) soll ein mit den Rücklagen verrechneter und damit zuvor nicht aufwandswirksam gewordener *goodwill* den Entkonsolidierungserfolg mindern.[45] Eine Minderheit hält ein entsprechendes Vorgehen nicht[46] oder nur als Wahlrecht[47] für zulässig.

Für die Übertragung der herrschenden handelsrechtlichen Auffassung in die IFRS-Bilanz könnte eine Art „**Verursacherprinzip**" sprechen: Da die Verrechnung des *goodwill* mit den Rücklagen ein handelsrechtliches „Relikt" ist, ihren Ursprung also im Handelsrecht hat, könnte auch die Erledigung dieser Verrechnung im Rahmen der Entkonsolidierung handelsrechtlichen Grundsätzen folgen.

Diese Überlegung wird jedoch hinfällig durch eine **explizite Regelung in IFRS 1**: Gem. IFRS 1.B2i ist ein mit den Rücklagen verrechneter *goodwill* bei der Entkonsolidierung nicht erfolgswirksam zu berücksichtigen. Eine entsprechende Bestimmung ist auch in **IFRS 3.80** enthalten. Der Anwendungsbereich beider Vorschriften kann wie folgt unterschieden werden:

- IFRS 1.B2 betrifft Rücklagenverrechnungen, die beim Übergang auf IFRS aus der **vorherigen Rechnungslegung** übernommen wurden.
- IFRS 3.80 betrifft Rücklagenverrechnungen, die ein Altanwender von IFRS bei Unternehmenserwerben **bis 1994** nach damals geltendem IAS-Recht vornehmen konnte.

Die Frage einer eventuellen Belastung des Entkonsolidierungserfolgs mit *goodwill* kann aus der isolierten Perspektive von IFRS 1 und IFRS 3 jedoch nicht abschließend beantwortet werden. IAS 36.86 mit seinen Vorgaben zur anteiligen Belastung im CGU-Fall ist zu beachten. IFRS 1.B2 und IFRS 3.80 immunisieren Tochterunternehmen, deren *goodwill* mit Rücklagen verrechnet war, daher nicht gegen jede *goodwill*-Belastung beim Abgang. Lediglich eine **Gleichbehandlung** ist angestrebt:

---

[45] Z. B. ADLER/DÜRING/SCHMALTZ, 6. Aufl., § 301 HGB Tz 262.
[46] Z. B. OSER, WPg 1995, S. 296.
[47] Z. B. WEBER/ZÜNDORF, in: HdKR, § 301 HGB Tz 269.

- Ein Tochterunternehmen, dessen *goodwill* wegen Rücklagenverrechnung nicht bilanziert ist, soll beim Abgang nicht schlechter, aber auch nicht besser gestellt werden als
- ein Tochterunternehmen, das aus anderen Gründen (fehlender Unterschiedsbetrag beim Erwerb) keinen *goodwill* aufweist.

Hierzu folgende Variation des Ausgangsfalls:

Beispiel (Variante)
Als Wert der CGU werden weiterhin 3.000 unterstellt, als Veräußerungserlös einer Teileinheit weiterhin 1.000. Diese Teileinheit soll aber nicht TU-1, sondern TU-2 sein, also das Tochterunternehmen, bei dessen Erwerb überhaupt kein Unterschiedsbetrag *(goodwill)* entstanden ist.
Der Abgangserfolg von TU-2 ist gem. IAS 36.86 anteilig mit einem *goodwill* von 100 (1.000/3.000 × 300) zu belasten.

Beim Erwerb von TU-2 ist zwar kein *goodwill* aufgedeckt worden; dieser stammt ausschließlich aus dem Erwerb von TU-3. Darauf kommt es aber aus folgendem Grund nicht an:
- Die Regelungen von IAS 36 verlangen und erlauben **keine Beachtung der Erwerbsgeschichte**;
- sie berücksichtigen nicht die rechtliche, sondern die **wirtschaftliche Einheit** in Form der CGU.

Einer solchen CGU ist der *goodwill* bei Erstkonsolidierung zuzurechnen. Die jährlichen *impairment*-Tests erfolgen auf Ebene solcher CGUs und nicht für rechtliche Einheiten. Nur **zufällig** kann Identität von rechtlicher (Tochterunternehmen) und wirtschaftlicher Einheit (CGU) bestehen.
Aus der Betrachtung des Regelungszwecks und der Fallvariante ergeben sich folgende Konsequenzen für den Extremfall des rücklagenverrechneten *goodwill*:
- IFRS 1.B2i und IFRS 3.80 verhindern eine Schlechterstellung der Veräußerung eines Tochterunternehmens, dessen *goodwill* mit Rücklagen verrechnet wurde, gegenüber dem Verkauf eines Tochterunternehmens, bei dessen Erwerb überhaupt kein *goodwill* entstand.
- Die Vorschriften gewähren andererseits aber auch keine Besserstellung gegenüber Fällen, in denen kein *goodwill* entstanden ist. Der Abgang ist daher nicht vor den sich aus IAS 36 ergebenden anteiligen *goodwill*-Belastungen geschützt.

In allen Fällen ist der *goodwill* nach Maßgabe der relativen Wertverhältnisse von abgehendem Bereich einerseits zu den in der CGU verbleibenden Bereichen andererseits **auszubuchen**.

5.2.1.3 Entkonsolidierung bei Minderheitenanteilen
Buchungstechnisch anspruchsvoller ist die **Entkonsolidierung bei** Vorhandensein von **Minderheitenanteilen**. Hierzu folgende Variation des Ausgangsbeispiels aus Rz 158:

Lüdenbach

> **Beispiel**
> M erwirbt 80 % an TU am 1.1.01 für 800. Das Eigenkapital von T beträgt zu diesem Zeitpunkt 600, in Zeitwerten 800. Die anteiligen stillen Reserven sind also 80 % von 200 = 160 (Abschreibung über 10 Jahre). Der *goodwill* (Abschreibung über 20 Jahre) beträgt ebenfalls 160 (800 AK – 640 Zeitwertanteil). T erwirtschaftet in 01 einen Gewinn von 100, M von 500. Am 2.1.02 wird die 80 %-Beteiligung von T überraschend für 720 verkauft, woraus in der Einzelbilanz von M nach Abzug des Beteiligungsbuchwertes ein Verlust von 80 resultiert.
> Nachfolgend zunächst die Entkonsolidierung und dann die rechnerische Ermittlung des Entkonsolidierungserfolgs:

	M	T	Summe	Konsolidierung				Konzern
				S		H		
goodwill				152	*1)*	152	*2a)*	
Beteiligung	0		0	800	*2)*	800	*1)*	
Diverses	5.420	700	6.120	180	*1)*	144	*2b)*	5.420
						560	*2c)*	
						36	*3a)*	
					1)	140	*3b)*	
Summe	5.420	700	6.120					5.420
EK	5.500	700	6.200	644	*1)*			5.556
JÜ	– 80		– 80	56	*2)*			– 136
Minderheit				*176*	*3)*	176	*1)*	
Summe	5.420	700	6.120	2.008		2.008	*1)*	5.420

> *1)* Eröffnungsbilanz-Buchung 02 zur Darstellung *goodwill*
> *2)* Entkonsolidierungsbuchung Mehrheitenanteil
> *3)* Entkonsolidierung Minderheitenanteil

Lüdenbach

Direkte Methode		Indirekte Methode	
Buchwert EK (80 %)	560	Veräußerungspreis	720
+ Stille Reserven (80 %)	144	– Beteiligungsbuchwert	– 800
+ goodwill	152	= Erfolg Einzelabschluss	– 80
Summe Abgang	– 856	+ schon aufgelöste stille Reserven	16
+ Veräußerungspreis	720	+ schon abgeschriebener goodwill	8
		– thesaurierter Gewinn T	– 80
= Abgangserfolg 02	– 136	= Abgangserfolg 02	– 136
+ Erfolg 01 (80 – 8 – 16)	56	+ Erfolg 01 (80 – 8 – 16)	56
= Totalerfolg	– 80	= Totalerfolg	– 80

Tab. 9: Entkonsolidierungserfolg bei Minderheitenanteil

5.2.2 Veräußerung eines Teils der Anteile

Wird nur ein Teil der Anteile an einem Tochterunternehmen veräußert, so ist zwischen Fällen mit und ohne Statuswechsel zu differenzieren:

- Bleibt die Mutter-Tochter-Beziehung erhalten, so gehen die Vermögenswerte und Schulden des Tochterunternehmens nicht ab. Unzweifelhaft findet nur eine Erhöhung des Minderheitenanteils statt. Im Übrigen ist alles unklar (Rz 162).

- Endet die Mutter-Tochter-Beziehung, findet also ein Statuswechsel statt, ist nach der Einzelveräußerungsfiktion zu verfahren (Rz 155ff.).

Nach ED IAS 27 soll eine Anteilsveräußerung ohne Verlust der Kontrolle (sog. **Abstockung**) zukünftig als erfolgsneutrale Transaktion zwischen Eigenkapitalgebern (Mutterunternehmen einerseits, Minderheitsgesellschafter anderseits) behandelt werden (Rz 190). Strittig ist die Beurteilung der gegenwärtigen Rechtslage:

- Ein Teil des deutschen IFRS-Schrifttums nimmt unter Berufung auf die Einheitstheorie zwingend Erfolgsneutralität des Vorgangs an.[48]
- Ein anderer Teil befürwortet diese Lösung zwar aus theoretischen Gründen, verweist aber auf die z.T. abweichende und nach den bisherigen

---

[48] WEBER, in: Wiley, IAS/IFRS, 2004, Abschn. 11, Tz 136ff.

Lüdenbach

Regelungen nicht verbotene Praxis, argumentiert also im Sinne eines faktischen Wahlrechts.[49]

Auch nach unserer Auffassung besteht ein faktisches Wahlrecht, und zwar aus folgenden Gründen:

- In der Einleitung zu ED IAS 27 *(Summary of Main Changes)* hält der IASB fest: „*The main changes proposed are: to require changes in the parent's ownership interest that do not result in the loss of control of a subsidiary to be accounted for as transactions with equity holders in their capacity as equity holders. Therefore, such changes would not result in a gain or loss being recognised in profit or loss* (paragraph 30A)." Da somit nach Ansicht des IASB die Einführung der **Erfolgsneutralität** eine **Änderung gegenüber dem jetzigen Rechtsstand** darstellt, muss bis zur Verabschiedung dieser Änderung die erfolgswirksame Behandlung mindestens zulässig sein.
- Dem entsprechen die Ausführungen in ED IAS 27.AV3: „*If, as these Board members* (d. h. die, die ED IAS 27 ablehnend gegenüberstehen) *would prefer, the full goodwill method were not used,* ... *on reducing the equity stake in a subsidiary, without loss of control, a gain or loss attributable to the controlling interest would be recognised. This would be measured as the difference between the consideration received and the proportion of the book value of the subsidiary's assets (including purchased goodwill) attributable to the holding disposed of.*" Danach führt **erst** die Einführung der *full-goodwill*-Methode (Rz 140) (Ausweis eines Minderheitenanteils am *goodwill*) und die Aufhebung der Verlustzurechnungsbeschränkungen für die Minderheit (Rz 145) zu einer **Gleichstellung der beiden Kapitalgebergruppen** und damit zur Umsetzung der Einheitstheorie. Nach dem gegenwärtigen Recht ist dies Minderheiten hingegen nicht gleichgestellt. Weder ist sie am *goodwill* beteiligt, noch werden negative Minderheitenanteile ausgewiesen. Nach gegenwärtigem Recht muss eine Abstockung daher nicht als Transaktion zwischen Eigenkapitalgebern dargestellt, sondern kann erfolgswirksam behandelt werden.
- In gleicher Weise war schon in IAS 27.DO die **Gewinn-/Verlustrealisierung** als *current practice* bei der Abstockung beschrieben worden.

Zusammenfassend wird man daher der erfolgswirksamen Behandlung der Abstockung mindestens den Status eines **faktisches Wahlrechts** einräumen müssen.[50] Die deutsche IFRS-Rezeption sieht dies unter einer offenbar durch den handelsrechtliche Diskurs vorgeprägten Berufung auf die Einheitstheorie z.T. anders.

163 Bei einem Statuswechsel werden die verbleibenden Anteile erfolgsneutral entkonsolidiert. Technisch geschieht dies in der Weise, dass die zu entkonsolidierenden, aber nicht tatsächlich abgehenden anteiligen Konzernbuchwerte

---

[49] HEUSER/THEILE, IAS/IFRS-Handbuch, 2. Aufl., Tz 1832.
[50] Gl. A. ERNST & YOUNG International GAAP 2007, S. 408.

- bei Übergang auf die *equity*-Methode den Ausgangswert für die weitere *equity*-Bilanzierung darstellen (IAS 27.31),
- beim Übergang auf die Anschaffungskosten oder *fair-value*-Bewertung die neuen Anschaffungskosten bilden (IAS 27.31),
- beim Übergang auf die Quotenkonsolidierung für die verbleibenden Anteile kein Anpassungsbedarf besteht.

Vergleiche zum Ganzen → § 33 Rz 84ff., → § 34 Rz 72ff. und → § 31 Rz 127ff.

Die Regeln zur Teilveräußerung mit Statuswechsel führen zu folgerichtigen Ergebnissen bei einem positiven Wert des Entkonsolidierungsvermögens. Bei der **Teilveräußerung defizitärer Tochterunternehmen** entstehen hingegen bestimmte Bewertungsanomalien, da der verbleibende Anteil i. d. R. weder im *equity*-Modell (assoziiertes Unternehmen) noch im *fair-value*-Modell (einfache Anteile) negativ werden kann.[51]

164

Beispiel
M hat Anfang 01 die T mit einer Bareinlage von 100 gegründet. T GmbH erzielt in 01 und 02 Verluste von zusammen 70 (alternativ 130).
Anfang 03 hat M Gelegenheit, entweder sämtliche Anteile oder 80 % der Anteile an T zu einem symbolischen Kaufpreis an E zu veräußern.
Die Bilanz der T weist zu diesem Zeitpunkt nur Forderungen (alternativ nur Verbindlichkeiten) von 30 aus.

Beurteilung
1. **100%iger Abgang**
Bei einem 100%igen Abgang ist die Entkonsolidierung konzernbilanziell wie folgt zu buchen:
- 1a) Forderungsfall:
  per Aufwand   30   an   Forderung   30
- 1b) Verbindlichkeitenfall:
  per Verbindlichkeit   30   an   Ertrag   30

2. **80%iger Abgang**
- 2a) Forderungsfall:
Ein 80%iger Abgang mit Übergang zur *equity*-Methode führt zu einer anderen Buchung als ein 100%iger Abgang. Lediglich 80 % des bei einem vollständigen Abgang entstehenden Aufwandes sind zu realisieren:
  per *equity*-Anteil   6   an   Forderung   30
  per Aufwand   24
Wird die Zahlung eines Kaufpreises von 0 als Indiz für eine entsprechende Wertminderung gedeutet, kann zum Folgebewertungszeit-

---

[51] Ausführlich HANFT/BROSSIUS, Die Entkonsolidierung defizitärer Tochterunternehmen, KoR 2002, S. 33ff.

Lüdenbach

punkt jedoch eine außerplanmäßige Abschreibung des *equity*-Anteils auf 0 geboten sein (IAS 28.23ff.)
- 2b) Verbindlichkeitenfall (defizitäres Tochterunternehmen):
Im Fall eines defizitären Tochterunternehmens sind hingegen 100 % des Ertrages auszuweisen, obwohl nur 80 % veräußert werden. Die buchungstechnische „Ursache" liegt darin, dass der *equity*-Anteil – außer in Ausnahmefällen (→ § 33 Rz 71ff.) – keinen negativen Wert (etwa in Höhe von 20 % von 30 = 6) annehmen kann.

per Verbindlichkeit 30 an Ertrag 30

Gewährleisten die verbleibenden 20 % keinen maßgeblichen Einfluss mehr und ist demgemäß die *fair-value*-Bewertung nach IAS 39 geboten, ergeben sich gleiche Buchungen wie beim Wechsel zur *equity*-Methode.

Eine Interpretation des Defizitfalls derart, dass die „Übernahme" der Verbindlichkeit durch den Erwerber der Kaufpreis und damit Indiz für einen positiven *fair value* sei, würde zu keiner anderen Beurteilung führen, da der *fair value* nur als Folgewert, hingegen nicht als Umklassifizierungswert in Frage kommt. Im Positivfall kann aber wie bei der *equity*-Methode eine außerplanmäßige Abschreibung zum Folgestichtag geboten sein, wenn die Anteile erfolgsneutral als veräußerbare Vermögenswerte *(available-for-sale assets)* qualifiziert werden (→ § 28 Rz 161).

6 Anteile an Tochtergesellschaften im Einzelabschluss der Mutterunternehmung

165 Fragen des Konzernabschlusses stehen im Mittelpunkt von IAS 27. Daneben enthält der Standard jedoch auch die Regeln zur Bilanzierung von Anteilen an Tochterunternehmen, Gemeinschaftsunternehmen und assoziierten Unternehmen in *„separate statements"* des Mutterunternehmens (IAS 27.37ff.). Für den Anwendungsbereich dieser Vorschriften gilt Folgendes:
- IFRS 27.4 definiert „separate Abschlüsse" als die von einem Mutterunternehmen, einem Anteilseigner eines assoziierten Unternehmens oder einem Partnerunternehmen eines gemeinsam geführten Unternehmens aufgestellten Abschlüsse, in denen die Anteile auf der Grundlage der unmittelbaren Kapitalbeteiligung anstatt auf Grundlage der vom Beteiligungsunternehmen berichteten Ergebnisse und seines Reinvermögens bilanziert werden.
- Abschlüsse eines Unternehmens, das weder an Tochterunternehmen noch an assoziierten Unternehmen noch an Gemeinschaftsunternehmen beteiligt ist, sind nach IAS 27.7 keine separaten Abschlüsse.

Lüdenbach

- Positiv ausgedrückt stellen separate Abschlüsse damit unkonsolidierte Abschlüsse dar, wobei IAS 27.42c voraussetzt, dass sie nach und neben konsolidierten Abschlüssen veröffentlicht werden, es sei denn, nach IAS 27.10 bestehe keine Pflicht zur Aufstellung und Veröffentlichung eines konsolidierten Abschlusses.

Die amtliche deutsche Fassung von IAS 27 übersetzt „*separate statements*" teils als „separate Abschlüsse" (IAS 27.4), teils als „separate Einzelabschlüsse" (IAS 27.37ff.) und macht dadurch unfreiwillig auf die potenziellen Konflikte zwischen deutschem Sprachgebrauch und demjenigen der IFRS aufmerksam. Inhaltlich stecken dahinter folgende Konfliktmöglichkeiten:
- Die Konzernrechnungslegungspflicht und die Befreiung von ihr ergeben sich allein aus dem HGB. Soweit die Befreiung nach HGB, nicht aber nach IFRS 27.10 gegeben ist, käme ein separater Abschluss nach IAS 27 nicht in Frage. Bei enger, von der EU für Europa nicht geteilter Auslegung[52] würde aber auch ein IFRS-Einzelabschluss ausscheiden. Die allgemeinen Regelungen von *Framework*, IAS 1 usw. würden nicht greifen, da dort mit der rechnungslegenden *entity* bei einem Konzernsachverhalt der Konzern gemeint ist, die Ausnahmeregelungen für separate Abschlüsse wären aus den o. g. Gründen aber ebenso wenig einschlägig.
- § 325 Abs. 2a HGB erlaubt für Zwecke der Bundesanzeigerpublizität uneingeschränkt die Veröffentlichung eines IFRS-Einzelabschlusses. Hat das betreffende Unternehmen keine Anteile an mindestens einem Tochterunternehmen, assoziierten Unternehmen oder Gemeinschaftsunternehmen, liegt gerade kein separater Abschluss i. S. von IAS 27 vor. Ein hier z. T. angenommener Konflikt zu den IFRS besteht u. E. aber nicht. Wenn kein Konzernsachverhalt vorliegt, ist die rechnungslegende *entity* das Unternehmen in seiner rechtlichen Einheit. IAS 27, IAS 28 und IAS 31 sind von vornherein nicht einschlägig, können daher auch keine restriktiven Wirkungen entfalten. Bei Beachtung aller anderen IFRS-Vorschriften ist der Einzelabschluss IFRS-konform.

Die nachfolgende Darstellung erfolgt unter den o. g. Vorbehalten. Sie benutzt im Übrigen mit Rücksicht auf den Sprachgebrauch der deutschen Praxis und des HGB Begriffe wie „einzelbilanziell" usw. statt sperrigerer Begriffe wie „separatbilanziell".

Im Einzelabschluss eines Mutterunternehmens sind die Anteile an Tochterunternehmen, Gemeinschaftsunternehmen und assoziierten Unternehmen **wahlweise** wie folgt zu bilanzieren:
- zu **Anschaffungskosten** *(at cost)*,
- gem. IAS 39, d. h. bevorzugt mit dem **beizulegenden Zeitwert** *(fair value)*, hilfsweise zu **Anschaffungskosten**(→ § 28 Rz 91ff.).

In der **einzelbilanziellen** Darstellung von Anteilen an Tochterunternehmen ist zwischen 4 Fällen zu unterscheiden:

166

167

---

[52] Vgl. Accounting Regulatory Committee Documents ARC/08/2007 und ARC 19/2006.

Lüdenbach

- Die Anteile werden ausschließlich zum **Zwecke der Veräußerung** gehalten. Konzernbilanziell ist das zur Veräußerung bestimmt Aktivvermögen *(non-current assets held for sale)* separat von den damit verbunden Schulden darzustellen (Rz 88). In der Einzelbilanz sind die Anteile als *non-current assets held for sale* zum Zeitwert abzüglich Veräußerungskosten darzustellen (IAS 27.37).
- Die Anteile werden aus *materiality*-Gründen konzernbilanziell nicht konsolidiert. Sie werden konzern- und einzelbilanziell zu **Anschaffungskosten** oder zum *fair value* bewertet (IAS 27.37). Bei *fair-value*-Bewertung sind sie regelmäßig als **veräußerbare Vermögenswerte** *(available for sale assets)* zu qualifizieren mit Erfolgsneutralität der Wertänderungen.
- Die Anteile sind im **Konzernabschluss konsolidiert**. Einzelbilanziell werden sie wahlweise zu **Anschaffungskosten** oder zum *fair value* bewertet. Im zweiten Fall sind sie regelmäßig als **veräußerbare Vermögenswerte** *(available for sale assets)* zu qualifizieren mit Erfolgsneutralität der Wertänderungen.
- Es wird (zulässigerweise) **kein Konzernabschluss** aufgestellt. Einzelbilanziell werden die Anteile zu **Anschaffungskosten** oder zum *fair value* bewertet. Im zweiten Fall sind sie regelmäßig als veräußerbare Vermögenswerte *(available for sale assets)* zu qualifizieren mit Erfolgsneutralität der Wertänderungen.

168 Der einzelbilanzielle **Anschaffungskostenbegriff** von IAS 27.37 deckt sich nicht mit dem des Handelsrechts. Die **Ausschüttung** von vor dem Erwerb entstandenen Gewinnen (**Altrücklagen**) führt zur Minderung des Ansatzes (Buchung: „per Dividendenforderung an Beteiligung"; IAS 27.4). Die Ausschüttung von nach dem Erwerb entstandenen Gewinnen führt hingegen regelmäßig nicht zu einer Fortschreibung der Anschaffungskosten. Eine Ausnahme besteht für den Fall, dass die Ausschüttung zu einer Wertminderung *(impairment)* i. S. von IAS 36 führt (IAS 36.2).

7 Latente Steuern

169 Wie im Einzelabschluss sind auch im Konzern abschluss latente Steuern zu aktivieren oder zu passivieren, wenn sich Steuerbilanz- und IFRS-Konzernbilanz-Werte unterscheiden und dieser Unterschied nicht permanenter, sondern vorübergehender Natur ist (→ § 26 Rz 6ff.). Insoweit fließen die aktiven und passiven latenten Steuern der IFRS-Einzelbilanzen auch in die Konzernbilanz ein.

170 In der **Konzernbilanz** ergeben sich jedoch zwei **Erweiterungen**:
- Durch **Anpassung an konzerneinheitliche Ansatz- und Bewertungsmethoden** (Rz 105ff.) können sich die Unterschiede zu dem Steuerbilanzwert gegenüber der IFRS-Einzelbilanz erhöhen (zusätzliche latente Steuern) oder vermindern (Reduzierung der latenten Steuern).

Lüdenbach

- Durch die weiteren **Konsolidierungsmaßnahmen**, insbesondere die **Zwischenergebniseliminierung** (Rz 128ff.), können sich die Differenzen zwischen IFRS- und Steuerwerten weiter erhöhen (zusätzliche latente Steuern) oder weiter verringern (Reduzierung der latenten Steuern).

Zwei Grundfälle aus beiden Gruppen behandelt das nachfolgende Beispiel (weitere Beispiele: → § 26). 171

Beispiel
In den Konzernabschluss von M wird T einbezogen. Die IFRS-Bilanz von T weist unter anderem folgende Positionen bzw. Werte aus:
T hat **Fremdkapitalzinsen** auf Herstellungskosten in der Steuerbilanz und nach IAS 23 wahlweise auch in der IFRS-Bilanz I aktiviert. Wegen Übereinstimmung beider Werte sind keine latenten Steuern in der IFRS-Bilanz I anzusetzen.
T hat außerdem eine **Drohverlustrückstellung** aus einem Mietvertrag mit M in der IFRS-Bilanz I gebildet. Wegen § 5 Abs. 4a EStG ist die Drohverlustrückstellung in der Steuerbilanz nicht zu berücksichtigen. In der IFRS-Bilanz I sind daher aktive latente Steuern anzusetzen.
Im Rahmen der Konsolidierung wird, da M keine **Fremdkapitalkosten** aktiviert, die Fremdkapitalkostenaktivierung bei T rückgängig gemacht. Diese Bewertungsvereinheitlichung in der Überleitung von der IFRS-Bilanz I zur IFRS-Bilanz II führt zur erstmaligen Entstehung eines Unterschiedsbetrages. Eine aktive latente Steuer ist in der IFRS-Bilanz II zu bilden.
Die Drohverlustrückstellung betrifft ein konzerninternes Schuldverhältnis. Da der Konzern keine Schulden gegenüber sich selbst haben kann (Einheitstheorie), ist die Rückstellung in die Konzernbilanz nicht zu übernehmen. Damit löst sich auch die bisherige Differenz zum Steuerbilanzwert auf. Im Rahmen der Konsolidierungsbuchungen ist auch der entsprechende Ansatz aktiver latenter Steuern aufzulösen.

Unterschiede der **ersten Art** – Anpassung an **konzerneinheitliche** Methoden – sind aus verfahrensökonomischen Gründen bereits in der IFRS-Bilanz II zu berücksichtigen, Unterschiede der zweiten Art – konzerninterne **Konsolidierung** – werden praxisgerecht unmittelbar im Zusammenhang mit der entsprechenden Konsolidierungsbuchung, d. h. durch Ergänzung dieser Buchung um eine Steuerbuchung, berücksichtigt. 172
In bestimmten Fällen führen nicht erfolgswirksame Konsolidierungsbuchungen **scheinbar** zu einer Eliminierung ursprünglich vorhandener temporärer Differenzen.

Beispiel
Die inländische Software GmbH lizenziert Ende 01 Software im Mehrjahresvertrag an ihre amerikanische Tochter. Die Tochter zahlt die Lizenzgebühr von 100 sofort für den vollen Zeitraum. Das amerikanische Steu-

Lüdenbach

> errecht erkennt den vollen Betrag in 01 als Betriebsausgabe an, während in der IFRS-II-Bilanz der Tochter ein aktiver Abgrenzungsposten von 100 gebildet und wegen der Differenz von IFRS- und Steuerbuchwert (100 − 0 = 100) eine latente Steuer passiviert wird.
> Die Mutter passiviert den erhaltenen Betrag sowohl in der Steuerbilanz als auch in ihrer IFRS-II-Bilanz.
> Im Rahmen der Konzernbilanz wird das konzerninterne Schuldverhältnis durch die Buchung „per passive Abgrenzung 100 an aktive Abgrenzung 100" wegkonsolidiert. Damit verschwindet auch der Aktivposten der Tochter, aus dem die passive latente Steuer entstand.
> Eine weitere Konsolidierungsbuchung zur Eliminierung der passiven latenten Steuer ist gleichwohl nicht angezeigt. Dies ergibt sich aus folgender Überlegung: Die Lizenzgebühren führen in konsolidierter Betrachtung zu einem IFRS-Buchwert von null, in summierter Betrachtung der Steuerbilanzen hingegen zu einem Steuerbilanzbuchwert von − 100. Aus konsolidierter bzw. Summenbetrachtung besteht damit eine Differenz von 0 − (−100) = 100, also genau die schon in der IFRS-II-Bilanz der Tochter (dort als 100 − 0) ermittelte Differenz.

173 Dem einleitenden Schema der Konsolidierungsschritte folgend (vgl. Rz 104ff.), ergeben sich im Wesentlichen folgende latente Steuereffekte:

- **Vereinheitlichung** der Bilanzierungs- und Bewertungsmethoden: Wo echte und unechte IFRS-Wahlrechte in den IFRS-Einzelbilanzen noch nicht einheitlich ausgeübt wurden, sind Anpassungen notwendig. In der resultierenden IFRS-Bilanz II werden auch die mit diesen Anpassungen verbundenen latenten Steuern berücksichtigt.
- **Summenbilanz:** Hier ergeben sich keine zusätzlichen Steuerlatenzen.
- **Kapitalkonsolidierung:** Bei der Erst- und Folgekonsolidierung können sich Abweichungen zum Steuerbilanzwert ergeben (oder verringern). Entsprechende Erläuterungen erfolgen in → § 26 Rz 10.
- **Sonstige Konsolidierung** Aufwand/Ertrag und Forderungen/Verbindlichkeiten: Insbesondere die Konsolidierung konzerninterner Rückstellungen sowie von Abschreibungen auf konzerninterne Forderungen, daneben auch die Umrechnung konzerninterner Fremdwährungsposten können dazu führen, dass Bewertungsunterschiede zur Steuerbilanz erhöht oder vermindert werden. Die Steuerbuchungen sind zweckmäßigerweise parallel zur Grundbuchung vorzunehmen.
- **Zwischenergebniseliminierung:** Veräußert ein Konzernunternehmen Erzeugnisse mit Gewinnaufschlag an ein anderes Konzernunternehmen und befinden sich die Vorräte zum Stichtag noch im Bestand, so ist der Gewinn aus Konzernsicht nicht realisiert. Der Ansatz der Vorräte im Konzern ist daher zu reduzieren. Hierdurch kann der Konzernwert hinter den einzelbilanziell orientierten Steuerbilanzwert zurückfallen, so dass es erstmalig zu einer Steuerlatenz kommt.

Lüdenbach

- **Minderheitenanteil:** Der Minderheitenanteil hat mittelbare Relevanz für die latenten Steuern. Da nach IFRS 3 zwingend auch die stillen Reserven in den Minderheitenanteilen aufzudecken sind (Rz 140), fällt die Differenz vom IFRS- zum Steuerbilanzwert und damit auch die Höhe der latenten Steuern entsprechend größer aus. Gutschrift oder Belastung erfolgen sachgerecht im Minderheitenanteil durch Berücksichtigung bei der Erstkonsolidierung bzw. über den Gewinnanteil bei der Folgekonsolidierung. Vereinfachungen aus *materiality*-Gründen sind zulässig.

Die Berechnung latenter Steuern ist nach IAS 12.47 mit den Steuersätzen durchzuführen, die zum Bilanzstichtag für die Realisierung der Differenz gelten würden (→ § 26 Rz 95ff.). Hiernach sind Differenzen zwischen dem IFRS-Bilanzwert des inländischen Mutterunternehmens nach dem inländischen Ertragsteuersatz und Differenzen ausländischer Tochterunternehmen nach den dort geltenden **ausländischen Steuersätzen** zu berücksichtigen. Da die entsprechenden Posten für latente Steuern ohnehin bereits in der IFRS-Bilanz II berücksichtigt werden, spricht auch aus Praxissicht nichts gegen dieses Vorgehen. Bei einem Personengesellschaftskonzern sind die Steuerlatenzen des Mutterunternehmens (Personengesellschaft) auf der Basis von deren Gewerbesteuersatz zu berechnen, die Latenzen von Tochterkapitalgesellschaften hingegen unter zusätzlicher Einbeziehung von definitiver (nicht anrechenbarer) Körperschaftsteuer.

Ein **Steuersatzproblem** ergibt sich hingegen bei der **Zwischenergebniseliminierung** und den anderen nachfolgenden Konsolidierungsschritten. Hier ist zu entscheiden, ob der Steuersatz des Mutterunternehmens oder je nach *upstream*- oder *downstream*-Lieferbeziehungen der Steuersatz des Tochterunternehmens oder insgesamt ein Mischsatz angewendet wird. Die durchgängige Anwendung des inländischen Steuersatzes ist weit verbreitet und i. d. R. aus *materiality*- und Kosten-Nutzen-Überlegungen nicht zu beanstanden (→ § 1).

Latente Steuern sind auch auf steuerlich **vortragsfähige Verluste** zu aktivieren, sofern deren zukünftige Nutzung wahrscheinlich ist (IAS 12.34; → § 26 Rz 51). Nach IAS 12.67 kann es im Rahmen eines Unternehmenszusammenschlusses erstmalig zum Ansatz eines solchen Postens kommen, weil der Erwerber in der Lage ist, den Vorteil der noch nicht genutzten steuerlichen Verluste gegen das zukünftige zu versteuernde Einkommen zu verwenden. Nach Maßgabe des deutschen Steuerrechtes, dessen Steuersubjekt die einzelne natürliche oder juristische Person ist und das über die Mantelkaufvorschriften (§ 8 Abs. 4) sowie umwandlungsrechtliche Vorschriften (§ 12 Abs. 2 UmwStG) Vorkehrungen gegen die Übertragung von Verlusten auf andere Subjekte getroffen hat, kommt diesem Fall keine große praktische Bedeutung zu (→ § 26).

Aus Sicht des deutschen Steuerrechts haben auch diverse Bestimmungen in IAS 12 zu latenten Steuern aus der Bewertung von Tochteranteilen im Einzelabschluss des Mutterunternehmens nur noch eine geringe Bedeutung. Nach den Vorschriften von § 8 KStG und § 9 GewStG sind in der Konstellation Kapitalgesellschaft – Kapitalgesellschaft Dividenden, Veräußerungsgewinne,

Veräußerungsverluste und Teilwertabschreibungen steuerlich i. d. R. größtenteils unbeachtlich. Unter diesen Umständen haben die Differenzen im IFRS-Ansatz der Beteiligung und dem Steuerbilanzansatz permanenten Charakter und sind daher unbeachtlich, da latente Steuern nur auf temporäre, sich zukünftig steuerwirksam auflösende Differenzen entstehen. Für andere Konstellationen unter Einbeziehung von Personengesellschaften wird auf → § 26 Rz 83 verwiesen.

8 Ausweis-Besonderheiten im Konzern

178 Der Konzernabschluss zeigt die gleichen Bilanz- und GuV-Posten wie der Einzelabschluss. Dies gilt auch für den *goodwill*, der in IFRS 3 in gleicher Weise für den Einzelabschluss *(asset deal)* wie für den Konzernabschluss *(asset oder share deal)* geregelt ist. Der Ausweis erfolgt unter den immateriellen Vermögenswerten. Als tatsächlicher Unterschied zum Einzelabschluss bleiben demnach nur die Positionen, die die Minderheitenanteile an voll konsolidierten Tochterunternehmen betreffen und nur im Konzernabschluss, hingegen nicht im Einzelabschluss vorkommen können.

179 In der Bilanz ist der **Minderheitenanteil** separat innerhalb des Eigenkapitals auszuweisen (IAS 27.33).

180 In der GuV sind die Minderheitenanteile am Konzernergebnis gesondert anzugeben (IAS 27.33). Sinnvoll ist eine Bezeichnung als „Ergebnisanteil von Minderheitsgesellschaftern". Die Größe vor Abzug dieses Postens kann dann als „Jahresergebnis" bezeichnet werden, die Größe nach Abzug dieses Postens als „Ergebnisanteil Eigenkapitalgeber" (Rz 145 und → § 2).

181 Für die **Kapitalflussrechnung** des Konzerns gelten die Regelungen zur **Konsolidierung und Eliminierung** konzerninterner Salden und Transaktionen (IAS 27.17). Danach stellt sich etwa die Eigenkapitalzuführung vom Mutterunternehmen an das Tochterunternehmen im Einzelabschluss des Mutterunternehmens als negativer *cash flow* aus Investitionstätigkeit und im Einzelabschluss des Tochterunternehmens als positiver *cash flow* aus der Ausgabe von Kapital dar. In der Konzernkapitalflussrechnung findet sich jedoch wieder keine der beiden Positionen, da aus Konzernsicht weder ein Mittelzufluss noch ein Mittelabfluss vorliegt (→ § 3).

182 Besondere Regelungen bestehen für den Erwerb oder die Veräußerung von Tochterunternehmen, d. h. das Erst- oder Entkonsolidierungsjahr. Laut IAS 7.39f. sind Angaben zum Kaufpreis und zu seiner Barkomponente zu machen, zudem Angaben zu den durch die Ersteinbeziehung des Tochterunternehmens zugehenden bzw. durch die Nicht-mehr-Einbeziehung abgehenden Zahlungsmitteln des Tochterunternehmens, schließlich Angaben zu den sonstigen nach Hauptgruppen gegliederten Vermögenswerten und Schulden, die zu- bzw. abgehen.

183 Zur Kapitalflussrechnung folgendes Beispiel:

§ 32 Tochterunternehmen im Konzern- und Einzelabschluss

> **Beispiel**
> M erwirbt in 01 100 % der Anteile am Tochterunternehmen T. Der Kaufpreis beträgt 100 und wird zu 30 durch Ausgabe eigener Anteile dargestellt. Das Tochterunternehmen verfügt im Erstkonsolidierungszeitpunkt über Zahlungsmittel von 10.
> In der Investitionszeile der *cash-flow*-Rechnung wird als Auszahlung für den Erwerb von Tochterunternehmen T abzüglich erworbener Netto-Zahlungsmittel von 10 ein Betrag von – 60 ausgewiesen.
> Im Anhang wird aufgeführt, dass ein Kaufpreisanteil von 30 unbar durch die Ausgabe neuer Anteile geleistet wurde. Außerdem erfolgt eine Aufgliederung des zugehenden Vermögens des Tochterunternehmens nach Vorräten, sonstigem Umlaufvermögen, Anlagevermögen usw.

9 Angaben

Konzernspezifische Angabepflichten ergeben sich vor allem in den folgenden vier Punkten:
- **Konsolidierungskreis** und Änderungen des Konsolidierungskreises,
- **Kapitalkonsolidierungsmethode**,
- **sonstige Konsolidierungsmethoden** (Bewertungsvereinheitlichung, Zwischenergebniseliminierung, Konsolidierung von Aufwand, Ertrag, Schulden, Forderungen),
- **Währungsumrechnung**.

Zu den Angaben zur Kapitalkonsolidierung und zur Währungsumrechnung wird auf die diesbezüglichen Kommentierungen verwiesen (→ § 31 Rz 171ff.; → § 27 Rz 71ff.). Die **Angaben zum Konsolidierungskreis** ergeben sich aus der nachfolgenden Tabelle:

184

185

Konsolidierungskreis	
I: nicht konsolidiert, obwohl Tochter: Gründe für Nichtkonsolidierung, zusammengefasste finanzielle Informationen (insbes. Bilanzsumme, Verbindlichkeiten, Erlöse, Ergebnis) evtl. aggregiert (z. B. für alle inländischen, alle anderen europäischen usw.)	IAS 27.40a und b
II: Tochter, obwohl keine Stimmrechtsmehrheit: Gründe für Tochterstatus	IAS 27.40c
III: keine Tochter, obwohl Stimmrechtsmehrheit: Gründe für Negierung	IAS 27.40d

Lüdenbach

Abweichender Bilanzstichtag	
falls Vereinheitlichung nicht durchführbar, Angabe, der Gründe	IAS 27.40e

Tab. 10: Konzernspezifische Angaben

186 Die übrigen Angaben i. S. d. Zwischenergebniseliminierung usw. enthalten keine spezifischen oder quantifizierenden Aussagen, sondern stellen lediglich klar, dass nach den allgemein für die Konzernbilanzierung geltenden Vorschriften vorgegangen oder im Einzelfall davon aus bestimmten Gründen davon abgewichen wurde.

187 Das nachfolgende Formulierungsbeispiel fasst die wesentlichen Angaben zusammen:

Beispiel

1. Konsolidierungskreis, Konsolidierungsgrundsätze
Alle **Tochterunternehmen**, die von der X AG gemäß IAS 27 direkt oder indirekt beherrscht werden, sind in den Konzernabschluss einbezogen.
Unternehmen unter gemeinschaftlicher Führung im Sinne des **IAS 31 (Gemeinschaftsunternehmen)** werden quotal konsolidiert.
Wesentliche **assoziierte Unternehmen** werden gemäß **IAS 28** nach der *equity*-Methode bilanziert, wenn ein maßgeblicher Einfluss ausgeübt werden kann.
Eine Übersicht zu den wesentlichen Tochtergesellschaften und Beteiligungen befindet sich unter Textziffer...

2. Vereinheitlichung
Die zu konsolidierenden Abschlüsse der X AG als Muttergesellschaft und der einbezogenen Tochtergesellschaften werden nach **einheitlichen Bilanzierungs- und Bewertungsmethoden** aufgestellt.

3. Kapitalkonsolidierung
Die Kapitalkonsolidierung erfolgt nach der **Erwerbsmethode**, bei der zum Zeitpunkt des Erwerbs die Anschaffungskosten der Beteiligung mit dem anteiligen Eigenkapital verrechnet werden. Vermögenswerte und Schulden des Tochterunternehmens werden mit den Zeitwerten bewertet, sofern die beizulegenden Zeitwerte über den Buchwerten liegen. Auf stille Reserven und Lasten, die im Rahmen der Erstkonsolidierung aufgedeckt werden, werden latente Steuern angesetzt, sofern diese Aufdeckung nicht auch steuerlich nachvollzogen wird. Ein verbleibender aktiver Unterschiedsbetrag zwischen Anschaffungskosten und dem anteilig zu Zeitwerten bewerteten Reinvermögen wird als Firmenwert aktiviert. Aufgedeckte stille Reserven und Lasten werden in den Folgeperioden entsprechend der Be-

handlung der korrespondierenden Vermögenswerte und Schulden fortgeführt, abgeschrieben bzw. aufgelöst.
Die Kapitalkonsolidierung quotal konsolidierter Unternehmen erfolgt nach den gleichen Grundsätzen.
Die nach der *equity*-Methode bewerteten Beteiligungen werden mit dem anteiligen Eigenkapital der jeweiligen Beteiligung angesetzt. Ein Unterschiedsbetrag zu den Anschaffungskosten der Beteiligung erhöht als Firmenwert den *equity*-Ansatz. Das anteilige Ergebnis dieser Gesellschaften wird nach Steuern ausgewiesen.

4. Konzerninterne Salden
Alle konzerninternen Gewinne und Verluste, Umsatzerlöse, Aufwendungen und Erträge sowie Forderungen und Verbindlichkeiten bzw. Rückstellungen innerhalb des Konsolidierungskreises werden eliminiert. Auf ergebniswirksame Konsolidierungsvorgänge werden latente Steuern gemäß IAS 12 abgegrenzt. Die quotale Konsolidierung erfolgt anteilsmäßig nach den gleichen Grundsätzen.

5. Änderungen des Konsolidierungskreises
Der Konsolidierungskreis einschließlich der X AG umfasst 30 voll konsolidierte Unternehmen gegenüber 28 Unternehmen im Vorjahr. In den Konzernabschluss werden alle in- und ausländischen verbundenen Unternehmen einbezogen mit Ausnahme von 5 Gesellschaften (Vorjahr 4), die wegen ihrer insgesamt untergeordneten Bedeutung für die Vermögens-, Finanz- und Ertragslage nicht konsolidiert werden.
Es wurden Tochtergesellschaften mit Anschaffungskosten in Höhe von ca. EUR 30 Mio., davon EUR 20 Mio. zahlungswirksam, akquiriert. Bei den Akquisitionen handelt es sich im Wesentlichen um die folgenden Unternehmenserwerbe:
Im Zuge einer Kapitalerhöhung durch Sacheinlage um EUR 10 Mio. wurden am 1. März 01 80 % der Y AG in die X AG eingebracht. Die Sacheinlage ist mit dem Zeitwert der Anteile der X AG bewertet, da die hingegebenen Anteile zuverlässiger zu bewerten sind. Aufgrund der Übernahme ergibt sich ein Firmenwert von EUR 4 Mio., der über 20 Jahre abgeschrieben wird.
Zum 1. Juli 01 hat die X AG die restlichen 50 % der Anteile an dem bisherigen Gemeinschaftsunternehmen Z AG zu einem Kaufpreis von EUR 15 Mio. übernommen. Aufgrund des Erwerbs der zusätzlichen Anteile ist ein Firmenwert in Höhe von EUR 6 Mio. entstanden.
Die Akquisitionen und Desinvestitionen von Tochtergesellschaften wirkten sich zum Zeitpunkt der Erstkonsolidierung bzw. Entkonsolidierung auf Anlagevermögen, Umlaufvermögen und Schulden im Konzern wie folgt aus: ...
Drei Gemeinschaftsunternehmen werden quotal in den Konzernabschluss einbezogen (Vorjahr drei). Die X AG hat zum 1. Juli 01 ihre 100 %-Betei-

ligung an der A AG als Sacheinlage in das mit der B-AG betriebene Gemeinschaftsunternehmen C-AG eingebracht. Da die X AG an diesem *joint-venture*-Unternehmen nur 50 % der Anteile hält, sind 50 % der bisherigen Anteile an der A AG als Verkauf anzusehen und somit zu entkonsolidieren. Insgesamt wird im Konzernabschluss ein Gewinn aus dem Abgang konsolidierter Unternehmen in Höhe von ... ausgewiesen. Von den 12 (Vorjahr 10) assoziierten Unternehmen werden 9 (Vorjahr 7) nach der *equity*-Methode bilanziert, die übrigen werden wegen ihrer untergeordneten Bedeutung für den Konzernabschluss zu Anschaffungskosten angesetzt. Die Liste des Anteilsbesitzes des X-Konzerns ist als Anlage y beigefügt.

Auf die **Checkliste Abschlussangaben** wird ergänzend verwiesen (→ § 5 Rz 8).

10 Anwendungszeitpunkt, Rechtsentwicklung

188 IAS 27 ist für alle Abschlüsse anzuwenden, deren Berichtszeitraum ab dem 1.1.2005 beginnt. Eine frühere Anwendung wird empfohlen (Rz 43).

189 Die wesentlichen Unterschiede zu IAS 27 (2000) bestehen in folgenden Punkten:
- Ein Erwerb in Weiterveräußerungsabsicht führt nicht mehr zu einem Konsolidierungsverbot, sondern lediglich zu besonderen (saldierten) Ausweis- und Bewertungsvorschriften (Rz 88).
- Finanzmitteltransferbeschränkungen zogen nach IAS 27.12b (2000) ein Konsolidierungsverbot nach sich. Sie sind jetzt nur noch Teil der Gesamtwürdigung, ob ein Beherrschungsverhältnis vorliegt (Rz 90).
- IAS 27 (2000) enthielt Ausnahmen von Ansatz- und Bewertungsvereinheitlichung nicht nur nach allgemeinen Grundsätzen (*materiality* usw.), sondern spezifisch für Praktikabilitätsfälle (Rz 108).
- Der Minderheitenanteil war nach IAS 27 (2000) außerhalb des Eigenkapitals auszuweisen (Rz 144).
- In der Einzelbilanz des Mutterunternehmens konnten nach IAS 27 (2000) Anteile an Tochterunternehmen wahlweise *at equity* bilanziert werden. Die Neufassung sieht nur noch ein Wahlrecht zwischen Anschaffungskosten und *fair value* vor.

190 Die in 2005 vorgelegten Entwürfe zur Ergänzung von IAS 27 und IFRS 3 (ED IAS 27 und ED IFRS 3) sehen unter anderem folgende Neuregelungen vor:[53]

---

[53] Vgl. im Einzelnen PELLENS/SELLHORN/AMSHOFF, Reform der Konzernbilanzierung, DB 2005, S. 1749ff., mit Schwerpunkt auf ED IFRS 3 und LÜDENBACH/HOFFMANN, DB 2005, S. 1805ff., mit Schwerpunkt auf ED IAS 27, außerdem BRÜCKS/RICHTER, KoR 2005, S. 407.

- Aufdeckung des *goodwill* auch in Höhe des Minderheitenanteils (sog. *full-goodwill-Methode;* Rz 140).
- Belastung auch des negativen Minderheitenanteils mit Verlusten (Rz 145).
- **Erfolgswirksamkeit der Auf- und Abwärtskonsolidierung** in folgender Weise:
  - Bei **Aufwärtskonsolidierung** wird fingiert, dass die Kontrollmehrheit gegen Barzahlung (für die Neuanteile) und Tausch (der Altanteile zum *fair value*) erworben wird. Die Differenz zwischen Buchwert der Altanteile und *fair value* führt zu einem Erfolg. Soweit die Altanteile als *available-for-sale assets* schon bisher erfolgsneutral zum *fair value* geführt wurden, wird auch dieser Erfolg mit der Erstkonsolidierung realisiert (→ § 31).
  - Bei der **Abwärtskonsolidierung** wird fingiert, dass sich der Entkonsolidierungserlös aus dem Veräußerungspreis der abgehenden Anteile und dem *fair value* der verbleibenden Anteile ergibt. Der *fair value* der verbleibenden Anteile stellt den Ausgangswert für die weitere Bilanzierung nach der *equity*-Methode, zu Anschaffungskosten oder zum *fair value* dar (Rz 161).
- Behandlung der **Auf- oder Abstockung einer vorhandenen Mehrheitsbeteiligung als Transaktion zwischen Eigenkapitalgebern.** Die Differenz zwischen gezahltem oder erhaltenem Betrag und der buchmäßigen Änderung des Minderheitenanteils führt weder zur Aufdeckung von *goodwill* oder stillen Reserven (Aufstockung) noch zu einem Abgangserfolg (Abstockung; → § 31 Rz 132).

Für 2006 ist der Entwurf einer Ergänzung zu IAS 27 angekündigt, der sich mit dem Kontrollkriterium allgemein (Rz 8ff.) und speziell bei Zweckgesellschaften (Rz 59ff.) befassen soll.

191

11 Übergang vom HGB- zum IFRS-Konzernabschluss – Praxisprobleme

Die wesentlichen Prozessschritte und Prozessinhalte des konsolidierten Abschlusses sind **nicht IFRS-spezifisch**, sondern ergeben sich genauso bei Aufstellung einer handelsrechtlichen Konzernbilanz. Besondere Schwierigkeiten bereitet die IFRS-Konzernbilanzierung „nur" an zwei Stellen:

- Soweit das interne Berichtswesen und damit auch die „Arbeitsbilanzen" der inländischen **Töchter** noch nicht IFRS folgen, stellt sich die **Vereinheitlichung** der Einzelbilanzen nicht als kleiner Schritt von IFRS I nach IFRS II, sondern als großer Schritt von **HGB nach IFRS** dar. Entsprechendes gilt für Auslandstöchter.

192

- Die **Erstkonsolidierung** muss, von *materiality*-Ausnahmen abgesehen, zwingend auf den **Erwerbszeitpunkt** erfolgen (→ § 31 Rz 23). Bei **unterjährigem** Erwerb eines Tochterunternehmens ist daher eine hinreichend genaue IFRS-Arbeitsbilanz (**Zwischenabschluss**) des Tochterunternehmens auf den Erwerbszeitpunkt zu erstellen. Das Handelsrecht kann auf eine solche Zwischenbilanz verzichten, da es die Erstkonsolidierung auf den ersten Abschlussstichtag nach Erwerb zulässt (§ 301 Abs. 2 HGB).

12 Zusammenfassende Praxishinweise

193 Die Konzernabschlusspflicht und der Konsolidierungskreis hängen vom Vorliegen einer Mutter-Tochter-Beziehung ab. Deren Bestimmung richtet sich nach dem sog. **Kontrollkonzept** (Rz 8ff.).

Besondere Bedeutung haben jüngst in der internationalen Konzernrechnungslegungspraxis die **Zweckgesellschaften** *(special purpose entities)* erlangt (Rz 59ff.).

Die IFRS-Regeln zur **Konzernabschlusspflicht** haben für deutsche und EU-Anwender keine praktische Relevanz. Hier geht das nationale bzw. das EU-Recht vor (Rz 80).

Für den **Konsolidierungskreis** gilt das Weltabschlussprinzip, allerdings mit Einschränkungen bei Veräußerungsabsicht oder unter *materiality*-Gesichtspunkten (Rz 85ff.).

Konsolidierungen sind regelmäßig auf Basis des einheitlichen **Konzernbilanzstichtags** vorzunehmen. Eine nicht mehr als 3 Monate abweichende Einzelbilanz kann ggf. aus Praktikabilitätsgründen verwendet werden (Rz 99ff.).

Für die einzelnen **Konsolidierungsschritte** gilt:

- Eine Vereinheitlichung von Ansatz und Bewertung ist unter *materiality*-Vorbehalt notwendig (Rz 105ff.).
- Bei der Schuldenkonsolidierung entstehende echte Aufrechnungsdifferenzen bzw. die mit ihnen verbundenen Erträge/Aufwendungen sind im Entstehungs- und Auflösungsjahr zu neutralisieren. Drittschuldverhältnisse begründen ggf. ein Saldierungsrecht (Rz 110ff.).
- Aufwand und Ertrag sind zu konsolidieren (Rz 126f.),
- Zwischenergebnisse zu eliminieren, und zwar auch dann in voller Höhe, wenn ein Minderheitenanteil existiert (Rz 128ff.)

Besondere Konsolidierungsprobleme, die sich im Übrigen durch **Minderheiten**anteile an Tochtergesellschaften ergeben, sind unter Rz 140ff. dargestellt.

Die **Erst-** und **Ent**konsolidierung beim Hinzuwerb und der Veräußerung von Anteilen unterliegt spezifischen Regeln (Rz 153ff.).

Im **Einzel**abschluss des Mutterunternehmens sind die Anteile an Tochtergesellschaften wahlweise zu Anschaffungskosten oder zum *fair value* auszuweisen (Rz 164ff.).

Lüdenbach

Zur **Steuerlatenz**rechnung im Rahmen der Konsolidierungsbuchungen wird auf Rz 169ff. verwiesen.
Konzernspezifische Vorschriften für den **Ausweis** in Bilanz und GuV bestehen für den Minderheitenanteil (Rz 178ff.).
Konzernspezifische **Anhangsangaben** ergeben sich für den Konsolidierungskreis, die Konsolidierungsmethode und die Währungsumrechnung (Rz 184ff.)
Praxisprobleme beim **Übergang** von der HGB- zur IFRS-Konsolidierung sind in Rz 192 dargestellt.

§ 33 ANTEILE AN ASSOZIIERTEN UNTERNEHMEN

Inhaltsübersicht	Rz
Vorbemerkung	
1 Zielsetzung, Regelungsinhalt und Begriffe	1–6
1.1 Bilanzierung im Konzernabschluss des Investors	1–3
1.2 Bilanzierung im Einzelabschluss des Investors	4–5
1.3 Keine Pflichtanwendung von IAS 28 auf Beteiligungen von *venture-capital*-Gesellschaften und Fonds	6
2 Kriterien der Assoziierung	7–19
2.1 Widerlegbare 20-%-Vermutung	7–11
2.2 Assoziierungsindizien	12–14
2.3 Potenzielle Stimmrechte	15–16
2.4 Finanzmitteltransferbeschränkungen	17
2.5 Abgrenzung von Tochter- und Gemeinschaftsunternehmen	18–19
3 Konsolidierungs-/Bewertungsmethode	20–33
3.1 Konzernabschluss	20–29
3.1.1 Regelkonsolidierung *at equity*	20–25
3.1.2 Ausnahmebewertung nach IFRS 5 bei Veräußerungsabsicht	26–29
3.2 Wahlrechte im Einzelabschluss	30–33
4 Erstbewertung *at equity*	34–53
4.1 Zeitpunkt der Erstbewertung, unterjähriger und sukzessiver Erwerb	34–44
4.2 Bestimmung der Anschaffungskosten	45–46
4.3 Anteilige Aufdeckung stiller Reserven und Lasten	47–49
4.4 *Goodwill* oder negativer Unterschiedsbetrag	50–53
5 Folgebewertung/-konsolidierung *at equity*	54–83
5.1 Ergebnis- und Dividendenanteil	54–55
5.2 Nicht GuV-wirksame Einkommen des assoziierten Unternehmens	56–58
5.3 Abschreibung von stillen Reserven, Auflösung von stillen Lasten	59–62
5.4 Zwischenergebniseliminierung	63–66
5.5 Einheitliche Bilanzierungsmethoden, abweichender Bilanzstichtag	67–70
5.6 Bewertung von *equity*-Beteiligungen bei Verlusten	71–79
5.6.1 Ergebnisfortschreibung bis Buchwert null	71
5.6.2 Berücksichtigung überschießender Verluste in Haftungsfällen	72

Lüdenbach

5.6.3 Berücksichtigung eigenkapitalsubstituierender
   Finanzierungen 73–74
   5.6.3.1 Ausdehnung des Verlustverrechnungs-
      volumens 73
   5.6.3.2 Auswirkungen auf die Höhe des fest-
      zustellenden Verlustes 74
5.6.4 Komplikationen bei Erst-, Ent- und Übergangskonsolidierung 75–76
5.6.5 Außerplanmäßige Abschreibungen auf *equity*-
   Beteiligungen 77–79
5.7 Kapitalerhöhung und -herabsetzung 80–83
6 Erwerb und Veräußerung von Anteilen 84–95
 6.1 Erwerb weiterer Anteile 84–89
  6.1.1 Erwerb ohne Statuswechsel 84
  6.1.2 Einfache Beteiligung wird zu assoziiertem Unter-
     nehmen 85–87
  6.1.3 Assoziiertes Unternehmen wird zu Gemeinschafts-
     oder Tochterunternehmen 88–89
 6.2 Veräußerung von Anteilen 90–95
  6.2.1 Veräußerung sämtlicher Anteile (Entkon-
     solidierung) 90
  6.2.2 Veräußerung ohne Statuswechsel 91–92
  6.2.3 Assoziiertes Unternehmen wird zur einfachen
     Beteiligung 93–94
  6.2.4 Veräußerung verlustreicher Beteiligungen 95
7 Latente Steuern 96–98
8 Ausweis 99
9 Angaben 100–102
10 Anwendungszeitpunkt, Rechtsentwicklung 103–105
11 Zusammenfassende Praxishinweise 106–110

Schrifttum: ALEXANDER/ARCHER, Miller International Accounting Standards Guide 2002; BAETGE/BRUNS/KLAHOLZ, IAS 28, in: BAETGE u. a. (Hrsg.), Rechnungslegung nach IAS; DRS 8, Bilanzierung von Anteilen an assoziierten Unternehmen im Konzernabschluss; EPSTEIN/MIRZA, Interpretation and Application of IAS 2002; HAYN, in: BECK'sches IFRS-Handbuch, 2. Aufl., 2006, § 34.; HEURUNG, Die Bewertung assoziierter Unternehmen im Konzernabschluss im Vergleich zwischen HGB, IAS und US-GAAP, DStR 2000, S. 628ff. und S. 664ff.; HEUSER/THEILE, IAS/IFRS-Handbuch, 2. Aufl., 2005; KMPG, Insights into IFRS, 3. Aufl., 2006; LÜDENBACH, Zwischenergebniseliminierung bei Anwendung der equity-Methode, PiR 2006, S. 207ff.; LÜDENBACH/FROWEIN, Bilanzierung von Equity-Beteiligungen bei Verlusten, ein Vergleich zwischen HGB, IFRS und US-GAAP, BB 2003, S. 2449ff.; LÜDENBACH/VÖLKNER, Rechtliche und bilanzpolitische Bedeutung von Options- und Terminkontrakten für die Konsolidierung nach IFRS, BB 2006, S. 2738ff.; NIEHUES, Die Equity-Bewertung, HdJ, Abt. V/3.

Vorbemerkung
Die Kommentierung bezieht sich auf IAS 28 in der aktuellen Fassung und berücksichtigt alle Änderungen, Ergänzungen und Interpretationen, die bis zum 1.1.2007 beschlossen wurden. Einen Überblick über ältere Fassungen sowie über diskutierte oder schon als Änderungsentwurf vorgelegte künftige Regelungen enthalten Rz 103ff.

1 Zielsetzung, Regelungsinhalt und Begriffe

1.1 Bilanzierung im Konzernabschluss des Investors

Assoziierte Unternehmen sind Unternehmen 1
- oberhalb der Schwelle einer „einfachen" Beteiligung und
- unterhalb der Schwelle eines Tochter- oder Gemeinschaftsunternehmens.

Es scheint somit sachgerecht, sie einerseits zu **konsolidieren**, d. h. im Konzernabschluss nicht einfach die Anschaffungskosten der Beteiligung auszuweisen, sie andererseits aber nicht **voll** (oder proportional) **einzubeziehen**. IAS 28.13 schreibt daher als Regel vor, assoziierte Unternehmen auf der Basis der *equity*-**Methode** (Rz 34ff.) in den Konzernabschluss miteinzubeziehen. 2

Der konzernbilanzielle Anwendungsbereich von IAS 28 geht über assoziierte Unternehmen hinaus. Die *equity*-Methode ist nach IAS 31 auch (als Wahlrecht) für die Konsolidierung von **Gemeinschaftsunternehmen** zugelassen (→ § 34 Rz 82). Eine Methodenbeschreibung findet sich jedoch nur in IAS 28. Sie gilt durch Verweis in IAS 31.40 auch für Gemeinschaftsunternehmen. 3

1.2 Bilanzierung im Einzelabschluss des Investors

Für die **einzelbilanzielle Bewertung** von Beteiligungen an assoziierte Unternehmen, Tochterunternehmen und Gemeinschaftsunternehmen eröffnet IAS 27.37 ein **Wahlrecht**: Die Bilanzierung kann zu fortgeführten Anschaffungskosten oder zum *fair value* erfolgen (Rz 30). 4

Die nach IAS 28 (2000), IAS 27 (2000) und IAS 31 (2000) gegebene dritte Option des Ansatzes *at equity* ist nicht mehr zulässig. 5

1.3 Keine Pflichtanwendung von IAS 28 auf Beteiligungen von *venture-capital*-Gesellschaften und Fonds

Nach IAS 28.1 haben *venture-capital*-Gesellschaften, Fonds *(mutual funds)*, *unit trusts*, fondsgebundene (Lebens-)Versicherungen und ähnliche Unternehmen bei Beteiligungen an assoziierten Unternehmen ein im Zeitpunkt des Zugangs der Anteile auszuübendes konzernbilanzielles **Wahlrecht** zwischen: 6
- *equity*-Konsolidierung gem. IAS 28 oder

Lüdenbach

- erfolgswirksamer *fair-value*-Bilanzierung als Handelswert (*trading asset*) bzw. designiertes *trading asset* gem. IAS 39 (→ § 28 Rz 145f.). Wegen Einzelheiten des Wahlrechts wird auf (→ § 34 Rz 9) verwiesen.

2 Kriterien der Assoziierung

2.1 Widerlegbare 20-%-Vermutung

7 Als assoziiert definiert IAS 28.2 ein Unternehmen,
- auf welches der Anteilseigner **maßgeblichen Einfluss** ausüben kann (**Positivmerkmal**),
- das jedoch **weder** ein **Tochterunternehmen noch** ein *joint venture* des Anteilseigners darstellt (**Negativmerkmal**).

8 Eine 20-%-Beteiligung begründet die **widerlegbare Vermutung** der Assoziierung. Hält der Anteilseigner direkt oder indirekt (durch Tochterunternehmen) 20 % oder mehr der Stimmrechte an einem anderen Unternehmen, wird ein maßgeblicher Einfluss vermutet, es sei denn, dass dieser eindeutig widerlegt werden kann (IAS 28.6). Entsprechend begründet ein Stimmrechtsanteil von weniger als 20 % eine widerlegbare Vermutung der Nichtassoziierung, es sei denn, ein maßgeblicher Einfluss könnte eindeutig belegt werden (IAS 28.6).

9 Der **Mehrheitsbesitz eines anderen Anteilseigners** schließt einen eigenen maßgeblichen Einfluss nicht notwendigerweise aus (IAS 28.6). Er kann jedoch in Zusammenhang mit anderen Faktoren ein Indiz für fehlenden maßgeblichen Einfluss sein. Derartige andere Faktoren können z. B. ernste **Rechtsstreitigkeiten** mit dem assoziierten Unternehmen oder mit dem anderen Anteilseigner sein. Ebenso dürfte eine **Historie strittiger Gesellschafterentscheidungen**, bei denen die eigene Auffassung jeweils von den Mehrheitseignern überstimmt wurde, einen maßgeblichen Einfluss in der Regel ausschließen. Im Einzelnen kann es hierbei auch auf die gesetzlichen oder gesellschaftsvertraglichen **Quoren (Sperrminorität)** ankommen. Beträgt etwa der eigene Anteil 20 % der Stimmrechte, können aber alle wesentlichen Entscheidungen mit einer (Präsenz-)Mehrheit von 67 % getroffen werden und verfügt ein anderer Anteilseigner über diese (Präsenz-)Mehrheit, so kann ohne Vorliegen besonderer Indikatoren (z. B. eigene Vertretung im Geschäftsführungsorgan) regelmäßig kaum von einem maßgeblichen Einfluss (des Minderheitsgesellschafters) ausgegangen werden.

10 Entscheidend ist jeweils die **Möglichkeit**, maßgeblichen Einfluss auszuüben („ausüben kann"). Indizien für eine **tatsächliche** Ausübung von maßgeblichem Einfluss sind jedenfalls ab der Schwelle von 20 % der Stimmrechte nicht bzw. nur zur Widerlegung von Gegenindizien notwendig.

11 Bei einer eigenen Beteiligungsquote von weniger als 20 % der Stimmrechte (direkt oder indirekt) spricht die Vermutungsregel gegen die Möglichkeit der Ausübung eines maßgeblichen Einflusses; ein (eindeutiger) Gegenbeweis *(can be clearly demonstrated)* ist zulässig (IAS 28.6). Zur Widerlegung der Nichtassoziierungsvermutung sind insbesondere die unter Rz 12 genannten Indizien wichtig.

Lüdenbach

2.2 Assoziierungsindizien

Auf das Vorhandensein von maßgeblichem Einfluss (gemeint: Einflussmöglichkeit) kann nach IAS 28.7 in der Regel dann geschlossen werden, wenn eines oder mehrere der folgenden **Indizien** vorliegen:

- **Organvertretung** im Geschäftsführungs- und/oder Aufsichtsorgan,
- (sonstige) Mitwirkung an der **Geschäftspolitik**, einschließlich Dividendenpolitik des assoziierten Unternehmens,
- **Austausch von Führungspersonal** zwischen eigenem und assoziiertem Unternehmen,
- **wesentliche Geschäftsvorfälle** (bzw. wesentlicher Umfang der Geschäftsbeziehung) zwischen dem eigenen und dem assoziierten Unternehmen,
- Bereitstellung von **bedeutenden technischen Informationen** an das assoziierte Unternehmen.

Die ersten drei Indizien stehen für eine **personelle Verflechtung** zwischen eigenem und assoziiertem Unternehmen, die beiden letztgenannten Indizien für eine **sachliche Verflechtung**. Derartige Verflechtungen können unterschiedliche Intensität und Bedeutung haben. Die Vertretung mit einem Sitz in einem neunköpfigen Aufsichtsrat hat eine andere Bedeutung als eine solche mit zwei Sitzen in einem sechsköpfigen. Der gelegentlichen Mitwirkung an der Geschäftspolitik des assoziierten Unternehmens (etwa Beratung bei der Aufstellung eines Jahreswirtschaftsplans) dürfte eine andere Bedeutung zukommen als eine dauerhafte Einflussnahme. Im Übrigen ist auch unklar, wie zentrale Begriffe des Kriterienkatalogs gemeint sind. Die Gelegenheit der Mitwirkung *(participation)* an Entscheidungen über Dividenden hat jeder stimmberechtigte Gesellschafter. Möglicherweise ist nur an eine **maßgebliche Mitwirkung/Einflussnahme** gedacht. Der der Operationalisierung des Begriffs des maßgeblichen Einflusses dienende Kriterienkatalog würde dann aber selbst den zu operationalisierenden Begriff schon voraussetzen und deshalb zu einem Zirkelschluss führen.

Insgesamt gibt der Kriterienkatalog auch unter Berücksichtigung seiner weichen Eingangsformulierung („eines oder mehrere Kriterien", „in der Regel") eher **Dimensionen** für die Bemessung von Einfluss als **wirkliche Kriterien** für die Schwelle maßgeblichen Einflusses vor. Die Würdigung der Assoziierungsvermutung, insbesondere die Abweichung von den widerlegbaren Regelvermutungen, bleibt eine Frage der **sachgerechten Ermessensausübung im Einzelfall**.[1] Die dabei zu beachtenden Fragestellungen entsprechen denen für die Prüfung eines Beherrschungsverhältnisses. Zu Einzelheiten wird deshalb auf → § 32 Rz 32 verwiesen.

---

[1] Z. T. a. A. für IAS 28 (2000) BAETGE/BRUNS/KLAHOLZ, in: BAETGE u. a., Rechnungslegung nach IAS, IAS 28 Tz 22: „Wenn auch nur ein Indikator greift, besitzt der Anteilseigner i. d. R. einen maßgeblichen Einfluss."

Lüdenbach

2.3 Potenzielle Stimmrechte

15 Verfügt der Investor zwar über keine effektiven, dafür aber über **potenzielle Stimmrechte**, z. B. aus **Aktienoptionen, Bezugsrechten, Wandelanleihen**, so sind diese gem. IAS 28.8 in die gebotene Gesamtwürdigung des Einflusses einzubeziehen, wenn sie gegenwärtig *(currently)* **ausübbar** sind (→ § 32 Rz 48f.). Nicht „gegenwärtig" ausübbar sind Optionsrechte, wenn die Ausübung erst zu oder ab einem späteren Datum oder bei Eintritt zukünftiger Ereignisse möglich ist.
Die Regelungen zur Berücksichtigung potenzieller Stimmrechte in IAS 28.8f. entsprechen denen für Tochterunternehmen in IAS 27.14f. Wegen Einzelheiten wird daher auf (→ § 32 Rz 48ff.) verwiesen.

16 Soweit erst unter Berücksichtigung der Optionsrechte ein maßgeblicher Einfluss bejaht wird, erfolgt eine dann gebotene *equity*-Konsolidierung technisch gleichwohl nur auf Basis der tatsächlichen Anteilsquoten (→ § 32 Rz 53).

2.4 Finanzmitteltransferbeschränkungen

17 Die Beteiligung des Investors kann strengen und langfristigen **Beschränkungen** des Finanzmitteltransfers unterliegen. Infrage kommen insbesondere Fälle, in denen aufgrund staatlicher Eingriffe (**Devisen-Transferbeschränkungen**) keine oder nur sehr eingeschränkte Ausschüttungsmöglichkeiten bestehen. Derartige Beschränkungen sind nur insoweit bedeutsam, als sie ein Indiz für ein Fehlen des maßgeblichen Einflusses sein können. Die Situation ist dann vergleichbar mit Fällen, in denen etwa ein **Mehrheitsgesellschafter** dauerhaft Thesaurierungsbeschlüsse trifft und den Ausschüttungsinteressen der Minderheitsgesellschafter entgegenhandelt.

Beispiel
I ist mit 30 % an AU beteiligt. AU erwirtschaftet Gewinne, die jedoch angesichts einer abweichenden Interessenlage der anderen Gesellschafter nicht ausgeschüttet, sondern thesauriert werden.

Beurteilung
Da I mit mehr als 20 % beteiligt ist, besteht eine widerlegbare Assoziierungsvermutung. Sie kann nur durch eindeutige Darlegung *(clearly demonstrated)* des fehlenden maßgeblichen Einflusses widerlegt werden (Rz 11).
Die fehlende Mitwirkungsmöglichkeit an der Dividendenpolitik kann gem. IAS 28.7b als ein Indikator für fehlende Einflussmöglichkeit gelten. Erforderlich ist jedoch eine Gesamtwürdigung. Dabei ist u. a. zu berücksichtigen:
- wie deutlich und stabil die Mehrheit der thesaurierungswilligen Gesellschafter ist,
- welche rechtlichen Möglichkeiten (Minderheitsschutz) I hat, Ausschüttungen gegen Mehrheitsbeschlüsse durchzusetzen usw.

2.5 Abgrenzung von Tochter- und Gemeinschaftsunternehmen

Die Definition des assoziierten Unternehmens in IAS 28.2 enthält neben dem Positivkriterium der maßgeblichen Einflussmöglichkeit das **Negativkriterium**, dass es sich weder um ein Tochterunternehmen noch um ein *joint venture* des Anteilseigners handeln darf. Beide Kriterien ergänzen sich wie folgt:
- Während das Kriterium des maßgeblichen Einflusses das assoziierte Unternehmen nach **unten** gegenüber **einfachen Anteilen** abgrenzt,
- grenzt das Kriterium der fehlenden **Beherrschung** bzw. **Kontrollmöglichkeit** das assoziierte Unternehmen nach **oben** gegenüber **Gemeinschaftsunternehmen** oder **Tochterunternehmen** ab.

18

Hat das anteilbesitzende Unternehmen die Möglichkeit, die Finanz- und Geschäftspolitik des Beteiligungsunternehmens im eigenen Interesse allein zu bestimmen oder im gemeinschaftlichen Interesse mit anderen gemeinsam zu bestimmen, so liegt nicht mehr nur maßgeblicher Einfluss vor, sondern **alleinige oder gemeinschaftliche Kontrolle**. Es greifen dann die Regelungen von IAS 27 (Tochterunternehmen; → § 32) bzw. IAS 31 (Gemeinschaftsunternehmen; → § 34).

19

3 Konsolidierungs-/Bewertungsmethode

3.1 Konzernabschluss

3.1.1 Regelkonsolidierung *at equity*

Anteile an einem assoziierten Unternehmen sind in einem Konzernabschluss in der Regel nach der *equity*-Methode zu bilanzieren (IAS 28.13).

20

Zum **Anschaffungszeitpunkt** bestehen keine Unterschiede zur Anschaffungskostenmethode. Bei Anwendung der *equity*-Methode werden allerdings für Zwecke der zukünftigen Fortschreibung bereits zu diesem Zeitpunkt in einer außerbilanziellen **Nebenrechnung** festgehalten:

21

- die Differenz zwischen dem Anteil am buchmäßigen Eigenkapital des assoziierten Unternehmens und dem Anteil an dem zum beizulegenden Zeitwert bewerteten Reinvermögen des assoziierten Unternehmens (**anteilige stille Reserven und Lasten**),
- der Unterschiedsbetrag zwischen den Anschaffungskosten der Anteile und dem Anteil an dem zu beizulegendem Zeitwert bewerteten Reinvermögen (*goodwill*).

Zu den Folgestichtagen erfolgt die **Fortschreibung** des *equity*-Wertes um vier Elemente:

22

- Minderung um die planmäßige **Abschreibung der stillen Reserven**,
- Erhöhung (Minderung) um den **Anteil am Jahresüberschuss**(-fehlbetrag), ggf. auch um den Anteil an nicht realisierten Gewinnen *(other comprehensive income)*
- Minderung um **vereinnahmte Dividenden**,

- Erhöhung/Minderung um Anteil an effektiver **Kapitalerhöhung/ Kapitalherabsetzung.**

Ein fünftes Element, die Minderung um die **planmäßige Abschreibung des** *goodwill*, ist mit Ersatz von IAS 22 durch IFRS 3 und der damit einhergehenden Beschränkung auf die außerplanmäßige Abschreibung *(impairment-only approach)* ab 2005 entfallen (→ § 31 Rz 120).

23

Beispiel
Die Venture AG erwirbt von B zum 1.1.01 einen 20 %igen Anteil an der Start-UP KG zu folgenden Bedingungen:
- Anschaffungskosten: 450 TEUR
- Buchwert Eigenkapital der KG (100 %): 500 TEUR
- Kapitalanteil B (vorher)/Venture AG (nachher): 100 TEUR (= 500 × 20 %)
- Stille Reserven im immateriellen Anlagevermögen der KG (100 %): 750 TEUR, auf Venture AG entfallender Anteil 150, bei Restnutzungsdauer (ND) von 5 Jahren
- Jahresüberschuss 01 der KG (100 %): 600 TEUR
- Vorabausschüttung in 01 (100 %): 100 TEUR
- Aufgedeckter *goodwill* 200 TEUR

Steuerlich würde der Mehrbetrag von 450 − 100 = 350 TEUR (im Personengesellschaftsfall) in einer Ergänzungsbilanz aufgedeckt, den stillen Reserven und dem Firmenwert zugeordnet und in den Folgezeit abgeschrieben. Nach der *equity*-Methode wird (rechtsformunabhängig) analog verfahren, wie folgende Berechnung zeigt:

Jahr	Beschreibung	Betrag
1.1.01	Zugangsbewertung: zu Anschaffungskosten	450
	Fortschreibung um Dividenden und Gewinnanteil:	
	− (Vorab-)Ausschüttung in 01 (anteilig)	− 20
	+ Gewinnanteil 01	120
	= Zwischensumme	550
	Fortschreibung Unterschiedsbetrag:	
	− Abschreibung stille Reserven (1/ND)	− 30
	− keine planmäßige Abschreibung Firmenwert *(impairment-only)*	
31.12.01	= *at-equity*-Bilanzansatz	520
Erläuterung i. S. Unterschiedsbetrag:		
	Anschaffungskosten	450
	− anteilig erworbenes EK (Buchwert)	− 100
	= Unterschiedsbetrag	350
	− anteilige stille Reserven (ND = 5 Jahre)	− 150
	= anteiliger Firmenwert	200

Lüdenbach

Bei der *equity*-Methode werden die Differenz- bzw. Unterschiedsbeträge nicht in separaten Positionen festgehalten. Die Bilanz bzw. Konzernbilanz weist nur einen Wert aus. Die wertmäßige Fortentwicklung der Komponenten erfolgt in einer **Nebenrechnung**. Technisch wird daher auch von einer *one-line consolidation* gesprochen.

24

Das dargestellte Grundschema der Bewertung ist um latente Steuern auf *inside basis differences* zu ergänzen (Rz 98) sowie gegebenenfalls, sofern materiell bedeutsam, um **Zwischenergebniseliminierungen** zu erweitern (vgl. Rz 63ff.). Außerdem sind bestimmte Sonderfälle wie etwa dauerhafte Verlustsituationen besonders zu behandeln (vgl. Rz 71ff.).

25

3.1.2 Ausnahmebewertung nach IFRS 5 bei Veräußerungsabsicht

Anteile an einem assoziierten Unternehmen sind nach IAS 28.13a in einem Konzernabschluss ausnahmsweise gemäß IFRS 5, d. h. zum *fair value less costs to sell* (→ § 29 Rz 25), zu bilanzieren, wenn die Anteile

26

- als *non-current assets held for sale* zu qualifizieren sind, weil
- Veräußerungsabsicht am Bilanzstichtag besteht (→ § 29 Rz 9).

Die Anteile sind mit Klassifizierung als *non-current assets held for sale* gem. IFRS 5 **imparitätisch**, d. h. zum bisherigen *equity*-Ansatz oder zum niedrigeren Nettozeitwert *(fair value less costs to sell)*, zu bewerten (IAS 28.14; → § 29 Rz 25). Besteht die Veräußerungsabsicht nicht mehr (→ § 29 Rz 28), muss die *equity*-Methode unter Korrektur des Vorjahresabschlusses *(restatement)* rückwirkend angewendet werden (IAS 28.15). Eine Veräußerungsabsicht kann durch Zeitablauf widerlegt sein. Sind seit der Anschaffung mehr als 12 Monate vergangen, kann nur in begründeten Ausnahmefällen an einer Klassifizierung als *held-for-sale asset* festgehalten werden (IFRS 5.9; → § 29 Rz 11).

27

> **Beispiel**
> I erwirbt am 1.12.01 30 % der Anteile an U mit der Absicht der Weiterveräußerung binnen 12 Monaten. Die Anteile werden am 31.12.01 nach IFRS 5 zum *fair value less costs to sell* bilanziert.
>
> **Variante 1: Noch kein Käufer gefunden**
> Am 31.12.02 ist noch kein Käufer gefunden. Die Verkaufsbemühungen werden auch nicht mehr aktiv, insbesondere nicht durch Anpassung der Preisvorstellungen, verfolgt. Die Anteile sind nunmehr *at equity* zu bilanzieren, und zwar rückwirkend ab 1.12.01. Die im Abschluss 02 zum Vorjahresvergleich angeführten Zahlen für die Bilanz und GuV 01 sind daher zu berichtigen und als berichtigt kenntlich zu machen.
>
> **Variante 2: Ausstehende Genehmigung des Kaufvertrags**
> Ein Kaufvertrag wird am 5. Dezember 02 geschlossen. Der Übergang des wirtschaftlichen Eigentums bedarf der kartellrechtlichen Genehmigung. Diese steht zum Zeitpunkt der Bilanzaufstellung (Januar 03) noch aus.

Lüdenbach

> Eine rückwirkende Umstellung auf die *equity*-Methode wäre nicht sachgerecht. Zweck von IFRS 5.8 ist die Vermeidung von Manipulationen und die Objektivierung der Veräußerungsabsicht. Der Bilanzierende soll nicht durch die bloße Behauptung einer Veräußerungsabsicht der Regelbewertung *at equity* ausweichen können. Diesem Zweck wird auch dann Genüge getan, wenn die 12-Monats-Frist in solchen Fällen moderat ausgedehnt wird, in denen spätestens bis Bilanzaufstellung ein Kaufvertrag geschlossen wurde.

28 Die Anwendung der Regeln von IFRS 5 i. V. m. IAS 28.13a setzt nicht voraus, dass die Veräußerungsabsicht schon beim Erwerb bestanden hat. Soll eine ursprünglich **nicht mit Weiterveräußerungsabsicht** erworbene Beteiligung später veräußert werden, weil sie strategisch nicht mehr ins Portfolio passt, so liegt **ebenfalls** ein Anwendungsfall von IFRS 5 vor. Bis zum Vollzug der Veräußerung wird die Beteiligung als *held-for-sale asset* geführt. Bei Wegfall der Veräußerungsabsicht erfolgt eine Reklassifizierung so, als ob die *equity*-Methode nie ausgesetzt worden wäre (IFRS 5.15). Zu den buchungstechnischen Problemen bei Übergang von IAS 28 auf IFRS 5 wird auf → § 29 Rz 42 verwiesen.

29 Wenn Kaufvertrag (obligatorisches Geschäft) und Anteilsübertragung (dingliches Geschäft) zeitlich divergieren, kann auch zwischen **Aufgabe des maßgeblichen Einflusses** und **Beteiligungsabgang** eine **zeitliche Divergenz** bestehen. Zwei Abgangsszenarien sind bei zeitlich nachgelagertem dinglichen Geschäft zu unterscheiden:

- Szenario 1: Der **maßgebliche Einfluss** erledigt sich erst mit Übertragung des **dinglichen** Eigentums an den Anteilen.
   - Im Zwischenzeitraum sind die Anteile nach **IFRS 5** zu bilanzieren (IAS 28.13a).
   - Daneben ist der **Terminkontrakt als Derivat** anzusetzen (IAS 39.2a und IAS 39.AG 16ff).
- Szenario 2: Der maßgebliche Einfluss geht auf Grund Vereinbarung, das Stimmrecht nur noch nach Anweisung des Erwerbers auszuüben, bereits mit dem Kaufvertrag verloren.
   - Die Beteiligung **mutiert** gem. IAS 28.18 vom Anteil an einem assoziierten Unternehmen zu einem **Finanzinstrument** gem. IAS 39, das gemäß IAS 39.18 erst mit rechtlicher Übertragung aller Ansprüche (dinglicher Vollzug) auszubuchen ist.
   - Daneben ist wiederum der **Terminkontrakt als Derivat** gem. IAS 39 zu würdigen.

> **Beispiel**
> A hält eine bisher *at-equity* bilanzierte Beteiligung (*equity*-Buchwert von 200 per 30.September 01) an der X.
> Ende September wendet sich A an B, der schon vor längerer Zeit ein Interesse an dem Aktienpaket signalisiert hat. Die Parteien werden sich rasch einig und schließen am 30. September 01 einen Kaufvertrag. Als Kaufpreis werden 500 vereinbart.
> Aus ausschüttungspolitischen Gründen möchte A einen Veräußerungserfolg in der handelsrechtlichen Einzelbilanz erst 02 ausweisen. Die Parteien vereinbaren daher als Zeitpunkt des dinglichen Übergangs der Anteile den 2. Januar 02.
> Bis zum Bilanzstichtag steigt der Wert der Anteile auf 550.
> Szenario 1: Hinsichtlich des Stimmrechts werden keine besonderen Vereinbarungen getroffen.
> Szenario 2: Ab Kaufvertragsdatum übt A die Stimmrechte nur noch nach Anweisung von B aus.[2]

a) **Szenario 1: Einflussverlust und Beteiligungsabgang zum gleichen Zeitpunkt**
Im Bereich von IAS 27 und IAS 28 fehlt es an klaren Regelungen zur Bestimmung des Entkonsolidierungszeitpunktes bei Terminverkäufen oder Verkäufen unter aufschiebenden Bedingungen. Nach herrschender Meinung und Praxis ist ohne Hinzutreten weiterer Umstände nicht der Abschluss des Kaufvertrags, sondern der dingliche Vollzug als Erstkonsolidierungszeitpunkt anzusehen. Die bilanziellen Konsequenzen wären wie folgt:

- Da IFRS 5.5(c) nur die in den Anwendungsbereich von IAS 39 fallenden Finanzinstrumente (→ § 29 Rz 4), nicht hingegen Anteile an assoziierten Unternehmen von den besonderen Bewertungsvorschriften für *non-current assets held for sale* ausschließt, erfolgt der Ansatz der Anteile gemäß IFRS 5.15 zum Datum des Vertragsschlusses mit dem bisherigen (*equity-*)Buchwert oder dem niedrigeren *fair value less costs to sell* (→ § 29 Rz 26), im Beispiel also mit 200.
- Daneben ist der Terminkontrakt als Finanzderivat anzusetzen, da IAS 39.2(a) S. 3 Terminkontrakte über Anteile an assoziierten Unternehmen explizit in den Anwendungsbereich von IAS 39 einbezieht (→ § 28 Rz 26). Das Derivat ist mit dem *fair value* zu bewerten. Bei zu vermutender Ausgeglichenheit von Leistung und Gegenleistung erfolgt der Ansatz zunächst mit null.
- Kommt es wie im Beispiel bis zum Jahresende zu einer Wertsteigerung der Anteile, wird der Wert des Derivats insoweit negativ. Eine Verbindlichkeit

---

[2] Beispiele und die nachfolgenden Überlegungen sind entnommen: LÜDENBACH/VÖLKNER, BB 2006, S. 2738ff.

Lüdenbach

ist anzusetzen (im Beispiel mit 50). In der GuV ist ein entsprechender Aufwand zu buchen.
- Ggf. ist der Aufwand durch ein *fair value hedge accounting* neutralisierbar.

b) Szenario 2: Aufgabe des effektiven Stimmrechts vor dinglichem Vollzug
In diesem Szenario verliert der Veräußerer bereits zum Zeitpunkt des Vertragsabschlusses, d. h. in 01 auf Grund entsprechender Stimmrechtsübertragung, maßgeblichen Einfluss. Die *at-equity*-Beteiligung mutiert zum Finanzinstrument, auf das die Bewertungsvorschriften von IFRS 5 nicht anzuwenden sind (IAS 28.18, IFRS 5.5(c)). Nach IAS 32.AG16ff. führt der Terminkontrakt nicht zur Vorverlagerung des Ausbuchungszeitpunkts (→ § 28 Rz 26). Vielmehr stellen die über Optionen oder Termingeschäfte eingeräumten Rechte und Verpflichtungen eigene „finanzielle Vermögenswerte und finanzielle Verbindlichkeiten dar, die von den Geschäften zugrunde liegenden Finanzinstrumenten zu trennen und wohl zu unterscheiden sind" (IAS 39.AG18).
Für die demnach vorzunehmende Beurteilung des Abgangszeitpunktes der Anteile gilt Folgendes: Gemäß IAS 39.18 ist ein Abgang mit der Ausnahme einer hier nicht einschlägigen Durchleitungsvereinbarung *(pass-through arrangements)* so lange nicht anzunehmen, wie die Ansprüche aus den Anteilen gegenüber der Gesellschaft rechtlich nicht übertragen sind (→ § 28 Rz 64). Zu dieser rechtlichen Übertragung ist der dingliche Vollzug erforderlich. Bis dahin sind daher die Anteile nicht auszubuchen. Auf die Würdigung der Risiken und Chancen nach IAS 39.20 kommt es dann nicht mehr an. Sie werden zum Inhalt des Derivats und gehen in dessen Bilanzierung ein.
Die Konsequenzen sind wie folgt:
- Ansatz der Anteile zunächst mit dem *equity*-Buchwert. Bei annahmegemäß zeitgleich zum Vertragsschluss stattfindender Wandlung in ein Finanzinstrument stellt dieser *equity*-Buchwert die fiktiven Anschaffungskosten des *available-for-sale asset* dar. Die Zuschreibung auf den durch den Kaufvertrag dokumentierten *fair value* ist dann ebenso erfolgsneutral zu erfassen wie die weitere Werterhöhung bis zum Bilanzstichtag (IAS 39.55(c)).
- Ansatz eines Derivats zum *fair value*, d. h. bei Ausgeglichenheit von Leistung und Gegenleistung zunächst mit null.
- Kommt es wie im Beispiel bis zum Jahresende zu einer Wertsteigerung der Anteile, wird der Wert des Derivats insoweit negativ. Eine Verbindlichkeit ist anzusetzen (im Beispiel mit 50).
- Ein negativer Effekt auf die GuV lässt sich aber vermeiden, indem der Terminkontrakt am 30.September als Sicherungsgeschäft für die Anteile bestimmt wird. Im Rahmen des *fair value hedge accounting* (IAS 39.89ff. → § 28 Rz 228) ist dann die der Sicherungsbeziehung entsprechende Werterhöhung der Anteile bis zum Jahresende (+50) ertragswirksam zu buchen, obwohl ein *available-for-sale asset* vorliegt. Aufwand aus Derivat und Ertrag aus Anteilen gleichen sich aus.

Lüdenbach

3.2 Wahlrechte im Einzelabschluss

Im Einzelabschluss bzw. im *separate statement* eines Unternehmens sind Anteile an einem assoziierten Unternehmen gem. IAS 28.35 i. V. m. IAS 27.37 **wahlweise** zu erfassen mit:
- den fortgeführten **Anschaffungskosten** *(at cost)*,
- dem Wert gemäß IAS 39, d. h. regelmäßig mit dem **beizulegenden Zeitwert**, bei mangelnder verlässlicher Bestimmbarkeit des *fair value* **hilfsweise** mit den **Anschaffungskosten**.

Wegen der Begriffe „Einzelabschluss" und *„separate statement"* wird auf § 32 Rz 165 verwiesen.

In der einzelbilanziellen Darstellung von Anteilen an assoziierten Unternehmen ist zwischen **4 Fällen** zu unterscheiden:
- Die Anteile werden ausschließlich zum **Zwecke der Veräußerung** gehalten. Schon konzernbilanziell (Rz 27) sind sie als *non-current assets held for sale* mit **Erfolgswirksamkeit** der Wertänderungen zu behandeln (IAS 28.13a und 15; Rz 27). Diese Qualifizierung ist in die Einzelbilanz zu übernehmen (IAS 27.39). Allerdings können sich Bewertungsunterschiede zur Konzernbilanz ergeben. Anzusetzen ist jeweils der niedrigere Betrag aus bisheriger Bewertung (im Konzernabschluss: *at equity*, im Einzelabschluss: Anschaffungskosten oder *fair value*) und dem Nettozeitwert *(fair value less cost to sell)*. Liegt der Nettozeitwert z. B. unter dem konzernbilanziellen *equity*-Wert, aber über dem einzelbilanziellen Anschaffungskostenwert, ist nur konzernbilanziell zum Nettozeitwert zu wechseln.
- Die Anteile werden aus *materiality*-Gründen konzernbilanziell nicht *at equity* erfasst. Sie werden konzern- und einzelbilanziell zu **Anschaffungskosten** oder zum *fair value* bewertet. Bei *fair-value*-Bewertung sind sie regelmäßig als **veräußerbare Werte** *(available-for-sale assets)* zu qualifizieren mit Erfolgsneutralität der Wertänderungen (→ § 28 Rz 150ff.).
- Die Anteile sind im **Konzernabschluss** *at equity* ausgewiesen. **Einzelbilanziell** werden sie wahlweise zu **Anschaffungskosten** oder zum *fair value* bewertet. Im zweiten Fall sind sie regelmäßig als **veräußerbare Werte** *(available-for-sale assets)* zu qualifizieren mit Erfolgsneutralität der Wertänderungen.
- Es wird **kein Konzernabschluss** aufgestellt. **Einzelbilanziell** werden die Anteile zu **Anschaffungskosten** oder zum *fair value* bewertet. Im zweiten Fall sind sie regelmäßig als **veräußerbare Werte** *(available-for-sale assets)* mit Erfolgsneutralität der Wertänderungen zu qualifizieren.

Eine **einheitliche** Ausübung des Wahlrechtes ist jedenfalls dann nicht zwingend, wenn sachliche Gründe, z. B. unterschiedliche Informationslagen hinsichtlich stiller Reserven des einen und des anderen assoziierten Unternehmens, für eine unterschiedliche Wahlrechtsausübung sprechen. Für einen **Anschaffungskostenansatz** spricht einerseits **die leichtere Handhabung** der Methode, die keine Nebenrechnungen, Kaufpreisallokationen usw. verlangt, zum anderen in Fällen, in denen das Beteiligungsunternehmen die Gewinne nicht thesauriert, der insgesamt bessere Ergebnisausweis durch

32 Verzicht auf Abschreibungen von anteiligen stillen Reserven (→ § 31 Rz 118). **Nachteilig** ist demgegenüber die verzögerte Berücksichtigung von **Ergebnissen** des assoziierten Unternehmens erst bei **Ausschüttung**.

32 Der einzelbilanzielle **Anschaffungskostenbegriff** von IAS 27, IAS 28 und IAS 31 deckt sich nicht mit dem des Handelsrechts. Die Ausschüttung von vor dem Erwerb entstandenen Gewinnen (Altrücklagen) führt zur Minderung des Ansatzes (Buchung: „per Dividendenforderung an Beteiligung"; IAS 27.4). Im Einzelnen wird auf → § 32 Rz 168 verwiesen.

33 Verfügt ein Unternehmen über keine Anteile an Tochterunternehmen (oder Gemeinschaftsunternehmen), sondern **nur über Anteile an assoziierten Unternehmen**, so braucht es keinen Konzernabschluss aufzustellen (IAS 27.4 und 9 mit u. E. unzutreffender Beschränkung auf Tochterunternehmen). IAS 28.15 (2000) empfahl für solche Fälle die Anwendung der *equity*-Methode. Ein derartiges Vorgehen ist nicht mehr zulässig.

4 Erstbewertung *at equity*

4.1 Zeitpunkt der Erstbewertung, unterjähriger und sukzessiver Erwerb

34 Die *equity*-Methode muss als **Konsolidierungs-** bzw. **Bewertungs**methode (Konzernabschluss) von dem Zeitpunkt an angewendet werden, ab dem die Definition eines assoziierten Unternehmens (Rz 12ff.) erfüllt ist (IAS 28.23).

35 Bei **sukzessivem Anteilserwerb** mit einer zunächst sehr geringen und einer später höheren Beteiligungsquote gelangt die *equity*-Methode erst zu einem der späteren Erwerbszeitpunkte zur Anwendung. Erst zu diesem späteren Zeitpunkt ist im Einzelabschluss wahl- und im Konzernabschluss pflichtweise von der Bewertung nach IAS 39 (beizulegender Zeitwert, hilfsweise Anschaffungskosten) zur Bewertung nach IAS 28 zu wechseln.

36 Da die *equity*-Methode ab diesem Zeitpunkt nicht nur auf die später erworbenen Anteile, sondern insgesamt auf den Anteil am assoziierten Unternehmen anzuwenden ist, stellt sich die Frage, ob die ***equity*-Bewertung der älteren Anteile**

- **retrospektiv** auf der Basis der früheren Anschaffungskosten, Zeitwerte und Unterschiedsbeträge *(goodwill)* oder
- **nicht retrospektiv** auf der Basis des aktuellen Beteiligungswertes sowie der aktuellen Zeitwerte und Unterschiedsbeträge erfolgen soll

und wie in der ersten Alternative der Unterschied zwischen dem *equity*- und dem Beteiligungsbuchwert zu behandeln ist.

37 Das folgende Beispiel erläutert den Unterschied zwischen einer **retrospektiven** und einer **nicht retrospektiven** Vorgehensweise:

Lüdenbach

Beispiel
Ein Unternehmen hat zunächst zum 31.12.01, dann zum 1.1.03 jeweils 10 % der Anteile am börsennotierten Unternehmen aU erworben. Erst mit dem zweiten Erwerb wird aU zu einem assoziierten Unternehmen. aU verfügt zu keinem der Zeitpunkte über einen *goodwill.* Sämtliche Unterschiedsbeträge zwischen den Kaufpreisen und dem anteiligen Eigenkapital stellen stille Reserven dar. Die Kaufpreise sollen dem jeweiligen Börsenkurs der Anteile entsprechen (keine Kontrollprämie). Folgende Daten seien (jeweils für 10 % der Anteile) unterstellt:
- 31.12.01: Börsenkurs und Beteiligungsbuchwert 100, anteiliges Eigenkapital aU zu Buchwerten 60, stille Reserven 40.
- 31.12.02/1.1.03: Börsenkurs und Beteiligungsbuchwert der Altanteile 150, dem entsprechendes anteiliges Eigenkapital aU zu Buchwerten 80, anteilige stille Reserven 70.

Die Wertsteigerung von 50 in 02 reflektiert mit 20 (= 80–60) Änderungen im buchmäßigen Eigenkapital der aU, also Thesaurierungen, mit 30 eine Zunahme stiller Reserven.
Nach IAS 39 hätte sich der Beteiligungsbuchwert der alten Anteile entsprechend um 50 erhöht, wobei die Erhöhung im Falle von *trading assets* (→ § 28 Rz 148) erfolgswirksam und im Falle von *available-for-sale assets* (→ § 28 Rz 153) erfolgsneutral zu buchen gewesen wäre.
Als Nutzungsdauer der stillen Reserven werden 20 Jahre unterstellt.
Wird ab dem 1.1.03 die *equity*-Methode angewendet, so ist bei einer **retrospektiven Anwendung** für die alten Anteile wie folgt zu rechnen:

Anschaffungskosten 31.12.01	100
Abschr. stille Reserven 1/20 × 40	– 2
thesaurierter Gewinn 02	+ 20
= fiktiv fortgeschr. *equity*-Wert 1.1.03	118
tatsächlicher Buchwert 31.12.02	150
= Anpassungsbetrag	32

Die Anpassungsbuchung wäre erfolgsneutral und würde wie folgt lauten:
equity-Beteiligung 118 an Wertpapiere 150
Gewinnrücklagen 32

Bei einer **nicht retrospektiven Behandlung** wäre der Beteiligungsbuchwert von 150 per 1.1.03 mit dem anteiligen Eigenkapital von 80 per 1.1.03 zu vergleichen. Die Differenz von 70 würde annahmegemäß stille Reserven darstellen. Zu einer Korrektur der früheren Erfolge käme es nicht. Soweit die Anteile bisher als veräußerbare Werte *(available-for-sale assets)* behandelt und die Wertänderung bisher erfolgsneutral verbucht worden wären, müsste per 1.1.02 eine erfolgswirksame Umbuchung von den Rücklagen in Ertrag vorgenommen werden.

Lüdenbach

Buchung:
equity-Beteiligung	150	an	Wertpapiere	150
sowie bei *available-for-sale assets* zusätzlich				
Gewinnrücklagen	50	an	Ertrag	50

38 Der **Nachteil** der **retrospektiven Anpassung** besteht in der **Durchbrechung des Bilanzzusammenhangs** und damit in der Regel in einem unzutreffenden Totalgewinnausweis (über alle Perioden). Derartige Durchbrechungen sind aber auch in anderen Zusammenhängen, etwa bei der nicht durch Sachverhaltsänderungen induzierten Änderung der Bewertungspolitik gemäß IAS 8, gängig (→ § 24 Rz 25). Insoweit ist die Durchbrechung des Bilanzzusammenhangs kein Argument gegen eine retrospektive Anpassung.

39 Andererseits ergibt sich aber u. E. aus IAS 28.23 auch **nicht zwingend** das Erfordernis einer nicht retrospektiven Anpassung. Die Ausführungen in IAS 28.23 sind allgemein gefasst und zielen u. E. nicht spezifisch auf das Problem eines sukzessiven Anteilserwerbs.

40 Im Übrigen ist es im Falle einer retrospektiven Anpassung konsequent, analog zur erfolgsneutralen Buchung der rückwirkenden Anwendung der *equity*-Methode (*goodwill*-Abschreibung, Thesaurierung usw.) auch bisherige Bewertungserfolge der einfachen Anteile (gem. IAS 39) **erfolgsneutral umzukehren**.

41 Insgesamt ist die ganze Problematik u. E. in IAS 28 **unzureichend** geregelt. Eine analoge Anwendung der Regeln von IFRS 3 zum sukzessiven Kontrollerwerb erscheint nicht zwingend. Die dort vorgesehene Differenzierung zwischen *goodwill* – Ermittlung nach den Verhältnissen im Zeitpunkt des jeweiligen Tranchenerwerbs – und stillen Reserven – Ermittlung nach den Verhältnissen im Zeitpunkt der Kontrollerlangung – führt zu Wertdifferenzen, die nur über eine Neubewertungsrücklage dargestellt werden können (→ § 31 Rz 126). Ein derartiges Vorgehen macht bei der *equity*-Beteiligung, die als *one-line consolidation* (Rz 24) das neu bewertete Vermögen gerade nicht ausweist, wenig Sinn. Die Bilanz würde eine Neubewertungsrücklage, aber kein neu bewertetes Vermögen zeigen.
Die Vorgehensweise liegt daher u. E. im **Ermessen** des Bilanzierenden, der hierzu im Anhang Erläuterungen geben sollte. Wir halten unter *materiality*-Gesichtspunkten (→ § 1 Rz 63ff.) mindestens bei Verteilung der Käufe auf eine Periode eine **Durchschnittsbetrachtung** der Anschaffungskosten und des Anteils am Reinvermögen für zulässig.

42 *Materiality*-Gesichtspunkte sind auch bei einem einmaligen **unterjährigen Erwerb** gefragt. Nach IAS 28.23 sind die Differenzen zwischen anteiligem Buch- und Zeitwert des Reinvermögens einerseits und zwischen anteiligem Zeitwert des Reinvermögens und Anschaffungskosten andererseits auf den **Erwerbszeitpunkt** zu ermitteln. Dies würde die **Aufstellung einer Zwischenbilanz** des assoziierten Unternehmens zu Buchwerten und zu Zeitwerten voraussetzen.

Lüdenbach

Ist diese Voraussetzung nicht durchzusetzen oder aus Kostengründen (→ § 1 Rz 69) nicht zu vertreten, so sind unter Abwägung der Wesentlichkeit **Vereinfachungen** zulässig. Je nach zeitlicher Nähe zum vorhergehenden oder nachfolgenden Bilanzstichtag des assoziierten Unternehmens können die Wertverhältnisse dieses Stichtags herangezogen werden. Bei weiter entfernt liegenden Stichtagen sind statistische Anpassungen, etwa durch Zwölfteilung des Jahresergebnisses bei Saisonbetrieben unter Berücksichtigung der Saisonbereinigung, zulässig.

An die Exaktheit der Methode dürfen insgesamt **keine übertriebenen Anforderungen** gestellt werden. Dies ergibt sich durch Analogie aus den Grundsätzen der Folgebewertung. Hat das assoziierte Unternehmen einen vom Bilanzstichtag des Beteiligungsunternehmens abweichenden Bilanzstichtag, so muss im Rahmen der Folgebewertung gemäß IAS 28.24 jedenfalls dann kein Zwischenabschluss des assoziierten Unternehmens auf den Bilanzstichtag des Beteiligungsunternehmens aufgestellt werden, wenn die zeitliche Differenz nicht mehr als 3 Monate beträgt (Rz 69f.). Statistische Berichtigungen und die Auswirkungen bedeutender Ereignisse der Geschäftsvorfälle zwischen beiden Stichtagen reichen aus. Es ist kein Grund ersichtlich, warum derartige **Vereinfachungen** nicht auch für die **Erstkonsolidierung** analog gelten sollten.

43

44

4.2 Bestimmung der Anschaffungskosten

Bei Anteilserwerb durch **Hingabe eigener Anteile** oder durch sonstige **Sacheinlage** werden die Anschaffungskosten durch den beizulegenden Zeitwert der Einlage definiert (F.100a). Ist der beizulegende Zeitwert der Einlage schwieriger zu bestimmen als der beizulegende Zeitwert der erworbenen Anteile, determiniert der beizulegende Zeitwert der erworbenen Anteile die Anschaffungskosten (IFRS 3.27 analog; → § 31 Rz 37).

Unabhängig davon, ob es sich um eine Sach- oder Bareinlage handelt, sind **Anschaffungsnebenkosten** einzubeziehen. Anschaffungsnebenkosten sind alle direkten, im Zusammenhang der Transaktion anfallenden Kosten, also unter anderem Beurkundungs-, Register- oder Beratungskosten (IFRS 3.24b analog; → § 31 Rz 32).

45

46

4.3 Anteilige Aufdeckung stiller Reserven und Lasten

Bei der Anwendung der *equity*-Methode sind die **anteiligen stillen Reserven und Lasten** identifizierbarer Vermögenswerte und Schulden aufzudecken und fortzuführen. Sie ergeben sich als Differenz zwischen dem Anteil am Buchwert des Reinvermögens des assoziierten Unternehmens und dem Anteil an dem beizulegenden Zeitwert des identifizierbaren Reinvermögens (IAS 28.23). Für die Identifizierbarkeit und die Zeitwertbestimmung gelten die **Regelungen von IFRS 3.36ff.** Danach sind für die Aktiva Marktwerte oder Ersatzwerte anzusetzen, während bei Forderungen und Verbindlichkeiten im Wesentlichen der Barwert zum Tragen kommt (→ § 31 Rz 53ff.).

47

48

Lüdenbach

49 Auch bei der Ermittlung der stillen Reserven und Lasten sind **Wesentlichkeits- und Kosten-Nutzen-Überlegungen** von Bedeutung (→ § 1 Rz 63). Eine Identifizierung der stillen Reserven auf der Ebene einzelner Vermögenswerte wird nur ausnahmsweise möglich und notwendig sein. Durchschnittsbetrachtungen für einzelne Bilanzposten sind in der Regel ausreichend.

4.4 *Goodwill* oder negativer Unterschiedsbetrag

50 Der Unterschiedsbetrag zwischen den Anschaffungskosten der Anteile und dem Anteil des Erwerbers an den beizulegenden Zeitwerten des identifizierbaren Reinvermögens ist als *goodwill* bzw. negativer Unterschiedsbetrag zu behandeln (IAS 28.23).

51 Für den *goodwill* ist in allen Neufällen (Erwerbe ab dem 31.März 2004) sowie ab 1.1.2005 auch für Altfälle nur noch die außerplanmäßige Abschreibung zulässig (IAS 28.33). Dieser *impairment-only approach* ist Folgeänderung aus der Verabschiedung von IFRS 3 und Neufassung von IAS 36. Im Unterschied zum voll oder quotal konsolidierten Unternehmen unterliegt der im *equity*-Ansatz enthaltene *goodwill* jedoch keinem eigenen Werthaltigkeitstest. Vielmehr ist die *equity*-Beteiligung als Bewertungseinheit zu sehen und bei Vorliegen von Wertminderungsindikatoren insgesamt dem *impairment*-Test zu unterziehen (IFRS 28.33).

Der *goodwill* findet im Rahmen der *one-line-consolidation* (Rz 24) keinen gesonderten Ausweis (zu Ausnahmen vgl. Rz 52) Die Aufteilung der über das Buchvermögen hinausgehenden Anschaffungskosten auf *goodwill* einerseits und stille Reserven hat jedoch Bedeutung für die Fortschreibung des *equity*-Wertes, insofern

- stille Reserven ggf. planmäßig zu mindern sind, der *goodwill* jedoch nicht (Rz 59),
- bei außerplanmäßiger Abschreibung der *goodwill* vor den stillen Reserven zu belasten ist (Rz 78) und
- nach Auffassung eines Teils des Schrifttums eine Wertaufholung durch die zuvor vorgenommene *goodwill*-Minderung limitiert wird (Rz 79).

52 Nach im Schrifttum vertretener Auffassung soll es trotz *one-line-consolidation* vielfach zum gesonderten Ausweis eines auch mit den *equity*-Anteilen verbundenen *goodwill* kommen, etwa wenn bei Erwerb eines Teilkonzerns insgesamt nur ein *goodwill* pro *cash generating unit* aufgedeckt werden dürfe (→ § 11 Rz 49), der dann auch den *goodwill* aus den mit erworbenen *equity*-Beteiligungen umfasse.[3] Dieser Auffassung ist nur eingeschränkt zuzustimmen. Bei Erwerb eines Teilkonzerns sind zunächst alle Vermögenswerte, einschließlich der *equity*-Beteiligungen, mit ihrem *fair value* anzusetzen. In diesen *fair value* gehen bereits alle nicht als Vermögenswert oder aktivierbarer Vermögenswert geltenden Ertragserwartungen des miterworbenen assoziierten Un-

---

[3] HAYN, in: Beck'sches IFRS-Handbuch, 2. Aufl., 2006, § 34 Tz 33.

Lüdenbach

ternehmens ein. Insoweit ermittelt sich zunächst ein *goodwill I*, der Teil des *equity*-Wertes, also der *one-line consolidation* ist:
fair value des assoziierten Unternehmens
./. *fair value* des identifizierbaren Nettovermögens des assoziierten Unternehmens
= *goodwill I*

In Einzelfällen kann die *equity*-Beteiligung darüber hinaus rechnerischen Anteil an einem „*goodwill II*" haben, wenn etwa für den Teilkonzernerwerb bedeutende Synergie- oder Kontrollprämien gezahlt werden und die *equity*-Beteiligung keine eigene *cash generating unit* darstellt.

Beim **negativen** Unterschiedsbetrag ist nach **bis 2004** gültiger Regelung wie folgt zu unterscheiden (→ § 31 Rz 122ff.):

- Entfällt er auf identifizierbare Verlust- oder Aufwandserwartungen, wird er zu Einkommen, sobald die erwarteten Ereignisse eintreten (IAS 22.61).
- Besteht kein Zusammenhang zu identifizierbaren Verlust- oder Aufwandserwartungen, ist der *goodwill* teilweise sofort, teilweise zeitlich verteilt als Einkommen zu realisieren.

Ab 2005 (bzw. in Neufällen schon früher) ist den Regelungen von IFRS 3 folgend ein negativer Unterschiedsbetrag gemäß 28.23 sofort erfolgswirksam auszuweisen (→ § 31 Rz 111). Nach der entsprechenden Buchung (per *equity*-Beteiligung an Ertrag aus Erstkonsolidierung) wird die Beteiligung über Anschaffungskosten ausgewiesen.

53

Beispiel
20 % der Anteile eines Unternehmens mit einem buchmäßigen Eigenkapital von 100 werden für 20 erworben. Das Vermögen des erworbenen Unternehmens zu Zeitwerten beträgt 150.
Der Anteil am zum beizulegenden Zeitwert bewerteten Reinvermögen ist somit 20 % von 150 = 30.
Bei einem Kaufpreis von 20 und einem Anteil am zum Zeitwert bewerteten Reinvermögen von 30 entsteht ein negativer Unterschiedsbetrag von 10, der sofort als Ertrag aus *equity*-Beteiligung auszuweisen ist.

Im Einzelnen wird auf → § 31 Rz 113ff. und Rz 120 verwiesen.

5 Folgebewertung/-konsolidierung *at equity*

5.1 Ergebnis- und Dividendenanteil

Im Rahmen der Folgebewertung/Folgekonsolidierung erhöht oder verringert sich der Ansatz des assoziierten Unternehmens in der Bilanz des Investors
- entsprechend dessen **Anteil am** positiven oder negativen **Periodenergebnis**, wobei

54

Lüdenbach

- empfangene **Ausschüttungen** umgekehrt den Ansatz vermindern, und zwar in der Periode, in der sie vereinnahmt werden (IAS 28.11).

55 Negative Ergebnisanteile werden nach Erreichen eines Buchwertes von null nur noch in bestimmten Fällen berücksichtigt (Rz 71 und Rz 104).

5.2 Nicht GuV-wirksame Einkommen des assoziierten Unternehmens

56 Das Eigenkapital des assoziierten Unternehmens kann sich ohne Berührung von dessen GuV, d. h. erfolgsneutral, ändern (→ § 20 Rz 40) bei
- **Währungsumrechnungsdifferenzen** (→ § 27 Rz 23ff.),
- **Neubewertung** des Anlagevermögens (→ § 8 Rz 54),
- Wertänderungen von **veräußerbaren** Werten (*available-for-sale assets;* → § 28),
- Wertänderungen von *cash flow hedges* (→ § 28 Rz 215).

57 Entsprechende Änderungen sind anteilig in den *equity*-Ansatz beim beteiligten Unternehmen zu übernehmen. In IAS 28 (2000) war nicht geregelt, ob diese Übernahme **erfolgsneutral** (entsprechend der Entstehung beim assoziierten Unternehmen) oder **erfolgswirksam** zu vollziehen war. In der Literatur wurden daher unterschiedliche Auffassungen vertreten.[4]

58 IAS 28.11 sieht nunmehr eindeutig die **erfolgsneutrale** Übernahme vor: Ändert sich der prozentuale Anteil am Eigenkapital des assoziierten Unternehmens *(the proportionate interest in the investee)* auf Grund von Neubewertungen etc., gilt: „*The investor's share of those changes is recognised directly in equity of the investor.*"[5] Danach besteht beim beteiligten Unternehmen **keine Übereinstimmung** mehr zwischen dem Ergebnis aus assoziierten Unternehmen in der GuV und der Änderung des Beteiligungsansatzes in der Bilanz. Die erfolgsneutrale Übernahme bereitet insofern einige **praktische Probleme**: Die Entwicklung der nicht GuV-wirksamen Einkommensbestandteile beim assoziierten Unternehmen, also nicht nur ihre Einstellung ins Eigenkapital, sondern auch ihre spätere (i. d. R. erfolgswirksame) Herausnahme, ist über u. U. viele Perioden in aufwändiger Weise nachzuhalten, um etwa Doppelerfassungen (im Jahr der Einstellung und im Jahr der erfolgswirksamen Herausnahme aus dem Eigenkapital) zu vermeiden. Dieser Aufwand lässt sich nur vermeiden, wenn *materiality-*

---

[4] Für ein Wahlrecht: die 1. Aufl. dieses Kommentars, für eine erfolgswirksame Übernahme: BAETGE/BRUNS/KLAHOLZ (Fn 1), IAS 28, Tz 110.

[5] Die amtliche deutsche Übersetzung von IAS 27.11 ist an den hervorgehobenen Stellen irreführend: „Änderungen des Buchwerts können auch auf Grund von **Änderungen der Beteiligungsquote des Anteilseigners** *(changes in the investor's proportionate interest in the investee)* notwendig sein, welche sich auf Grund erfolgsneutraler Änderungen des Eigenkapitals des Beteiligungsunternehmens ergeben. Solche Änderungen entstehen unter anderem infolge einer Neubewertung von Sachanlagevermögen und aus der Umrechnung von Fremdwährungsabschlüssen. Der Anteil des Anteilseigners an diesen Änderungen wird unmittelbar im **eingezahlten Kapital** *(in equity)* des Anteilseigners erfasst."

Lüdenbach

Erwägungen im Einzelfall die Beschränkung auf die GuV-wirksamen Ergebnisse des assoziierten Unternehmens gestatten.

5.3 Abschreibung von stillen Reserven, Auflösung von stillen Lasten

Im Rahmen der **Erstbewertung/Erstkonsolidierung** werden die Anschaffungskosten in einer **Nebenrechnung** verteilt auf: 59
- den Anteil am buchmäßigen **Eigenkapital**,
- den Anteil an den **stillen Reserven** und den **stillen Lasten**,
- einen eventuellen positiven **Unterschiedsbetrag** *(goodwill)*.

Ein **negativer** Unterschiedsbetrag ist sofort ertragswirksam (Rz 53). 60
Die **Fortschreibung** um Ergebnis- und Dividendenanteile berücksichtigt die Veränderung des buchmäßigen Eigenkapitals (Rz 54).
Fortzuschreiben sind aber auch die stillen Reserven und Lasten. Eine Fortschreibung des *goodwill* kommt nur noch bis 2004 in Frage (Rz 51). 61
Bei der zeitlichen Verteilung der Abschreibungen und Auflösungen ist Folgendes zu beachten: 62
- **Stille Reserven** sind **nach der Restnutzungsdauer** der betreffenden Vermögenswerte aufzulösen (IAS 28.23). Unter *materiality*-, aber auch Kosten-Nutzen-Gesichtspunkten (→ § 1 Rz 63ff.) können umfangreiche Vereinfachungen notwendig und zulässig sein, etwa ein Abstellen auf mittlere Nutzungsdauern. Soweit stille Reserven in Vorräten ruhen, lösen sie sich mit dem Abgang der Vorräte auf.
- **Stille Lasten** sind aufzulösen, soweit der entsprechende Verlust bzw. Aufwand eintritt bzw. mit dessen Eintreten nicht mehr zu rechnen ist.
- Die Auflösung stiller Reserven und Lasten führt zur Veränderung der **latenten Steuern** auf *inside basis differences*. Diese Veränderung geht in das Ergebnis aus der *equity*-Beteiligung ein (Rz 98).
- Ein *goodwill* ist bis 2004 noch über die z. B. branchenabhängige Nutzungsdauer, in der Regel jedoch maximal über 20 Jahre (widerlegbare Vermutung) aufzulösen (IAS 28.16 i. V. m. IAS 22.44; → § 31 Rz 120).
- Für die Behandlung des **negativen** *goodwill* (jetzt: Unterschiedsbetrag) wird auf Rz 51f. verwiesen.

5.4 Zwischenergebniseliminierung

Nach IAS 28.20 gelten viele Konsolidierungsmethoden (→ § 32 Rz 104ff.) für Tochterunternehmen in ähnlicher Weise auch für assoziierte Unternehmen. Ein Beispiel ist die durch IAS 27.17 verlangte **Eliminierung von Zwischenergebnissen** aus konzerninternen Transaktionen (→ § 32 Rz 128ff.). Gewinne und Verluste aus Transaktionen zwischen dem Investor (oder einem seiner konsolidierten Tochterunternehmen) und dem assoziierten Unternehmen sind anteilig im Umfang der Beteiligung am assoziierten Unternehmen zu eliminieren (IAS 28.22). Dies gilt sowohl für *upstream*-Lieferungen des assoziierten 63

Unternehmens an den Investor als auch für *downstream*-Transaktionen mit umgekehrter Lieferrichtung.[6]

Die Technik der Zwischenergebniseliminierung bei *equity*-Konsolidierung erklärt sich am besten im **Vergleich zur Vollkonsolidierung**:[7]

- Bei konzerninternen Lieferungen zwischen Unternehmen des **Vollkonsolidierungskreises**, denen sich bis zum Bilanzstichtag noch keine Konzernaußenumsätze angeschlossen haben, zielt die Zwischenergebniseliminierung auf die Begrenzung des konzernbilanziellen Wertansatzes des Liefergegenstandes. Der Gegenstand soll durch eine konzerninterne Transaktion nicht über den Konzernanschaffungs- bzw. -herstellungskosten angesetzt werden können. Der vom konzerninternen Veräußerer einzelbilanziell realisierte Gewinn (Differenz von einzelbilanziellem Veräußerungspreis zu den Anschaffungs-/Herstellungskosten) ist daher gegen den Liefergegenstand zu eliminieren. **Buchung** (abgekürzt): per Umsatz (oder sonstiger Ertrag) an Vermögenswert.

- Für **assoziierte Unternehmen** ergeben sich abgesehen von der rechnerischen Beschränkung der Eliminierung auf die Anteilsquote je nach Transaktionsrichtung folgende Modifikationserfordernisse:

    - Bei *downstream*-Lieferungen verlässt der Vermögenswert den Vollkonsolidierungskreis, steht also technisch für eine Wertkorrektur nicht mehr zur Verfügung. Die Wertkorrektur muss stattdessen gegen den *equity*-Ansatz erfolgen. **Buchung**: per Umsatz (oder sonstiger Ertrag) an Anteil an assoziiertem Unternehmen.

    - Bei *upstream*-Lieferungen gelangt der Vermögenswert in den Vollkonsolidierungskreis und steht insofern technisch für eine Wertkorrektur zur Verfügung. Als Gegenkonto kommt aber Umsatz (oder sonstiger Ertrag) nicht in Frage, da im Rahmen der *one line consolidation* (Rz 24) nicht die Umsätze/Erträge des assoziierten Unternehmens, sondern dessen Ergebnis (Saldogröße) Berücksichtigung finden. **Buchung**: per Ergebnis aus assoziiertem Unternehmen an bezogener Vermögenswert. Z. T. wird für *upstream*-Lieferungen auch eine Eliminierung gegen die *equity*-Beteiligung für zulässig oder vorzugswürdig gehalten. **Buchung**: per Ergebnis aus assoziiertem Unternehmen an Anteil an assoziiertem Unternehmen.[8]

---

[6] Handelsrechtlich wurde hingegen bis zum Erlass von DRS 8.30 überwiegend nur eine *upstream*-Eliminierung gefordert; vgl. HAVERMANN, Die Equity-Bewertung von Beteiligungen, WPg 1987, S. 315ff.

[7] Vgl. LÜDENBACH, PiR 2006, S. 207ff.

[8] Vgl. etwa KPMG, Insights into IFRS, 3. Aufl., 2006, Tz 3.5.360.60, sowie HAYN, in: Beck'sches IFRS-Handbuch, 2. Aufl., 2006, § 34 Tz 48.

Lüdenbach

Dazu folgende Beispiele:

Beispiel
A) *downstream*-Lieferung
M liefert Erzeugnisse (HK = 75) im Dezember 01 mit einem Gewinnaufschlag von 25, somit für 100 an aU, an der er mit 20 % beteiligt ist. In 02 veräußert aU die Erzeugnisse/Waren weiter. M konsolidiert wie folgt:

in 01:	Umsatz (20 % von 100)	20	an Materialaufwand (20 % von 75)	15
			an *equity*-Beteiligung (20 % von 25)	5
in 02:	Gewinnrücklagen	5	an Umsatz	20
	Materialaufwand	15		

B) *upstream*-Lieferung
aU liefert Erzeugnisse (HK = 75) im Dezember 01 für 100 an M, die mit 20 % beteiligt ist. In 02 veräußert M die Erzeugnisse/Waren weiter. M konsolidiert wie folgt:

in 01:	Ergebnis aus aU	5	an Vorräte	5
in 02:	Gewinnrücklagen	5	an Ergebnis aus aU	5

Soweit der **Anteil bereits auf null abgewertet** ist und Forderungen sowie mangels Haftung auch Rückstellungen nicht zur Berücksichtigung weiterer Verluste in Frage kommen (Rz 71), steht bei *downstream*-Lieferungen der Anteil technisch nicht mehr für die Eliminierungsbuchung „per Ertrag an Anteil" zur Verfügung. Im Schrifttum werden verschiedene Lösungsansätze für diesen Fall diskutiert:
- Unterlassen der Eliminierung[9]
- Eliminierung des Gewinns gegen Eigenkapital (per Ertrag an Eigenkapital) oder einen passiven Abgrenzungsposten (per Ertrag an *deferred income*) mit erfolgsneutraler Auflösung des Eigenkapital- oder Abgrenzungspostens gegen den Anteil, sobald wieder hinreichend Gewinne angefallen sind, aber spätestens bei Entkonsolidierung.[10]

Gegen die erste Lösung spricht der unzutreffende Ertragsausweis, gegen die zweite, dass die **Nutzung von Eigenkapital- oder Abgrenzungsposten** zur zeitlichen Gewinnverteilung **nur in Einzelfällen** im IFRS-Regelwerk vorgesehen ist (*available-for-sale assets* → § 28 Rz 150, Investitionszuwendungen → § 12 Rz 26) und **keine Ähnlichkeiten** zu diesen Fällen bestehen. Eine herrschende Meinung ist nicht erkennbar. Beide Lösungen halten wir daher für vertretbar.

Als *up-/downstream*-Lieferung führt IAS 28.22 auch Beziehungen zwischen einem Tochterunternehmen des Investors und dem von ihm *at equity* kon-

---

[9] KPMG, Insights into IFRS, 3. Aufl., 2006, Tz 3.5.760.30.
[10] HAYN, in: Beck'sches IFRS-Handbuch, 2. Aufl., 2006, § 34 Tz 114.

Lüdenbach

solidierten Unternehmen an. Keine expliziten Regeln bestehen hingegen für *sidestream*-**Lieferungen** eines assoziierten, *at equity* konsolidierten Unternehmens an ein zweites Unternehmen mit gleichem Status. Fraglich ist, ob hier eine planwidrige Lücke vorliegt, die durch Analogie in der Weise zu schließen wäre, auch Gewinne aus *sidestream*-Transaktionen zu eliminieren. U. E. liegt eine solche Lücke nicht vor. Die Formulierung von IAS 28.22 fällt bereits ausführlicher als nötig aus, indem neben den Transaktionen des assoziierten Unternehmens mit dem Anteilseigner auch die mit dessen Tochterunternehmen, genauer dessen „vollkonsolidierten Tochterunternehmen", ausdrücklich erwähnt werden. Diese besondere Erwähnung wäre entbehrlich gewesen; nach den allgemeinen Grundsätzen der Konzernrechnungslegung sind Transaktionen mit dem Vollkonsolidierungskreis einheitlich zu behandeln – unerheblich ist dabei, mit welcher rechtlich-formalen Teileinheit des Vollkonsolidierungskreises das assoziierte Unternehmen in Lieferbeziehungen tritt. Wenn der IASB gleichwohl zur Klarstellung eine Erwähnung der vollkonsolidierten Tochterunternehmen für notwendig hielt, andererseits im Rahmen dieser Klarstellung aber keine Aussage zu *sidestream*-Transaktionen getroffen hat, ist eine planwidrige Regelungslücke auszuschließen. Die „Enthaltung" des IASB in der Frage der *sidestream*-Transaktionen ist entweder im Sinne eines bewussten Regelungsverzichts oder im Sinne einer Absage an die Eliminierung von *sidestream*-Gewinnen zu interpretieren. Eine zwingend durch Analogieschluss zu füllende Lücke liegt damit nicht vor. Demnach besteht keine Pflicht zur Eliminierung von Gewinnen aus *sidestream*-Transaktionen.[11]

66 Beim gesamten Problemkreis der Zwischenergebniseliminierung spielen der *materiality*-Aspekt sowie die Kosten-Nutzen-Frage (→ § 1 Rz 64) eine wichtige Rolle. Aus dieser Sicht ist **praktisch** wie folgt zu differenzieren (→ § 32 Rz 130):

- Bezieht eines der beiden Unternehmen **Vorräte** vom anderen Unternehmen und ist der jeweils zum Bilanzstichtag noch nicht verkaufte Bestand entweder gering oder unterscheidet er sich – bei relativer Konstanz der Gewinnaufschläge – im Vergleich der Stichtage nicht wesentlich, so kann in der Regel von einer diesbezüglichen Zwischenergebniseliminierung abgesehen werden. Gleiches gilt, wenn die Gewinnaufschläge aus den internen Lieferungen gering ausfallen.
- Wird **Anlagevermögen** von einer Gesellschaft an die andere mit Verlust veräußert, so kann dies ein Indiz für ein bereits zuvor bestehendes Abwertungserfordernis darstellen. Der Verlust ist in diesem Falle nicht zu eliminieren (SIC 3.4).
- Erbringt das eine Unternehmen Leistungen, die das andere Unternehmen als **immaterielle Vermögenswerte** aktiviert, so ist bei erheblichem Umfang eine Zwischenergebniseliminierung vorzunehmen.

---

[11] A. A.: KPMG, Insights into IFRS, 3. Aufl., 2006, Tz 3.5.410.

Aus praktischer Sicht scheitert die Zwischenergebniseliminierung jedenfalls
bei *upstream*-Transaktionen (Lieferungen vom assoziierten Unternehmen an
das beteiligte Unternehmen) häufig an den fehlenden Informationen über die
Höhe des Zwischenergebnisses.

5.5 Einheitliche Bilanzierungsmethoden, abweichender Bilanzstichtag

Nach IAS 28.26 (analog zu IAS 27.21) ist das *equity*-Ergebnis bzw. der *equity*-Ansatz auf der Basis **konzerneinheitlicher Bewertungs- und Ansatzmethoden** zu ermitteln (→ § 32 Rz 105ff.). In der Praxis wird dies anders als bei einem Tochterunternehmen (Beherrschung) häufig nicht unmittelbar durchsetzbar sein. Die erforderlichen Informationen über Abweichungen bzw. notwendige Anpassungen können fehlen. 67

IAS 28 (2000) berücksichtigte diesen Umstand noch explizit durch weiche Anforderungen: Für die Konzernbilanzierung sollten „sachgerechte Berichtigungen" abweichender Ansätze und Werte vorgenommen werden. Wo dies nicht durchführbar war, soll diese Tatsache „im Allgemeinen" im **Anhang** angegeben werden. In IAS 28 sind entsprechende Formulierungen nicht mehr enthalten. Unter Anwendung allgemeiner Gesichtspunkte der *materiality*- und der Kosten-Nutzen-Abwägung (→ § 1 Rz 63ff.) kann aber im Einzelfall von einer Anpassung an konzerneinheitliche Bilanzierungsmethoden abgesehen werden. 68

Besondere Probleme entstehen, wenn das assoziierte Unternehmen nach Handelsrecht bilanziert und der Anteilsinhaber die Ermittlung von Gewinn und Eigenkapital nach IFRS **nicht durchsetzen** kann. Der Anteilsinhaber muss dann „Schattenrechnungen" durchführen, die sich auf wenige Abweichungen konzentrieren und notwendig mit hohen Unsicherheiten behaftet sind. Wo derartige Vereinfachungen nicht akzeptiert würden, müsste der Anteilsinhaber von einer *equity*-Konsolidierung überhaupt absehen. Als Argument könnte die mangelnde Durchsetzungsmöglichkeit der Informationsansprüche und ein daraus abzuleitender Mangel an maßgeblichem Einfluss dienen (Rz 7ff.). Gegenüber der Eröffnung eines Rückzugs auf diese Argumentationslinie ist u. E. ein großzügiger Umgang mit den Vereinheitlichungsanforderungen die bessere Maßnahme.

Eine großzügigere Behandlung bereits im Standard selbst erfährt die Behandlung **abweichender Bilanzstichtage** (→ § 32 Rz 99ff.). Relevant sind zwei Fälle: 69

- Das assoziierte Unternehmen bilanziert zwar zum **gleichen** Stichtag wie der Investor, stellt seinen Abschluss aber regelmäßig wesentlich **später** auf: Der Investor kann dann gem. IAS 28.24 die jeweils letzte vorliegende Bilanz des assoziierten Unternehmens *(most recent available financial statements)*, d. h. **die Bilanz des Vorjahres**, zugrunde legen, es sei denn, die Aufstellung einer „Arbeitsbilanz" auf den aktuellen Stichtag sei praktikabel.

Lüdenbach

- Das assoziierte Unternehmen bilanziert zu einem **abweichenden** Bilanzstichtag: Die Aufstellung einer „Arbeitsbilanz" des assoziierten Unternehmens auf den abweichenden Stichtag des Investors ist notwendig, wenn die **Zeitdifferenz mehr als 3 Monate** beträgt (28.25).

Das Verhältnis beider Vorschriften ist nicht deutlich. Die isolierte Anwendung würde zu widersinnigen Ergebnissen führen:

> **Beispiel**
> I ist an zwei assoziierten Unternehmen aU1 und aU2 beteiligt. Die Bilanzstichtage sind wie folgt:
> - I und aU1 31.12.
> - aU2: 31.8.
>
> I stellt seinen Abschluss für das Jahr 02 jeweils bereits Mitte Januar 03 fertig *(fast close)*. Die Bilanz von aU2 für das Jahr 01/02 liegt dann bereits vor. Die Bilanz von aU1 für das Jahr 02 wird jedoch erst im Mai 03 vorgelegt. Nach IAS 28.24 könnte I der *equity*-Bewertung von aU1 die Bilanz des Jahres 01 zugrunde legen, da dieser Abschluss der *„most recent available"* ist. Die Aufstellung einer Arbeitsbilanz auf den 31.12.02 ist nur dann verlangt, wenn dies nicht impraktikabel *(impracticable)* ist.
> Andererseits verbietet IAS 28.25 die Verwendung der Bilanz der aU2, da der Bilanzstichtag um mehr als 3 Monate von dem von I abweicht.
> I dürfte danach zwar einen 12 Monate alten Abschluss von aU1, jedoch nicht den 4 Monate alten Abschluss von aU2 zugrunde legen. aU2 müsste ohne Praktikabilitätsvorbehalt eine Arbeitsbilanz auf den 31.12.02 erstellen, die wahrscheinlich aber erst nach Mitte Januar 03 vorläge und damit wertlos wäre.

Das im Beispiel abgeleitete Ergebnis ist nicht sachgerecht und ist daher abzulehnen. **Zwei Lesarten** bieten sich an:
- Der in IAS 28.24 enthaltene Hinweis auf die Praktikabilität der Erstellung von Arbeitsbilanzen muss in gleicher Weise für IAS 28.25 gelten. Danach ist gegen die Verwendung mehr als 3 Monate alter Bilanzen dann nichts einzuwenden, wenn
  - die Erstellung einer Arbeitsbilanz unpraktikabel wäre und
  - diese Tatsache im Anhang offengelegt wird und
  - wesentliche Transaktionen der Zwischenzeit durch Anpassungsrechnungen berücksichtigt werden.
- Die in IAS 28.25 enthaltene 3-Monats-Regel gilt gleichermaßen für IAS 28.24. In jedem (wesentlichen) Fall *(in any case)* wäre danach die Verwendung einer mehr als 3 Monate alten Bilanz unzulässig. Nur *materiality*-Gründe könnten eine Abweichung rechtfertigen.

Die zweite Lesart scheint sachgerechter und entspricht der herrschenden Meinung.[12] Angesichts der Unbestimmtheit des Begriffe „Praktikabilität" und „*materiality*" dürfte die **praktische Lösung** aber in vielen Fällen gleich sein: Bei *fast-close*-Abschlusserstellung des Investors werden nur die wichtigsten assoziierten Unternehmen auf der Basis einer (Arbeits-)Bilanz auf den gleichen Stichtag einbezogen.
Wegen der erforderlichen **Angaben** vgl. Rz 100.

70

5.6 Bewertung von *equity*-Beteiligungen bei Verlusten

5.6.1 Ergebnisfortschreibung bis Buchwert null
Im Falle **dauernder Verluste** des assoziierten Unternehmens würde die Ergebnisfortschreibung des Beteiligungsansatzes ab einem bestimmten Zeitpunkt zu einem **negativen Wertansatz** führen. IAS 28.29f. bestimmt hierzu Folgendes:

71

- Soweit der Anteil eines Anteilseigners an den Verlusten des assoziierten Unternehmens zu einem negativen *equity*-Wert führen würde, ist die Einbeziehung von Verlusten bei der bilanziellen Wertermittlung regelmäßig einzustellen. Die Anteile werden mit einem **Buchwert von null** ausgewiesen.
- Die **überschießenden Verluste** werden **in einer Nebenrechnung** festgehalten. Die in der Folgezeit erzielten Gewinne werden zunächst in dieser Nebenrechnung zur Verlustverrechnung verwendet. Erst wenn sie den überschießenden Verlustanteil übersteigen, werden sie dem Beteiligungswert wieder zugeschrieben.[13]

> **Beispiel**
> I leistet bei der Gründung des Beteiligungsunternehmens aU eine Einlage von 80. Die anteilig auf I anfallenden Jahresergebnisse betragen in den ersten beiden Jahren jeweils -50 und im dritten Jahr +50.
> - Ende 01 beträgt der *equity*-Ansatz 80 – 50 = 30.
> - Der Verlust des zweiten Jahres ist daher nur bis zur Höhe von 30 zu berücksichtigen.
> - Der überschießende, nicht berücksichtigte Betrag von 20 wird per 31.12.02 in einer Nebenrechnung festgehalten.
> - Er wird im Geschäftsjahr 03 wirksam und mindert dort die Ergebniszuschreibung von 50 auf 30.

Wegen der erforderlichen **Angaben** vgl. Rz 100.

---

[12] Vgl. u. a. HEUSER/THEILE, IAS/IFRS-Handbuch, 2. Aufl., 2005, Tz 1752; HAYN, in: BECK'sches IFRS-Handbuch, 2006, § 15 Tz 454.
[13] Kritisch zum Aussetzen NIEHUES: HdJ Abt. V/3, Tz 202: „Zweifel erscheinen deshalb angebracht, ob ein Suspendieren der anteiligen Verlustverrechnung dem Grundgedanken eines Verfahrens gerecht wird, das darin besteht, zeitgleich die Ergebnisse des assoziierten Unternehmens zu vereinnahmen, jedoch dies nur so lange zu tun, wie Gewinne erzielt werden oder zumindest die Verluste den Bilanzansatz nicht übersteigen."

Lüdenbach

5.6.2 Berücksichtigung überschießender Verluste in Haftungsfällen

72 Die Berücksichtigung überschießender Verluste ist nach IAS 28.30 ausnahmsweise insoweit zulässig und geboten, als der Investor gesellschafts- oder schuldrechtlich **haftet** bzw. aufgrund einer entsprechenden Haftung schon **Zahlungen** geleistet hat. Im Haftungsfall wird der Verlust vorrangig gegen einen **Passivposten** (Verbindlichkeit bzw. Rückstellung) gebucht.[14] Bei schon geleisteter Zahlung kommt nur die **Abschreibung der Forderung auf den Aufwendungsersatzanspruch** gegen die Gesellschaft in Frage, u. U. auch unter Verstoß gegen das Einzelbewertungsprinzip.

> **Beispiel**
> I ist als persönlich haftender Gesellschafter an der aU OHG beteiligt. aU ist aufgrund eines vorübergehenden Liquiditätsengpasses nicht in der Lage, Kreditor K zu bedienen. K nimmt daher I in Anspruch. Die Zahlung von I begründet einen Aufwendungsersatzanspruch gegen aU gem. § 110 Abs. 1 HGB. Die Forderung auf den Aufwendungsersatz ist gem. IAS 28 mit dem überschießenden Verlustanteil zu belasten. Dies gilt auch dann, wenn der Aufwendungsersatzanspruch z. B. wegen Absicherung durch die Mitgesellschafter, dinglicher Sicherung oder positiver Zukunftsaussichten des Beteiligungsunternehmens voll werthaltig ist.

5.6.3 Berücksichtigung eigenkapitalsubstituierender Finanzierungen[15]
5.6.3.1 Ausdehnung des Verlustverrechnungsvolumens

73 Das mit Verlusten belastbare Interesse *(interest)* des Investors im assoziierten Unternehmen umfasst nach IAS 28.29 „*any long-term interest that, in substance, forms part of the investor's net investment in the associate.*" Ein vom Investor gewährter **zusätzlicher Finanzierungsbeitrag** (Darlehen, stille Beteiligung usw.) soll diese Voraussetzungen „z. B."*(for example)* dann erfüllen, wenn eine Tilgung weder geplant noch in der absehbaren Zukunft *(forseeable future)* wahrscheinlich ist.
Neben diesem allgemeinen Hinweis enthält IAS 28 eine spezifische Beispielliste. **Teile des** *net investment* können sein:
- *preferred shares* (gemeint ist wohl der angelsächsische Typ rückzahlbarer Vorzugsaktien),
- **langfristige Forderungen (Darlehen)**,

---

[14] Nach IAS 28 (2000) war nicht ganz eindeutig, ob statt eines Schuldpostens ein negativer Beteiligungsbuchwert anzusetzen ist. Für einen solchen Negativwert sprechen sich etwa aus: BAETGE/BRUNS/KLAHOLZ (Fn 1), IAS 28 Tz 146. IAS 28.30 sieht hingegen u. E. klarstellend die Berücksichtigung als Schuldposten vor.

[15] Vgl. zum Nachfolgenden, auch im ausführlichen Rechtsvergleich mit HGB und US-GAAP, LÜDENBACH/FROWEIN, DB 2003, S. 2449ff.

jedoch **nicht**
- **Forderungen aus Lieferungen und Leistungen** und
- **Forderungen/Darlehen, die adäquat dinglich gesichert** sind.

Die beiden ausgeschlossenen Fälle sind in Verbindung mit der allgemeinen Formulierung u. E. so zu interpretieren: Einzubeziehen sind nur Darlehen und andere Forderungen, die **aus funktionaler (nicht notwendig aus rechtlicher) Sicht Eigenkapital substituieren**, d. h. der langfristigen Finanzierung des assoziierten Unternehmens dienen und durch Verzicht auf dingliche Sicherung externe Finanzierungsmöglichkeiten des assoziierten Unternehmens nicht einschränken. Der rechtliche Status ist nur insoweit wichtig, als es um die **Reihenfolge** der Verlustverrechnung geht. IAS 28.29 sieht eine Verlustverrechnung in Reihenfolge der Seniorität (d. h. umgekehrt zur Priorität im Liquidationsfall) vor.

5.6.3.2 Auswirkungen auf die Höhe des festzustellenden Verlustes
Die Ausdehnung des Verlustverrechnungsvolumens auf zum Eigenkapital komplementäre Vermögenswerte sagt noch nichts über die **Höhe** des insgesamt zu berücksichtigenden Verlustes aus. **Zwei Varianten** bieten sich an:
- Für die Höhe des Verlustes aus der *equity*-Beteiligung ist **allein** die Beteiligung des Investors am **Eigenkapital** maßgeblich. Die eigenkapitalsubstituierenden Finanzierungen dienen nur der Erweiterung der Verrechnungsmöglichkeit dieses Verlustes für den Fall, dass der Beteiligungsbuchwert bereits null beträgt.
- Der beim Investor zu berücksichtigende Verlustanteil ist nicht nur abhängig von seinem Anteil an der Eigenkapitalfinanzierung des assoziierten Unternehmens, sondern umso höher, je höher sich sein Anteil an der **gesamten** Eigenkapital- und eigenkapitalsubstituierenden **Finanzierung** darstellt.

Das nachfolgende Beispiel zeigt den Unterschied beider Ansätze:

Beispiel
I gründet mit anderen Investoren das Unternehmen aU gegen Bareinlage ohne Agio. Vom gezeichneten Kapital von 120 übernimmt A 40. aU erwirtschaftet im ersten Jahr einen Verlust von 400, der zu 120 aus den Einlagen, zu 280 aus einem von A gewährten nachrangigen Darlehen finanziert wird. Die anderen Gesellschafter gewähren keine Darlehen.

Erste Variante
Der bei I zu berücksichtigende Verlustanteil beträgt 1/3 von 400 = 133. Davon sind 40 gegen die Beteiligung und 93 gegen das Darlehen zu verrechnen.

> **Zweite Variante**
> Der bei I zu berücksichtigende Verlustanteil beträgt 40 aus dem Eigenkapital und 280 aus dem Darlehen, also insgesamt 320. Dies entspricht 80 % des Verlustes von aU und damit auch dem einschlägigen Finanzierungsanteil von I, der sich auf 320/400 = 80 % beläuft.

Aus IAS 28.12 ergibt sich ein Hinweis auf **Bevorzugung** der **ersten** Methode. Der Ergebnisanteil ist danach auf Basis des *ownership interest* (d. h. des Eigenkapitalanteils) zu bestimmen. Die vergleichbare amerikanische Vorschrift, EITF *Issue* 98-10[16] hält demgegenüber in Tz 3 fest, „*that an investor should not recognise equity method losses based solely on the percentage of the investee common stock held by the investor*". Die amerikanische Auffassung ist u. E. konsequenter. Wenn im Rahmen einer wirtschaftlichen Betrachtungsweise die eigenkapitalsubstituierenden Finanzierungen als Teil des Gesamtinvestments interpretiert und der Beteiligung gleichgestellt werden, sollte sich die Funktion der eigenkapitalsubstituierenden Komponenten nicht in einer Art Auffangbecken für überschießende Verluste erschöpfen. Die Gleichstellung müsste vielmehr auch beim Umfang des insgesamt zuzurechnenden Verlustanteils die anderen Finanzierungskomponenten einbeziehen.

5.6.4 Komplikationen bei Erst-, Ent- und Übergangskonsolidierung

75 Die Ausdehnung der Verlustberücksichtigung über den Beteiligungsansatz hinaus führt zu Wertansätzen, die sich mit dem **Einzelbewertungsprinzip** nicht mehr vertragen. Dies gilt insbesondere dann, wenn die eigenkapitalsubstituierenden Finanzierungsformen (Darlehen, Genussrechte etc.; Rz 73) unabhängig von der Werthaltigkeit des Investments mit Verlusten belastet werden.

In SIC 20 als Ausführungsbestimmung zu IAS 28 (2000) wurde dieser Konflikt noch gesehen und deshalb die Verlustberücksichtigung auf solche Finanzierungsinstrumente begrenzt, die ein unbeschränktes Recht auf Beteiligung an den Ergebnissen des Unternehmens und ein residuales Eigenkapitalinteresse verkörpern (SIC 20.5) Neben dem Eigenkapitalanteil kamen hierfür nur echte Genussrechte, atypische Beteiligungen o. Ä., dem Eigenkapital weitgehend angenäherte Positionen, jedoch nicht Darlehen, in Frage. Für Darlehen und andere finanzielle Interessen des Investors sollten hingegen die üblichen Bewertungsregelungen, insbesondere die zum *impairment* nach IAS 39, gelten (SIC 20.8).

In IAS 28 ist ein solcher Vorbehalt nicht mehr erkennbar. Dieses Vorgehen führt nicht unbedingt zu Wertungswidersprüchen. Das IFRS-*Framework* kennt keinen expliziten und durchgehenden Grundsatz der Einzelbewertung. Ein solcher lässt sich auch nicht implizit den vorrangig auf die Bewertung einzelner Positionen *(items)* konzentrierten Bewertungsmaßstäben nach F.100

---

[16] EITF Issue 98-10, Percentage Used to Determine the Amount of Equity Method Losses. Zu den dabei verwendeten Methoden LÜDENBACH/FROWEIN, BB 2003, S. 2449ff.

Lüdenbach

entnehmen. Gegen eine solche implizite Annahme eines Einzelbewertungsprinzips würden z. B. Vorschriften zur außerplanmäßigen Abschreibung *(impairment)* sprechen. Denn diese beruhen gerade auf der Annahme der Wertminderung einer ganzen Gruppe von Vermögenswerten *(cash generating units;* → § 11 Rz 29ff.).

Der **Verzicht auf Einzelbewertung** hat Bedeutung für die **vollständige Entkonsolidierung** (→ § 32 Rz 155ff.) einer Beteiligung an einem assoziierten Unternehmen:

- Mit der Beendigung der *equity*-Methode entfällt die spezielle Rechtsgrundlage für die Berücksichtigung von Verlusten bei Darlehen usw.
- Soweit diese werthaltig sind, müssen die Darlehensforderungen u. E. **nach allgemeinen Grundsätzen** nunmehr wieder mit dem vollen Betrag ausgewiesen werden.
- Die erforderliche **Zuschreibung auf die Forderung** ist u. E. nicht separat, sondern als Teil des Entkonsolidierungserfolgs auszuweisen.

Beispiel

Sachverhalt

- V beteiligt sich in 01 als Gründungsgesellschafter mit 20 %, entsprechend 200 TEUR, an aU.
- In 01 bis 03 beträgt der Verlustanteil aus aU insgesamt 250 TEUR. Hiervon werden 50 TEUR gegen ein von V gewährtes Darlehen verrechnet, für das bei isolierter Betrachtung kein Wertberichtigungsbedarf gegeben wäre.
- Anfang 04 veräußert V seine Beteiligung für 10 TEUR an E.

Lösung

- Ohne Berücksichtigung des Darlehens ergibt sich ein Entkonsolidierungserfolg von 10 TEUR (Erlös 10 minus Buchwert 0).
- Die Entkonsolidierung bedingt aber eine Zuschreibung beim Darlehen.
- Sie ist u. E. nicht als Ertrag aus Auflösung einer Wertberichtigung zu berücksichtigen, sondern führt zu einer Erhöhung des Entkonsolidierungserfolgs auf 60 TEUR.

Ein entsprechendes Vorgehen ist bei **Teilveräußerung mit Statuswechsel** (Rz 85ff.) geboten.

Die Behandlung der **Teilveräußerung ohne Statuswechsel** (z. B. 20 % einer bisherigen 40-%-Beteiligung werden veräußert) ist **unklar**. Einerseits bleibt die Rechtsgrundlage für die Wertberichtigung der eigenkapitalsubstituierenden Darlehen bestehen. Andererseits entfällt rechnerisch der Teil der „Wertberichtigung" auf den abgehenden Anteil. Der zweite Aspekt spricht u. E. dafür, eine Zuschreibung unter Anpassung des Abgangserfolgs nach Maßgabe des Verhältnisses des abgehenden Anteils vorzunehmen.

Lüdenbach

Zusammenfassend lässt sich festhalten:
- Die laufende Berücksichtigung überschießender Verluste bei eigenkapitalsubstituierenden Finanzierungsformen (Rz 73) führt bei der Entkonsolidierung zu Komplikationen.
- Für die Lösung des Problems finden sich in IAS 28 keine Hinweise.
- U. E. ist es bei vollständigen Veräußerungen und Veräußerungen mit Statuswechsel angezeigt, unter Anpassung des Entkonsolidierungserfolgs zur Einzelbewertung der Darlehen etc. zurückzukehren.
- Bei der Veräußerung ohne Statuswechsel sind unterschiedliche Lösungen vertretbar.

76 Werden nach Fortschreibung des *equity*-Wertes auf null und Festhalten überschießender Verluste in einer Nebenrechnung neue **Anteile hinzuerworben**, erhöhen deren Anschaffungskosten das Verlustausgleichsvolumen. Die Verluste der Nebenrechnung sind insoweit erfolgswirksam mit den Neuanteilen zu verrechnen.[17]

5.6.5 Außerplanmäßige Abschreibungen auf *equity*-Beteiligungen

77 Da ein Konzern nicht auf sich selbst abschreiben kann, sind außerplanmäßige Abschreibungen auf *equity*-Beteiligungen dogmatisch nur dann zu begründen, wenn die *equity*-Methode jedenfalls **nicht ausschließlich** als ein **Konsolidierungs**verfahren, sondern mindestens auch als ein Verfahren der Beteiligungsbewertung gilt. IAS 28 folgt diesem Gedanken und enthält daher Regelungen zur **außerplanmäßigen Abschreibung**.
Die Regeln sehen ein **zweistufiges Verfahren** vor, das durch folgende Besonderheit gekennzeichnet ist:
- Stufe 1: Ob ein außerplanmäßiger Abschreibungsbedarf gegeben sein könnte, beurteilt sich nach **IAS 39** (IAS 28.31; → § 28).
- Stufe 2: Wenn eine entsprechende Indikation vorliegt, ist der Stichtagswert zu ermitteln. Diese Ermittlung des **Umfangs** des Abschreibungsbedarfs folgt jedoch gem. IAS 28.33 den Regeln von **IAS 36**, d. h., maßgeblich ist nicht der *fair value*, sondern der *recoverable amount* (→ § 11 Rz 17ff.), also
  - bei Veräußerungsabsicht der Nettoveräußerungspreis *(fair value less cost to sell)*,
  - bei fortbestehender Halteabsicht der Nutzungswert *(value in use)*.

Diese Mischung der Regeln berücksichtigt die **Zwitterstellung** von Anteilen an assoziierten Unternehmen, Tochterunternehmen (soweit nicht voll konsolidiert) und *joint ventures* (soweit nicht quotal konsolidiert): Sie sind Finanzinstrumente, auf die jedoch IAS 39 nur dann anzuwenden ist, wenn die Bewertung ausnahmsweise zum *fair value* erfolgt (IAS 39.2a; → § 28 Rz 11). Die Bewertungsregeln von IAS 39 sind daher auf andere Finanzinstrumente, jedoch nicht auf *equity*-Investments anzuwenden (IAS 36.9ff.).

---

[17] Hayn, in: Beck'sches IFRS-Handbuch, 2. Aufl., 2006, § 34 Tz 97.

Für die nach IAS 39 maßgeblichen Kriterien der Stufe 1 wird auf → § 28 Rz 161ff. verwiesen. Zur vorzunehmenden Nutzungswertbestimmung der Stufe 2 enthält (abgesehen von Veräußerungsfällen) IAS 28.33 konkretisierende Regeln. Der **Nutzungswert** *(value in use)* kann wahlweise bestimmt werden:
- aus dem Barwert der anteilig dem Investor zuzurechnenden zukünftigen *cash flows* des assoziierten Unternehmens oder
- aus dem Barwert der erwarteten **Ausschüttungen** des assoziierten Unternehmens,

jeweils ergänzt um den Barwert erwarteter Anteile am Liquidationserlös. Nach IAS 28.33 liefern bei passenden Prämissen *(appropriate assumptions)* beide Methoden den gleichen Wert. Da die Gleichheit der Werte tatsächlich die Annahme einer Vollausschüttung voraussetzt, ist der Hinweis u. E. so zu verstehen: Auf die tatsächlichen Verhältnisse kommt es nicht an. Die Vollausschüttungsannahme kann daher auch dann angewendet werden, wenn sie den realen Erwartungen widerspricht.

Der Bedarf für eine außerplanmäßige Abschreibung ist im Allgemeinen auf der Basis einer **Einzelbewertung** zu ermitteln, es sei denn, die *cash flows* aus dem entsprechenden assoziierten Unternehmen sind nicht größtenteils unabhängig von den *cash flows* anderer Vermögenswerte (IAS 28.34). Im zweiten Fall ist die Wertminderung gegebenenfalls auf der Ebene der Zahlungsmittel erzeugenden Einheit *(cash generating unit)* zu beurteilen (→ § 11 Rz 43ff.). Soweit ein Abschreibungsbedarf festgestellt ist, muss noch die Frage der **Verteilung des Abschreibungsbetrages** geklärt werden. Der *equity*-Ansatz repräsentiert den Anteil des Investors an dem Vermögen des Beteiligungsunternehmens einschließlich eines derivativen *goodwill* und erworbener stiller Reserven. Für den weiteren Wertverlauf nach außerplanmäßiger Abschreibung ist daher von Bedeutung, welche dieser Komponenten vorrangig belastet wird. Nach der Fassung von IAS 28.33 vor Folgeänderungen durch IFRS 3 war in der Nebenrechnung zum Beteiligungsansatz zunächst und **vorrangig** der *goodwill* abzuschreiben. Dies entsprach den allgemeinen Regeln von IAS 36. Auch wenn in der Folgeänderungsfassung vom 31. März 2004 IAS 28.33 nicht mehr auf die vorrangige *goodwill*-Abschreibung hinweist, scheint ein solches Vorgehen gleichwohl weiterhin sachgerecht.[18]

78

Strittig ist, ob ein außerplanmäßiger Abschreibungsbetrag als Teil des *equity*-Ergebnisses oder separat auszuweisen ist. Für die erste Auffassung spricht die Platzierung der *impairment*-Regeln im Kapitel „Anwendung der *equity*-Methode", für die zweite, dass IAS 39.31 von einer *impairment*-Prüfung „nach Anwendung der *equity*-Methode" spricht.

Strittig ist das Vorgehen bei **späterer Wertaufholung**. Nach einer Auffassung ist die Zuschreibung in analoger Anwendung von IAS 36.124 dadurch limitiert, dass ein einmal abgeschriebener *goodwill* nicht zugeschrieben werden

79

---

[18] So auch HEUSER/THEILE, IAS/IFRS-Handbuch, 2. Aufl., 2005, Tz 1764.

Lüdenbach

darf.[19] Die Gegenauffassung verneint eine solche Limitierung. Da über ein *Impairment* der Wert der gesamten *equity*-Beteiligung entscheide, könne umgekehrt auch für die Bestimmung eines Wertaufholungsbetrags keine Separierung in *goodwill* und andere Komponenten vorgenommen werden.[20] Klare Argumente für die Bevorzugung eines der beiden Standpunkte ergeben sich aus IAS 28 und IAS 36 nicht. Beide Auffassungen sind daher vertretbar.

Beispiel

Sachverhalt
Am 1.1.01 wird der Anteil an aU für 100 angeschafft. Hiervon werden 40 dem *goodwill* zugerechnet.

Das Ergebnis aus aU beträgt +20 in 01 und –20 in 02. Am 31.12.02 wird ein *impairment*-Test vorgenommen (→ § 11 Rz 8) und die Beteiligung auf 0 abgeschrieben.

In 03 gelingt die Stabilisierung des Unternehmens. Das Ergebnis aus aU beträgt 0. Für die Zukunft werden wieder Ergebnisse in der Größenordnung von + 25 erwartet. Der *value in use* der Beteiligung (→ § 11 Rz 22) wird daher per 31.12. 03 auf 120 geschätzt.

1. Auffassung
Die Zuschreibung ist auf 60 limitiert, da für den im ursprünglichen Abschreibungsbetrag von 100 mit 40 enthaltenen *goodwill* ein Zuschreibungsverbot besteht.

2. Auffassung
Die Zuschreibung entspricht mit 100 dem ursprünglichen Abschreibungsbetrag

---

5.7 Kapitalerhöhung und -herabsetzung

80 Ohne Wirkung auf den Beteiligungs- bzw. *equity*-Ansatz sind **Kapitalerhöhungen** des assoziierten Unternehmens **aus Gesellschaftsmitteln**, da insofern lediglich eine Umgliederung innerhalb des Eigenkapitals des assoziierten Unternehmens stattfindet.

81 Bei einer **Kapitalerhöhung gegen Einlage** ist wie folgt zu unterscheiden:
- Das beteiligte Unternehmen nimmt im Umfang seiner bisherigen (und zukünftigen) Quote, d. h. **beteiligungsproportional**, an der Kapitalerhöhung teil: Der *equity*-Ansatz erhöht sich, weitere Folgen hat die Kapitalerhöhung nicht.
- Das beteiligte Unternehmen nimmt **überproportional** (aber ohne Statusänderung; Rz 84) an der Kapitalerhöhung teil: Der *equity*-Ansatz erhöht

---

[19] HEUSER/THEILE, IAS/IFRS-Handbuch, 2. Aufl., 2005, Tz 1766, und HAYN, in: Beck'sches IFRS-Handbuch, 2. Aufl., 2006, § 34 Tz 55.
[20] ERNST & YOUNG, International GAAP 2007, S. 648f.

Lüdenbach

sich. Die Erhöhung der Beteiligungsquote führt wie ein Kauf neuer Anteile zu einer neuen Erstkonsolidierung mit Ermittlung der anteiligen stillen Reserven und des *goodwill.*

- Das beteiligte Unternehmen nimmt **unterproportional** (aber ohne Statusänderung; Rz 84) an der Kapitalerhöhung teil: Hier ist zu untersuchen, wie sich die Zunahme des bilanziellen Eigenkapitals durch die Einlage und den Rückgang der Beteiligungsquote an diesem Eigenkapital wertmäßig zueinander verhalten.

Hierzu folgendes Beispiel:

82

> **Beispiel**
> Ein Investor ist mit 40 % an Kapital und Stimmrechten eines aU beteiligt, das weder über Rücklagen noch Gewinnvorträge verfügt.
> Das buchmäßige Eigenkapital des aU (zugleich gez. Kapital) beträgt 100, sein zu Zeitwerten bestimmtes Eigenkapital 150. Die Beteiligung des Investors beträgt somit bezogen auf das buchmäßige Eigenkapital 40, unter Berücksichtigung der stillen Reserven jedoch 60. Der *equity*-Wertansatz beim Investor beträgt 52 (davon 12 noch nicht aufgelöster *goodwill*).
> Durch eine Kapitalerhöhung werden dem aU Mittel von 150 (davon 100 gez. Kapital und 50 Agio) zugeführt. Der Investor nimmt an der Kapitalerhöhung nicht teil. Seine Beteiligungsquote sinkt auf 20 % (= 40/200).
> **Nach Kapitalerhöhung** ist er somit
> - zu Buchwerten mit 20 % × 250 = 50 (plus 10),
> - zu Zeitwerten mit 20 % × 300 = 60 (unverändert)
>
> beteiligt.
> Folgende Lösungen kommen in Frage:
> Betrachtung nur des höheren anteiligen buchmäßigen Eigenkapitals: Erfolgsbuchung „Beteiligung 10 an Ergebnis aus aU 10"
> Betrachtung auch der Beteiligungsminderung durch Abgang von 20/40. Bei noch nicht abgeschriebenem, d. h. noch im Beteiligungsansatz enthaltenem *goodwill* und stillen Reserven daher zusätzliche Buchung in Höhe von 12 × 20 / 40 = 6 „Ergebnis aus aU 6 an Beteiligung 6", somit insgesamt Erhöhung des Beteiligungsansatzes um 4.
> Beide Lösungen sind u. E. zulässig, da es an expliziten Vorschriften fehlt.

Bei **Kapitalherabsetzungen** ist ebenfalls zwischen einer Umgliederung und einer effektiven Variante zu unterscheiden.

83

- Bei der **vereinfachten** Kapitalherabsetzung zur Verlustdeckung kommt es nur zur Umgliederung innerhalb des Eigenkapitals. Auswirkungen auf den *equity*-Ansatz ergeben sich nicht.
- Bei der **effektiven** Kapitalherabsetzung kommt es in Höhe des Herabsetzungsbetrags zu einer erfolgsneutralen Minderung des Beteiligungsansatzes (Aktivtausch: per Geld an *equity*-Beteiligung).

Lüdenbach

6 Erwerb und Veräußerung von Anteilen

6.1 Erwerb weiterer Anteile

6.1.1 Erwerb ohne Statuswechsel

84 Beim Erwerb weiterer Anteile ohne Statuswechsel (das Unternehmen **war** und **ist** assoziiert) ist für den Hinzuerwerb konzernbilanziell eine neue Erstkonsolidierung durchzuführen (Rz 34ff.).

6.1.2 Einfache Beteiligung wird zu assoziiertem Unternehmen

85 Durch den Erwerb zusätzlicher Anteile kann aus einer einfachen Beteiligung eine Beteiligung an einem assoziierten Unternehmen werden. Ab dem Zeitpunkt, ab dem die Definition eines assoziierten Unternehmens erfüllt ist, ist konzernbilanziell die *equity*-Methode anzuwenden (IAS 28.23).

86 Fraglich ist, ob die Unterschiedsbeträge für die alten Anteile **retrospektiv** nach Maßgabe ihres Anschaffungszeitpunktes und unter fiktiver Fortschreibung für die Zwischenzeit zu berücksichtigen sind oder ob ihr aktueller Buchwert zum Zeitpunkt der erstmaligen Anwendung der *equity*-Methode mit dem aktuellen Anteil am Eigenkapital des assoziierten Unternehmens zu vergleichen ist.

87 Nach unserer Auffassung besteht ein Wahlrecht zwischen beiden Methoden. Im Einzelnen wird auf Rz 35ff. verwiesen.

6.1.3 Assoziiertes Unternehmen wird zu Gemeinschafts- oder Tochterunternehmen

88 Wird durch den Erwerb zusätzlicher Anteile aus einem assoziierten Unternehmen ein Tochter- oder Gemeinschaftsunternehmen, so kann im **Einzelabschluss** die **gewählte Bewertungs**methode (Rz 30f.) fortgesetzt werden.

89 Im **Konzernabschluss** ist hingegen ein Wechsel zur Vollkonsolidierung, bei Gemeinschaftsunternehmen je nach Ausübung des dort bestehenden Konsolidierungswahlrechts (→ § 34 Rz 82 und 60) zur proportionalen Konsolidierung geboten. Für den **Übergang** zur Vollkonsolidierung bestimmt IFRS 3.58 Folgendes:

- Für die **neu erworbenen Anteile** ist eine Erstkonsolidierung, d. h. eine Ermittlung der Unterschiedsbeträge (stille Reserven und *goodwill*), auf deren Erwerbsstichtag durchzuführen (→ § 31 Rz 14ff.).
- Für die **alten** Anteile ist zu differenzieren: Die Neubewertung des Vermögens des Beteiligungsunternehmens (Aufdeckung stiller Reserven) ist auf den Zeitpunkt der Kontrollerlangung zwingend insgesamt, also auch in Höhe der rechnerisch auf die Altanteile entfallenden Quote, vorzunehmen. Nur für den *goodwill* bleiben die ursprünglichen Verhältnisse maßgeblich. Im Einzelnen wird auf → § 31 Rz 126 verwiesen, zu den durch Phase II des *Business Combination Project* geplanten Änderungen auf → § 31 Rz 173ff.

6.2 Veräußerung von Anteilen

6.2.1 Veräußerung sämtlicher Anteile (Entkonsolidierung)

Mit der Veräußerung sämtlicher Anteile geht die Beteiligung am assoziierten Unternehmen ab. In der Differenz von Veräußerungserlös und Buchwertabgang ergibt sich ein Ertrag oder Aufwand, der konzernbilanziell als sonstiger betrieblicher Ertrag oder Aufwand oder innerhalb des Finanzergebnisses als sonstiges Finanzergebnis ausgewiesen werden kann (Rz 99). Schon vor der Veräußerung kann es zu einer Umklassifizierung und Umbewertung kommen. Wegen Einzelheiten wird auf Rz 27ff. verwiesen.

90

6.2.2 Veräußerung ohne Statuswechsel

Werden Teil-Anteile an einem assoziierten Unternehmen ohne Statuswechsel veräußert, können sich Probleme daraus ergeben, dass die veräußerten Anteile ihrerseits nicht sämtlich zu einem einzigen Stichtag, sondern sukzessiv erworben wurden. In diesem Fall stellt sich konzernbilanziell die Frage, ob hinsichtlich der abgehenden Anteile an den stillen Reserven und am *goodwill* eine **Durchschnittsbetrachtung** oder eine **verbrauchsfolgeähnliche Betrachtung** angezeigt ist. Hierzu folgendes Beispiel:

91

> **Beispiel**
> Ein Investor hat
> - in 01 20 % der Anteile für 60 (bei einem buchmäßigen Eigenkapitalanteil von 50, Unterschiedsbetrag 10),
> - in 06 weitere 20 % für 100 (bei einem buchmäßigen Eigenkapitalanteil von 80, Unterschiedsbetrag 20) erworben.
>
> Anfang 11 notieren die Anteile nach Gewinnthesaurierungen aus 08 bis 10 insgesamt mit 200. Der Investor veräußert 20 %, die Hälfte seiner Anteile, für 120.
> Sämtliche Unterschiedsbeträge sollen stillen Reserven sein und werden über 20 Jahre abgeschrieben.
> Im Beteiligungswert Anfang 11 sind 20 an stillen Reserven enthalten:
> - 5 aus 01 (ursprünglich 10, davon ½ abgeschrieben)
> - 15 aus 06 (ursprünglich 20, davon ¼ abgeschrieben).
>
> Für die Erfolgsermittlung bestehen folgende Alternativen:
>
> **1. Alternative: Durchschnittsbetrachtung**
> Ertrag = 120 Veräußerungspreis – 100 Abgang Beteiligung = 20.
> Vom Buchwertabgang entfallen 10 auf die stillen Reserven. Die verbleibenden stillen Reserven von 10 werden über eine gemittelte Restnutzungsdauer von 12,5 Jahren (Durchschnitt aus 10 und 15) fortgeführt.

> **2. Alternative: Fifo-Betrachtung**
> Die alten Anteile gehen ab, d. h. von den stillen Reserven nur 5. Die verbleibenden stillen Reserven von 15 werden über 15 Jahre Restnutzungsdauer abgeschrieben.
> Ertrag = 120 Veräußerungspreis – 95 Abgang Beteiligung = 25.
>
> **3. Alternative: Lifo-Betrachtung**
> Die neuen Anteile gehen ab, d. h. stille Reserven von 15. Die verbleibenden Reserven von 5 werden über 5 Jahre Restnutzungsdauer abgeschrieben.
> Ertrag = 120 Veräußerungspreis – 105 Abgang Beteiligung = 15.

92 Nach unserer Auffassung[21] ist die **Durchschnittsmethode** im Allgemeinen vorzuziehen, wenn für die Verbrauchsfolgefiktion kein wirtschaftlicher Grund erkennbar ist. Abweichungen von der Durchschnittsmethode sind daher nur bei Identifizierbarkeit der Anteile angezeigt (z. B. beurkundete Aktien, die nicht in Sammelverwahrung sind).

6.2.3 Assoziiertes Unternehmen wird zur einfachen Beteiligung

93 Mit dem Verkauf eines Teil-Anteils an einem assoziierten Unternehmen kann ein Statuswechsel (Rz 85ff.) verbunden sein. Beispiel: Die Stimmrechtsquote sinkt von bisher 40 % auf 15 % (Rz 12ff.). Dadurch entsteht (u. U.) eine einfache Beteiligung. Dann ist die *equity*-Bewertung konzernbilanziell einzustellen und zur Bewertung nach IAS 39 überzugehen (IAS 28.18).

94 Ein Erfolg entsteht mit dem Wechsel der Methode nicht. Der Buchwert der Anteile zum Zeitpunkt des Übergangs gilt als **neue Anschaffungskostenbasis** (IAS 28.19).
Wegen Einzelheiten wird auf Rz 29 verwiesen.

6.2.4 Veräußerung verlustreicher Beteiligungen

95 Zu den Besonderheiten bei der Veräußerung verlustreicher *equity*-Beteiligungen wird auf Rz 75 verwiesen.

7 Latente Steuern

96 Im Rahmen der *equity*-Konsolidierungen können latente Steuern auf **drei Arten** von temporären Differenzen entstehen (→ § 26 Rz 68ff.):
- aus der Perspektive des assoziierten Unternehmens als *inside basis differences I* zwischen den IFRS- und Steuerbuchwerten der Bilanz dieses Unternehmens;
- aus der Sicht des vom Anteilseigner neu bewerteten assoziierten Unternehmens als *inside basis differences II* auf aufgedeckte stille Reserven (im Rahmen der *equity*-Konsolidierung);

---

[21] So auch BAETGE/BRUNS/KLAHOLZ (Fn 1), IAS 28, Tz 123.

Lüdenbach

- aus dem Blickwinkel des Anteilseigners als *outside basis differences* zwischen dem *equity*-Ansatz der Beteiligung in der Konzernbilanz des Anteilseigners und dem Buchwert der Beteiligung in der Steuerbilanz.

Zum systematischen Zusammenwirken der drei Differenzarten das folgende Beispiel: 97

Beispiel

M erwirbt am 1.1.01 einen Anteil von 20 % an aU für einen Preis von 42. aU ist schuldenfrei. Die Aktiva haben einen Wert von 150 in der IFRS-Bilanz von aU (IFRS I) und von 100 in der Steuerbilanz. Ihr Zeitwert ist 200. Sie werden über eine durchschnittliche Restnutzungsdauer von 10 Jahren abgeschrieben.

aU erzielt in 01 vor Steuern einen Gewinn von 50 in der IFRS-Bilanz (I). Darin bereits berücksichtigt ist die Abschreibung von 15 (= 150 / 10). Der Steuerbilanzgewinn beträgt 55, da nur mit Abschreibungen von 10 (100 / 10) belastet.

In der Steuerbilanz der M wird die Beteiligung an aU zu Anschaffungskosten ausgewiesen. Dividenden und Gewinn aus Anteilsveräußerungen sind steuerpflichtig.

Die Latenzen ermitteln sich wie folgt:

inside basis difference I

	1.1.01			31.12.01	
	100 %	20 %		100 %	20 %
Aktiva IFRS	150,0	30,0		135,0	27,0
Aktiva Steuerbilanz	100,0	20,0		90,0	18,0
inside basis difference I	50,0	10,0		45,0	9,0
	× 40 %	× 40 %		× 40 %	× 40 %
passive latente Steuer	20,0	4,0		18,0	3,6

Konsolidierungs/*inside basis difference II*

	1.1.01			1.1.01	
	100 %	20 %		100 %	20 %
Kaufpreis	210,0	42,0	Ergebnis vor Steuer	50,0	10,0
Aktiva lt. IFRS I	−150,0	−30,0	tatsächliche Steuer	−22,0	−4,4
passive latente Steuer darauf (*inside basis difference I*)	20,0	4,0	Steuerertrag aus Aufl. pass. Latenz I	2,0	0,4
stille Reserven in Aktiva	−50,0	−10,0	Ergebnis gem. IFRS I	30,0	6,0
passive latente Steuer darauf (*inside basis difference II*)	20,0	4,0	Auflösung stiller Reserven	−5,0	−1,0
goodwill	50,0	10,0	Steuerertrag daraus (Aufl. p. Latenz II)	2,0	0,4
			Ergebnis aus *equity*-Beteiligung		5,4
			equity-Ansatz 1.1.		42,0
			equity-Ansatz 31.12		47,4

Lüdenbach

outside basis difference		
equity-Ansatz	42,0	47,4
Beteiligung in Steuerbilanz	42,0	42,0
outside basis difference	0,0	5,4
	× 40 %	× 40 %
latente Steuer III	0,0	2,2

98 Die Bestimmung der *inside basis differences* ist in der Praxis häufig schwierig, weil die notwendigen Informationen vom assoziierten Unternehmen nicht zur Verfügung gestellt werden. Auch grobe Vereinfachungen können insoweit notwendig sein (Rz 69).

Die Steuerlatenz auf *outside basis differences* hängt wesentlich von der **Rechtsform** des Investors und der des assoziierten Unternehmens ab. Im Einzelnen ist wie folgt zu differenzieren (→ § 26 Rz 68):

- **Beide Kapitalgesellschaften:** Die laufenden und einmaligen Ergebnisse aus dem assoziierten Unternehmen sind wegen § 8b KStG nicht steuerpflichtig (die 5-%-Zurechnung zum Einkommen nach § 8b Abs. 5 KStG vernachlässigt). Evtl. Differenzen zwischen dem steuerbilanziellen Beteiligungsansatz und dem IFRS-Ansatz haben **permanenten Charakter**. Steuerlatenzen entstehen nicht (→ § 26 Rz 17f.).

- **Investor Personengesellschaft, assoziiertes Unternehmen Kapitalgesellschaft:** Beim Investor kommt nur die **Gewerbesteuer** in Betracht (→ § 26 Rz 84). Eine Steuerbefreiung der Dividenden ist hier regelmäßig durch § 9 GewStG gegeben. Latente Steuern ergeben sich i. d. R. auch dann nicht, wenn sich die Steuerbefreiung nicht auf Veräußerungsgewinne erstreckt. Nach IAS 12.39ff. sind latente Steuern nicht anzusetzen, wenn der Investor den Zeitpunkt der Umkehr temporärer Differenzen kontrollieren kann und die Umkehr in der näheren Zukunft nicht wahrscheinlich ist (→ § 26 Rz 66). Aufgrund der Steuerbefreiung der Dividenden – insoweit permanente bzw. *non-taxable* Differenzen – kommt es auf die Kontrolle der Dividendenpolitik nicht mehr an. Die Umkehrfrage stellt sich nur noch für den Veräußerungsgewinn und kann dort leicht beantwortet werden: Der Investor kontrolliert den Veräußerungs- und damit Umkehrzeitpunkt. Es entstehen dann insgesamt keine latenten Steuern.

- **Beide Personengesellschaft:** Die Ergebnisse des assoziierten Personenunternehmens sind nach Maßgabe von § 15 EStG im Rahmen der so genannten Spiegelbildmethode beim Investor unabhängig von der Ausschüttung zu berücksichtigen und zudem eventuelle Abschreibungen auf Firmenwerte und stille Reserven (Ergänzungsbilanz) vorzunehmen. Wegen der Gewerbesteuerfreistellung nach § 9 GewStG ergibt sich trotz dieser Ähnlichkeit zur *equity*-Methode bei Investoren in der Rechtsform des Personenunternehmens eine permanente Differenz zur IFRS-Bilanz. Latente Steuern sind insoweit nicht zu bilden (→ § 26 Rz 83).

Lüdenbach

- **Investor Kapitalgesellschaft, assoziiertes Unternehmen Personengesellschaft:** Bei der Kapitalgesellschaft fällt Körperschaftsteuer auf das nach der Spiegelbildmethode unter Einbeziehung der Ergänzungsbilanzen ermittelte steuerliche Ergebnis an. Abweichungen zwischen Steuer- und IFRS-Bilanzwert können nicht nur einzelbilanziell bei Ansatz in der IFRS-Einzelbilanz zu Anschaffungskosten oder zum *fair value* entstehen. In dem Maße, in dem sich z. B. die Abschreibungsdauern des *goodwill* und der stillen Reserven nach IFRS einerseits und nach Steuerbilanz andererseits unterscheiden, kann es auch zu Abweichungen zwischen dem konzernbilanziellen *equity*-Wert und dem steuerlichen Spiegelbildwert kommen. Auf die Abweichungen sind latente Steuern zu bilden, es sei denn, der Gesellschaftsvertrag der Personengesellschaft sähe eine dauerhafte Gewinnthesaurierung vor (→ § 26 Rz 77).

8 Ausweis

Gem. IAS 1.68e und 81c sowie IAS 28.38 sind nach der *equity*-Methode bilanzierte Anteile und die daraus resultierenden Ergebnisse in der **Bilanz und GuV gesondert** auszuweisen.
- Der Bilanzausweis erfolgt unter Finanzanlagen,
- der GuV-Ausweis i. d. R. innerhalb des Finanzbereichs, vor oder nach dem Posten Beteiligungsergebnis und Zinsergebnis (→ § 2 Rz 63ff.).

Ein außerplanmäßiger Abschreibungsbetrag ist vorzugsweise als Teil des *equity*-Ergebnisses auszuweisen. Unter Berufung auf IAS 1.86 und IAS 28.31 wird z. T. ein separater Ausweis vorgenommen (Rz 78).
Der Anteil des Investors an direkt im Eigenkapital erfassten Ergebnissen des assoziierten Unternehmens (Rz 56) ist im Eigenkapitalspiegel (oder den Erläuterungen dazu) offenzulegen (→ § 20 Rz 2ff.).

99

9 Angaben

An Angaben zu Anteilen an assoziierten Unternehmen sieht IAS 28 i. V. m. mit IAS 1 Folgendes vor:
- Angaben zur **widerlegbaren Assoziierungsvermutung**
  - Nennung der Gründe, warum eine Beteiligung von weniger als 20 % doch als assoziiertes Unternehmen (IAS 28.37c) bzw.
  - eine Beteiligung von mehr als 20 % nicht als assoziiertes Unternehmen (IAS 28.37d)
  qualifiziert wurde (Rz 7ff.).
- Angaben zu *at equity* bilanzierten Anteilen
  - Zusammengefasste *(summarised)* finanzielle Informationen über assoziierte Unternehmen, insbesondere Bilanzsumme, Höhe der Schulden und der Erlöse und Jahresergebnis (IAS 28.37b; Rz 101),

100

Lüdenbach

- Angaben zum Anteil an *discontinued operations* des assoziierten Unternehmens (IAS 28.38),
- Angabe des *fair value*, falls die Beteiligung börsennotiert ist (IAS 28.37a),
- Angaben zur Höhe der nicht berücksichtigten überschießenden Verluste (kumuliert und für die Periode; IAS 28.37g; Rz 71ff.).
- Angaben zur Verwendung von abweichend datierten Abschlüssen assoziierter Unternehmen einschließlich Begründung (IAS 28.37e; Rz 67ff.).

• Angaben zu wegen **Veräußerungsabsicht** oder aus **anderen Gründen** nicht *at equity* bilanzierten Anteilen
- Angabe der Tatsache, dass **nicht** *at equity* bilanziert wurde (IAS 28.37h; Rz 26ff.).
- **Zusammengefasste** *(summarised)* finanzielle Informationen, insbesondere Bilanzsumme, Höhe der Schulden und Erlöse und Jahresergebnis (IAS 28.i). Eine Aggregierung zu Gruppen (z. B. nach Regionen oder Branche der assoziierten Unternehmen) ist zulässig. Sofern die Anteile wegen mangelnder Wesentlichkeit nicht *at equity* bilanziert wurden, ist u. E. auch eine **Globalangabe** ausreichend (Rz 102).

• **Sonstige Angaben**
- Angaben zu Art und Höhe signifikanter Finanzmitteltransferbeschränkungen (IAS 28.37f.; Rz 17),
- Angaben zu aus der Beteiligung resultierenden Eventualverpflichtungen gem. IAS 37 (IAS 28.40; Rz 72).

Darüber hinaus ist nach IAS 1.108ff. eine Angabe der für die Anteile angewendeten **Bilanzierungsmethoden** erforderlich, d. h. im Einzelabschluss Angabe, ob assoziierte Unternehmen zu Anschaffungskosten oder zum *fair value* bewertet wurden (Rz 30ff.).

Auf die **Checkliste Abschlussangaben** wird verwiesen (→ § 5 Rz 8).

101 Unter Berücksichtigung der nach § 315a HGB für deutsche IFRS-Anwender notwendigen Aufstellung des Beteiligungsbesitzes (§ 313 Abs. 2 und 4 HGB) ist sinnvolle Darstellungsform eine **tabellarische Auflistung** der *at equity* bilanzierten assoziierten Unternehmen mit Angabe von Name, Sitz, Anteils- und gegebenenfalls abweichender Stimmrechtsquote sowie Auflistung der verlangten Angaben i. S. von Bilanz und GuV des assoziierten Unternehmens.

Beispiel
Wesentliche assoziierte Unternehmen werden *at equity* bilanziert. Die Einbeziehung erfolgt auf der Grundlage des jeweils letzten vorliegenden Abschlusses. Soweit sich dabei Abweichungen vom Konzernbilanzstichtag ergeben, ist die Erstellung eines internen Abschlusses auf den Konzernbilanzstichtag aus Praktikabilitätsgründen unterblieben. Nachfolgend eine Aufstellung der *at equity* bilanzierten assoziierten Unternehmen.

Name, Sitz	Kapitalanteil (abw. Stimmrechtsanteil)	letzter Abschluss	Umsatz Ergebnis	Bilanzsumme Schulden
A Ltda Sao Paolo	20 %	31.12.01	100 10	50 40
B Inc. Atlanta	15 % (30 %)	31.12.00	80 4	30 20

Beispiel
Unwesentliche Beteiligungen werden nach IAS 39 hilfsweise mit den Anschaffungskosten erfasst. Es handelt sich hierbei um 20 Beteiligungen, die in zusammengefasster Betrachtung quotal mit weniger als 3 % zu Konzernergebnis, Konzernbilanzsumme und Konzerneigenkapital beitragen würden.

102

10 Anwendungszeitpunkt, Rechtsentwicklung

IAS 28 ist für alle Abschlüsse anzuwenden, deren Berichtsperioden nach dem 1. Januar 2005 beginnen. Eine frühere Anwendung wird empfohlen.

103

Gegenüber der Neufassung unterscheidet sich IAS 28 (2000) wie folgt:

104

- Nach IAS 28 (2000) umfasst das **Bewertungswahlrecht** für den **Einzelabschluss** (Rz 31) auch die *equity*-Methode (Rz 30).
- Die **Verrechnungsbasis**, bis zu der **Verluste** abgezogen bzw. ab der sie zu überschießenden Verlusten werden, umfasst nach IAS 28 (2000) nur solche **langfristigen Forderungen**, die dem Eigenkapital weitgehend angenähert sind (Rz 75).
- *Venture-capital*-Gesellschaften erfassen nach IAS 28 (2000) Anteile an assoziierten Unternehmen und Gemeinschaftsunternehmen konzernbilanziell *at equity*. Nach IAS 28.1 und IAS 31.1 ist ein *fair-value*-Ansatz geboten (Rz 6).

Folgeänderungen haben sich am 31. März 2004 aus der Verabschiedung von IFRS 3 *Business Combination* (bisher IAS 22) ergeben. Die neuen Vorschriften für den positiven *goodwill* (Aufhebung der planmäßigen Abschreibung, *impairment-only*) und den negativen Unterschiedsbetrag (sofortige Ertragswirksamkeit) gelten gem. IFRS 3.83 auch für den im *equity*-Ansatz enthaltenen *goodwill*. IAS 28.23 ist entsprechend angepasst worden (Rz 61 und Rz 51).
Weitere Änderungen, insbesondere hinsichtlich des Statuswechsels eines assoziierten Unternehmens zum Tochterunternehmen und umgekehrt, können sich aus dem *Business Combination Project* Phase II ergeben. Hierzu wird auf → § 31 Rz 177ff. verwiesen.

105

Lüdenbach

11 Zusammenfassende Praxishinweise

106 Als assoziiert definiert IAS 28.2 ein Unternehmen, auf welches der Anteilseigner **maßgeblichen Einfluss** ausübt. Eine 20-%-Beteiligung an den Stimmrechten begründet die widerlegbare Vermutung einer Assoziierung (Rz 7).

107 In der **Einzelbilanz** besteht ein **Wahlrecht**. Die Beteiligung an einem assoziierten Unternehmen kann
- zum *fair value* (IAS 39) oder zu
- Anschaffungskosten

angesetzt werden (Rz 30).

108 Konzernbilanziell bestehen **keine Wahlmöglichkeiten**.
- Die in Veräußerungsabsicht erworbenen und gehaltenen Anteile an assoziierten Unternehmen sind zwingend zum *fair value* anzusetzen (Rz 26).
- Im Übrigen ist zwingend *at equity* zu bewerten, d. h. der Bilanzansatz um Ergebnisanteile und die Abschreibung stiller Reserven fortzuschreiben (Rz 54).

Besonderheiten der Fortschreibung des *equity*-Ansatzes ergeben sich bei
- nicht GuV-wirksamen Einkommen des assoziierten Unternehmens (Rz 56),
- Zwischenergebniseliminierung (Rz 63),
- verlustreichen *equity*-Beteiligungen (Rz 71).

109 Bei **Erwerb und Veräußerung** von Anteilen ist zu unterscheiden, ob ein Statuswechsel **stattfindet** (dann Änderung der Bewertungsmethode) oder das Unternehmen vor und nach der Transaktion assoziiert ist (dann teilweise Neu- oder Entkonsolidierung, Rz 84).

110 Nach der *equity*-Methode bilanzierte Anteile und die daraus resultierenden Ergebnisse sind in der Bilanz und GuV gesondert **auszuweisen** (Rz 99). Umfangreiche Offenlegungspflichten bestehen für den **Anhang** (Rz 100).

Lüdenbach

§ 34 ANTEILE AN *JOINT VENTURES*

	Rz
Inhaltsübersicht	
Vorbemerkung	
1 Zielsetzung, Regelungsinhalt und Begriffe	1–10
1.1 Rechnungslegung bei gemeinschaftlichen wirtschaftlichen Aktivitäten	1–6
1.2 Verhältnis zu IAS 27, IAS 28 und IAS 22	7–8
1.3 Keine Pflichtanwendung von IAS 31 auf Beteiligungen von *venture-capital*-Gesellschaften und Fonds	9–10
2 Überblick: Erscheinungsformen des *joint venture* und deren bilanzielle Behandlung	11–18
2.1 Erscheinungsformen: Gemeinschaftliche Führung von Tätigkeiten, Vermögen oder Unternehmen	11–14
2.2 Bilanzielle Behandlung in Einzel- und Konzernabschluss des Partnerunternehmens	15–18
3 Allgemeine Merkmale eines *joint venture*	19–24
3.1 Vertragliche Vereinbarung	19–21
3.2 Gemeinschaftliche Führung	22–24
4 Gemeinschaftlich geführte Tätigkeiten	25–36
4.1 Merkmale, Anwendungsfälle	25–27
4.2 Bilanzierung beim Partnerunternehmen in Abhängigkeit von der Abrechnungsform	28–32
4.2.1 Eigene Ausgaben, eigene oder gemeinsame Erlöse	28–30
4.2.2 Ergebnis- statt Erlösteilung	31–32
4.3 Sonderprobleme	33–36
4.3.1 Auftragsfertigung	33–35
4.3.2 Drohende Verluste	36
5 Gemeinschaftlich geführtes Vermögen	37–49
5.1 Merkmale, Anwendungsfälle	37–39
5.2 Bilanzierung beim Partnerunternehmen	40
5.3 Sonderprobleme	41–49
5.3.1 Eigene Schulden	41–44
5.3.2 Gewinnrealisierung bei Lieferungen an und Einlagen in das *joint venture*	45–49
6 Gemeinschaftsunternehmen	50–88
6.1 Merkmale, Anwendungsfälle	50–57
6.2 Bilanzierung im Einzelabschluss des Partnerunternehmens	58–59
6.3 Quotale Konsolidierung im Konzernabschluss	60–81
6.3.1 Überblick	60–61
6.3.2 Anwendung von IAS 27 und IFRS 3	62
6.3.3 Kapitalkonsolidierung	63–64

Lüdenbach

6.3.4 Konsolidierung von Forderungen und Verbindlichkeiten 65
6.3.5 Zwischenergebniseliminierung, Einlagen, Sachgründungen 66–70
6.3.6 Währungsumrechnung 71
6.3.7 Sonderproblem abweichender Kapital- und Gewinnanteile 72–74
6.3.8 Statuswechsel vom Finanzinstrument oder assoziierten Unternehmen zum Gemeinschaftsunternehmen 75
6.3.9 Beendigung der quotalen Konsolidierung durch (Teil-)Veräußerungen oder Hinzuerwerb 76–81
6.4 *Equity*-Konsolidierung im Konzernabschluss 82–83
6.5 Konsistenz in der Anwendung des Bilanzierungswahlrechts? 84
6.6 Bilanzpolitische und technische Beurteilung des Bilanzierungswahlrechts 85
6.7 Konzernbilanzierung gemäß IFRS 5 in Ausnahmefällen 86–87
6.8 Bilanzierung im Abschluss eines einfachen Investors ... 88
7 Latente Steuern 89–90
8 Ausweis 91
9 Angaben 92–95
10 Anwendungszeitpunkt, Rechtsentwicklung 96–97
11 Zusammenfassende Praxishinweise 98–99

Schrifttum: DUSEMOND, Quotenkonsolidierung vs. Equity-Methode, Kritische Analyse der Vorteilhaftigkeit anhand praxisrelevanter Kennzahlen, DB 1997, S. 1781ff.; EISELE/RENTSCHLER, Gemeinschaftsunternehmen im Konzernabschluss, in BFuP, Heft 4, 1989, S. 309-324; ERNST & YOUNG, International GAAP 2005, S. 487; HARMS/KNISCHEWSKI, Quotenkonsolidierung vs. Equity-Methode im Konzernabschluss. Ein bilanzpolitisches Entscheidungsproblem, DB 1985, S. 1353ff.; HAYN, in: Beck'sches IFRS-Handbuch, 2. Aufl. 2006, §§ 34 und 35; HEUSER/THEILE, IAS/IFSR-Handbuch, 2. Aufl., 2005; KLEBER, IAS 31, in: BAETGE u. a., Rechnungslegung nach IAS, 2. Aufl., 2005; LÜDENBACH, Joint venture trotz Stimmrechtsmehrheit, PiR 2005, S. 80ff.; LÜDENBACH, Bilanzierung der Sacheinlage von Unternehmen oder einzelnen Vermögenswerten, PiR 2006, S. 93ff; NIEHUS, Die Rechnungslegung der Gemeinschaftsunternehmen, in: WYSOCKI/SCHULZE-OSTERLOH, Handbuch des Jahresabschlusses in Einzeldarstellungen: 1997, Abt. VII/1; RUHNKE/KLUGE, Gemeinschaftsunternehmen im Konzernabschluss nach IAS und HGB, RIW 1996, S. 577ff.; SCHMIDT/LABRENZ, Bilanzierung von Gemeinschaftsunternehmen nach IFRS, KoR 2006, S. 467ff.

Lüdenbach

Vorbemerkung

Die Kommentierung bezieht sich auf IAS 31 in der aktuellen Fassung und berücksichtigt alle Änderungen, Ergänzungen und Interpretationen, die bis zum 1.1.2007 beschlossen wurden. Einen Überblick über ältere Fassungen sowie über diskutierte oder schon als Änderungsentwurf vorgelegte künftige Regelungen enthalten Rz 95f.

1 Zielsetzung, Regelungsinhalt und Begriffe

1.1 Rechnungslegung bei gemeinschaftlichen wirtschaftlichen Aktivitäten

In der deutschen Überschrift von IAS 31 – "Anteile an *joint ventures*" – kommt der Inhalt des Standards nur unvollkommen zum Ausdruck. IAS 31 regelt **nicht nur** die Bilanzierung und Konsolidierung von **Anteilen an Gemeinschaftsunternehmen**. Der Standard befasst sich vielmehr generell mit Fragen der Rechnungslegung bei **gemeinschaftlichen** wirtschaftlichen Aktivitäten. Hierbei unterscheidet IAS 31:

- gemeinschaftlich geführte **Tätigkeiten** *(jointly controlled operations;* Rz 25ff.),
- gemeinschaftlich geführtes **Vermögen** *(jointly controlled assets;* Rz 37ff.) und
- Gemeinschafts**unternehmen** *(jointly controlled entities;* Rz 50ff.).

Nur im **letzten** Fall geht es um die **Bilanzierung** und **Konsolidierung** von **Anteilen** an einer Gesellschaft. In den beiden anderen Fällen fehlt es gerade am Bilanzierungs- oder Konsolidierungsobjekt „Anteile". Aber auch hier können sich spezifische Rechnungslegungsprobleme ergeben, etwa wenn im Falle gemeinschaftlicher Tätigkeiten zwar keine vom Partnerunternehmen getrennte Vermögenssphäre entsteht, die Partnerunternehmen aber insofern ein gemeinsames Geschäft führen, als sie Erlöse und Erfolge untereinander aufteilen. Für alle derartigen Fälle trifft IAS 31 Bilanzierungsregelungen mit teils klarstellendem, teils konstitutivem Charakter.

Voraussetzung für die Anwendung des Standards ist jeweils das Vorliegen eines *joint venture* im Sinne der **Definition** von IAS 31.3, d. h.

- eine **vertragliche Vereinbarung**,
- in der **zwei oder mehr Parteien**
- eine **wirtschaftliche** Tätigkeit
- unter **gemeinschaftlicher Führung***(joint control)*

vollziehen.

Diese Definition ist **weit** gefasst. Sie umfasst in der **Praxis** sowohl

- Arbeitsgemeinschaften aus der **Bauindustrie**,
- Kredit- oder Emissionskonsortien aus dem **Finanzsektor**,
- Explorations-Konsortien aus der **Ölindustrie** als auch

Lüdenbach

- Arbeitsgemeinschaften oder Konsortien aus dem **Großanlagenbau** und viele andere Fälle.

6 Nach der Art der vertraglichen Bindung kommen in Frage:
- **Innengesellschaften,**
- **BGB-Außengesellschaften,**
- **Kapitalgesellschaften,**
- **Personenhandelsgesellschaften.**

1.2 Verhältnis zu IAS 27, IAS 28 und IAS 22

7 Die Beteiligung an einem **Gemeinschaftsunternehmen** *(jointly controlled entity)* kann im **Konzernabschluss** wahlweise
- durch **Quotenkonsolidierung** (IAS 31.30) oder
- nach der *equity*-Methode (IAS 31.38)

erfasst werden.

8 Die dabei jeweils anzuwendenden Detailregelungen sind primär nicht in IAS 31, sondern in anderen Standards erläutert. Von besonderem Interesse sind IAS 27, IAS 28 und IFRS 3. Im Einzelnen ergeben sich folgende Bezüge:
- **IAS 27** ist für den Fall der **Quotenkonsolidierung** relevant, da dort für Vollkonsolidierungsfälle festgehaltene Konsolidierungsregelungen (Methodenvereinheitlichung, Zwischenergebniseliminierung usw.) gem. IAS 31.33 für die Quotenkonsolidierung **analog** gelten (§ 32 Rz 105ff.).
- **IAS 28** ist für den Fall der *equity*-Bewertung heranzuziehen. IAS 31.40 enthält sich einer Beschreibung der *equity*-Methode und verweist insofern auf IAS 28 (→ § 33 Rz 34ff.).
- **IFRS 3** mit seinen Regelungen zur Kapitalkonsolidierung usw. ist in beiden Fällen von Bedeutung, da damit zusammenhängende Fragen der *goodwill*-Ermittlung usw. sich sowohl bei der Quotenkonsolidierung (explizit) als auch bei der *equity*-Konsolidierung (implizit, d. h. in Nebenrechnung) stellen (→ § 31 Rz 14ff.).

1.3 Keine Pflichtanwendung von IAS 31 auf Beteiligungen von *venture-capital*-Gesellschaften und Fonds

9 Nach IAS 31.1 haben *venture-capital*-Gesellschaften, **Investmentfonds** *(mutual funds, unit trust)*, fondsgebundene (Lebens-)**Versicherungen** und ähnliche Unternehmen im Konzernabschluss hinsichtlich Beteiligungen an *joint ventures* ein im Zeitpunkt des Zugangs der Anteile auszuübendes **Wahlrecht** zwischen
- Konsolidierung gem. IAS 31 oder
- erfolgswirksamer *fair-value*-Bilanzierung als *trading asset* bzw. designiertes *trading asset* gem. IAS 39 (→ § 28 Rz 145).

Nach der **Begründung** des IASB ist der *fair-value*-Ansatz vorzuziehen, weil die Bilanzen der Gesellschafter sonst durch häufige Methodenänderungen (durch

Lüdenbach

Zuerwerb von Anteilen bzw. Aufwärtskonsolidierungen) und Entkonsolidierungen an Übersichtlichkeit verlören (IAS 31.BC7).

Voraussetzung für den Ansatz nach IAS 39 ist
- die Kategorisierung oder Designation des Anteils als *trading asset* (Erfolgswirksamkeit der *fair value*-Bewertung) sowie
- die zuverlässige Bestimmbarkeit des *fair value*. Ist diese nicht gegeben und wäre daher nach den Grundsätzen von IAS 39 hilfsweise ein Anschaffungskostenansatz geboten, bleiben auch *venture-capital*-Gesellschaften und Fonds insoweit zur Anwendung von IAS 31 verpflichtet.

Fehlt es an der Absicht, den Anteil am *joint venture* kurzfristig wieder zu veräußern, und ist der Anteil auch nicht Teil eines unter dem Gesichtspunkt kurzfristiger Gewinnerzielung gemanagten Portfolios, z. B. weil sich die Gesellschaft auf die Erzielung strategischer Gewinne konzentriert, liegt also kein notwendiges *trading asset* vor, kommt nur die **Widmung** (Designation) in Frage. Diese Designation kann anders als bei einfachen Anteilen frei ohne die Anwendungsrestriktionen erfolgen, die sich aus dem im Juni 2005 verabschiedeten *Amendment* zu IAS 39 „*The fair value option*" ergeben (→ § 28 Rz 34).

> **Beispiel**
> Eine *venture-capital*-Gesellschaft hält Anteile an *joint ventures* und assoziierten Unternehmen, daneben einfache Anteile ohne signifikanten Einfluss. Sie möchte sämtliche Anteile der erfolgswirksamen *fair-value*-Bewertung unterwerfen.
> Nach IAS 31.1. bzw. IAS 28.1 ist die Gesellschaft frei, die Anteile an *joint ventures* und assoziierten Unternehmen der *fair-value*-Bewertung zu unterwerfen.
> Für die einfachen Anteile ist ein solches Vorgehen jedoch nur zulässig, wenn sie gem. IAS 39.9(b)(ii) Teil eines einheitlich nach *fair-value*-Gesichtspunkten gesteuerten Portfolios sind. Hiervon wird bei *venture-capital*-Gesellschaften regelmäßig auszugehen sein. Gem. IAS 39.AG4I können die einfachen Anteile dann der gleichen erfolgswirksamen *fair-value*-Bewertung unterworfen werden wie die anderen Anteile.

IAS 31 (und IAS 28) enthalten keine Kriterien für die **Qualifizierung** eines Unternehmens **als** *venture-capitalist*. Insoweit ist die Verkehrsanschauung bzw. der am Kapitalmarkt herrschende Sprachgebrauch zu Grunde zu legen. Danach ist eine Gesellschaft als *venture capitalist* anzusehen, wenn sie
- eine **Vielzahl** von Beteiligungen hält oder nach ihrem Gründungsstadium halten wird,
- neben den Investment-Aktivitäten und -Vermögenswerten (enthaltend auch die Vergabe von Fremdkapital an die Beteiligungsunternehmen) **keine signifikanten anderen Aktivitäten und Vermögenswerte** vorliegen und

Lüdenbach

- die Beteiligungserwerbe mit einer **Exit-Strategie** (Veräußerung, Börsengang etc.) erfolgen.

In einem **diversifiziert** tätigen Konzern wird die **zweite Bedingung** nur selten erfüllt sein. Einer im Schrifttum vertretenen Ansicht zufolge soll es hier ausreichen, wenn die Investment-Aktivitäten und -Vermögenswerte klar von anderen Aktivitäten und Vermögenswerten getrennt sind (eigenes Management; eigenes Reporting usw.).[1] Diese Ansicht ist für sehr große Konzerne u. E. nicht sachgerecht. Die Ratio Legis des Wahlrechts besteht darin, nicht durch zu viele Methodenänderungen (Zuerwerb von Anteilen bzw. Aufwärtskonsolidierungen) und Entkonsolidierungen an Übersichtlichkeit zu verlieren (IAS 31.BC7). Bei einem großen Konzern mit einer dreistelligen Zahl von Beteiligungen sind Aufwärtskonsolidierungen und Entkonsolidierungen aber ohnehin beinahe „Tagesgeschäft". Mittelfristig angelegte Investments der *venture-capital*-Abteilung unterscheiden sich in dieser Hinsicht nur noch graduell von dem übrigen Geschäft. Für eine **Sonderbehandlung** besteht dann **keine Rechtfertigung** mehr.

2 Überblick: Erscheinungsformen des *joint venture* und deren bilanzielle Behandlung

2.1 Erscheinungsformen: Gemeinschaftliche Führung von Tätigkeiten, Vermögen oder Unternehmen

11   In **idealtypischer** Betrachtung unterscheiden sich die verschiedenen durch IAS 31 geregelten Formen des *joint venture* wie folgt:

- **Gemeinschaftliche Tätigkeiten** *(jointly controlled operations):* Vertragliche Grundlage ist eine **Innengesellschaft**, gegebenenfalls auch ein schuldrechtlicher Vertrag. Es existiert **kein gemeinschaftliches Vermögen**. Lediglich Erlöse bzw. Ergebnisse aus den gemeinschaftlich betriebenen Geschäften werden **aufgeteilt** (Rz 25ff.).
- **Gemeinschaftliches Vermögen** *(jointly controlled assets):* Vertragliche Grundlage ist in der Regel eine **BGB-Außengesellschaft** mit **Gesamthandsvermögen** oder eine **Bruchteilsgemeinschaft**.[2] Daneben kann eigenes Vermögen eingesetzt werden. Es liegt **keine umfassende gemeinschaftliche Unternehmertätigkeit** vor (Rz 37ff.).
- **Gemeinschaftsunternehmen** *(jointly controlled entities):* Vertragliche Grundlage ist der Gesellschaftsvertrag einer **Kapitalgesellschaft** oder einer **Personenhandelsgesellschaft**. Über diese Gesellschaft ist das Vermögen als

---

[1] KMPG, Insights into IFRS, 3. Aufl., 2006, Tz 3.5.200.
[2] Bruchteilsgemeinschaft eher als Ausnahmefall, da ein *joint venture* i. d. R. gemeinsame Zweckverfolgung voraussetzt, wodurch eine Gesellschaft entsteht.

Lüdenbach

Sondervermögen oder gesamthänderisch gebunden. Die Gesellschaft selbst ist umfassend unternehmerisch tätig (Rz 50ff.).

Die nachfolgende Tabelle fasst die typischen Merkmale zusammen und gibt jeweils ein Beispiel: 12

	typische Rechtsform	gem. Vermögen	Beispiel
gem. Tätigkeit	BGB-Innen- o. Außengesellschaft	kein (relevantes) gem. Vermögen	ARGE in Bauindustrie
gem. Vermögen	BGB-Außengesellschaft oder Bruchteilsgemeinschaft	Gesamthands- oder Bruchteilseigentum	Ölgesellschaften besitzen gemeinsam eine Pipeline und teilen Aufwendungen.
gem. Unternehmen	Kapital- oder Personenhandelsgesellschaft	Gesamthandsvermögen	Deutscher Produzent gründet mit japanischer Handelskette Verkaufsgesellschaft in Japan.

Tab. 1: Erscheinungsformen des *joint venture*

Hierbei handelt es sich nur um **idealtypische Betrachtungen**. In der Vertragspraxis kommt eine Vielzahl von „gemischten" Formen der Zusammenarbeit vor, deren Abgrenzung und Zuordnung nicht immer einfach sind. Insbesondere stellen sich folgende Fragen: 13

- Reichen nur abrechnungs- und haftungstechnisch begründete **gemeinschaftliche Bank- und Finanzierungskonten** aus, um **gemeinschaftliches Vermögen** zu bejahen und gemeinschaftliche Tätigkeiten auszuschließen? U. E. ist dies nicht der Fall (Rz 39). Zwar setzt IAS 31.13 voraus, dass jeder Partner einer gemeinschaftlich geführten Tätigkeit seine eigene Finanzierung aufbringt. Aus der Sicht des *substance-over-form*-Prinzips kann es jedoch nicht darauf ankommen, ob eine Haftungsgemeinschaft formell durch einen gemeinsamen Finanzierungsvertrag (keine gemeinschaftliche Tätigkeit?) oder wirtschaftlich gleichwertig durch Einzelfinanzierungen mit gesamtschuldnerischer Haftung (gemeinschaftliche Tätigkeit?) umgesetzt wurde. Insoweit wird man gemeinschaftliches Vermögen i. d. R. nur bei relevanten, zum gemeinsamen Nutzen eingesetzten **sachlichen und immateriellen Vermögenswerten** annehmen können (IAS 31.18; Rz 26 u. Rz 37).
- Reicht eine als alleiniger Vertragspartner des Auftraggebers fungierende **Außengesellschaft** schon aus, um ein *joint venture* zu bejahen? U. E. ist dies nicht der Fall. Man wird hier u. a. die **Gewinnverteilungsabrede** würdigen müssen. Erhält jeder Partner einen Prozentanteil am Gesamt-

ergebnis des Projektes, entsteht gemeinsame Kosten- und Ergebnisverantwortung, die sich i. d. R. in gemeinschaftlichem Handeln ausdrücken wird *(joint venture)*. Erhält jeder Partner hingegen einen im Voraus bestimmten Erlösanteil, während Kosten voll auf eigenes Risiko gehen, hätte die Außengesellschaft lediglich abrechnungs- und haftunsgtechnische Funktion (kein *joint venture*; Rz 31).

14 Zum Ganzen folgendes Beispiel:

> **Beispiel**
> Tiefbauunternehmen T, Hochbauunternehmen H und Installateur I führen gemeinsam als ARGE in der Rechtsform der BGB-Außengesellschaft den Bau eines Hochhauses durch.
> - Vertragspartner des Auftraggebers ist die ARGE.
> - Die ARGE hat kein eigenes Personal und kein eigenes Anlage- oder Vorratsvermögen.
> - Sie hat lediglich ein laufendes Bankkonto, über das die Erlöse vereinnahmt und unter Berücksichtigung der vertraglichen Vereinbarungen unmittelbar an die Gesellschafter (oder die bauzeitfinanzierende Bank) weitergeleitet werden. Vertragspartner der bauzeitfinanzierenden Bank ist die ARGE. Die Bank hatte alternativ auch Einzelfinanzierungsverträge bei gesamtschuldnerischer Haftung der ARGE-Partner angeboten.
>
> **Beurteilung**
> **Gemeinschaftsunternehmen?**
> Dagegen spricht nicht die Rechtsform der ARGE (BGB-Gesellschaft). IAS 31.24 verlangt eine „Kapitalgesellschaft, Personenhandelsgesellschaft *(partnership)* oder andere rechtliche Einheit". Die ARGE ist eine andere rechtliche Einheit. Jedoch verfügt die ARGE über keine (funktional) wesentlichen gesamthänderischen Vermögenswerte; außerdem ist ihr Zweck begrenzt auf ein Projekt. Die ARGE betätigt sich gerade nicht (umfassend) „wie jedes andere Unternehmen" (IAS 31.24).
> **Gemeinschaftlich geführtes Vermögen?**
> Es existiert gemeinschaftliches Vermögen. Dieses beschränkt sich jedoch auf das lediglich durchgangs- bzw. abrechnungstechnisch geführte Bankkonto (bzw. vorher der Forderungen aus Lieferungen und Leistungen) sowie die Bauzeitfinanzierung, die wirtschaftlich ebenso über Einzelfinanzierungen mit gesamtschuldnerischer Haftung hätte dargestellt werden können. Sachliche Vermögenswerte, die gemeinschaftlich eingesetzt werden und gemeinschaftlichen Nutzen bringen (IAS 31.18), liegen nicht vor.
> **Gemeinschaftlich geführte Tätigkeit?**
> Dagegen spricht nicht der Charakter der ARGE als Außengesellschaft. Sie ist dies nur begrenzt bzw. in einem technischen Sinne, z. B. deshalb, weil

Lüdenbach

der Auftraggeber nur einen einzigen Vertragspartner bei voller Haftung aller Partnerunternehmen haben will. Die Partner bündeln ihr *know-how* und ihr Leistungsspektrum in der ARGE. Die ARGE könnte insoweit typische gemeinschaftlich geführte Tätigkeit i. S. von IAS 31.14 sein. Dagegen spricht allerdings, dass nicht, wie in IAS 31.13 angenommen, jeder Partner seine eigene Finanzierung aufbringt. (Aus gemeinsamem Bankkonto und gemeinsamer Finanzierung können sich im Übrigen weitere Komplizierungen ergeben: Zu welchem Anteil soll das Partnerunternehmen die Positionen in seiner Bilanz erfassen? Der Gewinn- oder Erlös-Verteilungsschlüssel der ARGE kann unangemessen sein, wenn z. B. der Tiefbau zeitlich als Erstes die Finanzierung beansprucht und Geld und (Abschlags-)Erlöse herbeiführt.)

Kein *joint venture*?
Wenn die ARGE lediglich abrechnungs- und haftungstechnisch eingesetzt wird, fehlt es möglicherweise an der gemeinschaftlichen Führung wirtschaftlicher Tätigkeiten. Es kann hier u. a. auf die **Gewinnvereinbarung** ankommen.

- Erhält jeder Partner einen Prozentanteil am Gesamtergebnis des Projektes, entsteht gemeinsame Kosten- und Ergebnisverantwortung, die sich i. d. R. in gemeinschaftlichem Handeln ausdrücken wird. Ein *joint venture* läge vor, wobei trotz gemeinsamer Finanzierung am ehesten die gemeinschaftlich geführte Tätigkeit in Frage käme.
- Erhält jeder Partner hingegen einen im Voraus bestimmten Erlösanteil (nach Abzug des entsprechenden Finanzierungskostenanteiles), während Kosten usw. voll auf eigenes Risiko gehen, hätte die ARGE lediglich abrechnungstechnische Funktion. Ein *joint venture* wäre kaum zu bejahen.
- Vgl. hierzu auch Rz 25ff. und Rz 51ff.

2.2 Bilanzielle Behandlung in Einzel- und Konzernabschluss des Partnerunternehmens

IAS 31 behandelt die Rechnungslegung im Abschluss des Partnerunternehmens. Für die Bilanzierung beim *joint venture* selbst, soweit dieses überhaupt bilanzierungspflichtig ist, wird keine Regelung getroffen. Insofern gelten die allgemeinen Grundsätze, wobei fraglich ist, ob ein nach Personengesellschaftsrecht verfasstes *joint venture* Eigenkapital i. S. von IAS 32 haben kann (→ § 20 Rz 18). 15

Nachstehende Tabelle zeigt die Regeln **zur Bilanzierung beim Partnerunternehmen** in Abhängigkeit von der Form des *joint venture*. 16

Lüdenbach

	Bilanzierung beim Partnerunternehmen PU	
	Konzernabschluss	Einzelabschluss
gem. Tätigkeit IAS 31.15	PU bilanziert eigenes Vermögen, eigene Schulden PU erfasst getätigte eigene Aufwendungen und anteilige Erträge (Berücksichtigung Ausgleichspflichten bzw. -rechte als Schuld/Aufwand bzw. Forderung/Ertrag)*	
gem. Vermögen IAS 31.21	PU bilanziert anteiliges Vermögen, anteilige Schulden (neben eigenem Vermögen und eigenen Schulden) PU erfasst eigene Aufwendungen und anteilige Aufwendungen und Erträge des *joint venture* sowie anteilige Aufwendungen in Bezug auf *joint venture*, z. B. aus Finanzierung (bei im eigenen Namen für Rechnung aller eingegangenen Schulden Bilanzierung einer Ausgleichsforderung, bei entsprechender Handhabung durch anderes Partnerunternehmen Bilanzierung einer Ausgleichsverpflichtung)*	
gem. Unternehmen	Wahlrecht (Rz 18): quotale (IAS 31.30) oder *equity*-Konsolidierung (IAS 31.38)	Wahlrecht (IAS 31.46 i. V. m. IAS 27.37) AK oder *fair value*

* = nicht ausdrücklich geregelt
Tab. 2: Bilanzierung beim Partnerunternehmen

17 Fraglich ist, ob die in IAS 31 enthaltenen Regelungen zur Bilanzierung bei gemeinschaftlicher Tätigkeit und gemeinschaftlichem Vermögen konstitutiven Charakter haben, also Sonderrecht schaffen. Nach unserer Auffassung ist dies nicht der Fall. IAS 31 hält in Bezug auf **gemeinschaftliche Tätigkeiten und Vermögen** lediglich **deklaratorisch** fest, was sich ohnehin aus allgemeinen Bilanzierungsgrundsätzen ergibt:

- Bei gemeinschaftlicher **Tätigkeit** fehlt es an gemeinschaftlichem **Vermögen**. Jedes Unternehmen hat nach allgemeinen Bilanzierungsregeln sein **eigenes** Vermögen und seine **eigenen** Schulden auszuweisen. Jedes Partnerunternehmen hat die im Innenverhältnis zu tragenden Aufwendungsanteile sowie eigenen Aufwendungen zu berücksichtigen und die ihm anteilig zustehenden realisierten Erträge auszuweisen. Bei Mitvereinnahmung für die anderen ist dann die Ausgleichspflicht als Schuld und Ertragsminderung zu berücksichtigen, bei Mitvereinnahmung durch die anderen der Ausgleichsanspruch als Forderung und Ertragserhöhung einzubuchen. Ggf. liegt in derartigen Konstellationen allerdings überhaupt

Lüdenbach

kein *joint venture* vor mit der Folge, dass Gewinnausgleichsverpflichtungen und -ansprüche in der GuV nicht nach den *joint-venture*-Vorschriften, sondern analog § 277 Abs. 3 S. 2 HGB als Aufwendungen und Erträge aufgrund einer **Gewinngemeinschaft** erfasst werden (Rz 31f.).

- Existiert nur **gemeinschaftliches Vermögen**, hingegen kein bilanzierungsfähiger Anteil, muss das Vermögen nach allgemeinen Grundsätzen anteilig bei den Partnerunternehmen erfasst werden. Da es an einem bilanzierungsfähigen Gesellschaftsanteil fehlt, können die Ergebnisse aus dem *joint venture* auch nicht als Beteiligungserträge, sondern nur anteilig in den entsprechenden Erlös- und Aufwandspositionen berücksichtigt werden.

Bei der Bilanzierung von **Gemeinschaftsunternehmen** schafft IAS 31 hingegen konstitutive Regelungen durch die Zulassung eines **Wahlrechtes** zwischen quotaler und *equity*-Konsolidierung im **Konzernabschluss** bzw. zwischen Anschaffungskosten- und *equity*-Ansatz im **Einzelabschluss** (Rz 59).

3 Allgemeine Merkmale eines *joint venture*

3.1 Vertragliche Vereinbarung

Ein *joint venture* setzt gem. IAS 31.7 voraus:
- eine **vertragliche Vereinbarung**,
- die eine **gemeinschaftliche Führung** begründet.

Zum **Kriterium der vertraglichen Vereinbarung** hält IAS 31.9 Folgendes fest: „Die Existenz einer vertraglichen Vereinbarung unterscheidet Anteile mit gemeinschaftlicher Führung von Anteilen an assoziierten Unternehmen." Der Sinn dieser Aussage bleibt dunkel.

- Wörtlich genommen ist die Behauptung unzutreffend, da auch bei Anteilen an assoziierten Unternehmen (gesellschafts-)vertragliche Vereinbarungen vorliegen.
- Andererseits kann die vorgenannte Behauptung aber auch nicht in der Weise interpretiert werden, dass ein *joint venture* notwendig mehr als gesellschaftsvertragliche Vereinbarungen voraussetzt. Dies würde im Widerspruch zu IAS 31.10 stehen, wonach die fragliche vertragliche Vereinbarung auch Bestandteil der Satzung des *joint venture* sein kann.
- Auch die als typisch in IAS 31.10 genannten Inhalte einer vertraglichen Vereinbarung (Tätigkeit und Dauer, Bestimmung von Organen und Stimmrechten, Bestimmung von Einlageverpflichtungen, Regeln zur Ergebnisverteilung) sind klassische Bestandteile eines einfachen Gesellschaftsvertrages.

Das **Kriterium der vertraglichen Vereinbarung** ist somit **untauglich** für die Abgrenzung zwischen Gemeinschafts- und assoziierten Unternehmen. Es grenzt *joint ventures* nur gegenüber allerdings schwer vorstellbaren vertragslosen Zuständen ab. Selbst soweit ein Gesellschaftsvertrag unwirksam ist, ist sie

Lüdenbach

(im Anwendungsbereich des deutschen Rechts) nach der Lehre von der fehlerhaften Gesellschaft wie eine wirksame zu behandeln. Diesem Gedanken müsste auch die Bilanzierung folgen.

3.2 Gemeinschaftliche Führung

22 Tauglicheres Kriterium für die Definition eines *joint venture* ist die **gemeinschaftliche Führung**. Sie grenzt Gemeinschafts- von Tochterunternehmen ab. Hat ein **einzelnes** Unternehmen die **Beherrschung** über die durch den Vertragszweck gegebenen Aktivitäten, so liegt kein *joint venture*, sondern z. B. im Falle gesellschaftsvertraglicher Bindungen ein **Tochterunternehmen** dieses Gesellschafters vor. Die anderen gesellschaftsrechtlich Beteiligten sind dann entweder einfache Gesellschafter, die ihren Anteil nach IAS 39 (→ § 28) auszuweisen haben, oder Gesellschafter mit maßgeblichem Einfluss, die gemäß IAS 28 (→ § 33) einen Anteil an einem assoziierten Unternehmen ausweisen.

23 Das Kriterium der gemeinschaftlichen Führung bezieht sich auf solche Entscheidungen, die für die Ziele des *joint venture* von grundlegender Bedeutung sind. Derartige Entscheidungen bedürfen der Zustimmung aller Partnerunternehmen oder einer festgelegten Mehrheit, die kein einzelner Gesellschafter erreicht (IAS 31.11). Das Kriterium der gemeinschaftlichen Führung verlangt hingegen **nicht gleiche Beteiligungsverhältnisse**. Hierzu folgendes Beispiel:

> **Beispiel**
> Am *joint venture* X sind beteiligt (jeweils Kapitalanteil = Stimmrecht):
> A mit 60 %
> B mit 30 %
> C mit 10 %.
> In der Geschäftsführung sind A und B vertreten. Jeder ist einzelvertretungs- und einzelgeschäftsführungsberechtigt. Die Geschäftsführung muss für den Jahresbudgetplan sowie alle grundlegenden Entscheidungen, sofern sie nicht durch den Jahresbudgetplan gedeckt sind, die vorherige Zustimmung der Gesellschafterversammlung einholen. Die Gesellschafterversammlung entscheidet mit 75 %.
>
> **Beurteilung**
> A und B sind Partnerunternehmen, die das *joint venture* gemeinsam führen. Zwar ist B nur mit 30 % beteiligt. Ohne seine Zustimmung kann in der Gesellschafterversammlung jedoch nicht entschieden werden.
> C ist einfacher Investor (Rz 88).

Auch bei einer aus zwei Parteien bestehenden Gesellschaft mit Stimmrechtsmehrheit eines Gesellschafters kann gleichwohl ein Gemeinschaftsunternehmen vorliegen; entscheidend ist immer, welche Mitwirkungsrechte Satzung oder sonstige Vereinbarungen dem Minderheitsgesellschafter gewähren. Hierzu wird auf → § 32 Rz 32 verwiesen.

Lüdenbach

Die **Zahl der Partnerunternehmen** kann auch bei Gleichberechtigung nicht beliebig vermehrt werden. Verfügt etwa eine Gesellschaft über 10 Gesellschafter, die zu je 10 % beteiligt sind, und ist für jede wesentliche Entscheidung Einstimmigkeit gefordert, so können zwar die Gesellschafter das Unternehmen nur gemeinsam beherrschen. Andererseits liegt aber jede Beteiligung noch unterhalb der Schwelle eines assoziierten Unternehmens (maßgeblicher Einfluss fehlt). Es ist in diesem Fall sachgerecht – trotz Gemeinschaftlichkeit, Größengleichheit usw. –, „einfache" Anteile im Sinne von IAS 39 (→ § 28) anzunehmen.

24

4 Gemeinschaftlich geführte Tätigkeiten

4.1 Merkmale, Anwendungsfälle

In IAS 31 findet sich **keine explizite Definition** der gemeinschaftlich geführten Tätigkeit. Aus IAS 31.13 lassen sich jedoch folgende idealtypischen Merkmale ableiten:

25

- Jedes Partnerunternehmen verwendet **eigenes Vermögen** und eigene Ressourcen.
- Jedes Partnerunternehmen verursacht seine **eigenen Aufwendungen und Schulden.**
- Jedes Partnerunternehmen bringt seine **eigene Finanzierung** auf.
- Die Teilung der Erlöse bzw. Erfolge wird **nicht** über **eine Kapitalgesellschaft, Personenhandelsgesellschaft**(*„partnership"*) oder eine separate Vermögens- und Finanzstruktur erreicht, sondern in sonstiger vertraglicher Weise.

Die gemeinschaftlich geführte Tätigkeit ist ein **Typus-Begriff**. Die jeweils vorliegenden und nicht vorliegenden Merkmale sind **einer Gesamtwürdigung** in Abgrenzung gegenüber den anderen Formen des *joint venture* zu unterziehen (Rz 11 ff.).

26

- Gegenüber den Gemeinschaftsunternehmen grenzt sich die gemeinschaftlich geführte Tätigkeit am deutlichsten dadurch ab, dass keine Kapitalgesellschaft, keine Personenhandelsgesellschaft oder **kein ähnliches rechtlich selbstständiges Unternehmen** vorliegt.
- Gegenüber dem gemeinschaftlich geführten Vermögen besteht der Hauptunterschied darin, dass es **an gemeinsamem** Vermögen, insbesondere gemeinsamem **Sachvermögen und immateriellem Vermögen** fehlt. Das Vorhandensein gemeinsamer Bankkonten und gemeinsamer Bankfinanzierungen bei gleichzeitigem Fehlen sonstiger gemeinschaftlicher Vermögenswerte spricht u. E. hingegen dann nicht gegen eine gemeinschaftliche Tätigkeit, wenn die Gemeinschaftlichkeit der Bankkonten und Bankfinanzierungen lediglich abrechnungs- und haftungstechnische Gründe hat (*substance over form*; Rz 14).

Lüdenbach

27 Praxisrelevante Beispiele für gemeinschaftlich geführte Tätigkeiten sind demnach z. B.:
- Arbeitsgemeinschaften in der Bauindustrie ohne Bildung von Gesellschaftsvermögen,
- Emissionskonsortien im Bankensektor,
- Explorationskonsortien in der Ölindustrie (sofern jedes Partnerunternehmen seine eigenen Anlagen verwendet).

4.2 Bilanzierung beim Partnerunternehmen in Abhängigkeit von der Abrechnungsform

4.2.1 Eigene Ausgaben, eigene oder gemeinsame Erlöse

28 Gemäß IAS 31.10 hat ein Partnerunternehmen einer gemeinschaftlich geführten Tätigkeit in seinem Einzel- und Konzernabschluss anzusetzen:
- die seiner **eigenen** Verfügungsmacht unterliegenden **Vermögenswerte** und die **selbst** eingegangenen **Schulden** und
- die getätigten **eigenen Aufwendungen** und die **anteiligen Erträge** aus den Leistungen des *joint venture*.

29 Soweit ausnahmsweise ein **Teil** des **Vermögens** noch **gemeinsam** gehalten wird, insbesondere Bankkonten und Finanzierungen, ist nach allgemeinen Regeln und unter analoger Anwendung von IAS 31.16 u. E. der Anteil an diesen gemeinsamen Werten auszuweisen. Erlöse können nach außen gemeinsam oder von jedem einzelnen selbst abgerechnet werden.

30 Die sich hieraus ergebende Handhabung ist im nachfolgenden Beispiel dargestellt:

> **Beispiel**
>
> Turbinenbauer T und Betonbauer B errichten als *joint venture* einen Staudamm mit Turbine zur Elektrizitätsgewinnung. Gemeinsame Vermögenswerte bestehen nicht. Für den *joint-venture*-Vertrag in der Form einer BGB-Gesellschaft bestehen folgende Alternativen:
>
> **Alternative 1: BGB-Außengesellschaft**
> - Die Außengesellschaft rechnet mit dem Auftraggeber ab, der Erlös wird im Verhältnis 9 : 1 auf B und T aufgeteilt.
>
> **Alternative 2: Innengesellschaft**
> - Jedes Partnerunternehmen rechnet separat mit dem Auftraggeber ab. Die insgesamt vereinnahmten Erlöse werden im Verhältnis 9 : 1 aufgeteilt.
>
> Vereinfacht sei eine Erlösrealisierung erst mit der Erbringung der Gesamtleistung unterstellt. Unter dieser Voraussetzung unterscheiden sich die beiden Alternativen nicht. Mit Gesamtfertigstellung weist jedes Partnerunternehmen seinen Anteil an den Erlösen aus. Es hat zuvor seine eigenen

Lüdenbach

Herstellungskosten zu aktivieren bzw. nicht aktivierungsfähige Kosten (z. B. Vertrieb) aufwandswirksam zu behandeln. Fallen daneben gemeinsame, nicht aktivierungspflichtige Aufwendungen an (kein gemeinsames Vorratsvermögen), die ebenfalls im Verhältnis 9 : 1 aufgeteilt werden, so ist der entsprechende Anteil mit Entstehen des Aufwands erfolgswirksam beim Partnerunternehmen zu erfassen.

Rechnet in der Alternative 2 B seine Leistungen schon vor T ab, so muss er berücksichtigen, dass nur 90 % dieses Betrags eigener Erlös sind, 10 % hingegen T zustehen. Diese Ausgleichsverpflichtung muss er ertragsmindernd passivieren, gleichzeitig die Ausgleichsforderung auf 90 % des nach außen von T erzielten Erlöses aktivieren. Beide Positionen sind zu saldieren und gleichen sich im einfachsten Fall aus.

4.2.2 Ergebnis- statt Erlösteilung

Anders kann sich die Situation darstellen, wenn der *joint-venture*-Vertrag keine Erlös-, sondern eine **Ergebnisteilung** vorsieht. Hierzu folgendes Beispiel:

31

Beispiel
A und B verfügen über aneinander angrenzende Baufelder, die jeweils mit Eigentumswohnungen bebaut werden sollen. Aus ablauftechnischen Gründen, aber auch aus Gründen der Vermarktung ist es nicht günstig, wenn beide gleichzeitig bauen werden. A und B vereinbaren deshalb Folgendes: Zunächst bebaut A Baufeld A (60 % der gesamten Bebauungsfläche), danach B Baufeld B (40 %). Das Gesamtergebnis soll gepoolt und im Verhältnis 60 zu 40 verteilt werden. Erzielt A im Baufeld A bei Erlösen von 100 und Aufwendungen von 80 einen Gewinn von 20, so muss er (sofern es sich um ein *joint venture* handelt) nur 60 % von Erlös, Aufwand und Ertrag ausweisen; in Höhe von 8 (40 % von 20) weist er eine Ausgleichsverpflichtung aus. Erzielt B anschließend bei der Bebauung des Baufeldes B einen Gewinn von 10, so weist A nunmehr 40 % der diesbezüglichen Erlöse und Aufwendungen aus, jedoch erst dann, wenn sie entstehen. Fraglich ist allerdings, ob im vorliegenden Fall überhaupt ein *joint venture* vorliegt, da lediglich das Ergebnis gepoolt und nicht, wie IAS 31.14 beispielhaft vorsieht, ein gemeinsames Produkt hergestellt und vermarktet wird. Nach unserer Auffassung besteht in diesem Fall kein Bedarf zur Anwendung der Vorschriften über ein *joint venture*. Sachgerechter erscheint eine Lösung, bei der jedes Unternehmen einerseits seine eigenen Erträge und Aufwendungen und andererseits analog § 277 (3) Satz 2 HGB die Erträge und Aufwendungen aufgrund der Gewinngemeinschaft gesondert unter entsprechender Bezeichnung ausweist (Rz 17).

Wie das Beispiel zeigt, sind die Übergänge zwischen *joint venture* und „einfacher" Gewinngemeinschaft gegebenenfalls **fließend**. In solchen Zweifelsfällen dient es u. E. besser dem zutreffenden Ausweis der Erlöse, Auf-

32

wendungen usw., wenn ein *joint venture* verneint und bei Vorliegen einer Gewinnpoolung die Grundsätze von § 277 (3) Satz 2 HGB analog angewendet werden.

4.3 Sonderprobleme

4.3.1 Auftragsfertigung

33 Das Partnerunternehmen hat im Falle der gemeinschaftlichen Geschäftstätigkeit seinen Anteil an den gemeinschaftlichen Erlösen und dem entsprechenden Gewinn dann auszuweisen, wenn diese realisiert sind. Für die **Gewinnrealisierung** gelten die Grundsätze der einschlägigen anderen Standards, d. h. im Allgemeinen IAS 18 (→ § 25), bei **Auftragsfertigung** jedoch IAS 11 (→ § 18).

34 Gerade in den klassischen *joint-venture*-Fällen des Hoch- und Tiefbaus sowie des Großanlagenbaus sind die Voraussetzungen für eine fortlaufende Ertragsrealisierung *(percentage of completion)* nach IAS 11 regelmäßig gegeben.

35 Die sich hieraus ergebenden Konsequenzen sind im folgenden Beispiel dargestellt:

Beispiel

S und W errichten als *joint venture* eine integrierte Schmiede- und Walzanlage. Die Schmiedetechnik wird von S, die Walztechnik von W geliefert.

- Der Auftrag zieht sich über mehr als einen Bilanzstichtag hin.
- Der Gesamterlös von 200 wird im Verhältnis 50 : 50 geteilt.
- Die Gesamtanlage weist zum Bilanzstichtag einen Fertigstellungsgrad von 75 % aus.

Bei einem Gesamterlös von 200 sind gemäß POC-Methode daher 150 als Erlös zu realisieren. Ist der Fertigstellungsgrad des Schmiedeteils zum Bilanzstichtag etwas höher als der des Walzteils, so dass sich beispielsweise ohne Betrachtung des *joint venture* ein Umsatz von 80 bei S und von 70 bei W ergäbe, und wird unterjährig entsprechend gebucht, so sind m. E. zwei Lösungen vertretbar:

A) Der zeitlich unterschiedlichen Leistungserbringung wird Rechnung getragen, der Erlös bei S mit 80 in 01 und mit 20 in 02 erfasst.

B) Die Erlöse von 80 werden um 5 gemindert (Erlös an Forderung aus POC), gleichzeitig wird der Aufwand korrigiert (Ausgleichsforderung gegen W an Aufwand).

4.3.2 Drohende Verluste

36 Unabhängig davon, ob es sich um den Fall einer Auftragsfertigung oder um eine normale Fertigung handelt, müssen die Partnerunternehmen zum Bilanzstichtag prüfen, ob nach ihrem Erlös- oder Ergebnisanteil ein **Verlust** zu erwarten ist.

- Im Falle einer normalen Ertragsrealisierung ist der Verlust gegen Rückstellungen zu buchen.

Lüdenbach

- Bei langfristiger Auftragsfertigung mindert der Verlust den Aktivposten Forderungen aus POC oder erhöht den Passivposten Verbindlichkeiten aus POC bzw. Fertigungsaufträge mit passivem Saldo (→ § 18 Rz 72).

5 Gemeinschaftlich geführtes Vermögen

5.1 Merkmale, Anwendungsfälle

IAS 31.18 befasst sich mit der **gemeinschaftlichen** Führung von Vermögenswerten folgenden Inhalts: 37
- gemeinsames **Eigentum** an einem oder mehreren Vermögenswerten,
- die für Zwecke des *joint venture* bzw. zum gemeinsamen Nutzen der Partnerunternehmen **eingesetzt** werden,
- wobei jedem Partnerunternehmen ein **Anteil an** den aus diesem Vermögen erbrachten **Leistungen und Aufwendungen** zuzurechnen ist.

Als **Anwendungsbeispiele** nennt IAS 31.20 den gemeinschaftlichen Betrieb einer Ölpipeline durch eine Anzahl von Ölfördergesellschaften oder die gemeinschaftliche Führung von Gebäuden, wenn jedes Partnerunternehmen die vereinbarten Anteile der Mieterträge erhält und entsprechend die vereinbarten Anteile der Aufwendungen trägt. 38

Die Beispiele gehen von **Sachanlagen** aus. Denkbar sind aber auch Fälle der gemeinsamen Investition in und Verwaltung von **Finanzanlagen** (Aktien usw.) sowie von **immateriellen Anlagen** (Lizenzierungen). Nicht ausreichend ist u. E. die gemeinsame Führung abrechnungstechnisch bedingter Bank- oder Darlehenskonten (Rz 13). 39

5.2 Bilanzierung beim Partnerunternehmen

Nach IAS 31.21 ist im Einzelabschluss und im Konzernabschluss des Partnerunternehmens Folgendes anzusetzen: 40
- Anteil am gemeinschaftlichen **Vermögen**, klassifiziert nach der Art des Vermögens, d. h. z. B. als Sachanlage, immaterielles Anlagevermögen usw. (nicht als Beteiligung),
- Anteil an gemeinschaftlich eingegangenen **Schulden**,
- Anteil an **Erträgen und Aufwendungen**,
- **im eigenen Namen**, z. B. zur Finanzierung der Teilhabe an den Vermögenswerten, eingegangene **Schulden**,
- **eigene Aufwendungen** in Bezug auf den Anteil am *joint venture*, beispielsweise aus der eigenen Finanzierungsverpflichtung.

Lüdenbach

5.3 Sonderprobleme

5.3.1 Eigene Schulden

41 Gemäß IAS 31.21b hat das Partnerunternehmen unter anderem die **im eigenen Namen eingegangenen Schulden** anzusetzen. Nach der Erläuterung in IAS 31.22b sind damit eingegangene Verpflichtungen zur Finanzierung des Anteils an den Vermögenswerten gemeint.

42 Daneben ist aber auch der Fall denkbar, dass z. B. aus Gründen der besseren Bonität nur ein Partnerunternehmen nach außen als Schuldner fungiert, während im Innenverhältnis die **Schulden gemeinschaftlich** getragen werden. Hierzu folgendes Beispiel:

> **Beispiel**
> Partnerunternehmen A, B und C halten zu je einem Drittel ein vermietetes Gebäude.
> - Wegen der besseren Bonität und Bankbeziehung wird die Finanzierung im Außenverhältnis allein von A getragen.
> - Im Innenverhältnis übernehmen jedoch B und C ihren Anteil an den Tilgungen und Zinsen.
>
> Unstrittig dürfte die anteilige Erfassung (1/3) der Zinsaufwendungen im Abschluss des A sein. Fraglich ist, wie mit den Schulden zu verfahren ist. Nach HGB muss A die teilweise für Fremdrechnung eingegangene Verbindlichkeit voll passivieren und im Gegenzug einen Ausgleichsanspruch ausweisen.[3]
> Nach dem Wortlaut von IAS 31.21b wäre in der IFRS-Bilanz entsprechend zu verfahren. Nach dem Grundsatz *substance over form* halten wir jedoch auch eine andere Vorgehensweise für gerechtfertigt, die zudem den Vorzug hat, zum anteiligen Ansatz der Vermögenswerte zu korrespondieren. Nach unserer Auffassung kann A auch nur ein Drittel der Verbindlichkeit passivieren und im Anhang die voll umfängliche Haftung offenlegen.

43 Nach Maßgabe des vorgenannten Beispiels ist u. E. für den Fall einer **überproportionalen Finanzierung durch einen Partner** dann zu verfahren, wenn im Innenverhältnis die anderen Partner ihren Anteil an den Schulden und den Aufwendungen übernehmen. Es ist aber auch denkbar, dass eine solche Schulden- und Aufwandsteilung nicht stattfindet, z. B. weil ein anderer Partner sonstige Leistungen (Know-how usw.) erbringt. In diesem Fall bleibt es bei der vollständigen Erfassung von Schulden und Aufwendungen bei dem finanzierenden Partner.

44 Wird der eigene Finanzierungsbeitrag ausdrücklich dem *joint venture* weiter belastet, d. h., entstehen beim Partnerunternehmen im Verhältnis zum *joint venture* Zinserträge und im *joint venture* selbst Aufwendungen, so sind u. E. die Beträge zu saldieren. Der alternative Ausweis eines Zinsaufwandes gegenüber

---

[3] Adler/Düring/Schmaltz, § 246 Tz 416.

der Bank, eines gleich hohen Zinsertrages gegenüber dem *joint venture* und eines anteiligen Zinsaufwandes aus dem *joint venture* würde zu zu hohen Zinsaufwendungen und zu tatsächlich nicht entstandenen Zinserträgen führen.

5.3.2 Gewinnrealisierung bei Lieferungen an und Einlagen in das *joint venture*

Nach IAS 31.48 hat ein Partnerunternehmen bei **Einbringung** oder **Verkauf** von Vermögenswerten in das *joint venture* einen **Gewinn** nur in Höhe der Fremdbeteiligungsquote zu **realisieren** bzw. im Umfang der Eigenbeteiligung zu **eliminieren**.

45

Nach seiner Stellung innerhalb von IAS 31 gilt die vorgenannte Vorschrift nicht nur für Gemeinschaftsunternehmen. Der vorausgesetzte Verkauf oder die vorausgesetzte gesellschaftsrechtliche Einlage (vgl. auch SIC 13) kommt jedoch bei **Vereinbarungen einer Bruchteilsgemeinschaft** nicht zum Tragen. Insoweit könnte hier die Anwendung zweifelhaft sein. Hierzu folgendes Beispiel:

46

> **Beispiel**
> A besitzt ein unbebautes Innenstadtgrundstück. B ist Bauunternehmer. A und B vereinbaren eine Bruchteilsgemeinschaft am Grundstück, im Gegenzug erbringt B die Bebauung des Grundstückes. Erträge und Aufwendungen aus dem bebauten Grundstück stehen beiden zu je 1/2 zu.
> Aus wirtschaftlicher Sicht spricht nichts dafür, die vereinbarte Bruchteilsgemeinschaft anders zu behandeln, als ob A und B eine BGB-Gesellschaft gegründet hätten, in die A das Grundstück und B die Bauleistung eingebracht hätte.
> In beiden Fällen darf A nur 1/2 der stillen Reserven im Grundstück realisieren und B nur die Differenz zwischen 1/2 des Grundstückswertes (Erlös) und 1/2 der Kosten der Bauleistung als Gewinn erfassen.

Während im Regelfall bei der Aufgabe von Alleineigentum und der Begründung von Gemeinschafts- bzw. Gesamthandseigentum der Gewinn zwar nicht eigenanteilig, aber fremdanteilig realisiert wird, hat eine **Gewinnrealisierung vollständig zu unterbleiben**, wenn

47

- entweder die wesentlichen Risiken und Chancen beim Partnerunternehmen verbleiben und nicht auf das *joint venture* übergehen (IAS 31.48) oder
- der Gewinn oder Verlust aus dem Einlagevorgang nicht verlässlich bestimmt werden kann (SIC 13.5G) oder
- der Tauschvorgang (Einlage gegen gesellschaftsrechtlichen Anteil) keine wirtschaftliche Substanz i.S. von IAS 16 und IAS 38 hat (SIC 13.5c). Im Einzelnen wird hierzu auf → § 13 Rz 19 verwiesen.

Ein Anwendungsfall der dritten Variante könnte etwa gegeben sein, wenn A und B ein *joint venture* gründen, in das beide unbebaute Grundstücke ein-

48

Lüdenbach

bringen, die sie anschließend gemeinschaftlich bebauen. Eventuelle stille Reserven wären dann nicht aufzudecken. Hingegen ist ein mit der Einbringung eventuell entstehender **Verlust** in **voller** Höhe aufzudecken, wenn sich aus dem Kauf- bzw. Anrechnungs- bzw. Einlagebetrag substanzielle Hinweise auf eine Wertminderung ergeben (IAS 31.48).

49 Zum buchungstechnischen Vorgehen bei der „Einbringung" mit „wirtschaftlicher Substanz" folgendes Beispiel:

> **Beispiel**
> A und B gründen ein *joint venture*. A bringt ein innerstädtisches Grundstück mit einem Buchwert von 100 und einem Zeitwert von 1.000 durch Vereinbarung einer Bruchteilsgemeinschaft (50 : 50) ein. B bebaut das Grundstück, wobei seine Bauleistung einen Marktwert von 1.000 hat, die eigenen Kosten jedoch nur 800 (Gewinn 200) betragen.
> A realisiert ½ der stillen Reserven, d. h. 450. B realisiert von seinem Gewinn von 200 ½, also 100. Beide buchen in ihren Einzelbilanzen wie folgt:
> Buchungen bei A: bebautes Grundstück 550 an unbebautes Grundstück 100 und an Ertrag 450.
> Buchungen bei B: bebautes Grundstück 900 an Umsatz (Gewinnrealisierung) 500 und an aktivierte Eigenleistung 400.
> In der Summe der Bilanzen von A und B steht das Grundstück mit 1.450 zu Buche.
> - Hiervon entfallen 550 auf A (½ von Grund und Boden = 50 sowie ½ der Bauleistung = 500) und
> - 900 auf B (½ des Zeitwertes des Grund und Bodens = 500 sowie ½ der Baukosten = 400).

6 Gemeinschaftsunternehmen

6.1 Merkmale, Anwendungsfälle

50 Ein Gemeinschaftsunternehmen liegt nur vor, wenn die (geplante) Zusammenarbeit zur Gründung einer Kapital- bzw. Personenhandelsgesellschaft oder anderen unternehmerischen **rechtlichen Einheit** führt (IAS 31.24). Das Gemeinschaftsunternehmen selbst beherrscht die Vermögenswerte, geht die Schulden ein, tätigt die Aufwendungen und erzielt die Erträge (IAS 31.25).

51 Wesentliches Merkmal des Gemeinschaftsunternehmens ist also die **selbstständige unternehmerische** und **rechtliche Einheit**. Falls es sich um eine Kapitalgesellschaft oder eine Personenhandelsgesellschaft handelt, ist dies typisierend anzunehmen. Bei einer **BGB-Gesellschaft** kann die Unternehmereigenschaft hingegen zweifelhaft sein. Kein Gemeinschaftsunternehmen ist die BGB-Gesellschaft, wenn sie kein Gesamthandsvermögen hat und lediglich der Entscheidungskoordinierung usw. dient oder wenn sie nicht nach-

haltig in kaufmännischer Art und regelmäßig unter eigenem Namen bzw. eigener Firma tätig ist (Rz 11ff.).
Nicht jede Gesellschaft, an der mehrere Gesellschafter beteiligt sind, ist ein *joint venture*. Ein Gesellschafter darf die Gesellschaft nicht dominieren. Für die wesentlichen Entscheidungen der Gesellschaft ist **Einstimmigkeit** aller Gesellschafter oder einer Gruppe von Gesellschaftern erforderlich. (Rz 23).

52

Beispiel
An der GU sind A, B und C mit je 30 % beteiligt, D mit 10 %. Alle wesentlichen Entscheidungen bedürfen einer 75 %igen Mehrheit, können also nur im Einvernehmen von A, B und C getroffen werden. GU ist daher ein *joint venture*. A, B und C sind die Venturer, D ist einfacher Investor (Rz 23).

Fallvariante
Alle wesentlichen Entscheidungen bedürfen einer 70 %igen Mehrheit. Die Entscheidungen können daher in wechselnden Konstellationen (z. B. A, B, C oder B, C, D oder A, C, D) getroffen werden. Eine gemeinschaftliche Führung im Sinne von IAS 31.3 liegt nicht vor, GU ist kein *joint venture*.

Die Qualifizierung eines Unternehmens als Gemeinschaftsunternehmen stellt gem. IAS 31.3 auf die Einheitlichkeit der Kontrolle über die **strategischen** Entscheidungen der Finanz- und Geschäftspolitik (*strategic financial and operating decisions*) ab. Hat eine Gesellschaft mehrere Organe, z. B. Geschäftsführung, Aufsichtsrat, Gesellschafterversammlung, ist zunächst zu prüfen:
Bei **welchen Organen** liegen die Kompetenzen für die wesentlichen Entscheidungen? Zumeist ist dies die **Gesellschafterversammlung**, und zwar regelmäßig auch dann, wenn sie gewisse Entscheidungsbefugnisse an die anderen Organe delegiert hat, diese aber jederzeit zurückholen kann. Im Einzelfall liegt die Kompetenz aber auch bei den **anderen Organen**. Entsprechen die relative Besetzung und die Stimmrechte in den anderen Organen nicht denjenigen der Gesellschafterversammlung und kann die Gesellschafterversammlung Kompetenzen nur mit der Zustimmung der in den anderen Organen herrschenden Gruppen zurückholen, kommt es daher auf die Verhältnisse in den anderen Organen an. Die hierzu in → § 32 Rz 32 dargelegten Grundsätze gelten für Gemeinschaftsunternehmen analog.

53

Auf *joint ventures* finden die in SIC 12 enthaltenen Regelungen zu *Special Purpose Entities* (SPEs) keine Anwendungen (→ § 32 Rz 67ff). Kein Gemeinschaftsunternehmen, sondern ein sog. Pseudo-„*joint venture*" liegt vor, wenn unter der formalen Hülle eines *joint venture* verschiedene Tätigkeiten betrieben werden, die wirtschaftlich und rechtlich derart voneinander abgekapselt sind, dass etwa die Gläubiger des einen Teilbereichs keinen Zugriff auf die Vermögenswerte der anderen Teilbereiche haben.[4] Das ggf. auch nach

54

---

[4] Hierzu im Einzelnen ERNST & YOUNG, International GAAP 2005, S. 494.

Lüdenbach

SIC 12 zu beurteilende Bilanzierungs- oder Konsolidierungsobjekt ist dann der einzelne Teilbereich.

55 Als **Anwendungsbeispiel** für ein Gemeinschaftsunternehmen nennt IAS 31.26 den Fall, in dem **Auslandsaktivitäten** aufgenommen werden und zu diesem Zweck in Verbindung mit dem ausländischen Staat oder einer anderen Institution in diesem Land ein rechtlich selbstständiges Unternehmen unter gemeinsamer Führung gegründet wird. Statt des Staates kann auch ein anderes „Unternehmen" der Partner sein.

56 Eine Unzahl anderer Zwecke eines *joint venture* kommt in Frage, etwa die Bündelung von Forschungsaktivitäten, das Zusammenführen von Vertriebsorganisationen usw.

57 Häufig handelt es sich dabei um Gesellschaften mit einer **engen Zwecksetzung**, die in den Anwendungsbereich von SIC 12 – „Zweckgesellschaften" bzw. *Special Purpose Entities* (SPE) – fallen könnten (→ § 32 Rz 59ff.). SIC 12 stellt allerdings eine Interpretation von IAS 27 dar. Die „*Reference Section*" von SIC 12 führt demzufolge IAS 27 und einige andere Standards (z. B. wegen Aktienoptionsplänen IFRS 2) auf, jedoch nicht IAS 31. Das IDW zieht hieraus folgenden Schluss:

„SIC-12 nimmt nicht Stellung zu der Frage, ob bzw. unter welchen Voraussetzungen es sich bei einer SPE um ein Gemeinschaftsunternehmen i.S.v. IAS 31 oder ein assoziiertes Unternehmen i.S.v. IAS 28 handelt. Auch bestehen keine Anhaltspunkte, dass SIC-12 hier sinngemäß Anwendung finden soll."[5]
Dem ist zuzustimmen. Während IAS 27 die Qualifizierung als Tochtergesellschaft an widerlegbare Vermutungen und andere z.t. stark konkretisierungsbedürftige Kriterien bindet, setzt die Qualifikation eines Gemeinschaftsunternehmens nach IAS 31 die positive Feststellung voraus, dass diese wesentlichen Entscheidungen nur einvernehmlich getroffen werden können. Liegt ein so belegter Fall der gemeinschaftlichen Kontrolle vor, bleibt für ergänzende Würdigungen (Steuerung durch Autopilot etc. (→ § 32 Rz 72)) kein Bedarf und kein Raum mehr.

6.2 Bilanzierung im Einzelabschluss des Partnerunternehmens

58 IAS 31 (2000) verzichtete noch darauf, für die Bilanzierung des Partnerunternehmens im Einzelabschluss ein **bestimmtes** Verfahren vorzuschreiben. Insoweit kam neben einem Anschaffungskosten- auch ein Zeitwert- (IAS 39) oder *equity*-Ansatz in Frage (Rz 18).

59 Mit der Neufassung von IAS 31 (Rz 96f.) ist ab 2005 im Einzelabschluss ein *equity*-Ansatz nicht mehr zulässig. Das Partnerunternehmen kann den Anteil am Gemeinschaftsunternehmen gem. IAS 31.46 i. V. m. IAS 27.37 **einzelbilanziell**

- zu **Anschaffungskosten** *(at cost)* oder

---

[5] IDW HFA 2 (in der N.F. vom 18.10.2005), Tz 28.

- zum *fair value* nach IAS 39 ansetzen.

  Besondere Regelungen bestehen aber für Anteile an Gemeinschaftsunternehmen, die lediglich zum Zweck der **Weiterveräußerung** erworben und gehalten werden. Unter Berücksichtigung dieser Sonderregeln ist in der einzelbilanziellen Darstellung von Anteilen an Gemeinschaftsunternehmen zwischen 4 Fällen zu unterscheiden:

- Die Anteile werden ausschließlich zum **Zweck der Veräußerung** gehalten (Rz 86). Schon konzernbilanziell sind sie als *held-for-sale assets* i. S. von IFRS 5 mit Erfolgswirksamkeit der Wertänderungen zu behandeln (IAS 31.42; → § 29 Rz 22). Diese Qualifizierung ist in die Einzelbilanz zu übernehmen (IAS 27.39).

- Die Anteile werden aus *materiality*-Gründen konzernbilanziell weder quotal noch *at equity* erfasst. Sie werden konzern- und einzelbilanziell zu **Anschaffungskosten** oder zum *fair value* bewertet. Bei *fair-value*-Bewertung sind sie regelmäßig als **veräußerbare Werte** *(available-for-sale assets)* mit Erfolgsneutralität der Wertänderungen zu qualifizieren (→ § 28 Rz 150ff.).

- Die Anteile werden im **Konzernabschluss quotal oder *at equity*** konsolidiert. Einzelbilanziell werden sie wahlweise zu **Anschaffungskosten** oder zum *fair value* bewertet. Im zweiten Fall sind sie regelmäßig als **veräußerbare Werte** *(available-for-sale assets)* mit Erfolgsneutralität der Wertänderungen zu qualifizieren.

- Es wird **kein Konzernabschluss** aufgestellt. **Einzelbilanziell** werden die Anteile zu **Anschaffungskosten** oder zum *fair value* bewertet. Im zweiten Fall sind sie regelmäßig als **veräußerbare Werte** *(available-for-sale assets)* mit Erfolgsneutralität der Wertänderungen zu qualifizieren.

Der einzelbilanzielle **Anschaffungskostenbegriff** von IAS 27, IAS 28 und IAS 31 deckt sich nicht durchgehend mit dem des Handelsrechts. Die Ausschüttung von vor dem Erwerb entstandenen Gewinnen (Altrücklagen) führt zur Minderung des Ansatzes (Buchung: per Dividendenforderung an Beteiligung; IAS 27.4). Im Einzelnen wird auf → § 32 Rz 168 verwiesen.

6.3 Quotale Konsolidierung im Konzernabschluss

6.3.1 Überblick

Erste Methode für die Bilanzierung des Gemeinschaftsunternehmens im Konzernabschluss ist gem. IAS 31.40 die **Quotenkonsolidierung**. Sie verlangt vom Partnerunternehmen eine **anteilige** (beteiligungsproportionale) Erfassung der gemeinschaftlich geführten Vermögenswerte und Schulden sowie der Erträge und Aufwendungen im Konzernabschluss.

Für den **Ausweis** sieht IAS 31.34 zwei **Berichtsformate** vor:

- **getrennte Posten** für einerseits die eigenen und andererseits die anteilig aus dem *joint venture* stammenden Sachanlagen, Vorräte, Umsatzerlöse, Materialaufwendungen usw. *(separate-line items)*,

Lüdenbach

- **Zusammenfassung** der anteiligen Sachanlagen, Vorräte, Erlöse, Aufwendungen usw. mit den eigenen Sachanlagen usw. *(line-by-line reporting)*.

Am Beispiel der GuV (hier verkürzt) lässt sich der Unterschied wie folgt darstellen:

line-by-line reporting		separate-line-items		
Umsatz	xxx	Umsatz voll konsolidierter Unternehmen	xx	
		anteiliger Umsatz quotal konsolidierter Unternehmen	yy	xxx
Materialaufwand	–xxx	Materialaufwand voll konsolidierter Unternehmen	–xx	
		anteiliger Materialaufwand quotal konsolidierter Unternehmen	–yy	–xxx
sonstiger Aufwand	–xxx	sonstiger Aufwand voll konsolidierter Unternehmen	–xx	
		sonstiger Aufwand quotal konsolidierter Unternehmen	–yy	–xxx
operatives Ergebnis	zzz	operatives Ergebnis		zzz

Tab. 3: Berichtsformate quotale Konsolidierung

6.3.2 Anwendung von IAS 27 und IFRS 3

62 Für die Quotenkonsolidierung gelten die **Grundsätze der Konsolidierung von Tochtergesellschaftsanteilen sinngemäß** (IAS 31.27). Folgende Regelungen aus IAS 27 und IFRS 3 sind damit einschlägig:
- Bei Abweichung des Bilanzstichtags des Gemeinschaftsunternehmens vom Konzernbilanzstichtag muss ggf. ein **Zwischenabschluss** erstellt werden (IAS 27.26f.; → § 32 Rz 99ff.).
- Bilanzansatz und Bewertung müssen **vereinheitlicht** werden (IAS 27.28f.; → § 32 Rz 105ff.). Soweit dies nicht durchführbar oder durchsetzbar ist oder Bilanzierungs- oder Bewertungsunterschiede nicht von materieller Bedeutung sind, ist der Verzicht auf die Vereinheitlichung im Anhang anzugeben.
- Im Rahmen der **Kapitalkonsolidierung** sind stille Reserven und ein positiver *goodwill* aufzudecken (Erstkonsolidierung), die stillen Reserven planmäßig, der *goodwill* ab 2005 nur noch außerplanmäßig fortzuschreiben (Folgekonsolidierung; IFRS 3.38 und 54; → § 31 Rz 53ff. und Rz 118ff.).

Lüdenbach

- Ein negativer Unterschiedsbetrag ist nach der Verabschiedung von IFRS in Neufällen (substanzielle Einigung über Erwerb der Anteile am 31. März oder später) unmittelbar erfolgswirksam zu verarbeiten (→ § 31 Rz 115). In Altfällen ist eine nach den Ursachen differenzierte Behandlung geboten, spätesten aber zum 1.1.2005 eine erfolgsneutrale Auflösung vorzunehmen (→ § 31 Rz 122 und Rz 173).
- Konzerninterne **Schulden und Erfolge** sind zu **konsolidieren** (IAS 27.24; → § 32 Rz 126).
- **Zwischenergebnisse** sind zu eliminieren (IAS 27.25 und IAS 31.48; → § 32 Rz 128ff.).

Die Konsolidierungen erfolgen im Umfang der **Beteiligungsquote** (Rz 65). Zu Ausnahmen vgl. Rz 86ff.

6.3.3 Kapitalkonsolidierung

Insbesondere wenn ein Partnerunternehmen nicht Gründungsgesellschafter ist, sondern erst zu einem späteren Zeitpunkt beitritt, kann es zur Differenz zwischen Anschaffungskosten und Buchwert kommen. In diesem Fall sind nach den Regeln von IAS 22 und 27 **stille Reserven** und ein eventueller *goodwill* aufzudecken und in der Folgezeit fortzuschreiben. Der *goodwill* unterliegt in „Neufällen" mit Anteilserwerb ab dem 31. März 2004 von vornherein nur noch der planmäßigen Fortschreibung, in Altfällen ist letztmals für 2004 eine planmäßige Abschreibung des *goodwill* zulässig (→ § 31 Rz 118ff. und Rz 173).

Hierzu folgendes Beispiel:

63

64

> **Beispiel**
> Aus dem *joint venture* ABC scheidet C aus. Seinen Anteil übernimmt am 1.1.2004 D. D zahlt C 150 und erhält hierfür eine Beteiligung von 1/3 an einem buchmäßigen Eigenkapital von 360. Der Zeitwert des Vermögens der Gesellschaft beträgt 390.
> Der Unterschiedsbetrag zwischen Kaufpreis und anteiligem Buchwert ist 30 (150 ./. 120). Hiervon fallen 10 auf stille Reserven und 20 auf einen *goodwill*.
> Der *goodwill* und der um die stillen Reserven erhöhte anteilige Wert des Vermögens sind in der Konzernbilanz des D auszuweisen und planmäßig (*goodwill* nur bis zum 31.12.2004) fortzuschreiben.

6.3.4 Konsolidierung von Forderungen und Verbindlichkeiten

Forderungen und Verbindlichkeiten gegenüber dem Gemeinschaftsunternehmen sind u. E. in Höhe des **eigenen Anteils** zu **eliminieren**. Hierzu folgendes Beispiel:

65

> **Beispiel**
> A ist mit 50 % an einem *joint venture* beteiligt. Die Forderungen von A gegenüber dem *joint venture* betragen 100.
> In die Summenbilanz gehen aus dem *joint venture* 50 (50 % von 100) an Schulden ein.
> Diese 50 sind mit der Forderung gegenüber dem *joint venture* zu konsolidieren. Es verbleibt im Konzernabschluss des A eine Forderung von 100 – 50 = 50, entsprechend dem Anteil Dritter am *joint venture*

Irritierend ist allerdings der Hinweis in IAS 31.35, wonach eine Saldierung *(offsetting)* von Vermögen und Schulden, Erträgen und Aufwendungen eine Aufrechnungsmöglichkeit **und** -absicht voraussetzt. Z.T. wird diese Vorschrift so verstanden, dass auch eine Konsolidierung von Forderungen und Verbindlichkeiten nur bei Möglichkeit und Absicht der Aufrechnung gegeben ist.[6] U. E. besteht diese Beschränkung nicht.[7] IAS 31.35 begrenzt die Saldierung *(offsetting)*, nicht die Konsolidierung *(elimination)* i.S. von IAS 31.33 i. V. mit IAS 27.24.

6.3.5 Zwischenergebniseliminierung, Einlagen, Sachgründungen

66 Für Sacheinlagen in und Veräußerungen an das *joint venture (down-stream-*Lieferungen) bestimmt IAS 31.48 i. V. mit SIC 13 Folgendes:

- **keine Gewinnrealisierung,** wenn
  - die signifikanten Risiken und Chancen nicht übertragen wurden oder
  - es der Einlage an „wirtschaftlicher Substanz" mangelt, z. B. weil Wert und Art der von verschiedenen Partnern eingebrachten Vermögenswerte ähnlich sind (SIC 13.5c und 13.11; vgl. Rz 49),
- **anteilige Gewinnrealisierung** (in Höhe des Fremdanteils), wenn die vorgenannten Negativbedingungen nicht vorliegen und auch allgemeine Grundsätze nicht gegen die Erfolgsrealisierung sprechen (→ § 14 Rz 13ff.),
- **volle Realisierung eines eventuellen Verlustes,** wenn sich aus der Einlage oder dem Verkauf substanzielle Hinweise auf eine Wertminderung ergeben (IAS 31.48), ansonsten anteilig wie im Gewinnfall.

67 Das Vorgehen in der Variante 2 entspricht den allgemeinen Grundsätzen der Zwischenergebniseliminierung bei Tochterunternehmen unter Berücksichtigung der quotalen Konsolidierung (Rz 62 sowie → § 32 Rz 128). Nachfolgend ein Beispiel zur **Sachgründung:**

---

[6] So ERNST & YOUNG, International GAAP 2005, S. 500.
[7] Gl. A. KPMG, Insights into IFRS, 3. Aufl., 2006, Tz 3.5.540.20.

> **Beispiel**
> A und B gründen im Verhältnis 50 zu 50 das *joint venture* „Dental- und Medizintechnik". A bringt seinen Geschäftsbereich Dental ein. Der *fair value* der Einzelwerte *(net assets)* beträgt 60, der *fair value* des originären *goodwill* 40. Die entsprechenden Buchwerte sind 50 und 0.
> B bringt den Geschäftsbereich Medizin ein. Der *fair value* beträgt 80, davon 10 originärer *goodwill* und 70 *net assets*.
> Zum Wertausgleich leistet B noch eine Bareinlage von 20 in das Gemeinschaftsunternehmen.
> Die Buchungen in der Konzernbilanz des A sind bei quotaler Konsolidierung wie folgt:
>
> | | | | | |
> |---|---|---|---|---|
> | Geld 50 % | 10 | an | 100 % eingebrachter Buchwert *net assets* | 50 |
> | 50 % des *fair value* von B eingebrachter *net assets* | 35 | an | Ertrag | 25 |
> | 50 % des Buchwerts selbst eingebrachter *net assets* | 25 | | | |
> | 50 % des fair value von B eingebrachten *goodwill* | 5 | | | |
>
> Der Ertrag ermittelt sich aus folgender Rechnung:
>
> | | |
> |---|---:|
> | 100 % Bareinlage B | 20 |
> | + 100 % *fair value* der Sacheinlage B | + 80 |
> | = Veräußerungspreis/erhaltene Gegenleistung (100 %) | 100 |
> | − Buchwert selbst eingebrachte *net assets* und *goodwill* | − 50 |
> | = Veräußerungsgewinn (100 %) | 50 |
> | davon 50 % | 25 |
>
> Konsolidiert B die Beteiligung nicht proportional, sondern *at equity*, ergibt sich der gleiche Veräußerungsgewinn aus folgenden Buchungen:
>
> | | | | | |
> |---|---|---|---|---|
> | *at-equity*-Beteiligung | 75 | an | 100 % der eingebrachten *net assets* | 50 |
> | | | an | Ertrag | 25 |
>
> Der *equity*-Ansatz erklärt sich dann wie folgt:
>
> | | 100 % | 50 % |
> |---|---:|---:|
> | Geld | 20 | 10 |
> | *fair value* von B eingebrachte *net assets* | 70 | 35 |
> | *fair value* von B eingebrachter *goodwill* | 10 | 5 |
> | Buchwert selbst eingebrachte *net assets* | 50 | 25 |
> | | | 75 |

IAS 31-48 und SIC 13 beschränken sich auf die Bilanzierung beim einlegenden bzw. veräußernden Partnerunternehmen. Die Bilanzierung im **Abschluss** des empfangenden **Gemeinschaftsunternehmens** wird nicht behandelt. In Frage kommt ein voller *fair value*-Ansatz oder eine Kombination von Buchwertverknüpfung (hinsichtlich der Beteiligungsquote des Einbringenden) und *fair value* (hinsichtlich der Beteiligungsquote der anderen

Lüdenbach

Investoren). U. E. ist der *fair value*-**Ansatz** vorzuziehen.[8] Er entspricht bei Sacheinlage einzelner Güter den Regelungen von IFRS 2.10, bei Sacheinlage von Unternehmen den Regelungen von IFRS 3.36. Die Einlage wird dabei als Tauschvorgang und damit als Sonderform der Veräußerung behandelt. Für die einfache Veräußerung kann daher nichts anderes gelten. Voraussetzung ist in allen Fällen die Erlangung wirtschaftlichen Eigentums an den gekauften oder per Einlage erworbenen Gütern, regelmäßig durch die Übernahme der wesentlichen Chancen und Risiken.

69 Lieferungen in umgekehrter Richtung, vom Gemeinschaftsunternehmen an das Partnerunternehmen *(up-stream*-Lieferungen) sind in IAS 31.41 geregelt. Dabei werden die allgemeinen Regelungen der Zwischenergebniseliminierung wie folgt konkretisiert:

- **Gewinnrealisierung:** Das empfangende Partnerunternehmen darf seinen Gewinnanteil erst bei Weiterveräußerung an einen unabhängigen Dritten erfassen.
- **Verlustrealisierung:** Sofortige Erfassung des Verlustanteils, soweit dieser einer Wertminderung entspricht, ansonsten anteilig wie im Gewinnfall.

70 Zur **Gewinn**variante folgendes Beispiel:

Beispiel

Am Gemeinschaftsunternehmen GU ist M mit 50 % beteiligt. GU veräußert im Dezember 01 für 80 eingekaufte Waren bar zu 100 an M. Im Januar 02 veräußert M die Waren für 120 weiter an X und realisiert dabei einzelbilanziell einen Erfolg von 20.
In die Summen-GUV 01 von M gehen zunächst aus der Einzelbilanz GU (50 %) ein:
Umsatz 50
Materialaufwand 40,
somit ein Nettoertrag von 10.
Diese Beträge sind in 01 wie folgt zu konsolidieren:
per Umsatz   50   an   Materialaufwand   40
                                    an   Vorräte   10
In 02 gehen in die Summen-GuV von M aus der eigenen Einzelbilanz ein:
Umsatz 120
Materialaufwand 100.
Der Materialaufwand ist wie folgt zu konsolidieren:
per Gewinnrücklage   10   an   Vorräte   10(EöB)*
per Vorräte   10   an   Materialaufwand   10
Insgesamt wird damit nur in 02 ein Außenumsatz ausgewiesen und nur in 02 ein Gewinn (von 20 + 10 = 30) realisiert.
(* Eröffnungsbilanz)

---

[8] Vgl. im Einzelnen LÜDENBACH, PiR 2006, S. 93ff sowie mit gl.A. KMPG, Insights into IFRS 3. Aufl. 2006, Tz. 3.5.530.

6.3.6 Währungsumrechnung
Gemeinschaftsunternehmen sind regelmäßig **selbstständige** Einheiten im Sinne von IAS 21. Insofern erfolgt die quotale Umrechnung von Fremdwährungs-Abschlüssen nach IAS 21.39 zu **Stichtagswerten**. Währungsdifferenzen sind **erfolgsneutral** zu behandeln (→ § 27).

6.3.7 Sonderproblem abweichender Kapital- und Gewinnanteile
Ist ein Unternehmen am Kapital des *joint venture* mit beispielsweise einem Drittel beteiligt, am Gewinn aber mit 50 %, weil es besondere Beiträge bringt oder sonst von besonderer Bedeutung ist, ergeben sich **drei Möglichkeiten** der quotalen Konsolidierung:
- nach dem **Kapitalanteil**,
- nach dem **Gewinnanteil**,
- **Bilanzposten** nach dem **Kapitalanteil** und **GuV-Posten** nach dem **Gewinnanteil**.

Mangels ausdrücklicher Regelung in IAS 31 sind **alle Formen zulässig**. Die letztaufgeführte gemischte Variante entspricht am besten dem wirtschaftlichen Sachverhalt. Sie hat jedoch den Nachteil, dass Differenzen zwischen quotaler Bilanz und quotaler GuV entstehen, wenn z. B. der Bilanzansatz des Anlagevermögens quotal nach dem Kapitalanteil, der Abschreibungsaufwand hingegen quotal nach dem Gewinnanteil fortgeschrieben wird. Andererseits würde bei Abstellen auf den Kapitalanteil die Summe der anteiligen Erträge und Aufwendungen nicht dem tatsächlichen Anteil entsprechen, sodass hier ein Ausgleichsposten in die Ergebnisrechnung eingänge. Umgekehrt müssten bei einer durchgängig am Gewinnanteil orientierten Quotelung Ausgleichsposten (Ansprüche oder Verpflichtungen) in die Bilanz einbezogen werden.[9] Beste Methode zur Bewältigung dieser Komplexitäten ist ihre **Vermeidung**, d. h. der Verzicht auf abweichende Kapital- und Gewinnanteile. Wo dies aus sachlichen Gründen nicht geht, würden wir ein **gemischtes Vorgehen** vorziehen, da es unschöne Ausgleichsposten vermeidet.

6.3.8 Statuswechsel vom Finanzinstrument oder assoziierten Unternehmen zum Gemeinschaftsunternehmen
Das übergeordnete Unternehmen kann bereits vor Erlangung der (gemeinschaftlichen) Kontrolle beteiligt gewesen sein, entweder mit oder ohne maßgeblichen Einfluss. Kommt es mit Erwerb weiterer Anteile (oder Änderung des Gesellschaftsvertrags) zu einem Statuswechsel vom **Finanzinstrument** (IAS 39), bzw. einem **assoziierten Unternehmen** (IAS 28) zu einem Gemeinschaftsunternehmen, sind die Regelungen zur sukzessiven Kontrollerlangung *(acquisition in steps)* aus IFRS 3.58 (→ § 31 Rz 124) analog anzuwenden, d. h.

---

[9] Mit Präferenz für Einbeziehung nach dem Kapitalanteil, HAYN, in: Beck'sches IFRS-Handbuch, 2. Aufl., 2006, § 35 Rz 12.

Lüdenbach

- Ansatz des *goodwill* nach Maßgabe der **Verhältnisse der einzelnen Erwerbsschritte** (Bindung an das Anschaffungskostenprinzip).
- Bewertung der **Vermögenswerte und Schulden** mit dem aktuellen *fair value* zum Zeitpunkt der Erlangung der gemeinschaftlichen Kontrolle (keine Geltung des Anschaffungskostenprinzips).
- Einbuchung der gegenüber früheren Erwerbschritten eingetretenen **Veränderung stiller Reserven** nach der Quote dieser früheren Erwerbe gegen die **Neubewertungsrücklage**.
- Ggf. noch **Anpassungen der Gewinnrücklagen** auf Grund von Veränderungen des **Buchvermögens** zwischen den Erwerbsschritten (Thesaurierungen oder Verluste).
- Bei bisheriger erfolgsneutraler *fair value*-Bewertung der Beteiligung als Finanzinstrument (*available-for-sale asset*) ist außerdem die als Gegenkonto der Wertänderungen dienende **Zeitbewertungsrücklage** aufzulösen (→ § 28 Rz 163), bei bisherigem Ansatz zu Anschaffungskosten entfällt diese Anpassung.

Nachfolgend ein Beispiel zum Übergang vom *available-for-sale asset* zur quotalen Konsolidierung:

Beispiel
A hat am 31.12.01 12,5 % an X erworben und den Anteil als *available-for-sale asset* bilanziert. Nach Zuerwerb weiterer 12,5 % am 2.1.03 liegt ein Anteil an einem Gemeinschaftsunternehmen vor. Die Buchwerte haben sich zwischen den Erwerbsschritten nicht geändert. Die stillen Reserven sind (quotal) um 20 gestiegen. Der Kaufpreis der zweiten Tranche liegt um 35 über dem der ersten:

Erwerbsschritte	31.12.01 12,5 %	2.1.03 12,5 %	Summe
Kaufpreis	100	135	235
– Buchwert EK (anteilig)	–50	–50	
– stille Reserven (anteilig)	–10	–30	
= *goodwill*	40	55	95

Bilanzansätze	31.12.01	31.12.02	31.12.03
available-for-sale asset	100	135	0
Zeitbewertungsrücklage afs		35	0
Nettovermögen (2 × (50+30))			160
goodwill (40 + 55)			95
Neubewertungs-RL (30–10)			20

Buchungen 2.1.03 für Altanteile			
per Vermögenswerte (12,5 %)	80	an *availabe-for-sale asset*	135
per *goodwill* alt	40	an Neubewertungs-RL	20
per Zeitbewertungs-RL	35		
	155		155

Lüdenbach

6.3.9 Beendigung der quotalen Konsolidierung durch (Teil-)Veräußerungen oder Hinzuerwerb

Die quotale Konsolidierung ist in folgenden Fällen einzustellen (IAS 31.36): **76**
- Das Gemeinschaftsunternehmen wird durch **Hinzuerwerb** eines weiteren Anteils **Tochterunternehmen**.
- Das Gemeinschaftsunternehmen wird durch **Veräußerung** von Anteilen (oder durch Dominanz eines anderen Gesellschafters) zu einem **assoziierten Unternehmen** oder zur **einfachen Beteiligung**.
- **Sämtliche Anteile** des Gemeinschaftsunternehmens werden **veräußert**.

Im ersten Fall des **Hinzuerwerbs** ist zur **Vollkonsolidierung** überzugehen. Für **77** die neu erworbenen Anteile sind neue Unterschiedsbeträge zu ermitteln. Für die alten Anteile bleibt es bei dem bisherigen *goodwill*-Ansatz, die stillen Reserven sind jedoch neu auf den Zeitpunkt der *business combination* (Erlangung der alleinigen Kontrolle) zu bestimmen, zwischenzeitliche Veränderungen der stillen Reserven durch eine Neubewertungsrücklage zu buchen (IFRS 3.58ff.; → § 31 Rz 126).[10]

Im zweiten Fall der **Teilveräußerung** ist je nach Ausmaß des verbleibenden **78** Einflusses zur *equity*-Bewertung nach IAS 28 oder zur Bewertung nach IAS 39 überzugehen. Beim Übergang auf die *equity*-Methode für die nicht veräußerten Anteile ist zunächst das verbleibende anteilige buchmäßige Eigenkapital anzusetzen. Ein anteiliger Unterschiedsbetrag, d. h. ein *goodwill*, und anteilige stille Reserven sind insoweit zu berücksichtigen, als sie bezogen auf den früheren Anschaffungszeitpunkt entstanden und bis heute, d. h. während der Dauer der quotalen Konsolidierung, noch nicht vollständig aufgelöst worden sind (IAS 28.23).

Für den **Übergang** auf die Bilanzierung nach **IAS 39** bestehen keine expliziten **79** Regeln. Drei Möglichkeiten für die **Erstbewertung** der verbleibenden Anteile bieten sich an:
- Anwendung von IAS 39.AG64, d. h. Ansatz der ursprünglichen Anschaffungskosten und somit Realisierung der auf die verbleibenden Anteile entfallenden eventuell noch nicht aufgelösten Abschreibungsbeträge als Aufwand.
- Analoge Anwendung von IAS 39.51, d. h. Ansatz des *fair value* und Einstellung der Differenz zum anteiligen quotalen Wert in das Eigenkapital.
- Analoge Anwendung von IAS 27.32, d. h. Ansatz des **anteiligen quotalen Wertes** als Zugangswert der Anteile ohne Berührung von GuV und Eigenkapital.

Die **dritte** Variante halten wir für **sachgerecht**. Sie behandelt den Verbleib zuvor quotal konsolidierter Anteile wie den zuvor voll konsolidierter. Sie entspricht damit dem in IAS 31.33 enthaltenen Rechtsgedanken der Übereinstimmung von quotaler Konsolidierung und Vollkonsolidierung (Rz 62).

---

[10] Vgl. A. Hayn, in: Beck'sches IFRS-Handbuch, 2. Aufl., 2006, § 15 Tz 567.

Lüdenbach

80 Bei **vollständiger** Veräußerung entsteht ein Entkonsolidierungserfolg in Höhe der Differenz von Veräußerungserlös und den (quotalen) Buchwerten des abgehenden Nettovermögens. Eine erfolgsneutral gebildete **Währungsumrechnungsrücklage** (Rz 71) ist anlässlich der Veräußerung erfolgswirksam aufzulösen (→ § 27 Rz 52). **Entsprechend** ist mit erfolgsneutral gebildeten Rücklagen aus *available-for-sale assets* (→ § 28 Rz 150ff.), *cash flow hedges* (→ § 28 Rz 216) usw. zu verfahren.

81 Bei **Teilveräußerung** entsteht ein Erfolg hinsichtlich der abgehenden Anteile. Die bilanzielle Behandlung der verbleibenden Anteile (Rz 78f) hat keine Auswirkungen auf den Erfolg aus den abgehenden. Ein Abgangserfolg ist auch bei einer Verringerung der Anteilsquote (etwa durch unterproportionale Teilnahme an einer Kapitalerhöhung) denkbar. Die hierfür geltenden Grundsätze entsprechen denen bei Anwendung der *equity*-Methode. Auf → § 33 Rz 82 wird verwiesen.

6.4 *Equity*-Konsolidierung im Konzernabschluss

82 Alternativ zur quotalen Konsolidierung kann gemäß IAS 31.38 der Anteil am Partnerunternehmen im Konzernabschluss unter Verwendung der *equity*-Methode bilanziert werden. Die Wirkungsweise der Methode wird nicht in IAS 31, sondern in IAS 28 beschrieben. Die Methodik zeigt das nachfolgende Beispiel. Im Übrigen wird auf Rz 62 sowie auf → § 33 Rz 35ff. verwiesen.

> **Beispiel zur *equity*-Methode**
> Die Venture AG erwirbt von B zum 1.1.01 einen 20 %igen Anteil an der Start-UP KG bei folgenden Bedingungen:
> - Anschaffungskosten: 450 TEUR
> - Buchwert Eigenkapital der KG (100 %): 500 TEUR
> - Kapitalanteil B (vorher)/Venture AG (nachher): 100 TEUR (= 500 × 20 %)
> - Stille Reserven im immateriellen Anlagevermögen der KG (100 %): 750 TEUR, bei Restnutzungsdauer (ND) von 5 Jahren
> - Jahresüberschuss 01 der KG (100 %): 600 TEUR
> - Vorabausschüttung in 01 (100 %): 100 TEUR
>
> Steuerlich würde der Mehrbetrag von 450 − 100 = 350 TEUR (im Personengesellschaftsfall) in einer Ergänzungsbilanz aufgedeckt, den stillen Reserven und dem *goodwill* zugeordnet und in der Folgezeit abgeschrieben. Nach der *equity*-Methode wird (rechtsformunabhängig) analog verfahren, wie folgende Tabelle zeigt:

Jahr	Beschreibung	Betrag
1.1.01	Zugangsbewertung: zu Anschaffungskosten	450
	Fortschreibung um Dividenden und Gewinnanteil:	
	– (Vorab-)Ausschüttung in 01 (anteilig)	– 20
	+ Gewinnanteil 01	120
	= Zwischensumme	550
	Fortschreibung Unterschiedsbetrag:	
	– Abschreibung stille Reserven (1/ND)	– 30
	– Abschreibung Firmenwert (nicht mehr ab 2005)	–
31.12.01	= *at equity*	520
Erläuterung i. S. d. Unterschiedsbetrags:		
Anschaffungskosten		450
– Anteilig erworbenes EK (Buchwert)		– 100
= Unterschiedsbetrag		350
– anteilige stille Reserven (ND = 5 Jahre)		– 150
= anteiliger Firmenwert		200

Bei Veräußerung oder Sacheinlagen, insbesondere Sachgründungen, darf ein Gewinn maximal in Höhe der Anteilsquote der anderen Gesellschafter aufgedeckt werden. Auf Rz 66ff wird verwiesen.

Unklar ist, welchen Bestimmungen eine evt. **außerplanmäßige Abschreibung** auf den *equity*-Ansatz unterliegt:

- IAS 31 enthält keine eigenen Regeln zur außerplanmäßigen Abschreibung.
- Zur Anwendung der *equity*-Methode wird auf IAS 28 verwiesen (IAS 31.40). Die in IAS 28.31 enthaltenen Regeln zur außerplanmäßigen Abschreibung sind begrifflich jedoch kein Teil der *equity*-Methode, sondern nachgeschaltet anzuwenden *(after application of the equity-method;* IAS 28.31). Insoweit deckt der Verweis auf IAS 28 die außerplanmäßige Abschreibung nicht ab.

Es wäre jedoch nicht sachgerecht, *at equity* konsolidierte Anteile an Gemeinschaftsunternehmen bei der laufenden Verlustfortschreibung und in jeder anderen Hinsicht mit *at equity* konsolidierten Anteilen an assoziierten Unternehmen gleichzustellen, bei der außerplanmäßigen Abschreibung jedoch anders zu verfahren. U. E. liegt daher ein redaktionelles Versehen vor. Offenbar hat man mit dem Verweis auf IAS 28 alle für die *equity*-Konsolidierung wichtigen Fragen für erledigt gehalten. Wir halten daher die Anwendung der Bestimmungen von IAS 28.31ff. (mit ihren Erleichterungen gegenüber IAS 36) auch bei Gemeinschaftsunternehmen für zulässig (→ § 33 Rz 77ff.).

6.5 Konsistenz in der Anwendung des Bilanzierungswahlrechts?

84 IAS 31.38 und 31 statuieren das Wahlrecht, „einen Anteil an einem Gemeinschaftsunternehmen" quotal oder *at equity* zu konsolidieren. Dies könnte als Erlaubnis verstanden werden, das Wahlrecht für einen Anteil an einem Gemeinschaftsunternehmen unabhängig von der Behandlung anderer Anteile bzw. Gemeinschaftsunternehmen auszuüben.

IAS 38.57 verlangt andererseits folgende Anhangsangabe: „Ein Partnerunternehmen hat **die** Bilanzierungsmethode für seine Anteile an gemeinschaftlich geführten Unternehmen anzugeben." Die Schlussfolgerung hieraus wäre, dass gerade **nicht** beide zulässigen Methoden **nebeneinander** Anwendung finden können.

Die zweite Interpretation ist u. E. sachgerecht. Die Entscheidung zwischen *equity-* und Quotenkonsolidierung ist der klassische Fall eines echtes Wahlrechts. Die Ausübung solcher Wahlrechte unterliegt nach IAS 8 dem Stetigkeitsgebot, und zwar regelmäßig mit Ausstrahlungswirkung auf Neuzugänge (→ § 24 Rz 13ff.).[11]

6.6 Bilanzpolitische und technische Beurteilung des Bilanzierungswahlrechts

85 Gegenüber einer *one-line consolidation* ergibt die quotale Konsolidierung höhere Umsätze und damit niedrigere Umsatzrenditen, andere Umschlagskennziffern und andere sonstige finanzwirtschaftliche Relationen. Hierdurch kann es auch zu einer stärkeren Glättung der Umsätze und Umsatzkennziffern kommen, etwa wenn ein Baukonzern in einigen Perioden stärker im Eigengeschäft, in anderen Perioden stärker im ARGE-Geschäft tätig ist. **Bilanzpolitisch** ist deshalb die quotale Konsolidierung im Allgemeinen vorzuziehen.[12]

Technische Argumente können andererseits für die *equity*-Methode sprechen, da die Regeln der Schulden- und Erfolgskonsolidierung nicht anzuwenden sind und der Verzicht auf Zwischenergebniseliminierung mangels *materiality* jedenfalls faktisch leichter zu begründen ist (Rz 66).

Aus **theoretischer Sicht** wird gegen die *equity*-Methode angeführt, dass sie zum Ausweis einer undifferenzierten Saldogröße führe, während die quotale Konsolidierung den Umfang der wirtschaftlichen Aktivitäten besser erkennen lasse. Die quotale Methode vermischt dabei allerdings im *line-by-line-reporting*-Format (Rz 61) allein kontrolliertes Vermögen (Tochterunternehmen) mit Vermögen, über das nur gemeinsam mit anderen verfügt werden kann. Das

---

[11] Gl. A. ERNST & YOUNG, International GAAP 2005, S. 499, HEUSER/THEILE, IAS/IFRS-Handbuch, Tz 1730, KPMG Insights into IFRS, 3. Aufl., 2006, Tz 3.5.560.

[12] Detailliertere Überlegungen zur Bilanzpolitik bei HARMS/KNISCHEWSKI, Quotenkonsolidierung vs. Equity-Methode, DB 1985, S. 1353ff.

separate-line-items-Format kann diesem Missstand nur bedingt abhelfen, da es tendenziell die Übersichtlichkeit des Abschlusses einschränkt.[13]

6.7 Konzernbilanzierung gemäß IFRS 5 in Ausnahmefällen

Weder quotal noch *at equity*, sondern **ausnahmsweise** nach den Regeln von IFRS 5.39 (→ § 29), d. h. erfolgswirksam zum Netto-*fair-value*, erfolgt die Konzernbilanzierung von Gemeinschaftsunternehmen, wenn Anteile **veräußert** werden sollen (IAS 31.42). Die Veräußerungsabsicht ist im Allgemeinen dann widerlegt, wenn der Anteil nicht nach 12 Monaten (gerechnet ab Erwerb) weiterveräußert wurde (IFRS 5.8) und auch keine aktiven Verkaufsbemühungen incl. Anpassung der Preisvorstellungen mehr unternommen werden (→ § 29 Rz 10). Das Gemeinschaftsunternehmen ist dann rückwirkend *at equity* oder quotal zu konsolidieren. Die 12-Monats-Frist kann bei ausstehenden Genehmigungen (Kartellamt etc.) ausnahmsweise verlängert werden (IFRS 5.9). Die Ausnahmeregeln von IFRS 5 gelangen auch bei erst später entstehender Veräußerungsabsicht zur Anwendung. Soweit Gemeinschaftsunternehmen vor Umqualifizierung nach IFRS 5 *at equity* bilanziert wurden, gelten mit Begründung der Veräußerungsabsicht die in → § 33 Rz 26ff. dargelegten Regeln. Werden Gemeinschaftsunternehmen hingegen quotal konsolidiert, stellt sich folgende **Sonderproblematik:**

86

- **Tochterunternehmen** werden im Konzernabschluss durch ihre Vermögenswerte und Schulden repräsentiert. Die nach IFRS 5 vorzunehmenden Umqualifizierungen und Umbewertungen beziehen sich auf diese Vermögenswerte und Schulden.
- **Assoziierte Unternehmen** erscheinen im Konzernabschluss als **ein** Bilanzierungsobjekt. Die Umqualifizierung und Umbewertung nach IFRS 5 betrifft dieses Objekt.
- Für *at equity* bilanzierte Anteile an **Gemeinschaftsunternehmen** gilt Entsprechendes.
- Bei **quotal konsolidierten Gemeinschaftsunternehmen** stellt sich hingegen die Frage, ob hier analog zu den Tochterunternehmen die anteiligen Vermögenswerte und Schulden umzuqualifizieren und umzubewerten sind. Nach dem Wortlaut von IAS 31.42 ist das nicht der Fall. Mit der Umqualifizierung **endet** vielmehr die quotale Konsolidierung. An die Stelle der anteiligen Vermögenswerte und Schulden tritt das **Bilanzierungsobjekt Beteiligung**. Dieses Vorgehen ist sachgerecht, da das Partnerunternehmen weder rechtlich noch wirtschaftlich das hinter der Beteiligung liegende Vermögen, sondern nur die Beteiligung selbst veräußern kann.

Der nach IFRS 5 bestehende Vorrang des Bilanzierungsobjekts „Beteiligung" gilt auch, wenn bereits **bei Erwerb** eine IFRS 5 genügende **Veräußerungs-**

87

---

[13] Vgl. im Einzelnen zur Theoriedebatte: RUHNKE/KLUGE, Gemeinschaftsunternehmen im Konzernabschluss, RIW 1996, S. 577ff.

Lüdenbach

absicht vorlag (→ § 29 Rz 22), insbesondere die Realisierung der Veräußerung binnen **12 Monaten** (IFRS 5.8) hoch wahrscheinlich war. Ein derartiger zur Weiterveräußerung binnen 12 Monaten bestimmter Anteil an einem Gemeinschaftsunternehmen ist von vornherein mit dem *fair value less costs to sell* (→ § 29 Rz 25) anzusetzen (IFRS 5.11, IAS 31.2a). Zur *equity-* oder quotalen Konsolidierung kommt es nur dann, wenn die Weiterveräußerung wider Erwarten nicht binnen 12 Monaten gelingt.

6.8 Bilanzierung im Abschluss eines einfachen Investors

88 Nicht jeder Anteilsinhaber eines *joint venture* muss ein Partnerunternehmen sein. An dem *joint venture* können etwa A und B mit je 45 % und C mit 10 % als **einfacher Investor** beteiligt sein (vgl. das Beispiel unter Rz 23). Ist C nicht an der gemeinschaftlichen Führung beteiligt, so hat er die Anteile in seinem Konzernabschluss gemäß IAS 39 (→ § 28 Rz 145ff.) zu bewerten (IAS 31.51). Soweit er zwar nicht an der gemeinschaftlichen Führung beteiligt ist, aber maßgeblichen Einfluss hat, kommt es zur Bilanzierung nach IAS 28 (→ § 33). Im Einzelabschluss des einfachen Investors kann die Bilanzierung zu Anschaffungskosten oder zum *fair value* erfolgen (IAS 27.37).

7 Latente Steuern

89 Wird der Anteil an einem Gemeinschaftsunternehmen *at equity* konsolidiert, gelten die unter → § 33 Rz 96ff. dargestellten Regeln.

- *Inside basis differences* (→ § 26 Rz 57) zwischen den anteiligen Steuerbuchwerten des Gemeinschaftsunternehmens und deren anteilige und implizite Berücksichtigung im *equity*-Ansatz führen in jedem Fall zu Latenzen.

- Die Rechtsform entscheidet über die Frage, ob daneben latente Steuern auch auf *outside basis differences* entstehen (→ § 26 Rz 68).

Im Falle der quotalen Konsolidierung gelten die Ausführungen unter → § 33 und → § 31 Rz 164 sinngemäß.

90 Bei gemeinschaftlichen Tätigkeiten und gemeinschaftlichem Vermögen entstehen in der Regel nur die **allgemeinen Steuerlatenzen**, die sich aus den unterschiedlichen Gewinnrealisierungszeitpunkten, unterschiedlichen Abschreibungen usw. ergeben (→ § 26 Rz 10ff.). **Spezifische** Steuerlatenzen fallen kaum an, da die (deklaratorischen) Regelungen von IAS 31 (anteiliger Vermögensausweis usw.) den steuerbilanziellen Vorschriften entsprechen.

8 Ausweis

91 Für den Ausweis des *joint venture* in Bilanz und GuV des Partnerunternehmens ist zwischen den verschiedenen Formen des *joint venture* zu differenzieren:

Lüdenbach

- **Gemeinschaftliche Tätigkeit:** In der Regel existiert kein gemeinsames Vermögen, insoweit ist auch bilanziell nichts anzusetzen. In der GuV erfolgt bei Erlösteilung der Ausweis der eigenen Aufwendungen und der angefallenen anteiligen Erlöse unter den normalen Posten. Bei Gewinnpoolung, soweit überhaupt *joint venture*, erfolgt gegebenenfalls ein besonderer Ausweis der Gewinnabführung bzw. der Gewinnbeteiligung (Rz 31ff.).
- **Gemeinschaftliches Vermögen:** Auszuweisen sind jeweils anteilig Vermögen, Schulden, Aufwendungen und Erträge, und zwar unter üblichen Posten. Gegebenenfalls sind in eigenem Namen für Rechnung aller Partner eingegangene Verbindlichkeiten nur anteilig zu bilanzieren (Rz 40ff.).
- **Gemeinschaftsunternehmen:** Bei quotaler Konsolidierung besteht ein Wahlrecht zwischen zusammengefasster oder von den eigenen Posten separierter Darstellung von Vermögen, Schulden, Aufwendungen und Erträgen (Rz 61). Bei der *equity*-Bilanzierung ist ein gesonderter Ausweis der *equity*-Beteiligung und des *equity*-Ergebnisses in Bilanz und GuV geboten (→ § 2 Rz 39).

9 Angaben

In den Anhang ist eine **Liste der maßgeblichen** (!) *joint ventures* aufzunehmen, in der unter anderem die Anteilsquote anzugeben ist und die Anteile, z. B. nach ihrem Zweck, zu beschreiben sind (IAS 31.56; Rz 11). Unter Berücksichtigung von § 315a HGB ist für deutsche IFRS-Anwender eine Aufstellung des Beteiligungsbesitzes (§ 313 Abs. 2 und 4 HGB) notwendig (→ § 33 Rz 100).

Bei Beteiligung an einem Gemeinschaftsunternehmen ist die **Summe** des Betrages aller kurzfristigen Vermögenswerte, langfristigen Vermögenswerte, kurzfristigen Schulden, langfristigen Schulden, Erträge und Aufwendungen in Bezug auf den Anteil am *joint venture* anzugeben (IAS 31.56). Die Angaben sind entbehrlich, wenn in GuV und Bilanz das *separate-line-items*-Format verwendet wird (Rz 61).

Das Partnerunternehmen hat jeweils getrennt von den übrigen Eventualschulden bzw. -verpflichtungen anzugeben:

- **Eventualschulden** für gemeinschaftlich eingegangene Verpflichtungen, darin bestehender eigener Haftungsanteil sowie Eventualschulden aus der Haftung für Schulden anderer Partnerunternehmen (IAS 31.54),
- **Finanzielle Verpflichtungen** gegenüber dem *joint venture* (aus Investitions- oder Einzelverpflichtungen),
- **Anteil an gemeinschaftlichen** finanziellen **Verpflichtungen** (z. B. aus dem Bestellobligo des *joint venture*).

95 Die Praxis begnügt sich regelmäßig mit sehr kurzen Formulierungen im Zusammenhang der übrigen Erläuterungen zu Konzernunternehmen. Ein Formulierungsbeispiel findet sich in → § 32 Rz 187.
Auf die **Checkliste Abschlussangaben** wird verwiesen (→ § 5 Rz 8).

10 Anwendungszeitpunkt, Rechtsentwicklung

96 IAS 31 ist in vollem Umfang für alle Berichtsperioden anzuwenden, die ab dem 1. Januar 2005 beginnen. Eine frühere Anwendung wird empfohlen (IAS 31.58).

97 Die Neufassung von IAS 31 unterscheidet sich in folgenden Punkten wesentlich von IAS 31 (2000):

- Von den beiden Ausnahmen zur quotalen oder *equity*-Konsolidierung ist eine gestrichen und eine präzisiert worden: Nicht mehr als Ausnahme gilt die **Finanzmitteltransferbeschränkung** (Rz 87). Der *fair-value*-Ansatz ist nur noch für zu Veräußerungszwecken erworbene und gehaltene Anteile vorgesehen. Das Merkmal der Veräußerungsabsicht ist durch eine 12-Monats-Frist präzisiert (Rz 86).

- Die Bilanzierung von **Gemeinschaftsunternehmen im Einzelabschluss** des Partnerunternehmens war bisher ungeregelt (Rz 56). In Frage kamen Anschaffungskosten-, *fair-value*- oder *equity*-Wert. Durch Verweis auf IAS 27 ist nunmehr ein ausdrückliches Wahlrecht, allerdings nur noch zwischen Anschaffungskosten und *fair-value* (als *available-for-sale*), geschaffen (Rz 59).

Folgeänderungen haben sich am 31. März 2004 aus der Verabschiedung von IFRS 3 *Business Combination* (bisher IAS 22) ergeben. Die neuen Vorschriften für den positiven *goodwill* (Aufhebung der planmäßigen Abschreibung, *impairment-only*) und den negativen *goodwill*/Unterschiedsbetrag (sofortige Ertragswirksamkeit) gelten gem. IFRS 3.83 auch für den im *equity*-Ansatz enthaltenen *goodwill* (→ § 31 Rz 174; → § 33 Rz 105).

Weitere Änderungen, insbesondere hinsichtlich des Statuswechsel eines *joint venture* zum Tochterunternehmen, können sich aus dem *Business Combination Project* Phase II ergeben. Hierzu wird auf → § 31 Rz 176ff. verwiesen.

Im Rahmen des Konvergenzprojekts ist außerdem in Anpassung an die US-GAAP ein Fortfall der quotalen und somit die zwingende *at-equity*-Konsolidierung denkbar.[14]

---

[14] Vgl. SCHMIDT/LABRENZ, KoR 2006, S. 467ff.

11 Zusammenfassende Praxishinweise

IAS 31 enthält **98**
- deklaratorische Regelungen (Rz 11ff.) für
  - gemeinschaftliche Tätigkeiten *(jointly controlled operations)*
  - gemeinschaftliches Vermögen *(jointly controlled assets)*

sowie
- konstitutive Regelungen für
- Gemeinschaftsunternehmen *(jointly controlled entities)* mit dem Bilanzierungswahlrecht
  - quotaler Konsolidierung
  - *equity*-Methode.

Dieses **Wahlrecht** entspricht der handelsrechtlichen Regelung in §§ 310ff. HGB. **99**

Die Diskussion bezüglich IAS 31 konzentriert sich in der Regel auf die genannte bilanzielle Abbildung eines Gemeinschaftsunternehmens bei der Muttergesellschaft. In der Praxis ist die Bedeutung des Standards für
- gemeinschaftlich geführte Tätigkeiten *(jointly controlled operations;* Rz 25ff.) und
- gemeinschaftlich geführtes Vermögen *(jointly controlled assets;* Rz 37ff.)

ebenso bedeutend.
Zu den diesbezüglichen definitorischen Abgrenzungen vgl. Rz 11ff.
Zur bilanziellen Abbildung eines Gemeinschaftsunternehmens im Einzelabschluss des Partnerunternehmens (Rz 58ff.) bestehen folgende Methodenwahlrechte:
- zu Anschaffungskosten *(at cost)*,
- zum *fair value* nach IAS 39.

Bei der quotalen Konsolidierung sind die Regeln von IFRS 3 und IAS 27 analog anzuwenden (Rz 60ff.).
Im Konzernabschluss ist alternativ auch die *equity*-Methode als Konsolidierungsverfahren zulässig (Rz 82ff.).
Zur Steuerlatenzrechnung vgl. Rz 89ff.
Zum Ausweis und zu den Angaben vgl. Rz 91 bzw. Rz 92ff.

Lüdenbach

II

SONDERVORSCHRIFTEN FÜR BÖRSENNOTIERTE UNTERNEHMEN

§ 35 ERGEBNIS JE AKTIE (EARNINGS PER SHARE)

Inhaltsübersicht Rz
Vorbemerkung
1 Zielsetzung, Regelungsinhalt und Begriffe 1–7
2 Das unverwässerte Ergebnis je Aktie 8–19
   2.1 Die Berechnungsparameter 8
   2.2 Ermittlung des Ergebnisses 9–11
   2.3 Ermittlung der Anzahl Aktien 12–19
      2.3.1 Gewichtete Berechnung ausstehender Anteile 12–15
      2.3.2 Rückwirkende Anpassung ausstehender Anteile .. 16–19
3 Das verwässerte Ergebnis je Aktie 20–34
   3.1 Berechnungsmethodik 20–23
      3.1.1 Ausgangsgrößen 20
      3.1.2 Betriebswirtschaftliche Logik 21–23
   3.2 Ermittlung des Ergebnisses 25–26
   3.3 Ermittlung der Anzahl Aktien 27–34
      3.3.1 Ausgangsgrößen 27
      3.3.2 Bedingte Aktienausgabe 28
      3.3.3 Ausstehende Erwerbsoptionen für Aktien 29
      3.3.4 Wandelbare Papiere 30–34
4 Vergleich mit dem Ergebnis je Aktie nach DVFA 35–37
5 Angaben 38–39
6 Anwendungszeitpunkt, Rechtsentwicklung 40–41
7 Zusammenfassende Praxishinweise 42

Schrifttum: ALEXANDER/ARCHER, Miller International Accounting/Financial Reporting Standards Guide, 2005; BEINE/PROKOP, Ergebnis je Aktie, in: WILEY-Kommentar zur internationalen Rechnungslegung nach IAS/IFRS, 2004; BUSSE VON COLBE u. a. (Hrsg.), Ergebnis je Aktie nach DVFA/SG, 3. Aufl., 2000; FASB, Statement of Financial Accounting Standards No. 28 Earnings per Share; FASB, Exposure Draft (revised) Proposed Statement of Financial Accounting Standards Earnings per Share – an amendment of FASB Statement No. 128 – Revision of Exposure Draft Issued December 12, 2003; FÖRSCHLE, Earnings per Share, in: Jahresabschluss und Jahresabschlussprüfung, Festschrift für Jörg Baetge, S. 499; FREIBERG, Berechnung des verwässerten Ergebnisses je Aktie, in: PiR 2006, S. 266; GEMEINSAME ARBEITSGRUPPE DER DVFA UND SCHMALENBACH-GESELLSCHAFT, Fortentwicklung des Ergebnisses nach DVFA/SG, DB 1998, S. 2537; HANFT/KRETSCHMER, Negative Minderheitenanteile im Konzernabschluss nach HGB, US-GAAP und IAS, BB 2001, S. 2047; HARRIS/LANG/MÖLLER, Zur Relevanz der Jahresabschlussgrößen Erfolg und Eigenkapital für die Aktienbewertung in Deutschland und den USA,

Leibfried

ZfbF 1995, S. 996; IASC: International Accounting Standards Explained, 2001; IDW, IDW RS HFA 2: Einzelfragen zur Anwendung von IFRS, WPg 2004, S. 1402; KPMG, Insight into IFRS, 3. Aufl., 2006/7; KROLLE, Die Berechnung von verwässerten Ergebnissen je Aktie bei ausstehenden Stock Options (Modifizierung der Treasury Stock Method), in: Finanz Betrieb, 2002, S. 708 -717; KÜTING, Das Ergebnis je Aktie nach DVFA/SG, Beilage Nr. 1 zu BB 1992, S. 1; LÖW/ROGGENBUCK, Earnings per Share für Banken – nach IAS und DVFA, DBW 1998, S. 659; LÖW/ROGGENBUCK, Ergebnis-je-Aktie-Kennziffern für Banken im Blickwinkel nationaler und internationaler Rechnungslegung, BB 2001, S. 1460; LÜDENBACH, Unternehmensbewertung nach IDW S1, Neue Vokabeln, alte Denkverbote?, INF 2001, S. 596 und 626; PELLENS/GASSEN, IAS 33 Ergebnis je Aktie, in: BAETGE u. a. (Hrsg.), Rechnungslegung nach International Accounting Standards, 2002; REINHART, Earnings per Share, Price-Earnings-Ratios sowie Price-Cash Flow Ratios bei der Analyse von International Accounting Standards-Abschlüssen, IStR 1998, S. 641; SCHREMPER/PÄLCHEN, Wertrelevanz rechnungswesenbasierter Erfolgskennzahlen, DBW 2001, S. 542.

Vorbemerkung
Die nachstehende Kommentierung bezieht sich auf IAS 33 in der ab 1.1.2005 geltenden Fassung. Alle bis zum 1.1.2007 ergangenen Rechtsänderungen und Interpretationen sind berücksichtigt.

1 Zielsetzung, Regelungsinhalt und Begriffe

1 Am Kapitalmarkt gilt das Ergebnis je Aktie (*earnings per share*, EPS) als eine wichtige Kennzahl zur **Bewertung** von Unternehmen. In Deutschland wird die Kennzahl seit langem von der Schmalenbach Gesellschaft (SG) bzw. der Deutschen Vereinigung der Finanzanalysten (DVFA) propagiert.
Das Ergebnis je Aktie verhält sich mathematisch streng umgekehrt zum Kurs-Gewinn-Verhältnis (KGV). Das KGV wird im Vergleich zwischen Unternehmen oder Aktien oftmals als Basis für Kauf- und Verkaufsentscheidungen herangezogen. Ein niedriges KGV (= hohes EPS) soll z. B. indizieren, dass eine Aktie billig ist. Das Ergebnis je Aktie wird so zu einem Bindeglied zwischen Rechnungslegung und Unternehmensbewertung.
Vor diesem Hintergrund besteht das Ziel des IAS 33 darin, durch eine klare Definition der zu verwendenden Größen und Berechnungsmethoden eine weitgehende **Vergleichbarkeit** dieser Kennzahl sicherzustellen. Es entspricht diesem Ziel, dass aufgrund einer entsprechenden Abstimmung mit dem FASB im Zuge der Entstehung von IAS 33 dieser Standard ein Beispiel für eine weitgehende Angleichung von IFRS und US-GAAP darstellt. Die Veröffentlichung von IAS 33 und SFAS 128 *Earnings per Share* in 1997 war das Resultat des ersten gemeinsamen Projekts zwischen FASB und IASC, der Vorgängerorganisation des IASB. Im Rahmen des *short-term convergence project* mit dem FASB wird gegenwärtig eine weitergehende Angleichung der Vorschriften diskutiert (Rz 41).

Die Berechnung und Offenlegung eines Ergebnisses je Aktie wird nur von solchen Unternehmen gefordert, deren **Eigenkapitalinstrumente** bereits an einer Börse **öffentlich gehandelt** werden oder die sich gerade in einem erstmaligen öffentlichen Angebot befinden (IAS 33.2). Das gilt – klarstellend – nach IFRS 8.B7 (→ § 36 Rz 203) sowohl für den Einzel- als auch für den (Teil-)Konzernabschluss. In **Privatbesitz** stehende Unternehmen müssen somit kein Ergebnis je Aktie berechnen und angeben. Erfolgt eine entsprechende Angabe freiwillig, sind jedoch die Vorgaben von IAS 33 zu berücksichtigen (IAS 33.3). Werden Einzel- und Konzernabschluss offengelegt, hat die Angabe auf **konsolidierter Basis** zu erfolgen (IAS 33.4).

Nicht sinnvoll ist die Berechnung eines analogen „Ergebnisses je Anteil" für eine **GmbH**, da die Größe der vorhandenen Gesellschaftsanteile dort zwischen den einzelnen Gesellschaftern unterschiedlich sein kann. Für eine **KGaA** ist die Berechnung jedoch möglich und bei entsprechender Notierung an einer Börse auch erforderlich. Die Berechnung und Offenlegung des Ergebnisses je Aktie hat nicht nur im Jahresabschluss, sondern auch in **Zwischenberichten** zu erfolgen (IAS 34.11). IAS 33.5 enthält die folgenden, für die Berechnung des Ergebnisses je Aktie wichtigen **Begriffsdefinitionen:**

- Eine **Stammaktie** *(ordinary share)* – die maßgebliche Größe für die Bemessung der Anzahl Aktien – ist gemäß IAS 33.5 ein Eigenkapitalinstrument, das im Verhältnis zu allen anderen Eigenkapitalinstrumenten nachgeordnet ist. Aus den **Vorzugsaktien** gemäß §§ 12, 139 AktG ergibt sich hier für Deutschland ein Sonderproblem: Ein Eigenkapitalinstrument ist gemäß IAS 33.8 i. V. m. IAS 32.11 stets an der **Verteilung des Residualvermögens** der Gesellschaft beteiligt (→ § 20 Rz 4). Vorzugsaktien gemäß §§ 12, 139 AktG, die über einen solchen Anspruch verfügen, wären demnach den Stammaktien hinzuzurechnen. Implizit auf ein anderes Kriterium der Zurechnung stellt hingegen IAS 33.6 ab, der Stammaktien ein **Recht zur Gewinnteilnahme** erst nach Abzug des auf *preference shares* entfallenden Gewinnanteils zubilligt. Danach wären Vorzugsaktien gemäß § 12 AktG nicht zu den Stammaktien im Sinne von IAS 33 zu rechnen, sondern den *preference shares* zuzuschlagen. Ursächlich für diesen offensichtlichen Widerspruch ist die international unterschiedliche gesellschaftsrechtliche Ausgestaltung von *preference shares*, die einer abschließenden Definition durch die IFRS entgegensteht. Es ergibt sich somit zwangsläufig ein **Interpretationsspielraum**.

Nach bisher in Deutschland herrschender Auffassung galt das Kriterium der Partizipation am **Residualvermögen** als entscheidend, so dass **Vorzugsaktien** gemäß §§ 12, 139 AktG für die Berechnung des Ergebnisses je Aktie den Stammaktien hinzuzurechnen waren.[1] Die internationale Kommentierung war

---

[1] Vgl. PELLENS/GASSEN, IAS 33 Ergebnis je Aktie, in: BAETGE, u. a. (Hrsg.), IAS 33 Rz 9; FÖRSCHLE, Earnings per Share, in: Festschrift Baetge, BEINE/PROKOP, Ergebnis je Aktie, in: WILEY-Kommentar zur internationalen Rechnungslegung nach IAS/IFRS (Ergänzung der deutschen Bearbeiter), Abschnitt 18 Tz 38f.

Leibfried

schon bisher überwiegend anderer Ansicht und wollte bei der Ermittlung des Nenners der Gleichung keine Vorzugsaktien berücksichtigen. Das IDW hat sich dieser Auffassung inzwischen angeschlossen und bezieht nunmehr die Nachrangigkeit i. S. v. IAS 33.5 ausschließlich auf die Dividendenrechte.[2] U. E. entspricht sie auch stärker den Grundgedanken der IFRS. Von der konzeptionellen Basis her stellt die Berechnung des Ergebnisses je Aktie nämlich keine primär auf den gesamten aktuellen Vermögensbestand, sondern auf den **periodischen Ergebnisfluss** gerichtete Größe dar. Die Bestimmung des Nenners der Gleichung sollte diesem Gedanken Rechnung tragen und Vorzugsaktien entsprechend ausschließen.

Darüber hinaus scheint das Kriterium der Teilhabe am Reinvermögen auf Basis des IAS 33 **systematisch** auch eher schwach fundiert: *Ordinary shares* sind laut IAS 33.5 immer ein *equity instrument*. Ein *equity instrument* als übergeordnete Gruppe zeichnet sich gemäß IAS 33.8 i. V. m. IAS 32.11 durch seine Teilhabe am Residualvermögen aus. Die Schlussfolgerung, jedes auf eine Teilhabe am Reinvermögen berechtigende Papier sei gleichzeitig auch ein *ordinary share* im Sinne von IAS 33, kann hieraus jedoch nicht gezogen werden. Die Definition von *ordinary shares* in IAS 33.5 spricht dementsprechend auch nicht von einer Nachrangigkeit hinsichtlich der Verteilung des Residualvermögens, sondern lediglich von einer generellen Nachrangigkeit *("subordinate to all other classes of equity instruments")*. Worin diese Nachrangigkeit insbesondere bestehen kann, klärt der nachfolgende IAS 33.6, der sich dann explizit mit der Abgrenzung von *ordinary shares* und *preference shares* beschäftigt. Hier werden als Kriterium jedoch lediglich die Dividendenrechte herangezogen. Für die **Anteilsbewertung** als eigentliche Aufgabe des Ergebnisses je Aktie schließlich dürfte die Teilhabe am Gewinn einen größeren Unterschied ausmachen als der Anspruch auf ein eventuelles Residualvermögen. Die Frage der Einbeziehung oder Ausgrenzung von Vorzugsaktien und die damit verbundenen Effekte auf die absolute Höhe des Ergebnisses je Aktie sollten daher insbesondere diesem Unterschied Rechnung tragen und nicht auf die Vermögensverwertung fokussiert sein.

6 Unabhängig von der Bezeichnung als Vorzugsaktie gemäß § 12 AktG kann ein Unternehmen über mehrere **Klassen von Stammaktien** verfügen (IAS 33.6).

---

[2] Vgl. inzwischen: IDW RS HFA 2: Einzelfragen zur Anwendung von IFRS, WPg 2005, S. 1406. Vgl. ferner Löw/ROGGENBUCK, BB 2001, S. 1464: „Anders als in der Empfehlung von DVFA/SG werden daher Vorzugsaktien nicht in die Berechnung einbezogen". Zum selben Ergebnis kommt ein Beispiel bei ALEXANDER/ARCHER, Miller International Accounting Standards Guide, 2005, S. 12.04: Zwei ansonsten gleiche Aktiengattungen A und B haben hier einen einheitlichen Anspruch auf Teilhabe am Residualvermögen, jedoch verfügt A über einen zusätzlichen Dividendenanspruch (fix oder vorrangig). „IAS 33 would then clearly indicate that only B is an ordinary share, despite the fact that A also participates in residual net profit." Wäre das Kriterium der Teilhabe am Residualvermögen entscheidend, wären beide Aktien als Stammaktien anzusehen.

Für jede Klasse an Stammaktien ist dann ein separates Ergebnis je Aktie zu berichten (IAS 33.66). Aktien, die über denselben Dividendenanspruch verfügen, sind dabei einer einheitlichen Klasse zuzuordnen. Sofern Unterschiede im Dividendenanspruch zu fixen oder bevorzugten Dividenden berechtigen, scheidet eine Bildung separater Klassen jedoch aus. Vielmehr liegen dann regelmäßig **Vorzugs**aktien i. S. d. §§ 12, 139 AktG vor (Rz 5). Unterschiedliche Klassen von Stammaktien dürften daher in der Praxis eher selten sein. Nur wenn die Satzung eine Vorzugsdividende an die Dividende der Stammaktien koppelt, also einen **Dividendenzuschlag** ohne vorrangige Bedienung gewährt (**Mehrdividende**), sind derartig ausgestaltete Vorzugsaktien als **separate** Kategorie von *ordinary shares* einzustufen, da insoweit der in § 139 AktG geregelte Dividendenvorzug de facto nicht besteht.[3] Wenn hiernach also Vorzugsaktien i. S. d. §§ 12, 139 AktG regelmäßig nicht eine separate Klasse von Stammaktien darstellen, ist es u. U. zulässig oder gar geboten, neben dem Ergebnis je Stammaktie auch das Ergebnis je Vorzugsaktie anzugeben (→ Rz 38).

- Als **potenzielle Aktien** *(potential ordinary shares)* werden Finanzinstrumente und sonstige Vereinbarungen angesehen, die deren Inhaber zum Bezug von Stammaktien berechtigen. Typische Beispiele hierfür sind **Wandelschuldverschreibungen** und **Optionen**. 7

- Der **Verwässerungseffekt** *(dilution)* stellt eine fiktive Verminderung des Ergebnisses je Aktie oder eine fiktive Erhöhung des Verlusts je Aktie dar, resultierend aus der Annahme, dass potenzielle Aktien ausgegeben worden wären. Eine Erhöhung des Ergebnisses je Aktie oder eine Verminderung des Verlusts je Aktie wird im Gegensatz dazu als *antidilution* bezeichnet.

2 Das unverwässerte Ergebnis je Aktie

2.1 Die Berechnungsparameter

Das Berechnungsschema für das unverwässerte Ergebnis je Aktie *(basic earnings per share)* ist einfach: 8

Periodenergebnis (Rz 9ff.) – Zähler
die durchschnittliche Anzahl während der Periode ausstehender Aktien (Rz 12ff.) – Nenner
= *basic earnings per share* – Quotient

---

[3] Vgl. IDW, RS HFA 2. n. F. Tz 26.

Leibfried

2.2 Ermittlung des Ergebnisses

9 Positives oder negatives Periodenergebnis ist das Ergebnis nach Gewinn- oder Verlustanteilen von **Minderheitsgesellschaftern** (IAS 33.69). Es muss **alle Positionen** umfassen, die während der abgelaufenen Periode in der GuV berücksichtig worden sind; eine Bereinigung um Steuern, Zinsen, außerordentliche Sachverhalte, Bilanzierungs- und Bewertungsänderungen oder die auf Minderheitsgesellschafter entfallenden Ergebnisanteile ist nicht zulässig (IAS 33.13). Hintergrund dieser Anforderung dürfte der Versuch sein, das Ergebnis je Aktie von oftmals schwierigen **Abgrenzungsfragen** freizuhalten. Die zu verwendende Ergebniszahl entspricht somit dem Jahres-, Quartals- oder Halbjahresergebnis.

> **Beispiel**
> Das Betriebsergebnis des Konzerns für die laufende Periode beträgt 2.000. Es wird geschmälert um Verluste aus Finanzanlagen von 400, einen Steueraufwand von 600, einen auf Minderheiten entfallenden Ergebnisanteil von 150 sowie einen in der laufenden Periode berücksichtigten Einmaleffekt aus der veränderten Bewertung des Vorratsvermögens von 80. Das Jahresergebnis nach Berücksichtigung all dieser Effekte beträgt 770. Für die Berechnung des Ergebnisses je Aktie ist dieser Wert als Zähler zugrunde zu legen.

Falls **nicht fortgeführte Tätigkeiten** *(discontinued operations)* vorliegen (→ § 29 Rz 6), ist das Ergebnis je Aktie getrennt auf Basis des Ergebnisses aus fortgeführten Tätigkeiten sowie des Gesamtergebnisses zu ermitteln (IAS 33.12).

10 Die Berechnung des Ergebnisses je Aktie als Kennzahl der Ergebnisentwicklung hat unabhängig vom Ausschüttungsverhalten eines Unternehmens zu erfolgen. **Dividendenzahlungen** aus dem laufenden Periodenergebnis schmälern das für die Berechnung anzusetzende Ergebnis daher nicht *(„net profit or loss for the period attributable to ordinary shareholders")*. Dividendenzahlungen auf **Vorperioden** sind für die Ergebnisbemessung ebenfalls irrelevant.

Ist die Zahlung von Dividenden auf **Vorzugsaktien** von einem Beschluss der Gesellschafter abhängig, sind diese erst bei Vorliegen eines entsprechenden Beschlusses für die betreffende Periode von einem positiven Ergebnis abzusetzen. Umgekehrt sind die betreffenden Beträge in jedem Fall **ergebnismindernd** zu berücksichtigen, sofern dieser Dividendenanspruch ohne einen solchen Beschluss entsteht. Kommt es in einem Folgejahr dann zu einem entsprechenden Beschluss oder zur Zahlung, sind diese dann nicht mehr vom Ergebnis abzusetzen, da sie ja bereits in der entsprechenden Vorperiode berücksichtigt wurden.

Vorzugsdividenden, die auch in Verlustjahren fällig werden, sind im Verlustjahr dem auf die übrigen Aktionäre entfallenden Verlust hinzuzurechnen.

> **Beispiel**
> Der Verlust im Jahr 01 beläuft sich auf –500.000. Der Ergebnisvortrag ist in selber Höhe negativ. Der Konzern hat 1.000.000 Vorzugsaktien im Nennwert von 1 ausgegeben, auf die auch in Verlustjahren ein Gewinnanspruch von 10 % des Nennwerts entsteht. Der Anspruch kommt jedoch nur dann zur Auszahlung, wenn ausschüttungsfähige Ergebnisvorträge vorhanden sind.
> Im Jahr 01 ist keine Ausschüttung möglich. Für die Berechnung des Verlustes je Aktie ist der Verlust des Konzerns jedoch um 100.000 zu erhöhen und beträgt somit –600.000.
> Im Folgejahr 02 entsteht ein Gewinn in Höhe von 800.000. Der Ergebnisvortrag erlaubt jetzt die Ausschüttung der Vorzugsdividende. Für die Berechnung des Ergebnisses je Aktie kommen lediglich die 100.000 Vorzugsdividende des Jahres 02 zum Abzug, die für 01 erfolgende Auszahlung von 100.000 bleibt unberücksichtigt. Der Zähler beläuft sich im Jahr 02 somit auf 700.000.

Eine Besonderheit ergibt sich, wenn ein Unternehmen über **mehrere Aktiengattungen** verfügt, für die das Ergebnis je Aktie jeweils **separat** zu berechnen ist (IAS 33.66). Für die Ermittlung des Zählers ist auch hier das Ausschüttungsverhalten zu vernachlässigen. Sind jedoch für die jeweiligen Klassen **unterschiedliche** Ausschüttungen erfolgt, kann sich hieraus eine Beeinflussung des Ergebnisses je Aktie ergeben. Der Ausgleich für Zwecke der Bewertung erfolgt über den **Kurs** der Aktie. Das nachfolgende Beispiel verdeutlicht die Zusammenhänge.

> **Beispiel**
> Der Gewinn der Periode beträgt 1.000. Es sind je 100 Aktien der Gattungen A und B ausstehend (keine „*preference shares*" i. S. v. IAS 33). Aktien der Gattung B haben den 1,5-fachen Dividendenanspruch von Aktien der Gattung A. Auf die Aktien der Gattung A ist für das Geschäftsjahr eine Ausschüttung von jeweils 1,00 erfolgt, auf die Aktien der Gattung B dementsprechend jeweils 1,50. Das thesaurierte Ergebnis beläuft sich somit auf 750.
>
> Das Ergebnis je Aktie berechnet sich wie folgt:
>
> Gattung A: (750 × 100/200 + 100 × 1,00) / 100 = 4,75
> Gattung B: (750 × 100/200 + 100 × 1,50) / 100 = 5,25
>
> Der Anspruch der Aktionäre auf das Ergebnis des Unternehmens ist hier nicht mehr gleich verteilt, sondern durch die vorab erfolgte inkongruente Ausschüttung bereits zu einem Teil zugunsten der Aktien der Gattung B verschoben. In der Bewertung durch den Markt würde dies durch einen entsprechend höheren Kurs der Aktiengattung B und einen niedrigeren Kurs der Gattung A wieder ausgeglichen, so dass sich – abgesehen von Ri-

> sikoüberlegungen – eine Dividendenrendite auf das eingesetzte Kapital in Höhe des Mittelwertes von 5,00 ergibt. Den Aktionären wird durch die unterschiedlichen Gattungen die Möglichkeit geboten, sich zwischen einer relativ höheren Ausschüttung und einer relativ höheren Chance auf Aktienwertsteigerung zu entscheiden.

2.3 Ermittlung der Anzahl Aktien

2.3.1 Gewichtete Berechnung ausstehender Anteile

12 Der für die Berechnung des Ergebnisses je Aktie maßgebliche Nenner (Rz 8) umfasst die **durchschnittliche Anzahl** der während der betreffenden Periode **ausstehenden Aktien**. Sind keine Veränderungen erfolgt, ist die Ermittlung problemlos, da die anzusetzende Aktienanzahl dem Stand zum Abschlussstichtag entspricht. Hat sich die Anzahl der Aktien jedoch seit dem letzten Stichtag verändert, ist in den meisten Fällen eine zeitanteilige Gewichtung erforderlich. Dies gilt für die folgenden Veränderungen:

- **Ausgabe** von **jungen** Aktien im Wege der Kapitalerhöhung;
- **Erwerb** von **eigenen** Aktien durch Rückkauf am Kapitalmarkt;
- **Ausgabe** von **eigenen** Aktien durch Verkauf am Kapitalmarkt;
- **Kapitalherabsetzungen** gegen Auszahlung von Kapital, wobei sich die Einziehung von Aktien als solche nicht mehr auf die Anzahl der ausstehenden Aktien auswirkt, sofern diese bereits vorher am Kapitalmarkt zurückgekauft wurden und als Bestand eigener Aktien die Anzahl durchschnittlich ausstehender Aktien reduziert haben.

13 Eine **taggenaue** Berechnung ist dann erforderlich, wenn sich über hohe Veränderungen der ausstehenden Anteile eine große Hebelwirkung auf das Ergebnis je Aktie ergeben kann. Insbesondere bei Unternehmen, die unterjährig eine Vielzahl von Käufen und Verkäufen in eigenen Anteilen tätigen, kann die taggenaue Berechnung erheblichen Aufwand verursachen. Gemäß IAS 33.20 sind daher auch **näherungsweise** Berechnungen möglich, sofern diese zu keinen wesentlichen Verzerrungen führen *(reasonable approximation)*. Angesichts der erheblichen Bedeutung auch kleiner Schwankungen im Ergebnis je Aktie für die Bewertung eines Unternehmens durch den Kapitalmarkt sollte diese Erleichterungsmöglichkeit jedoch nicht übermäßig strapaziert werden. Der Zielsetzung des Ergebnisses je Aktie, einen Zusammenhang zwischen dem eingesetzten Eigenkapital und den damit erzielten Erträgen herzustellen, kann nur durch die Verwendung **korrespondierender zeitraumbezogener** Größen sowohl im Zähler als auch im Nenner Rechnung getragen werden.

> **Beispiel**
> Während des Jahres hat sich die Anzahl der ausstehenden Aktien wie folgt entwickelt:
> Anfangsbestand 1. Januar: 2.000
> Ausgabe neuer Anteile (Kapitalerhöhung) 30. April: 500
> Erwerb eigener Anteile 15. August: 200
> Endstand 31. Dezember: 2.300
> Die durchschnittliche Anzahl ausstehender Aktien berechnet sich nach zeitanteiliger Gewichtung als:
> 2.000 × 4/12 + 2.500 × 3,5/12 + 2.300 × 4,5/12 = 2.258.
> Alternativ kann auch die folgende Formel zur Anwendung kommen, die unterschiedliche „Scheiben" von Aktienbeständen betrachtet:
> 2.000 × 12/12 + 300 × 8/12 + 200 × 3,5/12 = 2.258.

Abhängig von der jeweils zugrunde liegenden Transaktion ist zu prüfen, ab welchem **Zeitpunkt** neu ausgegebene Aktien in die Berechnung mit aufzunehmen sind. Maßgeblich ist in der Regel der Zeitpunkt, an dem die jeweilige Gegenleistung **fällig** wird. IAS 33.21ff. enthalten hierzu unter anderem den folgenden Katalog von Beispielen:

- **Bareinlage**: Gegen bar auszugebende Aktien ab dem Zeitpunkt, an dem die Bezahlung fällig wird. In dem Maße, wie noch keine Einzahlung erfolgt ist, die Aktie aber bereits an Dividenden des Unternehmens teilhaben kann, erfolgt eine zahlenmäßig anteilige Einbeziehung (IAS 33.A15).
- **Kapitalerhöhung im Schütt-aus-hol-zurück-Verfahren**: Aktien aus einer Umwandlung von Dividenden in Aktien ab dem Zeitpunkt, an dem die Dividende zur Zahlung fällig wird.
- **Sacheinlage von Forderungen**: Aktien aus einer Umwandlung von Fremd- in Eigenkapital mit der Beendigung der Verzinslichkeit des Fremdkapitals.
- Zur Beilegung einer Streitigkeit oder zum Ausgleich einer Rückstellung ausgegebene Aktien ab dem **Abschluss** einer entsprechenden **Vereinbarung**.
- **Sacheinlage eines Unternehmens**: Zum Erwerb eines Unternehmens ausgegebene Aktien ab dem Zeitpunkt der Erstkonsolidierung.
- **Sonstige Sacheinlage**: Im Tausch gegen einen Vermögenswert ausgegebene Anteile ab dem Zeitpunkt der erstmaligen Bilanzierung des betreffenden *asset*.
- **Anteilig einbezahlte** Aktien im Verhältnis ihrer Dividendenberechtigung im Vergleich mit voll einbezahlten Anteilen.
- Aktien, deren Ausgabe von der Erfüllung bestimmter **Bedingungen** abhängig ist *(contingently issuable shares)*, ab dem Zeitpunkt, an dem alle Bedingungen erfüllt sind. Derartige Aktien sind nicht mit sog. bedingtem Kapital zu verwechseln, sondern beziehen sich in der Regel auf Sachverhalte wie die Erreichung bestimmter Ziele durch das erworbene Unter-

nehmen nach einem Unternehmenskauf gegen Aktien und eine damit einhergehende nachträglich erhöhte Vergütung zugunsten der Veräußerer.

- Anleihen, die zu einem festgelegten zukünftigen Zeitpunkt verpflichtend in Aktien gewandelt werden müssen (**Zwangswandelanleihen**), sind ab dem Zeitpunkt der Begebung der Anleihe in die Berechnung mit einzubeziehen (IAS 33.23). Je nach Ausgestaltung der Anleihe und der Wandlungsbedingungen kann sich hieraus ein unmittelbarer Effekt auf die Unternehmensbewertung und damit auf den Börsenkurs ergeben, wie dies z. B. bei der Zwangsanleihe der Deutschen Telekom AG im Jahr 2003 der Fall war.

Abhängig von spezifischen Bedingungen der jeweiligen Transaktion können sich im Einzelfall auch **abweichende Zeitpunkte** ergeben. Eine gründliche Auseinandersetzung mit der wirtschaftlichen Substanz der getroffenen Vereinbarung ist unbedingt erforderlich.

15 Bei einer **unterjährigen Umwandlung** des Unternehmens von einer GmbH in eine AG (ohne Vorabausschüttung eines bis dahin aufgelaufenen Gewinns) hat die Berechnung des Ergebnisses je Aktie unter der Annahme zu erfolgen, das Unternehmen wäre das ganze Jahr über eine Aktiengesellschaft gewesen. Der Zähler besteht somit aus dem gesamten Jahresergebnis, der Nenner aus der seit der Umwandlung durchschnittlich ausstehenden Anzahl Aktien.[4] Dies gilt nicht, wenn nach der Umwandlung ein **Rumpfgeschäftsjahr** eingelegt wird. Für eine Rumpfperiode ist die Berechnung eines eigenständigen Ergebnisses je Aktie erforderlich, bei der wie bei der Berechnung für ein normales Geschäftsjahr die für Zähler und Nenner anzusetzenden Zeiträume identisch sind.

2.3.2 Rückwirkende Anpassung ausstehender Anteile

16 Neben der zeitanteiligen Gewichtung unterschiedlicher ausstehender Aktien ist in bestimmten Fällen auch eine **rückwirkende Anpassung der Aktienanzahl** erforderlich. Dies ist dann der Fall, wenn sich im Gegensatz zu den unter Rz 12 geschilderten Fällen aus einer Änderung der Anzahl ausstehender Aktien nicht auch gleichzeitig eine Veränderung der einem Unternehmen zur Verfügung stehenden Ressourcen ergibt. Die Veränderung der Anzahl an Aktien erfolgt also ohne adäquate Gegenleistung durch die zukünftigen Aktionäre an das Unternehmen oder ohne adäquate Gegenleistung durch das Unternehmen an die bisherigen Aktionäre. Dies ist in den **folgenden Fällen** denkbar:

- Ausgabe von Bonusaktien (**Kapitalerhöhung aus Gesellschaftsmitteln**) oder von Aktien unterhalb des Marktpreises,
- Durchführung eines **Aktiensplit**,
- Zusammenlegung von Aktien im Rahmen einer **vereinfachten Kapitalherabsetzung**.

---

[4] Bei anderen Berechnungsmethoden ist denkbar, dass sich der Umwandlungszeitpunkt auf die Höhe des Ergebnisses je Aktie auswirkt, was aus bewertungstheoretischer Sicht nicht akzeptabel ist.

Leibfried

§ 35 Ergebnis je Aktie (Earnings per Share)

In allen Fällen ändert sich die Anzahl der ausstehenden Aktien. Für die Berechnung des Ergebnisses je Aktie wird eine rückwirkende Anpassung der Anzahl ausstehender Aktien erforderlich. Diese ist fiktiv auf den **Beginn** der im Abschluss dargestellten **Perioden** durchzuführen; in der Regel also auf den Anfang des vorhergehenden Wirtschaftsjahres. Das im **Vorjahr** errechnete Ergebnis je Aktie ist entsprechend **anzupassen** (IAS 33.64). Eine solche Anpassung ist auch dann erforderlich, wenn in Vorperioden liegende Fehler berichtigt werden.

> **Beispiel**
> Seit dem 1.1.06 sind unverändert 1.000.000 Aktien im Nennwert von 1 ausstehend. Im Sommer des Jahres 07 beschließt die Hauptversammlung die Durchführung eines Aktiensplit im Verhältnis 1:3. Jeder Aktionär erhält je bisherige Aktie somit zwei Aktien hinzu. Der Nennwert des Aktienkapitals wird durch eine Umwandlung von Rücklagen (Kapitalerhöhung aus Gesellschaftsmitteln) auf 3.000.000 erhöht. Der Kurs der Aktie am Kapitalmarkt sinkt auf 1/3 des bisherigen Wertes, jedoch haben die Aktionäre als Ausgleich jeweils den dreifachen Aktienbestand im Portfolio. Für die Berechnung des Ergebnisses je Aktie im Jahresabschluss 07 ist rückwirkend ab dem 1.1.06 von 3.000.000 ausstehenden Aktien auszugehen. Das Ergebnis je Aktie, das im Vorjahr 1,20 betragen hatte, verringert sich auf 0,40. Dieser Wert ist im Jahresabschluss 07 in der Vorjahresspalte entsprechend darzustellen. Auch die Anzahl der ausstehenden Aktien in den Anhangangaben zum Ergebnis je Aktie ist entsprechend anzupassen.

Eine rückwirkende Anpassung ist auch dann erforderlich, wenn die Änderung der Anzahl Aktien zwar **nach Periodenende**, aber schon **vor der Veröffentlichung** des Abschlusses erfolgt (IAS 33.64). **17**

> **Beispiel**
> Der im vorstehenden Beispiel dargestellte Aktiensplit findet nicht im Sommer 07, sondern erst auf einer außerordentlichen Hauptversammlung im Januar 08 statt. Der Abschluss nach IFRS für das Jahr 07 wird Ende März 08 vorgelegt. Die dargestellten Anpassungen für die Jahre 07 und 08 sind dennoch durchzuführen.

Die **Ausgabe von Bezugsrechten** kann wirtschaftlich eine Mischung aus einer Ausgabe von Aktien gegen bar und einer Erhöhung der Anzahl Aktien ohne Gegenleistung darstellen (IAS 33.A2). Dies ist dann der Fall, wenn die Bezugsrechte einen Ausgabekurs unterhalb des Marktwerts vorsehen. Um die Vergleichbarkeit des Ergebnisses je Aktie zwischen den Perioden herzustellen, ist daher auch in diesen Fällen eine rückwirkende Anpassung der Anzahl ausstehender Aktien erforderlich. Diese Anpassung wird erreicht, indem die bisherige Aktienanzahl mit dem Quotienten aus dem Marktwert der Aktie unmittelbar **vor und nach Ausübung des Bezugsrechts** multipliziert wird. **18**

Leibfried

Bei **separatem** Handel von Aktien und Bezugsrechten bemessen sich die Wertverhältnisse nach den tatsächlichen Werten am Kapitalmarkt am Ende des Tages vor der Ausübung. Beide für die Berechnung erforderlichen Werte können dann unmittelbar aus Börsenkursen abgeleitet werden. **Ohne separaten** Handel ist eine theoretische Berechnung des Aktienwerts nach Ausübung des Bezugsrechts erforderlich. Eine Bezugnahme auf den Kurs unmittelbar nach Ausübung des Bezugsrechts scheidet aus, da dieser neben dem Bezugsrecht auch durch andere Faktoren beeinflusst sein könnte. Entscheidend ist in jedem Fall der Zeitpunkt der Ausübung, nicht der Gewährung der Bezugsrechte.

Die Berechnung ist wie folgt:

> gesamter Marktwert aller ausstehenden Aktien unmittelbar vor Ausübung der Rechte
> + Emissionserlös aus Ausgabe junger Aktien
> = neue „Marktkapitalisierung"

Der theoretische Wert der Aktie nach Ausübung des Bezugsrechts ergibt sich dann aus der Division dieser Summe durch die neue Anzahl ausstehender Aktien. Die Vorgehensweise entspricht im Kern der für die Berücksichtigung des Verwässerungseffekts aus **Optionen**, deren Ausübungspreis unter dem Marktpreis liegt, erforderlichen Methodik (Rz 29). Erfolgt die Ausgabe neuer Papiere allerdings zum Marktpreis, sind diese lediglich bei Ausübung zeitanteilig gewichtet als neue Aktien aus Kapitalerhöhung zu berücksichtigen. Der aus dem zufließenden Betrag erwirtschaftete Gewinn entspricht dann nämlich dem bisherigen Ergebnis je Aktie und eine Verzerrung im Vergleich mit der Vergangenheit tritt nicht ein. Das nachfolgende Beispiel verdeutlicht die Vorgehensweise:

Beispiel
Bislang sind 500.000 Aktien ausstehend. Für je fünf vorhandene Aktien wird das Recht ausgegeben, eine neue Aktie zum Kurs von 2,50 zu erwerben. Der Kurs unmittelbar vor Ablauf der Frist zur Ausübung der Bezugsrechte beträgt 5,50. Ein separater Handel des Bezugsrechts erfolgt nicht.
Der theoretische Wert der Aktie nach Ausübung des Bezugsrechts berechnet sich wie folgt:
$(5{,}50 \times 500.000) + (2{,}50 \times 100.000) / (500.000 + 100.000) = 5{,}00$

Der für die Anpassung der bisherigen Anzahl Aktien heranzuziehende Quotient beträgt somit $5{,}50 / 5{,}00 = 1{,}10$. Für die Zeit vor der Ausgabe des Bezugsrechts ist für die Berechnung des Ergebnisses je Aktie daher von einer Aktienanzahl von $500.000 \times 1{,}1 = 550.000$ auszugehen.

19 Vorsicht ist geboten, wenn sowohl **rückwirkend anzupassende Transaktionen** als auch **zeitanteilig zu gewichtende** Veränderungen im Aktienbestand stattgefunden haben. Das nachfolgende Beispiel verdeutlicht, wie Überschneidungen und Doppelzählungen zu vermeiden sind:

> **Beispiel**
> Am 1. Juli 01 hat ein Aktiensplit im Verhältnis 1:3 stattgefunden. Die Anzahl ausstehender Aktien hat sich von 1.000.000 auf 3.000.000 erhöht. Am 1. April 01 ist bereits eine Kapitalerhöhung gegen bar erfolgt. Dabei wurden 200.000 neue Aktien ausgegeben. Am 1. Oktober 01 erfolgt eine weitere Kapitalerhöhung gegen bar um 500.000 Aktien. Das Geschäftsjahr entspricht dem Kalenderjahr.
> Die Berechnung der für das Jahr 01 ausstehenden Aktien muss berücksichtigen, dass der Aktiensplit rückwirkend zum 1. Januar eine Verdreifachung der damals ausstehenden 800.000 Aktien auf fiktiv 2.400.000 Papiere bewirkt. Im Zeitraum Januar bis März waren somit 2.400.000 Aktien ausstehend. Die vor dem Aktiensplit erfolgte Kapitalerhöhung ist von der Anzahl her ebenfalls zu verdreifachen (auf 600.000). Zwischen April und September beträgt die Anzahl der ausstehenden Aktien somit 3.000.000. Die zum 1. Oktober erfolgte Kapitalerhöhung ist hingegen nicht mit drei zu multiplizieren, da hier bereits Aktien nach Split ausgegeben wurden. Für die letzten drei Monate des Jahres sind also 3.500.000 Papiere zu berücksichtigen.
> Die durchschnittliche Anzahl ausstehender Aktien für das Gesamtjahr beläuft sich im Ergebnis auf:
> (2.400.000 × 3 + 3.000.000 × 6 + 3.500.000 × 3) / 12 = 2.975.000.

3 Das verwässerte Ergebnis je Aktie

3.1 Berechnungsmethodik

3.1.1 Ausgangsgrößen
Neben dem unverwässerten Ergebnis je Aktie ist bei Vorliegen **potenzieller** **20** **Aktien** *(potential ordinary shares)* auch ein verwässertes Ergebnis je Aktie anzugeben *(diluted earnings per share,* IAS 33.66). Als potenzielle Aktien werden zusammengesetzte Finanzinstrumente und sonstige Vereinbarungen angesehen, die deren Inhaber zum Bezug von Stammaktien **berechtigen** (Rz 7). Typische Beispiele hierfür sind **Wandelschuldverschreibungen** und **Optionen**. Die Berechnung hat dabei rein **fiktiven** Charakter, d. h., das Ergebnis je Aktie wird so ermittelt, als ob die **potenziellen** Aktien tatsächlich **ausgegeben** worden wären. Sind potenzielle Aktien vorhanden, so kann das verwässerte Ergebnis je Aktie als besserer Indikator des tatsächlichen Anteils einzelner Aktionäre am Unternehmenswert angesehen werden als das unverwässerte.
Bei der Berechnung des **verwässerten** Ergebnisses je Aktie ist ähnlich dem Vorgehen beim **unverwässerten** eine Ergebniszahl durch eine Anzahl Aktien zu

dividieren (Rz 8). Die bei der unverwässerten Berechnung angesetzten **Zähler** und **Nenner** sind jedoch in Abhängigkeit der nach IAS 33 zugrunde zu legenden Berechnungsmethode zu **modifizieren**.

3.1.2 Betriebswirtschaftliche Logik

21 Nach betriebswirtschaftlicher Logik sind **zwei** Perspektiven des Verwässerungseffektes zu unterscheiden:[5]

- **Markt**wertperspektive: Die Vermögensposition der Altaktionäre kann durch eine Erwerbsmöglichkeit von Aktien unter dem Marktpreis (durch Optionsausübung; Rz 18) verschlechtert werden.

- **Ertrags**wertperspektive: Durch Ausübung des Wandlungsrechtes (bei Wandelschuldverschreibung) fällt der zugehörige Zinsaufwand weg, aber gleichwohl kann dieser Vorteil der Altaktionäre durch eine „überproportionale" Erhöhung des Aktienbestandes überkompensiert werden.

Zur Bestimmung des Verwässerungseffektes sind aus diesen beiden Perspektiven **zwei Methoden** abzuleiten:

- Nach der *treasury-stock*-Methode – der Marktperspektive folgend – wird (z. B.) der bei Ausübung einer Option zu zahlende Geldbetrag mit dem Wert der dafür zu gewährenden Aktien verglichen (IAS 33.45). Eine Verwässerung ist dann festzustellen, wenn der Wert der zu gewährenden Aktien den Wert der Gegenleistung (Ausübungspreis der Option) übersteigt. Rechnerisch wird dazu die Ausgabe von Gratisaktien im Umfang dieser Differenz unterstellt (Rz 29). Die erhöhte Anzahl der Aktien im Nenner vermindert c.p. den Quotienten (Rz 8).

- Nach der *if-converted*-Methode – der Ertragswertperspektive folgend – wirken Veränderungen des Zählers **und** des Nenners auf den Quotienten ein (IAS 33.33 und IAS 33.36). Der Nenner erhöht sich durch die zu treffende Annahme der Ausübung **aller** Wandlungs- bzw. Optionsrechte zum Bilanzstichtag. Der Zähler verändert sich durch den (z. B. die Wandlung) entfallenden Zinsaufwand einschließlich weiterer Ergebniseffekte (z. B. Tantiemen) und unter Berücksichtigung des daraus resultierenden Steuereffekts.

22 Zur *treasury-stock*-Methode im Falle von Aktienerwerbsoptionen mit dem Unternehmen als Stillhalter folgendes Beispiel:

---

[5] Vgl. zum Folgenden einschließlich der Beispiele unter Rz 22 und Rz 23, FREIBERG, PiR 2006, S. 266.

Leibfried

Beispiel

Sachverhalt

Der (durchschnittliche) Aktienkurs der A-AG der Periode beträgt 8 EUR/Aktie. Aus dem laufenden Mitarbeiterprogramm der A stehen Mitarbeiteroptionen auf 2 Mio. Aktien zu einem Ausübungspreis von 3 EUR/Aktie und auf 3 Mio. Aktien zu einem Preis von 9 EUR/Aktie aus. Tatsächlich können die Optionen erst in 2 Jahren (nach Ablauf der Wartefrist) ausgeübt werden.

Lösung

Von den Optionen sind nur die mit einem Ausübungspreis unter 8 EUR/Aktie zu berücksichtigen, die Option zu 9 EUR/Aktie ist aus der Perspektive des Optionsinhabers (hier Mitarbeiter) ungünstig und daher aufgrund fehlender Ausübungswahrscheinlichkeit nicht zu berücksichtigen. Eine Ausübung der übrigen Optionen ist fiktiv zu unterstellen, auch wenn die tatsächliche Ausübung aufgrund der Wartefrist noch nicht möglich ist. Die fiktive Ausübung berührt die Ergebnisgröße *(earnings)* der Berechnung des verwässerten EPS nicht. Sie hat lediglich Auswirkungen auf die Anzahl der Aktien *(shares)*.

	Mitarbeiteroptionen
Δ Ergebnis in Mio. EUR	0
Bei Ausübung der Option neu entstehende Aktien	2 Mio. Aktien
Kurswert der neu entstehenden Aktien zum Stichtag	2 Mio. × 8 EUR/Aktien = 16 Mio.
Ausübungspreis der Option	2 Mio. × 3 EUR/Aktien = 6 Mio.
Differenz aus Kurswert und Ausübungspreis (Gratisaktie)	16 Mio. − 6 Mio. = 10 Mio.
Umrechnung der Differenz in fiktive Gratisaktien	10 Mio. / 8 EUR/Aktien = 1,25 Mio.
EPS	10 Mio. EUR /25 Mio. Aktien = 0,4 Euro/Aktie
Diluted EPS	10 Mio. EUR / 26,25 Mio. Aktien = 0,38 EUR/Aktie

Bei Anwendung der „*treasury stock*"-Methode ergibt sich eine Differenz in Höhe von 1,25 Mio. Aktien zwischen der Aktienzahl aus den Options-/ Wandlungsrechten und der Aktienzahl, die aus der Options-/ Umtauschzahlung zum Markwert erworben könnten. Das verwässerte EPS der A-AG beträgt somit 0,38 EUR/Aktie (= (10 Mio. EUR) / (25 + 1,25 Mio. Aktien)).

Leibfried

23 Zur *if-converted*-Methode folgendes Beispiel einer Wandelschuldverschreibung:

> **Beispiel**
>
> **Sachverhalt**
> Die A AG erzielte einen Gewinn nach Steuern (s = 40 %) in Höhe von 10 Mio. EUR, der den Aktionären (25 Mio. Aktien) zusteht. Das unverwässerte EPS ergibt sich in Höhe von 0,4 EUR/Aktie (= 10 Mio. EUR/ 25 Mio. Aktien). In den Vorjahren hat A eine Wandelschuldverschreibung (WSV) über insgesamt 100 Mio. EUR, verzinslich zu 9 %, p.a. ausgegeben. Ein Nominalbetrag der einzelnen WSV von 100 EUR berechtigt zum Erwerb von 10 Aktien.
>
> **Lösung**
> Ein möglicher Verwässerungseffekt ergibt sich unter der Fiktion einer Wandlung der Schuldverschreibung zum Jahresanfang. Zur Berechnung der Auswirkungen der Wandlung auf die EPS ist nach der „*if-converted*"-Methode sowohl eine Korrektur der Ergebnisgröße *(earnings)* als auch der Aktienanzahl *(shares)* notwendig.
>
> | | Wandelschuld |
> | --- | --- |
> | Δ Ergebnis in Mio. EUR (vor Steuern) | (9 % × 100 Mio.) = 9,0 Mio. |
> | nach Steuern (bei Steuersatz von 40 %) | 9,0 Mio. × 60 % = 5,4 Mio. |
> | Δ Aktien in Mio. | (100 Mio. / 100) × 10 = 10 Mio. |
> | Δ EPS in EUR | (5,4 Mio. / 10 Mio) = 0,54 |
> | Vergleich | 0,4 < 0,54 → antidilutive |
>
> Die Wandelschuldverschreibung ist nicht in die Berechnung des verwässerten EPS einzubeziehen, da sie isoliert betrachtet keine Verwässerung bewirkt. Die rechnerische Verzinsung der WSV (0,54 EUR/WSV) ist höher als das unverwässerte EPS (0,4 EUR/Aktie).

Nach IAS 33 besteht **keine einheitliche** Methodik zur Berechnung des verwässerten Ergebnisses:
- Bei der *if-converted*-Methode werden **alle** aus der fingierten Wandlung entstehenden Aktien in die Berechnung des verwässerten Ergebnisses einbezogen,
- nach der *treasury-stock*-Methode nur die **tatsächlich** verwässernd wirkenden Aktien.

Der *Board* plant eine Anpassung von IAS 33 zur Behebung dieser Inkonsistenz (Rz 41).

Auf der Grundlage dieser systematischen Ausgangsüberlegungen zum wirtschaftlichen Gehalt des Verwässerungseffekts sind die **Einzelheiten** zur Definition von Zähler und Nenner (Rz 8) darzustellen.

24

3.2 Ermittlung des Ergebnisses

Für die Bestimmung des Zählers (Rz 8) ist zunächst von **derselben Ergebnisgröße** auszugehen wie für die Berechnung des unverwässerten Ergebnisses je Aktie. Diese ist um all jene **Veränderungen in Aufwendungen und Erträgen** zu bereinigen, die sich aus einer Umwandlung der potenziellen Aktien in Stammaktien ergeben hätten. Zusätzlich zu korrigieren sind **Dividendenzahlungen auf Vorzugsaktien** (Rz 10), sofern sie bei der Ermittlung des unverwässerten Ergebnisses vom für Stammaktionäre zur Verfügung stehenden Ergebnis abgezogen worden sind. Vom Unternehmen zu tragende **Steuereffekte** sind zu berücksichtigen.

25

> **Beispiel**
> Seit Jahresanfang hat ein Unternehmen 10.000 Stück Wandelanleihen im nominalen Wert von je 100 ausgegeben, die zu 7 % verzinslich sind. Der Steuersatz liegt bei 30 %. Der Jahresgewinn nach Steuern beträgt 800.000. Für die Berechnung des Zählers des verwässerten Ergebnisses je Aktie ist eine bereits zu Jahresanfang erfolgte Wandlung der Anleihen anzunehmen. Die hieraus resultierende Zinsersparnis beträgt 1.000.000 × 7 % = 70.000. Der entstehende Mehrgewinn ist jedoch mit 30 % zu versteuern, so dass eine Ergebniserhöhung um 49.000 verbleibt. Für die Berechnung des verwässerten Ergebnisses je Aktie ist daher von einem Zähler von 849.000 auszugehen. Wäre die Ausgabe der Wandelanleihen unterjährig erfolgt, so wäre lediglich der zeitanteilig angefallene Zinsaufwand zu bereinigen. Bei Ausgabe genau in der Jahresmitte würde sich der Zähler des verwässerten Ergebnisses je Aktie z. B. auf 824.500 belaufen.

Nach IAS 33.35 sind auch **indirekte** Ergebnisänderungen aus der Umwandlung von potenziellen Aktien zu berücksichtigen.

> **Beispiel**
> Das Unternehmen im vorstehenden Beispiel verfügt zusätzlich über ein Gehaltsmodell, bei dem die Mitarbeiter mit 10 % am Ergebnis vor Steuern beteiligt sind. Aus der Umwandlung der Wandelanleihen und der eintretenden Zinsersparnis ergibt sich somit ein höherer Personalaufwand. Um den Steuereffekt bereinigt, ist somit für die Berechnung des verwässerten Ergebnisses je Aktie von einem Zähler von 800.000 + 70.000 × 0,9 × 0,7 = 844.100 auszugehen.

Die Berücksichtigung indirekter Effekte ist häufig mit hohem **Aufwand** verbunden, dem nicht immer ein entsprechender Informationsnutzen gegen-

26

übersteht. Auch aus *cost-benefit*-Erwägungen (→ § 1 Rz 64) ist dann u. U. von der Ermittlung indirekter Effekte abzusehen.

3.3 Ermittlung der Anzahl Aktien

3.3.1 Ausgangsgrößen

27 Auch für die Bestimmung des Nenners (Rz. 8) ist zunächst von **derselben Anzahl** Aktien auszugehen wie für die Berechnung des unverwässerten Ergebnisses je Aktie. Diese ist um all jene **Veränderungen** in der Anzahl ausstehender Aktien zu **bereinigen**, die sich aus einer Umwandlung der potenziellen Aktien in Stammaktien ergeben hätten. Waren die betreffenden potenziellen Aktien schon zum **Jahresanfang** ausstehend, ist für die zeitanteilige Gewichtung bei der Einbeziehung der sich hieraus errechnenden zusätzlichen Aktien das gesamte Jahr anzunehmen. Erfolgte die Ausgabe **unterjährig**, sind die sich aus der fiktiven Hinzurechnung ergebenden Anteile zeitanteilig zu gewichten.

Je nach Art der ausstehenden potenziellen Aktien und der ihnen zugrunde liegenden Vereinbarungen sind **unterschiedliche Methoden** zur Berechnung der sich hieraus ergebenden Anzahl Stammaktien heranzuziehen, wobei stets von dem für den Inhaber der potenziellen Aktien günstigsten Verhalten bzw. Kurs auszugehen ist (IAS 33.39).

3.3.2 Bedingte Aktienausgabe

28 Ist die **Ausgabe** der Aktien von der Erfüllung bestimmter **Bedingungen** abhängig *(contingent shares)*, sind diese dann in den Nenner mit einzubeziehen, wenn die betreffenden Bedingungen zum Abschlussstichtag erfüllt sind. Sind Fristen noch nicht erfüllt, z. B. weil der Bemessungsstichtag noch nicht erreicht ist, gilt der jeweilige Abschlussstichtag als Beurteilungs- und Bemessungsstichtag. Am **Abschlussstichtag** ist dann zu beurteilen, wie viele Aktien auszugeben wären, falls der Abschlussstichtag mit dem Ende der *contingency period* übereinstimmen würde (Rz 29). Falls die **Bedingungen** am **tatsächlichen** Bemessungsstichtag in einer späteren Periode dann doch **nicht erfüllt** sein sollten, findet **keine rückwirkende** Anpassung statt. Bei Abhängigkeit der Ausgabe lediglich vom Ablauf einer festgesetzten Frist liegen keine *contingent shares* vor, da der Zeitablauf als sicher zu betrachten ist. Bereits ausgegebene Aktien, die unter bestimmten Bedingungen **rückgabepflichtig** sind, werden wie bedingte Aktien behandelt.

> **Beispiel**
> Ein Unternehmen erwirbt eine neue Tochtergesellschaft gegen Ausgabe von 1.000.000 junger Aktien der Muttergesellschaft. Im Kaufvertrag ist vorgesehen, dass die Veräußerer weitere 200.000 Aktien erhalten, wenn mehr als 80 % der Kunden des erworbenen Unternehmens diesem noch mindestens zwei Jahre die Treue halten. Zum Ende des ersten Jahres sind noch 85 % der Altkunden verblieben. Eine sichere Aussage über den Zustand am Ende des zweiten Jahres ist nicht möglich.

> Für die Berechnung des verwässerten Ergebnisses je Aktie zum Ende des ersten Jahres sind die 200.000 potenziellen Aktien mit zu berücksichtigen, da zu diesem fiktiven Bemessungszeitpunkt die Bedingung zur Aktienausgabe als erfüllt angesehen werden kann.
> Zum Ende des zweiten Jahres stellt sich heraus, dass nur knapp die Hälfte aller Kunden dem erworbenen Unternehmen die Treue gehalten hat. Die Bedingung ist somit insgesamt nicht erfüllt, es kommt nicht zur Ausgabe zusätzlicher Aktien. Eine rückwirkende Anpassung des verwässerten Ergebnisses je Aktie für das erste Jahr ergibt sich hieraus jedoch nicht.

3.3.3 Ausstehende Erwerbsoptionen für Aktien

Bestehen die potenziellen Aktien aus **ausstehenden**, noch nicht ausgeübten **Optionen**, so ist für die Berechnung des verwässerten Ergebnisses die Ausübung **aller** Optionen anzunehmen. Für bis zum Abschlussstichtag vereinbarte **Aktienoptionspläne** wird folglich das Ende der festgelegten Wartezeit (*vesting date*) am Bilanzstichtag unterstellt (→ § 23 Rz 21). Sofern der Optionsplan aber **Erfolgsziele** (vgl. § 193 Abs. 2 Nr. 4 AktG) enthält (→ § 23 Rz 56), sind die potenziellen Aktien bei der Ermittlung des verwässerten Ergebnisses nur zu berücksichtigen, wenn die vereinbarten Erfolgsziele zum Abschlussstichtag bereits vollständig erfüllt sind.[6] Zur Berechnung der im Nenner zusätzlich zu berücksichtigenden Anzahl der Aktien ist die *treasury-stock*-Methode (Rz 20) anzuwenden. Hiernach entspricht die zu berücksichtigende Anzahl der Aktien den durch die **erzielten Erlöse** *(assumed proceeds)* nicht gedeckten, aber gleichwohl für eine Bedienung der Optionen noch zusätzlich benötigten Aktien.

Methodisch ist zur Berechnung des Verwässerungseffekts nach IAS 33.45 wie folgt vorzugehen:

- Neben der Ausübung der Optionen bzw. Wandelrechte zum Periodenende wird auch der Empfang der bei fingierter Ausübung erzielbaren Erlöse angenommen.
- Verglichen wird die Anzahl der Aktien, die bei unterstellter Ausübung zum Ausübungspreis als Gegenleistung für die erzielten Erlöse an den Optionsinhaber ausgegeben werden, mit der Anzahl der Aktien, die man bei Zugrundelegung des durchschnittlichen Marktwerts der Aktie als Gegenleistung für die erzielten Erlöse ausgegeben hätte. Die Differenz entspricht dem durch die potenziellen Aktien eintretenden Verwässerungseffekt und ist gleichbedeutend mit der Anzahl der Aktien, die dem Optionsinhaber im Vergleich zu einem anderen Marktteilnehmer ohne Leistung von Entgelt ausgegeben wurde.

29

---

[6] Vgl. IDW, RS HFA 2 Tz 30.

Leibfried

Die aus der künftigen Ausübung **erzielten Erlöse** umfassen neben dem Ausübungspreis auch den *fair value* für künftige Sach- und Dienstleistungen, die von dem Kontraktpartner als Gegenleistung für die gewährten Aktienoptionen oder für sonstige anteilsbasierte Vergütungsformen i. S. v. IFRS 2 (→ § 23) überlassen werden (IAS 33.47A., *Illustrative Examples* 5 und 5A).[7] Als **Marktwert** ist der **durchschnittliche Aktienkurs** während der **Periode** anzusehen, wobei je nach Volatilität der Aktie andere Berechnungsmethoden eine geeignete Annäherung des Durchschnittkurses aller erfolgten Transaktionen darstellen können (IAS 33.A4). Optionen haben somit nur dann einen verwässernden Effekt, wenn deren innerer Wert während der Periode positiv war (*„in the money")*.[8]

Das nachfolgende Beispiel verdeutlicht die erforderlichen Berechnungen:

> **Beispiel**
> Ein Unternehmen verfügt seit Jahresbeginn über 500.000 ausstehende Aktien zu einem Jahresdurchschnittskurs von 25. Zusätzlich sind 80.000 Optionen auf den Erwerb je einer Aktie zum Kurs von 20 ausstehend. Die Anzahl der sich hieraus ergebenden verwässernden Aktien berechnet sich wie folgt: Die bei unterstellter Ausübung erzielten Erlöse betragen 80.000 × 20 = 1.600.000. Zu dem Ausübungskurs von 20 werden 80.000 Aktien ausgegeben. Bei Zugrundelegung des Jahresdurchschnittskurses von 25 würden hingegen 1.600.000 / 25 = 64.000 Aktien ausgegeben. Die Verwässerung beträgt 80.000 − 64.000 = 16.000. Im Nenner des verwässerten Ergebnisses je Aktie sind somit 500.000 + 16.000 = 516.000 Aktien zu berücksichtigen.

Entscheidend für den **Zeitpunkt** der Berücksichtigung ist das Zusagedatum. Ist die Ausübung z. B. bei Mitarbeiterbeteiligungsmodellen von weiteren Bedingungen abhängig, ist wie bei *contingent shares* eine Beurteilung des Erfüllungsgrads am Periodenende erforderlich. Sind keine weiteren Bedingungen erforderlich, hat die Einbeziehung auch dann zu erfolgen, wenn die ausstehenden Optionen noch nicht unverfallbar geworden sind (IAS 33.48).

3.3.4 Wandelbare Papiere

Resultieren die potenziellen Aktien aus **wandelbaren Papieren**, so ist entsprechend der in Rz 21 erläuterten *„if converted"*-Methode von dem der Wandlung zugrunde liegenden **Umtauschverhältnis** auszugehen.

> **Beispiel**
> Seit Jahresanfang hat ein Unternehmen 10.000 Stück Wandelanleihen im Wert von je 100 ausgegeben. Jede Anleihe ist in 10 Aktien der Gesellschaft umtauschbar. Darüber hinaus waren 600.000 Aktien ausstehend.

---

[7] Vgl. auch IASB, Observer Notes, Board Meeting November 2005.
[8] Vgl. Krolle, Die Berechnung von verwässerten Ergebnissen je Aktie bei ausstehenden Stock Options, in: Finanz Betrieb, 2002, S. 713.

Leibfried

> Im Falle einer Wandlung würden aus den 10.000 Wandelanleihen 10.000 × 10 = 100.000 neue Aktien entstehen. Im Zähler des verwässerten Ergebnisses je Aktie sind somit 700.000 Aktien zu berücksichtigen.

Ist die Wandlung bestimmter Papiere zwingend vorgesehen (**Zwangswandelanleihe**), erfolgt die Einbeziehung der daraus resultierenden zusätzlichen Aktien bereits bei der Berechnung des **unverwässerten** Ergebnisses je Aktie (IAS 33.23).

In die Berechnung des verwässerten Ergebnisses je Aktie sind nur solche Papiere einzubeziehen, die zu einer Verwässerung des Ergebnisses aus **gewöhnlicher, fortgeführter** Geschäftstätigkeit führen. Nicht zu einer Verwässerung führen Papiere, bei deren Umwandlung sich ein unverwässerter Gewinn je Aktie erhöhen oder ein unverwässerter Verlust je Aktie verringern würde *(anti-dilutive)*. Die Frage, ob potenzielle Aktien verwässernde Wirkung haben oder nicht, ist für **jede Gattung** und **jede Tranche** ausgegebener potenzieller Aktien **einzeln** zu beurteilen. Vergleichsgröße zur Beurteilung des Verwässerungseffekts ist das unverwässerte Ergebnis je Aktie.

31

> **Beispiel**
> Seit Jahresanfang hat ein Unternehmen 10.000 Stück Wandelanleihen im Wert von je 100 ausgegeben, die zu 15 % verzinslich sind. Jede Anleihe ist in 10 Aktien der Gesellschaft umtauschbar. Darüber hinaus waren 600.000 Aktien ausstehend. Der Jahresgewinn nach Steuern beträgt 400.000, der Steuersatz 30 %. Das unverwässerte Ergebnis je Aktie beträgt 400.000 / 600.000 = 0,67.
> Im Falle einer Wandlung würden aus den 10.000 Wandelanleihen 10.000 × 10 = 100.000 neue Aktien entstehen. Im Nenner des verwässerten Ergebnisses je Aktie sind somit 700.000 Aktien zu berücksichtigen. Durch die wegfallende Verzinsung könnten 150.000 eingespart werden, die jedoch zu versteuern sind. Es verbleiben im Zähler somit 400.000 + 150.000 × 0,7 = 505.000. Das verwässerte Ergebnis je Aktie würde sich auf 505.000 / 700.000 = 0,72 belaufen. Durch die hohe Verzinsung tritt durch die Wandlung somit ein der Verwässerung gegenläufiger Effekt ein. Vgl. hierzu auch das Beispiel unter Rz 23.

Die Frage nach der verwässernden Wirkung potenzieller Aktien (Rz 20) ist nicht auf Basis eines um sämtliche Sondereffekte bereinigten Ergebnisses zu entscheiden (*net profit per share from continuing ordinary operations* IAS 33.39), sondern anhand des Ergebnisses aus **fortgeführter** Tätigkeit (*earnings per share from continuing operations*; IAS 33.41). Hieraus können sich im Einzelfall Änderungen beim verwässerten Ergebnis je Aktie ergeben.

Sind **mehrere Arten** potenzieller Aktien vorhanden, kann die Reihenfolge der Einbeziehung in die Berechnung eine Auswirkung auf die Höhe des Verwässerungseffektes haben, sofern einzelne Papiere sich als der Verwässerung entgegenwirkend herausstellen sollten. Anzugeben ist jedoch immer der **maximal**

32

Leibfried

mögliche Verwässerungseffekt. Dazu ist zunächst für jede Art potenzieller Aktien einzeln der Verwässerungseffekt zu ermitteln. Dieser ist umso größer, je geringer das auf die daraus resultierenden neuen Aktien entfallende Mehrergebnis ist. Angefangen von den am stärksten verwässernden Papieren sind dann alle potenziellen Aktien so lange Schritt für Schritt in die Berechnung des verwässerten Ergebnisses mit einzubeziehen, bis deren Einbeziehung zu einer Minderung der Verwässerung führt. Das nachfolgende Beispiel verdeutlicht dieses Vorgehen:

Beispiel
Seit Jahresanfang hat ein Unternehmen die folgenden potenziellen Aktien ausstehen:
- 10.000 Optionen zum Erwerb je einer Aktie zum Kurs von 5. Der Durchschnittskurs während des Jahres lag bei 7.
- 2.000 Stück Wandelanleihen im nominalen Wert von je 100. Jede Anleihe ist in eine Aktie der Gesellschaft umtauschbar. Die Verzinsung beträgt 12 % und ist nur in Gewinnjahren zahlbar.
- 5.000 Stück Wandelanleihen im nominalen Wert von je 100. Jede Anleihe ist in 10 Aktien der Gesellschaft umtauschbar. Die Verzinsung beträgt 6 % und ist unabhängig von der Ergebnissituation der Gesellschaft zahlbar.

Das Ergebnis nach Steuern beträgt 800.000, die Anzahl Aktien liegt bei 400.000. Das unverwässerte Ergebnis je Aktie beträgt somit 800.000 / 400.000 = 2,00. Der Steuersatz liegt bei 30 %.

Das aus einer Einbeziehung dieser potenziellen Aktien resultierende Mehrergebnis je neue Aktie errechnet sich wie folgt:
- Die Ausübung der Optionen führt lediglich zu 2.857 (= (10.000 − (5 × 10.000 / 7)) zusätzlichen Aktien, nicht zu einer Änderung des Ergebnisses. Das Mehrergebnis je neue Aktie ist somit null.
- Die Umwandlung der gewinnabhängigen 12-%-Anleihen führt zu einem Mehrergebnis nach Steuern von 200.000 × 0,12 × 0,7 = 16.800. Es werden 2.000 zusätzliche Aktien ausgegeben. Das Mehrergebnis je neue Aktie beträgt 16.800 / 2.000 = 8,40.
- Die Umwandlung der nicht gewinnabhängigen 6-%-Anleihen führt zu einem Mehrergebnis nach Steuern von 500.000 × 0,06 × 0,7 = 21.000. Es werden 50.000 zusätzliche Aktien ausgegeben. Das Mehrergebnis je neue Aktie beträgt 21.000 / 50.000 = 0,42.

Der Verwässerungseffekt ist somit bei den Optionen am stärksten, bei den 6-%-Anleihen am zweitstärksten und bei den 12-%-Anleihen am geringsten.
Ausgehend vom unverwässerten Ergebnis je Aktie ergeben sich die folgenden Verwässerungseffekte, wobei Schritt für Schritt die vorstehend ermittelte Reihenfolge zu berücksichtigen ist:

- Einbeziehung der Optionen: (800.000 + 0) / (400.000 + 2.857) = 1,95. Diese Zahl liegt unter dem unverwässerten Ergebnis je Aktie, die Optionen sind zu berücksichtigen.
- Einbeziehung der nicht gewinnabhängigen 6-%-Anleihen: (800.000 + 21.000) / (402.857 + 50.000) = 1,81. Diese Zahl liegt unter dem verwässerten Ergebnis je Aktie unter Einbeziehung der Optionen, die Wandelanleihen sind zu berücksichtigen.
- Einbeziehung der gewinnabhängigen 12-%-Anleihen: (821.000 + 16.800) / (452.857 + 2.000) = 1,84. Diese Zahl liegt über dem verwässerten Ergebnis je Aktie unter Einbeziehung der Optionen und der 6-%-Anleihen. Der Effekt ist der Verwässerung entgegenwirkend. Die 12-%-Anleihen sind nicht zu berücksichtigen.

Das verwässerte Ergebnis je Aktie beträgt 1,81.

Nicht alle aktienrechtlich denkbaren Ermächtigungen zur Veränderung des Kapitals führen zwangsläufig zur Existenz verwässernder potenzieller Aktien. So ergeben sich in der Regel bei einer **genehmigten oder bedingten Kapitalerhöhung** aus der bloßen Zustimmung der Hauptversammlung noch keine Rechte Dritter auf den Bezug der daraus resultierenden Papiere. Eine Anpassung des Nenners (Rz 8) kommt dann nicht in Betracht. Ebenfalls nicht zu potenziellen Aktien führt eine **Ermächtigung zum Rückkauf eigener Anteile**. Ist der Rückkauf erfolgt, verringert er lediglich die Anzahl ausstehender Aktien sowohl für das unverwässerte wie für das verwässerte Ergebnis je Aktie. Sind Aktien zwar ausgegeben, aber noch nicht einbezahlt, so führen diese in dem Maße zu potenziellen Aktien, wie sie nicht an Dividenden teilhaben (IAS 33.A16). Nicht voll einbezahlte Aktien, die bereits an den Dividenden teilhaben, sind bereits bei der Berechnung des unverwässerten Ergebnisses je Aktie zu berücksichtigen (IAS 33.A15). Für vom Unternehmen **ausgegebene Put-Optionen auf eigene Anteile**, die zu einem Rückkauf eigener Anteile verpflichten könnten, wird eine Einbeziehung in das verwässerte Ergebnis je Aktie durch das *Improvement Project* (Rz 40) seit 2005 erstmals geregelt (IAS 33.63). Von einem **Tochterunternehmen, Gemeinschaftsunternehmen oder assoziierten Unternehmen** auf eigene Anteile oder Anteile des Mutterunternehmens ausgegebene **potenzielle Aktien** sind dann für die Berechnung des verwässerten Ergebnisses je Aktie relevant, wenn sich hieraus verwässernde Auswirkungen auf **konsolidierter** Ebene ergeben. Die konkreten Schritte zur Einbeziehung regelt IAS 33.A11: Sofern die potenziellen Aktien zu einer Ausgabe von Anteilen des Mutterunternehmens führen können, sind diese direkt bei der Berechnung des verwässerten Ergebnisses des Mutterunternehmens zu berücksichtigen. Bestehen die **potenziellen Anteile** an einem anderen **Konzernunternehmen**, wird für dieses Unternehmen ein verwässertes Ergebnis je Aktie berechnet, das dann anteilig entsprechend der Beteiligungsquote des berichtenden Mutterunternehmens in die Berechnung des verwässerten Ergebnisses je Aktie (Ergebnis, Aktienanzahl) für den Gesamtkonzern mit ein-

33

fließt. Kann die Ablösung ausgegebener potenzieller Aktien **sowohl in bar wie auch in Aktien** erfolgen, so wird eine Ablösung in Aktien vermutet und eine entsprechende Einbeziehung in die Berechnung des verwässerten Ergebnisses je Aktie erforderlich (IAS 33.58).

34 Wurden potenziell verwässernde Papiere **unterjährig** ausgegeben, so sind diese für die betreffende Periode lediglich zeitanteilig gewichtet einzubeziehen. Kam es während das Jahres zu einer tatsächlichen **Ausübung** bzw. **Umwandlung**, z. B. durch die Fälligkeit von Optionen und eine entsprechende Ausgabe von Aktien, so sind die potenziellen Aktien bis zu diesem Zeitpunkt zeitanteilig gewichtet in die Berechnung des verwässerten Ergebnisses je Aktie aufzunehmen. Für die Zeit nach der Umwandlung sind die daraus resultierenden Stammaktien zeitanteilig in die Berechnung sowohl des unverwässerten als auch des verwässerten Ergebnisses mit einzubeziehen (IAS 33.38).

4 Vergleich mit dem Ergebnis je Aktie nach DVFA

35 Bereits lange vor der Internationalisierung der Rechnungslegung gab es in Deutschland Bemühungen um eine Vereinheitlichung des Ergebnisses je Aktie. So hat kurz nach der Verabschiedung des Aktiengesetzes 1965 die Deutsche Vereinigung für Finanzanalyse und Anlageberatung (**DVFA**) damit begonnen, Grundsätze für die Ableitung eines vergleichbaren Ergebnisses aus dem veröffentlichten Jahresabschluss zu entwickeln. Auch der Arbeitskreis „Externe Unternehmensrechnung" der **Schmalenbach-Gesellschaft** veröffentlichte 1988 entsprechende eigene Vorschläge. Um ein dauerhaftes Nebeneinander zweier Ansätze zu vermeiden, sind seit 1990 beide Empfehlungen zum „**Ergebnis je Aktie nach DVFA/SG**" zusammengeführt. Die Anwendung und Veröffentlichung ist freiwillig, hat jedoch eine erhebliche Bedeutung in der Praxis erlangt.

Die größten Unterschiede liegen zwischen Ergebnis je Aktie nach IFRS und DVFA/SG nicht in der Berechnungsmethode als solcher, sondern aufgrund der nach IFRS **unterschiedlichen Ansatz- und Bewertungsvorschriften** in der zur Anwendung kommenden Ergebniszahl. Die DVFA hat jedoch insbesondere in der für nach dem 31.12.1998 endende Geschäftsjahre geltenden Neufassung des Berechnungsschemas den Versuch unternommen, das sich nach HGB ergebende Ergebnis durch einzelne **Überleitungsposten** einem nach internationalen Standards ermittelten Ergebnis anzunähern. Beispielhaft genannt seien hier fiktiv errechnete, nach HGB vor der Gültigkeit des DRS 10 nicht erforderliche aktive latente Steuern oder die Aktivierung und Abschreibung eines nach HGB möglicherweise mit dem Eigenkapital verrechneten *goodwill*.

36 Ähnlich wie IAS 33 sieht auch die DVFA die Berechnung eines **unverwässerten** sowie eines **verwässerten** Ergebnisses je Aktie vor. Im Ergebnis nach DVFA sind **Sondereinflüsse** wie z. B. Anlagenabgänge, Sanierungen, Entkonsolidierungen oder *sale-and-lease-back*-Transaktionen zu eliminieren, während

Leibfried

die IFRS durch die Verwendung des Jahresüberschusses nach Zinsen, Steuern, Minderheitenanteilen und Sondereffekten gerade keine solche Bereinigung vorsehen. Im Nenner sind **Vorzugsaktien** der Anzahl ausstehender Aktien hinzuzurechnen; abweichend von der hier vertretenen Meinung wird ebenfalls auf das Kriterium der Teilhabe am Residualvermögen abgestellt (Rz 5). Die Berücksichtigung **unterjähriger Veränderungen** entspricht im Ergebnis praktisch vollständig dem Vorgehen nach IFRS.[9] Gleiches gilt für die Methodik zur Einbeziehung von **Wandelschuldverschreibungen** und **Optionen** im verwässerten Ergebnis je Aktie. Auch **Aktiensplits** und die Ausgabe von **Bezugsrechten** sind wie nach IFRS rückwirkend für alle dargestellten Perioden anzupassen.

Es ist zu erwarten, dass sich das Ergebnis je Aktie nach DVFA und nach IFRS zunehmend einander **annähert**. Durch die von der DVFA vorgenommenen Anpassungen des Ergebnisses an internationale Gepflogenheiten, die schrittweise Internationalisierung der deutschen Konzernrechnungslegung durch das DRSC und die praktisch identische Berechnungsmethodik bestehen lediglich bei der Bereinigung von **Sondereinflüssen** noch nachhaltige Unterschiede. Durch die Neufassung des IAS 33 (Rz 40), die eine im Vergleich mit der alten Fassung differenziertere Darstellung einzelner Elemente des Ergebnisses je Aktie bietet, ist es zu einer **weiteren Annäherung** gekommen. Im Zuge der weiteren Verbreitung der IFRS gerade bei börsennotierten Unternehmen dürfte es daher zu einer schrittweisen **Substitution** des Ergebnisses je Aktie nach DVFA durch ein erweitertes Ergebnis je Aktie nach IFRS kommen.

5 Angaben

Für jede ausstehende Aktienklasse sind unverwässertes und verwässertes Ergebnis je Aktie für die fortgeführten Geschäftsbereiche separat und in gleichberechtigter Darstellung **unterhalb der GuV** anzugeben (*„on the face of the income statement"*; IAS 33.66). Falls **nicht fortgeführte Geschäftsbereiche** vorliegen (→ § 29 Rz. 13ff.), ist das Ergebnis je Aktie hierfür **separat** entweder unterhalb der Gewinn- und Verlustrechnung oder im Anhang anzugeben (IAS 33.68). In der Praxis wird meist das Ergebnis je Aktie für fortgeführte und für nicht fortgeführte Geschäftsbereiche unterhalb der Gewinn- und Verlustrechnung angegeben. Sofern unverwässertes und verwässertes Ergebnis identisch sind, kann die Angabe mit einem entsprechenden Hinweis in zusammengefasster Form erfolgen (IAS 33.67). Wahlweise unter der GuV oder im Anhang sind **Zähler und Nenner** (Rz. 8) des unverwässerten und verwässerten Ergebnisses je Aktie anzugeben (IAS 33.70).

Nach IAS 33.66 ist jeweils nur das Ergebnis je **Stammaktie** anzugeben. Vorzugsaktien sind je nach Auslegung (Rz 5) gemäß §§ 12, 139 AktG zur Angabe

---

[9] Mit der Neufassung des Berechnungsschemas haben auch hier erhebliche Anpassungen an die IFRS stattgefunden.

Leibfried

des Ergebnisses je Aktien herauszurechnen. Darüber hinaus kann es nach IAS 1.83 bei Wesentlichkeit der Vorzugsaktien geboten sein, neben dem Ergebnis aus Stammaktien auch das Ergebnis aus Vorzugsaktien anzugeben.[10] Eine **Überleitung** dieser Positionen **vom unverwässerten auf das verwässerte Ergebnis** erfolgt zweckmäßigerweise im Anhang. Sofern hierzu die Erläuterung von Konditionen ausstehender Finanzinstrumente hilfreich ist, werden derartige Angaben befürwortet (IAS 33.72). Zwingend erforderlich ist die Offenlegung von nach dem Abschlussstichtag erfolgten Veränderungen im Aktienbestand oder der Anzahl potenzieller Aktien, sofern diese nicht ohnehin rückwirkend zu berücksichtigen sind (Rz 17; IAS 33.70d). Neben diesen Zahlenangaben ist im Rahmen der Angaben zu den Bilanzierungs- und Bewertungsgrundsätzen eine allgemeine Darstellung der **Berechnungsmethode** erforderlich. Zusätzlich ist auf potenzielle Aktien hinzuweisen, die aufgrund ihres der Verwässerung entgegenwirkenden Effekts nicht in die Berechnung des verwässerten Ergebnisses je Aktie einbezogen worden sind. Je nach Sachverhalt könnten sich aus einer Einbeziehung in späteren Perioden nämlich Auswirkungen auf das Ergebnis je Aktie ergeben (IAS 33.70c).

39 Es ist freigestellt, neben das das gesamte Jahresergebnis umfassende Ergebnis je Aktie gemäß IAS 33 auch **andere Ergebnisgrößen** in Bezug zur Anzahl durchschnittlich ausstehender Aktien zu stellen. In der Praxis trifft dies vor allem auf die Eliminierung von Sondereffekten sowie auf Steuern, Zinsen oder die Auswirkungen von Bilanzierungs- und Bewertungsänderungen zu. Zulässig ist eine derartige Angabe nur, wenn in jedem Fall für die Berechnung der **Anzahl Aktien im Nenner** die Vorgaben von IAS 33 berücksichtigt werden. Sofern die Darstellung für eine Ergebniszahl erfolgt, die nicht direkt als Zwischensumme in der GuV enthalten ist, muss eine **Überleitung** der verwendeten Ergebniszahl zu einer solchen Zwischensumme erfolgen. Sämtliche Angaben sind stets nur auf die Ergebniszahlen **nach** Berücksichtigung von **Minderheitenanteilen** gerechnet; die Sicht der Anteilseigner des Mutterunternehmens steht also im Vordergrund (IAS 33.66).

6 Anwendungszeitpunkt, Rechtsentwicklung

40 IAS 33 ist erstmals auf ab dem **1. Januar 2005** beginnende Geschäftsjahre anzuwenden. Eine frühere Anwendung wird vom *Board* befürwortet. Wegen der früher gültigen Fassung wird auf die 3. Auflage verwiesen.

---

[10] So macht z. B. die PORSCHE AG, deren Anteil an börsennotierten Vorzugsaktien rd. 50 % des gesamten Aktienbestandes beträgt, die Angaben „Ergebnis je Stammaktie aus fortzuführendem Geschäft (verwässert und unverwässert), Ergebnis je Stammaktie aus nicht fortzuführendem Geschäft (verwässert und unverwässert), Ergebnis je Vorzugsaktie aus fortzuführendem Geschäft (verwässert und unverwässert) und Ergebnis je Vorzugsaktie aus nicht fortzuführendem Geschäft (verwässert und unverwässert)" (Konzernabschluss 2005/2006, S. 106). Siehe ferner den Quartalsbericht 3/2005 der HENKEL AG, S. 16.

Leibfried

Gegenstand des am 18.09.2002 zwischen dem IASB und dem FASB abgeschlossenen *Norwalk Agreement* war u. a. die Durchführung eines *short-term convergence project*, um eine Vielzahl kleinerer, individueller Unterschiede zu eliminieren. Im Zuge dessen veröffentlichte der FASB im Dezember 2003 einen Entwurf zur Änderung von SFAS 128 mit dem Ziel einer weitergehenden Angleichung von IAS 33 und SFAS 128 (Rz 1). Dem folgte am 30. September 2005 ein zweiter, überarbeiteter Entwurf zur Änderung von SFAS 128[11], der u. a. auch Anpassungen vorsieht, die nicht im Einklang mit den gegenwärtigen Regelungen des IAS 33 stehen.

41

Der IASB hat vor dem Hintergrund der Konvergenzbestrebungen unverzüglich reagiert und in seiner Sitzung im November 2005 die baldige Veröffentlichung eines Entwurfs zur **Änderung** der in IAS 33 vorgesehenen Definition der erzielten Erlöse (*assumed proceeds*) im Rahmen der Berechnung des **verwässerten Ergebnisses** bei **ausstehenden Optionen** (Rz 29) angekündigt. In Zukunft soll in die aus der künftigen Ausübung erzielten Erlöse auch der Buchwert jener Verbindlichkeiten eingerechnet werden, die bei späterer Ausübung der Aktienoptionen auszubuchen sind. Die Änderung betrifft folglich nur solche ausstehenden Optionen, die nach IFRS 2 bzw. IAS 32 als finanzielle Verbindlichkeit (statt Eigenkapital) einzustufen sind und wahlweise in Aktien oder in bar ausgeglichen werden können (→ § 23 Rz 72ff.).

Außerdem will der *Board* die in Rz 24 dargestellte Inkonsistenz bei der Berechnung des verwässernden Ergebnisses beseitigen.

Der für das erste Quartal 2007 angekündigte Standardentwurf zu IAS 33 (ED IAS 33) soll künftig einheitlich die Anwendung der *treasury-stock*-Methode auch für Wandelschuldverschreibungen vorsehen (Rz 22).[12] Darüber hinaus soll bei Anwendung der *treasury-stock*-Methode für Wandelschuldverschreibung – analog der *if-converted*-Methode – auch weiterhin der Zähler in Höhe der bei unterstellter Wandlung erzielten Zinsersparnis (nach Steuern) angepasst werden. Im Ergebnis werden künftig weniger Wandelschuldverschreibungen oder diese in weitaus geringerem Maße verwässernd wirken.[13]

Das IASB hat die einheitliche Anwendung der *treasury-stock*-Methode beschlossen, obgleich der FASB auch in seinem zweiten, überarbeiteten Entwurf zur Änderung von SFAS 128 (aufgrund der unterschiedlichen Bilanzierung von Wandelanleihen nach IFRS und US-GAAP) weiterhin an der *if-converted*-Methode für die Berechnung des Verwässerungseffektes von Wandelschuldverschreibungen festhält.[14] Offensichtlich hat der IASB der Notwendigkeit des *Improvement* von IAS 33 Vorrang vor der Konvergenz zwischen

---

[11] Vgl. FASB, Exposure Draft (revised) Proposed Statement of Financial Accounting Standards Earnings per Share.
[12] Vgl. IASB, Update Juni 2006, S. 4.
[13] Vgl. IASB, Information for Oberservers, Juni 2006, S. 6.
[14] Vgl. FASB, http://www.fasb.org/project/short-term_intl_convergence.shtml.

Leibfried

IAS 33 und SFAS 158 eingeräumt und damit eine Verzögerung der Konvergenz in Kauf genommen.[15]

7 Zusammenfassende Praxishinweise

42 Die nur für mit Eigenkapitaltiteln an der Börse notierte Unternehmen (Rz 2) erforderliche Berechnung des Ergebnisses je Aktie hat das Ziel, eine Größe zur vergleichenden Beurteilung der **Performance** von Unternehmen bereitzustellen.[16] Zähler und Nenner der Berechnung (Rz 8) haben daher den Vorgaben des IAS 33 zu entsprechen. Das Ergebnis je Aktie ist zwingend **unterhalb der Gewinn- und Verlustrechnung** anzugeben (Rz 38).
Das zur Anwendung kommende Ergebnis entspricht generell dem **Jahresergebnis** (Rz 8ff.). Im Unterschied zum Ergebnis je Aktie nach DVFA/SG sind **Sondereffekte** somit nicht zu bereinigen. Einer freiwilligen Offenlegung einzelner Komponenten des Ergebnisses je Aktie steht jedoch nichts entgegen (Rz 39).
Bei der Bestimmung der Anzahl ausstehender Aktien sind unter Umständen einige Anpassungen erforderlich. **Kapitalerhöhungen, Kapitalherabsetzungen** und Erwerb oder Ausgabe **eigener Anteile** sind dabei zeitanteilig zu gewichten (Rz 12ff.). Ähnliches gilt bei der **Umwandlung** einer GmbH in eine AG (Rz 15). Erfolgt eine Änderung der Anzahl ausstehender Aktien, ohne dass sich die dem Unternehmen zur Verfügung stehenden Kapitalressourcen verändern *(stock split,* Zusammenlegung von Aktien, Ausgabe von Bonusaktien), ist eine rückwirkende Anpassung der Aktienanzahl erforderlich (Rz 16). Ähnliches gilt für die Ausgabe von **Bezugsrechten** (Rz 18).
Die Berechnung des Ergebnisses je Aktie in der Praxis beginnt in der Regel mit dem unverwässerten Ergebnis je Aktie und führt dann über Modifikationen zum verwässerten Ergebnis je Aktie. Die betriebswirtschaftliche Logik der Verwässerungswirkung ist in Rz 20 mit Beispielen dargestellt. Für das verwässerte Ergebnis je Aktie sind auch sog. potenzielle Stammaktien zu berücksichtigen (**Wandelschuldverschreibungen, Optionen, bedingte Aktien**), aus denen erst in der Zukunft ausstehende Aktien entstehen. Deren Einbeziehung erfolgt auf Basis der Frage, wie sich Zähler und Nenner dargestellt hätten, wenn bereits eine Ausübung bzw. Umwandlung erfolgt wäre (Rz 28ff.). Nicht alle Veränderungen im Aktienkapital führen zwangsläufig zu potenziellen Aktien; eine genaue **Analyse des Einzelfalls** ist daher unumgänglich (Rz 33). Bei der Einbeziehung dürfen keine der Verwässerung **entgegenwirkenden** Effekte erzeugt werden (Rz 32).

---

[15] Vgl. IASB, Information for Observers, Juni 2006, S. 5f.
[16] Ausführlich zur eingeschränkten Validität jeder eindimensionalen Unternehmensbewertung: LÜDENBACH, Unternehmensbewertung, INF 2001, S. 596ff. und 626ff.

§ 36 SEGMENTBERICHTERSTATTUNG (SEGMENT REPORTING)

Inhaltsübersicht   Rz
Vorbemerkung
1 Zielsetzung und Vorgehensweise 1–4
2 Anwendungsbereich 5–13
  2.1 Betroffene Unternehmen 5–11
    2.1.1 Berichterstattungspflicht 5–10
    2.1.2 Freiwillige Berichterstattung 11
  2.2 Betroffene Abschlüsse 12–13
3 Bestimmung der berichtspflichtigen Segmente 14–88
  3.1 Arten der Segmentierung 14–24
    3.1.1 Zulässige Segmentierungsarten 14–15
    3.1.2 Segmentierung nach Geschäftsbereichen 16–18
    3.1.3 Segmentierung nach Regionen 19–24
  3.2 Ablauf der Segmentfestlegung 25–88
    3.2.1 Überblick 25–26
    3.2.2 Abgrenzung der Segmente 27–38
        3.2.2.1 Ausgangspunkt der Abgrenzung 27
        3.2.2.2 Abgrenzung der Geschäftssegmente 28–35
        3.2.2.3 Abgrenzung der geographischen Segmente 36–38
    3.2.3 Bestimmung der Segmente mit Berichtspflicht ... 39–76
        3.2.3.1 Zusammenfassung ähnlicher Segmente . 41–45
        3.2.3.2 Behandlung vertikal integrierter Segmente 46–53
        3.2.3.3 Behandlung unwesentlicher Segmente .. 54–76
    3.2.4 Identifikation von primärem und sekundärem Berichtsformat 77–88
4 Die Segmentinformationen 89–184
  4.1 Ermittlung der Segmentinformationen 89–109
    4.1.1 Anzuwendende Bilanzierungs- und Bewertungsmethoden 89–101
        4.1.1.1 Bilanzierungs- und Bewertungsmethoden bei Pflichtangaben 89–96
        4.1.1.2 Bilanzierungs- und Bewertungsmethoden bei freiwilligen Angaben 97–101
    4.1.2 Zurechnung zu den Segmenten 102–109
  4.2 Angaben zu den Segmenten des primären Berichtsformats 110–177
    4.2.1 Pflichtangaben 110–168
        4.2.1.1 Überblick 110
        4.2.1.2 Segmenterlöse 111–117

Hütten

4.2.1.3	Segmentergebnis	118–131
4.2.1.4	Segmentvermögen	132–139
4.2.1.5	Segmentschulden	140–146
4.2.1.6	Segmentinvestitionen	147–149
4.2.1.7	Segmentabschreibungen	150–153
4.2.1.8	Wesentliche zahlungsunwirksame Segmentaufwendungen	154–157
4.2.1.9	Ergebnis aus und Höhe der *at equity* bewerteten Beteiligungen	158–162
4.2.1.10	Angaben zu vertikal integrierten Segmenten	163–164
4.2.1.11	Angaben zu Verrechnungspreisen	165
4.2.1.12	Angaben zur Zusammensetzung der Segmente	166–168
4.2.2	Überleitungsrechnungen	169–173
4.2.3	Freiwillige Zusatzangaben	174–177
4.3	Angaben zu den Segmenten des sekundären Berichtsformats	178–184
4.3.1	Geographische Segmentierung als sekundäres Berichtsformat	178–181
4.3.2	Sektorale Segmentierung als sekundäres Berichtsformat	182–184
5	Änderungen der Segment-Bilanzierungs- und Bewertungsmethoden	185–198
5.1	Abgrenzung der Segment-Bilanzierungs- und Bewertungsmethoden	185–186
5.2	Zulässigkeit von Methodenänderungen	187–188
5.3	Abbildung von Methodenänderungen in der Segmentberichterstattung	189–198
5.3.1	Änderungen der allgemeinen Methoden des Abschlusses	190
5.3.2	Änderungen der Segmentabgrenzung	191–194
5.3.3	Wechsel zwischen primärem und sekundärem Berichtsformat	195–196
5.3.4	Geänderte Zurechnung der Finanzdaten zu den Segmenten	197
5.3.5	Änderungen in der Verrechnungsermittlung	198
6	Formelle Anforderungen an die Berichterstattung	199–201
7	Anwendungszeitpunkt, Rechtsentwicklung	202–208
7.1	Rückblick	202
7.2	Zusammenfassende Kurzdarstellung von IFRS 8	203–208
7.2.1	Konzeptionelle Ausrichtung	203
7.2.2	Bestimmung der berichtspflichtigen Segmente	204–205
7.2.2.1	Abgrenzung der Segmente	204

7.2.2.2	Bestimmung der Segmente mit Berichtspflicht	205
7.2.3	Angaben zu den Segmenten	206
7.2.4	Segmentübergreifende Angaben	207
7.2.5	Anwendungszeitpunkt	208
8	Zusammenfassende Praxishinweise	209

Schrifttum: ADS INTERNATIONAL, Abschn. 28, Segmentberichterstattung; ALVAREZ, Segmentberichterstattung und Segmentanalyse, 2004; ALVAREZ/ BÜTTNER, ED 8 Operating Segments, KoR 2006, S. 307; BEINE/NARDMANN (überarbeiter), Segmentberichterstattung, in: BALLWIESER u. a. (Hrsg.), Wiley-Kommentar zur internationalen Rechnungslegung nach IAS/IFRS, 2004; FINK/ULBRICH, Segmentberichterstattung nach ED 8, KoR 2006, S. 233; FINK/ULBRICH, Segmentberichterstattung nach IFRS 8, PiR 2007; HALLER, IAS 14 – Segmentberichterstattung (Segment Reporting), in: BAETGE/DÖRNER/KLEEKÄMPER/VOLLMERT/KIRSCH (Hrsg.), Rechnungslegung nach International Accounting Standards (IAS), – Kommentar auf der Grundlage des deutschen Bilanzrechts, 2. Aufl., 2002; HEUSER/JHEILE, IAS/IFRS-Handbuch, 2. Aufl. 2005, S. 655ff.; KPMG, Insights into IFRS, 2005/6 edition, 2005; KÜTING/PILHOFER, Die neuen Vorschriften zur Segmentberichterstattung nach US-GAAP, DStR 1999, S. 559–564 (Teil I), S. 603–608 (Teil II); LANGENBUCHER, Segmentberichterstattung als Ergänzung der Rechnungslegung, in: KÜTING/LANGENBUCHER, Internationale Rechnungslegung, Festschrift für Claus-Peter Weber, 1999, S. 158; PELLENS/FÜLBIER/GASSEN, Internationale Rechnungslegung, 5. Aufl., 2004.; ZÜLCH/BURGHARDT, IFRS 8 Operating Segments, PiR 2007.

Vorbemerkung
Die folgende Kommentierung bezieht sich primär auf IAS 14 in der derzeit gültigen Fassung, die noch bis Ende 2008 angewandt werden kann. Daneben wird der am 30.11.2006 veröffentlichte IFRS 8 in Kurzform (Rz 203) unter Herausstellung der grundlegenden Abweichungen gegenüber IAS 14 dargestellt.

1 Zielsetzung und Vorgehensweise

Nach F.12 und F.15 des IASC-Rahmenkonzepts besteht die Zielsetzung von Abschlüssen in der Vermittlung von **Informationen über die Vermögens-, Finanz- und Ertragslage** des berichtenden Unternehmens sowie deren Veränderungen. Bei Unternehmen, die unterschiedliche Produkte und Dienstleistungen anbieten und/oder in mehreren Ländern tätig sind, lassen sich die speziellen Rentabilitäten, Wachstumsaussichten und Risiken der verschiedenen Geschäftsfelder und Regionen aus den **hoch aggregierten Daten des Jahres- bzw. Konzernabschlusses** nicht ableiten. Gleichwohl sind sie für

1

die Beurteilung der voraussichtlichen künftigen Entwicklung des Unternehmens von großer Bedeutung. Dieses Defizit der auf das Gesamtunternehmen bezogenen Abschlussdaten soll – teilweise durch Disaggregation – durch **zusätzliche Informationen** zu den unterschiedlichen Arten von Produkten und Dienstleistungen und regionalen Tätigkeitsgebieten des berichtenden Unternehmens ausgeglichen werden.

2 Die Segmentberichterstattung muss sich zwangsläufig am **internen Berichtswesen** des Unternehmens orientieren *(management approach)*. Eine völlige Umstellung der internen Daten allein für die externe Rechnungslegung ist weder praktikabel noch im Interesse der an internen Steuerungsgrößen interessierten Abschlussadressaten. Die Frage der Intensität der Orientierung am internen Berichtswesen ist allerdings strittig. Hier legt IAS 14 – anders als sein Nachfolger IFRS 8 sowie die entsprechenden US-amerikanischen und deutschen Standards – größeren Wert auf die Vergleichbarkeit von Segmentberichterstattungen verschiedener Unternehmen und enthält daher Anforderungen, zu deren Erfüllung Unternehmen ggf. von ihrem internen Berichtswesen abweichen müssen.

3 In IFRS 8 (Rz 203) hat sich der *Board* im Interesse einer **Konvergenz** dem Inhalt von SFAS 131 (US-GAAP) fast nahtlos angeschlossen und den *management approach* bis auf wenige Ausnahmen uneingeschränkt übernommen. Die Unternehmensbereiche (*operating segments*) sind in der Folge nach Maßgabe der Segmentierung für **unternehmensinterne** Entscheidungen darzustellen. Die interne Steuerung des Unternehmens stellt also die Grundlage für die Segmentberichterstattung dar, der externe Segmentbericht wird unmittelbar durch die Daten des internen Berichtsystems gespeist.

4 Diesem systematischen Ansatz werden **drei** wesentliche **Vorteile** zugeordnet:[1]
- Die Abschlussadressaten werden aus der Perspektive des **Managements** (*through the eyes of management*) informiert; dadurch sollen sie die Entscheidungen des Managements mit ihrer Auswirkung auf die künftigen *cash flows* vorwegnehmen können.
- Der **Mehraufwand** für das externe Berichtswesen kann durch die unmittelbare Übernahme der internen Steuerungsgrößen in **Grenzen** gehalten werden.
- Die Segmentierung anhand der internen Struktur soll **weniger subjektiv** sein als nach den bisherigen Regelungen in IAS 14 (IFRS 8.BC App. A 60).

---

[1] So ZÜLCH/BURGHARDT, PiR 2007.

Hütten

2 Anwendungsbereich

2.1 Betroffene Unternehmen

2.1.1 Berichterstattungspflicht

Nach IAS 14.3 unterliegen nur solche Unternehmen der Segmentberichtspflicht, deren **Wertpapiere öffentlich gehandelt** werden oder die einen Börsenhandel ihrer Wertpapiere vorbereiten. Die Phase der Vorbereitung des Börsenhandels hat dabei u. E. dann begonnen, wenn die zuständigen Unternehmensorgane den Börsengang beschlossen haben und konkrete Maßnahmen (z. B. Vergabe des Mandats an eine Bank, Erstellung des Börsenprospekts oder anderer notwendiger Unterlagen) ergriffen wurden.[2] 5

Die Segmentberichtspflicht ist **rechtsformunabhängig** und entsteht sowohl bei Eigenkapital- als auch Gläubigerrechte verbriefenden Papieren. Alle in der **Definition für Wertpapiere** in § 2 Abs. 1 S. 1 WpHG genannten Papiere sind zweifellos auch Wertpapiere i. S. d. IAS 14 bzw. IFRS 8 (Rz 203). Auf die Ausstellung von Urkunden kommt es nicht an. 6

Als öffentlicher Markt gilt jede **in- oder ausländische Börse** sowie der **Freiverkehr**, inklusive **lokaler und regionaler Märkte** (*„a domestic or foreign stock exchange or an over-the-counter market, including local or regional markets"*; SFAS 131.9). Der Begriff ist weiter gehend als der Organisierte Markt i. S. d. § 2 Abs. 5 WpHG. In Deutschland sind damit der **Amtliche Handel**, der **Geregelte Markt** und der **Freiverkehr** betroffen, nicht dagegen die Privatplatzierung. 7

Die Pflicht zur Segmentberichterstattung ergibt sich nach IAS 14.3 bzw. IFRS 8 (Rz 203) nur dann, wenn die betroffenen Wertpapiere **vom berichtenden Unternehmen selbst herausgegeben** werden. Wertpapiere eines **Tochterunternehmens** und dessen öffentlicher Handel lösen dagegen keine Segmentberichterstattung des Mutterunternehmens aus. Ebenso resultiert allein aus dem Handel von Wertpapieren des Mutterunternehmens keine Berichtspflicht in den Einzel- oder Teilkonzernabschlüssen von Tochterunternehmen. Nach IAS 14.6 wird jedoch ein Tochterunternehmen, das selbst die in IAS 14.3 genannten Kriterien (Rz 5) erfüllt, nicht dadurch von der Segmentberichtspflicht befreit, dass sein Mutterunternehmen in dessen Abschluss eine Segmentberichterstattung nach IAS 14 publiziert. 8

Eine dem § 286 Abs. 2 HGB vergleichbare **Befreiung zum Schutz vor erheblichen Nachteilen** kennen IAS 14 und IFRS 8 (Rz 203) nicht. 9

---

[2] So auch KPMG, Insights into IFRS, 2005/6 edition, 2005, S. 666; ähnlich Pellens/Fülbier/Gassen, Internationale Rechnungslegung, 5. Aufl., 2004, S. 775, für die jedoch die Beschlussfassung ausreicht; a. A. ADS International, Abschn. 28, Tz 20, die erst den Antrag auf Zulassung zum Handel als Beginn der Vorbereitung ansehen. Fink/Ulbrich (KoR 2006, S. 239) schlagen als Startpunkt der Segmentberichterstattungspflicht die Bekanntmachung der Emission im Augenblick der Abschlussveröffentlichung vor.

Hütten

10 Ist ein Unternehmen, auf das die in IAS 14.3 genannten Kriterien (Rz 5) zutreffen, lediglich in einem Geschäftssegment und **einem** regionalen Segment tätig (zur Segmentabgrenzung nach IAS 14 siehe Rz 27ff.), ergibt sich eine faktische Befreiung von der Segmentberichtspflicht. In der Praxis dürfte der Fall jedoch nur selten vorkommen. Nach IFRS 8.31 sind auch Ein-Segment-Konzerne zur Angabe bestimmter disaggregierter Finanzdaten verpflichtet (Rz 207).

2.1.2 Freiwillige Berichterstattung

11 Sowohl IAS 14.4 als auch IFRS 8.3 (Rz 203) eröffnen nicht berichterstattungspflichtigen Unternehmen ein **Wahlrecht** zur Segmentberichterstattung. Bei Inanspruchnahme des Wahlrechts müssen nach IAS 14.4 die Anforderungen des jeweiligen Standards **vollständig** beachtet werden. Es stehen also lediglich der Verzicht auf Segmentinformationen oder eine vollständige Segmentberichterstattung nach IAS 14 als Alternativen offen. IFRS 8 (Rz 203) verbietet zwar keine Segmentberichterstattung, die nicht vollständig den Anforderungen von IFRS 8 (Rz 203) entspricht. Allerdings darf eine solche Segmentberichterstattung gem. IFRS 8.3 nicht als Segmentinformation bezeichnet werden.

Dieser Einschränkung kann jedoch entgangen werden, indem die freiwillige Segmentberichterstattung nicht im, sondern **außerhalb des Jahres- bzw. Konzernabschlusses** (z. B. im Lagebericht bzw. Konzernlagebericht oder in anderen Teilen des Geschäftsberichts) erfolgt. Eine Angabe zur mangelnden Konformität mit IAS 14 bzw. IFRS 8 (Rz 203) ist dabei nicht erforderlich, da die Informationen in einem nicht durch IAS/IFRS regulierten Teil der Berichterstattung erfolgt.[3]

2.2 Betroffene Abschlüsse

12 Gem. IAS 14.1 gilt IAS 14 für alle **Einzel- und Konzernabschlüsse**. Eine der deutschen Regelung des § 297 Abs. 1 Satz 2 HGB entsprechende Beschränkung auf Konzernabschlüsse existiert nicht. Allerdings sehen sowohl IAS 14.6 als auch IFRS 8 (Rz 203) eine Erleichterung vor. Bei zusammengefasster Veröffentlichung eines Einzel- und Konzernabschlusses müssen die Segmentinformationen lediglich auf Basis des Konzernabschlusses vermittelt werden.

13 IAS 14 äußert sich nicht zu Segmentinformationen in **Zwischenberichten**. Allerdings enthält IAS 34.16g Regelungen zu Segmentinformationen im Zwischenbericht, die weitgehend auf IAS 14 bzw. IFRS 8 (Rz 203) verweisen (→ § 37 Rz 29).

---

[3] A. A. ADS INTERNATIONAL (Fn 1), Tz 25.

3 Bestimmung der berichtspflichtigen Segmente

3.1 Arten der Segmentierung

3.1.1 Zulässige Segmentierungsarten
IAS 14.9 sieht ausschließlich vor:
- eine **sektorale** Segmentierung (nach Produkten/Dienstleistungen bzw. Produkt-/Dienstleistungsgruppen) – Geschäftssegmente *(business segments*; Rz 16ff.) – sowie
- eine **regionale** Segmentierung (nach Ländern bzw. Ländergruppen oder Landesteilen) – geographische Segmente *(geographical segments*; Rz 19ff.).

Eine abweichende Segmentierung (z. B. nach Kundengruppen oder rechtlichen Einheiten) ist nach IAS 14 – selbst bei entsprechendem **internem Berichtswesen** – unzulässig. Anders SFAS 131 sowie DRS 3, die sich diesbezüglich stärker am *management approach* (Rz 2) orientieren.

IFRS 8 hat die Segmentdefinition grundlegend **geändert**. Wegen Einzelheiten wird auf Rz 204 verwiesen. Die nachfolgenden Kommentierungen (Rz 16 bis Rz 88) beziehen sich, soweit nicht anders vermerkt, ausschließlich auf den Regelungsinhalt von IAS 14.

3.1.2 Segmentierung nach Geschäftsbereichen
IAS 14.9 definiert das **Geschäftssegment** *(business segment)* als eine unterscheidbare Teilaktivität des berichtenden Unternehmens, die sich
- mit der **Bereitstellung** eines **einzelnen Produkts** bzw. einer einzelnen Dienstleistung oder aber einer **Gruppe ähnlicher Produkte** bzw. Dienstleistungen befasst und
- hinsichtlich der **Risiken und Erträge** von anderen Teilzeitaktivitäten unterscheidet.

Um zu bestimmen, welche Produkte bzw. Dienstleistungen homogen und daher zu einer Gruppe zusammenzufassen sind, hat das berichtende Unternehmen folgende **Faktoren** in Betracht zu ziehen (IAS 14.9):
- Ähnelt sich die **Art** der Produkte bzw. Dienstleistungen?
- Resultieren die Produkte aus gleichartigen **Produktionsprozessen**?
- Werden die Produkte bzw. Dienstleistungen von denselben **Kunden** bzw. Kundengruppen nachgefragt?
- Werden die Produkte nach denselben oder ähnlichen **Vertriebsmethoden** vermarktet?
- Fallen die Produkte bzw. Dienstleistungen in dasselbe **regulierende Umfeld** (nur, falls ein solches vorhanden ist, wie bspw. im Bank- und Versicherungswesen oder bei öffentlichen Versorgungsbetrieben)?

Diese Auflistung der zu berücksichtigenden Aspekte dient lediglich der **Orientierung**. Sie ist weder vollständig, noch müssen alle genannten Aspekte erfüllt sein. Vielmehr ist eine Zusammenfassung bereits für solche Produkte und Dienstleistungen angebracht, die sich in der **Mehrheit der Kriterien** *(majority of the factors)* ähneln (IAS 14.11). Ausschlaggebend ist, dass ein Segment keine Produkte bzw. Dienstleistungen mit unterschiedlichen Risiken und Erträgen umfassen darf.

3.1.3 Segmentierung nach Regionen

19 Ein **geographisches Segment** *(geographical segment)* ist nach IAS 14.9 eine unterscheidbare Teilaktivität des berichtenden Unternehmens, die
- sich mit der Bereitstellung von Produkten bzw. Dienstleistungen innerhalb eines spezifischen **wirtschaftlichen Umfeldes** (= Region) befasst und
- sich hinsichtlich der **Risiken und Erträge** von Teilbereichen, die in anderen Regionen tätig sind, unterscheidet.

20 Um zu bestimmen, welche **Regionen** homogen und daher zu einer Gruppe zusammenzufassen sind, hat das berichtende Unternehmen nach IAS 14.9 folgende **Faktoren** in Betracht zu ziehen:
- Sind die wirtschaftlichen und politischen **Rahmenbedingungen** der Regionen gleichartig?
- Existieren **Beziehungen** zwischen den Unternehmensaktivitäten in den Regionen?
- Liegen die Regionen räumlich **nahe** beieinander?
- Teilen die Regionen **spezielle Risiken**?
- Haben die Regionen **gleiche Devisenbestimmungen**?
- Unterliegt die Tätigkeit in den Regionen gleichartigen **Währungsrisiken**?

21 Wie bei der Definition des Geschäftssegments (Rz 16ff.) ist auch diese Auflistung weder **abschließend**, noch müssen alle genannten Faktoren erfüllt sein. Anders als für die Geschäftssegmente fordert IAS 14 für die geographische Segmentierung nicht explizit, dass die Mehrheit der Kriterien erfüllt sein muss. Angesichts dessen ist im Schrifttum strittig, ob dieses Mehrheitserfordernis besteht.[4] U. E. ist diese Diskussion kaum von praktischer Relevanz, denn eine Klassifikation zweier Regionen als homogen bezüglich ihrer Risiken und Erträge ist nicht vorstellbar, wenn sie sich in der Mehrheit der Kriterien in Rz 20 unterscheiden.

22 Ein geographisches Segment kann **Landesteile**, einzelne **Staaten**, **Gruppen von Staaten** oder sogar einzelne oder mehrere **Kontinente** umfassen (IAS 14.12). Damit wird auch deutlich, dass ein nur in einem Land tätiges Unternehmen nicht zwingend allein in einem Segment tätig ist. Die Zusammenfassung mehrerer Kontinente dürfte nur in seltenen Ausnahmefällen zulässig sein, da bei einem so weitgehenden Segment kaum von einer Homogenität der Chancen und Risiken ausgegangen werden kann.[5] Über die

---

[4] Befürwortend bspw. HALLER, in: BAETGE u. a., Rechnungslegung nach IAS, 2. Aufl., 2002, Tz 47; PELLENS/FÜLBIER/GASSEN: (Fn 1), S. 778, ablehnend bspw. ADS INTERNATIONAL (Fn 1), Tz 64 m.w.N.

[5] Ähnlich ADS INTERNATIONAL (Fn 1), Tz 68, die jedoch eine solche Zusammenfassung ausnahmslos für unzulässig halten.

einzelnen Kontinente muss aber nicht zwingend getrennt berichtet werden, da IAS 14 die Zusammenfassung mehrerer Segmente zu einem berichtspflichtigen Segment zulässt und nur für berichtspflichtige Segmente gesonderte Angaben fordert (vgl. Rz 39ff.).

Die **räumliche Nähe** von Regionen ist nur ein Aspekt zur Abgrenzung eines Segments und somit **kein zwingendes Kriterium**. Ist die Mehrheit der übrigen Kriterien erfüllt, kommt auch eine Zusammenfassung von räumlich getrennten Regionen zu einem Segment in Frage. 23

Eine geographische Segmentierung ist sowohl auf der Grundlage von **Produktionsstandorten** als auch auf Basis der **Absatzmärkte** möglich (IAS 14.13). 24

3.2 Ablauf der Segmentfestlegung

3.2.1 Überblick

IAS 14 fordert Angaben sowohl für die **sektorale** als auch für die **geographische** Segmentierung (Rz 14). Allerdings muss nicht für beide Segmentierungen dieselbe Informationsfülle vermittelt werden. Vielmehr ist eine der beiden Segmentierungen als **primär** (= größere Informationsfülle), die andere als **sekundär** (= geringere Informationsfülle) zu klassifizieren. Zudem werden die Informationen nicht in jedem Fall für jedes einzelne Geschäftssegment bzw. geographische Segment verlangt. 25

Folgende **Vorgehensweise** empfiehlt sich:[6] 26

- 1. Schritt: Abgrenzung der Segmente (sowohl in sektoraler als auch geographischer Hinsicht; Rz 27ff.);
- 2. Schritt: Bestimmung der Segmente mit Berichtspflicht (Rz 39ff.);
- 3. Schritt: Identifikation von primärem und sekundärem Berichtsformat (Rz 77ff.).

3.2.2 Abgrenzung der Segmente
3.2.2.1 Ausgangspunkt der Abgrenzung

Dem *management approach* (Rz 2) folgend, richtet sich die Segmentabgrenzung in der externen Berichterstattung nach den Segmentierungen des **internen Berichtswesens**. Maßgeblich sind dabei die obersten Ebenen dieses Berichtswesens mit segmentierten Daten, die den Leitungs- und Kontrollorganen zur Überwachung der Ertragskraft der Unternehmenseinheiten sowie als Grundlage für Entscheidungen über die Verteilung der Ressourcen auf diese Einheiten dienen (IAS 14.31). Zur Identifikation dieser Berichtsebenen sind die **Vorlagen** und **Protokolle von Sitzungen** der Unternehmensleitung bzw. des Aufsichtsrats oder eines ähnlichen Kontrollorgans heranzuziehen. 27

3.2.2.2 Abgrenzung der Geschäftssegmente

Finden sich auf den obersten Ebenen des internen Berichtswesens (Rz 27) organisatorische Einheiten, die nach Geschäftsbereichen (d. h. Produkten bzw. 28

---

[6] Vgl. LANGENBUCHER, in: KÜTING/LANGENBUCHER, Internationale Rechnungslegung, FS CLAUS PETER WEBER, 1999, S. 158, 162.

Hütten

Dienstleistungen oder Gruppen von Produkten bzw. Dienstleistungen) abgegrenzt sind, und erfüllen diese Einheiten die Definition des Geschäftssegments (Rz 16ff.), gelten diese Einheiten als **Geschäftssegmente** (IAS 14.31) und sind als solche der Segmentberichterstattung zugrunde zu legen. Ein **Abweichen** von dieser für das interne Berichtswesen getroffenen Abgrenzung dieser Segmente ist dann **nicht zulässig**.

29 Für solche organisatorischen Einheiten der **obersten** Ebenen des internen Berichtswesens, die nicht als Geschäftssegmente klassifiziert werden können, weil sie

- entweder nicht nach Produkten/Dienstleistungen bzw. Gruppen von Produkten bzw. Dienstleistungen abgegrenzt sind
- oder der Definition des Geschäftssegments nicht entsprechen,

ist die **nächstniedrigere Ebene** des internen Berichtswesens heranzuziehen, die nach Geschäftsbereichen segmentiert ist und deren Segmente die Definition des Geschäftssegments erfüllen.

30 **Beispiel 1**
Im internen Berichtswesen der A-AG berichten die beiden obersten Ebenen regelmäßig an den Vorstand und Aufsichtsrat. Hierbei erfüllt zwar die „Produktgruppe 1", nicht jedoch die „Produktgruppe 2" die Definition des Geschäftssegments.

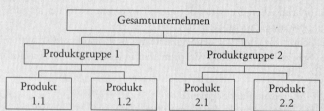

Die oberste Berichtsebene, auf der die Daten nach organisatorischen Einheiten aufgegliedert werden, ist die Ebene der Produktgruppen. Sie ist daher zuerst zu betrachten. Da hier Produktgruppe 2 die Definition des Geschäftssegments nicht erfüllt, ist für diesen Zweig eine Ebene tiefer zu gehen, obwohl diese Ebene nicht an den Vorstand berichtet wird. Damit gelten als Geschäftssegmente für die Segmentberichterstattung die Einheiten „Produktgruppe 1", „Produkt 2.1" sowie „Produkt 2.2".

Beispiel 2 31
Im internen Berichtswesen der B-AG berichten die drei obersten Ebenen regelmäßig an den Vorstand. Hierbei erfüllt zwar die „Produktgruppe 1", nicht jedoch die „Produktgruppe 2" die Definition des Geschäftssegments:

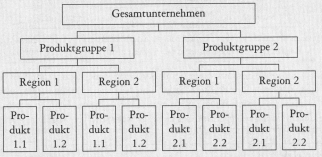

Die oberste Berichtsebene, auf der die Daten nach organisatorischen Einheiten aufgegliedert werden, ist die Ebene der Produktgruppen. Sie ist daher zuerst zu betrachten. Da hier „Produktgruppe 2" die Definition des Geschäftssegments nicht erfüllt, ist für diesen Zweig auf die Ebene tiefer zu gehen, auf der nach Geschäftsbereichen segmentiert wird. Dies ist die Ebene der Produkte. Damit gelten als Geschäftssegmente für die Segmentberichterstattung die Einheiten „Produktgruppe 1", „Produkt 2.1" sowie „Produkt 2.2", wobei die Daten für „Produkt 2.1" und „Produkt 2.2" regionenübergreifend zusammengefasst werden müssen.

Findet sich in einem Unternehmen **auf keiner Ebene** des internen Berichtswesens eine Segmentierung nach Produkten/Dienstleistungen oder Gruppen von Produkten bzw. Dienstleistungen, muss eine solche zwingend **allein für die externe Berichterstattung** gebildet werden. Dabei ist der **Ermessensspielraum** für Segmentabgrenzung nach IAS 14.15 unter Berücksichtigung der **Zielsetzung der Segmentberichterstattung** (Rz 1) sowie des IASC-Rahmenkonzepts auszuüben. Angaben zur internen Segmentierung sind in diesem Fall nicht zu machen.[7] Eine Pflicht zum Hinweis auf die Abweichung der Segmentberichterstattung von der internen Segmentierung existiert nicht. 32

---

[7] So auch BEINE/NARDMANN, in: BALLWIESER u. a. (Hrsg.), Wiley-Kommentar zur internationalen Rechnungslegung nach IAS/IFRS, 2004, Tz 13.

Hütten

33

Beispiel 3
Das interne Berichtswesen der C-AG ist wie folgt gegliedert:

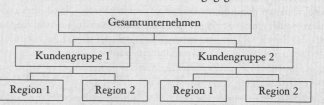

Da im internen Berichtswesen keine Segmentierung nach Produkten bzw. Dienstleistungen oder Produkt- bzw. Dienstleistungsgruppen vorgenommen wird, müssen speziell für die Segmentberichterstattung Segmente gebildet werden, welche die Definition des Geschäftssegments (Rz 16ff.) erfüllen.

34

Beispiel 4
Im internen Berichtswesen der D-AG erfüllt zwar die „Produktgruppe 1", nicht jedoch die „Produktgruppe 2" die Definition des Geschäftssegments:

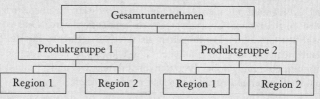

„Produktgruppe 1" gilt als Geschäftssegment und ist unverändert der Segmentberichterstattung zugrunde zu legen. Dagegen muss „Produktgruppe 2" für die Segmentberichterstattung weiter aufgegliedert werden, obwohl eine solche Aufgliederung im internen Berichtswesen nicht abgebildet ist.

35 IAS 14 regelt nicht gesondert den Fall eines Einproduktunternehmens (d. h. Unternehmen mit nur einem Produkt bzw. einer Dienstleistung oder mit derart homogenen Produkten/Dienstleistungen, dass diese als Gruppe die Definition des Geschäftssegments erfüllen). Ein solches Unternehmen muss daher alle Pflichtangaben des IAS 14 für sein einziges Geschäftssegment machen. Die meisten dieser Angaben ergeben sich allerdings
- entweder aus anderen Teilen des Abschlusses (z. B. quantitative Angaben, Erläuterungen der Bilanzierungs- und Bewertungsmethoden) und müssen daher nicht im Rahmen der Segmentberichterstattung wiederholt werden,
- oder sind angesichts der Ein-Segment-Konstellation nicht vorhanden (z. B. Innenumsatzerlöse, Angaben zu Verrechnungspreisen).[8]

---

[8] So auch ADS INTERNATIONAL (Fn 1), Tz 45; a.A. HALLER (Fn 3), Tz 39.

Im Rahmen der Angaben zur Zusammensetzung der Segmente (vgl. Rz 166) ist jedoch auf die Ein-Segment-Konstellation hinzuweisen.

3.2.2.3 Abgrenzung der geographischen Segmente

Die geographischen Segmente (Rz 19ff.) sind **ebenfalls** (Rz 28ff.) **aus dem internen Berichtswesen** abzuleiten, also dementsprechend nach **Produktionsstandorten oder Absatzmärkten**. Finden sich in der internen Berichterstattung beide Abgrenzungen, so ist diejenige zu wählen, die auf einer höheren Ebene der Hierarchie des internen Berichtswesens angewandt wird (IAS 14.14). Die Abgrenzung hat für alle Segmente einheitlich zu erfolgen.[9]

Wenn sich aus dem internen Berichtswesen keine geographischen Segmente ableiten lassen (Rz 32), ist die **Entscheidung zwischen produktionsbezogener oder absatzbezogener Aufgliederung** speziell für die Segmentberichterstattung zu treffen. In diesem Fall ist zu bestimmen, ob die geographischen Risiken eher aus dem Standort des Vermögens oder aber dem Standort der Kunden resultieren. Die Segmentabgrenzung ist dann entsprechend dieser Risikoherkunft vorzunehmen.

Für Unternehmen, die nur in einer Region tätig sind, gilt analog das in Rz 35 zu Einproduktunternehmen Gesagte.

3.2.3 Bestimmung der Segmente mit Berichtspflicht

Nicht für jedes nach der oben dargestellten Vorgehensweise identifizierte Segment müssen gesonderte Informationen in der Segmentberichterstattung vermittelt werden. Vielmehr enthält IAS 14 Regeln, nach denen

- **ähnliche Segmente** zusammengefasst (Rz 41ff.),
- **vertikal integrierte Segmente** (d. h. Segmente, die keine oder nur in geringem Umfang Leistungen an unternehmensexterne Kunden erbringen) mit nachgelagerten Segmenten zusammengefasst oder aus der Berichterstattung ausgeschlossen (Rz 46ff.),
- **unwesentliche Segmente** entweder zusammengefasst oder aus der Berichterstattung ausgeschlossen (Rz 54ff.)

werden können.

Gesondert darzustellende Segmente heißen nach IAS 14.9 **berichtspflichtiges Segment** *(reportable segment)*.

3.2.3.1 Zusammenfassung ähnlicher Segmente

Nach IAS 14.34 dürfen zwei oder mehrere Segmente zu einem berichtspflichtigen Segment *(reportable segment)* zusammengefasst werden, wenn sie **im Wesentlichen ähnlich** *(substantially similar)* sind. Dazu müssen zwei Bedingungen erfüllt sein (IAS 14.34):

- ähnliche langfristige Ertragsentwicklung (Rz 43),
- Ähnlichkeit bezüglich aller(!) in IAS 14.9 im Rahmen der Definition von „Geschäftssegment" (Rz 16ff.) bzw. „geographisches Segment" (Rz 19ff.) genannten Kriterien.

---

[9] Vgl. ADS INTERNATIONAL (Fn 1), Tz 69.

Hütten

42	**Beispiel 5** Es gelten die Daten des Beispiels 1 (Rz 30). Ist „Produkt 2.2" sowohl in seiner langfristigen Ertragsentwicklung als auch in allen Kriterien des IAS 14.9 (also allgemein bzgl. der Erträge und Risiken sowie speziell in seiner Art, seinem Produktionsprozess, seinen Kunden, seinen Vertriebsmethoden sowie ggf. seines regulierenden Umfelds) mit „Produktgruppe 1" ähnlich, können die beiden zu einem berichtspflichtigen Segment zusammengefasst werden.

43 IAS 14 äußert sich nicht dazu, was unter der **ähnlichen langfristigen Ertragsentwicklung** zu verstehen ist. Sinnvollerweise ist auf die **voraussichtliche künftige Ertragsentwicklung**, d. h. die Höhe und Sicherheit der zu erwartenden Ertragszuwächse, abzustellen. Die Ertragsentwicklung in der Vergangenheit ist zwar ein wichtiges Indiz für die künftige Entwicklung. Es genügt jedoch nicht, wenn zwar für die Vergangenheit, nicht jedoch für die Zukunft von einer ähnlichen Entwicklung auszugehen ist.

44 Die Zusammenfassung (der Segmente) erfordert nach IAS 14.34 **Ähnlichkeit in allen** in IAS 14.9 genannten **Kriterien**. Die Anforderungen sind damit **strenger** als die der Abgrenzung der Segmente, für die allein die Erfüllung der **Mehrheit** der Kriterien verlangt wird (Rz 18, Rz 21).

45 Was unter „ähnlich" *(similar)* zu verstehen ist, erläutert IAS 14 nicht. Es ist jedoch eher eine restriktive Auslegung des Begriffs angebracht.[10]

3.2.3.2 Behandlung vertikal integrierter Segmente

46 Sektorale und geographische Segmente, die den **überwiegenden** Teil ihrer Erlöse intern, d. h. aus Leistungen an andere Segmente erzielen (vertikal integrierte Segmente), müssen nicht als berichtspflichtige Segmente dargestellt werden (IAS 14.35), selbst wenn diese Unternehmensteile im internen Berichtswesen als eigenständige Segmente behandelt werden (IAS 14.39).

47 Strittig ist, ob die internen Erlöse bereits dann als überwiegend anzusehen sind, wenn sie mehr als 50 % der Gesamterlöse des Segments ausmachen[11] oder ob ihr Anteil deutlich über 50 % liegen muss.[12] Da der Wortlaut des IAS 14.35 allein auf die **Mehrheit der Erlöse** *(a majority of its revenue)* abstellt, dürfte u. E. ein Anteil von mehr als 50 % genügen.

48	**Beispiel 6** Zum E-Konzern gehören u. a. die Geschäftssegmente „Flaschen", „Bier" und „Wein", die auch im internen Konzernberichtswesen als eigenständige Segmente dargestellt werden. Dabei liefert das Segment „Flaschen" sowohl an die Segmente „Bier" und „Wein" als auch an nicht zum Konzern gehörige

---

[10] So auch HALLER (Fn 3), Tz 63.
[11] So z. B. KÜTING/PILHOFER, DStR 1999, S. 564.
[12] So z. B. HALLER (Fn 3), Tz 65.

> Empfänger. Die Erlöse aus Lieferungen an die Segmente „Bier" und „Wein" belaufen sich in Summe auf EUR 2,1 Mio., die aus Lieferungen an externe Kunden auf EUR 0,9 Mio.
> Die Innenerlöse (EUR 2,1 Mio.) machen 70 % der Gesamterlöse des Segments „Flaschen" aus. Dieses Segment muss daher nicht als eigenständiges Segment in der Segmentberichterstattung dargestellt werden.

Überwiegen in einem **Geschäftssegment** die internen Erlöse, hat das berichtende Unternehmen ein Wahlrecht: **49**
- **Alternative 1:**
  Es kann das Geschäftssegment **freiwillig als eigenständiges Segment** behandeln. Dann sind die Grundlagen der Bestimmung der Verrechnungspreise anzugeben (IAS 14.40; Rz 165ff.).
- **Alternative 2:**
  Es kann das Geschäftssegment **in das bzw. die nachgelagerten Segmente einbeziehen.** Existieren mehrere nachgelagerte Segmente, ist dies nur zulässig, wenn es für die Aufteilung eine vernünftige Grundlage *(reasonable basis)* gibt. Ohne eine solche ist das vertikal integrierte Segment in die Überleitung zwischen der Summe der Segmente und den Konzernwerten (Rz 169ff.) einzubeziehen (IAS 14.41).

Alternative 1 steht jedoch nur zur Verfügung, wenn es sich tatsächlich um vertikal integrierte Segmente handelt. Ist ein Segment zwar im internen Berichtswesen eigenständig dargestellt, aber von seiner Tätigkeit her integraler Bestandteil eines anderen Segments, so ist die getrennte Darstellung nicht zulässig.[13]

> **Beispiel 7** **50**
> In Beispiel 6 (Rz 48) ist der E-Konzern nicht verpflichtet, das Segment „Flaschen" in der Segmentberichterstattung gesondert darzustellen. Macht er von dieser Befreiung Gebrauch, muss er das Segment anteilig in die Segmente „Bier" und „Wein" einbeziehen, da eine Aufteilung nach vernünftigen Kriterien (z. B. entsprechend der Zahl der gelieferten Flaschen) möglich ist.

Bezüglich der Behandlung von **geographischen Segmenten**, die überwiegend Innenerlöse erzielen, ist IAS 14 unklar. Zwar wird sowohl die Befreiung von der Pflicht zur gesonderten Darstellung (IAS 14.35) als auch die Möglichkeit zur **freiwilligen Darstellung als eigenständiges Segment** (IAS 14.40) allgemein für vertikal integrierte Segmente und damit auch für geographische Segmente eröffnet. Dagegen bezieht sich die o. a. Möglichkeit einer **Einbeziehung in nachgelagerte Segmente** (IAS 14.41) dem Wortlaut nach allein **51**

---

[13] Vgl. KPMG (Fn 1), S. 670.

auf Geschäfts- und damit nicht auf geographische Segmente. Die Einschränkung in IAS 14.41 ist jedoch u. E. ein Redaktionsfehler: Für geographische Segmente muss dieselbe Behandlungsweise wie für Geschäftssegmente gelten (Rz 49), da auch hier die Risiken und Chancen der Aktivitäten des Unternehmens in dem vorgelagerten Segment (= der vertikal integrierten Region) aufgrund der Dominanz der Innenerlöse von den Risiken und Chancen des nachgelagerten Segments (= der empfangenden Region) abhängen.[14]

52

Beispiel 8
Der F-Konzern unterhält in Indien eine große Produktionsstätte, die weit überwiegend Vorprodukte für die Unternehmensaktivitäten in Japan erstellt. Ansonsten ist der F-Konzern in Indien nur geringfügig mit Außenumsätzen von 2 % der gesamten Konzernumsätze tätig. Trotzdem behandelt der F-Konzern Indien im internen Berichtswesen angesichts der Bedeutung der Produktionsstätte als eigenständiges Segment.
Da das Segment „Indien" überwiegend Innenumsätze erzielt, besteht ein Wahlrecht zur eigenständigen Darstellung. Wird von diesem Wahlrecht kein Gebrauch gemacht, ist Indien in das Segment „Japan" einzubeziehen.

53 Sind in einem Unternehmen die **Forschungs- und Entwicklungsaktivitäten** als Geschäftssegment zu charakterisieren, gelten auch sie als vertikal integriertes Segment. Eine Darstellung als gesondertes Segment ist somit zulässig, aber nicht zwingend.[15]

3.2.3.3 Behandlung unwesentlicher Segmente

54 In Anwendung des *materiality*-Grundsatzes (→ § 1 Rz 65.) erlauben die IAS 14.35ff. den Verzicht auf eine gesonderte Darstellung **unwesentlicher Segmente**. Hierbei regelt
- IAS 14.35, wann ein Segment als unwesentlich gilt (Rz 55ff.);
- IAS 14.36, wie ein unwesentliches Segment in der Segmentberichterstattung dargestellt werden kann (Rz 66ff.);
- IAS 14.37, wie zu verfahren ist, wenn mehrere unwesentliche Segmente zusammen einen wesentlichen Teil des Gesamtumsatzes ausmachen (Rz 70ff.);
- IAS 14.42, wie ein Segment darzustellen ist, das in einer Berichtsperiode abweichend von der bisherigen Klassifizierung als unwesentlich anzusehen ist (Rz 74ff.);
- IAS 14.43, wie ein Segment darzustellen ist, das abweichend von der bisherigen Klassifizierung nunmehr als wesentlich gilt (Rz 76).

---

[14] A.A. ADS INTERNATIONAL (Fn 1), Tz 90, die von einer Pflicht zur Einbeziehung in die Überleitung zwischen der Summe der Segmente und den Konzernwerten ausgehen.
[15] A.A. SEC 2001, Abschn. VI.H.

Als unwesentlich gilt ein Segment nach IAS 14.35 dann, wenn seine **Erlöse**, **55**
sein **Ergebnis** und sein **Vermögen** jeweils weniger als **10 %** der entsprechenden Gesamtwerte aller Segmente ausmachen (Wesentlichkeitsschwellen, *thresholds of significans*). Dabei gilt Folgendes:
- Die Bestimmung der Wesentlichkeit muss nur für solche Segmente vor- **56**
genommen werden, die **überwiegend Außenerlöse** erzielen. Die Behandlungsalternativen für vertikal integrierte Segmente (Rz 46ff.) stehen unabhängig von deren Wesentlichkeit offen.
- Die Wesentlichkeitsbestimmung ist **für jede Berichtsperiode neu** auf Basis **57**
der Daten dieser Periode vorzunehmen.
- Es sind **alle drei Wesentlichkeitsschwellen** einzeln wirksam; bereits die **58**
Überschreitung eines Grenzwerts führt zur Qualifizierung als wesentlich.
- Bei der Bestimmung der als Vergleichsbasis dienenden Gesamtwerte aller **59**
Segmente sind auch als unwesentlich qualifizierte Segmente zu berücksichtigen.

60

Beispiel 9
Die G-AG hat die Geschäftssegmente P1, P2, P3 und P4, die in der Berichtsperiode folgende Segmentdaten aufweisen:

Segment	Erlöse	Ergebnis	Vermögen
P1	100	10	50
P2	146	14	73
P3	10	1	5
P4	28	2	14
Gesamt	284	27	142

Die Vergleichsbasis zur Bestimmung, ob Segment P4 unwesentlich ist, umfasst alle Segmente, also auch das vorher bereits als unwesentlich klassifizierte Segment P3 und das zur Debatte stehende Segment P4 selbst.

- Nicht den Segmenten zuzurechnende **Erlöse, Ergebnisse oder Vermö-** **61**
gensgegenstände sind auch nicht Teil der Vergleichsbasis zur Bestimmung der Wesentlichkeitsgrenzen. So bleibt insbesondere das Vermögen unberücksichtigt, das nicht dem operativen Geschäft, sondern der Unternehmensholding zuzurechnen ist.[16]
- Die Wesentlichkeitsschwelle bei den Erlösen ist unter Einbeziehung aller **62**
Außen- und Innenerlöse zu bestimmen.
- Zur Bestimmung der **Wesentlichkeitsschwelle des Segmentergebnisses** **63**
sind jeweils die positiven und die negativen Ergebnisse zu addieren. Die-

---

[16] So auch HALLER (Fn 3), Tz 71.

Hütten

jenige dieser beiden Summen, deren absoluter Betrag größer ist, dient als Basis zur Berechnung der 10-%-Grenze.

64

Beispiel 10
Der H-Konzern hat die Geschäftssegmente P1 bis P6, die in der Berichtsperiode folgende Segmentergebnisse aufweisen:

Segment	Ergebnis
P1	+ 10
P2	– 2
P3	– 12
P4	+ 13
P5	– 1
P6	– 3

Die Summe aller positiven Ergebnisse ist +23, die aller negativen -18. Als größerer Absolutbetrag wird 23 zur Vergleichsbasis für die Wesentlichkeitsbestimmung.

65 • Nach IAS 14.38 sind die Wesentlichkeitsgrenzen des IAS 14.35 allein für die Identifikation der Wesentlichkeit von Segmenten im Rahmen des IAS 14 und damit nicht für andere IFRS-Fragen gültig.

66 Gilt ein Segment als unwesentlich, stehen dem berichtenden Unternehmen nach IAS 14.36 **verschiedene Alternativen** offen:

67 • **Alternative 1:**

Das Segment kann trotz seiner Unwesentlichkeit freiwillig als **berichtspflichtiges Segment** deklariert werden.

68 • **Alternative 2:**

Das Segment kann mit anderen Segmenten **zu einem berichtspflichtigen Segment zusammengefasst** werden. Eine solche Zusammenfassung ist jedoch nur mit solchen Segmenten möglich, die ebenfalls als unwesentlich gelten und dem zur Debatte stehenden Segment **ähnlich** *(similar)* sind (Rz 16ff., Rz 19ff., Rz 41ff.). Eine Zusammenfassung mit wesentlichen und daher eigenständig berichtspflichtigen Segmenten ist dagegen nicht zulässig.

69 • **Alternative 3:**

Das Segment kann als **nicht zugeordneter Überleitungsposten** *(unallocated reconciling item)* behandelt werden (Rz 169ff.).

70 In diversifizierten Konzernen können die **unwesentlichen Segmente** in der Summe einen **wesentlichen Teil** des Unternehmens ausmachen. Deren Behandlung nach der in Rz 69 dargestellten Alternative 3 würde dazu führen, dass

Hütten

ein bedeutender Teil der Unternehmensaktivitäten in den segmentierten Daten nicht abgebildet wird. Deshalb verlangt IAS 14.37, dass die Summe der Außenerlöse aller als berichtspflichtig deklarierten Segmente nicht weniger als 75 % der konsolidierten Erlöse des Gesamtunternehmens bzw. Gesamtkonzerns ausmachen darf. Wird diese Schwelle nicht erreicht, müssen in erforderlichem Umfang unwesentliche Segmente als berichtspflichtige Segmente deklariert werden. Eine Anleitung zur Auswahl gibt IAS 14 nicht. Sie liegt damit im Ermessen des Bilanzierenden (→ § 51 Rz 24ff.).

Beispiel 11 71
Der I-Konzern hat die Geschäftssegmente P1 bis P6, die in der Berichtsperiode gem. folgender Tabelle externe Erlöse aufweisen. Hierbei sind die Segmente P3 bis P6 angesichts ihrer Gesamterlöse, ihrer Ergebnisse und ihres Vermögens unwesentlich. Der Konzernumsatz entspricht der Summe der externen Erlöse der Segmente.

Segment	Außenerlöse	wesentlich
P1	600	ja
P2	140	ja
P3	3	nein
P4	8	nein
P5	9	nein
P6	25	nein

Würde der I-Konzern alle unwesentlichen Segmente als nicht zugeordnete Überleitungsposten behandeln, entspräche die Summe der Außenerlöse der berichtspflichtigen Segmente (P1 und P2) 740 und damit weniger als 75 % der Konzernumsätze (1.000). Daher müssen unwesentliche Segmente mit einem Außenerlösvolumen von mindestens 10 als berichtspflichtige Segmente behandelt werden, um die 75%-Schwelle zu überschreiten. Dies kann mit Segment P6 allein, aber bspw. auch mit den Segmenten P3 und P4 erreicht werden.

Aus der Zusammenfassung mehrerer ähnlicher Segmente (Alternative 2 in Rz 68) resultiert ein berichtspflichtiges Segment (IAS 14.36b). Daher werden die externen Erlöse eines solchen **Sammelsegments** bei der Bestimmung der Erfüllung der 75%-Grenze berücksichtigt. Die 75%-Schwelle kann somit auch durch **Zusammenfassung unwesentlicher Segmente** zu einem **Sammelsegment** übersprungen werden. 72

Hütten

73 > **Beispiel 12**
> Sind in Beispiel 11 (Rz 71) die Segmente P3 und P4 ähnlich i. S. d. IAS 14.36b, kann die 75%-Schwelle auch durch Zusammenfassung der beiden Segmente erreicht werden.

74 Die Wesentlichkeitskriterien sind in jeder Periode neu zu überprüfen. Angesichts dessen kann es vorkommen, dass ein in der Vorperiode noch als wesentlich klassifiziertes und damit gesondert ausgewiesenes Segment in der aktuellen Berichtsperiode unwesentlich geworden ist.
Das nunmehr unwesentliche Segment muss bei einer solchen Neuklassifizierung in der Segmentberichterstattung nicht mehr gesondert dargestellt werden. Eine Ausnahme hiervon regelt IAS 14.42 für ein Segment, das in der aktuellen Periode die in Rz 55 beschriebene 10%-Grenze nicht mehr überschreitet, während es diese in der Vorperiode noch überschritten hat und daher als berichtspflichtiges Segment ausgewiesen worden war. Ein solches Segment muss trotz der Unterschreitung der 10-%-Grenze weiter als berichtspflichtiges Segment dargestellt werden, wenn es nach Ansicht der Unternehmensleitung von andauernder Bedeutung *(continuing significance)* ist. Abweichend von der in der Vorauflage noch vertretenen Auffassung muss dabei u. E. die Beurteilung der andauernden Bedeutung nur auf das Folgejahr abstellen.[17] Verfehlt das Segment nämlich im direkt folgenden Jahr zum zweiten Mal die 10%-Grenze, ergibt sich aus dem Wortlaut des IAS 14.42, dass der Ausweis als eigenständiges Segment auch bei einer langfristig erwarteten Erholung nicht fortgesetzt werden muss. IAS 14.42 will damit offensichtlich nur eine zweimalige Änderung der Segmentstruktur verhindern, wenn ein Segment einmalig die 10%-Grenze verfehlt.

75 > **Beispiel 13**
> Die J-AG unterscheidet intern und extern die Segmente „Europa", „Amerika" und „Asien". Dabei ist das Segment „Asien" allein aufgrund seiner Erlöse wesentlich. Durch Absatzprobleme in Japan sinken die Außenerlöse 2005 von bisher ca. 15 % auf nur noch 8 % der Gesamtkonzernerlöse. Laut Unternehmensplanung sollen die Umsätze in Japan ab 2006 wieder anziehen und das Segment „Asien" ab 2006 wieder mehr als 10 % der Gesamterlöse des Konzerns erwirtschaften.
> Angesichts der Unternehmensplanung ist das Segment Asien von andauernder Bedeutung und damit auch 2005 gesondert auszuweisen.

76 Wird ein in der Vorperiode noch unwesentliches und daher nicht gesondert dargestelltes Segment in der aktuellen Periode als wesentlich und damit berichtspflichtig klassifiziert, verlangt IAS 14.43 eine **Anpassung der Vorjahresvergleichszahlen**, es sei denn, diese Anpassung ist unzweckmäßig *(im-*

---

[17] So auch ADS INTERNATIONAL (Fn 1), Tz 91, HALLER (Fn 3), Tz 80.

practicable). Eine solche Unzweckmäßigkeit dürfte nur dann geltend gemacht werden können, wenn die Vorjahreszahlen in der geänderten Berichtsstruktur im Unternehmen nicht vorliegen und ihre Beschaffung einen unverhältnismäßig großen Aufwand erfordert.

3.2.4 Identifikation von primärem und sekundärem Berichtsformat

IAS 14 verlangt Segmentinformationen, aufgegliedert sowohl nach Geschäftsbereichen als auch nach Regionen (Rz 25ff.). Allerdings werden für die beiden Segmentierungsrichtungen unterschiedliche Informationsvolumina gefordert. Nach IAS 14.26 ist diese Differenzierung davon abhängig, ob in der spezifischen Situation des berichtenden Unternehmens die Erträge und Risiken eher vom Produktportfolio oder aber stärker von der regionalen Verteilung der Unternehmensaktivitäten bestimmt werden. Die hiernach **für die Erträge und Risiken dominante Segmentierungsrichtung** wird zum sog. **primären Segmentberichtsformat** *(primary segment reporting format)*, die andere zum sog. **sekundären Segmentberichtsformat** *(secondary segment reporting format)*.

IAS 14.27 geht davon aus, dass sich die dominante Segmentierungsrichtung in der **Organisation** und im **internen Berichtswesen** des Unternehmens widerspiegelt. Folgende Fälle sind zu unterscheiden:

Fall 1: Interne Strukturierung nach Geschäftsbereichen
Hier wird die Segmentierung nach Geschäftsbereichen zum primären Berichtsformat. Wurden im Rahmen der Segmentabgrenzung geographische Segmente identifiziert, gilt die regionale Segmentierung als sekundäres Format.

Beispiel 14
Die interne Struktur der K-AG entspricht der der A-AG in Beispiel 1 (Rz 30). Im Rahmen der Abgrenzung der Segmente der K-AG wurden Geschäftssegmente aus dem internen Berichtswesen sowie geographische Segmente – da im internen Berichtswesen nicht abgebildet – aus einer Analyse regionaler Unterschiede abgeleitet.
Da die K-AG auf der obersten Ebene nach Produktgruppen strukturiert ist, gilt die Segmentierung nach Geschäftsbereichen als primäres Berichtsformat. Die regionale Aufgliederung ist sekundäres Berichtsformat, obwohl sie in der internen Struktur nicht abgebildet ist.

Fall 2: Interne Strukturierung nach Regionen
Hier gilt die Umkehrung zu Fall 1 (Rz 79f.).

Fall 3: Interne Strukturierung nach Geschäftsbereichen und Regionen mit Dominanz einer der beiden Segmentierungsrichtungen
Die dominante Segmentierungsrichtung gilt als primäres, die andere als sekundäres Segmentberichtsformat. Von einer Dominanz einer der beiden Richtungen ist insbesondere dann auszugehen, wenn die Segmentierungsrichtungen auf unterschiedlichen Ebenen der internen Struktur auftauchen.

Hütten

83 **Beispiel 15**
Im Fall der B-AG in Beispiel 2 (Rz 31) spiegelt sich in der internen Struktur des Unternehmens sowohl die Aufteilung nach Geschäftsbereichen als auch die Aufgliederung nach Regionen wider. Da die Segmentierung nach Geschäftsbereichen jedoch höher angesiedelt ist, gilt sie als primäres Segmentberichtsformat.

84 **Fall 4: Interne Strukturierung nach Geschäftsbereichen und Regionen ohne Dominanz einer der beiden Segmentierungsrichtungen (Matrixorganisation)**
Die Segmentierung nach Geschäftsbereichen ist zwingend primäres, die nach Regionen sekundäres Berichtsformat (IAS 14.27a). IAS 14.29 erlaubt jedoch die freiwillige Behandlung beider Segmentierungsrichtungen als primäres Berichtsformat.

85 **Beispiel 16**
Die M-AG ist wie folgt als Matrix gegliedert:

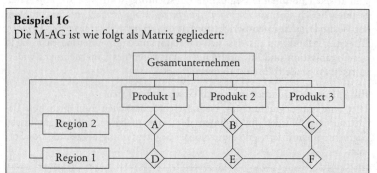

Da keine Dominanz einer der beiden Segmentierungsrichtungen ausgemacht werden kann, ist die Segmentierung nach Geschäftsbereichen als primäres Segmentberichtsformat zu wählen. Bezüglich der regionalen Segmentierung besteht ein Wahlrecht, sie entweder ebenfalls als primäres oder aber als sekundäres Format zu präsentieren.

86 **Fall 5: Interne Strukturierung weder nach Geschäftsbereichen noch nach Regionen**
Dieser Fall tritt insbesondere dann auf, wenn das Unternehmen nach rechtlichen Einheiten, Kundengruppen oder anderen Kriterien strukturiert ist, die sich über mehrere Regionen und Geschäftsbereiche erstrecken. Hier hängt die Wahl des Berichtsformates davon ab, ob die Erträge oder Risiken eher von den Regionen oder den Produktlinien dominiert werden (IAS 14.27b, IAS 14.30). Anders als bei der Abgrenzung der Segmente (Rz 27ff.) verlangt IAS 14 für die Bestimmung des primären Berichtsformats keine schrittweise Betrachtung der niedrigeren Ebenen des internen Berichtswesens. Allerdings sind die auf diesen unteren Ebenen anzutreffenden Aufgliederungen im hiesigen Fall 5 als Indiz dafür anzusehen, welche Segmentierungsrichtung als dominant für die Unternehmenserträge und -risiken anzusehen ist.

> **Beispiel 17**
> Der N-Konzern ist wie folgt gegliedert.
>
>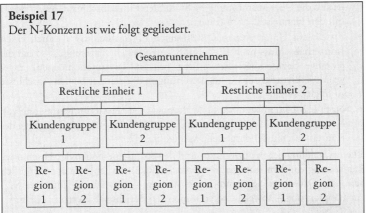
>
> Im Rahmen der Abgrenzung der Segmente konnten Geschäftssegmente identifiziert werden.
> Der N-Konzern ist auf den obersten Ebenen weder nach Geschäftsbereichen noch nach Regionen organisiert. Damit ist das primäre Berichtssegment nicht aus der internen Struktur, sondern unmittelbar durch eine Bestimmung des dominanten Einflusses auf die Erträge und Risiken des Unternehmens zu bestimmen. Jedoch ist die Gliederung nach Regionen auf der unteren Ebene ein Indiz dafür, dass die geographische Segmentierung Erträge und Risiken stärker beeinflusst.

Bei den deutschen IFRS-Rechnungslegern bildet weitaus überwiegend die sektorale Segmentierung das primäre Berichtsformat. Z. B. bei der Schering AG ist es dagegen die regionale Segmentierung.

4 Die Segmentinformationen

4.1 Ermittlung der Segmentinformationen

4.1.1 Anzuwendende Bilanzierungs- und Bewertungsmethoden

4.1.1.1 Bilanzierungs- und Bewertungsmethoden bei Pflichtangaben

Die bei der Ermittlung verpflichtend anzugebender Segmentinformationen angewandten Bilanzierungs- und Bewertungsmethoden müssen mit denjenigen des Einzel- bzw. Konzernabschlusses **übereinstimmen** (IAS 14.44). Zu freiwilligen Segmentinformationen vgl. Rz 97ff.

Das Übereinstimmungserfordernis bezieht sich auf den Abschluss, als dessen Teil die Segmentberichterstattung publiziert wird. Dies bedeutet:

- Bei einer Segmentberichterstattung im Konzernabschluss sind die **konzerneinheitlichen** Bilanzierungs- und Bewertungsmethoden anzuwenden. Die gilt selbst dann, wenn die berichtspflichtigen Segmente rechtlichen Einheiten entsprechen, für die Einzelabschlüsse vorliegen. In diesem Fall ist also die Übereinstimmung nicht mit den Einzelabschlussdaten, sondern mit den Handelsbilanzen II herzustellen.[18]

- Erstellt ein Unternehmen sowohl einen **Einzelabschluss als auch einen Konzernabschluss nach IFRS** mit Segmentberichterstattungen, so hat die jeweilige Segmentberichterstattung den (u. U. unterschiedlich) angewandten Bilanzierungs- und Bewertungsmethoden der beiden Abschlüsse zu folgen.
- Nach IAS 14.6 müssen Segmentinformationen bei **Zusammenfassung von Konzern- und Einzelabschluss** zu einem Abschluss nur auf Grundlage des Konzernabschlusses dargestellt werden (Rz 12).

91 Die Anwendung der Bilanzierungs- und Bewertungsmethoden des Abschlusses hat Vorrang vor dem *management approach* (Rz 2). Daher kann es erforderlich sein, die Daten der Segmentberichterstattung – selbst bei identischer Segmentabgrenzung – **abweichend vom internen Berichtswesen** zu ermitteln.

92

> **Beispiel 18**
> Das Berichtswesen des Automobilkonzerns O unterscheidet intern und extern die Segmente „PKW", „LKW" und „Motorräder". Da im internen Berichtswesen des O-Konzerns verschiedene Werte abweichend von der externen Berichterstattung ermittelt werden (z. B. Verrechnung kalkulatorischer Abschreibungen, abweichende Verbrauchsfolgeverfahren), können die für die Segmentberichterstattung erforderlichen Daten trotz der Identität der Segmentabgrenzung nicht unmittelbar dem internen Berichtswesen entnommen werden. Vielmehr muss speziell für die Segmentberichterstattung eine Neuermittlung erfolgen.

93 Zur Darstellung von **intersegmentären Transaktionen** kommt eine Orientierung am Jahres- bzw. Konzernabschluss nicht in Frage, da diese unternehmens- bzw. konzerninternen Vorgänge dort nicht abgebildet werden. Nach IAS 14.75 sind Erlöse aus Transaktionen mit anderen Segmenten unter **Verwendung der tatsächlich verwendeten Verrechnungspreise** zu bewerten. Gemeint sind damit u. E. streng genommen

- bei intersegmentären Transaktionen, die gleichzeitig Transaktionen **zwischen zwei rechtlichen** Einheiten sind, die vereinbarten Preise;
- bei Transaktionen zwischen Segmenten **innerhalb einer rechtlichen** Einheit angesichts des Fehlens von Verträgen hilfsweise diejenigen Verrechnungspreise, auf deren Basis die Transaktionen im internen Berichtswesen abgebildet werden.

Dies führt zu dem **unbefriedigenden** Ergebnis, dass wirtschaftlich gleichartige Transaktionen zwischen Segmenten in Abhängigkeit davon, ob sie innerhalb einer oder zwischen verschiedenen rechtlichen Einheiten abgewickelt werden, zu unterschiedlichen Innenerlösen führen können (vgl. auch Rz 136).

---

[18] So auch HALLER (Fn 3), Tz 136.

> **Beispiel 19**
> In Fortführung von Beispiel 6 (Rz 48) wird angenommen, dass die Segmente „Flaschen" und „Wein" in derselben rechtlichen Einheit angesiedelt sind, während das Segment „Bier" einer eigenen rechtlichen Einheit entspricht. Die Herstellungskosten für eine Flasche betragen EUR 0,10. Bei Verkäufen von Flaschen an das Segment „Bier" wird der in den Kaufverträgen ausgewiesene Preis mit dem steuerlich mindestens anzusetzenden Gewinnaufschlag (Annahme: 10 %) berechnet. Daraus ergibt sich ein Preis von EUR 0,11. Im internen Konzernberichtswesen werden dagegen alle konzerninternen Flaschenverkäufe mit einem 20 %igen Gewinnaufschlag und damit mit EUR 0,12 verrechnet.
> Bei Flaschenverkäufen an das Segment „Bier" entspricht der tatsächlich verwendete Verrechnungspreis i. S. d. IAS 14.75 und damit der Innenerlös je Flasche dem vertraglich fixierten Preis von EUR 0,11. Bei Verkäufen an das Segment „Wein" ist dagegen in Ermangelung eines Kaufvertrags auf den Verrechnungspreis laut internem Berichtswesen (= EUR 0,12) zurückzugreifen.

Angesichts dieser unbefriedigenden und unter Informationsgesichtspunkten fragwürdigen Konsequenz einer strengen Auslegung des IAS 14.75 ist es u. E. auch zulässig, für alle innerkonzernlichen Transaktionen die Verrechnungspreise laut internem Berichtswesen zu verwenden, sofern dies der Einheitlichkeit der verwendeten Verrechnungspreise dient.

Zwar bezieht sich IAS 14.75 seinem Wortlaut nach nur auf die Bewertung von Innenerlösen. Da jedoch gleichzeitig IAS 14.24 eine Übernahme von intersegmentären Aufwendungen, Erträgen und Zwischenergebnissen in die Segmentdaten fordert, ist auch das intersegmentär erworbene Segmentvermögen mittels der internen Verrechnungspreise (Rz 93) zu bewerten (Rz 136).

Zwei **Einzelfragen** der Bewertung behandeln IAS 14.21 und IAS 14.24:
- Aus der Kapitalkonsolidierung (→ § 31 Rz 14ff.) resultierende **Wertanpassungen** (d. h. insbesondere die Aufdeckung stiller Reserven) sind auch in der Segmentberichterstattung zu berücksichtigen. Gleiches gilt nach IAS 14.21 für nach IAS 16.29 vorgenommene Neubewertungen (→ § 8 Rz 52ff.).
- Im Rahmen der Konzernrechnungslegung vorgenommene **Zwischenergebnis-, Aufwands- und Ertrags- sowie Schuldenkonsolidierungen** (→ § 32 Rz 104ff.) sind nur bei Transaktionen **innerhalb** eines Segments zu berücksichtigen (IAS 14.24). Bei intersegmentären Transaktionen gehen die Zwischenergebnisse und konzerninternen Aufwendungen, Erträge und Schulden in die Segmentdaten ein. Zu der diesbezüglichen Verrechnungspreisproblematik siehe Rz 93f.

4.1.1.2 Bilanzierungs- und Bewertungsmethoden bei freiwilligen Angaben

Eine umfängliche Pflicht zur Beachtung der im Abschluss angewandten Bilanzierungs- und Bewertungsmethoden würde die Vermittlung **freiwilliger**

Segmentinformationen stark **einschränken**. Deshalb erlaubt IAS 14.46 in gewissen Grenzen die freiwillige Darstellung von Segmentinformationen, deren Ermittlungsgrundlagen von denen des Jahres- bzw. Konzernabschlusses **abweichen**.

98 Zulässig sind solche abweichend ermittelten Segmentinformationen nur dann, wenn diese Informationen unternehmensintern **an das Geschäftsführungs- und/oder Aufsichtsorgan des Unternehmens berichtet** und von diesen Organen als Grundlage ihrer **Entscheidungen über die Ressourcenallokation** und ihrer **Beurteilung der Ertragskraft** verwendet werden.

99 **Beispiel 20**
Zu den zentralen Steuerungsgrößen des P-Konzerns gehört eine *cash-flow*-Größe, die abweichend von den Vorgaben des IAS 7 ermittelt wird. Da diese *cash-flow*-Größe regelmäßig an den Konzernvorstand berichtet und von diesem zur Beurteilung der Ertragskraft der verschiedenen Unternehmensbereiche eingesetzt wird, ist eine Darstellung dieser Größe in der Segmentberichterstattung zulässig.

100 Alle Kennzahlen, die dieses Erfordernis der Nutzung auf der obersten Leitungsebene nicht erfüllen, dürfen in der Segmentberichterstattung nur dargestellt werden, wenn sie den Bilanzierungs- und Bewertungsmethoden des Einzel- bzw. Konzernabschlusses entsprechen. Damit lassen sich bspw. **Vergleichswerte zu Steuerungsgrößen von Konkurrenten** ggf. nicht vermitteln.

101 **Beispiel 21**
Der Q-Konzern, ein unmittelbarer Wettbewerber des P-Konzerns aus Beispiel 20 (Rz 99), verwendet in seiner Steuerung keine *cash-flow*-Größe. Daher darf er in seiner Segmentberichterstattung den *cash flow* in der vom P-Konzern verwendeten Abgrenzung nicht angeben, obwohl diese Angabe für die Adressaten, die einen Vergleich der beiden Konzerne anstellen, zweifellos von Interesse ist.

4.1.2 Zurechnung zu den Segmenten

102 Nach IAS 14.16ff. und IAS 14.48 sind den Segmentdaten diejenigen Größen zuzuordnen, die dem Segment entweder **direkt** oder **mittels einer vernünftigen Schlüsselung** *(allocated on a reasonable basis)* zurechenbar sind. Dabei ist eine vernünftige Schlüsselung immer dann anzunehmen, wenn zwischen dem Verteilungsschlüssel und der zu schlüsselnden Größe ein Abhängigkeitsverhältnis besteht und die Schlüsselung angesichts dessen willkürfrei und für externe Dritte nachvollziehbar ist. Dies dürfte bspw. nicht der Fall sein bei Aufteilungen, die ein Unternehmen vornimmt, um bestimmte Größen trotz Fehlens eines geeigneten Schlüssels auf Unternehmensbereiche umzulegen.

103 Ein Verteilungsschlüssel wird nicht vorgeschrieben. IAS 14.22 verweist jedoch auf die Regelungen zur Allokation in anderen Standards. Als Beispiele nennt IAS 14.22 dabei die Regelungen des IAS 2 zur Allokation im Rahmen der

Vorratsbewertung sowie des IAS 11 zur Allokation im Rahmen der Langfristfertigung. Bei Fehlen eines vernünftigen Schlüssels muss auf eine Segmentierung der betroffenen Erlöse, Aufwendungen, Vermögensgegenstände oder Schulden verzichtet werden. Sie gehen dann in die Segmentdaten keines Segments ein.

IAS 14 geht davon aus, dass die Ermittlung segmentierter Daten im internen Berichtswesen der berichtenden Unternehmen den in Rz 102 genannten Kriterien genügt. Daher verlangt IAS 14.47 grundsätzlich eine **Zurechnung** der disaggregierten Erlöse, Aufwendungen, Vermögenswerte und Schulden nach Maßgabe der **internen Berichterstattung**. 104

Allerdings gilt diese Ausrichtung am internen Berichtswesen nicht uneingeschränkt. Vielmehr existieren für alle Segmentdaten gleichermaßen geltende **Ausnahmen:** 105

- Zurechnungen im internen Berichtswesen, die **subjektiv, willkürlich** oder für externe Adressaten **schwer nachvollziehbar** sind, müssen korrigiert werden. Existiert ein vernünftiger Verteilungsschlüssel, ist die Zurechnung nach diesem vorzunehmen. Ansonsten sind die betroffenen Größen keinem Segment zuzurechnen (IAS 14.18). 106

- Wurden einzelne Erlöse, Aufwendungen, Vermögenswerte und Schulden im internen Berichtswesen **keinem Segment zugeordnet**, obwohl es geeignete Verteilungsschlüssel gibt, sind diese Größen für die Segmentberichterstattung abweichend vom internen Berichtswesen den Segmenten unter Verwendung eines vernünftigen Verteilungsschlüssels zuzurechnen (IAS 14.18). 107

- Die Zurechnung von Aufwendungen und Erträgen einerseits und Vermögen und Schulden andererseits muss **symmetrisch** bzw. **kongruent** erfolgen: Ein Vermögenswert/eine Schuld und die aus diesem/dieser resultierenden Aufwendungen und Erträge (z. B. Abschreibungen) sind demselben Segment bzw. – bei Aufteilung auf mehrere Segmente – denselben Segmenten zuzurechnen (IAS 14.48). Sofern das interne Berichtswesen diesen Vorgaben nicht folgt, muss für die externe Berichterstattung eine Korrektur erfolgen. 108

Weitere Ausnahmen ergeben sich aus den Definitionen der verschiedenen in der Segmentberichterstattung darzustellenden Größen, die ggf. eine vom internen Berichtswesen abweichende Segmentierung erfordern. 109

4.2 Angaben zu den Segmenten des primären Berichtsformats

4.2.1 Pflichtangaben
4.2.1.1 Überblick
Nach IAS 14.50ff. müssen in der Segmentberichterstattung für jedes Segment des primären Berichtsformats (Rz 77) folgende **quantitative** Angaben gemacht werden: 110

- **Segmenterlöse**, aufgeteilt in Außen- und Innenerlöse (Rz 111ff.),

Hütten

- **Segmentergebnis** (Rz 118ff.),
- **Segmentvermögen** (Rz 132ff.),
- **Segmentschulden** (Rz 140ff.),
- **Segmentinvestitionen** (Rz 147ff.),
- **Segmentabschreibungen** (Rz 150ff.),
- sonstige wesentliche zahlungsunwirksame **Segmentaufwendungen** (Rz 154ff.),
- Ergebnis aus und Höhe der *at equity* bewerteten Beteiligungen (Rz 158ff.).

4.2.1.2 Segmenterlöse

111 IAS 14 enthält mehrere Aussagen zur Abgrenzung des Begriffs **Segmenterlöse** *(segment revenue)*:

112 Nach IAS 14.8 entspricht der Begriff „Erlös" *(revenue)* demjenigen in IAS 18 (→ § 25). Gleichwohl liefert IAS 14.16 folgende Klarstellungen:
- **Zins- und Dividendenerträge** (inklusive Zinsen aus Forderungen bzw. Darlehen an andere Segmente) sowie Erträge aus der **Veräußerung von Finanzinvestitionen** oder der **Tilgung von Schulden** gehören nur zu den Erlösen, wenn die Tätigkeit des Segments überwiegend finanzieller Art ist.
- Die anteiligen Erlöse eines nach IAS 31 **quotal konsolidierten** gemeinschaftlich geführten **Unternehmens** (→ § 34) gehören zu den Erlösen, sofern die übrigen Kriterien der Abgrenzung der Segmenterlöse erfüllt sind.

113 Die Terminologie der IFRS unterscheidet mit den *revenues* einerseits (→ § 1) und den *gains* andererseits zwei Ertragsarten. Da IAS 14 den Begriff **Erlös** *(revenue)* verwendet, ist davon auszugehen, dass **Erträge** *(gains)* (z. B. aus der Veräußerung von Anlagegütern oder aus der Auflösung von Rückstellungen) nicht in die Segmenterlöse einzubeziehen sind.[19] Hiervon unabhängig ist die Frage zu beurteilen, ob die *gains* in die Berechnung des Segmentergebnisses einfließen (hierzu Rz. 125).

114 Folgende **weitere Aspekte** der Erlös-Definition in IAS 14.8 und IAS 14.16 sind beachtlich:
- Angesichts der Einschränkung auf die „gewöhnliche Tätigkeit" in IAS 14.8 gehören außerordentliche Posten nicht zu den Erlösen. Dies war bis 2003 auch in IAS 14.16 explizit geregelt.
- Die Abgrenzung der Segmenterlöse von anderen Segmenterträgen muss mit der entsprechenden Abgrenzung in der **GuV** übereinstimmen. Beteiligungsergebnisse aus *at equity* bewerteten Beteiligungen (→ § 33) sind daher nur dann in die Segmenterlöse einzubeziehen, wenn auch die in der (Konzern-)GuV ausgewiesenen Erlöse diese Ergebnisse enthalten.

---

[19] So auch HALLER (Fn 3), Tz 101; a.A. ADS International, Tz 197, die von einer Pflicht zur Einbeziehung der *gains* in die Segmenterlöse ausgehen.

- Der Ausweis von Erlösen als Segmenterlös ist nur erlaubt, wenn eine Zurechnung **direkt** oder über **Schlüsselung** möglich ist (Rz 102ff.).
- Die Segmenterlöse können **interner** und **externer** Art sein. Dabei sind in den Innenerlösen alle Lieferungen und Leistungen zu berücksichtigen, deren Empfänger außerhalb des eigenen Segments, jedoch nicht außerhalb des Gesamtunternehmens angesiedelt ist. Hierzu gehören auch Transaktionen mit nicht berichtspflichtigen Segmenten sowie zentralen Unternehmensbereichen. Werden mehrere unwesentliche Segmente zu einem berichtspflichtigen Segment zusammengefasst (Rz 65), sind die Erlöse aus Transaktionen zwischen diesen Segmenten zu eliminieren, da sie als intrasegmentär und damit nicht als Innenerlöse gelten.

Zur Verrechnungspreisproblematik bei Innenerlösen vgl. Rz 93.

IAS 14 äußert sich nicht zu der Frage, ob bei Unternehmen, die ihre GuV nach dem **Gesamtkostenverfahren** aufstellen, die **Veränderung** der **Bestände** an fertigen und unfertigen Erzeugnissen sowie die **aktivierten Eigenleistungen** zu den Segmenterlösen zu rechnen sind. Allerdings finden sich an verschiedenen Stellen Hinweise:[20]

- Die Einbeziehung steht nicht im Einklang mit der Erlösdefinition des IAS 18, auf die IAS 14 verweist (Rz 112).
- Laut der GuV-Gliederung in IAS 1.80 gehören die Bestandsveränderungen und aktivierten Eigenleistungen nicht zu den Erlösen.
- Die Definition der Segmentaufwendungen in IAS 14.16 stellt auf ein absatzorientiertes Mengengerüst ab (Rz 122).

Daher ist insgesamt davon auszugehen, dass die Segmentberichterstattung **zwingend** auf einem dem **Umsatzkostenverfahren** entsprechenden absatzorientierten Mengengerüst aufbaut. Die Erlöse dürfen daher Bestandsveränderungen und aktivierte Eigenleistungen nur enthalten, wenn diese bereits zwischen zwei Segmenten transferiert wurden und somit beim abgebenden Segment die Erlösdefinition erfüllen.[21]

Andernfalls sind zum Ausgleich der Nichteinbeziehung in die Erlöse die auf die Bestandveränderungen und aktivierten Eigenleistungen entfallenden Segmentaufwendungen entsprechend nicht im Segmentergebnis zu berücksichtigen.[22]

115

---

[20] Vgl. hierzu auch HALLER (Fn 3) Tz 106.
[21] A.A. offensichtlich BOHL, in: BOHL/RIESE/SCHLÜTER, BECK'sches IFRS-Handbuch, 2004, Tz 23.
[22] Vgl. ADS INTERNATIONAL (Fn 1), Tz 145.

116

> **Beispiel 22**
> Stellt der E-Konzern in Beispiel 6 (Rz 48) seine GuV nach dem Gesamtkostenverfahren auf, werden die Herstellungskosten der zwar produzierten, jedoch noch nicht an externe Kunden veräußerten Flaschen in der GuV sowohl unter den Aufwendungen als auch unter den Bestandsveränderungen erfasst. In der Segmentberichterstattung sind für den Teil dieser Flaschen, die unternehmensintern an andere Segmente transferiert wurden, Innenerlöse des Segments „Flaschen" auszuweisen. Diese Erlöse sind – anders als in der GuV – nicht auf Basis der Herstellungskosten, sondern auf Basis der bei dem Transfer verwendeten Verrechnungspreise zu bewerten. Diejenigen Flaschen, die das Segment „Flaschen" noch nicht verlassen haben, erscheinen nicht in den Segmenterlösen.

117 IAS 14.51 verlangt einen **getrennten Ausweis der Außen- und Innenerlöse**. Eine weitgehende Aufgliederung, so z. B. nach den Transaktionen gemäß IAS 18, ist nicht verpflichtend.[23]

4.2.1.3 Segmentergebnis

118 IAS 14.16 definiert das Segmentergebnis als **Differenz** zwischen den Segmenterlösen (Rz 111ff.) und den Segmentaufwendungen. Das Segmentergebnis ist (ab 2005, Rz 202) aufzugliedern nach (IAS 14.52):

- laufender Geschäftstätigkeit
- einzustellenden Bereichen gemäß IFRS 5 (→ § 29).

Dabei sind nach IAS 14.52A die Vorjahresbeträge so anzupassen, dass die ausgewiesenen Ergebnisse aus einzustellenden Bereichen in allen dargestellten Perioden allein die Bereiche widerspiegeln, die in der aktuellen Periode als einzustellend gelten. Solche Apassungen sind damit dann erforderlich, wenn in den Vorperioden keine oder andere Bereiche als in der aktuellen Periode als einzustellend klassifiziert waren.

119 Als **Segmentaufwendungen** gelten nur solche Aufwendungen, die aus der **operativen Tätigkeit** des berichtenden Unternehmens resultieren (IAS 14.8). **Außerordentliche Aufwendungen** (→ § 24 Rz 3ff.) gehören daher nicht zu den Segmentaufwendungen. Dies war bis 2003 explizit in IAS 14.16 geregelt, gilt jedoch auch nach Wegfall der expliziten Regelung. Bezüglich einzelner Aufwandsposten konkretisiert IAS 14.16 diese Regel:

- **Zinsaufwendungen** sowie Aufwendungen aus der **Veräußerung von Finanzinvestitionen** oder der **Tilgung von Schulden** gehören nur bei Segmenten mit überwiegend finanzieller Tätigkeit zu den Segmentaufwendungen.
- Die anteiligen Aufwendungen eines nach IAS 31 **quotal konsolidierten** gemeinschaftlich geführten **Unternehmens** (→ § 33) gehören zu den Seg-

---

[23] So auch BEINE/NARDMANN (Fn 6), Tz 19.

mentaufwendungen, sofern die übrigen Kriterien der Abgrenzung der Segmentaufwendungen erfüllt sind.
- Ertragsteueraufwendungen (→ § 26) gehören nicht zu den Segmentaufwendungen.
- Das Segmentergebnis ist vor **Anpassungen für Minderheitenanteile** (→ § 32 Rz 140ff.) zu berechnen.

Segmentaufwendungen dürfen nur Aufwendungen umfassen, die dem jeweiligen Segment **direkt oder über einen vernünftigen Verteilungsschlüssel zurechenbar** sind (Rz 102). Allgemeine **Verwaltungskosten**, Kosten der **Unternehmenszentrale** und ähnliche Posten gehören nicht zu den Segmentaufwendungen. Dagegen sind Aufwendungen, die zwar auf Gesamtunternehmensebene anfallen, sich aber auf die operative Tätigkeit eines oder mehrerer Segmente beziehen und diesen vernünftig zurechenbar sind, in die Segmentaufwendungen einzubeziehen.

120

Beispiel 23
Ob die Aufwendungen einer zentralen Forschungsabteilung zu den Segmentaufwendungen zu zählen sind, richtet sich danach, ob es einen vernünftigen Verteilungsschlüssel für eine Segmentierung gibt.

121

Zu den Segmentaufwendungen zählen – dem Umsatzkostenverfahren entsprechend (Rz 115) – nur solche Aufwendungen, die sich auf an Empfänger außerhalb des eigenen Segments **abgesetzte** Mengen beziehen.

122

Beispiel 24
In der in Beispiel 22 (Rz 116) besprochenen GuV nach dem Gesamtkostenverfahren des E-Konzerns beziehen sich die operativen Aufwendungen auf die gesamte produzierte Flaschenzahl. Dagegen dürfen in die Segmentaufwendungen des Segments „Flaschen" nur die auf die abgesetzten (d. h. an Empfänger außerhalb des eigenen Segments transferierten) Flaschen entfallenden Aufwendungen einbezogen werden.

123

Durch Verwendung des Begriffs *expense* wird der Schluss nahegelegt, dass Aufwandskomponenten, die nach der IFRS-Terminologie nicht als *expense*, sondern als *loss* gelten (dies sind **aperiodische Aufwendungen** wie bspw. Verluste aus Anlagenabgängen), nicht zu den Segmentaufwendungen zählen. Allerdings nennt IAS 14.60 mit Bezug auf IAS 8 als Beispiele für *expenses* teilweise konkrete Aufwandsposten, die zweifellos zu den *losses* zählen. Daraus lässt sich ableiten, dass in IAS 14 zwischen den *expenses* und den *losses* nicht streng getrennt wird.

124

U. E. hat das berichtende Unternehmen angesichts dieser Unklarheit **zwei Möglichkeiten:**
- **Alternative 1:** *Losses* werden in die Segmentaufwendungen nicht einbezogen. Damit gehen in das Segmentergebnis auf der Ertragsseite nur *revenues* und auf der Aufwandsseite nur *expenses* ein, womit eine Kongruenz hergestellt ist.

125

Hütten

- **Alternative 2:** *Losses* werden in die Segmentaufwendungen einbezogen. In diesem Fall müssen jedoch auf der Ertragsseite neben den Segmenterlösen zusätzlich diejenigen dem Segment zurechenbaren sonstigen betrieblichen Erträge angesetzt werden, die als *gains* zu klassifizieren sind, weil nur so eine Kongruenz zwischen Aufwands- und Ertragsseite hergestellt ist. Damit entspricht das Segmentergebnis zwar nicht der Definition des IAS 14.16. Dies erscheint jedoch angesichts der aussagefähigeren Ergebnisgröße akzeptabel, wenn die Vorgehensweise durch einen gesonderten Ausweis der *gains* und *losses* für den Adressaten gleichzeitig nachvollziehbar und korrigierbar ist. Eine Einbeziehung der *gains* in die Segmenterlöse mit der Konsequenz des alleinigen Ausweises eines Postens „Segmenterträge" kommt u. E. nicht in Betracht.[24] Vielmehr sind bei diesem Vorgehen die Segmenterlöse, die übrigen Segmenterträge (*gains*) sowie aufwandsseitig die *expenses* und *losses* jeweils gesondert auszuweisen.

Die praktische Umsetzung der Darstellung ist vielfältig. So weist die Lufthansa in ihrem Konzernabschluss 2004 „Segmentumsätze" und „Übrige Segmenterträge" gesondert aus. Dagegen gibt z. B. die Metro AG lediglich die Segmentumsätze an; das ausgewiesene Segmentergebnis enthält aber offensichtlich auch andere betriebliche Erträge.

126 Beteiligungsverluste aus **at equity bewerteten Beteiligungen** (→ § 33) gehören nicht zu den Segmentaufwendungen (IAS 14.16). Sie gehen damit nur in das Segmentergebnis ein, wenn sie aufgrund eines entsprechenden GuV-Ausweises Teil der Segmenterlöse sind (Rz 114).

127 Die **Segmentaufwendungen** müssen nach IAS 14.52 weder als Posten genannt noch **aufgegliedert dargestellt** werden. Gleichwohl ist eine solche Aufgliederung zulässig und wird praktiziert, wie der Geschäftsbericht der Lufthansa AG für 2001 zeigt.

128 Zu einzelnen Komponenten der Segmentaufwendungen, die **gesondert** auszuweisen sind, vgl. Rz 150ff., Rz 154ff.

129 Gehören die **Zinsaufwendungen** zu den Segmentaufwendungen (Rz 119), so dürfen sie nach IAS 14.16 mit den **Zinserträgen** (Rz 112) **saldiert** werden (durch Kürzung der Segmenterlöse), wenn auch in der GuV eine solche Saldierung vorgenommen wird. Es handelt sich um ein bedingtes Wahlrecht, mit dem die Höhe der ausgewiesenen Segmenterlöse beeinflusst werden kann.

130

Beispiel 25
Der R-Konzern hat drei Geschäftssegmente P1 bis P3, wobei P2 ein Segment mit überwiegend finanzieller Tätigkeit ist, für das sich folgende Finanzdaten ergeben:

Zinserträge	100	Zinsaufwendungen	70
andere Erlöse	120	andere Aufwendungen	60

---

[24] A.A. ADS International (Fn 1), Tz 143.

Alle Erträge und Aufwendungen entfallen auf Transaktionen mit Unternehmensfremden.

In Abhängigkeit von der Ausnutzung des Wahlrechts zur Saldierung der Zinserträge und -aufwendungen ergibt sich für P2 folgender Ausweis:

	keine Saldierung	Saldierung
Außenerlöse	220	150
Innenerlöse	0	0
Segmenterlöse	220	150
Segmentergebnis	90	90

Zum freiwilligen Ausweis anderer Ergebnisgrößen in der Segmentberichterstattung siehe Rz 97ff.

131

4.2.1.4 Segmentvermögen

Die Pflicht zur Angabe des Segmentvermögens ist in IAS 14.55 geregelt, die **Abgrenzung** der zum Segmentvermögen zählenden Komponenten und ihrer Bewertung ergibt sich primär aus IAS 14.16, IAS 14.19, IAS 14.21 und IAS 14.47. Dabei leiten sich die meisten Vorschriften aus den Grundsatzüberlegungen des IAS 14 ab:

132

Aus dem Grundsatz der **Kongruenz** zwischen den verschiedenen Segmentangaben ergeben sich folgende Anforderungen:

133

- Entsprechend der Beschränkung von Segmenterlösen und Segmentaufwendungen auf das operative Geschäft (Rz 112, Rz 119) gehören gem. IAS 14.16 zum Segmentvermögen nur diejenigen Vermögenswerte, die **innerhalb der operativen Tätigkeit des jeweiligen Segments eingesetzt** werden. Nicht betriebsnotwendiges Vermögen ist auszuscheiden, auch bei gegenteiliger Behandlung im internen Berichtswesen. Dabei ist die Betriebsnotwendigkeit nicht aus Gesamtunternehmenssicht, sondern aus der Perspektive des einzelnen Segments zu beurteilen.
- Nur wenn das Segmentergebnis Zins- und Dividendenerträge enthält (Rz 112), sind die zugehörigen **Forderungen, Darlehen, Finanzinvestitionen** und sonstigen diese Erträge erzeugenden Vermögensgegenstände in das Segmentvermögen einzubeziehen (IAS 14.16).
- Da das Segmentergebnis keinen Steueraufwand enthält (Rz 119), dürfen **Ertragsteueransprüche** (*income tax assets*; → § 26) nicht in das Segmentvermögen aufgenommen werden (IAS 14.16). Dies gilt sowohl für Erstattungsansprüche als auch für aktive latente Steuern.
- *At equity* bewertete Beteiligungen (→ § 33) gehören nur dann zum Segmentvermögen, wenn die anteiligen Gewinne bzw. Verluste aus diesen Beteiligungen in den Segmenterlösen enthalten (Rz 114) sind (IAS 14.16).
- Enthalten die Aufwendungen eines Segments **Abschreibungen** auf einen Vermögenswert, so gehört dieser auch zum Segmentvermögen dieses Segments (IAS 14.19, IAS 14.47).

134 Abgeleitet aus dem Grundsatz der **vernünftigen Zurechenbarkeit** (Rz 102ff.) reduziert IAS 14.16 das Segmentvermögen auf solche Vermögenswerte, die dem Segment direkt oder mittels eines vernünftigen Verteilungsschlüssels zugerechnet werden können. Konkretisierungen enthält IAS 14.19.

135 Abgeleitet aus dem Grundsatz der **Übereinstimmung der Bilanzierungs- und Bewertungsmethoden** mit dem übrigen Jahres- bzw. Konzernabschluss (Rz 89ff.) ergeben sich folgende Anforderungen:

- In das Segmentvermögen gehen gleichermaßen materielle (→ § 14; → § 17) und immaterielle Vermögenswerte (→ § 13) des **Anlage-** wie des **Umlaufvermögens** ein. Hierzu gehört auch der *goodwill* (IAS 14.19).
- Nach IAS 14.19 gehören Vermögenswerte, die Gegenstand eines **Finanzierungsleasing** i. S. d. IAS 17 (→ § 15) sind, bei gegebener Zurechenbarkeit zum Segmentvermögen.
- Das anteilige Vermögen eines nach IAS 31 **quotal konsolidierten** gemeinschaftlich geführten **Unternehmens** (→ § 33) gehört zum Segmentvermögen, sofern die übrigen Kriterien der Abgrenzung des Segmentvermögens erfüllt sind.
- Das Segmentvermögen ist gem. IAS 14.55 **zum Buchwert** auszuweisen. Nach IAS 14.21 sind auch **aus der Kapitalkonsolidierung resultierende Wertkorrekturen** (→ § 31 Rz 14ff.) sowie **Neubewertungen** nach IAS 16 (→ § 8 Rz 52ff.) zu berücksichtigen.

136 IAS 14 wählt einen **Kompromiss** für den Ansatz und die Bewertung von Vermögenswerten, die innerhalb des Unternehmens oder Konzerns **von einem zu einem anderen Segment transferiert** werden, indem

- in IAS 14.24 eine Ermittlung des Segmentvermögens vor Eliminierung von in den zu konsolidierenden Einzelabschlüssen enthaltenen **Zwischengewinnen** verlangt wird,
- ansonsten die allgemeine Regel aus IAS 14.45 gilt, wonach die Bewertung nicht so vorgenommen werden soll, als seien die Segmente unabhängige berichtspflichtige Unternehmen.

Damit werden allein die Vermögenswerte unter **Einbeziehung von Zwischengewinnen** bewertet, bei denen der Transfer zwischen zwei Segmenten auch einem Transfer **zwischen rechtlichen Einheiten** entspricht. Dagegen sind Vermögenswerte, die **innerhalb einer rechtlichen Einheit** zwischen Segmenten transferiert werden, zum Konzernbuchwert anzusetzen (Rz 93), obwohl damit keine Kongruenz zwischen den Innenerlösen des abgebenden Segments und dem Vermögensausweis des erwerbenden Segments hergestellt wird (vgl. auch Rz 146).

137

> **Beispiel 26**
> In Beispiel 19 (Rz 94) wurde dargestellt, dass im E-Konzern Verkäufe von Flaschen an das rechtlich selbstständige Segment „Bier" beim abgebenden Segment „Flaschen" Innenerlöse i. H. v. EUR 0,11 je Flasche erzeugen, während die Innenerlöse bei Transfers an das Segment „Wein" EUR 0,12 betragen.

> Da die Zwischengewinne in den zu konsolidierenden Einzelabschlüssen nicht eliminiert werden, gehen die Flaschen im Bestand des Segments „Bier" analog zu den Innenerlösen mit EUR 0,11 in dessen Segmentvermögen ein. Dagegen enthalten die Einzelabschlusswerte der Flaschen im Bestand des Segments „Wein" keine Zwischengewinne. Sie gehen daher mit den Herstellungskosten i. H. v. EUR 0,10 in das Segmentvermögen ein, obwohl das abgebende Segment „Flaschen" Innenerlöse i. H. v. EUR 0,12 ausweist.

Die Beschränkung der Berücksichtigung intersegmentärer Transaktionen im Segmentvermögen bezieht sich nicht nur auf die **Bewertung**, sondern ebenso auf den **Bilanzansatz**. So gehen insbesondere **Forderungen gegen andere Segmente** nur dann in das Segmentvermögen ein, wenn die beteiligten Segmente in unterschiedlichen rechtlichen Einheiten angesiedelt sind (IAS 14.24). In diesem Fall sind die Forderungen nämlich in den Einzelabschlüssen der Konzernunternehmen enthalten und dürfen gem. IAS 14.24 vor Bestimmung des Segmentvermögens nicht durch eine Schuldenkonsolidierung eliminiert werden. Dagegen müssten Forderungen gegen Segmente innerhalb einer rechtlichen Einheit speziell zum Zweck der Segmentberichterstattung angesetzt werden, da sie in den Bilanzdaten der zu konsolidierenden Einzelabschlüsse nicht enthalten sind. Dem steht jedoch IAS 14.45 entgegen, der eine Darstellung der Segmente, als seien sie separate rechtliche Einheiten, verbietet. **138**

Der Ausweis des Segmentvermögens muss nur **in einer Summe** erfolgen. Aufgliederungen in Anlage- und Umlaufvermögen oder in materielles und immaterielles Vermögen sind nicht erforderlich und international auch unüblich.[25] **139**

4.2.1.5 Segmentschulden
Die Abgrenzung der gem. IAS 14.56 anzugebenden Segmentschulden ergibt sich primär aus IAS 14.16, IAS 14.17f., IAS 14.20f. und erfolgt weitestgehend **analog zur Abgrenzung des Segmentvermögens:** **140**

Zu den Segmentschulden gehören nach IAS 14.20 gleichermaßen **Verbindlichkeiten** wie **Rückstellungen** (→ § 21), soweit sie dem operativen Bereich zuzurechnen sind. Hierzu genügt es nicht, wenn eine Schuld neben einem dominanten Finanzierungs- auch einen operativen Aspekt hat (IAS 14.20). Daher gehören zu den Segmentschulden auch keine Kredite oder ähnliche Schulden sowie Verbindlichkeiten, die aus einem Finanzierungsleasing resultieren. Ist die Tätigkeit eines Segments **finanzieller** Art, so ist der Kreis der einzubeziehenden Schulden weiter zu ziehen. **141**

Die Zurechnung von **Zinsaufwendungen und Verbindlichkeiten** zu den Segmenten muss **symmetrisch** erfolgen. Sind daher im Segmentergebnis Zinsaufwendungen berücksichtigt (Rz 119), müssen die zugehörigen Verbindlichkeiten auch in den Segmentschulden desselben Segments enthalten sein **142**

---
[25] Siehe HALLER (Fn 3), Tz 122.

(IAS 14.16, IAS 14.20). Umgekehrt dürfen bei nicht im finanziellen Bereich tätigen Segmenten Kredite und ähnliche Schulden nicht in die Segmentschulden einbezogen werden, wenn die zugehörigen Zinsen auf der Grundlage von IAS 14.16 nicht in den Segmentaufwendungen enthalten sind.

143 Die anteiligen Schulden eines nach IAS 31 **quotal konsolidierten** gemeinschaftlich geführten **Unternehmens** (→ § 34) gehören zu den Segmentschulden, sofern die übrigen Kriterien der Segmentschuldendefinition erfüllt sind.

144 **Steuerschulden** (→ § 26) gehören nicht zu den Segmentschulden, da auch der Steueraufwand nicht in das Segmentergebnis eingeht.

145 **Schulden aus intersegmentären Transaktionen** gehen nur in die Segmentschulden ein, wenn die beteiligten Segmente in unterschiedlichen rechtlichen Einheiten angesiedelt sind (Rz 136ff.).

146 Die Segmentschulden müssen gem. IAS 14.56 **nur in einer Summe** angegeben werden. Aufteilungen in Verbindlichkeiten und Rückstellungen oder in langfristige und kurzfristige Schulden sind nicht erforderlich.

4.2.1.6 Segmentinvestitionen

147 Gem. IAS 14.57 ist die Summe der Anschaffungs- oder Herstellungskosten (→ § 8 Rz 11ff.) der in der Berichtsperiode beschafften Anlagegüter anzugeben. Dabei gilt nach IAS 14.57:

- Betroffen sind nur Vermögenswerte mit einer **Nutzungsdauer von mehr als einer Periode**.
- Einzubeziehen sind nur die Anschaffungs- oder Herstellungskosten des Segmentvermögens. Dies hat u. a. zur Folge, dass Zugänge von Vermögensgegenständen aus anderen Segmenten, die **Teil derselben rechtlichen Einheit** wie das empfangende Segment sind, nicht zu den Investitionen gehören (Rz 136ff.).
- Einzubeziehen sind Investitionen in **Sachanlagen** (→ § 14) und in **immaterielle Vermögenswerte** (→ § 13).

148 Zu den Segmentinvestitionen gehören auch diejenigen Zugänge, die durch Unternehmenserwerbe erfolgten.

149 Die Investitionen müssen in **einer Summe** angegeben werden. Aufgliederungen sind nicht erforderlich.

4.2.1.7 Segmentabschreibungen

150 Gem. IAS 14.58 müssen die Abschreibungen auf das **Segmentvermögen zusammengefasst** in einer Summe angegeben werden.

151 Die anzugebenden Segmentabschreibungen umfassen allein die planmäßigen Abschreibungen (*depreciation and amortization*). Für außerplanmäßige Abschreibungen existieren gesonderte Angabepflichten (Rz 153).

152 Die Angabe der Abschreibungen kann nach IAS 14.63 unterbleiben, wenn freiwillig die in IAS 7 genannten Angaben (→ § 3 Rz 142) zum **Segment-cash-flow** (Rz 174f.) gemacht werden.

Die außerplanmäßigen Abschreibungen *(impairment losses)* und Wertaufholungszuschreibungen nach IAS 36 (→ § 11 Rz 78) sind wie folgt anzugeben: 153
- der Gesamtbetrag je Berichtssegment (IAS 36.129),
- die Zugehörigkeit zum jeweiligen Segment des ab- oder zugeschriebenen Vermögenswertes einschließlich *goodwill.*

4.2.1.8 Wesentliche zahlungsunwirksame Segmentaufwendungen

Gem. IAS 14.61 muss die Summe der wesentlichen **nicht zahlungswirksamen** Segmentaufwendungen angegeben werden. Die Angabe hat brutto zu erfolgen, d. h., eine Saldierung mit zahlungsunwirksamen Aufwendungen ist nicht zulässig.[26] 154
In diese Angabe nicht einzubeziehen sind die Abschreibungen, die bereits nach IAS 14.58 gesondert angegeben werden müssen (Rz 150ff.). Die bedeutsamste Komponente der nicht zahlungswirksamen Aufwendungen dürfte i. d. R. die **Zuführung zu den Rückstellungen** sein.[27]

Zu berücksichtigen sind nur Aufwendungen der Berichtsperiode, **die in derselben Periode nicht zu Auszahlungen** geführt haben. Nicht einzubeziehen sind damit solche Aufwendungen, die zwar im Entstehungszeitraum keine Auszahlungen mit sich bringen, jedoch vor Ende der Berichtsperiode zu Auszahlungen führen. 155

Einzubeziehen sind allein die **wesentlichen Aufwendungen.** Da IAS 14 hier den Begriff der *significant* und nicht den im Rahmenkonzept verwendeten Begriff *material* gebraucht, könnte man[28] von einer Übereinstimmung mit der Wesentlichkeitsschwelle für das Segment als solches (Rz 55ff.) ausgehen (10%-Grenze). Dem steht jedoch IAS 14.38 entgegen, wonach die 10%-Grenzen aus IAS 14.34 allein für die Beurteilung der **Segmentwesentlichkeit** zu verwenden ist. U. E. sollten hier die im Unternehmen sonst verwendeten Wesentlichkeitskriterien angewandt werden. 156

Die Angabe zahlungsunwirksamer Aufwendungen kann nach IAS 14.63 unterbleiben, wenn die in IAS 7 genannten Angaben (→ § 3) zum Segment-*cash-flow* (Rz 174f.) gemacht werden. 157

4.2.1.9 Ergebnis aus und Höhe der *at equity* bewerteten Beteiligungen

Die anteiligen Periodenergebnisse von *at equity* bewerteten Beteiligungen (→ § 33) müssen angegeben werden, sofern eine **Zurechenbarkeit zu den Segmenten** gegeben ist (IAS 14.64). Hierzu müssen die operativen Tätigkeiten eines Beteiligungsunternehmens ganz oder zumindest fast vollständig *(substantially all of the associates' operations)* in eines der berichtspflichtigen Segmente fallen. 158
Die Bestimmung des Angabeerfordernisses erfolgt in zwei Schritten: 159
- 1. Schritt: Für jedes einzelne *at equity* bewertete Beteiligungsunternehmen ist zu prüfen, ob sich seine Geschäftstätigkeit nur auf ein oder aber auf

---

[26] Vgl. ADS INTERNATIONAL (Fn 1), Tz 188.
[27] So auch HALLER (Fn 3), Tz 133.
[28] So HALLER (Fn 3), Tz 133.

mehrere der berichtspflichtigen Segmente des berichtenden Unternehmens erstreckt (IAS 14.65). Alle Beteiligungsunternehmen, die dabei nicht eindeutig einem Segment zugeordnet werden können, sind aus der weiteren Betrachtung auszuschließen, ihre anteiligen Ergebnisse sind bei keinem Segment auszuweisen.

- 2. **Schritt:** Die auf das berichtende Unternehmen entfallenden Anteile am Periodenergebnis derjenigen Beteiligungsunternehmen, die im Schritt 1 demselben berichtspflichtigen Segment zugerechnet wurden, sind zu saldieren. Der sich ergebende Saldo ist auszuweisen.

160 **Beispiel 27**
Der E-Konzern in Beispiel 6 (Rz 48) mit den berichtspflichtigen Segmenten „Wein" und „Bier" hält *at equity* bewertete Beteiligungen an
- der S-GmbH, die ausschließlich im Brauwesen tätig ist (anteiliges Ergebnis: +25),
- der T-AG, die ebenfalls ausschließlich im Brauwesen tätig ist (anteiliges Ergebnis: −12),
- der U-GmbH, die Wein und Bier vertreibt (anteiliges Ergebnis: +17).

Da die U-GmbH nicht ausschließlich in einem der berichtspflichtigen Segmente des E-Konzerns tätig ist, darf ihr anteiliges Ergebnis nicht in die Segmentberichterstattung aufgenommen werden. Eine Aufteilung auf die beiden Segmente ist nicht zulässig. Dagegen sind die S-GmbH und die T-AG dem Segment „Bier" zuzurechnen, weshalb für dieses Segment ein Ergebnis aus *at equity* bewerteten Beteiligungen i. H. v. 13 (= 25 − 12) auszuweisen ist.

161 Die Angabepflicht besteht unabhängig davon, ob die Ergebnisse aus *at equity* bewerteten Beteiligungen **in den Segmenterlösen bzw. dem Segmentergebnis enthalten** sind (Rz 114).

162 Ergibt sich eine Angabepflicht für anteilige Ergebnisse aus *at equity* bewerteten Beteiligungen, so müssen nach IAS 14.66 auch die **Buchwerte der betroffenen Beteiligungen** nach Segmenten ausgewiesen werden. Es genügt eine Angabe in einer Summe je Segment.

4.2.1.10 Angaben zu vertikal integrierten Segmenten

163 IAS 14.74 regelt Angaben zu vertikal integrierten Segmenten (Rz 46ff.), die jedoch nur für solche Segmente verpflichtend sind, die **kumulativ** die folgenden **Kriterien** erfüllen:
- Von dem Wahlrecht zur **Einbeziehung** des vertikal integrierten Segments in das bzw. die nachgelagerten Segmente bzw. in den Überleitungsposten (Rz 49) wurde Gebrauch gemacht.
- Die Außenerlöse des vertikal integrierten Segments betragen im Berichtsjahr **mindestens 10 %** der Außenerlöse des Gesamtunternehmens bzw. Konzerns.

164 Für die diese Kriterien erfüllenden Segmente sind die **Außen-** und die **Innenerlöse** anzugeben. Dabei gehören u. E. zu den Innenerlösen auch diejenigen

Hütten

Erlöse, die das vertikal integrierte Segment mit denjenigen Segmenten erzielt hat, in die es in der Segmentberichterstattung einbezogen wird.

4.2.1.11 Angaben zu Verrechnungspreisen

Die in der Segmentberichterstattung ausgewiesenen Innenerlöse sind auf Basis der tatsächlich verwendeten Verrechnungspreise zu ermitteln (Rz 93). Die **Basis der Verrechnungspreisermittlung** sowie Änderungen derselben gegenüber dem Vorjahr sind anzugeben (IAS 14.75). Es genügt u. E. eine kurze Beschreibung ohne Quantifizierungen.

165

> **Beispiel**
> Die Lufthansa AG gibt in ihrem Konzernabschluss 2004 an: „Verkäufe und Erlöse zwischen den Geschäftsfeldern werden grundsätzlich zu Preisen erbracht, wie sie auch mit Dritten vereinbart würden. Verwaltungsleistungen werden als Kostenumlagen berechnet."

4.2.1.12 Angaben zur Zusammensetzung der Segmente

Für jedes berichtspflichtige Geschäftssegment sind gem. IAS 14.81 die **Arten** der im Segment zusammengefassten **Produkte** und **Dienstleistungen** anzugeben. Dabei genügt u. E. eine kurze Nennung, tiefer gehende Erläuterungen sind nicht erforderlich.

166

> **Beispiel**
> Die Deutsche Börse AG beschreibt in ihrem Konzernabschluss 2004 jedes Segment nur mit einem kurzen Satz (z. B.: „Xetra: Kassamarkt, elektronisches Orderbuch und Parketthandel"), während die BMW AG in ihrem Konzernabschluss 2003 jedem Segment einen Absatz widmet und u. a. auch auf die Vertriebskanäle eingeht.

Für jedes berichtspflichtige geographische Segment ist gem. IAS 14.81 die **Zusammensetzung** (*composition*) anzugeben. Weiter gehende Angaben, z. B. zum politischen oder ökonomischen Umfeld der geographischen Segmente, sind nicht erforderlich. Nicht gefolgt wird hier einer anderen Ansicht[29], wonach die Vermittlung solcher Informationen bedeutsam sei für die Beurteilung, ob die Lage des Unternehmens zutreffend abgebildet wird.

167

> **Beispiel**
> Die Schering AG beschreibt im Konzernabschluss 2001 die Zusammensetzung des Segments „Europa" wie folgt: „Das als Region Europa bezeichnete geographische Segment umfasst die Mitgliedstaaten der Europäischen Union sowie alle anderen Länder des europäischen Kontinents, die Türkei, die Länder der Gemeinschaft Unabhängiger Staaten (GUS), Südafrika, Australien, Neuseeland und die afrikanischen Exportmärkte (mit Ausnahme Ägyptens, Libyens und des Sudan)."

---

[29] Vgl. BEINE/NARDMANN (Fn 6), Tz 27.

Hütten

168 Auf die Angaben zur Zusammensetzung der Segmente kann verzichtet werden, sofern die Informationen aus anderen Angaben der Finanzberichterstattung ersichtlich sind (IAS 14.81).

4.2.2 Überleitungsrechnungen

169 Aufgrund verschiedener Anforderungen des IAS 14 entsprechen die Summen der segmentierten Daten nicht den im (Konzern-)Abschluss ausgewiesenen aggregierten Werten:

- Die Segmentdaten berücksichtigen **intersegmentäre Transaktionen**, die in den konsolidierten Abschlusswerten eliminiert sind.
- Die Segmentdaten enthalten nicht diejenigen Beträge, die den Segmenten **nicht zurechenbar** sind. Hierzu gehören beispielsweise die Unternehmensholding und Shared Service Center, die Leistungen für verschiedene Segmente erbringen.
- Die **Abgrenzung** bestimmter Segmentgrößen unterscheidet sich von der Abgrenzung der entsprechenden Konzernwerte (z. B. Einbeziehung von nicht betriebsnotwendigem Vermögen; Rz 133).
- Auf die Einbeziehung **unwesentlicher Segmente** in die Segmentberichterstattung kann verzichtet werden (Rz 69). Bei Wahl dieser Behandlungsalternative sind die Daten der betroffenen Segmente in die Überleitung einzubeziehen.

170 Um den angesichts dessen fehlenden Zusammenhang zwischen den Segmentdaten und den aggregierten Daten des (Konzern-)Abschlusses herzustellen, verlangt IAS 14.67 eine Überleitung der Summe der Segmentdaten auf die entsprechenden Konzernwerte. Derartige **Überleitungsrechnungen** *(reconciliations)* müssen jedoch nicht für alle Segmentinformationen ausgewiesen werden. Überzuleiten sind (IAS 14.67):

- die Summe der **Segmenterlöse** (Rz 111ff.) auf die Erlöse laut GuV,
- die Summe der **Segmentergebnisse** (Rz 118ff.) auf eine vergleichbar abgegrenzte operative Ergebnisgröße sowie auf das Nettoergebnis laut GuV, ab 2005 (Rz 202) jeweils getrennt nach laufender Geschäftstätigkeit und einzustellenden Bereichen i.S.d. IFRS 5 (Rz 118),
- die Summe der **Segmentvermögen** (Rz 132ff.) auf das Unternehmensvermögen,
- die Summe der **Segmentschulden** (Rz 140ff.) auf die Unternehmensschulden.

171 IAS 14.67 verlangt keine Aufgliederung der Überleitungsrechnung nach den verschiedenen Ursachen (Rz 169). Lediglich für die Überleitung der Segmenterlöse wird explizit verlangt, die Außenerlöse, die in keinem Segment als Segmenterlöse erfasst sind, gesondert zu nennen. Im Beispiel im Anhang 2 zu IAS 14 werden die unwesentlichen Segmente und die Eliminierungen konzerninterner Transaktionen jedoch gesondert dargestellt. Eine Pflicht zu dieser

Aufgliederung besteht u.E. jedoch nur, wenn der Überleitungsbetrag insgesamt wesentlich ist.[30]
Die Forderung, die Summe der Segmentergebnisse auf ein vergleichbares Maß des operativen Gesamtergebnisses überzuleiten, ist u. E. dahingehend zu verstehen, dass für das Gesamtunternehmen bzw. den Gesamtkonzern eine Ergebnisgröße anzugeben ist, die entsprechend der Definition des Segmentergebnisses (Rz 118ff.) abgegrenzt ist. Auf diese Größe ist dann überzuleiten. Differenzen zwischen der Summe der Segmentergebnisse und dem konsolidierten operativen Ergebnis, die aus der unterschiedlichen Definition dieser beiden Ergebnisgrößen resultieren, sind damit nicht Teil des Überleitungsbetrags, sondern erscheinen in der weiterführenden Überleitung auf das konsolidierte Nettoergebnis. Entsprechend ist auch das Beispiel im Anhang 2 zu IAS 14 aufgebaut.

172

Anders als für das Segmentergebnis wird für das Segment**vermögen** und die Segment**schulden** keine Überleitung auf vergleichbare Gesamtwerte verlangt. Damit sind diese Größen auf die sich aus der Bilanz ergebenden Vermögens- und Schuldenwerte überzuleiten.[31]

173

4.2.3 Freiwillige Zusatzangaben

Übereinstimmend mit IAS 7 empfiehlt IAS 14.62 die Angabe der *cash flows* aus operativer Tätigkeit, Investitionstätigkeit und Finanzierungstätigkeit für jedes Segment. Diese können uneingeschränkt angegeben werden, wenn ihre Ermittlung in Übereinstimmung mit der Kapitalflussrechnung erfolgt. Zur Angabe anders abgegrenzter *cash-flow*-Größen siehe Rz 97ff.

174

Wird dieser Anregung gefolgt, können gem. IAS 14.63 die Pflichtangaben zu den planmäßigen Abschreibungen (Rz 150ff.) und nicht zahlungswirksamen Aufwendungen (Rz 154ff.) entfallen. Diese Befreiung darf bereits dann in Anspruch genommen werden, wenn der operative *cash flow* segmentiert wird, da die von der Befreiung betroffenen Informationen allein den betrieblichen *cash flow* betreffen.[32]

175

IAS 14.62 empfiehlt auch eine Angabe der **zahlungsunwirksamen Erträge** des Segments. Für entsprechende Aufwendungen gilt eine Angabepflicht (Rz 154ff.).

176

Sofern ohne willkürliche Zurechnungen bestimmbar, dürfen nach IAS 14.53 das **Segment-Nettoergebnis** *(segment net profit or loss)* sowie andere **Profitabilitätskennziffern** angegeben werden. IAS 14.54 nennt Beispiele für solche Größen. Für ihre Nennung ist die Erfüllung der in IAS 14.46 genannten Bedingungen (Rz 97ff.) offensichtlich nicht erforderlich. Die Angaben müssen gem. IAS 14.53 angemessen erläutert werden. Sofern sie nach vom (Kon-

177

---

[30] Ähnlich KPMG (Fn 1), S. 672, die es als unzulässig ansehen, unwesentliche Segmente und die Eliminierungen konzerninterner Transaktionen in einem Überleitungsposten darzustellen.
[31] So auch HALLER (Fn 3), Tz 144.
[32] Vgl. ADS INTERNATIONAL (Fn 1), Tz 185 m.w.N.

4.3 Angaben zu den Segmenten des sekundären Berichtsformats

4.3.1 Geographische Segmentierung als sekundäres Berichtsformat

178 IAS 14.69 verlangt für diesen Fall für jedes **geographische** Segment die folgenden Angaben:

179 • **Segmenterlöse**
  – Anzugeben sind nur die **Außenerlöse**. Zum Erlösbegriff siehe Rz 111ff.
  – Die Zurechnung der Außenerlöse auf die Segmente muss zwingend **auf Basis des Kundenstandorts** erfolgen.
  – Die Angabe kann für diejenigen Segmente unterbleiben, deren Außenerlöse **weniger als 10 %** der Gesamterlöse des Unternehmens/ Konzerns ausmachen.

180 • **Segmentvermögen**

Anzugeben ist der **Gesamtbuchwert** des Segmentvermögens. Dabei sind einem Segment alle Vermögenswerte zuzurechnen, deren **Standort in diesem Segment** liegt. Zum Vermögensbegriff vgl. Rz 132ff. Die Angabe kann für diejenigen Segmente unterbleiben, deren Segmentvermögen **weniger als 10 %** des Gesamtvermögens des Unternehmens/Konzerns ausmacht.

181 • **Segmentinvestitionen**

Anzugeben ist die **Gesamtsumme** der Segmentinvestitionen in Vermögenswerte, deren Standort im jeweiligen Segment liegt und die voraussichtlich mehr als eine Berichtsperiode genutzt werden. Vgl. zum Investitionsbegriff Rz 147ff. Ein Vermögenswert, der in derselben Berichtsperiode extern beschafft und zwischen Segmenten transferiert wurde, ist in beiden beteiligten Segmenten als Investition auszuweisen. Dies gilt nicht, wenn das Segment, das den Vermögenswert von außen erworben hat, bereits bei diesem Erwerb davon ausging, den Vermögenswert nicht länger als eine Periode selbst zu nutzen, da in diesem Fall keine Investition im Sinne des IAS 14 (Rz 147) vorliegt.

Die Angabe kann für diejenigen Segmente unterbleiben, deren Segmentvermögen **weniger als 10 %** des Gesamtvermögens des Unternehmens/ Konzerns ausmacht.

4.3.2 Sektorale Segmentierung als sekundäres Berichtsformat

182 IAS 14.70ff. verlangt in diesem Fall für jeden Geschäftsbereich die folgenden Angaben:

- die **Außenerlöse** (zur Abgrenzung Rz 111ff., Rz 179),
- den Buchwert des **Segmentvermögens** (zur Abgrenzung Rz 132ff., Rz 180),
- die **Segmentinvestitionen** (zur Abgrenzung Rz 147ff., Rz 181).

Wie im Fall der geographischen Segmentierung als sekundärem Berichtsformat (Rz 178ff.) müssen auch diese Angaben nur für solche Segmente gemacht werden, die bestimmte **Größenkriterien** überschreiten. Anders als dort, werden jedoch hier die Grenzen nicht für jede Angabe einzeln, sondern zusammen und mit einer „oder"-Verknüpfung für alle Angaben bestimmt. Damit müssen für ein Segment alle o.a. Angaben gemacht werden, wenn mindestens eine der beiden folgenden Bedingungen erfüllt ist:

- Die Außenumsatzerlöse machen 10 % oder mehr der Außenumsatzerlöse des Gesamtunternehmens/Konzerns aus.
- Das Segmentvermögen macht 10 % oder mehr des Gesamtvermögens des Unternehmens/Konzerns aus.

183

Weitere Angabepflichten ergeben sich in Abhängigkeit davon, ob die geographische Segmentierung im primären Berichtsformat auf Basis des **Standorts der Kunden** oder aber auf Basis des **Standorts des Vermögens** erfolgt.

184

- Wird im primären Berichtsformat nach Vermögensstandorten segmentiert und weicht diese Segmentierung von der nach den Kundenstandorten ab, müssen die **Außenerlöse** zusätzlich in der Segmentierung **nach Kundenstandorten** dargestellt werden (IAS 14.71). Diese Angaben müssen jedoch nur für diejenigen Segmente erfolgen, deren Außenerlöse mindestens 10 % der Gesamterlöse des Unternehmens/Konzerns ausmachen.
- Wird im primären Berichtsformat nach Kundenstandorten segmentiert und weicht diese Segmentierung von der nach den Standorten des Vermögens ab, müssen das **Segmentvermögen** (zur Abgrenzung Rz 132ff., Rz 180) sowie die **Segmentinvestitionen** (zur Abgrenzung Rz 147ff., Rz 181) zusätzlich in der Segmentierung **nach Vermögensstandorten** dargestellt werden (IAS 14.72). Dabei müssen die Angaben jedoch nur für diejenigen Segmente erfolgen,
  - deren Außenerlöse mindestens 10 % der Gesamterlöse des Unternehmens/Konzerns ausmachen und
  - deren Segmentvermögen mindestens 10 % des Gesamtvermögens des Unternehmens/Konzerns ausmacht.

5 Änderungen der Segment-Bilanzierungs- und Bewertungsmethoden

5.1 Abgrenzung der Segment-Bilanzierungs- und Bewertungsmethoden

Gem. IAS 14.10 gehören zu den Segment-Bilanzierungs- und Bewertungsmethoden *(segment accounting policies)* neben den spezifischen Methoden der Segmentberichterstattung auch die im (Konzern-)Abschluss angewendeten Bilanzierungs- und Bewertungsmethoden.

185

Hütten

186 Aus IAS 14.76ff. ergibt sich folgender nicht zwingend vollständiger Katalog der zu den Segment-Bilanzierungs- und Bewertungsmethoden zu zählenden Verfahrensweisen:

(a) Bilanzierungs- und Bewertungsmethoden des (Konzern-)Abschlusses, soweit sie auch in der Segmentberichterstattung zur Anwendung kommen (Rz 189ff.)

(b) Spezifische Bilanzierungs- und Bewertungsmethoden der Segmentberichterstattung

    (b.1) Abgrenzung der berichtspflichtigen Segmente (Rz 191ff.)

    (b.2) Identifikation von primärem und sekundärem Berichtsformat (Rz 195ff.)

    (b.3) Zurechnung der Finanzdaten zu den Segmenten (Rz 197ff.)

    (b.4) Ermittlung der Verrechnungspreise für intersegmentäre Transaktionen (Rz 198ff.)

5.2 Zulässigkeit von Methodenänderungen

187 IAS 14.77 verweist hinsichtlich der Zulässigkeit von Änderungen der Bilanzierungs- und Bewertungsmethoden auf IAS 8. Hiernach sind solche Methodenänderungen nur erlaubt, wenn sie entweder gesetzlich oder durch Standardsetter vorgeschrieben sind oder wenn sie zu einer angemesseneren Darstellung von Ereignissen oder Transaktionen im (Konzern-)Abschluss führen (→ § 24).

188 Hieraus ergeben sich jedoch keine Auswirkungen auf Fälle, in denen Umstellungen der internen Berichterstattung angesichts IAS 14.27 und IAS 14.31 Auswirkungen auf die Segmentberichterstattung haben. Hier ist von einer Rechtfertigung über die angemessenere Darstellung auszugehen.

5.3 Abbildung von Methodenänderungen in der Segmentberichterstattung

189 Aus IAS 14 ergeben sich für die verschiedenen in Rz 186 genannten Methoden unterschiedliche Anforderungen an die Abbildung von Methodenänderungen in der Segmentberichterstattung.

5.3.1 Änderungen der allgemeinen Methoden des Abschlusses

190 Für die in Rz 186 unter (a) genannten Methoden des (Konzern-)Abschlusses mit Auswirkung auf die Segmentberichterstattung verweist IAS 14.78 auf IAS 8. Damit stehen dem berichtenden Unternehmen zwei Alternativen offen (→ § 24):

- **Benchmark-Methode:** Rückwirkende Anwendung der geänderten Methode mit entsprechender Anpassung der Vorjahreswerte, sofern dies nicht unzweckmäßig ist;
- **Alternativ-Methode:** Berücksichtigung der kumulativen Auswirkung der Änderung in den Segmentergebnissen des aktuellen Berichtsjahrs.

Gleichzeitig verweist IAS 14.78 auch auf die Pflicht nach IAS 8 (→ § 24), Zusatzangaben zu machen, wenn die Auswirkung auf die Segmentdaten ihrer Bedeutung, Art und Häufigkeit nach für das Verständnis der Ertragskraft des berichtenden Unternehmens bedeutsam sind.

5.3.2 Änderungen der Segmentabgrenzung

Änderungen der in Rz 186 unter (b.1) genannten Segmentabgrenzung sind nach IAS 14.76 zu erläutern, sofern sie wesentliche Auswirkungen auf die Segmentdaten haben. Hierbei sind gem. IAS 14.76 anzugeben:

- die Art der Änderung;
- die Gründe für die Änderung;
- ein Hinweis auf die Anpassung der Vorjahreszahlen bzw. darauf, dass wegen Unzweckmäßigkeit auf eine Anpassung verzichtet wurde;
- die finanzielle Auswirkung der Änderung, sofern diese vernünftig bestimmbar ist.

> **Beispiel 28**
> Die im Technologiesektor tätige S AG vertreibt Hardware und Software und führt diese beiden Bereiche auch als einzige berichtspflichtigen Segmente in der Segmentberichterstattung. Der Vertrieb von Betriebssystemen wird im Jahr 2003 erstmals abweichend von den Vorjahren dem Segment Software zugerechnet.
> Die S AG macht in ihrer Segmentberichterstattung folgende Angaben: „Im Berichtsjahr wurden Betriebssysteme anders als in den Vorjahren überwiegend nicht zusammen mit Hardware (OEM), sondern gesondert vertrieben. Daher wird der Bereich ‚Betriebssysteme' abweichend von den Vorjahren im Segment ‚Software' erfasst. Die Vorjahreszahlen wurden entsprechend angepasst. Durch den Wechsel wurden im Software-Segment Umsätze i. H. v. x Mio. EUR und ein positiver Ergebnisbeitrag i. H. v. y Mio. EUR ausgewiesen, die ohne die Änderung im Segment ‚Hardware' gezeigt worden wären. Bei den übrigen Segmentdaten ergaben sich keine wesentlichen Änderungen."

Außerdem sind die Vorjahreszahlen anzupassen, also ebenfalls in der geänderten Segmentabgrenzung zu präsentieren. Lediglich wenn diese Anpassung unzweckmäßig *(impracticable)* ist, kann auf sie verzichtet werden. Dies dürfte insbesondere dann der Fall sein, wenn das berichtende Unternehmen keine entsprechende Anpassung für interne Zwecke vornimmt und die Überführung der Vorjahreszahlen in die neue Abgrenzung einen unverhältnismäßig großen Aufwand bedeuten würde.

Wird aufgrund Unzweckmäßigkeit auf eine Anpassung der Vorjahreszahlen verzichtet, verlangt IAS 14.76, dass die Segmentdaten des aktuellen Jahres sowohl in der neuen als auch in der alten Segmentabgrenzung gezeigt werden.

Zu Änderungen in der Segmentabgrenzung, die daraus resultieren, dass ein bisher wesentliches Segment im aktuellen Berichtsjahr nicht mehr wesentlich ist, siehe Rz 74f.; zum Fall der erstmaligen Wesentlichkeit eines bisher unwesentlichen Segments siehe Rz 76.

5.3.3 Wechsel zwischen primärem und sekundärem Berichtsformat

195 Kommt es – i. d. R. infolge einer geänderten Risikosituation – dazu, dass das bisherige primäre Berichtsformat nunmehr zum sekundären Format wird und umgekehrt, ist dies als Änderung der Segmentabgrenzung anzusehen, die entsprechend Rz 191 zu behandeln ist. Dies ergibt sich daraus, dass die Abgrenzung von primärem und sekundärem Berichtsformat in IAS 14 unter der Überschrift *„Identifying Reportable Segments"* abgehandelt wird und die in Rz 191 beschriebene Vorgehensweise gem. IAS 14.76 immer dann anzuwenden ist, wenn es zu Änderungen in der „Identifikation" der Segmente kommt.

196
> **Beispiel 29**
> Aufgrund einer geänderten Risikosituation berichtet die T-AG für das Geschäftsjahr 2003 erstmals nicht die sektorale, sondern die geographische Segmentierung im primären Berichtsformat.
> In der Segmentberichterstattung 2003 muss die T-AG sowohl für das aktuelle als auch für das/die Vorjahr(e) die geographische Segmentierung im primären und die sektorale Segmentierung im sekundären Berichtsformat darstellen. Ist dies unzweckmäßig, weil die Vorjahresdaten des primären Formats für die geographische Segmentierung nur mit großem Aufwand ermittelbar sind, kann von der Angabe der Vorjahreswerte abgesehen werden. In diesem Fall müssen jedoch für das aktuelle Berichtsjahr sowohl für die geographische als auch für die sektorale Segmentierung die Angaben des primären Berichtsformats gemacht werden.

5.3.4 Geänderte Zurechnung der Finanzdaten zu den Segmenten

197 Änderungen in der Zurechnung von Finanzdaten zu den Segmenten (Rz 102ff.) ergeben sich, wenn für die Aufteilung andere Verteilungsschlüssel verwendet werden als im Vorjahr. Derartige Änderungen sind gem. Rz 191ff. zu behandeln.

5.3.5 Änderungen in der Verrechnungsermittlung

198 Änderungen in den Ermittlungsmethoden der Verrechnungspreise, mit denen intersegmentäre Transaktionen bewertet werden, gelten gem. IAS 14.80 nicht als ein Wechsel der Bilanzierungs- und Bewertungsmethoden, für den eine Anpassung der Vorjahresdaten erforderlich ist. Allerdings sind derartige Änderungen nach IAS 14.75 im Anhang anzugeben.

6 Formelle Anforderungen an die Berichterstattung

199 Die Segmentberichterstattung ist zwingend Bestandteil des Jahres- bzw. Konzernabschlusses (F.2 und F.21). Sie ist sinnvollerweise innerhalb des **Anhangs** darzustellen.

Form- und Gliederungsvorschriften enthält IAS 14 nicht. Die Beispiele im Anhang zu IAS 14 haben keinen verbindlichen Charakter. Für die Darstellung gilt der Stetigkeitsgrundsatz gem. IAS 1.27. Änderungen in der Darstellung sind nach IAS 14.77 nur eingeschränkt zulässig (Rz 187ff.).   200
201

7 Anwendungszeitpunkt, Rechtsentwicklung

7.1 Rückblick

IAS 14 ist in der 1997 verabschiedeten Fassung auf Geschäftsjahre mit Beginn des 1. Juli 1998 oder später anzuwenden. Aus dem *Improvement Project* des IASB sind geringfügige Folgeänderungen aus der Anpassung bestehender Standards und neuer Standards beachtlich. Im Wesentlichen geht es um eine gesonderte Darstellung des Ergebnisses aus laufender Geschäftstätigkeit von dem Ergebnis aus einzustellenden Bereichen nach IAS 14.52 (Rz 118). Außerdem ist die explizite Regelung in IAS 14.16, wonach außerordentliche Posten nicht zum Segmentergebnis gehören, weggefallen. Angesichts der Definitionen von Segmentumsätzen und Segmentaufwendungen ändert sich durch diesen Wegfall inhaltlich jedoch nichts.   202

7.2 Zusammenfassende Kurzdarstellung von IFRS 8

7.2.1 Konzeptionelle Ausrichtung

IFRS 8 löst mit zwingender Anwendung auf Geschäftsjahre, die nach dem 31.12.2008 beginnen, und möglicher früherer Anwendung den in diesem Paragraphen des Kommentars dargestellten IAS 14 ab. In praktisch nahtloser Übereinstimmung mit dem US-amerikanischen Pendant SFAS 131 wird dabei der so genannte *management approach* fast uneingeschränkt übernommen (Rz 3). Die nach IASB-Ansicht damit verbundenen Vorteile für die Adressaten der Rechnungslegung sind unter Rz 4 dargelegt. Als weiterer Vorteil ist die **Konvergenz** mit den US-GAAP-Regeln zu nennen. Als Konsequenz der Ausrichtung auf den *management approach* wurde die **zweigliedrige** Segmentierung nach IAS 14.9 (Rz 14) aufgegeben. Nicht mehr Geschäftsfelder und geographische Bereiche sind der Segmentdefinition zugrunde zu legen, sondern (nur noch) **operative** Einheiten (*operating segments*) in der im internen Berichtswesen gewählten Abgrenzung (IFRS 8.5).   203

7.2.2 Bestimmung der berichtspflichtigen Segmente
7.2.2.1 Abgrenzung der Segmente

Ein *operating segment* wird **definiert** als eine Teileinheit des Unternehmens bzw. Konzerns,   204

- die Erträge und Aufwendungen (auch innerhalb der Einheit) erzeugt;
- deren operatives Ergebnis von den obersten Entscheidungsträgern (*chief operating decision maker – CODM*) regelmäßig zur Allokation von Ressourcen herangezogen wird;

- für die eigenständige Rechnungslegungsdaten im internen Berichtswesen vorliegen.

Dabei kann sich die operative Tätigkeit noch im **Vorbereitungs**stadium befinden, also noch keine Erträge erzielen (Beispiel *start-up operations*). Andererseits fallen **Stabs**abteilungen, wie z. B. Konzernzentrale, aus dem Definitionsbereich des *operating segment* heraus. Die Institution des *chief operating decision makers* ist nicht personen- oder titelbezogen zu verstehen, sondern **funktional**. Es kann sich also durchaus auch um ein Gremium handeln, allerdings angesiedelt auf einer der obersten Entscheidungsebenen. Bei deutschen Aktiengesellschaften dürfte es zumeist der Vorstand oder der Vorstandsvorsitzende sein.

Für die Art der internen Segmentierung ist IFRS 8 weit offen, jede tatsächlich gewählte Form reicht aus, sogar ein Ein-Segment-Unternehmen muss in gewissem Umfang Bericht erstatten (Rz 207).

7.2.2.2 Bestimmung der Segmente mit Berichtspflicht

205 Ist einmal nach den vorstehenden Kriterien ein Segment identifiziert, muss über dieses bei Überschreiten von mindestens einem der folgenden **Größenmerkmale** (*quantitative thresholds*; IFRS 8.13) separat berichtet werden (*reportable segment*):

- die **Umsatzerlöse** einschließlich Innenumsätzen mit anderen Unternehmensbereichen betragen mindestens 10 % der Summe der Gesamtumsätze (intern und extern) aller Segmente (*revenue test*);
- der absolute Wert des Segment**ergebnisses** beträgt 10 % oder mehr der Summe aller positiven Ergebnisse aller Segmente mit positivem Ergebnis oder 10 % oder mehr der Summe aller negativen Ergebnisse aller Segmente mit negativem Ergebnis;
- die **Vermögens**werte des Segments betragen 10 % oder mehr des Gesamtvermögens aller Segmente.

Diese Schwellenwerte können auch durch **Zusammenfassung** ähnlicher Unternehmensbereiche mit wirtschaftlicher Vergleichbarkeit – entsprechend IAS 14.34 (Rz 41) – erfüllt werden (IFRS 8.12).[33] Die Vergleichbarkeit ist anhand folgender **Kriterien** zu beurteilen:

- Art der Produkte und Dienstleistungen,
- die Gestaltung des Produktionsprozesses,
- Kundenstruktur,
- Vertriebsmethode,
- ggf. das Regelungsumfeld, z. B. für Banken, Versicherungen u. Ä.

Mit den Größenmerkmalen und der Pflicht zu deren Erreichen soll einer **zu starken** Segmentierung zur Vermeidung einer Informationsüberlastung des Abschlussadressaten entgegengewirkt werden (IFRS 8.19).[34] Gleichwohl steht

---

[33] ZÜLCH/BURGHARDT, PiR 2007.
[34] FINK/ULBRICH, PiR 2007.

nach IFRS 8.13 dem berichtenden Unternehmen im Interesse der Verschaffung entscheidungsnützlicher Informationen für die Abschlussadressaten die Möglichkeit einer (**weiteren**) Segmentierung offen, auch wenn die genannten Größenmerkmale **nicht** erreicht werden.

Ein **bislang** berichtspflichtiges Segment erreicht möglicherweise in einem **Folgezeitraum** die oben dargestellten Schwellenwerte **nicht** mehr. Gleichwohl muss die separate Berichterstattung über dieses Segment weitergeführt werden, wenn seine Bedeutung nach Einschätzung des Managements in der bisherigen Form unverändert besteht (IFRS 8.17). Umgekehrt muss eine Anpassung der Vorjahreszahlen erfolgen, wenn in einer laufenden Berichtsperiode ein operatives Segment die Größenmerkmale des IFRS 8.13 **erreicht**. Diese „**rückwirkende**" Segmentierung kann dann unterbleiben, wenn das entsprechende Datenmaterial nicht vorliegt und dessen Beschaffung zu aufwändig (*excessive*) wäre (IFRS 8.18).

Der **Rest** des „Geschäftes", das die Größenmerkmale und die ergänzenden Kriterien **nicht** erfüllt, soll in einem **gesonderten** Bereich der Kategorie „*all other segments*" getrennt von den übrigen dargestellt und in der Überleitungsrechnung (Rz 206) erfasst werden.

Möglicherweise erreichen die *reportable segments* nicht eine **Schwelle** von 75 % der Umsatzerlöse des Unternehmens mit Dritten; dann sind **weitere** berichtspflichtige Segmente zu definieren, auch wenn sie die Schwellenwerte von IFRS 8.13 nicht erreichen (IFRS 8.15).

Operating segments, die sich **unterhalb** der Größenmerkmale des IFRS 8.13 bewegen, können mit anderen gleichartigen Segmenten mit ähnlicher wirtschaftlicher Struktur und nach Maßgabe der Aggregationskriterien in IFRS 8.12 zur Bildung eines berichtspflichtigen Segments **zusammengefasst** werden. Dazu folgendes Prüfschema:[35]

Stufe	Prüfung/Regelungsinhalt
1	Freiwilliger Ausweis als **gesondertes** Berichtssegment (IFRS 8.13).
2	**Zusammenfassung** mit anderen **unwesentlichen** Segmenten (IFRS 8.14): Nicht wesentliche Segmente dürfen zu einem Berichtssegment zusammengefasst werden, soweit sie ähnliche wirtschaftliche Eigenschaften aufweisen, so dass eine vergleichbare langfristige Entwicklung zu erwarten ist und sie bezüglich der Mehrheit der Homogenitätskriterien des IFRS 8.12 übereinstimmen.
3	**Andauernde** Bedeutung (IFRS 8.17): Soweit im Vorjahr noch eine Wesentlichkeit gegeben war und vom Wiedererreichen einer der 10-%-Grenzen im Folgejahr ausgegangen wird, besteht eine Pflicht zum gesonderten Ausweis.

---

[35] FINK/ULBRICH, PiR 2007.

Stufe	Prüfung/Regelungsinhalt
4	Erfüllung der 75-%-Regel (IFRS 8.15): **Weitere** operative Segmente sind als gesondert anzugebende Teilbereiche zu bestimmen, bis mindestens 75 % der Segmenterträge mit Konzernfremden von den anzugebenden Segmenten erwirtschaftet werden. Eine Reihenfolgeregelung für die Auswahl besteht nicht.
5	Ausweis im **Sammel**segment (IFRS 8.16).

7.2.3 Angaben zu den Segmenten

Durch die Segmentberichterstattung soll den Abschlussadressaten ein besserer Einblick in die Spezifika (*nature*) und die finanziellen Wirkungen (*financial effects*) der verschiedenen **Geschäftsfelder** des Unternehmens vermittelt werden (IFRS 8.20). Dazu ordnet IFRS 8.21 eine **Dreier**gruppe der Informationsvermittlung an:

- **Allgemeine** Informationen zu den Identifikationsmerkmalen des Segments, insbesondere Art der Produkte und Dienstleistungen (IFRS 8.22).
- **Spezielle** Informationen zur Vermögens- und Ertragslage des Segments (IFRS 8.23 bis 8.27).
- Eine **Überleitungsrechnung** (*reconciliations*) der Segmentberichterstattung auf die Jahresabschlussdaten (IFRS 8.28).

Dem *management approach* konsequent folgend, definiert IFRS 8 **keine Ergebnisgröße**, sondern fordert nur den Ausweis des **intern definierten Segmentergebnisses** (*a measure of profit or loss*; IFRS 8.23). Der *Board* nimmt dabei eine **Einschränkung** der **zwischenbetrieblichen** Vergleichbarkeit in Kauf, weshalb auch zwei IASB-Mitglieder diesbezüglich ein *dissenting vote* abgegeben haben (IFRS 8.BC DO 1–5).

Neben dieser Ergebnisgröße, die regelmäßig dem CODM berichtet wird, sind folgende Daten offenzulegen, sofern sie in der Ergebnisgröße enthalten sind oder regelmäßig dem CODM vorgelegt werden:[36]

- Segmenterträge mit externen Dritten,
- Intersegmenterträge,
- Zinsaufwendungen und -erträge,
- Abschreibungen und Wertminderungen,
- gemäß IAS 1.86 wesentliche Ertrags- und Aufwandspositionen,
- Ergebnisbeiträge von at *equity* konsolidierten Beteiligungen,
- Aufwendungen und Erträge aus Ertragsteuern,
- wesentliche nicht zahlungswirksame Erträge und Aufwendungen, abgesehen von Abschreibungen und Wertminderungen.

Zu berichten ist weiterhin der im internen Berichtswesen verwendete Wertansatz des Segmentvermögens (IFRS 8.24). Falls das interne Berichtswesen das

---

[36] Vgl. FINK/ULBRICH, PiR 2007.

Unternehmensvermögen nicht auf Segmente aufteilt (was bspw. bei Softwareunternehmen häufig der Fall ist), ist ein Segmentvermögenswert speziell für die Zwecke der Segmentberichterstattung zu ermitteln. Zusätzlich sind folgende Finanzdaten anzugeben, sofern sie in der angegebenen Segmentvermögensgröße enthalten sind oder regelmäßig dem CODM vorgelegt werden:
- Buchwerte von *at equity* konsolidierten Beteiligungen,
- Investitionen in das langfristige Segmentvermögen.

Ebenfalls angabepflichtig sind die Segmentschulden (IFRS 8.23), dies jedoch nur, soweit die Angabe regelmäßig dem CODM vorgelegt wird.

Alle anzugebenden Werte sollen entsprechend der Vorgehensweise des internen Berichtswesens ermittelt werden, auch wenn dies zu nicht IFRS-konformen Wertmaßstäben führt. Lediglich wenn der CODM verschiedene Ergebnis-, Vermögens- oder Schuldenwerte nutzt, sind diejenigen anzugeben, deren Ermittlungsweise den IFRS am nächsten kommt.

Das **interne** Berichtswesen wird nach IFRS 8.28 verlassen, wenn in Gestalt einer **Überleitungsrechnung** (*reconciliations*) die **Brücke** zum Bilanz- und GuV-Ausweis geschlagen wird.[37] Überzuleiten ist
- von den kumulierten Umsätzen der Segmente auf den **Unternehmensumsatz**,
- der Saldo aus Segmentgewinnen und Segmentverlusten vor Steuereinflüssen und anderen Sondereinflüssen in das **Abschlussergebnis**,
- das **Vermögen** der Segmente in das im Abschluss ausgewiesene Vermögen sowie
- von den **Schulden** der Segmente in die im Abschluss ausgewiesenen Schulden.

Zudem sind weitere im Segmentbericht ausgewiesene **wesentliche Posten** (IFRS 8.28, IFRS 8.IG4) überzuleiten.

Bei Änderungen der **internen** Organisationsstruktur mit Auswirkung auf das interne Berichtswesen muss die Segmentberichterstattung ebenfalls angepasst werden. Dabei sind auch die Vorjahreswerte in der neuen Segmentabgrenzung zu berichten (IFRS 8.29), was jedoch bei Nichtvorliegen entsprechender Informationen und unverhältnismäßigen Kosten zur Beschaffung mit Anhangoffenlegung unterbleiben kann. In diesem Fall sind jedoch für das Jahr der Umstellung Segmentdaten sowohl in der neuen als auch in der alten Struktur anzugeben, sofern dies nicht ebenfalls unverhältnismäßig ist.

7.2.4 Segmentübergreifende Angaben
Unabhängig von der **internen** Organisation des Unternehmens/Konzerns sind Angaben zu machen bezüglich
- Produkten und Dienstleistungen,
- geographischer Teilbereiche,
- wesentlicher Kunden.

---

[37] ZÜLCH/BURGHARDT, PiR 2007.

Hütten

Die Angaben können **entfallen**, sofern sie im eigentlichen Segmentbericht enthalten sind. Umgekehrt sind die Angaben auch bei **Ein**-Segment-Unternehmen zu machen oder wenn eine entsprechende **interne** Organisationsstruktur **nicht** vorliegt (IFRS 8.31).

Segmentumsätze mit **externen** Kunden sind nach Produktgruppen und Dienstleistungen darzustellen. Sofern die Daten nicht oder nur mit unzumutbarem Aufwand erlangt werden können, muss dieses dargelegt werden (IFRS 8.32).

Geographisch ist der externe **Umsatz** im Land des Unternehmenssitzes sowie mit dem Rest der Welt getrennt aufzuführen. Dabei wird nicht vorgegeben, ob diese Segmentierung nach dem Sitz des Kunden oder nach dem Sitz der verkaufenden Einheit des berichtenden Unternehmens erfolgen muss. Die Zuordnung von Umsätzen muss jedoch erläutert werden. Umsätze mit einzelnen Ländern außer dem Heimatland sind zusätzlich gesondert anzugeben, sofern sie wesentlich sind. Das langfristige Segmentvermögen ist in gleicher Weise offenzulegen. Diese Angabepflicht besteht im Interesse der Einsichtnahme der Adressaten in die **Risikokonzentration**. Entsprechendes gilt bezüglich der Angabe von **wesentlichen Kunden** (*major customers*). Wenn die Umsatzerlöse mit einem Kunden 10 % der gesamten externen Umsätze erreichen oder überschreiten, ist das offenzulegen. Dabei gelten verschiedene zu demselben Konzern gehörige Kunden als ein Kunde. Der Kunde selbst muss – anders als nach den Vorschriften der SEC – nicht genannt werden, ebenfalls ist die Aufgliederung dieses Umsatzes mit einem wesentlichen Kunden auf die berichtenden Segmente nicht erforderlich (IFRS 8.34).

7.2.5 Anwendungszeitpunkt

208 IFRS 8 ist auf nach dem 31.12.2008 beginnende Geschäftsjahre anzuwenden. Eine frühere Anwendung ist im Anhang darzulegen. Die letztgenannte Übergangsvariante kommt insbesondere bisherigen US-GAAP-Anwendern (→ § 7 Rz 11) entgegen, die im ersten IFRS-Abschluss (für 2007) ihre Segmentberichterstattung praktisch unverändert weiterführen können (Rz 205).

Für Unternehmen, die nach EU-Recht zur IFRS-Rechnungslegung verpflichtet sind, kommt eine Anwendung von IFRS 8 erst nach erfolgreicher Anerkennung (*endorsement*) durch die EU in Betracht. Solange dies nicht erfolgt ist, gilt IAS 14 als der verpflichtend anzuwendende Standard.

8 Zusammenfassende Praxishinweise

209
- Für Unternehmen/Konzerne, deren **Wertpapiere öffentlich gehandelt** werden, ist die Segmentberichterstattung als Bestandteil des (Konzern-)Abschlusses zwingend vorgeschrieben (Rz 5ff.).
- Die Segmentierung muss sowohl nach **Geschäftsbereichen** (sektoral) als auch nach **geographischen** Merkmalen (regional) vorgenommen werden (Rz 14ff.).

Hütten

- Für diese beiden Segmentierungsarten muss nicht die gleiche Informationsfülle vermittelt werden. Vielmehr ist – grundsätzlich entsprechend dem internen Berichtswesen – nach einem **primären** und einem **sekundären** Berichtsformat zu unterscheiden. Im primären Format sind **umfangreichere** Informationen zu liefern (Rz 25ff.).
- Die sektoralen und regionalen Segmente sind eingeschränkt auf der Grundlage des **internen Berichtswesens** zu definieren (Rz 28).
- **Vertikal** integrierte und **unwesentliche** Segmente müssen nicht als eigenständiges Segment dargestellt werden (Rz 46ff., 55ff.).
- Die bei der Ermittlung der Segmentinformationen angewandten Bilanzierungs- und Bewertungsmethoden müssen mit denjenigen des Abschlusses übereinstimmen, als dessen Teil die Segmentberichterstattung präsentiert wird (Rz 89ff.).
- Zu den wichtigsten Segmentinformationen gehören (Rz 110ff.)
  - Segmenterlöse (Rz 111ff.),
  - Segmentergebnis (Rz 118ff.),
  - Segmentvermögen (Rz 132ff.),
  - Segmentschulden (Rz 140ff.),
  - Segmentinvestition (Rz 147ff.),
  - Segmentabschreibungen (Rz 150ff.).
- Die Segmentdaten sind auf die (Konzern-)Abschlussdaten überzuleiten (Rz 169ff.).
- Der ab 2009 zwingend anzuwendende IFRS 8 weist grundlegende Änderungen gegenüber dem hier kommentierten IAS 14 auf. Einen Überblick über die Änderungen enthalten Rz 203ff.

§ 37 ZWISCHENBERICHT-ERSTATTUNG *(INTERIM FINANCIAL REPORTING)*

Inhaltsübersicht   Rz
Vorbemerkung
1   Zielsetzung, Regelungsinhalt und Begriffe   1–8
   1.1   Rechtliche Rahmenbedingungen   1–4
   1.2   *Materiality* im Zwischenabschluss   5–7
   1.3   Strittiger Nutzen der Zwischenberichterstattung   8
2   Umfang der Zwischenberichterstattung   9–16
   2.1   Bestandteile eines Zwischenabschlusses   9–11
   2.2   Vergleichszahlen (Vorperioden)   12–14
   2.3   Ausweis – zusammengefasste Darstellung   15–16
3   Ansatz und Bewertung   17–31
   3.1   Konzeptionelle Grundlagen   17–24
      3.1.1   Eigenständiger vs. integrativer Ansatz   17–21
      3.1.2   Unabhängigkeit des Jahresergebnisses von der Häufigkeit der Zwischenberichterstattung   22
      3.1.3   Ergänzung des diskreten Ansatzes um integrative Elemente   23–24
   3.2   Kasuistik häufiger Sachverhalte   25–31
      3.2.1   Jahresendvergütungen an Mitarbeiter (Boni)   25
      3.2.2   Bedingte Leasingzahlung   26
      3.2.3   Vergütete Nichtarbeitszeiten   27
      3.2.4   Mengenrabatte und Ähnliches   28
      3.2.5   *Impairment*-Abschreibung und Wertaufholung ..   29
      3.2.6   Vereinfachte Bewertungstechniken   30
      3.2.7   Änderungen von Schätzungen und Bewertungsmethode   31
4   Angaben   32–34
5   Zwischenberichterstattung nach Börsenrecht und TUG   35–37
6   Anwendungszeitpunkt, Rechtsentwicklung   38–40
7   Zusammenfassende Praxishinweise   41

Schrifttum: ALEXANDER/ARCHER, Miller International Accounting Standards Guide 2005; ALVAREZ, Unterjährige Erfolgsermittlung nach IFRS, PiR 2006, S. 220; ALVAREZ/WOTSCHOFSKY, Zur Bedeutung der Zwischenberichtspublizität, DStR 2000, S. 1789; ALVAREZ/WOTSCHOFSKY, Zwischenberichterstattung nach Börsenrecht/DRS, IAS und US-GAAP, 2003; ALVAREZ/WOTSCHOFSKY, Zwischenberichtspublizität: Unterjährige Erfolgsabgrenzung, FB Beilage 1/2000, S. 35; AMMEDICK/STRIEDER, Zwischenberichterstattung

§ 37 ZWISCHENBERICHTERSTATTUNG (INTERIM FINANCIAL REPORTING)

börsennotierter Gesellschaften, 2002; BAETGE/BRUNS/ROLVERING, in: BAETGE u. a., Rechnungslegung nach IAS, 2. Aufl., 2002, IAS 34; BECK, Anwendung der IFRS im Rahmen der Zwischenberichterstattung nach § 40 BörsG verpflichtend?, DB 2005, S. 1477; ERNSTING, Behandlung von Ertragsteuern im Quartalsabschluss nach US-GAAP, DB 2000, S. 2537; FÖRSCHLE/ HELMSCHROTT, Die Zwischenberichterstattung nach US-GAAP, IAS und HGB, WPG 1997, S. 553; KNIEF/NÖTHEN, „Zwischenberichterstattung" mittlerer Unternehmen, DB 2002, S. 105; KOPATZSCHEK, IFRIC 10-Zwischenberichterstattung und Impairment, WPg 2006, S. 1504; LOITZ, Quartalsberichterstattung für Ertragsteuern nach IFRS, DStR 2006, S. 388 u. S. 439; LÜDENBACH, Mengen- und Preiskomponente bei der Zwischenberichterstattung, PiR 2007, Heft 2; MUJKANOVIC, Rechnungslegung und erstmalige Zwischenberichterstattung nach IFRS unter Berücksichtigung der Transparenzrichtlinie, KoR 4/2005, S. 146; MÜLLER/STUTE, Ausgestaltung der unterjährigen Berichterstattung deutscher Unternehmen: E-DRS 21 im Vergleich mit nationalen und internationalen Regelungen, BB 2006, S. 2803; NAUMANN/TIELMANN, Die Anwendung der IAS im Kontext der deutschen Corporate Governance, WPg 2001, S. 1445; PEEMÖLLER, in: WILEY, IAS/ IFRS, 2005, Abschn. 19; ROLVERING, Zwischenberichterstattung börsennotierter Kapitalgesellschaften, 2002; STRIEDER, Die Zwischenberichterstattung in Deutschland nach der Veröffentlichung des DRS 6, KoR 2001, S. 222; STRIEDER, Sonderprobleme der kapitalmarktorientierten Zwischenberichterstattung: Unterzeichnung und Rumpfgeschäftsjahr, BB 2001, S. 1998; STRIEDER/AMMEDICK, Zwischenberichterstattung im Jahr 2005 durch zur Umstellung auf IFRS verpflichtete Unternehmen, BB 2004, S. 2679.

Vorbemerkung
Die nachstehende Kommentierung bezieht sich auf IAS 34 in der ab 1.1.2005 geltenden Fassung. Alle bis zum 1.1.2007 ergangenen Rechtsänderungen und Interpretationen sind berücksichtigt.

1 Zielsetzung, Regelungsinhalt und Begriffe

1.1 Rechtliche Rahmenbedingungen

1 Die Zwischenberichterstattung will den Adressatenkreis möglichst aktuell über die Unternehmensentwicklung informieren. Ausgangspunkt ist der letzte **reguläre** Jahresabschluss (Rz 29), der durch den Zwischenbericht auf den **aktuellen** Stand gebracht werden soll (*update*).[1] Dazu bedarf es einer Abwägung bezüglich der Gewichtung der Rechnungslegungsprinzipien.
Gemäß dem Rahmenkonzept der IFRS hat die Berichterstattung von Unternehmen unter anderem dem Kriterium der **Relevanz** zu genügen (F.26ff.; → § 1 Rz 17). Ein wichtiges Element der Relevanz von Informationen ist de-

---

[1] ERNST & YOUNG, International GAAP 2005, S. 1878.

ren **Aktualität** (F.43). Dabei wird durchaus akzeptiert, dass eine größere Aktualität von Informationen zu einem teilweisen Verzicht auf deren Verlässlichkeit oder Endgültigkeit führen kann (F.43 *balance between relevance and reliability*; → § 1 Rz 69). Darüber hinaus sollen den Bericht erstattenden Unternehmen auch nicht **unzumutbar** große laufende **Verpflichtungen** auferlegt werden (F.44 *balance between benefit and cost*; → § 1 Rz 69). Vor diesem Hintergrund liegt die Zielsetzung des IAS 34 zur Zwischenberichterstattung insbesondere darin, hinsichtlich des Umfangs der offenzulegenden Informationen sowie der hierbei anzuwendenden Grundsätze der Abgrenzung und Bewertung eine für die unterjährige Berichterstattung **ausgewogene** Lösung zu finden.

Alle nach IFRS bilanzierenden Unternehmen sind zur jährlichen Abschlusserstellung verpflichtet (IAS 1.49). Im Gegensatz dazu ergibt sich aus IAS 34 **keine unmittelbare Verpflichtung** zur Erstellung von Zwischenabschlüssen sowie keine Vorgabe hinsichtlich der Länge der einzelnen Zwischenperioden oder der zur Vorlage eines Zwischenabschlusses einzuhaltenden Fristen. Um den spezifischen Gegebenheiten einzelner Länder Rechnung zu tragen, wird in IAS 34.1 die Regelung dieser Fragen des Geltungs- und Anwendungsbereichs den **nationalen Standardsettern und Börsenplätzen** übertragen (Rz. 35). Sofern von diesen jedoch die Erstellung von Zwischenabschlüssen nach IFRS gefordert wird oder falls ein Unternehmen freiwillig einen Zwischenabschluss nach IFRS erstellt, sind die Bestimmungen des IAS 34 zu beachten. Ohne solche nationalen Vorgaben befürworten *(encourage)* die IFRS bei börsennotierten Unternehmen die Vorlage zumindest eines Halbjahresberichts binnen einer Frist von 60 Tagen nach Ende der Zwischenperiode. Eine originäre Verpflichtung hierzu lässt sich aus IAS 34 aber nicht ableiten.

Die **Übereinstimmung** mit den IFRS ist für jeden Zwischenbericht sowie den Jahresabschluss einzeln zu beurteilen. Wurden unterjährig Zwischenberichte nicht oder nicht nach IFRS vorgelegt, kann der Jahresabschluss dennoch nach IFRS erfolgen (IAS 34.2).

> **Beispiel**
> Ein Unternehmen plant die Umstellung der Berichterstattung auf IFRS zum 31.12.00. Da die Gesellschaft börsennotiert ist, sind unterjährig auch im Jahr 00 Quartalsberichte vorzulegen (→ § 6 Rz 17). Diese können noch nach HGB erstellt werden. Falls jedoch im Folgejahr 01 auch unterjährig nach IFRS berichtet werden soll, sind die Vergleichszahlen für das Vorjahr auch für die Quartale des Jahres 00 nach IFRS zu erstellen (Rz. 12).

Ein Zwischenbericht steht nur dann mit den IFRS in Einklang, wenn **alle Bestimmungen** des **IAS 34** beachtet wurden (IAS 34.3). Sind alle Anforderungen erfüllt, ist hierauf hinzuweisen (IAS 34.19).

> **Beispiel**
> Der nach IFRS erstellte Zwischenbericht enthält keine Kapitalflussrechnung (→ § 3). Er darf daher nicht ohne Einschränkung als „in Einklang mit den IFRS erstellt" bezeichnet werden. Gleiches gilt z. B. bei fehlendem Eigenkapitalspiegel (→ § 20 Rz 39).

4   IAS 34.4 enthält die folgenden **Begriffsdefinitionen**:
- Eine **Zwischenperiode** *(interim period)* ist jegliche Periode, die kürzer ist als ein ganzes Geschäftsjahr. Auf die absolute Länge von Geschäftsjahr und Zwischenperiode kommt es nicht an.
- Ein **Zwischenbericht** *(interim financial report)* kann sowohl ein vollständiger IFRS-Abschluss in Übereinstimmung mit IAS 1 oder ein verkürzter Bericht im Sinne von IAS 34 sein. Für die letzte Zwischenperiode eines Geschäftsjahres (in der Regel zweites Halbjahr oder viertes Quartal) gibt es in der Regel keinen Zwischenbericht. Dieser wird durch den Jahresabschluss ersetzt.

1.2 *Materiality* im Zwischenabschluss

5   Sowohl für Ansatz und Bewertung als auch für den Ausweis und die erforderlichen Angaben im Anhang sind auch im Zwischenabschluss Überlegungen hinsichtlich der **Wesentlichkeit** (→ § 1 Rz 65) der betreffenden Informationen anzustellen. Sofern hierbei auf quantitative Bezugsgrößen zurückgegriffen wird (Ergebnis, Eigenkapital, Bilanzsumme etc.), sind für die Beurteilung der Wesentlichkeit die jeweiligen **Werte der Zwischenperiode** heranzuziehen.

6   Die entsprechenden Wertgrenzen dürften in einer Zwischen-GuV in der Regel **niedriger** liegen als in einem Jahresabschluss. Hieraus ergäbe sich die paradoxe Wirkung, dass an die Detailtiefe, Genauigkeit usw. des Zwischenabschlusses höhere Anforderungen zu stellen wären als für den Jahresabschluss, obwohl andererseits unterjährig aufgrund eingeschränkter Maßnahmen zur Abschlusserstellung und der rascheren Vorlage der Zahlen zwangsläufig in höherem Maße als im Jahresabschluss auf Schätzungen zurückzugreifen ist (IAS 34.41).

7   Die Lösung kann nur darin liegen, an die Exaktheit und Endgültigkeit der Daten eines Zwischenabschlusses generell **geringere** Anforderungen zu stellen als beim Jahresabschluss. Klare quantitative Vorgaben zur Wesentlichkeit enthält IAS 34.23 nicht, sondern verlangt lediglich eine angemessene Beurteilung der Auswirkungen jedes einzelnen Sachverhalts *(judgement is always required in assessing materiality)* auf die **Wahrnehmung eines typischen Empfängers** des Zwischenabschlusses. Entscheidend ist somit die Frage, ob durch Kenntnis bzw. Unkenntnis des betreffenden Sachverhalts oder Wertes die Beurteilung des Abschlusses beeinflusst werden kann oder nicht. Hierbei handelt es sich um ein **weiches** Kriterium, das der Praxis die notwendigen **Spielräume** lässt (→ § 1 Rz 66).

1.3 Strittiger Nutzen der Zwischenberichterstattung

Aus Sicht der Praxis liefert die Analyse des **Nutzens** von Zwischenberichten oftmals ein zwiespältiges Bild. Einerseits sind in einer immer rascheren Veränderungen unterliegenden Wirtschaft aktuelle Informationen aus Sicht der Investoren **wünschenswert**. Andererseits wird oftmals darauf hingewiesen, dass Zwischenberichte den auf **kurzfristigen Gewinn** gerichteten Handlungen des Managements und **bilanziellen Manipulationen** förderlich sind. Der Nutzen der Zwischenberichterstattung für den Anleger dürfte daher von Fall zu Fall unterschiedlich zu bewerten sein. So hat sich die **Dr. Ing. h. c. F. Porsche AG** ausdrücklich gegen die Veröffentlichung von Quartalsberichten ausgesprochen und damit den Ausschluss aus wichtigen Aktienindices in Kauf genommen. Zu klären bleibt, ob der völlige Verzicht auf unterjährige Abschlussinformationen tatsächlich das beste Mittel gegen kurzfristiges Gewinnstreben ist oder ob es andere Möglichkeiten gibt, den Nutzen von Zwischenabschlüssen ohne die damit verbundenen Risiken zu realisieren. Ansatzpunkte hierfür dürfen in einer **langfristigeren** Incentivierung des Managements, einer detaillierten Offenlegung **saisonaler** Effekte sowie dem gegenwärtig zu beobachtenden Trend zum *business reporting* als ergänzendem Informationsinstrument liegen.

8

2 Umfang der Zwischenberichterstattung

2.1 Bestandteile eines Zwischenabschlusses

IAS 34 legt lediglich den **Mindestumfang** der Zwischenberichterstattung fest. Nichts spricht dagegen, freiwillig mehr Informationen vorzulegen (IAS 34.7). Ein Zwischenbericht nach IFRS sollte zumindest die folgenden **Bestandteile enthalten** (IAS 34.8):

- zusammengefasste Bilanz (→ § 2 Rz 22ff.),
- zusammengefasste Gewinn- und Verlustrechnung (→ § 2 Rz 46ff.),
- zusammengefasste Eigenkapitalentwicklung (→ § 20 Rz 39ff.),
- zusammengefasste Kapitalflussrechnung (→ § 3 Rz 3),
- ausgewählte Anhangangaben (→ § 5).

9

Zum Begriffsinhalt „zusammengefasst" (*condensed*) vgl. Rz 15.
Aktiengesellschaften müssen das **Ergebnis je Aktie** – unverwässert und verwässert – (→ § 35) auch für Zwischenperioden angeben, allerdings ohne Separierung des Ergebnisses aus **nicht fortgeführten Geschäftsbereichen** (→ § 35 Rz 38). Dies hat unter der Gewinn- und Verlustrechnung zu geschehen und nicht im Anhang (IAS 34.11).

10

War der letzte nach IFRS erstellte Jahresabschluss ein konsolidierter Jahresabschluss, so sind auch die Zwischenberichte des nachfolgenden Geschäftsjahres auf **konsolidierter** Basis zu erstellen (IAS 34.14). Die separate Darstellung des **Einzel**abschlusses ist unschädlich, jedoch auch dann nicht

11

erforderlich, wenn dies im vorhergehenden IFRS-Jahresabschluss so geschehen ist.

2.2 Vergleichszahlen (Vorperioden)

12 Der **Umfang** der darzustellenden **Perioden** und der **Vergleichswerte** aus Vorperioden ist in IAS 34.20ff. geregelt. Demzufolge ist die **Bilanz** zum Stichtag des Zwischenabschlusses zu erstellen, als Vergleich dient die Bilanz zum Ende des vorhergehenden Geschäftsjahres. Danach gilt folgendes Schema:

Stand	Stand
30.9.01	31.12.00

Weiter ausholend ist die Darstellung der **Gewinn- und Verlustrechnung**. Hierbei sind

- die soeben abgeschlossene Zwischenperiode,
- falls davon abweichend, zusätzlich die kumulierten Werte des laufenden Geschäftsjahres seit dem Ende des vorhergehenden Geschäftsjahres sowie
- die jeweiligen Vergleichsperioden des vorhergehenden Geschäftsjahres

darzustellen, also nach folgendem Schema:

9 Monate	9 Monate	3. Quartal	3. Quartal
01	00	01	00

Die **Eigenkapitalentwicklung** (→ § 20 Rz 39ff.) muss die kumulierten Werte des laufenden Geschäftsjahres seit dem Ende des vorhergehenden Geschäftsjahres sowie die Zahlen des entsprechenden Vorjahreszeitraums enthalten. Gleiches gilt für die **Kapitalflussrechnung** (→ § 3 Rz 3).

> **Beispiel**
>
> Das Geschäftsjahr entspricht dem Kalenderjahr. Zwischenberichte werden quartalsweise erstellt. Der Zwischenbericht zum 30. Juni 02 muss die folgenden Angaben enthalten:
> - Bilanzen zum 30. Juni 02 und zum 31. Dezember 01,
> - Gewinn- und Verlustrechnungen für die Zeiträume Januar bis Juni 02, Januar bis Juni 01, April bis Juni 02 sowie April bis Juni 01,
> - Kapitalflussrechnungen für die Zeiträume Januar bis Juni 02 sowie Januar bis Juni 01,
> - Eigenkapitalentwicklungen für die Zeiträume Januar bis Juni 02 sowie Januar bis Juni 01.

13 Sofern das Geschäft eines Unternehmens starken **saisonalen Schwankungen** unterworfen ist, kann es angeraten sein, in jeden Zwischenbericht Informationen über die jeweils zwölf vorhergehenden Monate aufzunehmen (IAS 34.21). Eine Pflicht hierzu besteht nicht.

14 Probleme können sich bei einer **Umstellung des Geschäftsjahres** ergeben. Bei einem vorhergehenden Rumpfgeschäftsjahr stellt sich hier für die Zwischenberichte des Folgejahres die Frage nach den zutreffenden Vergleichsperioden des Vorjahres. Das nachfolgende Beispiel verdeutlicht die Problematik:

> **Beispiel**
> Das bislang zum 30. September endende Geschäftsjahr wurde im Oktober 00 auf ein zum 30. Juni endendes Geschäftsjahr umgestellt. Das zum 30. Juni 01 endende Geschäftsjahr 00/01 war daher ein neunmonatiges Rumpfgeschäftsjahr. Der nächste Abschluss für ein ganzes Geschäftsjahr wird zum 30. Juni 02 erstellt. Die Zwischenberichterstattung erfolgt quartalsweise. Der dritte Zwischenabschluss des Geschäftsjahres 01/02 zum 31. März enthält in jedem Fall die Zahlen vom 1. Juli 01 bis zum 31. März 02. Fraglich ist, ob für den Vorjahresvergleich quasi „über die Grenze" des Rumpfgeschäftsjahres 00/01 vom 1. Oktober 00 bis zum 30. Juni 01 hinweggegangen werden soll, um eine von der Länge und Saisonalität her vergleichbare Vorperiode darzustellen (1. Juli 00 bis 31. März 01) oder ob lediglich die innerhalb des vorhergehenden Rumpfgeschäftsjahres liegenden ersten beiden Quartale dargestellt werden sollen (1. Oktober 00 bis 31. März 01).

IAS 34.20 liefert hier mit der Forderung nach „*comparable interim periods ... of the immediately preceding financial year*" eine Vorgabe, die im vorstehenden Beispiel im strengen Wortsinne gar nicht zu erfüllen ist. Die vergleichende Darstellung von Quartalen unterschiedlicher Länge erscheint jedoch insbesondere in einem Zwischenbericht wenig befriedigend. Nach der hier vertretenen Auffassung ist daher der Vorjahreszeitraum so zu wählen, dass eine von der zeitlichen Länge her **vergleichbare Vorperiode** dargestellt wird. Im obigen Beispiel ist dies der Zeitraum vom 1. Juli 00 bis zum 31. März 01.[2]

2.3 Ausweis – zusammengefasste Darstellung

Unter dem Begriff der **zusammengefassten** Darstellung *(condensed financial statements)* in Bilanz, Gewinn- und Verlustrechnung, Kapitalflussrechnung und Eigenkapitalenwicklung versteht IAS 34.10 zumindest die **Überschriften** und **Zwischensummen** des letzten in Einklang mit den IFRS erstellten **Jahresabschlusses**. Hinsichtlich der hierbei empfohlenen Gliederungspositionen verweist IAS 34.12 auf IAS 1 sowie die im Anhang zu IAS 1 enthaltenen Beispiele. Da in der Praxis ohnehin auch im Jahresabschluss eine stark zusammengefasste Darstellung der **Bilanz** (z. B. keine weitere Unterteilung der Sachanlagen oder der Vorräte) gewählt wird, ergeben sich auf Bilanzebene keine relevanten Unterschiede zum Jahresabschluss (→ § 2). Hinsichtlich der Jahres-**GuV** verlangt IAS 1.88 eine Aufteilung des operativen Bereichs nach

15

---

[2] Gleicher Ansicht für den Zwischenbericht nach HGB STRIEDER, BB 2001, S. 2000.

Umsatz- oder Gesamtkostenverfahren. Diese kann innerhalb der GuV oder im Anhang erfolgen. Die Praxis nimmt die Unterteilungen nach Aufwandsarten (GKV) bzw. Funktionen (UKV) in der Regel innerhalb der Jahres-GuV vor. In der Praxis der Zwischenabschlüsse großer Unternehmen wird überwiegend entsprechend verfahren. Hinsichtlich der **Kapitalflussrechnung** kann auf → § 3 verwiesen werden. Bei der **Eigenkapitalentwicklung** sind im Jahresabschluss zwei Formate zulässig; eine Eigenkapitalveränderungsrechnung oder eine Gesamteinkommensrechnung (→ § 20 Rz 39ff.). In der Praxis des Jahresabschlusses und des Zwischenabschlusses dominiert die erste Variante. Im Rahmen der Zwischenberichterstattung ist in jedem Fall die gleiche Darstellungsform zu wählen wie im vorhergehenden Jahresabschluss (IAS 34.13).

16 Für alle dargestellten Bestandteile sind zusätzliche **Aufgliederungen** vorzunehmen, sofern der Verzicht hierauf beim Abschlussleser zu einem unzutreffenden Urteil führen könnte. Im Vordergrund stehen dabei solche **Veränderungen**, die sich seit dem letzten vorgelegten vollständigen Jahresabschluss ergeben haben (IAS 34.6). Für die Anhangerläuterungen gilt Entsprechendes (Rz 29).

Beispiel
Zum letzten Jahresabschluss bestand das rund ein Drittel der Bilanzsumme ausmachende Vorratsvermögen zu 10 % aus Fertigerzeugnissen und zu 90 % aus Roh-, Hilfs- und Betriebsstoffen. In der Bilanz erfolgte eine entsprechende Aufgliederung. Die Geschäfte im ersten Quartal laufen unerwartet schleppend, das Unternehmen produziert auf Lager. Das zum Ende des ersten Quartals vorhandene Vorratsvermögen besteht daher zu 80 % aus fertigen Erzeugnissen und nur noch zu 20 % aus RHB.
Eine Zusammenfassung der beiden Unterpositionen des Vorratsvermögens im ersten Quartalsbericht ist hier unangemessen, da sich hieraus eine Verschleierung der tatsächlichen Vermögenslage ergibt. Aufschlussreiche Informationen, die ohne wesentlichen zusätzlichen Aufwand im Abschluss dargestellt werden können, sind offenzulegen.

3 Ansatz und Bewertung

3.1 Konzeptionelle Grundlagen

3.1.1 Eigenständiger vs. integrativer Ansatz

17 Nach IAS 34.28 S. 1 ist der Zwischenbericht nach den **gleichen** Bilanzierungs- und Bewertungsmethoden, die auch für den Jahresabschluss zu beachten sind, zu erstellen (IAS 34.29 S. 4). Eine entsprechende **Übereinstimmungs**erklärung (*statement of compliance*) ist abzugeben (IAS 34.19). Dabei gilt jede Berichtsperiode unabhängig von ihrer Länge als **eigenständig**. Die hauptsächliche Aufgabe eines Zwischenberichtes besteht in der **retrospektiven** Dar-

stellung einer **Teilperiode** des laufenden Geschäftsjahres (IAS 34.29). Dieser so genannte *discrete view* ist durch folgende **Merkmale** gekennzeichnet:[3]
- Ausübung einer **Kontrollfunktion** für den Geschäftsverlauf,
- Abbildung **saisonaler** Schwankungen mit – im Vergleich zur Jahresberichterstattung – erhöhter Ergebnisvolatilität,
- Verzicht auf **Abgrenzungen** von nicht gleichmäßig verteilten Erfolgskomponenten im Jahresverlauf mit entsprechender Erschwerung der Ergebnisprognose,
- frühere Erkenntnis von **Wendepunkten** in der Ergebnisentwicklung.

Der **eigenständige** Charakter des Zwischenberichtes wird durch die **beispielhafte** Darstellung von Ansatz- und Bewertungsfragen für Vermögenswerte und Schulden betont (IAS 34.30 und IAS 34.32):
- erforderliche Abschreibungen auf Vorratsvermögen (→ § 17 Rz 10),
- der Ansatz von Restrukturierungsrückstellungen (→ § 21 Rz 72),
- außerplanmäßige Abschreibungen wegen Wertminderungen (→ § 11 Rz 8).

Die bilanzielle Beurteilung eines Sachverhaltes hat nach dem eigenständigen Ansatz auf den **Stichtag** des Zwischenabschlusses und **nicht** in **Vorwegnahme** des Jahresabschlusses zu erfolgen (IAS 34.32).[4]

Die amerikanischen Vorschriften zur Zwischenberichterstattung, festgehalten u. a. in APB 28, folgen demgegenüber dem so genannten **integrativen** Ansatz (*integral view*). Danach soll der Zwischenabschluss im Interesse der **Prognosefunktion** geglättete Ergebnisse liefern, die eine Hochrechnung auf das Jahresergebnis ermöglichen. Nach APB 28.16a gilt: „*When a cost ... clearly benefits two or more interim periods (e.g., annual major repairs), each interim period should be charged for an appropriate portion of the annual cost by the use of accruals or deferrals.*"

Idealtypisch lässt sich der Unterschied der beiden Ansätze an folgendem Beispiel darstellen:

Beispiel
Die Produktionsmaschinen werden jeweils im auftragsschwachen 1. Quartal umfangreich gewartet und in Stand gesetzt. Die Kosten sind in Relation zum Jahresergebnis erheblich. Die Aufwendungen erfüllen nicht die Voraussetzungen einer Aktivierung als nachträgliche Anschaffungs- oder Herstellungskosten.

Diskreter Ansatz (IAS 34)
Nach Umkehrschluss aus IAS 34.B2 sind die Aufwendungen voll dem ersten Quartal zu belasten. Eine Abgrenzungsbuchung mit späterer Verteilung

---

[3] Vgl. hierzu ALVAREZ, PiR 2006, S. 220.
[4] Vgl. HEBESTREIT, in: Beck'sches IFRS-Handbuch, 2. Aufl., 2006, § 42 Tz 46.

auf die anderen Quartale ist nicht zulässig. Das Ergebnis des ersten Quartals liefert daher keine gute Prognosebasis für das Ergebnis des Gesamtjahres.

Integrativer Ansatz (APB 28)
Zum Ende des ersten Quartals ist ein aktiver Abgrenzungsposten in Höhe von ³/₄ der Instandhaltungsaufwendungen zu bilden und in den Folgequartalen aufwandswirksam aufzulösen.

20   Tatsächlich sind auch die amerikanischen Vorschriften **nicht durchgängig** dem integrativen Ansatz verpflichtet. Saisonal unregelmäßig anfallende oder gelegentlich erhaltene Erträge sind etwa nicht zu verteilen, sondern in der Zwischenperiode zu erfassen, in der sie anfallen (APB 28.18). Zur Wahrung der Prognosefunktion gilt insofern ein Anhangshinweis auf den saisonalen Charakter als ausreichend,
Im Übrigen führen diskreter und integrativer Ansatz in **vielen Fällen** zum **gleichen Ergebnis**.

Beispiel
Die Arbeitnehmer erhalten jährlich Ende Dezember in Abhängigkeit von der Erreichung von Mindestumsatzzielen des Geschäftsjahres eine Erfolgsbeteiligung.
Nach dem Grundsatz der Periodenabgrenzung *(accrual basis of accounting)* kommt es auf den Zahlungszeitpunkt nicht an. Für den Abschluss des ersten Quartals bedeutet dies:
Soweit nach den besten Schätzungen zum 31.3. vom Überschreiten der Jahresumsatzgrenze auszugehen ist, wird das erste Quartal durch eine Buchung „per Aufwand an Rückstellung" anteilig mit der erwarteten Erfolgsbeteiligung belastet, unabhängig von diskretem oder integrativem Ansatz.

21   IAS 34 folgt vorrangig dem diskreten Ansatz.[5] Entsprechend den Ansatz- und Bewertungsvorgaben des *discrete view* (Rz 17) gestalten sich die Folgeeffekte auf die **GuV**. Nach IAS 34.37 sind **saisonale** und **zyklische Schwankungen** nicht „geglättet" durch **Abgrenzungen** in die Zwischenberichtsperiode einzubuchen. Deshalb dürfen auch Aufwendungen *(costs)* nicht in Vermögenswerte (Abgrenzungsposten) „umfunktioniert" werden, um solche Glättungseffekte zu erreichen (IAS 34.30b). Entsprechendes gilt für die Verbindlichkeiten, die nur bei Vorliegen einer Verpflichtung im Sinne der generell gültigen Ansatzdefinition (→ § 21 Rz 7) angesetzt werden dürfen. Dazu gibt IAS 34.B einige markante Beispiele:
- Für das Jahresende geplante größere **Unterhaltungsaufwendungen** dürfen erst bei Anfall eingebucht werden, eine vorgängige ratierliche Einbuchung ist unzulässig (IAS 34.B2).

---

[5] Gl. A.: Ernst & Young, International GAAP 2007, S. 2475.

- **Urlaubsrückstellungen** dürfen nur stichtagsbezogen – wie im Jahresabschluss – berücksichtigt werden (IAS 34.B10).
- Generell dürfen **Rückstellungen** erst nach Vorliegen der entsprechenden Ansatzkriterien (→ § 21 Rz 13) eingebucht werden.
- Planmäßige **Abschreibungen** dürfen erst ab dem Zugangszeitpunkt des betreffenden Anlagegutes verrechnet werden (→ § 10 Rz 36).
- **Standardkostenabweichungen** zur Wertermittlung der Produkte dürfen nicht abgegrenzt werden (IAS 34.B28).

Zu den daraus folgenden **Ergebnisschwankungen** folgende Beispiele:

> **Beispiel – für die Nichtaktivierung von Aufwendungen**
> Regelmäßig im ersten Quartal eines Jahres nimmt ein Unternehmen an einer wichtigen Branchenmesse teil. Die dort geknüpften Kontakte führen in den kommenden Monaten zu zahlreichen Aufträgen. Auch wenn die aus der Messe resultierenden Erträge erst in den kommenden Zwischenperioden zu erwarten sind, scheiden eine Aktivierung der jährlichen Aufwendungen für die Messeteilnahme und eine zeitanteilige Amortisation über den Rest des Jahres nach IFRS aus, da dies auch in einem Jahresabschluss nicht möglich wäre. Das erste Quartal bleibt somit voll mit den Kosten der Messe belastet.

> **Beispiel – für den Nichtansatz von Verbindlichkeiten**
> Für die zweite Jahreshälfte ist die Überholung einer großen Maschinenstraße geplant. Sofern es hierzu keine Verpflichtung gibt, die nach IAS 37 auch im Jahresabschluss als Rückstellung anzusetzen wäre, kann diese Maßnahme in den Zwischenabschlüssen vor Durchführung keine Berücksichtigung finden (vgl. IAS 34.B2).

In beiden vorstehenden Beispielen wäre eine entsprechende „Abgrenzung" auch im **Ganzjahresvergleich** nicht möglich. Dem steht generell das **Stichtagsprinzip** entgegen. Die Besonderheit in der Zwischenberichterstattung liegt im gegenüber der Jahresrechnung höheren **Ergebnis-„Ausschlag"**. Dieser Effekt tritt auch bei **regelmäßig** – „alle Jahre wieder" – anfallenden Ereignissen auf.
Dazu folgende Beispiele:

> **Beispiel**
> Ein Unternehmen ist an einer Kapitalgesellschaft beteiligt und erhält einmal jährlich eine Dividende. Die entsprechenden Finanzerträge sind in derjenigen Zwischenperiode zu berücksichtigen, in welcher der Dividendenanspruch entstanden ist (→ § 4 Rz 24). Eine Verteilung über mehrere Zwischenperioden des gesamten Jahres kommt nicht in Betracht.

> **Beispiel**
> Ein Hersteller von Schneeräumfahrzeugen tätigt erfahrungsgemäß 30 % seiner Umsätze im ersten Halbjahr, die restlichen 70 % im zweiten Halbjahr. Im ersten Halbjahr 01 konnten Umsätze von 600 Mio. erzielt werden. Die Herstellung der Fahrzeuge erfolgt relativ konstant über das Jahr verteilt. Eine Vorwegnahme eines Teils der im zweiten Halbjahr erwarteten 1.400 Mio. Umsatzerlöse im ersten Halbjahr scheidet aus, da diese noch nicht realisiert worden sind.

Der Saisonverkauf des „Geschäftes" kann auch **umgekehrt** erfolgen – erst Umsatz, dann Aufwand.

> **Beispiel**[6]
> Ein Hersteller und Verarbeiter (Konservierung) von Spargel produziert nur im ersten Halbjahr des Geschäftsjahres, überwiegend unter Inanspruchnahme von Saisonarbeitskräften. Im zweiten Halbjahr fallen im Produktionsbereich nur Unterhaltungsaufwendungen für Maschinen an. Eine Ergebnisglättung der beiden Halbjahre scheidet aus. Das erste Halbjahr kann nicht mit den Unterhaltsaufwendungen im zweiten Halbjahr belastet werden. Die Fixkosten fallen im ersten Halbjahr unterproportional an. Allerdings dürfen die Produktionsmaschinen nicht linear abgeschrieben werden, sondern richtigerweise leistungsabhängig (*sum of the units method*; → § 10 Rz 25).

3.1.2 Unabhängigkeit des Jahresergebnisses von der Häufigkeit der Zwischenberichterstattung

22 Allerdings wird die Vorgabe des *discrete view* durch IAS 34.28 S. 2 relativiert. Danach darf die **Häufigkeit** der Berichterstattung (also z. B. vierteljährlich) **keine Auswirkung** auf die Höhe des Jahresergebnisses nehmen. Danach gilt:
- Die Summe der Ergebnisse, *cash flows* usw. aus den Zwischenperioden soll **nicht nur** den entsprechenden Zahlen des **Geschäftsjahres** gleichkommen,
- **sondern auch** das Ergebnis des Geschäftsjahres unabhängig davon sein, ob und mit welcher **Häufigkeit** Zwischenberichte erstellt werden.

Im Hinblick auf den ersten Punkt sind bei der Ermittlung der auf die aktuelle Zwischenperiode entfallenden Größen in den **Bewegungsrechnungen** (Gewinn- und Verlustrechnung, Kapitalflussrechnung, Eigenkapitalentwicklung) von den seit **Jahresanfang** bis zum **Stichtag** des Zwischenabschlusses angefallenen **Jahresverkehrszahlen** die bereits in **vorhergehenden** Zwischenabschlüssen enthaltenen Werte abzusetzen. Nur die verbleibende Differenz ist in die laufende Zwischenperiode mit aufzunehmen (*year-to-date*-Rechnung). Die Vorperiode als solche darf also nicht angepasst werden (IAS 34.35f., Rz. 28).

---

[6] Nach KPMG, Insights into IFRS 2006/2007, 5.9.130.30

Zum zweiten Punkt folgendes Beispiel:

> **Beispiel**
> Zum Ende des zweiten Quartals steht ein Produkthaftungsfall ins Haus. Das Unternehmen bildet eine angemessene Rückstellung für Prozesskosten und Schadenersatz in Höhe von 1.000.
> Während des dritten Quartals zeichnet sich eine außergerichtliche Einigung mit deutlich niedrigerer Schadenssumme ab. Die zum Ende des dritten und vierten Quartals angemessene Rückstellung beträgt 600. Die Differenz zur bereits gebildeten Rückstellung in Höhe von 400 erhöht als Ertrag aus Rückstellungsauflösung das Ergebnis des dritten Quartals.
> Per saldo ist das Geschäftsjahr mit 600 belastet, mit dem Betrag, der auch bei Verzicht auf eine Zwischenberichterstattung anzusetzen wäre.
> Allerdings führt die Summe der Quartale unsaldiert zu 1.000 Aufwand und 400 Ertrag. Ohne Restriktionen aus dem allgemeinen Saldierungsverbot können hier unter Berufung auf IAS 34.28 S. 2 Aufwand und Ertrag im Jahresabschluss saldiert werden.

Der Ansatz von IAS 34.28 S. 2 ist nur in einem sehr eingeschränkten Sinne als **integrativer** zu bezeichnen (Rz 18). Eine **Glättung** der im Jahresverlauf unregelmäßig anfallenden Erfolgsgrößen mit entsprechenden Abgrenzungsbuchungen wird weder verlangt noch zugelassen. Insoweit ergibt sich überwiegend (zu Ausnahmen Rz 29) auch **kein Gegensatz** zu IAS 34.28 S. 1, sondern eine Arbeitsteilung (Rz 23).

3.1.3 Ergänzung des diskreten Ansatzes um integrative Elemente

Erträge und Aufwendungen haben regelmäßig eine **Mengen-** und **Preiskomponente**:[7]

- Der **diskrete Ansatz** verbietet, ungleichmäßige Erträge oder Aufwendungen, die dem **Grunde** bzw. der **Menge** nach erst in späteren Quartalen anfallen, anteilig vorzuziehen oder umgekehrt, die in den ersten Quartalen anfallenden anteilig den späteren zu belasten. Ausschlaggebend ist das **tatsächliche Mengengerüst** des Quartals. Insoweit besteht ein Vorrang vor dem integrativen Ansatz.
- Hinsichtlich der **Preiskomponente** ist jedoch nach den in IAS 34.B1ff. enthaltenen Beispielen ein nach herkömmlichem Verständnis eher als integrativ anzusehendes Gedankengut maßgeblich. Ist die Preiskomponente von dem Erreichen bestimmter **Jahresbemessungsgrößen** (Schwellenwertvereinbarungen, progressive Tarife etc.) abhängig, soll als Preis schon in den ersten Quartalen der Wert angesetzt werden, der sich nach der voraussichtlichen Jahresbemessungsgröße ergibt.

23

---

[7] Vgl. Lüdenbach, PiR 2007, Heft 2.

Hierzu folgende **Beispiele:**

> **Beispiel 1 (Mengenkomponente)**
> Ein saisonalen Schwankungen unterliegender Betrieb sendet seine Mitarbeiter jeweils im schwachen vierten Quartal zu kostenintensiven Fortbildungen.
> Eine Berücksichtigung der Kosten in den Vorquartalen ist nach IAS 34 nicht zulässig.

> **Beispiel 2 (Preiskomponente)**
> Der effektive Beitragssatz des Arbeitgeberanteils zur Sozialversicherung hängt von der Höhe des Jahresgehalts des Arbeitnehmers ab. In den laufenden Monaten liegt der Arbeitnehmer X deutlich unter der Beitragsbemessungsgrenze. Erst durch einen hohen im vierten Quartal zur Auszahlungen gelangenden Bonus überschreitet er die Beitragsbemessungsgrenze. Aus isolierter Sicht des ersten Quartals beträgt der Arbeitgeberanteil 20 % des Gehalts, aus Sicht des wahrscheinlichen Jahresgehalts nur noch 15 %.
> Der Personalaufwand des ersten Quartals ist auf Basis eines wahrscheinlichen Arbeitgeberbeitragssatzes von 15 % zu berechnen (IAS 34.B1). Hinsichtlich der Jahresprämie selbst besteht kein Gegensatz zwischen diskretem und integrativem Ansatz. Knüpft die Jahresprämie an die Jahresarbeitsleistung an, ist sie im ersten Quartal insoweit wirtschaftlich verursacht und damit durch eine Rückstellung zu berücksichtigen (diskreter Ansatz), wie die Quartalsarbeitsleistung im Verhältnis zur erwarteten Gesamtjahresarbeitsleistung steht (Rz 25). Dies entspricht der Lösung nach dem integrativen Ansatz.

Auch für die Bemessung des **Ertragsteueraufwandes** gilt:[8]

- Als steuerliche **Bemessungs**grundlage („Mengenkomponente" i. w. S.) ist das steuerliche Quartalsergebnis heranzuziehen,
- der bei progressiven Steuern vom Jahresergebnis abhängige **Steuersatz** („Preiskomponente" i. w. S.) ist hingegen auf Basis der Jahreserwartungen zu bestimmen (IAS 34.30c).

Diese Schätzung der mutmaßlichen jährlichen Steuerquote ist weiterzuführen und ggf. aufgrund des Ergebnisses der folgenden Zwischenberichtperiode anzupassen (IAS 34.B13). Dabei können sich „Verwerfungen" insbesondere durch indirekte Progressionseffekte über Verlustvorträge ergeben.

> **Beispiel**
> Ein Unternehmen erwirtschaftete im Geschäftsjahr 01 einen steuerlichen Verlust von 10 Mio. EUR, im ersten Halbjahr des Geschäftsjahres 02 einen

---

[8] Einzelheiten bei LOITZ, DStR 2006, S. 388, 439.

> Gewinn von 5 Mio. EUR. Für das saisonal starke zweite Halbjahr wird mit einem Gewinn von 15 Mio. EUR gerechnet. Es gilt ein Steuersatz von 25 %. Eine (deutsche) Mindestbesteuerung gilt nicht.
> Da für das Gesamtjahr unter Einbeziehung des steuerlichen Verlustvortrags ein Ergebnis von 20 – 10 = 10 Mio. EUR erwartet wird, beträgt die Steuer des Jahres 2,5 Mio., die effektive Steuerquote also 2,5 Mio. / 20 Mio. = 12,5 %. Mit dieser Quote und nicht etwa mit einem Satz von 0 % ist das Ergebnis des ersten Habjahrs zu belasten.

Vorstehende konzeptionelle Überlegungen mögen für den Praktiker auf den ersten Blick zu vieles offenlassen, denn ihm geht es nicht um Konzepte, sondern um die **Lösung** seines Falles. Bei zweitem Hinsehen bieten sich **kasuistische** Antworten entsprechend den Einzelregelungen von IAS 34 mit den dort in den Anhängen aufgeführten Beispielen an. Dieser pragmatische Ansatz wird ergänzt durch die vom Standard ohnehin aus *cost-benefit*-Gesichtspunkten (Rz 1) gewährten **Vereinfachungen** (Rz 30) und das bei der Zwischenberichterstattung noch mehr ins Gewicht fallende **Schätzungs**erfordernis für sehr viele Bilanzposten (Rz 31).

3.2 Kasuistik häufiger Sachverhalte

3.2.1 Jahresendvergütungen an Mitarbeiter (Boni)

IAS 34.B5 liefert ein Beispiel zur unterjährigen Erfassung von kurzfristig fälligen, leistungs- oder gewinnabhängigen **Vergütungen** (Gratifikationen, Tantiemen) an Arbeitnehmer i. S. d. IAS 19.8 (→ § 22 Rz 71). Diese sind im Zwischenabschluss sowie im Jahresabschluss nach Maßgabe von IAS 37.14 (→ § 21 Rz 18) anzusetzen. Die Ansatzkriterien sind auch am Stichtag des Zwischenabschlusses erfüllt (Rz 17), da die vom Arbeitnehmer geschuldete Gegenleistung bis dahin zeitanteilig erbracht worden ist. Entsprechend nimmt IAS 34.B6 Bezug auf die Formulierung in IAS 34.39 und verlangt einen Rückstellungsansatz „retrograd" durch Vorwegnahme des Aufwandes („*anticipate*"). Allerdings bleibt das „Volumen" des Aufwandes undefiniert.

> **Beispiel**[9]
> Ein Mitarbeiter erhält vertraglich eine von bestimmten Kriterien abhängige Jahressonderzahlung. Zum 31.3. wird diese auf 16.000 EUR für das Gesamtjahr geschätzt, am 30.6. auf 20.000 EUR. Unabhängig von dem diskreten oder integrativen Ansatz ergibt sich folgende Aufwandsentwicklung.
>
> | | 1. Quartal | 2. Quartal | 3. Quartal | 4. Quartal | Jahr |
> |--------------|------------|------------|------------|------------|--------|
> | Rückstellung | 4.000 | 10.000 | 15.000 | 20.000 | 20.000 |
> | Aufwand | 4.000 | 6.000 | 5.000 | 5.000 | 20.000 |

---

[9] Nach ALVAREZ, PiR 2006, S. 225.

Im Sinne einer Sammelbewertung ist dabei die mutmaßliche Mitarbeiterfluktuation gemäß IAS 19.18 zu berücksichtigen. Diese Betrachtungsweise wird für den unterjährigen Abschluss durch IAS 34 allerdings nicht förmlich bestätigt.[10] Eine zeitanteilige Aufwandsverrechnung ergibt sich in jedem Fall nach Maßgabe des integrativen Ansatzes, u. E. aber auch aus Sicht des *discrete view* (Rz 17).[11] Ein Ansatzkriterium für Verbindlichkeiten/Rückstellungen stellt das **Vergangenheits**ereignis dar (→ § 21 Rz 20). Dieses ist nicht (nur) durch Rechtsansprüche, sondern auch durch wirtschaftliche Leistungselemente definiert. Die Verbindlichkeit wächst bis zur Erfüllung durch die erbrachte Arbeitsleistung an.

> **Beispiel**
> Der Arbeitnehmer im vorstehenden Beispiel stellt seine Tätigkeit am 31.5. ein, um ein unbezahltes Sabbatjahr wahrzunehmen. Die Jahressonderzahlung wird dann nur anteilig ausbezahlt.
>
> **Abwandlung**
> Für einen schwierigen auf drei Jahre fest vereinbarten Auslandseinsatz mit Beginn am 1.1.01 erhält ein leitender Ingenieur eine Jahressonderzahlung von 50 TEUR, insgesamt also 150 TEUR, zahlbar nach dem Ende des Auslandseinsatzes. Im Jahresabschluss zum 31.12.01 sind 50 TEUR und nicht 150 TEUR über Verbindlichkeit dem Aufwand zu belasten – konkret im 1. Quartal 01 12.500 EUR.
> *Diese – zeitanteilige bzw. integrative – Lösung entspricht auch der Vorgehensweise bei der Aufwandsverrechnung für Aktienoptionen (→ § 23 Rz 58).*

3.2.2 Bedingte Leasingzahlung

26 IAS 34.B7 stellt den Fall einer **bedingten** Leasingzahlung dar (→ § 15 Rz 51). Der Leasingvertrag kann eine bedingte Zahlungsverpflichtung des Leasingnehmers bei Erreichen eines bestimmten **Jahres**umsatzes vorsehen. In diesem Fall ist eine ansatzpflichtige Verbindlichkeit für den Zwischenabschluss schon dann anzunehmen, wenn (zum Zwischenabschlussstichtag) das Jahresziel zwar noch nicht erreicht ist, aber vom Erreichen bis zum Jahresende ausgegangen werden kann. Dies entspricht der Differenzierung zwischen Mengen- und Preiskomponente (Rz 23). Daraus ist u. E.[12] – mit der vorstehenden Begründung (Rz 25) zur Jahressonderzahlung an Mitarbeiter – eine unterjährige Aufwandsabgrenzung abzuleiten, andererseits wird auch die Einbuchung mutmaßlicher voller Jahresverpflichtung befürwortet, sobald die Zielerrei-

---

[10] Vgl. hierzu Hebestreit, in: Beck'sches IFRS Handbuch, 2. Aufl., 2006, § 42 Tz 58.
[11] A. A. Alvarez, PiR 2006, S. 325.
[12] So auch Hebestreit, in: Beck'sches IFRS Handbuch, 2. Aufl., 2006, § 42 Tz. 47.

chung in Aussicht steht,[13] oder eine erstmalige Berücksichtigung erst dann, wenn die Jahresbezugsgröße erreicht ist.[14]

3.2.3 Vergütete Nichtarbeitszeiten

Nach IAS 19.11 (→ § 22 Rz 2) sind zu unterscheiden:

- **ansammelbare** Ansprüche aus Urlaubsgewährung und Gleitzeitguthaben,
- **nicht ansammelbare** Ansprüche aus Krankheit, Erziehungsurlaub, sonstige Abwesenheitszeiten (*sabbaticals*).

IAS 34.B10 differenziert entsprechend:
Rückstellungen sind **nur** für – am Stichtag bestehende – **ansammelbare** Ansprüche zu bilden, da dann eine entsprechende ansatzbegründende Verpflichtung besteht. Diese ist mit einer unterstellten Abgeltung für die bis zum Stichtag aufgelaufenen Ansprüche (Arbeitsfreistellung) zu bewerten. Das gilt auch für den Zwischenabschluss, selbst wenn bis zum Stichtag des Jahresabschlusses mit einer Kompensation zu rechnen ist.[15] U. E. entspricht diese Lösung sowohl dem eigenständigen (Rz 17) als auch dem integrativen (Rz 22) Ansatz.

27

3.2.4 Mengenrabatte und Ähnliches

Vertraglich fixierte Mengenrabatte und ähnliche Preisänderungen sind nach IAS 34.B23 sowohl vom Empfänger als auch vom leistenden Unternehmen periodengerecht abzugrenzen (*anticipate*), sofern am Stichtag des Zwischenabschlusses eine **Wahrscheinlichkeit** des Eintretens besteht. Auch bei ihnen stellt sich die Frage, ob nach dem eigenständigen Ansatz[16] der mutmaßliche **Gesamt**betrag des Jahres in den Zwischenabschluss einzustellen ist oder eine **zeitanteilige** Zuordnung nach dem integrativen Ansatz erfolgen muss.[17] U. E. ist wieder mit der Begründung unter Rz 25 die **zeitanteilige** Einbuchung vorzugswürdig. Das gilt gleichermaßen für Rabatt**ansprüche** und **-verpflichtungen**, **nicht** aber für Sonderrabatte und ähnliche verkaufsfördernde Maßnahmen.

28

3.2.5 *Impairment*-Abschreibung und Wertaufholung

Nach IAS 34.B36 sind für den Zwischenbericht die gleichen Kriterien für den *impairment*-Test und die Wertaufholung anzulegen wie für den Jahresabschluss. Für folgende Vermögenswerte besteht nach den IFRS ein Wertaufholungs**verbot** nach vorheriger *impairment*-Abschreibung:

29

---

[13] So Alvarez, PiR 2006, S. 226, und Baetge/Bruns/Rolvering, Rechnungslegung nach IAS, 2. Aufl., IAS 34 Tz. 181.
[14] Peemöller, in: Wiley, IAS/IFRS, 2005, Abschn. 19 Tz 11.
[15] So auch Hebestreit, in: Beck'sches-IFRS Handbuch, 2. Aufl., 2006, § 42 Tz 57; Alvarez, PiR 2006, S. 226; a. A. Baetge/Bruns/Rolvering, Rechnungslegung nach IAS, 2. Aufl., IAS 34 Tz. 151.
[16] So Alvarez, PiR 2006, S. 226.
[17] So Ammedick/Strieder, Zwischenberichterstattung börsennotierter Gesellschaften, 2002, Tz. 428; Hebestreit, in: Beck'sches IFRS-Handbuch, 2. Aufl., 2006, § 42 Tz 47; Peemöller, in: Wiley, IAS/IFRS, 2005, Abschn. 19 Tz 51.

- *Goodwill* aus einem Unternehmenszusammenschluss nach IAS 36.124 (→ § 11 Rz 76).
- Hilfsweise zu Anschaffungskosten bewertete Eigenkapitalinstrumente (Anteile) nach IAS 39.66 (→ § 28 Rz 149)

Bei *available-for-sale*-Eigenkapitalinstrumenten ist nach IAS 39.69 die außerplanmäßige Abschreibung GUV-wirksam, die Wertaufholung hingegen erfolgsneutral (→ § 28 Rz 167).

Daraus stellt sich im Hinblick auf die Zwischenberichterstattung die Frage: Gilt das Wertaufholungsverbot bzw. die Erfolgsneutralität der Wertaufholung auch dann, wenn zum Stichtag eines Zwischenberichtsabschlusses die Wertminderung gegeben war, bis zum Ende des Jahresabschlusses oder eines vorhergehenden Zwischenabschluss der Wertminderungsgrund aber weggefallen ist? Die Antwort darauf differiert je nach Gültigkeit des **eigenständigen** (Rz 17) oder des (eng interpretierten) **integrativen** Ansatzes (Rz 22): Im erstgenannten Fall wird „streng" stichtagsbezogen betrachtet; eine einmal eingetretene Wertminderung verhindert eine spätere (erfolgswirksame) Wertaufholung. Im zweiten Fall wird der Wertminderungstatbestand am Stichtag des Zwischenabschlusses ignoriert, es wird ausschließlich auf die Wertverhältnisse am Jahresabschlussstichtag abgehoben, damit das Jahresergebnis von der Häufigkeit der Zwischenberichterstattung unberührt bleibt.

IFRIC 10.8 schreibt für die genannten Fälle den **eigenständigen** Ansatz vor und gibt damit bei Konfliktfällen IAS 34.28 S. 1 Vorrang vor IAS 34.28 S. 2. Dazu folgendes Beispiel:

Beispiel

Die Unternehmen A und B haben den Abschlussstichtag 31.12. Sie halten jeweils 100 Aktien der XYZ AG, die als *available for sale* (→ § 28 Rz 150) qualifiziert sind. A erstattet vierteljährlich Zwischenbericht, B veröffentlicht keine Zwischenberichte.

Zum 31.3. nimmt A eine erfolgswirksame *impairment*-Abschreibung von 30 auf die XYZ-Aktien vor. Bis zum 30.6. steigt der Kurs der XYZ-AG-Aktien unerwartet wieder auf das zuvor bestehende Kursniveau, der Grund für die Wertminderungsabschreibung zum 31.3. fällt weg.

- Im zweiten Vierteljahresabschluss der A wird die vorgenommene Wertminderung erfolgsneutral aufgeholt. Im Jahresabschluss entsteht ein Aufwand von 30.
- Die B bucht keinen Aufwand, da zum Bewertungsstichtag (31.12.) keine Wertminderung mehr vorliegt.

Im Ergebnis bestimmt die Häufigkeit der Zwischenberichterstattung die erfolgsmäßige Abbildung ein und desselben Sachverhaltes und beeinträchtigt entsprechend die zwischenbetriebliche Vergleichbarkeit von Zwischen- und Jahresabschlüssen.

> **Beispiel**
> Die Unternehmen A und B haben den Abschlussstichtag 31.12. Sie halten jeweils 50 % am *joint venture* X und konsolidieren den Anteil quotal (→ § 34 Rz 60), A erstattet vierteljährlich Zwischenberichte, B veröffentlicht keine Zwischenberichte.
> Zum 31.3. nimmt A eine *goodwill*-Abschreibung von 30 auf das *joint venture* vor. Bis zum Jahresende ist der Grund für die Wertminderungsabschreibung entfallen.
> - Im Jahresabschluss der A entsteht ein Aufwand von 30. Der *goodwill* ist wegen des Wertaufholungsverbotes um 30 niedriger als im Vorjahr.
> - Die B bucht keinen Aufwand und keine Minderung des *goodwill*, da zum Bewertungsstichtag (31.12.) keine Wertminderung vorliegt.

Diese aus dem eigenständigen Ansatz abgeleitete Lösung des IFRIC soll nach IFRIC 10.9 **nicht** analog auf **andere** Sachverhalte angewandt werden. Diese Aussage lässt offen, ob in analogen Fällen gerade umgekehrt IAS 34.28 S. 2 Vorrang zu geben ist oder nach Belieben verfahren werden kann.

3.2.6 Vereinfachte Bewertungstechniken
In IAS 34.B und C sind auch eine Reihe von Beispielen enthalten, die im Sinne der *cost-benefit*-Betrachtung (Rz 1) **Vereinfachungen** illustrativ, also nicht abschließend, für typische Bilanzierungsfragen auflisten.

- **Rückstellungen** (Rz 24) für Pensionen, Garantien, Rechtsstreitigkeiten oder Rekultivierungsverpflichtungen können im Zwischenabschluss oftmals mittels pauschaler Fortschreibung der Vergangenheit oder aufgrund von Schätzungen ermittelt werden. Die Einbeziehung externer Experten zur Wertfindung ist nicht erforderlich.
- Im **Vorratsvermögen** (Rz 17) ist bei angemessener Bestandsführung keine **Inventur** notwendig und die Bewertung kann bei Vorliegen entsprechender Informationen anhand von **Stichproben** oder aufgrund geschätzter Gewinnmargen erfolgen. Bei Anwendung der **Standardkostenmethode** sind auslastungsbedingte Schwankungen auch unterjährig in der Bewertung zu berücksichtigen. Gleiches gilt für Verluste aufgrund **gesunkener Verwertungspreise**.
- **Erwartete Boni, Rabatte und Skonti** sind sowohl auf der Absatz- wie auf der Beschaffungsseite zu berücksichtigen, sofern deren Erstattung am Jahresende verbindlich geregelt ist. Erhoffte Nachlässe oder Nachlässe ohne Verpflichtung sind nicht anzusetzen (Rz 28).
- Erfolgt eine **Neubewertung** von Anlagevermögen gemäß IAS 16 (→ § 8 Rz 52ff.) oder eine *fair-value*-Bewertung gemäß IAS 40 (→ § 16 Rz 42), so kann diese möglicherweise ohne externe Gutachten erfolgen. Ein *impairment*-Test gemäß IAS 36 (→ § 11 Rz 8ff.) ist nur dann im Detail vorzunehmen, wenn Hinweise auf Abwertungsbedarf vorliegen.

30

- In der **Abstimmung** innerkonzernlicher Positionen kann unterjährig weniger gründlich vorgegangen werden als am Jahresende (→ § 32 Rz 111).
- Gewinne oder Verluste aus **Fremdwährungsgeschäften** (→ § 27 Rz 22) sind auch unterjährig zu vereinnahmen, unabhängig davon, ob bis Jahresende eine entsprechende Umkehr erwartet wird oder nicht.

3.2.7 Änderungen von Schätzungen und Bewertungsmethode

31 Implizit geht der **Vereinfachungs**gedanke auch aus IAS 34.26 hervor. Dort sind abweichend zu den vergleichbaren anderen Standards, die sich mit Ansatz- und Bewertungsfragen befassen, die **Schätzungserfordernisse besonders** angesprochen. Eine mögliche Interpretation ist jedenfalls: Bei der Zwischenabschlusserstellung kann im Schätzungsprozess eher **großzügig** verfahren werden. Wenn sich dann bei der Erstellung des Jahresabschlusses ein wesentliches Änderungserfordernis im Schätzungsprozess herausstellt, ist dies im Anhang zum Jahresabschluss zu erläutern.

Neben der Änderung von Schätzungen können sich unterjährig auch **Änderungen** der angewandten **Bilanzierungs- und Bewertungsmethoden** ergeben. Gemäß IAS 8 sind die daraus resultierenden kumulierten Umstellungseffekte erfolgsneutral im Ergebnisvortrag zum Beginn der dargestellten Perioden aufzunehmen (→ § 24 Rz 25). Danach müssen sowohl die bisherigen für das laufende Jahr vorgelegten Zwischenabschlüsse als auch die entsprechenden Vergleichszahlen der Vorperiode rückwirkend **angepasst** werden. Eine **Befreiung** hiervon besteht lediglich dann, wenn die Anpassung nur mit einem unzumutbar hohen Aufwand durchführbar wäre (IAS 34.44 i. V. m. IAS 8.23ff.).

4 Angaben

32 Neben den dargestellten zusammenfassenden Zahlenangaben muss ein Zwischenbericht gemäß IAS 34 auch ausgewählte *(selected)* Anhangsangaben enthalten. Die Auswahl der offenzulegenden Informationen erfolgt unter Annahme, dass dem Leser des Zwischenberichts auch der **vorhergehende vollständige Jahresabschluss** nach IFRS bekannt ist. Da der Zwischenbericht eher der kurzfristigen Information dient, sind nur solche Anhangsangaben zwingend, die **wesentliche Veränderungen** zu den dem letzten Jahres- oder Konzernabschluss zugrunde liegenden wirtschaftlichen Verhältnissen aufzeigen, um so den Adressaten auf dem neuesten Stand der Unternehmensentwicklung zu halten (Rz 1). Die Offenlegung weiter gehender Angaben wird teilweise sogar als kontraproduktiv angesehen, da sie von den eigentlich **wichtigen** Entwicklungen ablenken und diese in den Hintergrund drängen kann.[18]

Zum Erfordernis einer Anhangerläuterung, die in der **strukturellen** Änderung von **wesentlichen** Unternehmensdaten gegenüber dem letzten Jahresabschluss begründet ist, folgendes Beispiel:

---

[18] Vgl. ALVAREZ/WOTSCHOFSKY, 2000, S. 56.

> **Beispiel**
>
> **Sachverhalt**
> Unternehmen F hatte in den letzten Jahren eine stetige Umsatzentwicklung mit jeweils geringen Zuwachsraten ausgewiesen. Aufgrund von plötzlich eintretenden Änderungen im Nachfrageverhalten wichtiger Abnehmer ist im ersten Halbjahr 01 der Umsatz um 30 % eingebrochen. Dies hätte an sich eine sofortige Reduktion der Produktion unter Einführung von Kurzarbeit und nennenswerte Entlassungen von Mitarbeitern bedingt. Stattdessen hat das Management die sonst am Markt einstweilen nicht verkäufliche Produktion an verschiedene nahe stehende Personen fakturiert und so einen stetigen Umsatz ausgewiesen.
>
> **Lösung**
> Im Anhang des betreffenden Zwischenabschlusses ist auf diese Geschäfte mit *related parties* (→ § 30) speziell einzugehen, weil im letzten Jahresabschluss selbst dieser Sachverhalt nicht vorgelegen hat. Diese Anhangsangabe wird auch in E-DRS 21 Tz 50 verlangt (Rz 36).

Als Mindestumfang ist gemäß IAS 34.16 der folgende **Katalog** von Anhangsangaben in einen Zwischenabschluss aufzunehmen, sofern diese sich nicht aus anderen Elementen des Abschlusses ergeben und für das Verständnis der vergangenen Zwischenberichtsperiode oder des gesamten Zeitraums seit dem letzten Jahresabschluss von Bedeutung sind:

- Hinweis auf **Veränderungen** bei den angewandten **Bilanzierungs- und Bewertungsmethoden** und die sich hieraus ergebenden Auswirkungen auf Ergebnis, Ergebnis je Aktie und das Eigenkapital sowie weitere wesentliche betroffene Positionen des Zwischenabschlusses. Sind keine Veränderungen erfolgt, so ist dies durch eine entsprechende ausdrückliche Aussage zu bestätigen.

33

> **Beispiel**
> Ein Unternehmen entscheidet sich zur Ausübung des Wahlrechtes nach IAS 23 und aktiviert die während der Herstellungszeit von Anlagevermögen anfallenden Zinsen (→ § 9 Rz 14f.).

- Erläuternde Angaben über eventuelle **saisonale** oder **zyklische Eigenheiten** des Geschäfts des Unternehmens.

> **Beispiel**
> Ein Sportwagenhersteller überlegt, erstmals Zwischenberichte nach IFRS zu veröffentlichen. Die Verkaufszahlen und damit die Umsatzerlöse und das Ergebnis schwanken unterjährig jedoch erheblich, wobei traditionell im Frühjahr ein wesentlich höheres Absatzvolumen erzielt wird als im Herbst.

Um bei der Analyse von Zwischenabschlüssen nachhaltige Umsatzveränderungen von rein saisonal bedingten Absatzschwankungen zu trennen, könnten – über das ohnehin darzustellenden Vorjahr – im Anhang entsprechende Erfahrungswerte aus den vergangenen Jahren aufgenommen werden. Die Sorge, Zwischenberichte würden bei saisonalen Geschäften zu unerwünschten kurzfristigen Reaktionen des Kapitalmarkts führen, scheint vor diesem Hintergrund unbegründet.

- Erläuterung von **Sachverhalten**, die sich auf Aktiva, Verbindlichkeiten, Eigenkapital, Ergebnis oder *cash flow* auswirken und aufgrund ihrer Höhe, ihrer Art oder des Rhythmus ihres Auftretens **ungewöhnlich** sind.

Beispiel
Durch eine Änderung im angebotenen Produktspektrum kann eine Fertigungsstraße nicht mehr wie geplant genutzt, sondern muss verschrottet werden. Es kommt zu einer *impairment*-Abwertung gemäß IAS 36 (→ § 11 Rz. 8ff.).

- **Änderungen** von in Vorperioden erfolgten **Schätzungen**, sofern diese wesentliche Auswirkungen auf die laufende Zwischenperiode haben.

Beispiel
Im letzten Jahresabschluss wurde eine hohe Rückstellung für Restrukturierungsmaßnahmen gebildet. Durch eine Sondervereinbarung mit dem Betriebsrat kann die Unternehmensleitung einen Teil der befürchteten Entlassungen durch ein neues Arbeitszeitmodell vermeiden. Die für den Sozialplan gebildete Rückstellung wird nicht benötigt und kann ergebniswirksam aufgelöst werden.

- Ausgabe, Erwerb oder Rückzahlung von **Eigen- oder Fremdkapitalpapieren**.
- **Ausgezahlte Dividenden** für jede ausstehende Aktiengattung, wobei die Angabe in Summe des gezahlten Betrages oder pro Aktie geschehen kann.
- Eine eingeschränkte Segmentberichterstattung, bestehend aus **Umsatz** und **Ergebnis** für die **primären Segmente** im Sinne von IAS 14 (→ § 36 Rz 110ff.).
- **Nach dem Stichtag** des Zwischenabschlusses liegende Ereignisse, sofern diese noch nicht im Zwischenabschluss Berücksichtigung gefunden haben.

Beispiel
Das erste Quartal eines Pharmaunternehmens endet am 31. März. Am 5. April kommt es zu einer Verfügung der Gesundheitsbehörde, wonach eines der wichtigsten Medikamente wegen vermuteter schädigender Nebeneffekte vom Markt zu nehmen ist.

- Auswirkungen von **Veränderungen** in der **Zusammensetzung** der berichtenden Unternehmenseinheit, die während der Zwischenperiode aufgetreten sind. Dies umfasst Erst- und Entkonsolidierungen, den Erwerb und die Veräußerung von Beteiligungen und assoziierten Unternehmen, Restrukturierungen sowie nicht fortgeführte Geschäftsbereiche *(discontinued operations)*.
- Veränderungen der **Haftungsverhältnisse** und sonstigen **ungewissen Verpflichtungen** seit dem letzten Jahresabschluss.

Beispiel
Nach den mit einem wesentlichen Kreditgeber ausgehandelten Bedingungen muss die Bank der Eröffnung neuer Niederlassungen und dem Eintritt in neue Märkte durch das Unternehmen zustimmen. Hält sich das Unternehmen nicht an diese Vereinbarungen *("debt covenants")*, kann die Bank die sofortige Rückzahlung der Kredite verlangen.
Die Geschäftsführung des Unternehmens hat im vergangenen Quartal eine Zweigniederlassung in Singapur gegründet. Die Zustimmung der Bank wurde angefordert, liegt jedoch noch nicht vor.

Die konkrete **Art und Weise**, in der die vorstehend dargestellten Offenlegungen und Angaben zu erfolgen haben, ist in IAS 34 nicht explizit geregelt. IAS 34.17 verweist hierzu auf diejenigen Stellen der IFRS, in denen die betreffenden Offenlegungen für Zwecke des Jahresabschlusses festgelegt sind. In der Regel sind dies die Hinweise zur *disclosure* bei den jeweiligen Einzelstandards, soweit sie die entsprechenden Bilanzpositionen betreffen, oder explizite Regelungen zu Anhangsangaben (z. B. IAS 37 zu *contingent liabilities*). Sofern sich somit dem **Grunde** nach zwingende Anhangsangaben in einem Zwischenbericht ergeben, sind für diese Bereiche in **inhaltlicher** Hinsicht die für einen vollständigen Jahresabschluss üblichen Angaben vorzunehmen.[19] In **zeitlicher** Hinsicht müssen die Angaben für den gesamten Zeitraum seit dem vorhergehenden Jahresabschluss erfolgen, nicht nur – sofern vom kumulierten Zeitraum abweichend – für die unmittelbar zu Ende gehende Zwischenperiode.[20]
Auf die **Checkliste Abschlussangaben** wird verwiesen (→ § 5 Rz 8).

5 Zwischenberichterstattung nach Börsenrecht und TUG

Eine **gesetzliche Pflicht** zur Zwischenberichterstattung ergibt sich in Deutschland aus § 40 BörsG. Demnach haben börsennotierte Unternehmen

---

[19] So auch ALEXANDER/ARCHER, 2005, S. 22.05.
[20] Vgl. ebenda S. 24.06.

innerhalb des Geschäftsjahres regelmäßig mindestens einen Zwischenbericht (also **Halbjahres**berichterstattung) zu veröffentlichen. Nähere Details insbesondere hinsichtlich des Umfangs der erforderlichen Angaben wurden zunächst in §§ 53–62 der **Börsenzulassungsverordnung** geregelt.[21] Darüber hinaus haben Unternehmen, die im *Prime Standard* der Deutschen Börse AG (DAX, MDAX, TecDAX) notiert sind, einen **Quartalsbericht** – entsprechend dem Konzernabschluss – nach IFRS oder US-GAAP zu erstellen und zu veröffentlichen.[22] Bei einer Quartalsberichterstattung nach IFRS ist IAS 34 einschlägig (Rz 2). Im Freiverkehr wird regelmäßig auch von den betreffenden Börsen keine Zwischenberichterstattung verlangt.[23]

Des Weiteren haben der Ministerrat und das EU-Parlament am 15. Dezember 2004 die **Transparenz-Richtlinie** (Richtlinie 2004/109/EG) verabschiedet. Gegenstand der Richtlinie sind neben der Festlegung von Veröffentlichungsfristen und -arten sowie der Harmonisierung der Meldepflichten zum Aktienbesitz insbesondere die intensiv diskutierten Regelungen zur Zwischenberichterstattung.

Artikel 5 der Richtlinie sieht verpflichtend die **Halbjahres**finanzberichterstattung für Eigen- und Fremdkapitalemittenten vor. Im Gefolge der EU-Richtlinie ist das **Transparenzrichtlinie-Umsetzungsgesetz (TUG)** mit Wirkung ab 20.1.2007 ergangen.

Gesetzestechnisch werden dann aus Redundanzgesichtspunkten die bisherigen Vorschriften zur Zwischenberichterstattung nach §§ 53ff. BörsZulV aufgehoben.

36 Nach dem TUG sind Inlandsemittenten für Aktien oder Schuldtitel i. S. d. § 2 Abs. 1 S. 1 WpHG zur Erstellung eines **Halbjahres**finanzberichtes für die ersten sechs Monate eines Geschäftsjahres verpflichtet mit spätester Veröffentlichung zwei Monate nach Ablauf dieses Zeitraums. Auf **freiwilliger** Basis kann die Berichterstattung auch **viertel**jährlich erfolgen. Die der IAS-Verordnung (→ § 7 Rz 8) unterliegenden Konzerne müssen bei ihrer Halbjahresberichterstattung – im *Prime Standard* notierte Konzerne beim Vierteljahresbericht (Rz 35) – IAS 34 beachten. Zur Halbjahresberichterstattung der Unternehmen außerhalb des Anwendungsbereichs der IAS-Verordnung hat der Deutsche Standardisierungsrat in ED-DRS 21 zur Ablösung des bisher gültigen DRS 6 detaillierte Vorgaben gemacht, die weitestgehend an den Inhalt von IAS 34 angelehnt sind. Zusätzlich werden in ED-DRS 2 ein Zwi-

---

[21] Vgl. BECK, DB 2005, S. 1478f.
[22] Vgl. DEUTSCHE BÖRSE AG, Ihr Weg an die Börse, Entry Standard – General Standard – Prime Standard, Dezember 2005, S. 82ff.
[23] So sind z. B. im Prime Standard der Deutschen Börse AG (DAX, MDAX, TecDAX) Quartalsberichte Pflicht. Im Freiverkehr wird regelmäßig auch von den betreffenden Börsen keine Zwischenberichterstattung verlangt. In der Literatur wurde DRS 6 zum Anlass genommen, im Zuge der Anforderungen unter „Basel II" auch für nichtbörsennotierte Unternehmen eine Zwischenberichterstattung in Anlehnung an DRS 6 vorzuschlagen, vgl. KNIEF/NÖTHEN, DB 2002, S. 105.

schen**lagebericht** und besondere Angaben zu Geschäftsbeziehungen mit **nahe stehenden** Personen (Rz 32) verlangt.

Zwischenabschlüsse unterliegen nach dem TUG keiner regulären **Abschlussprüfung** und auch nicht einer **prüferischen Durchsicht.** Der mögliche Verzicht auf diese Prüfungen ist im Anhang des Zwischenabschlusses offenzulegen.

Wegen Einzelheiten zum bislang gültigen DRS 6 wird auf die Vorauflage verwiesen.

Neben einem Halbjahresfinanzbericht hat der Inlandsemittent (Rz 36) zum Schluss des ersten und dritten Quartals eines jeden Geschäftsjahrs jeweils eine **Zwischenmitteilung** zu erstellen und spätestens sechs Wochen nach Ablauf des Mitteilungszeitraums der Öffentlichkeit zur Verfügung zu stellen. Die Zwischenmitteilung soll nach Abs. 2 einen Überblick über die Geschäftstätigkeit des Unternehmens in dem drei Monate umfassenden Mitteilungszeitraum geben. **Ausgenommen** von der Erstellung einer Zwischenmitteilung sind jene Unternehmen, die einen Quartalsfinanzbericht erstellen und veröffentlichen.

37

6 Anwendungszeitpunkt, Rechtsentwicklung

IAS 34 ist erstmals auf ein ab dem 1. **Januar 2005** beginnendes Geschäftsjahr anzuwenden. Eine frühere Anwendung wird vom *Board* befürwortet. Wegen der früher gültigen Fassung wird auf die 4. Auflage verwiesen.

38

IFRIC 10 (Rz 29) ist auf Geschäftsjahre anzuwenden, die nach dem 31.10.2006 beginnen.

39

Die Besonderheiten der Zwischenberichterstattung bei IFRS-**Erstanwendung** sind in (→ § 6 Rz 17) kommentiert.

40

Wegen des Transparenzrichtlinieumsetzungsgesetzes (TUG) wird auf Rz 36 verwiesen.

7 Zusammenfassende Praxishinweise

- Die IFRS können keine Vorgabe zur Erstellung von Zwischenabschlüssen dem Grunde nach machen, dies bleibt den **nationalen** Instanzen vorbehalten (Rz 2). Wenn allerdings die Rechnungslegung nach IFRS erfolgt, sind die Inhalte von IAS 34 zu beachten (Rz 2). Entsprechend muss auch ein Zwischenbericht die *compliance*-Erklärung enthalten (Rz 3).
- Im Interesse des Ausgleichs von *cost* und *benefit* (Rz 1) kommt dem *materiality*-Gedanken besondere Bedeutung zu (Rz 5).
- Der Zwischenbericht muss im Wesentlichen die **üblichen Bestandteile** eines Jahresabschlusses enthalten, allerdings in zusammengefasster Form (Rz 9). Das gilt auch für Vorjahresvergleichszahlen (Rz 12).
- Wegen möglicher **Zusammenfassungen** der einzelnen Abschlussbestandteile vgl. Rz 15.

41

Hoffmann/Leibfried

- Konzeptionell besteht das Hauptproblem des IAS 34 und damit der Zwischenberichterstattung überhaupt in der Unterscheidung zwischen **eigenständigem** und **integrativem** Ansatz (Rz 17). **Beiden** folgt das Ansatz- und Bewertungskonzept von IAS 34 (Rz 24) ohne eine explizit ausgesprochene Vorrangigkeit. Eines dieser Aspekte, bei dem die unterschiedlichen Auswirkungen der beiden Ansätze für die Abbildung eines Sachverhaltes im Abschluss zum Ausdruck kommen, hat sich IFRIC 10 angenommen: der Frage nach dem **Wertaufholungsverbot** nach vorhergehender *impairment*-Abschreibung (Rz 29).
- Die Pflicht zur **Anhangerläuterung** wird bei der Zwischenberichterstattung gegenüber dem Jahresabschluss stark reduziert. Der Adressat des Zwischenberichtes soll sich zunächst auf die gegenüber dem letzten Jahresabschluss unveränderte wirtschaftliche Situation verlassen können und darf deshalb wichtige Änderungen, die sich in der Zwischenberichtsperiode gegenüber dem gesamten Vorjahr ergeben haben, erwarten (Rz 32).
- Die Zwischenberichterstattungspflicht wird in Deutschland durch die Vorgaben der **EU-Transparenzrichtlinie** und das Transparenzrichtlinien-Umsetzungsgesetz ergänzt (Rz 35).

I

Branchenspezifische Vorschriften

§ 38 FINANZINSTITUTIONEN

IAS 30 wendet sich an Banken und ähnliche Finanzinstitute, allerdings **nicht im Sinne einer umfassenden Regelung** der Rechnungslegung von Kreditinstituten. IAS 30 beschränkt sich vielmehr auf spezielle **Erläuterungen** und **Gliederungsvorschriften** für den Abschluss einer Bank in Ergänzung zu anderen einschlägigen Standards. Der IFRS-Abschluss eines Kreditinstitutes muss deshalb neben IAS 30 u. a. auch folgende allgemeinen Standards beachten:

- Kapitalflussrechnungen (IAS 7; → § 3),
- Steuern (IAS 12; → § 26),
- Segmentberichterstattung (IAS 14; → § 36),
- Bilanzierung von Leasing-Verhältnissen (IAS 17; → § 15),
- Währungsumrechnung (IAS 21; → § 27),
- Finanzinstrumente (IAS 32 und 39; → § 28).

IAS 30 regelt neben Gliederungs- und Ausweisfragen in der Bilanz und der GuV bzw. im Anhang insbesondere auch die Darstellung der **Risikovorsorge** im Kreditgeschäft sowie Angaben über die **Laufzeiten** von Forderungen und Verbindlichkeiten und von **Konzentrationen** in diesem Bereich.

Im August 2005 hat der IASB einen neuen Standard zu Angabepflichten über Finanzinstrumente „IFRS 7 *Financial Instruments: Disclosures*" veröffentlicht. Dieser – branchenübergreifend gültige – Standard ersetzt mit Wirkung ab 2007 die bisher in IAS 32 sowie in IAS 30 enthaltenen Angabepflichten (vgl. → § 28ff. zum Inhalt von IFRS 7). Obwohl die Bedeutung von Finanzinstrumenten für die Vermögens-, Finanz- und Ertragslage eines Unternehmens – in Abhängigkeit von der Branche – sehr unterschiedlich ist, hat der IASB seine (in anderen Fällen – vgl. → § 39 und → § 42 – nicht beachtete) Strategie, keine branchenabhängigen Standards zu formulieren, fortgesetzt. Der unterschiedlichen Bedeutung von Finanzinstrumenten trägt IFRS 7 aber dadurch Rechnung, dass der Umfang der Angabepflichten – deutlicher als nach IAS 32 – vom Umfang des Einsatzes von Finanzinstrumenten abhängt. IFRS 7.IN4 hält hierzu fest: „*The IFRS applies to all entities, . . . However, the extent of disclosure required depends on the extent of the entity's use of financial instruments and of its exposure to risk.*"

Lüdenbach

§ 39 BILANZIERUNG VON VERSICHERUNGSVERTRÄGEN

Inhaltsübersicht   Rz
Vorbemerkung
1 Zielsetzung, Regelungsinhalt, Begriffe   1–15
  1.1 „Zwei-Phasen-Periode"   1
  1.2 Geltungsbereich   2–4
  1.3 Definition von Versicherungsverträgen   5–11
  1.4 Eingebettete Derivate   12–13
  1.5 Zerlegung von Versicherungsverträgen mit
      Sparkomponenten   14
  1.6 Entscheidungsbaum   15
2 Ansatz und Bewertung   16–31
  2.1 Weiterführung der bisherigen Bilanzierungsmethode ...   16–17
  2.2 Ausnahmen von der Weiterführung   18–20
  2.3 Änderung bzw. Beibehaltung bisher angewandter Bilanzierungsmethoden 21–22
  2.4 Rückversicherung   23
  2.5 Verträge mit ermessensabhängiger Überschussbeteiligung   24–28
      2.5.1 Versicherungsverträge   24–27
      2.5.2 Finanzinstrumente   28
  2.6 Finanzgarantien/Kreditversicherungen   29
  2.7 *Asset/liability-mismatch*   30–31
3 Konzernabschlussspezifische Vorschriften   32–35
  3.1 Konzerneinheitliche Bilanzierung und Bewertung   32
  3.2 Vorgehensweise im Rahmen von Unternehmensakquisitionen 33–35
4 Angaben   36–40
5 Anwendungszeitpunkt, Rechtsentwicklung   41
6 Zusammenfassende Praxishinweise   42

Schrifttum: EBBERS, ED 5 Insurance Contracts: Die Phase I des IFRS zur Bilanzierung von Versicherungsverträgen – auf dem Weg zum Fair Value?, KoR 2003, S. 523; EBBERS, Insurance Contracts, WPg 2004, S. 1377; ENGELÄNDER/ZIEL, Mehr Verlässlichkeit bei IFRS-Abschlüssen, Versicherungswirtschaft, S. 1.222ff.; ENGELÄNDER/KÖLSCHBACH, Der Fair-Value-Standard ist schwer umzusetzen, Versicherungswirtschaft 2003, S. 1324ff.; HOMMEL, ED 5: Der neue Standardentwurf für Versicherungsverträge – ein Placebo mit Nebenwirkungen, BB 2003, S. 2114; IAA: Veröffentlichung sog. International Actuarial Standards of Practice (IASP) zu IFRS 4 „Versicherungsverträge"; PERLET, Fair Play for Insurers? Accountancy 2003, S. 84; PERLET, Fair Value-Bilanzierung bei Versicherungsunternehmen, BFuP 2003, S. 441; ROCKEL/

Kanngiesser

SAUER, IASB Exposure Draft 5: Insurance Contracts – Ergebnisse des DRSC-Diskussionsforums am 2. Oktober 2003, Versicherungswirtschaft 2003, S. 1640; ROCKEL/SAUER, IFRS für Versicherungsverträge, Versicherungswirtschaft 2004, S. 215, 303.

Vorbemerkung

Die Kommentierung bezieht sich auf IFRS 4 in der aktuellen Fassung und berücksichtigt alle Ergänzungen, Änderungen und Interpretationen, die bis zum 1.1.2007 beschlossen wurden.

Einen Überblick über ältere Fassungen sowie über diskutierte oder schon als Änderungsentwurf vorgelegte zukünftige Regelungen enthält Rz 41.

1 Zielsetzung, Regelungsinhalt, Begriffe

1.1 „Zwei-Phasen-Periode"

1 Wegen der Terminvorgabe für die IFRS-Anwendung bei den EU-Mitgliedstaaten ab 1. 1. 2005 (→ § 7) hat sich der IASB entschieden, die Regelungen zur Bilanzierung und Bewertung von Versicherungsverträgen durch Versicherungsunternehmen in **zwei Phasen** zu trennen. Phase I (dargelegt in IFRS 4) erlaubt den Versicherungsunternehmen, in wesentlichen Kernbereichen mit ihrer bisherigen Bilanzierungs- und Bewertungspraxis **fortzufahren**. Dabei soll die zwischenbetriebliche Vergleichbarkeit der jeweiligen Jahres- oder Konzernanschlüsse durch **erweiterte Anhangsangaben** bewerkstelligt werden. Den betroffenen Unternehmen wird dabei ein zweimaliger Umstellungsaufwand innerhalb von kurzer Zeit erspart. Die Phase II soll nach den Plänen des IASB bis 2009 fertig gestellt werden und ein Bilanzierungs- und Bewertungskonzept liefern, das sich im Wesentlichen an einem *fair-value*-Konzept orientiert.

1.2 Geltungsbereich

2 IFRS 4 ist auf alle Versicherungs- und Rückversicherungs**verträge** anzuwenden, die ein Unternehmen als Versicherer abschließt. Darüber hinaus wird die passive Rückversicherung abgedeckt. Umgekehrt gilt der Standard nicht für Unternehmen, die als Versicherungsnehmer einen Erstversicherungsvertrag mit einem Versicherungsunternehmen abgeschlossen haben. Der Standard-Inhalt ist damit de facto branchenspezifisch ausgerichtet und durchbricht das Prinzip der spiegelbildlichen Bilanzierung. Allerdings können durchaus auch Nichtversicherungsunternehmen als *insurer* angesehen werden, z. B. in ihrer Eigenschaft als Bürge.

3 Darüber hinaus unterliegen Finanzinstrumente mit einer ermessensabhängigen **Überschussbeteiligung** *(discretionary participation features)* dem Anwendungsbereich des IFRS 4 (Rz 24). Solche Verträge garantieren einem Versicherungsnehmer dem Grunde nach bestimmte Leistungen und sichern überdies signifikante Zahlungen zu, deren Höhe oder Zahlungszeitpunkt in

Kanngiesser

das **Ermessen** des Versicherers gestellt sind (IFRS 4 App. A). Diese Zusatzleistungen können beispielsweise abhängig sein von dem
- Ergebnis bestimmter Vertragsgruppen oder -arten,
- realisierten und/oder unrealisierten Kapitalanlageergebnis bestimmter Anlagekategorien,
- Überschuss des Versicherungsunternehmens oder eines Fonds.

Unbeschadet des speziellen Regelungsgehaltes von IFRS 4 muss ein Versicherungsunternehmen alle **anderen** Sachverhalte nach den einschlägigen IFRS-Regelungen bilanzieren. So unterliegen z. B. alle Finanzinstrumente den Vorschriften von IAS 32 und IAS 39 (→ § 28). IFRS 4.45 bietet allerdings gewisse Übergangserleichterungen zur Umqualifizierung von Kapitalanlagen. **Explizit ausgenommen** vom Geltungsbereich des Standards sind insbesondere (IFRS 4.4):

- Produktgarantien, die von einem Hersteller, Groß- oder Einzelhändler gegeben werden,
- Vermögenswerte und Schulden im Zusammenhang mit Pensionsverpflichtungen (→ § 22) oder aktienkursbasierten Vergütungen (→ § 23),
- Finanzgarantien, die dem Regelungsbereich von IAS 39 unterliegen (→ § 28),
- Eventualansprüche und Verbindlichkeiten aus einem Unternehmenszusammenschluss,
- Erstversicherungsverträge, bei denen das Unternehmen als Versicherungsnehmer auftritt (gilt nicht für Rückversicherungsverträge).

1.3 Definition von Versicherungsverträgen

Als Versicherungsvertrag gilt gemäß IFRS 4 App. A:

„A contract under which one party (the insurer) accepts significant insurance risk from another party (the policy holder) by agreeing to compensate the policy holder if a specified uncertain future event (the insured event) adversely affects the policy holder."

Anhand dieser Definition ist die **Abgrenzung** zwischen einem Versicherungs- und einem Investmentvertrag vorzunehmen. Der letztgenannte Vertragstyp unterliegt dem Regelungsbereich von IAS 39 (§ 28). Lediglich ein Investmentvertrag mit ermessensabhängiger Überschussbeteiligung wird von IFRS 4 erfasst (Rz 3).

Bei der **Abgrenzung** zwischen Versicherungs- und Investmentvertrag kommt dem Transfer von signifikantem Versicherungsrisiko entscheidende Bedeutung zu. Der IASB hat bewusst auf quantitative Vorgaben zur erforderlichen Höhe eines solchen Risikotransfers verzichtet, um eventuelle Arbitrage-Möglichkeiten zu verhindern.

Eine Liste mit **Beispielen** wird in der *Implementation Guidance* (IG2) gegeben. Nach den vom *Board* zur Verfügung gestellten Erläuterungen und Beispielen **erfüllen** folgende Verträge die Definition eines Versicherungsvertrages:

Kanngiesser

- Schaden-/Unfallversicherungsverträge im Sinne des VAG,
- Krankenversicherungsverträge im Sinne des VAG,
- Lebensversicherungsverträge im Sinne des VAG, die Sterblichkeitsrisiken abdecken,
- Rückversicherungsverträge, die nicht vorwiegend Finanzierungszwecken dienen.

9   Umgekehrt gelten folgende Anlageformen **nicht** als Versicherungs-, sondern als Investmentvertrag (Rz 6):
- **Rückversicherungs**verträge, die ausschließlich Finanzierungszwecken dienen,
- **fondsgebundene** Lebensversicherungen, deren Todesfallleistung dem Wert des Fonds entspricht,
- so genannte **Parkdepots** mit garantierter Festverzinsung von Lebensversicherungskunden, die ihre Ablaufleistung für eine vorübergehende Zeit beim Lebensversicherungsunternehmen anlegen.

Die internationale Aktuarvereinigung (IAA) hat hierzu weitere technische Interpretationen erarbeitet *(International Actuarial Association: IASP 3: Classification of Contracts under International Financial Reporting Standards IFRS 2005).*

10 Die Entscheidung „für Versicherungs- oder Investmentvertrag" muss aus Vereinfachungsgründen **nicht** für **jeden** Vertrag einzeln erfolgen. Stattdessen ist eine Qualifikation auf der Grundlage von Produktklassen mit ähnlichen Merkmalsausprägungen möglich. Das signifikante Risiko muss nicht über die gesamte Laufzeit des Vertrages nachgewiesen werden. Auch bei einem solchen Risiko, das sich erst zu einem späteren Zeitpunkt ergibt, ist der Vertrag von Anbeginn als Versicherungsvertrag zu klassifizieren. Ist ein Vertrag einmal als Versicherungsvertrag klassifiziert, bleibt es dabei, bis alle Rechte und Pflichten aus dem Vertrag erloschen sind.

11 Zwischen diesen beiden (abzugrenzenden) Vertragsformen bewegen sich „**Graufälle**":
- Lebensversicherungsverträge, deren Rückkaufleistung nahe der Todesfallleistung liegt;
- fondsgebundene Lebensversicherungsverträge, deren Rückkauf- oder Ablaufleistung nahe der Todesfallleistung liegt;
- Kapitalisierungsprodukte;
- Rückversicherungsverträge, die überwiegend Finanzierungszwecken dienen.

Eine konzerneinheitliche Abgrenzung ist sicherzustellen.

1.4 Eingebettete Derivate

12 IAS 39 verlangt für bestimmte in Versicherungsverträgen eingebettete Derivate deren Abspaltung vom Trägerkontrakt. Dies gilt auch für Derivate in überschussbeteiligten Investmentverträgen, soweit das Derivat selbst nicht dem

Anwendungsbereich von IFRS 4 unterliegt. Nach IAS 39 sind eingebettete Derivate wie folgt definiert (→ § 28 Rz 188ff.):

- Die ökonomischen Charakteristika und Risiken (des eingebetteten Derivates) sind nicht eng mit dem zugrunde liegenden Vertrag verknüpft.
- Ein eigenständiges Finanzinstrument mit denselben Merkmalsausprägungen würde in die Definition eines Derivates fallen.
- Das kombinierte Finanzinstrument wird derzeit nicht ergebniswirksam zum *fair value* bewertet.

IFRS 4.7ff. enthalten zusätzlich detaillierte Anweisungen, Ausnahmeregelungen und Anwendungsbeispiele, wann ein in einem Versicherungsvertrag eingebettetes Derivat von dem Träger-(Versicherungs-)Kontrakt zu separieren ist. In „traditionelle" Versicherungsverträge eingebettete Derivate sind nicht zu separieren. Als „traditionelle" Versicherungsverträge werden solche klassifiziert, bei denen Zahlungen an den Versicherungsnehmer ausschließlich durch das versicherte Risiko ausgelöst werden bzw. die ein festes Preis-Leistungs-Verhältnis vorsehen (z. B. Todesfall des Versicherungsnehmers bei Lebensversicherungen, der Höhe nach fest vereinbarte Rückkaufswerte, Diebstahl, Feuerschaden etc.). Dagegen fallen hybride Verträge, die sowohl derivative als auch nichtderivative Komponenten enthalten, unter die Zerlegungspflicht. Beispiele für derartige hybride Verträge sind

- bestimmte indexgebundene Rentenversicherungen *(indexed annuities)*,
- bestimmte fondsgebundene Lebensversicherungen *(variable life insurance products)*,
- Schaden-/Unfallversicherungsverträge, die neben der traditionellen Risikoabsicherung Fremdwährungsoptionen enthalten.

Eine Vielzahl weiterer Beispiele enthält IFRS 4 IG *Examples* 2. Ein vom Träger-Kontrakt abzuspaltendes, eingebettetes Derivat ist wie ein freistehendes zu behandeln und als Handelswert *(trading investment)* zum *fair value* zu bilanzieren. Sofern eine Abspaltung nicht möglich ist, muss das gesamte kombinierte Instrument ergebniswirksam zum *fair value* bewertet werden (→ § 28 Rz 192).

13

1.5 Zerlegung von Versicherungsverträgen mit Sparkomponenten

Insbesondere viele Lebensversicherungsverträge enthalten sowohl eine Versicherungs- als auch eine Sparkomponente. Der Standard verlangt allerdings nur in den Fällen eine **Zerlegung**, wenn

- der Versicherer die Sparkomponente separat bewerten kann **und**
- die bislang angewandten Bilanzierungs- und Bewertungsvorschriften nicht alle Verpflichtungen und Rechte aus der Sparkomponente berücksichtigen.

Letzteres dürfte wenigstens nach deutscher Rechtslage **nicht** der Fall sein, sodass eine Zerlegungspflicht entfällt. Sofern der Versicherer die Sparkomponente separat bewerten kann, ist eine Zerlegung zulässig. Damit

14

können Unternehmen, die derzeit US-GAAP für Versicherungsverträge anwenden, das sog. „*deposit accounting*" nach FAS 97 für anlageorientierte Lebensversicherungsprodukte sowie die in FAS 113 definierten Zerlegungspflichten für Finanzierungsrückversicherungsverträge fortsetzen.

1.6 Entscheidungsbaum

15 Die nachstehende Skizze zeigt in Form eines Entscheidungsbaumes die zur Bestimmung des Anwendungsbereiches erforderlichen Prüfschritte.

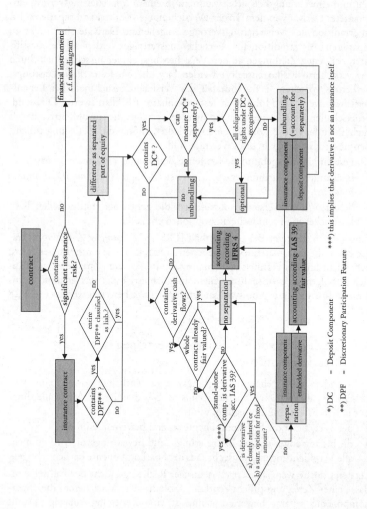

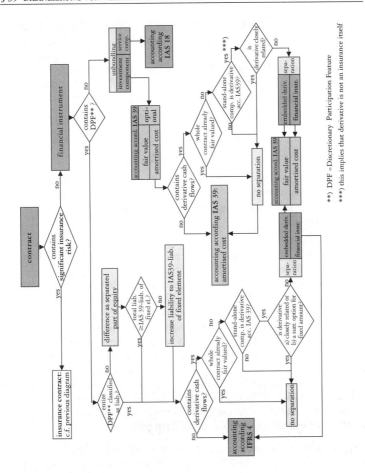

2 Ansatz und Bewertung

2.1 Weiterführung der bisherigen Bilanzierungsmethode

Phase I (Rz 1) erlaubt die **Fortführung** der bisher angewandten Bilanzierungs- und Bewertungsmethoden auf Versicherungsverträge i.S.d. IFRS 4. Unter dieser Fortführung ist nicht nur die Anwendung der jeweiligen länderspezifischen Rechnungslegungsvorschriften zu subsumieren, sondern auch die im Rahmen des § 292a HGB in Deutschland etablierte Praxis, die bislang nach IFRS (vor 2005) nicht geregelten versicherungsspezifischen Positionen nach Maßgabe der einschlägigen US-GAAP-Vorschriften abzubilden.

17 Deshalb werden in IFRS 4 die Regeln von IAS 8.10-12 (→ § 1 Rz 79) bis zur Einführung der Phase II (Rz 1) **suspendiert.** Während der Übergangszeit (Gültigkeit der Phase I) sind demnach auch Ansatz- und Bewertungsmethoden zulässig, die gegen die Vorschriften anderer IFRS oder gegen das *Framework* verstoßen, was beispielsweise für die in der Praxis übliche Abgrenzung von Abschlusskosten oder die Bilanzierung von Beitragsüberträgen diskutiert werden kann.

2.2 Ausnahmen von der Weiterführung

18 Bezüglich der „Aufhebung" von IAS 8.10-12 gelten gemäß IFRS 4.14 folgende **Rückausnahmen** in Form von Passivierungsverboten für Rückstellungen, die ein zukünftiges Ereignis abdecken, betreffend
- Großrisiken,
- Schwankungsreserven.

19 Der *Board* diskutiert die Grundlage für diese Entscheidung ausführlich in den *Basis for Conclusion* (BC) 58-63.
Insbesondere die europäische Versicherungswirtschaft hat sich vehement gegen das Ansatzverbot dieser Rückstellungskategorien ausgesprochen, da damit eine wesentliche Grundlage des Geschäftsmodells von Versicherungsunternehmen – der **Risikoausgleich** über die **Zeit** – nicht ausreichend gewürdigt wird. Der *Board* sieht demgegenüber in diesen Fällen keine **gegenwärtige** Verbindlichkeit des Versicherungsunternehmens und damit keinen Raum für eine Passivierung. Zulässig ist allerdings dem *Board* zufolge ein separater Ausweis innerhalb des Eigenkapitals. Zuführungen zu bzw. Entnahmen aus diesen separat ausgewiesenen Posten sind dann allerdings als Ergebnisverwendung zu zeigen und innerhalb der Eigenkapitalentwicklung darzustellen (→ § 20 Rz 40). Sie fließen damit nicht in das Jahresergebnis ein.

20 Folgende weitere Rückausnahmen zur „Aufhebung" von IAS 8.10-12 gelten:
- Es ist ein regelmäßiger *liability-adequacy*-Test durchzuführen (IFRS 4.15ff.). Dabei ist der **Barwert** der erwarteten Nettozahlungsströme aus einem Versicherungsvertrag mit dem jeweiligen **Bilanzwert** zu **vergleichen.** Eine ergebniswirksame Erhöhung der Rückstellung ist vorzunehmen, wenn der Barwert höher ist als der bilanzierte Nettowert des Vertrages einschließlich korrespondierender aktivierter Vermögenswerte (z. B. Abschlusskosten). Eine weitere Konkretisierung über die Einbeziehung von Sicherheitszuschlägen und/oder Diskontierung erfolgt nicht. Nationale Vorschriften zur Bildung von Drohverlustrückstellungen (einschließlich des so genannten *loss-recognition*-Tests nach US-GAAP), zur Bewertung von Schaden- und Deckungsrückstellungen sowie zur Bilanzierung von versicherungsspezifischen Aktiva sind ausreichend, ein darüber hinausgehender *liability-adequacy*-Test ist nicht erforderlich.

- Eine Verbindlichkeit darf nur dann **ausgebucht** werden, wenn sie zurückbezahlt, gekündigt oder abgelaufen ist. Diese Vorschrift deckt sich ebenfalls mit den entsprechenden nationalen Vorschriften innerhalb Europas.
- Nach IFRS 4.14d dürfen Rückversicherungsanteile nicht gegen Bruttorückstellungen verrechnet werden. Gleiches gilt auch für die Verrechnung von Aufwendungen und Erträgen aus Rückversicherungsverträgen mit den entsprechenden Erträgen und Aufwendungen aus dem zugrunde liegenden Versicherungsvertrag. Bei IFRS 4.14d handelt es sich nicht ausschließlich um eine Ausweisvorschrift, sondern auch um eine Vorschrift zu Ansatz und Bewertung. Die Präsentation von Aufwendungen und Erträgen in der Gewinn- und Verlustrechnung saldiert nach Rückversicherung ist international üblich und nach IAS 1 auch weiterhin zulässig. In der Bilanz wird nach US-GAAP der Rückversicherungsanteil separat auf der Aktivseite ausgewiesen. In Deutschland war es bisher üblich, den Rückversicherungsanteil auf der Passivseite unmittelbar vor der Bruttorückstellung abzusetzen. Unzulässig ist lediglich eine unmittelbar saldierte Bewertung der Nettorückstellung.

2.3 Änderung bzw. Beibehaltung bisher angewandter Bilanzierungsmethoden

Auch während der Übergangszeit in Phase I soll es Versicherungsunternehmen durch IFRS 4.22 ermöglicht werden, von der bisherigen Bilanzierungs- und Bewertungspraxis **abzuweichen** und auf eine für den Bilanzleser **aussagekräftigere** Methode i.S.d. IAS 8 überzugehen. Was eine aussagekräftigere Methode ist, wird im Rahmen einiger Beispiele erläutert: Danach ist gemäß IFRS 4.25 **nicht erlaubt** der Übergang von einer

- diskontierten versicherungstechnischen Rückstellung auf eine undiskontierte (IFRS 4.25a),
- Bewertung versicherungstechnischer Rückstellungen mit ausreichenden Sicherheitsmargen zu einer solchen mit zusätzlichen Vorsichtsparametern (IFRS 4.26),
- konzerneinheitlichen Bilanzierung und Bewertung versicherungstechnischer Rückstellungen auf eine nichtkonzerneinheitliche (Rz 32).

Darüber hinaus ist der Übergang auf eine Bilanzierung und Bewertung nicht erlaubt, die zukünftige Kapitalanlageerträge bei der Bewertung der Verbindlichkeit berücksichtigt, außer wenn diese zukünftigen Kapitalanlagemargen die vertraglichen Zahlungen reflektieren. Es besteht die widerlegbare Vermutung, dass der Übergang auf diese Bilanzierungs- und Bewertungsmethode die Aussagefähigkeit für den Investor nicht erhöht. Ein Übergang auf eine in Großbritannien übliche *embedded-value*-Bewertung ist damit nicht möglich (IFRS 4.27).

Kanngiesser

22 Explizit **erlaubt** ist:
- der Übergang auf das so genannte „*shadow accounting*" nach US-GAAP (Rz 26);
- die Abzinsung von ausgewählten versicherungstechnischen Rückstellungen mit dem aktuellen Marktzins; dabei sind nicht alle gleichartigen Risiken auf einheitlicher Grundlage zu bewerten. Wenn allerdings einmal eine Abzinsung erfolgt ist, muss diese bis zur Abwicklung des versicherungstechnischen Risikos fortgesetzt werden (IFRS 4.24).

2.4 Rückversicherung

23 Spezielle Bewertungsvorschriften für die passive **Rückversicherung** enthält IFRS 4 nicht. Wegen der Angabevorschriften vgl. Rz 36. Ansprüche gegen Rückversicherer sind dann ergebniswirksam abzuschreiben, wenn aufgrund objektiver Kriterien mit einem Ausfall der Ansprüche gegen den Rückversicherer zu rechnen ist (IFRS 4.20).

2.5 Verträge mit ermessensabhängiger Überschussbeteiligung

2.5.1 Versicherungsverträge

24 IFRS 4 schreibt für diese Verträge (Rz 3) keine verbindliche Vorgehensweise für den Ansatz und die Bewertung vor. Es werden lediglich einige Angaben verlangt (IFRS 4.34):
Die bevorzugte Darstellung ist eine **Trennung** von ermessensabhängigem und -unabhängigem Teil der Überschussbeteiligung. Ist die Überschussbeteiligung dem Grund und der Höhe nach entweder vertraglich oder gesetzlich **vorgeschrieben,** handelt es sich nicht um eine ermessensabhängige Überschussbeteiligung und ist entsprechend als **Verbindlichkeit** auszuweisen. Wenn die Überschussbeteiligung nur dem **Grunde**, nicht aber der Höhe nach gesetzlich oder vertraglich zugesichert ist, handelt es sich um eine ermessensabhängige Überschussbeteiligung. In diesem Fall ist zu entscheiden, ob der ermessensabhängige Teil als Verbindlichkeit oder im Eigenkapital ausgewiesen wird. Bei einem Ausweis im Eigenkapital ist dies im Anhang zu erwähnen. In Deutschland sind im traditionellen Lebensversicherungsbereich dem Versicherungsnehmer gesetzlich mindestens 90 % der Überschüsse aus den Kapitalanlagen zugesichert. In Höhe der 90 % handelt es sich damit nicht um eine Ermessensentscheidung seitens des Managements.
Es empfiehlt sich ein differenzierter Ausweis der Rückstellung für Beitragsrückerstattung. Dabei ist der Teil separat darzustellen, der sich aus Unterschieden im Ansatz und der Bewertung von Vermögenswerten und Schulden zwischen der nach lokalen Gesichtspunkten aufgestellten Einzelbilanz und der nach dem Regelwerk des IFRS aufgestellten konsolidierten Bilanz ergibt (latente Rückstellung für Beitragsrückerstattung). Insbesondere die Bewertung der Finanzanlagen nach Maßgabe von IAS 39 (→ § 28), der umfangreiche

Marktwertbewertungen vorsieht, kann zu erheblichen Bewertungsunterschieden führen.

Bewertungsunterschiede, die ihre Ursache in unterschiedlicher **ergebniswirksamer** Bewertung haben, sollten auch ergebniswirksam zwischen Versicherungsnehmer und Eigenkapitalgeber aufgeteilt werden. Als Aufteilungsmaßstab wäre entweder die vertraglich zugesicherte Mindestbeteiligung oder der aufgrund von faktischen Gegebenheiten ermittelte Aufteilungsmaßstab zugrunde zu legen. Wird z. B. eine börsennotierte Aktie nach § 341b HGB wie Anlagevermögen bewertet und eine dauerhafte Wertminderung zwar festgestellt, aber nicht auf den Marktwert, sondern auf den voraussichtlich dauerhaften Wert (ermittelt anhand von *discounted-cash-flow*-Methoden) abgeschrieben, entsteht ein ergebniswirksamer Unterschied zur Bewertung nach IAS 39. IAS 39 verlangt im Falle einer signifikanten oder nachhaltigen Wertminderung eine Abschreibung auf den Börsenkurs am Bewertungsstichtag. Eine Aufteilung des ergebniswirksamen Unterschieds zwischen HGB und IFRS in der Weise, dass 90 % des Bewertungsunterschieds dem Versicherungsnehmer in eine so genannte latente Rückstellung für Beitragsrückerstattung gutgeschrieben werden und nur die verbleibenden 10 % das Jahresergebnis erhöhen, erscheint sachgerecht.

25

Ergebnisneutral zu behandelnde Bewertungsunterschiede sollten entsprechend **ergebnisneutral aufgeteilt** werden. Steigt z. B. für eine börsennotierte Aktie der Marktwert über die Anschaffungskosten, schreibt IAS 39 eine Bewertung zum Marktwert vor. Bei Qualifikation dieser Aktie als „*available for sale*" (→ § 28 Rz 150) wird die Marktwertbewertung erfolgsneutral im Eigenkapital abgebildet. Hier sollte analog die Aufteilung zwischen dem Versicherungsnehmer und dem Eigenkapitalgeber ebenfalls erfolgsneutral vorgenommen werden. Dieses so genannte „*shadow accounting*" ist nach IFRS 4.30 zulässig und steht im Einklang mit der Vorgehensweise nach US-GAAP.
Darüber hinaus wird nach US-GAAP ein sog. *Shadow DAC* und ggf. *Shadow PFVP* geführt, und zwar korrespondierend zur erfolgsneutralen Marktwertbewertung der „*available for sale*"-Bestände. Auch diese Vorgehensweise ist im Rahmen des „*shadow accounting*" nach IFRS 4.30 zulässig.

26

Der Abgrenzungsposten der ermessensabhängigen Überschussbeteiligung darf nicht als **Zwischenposten** zwischen Eigenkapital und Verbindlichkeiten ausgewiesen werden. Eine eindeutige und konsistente Zuordnung ist erforderlich. Soweit Teile des Rechts der Versicherungsnehmer auf Überschussbeteiligung (auch nach Maßgabe der künftigen Ermessensausübung) nicht als Verbindlichkeit ausgewiesen werden, sind sie als Teil des Eigenkapitals zu zeigen und im Anhang zu erläutern.

27

2.5.2 Finanzinstrumente

Die Anweisungen für Versicherungsverträge (Rz 24ff.) gelten gemäß IFRS 4.35 auch für die ermessensabhängigen Überschussbeteiligungen aus Finanzinstrumenten (Rz 3). Der nach IAS 39 (→ § 28) bewertete nicht ermessensabhängige Teil des Vertrages stellt den **Mindestwert** für die gesamte

28

Rückstellung dar, soweit das Unternehmen von dem Recht Gebrauch macht, nicht den gesamten (auch latenten) Anspruch der Versicherungsnehmer auf die Überschussbeteiligung als Rückstellung auszuweisen (IFRS 4.12ff.). Oben genannte Verträge unterliegen den **Anhangs**angabevorschriften in IAS 32 (→ § 28 Rz 244ff.). Sofern der Zeitwert für die Anhangsangabe allerdings nicht zuverlässig bestimmt werden kann, ist dies offenzulegen und zu begründen. Des Weiteren sind qualitative Beschreibungen des Vertrages sowie, wenn möglich, Bandbreiten für die Schätzung des Zeitwerts im Anhang darzulegen (IFRS 4.C7). Der neue IFRS 7 (→ § 28) bündelt und vereinheitlicht nun die Anhangangaben zu Finanzinstrumenten, die bisher in IAS 30 und 32 verankert waren. Nach IFRS 7.29, 30 entfällt die Angabe von Bandbreiten für die Schätzung des Zeitwerts zukünftig.

2.6 Finanzgarantien/Kreditversicherungen

29 Sofern die Definition eines Versicherungsvertrages erfüllt ist (Rz 5), fallen Finanzgarantien und Kreditversicherungsverträge in den Anwendungsbereich des IFRS 4. Der IASB hat allerdings Ende Mai 2004 einen *„re-exposure"* veröffentlicht, dem zufolge sowohl Finanzgarantien als auch Kreditversicherungsverträge aus dem Anwendungsbereich von IFRS 4 herausgenommen und in die Vorschriften des IAS 39.2 (f) einbezogen werden sollen mit dem Ziel, beide Sachverhalte gleich zu bilanzieren. Die Erstbewertung soll gemäß IAS 39, die Folgebewertung gemäß IAS 37 erfolgen. Damit wären dies die einzigen Versicherungsverträge, für die bereits in Phase I Bewertungsvorschriften definiert würden. Am 18. August 2005 hat der IASB die endgültige Fassung des Standards *„Amendments to IAS 39 and IFRS 4: Financial Guarantee Contracts"* herausgegeben. Nicht zuletzt aufgrund der erheblichen Kritik an der Vorgehensweise seitens der Finanzindustrie können die oben genannten Verträge entweder nach IFRS 4 entsprechend der bisherigen Vorgehensweise bilanziert werden oder aber nach IAS 39 mit der Folgebewertung nach IAS 37.

2.7 Asset/liability-mismatch

30 Bei Fortführung der bisherigen Bilanzierungspraxis sind die versicherungstechnischen Rückstellungen in den Bereichen „Schaden/Unfall" i. d. R. **undiskontiert** mit dem voraussichtlichen **Rückzahlungsbetrag** zu passivieren. Im Bereich „Leben/Kranken" erfolgt die Abzinsung i. d. R. **nicht mit aktuellen Marktzinsen**. Alle Finanzanlagen eines Versicherers sind demgegenüber entsprechend IAS 39 zu bilanzieren und bewerten. Ein Großteil wird in die sog. Kategorie *„available for sale"* fallen und ist damit mit dem **Marktwert** zu bilanzieren (→ § 28 Rz 127ff.). Festverzinsliche Wertpapiere reagieren damit bilanzmäßig auf jede Veränderung des aktuellen Marktzinses. Die Bewertungsunterschiede zwischen Anschaffungskosten und Marktwert sind ergebnisneutral ggf. nach Abzug von latenten Steuern und latenten Rückstellungen für Bei-

tragsrückerstattung, dem sog. „*shadow accounting*", in das Eigenkapital einzustellen. Durch die unterschiedlichen Bewertungskonzepte auf der Aktiv- und der Passivseite unterliegt das Eigenkapital eines Versicherers damit sehr hoher **Volatilität**.

Die Versicherungswirtschaft hat die unterschiedlichen Bewertungskonzepte gegenüber dem IASB stark kritisiert und wollte eine eigene „*asset category*" für Kapitalanlagen durchsetzen, die versicherungstechnische Rückstellungen abdecken und zu Anschaffungskosten zu bewerten sind. Der IASB hat zwar diese eigene „*asset category*" abgelehnt, hat aber zugesichert, das Auseinanderlaufen von Aktiv- und Passivseite in Phase II zu berücksichtigen (Rz 1). 31

Um die Auswirkungen aus der Marktwertbewertung nach IAS 39 zumindest teilweise **abzufedern**, stehen dem Versicherer folgende Möglichkeiten offen:
- Abdiskontierung ausgewählter versicherungstechnischer Rückstellungen mit dem aktuellen Marktzins (Rz 22);
- sog. „*shadow accounting*" (Rz 26ff.);
- umfangreiche Nutzung der sog. „*held to maturity*"-Kategorie sowie die Kategorie *loans and receivables* nach IAS 39 (→ § 28 Rz 130ff.).

3 Konzernabschlussspezifische Vorschriften

3.1 Konzerneinheitliche Bilanzierung und Bewertung

Analog § 308 Abs. 2 S. 2 HGB wird von IFRS 4 **keine konzerneinheitliche** Bilanzierungs- und Bewertungsmethode für die versicherungsspezifischen Aktiva und Passiva verlangt. Dies lässt sich im Umkehrschluss aus IFRS 4.25(c) ableiten, denn dort ist nur der **Übergang** zu einer nichtkonzerneinheitlichen Bilanzierungs- und Bewertungsmethode untersagt. 32

3.2 Vorgehensweise im Rahmen von Unternehmensakquisitionen

Beim Erwerb eines Versicherungsunternehmens sind entsprechend IFRS 3 sämtliche Vermögenswerte und Schulden zum Akquisitionsstichtag **neu** zu **bewerten** (→ § 31 Rz 14ff.). Dies gilt nach IFRS 4.31 auch für Vermögenswerte und Verbindlichkeiten aus Versicherungsverträgen. Dabei ist erlaubt: 33
- die unveränderte Fortführung des bisherigen Bewertungsverfahrens für **Verbindlichkeiten** aus Versicherungsverträgen,
- der Ansatz eines separaten immateriellen **Vermögenswertes**, der den Bestandswert der erworbenen Versicherungsverträge repräsentiert.

Der letztgenannte immaterielle Vermögenswert ist als **Differenzbetrag** zwischen
- dem *fair value* der erworbenen vertraglichen Rechte aus dem Versicherungsvertrag abzüglich der dafür eingegangenen Verpflichtungen und

- den bilanzierten Verbindlichkeiten aus den erworbenen Versicherungsverträgen

zu ermitteln. Bei der Bewertung ist der Wert der Kundenbeziehung zu berücksichtigen (IFRS 3.IE *Example* 4).

34 Die **Folgebewertung** des immateriellen Vermögenswertes ist im Einklang mit der Bewertung der Verbindlichkeiten aus den Versicherungsverträgen vorzunehmen. Dies gilt ebenfalls für die **Werthaltigkeitsanalyse** des immateriellen Vermögenswertes.

35 Diese Ausnahmeregel gilt ausschließlich für Versicherungsverträge, die sich im **Akquisitionszeitpunkt** im Bestand des Versicherers befinden. Der Wert des **danach** begründeten Neugeschäftes richtet sich nach den allgemeinen Ansatz- und Bewertungsregeln in IAS 36 (→ § 11) und IAS 38 (→ § 13). Die nach US-GAAP vorgeschriebene Aktivierung des *„present value of acquired business"* steht damit im Einklang mit IFRS 4.31.

4 Angaben

36 IFRS 4 erlaubt den Unternehmen für die Übergangsphase (Rz 1) eine **Fortführung** der **bisher** angewandten Bilanzierungs- und Bewertungsmethoden bis zum Wirksamwerden der Phase II. Die gleichwohl angestrebte **Vergleichbarkeit** der Abschlüsse soll durch Anhangsangaben hergestellt werden. Dies geschieht auf der Grundlage folgender beider Leitlinien für die Anhangsangaben:

37 Der **Versicherer** muss Informationen über die im Abschluss ausgewiesenen Vermögenswerte, Schulden, Aufwendungen und Erträge offenlegen, die aus einem Versicherungsvertrag resultieren (IFRS 4.36f.). Darunter fallen:
- Bilanzierungs- und Bewertungsmethoden,
- Vermögenswerte, Schulden, Aufwendungen und Erträge, die sich aus einem Versicherungsvertrag ergeben (sofern sie nicht bereits separat im Jahresabschluss ausgewiesen sind),
- analoge Angabe der vorgenannten Posten in der nach der direkten Methode erstellten Kapitalflussrechnung (*cash flow statement;* → § 3),
- Beschreibung der Vorgehensweise zur Ermittlung der wesentlichen Rechnungsgrundlagen unter Vornahme quantitativer Angaben, soweit praktikabel,
- Offenlegung des Effektes aus einer Änderung wesentlicher Rechnungsgrundlagen,
- Bestandsentwicklung der Versicherungsverbindlichkeiten, der korrespondierenden Rückversicherungsanteile sowie gegebenenfalls der aktivierten Abschlusskosten.

Ein Zedent muss **zusätzlich** angeben:
- anfängliche Gewinne oder Verluste aus dem Rückversicherungsvertrag,

- sofern der Zedent die anfänglichen Gewinne oder Verluste über die Laufzeit des Vertrages verteilt, den noch nicht amortisierten Betrag zu Beginn und zum Ende der Rechnungslegungsperiode sowie die verbleibende Laufzeit.

Der Versicherer muss Informationen liefern, die den **zeitlichen Anfall** sowie die **Unsicherheiten** zukünftiger *cash flows* aus Versicherungsverträgen enthalten. Dazu zählen: **38**
- Beschreibung des Risikomanagements,
- Informationen über das Versicherungsrisiko jeweils vor und nach Rückversicherung unter Angabe von Sensitivitäten, Risikokonzentrationen, Abwicklungsergebnissen in Form von so genannten Abwicklungsdreiecken,
- Informationen über Kredit- und Zinsrisiken (vergleichbar den Ausweisvorschriften nach IAS 32; → § 28 Rz 264),
- Informationen über Zins- und Marktrisiken in eingebetteten Instrumenten, die nicht vom Trägerkontrakt abgespalten wurden (Rz 12).

Die *Implementation Guidance* zu IFRS 4 enthalten umfangreiche **Beispiele**, wie den Anhangsangabepflichten nachgekommen werden kann. IG 12 stellt klar, dass es sich bei den in IG 11-71 genannten Beispiele nicht um eine verpflichtende Aufzählung von Anforderungen handelt, sondern nur um Beispiele, aus denen der Versicherer die für ihn relevanten auswählen sollte. Das CFO-Forum, eine Gruppierung der größten europäischen Versicherungsunternehmen, hat eine Standardisierung zur Bestimmung des *embedded value* erarbeitet. Die Angabe dieses *embedded value* für das Lebensversicherungsgeschäft hat sich als sinnvolle Information in der Praxis etabliert. **39**

IFRS 7.3c (→ § 28) scheidet explizit Versicherungsverträge aus seinem Anwendungsbereich gemäß IFRS 4 aus. Allerdings werden im Appendix C Folgeänderungen in IFRS 4 beschrieben. **40**

5 Anwendungszeitpunkt, Rechtsentwicklung

IFRS 4 ist auf alle **konsolidierten** Abschlüsse von **kapitalmarktorientierten** Versicherern anzuwenden, die nach dem 31.12.2004 beginnen. Wegen des Übergangscharakters von IFRS 4 wird verwiesen auf Rz 1, wegen der Angabepflichten nach IFRS 7 auf → § 28 Rz 270. **41**

6 Zusammenfassende Praxishinweise

Der **Geltungsbereich** von IFRS 4 ist in Rz 5ff. dargestellt. Die bisherigen Ansatz- und Bewertungsmethoden können mit bestimmten Ausnahmen weitergeführt werden (Rz 16ff.). Schwankungs- und Großrisikenrückstellungen dürfen nicht mehr bilanziert werden (Rz 18). **42**

Eine konzerneinheitliche **Bewertungsmethode** wird nicht verlangt (Rz 32).
Im Rahmen von Unternehmensakquisitionen können die bisher ausgewiesenen Verbindlichkeiten buchmäßig weitergeführt werden. Der Ausgleich erfolgt auf der Aktivseite durch den Ansatz eines separaten immateriellen Vermögenswertes, der den Bestandswert der erworbenen Versicherungsverträge repräsentiert (Rz 33).
Umfangreiche **Angabevorschriften** sollen die zwischenbetriebliche Vergleichbarkeit garantieren (Rz 36ff.).
Der **Entscheidungsbaum** unter Rz 15 stellt die Übergangsprozesse zur Anwendung von IFRS 4 dar.

§ 40 LANDWIRTSCHAFT (AGRICULTURE)

Inhaltsübersicht	Rz
Vorbemerkung	
1 Zielsetzung, Regelungsinhalte, Begriffe	1–14
2 Bilanzansatz	15–16
3 Bewertung	17–64
3.1 Überblick	17–25
3.2 Bewertungsmethoden	26–41
3.3 Gewinne und Verluste aus der Bewertung zum beizulegenden Zeitwert	42–46
3.4 Problembereiche und Anwendungsempfehlungen	47–64
3.4.1 *Cash-flow-* vs. branchenübliche Bewertungsverfahren	47–49
3.4.2 Dauerkulturen	50–54
3.4.3 Stehendes Holz	55–58
3.4.4 Feldinventar	59–60
3.4.5 Tiervermögen	61–64
4 Zuwendungen der öffentlichen Hand	65–66
5 Ausweis und Angaben	67–69
5.1 Ausweis in der Bilanz	67
5.2 Ausweis in der GuV	68
5.3 Angaben	69
6 Anwendungszeitpunkt, Rechtsentwicklung	70–72
7 Zusammenfassende Praxishinweise	73

Schrifttum: ADS INTERNATIONAL, Abschnitt 12, Zuwendungen der öffentlichen Hand, 2002; AMERICAN INSTITUTE OF CERTIFIED PUBLIC ACCOUNTANTS, Audit and Accounting Guide, Agricultural Producers and Agricultural Cooperatives, 2004; AUSTRALIAN ACCOUNTING STANDARDS BOARD, AASB 1037, Self Generating and Regenerating Assets, 2002; BAETGE u. a., Rechnungslegung nach IAS, 2002; EPSTEIN/MIRZA, Interpretation and Application of IFRS 2006; IVSC, IVS 2003; JANZE, IFRS im landwirtschaftlichen Rechnungswesen, HLBS Heft 175, 1. Aufl., 2006; KÖHNE, Landwirtschaftliche Taxationslehre, 3. Aufl., 2000; MANTHEY, Bewertung im landwirtschaftlichen Rechnungswesen, HLBS Heft 88, 5. Aufl., 2002.

Vorbemerkung
Die Kommentierung bezieht sich auf IAS 41 in der aktuellen Fassung und berücksichtigt alle Ergänzungen, Änderungen und Interpretationen, die bis zum 1.1.2007 beschlossen wurden.

Janze

Einen Überblick über ältere Fassungen sowie über diskutierte oder schon als Änderungsentwurf vorgelegte zukünftige Regelungen enthält Rz 70.

1 Zielsetzung, Regelungsinhalte, Begriffe

1 IAS 41 ist der letzte Standard, der vom IASC vor seiner Umstrukturierung im Jahr 2000 verabschiedet wurde. Der Standard ist als Beginn eines Arbeitsprogramms zu verstehen, mit dem der IASB branchenspezifische Lösungen erarbeiten will. Der *Board* hat sich dem Thema Landwirtschaft gewidmet, da sie vor allem für **Entwicklungsländer** ein Wirtschaftszweig mit signifikanter Bedeutung ist. Weiterhin hat der IASB eine Regelungslücke mangels einschlägiger nationaler und anderer internationaler Vorgaben erkannt.[1]

2 IAS 41 stellt den bislang umfassendsten **Bruch** mit dem **Anschaffungskostenprinzip** dar. Der IASB hat sich im IAS 41 für eine fast ausnahmslose (Rz 22) Anwendung der *fair-value*-Bilanzierung entschieden. Der *Board* begründet dies mit der angeblichen Besonderheit der landwirtschaftlichen Produktion. Vor allem **langfristige** Produktionsprozesse der Landwirtschaft standen hier im Mittelpunkt der Überlegungen. So wird bspw. bei einer Bilanzierung eines Forstbestandes mit einer Aufwuchsphase von z.T. 20-30 Jahren der Wertzuwachs in den einzelnen Jahren bei einer Bilanzierung nach Anschaffungs-/Herstellungskosten nicht ausreichend abgebildet und ebenso wenig die Bedeutung der Aufwuchsphase für die Ertragsrealisation gebührend gewürdigt. Die Gewinnrealisation erfolgt nach Maßgabe des Anschaffungskostenprinzips im Jahr des Einschlags und der Verwertung des Bestandes.

3 IAS 41 ist zwingend von Unternehmen anzuwenden, die eine **landwirtschaftliche** Tätigkeit i. S. der Definition von IAS 41.5 ausführen (Rz 6). Es existieren keine größen-, branchen- oder rechtsformspezifischen Ausnahmen.

4 Führt das Unternehmen eine landwirtschaftliche Tätigkeit aus, regelt IAS 41 die Abbildung im Jahresabschluss von (IAS 41.1)
- biologischen Vermögenswerten,
- landwirtschaftlichen Erzeugnissen bis zum Zeitpunkt der Ernte (→ § 17 Rz 1),
- Zuwendungen der öffentlichen Hand (→ § 12 Rz 3) für biologische Vermögenswerte, die zum beizulegenden Zeitwert bewertet werden (Rz 5).

5 Der Standard ist **nicht** anzuwenden auf:
- **Grundstücke**, die im Zusammenhang mit der landwirtschaftlichen Tätigkeit stehen. Hier gelten IAS 16 (→ § 14) und IAS 40 (→ § 16; IAS 41.2a). Folglich ist Grund und Boden, der im Zusammenhang mit

---

[1] So EPSTEIN/MIRZA, Interpretation and Appplication of IFRS, 2006, S. 861. Lediglich in Australien existiert mit dem AASB 1037, Self Generating and Regenerating Assets ein Standard, der entsprechende Sachverhalte regelt. Zusätzlich existiert ein AICPA Audit and Accounting Guide. Vgl. AICPA, Agricultural Producers and Agricultural Cooperatives, Audit and Accounting Guide 2004.

Janze

einer landwirtschaftlichen Tätigkeit steht, in der Bilanz stets als *non-current asset* auszuweisen (→ § 2 Rz 25ff.).
- **Immaterielle Vermögenswerte**, die im Zusammenhang mit einer landwirtschaftlichen Tätigkeit stehen. Hier gilt IAS 38 (→ § 13). Dies gilt vor allem für den in der Landwirtschaft bedeutenden Teil der Produktionsquoten und Lieferrechte.
- **Zuwendungen** der öffentlichen Hand für biologische Vermögenswerte, die im Rahmen der *reliability exception* (Rz 23) zu Anschaffungs-/Herstellungskosten bilanziert werden.
- **Warentermingeschäfte**, die im Zusammenhang mit einer landwirtschaftlichen Tätigkeit stehen. In diesem Fall ist IAS 39 (→ § 28) und, sofern es sich um für das Unternehmen belastende Verträge handelt, IAS 37 (→ § 21 Rz 45ff.) anzuwenden.
- **Versicherungsverträge**, die im Zusammenhang mit einer landwirtschaftlichen Tätigkeit stehen. In der landwirtschaftlichen Praxis sind solche spezifischen Versicherungen zwar weit verbreitet (bspw. Tierseuchenkasse oder Hagelversicherung). Sie werden jedoch in IAS 41 nicht behandelt. Hierfür ist u. U. IFRS 4 einschlägig (→ § 39).

Zentrale Voraussetzung für die Anwendung des IAS 41 ist die Ausübung einer **landwirtschaftlichen** Tätigkeit durch das bilanzierende Unternehmen (Rz 2). Als landwirtschaftliche Tätigkeit wird das Management der absatzbestimmten **Transformation** biologischer Vermögenswerte in landwirtschaftliche Erzeugnisse oder in weitere biologische Vermögenswerte verstanden (IAS 41.5). Der bloße **Abbau** biologischer Vermögenswerte stellt keine landwirtschaftliche Tätigkeit dar.
Wesentlich wird die landwirtschaftliche Tätigkeit durch **drei Kriterien** gekennzeichnet (IAS 41.6):
- **Fähigkeit** zur biologischen **Transformation**: Nur lebende Tiere und Pflanzen sind zur biologischen Transformation fähig.
- **Management** der Änderung: Das Management fördert die biologische Transformation durch Verbesserung oder zumindest Stabilisierung der erforderlichen Bedingungen. Ein solches Management unterscheidet die landwirtschaftliche Tätigkeit von anderen Tätigkeiten. Die Aberntung und Ausbeutung von unbearbeiteten Ressourcen (wie Hochseefischen und Entwaldung) stellt keine landwirtschaftliche Tätigkeit dar.
- **Messung** der Änderung: Als routinemäßige Managementfunktion werden die Überwachung und Messung der quantitativen und qualitativen Veränderungen im Rahmen der biologischen Transformation betrachtet.

Ein biologischer Vermögenswert ist ein **lebendes Tier** oder eine **lebende Pflanze**.
Folgende **Unterscheidung** ist möglich:
- tragender Vermögenswert, z. B. Milchkuh oder Apfelbaum;
- konsumierbarer Vermögenswert, z. B. Mastschwein oder Weizenbestand.

8	Gleichartige biologische Vermögenswerte können vergleichbar (§ 240 Abs. 4 HGB) in einer Gruppe zusammengefasst werden (IAS 41.15).
9	Die Fähigkeit zur biologischen Transformation ist das zentrale Merkmal eines biologischen Vermögenswertes. Sie umfasst den Prozess des Wachstums, des Rückgangs und der Vermehrung des biologischen Vermögenswertes mit der Folge einer quantitativen oder qualitativen Veränderung. Weiterhin wird die Fruchtbringung von landwirtschaftlichen Erzeugnissen durch den biologischen Vermögenswert als biologische Transformation bezeichnet (IAS 41.7).
10	In der Fähigkeit zur biologischen Transformation liegt auch der entscheidende **Unterschied** zwischen einem **biologischen Vermögenswert** und einem **landwirtschaftlichen Erzeugnis**. Ein landwirtschaftliches Erzeugnis ist nicht zu einer biologischen Transformation fähig.
11	Die **Weiterverarbeitung** eines landwirtschaftlichen Erzeugnisses ist nicht Bestandteil des IAS 41.

Beispiel

Tragender Vermögenswert	Kuh	Schwein
↓ IAS 41	↓	↓
Produkt	Milch	Fleisch
↓ IAS 2	↓	↓
Veredeltes Produkt	Käse	Wurst

12	IAS 41 ist nur bis zum Zeitpunkt der **Ernte** anzuwenden. Als Ernte wird der Vorgang der Abtrennung des landwirtschaftlichen Erzeugnisses vom biologischen Vermögenswert oder das Ende des Lebensprozesses eines biologischen Vermögenswertes bezeichnet (IAS 41.5). Danach sind landwirtschaftliche Erzeugnisse gemäß IAS 2 zu bilanzieren (→ § 17 Rz 1). Die Ausnahmeregelung nach IAS 2.3 ist zu beachten.
13	Hinsichtlich der zeitlichen Beschränkung für biologische Vermögenswerte und landwirtschaftliche Erzeugnisse auf den Zeitraum bis zur Ernte besteht Übereinstimmung zwischen dem HGB/EStG und IAS 41.
14	In IAS 41.8 sind einige weitere Definitionen enthalten, die jedoch aus anderen Standards bekannt sind: • Aktiver Markt (→ § 8 Rz 56) • Beizulegender Zeitwert (*fair value;* → § 8 Rz 53) • Buchwert (→ § 11 Rz 5) • Zuwendung der öffentlichen Hand (→ § 12 Rz 1ff.)

2 Bilanzansatz

15	Biologische Vermögenswerte und landwirtschaftliche Erzeugnisse sind in Übereinstimmung mit dem *Framework* (→ § 1 Rz 87) anzusetzen, wenn • das Unternehmen den Vermögenswert aufgrund vergangener Ereignisse kontrolliert;

Janze

- ein mit dem Vermögenswert verbundener Nutzenzufluss wahrscheinlich ist;
- der beizulegende Zeitwert oder die Anschaffungs-/Herstellungskosten des Vermögenswertes verlässlich ermittelbar sind (IAS 41.10).

Die zwingende Aktivierung biologischer Vermögenswerte bei Erfüllung der Ansatzkriterien führt zu z.T. erheblichen Differenzen im Gegensatz zur Bilanzierung nach HGB/EStG. Dort gelten für einige biologische Vermögenswerte Aktivierungswahlrechte, z. B. für stehendes Holz und das Feldinventar.[2]

16

3 Bewertung

3.1 Überblick

Die fast ausnahmslose Bilanzierung zum *fair value* nach IAS 41 (Rz 2) macht eine Unterscheidung zwischen **Erst-** und **Folge**bewertung überflüssig. Biologische Vermögenswerte **bis zum Zeitpunkt der Ernte** sind im Zeitverlauf durchgehend zum beizulegenden Zeitwert abzüglich der geschätzten Verkaufskosten zu bewerten (IAS 41.12f.). Dieser beizulegende Zeitwert bildet auch die Bewertungsgrundlage (fiktive Anschaffungs-/Herstellungskosten) für den Zeitpunkt nach der Ernte gemäß IAS 2 (Rz 12).

17

Der beizulegende Zeitwert eines biologischen Vermögenswertes ist der **Marktpreis** des *asset*, basierend auf seinem gegenwärtigen Ort und Zustand, abzüglich anfallender Transport- und sonstiger Kosten, die durch das Angebot des Vermögenswertes auf einem Markt entstehen.

18

Hierzu folgendes Rechenschema:

19

	Marktpreis (netto)
−	Transportkosten
−	Andere Kosten, die durch das Angebot eines Vermögenswertes auf einem Markt entstehen
=	Beizulegender Zeitwert
−	Verkaufskosten (IAS 41.14) – Provisionen an Makler und Händler – Abgaben an Aufsichtsbehörden und Warenterminbörsen – Zölle
=	Wertansatz für biologische Vermögenswerte und landwirtschaftliche Erzeugnisse

Tab. 1: **Ermittlung des Wertansatzes für biologische Vermögenswerte und landwirtschaftliche Erzeugnisse**

---

[2] Vgl. MANTHEY, Bewertung im landwirtschaftlichen Rechnungswesen, 2002, S. 84 u. 116.

Janze

20 Unter den **anderen Kosten**, die durch das Angebot des Vermögenswertes auf einem Markt entstehen, sind keine Kosten zu erfassen, die im Zusammenhang mit der weiteren biologischen Transformation des biologischen Vermögenswertes stehen (Beispiel Erntekosten). Ansonsten entstünde ein inhaltlicher Widerspruch zu IAS 41.21 (Rz 35) und es würden hypothetische Werte ausgewiesen, die nicht dem gegenwärtigen Ort und Zustand des biologischen Vermögenswertes entsprächen.[3] Diese Ausrichtung auf den gegenwärtigen Ort und Zustand des biologischen Vermögenswertes stellt den Anwender jedoch vor erhebliche praktische Probleme (Rz 47ff.).

21 Der beizulegende Zeitwert aus IAS 41.8 entspricht somit u. E. auch nicht dem *net realisable value* nach IAS 2.6 (→ § 17 Rz 3). Das IASC hat sich in der damaligen Diskussion sogar bewusst gegen diesen Wertansatz entschieden.[4]

22 Der beizulegende Zeitwert von biologischen Vermögenswerten und landwirtschaftlichen Erzeugnissen soll nahezu in allen Fällen verlässlich ermittelbar sein. Eine Ausnahme in seltenen Fällen wird für **biologische** Vermögenswerte zugestanden. In diesem Fall erlaubt die *reliability exception* eine Bilanzierung zu Anschaffungs-/Herstellungskosten (IAS 41.30).

23 Die *reliabilty exception* ist lediglich auf die **Erstbewertung** des biologischen Vermögenswertes beschränkt (IAS 41.31). Sobald in den Folgeperioden der beizulegende Zeitwert verlässlich ermittelt werden kann, ist dieser zu verwenden. Wurde der beizulegende Zeitwert bereits einmal verlässlich ermittelt, ist eine Bewertung zu Anschaffungs-/Herstellungskosten in einer späteren Berichtsperiode nicht mehr möglich.

24 Wird ein biologischer Vermögenswert zu Anschaffungs-/Herstellungskosten bilanziert, sind für die Ermittlung des Wertansatzes, der Abschreibungen und möglicher außerplanmäßiger Abschreibungen die dafür gültigen Standards (IAS 2 → § 17, IAS 16 → § 14 und IAS 36 → § 11) heranzuziehen (IAS 41.33). Obwohl in IAS 41.33 nicht explizit erwähnt, sind u. E. auch nachträgliche Anschaffungs-/Herstellungskosten entsprechend dieser Standards zu behandeln.

25 Die *reliability exception* gilt nicht für die Bewertung von **landwirtschaftlichen** Erzeugnissen (IAS 41.32).

3.2 Bewertungsmethoden

26 IAS 41 enthält im Gegensatz zu anderen IAS/IFRS detaillierte **Vorgaben**, wie der beizulegende Zeitwert für biologische Vermögenswerte und landwirtschaftliche Erzeugnisse zu ermitteln ist. Dazu folgender Entscheidungsbaum:

---

[3] So EPSTEIN/MIRZA, Interpretation and Application of IFRS, 2006, S. 866.
[4] Vgl. JANZE, IFRS im landwirtschaftlichen Rechnungswesen, 2006, S. 276.

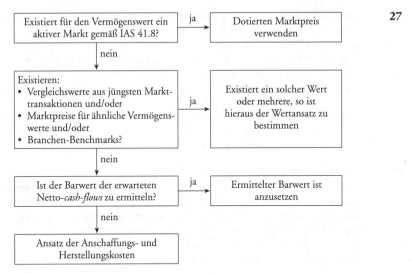

Abb. 1: Vorgehensweise bei der Ermittlung des Wertansatzes für biologische Vermögenswerte und landwirtschaftliche Erzeugnisse

Der beizulegende Zeitwert soll nach den Ausgangsüberlegungen des *Board* für die überwiegende Masse der **biologischen** Vermögenswerte und landwirtschaftlichen Erzeugnisse anhand von Preisen, die an **aktiven Märkten** in der Definition von IAS 41.8 ermittelt werden, bestimmbar sein (Rz 14). 28

Für landwirtschaftliche Erzeugnisse zum Zeitpunkt der Ernte trifft dies zu (Beispiel aktuelle Preise zum Zeitpunkt der Ernte). 29

Für nahezu fertige **biologische** Vermögenswerte mag diese Annahme z. T. ebenfalls zutreffen, nicht jedoch für einen überwiegenden Teil der biologischen Vermögenswerte.[5] So wird bspw. Feldinventar und unfertiges stehendes Holz i. d. R. überhaupt nicht gehandelt. Das gilt auch für große Teile tierischer biologischer Vermögenswerte. 30

Den **alternativen** Bewertungsmethoden kommt folglich eine wesentlich größere Bedeutung zu, als der IASB diesen in IAS 41 beimisst. 31

Ist der beizulegende Zeitwert nicht an einem aktiven Markt ermittelbar, sind **Vergleichswerte** aus jüngsten Marktransaktionen zu verwenden (IAS 41.18a). Zwischenzeitlich eingetretene wesentliche Änderungen der wirtschaftlichen Rahmenbedingungen sind zu beachten. Für viele biologische Vermögenswerte werden auch diese Daten nicht zur Verfügung stehen. 32

Weiterhin können Marktpreise für ähnliche Vermögenswerte mit einer entsprechenden **Anpassung** verwendet werden (IAS 41.18b). Auch diese ver- 33

---

[5] Dies gilt zumindest in weiten Teilen für Deutschland. In anderen Ländern mag die verfügbare Datenlage differenzierter sein.

gleichswertorientierten (ebenso Rz 32) Wertansätze sind für zahlreiche biologische Vermögenswerte, die in unfertigem Zustand nicht oder nur selten gehandelt werden, nur schwer ermittelbar.

34 Zusätzlich können **Branchen-Benchmarks** zur Bestimmung des beizulegenden Zeitwertes herangezogen werden (IAS 41.18c). Diese sind beispielhaft definiert als *value of an orchard expressed per export tray, bushel, or hectare, and the value of cattle expressed per kilogram of meat.*
Die Verwendung dieser Branchen-Benchmarks ist in dieser Definition u. E. jedoch zur Bestimmung des beizulegenden Zeitwertes von biologischen Vermögenswerten **ungeeignet** und in der praktischen Anwendung wenig hilfreich.

35 Sofern unter Anwendung von IAS 41.18 kein beizulegender Zeitwert ermittelt werden kann, ist der **Barwert** der erwarteten Netto-*cash-flows* eines Vermögenswertes auf der Basis eines aktuellen marktbestimmten **Vorsteuer-Zinssatzes** anzusetzen (IAS 41.20). Hierbei sind der gegenwärtige Ort und Zustand des biologischen Vermögenswertes zwingend Grundlage (IAS 41.21; Rz 20). Jegliche biologische **Transformation** ab dem Bilanzstichtag, verbunden mit einer möglichen Werterhöhung des Vermögenswertes ebenso wie entsprechende Aktivitäten, die dieser Werterhöhung dienen, müssen bei der Ermittlung der Netto-*cash-flows* ohne Berücksichtigung bleiben. Als Beispiele werden solche Aktivitäten genannt, die im Zusammenhang mit der Ernte oder dem Verkauf des biologischen Vermögenswertes stehen (IAS 41.21).
Weiterhin sind *cash flows* für die **Finanzierung** des biologischen Vermögenswertes sowie für Steuern und eine mögliche **Wiederherstellung** des biologischen Vermögenswertes (bspw. Kosten für erneute Aufforstung) bei der Ermittlung des beizulegenden Zeitwertes außer Acht zu lassen (IAS 41.22).

36 Bestehende **Unsicherheiten** im Zusammenhang mit der Schätzung der künftigen *cash flows* sind entweder im Zinssatz, in den *cash flows* oder in einer Kombination aus beiden zu berücksichtigen (IAS 41.23). Im letzteren Fall ist die Gefahr der Doppelberücksichtigung der Unsicherheit zu beachten. In der Praxis der landwirtschaftlichen Wertermittlung werden die bestehenden Unsicherheiten bisher meist bei der Schätzung der *cash flows* berücksichtigt.

37 In einigen Fällen kann der beizulegende Zeitwert **nahe** bei den **Anschaffungs-/Herstellungskosten** liegen (IAS 41.24), z. B. wenn seit der erstmaligen Kostenverursachung nur eine geringe biologische Transformation stattgefunden hat oder der Einfluss der Transformation auf den späteren Erlös unbedeutend ist. Letzteres ist bei Forstbeständen mit langer Aufwuchsphase in der Anfangszeit der Fall. Dann können die vom Bundesministerium für Verbraucherschutz, Ernährung und Landwirtschaft (BMVEL) publizierten Richtwerte für verschiedene Kategorien biologischer Vermögenswerte als Orientierungsgrundlage verwendet werden. Diese werden auch in den HGB/EStG-Bilanzen verwendet.

38 Biologische Vermögenswerte werden häufig mit Grundstücken übertragen (IAS 41.25). Der beizulegende Zeitwert des biologischen Vermögenswertes kann dann durch eine Differenzrechnung zwischen vergleichbaren Flächen mit

Janze

und ohne entsprechende Aufwüchse ermittelt werden (Residualmethode; Proportionalmethode).[6] Allerdings ist auch hier auf die i. d. R. mangelnde Datenverfügbarkeit zu verweisen.

Warentermingeschäfte, die zur Absicherung künftiger Ernten geschlossen werden, dürfen nicht als Richtwerte zur Ermittlung des beizulegenden Zeitwertes verwendet werden (IAS 41.16). 39

Die Preisabsicherung von zukünftigen Ernteverkäufen durch *Hedging*-Geschäfte spielt auch in den vermehrt volatiler werdenden Agrarmärkten eine immer bedeutendere Rolle. Das *Hedging* zur Preisabsicherung an Warenterminmärkten ist in der Regel im Rahmen des *hedge-accounting* unter IAS 39 (→ § 28 Rz 188) bilanziell zu erfassen, sofern die entsprechenden Kriterien als erfüllt angesehen werden können. Anders sieht es bei dem in der landwirtschaftlichen Praxis durchaus üblichen **Kontraktabschluss** für zukünftig erwartete Ernten aus. Diese Kontrakte führen i. d. R. zu späterer physischer Lieferung der Ware. Ein Barausgleich des Kontraktes findet in der Regel nicht statt. In diesen Fällen dürften u. E. die Kriterien für ein derivatives Finanzinstrument und für *hedge-accounting* gemäß IAS 39 nicht vorliegen (IAS 39.5, AG 10; → § 28 Rz 190). 40

Bedingt durch das durchgängige Konzept der *fair-value*-Bewertung enthält IAS 41 keine gesonderten Vorgaben bezüglich **außerplanmäßiger** Wertminderungen von Vermögenswerten (Rz 24). 41

3.3 Gewinne und Verluste aus der Bewertung zum beizulegenden Zeitwert

Gewinne und Verluste aus der Erst- und Folgebewertung von biologischen Vermögenswerten und landwirtschaftlichen Erzeugnissen, die zum beizulegenden Zeitwert abzüglich geschätzter Verkaufskosten bewertet werden, sind in der Periode erfolgswirksam im *income statement* zu erfassen, in der sie entstanden sind (IAS 41.26). Eine erfolgsneutrale Erfassung im Eigenkapital ist nicht zulässig. Mit der Erfassung unrealisierter Gewinne im Rahmen langfristiger Produktionsprozesse hat sich der IASB stark an IAS 11 (→ § 18) orientiert. 42

IAS 41 regelt nicht, wie die im Zusammenhang mit einem biologischen Vermögenswert entstehenden Kosten zu erfassen sind. Der *fair-value*-Konzeption folgend sind die Kosten u. E. in der Periode als Aufwand erfolgswirksam zu erfassen, in der sie entstanden sind. 43

Eine Doppelerfassung von Erträgen ist zu vermeiden. 44

---

[6] Vgl. dazu KÖHNE, Landwirtschaftliche Taxationslehre, 2000, S. 746f.

Janze

> **Beispiel**
> Eine kurz vor der Kalbung stehende Hochleistungskuh wird am Stichtag 01 zum beizulegenden Zeitwert abzüglich Verkaufskosten bewertet.
> Zum Stichtag 02 ist neben der jetzt in der Laktation stehenden Kuh auch das inzwischen geborene Kalb zum Zeitwert abzüglich Verkaufskosten zu bewerten.
> Neben dem Wertzuwachs durch das Kalb ist die Wertminderung bei der Kuh zu berücksichtigen.

45   IAS 41 enthält keine Vorgaben bezüglich der **Ausbuchung** von biologischen Vermögenswerten und landwirtschaftlichen Erzeugnissen. Es werden in diesem Zusammenhang auch keine Angaben darüber gemacht, wie eigentliche Verkaufsgeschäfte gegenüber Dritten i. S. von IAS 18 (→ § 25) mit einer Ausbuchung von biologischen Vermögenswerten hinsichtlich der Erfolgswirksamkeit abzubilden sind. Auch die Beispiele im Anhang zu IAS 41 liefern hierüber keine zufrieden stellenden Informationen bzw. berücksichtigen die Veräußerungsgeschäfte gegenüber Dritten nicht.

46
> **Beispiel**
> Ein Landwirt bewertet ein selbst gezogenes Fohlen am 31.12.01 erstmalig mit einem beizulegenden Zeitwert abzüglich geschätzter Verkaufskosten von 5.000 EUR. Diese 5.000 EUR werden erfolgswirksam als Ertrag erfasst (IAS 41.26). Am 31.12.02 wird ein beizulegender Zeitwert von 10.000 EUR ermittelt. Entsprechend wird erneut ein Ertrag von 5.000 EUR erfolgswirksam erfasst. Einen Tag später, am 1.1.03, verkauft das Unternehmen das Pferd für 10.000 EUR an ein anderes Unternehmen. Die Veräußerung wird nicht mehr vom Anwendungsbereich des IAS 41 erfasst. Es hat in diesem Fall auch keine Ernte i. S. von IAS 41.5 stattgefunden, so dass im Rahmen der Klassifizierung als landwirtschaftliches Erzeugnis IAS 2 Anwendung finden könnte. Wird die Veräußerung gemäß IAS 18 bilanziert, kann es zu einer Doppelerfassung des Gesamtertrages von 10.000 EUR und somit zu einer falschen Darstellung des Totalerfolges der Produktionsperiode kommen.[7] U. E. ist die eigentliche Veräußerung (bzw. die Ausbuchung) eines biologischen Vermögenswertes in Anlehnung an IAS 16.71 zu bilanzieren (→ § 14 Rz 21). Als kurzfristig klassifizierte biologische Vermögenswerte können auch gemäß IAS 2.34 ausgebucht werden.

---

[7] A. A. PLOCK, Ertragsrealisation nach International Financial Reporting Standards, 2004, S. 227.

3.4 Problembereiche und Anwendungsempfehlungen

3.4.1 Cash-flow- vs. branchenübliche Bewertungsverfahren

Die besondere Problematik in der praktischen Anwendung des IAS 41 besteht in der nicht sachgerechten Annahme, dass der beizulegende Zeitwert für biologische Vermögenswerte anhand **aktiver Märkte** ständig verlässlich ermittelbar sei. Für den überwiegenden Teil der (unfertigen) biologischen Vermögenswerte in Deutschland ist dies nicht der Fall. Da auch die in IAS 41.18 dargelegten Bewertungsverfahren für viele biologische Vermögenswerte nicht anwendbar sind, bleibt schlussendlich nur die Ermittlung des Barwertes der erwarteten *cash flows* (IAS 41.20). 47

Die Verwendung dieses ertragswertbasierten Wertansatzes auf Basis einer DCF-Kalkulation bietet indes nicht für alle biologischen Vermögenswerte die sachgerechte Lösung. Wir präferieren die Ermittlung des beizulegenden Zeitwerts anhand branchenüblicher Bewertungsverfahren. Dadurch können die Zielvorgaben von IAS 41 besser erfüllt werden. 48

Im Folgenden werden für einige biologische Vermögenswerte Möglichkeiten zur Ermittlung des **beizulegenden Zeitwertes** vorgestellt.[8] 49

3.4.2 Dauerkulturen

Bei ertragbringenden **Dauerkulturen** führt die Anwendung der Vorgaben des IAS 41 zu einer nicht sachgerechten Darstellung der Ertragslage. Der IASB ist in der Konzeption des IAS 41 von im **Zeitablauf steigenden** Ertragswerten für biologische Vermögenswerte ausgegangen (wie bspw. beim stehenden Holz; Rz. 55). Bei Dauerkulturen **sinken** die Ertragswerte i. d. R. jedoch im Zeitablauf. Die Anwendung der Vorgaben des IAS 41 führt daher tendenziell zu einem **vorgezogenen Ertragsausweis** in der Periode der erstmaligen Nutzung der Dauerkultur. In den folgenden Perioden kompensiert die erfolgswirksam zu vereinnahmende Wertminderung der Dauerkulturanlage die Erträge aus dem Verkauf der landwirtschaftlichen Erzeugnisse dieser Anlage. Die Ertragslage des Unternehmens wird somit nicht sachgerecht dargestellt. 50

> **Beispiel**[9] 51
> Im Folgenden wird eine Dauerkulturanlage, in diesem Fall eine Anlage mit Stachelbeeren, nach dem Ertragswertverfahren bewertet, um einen *fair value* gemäß den Vorgaben des IAS 41 zu ermitteln. In der folgenden Tabelle 2 werden die zu Grunde gelegten Beispieldaten aufgeführt.

---

[8] Generell zur Wertermittlung für biologische Vermögenswerte anlässlich verschiedener Bewertungsanlässe vgl. KÖHNE, Landwirtschaftliche Taxationslehre, 2000.
[9] Zu diesem Bsp. vgl. JANZE, IFRS im landwirtschaftlichen Rechnungswesen, 2006, S. 311 ff.

Stand-jahr	Ertrag in dt	Preis in EUR	Leistung im Stand-jahr in EUR	Kosten im Standjahr in EUR	Differenz Spalte 4–5
Spalte 1	2	3	4	5	6
0	0	175,00	0	14.300,00	−14.300,00
1	30,00	175,00	5.250,00	2.713,00	2.537,00
2	70,00	175,00	12.250,00	6.457,00	5.793,00
3	90,00	175,00	15.750,00	7.405,00	8.345,00
4	100,00	175,00	17.500,00	7.879,00	9.621,00
5	100,00	175,00	17.500,00	7.879,00	9.621,00
6	100,00	175,00	17.500,00	7.879,00	9.621,00
7	90,00	175,00	15.750,00	7.405,00	8.345,00
8	90,00	175,00	15.750,00	7.405,00	8.345,00
9	90,00	175,00	15.750,00	7.616,00	8.134,00

Tab. 2: Beispieldaten einer Anlage mit Stachelbeeren (1 ha)

Die verwendeten Daten können sämtlich öffentlichen Datensammlungen entnommen werden.[10] Der Teleologie der IFRS folgend sind diese standardisierten Daten auch zu bevorzugen, um subjektive Ermessensspielräume soweit möglich zu reduzieren.

In der folgenden **Tabelle 3** wird eine Übersicht über die Entwicklung des Ertragswertes der Anlage bei einem Zinssatz von 5 % im Zeitablauf gegeben.

Standjahr Spalte 1	Ertragswert in EUR 2	Differenz zum Vorjahr in EUR 3
Bezugspunkt 30.06.X0	54.334,31	54.334,31
Bezugspunkt 30.06.X1	54.514,03	179,72
Bezugspunkt 30.06.X2	51.446,73	−3.067,30
Bezugspunkt 30.06.X3	45.674,06	−5.772,67
Bezugspunkt 30.06.X4	38.366,77	−7.307,29
Bezugspunkt 30.06.X5	30.632,60	−7.734,17
Bezugspunkt 30.06.X6	22.543,24	−8.089,36
Bezugspunkt 30.06.X7	15.325,40	−7.217,84
Bezugspunkt 30.06.X8	7.746,67	−7.578,73
Bezugspunkt 30.06.X9	0,00	−7.746,67

Tab. 3: Entwicklung des Ertragswertes in den Standjahren

---

[10] In diesem Fall entstammen die Daten der KTBL-Datensammlung Obstbau. Vgl. KTBL, Obstbau, 2002, S. 118. Preisangaben können darüber hinaus auch in Publikationen der Zentralen Markt- und Preisberichtsstelle (ZMP) eingesehen werden. Vgl. ZMP, Obst, 2004, S. 73. Vorbereitungsjahre und deren Kosten werden in dem Beispiel nicht beachtet. Diese können bei der Anlage von Dauerkulturen durchaus eine Rolle spielen.

Janze

Der Ertragswert der Stachelbeeranlage vom 30.06.X0 bis zum 30.06.X1 nimmt, bedingt durch Diskontierungseffekte und die niedrige ökonomische Verwertung der Anlage, im zweiten Jahr leicht zu. In den darauffolgenden Jahren sinkt er, da u. a. die Anzahl der Produktionsperioden abnimmt. Die Spalte 2 der Tabelle 3 stellt somit die Buchwerte dar, die gemäß den Vorgaben des IAS 41 am Abschlussstichtag der jeweiligen Periode theoretisch zu bilanzieren wären, sofern der reine Ertragswert der Anlage bilanziert würde. Von besonderer Bedeutung sind die in der Spalte 3 dargestellten Differenzen der Ertragswerte zum Vorjahr. Wie bereits erläutert, sind die Wertänderungen der Anlage als Erträge/Aufwendungen in der GuV des Unternehmens auszuweisen. Dies gilt auch für Erträge/Verluste, die aus dem erstmaligen Ansatz des biologischen Vermögenswertes resultieren (Rz 42).

In der **Tabelle 4** werden die Erträge/Aufwendungen dargestellt und erläutert, die bei isolierter Betrachtung dieser Anlage in der GuV des Unternehmens gemäß den Vorgaben der IFRS auszuweisen wären.

Stand-jahr	Erträge i. S. von IAS 18	Auf-wendungen der Periode	*Fair-Value-* Änderungen	Totalerfolg der Anlage i. Wj.
Spalte 1	2	3	4	5
	Alle Beträge in EUR			
0	0,00	14.300,00	54.334,31	40.034,31
1	5.250,00	2.713,00	179,72	2.716,72
2	12.250,00	6.457,00	–3.067,30	2.725,70
3	15.750,00	7.405,00	–5.772,67	2.572,33
4	17.500,00	7.879,00	–7.307,29	2.313,71
5	17.500,00	7.879,00	–7.734,17	1.886,83
6	17.500,00	7.879,00	–8.089,36	1.531,64
7	15.750,00	7.405,00	–7.217,84	1.127,16
8	15.750,00	7.405,00	–7.578,73	766,27
9	15.750,00	7.616,00	–7.746,67	387,33
Summe	133.000,00	76.938,00	0,00	56.062,00

Tab. 4 : Zu berücksichtigende Erträge und Aufwendungen in einer GuV gemäß IFRS

In der folgenden **Tabelle 5** werden die Erträge und Aufwendungen dargestellt, die gemäß den Vorgaben von HGB/EStG zu berücksichtigen sind.

Stand-jahr Spalte 1	Erträge gemäß HGB/EStG 2	Aufwendungen der Periode 3	Aufwendungen durch Afa 4	Totalerfolg der Anlage i. Wj. 5
	Alle Beträge in EUR			
0	–	–		–
1	5.250,00	2.713,00	1.588,89	948,11
2	12.250,00	6.457,00	1.588,89	4.204,11
3	15.750,00	7.405,00	1.588,89	6.756,11
4	17.500,00	7.879,00	1.588,89	8.032,11
5	17.500,00	7.879,00	1.588,89	8.032,11
6	17.500,00	7.879,00	1.588,89	8.032,11
7	15.750,00	7.405,00	1.588,89	6.756,11
8	15.750,00	7.405,00	1.588,89	6.756,11
9	15.750,00	7.616,00	1.588,89	6.545,11
Summe	133.000,00	62.638,00	14.300,00	56.062,00

Tab. 5: Erträge und Aufwendungen gemäß HGB/EStG

52 In der Tabelle 5 wurde eine lineare Abschreibung der Anpflanzungs- und Pflegekosten ab dem Wirtschaftsjahr nach der Anpflanzung entsprechend den **steuerrechtlichen** Vorgaben unterstellt.[11] Die anfallenden jährlichen Pflegekosten werden in dem Jahr ihrer Entstehung als Aufwand und die Einnahmen aus dem Verkauf der Stachelbeeren im Jahr ihrer Realisation als Ertrag erfasst. Ansonsten werden die produktionstechnischen Annahmen der Tabelle 2 unterstellt. Der **Totalerfolg** wird nach beiden Bilanzierungsmethoden identisch dargestellt. Allerdings führt die Bilanzierung entsprechend der Vorgaben aus IAS 41 zu einem nicht sachgerechten Erfolgsausweis in den einzelnen Berichtsperioden. Ein großer Teil des erwarteten Totalerfolgs aus der Bewirtschaftung der Anlage wird bedingt durch die erfolgswirksame Bilanzierung des Ertragswertes gemäß IAS 41.26 bereits im Jahr der Anpflanzung ausgewiesen. Anhand dieses Beispiels der Bilanzierung einer Dauerkulturanlage wird die **Unvereinbarkeit** eines korrekten – gleichzeitigen – Vermögens- und Erfolgsausweises innerhalb eines Rechnungslegungssystems transparent.[12] Wird gemäß der Vorgabe aus IAS 41.20 der Ertragswert der Anlage im Jahr der Anpflanzung bilanziert, erfolgt eine korrekte Darstellung des Vermögensausweises i. S. von IAS 41.8. Durch den erfolgswirksamen erstmaligen Ansatz der Anlage mit Antizipation zukünftiger Erträge wird dagegen der **Erfolgsausweis** verzerrt. Er entspricht nicht der Generalnorm eines *true and fair view* des Unternehmens. In den Folgeperioden verringert sich der Ertragswert der Anlage. Dies ist folgerichtig, da die Anzahl der Ernteperioden abnimmt. Ein

---

[11] Vgl. MANTHEY, Bewertung im landwirtschaftlichen Rechnungswesen, 2002, S. 87.
[12] Vgl. BALLWIESER, Fair Value – erstrebenswerter Wertansatz im Rahmen einer Reform der handelsrechtlichen Rechnungslegung?, in BFuP, 2004, S. 597.

potentieller Käufer wäre also von Jahr zu Jahr nur zu geringeren Kaufpreisen bereit. Zusammen mit den laufenden Pflege- und Erntekosten, die als Aufwand zu erfassen sind, kompensiert die erfolgswirksame Verringerung des Ertragswertes die in diesen Perioden anfallenden Erträge i. S. von IAS 18 in einem erheblichem Maß mit der Folge eines unkorrekten Ertragsausweises in den Folgeperioden. Mit Hilfe des obigen Beispiels werden die systemimmanenten Friktionen bei der Anwendung des IAS 41 auf die Bewertung von Dauerkulturen herausgearbeitet. In der praktischen Bewertung von Dauerkulturanlagen dürfte sich der Wertansatz im Jahr der Anpflanzung und bis zur Erreichung der vollen Ertragsfähigkeit der Anlage eher am Kostenwert orientieren und erst zu späteren Zeitpunkten am Ertragswert der Anlage. Insofern ist dieses Beispiel aus Sicht der Bewertungspraxis nicht ganz zutreffend. Dennoch bleiben die methodischen Inkonsistenzen des IAS 41 in Bezug auf die Bewertung von Dauerkulturen bestehen und können anhand des Beispiels sehr gut herausgearbeitet werden.

Sofern eine solche Friktion bei der Bewertung einer Dauerkulturanlage nicht zu vermeiden ist, bietet sich die Anwendung der *reliability exception* gemäß IAS 41.30 (Rz 22) und die Bewertung von Dauerkulturen auf der Basis fortgeführter Anschaffungs-/Herstellungskosten an. Die **separate** Bewertung der an den Dauerkulturanlagen heranwachsenden zukünftigen landwirtschaftlichen **Erzeugnisse** vor dem Zeitpunkt der Ernte ist nicht durch den Anwendungsbereich des IAS 41 oder des IAS 2 (→ § 17) gedeckt (Rz 12). Bis zum Zeitpunkt der Ernte sind diese im Rahmen der Wertermittlung der Dauerkulturanlage zu erfassen. 53

In IAS 41 sind keine Angaben bezüglich **gepachteter** Dauerkulturanlagen zu finden. Berücksichtigt man die *asset*-Definition des *Framework* (→ § 1 Rz 83ff.) und die Kriterien für die bilanzielle Behandlung von Leasinggeschäften (→ § 15), so sind u. E. unter bestimmten Umständen auch gepachtete Dauerkulturanlagen beim Leasingnehmer zu bilanzieren. 54

3.4.3 Stehendes Holz

Für **stehendes Holz** mit einer ausstehenden Produktionszeit von z. T. noch 20 oder 25 Jahren ist die Verlässlichkeit einer Ertragswertermittlung (in diesen Fällen wird der so genannte Bestandeserwartungswert ermittelt) u. E. äußerst fraglich, da die erzielbaren Preise entweder vorausgeschätzt werden müssen oder aber konsequent nur die aktuellen Preise verwendet werden können. Ersteres ist nahezu unmöglich, Letzteres hinsichtlich der Relevanz der gelieferten Informationen zumindest fragwürdig. Zudem ist es mit großem Aufwand für das bilanzierende Unternehmen verbunden, den jährlichen Produktionsfortschritt im Rahmen der biologischen Transformation zu ermitteln.[13] Sofern dies jedoch möglich ist, empfiehlt sich die Bewertung des 55

---

[13] Das Unternehmen Precious Woods bewertet seine Forstbestände in Südamerika nach den Regeln des IAS 41 und publiziert hierzu hilfreiche Erläuterungen in seinen Geschäftsberichten. Vgl. PRECIOUS WOOD, Geschäftsbericht 2006.

Janze

stehenden Holzes mit den zum Bilanzstichtag gültigen Abtriebswerten (auch wenn diese z. T. erheblich unter den Ertragswerten liegen). Gerade am Anfang einer Produktionsdauer kann der Kostenwert bei stehendem Holz noch erheblich über dem Abtriebswert liegen. Solange dies der Fall ist, ist u. E. der Kostenwert zu bilanzieren. Die folgende Abbildung verdeutlicht die Vorgehensweise.

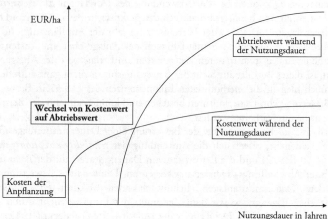

Abb. 2: Bilanzierung von stehendem Holz nach Kosten- und Abtriebswert

Abtriebswerte sind absatzmarktbestimmte **Liquidationswerte** und erfüllen daher die theoretischen Anforderungen der IFRS. Im freien Grundstücksverkehr werden allerdings für stehende Holzbestände i. d. R. Beträge oberhalb der Abtriebswerte bezahlt. Insofern erfüllen Abtriebswerte streng genommen nicht in allen Fällen aus Sicht der Praxis zwangsläufig die Definitionskriterien des *fair value* gemäß IAS 41.8.

Die Verwendung des höheren Wertes aus Kosten- und Abtriebswert weist erhebliche **Vorteile** gegenüber der Verwendung von Ertrags- bzw. Bestandeserwartungswerten auf. Zu Beginn der Produktionsperiode ist der Kostenwert des unfertigen Holzes der wesentlich verlässlichere und somit auch relevantere Wert. Während dieses Zeitraumes sind Ertrags- und Bestandeserwartungswert sehr spekulativ. Nach IAS 41.24 kann der beizulegende Zeitwert dem Kostenwert durchaus entsprechen. Weiterhin ist der Kostenwert im Rahmen der *reliability exception* (Rz 22) auch zulässig, wenn der *fair value* nicht verlässlich ermittelt werden kann.

Bei Bilanzierung von **Kostenwerten** müssen die Herstellungskosten den definitorischen Vorgaben des IAS 2 genügen. Es darf in diesem Zusammenhang auch kein Verzinsungsbetrag des Bodens berücksichtigt werden, da nicht aufwandsgleiche kalkulatorische Kosten gemäß IAS 2 unberücksichtigt bleiben müssen. Allerdings sind in diesem Fall die Vorgaben von IAS 41.33 nicht sachgerecht, die im Falle der Bilanzierung von Kostenwerten Abschreibungen gemäß IAS 16 verlangen. Vielmehr sollte der Kostenwert als **Ersatzwert** des *fair value* behandelt werden. Aus diesem Grund wird auch empfohlen, aktuelle Preise bei der Ermittlung des Kostenwertes zu verwenden. Eine Abschreibung des stehenden Holzes ist erstens nicht sachgerecht und führt zweitens zu Friktionen, wenn zu einem späteren Zeitpunkt der Abtriebswert bilanziert wird. Sobald die Abtriebswerte die Kostenwerte übersteigen, sind diese zu bilanzieren. Die Bestandeserwartungswerte liegen i. d. R. über den Abtriebswerten.

Der bedeutende **Vorteil** der **Abtriebswerte** gegenüber ertragswertorientierten Wertansätzen liegt jedoch im Verzicht auf die Antizipation z. T. weit in der Zukunft liegender Zahlungsströme. Selbst wenn gegen Ende der Produktionsdauer die Zahlungsströme leichter zu antizipieren sind, kann der Abtriebswert als Wertansatz beibehalten werden, da dann die Differenz zwischen Bestandeserwartungswert und Abtriebswert zunehmend geringer wird. Mit der Bilanzierung von zum Bilanzstichtag aktuellen Abtriebswerten ist ebenfalls der Vorteil einer jährlichen Erfassung des Bestandszuwachses verbunden. Weiterhin verursacht die Veräußerung von geschlagenem Holz im Rahmen von Durchforstungsmaßnahmen keine Friktion hinsichtlich der Ertragserfassung. Der Hierarchie zur Ermittlung des *fair value* folgend (Rz 27), ist der Abtriebswert auch vor möglichen Ertragswerten zu verwenden. Darüber hinaus entspricht die Bilanzierung von Abtriebswerten der Forderung von IAS 41.21, bei der Wertermittlung auf den gegenwärtigen Zustand des Vermögenswertes abzustellen. Bei der Bilanzierung eines Ertragswertes hingegen wird bereits die Fertigstellung des Vermögenswertes unterstellt, sofern der Ertragswert in voller Höhe bilanziert und eine prognostizierte Leistungsklasse für das Holz antizipiert wird. In den Folgeperioden ändert sich der Ertragswert in diesem Fall lediglich um die jährliche Diskontierungsrate, sofern konstant bleibende Holzqualitäten unterstellt werden. Dies verstößt jedoch gegen die Vorgabe aus IAS 41.21.[14]

57

Die Bilanzierung von Abtriebswerten führt nur dann zu verlässlichen Wertansätzen für die externe Rechnungslegung, wenn sie auf der Grundlage einer **detaillierten Inventur** der stehenden Holzvorräte durchgeführt wird. Im Rahmen einer solchen Inventur sind bspw. die Leistungsklasse des Bestandes, der Bestockungsgrad sowie der Brusthöhendurchmesser (BHD) zu bestimmen. Dies stellt die bilanzierenden Unternehmen sowohl vor organisatorische als auch finanzielle Herausforderungen. Hier ist eine praxistaugliche Lösung zu finden, die in einer in größeren Zeitabständen durchzuführenden Inventur und einer zwischenzeitlichen Interpolation des Bestandeszuwachses liegen kann.

58

Vor allem **kleine** Unternehmen sind jedoch u. U. nicht in der Lage, den Abtriebswert zum jeweiligen Bilanzstichtag zu ermitteln. In diesen Fällen emp-

---

[14] A. A. PLOCK, Ertragsrealisierung nach International Financial Reporting Standards (IFRS), 2002, S. 218.

fiehlt sich eine Inanspruchnahme der *reliability exception* (Rz 22f.) mit der Folge einer Bewertung zu Anschaffungs-/Herstellungskosten nach Maßgabe der veröffentlichten Richtwerte für stehendes Holz in Deutschland.[15]

3.4.4 Feldinventar

59 Für **Feldinventar**, also ein- und mehrjährige Kulturen (ausgenommen stehendes Holz), die am Ende der Produktionsdauer einen einmaligen Ertrag liefern, kann der wirtschaftliche Gebrauchswert, der in der landwirtschaftlichen Wertermittlung in Übertragungsfällen zur Anwendung kommt, eine geeignete Grundlage zur Ermittlung des beizulegenden Zeitwertes sein.[16] Der wirtschaftliche Gebrauchswert wird in der Regel als Zwischenwert zwischen dem Kostenwert (Aufwandstaxe) und dem Ertragswert (Halmtaxe) ermittelt. Der Vorteil dieses Bewertungsverfahrens liegt in der relativ einfachen Anwendbarkeit. Der wirtschaftliche Gebrauchswert entspricht u. E. den definitorischen Vorgaben eines beizulegenden Zeitwertes. Die Daten zur Ermittlung des wirtschaftlichen Gebrauchswertes sind leicht erhältlich und z. T. regionsspezifisch vorhanden.[17]

60 Hierzu folgendes Rechenschema:

	Angenommene Marktleistung ohne Prämie
−	Direkte Kosten
−	Kosten der Arbeitserledigung
=	Deckungsbeitrag
	Zeitanteilige Aufteilung des Deckungsbeitrages
+	(Standardisierte) Herstellungskosten zum Bilanzstichtag
=	Beizulegender Zeitwert

Tab. 6: **Beispiel zur Ermittlung des beizulegenden Zeitwertes von Feldinventar**

3.4.5 Tiervermögen

61 Für **marktgängige** und nahezu fertige Tiere ist der beizulegende Zeitwert mit Hilfe von Vergleichswerten relativ gut ermittelbar. Anders für **ungängiges** Tiermaterial: In diesen Fällen kann ebenfalls der wirtschaftliche Gebrauchswert aus der landwirtschaftlichen Wertermittlung eine sachgerechte Orientierung darstellen.[18]

---

[15] Vgl. MANTHEY, Bewertung im landwirtschaftlichen Rechnungswesen, 2002, S. 84ff. Diese Richtwerte werden vom Bundesministerium für Ernährung, Landwirtschaft und Forsten publiziert.

[16] Vgl. KÖHNE, Landwirtschaftliche Taxationslehre, 2000, S. 548ff.

[17] Hilfreiche Datenquellen sind die Richtwertdeckungsbeiträge der Landwirtschaftskammern sowie die Datensammlungen des Kuratoriums für Technik und Bauwesen in der Landwirtschaft (KTBL). Es können auch betriebsindividuelle Daten verwendet werden, sofern ein hinreichend großer Durchschnittszeitraum gebildet wird.

[18] Zu dessen Ermittlung vgl. KÖHNE, Landwirtschaftliche Taxationslehre, 2000, S. 494ff.

Für unfertiges Mastvieh, dem ein nahezu linearer Mastverlauf unterstellt werden kann (bspw. Mastschweine), stellt die **lineare Interpolation** zwischen zwei Eckwerten eine geeignete und praxisfreundliche Lösung dar.

Beispiel[19]
Es ist der beizulegende Zeitwert eines Mastschweinbestandes von 1.000 Tieren am Bilanzstichtag 30.6.01 zu ermitteln. Am 30.6.01 befinden sich die Tiere am 60. Masttag (Gesamtmastdauer 130 Tage). I. d. R. gehen die Tiere mit einem Lebendgewicht von ca. 110 kg (90 kg Schlachtgewicht) zum Schlachthof. Es wird ein erzielbarer Preis von 1,40 EUR/kg Schlachtgewicht unterstellt. Die Ferkelkosten werden mit 40 EUR (bei 28 kg Ferkelgewicht) veranschlagt. Am Bewertungsstichtag haben die Tiere ein Gewicht von 69 kg. Für einen solch unfertigen Mastbestand existieren i. d. R. keine verwendbaren Marktwerte. Mit Hilfe der folgenden Formel ist der beizulegende Zeitwert dennoch näherungsweise zu ermitteln.

$$\frac{\text{Verkaufserlös} - \text{Ferkelkosten}}{\text{Endgewicht} - \text{Ferkelgewicht}} \times (\text{ermitteltes Gewicht} - \text{Ferkelgewicht})$$
$+$ Ferkelkosten
$=$ Beizulegender Zeitwert

Setzt man die obigen Werte in die Formel ein, erhält man einen beizulegenden Zeitwert eines Mastschweins zum 30.6.01 von ca. 83 EUR. Der gesamte Mastschweinebestand ist folglich mit ca. 83.000 EUR zu bewerten.

Die in dem Beispiel dargestellte Vorgehensweise zur Ermittlung des beizulegenden Zeitwertes ist jedoch nur auf **Mastvieh** anwendbar, bei dem ein nahezu linearer Produktionsverlauf unterstellt werden kann. Bei **mehrjährig** ertragbringenden Tieren (bspw. Milchkühe oder Sauen) ist die Ermittlung des beizulegenden Zeitwertes schwieriger. Hier sind **mehrstufige** ertragswertorientierte Bewertungsansätze zu verwenden.[20] Der Abschnitt der Produktionsperiode des zu bewertenden Tiervermögens am Bilanzstichtag ist dabei eine entscheidende Größe. Der Wert einer Milchkuh steigt bspw. im Verlauf eines Produktionszyklus während der Trächtigkeit bis zum Abkalben an und fällt nach dem Abkalben stark ab. Am Beginn des nächsten Produktionszyklus beginnt der Wert der Milchkuh dann mit der erneuten Trächtigkeit (jedoch meist ausgehend von einem niedrigeren Ausgangsniveau) wieder anzusteigen. Dies verdeutlicht die Komplexität einer ertragswertorientierten Wertermittlung. Alternativ ist u. U. der beizulegende Zeitwert von mehrjährigen ertragbringenden Tieren anhand von verfügbaren Orientierungspreisen[21] unter Berücksichtigung von Zu- und Abschlägen zu ermitteln. Vereinfachend kann u. E. jedoch auch bei mehrjährig ertragbringenden Tieren zwischen zwei Eckwerten interpoliert werden. Der beizulegende Zeitwert einer

---

[19] Nach Köhne, Landwirtschaftliche Taxationslehre, 2000, S. 503.
[20] Vgl. dazu Köhne, Landwirtschaftliche Taxationslehre, 2000, S. 512ff.
[21] Bspw. publiziert von der Zentralen Markt- und Preisberichtstelle (ZMP).

Milchkuh kann bspw. durch Interpolation zwischen dem Zukaufswert und dem Schlachtwert einer Altkuh ermittelt werden. In der folgenden Tabelle werden Bewertungsempfehlungen für einzelne Gruppen des Tiervermögens zum Zweck der Wertermittlung gemäß IAS 41 zusammenfassend dargestellt

Tierkategorie	Empfehlung zur Bewertung gemäß IAS 41
Am Markt gehandelte Tiere	Verwendung von Verkaufs- und Zukaufspreisen
	Stärkere Berücksichtigung von Verkaufspreisen
Unfertige, verkaufsbestimmte Tiere	Ertragswert minus DB-Abschlag oder Kostenwert plus DB-Zuschlag. Falls sachgerecht, wird die lineare Interpolation zwischen zwei Eckwerten empfohlen
Mehrjährig ertragbringende Tiere	Standardisierte (Gruppen-)Bewertung. Grundlage ist die Interpolation zwischen zwei Eckwerten
Männliche Zuchttiere	Neuwert minus Entwertungsabschlag

Tab. 7: Bewertungsempfehlungen für verschiedene Tierkategorien im Rahmen der Bewertung gemäß IAS 41[22]

64 IAS 41.21 macht spezifische Vorgaben zur Festlegung der erwarteten Netto-*cash-flows* aus biologischen Vermögenswerten. Diese *fair values* dürfen nur auf der Grundlage des am jeweiligen Bilanzstichtag bestehenden Zustandes eines biologischen Vermögenswertes bestimmt werden. Ein Wertzuwachs aufgrund der biologischen Transformation und der anderen Produktionstätigkeiten des Unternehmens darf nicht in die *cash-flow*-Bewertung einfließen. Diese Vorgaben verhindern dem Grunde nach eine sinnvolle Ermittlung des Zeitwertes, die nur aufgrund der unterstellten Fertigstellung der betreffenden Vermögenswerte möglich ist. Feldinventar oder Mastvieh (z. B.) können nur in fertigem Umfang sinnvoll bewertet werden, mit einer entsprechenden retrograden Wertfeststellung des unfertigen Produktes. U. E. ist die Bewertung nach Maßgabe der in Rz 61f. dargestellten Vorgehensweise vorzunehmen.

4 Zuwendungen der öffentlichen Hand

65 Zuwendungen der öffentlichen Hand, die mit einem biologischen Vermögenswert in Verbindung stehen, der zum beizulegenden **Zeitwert** abzüglich geschätzter Verkaufskosten bewertet wird, sind dann als Ertrag zu erfassen,

---

[22] In Anlehnung an KÖHNE, Landwirtschaftliche Taxationslehre, 2000. S. 543.

wenn die Zuwendung einforderbar wird (IAS 41.34) oder eine damit verbundene Bedingung erfüllt ist (IAS 41.35). Der *Board* führt hier als Beispiel (IAS 41.36) eine Zuwendung der öffentlichen Hand für die Bewirtschaftung einer Fläche über einen bestimmten Zeitraum an. Muss die gesamte Zuwendung bei Nichterfüllung zurückgezahlt werden, ist sie erst nach Ablauf des Zeitraums als Ertrag zu erfassen. IAS 20 (→ § 12) ist demgegenüber gemäß IAS 41.37 anzuwenden, wenn die Zuwendung der öffentlichen Hand i.V. mit einem biologischen Vermögenswert steht, der zu **Anschaffungs-/Herstellungskosten** bewertet wird (Rz 22).
Die Regeln in IAS 41 bezüglich der Behandlung von Zuwendungen der öffentlichen Hand, die in Zusammenhang mit biologischen Vermögenswerten stehen, sollen nach Meinung des IASB als Beispiel für die künftige Bilanzierung von öffentlichen Zuwendungen generell dienen. Der entscheidende Unterschied zu IAS 20 (→ § 12 Rz 18) liegt in der erfolgswirksamen Erfassung der Zuwendung, sobald sie rechtlich einforderbar wird.

Speziell aus landwirtschaftlicher Sicht führt die Formulierung in IAS 41.34 und IAS 41.35 jedoch zu Problemen. Zuwendungen der öffentlichen Hand sind nur gemäß IAS 41 zu behandeln, wenn sie in **direktem Zusammenhang** mit einem **biologischen Vermögenswert** stehen. Im Rahmen der letzten Reform der gemeinsamen Agrarpolitik in Europa wurden zahlreiche Zuwendungen der öffentlichen Hand von der landwirtschaftlichen Produktion entkoppelt. Sie stehen daher nicht (mehr) in einem direkten Zusammenhang mit biologischen Vermögenswerten. Folgende Beispiele verdeutlichen die Problematik:

66

Art der Zuwendung	Bilanzierung gemäß IFRS	Relevante Standards
Zuschüsse zum Bau landwirtschaftlicher Wirtschaftsgebäude	Absetzen der Zuwendung der öffentlichen Hand von den A/H-Kosten oder Bildung eines passiven RAP. Letzteres wird empfohlen.	IAS 16, IAS 20
Zuschüsse zum Kauf von landwirtschaftlichen Maschinen und Geräten (generell mobile Vermögenswerte)	Absetzen der Zuwendung der öffentlichen Hand von den A/H-Kosten oder Bildung eines passiven RAP. Letzteres wird empfohlen.	IAS 16, IAS 20
Öffentliche Zuwendung als Gegenleistung für einen landw. Produktionsverzicht (bspw. Aufgabe der Milchproduktion für einen Mindestzeitraum)	Bildung eines passiven RAP. Ratierliche Auflösung	IAS 20

Art der Zuwendung	Bilanzierung gemäß IFRS	Relevante Standards
Zuwendungen der öffentlichen Hand im Rahmen von Zahlungen aus der 2. Säule: hier bspw. generelle Ausbringung von flüssigem Wirtschaftsdünger mit umweltfreundlicher Technik (Schleppschlauchverfahren)	Keine Verbindung zu einem speziellen biologischen Vermögenswert. IAS 41 deshalb nicht anwendbar. Planmäßige ergebniswirksame Vereinnahmung der Zuwendung in der Periode, in der der zusätzliche Aufwand entsteht.	IAS 20
Zuwendungen der öffentlichen Hand im Rahmen von Zahlungen aus der 2. Säule: hier Sommerweidehaltung von Rindern	Bedingte Zuwendung gemäß IAS 41.35. Erfassung als Ertrag, sobald die Bedingungen erfüllt sind.	IAS 41
Zuwendungen der öffentlichen Hand im Rahmen von Zahlungen aus der 2. Säule: hier Zuwendungen für Mulch- oder Direktsaatverfahren bei speziellen Kulturen (bspw. Zuckerrüben)	Bedingte Zuwendung gemäß IAS 41.35. Erfassung als Ertrag, sobald die Bedingungen erfüllt sind.	IAS 41
Auch nach der Agrarreform gekoppelte Direktzahlungen an die Landwirtschaft. Beispiel: gekoppelte Direktzahlungen bei Stärkekartoffeln	Bedingte Zuwendung gemäß IAS 41.35. Erfassung als Ertrag, sobald die Bedingungen erfüllt sind.	IAS 41

Tab. 8: Beispiele für Zuwendungen der öffentlichen Hand an die Landwirtschaft und deren bilanzielle Erfassung

5 Ausweis und Angaben

5.1 Ausweis in der Bilanz

67 IAS 41 selbst enthält keinen Hinweis zum Bilanzausweis. Dagegen sind in IAS 1.68 (→ § 2 Rz 34) (nur) die biologischen Vermögenswerte erwähnt, nicht dagegen die landwirtschaftlichen Erzeugnisse. Die vorgegebene Bilanzgliederung nach Fristigkeit (IAS 1.57) legt für biologische Vermögenswerte folgende Gliederung nahe:

- **Langfristige** Vermögenswerte
  - stehendes Holz
  - Dauerkulturen
  - Tiervermögen, das andere landwirtschaftliche Erzeugnisse oder biologische Vermögenswerte hervorbringen soll.
- **Kurzfristige** Vermögenswerte
  - Feldinventar
  - Tiervermögen, das selbst konsumierbar ist (z. B. Schlacht- und Mastvieh).

Der im Schrifttum[23] mitunter vorgeschlagene Gesamtausweis der biologischen Vermögenswerte im langfristigen Bereich ist u. E. nicht zutreffend. Die von uns vorgeschlagene Gliederung entspricht weitgehend derjenigen, die nach HGB/EStG üblich ist.

5.2 Ausweis in der GuV

IAS 41 enthält ebenfalls keine Vorgaben, wie Gewinne und Verluste aus der *fair-value*-Bewertung von biologischen Vermögenswerten im *income statement* zu erfassen sind. Solche Erträge sind entweder der biologischen Transformation geschuldet, was für eine Erfassung unter den Umsatzerlösen spricht, oder Preisänderungen mit der Folge eines Ausweises unter den sonstigen betrieblichen Erträgen. Meistens handelt es sich um eine Kombination aus beiden Einflussgrößen. Wir empfehlen einen separaten Ausweis unter den Umsatzerlösen. Denkbar ist aber auch die Erfassung in der GuV unter einem separaten Gliederungsposten „Wert- und Bestandsveränderung an biologischen Vermögenswerten".

68

5.3 Angaben

Anzugeben ist der **Gesamtbetrag** des Gewinnes oder Verlustes, der aus der Erst- und Folgebewertung von biologischen Vermögenswerten und landwirtschaftlichen Erzeugnissen in der entsprechenden Berichtsperiode entstanden ist (IAS 41.40).
Weiterhin ist eine **Beschreibung** jeder Gruppe biologischer Vermögenswerte vorzunehmen (IAS 41.41), und zwar

69

- wertmäßig oder verbal (IAS 41.42);
- durch Kategorisierung beispielsweise in fertige und unfertige oder verbrauchbare und produzierende biologische Vermögenswerte (IAS 41.43ff.).

Dazu hat ein Unternehmen die **Art** seiner Tätigkeit anzugeben, die mit dem biologischen Vermögenswert in Zusammenhang steht (IAS 41.46a).
Für biologische Vermögenswerte und landwirtschaftliche Erzeugnisse sind zudem anzugeben:

---

[23] So bei KLEEKÄMPER u. a., in: BAETGE u. a., Rechnungslegung nach IAS 1, S. 37.

Janze

- die Bewertungsmethoden und wesentlichen Annahmen, die zur Ermittlung des beizulegenden Zeitwertes verwendet wurden (IAS 41.47),
- nichtfinanzielle Maßgrößen und körperliche Mengen (IAS 41.46b).

Weiterhin sind folgende **spezifische** Angaben zu den biologischen Vermögenswerten zu machen:
- über beschränkte Eigentumsrechte,
- über eine Verwendung als Sicherheit für Verbindlichkeiten,
- der Betrag, der für die Entwicklung und den Erwerb von biologischen Vermögenswerten aufgewendet wurde (IAS 41.49a, b).

Es ist weiterhin anzugeben, ob das Unternehmen **Finanzrisikomanagementstrategien** verfolgt, die im Zusammenhang mit der landwirtschaftlichen Tätigkeit zu sehen sind (IAS 41.49c), z. B. Warentermingeschäfte zur Preisabsicherung der landwirtschaftlichen Produktion.

Zusätzlich ist eine **Überleitungsrechnung** der Änderungen des Buchwertes der biologischen Vermögenswerte zwischen dem Beginn und dem Ende der Berichtsperiode mit folgenden Angaben zu erstellen:
- der Gewinn oder Verlust durch Änderung des beizulegenden Zeitwertes abzüglich geschätzter Verkaufskosten;
- Verringerungen infolge von Verkäufen;
- Erhöhungen infolge von Zukäufen;
- Verringerungen infolge der Ernte;
- die Erhöhungen aus Unternehmenszusammenschlüssen;
- Nettowährungsdifferenzen aus der Umrechnung von Abschlüssen in eine andere Darstellungswährung und aus der Umrechnung eines ausländischen Geschäftsbetriebes in die Darstellungswährung des berichtenden Unternehmens (→ § 27);
- andere Änderungen.

Zudem wird **empfohlen**, die Änderung des beizulegenden Zeitwertes der biologischen Vermögenswerte innerhalb der Berichtsperiode nach biologischer Transformation und nach Preisänderungen zu **differenzieren** (IAS 41. 51).
IAS 41.53 verlangt darüber hinaus die Darstellung von klimatischen, krankheitsbedingten sowie anderen natürlichen **Risiken**, sofern diese in der aktuellen Berichtsperiode die landwirtschaftliche Tätigkeit beeinflussen könnten.
Zusätzliche Angaben sind gemäß IAS 41.54f. für biologische Vermögenswerte zu machen, die zu **Anschaffungs-/Herstellungskosten** bilanziert werden (Rz 22ff.), und zwar
- eine Beschreibung der biologischen Vermögenswerte;
- eine Erklärung, warum der beizulegende Zeitwert nicht verlässlich ermittelbar ist;
- – sofern möglich – eine Schätzungsbandbreite, innerhalb derer der beizulegende Zeitwert höchstwahrscheinlich liegt;
- die verwendete Abschreibungsmethode;

§ 40 LANDWIRTSCHAFT (AGRICULTURE) 2049

- die verwendeten Nutzungsdauern oder Abschreibungssätze sowie
- der Bruttobuchwert und die kumulierten Abschreibungen zu Beginn und zum Ende der Periode;
- die Gewinne und Verluste, die mit dem Ausscheiden der biologischen Vermögenswerte entstehen (gesonderte Darstellung in der Überleitungsrechnung), sowie
- Wertminderungsaufwendungen, Wertaufholungen aufgrund früherer Wertminderungsaufwendungen und Abschreibung (gesonderte Darstellung in der Überleitungsrechnung).

Wird der beizulegende Zeitwert eines biologischen Vermögenswertes, der in der Vergangenheit zu Anschaffungs-/Herstellungskosten bewertet wurde, **ermittelbar**, ist die Begründung dafür sowie die Auswirkung der Änderung anzugeben (IAS 41.56).

Weiterhin hat ein Unternehmen Angaben über die erhaltenen **Zuwendungen** der öffentlichen Hand zu machen. Dies sind Angaben über

- Art und Ausmaß der ausgewiesenen Zuwendungen;
- bestehende Unsicherheiten im Zusammenhang mit den Zuwendungen der öffentlichen Hand;
- zu erwartende künftige Mindererträge aus diesem Bereich (IAS 41.57).

6 Anwendungszeitpunkt, Rechtsentwicklung

IAS 41 ist zwingend für Wirtschaftsjahre beginnend ab dem 1.1.2003 anzuwenden (IAS 41.58). Besondere Übergangsvorschriften gelten nicht. Die erstmalige Anwendung des Standards ist in Übereinstimmung mit IAS 8, Periodenergebnis, grundlegende Fehler und Änderungen der Bewertungsmethoden, durchzuführen.   70

IAS 41 enthält u.E. einige gravierende Mängel und Regelungslücken. Eine Überarbeitung des Standards ist zzt. jedoch nicht geplant. IFRIC hat den IAS 41 im Jahr 2004 diskutiert. Es hat die Bearbeitung mit der Empfehlung einer Überarbeitung des Standards an den IASB verwiesen.   71

IFRIC hat im Wesentlichen die Sachverhalte der *fair-value*-Ermittlung sowie die mögliche Bilanzierung einer *obligation to replant* diskutiert.[24] IFRIC hat in diesem Zusammenhang im Mai 2004 klargestellt, dass eine *obligation to replant* bei der Zeitwertermittlung eines biologischen Vermögenswertes unberücksichtigt bleiben muss. Eine Überarbeitung des IAS 41 wäre aufgrund der skizzierten Problembereiche und vorhandenen Regelungslücken wünschenswert.   72

---

[24] Vgl. IFRIC Update, Mai 2004.

Janze

7 Zusammenfassende Praxishinweise

73 Im Gegensatz zu den Vorgaben des HGB/EStG sind **alle** biologischen Vermögenswerte nach IFRS zwingend anzusetzen, sofern die Aktivierungskriterien erfüllt sind (Rz 15).

Die Erst- und Folgebewertung von biologischen Vermögenswerten zum beizulegenden **Zeitwert** abzüglich zu schätzender Verkaufskosten stellt einen signifikanten Bruch zur Bewertung nach HGB/EStG dar. Die im Steuerrecht häufig verwendeten Richtwerte können im Fall einer Anwendung der IFRS nicht länger verwendet werden. IAS 41 enthält hingegen detaillierte Vorschriften zur **Ermittlung** des beizulegenden Zeitwertes (Rz 26ff.), die z. T. zu erheblichen Problemen in der praktischen Anwendung führen (Rz 47ff.)

Die **erfolgswirksame** Erfassung von Erträgen und Aufwendungen aus der Erst- und Folgebewertung von biologischen Vermögenswerten bedeutet zudem einen signifikanten Unterschied zur Bilanzierung nach HGB/EStG (Rz 42ff.).

IAS 41 enthält keine detaillierten Vorgaben bezüglich des **Ausweises** von biologischen Vermögenswerten in der Bilanz (Rz 67ff.) sowie der Erträge aus der Bewertung zum beizulegenden Zeitwert in der GuV (Rz 68).

IAS 41 fordert zudem die **Angabe** sehr umfangreicher Informationen im Anhang (Rz 69).

§ 41 PENSIONSKASSEN UND PENSIONSFONDS ALS TRÄGER VON ALTERSVERSORGUNGSVERPFLICHTUNGEN

Inhaltsübersicht   Rz
1 Definition   1
2 Zielsetzung und Regelungsinhalt des Standards IAS 26   2–3
3 Zur Einbeziehung einer Pensionskassen AG oder Pensionsfonds
  AG in einen Konzernabschluss nach IFRS   4

1 Definition

Pensionskassen und Pensionsfonds sind (nach § 118a VAG bzw. § 112 VAG) Institutionen, deren wesentlicher Zweck die Durchführung der **betrieblichen Altersversorgung** im Sinne des Betriebsrentengesetzes eines oder mehrerer Unternehmen (Arbeitgeber) im Wege des Kapitaldeckungsverfahrens ist. Sie können in der Rechtsform eines Versicherungs- bzw. Pensionsfondsvereins auf Gegenseitigkeit oder einer Aktiengesellschaft tätig sein. Pensionskassen gelten auch rechtlich als selbstständige Lebensversicherungsunternehmen. Pensionskassen und Pensionsfonds in der Rechtsform der Aktiengesellschaft ist es (nach VAG) nicht untersagt, mit ihrer Geschäftstätigkeit auch zu Gunsten ihrer Aktionäre Gewinne zu erwirtschaften; d. h. also, wie Lebensversicherungsunternehmen gewerbsmäßig tätig zu sein.

Pensionskassen und Pensionsfonds haben auf jeden Fall einen **Jahresabschluss** nach deutschem Recht (HGB, VAG) aufzustellen und der **Aufsichtsbehörde** (BaFin) vorzulegen.

Als Aktiengesellschaft können sie einem **Konzern** angehören, so dass sie ggf. in einen Konzernabschluss nach HGB oder IFRS einzubeziehen sind.

Von einem *long-term employment benefit fund* gemäß IAS 19.7 wird verlangt, dass er einzig und allein zum Zwecke der Sicherung oder Finanzierung von Leistungen an Arbeitnehmer (*employee benefits*), wie z. B. betriebliche Altersversorgung, existiert. Eine spezielle Rechtsform wird nicht vorgegeben und auch nicht untersagt, da die IFRS universell weltweit gelten sollen. Daher kann ein *long-term employment benefit fund* auch in der Rechtsform einer Aktiengesellschaft bestehen.

Wenn eine Pensionskassen AG bzw. Pensionsfonds AG von einem Dienstleister (z. B. einem Lebensversicherungsunternehmen oder einer Bank) gegründet wurde, um auch (bzw. in erster Linie) Pensionsverpflichtungen fremder Arbeitgeber **gewerbsmäßig** zum Nutzen der eigenen Anteilseigner zu finanzieren, handelt es sich bei solchen Pensionskassen und Pensionsfonds nicht um *long-term employment benefit funds* gemäß IAS 19.7, sondern um gewerbsmäßig tätige Unternehmen (wie Lebensversicherungsunternehmen).

2 Zielsetzung und Regelungsinhalt des Standards IAS 26

Der Standard IAS 19 (*employee benefits*; → § 22) betrifft insbesondere die Bilanzierung von Altersversorgungsverpflichtungen beim **arbeitgebenden** Unternehmen, **nicht** aber die Bilanzierung der Pensionskasse oder des Pensionsfonds **selbst**.

Der Standard IAS 26 (*accounting and reporting by retirement benefit plans*) gilt demgegenüber für die Berichterstattung einer **Versorgungseinrichtung** (Pensionsfonds, Pensionskasse, Unterstützungs- bzw. Versorgungskasse) selbst (**IAS 19.2**), aber nur, wenn diese in ihrer Eigenschaft als *retirement benefit plan* einen eigenständigen „Jahresabschluss" oder „Bericht" nach IFRS an die Adresse der Versorgungsberechtigten („*accounting and reporting by the plan to all participants as a group*" gemäß **IAS 26.3**) erstellen sollte; ob ein solcher zu erstellen ist, bleibt ungeregelt.

Eine solche Veranlassung ist in **Deutschland** nicht ersichtlich, so dass der **praktische Anwendungsbereich** von IAS 26 aus nationaler Sicht **gegen null** tendiert. Die Informationspflichten eines *retirement benefit plan* gegenüber den Versorgungsberechtigten ergeben sich nämlich in der Regel aus Vorschriften der nationalen Aufsichtsbehörden, des nationalen Betriebsrentenrechts oder auch aus freiwilligen Regelungen (z. B. in einer Satzung) der Versorgungseinrichtung.

Freiwillige Informationen nach IAS 26 würden den Versorgungsberechtigten wegen der damit verbundenen Verständnisprobleme auch in der Regel nichts nützen.

Wegen seiner **praktischen Bedeutungslosigkeit** ist IAS 26 seit 1994 nicht mehr überarbeitet worden. Eine Darstellung der einzelnen Regelungsinhalte erübrigt sich. Sie betreffen im Wesentlichen die Bewertung der erdienten Altersversorgungsansprüche und der zu deren Deckung angesammelten Vermögenswerte.

3 Zur Einbeziehung einer Pensionskassen AG oder Pensionsfonds AG in einen Konzernabschluss nach IFRS

Wird eine Pensionskasse oder ein Pensionsfonds in der (seit 2002 zugelassenen) Rechtsform der AG in einen Konzernabschluss nach IFRS ein-

bezogen, ist IAS 19 (→ § 22) anzuwenden, sofern die Pensionskasse oder der Pensionsfonds (nicht gewerbsmäßig) nur Mitarbeiter des Konzerns versorgt. Versichert bzw. versorgt die Pensionskassen AG oder die Pensionsfonds AG auch (gewerbsmäßig) Mitarbeiter **fremder** Arbeitgeber, dann ist sie nicht als *long-term employee benefit fund* oder *retirement benefit plan* tätig, so dass für den Konzernabschluss nach IFRS weder IAS 19 noch IAS 26 einschlägig sind, sondern die entsprechenden IFRS für Lebensversicherungsunternehmen (→ § 39). Für eine Pensionskassen AG gilt dies zwingend, da sie auch rechtlich ein (kleineres) Lebensversicherungsunternehmen ist. Für eine Pensionsfonds AG ist ein Analogieschluss geboten.

Insoweit eine solche gewerbsmäßig tätige Pensionskassen AG bzw. Pensionsfonds AG auch Mitarbeiter des eigenen Konzerns versorgt, betreibt der Konzern ein Geschäft mit sich selbst bzw. mit nahe stehenden Personen (*related party*; → § 30).

Ähnliches kann auch bei Lebensversicherungsunternehmen (hinsichtlich Direktversicherungen und Rückdeckungsversicherungen) vorkommen. Die Vermögenswerte (Deckungskapitalien), die auf die versorgten Arbeitnehmer des eigenen Konzerns entfallen, gelten dann nicht als *plan assets* nach IAS 19.7. Aus Praktikabilitäts- und oftmals auch aus Wesentlichkeitsgründen könnte (sollte aber nicht) auf eine Auseinanderrechnung **verzichtet** werden. Das heißt, die Pensionskassen AG bzw. Pensionsfonds AG wird voll konsolidiert, die Pensionsverpflichtungen gegenüber den eigenen Konzernmitarbeitern bleiben in den Deckungsrückstellungen und werden (insoweit) nicht als Pensionsrückstellung ausgewiesen. Als Pensionsrückstellung bzw. Pensionsaktivwert erscheint dann nur ein ggf. bestehender Unterschiedsbetrag (DBO minus Deckungsrückstellung; → § 22 Rz 19). Eine Angabe des betroffenen Volumens wäre aber jedenfalls wünschenswert.

Zum Bilanzstichtag 31.12.2005 waren die „neuen" Pensionsfonds und Pensionskassen in der Rechtsform der AG größenmäßig noch so **unbedeutend**, dass in der deutschen Bilanzierungspraxis meist auf eine Konsolidierung verzichtet wurde.

Natürlich könnten (insbesondere im Wettbewerb befindliche überbetriebliche) Pensionskassen oder Pensionsfonds (nicht nur solche in der Rechtsform der AG) **freiwillig** zusätzlich einen Jahresabschluss nach IFRS aufstellen, und zwar nach den IFRS-Vorschriften für Lebensversicherungsunternehmen, um sich mit diesen zu „vergleichen". An eine Berichterstattung nach IAS 26 wird auch dann niemand denken.

§ 42 ERKUNDUNG UND EVALUIERUNG VON MINERALISCHEN VORKOMMEN

Inhaltsübersicht	Rz
Vorbemerkung	
1 Zielsetzung, Regelungsinhalt, Begriffe	1–9
1.1 Die Absichten des *Board*	1
1.2 Geltungsbereich	2–9
2 Ansatz und Zugangsbewertung	10–15
2.1 Weiterführung der bisher angewandten Methoden	10–13
2.2 Die Bilanzierung von Aufwand	14–15
3 Folgebewertung	16–23
3.1 Anschaffungskosten- oder Neubewertungsmethode	16–19
3.2 Außerplanmäßige Abschreibung (*impairment*)	20–23
4 Ausweis	24–26
5 Angaben	27–28
6 Anwendungszeitpunkt, Rechtsentwicklung	29–30
7 Zusammenfassende Praxishinweise	31

Schrifttum: RIESE, in: Beck'sches IFRS-Handbuch, 2. Aufl., 2006, § 41; ZÜLCH/WILLMS, Exploration und Bewertung von mineralischen Ressourcen, KoR 2005, S. 116; ZÜLCH/WILLMS, Möglichkeiten der Bilanzierung von Explorations- und Evaluierungsausgaben auf der Grundlage von IFRS 6, WPg 2006, S. 1201.

Vorbemerkung
Die Kommentierung bezieht sich auf IFRS 6 und berücksichtigt alle Ergänzungen, Änderungen und Interpretationen, die bis zum 1.1.2007 beschlossen wurden.
Ein Überblick über mögliche zukünftige Regelungen enthält Rz 29f.

1 Zielsetzung, Regelungsinhalt, Begriffe

1.1 Die Absichten des *Board*

Der *Board* sieht ein Erfordernis zur Einbeziehung der mineralienausbeutenden Industrie (*entities engaged in extractive activities*, IFRS 6 IN 2) in das Regelwerk der IFRS. Da ihm dazu aus Zeit- und Arbeitsbelastungsgründen der große Wurf eines kompletten Standards (*comprehensive review*) einstweilen nicht möglich ist, entschied er sich zum Erlass eines Standards mit **beschränktem** (sachlichem) Anwendungsbereich (Rz 5). Die potenziellen IFRS-Erstanwen- 1 der sollen nicht durch fehlende oder ungünstige Regelungen von einem (möglichst frühzeitigen) Wechsel zu IFRS abgehalten werden (IFRS 6.IN4). Dabei zielt der *Board* insbesondere auf folgende Aspekte (IFRS 6.IN4):

- Beschränkte **Verbesserungen** der Rechnungslegungspraxis für Ausgaben im Zusammenhang mit der Erkundung und Wertbestimmung von mineralischen Vorkommen (*exploration for and evaluation of mineral resources*);
- Darlegung von Anhaltspunkten einer **Wertminderung** der zugehörigen Vermögenswerte;
- Wiedergabe von **Informationen** über diese Vermögenswerte, deren Zuordnung zu einem **Wertminderungs-**(*impairment-*)Test analog IAS 36 (→ § 11 Rz 8ff.) und gegebenenfalls entsprechende Wertminderungs**abschreibungen**.

Später will der *Board* eine „Komplettierung" für diesen Industriezweig nachliefern (*comprehensive review of accounting for extractive activities*). Bis dahin bietet der IFRS 6 weitgehend „eine Hülle ohne nennenswerten regulatorischen Inhalt".[1]

1.2 Geltungsbereich

2 Der Standard richtet sich einerseits an **alle** Unternehmen, die mit der Gewinnung von Bodenschätzen (Mineralien) befasst sind. Andererseits ist er auf einen **Teilbereich** (Rz 5) des Geschäftsmodells der einschlägigen Industrien beschränkt. Zur Förderung von Erdöl, Gas, Kohle etc. sind umfangreiche und u. U. langwierige Vorbereitungsszenarien zu beobachten. Dabei werden in der **zeitlichen** Abfolge folgende Phasen unterschieden:

- **Erkundung**: Aufspüren von vermuteten, aber noch nicht nachgewiesenen (*unproved*) Fundstellen, geologische und geophysikalische Untersuchungen, Unterhaltung dieser Fundstellen, Probebohrungen.
- **Entwicklung**: Planung und Bau von Bohrlöchern sowie Bergwerken usw., Entfernung der Erdschicht, Sprengungen etc.
- **Laufende Förderung** von Öl, Kohle etc. (eigentliche Produktion).

3 Die vorstehenden **Abgrenzungsmerkmale** sind in der Realität wenig trennscharf. Sie sind abgeleitet aus US-amerikanischen Rechnungslegungssystemen (Rz 14). Deren Darstellung an dieser Stelle dient der Illustration des **eingeschränkten** Anwendungsbereiches von IFRS 6. Die Grenzen zieht IFRS 6.5, indem er folgende Aktivitäten aus dem Anwendungsbereich des Standards **ausschließt**:

- die in der Prospektionsphase **vor** der Erkundung und Wertbestimmung, definiert im Allgemeinen als Zeitraum vor Erteilung der (behördlichen oder privatrechtlichen) **Genehmigung** zur Vornahme von spezifischen Erkundungsmaßnahmen (Probebohrungen etc.);

---

[1] Zülch/Willms, WPg 2006, S. 1209.

- die **nach** Feststellung der technischen **Machbarkeit** und wirtschaftlichen **Verwertbarkeit** *(technical feasibility and commercial viability)* anfallen.

IFRS 6 übernimmt also nicht die in Rz 2 dargestellten Begrifflichkeiten der US-amerikanischen Praxis, sondern liefert stringentere Abgrenzungskriterien.

Mit der Trennung in vor- und nachgelagerte Aktivitätsphasen bis zum Beginn der eigentlichen Produktion definiert IFRS 6 implizit **drei** Stadien *(stages)*:

4

Zeit →	Vorerkundung	Erkundung und Evaluierung	Entwicklung
	(pre-exploration)	*(explanation and evaluation)*	*(development)*

Erst nach Abschluss der Entwicklung beginnt die eigentliche Produktionsphase, nämlich die Gewinnung der Mineralie.

Nur auf den **mittleren** Bereich (im Raster) ist IFRS 6 anzuwenden. Für die **Vorerkundungsphase** (bis zur Erteilung der Genehmigung zu Probebohrungen etc. Rz 3) wird der IFRS-Anwender auf das *Framework* (→ § 1) verwiesen (IFRS 6.BC19). Entsprechend verzichtet der *Board* auf eine Definition der Ausgaben, die **vor** der Erkundungs- und Evaluierungsphase anfallen (IFRS 6.BC11). Er liefert dann aber sofort eine Auslegungshilfe (IFRS 6.BC12): Die in der Vorerkundungsphase anfallenden Kosten können als **Anschaffungsnebenkosten** für die behördliche **Genehmigung** zur Erkundung angesehen werden und sind dann nach IFRS 38.27a (→ § 8 Rz 11) als Bestandteil eines **immateriellen** Vermögenswertes aktivierbar. Soweit in dieser Phase ausnahmsweise bereits Infrastrukturmaßnahmen anfallen (z. B. der Bau von Zugangsstraßen), führen sie zu aktivierbaren **Sach**anlagen (→ § 14 Rz 6; IFRS 6.BC13).

5

Auch für die Phase **nach** der Erkundung und Wertbestimmung (ebenfalls nicht in IFRS 6 geregelt; Rz 4) gibt der *Board* eine Auslegungshilfe (IFRS 6.BC27): Die anschließenden Aktivitäten stellen **Entwicklungskosten** eines Mineralvorkommens dar, die dem Regelungsbereich von IAS 38.57 (→ § 13 Rz 24) unterliegen (IFRS 6.BC27). Außerdem wird der Anwender in IFRS 6.10 wiederum (Rz 5) auf das *Framework* (→ § 1) verwiesen.

6

Beispiel
Die Oil AG hat ein neues Ölfeld erforscht, Reserven nachgewiesen und die technische und wirtschaftliche „Machbarkeit" der Ausbeutung festgestellt. Erdoberfläche und Teile des Untergrunds sind durch ungewöhnliche Horizontalbewegungen gekennzeichnet. Die Förderanlagen bedürfen deshalb neuer Verfahren zur Fundamentierung.
Die dazu erforderlichen Aufwendungen stellen Entwicklungskosten im Sinne von IAS 38.57 dar (→ § 13 Rz 21). Bei den im Anschluss daran zu

bauenden Förderanlagen handelt es sich um Sachanlagevermögen im Sinne von IAS 16 (→ § 14).

7 Der Verweis auf die Entwicklungskosten in IFRS 6.10 ordnet die dieser Phase vorgelagerten Aufwendungen im Anwendungsbereich von IFRS 6 systematisch den **Forschungskosten** zu (→ § 13 Rz 21). Eine Trennung von wissenschaftlicher Forschung einerseits und Erkundung und Wertbestimmung andererseits schien dem *Board* nicht möglich (IFRS 6.BC20).

8 Keine weitere Erläuterung oder Definition liefert IFRS 6 zum Begriffsinhalt der **Genehmigung** (Rz 3). Dies erklärt sich auch aus der international höchst unterschiedlichen Rechtslage.

9 Die **Ausklammerung** vor- nach nachgelagerter Aktivitäten aus dem Standardanwendungsbereich wird unter folgenden Aspekten verständlich:
- Die **vor** der Genehmigung zu Erkundungsbohrungen etc. anfallenden Aufwendungen sind im Verhältnis zu den übrigen, die bis zum Nachweis der Reserven und zur eigentlichen Förderung anfallen, geringfügig.
- Die **nach** Feststellung der technischen Machbarkeit und ökonomischen Verwertbarkeit anfallenden Aufwendungen unterliegen dem Regelungsbereich für das Sachanlagevermögen nach IAS 36 (→ § 14) und den immateriellen Anlagewerten einschließlich der Entwicklungskosten gemäß IAS 38 (→ § 13).

> **Beispiel**
> Die German Oil Extract AG vermutet aufgrund geologischer Voruntersuchungen in der Lüneburger Heide eine neue Ölquelle. Die geologischen Voruntersuchungen sind mit geringen Kosten verbunden. Die eigentlichen Probebohrungen oder Sprengungen können erst nach Erteilung einer entsprechenden behördlichen Genehmigung vorgenommen werden.
> Ab diesem Zeitpunkt unterliegen die dann anfallenden höheren Aufwendungen dem Regelungsbereich von IFRS 6.

Die vom Explorationsunternehmen kontrollierten **Rohstoffvorkommen** selbst sind nicht als Vermögenswert aktivierbar.

2 Ansatz und Zugangsbewertung

2.1 Weiterführung der bisher angewandten Methoden

10 Die **zentrale Aussage** von IFRS 6 lautet: Die bisher (im *previous GAAP*) angewandten Regeln zum Ansatz und zur Zugangsbewertung *(accounting polices for the recognition and measurement)* können **beibehalten** werden (IFRS 6.7). Da die IFRS bislang keine Regeln zur Erkundung und Wertbestimmung von Mineralvorkommen enthalten, **müsste** eigentlich nach der Auslegungshierarchie von IAS 8.10–12 vorgegangen werden (→ § 1 Rz 78). Insbesondere wäre da-

nach die Bilanzierung nach fremden Regeln (z. B. US-GAAP) oder Branchenübung nur dann zulässig, wenn eine auch durch Analogie zu anderen IFRS-Bestimmungen nicht zu schließende Lücke im IFRS-Regelwerk bestünde und überdies dargetan werden könnte, dass die fremden oder branchenüblichen Regeln IFRS-verträglich sind, also den Wertungen des *Framework* oder anderer IFRS-Standards nicht widersprechen.

Der IASB **befreit** die einschlägige Industrie von diesen Überlegungen. Auch eine mangelnde IFRS-Verträglichkeit der bisherigen Bilanzierungsmethoden soll nach dem Wunsch des *Board* kein Hinderungsgrund für die Aufnahme eines interessierten Unternehmens in die IFRS-Rechnungslegungswelt darstellen. IFRS 6 bestätigt „kraft Amtes" die Übereinstimmung der bisherigen Bilanzierungsmethoden mit den IFRS, auch wenn eine solche gerade nicht vorliegt. Vier Mitglieder des *Board* haben dieser Grundsatzentscheidung ihre Zustimmung verwehrt (IFRS 6.DO1).

Diese „Technik" – Außerkraftsetzung von allgemein gültigen Regeln im Interesse eines einflussreichen Wirtschaftszweiges – entspricht derjenigen für die Bilanzierung von **Versicherungsverträgen** durch Versicherungsunternehmen nach IFRS 4 (→ § 39 Rz 17) mit der Ausnahme von IAS 8.10. Die Mineralölindustrie muss im Rahmen der IFRS-Anwendung also IAS 8.10 beachten, die Versicherungswirtschaft nicht. Wegen des **hohen Abstraktionsgehaltes** der dortigen Vorgaben zur Gestaltung der Rechnungslegung (→ § 1 Rz 79) kommt diesem Unterscheidungsmerkmal zwischen den beiden Standards IFRS 6 und IFRS 4 **keine praktische Bedeutung** zu. Nicht sehr überzeugend wirkt deshalb auch die Begründung des *Board* für die Ausklammerung von IAS 8.10 aus dem Anwendungsbereich von IFRS 4 gegenüber der Einbeziehung in IFRS 6 (IFRS 6.BC18).

Inhaltlich erlaubt diese Regelung z. B., die in den **USA** angewandten Bilanzierungsverfahren innerhalb der Öl- und Gasindustrie ungeprüft zu übernehmen. Danach kann zwischen folgenden Methoden gewählt werden:[2]

- Die *full cost method* aktiviert **sämtliche** Kosten der Erkundungs- und Entwicklungstätigkeiten in einem bestimmten Land. Wegen des hohen Risikos einer unergiebigen Erkundung werden auch alle **vergeblichen** Kosten, die zur Entdeckung von Erdöl- oder Gasvorkommen unvermeidlich sind, aktiviert. Der Erkundungs**erfolg** entscheidet **nicht** über die Aktivierbarkeit. Alle einschlägigen Aufwendungen werden aktiviert und auf einer länderspezifischen Basis planmäßig und außerplanmäßig (Rz 23) abgeschrieben.

- Die *successful efforts method* aktiviert **nur** die mit **erfolgreichen** Projekten verbundenen Kosten, interimistisch aktivierte Aufwendungen werden erfolgswirksam verbucht, sobald mit einem Erfolg nicht mehr zu rechnen ist.

---

[2] Vgl. unter www.sec.gov, Rule 4-10(c) of Regulation S-X sowie SFAS 19, Financial Reporting by Oil and Gas Producing Companies; Einzelheiten hierzu bei ZÜLCH/WILLMS, WPg 2006, S. 1201.

- Verschiedene „**Mischverfahren**" aus den beiden genannten sind ebenfalls festzustellen.

13 Die Zuordnung der Aufwendungen zur Erkundung *(exploration)* und Wertbestimmung *(evaluation)* ist in **zeitlich konsistenter** Form vorzunehmen. Diese Vorgabe bezieht sich insbesondere auf den **Anteil** *(degree)*, mit dem bestimmte Aufwendungen einem spezifischen Mineralvorkommen zugeordnet werden.

Als (nicht erschöpfende) **Beispiele** für **aktivierbare** Aufwendungen stellt IFRS 6.9 dar:

- Erwerb des Erkundungsrechts
- Topographische, geologische und geophysikalische Studien
- Probebohrungen
- Grabungen
- Entnahmen von Proben
- Feststellung der technischen Machbarkeit und der wirtschaftlichen Verwertbarkeit der Mineralquelle.

Die Beibehaltungsmöglichkeit für die bisherigen Bewertungsverfahren wird in einer Hinsicht **durchbrochen**: Entfernungs- und Wiederherstellungskosten sind gemäß IAS 37 als Rückstellung anzusetzen und den Anschaffungs- oder Herstellungskosten zuzurechnen (→ § 21 Rz 63).

2.2 Die Bilanzierung von Aufwand

14 Die **bisher angewandten** (IFRS 6.9) und (erlaubt) **fortgeführten** (IFRS 6.IN5) Bilanzierungsregeln entscheiden somit über den Ansatz in der IFRS-Bilanz. Das „*asset*-Kriterium" (→ § 1 Rz 87) wird zur Prüfung der Aktivierbarkeit nicht benötigt. Es wird durch das Kriterium der „**Vorherigkeit**" ersetzt.

Die *full cost method* (Rz 12) hat möglicherweise bislang nicht zwischen (eigentlichen) *assets* und anderen Aufwendungen unterschieden, da **beiden** ein Bilanzansatz erlaubt ist. Im Anwendungsbereich von IFRS 6 gelten in der Konsequenz alle bislang aktivierten Beträge als *Vermögenswerte*. Man kann dann zwei Typen von *assets* unterscheiden:

- „eigentliche" nach IAS 16 z. B. Bagger (→ § 14) oder nach IAS 38 z. B. Schürfrecht (→ § 13),
- aktivierter Aufwand.

Diese Situation entspricht derjenigen nach § 269 HGB bezüglich der **Ingangsetzungskosten**. Letztere umfassen nur den eigentlichen Aufwand, nicht dagegen Vermögensgegenstände (z. B. Maschinen), die zur Ingangsetzung benötigt werden.

Hinsichtlich der übrigen *assets* – keine eigentlichen Vermögenswerte bei Anwendung der *full cost method* (Rz 12) – braucht nicht nach irgendwelchen Aufwands**arten** differenziert zu werden (IFRS 6.BC25). Erlaubt ist auch die

Einbeziehung von **Verwaltungs-** und anderen **Gemeinkosten** nach Maßgabe der bisherigen Handhabung in die Anschaffungs- oder Herstellungskosten.

Die *successful efforts method* konkretisiert nachgewiesene Rohstoffreserven, die zu einem wahrscheinlichen Nutzenzufluss zum Unternehmen führen. Deshalb werden nach dieser Methode zuverlässig bewertbare Vermögenswerte bilanziert (→ § 1 Rz 87ff.).[3]

Die Möglichkeit zur Beibehaltung der bisherigen Bilanzierungsmethode bezieht sich nicht nur auf den Bilanzansatz. Auch **Bewertungsverfahren** können beibehalten werden. Beispielsweise ist der *„components approach"* gemäß IAS 16.43 (→ § 10 Rz 7) nur beachtlich, wenn er auch unter der bisherigen Bilanzierungsmethode angewandt wurde.

Die **Zugangsbewertung** hat gemäß IFRS 6.8 zu den Anschaffungs- oder Herstellungskosten zu erfolgen. Diesbezüglich gewährt IFRS 6 keine Ausnahme – wohl deshalb, weil eine andere Zugangsbewertung international kaum praktiziert werden dürfte. **15**

> **Beispiel**
> Nach Nigerian-GAAP sind (unterstellt) die Erkundungs- und Wertbestimmungsaufwendungen zum *fair value* zu bewerten. Diese Bewertungsmethode kann – theoretisch – weder beim Zugang noch bei der Folgebewertung beibehalten werden. Im Zugangszeitpunkt entsprechen sich allerdings die beiden Bewertungsmethoden im Ergebnis (→ § 28 Rz 100).

Entfernungs- und Wiederherstellungskosten sind nach IAS 37 als Rückstellung den Anschaffungs- und Herstellungskosten zuzurechnen (→ § 21 Rz 63) – einige Ausnahme bezüglich der Weiterführung der bisherigen Bilanzierungsmethoden (Rz 13).

3 Folgebewertung

3.1 Anschaffungskosten- oder Neubewertungsmethode

Nach IFRS 6.12 steht für die **Folgebewertung** das Verfahren der **fortgeführten** **16** Anschaffungs- oder Herstellungskosten *(cost model)* oder das **Neubewertungsverfahren** *(revaluation model)* zur Verfügung (→ § 8 Rz 11ff. und 52ff.). Die planmäßigen Abschreibungen sind nach der linearen Methode oder verbrauchsabhängig zu verrechnen (→ § 10 Rz 25).[4]

In diesem Zusammenhang sind dem *Board* die unterschiedlichen Voraussetzungen zur Anwendung des Neubewertungsmodells unangenehm aufgestoßen („*the board was troubled by this inconsistency*", IFRS 6.BC29). Diese

---

[3] Zülch/Willms, WPg 2006, S. 1204.
[4] Zülch/Willms, WPg 2006, S. 1204.

Widersprüchlichkeit zwischen IFRS 16 und IAS 38 beruht auf den **Anwendungsvoraussetzungen** des Neubewertungsverfahrens:
- Für **sächliches** Anlagevermögen genügt ein aus Marktpreisen abgeleiteter Wert (*market-based evidence*; → § 8 Rz 60),
- für **immaterielle** Vermögenswerte bedarf es dagegen eines „aktiven Marktes" (→ § 8 Rz 56).

Die letztgenannte Voraussetzung ist nur in seltenen Fällen erfüllt, so dass für *intangibles* das Neubewertungsverfahren in Deutschland gar nicht (→ § 21 Rz 123) und international selten angewandt wird. Der *Board* will gleichwohl für den Anwendungsbereich von IFRS 6 das Neubewertungsverfahren offenhalten, ohne an der genannten Widersprüchlichkeit derzeit zu rütteln.

17 Wenn sich ein Anwender für das **Neubewertungsmodell** entscheiden will, muss er die aktivierten Vermögenswerte entweder als **Sachanlage** oder **immaterielles** Anlagevermögen qualifizieren (IFRS 6.15). Dazu macht der *Board* eine eher nichts sagende Vorgabe: Das Unternehmen soll die betreffenden Vermögenswerte ihrer „Natur entsprechend" bestimmen und diese Qualifikation im Zeitverlauf beibehalten. Als Beispiel für die „Natur" der betreffenden Vermögenswerte wird in IFRS 6.16 dargelegt: Ein Bohrrecht ist ein immaterieller Vermögenswert, umgekehrt sind Fahrzeuge und Bohrinseln Sachanlagen. Die letztgenannten sächlichen Vermögenswerte können zur Erstellung eines immateriellen Vermögenswertes verwendet werden, der Nutzenverbrauch (reflektiert in der planmäßigen Abschreibung) kann dann in die Herstellungskosten des immateriellen Vermögenswertes einfließen, ohne dass dadurch ein sachlicher Vermögenswert in einen immateriellen umgewandelt wird.

18 In der Praxis wird vermutlich das *cost model* (Rz 16) dominieren. Dann braucht das betreffende Unternehmen in Weiterführung seiner bisherigen Bilanzierungsmethode keine Gedanken auf die Abgrenzung von sächlichem und immateriellem Vermögen zu verschwenden. Diesem Aspekt kommt insofern Bedeutung zu, als nach US-GAAP[5] ein Mineralgewinnungs**recht** als sächliches Vermögen (*tangible*) gilt.

19 IFRS 6.13 erlaubt eine **Änderung** der Bilanzierungs- und Bewertungsmethoden im Zeitverlauf, sofern die neue Methode für den Nutzer insgesamt von Vorteil ist. Zur Bestimmung des Vorteils wird dabei auf die Kriterien der Relevanz und der Verlässlichkeit in IAS 8 (→ § 1 Rz 17) verwiesen (IFRS 6.13). Eine volle Übereinstimmung mit den einschlägigen Beurteilungsmaßstäben nach IAS 8 wird dabei nicht verlangt (IAS 6.14). Diese „Erlaubnis" lässt sich als **Widerspruch** zur Aussage in IFRS 6.7 interpretieren, denn dort ist die Vorgabe von IAS 8.10 (Verlässlichkeit und Relevanz) gerade nicht aus dem Anwendungsbereich von IFRS 6 ausgenommen (Rz 11).

---

[5] EITF Abstracts 04-2.

3.2 Außerplanmäßige Abschreibung (*impairment*)

Die als Vermögenswerte geltenden Posten der Erkundung und Evaluierung von Mineralvorkommen sind einem *impairment*-Test zur Prüfung des Erfordernisses einer außerplanmäßigen Abschreibung zu unterziehen (→ § 11). Dabei ist für ein dem Anwendungsbereich von IFRS unterliegendes Forschungsprojekt (Rz 7) eine wesentliche **Vereinfachung** gegenüber den Vorgaben in IAS 36 vorgesehen. Lediglich bei Vorliegen entsprechender „**tatsächlicher Verhältnisse**" *(facts and circumstances)* ist eine *impairment*-Abschreibung vorzunehmen (IFRS 6.18). Ohne diese Sonderregelung würden die Privilegien, die in Form der Aktivierungsmöglichkeit fast aller Kosten (*successful efforts method*; Rz 12) gewährt wurden, häufig nur bis zum nächsten Bewertungsstichtag halten, da sich dann die Frage nach dem erzielbaren Betrag stellen und dieser häufig negativ ausfallen würde.

20

Zur Vermeidung dieser Rechtsfolge wird der *impairment*-Test nach IAS 36.8–17 (→ § 11 Rz 8ff.) (beispielhaft) durch folgende Wertminderungs**indizien ersetzt** (IFRS 6.19f.):

- Die **Berechtigung** zur Erforschung ist bereits **abgelaufen** oder wird demnächst ablaufen und steht nicht zur Verlängerung an (externe Beendigung des Projekts).
- Die **Geschäftspläne** des Unternehmens sehen keine wesentlichen Ausgaben zur **weiteren** Erforschung und Auswertung in dem betreffenden Gebiet vor (interne Beendigung des Projekts).
- Die festgestellten Vorkommen gewähren **keine wirtschaftlich rentable** Verwertung und die entsprechenden Aktivitäten in dem betreffenden Gebiet werden eingestellt (interne Beendigung des Projekts).
- Eine mögliche Weiterentwicklung eines Projekts bis zur Förderreife verspricht keine **Kostendeckung**.

Nur bei endgültigem Scheitern des Projekts erfordern diese „tatsächlichen Verhältnisse" die Vornahme eines *impairment*-Tests.

Eine nach diesen (nicht erschöpfenden) Anhaltspunkten gebotene außerplanmäßige Abschreibung für die zugehörigen Vermögenswerte ist nach **Maßgabe von IAS 36** (→ § 11 Rz 8ff.) vorzunehmen. Kein Hinweis ergeht diesbezüglich, in welcher Form oder nach welcher Bewertungsmethode der Abschreibungsbedarf zu ermitteln ist. Das eigentliche Bewertungsverfahren nach IAS 36, das durch sehr detaillierte Vorgaben bezüglich der Ermittlung künftiger *cash flows* gekennzeichnet ist, kann hier keine Verwendung finden, weil die **Nichtermittelbarkeit** solcher *cash flows* typisierend unterstellt wird (IFRS 6.BC36).

21

Unklar bleibt in diesem Zusammenhang das **Verhältnis zu IFRS 5** (→ § 29). Die Abwertungsindizien (Rz 20) sind identisch mit denjenigen, die zur Annahme von einzustellenden Bereichen *(discontinued operations)* führen. In diesen Fällen wird indes die Möglichkeit der *cash-flow*-orientierten *fair-value-*

22

Bewertung als vorhanden unterstellt. Der Konflikt ist u. E. nach dem lex-specialis-Gedanken zugunsten des Vorranges von IFRS 6 zu lösen.

23 Die nach Maßgabe von IFRS 6 aktivierten Vermögenswerte sind für Zwecke des *impairment*-Tests nach Maßgabe vernünftiger kaufmännischer Beurteilung *(an entity shall determine an accounting policy)* einer **Zahlungsmittel generierenden Einheit** (CGU; → § 11 Rz 29) zuzuordnen. Dazu gilt nach IFRS 6.21:
- Die Zuordnung kann auf eine **einzelne** CGU oder auf eine **Gruppe** von CGUs erfolgen.
- Die einzelne CGU oder die Gruppe darf nicht größer sein als ein **Segment** nach Maßgabe des ersten oder zweiten Berichtsformats in IAS 14 (→ § 36).

Die letztgenannte Vorgabe entspricht der generell gültigen **Aggregierungsgrenze** in IAS 36.80b (→ § 11 Rz 31). Umgekehrt ist die Zuordnung zu **Gruppen** von CGUs nach IAS 36 unzulässig. Der Bilanzierungspraxis wird dadurch ein ausgesprochen umfangreiches „**Saldierungskissen**" (→ § 11 Rz 51) zur Verfügung gestellt. Die mineralgewinnende Industrie wird das ihr gewährte Sonderrecht zur **hoch aggregierten** Betrachtung bei Anwendung der *full-cost*-Methode (Rz 12) nutzen, um durch eine Saldierung mit schon erfolgreichen Feldern der gleichen Region (sog. *country-by-country basis*) außerplanmäßige Abschreibungen zu vermeiden.

> **Beispiel**
> Die Oil AG ist u. a. in der Nordsee, im Golf von Mexiko und im Chinesischen Meer tätig. Dies sind zugleich ihre Segmente. Für alle Regionen gilt: Bestimmte Ölfelder werden schon ausgebeutet, andere sind noch in der Erkundungsphase.
> Nach den normalen Kriterien von IAS 36 würde jedes Ölfeld eine eigene CGU darstellen und wäre daher einem eigenen *impairment*-Test zu unterziehen.
> Für ein noch in der Explorationsphase befindliches Ölfeld wäre dann folgende Betrachtung anzustellen:
> + Voraussichtliche Einnahmen aus dem Ölfeld (wegen der Unsicherheit, ob überhaupt Einnahmen erzielt werden, zu bestimmen durch wahrscheinlichkeitsgewichtete Szenarien)
> − Ausgaben bis zum Abschluss der Exploration
> − Ausgaben bei Erfolg der Exploration (wahrscheinlichkeitsgewichtete Szenarien)
> = Netto-*cash-flow*
> darauf Diskontierung
> = *value in use* (→ § 11 Rz 22)
> Das Resultat einer solchen Berechnung wäre in vielen Fällen, insbesondere gegen Ende einer sich als erfolglos abzeichnenden Erkundungsphase, ein

> *value in use* unter Buchwert und damit eine außerplanmäßige Abschreibung. Bei einer Zusammenfassung der Erkundungsfelder mit den bereits produzierenden Feldern *(country-by-country basis)* werden hingegen die negativen oder geringen Ertragsaussichten der Erkundungsfelder durch die positiven Aussichten der produzierenden Felder überkompensiert. Eine außerplanmäßige Abschreibung ist regelmäßig nicht erforderlich.

4 Ausweis

Gliederungstechnisch sind die nach IFRS 6 zu aktivierenden Vermögenswerte entsprechend ihrer Qualifikation (Rz 17) als Sachanlage- oder immaterielles Vermögen auszuweisen (→ § 2 Rz 33). 24

Sobald die technische und wirtschaftliche Verwertbarkeit (Rz 3) festgestellt ist, **endet** der Anwendungsbereich von IFRS 6 (Rz 4); deshalb sind die bis dahin nach IFRS 6 aktivierten Vermögenswerte nicht mehr als solche zu behandeln (IFRS 6.17). Fraglich ist dann beispielsweise, ob bislang als 25

- Sachanlagewerte behandelte Mineralgewinnungsrechte (Rz 18) nunmehr als immaterielle gelten,
- aktivierter Aufwand (noch nicht) abgeschriebene Beträge (Rz 14) erfolgswirksam als Abgang ausgebucht werden müssen.

Nur die erste Frage ist zu bejahen. Die Regelung von IFRS 6.17 ist im Kapitel „Ausweis" *(presentation)* enthalten. Folgerungen für Ansatz und Bewertung sind aus ihr daher nicht abzuleiten.

Vorjahresvergleichszahlen (→ § 2 Rz 19) brauchen weder vom IFRS-Erstanwender (→ § 6) noch bei erstmaliger Anwendung von IFRS 6 präsentiert zu werden (IFRS 6.BC65 sowie *amendment* zu IFRS 6.36 B). 26

5 Angaben

Entgegen der sonst üblichen Praxis **verzichtet** der *Board* auf eine **detaillierte** und **umfangreiche** Vorgabe für die Anhangerläuterungen. Die Begründung findet er in den der Standardfassung unterliegenden **Prinzipien** (IFRS 6.BC52). Diese umschreibt der *Board* wie folgt: 27

- Den Unternehmen soll das Verständnis für den **Sinn und Zweck** des Standards besser erschlossen werden.
- Besondere Erläuterungen werden nicht zur Darstellung der individuellen Verhältnisse des Unternehmens benötigt und führen in der Folge zu einer **Überfütterung** der Adressaten (*information overload*), wodurch wichtige Informationen in einer Vielzahl von Angaben verschleiert werden.

- Den Unternehmen soll genug **Flexibilität** bei der Entscheidung über ein passendes Aggregationsniveau der Angaben eingeräumt werden.
- Die Unternehmen sollen die den IFRS 6 unterliegenden Aufwendungen und deren bilanzielle Behandlung nicht unbedingt je Segment auf **Jahresbasis** darlegen, sondern es soll auch eine Gesamtdarstellung der seit **Beginn** der Tätigkeit aufgelaufenen Zahlen genügen.

Dieser „Philosophie" des *Board* kann man mit der **Gegenfrage** antworten: Warum werden anderen Branchen – z. B. der Landwirtschaft (→ § 40) oder der Versicherungswirtschaft (→ § 39 Rz 36ff.) – nicht vergleichbare Zugeständnisse gemacht? Die Überfütterung mit Angaben ist ein nachhaltig latentes Problem des IFRS-Regelwerkes insgesamt (→ § 1 Rz 68).

28 Vor diesem Hintergrund gibt IFRS 6.24 folgende Spezifizierungen hinsichtlich der Angabepflichten:

- Die Bilanzierungs- und Bewertungs**methoden** sind darzustellen, also z. B. die *full cost method* oder die *successful efforts method* (Rz 14).
- Die **Beträge** der im Anwendungsbereich von IFRS 6 bestehenden Vermögenswerte, Schulden, Einnahmen, Ausgaben und die zugehörigen investiven und operativen *cash flows* sind offenzulegen.
- Bei den Anhangsangaben sind die dem Standard unterliegenden Vermögenswerte als eine **eigenständige** Gruppierung zu behandeln und in der Folge die nach IAS 16 (→ § 14 Rz 24) oder IAS 38 (→ § 13 Rz 77) geforderten Erläuterungen zu geben.
- Ein Vorjahresvergleich ist nicht erforderlich.

Der befürchtete *information overload* besteht also nicht bei den „normalen" Anhangerläuterungen zum sächlichen und immateriellen Anlagevermögen.

6 Anwendungszeitpunkt, Rechtsentwicklung

29 IFRS 6 ist auf alle Geschäftsjahre anzuwenden, die nach dem 31.12.2005 beginnen. Eine frühere Anwendung unter entsprechender Anhangerläuterung wird empfohlen (IFRS 6.26).

30 Eine Erleichterung im Übergangsverfahren bezieht sich auf den Vorjahresvergleich bezüglich einer *impairment*-Abschreibung (Rz 20). Sofern die Ermittlung der erforderlichen Daten nicht durchführbar *(impracticable)* ist (→ § 8 Rz 45), genügt ein entsprechender Hinweis.

Wann die vom *Board* angesprochene Gesamtlösung für den Industriezweig *(comprehensive review;* Rz 1) in Angriff genommen wird, ist derzeit nicht abzusehen.

7 Zusammenfassende Praxishinweise

Der Standard ist in hohem Umfang **politisch** motiviert: Die international einflussreiche Mineralgewinnungsindustrie soll in die IFRS-Rechnungslegungswelt Einlass finden. Dazu macht der Standard in der Summe bislang nicht bekannte Zugeständnisse bezüglich der Bilanzierungs- und Bewertungsmethoden und der Anhangsangaben. Kaum vereinfacht besagt der Standard: *Anything goes*, sofern es sich um die bisherigen Bilanzierungs- und Bewertungsmethoden handelt (Rz 10). Auch bezüglich der Anhangerläuterungen befleißigt sich der *Board* bislang unbekannter Zurückhaltung (Rz 27).

Der Standard behandelt nur einen **Teilbereich** aus den gesamten Aktivitäten der angesprochenen Industrie (Rz 4). Ein Blick auf die US-amerikanischen Verhältnisse zeigt die Praktizierung verschiedener Bilanzierungsverfahren (Rz 12). Von einer Vergleichbarkeit innerhalb der Industrie kann keine Rede sein. Erst recht ist kein Vergleich mit anderen Industriezweigen möglich.

31

§ 43 ÖFFENTLICHE VERWALTUNG (INTERNATIONAL PUBLIC SECTOR ACCOUNTING STANDARDS – IPSAS)

Inhaltsübersicht Rz
1 Begriff und Entstehung der *International Public Sector Accounting Standards* (IPSAS) 1–2
2 Entwicklung von IPSAS 3–6
3 Bedeutung der IPSAS für öffentliche Einheiten in Deutschland 7
4 Kurzüberblick über die Standards im Einzelnen 8–40
   4.1 IPSAS 1 – *Presentation of Financial Statements* 8–14
      4.1.1 Grundsätze............................ 8
      4.1.2 Bilanzierungsfähigkeit von Vermögensgegenständen und Schulden 9
      4.1.3 Bestandteile eines IPSAS-Jahresabschlusses 10–14
   4.2 IPSAS 2 – *Cash Flow Statements*................... 15
   4.3 IPSAS 3 – *Net Surplus or Deficit for the Period, Fundamental Errors and Changes in Accounting Policies* 16–18
   4.4 IPSAS 4 – *The Effects of Changes in Foreign Exchange Rates* 19
   4.5 IPSAS 5 – *Borrowing Costs*....................... 20
   4.6 IPSAS 6 – *Consolidated Financial Statements and Accounting for Controlled Entities* 21
   4.7 IPSAS 7 – *Accounting for Investments in Associates* 22
   4.8 IPSAS 8 – *Financial Reporting of Interests in Joint Ventures* 23
   4.9 IPSAS 9 – *Revenue from Exchange Transactions* 24
   4.10 IPSAS 10 – *Financial Reporting in Hyperinflationary Economies* 25
   4.11 IPSAS 11 – *Construction Contracts* 26
   4.12 IPSAS 12 – *Inventories* 27
   4.13 IPSAS 13 – *Leases* 28
   4.14 IPSAS 14 – *Events After the Reporting Date* 29
   4.15 IPSAS 15 – *Financial Instruments: Disclosure and Presentation* 30
   4.16 IPSAS 16 – *Investment Property* 31
   4.17 IPSAS 17 – *Property, Plant and Equipment* 32–35
   4.18 IPSAS 18 – *Segment Reporting* 36
   4.19 IPSAS 19 – *Provisions, Contingent Liabilities and Contingent Assets* 37
   4.20 IPSAS 20 – *Related Party Disclosures* 38
   4.21 IPSAS 21 – *Impairment of Non-Cash-Generating Assets* .. 39
   4.22 *Cash Basis* IPSAS 40
5 Zusammenfassende Praxishinweise 41

Schrifttum: ADAM, Eine vergleichende Analyse der Internationalen Rechnungslegungsstandards für die öffentliche Verwaltung (IPSAS) mit ausgewählten kommunalen Reformkonzepten in Deutschland, gemh 2004, S. 125-132; ADAM, Internationale Rechnungslegungsstandards für die öffentliche Verwaltung (IPSAS), Frankfurt a.M. u. a. 2004; ADAM, Internationale Rechnungslegungsstandards für die öffentliche Verwaltung (IPSAS) – eine Analyse ihrer Leistungsfähigkeit, in: KEUPER, Führung und Steuerung öffentlicher Unternehmen, Berlin 2005, S. 396-429; BERGER, Rating der Stadt Kloten durch ComRating, in: BERGMANN/GAMPER, Rechnungslegungsstandards für Kantone und Gemeinden im Rahmen von IPSAS, Zürich 2004, S. 159-168; BERGMANN, Key Findings zum Projekt, in: BERGMANN/GAMPER, Rechnungslegungsstandards für Kantone und Gemeinden im Rahmen von IPSAS, Zürich 2004, S. 1-8; BERGMANN/GAMPER, Chancen und Gefahren der Anwendung von IPSAS, Der Schweizer Treuhänder 2004, S. 618-624; BERGMANN/KÄLIN, Das öffentliche Rechnungswesen im Umbruch, Der Schweizer Treuhänder 2003, S. 747-752; BIEG/HOSSFELD/KUSSMAUL/WASCHBUSCH, Handbuch der Rechnungslegung nach IFRS, Düsseldorf und Wiesbaden 2006; BOLSENKÖTTER, Reform des deutschen öffentlichen Rechnungswesens und internationale Reformbestrebungen, gemh 2003, S. 169-178; ERNST & YOUNG, Erste Erfahrungen mit IPSAS in der Schweiz – ein Projektreport, www.ey.com/ch/publicmanagement; GAMPER, „IPSAS wird kommen", Kommunalmagazin 11/2004, S. 42-43; GAMPER/BERGMANN, Chancen- und Gefahrenbeurteilung einer Einführung von IPSAS, in: BERGMANN/GAMPER, Rechnungslegungsstandards für Kantone und Gemeinden im Rahmen von IPSAS, Zürich 2004, S. 135-146; GAMPER/BERGMANN, Projektbericht zur Erstellung der Jahresrechnung 2001 der Stadt Kloten nach IPSAS, in: Bergmann/Gamper, Rechnungslegungsstandards für Kantone und Gemeinden im Rahmen von IPSAS, Zürich 2004, S. 33-66; GAMPER/BERGMANN/DUMONT/LEHMANN, Richtlinienentwurf zur Erstellung einer Jahresrechnung nach IPSAS, in: BERGMANN/GAMPER, Rechnungslegungsstandards für Kantone und Gemeinden im Rahmen von IPSAS, Zürich 2004, S. 67-134; GAMPER/FREI/BERGMANN, Kurzer Überblick zu den International Public Sector Accounting Standards (IPSAS), www.ivm-zh.ch; GLOGGER, Neue Standards für Gemeinderechnungen, Kommunalmagazin 11/2004, S. 40-43; HUBER, Projekt IPSAS, Bulletin Nr. 1, November 2004, www.fv.ktch.ch; HUNKELER/GRABER, Vom HRM zum HRM 2 bis gar zu IPSAS, Der Schweizer Treuhänder 2004, S. 629-634; IFAC, Handbook of International Public Sector Accounting Standards Board Pronouncements, New York 2006, www.ifac.org; IFAC PSC, Update 5, April 2002, www.ifac.org; IFAC PSC, Comparison of IASB Conceptual Framework and the Concepts underlying the IPSAS: Draft for PSC Review, New York 2003, www.ifac.org; IFAC PSC, Study 5: Definition and Recognition of Assets, New York 1995; IFAC PSC, Study 6: Accounting For and Reporting Liabilities, New York 1996; IPSASB, Update 4, March 2006, www.ifac.org; IPSASB, Update 5, July 2006, www.ifac.org; KNECHTENHOFER/WOHLWEND: Working Paper Nr. 5, IPSAS 1-17, St. Gallen 2002;

Krechlok, IPSAS, in: Haufe Doppik Office; Kussmaul, Fair Value-Bewertung und Maßgeblichkeit, in: Bieg/Heyd, Fair Value, München 2005, S. 178-202; Kussmaul/Henkes, Kommunale Doppik und IPSAS, PiR 2006, S. 189-196; Kussmaul/Henkes, Von der Kameralistik zur Doppik: Die kommunale Doppik, StB 2005, S. 136-150, 218-229, 261-267, 422-433; Kussmaul/Henkes, Von der Kameralistik zur Doppik: Die Verwaltungskameralistik, StB 2005, S. 20-27, 59-65, 91-98; Kussmaul/Henkes, Kommunaler Konzernabschluss – ein neues Betätigungsfeld für den Berater, BB 2005, S. 2062-2067; Kussmaul/Henkes, Die erweiterte Kameralistik in der Fassung des IMK-Beschlusses vom 21.11.2003, StB 2004, S. 451-459; Lüdenbach, Anlagen im Bau – Bilanzierung von Fertigungsaufträgen beim Auftraggeber oder Leasingnehmer, PiR 2006, S. 149-152; Lüder, Globalisierung und transnationale Entwicklungen des öffentlichen Rechnungswesens, in: Knödler/Stierle, Globale und monetäre Ökonomie, Festschrift für Dieter Duwendag, Heidelberg 2003, S. 407-417; Lüder, Internationale Standards für das öffentliche Rechnungswesen – Entwicklungsstand und Anwendungsperspektiven –, in: Eibelshäuser, Finanzpolitik und Finanzkontrolle – Partner für Veränderung, Baden-Baden 2002, S. 151-166; Lüder, Reform des öffentlichen Haushalts- und Rechnungswesens, in: Seicht, Jahrbuch für Controlling und Rechnungswesen, Wien 1999, S. 73-91; Lüder, Zur Reform des öffentlichen Rechnungswesens in Europa, WPg-Sonderheft 2004, S. S11-S18; Mackintosh, Aus der Arbeit des IFAC Public Sector Committee, WPg-Sonderheft 2004, S. S3-S7; Mattes/Bergmann, Verbesserte Transparenz durch International Public Sector Accounting Standards, Der Schweizer Treuhänder 2002, S. 693-696; Müller-Marqués/Berger, Verpflichtungen aus Sozialpolitik und deren bilanzielle Abbildung, WPg-Sonderheft 2004, S. S41-S49; Musgrave/Musgrave/Kullmer, Die öffentlichen Finanzen in Theorie und Praxis, Bd. I, 6. Aufl., Tübingen 1994; Oettle, Öffentliche Güter und öffentliche Unternehmen, Baden-Baden 1984; Pricewaterhouse Coopers, Zukunft der Rechnungslegung im öffentlichen Sektor, Bern 2004; Probst, Neue Rechnungslegungsnormen für die öffentliche Hand, Der Schweizer Treuhänder 2000, S. 86-90; Projektteam: Jahresrechnung 2001 der Stadt Kloten nach IPSAS, in: Bergmann/Gamper, Rechnungslegungsstandards für Kantone und Gemeinden im Rahmen von IPSAS, Zürich 2004, S. 9-32; Schedler, Das Ziel im Blick, IPSAS in der Schweiz: Bald auch Standard in deutschen Kommunen?, Der Neue Kämmerer 1/06, S. 16; Schedler/Knechtenhofer, IPSAS als möglicher Leitfaden für aktuelle Entwicklungen in der Rechnungslegung öffentlicher Gemeinwesen in der Schweiz, in: Blümle/Pernsteiner/Purtschert/Andessner, Öffentliche Verwaltung und Nonprofit-Organisationen, Festschrift für Reinbert Schauer, Wien 2003, S. 543-559; Schedler/Knechtenhofer, Rechnungslegung der öffentlichen Verwaltung, Der Schweizer Treuhänder 2002, S. 687-692; Schreyer, Accounting in the public sector – European Commission perspectives, WPg-Sonderheft 2004, S. S7-S11; Srocke, IPSAS auf dem Vormarsch, Der Neue Kämmerer 1/06, S. 14; Srocke, Konzernrechnungslegung in Gebietskörperschaften unter Berücksichtigung von HGB, IAS/IFRS und IPSAS, Düsseldorf 2004; STADLER, Weiterentwicklung des öffentlichen Rechnungswesens, Der Schweizer Treuhänder 2005, S. 263-269; UTELLI/HAURI, Finanzinstrumente unter IPSAS, Der Schweizer Treuhänder 2006, S. 56-60; VOGELPOTH, Vergleich der IPSAS mit den deutschen Rechnungslegungsgrundsätzen für den öffentlichen Bereich, WPg-Sonderheft 2004, S. S23-S40; VOGELPOTH/DÖRSCHELL, Internationale Rechnungslegungsstandards für öffentliche Verwaltungen, WPg 2001, S. 752-762; VOGELPOTH/DÖRSCHELL/ VIEHWEGER, Die Bilanzierung und Bewertung von Sachanlagevermögen nach den IPSAS, WPg 2002, S. 1360-1371; www.ipsas.de.

1 Begriff und Entstehung der *International Public Sector Accounting Standards* (IPSAS)

Die *International Federation of Accountants* (IFAC) hat zur Thematisierung von Fragestellungen bzgl. der Rechnungslegung und Prüfung öffentlicher Institutionen (bezogen auf Deutschland sind dies z. B. Bund, Länder, Kreise, Städte, Gemeinden, Gemeindeverbände, Sondervermögen, Anstalten, Körperschaften des öffentlichen Rechts)[1] im Jahr 1986 das *Public Sector Committee* (PSC) als ständigen Fachausschuss ins Leben gerufen.[2] Im November 2004 wurde das PSC umbenannt in *International Public Sector Accounting Standards Board* (IPSASB).[3] Zu dessen Besetzung werden zunächst die Länder bestimmt, die vertreten sein sollen; die Mitgliedsorganisationen dieser Länder nominieren im Anschluss daran die zu entsendenden Vertreter.[4] Deren Amtszeit beträgt 3 Jahre, eine einmalige Wiederwahl ist möglich.[5] Die Bestimmung von Mitgliedsländern findet jährlich statt, sodass jeweils ein Drittel der Mitglieder jährlich rotiert.[6] Einige internationale Organisationen, wie z. B. der Internationale Währungsfonds, die Weltbank, die OECD und die EU sowie der IASB, haben einen Beobachterstatus im IPSASB (kein Stimmrecht).[7]

---

[1] Vgl. SROCKE, Der Neue Kämmerer 1/06, S. 14.
[2] Vgl. MACKINTOSH, WPg-Sonderheft 2004, S. S3; PROBST, Der Schweizer Treuhänder 2000, S. 86.
[3] Vgl. IFAC, Handbook of International Public Sector Accounting Standards Board Pronouncements, New York 2006, www.ifac.org, S. 1.
[4] Vgl. ADAM, Internationale Rechnungslegungsstandards für die öffentliche Verwaltung (IPSAS), Frankfurt a.M. u. a. 2004, S. 11.
[5] Vgl. IFAC PSC, Update 5, April 2002, Tz. 4, und dazu ADAM (Fn. 4), S. 11f. m.w.N.
[6] Vgl. ADAM (Fn. 4), S. 11. Die jeweils aktuelle Zusammensetzung von IPSASB-Mitgliedern wird in den etwa quartalsweise auf der IFAC-Homepage (www.ifac.org) erscheinenden IPSASB-Updates veröffentlicht.
[7] Vgl. ADAM, Internationale Rechnungslegungsstandards für die öffentliche Verwaltung (IPSAS) – eine Analyse ihrer Leistungsfähigkeit, in: KEUPER, Führung und Steuerung

Während sich das PSC/IPSASB zunächst auf die Erstellung von Studien und Forschungsberichten beschränkte,[8] besteht seine Aufgabe seit der Initiierung eines Standardsetzungsprogramms im Jahr 1996 u. a. in der Formulierung von *International Public Sector Accounting Standards* (IPSAS[9]; Rz 8ff.), mit deren Hilfe das Finanzmanagement und das Rechnungswesen öffentlicher Institutionen verbessert und eine internationale Harmonisierung der entsprechenden Rechnungslegungssysteme erreicht werden soll.[10] Die Entwicklung der IPSAS, wie auch die Einrichtung des PSC/IPSASB überhaupt, gehen im Wesentlichen auf Bestrebungen der o.g. internationalen (Kredit-)Institute zurück bzw. wurden durch diese finanziell unterstützt.[11] Das ist damit zu erklären, dass die genannten Institutionen im Hinblick auf Kredit- oder Subventionsvergaben – v.a. an Schwellen- und Entwicklungsländer[12] – auf eine verlässliche und vergleichbare Rechnungslegung angewiesen sind.[13]

Zu den bekanntesten Anwendern der IPSAS auf internationalem Parkett zählen mittlerweile die NATO, die OECD und die Europäische Kommission.[14] Anlässlich ihrer Vollversammlung im Juni 2006 hat sich auch die UN für eine Ausrichtung ihres externen Rechnungswesens an den IPSAS entschieden.[15] Daneben berücksichtigen die Rechnungslegungsvorschriften von Ländern wie Australien, Kanada, Neuseeland, Großbritannien, Niederlande sowie der Schweiz (auf Bundesebene und in einzelnen Kantonen[16]) schon weitgehend die IPSAS,[17] wenngleich keine direkte Anwendung erfolgt; andere Länder be-

2

öffentlicher Unternehmen, Berlin 2005, S. 399. Auch über die jeweils aktuelle Zusammensetzung der Beobachterinstitutionen wird in den IPSASB-Updates unterrichtet.

[8] Vgl. ADAM, gemh 2004, S. 125. Vgl. zu einer Übersicht von neben den Standards veröffentlichten Richtlinien, Studien und Positionspapieren www.ifac.org.
[9] Vgl. zu diesen IFAC (Fn. 3).
[10] Vgl. LÜDER, WPg-Sonderheft 2004, S. S11; VOGELPOTH/DÖRSCHELL, WPg 2001, S. 755.
[11] Vgl. BOLSENKÖTTER, gemh 2003, S. 169; LÜDER, Globalisierung und transnationale Entwicklungen des öffentlichen Rechnungswesens, in: KNÖDLER/STIERLE, Globale und monetäre Ökonomie, Festschrift für Dieter Duwendag, Heidelberg 2003, S. 408; MACKINTOSH (Fn. 2), S. S3; SROCKE (Fn. 1), S. 14; VOGELPOTH/DÖRSCHELL (Fn. 10), S. 754f.
[12] Vgl. SROCKE, Konzernrechnungslegung in Gebietskörperschaften unter Berücksichtigung von HGB, IAS/IFRS und IPSAS, Düsseldorf 2004, S. 57.
[13] Vgl. LÜDER (Fn. 11), S. 415f.; SROCKE (Fn. 1), S. 14. Vgl. zu den Interessengruppen allgemein auch STADLER, Der Schweizer Treuhänder 2005, S. 263f.
[14] Vgl. ADAM (Fn. 7), S. 398, Fn. 3; SROCKE (Fn. 1), S. 14. Vgl. zur IPSAS-Anwendung bei der Europäischen Kommission auch SCHREYER, WPg-Sonderheft 2004, S. S7-S11.
[15] Vgl. www.ifac.org/News (Abruf: 6.10.2006).
[16] Vgl. für das „10-Mrd.-Franken-Unternehmen" Kanton Zürich, HUBER, Projekt IPSAS, Bulletin Nr. 1, November 2004, S. 1.
[17] Vgl. ADAM (Fn. 7), S. 405; VOGELPOTH, WPg-Sonderheft 2004, S. S3. Vgl. zu den Entwicklungen in der Schweiz GAMPER, Kommunalmagazin 11/2004, S. 43; PRICEWATERHOUSECOOPERS, Zukunft der Rechnungslegung im öffentlichen Sektor, Bern 2004, S. 9 und S. 30; SCHEDLER, Der Neue Kämmerer 1/06, S. 16.

finden sich noch im Einführungsprozess;[18] Deutschland ist eines der insgesamt weniger werdenden Länder, welche die IPSAS im Grunde (auf allen staatlichen Ebenen) ignorieren.[19]
Eine offizielle Übersetzung der IPSAS in die deutsche Sprache existiert noch nicht.[20] Die in englischer Sprache formulierten Standards können von der Web-Site der IFAC (www.ifac.org) kostenfrei abgerufen werden.[21] Der Geltungsbereich der IPSAS beschränkt sich auf o.g. öffentliche Institutionen (*Public Sector Entities*), wozu insb. Beteiligungsgesellschaften (*Government Business Enterprises*; vgl. IPSAS 6.8) selbiger nicht gehören (*Preface* P.3 und P.12, IPSAS 1.4f.).[22] Für diese ist die Anwendung der IAS/IFRS vorgesehen (*Preface* P.12, IPSAS 1.5).
Bzgl. ihrer Bindungswirkung ist festzuhalten, dass die IPSAS lediglich als Empfehlungen eines privaten Standardsetters zu charakterisieren sind, wohingegen für ihre verbindliche Anwendung eine Umsetzung in nationales Recht oder in EU-Recht erforderlich wäre.[23]

2 Entwicklung von IPSAS

3 Das im Jahr 1996 begonnene Standardsetzungsprogramm des PSC/IPSASB ist in zwei Phasen unterteilt. In der bereits abgeschlossenen ersten Phase erarbeitete das PSC/IPSASB einen Kern (*core set*) von 20 IPSAS.[24] Als Referenzmodell dienten die bis zum 31.8.1997 veröffentlichten IAS oder ihre nachfolgend überarbeiteten Versionen (vgl. Tab. 1),[25] welche lediglich marginal an die Bedürfnisse öffentlicher Institutionen angepasst wurden (*Preface, Introduction to the International Public Sector Accounting Standards*).[26] Die Unterschiede zum jeweiligen Referenzstandard werden im Anschluss an jeden IPSAS überblicksartig dargestellt.[27] Vor den einzelnen Standards steht ähnlich dem *Framework* im System der IAS/IFRS[28] (→ § 1) ein *Preface*, welches zu-

---

[18] Vgl. dazu www.ifac.org/IPSAS_Adoption_Governments.pdf.
[19] Vgl. kritisch LÜDER (Fn. 11), S. 412ff.; SROCKE (Fn. 1), S. 14; www.ipsas.de.
[20] Es existiert lediglich eine Zusammenfassung der IPSAS 1-17 in deutscher Sprache; vgl. KNECHTENHOFER/WOHLWEND: Working Paper Nr. 5, IPSAS 1-17, St. Gallen 2002.
[21] Vgl. IFAC (Fn. 3).
[22] Vgl. zur Abgrenzung von GBEs auch ADAM (Fn. 4), S. 21f.; MATTES/BERGMANN, Der Schweizer Treuhänder 2002, S. 694; PRICEWATERHOUSECOOPERS (Fn. 17), S. 37.
[23] Vgl. MÜLLER-MARQUÉS BERGER, WPg-Sonderheft 2004, S. S41; VOGELPOTH/DÖRSCHELL (Fn. 10), S. 755.
[24] Vgl. ADAM (Fn. 4), S. 14f.; MÜLLER-MARQUÉS BERGER (Fn. 23), S. S42.
[25] Vgl. zu den IAS/IFRS ausführlich BIEG/HOSSFELD/KUSSMAUL/WASCHBUSCH, Handbuch der Rechnungslegung nach IFRS, Düsseldorf und Wiesbaden 2006.
[26] Vgl. ADAM (Fn. 8), S. 125; BOLSENKÖTTER (Fn. 11), S. 169; MATTES/BERGMANN (Fn. 22), S. 694; PRICEWATERHOUSECOOPERS (Fn. 17), S. 26.
[27] Vgl. mit einer Übersicht über die genannten Abweichungen der IPSAS 1-20 von den Referenz-IAS, ADAM (Fn. 4), S. 185ff.
[28] Vgl. zum Framework auch BIEG/HOSSFELD/KUSSMAUL/WASCHBUSCH (Fn. 25), S. 65.

sammen mit dem IASB-*Framework* die Rahmenbedingungen für die IPSAS setzt (*Preface*, P.18);[29] ein eigenes IPSAS-*Framework* existiert noch nicht.[30] Zum Arbeitsstand bei Redaktionsschluss[31] hatte der *Board* 21 IPSAS verabschiedet, welchen eine sog. *Accrual Basis of Accounting* (→ § 1 Rz 16) zugrunde liegt, und nur einen IPSAS, der an eine sog. *Cash Basis of Accounting* (→ § 25 Rz 90) anknüpft.[32]

4

IPSAS	Vormals	Bezeichnung	Inhalt	IAS/IFRS
IPSAS 1	ED 1	*Presentation of Financial Statements*	Grundlagen des öffentlichen Rechnungswesens, Aufstellung des Abschlusses	IAS 1
IPSAS 2	ED 2	*Cash Flow Statements*	Darstellung der Bewegung von Zahlungsmitteln – Kapitalflussrechnung	IAS 7
IPSAS 3	ED 3	*Net Surplus or Deficit for the Period, Fundamental Errors and Changing in Accounting Policies*	Ermittlung des Periodenergebnisses, grundlegende Fehler und Änderungen der Bilanzierungs- und Bewertungsmethoden	IAS 8
IPSAS 4	ED 4	*The Effects of Changes in Foreign Exchange Rates*	Auswirkungen von Änderungen der Wechselkurse	IAS 21
IPSAS 5	ED 5	*Borrowing Costs*	Bilanzielle Behandlung von Fremdkapitalkosten	IAS 23

---

[29] Vgl. Krechlok, IPSAS, in: Haufe Doppik Office, Index 1480651; www.ipsas.de. Allerdings werden durch IPSAS 1 kleinere Modifikationen dieses Rahmenkonzeptes vorgenommen; vgl. dazu IFAC PSC, Comparison of IASB Conceptual Framework and the Concepts underlying the IPSAS: Draft for PSC Review, New York 2003.
[30] Vgl. Vogelpoth (Fn. 17), S. S25; Vogelpoth/Dörschell (Fn. 10), S. 758.
[31] Zum Redaktionsschluss letztes Update: IPSASB Update 5, July 2006, www.ifac.org.
[32] Vgl. zu sämtlichen Standards IFAC (Fn. 3).

IPSAS	Vormals	Bezeichnung	Inhalt	IAS/IFRS
IPSAS 6	ED 6	Consolidated Financial Statements and Accounting for Controlled Entities	Konzernrechnungslegung und Bilanzierung von beherrschten Einheiten	IAS 27
IPSAS 7	ED 7	Accounting for Investments in Associates	Bilanzierung von Anteilen an assoziierten Unternehmen	IAS 28
IPSAS 8	ED 8	Financial Reporting of Interests in Joint Ventures	Bilanzierung von Anteilen an Joint Ventures	IAS 31
IPSAS 9	ED 10	Revenue from Exchange Transactions	Erträge aus Geschäftsvorfällen mit Gegenleistung/Gegenwert	IAS 18
IPSAS 10	ED 11	Financial Reporting in Hyperinflationary Economies	Rechnungslegung in Hochinflationsländern	IAS 29
IPSAS 11	ED 12	Construction Contracts	Bilanzierung von langfristigen Fertigungsaufträgen	IAS 11
IPSAS 12	ED 13	Inventories	Bilanzierung von Vorräten	IAS 2
IPSAS 13	ED 15	Leases	Bilanzierung von Leasinggegenständen	IAS 17
IPSAS 14	ED 16	Events after the Reporting Date	Behandlung von Ereignissen nach dem Bilanzstichtag	IAS 10
IPSAS 15	ED 18	Financial Instruments: Disclosure and Presentation	Darstellung und Offenlegung von Finanzinstrumenten	IAS 32

IPSAS	Vormals	Bezeichnung	Inhalt	IAS/IFRS
IPSAS 16	ED 19	*Investment Property*	Bilanzierung von als Finanzinvestition gehaltenen Immobilien	IAS 40
IPSAS 17	ED 14	*Property, Plant and Equipment*	Bilanzierung von Sachanlagen	IAS 16
IPSAS 18	ED 17	*Segment Reporting*	Regeln zur Segmentberichterstattung	IAS 14
IPSAS 19	ED 21	*Provisions, Contingent Liabilities, Contingent Assets*	Bilanzierung und Darstellung von Rückstellungen, Eventualverbindlichkeiten und Eventualvermögenswerten	IAS 37
IPSAS 20	ED 20	*Related Party Disclosures*	Angaben über Beziehungen zu nahe stehenden Einheiten und Personen	IAS 24
IPSAS 21	ED 23	*Impairment of Non-Cash-Generating Assets*	Wertminderungen von nicht gewerblichen Vermögensgegenständen	IAS 36
Cash Basis-IPSAS	ED 9	*Financial Reporting under the Cash Basis of Accounting*	Rechnungslegung bei zahlungsorientiertem Rechnungswesen	
	ED 22	*Definition of a Segment: Amendment to the Definition proposed in ED 17 Segment Reporting*	Definition eines Segments: Änderung der vorgeschlagenen Definition aus ED 17	

Tab. 1: Übersicht über die bereits veröffentlichten IPSAS[33]

---

[33] Erweitert und modifiziert entnommen aus www.ipsas.de sowie ADAM (Fn. 8), S. 126, und ADAM (Fn. 4), S. 15.

5   In der zweiten Phase des Standardsetzungsprogramms sollen vornehmlich IPSAS zu spezifischen Rechnungslegungsproblemen der öffentlichen Hand entwickelt werden,[34] denen keine IAS/IFRS Modell stehen konnten.[35] Zudem sollen neu veröffentlichte IAS/IFRS in IPSAS transformiert und es soll ein eigenständiges Rahmenwerk geschaffen werden.[36] Dadurch, dass ständig neue IFRS geschaffen und andere IAS/IFRS überarbeitet werden, ergibt sich für die IPSAS ein kontinuierlicher Anpassungs-, Verbesserungs- und ggf. Erweiterungsbedarf.[37]

6   Bevor es zu einer Verabschiedung eines Standards kommt, wofür eine Dreiviertelmehrheit der stimmberechtigten Mitglieder des *Board* notwendig ist, wird zunächst eine Entwurfsfassung (*Exposure Draft*, ED) zur öffentlichen Diskussion gestellt (*Preface* P.30); Vorläufer eines solchen *Exposure Draft* ist eine *Invitation to Comment* oder ein *Consultation Paper*.[38] Der jeweils aktuelle Stand der Entwicklung wird im Anschluss an jede IPSASB-Sitzung auf der IFAC-Homepage veröffentlicht.[39] Folgende *Exposure Drafts, Invitations to Comment* und *Consultation Papers* lagen bei Redaktionsschluss vor:[40]

- *Financial Reporting under the Cash Basis of Accounting – Disclosure Requirements for Recipients of External Assistance* (ED 24)
- *Equal Authority of Paragraphs in IPSASs* (ED 25)
- *Improvements to International Public Sector Accounting Standards* (ED 26)
- *Presentation of Budget Information in Financial Statements* (ED 27)
- *Disclosure of Financial Information about the General Government Sector* (ED 28)
- *Revenue from Non-Exchange Transactions (Including Taxes and Transfers)* (ED 29)
- *Accounting for Heritage Assets under the Accrual Basis of Accounting*
- *Revenue from Non-Exchange Transactions (Including Taxes and Transfers)*
- *Accounting for Social Policies of Governments*

Exposure Draft 24 beinhaltet zusätzliche Informationsanforderungen an öffentliche Einheiten mit einem zahlungsorientierten Rechnungswesen, die

---

[34] Vgl. BOLSENKÖTTER (Fn. 11), S. 170; MACKINTOSH (Fn. 2), S. S5.
[35] In Anlehnung an MATTES/BERGMANN (Fn. 22), S. 694; SROCKE (Fn. 12), S. 58; VOGELPOTH/DÖRSCHELL (Fn. 10), S. 755.
[36] Der IPSASB hat in seiner vorletzten Sitzung beschlossen, mit der Ausarbeitung eines eigenen Rahmenwerks zu beginnen; vgl. IPSASB, Update 4, March 2006, www.ifac.org, S. 1; IPSASB (Fn. 31), S. 1.
[37] Vgl. GAMPER/BERGMANN, Chancen- und Gefahrenbeurteilung einer Einführung von IPSAS, in: BERGMANN/GAMPER, Rechnungslegungsstandards für Kantone und Gemeinden im Rahmen von IPSAS, Zürich 2004, S. 144; MACKINTOSH (Fn. 2), S. S6f.
[38] Vgl. IFAC (Fn. 3), S. 6.
[39] Zum Redaktionsschluss letzte Veröffentlichung: IPSASB (Fn. 31).
[40] Vgl. www.ifac.org. Vgl. zur inhaltlichen Beschreibung der jeweiligen Entwürfe auch SROCKE (Fn. 1), S. 14 sowie www.ipsas.de.

Außenhilfen, insb. Entwicklungshilfen, erhalten haben.[41] Der bestehende Standard (Rz 40) soll zu diesem Zweck erweitert werden. Zum Redaktionsschluss stand eine Veröffentlichung kurz bevor.[42]

Inhalt des **Exposure Draft 25** ist ein Anhang zum IPSAS-*Preface* hinsichtlich der Gewichtung der einzelnen Paragrafen innerhalb eines Standards. Mittlerweile wurde ein angepasstes *Preface* vom IPSASB verabschiedet. Es soll Anfang 2007 veröffentlicht werden und ab 2008 gelten.[43]

Exposure Draft 26 beinhaltet Veränderungsvorschläge für 11 Standards zur besseren Anpassung an geänderte IAS/IFRS. Zum Redaktionsschluss waren lediglich IPSAS 1, 3 und 4 bereits in ihrer geänderten Version vom IPSASB verabschiedet, eine Verabschiedung der ausstehenden 8 IPSAS sollte auf der Oktobersitzung 2006 des IPSASB erfolgen.[44] Die aktualisierten IPSAS sollten zusammen Anfang 2007 veröffentlicht werden und ab 2008 gelten.[45]

In **Exposure Draft 27** werden Vorschriften zum Vergleich zwischen Haushaltsplanansätzen und Ergebnissen des Jahresabschlusses erarbeitet.[46] Für Einheiten mit zahlungsorientiertem Rechnungswesen soll dies durch eine zusätzliche Erweiterung des *Cash-Basis*-Standards (Rz 40) erfolgen.[47] Der fehlende Bezug zwischen Jahresabschluss- und Planungsebene war bisher stets einer der Hauptkritikpunkte am System der IPSAS.[48]

In **Exposure Draft 28** geht es insbesondere um die Vergleichbarkeit von Finanzstatistik und IPSAS-Daten. Ein diesbezüglicher IPSAS wurde mittlerweile vom IPSASB verabschiedet,[49] war bei Redaktionsschluss aber noch nicht veröffentlicht. Überdies ist der IPSASB bestrebt, die IPSAS mit dem vom IWF herausgegebenen Handbuch der Statistik für öffentliche Finanzen (*Government Finance Statistics Manual*, GFSM) sowie mit dem europäischen System der volkswirtschaftlichen Gesamtrechnung (*European System of Integrates Economic Accounts*, ESA 95) zu harmonisieren.[50]

Exposure Draft 29 beschäftigt sich insbesondere mit der Frage nach dem Realisationszeitpunkt von Erträgen und Aufwendungen ohne Gegenleistung, d. h. mit der Frage nach der Aufwands- und Ertragswirksamkeit von Trans-

---

[41] Vgl. MACKINTOSH (Fn. 2), S. S6.
[42] Vgl. IPSASB (Fn. 31), S. 2.
[43] Vgl. IPSASB (Fn. 31), S. 2.
[44] Vgl. IPSASB (Fn. 31), S. 2.
[45] Vgl. IPSASB (Fn. 31), S. 2.
[46] Vgl. dazu auch GAMPER/FREI/BERGMANN, Kurzer Überblick zu den International Public Sector Accounting Standards (IPSAS), S. 6f.; MACKINTOSH (Fn. 2), S. S6; VOGELPOTH/ DÖRSCHELL (Fn. 10), S. 758.
[47] Vgl. IPSASB (Fn. 31), S. 2.
[48] Vgl. dazu und zu weiteren Kritikpunkten BOLSENKÖTTER (Fn. 11), S. 170.
[49] Vgl. IPSASB (Fn. 31), S. 2.
[50] Vgl. ADAM (Fn. 8), S. 127; IPSASB (Fn. 31), S. 2; MACKINTOSH (Fn. 2), S. S6. Vgl. kritisch zu den bisher bestehenden Unterschieden der jeweiligen Systeme, denen allen eine „Accrual Basis of Accounting" zugrunde liegt, LÜDER (Fn. 11), S. 416f.

ferzahlungen. Die meisten Erträge der Gebietskörperschaften resultieren aus solchen Zahlungen, genannt seien nur etwa Steuern und Zuwendungen.[51] Handelt es sich um Erträge und Aufwendungen mit Gegenleistung, so gilt der auf IAS 18 (→ § 25) basierende IPSAS 9 (Rz 24).

Des Weiteren stand die Veröffentlichung eines gesonderten **Exposure Draft 30** (*Impairmant of Cash-Generating Assets*), der auf IAS 36 (→ § 11) basiert, zum Redaktionsschluss unmittelbar bevor.[52] Für die Prüfung der Werthaltigkeit von *non-cash-generating assets*, die im öffentlichen Bereich sehr häufig vorkommen (man denke etwa an Straßen und Schulen), wurde eigens IPSAS 21 (Rz 39) konzipiert.

Das IPSASB hat ein *Consultation Paper* zum Thema *heritage assets* veröffentlicht. Gemeint sind damit Vermögenswerte von kultureller, künstlerischer und historischer Signifikanz (Kulturgüter, wie historische Bauten und Denkmäler oder Kunstwerke) sowie Naturgüter (Park- und Grünanlagen, Forsten, Naturschutzgebiete, Naturreservate) (IPSAS 17.7ff.).[53] Die Bilanzierung und Bewertung dieser *heritage assets* wirft besondere Probleme auf, da ihr Wert oder Nutzen finanziell häufig schwer quantifizierbar ist, ein Verkauf häufig unmöglich ist, ihre Nutzungsdauer u. U. mehrere hundert Jahre betragen kann und ihr Anschaffungszeitpunkt häufig gar nicht mehr feststellbar ist (IPSAS 17.8).

Die *Invitation to Comment* zum Thema sozialpolitischer Verpflichtungen (*„accounting for social policies of governments"*), gemeint sind damit z. B. Leistungen des öffentlichen Gesundheitswesens oder der Katastrophenhilfe, behandelt insb. die Frage nach dem Zeitpunkt der Erfassung einer derartigen Verpflichtung und deren bilanzieller Behandlung.[54] Diese Frage ist von besonderer Bedeutung, da diese Verpflichtungen eine der wesentlichen Belastungen öffentlicher Haushalte darstellen und zudem ihre Einhaltung für die betroffenen Bürger von existenzieller Bedeutung sein kann.[55] Überdies handelt es sich nicht selten um lebenslang laufende Leistungen an die Bedürftigen bzw. Anspruchsberechtigten.[56]

Darüber hinaus beabsichtigt der IPSASB, ein *Consultation Paper* für die Bilanzierung von *public private partnerships* auszuarbeiten und zu veröf-

---

[51] Vgl. zum Vorgehen beim IPSAS-Modellprojekt Kloten GAMPER/BERGMANN/DUMONT/LEHMANN, Richtlinienentwurf zur Erstellung einer Jahresrechnung nach IPSAS, in: BERGMANN/GAMPER, Rechnungslegungsstandards für Kantone und Gemeinden im Rahmen von IPSAS, Zürich 2004, S. 103.
[52] Vgl. IPSASB (Fn. 31), S. 1.
[53] Vgl. BOLSENKÖTTER (Fn. 11), S. 173; VOGELPOTH/DÖRSCHELL/VIEHWEGER, WPg 2002, S. 1336f.
[54] Vgl. auch GAMPER/FREI/BERGMANN (Fn. 46), S. 6; IPSASB (Fn. 31), S. 1; MACKINTOSH (Fn. 2), S. S6.
[55] Vgl. MÜLLER-MARQUÉS BERGER (Fn. 23), S. S42.
[56] Vgl. weiterführend ADAM (Fn. 4), S. 104.

fentlichen.⁵⁷ Außerdem wird die Ausarbeitung eines *Exposure Draft* für die Bilanzierung und Bewertung von Pensionsverpflichtungen, basierend auf IAS 19 (→ § 22), aber an die Besonderheiten im öffentlichen Bereich angepasst, angestrebt.⁵⁸ Der Bereich der Pensionsverpflichtungen ist aus dem ansonsten für Rückstellungen zuständigen und an IAS 37 (→ § 21) angelehnten IPSAS 19 (Rz 37) explizit ausgenommen (IPSAS 19.14).

3 Bedeutung der IPSAS für öffentliche Einheiten in Deutschland

Die bis vor kurzem durch die zahlungsorientierte Verwaltungskameralistik⁵⁹ (*cash basis of accounting*) geprägte kommunale Rechnungslegung – und zum gegenwärtigen Zeitpunkt im Wesentlichen nur diese – Deutschlands befindet sich zurzeit in einer Umbruchphase. Vor allem wegen der nicht generationengerechten Periodisierung von für den Haushaltsausgleich maßgeblichen Wert- bzw. Rechnungsgrößen sowie, damit zusammenhängend, des Nichtvorhandenseins einer Vermögensrechnung/Bilanz und nicht zuletzt aufgrund der bei einem kameral geführten Kernhaushalt faktisch unmöglichen Konzernabschlusserstellung konnte die klassische Verwaltungskameralistik den gestiegenen Anforderungen an ein öffentliches Rechnungswesen nicht mehr gerecht werden.⁶⁰

Die Anfang der 90er Jahre begonnenen Reformbemühungen mündeten Ende des Jahres 2003 in einem Beschluss der Innenministerkonferenz (IMK),⁶¹ welcher die Festlegung eines Optionsmodells beinhaltete, wonach die einzelnen Bundesländer ihren Kommunen entweder die sog. kommunale Doppik oder eine stark erweiterte und neu gefasste Kameralistik⁶² vorschreiben oder aber beide Rechnungslegungssysteme parallel zulassen können.⁶³

Man kann davon ausgehen, dass bis ca. 2010/2011 fast alle deutschen kommunalen Gebietskörperschaften ihr Rechnungswesen umgestellt haben werden (müssen). Nordrhein-Westfalen bspw. hat sich, wie die meisten anderen Bundesländer auch, für die zwingende Einführung der kommunalen Doppik ent-

---

57 Vgl. IPSASB (Fn. 31), S. 1.
58 Vgl. IPSASB (Fn. 31), S. 1.
59 Vgl. zu dieser KUSSMAUL/HENKES, StB 2005, S. 20-27, 59-65, 91-98.
60 Vgl. zu den Schwachstellen der Kameralistik m.w.N. KUSSMAUL/HENKES (Fn. 59), S. 96f.; LÜDER, Reform des öffentlichen Haushalts- und Rechnungswesens, in: Seicht, Jahrbuch für Controlling und Rechnungswesen, Wien 1999, S. 76.
61 Die Gesetzgebungskompetenz für die Gestaltung des kommunalen Rechnungswesens in Deutschland liegt gem. Art. 70ff. GG bei den Ländern.
62 Vgl. zu diesem System detailliert KUSSMAUL/HENKES, StB 2004, S. 451-459.
63 Vgl. IMK-Beschluss vom 21.11.2003, www.innenministerium.bayern.de.

schieden.⁶⁴ Nordrhein-westfälische Kommunen müssen spätestens ab dem Jahr 2009 einen doppischen Haushalt aufstellen; dem folgt im Jahr 2010 die erstmalige Erstellung eines kommunalen Konzernabschlusses.⁶⁵
Die bisher veröffentlichten Regelungen der einzelnen Bundesländer lehnen sich mehr oder weniger stark an die kaufmännische Doppik gem. HGB an, sodass sich die Unterschiede und Gemeinsamkeiten von HGB und IAS/IFRS qua jeweils modifizierter Übernahme in den öffentlichen Bereich fortpflanzen.⁶⁶

Die IPSAS sind ihrem Selbstverständnis nach für alle staatlichen Ebenen anwendbar, allerdings hegen zum gegenwärtigen Zeitpunkt, bezogen auf Deutschland, weder der Bund noch die einzelnen Bundesländer (außer Hessen und Hamburg) Absichten, ihr Rechnungswesen von der Kameralistik überhaupt nur auf die Doppik und damit auf eine *accrual basis* umzustellen. Dies könnte sich durch die Entwicklung in anderen Staaten, in Anbetracht dessen, dass immer mehr bedeutende internationale – auch Subventionen vergebende – Institutionen (Europäische Kommission, UN) ihr Rechnungswesen auf eine IPSAS-konforme *accrual basis* umstellen, die internationalen Leitsysteme für die volkswirtschaftliche Gesamtrechnung bereits eine *accrual basis* zugrunde legen und seitens des IPSASB diesbezügliche Konvergenzbestrebungen artikuliert werden, mittelfristig ändern.⁶⁷

4 Kurzüberblick über die Standards im Einzelnen

4.1 IPSAS 1 – *Presentation of Financial Statements*

4.1.1 Grundsätze

Ähnlich dem *Framework* im System der IAS/IFRS (→ § 1), gibt ein den Standards vorangestelltes *Preface* zusammen mit dem IASB-*Framework* die Rahmenbedingungen für die IPSAS vor (*Preface*, P.18).⁶⁸ Darüber hinaus enthält IPSAS 1 explizit definierte Rechnungslegungsgrundsätze (IPSAS 1.25-1.63). Im Anhang 2 zu IPSAS 1 finden sich einige diesbezügliche Einschränkungen. Ist für einen Sachverhalt kein spezifischer IPSAS einschlägig, so

---

⁶⁴ Vgl. § 1 Abs. 1 NKF Einführungsgesetz NRW i.d.F. des Kommunalen Finanzmanagementgesetzes NRW, GVBl. NRW, Nr. 41 vom 23.11.2004. Vgl. zur kommunalen Doppik ausführlich KUSSMAUL/HENKES, StB 2005, S. 136-150, 218-229, 261-267, 422-433, sowie KUSSMAUL/HENKES, PiR 2006, S. 189ff.

⁶⁵ Vgl. §§ 1 Abs. 1 und 2 Abs. 1 NKF Einführungsgesetz NRW (Fn. 64). Vgl. zum kommunalen Konzernabschluss ausführlich KUSSMAUL/HENKES, BB 2005, S. 2062-2067.

⁶⁶ Vgl. zu den Gemeinsamkeiten und Unterschieden der Länderkonzepte und der IPSAS ausführlich ADAM (Fn. 4), S. 148-160, und ADAM (Fn. 8).

⁶⁷ Vgl. auch ADAM (Fn. 8), S. 132; ADAM (Fn. 7), S. 405; LÜDER (Fn. 11); BOLSENKÖTTER (Fn. 11), S. 172; SCHREYER (Fn. 14), S. S11, und VOGELPOTH (Fn. 17), S. S40.

⁶⁸ Vgl. www.ipsas.de; KRECHLOK (Fn. 29), Index 1480651. Vgl. detailliert auch IFAC PSC (Fn. 29).

hat die bilanzierende Einheit den Jahresabschlusszielen entsprechende Bilanzierungs- und Bewertungsmethoden unter Beachtung der Leitlinien der IPSAS zu entwickeln[69] und dabei sonstige Veröffentlichungen des PSC/IPSASB[70] sowie Verlautbarungen anderer Standardsetter (z. B. IASB) zu beachten (IPSAS 1.42).[71] Ein Abschluss darf nur dann als im Einklang mit IPSAS stehend bezeichnet werden, wenn – von sehr restriktiv gehandhabten Ausnahmen abgesehen – sämtliche Anforderungen aller IPSAS erfüllt werden (IPSAS 1.26-1.36; Preface, P.23).

4.1.2 Bilanzierungsfähigkeit von Vermögensgegenständen und Schulden

Die Ansatzkriterien für *assets* und *liabilities* gem. IPSAS lassen sich ableiten aus den in den jeweiligen Einzelstandards festgelegten Ansatzvoraussetzungen[72] und aus dem IASB-Rahmenkonzept (F.49a und b i. V. m. F.83 und 91).[73] Für die Erfüllung der abstrakten Bilanzierungsfähigkeit (→ § 1 Rz 87) wird bei einem *asset* alternativ zum zu erwartenden zukünftigen Nutzen auch ein zu erwartendes zukünftiges Leistungspotenzial genannt (IPSAS 17.13).[74] Dies ist gerade für öffentliche Güter (Straßen, Plätze, Grünanlagen, Schulen)[75] von Bedeutung.[76] Die Ansatzkriterien für Schulden gem. IPSAS entsprechen denen der IAS/IFRS (→ § 1 Rz 93).[77] IPSAS unterscheiden in Rückstellungen (*provisions*), Eventualverbindlichkeiten (*contingent liabilities*), sonstige Schulden (*accruals*) und Verbindlichkeiten (*accounts payable*) (IPSAS 19.18ff.).[78] Das Rahmenkonzept erfordert den Ansatz von Schulden zum Erfüllungsbetrag.[79] Konkrete Regelungen existieren jedoch für bestimmte Rückstellungen gem. IPSAS 19 (IPSAS 19.44ff.).[80]

9

---

[69] Zu beachten sind also die in IPSAS 1 explizit erfassten Rechnungslegungsgrundsätze sowie die Inhalte des Preface und des IASB-Framework.
[70] Diese sind allesamt von der IFAC-Homepage (www.ifac.org) abrufbar.
[71] Vgl. ADAM (Fn. 4), S. 23; ADAM (Fn. 8), S. 132, Fn. 53; PRICEWATERHOUSECOOPERS (Fn. 17), S. 23; VOGELPOTH/DÖRSCHELL (Fn. 10), S. 759.
[72] Vgl. ADAM (Fn. 4), S. 28.
[73] Vgl. ADAM (Fn. 4), S. 28.
[74] Vgl. auch IFAC PSC, Study 5: Definition and Recognition of Assets, New York 1995 sowie ADAM (Fn. 7), S. 413ff.; BOLSENKÖTTER (Fn. 11), S. 173; VOGELPOTH/DÖRSCHELL/VIEHWEGER (Fn. 53), S. 1362.
[75] Zu öffentlichen Gütern vgl. OETTLE, Öffentliche Güter und öffentliche Unternehmen, Baden-Baden 1984, S. 1ff.; MUSGRAVE/MUSGRAVE/KULLMER, Die öffentlichen Finanzen in Theorie und Praxis, Bd. I, 6. Aufl., Tübingen 1994, S. 67ff.
[76] Vgl. dazu auch VOGELPOTH/DÖRSCHELL/VIEHWEGER (Fn. 53), S. 1362.
[77] Vgl. auch IFAC PSC, Study 6: Accounting For and Reporting Liabilities, New York 1996; IFAC (Fn. 3), S. 693. Vgl. dazu auch ADAM (Fn. 4), S. 30.
[78] Zur Abgrenzung vgl. ADAM (Fn. 4), S. 30.
[79] Vgl. ADAM (Fn. 7), S. 417.
[80] Vgl. ADAM (Fn. 7), S. 417.

4.1.3 Bestandteile eines IPSAS-Jahresabschlusses

10 Die Elemente des IPSAS-Jahresabschlusses bestehen aus der Bilanz (→ § 2 Rz 22), der Gewinn- und Verlustrechnung (→ § 2 Rz 46), einer Kapitalflussrechnung (→ § 3), einer Eigenkapitalveränderungsrechnung (→ § 20) sowie einem Anhang (→ § 5) (IPSAS 1.19).[81] Hinzuweisen ist auf die im Vergleich zu IAS 1 geänderten Begrifflichkeiten; so wird die Bilanz nicht als *balance sheet*, sondern als *statement of financial position* und die Gewinn- und Verlustrechnung nicht als *income statement*, sondern als *statement of financial performance* bezeichnet. Diese Vorgehensweise entspricht den deutschen Reformkonzepten für das öffentliche Rechnungswesen, die meist die Bezeichnungen Vermögensrechnung, Ergebnisrechnung und Finanzrechnung anstelle von Bilanz, Gewinn- und Verlustrechnung und Kapitalflussrechnung verwenden.

11 Die Vermögensrechnung kann in Konto- oder Staffelform aufgestellt werden (IPSAS 1.91). Die Bilanzpositionen sind in die Kategorien kurzfristige und langfristige Vermögenswerte (→ § 1 Rz 22) und kurzfristiges und langfristiges Fremdkapital (→ § 2 Rz 29) sowie Eigenkapital zu unterteilen (IPSAS 1.75). Allerdings ist diese Unterteilung nicht zwingend, d. h., alternative Unterteilungen sind u. U. zulässig (IPSAS 1.80). IPSAS 1 beschränkt sich auf die Vorgabe eines nicht verbindlichen Mindestgliederungsschemas für die Vermögensrechnung (IPSAS 1.89), Anhang 1 zu IPSAS 1 beinhaltet ein Beispielschema mit dem im Folgenden dargestellten Aufbau (vgl. Tab. 2).

Vermögen	t_1	t_1	t_0	t_0
Kurzfristiges Vermögen				
Bargeld		X		X
Forderungen		X		X
Vorräte		X		X
Geleistete Anzahlungen		X		X
Finanzanlagen		X		X
	X		X	
Langfristiges Vermögen				
Forderungen		X		X
Finanzanlagen		X		X
Sonstiges finanzielles Vermögen		X		X
Infrastrukturvermögen, Maschinen, BGA		X		X
Grundstücke und Gebäude		X		X
Immaterielles Vermögen		X		X
Übriges Anlagevermögen		X		X
		X		X
Total Vermögen	X		X	

---

[81] Zu einem Praxisbeispiel für die Stadt Kloten (Schweiz) vgl. die Übersichten in ERNST & YOUNG (Hrsg.), Erste Erfahrungen mit IPSAS in der Schweiz – ein Projektreport.

Schulden		
Kurzfristige Schulden		
Verbindlichkeiten	X	X
Kurzfristige Kredite	X	X
Kurzfristige Anleihen	X	X
Rückstellungen	X	X
– aus Sozialleistungen	X	X
– aus Pensionsleistungen	X	X
	X	X
Langfristige Schulden		
Verbindlichkeiten	X	X
Kreditverbindlichkeiten	X	X
Anleihen	X	X
Rückstellungen	X	X
– aus Sozialleistungen	X	X
– aus Pensionsleistungen	X	X
	X	X
Total Schulden	X	X
Nettoposition/Eigenkapital		
Erhaltenes Kapital von anderen Einheiten (Basiskapital)	X	X
Rücklagen	X	X
Akkumulierter Überschuss oder Fehlbetrag	X	X
	X	X
Minderheitenanteile	X	X
Total Eigenkapital	X	X

Tab. 2: Möglicher Aufbau der Vermögensrechnung gem. IPSAS[82]

Konkrete Ansatz- und Bewertungsvorschriften zu den in der Vermögensrechnung aufgeführten Positionen finden sich nicht in IPSAS 1, sondern in den einschlägigen Einzelstandards.[83]
Bestimmungen zur Ergebnisrechnung (→ § 2 Rz 46) finden sich in IPSAS 1 und IPSAS 3.[84] Die Ergebnisrechnung kann ebenfalls in Konto- oder Staffelform aufgestellt werden (IPSAS 1.105). Der Ausweis der Aufwendungen kann nach Aufwandsarten oder nach Funktionsbereichen erfolgen (vgl. Tab. 3 und 4; IPSAS 1.105ff. und IPSAS 1.Appendix 1). Bei einer Darstellung nach Funktionsbereichen ist zusätzlich eine Angabe über die Aufwandsarten er-

---

[82] Leicht modifiziert entnommen aus Anhang zu IPSAS 1 unter Berücksichtigung der Ausführungen bei ADAM (Fn. 4), S. 41, und KNECHTENHOFER/WOHLWEND (Fn. 20), S. 7f. Zu detaillierten Beschreibungen der einzelnen aufgeführten Positionen vgl. GAMPER/BERGMANN/DUMONT/LEHMANN (Fn. 51), S. 85-101.
[83] Vgl. ADAM (Fn. 4), S. 78. Dies sind z. B. IPSAS 16 und 17.
[84] Vgl. ADAM (Fn. 4), S. 78.

forderlich (IPSAS 1.111). Darüber hinaus sehen die IPSAS eine Ergebnisspaltung in ein ordentliches und ein außerordentliches Ergebnis vor (IPSAS 3.13; Rz 16). In IPSAS 1.101 ist ein Mindestgliederungsschema enthalten, im Anhang zu IPSAS 1 befinden sich Beispielgliederungen.

	t_1	t_0
Betriebliche Erträge		
Steuern	X	X
Gebühren, Geldbußen, Strafmaßnahmen, Bewilligungen	X	X
Erträge aus zweiseitigen Leistungsbeziehungen	X	X
Transfererträge von anderen (Regierungs-)Einheiten	X	X
Sonstige betriebliche Erträge	X	X
= (1) Gesamte betriebliche Erträge	X	X
Betriebliche Aufwendungen		
Personalaufwendungen	X	X
Zuschüsse und andere Transferaufwendungen	X	X
Sachaufwendungen	X	X
Abschreibungen	X	X
Sonstiger betrieblicher Aufwand	X	X
= (2) Gesamte betriebliche Aufwendungen	X	X
(1) ./. (2) = (3) Überschuss/Defizit aus betrieblicher Tätigkeit	X	X
./. Finanzierungskosten	X	X
+ Gewinne durch den Verkauf von Sachanlagen	X	X
= (4) Ergebnis der betriebsfremden Tätigkeit	X	X
(3) ± (4) = (5) Überschuss/Defizit aus gewöhnlichen Tätigkeiten	X	X
./. Minderheitenanteil am Überschuss/Defizit	X	X
= (6) Netto Überschuss/Defizit vor außerordentlichen Positionen	X	X
± Außerordentliche Erträge/Aufwendungen	X	X
= (7) Jahresergebnis	X	X

Tab. 3: Mögliche Gliederung der Ergebnisrechnung nach Aufwandsarten[85]

---

[85] Modifiziert entnommen aus Anhang 1 zu IPSAS 1 unter Berücksichtigung der Ausführungen bei ADAM (Fn. 4), S. 47, sowie KNECHTENHOFER/WOHLWEND (Fn. 20), S. 10. Vgl. detailliert GAMPER/BERGMANN/DUMONT/LEHMANN (Fn. 51), S. 104.

	t_1	t_0
Betriebliche Erträge		
Steuern	X	X
Gebühren, Geldbußen, Strafmaßnahmen, Bewilligungen	X	X
Erträge aus zweiseitigen Leistungsbeziehungen	X	X
Transfererträge von anderen (Regierungs-)Einheiten	X	X
Sonstige betriebliche Erträge	X	X
= (1) Gesamte betriebliche Erträge	X	X
Betriebliche Aufwendungen		
Allgemeine Verwaltungsleistungen	X	X
Landesverteidigung	X	X
Öffentliche Ordnung und Sicherheit	X	X
Bildungswesen	X	X
Gesundheitswesen	X	X
Soziale Sicherheit	X	X
Wohnungswesen und gesellschaftliche Zusatzleistungen	X	X
Freizeit, Kultur, Religion	X	X
Wirtschaft	X	X
Umweltschutz	X	X
= (2) Gesamte betriebliche Aufwendungen	X	X
(1) ./. (2) = (3) Überschuss/Defizit aus betrieblicher Tätigkeit	X	X
./. Finanzierungskosten	X	X
+ Gewinne durch den Verkauf von Sachanlagen	X	X
= (4) Ergebnis der betriebsfremden Tätigkeit	X	X
(3) ± (4) = (5) Überschuss/Defizit aus gewöhnlichen Tätigkeiten	X	X
./. Minderheitenanteil am Überschuss/Defizit	X	X
= (6) Netto Überschuss/Defizit vor außerordentlichen Positionen	X	X
± Außerordentliche Erträge/Aufwendungen	X	X
= (7) Jahresergebnis	X	X

Tab. 4: Mögliche Gliederung der Ergebnisrechnung nach Funktionen[86]

Zu beachten sind die spezifischen Posteninhalte im öffentlichen Bereich. Hingewiesen sei z. B. darauf, dass innerhalb der Forderungen bspw. die Steuerforderungen einen erheblichen Anteil ausmachen, hingewiesen sei auch auf das im Wesentlichen nur im öffentlichen Bereich vorkommende Infrastrukturvermögen (Straßen, Brücken, Tunnel u. Ä.). Die bedeutendsten Ertragsarten sind nicht die Umsatzerlöse, sondern Steuern, Gebühren, Beiträge

---

[86] Modifiziert entnommen aus Anhang 1 zu IPSAS unter Berücksichtigung der Ausführungen bei ADAM (Fn. 4), S. 47; KNECHTENHOFER/WOHLWEND (Fn. 20), S. 10.

und erhaltene Zuwendungen. Gleiches gilt für die in der Finanzrechnung (Rz 15) darzustellenden Zahlungen.

Obwohl die Finanzrechnung (→ § 3) ebenfalls zu den integralen Bestandteilen des IPSAS-Abschlusses gehört,[87] beinhaltet IPSAS 1 lediglich einen Verweis auf IPSAS 2 (IPSAS 1.121).

13 Die Aufgabe der Eigenkapitalveränderungsrechnung (→ § 20 Rz 2) besteht darin, insb. die erfolgsneutralen und somit nicht von der Ergebnisrechnung erfassten Eigenkapitalbewegungen aufzuschlüsseln (IPSAS 1.114ff.).[88] Die Eigenkapitalveränderungsrechnung ergänzt also die Ergebnisrechnung, da diese alleine nicht den Saldo der Veränderung des Eigenkapitals erklären könnte.[89]

Erfolgsneutrale Eigenkapitalveränderungen können resultieren aus: der (erfolgsneutralen) Neubewertung von Vermögensgegenständen, Gewinnen und Verlusten aus der Fremdwährungsumrechnung, dem Effekt aus der Änderung von Bilanzierungs- und Bewertungsmethoden und den Auswirkungen der Korrektur wesentlicher Fehler (IPSAS 1.114c i. V. m. IPSAS 3.11ff. und 3.38ff.).[90] Die Darstellungsform ist in IPSAS 1 allerdings nicht geregelt, Anhang 1 zu IPSAS 1 beinhaltet das im Folgenden dargestellte Beispielformat (vgl. Tab. 5).

---

[87] Vgl. GAMPER/BERGMANN/DUMONT/LEHMANN (Fn. 51), S. 112.
[88] Vgl. ADAM (Fn. 8), S. 128; BERGMANN/GAMPER, Der Schweizer Treuhänder 2004, S. 618; GLOGGER, Kommunalmagazin 11/2004, S. 40; VOGELPOTH (Fn. 17), S. S31.
[89] Vgl. ADAM (Fn. 4), S. 38.
[90] Vgl. BERGMANN/GAMPER (Fn. 88), S. 620. Vgl. zu den Begriffsbestimmungen und Inhalten IPSAS Projektteam: Jahresrechnung 2001 der Stadt Kloten nach IPSAS, in: BERGMANN/GAMPER, Rechnungslegungsstandards für Kantone und Gemeinden im Rahmen von IPSAS, Zürich 2004, S. 9-32, s. bes. S. 18, sowie GAMPER/BERGMANN/DUMONT/LEHMANN (Fn. 51), S. 83.

	Basiskapital	Bewertungsrücklage	Umrechnungsrücklage	Kumulierter Jahresüberschuss/-fehlbetrag	Total
Bilanz per 31. Dez. t_0	X	X	X	X	X
Veränderungen der Bilanzierungs- und Bewertungsmethoden	X			X	X
Neuer Bestand	X	X	X	X	X
Überschuss durch Neubewertung von Sachanlagen		X			X
Defizit durch Neubewertung von Kapitalanlagen		X			X
Währungsumrechnungsdifferenzen			X		X
Nicht in der Ergebnisrechnung gezeigter Nettogewinn/-verlust		X	X		X
Jahresergebnis t_1				X	X
Bilanz per 31. Dez. t_1	X	X	X	X	X
Defizit durch Neubewertung von Sachanlagen		X			X
Überschuss durch Neubewertung von Kapitalanlagen		X			X
Währungsumrechnungsdifferenzen			X		X
Nicht in der Ergebnisrechnung gezeigter Nettogewinn/-verlust		X	X		X
Jahresergebnis t_2				X	X
Bilanz per 31. Dez. t_2	X	X	X	X	X

Tab. 5: Möglicher Aufbau der Eigenkapitalveränderungsrechnung[91]

Der Anhang (→ § 5) dient der Präzisierung der Informationen, die durch die einzelnen Komponenten des Jahresabschlusses gegeben wurden. Neben den in den einzelnen IPSAS geregelten Anhangangabeerfordernissen sind weitere Anhangangabepflichten im IPSAS 1 geregelt (IPSAS 1.122-1.133).[92] Die Anhangangabepflichten gem. IPSAS sind wesentlich ausführlicher als diejenigen der deutschen Reformkonzepte.

---

[91] Modifiziert entnommen aus Anhang 1 zu IPSAS 1. Vgl. dazu auch ADAM (Fn. 4), S. 63; KNECHTENHOFER/WOHLWEND (Fn. 20), S. 11.

[92] Vgl. dazu ADAM (Fn. 4), S. 63 und 256; GAMPER/BERGMANN/DUMONT/LEHMANN (Fn. 51), S. 84 und 119ff.

4.2 IPSAS 2 – *Cash Flow Statements*

15 Die Finanzrechnung (→ § 3) erklärt die Veränderung des Finanzmittelfonds (*cash and cash equivalents*; vgl. IPSAS 2.9ff.) während eines (Haushalts-)Jahres mittels der *cash flows* aus laufender (betrieblicher) Geschäftstätigkeit (→ § 3 Rz 39), aus Finanzierungstätigkeit (→ § 3 Rz 57) und aus Investitionstätigkeit (→ § 3 Rz 73; IPSAS 2.18ff.).[93] Sie gibt dem Abschlussleser damit einen Einblick darin, wie sich die öffentliche Einheit finanziert hat und für welche Zwecke sie Auszahlungen getätigt hat.[94] Während für die letzten beiden *cash flows* zwingend eine direkte Ermittlung vorgeschrieben ist (IPSAS 2.31f.), kann für den *cash flow* aus laufender Geschäftstätigkeit die direkte oder die indirekte Ermittlungsmethode gewählt werden (IPSAS 2.27),[95] wenngleich die direkte Methode empfohlen wird (IPSAS 2.28). IPSAS 2 beinhaltet keine Gliederungsvorschriften für die Finanzrechnung, lediglich im Anhang von IPSAS 2 sind Muster für die Darstellung aufgeführt.[96] Diese sind jeweils in Staffelform aufgeführt, ohne dass eine diesbezügliche Verpflichtung kodifiziert wäre (vgl. dazu Tab. 6 und 7).[97]

	t_1	t_0
Mittelfluss aus betrieblicher Tätigkeit		
Einzahlungen aus		
Steuern	X	X
Verkauf von Gütern und Dienstleistungen	X	X
Zuschüssen	X	X
Zinsen	X	X
Sonstige Einzahlungen	X	X
./. Auszahlungen für Personal	X	X
Versorgung (Pensionen)	X	X
Lieferanten	X	X
Zinsen	X	X
Sonstige Auszahlungen	X	X
= Netto Mittelfluss aus betrieblicher Tätigkeit	X	X

---

[93] Vgl. auch LÜDER (Fn. 10), S. S16; GAMPER/BERGMANN, Projektbericht zur Erstellung der Jahresrechnung 2001 der Stadt Kloten nach IPSAS, in: BERGMANN/GAMPER, Rechnungslegungsstandards für Kantone und Gemeinden im Rahmen von IPSAS, Zürich 2004, S. 40.

[94] Vgl. HUNKELER/GRABER, Vom HRM zum HRM 2 bis gar zu IPSAS, Der Schweizer Treuhänder 2004, S. 631; KNECHTENHOFER/WOHLWEND (Fn. 20), S. 12.

[95] Vgl. zu den Ermittlungsmethoden detailliert KUSSMAUL/HENKES (Fn. 64), S. 144ff. m.w.N.

[96] Vgl. ADAM (Fn. 4), S. 52; KNECHTENHOFER/WOHLWEND (Fn. 20), S. 13.

[97] Vgl. ADAM (Fn. 4), S. 52.

	t_1	t_0
Mittelfluss aus Investitionstätigkeiten		
./. Auszahlungen für den Kauf von Anlagen und Betriebseinrichtungen	X	X
+ Einzahlungen aus dem Verkauf von Anlagen und Betriebseinrichtungen	X	X
+ Einzahlungen aus dem Verkauf von Kapitalanlagen	X	X
./. Auszahlungen für Fremdwährungssicherheiten	X	X
= Netto Mittelfluss aus Investitionstätigkeiten	X	X
Mittelfluss aus Finanzierungsaktivitäten		
+ Einzahlungen aus der Aufnahme von Krediten	X	X
./. Auszahlungen für die Tilgung von Krediten	X	X
./. Auszahlungen an die Anteilseigner (Dividende an die Regierung)	X	X
= Netto Mittelfluss aus Finanzierungstätigkeit	X	X
Netto Zunahme/Abnahme der flüssigen Mittel und geldnahen Mittel	X	X
Flüssige Mittel und geldnahe Mittel zu Beginn der Periode	X	X
Flüssige Mittel und geldnahe Mittel am Ende der Periode	X	X

Tab. 6: Möglicher Aufbau der IPSAS-Finanzrechnung nach der direkten Methode[98]

	t_1	t_0
Mittelfluss aus betrieblicher Tätigkeit		
Netto Überschuss/Defizit vor außerordentlichen Vorgängen	X	X
Nicht geldwerte Veränderungen	X	X
+ Abschreibungen	X	X
+ Zuführungen zu Rückstellungen für zweifelhafte Forderungen	X	X
+ Erhöhung der Verbindlichkeiten	X	X
+ Erhöhung von Kreditbeanspruchungen	X	X
+ Erhöhung von Rückstellungen für Personal	X	X
± Gewinn/Verlust aus dem Verkauf von Sachanlagen	X	X
± Gewinn/Verlust aus dem Verkauf von Kapitalanlagen	X	X
./. Erhöhung im übrigen Umlaufvermögen	X	X
./. Erhöhung der Kapitalanlagen durch Neubewertung	X	X
./. Erhöhung der Forderungen	X	X
± außergewöhnliche Positionen/Vorfälle	X	X
= Netto Mittelfluss aus betrieblicher Tätigkeit	X	X

---

[98] Vgl. Anhang 1 zu IPSAS 2 sowie ADAM (Fn. 4), S. 53ff.; KNECHTENHOFER/WOHLWEND (Fn. 20), S. 13.

Mittelfluss aus Investitionstätigkeiten		
./. Auszahlungen für den Kauf von Anlagen und Betriebseinrichtungen	X	X
+ Einzahlungen aus dem Verkauf von Anlagen und Betriebseinrichtungen	X	X
+ Einzahlungen aus dem Verkauf von Kapitalanlagen	X	X
./. Auszahlungen für Fremdwährungssicherheiten	X	X
= Netto Mittelfluss aus Investitionstätigkeiten	X	X
Mittelfluss aus Finanzierungsaktivitäten		
+ Einzahlungen aus der Aufnahme von Krediten	X	X
./. Auszahlungen für die Tilgung von Krediten	X	X
./. Auszahlungen an die Anteilseigner (Dividende an die Regierung)	X	X
= Netto Mittelfluss aus Finanzierungstätigkeit	X	X
Netto Zunahme/Abnahme der flüssigen Mittel und geldnahen Mittel	X	X
Flüssige Mittel und geldnahe Mittel zu Beginn der Periode	X	X
Flüssige Mittel und geldnahe Mittel am Ende der Periode	X	X

Tab. 7: **Möglicher Aufbau der IPSAS-Finanzrechnung nach der indirekten Methode**[99]

Zahlungen aus außerordentlichen Vorgängen müssen für Zwecke der Finanzrechnung einem der drei zugrunde liegenden Tätigkeitsbereiche zugeordnet werden (IPSAS 2.40ff.).[100]

4.3 IPSAS 3 – *Net Surplus or Deficit for the Period, Fundamental Errors and Changes in Accounting Policies*

IPSAS 3 trifft eine Vielzahl von Regelungen, die sich mit der Erfassung von Aufwendungen und Erträgen befassen.[101] Grundsätzlich sind Eigenkapitalveränderungen ergebniswirksam zu erfassen (IPSAS 3.10). Hiervon wird in den bereits genannten (Rz 13) Fällen abgesehen (IPSAS 3.11ff. und 3.38ff.). Übereinstimmend mit dem HGB wird eine Ergebnisspaltung in einen ordentlichen und einen außerordentlichen Teil gefordert (IPSAS 3.13). Al-

---

[99] Entnommen aus Anhang 1 zu IPSAS 2 sowie ADAM (Fn. 4), S. 54, 57, 58; KNECHTENHOFER/WOHLWEND (Fn. 20), S. 14.
[100] Vgl. ADAM (Fn. 4), S. 44, Fn. 202; GAMPER/BERGMANN/DUMONT/LEHMANN (Fn. 51), S. 115.
[101] Vgl. KRECHLOK (Fn. 29), Index 1480654.

lerdings unterscheiden sich die Abgrenzungskriterien der Außerordentlichkeit nach IPSAS und nach den deutschen Konzepten.[102]

Weiter regelt IPSAS 3, wie mit neu entdeckten Fehlern aus früheren Perioden (→ § 24 Rz 43) zu verfahren ist.[103] Nach der bevorzugten Methode (IPSAS 3.41ff.) werden Auswirkungen der Korrektur wesentlicher Fehler ergebnisneutral behandelt, indem die Anpassungsbeträge erfolgsneutral mit den Rücklagen verrechnet werden.[104]

Jeder Methodenwechsel (→ § 24 Rz 5) soll vermieden werden (IPSAS 3.48),[105] ist aber erlaubt, wenn eine veränderte Methode eine höhere Transparenz bietet (IPSAS 3.51)[106] bzw. zu einer sachgerechteren Darstellung von Sachverhalten führt (IPSAS 3.51)[107] oder eine Änderung infolge einer Standardänderung oder einer Veränderung gesetzlicher Rahmenbedingungen unabdingbar wurde (IPSAS 3.51).[108] Ein Beispiel für eine solche Änderung wäre die Änderung der planmäßigen Abschreibungsmethode (IPSAS 17.65). Als Wechsel der Bilanzierungs- und Bewertungsmethoden i. S. v. IPSAS 3 ist auch der Übergang von der *cash basis of accounting* auf die *accrual basis of accounting* zu werten (IPSAS 3.49). Kommt es zu einem Wechsel der Bilanzierungs- und Bewertungsmethoden, so fordert IPSAS 3 grundsätzlich eine retrospektive Durchführung (IPSAS 3.59 und 3.65), d. h., die neue Methode ist so anzuwenden, als wäre sie schon immer angewandt worden (IPSAS 3.54).[109] Nach der bevorzugten Methode (IPSAS 3.61) werden Auswirkungen ergebnisneutral behandelt, indem die Anpassungsbeträge erfolgsneutral mit den Rücklagen verrechnet werden.[110]

4.4 IPSAS 4 – *The Effects of Changes in Foreign Exchange Rates*

Dieser Standard ist für eine öffentliche Einheit dann von Relevanz, wenn sie entweder Fremdwährungstransaktionen[111] durchführt (z. B. Anschaffung von Obligationen in Fremdwährung oder Aktien eines ausländischen Unternehmens) oder wenn sie in Fremdwährung lautende Abschlüsse in ihren Ab-

---

[102] Vgl. dazu ADAM (Fn. 8), S. 129; ADAM (Fn. 4), S. 154. Vgl. kritisch dazu SCHEDLER/KNECHTENHOFER (Fn. 22), S. 554 und SCHEDLER/KNECHTENHOFER, Der Schweizer Treuhänder 2002, S. 689.
[103] Vgl. KNECHTENHOFER/WOHLWEND (Fn. 20), S. 15.
[104] Vgl. ADAM (Fn. 4), S. 61.
[105] Vgl. KNECHTENHOFER/WOHLWEND (Fn. 20), S. 15; GAMPER/BERGMANN (Fn. 93), S. 41.
[106] Vgl. GAMPER/FREI/BERGMANN (Fn. 46), S. 1; GAMPER/BERGMANN (Fn. 93), S. 41.
[107] Vgl. ADAM (Fn. 4), S. 94.
[108] Vgl. KNECHTENHOFER/WOHLWEND (FN. 20), S. 16.
[109] Vgl. hinsichtlich der Behandlung dabei entstehender Anpassungsbeträge IPSAS 3.60ff. und dazu erläuternd VOGELPOTH/DÖRSCHELL/VIEHWEGER (Fn. 53), S. 1369.
[110] Vgl. dazu ADAM (Fn. 4), S. 61.
[111] Vgl. mit Beispielen KNECHTENHOFER/WOHLWEND (Fn. 20), S. 17.

schluss im Wege der Konsolidierung einzubeziehen hat (IPSAS 4.1).[112] Zu diesem Zweck muss eine Umrechnung in die Währung der bilanzierenden Einheit erfolgen (→ § 27 Rz 1-60). Der Standard legt fest, welche Wechselkurse für welche Transaktionen zu verwenden sind und wie die sich ergebenden Umrechnungsdifferenzen zu handhaben sind.[113] Bezogen auf die deutschen kommunalen Gebietskörperschaften ist dieser Standard kaum von Relevanz, eine Relevanz ergäbe sich allerdings auf staatlicher Ebene.

4.5 IPSAS 5 – *Borrowing Costs*

20 Dieser Standard verlangt grundsätzlich die sofortige erfolgswirksame Aufwandsverrechnung von Fremdkapitalkosten (*benchmark treatment;* → § 9 Rz 13); alternativ dürfen aber Fremdkapitalaufwendungen, die direkt dem Erwerb, dem Bau oder der Herstellung eines Vermögenswertes zugeordnet werden können, als Teil der Anschaffungs- oder Herstellungskosten dieses Vermögenswertes aktiviert werden (*allowed alternative treatment;* IPSAS 5.17ff.; → § 9 Rz 14).[114]

4.6 IPSAS 6 – *Consolidated Financial Statements and Accounting for Controlled Entities*

21 Dieser, auf IAS 27 (→ § 32) basierende, Standard ist die zentrale Vorschrift für die Konzernrechnungslegung öffentlicher Einheiten (IPSAS 6.15ff.), die noch durch IPSAS 7 und 8 ergänzt wird.[115] Der Konzernabschluss besteht aus den gleichen Elementen wie der Einzelabschluss (IPSAS 1.3).[116] Ausgeschlossen von der Konzernabschlussaufstellungspflicht gem. IPSAS 6 sind sog. *Government Business Enterprises* (IPSAS 6.5).

Eine öffentliche Körperschaft ist konzernabschlusspflichtig, sofern sie eine oder mehrere Tochtereinheiten kontrolliert, d. h., sie muss in der Lage sein, die Finanz- und Geschäftspolitik der untergeordneten Einheit zu bestimmen, um daraus einen Nutzen ziehen zu können (IPSAS 6.8 i. V. m. IPSAS 6.12; → § 32 Rz 8). IPSAS 6 enthält einen Katalog an Kontrollkriterien (IPSAS 6.34ff.). Die weitgehende Übernahme des Kontrollkriteriums aus IAS 27 (→ § 32 Rz 8ff.) kann im öffentlichen Bereich allerdings zu Schwierigkeiten bei der Abgrenzung des Konsolidierungskreises führen.[117] Da im Übrigen bei Weitem nicht alle beherrschten Institutionen Anteile ausgeben (z. B. Gefängnisse,

---

[112] Vgl. auch GAMPER/BERGMANN/DUMONT/LEHMANN (Fn. 51), S. 121.
[113] Vgl. IPSASB (Fn. 31), S. 4.
[114] Vgl. auch ADAM (Fn. 4), S. 151; GAMPER/BERGMANN (Fn. 93), S. 41; KRECHLOK (Fn. 29), Index 1480656.
[115] Vgl. ADAM (Fn. 4), S. 65.
[116] Vgl. ADAM (Fn. 4), S. 78; ADAM (Fn. 7), S. 419.
[117] Vgl. LÜDER (Fn. 10), S. S17; BERGMANN, Key Findings zum Projekt, in: BERGMANN/ GAMPER, Rechnungslegungsstandards für Kantone und Gemeinden im Rahmen von IPSAS, Zürich 2004, S. 1-8, s. bes. S. 5; SCHEDLER/KNECHTENHOFER (Fn. 22), S. 551.

Krankenhäuser, Wasser-, Elektrizitäts- und Gaswerke, Sparkassen und Landesbanken),[118] sind zur Klärung der Frage der Beherrschung bspw. Sitze in Leitungsgremien oder auch bestehende Defizitgarantien u. Ä. zu berücksichtigen.[119]
Der Konsolidierungskreis (→ § 32 Rz 85) umfasst grundsätzlich alle kontrollierten Einheiten im In- und Ausland (IPSAS 6.21). Unter der Voraussetzung, dass das Kontrollkriterium erfüllt ist, sind auch *Government Business Enterprises* in den öffentlichen Konzernabschluss mit einzubeziehen (IPSAS 6.6). Stellt eine kontrollierende Einheit selbst eine kontrollierte Einheit dar, so kann sie u. U. von der Konzernabschlusspflicht befreit sein (IPSAS 6.16).[120] Ausnahmen von der (Voll-)Konsolidierungspflicht bestehen, wenn die Verwaltungseinheit nur vorübergehend die Kontrolle behält (z. B. wegen bereits beim Erwerb bestehender Weiterveräußerungsabsicht) oder langfristige Restriktionen bestehen, die eine Fruchtziehung verhindern (IPSAS 6.22; → § 32 Rz 86 und 90).[121] Zusätzlich räumt das IASB-Rahmenkonzept zwei Einbeziehungswahlrechte ein, einerseits für Einheiten, die aggregiert eine untergeordnete Bedeutung haben, andererseits für Einheiten, deren Einbeziehung unverhältnismäßig hohe Kosten und erhebliche zeitliche Verzögerungen verursachen würde (F.29f. und F.43f.; → § 32 Rz 90 und 95).[122] Ein Nichteinbezug aufgrund abweichender Tätigkeiten wurde vom PSC/IPSASB abgelehnt (IPSAS 6.38).[123]
In Bezug auf die zulässige Konsolidierungsmethode enthält IPSAS 6 keine eigenständigen Regelungen, sondern verweist in seiner gegenwärtigen Fassung (noch) auf die Vorgehensweise des IAS 22 (IPSAS 6.39a; → § 31).[124] Auch für die grundsätzlich geforderte Schuldenkonsolidierung, Aufwands- und Ertragskonsolidierung sowie für die Zwischenergebniseliminierung gibt IPSAS 6

---

[118] Vgl. GAMPER/BERGMANN/DUMONT/LEHMANN (Fn. 51), S. 75; GLOGGER (Fn. 88), S. 41.
[119] In Anlehnung an BERGMANN/GAMPER (Fn. 88), S. 619; GAMPER/BERGMANN (Fn. 93), S. 44.
[120] Vgl. dazu ADAM (Fn. 4), S. 71f.; KNECHTENHOFER/WOHLWEND (Fn. 20), S. 20; SROCKE (Fn. 12), S. 95.
[121] Vgl. auch GAMPER/FREI/BERGMANN (Fn. 46), S. 2; KNECHTENHOFER/WOHLWEND (Fn. 20), S. 20; ADAM (Fn. 4), S. 69 und 204. Gem. ED 26 soll ein Ausschluss nur noch möglich sein, sofern es Anzeichen dafür gibt, dass die Anteile ausschließlich zum Verkauf innerhalb von zwölf Monaten nach ihrer Anschaffung erworben und gehalten werden und das Management bereits aktiv einen Käufer sucht (vgl. ED 26, IPSAS 6.21). Das Ausschlusskriterium aufgrund erheblicher langfristiger Beschränkungen soll gestrichen werden (vgl. ED 26, IPSAS 6.21).
[122] Vgl. ADAM (Fn. 7), S. 421; ADAM (Fn. 4), S. 205; SROCKE (Fn. 12), S. 106.
[123] Vgl. ADAM (Fn. 4), S. 70.
[124] Vgl. ADAM (Fn. 7), S. 422; ADAM (Fn. 4), S. 206; SROCKE (Fn. 12), S. 131. ED 26 verweist nicht auf IAS 22, sondern allgemein auf die relevanten internationalen oder nationalen Rechnungslegungsstandards, welche Unternehmenszusammenschlüsse thematisieren (ED 26, IPSAS 6.43). Gemeint ist in diesem Zusammenhang wohl insbesondere IFRS 3.

wenig konkrete Hinweise (IPSAS 6.41f.),[125] folglich sind (z. B.) die einschlägigen IAS/IFRS (→ § 32 Rz 110ff.) zu Rate zu ziehen.[126] Dies gilt über Verweise auch für die Quotenkonsolidierung und die *equity*-Konsolidierung (IPSAS 8.38 und 7.29).[127]
Eine Übergangsregelung erlaubt die Unterlassung der Schuldenkonsolidierung, der Aufwands- und Ertragskonsolidierung und der Zwischenergebniseliminierung für die ersten drei Jahre nach erstmaliger Anwendung des Standards (IPSAS 6.58).[128]

4.7 IPSAS 7 – *Accounting for Investments in Associates*

22 Eine assoziierte Einheit (→ § 33) ist eine Einheit, auf die ein sog. „maßgeblicher Einfluss" ausgeübt wird oder werden könnte (IPSAS 7.6).[129] Davon wird bei einer Beteiligung von mindestens 20 % widerlegbar ausgegangen (IPSAS 7.15ff.). IPSAS 7 schreibt für die Bewertung von Beteiligungen an assoziierten Unternehmen die *equity*-Methode (→ § 33 Rz 20ff.) vor, sofern kein baldiger Verkauf geplant ist; dann müsste ein Ansatz zu Anschaffungskosten erfolgen (IPSAS 7.18, 7.26). Die *equity*-Methode nach IPSAS entspricht der nach IAS/IFRS; es ist die Buchwertmethode vorgeschrieben (IPSAS 7.11 und 7.31). Handelt es sich nicht um assoziierte Unternehmen, sondern um Beteiligungen, so sind IPSAS 15 (Rz 30) und IAS 39 (→ § 28) anzuwenden (IPSAS 15.4).

4.8 IPSAS 8 – *Financial Reporting of Interests in Joint Ventures*

23 Dieser Standard schreibt IAS 31 (→ § 34) entsprechende Regelungen auch für die öffentliche Verwaltung vor.[130] Anteile an Gemeinschaftsunternehmen sollen nach IPSAS 8 sowohl im Einzel- als auch im Konzernabschluss quotal erfasst werden (→ § 34 Rz 60ff.), alternativ kommt eine *equity*-Bewertung (→ § 34 Rz 82ff.) in Betracht (IPSAS 8.36 und 8.43f.).[131] Für die Quotenkonsolidierung wird auf die Vollkonsolidierungsmethoden gem. IPSAS 6 verwiesen (IPSAS 8.38). Ist eine Veräußerung der Anteile am Gemeinschaftsunternehmen geplant oder verhindern langfristige Restriktionen eine Fruchtziehung, so stellen die Anteile Finanzanlagen dar (IPSAS 8.46), für deren Bilanzierung auf nicht näher spezifizierte nationale und internationale Standards verwiesen wird (IPSAS 8.47).

---

[125] Vgl. ADAM (Fn. 4), S. 76 u. 206.
[126] Vgl. SROCKE (Fn. 12), S. 157, 162 und 165.
[127] Vgl. dazu SROCKE (Fn. 12), S. 157.
[128] Vgl. ADAM (Fn. 4), S. 185; SROCKE (Fn. 12), S. 157.
[129] Vgl. SROCKE (Fn. 12), S. 102; ADAM (Fn. 4), S. 73.
[130] Vgl. SROCKE (Fn. 12), S. 146.
[131] Vgl. ADAM (Fn. 4), S. 73 und 80; BOLSENKÖTTER (Fn. 11), S. 174; IPSASB (Fn. 31), S. 4; SROCKE (Fn. 12), S. 146.

4.9 IPSAS 9 – *Revenue from Exchange Transactions*

Im Gegensatz zu IAS 18 (→ § 25) behandelt IPSAS 9 ausschließlich die Erträge, welche einer Verwaltungseinheit in Zusammenhang mit dem Verkauf von Gütern (z. B. Energieversorgung) oder der Erbringung von Dienstleistungen entstehen, sowie Erträge, die aus der Nutzung von Vermögenswerten der Einheit durch Dritte (Zinsen, Lizenzgebühren, Dividenden) anfallen (IPSAS 9.1, 9.28ff. und 9.31ff.).[132]

24

Die Erträge sind periodengerecht abzugrenzen, d. h., die Verbuchung von Gewinnen kann erst bei Realisation (insb. bei Erbringung der geschuldeten Lieferung oder Leistung) erfolgen (IPSAS 9.19 und IPSAS 9.28).[133] Spiegelbildlich gilt dies für Aufwendungen und Verluste.[134] Wesentliche öffentliche Ertrags- und Aufwandspositionen resultieren allerdings nicht aus Verträgen mit gegenseitiger Leistungsverpflichtung, sondern aus Transferzahlungen (Rz 6). Hierzu gehören z. B. Steuern, erhaltene und vergebene Zuschüsse und Subventionen oder bei deutschen Gemeinden v. a. die Kreisumlage. Hier stellt sich mangels vorhandener Gegenleistungsverpflichtung im ganz Besonderen die Frage, zu welchem Zeitpunkt die Ertrags- bzw. die Aufwandsbuchung zu erfolgen hat. Diesbezügliche Regelungsvorschläge finden sich in *Exposure Draft* 29 (Rz 6).

4.10 IPSAS 10 – *Financial Reporting in Hyperinflationary Economies*

Dieser Standard befasst sich wie IAS 29 (→ § 27) mit der Rechnungslegung im Rahmen von inflationären Umfeldbedingungen und ist für europäische Verhältnisse derzeit nicht sehr relevant.[135]

25

4.11 IPSAS 11 – *Construction Contracts*

Anders als IAS 11 (→ § 18) unterscheidet dieser Standard zwischen kommerziellen und nichtkommerziellen Bauvorhaben (IPSAS 11.9).[136] IPSAS 11 und IAS 11 ist gemein, dass sie beide umfangreiche Regelungen zur Behandlung der Bauphase bei Auftragnehmern von Bauvorhaben beinhalten.[137] Öffentliche Einheiten sind allerdings wesentlich öfter Auftraggeber von Bauaufträgen als Auftragnehmer. Aus IPSAS 17.29 i. V. m. IPSAS 12.13ff. geht hervor, dass bei Herstellungsvorgängen die Kosten der Herstellungsphase nach

26

---

[132] Vgl. Gamper/Bergmann (Fn. 93), S. 41; Gamper/Frei/Bergmann (Fn. 46), S. 3; Knechtenhofer/Wohlwend (Fn. 20), S. 25f. Vgl. mit einigen Beispielen Anhang zu IPSAS 9.
[133] Vgl. Gamper/Frei/Bergmann (Fn. 46), S. 3.
[134] Vgl. Bolsenkötter (Fn. 11), S. 175.
[135] Vgl. auch Gamper/Frei/Bergmann (Fn. 46), S. 3.
[136] Vgl. Gamper/Frei/Bergmann (Fn. 46), S. 3.
[137] In Anlehnung an Lüdenbach, PiR 2006, S. 149.

Anfall als Anlagen im Bau zu aktivieren sind, während bei Anschaffungsvorgängen allenfalls geleistete Anzahlungen zu aktivieren sind.[138] Für den Fall einer Auftragnehmerstellung ist gem. IPSAS 11 die *percentage of completion method* (→ § 18 Rz 15ff.) anwendbar (IPSAS 11.30).[139]

4.12 IPSAS 12 – *Inventories*

27 Die Bewertung von Vorratsvermögen soll – gem. IAS 2 (→ §§ 8 und 17) – zum niedrigeren Wert aus historischen Anschaffungs- oder Herstellungskosten und zukünftig erzielbarem Nettoveräußerungswert erfolgen (IPSAS 12.11),[140] was einer Art (strengem) Niederstwertprinzip (→ § 17 Rz 4) entspricht.[141] Als Bewertungsmethoden sind entweder das Fifo-Verfahren oder die Durchschnittsbewertung (→ § 17 Rz 5) erlaubt (IPSAS 12.28f.).[142] Zu den Vorräten gehören im öffentlichen Bereich z. B. auch militärische Munition, unausgegebene Geldzeichen und Briefmarken, strategische Reserven an Energie, Nahrungsmitteln usw. (IPSAS 12.8).[143]

4.13 IPSAS 13 – *Leases*

28 Dieser Standard unterscheidet analog zu IAS 17 (→ § 15) *operate* und *finance leases* (IPSAS 13.Appendix 1) mit den entsprechenden Konsequenzen für die Bilanzierung (IPSAS 13.Appendix 2 und 3). Nicht unter IPSAS 13 fallen Leasinggeschäfte, die die Ausbeutung von Bodenschätzen (Öl, Gas, Metalle, aber auch Holz) betreffen oder die Lizenzvergabe von Filmen, Büchern, Patenten u. Ä. beinhalten (IPSAS 13.1 und IPSAS 13.4). Außerdem gilt der Standard nicht bei der Bewertung bestimmter Renditeliegenschaften (IPSAS 13.1 und IPSAS 13.5). Überdies wird in IPSAS 13 die Handhabung von *sale-and-lease-back*-Transaktionen geregelt (IPSAS 13.62ff. und IPSAS 13.Appendix 3).[144]

4.14 IPSAS 14 – *Events After the Reporting Date*

29 Es wird in diesem Standard zwischen *adjusting events* (werterhellende Tatsachen) und *non-adjusting events* (wertbegründende Tatsachen; → § 4 Rz 4ff.

---

[138] In Anlehnung an die sich nur auf IAS 16 beziehenden Ausführungen bei LÜDENBACH (Fn. 137), S. 150.

[139] Vgl. ADAM (Fn. 4), S. 152f.; GAMPER/BERGMANN (Fn. 93), S. 43; GAMPER/BERGMANN/DUMONT/LEHMANN (Fn. 51), S. 123; KRECHLOK (Fn. 29), Index 1480662 sowie VOGELPOTH (Fn. 17), S. S29.

[140] Zur Bestimmung des Nettoveräußerungswertes vgl. IPSAS 12.30ff.

[141] Vgl. ADAM (Fn. 4), S. 152; GAMPER/FREI/BERGMANN (Fn. 46), S. 4.

[142] Vgl. ADAM (Fn. 4), S. 152; GAMPER/BERGMANN (Fn. 93), S. 42; KRECHLOK (Fn. 29), Index 1480663; VOGELPOTH/DÖRSCHELL (Fn. 10), S. 761.

[143] Vgl. KNECHTENHOFER/WOHLWEND (Fn. 20), S. 28; KRECHLOK (Fn. 29), Index 1480663.

[144] Vgl. dazu detailliert KNECHTENHOFER/WOHLWEND (Fn. 20), S. 30f.

und 16ff) unterschieden (IPSAS 14.4, IPSAS 14.9ff.),[145] wobei nur Erstere noch zu einer Berücksichtigung im Abschluss des abzurechnenden Jahres führen (IPSAS 14.9ff.),[146] während Letztere bei Wesentlichkeit mit Anhangangaben einhergehen (IPSAS 14.11ff.).[147]

4.15 IPSAS 15 – *Financial Instruments: Disclosure and Presentation*

IPSAS 15 ist angelehnt an die 1998er Version des IAS 32 (→ §§ 20 und 28) und ist von einiger Brisanz für den öffentlichen Sektor.[148] Der Standard beinhaltet die Regeln zur Identifikation der Finanzinstrumente, zur Darstellung in der Vermögens- und Erfolgsrechnung sowie zur Offenlegung von Informationen im Anhang.[149] Bewertungsfragen werden von IPSAS 15 derzeit nicht behandelt;[150] hier muss infolge der Auffangvorschrift noch auf andere anerkannte Standards, wie z. B. IAS 39 (→ § 28), zurückgegriffen werden.[151] Die Brisanz auch für den öffentlichen Bereich liegt in der breiten Definition der Finanzinstrumente, wozu nicht mehr nur klassische Obligationen oder Zinsswaps,[152] sondern grundsätzlich auch liquide Mittel, Debitoren und Kreditoren sowie Darlehen gehören (IPSAS 15.13).[153]

30

4.16 IPSAS 16 – *Investment Property*

Sachanlagen (man denke etwa an Straßen, Schulen und Verwaltungsgebäude) stellen einen erheblichen Teil des Vermögens einer öffentlichen Einheit dar (IPSAS 17.14).[154] Aus diesem Grund hat der IPSASB ein umfassendes Konzept zur bilanziellen Abbildung von Sachanlagen, bestehend aus IPSAS 17 – *Property, Plant and Equipment* (→ §§ 8 und 14) als zentraler Vorschrift, IPSAS 16 – *Investment Property* (→ § 16) und IPSAS 13 – *Leases* (→ § 15) als ergänzenden Vorschriften erarbeitet.[155]

31

---

[145] Vgl. IPSASB (Fn. 31), S. 5.
[146] Vgl. Adam (Fn. 4), S. 150; Gamper/Bergmann/Dumont/Lehmann (Fn. 51), S. 31.
[147] Vgl. Adam (Fn. 4), S. 150; IPSAS Projektteam (Fn. 90), S. 19.
[148] Vgl. detailliert Utelli/Hauri, Der Schweizer Treuhänder 2006, S. 56.
[149] Vgl. www.bwl-bote.de; Gamper/Bergmann (Fn. 93), S. 42; Utelli/Hauri (Fn. 148), S. 56.
[150] Vgl. auch Gamper/Bergmann (Fn. 93), S. 42; Gamper/Frei/Bergmann (Fn. 46), S. 4.
[151] Vgl. Adam (Fn. 4), S. 152; Utelli/Hauri (Fn. 148), S. 57.
[152] Vgl. Knechtenhofer/Wohlwend (Fn. 20), S. 32.
[153] Vgl. Utelli/Hauri (Fn. 148), S. 56f.
[154] Vgl. Vogelpoth/Dörschell/Viehweger (Fn. 53), S. 1361.
[155] Vgl. Adam (Fn. 4), S. 81.

Hält die öffentliche Einheit Immobilien als Finanzinvestition (Renditeliegenschaften)[156], sind die Vorschriften des IPSAS 16 anzuwenden.[157] Nicht nach IPSAS 16 zu bilanzieren sind u. a. Objekte, die hauptsächlich für die Erstellung von Leistungen und Produkten der Kerntätigkeit der jeweiligen Verwaltungsstelle (administrative Zwecke) genutzt werden (IPSAS 16.12),[158] Wohnungen und Häuser, die die Verwaltung im Rahmen sozialer Aufgaben verbilligt vermietet (IPSAS 16.11e),[159] Immobilien, die gehalten werden, um sie zu veräußern (IPSAS 16.11a),[160] noch in der Bauphase befindliche zukünftige Renditeliegenschaften (IPSAS 16.11d),[161] und für Dritte erstellte Immobilien (IPSAS 16.11b)[162].

Die Zugangsbewertung i. R. d. IPSAS 16 erfolgt zu Anschaffungs-/Herstellungskosten (IPSAS 16.22; → § 16 Rz 18ff.),[163] bei unentgeltlichem Erwerb oder Erwerb zu einem symbolischen Preis – was in der öffentlichen Verwaltung häufig vorkommt –[164] ist der Zeitwert anzusetzen (IPSAS 16.23 und 16.28), um keine marktfremden Werte abbilden zu müssen.[165]

Für die Folgebewertung besteht – unabhängig davon, wie die Erstbewertung erfolgt ist (IPSAS 16.29) – ein einmaliges Wahrecht zwischen Zeitwertmodell (IPSAS 16.35-16.57; → § 16 Rz 42) und Anschaffungskostenmodell (IPSAS 16.58; → § 16 Rz 40) (IPSAS 16.32 und 16.55).[166] Diese Wahl ist zum Zeitpunkt der Einführung des Standards für die gesamte Kategorie der Renditeliegenschaften zu treffen (IPSAS 16.32).[167] Auf die Bezeichnung als *benchmark treatment* oder *allowed alternative treatment* wird bei IPSAS 16 verzichtet.[168] Erfolgt eine Entscheidung für das Anschaffungskostenmodell, so gelten die Regelungen des *benchmark treatment* gem. IPSAS 17 (Rz 33; IPSAS 16.58);[169] nichtsdestotrotz ist u. a. der Zeitwert im Anhang stets an-

---

[156] Das ist dann der Fall, wenn Grundstücke, Gebäude oder Gebäudeteile zu Zwecken der Erzielung von Miet-/Pachteinnahmen bzw. zur Realisierung von Wertsteigerungen gehalten werden (IPSAS 16.6).
[157] Vgl. BOLSENKÖTTER (Fn. 11), S. 174.
[158] Diese sind nach IPSAS 17 zu bilanzieren.
[159] Diese sind nach IPSAS 17 zu bilanzieren.
[160] Diese sind nach IPSAS 12 zu bilanzieren. Vgl. auch ADAM (Fn. 4), S. 83 und 113.
[161] Diese sind bis zur Fertigstellung nach IPSAS 17 zu bilanzieren.
[162] Diese sind nach IPSAS 11 zu bilanzieren.
[163] Vgl. KNECHTENHOFER/WOHLWEND (Fn. 20), S. 34.
[164] Vgl. z. B. IPSAS 16.28 und dazu ADAM (Fn. 4), S. 88.
[165] Vgl. BOLSENKÖTTER (Fn. 11), S. 174; KNECHTENHOFER/WOHLWEND (Fn. 20), S. 34.
[166] Vgl. ADAM (Fn. 4), S. 93 und 94.
[167] Vgl. KNECHTENHOFER/WOHLWEND (Fn. 20), S. 34.
[168] Vgl. ADAM (Fn. 4), S. 94.
[169] Vgl. KNECHTENHOFER/WOHLWEND (Fn. 20), S. 34.

zugeben und damit – von Ausnahmefällen abgesehen (IPSAS 16.55) – stets zu ermitteln (IPSAS 16.34 und 16.78 e).[170] Das Zeitwertmodell von Anlageimmobilien nach IPSAS 16 erfordert im Gegensatz zu anderen Sachanlagen nach IPSAS 17 eine periodische Neubewertung (IPSAS 16.39).[171] Werden als Finanzinvestition gehaltene Immobilien gem. IPSAS 16 neu bewertet, sind die Wertschwankungen – anders als bei IPSAS 17 – ergebniswirksam zu erfassen (IPSAS 16.36).[172]

4.17 IPSAS 17 – *Property, Plant and Equipment*

Der Anwendungsbereich von IPSAS 17 umfasst die Sachanlagen, die für die Herstellung oder zur Lieferung von Gütern und Dienstleistungen oder für Verwaltungszwecke gehalten werden und voraussichtlich länger als eine Periode genutzt werden (IPSAS 17.12). Militärische Hardware und Infrastrukturvermögen (Straßen, Brücken, Tunnel, Gleisanlagen, Strom- und Gasversorgungsnetze, Telekommunikationsnetze) gehören ausdrücklich zu diesen Sachanlagen (IPSAS 17.3, 17.20, 17.21). Zu aktivieren sind auch Gegenstände, die aus Gründen des Umweltschutzes erworben wurden (IPSAS 17.19). Explizit ausgenommen von IPSAS 17 – und von IPSAS 16 (IPSAS 16.4) – sind bewirtschaftete Naturgüter (z. B. Waldbestände) und ähnliche regenerative natürliche Ressourcen (Gewinnung von Mineralien, Gas und Öl) sowie ähnliche nicht regenerative Ressourcen (IPSAS 17.4).[173] Mangels vorhandenem einschlägigem IPSAS greift hier die Auffangvorschrift des IPSAS 1.42, allerdings findet sich bis auf IAS 41 (→ § 40) kein einschlägiger IAS/IFRS.[174] Nicht zum Anwendungsbereich des IPSAS 17 gehören außerdem immaterielle Vermögenswerte (*intangible assets*), für die allerdings auch in keinem anderen Standard eine Regelung besteht, sodass auch hier ein Rückgriff auf andere international anerkannte Standards, insb. IAS 38 (→ §§ 8 und 13), erforderlich wird.[175]

Ein Aktivierungswahlrecht besteht für bereits erwähnte (Rz 6) *heritage assets* (IPSAS 17.7).[176] Werden sie aktiviert, besteht bis zum Inkrafttreten eines separaten IPSAS ein Bewertungswahlrecht, wobei die Bewertungsmethode im Anhang darzustellen ist (IPSAS 17.7 und IPSAS 17.10).[177] In Frage kommen fortgeführte Anschaffungs-/Herstellungskosten, Marktwerte, Versicherungs-

---

[170] Vgl. BOLSENKÖTTER (Fn. 11), S. 174. Die zwingende Ermittlung des *fair value* lässt gem. VOGELPOTH/DÖRSCHELL/VIEHWEGER (Fn. 53), S. 1370, auf eine Präferenz für die Zeitwertmethode schließen.
[171] Vgl. BOLSENKÖTTER (Fn. 11), S. 174.
[172] Vgl. ADAM (Fn. 8), S. 132 Fn. 62; ADAM (Fn. 4), S. 95.
[173] Vgl. ADAM (Fn. 4), S. 81.
[174] Vgl. ADAM (Fn. 4), S. 82; VOGELPOTH/DÖRSCHELL/VIEHWEGER (Fn. 53), S. 1362 m.w.N.
[175] Vgl. ADAM (Fn. 4), S. 81.
[176] Vgl. ADAM (Fn. 4), S. 31; IPSASB (Fn. 31), S. 4.
[177] Vgl. zu den erforderlichen Anhangangabepflichten IPSAS 17.73ff. sowie VOGELPOTH/ DÖRSCHELL/VIEHWEGER (Fn. 53), S. 1369 m.w.N.

werte, Wiederbeschaffungs- und Wiederherstellungskosten oder Erinnerungswerte sowie der Barwert künftiger Erhaltungsaufwendungen.[178]

33 Die Zugangsbewertung erfolgt wie bei IPSAS 16 (Rz 31) zu Anschaffungs-/Herstellungskosten (IPSAS 17.22), die in den Folgejahren, sofern es sich um abnutzbare Vermögensgegenstände handelt, um planmäßige Abschreibungen (→ § 10) und ggf. um außerplanmäßige Abschreibungen (→ § 11 Rz 9ff.) zu vermindern sind (*benchmark treatment*) (IPSAS 17.38);[179] alternativ ist die (Folge-)Bewertung zum *fair value* möglich (*allowed alternative treatment*; IPSAS 17.39; → § 8 Rz 52ff.).[180] IPSAS 17 beinhaltet keine Festlegung darüber, in welchen Fällen zu Anschaffungs-/Herstellungskosten und in welchen Fällen zum Zeitwert bewertet werden soll.[181] Werden Sachanlagen unentgeltlich oder zu einem symbolischen Preis erworben, fordert IPSAS 17 zwingend für die Zugangsbewertung den Ansatz des Zeitwertes (IPSAS 17.23).[182] Dies gilt auch, wenn im Folgenden *at cost* bewertet wird, d. h., der Zeitwertansatz bei der Erstbewertung erzwingt nicht zugleich die Zeitwertbewertung auch in den Folgeabschlüssen (IPSAS 17.24).[183] Der Wertmaßstab „Anschaffungskosten" der IPSAS ist grundsätzlich konform mit der korrespondierenden handelsrechtlichen Regelung des § 255 Abs. 1 HGB (IPSAS 17.26 und IPSAS 16.24; → § 8 Rz 11ff.).[184] Als Herstellungskosten für selbst erstellte *assets* sind die produktionsbezogenen Vollkosten (→ § 8 Rz 11ff.) anzusetzen (IPSAS 17.29 i. V. m. IPSAS 12.13ff.).[185] Wahlbestandteile bestehen allenfalls bei den genannten aktivierungsfähigen Fremdkapitalkosten (Rz 20; IPSAS 17.29).[186] Nicht herstellungsbezogene Kosten der allgemeinen Verwaltung können nicht einbezogen werden (IPSAS 17.28, IPSAS 16.24). Im Zusammenhang mit der Ermittlung der Anschaffungs- oder Herstellungskosten stellt sich gerade im öffentlichen Bereich die Frage nach der bilanziellen Behandlung erhaltener Investitionszuwendungen. Weder IPSAS 16 noch IPSAS 17, noch ein anderer IPSAS halten hierzu bislang eine Antwort parat, daher wird eine analoge Anwendung des IAS 20 (→ § 12) als sachgerecht bezeichnet[187] bzw. kann dieser durch die Auffangvorschrift in IPSAS 1.42 zur Anwendung kommen.

---

[178] Vgl. ADAM (Fn. 4), S. 87.
[179] Vgl. KNECHTENHOFER/WOHLWEND (Fn. 20), S. 36; VOGELPOTH/DÖRSCHELL/VIEHWEGER (Fn. 53), S. 1366f.
[180] Vgl. BOLSENKÖTTER (Fn. 11), S. 173; GAMPER/FREI/BERGMANN (Fn. 46), S. 4.
[181] Vgl. ADAM (Fn. 4), S. 199.
[182] Vgl. VOGELPOTH/DÖRSCHELL/VIEHWEGER (Fn. 53), S. 1365 u. 1366.
[183] Vgl. ADAM (Fn. 4), S. 88; VOGELPOTH/DÖRSCHELL/VIEHWEGER (Fn. 53), S. 1365.
[184] Unterschiede können sich allerdings bei der Berücksichtigung von Fremdkapitalzinsen ergeben. Vgl. ADAM (Fn. 4), S. 89.
[185] Vgl. detailliert VOGELPOTH (Fn. 17), S. S33.
[186] Vgl. VOGELPOTH (Fn. 17), S. S33.
[187] Vgl. VOGELPOTH/DÖRSCHELL/VIEHWEGER (Fn. 53), S. 1363.

Erfolgt im Rahmen des IPSAS 17 eine Entscheidung für das Anschaffungskostenmodell, so ist das Abschreibungsvolumen über die Nutzungsdauer des Vermögensgegenstandes in Abhängigkeit vom erwarteten Nutzenverlauf nach der linearen, der degressiven oder der leistungsabhängigen Methode zu verteilen (IPSAS 17.60; → § 10). Besteht darüber hinaus eine Wertminderung (*impairment*) des *asset*, ist zusätzlich eine außerplanmäßige Abschreibung (→ § 11 Rz 9ff.) vorzunehmen (IPSAS 17.38). Die Höhe außerplanmäßiger Abschreibungen für *cash-generating assets* (IPSAS 21.14) wird auch bei öffentlichen Körperschaften gem. den privatwirtschaftlichen Vorschriften des IAS 36 (→ § 11) bestimmt (IPSAS 21.4).[188] Allerdings stand die Veröffentlichung eines gesonderten *Exposure Draft* (ED 30), der aber auf IAS 36 basiert, zum Redaktionsschluss unmittelbar bevor.[189] Für – im Kommunalbereich vornehmlich vorzufindende – *non-cash-generating assets* (z. B. Schulen) hat der IPSASB IPSAS 21 (Rz 39) aufgelegt, der Regelungen zur Durchführung eines Niederstwerttests für Anlagen vorgibt, die nicht zur Erzielung kommerzieller Gewinne gehalten werden. Eine Zuschreibung ist maximal bis zur Höhe der fortgeführten Anschaffungs- bzw. Herstellungskosten zulässig (IAS 36.114 und 36.117 sowie IPSAS 21.61 und 21.64). Erfolgt eine Entscheidung für die Anschaffungskostenbewertung, so ist – im Gegensatz zu IPSAS 16 – der Zeitwert nicht im Anhang anzugeben.[190]

Die zweite Wertkategorie, der *fair value*, ist als Zeitwert zu interpretieren, zu dem ein *asset* zwischen sachverständigen, vertragswilligen und voneinander unabhängigen Geschäftspartnern gehandelt werden würde (IPSAS 17.12).[191] Es ist gem. IPSAS 17 nicht zwingend eine kontinuierliche Neubewertung (→ § 8 Rz 52ff.) zu jedem Bilanzstichtag erforderlich, stattdessen hängt die Häufigkeit von Neubewertungen von den Schwankungen des *fair value* des jeweiligen *asset* ab (IPSAS 17.44). So kann es zu jährlichen Neubewertungen ebenso kommen wie zu Neubewertungen in drei- oder fünfjährigen Abständen.[192] Kommt es zu einer Neubewertung, so ist sie auf die gesamte Gruppe des Sachanlagevermögens auszudehnen, zu der der *asset* gehört, wodurch selektive Neubewertungen verhindert werden sollen (IPSAS 17.46f.).[193] Ist der Zeitwert eines *asset* gestiegen, so ist im Sinne von IPSAS 17 die Zuschreibung – anders als gem. IPSAS 16 – grundsätzlich erfolgsneutral in der Neubewertungsrücklage gegenzubuchen (IPSAS 17.49). Sinkt der Zeitwert, so vermindert sich zunächst die Neubewertungsrücklage, falls für diesen Vermögensgegenstand in Vorjahren eine Einbuchung in die Neubewertungsrücklage

34

---

[188] Vgl. ADAM (Fn. 4), S. 81; VOGELPOTH/DÖRSCHELL (Fn. 10), S. 760.
[189] Vgl. IPSASB (Fn. 31), S. 1.
[190] Vgl. BOLSENKÖTTER (Fn. 11), S. 174.
[191] Vgl. zu grundlegenden Ermittlungsverfahren des fair value KUSSMAUL, Fair Value-Bewertung und Maßgeblichkeit, in: BIEG/HEYD (Hrsg.), Fair Value, München 2005, S. 186ff.; VOGELPOTH/DÖRSCHELL/VIEHWEGER (Fn. 53), S. 1364.
[192] Vgl. VOGELPOTH/DÖRSCHELL/VIEHWEGER (Fn. 53), S. 1367.
[193] Vgl. dazu ADAM (Fn. 4), S. 97; VOGELPOTH/DÖRSCHELL/VIEHWEGER (Fn. 53), S. 1367f.

vorgenommen wurde; der die Rücklage übersteigende Betrag wird aufwandswirksam als Abschreibung erfasst (IPSAS 17.50f.). Erholt sich der *fair value* in den Folgejahren wiederum, sind die Zuschreibungen maximal bis zur Höhe der als Aufwand erfassten Abwertung erfolgswirksam zu behandeln, der restliche Betrag erhöht wiederum die Neubewertungsrücklage (IPSAS 17.49; → § 8 Rz 71).

35 Für die Bewertung in der Eröffnungsbilanz räumt IPSAS 17 ein Wahlrecht zwischen historischen Anschaffungskosten und Zeitwert ein (IPSAS 17.81ff.). Damit wird der Zeitwertansatz, der sonst nur unter den erläuterten engen Grenzen bei der Zugangsbewertung möglich ist, für Zwecke der Eröffnungsbilanz generell ermöglicht.[194] Gleiches gilt für IPSAS 16 (IPSAS 16.79f.).
IPSAS 17.80 gewährt eine Übergangsfrist von fünf Jahren, innerhalb deren eine IPSAS-konforme Rechnungslegung anerkannt wird, ohne dass bereits alle Anforderungen des IPSAS 17 erfüllt werden, allerdings werden Anhangangaben gefordert (IPSAS 17.87).[195]

4.18 IPSAS 18 – *Segment Reporting*

36 IPSAS 18 schreibt nach dem Vorbild des IAS 14 (→ § 36) eine Segmentberichterstattung im Anhang vor (IPSAS 18.1f.). Ein Segment definiert klar unterscheidbare Tätigkeiten oder eine Gruppe von Tätigkeiten oder Tätigkeiten in einem bestimmten Umfeld, um Auskünfte über die Entwicklung im Zeitablauf geben zu können (IPSAS 18.9).[196] IPSAS 18 empfiehlt, schreibt aber nicht vor, die Segmentabgrenzung nach Geschäftsfeldern oder nach geografischen Kriterien vorzunehmen (IPSAS 18.15 und 18.17ff.).[197]
Je Segment sind darzustellen: der Buchwert des zuzurechnenden Vermögens sowie die in diesem Segment getätigten Anlageninvestitionen, der Buchwert der Segmentschulden, die Segmenterträge und -aufwendungen, wobei innerhalb der Segmenterträge weiter zu differenzieren ist (IPSAS 18.52ff.).[198] Nicht zu den Segmenterfolgsbestandteilen gehören außerordentliche Posten, Finanzerträge und -aufwendungen – es sei denn, die Haupttätigkeit des Segments ist finanzieller Natur – allgemeine Verwaltungsaufwendungen sowie Aufwendungen aus Ertragsteuern (IPSAS 18.27ff.).[199] IPSAS 18 legt keine ergebnisbezogenen Größenkriterien hinsichtlich des Anteils des Segment-

---

[194] Vgl. dazu VOGELPOTH/DÖRSCHELL (Fn. 10), S. 759; VOGELPOTH/DÖRSCHELL/ VIEHWEGER (Fn. 53), S. 1365.
[195] Vgl. weiterführend VOGELPOTH/DÖRSCHELL/VIEHWEGER (Fn. 53), S. 1365.
[196] In Anlehnung an GAMPER/BERGMANN (Fn. 93), S. 44; GAMPER/BERGMANN/DUMONT/ LEHMANN (Fn. 51), S. 128.
[197] Vgl. VOGELPOTH (Fn. 17), S. S31; SROCKE (Fn. 12), S. 211.
[198] Vgl. VOGELPOTH (Fn. 17), S. S31; GAMPER/FREI/BERGMANN (Fn. 46), S. 5; KRECHLOK (Fn. 29), Index 1480669.
[199] Vgl. GAMPER/BERGMANN/DUMONT/LEHMANN (Fn. 51), S. 129.

ergebnisses am Gesamtergebnis fest, ab deren Erreichen ein Segment zwingend als solches separat ausgewiesen werden muss.[200]

Ein der Segmentberichterstattung nach IPSAS 18 vergleichbares Instrument existiert auch in den deutschen Reformkonzepten in Gestalt produktorientierter Teilhaushalte.[201]

4.19 IPSAS 19 – *Provisions, Contingent Liabilities and Contingent Assets*

IPSAS 19 beschäftigt sich hauptsächlich mit dem Bereich der Rückstellungen und Eventualverbindlichkeiten und orientiert sich an IAS 37 (→ § 21). Verbindlichkeiten im engeren Sinne werden nicht in IPSAS 19 behandelt.[202] Ein eigener Standard für Verbindlichkeiten existiert nicht, sie werden lediglich im Rahmenkonzept des IASB sowie in IPSAS 1 angesprochen (IPSAS 1.75ff. und 1.83ff.).[203]

37

Für die Behandlung von – im Kommunalbereich eine erhebliche Bedeutung besitzenden – Pensionsrückstellungen liegt derzeit noch kein IPSAS vor, weshalb die analoge Anwendung des IAS 19 (→ § 22) für öffentliche Körperschaften vorgeschlagen wird (IPSAS 19.14).[204] Allerdings wird die Ausarbeitung eines *Exposure Draft* für die Bilanzierung und Bewertung von Pensionsverpflichtungen, basierend auf IAS 19, aber an die Besonderheiten im öffentlichen Bereich angepasst, angestrebt.[205]

Sozialpolitische Verpflichtungen (z. B. Verpflichtungen zur Zahlung von Wohngeld, Unterstützung von Bedürftigen, Leistungen der Katastrophenhilfe, der Entwicklungshilfe, der rechtlichen Unterstützung sowie der inneren und äußeren Sicherheit) sind ebenfalls explizit aus dem Anwendungsbereich des IPSAS 19 ausgenommen (IPSAS 19.7ff.). Für sie wird ein eigener IPSAS ausgearbeitet.

Voraussetzung für die Bildung einer Rückstellung (→ § 21 Rz 18ff.) ist ein verpflichtendes Ereignis in der Vergangenheit; gerade hier liegt die Problematik sozialpolitischer Verpflichtungen. Reicht z. B. die Erwartung oder Forderung an den Staat, auch in Zukunft wohltätig zu sein, weil er es in der Vergangenheit immer war, zum Ansatz einer Rückstellung?[206] Da die Verhältnisse am Bilanzstichtag maßgeblich sind, nicht aber künftige Entwicklungen,

---

[200] Vgl. GAMPER/BERGMANN/DUMONT/LEHMANN (Fn. 51), S. 129.
[201] In Anlehnung an BOLSENKÖTTER (Fn. 11), S. 176. Vgl. dazu auch detailliert KUSSMAUL/HENKES (Fn. 64), S. 218ff.
[202] Vgl. ADAM (Fn. 4), S. 103.
[203] Vgl. ADAM (Fn. 4), S. 201; ADAM (Fn. 7), S. 417.
[204] Vgl. ADAM (Fn. 4), S. 129 u. 153; PRICEWATERHOUSECOOPERS (Fn. 17), S. 39. Zu IAS 19 vgl. BIEG/HOSSFELD/KUSSMAUL/WASCHBUSCH (Fn. 28), S. 232ff.
[205] Vgl. IPSASB (Fn. 31), S. 1.
[206] In Anlehnung an MÜLLER-MARQUÉS BERGER (Fn. 23), S. S43; vgl. auch ADAM (Fn. 4), S. 29f.

Kussmaul/Henkes

sind keine Rückstellungen für Aufwendungen aus der fortlaufenden (zukünftigen) Tätigkeit zu bilden (IPSAS 19.23ff.).[207] Der entscheidende Punkt liegt also in der Abgrenzung zwischen zum Bilanzstichtag bereits entstandenen Verpflichtungen und Verpflichtungen aus der fortlaufenden Tätigkeit z. B. des Staates.[208] Dies ist vor dem Hintergrund zu sehen, dass es sich nicht selten um lebenslang laufende Leistungen an Bedürftige handelt.[209]

IPSAS 19 verpflichtet zum Ansatz von Rückstellungen für rechtliche und faktische Verpflichtungen gegenüber Dritten sowie zum Ansatz von Drohverlustrückstellungen aus schwebenden Geschäften (IPSAS 19.76ff.);[210] für jegliche Arten von Aufwandsrückstellungen besteht jedoch aufgrund des Fehlens einer Außenverpflichtung ein Passivierungsverbot (IPSAS 19.28; → § 21 Rz 18ff.).[211] Allerdings wird z. T. die Ansicht geäußert, dass es sich im öffentlichen Bereich insb. bei unterlassener Instandhaltung faktisch um (Außen-)Verpflichtungen gegenüber den Bürgern handele, wodurch es doch zu einem Ansatz komme.[212] Gestützt wird diese Ansicht dadurch, dass für eine Verpflichtung gegenüber der Öffentlichkeit ein Ansatz explizit möglich sein kann (IPSAS 19.28).[213]

4.20 IPSAS 20 – *Related Party Disclosures*

38 In diesem Standard wird die Offenlegung von Beziehungen zwischen nahe stehenden Personen und Einheiten verlangt (→ § 30), selbst wenn keine Transaktionen stattgefunden haben (IPSAS 20.25).[214] Haben Transaktionen stattgefunden, sind zusätzliche Angaben zu machen (IPSAS 20.27ff.).[215] Die Stimmrechte an nahe stehenden Personen und Einheiten, an diese gezahlte Vergütungen und mit diesen getätigte Geschäfte müssen angegeben werden (IPSAS 20.28).[216] Dies dient bei Unternehmen primär der Verhinderung von Insidergeschäften, ist in öffentlichen Verwaltungen jedoch gegen die Korruption gerichtet.

---

[207] Vgl. MÜLLER-MARQUÉS BERGER (Fn. 23), S. S43.
[208] Vgl. mit einigen Abgrenzungsbeispielen MÜLLER-MARQUÉS BERGER (Fn. 23), S. S44; vgl. auch ADAM (Fn. 4), S. 104f.
[209] Vgl. auch ADAM (Fn. 4), S. 104, mit dem Aspekt versicherungsmathematischer Verfahren. Vgl. zu dieser Problematik ausführlich MÜLLER-MARQUÉS BERGER (Fn. 23), S. S44.
[210] Vgl. ADAM (Fn. 4), S. 108.
[211] Vgl. auch BOLSENKÖTTER (Fn. 11), S. 175.
[212] Vgl. LÜDER, Internationale Standards für das öffentliche Rechnungswesen – Entwicklungsstand und Anwendungsperspektiven – in: Eibelshäuser, Finanzpolitik und Finanzkontrolle – Partner für Veränderung, Baden-Baden 2002, S. 158 sowie wohl gl. A. BOLSENKÖTTER (Fn. 11), S. 175 und 176.
[213] Vgl. dazu VOGELPOTH (Fn. 17), S. S37 sowie ADAM (Fn. 4), S. 108.
[214] Vgl. GAMPER/BERGMANN/DUMONT/LEHMANN (Fn. 51), S. 130.
[215] Vgl. GAMPER/BERGMANN/DUMONT/LEHMANN (Fn. 51), S. 130.
[216] Vgl. KRECHLOK (Fn. 29), Index 1480671.

4.21 IPSAS 21 – *Impairment of Non-Cash-Generating Assets*

Für diejenigen Vermögensgegenstände einer öffentlichen Einheit, die nicht marktgängig sind (z. B. Straßen und Schulen), ergäbe sich nach strenger kaufmännischer Regel häufig ein Abwertungsbedarf, obwohl das zur Verfügung gestellte Servicepotenzial/Nutzenpotenzial (z. B. Naherholungsgebiet) unverändert ist.[217] Folglich konnten die für die Privatwirtschaft konzipierten Regelungen des IAS 36 (→ § 11) nicht undifferenziert für alle Vermögensgegenstände einer öffentlichen Einheit übernommen werden.[218] Insofern wird künftig zwischen *cash-generating assets* und *non-cash-generating assets* unterschieden. Für Erstere ist noch IAS 36 anzuwenden (IPSAS 21.4), jedoch steht *Exposure Draft* 30, der aber auf IAS 36 basiert, kurz vor der Verabschiedung. IPSAS 21 definiert Bestimmungen, wie Wertminderungen von *non-cash-generating assets*, die über die durch planmäßige Abschreibungen ausgedrückten Wertminderungen hinausgehen, festzustellen und zu behandeln sind (IPSAS 21.4).[219]

Liegen Anzeichen für derartige Wertminderungen vor (IPSAS 21.20ff.), sind Werthaltigkeitstest durchzuführen, bei denen der Buchwert dem erzielbaren Betrag, der sich seinerseits aus dem höheren Wert von Nettoveräußerungserlös und Nutzwert ableitet (IPSAS 21.47ff.),[220] gegenüberzustellen ist.

Übersteigt der Buchwert eines *asset* den erzielbaren Betrag gem. IAS 36[221] oder den erzielbaren Servicebetrag[222] gem. IPSAS 21 (IPSAS 21.48, IAS 36.59), so sind erfolgswirksame außerplanmäßige Abschreibungen anzusetzen (IPSAS 21.50).[223] Auf die Dauerhaftigkeit der Wertminderung kommt es nicht an.[224] An jedem Folgestichtag ist zu prüfen, ob die Abwertungsgründe noch vorliegen; bei deren (ggf. teilweisem) Wegfall ist eine (ggf. teilweise) erfolgswirksame Zuschreibung bis maximal zu dem Wert vor außerplanmäßiger Abschreibung vorzunehmen (IPSAS 21.54ff.).

Als Vergleichswerte im Niederstwerttest sind der Marktwert eines Vermögensgegenstandes und – falls ein solcher nicht ermittelt werden kann, der Vermögensgegenstand aber weiterhin einen Nutzen stiftet – die Wiederbeschaffungs-

39

---

[217] Vgl. Bolsenkötter (Fn. 11), S. 174.
[218] Vgl. Vogelpoth/Dörschell (Fn. 10), S. 757; Vogelpoth/Dörschell/Viehweger (Fn. 53), S. 1367.
[219] Vgl. Adam (Fn. 4), S. 35; Gamper/Frei/Bergmann (Fn. 46), S. 5; Krechlok (Fn. 29), Index 1480672.
[220] Vgl. dazu Adam (Fn. 4), S. 36. Zur Definition des Nutzwertes vgl. IPSAS 21.36ff. und zu den Abweichungen zu IAS 36 vgl. Adam (Fn. 4), S. 36, Fn. 161.
[221] Zur Ermittlung des erzielbaren Betrags eines cash-generating asset vgl. IAS 36.6.
[222] Zur Ermittlung des erzielbaren Servicebetrags eines non-cash-generating asset vgl. IPSAS 21.14 i. V. m. 21.41ff.
[223] Vgl. Adam (Fn. 4), S. 36.
[224] Vgl. dazu Adam (Fn. 8), S. 128 und 151.

oder Wiederherstellungskosten heranzuziehen (IPSAS 21.23).[225] Ist eine künftige Nutzenstiftung nicht zu bejahen, so dient der Veräußerungswert als Vergleichsmaßstab (IPSAS 21.23).[226]

4.22 Cash Basis IPSAS

40 Obwohl generell Einvernehmen darüber besteht, dass eine *accrual basis of accounting* einer *cash basis of accounting* vorzuziehen ist, trägt der IPSASB der (noch) weiten Verbreitung von „*Cash Basis*"-Systemen durch die Entwicklung dieses Standards Rechnung; entgegen der ursprünglichen Planung wurde aber nur dieser eine Standard für eine *cash basis* konzipiert.[227] Da sich alle anderen Standards auf ein *accrual*-System beziehen, wird die Präferenz eines solchen ganz klar erkennbar.[228]

Der Standard ist zweigeteilt, der erste Teil (1.1.1.-1.8.3.) enthält obligatorische Regelungen, der zweite Teil (2.1.1.-2.2.5.) enthält Vorschriften zu freiwilligen Angaben und Vorgehensweisen.[229] Der vom Standard erfasste Zahlungsmittelfonds beinhaltet Bargeld, Sichteinlagen und Zahlungsmitteläquivalente (1.2.2.-1.2.5.), die Finanzberichterstattung besteht aus einer Einzahlungs- und Auszahlungsrechnung mit Erläuterungsteil, wobei entgegen der Entwurfsfassung keine genauen Gliederungsvorschriften vorgegeben werden, sondern lediglich die Ausrichtung an IPSAS 2 empfohlen wird.[230]

5 Zusammenfassende Praxishinweise

41 Die *International Public Sector Accounting Standards* (IPSAS) sind ein auf den IFRS basierendes System von Rechnungslegungsstandards für öffentliche Institutionen aller Länder, von der Staats- bis zur Gemeindeebene. Standardsetter ist der aus der *International Federation of Accountants* hervorgegangene IPSAS-Board. Zum gegenwärtigen Entwicklungsstand sind noch einige für öffentliche Verwaltungen bedeutende Regelungsbereiche nicht durch einschlägige Standards abgedeckt, allerdings wird sich dies kurz- bis mittelfristig ändern. Zum Anwenderkreis der IPSAS zählen bereits heute namhafte Institutionen wie die NATO, die UN und die Europäische Kommission. Zudem richten zahlreiche Staaten ihr Rechnungswesen an den IPSAS aus. In Deutschland wurden die IPSAS beim Reformprozess im kommunalen Rechnungswesen bisher kaum beachtet.

---

[225] Vgl. ADAM (Fn. 4), S. 37; BOLSENKÖTTER (Fn. 11), S. 174; VOGELPOTH/DÖRSCHELL (Fn. 10), S. 760; VOGELPOTH/DÖRSCHELL/VIEHWEGER (Fn. 53), S. 1367.
[226] Vgl. dazu ADAM (Fn. 4), S. 37; VOGELPOTH/DÖRSCHELL (Fn. 10), S. 760; VOGELPOTH/ DÖRSCHELL/VIEHWEGER (Fn. 53), S. 1367.
[227] Vgl. VOGELPOTH/DÖRSCHELL (Fn. 10), S. 756 m.w.N.
[228] Vgl. Tz. 1 jedes IPSAS und dazu ADAM (Fn. 4), S. 196f.
[229] Vgl. MACKINTOSH (Fn. 2), S. S4.
[230] Vgl. MACKINTOSH (Fn. 2), S. S4f.

J

QUERSCHNITTSTHEMEN

§ 50 IFRS FÜR DEN MITTELSTAND

Inhaltsübersicht
Vorbemerkung

		Rz
1	Zielsetzung, Regelungsinhalt	1–2
2	Begriff „Mittelstand"	3–7
2.1	Definition nach qualitativen Kriterien	3–4
2.2	Definition nach der Adressierung der Rechnungslegung	4
2.3	Der Sonderfall der Konzernunternehmen	5
2.4	Zusammenwirken von IFRS und nationalem Recht	6–7
3	Nichteignung des IFRS-Regelwerkes *(full IFRSs)* für SME?	8–15
3.1	Die überkomplizierten Standardregelungen und deren Bändigung	8–11
3.2	Das Volumen des IFRS-Regelwerks	12–14
3.3	Zwischenfazit	15
4	Die Entscheidungsalternativen des *Board*	16–23
4.1	Keine Sonderregeln für SME?	16
4.2	Welche Sonderregeln für SME?	17
4.3	Voraussichtlicher Ausschluss von Ansatz- und Bewertungsvorschriften aus dem Erleichterungskatalog	18–21
4.4	Steuerharmonisierungsaspekte	22
4.5	Zwischenfazit	23
5	Überblick über den derzeitigen Projektstand	24–54
5.1	Politische Ausgangsbasis	24–26
5.2	Überblick über den Diskussions-Entwurf	27–29
5.3	Wünsche und ihre Erfüllung	30–47
5.3.1	Der Regelungsumfang	30–32
5.3.2	Gliederung	33
5.3.3	Zusätzliche Wahlrechte	34–35
5.3.4	Erleichterungen	36
5.3.5	Prinzipienorientierung	37–39
5.3.6	Umgang mit Regelungslücken	40–46
5.3.7	Einbändiges Werk	47
5.4	Fazit und Empfehlungen	48–54
6	Rechtsentwicklung	55
7	Zusammenfassende Praxishinweise	56

Schrifttum: BALLWIESER, IFRS für nicht kapitalmarktorientierte Unternehmen, IRZ 2006, S. 23; BEIERSDORF, IFRS für kleine und mittelgroße Unternehmen, BB 2006, S. 1898; BERNHARD, Entwurf des Rechnungslegungsstandards für kleine und mittelgroße Unternehmen, Accounting 2/2006, S. 13f.; DALLMANN/UHL, IFRS-Rechnungslegung für kleine und mittlere Unternehmen, KoR 2004, S. 321, 328; DEUTSCHER STANDARDISIERUNGSRAT DSR,

Stellungnahme zu Händen des Board vom 01.10.2004, herunterzuladen von der Homepage; EIERLE, UK Financial Reporting Standard for Smaller Entities – ein Modell für das IASB?, BB 2004, S. 987; ENDRES ET AL. (HRSG), The Determination of Corporate Taxable Income in the EU-Member-States, 2007; HALLER/EIERLE, Accounting Standards for Small an Medium-sized Entities – erste Weichenstellungen durch das IASB, BB 2004, S. 1838, 1841; HEY, Perspektiven der Unternehmensbesteuerung in Europa, StuW 2004, S. 193, 204; HERZIG, Harmonisierung der steuerlichen Gewinnermittlung in der EU, StuW 2006, S. 156; HOFFMANN/LÜDENBACH, Der Diskussionsentwurf des IASB-Mitarbeiterstabes zum SME-Projekt, DStR 2006, S. 1903; IDW, Stellungnahme zu Händen des Board vom 24.09.2004, FN 2004, S. 587; KAHLE, IFRS auch für die Steuerbilanz maßgeblich?, Accounting 5/2005, S. 8ff.; KORMAIER, Financial Reporting by Small and Medium-sized Entities, KoR 2005, S. 541; KUSSMAUL/TCHERVENIACHKI, Entwicklung der Rechnungslegung mittelständischer Unternehmen im Kontext der Internationalisierung der Bilanzierungspraxis, DStR 2005, S. 616; LÜDENBACH/HOFFMANN, IFRS für den Mittelstand?, BFuP 6/2004, S. 70ff.; NIEHUS, IFRS für den Mittelstand? Warum eigentlich?, DB 2006, S. 2529; POTTGIESSER, Kritische Analyse der Anwendung der IFRS auf kleine und mittlere Unternehmen, PiR 2006, S. 7; SCHÖN, Steuerliche Maßgeblichkeit in Deutschland und Europa, 2005; SPENGEL, IFRS als Ausgangspunkt der steuerlichen Gewinnermittlung in der EU, DB 2006, S. 681; SPENGEL/FREBEL, Neue Initiativen der EU-Kommission für die Besteuerung grenzüberschreitend tätiger Unternehmen in Europa, StuB 2003, S. 786.

Vorbemerkung
Das umstrittene Thema „IFRS für den Mittelstand" hat nach längerem Zögern den IASB zur „Aktivierung" seines Projektes *„Accounting for Small and Medium-Sized Entities"* (SME) veranlasst. Bei Redaktionsschluss am 1.1.2007 lag dazu der vom IASB-Mitarbeiterstab verfasste, aber nicht vom *Board* gebilligte Standardentwurf (Zitat: SD-SME) vor (Rz 27). Die Kommentierung beschränkt sich auf eine Kurzdarstellung der wesentlichen Aspekte des SME-Projektes, da derzeit die weitere Entwicklung schwer abschätzbar ist.

1 Zielsetzung, Regelungsinhalt

1 In der Öffentlichkeit und im Schrifttum herrscht eine lebhafte Diskussion über das Pro und Contra einer Anwendung – freiwillig oder pflichtgemäß – der IFRS-Rechnungslegung auch im Bereich des so genannten „Mittelstandes" (Rz 3ff.). Der Gesetzgeber hat im Rahmen des Bilanzrechtsreformgesetzes hierzu eine **vorläufige** Regelung getroffen (→ § 7 Rz 9ff.):
- Zwangsweise Anwendung der IFRS im Konzernabschluss von **börsennotierten** Unternehmen.
- **Freiwilliger** IFRS-Abschluss für die **übrigen** Konzernunternehmen.

- **Freiwilliger IFRS-Einzel**abschluss, aber nur für Zwecke der **Handelsregisterpublizität**.

Von Gesetzes wegen steht somit in Deutschland für absehbare Zeit **keine flächendeckende Pflicht** zur IFRS-Rechnungslegung an. Die entscheidende Frage richtet sich deshalb auf die Sinnhaftigkeit einer Ausübung der IFRS-Option in den beiden vorstehend aufgeführten Konstellationen. Die Entscheidung über dieses Wahlrecht könnte allerdings demnächst durch das Kreditvergabeverhalten des Bankensektors gesteuert werden, wenn nämlich dieser seine **Rating**anforderungen auf der Grundlage von „Basel II" entscheidend oder ausschließlich auf die IFRS-Rechnungslegung ausrichtet (→ § 51). Derzeit erscheint gleichwohl der Gang der Entwicklung – hinein in die IFRS oder Verbleib beim HGB – noch offen und muss auch im Hinblick auf den Begriffsinhalt von „Mittelstand" (Rz 3ff.) differenziert gesehen werden.

Gerade umgekehrt verhält es sich bezüglich der **Zielrichtungen** der IFRS-Rechnungslegungsinstanzen. Deren Credo lautet (IFRS 1.BC3):

*„The Board's aim in developing the IFRS was to find solutions that will be appropriate for **any entity**, in any part of the world, regardless of whether at option occurs in 2005 or at a different time."*

Der *Board* ist denn auch von der Tauglichkeit seiner Produkte zur Erreichung des erwähnten hehren Zieles überzeugt. Schon zu Beginn des *Framework* (F.9; → § 1 Rz 15) belegt er den **umfassenden Adressatenkreis** der IFRS-Rechnungslegung. Die Türen der IFRS-Rechnungslegung stehen also konzeptionell und nach dem zitierten expliziten Bekunden des *Board* jedem Unternehmen auf der Welt offen. Von irgendeiner Beschränkung auf kapitalmarktorientierte Global Players ist nicht im Geringsten die Rede (Rz 4). Aus Sicht des *Board* stehen also einem Überwechseln (auch) von Mittelständlern in die IFRS-Rechnungslegungswelt keinerlei Hindernisse entgegen.

2 Begriff „Mittelstand"

2.1 Definition nach qualitativen Kriterien[1]

Genau mit dieser Thematik sieht sich der IASB in dem seit einiger Zeit aktiv betriebenen Projekt *„Accounting Standards for Small and Medium Sized Entities"* konfrontiert.[2] Dazu bedarf es zunächst einer Definition von *„small and medium sized entities"*. Für eine **quantitative** Definition kann sich der *Board* bislang nicht erwärmen. Dem folgt auch das SD-SME (Rz 27). Nach dessen Vorschlag werden die SME definiert als Unternehmen, die

---

[1] Vgl. zum Folgenden LÜDENBACH/HOFFMANN, BFuP 6/2004, S. 70ff.
[2] Das diesbezügliche Dokument „Discussion Paper for Preliminary Use of Accounting Standards for Small and Medium-Sized Entities" (im Folgenden zitiert als DP-SME) ist von der Webseite des IASB herunterzuladen (www.iasb.org).

- der Öffentlichkeit gegenüber nicht rechnungslegungspflichtig sind (keine *public accountability*),
- Jahresabschlüsse für die allgemeinen Informationsbedürfnisse externer Nutzer erstellen.

Public accountability soll dann gegeben sein, wenn das Unternehmen
- einen geregelten Kapitalmarkt durch effektive oder geplante Ausgabe von Eigen- oder Fremdkapitalinstrumenten in Anspruch nimmt, oder
- Vermögen treuhänderisch verwaltet (z. B. Banken, Versicherungen oder Fondsgesellschaften).[3]

Eine quantitative Lösung – vergleichbar § 267 HGB – soll den nationalen Gesetzgebern vorbehalten bleiben.

2.2 Definition nach der Adressierung der Rechnungslegung

Das positive Definitionsmerkmal für die SME – Abschlusserstellung für die Informationsbedürfnisse externer Nutzer – ist ausgesprochen weit gefächert und umfasst durchaus auch den Drei-Personen-Betrieb (sog. „Micros"), der seiner Bank oder dem Finanzamt einen Abschluss einreichen muss. Generell richtet sich die Informationsfunktion der IFRS also an einen höchst **breit gestreuten** Adressatenkreis, weshalb ihr Anwendungsbereich auch vor **kleinsten** Unternehmen nicht Halt macht (Rz 8).

> **Beispiel**
> Der Apotheker mit zwei Vollzeit- und drei Teilzeitkräften kann durchaus nach den Vorstellungen des IASB-*Framework* potenzielle Adressaten seiner Rechnungslegung festmachen:
> - Die Arbeitnehmer, die möglicherweise um den Fortbestand der Apotheke und damit ihres Arbeitsplatzes bangen;
> - der Großhändler, der eine durch revolvierende Wechsel unterlegte Finanzierung des Warenlagers in seinen Büchern hat;
> - die Hausbank, die stetig die Salden des debitorisch geführten Kontokorrentkontos im Auge behalten muss.

Jedenfalls ist der Begriffsinhalt der SME nach dem derzeitigen Diskussionsstand „nach unten offen" mit der befremdlichen Folge, den genannten Apotheker rechnungslegungstechnisch in den gleichen Topf zu werfen wie einen Weltkonzern ohne Kapitalmarktorientierung.

Hierzu zeigt sich ein beachtlicher Konstruktionsfehler *(flaw)* in der Vorgehensweise des *Board*: Die primär auf die größten Konzerne der Welt ausgerichteten Standards sollen auf die Belange der kleineren Einheiten **heruntergebrochen** werden *(top-down approach)*. Sachdienlicher wäre eine Standardentwicklung ausgehend von den Bedürfnissen der kleinen Einheiten

---

[3] Vgl. dazu BEIERSDORF, BB 2006, S. 1899.

(bottom-up approach), vergleichbar der 4. und 7. EG-Richtlinie und des HGB.[4] Dieser Weg ist indes durch faktische Zwänge verbaut.

2.3 Der Sonderfall der Konzernunternehmen

Die Begriffsinhalte von „Mittelstand" und „kleine und mittelgroße Unternehmen" (Rz 3) sind – gerade auch für Zwecke der Rechnungslegung – in einem ganz erheblichen Wirtschaftssektor nicht sinnvoll anwendbar. Es geht um die „kleineren und mittleren" Unternehmenseinheiten, die in einen **Konzernabschluss** einbezogen werden. Sofern das (oberste) Mutterunternehmen pflichtgemäß oder freiwillig den Konzernabschluss nach IFRS erstellt, bleibt für die einbezogenen Konzernunternehmen keine Wahl, wenigstens eine „HB II" nach den IFRS zu erstellen. Für diese Unternehmen stellt dann ein HGB-Abschluss eher eine **lästige Pflicht** dar, die allenfalls als Grundlage für die daraus abzuleitende **Steuerbilanz** ihre Existenzberechtigung finden kann (abgesehen von grundlegenden Einwendungen gegen die IFRS). Die IFRS-Regeln finden auf diesem Weg also ein breit geöffnetes Einfallstor in den Bereich wenigstens der mittelgroßen Unternehmen, woraus sich dann in einem weiteren Schritt ein Abfärbeffekt auf die mit diesen konkurrierenden, nicht in Großkonzerne eingebundene Unternehmen ergeben kann.

5

2.4 Zusammenwirken von IFRS und nationalem Recht

Das Bilanzrechtsreformgesetz hat in § 315a HGB (→ § 7 Rz 9ff.) eine deutliche **Unterscheidung** zwischen drei Fragen getroffen:

6

- **Ob** ein (Konzern-)Abschluss aufzustellen ist, entscheidet sich auch ab 2005 weiterhin uneingeschränkt nach Handelsrecht; die IFRS-Vorschriften sind insoweit irrelevant (→ § 32 Rz 7).
- **Wer** IFRS anwenden muss bzw. darf bzw. wer stattdessen weiterhin das HGB anwenden darf, folgt ebenfalls aus EU- und nationalem Recht.
- **Wie** der Konzernabschluss zu erstellen ist, ergibt sich hingegen für diejenigen Unternehmen, die ab 2005 pflichtweise oder freiwillig nach IFRS bilanzieren, aus den (durch die EU anerkannten) IFRS-Vorschriften (→ § 32).

Grundlage dieser Arbeitsteilung ist der Umstand, dass die Auferlegung von Rechnungslegungspflichten und der damit verbundene Freiheitseingriff nicht legitime Sache des IASB als eines **privaten** Rechnungslegungsgremiums sein kann. In Anwendung dieses u. E. zwingenden Rechtsgedankens auf die SME kann auch der IASB nicht vorschreiben, welche Unternehmen zur großen Rechnungslegung *(full IFRSs)* verpflichtet und welche davon befreit werden sollen *(SME-IFRSs)*. Dem folgt mittlerweile der *Board*[5] und ebenfalls der SD-SME.

7

---

[4] Kormaier, KoR 2005, S. 550.
[5] IASB, Update Dezember 2004.

3 Nichteignung des IFRS-Regelwerkes *(full IFRSs)* für SME?

3.1 Die überkomplizierten Standardregelungen und deren Bändigung

8   Konzeptionell sind die IFRS **nicht** auf den Bereich der **kapitalmarktorientierten** Konzerne ausgerichtet (Rz 4). Im Vorwort des SD-SME heißt es entsprechend: *„IFRSs are designed to apply to the general purpose financial statements and other financial reporting of all profit-oriented entities."* Wenn den IFRS trotzdem – zu Recht oder zu Unrecht – der Ruch der „Kapitalmarktorientierung" anhaftet (Rz 4), mag dies auf die äußere Darbietung und die Aufbereitung von Regelungsdetails zurückzuführen sein. Ein offenes Geheimnis ist auch die Zurückhaltung einiger *Board*-Mitglieder gegenüber der Entwicklung eigenständiger Standards für die SME, vielleicht auch deswegen, weil sie der praktischen Erfahrung in diesem Unternehmensbereich ermangeln.

9   Im Mittelpunkt des öffentlichen Interesses an den IFRS stehen jedenfalls Standardregelungen, die ganz oder zu weiten Teilen auf die Bedürfnisse von international tätigen **Großkonzernen** ausgerichtet sind.

> **Beispiel**
> - IAS 39 – Finanzinstrumente (→ § 28)
> - IFRS 3 – *Business Combination* (→ §§ 31, 32)
> - IAS 36 – *Impairment* (→ § 11)
> - IFRS 2 – *Stock Options* (→ § 23)

10 Die Frage ist indes, ob solche und andere Sonderbereiche in den Standardregelungen tatsächlich die Eignung der IFRS für die Rechnungslegung von kleineren und mittleren Unternehmen dem Grunde nach ausschließen. So kann ein mittelgroßes Unternehmen bzw. ein entsprechender Konzern die im vorstehenden Kasten dargestellten Problembereiche schon durch eine – oft auch wirtschaftlich sinnvolle – **Vermeidung des Sachverhaltes** überhaupt *oder* aber durch Anwendung **altvertrauter Techniken** der Rechnungslegung meistern.

> **Beispiel**
> - Abgesehen von herkömmlichen Absicherungsgeschäften für Fremdwährung muss sich ein mittleres Unternehmen nicht in die Einzelheiten des *hedge accounting* nach IAS 39 (→ § 28 Rz 21) hineinbegeben. Der Zauber von IAS 39 (→ § 28 Rz 21) wäre dann schnell beseitigt.
> - *Stock options* oder *stock appreciation rights* für Führungskräfte werden schon mangels handelbarer Eigenkapitaltitel kaum gewährt (→ § 23).

- Bezüglich des *impairment*-Tests werden in aller Regel nach IAS 36.9 überschlägige Ermittlungen genügen (→ § 11 Rz 11), so dass ein *impairment* meist nur in ausgesprochenen Sonderfällen – Stilllegung eines Werkes, Verschrottung einer Maschine, Abschreibung auf ein nicht mehr nutzbares Patent – in Betracht kommt. Schwierigkeiten bereitet der *impairment*-Test lediglich in weniger klaren Fällen, etwa bei zwar nicht stillgelegten oder verlustbringenden, aber nicht mehr ausreichend rentablen Vermögenswerten oder Vermögensgruppen. Nach HGB (außerplanmäßige Abschreibung) und EStG (Teilwertabschreibung) ist die Rechtslage ähnlich; in den genannten Sonderfällen ist die Ermittlung des beizulegenden Wertes oder Teilwertes einfach, bei mangelnder Rentabilität stellen sich hingegen schwierige Fragen nach Saldierungsbereichen etc.
- Sofern das erworbene Transportbetonwerk in der Rechtsform eines Personenunternehmens geführt worden ist, muss eine Kaufpreisallokation nicht nur nach IFRS 3 (→ § 31 Rz 17), sondern auch für Zwecke der Einkommensbesteuerung wegen der erforderlichen Ergänzungsbilanz durchgeführt werden (→ § 26 Rz 82).
- Der *impairment only approach* für die Behandlung des *goodwill* aus einem Unternehmenszusammenschluss (→ § 11 Rz 48) hatte bis 1986 gleichbedeutende Parallelen im deutschen Einkommensteuerrecht gehabt; eine Regelabschreibung war unzulässig, dafür wurde intensiv nach immateriellen Wirtschaftsgütern („firmenwertähnlich") gefahndet, um Abschreibungspotenzial zu ergattern (→ § 13 Rz 72).

Als Gegenbeispiele für „einfache" Standards seien aufgeführt: **11**

Beispiel
- IAS 2 – Vorratsvermögen (→ § 17)
- IAS 20 – Öffentliche Zuschüsse (→ § 12)
- IAS 37 – Rückstellungen (→ § 21)
- IAS 16 – Sachanlagen (→ § 14)

Hier begegnen dem IFRS-Neuling in großem Umfang **altvertraute** Buchhaltungsregeln, die ein Umsteigen auf die neue Rechnungslegungswelt als zumutbar erscheinen lassen.

3.2 Das Volumen des IFRS-Regelwerks

Ein weiteres Argument gegen die Anwendung der IFRS auf den Bereich kleinerer und mittlerer Unternehmen entspringt deren **Volumen**, verstanden in der Anzahl der bedruckten Seiten. Tatsächlich umfassen die IFRS mit zugehörigen Begleittexten – Letztere förmlich zwar nicht Standardbestandteil, aber doch diese wesentlich erläuternd und deshalb zu berücksichtigen – mittlerweile ca. 2.500 eng bedruckte A4-Seiten. Gegenüber dem Textvolumen des **12**

HGB ist dies schon eine beeindruckende Größe. Dabei darf man aber nicht den völlig anderen **konzeptionellen Aufbau** der IFRS übersehen. Diese begnügen sich nicht wie das HGB mit allgemeinen Regeln, die durch Subsumtion auf den einzelnen Geschäftsvorfall anzuwenden sind. Vielmehr versuchen sie, typische Bilanzierungssachverhalte detailliert zu regeln – aller immer wieder betonten Prinzipienorientierung zum Trotz.

> **Beispiel**
> Das HGB schweigt sich zur bilanziellen Abbildung von Leasingverhältnissen aus. IAS 17 liefert hierzu detaillierte Anweisungen (→ § 15 Rz 20ff.).

13 Man mag diese Konzeption der IFRS gegenüber dem HGB für minderwertig, unübersichtlich oder unproduktiv erachten. Tatsache ist jedoch: Der HGB-Anwender kommt **allein** mit dem **Gesetzestext nicht** zurecht. Er muss auf Kommentierungen und steuerliche Rechtsprechung zurückgreifen. Das Volumen der HGB- und EStG-Kommentierungen sowie der Rechtsprechung bewegt sich mit Sicherheit weit jenseits der genannten 2.500 A4-Seiten-Grenze.

> **Beispiel**
> Ob und wann die öffentlich-rechtliche Verpflichtung zur Errichtung einer Entstaubungsanlage für das Zementwerk eine „ungewisse Verbindlichkeit" darstellt und deshalb nach § 249 Abs. 1 S. 1 HGB zur Rückstellung verpflichtet, wird sich dem bilanzierenden Kaufmann nur nach Studium der einschlägigen Kommentarliteratur und der zumindest in diesem Bereich ausschließlich handelsrechtlich orientierten Rechtsprechung des BFH erschließen.

14 Das schiere Volumen der IFRS **allein** kann also die Nichteignung für den Bereich der kleineren und mittleren Unternehmen nicht belegen. Im Übrigen wird man dieses Volumen dem IASB jedenfalls insoweit nicht zum Vorwurf machen können, als es sich als Reaktion auf **bilanzpolitisch** motivierte Gestaltungen darstellt.

> **Beispiel**
> Der Abschluss von Leasinggeschäften statt eines finanzierten Kaufs ist häufig genug nicht geschäfts-, sondern bilanzpolitisch motiviert. Steuern sollen minimiert, Bilanzkennziffern optimiert werden.
> Um in einem solchen Umfeld des kreativen *„financial engineering"* die Gewinnermittlung nach dem wirtschaftlichen Sachverhalt bzw. nach dem Grundsatz *substance over form* zu wahren, hat der IASB die Standards IAS 17 und SIC 27 und die Steuerverwaltung ihre nicht weniger umfangreichen und komplexen Leasingerlasse formuliert.
> Ohne die Umgehungs- und Gestaltungsversuche der Praxis bräuchte es derart detaillierte Anweisungen des Regelgebers nicht. Anders und aus

> Sicht des Rechnungslegers ausgedrückt: Wer sich an ungewöhnlichen Leasinggestaltungen, etwa einem *cross-border*-Leasing, nicht beteiligt, muss sich mit SIC 27 und den Details der Leasingerlasse nicht vertraut machen, kann also gleichgültig gegenüber der Komplexität der Vorschriften sein.

3.3 Zwischenfazit

Das IFRS-Regelwerk ist nicht *a priori* für SME ungeeignet. 15

4 Die Entscheidungsalternativen des *Board*

4.1 Keine Sonderregeln für SME?

Der *Board* erachtet die vorliegenden Standards *(full IFRSs)* als für sämtliche Unternehmen(-sgrößen) als angemessen (Rz 2). Die einfache Folgerung hieraus wäre: **Eigenständige** Regeln für kleine und mittlere Unternehmen sind **entbehrlich**. Entsprechend hat der *Board* lange gezögert, das Projekt für die SME aktiv zu betreiben. Politischer Druck mag wie häufig logische Denküberlegungen außer Kraft gesetzt haben. Ein in 2004 vorgelegtes „*Discussion Paper*" deutete zunächst eine eher zögerliche Bearbeitung des Projektes an. Derzeit mag man einen größeren Druck bei der Bearbeitung feststellen (Rz 20). Gleichwohl ist ein glückliches Ende vorerst nicht absehbar. Der *Board* hatte offensichtlich zunächst die Komplexität des Projektes unterschätzt.[6] 16

4.2 Welche Sonderregeln für SME?

Über die Probleme, die allein schon die **Definition** der SME für den globalen Gebrauch auslöst, war unter (Rz 3ff.) die Rede. Noch größer stellen sich die Schwierigkeiten auf **konzeptioneller** Basis dar. Hier begegnen wir erneut dem Phänomen der einfachen Logik, verbunden mit der schwierigen Umsetzung. Wenn man von dem Dogma bzw. der Annahme der allseitigen Angemessenheit des gesamten Regelwerks der IFRS *(full IFRSs;* Rz 2) mit welcher tragenden Begründung auch immer abrückt, müssen irgendwelche **Teile** als für die SME nicht anwendbar bzw. nicht anwendungspflichtig herauskristallisiert werden. Die Frage ist dann schlichtweg: welche? 17

Man kann sich eine **spezifizierte** Antwort vorstellen, nämlich aufgeteilt nach den „engeren" Teilen des Jahresabschlusses – Bilanz und GuV – den Bilanzannexen – Kapitalfluss- und Eigenkapitalveränderungsrechnung – sowie Anhangsangaben *(notes and disclosures).*

---

[6] Kormaier, KoR 2005, S. 551.

4.3 Voraussichtlicher Ausschluss von Ansatz- und Bewertungsvorschriften aus dem Erleichterungskatalog

18   Die folgenden Fragen sind bewusst in **suggestiver** Form ausgewählt:

> **Beispiel**
> - Sollen die SME keinen *impairment*-Test nach IAS 36 (→ § 11 Rz 8ff.) vornehmen müssen?
> - Sollen das Verbot der planmäßigen Abschreibung für den *goodwill* aus einem Unternehmenszusammenschluss (→ § 31 Rz 120) und die immateriellen Vermögenswerte mit unbestimmter Nutzungsdauer (→ § 13 Rz 69) für SME nicht gelten?
> - Soll den SME die Aktivierung von latenten Steuern aus Verlustvorträgen (→ § 26 Rz 51) untersagt werden?
> - Sollen die Leasingregeln nach IAS 17 (→ § 15) für SME zwar „grundsätzlich" gelten, indes in verschiedenen Teilbereichen wieder nicht?
> - Sollen SME auf das Wahlrecht zwischen *cost model* und *fair value model* bei den Renditeliegenschaften *(investment properties)* verzichten müssen (→ § 16 Rz 35ff.)?

Der vorstehende Fragenkatalog bezieht sich ausschließlich auf **Ansatz-** und **Bewertungs**vorschriften. Die Antwort wird so gut wie immer ohne weiteres Zögern mit Nein ausfallen. Der Verzicht auf einen *impairment*-Test für SME erscheint a priori als abwegig, stellt er doch einen notwendigen Bestandteil jeglicher Bilanzierung dar. Explizite **Wahlrechte** der bestehenden Standards wird man schon aus politischen Gründen den „Kleinen" nicht verwehren können, ebenso wenig natürlich auch die Aktivierungspflicht von aktiv latenten Steuern aus Verlustvorträgen (→ § 26 Rz 51). Allenfalls könnte man sich einen Verzicht auf eine Steuerlatenzrechnung überhaupt vorstellen – ein Vorhaben, das dann andererseits gleich wieder die Dogmatiker der Rechnungslegungstheorie auf den Plan riefe, die hinter einem solchen Vorhaben einen kolossalen Rückschritt in der Entwicklung der kaufmännischen Rechnungslegung sähen (sicherlich nicht ganz zu Unrecht).

19   Die Ausklammerung von Ansatz- und Bewertungsvorschriften aus einem Vereinfachungskatalog für SME hat **praktische Vorbilder**:
- Das HGB sieht Vereinfachungen für das kleine und mittlere Format der Kapital- und Kap.-&-Co.-Gesellschaften fast ausschließlich im Bereich der **Gliederungs-** und **Anhang**vorschriften vor.
- Ein ähnlicher Befund lässt sich für die Regelungen im Vereinigten Königreich (UK-GAAP) feststellen.[7]

---

[7] EIERLE, UK Financial Reporting Standards (FRSSE) – ein Modell für das IASB?, BB 2004, S. 987. Vgl. hierzu auch HÜTTCHE, IAS für den Mittelstand: Light, little oder gar nicht?, BB 2002, S. 1804.

Eine Erleichterungsmöglichkeit sieht der Board in der **Zuverlässigkeit** bezüglich der Ermittlung von Bewertungsparametern. Dieser Gedanke erscheint zunächst plausibel; er gründet im *cost-benefit approach* nach dem IAS-Framework unter F.44. Danach gilt für die IFRS generell: Bei der Ermittlung und Aufbereitung des Datenmaterials, das letzlich in den Jahresabschluss einfließt, dürfen Wirtschaftlichkeitsüberlegungen nicht außer Betracht bleiben. Die Frage ist aber, ob sich der *cost-benefit*-Gedanke im Bilanz- und GuV-Bereich von SME **nicht selbst verwirklicht**. Wegen der dort i. d. R. anzutreffenden weniger komplexen Sachverhalte ist die Ermittlung ausreichend zuverlässiger Daten für den Bilanzansatz und die Bewertung meist mit vertretbarem Aufwand, der denjenigen für die HGB-Bilanzierung auf Dauer nicht nennenswert übersteigen dürfte, verbunden.

20

Hinzu kommt ein weiteres Argument: Der *cost-benefit*-Aspekt soll mit Sicherheit für SME genauso gelten wie für die restliche Unternehmenswelt.

21

> **Beispiel**
> Ein SME hat eine Niederlassung (Betriebsstätte) in der Slowakei. Aus Gründen des dortigen Erhebungsdefizits bei der Besteuerung ist eine einigermaßen sichere *tax base* für Zwecke der Steuerlatenzrechnung nicht zu ermitteln. Dazu bedürfte es eines umfangreichen Gutachtens einer international tätigen Beratungsgesellschaft, das erst Monate nach dem Bilanzstichtag vorläge.
> Aus „Vereinfachungsgründen" wird entweder auf die Ermittlung der Steuerlatenz in diesem Bereich generell verzichtet oder ein grob geschätzter Betrag eingesetzt.

Die Vorgehensweise zwischen „Groß" und „Klein" ist hier dieselbe. Einer besonderen Erleichterungsvorschrift für SME bedarf es nicht.

4.4 Steuerharmonisierungsaspekte

Der also schon fast **zwingende Ausschluss** von Ansatz- und Bewertungsvorschriften aus dem Vereinfachungsvorhaben für SME könnte eine beachtliche und vermutlich unerwartete Unterstützung von der EU-Kommission erhalten. Diese betreibt zielstrebig ihr Projekt einer **harmonisierten Unternehmensbesteuerung** im EU-Raum. Dabei hat sich die Zielrichtung jüngst spürbar gedreht. Zuvor war der Fokus der Kommission auf die Harmonisierung des Steuer**systems** ausgerichtet, jetzt steht primär die Vereinheitlichung der **Bemessungsgrundlage** unter der Chiffre „*Common Consolidated Corporation Tax Base*" im Mittelpunkt der Überlegungen. Die Kommission erkennt wohl in den IFRS einen verwendbaren Ausgangspunkt für die steuerliche Gewinnermittlung.[8] Sollte dieser Gedanke sich politisch durchsetzen, müssten

22

---

[8] Einzelheiten bei HEY, StuW 2004, S. 193, 204; SPENGEL, DB 2006, S. 681; HERZIG, StuW 2006, S. 156.

zwingend – zur Vermeidung einer Diskriminierung – die Ansatz- und Bewertungsvorschriften für „Klein" und „Groß" einheitlich sein. Eine von der Kommission eingesetzte Arbeitsgruppe soll das Material für einen in 2008 zu veröffentlichenden Vorschlag liefern.

Jedenfalls gewinnt der Gedanke einer **einheitlichen europäischen Steuerbemessungsgrundlage** in der wissenschaftlichen und politischen Diskussion an Fahrt. Das einzige dazu verfügbare Instrument stellen die IFRS dar. Man muss nur an einige (potenzielle) Beitrittsländer aus den osteuropäischen, früher kommunistischen, Teilnehmerstaaten denken, denen kein dem HGB vergleichbares Rechenwerk zur Verfügung steht. Diese werden bzw. haben den Schritt in die IFRS-Welt schon getan. Eine umfassende empirische Studie[9] gewährt einen hervorragenden Überblick über die Inhalte der steuerlichen Gewinnermittlungsgrundlage in den (bisherigen) 25 Mitgliedsstaaten der EU. Durchweg lassen sich Berührungspunkte zu den IFRS-Ansatz- und Bewertungsregeln feststellen, selbstverständlich in unterschiedlicher Ausprägung. Jedenfalls **schreibt** ein Mitgliedsstaat (Irland) die Anwendung der IFRS-Regeln als steuerliche Gewinnermittlungsgrundlage **vor**, in einigen anderen Ländern **dürfen** sie angewandt werden.

Spürbar mehren sich auch Stimmen aus der Wissenschaft, die der Preisgabe der HGB-Maßgeblichkeit für die steuerliche Gewinnermittlung nicht unbedingt einen Stein in den Weg legen wollen, sondern durchaus auch unter bestimmten Voraussetzungen den IFRS eine solche **Maßgeblichkeitsfunktion** – wie heute nach § 5 Abs. 6 EStG eingeschränkt – zumindest in Form eines *starting point* zuerkennen wollen. Dabei ist eine Art wissenschaftliche Zangenbewegung einerseits aus dem Bereich des Verfassungs- und Gesellschaftsrechts[10] und andererseits aus der Ecke der betriebswirtschaftlichen Steuerlehre[11] festzustellen.

Aus diesem Streben nach Harmonisierung der Steuerbemessungsgrundlage in den EU-Mitgliedsstaaten könnte sich eine Art **Konkurrenz** zum SME-Projekt des IASB aufbauen – selbstverständlich beschränkt auf die Ansatz- und Bewertungsvorschriften. Die übrigen Bestandteile der IFRS-Rechnungslegung sind zur Ermittlung der steuerlichen Bemessungsgrundlage allenfalls indirekt von Bedeutung. Ob dieses Projekt letztlich von Erfolg gekrönt sein wird, bleibt abzuwarten. Jedenfalls ist eines sicher: Bei positivem Ausgang wird sich die steuerliche Bilanzierung nahe an den IFRS-Bilanzierungsregeln orientieren. Abweichungen nach Art des § 5 Abs. 6 EStG wird es sicherlich dabei auch geben.

---

[9] ENDRES et al. (Hrsg.), The Determination of Corporate Taxable Income in the EU-Member-States, 2007.
[10] Insbesondere vertreten durch SCHÖN, Steuerliche Maßgeblichkeit in Deutschland und Europa, 2005, S. 1.
[11] SPENGEL, DB 2006, S. 681.

Im nächsten Schritt böte sich dann die Verwendung dieser steuerlich harmonisierten Bilanzwelt als eine Art „HGB-Ersatz" jedenfalls für den Bereich der SME an. Die Parallele der geschichtlichen Entwicklung der Rechnungslegung in Deutschland ist ersichtlich: Diese wurde auch nach einer Art umgekehrter Maßgeblichkeit von der **steuerlichen Perspektive dominiert** – mit der „Krönung" in Gestalt des Bilanzrichtliniengesetztes. Der IASB könnte dann auf diesen Zug aufspringen und als eine Art Ergänzung zu den Ansatz- und Bewertungsvorschriften (wesentlich) abgespeckte Anhangangaben u. Ä. vorgeben, und das SME-Projekt des *Board* wäre zu Ende geführt, allerdings auf einer ganz anderen Schiene, als es ihm im Augenblick vorschwebt. Das entscheidende Hindernis gegen eine solche Entwicklung dürfte das Konvergenzbestreben mit dem FASB darstellen. Aber auch hier ist bezüglich der SME Bewegung auszumachen. Der FASB hat sich zusammen mit dem US-amerikanischen Wirtschaftsprüferinstitut der Belange „privater Gesellschaften" angenommen[12] und die vermehrte Berücksichtigung dieser Unternehmen bereits in sein virtuelles Pflichtenheft aufgenommen.

4.5 Zwischenfazit

Im Bereich der **Ansatz-** und **Bewertungs**vorschriften der IFRS wird es kaum gelingen, (nennenswerte) abweichende Regeln für die SME gegenüber den regulären Standardvorschriften zu normieren.

23

5 Überblick über den derzeitigen Projektstand

5.1 Politische Ausgangsbasis

Grenzüberschreitend und aus den verschiedensten Kanälen werden dem IASB Vorschläge zum Inhalt der speziellen IFRS-Bilanzierungsregeln für den Bereich der SME unterbreitet.[13]
Diese speziellen Standardregeln sollen

24

- kürzer,
- einfach(er), d. h. verständlich(er),
- sachgerecht(er) gegliedert,
- zusätzliche Wahlrechte einräumend,
- anwenderfreundlich(er),
- vermehrt prinzipienunterlegt,

---

[12] Financial Accounting Series Nr. 1310-100, June 8, 2006.
[13] Aus deutscher Sicht sind diese Vorschläge aufgelistet z. B. bei BOHL/SENGER, in: Beck'sches IFRS-Handbuch, 2. Aufl., 2006, § 45; POTTGIESSER, PiR 2006, S. 7. Die folgenden Ausführungen sind im Wesentlichen entnommen HOFFMANN/LÜDENBACH, DStR 2006, S. 1903.

- einbändig, also ohne Rückgriffsnotwendigkeit auf die *full IFRSs*,
- etc.

abgefasst werden.[14]

25 Konkretisiert wird dies in einer Fülle von Anregungen quer durch die gesamten IFRS-Standards. Um nur einige ganz wenige zu erwähnen:[15]
- Planmäßige Abschreibung von *Goodwill* und immateriellen Vermögenswerten aus einem Unternehmenszusammenschluss anstelle des *impairment-only approach*.
- Zeitwertbilanzierung nur bei marktgängigen Vermögenswerten.
- Verzicht auf die Neubewertungsmethode im Bereich des Anlagevermögens.
- Verzicht auf den Komponentenansatz bei der Abschreibungsbemessung.
- Gewährung verschiedener zusätzlicher Wahlrechte.
- Etc.

26 Spätestens Anfang 2006 machte sich allenthalben spürbare Enttäuschung – vielleicht kann man auch von Entsetzen sprechen – breit. Der DRSC geißelte im Schreiben vom 17.2.2006 in ausgesprochen scharfer Formulierung die bisherige Vorgehensweise des IASB, der EFRAG stand dem – allerdings verbunden mit konkreten Vorschlägen – im Schreiben vom 1.2.2006 nicht nach.[16]

5.2 Überblick über den Diskussions-Entwurf

27 In diese politisch aufgeladene Situation hat der IASB am 04.08.2006 mit Ergänzung vom 2.11.2006 erstmals eine Arbeitsversion für einen IFRS *for Small and Medium-Sized Entities* veröffentlicht (SD-SME), allerdings nicht zur Kommentierung, aber immerhin zur Diskussion (*discussion-paper*), und das wiederum nur als Produkt des *Staff* (*staff draft*).

Der Entwurf ist als **gesonderter** IFRS-Standard aufgezogen. Zu den beiden bereits vorhandenen Standardtypen – IFRS und IAS – soll sich ein weiterer Typ IFRS *for SME* gesellen. Der SD-SME ist nach Sachgebieten aufgezogen (*topically*). Er umfasst nach dem augenblicklichen Stand 39 Abschnitte (*sections*) und wird ergänzt durch ein Glossar. Noch geschrieben werden sollen eine Begründung für die gewählte Standardfassung (*basis for conclusions*) sowie eine Konkordanzliste, die eine Übersicht über die Beziehungen zwischen *full IFRSs* und denjenigen für die SME liefert.

---

[14] Einzelheiten zum Verlauf des breit angelegten IASB-Projektes mit allen möglichen Arbeitsschritten, vgl. zusammenfassend zuletzt BEIERSDORF, BB 2006, S. 1898.
[15] Einzelheiten zu den Vorschlägen aus deutscher Seite bei BOHL/SENGER, in: Beck'sches IFRS-Handbuch, 2. Aufl., 2006, § 45; POTTGIESSER, PiR 2006, S. 7.
[16] Nachzulesen im Internet unter http://www.efrag.org/doc/4814_SMEProjectfrom EFRAGTEG.doc.

Nach einem Vorwort (*preface*) wird zunächst der Anwendungsbereich (*scope*) dargestellt, und zwar in Form einer Definition der SME (Rz 3).

Im Anschluss daran werden die Grundlagen einer Rechnungslegung (*concepts and pervasive principles*) für die SME dargestellt[17] und allgemeine Anforderungen an die Bestandteile des Jahresabschlusses aufgelistet. Der Jahresabschluss selbst soll bestehen aus:

- Bilanz,
- Gewinn- und Verlustrechnung,
- Anhang (Erläuterungen).
- Eigenkapitalspiegel,
- Kapitalflussrechnung,

also aus den Pflichtbestandteilen der *full IFRSs* für nicht kapitalmarktorientierte Unternehmen (IAS 1.8).

Weiter werden detaillierte Anleitungen zur Erstellung eines konsolidierten Abschlusses geliefert. Nach einem weiteren Abschnitt zu den Bilanzierungsmethoden, Schätzungen etc. werden die einzelnen Posten der Bilanz und der Gewinn- und Verlustrechnung abgehandelt, um dann am Schluss Sonderprobleme wie Währungsumrechnung, Mitarbeitervergütungen, Erläuterung der Beziehungen zu nahestehenden Personen etc. abzuhandeln.

Bei der Lektüre der Gliederung fühlt sich der bisherige IFRS-Anwender begrifflich schnell auf vertrautem Gebiet. Praktisch alle einschlägigen Begriffe – z. B. *leases, equity, employee benefits, segment reporting, related party disclosures* etc. – erscheinen als Überschriften für die einzelnen Abschnitte des Standardentwurfs.

Die entscheidende Frage betreffend die Erfolgsaussichten des Projekts insgesamt geht nun dahin, ob und inwieweit das IASB – im Augenblick noch durch den *Staff* sprechend – mit seinem SD-SME die oben unter Rz 24 geäußerten Wünsche des Publikums erfüllen kann und will.

5.3 Wünsche und ihre Erfüllung

5.3.1 Der Regelungsumfang

Ein wesentlicher Wunsch der Diskussionsteilnehmer betraf und betrifft das reine Volumen der *full IFRSs*, das mit Stichwortverzeichnis mittlerweile fast 2.400 Seiten umfasst – eine aus HGB-Sicht – allerdings sehr vordergründig – schier unvorstellbare Größe. Der SD-SME kommt mit rd. 240 Seiten aus. Ob Zufall oder nicht – der Entwurf enthält also an Textmaterial etwa 10 % der *full IFRSs*. Wer seine Freude an **rein quantifizierender** Betrachtung hat, wird diesen (vermeintlichen) Kraftakt uneingeschränkt positiv würdigen.

Bei näherer Betrachtung führt diese rein quantitative Analyse in die **Irre**: Der Standardentwurf verzichtet auf die förmliche Aufnahme des gesamten Beiwerks der *full IFRSs*, als da sind:

---

[17] Vgl. hierzu weitere Einzelheiten bei BEIERSDORF, BB 2006, S. 1898.

Hoffmann/Lüdenbach

- *Application Guidances*
- *Guidances on Implementing*
- *Illustrative Examples*
- *Basis for Conclusions*

Eine eigenständige *Basis for Conclusions* – eine Art Gesetzesbegründung – für den SD-SME soll allerdings noch nachgeliefert werden.

31 Ein reiner Vergleich der Volumina muss die **eigentlichen** („nackten") IFRS – ohne das Gesamtwerk – in Beziehung setzen zu den vorliegenden 243 Druckseiten. Das Druckvolumen der *full IFRSs* im engeren Sinn ist vermutlich auf höchstens 500 Seiten ausgelegt, jedenfalls relativiert sich der Vergleich 2.400 zu 243 Seiten ganz erheblich. Dieser Befund verstärkt sich noch bei näherer Betrachtung der Darstellungstechnik, der sich der IFRS-*Staff* bei der Abfassung des Entwurfs befleißigt hat. In nicht seltenen Fällen wird schlichtweg auf die entsprechenden Regeln der *full IFRSs* **verwiesen** und deren Anwendung angeordnet.

Als Beispiel mag der Abschnitt „*Investment Property*" gelten, der nach dem Entwurf gerade eine Druckseite umfasst. Dies gelingt durch einen Generalverweis auf die Regelungen des *fair value model* bzw. des *cost model* in IAS 40.

Ein weiteres Beispiel: In Abschnitt SD-SME wird das „*Impairment of Non-Financial Assets*" behandelt. Für den *goodwill* erfolgt ein Generalverweis auf die Regelungen in IAS 36 unter besonderer Berücksichtigung von IAS 36.80 – 99.

Und noch ein Beispiel: Im Abschnitt „*Investments in Associates*" wird die Bilanzierung der Beteiligungen u. a. nach der *equity*-Methode zur Wahl gestellt. Dazu erfolgt ein Generalverweis auf IAS 28 einschließlich der dortigen Anhangangaben.

Eine weitere Begründung für die genannte Volumenverkürzung des Arbeitsentwurfes gegenüber den vollen Standards liegt im weitgehenden – aber auch wieder nicht durchgängigen – Verzicht auf die Voranstellung der **Begriffsdefinitionen**. Dies ist im Hinblick auf das beigefügte Glossar sinnvoll. Dadurch wird insbesondere auch die ständige Wiederholung des *fair-value*-Begriffs in einer ganzen Reihe der *full IFRSs* vermieden. Der Verzicht auf die Voranstellung von Definitionen im Hinblick auf den Inhalt des Glossars wird allerdings auch wieder nicht durchgängig beachtet; z. B. werden in Abschnitt 14.1 die „*Associates*" ebenso definiert wie im Glossar.

Insgesamt reduziert sich bei perspektivischer Betrachtung die Differenz zwischen den Druckvolumen der *full IFRSs* und dem Arbeitsentwurf ganz entscheidend. Oder anders ausgedrückt: **Das Kürzungsvolumen ist bei angepasster quantitativer Betrachtung nicht mehr sehr signifikant.**

32 Dazu noch ein kurzer Hinweis auf die durchgängige Darstellungstechnik: Der SD-SME übernimmt über weite Strecken wörtlich oder unter geringer sprachlicher Anpassung den Wortlaut des weitaus überwiegenden Teiles der einzelnen Paragrafen der *full IFRSs*, die dann jeweils mit einem Klammerzitat (*cross reference*) gekennzeichnet sind.

Bei gleichem Inhalt hätte man sich zur **weiteren Reduktion** des Standardvolumens auch eine andere Darstellungstechnik vorstellen können, etwa wie folgt formuliert:
- 1. Als SME gelten ...
- 2. Diese müssen die *full IFRSs* mit folgenden Ausnahmen befolgen:
- ... jährlicher *impairment*-Test nach IAS 36.10.
- ...

Das Volumen des SD-SME hätte sich dadurch nochmals von 240 auf 2 bis 3 Seiten reduzieren lassen.

5.3.2 Gliederung

Ein weiterer an den IASB herangetragener Wunsch bezüglich der Ausgestaltung der SME-IFRS bezog sich auf eine **sachorientierte** Gliederung. Dem ist der Entwurf – wie unter Rz 27 dargestellt – befriedigend nahegekommen, auch wenn man sich die eine oder andere Position in anderem Zusammenhang hätte vorstellen können.

Dem Wunsch nach sachorientierter Gliederung ist wohl auch die Aufnahme der Wertminderungsparagrafen für das Vorratsvermögen in IAS 2 in den Abschnitt „*Impairment of Non-Financial Assets*" – also dem Regelungsbereich von IAS 36 – zu verdanken. Umgekehrt ist die Aussonderung von mehrfach verwendeten Begriffen – mathematisch: „vor die Klammer ziehen" – z. B. bei der Definition der Anschaffungs- und Herstellungskosten (Zugangsbewertung) nicht gelungen. So liest man weitgehend denselben Inhalt bezüglich der Anschaffungs- und Herstellungskosten in den Abschnitten „*Inventories*", „*Property, Plant and Equipment*" und „*Intangible Assets other than Goodwill*". Auch hier zeigt sich die – das war auch nicht anders zu erwarten – unmittelbare Anlehnung der vorgestellten Regelungsinhalte für die SME an die *full IFRSs*.

33

5.3.3 Zusätzliche Wahlrechte

Die von den *full IFRSs* gewährten Wahlrechte werden – selbstverständlich – im Arbeitsentwurf den SME **weitergegeben**. Beispiele:
- Neubewertungsmodell für Sach- und immaterielle Anlagen,
- *cost*- oder *fair-value*-Modell für die *investment properties*,
- Finanzierungsinsen für die Anschaffungs- und Herstellungskosten als sofortiger Aufwand oder Aktivierung (mit dem Hinweis auf die anstehende Beseitigung des Wahlrechtes in IAS 23).

34

Daneben werden in geringem Umfang **zusätzliche** Wahlrechte eingeräumt:
- Die Herstellungskosten für selbsterstellte immaterielle Vermögenswerte innerhalb der Entwicklungsphase (Kursentwicklungskosten) müssen nicht angesetzt werden; bei Ausübung des Ansatzwahlrechtes sind die Regeln von IAS 38 vollständig zu beachten.
- Für die Bilanzierung der Beteiligungen an assoziierten Unternehmen im Einzelabschluss gilt zusätzlich zu dem Wahlrecht nach den *full IFRSs* – Anschaffungskosten oder *fair-value*-Methode – noch die *equity*-Methode.

35 Umgekehrt wird das Quasi-Wahlrecht zur Qualifizierung eines Wertpapiers als zur Veräußerung bestimmt (*available for sale*) mit der Folge der erfolgsneutralen Erfassung von Änderungen des *fair value* den SME nach dem Arbeitsentwurf nicht gewährt. Das SME hat alle Finanzinstrumente entweder zu fortgeführten Anschaffungskosten oder erfolgswirksam zum *fair value* zu erfassen. Allerdings kann das SME dieser Beschränkung durch Option zur vollen Anwendung von IAS 39 entgegentreten.

5.3.4 Erleichterungen

36 Die allseits geforderten **Erleichterungen** für die SME-Abschlusserstellung sind in folgenden Bereichen festzustellen:

- Die erforderlichen **Anhangangaben** werden reduziert – insoweit direkt vergleichbar mit dem HGB –, allerdings verbleibt noch eine **Fülle** von Angabepflichten, so dass auch im Bereich der SME der *materiality*-Grundsatz bezüglich des Umfangs der Anhangangaben grundlegend zu beachten ist. Die im SD-SME vorgesehenen Anhangangaben stellen deshalb auch keinen Mindeststandard für den regulären IFRS-Regelungsbereich dar, mit Hilfe dessen der *materiality*-Grundsatz operationalisiert werden kann. Sollte ein genauer Abgleich zwischen *full IFRSs* und SD-SME gewünscht werden, bietet sich zur Erleichterung die Heranziehung der angekündigten Konkordanzliste an.

- Der *impairment*-Test für nicht planmäßig abzuschreibende immaterielle Vermögenswerte und den *goodwill* ist nicht zwingend jährlich vorzunehmen, sondern wie für die übrigen betroffenen Vermögenswerte – hier auch das Vorratsvermögen (Rz 33) – „nur" bei Vorliegen entsprechender Indizien. Dann aber ist das gesamte Rechenwerk des *impairment*-Testes mit allen finanzmathematischen Facetten abzuspulen. Der Erleichterungsgehalt dieser Regelung ist also im Ergebnis beschränkt.

- Zur Abbildung von *share-based-payment*-Transaktionen (aktienkursorientierte Vergütungen) wird die Bewertungsvorgabe nach IFRS 2 zum *fair value* relativiert. Sofern eine Schätzung des *fair value* eines betreffenden Eigenkapitalinstrumentes in verlässlicher Form („*reliably*") nicht möglich ist, kann stattdessen die Bewertung mit dem *inneren* Wert – der Differenz zwischen dem *fair value* des optionsgegenständlichen Anteils und dem Ausübungspreis der Option – erfolgen. Diese Erleichterung sieht zwar IFRS 2.24 ebenfalls vor, aber nur in seltenen Ausnahmefällen (*rare cases*). Eine solche Einschränkung enthält der SD-SME nicht. Das ist insofern berechtigt, als zur Optionsbewertung im Bereich der SME nicht auf Börsenkurse und daraus abgeleitete Volatilitäten zurückgegriffen werden kann.[18] Die entsprechende Erleichterung wird deshalb von SME in aller Regel in Anspruch genommen werden können. Es bleibt dann allerdings immer noch das Erfordernis einer regelmäßigen Unternehmensbewertung, um den inneren Wert der Aktienoptionen erfassen zu können. Aber auch

---

[18] Vgl. PELLENS/CRASSELT, PiR 2005, S. 35.

dieses Problem relativiert sich praktisch deswegen, weil entsprechende Aktienoptionen im Anwendungsbereich eines SME-Standards ohnehin kaum vorkommen.
- Eine weitere Erleichterung ist für den Fall des **Übergangs** von bisherigen Rechnungslegungsgrundsätzen (*previous GAAP*) zum neu anzuwendenden Standard für SME vorgesehen. IFRS 1 enthält bedeutsame Einzelfallausnahmen vom Grundsatz der retrospektiven Anwendung der IFRS in der diesbezüglichen Eröffnungsbilanz. Abschnitt 30 der SD-SME führt diese Ausnahmen nicht an, hält aber als Generalregel fest: Die Eröffnungsbilanz muss nicht IFRS-Bilanzansätze und -werte für SME enthalten, sondern kann mit den nach bisherigen Rechnungslegungsregeln ermittelten Beträgen erstellt werden, wenn die Ermittlung der IFRS-SME-Werte mit vertretbarem Aufwand nicht möglich (*impracticable*) ist. Damit wird im Ergebnis die für die regulären IFRS als unzureichend angesehene und deshalb durch IFRS 1 ersetzte Regelung von SIC 8 wieder aufgegriffen.

5.3.5 Prinzipienorientierung

Der Wunsch nach vermehrter Prinzipienorientierung (*principle based*) wurde dem IASB im Projektverlauf unentwegt vorgetragen und auch vom *Board* lang und breit diskutiert. Seit „Enron" hat sich der IASB dieser Philosophie vermehrt verschrieben. Der SD-SME folgt dem Wunsch nach vermehrter Prinzipienbasierung in formaler Hinsicht, indem er in Abschnitt 2 als – neuerdings so genannte – *pervasive principles* zum Ansatz und zur Bewertung darstellt. In der Übersetzung muss man von (wörtlich) „durchdringenden" und deshalb „allgemein verfügbaren" oder „gültigen" Grundsätzen sprechen.

Diese *pervasive principles* sind im zweiten Abschnitt des SD-SME enumerativ aufgeführt:
- Die dem Framework (F.89 – 94) entnommenen Definitionen der *assets, liabilities, income* und *expenses*.
- Definition von Gewinn oder Verlust als rechnerische Differenz zwischen *income* und *expenses*.
- Eingeschränkte Gültigkeit des *matching principles* (nach F.95).
- Zugangsbewertung zu Anschaffungs- oder Herstellungskosten, in Ausnahmefällen zum *fair value*.
- Folgebewertungen zum *fair value* oder zu den amortisierten Anschaffungs- oder Herstellungskosten.
- Saldierungsverbot für Aktiva und Passiva, Aufwendungen und Erträge gemäß IAS 1.32 – mit der Ausnahme von Abschreibungen auf Vorräte und Forderungen (IAS 1.33) und der Saldierung von Abgangserlösen mit dem Restbuchwert (IAS 1.34).
- Aufzählung der Regelungsbereiche, die der *fair-value*-Bewertung (wohlgemerkt im SD-SME) unterliegen.

Bei normalem Begriffsverständnis hat man schon seine Schwierigkeiten, unter einem Verweis auf bestimmte Vorschriften (der letzten Position der vorstehenden Aufzählung) oder (z. B.) der Definition von Gewinn und Verlust ein „Prinzip" der Rechnungslegung zu erkennen. Dieser Befund gilt mit geringen Einschränkungen auch für die weiteren aufgeführten Einzelpositionen der *pervasive principles*. Jedenfalls bringen sie inhaltlich absolut nichts Neues gegenüber den einschlägigen Inhalten der *full IFRSs*.

Die *pervasive principles* sind auch nicht mit den GoB im Sinne des HGB identisch. Die in etwa vergleichbaren Grundsätze sind vielmehr in Abschnitt 3 des SD-SME in enger Anlehnung an das *Framework* und an IAS 1 aufgeführt (Stichworte: *fair presentation, going concern, consistency of presentation, materiality* etc.).

Zusätzlich zu den genannten *pervasive principles* enthält Abschnitt 2 des SD-SME noch den Bereich „*concepts*", unter dem die aus dem *Framework* abgeschriebenen Anforderungen an das IFRS-Regelungswerk erscheinen, z. B. *understandibility, relevance,* (nochmals) *materiality, substance over form* etc. In Fettdruck wird dabei die *comparability* aufgeführt.

5.3.6 Umgang mit Regelungslücken

40 Das im Rahmen des bisherigen Projektverlaufs am heißesten diskutierte Problem bezieht sich auf die Frage der Behandlung eines **nicht** im Regelwerk für die SME, wohl aber in den *full IFRSs* behandelten Problems.[19] Zwei Lösungsmöglichkeiten wurden diskutiert:

- Das SME wird auf die Vorgaben in den *full IFRSs* zurückverwiesen (sogenannte *mandatory fallback to IFRSs* nach kanadischem Vorbild).
- Lösungen nach den hierarchischen Anwendungsvorgaben in IAS 8.10 – 12 (→ § 1 Rz 78).

41 Entgegen dem ursprünglichen Konzept bewegt sich der Vorschlag im SD-SME auf der Grundlage der letztgenannten Lösungsvariante. Danach soll sich das Management an den Grundsätzen der Relevanz, der Verlässlichkeit, dem wirtschaftlichen Gehalt, der Vorsicht etc. bewegen; dabei hat sich zur Auslegung dieser abstrakten Vorgaben das SME-Management in **absteigender Folge** zu orientieren an

- den Erfordernissen und Anleitungen **innerhalb** des SME-Standards für ähnliche dort geregelte Sachverhalte,
- Definitionen, Ansatz- und Bewertungskonzepten für *assets, liabilities, income* und *expensis* und den *pervasive principles* in Abschnitt 2 (Rz 38),
- den Erfordernissen und Anleitungen der *full IFRSs* (inkl. den zugehörigen IFRIC- und SIC-Interpretationen der *full IFRSs*), die sich mit einem ähnlichen – u. E. erst recht mit dem **gleichen** – Sachverhalt befassen. Inzwischen hat der *Board* dieses Kriterium ergänzt durch eine mögliche Beachtung der Verlautbarungen anderer Standardsetter, des Schrifttums etc.[20]

---

[19] Vgl. hierzu im Einzelnen HALLER/EIERLE, BB 2004, S. 1938; HÜTTCHE, BB 2002, S. 1804.
[20] IASB, Update Dezember 2006.

Die **entscheidende** Frage geht dann dahin, ob mit diesem Regelungsansatz die 42
vielfach gewünschte Nichtanwendung des *mandatory fallback* – also der notwendige Rückgriff auf die *full IFRSs* – geglückt ist.
- Die erste Antwort lautet: Das Problem stellt sich schon deswegen recht selten, weil der SD-SME weitgehend den Inhalt der *full IFRSs* entweder abschreibt oder auf diese verweist.
- Die zweite Antwort soll anhand von Beispielen abgeleitet werden:

Beispiel 1

Verdecktes Leasingverhältnis
Ein SME bezieht Industriegase. Der Hersteller der Gase hat auf seine Kosten Speicher- und Verteilungsanlagen auf dem Betriebsgelände der SME errichtet. Zwischen den SME und dem Hersteller besteht als entgeltliches Austauschverhältnis nur ein Gasliefervertrag.
Die Frage ist dann, ob und unter welchen Voraussetzungen in dem Gasliefervertrag ein Leasingvertrag über die Anlagen enthalten ist *(embedded lease)*, wenn ja mit der Folge eines Bilanzansatzes dieser Anlagen bei den SME (z. B. aufgrund Spezialleasing). Der SD-SME übernimmt den Inhalt der einschlägigen IFRIC 4 nicht.

Beispiel 2

Ein SME hat ein Hotel bislang zu einem festen (indexierten) Mietpreis verpachtet und die Immobilie als *investment property* zum *fair value* gemäß IAS 40.33ff. bewertet. Nach Ablauf des Pachtvertrages wird im Rahmen eines neuen Vertrags die Verantwortlichkeit für die Geschäftsführung (erneut) an einen Dritten übertragen. Der Pachtzins variiert dabei in Abhängigkeit vom Auslastungsgrad. Durch die Übernahme eines unternehmerischen Risikos kann nach IAS 40.13 die Immobilie nicht mehr als *investment property* qualifiziert werden.
Die Frage ist, wie der Qualifikationswechsel bilanziell abzubilden ist. Die SME-IFRS verweist nicht auf den einschlägigen IAS 40.60.

Beispiel 3

Das SME schließt einen einheitlichen Leasingvertrag über Grundstück und Gebäude ab.[21]
Die Frage ist dann, ob die Qualifikation als *operating* oder *finance leasing* einheitlich für das Gesamtobjekt oder getrennt für Grund und Boden einerseits und Gebäude andererseits vorzunehmen ist. Der SD-SME enthält sich im Gegensatz zu IAS 17.14ff. einer Aussage.

Alle drei Sachverhalte sind im Entwurf für die SME nicht geregelt. Nach der 43
oben dargestellten Auslegungshierarchie muss das SME-Management zu-

---

[21] Vgl. zu diesem Themenkomplex KÜMPEL/BECKER, PiR 2006. S. 81.

nächst in sich gehen und die konkrete Bilanzierungsentscheidung auf der Grundlange von Relevanz, Verlässlichkeit, *fair presentation* etc. treffen. Die „Arbeitstechnik" ist dabei hierarchisch vorgegeben:

- Heranziehen von Regelungen in anderen Abschnitten des SME-Standards für **ähnliche** Sachverhalte: Hier wird das Management in den vorgenannten Beispielen nicht fündig werden.
- Anwendung der *concepts and pervasive principles* in Abschnitt 2 des SD-SME (Rz 38). Diese Konzepte und Prinzipien sind so abstrakt, dass sie für die Lösung eines konkreten Bilanzierungsproblems alles oder gar nichts, jedenfalls keine eindeutige Antwort, hergeben.
- Heranziehen der Regelungsvorgaben der *full IFRSs* inkl. deren Interpretationen (SIC und IFRIC). Dies wird in den vorliegenden Beispielen die einzige Methode sein, um zu einer einigermaßen vorhersagbaren und einheitlichen Lösung zu kommen.
- Heranziehung der Verlautbarungen anderer Standardsetter, des Schrifttums etc.

44 Die Beispiele belegen: Ohne Rückgriff auf die *full IFRSs* kann kein SME im Rahmen der vorgeschlagenen IFRS-Spezialbilanzierung auskommen. Fazit also:

- Der im ursprünglichen Diskussionspapier vom 24.9.2004 vorgesehene rechtlich zwingende *mandatory fallback* auf die *full IFRSs* wird über weite Strecken nicht mehr benötigt, da zentrale Regelungsbestandteile der SME-IFRS ohnehin den *full IFRSs* entnommen oder im förmlichen Verweis auf diese bestehen.
- Im Falle von dennoch verbleibenden Regelungslücken in den SME-IFRS besteht zwar kein formeller, aber ein faktischer Zwang zum *fallback* auf die *full IFRSs* einschließlich der *interpretations* (IFRIC und SIC).

45 Selbst bei förmlicher Beschränkung der o. g. Auslegungshierarchie auf die ersten beiden Stufen, also ohne Berücksichtigung der *full IFRSs* auf der dritten Stufe, bestünde der **faktische Zwang** zum *fallback*. So wird es einem SME-Management kaum gelingen, etwa ein verdecktes Leasingverhältnis nach Beispiel 1 unter Bezugnahme auf die Relevanz oder die Verlässlichkeit etc. anders zu qualifizieren als nach den auf Grundlage eben dieser Kriterien (der Relevanz und Verlässlichkeit) entwickelten Regelungsvorgaben der *full IFRSs* (hier von IFRIC 4). Ein und derselbe Sachverhalt kann unter Berufung auf weitgehend identische *pervasive principles* in beiden Standardversinoen von einem SME nicht anders als von einem Anwender der *full IFRSs* bilanziell abgebildet werden.

46 In **logischen** Kategorien anders ausgedrückt bestehen zwei Möglichkeiten:

- Die SME-IFRSs und die *full IFRSs* folgen **gleichen** Prinzipien – dann besteht ein **faktischer** *fallback* für das weniger detaillierte Regelungswerk (der SME-IFRSs) auf das umfassendere (*full IFRSs*).
- Die SME-IFRSs folgen anderen Prinzipien, sollen also – pointiert gesprochen – nicht relevant, nicht verlässlich etc. sein, dann **erledigt** sich **absurderweise** das Problem des **faktischen** *fallback.*

Diese Analyse belegt auch die wenig erfolgversprechende Forderung nach einer Beschränkung der SME-IFRS auf eine generelle oder weitergehende **Prinzipienorientierung**. Bei jedem anstehenden Bilanzierungsfall wird der SME-Bilanzierer zwingend nach der Lösung in den *full IFRSs* Ausschau halten. Erst wenn er dort nicht fündig wird, kann er sich gemäß IAS 8.10 um eine Lösung nach Maßgabe von Relevanz, Verlässlichkeit etc. bemühen – dann aber im Gleichschritt mit dem Anwender der *full IFRSs*.

5.3.7 Einbändiges Werk

Die letzte hier zu behandelnde Vorgabe des Publikums an den SME-Standard betrifft die **drucktechnische Aufbereitung**. Nach überwiegender Auffassung sollen die SME-IFRS in einem einzigen Druckstück niedergelegt werden, womit der Anwender **abschließend** seinen IFRS-Abschluss erstellen kann. Diese Vorgabe wird ihm durch den vorliegenden Entwurf nicht erfüllt – im Gegenteil: Der SME-IFRS-Anwender nach der Maßgabe des SD-SME muss zunächst den für ihn speziell bestimmten Standard (IFRS for SME) verwenden und wegen

- der dort enthaltenen Verweise auf die *full IFRSs* (Rz 31) und
- der notwendigen Lückenfüllung für nicht geregelte Geschäftsvorfälle (Rz 40)

notwendig das Regelwerk der *full IFRSs* berücksichtigen. **Im Gegensatz zu dem Anwender der *full IFRSs* werden dem „kleinen Mann" also zwei Druckstücke verordnet.**

47

5.4 Fazit und Empfehlungen

Der hier besprochene SD-SME kann selbstverständlich noch Änderungen erfahren, insbesondere schon deswegen, weil der *Board* den *Staff* als Verfasser vorgeschoben hat, so dass er ohne förmlichen Gesichtsverlust sich im eigentlichen Entwurf anders besinnen kann. Andererseits kann man sich eine grundlegende Änderung des ganzen Konzepts nicht vorstellen. Das „Schwergewicht" der *full IFRSs* in der jetzigen Form kann von keinem Konzept für die SME abgeworfen werden. Die entscheidende Passage des gesamten SD-SME ist – bezeichnenderweise fett gedruckt – diejenige zur *comparability* im Abschnitt 2.9 unter *„concepts"*. Die dort betonte **Vergleichbarkeit** soll sich auch zwischen den Anwendern der *full IFRSs* und den SME herstellen lassen. Dieser Vorgabe würde die Gewährung zusätzlicher Wahlrechte (gegenüber den *full IFRSs*) entgegenlaufen.

48

Vor dem Hintergrund der geäußerten Wünsche für den Inhalt der SME-IFRSs (Rz 24) kann man jedenfalls ohne besondere prophetische Gabe das **Scheitern des Projekts** prognostizieren, wenn nicht sogar feststellen.[22]

---

[22] Schon vor Erscheinen des hier besprochenen SD-SME hat BALLWIESER (IRZ 2006, S. 29) das Scheitern des SME-Projektes festgestellt: „Insgesamt lässt sich dadurch das SME-Projekt als gescheitert ansehen."

In konzeptioneller Hinsicht verdankt dieser Befund dem *top-down*-Ansatz: Die *full IFRSs* (*top*) sind nun einmal vorgegeben und können in absehbarer Zeit nur Schritt für Schritt geändert werden. Anders als in der Szenerie der 4. und 7. EG-Richtlinie und des Bilanzrichtliniengesetzes steht kein Startloch für einen absoluten **Neuanfang** zur Verfügung. Idealerweise müsste das Standardsetting-Procedere auf der Grundlage des *bottom-up* vonstatten gehen:[23] Little-GAAP nach Maßgabe der Erfordernisse im SME-Bereich wären zunächst zu formulieren, um dann zusätzliche Anforderungen an die kapitalmarktorientierten Unternehmen daraufzusetzen. An diesem Dilemma hat sich nichts geändert:

49 Eine bessere Lösung bestünde u. E. im Folgenden: Die *full IFRSs* sollten drucktechnisch so aufbereitet werden, dass die Abweichungen – Nichtanwendungsbereich oder Wahlrechte für die SME – hervorgehoben werden. Die SME-IFRS-Anwender müssten zwar den voluminösen 2500-Seiten-Band heranziehen, aber dafür **keinen zweiten**. Dabei darf der Vergleich mit dem Umfang des HGB nicht in die Irre führen: Ohne eine Fülle von ergänzenden Hinweisen in mehr als zwei Dutzend Handbüchern, Kommentaren, Äußerungen von Standardsettern und zugehöriger BFH-Rechtsprechung kommt auch ein HGB-Anwender nicht aus. Das Volumen dieser „Hilfsmittel" überschreitet die genannte 2500-Seiten-Marke mit Sicherheit um ein Vielfaches.

50 Je früher man sich auch seitens des IASB mit dem Scheitern seines Projekts abgefunden hat, umso eher können die dort gebundenen Ressourcen sinnvoll der inhaltlichen und strukturellen Aufbereitung bestehender und künftiger Standards gewidmet werden. Musterbeispiel ist dabei immer IAS 39, dessen „Zauber" (→ § 28 Rz 21) sich schnell verflüchtigen würde, wenn die alle Unternehmen betreffenden Regeln gesondert von denjenigen präsentiert werden, die lediglich einige wenige Finanzinstitute interessieren können.

51 Generell scheint ein Vorhaben des FASB und des amerikanischen Wirtschaftsprüferinstituts (Rz 22) sinnvoll: Dort sollen innerhalb des Standardisierungsprozesses immer die besonderen Bedürfnisse der SME berücksichtigt werden. Dem folgend könnte man sich auch die spezielle Funktion eines „SME-Beauftragten" im *Board* und auch im *Staff* vorstellen.

52 Aber auch das in den verschiedensten Instanzen erscheinende **Publikum** sollte sich angesichts des gewonnenen Befundes über den Ausgang des SME-Projektes an die Nase fassen und nicht dem Standardsetter unerfüllbare oder nicht sinnvoll erfüllbare Vorgaben machen. Wir haben der immer wieder geforderten Prinzipienorientierung das argumentum ad absurdum entgegengehalten (Rz 46). Zusätzlich möchten wir die Frage in den Raum stellen, ob die ständig repetierte Beschränkung auf Prinzipien tatsächlich den Schlüssel zu einfachen, verständlichen und anwenderfreundlichen Rechnungslegungsregeln – sei es für den Mittelstand oder auch im übrigen Bereich – liefert.

53 Als **Beispiel** greifen wir die Vorgaben im HGB zur **Lageberichterstattung** nach §§ 289 bzw. 315 HGB heraus. Die dortigen Gesetzesvorgaben sind sicherlich

---

[23] Vgl. hierzu Kormaier, KoR 2005, S. 550.

prinzipienorientiert, z. B. wenn sie auf die „finanziellen Leistungsindikatoren" verweisen. Aber was soll der Anwender hierunter verstehen? Diese vom Gesetzgeber bewusst offengelassene – da prinzipienorientierte – Frage kann er nur unter Heranziehung von Sekundärliteratur beantworten. In erster Linier wird er zum DRS 15 greifen, wo auf vielen Druckseiten die Prinzipien mit Substanz ausgefüllt werden. Wo das nicht genügt, steht die Fülle des Schrifttums in Kommentaren und Periodika zur Verfügung. In der praktischen Anwendung mutiert dann die Rechnungslegung sehr schnell vom *principle based-* zum *rule based-accounting*. Das führt zum Austausch von Musterberichten, in denen die zuvor herausgearbeiteten Regeln (*rules*) systematisch und lückenlos abgearbeitet werden. In der Folge umfasst – das ist ein konkretes Beispiel – der Lagebericht eines börsennotierten Kleinunternehmens mit zehn Mitarbeitern und einfachstem wirtschaftlichen „Geschäftsfeld" 50 Druckseiten – „pflichtgemäß" mit der Darstellung der weltweiten Wirtschaftsentwicklung (die für das betreffende Unternehmen ohne jede Bedeutung ist) beginnend bis hin zur Vielzahl von irgendwelchen Risiken, deren Beherrschung selbstverständlich prognostiziert wird.

Im Ergebnis wird durch die Prinzipienorientierung den Adressaten der Gesetze oder Standards keine Erleichterung bei ihrer Arbeit gewährt. Lediglich der **Urheber** der so vehement bekämpften Kompliziertheit, Fülle etc. der Vorgaben für die Rechnungslegung wird ausgetauscht: An die Stelle des eigentlichen Standardsetters (Gesetzgebers) treten „Hilfskräfte" in Form von förmlich berufenen Interpreten, aber auch aus dem Bereich der Wissenschaft und den Grundsatzabteilungen der Wirtschaftsprüfungs-Konzerne. Letztlich wirkt der Ruf nach prinzipienunterlegten und damit einfachen Rechnungslegungsstandards wie derjenige nach einem einfacheren Steuerrecht: Es handelt sich um einen der vielen Wünsche der Menschheit, die hienieden unerfüllt bleiben müssen.

6 Rechtsentwicklung

Seit Anfang August 2006 ist in einem sogenannten *discussion paper* des IASB der Öffentlichkeit ein erster Entwurf über den heißersehnten Rechnungslegungsstandard für kleinere und mittlere Unternehmen (KMU oder SME oder „Mittelstand") vorgestellt worden. Dieser liegt der vorstehenden Kommentierung zugrunde. Nach Redaktionsschluss – am 15.2.2007 – ist ein vom *Board* autorisierter Entwurf „*IFRS für Small and Medium-sized entities*" veröffentlicht worden. Er stimmt in wesentlichen Zügen mit dem hier besprochenen SD-SME überein. Die Frist zur Stellungnahme endet am 1.10.2007.

7 Zusammenfassende Praxishinweise

56 Das bis zum Redaktionsschluss (1.1.2007) vorgelegte Diskussionspapier des IASB-Mitarbeiterstabes beweist schlagend: Die *full-IFRSs* üben eine Schwerkraft aus, der sich jede angestrebte Vereinfachungslösung für die SME nicht entziehen kann. Die politisch erwünschte Vereinfachung für den Bereich des Mittelstandes kann es zumindest im Bereich der Ansatz- und Bewertungsvorschriften nicht geben, wenn der *Board* nicht seine Ansprüche an die international orientierte Regelsetzung überhaupt aufgeben will. Die eigentlichen Gewinnermittlungsvorschriften können – vergleichbar dem HGB – nur für alle rechnungslegenden Unternehmen einheitlich ausfallen – von wenigen Ausnahmen abgesehen, welche die Regel bestätigen. Zielführend scheint eine „Politik der kleinen Schritte", wie sie sich in den USA abzeichnet (Rz 51): Beim Neuerlass von Standards und bei der Überarbeitung bestehender sollte primär von den Anforderungen der mittleren Unternehmerschaft ausgegangen werden, also *from the bottom to the ceiling* und nicht umgekehrt (Rz 48).

§ 51 BILANZPOLITIK UND BILANZANALYSE

Inhaltsübersicht	Rz
1 Problemstellung	1–3
2 Bilanzpolitik	4–46
2.1 Ziele	4–6
2.2 Instrumente	7–34
2.2.1 Systematisierung	7–9
2.2.2 Sachverhaltsgestaltungen	10–14
2.2.3 Wahlrechte	15–23
2.2.4 Ermessensspielräume	24–34
2.3 Grenzen	35–43
2.3.1 *True and fair presentation*	35–37
2.3.2 Stetigkeits- und Einheitlichkeitsgebot	38–39
2.3.3 Offenlegungspflichten	40–43
2.4 Bilanzpolitik beim Übergang von HGB auf IFRS	44–46
3 Bilanzanalyse	47–99
3.1 Ziele	47
3.2 Datengrundlage	48–50
3.3 Erschwernisse	51–58
3.3.1 Eingeschränkte Vergleichbarkeit	51–53
3.3.2 Geringe Verlässlichkeit	54–56
3.3.3 Verletzung von *clean surplus*	57–58
3.4 Auswirkungen des Übergangs von HGB auf IFRS auf Kennziffern	59–68
3.5 Aufbereitung der Daten	69–84
3.5.1 Erstellung einer Strukturbilanz	69
3.5.2 Behandlung ausgewählter Posten	70–84
3.5.2.1 Geschäfts- oder Firmenwert	70–74
3.5.2.2 Selbst erstellte immaterielle Vermögenswerte	75–77
3.5.2.3 Aktive latente Steuern	78–80
3.5.2.4 Im Eigenkapital direkt erfasste Ergebnisse	81–84
3.6 Liquiditätsanalyse	85–93
3.6.1 Bilanzorientierte Liquiditätsanalyse	85–87
3.6.2 *Cash-flow*-orientierte Liquiditätsanalyse	88–93
3.7 Ergebnisanalyse	94–99
4 Zusammenfassung	100–111

Schrifttum: ANDREJEWSKI/BÖCKEM, Einzelfragen zur Anwendung der Befreiungswahlrechte nach IFRS 1 (Erstmalige Anwendung), KoR 2004, S. 332ff.; BAETGE, in: Meinungsspiegel zum Thema: Neue Vermögensdarstellung in der

Bilanz, BFuP 2003, S. 480ff.; BALLWIESER, IFRS-Rechnungslegung, Konzept, Regeln und Wirkungen, 2006; BALLWIESER/HACHMEISTER, Möglichkeiten und Grenzen einer international ausgerichteten Abschlussanalyse, in: LACHNIT/ FREIDANK (Hrsg.), Investororientierte Unternehmenspublizität, 2000, S. 573ff.; BALLWIESER/KÜTING/SCHILDBACH, Fair Value – erstrebenswerter Wertansatz im Rahmen einer Reform der handelsrechtlichen Rechnungslegung?, BFuP 2004, S. 529ff.; BIEG/KUSSMAUL, Externes Rechnungswesen, 4. Aufl., 2006; BURGER/SCHÄFER/ULBRICH/ZEIMES, Die Umstellung der Rechnungslegung nach IFRS 1 – Empirische Analyse und Bewertung der Neuregelungen zur Erstanwendung der IFRS, WPg 2005, S. 1193ff.; COENENBERG, Jahresabschluss und Jahresabschlussanalyse, 20. Aufl., 2005; COENENBERG/DEFFNER/SCHULTZE, Erfolgsspaltung im Rahmen der erfolgswirtschaftlichen Analyse von IFRS-Abschlüssen, KoR 2005, S. 435ff.; DANGEL/HOFSTETTER/OTTO, Analyse von Jahresabschlüssen nach US-GAAP und IAS, 2001; ENGEL-CIRIC, Einschränkung der Aussagekraft des Jahresabschlusses nach IAS durch bilanzpolitische Spielräume, DStR 2002, S. 780ff.; HAHN, Die neuen Stellschrauben der Bilanzpolitik – Bilanzpolitische Weichenstellungen in der IAS/IFRS-Eröffnungsbilanz, BC 2003, S. 245ff.; HERZIG/GELLRICH, Geplante Änderungen von IAS 37 zur Passivierung ungewisser Verbindlichkeiten, WPg 2006, S. 505ff.; HITZ, Fair value in der IFRS-Rechnungslegung – Konzeption, Inhalt und Zweckmäßigkeit, WPg 2005, S. 1013ff.; HOMMEL/RAMMERT, IFRS-Bilanzanalyse case by case, 2006; HÜTTCHE, Typologische Bilanzanalyse: Qualitative Auswertung von IFRS-Abschlüssen, KoR 2005, S. 318ff.; KIRSCH, Berichterstattung nach IAS 1 (revised 2003) über Ermessensspielräume beim Asset Impairment für operative Vermögenswerte und zahlungsmittelgenerierende Einheiten – Verbesserung der Informationsqualität des IFRS-Jahresabschlusses? –, KoR 2004, S. 136ff.; KIRSCH, Besonderheiten der bestandsorientierten Liquiditätsanalyse nach IAS/ IFRS, DStR 2004, S. 1014ff.; KIRSCH, Einfluss unternehmerischer Prognosen und Planungen auf den IAS-Jahresabschluss, StuB 2003, S. 241ff.; KIRSCH, Finanz- und erfolgswirtschaftliche Jahresabschlussanalyse nach IFRS, 2004; KIRSCH, Gestaltungspotential durch verdeckte Bilanzierungswahlrechte nach IAS/IFRS, BB 2003, S. 1111ff.; KIRSCH, Rentabilitätsanalysen auf Basis eines IAS/IFRS-Abschlusses, BB 2004, S. 261ff.; KUHNER, Das Spannungsverhältnis zwischen Einzelfallgerechtigkeit und Willkürfreiheit – im Recht und in der Rechnungslegung, BFuP 2001, S. 523ff.; KÜTING, Bilanzpolitik, in: Saarbrücker Handbuch der Betriebswirtschaftlichen Beratung, 3. Aufl., 2004, S. 591ff.; KÜTING, Der Stellenwert der Bilanzanalyse und Bilanzpolitik im HGB- und IFRS-Bilanzrecht, DB 2006, S. 2753; KÜTING, Von der Bilanzanalyse zur Unternehmensanalyse – dargestellt am Beispiel der Beurteilung von Unternehmen der neuen Ökonomie, DStR 2002, Beilage zu Heft 32/2002, S. 1ff.; KÜTING/ DAWO, Bilanzpolitische Gestaltungspotentiale im Rahmen der International Financial Reporting Standards (IFRS), StuB 2002, S. 1157ff. und S. 1205ff.; KÜTING/HARTH/LEINEN, Anmerkungen zur international vergleichenden Jahresabschlussanalyse, WPg 2001, S. 861ff.; KÜTING/HEIDEN, Pro-forma-Ergebnisse in deutschen Geschäftsberichten – Kritische Bestandsaufnahme aus Sicht der Erfolgsanalyse, StuB 2002, S. 1085ff.; KÜTING/RANKER, Auswirkungen von Basel II auf die Praxis der Rechnungslegung – Ist eine ausschließlich ratinginduzierte Umstellung der Rechnungslegung auf IFRS sinnvoll?, FB 2004, S. 93ff.; KÜTING/WEBER, Bilanzanalyse, in: Saarbrücker Handbuch der Betriebswirtschaftlichen Beratung, 3. Aufl., 2004, S. 509ff.; KÜTING/WEBER, Die Bilanzanalyse, 8. Aufl., 2006; KÜTING/WOHLGEMUTH, Möglichkeiten und Grenzen der internationalen Bilanzanalyse, DStR 2004, Beilage zu Heft 48, S. 1ff.; KÜTING/ZWIRNER, Latente Steuern in der Unternehmenspraxis: Bedeutung für Bilanzpolitik und Unternehmensanalyse, WPg 2003, S. 301ff.; KÜTING/ZWIRNER, Zunehmende Bedeutung und Indikationsfunktion latenter Steuern in der Unternehmenspraxis, BB 2005, S. 1553ff.; LEIBFRIED/PFANZELT, Praxis der Bilanzierung von Forschungs- und Entwicklungskosten gemäß IAS/IFRS, KoR 2004, S. 491ff.; LÖW/BLASCHKE, Verabschiedung des Amendment zu IAS 39 Financial Instruments: Recognition and Measurement – The Fair Value Option, BB 2005, S. 1727ff.; LÜDENBACH/HOFFMANN, Enron und die Umkehrung der Kausalität bei der Rechnungslegung, DB 2002, S. 1169ff.; MARTEN/WEISER/KÖHLER, Aktive latente Steuern auf steuerliche Verlustvorträge: Zunehmende Tendenz zur Aktivierung, BB 2003, S. 2335ff.; MEYER/MEISENBACHER, Bilanzpolitik auf der Basis von IAS/IFRS, insbesondere in Zeiten der Krise, DStR 2004, S. 567ff.; MÖHLMANN-MAHLAU/GERKEN/GROTHEER, IFRS im Einzelabschluss: Verlust entscheidender bilanzpolitischer Instrumente?, StuB 2004, S. 849ff.; MÜLLER/WULF, Abschlusspolitisches Potential deutscher Unternehmen im Jahr 2005 unter besonderer Berücksichtigung der IFRS-Erstanwendung, BB 2005, S. 1267ff.; MÜLLER/WULF, Jahresabschlusspolitik nach HBG, IAS und US-GAAP, BB 2001, S. 2206ff.; PELLENS/FÜLBIER/GASSEN, Internationale Rechnungslegung, 6. Aufl., 2006; PÖTSCH/LOTZ/ALVAREZ, Umstellung der Rechnungslegung auf IAS/IFRS – Ein Erfahrungsbericht der Volkswagen AG, in: BALLWIESER u. a. (Hrsg.), WILEY-Kommentar zur internationalen Rechnungslegung nach IAS/IFRS, 2004, S. 1235ff.; POTTGIESSER/VELTE/WEBER, Die langfristige Auftragsfertigung nach IAS 11 – Ausgewählte bilanzpolitische Gestaltungsspielräume, Auswirkungen auf den Grundsatz der Verlässlichkeit nach IAS/IFRS und Berücksichtigung des aktuellen Arbeitsprojekts des IASB/FASB zur Ertragsrealisation (Revenue Recognition), KoR 2005, S. 310ff.; RAMMERT, Bilanzpolitik unter IFRS, Accounting 4/2005, S. 8ff.; RAMMERT, Steuerlatenz im IFRS-Abschluss – Gestaltung und Analyse, PiR 2005, S. 7ff.; RAMMERT/MEURER, Geplante Änderungen in der Eigenkapitalabgrenzung nach IAS 32 – eine Erleichterung für deutsche Unternehmen?, PiR 2006, S. 1ff.; RIEDEL/RAU/TSANACLIDIS, Auswirkungen einer IFRS-Rechnungslegungsumstellung auf die IT-Systeme am Beispiel von SAP R/3, KoR 2004, S. 505ff.; SAILER/SCHURBOHM, IFRS und US-GAAP als Alternative zum HGB, DSWR 2002, S. 361ff.; SCHARPF/KUHN, Finanzinstrumente: Welche Gestaltungsspielräume enthalten die Regelungen zur erstmaligen Anwendung von IAS 32 und IAS 39 für die Praxis?, DB 2004, S. 261ff.; SCHILDBACH, Prinzipienorientierung – wirksamer Schutz gegen Enronitis?, BFuP 2003, S. 247ff.; SIMONS, Der Einfluss eines Aktivierungswahlrechts für Entwicklungskosten auf Beteiligungsentscheidungen, zfbf 2002, S. 743ff.; SPRISSLER/HACKER, Fair Value-Bewertung bei Banken, in: BIEG/HEYD (Hrsg.), Fair Value, Bewertung in Rechnungswesen, Controlling und Finanzwirtschaft, 2005, S. 390ff.; TANSKI, Bilanzpolitische Spielräume in den IFRS, DStR 2004, S. 1843ff.; THEILE, Wahlrechte und Ermessensspielräume nach IAS/IFRS, StuB 2003, S. 957ff.; WAGENHOFER, Internationale Rechnungslegungsstandards – IAS/IFRS, 5. Aufl., 2005; WAGENHOFER/EWERT, Externe Unternehmensrechnung, 2003; WEISSER, Wesentliche Ansatz- und Bewertungsunterschiede zwischen IAS und HGB, in: BLOMEYER/PEEMÖLLER (Hrsg.), Internationale Rechnungslegung und Prüfung, 2000, S. 327ff.; WERNER/PADBERG/KRIETE, IFRS-Bilanzanalyse, Grundlagen, Vorgehensweise, Fallbeispiele, 2005; ZIESEMER, Rechnungslegungspolitik in IAS-Abschlüssen und Möglichkeiten ihrer Neutralisierung, 2002.

1 Problemstellung

1 Mit erstmaliger Anwendung der IFRS-Verordnung der EU und des BilReG in 2005 hat die Zahl der Abschlüsse nach IFRS in Deutschland (→ § 7) sprunghaft zugenommen. Die wachsende Verbreitung der IFRS stellt Aufsteller wie Adressaten vor große Herausforderungen. Für **Aufsteller** ergibt sich über die technische Umstellung ihrer Rechnungslegungssysteme hinaus die Aufgabe, den **Übergang von HGB auf IFRS** bilanzpolitisch zu gestalten und für die spätere Rechnungslegung nach IFRS ein **Konzept für die Bilanzpolitik** zu entwickeln.[1] Dazu gehört neben der Festlegung von Zielen auch die Sondierung der Möglichkeiten und Grenzen der Bilanzpolitik in einem Abschluss nach IFRS.

2 **Adressaten** werden mit dem Problem konfrontiert, sich mit neuen Rechnungslegungsstandards vertraut zu machen und ihre **Analysesysteme** zu restrukturieren. Als besonders schwierig erweist es sich, dass infolge stark voneinander abweichender Abbildungsmethoden Abschlüsse nach IFRS mit denen nach HGB nicht vergleichbar sind.[2] Hierdurch können aus Abschlussdaten nach IFRS gebildete **Kennziffern** nicht nach den geläufigen, im Kontext des HGB entwickelten Richtwerten beurteilt werden. Die sprunghaften Veränderungen von Kennziffern beim Übergang von HGB auf IFRS zeigen, dass bei der Analyse von Abschlüssen nach IFRS ganz neue Maßstäbe angelegt werden müssen.

3 Die verbreitete Einführung von IFRS wird von anderen Reformen wie der in 2007 bzw. 2008 in Kraft tretenden **Eigenkapitalrichtlinie Basel II** überlagert.

---

[1] Zu den technischen Problemen der Umstellung vgl. RIEDEL/RAU/TSANACLIDIS, KoR 2004, S. 505ff.; WAGENHOFER, Internationale Rechnungslegungsstandards – IAS/IFRS, 5. Aufl., 2005, S. 541ff.

[2] Vgl. BALLWIESER/HACHMEISTER, Möglichkeiten und Grenzen einer international ausgerichteten Abschlussanalyse, in: LACHNIT/FREIDANK (Hrsg.), Investororientierte Unternehmenspublizität, 2000, S. 573ff.

Hiernach soll die von Kreditinstituten geforderte Eigenkapitalunterlegung für Kredite mit dem jeweils zugrunde liegenden Kreditrisiko verknüpft werden. Dieses ist durch ein **internes Rating** des Kreditinstituts oder ein **externes Rating** einer Ratingagentur zu ermitteln, wobei sich die Ratings jeweils stark auf Abschlussinformationen stützen. Vom Ergebnis solcher Ratings werden künftig die Kreditkonditionen für Kreditnehmer maßgeblich abhängen.

Vor diesem Hintergrund stellt sich für **Unternehmen** die Frage, ob eine Umstellung auf IFRS zu einer **Verbesserung des Ratings** beitragen kann und wie eine auf das Rating zugeschnittene Bilanzpolitik auszusehen hat.[3] Umgekehrt müssen sich Kreditinstitute bei internen Ratings in zunehmendem Maße mit der Auswertung von Abschlüssen nach IFRS auseinandersetzen.

2 Bilanzpolitik

2.1 Ziele

Gegenstand von Bilanzpolitik ist es, durch Nutzung von **Spielräumen** bei der Gestaltung von Jahres- oder Konzernabschlüssen bestimmte Ziele zu verfolgen. Da für die Aufstellung eines Abschlusses nach IFRS wie nach HGB das **Management** zuständig ist, wird Bilanzpolitik maßgeblich von dessen Zielen geprägt. Hierbei können die Ziele des Managements von denen der **Eigentümer** abweichen. Letztere sind im Allgemeinen an der **Maximierung des Marktwerts des Eigenkapitals** interessiert.

4

Die bilanzpolitische Gestaltung von Abschlüssen ist eng an deren jeweilige Funktionen gebunden. Zentrale Funktionen sind **Zahlungsbemessung**, d.h. Ausschüttungs- und Steuerbemessung, sowie **Information**. Hieran anknüpfend werden mit Bilanzpolitik

5

- Ausschüttungspolitik,
- Steuerpolitik oder
- Informationspolitik

betrieben.

Während es bei Ausschüttungs- und Steuerpolitik um die Einwirkung auf Rechtsfolgen geht, hat Informationspolitik die Beeinflussung des Verhaltens der Adressaten zum Ziel.

Nach IFRS konzentriert sich die Funktion eines Abschlusses auf die Vermittlung von **entscheidungsnützlichen Informationen** (→ § 1 Rz 15). Entsprechend hat der deutsche Gesetzgeber vorerst die Anwendung von IFRS weitgehend auf den **Konzernabschluss** beschränkt, der einzig der Information dient.[4] Dem weiterhin nach HGB aufzustellenden **Jahresabschluss** bleibt vorerst die Zahlungsbemessung vorbehalten. Die funktionale Trennung zwischen

6

---

[3] Vgl. Küting/Ranker, FB 2004, S. 93ff.
[4] Nach § 325 Abs. 2a HGB wird großen Kapitalgesellschaften die Anwendung von IFRS auch in dem im Bundesanzeiger zu veröffentlichenden Jahresabschluss gestattet (→ § 7 Rz 11).

Jahres- und Konzernabschluss ermöglicht eine **zweigleisige Bilanzpolitik**. Während der Jahresabschluss nach HGB Ansatzpunkt für Ausschüttungs- und Steuerpolitik ist, stehen im Konzernabschluss nach IFRS informationspolitische Gesichtspunkte im Zentrum der Bilanzpolitik.
Die Abkopplung des Konzernabschlusses vom Jahresabschluss hat für den Aufsteller den Vorteil, dass **Konzernbilanzpolitik** weitgehend ohne Rücksicht auf Ausschüttungs- und Steuerwirkungen betrieben werden kann. Gleichwohl orientieren sich die Eigentümer bei der Formulierung ihrer **Ausschüttungsansprüche** vor allem am **Konzernergebnis**. Hierdurch können im Gefolge der Konzernbilanzpolitik nach IFRS Begehrlichkeiten der Eigentümer geweckt werden, deren Erfüllung nicht möglich oder erwünscht ist. Ebenso kann eine von der **Steuerbilanz** abweichende Würdigung eines Geschäftsvorfalls im Konzernabschluss nach IFRS zu Akzeptanzproblemen bei der Finanzverwaltung führen. Zu denken ist u. a. an die unterschiedliche Behandlung eines rückstellungsrelevanten Sachverhalts in den beiden Rechenwerken.

2.2 Instrumente

2.2.1 Systematisierung

7   Als ein Grund für die **geringe** internationale **Akzeptanz** des HGB wird gern auf die im Vergleich zu internationalen Standards größere Zahl von **Wahlrechten** verwiesen, die dem Aufsteller einen zu großen Freiraum für Bilanzpolitik gewähren.[5] Genauer betrachtet erweist sich diese Argumentation als oberflächlich, weil zur Beurteilung des bilanzpolitischen Spielraums neben Wahlrechten auch andere Instrumente der Bilanzpolitik berücksichtigt werden müssen (→ § 1 Rz 33ff.).

8   Ansatzpunkte für Bilanzpolitik sind neben der Abbildung der Geschäftsvorfälle im Abschluss (**Bilanzpolitik nach dem Stichtag**) auch deren konzeptionelle Gestaltung (**Bilanzpolitik vor dem Stichtag**). Letztere hat zum Ziel, das Bilanzbild durch Unterlassen oder Durchführung von Geschäften sowie durch geeignete Wahl von Zeitpunkt und Form der Durchführung zu beeinflussen. Das Jahresergebnis lässt sich z. B. erhöhen, indem Forschungs- oder Werbeaufwendungen auf spätere Geschäftsjahre verschoben oder zusätzliche Umsatzerlöse durch Vorverlagerung von Lieferungen und Leistungen erzielt werden. Weit verbreitet sind *off-balance-sheet*-Finanzierungen wie **Leasing** (→ § 15) oder *asset-backed-securities*-Transaktionen (→ § 28 Rz 74), die zur **Verbesserung der Bilanzstruktur** beitragen.

9   Instrumente der Bilanzpolitik bei Abbildung der Geschäftsvorfälle im Abschluss sind Wahlrechte und Ermessensspielräume.[6] **Wahlrechte** liegen vor, wenn Gesetz bzw. Standards für die Abbildung eines Sachverhalts mindestens zwei sich gegenseitig ausschließende Alternativen ausdrücklich zulassen. Im Unterschied dazu ergeben sich **Ermessensspielräume** mehr oder weniger ge-

---

[5]   Vgl. z. B. SAILER/SCHURBOHM, DSWR 2002, S. 364.
[6]   Vgl. BIEG/KUSSMAUL, Externes Rechnungswesen, 4. Aufl., 2006, S. 227ff.

wollt bei Anwendung von abstrakten Abbildungsnormen auf konkrete Sachverhalte. Ihre Ursache haben Ermessensspielräume in der unvermeidbaren **Unbestimmtheit** von Abbildungsnormen und der **Unsicherheit** bei der Beurteilung zukunftsbezogener Sachverhalte.

2.2.2 Sachverhaltsgestaltungen

Jedes Bilanzrechtssystem setzt unvermeidbar Anreize zu Sachverhaltsgestaltungen. Diese grundlegende Erkenntnis hat sich für die internationale Rechnungslegung nicht zuletzt durch Bilanzskandale wie **Enron** bestätigt, bei denen Sachverhaltsgestaltungen wie die Auslagerung von Schulden und Risiken auf nicht in den Konzernabschluss einbezogene **Zweckgesellschaften** (*special purpose entities*, SPEs) eine zentrale Rolle spielten (→ § 32 Rz 59ff.). Sachverhaltsgestaltungen sind aus zwei Gründen kritisch zu sehen. Einerseits handelt es sich um **Ausweichhandlungen**, mit denen Abbildungsregeln und deren Zweck gezielt unterlaufen werden. Andererseits verursachen Sachverhaltsgestaltungen **Effizienzverluste**, weil bei der Auswahl von Handlungsalternativen Bilanzoptik und nicht Wirtschaftlichkeit im Vordergrund steht. In Anbetracht der negativen Folgen auf realer und bilanzieller Ebene hängt die Qualität eines Bilanzrechtssystems maßgeblich davon ab, in welchem Umfang **Anreize** zu Sachverhaltsgestaltungen gegeben werden.

10

Begrenzend für Sachverhaltsgestaltungen wirkt sich der **Grundsatz der wirtschaftlichen Betrachtungsweise** (*substance over form*) aus, der sowohl im HGB als auch in den IFRS verankert ist (→ § 1 Rz 52). Hiernach hat bei Abbildung eines Geschäftsvorfalls der wirtschaftliche Gehalt und nicht die rechtliche Form den Ausschlag zu geben. Typischer Anwendungsfall ist die bilanzielle Zuordnung eines Vermögenswerts nach wirtschaftlichen statt nach zivilrechtlichen Kriterien.

11

Der Grundsatz der wirtschaftlichen Betrachtungsweise besitzt in den IFRS tendenziell größeres Gewicht als im HGB. Dies zeigt sich u. a. bei *sale-and-lease-back*-Geschäften, bei denen die **Gewinnrealisierung** nach IFRS restriktiver als nach HGB geregelt ist. Bei einem *operating*-Leasing, d. h. bei Übergang des wirtschaftlichen Eigentums auf den **Leasinggeber**, darf nach den IFRS der Gewinn aus der vorangegangenen Veräußerung des Vermögenswerts vom **Leasingnehmer** nur dann sofort vereinnahmt werden, wenn der Veräußerungspreis nicht über dem beizulegenden Zeitwert des Vermögenswerts liegt. Andernfalls muss der überschießende Betrag über die geschätzte wirtschaftliche Nutzungsdauer des Leasingobjekts verteilt werden (→ § 15 Rz 143). Dies kann den mit einer solchen Maßnahme angestrebten **Sanierungserfolg** beeinträchtigen.

Ebenso kennen die IFRS im Unterschied zum HGB keine **Wahlrechte** bei der Abgrenzung des **Konsolidierungskreises** im Konzernabschluss (→ § 31). Dies erschwert Sachverhaltsgestaltungen durch **In-sich-Geschäfte** im Konzern, die im Konzernabschluss ihre Wirkung immer dann verfehlen, wenn die beteiligten Unternehmen voll konsolidiert werden müssen.

12

Die Aufdeckung von **stillen Reserven** ist ein wichtiges Motiv für **Sachverhaltsgestaltungen**. Hierfür kommen u. a. die Veräußerung von nicht betriebs-

13

notwendigem Anlagevermögen, *sale-and-lease-back*-Geschäfte und **Pensionsgeschäfte** (→ § 28 Rz 82ff.) in Betracht. Das Interesse für solche Maßnahmen dürfte bei Anwendung von IFRS geringer ausfallen, weil zahlreiche Bilanzposten obligatorisch oder fakultativ zum *fair value* bewertet werden. Da bei Bewertung zum *fair value* **Werterhöhungen am ruhenden Vermögen** erfasst werden, bedarf es keiner aufwändigen Geschäfte, um **stille Reserven** aufzudecken. Bei Bewertung von Wertpapieren zum Stichtagskurs sind z. B. ein kostspieliger Verkauf und ggf. anschließender Rückkauf überflüssig, um Kursgewinne zu vereinnahmen. Hierin ist ein nicht zu vernachlässigender **Effizienzvorteil** der *fair-value*-Bewertung nach IFRS gegenüber der **Anschaffungskostenbewertung** nach HGB zu sehen.

Umgekehrt kann die *fair-value*-Bewertung den Fehlanreiz geben, allein deshalb in zum *fair value* zu bewertende *assets* zu investieren, weil bei günstiger Marktlage der *fair value* im Vergleich zu den Anschaffungskosten eine **frühere Gewinnrealisierung** zulässt (→ § 1 Rz 39f.).

14 Den IFRS wird im Vergleich mit den US-GAAP die Eigenschaft zugeschrieben, eher **prinzipien-** als **regelorientiert** zu sein (→ § 1 Rz 44ff.).[7] Hierbei wird auf Typisierungen durch Vorgabe von Grenzwerten größtenteils verzichtet. Im Gegensatz zu den US-GAAP gibt es z. B. zur Abgrenzung von *operating-* und *finance*-Leasing keine **quantitativen Kriterien** (→ § 15 Rz 20ff.). Vielmehr wird auf allgemeine Merkmale wie **Wesentlichkeit** abgestellt.

Wie sich eine stärkere Prinzipienorientierung auf die Möglichkeiten von Sachverhaltsgestaltungen auswirkt, lässt sich nicht eindeutig beurteilen. Einerseits ergeben sich aus der größeren Unschärfe der Abbildungsregeln zusätzliche **Ermessensspielräume**, die die Abgrenzung von zulässigen und unzulässigen Sachverhaltsgestaltungen erschweren. Andererseits hat die Präzisierung der Abbildungsregeln z. B. durch **Schwellenwerte** den Nachteil, dass der Ehrgeiz zur Umgehung der Regeln gefördert wird und **Umgehungstatbestände** maßgeschneidert werden können.

2.2.3 Wahlrechte

15 Ein zentraler Kritikpunkt an den IFRS war früher die ausufernde Zahl von **Wahlrechten**, welche die Transparenz und Vergleichbarkeit der Abschlüsse stark beeinträchtigt haben. Um diesen Mangel zu beseitigen und sich den nahezu **wahlrechtsfreien** US-GAAP anzunähern, wurden in mehreren Projekten zahlreiche Wahlrechte beseitigt.[8] Auf längere Sicht ist vom IASB ein vollständiger Verzicht auf Wahlrechte geplant *(Preface 13)*.

16 In den IFRS war es bisher üblich, Wahlrechte in zwei Formen zu gewähren: Eine *benchmark*-**Methode** (*benchmark treatment*) und eine oder mehrere **alternativ zulässige Methoden** (*alternative treatment*). Neuerdings wird auf die Vorgabe einer *benchmark*-Methode verzichtet, so ab 2005 für die Neube-

---

[7] Vgl. BALLWIESER, IFRS-Rechnungslegung, Konzept, Regeln und Wirkungen, 2006, S. 19ff.
[8] Vgl. PELLENS/FÜLBIER/GASSEN, Internationale Rechnungslegung, 6. Aufl., 2006, S. 75ff.

wertung des sächlichen und immateriellen Anlagevermögens (→ § 8 Rz 52). Vielmehr werden einfach mehrere Alternativen zur Wahl gestellt. In einzelnen Fällen wird die **Angabe von Differenzen** zu einer Referenzmethode gefordert. Vgl. hierzu Tabelle 2 in Rz 23.

Im Unterschied zum HGB gewähren die IFRS ausschließlich **Bewertungswahlrechte**. **Bilanzierungswahlrechte** sind in den IFRS nicht zu finden. Der Inhalt einer Bilanz nach IFRS ist auf *assets* und *liabilities* festgelegt, für die bei Vorliegen bestimmter Kriterien (→ § 1 Rz 87ff.) jeweils ein **Bilanzierungsgebot** gilt. Dementsprechend stehen den **Bilanzierungswahlrechten** nach HGB für Aktiva bzw. Passiva, die als *assets* bzw. *liabilities* zu qualifizieren sind, in den IFRS **Bilanzierungsgebote** gegenüber. Umgekehrt stehen den **Bilanzierungswahlrechten** nach HGB für Aktiva bzw. Passiva, die nicht als *assets* bzw. *liabilities* zu qualifizieren sind, in den IFRS **Bilanzierungsverbote** gegenüber (vgl. Tabelle 1).

17

HGB	IFRS
Aktivierungswahlrechte	
• Aufwendungen für die Ingangsetzung und Erweiterung des Geschäftsbetriebs (§ 269 HGB)	Aktivierungsverbot
• derivativer Geschäfts- oder Firmenwert (§ 255 Abs. 4 HGB)	Aktivierungsgebot
• aktivische latente Steuern (§ 274 Abs. 2 HGB)	Aktivierungsgebot
• Disagio (§ 250 Abs. 3 HGB)	Gebot zum Abzug vom Zugangswert der Verbindlichkeit
Passivierungswahlrechte	
• Sonderposten mit Rücklageanteil (§ 247 Abs. 3 HGB i. V. m. § 273 HGB)	Passivierungsverbot
• Pensionsverpflichtungen aus Zusagen vor dem 1.1.1987 sowie mittelbare und ähnliche unmittelbare und mittelbare Pensionsverpflichtungen (Art. 28 EGHGB)	Passivierungsgebot
• Rückstellungen für unterlassene Instandhaltungsaufwendungen (Nachholung vom 4. bis 12. Monat; § 249 Abs. 1 Satz 3 HGB)	Passivierungsverbot
• Aufwandsrückstellungen (§ 249 Abs. 2 HGB)	Passivierungsverbot

Tab. 1: Behandlung von handelsrechtlichen Bilanzierungswahlrechten in den IFRS

Freilich bedeutet das Fehlen von **Bilanzierungswahlrechten** in den IFRS keineswegs, dass sich der Inhalt einer Bilanz nicht bilanzpolitisch gestalten lässt. Tatsächlich eröffnen die IFRS bei der Bilanzierung dem Grunde nach erhebliche **Ermessensspielräume** (sog. **unechte** bzw. **verdeckte Wahlrechte**; Rz 24ff.).

18 Die **Bewertungswahlrechte** nach IFRS stehen zu einem großen Teil in Zusammenhang mit dem international bevorzugten *fair value accounting*. Die IFRS befinden sich derzeit insofern in einem massiven Umbruch, als die Anschaffungs- und Herstellungskosten als Wertmaßstab in zunehmendem Umfang vom *fair value* (**beizulegenden Zeitwert**) abgelöst werden.[9] Letzterer soll eine markt- und zeitnahe Bewertung ermöglichen, die ein Überschreiten der Anschaffungskosten einschließt. Bisher beschränkt sich die Bewertung zum *fair value* allerdings auf wenige Bilanzposten, wobei zum Teil nur ein **Wahlrecht** gewährt wird.

19 Der Anwendungsbereich der *fair-value*-Bewertung wurde durch die Einführung der *fair value option* für **Finanzinstrumente** mit dem Ende 2003 grundlegend überarbeiteten IAS 39 erheblich erweitert. Hiernach durften Finanzinstrumente im Zugangszeitpunkt unabhängig von ihrer Zweckbestimmung in eine *fair-value*-Kategorie designiert und erfolgswirksam zum *fair value* bewertet werden. Mit dem **uneingeschränkten Designationswahlrecht** (→ § 28 Rz 33) war ein hohes Maß an **bilanzpolitischer Flexibilität** verbunden, weil das Wahlrecht für jedes zugehende Finanzinstrument neu ausgeübt werden durfte. Bei voller Ausschöpfung des Wahlrechts war es sogar möglich, im Bereich der Finanzinstrumente ein *full fair value accounting* zu etablieren. Die *fair value option* wurde insbesondere von Kreditinstituten und deren Aufsichtsbehörden als zu weit gehend **kritisiert**.[10] Hauptkritikpunkt sind grundlegende Schwächen der *fair-value*-Bewertung, die

- dem Bilanzierenden zu große **Ermessensspielräume** gewähre,
- die **Volatilität** von Eigenkapital und Ergebnis erhöhe und
- die **Aussagefähigkeit** der Ergebnisrechnung beeinträchtige.

Überdies führe die Ausgestaltung als Wahlrecht zu Vergleichbarkeitsproblemen.
Als Reaktion auf die Kritik hat der IASB mit dem Mitte 2005 verabschiedeten *Amendment* zu IAS 39 die *fair value option* **eingeschränkt**.[11] Hiernach ist die erfolgswirksame Designation von Finanzinstrumenten zum *fair value* auf solche Fälle **beschränkt**, in denen

- die Relevanz der Abschlussinformationen über Sicherungsbeziehungen bzw. auf *fair-value*-Basis gemanagte Portfolios erhöht oder
- die Komplexität bzw. Verlässlichkeit der Bewertung von hybriden Finanzinstrumenten verringert bzw. erhöht wird (zu Details → § 28 Rz 34).

Wenngleich mit der Einschränkung der *fair value option* der bilanzpolitische Spielraum zunächst erheblich **verringert** wird, lassen die Anwendungsvoraus-

---

[9] Zu diesem Paradigmenwechsel vgl. für viele BALLWIESER/KÜTING/SCHILDBACH, BFuP 2004, S. 529ff.; HITZ, WPg 2005, S. 1013ff.

[10] Vgl. m.w.N. SPRISSLER/HACKER, Fair Value-Bewertung bei Banken, in: BIEG/HEYD (Hrsg.), Fair Value, Bewertung in Rechnungswesen, Controlling und Finanzwirtschaft, 2005, S. 390ff.

[11] Vgl. LÖW/BLASCHKE, BB 2005, S. 1730ff.

setzungen beachtlichen **Auslegungsspielraum**, der wiederum für Bilanzpolitik genutzt werden kann.

Mit dem Wahlrecht, als **Finanzinvestitionen gehaltene Immobilien** *(investment properties)* alternativ zu fortgeführten Anschaffungskosten oder zum *fair value* zu bewerten, kann das *fair-value*-Konzept auch auf **nicht-finanzielle** Vermögenswerte angewandt werden (→ § 16 Rz 3). Hierbei gehen Wertänderungen ebenfalls unmittelbar in die GuV ein.

20

Großes **bilanzpolitisches Potenzial** besitzen jene Wahlrechte, die es ermöglichen, **Bewertungsergebnisse** an der GuV vorbeizuschleusen und **direkt im Eigenkapital** zu erfassen. Hierdurch können nicht nur die einzelnen Periodenergebnisse durch zeitliche Verlagerung, sondern auch deren Summe beeinflusst werden (Rz 57ff.). Für eine derartige Gestaltung kommen die Wahlrechte zur **Neubewertung** von Sachanlagen und auf einem aktiven Markt gehandelten immateriellen Vermögenswerten (→ § 8 Rz 52ff.) sowie in **Übergangsvorschriften** von einzelnen Standards in Frage.

21

Ein entscheidender Nachteil ist in der geringen **Praxistauglichkeit** dieser Wahlrechte zu sehen.[12] Sie treten relativ selten auf und sind weitgehend unflexibel in der Handhabung. Überdies kann der bilanzielle Effekt aus der Wahlrechtsausübung **zweischneidig** sein. Hat sich ein Unternehmen z. B. für die Neubewertung von Sachanlagen mit der Folge einer Höherbewertung entschieden, so führt der Bewertungsgewinn zu einer erfolgsneutralen Erhöhung des Eigenkapitals. Dem positiven Eigenkapitaleffekt steht allerdings das Manko erhöhter **planmäßiger Abschreibungen** in der Zukunft gegenüber.

Größtenteils keine Entsprechung in den IFRS finden die zahlreichen **Bewertungswahlrechte** nach HGB. Dies gilt z. B. für die Bewertung von selbst erstellten Vermögenswerten mit ihren **Herstellungskosten**. Während nach HGB ein Wahlrecht zur Einbeziehung von bestimmten **Gemeinkosten** besteht, sind nach IFRS **produktionsorientierte Vollkosten** (→ § 8 Rz 20) zwingend anzusetzen. Eine Parallele besteht lediglich bei den auf den Zeitraum der Herstellung entfallenden **Finanzierungskosten**, für die in beiden Bilanzrechtssystemen ein **Aktivierungswahlrecht** existiert (→ § 9 Rz 14ff.). Im Ergebnis stellt die weitgehend wahlrechtsfreie Definition der Herstellungskosten nach IFRS eine starke Einschränkung der **Bilanzpolitik** bei der Bewertung von selbst erstellten Vermögenswerten dar.

22

Gleichfalls unvereinbar mit den IFRS sind die diversen handelsrechtlichen **Abschreibungswahlrechte**, die es ermöglichen, über die vom Imparitätsprinzip geforderte Verlustantizipation hinaus Abschreibungen auf Vermögensgegenstände vorzunehmen. Hierdurch können **stille Reserven** gebildet werden, die die Grundlage für eine **Ergebnisglättungspolitik** bilden. Im Einzelnen handelt es sich um die **Wahlrechte** für

---

[12] Vgl. WAGENHOFER, Internationale Rechnungslegungsstandards – IAS/IFRS, 5. Aufl., 2005, S. 556.

Rammert

- außerplanmäßige Abschreibungen im Anlagevermögen bei nur **vorübergehender Wertminderung** (§ 253 Abs. 2 Satz 3 i. V. m. § 279 Abs. 1 Satz 2 HGB),
- Abschreibungen auf den **zukünftigen Wertschwankungswert** im Umlaufvermögen (§ 253 Abs. 3 Satz 3 HGB),
- Abschreibungen **im Rahmen vernünftiger kaufmännischer Beurteilung** (§ 253 Abs. 4 i. V. m. § 279 Abs. 1 HGB),
- Abschreibungen auf den nur **steuerrechtlich zulässigen Wert** (§ 254 i. V. m. § 279 Abs. 2 HGB).

23 Zu einem Überblick über Wahlrechte nach IFRS vgl. Tabelle 2.[13]

Wahlrechte nach IFRS	Vergleich mit HGB
Bewertung von Sachanlagen (IAS 16; → § 14), immateriellen Vermögenswerten (IAS 38; → § 13) und Aufsuchungs- und Abschätzungskosten von Mineralvorkommen (IFRS 6; → § 42) auf Basis der • Anschaffungs- und Herstellungskosten (→ § 8 Rz 11)	• zwingend
• Neubewertung *(revaluation)* (→ § 8 Rz 52)	• nicht zulässig
Behandlung der kumulierten Abschreibungen bei Neubewertung von Sachanlagen (IAS 16) und immateriellen Vermögenswerten (IAS 38; → § 8 Rz 65) • proportionale Anpassung • Verrechnung gegen Bruttobuchwert	• nicht anwendbar
Auflösung der Neubewertungsrücklage bei Neubewertung von Sachanlagen (IAS 16) und immateriellen Vermögenswerten (IAS 38; → § 8 Rz 74) • bei Ausbuchung des Vermögenswerts • entsprechend der Nutzung des Vermögenswerts	• nicht anwendbar
Fremdfinanzierungskosten (IAS 23) • sofortiger Aufwand • Aktivierung, soweit sie sich auf die Anschaffung oder Herstellung eines Vermögenswerts beziehen (→ § 9 Rz 14ff.)	• gleich • Aktivierung nur bei Herstellung

---

[13] Nach WAGENHOFER, Internationale Rechnungslegungsstandards – IAS/IFRS, 5. Aufl., 2005, S. 555ff.

Wahlrechte nach IFRS	Vergleich mit HGB
Wahlrecht für die Gliederung der Bilanz nach (IAS 1) • Fristigkeit • Liquidität (eingeschränkte Wahl) (→ § 2 Rz 22ff.)	• zwingend
Gliederung der Gewinn- und Verlustrechnung je nach Relevanz (IAS 1) • Gesamtkostenverfahren • Umsatzkostenverfahren (→ § 2 Rz 46ff.)	• gleich
Aufstellung der Kapitalflussrechnung (IAS 7) • direkte Methode (präferiert) • indirekte Methode (→ § 3 Rz 44ff.)	• gleich (DRS 2)
Zuordnung von Zinsen und Dividenden in der Kapitalflussrechnung (IAS 7) zu den • *cash-flows* aus der laufenden Geschäftstätigkeit • *cash-flows* aus der Investitions- bzw. Finanzierungstätigkeit (→ § 3 Rz 91ff.)	• Regel (DRS 2) • in Ausnahmefällen zulässig (DRS 2)
Erstmalige Anwendung der IFRS (IFRS 1) • retrospektive Anwendung aller IFRS • Ausnahmeregelungen für einzelne Positionen (→ § 6 Rz 44ff.)	• nicht anwendbar
Verbrauchsfolge bei der Vorratsbewertung (IAS 2) • Fifo • Durchschnittspreisverfahren (→ § 8 Rz 40ff.)	• weitere Verfahren zulässig
Ansatz einer Zuwendung für einen Vermögenswert durch (IAS 20) • Passivierung als eigener Posten • direkte Verrechnung gegen Buchwert des Vermögenswerts (→ § 12 Rz 26)	• zulässig

Wahlrechte nach IFRS	Vergleich mit HGB
Im Rahmen von *operating*-Leasing gehaltene Immobilien, die die Definitionskriterien einer Finanzinvestition i.S.v. IAS 40 erfüllen (IAS 17, IAS 40) • Aktivierung und Bewertung mit *fair value* • Behandlung als schwebendes Geschäft (→ § 15 Rz 122; → § 16 Rz 36)	• zwingend (bei identischer Klassifikation)
Bewertung von als Finanzinvestitionen gehaltenen Immobilien mit (IAS 40) • beizulegendem Zeitwert • fortgeschriebenen Anschaffungskosten (→ § 16 Rz 35)	• zwingend
Eigenkapitalveränderungen als (IAS 1) • Darstellung der erfassten Erträge und Aufwendungen • Aufstellung aller Änderungen des Eigenkapitals (→ § 20 Rz 40ff.)	• keine Regelung
Verrechnung von versicherungsmathematischen Gewinnen und Verlusten bei leistungsorientierten Versorgungsplänen (IAS 19) • Korridormethode mit 10 % Korridor und erfolgswirksamer Verteilung über durchschnittliche Restlebensarbeitszeit • kürzere systematische Verteilung • geringerer oder gar kein Korridor • erfolgsneutrale Erfassung im Eigenkapital (→ § 22 Rz 44f.)	• nur sofortiger erfolgswirksamer Ansatz zulässig
Ermittlung des Barwerts leistungsorientierter Altersversorgungspläne bei der Berichterstattung des Fonds auf Basis des (IAS 26; → § 41) • gegenwärtigen oder • künftig erwarteten Gehaltsniveaus	• keine Regelung
Berichterstattung von Altersversorgungsfonds kann durch drei Formate erfolgen (IAS 26; → § 41)	• keine Regelung

Wahlrechte nach IFRS	Vergleich mit HGB
Klassifizierung von finanziellen Vermögenswerten und Verbindlichkeiten (IAS 39) • unter bestimmten Bedingungen als *financial assets or liabilities at fair value through profit or loss (fair value option)* • nach tatsächlichen Eigenschaften (→ § 28 Rz 33)	• nicht anwendbar
Kauf oder Verkauf von Finanzinstrumenten zum (IAS 39) • Handelstag • Erfüllungstag (→ § 28 Rz 60)	• keine Regelung
Bilanzierung der im Eigenkapital erfassten Wertänderungen von Derivaten zur Absicherung von *cash flows* erwarteter Transaktionen bei Eintritt der Transaktion (IAS 39) • erfolgswirksame Erfassung analog zur Erfolgswirksamkeit des nicht finanziellen Vermögenswerts oder Schuldpostens • Einbeziehung in die Anschaffungskosten des nicht finanziellen Vermögenswerts (→ § 32) oder Schuldpostens	• nicht zulässig
Bewertung von Beteiligungen im Einzelabschluss (IAS 27, IAS 28, IAS 31) • mit Anschaffungskosten • in Übereinstimmung mit IAS 39 (→ § 32 Rz 163; → § 33 Rz 30; → § 34 Rz 59)	• zwingend
Bilanzierung von Beteiligungen an *joint ventures* im Konzernabschluss der Partnerunternehmen (IAS 31) • Quotenkonsolidierung • *equity*-Methode (→ § 34 Rz 18 und Rz 82)	• gleich
Anwendung neuer Standards • zum Zeitpunkt des Inkrafttretens • vorzeitig	• zwingend

Tab. 2: Wahlrechte nach IFRS

2.2.4 Ermessensspielräume

24 Im Unterschied zum HGB bilden in den IFRS weniger **Wahlrechte** als vielmehr **Ermessensspielräume** die Grundlage für Bilanzpolitik. Ermessensspielräume haben in den IFRS vielfältige Ursachen.[14] Diese liegen u. a. in

- fehlenden Regelungen, z. B. für weite Bereiche der **Versicherungsbilanzierung** (→ § 1 Rz 78ff.),
- unscharfen Begriffen, z. B. den häufig und zum Teil in unterschiedlicher Bedeutung verwendeten **Wahrscheinlichkeitsbegriffen** wie *virtually certain* (IAS 37.33), *probable, possible* oder *remote* (→ § 21 Rz 92),
- unbestimmten Bewertungsmethoden, z. B. bei Ermittlung des *fair value* mit **Zukunftserfolgsverfahren** oder **Optionspreismodellen** (→ § 28 Rz 109),
- **prognoseabhängigen** Wertmaßstäben, z. B. dem *recoverable amount* (→ § 11 Rz 17ff.).

25 Wenngleich die IFRS keine offenen **Bilanzierungswahlrechte** enthalten, bestehen zur Gestaltung des Bilanzinhalts erhebliche **Ermessensspielräume**. Für die Aktivierung von selbst erstellten immateriellen Vermögenswerten ist die Unterscheidung von **Forschung** und **Entwicklung** (→ § 13 Rz 21ff.) von zentraler Bedeutung. Forschungskosten dürfen nicht, Entwicklungskosten müssen aktiviert werden, wenn das Unternehmen nachweist, dass bestimmte Kriterien (→ § 11) summarisch erfüllt sind. Die Aktivierungspflicht kommt **de facto** allerdings einem **Aktivierungswahlrecht** gleich. Einerseits kann der zu aktivierende Betrag durch die **nicht eindeutige Trennbarkeit** von Forschung und Entwicklung gesteuert werden. Andererseits lässt sich die Aktivierung von Entwicklungskosten umgehen, indem das Vorliegen der **Ansatzkriterien** nicht nachgewiesen bzw. ein einzelnes Kriterium widerlegt wird. Letzteres dürfte dem Aufsteller nicht schwer fallen, da die Kriterien kaum bzw. **nicht intersubjektiv nachprüfbar** sind.[15]

Beispiel
Die Blitz GmbH investiert seit Anfang 2006 monatlich 200 TEUR in die Entwicklung eines Geräts zur Warnung vor Radarfallen, dem bei hinreichender Zuverlässigkeit große Marktchancen eingeräumt werden.
Bis Ende Juni ist die Zuverlässigkeit des Geräts wegen Interferenzproblemen äußerst gering, so dass die technische Machbarkeit als ein Aktivierungskriterium für Entwicklungskosten pessimistisch einzuschätzen ist. Anfang Juli gelingt jedoch der technische Durchbruch, was sich in der monatlichen Verbesserung der Testergebnisse zeigt.
Je nachdem, wie die für den Markterfolg des Geräts erforderliche Zuverlässigkeit eingeschätzt wird, lässt sich die technische Machbarkeit be-

---

[14] Vgl. Tanski, DStR 2004, S. 1843.
[15] Vgl. Hommel/Rammert, IFRS-Bilanzanalyse case by case, 2006, S. 120ff.

> stätigen oder bestreiten. Im gegebenen Beispiel kann die Blitz GmbH bei geschickter Argumentation und Nachweis der übrigen Aktivierungskriterien im Abschluss 2006 Entwicklungskosten zwischen 0 und 1.200 TEUR (für Juli bis Dezember) aktivieren.

Weiten Spielraum eröffnen auch die ermessensabhängigen Ansatzkriterien für **Rückstellungen** nach IFRS. Hiernach setzt deren **Passivierung** u. a. voraus, dass die Wahrscheinlichkeit für eine künftige Inanspruchnahme des Unternehmens über 50 % liegt (→ § 21 Rz 32). Ist eine künftige Belastung zwar nicht *more likely than not*, aber *reasonably possible*, besteht für diese eine **Angabepflicht im Anhang**. Da es im Regelfall an objektiven Wahrscheinlichkeiten fehlt, hängt es von der subjektiven Beurteilung der Wahrscheinlichkeiten durch den Aufsteller ab, ob eine unsichere Verpflichtung passiviert oder im Anhang angegeben wird. Zusätzlich bietet das Ansatzkriterium der **verlässlichen Bewertung** (→ § 21 Rz 94) dem Aufsteller einen geeigneten Ansatzpunkt, um die Passivierung einer unsicheren Verpflichtung abzuwehren. Hier fehlt es wiederum an einem justiziablen Maßstab, um das Vorliegen des Kriteriums nachzuweisen.

Die Ermessensabhängigkeit der Bilanzierung von Rückstellungen wird in den jüngsten Überlegungen des IASB in ED IAS 37 keineswegs abgeschwächt, sondern sogar verstärkt, wobei die Spielräume von der Ebene des Ansatzes auf die der Bewertung verlagert werden (→ § 21 Rz 39 und 143). Das jetzige Ansatzkriterium des wahrscheinlichen künftigen Ressourcenabflusses soll der ausschließlichen Bilanzierung von unbedingten Verpflichtungen weichen. Hiernach wären bisher passivierungspflichtige Verpflichtungen, deren Entstehen von einem wahrscheinlichen künftigen Ereignis abhängt, künftig als bedingte Verpflichtungen von einem Ansatz ausgeschlossen. Nach Ansicht des IASB gehen aber bedingten Verpflichtungen in aller Regel passivierungspflichtige unbedingte Verpflichtungen voraus, die z. B. bei Prozessrisiken im „Bereitstehen müssen" gesehen werden (*stand ready obligations*). Hierbei ist die Unsicherheit des Ressourcenabflusses in der Bewertung der Rückstellung mit dem *expected-cash-flow-approach* zu berücksichtigen, bei dem *cash-flow*-Szenarien mit den jeweiligen Eintrittswahrscheinlichkeiten zu gewichten sind.[16] Im Ergebnis wären in Zukunft selbst Verpflichtungen, die mit geringer Wahrscheinlichkeit bestehen bzw. entstehen werden, zu passivieren, was die Messbarkeitsprobleme verstärken und in der Folge den bilanzpolitischen Spielraum vergrößern würde.

---

[16] Vgl. HERZIG/GELLRICH, WPg 2006, S. 505ff.

> **Beispiel**
> Die Pharma AG sieht sich mit einer Klage auf Schadenersatz über 1 Mio. EUR konfrontiert. Da es dem Kläger bis zum Bilanzstichtag nicht gelungen ist, seinen Anspruch überzeugend nachzuweisen, schätzt die Pharma AG die Wahrscheinlichkeit einer Prozessniederlage als gering ein. Diese liegt nach ihrer Beurteilung zwischen 3 und 15 %. Die bisherigen Regelungen des IAS 37 sehen für das Prozessrisiko im gegebenen Fall keine Rückstellung vor. Nach ED IAS 37 geht dem Schuldspruch als bedingter Verpflichtung aber die unbedingte Verpflichtung voraus, sich dem Rechtsstreit zu stellen. Dieser unbedingten Verpflichtung kann sich die Pharma AG nicht einseitig entziehen. Entsprechend ist eine Rückstellung in Höhe des *cash flow*, gewichtet mit der geschätzten Eintrittswahrscheinlichkeit, zu passivieren. Hierbei ergibt sich ein Bewertungsspielraum zwischen 30 und 150 TEUR.

27   Von starker praktischer Relevanz sind **Restrukturierungsrückstellungen**. Mit diesen können **Ergebnispolster** für künftige Geschäftsjahre aufgebaut werden. Restrukturierungsrückstellungen werden bevorzugt in Krisensituationen zur bilanziellen Sanierung und bei Unternehmensakquisitionen gebildet.
Für Restrukturierungsrückstellungen sehen die IFRS ergänzende Ansatzkriterien vor (→ § 21 Rz 72). Bereits die begriffliche Abgrenzung der Restrukturierungsverpflichtungen, die entgegen dem allgemeinen *liability*-Begriff nach IFRS **Innenverpflichtungen** einschließen, gibt **bilanzpolitischen Spielraum**. Ferner sind die Ansatzkriterien eines detaillierten Restrukturierungsplans und seiner öffentlichen Ankündigung bzw. effektiven Implementierung dazu geeignet, den Umfang der Passivierung zu steuern. Zu geplanten Änderungen in ED IAS 37 → § 21 Rz 143.
Bei erstmaliger Bilanzierung einer **Unternehmensverbindung** sind Restrukturierungsrückstellungen nach IFRS inzwischen nicht mehr zulässig (→ § 31 Rz 91f.). Diese dürfen nur gebildet werden, wenn die Ansatzvoraussetzungen bereits vor der Unternehmensakquisition beim erworbenen Unternehmen erfüllt waren. Mithin kann das **Passivierungsverbot** umgangen werden, indem vor dem Kauf entsprechende Absprachen mit dem erworbenen Unternehmen getroffen werden.

28   Großes **bilanzpolitisches Potenzial** bietet die aktive Steuerlatenz.[17] Wenngleich die IFRS im Gegensatz zum HGB eine **Aktivierungspflicht** und kein **Aktivierungswahlrecht** für latente Steuern vorsehen, eröffnet die **Unschärfe** der Ansatzkriterien bilanzpolitischen Spielraum. Hiernach setzt eine aktivische Steuerabgrenzung die **Wahrscheinlichkeit** voraus, dass das in der Zukunft zu versteuernde Einkommen ausreicht, um die künftigen **Steuerentlastungen** aus abzugsfähigen temporären Differenzen bzw. steuerlichen Verlustvorträgen realisieren zu können (→ § 26 Rz 48). Mithin hängt es von der **ermessens-**

---

[17] Vgl. KÜTING/ZWIRNER, BB 2005, S. 1555.

abhängigen Beurteilung der künftigen steuerlichen Ertragslage durch den Aufsteller ab, ob latente Steuern aktiviert werden. Da die Wahrscheinlichkeit eines genügenden steuerpflichtigen Einkommens an jedem Bilanzstichtag von neuem überprüft werden muss, leben die resultierenden **Ermessensspielräume** immer wieder neu auf.

In Krisensituationen kommen aktive latente Steuern auf **steuerliche Verlustvorträge** (→ § 26 Rz 51ff.) in Betracht, deren Bilanzierung nach HGB vielfach als unzulässig angesehen wird.[18] Bei Aktivierung vermindert sich ein nach IFRS auszuweisender Verlust. Dies kann jedoch **negative Folgewirkungen** haben. Verschärft sich die Krise unerwartet, müssen die aktivierten latenten Steuern zu Lasten des Ergebnisses ausgebucht werden, was zu einer Verstärkung der negativen Ertragslage führt.[19]

29

Beispiel
In 2006 hat die Auto Tuning AG einen Verlust vor Steuern nach IFRS von 2,4 Mio. EUR erwirtschaftet, dem steuerliche Verlustvorträge in derselben Höhe gegenüberstehen. Hierbei sieht man sich dazu in der Lage, anhand von Geschäftsplänen dem Wirtschaftsprüfer die Voraussetzungen für die Aktivierung von latenten Steuern auf steuerliche Verlustvorträge nach IFRS glaubhaft zu machen. Mithin bieten sich der Auto Tuning AG faktisch zwei bilanzpolitische Optionen: A1 = Erbringen des Nachweises und Aktivierung sowie A2 = Unterlassen des Nachweises und Nichtaktivierung.
Für 2007 werden zwei Szenarien für möglich gehalten: S1 = Bewältigung der Krise (*turn around*) und S2 = Fortsetzung der Krise (kein *turn around*). Bei Eintreten von S1 wird mit einem Gewinn vor Steuern nach IFRS von 1,0 Mio. EUR und bei Eintreten von S2 mit einem Verlust vor Steuern nach IFRS von 0,8 Mio. EUR gerechnet. Im Fall S2 würde der Auto Tuning AG der Nachweis der Voraussetzungen für eine aktivische Steuerabgrenzung nicht mehr gelingen, d. h., in 2006 aktivierte latente Steuern müssten vollständig ausgebucht werden. In beiden Fällen entspreche das Ergebnis vor Steuern nach IFRS dem steuerlichen Ergebnis, wobei im Fall S1 der gesamte steuerliche Gewinn mit den Verlustvorträgen aus 2006 verrechnet werden könnte.
Die beiden Alternativen wirken sich auf das Ergebnis nach Steuern nach IFRS in 2006 und 2007 wie folgt aus (Ertragsteuersatz = 40 %):

	A1 (Aktivierung)	A2 (Nichtaktivierung)
2006	– 1,44 Mio. EUR	– 2,4 Mio. EUR
2007		
S1 (*turn around*)	+ 0,6 Mio. EUR	+ 1,0 Mio. EUR
S2 (kein *turn around*)	– 1,76 Mio. EUR	– 0,8 Mio. EUR

---

[18] Vgl. zum Meinungsstand MARTEN/WEISER/KÖHLER, BB 2003, S. 2335ff.
[19] Vgl. RAMMERT, PiR 2005, S. 10.

Rammert

> Die Alternative A1 hellt zwar die schwache Ertragslage in 2006 auf, belastet aber stark den Ergebnisausweis in 2007: Im Fall S1 wird der *turn around* abgeschwächt, indem der Gewinn durch latenten Steueraufwand gekürzt wird, und Fall S2 veranschaulicht, wie die Aktivierung von latenten Steuern als Verstärker einer Krise wirken kann.
>
> Die Alternative A2 führt zwar zum ungeschmälerten Ausweis des Verlusts in 2006, ermöglicht aber eine vorteilhaftere Lagedarstellung in 2007: Im Fall S1 kann der *turn around* ohne Steuerbelastung gezeigt werden, und im Fall 2 wird das ohnehin schlechte Ergebnis nicht zusätzlich durch Korrektur von aktiven latenten Steuern belastet.

30 Neben der Bilanzierung begründet auch die Bewertung nach IFRS weite **Ermessensspielräume**, die zum Teil mit offenen **Wahlrechten** einhergehen. Hauptquelle für **Bewertungsspielräume** ist das zunehmende Vordringen des *fair value* (→ § 1 Rz 106).[20] Im Gegensatz zum Bewertungsmaßstab der Anschaffungs- und Herstellungskosten besitzt dieser **fiktiven Charakter**, da auf eine gedachte Markttransaktion unter idealtypischen Bedingungen abgestellt wird. Der *fair value* bietet großen Spielraum selbst in den seltenen Fällen, in denen das Bewertungsobjekt auf einem **aktiven Markt** gehandelt wird und **Marktpreise** zur Verfügung stehen. Bei größeren Preisschwankungen stellt sich z. B. die Frage, welcher Preis als *fair value* herangezogen werden soll (→ § 28 Rz 108). Der Spielraum vergrößert sich erheblich, wenn das Bewertungsobjekt nicht auf einem aktiven Markt gehandelt wird und zur Ermittlung des *fair value* auf Markttransaktionen für vergleichbare Vermögenswerte oder auf anerkannte **finanzwirtschaftliche Bewertungsmodelle** wie *discounted-cash-flow-* oder **Optionspreismodelle** (→ § 28 Rz 109) zurückgegriffen werden muss. Letztere weisen erhebliche methodische Freiräume auf und führen je nach den vom Aufsteller getroffenen Annahmen über die Inputgrößen zu unterschiedlichen Approximationen für den *fair value*. Dies mag das folgende Beispiel mit Bezug auf den kollabierten Energiekonzern **Enron** veranschaulichen:[21]

> **Beispiel**
> Bei der Bewertung von Optionen zum *fair value* kann bei Fehlen von liquiden Marktpreisen z. B. das allgemein anerkannte *Black-Scholes*-Modell verwendet werden. Abgesehen von den realitätsfremden Annahmen dieses Modells hängt das Bewertungsergebnis in hohem Maß von der Festlegung der Bewertungsparameter ab. Eine wichtige Rolle spielt etwa die künftige Volatilität des Preises des Basiswerts, die aus Vergangenheitsdaten geschätzt werden muss.

---

[20] Vgl. BAETGE, BFuP 2003, S. 482.
[21] Vgl. LÜDENBACH/HOFFMANN, DB 2002, S. 1173.

> Angenommen, ein Unternehmen erwirbt eine zehnjährige Kaufoption europäischen Typs auf eine bestimmte Gasmenge mit einem Ausübungspreis von 200 bei einem gegenwärtigen Preis von 100. Bei einem Zinssatz von 5 % und der Annahme einer Volatilität von 5 % ergibt sich ein modelltheoretischer Optionswert von 0,8. Wird für die Volatilität der doppelte Wert angenommen, so steigt der Optionswert auf 5,4, d. h. nahezu auf das Siebenfache.
> Ebenso beeindruckend sind die Möglichkeiten der Sachverhaltsgestaltung. Wird die vereinbarte Laufzeit von zehn auf zwanzig Jahre verlängert und geht man, wie zuletzt angenommen, von einer Volatilität von 10 % aus, so steigt der Optionswert von 5,4 auf nicht weniger als 30,8. Die Spanne von 0,8 und 30,8 belegt die große Manipulationsanfälligkeit des *fair-value*-Konzepts.

Nahezu unbegrenzte **bilanzpolitische Möglichkeiten** eröffnet der *impairment*-Test nach IAS 36. Neben der Beurteilung des Vorliegens einer Wertminderung mit **Indikatoren** (→ § 11 Rz 13ff.) ist vor allem die Ermittlung der **Höhe der Wertminderung** stark ermessensabhängig.[22] Hier hat der Aufsteller u. a. Spielräume bei

- der Abgrenzung von *cash generating units* (→ § 11 Rz 29ff.),
- der Zuordnung von *corporate assets* und *goodwill* auf die *cash generating units* (→ § 11 Rz 43ff.),
- der Ermittlung des *recoverable amount* für die *cash generating units* (→ § 11 Rz 17ff.),
- der Ermittlung des Buchwerts für die *cash generating units*, insbesondere bei Hochrechnung des Buchwerts eines *goodwill* auf 100 % bei Vorhandensein von Minderheiten (→ § 11).

31

Bei der *percentage-of-completion*-Methode für **langfristige Fertigungsaufträge** wird mit der vagen Anwendungsbedingung der **verlässlichen Messbarkeit** des erwarteten Ergebnisses (→ § 18 Rz 36ff.) ein **faktisches Wahlrecht** begründet.[23] Ist der Aufsteller nicht an einer **Teilgewinnrealisierung** interessiert, wird es ihm nicht schwer fallen, sich auf die Nichterfüllung des Verlässlichkeitskriteriums zu berufen. Überdies eröffnet die *percentage-of-completion*-Methode selbst **Ermessensspielräume**, z. B. bei der Abgrenzung der auftragsbezogenen Erträge und Aufwendungen und der Festlegung eines Maßstabs für den Fertigungsfortschritt (→ § 18 Rz 28ff.).[24]

32

Auch für das *hedge accounting* besteht ein **faktisches Wahlrecht**. Ob die **Anwendungsvoraussetzungen** (→ § 28 Rz 219) erfüllt werden und deren Vorliegen nachgewiesen wird, hat der Aufsteller letzten Endes selbst in der Hand. Dieser kann z. B. ein Interesse an einem Verzicht auf das *hedge accounting* ha-

33

---

[22] Vgl. PELLENS/FÜLBIER/GASSEN, Internationale Rechnungslegung, 6. Aufl., 2006, S. 248ff.
[23] Vgl. POTTGIESSER/VELTE/WEBER, KoR 2005, S. 312ff.
[24] Vgl. HOMMEL/RAMMERT, IFRS-Bilanzanalyse case by case, 2006, S. 269ff.

Rammert

ben, wenn das zur Absicherung erworbene Derivat bei einem *cash flow hedge* Kursgewinne aufweist, die bei *hedge accounting* nicht sofort erfolgswirksam erfasst werden dürften, sondern zunächst erfolgsneutral im Eigenkapital verbucht werden müssten.

34 Zu einem Überblick über wesentliche **Ermessensspielräume** nach IFRS vgl. Tabelle 3.[25]

Wesentliche Ermessensspielräume nach IFRS
• Verlässliche Messbarkeit (z. B. IAS 16, IAS 38, IAS 39; → § 1 Rz 91; → § 31 Rz 71; → § 21 Rz 41),
• Ermittlung des beizulegenden Zeitwerts (IAS 39, IAS 40, IAS 41, IFRS 3; → § 1 Rz 38; → § 16 Rz 70f.; → § 28 Rz 108; → § 31 Rz 55),
• Wesentlichkeit generell bei Bilanzierung, Bewertung und Angaben (→ § 1 Rz 65ff.; → § 11 Rz 15),
• Bestehen einer wirtschaftlichen Substanz beim Tausch von Vermögenswerten (IAS 16; → § 8 Rz 46f.; → § 14 Rz 13),
• Tausch ähnlicher oder unterschiedlicher Dienstleistungen (IAS 18),
• Abschreibung (Methode, Nutzungsdauer und Restwert) von abnutzbaren Vermögenswerten mit begrenzter Nutzungsdauer (IAS 16, IAS 38; → § 10 Rz 20ff.),
• Identifikation von Komponenten einer Sachanlage (IAS 16),
• Vorliegen von Indikatoren für eine Wertminderung (IAS 36, IAS 39; → § 11 Rz 13ff.),
• Ermittlung des erzielbaren Betrags beim *impairment*-Test (IAS 36; → § 11 Rz 17ff.),
• Abgrenzung von *cash generating units* (CGU) beim *impairment*-Test (IAS 36; → § 11 Rz 29ff.),
• Ansatzkriterien für immaterielle Vermögenswerte, insbesondere Entwicklungskosten (IAS 38; → § 13 Rz 29ff.),
• Abgrenzung der Renditeliegenschaften i. S. d. IAS 40 (*investment properties*) von den eigengenutzten Immobilien (→ § 16 Rz 10, Rz 12 und Rz 16),
• Vorliegen von *operating*-Leasing oder *finance*-Leasing (IAS 17; → § 15 Rz 25ff.),
• Anwendung der Methode der Gewinnrealisierung nach dem Fertigstellungsgrad (IAS 11, IAS 18; → § 18 Rz 5ff.),

---

[25] Nach WAGENHOFER, Internationale Rechnungslegungsstandards – IAS/IFRS, 5. Aufl., 2005, S. 558ff.

Wesentliche Ermessensspielräume nach IFRS
• Schätzung der Auftragserlöse und Auftragskosten von Fertigungsaufträgen (IAS 11) und Dienstleistungen (IAS 18; → § 18 Rz 19ff.), • Wahrscheinlichkeit des Bestehens einer Verpflichtung und des Abflusses von wirtschaftlichen Ressourcen für den Ansatz von Rückstellungen (IAS 37; → § 21 Rz 30ff. und Rz 40), • versicherungsmathematische Annahmen für die Bewertung von Pensions- und ähnlichen Verpflichtungen (IAS 19; → § 22 Rz 31ff.), • Ansatz aktiver latenter Steuern allgemein und insbesondere aufgrund von Verlustvorträgen (IAS 12; → § 26 Rz 48ff.), • Bestehen der Verfügungsmacht an einem finanziellen Vermögenswert oder Teilen eines finanziellen Vermögenswerts (IAS 39; → § 28 Rz 63), • Zuordnung von Finanzinstrumenten zu den Kategorien für die Folgebewertung (IAS 39; → § 28 Rz 114 und Rz 130ff.), • Abtrennung von eingebetteten Derivaten vom Basisvertrag (IAS 39; → § 28 Rz 138ff.), • Wirksamkeit eines Sicherungsgeschäfts (→ § 28 Rz 219), • zur Veräußerung gehaltene Vermögenswerte (IFRS 5; → § 29 Rz 6ff.), • aufgegebener Geschäftsbereich (IFRS 5; → § 29 Rz 13ff.), • Beherrschung eines anderen Unternehmens (IAS 27; → § 32 Rz 8ff.), • Bestehen von maßgeblichem Einfluss auf ein anderes Unternehmen (IAS 28; → § 33 Rz 7ff.), • Festlegung der funktionalen Währung für die Umrechnung von Fremdwährungsabschlüssen (IAS 21), • Vorliegen von Hyperinflation (IAS 29; → § 27 Rz 65), • Segmentabgrenzung (IAS 14; → § 36 Rz 14ff.), • nahe stehende Unternehmen und Personen (IAS 24; → § 30).

Tab. 3: Ermessensspielräume nach IFRS

2.3 Grenzen

2.3.1 *True and fair presentation*

Mit einem Abschluss nach IFRS wird das Ziel verfolgt, die Adressaten mit **entscheidungsnützlichen Informationen** (→ § 1 Rz 15) zu versorgen. Hieraus ergibt sich die grundlegende Anforderung, ein den tatsächlichen Verhältnissen entsprechendes Bild der Unternehmenslage zu vermitteln (F.46; IAS 1.13ff.). Diese als *true and fair presentation* bezeichnete **Generalnorm** ist in ähnlicher

35

Form in anderen Bilanzrechtssystemen wie dem HGB (§ 264 Abs. 2 Satz 1 HGB) verankert.

Im Unterschied zum HGB wird dem **Einblicksgebot** in den IFRS die Stellung eines *overriding principle* zugebilligt, was allerdings eng auszulegen ist. So heißt es, dass die Anwendung der IFRS in nahezu allen Fällen zu einer fairen Darstellung führe. Nur in den äußerst seltenen Fällen, in denen das Management die Befolgung einer Einzelregelung für irreführend halte, soll von dieser abgewichen werden, wobei eine Abweichung umfassende **Angabepflichten** im Anhang auslöst (→ § 1 Rz 71).

36 Im Rahmen der **Bilanzpolitik** können sich in mehrfacher Hinsicht **Konflikte** mit dem **Einblicksgebot** ergeben.

Die Ausübung eines **Wahlrechts** kann insoweit mit dem Einblicksgebot kollidieren, wie einzelne der zur Wahl stehenden Methoden nicht dazu geeignet sind, den spezifischen Geschäftsvorfall fair darzustellen. Mit Rücksicht auf die *true and fair presentation* dürften diese Methoden nicht gewählt werden. Ähnlich verhält es sich bei einer mit dem Einblicksgebot unvereinbaren Nutzung von **Ermessensspielräumen**.

In jedem Fall wäre es mit einer fairen Darstellung unvereinbar, wenn die **Wahlrechte** in ihrer Gesamtheit in einer Richtung, d. h. entweder alle ergebniserhöhend oder alle ergebnisvermindernd, ausgeübt werden und es dem Aufsteller gelingt, das Geamtergebnis umzukehren, sprich einen Verlust in einen Gewinn zu verwandeln oder umgekehrt. Schließlich widerspricht es dem Einblicksgebot, wenn durch **Sachverhaltsgestaltungen** gezielt ein **irreführendes Bild** der Lage des Unternehmens vermittelt wird.

37 Ungeachtet dessen ist die **einschränkende Wirkung** der *true and fair presentation* für die **Bilanzpolitik** als gering einzuschätzen. Vielmehr wird der bilanzpolitische Spielraum durch das Einblicksgebot eher erweitert als eingeengt. Wesentlicher Schwachpunkt der **Generalnorm** ist deren inhaltliche **Unbestimmtheit**.[26] Im Dunkeln bleibt, wie ein den tatsächlichen Verhältnissen entsprechendes Bild der Unternehmenslage auszusehen hat. Überdies ist die *true and fair presentation* als Richtschnur ungeeignet, weil die zugrunde liegenden Prinzipien wie **Verständlichkeit**, **Relevanz**, **Verlässlichkeit** und **Vergleichbarkeit** in einem **Konkurrenzverhältnis** zueinander stehen, das die eindeutige Bestimmung einer fairen Darstellung nicht zulässt. Hierzu bedürfte es einer **Prinzipienabwägung**, für die die IFRS allerdings keine Hilfestellung geben. Denkbar ist es z. B., dass bei der Ausübung eines Wahlrechts die eine Alternative zwar der **Relevanz**, nicht aber der **Vergleichbarkeit** dient, und die andere Alternative zum umgekehrten Ergebnis führt. Hier lässt sich nicht sagen, welche der beiden Alternativen eher dem *true-and-fair*-Gedanken entspricht.

---

[26] Vgl. SCHILDBACH, BFuP 2003, S. 247ff.

2.3.2 Stetigkeits- und Einheitlichkeitsgebot

Ein Ziel der IFRS besteht in der **zeitlichen Vergleichbarkeit** des Abschlusses. Um diese zu unterstützen, wird großes Gewicht auf das **Stetigkeitsgebot** gelegt. Letzteres führt insoweit zu einer Einschränkung des bilanzpolitischen Spielraums, wie die für einen Geschäftsvorfall gewählte Abbildungsalternative in späteren Abschlüssen beizubehalten ist.
Im Vergleich zum HGB, das Stetigkeit explizit nur für Ausweis (§ 265 Abs. 1 HGB) und Bewertung (§ 252 Abs. 1 Nr. 6 HGB) verlangt, ist das Stetigkeitsgebot in den IFRS umfassender geregelt. Neben der Pflicht zur **Ausweisstetigkeit** verlangen die IFRS die Beibehaltung der **Bilanzierungs- und Bewertungsmethoden** im Zeitablauf (→ § 24 Rz 5). Hierdurch werden der Bilanzpolitik ausdrücklich im Ansatz- und Bewertungsbereich Grenzen gesetzt.
Die begrenzende Wirkung wird jedoch dadurch beeinträchtigt, dass vom Stetigkeitsgebot zwar neben **echten** auch **unechte Wahlrechte** erfasst werden. Für Letztere gibt es aber weite Ausnahmen wie z. B. für **individuelle Schätzungen** (→ § 24 Rz 10ff.).
Eine Verwässerung des Stetigkeitsgebots droht aus dem Erfordernis zur **Änderung** der Methode, wenn dadurch der Einblick in die wirtschaftliche Lage verbessert wird. Ob diese Voraussetzung erfüllt ist, unterliegt dem **Ermessen** des Aufstellers (→ § 24 Rz 21ff.). Der Anreiz zu Missbrauch dürfte sich jedoch in Grenzen halten, weil bei **Durchbrechung** des Stetigkeitsgebots umfassende **Angaben** im Anhang gemacht werden müssen.

Nach dem **Einheitlichkeitsgebot** sind vergleichbare Geschäftsvorfälle gleich und unterschiedliche Geschäftsvorfälle unterschiedlich zu behandeln. In der Folge ist die Wahl einer Abbildungsalternative für einen Geschäftsvorfall gleichzeitig für andere vergleichbare Geschäftsvorfälle bindend.
Im deutschen Bilanzrecht ist lediglich der **Grundsatz der einheitlichen Bewertung** im Konzernabschluss kodifiziert (§ 308 HGB). Ein darüber hinausgehendes Einheitlichkeitsgebot für die Bilanzierung im Konzernabschluss oder die Bilanzierung und Bewertung im Jahresabschluss lässt sich allenfalls aus dem *true-and-fair-view*-Gebot (§ 264 Abs. 2 Satz 1 HGB) oder dem **Willkürverbot** herleiten.
Im Unterschied dazu besitzt das Einheitlichkeitsgebot in den IFRS eine selbstständige Bedeutung. Hiernach sind Abbildungsmethoden einheitlich für das ganze Unternehmen auszuüben (IAS 8.13). Dies findet desgleichen in einzelnen Standards seinen Niederschlag. So muss z. B. das Wahlrecht der **Neubewertung** von Sachanlagen einheitlich für ganze Klassen (→ § 8 Rz 58) ausgeübt werden. Ebenso ist die Wahl zwischen Anschaffungskosten- oder *fair-value*-Bewertung für alle *investment properties* einheitlich zu treffen (→ § 16 Rz 37f.). Eine **Ausnahme** besteht hingegen dann, wenn sich ein Standard ausdrücklich auf eine Untergruppe von Gegenständen bezieht. In diesem Fall können **Wahlrechte** für diese Gegenstände unterschiedlich ausgeübt werden.

Ebenso wie das Stetigkeits- verliert das Einheitlichkeitsgebot durch die nicht erfassten Ermessensspielräume an Durchschlagskraft.

2.3.3 Offenlegungspflichten

40 Bilanzpolitik verliert ihre Wirkung, sobald sie erkennbar ist und die Adressaten den Abschluss um die bilanzpolitischen Einflüsse bereinigen können (→ § 1). Für die **Erkennbarkeit** sind die **Offenlegungspflichten** entscheidend. Diese sind nach IFRS bedeutend umfassender als nach HGB. In einem Abschluss nach IFRS besteht das Problem weniger in einem Mangel als in einem Überfluss an Angaben. Mithin kann der Aufsteller die nicht unberechtigte Hoffnung haben, dass die Adressaten von der Fülle der Angaben überfordert sind (*information overload*) und diese ihren Zweck verfehlen (→ § 1 Rz 68). Viele Angaben, beabsichtigt oder unbeabsichtigt, unterbleiben in der Praxis, ohne dass eine **Einschränkung** des **Bestätigungsvermerks** erfolgt.

41 Die Möglichkeiten der Verschleierung durch **Sachverhaltsgestaltungen** werden insofern abgeschwächt, als die einschlägigen Standards in größerem Umfang die **Offenlegung** wirtschaftlicher Grundlagen der rechtlichen Konstruktionen verlangen. Dies gilt insbesondere für *off-balance-sheet*-Finanzierungen. Z. B. ist ein *operating*-Leasing beim Leasingnehmer zwar **bilanzunwirksam**, löst aber detaillierte **Angaben** über die Verpflichtungen aus dem Leasingvertrag aus (→ § 15 Rz 163f.). Im Unterschied zum HGB, das lediglich eine Angabepflicht innerhalb des Gesamtbetrags der **sonstigen finanziellen Verpflichtungen** vorsieht (§ 285 Nr. 3 HGB), ist nach IFRS u. a. die Summe der künftigen **Mindestleasingzahlungen** von unkündbaren Leasingverhältnissen nach Fristigkeit anzugeben. Hiermit wird es den Adressaten erleichtert, die unvollständige Bilanz zu ergänzen und die **Kapitalstruktur** zu bereinigen.[27] In Anbetracht dessen ist die Frage berechtigt, welchen bilanzpolitischen Nutzen solche zum Teil kostspieligen Konstruktionen tatsächlich stiften.

42 Für Transparenz bei der Ausübung von **Wahlrechten** soll die Pflicht zur Darstellung der **Bilanzierungs- und Bewertungsmethoden** im Anhang sorgen (→ § 5 Rz 23ff.). Hierauf aufbauend kann ein Profil für das Verhalten des Aufstellers bei der Wahl von Abbildungsmethoden erstellt werden, um sich ein Bild von der Richtung der **Bilanzpolitik** zu machen und daraus Rückschlüsse auf die wirtschaftliche Lage des Unternehmens zu ziehen.[28] Der Informationswert der Angaben in der Praxis darf allerdings nicht überschätzt werden. Einerseits ist die Bilanzpolitik in einem Abschluss nach IFRS weniger auf offene **Wahlrechte** als vielmehr auf **Ermessensspielräume** fokussiert. Andererseits sind die beobachtbaren Angaben zum Teil wenig informativ, in Einzelfällen sogar banal (→ § 5 Rz 28ff.).

---

[27] Zur Transformation eines operating- in ein finance-Leasing anhand von Anhangangaben in der IFRS-Bilanzanalyse vgl. HOMMEL/RAMMERT, IFRS-Bilanzanalyse case by case, 2006, S. 208ff.

[28] Vgl. KÜTING/WEBER, Die Bilanzanalyse, 8. Aufl., 2006, S. 422ff.

Diffizil ist die Durchschaubarkeit von Bilanzpolitik bei der Nutzung von **Ermessensspielräumen** (→ § 1 Rz 34).[29] Dieses Problems hat sich der IASB im *Improvement*-Projekt verstärkt angenommen und die Pflichten zu Angaben über die **Ausübung des Ermessens** deutlich erweitert.[30] So ist bei Angabe der Bilanzierungs- und Bewertungsmethoden auch auf die wichtigsten **Ermessensentscheidungen** einzugehen, die bei Anwendung der Methoden getroffen wurden (→ § 5 Rz 44ff.). Überdies müssen bei Vorliegen von **Schätzspielräumen**, wie bei Ermittlung des *fair value* mit Zukunftserfolgsverfahren oder bei Bestimmung des wahrscheinlichsten Werts für den Erfüllungsbetrag von Rückstellungen, die **Schlüsselprämissen** und **Hauptunsicherheitsquellen** erläutert werden. Dies betrifft sämtliche Posten, die einem signifikanten **Anpassungsrisiko** unterliegen.

43

Wenngleich die **Offenlegungspflichten** durchaus mehr Licht ins Dunkel bei der Nutzung von Auslegungs- und Schätzspielräumen durch den Aufsteller bringen, darf deren begrenzende Wirkung nicht überschätzt werden. Vielmehr ist die **Berichterstattung** über die Ausübung von Ermessen ihrerseits stark **ermessensabhängig**, sodass das Problem zum Teil lediglich von Bilanz und GuV auf den Anhang verlagert wird.

2.4 Bilanzpolitik beim Übergang von HGB auf IFRS

Der **Übergang von HGB auf IFRS** (→ § 6) hat in der bilanziellen Biografie eines Unternehmens einen gravierenden **Strukturbruch** zur Folge.[31] Dieser tritt in der Eröffnungsbilanz nach IFRS zum Umstellungszeitpunkt auf und wird im ersten offengelegten Abschluss nach IFRS für die Adressaten sichtbar. Einem nahtlosen Übergang der Rechnungslegung steht entgegen, dass die vom HGB stark abweichenden IFRS mit bestimmten Ausnahmen **retrospektiv** auf die vor dem Umstellungszeitpunkt eingetretenen Geschäftsvorfälle anzuwenden sind. Nichtsdestoweniger lassen sich die **Umstellungseffekte bilanzpolitisch beeinflussen**.

44

So fällt der Systemwechsel umso reibungsloser aus, je umfassender das Unternehmen ihn mit seiner **Bilanzpolitik auf Ebene des HGB** vorwegnimmt. Zu einem fließenden Übergang trägt z. B. bei, auf die Ausübung von im HGB verankerten **Ansatzwahlrechten** zu verzichten, die den IFRS fremd sind. Hierzu gehören u. a. die Nichtaktivierung von **derivativen Geschäfts- oder Firmenwerten**, die Passivierung von **Aufwandsrückstellungen** nach § 249 Abs. 2 HGB sowie die Nichtpassivierung von **Pensionsaltverpflichtungen**. Ebenso ist es für die Vermeidung eines größeren Strukturbruchs förderlich, **Bewertungswahlrechte** nach HGB IFRS-konform auszuüben, z. B. als Herstellungskosten **produktionsorientierte Vollkosten** (→ § 8 Rz 20) anzusetzen.

45

---

[29] Vgl. Hüttche, KoR 2005, S. 321ff.
[30] Vgl. Kirsch, KoR 2004, S. 136ff.
[31] Vgl. die jüngsten empirischen Ergebnisse von Burger/Schäfer/Ulbrich/Zeimes, WPg 2005, S. 1193ff.

In Ausnahmefällen lässt sich der letzte Abschluss nach HGB als **dualer Abschluss** aufstellen, der sowohl dem HGB als auch den IFRS genügt. Hier ist ein friktionsloser Übergang von HGB auf IFRS möglich.
Weiterhin können zur Glättung der Umstellungseffekte zahlreiche **Wahlrechte** aus IFRS 1 in Anspruch genommen werden, die es für bestimmte Geschäftsvorfälle erlauben, vom Grundsatz der retrospektiven Anwendung der IFRS abzuweichen (→ § 6 Rz 44ff.).[32]
Schließlich ist es zur Vermeidung von Friktionen von Bedeutung, bei **Sachverhaltsgestaltungen**, die vor dem Systemwechsel unter dem HGB durchgeführt werden und nach dem Übergang auf IFRS fortbestehen, auf IFRS-Tauglichkeit zu achten. Wird z. B. vor der erstmaligen Anwendung der IFRS ein Leasingvertrag abgeschlossen, dessen Laufzeit über den Umstellungszeitpunkt hinausgeht und bei dem das Leasingobjekt vom Leasinggeber bilanziert werden soll, sind die Vertragskonditionen auf die Zuordnungskriterien nach HGB und IFRS (→ § 15 Rz 20ff.) abzustimmen.

46 Im Allgemeinen werden beim Übergang von HGB auf IFRS in mehr oder weniger großem Umfang **stille Reserven** gehoben. Da die stillen Reserven in der Eröffnungsbilanz nach IFRS unter Umgehung der GuV **erfolgsneutral im Eigenkapital** aufzulösen sind (→ § 6 Rz 21f.), wirken sich diese niemals ergebniserhöhend aus. Vielmehr wird in den folgenden Abschlüssen nach IFRS das Ergebnis belastet, weil die gehobenen stillen Reserven die Bemessungsgrundlage für **Abschreibungen** und andere Aufwendungen erhöhen. Hierbei kann es zu einer **Doppelerfassung** von Aufwendungen kommen.

> **Beispiel**
> Um erstmals einen vollständigen Abschluss nach IFRS für das Geschäftsjahr 2007 zu veröffentlichen, stellt die Muster AG eine Eröffnungsbilanz zum 1.1.2006 nach IFRS auf. Zu Beginn des Geschäftsjahrs 2004 hat die Muster AG eine Maschine für 120 TEUR erworben, die im Abschluss nach HGB geometrisch degressiv mit einem Abschreibungssatz von 20 % über die betriebsgewöhnliche Nutzungsdauer von 10 Jahren abgeschrieben wurde. Im Abschluss nach IFRS soll die Maschine linear über die geschätzte wirtschaftliche Nutzungsdauer von 12 Jahren abgeschrieben werden.
> Bei Beachtung der retrospektiven Anwendung der IFRS ist die Maschine in der Eröffnungsbilanz zum 1.1.2006 nach IFRS um die kumulierten Differenzen der Abschreibungen nach HGB und IFRS für die Geschäftsjahre 2004 und 2005 von 76,8 TEUR auf 100 TEUR aufzuwerten. Der Differenzbetrag von 23,2 TEUR ist erfolgsneutral im Eigenkapital zu erfassen. In den folgenden Abschlüssen nach IFRS ist der ursprüngliche Restbuchwert nach HGB von 76,8 TEUR zusammen mit den aufgelösten stillen Reserven von 23,2 TEUR über die Restnutzungsdauer von 10 Jahren ab-

---

[32] Zu den einschlägigen Wahlrechten vgl. MÜLLER/WULF, BB 2005, S. 1267ff.

> zuschreiben. Somit muss der bereits in den Abschlüssen 2004 und 2005 nach HGB abgeschriebene Betrag von 23,2 TEUR in den folgenden Abschlüssen nach IFRS ein zweites Mal abgeschrieben werden.

Überdies hat die umstellungsbedingte Auflösung von **stillen Reserven** für das Unternehmen den Nachteil, dass bei einer späteren negativen Geschäftsentwicklung ein geringeres Potenzial für **Ergebnisglättungen** zur Verfügung steht. Entsprechend sollten im Umstellungsprozess stille Reserven nicht verpulvert werden, die dann in Folgejahren zur Ergebnisglättung nicht mehr verfügbar sind.

3 Bilanzanalyse

3.1 Ziele

Bilanzanalyse dient dazu, durch systematische Aufbereitung und Auswertung von Abschlussinformationen mittels **Kennzahlenbildung** und **anderer** Methoden Erkenntnisse über die Lage eines Unternehmens zu gewinnen. Die Ergebnisse einer Bilanzanalyse bilden gewöhnlich die Grundlage für **Entscheidungen**. Da die Entscheidungssituation vom jeweiligen Adressaten abhängt, können die mit Bilanzanalyse verfolgten **Erkenntnisziele** ganz unterschiedlich sein.

47

Zu den wichtigsten Nutzern von Abschlussinformationen zählen Investoren und Kreditgeber. **Investoren** ziehen Abschlussinformationen bei **Anlageentscheidungen** und zur **Beurteilung des Managements** heran. Im Mittelpunkt ihres Interesses stehen der **Unternehmenswert** und dessen Veränderung im Geschäftsjahr. Die IFRS zielen primär auf die Informationsinteressen der Investoren ab.

Kreditgeber nutzen Abschlussinformationen für **Kreditvergabeentscheidungen**. Hierbei geht es um die Einschätzung der **Schuldendeckungsfähigkeit** eines Unternehmens. Für Kreditinstitute besteht aufgrund von § 18 KWG sogar die gesetzliche Verpflichtung, sich bei Krediten über 250 TEUR mit Hilfe von Abschlussdaten ein Bild der wirtschaftlichen Lage des Kreditnehmers zu machen.

Die IFRS unterstellen die Übereinstimmung der **Informationsbedürfnisse** der Investoren mit denen der sonstigen Adressaten (F.10). Diese Annahme erscheint abwegig. Kreditgeber mit Festansprüchen sind gegenüber Investoren mit Restansprüchen vermehrt an Informationen interessiert, die Risiken stärker als Chancen gewichten. Daher sind **Kreditgeber** dazu geneigt, bei der Analyse eines Abschlusses nach IFRS **vorsichtig** zu verfahren und durch **Bereinigungen** sich einem Abschluss nach HGB anzunähern.

Investoren und Kreditgebern gemeinsam ist das Interesse an Informationen über die künftigen *cash flows* des Unternehmens. Für deren Vermittlung wäre ein **Finanzplan** erforderlich. Solche **Prognoseinformationen** werden weder von einem Abschluss nach HGB noch von einem nach IFRS geliefert. Mithin besteht die Kunst der Analyse eines Abschlusses nach IFRS ebenfalls darin, aus **vergangenheitsorientierten Daten** Rückschlüsse auf die künftigen *cash flows* zu ziehen.

3.2 Datengrundlage

48 Im Vergleich zur Analyse eines Abschlusses nach HGB kann sich die eines Abschlusses nach IFRS auf eine erheblich breitere Datenbasis stützen. Im Unterschied zum HGB sehen die IFRS keine Differenzierung nach **Rechtsform** oder **Größe** des Unternehmens vor. Im Moment wird allerdings in dem Projekt „*Accounting by Small and Medium-sized Entities*" über Erleichterungen für kleinere und mittlere Unternehmen diskutiert (→ § 50).

Während nach HGB ausschließlich **Mutterunternehmen** ihren Konzernabschluss um eine

- Kapitalflussrechnung (→ § 3) und eine
- Eigenkapitalveränderungsrechnung (→ § 20 Rz 2) ergänzen müssen sowie um eine
- Segmentberichterstattung (→ § 36) ergänzen können,

handelt es sich nach IFRS mit Ausnahme der Segmentberichterstattung allgemein um Pflichtbestandteile eines Abschlusses.[33]

49 Die **Kapitalflussrechnung** erweitert die Möglichkeiten der Analyse der Finanzlage, indem Informationen über **Zahlungsströme** geliefert werden. Mit der **Eigenkapitalveränderungsrechnung** lässt sich ein vertiefter Einblick in die **Ertragslage** gewinnen. Hiermit kann das Gesamtergebnis (in Anlehnung an US-GAAP als *comprehensive income* bezeichnet) in eine GuV-wirksame und GuV-unwirksame (in Anlehnung an US-GAAP als *other comprehensive income* bezeichnet) Komponente zerlegt werden. Im Unterschied zu Ersterer enthält Letztere Eigenkapitalveränderungen, die auf bloßen **Wertänderungen am ruhenden Vermögen** beruhen, d. h. ohne Transaktionen des Unternehmens zustande gekommen sind. Die **Segmentberichterstattung** erlaubt es, die Unternehmenslage differenziert nach **Geschäftsbereichen** und/oder **geographischen Bereichen** zu analysieren und die Herkunft von Erfolgen zu identifizieren.

Überdies enthält ein Abschluss nach IFRS weitere Zusatzinformationen, z. B.

- Angaben über **Beziehungen zu nahe stehenden Unternehmen und Personen** (→ § 30),
- Angaben über **Ertragsteuern** (→ § 26 Rz 111ff.),
- Angaben über **Finanzinstrumente** und deren Risiken (→ § 28 Rz 244ff.),
- verwässertes und unverwässertes **Ergebnis je Aktie** (bei börsennotierten Gesellschaften; → § 35).[34]

---

[33] Die Segmentberichterstattung ist nach IAS 14.3 nur für börsennotierte Gesellschaften obligatorisch.
[34] Vgl. PELLENS/FÜLBIER/GASSEN, Internationale Rechnungslegung, 6. Aufl., 2006, S. 798ff.

Wengleich die IFRS die Aufstellung eines **Lageberichts** lediglich empfehlen, muss von deutschen Adressaten auf einen solchen bei der Analyse eines Abschlusses nach IFRS nicht verzichtet werden. Nach § 315a HGB sind Unternehmen, die IFRS freiwillig oder pflichtgemäß in ihrem Abschluss anwenden, dazu verpflichtet, diesen um einen Lagebericht nach **handelsrechtlichen Vorschriften** zu ergänzen (→ § 2 Rz 5).

50

3.3 Erschwernisse

3.3.1 Eingeschränkte Vergleichbarkeit

Da Abschlussdaten ohne vergleichende Betrachtung kaum Informationswert besitzen, ist **Vergleichbarkeit** ein zentrales Qualitätskriterium. Diese umfasst neben der **zeitlichen** auch die **überbetriebliche** Vergleichbarkeit. In den IFRS wird der Forderung nach Vergleichbarkeit ein hoher Stellenwert zugewiesen (F.39ff.). Zwischen Anspruch und Wirklichkeit besteht indessen eine große Kluft.

51

Mit Einführung der IFRS als einheitliche Abschlussstandards an den Börsen in den Mitgliedstaaten der EU werden zwar grenzüberschreitende Analysen von **kapitalmarktorientierten Unternehmen** erleichtert. Zugleich entstehen aber neue Vergleichbarkeitsprobleme, die durch die IFRS selbst und ihre halbherzige Einführung durch den deutschen Gesetzgeber begründet sind.

Der **Zeitvergleich** wird massiv durch den Übergang von HGB auf IFRS (→ § 6) gestört.[35] Wegen völlig **unterschiedlicher Abbildungsmethoden** ist eine sinnvolle Gegenüberstellung von Abschlussdaten vor und nach dem Systemwechsel eines Unternehmens nicht möglich. Im Jahr des Übergangs wird das Vergleichbarkeitsproblem zwar durch pflichtmäßig aufzustellende **Überleitungsrechnungen** (→ § 6 Rz 96ff.) abgeschwächt, die es erlauben, aus dem Abschluss nach IFRS einen Abschluss nach HGB zu rekonstruieren. Für die darauf folgenden Jahre werden aber solche Zusatzinformationen nicht weiter verlangt, so dass sich für die späteren Abschlüsse nach IFRS kein Bezug zum HGB mehr herstellen lässt.

52

Überdies ist der Vergleich von zeitlich aufeinander folgenden Abschlüssen nach IFRS nicht unproblematisch. Das in den IFRS stark gewichtete **Stetigkeitsgebot** (Rz 38) fördert zwar die zeitliche Vergleichbarkeit, kann aber bei **Ermessensspielräumen** vergleichsweise einfach unterlaufen werden. Ebenso leidet der Zeitvergleich erheblich unter den häufigen Änderungen und Überarbeitungen der Standards durch den IASB.

Der **Betriebsvergleich** wird hauptsächlich durch das Nebeneinander von handelsrechtlichen und internationalen Standards beeinträchtigt. Da der **Jahresabschluss** für IFRS blockiert ist und im **Konzernabschluss** für kapitalmarktorientierte Gesellschaften eine **Pflicht** und für nichtkapitalmarktorientierte Gesellschaften ein **Wahlrecht** zur Anwendung von IFRS besteht, wird der

53

---

[35] Vgl. HÜTTCHE, KoR 2005, S. 319f.

Vergleich von einzelnen Unternehmen mit Konzernen sowie von Konzernen untereinander erschwert.

Zur Verbesserung der Vergleichbarkeit von HGB- und IFRS-Abschlüssen bieten sich zwei Wege an. Einerseits kann versucht werden, den Abschluss nach IFRS um HGB-fremde Elemente zu bereinigen und an einen Abschluss nach HGB anzupassen (Rz 69ff.). Für viele notwendige **Bereinigungen** fehlt es jedoch an den erforderlichen **Angaben**. Hierdurch besteht die Gefahr, dass mehr oder weniger große Unterschiede verbleiben und schließlich Äpfel mit Birnen verglichen werden. Andererseits ist es möglich, auf Konvergenzmaßnahmen zu verzichten und zwischenbetriebliche Vergleiche auf solche Unternehmen zu beschränken, die dieselben Standards anwenden. Dies macht es bei **Kennzahlenanalysen** jedoch schwierig, vergleichbare Unternehmen zu finden. Wird z. B. ein **Branchenvergleich** durchgeführt, müssen zwei Pools aus HGB- und IFRS-Anwendern gebildet und für beide Branchendurchschnittswerte ermittelt werden.

Des Weiteren sind nach IFRS aufgestellte Abschlüsse verschiedener Unternehmen schwer miteinander vergleichbar. Dies liegt in erster Linie in den großen **Ermessensspielräumen** begründet, die in der Unternehmenspraxis unterschiedlich genutzt werden. So führt der Verzicht der IFRS auf eine Standardisierung der **Gliederungsschemata** (→ § 2 Rz 22ff.) zu erheblichen Unterschieden in der Darstellung des Zahlenmaterials. Hierdurch ist es bei einer standardisierten Bilanzanalyse kaum möglich, ein universales Format für die Erfassung der Daten aus Abschlüssen nach IFRS zu entwickeln.

3.3.2 Geringe Verlässlichkeit

54 In den IFRS stellen **Entscheidungsrelevanz** und **Verlässlichkeit** (→ § 1 Rz 17) zentrale Anforderungen an Abschlussinformationen dar (F.24). Beide Kriterien stehen in einem **Spannungsverhältnis** zueinander.[36] Ein Mehr an Entscheidungsrelevanz muss tendenziell durch ein Weniger an Verlässlichkeit erkauft werden, und umgekehrt. Wenngleich die IFRS einen Kompromiss anstreben, wird faktisch der **Entscheidungsrelevanz** ein **höherer Stellenwert** verliehen.

55 Für die IFRS ist es charakteristisch, dass dem **Management** geplant oder ungeplant große **Ermessensspielräume** gewährt werden, mithin dessen fachgerechte Beurteilung bei der Bilanzierung großes Gewicht hat. Dies findet in

- dem Verzicht auf ein kategorisches **Aktivierungsverbot für selbst erstellte immaterielle Vermögenswerte** (→ § 13 Rz 21),
- der Aushöhlung der **Einzelbewertung** durch zunehmende Anwendung von **Gesamtbewertungskonzepten** (→ § 11 Rz 29) und
- der zunehmenden Verdrängung der **Anschaffungskosten**- durch die *fair-value*-Bewertung (→ § 1 Rz 106)

seinen Niederschlag.

---

[36] Vgl. KUHNER, BFuP 2001, S. 523ff.; BALLWIESER, IFRS-Rechnungslegung, Konzept, Regeln und Wirkungen, 2006, S. 14.

Die großen **Ermessensspielräume** geben dem Management die Möglichkeit, den Adressaten seine Erwartungen über die künftige Entwicklung des Unternehmens zu offenbaren. Gleichwohl muss mit **Fehlanreizen** des Managements zum Missbrauch der gewährten Freiräume und zur Verzerrung der Abschlussinformationen gerechnet werden. Dies gilt insbesondere dann, wenn das Management aufgrund einer erfolgsabhängigen Vergütung wie **Aktienoptionen** (→ § 23) durch eine geschönte Darstellung der Unternehmenslage persönliche Vorteile erlangen kann.

Überdies wird die **Manipulationsgefahr** durch die **fehlende Steuerwirksamkeit** des IFRS-Ergebnisses verstärkt. Insoweit fehlt es an der disziplinierenden Wirkung der Besteuerung, wie sie in einem Jahresabschluss nach HGB wegen der **Maßgeblichkeit** zum Tragen kommt.

56

3.3.3 Verletzung von *clean surplus*
In der bilanziellen Gewinnermittlung wird der Totalerfolg eines Unternehmens nach bestimmten Periodisierungsregeln auf die einzelnen Geschäftsjahre verteilt. Der **Totalerfolg** entspricht den vom Unternehmen während seiner gesamten Lebensdauer erwirtschafteten **Einzahlungsüberschüssen aus Transaktionen mit seiner Umwelt** (ohne Eigentümer). Zu den grundlegenden Anforderungen an die bilanzielle Gewinnermittlung gehört die Übereinstimmung der Summe der Jahresergebnisse mit dem Totalerfolg des Unternehmens (Kongruenzprinzip bzw. *clean surplus*). Dazu müssen sämtliche Eigenkapitalveränderungen, die nicht aus Transaktionen mit den Eigentümern resultieren, ihren Niederschlag in der GuV finden. Da sich bei Gültigkeit des **Kongruenzprinzips** die Jahresergebnisse auf den Totalerfolg aufsummieren, gleichen sich bilanzpolitische Maßnahmen zur Beeinflussung von einzelnen Jahresergebnissen im Zeitablauf betragsmäßig aus (sog. **Zweischneidigkeit der Bilanz**).

57

In den IFRS finden sich diverse **Verstöße** gegen das Kongruenzprinzip. Dieses wird z. B. verletzt, wenn von der Option der **Neubewertung** von Sachanlagen oder auf einem aktiven Markt gehandelten immateriellen Vermögenswerten (→ § 8 Rz 52ff.) Gebrauch gemacht wird. Hierbei werden Wertänderungen **erfolgsneutral** in einer **Neubewertungsrücklage** erfasst, die bei Abschreibung oder Abgang des Vermögenswerts ohne Berührung der GuV in die Gewinnrücklagen umgegliedert wird. Da die Umgliederung in der **Eigenkapitalveränderungsrechnung** darzustellen ist, ist ein Analyst an sich in der Lage, den Verstoß gegen das Kongruenzprinzip zu beseitigen, indem die Neubewertungsrücklage erfolgswirksam aufgelöst wird. Eine solche Korrektur setzt aber viel Problembewusstsein und Sachkunde voraus.

58

Die Missachtung der *clean-surplus*-Bedingung hat gravierende Folgen für den Informationswert eines Abschlusses nach IFRS. Einerseits kann der Aufsteller mit **bilanzpolitischen Maßnahmen** einzelne Jahresergebnisse beeinflussen, ohne dass ein interperiodischer Ausgleich stattfindet. Andererseits wird durch Verstöße gegen das Kongruenzprinzip das theoretische Fundament für eine **Wertsteigerungsanalyse** auf Basis von **Residualgewinnen** zerstört. Diesen Kennziffern liegt die auf das **Lücke-Theorem** zurückgehende Beziehung zugrunde, der zufolge der Unternehmenswert der Summe aus buchmäßigem Kapital und Barwert der künftigen Residualgewinne entspricht.[37] Der Residualgewinn ist definiert als Periodenergebnis, vermindert um kalkulatorische Kapitalkosten auf das buchmäßige Kapital am Anfang der Periode. Die diskontierten künftigen Residualgewinne werden als **Maßstab für Wertsteigerung** herangezogen.

Das Lücke-Theorem als tragender Pfeiler der Brücke zwischen Unternehmensbewertung und Bilanzierung setzt eine dem **Kongruenzprinzip** entsprechende Gewinnermittlung voraus. Da dessen Beachtung in einem Abschluss nach IFRS nicht sichergestellt ist, ist eine **wertorientierte Bilanzanalyse** nicht uneingeschränkt möglich.

3.4 Auswirkungen des Übergangs von HGB auf IFRS auf Kennziffern

59 Im Allgemeinen hat der Übergang von HGB auf IFRS (→ § 6) erhebliche betragsmäßige Veränderungen von zentralen Bilanzposten und Kennziffern zur Folge. Wenngleich die **Umstellungseffekte** von zahlreichen Faktoren wie **Bilanzpolitik** oder **Branche** des Unternehmens abhängen und im Detail ganz unterschiedlich ausfallen können, lassen sich für größere Bilanzaggregate **Tendenzaussagen** über deren Veränderungen treffen. Solche Aussagen können dem Analysten dabei helfen, die im Einzelfall beobachteten umstellungsbedingten Veränderungen von Kennziffern zu beurteilen.

60 Mit dem Systemwechsel erhöht sich tendenziell das **immaterielle Vermögen** inklusive des derivativen Geschäfts- oder Firmenwerts. Hierfür ist vorwiegend das **Aktivierungsverbot** für selbst erstellte immaterielle Anlagewerte nach HGB verantwortlich, das einer umfänglichen Abbildung der immateriellen Ressourcen eines Unternehmens entgegensteht. Im Gegensatz dazu sind nach IFRS unter bestimmten Voraussetzungen auch selbst erstellte immaterielle Vermögenswerte zu aktivieren (→ § 13 Rz 21ff.).

Beim **derivativen Geschäfts- oder Firmenwert** steht dem **Aktivierungswahlrecht** nach HGB ein **Aktivierungsgebot** nach IFRS (→ § 31 Rz 111) gegenüber. Überdies ist der derivative Geschäfts- oder Firmenwert nach HGB durch pauschale oder planmäßige **Abschreibungen** zu tilgen, wobei im Konzernabschluss zusätzlich die offene Verrechnung mit den **Rücklagen** möglich ist. In den IFRS ist dagegen ein Ausweis in unveränderter Höhe vorgeschrieben, es sei denn, ein jährlich durchzuführender **Wertminderungstest** (*impairment*-Test) zeigt die Notwendigkeit einer **außerplanmäßigen Abschreibung** an (→ § 31 Rz 120f.).

Der Umfang der Veränderungen im immateriellen Vermögen hängt maßgeblich von der **Branche** des Unternehmens ab. Naturgemäß ist in F&E-intensiven Branchen wie Hightech-, Pharma- oder Softwareindustrie mit verhältnismäßig großen Umstellungseffekten zu rechnen. Desgleichen sind größere Auswirkungen bei Unternehmen wahrscheinlich, die durch **Unter-**

---

[37] Vgl. WAGENHOFER/EWERT, Externe Unternehmensrechnung, 2003, S. 125ff.

nehmensakquisitionen stark gewachsen sind und in größerem Umfang Geschäfts- oder Firmenwerte vergütet haben.

Durch den Übergang von HGB auf IFRS nehmen auch die **Sachanlagen** tendenziell zu. Hierzu trägt vor allem die erforderliche Bereinigung der Wertansätze um **steuerliche** Einflüsse bei. Typische Beispiele sind der Wechsel von der **betriebsgewöhnlichen** auf die im Allgemeinen längere geschätzte **wirtschaftliche Nutzungsdauer** (→ § 10 Rz 33) und von der **degressiven** auf die **lineare Abschreibung** (→ § 10 Rz 26). Weiter ist die Eliminierung der steuerlichen Sonderabschreibungen (→ § 10 Rz 40) zu erwähnen.

61

Daneben ist für das **Finanzanlagevermögen** im Regelfall eine umstellungsbedingte Aufwertung zu beobachten, weil nach IFRS bei Anwendung der *fair-value*-Bewertung neben Wertminderungen auch Werterhöhungen erfasst werden, während im HGB das **Realisationsprinzip** der Berücksichtigung von Werterhöhungen entgegensteht.

62

Ähnlich verhält es sich mit den **Vorräten**. Diese steigen u. a. deshalb tendenziell an, weil unfertige und fertige Erzeugnisse nach HGB mit **Einzelkosten** als Untergrenze der **Herstellungskosten** bewertet werden dürfen und nach IFRS mit **produktionsorientierten Vollkosten** (→ § 8 Rz 20) bewertet werden müssen. Überdies kann sich bei **Langfristfertigung** aus der Anwendung der *percentage-of-completion*-Methode nach IFRS (→ § 18 Rz 15ff.) eine Höherbewertung ergeben.[38]

63

Im Ganzen ist nach dem Systemwechsel von einer **größeren Bilanzsumme** auszugehen. Dies wirkt sich auf Kennziffern eher negativ als positiv aus. Hierdurch werden auf das Gesamtkapital bezogene Kennziffern wie z. B. die **Gesamtkapitalrentabilität** belastet.

64

Bei den **Rückstellungen** ist in Hinblick auf die Umstellungseffekte zwischen Pensionsrückstellungen und sonstigen Rückstellungen zu unterscheiden. **Pensionsrückstellungen** zählen zu den wenigen Bilanzposten, die nach IFRS **vorsichtiger** als nach HGB behandelt werden. Im Unterschied zum HGB besteht nach IFRS ein uneingeschränktes **Passivierungsgebot** (→ § 22 Rz 5) und außerdem die Pflicht zur **Dynamisierung** des Wertansatzes (→ § 22 Rz 22f.). Umgekehrt fallen die **sonstigen Rückstellungen** tendenziell niedriger aus, weil die IFRS als Passivierungsvoraussetzung eine höhere Wahrscheinlichkeit der Inanspruchnahme des Unternehmens fordern und neben einem **Abzinsungsgebot** (→ § 21 Rz 105) auch das Fehlen eines Vorsichtszuschlags eher zu niedrigeren Wertansätzen führt.

65

Auch die **latenten Steuern** nehmen mit dem Systemwechsel auf Aktiv- und Passivseite tendenziell zu. Bei den **aktiven latenten Steuern** kann sich ein Anstieg ergeben, weil dem **Aktivierungswahlrecht** nach HGB bei Erfüllung bestimmter Voraussetzungen eine **Aktivierungspflicht** nach IFRS gegenübersteht (→ § 26 Rz 40f.). Überdies sind nach IFRS auf steuerliche **Verlustvorträge** aktive latente Steuern zu bilden, was nach HGB vielfach als **unzulässig** angesehen wird (→ § 26 Rz 51ff.).

66

---

[38] Vgl. HOMMEL/RAMMERT, IFRS-Bilanzanalyse case by case, 2006, S. 269ff.

Rammert

Da beim Systemwechsel für gewöhnlich Vermögenswerte aufgewertet und Schulden abgewertet werden, ergeben sich zusätzliche zu versteuernde **Differenzen** zwischen den **Werten im IFRS-Abschluss** und den **Steuerwerten**, was die Bildung von **passiven latenten Steuern** auslöst (→ § 26 Rz 19). Infolgedessen schlagen Vermögensmehrungen und Schuldenminderungen nicht vollständig, sondern abzüglich der darauf entfallenden künftigen Steuerlast im Eigenkapital zu Buche.

67 Die Veränderung des **Eigenkapitals** als Saldo von Vermögen und Schulden spiegelt die Gesamtheit der Umstellungseffekte wider. Da im Allgemeinen die positiven **Umstellungseffekte** die negativen übersteigen, erhöht sich das Eigenkapital.

> **Beispiel**
> Betrachtet man die Umstellungseffekte im Eigenkapital bei den Anwendern von IFRS im DAX 30, so fällt eine beträchtliche Spannweite auf. Besonders markant sind folgende Fälle (in Mio. EUR):
>
> | Unternehmen | Jahr* | EK (HGB) | EK (IFRS) | Δ in % |
> |---|---|---|---|---|
> | Münchner Rück | 1999 | 6.270 | 16.164 | 158 |
> | Volkswagen | 2000 | 9.811 | 20.918 | 113 |
> | BMW | 2000 | 4.896 | 9.432 | 93 |
> | Henkel | 1997 | 2.360 | 2.423 | 3 |
> | Linde | 2002 | 4.276 | 4.356 | 2 |
> | Deutsche Lufthansa | 1998 | 5.339 | 4.496 | -16 |
>
> * der Umstellung
>
> Mit einer Ausnahme konnten die Unternehmen nach dem Systemwechsel ein höheres Eigenkapital ausweisen. In Einzelfällen hat sich das Eigenkapital sogar mehr als verdoppelt. Würde z. B. ein Kreditinstitut bei solchen Unternehmen der Bilanzanalyse ähnliche Maßstäbe wie früher zugrunde legen, hätte dies eine vollkommen ungerechtfertigte Verbesserung des Kreditratings zur Folge.

Mit dem höheren Eigenkapital verbessern sich zentrale Kennziffern wie die **Eigenkapitalquote** oder der **Verschuldungsgrad**. Keine eindeutige Aussage lässt sich hingegen über die Entwicklung von horizontalen Kennziffern wie **Deckungsgraden** treffen, da neben dem Eigenkapital gewöhnlich auch das Anlagevermögen steigt. Ohnehin ist der Vorteil des erhöhten Eigenkapitals insofern zu relativieren, als viele Adressaten wie Kreditinstitute dazu neigen, die positiven Eigenkapitaleffekte aus dem Systemwechsel weitgehend zu eliminieren. Schließlich bedeutet der höhere Eigenkapitalausweis einen höheren Eigenkapitaleinsatz, der zu einer entsprechenden **Belastung** der bilanziellen **Eigenkapitalrendite** führt.

Über die umstellungsbedingte Veränderung der **Jahresergebnisse** lassen sich keine allgemein gültigen Aussagen treffen. Unzutreffend ist jedenfalls die weit verbreitete Meinung, durch einen Wechsel von HGB auf IFRS könnten systematisch höhere Ergebnisse ausgewiesen werden. Nach den IFRS ist zwar zum Teil ein **früherer**, aber über alle Perioden betrachtet **kein höherer Gewinnausweis** möglich (zu Ausnahmen vgl. Rz 57f.). Wie sich das Ergebnis nach IFRS gegenüber dem nach HGB in einzelnen Perioden entwickelt, hängt von einer Vielzahl von Faktoren ab. Hierfür maßgeblich sind u. a. die Entwicklung von Marktpreisen sowie die Bilanzpolitik und das Wachstum des Unternehmens. Wachsende Unternehmen können nach IFRS tendenziell höhere Ergebnisse als nach HGB ausweisen. Umgekehrtes gilt für schrumpfende Unternehmen.[39]

68

3.5 Aufbereitung der Daten

3.5.1 Erstellung einer Strukturbilanz

Für die Analyse eines Abschlusses nach IFRS kann auf die geläufigen **Kennzahlen** und **Kennzahlensysteme** zurückgegriffen werden. Im Vergleich zur Analyse eines Abschlusses nach HGB bedarf es allerdings anderer **Bereinigungen** der Ausgangsdaten.[40]

69

Da auch ein Abschluss nach IFRS gemeinhin nicht den Aufgaben der Bilanzanalyse genügt, müssen als Grundlage der Kennzahlbildung die Ausgangsdaten bereinigt und eine sog. **Strukturbilanz** erstellt werden. Diese wird durch **Umstellungen** und **Umbewertungen** aus dem **Originalabschluss** abgeleitet. Bei Kreditinstituten wird die Strukturbilanz üblicherweise in einer **maschinellen Bilanzanalyse** nach einem festen Schema ermittelt, was allerdings bei Abschlüssen nach IFRS bereits aufgrund erheblicher Unterschiede in der Gliederung auf große Probleme stößt.

Für die Erstellung einer Strukturbilanz lassen sich weder in der HGB- noch in der IFRS-Welt allgemein gültige Regeln festlegen. Diese hängen entscheidend vom jeweiligen **Zweck der Bilanzanalyse** ab. In der Praxis gewichten Kreditanalysten im Vergleich zu Aktienanalysten Risiken stärker als Chancen und gehen bei Bereinigungen des Originalabschlusses vorsichtiger vor. Daneben kommen bei der Erstellung einer Strukturbilanz **subjektive Einschätzungen** in Bezug auf die **Werthaltigkeit** von Bilanzposten zum Tragen.

Im Folgenden werden für ausgewählte Posten eines Abschlusses nach IFRS alternative Vorschläge zu deren Behandlung bei Erstellung einer Strukturbilanz diskutiert. Hierbei werden solche Posten betrachtet, die bei der Analyse eines Abschlusses nach IFRS besondere Probleme aufwerfen und für die Beurteilung der wirtschaftlichen Lage eines Unternehmens von großem Gewicht sind. Zentrale Kriterien für die diskutierten Anpassungsmaßnahmen sind die

---

[39] Vgl. WAGENHOFER, Internationale Rechnungslegungsstandards – IAS/IFRS, 5. Aufl., 2005, S. 530ff.
[40] Vgl. KÜTING/WOHLGEMUTH, DStR 2004, Beilage zu Heft 48, S. 9ff.

- Eliminierung von **bilanzpolitischen Einflüssen**,
- Verbesserung der **Vergleichbarkeit** von Abschlüssen nach IFRS,
- Verbesserung der **Vergleichbarkeit** von Abschlüssen nach HGB und IFRS,
- **Wertunsicherheit** von Bilanzposten.

3.5.2 Behandlung ausgewählter Posten
3.5.2.1 Geschäfts- oder Firmenwert

70 In den IFRS wird wie im HGB zwischen originärem und derivativem Geschäfts- oder Firmenwert unterschieden. Der **originäre Geschäfts- oder Firmenwert** enthält Vermögenskomponenten, die nicht einzeln erfassbar sind. Da die Ermittlung des originären Geschäfts- oder Firmenwerts stark **ermessensabhängig** ist, erlauben weder HGB noch IFRS seine Aktivierung (→ § 13 Rz 46). Spätestens an dieser Stelle stoßen die IFRS mit dem Versuch, das **Effektivvermögen** des Unternehmens bilanziell zu approximieren, an ihre Grenzen.

71 Der **derivative Geschäfts- oder Firmenwert** entspricht der Differenz zwischen Übernahmepreis für ein Unternehmen und dem Wert der übernommenen Vermögenswerte und Schulden (→ § 11 Rz 48). Nach IFRS handelt es sich um ein **nicht abnutzbares** *asset*. In der Bilanzanalyse verursacht der Geschäfts- oder Firmenwert aus mehreren Gründen Kopfzerbrechen. So bieten seine Ermittlung bei der Erst- und seine Behandlung bei der Folgebilanzierung große Angriffsflächen für **Bilanzpolitik**. Dies gilt im Besonderen für die IFRS. Zu denken ist an die großen **Ermessensspielräume**, die allein der jährlich durchzuführende **Wertminderungstest** bietet (→ § 11 Rz 9).

Weitere kritische Eigenschaften sind **hohe Wertunsicherheit, schwere Nachweisbarkeit** und **fehlende Verwertbarkeit** im Ernstfall. Wird z. B. vom Erwerber ein überhöhter Übernahmepreis bezahlt, fließt der wertlose Preisaufschlag in den Geschäfts- oder Firmenwert ein. Ebenso verdeutlichen unerwartete Ereignisse wie Nebenwirkungen von Medikamenten, Abwanderung von qualifiziertem Personal oder geopolitische Risiken wie Krieg oder Terroranschläge die **große Verflüchtigungsgefahr**.

72 In der Bilanzanalyse ist es gängige Praxis, Geschäfts- oder Firmenwerte zu **eliminieren** und gegen Eigenkapital zu verrechnen.[41] Hierfür spricht eine Vielzahl von Argumenten.

Als Vorteil ist zu sehen, dass **bilanzpolitische Einflüsse** weitgehend **beseitigt** und Abschlüsse nach IFRS besser miteinander vergleichbar werden. Im Fall der Eliminierung ist das Ergebnis einer Kennzahlenanalyse unabhängig davon, wie der Aufsteller die großen **Ermessensspielräume** des **Wertminderungstests** nutzt. Die bilanzanalytische Anpassungsmaßnahme kann allerdings vom Aufsteller insoweit **unterlaufen** werden, wie es ihm bei der **Aufteilung des Übernahmepreises** auf (*intangible*) *assets*, *liabilities* und *contingent liabilities* gelingt, den Geschäfts- oder Firmenwert als Restbetrag niedrig zu halten (→ § 31 Rz 80).

---

[41] Vgl. KÜTING/WEBER, Die Bilanzanalyse, 8. Aufl., 2006, S. 86.

Überdies wird die **Vergleichbarkeit** von Abschlüssen nach HGB und IFRS verbessert, wenn Geschäfts- oder Firmenwerte herausgerechnet werden. Hierdurch gelingt es, die unterschiedlichen Abbildungsmethoden nach HGB und IFRS in der Bilanzanalyse zu neutralisieren. Letztlich sorgt die Eliminierung für eine Gleichbehandlung von Konzernen mit **externem Wachstum**, die Geschäfts- oder Firmenwerte aus Unternehmenskäufen aktivieren müssen, und Konzernen mit **internem Wachstum**, die den originären Geschäfts- oder Firmenwert nicht aktivieren dürfen.

Kritisch zu sehen ist die mit der Eliminierung implizierte Annahme, dass unabhängig vom Schicksal des erworbenen Unternehmens die Ausgaben für Geschäfts- oder Firmenwerte in voller Höhe à fonds perdu geleistet wurden. Dies führt in den nicht seltenen Fällen, in denen Geschäfts- oder Firmenwerte das Eigenkapital übersteigen, zu einem **negativen bilanzanalytischen Eigenkapital**. Ferner wird durch die Eliminierung das eingesetzte Kapital unterschätzt, wodurch **Renditekennziffern verzerrt** werden.

Beispiel
Welches extrem große Gewicht Geschäfts- oder Firmenwerte in der Bilanzanalyse haben können, zeigt ein Blick in die Geschäftsberichte 2003 nach IFRS von ausgewählten DAX-30-Unternehmen (in Mio. EUR):

Unternehmen	(1) *goodwill*	(2) Eigenkapital	(3) = (1)/(2)
RWE	15.511	7.013	221,2 %
TUI	3.808	2.767	137,6 %
Metro	3.987	4.161	95,8 %
Deutsche Post	5.653	6.106	92,6 %
Linde	2.892	3.851	75,1 %
Deutsche Börse	1.173	2.341	50,1 %
Adidas-Salomon	591	1.356	43,6 %
Allianz	12.370	28.592	43,3 %
Henkel	1.385	3.311	41,8 %
Deutsche Lufthansa	828	2.653	31,2 %
Münchner Rück	3.568	18.899	18,9 %
HVB	1.860	10.312	18,0 %
Bayer	1.936	12.213	15,9 %
Schering	366	2.902	12,6 %
MAN	215	2.720	7,9 %
Commerzbank	690	9.091	7,6 %

Rammert

Unternehmen	(1) goodwill	(2) Eigenkapital	(3) = (1)/(2)
Altana	93	1.445	6,4 %
Volkswagen	209	24.430	0,9 %
BMW	0	16.150	0,0 %

Immerhin weisen vier Unternehmen einen *goodwill* aus, der beinahe so groß wie das Eigenkapital ist oder dieses sogar übersteigt. In solchen Extremfällen würde man bei einer schematische Bereinigung des Abschlusses um den *goodwill* zu einem schwach positiven bzw. negativen bilanzanalytischen Eigenkapital gelangen. Aber selbst bei den Unternehmen im mittleren Bereich macht der *goodwill* einen wesentlichen Anteil des Eigenkapitals aus. Entsprechend hängt das Ergebnis der Unternehmensanalyse entscheidend von der Beurteilung der Werthaltigkeit des *goodwill* ab. Hierbei kommt der Analyst nicht umhin, sich mit *soft facts* wie Managementqualität, Marktpositionierung, Standortvorteil etc. auseinanderzusetzen.

Umgekehrt ist bei den Unternehmen im unteren Bereich der *goodwill* nahezu bedeutungslos. Hierbei handelt es sich vorwiegend um Unternehmen (wie BMW), die *goodwill* weniger erworben als vielmehr selbst geschaffen haben. Solche Unternehmen werden in der Bilanzanalyse benachteiligt, wenn erworbener *goodwill* bei anderen Unternehmen nicht eliminiert wird.

74 Da eine **Steuerabgrenzung** bei Aktivierung eines Geschäfts- oder Firmenwerts nach IFRS nicht vorgesehen ist, bedarf es bei dessen Bereinigung keiner zusätzlichen Korrektur von latenten Steuern (→ § 26 Rz 58ff.).

3.5.2.2 Selbst erstellte immaterielle Vermögenswerte

75 Ähnliche bilanzanalytische Probleme wie der Geschäfts- oder Firmenwert werfen aktivierte, selbst erstellte immaterielle Vermögenswerte auf. Für diese lässt sich aus den gleichen Gründen wie für den Geschäfts- oder Firmenwert eine **Eliminierung** und Verrechnung mit dem Eigenkapital befürworten. Hierdurch werden die große **Wertunsicherheit** und die starke **Anfälligkeit für Bilanzpolitik** berücksichtigt, die die **Vergleichbarkeit** von Abschlüssen nach IFRS untereinander beeinträchtigt (→ § 13 Rz 29). Überdies wird den unterschiedlichen Regelungen zur Behandlung nach HGB und IFRS Rechnung getragen, weil selbst erstellte immaterielle Anlagewerte in Abschlüssen nach HGB ohnehin nicht aktiviert werden dürfen (→ § 13 Rz 21).

76 Gleichwohl werden mit einer **Eliminierung** solche Unternehmen systematisch **benachteiligt**, die ihr immaterielles Vermögen überwiegend **selbst erstellen** und nicht fremd beschaffen. Ferner wird ein *worst-case*-Szenario unterstellt, in dem die bereinigten Vermögenswerte sowohl bei **Zerschlagung** als auch bei **Fortführung** des Unternehmens ohne jeden Wert sind. Ebenso werden durch die Eliminierung der Kapitaleinsatz und als Folge darauf aufbauende **Renditekennziffern** verzerrt.

Da aktivierte, selbst erstellte immaterielle Vermögenswerte gesondert angegeben werden müssen (→ § 13 Rz 75f.), sind die zu eliminierenden Beträge leicht zu ermitteln. Bei Verrechnung mit dem Eigenkapital bedarf es jedoch einer **ergänzenden Korrektur** der passiven latenten Steuern. Dies ist erforderlich, weil bei Aktivierung der selbst erstellten immateriellen Vermögenswerte im Abschluss nach IFRS Differenzen zur Steuerbilanz entstehen, die die Bildung **von passiven latenten Steuern** auslösen. Werden die immateriellen Vermögenswerte eliminiert, sind die dazugehörigen passiven latenten Steuern ebenfalls auszubuchen.

> **Beispiel**
> Die Internet GmbH weist in ihrem Abschluss 2006 nach IFRS selbst erstellte Software von 240 TEUR (Vorjahr: 180 TEUR) aus. Die Veränderung gegenüber dem Vorjahr entspricht der Differenz zwischen Zugängen von 140 TEUR und Abschreibungen von 80 TEUR. Der Ertragsteuersatz der Internet GmbH beträgt 40 %.
> Die Hausbank der Internet GmbH bereinigt bei der Bonitätsbeurteilung ihrer Firmenkunden Abschlüsse nach IFRS um selbst erstellte immaterielle Anlagewerte. Hierzu sind im gegebenen Fall in Bilanz und GuV folgende Schritte erforderlich:
>
> **Bilanz**
> - Verrechnung des Buchwerts der selbst erstellten Software von 240 TEUR gegen das Eigenkapital.
> - Verminderung der passiven latenten Steuern um den auf die selbst erstellte Software entfallenden Betrag von 96 TEUR zugunsten des Eigenkapitals.
>
> **GuV**
> - Erhöhung der Aufwendungen um die Veränderung des Buchwerts der selbst erstellten Software gegenüber dem Vorjahr von 60 TEUR (in einem Abschluss nach HGB wären wegen des Aktivierungsverbots einerseits keine Abschreibungen auf in Vorjahren aktivierte Beträge angefallen, und andererseits hätten die Zugänge sofort aufwandswirksam verrechnet werden müssen).
> - Verminderung des Steueraufwands um die auf die Veränderung des Buchwerts zusätzlich gebildeten passiven latenten Steuern von 24 TEUR.
>
> Mithin ist das Eigenkapital um netto 144 TEUR und das Ergebnis um netto 36 TEUR zu kürzen.

3.5.2.3 Aktive latente Steuern
Die aktive Steuerabgrenzung besitzt in Abschlüssen nach IFRS ein bedeutend **größeres Gewicht** als in denen nach HGB (→ § 26 Rz 53). Bei Unternehmen

in **Krisensituationen** ist nicht selten zu beobachten, dass die aktiven latenten Steuern sogar das **Eigenkapital übersteigen**.[42]

Wenngleich in den IFRS den aktiven latenten Steuern der Charakter eines *asset* zugeschrieben wird, erscheinen aus mehreren Gründen eine **Eliminierung** und Verrechnung mit dem Eigenkapital in der Bilanzanalyse sachgemäß.[43] Hierfür sprechen u. a. die **hohe Wertunsicherheit** und **fehlende Einzelverwertbarkeit** dieses Postens, der keinen Anspruch gegen den Fiskus, sondern eine in der Zukunft erwartete Steuerersparnis darstellt. Überdies wird die **Vergleichbarkeit** von Abschlüssen nach IFRS untereinander verbessert, da mit der Eliminierung das große **bilanzpolitische Potenzial** der aktiven latenten Steuern neutralisiert wird (→ § 26 Rz 51). Ähnliches gilt für Abschlüsse nach HGB und IFRS, die besser miteinander vergleichbar werden, wenn die nach unterschiedlichen Regelungen gebildeten aktiven latenten Steuern herausgerechnet werden.

> **Beispiel**
> Dass gerade aktive latente Steuern auf steuerliche Verlustvorträge in der Bilanzanalyse skeptisch zu beurteilen sind, veranschaulichen die Geschäftsberichte 2001 und 2002 der Mobilcom AG (→ § 26 Rz 108). Im Geschäftsbericht 2001 sind dem Lagebericht unterschiedliche Auffassungen zwischen Mobilcom und dem Hauptgesellschafter France Télécom über die UMTS-Strategie zu entnehmen. Hierbei wird auf die Existenzgefährdung der Gesellschaft hingewiesen, falls France Télécom nicht den vertraglichen Verpflichtungen nachkommen sollte. Der Abschlussprüfer hat aus diesem Grund den Bestätigungsvermerk mit einem Zusatz versehen und auf das bestandsgefährdende Risiko hingewiesen. Gleichwohl wurden in 2001 die aktiven latenten Steuern auf steuerliche Verlustvorträge von 233 Mio. EUR auf 592 Mio. EUR mit Hinweis auf die Geschäftspläne erhöht.
> Im darauf folgenden Jahr stellte France Télécom die Zahlungen ein, und es kam zu einer fast vollständigen Abschreibung der aktiven latenten Steuern auf steuerliche Verlustvorträge von 592 Mio. EUR auf 23 Mio. EUR.

79 Bei Eliminierung der aktiven latenten Steuern ist die unter bestimmten Umständen gebotene **Saldierung** von aktiven und passiven Steuerlatenzen zu beachten, wobei die unsaldierten Beträge dem Anhang entnommen werden können (→ § 26 Rz 104ff.). Hier besteht die Gefahr, dass die Eliminierung ganz oder teilweise ins Leere läuft. Um dem vorzubeugen, bedarf es regelmäßig eines Blicks in den **Anhang**.

80 Unabhängig von ihrer Behandlung in der **Strukturbilanz** sind aktive latente Steuern insofern von besonderem Interesse für die Bilanzanalyse, als der Aufsteller gezwungen ist, eine **Prognose** über die künftige Entwicklung der steuer-

---

[42] Vgl. KÜTING/ZWIRNER, WPg 2003, S. 307f.
[43] Vgl. HOMMEL/RAMMERT, IFRS-Bilanzanalyse case by case, 2006, S. 296.

lichen Ertragslage abzugeben.[44] Wenngleich diese Prognose bilanzpolitisch gefärbt sein kann, ist auf **Plausibilität** mit anderen Verlautbarungen des Unternehmens zu achten. Denkwürdig ist es z. B., wenn ein Unternehmen in einer Krisenlage einerseits seinen Kreditgebern mit internen Planungsrechnungen einen *turn around* in Aussicht stellt und andererseits im Abschluss nach IFRS die Aktivierung von latenten Steuern unterlässt.

Vor allem in der Anfangszeit des **Neuen Marktes** fiel auf, dass eine Vielzahl von *start-up*-Unternehmen mit hohen **steuerlichen Verlustvorträgen** in ihren Abschlüssen nach internationalen Standards von der Aktivierung latenter Steuern abgesehen haben, weil die Wahrscheinlichkeit für das Erreichen der Profitabilität als zu gering eingeschätzt wurde. Dies war insofern inkonsistent, als in Emissionsprospekten und anderen Veröffentlichungen hohe Gewinne in Aussicht gestellt wurden.

3.5.2.4 Im Eigenkapital direkt erfasste Ergebnisse
Bestimmte Ergebnisse werden nach den IFRS außerhalb der GuV **direkt im Eigenkapital** erfasst (→ § 20 Rz 68). Hierzu gehören

81

- Wertänderungen von **Finanzinstrumenten** der Kategorie *available for sale* (→ § 28 Rz 154ff.),
- Wertänderungen von **Derivaten**, die als **Sicherungsinstrument** eines *cash flow hedge* dienen (→ § 28 Rz 216),
- Gewinne und Verluste aus der **Neubewertung** von Sachanlagen und auf einem aktiven Markt gehandelten immateriellen Vermögenswerten (→ § 8 Rz 54 und Rz 69ff.),
- Differenzen aus der **Umrechnung von Abschlüssen in fremder Währung** (→ § 27 Rz 48).

Die dazugehörigen Eigenkapitalposten tragen wegen fehlender Regelungen in den IFRS in der Praxis unterschiedliche Bezeichnungen und können sowohl positive als auch negative Beträge aufweisen. Entstehungsursache und Veränderung lassen sich der Bilanz bzw. **Eigenkapitalveränderungsrechnung** entnehmen (→ § 20 Rz 39ff.).

Bei der Behandlung dieser Eigenkapitalposten in der Bilanzanalyse ist auf deren wirtschaftlichen Gehalt abzustellen. Da es sich bei positiven Beträgen um **unrealisierte Werterhöhungen** am ruhenden Vermögen handelt (→ § 20 Rz 39), sprechen **Vorsichtsgründe** für eine **Eliminierung** zu Lasten von Vermögen und Eigenkapital. Hierdurch werden außerdem **bilanzpolitische Einflüsse**, wie die Ausübung des **Neubewertungswahlrechts** für Sachanlagen und auf einem aktiven Markt gehandelte immaterielle Vermögenswerte (→ § 8 Rz 52ff.), beseitigt und die **Vergleichbarkeit** von Abschlüssen nach IFRS untereinander verbessert. Ebenso wird durch die Eliminierung die **Vergleichbarkeit** von Abschlüssen nach HGB und IFRS gefördert, weil die Werterhöhungen nach HGB mit Ausnahme der Umrechnungsdifferenzen aus der **Währungsumrechnung** nicht ausgewiesen werden dürfen.

82

---

[44] Vgl. Rammert, PiR 2005, S. 11.

Rammert

In jedem Fall sollte für Kursgewinne von **Derivaten** aus *cash flow hedges* eine Eliminierung erwogen werden, weil diesen Gewinnen Wertminderungen von künftigen *cash flows* gegenüberstehen, die aus *assets, liabilities* oder **vorhersehbaren Transaktionen** zu erwarten sind und sich in der Bilanz bislang nicht niedergeschlagen haben.

83 Fraglich ist, ob negative Beträge als **unrealisierte Wertminderungen** am ruhenden Vermögen analog zu positiven Beträgen zugunsten von Vermögen und Eigenkapital **eliminiert** werden sollten. Gegen eine Eliminierung von negativen Beträgen bzw. für eine Ungleichbehandlung von positiven und negativen Beträgen sprechen **Vorsichtsgründe**. Mit der Eliminierung wird eine **Werterholung** nach dem Bilanzstichtag unterstellt. Hiervon kann nicht ohne weiteres ausgegangen werden.

Anders stellt sich das Problem bei Kursverlusten von **Derivaten** aus *cash flow hedges* dar. Hier könnte eine **Eliminierung** damit gerechtfertigt werden, dass diesen Verlusten Werterhöhungen von künftigen *cash flows* gegenüberstehen, die aus *assets, liabilities* oder **vorhersehbaren Transaktionen** zu erwarten sind und sich in der Bilanz bislang nicht niedergeschlagen haben.

Beispiel

Die Commerzbank weist in ihrem Geschäftsbericht 2003 das folgende Eigenkapital aus (in Mio. EUR):

	31.12.2003
Gezeichnetes Kapital	1.545
Kapitalrücklage	4.475
Gewinnrücklagen	3.286
Neubewertungsrücklage	1.240
Bewertungsergebnis aus *cash flow hedges*	– 1.236
Rücklage aus der Währungsumrechnung	– 219
Konzerngewinn	0
Eigenkapital	**9.091**

Für eine Eliminierung der Neubewertungsrücklage in der Bilanzanalyse spricht das Argument, dass es sich um **unrealisierte** Buchgewinne handelt, die aus der *fair-value*-Bewertung von Teilen des Beteiligungs- und Wertpapierbestands resultieren. Umgekehrt empfiehlt es sich, die negative Rücklage aus der Währungsumrechnung nicht zu bereinigen, weil dies mit der vagen Annahme verbunden wäre, dass die bisher angefallenen Währungsverluste in der Zukunft durch eine gegenläufige Währungsentwicklung ausgeglichen werden.

Anders zu betrachten sind die negativen Bewertungsergebnisse aus *cash flow hedges*, die mehr als 10 % des Eigenkapitals vernichten. Diese resultieren aus Marktwertverlusten von derivativen Instrumenten, die zur effektiven Absicherung von künftigen Zins- und Fremdwährungszahlungsströmen eingesetzt werden. Wegen des Sicherungszusammenhangs stehen den

> Marktwertverlusten der Derivate Werterhöhungen der abgesicherten künftigen Zahlungsströme gegenüber. Dieser kompensatorische Effekt spricht für eine Eliminierung des negativen Bewertungsergebnisses aus *cash flow hedges* zugunsten des Eigenkapitals.

Da die direkte Erfassung von Ergebnissen im Eigenkapital die **erfolgsneutrale** Verbuchung von **latenten Steuern** auslöst, ist die Eliminierung der Eigenkapitalposten durch eine entsprechende **Bereinigung** von aktiven bzw. passiven latenten Steuern zu ergänzen.

84

3.6 Liquiditätsanalyse

3.6.1 Bilanzorientierte Liquiditätsanalyse

In der Liquiditätsanalyse geht es darum, die **Schuldendeckungsfähigkeit** eines Unternehmens zu beurteilen. Diese ist gegeben, wenn ein Unternehmen dazu in der Lage ist, seine Verpflichtungen in der Zukunft betrags- und termingenau zu erfüllen.

85

Die Liquiditätsanalyse kann sich auf **Bilanz** (zu Bereinigungen vgl. Rz 69ff.) oder **Zahlungsströme** stützen. Bei einer bilanzorientierten Analyse wird versucht, aus der **Kapitalstruktur** und dem **Verhältnis zwischen bestimmten Aktiva und Passiva** Rückschlüsse auf die finanzielle Stabilität eines Unternehmens zu ziehen. Hierzu wird auf

- **Kapitalstrukturkennziffern** wie Eigenkapitalquote, Fremdkapitalquote und Verschuldungsgrad sowie
- **Horizontalstrukturkennziffern** wie Anlagendeckungsgrade und Liquiditätsgrade

zurückgegriffen.

Für die Ermittlung der Kapitalstrukturkennziffern ist die **Abgrenzung** von Eigen- und Fremdkapital von entscheidender Bedeutung. Nach IAS 32 ist jede Kapitalüberlassung, die mit einem **unbedingten Rückforderungsanspruch** des Kapitalgebers verbunden ist, als Fremdkapital zu klassifizieren (→ § 20 Rz 4). Dies kann gerade bei **Genossenschaften** und **Personengesellschaften** eine **Umklassifizierung von Eigen- in Fremdkapital** zur Folge haben (a. A. → § 20 Rz 18ff.).[45] In solchen Fällen ist bei der Ermittlung von Kapitalstrukturkennziffern abzuwägen, ob der engen Abgrenzung von Eigenkapital nach IFRS gefolgt oder eine **Reklassifizierung** vorgenommen werden soll.

86

Hingegen wirkt sich positiv auf die Aussagefähigkeit von Kapitalstrukturkennziffern der Ausweis von **Minderheitenanteilen** im Eigenkapital aus (→ § 32 Rz 179). Hiermit wird dem wirtschaftlichen Charakter dieses Postens stärker entsprochen als mit dem früher vorgeschriebenen Ausweis außerhalb des Eigenkapitals.

---

[45] Vgl. Rammert/Meurer, PiR 2006, S. 1ff.

Rammert

87 Horizontalstrukturkennziffern sollen darüber Aufschluss geben, ob ein Unternehmen **fristenkongruent** finanziert, d. h. das langfristige Vermögen durch langfristiges Kapital gedeckt ist. Die Aussagefähigkeit solcher Kennziffern hängt entscheidend von der korrespondierenden Fristigkeit der zueinander in Beziehung gesetzten Aktiva und Passiva ab. Diesem Erfordernis kommt die Bilanzgliederung (abgesehen von Ausnahmefällen) nach **Fristigkeit** entgegen (→ § 2 Rz 22ff.). Im Unterschied zum HGB verlangen die IFRS z. B. eine Unterteilung von **Rückstellungen** in kurz- und langfristige Komponenten (→ § 21 Rz 130). Hierdurch ist eine genauere Zuordnung von Aktiva und Passiva bei der Überprüfung der Fristenkongruenz möglich.

3.6.2 Cash-flow-orientierte Liquiditätsanalyse

88 Mit den IFRS wird eine **zahlungsstromorientierte** Liquiditätsanalyse deutlich vereinfacht, da zu den Pflichtbestandteilen eines Abschlusses eine Kapitalflussrechnung (*cash flow statement*) gehört (→ § 3 Rz 4). Hierdurch bleibt den Adressaten die selbstständige Ermittlung von *cash-flow*-Kennziffern erspart, für die sich in der Praxis ein erstaunlicher Wirrwarr von Definitionen herausgebildet hat.

89 Die **Kapitalflussrechnung,** für die nach HGB allein für **Mutterunternehmen** im Konzernabschluss eine Aufstellungspflicht besteht, weist für die Liquiditätsanalyse gegenüber der Bilanz erhebliche **Vorteile** auf (→ § 3 Rz 6ff.). Diese sind u. a. in der unmittelbaren Ausrichtung an den **Informationsbedürfnissen** der Adressaten zu sehen, die zur Analyse von Unternehmenswert oder Schuldendeckungsfähigkeit eines Unternehmens in erster Linie an Informationen über **Zahlungsströme** interessiert sind.

Überdies ist die **Manipulationsgefahr** in der Kapitalflussrechnung gegenüber der in Bilanz und GuV deutlich geringer (→ § 3 Rz 3). Gleichwohl ist eine Kapitalflussrechnung nicht völlig immun gegen Bilanzpolitik. Mit dem **Wahlrecht** zum Ausweis von **Zins- und Dividendenzahlungen** im *cash flow* aus der laufenden Geschäftstätigkeit oder im *cash flow* aus der Investitions- bzw. Finanzierungstätigkeit (→ § 3 Rz 91ff.) kann z. B. die Aufteilung des gesamten auf die Teil-*cash-flows* bilanzpolitisch gestaltet werden (→ § 3 Rz 145). Für die Analyse empfiehlt sich zur Herstellung der **Vergleichbarkeit** eine Vereinheitlichung des Ausweises. Unter sachlichen Gesichtspunkten sollten Zinsausgaben dem *cash flow* aus der Finanzierungstätigkeit und Zins- und Dividendeneinnahmen dem *cash flow* aus der Investitionstätigkeit zugeordnet werden (→ § 3 Rz 99f.).

> **Beispiel**
> Die Mobilcom AG weist in ihrer Konzern-Finanzierungsrechnung für 2001 einen *cash flow* aus der laufenden Geschäftstätigkeit von 45.901 TEUR aus. Hierbei werden Zinseinnahmen von 5.117 TEUR dem *cash flow* aus der Investitionstätigkeit und Zinsausgaben von – 331.968 TEUR dem *cash flow* aus der Finanzierungstätigkeit zugeordnet.

> Bei Einbeziehung des Zinsausgabenüberschusses in den *cash flow* aus der laufenden Geschäftstätigkeit wäre Letzterer um nicht weniger als 326.851 TEUR auf −280.950 TEUR gesunken. Dieser große Unterschiedsbetrag unterstreicht die Notwendigkeit einer einheitlichen Zuordnung für Zwecke der Bilanzanalyse.

Zusätzlich lassen sich Art, Höhe und Zeitpunkt der Zahlungen durch **Sachverhaltsgestaltungen** beeinflussen. Der *cash flow* aus der laufenden Geschäftstätigkeit kann z. B. durch die Wahl von *finance*- anstelle von *operating*-Leasing entlastet werden, weil bei Ersterem die Leasingraten zu Lasten des *cash flow* aus der Finanzierungstätigkeit und bei Letzterem die Leasingraten zu Lasten des *cash flow* aus der laufenden Geschäftstätigkeit gehen (→ § 3 Rz 146). In der Analyse sollten zur **Vereinheitlichung** des Ausweises die Leasingraten aus einem *operating*-Leasing vom *cash flow* aus der laufenden Geschäftstätigkeit auf den *cash flow* aus der Finanzierungstätigkeit umgegliedert werden.

Das **Hauptaugenmerk** der Analyse liegt auf dem *cash flow* aus der **laufenden Geschäftstätigkeit** (→ § 3 Rz 39ff.), der einen Indikator für die **Innenfinanzierungskraft** eines Unternehmens darstellt. Der *cash flow* aus der laufenden Geschäftstätigkeit zeigt an, inwieweit das Unternehmen zur Generierung finanzieller Mittel aus **eigener Kraft** in der Lage ist.

Steht dem **Jahresergebnis** ein wesentlich niedrigerer *cash flow* aus der laufenden Geschäftstätigkeit gegenüber, sind die Gründe zu hinterfragen. Vor allem gilt es zu prüfen, ob die Differenz verursacht wird durch

- ergebniserhöhende **Bilanzpolitik**, z. B. in Form von niedrigen Abschreibungen und Rückstellungsbildungen oder hohen Teilgewinnausweisen,
- hohe **einzahlungslose Umsatzerlöse**, z. B. wegen Lockerung der Zahlungskonditionen für Kunden oder deren nachlassender Zahlungsmoral,
- hohe **Lagerzugänge**, z. B. wegen Absatzschwäche.

Der im Regelfall negative *cash flow* aus der **Investitionstätigkeit** (→ § 3 Rz 57ff.) informiert darüber, ob ein Unternehmen **wächst, stagniert** oder **schrumpft**. Als Richtschnur können die (planmäßigen) **Abschreibungen** herangezogen werden.[46] Überschreitet (unterschreitet) der *cash flow* aus der Investitionstätigkeit betragsmäßig die Abschreibungen, ist von einem wachsenden (schrumpfenden) Unternehmen auszugehen. Im Fall von Wachstum steigen erwartungsgemäß die künftigen *cash flows* aus der laufenden Geschäftstätigkeit.

Sind ausnahmsweise die **Desinvestitionen** größer als die **Investitionen**, fällt der *cash flow* aus der Investitionstätigkeit positiv aus. Dies kann auf eine geplante Restrukturierung ebenso wie auf eine Verwertung von Tafelsilber in einer **Notsituation** hindeuten.

---

[46] Zu den Problemen vgl. WERNER/PADBERG/KRIETE, IFRS-Bilanzanalyse, Grundlagen, Vorgehensweise, Fallbeispiele, 2005, S. 161.

92 Fasst man den *cash flow* aus der laufenden Geschäftstätigkeit mit dem *cash flow* aus der Investitionstätigkeit zusammen, erhält man den *free cash flow* (→ § 3 Rz 13). Dieser ist ein Maßstab für die Fähigkeit des Unternehmens, die Ansprüche der **Kapitalgeber** zu befriedigen. Von den künftigen *free cash flows* hängen sowohl der Wert des Unternehmens als auch dessen finanzielle Stabilität ab. Ein positiver *free cash flow* ergibt sich, wenn das Unternehmen dazu in der Lage ist, seine Investitionen aus selbst erwirtschafteten Mitteln zu finanzieren. Der Mittelüberschuss kann für **Schuldendienst, Ausschüttungen** oder **Liquiditätsaufbau** verwendet werden. Ein negativer *free cash flow* ergibt sich, wenn der *cash flow* aus der laufenden Geschäftstätigkeit zur Finanzierung der Investitionen nicht ausreicht. Das Mitteldefizit muss durch **Neuverschuldung, Kapitalerhöhung** oder **Liquiditätsabbau** ausgeglichen werden.

93 Der *cash flow* aus der Finanzierungstätigkeit bildet die **Außenfinanzierung** eines Unternehmens ab (→ § 3 Rz 73). Neben Umfinanzierungen lässt sich erkennen, wie ein Mittelüberschuss für Kapitalgeber verwendet bzw. ein Mitteldefizit von außen finanziert wird. Ein **Krisensignal** kann es sein, wenn ein Unternehmen wiederholt ein hohes Mitteldefizit erwirtschaftet und durch kurzfristiges Fremdkapital finanziert, wie z. B. durch Inanspruchnahme von Kreditlinien.

Beispiel

In der Kapitalflussrechnung des Senator Entertainment Konzerns für 2002 und 2001 finden sich die folgenden Angaben (in TEUR):

	2002	2001
cash flow aus betrieblicher Tätigkeit	40.010	90.153
cash flow aus dem Investitionsbereich	−100.729	−183.271

Da die Innenfinanzierungskraft für die Investitionen bei weitem nicht ausreicht, ergibt sich für die Gesellschaft in beiden Jahren ein hoher Mittelbedarf, und zwar für 2002 60.719 TEUR und für 2001 93.118 TEUR. Aus dem *cash flow* aus der Finanzierungstätigkeit lässt sich ablesen, dass der Mittelbedarf jeweils fast ausschließlich durch Aufnahme kurzfristiger Darlehen gedeckt wurde (2001: 87.121 TEUR und 2002: 57.282 TEUR). Hier stellt sich die Frage, warum der Auszahlungsüberschuss aus den Investitionen nicht langfristig finanziert wurde und ob dies ein Zeichen für mangelnde Bonität ist.

Im gegebenen Fall findet sich die Antwort schnell in einem Hinweis im Bestätigungsvermerk: „Ohne unseren Bestätigungsvermerk einschränken zu wollen, weisen wir darauf hin, dass der Fortbestand der Gesellschaft und des Konzerns mittelfristig von der weiteren Verlängerung der eingeräumten Kreditlinien durch die kreditgebenden Banken abhängt bzw. die Finanzierung des Geschäftsbetriebs in seinem derzeitigen Umfang anderweitig gewährleistet wird."

Dem *cash flow* aus der Finanzierungstätigkeit kann die Höhe der **Ausschüttungen** entnommen werden. Hierbei ist darauf zu achten, ob diese aus einem positiven *free cash flow* oder durch Neuverschuldung bzw. Liquiditätsabbau finanziert werden. Letzteres ist aus finanzieller Sicht ein Hinweis auf überhöhte Ausschüttungen.

3.7 Ergebnisanalyse

In der Ergebnisanalyse wird unterschieden zwischen 94
- betragsmäßiger Ergebnisanalyse,
- struktureller Ergebnisanalyse und
- Rentabilitätsanalyse.

In der **betragsmäßigen** Ergebnisanalyse wird versucht, das in der GuV ausgewiesene Ergebnis um die **Bildung und Auflösung stiller Reserven** und um **Scheingewinne** zu bereinigen. In den IFRS ist das Problem der stillen Reserven insoweit geringer als im HGB, wie **Zwangsreserven** durch die *fair-value*-Bewertung von einzelnen Bilanzposten vermieden werden und die Möglichkeiten zur Bildung von stillen Reserven durch die Ausübung von **offenen Wahlrechten** stark eingeschränkt sind (Rz 22). Umso größer sind dafür die Möglichkeiten, durch Nutzung von **Ermessensspielräumen** stille Reserven zu bilden und aufzulösen, ohne dass dies für die Adressaten erkennbar ist (→ § 1 Rz 34).

Bei Inflation kann das in der GuV ausgewiesene Ergebnis durch **Scheingewinne** verzerrt sein (→ § 1 Rz 119). Unterliegen die eingesetzten Produktionsfaktoren im Zeitraum zwischen Anschaffung und Umsatzakt einer **Preissteigerung**, wird das Ergebnis in der GuV systematisch zu hoch ausgewiesen. Dieser Effekt wird durch die wahlweise anwendbare **Neubewertungsmethode** für Sachanlagen und auf einem aktiven Markt gehandelte immaterielle Vermögenswerte abgeschwächt. Als nachteilig ist hingegen die **Abschaffung** der **Lifo-Methode** zu sehen, die dazu geeignet ist, den Ausweis von Scheingewinnen zu vermeiden. 95

In der **strukturellen** Ergebnisanalyse geht es darum, aus dem in der GuV ausgewiesenen ein **extrapolationsfähiges** Ergebnis abzuleiten. Dazu müssen die Bestandteile des GuV-Ergebnisses nach ihrer **Nachhaltigkeit** differenziert werden. Die Basis für eine solche **Erfolgsspaltung** bilden in den IFRS weniger die Gliederungsvorschriften als vielmehr die umfangreichen **Offenlegungspflichten** (→ § 2 Rz 67). Das **Finanzergebnis** nach IFRS kann z. B. nicht direkt aus der GuV abgelesen, sondern muss dem Anhang entnommen werden.[47] Für die Identifikation von nicht regelmäßigen bzw. einmaligen Ergebniskomponenten mag der Verzicht auf den gesonderten Ausweis eines **außerordentlichen Ergebnisses** als nachteilig erscheinen (→ § 2 Rz 49). Hiermit wird jedoch dem Umstand Rechnung getragen, dass eine **trennscharfe Abgrenzung** zwischen ordentlichen und außerordentlichen Ergebniskomponenten nicht möglich und die resultierende **Missbrauchsgefahr** groß ist.[48] 96

---

[47] Vgl. COENENBERG/DEFFNER/SCHULTZE, KoR 2005, S. 440f.
[48] Vgl. LÜDENBACH/HOFFMANN, DB 2002, S. 1169ff.

Hingegen beibehalten und überarbeitet wurden die Regelungen zum gesonderten Ausweis des **Ergebnisbeitrags einzustellender Geschäftsfelder** (→ § 29). Wenngleich dieses Konzept ebenfalls mit **Ermessensspielräumen** für den Aufsteller verbunden ist, können die Informationen die Ableitung eines **prognosefähigen** Ergebnisses unterstützen (→ § 29 Rz 1).

97 Kritisch zu sehen in Hinblick auf ihre Nachhaltigkeit sind **Wertänderungen am ruhenden Vermögen**. Im Allgemeinen sind diese nicht auf bewusste Entscheidungen des Managements, sondern auf **zufallsbedingte Umwelteinflüsse** zurückzuführen. Insofern darf nicht auf eine Wiederholung dieser Erfolgskomponenten in der Zukunft vertraut werden. Während die imparitätische Bewertung nach HGB positive Entwicklungen unterschlägt, tendieren die IFRS dazu, diese bereits mit dem Zeitpunkt der **Realisierbarkeit** zu zeigen. Unter bestimmten Voraussetzungen ist z. B. für **Finanzinstrumente** (→ § 28 Rz 147f.), als **Finanzinvestitionen gehaltene Immobilien** (→ § 16 Rz 42) und einzelne **Fremdwährungsposten** (→ § 27 Rz 22) eine ergebniswirksame Erfassung von Wertänderungen ohne vorherige Bestätigung durch eine Markttransaktion zulässig bzw. geboten.

98 Umgekehrt kann die weniger restriktive Auslegung des Realisationsprinzips nach IFRS in Einzelfällen **rein abbildungsbedingten Schwankungen** der Jahresergebnisse entgegenwirken und dadurch deren Extrapolationsfähigkeit verbessern. Deutlich wird dies bei **langfristigen Fertigungsaufträgen**. Unter bestimmten Voraussetzungen erlauben die IFRS die Anwendung der *percentage-of-completion*-Methode, bei der die erwarteten Auftragsgewinne über die Perioden der Leistungserstellung verteilt werden (→ § 18 Rz 15ff.). Hierdurch kann eine allein in der Abbildungsmethode begründete **Volatilität** des Jahresergebnisses vermieden werden, wie es für die nach HGB im Regelfall anzuwendende *completed-contract*-Methode typisch ist (→ § 18 Rz 4).[49]

99 In der **Rentabilitätsanalyse** wird eine Ergebnisgröße zu einer diese maßgeblich bestimmenden Einflussgröße ins Verhältnis gesetzt. Bei der Ermittlung von Rentabilitätskennziffern aus einem Abschluss nach IFRS bedarf es spezieller Abstimmungen zwischen Zähler- und Nennergröße. Zu den Besonderheiten der IFRS gehört es, dass das GuV-Ergebnis nicht zwangsläufig mit der **gesamten Eigenkapitalveränderung** der Periode (von Transaktionen zwischen Unternehmen und Eigentümern abgesehen) übereinstimmt. Letztere umfasst neben dem **GuV-Ergebnis** auch bestimmte **direkt im Eigenkapital erfasste Wertänderungen am ruhenden Vermögen**. Bei Ermittlung der **Eigenkapitalrentabilität** auf Basis des GuV-Ergebnisses ist das Eigenkapital um die IFRS-spezifischen Komponenten zu bereinigen. Wird hingegen der Eigenkapitalrentabilität das Gesamtergebnis zugrunde gelegt, ist eine entsprechende Bereinigung nicht erforderlich.

Eine erhebliche Verzerrung der **Eigenkapitalrentabilität** kann sich auch aus der engen **Abgrenzung von Eigenkapital** nach IAS 32 ergeben (Rz 86). Um

---

[49] Vgl. HOMMEL/RAMMERT, IFRS-Bilanzanalyse case by case, 2006, S. 262ff.

dem vorzubeugen, sollte der Eigenkapitalausweis entsprechend korrigiert werden.

4 Zusammenfassung

Nach der aktuellen Rechtslage ergibt sich in Deutschland ein **Nebeneinander von HGB und IFRS**. Während in dem auf **Information** ausgerichteten **Konzernabschluss** IFRS angewendet werden müssen bzw. dürfen, ist der auf **Zahlungsbemessung** ausgerichtete **Jahresabschluss** nach wie vor nach HGB aufzustellen. Dies induziert eine **zweigleisige Bilanzpolitik**. Im Konzernabschluss nach IFRS wird vorwiegend **Informationspolitik** und im Jahresabschluss nach HGB vorwiegend **Ausschüttungs-** bzw. **Steuerpolitik** betrieben. Allerdings richten die Eigentümer ihre Ausschüttungsansprüche u. a. am Konzernergebnis nach IFRS aus (Rz 6).

100

Instrumente der Bilanzpolitik sind **Sachverhaltsgestaltungen** und **Sachverhaltsdarstellungen** (Rz 10). In den IFRS werden Sachverhaltsgestaltungen insbesondere durch die starke Gewichtung des **Grundsatzes der wirtschaftlichen Betrachtungsweise** (Rz 35) und die umfangreichen **Offenlegungspflichten** (Rz 40) erschwert. Der Einfluss des *mixed fair value accounting* nach IFRS auf Sachverhaltsgestaltungen ist ambivalent. Einerseits macht die Vermeidung von **stillen Reserven** durch die **Zeitwertbilanzierung** aufwändige Gestaltungen zu deren Hebung überflüssig. Andererseits verstärkt die bilanzielle Privilegierung von *assets* mit *fair-value*-Bewertung gegenüber solchen mit **Anschaffungskostenbewertung** den Anreiz zu allein bilanzpolitisch motivierten Investitionen.

101

Bei der **Sachverhaltsdarstellung** in einem Abschluss nach IFRS spielen **Ermessensspielräume** (Rz 24) eine wesentlich stärkere Rolle als **offene Wahlrechte** (Rz 18ff.). Die **Bewertungswahlrechte** dienen in den IFRS überwiegend als Öffnungsklauseln für die *fair-value*-Bewertung (Rz 18). Diese darf wahlweise angewandt werden

102

- bei allen **Finanzinstrumenten** nach entsprechender Widmung im Zugangszeitpunkt unter bestimmten Voraussetzungen (*fair value option*),
- bei **als Finanzinvestitionen gehaltenen Immobilien** (*investment properties*) sowie
- zur **Neubewertung** von Sachanlagen und auf einem aktiven Markt gehandelten immateriellen Vermögenswerten (mit Verbuchung des Neubewertungsergebnisses im Eigenkapital).

Fremd sind den IFRS die zahlreichen **Abschreibungswahlrechte** nach HGB, die die Bildung von **stillen Reserven** ermöglichen (Rz 22).

Ermessensspielräume durchziehen sämtliche Bereiche eines Abschlusses nach IFRS. Häufig führt die **Unbestimmtheit von Ansatzkriterien** zu **faktischen Bilanzierungswahlrechten**, wie z. B. für **Entwicklungskosten** (Rz 25) und **aktive latente Steuern** (Rz 28f.). Bei der Bewertung werden durch die zunehmende Abkehr der IFRS vom **Anschaffungskosten-** und **Einzelbewertungs-**

103

prinzip dem Aufsteller immer größere **Spielräume** gewährt. So kann der *fair value* ohne größeres Ermessen allein in dem seltenen Idealfall ermittelt werden, in dem das Bewertungsobjekt auf einem fast perfekten Markt gehandelt wird (Rz 30). Nahezu grenzenlose **verfahrens-** und **schätzbedingte Spielräume** sind mit der Durchführung eines *impairment*-Tests nach IAS 36 verbunden (Rz 31). Ähnlich große Freiheiten schafft die *percentage-of-completion*-Methode für **langfristige Fertigungsaufträge**, die in Bezug auf Anwendungsbedingungen und Methodik ein hohes Maß an Unschärfe aufweist (Rz 32).

104 Grenzen werden der Bilanzpolitik in mehr oder weniger großem Umfang durch

- das **Einblicksgebot** (*true and fair presentation* ; Rz 35),
- das **Stetigkeits-** und **Einheitlichkeitsgebot** (Rz 38) sowie
- die **Offenlegungspflichten** (Rz 40)

gesetzt. Wenngleich das **Einblicksgebot** (Rz 35) in den IFRS den Status eines *overriding principle* genießt, ist es eine stumpfe Waffe gegen Bilanzpolitik, weil *true and fair* selbst ein **vages Gütekriterium** ist. Auch das **Stetigkeits-** und das **Einheitlichkeitsgebot** (Rz 38) vermögen Bilanzpolitik nur bedingt einzuschränken. Beide Gebote werden in den IFRS zwar bedeutend stärker als im HGB gewichtet, erfassen aber kaum die in einem Abschluss nach IFRS dominanten **Ermessensspielräume**. Ähnliches gilt für **Offenlegungspflichten** (Rz 40). Wenngleich vom IASB die Angabepflichten zu **Ermessensspielräumen** zunehmend erweitert werden, fehlt es in diesem Bereich der Bilanzpolitik an ausreichender Transparenz. Vielmehr führt die ihrerseits **ermessensabhängige Berichterstattung** über die Ausübung von Ermessen lediglich zu einer **Verlagerung** des Problems von Bilanz und GuV auf den Anhang (Rz 43).

105 Bei der **Analyse** eines Abschlusses nach IFRS steht eine deutlich **breitere Datenbasis** als bei der eines Abschlusses nach HGB zur Verfügung (Rz 48). Dies kann sowohl als Vorteil als auch als Nachteil gesehen werden, weil die Datenflut insbesondere in Form von **Anhangsangaben** selbst von professionellen Analysten kaum zu bewältigen ist.

106 Hinderlich für die Bilanzanalyse sind

- die mangelnde **Vergleichbarkeit** von Abschlüssen nach HGB und IFRS sowie von Abschlüssen nach IFRS untereinander (Rz 51),
- die hohe **Manipulationsanfälligkeit** der Abschlussdaten (Rz 54) sowie
- die mögliche Verletzung des **Kongruenzprinzips** (Rz 57).

Mit der Durchbrechung des Kongruenzprinzips durch Verbuchung von Ergebnissen außerhalb der GuV, wie z. B. bei der **Neubewertung** von Sachanlagen, wird einer **wertorientierten** Bilanzanalyse auf Basis von **Residualgewinnverfahren** die theoretische Grundlage entzogen (Rz 58).

107 Für die Analyse eines Abschlusses nach IFRS können grundsätzlich die geläufigen **Kennziffern** und **Kennziffernsysteme** verwendet werden. Besondere Probleme ergeben sich bei der Bereinigung der Ausgangsdaten im Rahmen der Erstellung einer **Strukturbilanz** (Rz 69). Mit den Anpassungsmaßnahmen

sollen **bilanzpolitische Einflüsse** beseitigt, die **Vergleichbarkeit** erhöht und der **Wertunsicherheit** von bestimmten Bilanzposten Rechnung getragen werden. Korrekturbedarf in einem Abschluss nach IFRS besteht u. a. bei
- Geschäfts- oder Firmenwerten (Rz 70),
- selbst erstellten immateriellen Vermögenswerten (Rz 75),
- aktiven latenten Steuern (Rz 78) und
- direkt im Eigenkapital erfassten Ergebnissen (Rz 81).

Die **Liquiditätsanalyse** auf Grundlage eines Abschlusses nach IFRS wird insofern erleichtert, als zu dessen Pflichtbestandteilen eine **Kapitalflussrechnung** (*cash flow statement*) gehört (Rz 85). Hierdurch ist es möglich, alternativ zu einer bilanzorientierten eine aussagefähigere *cash-flow*-orientierte Beurteilung der **finanziellen Stabilität** eines Unternehmens vorzunehmen. Bei der *cash-flow*-orientierten Analyse muss das Abgrenzungswahlrecht für den *cash flow* aus der laufenden Geschäftstätigkeit beachtet werden (Rz 89). 108

Für die **betragsmäßige Ergebnisanalyse** wirkt sich erschwerend aus, dass in einem Abschluss nach IFRS stille Reserven im Wesentlichen durch die Nutzung von **Ermessensspielräumen** gebildet und aufgelöst werden (Rz 94). Da solche Maßnahmen für den Adressaten weitgehend **nicht erkennbar** sind, ist eine **Bereinigung** des Ergebnisses selbst ansatzweise **nicht möglich**. 109

Unter dem Gesichtspunkt der **Erfolgsspaltung** mag der Verzicht auf den separaten Ausweis eines **außerordentlichen Ergebnisses** als nachteilig erscheinen (Rz 96). Da eine **trennscharfe Abgrenzung** zwischen ordentlichen und außerordentlichen Ergebniskomponenten allerdings nicht möglich ist, darf der Informationswert eines separaten Ausweises nicht überschätzt werden. 110

Erleichtert wird die Identifizierung von **nicht nachhaltigen** Ergebniskomponenten durch den gesonderten Ausweis des **Ergebnisbeitrags einzustellender Geschäftsfelder**, wenngleich auch hier **Missbrauchsgefahr** bei der Abgrenzung durch den Aufsteller besteht (Rz 96).

Bei der Ermittlung von **Rentabilitätskennziffern** können sich Probleme aus dem spezifischen **Gewinnkonzept** der IFRS ergeben. Hiernach ist zwischen dem in der **GuV ausgewiesenen Ergebnis** und den **direkt im Eigenkapital** erfassten **Ergebniskomponenten** zu unterscheiden (Rz 99). Wird bei der Ermittlung einer **Eigenkapitalrendite** im Zähler auf das GuV-Ergebnis abgestellt, ist das Eigenkapital im Nenner um die IFRS-spezifischen Komponenten wie z. B. die **Neubewertungsrücklage** zu **bereinigen**. Anders verhält es sich, wenn im Zähler neben dem GuV-Ergebnis auch die direkt im Eigenkapital erfassten Ergebniskomponenten berücksichtigt werden. Hier ist im Nenner das **unbereinigte** Eigenkapital nach IFRS zu verwenden. 111

ABKÜRZUNGSVERZEICHNIS

ABO	Accumulated Benefit Obligation
ABS	Asset Backed Securities
ADS	Adler/Düring/Schmaltz
AfA	Absetzung für Abnutzung
AG	Aktiengesellschaft; Die Aktiengesellschaft (Zeitschrift)
AGB	Allgemeine Geschäftsbedingungen
AO	Abgabenordnung
ARB	Accounting Research Bulletin
ASB	Accounting Standards Board (UK)
ASC	Accounting Standards Committee (UK)
ASSC	Accounting Standards Steerings Committee (UK)
aU	assoziiertes Unternehmen
BewG	Bewertungsgesetz
BFH	Bundesfinanzhof
BGH	Bundesgerichtshof
CGU	Cash Generating Unit
DBO	Defined Benefit Obligation
DRS	Deutscher Rechnungslegungsstandard
DRSC	Deutsches Rechnungslegungs Standards Committee e.V.
DVFA	Deutsche Vereinigung für Finanzanalyse und Anlageberatung e.V.
EBIT	Earnings Before Interest and Taxes
EBITDA	Earnings Before Interest, Taxes, Depreciation and Amortisation
EBT	Earnings Before Taxes
ED	Exposure Draft

EFRAG	European Financial Reporting Advisory Group
EITF	Emerging Issues Task Force
EPS	Earnings per Share
EStG	Einkommensteuergesetz
EStR	Einkommensteuer-Richtlinien
EuGH	Europäischer Gerichtshof
F	Framework
FASB	Financial Accounting Standards Board
Fifo	First in first out
FOB	Free on Board
GewStG	Gewerbesteuergesetz
GmbH	Gesellschaft mit beschränkter Haftung
GmbHG	Gesetz betreffend die Gesellschaft mit beschränkter Haftung
GrS	Großer Senat
GuV	Gewinn- und Verlustrechnung
HFA	Hauptfachausschuss des Instituts der Wirtschaftsprüfer in Deutschland e.V.
HGB	Handelsgesetzbuch
Hrsg.	Herausgeber
IAS	International Accounting Standards
IASB	International Accounting Standards Board
IASC	International Accounting Standards Committee
IASCF	International Accounting Standards Committee Foundation
IDW	Institut der Wirtschaftsprüfer in Deutschland e.V.
IFAC	International Federation of Accountants
IFRIC	International Financial Reporting Interpretations
IFRS	International Financial Reporting Standards
IOSCO	International Organization of Securities Commissions

KapCoRiLiG	Kapitalgesellschaften-und-Co-Richtliniengesetz
KoR	Zeitschrift für kapitalmarktorientierte Rechnungslegung
KStG	Körperschaftsteuergesetz
KStR	Körperschaftsteuer-Richtlinien
Lifo	Last in - first out
ND	Nutzungsdauer
PBO	Projected Benefit Obligation
POC	Percentage of Completion
rev.	Revised
ROI	Return on Investment
Rz	Randziffer
SAC	Standards Advisory Council
SEC	Securities and Exchange Commission
SFAC	Statement of Financial Accounting Concepts
SFAS	Statement of Financial Accounting Standards
SG	Schmalenbach-Gesellschaft für Betriebswirtschaft e.V.
SIC	Standing Interpretations Committee
SOP	Statement of Principles
SPE	Special Purpose Entity
TransPuG	Transparenz- und Publizitätsgesetz
US-GAAP	United States Generally Accepted Accounting Principles
USt	Umsatzsteuer
UStG	Umsatzsteuergesetz
UStR	Umsatzsteuer-Richtlinien
WpHG	Wertpapierhandelsgesetz

STICHWORTVERZEICHNIS

*Fett gesetzte Ziffern verweisen auf Paragrafen,
magere auf die zugehörigen Randziffern.*

A

Abbruchkosten
- Anlageimmobilien *(investment properties)* **16**, 33
- Anschaffungs- und Herstellungskosten **8**, 49

ABC
- Altersversorgung **22**, 85
- Erlöse **25**, 108
- Erlösrealisierung **25**, 108
- öffentliche Zuwendungen *(government grants)* **12**, 45
- Rückstellungen **21**, 137

Abfindung
- Gesellschafter **31**, 157

Abgänge
- Anlageimmobilien *(investment properties)* **16**, 80
- Sachanlagen **14**, 20

Abgrenzung Eigen- und Fremdkapital 51, 99
- Definition Eigenkapital **20**, 4; **51**, 86
- Eigenkapital als Residualanspruch **20**, 4
- Erwerbsangebot WpÜG **20**, 17
- faktischer Rückzahlungszwang **20**, 12
- Genossenschaften **20**, 18
- Genussrechte **20**, 12
- GmbH **20**, 18
- Mezzanine-Finanzierungen **20**, 12
- Nutzungseinlagen **20**, 13
- Optionsanleihen **20**, 6
- *perpetuals* **20**, 12
- Personengesellschaften **20**, 18; **51**, 86
- Sacheinlagen **20**, 13
- *substance over form* **20**, 4, 12, 27
- Vorzugsaktie **20**, 10
- Wandelanleihen **20**, 6

Abgrenzungsposten
- Kaufpreisallokation **31**, 89

Abgrenzung zum *goodwill*
- immaterielle Vermögenswerte **51**, 72
- Kaufpreisallokation **51**, 72

Abhängigkeitsbericht
- nahe stehende Unternehmen **30**, 4

ABO
- Altersversorgung **22**, 47

- Pensionsrückstellung **22**, 47

Abonnement-Kunden
- *siehe* Kundenbeziehungen

Abschluss
- Nichtigkeit **1**, 67

Abschlussangaben
- Checkliste **5**, 8

Abschlussbestandteile 1, 5

Abschreibungen
- *siehe* außerplanmäßige Abschreibungen
- *siehe* planmäßige Abschreibung
- Behandlung in der Kapitalflussrechnung **3**, 51, 108
- Kapitalflussrechnung **3**, 51

Abschreibungsmethode
- immaterielle Vermögenswerte **13**, 67
- Stetigkeitsanforderung **24**, 13
- Stetigkeitsgebot **24**, 13, 16

Abstockung
- Tochterunternehmen **32**, 161

abstrakte Bilanzierungsfähigkeit 1, 87

ABS-Transaktion
- *siehe* Forderungen
- *pass-through arrangements* **28**, 76
- SPE **32**, 62

Abwärtskonsolidierung
- Konzern **32**, 4
- *non-current assets held for sale* **29**, 41
- Tochterunternehmen **31**, 13; **32**, 162, 163

abweichender Bilanzstichtag
- *equity*-Methode **33**, 69
- Vollkonsolidierung **32**, 91

abweichende Stichtage
- Konzern **32**, 101

Abwertungsbedarf
- buchmäßige Erfassung **11**, 7
- Übersicht **11**, 5

Abzinsung
- latente Steuern **26**, 102
- Rückstellungen **21**, 99, 105
- Vergleich IFRS mit deutschem Recht **21**, 99; **51**, 65

accounting manuals **24**, 14

accounting policies
- *application and selection* **24**, 3

accrual-Prinzip 1, 16
accruals
 – *siehe* Rückstellungen
acquisition date
 – *siehe* Erstkonsolidierung
adjusting events
 – *siehe* Ereignisse nach dem Bilanzstichtag
Aggregierung bei der Berichterstattung
 – *materiality* bei der Berichterstattung 30, 31
 – nahe stehende Personen 30, 31
Agrarwirtschaft
 – *siehe* biologischer Vermögenswert
 – *siehe* Landwirtschaft
agreement date
 – *siehe* Erstkonsolidierung
Akkreditiv
 – finanzielle Garantien 28, 13
Aktien
 – erstmalige Anwendung von IFRS 6, 20
Aktienerwerbsangebot
 – *siehe* Abgrenzung Eigen- und Fremdkapital
aktienkursorientierte Vergütungsformen
 – Aktienoptionen als Vergütungsform 23, 1
 – Aktienrückkauf zur Durchführung von Aktienoptionsplänen 23, 11, 13
 – Anhangsangaben 23, 88
 – Anpassung der Optionsbedingungen 23, 60
 – asymmetrische Risikostruktur 23, 2
 – Ausnahmen 23, 30
 – bedingte Kapitalerhöhung 23, 11
 – Bewertung 23, 49
 – Definitionen 23, 30
 – Einwendungen gegen IFRS 2 23, 36
 – Ermessensproblematik 23, 59
 – erstmalige Anwendung von IFRS 6, 88
 – *grant date* bei Aktienoptionen 23, 7
 – Grundprobleme 23, 32
 – Grundtypen 23, 1
 – im Unternehmensverbund 23, 27
 – Inhalt von IFRS 2 23, 23
 – innerer Wert 23, 67
 – innerer Wert *(intrinsic value)* von Aktienoptionen 23, 15
 – kombinierte Vergütungspläne 23, 45, 72
 – konzernspezifische Sachverhalte 23, 31
 – latente Steuern 23, 82
 – marktabhängige Konditionen 23, 56
 – marktunabhängige Konditionen 23, 56
 – Mengengerüst 23, 56
 – Mengenkomponente 23, 59
 – nahe stehende Personen 30, 24
 – Optionsbewertungsmodelle 23, 52
 – Rechtsbeziehungen 23, 20

 – Sacheinlage 23, 6
 – *share-based payment* 23, 25, 45, 67
 – *share options* 23, 1, 9, 12, 26, 90
 – Stillhalteverpflichtung 23, 2
 – *stock appreciation rights* 23, 42, 68
 – *stock options* 23, 12
 – Umtausch von Optionen 23, 65
 – Unmöglichkeit der Schätzung 23, 67
 – Unmöglichkeit der zuverlässigen Schätzung 23, 67
 – Vergleich IFRS mit deutschem Recht 23, 38
 – Verteilungszeitraum für Aufwandsverbuchung 23, 59
 – Verwässerung des Aktienvermögens bei Aktienoptionsplänen 23, 19
 – *vesting period* bei Aktienoptionen 23, 7
 – virtuelle Optionen 23, 10
 – Wertkomponente 23, 56, 59
 – Wertsteigerungsrechte als Vergütungsform 23, 1
 – Widerruf *(cancellation)* 23, 64
 – Zeitwert *(fair value)* von Aktienoptionen 23, 15
Aktienoptionen
 – *siehe* aktienkursorientierte Vergütungsformen
 – Bewertung 23, 49
 – Ergebnis je Aktie 35, 29
 – Optionspreismodell 23, 54
 – *repricing* 23, 60
Aktienoptionspläne
 – aktienkursorientierte Vergütungsformen 23, 25
 – Anwendung nach deutschem Gesellschaftsrecht 23, 75
 – Aufwandsverbuchung zu Gunsten der Kapitalrücklage 23, 35
 – Ausgabezeitpunkt *vesting date* 23, 21
 – Ausweis 23, 87
 – Begrifflichkeiten 23, 21
 – Eigenkapitalinstrumente als Vergütungsform 23, 26
 – Grundprobleme der Bilanzierung 23, 22
 – im Konzernabschluss 23, 30
 – *share-based payment transaction* 23, 26
 – Vertragsbestandteile 23, 21
 – Wartefrist, Sperrperiode *vesting date* 23, 21
 – Zusagezeitpunkt *grant date* 23, 21
aktiver Markt
 – Definition 8, 56
 – immaterielle Vermögenswerte 13, 65
 – *impairment*-Test 11, 33

Aktivierungsgebote 1, 100
Aktivierungsverbote 1, 101
– immaterielle Vermögenswerte **13**, 47, 50; **51**, 60
als Finanzinvestitionen gehaltene Immobilien
– *siehe* Anlageimmobilien
Altersteilzeit
– *siehe* Altersversorgung
– Eckdaten **22**, 76
– Gehaltsaufstockungen **22**, 77
– Rückstellungen **22**, 76
Altersversorgung
– ABC **22**, 85
– Abgrenzung IAS 19 zu IAS 26 **22**, 4
– Abgrenzung von statischen und dynamischen Versorgungszusagen **22**, 23
– ABO **22**, 47
– Altersteilzeit **22**, 76, 89
– Angaben **22**, 79
– Anpassungsbuchungen **22**, 51
– Anwartschaftsbarwertverfahren **22**, 25
– Arbeitszeitkontenmodelle **22**, 73
– *asset ceiling* **22**, 49
– Ausweis **22**, 35
– beitragsorientierte Zusagen **22**, 29
– Beitragszusagen **22**, 8
– Bewertung **22**, 22
– Bilanzansatz **22**, 13
– DBO **22**, 16, 25
– Direktversicherung **22**, 60
– *employee benefits* **22**, 71
– Ermittlung von Pensionsansprüchen **22**, 26
– erstmalige Anwendung von IFRS **22**, 42
– Fehlbeträge **22**, 20
– Finanzierungsstatus **22**, 18
– Formulierungsbeispiel **22**, 82
– Gruppenkasse **22**, 81
– Korridormethode **22**, 44
– künftige Rentenanpassungen **22**, 33
– Kürzungen (*curtailments*) **22**, 63
– Leistungen an Arbeitnehmer **22**, 2
– Leistungsumfang **22**, 2
– Leistungszusagen **22**, 8
– PBO **22**, 16
– Pensionsaufwand **22**, 14, 37
– Pensionsfonds **41**, 1
– Pensionsformel **22**, 27
– Pensionskasse **41**, 1
– Pensionsplan **22**, 41
– Pensionsrückstellung **22**, 35, 47
– Pensionsspiegel **22**, 52
– Pensionsverpflichtung **22**, 22, 55
– Pension-Trust-Modelle **22**, 55
– Personalstrukturmaßnahmen **22**, 74
– *plan assets* **22**, 21, 61
– Praxishinweise **22**, 89
– Rückdeckungsversicherungen **22**, 58
– Schuldbeitritt mit Erfüllungsübernahme **22**, 68
– Staffeldiagramme **22**, 52
– Teilwertverfahren **22**, 24
– Tilgungsmethoden **22**, 45
– Überleitung von HGB nach IFRS **22**, 50
– Übertragungen (*settlements*) **22**, 62
– Unterschied HGB und IFRS **22**, 22, 24, 31, 66
– Unterstützungskasse **41**, 1
– Vergleich IFRS mit deutschem Recht **22**, 19
– Verpflichtungsumfang **22**, 16
– Versorgungskasse **41**, 1
– Verteileritis **22**, 15
– Verteilungswahlrecht **22**, 66
Altersversorgungspläne
– Finanzinstrumente **28**, 11
Altfahrzeuge
– Rückstellungen **21**, 70
amortisierte Anschaffungskosten 28, 106
Änderung Bilanzierungs- und Bewertungsmethode
– *siehe* Stetigkeitsgebot
Änderung von Schätzungen
– Leasing **15**, 77
Angaben
– *siehe* Anhang
– assoziierte Unternehmen **33**, 100
– außerplanmäßige Abschreibungen **11**, 78
– Beitragsplan **22**, 80
– *cash generating unit* **11**, 80
– Eigenkapital **20**, 86
– Ereignisse nach dem Bilanzstichtag **4**, 40
– erstmalige Anwendung von IFRS **6**, 96
– Ertragsrealisierung **25**, 111
– Fertigungsaufträge **18**, 81
– Fremdfinanzierung **9**, 34
– *goodwill* **31**, 171
– immaterielle Vermögenswerte **13**, 77
– *joint venture* **34**, 92
– Konzern **31**, 171; **32**, 184
– latente Steuern **26**, 111
– Leasing **15**, 163; **51**, 41
– Leasinggeber **15**, 164
– Leasingnehmer **15**, 163
– *pooling of interest* **31**, 172
– Versicherungsunternehmen **39**, 36
– Währungsumrechnung **27**, 71
Anhang
– aktienkursorientierte Vergütungsformen **23**, 88
– allgemeiner Teil **5**, 21, 26, 74

- Angaben in Bilanz oder Anhang 5, 4; 51, 105
- Arbeitnehmerzahl 5, 66
- Arbeitsteilung zwischen IAS 1 und speziellen Standards 5, 6
- aufgegebene Bereiche 29, 30
- Beteiligungen 5, 66
- Bilanzierungs- und Bewertungsmethoden 5, 25; 51, 42
- Bilanzrechtsreformgesetz 5, 66
- *Capital Disclosures* 20, 90
- Checklistenpraxis 5, 8
- *disclosures*, funktional 5, 2
- Durchbrechung, Stetigkeitsgebot 24, 50
- Eigenkapital 20, 86
- Ereignisse nach dem Bilanzstichtag 4, 40
- Ergebnis je Aktie 35, 38
- Erklärung zum *Corporate Governance Codex* 5, 66
- Erklärung zur IFRS-Übereinstimmung 1, 55
- Erläuterung bei Übergang von Durchschnittsmethode zur Fifo-Methode 24, 26
- Erläuterung Eigenkapitaländerungsrechnung 5, 19
- Ermessen bei Anwendung Bilanzierungsmethoden 5, 41, 43; 51
- Ermessen bei Regelungslücken 5, 43
- Ermessen bei Schätzungen 5, 42, 55
- *extractive industries* 42, 27
- Fehlerkorrektur 24, 52
- Formulierungsbeispiel 5, 27, 36, 65
- Funktion 5, 31
- Funktion der Prosa 5, 12
- Gliederung 5, 72
- Gliederungsvorschlag 5, 16
- *going-concern*-Prämisse 5, 37
- Grundaufgaben 5, 13, 72
- HGB-Angaben 5, 66
- in der Praxis 5, 10
- IPSAS 43, 14
- Kompensationsfunktion 5, 13
- Konzernabschluss 7, 13
- kurze Version 5, 36
- lange Version 5, 27, 65
- Leerformeln 5, 28
- *materiality* 1, 68; 5, 8, 14; 24, 53
- Neubewertung 8, 80
- Neubewertungsmethode 14, 25
- *notes*, technisch 5, 2
- Offenlegung von Ermessensentscheidungen 5, 40, 60; 51, 40
- öffentliche Zuwendungen *(government grants)* 12, 39
- Organbezüge 5, 66
- Regelungslücken 5, 48

- Revision von Schätzungen 24, 51
- Sachanlagen 14, 25
- Schattenbilanz 5, 47
- Schätzunsicherheiten 5, 49, 59
- Schutzklausel 5, 66
- Schutzklausel für Offenlegung Planungen 5, 57, 69
- Sensitivitätsanalysen 5, 55
- Subjektivität bei Offenlegung Ermessen 5, 46
- *true and fair override* 51, 36
- zukünftig wirksame Standards 24, 54
- Zwischenberichterstattung 37, 32

Anhangsangaben
- *siehe* Anhang

Anlageentscheidung
- Bilanzanalyse 51, 47
- Kreditgeber 51, 47

Anlageimmobilien *(investment properties)*
- Abbruchkosten 16, 33
- Abgänge 16, 80
- Abgrenzung, Definition 16, 5
- Abzinsung 16, 27
- Angaben 16, 86
- Anlagespiegel 16, 91
- Anschaffungskosten 16, 18
- Anschaffungsnebenkosten 16, 22, 23, 30
- Aufteilung der Anschaffungskosten 16, 21
- außerplanmäßige Abschreibung 16, 44
- Ausweis 16, 83
- Bilanzpolitik 16, 66
- bilanzpolitische Spielräume 16, 14; 51, 20
- *cost*-Modell 16, 40
- DCF-Verfahren 16, 57
- Definition 16, 16
- Diskontierungssatz 16, 64
- Einzelveräußerbarkeit 16, 15
- Entmietungen 16, 67
- Erhaltungsaufwand 16, 29
- Ermessensspielräume 16, 66
- Ertragswertverfahren 16, 57
- externe Gutachten 16, 51
- *fair value* 16, 3, 51
- *fair value*, Definition 16, 48
- *fair-value*-Modell, Beurteilung 16, 70
- Folgebewertung 16, 35; 51, 20
- fortgeführte Anschaffungskosten 16, 40
- Gebäude 16, 5, 21, 25, 29, 32, 41, 59, 65, 75
- gemischt genutzte Immobilie 16, 45
- Generalüberholung 16, 67
- Grundsanierungen 16, 67
- Grundstücke 16, 5, 25, 31, 41, 46, 48, 50, 54, 61, 77
- Hotel 16, 11
- *Improvement Project* 16, 6

- Komponentenansatz **16**, 43
- latente Steuern **16**, 82
- Leasing **16**, 6
- Methodenwahlrecht bei der Bewertung **16**, 51
- Neubewertungsmethode **16**, 76
- Neubewertungsrücklage **16**, 76
- *operate*-Leasing **16**, 20
- Parkhaus **16**, 11
- Praxishinweise **16**, 97
- Rückstellungen **16**, 33
- Stetigkeitsprinzip **16**, 38; **51**, 39
- Stufenkonzept IAS 40 **16**, 50
- Tausch **16**, 19
- Übergangsvorschriften **16**, 93
- Umklassifizierung im Konzernabschluss **16**, 13
- Umwidmung **16**, 76
- Unterschied IAS 40 zu IAS 16 **16**, 42
- Unterschied zum HGB **16**, 71
- Vergleich IFRS mit deutschem Recht **16**, 2
- Vergleichswertverfahren **16**, 53
- Vermögenszugang **16**, 17
- Wertermittlungsverfahren **16**, 52
- wirtschaftliches Eigentum **16**, 17
- Zeitwertbilanzierung **16**, 42
- Zwei-Phasen-Modell für die Wertermittlung **16**, 63

Anlagen
- Währungsumrechnung **27**, 19

Anlagenbau
- Fertigungsauftrag **18**, 7

Anlagespiegel
- Anlageimmobilien **16**, 91
- Muster horizontale Entwicklung **14**, 28
- Muster vertikale Entwicklung **14**, 28
- Neubewertung **8**, 62
- Sachanlagen **14**, 26
- Währungsumrechnung **27**, 70

Anlagevermögen
- *siehe* Abgrenzung vom Umlaufvermögen
- *siehe* Sachanlagen
- Abgrenzung vom Umlaufvermögen **2**, 25

Anlagevermögen, Veräußerung
- *siehe non-current assets held for sale*

Anleihen
- Änderungen des Kurswertes **28**, 178
- *equity-linked* **28**, 144
- Fälligkeitswert **28**, 136
- *perpetuals* **20**, 12
- strukturierte **28**, 138, 141
- Wandelanleihen **20**, 12

Annuitätendarlehen
- Kapitalflussrechnung **3**, 77

Anpassungsbuchungen
- Altersversorgung **22**, 51

Ansatz
- Bewertung **37**, 17
- Zwischenberichterstattung **37**, 17

Anschaffungskosten
- Anschaffungspreisminderungen **8**, 11
- Aufteilung auf mehrere Vermögenswerte **8**, 14
- Einbringung **8**, 48
- Einlage **8**, 48
- Flugzeugindustrie **8**, 36
- Gegensatz zum Neubewertungskonzept **51**, 101
- Gemeinkosten **8**, 13; **17**, 6
- Generalüberholung, Großinspektion **8**, 36
- Gewinnrealisierung **8**, 48
- Herstellungskosten **8**, 36
- IPSAS **43**, 33
- nachträgliche **8**, 11
- Nebenkosten **8**, 11; **17**, 7
- Unternehmenserwerb **31**, 32
- Vorräte **17**, 4
- Zusammensetzung **8**, 11

Anschaffungskostenprinzip
- *siehe* Landwirtschaft

Anschaffungsnebenkosten
- Anlageimmobilien **16**, 30
- Leasing **15**, 100

Anschaffungs- und Herstellungskosten
- Abbruchkosten **8**, 49
- Durchschnittsmethode **8**, 41
- Einzelbewertung **8**, 39
- Entfernungsverpflichtung **8**, 50
- Erfolgsneutralität **8**, 5
- Fifo-Methode **8**, 43
- Gegensatz zum Neubewertungskonzept **8**, 7
- Lifo-Methode **8**, 45
- *matching principle* **8**, 5
- Praxishinweise **8**, 83
- Realisationsprinzip **8**, 10
- Rückbauverpflichtung **8**, 50
- sächliche und immaterielle Vermögenswerte **8**, 2
- Verfahren zur Ermittlung **8**, 38
- Vergangenheits- oder Zukunftsorientierung **8**, 8
- Vergleich IFRS und HGB **8**, 12, 18; **51**, 22

Anteile
- Aufwärtskonsolidierung **34**, 75
- Bewertung nach IAS 39 **28**, 41
- in Fremdwährung **27**, 23

Anteile an Tochterunternehmen
- Finanzinstrumente **28**, 11

Anteilstausch
- *siehe* Erstkonsolidierung

- Bestimmung der Anschaffungskosten 20, 55
Anteilsübertragung
- Divergenz von obligatorischem und dinglichem Geschäft 28, 26
Anteilsveräußerung
- Entkonsolidierung 31, 133
Anwartschaftsbarwertverfahren
- Altersversorgung 22, 25
Anwendung der IFRS
- Einzelabschluss 7, 11
- freiwilliger Konzernabschluss 7, 10
- Konzernabschluss 7, 9
Anwendungsbereich
- erstmalige Anwendung von IFRS 6, 7
Anzahlungen
- *siehe* erhaltene Anzahlungen
- *siehe* geleistete Anzahlungen
- auf Fertigungsaufträge 18, 72
Application Guidance
- als integraler Teil der Standards 1, 59
Arbeitnehmervergütung
- Rückstellungen 21, 16, 42
Arbeitnehmerzahl
- Anhang 5, 66
Arbeitsgemeinschaften
- Bauindustrie 34, 27
Arbeitsverträge
- Kaufpreisallokation 31, 85
Arbeitszeitkontenmodelle
- Altersversorgung 22, 73
arm's-length-Prinzip
- nahe stehende Personen 30, 23
- nahe stehende Unternehmen 30, 23
asset
- Definition 1, 87
- Ermessensproblematik 1, 97
- IPSAS 43, 9
- *liability* 43, 9
- Schulden 43, 9
- Vermögensgegenstand 43, 9
- vs. Vermögensgegenstand 1, 96
asset-backed securities 28, 74
asset ceiling
- Altersversorgung 22, 49
asset deal
- *siehe* Unternehmenserwerb
- Kapitalflussrechnung 3, 113
- latente Steuern 26, 58
asset liability approach
- dynamische vs. statische Bilanztheorie 1, 121
- vs. *revenue expense approach* 1, 121
asset specific discount rate 31, 68
assoziierte Einheit
- IPSAS 43, 22

assoziierte Unternehmen
- *siehe equity*-Methode
- 20-%-Vermutung 33, 8
- Abgrenzung von Gemeinschaftsunternehmen 33, 19
- Abgrenzung von Tochterunternehmen 33, 18
- Angaben 33, 100
- Anteilsveräußerung 33, 91
- Aufwärtskonsolidierung zum Gemeinschaftsunternehmen 34, 75
- Ausnahme für Weiterveräußerung 33, 28
- Ausweis in Bilanz nach GuV 33, 99
- Definition 33, 7, 106
- Divergenz von obligatorischem und dinglichem Geschäft 33, 28
- einfache Beteiligung wird assoziiertes Unternehmen 33, 85
- Entkonsolidierung 33, 90
- Entkonsolidierung bei Verlusten 33, 75
- Erstkonsolidierung 33, 21
- Erwerb weiterer Anteile 33, 84
- Finanzinstrumente 28, 11
- Finanzmitteltransferbeschränkungen 33, 17
- Folgekonsolidierung 33, 22
- im Einzelabschluss des Investors 32, 165
- Indizien für Assoziierung 33, 12
- Kapitalflussrechnung 3, 51, 106
- latente Steuern 33, 98
- potenzielle Stimmrechte 32, 52; 33, 15
- Rechtsänderungen 33, 104
- Statuswechsel in einfache Beteiligung 33, 93
- Statuswechsel in Tochterunternehmen 33, 88
- Übergangskonsolidierung bei Verlusten 33, 75
- *venture-capital*-Gesellschaften 33, 6
- Wahlrecht im Einzelabschluss 33, 30, 107
- widerlegbare Vermutung 33, 8
- zur Veräußerung bestimmte Anteile 33, 27

assoziierte Unternehmen
- Bewertung bei Veräußerungsabsicht 29, 42
asymmetrische Risikostruktur
- aktienkursorientierte Vergütungsformen 23, 2
at equity bewertete Beteiligungen
- Segmentberichterstattung 36, 126, 133, 158
Atomisierung des Vermögenswertes
- Komponentenansatz 8, 35
aufgegebene Bereiche
- *siehe* Prognoserelevanz
- abgrenzbarer Bereich 29, 16

- Angaben 29, 30
- Anhang 29, 30
- Aufgabe der Veräußerungsabsicht 29, 28
- Ausweis in GuV 29, 36; 51, 96
- Bewertungsmaßstab 29, 2
- Bilanzausweis 29, 2, 33
- Bilanzpolitik 29, 48; 51, 96
- einheitlicher Plan 29, 13
- Einzel- und Gruppenbewertung 29, 27
- Ermessensspielräume 29, 19
- Geschäftsfeldqualität 29, 16
- Grenzfälle 29, 19
- GuV-Ausweis 29, 2
- GuV-Mindestausweis 2, 52
- Kapitalflussrechnung 29, 38
- konzerninterne Transaktionen und Salden 29, 40
- latente Steuern 29, 44
- Negativabgrenzung 29, 19
- Qualifizierung und Rechtsfolgen (Überblick) 29, 5
- Restrukturierung 29, 28
- Segment 29, 17
- Stilllegung 29, 13
- Tochterunternehmen 29, 22
- Veräußerung 29, 13
- Veräußerung vs. Stilllegung 29, 3
- Verhältnis IAS 27 zu IFRS 5 29, 40

Aufhellungszeitraum
- Ereignisse nach dem Bilanzstichtag 4, 31, 33

Auflösung, Zuführung, Rückstellungen
- Saldierung 2, 14

Auflösung, Zuführung, Wertberichtigungen
- Saldierung 2, 14

Aufstockung
- Mehrheitsbeteiligung 31, 132

Auftragsbestand
- *siehe* Kundenbeziehungen

Auftragsfertigung
- *siehe* Fertigungsauftrag

Aufwandsrückstellung
- Außenverpflichtung 21, 29
- Rückstellungen 21, 26, 29

Aufwärtskonsolidierung
- Konzern 32, 4
- zum Tochterunternehmen 31, 13

Aufwendung
- Definition 1, 109

Aufzinsung
- Rückstellungen 21, 121

Ausbuchung
- biologische Vermögenswerte 40, 45

Ausbuchung von Finanzaktiva
- *cash flow hedge* 28, 272
- *fair value* 28, 272
- Finanzinstrumente 28, 272
- strukturierte Produkte 28, 272
- veräußerbare Werte 28, 272
- Verbindlichkeiten 28, 272
- Wertberichtigung 28, 272

Auslegung
- der IFRS 1, 80
- *substance over form* 1, 82

Außenfinanzierung
- Finanzierungstätigkeit 51, 92
- Kapitalflussrechnung 3, 73; 51, 92
- Kontokorrentkredit 51, 92

Außenverpflichtung
- Aufwandsrückstellung 21, 29
- Rückstellungen 21, 29

außerordentliche Posten
- GuV 2, 49; 51, 96, 110
- Kapitalflussrechnung 3, 55, 89
- Separierung auf Nachsteuerbasis 24, 56

außerplanmäßige Abschreibung
- immaterielle Vermögenswerte 13, 73
- veräußerbare Werte 28, 41

außerplanmäßige Abschreibungen
- Angaben 11, 78
- Anwendungsbereich 11, 3, 6
- Anwendungszeitpunkt 11, 89
- buchmäßige Erfassung 11, 7
- Buchwert *(carrying amount)* 11, 5
- *equity*-Beteiligung 33, 77
- erzielbarer Betrag *(recoverable amount)* 11, 5, 18
- immaterielle Vermögenswerte 13, 62
- *impairment*-Test 11, 8
- latente Steuern 11, 77
- Nettoveräußerungspreis *(fair value less costs to sell)* 11, 5
- Neubewertungsmethode 11, 5
- Nutzungswert *(value in use)* 11, 5, 22
- ökonomische Konzeption 11, 6
- Sachanlagen 14, 17
- Unternehmensbewertungskonzept 11, 6, 22
- Vergleich IFRS mit deutschem Recht 11, 1
- Vorräte 17, 10
- Wertaufholung 11, 76
- Wertberichtigungsaufwand *(impairment loss)* 11, 5
- Wertminderung 11, 5

ausstehende Aktien
- Ergebnis je Aktie 35, 12

ausstehende Einlagen
- Schuldenkonsolidierung 32, 120

Ausweis
- Fertigungsaufträge 18, 74
- öffentliche Zuwendungen *(government grants)* 12, 38

Ausweisstetigkeit
– *siehe* Darstellungsstetigkeit
Automobilindustrie
– *contract accounting* 18, 12
– Herstellerleasing 25, 81
– verdeckte Nutzungsüberlassung 25, 81
– Zulieferer 18, 67
available-for-sale assets
– *siehe* veräußerbare Werte
– Kapitalflussrechnung 3, 60

B

Bareinlage
– Ergebnis je Aktie 35, 14
bargain purchase
– negativer Unterschiedsbetrag 31, 114
Barwert der Mindestleasingzahlungen
– Leasing 15, 59
Barwerttest
– Leasing 15, 60
Basel II
– Bilanzrechtsreformgesetz 50, 1
– IFRS für den Mittelstand 50, 1
– Ratinganforderungen 50, 1
basis adjustment 28, 218
Bauindustrie
– Arbeitsgemeinschaften 34, 27
– Fertigungsauftrag 18, 8
Baukostenzuschüsse
– bei Energieversorgern 25, 103
Bauträger
– Fertigungsauftrag 18, 8
Beförderungsleistungen 25, 105
befreiender Konzernabschluss
– *siehe* Konzernabschluss
Begriffsdefinitionen
– Ergebnis je Aktie 35, 4
Beherrschungsvertrag
– Tochterunternehmen 32, 40
beitragsorientierte Zusagen
– Altersversorgung 22, 29
Beitragsplan
– Angaben 22, 80
Beitragszusagen
– Altersversorgung 22, 8
beizulegender Zeitwert
– *siehe fair value*
– Leasing 15, 50
Belieferungsrecht
– immaterielle Vermögenswerte 13, 15
– Übertragungsrechte 13, 15
beneficial contracts 31, 84
Beratungsleistung
– Fertigungsauftrag 18, 24

Beschaffungsgeschäfte
– Rückstellungen 21, 48
besondere Vermögenswerte
– Spezifizierung 9, 11
Bestandsänderungen
– Saldierung 2, 15
Bestätigungsvermerk
– Einschränkung 51, 40
– Konzernabschluss 7, 16
Bestimmung des Fertigungsgrades
– US-GAAP 18, 27
Beteiligungen
– Anhang 5, 66
Beteiligungsergebnis
– *siehe* Finanzergebnis
Beteiligungsspiegel
– nahe stehende Personen 30, 22
– nahe stehende Unternehmen 30, 22
Betreibermodelle
– immaterielle Vermögenswerte 13, 45
– *public private partnership* 13, 45
Betriebsvergleich
– Bilanzanalyse 51, 53
Betriebsvorrichtungen
– Leasing 15, 76
Bewertung
– Ansatz 37, 17
– Entfernungs- und Wiederherstellungsverpflichtungen 21, 118
– latente Steuern 26, 95
– Rückstellungen 21, 118
– Zwischenberichterstattung 37, 17
Bewertungseinheiten
– Rückstellungen 21, 115
Bewertungsgrundlagen
– Wahlrechte 51, 18
Bewertungsmaßstäbe
– *current cost* 1, 103
– Ermessensproblematik 51, 24
– *fair value* 1, 105
– Folgebewertungen 1, 105
– *historical costs* 1, 103
– *present value* 1, 103
– *realisable value* 1, 103
Bewertungsmethoden
– Anhangsangaben 5, 24
– Begriff 5, 24
– biologische Vermögenswerte 40, 26
– Ermessensproblematik 51, 24
– Wertansatz 40, 26
Bewertungsvereinfachung
– Zwischenberichterstattung 37, 30
Bewertungsvereinfachungsverfahren
– Vorräte 17, 5
Bewertungsverfahren
– Durchschnittsmethode 8, 41

- Fifo-Methode **8**, 40, 43
- Lifo-Methode **8**, 40, 45
- Vergleich IFRS und HGB **8**, 38

BGB-Gesellschaft
- *joint venture* **34**, 51

Bilanz
- Gliederung **2**, 22; **51**, 69
- *non-current assets held for sale* **29**, 2, 33
- Strukturbilanz **51**, 69
- zur Veräußerung bestimmte Anlagen **29**, 33

Bilanzanalyse
- Anlageentscheidung **51**, 47
- Auswirkungen des Übergangs von HGB auf IFRS auf Kennziffern **51**, 59
- Betriebsvergleich **51**, 53
- Datengrundlage **51**, 48
- Erschwernisse **51**, 51
- *Framework* **1**, 35
- immaterielle Vermögenswerte **13**, 29; **51**, 75
- Kennziffern **51**, 64, 67
- Kreditgeber **51**, 47
- Verletzung von *clean surplus* **51**, 57
- Zeitvergleich **51**, 52
- Ziele **51**, 47

Bilanzanlyse
- Verhältnis *goodwill* zu Eigenkapital **51**, 73

Bilanzausweis
- Finanzinstrumente **28**, 236

Bilanzberichtigung
- *siehe* Fehlerkorrektur
- Abgrenzung zu Bilanzänderung **24**, 37
- Eigenkapitalspiegel **20**, 46

Bilanzgewinn
- Eigenkapitalspiegel, Ausweis **20**, 67

Bilanzgliederung
- Aktivseite **2**, 25
- bei Banken **2**, 23
- Eigenkapital **2**, 40
- erhaltene und geleistete Anzahlungen **2**, 39
- Erweiterung des Mindestschemas **2**, 42
- Fristigkeit **2**, 25
- gemischte Gliederung **2**, 23
- Gliederungsschema **2**, 41; **51**, 53
- Kontoformat **2**, 41
- Landwirtschaft **40**, 67
- latente Steuern **2**, 36
- Leerposten **2**, 35
- *materiality* **2**, 11
- Minderheitenanteil **2**, 36
- Mindestgliederung **2**, 33
- *mixed presentation* **2**, 23
- nach Liquidität **2**, 23
- Passivseite **2**, 29
- Staffelformat **2**, 41
- Wahlrechte **2**, 45

Bilanzierungsfehler
- *siehe* Fehlerkorrektur
- Ermessensspielräume **24**, 36

Bilanzierungshandbücher 24, 13

Bilanzierungs- und Bewertungsmethoden
- *siehe* Stetigkeitsgebot
- Anhangsangaben **5**, 25
- Anwendung **24**, 3
- Auswahl **24**, 3
- Erklärung im Anhang **5**, 41
- Erläuterungen zur Kapitalflussrechnung **3**, 135
- Offenlegung Ermessen im Anhang **5**, 43
- Segmentberichterstattung **36**, 89
- Versicherungsunternehmen **39**, 21

Bilanzierungs- und Bewertungswahlrechte 51, 102

Bilanzierungswahlrechte
- IFRS vs. HGB **51**, 23
- nach HGB und IFRS **51**, 17

Bilanzierungszwecke
- *decision usefulness* **1**, 5; **51**, 35
- Entscheidungsnützlichkeit **1**, 5, 15; **51**, 6
- Gläubigerschutz **1**, 15
- HGB **1**, 11
- Sollen und Sein **1**, 26

Bilanzpolitik 51, 34, 75
- Anlageimmobilien *(investment properties)* **16**, 14, 66
- aufgegebene Bereiche **29**, 48
- bereinigte Ergebnisse **2**, 71
- echte Wahlrechte **1**, 33
- Ermessensproblematik **51**, 24
- Ermessensspielräume **15**, 26, 31
- erstmalige Anwendung von IFRS **6**, 44, 103, 104; **51**, 44
- faktische Wahlrechte **15**, 171
- Fertigungsauftrag **18**, 10
- Formen **51**, 5
- Gemeinschaftsunternehmen **34**, 85
- Geschäfts- oder Firmenwert **51**, 71
- Grenzen **51**, 5
- IFRS-Eröffnungsbilanz **6**, 53
- *impairment*-Test **11**, 55
- latente Steuern **26**, 51; **51**, 28, 78
- Leasing **15**, 26, 31, 96, 154, 171; **51**, 8
- Mietzeitkriterium **15**, 31
- *mixed model* **1**, 39
- *option-out* **7**, 18
- *percentage-of-completion*-Methode **18**, 37
- Restrukturierungsrückstellungen **51**, 27
- Rückstellungen **21**, 91; **51**, 26
- Sachverhaltsgestaltung **1**, 35; **51**, 8, 10, 36, 41, 45, 101

- Saldierungsmöglichkeiten 2, 15
- *special purpose entities* 15, 154
- stichtagsvorverlagerte Wahlrechte 1, 33
- Umstellung von HGB auf IFRS 8, 83; 51, 1, 45
- unechte Wahlrechte 1, 33
- Vergleichbarkeit IFRS mit deutschem Recht 51, 75
- Wahlrechte 24, 8; 51, 9, 15, 42
- Zielsetzung 51, 4

Bilanzrechtskontrollgesetz
- *enforcement* 24, 47

Bilanzrechtsreformgesetz
- Angaben zu Finanzinstrumenten 28, 269
- Anhang 5, 66
- Anwendung der IFRS 6, 1; 51
- Ausnahmen von Befreiung handelsrechtlicher Angaben 5, 66
- Basel II 50, 1
- IFRS für den Mittelstand 50, 1
- Konzernabschluss 7, 3
- Konzernabschlusspflicht 32, 7, 81
- Lagebericht 2, 5; 5, 11
- Ratinganforderungen 50, 1
- Rechtsentwicklung 7, 8

Bilanztheorie
- dynamische vs. statische 1, 121

***bill-and-hold*-Verkäufe**
- *siehe* Realisierungszeitpunkt

BilReG
- *siehe* Bilanzrechtsreformgesetz

biologische Transformation
- Landwirtschaft 40, 10

biologische Vermögenswerte 40, 48
- Ausbuchung 40, 45
- beizulegender Zeitwert 40, 17
- Bewertungsmethoden 40, 26
- Definition 40, 7
- *fair value* 40, 17
- Feldinventar 40, 59
- Ferkel 40, 62
- Mastschwein 40, 62
- Milchkuh 40, 63
- öffentliche Zuschüsse 40, 66
- Sauen 40, 63
- stehendes Holz 40, 55
- Tiervermögen 40, 61
- Wertansatz 40, 26

Black-Scholes-Modell
- Ermessensspielräume 51, 30
- Finanzderivate 28, 194

Bodenverunreinigungen
- Rückstellungen 21, 57

bondstripping
- Finanzinstrumente 28, 78

Bonus
- Kundenbindungsprogramme 25, 100
- Sachbonus 25, 100
- Zwischenberichterstattung 37, 25

branchenübliche Bewertungsverfahren
- *fair value* 40, 48

Branchenvorschriften
- Finanzinstitutionen 38, 1
- Kreditinstitut 38, 1

Bürgschaften
- *siehe* finanzielle Garantien

business combinations
- Angaben in der Kapitalflussrechnung 3, 116

C

call option
- *siehe* Wertpapierpension

Call-Optionen
- Minderheitenanteile 32, 148
- Put-Optionen 32, 148

capital charges
- Residualwertmethode 31, 68
- *return of* 31, 68
- *return on* 31, 68

Capital Disclosures
- Anhangsangaben 20, 90

capital gains tax
- latente Steuern 26, 98

case law
- Lückenausnutzung 1, 72

cash accounting
- Softwareindustrie 25, 90

cash equivalents
- Kapitalflussrechnung 3, 16
- Zahlungsmitteläquivalente 3, 8, 12, 16, 18, 23, 57, 60, 115, 135

cash flow
- ausländische Tochterunternehmen 3, 80
- Brutto-*cash-flow* 3, 13
- Definition nach IFRS 3, 12
- *expected cash flow* 3, 13
- *free cash flow* 3, 13; 51, 92
- Fremdwährung 3, 80
- nach DVFA/SG 3, 13
- Netto-*cash-flow* 3, 13
- Saldierung 3, 34, 120
- Vielzahl von Definitionen 3, 13

***cash flow* aus betrieblicher Tätigkeit**
- Gliederung 3, 56

***cash flow* aus Finanzierungstätigkeit**
- Gliederung 3, 79

***cash flow* aus Investitionstätigkeit**
- Gliederung 3, 72

cash flow hedge
- Abgrenzung von *fair value hedge* 28, 214
- Ausbuchung von Finanzaktiva 28, 273
- Bilanzierung 28, 216; 51, 83
- Buchungen 28, 218; 51, 82
- Definition 28, 214
- Ermessensproblematik 51, 33
- *fair value* 28, 273
- Finanzinstrumente 28, 273
- konzerninterne Transaktionen 27, 59
- strukturierte Produkte 28, 273
- Synchronisierungsproblem 28, 44
- veräußerbare Werte 28, 273
- Verbindlichkeiten 28, 273
- Währungssicherung 28, 46
- Wertberichtigung 28, 273

cash generating unit
- Allozierung des *goodwill* auf Gruppen 11, 58
- Angaben 11, 80
- Beispiele 11, 31
- Bestimmung anhand der Produktions- und Absatzstruktur 11, 35
- *cash flows* 11, 44
- *corporate assets* 11, 44
- Definition im Großkonzern 11, 55
- Definition in der Rechnungslegungspraxis 11, 37, 39
- führender Vermögenswert *(leading asset)* 11, 45
- Gesamtunternehmen 11, 38
- *goodwill* 11, 67
- Identifizierung 11, 35
- *impairment*-Test 11, 29; 51, 31
- mit und ohne zugeordneten *goodwill* 11, 29
- Saldierungskissen 11, 56
- Umfang des Buchwerts 11, 44
- und Segmentierung 11, 54
- Zuordnung der einzelnen Vermögenswerte 11, 44

cash management
- Bedeutung für die Kapitalflussrechnung 3, 17

cash pooling
- Kapitalflussrechnung 3, 21

cash settlement
- Warentermingeschäfte 28, 190

CGU
- *siehe cash generating unit*

change in accounting policies
- *siehe* Methodenänderungen

changes in accounting estimates
- *siehe* Revision von Schätzungen

changes in estimates
- *siehe* Revision von Schätzungen

Checkliste
- Abschlussangaben 5, 8

Checklistenpraxis
- Anhang 5, 8
- Kritik 5, 8

combinded statements
- Gleichordnungskonzern 32, 84

common contol transactions
- *transactions under common control* 31, 148

completed-contract-Methode
- Fertigungsauftrag 18, 4; 51, 98

compliance statement
- Jahresabschluss 2, 5

components approach
- *siehe* Komponentenansatz

comprehensive income 20, 40; 51, 49

construction contracts
- *siehe* Fertigungsauftrag

continuing involvement
- *siehe* Forderungen

contract accounting
- *siehe* Fertigungsauftrag

Controlling
- Umstellung von HGB auf IFRS 18, 41

cook book accounting 1, 45

corporate assets
- Beispiele 11, 47
- *cash generating units* 11, 47

Corporate Governance Codex
- Anhang 5, 66

cost benefit
- von Abschlussinformationen 1, 69

cost-plus-Verträge
- Fertigungsauftrag 18, 23

cost-to-cost-Verfahren
- *siehe* Fertigungsauftrag

cost to sell 29, 26

cross-border-Leasing
- *lease and lease back* 15, 145
- Leasing 15, 145

cross-currency-Swap
- Synthetisierung mit Darlehensvertrag 28, 17

customizing
- Softwareindustrie 25, 86

D

Darlehen
- Disagio 28, 42
- Folgebewertung monetärer Posten 27, 12
- Forderungen 27, 12
- Währungsumrechnung 27, 12

Darlehenszusagen
- Finanzinstrumente 28, 11

Darstellung des Abschlusses
- *siehe* Jahresabschluss
- Übersicht 2, 3

Darstellungsstetigkeit
- *siehe* Stetigkeitsgebot
- Anpassung Vorjahreswerte bei Durchbrechung 2, 10
- Gliederung und Ausweis 2, 7
- zulässige Abweichungen vom Stetigkeitsgebot 2, 7

date of exchange
- *siehe* Erstkonsolidierung

Dauerschuldverhältnis
- Rückstellungen 21, 49

day one profit
- Finanzinstrumente 28, 105

DBO
- *siehe defined benefit obligation* (DBO)

DCF-Verfahren
- Anlageimmobilien 16, 57
- Ermessensspielräume 51, 30

debt issuance costs
- Behandlung in der Kapitalflussrechnung 3, 95

decision usefulness
- als Bilanzierungszweck 1, 5

defined benefit obligation (DBO)
- Altersversorgung 22, 16, 25

Derivate
- *siehe* Finanzderivate
- *siehe* Finanzinstrumente
- eingebettete 28, 97, 138, 276
- Finanzinstrumente 28, 218
- Versicherungsverträge 39, 12

derivative Finanzinstrumente
- Kapitalflussrechnung 3, 42, 61

deutsche IFRS-Praxis
- Angaben 5, 3
- Anhang 5, 3
- GuV-Gliederung 2, 48, 68
- latente Steuern 2, 36
- nahe stehende Personen 30, 35
- nahe stehende Unternehmen 30, 35
- Rückstellungsspiegel 21, 130
- Steuersatz bei latenten Steuern 26, 97

Dienstleistungen
- *siehe* Realisierungszeitpunkt
- Abgrenzung zu Fertigungsaufträgen 25, 44
- Erlösrealisierung 18, 9

direkte Methode
- Kapitalflussrechnung 3, 45, 61, 145

Direktversicherung
- Altersversorgung 22, 60

Disagio
- *siehe* Fälligkeitswerte
- bei Umschuldung 28, 88
- Berücksichtigung durch Effektivzinsmethode 28, 42
- Fälligkeits-*investment* 28, 139
- Verbindlichkeiten 28, 175

disclosures
- *siehe* Anhang

discontinued operations
- *siehe* aufgegebene Bereiche
- Kapitalflussrechnung 3, 143
- Unterschied zu *disposal group* 29, 3

discounted operations
- Tochterunternehmen 32, 88

Diskontierung
- vermögenswertspezifischer Diskontierungssatz 31, 68

Diskontierungszinssatz
- Anlageimmobilien 16, 64
- Bestimmung zur Ermittlung des Nutzungswertes 11, 24
- Ermittlung der risikoäquivalenten Eigenkapitalkosten durch das CAPM 11, 26
- Nutzungswert 11, 22
- Planung 31, 68
- Steuervorteil der Fremdfinanzierung *(tax shield)* 11, 27
- WACC 11, 24
- Zinsstrukturkurve 11, 25

disposal group
- *siehe non-current assets held for sale*

Dividendenerträge
- Realisierungszeitpunkt 25, 59

Dividendenvereinnahmung
- Zeitpunkt 4, 24

Dividendenzahlung
- Kapitalflussrechnung 3, 54, 76, 96, 145

Dokumentationsverpflichtung
- Rückstellungen 21, 83

Doppelbilanzierung
- Leasing 15, 58

Doppik
- IPSAS 43, 7
- Kameralistik 43, 7

downstream-Lieferungen
- *equity*-Methode 33, 63

Dreiecksgeschäfte
- Erlösrealisierung 25, 39
- *round trip sales* 25, 39

Drittschuldverhältnisse
- Schuldenkonsolidierung 32, 122

drohende Verluste
- Fertigungsaufträge 18, 40
- Rückstellungen 21, 45, 124

Druck- und Verlagsrechte
- immaterielle Vermögenswerte 13, 27

durchlaufende Ausgaben
- Erlösrealisierung 25, 105

Durchschnittsmethode
- Übergang zur Fifo-Methode 24, 26

DVFA
- Ergebnis je Aktie 35, 35

dynamische Bilanzbetrachtung 1, 14

E

earnings per share
- *siehe* Ergebnis je Aktie

earn-out
- Unternehmenserwerb 31, 45

earn-out-Klauseln
- Unternehmenserwerb 31, 41

EBIT
- GuV-Gliederung 2, 71

EBITDA
- GuV-Gliederung 2, 71

echte Aufrechnungsdifferenzen
- Schuldenkonsolidierung 32, 113

Effektivitätstest
- Grundgeschäft 28, 211
- *hedge accounting* 28, 211
- *macro hedge* 28, 211
- Portfolio 28, 211
- Zinsrisiko 28, 211

Effektivzinsmethode
- Disagio 28, 42
- Forderungen 28, 106

efforts-expended-Methode
- *siehe* Fertigungsauftrag

eigene Aktien
- Optionsrechte auf eigene Aktien 20, 16

eigene Anteile
- Ausweis 20, 60
- Eigenkapitalspiegel 20, 60
- Kapitalflussrechnung 3, 66, 74
- Mutter-Tochter-Beziehung 32, 18

Eigenkapital 20, 31
- *siehe* Abgrenzung Eigen- und Fremdkapital
- Aktienoptionen 20, 65
- Angaben 20, 86
- Anteilstausch 20, 55
- Ausweis im Konzern 20, 70
- Ausweis in Bilanz 2, 40; 51, 99
- Ausweiswahlrechte, Bilanzpolitik 20, 96
- bilanzanalytisch negatives 51, 73
- Definition 1, 102
- Eigenkapitalbeschaffungskosten 20, 50
- Eigenkapitalspiegel 20, 40
- Formulierungsbeispiel Anhang 20, 88
- Gewinnrücklagen und Gewinnvorträge 20, 67
- GmbH & Co. KG 20, 73
- Kapitalerhöhung aus Gesellschaftsmitteln 20, 63
- Kapitalherabsetzung 20, 64
- Kosten der Eigenkapitalfinanzierung 9, 6
- OHG und KG 20, 75
- Personengesellschaft 20, 73
- Praxishinweise 20, 96
- Umklassifizierung 51, 86
- Umqualifizierung von Eigen- in Fremdkapital 20, 32

Eigenkapitalbeschaffungskosten 20, 50

Eigenkapitalentwicklung
- Zwischenberichterstattung 37, 12

Eigenkapitalfinanzierung
- keine Opportunitätskosten 9, 4

Eigenkapitalgarantie
- Unternehmenserwerb 31, 51

Eigenkapitalinstrument
- Kapitalflussrechnung 3, 74
- Vergütungskomponente 23, 56

Eigenkapitalkosten
- gewichtete Kapitalkosten 15, 56
- Leasing 15, 56
- Mischfinanzierung 15, 56

Eigenkapitalspiegel
- als Alternative zur Gesamteinkommensrechnung 20, 40
- eigene Anteile 20, 60
- Fehlerkorrektur und Methodenänderung 20, 46
- Gesamteinkommensrechnung als Darstellungsalternative 20, 40
- Gliederung 20, 43
- Kapitalerhöhung 20, 48
- Kapitalerhöhung aus Gesellschaftsmitteln 20, 63
- Minderheiten 20, 43
- *other comprehensive income* 20, 68

eigenkapitalsubstituierende Finanzierung
- *equity*-Methode 33, 73

Eigenkapitalveränderungsrechnung 51, 81, 99
- *siehe* Eigenkapitalspiegel
- Bilanzpraxis 20, 96; 51, 49
- Erläuterung im Anhang 5, 19
- Finanzinstrumente 28, 235
- IPSAS 43, 13

Eigentumsvorbehalt
- Realisierungszeitpunkt 25, 18

Eigentumswohnungsbau
- Fertigungsauftrag 18, 8

Einbringung
- Anschaffungskosten 8, 48
- Einlage 8, 48
- Gewinnrealisierung 8, 48

eingebettete Derivate 28, 30
- *fair value option* 28, 34
- Finanzderivate 28, 138
Einheitlichkeitsgebot 51, 39
einkommensorientierte Verfahren
- bei der Kaufpreisallokation 31, 63
- *tax amortization benefit* 31, 66
Einlage
- Anschaffungskosten 8, 48
- Einbringung 8, 48
- Gemeinschaftsunternehmen 34, 66
- Gewinnrealisierung 8, 48
Einmalaufträge
- Rückstellungen 21, 48
Einzelabschluss
- Anteile an assoziierten Unternehmen 33, 30
- Anwendung der IFRS 7, 11
- Bilanzierung Anteil an assoziierten Unternehmen 32, 165
- Bilanzierung Anteil an Gemeinschaftsunternehmen 32, 165
- Bilanzierung Anteil an Tochterunternehmen 32, 165
- Bundesanzeigerpublizität 7, 11
- nach HGB vs. IFRS 7, 11
- *separate statements* 32, 165
Einzelbewertungsprinzip 51, 103
- *at equity* bewertete Anteile 33, 75
- aufgegebene Bereiche 29, 27
- Vorräte 17, 11
Einzelerwerbsfiktion 31, 15
Einzelstandards
- *Application Guidances* 1, 1
- Ergänzungen 1, 1
- *Implementation Guidances* 1, 1
- Inhalt 1, 1
- Interpretationen 1, 1
Einzelwertberichtigung
- Forderungen 28, 40, 122
Elektroschrott
- Rückstellungen 21, 70
Emissionskonsortien
- *jointly controlled operations* 34, 27
Emissionsrechte
- immaterielle Vermögenswerte 13, 38
- Rückstellungen 21, 81
- Rückstellungsbewertung 13, 40
employee benefits
- siehe Altersversorgung
- Altersversorgung 22, 71
Endorsement
- EU-Anerkennungsprozess 1, 60
- fehlende Umsetzung Anwendungsleitlinien, Appendizes etc. 1, 60
- Rechtsentwicklung 7, 8

enforcement
- Bilanzrechtskontrollgesetz 24, 47
Enron-Skandal
- Finanzierungen 28, 75
- *off-balance sheet* 28, 75
Entfernungs- und Wiederherstellungsverpflichtungen
- Bewertung 21, 118
- Rückstellungen 21, 118
Entfernungsverpflichtung
- Rekultivierung 21, 63
- Rückstellungen 21, 63
Entherrschungsvertrag
- Tochterunternehmen 32, 30
Entkonsolidierung
- Anteile an assoziierten Unternehmen 33, 75
- Anteilsveräußerung 31, 133
- direkte und indirekte Erfolgsermittlung 32, 155, 156
- Einzelveräußerungsfiktion 32, 155, 156
- *equity*-Beteiligungen bei Verlusten 33, 75
- faktische Wahlrechte 31, 179
- Gemeinschaftsunternehmen 34, 76
- *goodwill* 32, 159
- Minderheitenanteile 32, 160
- rücklagenverrechneter *goodwill* 32, 159
Entmietungen
- Anlageimmobilien *(investment properties)* 16, 67
- Generalüberholung 16, 67
- Grundsanierungen 16, 67
Entscheidungsnützlichkeit
- als Bilanzierungszweck 1, 5
Entsorgung
- Rückstellungen 21, 55
- Umweltschutz 21, 55
Entsorgungsfonds
- Rückstellungen 21, 64
Entsorgungs- und Abbruchkosten
- Einbeziehung in die planmäßige Abschreibung 10, 20
Entsorgungs- und Entfernungsverpflichtung
- erstmalige Anwendung von IFRS 6, 47
Entwicklungskosten 51, 103
- Ansatzkriterien 13, 24
- Beispiel in der Softwareindustrie 13, 33
- erstmalige Anwendung von IFRS 6, 20
- faktisches Ansatzwahlrecht 13, 29
- Forschung und Entwicklung 42, 6
- immaterielle Vermögenswerte 13, 24
- *in process research and development* 31, 83
- Kapitalflussrechnung 3, 63
- Mineraliengewinnung 42, 6
equity-Methode
- abweichender Bilanzstichtag 33, 69

- assoziierte Unternehmen 33, 2, 20, 34, 85, 99
- außerplanmäßige Abschreibung 33, 77
- Ausweis in Bilanz und GuV 33, 99
- *available-for-sale assets* beim assoziierten Unternehmen 33, 56
- bei Gemeinschaftsunternehmen 33, 3
- bei Kapitalerhöhung oder -herabsetzung 33, 80
- bei unterjährigem Erwerb 33, 42
- Bestimmung Anschaffungskosten in Einlage- und Tauschfällen 33, 45
- *cash flow hedges* beim assoziierten Unternehmen 33, 56
- *downstream*-Lieferungen 33, 63
- einheitliche Bilanzierung und Bewertung 33, 67
- Erwerb weiterer Anteile 33, 84
- Fortschreibung stille Reserven und *goodwill* 33, 59
- Fortschreibung um Dividenden 33, 54
- Fortschreibung um Ergebnisanteil 33, 54
- Gemeinschaftsunternehmen 34, 82
- *goodwill* 33, 50
- Identifizierung stiller Reserven 33, 47
- im Einzelabschluss 33, 4
- *impairment* 33, 71
- Kapitalflussrechnung 3, 108
- keine Anwendung im Einzelabschluss 33, 30
- latente Steuern 33, 96
- negativer *goodwill*/Unterschiedsbetrag 33, 51
- nicht GUV-wirksames Einkommen 33, 56
- retrospektive Einbeziehung alter Anteile 33, 36
- *sidestream*-Lieferung 33, 63
- sukzessiver Anteilserwerb 33, 86
- sukzessiver Erwerb 33, 36
- Technik 33, 23
- Übergang zur Bewertung nach IFRS 5 29, 42
- Übergang zur Vollkonsolidierung 31, 131
- überschießender Verlust 33, 71
- *upstream*-Lieferungen 33, 63
- Veräußerung aller Anteile 33, 90
- Veräußerung eines Teils der Anteile 33, 90
- Zwischenergebniseliminierung 33, 63

Ereignisse nach dem Bilanzstichtag 4, 1
- *adjusting events* 4, 4
- Aktivprozess 4, 20
- Angaben 4, 40
- Anhang 4, 40
- ansatzaufhellende Ereignisse 4, 16
- Aufhellungszeitraum 4, 31, 33
- außerplanmäßige Abschreibungen 4, 7
- bei Passivprozess 4, 9
- bestandsändernde Umstände 4, 16
- bestandsaufhellende Umstände 4, 16
- Betrugsfälle 4, 16
- Börsenkurse nach dem Stichtag 4, 13
- Dividendenausweis 4, 23
- *fast close* 4, 39
- Forderungsausfälle 4, 8
- Forderungseingänge 4, 10
- Gewinnrealisierung 4, 20
- Insolvenzantrag eines Kunden 4, 8
- IPSAS 43, 29
- *non-adjusting events* 4, 3
- Prozesskostenrückstellung 4, 9
- Rückstellungen 21, 136
- Rückstellungen für drohende Verluste 4, 18
- Schadenersatzforderungen 4, 20
- Schadensfälle 4, 6
- Unternehmensfortführung 4, 1
- Unternehmensfortführung, Besonderheit IFRS 4, 26
- Unterschied IFRS und HGB 4, 16
- Vereinfachungsgrundsatz 4, 8
- Vergleich nach dem Bilanzstichtag 4, 20
- wertaufhellende Ereignisse 4, 3, 4
- Wertaufhellungszeitraum 4, 39
- wertbeeinflussende Ereignisse 4, 6
- Wertminderung 4, 11
- Zahlungen von Schuldnern 4, 10
- Zufallskurve 4, 13
- Zweifelsfälle 4, 6

Erfolgsspaltung 51, 96, 110
Ergebnisabführungsvertrag
- Kapitalflussrechnung 3, 55, 97

Ergebnisanalyse 51, 94, 109
Ergebnis je Aktie
- Aktienoptionen 35, 29
- Aktiensplit 35, 16
- Anhang 35, 38
- auf Anteile des Mutterunternehmens ausgegebene potenzielle Aktien 35, 33
- auf Anteile eines Konzernunternehmens ausgegebene potenzielle Aktien 35, 33
- Ausgabe von Bezugsrechten 35, 18
- Ausgleich in bar oder in Aktien 35, 33, 41
- ausstehende Aktien 35, 12
- Bareinlage 35, 14
- bedingte Aktien 35, 28
- bedingte Kapitalerhöhung 35, 33
- Begriffsdefinitionen 35, 3
- Bonusaktien 35, 16
- der Verwässerung entgegenwirkender Effekt 35, 31
- Dividendenzahlung 35, 10

- Ermächtigung zum Rückkauf eigener Anteile 35, 33
- erstmalige Anwendung 35, 40
- Erwerb eigener Aktien 35, 12
- Geltungsbereich 35, 2
- GmbH 35, 3
- GuV 35, 38
- Kapitalerhöhung 35, 12
- Kapitalherabsetzung 35, 12, 16
- KGaA 35, 3
- Konvergenzprojekt des IASB und FASB 35, 41
- mehrere Aktiengattungen 35, 6, 11
- mehrere Arten potenzieller Aktien 35, 32
- Minderheitsgesellschafter 35, 9
- nach DVFA 35, 35
- nicht fortgeführte Tätigkeiten 35, 9
- Optionen 35, 29
- potenzielle Aktien 35, 7, 20, 33
- rückwirkende Anpassung 35, 16
- Rumpfgeschäftsjahr 35, 15
- Sacheinlage 35, 14
- Stammaktie 35, 4
- Steuereffekte 35, 25
- Transaktionen nach dem Bilanzstichtag 35, 17
- *treasury stock method* 35, 41
- Umwandlung einer GmbH in eine AG 35, 15
- Verkauf eigener Aktien 35, 12
- verwässertes Ergebnis je Aktie 35, 20
- Verwässerungseffekt 35, 7
- Vorzugsaktie 35, 4
- wandelbare Papiere 35, 30
- Zeitpunkt der Aktienausgabe 35, 14
- Zwangswandelanleihe 35, 14, 30
- Zwischenberichte 35, 3
- Zwischenberichterstattung 37, 10

Ergebnis vor Steuern, Zinsen und Abschreibungen
- Kapitalflussrechnung 3, 55

erhaltene Anzahlungen
- auf Vorräte 2, 18
- Ausweis bei Fertigungsaufträgen 18, 72
- Bilanzausweis 2, 39
- Zinsvorteil als Erlös bei Fertigungsaufträgen 18, 54

Erhaltungsaufwand
- Anlageimmobilien *(investment properties)* 16, 29
- Herstellungskosten 8, 30

Erleichterungen
- erstmalige Anwendung von IFRS 6, 44
- *exemptions* 6, 44

Erlöse
- *siehe* Erträge

- ABC 25, 108
- Abgrenzung zu anderen Erträgen 25, 1
- aus Fertigungsaufträgen 18, 49
- Realisierungszeitpunkt 25, 6

Erlösminderungen
- *placement fees* 25, 104
- Saldierung 2, 14

Erlösrealisierung
- *siehe* Mehrkomponentengeschäft
- ABC 25, 108
- Angaben 25, 111
- durchlaufende Posten 25, 105
- Getränkehandel 25, 30
- Kasuistik 25, 14
- Kundenbindungsprogramme 25, 99
- latente Steuern 25, 109
- Pfand 25, 30
- Rechtspraxis 25, 107
- Software 25, 91
- strukturiertes Geschäft 25, 78
- Tausch 25, 96
- Tauschgeschäfte 25, 38
- Treueprämienprogramme 25, 99
- Vergleich IFRS und Steuerrecht 25, 109
- Verkauf mit Rücknahmeverpflichtung 25, 80
- Vermietung 25, 105
- weiter berechnete Kosten 25, 105

Erlösrealisierung bei Software
- Rückgriff auf US-GAAP 25, 86

ermessensabhängige Überschussbeteiligung
- Finanzinstrumente 39, 28
- Versicherungsverträge 39, 24

Ermessensproblematik 51, 34, 102, 104
- *siehe materiality*
- Abwägung 5, 61
- aktienkursorientierte Vergütungsformen 23, 59
- *asset* 1, 97
- Bewertungsmaßstäbe 51, 24
- Bewertungsmethoden 51, 24
- Bilanzanalyse 51, 109
- Bilanzpolitik 51, 24
- *cash flow hedge* 51, 33
- Erläuterung im Anhang 5, 38; 51, 43
- faktische Wahlrechte 24, 8
- Fertigungsauftrag 18, 37; 51, 32
- Forschung und Entwicklung 51, 25
- *Framework* 1, 38
- Geschäfts- oder Firmenwert 51, 70
- Herstellungskosten 8, 33
- immaterielle Vermögenswerte 13, 29; 51, 55, 78
- *impairment only approach* 5, 61; 51, 71, 72
- Komponentenansatz 8, 35
- latente Steuern 26, 51; 51, 28

– *materiality* **1**, 67
– Methodenänderung **24**, 22
– Nutzungswert **11**, 28
– Offenlegung im Anhang **5**, 40, 60
– Offenlegung nach HGB **5**, 63
– *percentage-of-completion*-Methode **18**, 37; **51**, 32
– Regelungslücken **51**, 24
– Rückstellungen **21**, 34, 95, 103; **51**, 26
– Sachanlagen **14**, 7
– *true and fair presentation* **51**, 36
– Wahrscheinlichkeit **21**, 34; **51**, 24
– Währungsumrechnung **27**, 28
– Wesentlichkeit **2**, 12
Ermessensspielräume
– Anlageimmobilien *(investment properties)* **16**, 66
– aufgegebene Bereiche **29**, 19
– Bilanzierungsfehler **24**, 36
– Bilanzpolitik **15**, 26, 31
– *Black-Scholes*-Modell **51**, 30
– DCF-Verfahren **51**, 30
– *fair value* **51**, 30
– Finanzinstrumente **28**, 112
– *goodwill* **31**, 121
– Grenzfälle **29**, 19
– *impairment only approach* **31**, 121
– Leasing **15**, 26, 31
– managementorientierte Rechnungslegung **28**, 112
– Mietzeitkriterium **15**, 31
– nach IFRS **51**, 34
– Negativabgrenzung **29**, 19
– Optionspreismodelle **51**, 30
– planmäßige Abschreibungen **10**, 31
– SPE **28**, 75
– Überblick **51**, 34
erneuerbare Rechte
– immaterielle Vermögenswerte **13**, 70
Ernte
– Landwirtschaft **40**, 12
Eröffnungsbilanz 24, 25
Ersatzansprüche
– bei Fertigungsauftrag **18**, 50
Ersatzteile
– Vorräte **17**, 16
Erstattungsansprüche
– Saldierung **2**, 14
Erstkonsolidierung
– *acquisition date* **31**, 23
– *agreement date* **31**, 23
– Ansatz immaterielles Anlagevermögen **31**, 69
– Ansatz und Bewertung **31**, 61
– Anschaffungskosten **31**, 32

– Anschaffungskosten bei Anteilstausch **31**, 34
– Anschaffungskosten in Tauschfällen **31**, 34
– Anschaffungsnebenkosten **31**, 32
– assoziierte Unternehmen **33**, 21
– bei Gemeinschaftsunternehmen **34**, 63
– Bilanzansatz **31**, 54
– Buchwertapproximation **31**, 61
– *date of exchange* **31**, 23
– *earn-out*-Klauseln **31**, 41
– Erwerbszeitpunkt **31**, 23
– Erwerbszeitpunkt bei Genehmigungsvorbehalt **31**, 28
– Erwerbszeitpunkt bei vertraglicher Rückwirkung **31**, 27
– Erwerbszeitpunkt und Gewinnbezugsrecht **31**, 26
– *goodwill* **31**, 111
– *greenfield*-Ansätze **31**, 65
– Grundlagen **31**, 14
– Hinzuerwerb von Anteilen **31**, 124, 127; **32**, 153
– immaterielle Vermögenswerte **31**, 69
– Kaufpreisallokation **31**, 14
– kontingente Anschaffungskosten **31**, 45
– kostenorientierte Verfahren **31**, 61
– Kundenbeziehungen **31**, 72
– latente Steuern **31**, 94
– Minderheitenanteile **32**, 140
– nachträgliche bessere Erkenntnis **31**, 109
– Restrukturierungsrückstellungen **31**, 91; **51**, 27
– Wertaufhellung **31**, 109
erstmalige Anwendung von IFRS
– *siehe* Stetigkeitsgebot
– Aktien **6**, 20
– aktienkursorientierte Vergütungsformen **6**, 88
– Altersversorgung **22**, 42
– Angaben **6**, 96
– Anwendungsbereich **6**, 7
– aufgegebene Geschäftsbereiche **6**, 43
– Bilanzpolitik **6**, 44, 103, 104
– Entsorgungs- und Entfernungsverpflichtung **6**, 47
– Entwicklungskosten **6**, 20
– Erleichterungen **6**, 44
– Erleichterungen, optionale **6**, 44
– Ersteinbuchung zum Zeitwert **6**, 94
– erstmalige Einbeziehung in Konzernabschluss **6**, 69
– *exceptions* **6**, 34
– *fair value* **6**, 64
– Finanzderivate **6**, 35

- Finanzimmobilien *(investment properties)* 6, 52
- Finanzinstrumente 6, 35, 83
- Generalüberholung 6, 49
- Genussrechte 6, 20
- Gestaltungsansätze 6, 104
- *goodwill* 6, 66, 76
- Hauptbestandteile des Übergangsprozesses 6, 13
- *hedge accounting* 6, 38, 41
- IFRS-Eröffnungsbilanz 6, 13, 19
- immaterielle Anlagegüter 6, 52
- Kategorisierung von Finanzinstrumenten 6, 92
- Komponentenansatz 6, 49
- Konzernunternehmen 6, 7
- Korrektur von Fehlern 6, 42
- Kosten-Nutzen-Aspekt 6, 51
- Kritik 6, 95
- latente Steuern 6, 24, 73
- Leasing 6, 20, 89
- *materiality* 6, 30
- mineralische Ressourcen 6, 90
- Neufassung von Standards 6, 33
- Pensionsverpflichtung 6, 79
- prospektive Anwendung 6, 31
- retrospektive Anwendung 6, 26, 31
- Sachanlagen 6, 45
- Sachanlagevermögen 6, 52
- Schätzungen 6, 40
- Schema Übergangsperiode 6, 15
- SIC 8 6, 3
- Sicherungsbeziehungen 6, 38
- Sonderposten mit Rücklageanteil 6, 20
- sukzessive Anteilserwerbe 6, 59
- Übereinstimmungserklärung 6, 10
- Überleitungsrechnung 6, 21
- Unternehmenszusammenschlüsse 6, 56, 75
- Unterschiedsbetrag 6, 21; 51, 46
- Verbote von retrospektiver Anwendung 6, 34
- Vergleichbarkeit 6, 4, 95; 51, 52
- Versicherungsverträge 6, 91
- Vorjahresvergleichszahlen 6, 13
- Wertaufhellung 6, 40
- Werthaltigkeitstest des *goodwill* 6, 67
- zeitversetzter Übergang im Konzern 6, 84
- zur Veräußerung gehaltene langfristige Vermögenswerte 6, 43
- Zweckgesellschaften 6, 35
- Zwischenberichterstattung 6, 17

Erträge
- *siehe* Realisierungszeitpunkt
- Abgrenzung Erlöse u. andere Erträge 25, 1
- Definition 1, 108
- Periodisierungsprinzip 25, 9
- Realisationsprinzip 25, 13
- Vorsichtsprinzip 25, 10

Ertragsrealisierung
- Handelsrecht 25, 115
- Saldierung Nachbetreuungsleistungen 25, 101
- *sale and lease back* 15, 144
- Tausch 25, 96

Ertragsteuern
- Kapitalflussrechnung 3, 55, 101

Ertragswertverfahren
- Anlageimmobilien 16, 57

Erwerb eigener Aktien
- Ergebnis je Aktie 35, 12

Erwerbsmethode
- *siehe* Unternehmenserwerb
- Folgekonsolidierung 31, 118

Erwerbszeitpunkt
- Erstkonsolidierung 31, 23

erzielbarer Betrag
- außerplanmäßige Abschreibungen 11, 18
- Nettoveräußerungswert 11, 17
- Nutzungswert 11, 17; 51, 31
- Vergleich IFRS mit deutschem Recht 11, 21

EU-Anerkennungsprozess
- *Endorsement* 1, 60

Eventualansprüche *(contingent assets)*
- Rückgriffsrechte 21, 111
- Rückstellungen 21, 111

Eventualforderungen
- Rückstellungen 21, 92

Eventualschulden
- *contingent liabilities* 31, 123
- Folgekonsolidierung 31, 123
- Unternehmenserwerb 31, 57

Eventualverbindlichkeiten *(contingent liabilities)*
- Rückstellungen 21, 85
- Verbindlichkeiten 21, 85

ewige Anleihen
- *siehe perpetuals*

exemptions
- Erleichterungen 6, 44

expected cash flow approach 31, 67
- Bewertung 31, 83

extractive activities
- *full cost method* 42, 12
- Rückgriff auf US-GAAP 42, 3
- *successful efforts method* 42, 12

extractive industries
- Anhangangaben 42, 27
- Beibehaltung der bisherigen Bilanzierungsmethoden 42, 10
- Bilanzierung von Aufwand 42, 14

– Folgebewertung 42, 16
– *impairment*-Test 42, 20
Extreme Programming
– immaterielle Vermögenswerte 13, 34
– *Waterfall Method* 13, 34

F

Factoring
– *siehe* Forderungen
– Ausbuchungszeitpunkt 28, 27
– finanzielle Garantien des Forderungsverkäufers 28, 27
– *risks and rewards* 28, 27
– Vergleich IFRS mit deutschem Recht 28, 72
Fahrzeug
– Komponentenansatz 10, 11
fair presentation
– Kapitalflussrechnung 3, 6, 128, 134
fair value
– als Maßstab der Zugangsbewertung 28, 100
– Anlageimmobilien 16, 51
– Ausbuchung von Finanzaktiva 28, 272
– Ausnahmen 14, 13
– Bestimmung bei Finanzinstrumenten 28, 108
– Bewertungsansätze 31, 59
– Bilanzierung von Zeitwerten 1, 106; 51, 55
– branchenübliche Bewertungsverfahren 40, 48
– *cash flow hedge* 28, 272
– Einlage 14, 14
– Ermessensspielräume 28, 108; 51, 30, 102
– Ermittlung 31, 59
– erstmalige Anwendung von IFRS 6, 64
– Fehlen von Marktpreisen 14, 14
– Finanzinstrumente 28, 272
– IPSAS 43, 34
– Kaufpreisallokation 31, 59
– *mixed model* 51, 101
– strukturierte Produkte 28, 272
– Tausch 14, 13
– veräußerbare Werte 28, 272
– Verbindlichkeiten 28, 272
– Vermeidung sachverhaltsgestaltender Maßnahmen 51, 13
– Wertberichtigung 28, 272
fair value hedge
– Abgrenzung von *cash flow hedge* 28, 214
– Bilanzierung 28, 216
– Buchungen 28, 217
– Definition 28, 214
– Synchronisierungsproblem 28, 44

fair value less costs to sell
– *siehe* Nettoveräußerungswert
fair-value-**Modell**
– öffentliche Zuwendungen *(government grants)* 12, 29
fair value option 28, 32
– als Alternative zum *hedge accounting* 28, 228
– Anwendungsbedingungen 28, 34
– eingebettete Derivate 28, 34
– Finanzinstrumente 28, 34
– *venture-capital*-Gesellschaften 28, 34; 34, 9
– Verbindlichkeiten 28, 177
– Wahlrecht bei Erstbewertung 28, 145
faktische Kontrolle
– Präsenzmehrheit 32, 25
– Tochterunternehmen 32, 46
faktische Wahlrechte
– Bilanzpolitik 15, 171
– Leasing 15, 171
Fälligkeitswert
– 2-Jahres-Sperre 28, 131
– Anleihe 28, 136
– Bewertung 28, 91, 134
– Definition 28, 130
– Disagio 28, 88, 98, 114, 139
– Finanzinstrumente 28, 130, 169
– *impairment*/Wertberichtigung 28, 137
– Kündigungsrecht 28, 130
– Sperre 28, 131
– Stückzinsen 28, 136
– *tainting rule* 28, 131
– Umklassifizierung 28, 133, 168
– Verkauf von Fälligkeit 28, 132
fast close
– *siehe* Fehlerkorrektur
– Balance zwischen Richtigkeit und Zeitnähe 1, 69
– Ereignisse nach dem Bilanzstichtag 4, 39
favorable contracts 31, 84
Fehler
– *siehe* Fehlerkorrektur
– subjektiver und objektiver Tatbestand 24, 34
Fehlerkorrektur
– Abgrenzung zur Neueinschätzung 24, 34
– Abgrenzung zur Revision von Schätzungen 24, 13, 31, 33
– Anhangsangaben 24, 52
– Ausnahme von retrospektiver Anpassung 24, 46
– Erfolgsneutralität 24, 44
– Fehlerbegriff beim *fast close* 24, 35
– fundamentaler Fehler 24, 34
– *materiality*-Prinzip 24, 32

- retrospektive Anpassung 24, 44
- subjektiver Fehlerbegriff 24, 34
- technische Durchführung 24, 44
- unwesentliche Fehler 24, 32
- Wertaufhellungszeitraum 24, 35
- wesentliche Fehler 24, 32

Fertigungsauftrag
- Abgrenzungsbuchungen bei *output*-orientierter Bestimmung des Fertigungsgrads 18, 78
- Abweichung *output*-orientierter Fertigungsgrad von Kostenanfall 18, 78
- Angaben 18, 83
- Angabepflichten 18, 81, 82
- Anlagenbau 18, 7
- Anwendungsfälle, klassische 18, 7
- Automobilindustrie 18, 12
- Begriff, Abgrenzung 18, 5
- bei Festpreisverträgen 18, 19
- bei *joint venture* 34, 33
- Beratungsleistung 18, 24
- Bilanzausweis 18, 72
- Bilanzpolitik 18, 10
- Branchenkonventionen 18, 37
- Buchungstechnik 18, 79
- *completed-contract*-Methode 18, 4; 51, 98
- Controlling 18, 41
- *cost-plus*-Verträge 12, 25; 18, 23
- *cost-to-cost*-Methode 18, 27, 30
- Dienstleistungen 18, 9
- direkte und indirekte Kosten 18, 58
- drohende Verluste 18, 36, 40
- *efforts-expended*-Methode 18, 27
- Erlöse bei Änderung Leistungsumfang 18, 48
- Erlöse bei Ersatzansprüchen 18, 50
- Erlöse bei Vertragsstrafen oder *incentives* 18, 52
- Ermessensproblematik 18, 37; 51, 32
- Fertigungsgrad (POC) 18, 28
- Flugzeugbau 18, 13
- Folgeauftrag oder Auftragsänderung 18, 46
- Formulierungsbeispiel 18, 83
- Fremdfinanzierung 9, 7
- Frist, Längerfristigkeit 18, 6
- gemischte Verträge 18, 25
- GuV-Ausweis 18, 74
- Hoch- und Tiefbau 18, 7
- IFRS und HGB 18, 15
- individualisierte Massenfertigung 18, 11
- *input*-Verfahren 18, 27, 28
- IPSAS 43, 26
- IT-Branche 18, 10, 35
- Kalkulations-/Schätzsicherheit 18, 26
- Korrektur ursprünglicher Schätzungen (POC) 18, 38
- Kostenrechnung 18, 41
- Krankenhaus 18, 25
- kundenspezifische Materialien 18, 32
- latente Steuern 18, 70
- *materiality* 18, 10
- *milestones*-Methode 18, 27, 35
- *output*-Verfahren 18, 27, 34
- *percentage of completion* 18, 21; 51, 103
- Rückstellungen 18, 37; 21, 16
- Schätzung 18, 36
- Schiffbau 18, 7, 15
- Segmentierung und Zusammenfassung von Verträgen 18, 42
- Softwarefertigung 25, 86
- Teilgewinnrealisierung, 18, 16; 51, 32, 90, 98
- Teilleistungen 18, 47
- Umstellung von HGB auf IFRS 18, 69
- *units-produced*-Methode 18, 27
- US-GAAP 18, 27
- Vergleich zum Handelsrecht 18, 15
- Vertriebskosten 18, 62
- Verwendung kundenspezifischer Materialien 18, 32
- Zulieferindustrie 18, 67

Fertigungsgemeinkosten
- Herstellungskosten 8, 18

Festpreisverträge
- *siehe* Fertigungsauftrag

Fifo-Methode
- Anschaffungs- und Herstellungskosten 8, 43
- Bewertungsverfahren 8, 40
- Lifo-Methode 8, 40

Filmindustrie
- *siehe* Realisierungszeitpunkt
- Erlösrealisierung 25, 61

finance Leasing 15, 98
- *siehe* Leasing
- Andienungsrechte 15, 23
- *first-loss*-Garantien 15, 23
- günstige Kaufoption 15, 25
- Kapitalflussrechnung 3, 146
- Leasing 15, 25
- Mieterdarlehen 15, 23
- Schwankungen im Restwert 15, 23
- (steuerliche) Investitionszulagen 15, 49
- Zuschüsse 15, 49

financing activities
- *siehe* Finanzierungstätigkeit

Finanzderivate
- Ansatz 28, 52
- Ansatz schwebender Geschäfte 28, 29
- Beispiele 28, 10

- *Black-Scholes*-Modell 28, 194
- Definition 28, 9
- eingebettete *(embedded derivatives)* 28, 97, 138, 141
- Erstbewertung 28, 193
- *fair value* 28, 2
- Finanzinstrumente 28, 2, 4, 9, 15, 29, 219
- Folgebewertung 28, 193
- *freestanding* 28, 142
- hybride Produke 28, 97
- Kontrolle in eigenen Aktien 20, 16
- Kreditderivate 28, 140
- *no-or-small-initial-net-investment*-Bedingung 28, 9
- Optionsgeschäfte 28, 188
- Optionsgeschäfte, Bewertung 28, 193
- strukturierte Anleihen 28, 97
- Termingeschäfte 28, 188
- Termingeschäfte, Bewertung 28, 193
- Warentermingeschäfte 28, 190

Finanzdienstleistungen
- Realisierungszeitpunkt 25, 55

Finanzergebnis 2, 50; 51, 96
- Einbeziehung Beteiligungsergebnis 2, 70
- GuV-Gliederung 2, 63, 70
- Inhalt, Definition 2, 63

finanzielle Garantien
- Abgrenzung IAS 39 zu IFRS 4 28, 183
- Akkreditive 28, 13
- Avalprovision 28, 184
- Bürgschaften 28, 13, 184
- Kreditderivate 28, 13
- unentgeltliche Bürgschaft 28, 185

finanzielle Verbindlichkeit 28, 6
- Definition 28, 6

finanzielle Vermögenswerte 28, 6
- Definition 28, 6

Finanzierung
- *siehe* Fremdfinanzierung
- Enron-Skandal 28, 75
- Herstellungskosten 17, 8
- *off-balance sheet* 28, 75

Finanzierungskosten
- als Bestandteil der AK/HK 9, 2; 51, 22
- immaterielle Vermögenswerte 13, 62

Finanzierungsrechnung
- *siehe* Kapitalflussrechnung

Finanzierungstätigkeit
- Außenfinanzierung 51, 92
- Kapitalflussrechnung 3, 73; 51, 92
- Kontokorrentkredit 51, 92

Finanzinstitutionen
- Branchenvorschriften 38, 1
- Kreditinstitut 38, 1

Finanzinstrumente
- *siehe* Fälligkeitswerte
- *siehe* Finanzderivate
- *siehe* Forderungen
- *siehe* Handelswert
- *siehe* veräußerbare Werte
- *siehe* Verbindlichkeiten
- *siehe* Wertpapierpension
- Abgrenzung zu Versicherungsverträgen 28, 12
- Altersversorgungspläne 28, 11
- Angaben 28, 243
- Angaben, Formulierungsbeispiel 28, 268
- Angaben, *materiality* 28, 245
- Angaben zu Bilanzierungs- und Bewertungsmethoden 28, 248
- Angaben zum *fair value* 28, 256
- Angaben zum *hedge accounting* 28, 259
- Angaben zum Nettoergebnis 28, 254
- Angaben zur *fair value option* 28, 256
- Angaben zur Überleitung auf Bilanz- und GuV-Posten 28, 252
- Ansatz 28, 21, 24, 52
- Ansatz bei Divergenz von Vertrags- und Erfüllungstag 28, 56
- Anteile an Tochterunternehmen 28, 11
- Anwendungsbereich von IAS 39 28, 11
- Arbeitsteilung IAS 39, IAS 32, IFRS 7 28, 19
- *asset-backed securities* 28, 114
- assoziierte Unternehmen 28, 11
- Ausbuchung 6, 35; 28, 25, 63, 65, 75
- Ausbuchung bei Erledigung 28, 65
- Ausbuchung bei Übertragung 28, 65
- Ausbuchung von Anteilen 28, 26
- Ausbuchung von Finanzaktiva 28, 272
- Ausbuchung von Forderungen 28, 27
- Ausweis in Bilanz 28, 236
- Ausweis in GuV 28, 241
- Ausweis in Kapitalflussrechnung 28, 242
- Begriff 28, 23
- Bewertung 28, 92, 93, 153
- Bewertung Anteile 28, 41
- Bewertung und Klassifizierung 28, 31
- Bilanzrechtsreformgesetz 28, 269
- *bondstripping* 28, 78
- branchenspezifische Berichterstattung 38, 2
- *cash flow hedge* 28, 272
- Darlehenszusagen 28, 11
- *day one profit* 28, 105
- Definition 28, 6
- Derivate 28, 218
- Eigenkapitalveränderungsrechnung 28, 235
- Einbuchungszeitpunkt 28, 54
- Einbuchungszeitpunkt bei Genehmigungsvorbehalt 28, 59

- eingebettete Derivate 28, 30
- erfolgsmäßige Behandlung der *fair-value*-Änderung 28, 36
- ermessensabhängige Überschussbeteiligung 39, 28
- Ermessensspielräume 28, 112
- erstmalige Anwendung von IFRS 6, 35, 83
- Factoring 28, 27
- *fair value* 28, 272
- *fair value option* 28, 34
- Grundregeln 28, 96
- IPSAS 43, 30
- *joint ventures* 28, 11
- Kategorien 28, 32
- Klassifizierung originärer 28, 35
- Klassifizierung vor Bewertung 28, 31
- Lagebericht 28, 269
- latente Steuern 28, 230
- Leasing 28, 11
- managementorientierte Rechnungslegung 28, 112
- mittelstandsrelevante Regelungen 28, 23
- *mixed model* 28, 3, 98
- Pfandbriefe 28, 114
- Regelungsinhalte von IAS 39 28, 22
- *regular-way*-Verträge 28, 56
- Risikoangaben 28, 264
- Risikoarten 28, 264
- Schuldscheindarlehen 28, 114
- *settlement-day accounting* 28, 61
- strukturierte Produkte 28, 272
- *substance over form* 28, 16
- *total-return*-Swap 28, 85
- *trade-day accounting* 28, 61
- Umklassifizierung 28, 168, 171
- Unternehmenszusammenschluss 28, 11
- Unterschiede zu HGB im Ansatz 28, 24
- veräußerbare Werte 28, 272
- Verbindlichkeiten 28, 272
- Verhältnis von IAS 39 zu IAS 32 28, 19
- Wertberichtigung 28, 272
- Wertminderung, Dauerhaftigkeit 28, 165
- Wetterderivate 28, 12
- Zeitwert 51, 62

Finanzinstrumente für Handelszwecke
- Kapitalflussrechnung 3, 60

Finanzlage
- Darstellung in der Kapitalflussrechnung 3, 6

Finanzmittelfonds
- Anhangsangaben 3, 138
- Bestandteile 3, 15
- Bewertungsrechnung 3, 23

Finanzmitteltransferbeschränkungen 32, 90
- assoziierte Unternehmen 33, 17

Finanzverbindlichkeiten
- *siehe* Verbindlichkeiten

first-time adoption
- *siehe* erstmalige Anwendung von IFRS

first-time application
- *siehe* erstmalige Anwendung von IFRS

Flugzeug
- Komponentenansatz 10, 12

Flugzeugbau
- Fertigungsauftrag 18, 13

Flugzeugbetriebsflächen
- Komponentenansatz 10, 18

Flugzeugindustrie
- Anschaffungskosten 8, 36
- Generalüberholung, Großinspektion 8, 36
- Herstellungskosten 8, 36

Folgeauftrag
- Fertigungsauftrag 18, 46

Folgebewertung
- Aufteilung der Leasingraten 15, 109
- Bewertung von Immobilien 15, 108
- *extractive industries* 42, 16
- Forderungen 28, 106
- Leasing 15, 102
- Leasingmieten 15, 102
- Leasingverbindlichkeit 15, 109
- Sachanlagen 14, 17
- Spezialleasing 15, 104
- Tilgungsanteil 15, 109
- Untermietverträge (*subleases*) 15, 108
- Zinsanteil 15, 109

Folgebewertung monetärer Posten
- Darlehen 27, 12
- Forderungen 27, 12
- Währungsumrechnung 27, 12

Folgekonsolidierung
- assoziierte Unternehmen 33, 22
- Erwerbsmethode 31, 118
- *goodwill* 31, 118, 120
- Konzern 32, 1
- Minderheitenanteil 32, 140

Forderungen
- ABS-Transaktion 28, 74; 51, 8
- *asset-backed securities* 28, 74
- Ausbuchung 28, 68
- aus POC 18, 72
- Bewertung 28, 91
- *continuing involvement* 28, 69
- Darlehen 27, 12
- Effektivzinsmethode 28, 106, 114
- Factoring 28, 69, 72
- Finanzinstrumente 28, 234
- Folgebewertung 28, 106
- Folgebewertung monetärer Posten 27, 12
- in Fremdwährung 28, 121
- Not leidende, Restrukturierung 28, 128

- offene Abtretung 28, 70
- Pauschalwertberichtigung 28, 125, 233
- Sicherheiten 28, 90
- stille Abtretung 28, 70
- unterverzinsliche 28, 116
- unverzinsliche 28, 116
- Verfügungsmacht 28, 69
- Währungsumrechnung 27, 12
- Wertberichtigung 28, 40, 122
- Zugangsbewertung 28, 100

Forfaitierung
- Leasing 15, 157

Forschungskosten
- Ausweis in der Kapitalflussrechnung 3, 63
- immaterielle Vermögenswerte 13, 21
- *in process research and development* 31, 83

Forschung und Entwicklung
- Ausweis in GuV 2, 57
- Entwicklungskosten 42, 6
- Ermessensproblematik 51, 25
- Mineraliengewinnung 42, 6
- Segmentberichterstattung 36, 53

Framework
- abstrakte Bilanzierungsfähigkeit 1, 87
- Anschaffungskostenprinzip 1, 104
- Anwendungsprobleme 1, 106
- Basisannahmen 1, 16
- Beurteilungsmaßstab 1, 67
- Bewertung 1, 103
- Bewertungsmaßstäbe 1, 103
- Bilanzanalyse 1, 35
- Bilanzpolitik 1, 33
- *cook book accounting* 1, 45
- Definition Schulden 1, 93
- dynamische Betrachtung 1, 15
- Entscheidungsnützlichkeit 1, 15, 17
- *fair-value-*Konzept 1, 106
- Gläubigerschutz 1, 15
- IAS 1 1, 4
- IAS 8 1, 4
- Imparitätsgedanke 1, 19
- Inhalt 1, 4
- Kapitalerhaltungskonzeptionen 1, 119
- kapitalmarktorientierte Rechnungslegung 1, 41
- *materiality* 1, 64, 66
- *mixed model* 1, 106
- Normenhierarchie 1, 3
- Präambelcharakter 1, 25
- Praxishinweise 1, 125
- *principle-based accounting* 1, 45
- Qualität der IFRS 1, 29, 41
- Regelungsbereiche 1, 3
- Relevanz 1, 17; 51, 37, 54
- *rule-based accounting* 1, 45
- Schulden 1, 95
- *substance over form* 1, 52
- Vergleichbarkeit 1, 17; 51, 37, 51
- Vergleich IFRS und HGB 1, 8, 36, 43, 96
- Verhältnis IFRS zu HGB 1, 26
- Verhältnis von IAS 8 zu IAS 1 1, 4; 24, 3
- Verlässlichkeit 51, 37, 54
- Verständlichkeit 1, 17; 51, 37
- Vorsichtsprinzip 1, 15, 18, 21
- Wahrscheinlichkeit 1, 21, 90
- Wesentlichkeit 1, 66
- widersprüchliche Imparitätsregel 1, 22
- Zielsetzung 1, 2
- Zuverlässigkeit 1, 17

freiwilliger Konzernabschluss
- Anwendung der IFRS 7, 10

Fremdfinanzierung
- Aktivierungsende 9, 30
- Aktivierungsvolumen 9, 17
- Aktivierungswahlrecht 9, 14
- Angaben 9, 34
- Begriff der Finanzierungskosten 9, 8
- besondere Vermögenswerte 9, 11
- Bilanzierungsalternativen 9, 13
- Eigenkapitalfinanzierung (Opportunitätskosten) 9, 4
- Formulierungsbeispiel 9, 34
- geplante Aufhebung des Aktivierungswahlrechts 9, 14
- Globalfinanzierung 9, 24
- Konzernsachverhalte 9, 22
- langfristige Auftragsfertigung 9, 7
- latente Steuern 9, 33
- *matching principle* 9, 4
- nach HGB und Steuerrecht 9, 2
- nach IFRS 9, 4
- ökonomische Ausgangsproblematik 9, 2
- Praxishinweise 9, 39
- *qualifying assets* 9, 11
- sofortige Aufwandsverbuchung 9, 13
- Stetigkeitsgebot 9, 16
- UMTS-Lizenzen 9, 31
- Unterbrechung des Herstellungsprozesses 9, 29
- Vergleich IFRS mit deutschem Recht 9, 41
- Werterhöhungseffekt 9, 6

Fremdkapital 20, 32
- siehe Abgrenzung Eigen- und Fremdkapital

Fremdkapitalkosten
- Herstellungskosten 8, 23
- IPSAS 43, 21

Fremdwährungsdarlehen 27, 5, 72
Fremdwährungsforderungen 27, 5, 72
Fremdwährungsumrechnung
- Kapitalflussrechnung 3, 135

Frist der Bilanzerstellung 4, 38
Fristigkeit
– Bilanzgliederung 2, 25, 34
– Geschäftszyklus 2, 28
– kurzfristige Schulden 2, 25
– kurzfristige Vermögenswerte 2, 25
– langfristige Fertigung 2, 28
– langfristige Schulden 2, 25
– langfristige Vermögenswerte 2, 25
– latente Steuern 2, 36
– Pensionsrückstellung 2, 32
– Tantiemerückstellung 2, 32
– Urlaubsrückstellung 2, 32
Fristigkeit bei Prolongation oder Revolvierung
– Verbindlichkeiten 2, 31
full cost method
– *extractive activities* 42, 12
– *successful efforts method* 42, 12
funktionale Währung
– Währungsumrechnung 27, 8
Fußball
– Erlöse aus Vermarktung von Nutzungsrechten 25, 65

G

Gängigkeitsabschläge
– Vorräte 17, 16
Garantien
– Kulanzen 21, 23
– Rückstellungen 21, 23
Garantien, erweiterte
– Erlösrealisierung 25, 76
– Mehrkomponentengeschäft 25, 76
Gebäude
– *siehe* Anlageimmobilien
– Komponentenansatz 10, 9, 15
Gebrauchtgeräte
– Rückstellungen 21, 70
Geldflussrechnung
– *siehe* Kapitalflussrechnung
geleistete Anzahlungen
– Bilanzausweis 2, 39
Gemeinkosten
– Anschaffungskosten 8, 13; 17, 6
– Vorräte 17, 6
Gemeinkosten (Einbeziehung in die Bewertung)
– Rückstellungen 21, 116
– Vollkosten 21, 116
Gemeinschaftsunternehmen
– *siehe joint venture*
– Aufwärtskonsolidierung assoziierte Unternehmen 34, 74

– Aufwärtskonsolidierung Finanzinstrumente 34, 74
– Aufwärtskonsolidierung zum Tochterunternehmen 34, 76
– Ausweis 34, 91
– Bewertung bei Veräußerungsabsicht 29, 42
– BGB-Gesellschaft 34, 51
– Bilanzierung beim Gemeinschaftsunternehmen selbst 34, 15
– Bilanzierung im Einzelabschluss 34, 58
– Bilanzpolitik 34, 85
– Divergenz von Kapital- und Gewinnanteil 34, 72
– eigener Abschluss 34, 68
– Einlagen 34, 66
– Einlagen im eigenen Abschluss 34, 68
– Entkonsolidierung 34, 76
– *equity*-Methode 34, 82
– im Einzelabschluss des Investors 32, 165
– Kapitalkonsolidierung 34, 63
– Konsolidierungstechnik 34, 62
– Konzernabschluss 34, 7
– *line-by-line reporting* 34, 60
– quotale Konsolidierung 34, 60
– Sachgründung 34, 66
– *separate-line items* 34, 60
– *special purpose entity* 34, 57
– Stetigkeitsgebot bei der Wahl zwischen *equity*- und Quotenkonsolidierung 34, 84
– Vergleich zum HGB 34, 99
– Wahlrecht *equity* oder quotal 34, 18
– Währungsumrechnung 34, 71
– Wesensmerkmale 34, 51
– Zweckgesellschaften 34, 57
– Zwischenergebniseliminierung 34, 66
Genehmigungsvorbehalt
– Einbuchungszeitpunkt Finanzinstrument 28, 59
Genehmigungsvorbehalte
– Gewinnbezugsrecht 31, 25
– Unternehmenserwerb 31, 25
– vertragliche Rückwirkung 31, 25
Generalüberholung
– Anlageimmobilien *(investment properties)* 16, 67
– Anschaffungskosten 8, 36
– Entmietungen 16, 67
– erstmalige Anwendung von IFRS 6, 49
– Flugzeugindustrie 8, 36
– Grundsanierungen 16, 67
– Herstellungskosten 8, 36
– Komponentenansatz 6, 49
Genossenschaften
– Eigenkapital im Rechtsformvergleich 20, 26

- Umqualifizierung Eigen- und Fremdkapital 20, 18, 31
Genussrechte
– *siehe* Abgrenzung Eigen- und Fremdkapital
– erstmalige Anwendung von IFRS 6, 20
Genussschein
– Kapitalflussrechnung 3, 74
geringwertige Wirtschaftsgüter
– planmäßige Abschreibungen 10, 29
Gesamteinkommensrechnung
– als Alternative zum Eigenkapitalspiegel 20, 40
– Gliederung 20, 43
– *one statement approach* 20, 40
– SORIE 20, 40
Gesamtfunktionsrisiko
– des Lieferanten 25, 76
– Erlösrealisierung 25, 76
Gesamtkostenverfahren
– Gliederung 2, 51
– Inhalt der Posten 2, 53
– Segmentberichterstattung 36, 115
Geschäfts- oder Firmenwert 51, 107
– Bilanzpolitik 51, 71
– derivativ 51, 71
– originär 51, 70
Geschäftszyklus
– Abgrenzung lang- und kurzfristige Posten 2, 28
geschriebene Optionen
– *hedge accounting* 28, 203
Gesellschafter
– Abfindung 31, 157
Getränkehandel
– Erlösrealisierung 25, 30
– Pfand 25, 30
gewichtete Kapitalkosten
– Eigenkapitalkosten 15, 56
– Leasing 15, 56
– Mischfinanzierung 15, 56
gewillkürte Handelswerte
– *siehe fair value option*
Gewinnabführung
– Kapitalflussrechnung 3, 55, 97
Gewinnbezugsrecht
– Aufteilung Erwerber und Veräußerer 31, 25
– Genehmigungsvorbehalte 31, 25
– Unternehmenserwerb 31, 25
– vertragliche Rückwirkung 31, 25
Gewinngemeinschaft 34, 17, 31
Gewinnpoolung 34, 17
– Abgrenzung zu *joint venture* 34, 32
Gewinnrealisierung
– Anschaffungskosten 8, 48

– bei Einlage 34, 45
– bei Lieferung an *joint venture* 34, 45
– Einbringung 8, 48
– Einlage 8, 48
– Tausch 8, 46
Gewinnrücklagen
– Eigenkapitalspiegel, Ausweis 20, 67
Gewinn- und Verlustrechnung
– *siehe* GuV
– Zwischenberichterstattung 37, 12
Gläubigerschutz 1, 13
Gleichordnungskonzern
– *combined statements* 32, 84
Gliederung
– Anhang 5, 72
– Bilanz 2, 22; 51, 69
– Bilanzgliederung 2, 22
– GuV 2, 17, 51
– GuV-Gliederung 2, 22
– *materiality* 2, 11
GmbH & Co. KG
– Eigenkapital 20, 73
going-concern-Prämisse
– Anhang 5, 37
going-concern-Prinzip 1, 16
goodwill
– *siehe* Geschäfts- oder Firmenwert
– Abgrenzung von immateriellen Vermögenswerten 13, 12, 17
– Abgrenzung zu Marken und Kundenbeziehungen 31, 79
– Abschreibung 31, 120; 51, 60
– Allozierung auf eine oder mehrere *cash generating units* 11, 50
– Angaben 31, 171
– Auflösung des negativen 31, 122
– Ausweis 31, 169
– *cash generating unit* 11, 67; 51, 31
– Definition 11, 48
– derivativer 13, 46
– Entkonsolidierung 32, 159
– *equity*-Methode 33, 50
– Ermessensspielräume 31, 121
– Erstkonsolidierung 31, 111
– erstmalige Anwendung von IFRS 6, 66
– Folgekonsolidierung 31, 118
– Geschäfts- oder Firmenwert 51, 70, 71
– *impairment only approach* 11, 48; 31, 121; 175
– *impairment*-Test 11, 48; 51, 71
– Konzern 31, 7
– latente Steuern 26, 60; 31, 167; 51, 74
– Minderheitsinteresse beim *impairment*-Test 11, 68
– negativer 31, 112
– *one-line-consolidation* 33, 51

- Rechenschema **6**, 76
- selbst geschaffener **13**, 46
- Überwachung im internen Berichtswesen **11**, 50
- Umstellung von HGB auf IFRS **11**, 72
- Verteilung Wertminderungsaufwand **11**, 65
- Wertminderung **31**, 121

goodwill-impairment-Test
- Ausschluss von Erweiterungsinvestitionen aus der Planung **11**, 60
- DCF-Verfahrensregeln **11**, 60
- *entity value* **11**, 64
- *equity value* **11**, 64

government grants
- *siehe* öffentliche Zuwendungen

Gremienvorbehalte
- Einbuchungszeitpunkt Finanzinstrument **28**, 59
- Unternehmenserwerb **31**, 28

Grenzfälle
- aufgegebene Bereiche **29**, 19
- Ermessensspielräume **29**, 19
- Negativabgrenzung **29**, 19

Großinspektion
- Generalüberholung **8**, 36

Großrisiken
- Rückstellungen **39**, 18
- Schwankungsreserven **39**, 18

Grunderwerbsteuer
- Unternehmenserwerb **31**, 33

Grundgeschäft
- Effektivitätstest **28**, 211
- *hedge accounting* **28**, 211
- *macro hedge* **28**, 211
- Portfolio **28**, 211
- Zinsrisiko **28**, 211

Grundsanierungen
- Anlageimmobilien *(investment properties)* **16**, 67
- Entmietungen **16**, 67
- Generalüberholung **16**, 67

Grundstücke
- *siehe* Anlageimmobilien *(investment properties)*

Gruppenbesteuerung
- latente Steuern **26**, 86
- Organschaft **26**, 86

Guidances on Implementation
- als zu berücksichtigende Regeln **1**, 59

günstige Kaufoption
- *finance*-Leasing **15**, 25
- Leasing **15**, 25

günstige Verträge 31, 84
GuV 1, 107
- *siehe* GuV-Gliederung

- aufgegebene Bereiche **29**, 2, 36
- Ergebnis je Aktie **35**, 38
- Fertigungsaufträge **18**, 75

GuV-Ausweis
- Finanzinstrumente **28**, 241

GuV-Gliederung
- aufgegebene Bereiche **2**, 52
- außerordentliche Posten **2**, 49
- EBIT **2**, 69
- EBITA **2**, 69
- empirische Befunde **2**, 69
- ergänzende Posten zu regelmäßigen Erfolgsquellen **2**, 56
- ergänzende Posten zu unregelmäßigen Erfolgskomponenten **2**, 60
- Ergebnis aus *equity*-Beteiligungen **2**, 70
- Finanzergebnis **2**, 50, 63, 70
- Forschung und Entwicklung **2**, 57
- *materiality* **2**, 11
- Mindestgliederung **2**, 46
- *other comprehensive income* **51**, 111
- Steueraufwand **2**, 50
- Umsatzerlöse **2**, 68
- Umsatzkostenverfahren **2**, 47
- Zusatzangaben bei Umsatzkostenverfahren **2**, 51

H

Handelsvertreterprovision
- *siehe* Realisierungszeitpunkt

Handelswert
- *siehe fair value option*
- Bewertung **28**, 91, 147
- Definition, Klassifizierung **28**, 145
- *fair value*, Ermittlungsmethode **28**, 108
- *fair value*, marktorientiert **28**, 108
- *fair value*, modellorientiert **28**, 109
- *fair value*, Praxisoptionen **28**, 113
- *fair value*, Verlässlichkeit **28**, 110
- Finanzinstrumente **28**, 145
- *impairment*, Wertberichtigung **28**, 149
- Transaktionskosten **28**, 147, 148
- Umklassifizierung **28**, 154, 168

Hausmeinungen
- WP-Gesellschaften **1**, 81

***hedge accounting* 28**, 15; 51, 33, 81
- Absicherung bilanzierter Geschäfte **28**, 215
- Absicherung erwarteter Transaktionen **28**, 215
- Absicherung schwebender Geschäfte **28**, 215
- Angaben **28**, 259
- *basis adjustment* **28**, 218
- Beendigung **28**, 227

– *cash flow hedge* 28, 213, 217
– Designation 28, 205
– Designation von Komponenten 28, 205
– Dokumentation 28, 48, 220
– Effektivität 28, 221
– Effektivität der Sicherung 28, 219
– Effektivitätsnachweis 28, 48
– Effektivitätstest 28, 211
– erstmalige Anwendung von IFRS 6, 38, 41
– *fair value hedge* 28, 213, 217
– *foreign currency hedge* 28, 213
– gesicherte Grundgeschäfte 28, 206
– Grundgeschäft 28, 211
– Handelsrecht 28, 197
– interne Sicherungsgeschäfte 28, 202
– *macro hedge* 28, 211
– *mixed model* 28, 198
– nachträglicher Wegfall einer Sicherungsbeziehung 28, 225
– nachträgliches Entstehen einer Sicherungsbeziehung 28, 225
– Portfolio 28, 211
– Sicherungsbeziehung 28, 198, 213, 219
– Swap 28, 214
– Transaktionswahrscheinlichkeit 28, 224
– Überblick 28, 197
– untaugliche Grundgeschäfte 28, 206
– Währungssicherung 28, 43, 201, 215
– Zinsrisiko 28, 211
– Zweck des *hedge accounting* 28, 44
hedging instruments
– Kapitalflussrechnung 3, 60
held-for-sale assets
– assoziierte Unternehmen 33, 27
held-to-maturity assets
– *siehe* Fälligkeitswert
Herstellerleasing
– Leasing 15, 131
Herstellungskosten
– Anschaffungskosten 8, 36
– anschaffungsnaher Herstellungsaufwand 8, 35
– Erhaltungsaufwand 8, 30
– Ermessen 8, 33
– Fertigungsgemeinkosten 8, 18
– Finanzierung 17, 8
– Flugzeugindustrie 8, 36
– Fremdkapitalkosten 8, 23
– Generalüberholung, Großinspektion 8, 36
– Komponentenansatz 8, 32
– Kuppelproduktion 8, 22
– Leerkosten 8, 22
– Produktionsauslastung 8, 22
– Unterbeschäftigung 17, 8
– Vorräte 17, 4
– Zusammensetzung 8, 16, 29; 51, 63

Hochregallager
– Komponentenansatz 10, 16
Hoch- und Tiefbau
– *siehe* Fertigungsauftrag
– Fertigungsauftrag 18, 7
– POC-Methode 18, 7
hosting
– *siehe* Softwareindustrie
Hotel
– Anlageimmobilien *(investment properties)* 16, 11
– Parkhaus 16, 11
Humankapital
– immaterielle Vermögenswerte 13, 26
hybride Produkte
– *siehe* Finanzderivate
– strukturierte Anleihe 28, 138
Hyperinflation
– 7-Stufen-Ansatz 27, 65
– Anpassung Vorjahr 27, 65
– Anwendungsbeispiel 27, 66
– Bedeutung für deutsche Anwender 27, 64
– Definition 27, 65
– Grundlagen 27, 62
– IPSAS 43, 25
– Länderübersicht 27, 65
– Preisindex-Auswahl 27, 65
– Scheingewinneliminierung 27, 3
– Schuldnergewinn 27, 65

I

IAS 1
– Inhalt 2, 1; 20, 2
IAS 10
– Inhalt 4, 2
IAS 12
– Inhalt 26, 1
IAS 14
– Inhalt 36, 5
IAS 17
– Inhalt 15, 1
IAS 18
– Inhalt 25, 1
IAS 19
– Inhalt 22, 1; 41, 2
IAS 2
– Inhalt 17, 1
IAS 21
– Inhalt 27, 1; 32
IAS 23
– Inhalt 9, 1
IAS 24
– Inhalt 30, 1
IAS 26
– Inhalt 41, 2

IAS 27
- Inhalt 32, 1
IAS 28
- Inhalt 32, 1; 33
IAS 29
- Inhalt 27, 3
IAS 3
- Inhalt 32, 1
IAS 30
- Inhalt 38, 1
IAS 31
- Inhalt 32, 1; 34
IAS 32
- Inhalt 20, 1; 28, 19
IAS 33
- Inhalt 35, 1
IAS 34
- Inhalt 37, 1
IAS 36
- Inhalt 11, 1
IAS 37
- Inhalt 21, 1
IAS 38
- Inhalt 13, 2
IAS 39
- Inhalt 27, 2; 28
IAS 40
- Inhalt 16, 1
IAS 41
- Inhalt 40, 1
IAS 7
- Inhalt 3, 7
IAS 8
- Inhalt 24, 1
IFRIC 6
- Inhalt 21, 70
IFRIC 7
- Inhalt 27, 67
IFRIC 9
- Inhalt 28, 275
IFRS
- Oberbegriff aller Regeln 1, 58
- Rating 7, 11, 19
- Rückkehr zum HGB 7, 18
- Standardbezeichnung 1, 58
IFRS 1
- *siehe* erstmalige Anwendung von IFRS
- Inhalt 6, 1
IFRS 2
- Inhalt 23, 23
IFRS 4
- Inhalt 39, 2
IFRS 5
- imparitätische Bilanzierung 29, 26
- Inhalt 29, 1

IFRS 6
- Inhalt 42, 1
IFRS 7
- Inhalt 28, 19
IFRS 8
- Inhalt 36, 203
IFRS-Abschluss
- *siehe* Jahresabschluss
- anzuwendende Regeln 1, 57
- Bestandteile 2, 4
- konzeptionelle Basis 1, 10
- Lagebericht 2, 5
IFRS-*compliance*
- Erklärung im Anhang 1, 55
IFRS-Eröffnungsbilanz
- Bilanzpolitik 6, 53
- erstmalige Anwendung von IFRS 6, 19; 51, 44
IFRS für den Mittelstand
- Basel II 50, 1
- Bilanzrechtsreformgesetz 50, 1, 6
- Maßgeblichkeitsprinzip 50, 22
- Mittelstandsbegriff 50, 3
- *public accountability* 50, 3
- Ratinganforderungen 50, 1
- Steuerharmonisierung 50, 22
IFRS-Konzernabschluss
- *siehe* Konzernabschluss
IFRS-Regelwerk
- auf den IFRS-Abschluss anzuwendende Regeln 1, 57
- IFRS und IAS 1, 58
- überkompliziert 50, 8
- Volumen 50, 12
IFRS-Übereinstimmung
- Erklärung im Anhang 1, 55
IFRS vs. US-GAAP
- *principle-* vs. *rule-based*-Ansatz 1, 80; 51, 14
Illustrative Examples
- als zu berücksichtigende Regeln 1, 59
immaterielles Anlagevermögen
- Erstkonsolidierung/Unternehmenserwerb 31, 61
immaterielle Vermögenswerte
- *siehe* Kundenbeziehungen
- Abgang 13, 74
- Abgrenzung zum *goodwill* 13, 12; 51, 72
- Abschreibungsdauer 13, 67
- Abschreibungsmethode 13, 67
- aktiver Markt 13, 65
- Aktivierungsverbote 13, 47, 50; 51, 60
- Angaben 13, 77
- Ansatzverbote bei Selbsterstellung 13, 27
- Ansatzvoraussetzungen 13, 13; 51, 34

- Anschaffung beim Unternehmenszusammenschluss 13, 57
- Anwendungsbereiche IFRS 13, 2
- außerplanmäßige Abschreibung 13, 62, 73
- Ausweis 13, 75
- Bedeutung 13, 1; 51, 60
- Belieferungsrecht 13, 15
- beschränkte Lebensdauer 13, 67
- Bestandteile der Anschaffungskosten 13, 52
- Betreibermodelle 13, 45
- bevorzugte Methode 13, 62
- Bewertung 13, 48
- Bilanzanalyse 51, 75
- Definition 13, 4, 8
- Druck- und Verlagsrechte 13, 27
- Einzelanschaffung 13, 52
- Einzelfälle (ABC) 13, 78
- Einzelkosten 13, 58
- Emissionsrecht 13, 38
- Entwicklungsphase 13, 24
- Erhaltungsaufwand 13, 53
- Ermessensproblematik 13, 14, 29; 51, 55, 78
- erneuerbare Rechte 13, 70
- Erstkonsolidierung 31, 69
- Erstkonsolidierung/Unternehmenserwerb 31, 61
- *Extreme Programming* 13, 34
- faktisches Ansatzwahlrecht 13, 29
- Finanzierungskosten 13, 62
- Folgebewertung 13, 62
- Forschungsphase 13, 22
- Forschungs- und Entwicklungskosten (Trennung) 13, 21
- Gemeinkosten 13, 58
- Herstellungskosten 13, 58
- Humankapital 13, 26
- Identifizierbarkeit 13, 10
- IFRS und HGB 13, 21
- *intangibles* 13, 29
- Kaufpreisallokation 31, 58; 51, 72
- Kontrolle 13, 11
- Kundengewinnungskosten 13, 42
- Kundenlisten 13, 27
- Leasing 15, 12
- *legal-contractual*-Kriterium 31, 58
- Marken 13, 27; 31, 79
- nachträgliche Anschaffungskosten 13, 56
- nachträgliche Anschaffungs- und Herstellungskosten 13, 51
- Neubewertung (Besonderheiten) 13, 63
- Neubewertungsmethode 13, 62; 51, 21
- nicht aktivierbare Aufwendungen 13, 56
- Nutzungsdauer 13, 71
- Nutzungsrechte 13, 37
- planmäßige Abschreibung 13, 62, 67
- Profisportler 13, 36
- *public private partnership* 13, 45
- rechtliche Fundierung 13, 19
- Rückstellungen als Anschaffungskosten 13, 56
- selbst geschaffene Software 13, 32
- selbst geschaffene Vermögenswerte 13, 21; 51, 76
- *separability*-Kriterium 31, 58
- Separierbarkeit 13, 10
- *subscriber acquisition costs* 13, 42
- Tausch 13, 60
- Typen 31, 71
- Überblick der Erläuterungen 13, 9
- Übertragungsrechte 13, 15
- unbestimmte Lebensdauer 13, 69
- Untergliederung im Ausweis 13, 75
- Unternehmenserwerb 31, 69
- Unternehmenszusammenschluss 13, 17
- Vergleich IFRS mit deutschem Recht 13, 84
- verkaufsfördernde Maßnahmen 13, 44
- Verkehrsfähigkeit 31, 58
- Vertriebskosten 13, 54
- Voraussetzungen 13, 5
- Warenzeichen 13, 27
- *Waterfall Method* 13, 34
- Webseite 13, 35
- Werbemaßnahmen 13, 43
- Wertaufholung 13, 62
- Zugangsbewertung 13, 49

Immobilienbewertung
- Nutzungsänderungen 16, 72
- Umwidmungen 16, 72

Immobilienleasing
- Leasing 15, 16, 67
- Renditeliegenschaften 15, 16

impairment
- IPSAS 43, 33
- veräußerbare Werte 28, 41
- Währungsumrechnung bei Sachanlagen 27, 20
- Wertaufholung 37, 29
- Zwischenberichterstattung 37, 29

impairment-Finanzinstrumente
- Fälligkeitswerte 28, 137
- Handelswerte 28, 149
- *two-step approach* 28, 122
- veräußerbare Werte 28, 161

impairment only approach
- Ermessensproblematik 51, 72
- Ermessensspielräume 31, 121
- *goodwill* 11, 48; 31, 121
- *impairment*-Test 11, 48

impairment-Test
- aktiver Markt 11, 33
- Anhangsangaben 11, 78
- Anzeichen für Wertminderungen 11, 13; 51, 31
- außerplanmäßige Abschreibungen 11, 8
- Bilanzierungspraxis 11, 16
- Bilanzpolitik 11, 55
- *cash generating unit* 11, 29; 51, 31
- Darstellung der Arbeitsschritte 11, 73
- Einzelvermögenswert (Abgrenzung zur *cash generating unit*) 11, 43
- Ermessensproblematik 11, 75
- externe Informationsquellen 11, 14
- *extractive industries* 42, 20
- gangbarer Weg 11, 9
- *goodwill* 11, 48; 51, 71
- *impairment only approach* 11, 48
- interne Informationsquellen 11, 14
- künftige Zahlungsmittelströme 11, 22
- latente Steuern 11, 48
- *management approach* 11, 55
- *materiality* 11, 92
- Nutzungswert vs. Nettoveräußerungswert 11, 64
- qualifizierte Vermögenswerte, jährlicher Test 11, 9
- qualitativer 11, 9
- quantitativer 11, 9
- unqualifizierte Vermögenswerte, überschlägiger Test 11, 9
- Verhältnis zum Komponentenansatz 11, 38
- Vorgehensweise 11, 9
- Wesentlichkeitsgesichtspunkt 11, 15
- Zeitpunkt 11, 9
- zusammenfassende Beurteilung 11, 75

imparitätische Bilanzierung
- IFRS 5 29, 26

imparitätische Wahrscheinlichkeiten
- latente Steuern 26, 56

Imparitätsprinzip
- HGB 1, 19; 51, 97
- IFRS 1, 22; 51, 97

Implementation Guidance 1, 59
- fehlendes *Endorsement* durch EU 1, 60
- *principle-based accounting* 1, 53

impracticability
- Definition 24, 29

Improvement Project
- Anlageimmobilien *(investment properties)* 16, 6
- Leasing 16, 6
- Rechtsentwicklung 7, 8

inclusion concept
- Kapitalflussrechnung 3, 91

Incoterms
- Realisierungszeitpunkt 25, 19

indirekte Beteiligung
- Kontrollverhältnis 32, 20

indirekte Methode
- Kapitalflussrechnung 3, 50, 135, 145

industrielle Anlage
- Komponentenansatz 10, 13

Inflation
- Länder mit Hyperinflation 27, 65

information overload 1, 28, 68; 51, 40

Informationsfunktion
- Anhang 5, 28

Informationsorientierung
- IFRS-Abschluss 1, 26; 51, 6

Infrastrukturkonzessionsverträge
- *public private partnership* 18, 64

Ingangsetzungsaufwand
- Kapitalflussrechnung 3, 63

initial fees
- Realisierungszeitpunkt 25, 52

Innenfinanzierung
- Kapitalflussrechnung 3, 73; 51, 90

Innengesellschaften
- *joint venture* 34, 11

innerer Wert
- aktienkursorientierte Vergütungsformen 23, 67

in process research and development
- Kaufpreisallokation 31, 83

Inputverfahren
- siehe Fertigungsauftrag

inside basis differences
- latente Steuern 26, 57

inside und *outside basis differences*
- Buchungstechnik 26, 64

insourcing
- Unternehmenserwerb 31, 20

intangibles
- siehe immaterielle Vermögenswerte

Interessenkonflikte des Managements 1, 42

interim financial reporting
- siehe Zwischenberichterstattung

International Public Sector Accounting Standards
- siehe IPSAS

interner Zinssatz
- Leasing 15, 52
- maßgebender Zinssatz 15, 52

Interpretationsmöglichkeiten
- Bilanzpolitik 51, 9

inventories
- siehe Vorräte

Investitionstätigkeit
- Kapitalflussrechnung 3, 57

Investitionszuschüsse
- Kaufpreisallokation **31**, 89

investment properties
- *siehe* Anlageimmobilien

Investmentvertrag
- Abgrenzung **39**, 7
- Graufälle **39**, 11

IPSAS
- aktuelle Entwicklung **43**, 6
- Anhang **43**, 14
- Anpassung an IFRS **43**, 6
- Anschaffungskosten **43**, 33
- *asset* **43**, 9
- assoziierte Einheit **43**, 22
- außerplanmäßige Abschreibung von nicht marktgängigen Vermögensgegenständen **43**, 39
- Bedeutung in Deutschland **43**, 7
- Begriff **43**, 1
- Bestandteile des Jahresabschlusses **43**, 10
- Doppik **43**, 7
- Eigenkapitalveränderungsrechnung **43**, 13
- Entstehung **43**, 1, 6
- Entwicklungsstand **43**, 4
- Ereignisse nach dem Bilanzstichtag **43**, 29
- Ergebnisspaltung **43**, 16
- Ertragsrealisation bei gegenseitigen Leistungsbeziehungen **43**, 24
- *fair value* **43**, 34
- Fertigungsaufträge **43**, 26
- Finanzinstrumente **43**, 30
- Fremdkapitalkosten **43**, 21
- Geltungsbereich **43**, 2
- Gesundheitswesen **43**, 6
- Grundsätze **43**, 8
- GuV **43**, 12
- Hyperinflation **43**, 25
- *impairment* **43**, 33
- *joint ventures* **43**, 23
- Kameralistik **43**, 7
- Kapitalflussrechnung **43**, 12, 15
- Konsolidierungskreis **43**, 21
- Konsolidierungsmethode **43**, 21
- Konzernrechnungslegung **43**, 21
- Kulturgüter **43**, 6, 32
- Leasing **43**, 28
- *liability* **43**, 9
- Methodenwechsel **43**, 18
- nahe stehende Einheiten **43**, 38
- nahe stehende Personen **43**, 38
- Pensionsverpflichtungen **43**, 6, 37
- Preface **43**, 3
- *public private partnership* **43**, 6
- Renditeliegenschaften **43**, 31
- Rückstellungen **43**, 37
- Sachanlagen **43**, 32
- Schulden **43**, 9
- Segmentberichterstattung **43**, 36
- sozialpolitische Verpflichtungen **43**, 37
- Übersicht **43**, 4
- Verbreitung **43**, 2
- Vermögensgegenstand **43**, 9
- Vermögensrechnung **43**, 11
- Vorräte **43**, 27
- Wechselkursänderungen **43**, 19
- Werthaltigkeitsprüfung **43**, 6
- zahlungsorientierte Rechnungswesen **43**, 40

IT-Branche
- Fertigungsauftrag **18**, 10
- *milestones*-Methode **18**, 35

J

Jahresabschluss
- *siehe* Abschluss
- *siehe* GuV-Gliederung
- Anhang **2**, 10
- Bestandteile **1**, 7; **2**, 4; **51**, 88
- Bilanzgliederung **2**, 22
- Erklärung der Übereinstimmung mit IFRS **2**, 5
- Identifizierung **2**, 5
- Kernelemente **1**, 7
- Non-Profit-Unternehmen **2**, 5

Jahresüberschuss
- Eigenkapitalspiegel, Ausweis **20**, 67

jointly controlled operations
- Emissionskonsortien **34**, 27

joint operations **34**, 25

joint venture
- *siehe* Gemeinschaftsunternehmen
- Abgrenzung zu Gewinnpooling **34**, 32
- Angaben **34**, 92
- Auftragsfertigung **34**, 33
- Ausweis **34**, 91
- Bilanzierung beim *joint venture* selbst **34**, 15
- Definition **34**, 4
- Definitionsmerkmal gemeinschaftliche Führung **34**, 22
- Definitionsmerkmal vertragliche Vereinbarung **34**, 19
- drohende Verluste **34**, 36
- eigene und gemeinschaftliche Schulden **34**, 41
- einfacher Investor **34**, 88
- Erscheinungsformen **34**, 5, 11, 37
- Finanzinstrumente **28**, 11
- Gemeinschaftsunternehmen *(joint entity)* **34**, 50
- Gewinnrealisierung bei Einlagen **34**, 45

- im Abschluss von *venture-capital*-Gesellschaften 34, 9
- in Form gemeinschaftlichen Vermögens *(joint assets)* 34, 37
- in Form gemeinschaftlicher Tätigkeit *(joint operations)* 34, 25
- Innen- und Außengesellschaft 34, 11
- IPSAS 43, 23
- Kapitalflussrechnung 3, 61, 66, 106, 114
- keine Qualifizierung nach SIC 12 32, 67
- latente Steuern 34, 89, 90
- Pseudo-*joint-venture* 34, 54
- rein technische Außengesellschaft 34, 13, 31
- rein technische Gemeinschaftskosten 34, 13, 26, 37
- Sacheinlage 34, 66
- Überblick über Bilanzierung beim Partnerunternehmen 34, 16
- Vertragsformen 34, 11

K

Kameralistik
- Doppik 43, 7
- IPSAS 43, 7

Kapitalerhaltungskonzeption
- *Framework* 1, 119

Kapitalerhöhung
- Eigenkapitalspiegel 20, 48
- *equity*-Methode 33, 80
- Ergebnis je Aktie 35, 12

Kapitalerhöhung aus Gesellschaftsmitteln
- Eigenkapitalspiegel 20, 63

Kapitalflussrechnung
- Abschreibung 3, 51
- Agio 3, 95
- Aktivitätsformat 3, 30
- Angaben 3, 133
- Annuitätendarlehen 3, 77
- assoziiertes Unternehmen 3, 51, 106
- aufgegebene Bereiche 29, 38
- Aufstellungspflicht 3, 4, 151
- Außenfinanzierung 51, 92
- außerordentliche Posten 3, 55, 89
- *available-for-sale assets* 3, 60
- Bedeutung für die Praxis 3, 161; 51, 88, 108
- Begriff 3, 10; 51, 49, 88
- betriebliche Tätigkeit 3, 30, 39; 51, 90
- Bruttoprinzip 3, 34
- *cash equivalents* 3, 16
- *cash pooling* 3, 21
- derivative Finanzinstrumente 3, 42
- direkte Methode 3, 45, 74
- direkte Methode, Gliederung 3, 49

- Disagio 3, 95
- *discontinued operation* 3, 123, 143
- Dividendenzahlung 3, 54, 76, 96; 51, 89
- EBIT 3, 55
- EBITDA 3, 55
- EBT 3, 55
- eigene Anteile 3, 66, 74
- Eigenkapitalinstrument 3, 22, 66
- Entwicklungskosten 3, 63
- Ergebnisabführungsvertrag 3, 55, 97
- Ertragsteuern 3, 55, 101
- *fair presentation* 3, 6, 128, 134
- *finance lease* 3, 127, 129, 146
- Finanzierungsleasing 51, 89
- Finanzierungstätigkeit 3, 30, 73; 51, 89, 92
- Finanzinstrumente 28, 242
- Finanzinstrumente für Handelszwecke 3, 60
- Fondsänderungsnachweis 3, 29
- Forschungskosten 3, 63
- freiwillige Angaben 3, 144
- Geldflussrechnung 3, 11
- Gemeinschaftsunternehmen 3, 109, 139, 156
- Genussschein 3, 74
- Gestaltungsmöglichkeiten 3, 145, 162
- Gewinnabführung 3, 55, 97
- Gliederung 3, 163
- Grundstruktur 3, 29; 51, 89
- *hedging instruments* 3, 60
- *inclusion concept* 3, 91, 99
- indirekte Methode 3, 46, 50, 135
- Ingangsetzungsaufwendungen 3, 63
- Investition 3, 57
- Investitionstätigkeit 3, 30, 57; 51, 91
- IPSAS 43, 12, 15
- *joint venture* 3, 61
- Kapitalertragsteuer 3, 102
- Kapitalherabsetzung 3, 98
- Kapitalkonsolidierung 3, 108
- Kontokorrentkredit 3, 17; 51, 92
- Konzern 31, 170; 32, 181
- Kreditinstitute 3, 152
- latente Steuern 3, 51, 101
- Leasing 3, 65, 74
- Mindestgliederung 3, 33, 153; 51, 88
- Musterformulierung 3, 136
- Nettokonzept 3, 17
- Nettoumlaufvermögen 3, 53
- nicht zahlungswirksame Transaktion 3, 127
- öffentlicher Investitionszuschuss 3, 62
- öffentliche Zuwendungen *(government grants)* 12, 26, 32
- operatives Leasing 3, 146; 51, 89

- Optionsgeschäft 3, 70
- originäre Finanzinstrumente 3, 71
- *percentage-of-completion*-Methode 3, 52
- Pflichtangabe 3, 136, 138
- *purchase accounting* 3, 117
- *qualifying hedge* 3, 38, 70
- Quellen für Währungsdifferenzen 3, 83
- Quotenkonsolidierung 3, 108, 139
- Rohertrag 3, 55
- Sachverhaltsgestaltungen 3, 146
- Segmentberichterstattung 3, 142, 144
- Staffelform 3, 31
- statisches Restlaufzeitkonzept 3, 18
- sukzessiver Anteilserwerb 3, 27
- Swapgeschäft 3, 70
- Tausch 3, 130
- Tochterunternehmen 3, 111
- Unterschiede HGB und IFRS 3, 148; 51, 89
- Ursachenrechnung 3, 29
- US-GAAP 3, 87
- Veräußerungserlös 3, 57
- Verfügungsbeschränkung 3, 20
- Verkaufserlös 3, 68
- Verlustübernahme 3, 55, 98
- Versicherungen 3, 152
- Währungsdifferenz 3, 24, 51, 53
- wechselkursbedingter Ausgleichsposten 3, 86
- *zerobonds* 3, 77
- Zielsetzung 3, 6
- Zinszahlung 3, 54, 64, 78, 91; 51, 89
- Zuschreibung 3, 51
- Zwischenberichterstattung 37, 12

Kapitalherabsetzung
- Eigenkapitalspiegel 20, 64
- *equity*-Methode 33, 80
- Ergebnis je Aktie 35, 12, 16

Kapitalkonsolidierung
- Erstkonsolidierung 31, 14
- Konzern 32, 104, 109

Kapitalstruktur 51, 85
kapitalwertorientierte Verfahren
- einkommensorientierte Verfahren 31, 63

Kartellgenehmigung
- Unternehmenserwerb 31, 28

Kasuistik 1, 48
- *cook book accounting* 1, 45
- Erlösrealisierung 25, 14
- Lückenausnutzung 1, 72

Kategorisierung von Finanzinstrumenten
- erstmalige Anwendung von IFRS 6, 92

Kauf auf Probe
- *siehe* Realisierungszeitpunkt

Kaufpreisallokation
- Abgrenzungsposten für Erlöse und Investitionszuwendungen 31, 89
- Abgrenzung zum *goodwill* 51, 72
- Arbeitsverträge 31, 85
- einkommensorientierte Verfahren 31, 63
- Erstkonsolidierung 31, 14
- *fair value*, Ermittlungstechniken 31, 59
- Grundlagen 31, 53
- immaterielle Vermögenswerte 31, 70; 51, 72
- Investitionszuschüsse 31, 89
- kostenorientierte Verfahren 31, 60
- latente Steuern 31, 94
- Marken 31, 77, 81
- marktpreisorientierte Verfahren 31, 62
- Mehrkomponentenbetrachtung 31, 97
- Restrukturierungsrückstellungen 31, 91
- *reverse acquisition* 31, 160
- schwebende Geschäfte 31, 84
- Stammkunden 31, 77
- *tax amortization benefit* 31, 66
- *workforce* 31, 85

Kaufpreisstundung
- Erlösrealisierung 25, 76
- Mehrkomponentengeschäft 25, 76

Kennziffern
- Bilanzanalyse 51, 67

Kennziffernsysteme 51, 107
Kombinationsoptionen
- *hedge accounting* 28, 203

Komitologie
- Rechtsentwicklung 7, 8

Kommanditgesellschaft
- Tochterunternehmen 32, 41

Kommission
- kommissionsähnliches Geschäft 25, 31, 97
- Nettoausweis 25, 97
- Reisebüro 25, 98

kommissionsähnliches Geschäft 25, 83, 97
Komponentenansatz
- *siehe* Abschreibung
- Anlageimmobilien 16, 43
- Atomisierung des Vermögenswertes 8, 35
- Ermessen 24, 9
- Ermessensproblematik 8, 35
- erstmalige Anwendung von IFRS 6, 49
- Fahrzeug 10, 11
- Flugzeug 10, 12
- Flugzeugbetriebsflächen 10, 18
- Gebäude 10, 9, 15
- Generalüberholung 6, 49
- Herstellungskosten 8, 32
- Hochregallager 10, 16
- industrielle Anlage 10, 13

– Mietereinbauten 10, 15
– Verhältnis zum *impairment*-Test 11, 38
– Wasserversorgung 10, 17
Kongruenzprinzip
– Bedeutung 51, 57
– Verstöße 51, 58
Konsignationslieferung
– kommissionsähnliches Geschäft 25, 80
Konsolidierung
– im mehrstufigen Konzern 31, 137
– latente Steuern 32, 173
– Zwischenberichterstattung 37, 11
Konsolidierungskreis
– Ausgleichsposten in Kapitalflussrechnung 3, 126
– Behandlung von Veränderungen in der Kapitalflussrechnung 3, 53, 111
– erstmalige Einbeziehung einer bisher unwesentlichen Tochter 31, 163
– erstmaliger Einbezug 3, 124
– IPSAS 43, 21
– Konzern 32, 85; 51, 12
– *materiality* 32, 92
– potenzielle Stimmrechte 32, 48
Konsolidierungsmethode
– IPSAS 43, 21
Konsolidierungsschritte
– Konsolidierungsverfahren 32, 104
– Konzern 32, 104
Kontaminierung
– Rückstellungen 21, 56
– Umweltverschmutzung 21, 56
kontingente Anschaffungskosten
– Unternehmenserwerb 31, 45
Kontoformat
– Bilanzgliederung 2, 41
– Staffelformat 2, 41
Kontoführungsgebühren
– Erlösrealisierung 25, 56
Kontokorrentkredit
– Außenfinanzierung 51, 92
– Finanzierungstätigkeit 51, 92
– Kapitalflussrechnung 3, 17; 51, 92
Kontrollkonzept
– Konzern 32, 8
– Tochterunternehmen 32, 8
Konvergenzprojekt
– Ergebnis je Aktie 35, 41
Konzeption
– der Rechnungslegung 1, 10
Konzern
– *siehe* Folgekonsolidierung
– *siehe goodwill*
– *siehe* Minderheitenanteil
– *siehe pooling of interest*
– *siehe* Unternehmenserwerb

– Abwärtskonsolidierung 32, 4
– abweichende Stichtage 32, 101
– Angaben 31, 171; 32, 184
– Angaben, Formulierungsbeispiel 32, 187
– Aufstellungspflicht Konzernabschluss 32, 80
– Aufwands- und Ertragskonsolidierung 32, 126
– Aufwärtskonsolidierung 32, 4
– Bilanzierungspraxis 27, 28
– *combinded statements* 32, 84
– Eigenkapital 20, 70
– Einbeziehung assoziierte und Gemeinschaftsunternehmen 32, 96
– Einheitlichkeit der Methoden 32, 105
– faktische Wahlrechte 31, 179
– Gleichordnungskonzern 32, 84
– interne Umstrukturierungen 31, 146
– Kapitalflussrechnung 31, 170; 32, 181
– Kapitalkonsolidierung 32, 104, 109
– Konsolidierungskreis 32, 85; 51, 12
– Konsolidierungsverbote 32, 86
– Konsolidierungsverfahren 32, 104
– Kontrolle durch indirekte Beteiligung 32, 20
– Kontrolle durch Stimmrechtsmehrheit 32, 16
– Kontrolle ohne Stimmrechtsmehrheit 32, 34
– Kontrollkonzept 32, 8
– Konzernbilanzstichtag 32, 99
– latente Steuern 31, 165; 32, 169
– mehrstufiger 31, 137
– Nichteinbeziehung wegen *materiality* 32, 92
– nicht einzubeziehende Tochterunternehmen 32, 86
– potenzielle Stimmrechte 32, 48
– Pro-forma-Vorjahreswerte 2, 21
– Schuldenkonsolidierung 32, 104, 110
– Summenbilanz 32, 104
– Teilkonzernabschluss 32, 83
– Übergang vom HGB- zum IFRS-Konzernabschluss 32, 192
– Verhältnis von IAS 27 zu IFRS 3, IAS 21, IAS 28, IAS 31 32, 2
– Währungsumrechnung 27, 24, 28
– Zwischenergebniseliminierung 32, 104, 128
Konzernabschluss
– *siehe* IFRS-Abschluss
– Anhang 7, 13
– Anwendung der IFRS 7, 9
– befreiender Konzernabschluss 7, 3
– Bestätigungsvermerk 7, 16
– Bilanzrechtsreformgesetz 7, 3

– freiwilliger Abschluss 7, 10
– handelsrechtliche Vorgaben 7, 12; **51**, 48
– Lagebericht 7, 14
– latente Steuern 32, 169
– Pensionsfonds 41, 4
– Pensionskasse 41, 4
– Prüfung 7, 4, 16
– Zwischenholding 7, 2, 5
Konzernabschlusspflicht
– Beurteilung nicht nach IFRS, sondern nach HGB 32, 7, 81
– Bilanzrechtsreformgesetz 32, 7
– nach IFRS 32, 82
Konzernabschlusspflicht und Konsolidierungskreis
– Bilanzrechtsreformgesetz 32, 81
Konzernbilanzstichtag
– Konzern 32, 99
Konzernrechnungslegung
– IPSAS 43, 21
Konzernsteuerquote
– latente Steuern 26, 114
Konzernunternehmen
– erstmalige Anwendung von IFRS 6, 7
Korrektur von Fehlern
– *siehe* Fehlerkorrektur
Korridormethode
– Altersversorgung 22, 44
– Pensionsverpflichtung 6, 79
Kosten-Nutzen-Kalkül 1, 69
kostenorientierte Verfahren
– Kaufpreisallokation 31, 60
Kostenzuschlagsverträge
– *siehe* Fertigungsauftrag
Krankenhaus
– *siehe* Fertigungsauftrag
Kreditderivate 28, 140
– finanzielle Garantien 28, 13
Kreditgeber
– Anlageentscheidung 51, 47
– Bilanzanalyse 51, 47
Kreditinstitute
– Branchenvorschriften 38, 1
– Finanzinstitutionen 38, 1
– Kapitalflussrechnung 3, 152
Kreditversicherungen
– Versicherungsverträge 39, 29
Kulanzen
– Garantien 21, 23
– Rückstellungen 21, 23
Kundenbeziehungen
– Abonnements 31, 73
– Auftragsbestand 31, 73
– beim Unternehmenserwerb 31, 72
– Bewertung 31, 75
– Kundenlisten 31, 76

Kundenbindungsprogramme
– Erlösrealisierung 25, 99
kundengebundene Werkzeuge 18, 67
Kundengewinnungskosten
– immaterielle Vermögenswerte 13, 42
– *subscriber acquisition costs* 13, 42
Kundenlisten
– immaterielle Vermögenswerte 13, 27
– Kundenbeziehungen 31, 76
kundenspezifische Fertigung
– *siehe* Fertigungsauftrag
künftige Rentenanpassungen
– Altersversorgung 22, 33
Kuppelproduktion
– Herstellungskosten 8, 22
Kursgewinne/-verluste
– Saldierung 2, 14
Kürzungen (*curtailments*)
– Altersversorgung 22, 63

L

Lagebericht
– BilReG 5, 11
– Finanzinstrumente 28, 269
– für deutsche Anwender 2, 5; **51**, 50
– Konzern 2, 5
– Konzernabschluss 7, 14
Landwirtschaft 40, 48
– *siehe* Anschaffungskostenprinzip
– *siehe fair value*
– Bilanzgliederung 40, 67
– biologische Transformation 40, 10
– Dauerkulturen 40, 50
– Ernte 40, 12
– Hochleistungskuh 40, 44
– öffentliche Zuschüsse 40, 65
– Vergleich IFRS mit deutschem Recht 40, 16
landwirtschaftliche Tätigkeit
– Definition 40, 6
– Entwaldung 40, 6
– Hochseefischen 40, 6
langfristige Vermögenswerte
– *non-current assets held for sale* 29, 4
latente Steuern
– Abzinsung 26, 102
– Aktienoptionspläne 23, 82
– aktive Steuerlatenz 51, 28, 78, 103, 107
– aktive Steuerlatenz, Besonderheiten 26, 48
– Angaben 26, 111; **51**, 79
– Anlageimmobilien 16, 82
– anzuwendende Steuersätze 26, 95
– *asset deal* 26, 58
– assoziierte Unternehmen 33, 98
– aufgegebene Bereiche 29, 44

- außerplanmäßige Abschreibungen 11, 77
- Ausweis 2, 36; 26, 104; 51, 79
- Beispiele zur Berichterstattung 26, 107
- Berechnungsmuster 26, 124
- Beteiligungserwerbe 26, 66
- Bewertung 26, 95
- Bilanzpolitik 26, 51; 51, 28, 78
- Buchungsbeispiele 26, 42
- Buchungstechnik 26, 119
- Buchwert-Unterschiede 26, 19
- *capital gains tax* 26, 98
- *deferred*-Methode 26, 22
- deutsche IFRS-Praxis 2, 36
- Differenz zwischen IFRS- und Steuerbilanzansatz 26, 6
- Eigenkapital 26, 103; 51, 84
- *equity*-Konsolidierung 33, 96
- erfolgsneutrale Latenzrechnung 26, 15
- erfolgswirksame Latenzrechnung 26, 15
- erfolgswirksame oder -neutrale Behandlung 26, 102
- Erlösrealisierung 25, 109
- Ermessensproblematik 26, 51; 51, 28
- Erstkonsolidierung 31, 94
- erstmalige Anwendung von IFRS 6, 24
- Fertigungsaufträge 18, 70
- Finanzinstrumente 28, 230
- Fremdfinanzierung 9, 33
- Fristigkeit 2, 36
- *goodwill* 26, 60; 31, 167; 51, 74
- Gruppenbesteuerung 26, 86
- *impairment*-Test 11, 48
- imparitätische Wahrscheinlichkeiten 26, 56
- *inside basis differences* 26, 57
- *joint venture* 34, 89
- Kapitalflussrechnung 3, 51, 101
- Kaufpreisallokation 31, 94
- Konsolidierung 32, 173
- Konzept 26, 1
- Konzern 31, 165; 32, 169
- Konzernbilanz 32, 169
- Konzernsteuerquote 26, 114
- Leasing 15, 162
- *liability*-Methode 26, 22
- Methoden der Steuerabgrenzung 26, 10
- Mitunternehmen 26, 85
- Neubewertung 8, 73
- öffentliche Zuwendungen *(government grants)* 12, 31
- Organschaft 26, 86
- *outside basis differences* 26, 57
- permanente Differenzen 26, 17
- Personengesellschaften 26, 77, 84
- Praxishinweise 26, 127
- quasi-permanente Differenzen 26, 20

- Rechtsformwechsel 26, 101
- Rückstellung 21, 137
- selbst geschaffene (immaterielle) Vermögenswerte 51, 77
- *share deal* 26, 58
- Sonderbetriebsvermögen 26, 85
- Sonderfälle 26, 94
- Spiegelbildmethode 26, 77
- Steuerabgrenzung 26, 6, 10
- Steueraufwand 26, 103
- Steuerbuchwert *(tax base)* 26, 21, 29
- Steuerquote 26, 7
- Steuersatz 26, 97
- *stock appreciation rights* 23, 85
- *temporary*-Konzept 26, 12, 41
- *timing*-Konzept 26, 10, 11
- Überleitungsrechnung 26, 8, 114
- Umstellung von HGB auf IFRS 26, 125
- Unternehmenserwerb 26, 58
- Unternehmenszusammenschluss 26, 60
- Unternehmerverband 26, 57
- Unterschied HGB und IFRS 26, 120
- Verbrauchsfolgeverfahren 17, 18
- Vergleich IFRS mit deutschem Recht 26, 119; 51, 66
- Verlustrücktrag 26, 44
- Verlustvortrag 26, 100; 51, 78
- Verlustvortrag, Steuereffekt 26, 51; 51, 29, 80
- Währungsumrechnung 27, 68
- Wertaufhellung 4, 30
- Zugangsbewertung 26, 45
- Zusammenspiel von aktiver und passiver Steuerlatenz 26, 54

latente Steuern bei der Folgekonsolidierung
- *inside basis differences* 26, 63
- *outside basis differences* 26, 63

lay-away sales
- Realisierungszeitpunkt 25, 22

lease and lease back
- *cross-border*-Leasing 15, 145
- Leasing 15, 145

Leasing 15, 49
- Allokation der Miete auf Grundstücks- und Gebäudekomponenten 15, 74
- *all or nothing approach* 15, 167
- Amortisationsrisiko 15, 13
- analoge Anwendung 15, 148
- Änderung von Schätzungen 15, 77
- Angaben 15, 163; 51, 41
- Anlageimmobilien *(investment properties)* 16, 6
- Anschaffungsnebenkosten 15, 100
- Anwendung des US-GAAP 15, 38
- Aufspaltung 15, 3
- *bargain purchase option test* 15, 20

- Barwert der Mindestleasingzahlungen 15, 59
- Barwertkriterium 15, 38
- Barwerttest 15, 60, 94
- bedingte Leasingraten 15, 40, 101
- Beginn des Leasingverhältnisses 15, 18
- Begriff 15, 3
- beim Unternehmenserwerb 31, 102
- beizulegender Zeitwert 15, 50, 98
- Berechnung des internen Zinssatzes 15, 52
- besondere Leasingverhältnisse 15, 131
- Betriebsvorrichtungen 15, 76
- Bewertung 15, 98
- Bilanzausweis 15, 160
- Bilanzpolitik 15, 26, 31, 96, 171; 51, 8
- *cross-border*-Leasing 15, 145
- Darlehensgeschäft 15, 146
- Doppelbilanzierung 15, 58
- Doppelbilanzierung von Leasingobjekten 15, 96
- Doppelerfassung von Leasingobjekten 15, 14
- *economic life time test* 15, 20
- Eigenkapitalkosten 15, 56
- eingebettete Derivate 15, 44
- eingebettetes Leasingverhältnis 15, 3
- Entwicklung (Amortisation) 15, 113
- Ermessensspielräume 15, 26, 31
- erstmalige Anwendung von IFRS 6, 20, 89
- ertrags- oder DCF-orientiertes Bewertungsverfahren 15, 49
- Erwerb des Leasingobjekts 15, 123
- *executory costs* 15, 45
- faktische Handlungszwänge 15, 63
- faktische Wahlrechte 15, 171
- *finance*-Leasing 15, 15, 17, 20, 25; 51, 89
- *financial component approach* 15, 167
- Finanzinstrumente 28, 11
- Folgebewertung 15, 60, 102
- Folgebewertung beim Leasinggeber 15, 128
- Forfaitierung 15, 157
- Formulierungsbeispiel 15, 163
- Gemeinsamkeit zum HGB 15, 26
- Gesamtnutzungsdauer 15, 34
- gewichtete Kapitalkosten 15, 56
- Gewinnorientierung bei Herstellerleasing 15, 134
- Gewinnrealisierung 15, 113, 177
- Grenzfremdkapitalzinssatz 15, 51
- Grundmietzeit 15, 2
- günstige Kaufoption 15, 25
- Herrschaft auf Dauer 15, 13
- Herstellerleasing 15, 131
- immaterielle Vermögenswerte 15, 12
- Immobilienleasing 15, 16, 67

- Immobilienleasingverträge 15, 95
- *Improvement Project* 16, 6
- *indefeasible right of use* 15, 8
- Indikatoren für Leasinggeschäfte 15, 21
- indirekte Vereinbarungen 15, 10
- inflationsabhängige Leasingzahlungen 15, 44
- Inflationserwartung 15, 26
- interner Zinssatz 15, 52
- interne Verzinsung 15, 51
- IPSAS 43, 28
- Kapitalflussrechnung 3, 65, 74
- Kriterien 15, 20
- latente Steuern 15, 162
- Laufzeit 15, 19
- *lease and lease back* 15, 145
- *leasehold improvement*, Behandlung 15, 121
- *leasehold improvement, incentives* 15, 121
- *leasehold improvement*, mietfreie Zeiten 15, 121
- *leasehold improvement*, Wertverzehr 15, 121
- Leasingbeginn 15, 40
- Leasingforderung, Amortisation 15, 176
- Leasingnehmer 15, 102
- Leasingnehmerzinssatz 15, 54
- Leasingobjektgesellschaften 15, 149
- *leveraged lease* 15, 147, 148
- *linked transactions* 15, 146
- maßgebender Zinssatz 15, 52
- Mehrkomponentengeschäfte 15, 10
- mehrstufige Leasingverhältnisse 15, 135
- Mieterdarlehen 15, 39, 47
- Mietzeitkriterium 15, 31
- Mindestleasingraten 15, 39, 101
- Mischfinanzierung 15, 56
- „Nachmieter" 15, 136
- Nettoinvestitionswert 15, 113
- Netzwerk-Kapazitätsverträge 15, 8
- Nutzungsbeginn 15, 18
- Nutzungsrechte 15, 2, 4
- *onerous contract* 15, 123
- *operating*-Leasing 15, 15, 21, 128, 176; 51, 89
- Outputvereinbarungen 15, 3
- Plausibilitätsprüfung 15, 52
- *preexisting relationship* 15, 123
- Preisgestaltung 15, 6
- Preisindex 15, 40
- Quasi-Bewertungseinheit 15, 82
- Rahmenleasingvertrag 15, 85
- *recovery of investment test* 15, 20
- relativer *fair value* 15, 45
- *remaining lifetime* 15, 34
- Renditeliegenschaften 15, 16, 122

- Restwertgarantien 15, 114
- *return of* 15, 70
- *return on* 15, 70
- Rückgabe 15, 123
- Rückstellungen 21, 16
- *sale and lease back* 15, 138, 177; **51**, 11
- Sanierungsaufwendungen 15, 28
- Separierung 15, 10
- Software 15, 63
- *special purpose entities* 15, 177
- Spezialleasing 15, 20
- spezifischer Vermögenswert 15, 4
- Stetigkeitsgebot 24, 14
- Teilamortisationsverträge 15, 93
- *total lifetime* 15, 34
- *transfer of ownership test* 15, 20
- umsatzabhängige Bestandteile 15, 43
- Umschuldungskonzept 15, 82
- Untermietvertrag 15, 29
- Unternehmenserwerb 15, 86
- Unterschied zum HGB 15, 14
- Veräußerungsgeschäfte 15, 10
- verdeckte Leasingverhältnisse 15, 4
- verdecktes 18, 67
- Verfügungsmacht 15, 6
- Vergleich zum HGB 15, 172
- Verhältnis des Mietwertes 15, 70
- vermögenswertspezifische Klassifizierung 15, 85
- Vertragsabschlusskosten 15, 165
- vorzeitige Beendigung 15, 107
- vorzeitige Kündigung 15, 22
- Wartungs- und Reparaturarbeiten 15, 102
- wechselkursabhängige Leasingzahlungen 15, 44
- Wertbestimmung 15, 26
- wirtschaftliche Betrachtungen 15, 2
- wirtschaftliche Grundlage 15, 146
- wirtschaftlicher Gehalt 15, 3
- wirtschaftliches Eigentum 15, 1, 13
- zeitlich gestaffelte Abnahme 15, 7
- Zinssatz bei Herstellerleasing 15, 133
- Zugangsbewertung 15, 111
- zukünftiger *fair value* 15, 26
- Zulieferindustrie 18, 67
- Zurechnung 15, 2, 13
- Zwischenberichterstattung 37, 26

Leasinggeber
- Angaben 15, 164

Leasingnehmer
- Angaben 15, 163
- Folgebewertung 15, 102
- Leasing 15, 102

Leasingobjektgesellschaft
- Konsolidierungskreis 15, 151
- Leasing 15, 149

- Reihenfolge der Untersuchung 15, 155
- SPE 32, 63
- Verhältnis von einzel- und konzernbilanzieller Perspektive 15, 155
- Verhältnis von IAS 27 zu SIC 15, 152

Leasingverhältnis
- Neubeurteilung 15, 83

Leasingvertrag
- Rückstellungen 16, 47

Leerkosten
- Herstellungskosten 8, 22
- Produktionsauslastung 8, 22

Leerposten
- Bilanz und GuV 2, 35

Lehrtätigkeit
- *siehe* Realisierungszeitpunkt

Leistungen an Arbeitnehmer
- *siehe* Altersversorgung

Leistungszusagen
- Altersversorgung 22, 8

leveraged lease
- Leasing 15, 147

liability
- *siehe* Verbindlichkeiten
- *asset* 43, 9
- Definition 1, 95
- IPSAS 43, 9
- Schulden 43, 9
- Vermögensgegenstand 43, 9

Lifo-Methode 51, 95
- Anschaffungs- und Herstellungskosten 8, 45
- Bewertungsverfahren 8, 40
- Fifo-Methode 8, 40

line-by-line reporting
- Gemeinschaftsunternehmen 34, 60

linked transaction
- Leasing 15, 146

Liquiditätsanalyse 51, 85, 88, 108

Lizenzentgelt
- *siehe* Softwareindustrie

Lizenzerträge
- Realisierungszeitpunkt 25, 60

Lizenzierung
- Softwareindustrie 25, 88

Lücke-Theorem 51, 58

lucky buy
- *siehe bargain purchase*

M

macro hedge
- *siehe hedge accounting*
- Effektivitätstest 28, 211
- Grundgeschäft 28, 211
- *hedge accounting* 28, 211

- Portfolio **28**, 211
- Zinsrisiko **28**, 211

Maklerprovision
- Realisierungszeitpunkt **25**, 48

management approach
- *impairment*-Test **11**, 55
- Segmentberichterstattung **36**, 2, 203

managementorientierte Rechnungslegung
- Ermessensspielräume **28**, 112
- Finanzinstrumente **28**, 112

Marken
- Abgrenzung zum *goodwill* **31**, 79
- Bestimmung des *fair value* **31**, 81
- immaterielle Vermögenswerte **13**, 27
- Kaufpreisallokation **31**, 77
- Markenerhaltungsaufwendungen **31**, 81
- Mehrgewinnmethode **31**, 81
- Nutzungsdauer **13**, 71
- *relief-from-royalty*-Methode **31**, 81

marktpreisorientierte Verfahren
- Kaufpreisallokation **31**, 62

maßgebender Zinssatz
- interner Zinssatz **15**, 52
- Leasing **15**, 52

Maßgeblichkeitsprinzip
- IFRS und Mittelstand **50**, 22
- Steuerharmonisierung **50**, 22

matching principle
- Fremdfinanzierung **9**, 4

materiality
- *siehe* Fehlerkorrektur
- Aggregierung bei der Berichterstattung **30**, 31
- Anhang **1**, 68; **5**, 8, 14
- Ausweis, Gliederung **2**, 12
- besondere Ausprägung bei Saldierung **2**, 15
- Bilanzgliederung **2**, 11
- Definition **1**, 66
- Entlastungswirkung **2**, 77
- Ermessensproblematik **1**, 67
- erstmalige Anwendung von IFRS **6**, 30
- erstmalige Einbeziehung einer bisher unwesentlichen Tochter **31**, 163
- Fertigungsauftrag **18**, 10
- *Framework* **1**, 64
- GuV-Gliederung **2**, 11
- *impairment*-Test **11**, 92
- *information overload* **24**, 53
- Konsolidierungskreis **32**, 92
- Missbrauch **1**, 69
- nahe stehende Personen **30**, 21, 31
- nahe stehende Unternehmen **30**, 21
- Quantifizierung **1**, 67
- Quantifizierung durch Gerichte **1**, 67
- Rückstellung **21**, 106

- Segmentberichterstattung **36**, 54
- Vollständigkeitsgebot **1**, 65
- Zwischenberichterstattung **37**, 5
- Zwischenergebniseliminierung **32**, 130

Matrixorganisation
- Segmentberichterstattung **36**, 84

Mehrheitsbeteiligung
- Aufstockung **31**, 132

Mehrkomponentenbetrachtung
- Kaufpreisallokation **31**, 97
- *preexisting relationships* **31**, 96

Mehrkomponentengeschäft
- *siehe* Segmentierung Verträge
- *siehe* Softwareindustrie
- Anwendungsbereich **25**, 76
- Aufnahmegebühr **25**, 54
- Begriff **25**, 66
- beim Leistungsbezieher **25**, 77
- Beitrittsgelder (*up-front fees*) **25**, 76
- Definition, Abgrenzung **25**, 67
- Kriterien **25**, 69
- mehrere Verkäufe (Gesamtfunktionsrisiko) **25**, 76
- Methode der relativen *fair values* **25**, 72
- Nachbetreuungsleistungen **25**, 71
- Relevanz für Realisierungszeitpunkt **25**, 68
- Restwertmethode **25**, 72
- Trennbarkeit dem Grunde nach **25**, 71
- Trennbarkeit der Höhe nach **25**, 72
- *up-front fees* **25**, 54
- verdeckte Leasingverhältnisse **25**, 76
- Verkauf mit erweiterter Garantie **25**, 76
- Verkauf mit Finanzierung **25**, 76
- Verkauf mit komplementärem Nutzungsvertrag **25**, 76
- Verkauf mit Nachbetreuungsleistung **25**, 76

mehrstufige Leasingverhältnisse
- *bottom-up*-Ansatz **15**, 135
- Hauptleasinggeschäft **15**, 135
- Tätigkeit als Intermediär **15**, 137
- *top-down*-Ansatz **15**, 135
- Unterleasingverhältnis **15**, 135

mehrstufiger Konzern 31, 137

Meistbegünstigungsklausel
- Realisierungszeitpunkt **25**, 36

Mengenrabatte
- Zwischenberichterstattung **37**, 28

menschlicher Faktor der Rechnungslegung 1, 42

Methodenänderung
- *siehe* Stetigkeitsgebot
- Ausnahme von retrospektiver Anpassung **24**, 27, 57
- Begründung im Anhang **24**, 21, 26

- Eigenkapitalspiegel 20, 46
- IPSAS 43, 18
- Praktikabilitätsvorbehalt 24, 29
- Segmentberichterstattung 36, 189
- Technik der retrospektiven Anpassung 24, 26

Methodenstetigkeit
- *siehe* Stetigkeitsgebot

Mezzanine-Finanzierung
- *siehe* Abgrenzung Eigen- und Fremdkapital

Mietereinbauten
- Komponentenansatz 10, 15

Mietgarantien
- Erlösrealisierung 25, 35

Mietzeitkriterium
- Bilanzpolitik 15, 31
- Ermessensspielräume 15, 31
- Leasing 15, 31

milestones-Methode
- *siehe* Fertigungsauftrag

Minderheiten
- im Eigenkapitalspiegel 20, 43

Minderheitenanteile
- an Personengesellschaft 20, 36
- Ausweis 2, 36; 31, 169; 51, 86
- Ausweis in Bilanz und GuV 32, 179
- Call-Optionen 32, 148
- Entkonsolidierung 32, 160
- Erst- und Folgekonsolidierung 31, 156; 32, 140
- im mehrstufigen Konzern 31, 142
- Konzern 31, 9
- negative 32, 145
- Put-Optionen 32, 148
- Zwischenergebniseliminierung 32, 137

Minderheitsrechte
- bei Beurteilung Kontrollverhältnis 32, 32
- Mitwirkungs- vs. Schutzrechte 32, 32

Mindestleasingraten
- Leasing 15, 39
- Mieterdarlehen 15, 39

Mineraliengewinnung
- *siehe extractive industries*
- Aktivitätsphasen 42, 4
- Entwicklungskosten 42, 6
- Forschung und Entwicklung 42, 6

mineralische Produkte
- Vorräte 17, 15

Mischfinanzierung
- Eigenkapitalkosten 15, 56
- gewichtete Kapitalkosten 15, 56
- Leasing 15, 56

Mitgliedsgebühren
- Realisierungszeitpunkt 25, 52

Mittelstand
- *siehe* IFRS für den Mittelstand

Mittelstandsbegriff
- IFRS für den Mittelstand 50, 3
- *public accountability* 50, 3

Mitunternehmen
- latente Steuern 26, 85

mixed model 28, 98
- Anschaffungskosten 1, 39
- Anwendungsprobleme 1, 106
- Dreifachmix 28, 112
- *fair-value*-Bewertung 1, 39; 51, 101
- Finanzinstrumente 28, 3
- *hedge accounting* 28, 198
- vs. *full fair value accounting* 28, 3

multi-period-excess-earnings-Ansatz
- Bewertung von Kundenbeziehungen 31, 75

multiple deliverables
- *siehe* Mehrkomponentengeschäft

multi-seller SPE
- zellulare Strukturen 32, 77

N

Nachbetreuungsleistungen
- Mehrkomponentengeschäft 25, 76
- zeitnahe Abgrenzung 25, 101

nachträgliche Anschaffungskosten
- immaterielle Vermögenswerte 13, 56

nahe stehende Einheiten
- IPSAS 43, 38
- nahe stehende Personen 43, 38

nahe stehende Personen
- Aggregierung bei der Berichterstattung 30, 31
- aktienkursorientierte Vergütungsformen 30, 24
- Anwendungsbereich 30, 12
- *arm's-length*-Prinzip 30, 23
- bedeutender Einfluss 30, 9
- Beispiel Berichterstattung 30, 33
- Beteiligungsspiegel 30, 22
- Darstellungsmuster 30, 36
- Definition 30, 7
- Geschäftsvorfälle 30, 20
- IPSAS 43, 38
- Kapitalflussrechnung 3, 75
- Kontrolle 30, 7
- *materiality* 30, 21
- *materiality* bei der Berichterstattung 30, 31
- nahe stehende Einheiten 43, 38
- nahe stehende Unternehmen 30, 22
- Negativabgrenzung 30, 10
- Organbezüge 30, 24

- Organmitglieder **30**, 4
- Organträger **30**, 24
- *post employment benefits* **30**, 27
- Praxishinweise **30**, 39
- Schlüsselpositionen **30**, 25
- *substance over form* **30**, 17
- Zwischenberichterstattung **30**, 28

nahe stehende Unternehmen
- Abhängigkeitsbericht **30**, 4
- Anwendungsbereich **30**, 3, 12
- *arm's-length*-Prinzip **30**, 23
- Beispiel Berichterstattung **30**, 33
- Beteiligungsspiegel **30**, 22
- Darstellungsmuster **30**, 36
- *materiality* **30**, 21
- nahe stehende Personen **30**, 22
- Praxishinweise **30**, 39
- sachliches Umfeld **30**, 1
- verbundene Unternehmen **30**, 4
- Vergleich IFRS mit deutschem Recht **30**, 4

Nebenkosten
- Anschaffungskosten **17**, 7
- Vorräte **17**, 7

Negativabgrenzung
- aufgegebene Bereiche **29**, 19
- Ermessensspielräume **29**, 19
- Grenzfälle **29**, 19

negativer Kaufpreis
- Unternehmenserwerb **31**, 116

negativer Unterschiedsbetrag
- *bargain purchase* **31**, 114
- *reassessment* **31**, 115

net realisable value
- *siehe* Vorräte

net settlement
- Warentermingeschäfte **28**, 190

Nettoveräußerungspreis
- Nettozeitwert **29**, 2

Nettoveräußerungswert
- Verwendbarkeit beim *impairment*-Test **11**, 19

Nettozeitwert
- *siehe* Nettoveräußerungspreis
- *non-current assets held for sale* **29**, 25

net working capital
- Kapitalflussrechnung **3**, 53, 59

Neubewertung
- Abgang *(realisation)* **8**, 74, 76, 79
- Abschreibung nach Neubewertung **8**, 77
- Anhangsangaben **8**, 80
- Anwendungsbereich **8**, 52
- Berechnungsbeispiele **8**, 75
- Besonderheiten für immaterielle Anlagegüter **8**, 56, 58; **51**, 82
- Bruttoverfahren **8**, 62
- Einstellung in Neubewertungsrücklage **8**, 54; **51**, 58
- *entire class* **8**, 58
- Erfolgsneutralität **8**, 75; **51**, 21, 81
- Erfordernis der Häufigkeit **8**, 57
- Erfordernis der Regelmäßigkeit **8**, 57
- erlaubte Ausnahme **8**, 53
- Folgeabschreibungen **8**, 65
- Grundstücke und Gebäude **8**, 60
- immaterielle Vermögenswerte **13**, 63
- Marktwert **8**, 60
- Maschinen und Ausstattung **8**, 63
- nach unten **8**, 69
- Nettoverfahren **8**, 63
- planmäßige Abschreibungen **10**, 39
- Praxishinweise **8**, 83
- rollierendes System **8**, 59
- Sachanlagen **14**, 17; **51**, 21, 82, 95, 102, 106
- sächliches Anlagevermögen **8**, 57
- Stetigkeitsgebot **8**, 57; **51**, 39
- Steuerlatenz **8**, 73
- Verbuchung im Anlagespiegel **8**, 62
- Wechsel zum Anschaffungskostenverfahren **8**, 57
- Wertaufholung **10**, 39
- Zusammenfassung von Gruppen **8**, 58

Neubewertungsmethode
- Anhang **14**, 25
- Anlageimmobilien **16**, 76

Neubewertungsrücklage 51, 111
- Abgang **8**, 74
- Anlageimmobilien **16**, 76
- Beibehaltung **8**, 77
- latente Steuern **8**, 73
- Zuführung **8**, 54

nicht fortgeführte Bereiche
- *siehe* aufgegebene Bereiche

nichtige Geschäfte
- rechtsmängelbehaftete Geschäfte **25**, 92

nicht zahlungswirksame Transaktion
- Kapitalflussrechnung **3**, 127

non-adjusting events
- *siehe* Ereignisse nach dem Bilanzstichtag

non-current assets held for sale
- *siehe* aufgegebene Bereiche
- 12-Monats-Kriterien **29**, 10
- abgehende Schulden **29**, 35
- Abgrenzung zum Umlaufvermögen **29**, 6
- Abschreibung **29**, 26
- Abwärtskonsolidierung **29**, 41
- Angaben **29**, 30
- Anteile an assoziierten Unternehmen **29**, 42; **33**, 22
- Anteile an Gemeinschaftsunternehmen **29**, 42

– Bewertung 29, 2, 25
– Bilanzausweis 29, 2, 33
– *disposal group* 29, 3
– Finanzinstrumente 29, 4
– latente Steuern 29, 4
– Nettozeitwert 29, 25
– Qualifizierungskriterien und Rechtsfolgen (Überblick) 29, 5
– *spin offs* 29, 9
– Teilveräußerung eines Tochterunternehmens 29, 41
– Tochterunternehmen 32, 88
– unterjährige Klassifizierung, Ausweis 29, 12
– unterjährige Klassifizierung, Bewertung 29, 12
– Veräußerungsbereitschaft 29, 8
– Verfügbarkeit zur Veräußerung im gegenwärtigen Zustand 29, 8
– Wahrscheinlichkeit einer Veräußerung 29, 9
– Zeitpunkt der Erstklassifizierung 29, 12
– Zuschreibung bei Werterholung 29, 27
Non-Profit-Unternehmen 2, 5
non-publicly accountable entities **(NPAE)**
– *siehe* IFRS für den Mittelstand
Normenhierarchie 1, 57
notes and disclosures
– *siehe* Anhang
Nutzungsbeginn
– Leasing 15, 18
Nutzungsdauer
– immaterielle Vermögenswerte 13, 71
– Marken 13, 71
– planmäßige Abschreibungen 10, 31
Nutzungseinlagen
– *siehe* Abgrenzung Eigen- und Fremdkapital
Nutzungsrechte
– immaterielle Vermögenswerte 13, 37
– Veräußerung 25, 63
Nutzungswert
– Berechnungsgrundlagen 11, 22
– Diskontierungssatz 11, 22
– Ermessensproblematik 11, 28
– *impairment*-Test 11, 22
– Planung des Zahlungsstroms 11, 22
– Planungshorizont 11, 45

O

off-balance sheet
– Enron-Skandal 28, 75
– Finanzierungen 28, 75; 51, 8
off-balance-sheet-**Finanzierung** 51, 41
– SPE 32, 65; 51, 10

öffentliche Beihilfen
– Definition 12, 4
öffentliche Hand
– Definition 12, 4
öffentliche Verwaltung
– *siehe* IPSAS
öffentliche Zuwendungen *(government grants)*
– ABC 12, 45
– Anhangsangaben 12, 39
– Ansatzzeitpunkt 12, 10
– Arten 12, 7
– Ausgrenzung von Anwendungsgebieten 12, 3
– Ausweis 12, 26, 38
– Begriff 12, 2
– biologische Vermögenswerte 40, 66
– Definition 12, 6
– erfolgswirksame Behandlung 12, 19
– erlassfähige Darlehen 12, 13
– *fair-value*-Modell 12, 29
– gebündelte Förderungsmaßnahmen *(package)* 12, 36
– geplante Änderungen der Ansatzvorschriften 12, 18
– Investitionszuwendungen *(grants related to assets)* 12, 25
– Kapitalflussrechnung 3, 62; 12, 26, 32
– keine direkte Vereinnahmung im Eigenkapital 12, 19
– keine Unterscheidung von Investitionszuschüssen und -zulagen 12, 42
– Kürzung von den Anschaffungs- oder Herstellungskosten (für Investitionszuschüsse) 12, 26
– Landwirtschaft 12, 9; 40, 65
– latente Steuern 12, 31
– nichtmonetäre Güter 12, 30
– passive Rechnungsabgrenzung (für Investitionszuschüsse) 12, 26
– Periodisierung *(matching principle)* 12, 19
– private Zuschüsse 12, 37
– Rückzahlung 12, 33
– Rückzahlungsverpflichtung 12, 14
– Synopse mit HGB 12, 45
– Vergleich IFRS mit deutschem Recht 12, 40
– Werthaltigkeitsprüfung *(impairment test)* 12, 35
– Zuwendungen zum Einkommen *(grants related to income)* 12, 20
OHG und KG
– Eigenkapital 20, 75
one line consolidation
– *goodwill* 33, 51

one statement approach
 – Gesamteinkommensrechnung 20, 40
operating-Leasing 15, 38, 117
 – Anreizvereinbarungen 15, 119
 – Aufwandsverteilung beim Leasingnehmer 15, 119
 – Kapitalflussrechnung 3, 146
 – Kostenübernahme von Leasinggeber 15, 119
 – *leasehold improvements* 15, 120
 – Mietereinbauten 15, 120
 – mietfreie Zeiten 15, 119
 – *sale and lease back* 15, 143
operation cycle
 – Geschäftszyklus 2, 28
Optionen
 – asymmetrische Risikostruktur 23, 17
 – Ergebnis je Aktie 35, 7
 – innerer Wert, *intrinsic value* 23, 15
 – *issued call option* auf eigene Aktien 20, 16
 – *purchased call option* auf eigene Aktien 20, 16
 – *written put option* auf eigene Aktien 20, 16
 – Zeitwert *(time value)* 23, 15
Optionsanleihen
 – *siehe* Abgrenzung Eigen- und Fremdkapital
 – Aufteilung des Emissionserlöses 20, 6
Optionsbewertungsmodelle
 – aktienkursorientierte Vergütungsformen 23, 52
Optionsgeschäfte
 – *siehe* Finanzderivate
 – Kapitalflussrechnung 3, 70
Optionspreismodelle
 – Aufwandsverteilung bei Aktienoptionsplänen 23, 58
 – bei *stock options* 23, 54
 – Bewertungsparameter 23, 54
 – Ermessensspielräume 51, 30
 – *repricing* bei Aktienoptionsplänen 23, 60
 – Schätzungsungenauigkeiten 23, 54
Organbestellungsrecht
 – Tochterunternehmen 32, 32
Organbezüge
 – Anhang 5, 66
 – nahe stehende Personen 30, 24
 – Organträger 30, 24
Organmitglieder
 – nahe stehende Personen 30, 4
Organschaft
 – Gruppenbesteuerung 26, 86
 – latente Steuern 26, 86
Organträger
 – nahe stehende Personen 30, 4
 – Organbezüge 30, 24

other comprehensive income
 – Eigenkapitalspiegel 20, 68
 – unrealisierte Gewinne 20, 68; 51, 49, 82
Outputverfahren
 – *siehe* Fertigungsauftrag
outside basis differences
 – Einzelabschluss 26, 75
 – latente Steuern 26, 57
 – Rechtsformvergleich 26, 68
 – Steuerstatut 26, 66
 – Tochter Personengesellschaft im Einzelabschluss 26, 77
overriding principle 1, 54; 51, 35

P

Parkhaus
 – Anlageimmobilien *(investment properties)* 16, 11
 – Hotel 16, 11
participating rights 32, 32
Passivprozesse
 – Prozesse 21, 82
 – Rückstellungen 21, 38, 82
Passivseite
 – Bilanzgliederung 2, 29
pass-through arrangements
 – ABS-Transaktion 28, 76
Pauschalwertberichtigung
 – *aging method* 28, 125
 – Forderungen 28, 40, 125, 233
Pensionsaufwand
 – Altersversorgung 22, 37
 – Komponenten 22, 38
Pensionsfonds
 – Altersversorgung 22, 4, 48; 41, 1
 – Konzernabschluss 41, 4
Pensionsgeschäfte
 – *siehe* Wertpapierpension
Pensionskasse 41, 4
 – Altersversorgung 41, 1
Pensionspläne
 – *siehe* Altersversorgung
Pensionsrückstellung
 – *siehe* Altersversorgung
 – ABO 22, 47
 – Altersversorgung 22, 47
 – Fristigkeit 2, 32
 – Schema 22, 35
 – Vergleich IFRS mit deutschem Recht 22, 1; 51, 65
Pensionsspiegel
 – Altersversorgung 22, 52
 – Staffeldiagramme 22, 52
Pensionsverpflichtung
 – *siehe* Altersversorgung

– erstmalige Anwendung von IFRS 6, 79
– IPSAS 43, 6
– Korridormethode 6, 79
Pension-Trust-Modelle
– Altersversorgung 22, 55
percentage-of-completion-Methode
– *siehe* Fertigungsauftrag
– Anwendungsbereich 18, 15
– Bilanzpolitik 18, 37
– Ermessensproblematik 18, 37; 51, 32, 98
– IT-Branche 18, 10
– Kapitalflussrechnung 3, 52
– Teilgewinnrealisierung nach HGB 18, 17
– Voraussetzungen 18, 21
Performance Project 1, 122
perpetuals
– Eigen- oder Fremdkapital 20, 12
Personalstrukturmaßnahmen
– Altersversorgung 22, 74
Personenbeförderung 25, 105
Personengesellschaft 20, 31, 75
– Eigenkapital 20, 73
– Eigenkapital im Rechtsformvergleich 20, 26
– latente Steuern 26, 77, 84
– Minderheitenanteil 20, 36
– negative Kapitalanteile 20, 80
– noch nicht geleistete Pflichteinlagen 20, 77
– OHG-Gesellschafter 20, 82
– Spiegelbildmethode 26, 77
– Umqualifizierung Eigen- und Fremdkapital 20, 18
– zulässige Entnahmen 20, 79
Pfand
– Erlösrealisierung 25, 30
– Getränkehandel 25, 30
Pfandbriefe
– Finanzinstrumente 28, 114
placement fees
– Erlösminderung 25, 104
plan assets
– Altersversorgung 22, 21, 61
planmäßige Abschreibungen
– Abschreibungsbeginn 10, 36
– Abschreibungsmethode (*pattern*) 10, 24; 24, 13
– Abschreibungsvolumen (*depreciable amount*) 10, 20
– AfA-Tabellen 10, 33
– Anhangsangaben 10, 43
– Anpassung der Abschreibungsmethode 10, 38
– Ausweis in der GuV 10, 19
– Berechnungsparameter 10, 5, 6
– degressive Methode 10, 25

– Ermessensspielraum 10, 31, 43
– geringwertige Wirtschaftsgüter 10, 29
– *goodwill* 10, 34
– IFRS und HGB 10, 6, 21, 24
– immaterielle Vermögenswerte 10, 21, 34; 13, 62, 67
– Komponentenansatz 10, 7
– künftige Entwicklung 10, 35
– lineare Methode 10, 25
– *matching principle* 10, 5
– Neubewertung 8, 65; 10, 20, 39
– Nutzungsdauer 10, 31
– ökonomische Konzeption 10, 5
– Rechtsentwicklung 10, 45
– Regelungsbereich 10, 1
– Sachanlagen 14, 17
– Schrottwert 10, 20
– Sechs-Monats-Regel 10, 37
– Stetigkeit der Abschreibungsmethode 24, 13
– steuerliche Abschreibungen 10, 40
– Überprüfung einer Abschreibungsmethode 10, 28
– Verbrauch ökonomischen Nutzens 10, 6
– verbrauchsabhängige Methode 10, 25
– Vorrang einer Methode 10, 26
– vorzeitige Beendigung bei Qualifikationsänderung des Vermögenswertes 10, 23
– Wechsel von degressiver zu linearer Abschreibung 24, 16
– Wertaufholung 10, 39; 11, 76
Planung
– Diskontierungssatz 31, 68
Planung des Zahlungsstroms
– Nutzungswert 11, 22
pooling of interest
– Angaben 31, 172
– Konzern 31, 7, 174
Portfolio
– Effektivitätstest 28, 211
– Grundgeschäft 28, 211
– *hedge accounting* 28, 211
– *macro hedge* 28, 211
– Zinsrisiko 28, 211
potenzielle Aktien
– Ausgleich in bar oder in Aktien 35, 33
potenzielle Stimmrechte
– *siehe* potenzielle Stimmrechtsminderung
– assoziierte Unternehmen 32, 52
– Konsolidierungskreis 32, 48
– Konzern 32, 48
– Tochterunternehmen 32, 48
potenzielle Stimmrechtsminderung
– Einräumung Kaufoptionen an Dritte 32, 55

practicability
– siehe *impracticability*
Praktikabilitätsvorbehalt
– Methodenwechsel 24, 29
Präsenzmehrheit
– *de facto control* 32, 25
– in Hauptversammlung 32, 25
– Kontrolle, Tochterunternehmen 32, 25
preexisting relationships
– Mehrkomponentenbetrachtung 31, 96
– Unternehmenserwerb 31, 96
Preisgefahr
– *siehe* Realisierungszeitpunkt
price protection clause
– Realisierungszeitpunkt 25, 36
principle-based accounting 1, 44; 25, 14; 51
– Prinzipienabwägung 51, 37
principle-based-Ansatz
– *siehe* IFRS vs. US-GAAP
principle-based vs. *rule-based* 1, 51
Prinzipienbasierung
– Mogelpackung bei Finanzinstrumenten 1, 53
private Zuschüsse
– öffentliche Zuwendungen (*government grants*) 12, 37
Produktionsauslastung
– Herstellungskosten 8, 22
– Leerkosten 8, 22
Profisportler
– immaterielle Vermögenswerte 13, 36
Pro-forma-*earnings*
– EBIT/EBITDA 2, 71
Prognoserelevanz 51, 96
Prolongation von Darlehen
– Wirkung auf Bilanzausweis 2, 31
prospektive Anwendung
– erstmalige Anwendung von IFRS 6, 31
– retrospektive Anwendung 6, 31
protective rights 32, 32
Provision
– Realisierungszeitpunkt 25, 48
provisions
– *siehe* Rückstellungen
Prozesse
– Passivprozesse 21, 82
– Rückstellungen 21, 82
Prüfung
– Konzernabschluss 7, 4, 16
Pseudo-*joint-venture* 34, 54
public accountability
– IFRS für den Mittelstand 50, 3
– Mittelstandsbegriff 50, 3
public private partnership
– Betreibermodelle 13, 45
– immaterielle Vermögenswerte 13, 45

– Infrastrukturkonzessionsverträge 18, 64
– IPSAS 43, 6
Public Sector Accounting Standards
– *siehe* IPSAS
purchase accounting
– Kapitalflussrechnung 3, 117
purchase price allocation
– *siehe* Kaufpreisallokation
put option
– *siehe* Wertpapierpension
Put-Optionen
– Call-Optionen 32, 148
– Minderheitenanteile 32, 148

Q

qualifying assets
– *siehe* Fremdfinanzierung
– besondere Vermögenswerte 9, 11
qualifying hedge
– Saldierung von *cash flows* 3, 38, 70
– Sicherungsgeschäft 3, 38, 70
Qualität IFRS
– Sollen und Sein 1, 41
Quotenkonsolidierung
– *siehe* Gemeinschaftsunternehmen
– Kapitalflussrechnung 3, 108, 139

R

Rahmenkonzept
– siehe *Framework* 1, 1
Rating
– IFRS 7, 11, 19
– Umstellung von HGB auf IFRS 51, 3
Realisationsprinzip 51, 98
– Prinzip vs. Kasuistik 25, 13
Realisierungszeitpunkt
– *siehe* Mehrkomponentengeschäft
– *siehe* Verkauf mit Rücknahmeverpflichtung
– *siehe* Werkvertrag
– allgemeine Kriterien 25, 11
– Annahme-/Abnahmeverzug 25, 27
– Anschlussgebühren 25, 52
– Aufführungen 25, 51
– bei Verkauf von Gütern 25, 17
– *bill-and-hold*-Verkäufe 25, 21
– Dienstleistungsaktivitäten 25, 42
– Dividendenerträge 25, 59
– Filmindustrie 25, 61
– Finanzdienstleistungen 25, 55
– Handelsrecht 25, 115
– Handelsvertreterprovision 25, 50
– Incoterms 25, 19

– Installation als Nebenleistungspflicht 25, 24
– Kauf auf Probe 25, 26
– Kommission 25, 31
– kommissionsähnliches Geschäft 25, 29
– *lay-away sales* 25, 22
– Lehrtätigkeit 25, 51
– Lieferung an Not leidenden Kunden 25, 33
– Lizenzerträge 25, 60
– Maklerprovisionen 25, 48
– Meistbegünstigungsklausel 25, 36
– Mietgarantien 25, 35
– Mitgliedsgebühren 25, 52
– Montage als Nebenleistungspflicht 25, 24
– nichtmonetäre Transaktion 25, 42
– *price protection clause* 25, 36
– Provisionen 25, 47
– Prüfung Ware durch Käufer 25, 24
– Softwareindustrie 25, 85
– Übergang Preisgefahr 25, 19
– *up-front fees* 25, 52
– Veräußerung von Nutzungsrechten 25, 63
– verdecktes Kommissionsgeschäft 25, 29
– Verkauf mit Erlös-/Renditegarantie 25, 35
– Verkauf unter Eigentumsvorbehalt 25, 18
– Verlust der Verfügungsmacht 25, 23
– Versendungskauf 25, 20
– Verwertungsgarantien 25, 82
– Zinserträge 25, 59
rechtliche Fundierung
– immaterielle Vermögenswerte 13, 19
Rechtsentwicklung
– Bilanzrechtsreformgesetz 7, 8
– *Endorsement* 7, 8
– *Improvement Project* 7, 8
– Komitologie 7, 8
Rechtsformwechsel
– latente Steuern 26, 101
rechtsmängelbehaftete Geschäfte
– Erlösrealisierung 25, 92
– *substance over form* 25, 94
recoverable amount
– *siehe* erzielbarer Betrag
Regelanwendung
– Vorbehalte 1, 63
Regelungslücken
– Anhang 5, 48
– Auslegung und Lückenfüllung 1, 80
– Ermessensproblematik 51, 24
– Füllung durch andere Standardsetter 1, 80
– Füllung durch US-GAAP 1, 80
– Hausmeinungen WP-Gesellschaften 1, 81
– Lückenfüllung durch Kommentierung? 1, 81
– Rolle des Kommentators 1, 81

– Rückgriff auf andere Standardsetter 1, 78
regular-way-**Vertrag**
– *siehe* Finanzinstrumente
rein technische Außengesellschaft
– *joint venture* 34, 13
rein technische Gemeinschaftskosten
– *joint venture* 34, 13
Rekultivierung
– Entfernungsverpflichtung 21, 63
– Rückstellungen 21, 63
related parties
– Definition 30, 16
– Geschäftsvorfälle 30, 20
relief from royalty
– Bewertung Marken und Lizenzen 31, 65
Renditegarantie
– *siehe* Realisierungszeitpunkt
– beim Verkauf 25, 82
Renditekennziffern 51, 73
Renditeliegenschaften
– Immobilienleasing 15, 16
– IPSAS 43, 31
– Leasing 15, 16
Rentabilitätsanalyse 51, 94, 99
Residualgewinnverfahren 51, 106
Residualwertmethode
– *siehe multi-period-excess-earnings*-Ansatz
– *capital charges* 31, 68
Restbuchwert bei Anlagenabgang
– Saldierung 2, 14
Restrukturierung
– aufgegebene Bereiche 29, 28
– Rückstellungen 21, 72
– Vergleich IFRS mit deutschem Recht 21, 80
Restrukturierungsrückstellungen
– Bilanzpolitik 51, 27
– Erstkonsolidierung 31, 91; 51, 27
– Kaufpreisallokation 31, 91
– Verhältnis IAS 37 zu IFRS 5 29, 26
Restwertgarantien
– Leasing 15, 114
Restwertmethode
– *siehe* Wandelanleihen
Retrospektion
– bei Änderung der Bilanzierungsmethode 24, 25
– bei Korrektur von Fehlern 24, 44
retrospektive Anwendung
– erstmalige Anwendung von IFRS 6, 26, 31
– prospektive Anwendung 6, 31
revaluation
– *siehe* Neubewertung
revenue
– *siehe* Erlöse
– Erlöse und bestimmte andere Erträge 25, 1

revenue expense approach
- dynamische vs. statische Bilanztheorie 1, 121
- vs. *asset liability approach* 1, 121

revenue recognition
- *siehe* Erlöse
- *siehe* Realisierungszeitpunkt
- geplante Anpassungen 12, 18

reverse acquisition 31, 158
- *siehe* Unternehmenserwerb
- Anschaffungskosten 31, 159
- Kaufpreisallokation 31, 160
- Konzerneigenkapital 31, 161
- Minderheitenanteile 31, 162

Revision von Schätzungen
- Abgrenzung zur Fehlerkorrektur 24, 13, 30, 33
- Anhangsangaben 24, 51
- Berücksichtigung in GuV 24, 10, 30
- Schätzungen 24, 10

Revolvierung von Darlehen
- Wirkung auf Bilanzausweis 2, 31

Risikomanagement
- Angaben zu Finanzinstrumenten 28, 264

Rohertrag
- Kapitalflussrechnung 3, 55

Rohstofftermingeschäfte
- *cash settlement* 28, 190
- *net settlement* 28, 190

Rückdeckungsversicherungen
- Altersversorgung 22, 58

Rückgaberecht
- *siehe* Realisierungszeitpunkt
- Kauf mit Rückgaberecht 25, 28

Rückgriff auf andere Standardsetter
- Regelungslücken 1, 78

Rückgriff auf US-GAAP
- Erlösrealisierung bei Software 25, 86
- *extractive activities* 42, 3
- Leasing 15, 38
- Rückstellungen 21, 36

Rückgriffsrechte
- Eventualansprüche *(contingent assets)* 21, 111
- Rückstellungen 21, 111

Rückkehr zum HGB
- Fragestellung 7, 21
- IFRS 7, 18

Rücklage für Zeitbewertung 28, 156

Rücknahmepflicht
- *siehe* Realisierungszeitpunkt

Rücknahmeverpflichtung
- faktische 25, 83
- Verkauf mit Rücknahmeverpflichtung 25, 83

Rückstellungen
- 51-%-Regel 21, 35
- ABC 21, 137
- Abzinsung 21, 99, 105
- *accruals* 21, 43
- Altersteilzeit 22, 76
- Altfahrzeuge 21, 70
- Anlageimmobilien 16, 33
- Ansatz 21, 18
- Apothekerfall 21, 50
- Arbeitnehmervergütungen 21, 16, 42
- Auflösung 21, 130
- Aufwandsrückstellung 21, 26, 29
- Aufzinsung 21, 121
- Außenverpflichtung 21, 29
- Ausweis 21, 128
- Bandbreite möglicher Werte 21, 103
- Begriffsinhalt 21, 13
- Beschaffungsgeschäfte 21, 48
- bestmögliche Schätzung 21, 94
- Bewertung 21, 94, 118
- Bewertungseinheiten 21, 115
- Bilanzpolitik 21, 91; 51, 26, 90
- Bodenverunreinigungen 21, 57
- Dauerschuldverhältnis 21, 49
- Dokumentationsverpflichtung 21, 83
- drohende Verluste aus Fertigungsaufträgen 18, 40
- Drohverluste 21, 45, 124
- Einmalaufträge 21, 48
- Einzelfälle 21, 137
- Einzelverpflichtung 21, 101
- Elektroschrott 21, 70
- Emissionsrechte 21, 81
- Entfernungs- und Wiederherstellungsverpflichtungen 21, 118
- Entfernungsverpflichtung 21, 63
- Entscheidungsbaum 21, 19
- Entsorgung 21, 55
- Entsorgungsfonds 21, 64
- Ereignisse nach dem Bilanzstichtag 21, 136
- Ermessensproblematik 21, 95, 103; 51, 26
- EU-Chemikalienverordnung 21, 84
- Eventualansprüche *(contingent assets)* 21, 111
- Eventualforderungen 21, 92
- Eventualverbindlichkeiten *(contingent liabilities)* 21, 85, 133
- faktische Verpflichtung *(constructive)* 21, 24
- Fertigungsaufträge 18, 37; 21, 16
- Garantien 21, 23
- Gebrauchtgeräte 21, 70
- Gemeinkosten (Einbeziehung in die Bewertung) 21, 116

– Gesetz der großen Zahl 21, 37, 100
– Großrisiken 39, 18
– immaterielle Vermögenswerte 13, 56
– Inanspruchnahme 21, 130
– IPSAS 43, 37
– keine Saldierung mit Rückversicherung 39, 20
– Konkretisierung 21, 30, 56
– Kontaminierung 21, 56
– Kulanzen 21, 23
– künftige Produktion 21, 61
– künftige Verluste *(future operating losses)* 21, 53
– latente Steuern 21, 137
– Leasing 21, 16
– Leasingvertrag 16, 47
– *materiality* 21, 106
– Objektivierung 21, 36
– Passivprozesse 21, 38, 82
– Preisentwicklung 21, 105
– Prozesse 21, 82
– rechtliche Verpflichtung *(legal)* 21, 24
– Rekultivierung 21, 63
– Restrukturierung 21, 72
– Rückgriffsrechte 21, 111
– Rückstellungsspiegel 21, 129
– Saldierung 2, 14
– Scheinquantifizierung 21, 37
– Schwankungsreserven 39, 18
– Segmentberichterstattung 36, 141
– Steuern 21, 16
– Übertragungen 21, 131
– Umweltschutz 21, 38, 55
– Umweltverschmutzung 21, 56
– Unsicherheit 21, 30
– Unsicherheitsbaum 21, 98
– Unsicherheitsmomente (stufenweise Abfolge) 21, 96
– Vergangenheitsereignis 21, 19
– Vergleich IFRS mit deutschem Recht 51, 87
– verlässliche Bewertung (als Ansatzkriterium) 21, 41; 51, 26
– verlustfreie Bewertung 21, 48
– Vollkosten 21, 116
– Vorsicht 21, 102
– Wahrscheinlichkeit 21, 32, 40, 89, 100
– Währungsumrechnung 27, 14
– wirtschaftliche Verursachung 21, 19, 145

Rückstellungsspiegel
– Rückstellungen 21, 129

Rückversicherung
– Versicherungsunternehmen 39, 23

rule-based accounting 1, 44; 51, 14

rule-based-Ansatz
– *siehe* IFRS vs. US-GAAP

Rumpfgeschäftsjahr
– Ergebnis je Aktie 35, 15
– Zwischenberichterstattung 37, 14

S

Sachanlagen
– Abgang 14, 20
– Angaben im Anhang 14, 25
– Anlagespiegel 14, 26, 28
– Anschaffungs- und Herstellungskosten *(cost)* 14, 10
– außerplanmäßige Abschreibung 14, 17; 51, 61
– Ausweis 14, 24
– Ausweis in der Kapitalflussrechnung 3, 63
– Begriff 14, 4
– Bewertung 14, 9
– Bilanzansatz 14, 6
– Einlagen 14, 16
– Erhaltungsaufwand 14, 12
– Ermessensproblematik 14, 7
– Ersatzteile 14, 7
– erstmalige Anwendung von IFRS 6, 45; 51, 61
– Festbewertung 14, 8
– Folgebewertung 14, 17
– Investitionszuschüsse 14, 10
– Musterformulierung für den Anhang 14, 27
– nachträgliche Anschaffungs- und Herstellungskosten 14, 12
– Neubewertung 14, 17; 51, 21, 95, 102, 106
– planmäßige Abschreibung 14, 17
– Praxishinweise 14, 31
– Tausch 14, 13
– Untergliederung 14, 24
– Vergleich IFRS mit deutschem Recht 14, 31
– Währungsumrechnung 27, 20
– Wertaufholung 14, 17
– Zugangsbewertung 14, 10

Sachanlagevermögen
– selbst erstelltes, Ausweis in der Kapitalflussrechnung 3, 63

Sacheinlage
– *siehe* Abgrenzung Eigen- und Fremdkapital
– *siehe* Sachkapitalerhöhung
– aktienkursorientierte Vergütungsformen 23, 6
– einzelner nichtfinanzieller Vermögenswerte 20, 55
– Ergebnis je Aktie 35, 14
– finanzieller Vermögenswert 20, 55

– ganzer Unternehmen **20**, 55
– Gemeinschaftsunternehmen **34**, 66
– Gewinnrealisierung bei *joint venture* **34**, 45
Sachkapitalerhöhung
– Bestimmung der Anschaffungskosten **20**, 55
Saldierung
– Anzahlungen und Vorräte **2**, 18
– Auflösung, Zuführung, Rückstellungen **2**, 14
– Auflösung, Zuführung, Wertberichtigungen **2**, 14
– Bestandsänderung **2**, 15
– Bilanz **2**, 13
– Erlösminderungen **2**, 14
– Erlösschmälerungen **25**, 99
– Erstattungsansprüche **2**, 14
– GuV **2**, 14
– Kursgewinne/-verluste **2**, 14
– *materiality* **2**, 15
– offenes Absetzen **2**, 18
– Restbuchwert bei Anlagenabgang **2**, 14
– Steueraufwand **2**, 15
Saldierungsbereich
– Vergleich IFRS mit deutschem Recht **11**, 41
Saldierungsverbot
– *siehe* Saldierung
– durchlaufende Ausgaben **25**, 105
sale and lease back
– Ertragsrealisierung **15**, 144
– Gewinnrealisierung bei *operating*-Leasing **15**, 143; **51**, 11
– Gewinnrealisierungszeitpunkt **15**, 138
– Leasing **15**, 138; **51**, 11
sales incentives
– Erlösminderung **25**, 104
Schattenbilanz
– Anhang **5**, 47
Schätzungen
– *siehe* Revision von Schätzungen
– Anhangsangaben **5**, 42, 49
– erstmalige Anwendung von IFRS **6**, 40
– Fertigungsauftrag **18**, 36
– Grundlage der Abschlusserstellung **1**, 99
Schätzunsicherheiten
– Anhang **5**, 59
Schätzverfahren
– Stetigkeitsgebot **24**, 13
Scheingewinneliminierung
– Ergebnisanalyse **51**, 94
– Hyperinflation **27**, 3; **51**, 94
Schiffbau
– *siehe* Fertigungsauftrag
– *contract accounting* **18**, 15

Schulden
– *siehe* Abgrenzung Eigen- und Fremdkapital
– *asset* **43**, 9
– Definition des *Framework* **1**, 93
– IPSAS **43**, 9
– *liability* **43**, 9
– Vermögensgegenstand **43**, 9
Schulden aus zur Veräußerung bestimmten Anlagen
– Begrenzung auf von Erwerber übernommene Schulden **29**, 35
Schuldenkonsolidierung 27, 54
– ausstehende Einlagen **32**, 120
– bei unterschiedlichen Bilanzstichtagen **32**, 112
– Drittschuldverhältnisse **32**, 122
– echte Aufrechnungsdifferenzen **32**, 113
– Konzern **32**, 104, 110
– Segmentberichterstattung **36**, 96
– Wandelanleihen **32**, 117
– zeitliche Buchungsunterschiede **32**, 110, 111
Schuldscheindarlehen
– Finanzinstrumente **28**, 114
Schutzklausel
– explizite **5**, 69
– implizite **5**, 57, 69
– keine freiwillige IFRS-Bilanzierung bei Inanspruchnahme **5**, 68
– keine Offenlegung von Unternehmensplanungen **5**, 69
– Unterlassung von Angaben bei Rechtsstreitigkeiten **5**, 69
– Unterlassung von Angaben im öffentlichen Interesse **5**, 66
– Unterlassung von Angaben im Unternehmensinteresse **5**, 66, 69
Schwankungsreserven
– Großrisiken **39**, 18
– Rückstellungen **39**, 18
schwebende Geschäfte
– Finanzderivate **28**, 29
– *hedge accounting* **28**, 215
– Kaufpreisallokation **31**, 84
– operative vs. Finanzderivate **28**, 29
– Vergleich IFRS mit deutschem Recht **28**, 29
schwebend unwirksame Geschäfte
– rechtsmängelbehaftete Geschäfte **25**, 92
Segment
– aufgegebene Bereiche **29**, 20
Segmentberichterstattung
– Abschlüsse **36**, 12
– Anwendungsbereich **36**, 5

- *at equity* bewertete Beteiligungen 36, 126, 133, 158
- Aufwands- und Ertragskonsolidierung 36, 96
- Befreiung 36, 9
- Befreiung Einproduktunternehmen 36, 35
- Berichterstattungspflicht 36, 5
- Berichtsformate 36, 77
- berichtspflichtiges Segment 36, 39
- Bilanzierungs- und Bewertungsmethoden 36, 89
- Bilanzierungs- und Bewertungsmethoden, Änderungen 36, 185
- Bilanzierungs- und Bewertungsmethoden, bei freiwilligen Angaben 36, 97
- Einproduktunternehmen 36, 35
- Einzelabschluss 36, 12
- formelle Anforderungen 36, 199
- Forschung und Entwicklung 36, 53
- freiwillige Angaben 36, 174
- freiwillige Berichterstattung 36, 11
- geographisches Segment 36, 19
- geographisches Segment, Abgrenzung 36, 36
- Gesamtkostenverfahren 36, 115
- Geschäftssegment 36, 16, 27, 28
- Gliederung 36, 199
- intersegmentäre Transaktionen 36, 93
- IPSAS 43, 36
- Kapitalflussrechnung 3, 142, 144
- *management approach* 36, 2, 203
- *materiality* 36, 54
- Matrixorganisation 36, 84
- Methodenänderungen 36, 189
- primäres Berichtsformat 36, 77, 110
- Rechtsentwicklung 36, 202
- *reportable segment* 36, 39
- Rückstellungen 36, 141, 154
- Schlüsselung von Daten 36, 102
- Schlüsselung von Daten, Änderung 36, 197
- Schuldenkonsolidierung 36, 96
- Segmentabgrenzung 36, 27
- Segmentabgrenzung, Änderung 36, 191
- Segmentabgrenzung, Angaben 36, 166
- Segmentabschreibungen 36, 150
- Segmentaufwendungen 36, 118
- Segmentaufwendungen, Ausweis 36, 127
- Segmentaufwendungen, zahlungsunwirksame 36, 154
- Segmentergebnis 36, 118
- Segmenterlöse 36, 111, 179, 182, 184
- Segmentfestlegung 36, 25
- Segmentierung, nach Geschäftsbereichen 36, 16
- Segmentierung nach Kundengruppen 36, 14
- Segmentierung, nach Regionen 36, 19
- Segmentierung, regional 36, 14
- Segmentierungsarten 36, 14
- Segmentierung, sektoral 36, 14
- Segmentinvestitionen 36, 147, 181, 182, 184
- Segmentschulden 36, 140
- Segmentschulden, Ausweis 36, 146
- Segmentvermögen 36, 132, 180, 182, 184
- Segmentvermögen, Ausweis 36, 139
- Segmentvermögen, intersegmentäre Transfers 36, 136
- Segmentzusammenfassung 36, 41
- Segmentzusammenfassung, vertikal integrierte Segmente 36, 46
- sekundäres Berichtsformat 36, 77
- Tochterunternehmen 36, 8
- Transaktionen, intersegmentäre 36, 93
- Überleitungsrechnungen 36, 169
- Umsatzkostenverfahren 36, 115
- unwesentliche Segmente 36, 54
- Verrechnungspreise 36, 93, 165, 198
- vertikal integrierte Segmente 36, 46
- vertikal integrierte Segmente, Angaben 36, 163
- Zielsetzung 36, 1; **51**, 49
- Zinsergebnis 36, 131
- Zurechnung von Daten 36, 102
- Zurechnung von Daten, Änderung 36, 197
- Zwischenberichte 36, 13
- Zwischenergebniskonsolidierung 36, 96

Segmentierung Verträge
- Fertigungsauftrag 18, 42

Segmentzusammenfassung
- Segmentberichterstattung 36, 41
- vertikal integrierte Segmente 36, 46

selbst geschaffene (immaterielle) Vermögenswerte
- latente Steuern **51**, 77

Sensitivitätsanalysen
- Anhang 5, 55

separate-line items
- Gemeinschaftsunternehmen 34, 60

separate statements
- Einzelabschluss 32, 165

settlement day
- Finanzinstrumente 28, 60

shadow accounting
- Versicherungsverträge 39, 26

share-based payment
- siehe aktienkursorientierte Vergütungsformen

share deal
- *siehe* Unternehmenserwerb
- Kapitalflussrechnung 3, 112
- latente Steuern 26, 58

share options
- *siehe* aktienkursorientierte Vergütungsformen

Sicherungsbeziehung
- *siehe hedge accounting*

Sicherungsgeschäft
- *siehe qualifying hedge*

sidestream-Lieferung
- *equity*-Methode 33, 63

slotting fees
- Erlösminderung 25, 104

small and medium-sized entities
- *siehe* IFRS für den Mittelstand

SME-Projekt
- *siehe* IFRS für den Mittelstand
- Erleichterungen beim Ansatz und der Bewertung 50, 18

Software
- Erlösrealisierung 25, 91

Softwareindustrie
- Auftragsfertigung 25, 87
- *cash accounting* 25, 90
- *customizing* 25, 87
- Erlösrealisierung 25, 85
- *hosting* 25, 88
- Leistungskategorien nach Realisationsprinzip 25, 85
- Lizenzierung von Software 25, 88
- Mehrkomponentengeschäft 25, 89
- *post customer support* 25, 89

Sonderposten mit Rücklageanteil
- erstmalige Anwendung von IFRS 6, 20

SORIE
- *siehe* Gesamteinkommensrechnung

sozialpolitische Verpflichtungen
- IPSAS 43, 37

Speditionskosten
- Erlösrealisierung 25, 105

Spesenerstattung
- als Erlösbestandteil 25, 105

SPE *(special purpose entity)*
- ABS-Transaktion 32, 62
- analoge Anwendung FIN 46 (r) 32, 76
- Berechnung der Risiko-/Chancenmehrheit 32, 76
- durch Autopilot 32, 72
- durch Geschäftstätigkeit 32, 71
- durch Nutzenziehung 32, 73
- durch Risikotragung 32, 74
- eng definierte Zwecksetzung 32, 68
- Enron 1, 44; 51, 10
- Ermessensspielraum 28, 75
- Gemeinschaftsunternehmen 34, 57
- *joint venture* 34, 57
- keine Anwendung von SIC 12 auf *joint ventures* 32, 67
- Leasingobjektgesellschaft 32, 63
- Merkmale 32, 70
- *multi-seller* SPE 32, 77
- *off-balance-sheet*-Finanzierung 32, 65; 51, 10
- Rechenmodell zur Bestimmung Chancen/Risiken 32, 76
- Spezialfonds 32, 59, 66
- US-GAAP 28, 75
- zellulare Strukturen 32, 77
- Zweckgesellschaft 32, 59

Spezialleasing 15, 61
- fehlende Drittverwendungsmöglichkeit 15, 65

Spiegelbildmethode
- latente Steuern 26, 77
- Personengesellschaft 26, 77

Staffeldiagramme
- Altersversorgung 22, 52

Staffelformat
- Bilanzgliederung 2, 41
- Kontoformat 2, 41

stage-of-completion-Methode
- *siehe* Fertigungsauftrag

Stammaktie
- Ergebnis je Aktie 35, 4

statement of cash flows
- *siehe* Kapitalflussrechnung

statement of recognised income and expense
- *siehe* Gesamteinkommensrechnung

statische Bilanzbetrachtung 1, 13

statische und dynamische Bilanzierung
- *asset liability approach* 1, 121
- *revenue expense approach* 1, 121

Stetigkeitsgebot 51, 38, 52, 104
- *siehe* Darstellungsstetigkeit
- Abgrenzung zur Revision von Schätzungen 24, 11
- Abschreibungsmethode 24, 13, 16
- Aktivierung der Finanzierungskosten 24, 21
- Anhangsangabe bei Durchbrechung 24, 50
- Anwendung auf Neuzugänge 24, 13
- Ausfüllung unbestimmter Rechtsbegriffe 24, 14
- Ausnahmen 24, 17
- Ausnahme wegen Verbesserung der Darstellung 24, 21
- Ausweisstetigkeit 24, 5
- Bindungswirkung bisheriger Bewertungsmethoden für Neuzugänge 24, 13

- Buchungs-/Darstellungstechnik bei Durchbrechung 24, 25
- Darstellungstechnik bei Durchbrechung 24, 6
- echte Wahlrechte 24, 8, 15; 51, 38
- erstmalige Anwendung eines Standards 24, 18
- erstmalige Anwendung von IFRS 24, 20
- Fremdfinanzierung 9, 16
- Geltungsbereich 24, 6, 7
- Konsolidierung von Gemeinschaftsunternehmen 34, 84
- Leasing 24, 14
- materielle Stetigkeit 24, 5
- Methodenwechsel vs. Bilanzkorrektur 24, 7
- nicht retrospektive Anpassung bei Durchbrechung 24, 28
- retrospektive Anpassung bei Durchbrechung 24, 25
- Übergangsvorschriften 24, 18
- unechte Wahlrechte 24, 8, 14; 51, 38
- Vorratsbewertung 24, 26
- zulässige Ausnahmen 24, 6

Steuerabgrenzung
- *siehe* latente Steuern

Steueraufwand
- GuV-Gliederung 2, 50
- Saldierung mit Erträgen 2, 15

Steuerharmonisierung
- IFRS und Mittelstand 50, 22
- Maßgeblichkeitsprinzip 50, 22

Steuerlatenz
- *siehe* latente Steuern

steuerliche Abschreibungen
- systemfremd für IFRS 10, 40

Steuern
- *siehe* latente Steuern
- Rückstellungen 21, 16

Steuerquote
- latente Steuern 26, 7

Steuersatz
- Überleitungsrechnung 26, 114

Stilllegung
- einzustellende Bereiche 29, 3

Stimmrechte
- potenzielle an Tochter- und assoziierten Unternehmen 33, 15
- Tochterunternehmen 32, 17

Stimmrechtsmehrheit
- formale vs. materielle 32, 32

Stimmrechtsquorum
- Auswirkung auf Konsolidierungskreis 32, 32

stock appreciation rights
- Bewertung 23, 68

- latente Steuern 23, 85
- Rechtsbeziehungen 23, 20

stock options 23, 20
- *siehe* aktienkursorientierte Vergütungsformen
- *siehe* Aktienoptionen
- Eigenkapitalspiegel 20, 65

Strukturbilanz 51, 107

strukturierte Anleihen
- *siehe* Finanzderivate

strukturierte Produkte
- Ausbuchung von Finanzaktiva 28, 272
- *cash flow hedge* 28, 272
- *fair value* 28, 272
- Finanzinstrumente 28, 272
- veräußerbare Werte 28, 272
- Verbindlichkeiten 28, 272
- Wertberichtigung 28, 272

strukturiertes Geschäft
- Erlösrealisierung 25, 78

Stückzinsen
- *siehe* Fälligkeitswert

subscriber acquisition costs
- immaterielle Vermögenswerte 13, 42
- Kundengewinnungskosten 13, 42

substance over form
- Abgrenzung Eigen- und Fremdkapital 20, 12, 27
- Begrenzung der Bilanzpolitik 51, 11
- Erlösrealisierung 25, 40
- Finanzinstrumente 28, 16
- *Framework* 1, 52
- Genussrechte 20, 12
- kommissionsähnliches Geschäft 25, 97
- Komplementarität zu Einzelregeln 1, 82
- Mehrkomponentengeschäft 25, 66
- nahe stehende Personen 30, 17
- *perpetuals* 20, 12
- rechtsmängelbehaftete Geschäfte 25, 94
- *revenue recognition* 25, 40
- sich neutralisierende Transaktionen 25, 40
- Unterschied zu *true and fair presentation* 1, 82
- *valid business purpose* 25, 40
- Zusammenfassung von Verträgen 1, 82

successful efforts method
- *extractive activities* 42, 12
- *full cost method* 42, 12

sukzessive Anteilserwerbe
- erstmalige Anwendung von IFRS 6, 59

sukzessiver Anteilserwerb 31, 124

Summenbilanz
- Konzern 32, 104

Swap
- *siehe* Finanzderivate
- *hedge accounting* 28, 214

– Kapitalflussrechnung 3, 70
– Synthetisierung mit Darlehensvertrag 28, 17

T

Tantiemerückstellung
– Fristigkeit **2**, 32
– Urlaubsrückstellung **2**, 32
Tausch
– Anlageimmobilien **16**, 19
– Beispiele **14**, 13
– Bestimmbarkeit **14**, 13
– Dreiecksgeschäfte **25**, 39
– Erlösrealisierung **25**, 38, 96
– Ertragsrealisierung **25**, 96
– *fair-value*-Konzept **14**, 13
– Gewinnrealisierung **8**, 46
– immaterielle Vermögenswerte **13**, 60
– Kapitalflussrechnung **3**, 130
– *round trip sales* **25**, 39
– Vergleich IFRS mit deutschem Recht **8**, 47
– wirtschaftlicher Gehalt **14**, 13
– Zugangsbewertung **14**, 13
tax amortization benefit **31**, 75
– Kaufpreisallokation **31**, 66
Teilamortisationsverträge
– Leasing **15**, 93
Teilgewinnrealisierung
– *siehe* Fertigungsauftrag
Teilkonzernabschluss
– Aufstellungspflicht **32**, 83
– Befreiung durch übergeordneten Konzernabschluss **32**, 81
– zwingend nach IFRS **7**, 9
Teilleistung
– *siehe* Fertigungsauftrag
Teilwertverfahren
– Altersversorgung **22**, 24
temporary-Konzept
– *siehe* latente Steuern
Termingeschäfte
– *siehe* Finanzderivate
– Kapitalflussrechnung **3**, 61
Tilgungsmethoden
– Altersversorgung **22**, 45
timing-Konzept
– *siehe* latente Steuern
Tochterunternehmen
– Abgrenzung von assoziierten und Gemeinschaftsunternehmen **32**, 78
– Abstockung **32**, 161
– Abwärtskonsolidierung **32**, 161
– als aufgegebener Bereich **29**, 22
– assoziiertes Unternehmen wird Tochterunternehmen **33**, 88

– Beherrschungsvertrag **32**, 40
– Entherrschungsvertrag **32**, 30
– Entkonsolidierung **32**, 155
– faktische Kontrolle **32**, 46
– Finanzmitteltransferbeschränkungen **32**, 86, 90
– formelle vs. materielle Stimmrechtsmehrheit **32**, 32
– Hinzuerwerb von Anteilen **32**, 153
– im Einzelabschluss der Mutter **32**, 165
– indirekte Beteiligung **32**, 20
– Insolvenz **32**, 30
– Kapitalflussrechnung **3**, 106, 111
– Kommanditgesellschaft **32**, 41
– Kontrolle ohne Stimmrechtsmehrheit **32**, 34
– Kontrollkonzept **32**, 8
– Mehrstimmrechte, stimmrechtslose Anteile **32**, 17
– Mitwirkungs- und Schutzrechte Minderheit **32**, 32
– nicht zu konsolidierende **32**, 86
– Organbestellungsrecht **32**, 32
– potenzielle Stimmrechte **32**, 48; **33**, 15
– Präsenzmehrheit **32**, 25
– Stimmrechte auf eigene Anteile **32**, 18
– Stimmrechts-Vereinbarungen **32**, 17
– Veräußerung eines Teils der Anteile **32**, 161
– Weiterveräußerungsabsicht **32**, 86
total income **20**, 40
total-return-Swap
– *siehe* Finanzinstrumente
trade day
– Finanzinstrumente **28**, 60
trading asset
– *siehe* Handelswert
traditional cash flow approach **31**, 67
– Bewertung **31**, 83
transactions under common control **31**, 6
– Regelungsverzicht **31**, 151
Transaktionskosten
– Handelswerte **28**, 147
– veräußerbare Werte **28**, 159
Transparenzrichtlinie-Umsetzungsgesetz (TUG)
– Zwischenberichterstattung **37**, 35
Transportkosten
– Erlösreduzierung **25**, 105
Treueprämienprogramme
– Erlösrealisierung **25**, 99
true and fair presentation **1**, 54; **51**, 104
– als Anforderung an die Rechnungslegung **1**, 71; **51**, 35
– als rechtfertigende Maxime **1**, 74
– Ermessensproblematik **51**, 36

- IFRS vs. HGB 1, 74
- normativer Gehalt 1, 72
- *overriding principle* 1, 75
- Sollen und Sein 1, 72
- Verhältnis zu Einzelvorschriften 1, 71; 51, 35

two statement approach
- Gesamteinkommensrechnung 20, 40

U

Übereinstimmungserklärung
- *compliance statement* 2, 5
- erstmalige Anwendung von IFRS 6, 10

Übergangskonsolidierung
- Abwärtskonsolidierung 31, 12
- Aufwärtskonsolidierung 31, 12
- Aufwärtskonsolidierung Gemeinschaftsunternehmen zu Tochterunternehmen 34, 76
- Konzern 31, 10

Übergangsvorschriften
- Anlageimmobilien *(investment properties)* 16, 93
- Bilanzpolitik 51, 21
- Stetigkeitsgebot 24, 19

Übergang von Kameralistik
- Doppik 43, 7
- IPSAS 43, 7
- Kameralistik 43, 7

Überleitungsrechnungen
- Beispiele 26, 114
- Segmentberichterstattung 36, 169
- Steuersätze 26, 114

Übertragungskonsolidierung
- Aufwärtskonsolidierung zum Tochterunternehmen 31, 127

Übertragungsrechte
- Belieferungsrecht 13, 15
- immaterielle Vermögenswerte 13, 15

Umklassifizierung
- Eigenkapital 51, 86
- Finanzinstrumente 28, 168, 171

Umlaufvermögen
- Abgrenzung vom Anlagevermögen 2, 25

Umqualifizierung von Eigen- in Fremdkapital
- Probleme 20, 36

Umsatzerlöse
- Definition 2, 68

Umsatzkostenverfahren
- Angabe Personal- und Materialaufwand 2, 51
- Gliederung 2, 51
- GuV 2, 47
- Inhalt der Posten 2, 53
- Segmentberichterstattung 36, 115

Umsatzrealisierung
- *siehe* Realisierungszeitpunkt

Umschuldung
- Verbindlichkeiten 28, 86, 179

Umstellung von HGB auf IFRS
- Bilanzpolitik 8, 83; 51, 1
- Controlling 18, 41
- Eigenkapital 51, 67
- Fertigungsauftrag 18, 69
- *goodwill* 51, 60
- *goodwill-impairment*-Test 11, 72
- Konzernabschluss 32, 192
- latente Steuern 26, 2, 125
- Neubewertung 8, 83
- Rating 51, 3
- steuerliche Abschreibung 10, 40
- Tendenzaussagen 51, 59

Umstrukturierung
- konzerninterne 31, 146

UMTS-Lizenzen
- Fremdfinanzierung 9, 31

Umweltschutz
- Entsorgung 21, 55
- Rückstellungen 21, 38, 55

Umweltverschmutzung
- Kontaminierung 21, 56
- Rückstellungen 21, 56

Umwidmung
- Anlageimmobilien 16, 76

unbestimmte Rechtsbegriffe
- Auslegung 24, 14
- Stetigkeit der Auslegung 24, 14

unfavorable contracts 31, 84
ungünstige Verträge 31, 84
units-produced-Methode
- *siehe* Fertigungsauftrag

unrealisierte Gewinne
- *siehe other comprehensive income*

Unsicherheit
- Bilanzpolitik 51, 9
- Rückstellungen 21, 30

Unterbeschäftigung
- Herstellungskosten 17, 8

Unternehmenserwerb
- *siehe* Erstkonsolidierung
- Abgrenzung von *asset*-Erwerb 31, 18
- Anschaffungskosten 31, 32
- *asset deal, share deal, legal merger* 31, 3
- Bilanzansatz 31, 54
- Definitionsmerkmale eines *business* 31, 20
- *development stage entity* als Zielgesellschaft 31, 20
- *earn-out* 31, 45
- *earn-out*-Klauseln 31, 41
- *earn-out*-Klausel vs. sonstige Vergütung 31, 43

- Eigenkapitalgarantie 31, 51
- Erwerbsmethode 31, 4
- Eventualschulden 31, 57
- *fair value* 31, 54
- Garantien im Kaufvertrag 31, 45
- Genehmigungsvorbehalte 31, 25
- Gewinnbezugsrecht 31, 25
- *greenfield*-Ansätze 31, 65
- Gremienvorbehalte 31, 28
- Grunderwerbsteuer 31, 33
- Identifikation des Erwerbers 31, 4
- immaterielle Vermögenswerte 31, 69
- *insourcing* 31, 20
- Kartellgenehmigung 31, 28
- Kaufpreisallokation 31, 53
- kontingente Anschaffungskosten 31, 45
- Kundenbeziehungen 31, 72
- Leasing 15, 86
- Leasingverträge 31, 102
- Marken 31, 77, 81
- negativer Kaufpreis 31, 116
- Nutzenabfluss 31, 56
- Nutzenzufluss 31, 56
- *preexisting relationships* 31, 96
- *reverse acquisition* 31, 5
- Schaffung von Holding-Strukturen 31, 149
- *share deal* 31, 1, 3, 8, 15
- Stammkunden 31, 77
- *transactions under common control* 31, 149
- umgekehrter 31, 5, 158
- vermögensverwaltende Zielgesellschaft 31, 19, 20
- Versicherungsunternehmen 39, 33
- vertragliche Rückwirkung 31, 25

Unternehmenszusammenschlüsse
- erstmalige Anwendung von IFRS 6, 56, 75
- Finanzinstrumente 28, 11
- immaterielle Vermögenswerte 13, 17
- latente Steuern 26, 60

Unternehmenszusammenschlüsse unter gemeinsamer Beherrschung
- *transactions under common control* 31, 149

Unterschiedsbetrag
- erstmalige Anwendung von IFRS 6, 21
- negativer 31, 112

Unterstützungskasse
- Altersversorgung 41, 1

unverzinsliche Forderungen
- *siehe* Forderungen

unwesentliche Segmente
- Segmentberichterstattung 36, 54

up-front fees
- Erlösrealisierung 25, 103
- Realisierungszeitpunkt 25, 52

upstream-Lieferungen
- *equity*-Methode 33, 63

Urlaubsrückstellung
- Fristigkeit 2, 32
- Tantiemerückstellung 2, 32

US-GAAP
- Anwendung bei Regelungslücken 1, 80
- Bestimmung des Fertigungsgrades 18, 27
- Fertigungsauftrag 18, 27
- SPE 28, 75

V

value in use
- *siehe* Nutzungswert

***venture-capital*-Gesellschaften**
- Anteil an *joint venture* 34, 9
- Anteile an assoziierten Unternehmen 33, 6
- *fair value option* 34, 9

veräußerbare Werte 28, 37
- Ausbuchung von Finanzaktiva 28, 273
- außerplanmäßige Abschreibung 28, 41
- bei *hedging* 28, 15
- Bewertung 28, 91, 153
- *cash flow hedge* 28, 273
- Definition, Klassifizierung 28, 150
- Eigenkapital als Parkposition 28, 41
- erfolgsmäßige Behandlung 51, 81
- *fair value* 28, 273
- Finanzinstrumente 28, 273
- *impairment*/Wertberichtigung 28, 161
- strukturierte Produkte 28, 273
- Transaktionskosten und Disagien 28, 158
- Umklassifizierung 28, 168
- Verbindlichkeiten 28, 273
- Wertaufholung 28, 167
- Wertberichtigung 28, 273

Verbindlichkeiten
- Abgrenzung zum Eigenkapital 28, 174
- *accruals* 21, 15, 43
- als Finanzinstrumente 21, 10
- Ansatz 21, 7
- Ausbuchung von Finanzaktiva 28, 273
- Ausweis 21, 125
- Begriff 21, 7
- Bewertung 21, 93; 28, 175
- Bilanzausweis 21, 125
- *cash flow hedge* 28, 273
- Disagio 28, 175
- Effektivzinsmethode 28, 175
- Eventualverbindlichkeiten *(contingent liabilities)* 21, 5, 85
- *fair value* 28, 273
- Finanzinstrumente 28, 175, 273
- Fristigkeit bei Prolongation oder Revolvierung 2, 31

– in fremder Währung 28, 182
– *liabilities* 21, 1
– Regulierung 21, 8
– sichere Verbindlichkeiten 21, 7
– strukturierte Produkte 28, 273
– Umschuldung 28, 86, 179, 180
– unsichere Verbindlichkeiten 21, 13
– veräußerbare Werte 28, 273
– Verjährung 28, 86
– Wertberichtigung 28, 273
– zu Handelszwecken gehaltene 28, 177
Verbindlichkeitenspiegel 28, 266
Verbrauchsfolgeverfahren
– latente Steuern 17, 18
verbundene Unternehmen
– Kapitalflussrechnung 3, 75
verdecktes Leasing
– Verkauf mit Rücknahmeverpflichtung 25, 81
– Zulieferindustrie 18, 67
Vergangenheitsereignis
– Rückstellungen 21, 19
– wirtschaftliche Verursachung 21, 19
Vergangenheitsorientierung
– des Jahresabschlusses 5, 38
Vergleichbarkeit
– erstmalige Anwendung von IFRS 6, 4, 95
– IFRS-Abschlüsse 51, 72
– innere und äußere 2, 2; 24, 1
Vergleich IFRS mit deutschem Recht 1, 26;
51, 69, 72, 75, 106
– Abzinsung 21, 99; 51, 65
– aktienkursorientierte Vergütungsformen 23, 38
– Aktivierungsregeln 8, 18; 51, 17
– Altersversorgung 22, 19, 89
– Anhang 5, 64
– Anhangsangaben 5, 9
– Anlageimmobilien 16, 2
– Ansatz schwebender Geschäfte 28, 29
– Anschaffungskostenprinzip 8, 83
– *asset*-Begriff 1, 96
– außerplanmäßige Abschreibungen 11, 1
– Bewertungsverfahren 8, 38
– Erlösrealisierung 25, 109
– erzielbarer Betrag 11, 21
– Factoring 28, 72
– *Framework* 1, 8
– Fremdfinanzierung 9, 3, 41
– Grundsatz der wirtschaftlichen Betrachtungsweise 51, 11
– Herstellungskosten, Umfang 8, 29
– Herstellungskosten vs. Erhaltungsaufwand 8, 34
– immaterielle Vermögenswerte 13, 13, 84
– Landwirtschaft 40, 16

– latente Steuern 26, 119; 51, 66
– nahe stehende Personen 30, 5
– nahe stehende Unternehmen 30, 5
– öffentliche Zuwendungen *(government grants)* 12, 40
– Pensionsrückstellung 22, 1, 22; 51, 65
– Restrukturierung 21, 80
– Sachanlagen 14, 31
– Saldierungsbereich 11, 41
– Saldierungsmöglichkeiten 2, 15
– Stetigkeitsgebot 24, 5
– Stetigkeitsgebot bei unechten Wahlrechten 24, 11
– Tausch 8, 47
– Vorjahreswerte 2, 19
– Vorräte 17, 13
– Wahrscheinlichkeit 21, 100
Vergleichswertverfahren
– Anlageimmobilien *(investment properties)* 16, 53
Verjährung
– Verbindlichkeiten 28, 86
Verkauf eigener Aktien
– Ergebnis je Aktie 35, 12
Verkauf mit Rücknahmeverpflichtung
– Erlösrealisierung 25, 80
– faktische Rücknahmepflicht 25, 83
– kommissionsähnliches Geschäft 25, 80
– Umdeutung in Nutzungsüberlassung 25, 81
verkaufsfördernde Maßnahmen
– immaterielle Vermögenswerte 13, 44
Verkauf von Gütern
– *siehe* Realisierungszeitpunkt
verlustfreie Bewertung
– Rückstellungen 21, 48
– Vorräte 17, 13
Verlustrücktrag
– latente Steuern 26, 44
Verlustvorträge
– latente Steuern 26, 100
– latente Steuern bei Unternehmenserwerb 32, 176
Vermietung
– Erlösrealisierung 25, 105
Vermögensgegenstand
– *asset* 43, 9
– IPSAS 43, 9
– *liability* 43, 9
– Schulden 43, 9
Vermögenswert
– *siehe asset*
Verrechnungspreise
– Segmentberichterstattung 36, 93, 165
Verschmelzung
– *siehe* Unternehmenserwerb

– Tochter auf Mutter **31**, 153
– zweier Tochterunternehmen **31**, 152
Versendungskauf
– *siehe* Realisierungszeitpunkt
Versicherungen
– Kapitalflussrechnung **3**, 152
Versicherungsunternehmen
– Angaben **39**, 36
– anzuwendende Regeln **39**, 4
– Bilanzierungsmethoden **39**, 21
– Rückversicherung **39**, 23
– Unternehmenserwerb **39**, 33
Versicherungsverträge 39, 11
– Abgrenzung **39**, 6
– Abgrenzung zu Finanzinstrumenten **28**, 12
– Beispiele **39**, 8
– Derivate **39**, 12
– Entscheidungsbaum **39**, 15
– ermessensabhängige Überschussbeteiligung **39**, 24
– erstmalige Anwendung von IFRS **6**, 91
– Geltungsbereich **39**, 2
– Kreditversicherungen **39**, 29
– *shadow accounting* **39**, 26
– Sparkomponente **39**, 14
Versorgungskasse
– Altersversorgung **41**, 1
vertragliche Rückwirkung
– Genehmigungsvorbehalte **31**, 25
– Gewinnbezugsrecht **31**, 25
– Unternehmenserwerb **31**, 25
Vertragsstrafen
– Fertigungsauftrag **18**, 52
Vertriebskosten
– Fertigungsaufträge **18**, 62
– immaterielle Vermögenswerte **13**, 54
Verwässerungseffekt
– Ergebnis je Aktie **35**, 7
Vollkosten
– Gemeinkosten (Einbeziehung in die Bewertung) **21**, 116
– Rückstellungen **21**, 116
Vollstreckung
– in Sicherheiten **28**, 90
Vorjahreswerte
– Anpassung **36**, 76
– bei Methodenwechsel **2**, 9
– Pro-forma-Werte **2**, 21
Vorräte
– Anhang **17**, 21
– Anschaffungskosten **17**, 4
– außerplanmäßige Abschreibung **17**, 10
– Bewertung **17**, 4
– Bewertungsvereinfachungsverfahren **17**, 5, 9

– Einzelbewertungsgrundsatz **17**, 11
– Ersatzteile **17**, 16
– Gängigkeitsabschläge **17**, 16
– Gemeinkosten **17**, 6
– Gliederung **17**, 19
– Herstellungskosten **17**, 4
– IFRS und HGB **17**, 13, 25; **51**, 63
– IPSAS **43**, 27
– mineralische Produkte **17**, 15
– Nebenkosten **17**, 7
– *net realisable value* **17**, 3
– Nettoveräußerungswert **17**, 3
– Niederstwertprinzip **17**, 4
– Regelungsbereich **17**, 1
– Stetigkeitsgebot **24**, 26
– Verbrauchsfolgeverfahren **17**, 9
– verlustfreie Bewertung **17**, 13
– Währungsumrechnung **27**, 19
– Wertaufholung **17**, 17
– Zielsetzung IAS 2 **17**, 2
Vorsichtsprinzip
– Erträge **25**, 10
– *Framework* **1**, 18, 21
– Schätzungsmethode **1**, 18
Vorzugsaktie
– Abgrenzung Eigen- und Fremdkapital **20**, 10
– Ergebnis je Aktie **35**, 4

W

Wahlrechte 51, 15
– Aktivierung Fremdkapitalzinsen **24**, 15
– Bewertung **51**, 18
– Bilanzausweis **2**, 45
– echte und unechte **24**, 8; **51**, 103
– Ermessensproblematik **24**, 8; **51**, 42, 103
– erstmalige Anwendung von IFRS **6**, 44
– Formen **51**, 16
– *investment properties* **24**, 15
– Neubewertung von Sachanlagen **24**, 15
– Stetigkeitsgebot **24**, 8
– Überblick **51**, 23
– Vergleich IFRS und HGB **1**, 36; **51**, 7, 17, 45
Wahrscheinlichkeit
– Bilanzpolitik **21**, 91; **51**, 24
– Ermessen **21**, 34
– *Framework* **1**, 21, 90
– Problematik **25**, 12
– Rückgriff auf US-GAAP **21**, 36
– Rückstellungen **21**, 34, 40, 89
– Vergleich IFRS mit deutschem Recht **21**, 100

Währungsdifferenzen 27, 54
- Behandlung in der Kapitalflussrechnung 3, 24, 51, 53

Währungsgeschäfte
- Sicherungsgeschäft 28, 43

Währungs-*hedge* 28, 214

Währungssicherung
- *cash flow hedge* 28, 46
- *hedge accounting* 28, 43

Währungsumrechnung
- Abgrenzung selbstständige Einheit – unselbstständige Einheit 27, 26
- Abgrenzungsposten 27, 13
- Abschlüsse von Beteiligungsunternehmen 27, 6
- Aktien 27, 17
- Angaben 27, 71
- Anlagen 27, 19
- Anlagespiegel 27, 70
- Anteile 27, 13, 17, 23
- Anzahlungen 27, 13
- Auflösung Rücklage bei partieller „Veräußerung" Tochterunternehmen 27, 58
- Ausschüttung Altrücklagen 27, 52
- Ausweis 27, 76
- Ausweis GuV 27, 70
- Ausweis Umrechnungsdifferenz 27, 70; 51, 81, 82
- *available-for-sale assets* 27, 23
- bei *impairment* 27, 20
- Berichtswährung 27, 8
- Beteiligungen 27, 17
- Bilanzierungspraxis 27, 28
- Buchungstechnik 27, 36
- *cash flow hedge* konzerninterner Transaktionen 27, 59
- Darlehen 27, 12
- Durchschnittskurse 27, 11
- Ermessen bei der Abgrenzung selbstständiger von unselbstständiger Einheit 27, 28
- Erstverbuchung Geschäfte 27, 11
- Folgebewertung monetärer Posten 27, 12
- Folgebewertung nichtmonetärer Posten 27, 13
- Forderungen 27, 12
- Fremdwährungsgeschäfte 27, 76
- funktionale Theorie 27, 7, 10
- funktionale Währung 27, 8
- Geschäfte in fremder Währung 27, 4
- *goodwill* 27, 53
- *hedge net investment* 27, 60
- im Konzern, funktionale Theorie 27, 24
- Kapitalflussrechnung 3, 135
- Konzern 27, 28
- konzerninterne Forderungen als Teil des *net investment* 27, 55
- latente Steuern 27, 68
- nach außerplanmäßiger Abschreibung von Vorräten oder Anlagen 27, 19
- neu bewertete Anlage 27, 23
- Praxishinweise 27, 76
- Rücklage für Währungsdifferenzen 27, 48
- Rückstellungen 27, 14
- Schuldenkonsolidierung 27, 54
- selbstständige Einheiten 27, 24, 43
- selbstständige Einheiten, Erfolg bei (Teil-)Abgang 27, 52
- selbstständige Einheiten, Theorie und Praxis 27, 28
- Superdividende 27, 52
- Theorie und Praxis 27, 28
- Transaktionskurse 27, 11, 32, 47
- Umklassifizierung selbstständige in unselbstständige Einheit 27, 61
- Umklassifizierung unselbstständige in selbstständige Einheit 27, 42
- Umrechnung ausländischer Einheiten im Konzern 27, 76
- Umrechnung der GuV 27, 32, 47
- Umrechnungsdifferenzen in GuV 27, 22
- Umrechnung unselbstständige Einheit 27, 30
- unselbstständige Einheiten 27, 10, 24, 30
- unselbstständige Einheiten, Theorie und Praxis 27, 28
- Verluste auf konzerninterne Forderungen 27, 41, 54
- Vorjahreszahlen 27, 46
- Vorräte 27, 19
- währungsbedingte Wertminderungen 27, 38

Währungsumrechnungsdifferenzen 27, 48

Währungsumrechnungsrücklage 27, 48
- Auflösung bei partieller Veräußerung 27, 58

Wandelanleihen
- siehe Abgrenzung Eigen- und Fremdkapital
- Aufteilung des Emissionserlöses 20, 6
- Aufteilung Emissionskosten 20, 54
- Ergebnis je Aktie 35, 14, 30
- Residualbetrag als Fremdkapitalderivat 20, 8
- Schuldenkonsolidierung 32, 117
- Subtraktions-/Restwertmethode 20, 6

Wandelschuldverschreibungen
- Ergebnis je Aktie 35, 7

Warentermingeschäfte
- *cash settlement* 28, 190
- Ernte 40, 39

– *net settlement* 28, 190
Warenzeichen
– immaterielle Vermögenswerte 13, 27
Wasserversorgung
– Komponentenansatz 10, 17
Waterfall Method
– *Extreme Programming* 13, 34
– immaterielle Vermögenswerte 13, 34
Webseite
– immaterielle Vermögenswerte 13, 35
Wechselkursänderungen
– IPSAS 43, 19
Wechselkursgewinne
– Saldierung mit Verlusten 2, 14
Werbemaßnahmen
– immaterielle Vermögenswerte 13, 43
Werkvertrag
– *siehe* Realisierungszeitpunkt
Werkzeugkostenzuschüsse 18, 67
Wertansatz
– Bewertungsmethoden 40, 26
– biologische Vermögenswerte 40, 26
Wertaufhellung
– *siehe* Ereignisse nach dem Bilanzstichtag
– Erstkonsolidierung 31, 109
– erstmalige Anwendung von IFRS 6, 40
– latente Steuern 4, 30
– Objektivierung 4, 24
Wertaufhellungszeitraum
– *fast close* 4, 39
Wertaufholung
– Ausweis in der GuV 11, 76
– Deckelung 11, 76
– immaterielle Vermögenswerte 13, 62
– *impairment* 37, 29
– jährliche Überprüfung 11, 76
– Neubewertung 10, 39
– planmäßige Abschreibungen 10, 39; 11, 76
– Sachanlagen 14, 17
– veräußerbare Werte 28, 167
– Vorräte 17, 17
– Zwischenberichterstattung 37, 29
Wertbeeinflussung
– *siehe* Ereignisse nach dem Bilanzstichtag
Wertberichtigung
– auf Forderungen 28, 40
– Ausbuchung von Finanzaktiva 28, 272
– *cash flow hedge* 28, 272
– *fair value* 28, 272
– Finanzinstrumente 28, 272
– Forderungen 28, 122
– Forderungen, Saldierung 2, 14
– strukturierte Produkte 28, 367
– veräußerbare Werte 28, 272
– Verbindlichkeiten 28, 272

– Zinserträge nach Wertberichtigung 25, 57
Werthaltigkeitsprüfung
– *siehe impairment*-Test
– IPSAS 43, 6
– öffentliche Zuwendungen *(government grants)* 12, 35
Wertminderung
– dauernde, bei Finanzinstrumenten 28, 165
– Ereignisse nach dem Bilanzstichtag 4, 11
– *impairment* 11, 8; 43, 33
– unrealisiert 51, 83
Wertpapiere
– Ausbuchung 28, 68
Wertpapierleihe 28, 84
Wertpapierpension
– *call option* 28, 82
– echte Pensionsgeschäfte 28, 82
– *put option* 28, 82
– unechte Pensionsgeschäfte 28, 84
Wesentlichkeit *(materiality)*
– *siehe* Fehlerkorrektur
– beim *impairment*-Test 11, 15
– Definition 1, 65
– Zwischenberichterstattung 37, 5
Wetterderivate
– Finanzinstrumente 28, 12
Wiederherstellungsverpflichtung
– bei Neubewertung 21, 123
wirtschaftliche Betrachtungsweise
– Verhältnis zu Einzelregeln 1, 82
wirtschaftliches Eigentum
– Leasing 15, 1
wirtschaftliche Verursachung
– Rückstellungen 21, 19
– Vergangenheitsereignis 21, 19
workforce
– Kaufpreisallokation 31, 85

Z

Zahlungsmitteläquivalente
– *siehe cash equivalents*
Zahlungsmittelfonds
– *change in accounting policy* 3, 28
Zahlungsstrom
– Bestimmung zur Ermittlung des Nutzungswertes 11, 23
Zeitnähe
– von Abschlussinformationen 1, 69
Zeitpunkt der Aktienausgabe
– Ergebnis je Aktie 35, 14
Zeitvergleich
– Bilanzanalyse 51, 52

Zeitwert
- Angabepflichten in der Kapitalflussrechnung 3, 118

zellulare Strukturen
- *multi-seller* SPE 32, 77
- SPE 32, 77

zerobonds
- Bewertung 28, 160
- Kapitalflussrechnung 3, 77

Ziel der Rechnungslegung
- Bilanzierungszwecke 1, 5

Zinsergebnis
- Segmentberichterstattung 36, 131

Zinserträge
- aus wertberichtigten Forderungen 25, 57
- Realisierungszeitpunkt 25, 59
- Vorfälligkeitsentschädigungen 25, 57
- zentrale Verteilung Transaktionskosten/Disagien 25, 57

Zinsrisiko
- Effektivitätstest 28, 211
- Grundgeschäft 28, 211
- *hedge accounting* 28, 211
- *macro hedge* 28, 211
- Portfolio 28, 211

Zinsswap
- *siehe* Finanzderivate

Zinszahlung
- Kapitalflussrechnung 3, 54, 64, 78, 91, 145

Zugangsbewertung
- latente Steuern 26, 45
- Leasinggeber 15, 126
- Leasingnehmer 15, 98
- Obergrenze 15, 98

Zugangsbewertung Finanzinstrumente
- zum *fair value* 28, 100

zukünftig wirksame Standards
- Anhangsangaben 24, 54

Zukunftsorientierung
- des Jahresabschlusses 5, 39

Zulieferindustrie
- Fertigungsaufträge 18, 67
- kundengebundene Werkzeuge 18, 67
- Werkzeugkostenzuschüsse 18, 67

Zuordnung von Aufwand und Ertrag
- *matching principle* 1, 117

Zusammenfassung Verträge
- Fertigungsauftrag 18, 44

zusammengesetzte Finanzierungsinstrumente
- *siehe* Abgrenzung Eigen- und Fremdkapital

Zuschreibung
- Kapitalflussrechnung 3, 51

Zuschüsse
- *siehe* öffentliche Zuwendungen

- Werkzeugkosten 18, 67
- Zulieferindustrie 18, 67

zu veräußerndes Anlagevermögen
- *siehe non-current assets held for sale*

Zuwendungen
- Rückzahlung 12, 33

Zweckgesellschaft
- *siehe* SPE *(special purpose entity)*
- Bilanzpolitik 15, 153, 154; 51, 10
- *joint venture* 34, 57
- *special purpose entity* 15, 153; 34, 57

Zwischenbericht
- Ergebnis je Aktie 35, 4

Zwischenberichterstattung
- 37, 23
- Anhangsangaben 37, 32, 38
- Ansatz 37, 17
- *available-for-sale*-Eigenkapitalinstrumente 37, 38
- Begriffsdefinitionen 37, 4
- Bestandteile 37, 9, 15
- Bewertung 37, 17
- Bewertungsvereinfachung 37, 30
- Boni 37, 25
- Börsenzulassungsverordnung 37, 35
- BörsG 37, 35
- darzustellende Perioden 37, 12
- DRS 6 37, 35
- Eigenkapitalentwicklung 37, 12
- eigenständiger Ansatz 37, 17
- Ergebnis je Aktie 37, 10
- erstmalige Anwendung 37, 38
- erstmalige Anwendung von IFRS 6, 17
- Geltungs- und Anwendungsbereich 37, 2
- Geschäfts- oder Firmenwerte 37, 38
- Gewinn- und Verlustrechnung 37, 12
- Halbjahresfinanzberichterstattung 37, 35
- *impairment* 37, 29
- integrativer Ansatz 37, 18
- Kapitalflussrechnung 3, 4; 37, 12
- Konsolidierung 37, 11
- Konvergenzprojekt des IASB und FASB 37, 38
- Leasing 37, 26
- *materiality* 37, 5
- Mengenrabatte 37, 28
- nahe stehende Personen und Unternehmen 37, 38
- Nutzen strittig 37, 8
- Pflicht zur Aufstellung 37, 2
- Rumpfgeschäftsjahr 37, 14
- Transparenz-Richtlinie 37, 35, 38
- Transparenzrichtlinie-Umsetzungsgesetz (TUG) 37, 35
- Übereinstimmung mit den IFRS 37, 3
- Vergleich mit deutschem Recht 37, 35

- Vergleichswerte **37**, 12
- vergütete Nichtarbeitszeiten **37**, 27
- Verpflichtung zur Zwischenberichterstattung **37**, 35
- Wertaufholung **37**, 29, 38
- Wesentlichkeit **37**, 5
- Zwischenbericht der Geschäftsführung **37**, 35

Zwischenergebniseliminierung
- bei Minderheitenanteilen **32**, 137
- Buchungstechnik **32**, 136
- *equity*-Methode **33**, 63
- Gemeinschaftsunternehmen **34**, 66
- Konzern **32**, 104, 128
- *materiality* **32**, 130
- Segmentberichterstattung **36**, 10, 96
- Verluste **32**, 129